NomosKommentar

Prof. Dr. Tido Park [Hrsg.]

Kapitalmarktstrafrecht

Straftaten | Ordnungswidrigkeiten
Finanzaufsicht | Compliance

Handkommentar

5. Auflage

Felicitas Boehm, Wertpapieraufsicht/Asset-Management, Abteilung Verbraucherschutz, Bundesanstalt für Finanzdienstleistungsaufsicht (BaFin), Frankfurt a.M. | **Ute Bottmann**, Rechtsanwältin, Fachanwältin für Strafrecht, Wiesbaden, Lehrbeauftragte der Universität Gießen | **Prof. Dr. Mark Deiters**, Westfälische Wilhelms-Universität Münster | **Dr. Tobias Eggers**, Rechtsanwalt, Fachanwalt für Strafrecht, Dortmund, Lehrbeauftragter Universität Osnabrück | **Prof. Dr. Lutz Eidam**, LL.M., Universität Bielefeld | **Prof. Dr. Björn Gercke**, Rechtsanwalt, Fachanwalt für Strafrecht, Köln | **Ronny Häselbarth**, Integrität des Finanzsystems (IF), Bundesanstalt für Finanzdienstleistungsaufsicht (BaFin), Bonn | **Prof. Dr. Dr. Eric Hilgendorf**, Julius-Maximilians-Universität Würzburg | **Diana Köhler**, Zentrale Rechtsabteilung (ZR), Bundesanstalt für Finanzdienstleistungsaufsicht (BaFin), Frankfurt a.M. | **Carsten Kusche**, wiss. Mitarbeiter Lehrstuhl Prof. Hilgendorf, Julius-Maximilians-Universität Würzburg | **Prof. Dr. Tido Park**, Rechtsanwalt, Fachanwalt für Straf- und Steuerrecht, Honorarprofessor Westfälische Wilhelms-Universität Münster | **Dr. Alexander Sajnovits**, M.Sc. (Oxford), Akademischer Rat a.Z., Johannes-Gutenberg-Universität Mainz | **Prof. Dr. Frank Saliger**, Ludwig-Maximilians-Universität München | **Dr. Kerstin Stirner**, Rechtsanwältin, Fachanwältin für Strafrecht, Köln | **Sebastian Wagner**, Rechtsanwalt, Fachanwalt für Strafrecht, Dortmund | **Prof. Dr. Frank Zieschang**, Julius-Maximilians-Universität Würzburg

Nomos

Zitiervorschlag: HK-KapMStrafR/*Bearbeiter* Kap. 15.10. Rn. 3

Die Deutsche Nationalbibliothek verzeichnet diese Publikation in der Deutschen Nationalbibliografie; detaillierte bibliografische Daten sind im Internet über http://dnb.d-nb.de abrufbar.

ISBN 978-3-8487-4935-5

5. Auflage 2020
© Nomos Verlagsgesellschaft, Baden-Baden 2020. Gedruckt in Deutschland. Alle Rechte, auch die des Nachdrucks von Auszügen, der fotomechanischen Wiedergabe und der Übersetzung, vorbehalten.

Vorwort zur 5. Auflage

Obwohl das Erscheinen der 4. Auflage noch nicht lange zurückliegt, erscheint bereits nach gut zwei Jahren eine Neuauflage. Dieses ist wesentlich durch das zwischenzeitliche vollständige Inkrafttreten des Zweiten Gesetzes zur Novellierung von Finanzmarktvorschriften auf Grund europäischer Rechtsakte (2. FiMaNoG) im Jahre 2018 veranlasst. Hierdurch wurden nicht nur die Paragrafen des Wertpapierhandelsgesetzes umfassend neu nummeriert, sondern – in Umsetzung europarechtlicher Vorgaben – auch die (bestehenden) Sanktionsvorschriften inhaltlich ausgeweitet und die Sanktionsmöglichkeiten verschärft. Insbesondere hat der Gesetzgeber das Bußgeldregime des früheren § 39 WpHG (heute § 120 WpHG) an die sanktionsrechtlichen Anforderungen der Richtlinie 2014/65/EU vom 15.5.2014 über Märkte für Finanzinstrumente sowie zur Änderung der Richtlinie 2002/92/EG und 2011/61/EU (MiFID II) angepasst. Die entsprechenden Bußgeldtatbestände finden sich in § 120 Abs. 3 sowie Abs. 8–11 WpHG. Im Falle eines Verstoßes ermöglicht § 120 Abs. 20 WpHG die Verhängung von Geldbußen von bis zu 5 Mio. EUR. Gegenüber juristischen Personen und Personenvereinigungen können Verbandsgeldbuße von bis zu zehn Prozent des jährlichen Gesamtumsatzes festgesetzt werden. Alternativ kann die Geldbuße in beiden Fällen das Zweifache des durch die Ordnungswidrigkeit erzielten Vorteils betragen, wobei jeweils der höhere Betrag maßgeblich ist.

Hiermit ist die Entwicklung im Bereich des Kapitalmarktstrafrechts jedoch keinesfalls abgeschlossen. Da der Gesetzgeber bislang offenbar nicht sämtliche sanktionsrechtlichen Vorgaben der MiFID II erfüllt hat, darf zeitnah mit weiteren Änderungen von § 120 WpHG gerechnet werden. Des Weiteren überarbeitet die BaFin gegenwärtig ihr Rundschreiben zu den Mindestanforderungen an die Compliance (MaComp) und auch die ESMA entwickelt ihre Q&As zu MiFID II fort.

Ausgeschieden aus dem Kreis der Bearbeiter der Vorauflage sind die Herren Prof. Dr. Mark Deiters, Herr Bernd Goller und Dr. Holger Schäfer, denen für ihre Autorentätigkeit im Rahmen der Vorauflagen nochmals herzlich gedankt sei. Für die 5. Auflage konnten als neue Autoren Frau Felicitas Boehm und Herr Ronny Häselbarth von der BaFin, Herr Dr. Alexander Sajnovits von der Universität Mainz sowie Frau RAin Dr. Kerstin Stirner aus Köln und Herr RA Sebastian Wagner aus Dortmund gewonnen werden. Diese Autoren bieten die Gewähr für die Aufrechterhaltung bzw. Vertiefung des hohen qualitativen Anspruchs, den der Verlag sowie ich als Herausgeber gleichermaßen an den Kommentar stellen.

Mein Dank gilt allen Mitautoren für die zügige Manuskripterstellung sowie Frau Tröltzsch vom Nomos Verlag für die hervorragende Lektoratsbetreuung. Ein ganz besonderer Dank gilt Herrn RA Sebastian Wagner, der neben der Übernahme von Kommentierungsarbeiten auch die Herausgebertätigkeit in großartiger und extrem hilfreicher Weise unterstützt hat.

Dortmund, im Juni 2019 *Prof. Dr. Tido Park*

Bearbeiterverzeichnis

*Boehm**	Grundlagen der Finanzmarktaufsicht (neue europäische Aufsichtsstruktur), Nationale Aufsichtsstrukturen und Aufgaben der Aufsicht (nebst § 23 WpHG, § 123 WpHG und Rechtsfolgen bei Gesetzesverstößen; mit Ausnahme von Verschwiegenheitspflichten, IFG), Grundlagen Wertpapier-Compliance; § 120 Abs. 2 Nr. 2 a, 14, Abs. 8 Nr. 27, 38, 40, 41, 43, 44, 47, 52, 115-118, 128, 129, 130, 131, 133, 134, 135, Abs. 12 Nr. 3, 4 WpHG
Bottmann	Grundlagen Criminal-Compliance; § 334 Abs. 2 a Nr. 1 HGB; §§ 56 Abs. 4 f Nr. 6–9, 44 KWG
Deiters/Wagner	Vorbemerkungen Insolvenzdelikte; § 283 b StGB
Eggers	Vorbemerkungen Kapitalmarktstrafrecht, Begriff und Arten von Dokumentation- und Aufbewahrungspflichten, Veröffentlichungspflichten-, Mitteilungs- und Anzeigepflichten, Aufsichts- und Organisationspflichten; § 56 Abs. 1, Abs. 1 a KWG; § 120 Abs. 1 Nr. 2, 5, Abs. 2 Nr. 2, 4, 11–13, Abs. 13 WpHG; § 35 Abs. 1 Nr. 5, 6, 8, 9, Abs. 3 WpPG
Eidam	§§ 399 Abs. 1 Nr. 1–6, Abs. 2, 400 Abs. 1, Abs. 2 AktG; § 35 DepotG; § 147 Abs. 1, 2 Nr. 2, Alt. 1, Abs. 2 Nr. 1, Nr. 2, 2. und 3. Alt. GenG; § 82 Abs. 1, Abs. 2 Nr. 1, Nr. 2 GmbHG; § 331 HGB; § 17 PublG; § 313 Abs. 1 Nr. 1, Nr. 2, 1., 2. und 3. Alt., Abs. 2 UmwG
Gercke/Stirner	§§ 403, 404 AktG, §§ 150, 151 GenG, § 85 GmbHG, §§ 332, 333 HGB, §§ 54, 54 a, 55, 55 a, 55 b, 56 Abs. 4 f Nr. 1 KWG; §§ 18, 19 PubG; §§ 314, 315 UmwG
*Häselbarth**	Grundlagen Finanzmarktaufsicht: IFG, weitere Möglichkeiten des Zugangs zu Informationen der BaFin (mit *Köhler*)
Hilgendorf/Kusche	Vorbemerkungen Insiderdelikte; Art. 2, 7, 14 MAR; §§ 119, 120 Abs. 5 Nr. 1–4, Abs. 14, Abs. 15 Nr. 1, 3, 6, 8, 9, 11, 15, 22 WpHG
*Köhler**	Grundlagen Finanzmarktaufsicht: Verschwiegenheitspflichten; mit *Häselbarth*: IFG, weitere Möglichkeiten des Zugangs zu Informationen der BaFin
Park	Einleitung; §§ 264 a, 265 b StGB; §§ 49, 26 BörsG
Sajnovits	§ 120 Abs. 4 Nr. 1-5 WpHG
Saliger	§§ 119 Abs. 1, Abs. 4, 120 Abs. 2 Nr. 3, Abs. 6 Nr. 1–5, Abs. 15 Nr. 2 WpHG

Wagner § 283 StGB

Zieschang § 34 DepotG; §§ 263, 266 StGB

*Ausdrücklich sei angemerkt, dass die Beiträge der BaFin-Autoren ausschließlich ihre persönliche Meinung darstellen.

Inhaltsübersicht

Vorwort zur 5. Auflage 5
Bearbeiterverzeichnis 7
Abkürzungsverzeichnis 15
Allgemeines Literaturverzeichnis 23

Teil 1: Einleitung

I. Begriff des Kapitalmarktstrafrechts 34
II. Begriff und Funktionen des Kapitalmarkts 34
III. Praktische Bedeutung des Kapitalmarktstrafrechts 36

Teil 2: Grundlagen

Kapitel 1: Die Finanzmarktaufsicht 51

    Kap. 1.1.   Die neue europäische Aufsichtsstruktur 51
    Kap. 1.2.   Nationale Aufsichtsstruktur und Aufgaben der Aufsicht 61

Kapitel 2: Compliance 145

    Kap. 2.1.   Criminal-Compliance 145
    Kap. 2.2.   Compliance-Organisation im Wertpapierbereich 198

Kapitel 3: Vorbemerkungen Kapitalmarktstrafrecht 229

Teil 3: Straftaten

Kapitel 4: Betrugsdelikte 253

    Kap. 4.1.   § 263 StGB Betrug 253
    Kap. 4.2.   § 264 a StGB Kapitalanlagebetrug 315
    Kap. 4.3.   § 265 b StGB Kreditbetrug 341

Kapitel 5: Untreuedelikte 363

    Kap. 5.1.   § 266 StGB Untreue 363
    Kap. 5.2.   § 34 DepotG Depotunterschlagung 400

Kapitel 6: Börsendelikte 407

    Kap. 6.1.   §§ 119 Abs. 1, Abs. 4, 120 Abs. 2 Nr. 3, Abs. 15 Nr. 2 WpHG iVm Art. 15, 12 MAR Verbot der Marktmanipulation 407

	Kap. 6.2.	§ 120 Abs. 6 Nr. 3, 4 WpHG Verbot ungedeckter Leerverkäufe und bestimmter Kreditderivate	595
	Kap. 6.3.	§§ 49, 26 Abs. 1 BörsG Börsenspekulation	613
Kapitel 7:	Insiderdelikte		635
	Kap. 7.1.	Vorbemerkungen zu Insiderdelikten	638
	Kap. 7.2.	Art. 2 MAR Anwendungsbereich	653
	Kap. 7.3.	Art. 7 MAR Insiderinformation	658
	Kap. 7.4.	Art. 14 MAR Verbot von Insidergeschäften ...	687
	Kap. 7.5.	§ 119 WpHG Strafvorschriften	715
	Kap. 7.6.	§ 120 WpHG Bußgeldvorschriften	743
Kapitel 8:	Verletzung der Geheimhaltungs- und Verschwiegenheitspflichten		747
	Kap. 8.1.	§ 333 HGB Verletzung der Geheimhaltungspflicht	747
	Kap. 8.2.	§ 404 AktG Verletzung der Geheimhaltungspflicht	765
	Kap. 8.3.	§ 85 GmbHG Verletzung der Geheimhaltungspflicht	777
	Kap. 8.4.	§ 19 PublG Verletzung der Geheimhaltungspflicht	788
	Kap. 8.5.	§ 315 UmwG Verletzung der Geheimhaltungspflicht	794
	Kap. 8.6.	§ 151 GenG Verletzung der Geheimhaltungspflicht	803
	Kap. 8.7.	§ 55 b KWG Unbefugte Offenbarung von Angaben über Millionenkredite	808
	Kap. 8.8.	§ 120 Abs. 2 Nr. 2 a WpHG Offenbaren anstehender Maßnahmen	812
Kapitel 9:	Falsche Angaben und unrichtige Darstellung		817
	Kap. 9.1.	§ 399 AktG Falsche Angaben	817
	Kap. 9.2.	§ 400 AktG Unrichtige Darstellung	859
	Kap. 9.3.	§ 82 GmbHG Falsche Angaben	883
	Kap. 9.4.	§ 331 HGB Unrichtige Darstellung	920
	Kap. 9.5.	§ 313 UmwG Unrichtige Darstellung	966
	Kap. 9.6.	§ 17 PublG Unrichtige Darstellung	985
	Kap. 9.7.	§ 147 GenG Falsche Versicherungen und falsche Angaben	1003
	Kap. 9.8.	§ 35 DepotG Unwahre Angaben über das Eigentum	1021

Kapitel 10: Insolvenzstrafrechtliche Buchführungs- und Bilanzierungsverstöße ... 1027

- Kap. 10.1. Vorbemerkungen ... 1031
- Kap. 10.2. § 283 b StGB Verletzung der Buchführungspflicht ... 1032
- Kap. 10.3. § 283 StGB Bankrott ... 1073

Kapitel 11: Verletzung der Berichtspflicht ... 1093

- Kap. 11.1. § 332 HGB Verletzung der Berichtspflicht ... 1093
- Kap. 11.2. § 403 AktG Verletzung der Berichtspflicht ... 1115
- Kap. 11.3. § 18 PublG Verletzung der Berichtspflicht ... 1126
- Kap. 11.4. § 314 UmwG Verletzung der Berichtspflicht ... 1131
- Kap. 11.5. § 150 GenG Verletzung der Berichtspflicht ... 1139

Kapitel 12: Verletzung von Dokumentations- und Aufbewahrungspflichten ... 1147

- Kap. 12.1. Begriff und Arten von Dokumentations- und Aufbewahrungspflichten ... 1147
- Kap. 12.2. § 120 Abs. 4 Nr. 5 WpHG Dokumentationspflichten ... 1147

Kapitel 13: Verletzung von Veröffentlichungs-und Mitteilungspflichten ... 1153

- Kap. 13.1. Begriff und Arten von Mitteilungs- und Veröffentlichungspflichten ... 1153
- Kap. 13.2. § 120 Abs. 1 Nr. 2 WpHG Übermittlung von Insiderinformationen ... 1153
- Kap. 13.3. § 120 Abs. 2 Nr. 2 WpHG Mitteilungspflichten zum Unternehmensregister ... 1158
- Kap. 13.4. § 120 Abs. 2 Nr. 4 WpHG Sonstige Veröffentlichungspflichten ... 1169
- Kap. 13.5. § 120 Abs. 8 Nr. 27 WpHG Darlegungsverstöße ... 1180
- Kap. 13.6. § 120 Abs. 8 Nr. 38 WpHG Zur-Verfügung-Stellung von Informationsblättern ... 1185
- Kap. 13.7. § 120 Abs. 8 Nr. 43, Abs. 20, 26 WpHG Offenlegung potenzieller Interessenkonflikte ... 1192
- Kap. 13.8. § 120 Abs. 8 Nr. 118 WpHG Bestmögliche Ausführung von Kundenaufträgen ... 1198
- Kap. 13.9. § 120 Abs. 8 Nr. 41 WpHG Zur-Verfügung-Stellung der Geeignetheitserklärung ... 1202
- Kap. 13.10. § 120 Abs. 5 Nr. 2 WpHG Übermittlung von Insiderverzeichnissen ... 1208
- Kap. 13.11. § 120 Abs. 5 Nr. 3 WpHG Directors dealing ... 1209

Kap. 13.12. § 120 Abs. 5 Nr. 4 WpHG
Meldung potenzieller Insidergeschäfte und
Marktmanipulationen 1209

Kap. 13.13. § 120 Abs. 6 Nr. 1, 2 WpHG
Melde- und Offenlegungspflichten für Inhaber
von Netto-Leerverkaufspositionen und
ungedeckten Positionen in
Credit Default Swaps 1210

Kap. 13.14. § 120 Abs. 12 Nr. 4 WpHG
Prüferanzeigepflicht 1218

Kap. 13.15. § 120 Abs. 15 Nr. 1 WpHG
Meldung von Finanzinstrumenten 1220

Kap. 13.16. § 120 Abs. 15 Nr. 6, 9, 11 WpHG
Veröffentlichung von Insiderinformationen 1221

Kap. 13.17. § 35 Abs. 1 Nr. 5, 6, 8, 9, Abs. 3 WpPG
Veröffentlichung von Wertpapierprospekten ... 1222

Kap. 13.18. § 55 KWG Verletzung der Pflicht zur Anzeige
der Zahlungsunfähigkeit oder der
Überschuldung 1226

Kapitel 14: Verletzung von Aufsichts- und Organisationspflichten 1237

Kap. 14.1. Begriff und Arten von Aufsichts- und
Organisationspflichten 1237

Kap. 14.2. § 120 Abs. 2 Nr. 11–13 WpHG Mechanismen
zur internen Informationskontrolle 1239

Kap. 14.3. § 120 Abs. 8 Nr. 134 WpHG Sachkunde und
Zuverlässigkeit von Mitarbeitern 1243

Kap. 14.4. § 120 Abs. 4 Nr. 2 WpHG Ratings und eigene
Bonitätsprüfung 1248

Kap. 14.5. § 120 Abs. 4 Nr. 4 WpHG Unabhängigkeit der
zweiten Ratingagentur 1252

Kap. 14.6. § 120 Abs. 6 Nr. 5 WpHG
Nichtbereitstellen eines Clearing-Systems 1255

Kap. 14.7. § 120 Abs. 15 Nr. 3 WpHG Vermeidung und
Aufdeckung von Marktmissbrauch 1258

Kap. 14.8. § 120 Abs. 15 Nr. 15 WpHG Aufklärung und
Belehrung potenzieller Insider 1258

Kap. 14.9. § 334 Abs. 2 a Nr. 1 HGB Überwachung der
Unabhängigkeit des Abschlussprüfers 1259

Kap. 14.10. § 54 a KWG Strafvorschriften 1266

Kap. 14.11. § 56 Abs. 4 f Nr. 6 KWG Vorhalten von
Instrumenten zur Überwachung von
Risiken 1276

Kap. 14.12. § 56 Abs. 4 f Nr. 7 KWG Festlegen der Verantwortlichkeiten von Beschäftigten in Schlüsselpositionen 1281

Kap. 14.13. § 56 Abs. 4 f Nr. 8 KWG Vorkehrungen zur Verhinderung von Interessenkonflikten 1283

Kap. 14.14. § 56 Abs. 4 f Nr. 9 KWG Verfahren zur Meldung potenzieller Verstöße gegen die Verordnung (EU) Nr. 909/2014 1285

Kap. 14.15. § 56 Abs. 4 f Nr. 44 KWG Vorhalten von IT-Instrumenten, Kontrollen oder sonstiger Verfahren 1287

Kapitel 15: Verletzung von sonstigen Handlungs-, Duldungs- und Unterlassungspflichten 1289

Kap. 15.1. § 120 Abs. 1 Nr. 5 WpHG Nutzung von Clearingdiensten 1289

Kap. 15.2. § 120 Abs. 8 Nr. 40 WpHG Empfehlung ungeeigneter Finanzinstrumente oder Wertpapierdienstleistungen oder Tätigung von ungeeigneten Geschäften 1290

Kap. 15.3. § 120 Abs. 8 Nr. 44 WpHG Festpreisgeschäfte bei Honorar-Anlageberatung 1296

Kap. 15.4. § 120 Abs. 8 Nr. 47 WpHG Hinweis auf fehlende Angemessenheit oder Möglichkeit der Beurteilung der Angemessenheit 1299

Kap. 15.5. § 120 Abs. 8 Nr. 52 WpHG Annahme oder Gewährung von Zuwendungen 1304

Kap. 15.6. §§ 120 Abs. 8 Nr. 115–118 WpHG Pflichten im Zusammenhang mit der bestmöglichen Ausführung von Kundenaufträgen 1309

Kap. 15.7. § 120 Abs. 2 Nr. 14 WpHG Anzeigepflichten bei Finanzanalysen 1316

Kap. 15.8. § 120 Abs. 8 Nr. 135 WpHG Anzeigepflichten im Zusammenhang mit dem Mitarbeiter- und Beschwerderegister 1319

Kap. 15.9. § 120 Abs. 4 Nr. 1 Verwendung von Ratings für aufsichtliche Zwecke 1323

Kap. 15.10. § 120 Abs. 4 Nr. 3 WpHG Beauftragung eines zweiten Ratings 1337

Kap. 15.11. § 120 Abs. 8 Nr. 128 WpHG Einholung der Kundenzustimmung bei getrennter Vermögensverwahrung 1341

Kap. 15.12. § 120 Abs. 8 Nr. 129 WpHG Offenlegungspflicht treuhänderischer Einlegung bei getrennter Vermögensverwahrung 1346

Kap. 15.13.	§ 120 Abs. 8 Nr. 130 WpHG Unterrichtungspflicht bei getrennter Vermögensverwahrung	1349
Kap. 15.14.	§ 120 Abs. 8 Nr. 131 WpHG Weiterleitungspflicht bzgl. Wertpapieren bei getrennter Vermögensverwahrung	1353
Kap. 15.15.	§ 120 Abs. 8 Nr. 133 WpHG Nutzungsverbot bei getrennter Vermögensverwahrung	1358
Kap. 15.16.	§ 120 Abs. 12 Nr. 3 WpHG Prüferbestellung	1362
Kap. 15.17.	§ 120 Abs. 13 WpHG Verstöße gegen vollziehbare Anordnungen der BaFin	1364
Kap. 15.18.	§ 120 Abs. 15 Nr. 22 WpHG Geschäfte von Führungskräften	1368
Kap. 15.19.	§ 54 KWG Verbotene Geschäfte	1369
Kap. 15.20.	§ 55 a KWG Unbefugte Verwertung von Angaben über Millionenkredite	1391
Kap. 15.21.	§ 56 Abs. 1 KWG Verstoß gegen vollziehbare Anordnung	1395
Kap. 15.22.	§ 56 Abs. 1 a KWG Verstoß gegen delegierte Rechtsakte (Ratingagenturen)	1399
Kap. 15.23.	§ 56 Abs. 4 f Nr. 1 KWG Erbringen nichtbankartiger Nebenleistungen	1400
Anhang:	Verordnung (EU) Nr. 596/2014 des Europäischen Parlaments und des Rates vom 16. April 2014 über Marktmissbrauch (Marktmissbrauchsverordnung) und zur Aufhebung der Richtlinie 2003/6/EG des Europäischen Parlaments und des Rates und der Richtlinien 2003/124/EG, 2003/125/EG und 2004/72/EG der Kommission	1404

Stichwortverzeichnis 1475

Abkürzungsverzeichnis

aA	andere(r) Ansicht/Auffassung
AA	Auswärtiges Amt
aaO	am angegebenen Ort
Abb.	Abbildung
abgedr.	abgedruckt
Abh.	Abhandlung(en)
Abk.	Abkommen
ABl.	Amtsblatt
abl.	ablehnend
Abs.	Absatz
abschl.	abschließend
Abschn.	Abschnitt
Abt.	Abteilung
abw.	abweichend
abwM	abweichende Meinung
abzgl.	abzüglich
aE	am Ende
aF	alte Fassung
aG	auf Gegenseitigkeit
AG	Aktiengesellschaft; Amtsgericht
AGH	Anwaltsgerichtshof
AktG	Aktiengesetz
allg.	allgemein
allgA	allgemeine Ansicht
allgM	allgemeine Meinung
Alt.	Alternative
aM	andere Meinung
amtl.	amtlich
Änd.	Änderung
ÄndG	Änderungsgesetz
ÄndVO	Änderungsverordnung
Anh.	Anhang
Anl.	Anlage
Anm.	Anmerkung
AnSVG	Anlegerschutzverbesserungsgesetz
AnwG	Anwaltsgericht
AO	Abgabenordnung
AöR	Anstalt des öffentlichen Rechts
AR	Aufsichtsrat
ArbG	Arbeitsgericht
Arch.	Archiv
Arg.	Argumentation
Art.	Artikel
AT	Allgemeiner Teil
Auff.	Auffassung
aufgeh.	aufgehoben
Aufl.	Auflage
Aufs.	Aufsatz
ausdr.	ausdrücklich
ausf.	ausführlich
ausl.	ausländisch
ausschl.	ausschließlich
Az.	Aktenzeichen
BaFin	Bundesanstalt für Finanzdienstleistungsaufsicht
BAG	Bundesarbeitsgericht
BAnz.	Bundesanzeiger
BArbBl.	Bundesarbeitsblatt
BAT	Bundesangestelltentarif
BauSpG	Gesetz über Bausparkassen
Bay.	Bayern
BayObLG	Bayerisches Oberstes Landesgericht
BayObLGSt	Entscheidungen des Bayerischen Obersten Landesgerichts in Strafsachen
BB	Betriebs-Berater (Zeitschrift)
BBG	Bundesbeamtengesetz
Bbg.	Brandenburg
BCBS	Basel Committee on Banking Supervision
Bd.	Band
Bde.	Bände
BDiG	Bundesdisziplinargericht
BDSG	Bundesdatenschutzgesetz
Bearb.	Bearbeiter, Bearbeitung
bearb.	bearbeitet
Begr.	Begründung
begr.	begründet
Beil.	Beilage
Bek.	Bekanntmachung
Bekl.	Beklagte(r)
bekl.	beklagt
Belg.	Belgien
Bem.	Bemerkung
Ber.	Berichtigung
ber.	berichtigt
bes.	besonders
Beschl.	Beschluss
beschr.	beschränkt, beschrieben, beschreibend
Bespr.	Besprechung
bespr.	besprochen
bestr.	bestritten
Bet.	Beteiligte(r)
bet.	beteiligt
Betr.	Betreff
betr.	betrifft, betreffend
BezG	Bezirksgericht
BFH	Bundesfinanzhof
BFuP	Betriebswirtschaftliche Forschung und Praxis (Zeitschrift)
BGB	Bürgerliches Gesetzbuch
BGBl.	Bundesgesetzblatt (Teil, Seite)

BGH	Bundesgerichtshof
BGHR	BGH-Rechtsprechung in Strafsachen
BGHSt.	Entscheidungen des Bundesgerichtshofs in Strafsachen
BGHZ	Entscheidungen des Bundesgerichtshofs in Zivilsachen
BilKoG	Gesetz zur Kontrolle von Unternehmensabschlüssen (Bilanzkontrollgesetz)
BilReG	Gesetz zur Einführung internationaler Rechnungslegungsstandards und zur Sicherung der Qualität der Abschlussprüfung (Bilanzrechtsreformgesetz)
BiRiLiG	Bilanzrichtliniengesetz
BKR	Zeitschrift für Bank- und Kapitalmarktrecht
Bl.	Blatt
Bln.	Berlin
BMF	Bundesministerium der Finanzen
BORA	Berufsordnung für Rechtsanwälte
BörsG	Börsengesetz
BR	Bundesrat
BRD	Bundesrepublik Deutschland
BR-Drs.	Bundesrats-Drucksache
Brem.	Bremen
BR-Prot.	Bundesrats-Protokoll
BSG	Bundessozialgericht
Bsp.	Beispiel
bspw.	beispielsweise
BStBl.	Bundessteuerblatt
BT	Bundestag; Besonderer Teil
BT-Drs.	Bundestags-Drucksache
BT-Prot.	Bundestags-Protokoll
Buchst.	Buchstabe
BVerfG	Bundesverfassungsgericht
BVerfGE	Entscheidungen des Bundesverfassungsgerichts
BVerwG	Bundesverwaltungsgericht
BW	Baden-Württemberg
bzgl.	bezüglich
bzw.	beziehungsweise
ca.	circa
CaS	Causa Sport (Zeitschrift)
CESR	Committee of European Securities Regulators
CR	Computer und Recht (Zeitschrift)
d.	der/die/das/den/des/durch
Darst.	Darstellung
DB	Der Betrieb (Zeitschrift)
DDR	Deutsche Demokratische Republik
DepotG	Gesetz über die Verwahrung und Anschaffung von Wertpapieren (Depotgesetz)
ders.	derselbe
dgl.	dergleichen, desgleichen
dh	das heißt
Die Justiz	Die Justiz, Amtsblatt des Justizministeriums Baden-Württemberg
dies.	dieselbe(n)
diesbzgl.	diesbezüglich
diff.	differenziert, differenzierend
DIN	Deutsche Industrie-Norm(en)
Diss.	Dissertation
div.	diverse
DJZ	Deutsche Juristenzeitung (Zeitschrift)
Dok.	Dokument
DR	Deutsches Recht (Zeitschrift)
DRiG	Deutsches Richtergesetz
DRiZ	Deutsche Richterzeitung (Zeitschrift)
Drs.	Drucksache
DStR	Deutsches Steuerrecht (Zeitschrift)
dt.	deutsch
DVO	Durchführungsverordnung
E	Entwurf
ebd.	ebenda
Ed.	Edition
eG	eingetragene Genossenschaft
EGMR	Europäischer Gerichtshof für Menschenrechte
EGStGB	Einführungsgesetz zum Strafgesetzbuch
ehem.	ehemalig/e/er/es
Einf.	Einführung
einf.	einführend
eing.	eingehend
einhM	einhellige Meinung
Einl.	Einleitung
einschl.	einschließlich
einschr.	einschränkend
eK	eingetragener Kaufmann
EL	Ergänzungslieferung
Empf.	Empfehlung
endg.	endgültig
engl.	englisch

Entsch.	Entscheidung	GbR	Gesellschaft bürgerlichen Rechts
Entschl.	Entschluss	GE	Gesetzesentwurf
entspr.	entspricht, entsprechend	geänd.	geändert
EP	Europäisches Parlament	geb.	geboren
ER	Europäischer Rat	gem.	gemäß
Erg.	Ergebnis, Ergänzung	GenG	Genossenschaftsgesetz
erg.	ergänzend	ges.	gesetzlich
Ergbd.	Ergänzungsband	gewöhnl.	gewöhnlich
Erkl.	Erklärung	GewR	Gewerberecht
Erl.	Erlass, Erläuterung	GewRS	Gewerblicher Rechtsschutz
Erwgr.	Erwägungsgrund	GG	Grundgesetz für die Bundesrepublik Deutschland
ESC	European Securities Committee	ggf.	gegebenenfalls
ESMA	European Securities and Markets Authority	gGmbH	gemeinnützige Gesellschaft mit beschränkter Haftung
etc	et cetera (und so weiter)	ggü.	gegenüber
EU	Europäische Union	glA	gleicher Ansicht
EuG	Gericht erster Instanz der Europäischen Gemeinschaften	GLE	Gleichlautende Ländererlasse
EuGH	Europäischer Gerichtshof	GmbH	Gesellschaft mit beschränkter Haftung
europ.	europäisch		
eV	eingetragener Verein	GmbH & Atypisch Still	Gesellschaft mit beschränkter Haftung und atypische stille Gesellschafter
ev.	evangelisch		
evtl.	eventuell		
EWIV	Europäische wirtschaftliche Interessenvereinigung	GmbH & Co. KG	Gesellschaft mit beschränkter Haftung und Compagnie Kommanditgesellschaft
EZB	Europäische Zentralbank		
f., ff.	folgende Seite bzw. Seiten, Paragraf		
FESCO	Forum European Securities Commissions	GmbH & Still	Gesellschaft mit beschränkter Haftung und stille Gesellschafter
FG	Finanzgericht; Festgabe	GmbHG	Gesetz betreffend die Gesellschaften mit beschränkter Haftung
FiMaNoG	Finanzmarktnovellierungsgesetz		
FinBAG	Gesetz über die Finanzdienstleistungsaufsicht	GmbHR	GmbH-Rundschau (Zeitschrift)
FMBl.	Finanzministerialblatt	GMBl.	Gemeinsames Ministerialblatt
4. FMFG	Gesetz zur weiteren Fortentwicklung des Finanzplatzes Deutschland (Viertes Finanzmarktförderungsgesetz)	GmS-OBG	Gemeinsamer Senat der obersten Gerichtshöfe des Bundes
		GOB	Grundsätze ordnungsgemäßer Buchführung
Fn.	Fußnote	Grdl.	Grundlage
Frankr.	Frankreich	grdl.	grundlegend
FS	Festschrift	grds.	grundsätzlich
G	Gesetz	Griech.	Griechenland
GA	Generalanwalt/Generalanwältin; Goltdammer's Archiv für Strafrecht (Zeitschrift)	GrS	Großer Senat in Strafsachen
		GS	Gedenkschrift, Gedächtnisschrift; Der Gerichtssaal (Zeitschrift)
gAG	Gemeinnützige Aktiengesellschaft		
GBA	Generalbundesanwalt/Generalbundesanwältin	GVBl.	Gesetz- und Verordnungsblatt
GBl.	Gesetzblatt	GVG	Gerichtsverfassungsgesetz

GVO	Gruppenfreistellungsverordnung; Grundverordnung
GVOBl.	Gesetz- und Verordnungsblatt
GWR	Gesellschafts- und Wirtschaftsrecht (Zeitschrift)
hA	herrschende Ansicht/Auffassung
Halbbd.	Halbband
HansOLG	Hanseatisches Oberlandesgericht
HdB	Handbuch
Hess.	Hessen
HESt	Höchstrichterliche Entscheidungen, Sammlung von Entscheidungen der Oberlandesgerichte und Obersten Gerichte in Strafsachen
HGB	Handelsgesetzbuch
hins.	hinsichtlich
hL	herrschende Lehre
hM	herrschende Meinung
Hmb.	Hamburg
Hrsg.	Herausgeber
hrsg.	herausgegeben
Hs.	Halbsatz
HV	Hauptversammlung; Handelsvertreter; Hauptverhandlung
IAS	International Accounting Standards
ic	in concreto/in casu
idF	in der Fassung
idR	in der Regel
idS	in diesem Sinne
iE	im Einzelnen
iErg	im Ergebnis
ieS	im engeren Sinne
IFRS	International Financial Reporting Standards
IGH	Internationaler Gerichtshof
iGr	in Gründung
iHd	in Höhe des/der
iHv	in Höhe von
iJ	im Jahre
iL	in Liquidation
Inf.	Information
insbes.	insbesondere
insges.	insgesamt
InsO	Insolvenzordnung
int.	international
InvAG	Investmentaktiengesellschaft
iRd	im Rahmen des/der
IRG	Gesetz über die internationale Rechtshilfe in Strafsachen
iS	im Sinne
iSd	im Sinne des/der
iSv	im Sinne von
iÜ	im Übrigen
iur	Informatik und Recht (Zeitschrift)
iVm	in Verbindung mit
iW	im Wesentlichen
iwS	im weiteren Sinne
iZw	im Zweifel
JA	Juristische Arbeitsblätter (Zeitschrift)
jew.	jeweils
Jg.	Jahrgang
Jge.	Jahrgänge
JGG	Jugendgerichtsgesetz
Jh.	Jahrhundert
JK	Jura-Rechtsprechungskartei (Beilage der Zeitschrift Jura)
JMBl.	Justizministerialblatt
JMBlNRW	Justizministerialblatt für das Land Nordrhein-Westfalen
JR	Juristische Rundschau (Zeitschrift)
jur.	juristisch
Jura	Juristische Ausbildung (Zeitschrift)
JuS	Juristische Schulung (Zeitschrift)
JW	Juristische Wochenschrift (Zeitschrift)
JZ	Juristenzeitung (Zeitschrift)
Kap.	Kapitel, Kapital
KapCoRiLiG	Kapitalgesellschaften- und Co.-Richtlinien-Gesetz
kath.	katholisch
Kfz	Kraftfahrzeug
KG	Kommanditgesellschaft; Kammergericht
KGaA	Kommanditgesellschaft auf Aktien
KJ	Kritische Justiz (Zeitschrift)
Kj.	Kalenderjahr
Kl.	Kläger
kl.	klagend
Kom.	Komitee, Kommission
Komm.	Kommentar

KonTraG	Gesetz zur Kontrolle und Transparenz im Unternehmensbereich		deutsch: Richtlinie über Märkte für Finanzinstrumente
KöR	Körperschaft des öffentlichen Rechts	mind.	mindestens
		Mio.	Million(en)
krit.	kritisch	Mitt.	Mitteilung(en)
KritV	Kritische Vierteljahresschrift für Gesetzgebung und Rechtswissenschaft (Zeitschrift)	mN	mit Nachweisen
		Mot.	Motive
		MoU	Memoranda of Understanding
KTS	Konkurs-, Treuhand- und Schiedsgerichtswesen (Zeitschrift)	Mrd.	Milliarde(n)
		MRK	Europäische Konvention zum Schutze der Menschenrechte und Grundfreiheiten
KuMaKV	Verordnung zur Konkretisierung des Verbotes der Kurs- und Marktpreismanipulation		
		MschrKrim	Monatsschrift für Kriminologie und Strafrechtsreform
KWG	Kreditwesengesetz		
KWG-ÄndG	KWG-Änderungsgesetz	mtl.	monatlich
		MV	Mecklenburg-Vorpommern
LAG	Landesarbeitsgericht		
lat.	lateinisch	mwH	mit weiteren Hinweisen
Lb.	Lehrbuch	mwN	mit weiteren Nachweisen
lfd.	laufend	mWv	mit Wirkung vom
Lfg.	Lieferung		
LG	Landgericht	nachf.	nachfolgend
li.	links, linke(r)	Nachw.	Nachweise
Liecht.	Liechtenstein	Nds.	Niedersachsen
Lit.	Literatur	nF	neue Fassung
lit.	litera	NJ	Neue Justiz (Zeitschrift)
Lkw	Lastkraftwagen	NJW	Neue Juristische Wochenschrift (Zeitschrift)
Ls.	Leitsatz		
LSA	Sachsen-Anhalt	Nov.	Novelle
LSG	Landessozialgericht	Nr.	Nummer(n)
lt.	laut	nrkr	nicht rechtskräftig
Ltd.	Limited (englische Unternehmensform)	NRW	Nordrhein-Westfalen
		NStE	Rebmann ua (Hrsg.), Neue Entscheidungssammlung für Strafrecht
LT-Drs.	Landtags-Drucksache		
LT-Prot.	Landtags-Protokoll		
Lux.	Luxemburg	NStZ	Neue Zeitschrift für Strafrecht
MaKonV	Verordnung zur Konkretisierung des Verbots der Marktmanipulation		
		NStZ-RR	NStZ-Rechtsprechungs-Report Strafrecht (Zeitschrift)
mÄnd	mit Änderungen		
mAnm	mit Anmerkung	nv	nicht veröffentlicht
Mat.	Materialien	NZWiSt	Neue Zeitschrift für Wirtschafts-, Steuer- und Unternehmensstrafrecht
maW	mit anderen Worten		
max.	maximal		
mBespr	mit Besprechung	o.	oben, oder
MBl.	Ministerialblatt	oa	oben angegebene(e/es/er)
MDR	Monatsschrift für Deutsches Recht	oÄ	oder Ähnliche/s.
		öffentl.	öffentlich
mE	meines Erachtens	og	oben genannte(r, s.)
MiFID	Markets in Financial Instruments Directive,	OGHSt	Entscheidungen des Obersten Gerichtshofes für die Britische Zone in Strafsachen

OHG	Offene Handelsgesellschaft
oJ	ohne Jahrgang
OLG	Oberlandesgericht
OLGSt	Entscheidungen der Oberlandesgerichte zum Straf- und Strafverfahrensrecht
Öst.	Österreich
oV	ohne Verfasser
OVG	Oberverwaltungsgericht
OWiG	Gesetz über Ordnungswidrigkeiten
PartGG	Partnerschaftsgesellschaftsgesetz
Pkw	Personenkraftwagen
Pol.	Polen
Port.	Portugal
Preuß.	Preußen
Prot.	Protokoll
PublG	Publizitätsgesetz
pVV	Positive Vertragsverletzung
RAnz.	Reichsanzeiger
rd.	rund
RdErl.	Runderlass
RdSchr.	Rundschreiben
re.	rechts, rechte(r)
RegE	Regierungsentwurf
REIT-AG	Real-Estate-Investment-Trust Aktiengesellschaft
restr.	restriktiv
RG	Reichsgericht
RGBl.	Reichsgesetzblatt
RGSt	Entscheidungen des Reichsgerichts in Strafsachen
RGZ	Entscheidungen des Reichsgerichts in Zivilsachen
RhPf.	Rheinland-Pfalz
RiVaSt	Richtlinien für den Verkehr mit dem Ausland in strafrechtlichen Angelegenheiten
rkr.	rechtskräftig
RL	Richtlinie
Rn.	Randnummer
Rpfleger	Rechtspfleger (Zeitschrift)
Rs.	Rechtssache
Rspr.	Rechtsprechung
RStGB	Reichsstrafgesetzbuch
RT	Reichstag
RT-Drs.	Reichstags-Drucksache
RT-Prot.	Reichstags-Protokoll
Russl.	Russland
RVO	Rechtsverordnung; Reichsversicherungsordnung (SozR)
S.	Seite(n), Satz
s.	siehe
s. o.	siehe oben
s. u.	siehe unten
sa	siehe auch
Saarl.	Saarland
Sachs.	Sachsen
SchlA	Schlussantrag
SchlH	Schleswig-Holstein
SchlHA	Schleswig-Holsteinische Anzeigen
SchlOLG	Schleswig-Holsteinisches Oberlandesgericht
Schr.	Schrifttum, Schreiben
SchwZStr	Schweizerische Zeitschrift für Strafrecht
SDÜ	Übereinkommen vom 19. Oktober 1990 zur Durchführung des Übereinkommens von Schengen vom 14. Juni 1985 zwischen den Regierungen der Benelux-Wirtschaftsunion, der Bundesrepublik Deutschland und der Französischen Republik betreffend den schrittweisen Abbau der Kontrollen an den gemeinsamen Grenzen
SE	Europäische Aktiengesellschaft (Societas Europaea)
SEC	Securities and Exchange Commission (US-Börsenaufsichtsbehörde)
SEEG	Gesetz zur Einführung der Europäischen Gesellschaft
Sen.	Senat
SG	Sozialgericht
Slg.	Sammlung
sog.	so genannt
Sp.	Spalte
Span.	Spanien
st.	ständig
StA	Staatsanwaltschaft
Stellungn.	Stellungnahme
StGB	Strafgesetzbuch
StGH	Staatsgerichtshof
Stichw.	Stichwort
StPO	Strafprozessordnung
str.	streitig, strittig
StrafR	Strafrecht
StrÄndG	Strafrechtsänderungsgesetz
StrRG	Gesetz zur Reform des Strafrechts
stRspr	ständige Rechtsprechung
StV	Strafverteidiger (Zeitschrift)
StVG	Straßenverkehrsgesetz

StVO	Straßenverkehrsordnung
SubvG	Subventionsgesetz
Suppl.	Supplement
teilw.	teilweise
Thür.	Thüringen
TransPubG	Transparenz- und Publizitätsgesetz
TUG	Transparenzrichtlinie-Umsetzungsgesetz
Türk.	Türkei
TV	Testamentsvollstrecker; Testamentsvollstreckung; Tarifvertrag
Tz.	Textziffer
u.	und, unter, unten
UA	Untersuchungsausschuss
ua	und andere, unter anderem
uÄ	und Ähnliches
UAbs.	Unterabsatz
UAbschn.	Unterabschnitt
uam	und anderes mehr
uÄm	und Ähnliches mehr
überarb.	überarbeitet
Überbl.	Überblick
überw.	überwiegend
Übk.	Übereinkommen
uE	unseres Erachtens
UG	Unternehmergesellschaft
Umf.	Umfang
umfangr.	umfangreich
umstr.	umstritten
UmwG	Umwandlungsgesetz
Ung.	Ungarn
unstr.	unstreitig
unv.	unverändert, unveränderte Auflage
unveröff.	unveröffentlicht
unzutr.	unzutreffend
UrhG	Gesetz über Urheberrecht und verwandte Schutzrechte (Urheberrechtsgesetz)
Urk.	Urkunde
Urt.	Urteil
usw	und so weiter
uU	unter Umständen
uvam	und vieles anderes mehr
uvm	und viele mehr
UWG	Gesetz gegen den unlauteren Wettbewerb
v.	vom, von
va	vor allem
VAG	Versicherungsaufsichtsgesetz
Var.	Variante
vAw	von Amts wegen
Verf.	Verfasser, Verfassung, Verfahren
VerfG	Verfassungsgericht
VerfGH	Verfassungsgerichtshof
Verh.	Verhandlung
VerkProspG	Verkaufsprospektgesetz
VerkProspVO	Verkaufsprospektverordnung
Veröff.	Veröffentlichung
Vers.	Versicherung
Vertr.	Vertrag
vertragl.	vertraglich
Verw.	Verwaltung
Vfg.	Verfügung
VG	Verwaltungsgericht
VGH	Verwaltungsgerichtshof
vgl.	vergleiche
vH	von Hundert
VO	Verordnung
Vol., vol.	volume (Band)
Voraufl.	Vorauflage
Vor	Vorbemerkung
vorl.	vorläufig
Vorschr.	Vorschrift
vs.	versus
VU	Versäumnisurteil
VwGO	Verwaltungsgerichtsordnung
VwVfG	Verwaltungsverfahrensgesetz
WiJ	Journal der Wirtschaftsstrafrechtlichen Vereinigung eV.
WiKG	Gesetz zur Bekämpfung der Wirtschaftskriminalität
Wiss.	Wissenschaft
wiss.	wissenschaftlich
WiStG	Gesetz zur weiteren Vereinfachung des Wirtschaftsstrafrechts (Wirtschaftsstrafgesetz 1954)
wistra	Zeitschrift für Wirtschafts- und Steuerstrafrecht
Wj.	Wirtschaftsjahr
WM	Wertpapier-Mitteilungen (Zeitschrift)
wN	weitere Nachweise
WpHG	Wertpapierhandelsgesetz
WpüG	Wertpapiererwerbs- und Übernahmegesetz
WRP	Wettbewerb in Recht und Praxis (Zeitschrift)
Württ.	Württemberg
zahlr.	zahlreich
zB	zum Beispiel

ZBB	Zeitschrift für Bankrecht und Bankwirtschaft	zul.	zuletzt
		zusf.	zusammenfassend
ZGR	Zeitschrift für Unternehmens- und Gesellschaftsrecht	zust.	zustimmend
		zutr.	zutreffend
		ZV	Zwangsvollstreckung; Zwangsversteigerung
Ziff.	Ziffer		
ZIS	Zeitschrift für Internationale Strafrechtsdogmatik	zVb	zur Veröffentlichung bestimmt
zit.	zitiert	zw.	zweifelhaft
ZPO	Zivilprozessordnung	ZWH	Zeitschrift für Wirtschaftsstrafrecht und Haftung im Unternehmen
ZRP	Zeitschrift für Rechtspolitik		
ZStW	Zeitschrift für die gesamte Strafrechtswissenschaft	zzgl.	zuzüglich
		zzt.	zurzeit
zT	zum Teil		

Allgemeines Literaturverzeichnis

Achenbach/Ransiek/Rönnau/*Bearbeiter*	Achenbach/Ransiek/Rönnau, Handbuch Wirtschaftsstrafrecht, 4. Aufl. 2015
Achenbach/Wannemacher/*Bearbeiter*	Achenbach/Wannemacher (Hrsg.), Beraterhandbuch zum Steuer- und Wirtschaftsstrafrecht, 1999
Achenbach-FS	Hellmann/Schröder (Hrsg.), Festschrift für Hanns Achenbach, 2011
AK-StGB/*Bearbeiter*	Rudolf Wassermann (Gesamtherausgeber), Kommentar zum Strafgesetzbuch, Reihe Alternativkommentare; Bd. 1 (1990); Bd. 3 (1986)
AK-StPO/*Bearbeiter*	Kommentar zur Strafprozessordnung, Reihe Alternativkommentare, Bd. 1 (1988); Bd. 2/1 (1992); Bd. 2/2 (1993); Bd. 3 (1996)
AnwK-StGB/*Bearbeiter*	Leipold/Tsambikakis/Zöller (Hrsg.), Anwalt-Kommentar StGB, 2. Aufl. 2015
Arzt/Weber/Heinrich/Hilgendorf/*Bearbeiter*	Arzt/Weber/Heinrich/Hilgendorf, Strafrecht Besonderer Teil. Lehrbuch, 3. Aufl. 2015
Assmann/Lenz/Ritz/*Bearbeiter*, VerkProspG	Assmann/Lenz/Ritz, Verkaufsprospektgesetz, Kommentar, 2001
Assmann/Schneider/*Bearbeiter*	Assmann/Schneider (Hrsg.), Wertpapierhandelsgesetz, 6. Aufl. 2011
Assmann/Schneider/Mülbert/*Bearbeiter*	Assmann/Schneider/Mülbert (Hrsg.), Wertpapierhandelsgesetz, 7. Aufl. 2019
Assmann/Schütze/*Bearbeiter*	Assmann/Schütze (Hrsg.), Handbuch des Kapitalanlagerechts, 4. Aufl. 2015
Bauer	Bauer, Genossenschafts-Handbuch, Loseblatt, Stand: 2018
Baumbach/Hopt/*Bearbeiter*	Baumbach/Hopt, Handelsgesetzbuch, 38. Aufl. 2018
Baumbach/Hueck/*Bearbeiter*	Baumbach/Hueck, GmbH-Gesetz, 21. Aufl. 2017
Beck'scher Bilanzkommentar/*Bearbeiter*	Grottel/Schmidt/Schubert/Winkeljohann (Hrsg.), Beck'scher Bilanzkommentar, 11. Aufl. 2018
BeckOK BGB/*Bearbeiter*	Bamberger/Roth/Hau/Poseck (Hrsg.), Beck'scher Online-Kommentar BGB, 49. Ed., Stand: 1.2.2019
BeckOK GG/*Bearbeiter*	Epping/Hillgruber (Hrsg.), Beck'scher Online-Kommentar StGB, 40. Ed., Stand: 15.2.2019
BeckOK GmbHG/*Bearbeiter*	Ziemons/Jaeger (Hrsg.) Beck'scher Online-Kommentar GmbHG, 38. Ed., Stand: 1.2.2019
BeckOK HGB/*Bearbeiter*	Häublein/Hoffmann-Theinert (Hrsg.), Beck'scher Online-Kommentar HGB, Stand: 23. Ed., Stand: 15.1.2019
BeckOK OWiG/*Bearbeiter*	Graf (Hrsg.), Beck'scher Online-Kommentar OWiG, 21. Ed., Stand: 1.1.2019
BeckOK StGB/*Bearbeiter*	v. Heintschel-Heinegg (Hrsg.), Beck'scher Online-Kommentar StGB, 41. Ed., Stand: 1.2.2019
BeckOK StPO/*Bearbeiter*	Graf (Hrsg.), Beck'scher Online-Kommentar StPO, 32. Ed., Stand: 1.1.2019
BeckRA-HdB/*Bearbeiter*	Heussen/Hamm (Hrsg.,) Beck'sches Rechtsanwalts-Handbuch, 11. Aufl. 2016
Beermann/Gosch/*Bearbeiter*	*Beermann/Gosch*, Kommentar zur Abgabenordnung Finanzgerichtsordnung, Loseblatt, Stand: 145. Lfg. April 2019

Allgemeines Literaturverzeichnis

Beuthien	Beuthien, Genossenschaftsgesetz: GenG, 16. Aufl. 2018
BFS/*Bearbeiter*	Boos/Fischer/Schulte-Mattler (Hrsg.), Kreditwesengesetz, 5. Aufl. 2016
BGH-FG IV	Canaris ua (Hrsg.), 50 Jahre Bundesgerichtshof. Festgabe aus der Wissenschaft, Bd. IV. Strafrecht, Strafprozessrecht, 2000
Bittmann/*Bearbeiter*	Bittmann (Hrsg.), Insolvenzstrafrecht, Handbuch für die Praxis, 2. Aufl. 2017
BLAH/*Bearbeiter*	Baumbach/Lauterbach/Albers/Hartmann, Zivilprozessordnung, 77. Aufl. 2019
Blümich/*Bearbeiter*	Blümich, EStG, 145. Aufl. 2019
BMR	Bender/Möller/Retemeyer, Handbuch Steuerstrafrecht, Loseblatt, Stand: 45. Lfg. März 2019
BMV/*Bearbeiter*	Benda/Maihofer/Vogel (Hrsg.), Handbuch des Verfassungsrechts der Bundesrepublik Deutschland, 2. Aufl. 1995
Bohnert/Krenberger/Krumm	Bohnert/Krenberger/Krumm, Kommentar zum Ordnungswidrigkeitengesetz, 4. Aufl. 2016
Krenberger/Krumm/*Bearbeiter*	Krenberger/Krumm, Kommentar zum Ordnungswidrigkeitengesetz, 5. Aufl. 2018
Boos/Fischer/Schulte-Mattler/*Bearbeiter*	Boos/Fischer/Schulte-Mattler (Hrsg.), Kreditwesengesetz, 5. Aufl. 2016
Böttger/*Bearbeiter*	Böttger (Hrsg.), Wirtschaftsstrafrecht in der Praxis, 2. Aufl. 2015
Brettel/Schneider WiStR	Brettel/Schneider, Wirtschaftsstrafrecht, 2. Aufl. 2018
Bringewat	Bringewat, Grundbegriffe des Strafrechts, 3. Aufl. 2018
Buck-Heeb	Buck-Heeb, Kapitalmarktrecht, 10. Aufl. 2019
Buddendiek/Rutkowski,	Buddendiek/Rutkowski, Lexikon des Nebenstrafrechts, Stichwortband zu Erbs/Kohlhaas, Strafrechtliche Nebengesetze, Loseblatt, Stand: 41. Aufl. 2018
BWME AT	Baumann/Weber/Mitsch/Eisele, Strafrecht, Allgemeiner Teil, 12. Aufl. 2016
Dahs-FS	Widmaier et al. (Hrsg.), Festschrift für Hans Dahs, 2005
DK InsolvenzStrR	Dannecker/Knierim, Insolvenzstrafrecht, 3. Aufl. 2018
Eidam	Eidam (Hrsg.), Unternehmen und Strafe, Vorsorge und Krisenmanagement, 5. Aufl. 2018
Eisele BT-II	Eisele, Strafrecht Besonderer Teil II, Vermögensdelikte, 4. Aufl. 2017
Erbs/Kohlhaas/*Bearbeiter*	Erbs/Kohlhaas, Strafrechtliche Nebengesetze, Kommentar, Loseblatt, Stand: 223. EL, 2019
Esser/Rübenstahl/Saliger/Tsambikakis/ *Bearbeiter*	Esser/Rübenstahl/Saliger/Tsambikakis (Hrsg.), Wirtschaftsstrafrecht, Kommentar mit Steuerstrafrecht und Verfahrensrecht, 2017
Feigen-FS	Livonius/Graf/Zöller (Hrsg.), Strafverteidigung im Wirtschaftsleben, Festschrift für Hanns W. Feigen, 2014
Fischer	Fischer, Kommentar zum StGB und Nebengesetzen, 66. Aufl. 2019
Frister AT	Frister, Lehrbuch Strafrecht Allgemeiner Teil, 8. Aufl. 2018

Fuchs/*Bearbeiter*	Fuchs, Wertpapierhandelsgesetz, Kommentar, 2. Aufl. 2016
Geilen	Geilen, Zöllner, Aktienstrafrecht, Sonderausgabe aus Kölner Kommentar zum AktG, 1984
Geppert-FS	Geisler et al. (Hrsg.), Festschrift für Klaus Geppert zum 70. Geburtstag am 10. März 2011, 2011
Geßler/Hefermehl/Eckardt/Kropff/ *Bearbeiter*	Geßler/Hefermehl/Eckardt/Kropff (Hrsg.) Aktiengesetz, Kommentar, 1973 ff., Bd. 6: Strafrechtliche Vorschriften, 18. Lfg. 1994
GIB/*Bearbeiter*	Görling/Inderst/Bannenberg, Compliance, 2010
Graf/Jäger/Wittig/*Bearbeiter*	Graf/Jäger/Wittig, Wirtschafts- und Steuerstrafrecht, Kommentar, 2. Aufl. 2017
Groß	Groß, Kapitalmarktrecht, Kommentar zum Börsengesetz, zur Börsenzulassungs-Verordnung und zum Wertpapierprospektgesetz, 6. Aufl. 2016
Godin/Wilhelmi	Godin/Wilhelmi, Aktiengesetz, 4. Aufl. 1971
Göhler/*Bearbeiter* OWiG	Göhler, Gesetz über Ordnungswidrigkeiten, 17. Aufl. 2017
Gössel/Dölling StR	Gössel/Dölling, Strafrecht Besonderer Teil 1, Straftaten gegen Persönlichkeits- und Gemeinschaftswerte, 2. Aufl. 2004
Gössel-FS	Dölling/Erb (Hrsg.), Festschrift für Karl Heinz Gössel zum 70. Geburtstag am 16. Oktober 2002, 2002
Götting/Nordemann	Götting/Nordemann (Hrsg.), Handkommentar zum UWG, 3. Aufl. 2016
Große Vorholt	Große Vorholt, Wirtschaftsstrafrecht, 3. Aufl. 2013
Hachenburg/*Bearbeiter*	Mertens/Stein (Hrsg.), Das Recht des Geschäftsführers der GmbH. Aus: Hachenburg, Gesetz betreffend die Gesellschaften mit beschränkter Haftung (GmbH), 8. Aufl. 1997, 2. Aufl. Reprint 2014
Hauschka/Moosmayer/Lösler/ *Bearbeiter*	Hauschka/Moosmayer/Lösler (Hrsg.), Corporate Compliance, Handbuch der Haftungsvermeidung im Unternehmen, 3. Aufl. 2016
HBS/*Bearbeiter*	Habersack/Mülbert/Schlitt, Handbuch der Kapitalmarktinformation, 2. Aufl. 2013
HdB-EUStrafR/*Bearbeiter*	Sieber/Brüner/Satzger/v. Heintschel-Heinegg (Hrsg.), Handbuch Europäisches Strafrecht, 2. Aufl. 2014
Hecker Europ. StrafR	Europäisches Strafrecht, Lehrbuch, 5. Aufl. 2014
Heidel/*Bearbeiter*	Heidel (Hrsg.), Nomos Kommentar zum Aktienrecht und Kapitalmarktrecht, 4. Aufl. 2014
Hellmann/Beckemper	Hellmann/Beckemper, Wirtschaftsstrafrecht, 4. Aufl. 2013
Hellmann	Hellmann, Wirtschaftsstrafrecht, 5. Aufl. 2018
Henssler/Strohn/*Bearbeiter*	Henssler/Strohn (Hrsg.), Gesellschaftsrecht, 4. Aufl. 2019
Herkendell	Herkendell, Wirtschaftsstrafrecht, Insolvenzdelikte: Betrug und Untreue, 2013
Herzberg-FS	Putzke/Hardtung/Hörnle/Merkel/Scheinfeld/Schlehofer/Seier (Hrsg.), Festschrift für Dietrich Herzberg zum 70. Geburtstag, 2008
Heymann/*Bearbeiter*	Horn (Hrsg.), Heymann-Handelsgesetzbuch (ohne Seerecht). Kommentar, 2. Aufl. 2005

Allgemeines Literaturverzeichnis

HHS/*Bearbeiter*	Hübschmann/Hepp/Spitaler, Abgabenordnung – Finanzgerichtsordnung, Loseblatt, Stand: 251. Lfg. 2019
Hillenkamp AT	Hillenkamp, 32 Probleme aus dem Strafrecht Allgemeiner Teil, 14. Aufl. 2012
Hillenkamp/Cornelius AT	Hillenkamp/Cornelius, 32 Probleme aus dem Strafrecht Allgemeiner Teil, 15. Aufl. 2017
Hillenkamp BT	Hillenkamp, 40 Probleme aus dem Strafrecht Besonderer Teil, 12. Aufl. 2013
HK-AktG/*Bearbeiter*	Bürgers/Körber (Hrsg.), Heidelberger Kommentar zum AktienG, 4. Aufl. 2017
HK-GmbHG/*Bearbeiter*	Saenger/Inhester (Hrsg.), Handkommentar zum GmbHG, 3. Aufl. 2016
HK-InsO/*Bearbeiter*	Kayser/Thole (Hrsg.), Heidelberger Kommentar zur Insolvenzordnung, 9. Aufl. 2018
HK-OWiG/*Bearbeiter*	Blum/Gassner/Seith (Hrsg.), Handkommentar zum Ordnungswidrigkeitengesetz, 2016
HK-SteuerStR	Hüls/Reichling (Hrsg.), Heidelberger Kommentar, Steuerstrafrecht, 2016
HK-StPO/*Bearbeiter*	Gercke/Julius/Temming/Zöller (Hrsg.), Heidelberger Kommentar zur Strafprozessordnung, 6. Aufl. 2019
HK-StrafR/*Bearbeiter*	Dölling/Duttge/Rössner/König (Hrsg.), Handkommentar zum Gesamten Strafrecht, 4. Aufl. 2017
HK-UmwG/*Bearbeiter*	Maulbetsch/Klumpp/Rose (Hrsg.), Heidelberger Kommentar zum Umwandlungsgesetz, 2. Aufl. 2017
Hohmann/Sander BT/II	Hohmann/Sander, Strafrecht. Besonderer Teil II, 2. Aufl. 2011
Hohnel/*Bearbeiter*	Hohnel (Hrsg.), Kapitalmarktstrafrecht, Kommentar, 2013
Hölters/*Bearbeiter*	Hölters (Hrsg.), Kommentar Aktiengesetz, 3. Aufl. 2017
Hopt/Wiedemann/*Bearbeiter*	Hopt/Wiedemann (Hrsg.), Aktiengesetz Großkommentar, 3. Aufl. 1975, 4. Aufl. 1997
Hruschka	Hruschka, Strafrecht nach logisch-analytischer Methode, 2. Aufl. 1988
Hüffer/Koch	Hüffer/Koch, Aktiengesetz, 13. Aufl. 2018
IBP/*Bearbeiter*	Inderst/Bannenberg/Poppe, Compliance – Aufbau – Management – Risikobereiche, 3. Aufl. 2017
Immenga/Mestmäcker/*Bearbeiter*	Immenga/Mestmäcker, GWB – Gesetz gegen Wettbewerbsbeschränkungen, 5. Aufl. 2014
Jakobs-FS	Pawlik/Zaczyk (Hrsg.), Festschrift für Günther Jakobs zum 70. Geburtstag am 26. Juli 2007, 2007
Jescheck/Weigend AT	Jescheck/Weigend, Lehrbuch des Strafrechts, Allgemeiner Teil, 5. Aufl. 1996
JJR/*Bearbeiter*	Joecks/Jäger/Randt (Hrsg.), Steuerstrafrecht mit Zoll- und Verbrauchsteuerstrafrecht, Kommentar, 8. Aufl. 2015
JVRB/*Bearbeiter*	Just/Voß/Ritz/Becker (Hrsg.), Wertpapierhandelsgesetz, Kommentar, 2015
JVRZ/*Bearbeiter*	Just/Voß/Ritz/Zeising (Hrsg.), Wertpapierprospektgesetz, Kommentar, 2. Aufl. 2019 (angekündigt für Okt. 2019)

Allgemeines Literaturverzeichnis

Kaspar AT	Kaspar, Strafrecht Allgemeiner Teil. Eine Einführung, 2. Aufl. 2017
Kempf/Lüderssen/Volk/*Bearbeiter*	Kempf/Lüderssen/Volk, Unternehmensstrafrecht, 2012
KHH BT II	Krey/Hellmann/Heinrich, Strafrecht Besonderer Teil, Bd. 2, Vermögensdelikte, 17. Aufl. 2015
KK-OWiG/*Bearbeiter*	Mitsch (Hrsg.), Karlsruher Kommentar Ordnungswidrigkeitengesetz, 5. Aufl. 2018
KK-StPO/*Bearbeiter*	Hannich (Hrsg.), Karlsruher Kommentar zur Strafprozessordnung und zum Gerichtsverfassungsgesetz mit Einführungsgesetz, 8. Aufl. 2019
KKU/*Bearbeiter*	Kuhlen/Kudlich/de Urbina (Hrsg.), Compliance und Strafrecht, 2013
Klein AO/*Bearbeiter*	Klein (Hrsg.), Abgabenordnung, 14. Aufl. 2018
Klesczewski StR BT	Klesczewski, Lehrbuch, Strafrecht Besonderer Teil, 2016
Kloepfer/Heger	Kloepfer/Heger, Umweltstrafrecht, 3. Aufl. 2014
Klug	Klug, Aktienstrafrecht, 1975
Knierim/Rübenstahl/Tsambikakis/ *Bearbeiter*	Knierim/Rübenstahl/Tsambikakis (Hrsg.), Internal Investigations, 2. Aufl. 2016
Köhler/Bornkamm/Feddersen/*Bearbeiter*	Köhler/Bornkamm/Feddersen, Gesetz gegen den unlauteren Wettbewerb: UWG mit PAngV, UKlaG, DL-InfoV, 37. Aufl. 2019
Kohlmann/*Bearbeiter*	Kohlmann (Hrsg.), Steuerstrafrecht, Loseblatt, Stand: 62. Lfg. 2019
Kohlmann-FS	Hirsch/Wolter/Brauns (Hrsg.), Festschrift für Günter Kohlmann zum 70. Geburtstag, 2003
KölnKommAktG/*Bearbeiter*	Zöllner/Noack (Hrsg.), Kölner Kommentar zum Aktiengesetz, 9 Bd., 3. Aufl. 2009 ff. (sa bei Geilen)
KölnKommRLR/*Bearbeiter*	Claussen/Scherrer (Hrsg.), Kölner Kommentar zum Rechnungslegungsrecht, 2010
KölnKommUmwG/*Bearbeiter*	Dauner-Lieb/Simon, (Hrsg.), Kölner Kommentar zum Umwandlungsgesetz, 2009
KölnKommWpHG/*Bearbeiter*	Hirte/Möllers (Hrsg.), Kölner Kommentar zum WpHG, 2. Aufl. 2014
Kopp/Ramsauer	Kopp/Ramsauer, Verwaltungsverfahrensgesetz, 19. Aufl. 2018
Krieger/Schneider/*Bearbeiter*	Krieger/Schneider (Hrsg.), Handbuch Managerhaftung, 3. Aufl. 2017
Krimphove/Kruse	Krimphove/Kruse, MaComp-Kommentar, 2013 (2. Aufl. 2019 erscheint vsl. Juni)
KTUW/*Bearbeiter*	Krekeler/Tiedemann/Ulsenheimer/Weimann (Hrsg.), Handwörterbuch des Wirtschafts- und Steuerstrafrechts, 1985, Stand: 5. Erg.Lfg. 1990 (dann Erscheinen eingestellt)
Kudlich/Oglakcioglu	Kudlich/Oglakcioglu, Wirtschaftsstrafrecht, 2. Aufl. 2014
Kümpel	Kümpel, Bank- und Kapitalmarktrecht, 3. Aufl. 2004
Kümpel/Wittig	Kümpel/Wittig, Bank- und Kapitalmarktrecht, 4. Aufl. 2011
Küper/Zopfs BT	Küper/Zopfs, Strafrecht Besonderer Teil, 10. Aufl. 2018
Küpper BT	Küpper, Strafrecht Besonderer Teil 1, 3. Aufl. 2007

Lackner/Kühl/Heger/*Bearbeiter*	Lackner/Kühl/Heger, Strafgesetzbuch, 29. Aufl. 2018
Lackner-FS	Küper/Puppe/Tenckhoff (Hrsg.), Festschrift für Karl Lackner zum 70. Geburtstag, 1987
Lampe-FS	Dölling (Hrsg.), Jus humanum, Grundlagen des Rechts und Strafrechts, Festschrift für Ernst-Joachim Lampe zum 70. Geburtstag, 2003
Lang/Weidmüller/*Bearbeiter*	Lang/Weidmüller, Genossenschaftsgesetz: GenG, 39. Aufl. 2019
LK/*Bearbeiter*	Leipziger Kommentar, Laufhütte/Rissing-van Saan/Tiedemann (Hrsg.), Strafgesetzbuch, 12. Aufl. 2007 ff.
Löwe/Rosenberg/*Bearbeiter*	Löwe/Rosenberg, Die Strafprozessordnung und das Gerichtsverfassungsgesetz mit Nebengesetzen, Großkommentar, 25. Aufl. 1997 ff. (hrsg. v. Rieß); 26. Aufl. 2012 (hrsg. v. Erb)
LPK-StGB	Kindhäuser, Strafgesetzbuch, Lehr- und Praxiskommentar, 7. Aufl. 2017
Lutter/Hommelhoff/*Bearbeiter*	Lutter/Hommelhoff, GmbHG, Kommentar, 19. Aufl. 2016
Luz et al./*Bearbeiter*	Luz/Neus/Schaber/Schneider/Wagner/Weber (Hrsg.), Kreditwesengesetz (KWG), 3. Aufl. 2015
ME Mayer AT	Max Ernst Mayer, Strafrecht Allgemeiner Teil, 2. Aufl. 1923
MAH WiStR/*Bearbeiter*	Volk (Hrsg.), Münchener Anwaltshandbuch Verteidigung in Wirtschafts- Steuerstrafsachen, 2. Aufl. 2014
Matt/Renzikowski/*Bearbeiter*	Matt/Renzikowski (Hrsg.), Strafgesetzbuch, 2013 (2. Aufl. vsl. 31. Juli 2019)
MDH/*Bearbeiter*	Maunz/Dürig/Herzog ua, Grundgesetz, Kommentar, Loseblatt, Stand: 86. Lfg. 01/2019
Mehle-FS	Hiebl/Kassebohm/Lilie (Hrsg.), Festschrift für Volkmar Mehle zum 65. Geburtstag, 2009
Mennicke	Mennicke, Sanktionen gegen Insiderhandel: Eine rechtsvergleichende Untersuchung unter Berücksichtigung des US-amerikanischen und britischen Rechts, 1996
Meyer-Goßner/Schmitt/*Bearbeiter*	Meyer-Goßner/Schmitt, Strafprozessordnung, Gerichtsverfassungsgesetz, Nebengesetze und ergänzende Bestimmungen, 62. Aufl. 2019
Meyer/Veil/Rönnau/*Bearbeiter*	Meyer/Veil/Rönnau (Hrsg.) Handbuch zum Marktmissbrauchsrecht, 2018
Michalski/*Bearbeiter*	Michalski/Heidinger/Leible/Schmidt (Hrsg.), Kommentar zum Gesetz betreffend die Gesellschaft mit beschränkter Haftung (GmbH-Gesetz), 3. Aufl. 2017
Momsen/Grützner/*Bearbeiter*	Momsen/Grützner (Hrsg.), Wirtschaftsstrafrecht, 2013
MSchM BT 1	Maurach/Schroeder/Maiwald, Strafrecht Besonderer Teil, Teilbd. 1, Straftaten gegen Persönlichkeits- und Vermögenswerte, 10. Aufl. 2009
MSchM BT 2	Maurach/Schroeder/Maiwald, Strafrecht Besonderer Teil, Teilbd. 2, Straftaten gegen Gemeinschaftswerte, 10. Aufl. 2013
MüKoAktG/*Bearbeiter*	Goette/Habersack (Hrsg.), Münchener Kommentar zum Aktiengesetz, 4. Aufl. 2014 ff.

MüKoBGB/*Bearbeiter*	Rebmann ua (Hrsg.), Münchener Kommentar zum Bürgerlichen Gesetzbuch, 7. Aufl. 2015 ff.; 8. Aufl. 2018 ff.
MüKoBilR/*Bearbeiter*	Hennrichs/Kleindiek/Watrin (Hrsg.), Münchener Kommentar zum Bilanzrecht, 2014
MüKoGmbHG/*Bearbeiter*	Fleischer/Goette (Hrsg.), Münchener Kommentar zum Gesetz betreffend die Gesellschaften mit beschränkter Haftung – GmbHG, 3. Aufl. 2018
MüKoHGB/*Bearbeiter*	K. Schmidt (Hrsg.), Münchener Kommentar zum Handelsgesetzbuch, 4. Aufl. 2016 ff.
MüKoInsO/*Bearbeiter*	Kirchhof/Stürner/Eidenmüller (Hrsg.), Münchener Kommentar zur Insolvenzordnung, 3. Aufl. 2013
MüKoStGB/*Bearbeiter*	Joecks/Miebach (Hrsg.), Münchener Kommentar zum Strafgesetzbuch, 3. Aufl. 2016 ff.
MüKoStPO/*Bearbeiter*	Knauer/Kudlich/Schneider (Hrsg.), Münchener Kommentar zur Strafprozessordnung, 2014
Müller	Müller, Kommentar zum Genossenschaftsgesetz GenG. Kommentar zum Gesetz betreffend die Erwerbs- und Wirtschaftsgenossenschaften, 2. Aufl. 1991
Müller-FS	Jung/Luxenburger/Wahle (Hrsg.), Festschrift für Egon Müller, 2008
Müller-Gugenberger/*Bearbeiter*	Müller-Gugenberger (Hrsg.), Wirtschaftsstrafrecht, 6. Aufl. 2015
Naucke	Naucke, Strafrecht, 10. Aufl. 2002
Nestler	Nestler, Bank- und Kapitalmarktstrafrecht, Lehrbuch, 2017
NK-StGB/*Bearbeiter*	Kindhäuser/Neumann/Paeffgen (Hrsg.), Nomos Kommentar zum Strafgesetzbuch, 5. Aufl. 2017
NK-WSS/*Bearbeiter*	Leitner/Rosenau (Hrsg.), Nomos Kommentar zum Wirtschafts- und Steuerstrafrecht, 2017
Offernhaus-FS	Kirchhof/Jakob/Beermann (Hrsg.), Steuerrechtsprechung, Steuergesetz und Steuerreform, Festschrift für Klaus Offernhaus zum 65. Geburtstag, 1999
Otto	Otto, Bankentätigkeit und Strafrecht, 1983
Otto AT	Otto, Grundkurs Strafrecht, Allgemeine Strafrechtslehre, 7. Aufl. 2004
Otto-FS	Dannecker et al. (Hrsg.), Festschrift für Harro Otto zum 70. Geburtstag am 1. April 2007, 2007
Palandt/*Bearbeiter*	Palandt, Bürgerliches Gesetzbuch, Kurzkommentar, 78. Aufl. 2019
Pelz	Pelz, Strafrecht in der Krise und Insolvenz, 2. Aufl. 2011
Pöhlmann/Fandrich/Bloehs/*Bearbeiter*	Pöhlmann/Fandrich/Bloehs, Genossenschaftsgesetz: GenG, 4. Aufl. 2012
Preuße/Zingel	Preuße/Zingel, WpDVerOV (Wertpapierdienstleistungs-Verhaltens- und Organisationsverordnung Kommentar), 2015
Puppe-FS	Paeffgen/Böse/Kindhäuser/Stübinger/Verrel/Zaczyk (Hrsg.), Festschrift für Ingeborg Puppe zum 70. Geburtstag, 2010
Reischauer/Kleinhans	Reischauer/Kleinhans (Hrsg.), Kreditwesengesetz (KWG), Loseblatt, Stand: 2019

Allgemeines Literaturverzeichnis

Renz/Hense/*Bearbeiter*	Renz/Hense (Hrsg.), Wertpapier-Compliance in der Praxis, 2. Aufl. 2019
Richter II-FS	Kampf/Jansen/Müller (Hrsg.), Festschrift für Christian Richter II, 2006
Rieß-FS	Hanack/Hilger/Mehle/Widmaier (Hrsg.), Festschrift für Peter Rieß zum 70. Geburtstag, 2002
Rissing-van Saan-FS	Bernsmann/Fischer (Hrsg.), Festschrift für Ruth Rissing-van Saan, 2011
Roth/Altmeppen	Roth/Altmeppen, GmbHG, 9. Aufl. 2019
Rotsch/*Bearbeiter*	Rotsch (Hrsg.), Handbuch Criminal Compliance, 2014
Rowedder/Schmidt-Leithoff/*Bearbeiter*	Rowedder/Schmidt-Leithoff, Kommentar zum GmbHG, 5. Aufl. 2005
Roxin 80-FS	Heinrich ua (Hrsg.), Strafrecht als Scientia Universalis, Festschrift für Claus Roxin zum 80. Geburtstag, 2011
Roxin AT I, II	Roxin, Strafrecht Allgemeiner Teil, Bd. 1, Grundlagen. Der Aufbau der Verbrechenslehre, 4. Aufl. 2006; Bd. 2, Besondere Erscheinungsformen der Straftat, 2003
Rudolphi-FS	Rogall/Puppe/Stein/Wolter (Hrsg.), Festschrift für Hans-Joachim Rudolphi zum 70. Geburtstag, 2004
Samson-FS	Joecks et al. (Hrsg.), Recht – Wirtschaft – Strafe, Festschrift für Erich Samson zum 70. Geburtstag, 2010
Schäfer	Schäfer, Die Praxis des Strafverfahrens, 7. Aufl. 2007
Schäfer/*Bearbeiter*	Frank A. Schäfer (Hrsg.), Wertpapierhandelsgesetz, Börsengesetz mit BörsZulV, Verkaufsprospektgesetz mit VerkProspV, 1999
Schäfer/Hamann, KMG	Schäfer/Hamann (Hrsg.), Kapitalmarktgesetze, Kommentar zu WpHG, BörsG, BörsZulV, WpPG, VerkProspG, WpÜG, Loseblatt, 7. Aktualisierung, Stand: 2013
Schimansky/Bunte/Lwowski/*Bearbeiter*	Schimansky/Bunte/Lwowski, Bankrechts-Handbuch, 5. Aufl. 2017
Schlüchter	Schlüchter, Zweites Gesetz zur Bekämpfung der Wirtschaftskriminalität. Kommentar mit einer kriminologischen Einführung, 1987
Schmidt/Lutter/*Bearbeiter*	Schmidt/Lutter (Hrsg.), Aktiengesetz, 3. Aufl. 2015
Schmidt-Salzer	Schmidt-Salzer, Produkthaftung, Bd. I; Strafrecht, 1988
Scholz/*Bearbeiter*	Scholz (Hrsg.) Kommentar zum GmbH-Gesetz in drei Bänden, 11. Aufl. 2012/2015
Schönke/Schröder/*Bearbeiter*	Schönke/Schröder, Strafgesetzbuch, bearb. v. Eser, Eisele, Perron, Sternberg-Lieben, Bosch, Hecker, Weißer, Kinzig, Schuster, 30. Aufl. 2019
Schork/Groß/*Bearbeiter*	Schork/Groß (Hrsg.), Bankstrafrecht, 2013
Schreiber-FS	Amelung/Beulke/Lilie/Rosenau/Rüping/Wolfslast (Hrsg.), Festschrift für Hans-Ludwig Schreiber zum 70. Geburtstag, 2003
Schröder KapitalmarktStrR	Schröder, Chr., Handbuch Kapitalmarktstrafrecht, 3. Aufl. 2015

Allgemeines Literaturverzeichnis

Schroeder/Verrel	Schroeder/Verrel, Strafprozessrecht, 7. Aufl. 2017
Schünemann-FS	Hefendehl/Hörnle/Greco (Hrsg.), Streitbare Strafrechtswissenschaft, Festschrift für Bernd Schünemann, 2014
Schwark/Zimmer/*Bearbeiter*	Schwark/Zimmer (Hrsg.), Kapitalmarktrechtskommentar, 5. Aufl. 2019
Schwennicke/Auerbach/*Bearbeiter*	Schwennicke/Auerbach (Hrsg.), Kreditwesengesetz (KWG), 3. Aufl. 2016
Semler-FS	Bierich/Hommelhoff/Kropff (Hrsg.), Festschrift für Johannes Semler zum 70. Geburtstag am 28. April 1993: Unternehmen und Unternehmungsführung im Recht, 1993
SK-StGB/*Bearbeiter*	(Rudolphi/)Wolter (Gesamtredaktion), Systematischer Kommentar zum Strafgesetzbuch, 9. Aufl. 2019
SK-StPO/*Bearbeiter*	(Rudolphi/)Wolter (Gesamtredaktion), Systematischer Kommentar zur Strafprozessordnung und zum Gerichtsverfassungsgesetz, 5. Aufl. 2015 f.
Spindler/Stilz/*Bearbeiter*	Spindler/Stilz (Hrsg.), Kommentar zum Aktiengesetz, 4. Aufl. 2019
SSW-StGB/*Bearbeiter*	Satzger/Schluckebier/Widmaier, Strafgesetzbuch, 4. Aufl. 2019
SSW-StPO/*Bearbeiter*	Satzger/Schluckebier/Widmaier, StPO, 3. Aufl. 2018
Staub/*Bearbeiter*	Canaris/Habersack/Schäfer (Hrsg.), Handelsgesetzbuch: HGB, 4. und 5. Aufl. 2009 ff.
Stein/Jonas/*Bearbeiter*	Stein/Jonas, Zivilprozessordnung, 23. Aufl. 2014 ff.
Stöckel-FS	Jahn/Kudlich/Streng (Hrsg.), Strafrechtspraxis und Reform, Festschrift für Heinz Stöckel zum 70. Geburtstag, 2010
Stratenwerth/Kuhlen AT	Stratenwerth/Kuhlen, Strafrecht Allgemeiner Teil I, 6. Aufl. 2011
Streng	Streng, Strafrechtliche Sanktionen – Die Strafzumessung und ihre Grundlagen, 3. Aufl. 2012
Theile	Theile, Wirtschaftskriminalität und Strafverfahren, 2010
Thomas/Putzo/*Bearbeiter*	Thomas/Putzo, Zivilprozessordnung, 40. Aufl. 2019
Tiedemann	Tiedemann, Kommentar zum GmbH-Strafrecht, Erläuterung der §§ 82–85 GmbHG und ergänzender Vorschriften, 5. Aufl. 2010, Sonderausgabe aus Scholz, Kommentar zum GmbHG, 10. Aufl. 2010
Tiedemann WiStR	*Tiedemann*, Wirtschaftsstrafrecht, 5. Aufl. 2017
Tiedemann WiStR AT	Tiedemann, Wirtschaftsstrafrecht Einführung und Allgemeiner Teil, 4 Aufl. 2014
Tiedemann WiStR BT	Tiedemann, Wirtschaftsstrafrecht Besonderer Teil, 3. Aufl. 2011
Tiedemann-FS	Sieber et al. (Hrsg.), Strafrecht und Wirtschaftsstrafrecht, Dogmatik, Rechtsvergleich, Rechtstatsachen, Festschrift für Klaus Tiedemann zum 70. Geburtstag, 2008
Tipke/Kruse/*Bearbeiter*	Tipke/Kruse (Hrsg.), Abgabenordnung Finanzgerichtsordnung, Stand: 2019

Allgemeines Literaturverzeichnis

Wabnitz/Janovsky/*Bearbeiter*	Wabnitz/Janovsky (Hrsg.), Handbuch des Wirtschafts- und Steuerstrafrechts, 4. Aufl. 2014
WBS AT	Wessels/Beulke/Satzger, Strafrecht Allgemeiner Teil, Die Straftat und ihr Aufbau, 48. Aufl. 2018
Weber-FS	Heinrich et al. (Hrsg.), Festschrift für Ulrich Weber zum 70. Geburtstag, 18. September 2004, 2004
Wessels/Hillenkamp	Wessels/Hillenkamp, Die Straftaten gegen Vermögenswerte, 41. Aufl. 2018
Widmaier-FS	Schöch/Satzger/Schäfer/Ignor/Knauer (Hrsg.), Strafverteidigung, Revision und die gesamten Strafrechtswissenschaften, Festschrift für Gunter Widmaier, 2008
Wittig WiStR	Wittig, Wirtschaftsstrafrecht, 4. Aufl. 2017

Teil 1: Einleitung

Literatur: *Assmann/Schütze*, Handbuch des Kapitalanlagerechts, 3. Aufl. 2007; *Bausch/ Wittmann*, Schadensersatzklagen vor deutschen Gerichten im Zusammenhang mit der Manipulation von Libor und Euribor, WM 2014, 494; *Beukelmann*, Europäisierung des Strafrechts – Die neue strafrechtliche Ordnung nach dem Vertrag von Lissabon, NJW 2010, 2081; *Bittmann*, Risikogeschäft-Untreue-Bankenkrise, NStZ 2011, 361; *Buck-Heeb*, LIBOR- und EURIBOR-Manipulationen – Haftungsrechtliche Fragen, WM 2015, 157; *Buck-Heeb/Poelzig*, Die Verhaltenspflichten (§§ 63 ff. WpHG n.F.) nach dem 2. FiMaNoG – Inhalt und Durchsetzung, BKR 2017, 485; *Büschgen*, Das kleine Börsenlexikon, 22. Aufl. 2001; *Claussen*, Bank- und Börsenrecht, 4. Aufl. 2008; *Ekkenga/Hadding/Hammen* (Hrsg.), Bankrecht und Kapitalmarktrecht in der Entwicklung, Festschrift für Siegfried Kümpel zum 70. Geburtstag, 2003; *Fleischer*, Kapitalmarktrechtliches Teilgutachten (Gutachten F), Verhandlungen des 64. Deutschen Juristentages Berlin 2002; *ders.*, Das Haffa-Urteil: Kapitalmarktstrafrecht auf dem Prüfstand, NJW 2003, 2584; *Hild*, Grenzen einer strafrechtlichen Regulierung des Kapitalmarkts, 2004; *Hopt*, 50 Jahre Anlegerschutz und Kapitalmarktrecht: Rückblick und Ausblick, WM 2009, 1873; *Hopt/Mülbert/Wittig/Schuster*, Finanzmarktregulierung – Ansätze zur Lösung systematischer Defizite!, DB 2010, Beilage zu Heft 41, 65; *Kempf/Lüderssen/Volk* (Hrsg.), Die Finanzkrise, das Wirtschaftsstrafrecht und die Moral, 2010; *Kindler*, Finanzkrise und Finanzmarktregulierung – Ein Zwischenruf zum 68. Deutschen Juristentag, NJW 2010, 2465; *Kümpel/Hammen*, Börsenrecht, 2. Aufl. 2003; *Kümpel/Wittig*, Bank- und Kapitalmarktrecht, 4. Aufl. 2011; *Lang/Kühne*, Anlegerschutz und Finanzkrise – noch mehr Regeln?, WM 2009, 1301; *Leyens*, Finanzmarktregulierung: Reform zwischen öffentlichem und privatem Recht, AnwBl 2010, 584; *Lüderssen*, Finanzmarktkrise, Risikomanagement und Strafrecht, StV 2009, 486; *Mayen*, Staats- oder Marktversagen: Wie sollen die Finanzmärkte reguliert werden?, AnwBl 2010, 611; *Merkt*, Börsenrechtliches Teilgutachten (Gutachten G), Verhandlungen des 64. Deutschen Juristentages Berlin 2002; *Merkt/Rossbach*, Zur Einführung: Kapitalmarktrecht, JuS 2003, 217; *Müller-Christmann*, Das Gesetz zur Stärkung des Anlegerschutzes und Verbesserung der Funktionsfähigkeit des Kapitalmarktes, DB 2011, 749; *Park*, Die Entwicklung des Kapitalmarktstrafrechts, in Beulke/Müller (Hrsg.), Festschrift zu Ehren des Strafrechtsausschusses der Bundesrechtsanwaltskammer, 2006, S. 229 (zit.: FS Strauda); *ders.*, Einführung in das Kapitalmarktstrafrecht (Teil 1), JuS 2007, 621; (Teil 2), JuS 2007, 722; *ders.*, Kapitalmarktstrafrecht und Anlegerschutz, NStZ 2007, 369; *Park/Rütters*, Untreue und Betrug durch Handel mit problematischen Verbriefungen, StV 2011, 434; *Poelzig*, Durchsetzung und Sanktionierung des neuen Marktmissbrauchsrechts, NZG 2016, 492; *Ricken*, Verbriefung von Krediten und Forderungen in Deutschland, 2008; *Rönnau*, Globale Finanzkrise – Quellen möglicher Strafbarkeitsrisiken, in Schünemann (Hrsg.), Die sogenannte Finanzkrise – Systemversagen oder global organisierte Kriminalität?, 2010, S. 43; *Roger/Richter* in Schünemann (Hrsg.), Die sogenannte Finanzkrise – Systemversagen oder global organisierte Kriminalität?, 2010, S. 71; *Schmitz*, Der strafrechtliche Schutz des Kapitalmarkts in Europa, ZStW 115 (2003), 501; *Schröder*, Ursachen und Bewältigung der Finanzmarktkrise aus strafrechtlicher Sicht, Neue Kriminologische Schriftenreihe 2010, 241; *ders.*, Die strafrechtliche Bewältigung der Finanzkrise am Beispiel der Untreue, ZStW 123 (2011), 771; *Schünemann*, Die sogenannte Finanzkrise – Systemversagen oder global organisierte Kriminalität?, 2010; *Schwarz*, Kapitalmarktrecht – Ein Überblick, DStR 2003, 1930; *Sorgenfrei*, „Bilanz"-Strafrecht und IFRS, PiR 2006, 38; *Voß*, Das Anlegerschutz- und Funktionsverbesserungsgesetz – ausgewählte Aspekte des Regierungsentwurfs, BB 2010, 3099; *Veil/Koch*, Auf dem Weg zu einem Europäischen Kapitalmarktrecht: die Vorschläge der Kommission zur Neuregelung des Marktmissbrauchs, WM 2011, 2297; *Weber*, Die Entwicklung des Kapitalmarktrechts im Jahre 2007, NJW 2007, 3688; *ders.*, Die Entwicklung des Kapitalmarktrechts im Jahre 2011, NJW 2012, 274; *Ziouvas*, Vom Börsen- zum Kapitalmarktstrafrecht?, wistra 2003, 13.

I. Begriff des Kapitalmarktstrafrechts 1
II. Begriff und Funktionen des Kapitalmarkts 3
III. Praktische Bedeutung des Kapitalmarktstrafrechts 7
1. Die Finanzkrise und die Manipulation der Referenzzinssätze LIBOR und EURIBOR 11
2. Reaktionen des europäischen und nationalen Gesetzgebers 20

1 Einleitung

I. Begriff des Kapitalmarktstrafrechts

1 Eine verbindliche Definition des Kapitalmarktstrafrechts existiert nicht.[1] Das Kapitalmarktstrafrecht als solches ist im Gegensatz etwa zum Vermögensstrafrecht, das durch das Vermögen als geschütztes Rechtsgut gekennzeichnet ist, kein feststehender Begriff. Der Rechtsgüterschutz stellt kein geeignetes Kriterium für eine konkretisierende Begriffsbestimmung dar. Denn die Normen, die unter dem Begriff des Kapitalmarktstrafrechts zusammengefasst werden, dienen nicht etwa sämtlich dem Schutz des Kapitalmarkts, sondern zT – daneben oder ausschließlich – dem Schutz anderer Rechtsgüter wie zB dem Schutz des Vermögens oder dem Schutz von Gläubigern. Deshalb können die geschützten Rechtsgüter unmittelbar keine Klammerwirkung für den Begriff des Kapitalmarktstrafrechts entfalten.[2] Es gibt auch keine zusammenhängende und abschließende Kodifizierung in einem einzelnen Gesetz. Vielmehr sind die einschlägigen Strafvorschriften auf zahlreiche Gesetze verstreut.[3] Gleichwohl erscheint es sinnvoll, mit dem Kapitalmarktstrafrecht einen **Oberbegriff für einen strafrechtlichen Teilbereich** zu bilden, der sich durch einen unmittelbaren oder zumindest mittelbaren Zusammenhang mit dem Kapitalmarkt bzw. kapitalmarktbezogenen Geschäften auszeichnet. Dieser Zusammenhang kann etwa in der **Begehungsweise der Taten**, den **geschützten Rechtsgütern**, den **auf Täter- wie ggf. auf Opferseite handelnden Personen** oder in **bestimmten Anlageformen** bestehen. Damit werden die typischen strafrechtlichen Implikationen des kapitalmarktbezogenen Wirtschaftslebens erfasst, das im allgemeinen Wirtschaftsalltag zunehmende Bedeutung einnimmt. Das Kapitalmarktstrafrecht kann danach als Summe der strafrechtlichen Normen beschrieben werden, die unmittelbaren oder mittelbaren Bezug zum Kapitalmarkt bzw. kapitalmarkttypischen Geschäften haben.[4] Dazu gehören „klassische" Betrugs- und Untreuevorschriften des allgemeinen Strafrechts sowie insbesondere im HGB bzw. AktG und GmbHG geregelte Vorschriften über falsche Angaben und unrichtige Darstellungen. Kapitalmarktstrafrecht als Spezialbereich des Kapitalmarktrechts erschöpft sich aber nicht nur in diesen Bereichen, sondern umfasst mittlerweile zahlreiche weitere einzelgesetzliche Normen, etwa im BörsG und im WpHG. Kapitalmarktstrafrecht ist damit „**Querschnittsrecht**".[5]

2 Hinzu treten diverse Tatbestände, die zwar nicht als Straftaten, sondern lediglich als Ordnungswidrigkeiten geregelt sind, aber in der Praxis zT eine erhebliche Rolle spielen.

II. Begriff und Funktionen des Kapitalmarkts

3 Sämtliche der vorstehend angesprochenen Aspekte berühren den Kapitalmarkt, der jedoch mangels konkreter juristischer wie wirtschaftswissenschaftlicher Begriffsbildung zu den wohl unpräzisesten und erklärungsbedürftigsten Begriffen der Fach- und Alltagssprache zählt.[6] Nach herkömmlichem Ver-

---

1 *Park* FS Strauda, S. 229.
2 *Park* NStZ 2007, 369 (370).
3 *Park* JuS 2007, 621 sowie 712 ff.; *ders.* FS Strauda, S. 229.
4 *Park* NStZ 2007, 369 (369); vgl. auch *Schröder* KapitalmarktStrR Rn. 1.
5 *Schneider* AG 2001, 269 (271); *Schwarz* DStR 2003, 1930; vgl. auch *Schröder* KapitalmarktStrR Rn. 1.
6 *Merkt/Rossbach* JuS 2003, 217 ff.

ständnis sind Kapitalmärkte zusammen mit Derivate-, Geld- und Devisenmärkten Teil der Finanzmärkte, an denen sich Angebot und Nachfrage nach Geld und geldwerten Titeln treffen. Der Begriff des Kapitalmarkts wird dabei verstanden als Markt für langfristige Kredite und Beteiligungskapital, über den Unternehmen ein großer Teil der Mittel zur langfristigen Finanzierung ihrer Investitionen zufließt.[7] Außerdem dient er der langfristigen Finanzierung öffentlicher Aufgaben und bietet Möglichkeiten der Vermögensbildung. Man unterscheidet den **organisierten Kapitalmarkt** der Banken und Börsen sowie den **nicht organisierten Kapitalmarkt**, der ohne Mitwirkung der Banken und Börsen abläuft, zB über Annoncen oder private Vermittler. Im Rahmen der Kapitalmarktorganisation unterscheidet man weiterhin zwischen dem sog **Primärmarkt** als Erstplatzierungsmarkt von Aktien und Schuldverschreibungen sowie dem sog **Sekundärmarkt**, der in dem Handel bereits emittierter Wertpapiere besteht.[8] Kernstück des **deutschen Wertpapiermarkts** ist der **amtliche Markt**, ein organisierter Markt iSd § 2 Abs. 5 WpHG. Er stellt das oberste Börsensegment dar und unterliegt den umfangreichsten Bedingungen für die Zulassung und die Zulassungsfolgepflichten.[9] Das Segment unterhalb des amtlichen Markts wird durch den **geregelten Markt** abgedeckt. Dieses Marktsegment soll vor allem kleineren und mittleren Aktiengesellschaften einen erleichterten Zugang zu einem börsenmäßigen Markt für die von ihnen emittierten Aktien eröffnen.[10] Auch der geregelte Markt ist ein organisierter Markt iSd § 2 Abs. 5 WpHG.[11] Die zwischenzeitlich nicht mehr zeitgemäße Unterscheidung der Marktsegmente in amtlichen und geregelten Markt wurde durch das sog Finanzmarktrichtlinie-Umsetzungsgesetz (FRUG,) zugunsten eines einzigen gesetzlichen Marktsegments „**regulierter Markt**" mit Wirkung vom 1.11.2007 abgeschafft.[12] Im sog **Freiverkehr** werden neben einigen deutschen Aktien überwiegend ausländische Aktien und Optionsscheine gehandelt. Dieses Marktsegment gehört nicht zum Kreis der organisierten Märkte, sondern vollzieht sich nur faktisch an der Börse.[13] Es ist nicht an formale Bedingungen für die Börsenzulassung gebunden, unterliegt allerdings trotz seiner privatrechtlichen Organisationsform der amtlichen Überwachung (§ 57 BörsG aF bzw. § 48 BörsG idF FRUG). Der Freiverkehr ist ein multilaterales Handelssystem iSd sog Finanzmarktrichtlinie (vgl. § 31 f. WpHG idF FRUG).[14]

Eine derartige Unterteilung ist für **strafrechtliche Zwecke** allerdings ebenso wenig geeignet wie eine Unterscheidung nach Kapitalanlageformen (Effekten, Immobilien etc) oder Produkten (Eigen-, Fremdkapitaltitel). Auch eine Systematisierung nach den beiden vorrangigen Regelungszielen – Funktionsschutz der Kapitalmärkte einerseits und Anlegerschutz andererseits – ist letztlich untauglich.[15] Wenngleich letztere Aspekte oftmals auch dem Strafrechtsschutz unter-

4

---

7 Vgl. *Büschgen* Stichwort „Kapitalmarkt" Rn. 600; *Merkt/Rossbach* JuS 2003, 217 (218); *Schmitz* ZStW 115 (2003), 501 (503).
8 *Hild*, S. 55; *Kümpel/Wittig*, S. 1157.
9 *Hild*, S. 60.
10 *Kümpel/Wittig*, S. 1165.
11 *Hild*, S. 62.
12 BegrRegE zu § 32 BörsG idF FRUG, BT-Drs. 16/4028, 87.
13 Assmann/Schneider/*Assmann* WpHG § 2 Rn. 161; *Hild*, S. 63.
14 BegrRegE zu § 31 f. WpHG idF FRUG, BT-Drs. 16/4028, 68.
15 Näher *Merkt/Rossbach* JuS 2003, 217 (220): institutionelle, operationale und allokative Funktionsfähigkeit des Kapitalmarkts als Regelungsziel des Kapitalmarktrechts.

fallen, unterscheiden sie sich gleichwohl erheblich von der Bandbreite der geschützten bzw. zu schützenden Individual- bzw. Kollektivrechtsgüter.[16] Gerade im Bereich der Rechnungslegung vollzieht sich derzeit ein tiefgreifender Wandel weg vom gläubigerschutzorientierten HGB hin zum kapitalmarktorientierten System der IAS/IFRS-Rechnungslegungsvorschriften internationaler Herkunft. Inwieweit der Strafrechtsschutz diesen Wandel ebenfalls vollzieht, bleibt abzuwarten.[17]

5 Angesichts der Vielfalt dieser Kategorisierungsmöglichkeiten des Kapitalmarkts verwundert es nicht, wenn auch das Kapitalmarktrecht in zahlreichen Einzelgesetzen kodifiziert ist. Hervorzuheben sind hierbei das **Wertpapierhandelsgesetz (WpHG),**[18] das **Börsengesetz (BörsG),**[19] das **Wertpapiererwerbs- und Übernahmegesetz (WpÜG)**, das **Verkaufsprospektgesetz (VerkProspG)** nebst **Verkaufsprospektverordnung (VerkProspVO)**, das **Depotgesetz (DepotG)**, das **Kreditwesengesetz (KWG)**, das **Gesellschaftsrecht** mit Vorschriften des Aktiengesetzes (AktG) bzw. GmbH-Gesetzes (GmbHG) und nicht zuletzt die **Rechnungslegungsvorschriften** der §§ 238 ff. HGB, die einem der wichtigsten Ziele des Kapitalmarktrechts dienen, nämlich der Herstellung von Publizität.[20] Als zusätzlich treibende Kraft der Rechtsentwicklung in diesen Bereichen ist die **Harmonisierungsbemühung der EU** zu nennen, die in zahlreichen EU-Richtlinien der Durchsetzung der gemeinschaftsrechtlich geschützten Freiheit des Kapitalverkehrs (Art. 63 AEUV) dient.[21] Die allgemein zunehmenden rechtlichen Harmonisierungsbestrebungen auf europäischer Ebene sind im Bereich des Kapitalmarktrechts besonders ausgeprägt.

6 Die kapitalmarktrechtliche Normenzersplitterung findet sich spiegelbildlich in den straf- bzw. ordnungswidrigkeitenrechtlichen Vorschriften im Bereich des Kapitalmarktstrafrechts.

III. Praktische Bedeutung des Kapitalmarktstrafrechts

7 Das Kapitalmarktstrafrecht nimmt in der Praxis eine wachsende Bedeutung ein.[22] Erkennbar ist dies ua an in der letzten Zeit vermehrt aufzufindenden Presseberichterstattungen über Ermittlungen der Strafverfolgungsorgane wegen unerlaubten Insiderhandels, unzulässiger Kursmanipulation, Bilanzmanipulationen und Anlegerschädigungen sonstiger Art. **Spektakuläre Strafverfahren** („Haffa", „Mannesmann" etc) sind nach wie vor in aller Munde. Allein der Zusammenbruch des Neuen Marktes hat zahlreiche Ermittlungsverfahren begründet („Phenomedia", „Ceyoniq" etc). Festzustellen ist dabei, dass die re-

---

16 Allgemein *Schwarz* DStR 2003, 1930.
17 Vgl. dazu *Sorgenfrei* PiR 2006, 38.
18 *Merkt/Rossbach* JuS 2003, 217 (221): „Herzstück des Kapitalmarktrechts"; ähnlich Assmann/Schneider/*Assmann* WpHG Einl. Rn. 11: „Zentrum einer markt- und vertriebsbezogenen Kapitalmarktregelung".
19 Zur möglichen Neuausrichtung des Börsenbegriffs und seiner Definition vgl. noch *Kümpel/Hammen*, 17 ff.; vgl. § 2 BörsG idF FRUG.
20 Weitere kapitalmarktrechtliche Gesetze werden genannt von *Merkt/Rossbach* JuS 2003, 217 (221).
21 Mehr als zwei Drittel der deutschen Kapitalmarktvorschriften haben mittlerweile ihren Ursprung in Entscheidungen des europäischen Gesetzgebers, vgl. Handelsblatt v. 1.10.2003.
22 *Park* JuS 2007, 621 (621); *ders.* NStZ 2007, 369 (369).

lative Wirkungslosigkeit der Kapitalmarktaufsicht[23] mit einigen wenigen, dafür aber umso medienwirksameren Fällen kontrastiert („VW-Verfahren" Süddeutsche Zeitung v. 12.1.2017, Handelsblatt v. 11.1.2017; Fall Metro/Ceconnomy Süddeutsche Zeitung v. 4.11.2017, Handelsblatt v. 6.11.2017; Fall „Porsche-VW" Süddeutsche Zeitung v. 30.10.2009, Handelsblatt v. 6.7.2010; Fall „Schutzgemeinschaft der Kleinanleger/SdK" Süddeutsche Zeitung v. 25.9.2010; Fall „Frick").[24] Die Dimension der Schäden und Strafen ist dabei mittlerweile sehr stark gestiegen (Kapitalanlagebetrug in Höhe von rd. 300 Mio. EUR sowie fast elf Jahre Freiheitsstrafe im Fall „Kiener"; vgl. auch die diversen (Landes-)Bankenverfahren „SachsenLB", „IKB", „WestLB", „HSH Nordbank", „LBBW", „BayernLB", „Apotheken- und Ärztebank"). Auch international sind in letzter Zeit zahlreiche spektakuläre Fälle publik geworden. Im Juni 2009 wurde der US-Amerikaner Bernard Madoff wegen Betrugs zu 150 Jahren Haft verurteilt, weil er jahrzehntelang einen Investmentfonds nach dem Schneeballsystem betrieben hatte. Der Gesamtschaden belief sich auf etwa 51 Mrd. EUR, die Zahl der Geschädigten auf etwa 4.800. Als ehemaliger US-amerikanischer Hedgefonds-Manager wurde Raj Rajaratnam im Oktober 2011 zu elf Jahren Haft wegen Insiderhandels verurteilt. Der Schaden belief sich hier auf etwa 63 Mio. US-Dollar. Gegen Jérôme Kerviel als ehemaligen Mitarbeiter der französischen Großbank Société Générale und Kweku Mawuli Adoboli als ehemaligen Angestellten der Schweizer Großbank UBS sind derzeit noch Strafverfahren anhängig. Kerviel soll als Händler im Einzelhandel dem Kreditinstitut mit Spekulationsgeschäften einen Schaden von etwa 4,8 Mrd. EUR verursacht haben. Adoboli wird vorgeworfen, durch unautorisierte Handelsgeschäfte einen Verlust von etwa 2,3 Mrd. US-Dollar verursacht zu haben.[25] Seit März 2011 laufen Ermittlungen gegen verschiedene Banken wegen des Verdachts der Manipulation von sog Referenzzinssätzen für Interbanken-Geschäfte (LIBOR, EURIBOR).

Begibt man sich auf die Suche nach der **Ursache für diesen Bedeutungszuwachs**, wird man zu berücksichtigen haben, dass die dynamische Entwicklung des (deutschen) Kapitalmarkts in den letzten 15 Jahren zum einen zu einer erheblichen Ausweitung möglicher Kapitalanlageformen geführt hat. Zum anderen wurden Anlegerkreise für risikogeneigtere Investitionen am Kapitalmarkt erschlossen, die zuvor eher defensiv und risikoarm engagiert waren („Telekom-Aktie"). Die positiven Impulse eines mehrjährigen wirtschaftlichen Aufschwungs und das damit gestiegene Vertrauen von Kapitalanlegern („Volksaktie") wurde allerdings durch zahlreiche nationale wie internationale Börsen-

---

23 Vgl. BaFin-Jahresbericht 2010, abrufbar unter: https://www.bafin.de/SharedDocs/Downloads/DE/Jahresbericht/dl_jb_2010.pdf?__blob=publicationFile&v=2 (zuletzt abgerufen am 12.6.2019).
24 Verurteilung wegen Marktmanipulation zu einem Jahr und neun Monaten Freiheitsstrafe und Zahlung von 42 Mio. EUR, FAZ v. 15.4.2011.
25 Vgl. auch die Haftstrafe von zehn Jahren für einen Verantwortlichen des italienischen Parmalat-Konzerns, FAZ v. 10.12.2010 sowie das Verfahren gegen den österreichischen Privatbankier Meinl ua wegen Kursmanipulation, Handelsblatt v. 6.4.2009, gegen den ehemaligen Chef der isländischen Bank Landsbanki, Handelsblatt v. 17.1.2011 sowie die Ermittlungen im Fall der isländischen Bank Kaupthing wegen des Verdachts der Marktmanipulation, Handelsblatt v. 8.6.2010; die Strafzahlung von 160 Mio. US-Dollar durch die schweizerische Bank UBS wegen Manipulationen des US-Marktes für Kommunalanleihen.

1 Einleitung

und Insiderskandale sowie Bilanzmanipulationen nachhaltig erschüttert („Enron", „Flowtex", „Comroad", „Parmalat" uam).[26] In der Folge musste gar das Börsensegment des Neuen Marktes eingestellt werden.

9 Ungeachtet dessen haben die Kapitalmärkte mittlerweile einen Stellenwert erlangt, der in seiner volkswirtschaftlichen Dimension und in seiner herausragenden Bedeutung für die Gesellschaft insgesamt kaum zu überschätzen ist. *Schröder* hat zutreffend darauf hingewiesen, dass dies ua daran liegt, dass der Staat sich zunehmend aus der sozialen Daseinsvorsorge zurückzieht und der Bürger aufgerufen ist, selbst vorzusorgen, was weitgehend an den Kapitalmärkten erfolgt.[27] Dadurch sind in den letzten Jahren große Teile der Bevölkerung mit den Kapitalmärkten in Berührung gekommen, aber auch mit ernüchternden Erfahrungen.[28]

10 Ausgelöst durch Klagen bzw. Anzeigen geschädigter Anleger bildeten strafrechtliche Ermittlungen den Ausgangspunkt für nationale Rechtsfortbildung im Strafrecht,[29] aber auch im zivilrechtlichen Bereich des Schadensersatzes und der Haftung von Vorständen und Aufsichtsräten.[30] Hinzu kommen intensive Harmonisierungsbestrebungen der EU, die versucht, der Internationalisierung des Kapitalverkehrs auch in ordnungsrechtlicher Hinsicht Rechnung zu tragen.[31] Bereits seit einigen Jahren ist zu beobachten, dass tatsächliches oder vermeintliches Fehlverhalten im Zusammenhang mit der Publizität von Kapitalmarktinformationen („Scalping" etc) sowie mit der Außendarstellung jeder Unternehmensphase immer häufiger Gegenstand intensiver strafrechtlicher Untersuchungen wird. Dies stellt nicht zuletzt eine Folge der zum 1.7.2002 geschaffenen zentralen **Kapitalmarktaufsicht** (Bundesanstalt für Finanzdienstleistungsaufsicht, BaFin) dar. Die **BaFin** erweist sich in der Praxis im Verhältnis der Staatsanwaltschaft in vielen Fällen als der deutlich stärkere Antriebsmotor in Bezug auf die Strafverfolgung. Gleichwohl sind die Aufgriffszahlen 2018 in Bezug auf einen möglichen Marktmissbrauch (353 Sachverhalte) einerseits im Verhältnis zu den lediglich dreizehn Verurteilungen wegen Marktmanipulation (davon sechs im Strafbefehlsverfahren) sowie einer einzigen Verurteilung wegen Insiderhandels (im Strafbefehlsverfahren) andererseits bemerkenswert.[32]

1. Die Finanzkrise und die Manipulation der Referenzzinssätze LIBOR und EURIBOR

11 Seit 2007 beschäftigt die globale Finanzkrise Wirtschaft, Politik und Öffentlichkeit und hat mittlerweile auch das Strafrecht erreicht: Zahlreiche Ermittlungsverfahren gegen Verantwortliche von Kreditinstituten wurden eingeleitet

---

26 Handelsblatt v. 24.3.2009: „Enttäuschte Erwartungen".
27 *Schröder* KapitalmarktStrR Rn. 1 b.
28 „Enttäuschte Erwartungen – Die Volksaktie wird fünfzig Jahre alt – Doch Anleger haben wenig Grund zu feiern", Handelsblatt v. 24.3.2009, FAZ v. 24.3.2009.
29 Vgl. etwa BGH 6.11.2003 – 1 StR 24/03, ZIP 2003, 2354, BB 2004, 11, DB 2004, 64, wistra 2004, 109 – Scalping-Urteil.
30 *Fleischer* NJW 2003, 2584; vgl. etwa das Kapitalanleger-Musterverfahrensgesetz (KapMuG) v. 16.8.2005 (BGBl. I 2437).
31 Vgl. die Darstellung in diesem Band zu Insider- bzw. Marktmanipulationsdelikten Teil 3 Kap. 3 Rn. 1 ff. und Kap. 4 Rn. 1 ff.
32 Zu den Zahlen siehe BaFin Jahresbericht 2018, abrufbar unter: https://www.bafin.de/SharedDocs/Downloads/DE/Jahresbericht/dl_jb_2018.pdf?__blob=publicationFile&v=4 (zuletzt abgerufen am 12.6.2019).

Einleitung

und das Schrifttum versucht, die Phänomene, die im Zuge der Finanzkrise ausgelöst wurden und durch die „Subprimekrise" aufgetreten sind, zu erfassen und zu verarbeiten.[33] Auch der 68. Deutsche Juristentag hat sich intensiv mit dem Thema „Finanzmarktregulierung" auseinandergesetzt und zahlreiche Vorschläge erarbeitet.[34]

Die **Finanzkrise** begann im Frühjahr 2007 in den USA mit der sogenannten US-Immobilienkrise (Subprimekrise). Die **Ursachen** für ihre Entstehung sind äußerst komplex und sollen hier lediglich vereinfacht zusammenfassend dargestellt werden. Zunächst lagen die Zinssätze nach dem Platzen der sog Dotcom-Blase im Jahre 2000 weltweit auf einem vergleichsweise niedrigen Niveau. Insbesondere erreichte auch das Hypothekenzinsniveau von variabel verzinslichen Krediten einen Tiefstand. Die variablen Kredite wurden mit der Eigenschaft vergeben, zu festgelegten Terminen an das aktuelle Hypothekenzinsniveau angepasst zu werden, so dass das Risiko einer Zinserhöhung letztlich bei den Schuldnern lag. Aufgrund der steigenden Nachfrage stiegen zunächst die Immobilienpreise und damit auch deren Wert als Kreditsicherheit. Für den Fall, dass die Kreditnehmer ihre Raten nicht mehr bezahlen könnten, gingen die Banken davon aus, aufgrund der steigenden Immobilienpreise abgesichert zu sein, und die Schuldner glaubten daran, ihr Haus mit Gewinn weiterverkaufen zu können.

Um das notwendige Kapital für immer neue Kreditvergaben zu erhalten, verbrieften die Banken ihre bereits bestehenden Kreditforderungen in großem Stil. Der Vorgang einer **Verbriefung** ist sehr kompliziert und es existieren sehr unterschiedliche Verfahren und Gegenstände der Kredit- bzw. Forderungsverbriefung.[35] Vereinfacht zusammengefasst übertrugen die US-Banken ihre Kredite unter Einschaltung von Investmentbanken auf sog Zwischengesellschaften. In einem ersten Schritt schaltete die Bank eine auf Kreditverbriefungen spezialisierte Investmentbank ein, die das in Betracht kommende Kreditportfolio der Bank analysierte und strukturierte.[36] Dazu wurden Kredite gleicher Gattung und mit möglichst gleicher oder ähnlich langer Laufzeit zusammengefasst, um aus ihnen eine am Kapitalmarkt handelbare Anleihe zu formen.[37] Die Investmentbank gründete sodann zwecks Durchführung der Verbriefung eigens eine sog Zweckgesellschaft, um letztlich das Kreditportfolio insolvenzfest zu machen.[38] Anschließend übertrugen die Banken die seitens der Investmentgesellschaft ausgewählten Kredite auf die Zweckgesellschaft. Damit die Zweckgesellschaft ein Entgelt für die erworbenen Kredite zahlen konnte, verbriefte sie die übertragenen Kreditportfolios und kreierte dadurch handelbare Anleihen (**Asset Backed Securities**, ABS), je nach Ausgestaltung auch **Mortgage Backed**

---

33 Vgl. nur *Schröder* KapitalmarktStrR 8. Kapitel; *Schünemann/Puig*, Die sogenannte Finanzkrise, S. 9 ff; *Bittmann* NStZ 2011, 361; *Lüderssen* StV 2009, 486 ff.; *Park/Rütters* StV 2011, 434 ff.
34 Vgl. *Leyens* AnwBl. 2010, 584; *Mayen* AnwBl. 2010, 611; *Hopt/Mülbert/Wittig/Schuster*, DB Beilage zu Heft 41, 65 ff.; *Kindler* NJW 2010, 2465.
35 *Schröder* KapitalmarktStrR Rn. 1084 ff. mwN; siehe auch die Darstellung bei *Ricken*, Verbriefung von Krediten und Forderungen in Deutschland, S. 15 ff.; sowie bei *Park/Rütters* StV 2011, 434 ff.
36 Vgl. *Park/Rütters* StV 2011, 434 f.
37 *Schröder* KapitalmarktStrR Rn. 1093.
38 *Park/Rütters* StV 2011, 434 (435).

Securities (MBS). Diese Anleihen wurden wiederum in Fonds zu sog **Collateralized Debt Obligations** (CDO) gebündelt und somit auf zweiter Stufe erneut verbrieft. Diese neu geschaffenen Finanzprodukte wurden emittiert und nicht nur innerhalb der Vereinigten Staaten, sondern weltweit an Banken verkauft. Weil insbesondere europäische Banken keinen allzu guten Zugang zu amerikanischen Hypothekenkrediten hatten, waren die Verbriefungen zweiter Stufe ein gern angenommenes Mittel, um am provisionsträchtigen Verbriefungsgeschäft teilzunehmen.

14 Um die Käufer der MBS- oder CDO-Anleihen vor Ausfallrisiken aufgrund von Zahlungsstockungen oder Insolvenzen bei den ursprünglichen Kreditnehmern zu bewahren, wurden die Anleihen von den Investmentbanken über Derivate, Kreditversicherungen oder Garantierklärungen vor Zahlungsausfällen abgesichert.[39] Mit solchen Kreditversicherungen (**Credit Default Swaps**, CDS) wurde zwar das Ausfallrisiko aus-, aber letztlich nur an einen Dritten verlagert, so dass sich die Vertrauenskrise schließlich auch auf die im ABS-Markt aktiven Kreditversicherer bezog.[40] Das gesamte System führte letztlich dazu, dass kein Erwerber der ABS-Anleihen genau wusste, was für Papiere sich hinter den Anleihen verbargen und wer in welchem Umfang die Ausfallrisiken versicherte.

15 Eine genaue Analyse des hinter der Anleihe steckenden Kreditportfolios war den Käufern schon angesichts des damit verbundenen Aufwandes unmöglich. Hinzu trat der Umstand, dass die Marktteilnehmer in Europa regelmäßig gar nicht in der Lage waren, die jeweiligen Kreditrisiken in den USA abzuschätzen.[41] Diese Rolle übernahmen scheinbar die **Rating-Agenturen**. Allerdings überprüften die Rating-Agenturen nicht hinreichend die Qualität der ursprünglich vergebenen Immobilienkredite und verließen sich zu sehr auf die Angaben der kreditvergebenden Banken.[42] Häufig ohne nähere Prüfung bescheinigten die Rating-Agenturen den verbrieften **Subprime-Krediten** eine sehr geringe Ausfallwahrscheinlichkeit und vergaben oftmals die Bestnote „Triple A", also ein AAA. Somit ließen sich die Papiere problemlos weltweit verkaufen. Dieses gesamte System barg Anreize zur leichtfertigen Kreditvergabe.[43] Wegen der niedrigen Zinsen konnten die Banken billig Hypothekengeld anbieten und aufgrund des rasant wachsenden Verbriefungsmarktes in Verbindung mit der häufig erteilten Bestbewertung seitens der Rating-Agenturen konnten die Banken bereits bei der Kreditvergabe damit rechnen, dass sie den Kredit nicht lange in ihren Büchern haben werden. Die Kreditnehmer mussten lediglich bis zur Abtretung an die Zweckgesellschaft die Raten bezahlen können, anschließend trugen die Banken das Ausfallrisiko nicht mehr. Dies war sicherlich auch ein Grund, warum die US-Banken massenweise Hypothekenkredite an Kreditnehmer mit mäßiger oder schlechter Bonität vergaben.

16 Durch die schrittweise Erhöhung des Leitzinses ab 2004 von 1 % auf bis zu 5,25 % im August 2007 stieg auch das Hypothekenzinsniveau an. Da sich in dieser Phase auch die Wirtschaft in den USA abschwächte, stagnierten bei vielen Kreditnehmern auch die Einkommen oder sie wurden arbeitslos. Immer

---

39 *Park/Rütters* StV 2011, 434 (435).
40 *Schröder* KapitalmarktStrR Rn. 1102.
41 *Schröder* KapitalmarktStrR Rn. 1104.
42 Vgl. auch *Park/Rütters* StV 2011, 434 (436); *Schröder* KapitalmarktStrR Rn. 1105.
43 *Kümpel/Piel* DStR 2009, 1222 (1223).

mehr Schuldner konnten in der Folge ihre Kreditraten nicht mehr bezahlen. Die stetig wachsenden Ausfallraten bei den Subprimekrediten führten zu einem Überangebot an Häusern in den USA, wodurch die Häuserpreise sanken und als Sicherheit für die Kredite nicht mehr ausreichten. Folglich mussten viele Finanzinstitute hohe Abschreibungen vornehmen oder gingen teilweise in die Insolvenz (so zB die Investmentbank Lehman Brothers, die am 15.9.2008 Insolvenz anmeldete). Neben den ursprünglich kreditvergebenden Banken waren zahlreiche beteiligte Investmentbanken und Kreditversicherer betroffen. Im Verlauf der Krise stieg die Staatsverschuldung vieler Staaten enorm an, etwa weil sie Maßnahmen zur Stabilisierung der Banken vornahmen und Konjunkturprogramme auflegten. Die ursprünglich am Finanzmarkt auflebende und dort wütende Krise mündete schließlich in eine **Staatsschuldenkrise**, in deren Verlauf die Zahlungsfähigkeit mehrerer Länder der Eurozone nur durch internationale Hilfsmaßnahmen aufrechterhalten werden konnte. Auch in diesem Zusammenhang spielen die Rating-Agenturen eine wichtige und vielfach scharf kritisierte Rolle. Im Verlauf der Staatsschuldenkrise stuften die Rating-Agenturen die Kreditwürdigkeit einzelner Staaten mehrfach herab, was dazu führte, dass sich die Kosten für die Kapitalbeschaffung der betroffenen Staaten erheblich erhöhten. Denn die Zinsdifferenz, die ein Schuldner im Vergleich zu einem Staat bester Bonität bezahlen muss, ist abhängig von der Bewertung der Rating-Agenturen.

Auch für Kreditinstitute stiegen im Zuge der Finanzkrise die Refinanzierungskosten beträchtlich. Wegen der hohen Abschreibungen aufgrund wachsender Ausfallraten bei den Subprimekrediten sank das gegenseitige Vertrauen in die Bonität. Wollte sich eine Bank auf dem Interbankenmarkt Geld leihen, musste sie in den Jahren ab 2007 deshalb erheblich höhere Zinsen zahlen als zuvor. Der Zinssatz für Ausleihungen von Liquidität zwischen Kreditinstituten orientiert sich im Wesentlichen an der **London Interbank Offered Rate (LIBOR)** bzw. der **Euro Interbank Offered Rate (EURIBOR)**. LIBOR und EURIBOR stellen die weltweit wichtigsten Referenzzinssätze dar. Sie haben nicht nur Bedeutung für den Interbankenmarkt, sondern bilden auch den Basiswert für variabel verzinste Bankdarlehen an Privatkunden und Unternehmen, sowie eine Vielzahl unterschiedlicher Finanzprodukte, wie Swap- und Derivategeschäfte.[44]

Der ursprünglich von der British Bankers Association (BBA) und seit Februar 2014 von der Intercontinental Exchange Benchmark Administration Limited (IBA) verwaltete LIBOR[45] repräsentiert den Durchschnittszinssatz, zu dem sich die an seiner Ermittlung beteiligten Banken, die sog Panelbanken, ohne die Stellung von Sicherheiten für einen bestimmten Zeitraum in einer bestimmten Währung refinanzieren können („The average rate at which LIBOR panel banks could obtain unsecured, wholesale funding").[46] Er wird für insgesamt

---

44 *Buck-Heeb* WM 2015, 157 (157 f.).
45 Ein Überblick über die Entstehung und Fortentwicklung des LIBOR findet sich in ICE LIBOR Evolution, 25.4.2018, S. 4 ff. abrufbar unter: https://www.theice.com/publicdocs/ICE_LIBOR_Evolution_Report_25_April_2018.pdf (zuletzt abgerufen am 13.6.2019).
46 ICE LIBOR Evolution, 25.4.2018, S. 3, abrufbar unter: https://www.theice.com/publicdocs/ICE_LIBOR_Evolution_Report_25_April_2018.pdf (zuletzt abgerufen am 13.6.2019).

sieben[47] verschiedene Laufzeiten (von einem Tag bis zu zwölf Monaten) sowie fünf verschiedene Währungen,[48] darunter Euro, Schweizer Franken, US-Dollar, Japanischer Yen sowie das Britische Pfund, bestimmt.[49]

Um sicherzustellen, dass der LIBOR so weit wie möglich auf tatsächlich durchgeführten Transaktionen basiert, hat die IBA zum 1.8.2016[50] ihr Ermittlungsverfahren umgestellt. Seitdem haben die Panelbanken, nicht mehr nur ausschließlich ihre subjektive Einschätzung der Kosten einer hypothetischen Refinanzierung zu übermitteln.[51] Ihre Kontribution hat vielmehr stufenweise zu erfolgen.[52] Auf einer ersten Stufe haben die beteiligten Banken den volumengewichteten Durchschnittspreis von Transaktionen in ungesicherte Einlagen, Neuimmissionen von Commercial Paper und Einlagenzertifikaten anzugeben. Dabei ist die einzelne Transaktion umso höher zu gewichten, je näher sie an 11.00 Uhr Londoner Zeit heranrückt.[53] Auf einer zweiten Stufe hat die Bank transaktionsabgeleitete Daten in Gestalt des volumengewichteten Durchschnittspreises zurückliegender Transaktionen, erforderlichenfalls unter Rückgriff auf lineare Interpolation, zu übermitteln.[54] Nur für den Fall, dass es der Bank an einer ausreichenden Anzahl an Transaktionen mangelt, soll sie auf einer dritten Stufe denjenigen Zinssatz kontribuieren, zu dem sie sich nach eigener Einschätzung um 11:00 Uhr Londoner Zeit ohne die Stellung von Sicherheiten refinanzieren könnte. Bei der Ermittlung dessen Werts hat sie sich an ihr intern geprüftes und von der IBA genehmigtes Verfahren zu halten.[55]

---

47 Vormals waren es fünfzehn Laufzeiten.
48 Vormals wurde der LIBOR für zehn Währungen ermittelt.
49 ICE LIBOR Evolution, 25.4.2018, S. 7, abrufbar unter: https://www.theice.com/public docs/ICE_LIBOR_Evolution_Report_25_April_2018.pdf (zuletzt abgerufen am 13.6.2019)
50 LIBOR Code of Conduct Contributing Banks, Issue 3, 1.8.2016, S. 4, abrufbar unter: https://www.theice.com/publicdocs/IBA_Code_of_Conduct.pdf (zuletzt abgerufen am 13.6.2019).
51 LIBOR Code of Conduct Contributing Banks, Issue 2: 3.2.2014, S. 12: „At what rate could you borrow funds, were you to do so by asking for and then accepting interbank offers in a reasonable market size just prior to 11 am?", abrufbar unter: https://www.theice.com/publicdocs/LIBOR_Code_of_Conduct_1_March_2016_Issue2.pdf (zuletzt abgerufen am 13.6.2019).
52 LIBOR Code of Conduct Contributing Banks, Issue 4, 17.3.2017, S. 4: „a waterfall of submission methodologies", abrufbar unter: https://www.theice.com/publicdocs/IBA_Code_of_Conduct_Issue_4_From_17_March_2017.pdf (zuletzt abgerufen am 13.6.2019).
53 LIBOR Code of Conduct Contributing Banks, Issue 4, 17 March 2017, S. 30 (Annex 2: ICE Libor Output Statement): „Level 1: A volume weighted average price [VWAP] of transactions in unsecured deposits and primary issuances of commercial paper and certificates of deposits since the previous submission, with a higher weighting for transactions booked closer to 11:00 London time", abrufbar unter: https://www.theice.com/publicdocs/IBA_Code_of_Conduct_Issue_4_From_17_March_2017.pdf (zuletzt abgerufen am 13.6.2019).
54 LIBOR Code of Conduct Contributing Banks, Issue 4, 17.3.2017, S. 30 (Annex 2: ICE Libor Output Statement): „Level 2: Transaction-derived data, including time-weighted historical transactions adjusted for market movements and linear interpolation" abrufbar unter: https://www.theice.com/publicdocs/IBA_Code_of_Conduct_Issue_4_From_1 7_March_2017.pdf (zuletzt abgerufen am 13.6.2019).
55 LIBOR Code of Conduct Contributing Banks, Issue 3, 1.8.2016, S. 30 (Annex 2: ICE Libor Output Statement): „Level 3: If the LIBOR panel bank has insufficient Level 1 and Level 2 transactions, it should submit the rate at which it could fund itself at 11:00 London time with reference to the unsecured wholesale funding market. In order to de-

Einleitung

An jedem Bankarbeitstag in London melden die einzelnen Panelbanken den jeweiligen Zinssatz zwischen 11:05 Uhr und 11:40 Uhr (Londoner Zeit).[56] Die höchsten und niedrigsten 25 % dieser Kontributionen werden gestrichen und aus den übrigen Werten sodann das arithmetische Mittel gebildet.[57]

Im Gegensatz zum LIBOR in seiner jetzigen Form, basiert der vom European Money Markets Institute[58] verantwortete EURIBOR (zumindest bislang)[59] nicht auf tatsächlich erfolgten Transaktionen, sondern auf den subjektiven Einschätzungen der Mitarbeiter ausgewählter Banken. Maßgebend hierfür sind jedoch nicht die eigenen Refinanzierungskosten, sondern der hypothetische Zinssatz, zu dem eine fiktive Bank erster Güte einer ebenfalls fiktiven anderen Premiumbank für eine von insgesamt acht Laufzeiten, beginnend von einer Woche bis zu 12 Monaten, Kredit in Euro gewähren würde („the best price between the best banks").[60] Die beteiligten Panelbanken übermitteln ihre subjektive Erwartung täglich um 11:00 Uhr MEZ. Um Ausreißer zu vermeiden, werden die gemeldeten Zinssätze vor Berechnung des Durchschnittswertes um die oberen und unteren 15 % bereinigt.[61]

Seit März 2011 wird von verschiedenen nationalen Behörden sowie der Europäischen Kommission wegen möglicher **Manipulationen** von LIBOR und EURIBOR ermittelt.[62] Es besteht der Verdacht, dass die zuständigen Mitarbeiter einer ganzen Reihe von Panelbanken ab dem Jahre 2005 wiederholt „falsche" Werte kontributiert haben. Statt schlicht ihre neutrale Einschätzung der bankeigenen bzw. der hypothetischen Refinanzierungskosten einer fiktiven Premiumbank wiederzugeben, hätten sie mittels ihrer Eingabe versucht, die Referenzzinssatzbildung aktiv zu lenken, um so vor dem Hintergrund der Finanzkrise die Finanz- und Liquiditätslage der Bank zu verbessern und/oder in Abstimmung mit Händlern der Bank den Wert der gehaltenen Handelspositio-

---

termine this rate the bank should follow its internally approved procedure agreed with IBA", abrufbar unter: https://www.theice.com/publicdocs/IBA_Code_of_Conduct_Issue_4_From_17_March_2017.pdf (zuletzt abgerufen am 13.6.2019).

56 ICE LIBOR Evolution, 25.4.2018, S. 8, abrufbar unter: https://www.theice.com/publicdocs/ICE_LIBOR_Evolution_Report_25_April_2018.pdf (zuletzt abgerufen am 13.6.2019).
57 ICE LIBOR Evolution, 25.4.2018, S. 8, abrufbar unter: https://www.theice.com/publicdocs/ICE_LIBOR_Evolution_Report_25_April_2018.pdf (zuletzt abgerufen am 13.6.2019).
58 Zuvor als Euribor-EBF bezeichnet.
59 Ebenso wie der LIBOR soll auch der EURIBOR, nicht zuletzt anlässlich der VO (EU) 2016/1011, in der Zukunft nach Möglichkeit auf der Basis tatsächlich durchgeführter Transaktionen ermittelt werden. Nachdem ein erster Versuch, das Ermittlungsverfahren entsprechend abzuändern, gescheitert war, arbeitet EMMI seit Mai 2017 an der Implementierung einer hybriden Berechnungsmethode, die für den Fall, dass Daten tatsächlicher Transaktionen nicht in dem erforderlichen Maße vorhanden sein sollten, andere Marktpreisquellen einbezieht, s. Blueprint for the Hybrid Methodology for the Determination of EURIBOR, 12.2.2019, abrufbar unter: https://www.emmi-benchmarks.eu/assets/files/D0034A-2019%20Euribor%20Hybrid%20Methodology_2019_02_12.pdf (zuletzt abgerufen am: 13.6.2019).
60 EURIBOR-Code of Obligations of Panel Banks, S. 12 abrufbar unter: http://www.emmi-benchmarks.eu/assets/files/Euribor_code_conduct.pdf (zuletzt aufgerufen am 13.6.2019).
61 EURIBOR Code of Conduct, S. 2 abrufbar unter: http://www.emmi-benchmarks.eu/assets/files/Euribor_code_conduct.pdf (zuletzt aufgerufen am 13.6.2019).
62 *Bausch/Wittmann* WM 2014, 494 (494 f.).

nen auf Derivate- und Devisenmärkten zu steigern.[63] Im Zuge der Ermittlungen haben zahlreiche Kreditinstitute, darunter die Deutsche Bank,[64] zwischenzeitlich Strafzahlungen an die Behörden in den USA und Großbritannien sowie die Europäische Kommission geleistet. Als erster von zahlreichen Verdächtigen ist der frühere Investmentbanker Tom Hayes am 3.8.2015 vor dem Southwark Crown Court in London schuldig gesprochen und zu 11 Jahren Haft[65] verurteilt worden. Als Angestellter der Schweizer Großbank UBS soll er den LIBOR über mehrere Jahre massiv beeinflusst haben.[66] Aus dem gleichen Grund sind im Nachgang auch drei Mitarbeiter der Barclays Bank von dem Londoner Gericht zu Freiheitsstrafen von sechseinhalb, vier, sowie zwei Jahren und neun Monaten verurteilt worden.[67] Wegen der Manipulation des EURIBOR wurden die Händler Christian Bittar (Deutsche Bank) und Philippe Moryoussef (Barclays) am 19.7.2018 vor dem Southwark Crown Court in London zu Freiheitsstrafen von fünf Jahren und vier Monaten bzw. acht Jahren verurteilt.[68] Nachdem das Gericht aus dem gleichen Grund am 1.4.2019 zwei weitere Händler der Barclays Bank ebenfalls zu mehrjährigen Freiheitsstrafen verurteilt hatte, hat dort am 11.6.2019 die Verhandlung gegen Andreas Hausschild begonnen. Diesem wird vorgeworfen, für die EURIBOR-Kontributionen der Deutschen Bank in Frankfurt verantwortlich gewesen zu sein und die Eingaben der Bank eng mit Christian Bittar abgestimmt zu haben.[69]

2. Reaktionen des europäischen und nationalen Gesetzgebers

20 Die Europäische Union ist vor dem Hintergrund der Finanzmarktkrise und der Skandale um die Manipulationen der Referenzzinssätze LIBOR und EURIBOR zwischenzeitlich auf zahlreichen Gebieten des Kapitalmarktrechts mit dem Ziel tätig geworden, die Transparenz und Integrität der Märkte zu verbessern und den Anlegerschutz zu stärken.

Zu nennen sind in diesem Kontext vor allem die **Verordnung (EG) Nr. 1060/2009** vom 16.9.2009 über Ratingagenturen,[70] die **Verordnung (EU) Nr. 236/2012** vom 14.3.2012 über Leerverkäufe und bestimmte Aspekte von

---

63 Letzterenfalls sollen zunächst Absprachen mit Händlern anderer Panelbanken stattgefunden haben, um sicherzustellen, dass die Falschmeldungen auch geeignet sind, den LIBOR auf eine bestimmte Weise zu beeinflussen, *Bausch/Wittmann* WM 2014, 494 (495 f.).
64 Das deutsche Geldinstitut zahlte im Zuge eines Vergleichs an verschiedene Behörden in den USA und Großbritannien insgesamt 2,5 Mrd. Dollar, s. http://www.handelsblatt.co m/unternehmen/banken-versicherungen/wegen-libor-skandal-2-5-milliarden-dollar-straf e-fuer-deutsche-bank/11677674.html (zuletzt aufgerufen am 13.6.2019).
65 Der ursprüngliche Rechtsfolgenausspruch von 14 Jahren Freiheitsstrafe wurde in der Rechtsmittelinstanz auf 11 Jahre reduziert, s. http://www.bbc.com/news/business-3670 3143, (zuletzt aufgerufen am 13.6.2019).
66 http://www.handelsblatt.com/finanzen/steuern-recht/recht/urteil-im-libor-prozess-14-ja hre-haft-fuer-ex-haendler-tom-hayes/12140478.html (zuletzt abgerufen am 13.6.2019).
67 http://www.handelsblatt.com/unternehmen/banken-versicherungen/libor-prozess-britisc hes-gericht-verhaengt-mehrjaehrige-strafen-gegen-barclays-banker/13846828.html (zuletzt abgerufen am 13.6.2019).
68 https://www.faz.net/aktuell/finanzen/euribor-manipulation-deutsche-bank-starhaendler -verurteilt-15698897.html#void (zuletzt abgerufen am 13.6.2019).
69 https://www.handelsblatt.com/finanzen/banken-versicherungen/euribor-manipulation-l ondoner-gericht-macht-ex-deutschbanker-den-prozess/24445588.html (zuletzt abgerufen am: 13.6.2019).
70 ABl. 2009 L 302.

Credit Default Swaps, die **Verordnung (EU) Nr. 909/2014** vom 23.7.2014 zur Verbesserung der Wertpapierlieferungen und -abrechnungen in der Europäischen Union und über Zentralverwahrer sowie zur Änderung der Richtlinien 98/26/EG und 2014/65/EU und der Verordnung (EU) Nr. 236/2012,[71] die **Verordnung (EU) Nr. 1286/2014** vom 26.11.2014 über Basisinformationsblätter für verpackte Anlageprodukte für Kleinanleger und Versicherungsanlageprodukte (PRIIP)[72] und die **Verordnung (EU) 2016/1011** vom 8.6.2016 über Indizes, die bei Finanzinstrumenten und Finanzkontrakten als Referenzwert oder zur Messung der Wertentwicklung eines Investmentfonds verwendet werden, und zur Änderung der Richtlinien 2008/48/EG und 2014/17/EU sowie die Verordnung (EU) Nr. 596/2014.[73]

Besondere Bedeutung für den Bereich des Kapitalmarktstrafrechts entfalten die **Verordnung (EU) Nr. 596/2014** vom 16.4.2014 über Marktmissbrauch und zur Aufhebung der Richtlinie 2003/124/EG und 2004/72/EG der Kommission („MAR"),[74] die **Richtlinie 2014/57/EU** vom 16.4.2014 über strafrechtliche Sanktionen bei Marktmanipulation („MAD")[75] und die **Richtlinie 2014/65/EU** vom 15.5.2014 über Märkte für Finanzinstrumente sowie zur Änderung der Richtlinien 2002/92/EG und 2011/61/EU („MiFID II").[76]

Die am 2.7.2014 in Kraft getretene MAR[77] löst in Verbindung mit der am selben Tag in Kraft getretenen MAD die bisherige Marktmissbrauchs-Richtlinie 2003/6/EG ab. Sie soll im Wesentlichen die **Marktmissbrauchsregulierung** an das Aufkommen von neuartigen Handelsplattformen und technologische Entwicklungen (bspw. Hochfrequenzhandel) anpassen, die Überwachung von Marktmissbrauch auf Warenderivatemärkten und bei Referenzwerte verbessern, die Meldepflichten für Emittenten erweitern, die Überwachungs- und Eingriffsbefugnisse der Aufsichtsbehörden bei Marktmissbrauch stärken, sowie die Sanktionsmöglichkeiten bei Insiderhandel und Marktmanipulation sowohl vereinheitlichen als auch verschärfen.[78] Während sich die Marktmissbrauchs-Richtlinie 2003/6/EG noch darauf beschränkte, die einzelnen Mitgliedstaaten zum Erlass von allgemein wirksamen, abschreckenden und verhältnismäßigen Verwaltungsmaßnahmen und -sanktionen zur Durchsetzung des Marktmissbrauchsverbots zu verpflichten, enthält die Marktmissbrauchsverordnung diesbezüglich nunmehr wesentlich detailliertere und strengere Vorgaben,[79] die zudem erstmals ausdrücklich auch die Manipulation von Referenzwerten wie dem EURIBOR oder dem LIBOR erfassen.[80] Um die wirksame Umsetzung dieser Regelungen sicherzustellen, zwingt die auf Art. 83 Abs. 2

---

71 ABl. 2014 L 257.
72 ABl. 2014 L 352.
73 ABl. 2016 L 171/1.
74 ABl. 2014 L 173.
75 ABl. 2014 L 173.
76 ABl. 2014 L 173.
77 Die Marktmissbrauchsverordnung gilt gem. ihres Art. 39 Abs. 2 ab dem 3.7.2016 in vollem Umfang.
78 Vgl. BT-Drs. 18/7482, 1.
79 *Poelzig* NZG 2016, 492.
80 Art. 2 Abs. 2 lit. c, Art. 3 Abs. 1 Nr. 29 Abs. 20, Art. 12 Abs. 1 lit. d sowie Erwägungsgrund 44 der Marktmissbrauchsverordnung.

AEUV gestützte[81] Marktmissbrauchsrichtlinie die Mitgliedstaaten unter anderem dazu, die vorsätzlichen und schwerwiegenden Fälle[82] von Insidergeschäften,[83] Marktmanipulation[84] und unrechtmäßiger Offenlegung von Insider-Informationen[85] einschließlich des Versuchs solcher Handlungen sowie der Anstiftung und Beihilfe hierzu[86] unter Strafe zu stellen.[87] Nach Auffassung des europäischen Gesetzgebers seien diese strafrechtlichen Sanktionen unverzichtbar. Zum einen habe sich die Einführung verwaltungsrechtlicher Sanktionen durch die Mitgliedstaaten bislang nicht als ausreichend erwiesen, um die Einhaltung der Vorschriften zur Verhinderung und Bekämpfung von Marktmissbrauch sicherzustellen. Zum anderen könne nur dergestalt die notwendigen Grenzen für als besonders inakzeptabel angesehenes Verhalten festgelegt und der Öffentlichkeit sowie den möglichen Tätern signalisiert werden, dass die zuständigen Behörden ein solches Verhalten sehr ernst nehmen.[88]

Demgegenüber tritt MiFID II an die Stelle der Richtlinie 2004/39/EG vom 21.4.2004 über Märkte für Finanzinstrumente (MiFID I). Bei der MiFID I handelte es sich um einen wichtigen Eckpfeiler für eine stärkere Integration des gemeinsamen europäischen Finanzmarkts und einen Bestandteil des Aktionsplans für Finanzdienstleistungen der EU-Kommission. Die Richtlinie verbesserte den Anlegerschutz sowie die Regulierung von Finanzintermediären und liberalisierte den Börsenhandel, indem sie mit den sog Multilateralen Handelssystemen (Multilateral Traiding-Facilities, MTF) alternative Handelsplattformen schuf.[89] In Bezug auf die Durchsetzung der entsprechenden Vorgaben beschränkte sich der europäische Gesetzgeber dabei jedoch im Wesentlichen da-

---

81 Die damit erstmals beanspruchte strafrechtliche Annexkompetenz in Art. 83 Abs. 2 AEUV gestattet es der Europäischen Union durch Richtlinien Mindestvorschriften für die Festlegung von Straftaten und Strafen festzulegen, soweit sich die Angleichung der strafrechtlichen Rechtsvorschriften der Mitgliedstaaten als unerlässlich für die wirksame Durchführung der Politik der Union auf einem Gebiet erweisen, auf dem Harmonisierungsmaßnahmen erfolgt sind.
82 Nach den Erwägungsgründen Nr. 11 und 12 der RL 2014/57/EU „sollten Insidergeschäfte und eine unrechtmäßige Offenlegung von Insider-Informationen unter anderem in den Fällen als schwerwiegend betrachtet werden, in denen die Auswirkungen auf die Integrität des Markts, der tatsächlich oder potenziell erzielte Gewinn oder vermiedene Verlust, das Ausmaß des für den Markt entstandenen Schadens oder den Gesamtwert der gehandelten Finanzinstrumente groß sind; eine Marktmanipulation dagegen ua dann, wenn die Auswirkungen auf die Integrität des Markts, der tatsächlich oder potenziell erzielte Gewinn oder vermiedene Verlust, das Ausmaß des auf dem Markt entstandenen Schadens, die Änderung des Werts der Finanzinstrumente oder Waren-Spot-Kontrakte oder der Betrag der ursprünglich genutzten Mittel hoch sind oder wenn die Manipulation von einer Person begangen wird, die im Finanzsektor oder in einer Aufsichts- bzw. Regulierungsbehörde angestellt oder tätig ist".
83 Art. 3 der RL 2014/57/EU.
84 Art. 5 der RL 2014/57/EU. Als unmittelbare Konsequenz des Libor- bzw. Euribor-Skandals (vgl. Erwägungsgrund Nr. 7 der RL 2014/57/EU) wird diesbezüglich ausdrücklich auch die Manipulation eines Referenzwerts erfasst, Art. 5 Abs. 2 d der RL 2014/57/EU.
85 Art. 4 der RL 2014/57/EU.
86 Art. 6 der RL 2014/57/EU.
87 *Veil/Koch* WM 2011, 2297 (2298) sehen damit ein neues „Zeitalter" angebrochen.
88 Erwägungsgrund 6 der RL 2014/57/EU. Kritisch zum vorangegangenen Richtlinienvorschlag der EU Kommission vom 20.10.2011 [KOM(2011) 654 endg.] unter Hinweis auf ablehnenden Beschluss des Bundesrats vom 16.12.2011 [BR-Drs. 646/11]; HK-KapMStrafR/*Park/Sorgenfrei* (Voraufl.) Einl. Rn. 20.
89 BaFin, Marktabfrage zu MiFID II, MiFIR und Art. 4 MAR, https://www.bafin.de/DE/I nternationales/MiFID/mifid_mifir_node.html (zuletzt abgerufen am 8.4.2019).

rauf, von den Mitgliedstaaten die Anordnung allgemein wirksamer, abschreckender und verhältnismäßiger verwaltungsrechtlicher Sanktionen bei Verstößen zu verlangen. In der Aufarbeitung der Finanzmarktkrise setzte sich die Erkenntnis durch, dass die auf nationaler Ebene in Umsetzung der europäischen Vorgaben geschaffenen Sanktionen unzureichend gewesen sind. Zur Verbesserung des Schutzes der Anleger hat der europäische Gesetzgeber deshalb in Art. 69 ff. MiFID II nunmehr selbst detaillierte und weitreichende Maßnahmen und Sanktionen formuliert, die die Mitgliedstaaten ihren Aufsichtsbehörden an die Hand geben müssen.[90]

Soweit dies überhaupt erforderlich war,[91] wurden die Mindestvorgaben in MAR und MAD[92] innerhalb Deutschlands durch das in den entsprechenden Teilen am 2.7.2016 in Kraft getretene **Erste Finanzmarktnovellierungsgesetz vom 30.6.2016**[93] in nationales Recht umgesetzt.[94] Neben einer erheblichen Ausweitung der Aufsichts- und Ermittlungsbefugnisse der Bundesanstalt für Finanzdienstleistungsaufsicht (BaFin)[95] und der Statuierung einer grundsätzlichen Verpflichtung der Behörde, jede ihrer Maßnahmen und Sanktionen künftig zu veröffentlichen (sog Naming and Shaming),[96] hatte dies eine teils drastische Verschärfung der Straftatbestände der Marktmanipulation und des Insiderhandels sowie eine massive Ausweitung der bußgeldrechtlichen Sanktionsmöglichkeiten zur Folge. Abgesehen von den bereits zuvor strafrechtlich sanktionierten Einwirkungen auf den Börsen- und Marktpreis eines Finanzierungsinstruments, einer Ware oder Emissionsberechtigung erfasst § 38 Abs. 1 d WpHG nF nunmehr auch Einwirkungen auf die Berechnung von Referenzwerten im Inland, in einem anderen Mitgliedstaat der EU oder in anderen Ver- 21

---

90 *Buck-Heeb/Poelzig* BKR 2017, 485.
91 Die Regelungen der Marktmissbrauchsverordnung gelten (größtenteils) unmittelbar.
92 S. Art. 23 Abs. 2 („zumindest"), Art. 30 Abs. 1 („mindestens") und Erwägungsgrund Nr. 71 aE („Diese Verordnung schränkt nicht die Fähigkeit der Mitgliedstaaten ein, strengere (…) Maßnahmen zu erlassen") der VO (EU) Nr. 565/2014 sowie Art. 4 Abs. 1 aE („zumindest"), Art. 5 Abs. 1 aE („zumindest"), Art. 7 Abs. 2, 3 („mindestens") und Art. 9 („Geldstrafen erfassen müssen, aber auch andere Sanktionen […] enthalten können") der RL 2014/57/EU.
93 BGBl. 2016 I 1514.
94 Die Umsetzungs- bzw. Ausführungsfrist endet diesbezüglich am 3.7.2016. Mit dem 1. Finanzmarktnovellierungsgesetz werden zudem die VO (EU) Nr. 909/2014 zur Verbesserung der Wertpapierlieferungen und -abrechnungen in der Europäischen Union und über Zentralverwahrer sowie zur Änderung der RL 98/26/EG und 2014/65/EU und der VO (EU) Nr. 236/2012, und die VO (EU) Nr. 1286/2014 über Basisinformationsblätter für verpackte Anlageprodukte für Kleinanleger und Versicherungsanlageprodukte (PRIIP) umgesetzt. Die Umsetzung der RL 2014/65/EU für Finanzinstrumente sowie zur Änderung der RL 2002/92/EG und 2011/61/EU und der dazugehörigen VO (EU) Nr. 600/2014 über Märkte für Finanzinstrumente und zur Änderung der VO (EU) Nr. 648/2012 soll dagegen erst mit dem 2. Finanzmarktnovellierungsgesetz erfolgen, da die entsprechenden Vorgaben erst am 3.1.2018 und damit ein Jahr später als ursprünglich geplant anzuwenden sein werden.
95 Obschon das Markmissbrauchsrecht künftig unmittelbar anwendbares Verordnungsrecht sein wird, obliegt die Aufsicht auch künftig, unter verstärkter Einbindung der Marktteilnehmer und sonstigen Wirtschaftsakteuren, grundsätzlich den nationalen Behörden. Sie werden dabei jedoch künftig wesentlich stärker von der europäischen Wertpapier- und Marktaufsichtsbehörde (ESMA) überwacht und koordiniert. Näher hierzu *Poelzig* NZG 2016, 492 (493 f.).
96 Neben der Entscheidung selbst umfasst die Veröffentlichungspflicht gem. Art. 34 Abs. 1 VO (EU) Nr. 596/2014 die Angabe der verletzten Vorschrift sowie die Identität der von der Entscheidung betroffenen natürlichen oder juristischen Person.

tragsstaaten des Abkommens über den Europäischen Wirtschaftsraum. Darüber hinaus sieht § 38 Abs. 4 WpHG nF eine Versuchsstrafbarkeit künftig nicht mehr nur in Bezug auf Insiderverstöße, sondern auch im Hinblick auf Marktmanipulationen vor, die dem Anwendungsbereich der Marktmissbrauchsverordnung unterfallen.[97] Die entsprechenden Marktmanipulationen werden zudem von § 38 Abs. 5 Nr. 1 WpHG nF künftig zu Verbrechen qualifiziert, wenn der Täter gewerbsmäßig, als Mitglied einer Bande, die sich zur fortgesetzten Begehung solcher Taten verbunden hat oder in Ausübung seiner Tätigkeit für eine inländische Finanzaufsichtsbehörde, ein Wertpapierdienstleistungsunternehmen oder einen Betreiber eines Handelsplatzes handelt. In diesen Fällen liegt der Strafrahmen fortan zwischen einem Jahr und zehn Jahren Freiheitsstrafe. Hinsichtlich des Umgangs mit Insiderinformationen stellt § 38 Abs. 3 WpHG nF fortan sämtliche Verstöße gegen die in Art. 14 Marktmissbrauchsverordnung geregelte Verbotsnorm unter Strafe. Auf eine Differenzierung zwischen Primär- und Sekundärinsidern kommt es damit nicht mehr an. Anders als noch unter Geltung des § 38 Abs. 1 Nr. 2 WpHG aF sind seit Inkrafttreten des 1. Finanzmarktnovellierungsgesetzes vielmehr auch Sekundärinsider im Sinne des Art. 8 Abs. 4 UAbs. 2 der Marktmissbrauchsverordnung und Art. 3 Abs. 2 der Markmissbrauchsrichtlinie für Anstiftungen[98] und Empfehlungen iSd Art. 8 Abs. 2 Marktmissbrauchsverordnung sowie im Fall der unrechtmäßigen Offenlegung von Insiderinformationen strafbar. Auf dem Gebiet des Ordnungswidrigkeitenrechts wurden nicht nur die bestehenden Bußgeldkataloge innerhalb des Wertpapierhandelsgesetzes, des Kreditwesengesetzes, des Kapitalanlagegesetzbuchs sowie des Versicherungsaufsichtsgesetzes massiv umgestaltet und erweitert, sondern auch die bußgeldrechtlichen Sanktionen im Vergleich zur bisherigen Rechtslage erheblich verschärft. In Umsetzung von Art. 30 Abs. 2 lit. i und j der Marktmissbrauchsverordnung hat der deutsche Gesetzeber Bußgeldhöchstgrenzen eingeführt, die die bislang in § 39 Abs. 4 WpHG aF geregelte Obergrenze von 1 Mio. EUR deutlich überschreiten. Infolge dessen können fortan beispielsweise bestimmte Verstöße gegen das Insider- und Marktmanipulationsverbot gemäß § 39 Abs. 3 b bzw. d Nr. 2 WpHG nF gegenüber natürlichen Personen mit einer Geldbuße von bis zu 5 Mio. EUR und gegenüber juristischen Personen und sonstigen Personenvereinigungen mit einer Verbandsgeldbuße von bis zu 15 Mio. EUR oder bis zu 15 % des jährlichen (Konzern-)Gesamtumsatzes geahndet werden.[99] Zudem wurde die in § 17 Abs. 2 OWiG für fahrlässige Verstöße vorgesehene Halbierung der Bußgeldobergrenze durch § 39 Abs. 6 a WpHG nF im Grundsatz außer Kraft gesetzt.

---

97 Marktmanipulationen, die sich auf Waren, Emissionsberechtigungen und ausländische Zahlungsmittel beziehen (§ 38 Abs. 1 Nr. 1 WpHG nF) und damit außerhalb des Anwendungsbereichs der Marktmissbrauchsverordnung liegen, werden dagegen nicht erfasst.
98 Der bislang verwendete Begriff des „Verleitens" wird in Art. 8 Abs. 2 Marktmissbrauchsverordnung zumindest formal durch die Formulierung des „Anstiftens" ersetzt. Unklar ist, ob der europäische Gesetzgeber damit auch eine inhaltliche Änderung bezweckt hat. Dagegen: *Poelzig* NZG 2016, 492 (496).
99 Dies stellt eine signifikante Anhebung des in § 30 Abs. 2 OWiG geregelten allgemeinen Rahmens für Verbandsgeldbußen dar, wonach die Geldbuße im Falle einer vorsätzlichen Straftat „lediglich" bis zehn Mio. EUR betrage.

Zwischenzeitlich ist auch das Zweite Finanzmarktnovellierungsgesetz vom 23.6.2017[100] vollumfänglich in Kraft getreten. Neben einer umfassenden Neunummerierung der Paragrafen des Wertpapierhandelsgesetzes sind hierdurch in Umsetzung europäischer Vorgaben Sanktionsvorschriften inhaltlich ausgeweitet und die Sanktionsmöglichkeiten verschärft worden.[101] Im Zuge dessen hat der Gesetzgeber insbesondere das Bußgeldregime des früheren § 39 WpHG (heute § 120 WpHG) an die sanktionsrechtlichen Anforderungen der MiFID II abgepasst.[102] Die entsprechenden Bußgeldtatbestände finden sich in § 120 Abs. 3 sowie Abs. 8–11 WpHG. Diesbezüglich ermöglicht § 120 Abs. 20 WpHG Geldbußen von bis zu 5 Mio. EUR und gegenüber juristischen Personen und Personenvereinigungen die Festsetzung einer Verbandsgeldbuße von bis zu zehn Prozent des jährlichen Gesamtumsatzes. Alternativ kann hierzu in beiden Fällen eine Geldbuße bis zum Zweifachen des durch die Ordnungswidrigkeit erzielten Vorteils verhängt werden. Maßgeblich ist jeweils der im konkreten Fall höchste Betrag.[103]

Nicht zuletzt die jüngsten Reformen lassen erwarten, dass das Kapitalmarktstrafrecht, einschließlich des kapitalmarktspezifischen Ordnungswidrigkeitenrechts,[104] in der Praxis auch in Zukunft an Bedeutung gewinnen wird. Zudem ist festzustellen, dass die rechtliche Entwicklung in diesem Bereich keinesfalls abgeschlossen ist. So scheint der Gesetzgeber bislang nicht sämtliche sanktionsrechtlichen Vorgaben der MiFID II erfüllt zu haben, so dass zeitnah mit weiteren Änderungen von § 120 WpHG gerechnet werden darf. Des Weiteren überarbeitet die BaFin gegenwärtig ihr Rundschreiben zu den Mindestanforderungen an die Compliance (MaComp); auch die ESMA entwickelt ihre Q&As zu MiFID II fort.[105]

---

100 BGBl. 2017 I 1693.
101 Vgl. BT-Drs. 18/10936, 191.
102 Zu den entsprechenden Änderungen des WpHG im Einzelnen BT-Drs. 18/10936, 251 ff.
103 *Buck-Heeb/Poelzig* BKR 2017, 485 (493).
104 Diesbezüglich wird künftig insbesondere mit wesentlich höheren Geldbußen zu rechnen sein, vgl. *Poelzig* NZG 2016, 492 (497).
105 Vgl. https://www.esma.europa.eu/press-news/esma-news/esma-updates-mifid-ii-mifir-investor-protection-qa (zuletzt abgerufen am 8.4.2019).

Teil 2: Grundlagen
Kapitel 1: Die Finanzmarktaufsicht

Literatur: Allgemein:

Assmann/Schlitt/v.Kopp-Colomb, Wertpapierprospektgesetz, 3. Aufl. 2017; *Assmann/Schneider/Mülbert* (Hrsg.), WpHG Kommentar, 7. Aufl. 2019; *Bährlein/Pananis/Rehmsmeier*, Spannungsverhältnis zwischen der Aussagefreiheit im Strafverfahren und den Mitwirkungspflichten im Verwaltungsverfahren, NJW 2002, 1825; *Berger/Roth/Scheel*, Informationsfreiheitsgesetz, 2006; *Ekardt/Exner/Beckmann*, Schutz von Betriebs- und Geschäftsgeheimnissen in den neuen Informationsfreiheitsgesetzen; *Fuchs*, Wertpapierhandelsgesetz, Kommentar, 2. Aufl. 2016; *Heidel* (Hrsg.), Nomos Kommentar zum Aktienrecht und Kapitalmarktrecht, 4. Aufl. 2014; *Fahr/Kaulbach*, VAG Versicherungsaufsichtsgesetz mit BAG und FinDAG, Kommentar, 3. Aufl. 2003; *Hagemeister*, Die neue Bundesanstalt für Finanzdienstleistungsaufsicht, WM 2002, 1773; *Hirte/v. Bülow*, Kölner Kommentar zum WpÜG, 2. Aufl. 2010 (zitiert: KK-WpÜG/*Bearbeiter*); *Jastrow/Schlatmann*, Informationsfreiheitsgesetz IFG, 2006; *Kloepfer/Greve*, Das Informationsfreiheitsgesetz und der Schutz von Betriebs- und Geschäftsgeheimnissen, NVwZ 2011, 577; *Rauscher*, Das Bundesaufsichtsamt für den Wertpapierhandel und seine Kompetenzen bei der Verfolgung von Insidergeschäften, 1998; *Rossi*, Das Informationsfreiheitsrecht in der gerichtlichen Praxis, DVBl 2010, 554; *Rossi*, Informationsfreiheitsgesetz, 2006; *Schoch*, Das Informationsfreiheitsrecht in der gerichtlichen Praxis, VBl für Baden-Württemberg 2010, 333; *Schoch*, Informationsfreiheitsgesetz, Kommentar, 2009; *Schröder/Hansen*, Die Ermittlungsbefugnisse der BaFin nach § 44 c KWG und ihr Verhältnis zum Strafprozessrecht, ZBB 2003, 113; *Schwark/Zimmer*, Kapitalmarktrechtskommentar, 5. Aufl. 2019; *Schwintek*, Die Anzeigepflicht bei Verdacht von Insidergeschäften und Marktmanipulation nach § 10 WpHG, WM 2004, 861; *Sellmann/Augsberg*, Chancen und Risiken des Bundesinformationsfreiheitsgesetzes – Eine „Gebrauchsanleitung" für (private) Unternehmen, WM 2006, 2293; *Wilsing/Paul*, Gläserne BaFin-Akten – Reaktionsmöglichkeiten der Praxis auf Verurteilung der BaFin zur Auskunftserteilung, Betriebsberater 2009, 114.

Neue europäische Aufsichtsstruktur:

Baur/Boegl, Die neue europäische Finanzmarktaufsicht – Der Grundstein ist gelegt, BKR 2011, 177; *Hoffmann/Detzen*, ESMA – Praktische Implikationen und kritische Würdigung der neuen Europäischen Wertpapier- und Marktaufsichtsbehörde, DB 2011, 1261; *Kämmerer*, Das neue Europäische Finanzaufsichtssystem (ESFS) – Modell für eine europäisierte Verwaltungsarchitektur?, NVwZ 2011, 1281; *Mielk*, BI 2011, 68; *Zülisch*, ESMA – Die neue europäische Wertpapier- und Kapitalmarktaufsicht, EWS 2011, 167; *Wymherrsch*, Das neue europäische Finanzmarktregulierungs- und Aufsichtssystem, ZGR 2011, 443.

Kap. 1.1. Die neue europäische Aufsichtsstruktur

I. Historie, Aufbau, Ausblick 1
II. ESMA 11
  1. Organisation 11
  2. Aufgaben und Befugnisse ... 18
  3. Beschwerdeausschuss/ Beschwerden 26

I. Historie, Aufbau, Ausblick

Seit mehreren Jahren gibt es im Kapitalmarktbereich **institutionalisierte Formen der internationalen Zusammenarbeit**, die stetig erweitert werden. Nachfolgend soll schwerpunktmäßig die Entwicklung im Bereich der Finanz- und Kapitalmarktaufsicht näher dargestellt werden. 1

Auf europäischer Ebene ist insbesondere das **„Committee of European Securities Regulators"** (CESR), mit Sitz in Paris, zu nennen. Das CESR war ein sog „Stufe-3-Komitee" der **Europäischen Union** (EU) innerhalb des sog **Lamfalussy-Verfahrens**.[1] Dieses Komitee wurde gemäß einer Entscheidung der Europä- 2

---

[1] Die anderen Stufe-3-Komitees waren CEIOPS (Versicherungs- und Pensionsfondsaufseher) und CEBS (Bankenaufseher).

ischen Kommission in der Folge des Schlussberichts der Weisen[2] unter dem Vorsitz des Barons Alexandre de Lamfalussy eingerichtet und nahm am 6.6.2001 seine Arbeit auf. Es handelte sich dabei um einen unabhängigen Ausschuss der europäischen Wertpapieraufseher. Aufgabe dieses Komitees war es, im Rahmen des Lamfalussy-Verfahrens die Kooperation im Wertpapierwesen zu fördern und regelmäßig Informationen auszutauschen. Das Komitee sollte dazu beitragen, dass die Richtlinien der **Europäischen Gemeinschaft** einheitlich umgesetzt werden und sich die wertpapieraufsichtlichen Praktiken der Mitgliedstaaten einander annähern. Es sollte die Kooperation verbessern, einschließlich des Austauschs von Informationen bezüglich einzelner überwachter Institutionen.

In der Praxis stimmten sich die nationalen Aufsichtsbehörden in diesem Gremium hauptsächlich untereinander ab, wobei allerdings die von den Beteiligten getroffenen Entscheidungen unverbindlich waren.

3 Die aufsichtliche Landschaft änderte sich mit der Finanzkrise von 2007 und 2008. Diese offenbarte erhebliche Schwachstellen in der Finanzaufsicht – nicht nur in einzelnen Bereichen, sondern im Finanzsystem insgesamt. Auf europäischer Ebene wurde festgestellt, dass die einzelnen nationalen Aufsichtsmodelle mit der Globalisierung des Finanzsektors und der Realität der Integration und Verknüpfung der europäischen Finanzmärkte mit vielen grenzüberschreitend tätigen Finanzinstituten nicht Schritt gehalten hatten. Die Krise legte insbesondere Mängel bei der Zusammenarbeit, der Koordinierung und der kohärenten Anwendung des Unionsrechts offen. Sie zeigte außerdem einen Mangel an Vertrauen zwischen den nationalen Aufsichtsbehörden.[3]

Aus diesem Grund beauftragte die Europäische Kommission im November 2008 eine Expertengruppe mit der Ausarbeitung von Empfehlungen, wie die europäischen Aufsichtsregularien gestärkt werden könnten, um die Bürger besser zu schützen und das Vertrauen in das Finanzsystem wiederherzustellen.[4] Im Anschluss an die Empfehlungen dieser Expertengruppe wurde das **Europäische System der Finanzaufsicht** (European System of Financial Supervision [ESFS]) gebildet,[5] welches am 1.1.2011 seine Arbeit aufnahm. Das ESFS sollte in erster Linie dafür sorgen, dass die Vorschriften für den Finanzmarkt in sämtlichen Mitgliedstaaten in geeigneter Form angewendet werden, damit dieser stabil bleibt, Vertrauen gebildet und die Verbraucher geschützt werden. Zu den Zielen des ESFS gehören außerdem die Entwicklung einer gemeinsamen Aufsichtskultur und die Schaffung eines einheitlichen europäischen Finanzmarkts.[6]

---

2 http://ec.europa.eu/internal_market/securities/docs/lamfalussy/wisemen/final-report-wisemen_de.pdf (Tag des letzten Zugriffs: 9.6.2019).
3 Vgl. etwa Erwgr. 1 und 33 der VO (EU) Nr. 1095/2010 des Europäischen Parlaments und des Rates vom 24. November 2010 zur Errichtung einer Europäischen Aufsichtsbehörde (Europäische Wertpapier- und Marktaufsichtsbehörde), ABl. L 331, 84 (im Folgenden: ESMA-VO).
4 Vgl. etwa Erwgr. 3 der ESMA-VO.
5 Rechtsgrundlage für die Bildung dieses Aufsichtssystems war Art. 114 und 127 Abs. 6 AEUV.
6 Art. 1 Abs. 2 der VO (EU) Nr. 1092/2010 des Europäischen Parlaments und des Rates vom 24. November 2010 über die Finanzaufsicht der Europäischen Union auf Makroebene und zur Errichtung eines Europäischen Ausschusses für Systemrisiken ABl. L 331 vom 15.12.2010, 1 ff., (im Folgenden: ESRB-VO).

Das ESFS besteht aus:[7]
- dem Europäischen Ausschuss für Systemrisiken (s. Rn. 4),
- drei neu gegründeten europäischen Aufsichtsbehörden, die ihre Arbeit zum 1.1.2011 aufgenommen haben (s. Rn. 5 f.),
- dem Gemeinsamen Ausschuss der Europäischen Aufsichtsbehörden und
- den nationalen Aufsichtsbehörden (in Deutschland ist dies die BaFin).

Das ESFS ist keine „klassische" Behörde mit eigener Rechtspersönlichkeit. Es geht hier vielmehr um die Zusammenarbeit der verschiedenen Teilnehmer, die „vertrauensvoll und in gegenseitiger Achtung" erfolgen und „insbesondere eine angemessene und zuverlässige Weitergabe von Informationen untereinander sicherstellen soll".[8]

Das europäische Aufsichtssystem wird auf zwei Aufsichtsebenen tätig: der makroprudenziellen und der mikroprudenziellen Ebene. Mit der Aufsicht auf Makroebene soll eine Schieflage des Finanzsystems als Ganzes verhindert werden, damit die gesamte Wirtschaft vor größeren realen Produktionseinbußen geschützt wird, während die Aufsicht auf Mikroebene hauptsächlich dazu dient, die einzelnen Finanzinstitute zu überwachen und Notlagen bei ihnen zu verhindern, umso die Verbraucher besser zu schützen.[9]

Dem **Europäischen Ausschuss für Systemrisiken** („European Systemic Risk Bord") (**ESRB**) fällt dabei die Aufgabe zu, die Kapitalmärkte auf „**Makroebene**" zu überwachen. Der Ausschuss besitzt **keine eigene Rechtspersönlichkeit**.[10] Seinen Sitz hat er in Frankfurt am Main.[11] Als zentrales Entscheidungsorgan fungiert der Verwaltungsrat.[12] In diesem Gremium sind neben dem Präsidenten und Vizepräsidenten der EZB auch die Präsidenten der nationalen Zentralbanken stimmberechtigte Mitglieder.[13] Der ESRB kann Warnungen und Empfehlungen abgeben. Weiterhin gehören die Erhebung und der Austausch von Informationen zu seinen Aufgaben.[14]   4

Für die Aufsicht auf „**Mikroebene**" wurden drei europäische Aufsichtsbehörden (European Supervisory Authorities) (**ESAs**) gebildet:[15]   5

---

[7] Art. 1 Abs. 3 ESRB-VO.
[8] Art. 1 Abs. 4 ESRB-VO.
[9] Vgl. Kurzdarstellung des Europäischen Parlaments zum europäischen System der Finanzaufsicht – Hintergrund und Ziele: http://www.europarl.europa.eu/factsheets/de/sheet/84/europaisches-system-der-finanzaufsicht-esfs-.
[10] *Baur/Boegl* BKR 2011, 183.
[11] Art. 1 ESRB-VO.
[12] Art. 4 Abs. 2 ESRB-VO. S. hierzu sowie der Zusammensetzung des ESBR auch *Baur/Boegl* BKR 2011, 177 (179 ff.).
[13] Art. 6 Abs. 1 Nr. 1 u. 2 ESRB-VO.
[14] Vgl. hierzu im Einzelnen *Baur/Boegl* BKR 2011, 177 (180).
[15] *Hoffmann/Detzen*, Der Betrieb 2011, 1261.

- die „European Banking Authority" (**EBA**) – ihr obliegt die Bankenaufsicht,[16]
- die „European Insurance and Occupational Pensions Authority" (**EIOPA**) – sie ist für die Versicherungsaufsicht und die betriebliche Altersvorsorge zuständig[17] und
- die „European Securities and Markets Authority" (**ESMA**), als die für den Bereich der Finanz- und Kapitalmarktaufsicht fungierende Behörde,[18] in der die CESR mit Wirkung zum 1.1.2011 aufgegangen ist.[19] Die ESMA wird damit teilweise als Nachfolgeeinrichtung der CESR angesehen, geht jedoch in ihren Aufgaben und Befugnissen weit über diese hinaus (s. hierzu näher Kapital 1.1. Rn. 11 ff.).

Die den drei Aufsichtsbehörden zugrunde liegenden EU-Verordnungen besitzen einen vergleichbaren Aufbau und eine inhaltlich ähnliche Ausgestaltung.[20]

6 Die Errichtung der drei neuen Finanzaufsichtsbehörden sowie die Notwendigkeit, ein reibungslos funktionierendes Europäisches Finanzmarktaufsichtssystem zu gewährleisten, machten Änderungen verschiedener EU-Richtlinien im Finanzmarktbereich erforderlich. Diese Änderungen wurden durch die sog **Omnibusrichtlinie I** vorgenommen.[21] Sie enthält nähere Bestimmungen zu den Befugnissen der Europäischen Finanzaufsichtsbehörden sowie deren Zusammenarbeit mit den nationalen Aufsichtsbehörden im ESFS.

7 Die Omnibusrichtlinie I wurde durch das Gesetz zur Umsetzung der RL 2010/78/EU vom 24.11.2010 im Hinblick auf die Errichtung des Europäischen Finanzaufsichtssystems vom 4.12.2011 in nationales Recht umgesetzt.[22] Änderungen ergaben sich insbesondere hinsichtlich der Zusammenarbeit zwischen der BaFin und den europäischen Aufsichtsinstitutionen (s. hierzu näher unten Kap. 1.2. Rn. 65 ff. Daneben wurden durch die Neuregelungen verschiedene Mitteilungs- und Unterrichtungspflichten der Bundesanstalt gegenüber den Europäischen Finanzaufsichtsbehörden in die betreffenden nationalen Gesetze inkorporiert. Die vielfältigen Einflussmöglichkeiten ändern allerdings nichts an dem Grundsatz, dass die unmittelbare Aufsicht über die Wertpapierdienstleistungsunternehmen weiterhin durch die nationalen Aufsichtsbehörden wahrgenommen werden.

---

16 VO (EU) Nr. 1093/2010 des Europäischen Parlaments und des Rates vom 24. November 2010 zur Errichtung einer Europäischen Aufsichtsbehörde (Europäische Bankaufsichtsbehörde, ABl. L 331, 12. (im Folgenden: EBA-VO).
17 VO (EU) Nr. 1094/2010 des Europäischen Parlaments und des Rates vom 24. November 2010 zur Errichtung einer Europäischen Aufsichtsbehörde (Europäische Aufsichtsbehörde für das Versicherungswesen und die betriebliche Altersversorgung, ABl. L 331, 48 im Folgenden: EIOPA-VO).
18 ESMA-VO; speziell zur ESMA s. *Hoffmann/Detzen* Der Betrieb 2011, 1261.
19 Vgl. Erwgr. 68 der ESMA-VO.
20 S. im einzelnen *Baur/Boegl* BKR 2011, 177 (181 ff.); *Wymherrsch* ZGR 2011, 443 (455).
21 RL 2010/78/EU des Europäischen Parlaments und des Rates vom 24. November 2010 zur Änderung der Richtlinien im Hinblick auf die Befugnisse der Europäischen Aufsichtsbehörde (Europäische Bankenaufsichtsbehörde), der Europäischen Aufsichtsbehörde (Europäischen Aufsichtsbehörde für das Versicherungswesen und die betriebliche Altersversorgung) und der Europäischen Aufsichtsbehörde (Europäische Wertpapier- und Marktaufsichtsbehörde, ABl. L 331 vom 15.12.2010, 120 ff.
22 BGBl. I 2427.

Durch die Einführung der **Bankenunion** (s. Rn. 9) und dem beabsichtigten Austritt des Vereinigten Königreichs aus der EU 2019 ist das zuvor dargestellte ESFS Aufsichtssystem weiteren Änderungen unterworfen, wobei die Auswirkungen des Austritts des Vereinten Königreichs wegen der noch andauernden Austrittsverhandlungen noch nicht final absehbar sind.

Aufgrund der Erfahrungen aus der Staatsschuldenkrise in Zypern seit 2011, die gezeigt hat, dass die Bankenaufsicht nicht ausreichend auf die Krise reagieren konnte, legte die Europäische Kommission am 12.9.2012 ein Maßnahmenpaket zur Schaffung eines einheitlichen Aufsichtsmechanismus für Banken unter der Führung der Europäischen Zentralbank (EZB) als ersten Schritt in Richtung einer europäischen Bankenunion vor. Im Dezember 2012 einigten sich die europäischen Finanzminister auf Eckpunkte zur Schaffung eines **einheitlichen Bankenaufsichtsmechanismus (Single Supervisory Mechanism, SSM)**. Am 19.3.2013 gab der Rat der Europäischen Union bekannt, dass mit dem Europäischen Parlament eine Einigung über die Errichtung einer zentralen europäischen Bankenaufsicht erzielt worden sei. Ab November 2014 übernahm die EZB ihre neuen Aufgaben.

Die EBA soll weiterhin einheitliche Aufsichtsstandards für die Mitgliedstaaten der EU entwickeln; primär zuständig für die Überwachung der Kreditinstitute bleiben aber die nationalen Aufsichtsbehörden. Für die Großbanken der Eurozone, die von der EZB aufgrund der neuen Regularien seit November 2014 direkt überwacht werden, tritt die EZB an die Stelle der bisher zuständigen nationalen Aufsichtsbehörden.

Auch wenn sich auf europäischer Ebene bereits viel in Sachen Harmonisierung des Kapitalmarkts durch Schaffung einheitlicher Standards getan hat, wird von verschiedener Seite die Errichtung einer europäischen Finanzaufsichtsbehörde gefordert. Übergeordnetes Ziel soll die Schaffung einer gemeinsamen Aufsichtskultur und einer einheitlichen Aufsicht in der Union sein, was nach Meinung derer, die die Errichtung einer solchen europäischen Finanzaufsichtsbehörde fordern, noch nicht durch die bisherigen europäischen Systeme ausreichend gewährleistet sei. Es bleibt insofern abzuwarten, ob sich solche Pläne in Zukunft realisieren.

II. ESMA

1. Organisation

Die ESMA ist eine europäische Einrichtung mit eigener **Rechtspersönlichkeit**,[23] mit Sitz in Paris.[24] In ihrem Verantwortungsbereich liegen die Wertpapiermärkte und die daran beteiligten Akteure (Börsen, Händler, Fonds usw).

Sowohl die ESMA als auch ihre Organmitglieder sind **weisungsunabhängig**. Das gilt zum einen gegenüber den EU-Institutionen, aber auch gegenüber den einzelnen EU-Mitgliedstaaten. Trotz dieser Weisungsunabhängigkeit bestehen jedoch Rechenschaftspflichten – und zwar gegenüber dem Europäischen Parlament, dem Europäischen Rat und der Europäischen Kommission.

---

23 Art. 5 ESMA-VO.
24 Art. 7 ESMA-VO.

13 Die ESMA besitzt mehrere **Organe**. Diese setzen sich aus dem „Aufsichtsrat", dem „Verwaltungsrat", einem „Vorsitzenden", einem „Exekutivdirektor" sowie einem „Beschwerdeausschuss" zusammen.[25]

14 Das Entscheidungsgremium der ESMA ist der **Rat der Aufseher (Board of Supervisors)**.[26] In ihm sitzen die Leiter der nationalen Aufsichtsbehörden als stimmberechtigte Mitglieder. Daneben gehören ihm als nicht stimmberechtigte Mitglieder der Vorsitzende sowie je ein Vertreter des ESRB, der EBA sowie der EIOPA an. Hinzu kommt ein Vertreter der Europäischen Kommission.[27] Die Aufgaben des Aufsichtsrates sind in Art. 43 der ESMA-VO verankert. Zu den wichtigsten zählen, dass er

- die Leitlinien für die Arbeiten der Behörde vorgibt und die in Kapitel II der ESMA-VO aufgeführten Beschlüsse erlässt,
- Stellungnahmen und Empfehlungen abgibt sowie
- den Vorsitzenden ernennt.

15 Der **Verwaltungsrat (Management Board)**, als weiteres ESMA-Organ, besteht aus folgenden Mitgliedern:

- sechs Mitglieder des Aufsichtsrats, die der Rat wählt, als stimmberechtigte Mitglieder,
- der Vorsitzende der ESMA, als stimmberechtigtes Mitglied,
- der Exekutivdirektor der ESMA, als nicht stimmberechtigtes Mitglied,
- ein Vertreter der (die ESMA finanzierenden) EU, der nur bei Budgetfragen stimmberechtigt ist.[28]

Die Aufgaben des Verwaltungsrats ergeben sich aus Art. 47 der ESMA-VO. Zu den wichtigsten zählen, dass

- er dem Aufsichtsrat das Jahres- und das Mehrjahresprogramm zur Annahme vorschlägt,
- er Haushaltsbefugnisse besitzt und
- die Mitglieder des Beschwerdeausschusses bestellt und entlässt.

16 Die ESMA wird durch den **Vorsitzenden (Chairperson)** vertreten. Er nimmt sein Amt unabhängig und in Vollzeit war. Er leitet die Sitzungen des Aufsichtsrates und bereitet diese auch vor. Zudem leitet er die Sitzungen des Verwaltungsrats.[29] Wie bereits unter Rn. 14 ausgeführt, wird er vom Rat ernannt[30] und gehört diesem als nicht stimmberechtigtes Mitglied an.[31]

Die Amtszeit des Vorsitzenden beträgt fünf Jahre und kann einmal verlängert werden.[32] Er kann nur durch das Europäische Parlament im Anschluss an einen Beschluss des Rates der Aufseher seines Amtes enthoben werden.[33]

---

25 Art. 6 ESMA-VO; s. hierzu ausführlich *Zülch/Hoffmann/Detzen* S. 168 f.
26 Art. 43 ESMA-VO.
27 Art. 40 Abs. 1 ESMA-VO.
28 Art. 45 ESMA-VO.
29 Art. 48 Abs. 1 S. 2 ESMA-VO.
30 Art. 48 Abs. 2 S. 1 ESMA-VO.
31 Art. 40 Abs. 1 a ESMA-VO.
32 Art. 48 Abs. 3 ESMA-VO.
33 Art. 48 Abs. 5 ESMA-VO.

Darüber hinaus gibt es bei der ESMA einen **Exekutivdirektor (Executive Director)**. Seine Ernennung erfolgt durch den Aufsichtsrat und zwar nach Bestätigung durch das Europäische Parlament.[34] Er ist für die Leitung der Behörde verantwortlich und bereitet die Aufgaben des Verwaltungsrats vor.[35] Er kann an den Ratssitzungen teilnehmen, ist aber nicht stimmberechtigt.[36]

17

Auch seine Amtszeit beträgt fünf Jahre und kann einmal verlängert werden.[37] Er kann seines Amtes nur durch einen Beschluss des Rates der Aufseher enthoben werden.[38]

2. Aufgaben und Befugnisse

Die **Aufgabe** der ESMA besteht darin, die Funktionsfähigkeit des Finanzsystems zu erhalten und zu stärken. Ihre Aufgaben und Befugnisse sind detailliert in Art. 8 und 9 der ESMA-VO niedergelegt. En gros kann man sagen, dass hierzu insbesondere

18

- die Verbesserung der Funktionsfähigkeit des Binnenmarktes, insbesondere mittels einer soliden, wirksamen und kohärenten Regulierung und Überwachung,
- die Gewährleistung der Integrität, Transparenz, Effizienz und des ordnungsgemäßen Funktionierens der Finanzmärkte,
- der Ausbau der internationalen Koordinierung bei der Aufsicht,
- die Verhinderung von Aufsichtsarbitrage und Förderung gleicher Wettbewerbsbedingungen,
- die Gewährleistung, dass die Übernahme von Anlage- und anderen Risiken angemessen reguliert und beaufsichtigt wird und
- die Verbesserung des Verbraucherschutzes
- gehören.

Alle diese (Teil)ziele dienen – gleichermaßen wie die Aufsichtsziele der EBA und EIOPA[39] – dem **Schutz des öffentlichen Interesses**.[40] Insoweit bestehen Parallelen zu § 4 Abs. 4 FinDAG.[41]

19

Der ESMA – wie auch der EBA und EIOPA[42] – wurden zur Erfüllung ihrer Aufgaben eine Reihe von Befugnissen eingeräumt. Eine der zentralen Befugnisse überhaupt besteht in der **Setzung bindender technischer Regulierungs- sowie Durchführungsstandards** in bestimmten Bereichen.[43]

20

---

34 Art. 51 Abs. 2 ESMA-VO.
35 Art. 53 Abs. 1 ESMA-VO.
36 Art. 40 Abs. 6 S. 2 ESMA-VO.
37 Art. 51 Abs. 3 ESMA-VO.
38 Art. 51 Abs. 5 ESMA-VO.
39 Art. 1 Abs. 5 EBA-VO, Art. 1 Abs. 5 EIOPA-VO.
40 Art. 1 Abs. 5 ESMA-VO.
41 Vgl. hierzu *Baur/Boegl* BKR 2011, 177 (181).
42 Die Befugnisse der 3 Aufsichtsbehörden sind parallel ausgestaltet, vgl. *Baur/Boegl* BKR 2011, 177 (181).
43 Art. 10–15 ESMA-VO; s. hierzu im Einzelnen *Baur/Boegl* BKR 2011, 177 (182 ff.).

21 Daneben besitzt die ESMA die Befugnis, **Leitlinien und Empfehlungen** für die zuständigen Behörden und Finanzmarktteilnehmer herauszugeben.[44] Vor Erlass führt die ESMA ggf. öffentliche Anhörungen durch.[45]

22 Bei der **Verletzung von Unionsrecht** durch nationale Aufsichtsbehörde (bspw. bestimmte Rechtsakte wurden nicht oder so angewandt, dass eine Verletzung von Unionsrecht, einschließlich der technischen Regulierungs- und Durchführungsstandards, vorliegen könnte), sind der ESMA ebenfalls verschiedene Befugnisse eingeräumt. Gemäß Art. 17 ESMA-VO hat die ESMA die Möglichkeit, entweder auf Ersuchen verschiedener Stellen[46] oder aber auch von Amts wegen, eine Untersuchung über die angebliche Verletzung oder der Nichtanwendung des Unionsrechts durchzuführen. Voraussetzung hierfür ist jedoch, dass sie die betroffenen ausländischen Stellen davon unterrichtet. Die zuständige ausländische Behörde hat dann der ESMA unverzüglich alle Informationen zu übermitteln, die diese für ihre Untersuchung für erforderlich hält.[47] Spätestens zwei Monate nach Beginn der Untersuchung kann die ESMA eine Empfehlung an die betroffene zuständige Behörde richten. Hierin erläutert sie die zur Einhaltung des Unionsrechts erforderlichen Maßnahmen.[48] Die zuständige Behörde wiederum unterrichtet die ESMA innerhalb von zehn Arbeitstagen über die bereits unternommenen oder beabsichtigten Abhilfeschritte.[49]

Sollte die zuständige Behörde das Unionsrecht innerhalb eines Monats nach Eingang der Empfehlung der ESMA wider Erwarten nicht einhalten, wird das Verfahren im Weiteren durch die Kommission fortgeführt.[50]

23 In einem **Krisenfall**, der dann vorliegt, wenn „ungünstigen Entwicklungen, die das ordnungsgemäße Funktionieren und die Integrität von Finanzmärkten oder die Stabilität des Finanzsystems in der Union als Ganzes oder in Teilen ernsthaft gefährden können",[51] sind der ESMA außerdem weitreichende Befugnisse eingeräumt worden, die insbesondere in die Zuständigkeiten der nationalen Aufsichtsbehörden eingreifen. Hierzu gehört zum einen die Koordination von Maßnahmen der nationalen Behörden.[52] Die ESMA kann weitergehend aber auch die zuständigen Behörden durch den Erlass von Beschlüssen im Einzelfall dazu verpflichten, bestimmte erforderliche Maßnahmen zu ergreifen.[53]

Das Vorliegen einer Krisensituation wird durch den Rat – in Abstimmung mit der Kommission und dem ESRB sowie ggf. den ESA – festgestellt. Dem muss jedoch zuvor ein Ersuchen der ESMA, der Kommission oder des ESRB vorausgegangen sein.[54]

---

44 Art. 16 ESMA-VO.
45 Art. 16 Abs. 2 S. 1 ESMA-VO.
46 Wer berechtigt ist, ein solches Ersuchen an die ESMA zu stellen, ist in Art. 17 Abs. 2 ESMA-VO geregelt.
47 Art. 17 Abs. 2 S. 2 ESMA-VO. Das geschieht unbeschadet der in Art. 35 festgelegten Befugnisse der ESMA.
48 Art. 17 Abs. 3 S. 1 ESMA-VO.
49 Art. 17 Abs. 3 S. 2 ESMA-VO.
50 Vgl. Art. 17 Abs. 4 ff. ESMA-VO.
51 Art. 19 Abs. 1 S. 1 ESMA-VO.
52 Art. 19 Abs. 1 S. 1 ESMA-VO.
53 Art. 19 Abs. 3 ESMA-VO.
54 Art. 19 Abs. 2 S. 1 ESMA-VO.

Bei Meinungsverschiedenheiten zwischen zuständigen Behörden in grenzübergreifenden Fällen ist der ESMA die Möglichkeit eröffnet, bei der Suche nach einer Einigung **vermittelnd** tätig zu werden.[55] Am Ende des Verfahrens kann hier – sofern keine Einigung erfolgt – ein Beschluss mit verbindlicher Wirkung für die betreffenden zuständigen Behörden stehen.[56]

Auch im Bereich des **Verbraucherschutzes** besitzt die ESMA eine Reihe von Befugnissen. Aus der ESMA-VO ergibt sich, dass sie eine Führungsrolle im Zusammenhang mit der Förderung von Transparenz, Einfachheit und Fairness auf dem Markt für Finanzprodukte und Finanzdienstleistungen übernehmen soll und zwar unter anderem durch

- die Erfassung und Analyse von Verbrauchertrends und die Berichterstattung über diese Trends,
- die Überprüfung und Koordinierung von Initiativen der zuständigen Behörden zur Vermittlung von Wissen und Bildung über Finanzfragen,
- die Entwicklung von Ausbildungsstandards für die Wirtschaft und
- die Mitwirkung an der Entwicklung allgemeiner Offenlegungsvorschriften.[57]

Zu ihren diesbezüglichen Befugnissen gehört insbesondere die **Überwachung** neuer und bereits bekannter Finanztätigkeiten. Hierzu kann die ESMA Leitlinien und Empfehlungen annehmen, um die Sicherheit und Solidarität der Märkte und der Angleichung der Regulierungspraxis zu fördern.[58]

Außerdem kann die ESMA, bei Vorliegen ernsthafter Bedrohungen gegen bestimmte Ziele entsprechende **Warnungen** herausgeben[59] und überprüfen, ob es notwendig erscheint, bestimmte Arten von **Finanztätigkeiten zu verbieten oder zu beschränken**.[60]

3. Beschwerdeausschuss/Beschwerden

Der **Beschwerdeausschuss (Board of Appeal)** ist ein **gemeinsames Gremium** der ESA. Er besteht aus sechs Mitgliedern und sechs stellvertretenden Mitgliedern, von denen je zwei vom Verwaltungsrat aus einer von der Kommission erstellten Auswahlliste ernannt werden. Die Ernennung der übrigen Mitglieder erfolgt nach Abstimmung der ESA-Behörden.[61] Um überhaupt Mitglied dieses Ausschusses werden zu können, müssen diese Mitglieder „einen ausgezeichneten Ruf genießen und nachweislich über einschlägige Kenntnisse und berufliche – einschließlich aufsichtliche – Erfahrungen auf ausreichend hoher Ebene in den Sektoren Banken, Versicherungen, betriebliche Altersversorgung und Wertpapiere oder anderer Finanzdienstleistungen verfügen".[62] Die Mitglieder dürfen zudem nicht zum aktuellen Personal der zuständigen Behörden oder an-

---

55 Art. 19 ESMA-VO.
56 Art. 19 Abs. 3 ESMA-VO; zu Einzelheiten s. *Baur/Boegl* BKR 2011, 177 (184).
57 Art. 9 Abs. 1 ESMA-VO.
58 Art. 9 Abs. 2 ESMA-VO.
59 Art. 9 Abs. 3 ESMA-VO.
60 Art. 9 Abs. 5, Hs. 4 ESMA-VO.
61 Art. 58 Abs. 2 ESMA-VO. Im Folgenden werden die einschlägigen Regelungen aus der ESMA-VO angeführt, vergleichbare Regelungen gibt es jedoch auch in der EBA-VO sowie der EIOPA-VO.
62 Art. 58 Abs. 2 ESMA-VO.

derer nationaler Einrichtungen gehören, die an den Tätigkeiten der Behörde beteiligt sind. Zudem muss der Beschwerdeausschuss über ausreichende Rechtskenntnisse verfügen, um die Behörde bei der Ausübung ihrer Befugnisse sachkundig rechtlich beraten zu können.[63]

27 Der Beschwerdeausschuss beschließt über **Beschwerden** von natürlichen und juristischen Personen, einschließlich der zuständigen Behörden, die sich

- gegen Beschlüsse der Behörde gemäß den Art. 17, 18 und 19 ESMA-VO,
- gegen jeden anderen[64] von der Behörde getroffenen Rechtsakt der Union und gegen die Beschwerdeführer gerichteten Beschlüsse sowie
- gegen Beschlüsse, die an eine andere Person gerichtet sind, die den/die Beschwerdeführer aber unmittelbar und individuell betreffen

richten.[65]

Eine Beschwerde ist einschließlich ihrer Begründung innerhalb von **zwei Monaten** nach dem Tag der Bekanntgabe des Beschlusses an die betreffende Person (Beschwerdeführer) oder, wenn eine solche Bekanntgabe nicht erfolgt ist, innerhalb von zwei Monaten ab dem Tag, an dem die Behörde ihren Beschluss veröffentlicht hat, schriftlich bei der Behörde einzulegen.[66] Sie hat keine aufschiebende Wirkung.[67] Der Beschwerdeausschuss kann jedoch den Vollzug des angefochtenen Beschlusses aussetzen.[68]

Um die Begründetheit einer zulässigen Beschwerde prüfen zu können, fordert der Beschwerdeausschuss – unter Fristsetzung – die am Beschwerdeverfahren Beteiligten zu einer Stellungnahme auf.[69] Die Beteiligten haben das Recht, mündliche Erklärungen abzugeben.[70]

Sobald alle Stellungnahmen und Erklärungen abgegeben wurden, hat der Beschwerdeausschuss zwei Möglichkeiten zu entscheiden: Entweder bestätigt er den Beschluss der zuständigen Stelle oder er verweist die Angelegenheit an die zuständige Stelle der Behörde zurück.[71] Diese Behörde ist dann an den Beschluss des Beschwerdeausschusses gebunden und muss einen geänderten Beschluss in der Angelegenheit treffen.[72] Die Beschlüsse des Beschwerdeausschusses werden begründet und von der Behörde veröffentlicht.

28 Als Rechtsmittel kann gegen einen Beschluss des Beschwerdeausschusses Klage vor dem EUGH erhoben werden. Dies gilt ebenso für einen Beschluss der Behörde, in den Fällen, in denen kein Rechtsbehelf beim Beschwerdeausschuss möglich ist.[73] Setzt eine Behörde einen Beschluss nicht um, kann eine Untätigkeitsklage erhoben werden.[74]

---

63 Art. 58 Abs. 2 ESMA-VO.
64 Gem. Art. 1 Abs. 2 ESMA-VO.
65 Art. 60 Abs. 1 ESMA-VO.
66 Art. 60 Abs. 2 ESMA-VO.
67 Art. 60 Abs. 3 S. 1 ESMA-VO.
68 Art. 60 Abs. 3 S. 2 ESMA-VO.
69 Art. 60 Abs. 4 S. 1 ESMA-VO.
70 Art. 60 Abs. 4 S. 2 ESMA-VO.
71 Art. 60 Abs. 5 S. 1 ESMA-VO.
72 Art. 60 Abs. 5 S. 2 ESMA-VO.
73 Art. 61 Abs. 1 ESMA-VO.
74 Art. 61 Abs. 3 ESMA-VO.

Kap. 1.2. Nationale Aufsichtsstruktur und Aufgaben der Aufsicht

Literatur: *Albrecht*, jurisPR-ITR 1/2018 Anm. 4 zu VG Wiesbaden 9.8.2017 – 6 K 808/17.WI.A.; *Assmann/Schneider/Mülbert* (Hrsg.), WpHG Kommentar, 7. Aufl. 2019; *Bärlein/Pananis/Rehmsmeier*, Spannungsverhältnis zwischen der Aussagefreiheit im Strafverfahren und den Mitwirkungspflichten im Verwaltungsverfahren, NJW 2002, 1825; Beck/ Samm/Kokemoor, Kreditwesengesetz mit CRR, Stand März 2019; *Berger/Partsch/Roth/ Scheel*, Informationsfreiheitsgesetz, 2. Aufl. 2013; *Berger/Schirmer*, Informationsfreiheit und Finanzaufsicht – Fragen zum Informationszugang im „Single Supervisory Mechanism, SSM", DVBl 2015, 608; BfDI Informationsfreiheitsgesetz des Bundes – Text und Erläuterungen – BfDI–Info 2 (Stand: Mai 2018), 16 (zit. als BfDI–Info 2); *BMI*, Anwendungshinweise des BMI zum Informationsfreiheitsgesetz GMBl. 2005, S. 1346; *Boos/Fischer/Schulte-Mattler*, Kreditwesengesetz, 5. Aufl. 2016; *Classen*, Amtshaftung im Zeichen von Verwaltungstransparanz, NordÖR 2013, 236; *Gersdorf/Paal* (Hrsg.): Informations- und Medienrecht, 2014; *Gurlit*, Informationsfreiheit und Verschwiegenheitspflichten der BaFin, NZG 2014, 1161; *Hagemeister*, Die neue Bundesanstalt für Finanzdienstleistungsaufsicht, WM 2002, 1773;*Herz*, Neue Rechtsprechung zum Zugang zu Informationen von Aufsichtsbehörden, NJW 2018, 2601; *Huber*, Anm. zu BVerwG, Urt. v. 17.3.2016 – 7 C 2/15, NVwZ 2016, 1019; *Jaskulla*, Vereinbarkeit des § 4 Abs. 4 FinDAG mit EU-Recht und dem Grundgesetz, BKR 2005, 231; *Keller*, Neuere Rechtsprechung zum Informationsfreiheitsgesetz, jM 2016, 467; *Klemm/Schlüter*, Existenz und Reichweite des verfassungsunmittelbaren Auskunftsanspruchs der Presse gegen Bundesbehörden, AfP 2015, 306; *Kloepfer/Greve*, Das Informationsfreiheitsgesetz und der Schutz von Betriebs- und Geschäftsgeheimnissen, NVwZ 2011, 579; *Koehl*, Die Behördenakte im Verwaltungsprozess, NJ 2018, 101; Kölner Kommentar zum WpHG, *Hirte/Möllers* (Hrsg.), 2. Aufl. 2014 (zit. als KölnKommWpHG/*Bearbeiter*); Köhler/Bornkamm/Feddersen, Gesetz gegen den unlauteren Wettbewerb, 37. Aufl 2019; *Krüger*, Das Informationsfreiheitsgesetz des Bundes – Reformüberlegungen aus behördlicher Sicht, ZRP 2018, 79; *Langer/Schmieszek*, Voraussetzungslose Auskunft von der Bundesanstalt für Finanzdienstleistungsaufsicht (BaFin), WM 2016, 1723; *Lennartz*, Informationsfreiheitsgesetz und Energienetzbetreiber, EnZW 2017, 396; *Neumann*, In-camera-Verfahren vor den Verwaltungsgerichten, DVBl 2016, 473; *Nolte* jurisPR-BVerwG 6/2015 Anm. 2; *Partsch/Koschmieder*, Der archivrechtliche Informationszugang nach der Novelle des BArchG, NJW 2017, 3416; *Poelzig*, Normdurchsetzung durch Privatrecht, 2012; *Reischauer/Kleinhals*, Kreditwesengesetz, Loseblatt, Stand 2019; *Rhein*, Der Anwendungsbereich presserechtlicher Auskunftsansprüche auf Bundesebene, DÖV 2019, 394; *Riegler*, Informationsfreiheit im verwaltungsgerichtlichen Verfahren am Beispiel der Finanzmarktaufsicht, 2016); *Rudkowski*, Geschäftsgeheimnisse des Versicherers, 2012; *Schäfer*, Kommentar zum WpHG, 1999; *Schmitz/Jastrow*, Das Informationsfreiheitsgesetz des Bundes, NVwZ 2005, 984; *Schnabel*, Die Zukunft des presserechtlichen Auskunftsanspruchs gegen Bundesbehörden, NJW 2016, 1692; *Schoch*, Informationsfreiheitsgesetz, 2. Aufl. 2016; *Schoch*, Rechtsprechungsentwicklung – Das IFG-Verwaltungsverfahren, NVwZ 2019, 257; *Schoch*, Das IFG des Bundes in der Rechtsprechungspraxis, NVwZ 2017, 97; *Schoch*, Das Informationsfreiheitsrecht in der gerichtlichen Praxis, VBlBW 2010, 333; *Scholz*, Informationsfreiheitsgesetz (IFG) als verfassungswidriger Systembruch zur staatlichen Finanz- und Wirtschaftsaufsichten?, BKR 2008, 485; *Schröder/Hansen*, Die Ermittlungsbefugnisse der BAFin nach § 44 c KWG und ihr Verhältnis zum Strafprozessrecht, ZBB 2003, 113; *Schroeter*, Defizite beim Verfahren der gerichtlichen Überprüfung von Informationsbegehren nach dem Informationsfreiheitsgesetz, NVwZ 2011, 457; *Schwark/Zimmer*, Kapitalmarktrechtskommentar, 5. Aufl. 2019;*Weilglin*, Friktion im Umgang mit europäischen und nationalen Auskunftsrechten nach dem EuGH-Urteil Baumeister, EuZW 2019, 324.

I. Aufsichtsstruktur	1	4. Aufgaben der einzelnen Geschäftsbereiche der BaFin	20
II. Börsenaufsicht	2	a) Geschäftsbereich Abwicklung	21
III. Bundesanstalt für Finanzdienstleistungsaufsicht	5	b) Geschäftsbereich Versicherungs- und Pensionsfondsaufsicht	22
1. Entstehung, Sitz, Rechtsform, Klagemöglichkeit	5		
2. Organisation	9	c) Geschäftsbereich Bankenaufsicht	23
3. Aufgaben der BaFin	15		

d) Geschäftsbereich Wertpapieraufsicht/Assetmanagement 24	e) (Weitere) Unterrichtungspflichten gegenüber der ESMA 107
5. Wahrnehmung der Aufgaben im öffentlichen Interesse 26	4. Memoranda of Understanding 108
6. Heranziehung privater Personen und Einrichtungen zur Aufgabenerfüllung 33	**V. Verschwiegenheitspflicht** 110
	1. Allgemein 110
	2. § 21 WpHG 112
7. Kompetenz der BaFin zum Erlass von Richtlinien/ Verordnungen und sonstigen Mitteilungen 35	3. § 23 Abs. 1 WpHG 127
	4. § 123 WpHG 130
	5. Rechtsfolgen bei Gesetzesverstößen 134
8. Befugnisse der BaFin 40	**VI. Zugang zu Informationen der BaFin** 137
a) Allgemeines 40	
b) Befugnisse im Wertpapierbereich 41	1. Informationsanspruch nach dem Informationsfreiheitsgesetz des Bundes (IFG) 137
c) Befugnisse zur Sicherung des Finanzsystems 58	
IV. Zusammenarbeit mit anderen Stellen/Datenaustausch 65	a) Allgemeines 137
	b) Anwendbarkeit des IFG 141
1. Allgemeines.................. 65	c) Anspruchsverpflichtung 142
2. Zusammenarbeit mit anderen Behörden im Inland 67	d) Anspruchsberechtigung.. 143
	e) Anspruchsgegenstand ... 144
a) Zusammenarbeit nach § 17 WpHG.............. 67	f) Anspruchsvoraussetzungen und Informationsinteresse 147
b) Beteiligung der BaFin und Mitteilungen in Strafsachen nach § 122 WpHG 72	g) Antragserfordernis (§ 7 IFG), Entscheidung über den Informationszugang und Kosten (§ 10 IFG) 148
3. Zusammenarbeit im Ausland 80	
a) Zusammenarbeit nach § 18 WpHG.............. 80	h) Gesetzliche Schranken des Informationszugangsrechts 149
aa) Allgemeines 80	
bb) Zusammenarbeit der BaFin mit bestimmten Behörden der EU/dem EWR (§ 18 Abs. 1 S. 1 WpHG) 81	aa) § 3 Nr. 4 IFG iVm den fachgesetzlichen Verschwiegenheitspflichten, zB § 21 WpHG 150
cc) Befugnisse und Pflichten der BaFin.. 82	bb) Schutz laufender strafrechtlicher Verfahren, § 3 Nr. 1 g IFG 151
dd) Internationale Rechtshilfe 98	
ee) Zusammenarbeit der BaFin mit anderen Behörden außerhalb der EU/dem EWR (§ 18 Abs. 10 WpHG) 99	cc) Vertraulich erhobene und übermittelte Informationen, § 3 Nr. 7 IFG 154
	dd) Schutz der Aufsichtsaufgaben, § 3 Nr. 1 d IFG 156
ff) Befugnisse des BMF 101	
b) Weitere Regelungen zur internationalen Zusammenarbeit 102	ee) Informationsausschluss bei öffentlich bekannten Informationen, § 9 Abs. 3 IFG....... 161
c) Zusammenarbeit nach § 19 WpHG.............. 103	
d) Zusammenarbeit nach § 20 WpHG.............. 106	ff) Unverhältnismäßiger Verwaltungsaufwand, § 7 Abs. 2 IFG....... 162

2. Rechtsschutz und Aktenvorlagepflicht nach § 99 Abs. 1 S. 1 VwGO im Gerichtsverfahren 164
   a) Rechtsschutzmöglichkeiten 164
   b) Aktenvorlage im Verwaltungsprozess 165
VII. Weitere Möglichkeiten des Zugangs zu Informationen der BaFin 167
   1. Anspruch gemäß § 29 VwVfG und ungeschriebener Rechtsanspruch auf Informationszugang 167
   2. Akteneinsichtsrecht im Verwaltungsprozess 171
   3. Aktenvorlage und Akteneinsichtsrecht im Strafprozess .. 172
   4. Aktenvorlage und Akteneinsichtsrecht im Zivilprozess .. 173
   5. Presserechtliche Informationsansprüche 176

I. Aufsichtsstruktur

Die Aufsichtsstruktur im Bereich „Wertpapier- und Finanzmarktaufsicht" ist in Deutschland auf verschiedenen Ebenen angesiedelt. Die Börsenaufsicht sowie die der Bundesanstalt für Finanzdienstaufsicht gelten dabei als zwei der wichtigsten Aufsichtsbehörden.

II. Börsenaufsicht

Die Aufsicht über die einzelnen Börsen ist nach §§ 1, 2 BörsG Aufgabe der **Börsenaufsichtsbehörden der einzelnen Bundesländer**. Die Aufsicht gliedert sich zum einen in die Rechts- und zum anderen in die Marktaufsicht.

Zur Rechtsaufsicht gehört die Beaufsichtigung der Börsenorgane. Zu den Börsenorganen zählen gemäß § 3 Abs. 1 BörsG der Börsenrat, die Börsengeschäftsführung, der Sanktionsausschuss und die Handelsüberwachungsstelle.

Zu den Aufgaben der Marktaufsicht zählt insbesondere die Überprüfung des Marktes auf seine allgemeine Ordnungsmäßigkeit. Dies ist en Detail im BörsG geregelt.

Die Börsen haben, unter Beachtung der Maßgaben der Börsenaufsichtsbehörden, ua eine sog **Handelsüberwachungsstelle als eine ihrer Börsenorgane einzurichten und zu betreiben** (§ 7 BörsG). Aufgabe dieser Handelsüberwachungsstelle ist nach § 7 Abs. 1 S. 1 BörsG die Überwachung des Handels an der Börse sowie die Börsengeschäftsabwicklung. Je nachdem, was an der jeweiligen Börse gehandelt wird, können besondere Bestimmungen im Zusammenhang mit den Überwachungspflichten gelten, wie es bspw. bei Warenbörsen, an denen Energie gehandelt wird, der Fall ist. Generell gilt jedoch, dass Handelsüberwachungsstellen alle Daten systematisch und lückenlos zu erfassen und auszuwerten sowie alle notwendigen Ermittlungen durchzuführen haben. Ermittlungen durch die Handelsüberwachungsstellen werden immer dann notwendig, wenn Zweifel bezüglich eines bestimmten Sachverhalts bestehen. Eine Ermittlung kann beispielsweise dann durchgeführt werden, wenn Zweifeln an der richtigen Feststellung von Börsenpreisen bestehen sollten.

Der Leiter der Handelsüberwachungsstelle hat gegenüber der für ihn zuständigen Börsenaufsichtsbehörde die Pflicht, regelmäßig Bericht zu erstatten (§ 7 Abs. 2 BörsG).

Nach § 7 Abs. 1 S. 6 BörsG kann die Börsenaufsichtsbehörde der Handelsüberwachungsstelle gegenüber Weisungen erteilen und auch selbst Ermittlungen übernehmen.

Wenn die Handelsüberwachungsstelle Tatsachen feststellt, welche die Annahme rechtfertigen, dass börsenrechtliche Vorschriften oder Anordnungen verletzt werden oder sonstige Missstände vorliegen, die die ordnungsgemäße Durchführung des Handels an einer Börse oder die Börsenabwicklung beeinträchtigen können, hat sie hiervon gemäß § 7 Abs. 5 BörsG unverzüglich zum einen die Börsenaufsichtsbehörde und zum anderen die Geschäftsführung zu informieren. In einem solchen Fall kann dann die Geschäftsführung eilbedürftige, geeignete Anordnungen treffen, über die sie die Börsenaufsichtsbehörde unverzüglich zu unterrichten hat. Stellt sie in diesem Zusammenhang Tatsachen fest, deren Kenntnis daneben für die Erfüllung der Aufgaben der Bundesanstalt für Finanzdienstleistungsaufsicht erforderlich ist, unterrichtet sie diese ebenfalls unverzüglich.

4 Die Börsenaufsichtsbehörden und die Bundesanstalt für Finanzdienstleistungsaufsicht arbeiten eng zusammen (§ 8 BörsG) und tauschen insbesondere nach Maßgabe der Bestimmungen in § 10 BörsG alle Informationen untereinander aus, die für die Wahrnehmung ihrer jeweiligen Aufgaben sachdienlich sind.

III. Bundesanstalt für Finanzdienstleistungsaufsicht

1. Entstehung, Sitz, Rechtsform, Klagemöglichkeit

5 Im Bereich des Kapitalmarktrechts ist die **Bundesanstalt für Finanzdienstleistungsaufsicht (BaFin)** die zentrale Aufsichtsbehörde auf Bundesebene. Sie entstand zum 1.5.2002 durch die Zusammenlegung des Bundesaufsichtsamtes für das Kreditwesen (BAKred), des Bundesaufsichtsamtes für das Versicherungswesen (BAV) sowie des Bundesaufsichtsamtes für den Wertpapierhandel (BAWe) (§ 1 Abs. 1 FinDAG). Durch diese damalige Verschmelzung wurde ein Allfinanz-Konzept realisiert, dass sich an dem Leitbild der britischen Financial Services Authority orientierte.[1]

Zum 1.1.2018 wurde darüber hinaus die **Bundesanstalt für Finanzmarktstabilisierung (FMSA)**, in die BaFin integriert (§ 18 a Abs. 1 FinDAG), die zuvor von 2015–2017 die Funktion der nationalen Abwicklungsbehörde innehatte. Seit der Eingliederung dieser Behörde in die BaFin, übernimmt die BaFin alle Rechte und Pflichten, Verträge und sonstige Rechtsverhältnisse der FMSA, soweit diese gemäß § 4 Abs. 1 S. 5 FinDAG auf die BaFin übergegangen sind.

Rechtsorganisatorisch handelt es sich bei der BaFin um eine **bundesunmittelbare, rechtsfähige Anstalt des öffentlichen Rechts**. Damit ist sie unmittelbares Zuordnungsobjekt von Rechten und Pflichten und haftet selbst für ihre Verbindlichkeiten.[2] Durch die rechtliche Qualifizierung als (rechtsfähige) Anstalt besitzt sie weitgehende budgetäre und organisationsrechtliche Freiheit sowie weitgehende Unabhängigkeit im personellen Bereich.[3]

---

1 *Hagemeister* WM 2002, 1773 (1774).
2 Fahr/*Kaulbach* FinDAG § 1.
3 Assmann/Schneider/Mülbert/*Döhmel* WpHG Vor § 3 Rn. 6.

Die Bundesanstalt ist im Geschäftsbereich des **Bundesministeriums der Finanzen** (BMF) angesiedelt, welches nach § 2 FinDAG die Rechts- und Fachaufsicht gegenüber der BaFin ausübt.

Die BaFin hat ihren **Sitz** gemäß § 1 Abs. 2 FinDAG sowohl in Bonn als auch in Frankfurt am Main. Durch die Entscheidung des Gesetzgebers für einen solchen (gleichwertigen) Doppelsitz und damit gegen die Alternative, den Standort in Frankfurt am Main lediglich als Außenstelle zu deklarieren, hat er auch nach außen hin die Bedeutung Frankfurts als Finanzzentrum dokumentiert.[4]

Nach § 1 Abs. 3 FinDAG gilt als Ort für (zivil- wie auch verwaltungsrechtliche) **Klagen** gegen die BaFin Frankfurt am Main als Sitz der Behörde. Dasselbe gilt für Verfahren nach dem Gesetz über Ordnungswidrigkeiten.[5] Etwas anderes gilt hingegen für Klagen aus dem Beamtenverhältnis sowie für Rechtsstreitigkeiten, für die die Gerichte für Arbeitssachen zuständig sind. In diesen Fällen sind die zuvor genannten Grundsätze nicht anwendbar.[6]

Da der Gesetzgeber die BaFin in der Rechtsform einer Anstalt des öffentlichen Rechts errichtet hat, sind etwaige Klage gegen die BaFin selbst und nicht gegen die Bundesrepublik Deutschland, vertreten durch das Bundesministerium der Finanzen, zu richten. Die BaFin ist aufgrund ihrer Rechtsform passivlegitimiert und damit **Klagegegner**.[7]

Das WpÜG enthält hinsichtlich der Zuständigkeit der Gerichte besondere Regelungen. Nach § 62 WpÜG entscheidet beispielsweise in Ordnungswidrigkeitenverfahren sowie in einigen weiteren Fällen das für den Sitz der Bundesanstalt in Frankfurt am Main zuständige Oberlandesgericht. Über die Rechtsbeschwerde nach § 79 OWiG entscheidet gemäß § 63 WpÜG der Bundesgerichtshof.[8]

2. Organisation

Organe der BaFin sind nach § 5 Abs. 1 FinDAG das Direktorium, der Präsident oder die Präsidentin und der Verwaltungsrat. Die Aufgaben und Befugnisse dieser Organe bestimmt die Satzung der BaFin, soweit sich aus dem FinDAG keine speziellen Regelungen ergeben.

Die **Leitung** der BaFin obliegt nach § 6 FinDAG dem **Direktorium**. Dieses verwaltet und leitet die BaFin nach § 6 Abs. 1 S. 1 FinDAG gesamtverantwortlich. Das Direktorium besteht gemäß S. 2 aus einem Präsidenten sowie fünf Exekutivdirektoren, von denen einer als Vizepräsident ständiger Vertreter des Präsidenten ist.

Gemäß § 6 Abs. 2 S. 1 FinDAG berät das Direktorium unter dem Vorsitz des Präsidenten. Es fasst seine Beschlüsse nach S. 2 – auch im Falle von Meinungsverschiedenheiten – mit einfacher Mehrheit der abgegebenen Stimmen. Bei Stimmengleichheit gibt die Stimme des Präsidenten den Ausschlag (vgl. S. 3 der Vorschrift).

---

4 Assmann/Schneider/Mülbert/*Döhmel* WpHG Vor § 3 Rn. 8.
5 Assmann/Schneider/Mülbert/*Döhmel* WpHG Vor § 3 Rn. 10.
6 Assmann/Schneider/Mülbert/*Döhmel* WpHG Vor § 3 Rn. 10.
7 Fahr/*Kaulbach* FinDAG § 1.
8 Zu Einzelheiten s. KK-WpÜG/*Giesberts* WpÜG §§ 62, 63.

Nach § 6 Abs. 3 S. 1 FinDAG bestimmt der Präsident die strategische Ausrichtung der Bundesanstalt als Allfinanzaufsicht sowohl national als auch international. Er vertritt die Bundesanstalt zudem gerichtlich wie auch außergerichtlich (§ 6 Abs. 5 FinDAG).

Gemäß § 6 Abs. 3 S. 2 obliegt den Exekutivdirektoren die Verantwortung für den ihnen jeweils zugewiesenen Geschäftsbereich. Die nach § 6 Abs. 4 FinDAG eingerichteten fünf Geschäftsbereiche der BaFin sind:

- Querschnittsaufgaben/Interne Verwaltung,
- Bankenaufsicht,
- Versicherungsaufsicht,
- Wertpapieraufsicht/Asset Management und
- seit dem 1.1.2018 der Geschäftsbereich Abwicklung.

11 Nach § 7 Abs. 1 S. 1 FinDAG muss die BaFin einen **Verwaltungsrat** bilden. Die Aufgabe dieses Verwaltungsrats besteht gemäß § 7 Abs. 1 S. 2 FinDAG zum einen aus der Überwachung der Geschäftsführung der BaFin und zum anderen aus der Unterstützung dieser bei der Erfüllung ihrer Aufgaben.

Der Präsident hat den Verwaltungsrat regelmäßig über die Geschäftsführung der BaFin zu unterrichten, während die Exekutivdirektoren über ihre Aufgabenbereiche zu berichten haben.

Der Verwaltungsrat gibt sich nach § 7 Abs. 2 FinDAG eine eigene Geschäftsordnung. Seine Zusammensetzung ist in § 7 Abs. 3 FinDAG geregelt.

12 Der **Fachbeirat** der BaFin wird nach § 8 FinDAG gebildet. Zu seinen Aufgaben gehört die Beratung der BaFin bei der Erfüllung ihrer Aufgaben. § 8 Abs. 1 S. 3 FinDAG eröffnet ihm darüber hinaus die Möglichkeit, Empfehlungen zur allgemeinen Weiterentwicklung der Aufsichtspraxis einzubringen.

Seine Zusammensetzung ergibt sich aus § 8 Abs. 2 und 3 FinDAG; er gibt sich ebenfalls eine eigene Geschäftsordnung.

13 Auch wenn der **Verbraucherbeirat** nicht zu den originär zu errichtenden Organen der BaFin gehört, so ist ein solcher dennoch nach § 8 a Abs. 1 S. 1 FinDAG zu bilden. Seine Aufgabe besteht in der Beratung der Bundesanstalt bei ihrer Aufgabenerfüllung, wobei die Beratung, wie der Name schon sagt, aus Verbrauchersicht zu erfolgen hat.

Seine Zusammensetzung ergibt sich aus § 8 a Abs. 2 und 3 FinDAG; auch er gibt sich eine eigene Geschäftsordnung.

14 Um einerseits den Länderkompetenzen Rechnung zu tragen und andererseits deren Sachverstand in die Aufsichtstätigkeit einzubeziehen, sieht § 16 Abs. 1 WpHG vor, dass bei der BaFin auch ein **Wertpapierrat** zu bilden ist. Dieser besteht aus je einem Mitglied aller Bundesländer, auch aus den Ländern, in denen es keine Börsen gibt.[9] Die Mitgliedschaft ist nicht personengebunden. An den Sitzungen können Vertreter der Bundesministerien der Finanzen, der Justiz und für Verbraucherschutz und für Wirtschaft und Energie sowie der Deutschen Bundesbank teilnehmen. Soweit erforderlich, kann der Wertpapierrat nach

---

9 Assmann/Schneider/Mülbert/*Döhmel* WpHG § 5 Rn. 7 f.; Schwark/Zimmer/*Beck* WpHG § 5 Rn. 2.

§ 16 Abs. 1 S. 6 WpHG auch Sachverständige aus dem Bereich Börsen, der Marktteilnehmer, der Wirtschaft sowie aus dem Bereich der Wissenschaft anhören.

Nach § 16 Abs. 2 WpHG ist es Aufgabe des Wertpapierrats bei der Aufsicht der BaFin mitzuwirken. Zu seinen konkreten Aufgaben zählt insbesondere die Beratung der BaFin bei

- dem Erlass von Rechtsverordnungen und der Aufstellung von Richtlinien für die Aufsichtstätigkeit der Bundesanstalt,
- der Auswirkung von Aufsichtsfragen auf die Börsen- und Marktstrukturen sowie den Wettbewerb im Handel mit Finanzinstrumenten und
- der Abgrenzung von Zuständigkeiten zwischen der Bundesanstalt und den Börsenaufsichtsbehörden sowie bei Fragen der Zusammenarbeit.

Daneben hat der Wertpapierrat auch die Möglichkeit, Vorschläge zur allgemeinen Weiterentwicklung der Aufsichtspraxis einzubringen.

Die Bundesanstalt ist nach § 16 Abs. 2 S. 4 WpHG verpflichtet, dem Wertpapierrat mindestens einmal jährlich über die Aufsichtstätigkeit, die Aufsichtspraxis sowie die internationale Zusammenarbeit zu berichten.

3. Aufgaben der BaFin

Die **Aufgaben der BaFin** ergeben sich allgemein aus **§ 4 Abs. 1 FinDAG**. 15

Gemäß § 4 Abs. 1 S. 1 FinDAG nimmt die Bundesanstalt die den ursprünglichen drei Aufsichtsämtern (s. Rn. 5) übertragenen Aufgaben wahr und seit dem 1.1.2018 auch die ihr gemäß § 18 a Abs. 1 FinDAG iVm § 4 Abs. 1 S. 5 FinDAG übertragenen Aufgaben der FMSA. Darüber hinaus obliegt ihr nach § 4 Abs. 1 S. 2 FinDAG die Erfüllung der nach anderen Bestimmungen übertragenen Aufgaben, einschließlich der Beratungstätigkeit im Zusammenhang mit dem Aufbau und der Unterstützung ausländischer Aufsichtssysteme.

§ 4 Abs. 1 a S. 1 FinDAG statuiert neben den in § 4 Abs. 1 FinDAG genannten 16 Aufgaben, dass die BaFin, innerhalb ihres gesetzlichen Auftrags, auch dem **Schutz der kollektiven Verbraucherinteressen** verpflichtet ist. Durch das Merkmal „innerhalb ihres gesetzlichen Auftrags" hat der Gesetzgeber deutlich gemacht, dass diese Verpflichtung der BaFin Teil ihrer aufsichtlichen Tätigkeit ist und nicht darüber hinaus geht. Durch die Nennung des kollektiven Verbraucherschutzes als explizites Aufsichtsziel wird dabei dessen Bedeutung bei der Aufsichtstätigkeit der Bundesanstalt hervorgehoben.[10]

Neben den Bestimmungen in § 4 FinDAG werden die Aufgaben der BaFin in 17 den jeweiligen **nationalen Einzelgesetzen sowie nationalen und europäischen Verordnungen und Richtlinien** weiter konkretisiert und ergänzt.

Im Bereich der Wertpapieraufsicht ist bspw. in § 6 Abs. 1 WpHG statuiert, dass die BaFin die Aufsicht nach dem WpHG ausübt und im Rahmen der ihr zugewiesenen Aufgaben Missständen entgegenzuwirken hat, die die ordnungsgemäße Durchführung des Handels mit Finanzinstrumenten oder von Wertpapierdienstleistungen, Wertpapiernebendienstleistungen oder Datenbereitstel-

---

10 Begr. Gesetzentwurf der BuReg, BT-Drs. 18/3994, 36.

lungsdienstleistungen[11] beeinträchtigen oder erhebliche Nachteile für den Finanzmarkt bewirken können.[12]

Der **Begriff des Missstandes** wird in § 6 WpHG nicht legaldefiniert. Ein Missstand stellt in der Regel aber einen Verstoß gegen zwingende Vorschriften des WpHG dar.[13] Drüber hinaus umfasst dieser Begriff Verstöße gegen Verordnungen und Allgemeinverfügungen der BaFin, die auf dem WpHG beruhen.[14] Wann ein Missstand bejaht werden kann, ist eine Entscheidung des Einzelfalls; in der Regel dürften aber völlig unerhebliche Verstöße für eine Bejahung dieses Tatbestandsmerkmals nicht ausreichen.

Die Terminologie „entgegenwirken" in § 6 Abs. 1 S. 2 WpHG lässt sowohl die nachträgliche als auch die präventive Bekämpfung zu,[15] insofern muss ein Missstand noch nicht eingetreten sein, um bejaht werden zu können.

Erfasst werden allerdings nur Missstände, die den Handel mit Finanzinstrumenten oder von Wertpapierdienstleistungen, Wertpapiernebendienstleistungen oder Datenbereitstellungsdienstleistungen beeinträchtigen oder erhebliche Nachteile für den Finanzmarkt bewirken können. Ein „singuläres Fehlverhalten" eines Wertpapierdienstleistungsunternehmens muss dabei nicht unbedingt einen Missstand darstellen.[16]

Als unbestimmter Rechtsbegriff unterliegt der Missstandsbegriff der vollen richterlichen Überprüfung.[17]

18 Im Bereich des **kollektiven Verbraucherschutzes** hat die BaFin ebenfalls die Aufgabe Missstände zu verhindern oder zu beseitigen. Eine spezielle Ermächtigungsgrundlage mit Anordnungsbefugnis für den kollektiven Verbraucherschutz enthält § 4. Abs. 1 a S. 2 FinDAG.[18] Hiernach kann die BaFin, unbeschadet weiterer Befugnisse nach anderen Gesetzen, gegenüber den Instituten und anderen Unternehmen, die nach dem Kreditwesengesetz, dem Zahlungsdiensteaufsichtsgesetz, dem Versicherungsaufsichtsgesetz, dem Wertpapierhandelsgesetz, dem Kapitalanlagegesetzbuch sowie nach anderen Gesetzen beaufsichtigt werden, alle Anordnungen treffen, die geeignet und erforderlich sind, um verbraucherschutzrelevante Missstände zu verhindern oder zu beseitigen, wenn eine generelle Klärung im Interesse des Verbraucherschutzes geboten erscheint. Mit dieser Ermächtigungsgrundlage wird allen Aufsichtsbereichen gleichermaßen die Aufsicht über die Einhaltung sowohl öffentlich-rechtlicher als auch zivilrechtlicher Rechtsvorschriften ermöglicht.[19]

Was ein Missstand im Zusammenhang mit den kollektiven Verbraucherinteressen ist, wird in § 4 Abs. 1 a S. 3 FinDAG definiert. Ein Missstand im Sinne die-

---

11 Die Erweiterung in Bezug auf Datenbereitstellungsdienstleistungen basiert auf der Umsetzung der MiFID II-RL (RL 2014/65/EU) im 2. FiMaNoG; vgl. BT-Drs. 18/10936, 225.
12 Ähnliche Regelungen finden sich auch im Bereich der Versicherungsaufsicht, Abwicklung und Bankenaufsicht.
13 S. auch BVerwG 13.4.2005 – Az. 6 C 4.04, BVerwGE 123, 203 ff.
14 *Schröder* KapitalmarktStrR Rn. 720.
15 Assmann/Schneider/Mülbert/*Döhmel* WpHG § 4 Rn. 9; Heidel/*Döhmel* WpHG § 5 Rn. 1.
16 Assmann/Schneider/Mülbert/*Döhmel* WpHG § 4 Rn. 18.
17 KK-WpÜG/*Giesberts* WpÜG § 4 Rn. 15 zur Parallelnorm des § 4 Abs. 2 WpÜG.
18 Begr. Gesetzentwurf der BuReg, BT-Drs. 18/3994, 36.
19 Begr. Gesetzentwurf der BuReg, BT-Drs. 18/3994, 36.

ser Vorschrift ist jeder erhebliche, dauerhafte oder wiederholte Verstoß gegen ein Verbraucherschutzgesetz, der nach seiner Art oder seinem Umfang die Interessen nicht nur einzelner Verbraucherinnen oder Verbraucher gefährden kann oder beeinträchtigt. Durch diese Formulierung wollte der Gesetzgeber verdeutlichen, dass ein Verstoß gegen verbraucherschützende Rechtsvorschriften über den Einzelfall hinausreichen und eine generelle Klärung geboten sein muss. Ein flächendeckendes Verhalten der Branche ist hingegen nicht erforderlich.[20]

Wann genau ein Missstand nach dieser Norm vorliegt, kann ebenfalls eine Entscheidung des Einzelfalls sein. Ein Missstand ist jedoch insbesondere dann zu bejahen, wenn ein Institut oder Unternehmen im Sinne des § 4 Abs. 1 a S. 2 FinDAG eine einschlägige Entscheidung des Bundesgerichtshofes zur Anwendung einer zivilrechtlichen Norm mit verbraucherschützender Wirkung nicht beachtet. In Fällen, in denen die BaFin Kenntnis von systematischen oder gewichtigen Verstößen gegen verbraucherschützende Normen erhält und in absehbarer Zeit kein höchstrichterliches Urteil zu erwarten ist, hat sie die Möglichkeit einzuschreiten.[21]

Stellt die BaFin Missstände fest, kann sie nach § 4 Abs. 1 a S. 2 FinDAG **Anordnungen** treffen, die geeignet und erforderlich sind, diese Missstände zu beseitigen oder zu verhindern und im Interesse des Verbraucherschutzes geboten erscheinen. Damit wird der Tatsache Rechnung getragen, dass hoheitliche Maßnahmen gemäß dem Grundsatz der Gesetzmäßigkeit der Verwaltung einer Ermächtigungsgrundlage bedürfen.

19

Anordnungen können, als klassisches aufsichtsrechtliches Instrument, in Form eines **Verwaltungsakts** gemäß § 35 VwVfG erlassen werden. Unter die Norm fallen aber auch Schreiben ohne Regelungswirkungen. Zu diesen zählen beispielsweise **Bitten** und **Hinweise**.[22] Darüber hinaus sind auch Warnungen durch die **Aufsichtsbehörde** zulässig.[23]

Soweit sich die BaFin entscheidet, eine Anordnung im Wege eines Verwaltungsakts zu erlassen, hat sie hierbei insbesondere den Grundsatz der Verhältnismäßigkeit zu beachten.

4. Aufgaben der einzelnen Geschäftsbereiche der BaFin

Die zuvor dargestellte Aufgabenerfüllung wird insbesondere durch die Geschäftsbereiche „Abwicklung", „Versicherungs- und Pensionsfondsaufsicht", „Bankenaufsicht" und „Wertpapieraufsicht/Asset-Management" der BaFin wahrgenommen, die nachfolgend grob mit ihren jeweiligen Aufgaben dargestellt werden.

20

a) Geschäftsbereich Abwicklung

Die BaFin ist seit dem 1.1.2018 die **Nationale Abwicklungsbehörde (NAB)** in Deutschland.

21

---

20 Begr. Gesetzentwurf der BuReg, BT-Drs. 18/3994, 36.
21 Begr. Gesetzentwurf der BuReg, BT-Drs. 18/3994, 36.
22 Schäfer/*Geibel* WpHG § 4 Rn. 18.
23 KK-WpÜG/*Giesberts* WpÜG § 4 Rn. 19 zu der Parallelnorm des § 4 Abs. 1 S. 3 WpÜG.

Der NAB stehen weitreichende Befugnisse zur Verfügung, um ein Institut geordnet abzuwickeln. Diese Befugnisse sind ua im Sanierungs- und Abwicklungsgesetz (SAG) geregelt. Zu diesen Befugnissen gehören insbesondere die Instrumente der Beteiligung der Anteilsinhaber und Gläubiger, der Unternehmensveräußerung, der Übertragung auf ein Brückeninstitut und der Übertragung auf eine Vermögensverwaltungsgesellschaft.

Zu den Hauptaufgaben der NAB gehört die Erstellung von Abwicklungsplänen für Institute sowie die Bewertung ihrer Abwicklungsfähigkeit. Zeichnet sich eine Schieflage eines Instituts ab, bereitet die NAB Abwicklungsmaßnahmen vor und führt diese, falls erforderlich, durch.

b) Geschäftsbereich Versicherungs- und Pensionsfondsaufsicht

22 Die Versicherungsaufsicht ist in Deutschland zweigeteilt. Entsprechend dem föderalistischen System erfolgt die Aufsicht sowohl durch den Bund als auch durch die Länder.

Die BaFin beaufsichtigt für den Bund zum einen die in Deutschland tätigen privaten Versicherungsunternehmen, die wirtschaftlich von erheblicher Bedeutung sind, und zum anderen die öffentlich-rechtlichen Wettbewerbsversicherer, die über die Grenzen eines Bundeslandes hinaus tätig sind.

Die Aufsichtsbehörden der Länder beaufsichtigen hingegen vor allem die öffentlich-rechtlichen Versicherer, deren Tätigkeit auf das jeweilige Bundesland beschränkt ist, sowie diejenigen privatrechtlichen Versicherer, die wirtschaftlich von geringerer Bedeutung sind.

Zu den Aufgaben der BaFin gehört neben der Erteilung und dem Entzug einer Erlaubnis, auch die laufende Aufsicht. Im Rahmen der laufenden Aufsicht überprüft die BaFin insbesondere, ob das beaufsichtigte Unternehmen seinen Geschäftsbetrieb ordnungsgemäß führt und alle gesetzlichen und aufsichtsbehördlichen Vorschriften einhält. Den gesetzlichen Rahmen geben vor allem das Versicherungsaufsichtsgesetz (VAG), das Versicherungsvertragsgesetz (VVG) und das Bürgerliche Gesetzbuch (BGB) vor.

c) Geschäftsbereich Bankenaufsicht

23 Die Aufgaben der Bankenaufsicht teilen sich die BaFin und die Deutsche Bundesbank. Als zuständige Verwaltungsbehörde übt die BaFin gemäß § 6 Abs. 1 KWG die Aufsicht über die Institute nach Maßgabe des KWG aus. § 7 Abs. 1 KWG regelt die Zusammenarbeit zwischen der BaFin und der Deutschen Bundesbank bei der laufenden Überwachung der Institute durch die Deutsche Bundesbank. Danach wertet die Deutsche Bundesbank im Rahmen der laufenden Aufsicht unter anderem von Instituten regelmäßig einzureichende Berichte und Meldungen aus und prüft, ob die Eigenkapitalausstattung und die Risikosteuerungsverfahren der Institute angemessen sind.

Die Hauptziele der Bankenaufsicht sind in § 6 Abs. 2 KWG zusammengefasst. Sie bestehen darin, Missständen im Kreditwesen entgegenzuwirken, die

- die Sicherheit der den Instituten anvertrauten Vermögenswerte gefährden,
- die ordnungsgemäße Durchführung der Bankgeschäfte beeinträchtigen oder
- erhebliche Nachteile für die Gesamtwirtschaft nach sich ziehen können.

Zu den Aufgaben der BaFin gehört neben der Erteilung einer Erlaubnis bzw. dem Entzug einer solchen auch die laufende Aufsicht. Im Rahmen der laufenden Aufsicht prüft die BaFin insbesondere, ob die beaufsichtigten Kreditinstitute über angemessene Eigenmittel, über entsprechende Kapitalpuffer und ausreichende Liquidität verfügen und die Mindestanforderungen an das Risikomanagement (MaRisk) erfüllen.

d) Geschäftsbereich Wertpapieraufsicht/Assetmanagement

Dem Bereich Wertpapieraufsicht/Asset Management obliegt die Marktaufsicht.[24] Zu den zentralen Aufgaben der BaFin gehört in diesem Bereich:

- die Bekämpfung von Insiderhandel (Art. 14 MAR),
- die Überwachung der Ad-hoc-Publizität (Art. 17 MAR),
- die Überwachung der Director's. Dealings (Art. 19 MAR),
- die Bekämpfung von Marktmanipulationen (Art. 15 MAR),
- die Überwachung der Mitteilungs- und Veröffentlichungspflichten (§§ 33 ff. WpHG),
- die Überwachung der Einhaltung der Wohlverhaltensregeln (§§ 63 ff. WpHG),
- die Überwachung nach dem VermAnlG, dem WpPG und dem KAGB,
- die Überwachung von öffentlichen Angeboten zum Erwerb von Wertpapieren (WpÜG),
- die Überwachung von Finanzanalysen (§ 85 WpHG),
- die Aufsicht von Kapitalanlagegesellschaften (KAGB) und
- die Überwachung von Unternehmensabschlüssen („Enforcement", §§ 37 ff. WpHG).

Darüber hinaus ist der Bereich Wertpapieraufsicht/Asset-Management für die Zulassungen der Finanzdienstleistungsinstitute sowie die Solvenzaufsicht über diese Unternehmen zuständig.

§ 6 WpHG konkretisiert die Aufgaben und Befugnisse der BaFin in diesem Bereich. Im Gegensatz zu § 6 KWG und anderen aufsichtsrechtlichen Regelungen nennt § 6 WpHG keinen expliziten Normadressaten. Damit sind alle Kapitalmarktteilnehmer potenzielle Adressaten dieser Regelung.[25]

5. Wahrnehmung der Aufgaben im öffentlichen Interesse

§ 4 Abs. 4 FinDAG bestimmt, dass die BaFin ihre Aufgaben im **öffentlichen Interesse** wahrzunehmen hat.[26] Der Begriff des „öffentlichen Interesses" ist nicht legal definiert und muss bei seiner Bestimmung immer im Zusammenhang mit den von der BaFin wahrgenommenen Aufgaben gesehen werden. Unter dem Begriff „öffentliches Interesse" ist beispielsweise für den Bereich des WpHG die Funktionsfähigkeit der Wertpapiermärkte zu verstehen. Vom öffentlichen Interesse nicht erfasst ist hingegen das Interesse eines jeden einzelnen Anlegers.

---

24 S. hierzu im Einzelnen Assmann/Schneider/Mülbert/*Döhmel* WpHG § 4 Rn. 3.
25 Schäfer/*Geibel* WpHG § 4 Rn. 6 f.
26 Zur Historie der Haftungseinschränkung s. Schäfer/*Geibel* WpHG § 4 Rn. 25.

Ein solches Interesse ist ausschließlich Rechtsreflex des Handelns der BaFin,[27] da von einem ordnungsgemäß funktionierenden Wertpapiermarkt Anleger mittelbar profitieren.[28]

27 Durch die vom Gesetzgeber in § 4 Abs. 3 FinDAG gewählte Formulierung wird deutlich, dass er auf keinen Fall wollte, dass Anleger oder Wertpapierdienstleistungsunternehmen eine Anspruchsgrundlage für ein Tätigwerden der BaFin erhielten. Ob und wie die BaFin im konkreten Fall agiert und eingreift, entscheidet sie vielmehr stets selbst – und zwar nach **pflichtgemäßem Ermessen**. Insofern kann die BaFin beispielsweise nicht von Anlegern zur Erstellung von Gutachten zur Vorbereitung eines etwaigen Zivilprozesses oder gar zur direkten Durchsetzung von Schadensersatzansprüchen instrumentalisiert werden.

28 Auch durch die Ergänzung der Aufgaben der BaFin um den kollektiven Verbraucherschutz nach § 4 Abs. 1 a FinDAG, hat sich an dem Grundsatz, dass diese ihre Aufgaben ausschließlich im öffentlichen Interesse wahrzunehmen hat, nichts geändert. Durch die Formulierung „kollektiver Verbraucherschutz" hat der Gesetzgeber deutlich gemacht, dass die BaFin dem Schutz der Verbraucherinnen und Verbraucher in ihrer Gesamtheit verpflichtet ist. Mögliche Verletzungen individueller Rechte von Verbrauchern – seien diese zivilrechtlicher oder öffentlich-rechtlicher Natur – können auf diesem Wege nicht geltend gemacht werden. § 4 Abs. 1 a FinDAG gibt Verbrauchern ebenfalls keinen individuellen Anspruch auf ein Tätigwerden der BaFin. An dieser Aufsichtspraxis hält die BaFin auch fest.[29]

29 Mit dem gesetzgeberischen Willen, dass die BaFin ihre Aufgaben im öffentlichen Interesse wahrzunehmen hat und keinen Anspruch eines Anlegers/ Verbrauchers oder Wertpapierdienstleisters auf ein Tätigwerden der BaFin begründet, ist in der Konsequenz auch gleichzeitig der Ausschluss von Amtshaftungsansprüchen nach § 839 BGB iVm Art. 34 GG verbunden. Die Anspruchsvoraussetzung einer drittschützenden Amtspflichtverletzung kann bei einer Wahrnehmung der Aufgaben im öffentlichen Interesse nicht vorliegen.[30]

Die Einschränkung auf ein Tätigwerden der Aufsicht im öffentlichen Interesse und der damit verbundene Ausschluss der Amtshaftung ergab sich bereits aus den Vorgängerregelungen des § 4 Abs. 4 FinDAG – insbesondere dem ehemaligen § 6 Abs. 4 KWG, und wurde seit jeher stark kritisiert.[31]

30 Diese Beschränkung wurde daneben insbesondere auch im Hinblick auf das **Gemeinschaftsrecht** als problematisch erachtet.

In der Rechtsprechung hat sich der **Bundesgerichtshof (BGH)** im Jahr 2002 mit dieser Frage auseinandergesetzt. Mit Beschluss vom 16.5.2002 holte er beim **Europäischen Gerichtshof (EUGH)** eine Vorabentscheidung zu der Frage ein, „[…] ob Sparern und Anlegern durch verschiedene EG-Richtlinien das Recht verliehen worden ist, dass Maßnahmen der Bankenaufsicht im EG-

---

27 Beschlussempfehlung und Bericht des Finanzausschusses, BT-Drs. 12/7918, 100.
28 Assmann/Schneider/Mülbert/*Döhmel* WpHG Vor § 3 Rn. 24.
29 Gesetzentwurf der Bundesregierung BT-Drs. 18/3994, 37.
30 Zur Parallelproblematik des § 4 Abs. 2 WpÜG s. KK-WpÜG/*Giesberts* WpÜG § 4 Rn. 27.
31 S. hierzu im einzelnen Schäfer/*Geibel* WpHG § 4 Rn. 26; Schwark/Zimmer/*Beck* WpHG § 4 Rn. 17 ff.; zur Parallelregelung des § 4 Abs. 2 WpÜG s. KK-WpÜG/*Giesberts* WpÜG § 4 Rn. 44 ff.

rechtlichen Bereich entgegen der Vorschrift des § 6 Abs. 4 KWG in ihrem Interesse wahrzunehmen sind, um ihnen gegebenenfalls Amtshaftungsansprüche zu eröffnen".[32]

Bereits in den Schlussanträgen der **Generalanwältin** wurde das Recht Einzelner, aufgrund bankenrechtlicher Richtlinien, „von der Bankenaufsicht das Setzen geeigneter Aufsichtsmaßnahmen zu verlangen und sie bei Fehlverhalten dafür haftbar zu machen", verneint.[33]

Mit Urteil vom 20.1.2005 entschied der EuGH, dass der damals streitgegenständliche § 6 Abs. 4 KWG, wonach das Bundesaufsichtsamt für das Kreditwesen die ihm zugewiesenen Aufgaben nur im öffentlichen Interesse wahrnimmt, und die an seine Stelle getretene Vorschrift des § 4 Abs. 4 FinDAG sowohl mit Europäischem Gemeinschaftsrecht als auch mit dem Grundgesetz vereinbar sei.[34]

Die BaFin ist jedoch verpflichtet, ihre im öffentlichen Interesse wahrgenommenen Aufgaben durch rechtmäßiges Verhalten wahrzunehmen. Soweit ein Verhalten der BaFin gegenüber Personen oder Unternehmen, die von Aufsichtsmaßnahmen der BaFin unmittelbar betroffen wurden, nicht rechtmäßig gewesen sein sollte, können diese als Adressat der jeweiligen Anordnung ggf. Amtshaftungsansprüche nach § 839 BGB, Art. 34 GG geltend machen.[35]

6. Heranziehung privater Personen und Einrichtungen zur Aufgabenerfüllung

Die BaFin muss die ihr übertragenen Aufgaben nicht immer selbst erfüllen. § 4 Abs. 3 FinDAG bestimmt, dass sich die BaFin bei der Durchführung ihrer Aufgaben auch anderer Personen und Einrichtungen bedienen kann.[36] Diese Heranziehungsoption eröffnet der BaFin zum einen die Möglichkeit, sich den Sachverstand von außenstehenden (hochspezialisierten) Experten zu Nutze zu machen. Andererseits ist die einzelfallbezogene Hinzuziehung von Spezialisten aus Kostengründen einer ständigen Bereithaltung der entsprechenden Kräfte vorzuziehen.[37]

Für öffentliche Einrichtungen ergibt sich die Möglichkeit und Pflicht zur Zusammenarbeit bereits aus Art. 35 GG.[38] In Betracht kommen hier etwa die Aufsichtsbehörden der Länder sowie Gewerbeaufsichtsämter, Einwohnermeldeämter, gerichtliche Stellen ua.

Die in § 4 Abs. 3 FinDAG niedergelegte Befugnis **andere (private) Personen und Einrichtungen** bei der Aufgabenerfüllung einzubeziehen ist sehr praxisrelevant.[39]

---

32 BGH 16.5.2002 – III ZR 48/01 (Amtlicher Leitsatz); s. auch OLG Köln 11.1.2001 – Az. 7 U 104/00, NJW 2001, 2724.
33 S. Pressemitteilung N1 104/03 v. 25.11.2003.
34 BGH, BKR, S. 231; Zu Vorgeschichte und Bewertung des Urteils s. *Jaskulla* BKR 2005, 231.
35 Assmann/Schneider/Mülbert/*Döhmel* WpHG Vor § 3 Rn. 27; Schäfer/*Geibel* WpHG § 4 Rn. 24.
36 Im Wertpapierbereich wird diese Vorschrift durch § 6 Abs. 17 WpHG ergänzt, die konkretisiert, dass die BaFin zur Erfüllung ihrer Aufgaben auch Wirtschaftsprüfer oder Sachverständige bei der Ermittlungen oder Überprüfungen einsetzen kann.
37 So Assmann/Schneider/Mülbert/*Döhmel* WpHG Vor § 3 Rn. 20, 23.
38 Assmann/Schneider/Mülbert/*Döhmel* WpHG Vor § 3 Rn. 21.
39 Assmann/Schneider/Mülbert/*Döhmel* WpHG Vor § 3 Rn. 21.

Andere Personen und Einrichtungen im Sinne dieser Vorschrift sind nicht weiter spezifiziert; zur Aufgabenerfüllung können all jene miteinbezogen werden, die zur Aufgabenerfüllung des Amtes und der damit im Zusammenhang stehenden Aufgaben qualifiziert sind. Allerdings ergeben sich Einschränkungen, wenn ein originär hoheitliches Handeln der BaFin geboten ist.[40] Eine Übertragung hoheitlicher Aufgaben ist grundsätzlich unzulässig. Die BaFin besitzt jedoch die Möglichkeit, die hinzugezogenen Dritten als – dann hoheitsrechtlich tätig werdende – Verwaltungshelfer einzusetzen.[41]

Ob und inwieweit sich die BaFin bei ihrer Aufgabenerfüllung privater Personen und Einrichtungen bedient, steht in ihrem Ermessen. Bei der Ausübung ihrer Ermessensentscheidung hat die BaFin jedoch ua zu beachten, dass keine Interessenskonflikte im Zusammenhang mit einbezogenen Personen entstehen.

Der gesetzlichen Möglichkeit der BaFin, sich privater Personen oder Einrichtungen zur Aufgabenerfüllung zu bedienen, steht keine Verpflichtung dieser Dritten gegenüber, dem Hilfeersuchen der BaFin auch zu entsprechen.[42] Das Verhältnis zwischen Aufsichtsbehörde und den hinzugezogenen Privaten ist idR rein zivilrechtlicher Natur. Die Dritten werden dabei nicht hoheitlich tätig.[43]

34 Die Parallelvorschrift des § 7 Abs. 2 WpÜG sieht vor, dass sich die BaFin bei der Durchführung ihrer Aufgaben nach diesem Gesetz „privater" Personen und Einrichtungen bedienen kann.[44]

7. Kompetenz der BaFin zum Erlass von Richtlinien/Verordnungen und sonstigen Mitteilungen

35 Der BaFin stehen verschiedene Aufsichtsinstrumente zur Verfügung um ihren aufsichtlichen Aufgaben nachzukommen.

Zu diesen Aufsichtsinstrumenten zählt beispielsweise die in verschiedenen Vorschriften normierte Befugnis der BaFin, **Rechtsverordnungen** zu erlassen. Von diesen Kompetenzen hat die BaFin allerdings bislang nur teilweise Gebrauch gemacht.[45]

36 Die BaFin besitzt darüber hinaus die Möglichkeit, **Richtlinien** zu erlassen. Eine solche Möglichkeit muss gesetzlich normiert sein und findet sich beispielsweise in § 45 sowie § 88 Abs. 4 WpHG. Dass die BaFin gesetzlich die Möglichkeit zum Erlass von Richtlinien eingeräumt bekommen hat, trägt dem Umstand Rechnung, dass der Gesetzgeber (beispielsweise im WpHG) eine Vielzahl unbestimmter Rechtsbegriffe verwendet, die für die Fallanwendung erst noch einer Konkretisierung bedürfen. Diese gesetzgeberische Konzeption (die sich auch auf europäischer Ebene findet) ermöglicht einerseits eine flexible Anwendung des Gesetzes, was insbesondere bei schnellen Änderungen im Finanzsektor von nicht zu unterschätzender Bedeutung ist. Andererseits ist sie aber auch für den Rechtsanwender und Praktiker mit gewissen Unsicherheiten verbun-

---

40 Assmann/Schneider/Mülbert/*Döhmel* WpHG Vor § 3 Rn. 23.
41 Zum Begriff *Kopp/Ramsauer*, 12. Aufl. 2011, VwVfG § 1 Rn. 54.
42 Schäfer/*Geibel* WpHG § 6 Rn. 3; Assmann/Schneider/Mülbert/*Döhmel* WpHG Vor § 3 Rn. 22; *Reischauer/Kleinhans* KWG § 8 Rn. 5.
43 Schäfer/*Geibel* WpHG § 6 Rn. 3.
44 S. hierzu im einzelnen KK-WpÜG/*Schäfer* WpÜG § 7 Rn. 24 ff.
45 Die Verordnungen sind abrufbar unter www.bafin.de.

den. Mit dem Erlass von Richtlinien können entsprechende Auslegungshilfen für die generalklauselartig gefassten Vorschriften an die Hand gegeben werden. Deshalb kommt ihnen in der Praxis eine erhebliche Bedeutung zu.

Vor dem Erlass von Richtlinien kann es sein, dass die BaFin bestimmte Personengruppen, Verbände und/oder Unternehmen anhören muss. Beispielsweise sieht § 88 Abs. 4 WpHG vor, dass die BaFin die Deutsche Bundesbank sowie die Spitzenverbände der betroffenen Wirtschaftskreise anzuhören hat. Mit dieser Einbindung der Praxis werden gesetzgeberisch mehrere Ziele verfolgt: Auf der einen Seite soll der Sachverstand der an dem Verfahren Beteiligten nutzbar gemacht und auf der anderen Seite die Akzeptanz der aufgestellten Regeln bei den Wertpapierdienstleistungsunternehmen gefördert werden.

Neben den gesetzlich normierten Pflichten, bestimmte Personengruppen vorab anzuhören, hört die BaFin bei bestimmten Sachverhalten vereinzelte Personengruppen auch „freiwillig" an, etwa, wenn ein solcher Vorab-Austausch als wichtig erachtet wird. Ein allgemeines Recht, dass bestimmte Personengruppen – bspw. Verbände – immer vorab anzuhören sind, lässt sich hieraus aber nicht ableiten.

Bei den Richtlinien der BaFin handelt es sich nicht um Rechtsnormen wie sie etwa Gesetze darstellen, sondern um sog normkonkretisierende **Verwaltungsvorschriften**. Die BaFin beurteilt hier letztlich „für den Regelfall", ob bestimmte gesetzliche Anforderungen erfüllt sind. Ein Verstoß gegen Bestimmungen der Richtlinie eröffnet die Vermutung eines Missstandes und ermöglicht, basierend auf der entsprechenden Rechtsgrundlage, ein Einschreiten der BaFin. 37

Die Richtlinien der BaFin sind für die Gerichte grds. nicht bindend. Es ist jedoch nicht ausgeschlossen, dass sich Richter – ggf. auch wegen des von mehreren Seiten eingeflossenen Sachverstandes – an diesen orientieren werden. Inwieweit eine Richtlinie die zivilrechtlichen (vertraglichen) Pflichten zwischen einem Institut und seinen Kunden beeinflusst, ist umstritten. Die Rechtsprechung hat hier bislang noch keine Klärung herbeigeführt.

Zurzeit spielen Richtlinien bei der BaFin aber noch eine untergeordnete Rolle.

Eine weitere Möglichkeit, gesetzliche Vorgaben für die Beaufsichtigten zu präzisieren, bilden auch die sog „**Bekanntmachungen**" der BaFin. Hierbei handelt es sich um (allgemeine) Äußerungen der Aufsichtsbehörde, die von allgemeiner Bedeutung für Wertpapierdienstleistungsunternehmen (bzw. – im Bereich des KWG – Kreditinstitute und Finanzdienstleistungsinstitute) sind. 38

Sie werden im Bundesanzeiger veröffentlicht. Ihre rechtliche Wirkung kann – abhängig von der Ausgestaltung – unterschiedlich sein. Entweder handelt es sich um Sammelverwaltungsakte oder um unverbindliche Anordnungen, die allerdings mittelbare Auswirkungen entfalten.[46] Im Bereich des WpHG[47] sind bisher eine Reihe von Bekanntmachungen erlassen worden.[48]

Daneben hat die BaFin die Möglichkeit sog „**Schreiben**" und „**Rundschreiben**" zu erlassen. Solche Rundschreiben haben einen geringeren formellen Charakter 39

---

46 *Reischauer/Kleinhans* KWG § 6 Rn. 10 a; Boos/Fischer/Schulte-Mattler/*Fülbier* KWG § 6 Rn. 13.
47 Für das KWG s. *Reischauer/Kleinhans* KWG § 6.
48 Die Bekanntmachungen sind abrufbar im Internet unter www.bafin.de.

als Richtlinien und Bekanntmachungen der BaFin. In ihnen erläutert die BaFin ihre Auslegungspraxis. Gewöhnlich sind diese auf Zweifelsfragen in Einzelfällen bezogen.[49]

Neben den Bekanntmachungen kommt auch den Schreiben und Rundschreiben der BaFin in der Praxis eine erhebliche Bedeutung zu, da sie letztlich die originäre Meinung und Auslegungspraxis der BaFin wiedergeben. Diese ist Maßstab der aufsichtsbehördlichen Überwachung. Aber auch externe Prüfer werden derartige aufsichtsbehördliche Äußerungen ihren Prüfungen zugrunde legen.

8. Befugnisse der BaFin
a) Allgemeines

40 Die BaFin kann die ihr zugewiesenen Aufgaben nur erfüllen, wenn ihr auch ein Instrumentarium zur Untersuchung/Überwachung und zum Eingriff in Bezug auf (möglicherweise) gesetzeswidrige Sachverhalte zur Verfügung steht. Ihre **Befugnisse** richten sich dabei nach dem jeweiligen **Aufsichtsbereich** (s. Rn. 20 ff.) und sind ua im KWG, WpHG, KAGB, WpPG, WpÜG, VermAnlG, VAG und anderen Spezialgesetzen, wie beispielsweise dem GwG und ZAG, geregelt. Zu ihren Befugnissen gehört, allgemein gesagt, ua

- das Treffen von Anordnungen
- das Verlangen der Herausgabe von Unterlagen
- das Betreten von Geschäftsräumen
- das Führen von Aufsichtsgesprächen
- die Untersagung von öffentlichen Angeboten
- die Abberufung von Organmitgliedern
- die Bekanntmachung von Aufsichtsmaßnahmen
- die Produktintervention
- die Festsetzung von Zwangsgeldern/Bußgeldern etc.

b) Befugnisse im Wertpapierbereich

41 Im Bereich des Wertpapierrechts ergeben sich die Befugnisse der BaFin insbesondere aus § 6 WpHG.[50]

Durch das **Zweite Gesetz zur Novellierung von Finanzmarktvorschriften aufgrund europäischer Rechtsakte (2. FiMaNoG)**,[51] das insbesondere die **MiFID II-Richtlinie**[52] umsetzte, kam es zu vielen Gesetzesänderungen, die auch Auswirkungen auf die Befugnisse der BaFin hatten. Zum einen finden sich die Befugnisse der BaFin infolge der Umnummerierung des Gesetzes nicht mehr in § 4 WpHG und zum anderen wurden die vormals in § 4 WpHG aufgeführten Einzelbefugnisse, zur besseren Systematisierung dieser Befugnisse, in eigene Paragrafen verschoben, so dass sich die Befugnisse der BaFin nunmehr aus den

---

49 Boos/Fischer/Schulte-Mattler/*Fülbier* KWG § 6 Rn. 22.
50 Zur verfassungsrechtlichen Zulässigkeit der Eingriffsrechte der BaFin *Schröder* KapitalmarktStrR Rn. 717.
51 Vgl. BT-Drs. 18/10936.
52 RL 2014/65/EU.

§§ 6–15 WpHG ergeben. Darüber hinaus wurden diese erweitert und auch deutlich verschärft.

Die **Generalklausel** zur Festlegung der Befugnisse der BaFin findet sich in § 6 **Abs. 2 S. 1 und 2 WpHG**. Diese Regelung wurde infolge des 2. FiMaNoG insbesondere an die durch die neuen europäischen Rechtsakte stark erweiterten Rechtsgrundlagen angepasst. Hiernach kann die BaFin zum einen Anordnungen treffen; nach dem neuen S. 3 aber neuerdings auch auf ihrer **Internetseite öffentlich Warnungen** veröffentlichen, sofern dies zur Durchsetzung der Verbote und Gebote im Rahmen des WpHG oder zur Beseitigung oder Verhinderungen von Missständen nach § 6 Abs. 1 WpHG geboten ist.[53] Der Gesetzeswortlaut bezieht sich zwar nur auf die Veröffentlichung solcher Warnungen auf der Internetseite der BaFin, der Wille des Gesetzgebers ging hier jedoch weiter. Eine solche Warnung soll durch die BaFin auch via **anderer Medien** ausgesprochen werden können.[54] Wie bei jeder anderen Maßnahme der BaFin auch, hat sie hierbei jedoch den Grundsatz der Verhältnismäßigkeit zu beachten.

42

Eine weitere Neuerung wurde mit dem neuen S. 4 eingeführt. Hiernach kann die BaFin den **Handel mit einzelnen oder mehreren Finanzinstrumenten vorübergehend untersagen** oder die **Aussetzung des Handels in einzelnen oder mehreren Finanzinstrumenten an Märkten**, an denen Finanzinstrumente gehandelt werden, **anordnen**, soweit dies zur Durchsetzung von Verboten und Geboten oder zur Beseitigung oder Verhinderung von Missständen nach § 6 Abs. 1 WpHG geboten ist. Hierzu kann die BaFin auch Anordnungen gegenüber öffentlich-rechtlichen Rechtsträgern oder gegenüber einer Börse erlassen.

Auch die in § 6 Abs. 3 WpHG niedergelegten Befugnisse der BaFin wurden durch die Gesetzesänderung erweitert. Nach dieser Vorschrift kann die BaFin nunmehr, zum einen zur Überwachung der Verbote und Gebote des WpHG zum anderen aber auch zur Überwachung der in § 6 Abs. 3 WpHG im Übrigen aufgezählten EU-Verordnungen oder zur Prüfung, ob die Voraussetzungen für eine Produktinterventionsmaßnahme nach § 15 WpHG oder Art. 24 der EU Verordnung 600/214 vorliegen, von **jedermann**

43

- Auskünfte,
- die Vorlage von Unterlagen oder sonstiger Daten und
- die Überlassung von Kopien verlangen sowie
- Personen laden und vernehmen.

Was genau unter „sonstigen Daten" zu verstehen ist, hat der Gesetzgeber nicht definiert. Aus seiner Gesetzesbegründung geht jedoch hervor, dass damit beispielsweise auch E-Mails und Chatprotokolle gemeint sind.[55] Aus der Formulierung „beispielsweise auch" kann geschlussfolgert werden, dass die Aufzählung der sonstigen Daten nicht abschließend ist; dieses Merkmal ist daher weit auszulegen und bezieht jedenfalls alle elektronischen Dokumente mit ein.

---

53 Begr. Gesetzentwurf der BuReg, BT-Drs. 18/10936, 225.
54 Begr. Gesetzentwurf der BuReg, BT-Drs. 18/10936, 225.
55 Begr. Gesetzentwurf der BuReg, BT-Drs. 18/10936, 225.

Insbesondere kann die BaFin nach Abs. 3 S. 2 der Vorschrift
- die Angabe von Bestandsveränderungen in Finanzinstrumenten,
- Auskünfte über die Identität weiterer Personen (insbesondere Auftraggeber und der aus Geschäften berechtigten oder verpflichteten Personen) sowie
- neuerdings Auskünfte über Volumen und Zweck einer mittels eines Warenderivats eingegangenen Position oder offenen Forderung und
- Auskünfte über alle Vermögenswerte oder Verbindlichkeiten am Basismarkt

verlangen.

Die gesetzlichen Auskunfts- oder Aussageverweigerungsrechte sowie gesetzlichen Verschwiegenheitspflichten bleiben hiervon allerdings nach Abs. 3 S. 3 unberührt.

44 Die Befugnisse der BaFin im Zusammenhang mit dem **algorithmischen Handel**, der in der Praxis immer mehr an Bedeutung gewinnt, sind nunmehr unverändert in § 6 Abs. 4 WpHG übernommen worden. Hiernach kann die BaFin insbesondere jederzeit von einem Wertpapierdienstleistungsunternehmen Informationen über seinen algorithmischen Handel und die für diesen Handel eingesetzten Systeme anfordern. Sie kann ferner eine Beschreibung der algorithmischen Handelsstrategien, von Einzelheiten der Handelsparameter oder Handelsobergrenzen, denen das System unterliegt, von den wichtigsten Verfahren zur Überprüfung der Risiken und Einhaltung der Vorgaben des § 80 WpHG sowie von Einzelheiten über seine Systemprüfung verlangen.

In all diesen Fällen muss das Informationsverlangen der BaFin immer aufgrund von Anhaltspunkten für die Überwachung der Einhaltung eines Verbots oder Gebots dieses Gesetzes **erforderlich** sein.

45 Eine wesentliche Erweiterung sowie Verschärfung der Befugnisse der BaFin wurde im neuen § 6 Abs. 6 WpHG[56] vorgenommen. Zum einen wurde der nachfolgend aufgeführte „Verstoß-Katalog" erweitert und zum anderen die sich darauf beziehenden Befugnisse verschärft. Nach § 6 Abs. 6 S. 1 WpHG kann die BaFin zur Verhinderung weiterer Verstöße bei einem Verstoß gegen

1. die Vorschriften des Abschnitts 3 des WpHG (**Marktmissbrauchsüberwachung**) sowie die zur Durchführung dieser Vorschriften erlassenen Rechtsverordnungen,
2. die Vorschriften der VO (EU) Nr. 596/2014 (**Marktmissbrauchsverordnung**), insbesondere gegen deren Art. 4 und 14--21, sowie die auf Grundlage dieser Artikel erlassenen delegierten Rechtsakte und Durchführungsrechtsakte der Europäischen Kommission,
3. die Vorschriften der Abschnitte 9–11 des WpHG (**Positionslimits und Positionsmanagementkontrollen bei Warenderivaten und Positionsmeldungen/Organisationspflichten von Datenbereitstellungsdiensten/Verhaltens-, Organisations- und Transparenzpflichten**) sowie die zur Durchführung dieser Vorschriften erlassenen Rechtsverordnungen,
4. die Vorschriften der VO (EU) Nr. 600/2014 (**MiFIR – Markets in Financial Instruments Regulation**), insbesondere die in den Titeln II bis VI enthalte-

---

[56] Vormals § 4 Abs. 3 h WpHG.

nen Artikel sowie die auf Grundlage dieser Artikel erlassenen delegierten Rechtsakte und Durchführungsrechtsakte der Europäischen Kommission,

5. die Art. 4 und 15 der VO (EU) 2015/2365 (**Transparenzrichtlinien-Verordnung**) sowie die auf Grundlage des Artikels 4 erlassenen delegierten Rechtsakte und Durchführungsrechtsakte der Europäischen Kommission,

6. die Vorschriften der VO (EU) 2016/1011 (**Benchmark-Verordnung**) sowie die auf deren Grundlage erlassenen delegierten Rechtsakte und Durchführungsrechtsakte der Europäischen Kommission oder

7. eine Anordnung der BaFin, die sich auf eine der in den Nr. 1–6 genannte Vorschrift bezieht,

für einen Zeitraum von bis zu zwei Jahren die **Einstellung** der den Verstoß begründenden Handlungen oder Verhaltensweisen verlangen. Darüber hinaus kann die BaFin nach dem neu eingeführten S. 2 bei Verstößen gegen die in S. 1 Nr. 3 und 4 genannten Vorschriften sowie gegen Anordnungen der Bundesanstalt, die sich hierauf beziehen, verlangen, dass die den Verstoß begründenden Handlungen oder Verhaltensweisen **dauerhaft eingestellt werden** sowie deren **Wiederholung verhindert wird**. Mit dieser Regelung wurde der BaFin vom Gesetzgeber die verwaltungsrechtliche Möglichkeit eingeräumt, gegenüber der für einen Verstoß verantwortlichen Person Anordnungen treffen zu können, Verhaltensweisen einzustellen und von Wiederholungen abzusehen. Diese Befugniserweiterung kann insbesondere im Zusammenhang mit den Verhaltens- und Organisationpflichten eine einschneidende Rolle spielen.

Der Verweis in § 6 Abs. 6 S. 2 WpHG umfasst ausdrücklich nicht die Nr. 6. Die sich darauf beziehenden Befugnisse der BaFin werden an anderer Stelle, nämlich im neuen § 10 Abs. 2 WpHG, geregelt.

Daneben regelt der § 6 Abs. 7 WpHG[57] die Möglichkeit der BaFin, natürlichen Personen bei bestimmten Verstößen gegen die Marktmissbrauchsverordnung oder gegen eine Anordnung der BaFin, die sich auf diese bezieht, für einen Zeitraum von bis zu zwei Jahren das Tätigen bestimmter Geschäfte für eigene Rechnung zu untersagen.

§ 6 Abs. 8 WpHG ergänzt die in § 6 Abs. 6 WpHG normierten Befugnisse der BaFin und gibt ihr zusätzliche an die Hand.

Nach **§ 6 Abs. 8 S. 1 WpHG** kann die BaFin einer Person die bei einem von der BaFin beaufsichtigten Unternehmen tätig ist, für einen Zeitraum von bis zu zwei Jahren die **Ausübung der Berufstätigkeit untersagen**, wenn diese Person vorsätzlich gegen eine der in § 6 Abs. 6 S. 1 Nr. 1–4 und 6 WpHG genannten Vorschriften oder gegen eine Anordnung der BaFin, die sich auf diese Vorschriften bezieht, verstoßen hat und dieses Verhalten trotz Verwarnung durch die BaFin fortsetzt. **§ 6 Abs. 8 S. 2 WpHG** ergänzt, dass die BaFin bei einem Verstoß gegen eine der in § 6 Abs. 6 S. 1 Nr. 5 WpHG genannten Vorschriften oder eine sich auf diese Vorschriften beziehende Anordnung der BaFin, einer Person für einen Zeitraum von bis zu zwei Jahren die **Wahrnehmung von Führungsaufgaben untersagen** kann, wenn diesen den Verstoß vorsätzlich begangen hat und das Verhalten trotz Verwarnung durch die Bundesanstalt fortsetzt.

---

57 Vormals der inhaltsgleiche § 4 Abs. 3 i WpHG.

Während der Adressatenkreis in S. 1 der Norm auf Personen „die bei einem von der BaFin beaufsichtigten Unternehmen tätig sind" beschränkt ist, gilt eine solche Einschränkung indes nicht für S. 2 der Norm. Grund hierfür ist, dass die Transparenzrichtlinien-Verordnung (VO [EU] 2015/2365) eine solche Beschränkung nicht vorsieht. Im Gegenteil, diese Verordnung erstreckt ihre Befugnis vielmehr auch auf „nicht-finanzielle Gegenparteien",[58] die nicht zwangsläufig einer Aufsicht durch die BaFin unterliegen. Außerdem ermöglicht diese Vorschrift, im Gegensatz zur Regelung in S. 1, nur ein Verbot der Wahrnehmung von Leitungsaufgaben und nicht gleich ein Verbot der Berufsausübung insgesamt.

48 Eine weitere Ergänzung der in § 6 Abs. 6 WpHG niedergelegten Befugnisse der BaFin wurde in § 6 Abs. 9 und 10 WpHG normiert. Nach § 6 Abs. 9 WpHG hat die BaFin die Befugnis bei einem Verstoß gegen eine der in § 6 Abs. 6 S. 1 Nr. 1–5 WpHG genannten Vorschriften oder eine vollziehbare Anordnung der BaFin, die sich auf diese Vorschriften bezieht, auf ihrer Internetseite eine **Warnung unter Nennung der natürlichen oder juristischen Person oder der Personenvereinigung**, die den Verstoß begangen hat, sowie der Art des Verstoßes zu veröffentlichen.[59]

Darüber hinaus hat die BaFin nach § 6 Abs. 10 WpHG die Möglichkeit, einem Wertpapierdienstleistungsunternehmen, das gegen eine der in § 6 Abs. 6 S. 1 Nr. 3 und 4 WpHG genannten Vorschriften oder gegen eine vollziehbare Anordnung der BaFin, die sich auf diese Vorschriften bezieht, verstoßen hat, für einen Zeitraum von bis zu drei Monaten zu **untersagen, am Handel eines Handelsplatzes teilzunehmen.**

Beide Maßnahmen stehen unter dem Grundsatz der Verhältnismäßigkeit.

49 Weitere Befugnisse der BaFin sind in den §§ 7–10 WpHG normiert. Hier sind insbesondere die Befugnisse im Zusammenhang mit der Herausgabe von Kommunikationsdaten (vgl. § 7 WpHG), der Übermittlung und Herausgabe marktbezogener Daten (vgl. § 8 WpHG), der Verringerung und Einschränkung von Positionen oder offenen Forderungen (vgl. § 9 WpHG) und besondere Befugnisse im Zusammenhang mit der PRIIP-Verordnung[60] und der Benchmark-Verordnung[61] (vgl. § 10 WpHG) geregelt.

Im Übrigen steht der BaFin seit dem Kleinanlegerschutzgesetz aus dem Jahr 2015 das Recht zur **Produktintervention** nach § 15 WpHG zu. Die BaFin hat hiernach die Möglichkeit, die Vermarktung, den Vertrieb und den Verkauf von bestimmten Finanzprodukten zu beschränken oder zu verbieten, wenn diese erhebliche Bedenken für den Anlegerschutz aufwerfen, eine Gefahr für die ord-

---

58 Vgl. Art. 3 Nr. 4 VO (EU) 2015/2365 des Europäischen Parlaments und des Rates vom 25. November 2015 über die Transparenz von Wertpapierfinanzierungsgeschäften und der Weiterverwendung sowie zur Änderung der Verordnung (EU) Nr. 648/2012.
59 § 125 Abs. 3 und 5 WpHG gilt entsprechend.
60 VO (EU) Nr. 1286/2014 des Europäischen Parlaments und des Rates vom 26. November 2014 über Basisinformationsblätter für verpackte Anlageprodukte für Kleinanleger und Versicherungsanlageprodukte (PRIIP).
61 VO (EU) 2016/1011 des Europäischen Parlaments und des Rates vom 8. Juni 2016 über Indizes, die bei Finanzinstrumenten und Finanzkontrakten als Referenzwert oder zur Messung der Wertentwicklung eines Investmentfonds verwendet werden, und zur Änderung der Richtlinien 2008/48/EG und 2014/17/EU sowie der Verordnung (EU) Nr. 596/2014.

nungsgemäße Funktionsweise und Integrität der Finanz- oder Warenmärkte oder die Stabilität des Finanzsystems oder eines Teil desselben in mindestens einem EU-Mitgliedstaat darstellen. Die BaFin kann ihre Befugnisse auch nutzen, wenn ein Derivat negative Auswirkungen auf den Preisbildungsmechanismus in den zugrundeliegenden Märkten hat. Auch erfasst ist die Möglichkeit, eine bestimmte Finanztätigkeit oder -praxis zu verbieten oder einzuschränken.

§ 15 WpHG bezieht sich dabei auch auf Vermögensanlagen und erfasst zum Beispiel freie Finanzvermittler sowie den Direktvertrieb.

Das Einschreiten der BaFin kann in Form einer vorsorglichen Maßnahme erfolgen, also beispielsweise bereits vor der Vermarktung, dem Vertrieb oder dem Verkauf eines Produktes gegenüber dem Endkunden. Eine Produktinterventionsmaßnahme der BaFin steht jedoch auch unter dem Vorbehalt der Verhältnismäßigkeit und kommt nur dann in Betracht, wenn den Risiken nicht durch andere aufsichtsrechtliche Instrumente begegnet werden kann. Ist eine finale Produktinterventionsmaßnahme erlassen worden, ist die Maßnahme per Mitteilung auf der Internetseite der BaFin bekannt zu machen.

Eine nahezu wortgleiche Regelung von Produktinterventionsbefugnissen findet sich in den Art. 16, 17 PRIIPs-VO.

Die ehemaligen § 4 Abs. 4–11 WpHG sahen noch allgemeine Befugnisse der BaFin vor. Diese sind nunmehr in § 6 Abs. 11–17 WpHG sowie in § 11 und § 13 WpHG geregelt. Aufgrund der Tatsache, dass viele vormals in § 4 Abs. 3a-l WpHG geregelten Befugnisse nunmehr zur besseren Systematisierung dieser Befugnisse in eigene Paragrafen verschoben wurden (s. Rn. 41 ff.), könnte man die Auffassung vertreten, dass die allgemeinen Befugnisse insbesondere des neuen § 6 Abs. 11–17 WpHG nicht mehr für die neuen §§ 7–10 WpHG gelten. Diese Auffassung ist jedoch abzulehnen. Die Verschiebung fand ausschließlich zur besseren Systematisierung statt. Eine inhaltliche Änderung war seitens des Gesetzgebers nicht gewollt.[62] Insofern gelten die nachfolgend aufgeführten allgemeinen Befugnisse der BaFin (s. Rn. 51 ff.), soweit anwendbar, auch für die §§ 7–10 WpHG. 50

§ 6 Abs. 11 S. 1 WpHG gewährt den Bediensteten der BaFin sowie den von ihr beauftragten Personen, soweit dies zur Wahrnehmung ihrer Aufgaben erforderlich ist, ein **Betretungsrecht**. Dieses betrifft die Grundstücke und Geschäftsräume der nach Abs. 3 genannten auskunftspflichtigen Personen. Es gilt unter den vorstehend genannten Voraussetzungen gemäß S. 1 ein Betreten während der **üblichen Arbeitszeit**.[63] 51

Das Betreten **außerhalb dieser Zeit** bzw. im Falle, dass sich Geschäftsräume in einer Wohnung befinden, ist gemäß S. 2 ohne Einverständnis nur unter erhöhten Voraussetzungen zulässig und insoweit zu dulden. Die Maßnahme muss hier zur Verhütung von dringenden Gefahren für die öffentliche Sicherheit und Ordnung erforderlich sein. Weiterhin müssen bei der auskunftspflichtigen Person Anhaltspunkte für einen Verstoß gegen ein Verbot oder Gebot des WpHG vorliegen.

---

62 Begr. Gesetzentwurf der BuReg, BT-Drs. 18/10936, 226.
63 S. hierzu auch *Schröder/Hansen* ZBB 2003, 113 (115).

§ 6 Abs. 11 S. 3 WpHG weist auf die Einschränkung von Art. 13 GG hin und erfüllt insoweit die Vorgaben des verfassungsrechtlichen **Zitiergebots** des Art. 19 Abs. 1 S. 2 GG.

52 Neben dem Betretungsrecht haben Bedienstete der BaFin nach § 6 Abs. 12 S. 1 WpHG auch das Recht, **Geschäfts- und Wohnräume zu durchsuchen**, soweit dies zur Verfolgung von Verstößen gegen Art. 14 und 15 der Marktmissbrauchsverordnung (VO [EU] Nr. 596/2014) geboten ist. Konkret geht es um Insidergeschäfte, Insiderinformationen und Marktmanipulationen.

53 § 6 Abs. 15 WpHG regelt in S. 1 ein **Auskunftsverweigerungsrecht**.

Damit trägt der Gesetzgeber dem verfassungsrechtlichen Grundsatz Rechnung, wonach niemand verpflichtet ist, an seiner eigenen Verurteilung mitzuwirken (nemo tenetur se ipsum accusare).[64]

Dieses Auskunftsverweigerungsrecht umfasst nicht das Recht, die Herausgabe von Unterlagen zu verweigern. Für diese Auffassung spricht zunächst der eindeutige Wortlaut der Vorschrift, der „Unterlagen" nicht erwähnt. Ebenso wenig handelt es sich bei der Herausgabe von Unterlagen um ein „Minus" gegenüber einem Auskunftsbegehren, sondern um ein „aliud". Auch der Sinn und Zweck der Vorschrift, der BaFin im öffentlichen Interesse die Aufklärung von möglicherweise gesetzeswidrigen Sachverhalten zu ermöglichen, untermauert diese Sichtweise. Aus verfassungsrechtlicher Sicht bestehen ebenfalls keine Bedenken, da der Selbstbelastungsgrundsatz den Interessen der Allgemeinheit gegenübersteht und von daher nicht uneingeschränkt gilt.[65]

§ 6 Abs. 15 S. 2 WpHG statuiert eine Belehrungspflicht im Hinblick auf das Recht zur Aussageverweigerung sowie zur Befragung eines Verteidigers.

54 In § 6 Abs. 16 WpHG hat der Gesetzgeber die Befugnis der BaFin zur **Speicherung, Veränderung und Nutzung** der ihr mitgeteilten personenbezogenen Daten festgelegt. Diese darf lediglich zur Erfüllung ihrer aufsichtsrechtlichen Aufgaben sowie für Zwecke der internationalen Zusammenarbeit erfolgen.

55 Der **sofortige Vollzug** ist nun eigenständig in § 13 WpHG geregelt. Hiernach haben Widerspruch und Anfechtungsklage gegen Maßnahmen nach § 6 Abs. 1–14 und den §§ 7–10 **keine aufschiebende Wirkung**.

Für die Produktintervention ist der sofortige Vollzug in § 15 Abs. 2 WpHG geregelt.

56 Nach § 11 WpHG ist die BaFin verpflichtet, Tatsachen, die den Verdacht einer Straftat nach § 119 WpHG begründen, unverzüglich bei der zuständigen Staatsanwaltschaft anzuzeigen. Ihr steht insoweit kein Entschließungsermessen zu. Dabei ist die BaFin nach S. 2 der Vorschrift befugt, personenbezogenen Daten der Betroffenen, gegen die sich der Verdacht richtet oder die als Zeugen in Betracht kommen, der Staatsanwaltschaft zu übermitteln, soweit dies für Zwecke der Strafverfolgung erforderlich ist. Die Entscheidungshoheit über die Vornahme von erforderlichen Ermittlungsmaßnahmen, insbesondere über Durch-

---

64 *Bährlein/Pananis/Rehmmeier* NJW 2002, 1825, sehen diesen Grundsatz im „Wirtschaftsverwaltungsverfahren bislang nicht bzw. nicht angemessen berücksichtigt".
65 S. hierzu im einzelnen VG Berlin 23.7.1987 – Az. 14 A 16.8, NJW 1988, 1105 zu der Parallelnorm des §§ 44 Abs. 6 KWG. AA *Schröder* KapitalmarktStrR Rn. 741 ff. Sa. *Schröder/Hansen* ZBB 2003, 113.

suchungen nach der StPO, obliegt jedoch ausschließlich der Staatsanwaltschaft nach S. 3.

Hiervon bleiben jedoch die der BaFin in § 6 Abs. 2–13 WpHG sowie den §§ 7–9 und 10 Abs. 2 zugewiesenen Befugnisse unberührt. Voraussetzung dafür ist jedoch einerseits, dass dies für die Vornahme von Verwaltungsmaßnahmen oder zur Erfüllung von Ersuchen ausländischer Stellen nach § 18 Abs. 2, 4 S. 1 oder Abs. 10 (s. hierzu Rn. 80 ff.) **erforderlich** ist. Weiterhin darf eine Gefährdung des Untersuchungszwecks von Ermittlungen der Strafverfolgungsbehörden oder der für Strafsachen zuständigen Gerichte nicht zu besorgen sein.

Die BaFin kann nach § 6 Abs. 17 WpHG zur Erfüllung ihrer Aufgaben auch Wirtschaftsprüfer oder Sachverständige bei Ermittlungen oder Überprüfungen einsetzen. Die Vorschrift ergänzt § 4 Abs. 3 FinDAG (s. hierzu Rn. 33). 57

c) Befugnisse zur Sicherung des Finanzsystems

§ 6 WpHG wird durch § 14 WpHG nF ergänzt.[66] Der BaFin ist es danach möglich, über den Anwendungsbereich des § 6 WpHG hinausgehende Maßnahmen zugunsten der Sicherung der Stabilität der Finanzmärkte und des Vertrauens in die Funktionsfähigkeit der Finanzmärkte zu ergreifen.[67] Hieran hat sich auch durch das 2. FiMaNoG nichts geändert. 58

Nach § 14 Abs. 1 WpHG kann die BaFin (im Benehmen mit der Deutschen Bundesbank) **Anordnungen** treffen, die geeignet und erforderlich sind, Missstände, die Nachteile für die Stabilität der Finanzmärkte bewirken oder das Vertrauen in die Funktionsfähigkeit der Finanzmärkte erschüttern können, zu beseitigen oder zu verhindern. Die BaFin kann gemäß § 14 Abs. 1 S. 2 WpHG insbesondere – allerdings nur vorübergehend –: 59

1. den Handel mit einzelnen oder mehreren Finanzinstrumenten untersagen, insbesondere ein Verbot des Erwerbs von **Rechten aus Währungsderivaten** im Sinne des § 2 Abs. 2 Nr. 1 b, d oder e WpHG anordnen, deren Wert sich unmittelbar oder mittelbar vom Devisenpreis des Euros ableitet, soweit zu erwarten ist, dass der Marktwert dieser Rechte bei einem Kursrückgang des Euros steigt, und den Erwerb der Rechte nicht der Absicherung eigener bestehender oder erwarteter Währungsrisiken dienen, wobei das Verbot auch auf den rechtsgeschäftlichen Eintritt in solche Geschäfte erstreckt werden kann,
2. die **Aussetzung des Handels** mit einzelnen oder mehreren Finanzinstrumenten an Märkten, an denen Finanzinstrumente gehandelt werden, anordnen oder
3. anordnen, dass Märkte, an denen Finanzinstrumente gehandelt werden, mit Ausnahme von Börsen im Sinne des § 2 BörsG, schließen oder geschlossen bleiben oder die Tätigkeit der systematischen Internalisierung eingestellt wird.

---

66 Die neue Regelung wurde mit dem Gesetz zur Vorbeugung gegen missbräuchliche Wertpapier- und Derivategeschäfte vom 21.7.2010 in das WpHG aufgenommen (BGBl. I 2010, 945).
67 Begr. Gesetzentwurf der Fraktionen der CDU/CSU und FDP, BT-Drs. 17/1952, 3.

§ 14 Abs. 1 S. 3 WpHG stellt darüber hinaus klar, dass die BaFin die Anordnungen nach S. 2 Nr. 1 und 2 auch gegenüber einem öffentlich-rechtlichen Rechtsträger oder gegenüber einer Börse erlassen kann.

60 Hintergrund der Regelung ist, dass Geschäfte in Finanzinstrumenten unter bestimmten Konstellationen, auch wenn diese an sich keine Verstöße gegen Ge- oder Verbote des WpHG darstellen, hinsichtlich des Preises anderer Finanzinstrumente **trendverstärkend** wirken. Das wiederum kann unter bestimmten Umständen zu einer erhöhten Anfälligkeit der Finanzmärkte etwa gegen spekulative Geschäfte führen und so Kernfunktionen der Märkte, zB die geregelte Kapitalallokation der Marktteilnehmer, gefährden. Je nach Umständen können so **systemische Risiken für die gesamten Finanzmärkte** entstehen, die sich auch auf die Finanzstabilität auswirken können. Neben den Auswirkungen auf die betroffenen Kapitalmarktteilnehmer können solche Geschäfte in bestimmten Szenarien auch das Vertrauen in die Funktionsfähigkeit der Kapitalmärkte erschüttern. Durch die in § 14 WpHG statuierten Anordnungsbefugnisse kann, insbesondere in Situationen, in denen die Nachrichtenlage nicht einheitlich erscheint, „erst einmal Ruhe in die Märkte gebracht werden", so dass eine Marktstörung oder ein Marktversagen präventiv abgewendet werden kann. Durch die verschiedenen Handlungsmöglichkeiten kann die BaFin passgenau und zeitlich befristet auf mögliche Gefahren für die Stabilität der Finanzmärkte reagieren und auch im Zuge weltweiter Finanzkrisen angemessen konzertierte Aktionen mit anderen Aufsichtsbehörden abstimmen. Zudem kann die BaFin bei Missständen, die durch neu entwickelte Finanzinstrumente erzeugt werden, flexibel reagieren.[68] Sowohl die Notwendigkeit der Abstimmung mit der Bundesbank als auch die Anordnungsvoraussetzungen – insbesondere die Notwendigkeit von Nachteilen für die Finanzmärkte insgesamt – machen deutlich, dass ein Gebrauch dieser Befugnisse nur in Ausnahmefällen geboten ist. Auch die Eingriffsintensität der Maßnahmen spricht hierfür.[69]

61 § 14 Abs. 2 S. 1 WpHG ermöglicht der BaFin den Erlass einer Anordnung, wonach Personen, die Geschäfte in Finanzinstrumenten tätigen, ihre **Positionen in diesen Finanzinstrumenten veröffentlichen** und gleichzeitig der BaFin **mitteilen** müssen. Dabei kommt es auf das Überschreiten bestimmter Schwellenwerte an. Durch die Mitteilungen kann die BaFin die Stabilitätsgefahren für die Finanzmärkte besser einschätzen. Die Veröffentlichung solcher Positionen versetzt die übrigen Marktteilnehmer in die Lage, das Marktgeschehen besser überblicken zu können. Im Einzelfall kann durch die in § 14 Abs. 2 WpHG vorgesehenen Maßnahmen ein erheblicher Preisdruck auf bestimmte Finanzinstrumente und die damit einhergehenden drohenden Nachteile für die Stabilität der Finanzmärkte verhindert oder zumindest vermindert werden.[70] Außerdem kann die BaFin die Mitteilungen gemäß § 14 Abs. 2 S. 2 WpHG auf ihrer Internetseite öffentlich bekanntmachen. Bei beiden Optionen handelt es sich um ein gegenüber § 14 Abs. 1 WpHG milderes Mittel, das aber auch flankierend zu den hier zulässigen Maßnahmen ergriffen werden kann.[71]

---

[68] Begr. Gesetzentwurf der Fraktionen der CDU/CSU und FDP, BT-Drs. 17/1952, 3 f.
[69] Begr. Gesetzentwurf der Fraktionen der CDU/CSU und FDP, BT-Drs. 17/1952, 4.
[70] Begr. Gesetzentwurf der Fraktionen der CDU/CSU und FDP, BT-Drs. 17/1952, 4.
[71] Begr. Gesetzentwurf der Fraktionen der CDU/CSU und FDP, BT-Drs. 17/1952, 4.

§ 14 Abs. 3 WpHG erklärt § 6 Abs. 3, 11, 14 und 16 WpHG für entsprechend anwendbar. Dadurch wird die BaFin insbesondere ermächtigt, Sachverhalte **weiter zu ermitteln** und ggf. **selbst tätig werden zu können**, soweit dies zur Verhinderung von Missständen geboten erscheint.[72]

Die in § 14 Abs. 4 WpHG normierte Befristung der vorstehend beschriebenen Möglichkeiten der BaFin auf höchstens **12 Monate** trägt dem **Verhältnismäßigkeitsgrundsatz** Rechnung. Eine Verlängerung über diesen Zeitraum hinaus um bis zu 12 weitere Monate ist zwar nach § 14 Abs. 4 S. 2 WpHG zulässig. In einem solchen Fall muss das Bundesfinanzministerium allerdings – so S. 3 – dem Deutschen Bundestag innerhalb eines Monats nach erfolgter Verlängerung einen entsprechenden Bericht vorlegen.

Dass Widerspruch und Anfechtungsklage – wie in § 14 Abs. 4 S. 4 WpHG normiert – **keine aufschiebende Wirkung** haben, ist erforderlich, da es sich bei Anordnungen zur Abwendung von Gefahren für die Stabilität um äußerst eilbedürftige Maßnahmen handelt.[73]

IV. Zusammenarbeit mit anderen Stellen/Datenaustausch

1. Allgemeines

Eine effektive Aufsicht kann insbesondere aufgrund der in der Praxis immer häufiger vorkommenden sehr komplexen Sachverhalte, für die ggf. auch mehrere Stellen zuständig sind, nur durch eine (enge) **Zusammenarbeit** und durch einen (funktionierenden) **Informations- und Datenaustausch** zwischen den verschiedenen, beteiligten Einrichtungen gewährleistet werden.

Aus diesem Grund bestimmt § 4 Abs. 1, 2 FinDAG, dass die BaFin mit anderen Stellen und Personen sowohl im In- als auch im Ausland nach Maßgabe der Gesetze und Bestimmungen, deren Überwachung ihr obliegt, zusammenarbeitet. Im Einzelnen wird damit auf die – aus kapitalmarktrechtlicher Sicht relevanten – Spezialregelungen betreffend die Zusammenarbeit der einzelnen Aufsichtsbehörden verwiesen. Für die **inländische Zusammenarbeit** sind dies vor allem § 17 WpHG, § 7 WpÜG und § 7 KWG. Für die **Zusammenarbeit mit ausländischen Einrichtungen** sind insbesondere § 18 WpHG, § 8 WpÜG sowie §§ 7 a-d und 8 KWG relevant.

Bei der Regelung in § 4 Abs. 1, 2 FinDAG handelt es sich um eine Ausprägung der in Art. 35 Abs. 1 GG geregelten **Amtshilfepflicht**. Für den Informationsfluss mit anderen als den genannten inländischen Behörden gelten deshalb die allgemeinen, letztendlich auf Art. 35 GG rekurrierenden Grundsätze der Amtshilfe, die ihre zentrale verwaltungsrechtliche Ausprägung in § 4 VwVfG erfahren haben.

Durch eine genaue Regelung der Informationsweitergabe wird dabei zugleich den datenschutzrechtlichen Interessen der Betroffenen und damit letztendlich Art. 1 iVm Art. 2 Abs. 1GG (Recht auf informationelle Selbstbestimmung) Rechnung getragen.

Die Vorschrift regelt zwar nicht explizit den Informationsaustausch **innerhalb der Aufsichtsbehörden**. Eine unkontrollierte Informationsweitergabe erfolgt

---

72 Begr. Gesetzentwurf der Fraktionen der CDU/CSU und FDP, BT-Drs. 17/1952, 4.
73 Begr. Gesetzentwurf der Fraktionen der CDU/CSU und FDP, BT-Drs. 17/1952, 4.

dennoch nicht. Im Hinblick auf die innerbehördliche Informationsweitergabe wird der Schutz Betroffener ua durch die innerhalb der BaFin bestehende Compliance-Organisation nach § 28 WpHG nF gewährleistet.

2. Zusammenarbeit mit anderen Behörden im Inland
a) Zusammenarbeit nach § 17 WpHG

67 Die Zusammenarbeit mit anderen inländischen Behörden ist für den Wertpapierbereich in § 17 WpHG nF geregelt.

§ 17 Abs. 1 WpHG normiert dabei die Zusammenarbeit zwischen der BaFin und den **Börsenaufsichtsbehörden** bei der Durchführung von eilbedürftigen Maßnahmen im Rahmen der **Überwachung der Verbote von Insidergeschäften** nach Art. 14 VO (EU) Nr. 596/2014 und des **Verbots der Marktmanipulation** nach Art. 15 VO (EU) Nr. 596/2014. In rechtlicher Hinsicht werden die Börsenaufsichtsbehörden im Wege der **Organleihe** für die BaFin tätig. Dadurch soll ein schnelles und effizientes Reagieren der Börsen, die näher am Geschehen sind, bei Auffälligkeiten sichergestellt werden.[74]

Nach § 17 Abs. 1 S. 2 WpHG sollten Einzelheiten hierzu in einem separaten Verwaltungsabkommen zwischen dem Bund und den die Börsenaufsicht führenden Ländern geregelt werden. Ein solches Verwaltungsabkommen wurde bislang jedoch noch nicht abgeschlossen. Diese Regelung hat insofern keine (große) praktische Bedeutung erlangt.[75]

68 Der § 17 Abs. 2 S. 1 WpHG wurde durch das 2. FiMaNoG hinsichtlich seines Anwendungsbereichs erweitert.

Er regelt zwar immer noch die Zusammenarbeit zwischen der BaFin und der Deutschen Bundesbank (im Rahmen ihrer Tätigkeit nach dem KWG), dem Bundeskartellamt, den Börsenaufsichtsbehörden, den Handelsüberwachungsstellen sowie den für die Aufsicht über Versicherungsvermittler zuständigen Stellen, umfasst jetzt aber auch die Zusammenarbeit zwischen der BaFin und den zuständigen Behörden für die Durchführung der VO (EU) Nr. 1308/2013 des Europäischen Parlaments und des Rates vom 17. Dezember 2013 über eine gemeinsame Marktorganisation für landwirtschaftliche Erzeugnisse und zur Aufhebung der Verordnungen (EWG) Nr. 922/72, (EWG) Nr. 234/79, (EG) Nr. 1037/2001 und (EG) Nr. 1234/2007 (ABl. L 347 vom 20.12.2013, S. 671; L 189 vom 27.6.2014, S. 261; L 130 vom 19.5.2016, S. 18; L 34 vom 9.2.2017, S. 41), der Bundesnetzagentur (im Rahmen ihrer Tätigkeit nach Maßgabe des Energiewirtschaftsgesetzes), den Landeskartellbehörden und den Unternehmen nach § 3 Abs. 1 Nr. 7 WpHG.

Diese Einrichtungen haben einander unverändert **Beobachtungen und Feststellungen** einschließlich **personenbezogener Daten** mitzuteilen. Beobachtungen im Sinne dieser Regelung sind dabei lediglich wahrgenommene Ereignisse, während es sich im Gegensatz hierzu bei den Feststellungen um bereits untersuchte Sachverhalte handelt.[76]

---

74 Heidel/*Müller* WpHG § 6 Rn. 1.
75 Zu Einzelheiten s. Assmann/Schneider/Mülbert/*Döhmel* WpHG § 6 Rn. 2.
76 *Reischauer/Kleinhans* KWG § 7 Rn. 12; Schwark/Zimmer/*Beck* WpHG § 6 Rn. 7.

Der zuvor dargestellte Datentransfer muss außerdem **erforderlich** sein. Mit diesem Erforderlichkeitsvorbehalt wollte der Gesetzgeber einen angemessenen Ausgleich zwischen den Interessen einer effektiven Aufsicht und den Interessen Betroffener finden, um einem „allgemeinen Datentransfer" vorzubeugen.[77] Wann ein solcher Datentransfer erforderlich im Sinne dieser Vorschrift ist, besagt sie hingegen nicht. Insofern steht den zuvor genannten Institutionen ein Beurteilungsspielraum zu, wann sie selbst einen solchen Datentransfer für erforderlich halten. Ausreichend ist jedoch – unabhängig von dem Ergebnis des Informationsaustauschs –, dass die übermittelnde Behörde bei sorgfältiger Prüfung von der Notwendigkeit der Erforderlichkeit überzeugt ist.[78] Die Entscheidung, ob und inwieweit die BaFin einschreitet, wird dabei einzig von ihr getroffen. 69

Die Informationsweitergabe liegt hingegen nicht im Ermessen der BaFin, sondern ist obligatorisch. Da die andere Aufsichtsbehörde keine Kenntnis von den vorliegenden Informationen haben dürfte, darf die BaFin nicht auf deren Ersuchen warten, sondern muss von sich aus tätig werden.

Durch das 2. FiMaNoG wurde § 17 WpHG um einen neuen Abs. 3 ergänzt, der Art. 79 Abs. 6 der MiFID II-RL umsetzt. **§ 17 Abs. 3 WpHG** regelt jetzt die Zusammenarbeit zwischen der BaFin und den Börsenaufsichtsbehörden, den Handelsüberwachungsstellen sowie mit den nach § 19 Abs. 1 des Treibhausgas-Emissionshandelsgesetzes **(TEHG)** zuständigen Behörden. Durch die Zusammenarbeit dieser Behörden mit der BaFin soll sichergestellt werden, dass sich die BaFin einen Gesamtüberblick über die **Emissionszertifikatemärkte** verschaffen kann. 70

Hintergrund dieser Regelung ist, dass an den Spot-Sekundärmärkten für Emissionszertifikate – **EU Emission Allowances (EUA)** – zunehmend verschiedene betrügerische Praktiken zu beobachten waren. Das EU-Parlament und die EU-Kommission befürchteten deshalb, dass das Vertrauen in die Emissionshandelsrichtlinie[79] untergraben werden könnte. Der Gesetzgeber wollte daher durch die Normierung der Zusammenarbeit der BaFin mit den oben genannten Behörden eine umfassende Beaufsichtigung der Handelstätigkeiten erreichen, die die Integrität der Emissionszertifikatemärkte fördert und ein Funktionieren diese Märkte gewährleistet.[80]

Der alte § 6 Abs. 3 WpHG wurde inhaltsgleich in den § 17 Abs. 4 WpHG übernommen. Nach S. 1 dieser Vorschrift darf die BaFin zur Erfüllung bestimmter Aufgaben nach dem KWG (§ 2 Abs. 10, §§ 2 c, 24 Abs. 1 Nr. 1, 2, 5, 7 und 10 und Abs. 3, § 25 b Abs. 1–3, § 32 Abs. 1 S. 1 und Nr. 2 und 6 a und b KWG), bei der Deutschen Bundesbank gespeicherten Daten im **automatisierten Verfahren** abrufen. Durch die Nutzung dieses Datenbestandes soll die Schlagkraft der BaFin bei der Verfolgung von Missständen gestärkt werden. 71

---

77 Assmann/Schneider/Mülbert/*Döhmel* WpHG § 6 Rn. 10.
78 Boos/Fischer/Schulte-Mattler/*Lindemann* KWG § 7 Rn. 8.
79 RL 2003/87/EG des Europäischen Parlaments und des Rates vom 13. Oktober 2003 über ein System für den Handel mit Treibhausgasemissionszertifikaten in der Gemeinschaft und zur Änderung der Richtlinie 96/61/EG des Rates.
80 Erwägungsgrund 11 der RL 2014/65/EU des Europäischen Parlaments und des Rates vom 15. Mai 2014.

Die Deutsche Bundesbank hat jedoch nach S. 2 der Vorschrift gleichzeitig die Pflicht, für **Zwecke der Datenschutzkontrolle**, den Zeitpunkt, die Angaben, welche die Feststellung der aufgerufenen Datensätze ermöglichen, sowie die für den Abruf verantwortliche Person zu protokollieren. Aus Datenschutzgesichtspunkten dürfen diese protokollierten Daten aber nur für Zwecke der Datenschutzkontrolle, der Datensicherung oder zur Sicherstellung eines ordnungsmäßigen Betriebs der Datenverarbeitungsanlage verwendet werden. Die Protokolldaten sind gemäß S. 4 der Vorschrift am Ende des auf die Speicherung folgenden Kalenderjahres zu löschen.

b) Beteiligung der BaFin und Mitteilungen in Strafsachen nach § 122 WpHG

72 Das WpHG sieht ferner eine Zusammenarbeit zwischen der BaFin auf der einen und Gerichten, Strafverfolgungs- und Strafvollstreckungsbehörden auf der anderen Seite vor. § 122 WpHG[81] normiert hierzu spezielle **Mitteilungs- und Übermittlungspflichten** dieser Behörden gegenüber der BaFin.

Durch diese Vorschrift wurden – entsprechend den Regelungen der Abgabenordnung – die Vorgaben der Marktmissbrauchsrichtlinie umgesetzt. Diese Norm sollte sicherstellen, dass die BaFin Sachverhalte untersucht, die bereits Gegenstand einer öffentlichen Klage sind. Ferner sollte eine weitere Informationsbasis für aufsichtsrechtliche Maßnahmen der BaFin geschaffen werden,[82] um eine effektive Überwachung der Wertpapiermärkte – und insbesondere eine effektive Insiderüberwachung – sicherzustellen.[83]

73 Die **Beteiligung der BaFin an Strafverfahren**, die Insiderstraftaten und/oder Marktmanipulationstatbestände iSd § 119 WpHG betreffen, ist in § 122 Abs. 1–4 WpHG geregelt.

Gemäß § 122 Abs. 1 S. 1 WpHG hat die **Staatsanwaltschaft** die BaFin über die Einleitung eines entsprechenden Ermittlungsverfahrens zu informieren. Ihr steht insofern kein Ermessen zu. Etwas anderes gilt hingegen bei der Frage der Hinzuziehung von Angehörigen der BaFin als Sachverständige im Ermittlungsverfahren. Hier bestimmt § 122 Abs. 1 S. 2 WpHG, dass die Staatsanwaltschaft sachkundige Angehörige der BaFin als Sachverständige hinzuziehen kann, aber nicht muss. In der Praxis wird die Staatsanwaltschaft aber in den überwiegenden Fällen von ihrem Recht Gebrauch machen, um auf Sonderwissen der BaFin zurückgreifen zu können.

Nach § 122 Abs. 1 S. 3 WpHG hat die Staatsanwaltschaft der Bundesanstalt die Anklageschrift, den Antrag auf Erlass eines Strafbefehls und die Einstellung eines Verfahrens mitzuteilen. Soweit eine Einstellung des Verfahrens durch die Staatsanwaltschaft erwogen wird, hat sie die BaFin im Vorfeld nach S. 4 der Vorschrift zwingend zu hören. Auch hier steht der Staatsanwaltschaft kein Ermessen zu.

74 Wenn es zur Verfahrenseröffnung kommt, ist das **Gericht** bei Straftaten nach § 119 WpHG gemäß § 122 Abs. 2 WpHG verpflichtet, der BaFin zum einen

---

81 Diese Regelung war vor Inkrafttreten des 2. FiMaNoG in § 40 a WpHG geregelt und wurde nach Inkrafttreten dieses Gesetzes inhaltsgleich in den § 122 WpHG übernommen.
82 Schäfer/*Ledermann* WpHG § 40 a Rn. 4.
83 Assmann/Schneider/Mülbert/*Vogel* WpHG § 40 a Rn. 3; Schäfer/*Ledermann* WpHG § 40 a Rn. 4.

den **Termin zur Hauptverhandlung** und zum anderen die **Entscheidung**, mit der das Verfahren abgeschlossen wurde, mitzuteilen. So erhält die Aufsichtsbehörde die Möglichkeit zur Teilnahme am Verfahren und wird über den Ausgang des Verfahrens informiert.

Auf Antrag ist der BaFin gemäß § 122 Abs. 3 WpHG, der in der Formulierung an § 168 c Abs. 5 StPO sowie § 60 a KWG angelehnt ist, **Akteneinsicht** zu gewähren, sofern keine schutzwürdigen Interessen des Betroffenen entgegenstehen. Auch darf der Untersuchungserfolg der Ermittlungen durch die Akteneinsicht nicht gefährdet werden. 75

§ 122 Abs. 4 der Vorschrift statuiert weitere **Mitteilungspflichten** im Falle der Erhebung der öffentlichen Klage. Nach S. 1 beziehen sich diese zum einen auf Strafverfahren gegen Inhaber oder Geschäftsleiter von Wertpapierdienstleistungsunternehmen oder deren Vertreter oder persönlich haftende Gesellschafter wegen Straftaten zum Nachteil von Kunden bei oder im Zusammenhang mit dem Betrieb eines Wertpapierdienstleistungsunternehmens. Hierunter fallen insbesondere §§ 263, 264 a, 266 StGB sowie § 61 BörsG (Verleiten zu Börsenspekulationsgeschäften).[84] Die Mitteilungspflicht erstreckt sich weiterhin auf Straftaten nach § 119 WpHG (dh Verbot von Insiderhandel, Verbot der Marktmanipulation).[85] 76

Der BaFin sind in solchen Fällen folgende Unterlagen zu übermitteln:

- die Anklageschrift oder eine an ihre Stelle tretende Antragsschrift (letzteres betrifft etwa Antragsschriften im Sicherungsverfahren (§§ 413 ff. StPO) und in selbstständigen Einziehungsverfahren (§§ 435 ff. StPO);[86]
- den Antrag auf Erlass eines Strafbefehls und
- die das Verfahren abschließende Entscheidung nebst Begründung (hiervon umfasst sind nicht nur Urteile, sondern auch Beschlüsse, etwa nach § 153 a StPO).

Wird ein **Rechtsmittel** eingelegt, ist außerdem die Entscheidung nach § 122 Abs. 4 Hs. 2 WpHG unter Hinweis auf das eingelegte Rechtsmittel zu übermitteln. 77

In Verfahren wegen **fahrlässig begangener Straftaten** finden die unter Rn. 76 in Bulletpoint 1 und 2 genannten Übermittlungen nur statt, wenn aus Sicht der übermittelnden Stelle unverzüglich Entscheidungen oder andere Maßnahmen der Bundesanstalt geboten sind. Als derartige Straftaten kommen etwa fahrlässig begangene Insolvenzdelikte (zB § 283 Abs. 5 StGB) in Betracht.[87] 78

Im Gegensatz zu den zuvor dargestellten Pflichten der Staatsanwaltschaft oder des Gerichts auf Information der BaFin oder Übermittlung von Unterlagen, enthält § 122 Abs. 5 WpHG eine **Soll-Vorschrift**. Sie betrifft die Übermittlung von in einem Strafverfahren bekannt gewordenen Tatsachen, die auf Missstände im Geschäftsbetrieb eines Wertpapierdienstleistungsunternehmens hindeuten, durch das Gericht, die Strafverfolgungs- oder die Strafvollstreckungsbe- 79

---

84 Assmann/Schneider/Mülbert/*Vogel* WpHG § 40 a Rn. 7; Schäfer/*Ledermann* WpHG § 40 a Rn. 1.
85 Ebenda.
86 Assmann/Schneider/Mülbert/*Vogel* WpHG § 40 a Rn. 8.
87 Assmann/Schneider/Mülbert/*Vogel* WpHG § 40 a Rn. 9.

hörden. Die Kenntnis der betreffenden Tatsachen muss aus Sicht der übermittelnden Stelle für die Bundesanstalt **erforderlich** sein, um Maßnahmen nach dem WpHG ergreifen zu können.

Vor der Weitergabe durch das Gericht ist allerdings eine Abwägung zwischen dem Übermittlungsinteresse der BaFin und den schutzwürdigen Interessen des Betroffenen vorzunehmen. Dabei muss die übermittelnde Stelle nach § 122 Abs. 5 S. 2 WpHG berücksichtigen, wie gesichert die zu übermittelnden Kenntnisse sind.

3. Zusammenarbeit im Ausland
a) Zusammenarbeit nach § 18 WpHG
aa) Allgemeines

80 § 18 WpHG[88] trägt der Tatsache der Globalisierung auch auf den Finanz- und Kapitalmärkten Rechnung. Vor diesem Hintergrund kann eine effektive Aufsichtstätigkeit nur erfolgen, wenn der BaFin die Möglichkeit einer engen Kooperation mit den im Ausland für die Überwachung zuständigen Stellen eingeräumt ist.[89] Da die betreffenden Daten jedoch häufig von hoher Brisanz sind, sind andererseits gewisse Restriktionen im Hinblick auf deren Weitergabe bzw. Verwendung erforderlich. Darüber hinaus müssen auch die berechtigten Geheimhaltungsinteressen hinsichtlich der Daten gewahrt werden, die die ausländischen Stellen der Bundesanstalt mitteilen.

bb) Zusammenarbeit der BaFin mit bestimmten Behörden der EU/dem EWR (§ 18 Abs. 1 S. 1 WpHG)

81 Nach § 18 Abs. 1 S. 1 WpHG obliegt der **Bundesanstalt** die Zusammenarbeit mit den **zuständigen Stellen** der Europäischen Union, der anderen Mitgliedstaaten der Europäischen Union und der anderen Vertragsstaaten des Abkommens über den Europäischen Wirtschaftsraum. Durch diese Aufgabenzuweisung kommt damit der BaFin im Außenverhältnis eine zentrale Rolle zu, insbesondere auch bei Fragen, die ansonsten in den Kompetenzbereich der Börsen und damit der Länder fallen.

S. 1 dieser Vorschrift beschränkt die Zusammenarbeit der BaFin mit anderen Stellen jedoch ausdrücklich auf solche Stellen, die für die Überwachung von Verhaltens- und Organisationspflichten von Unternehmen, die Wertpapierdienstleistungen erbringen, von Finanzinstrumenten und von Märkten, an denen Finanzinstrumente oder Waren gehandelt werden, zuständig sind.

Das Gesetz spricht dabei ausdrücklich nur von „zuständigen Stellen", da nicht ausgeschlossen ist, dass im Ausland unterschiedliche organisatorische und inhaltliche Strukturen bei den mit der Überwachung betrauten Organisationen bestehen können. Dadurch, dass gesetzlich nicht an einen rechtlichen Status dieser Organisationen angeknüpft wird, ist durch die Norm ein weiter Anwendungsbereich eröffnet.

Sollte einmal unklar sein, welche ausländische Stelle für einen bestimmten Sachverhalt zuständig ist, wird sich die BaFin idR an eine organisationsrecht-

---

[88] Diese Vorschrift fand sich vormals in § 7 WpHG und wurde durch das 2. FiMaNoG teilweise in ihrem Anwendungsbereich erweitert.
[89] Assmann/Schneider/Mülbert/*Döhmel* WpHG § 7 Rn. 1 f.

lich eindeutig bestimmbare Stelle des betreffenden Staates mit der Bitte um Tätigwerden oder Weiterleitung des Anliegens wenden.[90]

cc) Befugnisse und Pflichten der BaFin

§ 18 Abs. 1 S. 2 WpHG wurde durch das 2. FiMaNoG in seinem Anwendungsbereich um die Gebote und Verbote sowie Befugnisse nach der unmittelbar geltenden **europäischen Finanzmarktverordnung** (VO [EG] Nr. 600/2014) erweitert.

82

Diese Vorschrift bestimmt, dass die BaFin im Rahmen ihrer Zusammenarbeit zum Zwecke der Überwachung der Einhaltung der Verbote und Gebote der europäischen Finanzmarktverordnung sowie der Verbote und Gebote der in S. 1 genannten Staaten, die denen dieses Gesetzes, des Börsengesetzes oder der genannten Verordnungen entsprechen, von allen ihr nach diesem Gesetz und der europäischen Finanzmarktverordnung zustehenden Befugnissen Gebrauch machen kann. Allerdings müssen diese geeignet und erforderlich sein, den Ersuchen der betreffenden Stellen nachzukommen.

Die BaFin kann allerdings – so bestimmt es S. 3 der Vorschrift – auf ein Ersuchen der in S. 1 genannten Stellen die Untersagung oder Aussetzung des Handels nach § 6 Abs. 2 S. 4 WpHG an einem inländischen Markt nur anordnen, sofern die Interessen der Anleger oder der ordnungsgemäße Handel an dem betreffenden Markt nicht erheblich gefährdet werden. Die Vorschriften des Börsengesetzes über die Zusammenarbeit der Handelsüberwachungsstellen mit entsprechenden Stellen oder Börsengeschäftsführungen anderer Staaten bleiben hiervon unberührt.

83

Auf Ersuchen der zuvor genannten ausländischen Stellen führt die BaFin nach § 18 Abs. 2 S. 1 WpHG **Untersuchungen** durch und übermittelt **unverzüglich** alle damit zusammenhängenden **Informationen**, soweit dies für die Überwachung von

84

- organisierten Märkten oder
- anderen Märkten für Finanzinstrumente oder
- Kreditinstituten, Finanzdienstleistungsinstituten, Kapitalverwaltungsgesellschaften, extern verwaltete Investmentgesellschaften, EU-Verwaltungsgesellschaften, ausländische AIF-Verwaltungsgesellschaften, Finanzunternehmen oder Versicherungsunternehmen oder
- damit zusammenhängender Verwaltungs- oder Gerichtsverfahren

erforderlich ist.

Hinsichtlich des letzten Punktes dürfte insbesondere der Gesichtspunkt der Beweisführung in den entsprechenden Verfahren entscheidend sein.

Mit dem gesetzlich normierten Erforderlichkeitskriterium soll ein angemessener Ausgleich zwischen den Interessen einer effektiven Aufsicht und denjenigen der Betroffenen gefunden und einem „allgemeinen Datentransfer" vorgebeugt werden.[91] Dabei steht der BaFin ein Beurteilungsspielraum zu. Ausreichend ist hier – unabhängig von dem Ergebnis des Informationsaustausches – dass die

---

90 Assmann/Schneider/Mülbert/*Döhmel* WpHG § 7 Rn. 8; Schwark/Zimmer/*Beck* WpHG § 7 Rn. 14.
91 Assmann/Schneider/Mülbert/*Döhmel* WpHG § 6 Rn. 10.

Behörde bei sorgfältiger Prüfung von der Notwendigkeit der Erforderlichkeit überzeugt ist.

Sollten der Bundesanstalt Informationen nicht bekannt sein, die für die ausländischen Stellen von potenzieller Bedeutung sind, macht sie von ihren Ermittlungsbefugnissen Gebrauch.

85 Übermittelt die BaFin Informationen, so hat sie den Empfänger nach § 18 Abs. 2 S. 2 WpHG darauf hinzuweisen, dass die **Zweckgebundenheit** bei der Verarbeitung oder Nutzung der Informationen zu beachten ist.

Die Informationen dürfen nämlich – unbeschadet der Verpflichtungen des Empfängers im Rahmen von Strafverfahren – nur zur Erfüllung von Überwachungsaufgaben nach S. 1 und für die damit zusammenhängenden Verwaltungs- und Gerichtsverfahren verwendet werden. Dies gilt auch für personengebundene Daten.

86 Nach § 18 Abs. 3 WpHG trifft die BaFin angemessene Vorkehrungen für eine wirksame Zusammenarbeit insbesondere gegenüber solchen Mitgliedstaaten, in denen die Geschäfte eines inländischen **Handelsplatzes eine wesentliche Bedeutung** für das Funktionieren der Finanzmärkte und den Anlegerschutz nach Maßgabe des Art. 90 Delegierte VO (EU) Nr. 2017/565 haben oder deren Handelsplätze eine solche Bedeutung im Inland haben.

Im Gegensatz zum § 7 Abs. 2 a WpHG aF ist nunmehr Grundlage für das Treffen von wirksamen Vorkehrungen durch die BaFin das Vorliegen von Handelsplätzen mit einer entsprechenden wesentlichen Bedeutung und nicht mehr inländische Börsen mit einer wesentlichen Bedeutung. Die geänderte Vorschrift umfasst damit neben organisierten Märkten auch multilaterale Handelssysteme oder organisierte Handelssysteme.[92]

87 § 7 Abs. 2 b WpHG wurde durch das 2. FiMaNoG unverändert in den § 18 Abs. 4 WpHG übernommen. Die Bundesanstalt kann hiernach Bediensteten ausländischer Stellen, auf deren Ersuchen, die Teilnahme an den von ihr durchgeführten Untersuchungen gestatten. Nach vorheriger Unterrichtung der BaFin sind die zuständigen Stellen gemäß S. 2 im Sinne des Abs. 1 S. 1 befugt, selbst oder durch ihre Beauftragten die Informationen, die für eine Überwachung der Einhaltung der Meldepflichten nach Art. 26 VO (EU) Nr. 600/2014, der Verhaltens-, Organisations- und Transparenzpflichten nach den §§ 63–83 oder entsprechender ausländischer Vorschriften durch eine Zweigniederlassung im Sinne des § 53 b Abs. 1 S. 1 KWG erforderlich sind, bei dieser Zweigniederlassung zu prüfen. Diese Befugnis vervollständigt entsprechende bankaufsichtsrechtliche Befugnisse gemäß § 53 b Abs. 6 KWG.[93] § 18 Abs. 4 S. 3 bestimmt ergänzend, dass Bedienstete der Europäischen Wertpapier- und Marktaufsichtsbehörde an Untersuchungen nach S. 1 teilnehmen können.

88 § 18 Abs. 5 WpHG ist durch das 2. FiMaNoG neu eingefügt worden. Hiernach kann die BaFin in Bezug auf die Erleichterung der Einziehung von Geldbußen mit den in § 18 Abs. 1 S. 1 WpHG genannten Stellen zusammenarbeiten.

---

92 Begr. Gesetzentwurf der BuReg, BT-Drs. 18/10936, 228.
93 Ebenda.

Unter bestimmten Voraussetzungen kann die BaFin eine Untersuchung, die Informationsübermittlung oder die Teilnahme von Bediensteten zuständiger ausländischer Stellen **verweigern**. Nach dem geänderten § 18 Abs. 6 S. 1 WpHG (vormals § 7 Abs. 3 S. 1 WpHG aF) ist dies nur noch möglich, wenn aufgrund desselben Sachverhalts gegen die betreffenden Personen bereits ein gerichtliches Verfahren eingeleitet worden oder eine unanfechtbare Entscheidung ergangen ist.[94]

89

Kommt die BaFin einem Ersuchen nicht nach oder macht sie von ihrem Verweigerungsrecht Gebrauch, so hat sie dies der ersuchenden Behörde und der ESMA unverzüglich nach § 18 Abs. 6 S. 2 WpHG mitzuteilen. Dabei legt sie auch die Gründe dar. Im Falle einer Verweigerung hat die BaFin genaue Informationen über das gerichtliche Verfahren oder die unanfechtbare Entscheidung zu übermitteln.

§ 7 Abs. 4 WpHG aF wurde durch das 2. FiMaNoG regelungsgleich in den § 18 Abs. 7 WpHG übernommen. Nach dieser Vorschrift ersucht die Bundesanstalt die ausländischen Stellen nach Maßgabe der auf Grundlage von Art. 80 Abs. 4 und Art. 81 Abs. 4 der Richtlinie 2014/65/EU erlassenen Durchführungsverordnung um die Durchführung von Untersuchungen und die Übermittlung von Informationen. Diese müssen für die Erfüllung ihrer Aufgaben nach den Vorschriften des WpHG **geeignet und erforderlich** sein. Die BaFin hat ebenfalls die Möglichkeit die zuständigen Stellen zu ersuchen, ihren Bediensteten die Teilnahme an den Untersuchungen zu gestatten.

90

Mit Einverständnis der zuständigen Stellen kann die BaFin nach Abs. 7 S. 3 außerdem Untersuchungen im Ausland durchführen und hierfür Wirtschaftsprüfer oder Sachverständige beauftragen. Bei der Durchsuchung einer Zweigniederlassung eines inländischen Wertpapierdienstleistungsunternehmens in einem Aufnahmemitgliedstaat durch die BaFin genügt dabei eine vorherige Unterrichtung der zuständigen Stelle im Ausland. Trifft die BaFin Anordnungen gegenüber Unternehmen mit Sitz im Ausland, die Mitglieder inländischer organisierter Märkte sind, unterrichtet sie nach S. 4 der Vorschrift die für die Überwachung dieser Unternehmen zuständigen Stellen.

Werden der BaFin **von ausländischen Stellen** Informationen mitgeteilt, darf sie diese nach Abs. 7 S. 5 – unbeschadet ihrer Verpflichtung in strafrechtlichen Angelegenheiten, die Verstöße gegen Verbote nach dem WpHG zum Gegenstand haben – nur zur Erfüllung von Überwachungsaufgaben nach Abs. 2 S. 1 und für damit zusammenhängende Verwaltungs- und Gerichtsverfahren verwenden. Die Regelung ist von daher das Pendant zu Abs. 2 S. 2.

91

Hintergrund der Bestimmung ist die Tatsache, dass ein effektiver Datenaustausch nur dann funktionieren kann, wenn ausländischen Stellen die gleichen Möglichkeiten einer Zweckbestimmung eingeräumt werden wie den deutschen Behörden.

---

94 § 18 Abs. 6 WpHG setzt Art. 83 der RL 2014/65/EU um. Da Art. 83 dieser Richtlinie, im Vergleich zu Art. 59 RL 2004/39/EG, auf dem der Abs. 3 aF ursprünglich beruhte, eine Verweigerungsmöglichkeit bei möglicher Beeinträchtigung der Souveränität, der Sicherheit oder der öffentlichen Ordnung der Mitgliedstaaten nicht mehr vorsieht, war eine Streichung dieser Möglichkeit im jetzigen § 18 Abs. 6 WpHG notwendig.

92 Die Bundesanstalt darf diese Daten nach S. 6 – unter Beachtung der Zweckbestimmung der übermittelnden Stelle – an die in § 17 Abs. 2 WpHG genannten Stellen **weitergeben, sofern dies für die Erfüllung ihrer Aufgaben erforderlich ist.** Eine anderweitige Verwendung der Informationen ist nach S. 7 hingegen nur mit Zustimmung der übermittelnden Stelle zulässig. Eine Weitergabe etwa an die Finanzbehörden ist damit nicht zulässig.[95] In begründeten Ausnahmefällen kann – so S. 8 der Vorschrift – auf die Zustimmung verzichtet werden, sofern dies der übermittelnden Stelle unverzüglich unter Angabe der Gründe mitgeteilt wird. Die Möglichkeit eines Zustimmungsverzichts besteht jedoch nicht bei Informationen im Zusammenhang mit Insiderhandel und Marktmanipulation.

93 Wird einem Ersuchen der Bundesanstalt nicht innerhalb angemessener Frist Folge geleistet oder wird ein Ersuchen ohne hinreichende Gründe abgelehnt, so kann die BaFin gemäß § 18 Abs. 7 S. 9 WpHG die ESMA nach Maßgabe des Art. 19 VO (EU) Nr. 1095/2010 um Hilfe ersuchen.

94 Im Falle hinreichender **Anhaltspunkte** für einen Verstoß gegen Verbote oder Gebote gegen das WpHG oder nach entsprechenden ausländischen Vorschriften der in § 18 Abs. 1 S. 1 WpHG genannten zuständigen staatlichen Stellen, gibt die BaFin diese gemäß § 18 Abs. 8 S. 1 WpHG weiter. Die **Weitergabe** erfolgt dabei zum einen an die ESMA. Weitere Adressaten sind die nach § 18 Abs. 1 S. 1 WpHG zuständigen Stellen des Staates, auf dessen Gebiet die vorschriftswidrige Handlung stattgefunden hat oder auf dessen Gebiet die betroffenen Finanzinstrumente an einem organisierten Markt gehandelt werden oder der nach dem Recht der Europäischen Union für die Verfolgung des Verstoßes zuständig ist.

95 Sind die daraufhin getroffenen Maßnahmen der zuständigen ausländischen Stellen unzureichend oder wird weiterhin gegen das WpHG oder die entsprechenden ausländischen Vorschriften verstoßen, ergreift die BaFin nach § 18 Abs. 8 S. 2 WpHG, nach vorheriger Unterrichtung der entsprechenden ausländischen Stellen, alle für den Schutz der Anleger erforderlichen Maßnahmen. Die BaFin ist verpflichtet die Europäische Kommission sowie die ESMA hiervon zu unterrichten.

96 Erhält die BaFin eine entsprechende Mitteilung von zuständigen ausländischen Stellen, so unterrichtet sie diese sowie die ESMA nach § 18 Abs. 8 S. 3 WpHG über die Ergebnisse etwaiger daraufhin eingeleiteter Untersuchungen. Die BaFin unterrichtet ferner nach S. 4 dieser Vorschrift

1. die zuständigen Stellen nach S. 1 und die ESMA über Anordnungen zur Aussetzung, Untersagung oder Einstellung des Handels nach § 6 Abs. 2 S. 4 WpHG sowie § 3 Abs. 5 S. 3 Nr. 1 und § 25 Abs. 1 BörsG,
2. die zuständigen Stellen nach S. 1 innerhalb eines Monats nach Erhalt einer Mitteilung nach § 19 Abs. 10 BörsG von der Absicht der Geschäftsführung einer Börse, Handelsteilnehmern aus den betreffenden Staaten einen unmittelbaren Zugang zu ihrem Handelssystem zu gewähren,

---

95 Assmann/Schneider/Mülbert/*Döhmel* WpHG § 7 Rn. 30.

3. die zuständigen Stellen nach S. 1 und die ESMA über Anordnungen nach § 9 Abs. 1 WpHG zur Verringerung von Positionsgrößen oder offenen Forderungen sowie
4. die zuständigen Stellen nach S. 1 und die ESMA über Anordnungen nach § 9 Abs. 2 WpHG zur Beschränkung von Positionen in Warenderivaten.

Die Unterrichtung nach § 18 Abs. 8 S. 4 Nr. 3 und 4 WpHG muss mindestens 24 Stunden vor Bekanntgabe der Anordnung erfolgen. Wenn dies im Ausnahmefall nicht möglich ist, muss die Unterrichtung spätestens vor der Bekanntgabe selbst erfolgen. Sie hat dabei Angaben über Auskunfts- und Vorlageersuchen gemäß § 6 Abs. 3 S. 2 Nr. 1 WpHG einschließlich ihrer Begründung und den Adressaten sowie über den Umfang von Anordnungen gemäß § 9 Abs. 2 WpHG einschließlich ihres Adressatenkreises, der betroffenen Finanzinstrumente, Positionsschranken und Ausnahmen, die nach § 56 Abs. 3 WpHG gewährt wurden, zu umfassen. Betrifft eine dieser Maßnahmen Energiegroßhandelsprodukte, so hat die Bundesanstalt auch die durch die VO (EG) Nr. 713/2009 gegründete Agentur für die Zusammenarbeit der Energieregulierungsbehörden zu unterrichten.

Der § 7 Abs. 6–8 WpHG aF wurde regelungsgleich in den § 18 Abs. 9, 10 und 12 WpHG übernommen.

dd) Internationale Rechtshilfe

Nach § 18 Abs. 9 WpHG bleiben die Regelungen über die **internationale Rechtshilfe in Strafsachen** unberührt. Bei der Weitergabe von Tatsachen im Zusammenhang mit strafrechtlichen Ermittlungen gilt damit etwa das Gesetz über die internationale Rechtshilfe in Strafsachen (IRG). Das dann einzuhaltende Verfahren ergibt sich aus §§ 59 ff. IRG, es sei denn spezielle zwischenstaatliche Vereinbarungen finden Anwendung.[96] Von der Regelung erfasst werden auch Sanktionen, die im deutschen Recht dem Gesetz über Ordnungswidrigkeiten unterfallen würden.[97]

Gemäß § 74 Abs. 1 S. 3 IRG kann die Zuständigkeit über die Entscheidung ausländischer Rechtshilfeersuchen auf die Bundesanstalt übertragen werden. Damit soll eine zeitnähere Bearbeitung ausländischer Rechtshilfeersuchen ermöglicht werden. Von der Möglichkeit der Übertragung hat das Bundesministerium der Finanzen Gebrauch gemacht.[98]

ee) Zusammenarbeit der BaFin mit anderen Behörden außerhalb der EU/dem EWR (§ 18 Abs. 10 WpHG)

Während § 18 Abs. 1 WpHG die Zusammenarbeit mit EU bzw. EWR-Staaten ermöglicht, kann die BaFin gemäß § 18 Abs. 10 S. 1 WpHG auch mit den **zuständigen Stellen anderer Länder** entsprechend den vorstehend genannten Grundsätzen – wenngleich mit Modifikationen – zusammenarbeiten sowie Vereinbarungen über den Informationsaustausch abschließen. Über den Abschluss dieser Vereinbarungen hat die BaFin nach § 18 Abs. 10 S. 5 WpHG die ESMA zu unterrichten.

---

96 Schwark/Zimmer/*Beck* WpHG § 7 Rn. 30; differenzierend Assmann/Schneider/Mülbert/*Vogel* WpHG § 7 Rn. 31 ff.
97 Schwark/Zimmer/*Beck* WpHG § 7 Rn. 30.
98 S. Assmann/Schneider/Mülbert/*Vogel* WpHG § 7 Rn. 40.

100 Nach § 18 Abs. 11 WpHG kann die Bundesanstalt im Rahmen der Zusammenarbeit zum Zwecke der Überwachung der Einhaltung der Verbote und Gebote nach der VO (EU) Nr. 596/2014 sowie der Verbote und Gebote entsprechender ausländischer Bestimmungen anderer Vertragsstaaten des Abkommens über den Europäischen Wirtschaftsraum oder von Drittstaaten von allen ihr nach diesem Gesetz zustehenden Befugnissen Gebrauch machen, um den einschlägigen Ersuchen der zuständigen Behörden der jeweiligen Staaten nachzukommen.

ff) Befugnisse des BMF

101 Das Bundesministerium der Finanzen kann gemäß § 18 Abs. 12 S. 1 WpHG durch Rechtsverordnung, die nicht der Zustimmung des Bundesrates bedarf, zu den in Abs. 2, 3 und 7 genannten Zwecken nähere Bestimmungen

- über die Übermittlung von Informationen an ausländische Stellen,
- die Durchführung von Untersuchungen auf Ersuchen ausländischer Stellen
- sowie auf Ersuchen der Bundesanstalt an ausländische Stellen

erlassen.

Die Ermächtigung kann gemäß S. 2 dieser Vorschrift durch Rechtsverordnung an die BaFin übertragen werden. Hiervon hat das Ministerium bisher keinen Gebrauch gemacht.

b) Weitere Regelungen zur internationalen Zusammenarbeit

102 Regelungen zur internationalen Zusammenarbeit finden sich – speziell auf Regelungen des 16. Abschnitts bezogen – auch in **§ 111 WpHG**.

c) Zusammenarbeit nach § 19 WpHG

103 § 19 WpHG trägt der veränderten europäischen Aufsichtsstruktur Rechnung.[99] Nach Abs. 1 stellt die BaFin der **ESMA auf Verlangen** unverzüglich alle für die Erfüllung ihrer Aufgaben nach Art. 35 und 36 der ESMA-VO erforderlichen Informationen zur Verfügung.

Die Erweiterung des § 19 Abs. 1 WpHG um die Aufgaben der ESMA nach Art. 36 der ESMA-VO ist der Umsetzung der MiFID II-RL geschuldet.

104 **§ 19 Abs. 2 WpHG** sieht die **jährliche Übermittlung** einer Zusammenfassung von Informationen zu allen im Zusammenhang mit der Überwachung nach den Abschnitten 9–11 WpHG ergriffenen Verwaltungsmaßnahmen und verhängten Sanktionen vor.

105 Außerdem hat die BaFin die ESMA gemäß § 19 Abs. 3 WpHG über das **Erlöschen einer Erlaubnis** nach § 4 Abs. 4 BörsG und die Aufhebung einer Erlaubnis nach § 4 Abs. 5 BörsG oder den Vorschriften der Verwaltungsverfahrensgesetze der Länder zu unterrichten.

---

[99] Der vormalige § 7a WpHG, der durch das 2. FiMaNoG nahezu inhaltsgleich im jetzigen § 19 WpHG geregelt ist, wurde durch das Gesetz zur Umsetzung der RL 2010/78/EU vom 24.11.2010 im Hinblick auf die Errichtung des Europäischen Finanzaufsichtssystems vom 4.12.2011 (BGBl. I, 2427) in das WpHG eingefügt. Vergleichbare – allerdings auf die EBA bezogene Vorschriften – wurden zudem in das KWG eingefügt.

d) Zusammenarbeit nach § 20 WpHG

Eine weitere Regelung zur internationalen Zusammenarbeit enthält § 20 WpHG.[100] Danach übermittelt die BaFin **der Europäischen Kommission auf Verlangen** diejenigen Angaben zu Geschäften in Finanzinstrumenten, einschließlich personenbezogener Daten, die ihr nach Art. 26 VO (EU) Nr. 600/2014 (Pflicht zur Meldung von Geschäften) mitgeteilt worden sind. Dies aber nur, soweit die Europäische Kommission deren Überlassung gemäß § 5 a Abs. 1 des Energiewirtschaftsgesetzes auch unmittelbar von den mitteilungspflichtigen Unternehmen verlangen könnte und die Europäische Kommission diese Informationen zur Erfüllung ihrer im Energiewirtschaftsgesetz näher beschriebenen Aufgaben benötigt.

106

e) (Weitere) Unterrichtungspflichten gegenüber der ESMA[101]

Neben den vorstehend dargestellten Informationspflichten gegenüber der ESMA enthält das WpHG auch in verschiedenen anderen Normen eine **Reihe von weiteren Unterrichtungspflichten** gegenüber der Europäischen Wertpapier- und Marktaufsichtsbehörde.

107

4. Memoranda of Understanding

Grundlage der internationalen Zusammenarbeit sind teilweise auch die sog **Memoranda of Understanding** (MoU). Hierbei handelt es sich um bilaterale Absichtserklärungen, die den Austausch vertraulicher Informationen zwischen den für die Aufsicht und Überwachung zuständigen Stellen ermöglichen sollen. In ihnen wird die vertrauliche Behandlung und Einhaltung der festgelegten Zweckbestimmungen vereinbart.[102] Den MoU kommt allerdings keine verbindliche Rechtsqualität zu.[103] In der Praxis können sie aber ermessensreduzierende Wirkungen haben.

108

Rechtsgrundlage für den Abschluss dieser Memoranda of Understanding ist § 6 Abs. 1 WpHG. Solche Abkommen besitzen jedoch rechtlich betrachtet keinerlei rechtliche Verbindlichkeit und keinen Eingriffscharakter.

Im Bereich der Wertpapieraufsicht wurden MoU bisher (bis 2001 durch das ehemalige Bundesaufsichtsamt für den Wertpapierhandel) mit den Aufsichtsbehörden folgender Staaten abgeschlossen:[104]

109

1998	Argentinien	2006	Dubai	1998	Hong Kong
1998	Australien	2002	Estland	2016	Iran
1999	Brasilien	1996	Frankreich	2017	Israel
1998	China	2011	Guernsey	1997	Italien

---

100 Der vormalige § 7 b WpHG, der durch das 2. FiMaNoG inhaltsgleich im jetzigen § 20 WpHG geregelt ist, wurde durch das Gesetz zur Neuregelung energiewirtschaftsrechtlicher Vorschriften vom 26.7.2011 (BGBl. I 2011, 1554) in das WpHG eingefügt.
101 Diese Pflichten wurden zum einen durch das Gesetz zur Umsetzung der RL 2010/78/EU vom 24.11.2010 im Hinblick auf die Errichtung des Europäischen Finanzaufsichtssystems vom 4.12.2011 und zum anderen durch die Umsetzung der RL 2014/65/EU vom 15.5.2014 in das WpHG eingefügt.
102 Assmann/Schneider/Mülbert/*Döhmel* WpHG § 7 Rn. 7; Schwark/Zimmer/*Beck* WpHG § 7 Rn. 10 ff.
103 Assmann/Schneider/Mülbert/*Döhmel* WpHG § 7 Rn. 8.
104 https://www.bafin.de/DE/Internationales/BilateraleZusammenarbeit/MoU/gemeinsam estandpunkte_mou_node.html

2012	Jersey	2009	Russland	1997	USA
2003	Kanada	2000	Singapur		(CFTC)
2010	Korea	2004	Slowakische	2016	USA
2008	Kroatien		Republik		(CFTC)
2016	Libanon	1997	Spanien	1997	USA (SEC)
2004	Malta	2001	Südafrika	2007	USA (SEC)
2009	Monaco	1997	Taiwan	2014	Vatikan
1999	Polen	1998	Tschechien	2008	Vereinigte
1998	Portugal	2000	Türkei		Arabische
2008	Qatar	1998	Ungarn		Emirate
2001	Russland			2003	Zypern

Von Relevanz sind außerdem weiterhin die auf IOSCO-Ebene abgeschlossenen multilateralen MoU.[105]

V. Verschwiegenheitspflicht
1. Allgemein

110 Angesichts der Vielzahl sensibler Daten und Informationen, die der Bundesanstalt bei ihrer Aufsichtstätigkeit bekannt werden, kommt der ordnungsgemäßen Behandlung bzw. Weitergabe dieser Daten und Informationen ein besonderer Stellenwert zu. Dieser Situation trägt § 11 FinDAG Rechnung, wonach die Beschäftigten der Bundesanstalt zur **Verschwiegenheit** verpflichtet sind. Der Inhalt der Verschwiegenheitspflicht im Einzelnen richtet sich nach den aufsichtsrechtlichen Bestimmungen, aufgrund deren der einzelne Bundesanstalt-Mitarbeiter tätig geworden ist. Derartige aufsichtsrechtliche Bestimmungen enthalten zB § 21 WpHG, § 9 WpÜG, § 8 KAGB sowie § 9 KWG. §§ 4–11 SAG enthalten weitere Einschränkungen der Verschwiegenheitspflicht im Rahmen der Anwendung des SAG. Letztlich handelt es sich bei diesen fachgesetzlichen Regelungen um leges speciales zu § 30 VwVfG.

111 Ziel der Vorschriften ist es, das notwendige **Vertrauen in die Integrität der Aufsichtspraxis** sicherzustellen sowie die Ausnutzung amtlich gewonnener Erkenntnisse für private oder andere außerhalb der behördlichen Aufsicht liegende Zwecke zu verhindern.[106] Durch den Schutz insbesondere der Geschäfts- und Betriebsgeheimnisse und personenbezogenen Daten soll vor allem auch die Kooperationsbereitschaft der Beaufsichtigten sowie der Informationsfluss an die Bundesanstalt gefördert werden. Beides ist die Grundlage dafür, dass die Aufsicht die erforderlichen Informationen aus dem Markt zeitnah und kooperativ mitgeteilt werden. Das gilt sowohl für die aufgrund gesetzlicher Verpflichtung übermittelten Informationen, die freiwilligen Angaben der Marktteilnehmer oder für die von Dritten an die Bundesanstalt herangetragenen Informationen.[107] All diese Informationen in ihrer Gesamtheit sind Grundlage für die Arbeit der Bundesanstalt. So führte zB der Generalanwalt des EuGH in der EuGH-Rs. Baumeister aus, dass ohne ein entsprechendes vertrauenswah-

---
105 S. hierzu im Einzelnen auch Assmann/Schneider/Mülbert/*Döhmel* WpHG § 7 Rn. 9.
106 BT-Drs. 12/6679, 42 zu § 8 WpHG aF, jetzt § 21 WpHG nF.
107 Nach § 4 Abs. 5 FinDAG findet das Informationsfreiheitsgesetz auf die Vorgänge nach dem Hinweisgeberverfahren keine Anwendung.

rendes Berufsgeheimnis die für die Finanzmarktaufsicht erforderlichen Informationen den zuständigen Behörden von den beaufsichtigten Unternehmen nur zögerlich und widerstrebend übermittelt werden würden.[108] Im Weiteren regeln die fachgesetzlichen Verschwiegenheitspflichten den Umgang mit Informationen innerhalb deutscher Behörden, Einrichtungen etc als auch den Austausch mit anderen europäischen Aufsichtsbehörden oder Institutionen. Die Verschwiegenheitspflichten dienen letztendlich auch dem Schutz des in Art. 1 iVm Art. 2 Abs. 1 GG verankerten allgemeinen Persönlichkeitsrechts insbesondere in seiner Ausprägung als Recht auf informationelle Selbstbestimmung.[109] Betriebs- und Geschäftsgeheimnisse werden vom Schutzbereich des Art. 12 GG und Art. 14 GG umfasst. Die Einhaltung der fachgesetzlichen Verschwiegenheitspflichten ist zB im Rahmen der Gewährung von beantragtem Informationszugang oder bei der angeforderten Informationsübermittlung an Dritte zu prüfen und ggf. auch zu gewährleisten.

2. § 21 WpHG

Durch die vielen verschiedenen Melde- und Informationspflichten des WpHG erhält die Bundesanstalt eine Vielzahl interner Unternehmensdaten, personenbezogene Daten und vertrauliche Informationen von Hinweisgebern, sog Whistleblowern. Aufgrund ihrer umfassenden Aufsichts- und Eingriffsbefugnisse sowie durch die Zusammenarbeit mit anderen Behörden und Einrichtungen erhält die Bundesanstalt tiefgehende Einblicke in Unternehmensinterna etc Mit der Vorschrift des § 21 WpHG sollen solche Informationen vor unbefugter Weitergabe geschützt werden. § 21 statuiert ein **Offenbarungs- und Verwertungsverbot** hinsichtlich der mit der Überwachung des WpHG betrauten Personen.[110] Die Vorschrift wird durch das beamtenrechtliche Verschwiegenheitsgebot des § 61 BBeamtG, § 9 BAT sowie die datenschutzrechtlichen Bestimmungen flankiert. Die Norm beruht auf europäischen Vorgaben.[111] Zwischen der sich aus § 21 WpHG ergebenden Verschwiegenheitspflicht einerseits und der allgemeinen Amtsverschwiegenheit andererseits bestehen wesentliche Unterschiede. Anders als die beamtenrechtliche Verschwiegenheitspflicht erfasst § 21 WpHG keine Tatsachen, deren Geheimhaltung im eigenen Interesse der Bundesanstalt liegt.[112]

Sowohl die Verschwiegenheitspflicht als auch das Verwertungsverbot gelten für alle **Personen, die in die Überwachung involviert** sind. Zu den Verpflichteten gehören in erster Linie die bei der Bundesanstalt beschäftigten Personen und zwar unabhängig von ihrem arbeits- bzw. dienstrechtlichen Status, dh alle Beamten, Angestellte, Arbeiter, Auszubildende aller Art und Einrichtungen, deren sich die Bundesanstalt zur Durchführung ihrer Aufgaben bedient, Die Verschwiegenheitspflicht gilt weiterhin für die Personen, die im Rahmen der dienstlichen Berichterstattung Kenntnis von relevanten Daten erhalten, § 21 Abs. 1 S. 2 WpHG. Dies gilt insbesondere für Personen aus übergeordneten Behörden wie dem Bundesministerium der Finanzen, welches gem. § 2 FinDAG

---

108 Vgl. Schlussanträge des Generalanwaltes vom 12.12.2017, Rs. C-15/16 Nr. 38.
109 *Fischer* StGB § 203 Rn. 3.
110 S. hierzu auch § 11 FinDAG.
111 Siehe dazu KölnKommWpHG/*Möllers*/*Wenninger* WpHG § 8 Rn. 8; Assmann/Schneider/Mülbert/*Döhmel* WpHG § 21 Rn. 8ff.
112 BGH 16.2.2016 – VI ZR 441/14.

die Rechts- und Fachaufsicht über die Bundesanstalt ausübt.[113] Erlangen die betreffenden Personen zufällig Kenntnis, gelten die allgemeinen Vorschriften.[114]

Über den Wortlaut hinaus werden nach Sinn und Zweck der Vorschrift nicht nur die genannten einzelnen Personengruppen erfasst, sondern auch die **Bundesanstalt** selbst.[115] Es kann nicht gewollt sein, dass der einzelne Beschäftigte Restriktionen unterliegt, die bei einem Handeln „im Auftrag" oder „in Vertretung" nicht für ihn gelten.[116] Denn es ist nicht nachvollziehbar, warum Bedienstete der genannten Verschwiegenheitspflicht unterliegen sollen, nicht aber die Behörde selbst.[117] Zumal die Bundesanstalt immer nur durch ihre Bediensteten handeln kann.[118] Dies zeigt auch § 21 Abs. 1 S. 3 WpHG, der auf die unbefugte Weitergabe abstellt. Letztlich würde die Norm leerlaufen, wenn nur die Bediensteten der Bundesanstalt, nicht aber die Bundesanstalt selbst zur Verschwiegenheit verpflichtet wären. Dies ist in Literatur und Rechtsprechung einhellige Auffassung.

113 Verschwiegenheitspflicht und Verwertungsverbot gelten nach Abs. 1 S. 1 auch **nach Beendigung des Dienstverhältnisses oder der Tätigkeit** weiter. Für die Bediensteten der Aufsichtsbehörde und der Mitarbeiter der Ministerien ergibt sich dies bereits aus den beamtenrechtlichen bzw. arbeitsvertragsrechtlichen Regelungen.

114 Der Verschwiegenheitspflicht unterliegt nach Abs. 1 S. 1 die Weitergabe von **Tatsachen**. Der Begriff „Tatsache" muss weit verstanden werden, da die europäischen Vorgaben bezüglich der Verschwiegenheitspflicht von „Information" sprechen.[119] Eine Legaldefinition fehlt im WpHG (ebenso wie in den anderen aufsichtsrechtlichen Fachgesetzen mit einer Verschwiegenheitspflicht), so dass auf die – allgemein anerkannten – Definitionen in anderen Regelungen zurückgegriffen werden muss. Tatsachen sind danach sämtliche dem Beweis zugängliche gegenwärtige oder vergangene Verhältnisse, Zustände oder Geschehnisse. Umfasst werden dabei auch die sog inneren Tatsachen. Diese müssen allerdings zu äußeren Erscheinungen in Beziehung treten.[120] Als Tatsachen anzusehen sind nach dem Sinn und Zweck der Vorschrift auch auf einem „Tatsachenkern" beruhende Werturteile oder Schlussfolgerungen, die für den Betroffenen nachteilig sein können.[121]

Bloße Werturteile wie Meinungsäußerungen, Beweggründe oder Gerüchte deckt der Begriff nicht ab.[122] Tatsachen, die nur in die äußere Form eines Urteils oder einer Meinungsäußerung gekleidet werden, sind keine Werturteile im

---

113 BVerfG 7.11.2017 – 2 BvE 1/11.
114 So wohl auch in Reischauer/Kleinhans/*Becker* KWG § 9 Rn. 11.
115 Vgl. VG Frankfurt aM 23.1.2008 – 7 E 3280/06(V); VG Frankfurt aM 5.12.2008 – 7 E 1780/07.
116 Assmann/Schneider/Mülbert/*Döhmel* WpHG § 8 Rn. 15; Reischauer/Kleinhans/*Becker* KWG § 9 Rn. 6; Boos/Fischer/Schulte-Mattler/*Lindemann* KWG § 9 Rn. 3.
117 Vgl. HessVGH 28.4.2010 – 6 A 1767/08
118 Reischauer/Kleinhans/*Becker* KWG § 9 Rn. 8ff; Schäfer/*Geibel* WpHG § 8 Rn. 7.
119 Siehe auch in Schwark/Zimmer/*Beck* WpHG § 8 Rn. 6.
120 *Fischer* StGB § 186 Rn. 2 ff.; Schäfer/*Geibel* WpHG § 8 Rn. 3.
121 Schäfer/*Geibel* WpHG § 8 Rn. 3.
122 *Fischer* StGB § 263 Rn. 9; HK-StrafR/*Duttge* StGB § 263 Rn. 6.

Sinne der Norm.[123] Die Abgrenzung erfolgt nach dem objektiven Sinngehalt der Äußerung, wie er von dem Adressaten nach Wortlaut und Form, im Kontext und Kommunikationszusammenhang verstanden werden muss.[124] Rein rechtliche Bewertungen stellen idR keine Tatsachen iSd fachgesetzlichen Verschwiegenheitspflichten dar,[125] anderes gilt aber für die der Bewertung zugrunde liegenden Informationen.

Die Tatsachen müssen den Adressaten der Norm **bei oder im Zusammenhang mit der Aufsichtstätigkeit bekannt** geworden sein. Dabei ist es ausreichend, dass nicht zuständigen Mitarbeitern eine Information zugetragen wird.[126] Gleichermaßen genügt es, dass Mitarbeiter über andere Bedienstete außerhalb der Diensträume privat Kenntnis erlangen.[127] Werden Tatsachen außerdienstlich und nicht von mit der Sache betrauten Personen in Erfahrung gebracht, fallen diese nicht unter den Anwendungsbereich der Vorschrift.[128]

115

Erfasst sind zunächst solche im Rahmen der aufsichtlichen Tätigkeit gewonnenen Tatsachen, deren Geheimhaltung im **Interesse eines nach dem Gesetz Verpflichteten** oder eines Dritten liegt. Geheim ist eine Tatsache, wenn sie nicht öffentlich, also nur einem beschränkten Personenkreis bekannt ist und somit nicht allgemein zugänglich ist.[129] Zudem darf die Kenntniserlangung für einen Außenstehenden ohne Mitwirkung des Informationsträgers nicht möglich sein.[130] Das ist der Fall, wenn Tatsachen allgemein bekannt oder aufgrund allgemein zugänglicher Quellen erhältlich sind. Zu denken ist hier etwa an Handelsregistereintragungen, Jahresberichte, Pressemitteilungen, Geschäftsberichte[131] oder Ad-hoc-Mitteilungen. Die Geheimhaltung richtet sich nach dem Interesse des betroffenen Unternehmens bzw. Dritten. Bei veröffentlichungspflichtigen Informationen kann objektiv kein Geheimhaltungsinteresse mehr bestehen. Eine Interessensabwägung erfolgt nicht auf Tatbestandsebene, allenfalls im Rahmen der etwaigen Rechtfertigung bei der „Befugnisprüfung". Neben dem Erfordernis der objektiven Berührtheit ist ein **Geheimhaltungswille** der Betroffenen notwendig. Dieser muss allerdings nicht ausdrücklich geäußert werden, es reicht bereits der mutmaßliche Wille.[132] Soweit die Informationen durch Anonymisierung keinen Rückschluss auf geschützte Informationen zulassen, ist eine Veröffentlichung möglich, zB in Statistiken bzw. in den Jahresberichten der Bundesanstalt.

116

Nicht ausreichend für das Bekanntsein einer Tatsache ist etwa, dass Vermutungen in der Presse geäußert werden, die mit der Realität übereinstimmen, aber nicht von den Betroffenen bestätigt wurden. Grund hierfür ist, dass immer noch ein Rest an Ungewissheit bleibt. Gleichgelagert ist der Fall, dass eine Tat-

---

123 Reischauer/Kleinhans/*Becker* KWG § 9 Rn.; Boos/Fischer/Schulte-Mattler/*Lindemann* KWG § 9 Rn. 8.
124 *Schönke/Schröder/Eisele/Schittenhelm* StGB § 186 Rn. 3.
125 Vgl. HessVGH 24.8.2010 – 27 F 820/10.
126 Assmann/Schneider/Mülbert/*Döhmel* WpHG § 8 Rn. 15ff.
127 Schäfer/*Geibel* WpHG § 8 Rn. 5; Reischauer/Kleinhans/*Becker* KWG § 9 Rn. 16.
128 Assmann/Schneider/Mülbert/*Döhmel* WpHG § 8 Rn. 15ff; Schäfer/*Geibel* WpHG § 8 Rn. 5.
129 *Fischer* StGB § 203 Rn. 8.
130 *Fischer* StGB § 203 Rn. 8ff.
131 Assmann/Schneider/Mülbert/*Döhmel* WpHG § 8 Rn. 39; Heidel/*Müller* WpHG § 8 Rn. 3.
132 *Fischer* StGB § 203 Rn. 9.

sache einer Mehrzahl von Personen bekannt ist, der Betroffene aber keine „amtliche Bestätigung" wünscht.[133] In dieser Fallkonstellation wären entsprechende Tatsachen weiterhin geheim zu halten.

117 Hinsichtlich dieser Tatsachen führt Abs. 1 S. 1 **Geschäfts- und Betriebsgeheimnisse** sowie personenbezogene Daten an. Es handelt sich hierbei um sog Regelbeispiele. § 21 WpHG erfasst aber über diese Regelbeispiele hinaus sämtliche Tatsachen, deren Geheimhaltung im Interesse eines Unternehmens oder eines Dritten liegt.[134] Personenbezogene Daten sind alle Informationen, die sich auf eine identifizierte oder identifizierbare natürliche Person beziehen, siehe Legaldefinition in Art. 4 Nr. 1 DSGVO Nr. 2016/679. Der Rechtsbegriff „Betriebs- und Geschäftsgeheimnis" findet sich in diversen Gesetzen, zB in § 203 StGB und § 30 VwVfG. Der inzwischen aufgehobene § 17 UWG verwendete die Begriffe Geschäfts- und Betriebsgeheimnis, ohne sie legalgesetzlich zu definieren. Nach einer deshalb vom Bundesverfassungsgericht vorgenommenen Begriffsbestimmung werden als Betriebs- und Geschäftsgeheimnisse alle auf ein Unternehmen bezogene Tatsachen, Umstände und Vorgänge verstanden, die nicht offenkundig, sondern nur einem begrenzten Personenkreis zugänglich sind und an deren Nichtverbreitung der Rechtsträger ein berechtigtes Interesse hat.[135] Diese Voraussetzungen müssen kumulativ erfüllt sein. Betriebsgeheimnisse umfassen im Wesentlichen technisches Wissen im weitesten Sinne; Geschäftsgeheimnisse betreffen vornehmlich kaufmännisches Wissen,[136] zB Ertragslage, Umsätze, Geschäftsbücher, Kundenlisten etc. Darunter fällt auch das Ob und Wie einer aufsichtsrechtlichen Beanstandung oder Sanktionierung der Geschäftspraxis eines Unternehmens durch die Bundesanstalt.[137] Eine trennscharfe Unterscheidung von Betriebs- und Geschäftsgeheimnis war in der Praxis oftmals nicht möglich und auch nicht erforderlich. Denn die Rechtsfolgen sind identisch. Nach den vorgenannten Kriterien sind als derartige Geheimnisse zB Umsätze, Erträge, Geschäftsbücher, Kundenlisten etc anerkannt. Das **neue Gesetz zum Schutz von Geschäftsgeheimnissen (GeschGehG)** löst die bisherigen Regelungen in §§ 17-19 UWG ab. Das auf europarechtlichen Vorgaben[138] beruhende Gesetz regelt erstmals, welche Informationen rechtlich besonders geschützt werden und verwendet in § 2 GeschGehG den einheitlichen Begriff „Geschäftsgeheimnis", der sowohl technisches als auch kaufmännisches Wissen erfasst. Ob diese Voraussetzungen vorliegen, hat die Behörde von Amts wegen anhand eines objektiven Maßstabes zu prüfen.

In Bezug auf die rechtliche Einordnung von Geschäfts- und Betriebsgeheimnissen stellen sich verschiedene Rechtsfragen. In der Rechtsprechung wird zT vertreten, dass Informationen, die sich auf **schwerwiegende Rechtsverstöße** beziehen, nicht als schützenswerte Betriebs- oder Geschäftsgeheimnisse anzusehen sind.[139] Ob das Geheimhaltungsinteresse im Einzelfall gegenüber dem Informationsinteresse schützenswert ist, hat die Behörde aber nicht zu prüfen, dh es

---

133 Heidel/*Müller* WpHG § 8 Rn. 3.
134 Vgl. HessVGH 28.4.2010 – 6 A 1767/08 zur inhaltsgleichen Regelung in § 9 KWG.
135 BVerfG 14.3.2006 – 1 BvR 2087, 2111/03.
136 BVerfG, Beschl. vom 14.3.2006 – 1 BvR 2087, 2111/03, BVerfGE 115, 205.
137 Vgl. VG Frankfurt aM 24.2.2016 – 7 K 192/15F.
138 RL (EU) 2016/943; Inkrafttreten des Gesetzes am 26.4.2019
139 VG Frankfurt aM 12.3.2008 – 7 E 5426/06(2) mwN.

kommt nicht darauf an, ob das Interesse berechtigt ist oder nicht.[140] Auch eine Abwägung mit Drittinteressen hat der Gesetzgeber nicht vorgesehen. § 21 Abs. 1 S. 1 WpHG schützt seinem Wortlaut nach sämtliche Tatsachen. Eine Formulierung, wonach die Verschwiegenheitspflicht nur bei Vorliegen eines „berechtigten" oder allgemein anerkannten Interesses auf Seiten des betroffenen Unternehmens oder eines Dritten besteht, findet sich im Wortlaut nicht. Dass es auf die **Schutzwürdigkeit des Geheimhaltungsinteresses** nicht ankommt, bestätigt § 203 Abs. 2 S. 1 Nr. 1 StGB. Denn auch im Rahmen des § 203 StGB ist die Frage nach der Schutzwürdigkeit sitten- und gesetzeswidriger Geheimnisse ohne Bedeutung.[141] Ob eine Offenbarung von rechtswidrigem Verhalten erlaubt ist, ist (nur) eine Frage der Rechtfertigung bzw. Befugnis der Informationsfreigabe.[142] Im Lichte der europäischen Vorgaben für eine effiziente und wirksame Aufsicht ist das Geheimhaltungsinteresse weit zu verstehen. Strittig war bislang auch der Umgang mit unternehmensbezogenen Informationen von sich **in der Insolvenz befindlichen Unternehmen**. Die Eröffnung eines Insolvenzverfahrens führte nach bisheriger Auffassung nicht automatisch zu einem generellen Entfallen des unternehmensbezogenen Geheimnisschutzes.[143] Abzustellen ist vielmehr auf die Frage der **Wettbewerbsrelevanz**,[144] insbesondere vor dem Hintergrund einer Unternehmensfortführung bzw. Übernahme durch Marktteilnehmer.[145] In diesem Zusammenhang ist auf das Urteil des EuGH im Anschluss an die Stellungnahme des Generalanwalts vom 4.9.2014 hinzuweisen.[146] Danach kommt es nicht darauf an, ob das betroffene Institut noch operativ tätig ist oder sich in Liquidation befindet und auch nicht darauf, ob die Geschäfte des Unternehmens systematisch betrügerisch waren und die Verantwortlichen dafür strafrechtlich zur Rechenschaft gezogen worden sind.[147] Diese Rechtsauffassung ergibt sich aus der Auslegung der unionsrechtlichen Vorgaben durch den EuGH. Danach sind die Regelungen in § 21 WpHG und § 9 KWG dahin gehend auszulegen, dass von ihnen ein Verbot ausgeht, im Bereich der Finanzdienstleistungs- und Bankenaufsicht am konkreten Verfahren unbeteiligten Dritten Berufsgeheimnisse zu offenbaren, also Informationen zu erteilen oder zugänglich zu machen, wenn keine in den einschlägigen Richtlinien genannten besonderen Ausnahmegründe vorliegen. Denn Art. 54 RL 2004/39/EG und damit auch die diese Norm umsetzenden nationalen Vorschriften wie § 21 WpHG und § 9 KWG schützen nicht nur das Interesse der überwachten Unternehmen an der Geheimhaltung, sondern auch das Interesse der für die Überwachung zuständigen Behörden daran, dass die vertraulichen Informationen grundsätzlich vertraulich bleiben. Der Generalan-

---

140 Vgl. HessVGH 28.4.2010 – 6 A 1767/08.
141 Schönke/Schröder/*Eisele* StGB § 203 Rn. 7; zur Untauglichkeit verschiedener Abgrenzungsversuche s. etwa Köhler/Bornkamm/Feddersen/*Köhler* UWG § 17 Rn. 9.
142 Vgl. VG Köln 29.4.2002 – 14 L 2316/01.
143 Vgl. VG Frankfurt aM 2.7.200. – 7 E 791/07 (1); VG Frankfurt 28.1.2009 – 7 K 4037/07.F(3).
144 Vgl. BGH 10.5.1995 – 1 StR 764/94; BVerwG 27.8.2012 – 20 F 3.12.
145 Vgl. BVerwG 5.4.2013 – 20 F 4.12.
146 Vgl. EuGH 12.11.2014 – C-140/13; § 8 WpHG und § 9 KWG dienen der Umsetzung des Art. 54 RL 2004/39/EG und sind deshalb im Lichte der unionsrechtlichen Vorgaben auszulegen; dies soll auch für andere, gleichlautende Richtlinien und zugrunde liegende nationale Vorschriften gelten, die folglich in gleicher Weise auszulegen sind.
147 Die Ausführungen des EuGH sind auch auf den Fall der Überwachung „unauffälliger" Unternehmen anwendbar, vgl. HessVGH 11.3.2015 – 6 A 1071/13.

walt unterscheidet drei unterschiedliche Arten von Verschwiegenheitspflichten: Erfasst werden solche Informationen, die dem sog Bankgeheimnis unterfallen, dh der Beziehung zwischen dem beaufsichtigten Unternehmen und seinen jeweiligen Vertragspartnern und Kunden. Sodann unterfallen der Verschwiegenheitspflicht die Informationen, die die eigenen Betriebs- und Geschäftsgeheimnisse des beaufsichtigten Unternehmens betreffen und als Geschäfts- und Betriebsgeheimnisse in das Regelbeispiel des § 21 Abs. 1 S. 1 WpHG fallen. Im Weiteren existieren Informationen, die der eigenen Geheimhaltungspflicht der Aufsichtsbehörden unterliegen, dem sog „aufsichtsrechtlichen Geheimnis". Letzterem, dem Berufsgeheimnis, unterfallen dabei alle vertraulichen Informationen, die eine zuständige Behörde in Ausübung ihrer Tätigkeit erhalten hat. Zu dieser Kategorie gehören insbesondere die von den zuständigen Behörden angewandten Überwachungsmethoden, die Korrespondenz und der Informationsaustausch der verschiedenen zuständigen Behörden untereinander[148] und umfassen in diesem Sinne solche Tatsachen, deren Geheimhaltung im aufsichtsrechtlichem Interesse. Zu berücksichtigen ist, dass der Begriff des Berufsgeheimnisses und der Verschwiegenheitspflicht aus Sicht des EuGH synonym zu verstehen sind. Im Fortgang dieser Rechtsprechung stellte das BVerwG im Zusammenhang mit einem beantragten Informationszugang bei der Bundesanstalt betreffend eines betrügerischen Unternehmens ein Vorabentscheidungsersuchen zur Reichweite, zeitlichen Schranke und Darlegungslast des so bestätigten Berufsgeheimnisses der Aufsichtsbehörde an den EuGH.[149] Denn umstritten war bislang, wie der Zeitablauf auf die Geheimhaltungsbedürftigkeit von unternehmensbezogenen Informationen wirkt.[150] Auch diese Frage war Teil des Vorabentscheidungsersuchens des BVerwG, in welchem das Gericht eine zeitliche Schranke von etwa fünf Jahren anspricht. Nach den Schlussanträgen des EuGH-Generalanwaltes sind auch Informationen, welche die Aufsicht von einem betrügerischen Unternehmen erlangt, vertraulich.[151] Nach Auffassung des Generalanwaltes sind die in der Richtlinie verwendeten Begriffe „Berufsgeheimnis" und „vertrauliche Informationen" inhaltsgleich. Unter sie fallen somit alle Informationen, welche die Behörden im Rahmen ihrer Tätigkeit erlangen. Eine fallweise Beurteilung durch die Behörden, was vertraulich sei und was nicht, böte hingegen zu viel Unsicherheit und gefährde eine einheitliche Auskunftspraxis. Ausnahmen vom Berufsgeheimnis müssten eng ausgelegt werden, der Grundsatz selbst dagegen weit und zwar ohne zeitliche Begrenzung. Dieser Auffassung ist der EuGH in seinem Urteil vom 19.6.2018 (Az. C-15/16) nicht im vollen Umfang gefolgt. Nach Ansicht des Gerichts fällt nicht alles automatisch unter das Berufsgeheimnis. In zeitlicher Hinsicht verlieren Informationen, die möglicherweise Geschäftsgeheimnisse enthalten, aber mindestens fünf Jahre alt sind, im Allgemeinen ihren vertraulichen Charakter. Das Gericht stellt für die Auslegung auf den Zeitpunkt des Antrages für die Herausgabe der Informationen ab, unabhängig davon, wie sie im Zeitpunkt ihrer Übermittlung an die zuständige Behörde einzustufen waren. Etwas anderes gel-

---

148 Vgl. HessVGH 11.3.2015 – 6 A 1071/13; vom Gericht in seiner jüngsten Entscheidung vom 28.2.2019 – 6 A 1805/16 angesichts der Entscheidung des EuGH vom 19.6.2018 – C 15/16 infrage gestellt.
149 Vgl. BVerwG 4.11.2015 – 7 C 4.14.
150 Vgl. VG Köln 22.9.2009 – 1 K 6878/02.
151 Schlussantrag des EuGH Generalanwaltes Rs. C-15/16

te nur dann, wenn sich das betroffene Unternehmen auf die Vertraulichkeit beruft und nachweist, dass es berechtigte Interessen an der Geheimhaltung hat, zB wenn die Informationen trotz ihres Alters noch weiterhin wesentliche Bestandteile der wirtschaftlichen Stellung des Unternehmens tangieren oder von betroffenen Dritten sind. Vertraulich sind nach Auffassung des Gerichts nur solche Informationen, die nicht öffentlich zugänglich sind und bei deren Weitergabe die Gefahr besteht, dass die Interessen des Informanten, oder die Interessen Dritter oder die des ordnungsgemäßen Funktionierens des vom Unionsgesetzgeber durch den Erlass der Richtlinie 2004/39 geschaffenen Systems zur Überwachung der Tätigkeit von Wertpapierfirmen beeinträchtigt werden. Dies gelte jedoch nicht für Informationen, deren Vertraulichkeit aus anderen Gründen weiterhin schützenswert ist. Beispielhaft nennt das Gericht Informationen über aufsichtsrechtliche Überwachungsmethoden und -strategien. Damit sind nicht alle Informationen, die das überwachte Unternehmen betreffen und von ihm an die zuständige Behörde übermittelt wurden, und auch nicht alle in der Überwachungsakte enthaltenen Äußerungen der Behörde ohne Weiteres vertrauliche Informationen, die von der Pflicht zur Wahrung des Berufsgeheimnisses gedeckt sind. Gleiches gilt auch für die in den behördlichen Akten enthaltenen Äußerungen der Behörde, einschließlich ihrer Korrespondenz mit anderen Stellen. Nach Einschätzung des EuGH steht es aber den Mitgliedstaaten frei, den Schutz vor der Weitergabe auf den gesamten Inhalt der Überwachungsakten der zuständigen Behörden zu erstrecken. Die zugrunde liegende Richtlinie soll den zuständigen Behörden nämlich nur die Weitergabe vertraulicher Informationen grundsätzlich verweigern. Zwischenzeitlich hat das BVerwG im Revisionsverfahren mit Urteil vom 10.4.2019 unter Beachtung des Urteils des EuGH in der Rs. Baumeister (Az. C-15/16) entschieden und an den HessVGH zurückverwiesen. Die Urteilsbegründung steht noch aus. Weitere Rechtsfragen, die sich thematisch mit der Verschwiegenheitspflicht befassen, sind von dem EuGH zwischenzeitlich entschieden.[152]

Es muss weiterhin eine Offenbarung oder Verwertung der geheim zuhaltenden Tatsachen erfolgen. Unter **Offenbarung** ist dabei jedes Verhalten zu verstehen, durch das einem Außenstehenden die geheimhaltungsbedürftige Tatsache mitgeteilt wird. Dies umfasst alle Möglichkeiten der Informationsweitergabe und kann schriftlich, mündlich oder elektronisch, aber auch durch konkludentes oder fehlerhaftes Verhalten, zB Informationsübermittlung an den falschen Adressaten, erfolgen. Ausreichend ist – um Schutzlücken zu vermeiden – bereits die Eröffnung einer Möglichkeit zur Kenntnisnahme, etwa durch ein Liegenlassen von Akten.[153] Zu denken ist hier auch an die Verschaffung von Zugangsmöglichkeiten zu (elektronischen) Dateien.

118

Nicht erforderlich sind ein Offenbarungswille sowie das Vorliegen einer Vorteilserlangungsabsicht.[154]

---

152 EuGH 13.9.2018 – Rs. C-358/16 und Rs. C-594/16, wonach die nationalen Finanzaufsichtsbehörden zum Zugang zu Informationen, die unter das Berufsgeheimnis fallen, ggf. verpflichtet sein können.
153 Schäfer/*Geibel* WpHG § 8 Rn. 10; Assmann/Schneider/Mülbert/*Döhmel* WpHG § 8 Rn. 42.
154 Schäfer/*Geibel* WpHG § 8 Rn. 12.

119 **Verwertung** ist die Verwendung bzw. Ausnutzung der aufsichtsrechtlichen Tatsache zu eigenen privaten, aber auch fremden privaten Zwecken.[155] Ein „wirtschaftliches Ausnutzen zur Gewinnerzielung" ist hierfür nicht erforderlich.[156] Umstritten ist, ob auch die wirtschaftliche Ausnutzung der Kenntnis eines Geheimnisses – wie dies etwa bei der Verwendung von Insiderinformationen der Fall ist – ein Verwerten iSd Vorschrift darstellt.[157]

120 Durch § 21 ist nur eine **unbefugte** Offenbarung oder Verwertung der betreffenden Tatsachen untersagt. Unbefugt ist die Weitergabe oder Verwendung, wenn es an einer Ermächtigung oder einem Rechtfertigungsgrund für die Weitergabe oder Verwendung fehlt.[158] Die Befugnis zur Informationsweitergabe stellt rechtsdogmatisch einen Rechtfertigungsgrund dar. Verboten ist das unbefugte Offenbaren von Tatsachen. Es liegt dann nicht (mehr) vor, wenn die betreffenden Informationen nicht mehr der Verschwiegenheitspflicht unterfallen oder ein behördeninterner Austausch bzw. Informationsübermittlung erfolgt.

Das Gesetz nimmt dabei expressis verbis verschiedene Fälle der Zusammenarbeit mit Behörden, nationalen und internationalen Einrichtungen und Personen von der Verschwiegenheitspflicht aus, soweit die Weitergabe oder Verwertung zu deren Aufgabenerfüllung erforderlich ist. Hintergrund ist die wechselseitige Kooperation zur eigenen effektiven Aufgabenerfüllung. Auch wird der Schutzzweck gewahrt, weil auch diese Stellen gemäß S. 4 einer Verschwiegenheitspflicht unterliegen und zzgl. ihrer eigenen internen bzw. gesetzlichen Verschwiegenheitspflichten.[159] Eine weitere Gewährleistung der Sicherstellung der Verschwiegenheit ergibt sich aus § 21 Abs. 1 S. 5 WpHG, wonach die Weitergabe der Tatsachen an eine entsprechende Stelle eines anderen Staates erfolgen kann, sofern dort eine entsprechende Verschwiegenheitspflicht gegeben ist. Soweit eine Weitergabe gem. Abs. 1 Nr. 5 an die europäischen Institutionen erfolgt, ergibt sich die Gewährleistung der Verschwiegenheit aus den europäischen Verpflichtungen, zB aus Art. 70 ESMA-VO.

121 Zulässig ist eine Weitergabe nach Abs. 1 S. 3 Nr. 1 zunächst an **Strafverfolgungsbehörden** oder für Straf- und Bußgeldsachen zuständige Gerichte. Der klare Wortlaut schließt eine Weitergabe zur Verfolgung zivilrechtlicher Ansprüche an die Zivilgerichte bzw. für Zwecke des Parteivortrages aus.[160] Das Interesse an einer Strafverfolgung ist gegenüber der Verschwiegenheitspflicht damit vorrangig. Dieser Ausnahmegrund bestätigt, dass Informationen im Zusammenhang mit rechtswidrigem Verhalten dem Tatbestand des § 21 Abs. 1 S. 1 WpHG unterfallen, da anderenfalls die Regelung des S. 3 Nr. 1 WpHG überflüssig wäre. Eine Weitergabe gegenüber den Verwaltungsgerichten besteht gem. § 99 VwGO durch die Aktenvorlage, die nach der **prozessrechtlichen Spezialnorm § 99 Abs. 1 S. 2 VwGO** verweigert werden kann. § 21 WpHG gilt dabei nicht als gesetzliche Vorschrift iSd § 99 Abs. 1 S. 2 VwGO,

---

155 Schäfer/*Geibel* WpHG § 8 Rn. 10; Schwark/Zimmer/*Beck* WpHG § 8 Rn. 12.
156 So aus *Fischer* StGB § 204 Rn. 3.
157 S. Schönke/Schröder/*Eisele* StGB § 204 Rn. 3; HK-StrafR/*Tag* StGB § 204 Rn. 2.
158 KölnKommWpHG/*Möllers/Wenninger* WpHG § 8 Rn. 32.
159 BT-Drs. 12/6679, 42 f.; ausnahmlich S. 3 Nr. 5; da die erforderliche Verschwiegenheitspflicht europarechtlich normiert und daher nicht extra aufgeführt ist.
160 Boos/Fischer/Schulte-Mattler/*Lindemann* KWG § 9 Rn. 29; VG Minden 17.12.2010 – 10 L 690/10; VG Köln 29.4.2002 – 14 L 2316/01.

weshalb zu prüfen ist, ob die Informationen ihrem Wesen nach geheim gehalten werden müssen, was in der Regel auf Geschäfts- und Betriebsgeheimnisse sowie personenbezogene Daten zutrifft.[161]

Ausgenommen von der Verschwiegenheitspflicht und dem Verwertungsverbot sind zudem gemäß S. 3 Nr. 2 Stellen, die kraft Gesetzes oder im öffentlichen Auftrag mit der Überwachung von Börsen oder anderen Märkten, an denen Finanzinstrumente gehandelt werden, des Handels mit Finanzinstrumenten oder Devisen, von Kreditinstituten, Finanzdienstleistungsinstituten, Kapitalverwaltungsgesellschaften, extern verwalteten Investmentgesellschaften, EU-Verwaltungsgesellschaften oder ausländischen AIF-Verwaltungsgesellschaften, Finanzunternehmen, Versicherungsunternehmen, Versicherungsvermittlern, Unternehmen im Sinne von § 3 Abs. 1 Nr. 7 oder Mitarbeitern im Sinne des § 87 Abs. 1–5 betraut sind sowie von diesen beauftragte Personen.[162] Gemeint sind dabei inländische und ausländische Stellen. Erfasst werden hier auch die von diesen Stellen beauftragten Personen.

Eine weitere Ausnahme gilt für Zentralbanken in ihrer Eigenschaft als Währungsbehörden sowie andere staatliche Behörden, die mit der Überwachung der Zahlungssysteme betraut sind, S. 3 Nr. 3 (hinsichtlich der Europäischen Zentralbank siehe Nr. 5).

Zulässig ist die Weitergabe auch an mit der Liquidation oder dem Insolvenzverfahren über das Vermögen eines Wertpapierdienstleistungsunternehmens, eines organisierten Marktes oder des Betreibers eines organisierten Marktes befasste Stellen, S. 3 Nr. 4. Dann ist die Informationsübermittlung auch im Falle von zivil- oder handelsrechtlichen Angelegenheiten möglich.

Ebenfalls ausgenommen von der Verschwiegenheitspflicht sind Europäische Institutionen bzw. Europäische Finanzaufsichtsbehörden, S. 3 Nr. 5.

Die Befugnis zur Weitergabe geheimer Informationen aus Abs. 1 S. 3 ist gesetzessystematisch auf öffentliche Stellen und im öffentlichen Auftrag handelnde Personen beschränkt.[163] Privatpersonen sind in diesem Ausnahmekatalog nicht genannt. Der Ausschluss des Informationszugangs für Privatpersonen entspricht auch den Vorgaben des **§ 4 Abs. 4 FinDAG**, wonach die Bundesanstalt ihre Aufgaben und Befugnisse nur im öffentlichen Interesse wahrnimmt.[164] Die Beschränkung der Weitergabe auf öffentliche Stellen entspricht den EU-Richtlinienvorgaben.

Die weitergegebenen Tatsachen müssen allerdings für die Erfüllung der Aufgabe dieser Stellen und Personen **erforderlich** sein. Privatpersonen können diese Voraussetzungen bereits mangels Aufgabenübertragung nicht erfüllen. Der Bundesanstalt steht bei der Beurteilung der Erforderlichkeit, da es sich um einen unbestimmten Rechtsbegriff handelt, jedoch ein Beurteilungsspielraum zu.[165]

---

161 Vgl. BVerwG 23.6.2011 – 20 F 21.10; BVerwG 27.12.2012 – 20 F 3.12 zur Parallelvorschrift § 9 KWG.
162 Hier ist insbesondere an die Gewerbeaufsichtsämter sowie die Industrie- und Handelskammern zu denken.
163 Vgl. HessVGH 28.4.2010 – 6 A 1767/08.
164 Vgl. auch BGH 20.1.2005 – III ZR 48/01.
165 Zur Problematik unbestimmter Rechtsbegriffe *Kopp/Ramsauer* VwVfG § 40 Rn. 24 ff.

Die Weitergabe an entsprechende **ausländische** Stellen ist nach S. 5 nur zulässig, wenn diese oder die von ihr beauftragten Personen einer mit Abs. 1 S. 1 vergleichbaren Verschwiegenheitspflicht unterliegen. Hier muss im Zweifel eine Einzelfallprüfung vorgenommen werden, s. Rn. 120.[166]

Die in S. 3 geregelten Fallgruppen einer befugten Informationsweitergabe oder -verwertung sind allerdings nicht abschließend, wie der Gesetzgeber durch die Aufnahme des Wortes „insbesondere" klar zum Ausdruck gebracht hat. Neben den ausdrücklich genannten Ausnahmen sind also weitere Fälle einer befugten Offenbarung oder Verwertung zulässig.[167]

123 Hier kommen in erster Linie Fälle in Betracht, in denen die Betroffenen ihr **Einverständnis** mit der Weitergabe erklärt haben. Dieses Einverständnis kann zum einen ausdrücklich erklärt werden. Zulässig ist jedoch auch eine konkludente Zustimmung.[168] Zu beachten ist auch hier die vorgenannte Entscheidung des EuGH. Denn soweit die Verschwiegenheitspflicht auch das aufsichtsrechtliche Geheimnis umfasst, würde auch das Einverständnis eines Betroffenen zur Offenbarung einer der Verschwiegenheit unterfallenden Information dazu nicht führen, solange die Behörde sich auf das ihr zustehende aufsichtsrechtliche Amtsgeheimnis bezieht.[169] Fraglich ist, ob ein weiterer Rechtfertigungsgrund auch bei dem Vorliegen eines **mutmaßlichen Einverständnisses** anzunehmen ist. Häufig wird hier aber – die Grenzziehung ist allerdings uU schwierig – ein konkludentes Einverständnis vorliegen.

Ein etwaiger Anspruch aus § 1 Abs. 1 IFG stellt keinen ungeschriebenen Rechtfertigungsgrund dar. Erlaubte man die Offenbarung geheimer Tatsachen an Privatpersonen auf Grundlage des IFG, wäre die durch § 21 Abs. 1 S. 4 WpHG normierte Übertragung der Verschwiegenheitspflicht auf den Informationsempfänger überflüssig. Im Übrigen wird im Rahmen der Entscheidung über einen Anspruch nach § 1 Abs. 1 IFG erst geprüft, ob dem Anspruch ggf. die fachgesetzliche Verschwiegenheitspflicht, dh der Informationsausschlussgrund aus § 3 Nr. 4 IFG iVm § 21 WpHG, entgegensteht.

Ausnahmsweise kann eine Weitergabe von Tatsachen an andere Behörden zulässig sein, wenn sie durch höherrangige Interessen gerechtfertigt oder geboten ist.[170] Ob ein befugtes Offenbaren im Rahmen der Rechts- und Amtshilfe nach Art. 35 GG erfolgen darf, ist eine Frage der Einzelfallprüfung.[171]

Möglich ist auch eine Offenbarung- oder Verwertung aufgrund einer gesetzlichen Verpflichtung.[172] In diesem Zusammenhang werden häufig die Landespressegesetze genannt.[173] Allerdings handelt es sich bei der Bundesanstalt um eine Bundesbehörde. Landespressegesetze als Anspruchsnormen gegenüber der Bundesanstalt[174] sind daher gem. einer Entscheidung des BVerwG nicht an-

---

166 Assmann/Schneider/Mülbert/*Döhmel* WpHG § 21 Rn. 52ff.
167 AA Fuchs/*Schlette/Bouchon* WpHG § 8 Rn. 20.
168 AA wohl Boos/Fischer/Schulte-Mattler/*Lindemann* KWG § 9 Rn. 15.
169 Vgl. VG Frankfurt aM 3.12.2015 – 7 K 4713/14.F(V).
170 Vgl. Begr. zu § 8 RegE.
171 Beck/Samm/Kokemoor/*Samm* KWG § 9 Rn. 18.
172 Assmann/Schneider/Mülbert/*Döhmel* WpHG § 21 Rn. 60ff; Schäfer/*Geibel* WpHG § 8 Rn. 11; Boos/Fischer/Schulte-Mattler/*Lindemann* KWG § 9 Rn. 17ff.
173 Assmann/Schneider/Mülbert/*Döhmel* WpHG § 21 Rn. 60; Schwark/Zimmer/*Beck* WpHG § 8 Rn. 18.
174 HessVGH 11.3.2015 – 6 A 1071/13

wendbar[175] und die Verschwiegenheitspflicht ist insoweit zu wahren. Die Gesetzgebungskompetenz für Presseauskünfte liegt beim Bund, welcher hiervon bislang jedoch keinen Gebrauch gemacht hat. Solange der Bund von seiner Regelungskompetenz jedoch keinen Gebrauch macht, folgt ein Auskunftsanspruch der Presse unmittelbar nur aus Art. 5 GG. Auch aus Art. 5 GG dürfte jedoch allenfalls ein sehr beschränkter Anspruch von Presseorganen auf die Offenbarung von Daten herleitbar sein.[176] Zum Schutzbereich der durch Art. 5 Abs. 1 S. 2 GG gewährleisteten Pressefreiheit gehört – über einen verfassungsunmittelbaren Minimalstandard hinaus – ebenso wenig wie zu dem der Informationsfreiheit nach Art. 5 Abs. 1 S. 1 Hs. 2 GG ein Recht auf Eröffnung einer Informationsquelle.[177]

Die innerbehördliche Mitteilung von Tatsachen an Kollegen kann grundsätzlich eine befugte Offenbarung oder Verwertung darstellen.[178] Voraussetzung dafür dürfte allerdings sein, dass die Informationsweitergabe in dem konkreten Fall sachdienlich ist. Keinen Rechtfertigungsgrund stellen hingegen die allgemeinen Amtshilfevorschriften dar.

Die Schweigepflicht gilt auch für den Fall der Erteilung einer Aussagegenehmigung nach § 61 BBeamtG bzw. entsprechender tarifvertraglicher Regelungen. Daraus resultiert die Verpflichtung, selbst zu prüfen, ob sich die betreffende Person auf ein Zeugnisverweigerungsrecht nach § 55 StPO oder § 384 Nr. 2 ZPO berufen muss.[179]

Abs. 2 regelt den Sonderfall der Weitergabe von Informationen an die **Finanzbehörden** und statuiert diesbezüglich ein besonderes Weitergabe- und **Verwertungsverbot**. Hier tritt das öffentliche Interesse an einer gleichmäßigen Besteuerung gegenüber den Zielen einer effektiven Überwachung eines funktionierenden Kapitalmarktes zurück. Zum einen dient die Aufsicht nach dem WpHG nicht der Steuerermittlung.[180] Insbesondere ist die Einschränkung erforderlich, um die Kooperationsbereitschaft der Kapitalmarktteilnehmer, aber auch der zuständigen Stellen im Ausland im Sinne einer effektiven Aufsicht durch die Bundesanstalt zu erhöhen bzw. nicht zu gefährden.[181] Die Beteiligten werden angesichts der Regelung eher bereit sein, der Aufsichtsbehörde umfassende Einblicke in die Geschäftsunterlagen zu gewähren.[182] Die Geheimhaltung dieser Informationen wird gegenüber den Finanzbehörden gewahrt und führt damit zu einer eingeschränkten Auskunftspflicht gegenüber den Finanzbehörden. Im Übrigen werden die zuständigen Stellen in anderen Staaten als Ausfluss von Art. 10 Abs. 3 der Insiderrichtlinie in der Regel nur unter dem Vorbehalt der steuerlichen Nichtverwertung zur Übermittlung von Informationen an die BaFin bereit sein.[183]

124

---

175 Vgl. BVerwG 20.2.2013 – 6 A 2/12.
176 S. hierzu auch BVerfG 5.6.1973 – 1 BvR 536/72, NJW 1973, 1226.
177 Vgl. HessVGH 11.3.2015 – 6 A 1071/13.
178 *Fischer* StGB § 203 Rn. 12ff; ohne das Erfordernis der Sachdienlichkeit Reischauer/Kleinhans/*Becker* KWG § 9 Rn. 18; Schäfer/*Geibel* WpHG § 8 Rn. 11, die eine Befugnis „aus der Natur der Sache" annehmen.
179 Reischauer/Kleinhans/*Becker* KWG § 9 Rn. 23.
180 Boos/Fischer/Schulte-Mattler/*Lindemann* KWG § 9 Rn. 31ff.
181 Begr. RegE, BT-Drs. 12/6679, 42 f.
182 Boos/Fischer/Schulte-Mattler/*Lindemann* KWG § 9 Rn. 31ff.
183 Heidel/*Müller*, Aktienrecht, WpHG § 8 Rn. 4; BT-Drs. 12/6679, 43.

Vor diesem Hintergrund gelten folgende Vorschriften für die unter Abs. 1 S. 1 genannten Personen grundsätzlich nicht, sondern nur dann, soweit die Finanzbehörden die Kenntnisse für die Durchführung eines Verfahrens wegen einer Steuerstraftat sowie eines damit zusammenhängenden Besteuerungsverfahrens benötigen

- § 93 AO (Auskunftspflicht der Beteiligten und anderer Personen),
- § 97 AO (Vorlage von Urkunden),
- § 105 Abs. 1 AO (Verhältnis der Auskunfts- und Vorlagepflicht zur Schweigepflicht öffentlicher Stellen),
- § 111 Abs. 5 iVm § 105 Abs. 1 AO (Amtshilfepflicht; Verhältnis der Auskunfts- und Vorlagepflicht zur Schweigepflicht öffentlicher Stellen) und
- § 116 Abs. 1 AO (Anzeige von Steuerstraftaten).
- Diese Ausnahmeregelung für bestimmte Fallkonstellationen soll den Steuerstrafbehörden die Sachverhaltsaufklärung erleichtern, um Steuerstraftaten wirksam verfolgen zu können.

125 Der Gesetzgeber hat in Abs. 2 S. 2 von der vorgenannten Ausnahme wiederum zwei Ausnahmen festgelegt, wonach eine Übermittlung von den der Verschwiegenheit unterliegenden Tatsachen an die Finanzbehörden auch bei Steuerstrafverfahren nicht erlaubt ist.

126 Die strafrechtlichen Konsequenzen einer Verletzung der Verschwiegenheitspflicht regeln die §§ 201 Abs. 2, 204, 353 b StGB.

3. § 23 Abs. 1 WpHG

127 Einen weiteren Fall der Verschwiegenheitspflicht im Zusammenhang mit der Anzeige von Verdachtsfällen regelt § 23 Abs. 1 S. 2 WpHG.[184]

Der Grundtatbestand dieser Vorschrift begründet für Wertpapierdienstleistungsunternehmen, Kreditinstitute und Betreiber von außerbörslichen Märkten, an denen Finanzinstrumente gehandelt werden, eine **unverzügliche** Anzeigepflicht gegenüber der BaFin. Anknüpfungspunkt ist dabei die **Feststellung von Tatsachen**, die den **Verdacht** begründen, dass mit einem Geschäft über Finanzinstrumente gegen die Art. 12, 13 oder 14 VO (EU) Nr. 236/2012, die Regelungen zu ungedeckten Leerverkäufen bzw. ungedeckten Credit Default Swaps enthalten, verstoßen wird.

128 Neben Wertpapierdienstleistungsunternehmen verfügen in der Regel auch Kreditinstitute, Kapitalverwaltungsgesellschaften und Betreiber von außerbörslichen Märkten über einen Compliance-Beauftragten. Die Abgabe der Verdachtsanzeigen fällt daher in der Praxis gewöhnlich in den Zuständigkeitsbereich dieser Compliance-Beauftragten. Form, Inhalt sowie die weiteren Einzelheiten im Zusammenhang mit den Verdachtsanzeigen regelt die aufgrund von § 23 Abs. 4 WpHG erlassenen „Verordnung zur Konkretisierung von Anzeige-, Mitteilungs- und Veröffentlichungspflichten nach dem Wertpapierhandelsgesetz" (WpAIV).[185] Mag dies manchem auch als Überregulierung erscheinen,

---

[184] Diese Norm war vor Inkrafttreten des 2. FiMaNoG in § 10 WpHG geregelt und wurde nun inhaltsgleich in den § 23 WpHG übernommen.
[185] Kritisch zur Anforderung der Erläuterung des Verdachts, *Schröder* KapitalmarktStR Rn. 764.

stärkt die Aufnahme einer detaillierten Vorgabe doch letztendlich den Anzeigeverpflichteten „den Rücken".[186]

Den Anzeigeerstattern ist es – und hier besteht der Bezug zur Verschwiegenheitspflicht – gemäß § 23 Abs. 1 S. 2 WpHG verboten, andere Personen von der Anzeige oder einer daraufhin eingeleiteten Untersuchung in Kenntnis zu setzen. Ausgenommen hiervon sind staatliche Stellen und solche, die aufgrund ihres Berufs einer gesetzlichen Verschwiegenheitspflicht unterliegen. 129

4. § 123 WpHG

Eine Ausnahme vom Verschwiegenheitsgebot des § 21 WpHG (sowie des § 23 Abs. 2 S. 3 WpHG) enthält § 123 WpHG.[187] Nach dieser Vorschrift **kann** die BaFin nach Abs. 1 S. 1 unanfechtbare Maßnahmen, die sie wegen Verstößen gegen Verbote oder Gebote des WpHG getroffen hat, auf ihrer **Internetseite** öffentlich bekannt machen. Voraussetzung ist allerdings, dass die Veröffentlichung zur Beseitigung oder Verhinderung von Missständen nach § 6 Abs. 1 S. 2 WpHG geeignet und erforderlich ist. Dies wiederum ist nicht ausreichend, wenn die Veröffentlichung die Finanzmärkte erheblich gefährden oder zu einem unverhältnismäßigen Schaden bei den Beteiligten führen würde. 130

Im Gegensatz zu dieser Regelung **hat** die BaFin nach Abs. 1 S. 2 Anordnungen nach § 4 Abs. 2 S. 4 WpHG **unverzüglich auf ihrer Internetseite zu veröffentlichen.** Ihr steht insoweit kein Ermessen zu. 131

Etwas irreführend sind die Pflichten der BaFin nach Abs. 3 und 4 dieser Vorschrift formuliert. Nach dem Gesetzeswortlaut „hat" die BaFin hiernach ebenfalls eine unverzügliche Bekanntmachungspflicht auf ihrer Internetseite. Diese bezieht sich nach Abs. 3 der Vorschrift auf alle unanfechtbaren Maßnahmen, die die BaFin wegen Verstößen gegen Art. 4 Abs. 1 VO (EG) Nr. 1060/2006, die Regelungen zur Verwendung von Ratings enthält, getroffen hat und nach Abs. 4 der Vorschrift auf jede unanfechtbar gewordene Bußgeldentscheidung nach § 120 Abs. 7 WpHG. Beide Regelungen sehen aber jeweils eine Einschränkung vor. Eine Veröffentlichung hat jeweils dann zu unterbleiben, wenn damit die Finanzmärkte erheblich gefährdet würden oder die Veröffentlichung zu einem unverhältnismäßigen Schaden bei den Beteiligten führt. Abs. 4 S. 2 der Vorschrift sieht weiterhin vor, dass eine Bekanntmachung keine persönlichen Daten enthalten darf. 132

Damit Bekanntmachungen der BaFin nicht dauerhaft auf der Internetseite der BaFin stehen, sieht der durch das 2. FiMaNoG neu eingefügte § 123 Abs. 5 S. 1 WpHG vor, dass Bekanntmachungen nach § 123 Abs. 1, 3 und 4 WpHG fünf Jahre nach ihrer Veröffentlichung zu löschen sind. Zudem wurde in S. 2 der Vorschrift eine Regelung zur Löschung personenbezogener Daten aufgenommen. Diese sind, abweichend zur Regelung in S. 1 der Vorschrift, dann zu löschen, sobald ihre Bekanntmachung nicht mehr erforderlich ist. Hintergrund dieser Regelung waren datenschutzrechtliche Erwägungen des Gesetzgebers, da die Veröffentlichung und Bereitstellung von Informationen über Sanktions- 133

---

186 MAH WiStR/*Volk* Rn. 641.
187 Diese Norm war vor Inkrafttreten des 2. FiMaNoG in § 40 b WpHG geregelt und wurde inhaltsgleich – ergänzt um eine Regelung zur Löschung von personenbezogenen Daten (vgl. § 123 Abs. 5 WpHG) – in § 123 WpHG übernommen.

entscheidungen hinsichtlich natürlicher Personen einen erheblichen Eingriff in Grundrechte darstellt. Aus diesem Grund ist auch die Bereitstellung von Daten solcher natürlichen Personen am Maßstab der Erforderlichkeit zu messen.[188]

5. Rechtsfolgen bei Gesetzesverstößen

134 Die Nichtbeachtung der gesetzlich normierten Verschwiegenheitspflicht und des Weitergabeverbots wird durch ein mehrgliedriges Strafsystem im StGB sanktioniert. Die zentralen Strafnormen sind hier §§ 203 und 204 StGB.

Nach § 203 Abs. 2 S. 1 StGB ist die **unbefugte Offenbarung** eines **fremden Geheimnisses** mit Freiheitsstrafe bis zu einem Jahr oder Geldstrafe bedroht. Geschütztes Rechtsgut dieser Norm ist der persönliche Lebens- und Geheimbereich.[189]

Tatgegenstand ist ein für Täter oder Tatbeteiligte fremdes Geheimnis, etwa ein Betriebs- oder Geschäftsgeheimnis. Einem Geheimnis stehen nach § 203 Abs. 2 S. 2 StGB Einzelangaben über persönliche oder sachliche Verhältnisse eines anderen gleich, die für Aufgaben der öffentlichen Verwaltung erfasst worden sind. Etwas anderes gilt nach S. 3 der Norm nur, wenn solche Einzelangaben anderen Behörden oder sonstigen Stellen für Aufgaben der öffentlichen Verwaltung bekanntgegeben werden und das Gesetz dies nicht untersagt.

Tathandlung ist das Offenbaren des Geheimnisses oder einer Einzelangabe an einen Dritten, der diese Daten noch nicht kennt.[190] Kein Offenbaren im Sinne der Vorschrift liegt nach Abs. 3 vor, wenn die in Abs. 2 der Vorschrift genannten Personen Geheimnisse den bei ihnen berufsmäßig tätigen Gehilfen oder den zur Vorbereitung auf den Beruf tätigen Personen zugänglich machen. Diese Personen dürfen fremde Geheimnisse gegenüber sonstigen Personen offenbaren, die an ihrer beruflichen oder dienstlichen Tätigkeit mitwirken, soweit dies erforderlich ist. Das Gleiche gilt für sonstige mitwirkende Personen, wenn diese sich weiteren Personen bedienen, die an der beruflichen oder dienstlichen Tätigkeit mitwirken.

Das Geheimnis muss dem Täter dabei nach § 203 Abs. 2 S. 1 Nr. 1 StGB in seiner Eigenschaft als **Amtsträger** anvertraut worden oder **zur Kenntnis** gekommen sein. Amtsträger sind gemäß § 11 Abs. 1 Nr. 2 a StGB zunächst die Beamten (im statusrechtlichen Sinn). Auf die Art der konkreten Tätigkeit des Beamten kommt es nicht an.[191] Die Angestellten und Arbeiter der BaFin sind idR Amtsträger iSd § 11 Abs. 1 Nr. 2 c StGB.

Die Norm erfasst weiterhin in Abs. 2 S. 1 Nr. 2 StGB die Fälle der unbefugten Weitergabe oder Verwertung, bei denen der Täter eine nach **für den öffentlichen Dienst besonders verpflichtete Person** iSd § 11 Abs. 1 Nr. 4 a StGB ist. Für die Tat ist ein vorsätzliches Handeln erforderlich, wobei jedoch **bedingter Vorsatz** ausreichend ist. Nimmt der Täter irrig ein Einverständnis des Verfügungsberechtigten an, liegt kein vorsätzliches Handeln vor.[192] Die Tat ist fahrlässig nicht begehbar.

---

188 Begr. Gesetzentwurf der BuReg, BT-Drs. 18/10936, 254.
189 *Fischer* StGB § 11 Rn. 1 b.
190 *Fischer* StGB § 203 Rn. 26.
191 Schönke/Schröder/*Eser* StGB § 11 Rn. 17 ff.
192 Schönke/Schröder/*Lenckner* StGB § 203 Rn. 71; *Fischer* StGB § 203 Rn. 34.

Die Befugnis zur Weitergabe lässt die **Rechtswidrigkeit** der Tat entfallen.

Für das Eingreifen einer mutmaßlichen Einwilligung als Rechtfertigungsgrund muss der Täter im vermeintlichen Interesse und Einverständnis des Geheimnisgeschützten gehandelt haben.[193]

Die Tat wird gemäß § 203 Abs. 6 StGB qualifiziert und mit einem Höchstmaß von 2 Jahren Freiheitsstrafe oder Geldstrafe geahndet, wenn der Täter gegen Entgelt oder in der Absicht handelt, sich oder einen anderen zu bereichern oder einen andern zu schädigen.

§ 203 Abs. 2 StGB ist gemäß seinem Abs. 5 auch dann anzuwenden, wenn der Täter das fremde Geheimnis nach dem Tod des Betroffenen unbefugt offenbart.

Nach § 204 StGB ist auch die **unbefugte Verwertung** eines fremden Geheimnisses, namentlich eines Betriebs- oder Geschäftsgeheimnisses, zu dessen Geheimhaltung jemand nach § 203 StGB verpflichtet ist, strafbar. Ein Verstoß gegen diese Norm wird mit Freiheitsstrafe bis zu zwei Jahren oder mit Geldstrafe geahndet.

Wie § 203 kann eine Tat nach § 204 StGB nur vorsätzlich begangen werden. Außerdem gilt § 203 Abs. 5 StGB entsprechend.

Sowohl § 203 StGB als auch § 204 StGB sind Antragsdelikte nach § 205 StGB. Antragsberechtigt kann nur der Verletzte selbst sein, nicht jedoch ein Dienstvorgesetzter des Amtsträgers.[194]

Durch die Verletzung der Schweigepflicht bzw. des Weitergabeverbots können § 331 StGB (Vorteilsannahme) und § 332 StGB (Bestechlichkeit) in Idealkonkurrenz erfüllt sein.[195]

Der durch die Weitergabe oder Verwertung Geschädigte kann **Schadenersatz** nach § 21 WpHG iVm § 823 Abs. 2 BGB geltend machen.[196] Weiterhin sind **Amtshaftungsansprüche** nach Art. 34 S. 1 GG iVm § 839 BGB denkbar.[197]

VI. Zugang zu Informationen der BaFin

1. Informationsanspruch nach dem Informationsfreiheitsgesetz des Bundes (IFG)

a) Allgemeines

Am 1.1.2006 ist das Gesetz zur Regelung des Zugangs zu Informationen des Bundes (Informationsfreiheitsgesetz – IFG)[198] in Kraft getreten. Seither besteht für jeden gegenüber den Behörden und Einrichtungen des Bundes ein von konkreten Verwaltungsverfahren unabhängiger **Anspruch auf Zugang zu amtlichen Informationen** nach Maßgabe dieses Gesetzes. Der freie Informationsfluss ist zum Grundsatz erhoben, Informationsrestriktionen zum Schutz öffentlicher Belange und privater Interessen fungieren als Ausnahmen.[199] Die Geset-

---

[193] *Fischer* StGB § 11 Rn. 28.
[194] Schönke/Schröder/*Eser* StGB § 205 Rn. 1.
[195] *Reischauer/Kleinhans* KWG § 9 Rn. 28.
[196] Assmann/Schneider/Mülbert/*Dreyling* WpHG § 8 Rn. 28.
[197] Assmann/Schneider/Mülbert/*Dreyling* WpHG § 8 Rn. 28; Schäfer/*Geibel* WpHG § 8 Rn. 19.
[198] Informationsfreiheitsgesetz vom 5.9.2005, BGBl. I, 2722.
[199] *Schoch* IFG Einl. Rn. 3.

zesbegründung zum IFG beruft sich ausdrücklich auf den Grundsatz „so viel Information wie möglich, so viel Geheimnisschutz wie nötig."[200] Die Behörden verfügen jeweils über eine Vielzahl an für interessierte Dritte relevante Informationen ua über private Unternehmen (etwa zu deren Lage, Entwicklung und Fortbestand), die Gegenstand von Informationsbegehren sein können, deren Vertraulichkeit aber auch in besonderem Maße gesetzlich geschützt ist.[201]

138 In der **Praxis der BaFin** spielen Informationsanfragen weiterhin eine große Rolle.[202] Insbesondere seit dem Jahr 2011 hat eine Rechtsanwaltskanzlei jeweils mehrere hundert Kapitalanleger verschiedener insolventer Kreditinstitute und Finanzdienstleister bei der Geltendmachung von Informationsansprüchen vertreten – vermeintlich um Pflichtverletzungen seitens der BaFin zu belegen und anschließend Staatshaftungsansprüche[203] geltend machen zu können. Dabei wurden gleichartige, teils wortgleiche IFG-Anträge für jeden Mandanten einzeln bei der BaFin eingereicht. Die Anträge sind sämtlich auf Zugang zu allgemeinen Informationen über das jeweilige Unternehmen und über die Beziehungen zwischen diesen Unternehmen und, einerseits, der BaFin sowie, andererseits, Wirtschaftsprüfern gerichtet. Darüber hinaus wurde jeweils danach gefragt, welche Informationen zum jeweiligen Antragsteller vorliegen.[204] Die BaFin hat einzelne Auskünfte erteilt, diese Anträge jedoch weit überwiegend abgelehnt. Im Jahr 2015 hat das VG Frankfurt aM diesbezügliche Klagen auf Informationszugang aufgrund des Vorgehens der Rechtsanwälte ua als rechtsmissbräuchlich beurteilt und abgewiesen.[205] So gut wie alle Verfahren liegen nun in der zweiten Instanz beim HessVGH.[206] Nachdem der EuGH[207] im Jahr 2014 entschieden hat, dass im Finanzmarktaufsichtsrecht – nicht nur im speziellen Interesse der unmittelbar betroffenen Unternehmen, sondern auch im allgemeinen Interesse am normalen Funktionieren der Unionsmärkte – ein umfassender Schutz des „Berufsgeheimnisses" (iwS) besteht (s. Rn. 117), werden insbesondere § 9 Abs. 1 KWG und der bisherige § 8 Abs. 1 WpHG aF (nunmehr § 21 Abs. 1 WpHG)[208] europarechtskonform mit der Konsequenz gedeutet, dass die BaFin im Bereich der Finanzmarktaufsicht den Informationszugang nach § 3 Nr. 4 IFG zu verweigern hat.[209]

139 Zur Klärung der inhaltlichen Reichweite und der zeitlichen Dimension des Schutzes „vertraulicher" Informationen durch das **Berufsgeheimnis** hatte das

---

200 Vgl. Stelkens/Bonk/Sachs/*Kallerhoff*/*Mayen* § 29 Rn. 20 e; BT-Drs. 15/4493, 11.
201 Vgl. *Lennartz* EnZW 2017, 396; *Berger/Schirmer* DVBl 2015, 608.
202 Vgl. Statistik in den Jahresberichten der BaFin abrufbar unter www.bafin.de; BT-Drs. 19/2001.
203 Vgl. hierzu BGH 20.1.2005 – III ZR 48/01, EuZW 2005, 186; 2.6.2005 – III ZR 365/03, NJW-RR 2005, 1406; EuGH 12.10.2014 – C-222/02 – Paul – darin wird bestätigt, dass die BaFin einzelnen Anlegern ggü. für Aufsichtspflichtverletzungen nicht haftet und der Haftungsausschluss nach Maßgabe des europ. Gemeinschaftsrechts rechtmäßig ist.
204 Vgl. auch OVG Bln-Bbg 22.2.2018 – OVG 12 B 16.17, Rn. 18.
205 VG Frankfurt aM 10.11.2015 – 7 K 2707/15, NJOZ 2016, 299, und – 7 K 2940/15; vgl. auch OVG Bln-Bbg 22.2.2018 – OVG 12 B 16.17.
206 Vgl. *Huber* NVwZ 2016, 1019 (1020).
207 EuGH 12.11.2014 – C-140/13 – Altmann; bestätigt durch EuGH 19.6.2018 – C-15/16 – Baumeister, Rn. 31ff.
208 Geänd. mWv 3.1.2018 durch G v. 23.6.2017 (BGBl. I S. 1693).
209 Vgl. HessVGH 11.3.2015 – 6 A 1598/13, NVwZ 2015, 1302.

BVerwG den EuGH um Vorabentscheidung ersucht.[210] Das Gericht interessierten insbesondere zwei Fragen: 1. Unter welchen Voraussetzungen fällt eine Information unter das Berufsgeheimnis bzw. ist als vertraulich einzustufen? 2. Kann sich die nationale Aufsichtsbehörde auf die widerlegliche Vermutung berufen, dass insoweit Geschäfts- oder aufsichtsrechtliche Geheimnisse betroffen sind?[211] Der EuGH[212] hat daraufhin bezogen auf Art. 54 Abs. 1 der RL 2004/39/EG (MiFID) erklärt, dass weder alle Informationen, die das überwachte Unternehmen betreffen und von ihm an die zuständige Behörde übermittelt wurden, noch alle in der Überwachungsakte enthaltenen Äußerungen dieser Behörde, einschließlich ihrer Korrespondenz mit anderen Stellen, ohne weitere Voraussetzungen zu wahrende „vertrauliche" Informationen iSd Berufsgeheimnisses darstellen. Als vertraulich einzustufen seien die den zuständigen Behörden vorliegenden Informationen, die erstens nicht öffentlich zugänglich sind und bei deren Weitergabe zweitens die Gefahr einer Beeinträchtigung der Interessen der natürlichen oder juristischen Person, die sie geliefert hat, oder der Interessen Dritter oder des ordnungsgemäßen Funktionierens des vom Unionsgesetzgeber durch den Erlass der MiFID geschaffenen Systems zur Überwachung der Tätigkeit von Wertpapierfirmen bestünde.[213] Die zuständigen Behörden seien grundsätzlich während des gesamten Zeitraums, in dem die ihnen gemäß der MiFID anvertrauten Informationen als vertraulich anzusehen sind, zu der ihnen obliegenden Wahrung des Berufsgeheimnisses verpflichtet.[214] Die Vertraulichkeit von Informationen, die das überwachte Unternehmen betreffen und den zuständigen Behörden übermittelt wurden, sei zu dem Zeitpunkt zu beurteilen, zu dem diese Behörden ihre Prüfung im Rahmen der Entscheidung über den Antrag auf Zugang zu den betreffenden Informationen vornehmen müssen, unabhängig davon, wie sie bei ihrer Übermittlung an diese Behörden einzustufen waren (s. Rn. 117).[215] Auf die Frage nach Nachweiserleichterungen ist der EuGH nicht explizit eingegangen.[216]

Inzwischen hat das BVerwG mit Urteil vom 10.4.2019 unter Berücksichtigung des Urteils des EuGH in der Rs. Baumeister über die Revisionen BVerwG 7 C 23.18 (vormals BVerwG 7 C 3.14) und BVerwG 7 C 22.18 (vormals BVerwG 7 C 4.14) entschieden und die Sachen an den HessVGH zurückverwiesen. Es bleibt abzuwarten, ob es der BaFin gelingt, ihre Entscheidungen angesichts der Anforderungen an die Darlegung der „Vertraulichkeit" von Informationen zu verteidigen.

Auf das IFG gestützte Informationszugangsbegehren gegenüber der BaFin dienen regelmäßig als **Vehikel zur Erlangung sonst unzugänglicher Informationen** – idR unternehmens- und personenbezogene Daten – zu Zwecken bestimmter privatrechtlicher Rechtsverfolgung.[217] Und dies ungeachtet der Tatsache, dass

140

---

210 BVerwG 4.11.2015 – 7 C 4.14; vgl. *Schoch* NVwZ 2017, 97 (102).
211 Vgl. *Weiglin* EuZW 2019, 236.
212 EuGH 19.6.2018 – C-15/16 – Baumeister.
213 Vgl. EuGH 19.6.2018 – C-15/16 – Baumeister, Rn. 46; bestätigt durch EuGH 13.9.2018 – C-358/16 – UBS Europe SE, Rn. 65.
214 Vgl. EuGH 19.6.2018 – C-15/16 – Baumeister, Rn. 48.
215 Vgl. EuGH 19.6.2018 – C-15/16 – Baumeister, Rn. 51.
216 Vgl. *Weiglin* EuZW 2019, 236 (239).
217 Vgl. *Krüger* ZRP 2018, 79; *Kloepfer/Greve* NVwZ 2011, 579; *Langer/Schmieszek* WM 2016, 1723.

die BaFin ihre Aufgaben und Befugnisse nur im öffentlichen Interesse wahrnimmt (§ 4 Abs. 4 FinDAG, s. Rn. 26ff.), also nicht befugt oder gar verpflichtet ist, bestimmten privaten Interessen zu dienen.[218] IFG-Anträge werden teilweise zu Recherchezwecken „ins Blaue hinein" gestellt und bewusst weit formuliert, in der Erwartung, dass sich in der dann übermittelten Masse an Informationen wenigstens einige für den Antragsteller relevante Informationen finden. Ein hoher Bearbeitungsaufwand seitens der Behörde wird dabei bewusst in Kauf genommen.[219] Die gegenüber der BaFin geltend gemachten Ansprüche stehen zudem idR mit öffentlichen und privaten Geheimhaltungsinteressen im Konflikt. Zu berücksichtigen ist, dass Antragsteller Informationszugang typischerweise zu dem Zweck begehren, Erkenntnisse über beaufsichtigte Unternehmen zu erlangen, die im Zeitpunkt der Entscheidung über den Informationszugang noch uneingeschränkt relevant und schutzbedürftig sind.[220]

b) Anwendbarkeit des IFG

141 § 1 Abs. 3 IFG regelt als **Kollisionsnorm** das Verhältnis zu anderen Informationszugangsrechten zur Sicherung des Fachrechts gegenüber dem IFG.[221] Grundsätzlich gehen spezialgesetzliche Zugangsregelungen dem IFG vor.[222] Dies gilt unabhängig davon, ob sie ein enges oder ein weiteres Zugangsrecht gewähren.[223] Das IFG wird jedoch (nur) durch solche Normen verdrängt, die einen mit § 1 Abs. 1 IFG – abstrakt – identischen sachlichen Regelungsgehalt aufweisen und sich als abschließende Regelung verstehen.[224] Sind solche **spezialrechtliche Zugangsregelungen** gegeben, ordnet § 1 Abs. 3 IFG eine Sperrwirkung an. Der Informationszugang bestimmt sich dann nach dem speziellen Fachrecht. Der Rückgriff auf das IFG ist ausgeschlossen.[225] Als verdrängende Spezialnormen sind in der Gesetzesbegründung das BArchG und das StUG sowie das UIG genannt. Ebenso spezieller ist das später in Kraft getretene VIG.[226] Der IFG-Anspruch wird hingegen nicht durch die Rechte von Verfahrensbeteiligten (§ 147 StPO und § 406 e StPO) verdrängt, da sie im Verhältnis zum IFG insbesondere nicht einen ebenfalls grundsätzlich voraussetzungslosen Zugang zu amtlichen Informationen eröffnen, sondern an eine besondere persönliche Eigenschaft anknüpfen.[227] Bestimmungen der InsO über die Erteilung von Auskünften (§§ 97, 101 InsO) sind – ebenso wenig wie § 242 BGB – keine „Regelungen in anderen Rechtsvorschriften" iSv § 1 Abs. 3 IFG, die dem IFG vorgehen.[228] Eine Ausnahme gilt in Bezug auf das verwaltungsverfahrensrechtliche Akteneinsichtsrecht nach § 29 VwVfG. Dieses soll parallel neben dem Anspruch nach § 1 IFG bestehen, § 1 Abs. 3 IFG.

---

218 *Scholz* BKR 2008, 485; s. auch *Langer/Schmieszek* WM 2016, 1723 (1724).
219 Vgl. *Krüger* ZRP 2018, 79.
220 Vgl. *Herz* NJW 2018, 2601 (2602).
221 Vgl. *Schoch* IFG § 1 Rn. 287 mwN.
222 Vgl. BT-Drs. 15/4493, 8 und 11.
223 Vgl. BT-Drs. 15/4493, 8.
224 BVerwG 29.6.2017 – 7 C 24.15, NVwZ 2017, 1862, Rn. 12.
225 *Schoch* IFG § 1 Rn. 285 ff.; *Schoch* VBlBW 2010, 333.
226 *Debus* in Gersdorf/Paal (Hrsg.): Informations- und Medienrecht, 2014, IFG § 1 Rn. 186 mN.
227 Vgl. *Schoch* IFG § 1 Rn. 378; Berger/Partsch/Roth/*Scheel*IFG § 1 Rn. 121 f.
228 Vgl. BVerwG 20.5.2010 – 7 B 28.10; Berger/Partsch/Roth/*Scheel*IFG § 1 Rn. 34 f.

Infolge mittelbarer Änderung des IFG im FinDAG[229] ist dessen Anwendung auf die Vorgänge nach dem gesetzlichen **Hinweisgeberverfahren der BaFin**[230] ausgeschlossen (§ 4 d Abs. 5 FinDAG), da das Bedürfnis nach Schutz des Hinweisgebers vor der Preisgabe seiner Daten höher zu werten sei, als der „Jedermann"-Anspruch auf Zugang zu amtlichen Informationen nach dem IFG.[231] Die getroffene Regelung außerhalb des IFG ignoriert jedoch die Gesetzessystematik, nach der die Informationsrestriktionen abschließend im IFG normiert werden.[232]

c) Anspruchsverpflichtung

Die BaFin als eine Behörde des Bundes (§ 1 Abs. 1 FinDAG) ist eine **informationspflichtige Stelle** iSd § 1 Abs. 1 IFG. Gleiches gilt für das BMF.[233] Die Deutsche Bundesbank ist informationspflichtig, soweit sie öffentlich-rechtliche Verwaltungsaufgaben wahrnimmt. Die BaFin nimmt auch iRd SSM öffentlich-rechtliche Verwaltungsaufgaben als „Behörde des Bundes" wahr und ist somit informationspflichtige Stelle nach dem IFG.[234] Ein Anspruch nach dem IFG besteht dagegen nicht gegenüber den Finanzämtern,[235] den Handelsüberwachungsstellen der Börsen oder gegenüber den ermittelnden Staatsanwaltschaften, da es sich hierbei um Landesbehörden handelt. Der Informationszugang richtet sich insoweit nach Landesrecht. Entsprechendes gilt hinsichtlich des Informationszugangs gegenüber einer Industrie- und Handelskammer.[236] Ein Anspruch besteht auch nicht gegenüber der in § 108 WpHG angesprochenen Deutschen Prüfstelle für Rechnungslegung (DPR), die privatrechtlich organisiert ist.[237] Ansprüche gegen die EZB auf Informationszugang ergeben sich nicht aus dem IFG. Die EZB ist keine nach dem IFG informationspflichtige Stelle; nach § 1 Abs. 1 S. 1 IFG sind dies nur Bundesbehörden, zu denen die EZB als Unionsorgan nach Art. 13 Abs. 1 S. 2 sechster Gedankenstrich AEUV nicht gehört. Die EZB wird funktional nicht als Bundesbehörde tätig, auch wenn sie nach § 1 Abs. 5 KWG als Aufsichtsbehörde iSd KWG gilt.[238]

142

d) Anspruchsberechtigung

Der Anspruch auf Informationszugang steht jedem zu.[239] Anspruchsinhaber ist **jede natürliche oder juristische Person des Privatrechts** ohne territoriale Einschränkung. Anspruchsinhaber sind demnach sowohl Deutsche als auch Ausländer im In- und Ausland[240] ebenso wie zB der eingetragene Verein, die rechtsfähige Stiftung Bürgerlichen Rechts und die Societas Europaea.[241] Ob je-

143

---

229 Vgl. 1. FiMaNoG vom 30.6.2016 BGBl. I S. 1514 (Nr. 31).
230 Die BaFin hat zum 2.7.2016 eine „Hinweisgeberstelle" zur Entgegennahme von Hinweisen zu tatsächlichen oder möglichen Verstößen gegen aufsichtsrechtliche Vorschriften eingerichtet. Rechtsgrundlage für die Einrichtung ist § 4 d FinDAG.
231 Vgl. NK-FinDAG § 4 d Rn. 5.
232 Vgl. Komm. von *Schoch* zu § 96 Abs. 4 BHO in *Schoch* IFG Einl. Rn. 266.
233 VG Berlin 3.12.2008 – VG 2 A 132.07.
234 Ausf. hierzu *Berger/Schirmer* DVBl 2015, 608 (615).
235 BFH 7.12.2016 – V B 163/05, Rn. 14.
236 BVerwG 15.10.2007 – 7 B 9.07, DÖV 2008, 427.
237 Vgl. Assmann/Schneider/Mülbert/*Döhmel* § 8 Rn. 24.
238 Vgl. *Berger/Schirmer* DVBl 2015, 608 (614).
239 BT-Drs. 15/4493, 7.
240 Vgl. BT-Drs. 15/4493, 7.
241 *Schoch* NVwZ 2017, 97 (98 mwN).

mand als Grundrechtsträger agiert, ist für die Anspruchsberechtigung nach § 1 Abs. 1 S. 1 IFG unbeachtlich.[242]

Juristische Personen des öffentlichen Rechts sollen dagegen nach hM unter Hinweis insbesondere auf das Amtshilferecht nicht anspruchsberechtigt sein.[243] Der objektiven Gesetzeslage entspr. diese Auffassung nicht. In Übereinstimmung mit der Rspr. des BVerwG zum UIG[244] ist nun das Begehren einer Parlamentsfraktion auf Übersendung der Vereinbarungen der Bundesagentur für Arbeit mit den Geschäftsführungen von Jobcentern (§ 48 b Abs. 1 S. 1 Nr. 2 SGB II) obergerichtlich zum Anlass genommen worden, § 1 Abs. 1 S. 1 IFG lege artis auszulegen: Sowohl nach dem Gesetzeswortlaut als auch nach dem Telos der Norm sind juristische Personen des öffentlichen Rechts anspruchsberechtigt, wenn sie sich nach der Zielsetzung des IFG in einer mit den übrigen Anspruchsberechtigten vergleichbaren Lage gegenüber der informationspflichtigen Stelle befinden.[245] Unabhängig davon sind Parlamentsfraktionen, die nicht Teil der öffentlichen Verwaltung sind und keine öffentliche Gewalt ausüben (vgl. § 46 Abs. 3 AbgG), nach dem IFG anspruchsberechtigt.[246]

Ein **Insolvenzverwalter** wird in eigenem Namen als natürliche Person tätig und gehört als „jeder" in den Kreis der anspruchsberechtigten Personen gemäß § 1 Abs. 1 IFG.[247] **Journalisten** können ihr Akteneinsichtsbegehren an die BaFin auch auf das IFG stützen.[248] **Nicht rechtsfähige Vereinigungen** wie Bürgerinitiativen sollen nach der Gesetzesbegründung nicht anspruchsberechtigt sein, sondern ausschließlich die einzelnen Mitglieder. Dagegen spricht jedoch der Wortlaut des § 1 Abs. 1 IFG, der uneingeschränkt von „jeder" spricht.[249]

e) Anspruchsgegenstand

144   Der Informationszugangsanspruch erfasst „**amtliche Informationen**" jeglicher Art ihrer Speicherung, die bei der BaFin vorhanden sind.[250] Diese sind nach der Gesetzesbegründung alle Aufzeichnungen, die zu amtlichen Zwecken elektronisch, optisch, akustisch oder anderweitig gespeichert wurden.[251] Nicht erfasst sind dagegen insbesondere Entwürfe und Notizen, sofern sie nicht Bestandteil des Vorgangs werden sollen (§ 2 Nr. 2 IFG). Dies ist für die Tonbandaufzeichnung zur Sitzung eines Gremiums angenommen worden, weil jene Aufzeichnung nur als Hilfsmittel für die Anfertigung des Sitzungsprotokolls fungiere und damit „Notizen" iSd § 2 Nr. 1 S. 2 IFG entspreche.[252]

---

242 *Schoch* IFG § 1 Rn. 55.
243 Vgl. BT-Drs. 15/4493, 7; BSG 22.4.2015 – B 3 KR 2/14 R, Rn. 19.
244 BVerwG 21.2.2008 – 4 C 13.07, NVwZ 2008, 791 (793), Rn. 23.
245 BayVGH 22.4.2016 – 5 BV 15.799, NVwZ 2016, 1107, Rn. 23–26.
246 *Schoch* NVwZ 2017, 97 (99).
247 Vgl. OVG Koblenz 23.4.2010 – 10 A 10091/10.
248 Vgl. auch VG Frankfurt aM 7.5.2009 – 7 L 676/09.F.
249 Vgl. BVerwG zur vergleichbaren Vorschrift des § 4 UIG aF, wonach auch nicht rechtsfähige Personenvereinigungen bei organisatorisch hinreichender Verfestigung als Anspruchsinhaber in Betracht kommen, BVerwG 25.3.1999 – 7 C 21.98, BVerwGE 108, 369, aber Bezug nehmend auf die Umweltinformationsrichtlinie 90/313/EWG.
250 S. Begriffsdefinition in § 2 Nr. 1 IFG.
251 Vgl. BT-Drs. 15/4493, 9.
252 VG Berlin 21.3.2016 – 22 K 136.14, Rn. 38; *Schoch* NVwZ 2017, 97 (100).

Kap. 1.2. Nationale Aufsichtsstruktur und Aufgaben der Aufsicht

Eine nicht verkörperte Information kann nicht Gegenstand eines IFG-Anspruchs sein.[253] Allgemeine Anfragen, die sichtlich keinen Aktenbezug aufweisen, sind nicht nach dem IFG zu beantworten, ebenso nicht Fragen nach nicht aktenkundigen Rechtsauffassungen, vgl. § 14 Abs. 3 S. 3 der Gemeinsamen Geschäftsordnung der Bundesministerien (GGO)..[254]
In diesen Fällen scheidet die Einsicht oder Herausgabe mangels Vorliegens einer amtlichen Information iSd § 2 Nr. 1 IFG aus.

Tauglicher Gegenstand des Anspruchs ist auch eine solche Information, die (zB aus Gründen des Datenschutzes) längst hätte gelöscht werden müssen (etwa durch Vernichtung der Aufzeichnung).[255] Unerheblich ist grundsätzlich die **Herkunft (dh der Urheber) einer amtlichen Information**. Die Amtlichkeit der Information verlangt nicht, dass der Bund ihr Urheber ist.[256] Die begehrte Information kann auch von anderen Behörden oder Dritten erlangt sein. Maßgeblicher Zeitpunkt für das Vorhandensein der Information ist der Eingang des Antrags auf Informationszugang bei der informationspflichtigen aktenführenden Behörde.[257]

Eine **Informationsbeschaffungspflicht** hat die Behörde grundsätzlich nicht.[258] Eine Ausnahme ist in den Fällen des § 1 Abs. 1 S. 3 IFG anerkannt, soweit sich eine Behörde einer natürlichen Person oder einer juristischen Person des Privatrechts zur Erfüllung ihrer öffentlich-rechtlichen Aufgaben bedient.[259] Die Behörde ist nicht verpflichtet, die **inhaltliche Richtigkeit der Information** zu prüfen. (§ 7 Abs. 3 IFG). Das IFG verpflichtet auch nicht, (wenig verständliche) Akten (die nur das Nötigste enthalten) aufzubereiten oder gar zu kommentieren.[260] Es gibt keinen Anspruch auf die Erstellung einer rechtlichen Bewertung bestimmter Sachverhalte. Unter Umständen muss die Behörde die in ihrem Bestand dezentral vorhandenen Informationen erst sammeln und zusammenstellen oder in anderer Weise bearbeiten.[261] Anträge allerdings, aufgrund derer auf Seiten der Behörde erst eine Rechtsanwendung oder die Klärung einer Rechtsfrage durchgeführt werden muss, damit die begehrte Informationen bestimmt werden kann, richten sich nicht mehr auf eine bei einer Behörde vorhandene Information.[262]

Das IFG gewährt kein Recht auf freien und unbeaufsichtigten Aktenzugang. 145
Aus § 1 Abs. 2 S. 2 IFG, wonach grundsätzlich der Antragsteller die Art des Informationszugangs bestimmt, folgt nicht, dass die **Einsichtnahme in Origi-**

---

253 VG Köln 25.2.2016 – 13 K 3138/15 (zum „Anraten" für ein bestimmtes Verhalten).
254 Gemeinsame Geschäftsordnung der Bundesministerien (GGO) vom 26.7.2000 (GMBl. S. 526) zul. geänd. durch Beschl. vom 17.8.2011 (GMBl. S. 576); s. Anwendungshinweise des BMI zum Informationsfreiheitsgesetz GMBl. 2005, S. 1346 (1347).
255 HessVGH 30.7.2015 – 6 A 1998/13, Rn. 29.
256 *Schoch* IFG § 1 Rn. 32.
257 BVerwG 17.3.2016 – 7 C 2.15, BVerwGE 154, 231, 3. Ls.
258 Vgl. BVerfG 20.6.2017 – 1 BvR 1978/13, NVwZ 2017, 1618; BVerwG 27.5.2013 – 7 B 43.12, NJW 2013, 2538, Rn. 11; OVG Bln-Bbg 2.10.2007 – OVG 12 B 9.07, Rn. 37 zur Problematik der Wiederbeschaffungspflicht; s. auch VG Berlin 20.11.2008 – 2 A 57/06, Rn. 18; *Schoch* IFG § 1 Rn. 36 ff.
259 Vgl. *Schoch* IFG § 1 Rn. 38.
260 *Schmitz/Jastrow* NVwZ 2005, 984 (989).
261 Vgl. HessVGH 28.2.2019 – 6 A 1805/16; VG Frankfurt aM 23.1.2008 – 7 E 1487/07 (3).
262 VG Frankfurt aM 23.1.2008 – 7 E 1487/07 (3).

nalakten bei der Behörde der Regelfall ist. Vielmehr werden regelmäßig Abschriften versandt oder bei der Behörde zur Einsichtnahme bereitgestellt. Die Beachtung der Ausnahmegründe nach den §§ 3–6 IFG wäre bei freier Akteneinsicht nur schwer zu gewährleisten; dies ist ein wichtiger Grund nach § 1 Abs. 2 S. 2 IFG. So sind bspw. Schwärzungen personenbezogener Daten nicht in der Originalakte möglich, sondern nur auf Kopien.[263]

146 Das IFG gibt dem Einzelnen einen Anspruch auf Zugang zu solchen Informationen, über die die Behörde aufgrund entsprechender **Verfügungsbefugnis** disponieren kann.[264] Die Verfügungsbefugnis kann der BaFin trotz Vorhandenseins entsprechender Informationen fehlen (vgl. § 7 Abs. 1 IFG). Eine Behörde ist grundsätzlich über alle selbst erhobenen Informationen verfügungsbefugt. Darunter fallen alle iRd Aufsichtstätigkeit der BaFin erlangten Informationen. Hierzu zählen etwa auch die in den **Sonderprüfungsberichten der Bundesbank** enthaltenen Informationen, wenn die Prüfungen im Auftrag der BaFin durchgeführt worden sind. Gleiches gilt gemäß § 7 Abs. 1 S. 2 IFG für die in den **Sonderprüfungsberichten von Wirtschaftsprüfern** enthaltenen Informationen. Voraussetzung einer Zurechnung der Informationserhebung durch private Dritte ist, dass sich die BaFin der Dritten zur Erfüllung ihrer öffentlich-rechtlichen Aufgaben bedient. In der Regel erlaubt eine spezialgesetzliche Befugnisnorm den Einsatz Dritter (zB § 44 KWG). Sobald die Information dauerhaft der BaFin zugänglich gemacht wird und die BaFin über diese Informationen kraft Gesetzes oder (stillschweigender) Vereinbarung ein eigenes Verfügungsrecht erhält, ist die Urheberschaft nicht ausschlaggebend.[265] Die Übertragung der Verfügungsbefugnis kraft Gesetzes folgt etwa aus § 7 Abs. 5 S. 4 und 5 BörsG. Danach hat die Handelsüberwachungsstelle der BaFin unverzüglich über alle Tatsachen zu unterrichten, die diese für die Erfüllung ihrer Aufgaben benötigt. Das gilt insbesonders für Tatsachen in Bezug auf Verstöße gegen das Verbot von Insidergeschäften und das Verbot der Kurs- und Marktpreismanipulation. Sind mehrere Behörden beteiligt, steht grundsätzlich der federführenden Behörde die Verfügungsbefugnis zu.

Grundsätzlich ist davon auszugehen, dass die Verfügungsbefugnis über Stellungnahmen von Unternehmen und Verbänden im Rahmen von **Konsultationsverfahren** auf die BaFin übergeht. Bittet ein Unternehmen/Verband die BaFin allerdings, seine Stellungnahme vertraulich zu behandeln, kann hierin eine Einschränkung der Verfügungsbefugnis gesehen werden. Ob es sich hierbei um eine zulässige Einschränkung der Verfügungsbefugnis der BaFin handelt, kann letztlich dahinstehen. Der Informationszugang ist in diesen Fällen jedenfalls durch § 3 Nr. 4 IFG iVm der aufsichtsrechtlich geregelten Verschwiegenheitspflicht bzw. durch § 6 IFG sowie durch § 3 Nr. 7 IFG und gegebenenfalls auch durch § 4 IFG ausgeschlossen.

---

263 Vgl. Anwendungshinweise des BMI zum Informationsfreiheitsgesetz GMBl. 2005, S. 1346 (1347).
264 Vgl. VG Berlin 20.11.2008 – 2 A 57/06, Rn. 18.
265 Vgl. BT-Drs. 15/4493, 14; vgl. LSG Ba-Wü 12.11.2010 – L 5 KR 1815/10 B.

f) Anspruchsvoraussetzungen und Informationsinteresse

Der Anspruch auf Informationszugang nach § 1 Abs. 1 IFG besteht **grundsätzlich voraussetzungslos**.[266] Der Antragsteller muss weder ein rechtliches noch ein berechtigtes oder ein sonstiges Interesse an der begehrten Information geltend machen.[267] Ist der Antrag auf Daten Dritter bezogen (personenbezogene Daten, geistiges Eigentum, Betriebs- und Geschäftsgeheimnisse),[268] ist jedoch eine Begründung erforderlich (§ 7 Abs. 1 S. 3 IFG). Der Sache nach muss der Antragsteller dann sein rechtliches Interesse oder wenigstens sein berechtigtes Interesse darlegen, um den geltend gemachten Anspruch auf Informationszugang verwirklichen zu können (soweit nicht überwiegend gegenläufige Interessen entgegenstehen).[269] Sobald eine **Drittbetroffenheit** vorliegt, gibt die Behörde dem Dritten die Gelegenheit, innerhalb eines Monats schriftlich Stellung zu nehmen (§ 8 Abs. 1 IFG), wenn davon ausgegangen werden muss, dass ein schutzwürdiges Interesse am Ausschluss des Informationszuganges besteht. Dies ist idR jedenfalls immer dann der Fall, wenn die Behörde beabsichtigt, dem Informationsantrag zu entsprechen. Durch die Begründung des Antrags soll dem Dritten die Entscheidung erleichtert werden, ob er iRd Verfahrens nach § 8 IFG seine Zustimmung zur Weitergabe der Informationen erteilt. Das **Begründungserfordernis** dient auch dazu, der Behörde die Abwägung zwischen Informationszugangsinteresse und Geheimhaltungsinteresse zu erleichtern.[270]

§ 7 Abs. 1 S. 3 IFG beschränkt das Begründungserfordernis auf Sachverhalte, die sich nach § 5 Abs. 1 und 2 oder § 6 IFG beurteilen. Darüber hinaus dürften aber auch alle Sachverhalte erfasst sein, die gemäß § 3 Nr. 4 Alt. 1 IFG in Verbindung mit der aufsichtsrechtlich geregelten Verschwiegenheitspflicht (§ 9 KWG etc) der Geheimhaltung unterliegen, da sich der Anwendungsbereich dieser Vorschriften sowohl mit dem des § 5 Abs. 1 und 2 IFG als auch mit dem des § 6 IFG überschneidet.

Eine **fehlende oder unzureichende Begründung** des IFG-Antrags löst im Regelfall die behördliche Beratung nach § 25 Abs. 1 VwVfG aus.[271]

Nach der Gesetzesbegründung soll das IFG im Wesentlichen die demokratischen Beteiligungsrechte der Bürgerinnen und Bürger im Interesse einer konsensorientierten Kooperation mit staatlichen Behörden, der Stärkung der Akzeptanz staatlichen Handelns, der Verbesserung der Verwaltungskontrolle und der effektiven Korruptionsbekämpfung verbessern.[272] Demgegenüber soll der Anspruch auf Informationszugang gerade keine Möglichkeit eröffnen, Konkurrenten auszuspähen und sich damit einen Wettbewerbsvorsprung zu verschaffen.[273] Gleichwohl soll der Informationszugangsanspruch nach § 1 IFG nach mittlerweile gefestigter Rspr.[274] auch demjenigen zustehen, der den Zugang zu dem Zweck anstrebt, diese Informationen zur **Vorbereitung einer zivilrechtli-**

---

266 Vgl. *Nolte* jurisPR-BVerwG 6/2015 Anm. 2.
267 Vgl. HessVGH 29.11.2013 – 6 A 1293/13; HessVGH 2.3.2010 – 6 A 1648/08.
268 *Schoch* IFG § 1 Rn. 22.
269 Vgl. *Schoch* IFG § 1 Rn. 22.
270 *Schoch* IFG § 1 Rn. 22 mwN.
271 *Schoch* NVwZ 2019, 257 (258).
272 Vgl. BT-Drs. 15/4493, 6.
273 Vgl. die Begr. zu § 3 Nr. 1 d IFG, BT-Drs. 15/4493, 9 f.
274 Vgl. HessVGH 2.3.2010 – 6 A 1684/08, NVwZ 2010, 1036 (1038); VG Frankfurt aM 28.1.2009 – 7 K 4037/07.F; VG Frankfurt aM 11.11.2008 – 7 E 1675/07,

chen Schadensersatzklage bzw. zur Untermauerung zivilrechtlicher Ansprüche (bspw. Anlegerrechte) gegen einen Dritten oder gegen die informationspflichtige Behörde selbst zu verwenden. Der Anspruch aus § 1 Abs. 1 IFG ist nach dem Wortlaut der Norm nicht davon abhängig, dass die von dem Antragsteller verfolgten Absichten mit der grundlegenden Zielrichtung des Gesetzgebers übereinstimmen.

g) Antragserfordernis (§ 7 IFG), Entscheidung über den Informationszugang und Kosten (§ 10 IFG)

148 Es handelt sich um ein **Antragsverfahren**, dh der Informationszugang wird nur auf Antrag gewährt (§ 7 Abs. 1 IFG).[275] Der **Antrag** ist an die Stelle zu richten, die über die begehrte Information verfügt. Natürliche Personen oder juristische Personen des Privatrechts, derer sich eine Behörde zur Erfüllung ihrer öffentlich-rechtlichen Aufgaben bedient, sind zB **Verwaltungshelfer**. Ihre Tätigkeit wird der auftraggebenden Behörde zugerechnet; der Antrag muss daher an diese Behörde gerichtet werden.[276] Der Antrag bedarf wegen der Nichtförmlichkeit des Verwaltungsverfahrens **keiner Form** und kann schriftlich/elektronisch, mündlich (auch telefonisch) oder durch schlüssiges Handeln gestellt werden.[277] Um die **Identität des Antragstellers** festzustellen, kann die Behörde aber eine schriftliche/elektronische Antragstellung verlangen.[278] Der Antrag muss in deutscher Sprache abgefasst sein (§ 23 Abs. 1 VwVfG).[279] Er muss erkennen lassen, zu welchen Informationen der Zugang gewünscht wird.[280] Mit dem Antrag müssen sich die Art, der Umfang und das Ziel der begehrten Information bestimmen lassen. Anträge, aufgrund derer auf Seiten der Behörde erst eine Rechtsanwendung oder die Klärung einer Rechtsfrage durchgeführt werden muss, damit die begehrte Information bestimmt werden kann, richten sich nicht mehr auf bei einer Behörde vorhandene Informationen.[281] Vom Antragsteller kann jedoch nicht verlangt werden, dass er im Einzelnen darlegt, in welche bestimmten Dokumente er Einsicht nehmen möchte. Dem steht entgegen, dass einem Antragsteller regelmäßig der genaue Akteninhalt nicht bekannt sein wird und er daher auch keine Dokumente benennen kann, die Gegenstand der Akteneinsicht sein sollen.[282]

Anders als etwa im UIG, in dem § 4 Abs. 2 S. 4 die informationspflichtige Stelle dazu verpflichtet, den Informationssuchenden bei der Stellung und Präzisierung von Anträgen zu unterstützen – womit die Antragstellung erleichtert werden soll, wird die allgemeine Betreuungspflicht des § 25 VwVfG iRd IFG nicht

---

Rn. 20; VG Gelsenkirchen 21.3.2002 – 17 L 494/02 zum Landes-IFG; krit. VGH München 7.10.2008 – 5 BV 07.2162, Rn. 37 f.; *Scholz* BKR 2008, 485 ff.
275 Um eine allgemeine Bürgeranfrage handelt es sich bei einer Anfrage in Bezug auf Informationsbroschüren oder Fachgesetze.
276 BfDI–Info 2, 15.
277 BT-Drs. 15/4493, 14.
278 Vgl. BfDI–Info 2, 16; *Schoch* NVwZ 2019, 257 (259).
279 *Schoch* NVwZ 2019, 257.
280 Vgl. Stelkens/Bonk/Sachs/*Kallerhoff/Mayen* § 29 Rn. 20 h zur Wahrnehmung allgemeiner Informationsansprüche.
281 Vgl. VG Frankfurt aM 23.1.2008 – 7 E 1487/07, NVwZ 2008, 1389.
282 Vgl. BGH 14.7.2015 – KVR 55/14, NJW 2015, 3648 (3650) zum ungeschriebenen Anspruch auf ermessensfehlerfreie Entscheidung über die Gewährung von Akteneinsicht.

durch eine entsprechende spezifische Hinweispflicht der Behörde konkretisiert.[283]

Entsprechend dem allgemeinen Missbrauchsverbot können **querulatorische bzw. missbräuchliche Anträge** wegen Unzulässigkeit zurückgewiesen werden.[284] In diesem Sinne entschied das Verwaltungsgericht Frankfurt aM, dass der Geltendmachung eines voraussetzungslosen Informationszugangsanspruchs nach dem IFG der Einwand der unzulässigen Rechtsausübung bzw. des Rechtsmissbrauchs entgegenstehen kann.[285] Dies sei dann der Fall, wenn der Verfolgung des Rechtsanspruchs offensichtlich keinerlei nachvollziehbare Motive zugrunde liegen, sondern zB die Behörde oder einen Drittbetroffenen nur schikanieren, belästigen oder einem anderen Schaden zufügen soll. Als Unterfall hiervon fungiert ein Geschäftsmodell, das auf die massenhafte Stellung identischer IFG-Anträge ohne jeden individuellen Bezug ausgerichtet ist und nur dem Interesse des Verfahrensbevollmächtigten dient, im Verwaltungsverfahren (sowie in einem anschließenden Gerichtsverfahren) Anwaltsgebühren zu generieren.[286] Das OVG Bln-Bbg hat entschieden, dass der Grundsatz von **Treu und Glauben** auch im Informationsfreiheitsrecht gilt; eine unzulässige Rechtsausübung steht dem Anspruch auf Informationszugang entgegen. Dass ein Antrag seinem äußeren Bild und sachlichen Gehalt nach auf den Zugang bei der Behörde vorhandener Informationen zielt, schließe eine missbräuchliche Rechtsausübung nicht aus, wenn sich für einen objektiven Betrachter aus weiteren Umständen die sichere Erkenntnis gewinnen lässt, dass es dem Antragsteller nicht um den Erkenntnisgewinn durch Offenlegung der Informationen geht, sondern er tatsächlich andere, von der Rechtsordnung missbilligte Ziele verfolgt und den Informationsfreiheitsanspruch lediglich als Vorwand dafür benutzt.[287]

Soweit der Anspruch besteht, sollen die begehrten Informationen gemäß §§ 9 Abs. 1 iVm 7 Abs. 5 IFG **innerhalb eines Monats** zugänglich gemacht werden (sog Soll-Frist). Im Verfahren mit Drittbeteiligung gilt die Monatsfrist nicht („§ 8 bleibt unberührt", § 7 Abs. 5 S. 3 IFG). Bei einem umfangreichen Informationsgesuch ist die Frist verlängerbar, was idR durch eine Zwischennachricht der BaFin angezeigt wird.

Der Anspruch kann in Form von Auskunftserteilung, Akteneinsicht oder in sonstiger Weise gewährt werden, zB durch Übersendung von Kopien oder Datenträgern. Ausschlaggebend für die Art der Informationsgewährung ist zunächst das Begehren des Antragstellers. Davon kann nur aus wichtigem Grund abgesehen werden, etwa bei einem deutlich erhöhten Verwaltungsaufwand, § 1 Abs. 2 S. 3 IFG. Dies ist zB dann der Fall, wenn der Antragsteller Akteneinsicht beantragt hat, damit aber nur eine bestimmte Information begehrt. Dann kann die BaFin die begehrte Akteneinsicht durch die konkrete Auskunftserteilung ersetzen.

---

283 Vgl. BT-Drs. 15/3406, 16 zu § 4 UIG.
284 Vgl. OVG Bln-Bbg 22.2.2018 – OVG 12 B 16.17, Rn. 39 f.
285 VG Frankfurt aM 10.11.2015 – 7 K 2707/15.F; VG Frankfurt aM 2.9.2015 – 7 K 1116/15.F.
286 *Schoch* NVwZ 2019, 257(258).
287 Vgl. OVG Bln-Bbg 12.7.2018 – OVG 12 B 8.17, Rn. 29ff.

Die **Erhebung der Kosten** bei Anträgen nach dem IFG richtet sich grundsätzlich nach § 10 IFG und der Informationsgebührenverordnung (IFGGebV). Die Bestimmung der Gebührenhöhe erfolgt grundsätzlich nach dem Verwaltungsaufwand.[288] Nach § 10 Abs. 2 IFG sollen die Gebühren so bemessen sein, dass das Recht auf Informationszugang auch wirksam ausgeübt werden kann.[289] Für einfache Auskünfte fallen keine Gebühren an (§ 10 Abs. 1 S. 2 IFG).

Die Erhebung von Auslagen ist unzulässig, da die betreffenden Teile der IFG-GebV mangels gesetzlicher Grundlage unwirksam sind.[290]

h) Gesetzliche Schranken des Informationszugangsrechts

149 Der Anspruch auf Zugang zu amtlichen Informationen ist nicht grenzenlos. Er besteht gemäß § 1 Abs. 1 S. 1 IFG nur „nach Maßgabe dieses Gesetzes". Der im konkreten Fall geltend gemachte Anspruch kann zum Schutz öffentlicher Belange und privater Drittinteressen beschränkt oder verwehrt sein.[291] Das Gesetz schließt zB in § 3 IFG den Informationszugangsanspruch aus, wenn bestimmte öffentliche Belange durch das Bekanntwerden der Information nachteilig beeinträchtigt werden. Die **Ausnahmetatbestände des § 3 IFG** sind nach der Gesetzesbegründung grundsätzlich eng auszulegen.[292] Liegen die Tatbestandsvoraussetzungen vor, ist der Informationszugangsanspruch zwingend ausgeschlossen. Es handelt sich um einen absoluten Ausschlussgrund. Eine Abwägung auf Rechtsfolgenseite mit den Interessen des Antragstellers findet anders als zB im UIG nicht statt.

Die nachfolgend dargestellten Ausnahmetatbestände stellen kapitalmarktrechtlich relevante Regelungen im Zusammenhang mit IFG-Anträgen bei der BaFin dar.

aa) § 3 Nr. 4 IFG iVm den fachgesetzlichen Verschwiegenheitspflichten, zB § 21 WpHG

150 Für die BaFin hat der Ausnahmetatbestand des § 3 Nr. 4 IFG besondere Bedeutung erlangt.[293] Danach ist der grundsätzlich bestehende Anspruch auf Informationszugang (ausnahmsweise) ausgeschlossen, wenn die begehrte Information einer durch Rechtsvorschrift geregelten **Geheimhaltungs- oder Vertraulichkeitspflicht** oder einem besonderen Amtsgeheimnis unterliegt. Da ein besonderes Amtsgeheimnis verlangt wird, ist die allgemeine Pflicht zur Amtsverschwiegenheit (§ 67 BBG) nicht ausreichend. Der Begriff „Rechtsvorschrift" in § 3 Nr. 4 IFG umfasst nicht nur Gesetze im formellen Sinne (Parlamentsgesetze), sondern umfasst auch untergesetzliches Recht.[294] Allerdings muss sich eine Rechtsverordnung oder eine Satzung, die die Vertraulichkeit von Informationen anordnet, auf eine förmliche Ermächtigungsnorm zurückführen lassen, ggf. auch nur in einer allgemeinen und umfassenden Form, die aber im konkreten Regelungszusammenhang den Erlass von Normen zur Sicherung eines

---

288 Vgl. BT-Drs. 15/4493, 16.
289 VG Berlin 8.11.2007 – VG 2 A 15.07.
290 BVerwG 20.10.2016 – 7 C 6.15, NVwZ 2017, 485 (2. Ls.).
291 Vgl. *Schoch* IFG § 1 Rn. 29.
292 Vgl. BT-Drs. 15/4493, 9; VG Frankfurt aM 23.1.2008 – 7 E 3280/06.
293 Dazu *Schoch* NVwZ 2017, 97 (102); *Gurlit* NZG 2014, 1161; *Berger/Schirmer* DVBl 2015, 608; *Riegler*, S. 14 ff.
294 BVerwG 28.7.2016 – 7 C 3.15, ZD 2017, 92 (93).

materiellen Geheimnisschutzes umfasst.[295] Das ist für § 6 Abs. 1 S. 2 BaFin-Satzung (Anlage zu § 1 VO über die Satzung der BaFin) unter Rückgriff auf § 5 Abs. 3 S. 3 Nr. 2 FinDAG bejaht worden.[296] Nach dem Willen des Gesetzgebers ist § 3 Nr. 4 IFG in der Weise zu verstehen, dass der **Geheimschutz** im direkten Zusammenhang mit dem betreffenden Geheimnis erfolgen soll, also durch die entsprechenden materiellrechtlichen Vorschriften in den jeweiligen Spezialgesetzen selbst.[297] Das BVerwG[298] hat die Verschwiegenheitspflichten der BaFin unter Hinweis auf die beispielhafte Aufzählung von Geheimhaltungsvorschriften in der Gesetzesbegründung[299] als spezialgesetzliche Geheimhaltungsvorschriften iSv § 3 Nr. 4 IFG nach gefestigter Rspr.[300] ausdrücklich anerkannt. Das VG Frankfurt aM hat in mittlerweile stRspr in Verfahren mit Beteiligung der BaFin ausgeführt, dass die **bereichsspezifischen Verschwiegenheitspflichten** mit dem IFG **nicht außer Kraft** gesetzt worden seien. Vielmehr setze der Gesetzgeber diese Vorschriften als gegeben voraus.[301] Sie gelten absolut und sind einer Relativierung nicht zugänglich.[302] Daher sind Informationen, die den vorgenannten Verschwiegenheitspflichten unterfallen, auch nicht über das IFG erlangbar. Im Jahr 2014 entschied der EuGH in der Rs. Altmann, dass die nationalen Regelungen wie § 8 WpHG aF und § 9 KWG zur Umsetzung der zugrunde liegenden Richtlinie (im speziellen Fall Art. 54 der RL 2004/39/EG – MiFID), einer Offenlegung der bei der BaFin vorhandenen Informationen aus der Aufsichtstätigkeit entgegenstehen, da die vorgenannten Normen eine umfassende Geheimhaltung gebieten.[303] Danach schützen die Vorschriften nicht nur das Geheimhaltungsinteresse von den der Aufsicht unterliegenden Unternehmen, sondern auch das Interesse der für die Überwachung zuständigen Behörden daran, dass die vertraulichen Informationen grundsätzlich vertraulich bleiben (s. Rdnr. 117 und 138).[304] Ausnahmen davon ergeben sich lediglich iRd in der Richtlinie aufgezählten Fälle. Daher komme es auch nicht darauf an, ob das betroffene Unternehmen noch operativ tätig ist oder sich in Liquidation befindet und auch nicht darauf, ob die Geschäfte des Instituts systematisch betrügerisch waren und die Verantwortlichen dafür strafrechtlich zur Rechenschaft gezogen worden sind. Angesichts dieser Rspr. des EuGH werden insbesondere § 8 WpHG aF und § 9 KWG auch vom HessVGH europarechts- und richtlinienkonform weiter als bis dato angenommen ausgelegt (s. Rn. 138).[305] Ob dem (noch) gefolgt werden kann, stellt der Hess-

---

295 OVG Bln-Bbg 21.4.2015 – OVG 12 N 88/13, Rn. 6.
296 Vgl. OVG Bln-Bbg 28.1.2015 – OVG 12 B 2/13, ZD 2016, 48 (Ls.); bestätigt durch BVerwG 28.7.2016 – 7 C 3.15, ZD 2017, 92 (94); vgl. *Schoch* NVwZ 2017, 97 (102).
297 BT-Drs. 15/4493, 11.
298 BVerwG 24.5.2011 – 7 C 6.10, NVwZ 2011, 1012 (1013).
299 BT-Drs. 15/4493, 11.
300 BVerwG 24.5.2011 – 7 C 6.10, NVwZ 2011, 1012 (1013); BVerwG 27.11.2014 – 7 C 18.12, NVwZ 2015, 823 (827).
301 Vgl. auch BVerwG 29.10.2009 – 7 C 22.08, NVwZ 2010, 321 (324) – CIA-Flüge.
302 VG Frankfurt aM 23.1.2008 – 7 E 3280/06; 19.3.2008 – 7 E 4067/06; ebenso HessVGH 30.4.2010 – 6 A 1341/09.
303 Vgl. EuGH 12.11.2014 – C-140/13 – Altmann; HessVGH 11.3.2015 – 6 A 1071/13; VG Frankfurt aM 22.4.2015 – 7 K 4127/12.F.
304 Vgl. EuGH 12.11.2014 – C-140/13 – Altmann, Rn. 31; EuGH 19.6.2018 – C-15/16 – Baumeister, Rn. 31ff.
305 HessVGH 11.3.2015 – 6 A 1071/13.

VGH jedoch angesichts des Urteils des EuGH vom 19.6.2018 in der Rs. Baumeister[306] bereits in Frage.[307] Ungeachtet dessen wird der Zugang zu Informationen über beaufsichtigte Unternehmen von der BaFin aufgrund ihrer Verschwiegenheitspflichten auch künftig regelmäßig abzulehnen oder nur auszugsweise zu gewähren sein.[308]

Es ist iÜ zu beachten, dass generell die Darlegung der Ausnahmegründe durch die BaFin stets nur so konkret erfolgen darf und muss, dass nicht durch eben diese Konkretisierung die zu schützende Information offengelegt wird.[309]

bb) Schutz laufender strafrechtlicher Verfahren, § 3 Nr. 1 g IFG

151 IFG-Anträge beziehen sich auch auf Akten der BaFin, die ggf. Ausgangspunkt von laufenden strafrechtlichen Ermittlungen sind. Hierzu zählen typischerweise Akten aus dem Bereich der **Insiderverfolgung** des Verbots der Marktmanipulation. Nach § 3 Nr. 1 g IFG ist der Antrag auf Informationszugang abzulehnen, wenn das Bekanntwerden der Information nachteilige Auswirkungen (unter anderem) auf die **Durchführung laufender Gerichtsverfahren oder strafrechtliche Ermittlungen** haben kann. Die Vorschrift dient dem Schutz des Gesetzesvollzugs und dem Schutz der Rechtspflege gegen Beeinträchtigungen durch das Bekanntwerden verfahrensrelevanter Informationen[310]

Nachteilige Auswirkungen auf die Durchführung strafrechtlicher Ermittlungen sind nach der Rspr. des BVerwG gegeben, wenn aufgrund einer auf konkreten Tatsachen beruhenden prognostischen Bewertung mit hinreichender Wahrscheinlichkeit zu erwarten ist, dass das Bekanntwerden der Information den Untersuchungszweck, dh die Sachverhaltsaufklärung und Wahrheitsfindung, beeinträchtigt.[311] Dies soll bspw. dann der Fall sein, wenn durch die Gewährung des begehrten Informationszugangs oder auch nur das Zugänglichmachen einzelner Informationen das Ermittlungsverfahren gestört und hierdurch die Ermittlungsergebnisse beeinträchtigt und das objektive Ergebnis – etwa durch eine Beweisvereitelung – verfälscht werden könnte.[312] Dürfte zB ein Angeklagter über das IFG Informationen erlangen, die ihm nach Strafprozessrecht nicht zugänglich sind, könnte der Erfolg des strafrechtlichen Verfahrens bedroht sein,[313] weil die erlangten Informationen dazu genutzt werden könnten, nachteilig auf das Ermittlungsverfahren einzuwirken, indem dieses Wissen zur Verdunkelung oder zur Beeinflussung von Zeugen genutzt oder das eigene Aussageverhalten darauf eingestellt wird. Eine nachteilige Auswirkung kann auch anzunehmen sein, wenn die Gewährung des begehrten Informationszugangs zB zu einer merklichen Verfahrensverzögerung führen kann.[314]

---

306 EuGH 19.6.2018 – C-15/16 – Baumeister.
307 Vgl. HessVGH 28.2.2019 – 6 A 1805/16.
308 Vgl. *Herz* NJW 2018, 2601 (2602).
309 Vgl. VG Frankfurt aM 12.4.2008 – 7 E 5426/06, Rn. 59; *Berger/Partsch/Roth/Scheel* IFG § 7 Rn. 13; zur Darlegungslast vgl. BT-Drs. 15/4493, 6.
310 Vgl. BVerwG 9.11.2010 – 7 B 43.10, Rn. 12; HessVGH 21.3.2012 – 6 A 1150/10, Rn. 38; *Schoch* IFG § 3 Rn. 119.
311 Vgl. BVerwG 27.11.2014 – 7 C 18.12, NVwZ 2015, 823 (1. Ls.).
312 Vgl. VG Frankfurt aM 26.3.2010 – 7 K 243/09.F, Rn. 34; *Schoch* IFG § 3 Rn. 141.
313 Vgl. *Schoch* IFG § 3 Rn. 119 mN.
314 Vgl. *Schoch* IFG § 3 Rn. 141 mN.

§ 3 Nr. 1 g IFG gilt für die der Ausgangsbehörde vorliegenden Akten, während für die **Akten bei Gericht oder der Staatsanwaltschaft** deren spezialgesetzliche Vorschriften auf Informationszugang Anwendung finden.[315] Für die Beurteilung, ob und inwieweit das Bekanntwerden der angefragten Informationen sich negativ auf das Ermittlungsverfahren auswirken kann, ist die Verwaltungsbehörde in erster Linie auf die fachliche Einschätzung der Ermittlungsbehörde angewiesen („**Zusammenwirken mit der Staatsanwaltschaft**").[316] Die Anforderungen an die Darlegung des Ausschlussgrundes sind herabgesetzt, soweit sich die Behörde bei Akten, die wegen ihres thematischen Bezugs zum Untersuchungsgegenstand bereits in die staatsanwaltschaftlichen Ermittlungen einbezogen worden sind, auf eine Vermutungswirkung berufen kann.[317] Nach der Rspr. des BVerwG kann bei Vorgängen, die eine **typisierende Betrachtungsweise** erlauben, zur Plausibilisierung auf allgemeine Erfahrungssätze zurückgegriffen werden.[318]

152

Im Übrigen trifft die aktenführende Behörde aber die volle **Darlegungslast** mit der Folge, dass sie näher begründen muss, warum die betreffenden Unterlagen für weitere Ermittlungen bedeutsam sein können und inwiefern die Bekanntgabe der in ihnen enthaltenen Informationen geeignet wäre, den Untersuchungszweck zu gefährden.[319]

Entscheidend für die Darlegung des Ausschlussgrundes ist der **Bezugspunkt der prognostizierten nachteiligen Auswirkungen**; diese müssen sich auf die Durchführung eines Gerichts- bzw. Ermittlungsverfahrens bzw. auf den Anspruch auf ein faires Verfahren beziehen (und nicht etwa auf das Ergebnis des Verfahrens).[320]

Nach diesen Maßgaben hat die BaFin den Zugang zu bei ihr vorhandenen Unterlagen während eines strafrechtlichen Ermittlungsverfahrens zum Teil zu Unrecht verweigert, weil sie die Voraussetzungen des Ausschlussgrundes nicht konkret, bezogen auf die einzelnen Akten und Aktenbestandteile, darzulegen vermochte.[321]

§ 3 Nr. 1 g IFG setzt seinem eindeutigen Wortlaut nach ein **laufendes Verfahren** voraus.[322] Der Begriff des „Verfahrens" ist nach dem Schutzzweck der Vorschrift umfassend zu verstehen. Nach der Begründung zu § 3 Nr. 1 g IFG[323] gehören zu einem Disziplinarverfahren bspw. auch die dazu erforderlichen Ermittlungen; strafrechtliche Ermittlungen erfassen auch polizeiliche Ermittlungen. Geschützt sind damit auch Informationen über die im Rahmen eines Bußgeldverfahrens gewonnenen Ermittlungsergebnisse.

---

315 BT-Drs. 15/4493, 10.
316 Vgl. BVerwG 27.11.2014 – 7 C 18.12, NVwZ 2015, 823 (824); s. auch *Keller* jM 2016, 467; *Nolte* jurisPR-BVerwG 6/2015 Anm. 2.
317 BVerwG 27.11.2014 – 7 C 18.12, NVwZ 2015, 823 (2. Ls.).
318 BVerwG 15.11.2012 – 7 C 1.12, NVwZ 2013, 431.
319 Vgl. BVerwG 27.11.2014 – 7 C 18.12, NVwZ 2015, 823 (2. Ls.).
320 Vgl. *Schoch* IFG § 3 Rn. 140 mwN.
321 Vgl. BVerwG 27.11.2014 – 7 C 18.12, NVwZ 2015, 823; HessVGH 11.3.2015 – 6 A 1598/13, NVwZ 2015, 1302; *Schoch* NVwZ 2017, 97 (101); *Nolte* jurisPR-BVerwG 6/2015 Anm. 2.
322 Vgl. Berger/Partsch/*Roth*/Scheel IFG § 3 Rn. 77.
323 BT-Drs. 15/4493, 10.

153 Für die Verfolgung von **Ordnungswidrigkeiten** im Geschäftskreis der BaFin (Bußgeldverfahren) ist die BaFin die zuständige Verwaltungsbehörde (s. § 60 KWG, § 333 VAG, § 121 WpHG, § 35 Abs. 4 WpPG, § 61 WpÜG, § 30 Abs. 10 KAGB, § 53 Abs. 3 ZAG). In diesen Fällen bestimmt sich der Zeitpunkt des Beginns eines „Verfahrens" iSd § 3 Nr. 1 g IFG daher ausschließlich nach dem Zeitpunkt der Aufnahme der Ermittlungstätigkeit durch die BaFin. Gleiches gilt für die Aufnahme disziplinarrechtlicher Ermittlungen. Für strafrechtliche Ermittlungen ist dagegen ausschließlich die Staatsanwaltschaft zuständig. Oftmals bedient sich die Staatsanwaltschaft der Erkenntnisse der BaFin oder bittet diese, im Wege der Amtshilfe weitergehende Informationen einzuholen.[324] In vielen Fällen sind die Erkenntnisse der BaFin auch erst der Auslöser für ein staatsanwaltschaftliches Ermittlungsverfahren. Strafrechtliche Ermittlungen beziehen daher meist die Tätigkeit der BaFin ein. Die Beteiligung der BaFin ist demnach für die Bestimmung des Beginns bzw. Vorliegens eines „Verfahrens" iSd § 3 Nr. 1 g IFG stets zu berücksichtigen.

Alle Informationen, die der Behörde im Vorfeld straf-, buß- oder disziplinarrechtlicher Ermittlungsverfahren bekannt werden und der Entscheidung darüber dienen sollen, ob ein Ermittlungsverfahren zu eröffnen ist, sind **zeitlich befristet** durch § 4 IFG (Schutz des behördlichen Entscheidungsprozesses) geschützt.

cc) Vertraulich erhobene und übermittelte Informationen, § 3 Nr. 7 IFG

154 Nach § 3 Nr. 7 IFG scheidet ein Anspruch auf Informationszugang aus, wenn die betreffende Information bei einem Dritten vertraulich erhoben oder von diesem Dritten übermittelt worden ist. Dies gilt jedoch nur insoweit, wie das Interesse des Dritten an einer vertraulichen Behandlung im Zeitpunkt des Antrages auf Informationszugang noch fortbesteht. Kommt die Behörde bei der Prüfung eines IFG-Antrages zu der Auffassung, dass das Interesse an einer vertraulichen Behandlung nachträglich entfallen ist, geht die Behörde dem durch Nachfrage beim Informationsgeber nach.[325] Nach der Rspr. ist zudem erforderlich, dass ein objektiv schutzwürdiges Geheimhaltungsinteresse besteht.[326]

§ 3 Nr. 7 IFG bezweckt im besonderen öffentlichen Interesse den **Schutz von Informations- und Hinweisgebern**,[327] indem freiwillig übermittelte Informationen geschützt werden. Eine etwaige Definition zur **Vertraulichkeit** fehlt in § 3 Nr. 7 IFG sowie in der Gesetzesbegründung. In Betracht kommen zB eine behördliche Zusicherung der Vertraulichkeit oder die Vereinbarung einer **Vertraulichkeitsabrede** zwischen der Behörde und dem Dritten. Eine solche Vertraulichkeitsabrede muss nicht anfänglich, ausdrücklich getroffen worden sein. Sie kann sich auch aus den objektiven Umständen des Einzelfalles ergeben.

155 In der Praxis bietet es sich an, gegenüber der BaFin das Geheimhaltungsinteresse bei der Informationsübermittlung darzulegen und konkret zu bezeichnen,

---

324 S. auch EuGH 13.9.2018 – C-358/16 – UBS Europe SE – zur Weitergabe behördlicher Informationen in Fällen, „die unter das Strafrecht fallen".
325 Vgl. BT-Drs. 15/4493, 12.
326 Vgl. BVerwG 30.3.2017 – 7 C 19.15, NVwZ 2017, 1621 (1624); OVG Bln-Bbg 28.6.2013 – OVG 12 B 9.12.
327 Vgl. BVerwG 30.3.2017 – 7 C 19.15, NVwZ 2017, 1621; BT-Drs. 15/4493, 11.

zB mit „vertraulich" zu kennzeichnen und zu begründen.[328] Eine automatische Bindungswirkung auf einseitiger Einschätzung durch den übermittelnden Dritten gibt es aber nicht.

Das BVerwG[329] hat sich erstmals 2017 in einem Urteil mit dem Versagungsgrund des § 3 Nr. 7 IFG befasst und geurteilt, dass die Regelung den **Schutz des Informanten im Interesse der behördlichen Aufgabenerfüllung** bezwecke. Der Dritte genieße nur insoweit Schutz vor Nachteilen, als die Behörde auf eine vertrauliche Informationsübermittlung angewiesen sei. Ein **objektiv schutzwürdiges Interesse an der Vertraulichkeit** einer Information liege vor, wenn bei ihrer Offenbarung dem Informanten Nachteile drohen und deshalb (zukünftig) die ordnungsgemäße Erfüllung der behördlichen Aufgabe, welche auf die vertrauliche Übermittlung von Informationen angewiesen sei, gefährdet ist. Beim Zugang zu Verwaltungsvorgängen, die im Zusammenhang mit dem Gesetzgebungsverfahren zur 6. Änderung des Filmförderungsgesetzes vom 31.7.2010 (6. FFG-Änderungsgesetz) stehen, berief sich der Beauftragte der Bundesregierung für Kultur und Medien (BKM) auf § 3 Nr. 7 IFG, weil die Unterlagen Stellungnahmen ua der öffentlich-rechtlichen Rundfunkanstalten zur Filmförderung (mit bestimmten unternehmensbezogenen Angaben) enthielten. Gerichtlich wurde erkannt, dass Unternehmen, Verbände etc, die sich inhaltlich zu einem Gesetzesprojekt positionierten, ihre **Lobbyarbeit** gegebenenfalls öffentlich zu vertreten hätten. Von Unternehmen und Verbänden werde generell angenommen, dass sie – auch durch Lobbyarbeit und Interessenvertretung – an öffentlichen Entscheidungsprozessen teilnehmen. Es sei im Allgemeinen weder ehrenrührig noch ihrer Geschäftstätigkeit sonstwie abträglich, falls dies im Nachhinein konkret bekannt werde.[330]

Im Übrigen greift der **Informantenschutz grundsätzlich unabhängig vom Wahrheitsgehalt** der Angaben. Die zuständige Behörde ist aus Gründen der effektiven Gefahrenabwehr verpflichtet, allen vom Ansatz her sachlich begründeten Hinweisen nachzugehen und muss daher die Vertraulichkeit von Angaben Dritter auch dann wahren dürfen, wenn sich die Hinweise nach Abschluss der Ermittlungen als unzutreffend erweisen sollten. Der Vertraulichkeitsschutz entfällt nur, wenn hinreichend aussagekräftige Anhaltspunkte dafür vorliegen, dass der Informant wider besseres Wissen oder leichtfertig falsche Angaben gemacht hat.[331]

Zum Schutz von Informationen, die die BaFin über das **Hinweisgeberverfahren nach § 4 d FinDAG** erhält,[332] bedarf es eines Rückgriffs auf § 3 Nr. 7 IFG

---

328 § 7 Abs. 3 des Hamburgischen Transparenzgesetzes enthält eine entspr. Verpflichtung von Unternehmen. Danach sind bei Angaben ggü. den Behörden (etwa Einreichung von Unterlagen) nicht nur Passagen mit „Betriebs- und Geschäftsgeheimnisse" zu kennzeichnen und getrennt vorzulegen. Zudem ist das jeweilige Geheimhaltungsinteresse ggü. der Behörde darzulegen; s. auch *Krüger* ZRP 2018, 79 (80).
329 BVerwG 30.3.2017 – 7 C 19.15, NVwZ 2017, 1621.
330 BVerwG 30.3.2017 – 7 C 19.15, NVwZ 2017, 1621 (1624); OVG NRW 2.6.2015 – 15 A 2062/12, Rn. 80, 85; *Schoch* NVwZ 2017, 97 (102).
331 BVerwG 1.12.2015 – 20 F 9.15, ZD 2016, 240 (241) zu § 99 Abs. 1 S. 2 VwGO mwN.
332 Die BaFin hat zu diesem Zweck ua eine Meldeplattform auf ihrer Internetseite errichtet („Hinweisgebersystem").

nicht. Nach § 4 d Abs. 5 FinDAG wird die Anwendung des IFG in diesen Fällen ausgeschlossen.

Das VG Frankfurt aM wies in der Vergangenheit auf den Ausschlussgrund des § 3 Nr. 7 IFG hin, wenn es um den Schutz unternehmensbezogener Informationen ging.[333] Informationen, die von der BaFin im Rahmen ihrer gesetzlich obliegenden Aufsichts- und Kontrollaufgaben erhoben oder die von den beaufsichtigten Instituten der BaFin aufgrund rechtlicher Verpflichtung oder freiwillig zur Verfügung gestellt werden, sollen nach der Rspr. des HessVGH jedoch idR nicht zu den der Vertraulichkeit unterliegenden Informationen iSv § 3 Nr. 7 IFG gehören. Die Vertraulichkeit dieser Informationen werde bereits durch das Fachrecht in § 9 Abs. 1 S. 1 KWG und § 8 Abs. 1 S. 1 WpHG aF (nunmehr § 21 Abs. 1 S. 1 WpHG), jeweils iVm § 3 Nr. 4 IFG gewährleistet. Einen weitergehenden Vertraulichkeitsschutz für diese Informationen werde in § 3 Nr. 7 IFG nicht vermittelt. Würde man diese Informationen generell dem durch die vorgenannte Vorschrift gewährleisteten Vertraulichkeitsschutz zuordnen, wäre der Zugang zu diesen Informationen nach den Vorschriften des Informationsgesetzes mit der Folge einer – faktischen – Bereichsausnahme weitgehend gesperrt.[334]

dd) Schutz der Aufsichtsaufgaben, § 3 Nr. 1 d IFG

156 Problematisch für den Geheimnisschutz sind die von den Gerichten gestellten Anforderungen an die Darlegungslast hinsichtlich § 3 Nr. 1 d IFG.[335] Nach § 3 Nr. 1 d IFG besteht ein Anspruch auf Information nicht, wenn das Bekanntwerden der Information nachteilige Auswirkungen auf Kontroll- oder Aufsichtsaufgaben der Finanz-, Wettbewerbs- und Regulierungsbehörden haben kann. Geschützt werden soll die ordnungsgemäße Erfüllung der jeweiligen **im öffentlichen Interesse liegenden Aufsichtsaufgaben** der Behörden. Deshalb sollen solche Informationen vom Zugang ausgenommen werden, die für die Wahrnehmung der Kontroll- und Aufsichtsaufgaben essenziell sind. Daneben bezweckt die Vorschrift aber auch den Schutz von sensiblen Informationen über Unternehmen oder Dritte.[336] Zudem wollte der Gesetzgeber mit dieser Norm verhindern, dass sich Konkurrenzunternehmen mithilfe des IFG gegenseitig auspähen und sich dadurch nicht beabsichtigte Wettbewerbsvorteile verschaffen.

Zu den unter die Norm fallenden Behörden gehört neben dem BMF auch die BaFin als eine dem BMF nachgeordnete Behörde.[337]

Die Aufsichtstätigkeit der BaFin hängt vor allem von einem ungestörten Informationsfluss zwischen ihr und den Marktteilnehmern sowie Dritten ab. Dies gilt sowohl für den Bereich der freiwilligen, dh der überobligatorisch übermittelten Informationen, als auch für solche Informationen, die die BaFin aufgrund gesetzlicher Bestimmungen erhält oder einfordert. Soweit die Marktteil-

---

333 VG Frankfurt aM 23.1.2008 – 7 E 3280/06, Rn. 77 und 12.3.2008 – 7 E 5426/06, Rn. 35; nunmehr geänderte Rspr. vgl. VG Frankfurt aM 18.5.2010 – 7 K 1645/09, Rn. 25 f.
334 HessVGH 24.3.2010 – 6 A 1832/09, Rn. 18.
335 Vgl. *Rudkowski*, S. 113; *Langer/Schmieszek* WM 2016, 1723 ff.
336 BT-Drs. 15/4493, 9.
337 Vgl. *Berger/Partsch/Roth/Scheel* § 3 Rn. 52; BVerwG 24.5.2011 – 7 C 6.10, NVwZ 2011, 1012.

nehmer befürchten müssen, dass ihre brisanten und marktsensiblen Informationen im Rahmen von IFG-Anträgen nicht mehr geschützt seien, wäre die vorbehaltlose Informationserlangung gestört und damit die Aufgabenerfüllung der BaFin gefährdet. Dies gilt in jedem Fall für die Übermittlung von freiwilligen Informationen, da die BaFin insoweit gar keine Handhabe hat, solche Informationen außer über Kooperation zu erhalten. Eine zwangsweise Durchsetzung der zB gesetzlichen Mitteilungspflichten ist mit erheblichen zeitlichen Verzögerungen verbunden und würde aufgrund der Schnelllebigkeit der Märkte eine effektive Aufsichtstätigkeit der BaFin erheblich beeinträchtigen (s. Rn. 111). In diesem Sinne hat die BaFin bislang in auf Informationszugang nach dem IFG gerichteten Klageverfahren vorgetragen. Sie ist damit bei den Gerichten jedoch nur teilweise durchgedrungen.

Das VG Frankfurt aM hat anerkannt, dass eine auf vertraulicher Basis gestaltete freiwillige Zusammenarbeit geeignet sei, die Aufsichtsaufgaben der BaFin zu erleichtern. Eine Ablehnung unter Bezugnahme auf § 3 Nr. 1 d IFG komme dann in Betracht, wenn und soweit die Freigabe der begehrten Informationen geeignet wäre, die BaFin konkret in den ihr gesetzlich übertragenen Aufsichts- oder Kontrollaufgaben einzuschränken. Die nachteilige Beeinträchtigung ihrer Funktionsfähigkeit habe die BaFin „einzelfallbezogen und hinreichend substantiiert vorzutragen". Der Verweis auf nicht von vornherein auszuschließende, abstrakt gegebene nachteilige Auswirkungen auf die Kontroll- und Aufsichtstätigkeit sei für die Verwehrung des begehrten Informationszuganges nicht ausreichend.[338] 157

Nach Auffassung des HessVGH[339] sei eine im Einzelfall belegbare **Gefährdung der Kontroll- und Aufsichtsaufgaben der BaFin** erforderlich. Erschwerungen der behördlichen Aufgabenerfüllung, die Infragestellung der Kooperationsbereitschaft der beaufsichtigten Marktteilnehmer und ein Vertrauensverlust würden aber nicht genügen, um den Tatbestand des § 3 Nr. 1 d IFG zu begründen. In diesem Sinne entscheidet bislang auch das BVerwG.[340] Der EuGH[341] hat demgegenüber ausgeführt, dass ein Fehlen des Vertrauens in die Geheimhaltung der an die BaFin übermittelten Informationen die weitere Übermittlung von vertraulichen Informationen, die zur Ausübung der Überwachungstätigkeit erforderlich sind, gefährden könnte. In diesem Sinne plädierte auch der Generalanwalt in der EuGH-Rs. Baumeister (s. Rn. 111). Ihm zufolge sei eine auf der Zusammenarbeit zwischen den beaufsichtigten Unternehmen und den Aufsichtsbehörden beruhende Informationsgewinnung gegenüber einer Informationssammlung in Ausübung übertragener Zwangsbefugnisse zu bevorzugen. Ohne ein entsprechendes vertrauenswahrendes Berufsgeheimnis würden die für die Finanzmarktaufsicht erforderlichen Informationen den zuständigen Behörden von den beaufsichtigten Unternehmen nur zögerlich und widerstre- 158

---

338 VG Frankfurt aM 23.1.2008 – 7 E 3280/06; 12.3.2008, 7 E 5426/06; so auch konkret für den Bereich der Wertpapieraufsicht BVerwG 24.5.2011 – 7 C 6.10, NVwZ 2011, 1012.
339 HessVGH 30.4.2010 – 6 A 1341/09; 24.8.2010 – 27 F 820/10; 11.10.2010 – 27 F 1081/10.
340 BVerwG 24.5.2011 – 7 C 6.10, NVwZ 2011, 1012; BVerwG 27.11.2014 – 7 C 18.12, NVwZ 2015, 823.
341 EuGH 12.11.2014 – C-140/13 – Altmann.

bend übermittelt.[342] Ob diese Einschätzungen Auswirkungen auf die Rspr. in Bezug auf die Darlegungsanforderungen von § 3 Nr. 1 d IFG haben werden, bleibt abzuwarten.

159 Die bisherige Rspr. zu § 3 Nr. 1 d IFG ist kritisch zu hinterfragen. Die Anforderungen an die Darlegung des Ausschlussgrundes § 3 Nr. 1 d IFG dürfen nicht überspannt werden.[343] Der konkrete Nachweis, dass die Herausgabe konkreter Informationen das Aufsichtsverhältnis negativ beeinflusst, ist de facto nicht zu erbringen, so dass mit der bisherigen Auslegung des § 3 Nr. 1 d IFG diese Ausnahmevorschrift und der Schutzzweck der Norm – der Schutz der Kontroll- und Aufsichtsaufgaben – faktisch leer läuft.[344] Mit Blick auf die einschneidenden Folgen für das Schutzgut bedarf die Vorschrift einer sachgerechten Interpretation. Auch wenn die Sensibilität bestimmter Informationen mitunter nicht ohne Weiteres auf der Hand liegt, kann ihre Weitergabe nämlich die Stabilität der Finanzmärkte beeinträchtigen. Anfallende Informationen, die *a priori* unbedeutend erscheinen mögen, können sich letztlich im besonderen Kontext des Funktionierens der Finanzmärkte für die auf diesem Markt agierenden und der Aufsicht unterstehenden Unternehmen als essenziell erweisen.[345] Wäre keine strikte Vertraulichkeit entsprechender Informationen gewährleistet, bestünde somit die Gefahr der Rechtsunsicherheit und der Schwächung des Systems der Finanzmarktaufsicht. Die Weitergabe der Informationen könnte das betreffende Unternehmen destabilisieren und zudem zu einem Verlust der Glaubwürdigkeit der Aufsichtsbehörden in den Augen der Akteure auf den Finanzmärkten führen, die diese Informationen übermitteln und den Aufsichtsbehörden dadurch die Erfüllung ihrer Aufgaben ermöglichen.[346]

160 Mit dem materiellrechtlich zutreffendem Urteil des VG Berlin[347] ist davon auszugehen, dass die bloße Möglichkeit einer Nachteilswirkung für den Ausschluss eines Anspruchs auf Informationszugang ausreicht. Wortlaut, Systematik und Gesetzesbegründung des § 3 Nr. 1 IFG sprechen gegen eine zu enge Auslegung der dort geregelten Ausschlussgründe. Dass sie als Ausnahmetatbestände nach den üblichen Auslegungsregeln eng zu verstehen sind, kann nicht bedeuten, dass für eine Behörde nur schwer zu überwindende materiell- oder verfahrensrechtliche Hürden bestehen, diesen vom Gesetzgeber gewollten Ausnahmen im Einzelfall auch Geltung zu verschaffen. Es überzeugt auch nicht, dass § 3 Nr. 1 d IFG nur solche möglichen nachteiligen Auswirkungen erfassen soll, die im durch das Auskunftsersuchen konkret aufgeworfenen Fall eintreten können. Weder aus dem Wortlaut noch aus der Gesetzesbegründung der Norm ergibt sich eine solche zusätzliche Einschränkung. Eine Auswirkung auf Aufsichtsaufgaben ist gerade deswegen „nachteilig", weil sie über den konkreten Fall hinausgeht bzw. als Nebeneffekt eintritt. Eine Differenzierung da-

---

342 Vgl. Schlussanträge des Generalanwalts *Bot* vom 12.12.2017 in der EuGH-Rs. Baumeister (C-15/16, Nr. 38).
343 S. hierzu auch *Rudkowski*, S. 113.
344 Vgl. *Langer/Schmieszek* WM 2016, 1723 (1725).
345 Vgl. Schlussanträge des Generalanwalts *Bot* vom 12.12.2017 in der EuGH-Rs. Baumeister – C-15/16, Nr. 51.
346 Vgl. Schlussanträge des Generalanwalts *Bot* vom 12.12.2017 in der EuGH-Rs. Baumeister – C-15/16, Nr. 52.
347 VG Berlin 3.12.2008 – 2 A 132.07 (nach Erledigung des Rechtsstreits für wirkungslos erklärt, OVG Bln-Bbg 5.10.2010 – OVG 12 B 5.09).

nach, ob eine nachteilige Auswirkung „abstrakt" oder „konkret" ist, wird den tatsächlichen Verhältnissen nicht gerecht.[348]

ee) Informationsausschluss bei öffentlich bekannten Informationen, § 9 Abs. 3 IFG

Nach § 9 Abs. 3 IFG kann eine Behörde den Informationszugang ablehnen, wenn der Antragsteller über die begehrten Informationen schon verfügt oder sich diese in zumutbarer Weise **aus allgemein zugänglichen Quellen beschaffen kann**. Die Vorschrift soll die Behörde entlasten.[349] Die Entscheidung über die Ablehnung steht im **Ermessen** der Behörde. Der Antragsteller verfügt bereits über die begehrten Informationen, wenn er sie zum Zeitpunkt der Antragstellung tatsächlich besitzt. Die bloße Möglichkeit ist nicht ausreichend. Zu den allgemein zugänglichen Quellen zählen zB das Internet, öffentliche Bibliotheken, behördliche Publikationen, frei zugängliche Datenbanken etc.[350] Unerheblich dürfte sein, ob die begehrte Information kostenlos erhältlich ist. Im Rahmen der Zumutbarkeit sind die individuellen Umstände des Antragstellers zu beachten, wie zB Behinderung, technische Ausstattung, Erreichbarkeit der Informationen etc.[351]

161

Von der Regelung sind bei Anfragen an die BaFin insbesondere die sog öffentlichen Kapitalmarktinformationen betroffen (zur Begrifflichkeit s. § 1 Abs. 2 KapMUG wie zB Ad-hoc-Mitteilungen). Des Weiteren kann die Herausgabe von Presseartikeln, wie Informationen aus den Jahresberichten der BaFin, veröffentlichte Prospekte, Handelsregisterauszüge, Jahresabschlüsse etc unter Hinweis auf § 9 Abs. 3 IFG abgelehnt werden.[352] Dies kann auch für den mit dem Antragsteller geführten Schriftwechsel gelten.

ff) Unverhältnismäßiger Verwaltungsaufwand, § 7 Abs. 2 IFG

Einen allgemeinen Ausschlusstatbestand des unverhältnismäßigen Verwaltungsaufwands bzw. der Beeinträchtigung der ordnungsgemäßen Aufgabenerfüllung enthält das IFG nicht.[353] § 7 Abs. 2 IFG enthält eine Regelung zum teilweisen Informationszugang („Teilanspruch") und keinen eigens ausgeformten Ablehnungstatbestand. Die Vorschrift geht davon aus, dass ein Informationszugang nach den materiellrechtlichen Vorgaben nur teilweise besteht, und bestimmt daran anknüpfend, dass dem Antrag stattzugeben ist, soweit dies ohne Preisgabe der geheimhaltungsbedürftigen Informationen oder (zum Schutz der Behörde) **ohne unverhältnismäßigen Verwaltungsaufwand** möglich ist.[354] Der Gesetzgeber wollte hiermit den Gesichtspunkten der Transparenz und Verhältnismäßigkeit Rechnung tragen.[355]

162

Welchen Verwaltungsaufwand das Gesetz als unverhältnismäßig ansieht, ergibt sich weder aus dem Wortlaut des § 7 Abs. 2 S. 1 IFG noch eindeutig aus der Gesetzesbegründung. Darin heißt es, dass der Informationszugang ohne

---

348 Vgl. BVerwG 29.10.2009 – 7 C 22.08, NVwZ 2010, 321 (323) – CIA-Flüge.
349 Vgl. BT-Drs. 15/4493, 16.
350 Vgl. BT-Drs. 15/4493, 16.
351 Vgl. BT-Drs. 15/4493, 16.
352 HessVGH 24.3.2010 – 6 A 1832/09.
353 BVerwG 17.3.2016 – 7 C 2.15, BVerwGE 154, 231 (Rn. 17).
354 BVerwG 17.3.2016 – 7 C 2.15, BVerwGE 154, 231 (Rn. 19).
355 Vgl. BT-Drs. 15/4493, 15.

Offenbarung der geheimhaltungsbedürftigen Information auch dann möglich ist, wenn die „Information ohne übermäßigen Verwaltungsaufwand abgetrennt", zB „durch eine geschwärzte Kopie" zugänglich gemacht werden kann.[356] Unstreitig ist, dass nur aus dem Umstand, dass die begehrten Akten zT ausgesondert oder geschwärzt werden müssen, nicht folgen kann, dass ein unverhältnismäßiger Verwaltungsaufwand vorliegt. Dies ergibt sich bereits aus § 7 Abs. 2 S. 1 IFG.

Die Rspr. in Fällen mit Beteiligung der BaFin legte bisher einen **quantitativen Maßstab** an, dh sie stellt zunächst vordergründig auf den zur Einsicht begehrten Aktenumfang ab. So urteilte das VG Frankfurt aM, dass von einem unverhältnismäßigen Verwaltungsaufwand auszugehen sei, wenn der einschlägige Aktenbestand der in Anspruch genommenen Behörde mehrere tausend Seiten umfasst und in nicht nur unwesentlichem Ausmaß geheimhaltungs- und schutzbedürftige Informationen enthält.[357] Der HessVGH hat neben dem Aktenumfang auch auf die Größe der Behörde, ihre Ausstattung, ihre organisatorische und personelle Ausstattung abgestellt und ob die eigentlichen Vollzugsaufgaben drohen beeinträchtigt zu werden.[358] Wird der **besondere Verwaltungsaufwand durch eine bestimmte Zugangsart** verursacht, die der Antragsteller beantragt, kann ihn die Behörde nach ihrem Ermessen auf eine andere Art des Zugangs verweisen (§ 1 Abs. 2 und 3 IFG).

163 Um den Schwierigkeiten, vor denen die informationspflichtige Behörde im Hinblick auf die erforderliche Prüfung der Unterlagen sowie eine gegebenenfalls gebotene Beteiligung von Drittbetroffenen steht, wenn Einsicht in außerordentlich umfangreiche Aktenbestände begehrt wird, Rechnung zu tragen, attestiert das BVerwG neuerdings § 7 Abs. 2 S. 1 IFG bei „sachgerechter Auslegung" eine Art Hilfsfunktion bei der Problembewältigung.[359] Die **Anforderungen an die Darlegung** von Ausschlussgründen nach den §§ 3–6 IFG bestimmen sich bei außerordentlich umfangreichen Aktenbeständen nach Maßgabe des § 7 Abs. 2 S. 1 IFG. Werde für einen Teil der amtlichen Aufzeichnungen durch Auswertung einer angemessenen Zahl von Stichproben schlüssig dargelegt, dass die Unterlagen geheimhaltungsbedürftige Informationen enthielten und folglich nur ein Teilanspruch bestehe, könne dessen genauer Umfang dahinstehen, sofern dessen Ermittlung mit einem unverhältnismäßigen Aufwand verbunden sei;[360] das sei der Fall, wenn die Erfüllung des Teilanspruchs einen im Verhältnis zum Erkenntnisgewinn des Anspruchstellers und der Allgemeinheit unvertretbaren Aufwand an Kosten oder Personal erfordern würde oder aber auch bei zumutbarer Personal- und Sachmittelausstattung sowie unter Ausschöpfung aller organisatorischen Möglichkeiten die Wahrnehmung der vor-

---

356 BT-Drs. 15/4493, 15.
357 Vgl. VG Frankfurt aM 19.3.2008 – 7 E 4067/06: ca. 7.500 Seiten; VG Frankfurt aM 5.12.2008 – 7 E 1780/07: ca. 9.520 Seiten; VG Frankfurt aM 28.1.2009 – 7 K 4037/07.F; bereits etwa 5.000 Seiten Aktenbestand hins. des Hauptantrags; VG Frankfurt aM 7.5.2009 – 7 L 676/09.F: ca. 10.000 Seiten; VG Frankfurt aM 23.4.2013 – 7 K 129/10.F: 45.000 Seiten; vgl. demgegenüber VG Frankfurt aM 23.1.2008 – 7 E 3280/06: Informationsanspruch bei einem Aktenumfang von knapp 200 Seiten; VG Frankfurt aM 2.7.2008 – 7 E 791/07: Informationszugang bei ca. 1.400 Seiten (vgl. *Huber* NVwZ 2016, 1019).
358 HessVGH 2.3.2010 – 6 A 1684/08, NVwZ 2010, 1036.
359 *Schoch* NVwZ 2017, 97 (104).
360 BVerwG 17.3.2016 – 7 C 2.15, BVerwGE 154, 231.

rangigen Sachaufgaben der Behörde erheblich behindern würde.[361] Der Hess-VGH hat nunmehr entschieden, dass § 7 Abs. 2 Satz 1 IFG analog anzuwenden ist, wenn ein Anspruch auf Informationszugang vollständig begründet ist und dennoch ein unverhältnismäßiger Verwaltungsaufwand verursacht wird.[362]

Praktische Bedeutung bei der Bearbeitung von IFG-Anträgen in der BaFin hat § 7 Abs. 2 IFG vor allem für solche Aktenteile, in denen viele allgemein bekannte Informationen, zB Ad-hoc-Mitteilungen, öffentliche Publikationen oder die Dokumentation innerbehördlicher Abläufe, mit den der fachgesetzlichen Verschwiegenheit unterfallenden Informationen verknüpft sind. Das Lokalisieren und Separieren der idR wenigen, nicht unter die Ausschlussgründe fallenden Informationen, ist im Vergleich zum Gesamtaktenbestand häufig mit einem erheblichen Verwaltungsaufwand verbunden.

2. Rechtsschutz und Aktenvorlagepflicht nach § 99 Abs. 1 S. 1 VwGO im Gerichtsverfahren

a) Rechtsschutzmöglichkeiten

Ergeht auf einen Informationszugangsantrag ein teilweise ablehnender Bescheid, ist dieser mit einer Rechtsbehelfsbelehrung zu versehen (§ 58 Abs. 1 VwGO). **Statthafte Rechtsbehelfe** sind gemäß § 9 Abs. 4 IFG Widerspruch und Verpflichtungsklage. Der Verwaltungsrechtsweg ist unabhängig vom Inhalt der begehrten Information eröffnet, § 9 Abs. 4 IFG. Bei stattgebender Entscheidung ist ein Widerspruch, in der Folge eine Anfechtungsklage, gemäß § 8 Abs. 2 S. 3 IFG auch durch einen betroffenen Dritten zulässig. Die Sonderzuweisung nach § 48 Abs. 1 und 4 WpÜG erfasst den Anspruch auf Informationszugang nach § 1 Abs. 1 IFG nicht.[363] 164

Es besteht im Weiteren die Möglichkeit, die bzw. den **Bundesbeauftragte(n) für den Datenschutz und die Informationsfreiheit (BfDI)** anzurufen, § 12 IFG. Die Anrufung ist form- und fristfrei und kann zusätzlich zu Widerspruch oder Verpflichtungsklage erfolgen. Von der Behördenauffassung abweichende Argumente der bzw. des BfDI sind zu prüfen. Es besteht jedoch kein Weisungsrecht gegenüber der Behörde, sondern lediglich ein Beanstandungsrecht (§ 12 Abs. 3 IFG iVm § 25 Abs. 1 S. 1 Nr. 1 und 4, S. 2 und Abs. 2 und 3 BDSG in der Fassung vor dem 25.5.2018).[364] Die Fristen gerichtlicher Geltendmachung werden durch die Anrufung der bzw. des BfDI nicht gehemmt.[365]

b) Aktenvorlage im Verwaltungsprozess

Ob Informationen schutzwürdig sind, kann nur im Hauptsachverfahren gerichtlich überprüft werden; dies hätte aber wegen des Akteneinsichtsrechts gemäß § 100 Abs. 1 VwGO zur Folge, dass auch dem Antragsteller im IFG-Verfahren die begehrten Informationen zur Verfügung gestellt werden müssen, womit sich das Hauptsacheverfahren erledigen würde.[366] Wohl mit dem Ziel, 165

---

361 Vgl. BVerwG 17.3.2016 – 7 C 2.15, BVerwGE 154, 231 (2. Ls.).
362 Vgl. HessVGH 28.2.2019 – 6 A 1805/16.
363 BVerwG 20.9.2012 – 7 B 5.12, NVwZ 2012, 1563; BGH 27.11.2013 – III ZB 59/13, NZG 2014, 110.
364 Vgl. § 16 Abs. 2 BDSG vom 30.6.2017.
365 Vgl. Anwendungshinweise des BMI zum Informationsfreiheitsgesetz GMBl. 2005, S. 1346 (1350).
366 Vgl. *Berger/Schirmer* DVBl 2015, 608 (612 mwN); ausf. *Riegler*.

eine solche Erledigung zu vermeiden, hat der Gesetzgeber die Verschwiegenheitspflicht in § 9 KWG dergestalt angepasst, dass eine Weitergabe von verschwiegenheitspflichtigen Informationen gegenüber Verwaltungsgerichten nicht befugt ist, wenn die Weitergabe im Rahmen von **„Klagen nach dem Informationsfreiheitsgesetz"** erfolgt, in denen die BaFin Beklagte ist (vgl. § 9 Abs. 1 S. 4 Nr. 15 KWG).[367] Das IFG sieht kein eigenes gerichtliches Verfahren zur Überprüfung der Verweigerung der Herausgabe der begehrten Informationen vor. Nach der Rspr. findet daher auch iRd IFG das **„in camera"-Verfahren nach § 99 Abs. 2 VwGO** Anwendung.[368] Denn § 99 VwGO wird durch das IFG nicht verdrängt.[369]

§ 99 VwGO regelt in Absatz 1 Satz 1 den Grundsatz, wonach Behörden verpflichtet sind, den Verwaltungsgerichten Auskünfte zu erteilen und Akten oder Unterlagen vorzulegen bzw. elektronische Dokumente zu übermitteln (s. Rn. 121).[370] Die Vorschrift gilt auch für die Aktenteile, um deren Vorlage im Gerichtsverfahren gestritten wird.[371] Die Verpflichtung entspr. dem Grundrecht auf effektiven Rechtsschutz aus Art. 19 Abs. 4 GG im Rechtsstaat gemäß Art. 20 GG und der danach gewährten umfassenden gerichtlichen Nachprüfbarkeit des Verwaltungshandelns in Verbindung mit dem rechtlichen Gehör aus Art. 103 Abs. 1 GG.[372] Durch die Vorlage vollständiger und wahrheitsgetreu geführter Verwaltungsakten wird der Judikative erst die Möglichkeit eröffnet, das Handeln der Exekutive in rechtsstaatlicher Weise zu überprüfen.[373]

Die Verpflichtung zur Vorlage besteht erst bei **gerichtlicher Anforderung**. Voraussetzung ist zudem die Bejahung der **Entscheidungserheblichkeit** der nicht vorgelegten Akten durch das Gericht der Hauptsache.[374] Dies geschieht idR mit einem förmlichen **Beweisbeschluss** gemäß § 98 VwGO iVm § 358 ZPO.[375] Die typischerweise schon zu Beginn des Verfahrens im Rahmen der Eingangsverfügung erfolgende Anforderung durch den Vorsitzenden oder den Berichterstatter genügt hierfür grundsätzlich nicht.[376] Das Gericht der Hauptsache muss vor Erlass eines Beweisbeschlusses feststellen, ob über das Vorliegen der geltend gemachten Geheimhaltungsgründe gegebenenfalls auch ohne Einsicht in die betreffenden Unterlagen entschieden werden kann.[377]

166 Die Vorlage-, Übermittlungs- und Auskunftspflicht entfällt, wenn **Ausnahmegründe** nach § 99 Abs. 1 S. 2 VwGO vorliegen und die oberste Aufsichtsbehörde auf dieser Grundlage eine gegen die Vorlage bzw. Übermittlung oder Auskunftserteilung gerichtete Ermessensentscheidung trifft.[378] Gemäß § 4 c Fin-

---

367 § 9 Abs. 1 S. 4 Nr. 15 KWG angef. mWv 1.1.2014 durch G v. 28.8.2013 (BGBl. I S. 3395).
368 Anders vormals VG Frankfurt aM 5.12.2008 – 7 E 1780/07 unter Bezugnahme auf die IFG-Gesetzesbegr., BT-Drs. 15/4493, 16.
369 BVerwG 15.10.2008 – 20 F 1.08.
370 Vgl. Schoch/Schneider/Bier § 99 Rn. 5.
371 BVerwG 13.6.2006 – 20 F 5.05.
372 FG Hamburg 26.5.2014 – 3 K 198/13, Rn. 8 mwN.
373 *Albrecht*, jurisPR-ITR 1/2018 Anm. 4 zu VG Wiesbaden 9.8.2017 – 6 K 808/17.WI.A.
374 BVerwG 21.1.2014 – 20 F 1.13, Rn. 15.
375 BVerwG 31.8.2009 – 20 F 10.08, NVwZ 2010, 194.
376 Schoch/Schneider/*Rudisile* § 99 Rn. 9.
377 *Koehl* NJ 2018, 101 (105) mit Verweis auf BVerwG 23.5.2016 – 7 B 47.15.
378 Vgl. Schoch/Schneider/*Rudisile* § 99 Rn. 14.

DAG iVm § 99 VwGO tritt die BaFin an die Stelle der obersten Aufsichtsbehörde. Deren Verweigerung wird dann auf Antrag eines Verfahrensbeteiligten im „in camera"-Verfahren am Maßstab des § 99 Abs. 1 S. 2 VwGO überprüft.[379] Dabei werden durch Abwägung im Sinne der **Herstellung praktischer Konkordanz** die Vor- und Nachteile bei der Verwirklichung der unterschiedlichen Rechtsgüter (Grundrechtsschutz, Effektivität des Rechtsschutzes) und widerstreitenden Interessen (öffentliches und privates Interesse an der Wahrheitsfindung) berücksichtigt und gewichtet.[380]

Das BVerwG entschied, dass der Ausnahmegrund der Geheimhaltungsbedürftigkeit kraft Gesetz iSd § 99 Abs. 1 S. 2 VwGO nicht bereits dann gegeben ist, wenn eine einfach gesetzlich angeordnete Pflicht zur Verschwiegenheit besteht. Das BVerwG prüfte die begehrten Informationen dafür am **Maßstab der wesensmäßigen Geheimhaltung**, § 99 Abs. 1 S. 2 Var. 3 VwGO.[381] Das Gericht stellte fest, dass es sich bei Betriebs- und Geschäftsgeheimnissen und personenbezogenen Daten um Vorgänge handelt, die iSd § 99 Abs. 1 Satz 2 VwGO ihrem Wesen nach geheim zu halten sind.[382] Offen ist bislang, wie sich die EuGH-Rs. Altmann und Baumeister[383] auf das „in camera"-Verfahren auswirken. Ob es hier zu einer Änderung der Rspr., kommt, oder zumindest zu einer Ermessensreduzierung auf Null, bleibt abzuwarten.[384]

Die **Feststellung des Fachsenats für Entscheidungen nach § 99 Abs. 2 VwGO** hat nicht ohne Weiteres zur Folge, dass die beklagte Behörde nunmehr zur Vorlage der vom Gericht der Hauptsache angeforderten Unterlagen verpflichtet ist. Der Fachsenat überprüft im Zwischenverfahren die Rechtmäßigkeit der Vorlageverweigerung anhand der Sperrerklärung. Verfehlt diese schon die formellen Voraussetzungen an die Darlegung eines Weigerungsgrunds und begründet der Fachsenat seine dem Antrag stattgebende Entscheidung tragend mit dieser Erwägung, so ist über die Frage, ob in der Sache ein Weigerungsgrund gegeben ist, noch nicht rechtskräftig entschieden. Etwaige Mängel können in einer neuen Sperrerklärung behoben werden, die dann wiederum Gegenstand eines Verfahrens nach § 99 Abs. 2 VwGO sein kann.[385] Die durch Abgabe einer Sperrerklärung bezweckte **Verteidigung von Geheimhaltungsbelangen** ist für die BaFin aus Gründen des nationalen, wie auch des europäischen Rechts geboten. Insbesondere drohen bei Verstößen gegen die Verschwiegenheitspflicht Amtshaftungsansprüche und strafrechtliche Konsequenzen gemäß § 203 StGB (s. Rn. 134). Wird vom Fachsenat festgestellt, dass die Weigerung der Behörde rechtmäßig ist, die vom Gericht der Hauptsache angeforderten Akten vorzulegen, stehen diese Akten für die weitere Sachverhalts-

---

379 HessVGH 23.5.2011 – 27 F 1752/19.
380 Vgl. BVerwG 21.2.2008 – 20 F 2.07, BVerwGE 130, 236; BVerfG 14.3.2006 – 1 BvR 2087/03, BVerfGK 2, 298; zum „in camera"-Verfahren bei IFG-Verfahren siehe *Schroeter* NVwZ 2011, 457.
381 BVerwG 23.6.2011 – 20 F 21.10, NVwZ 2012, 112; HessVGH 23.5.2011 – 27 F 1752/10.
382 BVerwG 23.6.2011 – 20 F 21.10, NVwZ 2012, 112; BVerwG 27.12.2012 – 20 F 3.12.
383 EuGH 12.11.2014 – C-140/13 – Altmann; EuGH 19.6.2018 – C-15/16 – Baumeister.
384 Vgl. *Weiglin* EuZW 2019, 236 (241).
385 Vgl. BVerwG 19.12.2013 – 20 F 15.12, Rn. 19.

aufklärung durch das Gericht der Hauptsache nicht zur Verfügung,[386] vielmehr gelten die Regeln der materiellen Beweislast.[387]
Als Rechtsbehelf gegen die Entscheidung des Fachsenats steht den Beteiligten die selbstständige Beschwerde zu. Zuständig ist das BVerwG.

VII. Weitere Möglichkeiten des Zugangs zu Informationen der BaFin

1. Anspruch gemäß § 29 VwVfG und ungeschriebener Rechtsanspruch auf Informationszugang

167 Das **Akteneinsichtsrecht gem. § 29 Abs. 1 S. 1 VwVfG** steht Verfahrensbeteiligten in einem laufenden Verwaltungsverfahren neben dem IFG zu,[388] soweit die Kenntnis des Akteninhaltes zur Geltendmachung oder Verteidigung der Interessen der Verfahrensbeteiligten erforderlich ist.

§ 29 Abs. 1 S. 1 VwVfG beinhaltet einen rein verwaltungsverfahrensrechtlichen Anspruch und begründet kein allgemeines voraussetzungsloses Einsichtsrecht in Behördenakten.[389] Der Anspruch besteht nur für die Beteiligten (vgl. § 13 VwVfG) eines (laufenden) Verwaltungsverfahrens iSd § 9 VwVfG von dessen Beginn bis zu seinem Abschluss mit Erlass des Verwaltungsaktes. Der Anspruch entsteht jedoch mit Widerspruchserhebung in einem Vorverfahren nach §§ 68 ff. VwGO neu (§ 1 Abs. 1 VwVfG iVm § 79 Hs. 2 VwVfG).[390]

Ein Anspruch besteht jedoch nicht außerhalb eines Verwaltungsverfahrens, etwa um Schadensersatz auf dem Zivilrechtsweg durchsetzen zu können.[391]

168 **Gegenstand des Akteneinsichtsrechts** nach § 29 Abs. 1 VwVfG sind ausschließlich die von der handelnden Behörde bereits geführten Akten des jeweiligen Verfahrens sowie alle beigezogenen Akten.[392] Einen Anspruch auf Aktenbeiziehung begründet § 29 Abs. 1 VwVfG nicht; es sei denn, es bestehen konkrete Anhaltspunkte, dass die Behörde bestimmte Vorgänge zur Vermeidung der Akteneinsicht gesondert führt oder aus der Hand gibt.[393] Das Recht zur Akteneinsicht umfasst nicht die Erteilung von Auskünften. Es beinhaltet auch nicht den Anspruch, dass die Behörde erhobenes Datenmaterial ergänzend auswertet oder zusätzliche Statistiken, Schaubilder oder Diagramme anfertigt. Erst recht umfasst das Akteneinsichtsrecht nicht die Befugnis der Verfahrensbeteiligten von der Behörde eine (rechtliche, tatsächliche oder ökonomische) Einschätzung zu einer bestimmten Frage zu erhalten.[394] Es liegt in der alleinigen Entscheidungsbefugnis der Behörde, ob, in welcher Art und Weise und mit welchen Erwägungen sie eingeholte Informationen für die Entscheidungsfindung nutzt. Ein Anspruch auf **Einsicht in Akten aus Musterfällen oder Parallelverfahren** soll auch dann bestehen, wenn gerade darin die Behörde die maßgeblichen rechtlichen und tatsächlichen Prüfungen angestellt hat und sich zur Begründung ganz oder teilweise auf derartige Grundsatzentscheidungen in einem

---

386 Vgl. *Neumann* DVBl 2016, 473 (482).
387 *Koehl* NJ 2018, 101 (105).
388 Vgl. § 1 Abs. 3 IFG; BT-Drs. 15/4493, 8; VG Frankfurt aM 22.4.2009 – 7 K 805/08.F.
389 Vgl. Stelkens/Bonk/Sachs/*Kallerhoff*/*Mayen* § 29 Rn. 1.
390 Vgl. VG Cottbus 21.6.2017 – 1 L 332/17, Rn. 12 mN.
391 Vgl. OVG Bautzen 11.4.2017 – 5 B 262/16, Rn. 13.
392 OLG Düsseldorf 23.8.2017 – VI-Kart 5/16 (V), 3. Ls.
393 Stelkens/Bonk/Sachs/*Kallerhoff*/*Mayen* § 29 Rn. 40.
394 OLG Düsseldorf 23.8.2017 – VI-Kart 5/16 (V), 3. Ls.

anderen VwVf bezieht. Hier wäre die Verweigerung der Akteneinsicht unter Hinweis auf „ein anderes" Verfahren rechtsmissbräuchlich, jedenfalls aber ein Verstoß gegen das rechtliche Gehör und das objektive, faire Verfahren.[395] Rechtlich geboten kann auch die Gewährung der Einsicht in die **Entwürfe** eines von einem Wirtschaftsprüfer als sogenannter Verwaltungshelfer der BaFin erstellten Prüfungsberichts und die zugehörige Korrespondenz der BaFin mit dem **Wirtschaftsprüfer** sein; vertragliche Verschwiegenheitsregelungen zwischen Wirtschaftsprüfern und der BaFin ändern nichts daran, dass die BaFin im Außenverhältnis den allgemeinen öffentlich-rechtlichen Bindungen unterliegt. Insbesondere ist es der BaFin verwehrt, sich unter Rückgriff auf zivilrechtliche Vereinbarungen mit Wirtschaftsprüfungsinstituten der Geltung öffentlich-rechtlicher Ansprüche wie demjenigen aus § 29 Abs. 1 VwVfG zu entziehen.[396]

Einschränkungen ergeben sich aus Absatz 2.[397] Zu den Ausnahmen von der Pflicht zur Gewährung von Akteneinsicht gehört auch die Geheimhaltungsbedürftigkeit der Vorgänge nach einem Gesetz. Die Ausnahmetatbestände berechtigen die Behörde im Übrigen nur „soweit", also in dem Umfang zur Verweigerung der Akteneinsicht, wie dies zur Wahrung der durch die drei Ausnahmetatbestände geschützten Interessen notwendig ist.[398] § 29 Abs. 2 VwVfG begründet keine Pflicht der Behörde, die Akteneinsicht zu verweigern, sofern keine Ermessensreduktion auf Null vorliegt. Eine Verpflichtung kann sich jedoch aus anderen Vorschriften, insbesondere aus den fachgesetzlichen Verschwiegenheitspflichten, bspw. gemäß § 9 Abs. 1 KWG oder § 21 Abs. 1 WpHG, als leges specialis zu § 30 VwVfG (Anspruch der Beteiligten auf Geheimhaltung) oder aus § 30 VwVfG selbst ergeben.[399] Hierbei muss bedacht werden, dass die strikte Wahrung der fachgesetzlichen Verschwiegenheitspflichten bei europarechtskonformer Auslegung dazu führen kann, dass Verfahrensbeteiligte nur diejenigen Informationen von der Behörde erhalten, die sie selbst eingereicht haben. Auch der Adressat einer belastenden Maßnahme würde zu seiner Verteidigung nur diejenigen Informationen erhalten, die ihm die Aufsichtsbehörde, die die angegriffene Maßnahme erlassen hat, gewährt.[400]

169

Soweit ein Anspruch auf Akteneinsicht nach § 29 Abs. 1 S. 1 VwVfG nicht gegeben war – sei es in den Fällen der Ausnahmetatbestände, sei es bei Akteneinsichtsbegehren Dritter und/oder außerhalb eines Verwaltungsverfahrens[401] – bestand vor Einführung des IFG gegenüber Behörden des Bundes ein (ungeschriebener) **Anspruch auf ermessensfehlerfreie Entscheidung über die Gewährung von Akteneinsicht**, wenn der Antragsteller ein berechtigtes Interesse an

170

---

395 Stelkens/Bonk/Sachs/*Kallerhoff/Mayen* § 29 Rn. 40; aA Kopp/Ramsauer VwVfG § 29 Rn. 13.
396 Vgl. VG Frankfurt aM 25.10.2017 – 7 K 4710/15.F.
397 Das Recht auf Akteneinsicht gem. § 29 Abs. 1 VwVfG wird durch das Hinweisgeberverfahren der BaFin nicht eingeschränkt, vgl. § 4 d Abs. 8 FinDAG.
398 Vgl. Stelkens/Bonk/Sachs/*Kallerhoff/Mayen* § 29 Rn. 58.
399 Vgl. Kopp/Ramsauer VwVfG § 29 Rn. 25 mN.
400 Vgl. Schlussanträge der Generalanwältin *Kokott* vom 26.7.2017 in der EuGH-Rs. UBS (Luxembourg) S.A. ua (C-358/16, Rn. 88); s. auch EuGH 13.9.2018 – C-358/16 – UBS Europe SE.
401 Vgl. Stelkens/Bonk/Sachs/*Kallerhoff/Mayen* § 29 Rn. 1.

der Akteneinsicht geltend und glaubhaft gemacht hatte. Das BVerwG leitete diesen Anspruch aus dem Rechtsstaatsprinzip ab.[402] Im Anwendungsbereich des IFG wird jener ungeschriebene Anspruch durch das geschriebene Recht (§ 1 Abs. 1 IFG) verdrängt.[403]

Ein Rechtsbehelf gegen die Verweigerung oder Unzulänglichkeit der Akteneinsicht kann wegen § 44 a VwGO grundsätzlich erst mit dem Rechtsbehelf gegen die Sachentscheidung eingelegt werden kann.[404]

2. Akteneinsichtsrecht im Verwaltungsprozess

171 Das Akteneinsichtsrechts gem. § 100 Abs. 1 VwGO ist umfassend und erstreckt sich auf alle bei Gericht befindlichen, das konkrete Verwaltungsstreitverfahren betreffenden Unterlagen. Erfasst sind damit einerseits die **Gerichtsakten** selbst, andererseits die **dem Gericht vorgelegten einschließlich der von ihm beigezogenen Akten**.[405] Das Recht gilt jedoch nur für Beteiligte des Verfahrens iSd § 63 VwGO. Neben dem Kläger und dem Beklagten kommt daher ein Akteneinsichtsrecht auch für den Beigeladenen in Betracht.[406]

3. Aktenvorlage und Akteneinsichtsrecht im Strafprozess

172 Es kann vorkommen, dass amtliche Informationen der BaFin Bestandteil einer Ermittlungsakte einer Strafverfolgungsbehörde und damit Gegenstand eines **Strafverfahrens** werden. Neben dem Beschuldigten und dessen Verteidiger (§ 147 StPO) haben auch Privat- (§ 385 Abs. 3 StPO) und Nebenkläger (§ 406 e StPO) grundsätzlich das Recht zur Akteneinsicht. Zudem statuiert § 475 StPO die Möglichkeit, dass auch Privatpersonen und sonstige Stellen Auskünfte und Akteneinsicht erhalten können. Erfolgt eine Weitergabe vertraulicher Informationen durch die BaFin an Strafverfolgungsbehörden oder die für Straf- und Bußgeldsachen zuständige Gerichte (s. Rn. 121), gilt die jeweils einschlägige fachgesetzliche Verschwiegenheitspflicht für die jeweilige Stelle jedoch entsprechend (vgl. bspw. § 21 Abs. 1 S. 4 WpHG, § 9 Abs. 1 S. 5 KWG). § 96 StPO schließt die Pflicht einer Strafverfolgungsbehörde zur Vorlegung oder Auslieferung von Akten oder anderen in amtlicher Verwahrung befindlichen Schriftstücken dann aus, wenn gemäß einer Erklärung der obersten Dienstbehörde andernfalls Nachteile für den Bund oder ein Land entstünden. Die Vorschrift enthält damit Regelungen, die mit § 99 VwGO teilidentisch sind, bleibt aber hinsichtlich des Schutzumfangs hinter diesem zurück und sieht auch beim Streit über die Weigerungsvoraussetzungen keine Anrufung des Strafgerichts vor.[407]

---

402 BVerwG 23.8.1968 – IV C 235.65, BVerwGE 30, 154.
403 Vgl. BGH 14.7.2015 – KVR 55/14, NJW 2015, 3648 (3650) – Trinkwasserpreise; VG Frankfurt aM 7.12.2006 – 1 E 5598/05 (1); OVG NRW 31.1.2005 – 21 E 1487/04, NJW 2005, 2028; *Schoch* IFG Einl. Rn. 38; vgl. auch Stelkens/Bonk/Sachs/*Kallerhoff/Mayen* § 29 Rn. 18; offen gelassen OLG Frankfurt aM 15.9.2014 – WpÜG 3/11, Rn. 26 f. (in einem die BaFin betreffenden Fall).
404 Stelkens/Bonk/Sachs/*Kallerhoff/Mayen* § 29 Rn. 20 i.
405 Vgl. Schoch/Schneider/Bier/*Rudisile* § 100 Rn. 6; *Koehl* NJ 2018, 101 (106).
406 *Koehl* NJ 2018, 101 (106).
407 Schoch/Schneider/Bier/*Rudisile* § 99 Rn. 3.

Zu **Ordnungswidrigkeitenverfahren** vgl. BT-Drs. 15/4493, 10. Hierfür gelten spezielle Zugangsnormen, wie zB § 46 OWiG iVm § 147 StPO, §§ 49, 49 b OWiG iVm §§ 406 e, 475 StPO.

4. Aktenvorlage und Akteneinsichtsrecht im Zivilprozess

Ein allgemeines vorprozessuales Akteneinsichtsrecht, etwa um die Erfolgsaussichten von Amtshaftungsansprüchen besser beurteilen zu können, kennt das Zivilrecht mit Ausnahme spezialgesetzlich geregelter Informations- und Auskunftsansprüche (bspw. § 402 BGB, § 836 Abs. 3 ZPO) nicht. Ein prozessuales Akteneinsichtsrecht besteht nach § 299 ZPO. Im Prozess selbst sind die Parteien gem. § 138 ZPO zu wahrheitsgemäßem Vortrag verpflichtet, Dokumente sind gem. §§ 420 ff. ZPO als Urkundsbeweis vorzulegen.[408]

173

Die fachgesetzlichen Verschwiegenheitspflichten der BaFin schließen grundsätzlich eine **Weitergabe von Informationen an Zivilgerichte** aus (s. Rn. 121). Dies ergibt sich daraus, dass bspw. gemäß § 9 Abs. 1 S. 4 Nr. 1 und Nr. 15 KWG die Weitergabe an Straf- und Verwaltungsgerichte ausdrücklich genannt ist, nicht aber an Zivilgerichte.[409] Entsprechendes gilt hinsichtlich § 8 KAGB iVm § 9 KWG. Auch § 21 Abs. 1 S. 3 Nr. 1 WpHG erlaubt ausdrücklich insbesondere die Weitergabe an Strafgerichte, nicht jedoch an Zivilgerichte. Die Formulierung „insbesondere" (vgl. § 9 Abs. 1 S. 4 KWG und § 21 Abs. 1 S. 3 WpHG) deutet jedoch darauf hin, dass eine befugte Weitergabe bspw. im Wege der Rechts- und Amtshilfe nach Art. 35 GG (s. Rn. 123) auch an andere als die in der jeweiligen Verschwiegenheitspflicht genannten Stellen möglich ist, soweit ein den katalogartig benannten Fällen vergleichbares höherrangiges Interesse besteht.[410] Die ordnungspolitische Steuerungsfunktion und die zunehmende Bedeutung des Privatrechts als Sanktionsinstrument zur Schaffung und Erhaltung funktionsfähiger Kapitalmärkte können ein öffentliches Interesse an der Nutzung der behördlichen Information im Zivilprozess begründen.[411] Eine Ausnahme soll dann gemacht werden können, wenn die Voraussetzungen des Art. 53 Abs. 1 UAbs. 3 der RL 2013/36/EU (CRD IV) bzw. des Art. 54 der RL 2004/39/EG (MiFID) – nunmehr Art. 76 Abs. 2 der RL 2014/65/EU (MiFID II) – vorliegen. Dh, wenn gegen ein Kreditinstitut, eine Wertpapierfirma, einen Marktbetreiber oder einen geregelten Markt durch Gerichtsbeschluss das **Insolvenzverfahren** eröffnet oder seine **Zwangsabwicklung** eingeleitet wurde, dürfen vertrauliche Informationen, die sich nicht auf Dritte beziehen, in zivil- oder handelsrechtlichen Verfahren weitergegeben werden. Das EU-Recht eröffnet insoweit eine Ausnahme vom Berufsgeheimnis, die jedoch nicht als Weitergabegebot zu interpretieren ist.[412]

174

---

408 Vgl. *Classen* NordÖR 2013, 236 (237).
409 Vgl. BFS/*Lindemann* KWG § 9 Rn. 29.
410 Vgl. Assmann/Schneider/Mülbert/*Döhmel* § 8 Rn. 37; BFS/*Lindemann* KWG § 9 Rn. 28.
411 *Poelzig*, S. 246.
412 BFS/*Lindemann* KWG § 9 Rn. 29 mit Verweis auf EuGH 12.11.2014 – Rs. C-140/13 – Altmann.

175 Die Vorlage von Verwaltungsakten in einem zivilgerichtlichen Verfahren steht, soweit anderes nicht vorgeschrieben ist[413] und insbesondere auch das Gebot der Amtshilfe nicht eingreift, im pflichtgemäßen Ermessen der aktenführenden Behörde. Die §§ 99 f. VwGO sind auf das allgemeine Verfahren vor den Zivilgerichten nicht entsprechend anwendbar.[414]

5. Presserechtliche Informationsansprüche

176 Der HessVGH hat in einem Urteil 2015 unter Hinweis auf die Rspr. des BVerwG[415] festgestellt, dass gegenüber der BaFin als Bundesbehörde ein presserechtlicher Anspruch auf Zugang zu Informationen nach den Landespressegesetzen nicht gegeben sei (s. Rn. 123).[416] Bislang ist davon ausgegangen worden, dass zu den nach den jeweiligen Landespressegesetzen auskunftspflichtigen Behörden auch Bundesbehörden zählten.[417] Das BVerwG hat jedoch im Jahr 2013 einen auf Landespresserecht gestützten Anspruch gegen eine Bundesbehörde dann verneint, wenn dem Bund und nicht dem Land, in dem die Behörde ihren Sitz hat, die entsprechende Gesetzgebungskompetenz zusteht. Die Gesetzgebungskompetenzen der Art. 73 f. GG schließen als Annex die Befugnis ein, Voraussetzungen und Grenzen zu regeln, unter denen der Öffentlichkeit einschl. der Presse Informationen zu erteilen sind oder erteilt werden dürfen.[418] Solange der Bund von seiner gesetzlichen Regelungskompetenz jedoch keinen Gebrauch mache, folge daraus ein Auskunftsanspruch der Presse nur unmittelbar aus Art. 5 Abs. 1 S. 2 GG.[419] Die Situation bei Ansprüchen gegen die BaFin im Bereich ihrer Aufsichtstätigkeit über Banken sei dem HessVGH zufolge ohne Weiteres als Angelegenheit des Bundes einzuordnen, denn auch insoweit stehe dem Bund nach Art. 72 Abs. 1 und 2 iVm 74 Abs. 1 Nr. 11 GG („Recht der Wirtschaft") die konkurrierende Gesetzgebungskompetenz zu, von der er ua mit dem WpHG und dem KWG Gebrauch gemacht habe.[420] Der **verfassungsunmittelbare Auskunftsanspruch der Presse** sei auf das Niveau eines „Minimalstandards" begrenzt, den auch der Gesetzgeber nicht unterschreiten dürfe.[421] Die Entscheidung des BVerwG wurde in der Öffentlichkeit, Literatur und auch in der Verwaltungsgerichtsbarkeit vor allem wegen seines dogmatischen Fundaments und als „Einschränkung der Pressefreiheit" kritisiert.[422] Ein grundrechtsunmittelbarer Auskunftsanspruch der Presse wurde

---

413 Einen Fall, in dem ein Zivilgericht anordnen kann, dass die BaFin die in ihrem Besitz befindlichen Akten vorlegt, regelt § 50 Abs. 7 ZKG iVm § 143 ZPO hins. gegen die BaFin gerichteter Klagen gegen Anordnungen gemäß § 49 Abs. 1 ZKG (Abschluss eines Basiskontovertrags) bzw. gegen die Ablehnungen eines entspr. Antrags gemäß § 48 ZKG.
414 BVerwG 23.8.1968 – IV C 235.65, BVerwGE 30, 154 (Ls.).
415 BVerwG 20.2.2013 – 6 A 2.12, BVerwGE 146, 56.
416 Vgl. HessVGH 11.3.2015 – 6 A 1071/13.
417 Vgl. *Klemm/Schlüter* AfP 2015, 306 mwN.
418 BVerwG 25.3.2015 – 6 C 12.14, NVwZ 2015, 1388 (1. Ls.) – Bestätigung von BVerwG 20.2.2013 – 6 A 2.12, BVerwGE 146, 56; vgl. *Rhein* DÖV 2019, 394.
419 Vgl. BVerwG 26.10.2017 – 6 VR 1.17, NVwZ 2018, 414; BVerwG 20.2.2013 – 6 A 2.12, BVerwGE 146, 56.
420 Vgl. HessVGH 11.3.2015 – 6 A 1071/13, Rn. 101.
421 Vgl. *Schnabel* NJW 2016, 1692 (1693); BVerwG 20.2.2013 – 6 A 2.12, BVerwGE 146, 56 (Rn. 29).
422 S. etwa Nachweise bei *Schnabel* NJW 2016, 1692 (1693).

demgegenüber vom BVerfG bislang nicht anerkannt.[423] Das BVerfG geht jedoch davon aus, dass die Pressefreiheit nicht verletzt sein könne, solange die Fachgerichte den Presseangehörigen im Ergebnis einen Auskunftsanspruch einräumen, der hinter dem Gehalt der Auskunftsansprüche der Landespressegesetze nicht zurückbleibt.[424]

Aufgrund des verfassungsunmittelbaren Auskunftsanspruchs können Pressevertreter in geeigneter Form behördliche Auskünfte verlangen, soweit die Informationen bei der Behörde vorhanden sind und berechtigte schutzwürdige Interessen Privater oder öffentlicher Stellen an der Vertraulichkeit von Informationen nicht entgegenstehen.[425] Anfragen gegenüber einer Behörde sind präzise zu fassen.[426]

Der Anspruch kann nur darauf gerichtet sein, dass die Behörde **amtlich bekannte Tatsachen von öffentlichem Interesse in pressegeeigneter Form** mitzuteilen hat, also der Presse Auskunft zu erteilen hat. Die Art und Weise der Auskunftserteilung liegt im Ermessen der Behörde.[427] Der presserechtliche Auskunftsanspruch kann sich ausnahmsweise unter vollständiger Reduzierung des der Behörde im Hinblick auf die Form der Auskunftserteilung zustehenden Auswahlermessens zu einem Anspruch auf Gewährung von Akteneinsicht verdichten.[428]

177

Das **Verhältnis des grundrechtlich gewährleisteten Auskunftsanspruchs der Presse zu Ausschlussgründen nach dem Informationsfreiheitsrecht** hat das BVerwG wie folgt bestimmt: Die Entscheidung des Gesetzgebers, zugunsten bestimmter Vertraulichkeitsinteressen den informationsfreiheitsrechtlichen Informationszugang nach dem IFG oder nach bereichsspezifischen Gesetzen auszuschließen, besage nicht, dass es verfassungskonform wäre, diesen Interessen auch Vorrang vor dem Informationsinteresse der Presse einzuräumen. Ob ein solcher Vorrang zulässig wäre, bedürfe der eigenständigen Prüfung anhand der Maßgabe der Sicherung einer effektiven funktionsgemäßen Betätigung der Presse.[429] Dabei komme iRd Abwägung des Informationsinteresses der Presse mit den gegenläufigen schutzwürdigen Interessen im Einzelfall eine Bewertung des Informationsinteresses der Presse als generell nachrangig grundsätzlich nicht in Betracht. Entscheidend sei vielmehr, ob dem Informationsinteresse der Presse schutzwürdige Interessen von solchem Gewicht entgegenstehen, die den presserechtlichen Auskunftsanspruch ausschließen; aus Art. 10 EMRK ergibt sich insoweit nichts anderes.[430]

178

---

423 Vgl. nur BVerfG 19.12.2007 – 1 BvR 620/07, BVerfGE 119, 309.
424 Vgl. BVerfG 27.7.2015 – 1 BvR 1452/13, NVwZ 2016, 50 (51).
425 BVerwG 26.10.2017 – 6 VR 1.17, NVwZ 2018, 414 (416); BVerwG 25.3.2015 – 6 C 12.14, NVwZ 2015, 1388 (1390).
426 Vgl. BVerwG 26.10.2017 – 6 VR 1.17, NVwZ 2018, 414 (415)
427 HessVGH 11.3.2015 – 6 A 1071/13, Rn. 102.
428 Vgl. hierzu etwa VG Mainz 14.9.2016 – 3 K 1021/15.MZ, Rn. 30; VGH Mannheim 1.7.2015 – 1 S 802/15, ZD 2016, 146 (149); VG Düsseldorf 4.8.2010 – 26 L 1223/10, Rn. 17; VG Cottbus 15.1.2002 – 1 L 783/01; so wohl auch BVerfG 14.9.2015 – 1 BvR 857/15, GRUR 2016, 313 (314); *Partsch/Koschmieder* NJW 2017, 3416 (3417).
429 BVerwG 25.3.2015 – 6 C 12.14, NVwZ 2015, 1388 (1390); bestätigt durch BVerwG 17.11.2016 – 6 A 3.15, Rn. 16.
430 Vgl. BVerwG 26.10.2017 – 6 VR 1.17, NVwZ 2018, 414 (416); BVerwG 17.11.2016 – 6 A 3.15, Rn. 17 zum BArchG.

Kapitel 2: Compliance

Kap. 2.1. Criminal-Compliance

Literatur: *Achenbach,* Aus der 2009/2010 veröffentlichten Rechtsprechung zum Wirtschaftsstrafrecht, NStZ 2010, 621; *ders,* Zurechnung unternehmensbezogenen Handelns, in Achenbach/Ransiek/Rönnau, Handbuch Wirtschaftsstrafrecht, 1. Teil 3. Kapitel, 4. Aufl. 2015; *Arnold,* Verantwortung und Zusammenwirken des Vorstands und Aufsichtsrats bei Compliance-Untersuchungen, ZGR 2014, 76; *Bannenberg,* Compliance – Korruptionsprävention in der Wirtschaft, in Wabnitz/Janovsky, Handbuch des Wirtschafts- und Steuerstrafrechts, 12. Kapitel, 4. Aufl. 2014; *Beck,* Kommentierung zu § 130 OWiG, in:in Beck'scher Online Kommentar OWiG, 22. Edition, Stand: 15.3.2019 (zitiert als BeckOK OWiG/*Beck*); *Beisheim/Jung,* Unternehmensstrafrecht: Der neue Kölner Entwurf eines Verbandssanktionengesetzes (VerbSG-E), CCZ 2018, 63; *Berndt,* Zur Garantenpflicht des Compliance-Officers, StV 2009, 689; *Bittmann/Molkenbur,* Private Ermittlungen, arbeitsrechtliche Aussagepflicht und strafprozessuales Schweigerecht, wistra 2009, 373; *Blassl,* Strafrechtliche Pflichten des Compliance Officers, in WM 2018, 603; *Braun,* Kommentierung zu § 25 a KWG, in Boos/Fischer/Schulte-Mattler, Kreditwesengesetz, 5. Aufl. 2016; *Bock,* Strafrechtliche Aspekte der Compliance-Diskussion – § 130 OWiG als zentrale Norm der Criminal Compliance, ZIS 2009, 68; *ders.,* Strafrechtlich gebotene Unternehmensaufsicht (Criminal Compliance) als Absenkung des Schadenserwartungswerts aus Unternehmensbezogenen Straftaten, HRRS 2010, 316; *ders.,* Strafrechtlich gebotene Unternehmensaufsicht (Criminal Compliance) als Problem der Rechtssicherheit – Zur Legitimation eines neuen wirtschaftsregulierenden Rechtsgebiets, wistra 2011, 201; *ders.,* Criminal Compliance, 2011; *Böse,* Die Garantenstellung des Betriebsbeauftragten, NStZ 2003, 636; *Bürkle,* Compliance als Aufgabe des Vorstandes der AG – die Sicht des LG München I, CCZ 2015, 52; *ders.,* Die Compliance-Praxis im Finanzdienstleistungssektor nach Solvency II, CCZ 2008, 50; *ders.,* Compliance Beauftragte, in Hauschka/Moosmayer/Lösler, Corporate Compliance, § 36, 3. Aufl. 2016; *Bosch,* Kommentierung zu § 13 StGB, in Schönke/Schröder – Kommentar zum Strafgesetzbuch, 30. Aufl. 2019; *Dann,* Compliance-Untersuchungen im Unternehmen: Herausforderung für den Syndikus – Zum Zusammenspiel von Rechtsabteilungen und externen Anwälten bei internen Ermittlungen, AnwBl 2009, 84; *Dann/Mengel,* Tanz auf einem Pulverfass – oder: Wie gefährlich leben Compliance-Beauftragte?, NJW 2010, 3265; *Dannecker, G.* Criminal Compliance, in Wabnitz/Janovsky, Handbuch des Wirtschafts- und Steuerstrafrecht, 1. Kapitel, 4. Aufl. 2014; *Dannecker, G./Dannecker, C.,* Die „Verteilung" der strafrechtlichen Geschäftsherrenhaftung im Unternehmen – Zur strafrechtlichen Verantwortung des Compliance Officers und (leitender) Angestellter bei der Übernahme unternehmensbezogener Aufgaben, JZ 2010, 981; *Deutscher,* Zur Strafbarkeit des Compliance-Officer – Erhöhte Berufsrisiken nach dem Urteil des BGH vom 17.7.2009, WM 2010, 1391; *Diergarten,* in Hauschka/Moosmayer/Lösler, Corporate Compliance, § 34, 3. Aufl. 2016; *Dierlamm/Mosbacher,* Anm. zu BGH, Urt. v. 17.07.209 – 5 StR 394/08, NStZ 2010, 268; *Dierlamm,* Kommentierung von § 266 StGB, in Münchener Kommentar zum StGB, 3. Aufl. 2019; *Eisele,* Verhaltensregeln und Compliance, in Schimansky/Bunte/Lwowski, Bankrechts-Handbuch, § 109, 5. Aufl. 2017; *Eufinger,* Das Judikat des BGH zur Compliance und seine Bedeutung für die kartellrechtliche Verbandsgeldbuße, NZG 2018, 327; *Fecker/Kinzl,* Ausgestaltung der arbeitsrechtlichen Stellung des Compliance-Officers – Schlussfolgerungen aus der BSR-Entscheidung des BGH, CCZ 2010, 13; *Fett,* in Schwark/Zimmer, Kommentierung zu § 33 WpHG, Kapitalmarktrechts-Kommentar, 4. Aufl. 2010; *ders.* Anmerkung zu LG München I vom 10.12.2013 – 5 HK O 1387/10, CCZ 2014, 144; *Fischer/Hoven,* Unternehmen vor Gericht? – Einige Anmerkungen zu den prozessualen Fragen, ZIS 2015, 32; *Fleischer,* Aktienrechtliche Compliance-Pflichten im Praxistest: Das Siemens/Neubürger Urteil des LG München I, NZG 2014, 321; *ders.,* Corporate Compliance im aktienrechtlichen Unternehmensverbund, CCZ 2008, 1; *Frisch,* Kurzkommentar zu BGH, Urt. v. 17.7.2009, EWiR 2010, 95; *Garden/Hiéramente,* Die neue Whistleblowing-Richtlinie der EU – Handlungsbedarf für Unternehmen und Gesetzgeber, BB 2019, 963; *Gerdemann,* Revolution des Whistleblowing-Rechts oder Pfeifen im Walde?, RdA 2019, 16; *Gnändiger/Kleff,* Bußgeldmindernde Wirkung eines Compliance-Management-Systems, WPg 2018, 470; *Gößwein/Hohmann,* Modelle der Compliance-Organisation in Unternehmen – Wider den Chief Compliance Officer als „Überverantwortungsnehmer", BB 2011, 963; *Greeve,* Privatisierung behördlicher Ermittlungen, StraFo 2013, 89; *Grützner,* NJW 2009, Heft 43, Editorial; *ders.,* Urteilsbesprechung Urt. LG München I, BB 2014, 850; *ders/Boerger/*

Kap. 2: Compliance

Momsen, Die „Dieselaffäre" und ihre Folgen für Compliance-Management-Systeme – Evolution durch Einbeziehung des Bereichs Produkt-Compliance in ein CMS, CCZ 2018, 50; *Gürtler*, Kommentierung zu § 30 und § 130 OWiG, in Göhler, Gesetz über Ordnungswidrigkeiten, 17. Aufl. 2017; *Hauck*, Grenzen des Geheimnisschutzes, WRP 2018, 1032; *Hauschka*, Compliance als Teil einer modernen Unternehmensführung – Der Stand der Compliance-Diskussion: Nicht nur ein Thema für die Großen, AG 2010, 629; *ders.*, in Hauschka/Moosmayer/Lösler, Corporate Compliance, § 1, 3. Aufl. 2016; *Hehlmann/Sachs*, Sanktionslistenprüfung in Unternehmen, EuZW 2012, 527; *Hein*, Verbandsstrafgesetzbuch (VerbStrGB-E) – Bietet der Entwurf Anreize zur Vermeidung von Wirtschaftskriminalität in Unternehmen?, CCZ 2014, 75; *Heine/Weißer*, Kommentierung zu § 25 StGB, in Schönke/Schröder – Kommentar zum Strafgesetzbuch, 30. Aufl. 2019; *Henssler/Hoven/Kubiciel/Weigend*, Kölner Entwurf eines Verbandssanktionengesetzes, NZWiSt 2018, 1; *Hetzer*, Verbandsstrafe in Europa – Wettbewerbsverzerrung durch Korruption, EuZW 2007, 75; *Heuking/von Coelln*, Die aktuelle Diskussion um Buße oder Strafe für Unternehmen, BB 2014, 3016; *Hoffmann/Schieffer*, Pflichten des Vorstands bei der Ausgestaltung einer ordnungsgemäßen Compliance-Organisation, NZG 2017, 401; *Hoops*, Die Regulierung von Marktdaten nach der MiFID II, WM 2018, 205; *Jahn/Pietsch*, Der NRW-Entwurf für ein Verbandsstrafgesetzbuch – Eine Einführung in das Konzept und seine Folgefragen, ZIS 2015, 1; *Jenne/Martens*, Compliance-Management-Systeme sind bei der Bußgeldbemessung nach § 30 OWiG zu berücksichtigen – Anmerkung zu BGH, Urteil vom 9.5.2017 – 1 StR 265/16; *Joecks*, Kommentierung zu § 25 StGB, in Münchener Kommentar zum Strafgesetzbuch, 3. Aufl. 2019; *Junker/Knigge/Pischel/Reinhart*, Kapitel Compliance, in Beck'sches Rechtsanwalts-Handbuch, 11. Aufl. 2016; *Kammerer-Galahan*, Compliance -Herausforderung für Unternehmensleiter und deren Rechtsberater, AnwBl 2009, 77; *Kapp/Hummel*, Kartellrechtliche Compliance in der Verbandsarbeit, CCZ 2013, 240; *Kindler*, Pflichtverletzung und Schaden bei der Vorstandshaftung wegen unzureichender Compliance, Festschrift G. H. Roth, 2011, 367; *Klengel/Dymek*, Criminal Compliance in Zeiten des UK Bribery Act, HRRS 2011, 22; *Klindt*, Nicht-börsliches Compliance-Management als zukünftige Aufgabe der Inhouse-Juristen, NJW 2006, 3399; *Klindt/Pelz/Theusinger*, Compliance im Spiegel der Rechtsprechung, NJW 2010, 2385; *Klöhn/Bittner*, Generalamnestie im Kapitalmarktrecht?, ZIP 2016, 1081; *Köllner/Mück*, Praxiskommentar zum Kölner Entwurf eines Verbandssanktionengesetzes – VerbSG-E, NZI 2018, 311; *dies.*, Reform der strafrechtlichen Vermögensabschöpfung, NZI 2017, 593; *Koch*, Korruptionsbekämpfung durch Geheimnisverrat? Strafrechtliche Aspekte des Whistleblowing, ZIS 2008, 500; *Koller*, Kommentierung zu § 33 WpHG, in Assmann/Schneider/Mülbert, Kommentar zum WpHG, 7. Aufl. 2019; *Krause*, Was bewirkt Compliance?, StraFo 2011, 437; *Korte*, Grundzüge der Reform der Vermögensabschöpfung, NZWiSt 2018, 231; *Kremer/Klahold*, Compliance-Programme in Industriekonzernen, ZGR 2010, 113; *Krems*, Der NRW-Entwurf für ein Verbandsstrafgesetzbuch – Gesetzgeberische Intention und Konzeption, ZIS 2015, 5; *Krings/Kutschaty*, Strafen für Unternehmen?, DRiZ 2015, 16; *Krüger*, Beteiligung durch Unterlassen an fremden Straftaten – Überlegungen aus Anlass des Urteils zum Compliance-Officer, ZIS 2011, 1; *Kubiciel*, Verbandsstrafe – Verfassungskonformität und Systemkompatibiliät, ZRP 2014, 133; *Kudlich/Oglakcioglu*, Wirtschaftsstrafrecht, 2. Aufl. 2014; *Kuhlen*, Strafrechtliche Produkthaftung, in Achenbach/Ransiek/Rönnau, Handbuch Wirtschaftsstrafrecht, 2. Teil 1. Kapitel, 4. Aufl. 2015; *Kumpan/Pauschinger*, Entwicklung des europäischen Gesellschaftsrechts 2018, EuZW 2019, 357; *Kutschaty*, Deutschland braucht ein Unternehmensstrafrecht, ZRP 2013, 74; *Lackhoff/Schulz*, Das Unternehmen als Gefahrenquelle? Compliance-Risiken für Unternehmensleiter und Mitarbeiter, CCZ 2010, 86; *Leipold*, Unternehmensstrafrecht – Eine rechtspolitische Notwendigkeit?, ZRP 2013, 34; *Lösler*, Spannungen zwischen der Effizienz der internen Compliance und möglichen Reporting-Pflichten des Compliance-Officers, WM 2007, 676; *ders.*, Zur Rolle und Stellung des Compliance-Beauftragten, WM 2008, 1098; *ders.*, Das moderne Verständnis von Compliance im Finanzmarktrecht, NZG 2005, 104; *Löw*, Korruptionsdelikte im Lichte der Compliance-Funktion, JA 2013, 88; *Lorenz/Zierden*, Kleine Ursache, große Wirkung – 1. FiMaNoG eliminiert Strafbarkeit nach WpHG, HRRS 2016, 443; *Mansdörfer*, „Zuwiderhandlungen" der „Entscheidungsträger" und „Verletzung von Verbandspflichten" – Dogmatische Inkonsistenzen im nordrhein-westfälischen Entwurf eines Verbandsstrafrechts, ZIS 2015, 23; *Meixner*, Das Zweite Finanzmarktnovellierungsgesetz, ZAP 2017, 911; *McGuire*, Neue Anforderungen an Geheimhaltungsvereinbarungen?, WRP 2019, 679; *Meyberg*, Kommentierung von § 30 OWiG, in Beck'scher Online Kommentar OWiG, 22. Edition, Stand: 15.3.2019 (zit. als BeckOK OWiG/*Meyberg*); *Michalke*, Neue Garantenpflichten? – oder: Haftung des Compliance-Of-

Kap. 2.1. Criminal-Compliance

ficers. Das obiter dictum des BGH und die Folgen (auch) für die anwaltliche Dienstleistung, AnwBl 2010, 666; *dies.*, Untreue – neue Vermögensbetreuungspflichten durch Compliance-Regeln, StV 2011, 245; *Momsen/Laudien*, Kommentierung von § 14 StGB, in Beck'scher Online Kommentar StGB, 41. Edition, Stand: 1.2.2019 (zit. als BeckOK StGB/*Momsen/ Laudien*); *Mössner/Reus*, Praxisbeitrag: Richtlinien-Management als wichtige Aufgabe der Compliance, CCZ 2013, 54; *Moosmayer*, in Moosmayer, Compliance, 3. Aufl. 2015; *Mosbacher/Dierlamm*, Betriebsangehöriger als Überwachungsgarant, Anm. zu BGH, Urt. v. 17.7.2009 – 5 StR 394/08, NStZ 2010, 268; *Mosiek*, Risikosteuerung im Unternehmen und Untreue – Zur Untreuestrafbarkeit Unternehmensverantwortlicher in Aktiengesellschaft und GmbH bei Verstößen gegen gesetzliche Risikosteuerungspflichten, wistra 2003, 370; *Mutschler-Siebert/Dorschfeldt*, Vergaberechtliche Selbstreinigung und kartellrechtliche Compliance, BB 2015, 642; *Mutter/Quinke*, Garantenstellung bei pflichtwidriger Compliance, AG 2009, 416; *Müller-Michaelis*, Kommentierung zu § 91 AktG, in Hölters, 3. Aufl. Aktiengesetz, 2017; *Nave/Vogel*, Die erforderlichen Veränderungen von Corporate Compliance-Organisationen im Hinblick auf gestiegene Verantwortlichkeiten des Compliance Officers, BB 2009, 2546; *Nestler*, Internal Investigations: Definition und rechtstatsächliche Erkenntnisse zu internen Ermittlungen in Unternehmen, in Knierim/Rübenstahl/Tsambikakis, 2. Aufl. 2016; *Niesler*, Kommentierung zu § 130 OWiG, in Graf/Jäger/Wittig, Wirtschafts- und Steuerstrafrecht, 2. Aufl. 2017; *Nothhelfer*, Die Einführung eines Compliance Management Systems als organisatorischer Lernprozess, CCZ 2013, 23; *Pasewaldt/DiBari*, Zur neuen Richtlinie des US-Justizministeriums zur Strafverfolgung von Unternehmen bei Korruptionsverstößen, NZWiSt 2018, 309; *Ortmann*, Für ein Unternehmensstrafrecht Sechs Thesen, sieben Fragen, eine Nachbemerkung, NZWiSt 2017, 241; *Passarge*, Compliance bei Unternehmen in öffentlicher Hand, NVwZ 2015, 252; *Pauthner/Stephan*, Compliance-Managagement-Systeme für Unternehmensrisiken im Bereich des Wirtschaftsstrafrechts, in Hauschka/Moosmayer/Lösler, Corporate Compliance, § 27, 3. Aufl. 2016; *Peglau*, Unbeantwortete Fragen der Strafbarkeit von Personenverbänden, ZRP 2001, 406; *Pelz*, we observe local law – Strafbarkeitskonflikte in internationalen Compliance-Programmen, CCZ 2013, 234; *ders.*, Hauschka/Moosmayer/Lösler, Corporate Compliance, § 5, 3. Aufl. 2016; *Poppe*, Begriffsbestimmung Compliance: Bedeutung und Notwendigkeit, in Inderst/Bannenberg/ Poppe, Compliance, 1. Kapitel, 3. Aufl. 2017; *dies.* Compliance und Strafrecht, in Inderst/ Bannenberg/Poppe, Compliance, 6. Kapitel, 3. Aufl. 2017; *Püschel/Sommer*, Der Anwalt als Compliance-Officer im Strafprozess, AnwBl 3/2013, 168; *Racky*, Begriffsbestimmung Compliance: Bedeutung und Notwendigkeit, in Inderst/Bannenberg/Poppe, Compliance, 6. Kapitel, 3. Aufl. 2017; *Ransiek*, Zur strafrechtlichen Verantwortlichkeit des Compliance-Officers, AG 2010, 147; *Raum*, Allgemeine Grundsätze des Wirtschaftsstrafrechts, in Wabnitz/ Janovsky, Handbuch des Wirtschafts- und Steuerstrafrecht, 4. Kapitel, 4. Aufl. 2014; *Reichert/Ott*, Non Compliance in der AG – Vorstandspflichten im Zusammenhang mit der Vermeidung, Aufklärung und Sanktionierung von Rechtsverstößen, ZIP 2009, 2173; *Rogall*, Kriminalstrafen gegen Unternehmen, GA 2015, 260; *Rolshoven/Hense*, Anm. zu BGH, Urt. v. 17.7.2009 – 5 StR 394/08, BKR 2009, 426; *Rothenfußer/Jäger*, Generalamnestie im Kapitalmarktrecht durch das Erste Finanzmarktnovellierungsgesetz, NJW 2016, 2689; *Rotsch*, Criminal Compliance, ZIS 2010, 614; *ders.*, Anm. zu BGH, Urt. v. 17.7.2009 – 5 StR 394/08; *ders.*, Compliance, in Achenbach/Ransiek/Rönnau, Handbuch Wirtschaftsstrafrecht, 1. Teil 4. Kapitel, 4. Aufl. 2015; *ders./Wagner*, Whistleblowing, in Rotsch, Criminal Compliance, § 34 C, 1. Aufl. 2015; *Roxin*, Strafrecht Bd. 2 – Besondere Erscheinungsformen der Straftat, 2003; *Roxin, I.* Probleme und Strategien in der Compliance-Beratung in Unternehmen, StV 2012, 116; *Rönnau/Schneider*, Der Compliance-Beauftragte als strafrechtlicher Garant – Überlegungen zum BGH-Urteil v. 17.7.2009 – 5 StR 394/08, ZIP 2010, 53; *Rübenstahl*, Zur „regelmäßigen" Garantenstellung des Compliance-Officers, NZG 2009, 1341; *Sachs/Krebs*, Anforderungen an ein außenwirtschaftliches Compliance-Programm und Ausgestaltung in der Praxis, CCZ 2013, 60; *Saliger*, Grundfragen von Criminal Compliance, RW 2013, 263; *Schall*, Grund und Grenzen der strafrechtlichen Geschäftsherrenhaftung, in Festschrift für Hans-Joachim Rudolphi zum 70. Geburtstag, 2004; *Schaefer/ Baumann*, Compliance-Organisation und Sanktionen bei Verstößen, NJW 2011, 3601; *Schäfer*, Die MaComp und das Erfordernis der Unabhängigkeit, Wirksamkeit und Dauerhaftigkeit von Compliance, BKR 2011, 45; *ders.*, Die MaComp und die Aufgaben von Compliance, BKR 2011, 187; *Schautes/Schier*, Compliance International – von "Compliance Defence" und Business Case, CCZ 2013, 149; *Schiemann*, Compliance-Verantwortliche unter Generalverdacht, NZG 2014, 657; *Schünemann*, Die aktuelle Forderung eines Verbandsstrafrechts – Ein kriminalpolitischer Zombie, ZIS 2014, 1; *ders.* Kommentierung von § 25 StGB, in Leipziger Kommentar zum StGB, 12. Aufl. 2007; *Schmid*, Die Garantenpflicht des Compliance-Beauftragten zur Vermeidung fremder Straftaten, JA 2013, 835; *Schmitt-Leonardy*, Zurück in die Zukunft? – Zur neuen alten Diskussion um die Unternehmensstrafe und zu dem immer noch unzureichenden Verständnis des Problems, ZIS 2015, 11; *Schneider*, Compliance als Aufgabe der Unternehmensleitung, ZIP 2003, 645; *Schockenhoff*, Geheimhaltung von Compliance-Verstößen, NZG 2015, 409; *Scholz*, Strafbarkeit juristischer Personen, ZRP 2000, 435; *Schwarz*, Die strafrechtliche Haftung des Compliance-Beauftragten, wistra 2012, 13; *Schwerdtfeger*, Untreuestrafbarkeit und Aufsichtsrat, NZWiSt 2018, 266; *Seibt/Cziupka*, Rechtspflichten und Best Practices für Vorstands- und Aufsichtsratshandeln bei der Kapitalmarkt-Compliance, AG 2015, 93; *dies.* 20 Thesen zur Compliance-Verantwortung im System der Organhaftung aus Anlass des Siemens/Neubürger-Urteils, DB 2014, 1598; *Sethe*, Insiderrecht, in Assmann/Schütze, Handbuch des Kapitalanlagerechts, § 12, 4. Aufl. 2015; *Sidhu/Saucken*, Grenzüberschreitende Verteidigung von Unternehmensmitarbeitern, NZWiSt 2018, 126; *Spehl/Momsen/Grützner*, Unternehmensinterne Ermittlungen Teil I, CCZ 2013, 260; *dies;* Unternehmensinterne Ermittlungen Teil II, CCZ 2014, 2; *Spindler;* Kommentierung von § 91 und § 93 AktG, in Münchener Kommentar zum Aktiengesetz, 5. Aufl. 2019; *Spring*, Die Garantenstellung des Compliance-Officers oder: Neues zur Geschäftsherrenhaftung – Zugleich Besprechung von BGH, Urt. v. 17.7.2009, GA 2010, 222; *Stoffers*, Anm. zu BGH, Urt. v. 17.7.2009 – 5 StR 394/08, NJW 2009, 3176; *Stratenwerth/Kuhlen*, Strafrecht Allgemeiner Teil, 6. Aufl. 2011; *Stück*, Einführung und Umsetzung eines Compliance-Management-Systems (CMS), MDR 2014, 1117; *Süße/Püschel*, Die Diskussion um die Einführung eines Unternehmensstrafrechts in Deutschland – Gesetzgebungsvorschlag des Bundesverbandes der Unternehmensjuristen, Newsdienst Compliance 2014, 11002; *Theile*, Strafbarkeitsrisiken der Unternehmensführung aufgrund rechtswidriger Mitarbeiterpraktiken – Kann die Nichteinrichtung einer Compliance-Organisation eine strafbare Untreue nach § 266 StGB begründen?, wistra, 2010, 457; *ders.*, Wirtschaftskriminalität und Strafverfahren, 2009; *ders.*, Unternehmensrichtlinien – Ein Beitrag zur Prävention von Wirtschaftskriminalität, ZIS 2008, 406; *Tiedemann*, Wirtschaftsstrafrecht – Einführung und Allgemeiner Teil, 5. Aufl. 2017; *Timm*, Tagungsbericht: 2. Tagung des CCC – Center for Criminal Compliance: „Criminal Compliance vor den Aufgaben der Zukunft" am 7./8.12.2012 in Gießen, ZIS 2013, 249; *Trüg*, Die Reform der strafrechtlichen Vermögensabschöpfung, NJW 2017, 913; *Verse*, Compliance im Konzern – Zur Legalitätskontrollpflicht der Geschäftsleiter einer Konzernobergesellschaft, ZHR 175 (2011), 401; *Vogel*, Unrecht und Schuld in einem Unternehmensstrafrecht, in Kempf/Lüderssen/Volk, Unternehmensstrafrecht, 2012; *Walther/Zimmer*, Mehr Rechtssicherheit für Compliance-Ermittlungen, Arbeitgeber sind keine TK-Dienstanbieter, BB 2013, 2933; *Warneke*, Die Garantenstellung von Compliance-Beauftragten, NStZ 2010, 312; *Wastl/Litzka/Pusch*, SEC-Ermittlungen in Deutschland – eine Umgehung rechtsstaatlicher Mindeststandards!, NStZ 2009, 68; *Weber,* Die Entwicklung des Kapitalmarktrechts in 2017/2018, NJW 2018, 995; *Weigend/Hoven*, Der Kölner Entwurf eines Verbandssanktionengesetzes, ZRP 2018, 30; *Weimann*, Viele Fragen noch ungeklärt – Aspekte der Konzern-Compliance aus Sicht einer Strafverfolgungsbehörde, GoingPublic „Kapitalmarktrecht 2010", 2010; *Weidemann*, Kommentierung zu § 202 a StGB, Beck'scher Online Kommentar 42. Edition, Stand: 1.5.2019 (zit. als BeckOK StGB/*Weidemann*); *Weith*, Staatsanwaltschaft darf umfangreich beschlagnahmen, BUJ Sonderedition Compliance, Herbst 2014, 36; *Weiß*, Compliance der Compliance – Strafbarkeitsrisiken bei Internal Investigations, CCZ 2014, 136; *Wessels/Beulke/Satzger*, Strafrecht Allgemeiner Teil, 48. Aufl. 2018; *Wessing*, in Hauschka/Moosmayer/Lösler, Corporate Compliance, § 46, 3. Aufl. 2016; *Wessig/Hugger/ Dann*, Strafrechtliche Aspekte der Compliance in Kreditinstituten, in Renz/Hense, Wertpapier-Compliance in der Praxis, 1. Teil 9. Kapitel, 2. Aufl. 2019; *Wiederholt/Walter*, Compliance – Anforderungen an die Unternehmensorganisationspflichten, BB 2011, 968; *Willems*, Der NRW-Entwurf zu einem Verbandsstrafgesetzbuch – die Perspektive der Wirtschaft, ZIS 2015, 40; *Wohlers/Gaede*, Kommentierung zu § 13 StGB, in Kindhäuser/Neumann/Paeffgen – Nomos Kommentar zum Strafgesetzbuch, 5. Aufl. 2017; *Wolf*, Der Compliance-Officer – Garant, hoheitlicher Beauftragter oder Berater im Unternehmensinteresse zwischen Zivil-, Straf- und Aufsichtsrecht?, BB 2011, 1353; *Wolters*, Whistleblowing – Pflicht und Kür, BUJ Sonderedition Compliance, Herbst 2014, 30; *Wybitul*, Strafbarkeitsrisiken für Compliance-Verantwortliche, BB 2009, 2590; *Zieglmeier*, Beitrags-Compliance bei (Fremd-) Personaleinsatz im Unternehmen, DStR 2018, 619; *Zimmermann*, Die straf- und zivilrechtliche Verantwortlichkeit des Compliance Officers – Im Spannungsfeld zwischen Aufgabenstellung und persönlicher Verantwortlichkeit, BB 2011, 634.

Kap. 2.1. Criminal-Compliance 2

I. **(Criminal) Compliance im Finanzsektor** 1
  1. Begriff der Compliance 1
  2. Novellierung der Finanzmarktvorschriften durch das FiMaNoG 6
    a) Notwendigkeit und Gang der Umsetzung der Novellierung 6
    b) 1. FiMaNoG 7
    c) 2. FiMaNoG 8

II. **(Criminal) Compliance als Aufgabe der Geschäftsleitung** 9
  1. Gesellschaftsrechtliche Organisationspflichten 9
  2. § 25 a KWG als Rechtsgrundlage für die Einrichtung einer Compliance-Organisation im Finanzsektor 13
  3. Compliance und Geldwäsche 17
  4. (Unterlassene) Compliance und zivilrechtliche Haftung – LG München I 10.12.2013 – 5 HKO 1387/10 Siemens/Neubürger-Entscheidung 19

III. **Strafbarkeitsrisiken im Unternehmen wegen mangelnder Kriminalitätsprävention** 20
  1. Wichtige Straftatbestände im Bereich des Bank- und Kapitalmarktrechts 20
  2. § 30 OWiG und § 130 OWiG 21
    a) Allgemeines 21
    b) § 130 OWiG als zentrale strafrechtliche Compliance-Norm 22
      aa) Begriff der Aufsichtspflichtverletzung 23
      bb) Auslegungshilfen für die Bestimmung des Begriffs der Aufsichtspflicht 24
  3. Strafrechtliche Verantwortlichkeit im Unternehmen 25
    a) Unmittelbare Verantwortung des handelnden Mitarbeiters 27
    b) Horizontale Verantwortungsstrukturen 28
    c) Vertikale Verantwortungsstrukturen 30
      aa) Abgrenzung (mittelbare) Täterschaft/Teilnahme 31
      bb) Mittelbare Täterschaft kraft Wissens- bzw. Organisationsherrschaft 32
    d) Strafbarkeit durch Unterlassen 33
      aa) Garantenstellung der Geschäftsleitung 34
      bb) Geschäftsherrenhaftung 35
      cc) Geschäftsherrenhaftung in Bezug auf Insidertaten 37
      dd) Delegation 39
  4. Möglichkeiten der Kriminalprävention durch Compliance Management Systeme .. 40
    a) Allgemeines zu Compliance Management Systemen (CMS) 40
    b) Auswirkungen der Dieselaffäre auf das Compliance Management System 41
    c) Konkrete Begegnungsweisen strafrechtlicher Unternehmensrisiken 42
      aa) Unternehmensrichtlinien 42
      bb) Interne Ermittlungen 43
      cc) Whistleblowing 44
      dd) Kooperation mit externen Stellen 45
  5. Bußgeldminderung unter Berücksichtigung von Compliance Management Systemen 46

IV. **Strafrechtliche Verantwortlichkeit des Compliance-Officers** 47
  1. BGH 17.7.2009 – 5 StR 394/08 47
  2. Herleitung der Garantenstellung 50
    a) Keine primäre Garantenpflicht 52
    b) Abgeleitete Garantenstellung 54
  3. Kritik in der Literatur 58
  4. Aus dem Urteil resultierende Handlungspflichten und (strafrechtliche) Folgen der Missachtung 66
  5. Weitere Strafbarkeitsvoraussetzungen 70
    a) Kausalität 70
    b) Täter/Teilnehmer 71
    c) Vorsatz 72

V. Strafrechtliches Haftungsrisiko der Geschäftsleitung gem. § 266 StGB bei Verletzung gesellschaftsrechtlicher Organisationspflichten 73	1. Begriff der Verbandsstrafe und deren Abgrenzung zu anderen Sanktionsformen ... 81
1. Pflichtverletzung 73	2. (Verfassungs-)Rechtliche Hürden und Problematiken der strafrechtlichen Unternehmensverantwortlichkeit 82
2. Nachteil 80	
VI. Strafrechtliche Verantwortlichkeit des Unternehmens selbst – die Verbandsstrafe 81	3. Aktueller Stand der Diskussion und Gesetzesbestrebungen in Deutschland 83

I. (Criminal) Compliance im Finanzsektor

1. Begriff der Compliance

1 Die originäre und zunächst unjuristische Bedeutung des aus dem anglo-amerikanischen Sprachraum stammenden Begriffs der „Compliance" erschöpft sich in der deutschen Übersetzung in den Begrifflichkeiten „Einhaltung", „Übereinstimmung" oder auch „Befolgung".[1] So einfach sich dieses Wort im alltäglichen Sprachgebrauch einfindet, so schwierig ist doch dessen Bestimmung auf der Ebene des Rechts. Denn obwohl das Thema „Compliance" als Rechtserscheinung derzeit nach wie vor in Rechtswissenschaft und Rechtspraxis in aller Munde ist, existiert zugleich jedoch immer noch keine allgemeingültige, umfassende inhaltliche Begriffsdefinition für dieses Rechtsinstrument.

Historisch betrachtet verwundert dieser Umstand, da Selbstverpflichtung von Unternehmen in Gestalt von Ethik-Kodizes bereits seit den 1990er Jahren verstärkt auftreten.[2] Seinen Ursprung hat das heutige Compliance-Verständnis vor allem im Bereich des Bank- und Kapitalmarktrechts, wo zur Wahrung der Marktintegrität und Vermeidung von Interessenkonflikten im Wertpapierhandel zu dieser Zeit die ersten Compliance-Organisationen entwickelt wurden.[3] Dementsprechend kann man unter „Compliance" zunächst in einem organisatorischen Sinne die Bezeichnung für diejenige Abteilung im Unternehmen verstehen, deren Aufgabe es ist, die Einhaltung der wertpapierrechtlichen Vorschriften systematisch sicherzustellen.[4] Die kriminalitätsbezogene Compliance demgegenüber findet ihren Ursprung allerdings in den USA, und ging dort schon Mitte der 1980er Jahre im Zuge der Reform des Strafzumessungsrechts in das Strafrecht ein.[5] Der ausdrückliche Begriff der „Criminal Compliance" hingegen soll jedoch erst einem Arbeitspapier des Unternehmens Microsoft aus dem Jahre 2008 entstammen und im Originalkontext die Zusammenarbeit zwischen einem Unternehmen und den externen Strafverfolgungsbehörden bezeichnet haben.[6]

2 In der jüngeren Vergangenheit hat sich jedoch zunehmend ein weiteres Begriffsverständnis durchgesetzt. Die interne Kontrollinstanz soll in genereller Hinsicht das Handeln im Einklang mit dem geltenden Recht gewährleisten, so

---

1 *Von Beseler/Jacobs-Wüstefeld* in Law Dictionary, Fachwörterbuch der anglo-amerikanischen Rechtssprache, 4. Aufl. 1986.
2 Wabnitz/Janovsky/*Bannenberg* 12. Kap. Rn. 36.
3 Schimansky/Bunte/Lwowski/*Faust* § 109 Rn. 2; *Lösler* NZG 2005, 104; *Lösler* WM 2008, 1098; *Klindt* NJW 2006, 3399; *Klindt/Pelz/Theusinger* NJW 2010, 2385.
4 Hauschka/Moosmayer/Lösler/*Bürkle* § 36 Rn. 1.
5 Achenbach/Ransiek/Rönnau/*Rotsch* 1. Teil 4. Kap. Rn. 17 ff.
6 Wabnitz/Janovsky/*Dannecker* 1. Kap. Rn. 133.

dass sich Compliance als die Gesamtheit aller Aufsichtsmaßnahmen zur Sicherstellung eines regelgerechten Verhaltens der Unternehmensangehörigen – auch und gerade in präventiver Hinsicht[7] – definieren lässt.[8] Vereinfacht gesagt, geht es um die Entwicklung von Strategien und Verfahren zur Vermeidung von Strafbarkeit und Haftung.[9] Diese Zielrichtung spielt gerade im Finanzsektor angesichts der derzeitigen und sich nach wie vor auswirkenden Finanzkrise sowie der in diesem Zusammenhang bekannt gewordenen Korruptionsfälle und Betrugsskandale für das Vertrauen in einen funktionierenden und integren Finanzmarkt eine herausragende Rolle.[10] In diesem Bereich sind die Anforderungen an ein **angemessenes Risikomanagement** aufgrund der strengen kapitalmarktrechtlichen Vorschriften und vielfältigen Interessenkonflikte besonders hoch und für die Reputation des Finanzplatzes Deutschland von erheblicher Bedeutung.[11] Der gerade in Krisenzeiten steigende Wettbewerbsdruck erfordert eine umfassende Kontrolle und ein verstärktes Compliance-Management.

Damit wird deutlich, dass die Einrichtung effektiver Compliance-Systeme auch gerade aus der strafrechtlichen Perspektive beleuchtet werden muss und der Aspekt der kriminalitätsbezogenen Compliance (sog **Criminal Compliance**) zunehmend an Bedeutung gewinnt.[12] Auch wenn die Einhaltung strafrechtlicher Normen im Wirtschaftsleben eigentlich als Selbstverständlichkeit erscheint, wird schnell klar, dass die Grenze zwischen erlaubtem und strafrechtlich relevantem Handeln in unserer globalisierten Geschäftswelt und der Ausdehnung vergleichsweise unbestimmter Straftatbestände wie beispielsweise der Untreue (§ 266 StGB) sowie dem Geltungsbereich „fremder" Rechtsordnungen bei grenzüberschreitenden Sachverhalten nicht immer leicht zu ziehen ist.[13] Dazu trägt auch die Entwicklung in der Rechtsprechung bei, die Haftung von Leitungspersonal auszudehnen, so dass deren unternehmerisches Handeln immer mehr in den Fokus des Strafrechts gerät.[14] Um strafrechtliche Haftungsrisiken sowie die daraus resultierenden Imageschäden durch präventive Maßnahmen zu minimieren, ist es unerlässlich, Problembereiche im Unternehmen frühzeitig zu lokalisieren.[15]

In diesem Zusammenhang ist die Wettbewerbsbehörde Großbritanniens (UK Office of Fair Trading) zu nennen, die im Juni 2011 ein „Compliance-Package" veröffentlichte, in dem für Unternehmen im Bereich des **Kartellrechts**

---

7 *Wiederholt/Walter* BB 2011, 968 (972) halten ab einer gewissen Unternehmensgröße – die nicht zu hoch angesetzt werden kann – die Verwendung eines Organisationshandbuches für obligatorisch.
8 IBP/*Poppe* Kap. 1 Rn. 1; Hauschka/Moosmayer/Lösler/*Hauschka/Moosmayer/Lösler* § 1 Rn. 2; *Bock* wistra 2011, 201.
9 Wabnitz/Janovsky/*Dannecker* F. Criminal Compliance Rn. 133.
10 Schwark/Zimmer/*Fett* WpHG § 33 Rn. 15.
11 Schimansky/Bunte/Lwowski/*Faust* § 109 Rn. 3.
12 Zur Frage der Effektivität von Compliance im Hinblick auf Vermeidung von Straftaten unter Einbeziehung von einzelnen empirischen Studien, siehe *Krause* StraFo 2011, 437 (439).
13 Vgl. insbesondere zur Schwierigkeit von Compliance bei grenzüberschreitenden Unternehmungen: *Pelz* CCZ 2013, 234; *Klengel/Dymek* HRRS 2011, 22.
14 Vgl. BGH 6.7.1990 – 2 StR 549/89, BGHSt 37, 106 – „Lederspray-Fall"; *Rotsch* ZIS 2010, 614 (616); *Bock* Criminal Compliance S. 282 f.; Achenbach/Ransiek/Rönnau/*Kuhlen*, 2. Teil 1. Kap. Rn. 20 f.
15 *Bock* wistra 2011, 201; *Rotsch* ZIS 2010, 614 (615).

Compliance-Maßnahmen zusammengestellt wurden.[16] Es wird dort ein vierstufiges Verfahren, eine Risikoidentifizierung, Identifizierung der Kartellrechtsrisiken, Konzeption zur Risikominimierung und ein regelmäßiger „Review" erläutert. Auch wenn das „Package" nicht vollumfänglich auf die deutsche Rechtslage anwendbar ist, so sind diesem eine Aufklärung sowie eine Sensibilisierung für deutsche Unternehmen in diesem Marktbereich in Bezug auf Fragen zur Verteilung der Verantwortlichkeiten, zu Haftungsrisiken und typischen Kartellrechtsverstößen zu entnehmen.

5 Die vorstehenden Ausführungen zeigen, dass Compliance in erster Linie dem Unternehmensinteresse dient und der Schutz externer Interessen – wie zB der Anleger oder des Kapitalmarkts – ein bloßer **Regelungsreflex** ist. Aber auch der Staat selbst hat ein beachtliches Interesse an der Etablierung von Compliance-Systemen, welches über das bloße und allgemeine Normeinhaltungsinteresse hinausgeht. Indem er private Unternehmen[17] in Gestalt von Überwachungssystemen oder internen Erhebungen für die Durchsetzung des geltenden Rechts in die Pflicht nimmt und seine eigene Pflicht somit auf den privaten Sektor delegiert, kann er diesen zum einen die hiermit einhergehende Kostenbelastung auferlegen, zum anderen aber auch anhand solcher Compliance-Systeme und insbesondere den hierdurch zu Tage geförderten Ergebnissen die originär staatlicherseits durchzuführende Strafverfolgung überhaupt erst ermöglichen, zumindest aber durch die weitreichenden unternehmensinternen Einblicke erheblich erleichtern.[18]

2. Novellierung der Finanzmarktvorschriften durch das FiMaNoG
a) Notwendigkeit und Gang der Umsetzung der Novellierung

6 Das Bundesministerium der Finanzen (BMF) hatte am 16.10.2015 den Ländern und Verbänden den Referentenentwurf eines Gesetzes zur Novellierung von Finanzmarktvorschriften aufgrund europäischer Rechtsakte zur Konsultation weitergeleitet. Das hierauf aufbauende und am 2.7.2016 in Kraft getretene 1. Finanzmarktnovellierungsgesetz (1. FiMaNoG)[19] sollte hierbei die Vorgaben der überarbeiteten Finanzmarktrichtlinie (MiFID II)[20] nebst der dazugehörige Verordnung (MiFIR),[21] der überarbeiteten Marktmissbrauchsrichtlinie und -verordnung (CSMAD[22] und MAR),[23] der EU-Verordnung über Zentral-

---

16 UK OFT, www.oft.gov.uk/shared_oft/ca-and-cartels/competition-awareness-complianc e/oft1341.pdf (29.5.2019).
17 Zur Notwendigkeit und Ausgestaltung von Compliance bei Unternehmen in öffentlicher Hand: *Passarge* NVwZ 2015, 252.
18 *Saliger* RW 2013, 263; *Greeve* StraFo 2013, 89.
19 BT-Drs. 180/16; BGBl. I 31/1514.
20 RL 2014/65/EU des Europäischen Parlaments und des Rates vom 15.5.2014 über Märkte für Finanzinstrumente sowie zur Änderung der RL 2002/92/EG und 2011/61/EU (Abl. 2014 L 173, 349).
21 VO (EU) Nr. 600/2014 des Europäischen Parlaments und des Rates vom 15.5.2014 über Märkte für Finanzinstrumente und zur Änderung der VO (EU) Nr. 648/2012 (Abl. 2014 L 173, 84).
22 RL 2014/57/EU des Europäischen Parlaments und des Rates vom 16.4.2014 über strafrechtliche Sanktionen bei Marktmanipulationen (ABl. 2014 L 173, 179).
23 VO (EU) Nr. 596/2014 des Europäischen Parlaments und des Rates vom 16.4.2014 über Marktmissbrauch und zur Aufhebung der RL 2003/6/EG des Europäischen Parlaments und des Rates und der RL 2003/124/EG, 2003/125/EG und 2004/72/EG der Kommission (ABl. 2014 L 173, 1).

verwahrer (CSDR)[24] sowie der Verordnung über Basisinformationsblätter für verpackte Anlageprodukte für Kleinanleger und Versicherungsanlageprodukte (PRIIP-VO)[25] in nationales Recht umsetzen. Die EU-Rechtsakte waren im Zuge der Finanzkrise ab dem Jahr 2008 seitens des europäischen Gesetzgebers auf zahlreichen Gebieten des Kapitalmarktrechts ergriffen worden, um die Verbesserung von Transparenz und Integrität der Märkte und insbesondere des Anlegerschutzes herbeizuführen, welche der europäische Gesetzgeber bei der gegenwärtigen Rechtslage in den einzelnen Nationalstaaten als nicht ausreichend gewährleistet empfand.

Dieser Referentenentwurf wurde am 6.1.2016 durch den Regierungsentwurf der Bundesregierung eines Ersten Gesetzes zur Novellierung von Finanzmarktvorschriften aufgrund europäischer Rechtsakte (Erste Finanzmarktnovellierungsgesetz – 1. FiMaNoG) ersetzt. Der Regierungsentwurf bildete hierbei den ersten Teil der schon im Referentenentwurf angestrebten umfangreichen Novellierung der Finanzmarktgesetze, bei der die soeben aufgezeigten vier europäischen Rechtsakte in nationales Recht umgesetzt wurden. Im Unterschied zum vorherigen Referentenentwurf des Finanzmarktnovellierungsgesetzes handelte es sich hierbei jedoch nur um einen Teil der ursprünglich anvisierten Novellierungen.

Die Umsetzung der Finanzmarktrichtlinie und Verankerung der Finanzmarktverordnung im deutschen Recht erfolgte erst zu einem späteren Zeitpunkt durch ein Zweites Finanzmarktnovellierungsgesetz (2. FiMaNoG), da die Anwendbarkeit der MiFID II und der Verordnung nach Planungen der Europäischen Kommission um ein Jahr vom 3.1.2017 auf den 3.1.2018 verschoben wurde.

b) 1. FiMaNoG

Um den Vorgaben der Europäischen Union Rechnung zu tragen, wurden mit dem 1. FiMaNoG Änderungen vor allem bei den Materien des Wertpapierhandelsgesetzes (WpHG), dem Kreditwesengesetz (KWG) und dem Börsengesetz (BörsG) vorgenommen.

Eine wesentliche Änderung stellt hierbei die Überarbeitung und in weiten Teilen die Aufhebung der Abschnitte 3 („Insiderüberwachung") und 4 („Überwachung des Verbots der Marktmanipulation") des WpHG dar, da diese schon überwiegend in der unmittelbar geltenden VO (EU) Nr. 596/2014 geregelt wurden, was eine teilweise doppelte Kodifizierung durch nationalen und europäischen Gesetzgeber unnötig machte. Ebenso wurde der Abschnitt 6 („Verhaltenspflichten, Organisationspflichten, Transparenzpflichten") des Wertpapierhandelsgesetzes an die geänderten Verhaltens- und Organisationspflichten aus der RL 2014/65/EU angepasst. Darüber hinaus erfolgten die Regelungen zur Überwachung von Positionslimits bei Warenderivaten und zur Aufsicht über

---

24 VO (EU) Nr. 909/2014 des Europäischen Parlaments und des Rates vom 23.7.2014 zur Verbesserung der Wertpapierlieferungen und -abrechnungen in der Europäischen Union und über Zentralverwahrer sowie zur Änderung der Richtlinien 98/26/EG und 2014/65/EU und der VO (EU) Nr. 236/2012 (ABl. L 257, 1).
25 VO (EU) Nr. 1286/2014 des Europäischen Parlaments und des Rates vom 26.11.2014 über Basisinformationsblätter für verpackte Anlageprodukte für Kleinanleger und Versicherungsanlageprodukte (PRIIP) (ABl. L 352, 1).

Datenbereitstellungsdiensten nach der Richtlinie 2014/65/EU sowie die Anpassung verschiedener Vorschriften im Börsen- und Kreditwesengesetz an die Vorgaben der RL 2014/65/EU und der VO (EU) Nr. 909/2014.

Relevanz erlangte auch die Ausweitung und zugleich Stärkung der Aufsichts- und Sanktionierungsmöglichkeiten bei Verstoß gegen die gesetzlichen Handlungsvorgaben durch die Marktteilnehmer. So regelte das 1.FiMaNoG auch die Anpassung und Aufnahme von Eingriffsbefugnissen der jeweils zuständigen Behörden sowie die Erweiterung des Katalogs von Ordnungswidrigkeitstatbeständen und Erhöhung des Bußgeldrahmens in WpHG, BörsG, KWG, KAGB, VAG. Besonders hervorzuheben war die Einführung einer grundsätzlich zwingenden Veröffentlichung von Maßnahmen und Sanktionen durch die Bundesanstalt für Finanzen (BaFin), um durch dieses „An-den-Pranger-Stellen" und den hiermit verbundenen öffentlichen Druck die Einhaltung regelkonformen Verhaltens gegenüber dem Betroffenen noch einmal zu verstärken. Zu diesem Zweck wurde auch die BaFin mit dem 1. FiMaNoG verpflichtet, ein Hinweisgebersystem einzurichten, welches durch die Änderung des Finanzdienstleistungsaufsichtsgesetzes (FinDAG) institutionalisiert wurde. Nicht zuletzt fand auch eine Anpassung der Straftatbestände der Marktmanipulation und des Insiderhandels innerhalb des WpHG an die Vorgaben der RL 2014/57/EU statt.

Neben der überwiegenden Zustimmung zu diesen Änderungen erfolgte aber auch partielle Kritik gegenüber dieser Gesetzesnovellierung, beispielsweise in der Stellungnahme des Verbandes der Deutschen Kreditwirtschaft vom 13.11.2015.[26] Bemängelt wurde hierbei insbesondere die Beibehaltung nationaler Sondervorschriften, welche neben den europäischen Vorgaben weiterhin bestehen bleiben und über diese inhaltlich hinausgehen, weswegen nationale Banken und Sparkassen zusätzlich benachteiligt und vor allem einem zunehmenden Wettbewerbsnachteil mit Banken anderer Staaten ausgesetzt werden.

c) 2. FiMaNoG

8   Das 2. FiMaNoG trat somit am 3.1.2018 in Kraft. Ein Großteil der Novellierung durch das 2. FiMaNoG findet sich im Wertpapierhandelsgesetz, wobei das gesamte Gesetz umstrukturiert und die Nummerierung der Paragrafen grundlegend geändert wurde. Zudem hat das 2. FiMaNoG Auswirkungen auf das Börsengesetz und das Kreditwesengesetz.[27]

Des Weiteren enthält das 2. FiMaNoG Ausführungsbestimmungen zur Verordnung über Wertpapierfinanzierungsgeschäfte (Regulation on Securities Financing Transactions – Verordnung) und zur Benchmark-Verordnung.[28] Diese europäischen Rechtsakte sind nun unmittelbar anwendbar. Durch die SFT-Verordnung wurden Meldepflichten hinsichtlich der Wertpapierfinanzierungsgeschäfte eingeführt und erweiterte Transparenzanforderungen an die Manager von Investmentfonds gestellt. Ziel der Benchmark-Verordnung ist es, die Manipulation der in der EU hergestellten Benchmarks zu verhindern.

---

26 https://bankenverband.de/media/files/RCI_2015_01885_Anl01.pdf (29.5.2019).
27 https://www.bafin.de/SharedDocs/Veroeffentlichungen/DE/Fachartikel/2017/fa_bj_1706_FiMaNoG.html (29.5.2019); *Meixner* ZAP 2017, 911; *Weber* NJW 2018, 995.
28 https://www.bafin.de/SharedDocs/Veroeffentlichungen/DE/Fachartikel/2017/fa_bj_1706_FiMaNoG.html (29.5.2019); *Meixner* ZAP 2017, 911; *Weber* NJW 2018, 995.

Eine wesentliche Änderung durch das 2. FiMaNoG lässt sich mit einem Blick auf die Datenbereitstellungsdienste erkennen, die nun sowohl einer Erlaubnispflicht nach dem KWG als auch einer BaFin-Aufsicht nach dem WpHG unterliegen.[29] Zudem fällt im Wege des 2. FiMaNoGs der Betrieb eines Organisierten Handelssystems (Organised Trading Facilities, OTF) unter die erlaubnispflichtigen Finanzdienstleistungen, was eine Reihe von Organisations- und Verhaltenspflichten mit sich bringt. In Deutschland existierte schon vor Erlass der Finanzmarktrichtlinie ein Hochfrequenzhandelsgesetz, so dass hier lediglich einzelne Anpassungen, wie die Berechnung für das Order-Transaktionsverhältnis und die Mindestpreisänderungsgröße, vorgenommen werden mussten.

Erstmalig eingeführt wurde zudem eine Begrenzung und Überwachung der Positionen in Warenderivaten, wodurch die Gefahr negativer Auswirkungen auf die Realwirtschaft und die Versorgung der Bevölkerung verringert werden soll.[30] Eine Verbesserung durch das 2. FiMaNoG erfolgte auch mit Blick auf die Informationspflichten der Unternehmen gegenüber ihren Kunden. Ebenso ist die Einführung der unabhängig erbrachten Anlageberatung als Neuerung zu nennen und führt dazu, dass monetäre Zuwendungen an das Wertpapierdienstleistungsunternehmen nur unter engen Voraussetzungen möglich sind und an den Kunden ausgekehrt werden müssen. Nicht-monetäre Zuwendungen sind gar nicht erst zulässig. Im Wege des 2. FiMaNoGs wurden die Anforderungen an eine monetäre Zuwendung verschärft und in WpDVerOV umgesetzt. Zudem lassen sich in den Produktüberwachungspflichten, sog Product Governance, Neuerungen durch das 2. FiMaNoG finden, wonach sichergestellt werden soll, dass die Finanzinstrumente den Bedürfnissen der Endkunden im Zielmarkt entsprechen. Schließlich hat auch eine Verschärfung der Sanktionen bei Verstößen gegen Ge- und Verbote stattgefunden.

II. (Criminal) Compliance als Aufgabe der Geschäftsleitung

1. Gesellschaftsrechtliche Organisationspflichten

Die Geschäftsleitung einer Bank ist – unabhängig von den spezialgesetzlichen Regelungen im Kapitalmarktrecht – bereits nach allgemeinen gesellschaftsrechtlichen Grundsätzen dazu verpflichtet, eine ordnungsgemäße Organisation des Geschäftsbetriebs einzurichten und auf ein rechtskonformes Handeln der Gesellschaft selbst sowie der im Unternehmen Beschäftigten hinzuwirken.[31] Hierbei sind folgende Haftungsnormen zu nennen: §§ 76, 93 Abs. 1 AktG für den Vorstand einer AG, § 43 Abs. 1 GmbHG für den Geschäftsführer einer GmbH und §§ 27 Abs. 1, 34 Abs. 1 GenG für den Vorstand einer genossenschaftlich organisierten Bank. Im Zentrum der nachfolgenden Darstellung stehen im Hinblick auf die größte Praxisrelevanz im Bank- und Kapitalmarktrecht die aktienrechtlichen Sorgfaltspflichten.

Maßgeblich nach §§ 76, 93 Abs. 1 AktG ist, wie sich ein ordentlicher und gewissenhafter selbstständig tätiger Leiter eines nach Art und Größe gleichen

---

29 https://www.bafin.de/SharedDocs/Veroeffentlichungen/DE/Fachartikel/2017/fa_bj_1706_FiMaNoG.html (29.5.2019); *Hoops* WM 2018, 206; *Meixner* ZAP 2017, 911.
30 https://www.bafin.de/SharedDocs/Veroeffentlichungen/DE/Fachartikel/2017/fa_bj_1706_FiMaNoG.html (29.5.2019); *Meixner* ZAP 2017, 911; *Weber* NJW 2018, 995.
31 Schwark/Zimmer/*Fett* § 33 Rn. 17; Hauschka/Moosmayer/Lösler/*Bürkle* § 36 Rn. 12; *Wolf* BB 2011, 1353 (1354); *Schneider* ZIP 2003, 645 (646).

oder ähnlichen Unternehmens verhalten würde.[32] Aus diesen gesellschaftsrechtlichen Überwachungs- und Sorgfaltspflichten folgt auch eine Risikosteuerungspflicht der Geschäftsleitung zur Verhinderung von Wirtschaftsstraftaten. Die **Antizipation strafrechtlicher Risiken** gehört damit als Bestandteil der allgemeinen Leitungsaufgabe zum Kernbereich der Geschäftsleitung. Dementsprechend muss die Unternehmensleitung permanent beurteilen, welche kriminalitätsbezogenen Compliance-Maßnahmen rechtlich geboten, für das Unternehmen förderlich sowie betriebswirtschaftlich sinnvoll sind.[33]

11 Konkretisiert werden diese Pflichten ua durch § 91 Abs. 2 AktG und den Deutschen **Corporate Governance-Kodex** (DCGC).

§ 91 Abs. 2 AktG verpflichtet den Vorstand einer Aktiengesellschaft explizit dazu, ein Überwachungssystem einzurichten, um den Fortbestand der Gesellschaft gefährdende Entwicklungen früh zu erkennen.[34] Auch wenn in § 91 Abs. 2 AktG die Einrichtung eines Compliance-Systems nicht ausdrücklich verlangt wird, knüpft die Vorschrift ihrem Sinn und Zweck nach ganz klar an einem solchen.[35] Der Regelungsgehalt dieser Vorschrift kann nach hM auch auf den Geschäftsführer einer GmbH übertragen werden, soweit eine Vergleichbarkeit von Größe, Komplexität und Struktur besteht.[36] Bei § 91 Abs. 2 AktG handelt es sich nicht um zusätzliche Kontroll- und Überwachungspflichten, die über die in §§ 76, 93 AktG niedergelegten Leitungspflichten hinausgehen, sondern um eine Konkretisierung derselben.[37]

12 Nach Ziff. 4.1.3 DCGC hat der **Vorstand** für die Einhaltung der gesetzlichen Bestimmungen und der unternehmensinternen Richtlinien zu sorgen und auf deren Beachtung durch die Konzernunternehmen hinzuwirken.

2. § 25 a KWG als Rechtsgrundlage für die Einrichtung einer Compliance-Organisation im Finanzsektor

13 Für Unternehmen im Finanzsektor ist die Verpflichtung zur Einrichtung eines Überwachungssystems im Zusammenspiel mit den Spezialvorschriften des KWG bzw. des WpHG zu sehen, die die gesellschaftsrechtlichen Pflichten weiter konkretisieren und ganz ausdrücklich die Einrichtung von Compliance-Strukturen verlangen.[38]

Zunächst ist **§ 25 a KWG** zu nennen, in dem für beaufsichtigte Institute besondere Verhaltens- und Organisationsregeln für ein angemessenes und **wirksames Risikomanagement** festgelegt werden.[39] Das Institut muss nach § 25 a Abs. 1 S. 1 KWG in der Fassung vom 31.12.2016 über eine ordnungsgemäße Geschäftsorganisation verfügen, die die Einhaltung der gesetzlichen Bestimmun-

---

32 BGH 20.2.1995 – II ZR 143/93, BGHZ 129, 30 (34); OLG Düsseldorf 28.11.1996 – 6 U 11/95, AG 1997, 231 (235); MüKoAktG/*Spindler* AktG § 93 Rn. 25.
33 Hauschka/Moosmayer/Lösler/*Pauthner/Stephan* i§ 16 Rn. 41.
34 Hölters/*Müller-Michaelis* § 91 Rn. 4 ff.
35 *Michalke* StV 2011, 245 (248).
36 MüKoAktG/*Spindler* AktG § 91 Rn. 87; Hölters/*Müller-Michaelis* AktG § 91 Rn. 13; IBP/*Poppe*Kap.6 Rn. 28.
37 MüKoAktG/*Spindler* AktG § 91 Rn. 18; OLG Frankfurt aM 12.12.2007 – 17 U 111/07, AG 2008, 453 (454).
38 *Wolf* BB 2011, 1353 (1354); *Lösler* WM 2008, 1098 (1099); Hölters/*Müller-Michaels* AktG § 91 Rn. 4.
39 BFS/*Braun* KWG § 25 a Rn. 34.

gen und der betriebswirtschaftlichen Notwendigkeiten gewährleistet.[40] Gemäß § 25 a Abs. 1 S. 3 KWG muss eine Geschäftsorganisation im vorgenannten Sinne zur Gewährleistung eines effektiven Risikomanagements insbesondere die Festlegung von Strategien, zuvorderst die Festlegung einer auf die nachhaltige Entwicklung des Instituts gerichtete Geschäftsstrategie und einer damit konsistenten Risikostrategie, sowie die Einrichtung von Prozessen zur Planung, Umsetzung, Beurteilung und Anpassung der Strategien umfassen (Nr. 1), Verfahren zur Ermittlung und Sicherstellung der Risikotragfähigkeit vorhalten (Nr. 2), sowie unter anderem über interne Kontrollverfahren, Kontrollsysteme und interne Revisionen verfügen (Nr. 3). Hierbei ist gem. § 25 a Abs. 1 S. 4 KWG die konkrete Ausgestaltung des unternehmensinternen Risikomanagements von Art, Umfang, Komplexität und Risikogehalt der jeweils ausgeübten Geschäftstätigkeit abhängig. In § 25 a Abs. 1 KWG wird somit die Einrichtung eines internen Kontrollsystems verlangt, ohne dies ausdrücklich als „Compliance-Einrichtung" zu bezeichnen.

Zusätzlich wurde durch Art. 2 des Gesetzes zur Anpassung des nationalen Bankenabwicklungsrechts an den Einheitlichen Abwicklungsmechanismus und die europäischen Vorgaben zur Bankenabgabe mit Wirkung zum 6.11.2015[41] in § 25 a KWG ein neuer Abs. 4 integriert, welcher dem Bundesministerium für Finanzen nunmehr die Ermächtigung liefert, durch Rechtsverordnung, die nicht der Zustimmung des Bundesrates bedarf, im Einvernehmen mit der Deutschen Bundesbank und nach Anhörung der Europäischen Zentralbank nähere Bestimmungen über die Ausgestaltung eines angemessenen und wirksamen Risikomanagements auf Einzelinstituts- und Gruppenebene gemäß § 25 a Abs. 1 S. 3 Nr. 1–6, Abs. 2 und Abs. 3 KWG sowie der jeweils zugehörigen Tätigkeiten und Prozesse zu erlassen.

14 Zum anderen muss nach § 33 Abs. 1 Nr. 1 WpHG (vgl. hierzu ausführlich Kap. 2.2. Rn. 1 ff.) ein Wertpapierdienstleistungsunternehmen – neben der Einhaltung der organisatorischen Pflichten nach § 25 a Abs. 1 und 4 des KWG – angemessene Grundsätze aufstellen, Mittel vorenthalten und Verfahren einrichten, die darauf ausgerichtet sind, sicherzustellen, dass das Wertpapierdienstleistungsunternehmen selbst und seine Mitarbeiter den Verpflichtungen dieses Gesetzes nachkommen.

15 In Anlehnung an den § 25 a KWG wurde in der neunten VAG-Novelle in § 64 a VAG für Versicherungsunternehmen erstmals die Verpflichtung zur ordnungsgemäßen Geschäftsorganisation mittels der Notwendigkeit einer ordnungsgemäßen Verwaltung und Buchhaltung sowie eines angemessenes Risikomanagements geregelt.[42]

16 Wie die Compliance-Organisation im Einzelnen auszugestalten ist, ist gesetzlich nicht weiter geregelt. In diesem Zusammenhang erlangen die **MaRisk** (Rundschreiben 15/2009 vom 14.8.2009) und die **MaComp** (Rundschreiben 4/2010 vom 14.6.2011) der BaFin als Auslegungshilfe besondere Bedeutung. In der MaComp präzisiert die BaFin die gesetzlichen Vorgaben, indem sie Mindestanforderungen an die Compliance-Funktion festlegt und den Unter-

---

40 *Schaefer/Baumann* NJW 2011, 3601 (3602); *Lösler* NZG 2005, 104.
41 Abwicklungsmechanismusgesetz (AbwMechG) v. 2.11.2015, BGBl. 2015 I 1864.
42 *Kammerer-Galahn* AnwBl 2009, 77 (78).

nehmen auf diese Weise konkrete Handlungsanweisungen zur Verfügung stellt (zu den Einzelheiten der geforderten bzw. sachgerechten Maßnahmen Kap. 2.2. Rn. 14 ff.). Dadurch wird dem Begriff der Wertpapier-Compliance eine gewisse Kontur verliehen, was angesichts der bestehenden Unsicherheiten zu begrüßen ist. Die Rechtssicherheit wird für die betreffenden Unternehmen und die in der Funktion des Compliance-Officers beschäftigten Mitarbeiter – gerade in Anbetracht der BGH-Rechtsprechung zur Strafbarkeit solcher Beauftragter – in erheblichem Maße erhöht.[43]

Weitere Präzisierungen dieser Verpflichtungen sind im Zuge der gesetzlichen Umsetzung der **EU-Rahmenrichtlinie „Solvency II"**[44] zu sehen, die zum 1.1.2013 auf europäischer Ebene in Kraft getreten ist und deren compliancerelevante Bestimmungen innerhalb von drei Jahren, also bis zum 1.1.2016 in nationales Recht aller 28 Mitgliedstaaten der EU umgesetzt werden mussten. Dieser Verpflichtung ist Deutschland durch das Gesetz zur Modernisierung der Finanzaufsicht über Versicherungen vom 1.4.2015 nachgekommen, welches richtlinienkonform zum 1.1.2016 in Kraft getreten ist.[45] Grundlage der Solvency II – Gesetzesbestrebungen ist es hierbei, auf Basis eines Drei-Säulen-Models die Versicherungsregulierung adäquat zu modernisieren und europaweit zu harmonisieren.[46] Die erste Säule verlangt von den Versicherungsunternehmen eine risiko- bzw. marktwertorientierte Bewertung ihrer Kapitalanlagen und Leistungsverpflichtungen. Die Kapitalanforderungen orientieren sich künftig an den tatsächlich eingegangenen Risiken und sind nicht mehr an starre Obergrenzen gebunden. Die zweite Säule befasst sich mit Anforderungen an die Geschäftsorganisation (Governance) der Versicherungsunternehmen. Diese sollen sicherstellen, dass Unternehmen über wirksame Prozesse und Strukturen verfügen, die ein solides und vorausschauendes Management gewährleisten. Die dritte Säule erweitert die Berichtspflichten der Unternehmen: Die Unternehmen haben zahlreiche quantitative Kennzahlen an die Aufsicht zu übermitteln, müssen in regelmäßigen Abständen über ihre Geschäftsorganisation und viele weitere Aspekte berichten und haben Berichtspflichten gegenüber der Öffentlichkeit zu erfüllen. Bezweckt wird hiermit eine erhebliche Erweiterung der Compliance-Pflichten für Versicherungsunternehmen.[47]

3. Compliance und Geldwäsche

17 Eine weitere wesentliche Rolle im Rahmen von Compliance im Bank- und Kapitalmarktrecht spielt auch die Einhaltung der maßgeblichen Anti-Geldwäsche-Vorschriften.[48] In diesem Zusammenhang spielt insbesondere **§ 25 h KWG** eine hervorgehobene Rolle. Nach § 25 h Abs. 1 S. 1 KWG haben die Institute – unbeschadet ihrer sonstigen gesetzlichen Verpflichtungen aus § 25 a KWG sowie § 9 Abs. 1, 2 des Geldwäschegesetzes (GwG) interne Sicherungsmaßnahmen zu ergreifen, um über Verfahren und Grundsätze zu verfügen,

---

43 *Schäfer* BKR 2011, 45; *Schäfer* BKR 2011, 187.
44 RL 2009/138/EG.
45 BGBl. 2015 I 434 ff.
46 http://www.bundesfinanzministerium.de/Content/DE/Monatsberichte/2015/05/Inhalte/Kapitel-3-Analysen/3-3-versicherungsaufsichtsreform-solvency-zwei.html (29.5.2019).
47 Vgl. hierzu im Einzelnen IBP/*Weber-Rey/Benzler* 7. Kap. Rn. 19 ff.; *Bürkle* CCZ 2008, 50.
48 Hauschka/Moosmayer/Lösler/*Diergarten* § 34 Rn. 17 ff.

welche der Verhinderung von Geldwäsche, Terrorismusfinanzierung und sonstiger strafbarer Handlungen, die zu einer Gefährdung des Vermögens des Instituts führen können, dienen sollen. Zu diesem Zweck haben diese Normadressaten angemessene geschäfts- und kundenbezogene Sicherungssysteme zu schaffen und zu aktualisieren, sowie Kontrollen durchzuführen (vgl. § 25 h Abs. 1 S. 2 KWG) und diese fortlaufend zu entwickeln (vgl. § 25 h Abs. 1 S. 3 KWG). Zweifelhafte oder ungewöhnliche Transaktionen im Zusammenhang mit Geldwäsche oder Terrorismusfinanzierung sind durch etablierte Datenverarbeitungssysteme der Kreditinstitute als solche zu erkennen, auf die jeweiligen Verdachtsmomente zu untersuchen und ggf. im Anschluss zu melden, § 25 h Abs. 2, 3 KWG. Zudem haben die Institute gem. § 25 h Abs. 4 KWG einen der Geschäftsleitung unmittelbar nachgeordneten **Geldwäschebeauftragen** zu bestellen, welcher direkt und unmittelbar zu berichten hat. Dieser Geldwäschebeauftragte ist für die Durchführung der Vorschriften zur Bekämpfung und Verhinderung der Geldwäsche und der Terrorismusfinanzierung zuständig sowie zugleich der Ansprechpartner für die Strafverfolgungsbehörden, das Bundeskriminalamt und die Bundesanstalt.

Zudem wurde auch in § 24 c KWG der Bundesanstalt ein automatisiertes Abrufrecht von Kontoinformationen bei entsprechenden Verdachtsmomenten eingeräumt, welches der Bundesanstalt erlaubt, bei entsprechender Verdachtslage betreffend die Geldwäsche sowie weitere kriminelle Handlungen, die von § 24 c Abs. 1 KWG von den Kreditinstituten vorzuhaltenden Daten über Kontoinhaber und das geführte Konto selbst abzurufen.

Daneben müssen aufgrund des ausdrücklichen Vorbehalts in § 25 h Abs. 1 KWG auch die maßgeblichen Vorschriften des GwG eingehalten werden. Kernvorschrift dieses Gesetzeswerks ist § 9 GwG, nach dem der Verpflichtete nach § 2 GwG, insbesondere also auch der nicht dem Geltungsbereich des KWG unterfallende Teilnehmer am Wirtschaftsverkehr, interne Sicherungsmaßnahmen gegen Geldwäsche treffen muss. Die genauen Anforderungen an diese internen Sicherungsmaßnahmen sind hierbei in § 9 Abs. 2 GwG reglementiert und beinhalten wiederum unter anderen die Einsetzung eines Geldwäschebeauftragten mit entsprechendem Pflichtenkreis.

Mit dem Gesetz zur Optimierung der Geldwäscheprävention vom 22.12.2011[49] hat der Gesetzgeber die internationalen Standards zur Bekämpfung der Geldwäsche und Terrorismusfinanzierung, insbesondere die Empfehlungen der Financial Action Task Force on Money Laundering (FATF), umgesetzt und weiterentwickelt. Unter anderem soll die Beaufsichtigung von Unternehmen und Einzelpersonen außerhalb des Finanzsektors, zB Spielbanken, Juweliere, Versicherungsmakler und auch Steuerberater, verbessert werden. Ein wesentlicher Punkt der vorgesehenen Änderungen ist die erweiterte Pflicht zur Abgabe von Verdachtsmeldungen.

4. (Unterlassene) Compliance und zivilrechtliche Haftung – LG München I 10.12.2013 – 5 HKO 1387/10 Siemens/Neubürger-Entscheidung

Dass das Aufgabenfeld der Compliance auch nach allgemeinem Zivilrecht eine Aufgabe der Geschäftsleitung ist, lässt sich auch anhand eines jüngeren Judi-

---

49 BGBl. I 2959.

kats belegen. Als erste Entscheidung, welche sich mit den zivilrechtlichen Folgen, also vornehmlich der Schadensersatzpflichtigkeit des Vorstandes bei nicht bzw. nicht ausreichend effizienter Einrichtung und Unterhaltung eines funktionsfähigen Compliance-Systems, beschäftigt, fand das erstinstanzliche Urteil des LG München I vom 10.12.2013 – Az. 5 HKO 1387/10 in Sachen Siemens/Neubürger in der Literatur große Resonanz.[50]

Nach den Feststellungen des Gerichts hatte sich innerhalb der Siemens AG ein System schwarzer Kassen entwickelt, welches später durch ein System von Scheinberaterverträgen zur fortgesetzten Verschleierung ersetzt worden war. Hierbei wurden die Vorstandsmitglieder der Siemens AG wiederholt auf eine hohe Zahl von Bestechungsfällen im Ausland und damit zusammenhängend auf die mangelhafte Organisation des Compliance-Systems hingewiesen, ohne allerdings hinreichende Maßnahmen zur Aufklärung und Systemüberprüfung zu ergreifen. Vielmehr wurden in der weiteren Folge gegen die Siemens AG aufgrund dieser fortgesetzten Verstöße Bußgelder in einer Gesamthöhe von ca. 600 Mio EUR verhängt, sowie weitere Kosten in Höhe von fast 13 Mio EUR durch Einschaltung externer Ermittlungsquellen zur umfassenden Aufklärung der Vorwürfe aufgewandt, um diese Missstände zu beheben. Vor diesem Hintergrund forderte die Siemens AG von den Vorstandsmitgliedern Schadensersatz wegen der Verletzung von Compliance-Pflichten, deren vergleichsweiser Beilegung nur der, zum Zeitpunkt der Etablierung der fragwürdigen Systeme etablierte Leiter der Zentralabteilung Corporate Finance und damaliges Vorstandsmitglied der Siemens AG ablehnte. In der Folge sah dieser sich einem zivilprozessual geltend gemachten Schadensersatzanspruch in Höhe von 15 Mio Euro ausgesetzt.[51]

Im Ergebnis sprach die Kammer der Klägerin den geltend gemachten Anspruch in voller Höhe zu. Im Rahmen seiner Legalitätspflicht aus §§ 93 Abs. 1, 2 bzw. 76 AktG habe ein Vorstandsmitglied bzw. der Vorstand im Rahmen seiner Gesamtverantwortung an sich, dafür Sorge zu tragen, dass das Unternehmen so organisiert und beaufsichtigt werde, dass keine Gesetzesverstöße wie Schmiergeldzahlungen an Amtsträger eines ausländischen Staates oder an ausländische Privatpersonen erfolgen. Seiner Organisationpflicht genüge ein Vorstandsmitglied bei entsprechender Gefährdungslage nur dann, wenn er eine auf Schadensprävention und zugleich Risikokontrolle angelegte Compliance-Organisation einrichte und unterhalte, wobei sich der jeweils konkrete Umfang für ein solches Compliance System nach Art, Größe und Organisation des Unternehmens, die zu beachtenden Vorschriften, die geografischen Präsenz sowie an Quantität und Qualität der Verdachtsfälle aus der Vergangenheit, also der sich schon offenbarten Risikogeneigtheit, zu orientieren habe. Diesen so konturierten Pflichtenkanon sah das Landgericht aber durch den Beklagten vor dem Hintergrund des konkreten Sachverhaltes als in vorwerfbarer Art und Weise verletzt.

---

50 *Fleischer* NZG 2014, 321; *Bürkle* CCZ 2015, 52; *Grützner* BB 2014, 850; *Seibt/Cziupka* DB 2014, 1598.
51 Bezüglich der weiteren Einzelheiten des Sachverhaltes vergleiche den Urteilstatbestand dieser Entscheidung, LG München I 10.12.2013 – 5 HK O 1387/10, CCZ 2014, 142 mAnm *Fett* wistra 2014, 367.

Die Bedeutung der Entscheidung liegt zunächst schon einmal in grundsätzlicher Hinsicht darin, dass durch sie als eine Art juristischer Lackmustest und erste Gerichtsentscheidung ihrer Art, die Standhaftigkeit der bislang – größtenteils rechtstheoretisch und unternehmensintern erarbeiteten – Compliance-Regelungsgebilde anhand der Anforderungen der judiaktiven Außenwelt gemessen wurde. Mit Fleischer[52] lassen sich jedoch neben den soeben erwähnten Leitsatzaussagen drei, durch die Entscheidung besonders hervorgehobene und umschriebene Pflichtenkreise herausarbeiten, welche auch in den Bereich des compliancebezogenen OWi- und Strafrechts als „grundsätzliche Leitplanken"[53] für eine Compliance-Organisation in der Aktiengesellschaft sowie für die entsprechende Verantwortung des Vorstands und mittelbar auch des Aufsichtsrats ausstrahlen werden:

- **Einrichtungs- und Ausgestaltungspflichten:** Der Vorstand muss bei entsprechender Gefährdungslage auf der Grundlage einer unternehmensspezifischen Risikoanalyse Compliance-Richtlinien ausarbeiten (lassen) und bekanntmachen.[54] Ein solches Regelwerk muss ein klares Bekenntnis der Unternehmensleitung zur Rechtstreue enthalten und alle Unternehmensangehörigen zur Einhaltung der Compliance-spezifischen Vorgaben anweisen.[55] Es darf selbstverständlich nicht nur auf dem Papier stehen, sondern muss in der Unternehmenspraxis durch alle Unternehmensangehörigen „gelebt" werden.[56] Dies setzt funktionsfähige Organisationsstrukturen einschließlich einer klaren und strukturierten Zuordnung der Verantwortlichkeiten sowie einer angemessenen Ressourcenausstattung voraus. Außerdem muss der Vorstand für die Einrichtung einer regelmäßigen, anlassbezogenen und effektiven Compliance-Berichterstattung sorgen.[57]

- **Verhaltenspflichten bei Verdachtsmomenten und Verstößen:** Ergeben sich Verdachtsmomente für relevante Regelverstöße, so muss der Vorstand unverzüglich einschreiten und eine unternehmensinterne Untersuchung veranlassen. Dabei hat er „den Dingen auf den Grund" zu gehen, weil sich nur auf diese Weise etwaige Überwachungsdefizite aufspüren und fortan effektiv vermeiden lassen.[58] Hinsichtlich der Art und Weise der Aufklärung verfügt der Vorstand dagegen qua seiner Stellung über einen gewissen Spielraum. Er kann nach pflichtgemäßem Ermessen auf interne Unterstützung durch die Compliance-Abteilung oder die Interne Revision zurückgreifen, aber auch externe Sachverständige hinzuziehen.[59]

- **Systemprüfungs- und Nachjustierungspflichten:** Schließlich obliegen dem Vorstand regelmäßige und anlassbezogene Systemprüfungs- und Nachjustierungspflichten. Nach allgemeiner Ansicht erschöpfen sich die Compliance-Pflichten der Unternehmensleitung nicht in der einmaligen Einrichtung einer Compliance-Organisation, sondern fordern eine kontinuierliche Anpassung. Compliance ist also gerade nicht nur ein einmaliger Vorgang,

---

52 *Fleischer* NZG 2014, 321 (326).
53 *Bürkle* CCZ 2015, 52 (55).
54 Schimansky/Bunte/Lwowski//*Faust* § 109 Rn. 126 ff.; *Kindler* in FS Roth S. 367 (370).
55 *Kremer/Klarhold* ZGR 2010, 113 (123); *Reichert/Ott* ZIP 2009, 2173 (2174 f.).
56 *Reichert/Ott* ZIP 2009, 2173 (2176); *Verse* ZHR 175 (2011), 401 (415).
57 Vgl. *Fleischer* CCZ 2008, 1 (6); *Kremer/Klahold* ZGR 2010, 113 (128).
58 *Fleischer* CCZ 2008, 1, (2); *Arnold* ZGR 2014, 76 (84 f.).
59 *Arnold* ZGR 2014, 76 (83).

sondern vielmehr ein dynamisches Dauerprogramm bestehend aus stetiger Fortentwicklung, Überwachung und Kontrolle.[60] Ganz in diesem Sinne verlangt die Rechtsprechung zu § 130 OWiG die wiederholte Durchführung unangekündigter Stichproben.[61]

III. Strafbarkeitsrisiken im Unternehmen wegen mangelnder Kriminalitätsprävention

1. Wichtige Straftatbestände im Bereich des Bank- und Kapitalmarktrechts

20 Aus jeder existierenden strafbewehrten Norm resultiert die Notwendigkeit, deren Befolgung durch die Einrichtung von Compliance-Maßnahmen sicherzustellen.[62] Ziel muss sein, die aus einem Rechtsverstoß eintretenden negativen (Rechts-)folgen für das Unternehmen zu vermeiden. Im Bereich des Bank- und Kapitalmarktrechts geht es vor allem um die Verhinderung von Straftaten im Zusammenhang mit den Vorschriften des Anlegerschutzes, wie zB Depotunterschlagung (§ 34 DepotG), Unwahre Angaben über das Depoteigentum (§ 35 DepotG), Verleiten zu Börsenspekulationsgeschäften (§ 49 BörsenG), Betreiben verbotener Geschäfte und Handeln ohne Erlaubnis (§ 54 KWG) sowie Verbotener Insiderhandel (§ 38 Abs. 3 WpHG) und Kurs- und Preismanipulation (§ 38 Abs. 1 WpHG). Daneben haben aber auch die Vorschriften des StGB, insbesondere die Vermögensdelikte wie Betrug und Untreue (§§ 263, 266 StGB) sowie die §§ 261, 299, 331 ff. StGB eine besondere Bedeutung.

2. § 30 OWiG und § 130 OWiG

a) Allgemeines

21 Nicht außer Acht gelassen werden dürfen daneben die ordnungswidrigkeitenrechtlichen Vorschriften des § 30 OWiG und § 130 OWiG. Nach § 30 OWiG ist die Verhängung von nicht unerheblichen Geldbußen gegen das Unternehmen selbst möglich, wenn dessen **Leitungspersonen** eine Straftat oder Ordnungswidrigkeit begangen haben, durch die die Pflichten der juristischen Person verletzt worden sind oder die zu deren Bereicherung geführt haben oder führen sollen.[63] Eine solche Anknüpfungstat kann insbesondere auch eine Ordnungswidrigkeit nach § 130 OWiG sein.[64]

b) § 130 OWiG als zentrale strafrechtliche Compliance-Norm

22 § 130 OWiG sanktioniert die Verletzung von Organisations- und Aufsichtspflichten und ermöglicht auf diese Weise – als Auffangtatbestand – einen „Durchgriff" auf Unternehmensverantwortliche.[65] Damit erlangt die Vorschrift besondere Relevanz im Rahmen von kriminalitätsbezogener Compli-

---

60 Hauschka/Moosmayer/Lösler/*Pelz* § 5 Rn. 25.
61 Vgl. OLG Düsseldorf 27.3.2006 – VI-Kart 3/05 (Owi), WuW/E DR-R 1733 (1745); BayObLG 10.8.2003 – 3 ObOWi 51/2001, NJW 2002, 766, (767); aus dem Schrifttum *Verse* ZHR 175 (2011), 401 (414).
62 *Bock* Criminal Compliance S. 246.
63 OLG Jena 2.11.2005 – 1 Ss 242/05, NStZ 2006, 533; Göhler/*Gürtler* in OWiG § 30 Rn. 8.
64 Göhler/*Gürtler* OWiG § 30 Rn. 15, 17.
65 Göhler/*Gürtler* OWiG § 130 Rn. 3.

ance.⁶⁶ Sie stellt zum einen die Rechtsgrundlage für die praktische Gebotenheit von ebensolchen Maßnahmen dar.⁶⁷ Existiert eine wirksame und effektive Compliance-Funktion, sinkt die Wahrscheinlichkeit von Rechtsverstößen der Mitarbeiter und damit gleichermaßen auch das Haftungsrisiko des Betriebsinhabers.⁶⁸ Zum anderen stellt sich die Frage, ob das Unterlassen compliance-relevanter Maßnahmen eine Ordnungswidrigkeit nach § 130 OWiG ist. Es ist zu klären, was unter dem Begriff der „gebotenen Aufsichtsmaßnahme" zu verstehen ist und inwieweit dessen Auslegung durch Compliance beeinflusst wird.

aa) Begriff der Aufsichtspflichtverletzung

Der Unwertgehalt der Tat erschöpft sich darin, dass der Betroffene die zur Verhinderung der Zuwiderhandlung erforderlichen Aufsichtsmaßnahmen, die ihn als Inhaber als solchen treffen, aufgrund vorsätzlichen oder fahrlässigen Unterlassens nicht ergriffen hat.⁶⁹ Das Ausmaß der Aufsichtsplicht ist **einzelfallabhängig**; bei der Bestimmung der betriebs- und unternehmensbezogenen Pflichten sind ua die Größe und Organisation des Betriebs und die Vielfalt und Bedeutung der zu beachtenden Vorschriften entscheidend.⁷⁰ Auch wenn verbindliche Vorgaben durch die Rechtsprechung fehlen, haben sich gewisse Tendenzen herausgebildet.⁷¹ So fordert die Rechtsprechung neben der sorgfältigen und sachgerechten Auswahl und Einweisung von Mitarbeitern eine anhand der personellen, organisatorischen und finanziellen Möglichkeiten des Unternehmens ausgerichtete betriebliche Organisation.⁷² Hierbei spielt insbesondere die Überwachung und Kontrolle des Betriebsablaufs eine zentrale Rolle, wobei die Rechtsprechung aus § 130 OWiG keine flächendeckende Pflicht zur Personalkontrolle herleitet.⁷³ Zudem gelten stets die allgemeinen – und damit nicht nur für § 130 OWiG, sondern für jede strafrechtliche Rechtsgrundlage – Prinzipien, dass die geforderten Aufsichtsmaßnahmen möglich, erforderlich und zumutbar sein müssen.⁷⁴

bb) Auslegungshilfen für die Bestimmung des Begriffs der Aufsichtspflicht

Fest steht, dass der Begriff der Aufsichtspflicht – unabhängig vom Thema Compliance – aus der Norm selbst heraus bestimmt werden muss.⁷⁵ Dennoch wurden gerade im Bereich des Finanzsektors durch die MaComp die einzelnen Handlungspflichten im Bereich Compliance sehr genau definiert, so dass auf diese Kriterien als **Auslegungshilfe und Messfigur** zurückgegriffen werden muss. Somit beeinflussen diese Grundsätze mittelbar die Anforderungen, die an die Aufsicht zu stellen sind und bewirken, dass § 130 OWiG im Lichte von

---

66 Mit der Erhöhung des Bußgeldrahmens hat sich die Bedeutung der Regelung noch erhöht, denn für die Unternehmen gilt es Strukturen zu errichten, die eine umfassende Criminal Compliance garantieren, hierzu näher BeckOK OWiG/*Beck* OWiG § 130 Rn. 126.
67 *Bock* ZIS 2009, 68.
68 *Bock* ZIS 2009, 68 (76).
69 Göhler/*Gürtler* OWiG § 130 Rn. 9.
70 Göhler/*Gürtler* OWiG § 130 Rn. 10; IBP/*Poppe* 6. Kap. Rn. 26 ff.
71 *Schaefer/Baumann* NJW 2011, 3601.
72 Assmann/Schütze/*Sethe* § 8 Rn. 88.
73 OLG Düsseldorf 5.4.2006 – 2 Kart 5, 6/05, BeckRS 2007, 379.
74 *Bock* HRRS 2010, 316.
75 Graf/Jäger/Wittig/*Niesler* OWiG § 130 Rn. 11 f.

Compliance auszulegen ist. Allerdings ist hier zu berücksichtigen, dass Compliance außerhalb des Finanzsektors kaum mehr als eine Vielzahl von nicht gesetzlich geregelten „Regeln und Ratschlägen"[76] darstellt, so dass in diesem Bereich Zurückhaltung geboten ist.

3. Strafrechtliche Verantwortlichkeit im Unternehmen

25 Ausgehend von der Zielsetzung, durch Compliance-Maßnahmen ein rechtmäßiges Verhalten aller Mitarbeiter zu gewährleisten, wird deutlich, dass der strafrechtlich relevanten Personalverantwortung eine zentrale Rolle zukommt.[77] Denn zum einen können durch eine wirksame Compliance-Organisation Reputationsschäden für das Unternehmen vermieden werden, wenn Mitarbeiterstraftaten möglichst schon im Vorfeld unterbunden werden. Zum anderen verringert sich auch das Haftungspotenzial der Unternehmensleitung selbst, wenn die Mitarbeiter sich rechtstreu verhalten.[78] Darüber hinaus sind auch die Rechtsfolgen stets im Blick zu behalten. Auch wenn in Deutschland (bislang) keine Unternehmensstrafe existiert und juristische Personen demnach keine Geldstrafen im eigentlichen Sinne verhängt werden können, drohen ganz erhebliche finanzielle Nachteile durch die Möglichkeiten der **Einziehung** (§§ 73 ff. StGB) sowie einer Geldbuße nach § 30 OWiG.[79]

Auch die Vermögensabschöpfung iSd § 73 StGB hat einige Änderungen erfahren, die am 1.7.2017 in Kraft getreten sind.[80] Ziel der Novellierung war es, die Vermögensabschöpfung zu vereinfachen und Abschöpfungslücken zu schließen.

Vor der Reform unterschied man zwischen den Begriffen „Verfall" gemäß § 73 StGB und „Einziehung" nach § 74 StGB, die nun einheitlich unter den Begriff der „Einziehung" gefasst werden.[81] Eine besondere Bedeutung hat die Streichung des § 73 Abs. 1 S. 2 StGB, wodurch nun auch Einziehungen erfolgen dürfen, die sich nachteilhaft für die Ansprüche des Verletzten auswirken könnten. In diesem Zuge wurde jedoch auch ein Verteilungs- und Auskehrungsverfahren nach §§ 459 g ff. StPO etabliert, welches dazu führt, dass die Verletzten von Straftaten ihre Ansprüche nicht mehr selbst durchsetzen müssen. Insbesondere sind die Erlangung eines zivilrechtlichen Titels sowie die Durchführung der Zwangsvollstreckung nicht mehr erforderlich. Zudem ist die erweiterte Einziehung nicht mehr auf Katalogstraftaten beschränkt, sondern gemäß § 73 a StGB aufgrund jeder Straftat möglich. Die Vorschrift des § 73 b StGB ermöglicht nun auch die Abschöpfung bei Dritten, „wenn der Täter für einen Dritten gehandelt hat, wenn diesem das Erlangte unentgeltlich oder rechtsgrundlos zugewendet wurde, wenn der Dritte hätte erkennen können, dass das Erlangte aus einer rechtswidrigen Tat herrührt und auch wenn der Dritte das Erlangte durch Erbfolge oder als Pflichtteil erhalten hat".[82] Des Weiteren wurde die bislang in § 73 c StGB geregelte Härteklausel gestrichen. Hinsichtlich

---

76 *Michalke* StV 2011, 245 (249).
77 *Bock* Criminal Compliance S. 603.
78 Hauschka/Moosmayer/*Lösler/Pauthner/Stephan* § 16 Rn. 23 ff.
79 *Bock* Criminal Compliance S. 262 f., zu § 30 OWiG sa oben Rn. 32.
80 *Köllner/Mück* NZI 2017, 593; *Korte* NZWiSt 2018, 231; *Trüg* NJW 2017, 1913.
81 *Köllner/Mück* NZI 2017, 593; *Korte* NZWiSt 2018, 231; *Trüg* NJW 2017, 1913.
82 *Trüg* NJW 2017, 1913.

der Abschöpfung nach dem **Bruttoprinzip** wird das Merkmal „aus der Tat" mit dem Merkmal „durch die Tat" gemäß § 73 Abs. 1 StGB ersetzt. Interessant ist hierbei, dass bei Ermittlung des durch die Tat Erlangten Aufwendungen des Täters oder Teilnehmers gemäß § 73 d Abs. 1 S. 1 StGB abgezogen werden. Eine Rückausnahme ergibt sich hier jedoch aus § 73 d Abs. 1 S. 2 Hs. 1 StGB, wonach die für die Begehung der Tat getätigten Aufwendungen nicht abgezogen werden dürfen und damit restlos entfallen. Diese Rückausnahme gilt gemäß § 73 d Abs. 1 S. 2 Hs. 2 StGB nur dann nicht, wenn es sich dabei um eine Erfüllung einer Leistungspflicht an den Verletzten handelt. Zudem wurde das bislang aus dem anglo-amerikanischen Rechtskreis bekannte Institut der „**non-conviction-based confiscation**" in das deutsche Strafrecht eingeführt. Gemäß § 76 a Abs. 4 StGB ist eine Vermögensabschöpfung auch dann zulässig, wenn eine bestimmte Straftat nicht im Einzelnen festgestellt werden kann. Dies sei möglich, da sich die Abschöpfung nicht gegen die Person, sondern gegen die Sache („ad rem") richte.

Nicht zu unterschätzen sind auch die Störungen im Betriebsablauf, die durch Maßnahmen der Ermittlungsbehörden entstehen können (wie zB Durchsuchungen im Unternehmen, Beschlagnahme von wichtigen Unterlagen oder Computern) sowie die Kosten eines unter Umständen langwierigen Strafverfahrens, auch wenn es sich dabei nicht um Sanktionen im eigentlichen Sinne handelt.[83] Auch der mit dem Imageschaden, zB durch negative Presseberichterstattung, einhergehende bzw. drohende Umsatzrückgang ist als negative Folge nicht außer Acht zu lassen. Ferner können sich auch vergaberechtliche Konsequenzen für das jeweilige Unternehmen ergeben, da nach den entsprechenden öffentlichen Vorgaben ein Unternehmen gesetzestreu und zuverlässig sein muss, um für öffentliche Aufträge in Betracht zu kommen (vgl. § 97 Abs. 4 GWB) oder für den Geschäftsbetrieb bedeutsame erforderliche Genehmigungen zu erhalten (vgl. beispielsweise § 3 Abs. 2 S. 1 AWG).[84] Trotz der nach wie vor vielfach in Theorie und Praxis diskutierten Forderung nach einem eigenen Unternehmensstrafrecht, konnte ein solches seitens des Gesetzgebers bis zum heutigen Tage noch nicht in der Rechtswirklichkeit umgesetzt werden.[85]

Wirtschaftskriminalität lässt sich in zwei Teilbereiche untergliedern: Zum einen geht es um Straftaten, die der Täter als „korporativer Akteur" aus dem Unternehmen heraus im (vermeintlichen) Interesse des Arbeitgebers begeht (sog „**Corporate Crime**"),[86] zum anderen um Angriffe der Mitarbeiter auf das eigene Unternehmen[87] (sog **Betriebskriminalität**).[88] Criminal Compliance beschäftigt sich im Wesentlichen mit der erstgenannten Gruppe, so dass sich die folgende Darstellung auf diese Fallkonstellation beschränkt.

---

83 BeckRA-HdB/*Junker/Knigge/Pischel/Reinhart* § 48 Rn. 90; *Bock* Criminal Compliance S. 263; *Weith* BUJ-Sonderedition 2014, 36.
84 Vgl. mit weiterführenden und tiefergehenden Ausführungen *Moosmayer* Compliance B. Rechtsgrundlagen der Compliance und Haftungsrisiken, 2. Vergaberechtliche Konsequenzen.
85 Zum wesentlichen Inhalt der Diskussion: *Beisheim/Jung* CCZ 2018, 63; *Heuking/von Coelln* BB 2014, 3016; *Ostmann* NZWiSt 2017, 241.
86 *Theile* Wirtschaftskriminalität und Strafverfahren S. 49.
87 BeckRA-HdB/*Junker/Knigge/Pischel/Reinhart* § 48 Rn. 71; *Bock* Criminal Compliance S. 23.
88 *Bock* Criminal Compliance S. 23.

a) Unmittelbare Verantwortung des handelnden Mitarbeiters

27 Verwirklicht ein Unternehmensangehöriger in seiner Person alle Tatbestandsmerkmale eines Straftatbestandes, so ergeben sich keine besonderen (Zurechnungs-)Probleme. Täuscht ein Mitarbeiter einen Geschäftspartner und verursacht so beim ihm einen irrtumsbedingten Vermögensschaden, verwirklicht er den § 263 StGB als unmittelbarer Täter in Drittbereicherungsabsicht.[89]

b) Horizontale Verantwortungsstrukturen

28 Da das Wirtschaftsleben dadurch gekennzeichnet ist, dass Aufgaben oftmals nicht durch einen Mitarbeiter alleine erledigt, sondern an mehrere Mitarbeiter einer Abteilung bzw. Hierarchieebene verteilt sind, scheidet eine Verwirklichung sämtlicher Tatbestandsmerkmale durch eine Person meist aus. Vielmehr steht eine arbeitsteilige Begehungsweise im Unternehmen im Vordergrund.[90]

Bei der Begehung von Straftaten im horizontalen Bereich werden die allgemeinen Grundsätze zur Abgrenzung von Täterschaft und Teilnahme relevant.[91] Maßgeblich ist nach der subjektiven Theorie der Rechtsprechung der Teilnehmer- bzw. Täterwille, während die herrschende Meinung in der Literatur auf die Tatherrschaft abstellt.[92] Die einschlägige Teilnahmeform wird angesichts der fehlenden Weisungsabhängigkeit zwischen **Mitarbeitern innerhalb einer Hierarchieebene** vorwiegend im Bereich der **Beihilfe** gem. § 27 StGB liegen.

29 Ein besonderes Problem auf der horizontalen Ebene taucht bei der Zurechenbarkeit des Erfolgs im Rahmen von **Gremienentscheidungen** auf. Die Rechtsprechung lässt es hier für die Kausalität des Erfolgs und damit die Strafbarkeit eines Gremienmitglieds ausreichen, dass die gemeinsame Abstimmung den Erfolg insgesamt verursacht hat, auch wenn die erforderliche Mehrheit ohne seine Ja-Stimme ebenfalls zustande gekommen wäre.[93]

c) Vertikale Verantwortungsstrukturen

30 Wesentlich häufiger als um das gemeine Handeln von Mitarbeitern auf der gleichen Hierarchieebene geht es um das **Zusammenwirken von Personen auf unterschiedlichen Stufen.** Hier stellt sich – neben allgemeinen strafrechtsdogmatischen Abgrenzungsfragen zu Täterschaft und Teilnahme – insbesondere die Frage, inwieweit die Unternehmensleitung für Straftaten untergebener Mitarbeiter haftet.[94] Diese Haftung ist grundsätzlich unabhängig von gesellschaftsrechtlichen Organisationpflichten und richtet sich primär nach strafrechtlichen Prinzipien. Nach BGH ist im Zusammenhang mit der Frage einer zivilrechtlichen Haftung einer Vertriebsorganisation für strafbares Verhalten ihres Handelsvertreters eine zivilrechtliche Einstandspflicht des Geschäftsherrn nach § 278 BGB für eigenmächtiges Verhalten der Hilfsperson dann zu verneinen, wenn dessen Verfehlung sich von dem ihm übertragenen Aufgabenbereich

---

89 Vgl. auch Wabnitz/Janovsky/*Raum* 4. Kap. Rn. 4 sowie IBP/*Racky* 6. Kap. Rn. 125 ff.
90 IBP/*Racky* 6. Kap. Rn. 127 ff.
91 *Kudlich/Oglakcioglu* Rn. 105.
92 Schönke/Schröder/*Heine/Weißer* StGB § 25 Rn. 62 ff.
93 BGH 6.7.1990 – 2 StR 549/89, BGHSt 37, 106 – „Ledersprayfall"; *Fischer* StGB § 25 Rn. 25; Schönke/Schröder/*Heine/Weißer* StGB § 25 Rn. 77 ff.
94 *Kudlich/Oglakcioglu* Rn. 107.

so weit entfernt hat, dass aus der Sicht eines Außenstehenden ein innerer Zusammenhang zwischen dem Handeln der Hilfsperson und dem allgemeinen Rahmen der ihr übertragenen Aufgaben nicht mehr zu erkennen ist. In diesem Zusammenhang wird demnach auf einen unmittelbaren sachlichen Zusammenhang zwischen dem schuldhaften Verhalten der Hilfsperson und den Aufgaben, die ihr im Hinblick auf die Vertragserfüllung zugewiesen waren, abgestellt.[95]

aa) Abgrenzung (mittelbare) Täterschaft/Teilnahme

Grundsätzlich ist mittäterschaftliches Zusammenwirken gem. § 25 Abs. 2 StGB auch im Rahmen vertikaler Verantwortungsstrukturen denkbar.[96] Je weiter die **Hierarchiestufen** auseinanderliegen, desto weniger sachgerecht ist es jedoch, ein **gleichberechtigtes Zusammenwirken** von Mitarbeiter und Vorgesetzten zur Verwirklichung eines Straftatbestands anzunehmen.[97] In diesen Fällen wird in aller Regel kein gemeinsamer Tatplan vorliegen, sondern vielmehr eine Teilnahme in Form der Beihilfe oder Anstiftung durch Anweisungen der Geschäftsleitung.[98]

bb) Mittelbare Täterschaft kraft Wissens- bzw. Organisationsherrschaft

Bei der Einwirkung von Leitungspersonen auf untergebene Mitarbeiter ist eine Zurechnung des Verhaltens über die Rechtsfigur der mittelbaren Täterschaft iSd § 25 Abs. 1 Alt. 2 StGB möglich. Unproblematisch ist die Fallgestaltung dann, wenn der als Vordermann fungierende Mitarbeiter ein **Strafbarkeitsdefizit** aufweist, also zB im Vertrauen auf redliche Absichten des Vorgesetzten unvorsätzlich handelt.[99] Problematisch wird die Konstruktion der mittelbaren Täterschaft allerdings dann, wenn der Vordermann selbst volldeliktisch handelt. Hier wird zum Teil versucht, eine Strafbarkeit des Hintermannes – also des Vorgesetzten – über die Rechtsfigur der mittelbaren Täterschaft zu konstruieren.

Nach Ansicht des BGH lässt sich die Rechtsprechung zur **Organisationsherrschaft** auch auf unternehmerische Organisationsstrukturen übertragen.[100] Maßgeblich ist nach dem BGH, dass ein Hintermann unternehmerische oder geschäftsähnliche Organisationsstrukturen mit regelhaften Abläufen und die unbedingte Tatbereitschaft des unmittelbar Handelnden ausnutzt sowie der Hintermann den Erfolg als Ergebnis seiner Anordnung will.[101] Liegen alle Voraussetzungen der mittelbaren Täterschaft kraft Organisationsherrschaft vor, wird ihm das Handeln des Werkzeugs – dh des Mitarbeiters – wie eigenes zu-

---

95 BGH 15.3.2012 – III ZR 148/11.
96 IBP/*Racky* 6. Kap. Rn. 96.
97 IBP/*Racky* 6. Kap. Rn. 96.
98 *Tiedemann* WiStR Rn. 433.
99 Schönke/Schröder/*Heine/Weißer* StGB § 25 Rn. 6, 25 f.
100 BGH 26.7.1994 – 5 StR 98/94, BGHSt 40, 218 (237): „Auch das Problem der Verantwortlichkeit beim Betrieb wirtschaftlicher Unternehmen lässt sich so lösen."; Schönke/Schröder/*Heine/Weißer* StGB § 25 Rn. 26; *Fischer* StGB § 25 Rn. 7 a; IBP/*Racky* 6. Kap. Rn. 98.
101 BGH 2.11.2007 – 2 StR 384/07, NStZ 2008, 89 (90).

gerechnet, so dass er rechtlich so zu behandeln ist, als habe er diese Tatteile eigenhändig verwirklicht.[102]

d) Strafbarkeit durch Unterlassen

33 Besondere Bedeutung erlangt an dieser Stelle die (vorsätzliche oder fahrlässige) Beteiligung der Geschäftsleitung an Straftaten von Mitarbeiten durch Unterlassen. Nach § 13 Abs. 1 StGB kommt eine Strafbarkeit nur dann in Betracht, wenn eine **Garantenpflicht zur Verhinderung des Erfolgs** besteht.[103]

aa) Garantenstellung der Geschäftsleitung

34 Die Geschäftsleitung eines Unternehmens kann – entsprechend der gängigen Differenzierung – eine Beschützergaranten- oder eine Überwachergarantenstellung innehaben.[104] Eine **Beschützergarantenstellung** der Geschäftsleitung aufgrund ihrer Organstellung für bestimmte schutzbedürftige Rechtsgüter ist allgemein anerkannt.[105] Danach sind die Organe einer juristischen Person aufgrund ihrer Stellung verpflichtet, Schaden von der Gesellschaft – zB für das Eigentum oder das Vermögen – abzuwenden.[106] Dies beruht auf der Überlegung, dass die Gesellschaft diese Rechtsgüter mangels eigener Handlungsfähigkeit ihren Organen anvertrauen muss, woraus besondere Schutzpflichten resultieren.[107]

Der Geschäftsleitung kommen in bestimmten Bereichen auch **Überwachergarantenpflichten** – also Sicherungspflichten in Bezug auf bestimmte Gefahrenquellen – zu.[108] Auch die Geschäftsherrenhaftung knüpft hieran an. Weiterhin ist auch an eine Garantenstellung aus Ingerenz zu denken, wenn ein gefährdendes Vorverhalten vorliegt. Diesbezüglich gelten für Unternehmen in der Finanzwirtschaft die allgemeinen Grundsätze.

bb) Geschäftsherrenhaftung

35 Von der oben dargestellten Problematik abzugrenzen ist die unter dem Stichwort „Geschäftsherrenhaftung" diskutierte Frage, ob eine generelle und anlasslose (Überwacher-)Garantenpflicht der Geschäftsleitung besteht, Straftaten der Mitarbeiter zu verhindern. Hintergrund dieser Überlegung ist, dass die im Unternehmen beschäftigten Menschen – ebenso wie der Zustand einer Sache – eine Gefahrenquelle darstellen, die überwacht werden muss.[109] Der strafrechtlich relevante Vorwurf besteht in diesem Fall in der fehlenden oder mangelhaften Einrichtung von Organisationsmaßnahmen.[110] Entscheidend ist, inwieweit die Geschäftsleitung verpflichtet ist, strafrechtlich relevante Erfolge innerhalb des Unternehmens durch die Einrichtung geeigneter Überwachungssysteme ab-

---

102 Schönke/Schröder/*Heine/Weißer* StGB § 25 Rn. 6; MüKoStGB/*Joecks* StGB § 25 Rn. 135; *WBS* AT Rn. 852.
103 Zur Unterscheidung zwischen Beschützer- und Überwachergarantenstellung vgl. *Fischer* StGB § 13 Rn. 6; ausführlich IBP/*Racky* 6. Kap. Rn. 101 ff.
104 Schönke/Schröder/*Bosch* StGB § 13 Rn. 9; *Fischer* StGB § 13 Rn. 9.
105 Schönke/Schröder/*Bosch* StGB§ 13 Rn. 53.
106 *Rönnau/Schneider* ZIP 2010, 54.
107 *Warneke* NStZ 2010, 312 (315).
108 Diese Fallgruppe wird auch dann relevant, wenn ein Unternehmen zB gefährliche Chemie- oder Sportanlagen betreibt, vgl. *Fischer* StGB § 13 Rn. 34 ff.
109 „Betrieb als Gefahrenherd", vgl. *Dierlamm/Mosbacher* NStZ 2010, 268.
110 *Bock* Criminal Compliance S. 308.

zuwenden. Diese Frage ist höchstrichterlich noch nicht entschieden worden und wird in der Literatur kontrovers diskutiert.

In der Literatur wird die Geschäftsherrenhaftung zum Teil unter Hinweis auf das **Selbstverantwortlichkeitsprinzip**, wonach jeder, der sein Handeln selbst bestimmen kann, allein für dessen Rechtmäßigkeit verantwortlich ist, abgelehnt.[111] Die hM bejaht hingegen zu Recht eine **Überwachergarantenstellung für betriebsbezogene Straftaten**.[112] Dies folgt zum einen aus dem Gedanken, dass das Unternehmen eine Gefahrenquelle darstelle, deren Beherrschung dem Betriebsinhaber auferlegt werden könne. Diesem kommen die Organisationsherrschaft und die Befehlsgewalt über die Gefahrenquelle zu.[113] Dass der betreffende Mitarbeiter eigenverantwortlich handelt, ändert daran nichts. Denn es geht bei der Geschäftsherrenhaftung gerade nicht um die Verantwortung für fremdes Handeln, sondern um die (eigene) Herrschaft über eine Gefahrenquelle. Die Vorwürfe knüpfen demnach an unterschiedlichen Ausgangspunkten an. Eine Garantenstellung trifft den Unternehmensverantwortlichen insbesondere dann, wenn er einer besonderen gesetzlichen Pflicht unterliegt, mit der der Gesetzgeber gerade die in Rede stehende Straftat durch den Mitarbeiter verhindern will.[114] Eine **allgemeine Garantenpflicht** zur Verhinderung von Straftaten Beschäftigter besteht demgegenüber nicht. Da aus dem allgemeinen arbeitsrechtlichen Direktionsrecht für sich gesehen keine Überwachergarantenstellung hergeleitet werden kann, haftet der Betriebsinhaber für Exzesstaten (wie zB sexuelle Übergriffe oder Diebstähle im Betrieb), die nur bei Gelegenheit der Tätigkeit im Unternehmen begangen wurden, nicht.[115]

Ob das Problem durch den Hinweis entschärft wird, dass sich die Quasi-Kausalität und der Vorsatz in der Praxis in aller Regel nur schwer nachweisen lassen,[116] ist fraglich. Denn die Strafverfolgungsbehörden werden das fehlende Einschreiten wohl als Indiz für einen bedingten Vorsatz werten, zumal die Grenze zur Fahrlässigkeit oft schmal ist.[117]

cc) Geschäftsherrenhaftung in Bezug auf Insidertaten

Kommt es in einer Bank, die dem WpHG unterfällt, zu strafbarem Insiderhandel oder Preismanipulationen und erlangen die Unternehmensverantwortlichen davon Kenntnis, sind sie zum Einschreiten verpflichtet. Da das Erkennen und Vermeiden von Interessenkonflikten nach § 80 Abs. 1 Nr. 2 WpHG eine wesentliche Aufgabe der internen Kontrolleinrichtungen ist, müssen die Wertpapierdienstleistungsunternehmen zur Einhaltung der §§ 63, 64 WpHG angemessene Vorkehrungen treffen, Kontrollsysteme einrichten (zB durch „**grey lists**" oder Schaffung von „**Chinese Walls**") und dann eventuelle Verstöße un-

---

111 NK-StGB/*Wohlers/Gaede* StGB § 13 Rn. 51; *Spring* GA 2010, 222 (225).
112 NK-StGB/*Wohlers/Gaede* StGB § 13 Rn. 53; *Stratenwerth/Kuhlen* StGB AT § 13 Rn. 48; *Fischer* StGB § 13 Rn. 38; *Roxin* AT/II § 32 Rn. 137.
113 *Fischer* StGB § 13 Rn. 38.
114 *Assmann/Schütze/Sethe* § 8 Rn. 182; Schönke/Schröder/*Bosch* StGB § 13 Rn. 53.
115 *Dierlamm/Mosbacher* NStZ 2010, 268 (269); *Fischer* StGB § 13 Rn. 38; *Schall* in FS Rudolphi S. 267 (271), der die Verhinderung betriebsbezogener – also mit dem jeweiligen Tätigkeitsbereich zusammenhängender – Straftaten heraustellt.
116 Vgl. Achenbach/Ransiek/Rönnau/*Achenbach* 1. Teil 3. Kap. Rn. 35 ff.; IBP/*Racky* 6. Kap. Rn. 138.
117 *Dann/Mengel* NJW 2010, 3265 (3268).

terbinden.[118] Ansonsten droht angesichts der besonderen rechtlichen Verpflichtungen eine Strafbarkeit wegen (Beihilfe zum) Insiderhandel durch Unterlassen.[119]

38 Unternehmen, die nicht unter das WpHG fallen, haben hingegen keine besonderen Kontroll- und Überwachungspflichten. Folglich kann der Unterlassungsvorwurf nicht daran anknüpfen, dass eine Compliance-Organisation fehlt. Nutzt zB ein Mitarbeiter einer Druckerei, die regelmäßig Prospekte für den Emittenten druckt, seinen Wissensvorsprung für Insidergeschäfte, so ist umstritten, ob eine Garantenstellung nach den obigen Grundsätzen angenommen werden kann.[120] Dagegen spricht wohl, dass es keine allgemeine Pflicht gibt, die Funktionsfähigkeit des Kapitalmarkts sowie die Einhaltung kapitalmarktrechtlicher Vorschriften sicherzustellen.[121] Außerdem ist die Organisationsmacht des Geschäftsherrn eines „normalen" Betriebs in Bezug auf Insiderverstöße weniger stark ausgeprägt, so dass eine Eigenverantwortung zur Gefahrenabwehr in diesem Hinblick und die daraus resultierende Überwachergarantenstellung zu verneinen ist. Möglich ist aber eine Verantwortlichkeit des Vorgesetzten nach § 130 OWiG.[122]

dd) Delegation

39 Diskussionsbedürftig ist auch die Frage, inwiefern sich die Unternehmensleitung durch Delegation – dh durch Verschiebung der Verantwortung nach unten – von der Haftung befreien kann. Dies gilt gerade im Finanzsektor, wo die Aufgaben zur Einhaltung von Rechtsnormen auf Compliance-Organisationen bzw. Compliance-Beauftragte übertragen wurden. Grundsätzlich ist die Delegation von Aufgaben unter bestimmten Voraussetzungen[123] zulässig und ab einer gewissen Größe des Unternehmens sogar geboten.[124]

Bei Unternehmen im Finanzsektor geht der Gesetzgeber klar davon aus, dass die Geschäftsleitung angesichts ihrer umfangreichen anderweitigen Verpflichtung nicht in der Lage ist, die Einhaltung der komplexen bankenrechtlichen Vorschriften sicherzustellen. Deswegen ist die Einrichtung einer speziellen Compliance-Funktion zwingend vorgesehen. Es ist jedoch allgemein anerkannt, dass derjenige, der seine bestehenden Rechtspflichten an einen anderen überträgt, nicht gänzlich von der Haftung frei wird, sondern eine Garantenstellung hinsichtlich der **Überwachung und Kontrolle des Delegaten** behält.[125]

---

118 Schwark/Zimmer/*Fett* § 33 Rn. 28 ff.; § 33 Rn. 6; Assmann/Schneider/Mülbert/*Koller* § 80 Rn. 2 f.
119 So auch Assmann/Schütze/*Sethe* § 8 Rn. 183 ff..
120 Vgl. *v.* § 8 Rn. 183 ff..
121 Assmann/Schütze/*Sethe* § 8 Rn. 183 ff..
122 Vgl. auch *Spring* GA 2010, 222; *Sethe* ZBB 2006, 243 (254 ff.); *Nave/Vogel* BB 2009, 2546 (2548 f.): „Das Nichteinschreiten von Vorgesetzten gegen Straftaten der von ihnen zu beaufsichtigenden Personen wird in erster Linie auf Ebene des Ordnungswidrigkeitenrechts sanktioniert."
123 Die Aufgaben müssen ua konkret benannt werden und zeitlich umgrenzt sein, zudem muss der Delegat eingewiesen werden und sachkompetent sein, vgl. *Tiedemann* Wirtschaftsstrafrecht Rn. 430.
124 Schönke/Schröder/*Bosch* StGB § 13 Rn. 26 a; *Kudlich/Oglakcioglu*, Rn. 114; *Bock* Criminal Compliance S. 334 f.
125 *Bock* Criminal Compliance S. 334 f.

Hieran kann eine strafrechtliche Haftung der Geschäftsleitung weiterhin anknüpfen.

4. Möglichkeiten der Kriminalprävention durch Compliance Management Systeme

a) Allgemeines zu Compliance Management Systemen (CMS)

Der Begriff des Compliance Management Systems, kurz: CMS, umfasst – der Wortwahl des Prüfungsstandards PS 980 des Instituts der deutschen Wirtschaftsprüfer folgend[126] – die, auf der Grundlage der von den gesetzlichen Vertretern festgelegten Ziele [...] eingeführten Grundsätze und Maßnahmen eines Unternehmens [...], die auf die Sicherstellung eines regelkonformen Verhaltens der gesetzlichen Vertreter und der Mitarbeiter des Unternehmens sowie gegebenenfalls von Dritten abzielen, dh auf die Einhaltung bestimmter Regeln und damit auf die Verhinderung von wesentlichen Verstößen.[127] Vereinfacht ausgedrückt wird davon also die Gesamtheit der in einem Unternehmen eingerichteten Maßnahmen und Prozesse zur Gewährleistung der Regelkonformität erfasst. Dementsprechend gibt es auch nicht das CMS schlechthin, sondern das Compliance System eines jeweiligen Unternehmens hat sich an den individuellen Begebenheiten der Unternehmung sowie den jeweils bestehenden situationsbedingten Rahmenbedingungen zu orientieren, ohne dass hierbei allzu generalisierende Maßstäbe angelegt werden dürfen, welche mit der Unternehmensstruktur im Einzelfall nicht kompatibel wären. Hierbei stellt sich die Errichtung eines solchen Compliance Systems nicht als einaktiges Geschehen dar, sondern präsentiert sich als „organisatorischer Lernprozess"[128] mit weit- wie tiefreichenden Wechselwirkungen zu diversen Rechtsgebieten.[129] Verkompliziert wird die Errichtung sowie effektive Aufrechterhaltung des Compliancegetriebes zudem durch grenzüberschreitende Bezüge und Berührungspunkten zu fremden Rechtsmaterien, welche ebenso in die Compliance miteinbezogen werden müssen.[130] Unabhängig von den konkret vorherrschenden Bedürfnissen im Hinblick auf Umfang, Reichweite und Ausgestaltung eines solchen Compliance-Systems im Einzelfall lassen sich jedoch jene, der Unternehmensleitung überhaupt von grundsätzlicher Seite zur Verfügung stehenden Instrumente zur Etablierung und Realisierung des Systems in abstrakter Weise darstellen.

b) Auswirkungen der Dieselaffäre auf das Compliance Management System

Bislang umfassen die schon angesprochenen Compliance Systeme die Prävention von Korruptions- und Wettbewerbsdelikten, von Verstößen gegen das Da-

---

126 Institut der deutschen Wirtschaftsprüfer, Grundsätze ordnungsgemäßer Prüfung von Compliance Management Systemen (PS 980), 2011.
127 Institut der deutschen Wirtschaftsprüfer, Grundsätze ordnungsgemäßer Prüfung von Compliance Management Systemen (PS 980), 2011, Rn. 6.
128 *Nothhelfer* CCZ 2013, 23 ff.
129 Vgl. beispielsweise zu den arbeitsrechtlichen Implikationen: *Stück* MDR 2014, 1117 ff. sowie zu Bezugspunkten zum Kartellrecht *Mutschler-Siebert/Dorschfeldt* BB 2015, 642 ff.; *Kapp/Hummel* CCZ 2013, 240 ff. oder zu statusrechtlichen Einstufungen von Auftragsverhältnissen im Bereich eines Compliance-Systems für das Sozialversicherungsrecht *Zieglmeier*, DStR 2018, 619 ff.
130 Hierzu eingehend *Sachs/Krebs* CCZ 2013, 60 ff.; rechtsvergleichend zu den gesetzlichen Anforderungen an die Ausgestaltung von Compliance Systemen in anderen Ländern: *Schautes/Schier* CCZ 2013, 149 ff.

ten- oder Außenwirtschaftsrecht oder von Geldwäschestraftaten. Mit Blick auf die Dieselaffäre kommt die Frage nach einer systematischen Betrugsprävention als integraler Bestandteil dieser Systeme auf. Zwar waren die Compliance Systeme auch schon vorher darauf ausgerichtet, Untreue und Betrug zu verhindern, jedoch müssten nun auch produktspezifische Risiken, wie ein bewusstes Inverkehrbringen mangelhafter oder, wie hier in der **Dieselaffäre**, gesetzliche Umweltstandards unterschreitende Produkte bedacht und im Wege von Präventionsmaßnahmen künftig verhindert werden.[131]

Diese sog **Produkt-Compliance** könnte beispielsweise in das häufig schon bestehende interne Sicherheits-Monitoring integriert werden. Ein Sicherheits-Monitoring vermeidet die von eigenen Produkten ausgehenden Risiken für Personen oder Sachen und enthält bisher nicht interne inhaltliche Kontrollen bzgl. der Begehung von Straftaten seitens der Mitarbeiter. Ebenso möglich wäre es, die Betrugsprävention in das schon bestehende Compliance System zu integrieren oder einen ganz eigenen Bereich für die Produkt-Compliance zu schaffen.[132]

Im Fall der Siemens Korruptionsaffäre wurde festgestellt, dass den für die Kontrolle der Compliance verantwortlichen Personen die Durchgriffsmöglichkeit fehlte, woraufhin eine weltweite Compliance Organisation eingerichtet wurde. Diese aus mehreren 100 Mitarbeitern bestehende Organisation ist in der Konzernzentrale und den operativen Geschäftsbereichen tätig. Zusätzlich wurde ihnen ein sog Chief Compliance Officer zur Seite gestellt, dem sie über die Kontrolle in compliancerechtlicher Hinsicht berichten. Eine ähnliche Reaktion auf die Dieselaffäre und die damit einhergehenden produktspezifischen Risiken kann erwartet werden.[133]

c) Konkrete Begegnungsweisen strafrechtlicher Unternehmensrisiken
aa) Unternehmensrichtlinien

42 So ist zunächst die Einhaltung unternehmensinterner Richtlinien ein wichtiges Element und zugleich Ziel der Compliance-Arbeit. Jede gängige Definition des Begriffs Compliance beinhaltet neben der Einhaltung gesetzlicher Vorschriften auch die Beachtung der im Unternehmen aufgestellten Richtlinien. So wurde etwa in Ziffer 4.3.1 des **Deutschen Corporate Governance Kodex**[134] die Compliance-Pflicht des Vorstands im Jahr 2007 wie folgt definiert: „Der Vorstand hat für die Einhaltung der gesetzlichen Bestimmungen und der unternehmensinternen Richtlinien zu sorgen und wirkt auf deren Beachtung durch die Konzernunternehmen hin (Compliance)." Unternehmensrichtlinien sollen ihrer Zwecksetzung entsprechend, die Unternehmenspolitik für die Unternehmensangehörigen transparent und zugleich verbindlich gestalten, die rechtlichen Risiken durch vorformulierte Verhaltensmaximen „von oben" verringern, zugleich aber auch durch die Etablierung einheitlicher Standards und die Festlegung klarer Zuständigkeiten und Prozesse eine Effizienzsteigerung herbeifüh-

---

131 *Grützner/Boerger/Momsen* CCZ 2018, 50 ff.; *Hoffmann/Schieffer* NZG 2017, 401 (404 ff.).
132 *Grützner/Boerger/Momsen* CCZ 2018, 50 ff.
133 *Grützner/Boerger/Momsen* CCZ 2018, 50 ff.; *Hoffmann/Schieffer* NZG 2017, 401 (403 ff.).
134 Abrufbar unter www.corporate-governance-code.de (29.5.2019).

ren.¹³⁵ Mit diesem Instrument der Selbstbindung soll zudem vorrangig (straf-)rechtskonformes Verhalten der Unternehmensmitarbeiter weitgehend und ökonomisch effizient gewährleistet werden.¹³⁶ Dennoch wird auch vermehrt Kritik an Wirksamkeit und praktischer Brauchbarkeit von Unternehmensrichtlinien laut.¹³⁷ Existenz, Kommunikation, Einhaltung und Kontrolle von der Selbststeuerung dienenden unternehmensinternen Richtlinien sollen zum einen nicht automatisch gewährleisten können, dass damit auch die Anforderungen der primären Strafrechtsordnung, einer externen und der Dispositionsmöglichkeit der Unternehmen entzogenen Regelungsmaterie, eingehalten werden.¹³⁸ Zudem wird auch teilweise der Vorwurf laut, dass die Schaffung einer unternehmensinternen Parallelordnung mehr eine funktionale Public-Relations-Maßnahme als denn ein wirklicher Aspekt der Kriminalprävention sei,¹³⁹ welche sich zudem durch die gleichzeitige Implementierung strafbarkeitskonstituierender Elemente in der Nutzung als vorrangig präventives Konstrukt selbst „konterkariere".¹⁴⁰ Trotz dieser zahlreichen Kritikpunkte dürften sich Unternehmensrichtlinien aber weiterhin als probates Mittel zur zivil- wie strafrechtlichen Haftungsvermeidung erweisen, ohne die eine Unternehmenstätigkeit in der heutigen Zeit kaum mehr vorstellbar erscheint.

bb) Interne Ermittlungen

Eine interne Ermittlung, in der Fachliteratur auch als „**Internal Investigation**" 43 bekannt, ist eine unternehmensinterne Untersuchung, die der Aufklärung von Pflichtverletzungen im oder aus dem Unternehmen und von Mitarbeitern des Unternehmens oder der Unternehmensleitung dienen soll.¹⁴¹ Typischer Untersuchungsgegenstand in diesem Rahmen sind dabei bilanz-, aufsichts-, insideroder auch strafrechtliche Sachverhalte und Rechtsfragen.¹⁴² Solche **interne Ermittlungen** können dabei durch jedweden Hinweis auf ein mögliches Fehlverhalten, sei es aus einem **Hinweisgebersystem**, einer Beobachtung von Angehörigen der Compliance-Organisation oder aufgrund von externen, strafrechtlichen Ermittlungen der Strafverfolgungsbehörden ausgelöst werden, ohne dass es hierzu eines, dem strafprozessualen Anfangsverdacht gem. § 152 Abs. 2 StPO qualitativ vergleichbaren Auslösungsmoments bedürfte.¹⁴³ Bezüglich der Zulässigkeit, also des „Ob", **solcher privatrechtlicher Ermittlungen** durch das Unternehmen selbst oder eingesetzte externe Stellen bestehen grundsätzlich keinerlei Bedenken.¹⁴⁴ Dem Zivilprozess unter Geltung des dort vorherrschenden Beibringungsgrundsatzes sind solche Ermittlungen sogar wesensgemäß immanent.¹⁴⁵ Aber auch trotz des Amtsermittlungsgrundsatzes im Strafprozess

---

135 Hierzu und zu den Einzelheiten der Ausgestaltung eines Richtlinien-Managements am Beispiel der EnBW: *Mössner/Reus* CCZ 2013, 54 ff.
136 Achenbach/Ransiek/Rönnau/*Rotsch* 4. Kap. Rn. 54.
137 Vgl. hierzu Achenbach/Ransiek/Rönnau/*Rotsch* 4. Kap. Rn. 54 ff.
138 Achenbach/Ransiek/Rönnau/*Rotsch* 4. Kap. Rn. 54.
139 *Theile* ZIS 2008, 417.
140 *Rotsch* ZIS 2010, 616.
141 Vgl. Knierim/Rübenstahl/Tsambikakis/*Nestler* 1. Kap. Rn. 12 ff.
142 IBP/*Poppe* 6. Kap. Rn. 33.
143 IBP/*Poppe* 6. Kap. Rn. 37 ff.; aA Momsen, zit. bei *Timm* ZIS 2013, 251.
144 *Theile* StV 2011, 381; siehe aber zB *Wastl/Litzka/Pusch* NStZ 2009, 68 (70).
145 Vgl. *Bittmann/Molkenbur* wistra 2009, 374.

ist es dem Verteidiger oder dem Beschuldigten nicht verwehrt, selbst zur Aufklärung beizutragen und eigene Ermittlungsmaßnahmen zu ergreifen.[146]

Allerdings kann die Durchführung der internen Ermittlungen, das operative „Wie" an ihre rechtliche Grenzen stoßen, wenn durch sie andere schutzwürdige Belange betroffen werden. Alle unternehmensinternen Aufklärungsaktivitäten[147] unterliegen daher den gesetzlichen Vorgaben und Ausgangsrahmen des **Datenschutzes**[148] entsprechend der Regelungen der DSGVO, des Schutzes der Telekommunikation (§§ 88 ff., 91 ff. TKG), der Mitbestimmung (§ 87 Abs. 1 Nr. 1, 3, 6 BetrVG), und des Persönlichkeitsschutzes (Art. 2 Abs. 1 iVm Art. 1 I GG), deren Verletzung durch das ermittelnde Unternehmen bzw. durch das Unternehmen eingesetzten privaten Ermittler auch durchaus rechtlich sanktioniert werden kann (Schutz von Privat-, Geschäftsgeheimnissen und TK-Daten über §§ 201, 202 a, 206 StGB, der betriebliche Datenschutz über §§ 43, 44 BDSG, in der Beachtung des Diskriminierungsverbotes iSv Art. 3 Abs. 1 GG, §§ 3, 11 AGG über die Ehrschutzdelikte der §§ 185 ff. StGB und bei Verletzung des Fernmeldegeheimnisses über §§ 88, 89, 148 TKG).[149] Auch Berührungspunkte mit anderen Rechtszonen und deren gesetzlichen Vorgaben zum **Mitarbeiter- oder Informationsschutz** müssen dann bei Aufnahme der Ermittlungen beachtet und in deren Ausgestaltung implementiert werden.[150]

Werden im Rahmen der unternehmensinternen Ermittlungen der Geschäftsleitung tatsächliche Verdachtsmomente für einen Compliance-Verstoß bekannt, welche taugliche Anknüpfungspunkte für staatliche und insbesondere strafrechtliche Reaktionsformen bilden können, besteht demgegenüber – abseits einiger weniger gesetzlicher Ausnahmefälle,[151] die sich jedoch bei Berührungspunkten mit ausländischen Jurisdiktionen beträchtlich multiplizieren können[152] – **keine generelle Anzeigepflicht** gegenüber der BaFin oder der Staatsanwaltschaft.[153] Bei Aufdeckung von Straftaten und insbesondere korruptiven Vorgängen[154] kann die Kontaktaufnahme der Compliance-Beschäftigten beispielsweise zur Staatsanwaltschaft aber durchaus empfehlenswert sein, um

---

146 Vgl. BGH 10.2.2000 – 4 StR 616/99, BGHSt 46, 1 (4); *Bittmann/Molkenbur* wistra 2009, 374.
147 Zu den rechtlichen Zulässigkeiten einzelner Maßnahmen eingehend: IBP/*Poppe* 6. Kap. Rn. 37 ff.
148 Speziell zur Ermittlungsreichweite des Arbeitgebers bei Zugriffen auf den unternehmenseigenen E-Mail-Server bei dessen auch-privater Nutzung durch den verdachtsgeneigten Arbeitnehmer: *Walther/Zimmer* BB 2013, 2933 ff.
149 Zu weiteren strafrechtlichen Risiken im Rahmen der Internal Investigations: *Weiß* CCZ 2014, 136 ff.
150 Rechtsvergleichend zur Rechtslage in anderen Ländern: *Spehl/Momsen/Grützner* CCZ 2013, 260 sowie *dies.*, CCZ 2014, 2.
151 Dazu zählen insbesondere Anzeigepflichten nach § 153 AO ebenso wie solche nach § 138 StGB und Meldepflichten nach § 11 GwG. Zu beachten ist bei Wertpapierhandelsunternehmen darüber hinaus § 23 WpHG (unter Berücksichtigung des § 2 WpAV [Inhalt der Anzeige] und § 3 WpAV [Art und Form der Anzeige]): Anzeigepflicht von tatsachenbegründeten Verdachtsfällen der Verletzung des WPHG und der EU-Leerverkäufe-VO (s. BaFin-Formulare).
152 Siehe hierzu die Ausführungen bei *Moosmayer* Compliance S. 109.
153 *Schockenhoff* NZG 2015, 409 (410 ff.); *Seibt/Cziupka* AG 2015, 93 (102 f.).
154 Allgemein zur Wechselwirkung von Compliance auf Korruptionsdelikte: *Löw* JA 2013, 88.

frühzeitig und grundlegend dem Schein der Verflechtung des Unternehmens insgesamt in diese unlauteren Vorgehensweisen einzelner Unternehmensangehöriger die Grundlage zu entziehen,[155] teilweise kann aber auch zur **Wahrung des berechtigten Unternehmensinteresses** ein Verschweigen der vorgefundenen Umstände für das Unternehmen unter Abwägung aller maßgeblichen Faktoren von Vorteil sein, um Geldbußen, Einziehungsregelungen, Schadensersatzansprüche und sonstige Folgen (Auslistungen, schwarze Listen, Reputationsschäden, Aufklärungs- und Beratungskosten) mit durchaus existenzbedrohenden Dimensionen zu entgehen.[156]

cc) Whistleblowing

Bei Whistleblowing geht es um die durch Unternehmensangehörige erfolgende unternehmensinterne oder -externe Weitergabe von Informationen über unternehmensbezogene Regelverstöße.[157] Dementsprechend lassen sich **internes und externes Whistleblowing** unterscheiden.[158] Bei dem internen Whistleblowing wird die betreffende Information vom entsprechenden Unternehmensmitarbeiter, dem konkreten Whistleblower, zB an seinen Vorgesetzten, die Unternehmensleitung oder eben den Compliance-Officer weitergegeben. Bei dem externen Whistleblowing hingegen erfolgt die Weitergabe der Information von dem Unternehmensangehörigen unmittelbar – also ohne vorherige unternehmensinterne Abklärung des Informationsflusses – an die Strafverfolgungs- oder die betreffenden Aufsichtsbehörden.[159] Bisher bestand Unsicherheit hinsichtlich der **Folgen für den Whistleblower** als Reaktion auf seine Informationspreisgabe. Auch wenn nach allgemeiner Ansicht internes Whistleblowing keinen Anlass für arbeits- oder gar strafrechtliche Sanktionen offenbart,[160] so sind doch die praktischen und vor allem sozial-kollegialen Probleme eines häufig als „Denunziantentum" aufgefassten Hinweisgebersystems offensichtlich, wodurch der Whistleblower – trotz eigentlich legitimen Handelns – dennoch Nachteile erfährt.[161] Bei externem Whistleblowing gerät der Hinweisgeber demgegenüber schnell in den Dunst- und Verdachtskreis eigener arbeitsrechtlicher oder auch strafrechtlicher Sanktionierungsrisiken, allen voran bleibt nach der Rechtsprechung des BAG eine Kündigung sogar bei wahrheitsgemäßen Anzeigen rechtlich zulässig und wirksam.[162]

44

Diese Sanktionierungsrisiken sollen nun durch die vom Europäischen Parlament am 16.04.2019 verabschiedete „**EU-Richtlinie zum Schutz von Personen, die Verstöße gegen das Unionsrecht melden**" minimiert werden.[163] Aus Erwä-

---

155 *Roxin* StV 2012, 116 (118); IBP/*Poppe* 6. Kap. Rn. 89 (93).
156 *Schockenhoff* NZG 2015, 409 (414 ff.).
157 Eingehend zum Begriff Rotsch/*Rotsch/Wagner* § 34 C Rn. 2 ff.
158 Krit. zur Terminologie Rotsch/*Rotsch/Wagner* § 34 C Rn. 10.
159 Zu den Kategorien von Meldeverfahren Hauschka/Moosmayer/Lösler/*Wessing* § 46 Rn. 55.
160 *Koch* ZIS 2008, 500 (502).
161 Vgl. etwa den Artikel auf Spiegel online „Die Denunzianten vom Dienst" vom 31.5.2011, abrufbar unter www.spiegel.de/karriere/berufsleben/0,1518,765414,00.html (29.5.2019); *Wolters* BUJ-Sonderedition Compliance Herbst 2014, 30 (31 f.).
162 BAG 3.7.2003 – 2 AZR 235/02, NJW 2004, 1547.
163 *Kumpan/Pauschinger* EuZW 2019, 357 (360); Richtliniennennungen ohne Angaben der Nummer beziehen sich künftig auf die Whistleblowing-RL. Im Zeitpunkt der Drucklegung des Beitrags war die Nummer der Richtlinie noch nicht bekannt, siehe

gungsgrund (2) der Richtlinie geht hervor, dass dadurch „Verstöße gegen das Unionsrecht wirksam aufgedeckt, untersucht und verfolgt werden (sollen), sodass Transparenz und Rechenschaftspflicht gestärkt werden."
Zwar umfasst der **sachliche Anwendungsbereich** der Whistleblower-Richtlinie lediglich Verstöße gegen das Unionsrecht, jedoch bleibt zu erwarten, dass die Richtlinie bei Umsetzung in nationales Recht auch auf nationale Verstöße ausgeweitet wird.[164] Der **persönliche Anwendungsbereich** ist in Art. 4 der Whistleblower-Richtlinie festgelegt. Dabei fallen nicht nur Arbeitnehmer im klassischen Sinn, sondern auch Selbstständige, Anteilseigner und leitende Angestellte eines Unternehmens sowie Personen, die unter der Aufsicht und Leitung von Auftragnehmern, Unterauftragnehmern und Lieferanten arbeiten unter diese Vorschrift. Der persönliche Anwendungsbereich orientiert sich also „nicht etwa allein an der individuellen Schutzbedürftigkeit der Whistleblower, sondern an deren Zugriff auf unternehmensinterne Verstoßinformationen und damit an ihrem potentiellen Nutzen für das öffentliche Interesse."[165]
Zunächst war **im Kommissionsvorschlag ein dreistufiges Verfahren** vorgesehen, wonach auf erster Stufe die interne Mitteilung, auf zweiter Stufe die externe Mitteilung und auf der letzten Stufe die Veröffentlichung des Verstoßes stand.[166] Die **verabschiedete Richtlinie** sieht allerdings **keine vorrangige Anwendung des internen Whistleblowings** vor, sodass sich potenzielle Hinweisgeber künftig auch direkt an externe Stellen wenden können, ohne dabei besondere Voraussetzungen erfüllen zu müssen.[167] Diese „Aufweichung"[168] des dreistufigen Verfahrens ist jedoch kritisch zu betrachten. Schließlich wird den Unternehmen hierdurch die Möglichkeit genommen, Verstöße intern aufzuklären und so Ermittlungsverfahren und darauffolgende Reputationsschäden zu verhindern. Aus Erwägungsgrund (34) der Whistleblower-Richtlinie geht hervor, dass der Gesetzgeber sich der Vorteile eines internen Whistleblowings bewusst ist. Gleichwohl sollte nach demselben Erwägungsgrund „der Hinweisgeber den Meldekanal wählen können, der sich angesichts der fachspezifischen Umstände am besten eignet." Eine **frühzeitige Einrichtung von internen Whistleblowing-Systemen**, die potenziellen Hinweisgebern Anreize bietet, eine Mitteilung erst intern vorzunehmen, wäre den Unternehmen deshalb anzuraten.[169]

Aus Art. 8 der Whistleblower-Richtlinie ergibt sich eine **Pflicht zur Bereitstellung eines internen Whistleblowing-Systems** aller Unternehmen, die **50 oder mehr Arbeitnehmer** haben. Dabei muss die Einrichtung jedoch nicht zwingend die Entgegennahme anonym abgegebener Meldungen ermöglichen.[170] Es bleibt

---

RL auf folgender Internetseite: http://www.europarl.europa.eu/doceo/document/A-8-2 018-0398-AM-155-155_DE.pdf (Stand 11.06.2019).
164 Vgl. auch Art. 2 Abs. 2 der Whistleblower-Richtlinie.
165 *Gerdemann* RdA 2019, 16 (22).
166 Vorschlag für eine Richtlinie des Europäischen Parlaments und des Rates zum Schutz von Personen, die Verstöße gegen das Unionsrecht melden, COM (2018) 218, 23.4.2018; *Gerdemann* RdA 2019, 16 (20 ff.).
167 Vgl. Art. 5 und Art. 10 der Whistleblower-Richtlinie; FD-StrafR 2019, 414540; *Garden/Hiéramente* BB 2019, 963 ff.; *Kumpan/Pauschinger* EuZW 2019, 357 (360).
168 *Kumpan/Pauschinger* EuZW 2019, 357 (360).
169 Vgl. Erwägungsgrund (47) der Whistleblower-Richtlinie; *Garden/Hiéramente* BB 2019, 963 (968); *Kumpan/Pauschinger* EuZW 2019, 357 (360).
170 Vgl. Erwägungsgrund (35) der Whistleblower-Richtlinie; *Garden/Hiéramente* BB 2019, 963 (965); *Gerdemann* RdA 2019, 16 (20).

hierbei abzuwarten, wie kleinere Unternehmen, die gerade mit 50 Arbeitnehmern unter diese Vorschrift fallen, mit dieser Herausforderung umgehen werden.

Ebenso kritisch betrachtet werden sollte Erwägungsgrund (33) der Richtlinie, wonach die **Motive des Whistleblowers** zur Meldung der Information explizit **irrelevant** sind und für den Schutz der Person keine Rolle spielen. Dadurch könnte jedoch auch ein Hinweisgeber geschützt werden, der allein aus dem Motiv heraus handelt, das Unternehmen zu schädigen, ohne dass hierbei eine Interessenabwägung zwischen denen des Unternehmens und denen des Hinweisgebers stattzufinden hat.[171] Ebenso verwundert es, dass in der vom Europäischen Parlament verabschiedeten Geheimnisschutzrichtlinie im Jahr 2016 nur demjenigen Schutz gewährt wird, der im öffentlichen Interesse handelt.[172]

Eine interessante Neuerung stellt Art. 21 Abs. 5 der Whistleblower-Richtlinie dar, wonach das Unternehmen bei Benachteiligung des Hinweisgebers beweisen muss, dass diese nicht auf dem getätigten Whistleblowing basiert.[173] Doch auch hier birgt die **Beweislastumkehr** ein Missbrauchsrisiko seitens der Arbeitnehmer, wodurch dieser im Wege eines rechtzeitigen Whistleblowings einen faktischen Kündigungsschutz schaffen könnte.[174] Ebenso von Bedeutung ist Art. 23 der Whistleblower-Richtlinie, der Sanktionen für natürliche und juristische Personen vorsieht, die die Meldung verhindern oder zu verhindern suchen.

Für den Fall richtlinienkonformer Meldung entfällt gemäß Art. 21 Abs. 2 der Whistleblower-Richtlinie jegliche Verantwortlichkeit des Hinweisgebers. Fraglich bleibt aber, ob neben der Richtlinie **im deutschen Recht dennoch strafrechtliche Sanktionen** drohen. Hier käme zum einen die Vorschrift des § 23 GeschGehG in Betracht, die eine **Offenlegung von Geschäftsgeheimnissen** unter Strafe stellt.[175] Allerdings existiert auch hier eine Ausnahme für Whistleblower nach § 5 Nr. 2 GeschGehG. Die Definition von Whistleblowern nach dem GeschGehG bezieht sich jedoch lediglich auf Mitarbeiter eines Unternehmens, sodass die Definition von Hinweisgebern nach der Whistleblower-Richtlinie zu weit gefasst ist, um vollständig unter die Ausnahme des § 5 Nr. 2 GeschGehG fallen zu können. Allerdings können die Regelungen der Whistleblower-Richtlinie als Rechtfertigungstatbestand iSd § 3 Abs. 2 GeschGehG zur Straflosigkeit des Hinweisgebers führen.

Zu denken wäre auch an eine **Strafbarkeit nach § 202 a StGB**, wenn die Meldung auf **unbefugter Datenbeschaffung unter Umgehung einer Zugangssicherung** basiert.[176] Dass die Whistleblower-Richtlinie insoweit nicht in nationale Strafrechtsvorschriften eingreift, ergibt sich aus Art. 21 Abs. 3 der Whistle-

---

171 *Garden/Hiéramente* BB 2019, 963 (966).
172 Vgl. Art. 5 Abs. b der RL (EU) 2016/943; *Hauck* WRP 2018, 1032 (1037); *McGuire* WRP 2019, 679 (685).
173 Vgl. auch Erwägungsgrund (95) und (99) der Whistleblower-Richtlinie.
174 *Garden/Hiéramente* BB 2019, 963 (966).
175 *Garden/Hiéramente* BB 2019, 963 (967); *Hauck* WRP 2018, 1032 (1036); *McGuire* WRP 2019, 679 (685).
176 *Garden/Hiéramente* BB 2019, 963 (967 f.); BeckOK StGB/*Weidemann* § 202 a StGB Rn. 4 ff.

blower-Richtlinie, der nur die straffreie Informationsbeschaffung schützt.[177] Im Hinblick auf Anwälte und Ärzte bleibt die Preisgabe von Informationen, die der **Verschwiegenheitspflicht** unterliegen, nach § **203 Abs. 1 StGB** unter Strafe gestellt. Dies ergibt sich auch aus Art. 3 Abs. 3 lit. b der Whistleblower-Richtlinie, wonach der Schutz der anwaltlichen und ärztlichen Verschwiegenheitspflichten nach nationalem Recht unberührt bleibt. Besonders praxisrelevant wird die Frage bleiben, ob auch Wirtschaftsprüfer, die grundsätzlich unter den Schutzbereich der Whistleblower-Richtlinie fallen könnten, von der Strafandrohung nach § 203 Abs. 1 StGB erfasst sein werden.

dd) Kooperation mit externen Stellen

45 Bezüglich der Ausarbeitung eines Compliance Management Systems ist ein Unternehmen jedoch nicht nur auf die Nutzung seiner eigenen Ressourcen beschränkt. Zur Zweckerreichung förderlich ist insbesondere auch die **Kooperation mit externen privaten oder externen staatlichen Stellen**, um Compliance-Verstößen zu begegnen und Regelkonformität zu wahren. Die Nutzung externer (privater) Ermittlungskräfte im Zuge der Internal Investigations, also **externer Kontrolleure**, Rechtsbeistände, Wirtschaftsprüfer oder Ombudsmänner, zwecks Schaffung einer unabhängigen, nicht interessenorientierten Exkulpationsinstanz kann hierbei von vielfachen Vorteil sein gegenüber der Einsetzung eines unternehmensinvolvierten Ermittlungsorgans.[178]

Aber auch die Einschaltung externer, staatlicher Stellen ist eine Problematik, derer sich die intern ermittelnde Unternehmensleitung von vornherein bewusst sein muss, da sowohl das „**Ob" als auch das „Wie" staatlicher Kooperation** für den weiteren Verlauf der Aufklärung und der damit verbundenen Rechtsfolgen wesensgemäß sind.[179] Werden die Ermittlungsbehörden zu früh oder generell zu einem falschen Zeitpunkt (freiwillig) eingeschaltet, so kann der Effekt, dass das Unternehmen die Ermittlungen beeinflussen kann, schnell verloren gehen, indem man dem Unternehmen diese Aufklärungsherrschaft aus der Hand nimmt. Andererseits darf nicht übersehen werden, dass den staatlichen Stellen quantitativ wie qualitativ andere Ermittlungsmöglichkeiten zur Seite stehen als der privaten Unternehmensleitung, und sie daher die Sachverhaltsaufklärung richtungsweisend vorantreiben können.[180] Das hervorgehobene Interesse an behördlichen Ermittlungen liegt daher für ein Unternehmen vor allem darin, über die Nutzbarmachung der Befugnisse der Staatsanwaltschaft all jene Beweismittel zu beschaffen, welche für das Unternehmen selbst nicht zugänglich sind, beispielsweise also an Informationen, die sich aus Durchsuchungen der privaten Wohnungen Verdächtiger oder **staatlicher Finanzermittlungen** ergeben, und über welche die Unternehmensleitung über das prozessuale Institut der Akteneinsicht Kenntnis erlangen und diese so bei ihren eigenen Ermittlungen und vor allem möglichen Haftungsprozessen gegen die betroffenen

---

177 Vgl. auch Erwägungsgrund (94) der Whistleblower-Richtlinie, der als Beispiel Hausfriedensbruch oder Hacking nennt.
178 Zu den weiteren Vorteilen eines solchen Vorgehens vgl. etwa *Wiebusch* European Human Rights Law Review 2001, 1 (4).
179 IBP/*Poppe* 6. Kap. Rn. 89.
180 IBP/*Poppe* 6. Kap. Rn. 89 (92).

Mitarbeiter nutzen kann.[181] Dementsprechend kann die privat-staatliche Kooperation zweifelsfrei für beide Seiten Vorteile mit sich bringen.

5. Bußgeldminderung unter Berücksichtigung von Compliance Management Systemen

Die Berücksichtigung von **Compliance Management Systemen** bei der Bemessung von Unternehmenssanktionen ist in Deutschland – im Gegensatz zu anderen Ländern wie Großbritannien oder Frankreich – noch nicht allgemein geregelt. Gesetzesinitiativen, die eine Honorierung des Systems vorsahen, wurden bislang nicht umgesetzt.[182] Zwar ist eine Würdigung von Compliance-Maßnahmen, die nach einem Gesetzesverstoß eingerichtet wurden, in Deutschland wenigstens im Vergabeverfahren bei der **sog Selbstreinigung** nach § 125 GWB zu finden.[183] Dennoch ist das Thema der **Bußgeldminderung** in der Praxis nicht hinwegzudenken.

46

In einem BGH-Urteil vom 9.5.2017 wurden erstmals Compliance-Maßnahmen bei der Bußgeldbemessung berücksichtigt.[184] Der Entscheidung des BGH lag ein Fall vom LG München I zugrunde, das sich mit Schmiergeldzahlungen in einem Rüstungsgeschäft zwischen einem in Deutschland ansässigen Rüstungsunternehmen und dem griechischen Staat zu befassen hatte. Neben der Verurteilung des Angeklagten zu einer Bewährungsstrafe wegen Beihilfe zur Steuerhinterziehung hat das LG München I auch eine Geldbuße nach § 30 OWiG gegen das Unternehmen verhängt. Der Senat wies darauf hin, dass bei der Bemessung der Geldbuße auch von Bedeutung sei, inwieweit das Unternehmen präventive Maßnahmen ergriffen und vor allem, ob es ein effizientes Compliance Management System installiert habe. Es sei zudem von Bedeutung, wie die Reaktionen der Gesellschaft auf den Gesetzesverstoß ausgefallen seien, beispielsweise in Form von Optimierungen des Systems, um künftigen Verstößen besser entgegentreten zu können.[185]

Im Koalitionsvertrag zwischen Union und SPD vom 12.3.2018 steht eine **Neuregelung des Unternehmenssanktionsrechts** und darunter auch die Schaffung spezifischer Regelungen über Verfahrenseinstellungen auf dem Plan, so dass zu hoffen bleibt, dass den Unternehmen künftig ein größerer Anreiz gegeben wird, Compliance Management Systeme einzurichten und diese regelmäßig zu optimieren.[186] Kritisch zu sehen bleibt jedoch die **Frage nach einheitlichen Maßstäben, die die Gerichte in Zukunft an ein Compliance Management System** zu richten hätten. Es ist zu erwarten, dass sich diese Systeme immer weiterentwickeln und die Anforderungen der Gerichte im Zuge einer Bußgeldminderung unter Würdigung der Compliance Management Systeme steigen. Problematisch wird es somit, wenn ein Gesetzesverstoß – wie so häufig – erst Jah-

---

181 IBP/*Poppe* 6. Kap. Rn. 89 (94).
182 *Eufinger* NZG 2018, 327; *Gnändiger/Kleff* WPg 2018, 470 (472); *Pasewaldt/DiBari* NZWiSt 2018, 309 (312).
183 *Jenne/Martens* CCZ 2017, 285 (289).
184 BGH 9.5.2017 – 1 StR 265/16.
185 BGH 9.5.2017 – 1 StR 265/16.
186 Koalitionsvertrag zwischen CDU, CSU und SPD zur 19. Legislaturperiode, abrufbar auf der Internetseite der Bundesregierung unter https://www.bundesregierung.de/Content/DE/StatischeSeiten/Breg/koalitionsvertrag-inhaltsverzeichnis.html (letzter Zugriff: 29.5.2019) S. 126; *Pasewaldt/DiBari* NZWiSt 2018, 309 (313).

re später aufgedeckt wird. Dann bliebe zu ermitteln, wie hoch zu dem Zeitpunkt des Gesetzesverstoßes die Anforderungen an ein effizientes Compliance Management System waren. Dass hierbei die Maßstäbe, die zum Zeitpunkt der Gerichtsentscheidung an die Unternehmen zu richten wären, außer Betracht zu lassen sind, könnte die Gerichte vor eine größere Herausforderung stellen.[187]

IV. Strafrechtliche Verantwortlichkeit des Compliance-Officers
1. BGH 17.7.2009 – 5 StR 394/08

47 Neben der Geschäftsleitung können auch andere Unternehmensmitarbeiter strafrechtlich zur Verhinderung von Straftaten verpflichtet sein. Im Zentrum der Diskussion steht die Frage, ob den Compliance-Officer eine solche (Garanten-)Pflicht trifft. Angeheizt wurde diese Diskussion durch ein Urteil des BGH aus dem Jahr 2009,[188] das in der Literatur große Aufmerksamkeit erregt und in der Compliance-Branche für große Verunsicherung gesorgt hat.[189] In dem zitierten Urteil nahm der BGH erstmals – wenn auch nur in einem obiter dictum und nicht speziell auf den Wertpapierbereich oder das WpHG bezogen – zu diesem Problem der strafrechtlichen Pflicht von „Compliance-Officers" in „Großunternehmen", Stellung. Da die Aufgaben, Funktion und Stellung des Compliance-Beauftragten ausführlich in Teil 2 Kap. 2 dargestellt werden, wird hier nur auf die Aspekte eingegangen, die für die strafrechtliche Beurteilung der Garantenpflicht eine Rolle spielen.

48 In dem BGH-Urteil wurde der **Leiter der Rechtsabteilung und gleichzeitige Innenrevisor** der Berliner Stadtreinigungsbetriebe – einer Anstalt des öffentlichen Rechts – wegen Beihilfe zum Betrug durch Unterlassen verurteilt. Dieser hatte den Vorstandsvorsitzenden bzw. den Aufsichtsrat nicht über einen ihm bekannten und von einem Vorstandsmitglied autorisierten Berechnungsfehler bei der Festsetzung der Straßenreinigungsgebühren unterrichtet, was zur Erhebung überhöhter Gebühren führte.

49 Der BGH führte in den Entscheidungsgründen bezüglich des Compliance-Officers Folgendes aus: „Derartige Beauftragte wird regelmäßig strafrechtlich eine Garantenpflicht im Sinne des § 13 Abs. 1 StGB treffen, solche im Zusammenhang mit der Tätigkeit des Unternehmens stehende Straftaten von Unternehmensangehörigen zu verhindern. Dies ist die notwendige Kehrseite ihrer gegenüber der Unternehmensleitung übernommenen Pflicht, Rechtsverstöße und insbesondere Straftaten zu unterbinden." Einschränkend hat der BGH festgehalten, dass dies nur für Straftaten gilt, die zu „erheblichen Nachteilen" durch Haftungsrisiken und Ansehensverlust führen können.

---

187 *Jenne/Martens* CCZ 2017, 285 (289).
188 BGH 17.7.2009 – 5 StR 394/08, BGHSt 54, 44 ff.
189 Vgl. nur *Achenbach* NStZ 2010, 621; *Berndt* StV 2009, 689; *Dann/Mengel* NJW 2010, 3265; *Dannecker/Dannecker* JZ 2010, 981; *Hauschka* AG 2010, 629; *Michalke* AnwBl 2010, 666; *Mosbacher/Dierlamm* NStZ 2010, 268; *Rönnau/Schneider* ZIP 2010, 53; *Rübenstahl* NZG 2009, 1341; *Warneke* NStZ 2010, 312; *Schwarz* wistra 2012, 13.

2. Herleitung der Garantenstellung

Aus der Stellung des Mitarbeiters leitet das Gericht eine **Garantenstellung** her. Durch die Übernahme eines Pflichtenkreises könne nämlich eine rechtliche Einstandspflicht iSd § 13 Abs. 1 StGB begründet werden. Maßgeblich sei in diesem Zusammenhang „die Bestimmung des Verantwortungsbereichs, den der Verpflichtete übernommen hat." Es komme hierbei „nicht auf die Rechtsform der Übertragung an, sondern darauf, was unter Berücksichtigung des normativen Hintergrunds Inhalt der Pflichtenbindung ist." Der BGH weist weiterhin darauf hin, dass Garantenstellungen anerkannt worden seien, „die aus der **Übernahme von bestimmten Funktionen** abgeleitet wurden." Eine Garantenpflicht werde „weiterhin dadurch begründet, dass der Betreffende eine gesetzlich vorgesehene Funktion als Beauftragter übernimmt."[190]

50

Der BGH hat es dahinstehen lassen, ob der verbreiteten Unterscheidung von Schutz- und Überwachungspflichten in diesem Zusammenhang wesentliches Gewicht zukommen kann. Eine Differenzierung ist aber erforderlich, um die aus dem Urteil resultierenden Pflichten des Compliance-Officers in sachgerechter Weise bestimmen und eingrenzen zu können.[191] Da die Garantenpflicht nie abstrakt bestimmt werden kann, sondern immer nur tatbestandsbezogen, dh auf das im Raum stehende Delikt, kommt der pauschalen Feststellung des BGH ohne nähere Begründung und Bezug zu einem konkreten Fall nur eine eingeschränkte Aussagekraft zu und bedarf der weiteren Konkretisierung.

51

a) Keine primäre Garantenpflicht

Die Annahme einer primären Garantenstellung des Compliance-Officers scheidet aus. Der Compliance-Officer ist zwar in der Regel direkt unterhalb der Geschäftsleitung angesiedelt und organisatorisch sowie finanziell unabhängig. Außerdem hat er unbegrenzte Auskunfts- und Einsichtsrechte (sog Eskalationsrechte).[192] Dennoch kommen dem Compliance-Officer grundsätzlich außerhalb seiner Abteilung keine innerbetrieblichen Kompetenzen, wie zB Entscheidungs- oder Weisungsbefugnisse, zu;[193] als einzige Ausnahme hiervon ist lediglich die eigene Anordnungskompetenz für vorläufige Maßnahmen in Eilfällen zu nennen (Kap. 2.2. Rn. 39). Er ist grundsätzlich im Rahmen einer „**Stabsposition**" für betriebsinterne Kontroll- und Überwachungsaufgaben zuständig.[194] In diesem Sinne kann der Compliance-Officer als sog „Hilfsorgan" der Unternehmensleitung eingestuft werden. Mangels Organstellung hat der Compliance-Officer – im Gegensatz zur Geschäftsleitung – keine originären Schutzpflichten gegenüber den Rechtsgütern des eigenen Unternehmens.[195] Die Pflichten des Compliance-Officers knüpfen also an die der Unternehmenslei-

52

---

190 Als Beispiele nennt der BGH die Beauftragten für Gewässerschutz (§§ 21 a ff. WHG), Immissionsschutz (§§ 53 ff. BImSchG) oder Strahlenschutz (§§ 31 ff. Strahlenschutz-VO).
191 So auch *Rotsch* ZJS 2009, 712 (717); *Berndt* StV 2009, 689 (690); *Schmid* JA 2013, 835 (836 f.).
192 Schwark/Zimmer/*Fett* § 33 Rn. 24.
193 *Lösler* WM 2008, 1098 (1102); Schwark/Zimmer/*Fett* § 33 Rn. 24.
194 *Lösler* WM 2008, 1098 (1102).
195 *Berndt* StV 2009, 689 (690). Anders ist dies natürlich dann, wenn der Compliance-Officer eine Organstellung innehat. Dann kann er Beschützergarant zB für das Vermögen oder das Eigentum der Gesellschaft sein, vgl. *Warneke* NStZ 2010, 312 (315); *Blassl* WM 2018, 603 (607).

tung an, das heißt, sie haben Rechtstreue des Unternehmens und seiner Mitarbeiter bei geschäftlichem Handeln zu gewährleisten.[196]

53 Zudem lässt sich auch eine Obhutspflicht für die Rechtsgüter von unternehmensfremden Dritten (wie zB Geschäftspartnern oder Kunden) nicht begründen. Denn eine Schutzpflicht für fremde Rechtsgüter besteht nur dann, wenn der Inhaber des Rechtsguts für seinen Schutz nicht selbst sorgen kann. Das ist hier aber nicht der Fall, da die Geschäftspartner oder Kunden ihre Rechtsgüter selbst schützen können und müssen.[197] Die Herrschaft über den „Gefahrenherd Unternehmen" begründet nur für die Unternehmensleitung, nicht hingegen für den Compliance-Officer eine Überwachergarantenstellung.[198] Obwohl der Compliance-Officer in gewissem Sinne Pflichten gegenüber dem Unternehmen übernimmt, scheidet auch eine **Garantenstellung kraft tatsächlicher Übernahme** aus.[199] Denn diese setzt voraus, dass der Täter es übernommen hat, für den Schutz bestimmter Rechtsgüter zu sorgen, entweder gegenüber dem Gefährdeten oder auch gegenüber einem Dritten zugunsten des Gefährdeten.[200] Die Übernahme einer Schutzfunktion begründet jedoch nur dann eine Garantenpflicht, wenn sie die Lage des Geschützten derart verändert, dass ohne sie eine Gefahr ausgeblieben oder dieser entgegengewirkt worden wäre. Jemand muss sich im Vertrauen auf den übernommenen Schutz bestimmten Gefahren aussetzen oder andere Schutzvorkehrungen unterlassen.[201] Das ist beim Compliance-Officer nicht der Fall, da Kunden oder Geschäftspartner wegen eines eingerichteten Compliance-Systems nicht auf eigene Maßnahmen verzichten können, um zu gewährleisten, dass sie nicht Opfer einer Straftat werden.[202]

b) Abgeleitete Garantenstellung

54 Daraus ergibt sich, dass es sich bei der vom BGH angenommenen Garantenstellung des Compliance-Officers nur um eine aus den Pflichten der Geschäftsleitung **abgeleitete Garantenstellung** handeln kann.[203] Richtet die Unternehmensleitung eine Compliance-Abteilung ein und ernennt einen Compliance-Beauftragen, delegiert sie die ihre zu erfüllenden Aufgaben an einen Dritten.[204] Daraus folgt, dass der Umfang der Pflichten sich mit denen der Geschäftsleitung in jeder Hinsicht deckt.[205] Der Compliance-Officer, dem für eine Garantenstellung hinreichende betriebliche Kompetenzen übertragen werden, kann auch mit der arbeitsrechtlichen Figur eines leitenden Angestellten verglichen werden.[206] Dies gilt auch beim Compliance-Officer im Finanzsektor, dessen Rechte und Pflichten in § 33 WpHG iVm § 12 WpDVerOV spezialgesetzlich

---

196 *Gößwein/ Hohmann* BB 2011, 963 (965).
197 *Warneke* NStZ 2010, 312 (315).
198 *Berndt* StV 2009, 689 (690).
199 *Rönnau/Schneider* ZIP 2010, 53 (54); *Berndt* StV 2009, 689 (690); *Stoffers*, Anm. zu BGH 17.7.2009 – 5 StR 394/08, NJW 2009, 3176.
200 Schönke/Schröder/*Bosch* StGB § 13 Rn. 26.
201 Schönke/Schröder/*Bosch* StGB § 13 Rn. 27.
202 *Warneke* NStZ 2010, 312 (314).
203 *Rönnau* ZIP 2010, 53 (57); *Warneke* NStZ 2010, 312 (315); *Mutter/Quinke* AG 2009, 416.
204 *Blassl* WM 2018, 603 (607); *Mutter/Quinke* AG 2009, 416; *Warneke* NStZ 2010, 312 (315).
205 *Böse* NStZ 2003, 639 zum Gewässerschutzbeauftragten.
206 *Blassl* WM 2018, 603 (608).

geregelt sind. Denn auch hier erfolgt durch die gesetzlichen Regelungen nur eine Konkretisierung der der Geschäftsleitung zukommenden allgemeinen Leistungspflichten.[207] Inwieweit die Pflicht der Geschäftsleitung zur Verhinderung von Straftaten auf den Compliance-Officer übertragen werden kann, wird unterschiedlich beurteilt.

Teilweise wird dies verneint. Denn auch wenn der Compliance-Officer in § 33 WpHG iVm § 12 WpDVerOV als „Compliance-Beauftragter" bezeichnet werde, handele es sich bei ihm nicht um einen Unternehmensbeauftragten, der wie zum Beispiel der Geldwäschebeauftrage auch im öffentlichen Interesse tätig wird. Vielmehr werde der Compliance-Officer ausschließlich im Unternehmensinteresse tätig.[208] Demnach werde durch die in Rede stehenden Vorschriften keine originäre Handlungspflicht statuiert. **Adressaten der Pflichten der MaComp** seien die Organe des Wertpapierdienstleistungsunternehmens bzw. des Kreditinstituts und nicht der Compliance Officer sowie die übrigen Mitarbeiter der Compliance-Funktion.[209] Der Compliance-Officer habe zudem keine eigene Entscheidungs- und Anordnungskompetenz und verfüge nicht über die erforderlichen Befugnisse, den rechtswidrigen Zustand zu beseitigen. 55

Gegen diese Auffassung lässt sich in Anlehnung auf die zum Beauftragten für Gewässerschutz (§§ 21 a und b WHG), Immissionsschutz (§§ 53 a und b BImSchG) oder Strahlenschutz (§§ 31 ff. StrahlenschutzVO) entwickelten Grundsätze Folgendes einwenden: Im Hinblick auf die organisatorische Unabhängigkeit des Compliance-Officers sowie der umfassenden Ermittlungsbefugnisse, wie Auskunfts- und Kontrollrechte, verfügt er über einen Wissensvorsprung, wodurch er die Gefahrenquelle zwar nicht vollumfänglich beherrscht, aber über eine gewisse „Informationsmacht" verfügt.[210] Auch das Argument, bei den Pflichten des Compliance-Officers handele es sich lediglich um innerbetriebliche Pflichten, ist nicht überzeugend. Denn da es sich lediglich um eine **vom Betriebsinhaber abgeleitete Garantenpflicht** handelt, ist nicht die Stellung des Compliance-Officers entscheidend, sondern die der Geschäftsleitung, die sich unstreitig auch auf das Außenverhältnis erstreckt.[211] 56

Da nicht zu erwarten ist, dass der BGH seine zwar nur apodiktische, aber dennoch eindeutige These zur Garantenstellung des Compliance-Officers in zukünftigen Entscheidungen revidieren wird, sollte man sich gerade aus Praktikersicht auf diese Betrachtungsweise festlegen. Erforderlich ist aber stets ein **tatsächliches Übernahmeelement**, so dass es nicht ausreichend ist, dass der Compliance-Officer entsprechende Pflichten „nur auf dem Papier" übernommen hat.[212] 57

---

207 *Rönnau* ZIP 2010, 53 (57).
208 *Rolshoven/Hense* BKR 2009, 426 (427); *Warneke* NStZ 2010, 313 (316); *Lösler* WM 2008, 1098 (1102).
209 *Rönnau/Schneider* ZIP 2010, 53 (57); *Schäfer* BKR 2011, 187 (197).
210 *Rönnau/Schneider* ZIP 2010, 53 (57); *Böse* NStZ 2003, 636 (640) zum Gewässerschutzbeauftragten.
211 *Böse* NStZ 2003, 637 (640).
212 Schönke/Schröder/*Bosch* StGB § 13 Rn. 53 a.

3. Kritik in der Literatur

58 Im rechtlichen Schrifttum ist das Urteil überwiegend auf Kritik gestoßen. Zunächst wird – allerdings nicht speziell auf das obiter dictum bezogen – angemerkt, dass das **allgemeine Gesellschaftsrecht keine Vorschrift** enthalte, nach der eine Gesellschaft über eine Compliance-Organisation verfügen müsse.[213] Für den Bereich des Bank- und Kapitalmarktrechts wird allerdings anerkannt, dass hier mit **§ 33 und den MaComp** „durchaus **Pflichten zur Etablierung einer Compliance-Organisation** bestehen".[214]

59 Kritisch wird zudem angemerkt, dass es sich bei Compliance-Beauftragten **nicht um Unternehmensbeauftragte** handele und sie gegenüber der Geschäftsleitung nicht weisungsfrei seien.[215] Eine vergleichbare gesetzliche Verankerung des Compliance Officers existiere nicht und ergebe sich auch nicht aus den „lediglich für Spezialbereiche geltenden § 33 WpHG, § 25 a KWG ...".[216]

60 Zudem bestehe **kein feststehendes Berufsbild** eines Compliance-Beauftragten, „weder in Form einer Ausbildungsordnung, noch eines allgemein anerkannten Pflichtenrahmens".[217] Noch deutlicher – wenngleich nicht auf Wertpapierdienstleistungsunternehmen bezogen, die Kritik, wonach „in kleineren Unternehmen die Ernennung von Compliance Officers oft nicht mehr als ein bloßes Lippenbekenntnis" sei, diese ihren Aufgabenbereich oft „über Nacht" oder „per Ritterschlag" als Annexkompetenz zu ihren bisherigen Aufgaben erhielten und es den zu Compliance-Beauftragten Ernannten „sogar an der erforderlichen Schulbildung oder an entsprechenden Schulungen" fehle. Zudem würden sie nicht „mit Mitteln, die ihnen bei der Erfüllung ihrer Zusatzaufgabe helfen könnten, versorgt". „Der Zweck der Beauftragung eines Compliance Officers sei häufig nicht transparent. Eine konkrete Beschreibung des Dienstpostens suche man oft vergeblich. Wofür Compliance stehe, hängt von der Struktur und dem spezifischen Verständnis eines Unternehmens ab sowie von dem Wirtschaftszweig, in dem es tätig ist."[218]

61 Compliance-Beauftragte verfügten außerdem – abgesehen von ihren Informationsrechten – über **keine weiteren Kompetenzen wie etwa Direktions- und Weisungsbefugnisse** gegenüber Mitarbeitern.[219]

62 Zudem wurde – nunmehr auf die Wertpapier-Compliance bezogen – festgestellt, dass **Adressat** der in § 33 WpHG geregelten Organisationspflichten die Wertpapierdienstleistungsunternehmen, letztendlich also deren Organe, **nicht**

---

213 *Fecker/Kinzl* CCZ 2010, 13 (15); die erforderliche Veränderung von Corporate-Compliance-Organisationen im Hinblick auf gestiegenen Verantwortlichkeiten des Compliance-Officers betonend *Schaefer/Baumann* NJW 2011, 3601.
214 *Schaefer/Baumann* NJW 2011, 3602; *Fecker/Kinzl* CCZ 2010, 13 (15).
215 *Rolshoven/Hense* BKR 2009, 427 mwN.
216 *Deutscher* WM 2010, 1391.
217 *Blassl* WM 2018, 603 (605); *Fecker/Kinzl* CCC 2010, 13 (15). Das gelte auch im Hinblick auf die gesetzliche Ausgestaltung des Inhalts und der Aufgabengebiete der Compliance-Funktion in § 33 Abs. 1 S. 2 Nr. 1 WpHG, die „begrenzt" sei.
218 *Grützner* NJW 2009, Heft 43, Editorial: „Den Compliance Officer gibt es nicht".
219 *Deutscher* WM 2010, 1390; *Frisch* EWiR 2010, 95 (96); *Rolshoven/Hense* BKR 2009, 427; *Lackhoff/Schulz* CCZ 2010, 86; zu den Informationsrechten von Compliance s. ausführlich *Schäfer* BKR 2011, 54.

aber die Mitarbeiter der Compliance-Funktion seien.[220] Zudem seien die durch das WpHG geschützten Rechtsgüter nur als Rechtsreflex geschützt.[221]

Aber auch andere Stimmen waren vernehmbar. So wird teilweise auch vertreten, mit § 33 Abs. 1 S. 2 Nr. 1 WpHG iVm § 12 WpDVerOV bestehe eine „**normative Grundlage**, auf die man eine Garantenpflicht von Compliance-Verantwortlichen zumindest teilweise und bereichsspezifisch stützen kann."[222]

Auch könne eine strafrechtliche **Verantwortlichkeit** des Compliance-Beauftragten durchaus an eine **mangelhafte Berichterstattung** anknüpfen.[223]

Erkenne der Compliance Officer allerdings im Rahmen dieser Tätigkeit andauernde bzw. bevorstehende Straftaten, so sei sein Einschreiten durch eine Ad-hoc-Berichterstattung an seine Vorgesetzten erforderlich."[224]

4. Aus dem Urteil resultierende Handlungspflichten und (strafrechtliche) Folgen der Missachtung

Das Urteil gibt auf einer zweiten Ebene Anlass zur Diskussion, wie die Unternehmensleitung mit der vom BGH geschaffenen Ausgangslage umgehen sollte und welche konkreten Handlungsanweisungen für den Compliance-Officer empfehlenswert sind, um sein strafrechtliches Risiko zu minimieren.

Was genau der Compliance-Officer tun muss, um betriebsbezogene Straftaten im Vorfeld zu verhindern, hängt von den an ihn delegierten Aufgaben, also der innerbetrieblichen Zuständigkeitsverteilung, ab. Maßgeblich sind hierfür in erster Linie die arbeitsvertraglich übernommenen Aufgaben; zu den gesetzlichen Vorgaben des Aufgabenfeldes eines Compliance-Beauftragten wird verwiesen auf die diesbezüglich ausführlichen Darlegungen von Schäfer.[225] Sobald ein konkreter Anfangsverdacht für eine Straftat vorliegt, muss der Compliance-Officer tätig werden und Maßnahmen zur Aufklärung des Sachverhalts einleiten.[226] Es ist die Aufgabe zu bewältigen, ein rechtlich und strategisch fundiertes Handlungsprogramm zu entwickeln,[227] wobei bei **internen Untersuchungen**, insbesondere bei Mitarbeiterbefragungen, auch bei Einschaltung externer Berater die rechtsstaatlichen Standards gemäß den **Thesen der Bundesrechtsanwaltskammer** zum Unternehmensanwalt im Strafrecht zu beachten sind.[228] In multinationalen Unternehmen stößt die internen Untersuchungen in Abhängigkeit vom aufzuklärenden Sachverhalt im Ausland als „cross-border-Untersuchungen" auch grenzüberschreitend.[229] Im Rahmen der internen

---

220 *Rolshoven/Hense* BKR 2009, 427 mwN.
221 *Rolshoven/Hense* BKR 2009, 427; s. hierzu auch *Schäfer* in Baulig/Brinkmann/Haußwald/Peek/Petersen/Richter/Schäfer/Stumpf Rn. 536.
222 *Wessig/Hugger/Dann* in Renz/Hense Wertpapier-Compliance I.9 Rn. 18. Zur Garantenstellung des Compliance-Beauftragten sowie den strafrechtlich relevanten WpHG-Pflichten s. *Richter* in Baulig/Brinkmann/Eis/Heisterkamp/Meyn/Pölking/Richter/Schäfer/Schäpers/Scholz/Weidner 2012 Rn. 1312 ff.
223 *Lackhoff/Schulz* CCZ 2010, 86.
224 *Weimann* GoingPublic „Kapitalmarktrecht 2010", S. 64.
225 *Schäfer* BKR 2011, 187 (197); siehe auch *Wybitul* BB 2009, 2590 (2592).
226 *Rönnau/Schneider* ZIP 2010, 53 (59); *Zimmermann* BB 2011, 634 (636) mit Ausführungen zu datenschutzrechtlichen Vorgaben.
227 Ausführlich zu Compliance-Untersuchungen im Unternehmen, *Dann* AnwBl 2009, 84 ff.
228 *BRAK-Stellungnahme*-Nr. 35/2010.
229 Vgl. hierzu *Sidhu/Saucken* NZWiSt 2018, 130.

Untersuchungen ist, insbesondere bei Überprüfungen von Dokumenten und E-Mails das Risiko eines Verstoßes gegen die datenschutzrechtlichen Vorschriften zu beachten. Ein Konflikt mit dem deutschen Datenschutz besteht auch auf der Ebene der europäischen Compliance-Vorgaben, zB im Bereich der Embargo-Verordnungen, wonach zur Umsetzung vorgesehener Finanzaktionen die Unternehmen ihre Mitarbeiterdaten und Geschäftskontakte einer Sanktionslistenprüfung zur Verfügung stellen müssen.[230] Die Unternehmen und ihre Compliance-Beauftragten stehen im Konflikt, Vorkehrungen zur Vermeidung möglicher strafbewehrter Verstöße gegen die Pflicht zur Sanktionslistenprüfung bei ausreichender Beachtung datenschutzrechtlicher Bestimmungen zu treffen. Zu der Frage der Vereinbarkeit eines Listenabgleichs mit den datenschutzrechtlichen Bestimmungen hat der BFH entschieden, dass die Erteilung eines AEO-Zertifikats von der Bedingung abhängig gemacht werden darf, dass der Antragsteller in sicherheitsrelevanten Bereichen tätige Bedienstete einer Sicherheitsüberprüfung anhand der sog Terrorismuslisten unterzieht.[231]

67 Ein direktes Einschreiten des Compliance-Officers gegen den betreffenden Mitarbeiter ist zwar dem Grunde nach denkbar, in der Praxis jedoch mangels Weisungskompetenz (zu der Ausnahmeregelung für Eilfälle Kap. 2.2. Rn. 39 ff.) und der Befugnis, Sanktionen zu verhängen, in aller Regel ausgeschlossen.[232] Weiterhin ist festzuhalten, dass der Compliance-Officer nicht verpflichtet ist, Ermittlungsbehörden oder die BaFin einzuschalten.[233] Schließlich dienen Compliance-Systeme vorwiegend dem Unternehmensinteresse und nicht dem Interesse der Allgemeinheit an der Verhinderung bzw. Aufklärung von Straftaten. Außerdem wird der Compliance-Officer in aller Regel arbeitsvertraglich zur Verschwiegenheit verpflichtet sein.[234]

68 Daraus folgt, dass die Handlungspflicht des Compliance-Officers zum einen vor allem darin besteht, dem Vorstand bzw. dem zuständigen Vorstandsmitglied Bericht zu erstatten und ihn umfassend zu informieren (sog **Eskalationspflicht**).[235] Eine (strafbewehrte) Pflicht zur Information des Aufsichtsrats gibt es hingegen nicht.[236] In welchem Umfang und zu welchem Zeitpunkt der Vorstand informiert werden muss, ist einzelfallabhängig und hängt von der Schwere der Tat, des (drohenden oder eingetretenen) Vermögensschadens sowie der befürchteten Imageschäden ab.[237]

69 Zum anderen ist eine umfassende **Dokumentation** der zur Aufklärung der Straftat eingeleiteten Maßnahmen von großer Bedeutung.[238] Tauchen (abstrakte) Hinweise auf Rechtsverstöße auf bzw. besteht schon ein konkreter Tatverdacht gegen einen bestimmten Mitarbeiter ist die Einleitung effektiver Nach-

---

230 *Hehlmann/Sachs* EuZW 2012, 527 ff.
231 BFH 19.6.2012 – VII R 43/11.
232 *Blassl* WM 2018, 603 (609); *Rönnau/Schneider* ZIP 2010, 53 (60).
233 *Ransiek* AG 2010, 147 (153); *Lösler* WM 2007, 676 (677 ff.); *Mutter/Quinke* AG 2009, 416 (418).
234 BAG 3.7.2003 – 2 AZR 235/02, NZA 2004, 427; *Blassl* WM 2018, 603 (609); *Rönnau/Schneider* ZIP 2010, 53 (60).
235 *Lösler* WM 2008, 1098 (1104); *Rönnau/Schneider* ZIP 2010, 53 (60).
236 *Rönnau/Schneider* ZIP 2010, 53 (60).
237 *Rönnau/Schneider* ZIP 2010, 53 (59).
238 *Dann/Mengel* NJW 2010, 3265 (3268); *Rönnau/Schneider* ZIP 2010, 53 (59); *Wybitul* BB 2009, 2590 (2592).

forschungen – natürlich im Rahmen des rechtlich Zulässigen – unerlässlich. Alle eingeleiteten Maßnahmen sowie die internen Meldungen an die zuständigen Stellen sind im Rahmen sorgfältiger Aktenführung festzuhalten. Nur so kann der Compliance-Officer bei etwaigen staatsanwaltlichen Ermittlungen nachweisen, dass er seinen Pflichten vollumfänglich nachgekommen ist und dem Haftungsrisiko entgehen. Außerdem erleichtert eine gewissenhafte Aktenführung bei einer möglichen Durchsuchung der Büroräume des Compliance-Officers die gezielte Herausgabe bestimmter Unterlagen, so dass der Aufenthalt der Ermittlungspersonen nicht über das nötige Maß hinausgeht und wenig Aufmerksamkeit erregt.[239] Ein besonderes Problem stellt sich, wenn sich die Verdachtsmomente gegen Vorgesetzte des Compliance-Officers richten oder Vorstands- oder Aufsichtsratsmitglieder betroffen sind. Für diesen Fall sollten **alternative Berichtspflichten** vorgesehen sein, zB an eine Anwaltskanzlei oder einen **externen Ombudsmann**.[240]

In besonders komplexen Sachverhalten empfiehlt es sich für den Compliance-Officer vor der Erteilung eines Rechtsrats oder der abschließenden Bewertung, ob ein Verhalten strafrechtskonform ist oder nicht, externen Rechtsrat durch unabhängige Dritte einzuholen oder sich durch Rechtsgutachten abzusichern.[241]

Angesichts der vorstehenden Erwägungen ist es zur Vermeidung von strafrechtlichen Haftungsrisiken unerlässlich, die konkreten Aufgaben des Compliance-Beauftragten bereits in der Stellenbeschreibung und anschließend im Arbeitsvertrag genau festzuschreiben sowie eine klare organisatorische Strukturierung der Verantwortung im Bereich Compliance zu schaffen.[242]

5. Weitere Strafbarkeitsvoraussetzungen
a) Kausalität

Unabhängig vom Vorliegen einer Garantenstellung, ist die Strafbarkeit eines Compliance-Officers nach allgemeinen Grundsätzen zur Unterlassensstrafbarkeit nur dann zu bejahen, wenn bei gebotenem Verhalten der Erfolg mit an Sicherheit grenzender Wahrscheinlichkeit ausgeblieben wäre (sog **Quasi-Kausalität**). Der bloße Einwand, der Vorstand hätte Maßnahmen trotz entsprechender Information pflichtwidrig unterlassen, entlastet den Compliance-Officer aber nicht.[243] Denn hängt die Erfolgsverhinderung vom nur (spekulativ feststellbaren) Handeln eines Dritten ab, ist ein pflichtgemäßes bzw. eigene Interessen wahrendes Verhalten der anderen zu unterstellen.[244] Eine Schlechterstellung des Unterlassungstäters ist damit nicht verbunden, da diesem lediglich – vergleichbar dem Begehungstäter im Rahmen des Pflichtwidrigkeitszusammenhangs – die Berufung auf ein pflichtwidriges Verhalten Dritter abgeschnitten wird.[245] Eine Erfolgszurechnung entfällt nur dann, wenn sicher feststeht, dass

---

239 *Dann/Mengel* NJW 2010, 3265 (3268).
240 *Wybitul* BB 2009, 2590 (2593).
241 *Dann/Mengel* NJW 2010, 3265 (3268); *Püschel/Sommer* AnwBl 2013, 168.
242 *Zimmermann* BB 2011, 634 (637); *Wybitul* BB 2009, 2590 (2592); *Schäfer* BKR 2011, 187 (197).
243 *Rönnau/Schneider* ZIP 2010, 53 (61 Fn. 99); aA *Böse* NStZ 2003, 636 (641).
244 *Fischer* StGB § 13 Rn. 39; Schönke/Schröder/*Bosch* StGB § 13 Rn. 62.
245 Schönke/Schröder/*Bosch* StGB § 13 Rn. 62.

der Dritte – also die Geschäftsleitung – untätig geblieben wäre.²⁴⁶ Es liegt jedoch nahe, dass die ermittelnde Staatsanwaltschaft annehmen wird, dass die korrekt informierte Geschäftsleitung – schon um eine eigene strafrechtliche Haftung zu vermeiden – gegen das strafrechtlich relevante Handeln eingeschritten wäre und das sichere Untätigbleiben demnach verneint.²⁴⁷

b) Täter/Teilnehmer

71 Ob der Compliance-Officer Täter oder Teilnehmer des in Rede stehenden Unterlassungsdelikts ist, ist nach der subjektiven Theorie der Rechtsprechung davon abhängig, ob dieser mit Täter- oder Teilnehmerwillen gehandelt hat und muss damit im Einzelfall entschieden werden.²⁴⁸

c) Vorsatz

72 Nach allgemeinen strafrechtlichen Grundsätzen kommt eine Strafbarkeit des Compliance-Officers nur in Betracht, wenn er sowohl hinsichtlich der Haupttat als auch hinsichtlich seines eigenen Tatbeitrags vorsätzlich handelt. Dies muss im Einzelfall entschieden werden und bietet Ansatzpunkte für eine ggf. erforderlich werdende Verteidigung. Allerdings ist Vorsicht geboten mit der pauschalen Aussage, der Vorsatz sei regelmäßig nicht nachweisbar. Denn wenn der Compliance-Beauftragte Anhaltspunkte für bevorstehende oder andauernde Straftaten ignoriert und dies im Rahmen eines Ermittlungsverfahrens bekannt wird, ist davon auszugehen, dass ihm die Strafverfolgungsbehörden **bedingten Vorsatz** unterstellen.²⁴⁹

V. Strafrechtliches Haftungsrisiko der Geschäftsleitung gem. § 266 StGB bei Verletzung gesellschaftsrechtlicher Organisationspflichten

1. Pflichtverletzung

73 Die Verletzung von gesellschaftsrechtlichen Organisationspflichten geht mit der Frage einer möglichen Untreuestrafbarkeit der Geschäftsleitung oder gar der Mitglieder des Kontrollorgans durch Nichtverhinderung von Straftaten des Vorstands²⁵⁰ einher. Da für die Bestimmung der Pflichtverletzung iSd § 266 StGB in erster Linie die zivilrechtlichen Pflichten maßgeblich sind, erlangt deren Einhaltung auch unter strafrechtlichen Aspekten Bedeutung. Zivilrechtlich zulässiges Verhalten schließt eine Pflichtwidrigkeit aus; allerdings ist nicht jede zivilrechtliche Pflichtverletzung zugleich eine pflichtwidrige Tathandlung nach § 266 Abs. 1 StGB.²⁵¹ Erforderlich ist, dass sich die **Pflichtwidrigkeit** der Tathandlung gerade auf den Teil der **Pflichtenstellung des Täters** bezieht, der die Vermögensbetreuungspflicht zum Gegenstand hat.²⁵² Außerdem muss sich der

---

246 *Fischer* StGB Vor § 13 Rn. 39; Schönke/Schröder/*Bosch* StGB § 13 Rn. 62. In Betracht kommt in diesem Fall aber der Vorwurf des versuchten Unterlassens, sofern der Versuch des betreffenden Delikts strafbar ist.
247 So auch *Dann/Mengel* NJW 2010, 3265 (3268).
248 Vgl. zu dieser Frage auch *Krüger* ZIS 2010, 1 ff. mwN, *Nave/Vogel* BB 2011, 2546 (2550).
249 *Dann/Mengel* NJW 2010, 3265 (3268).
250 Hierzu *Schwerdtfeger*, NZWiST 2018, 266 ff.
251 *Fischer* StGB § 266 Rn. 59.
252 *Fischer* StGB § 266 Rn. 60.

Anwendungsbereich des § 266 StGB nach der Rspr. des BGH auf schwerwiegende Pflichtverletzungen beschränken.[253]

Grundsätzlich hat der Vorstand einer Aktiengesellschaft bzw. der Geschäftsführer einer GmbH aufgrund seiner Organstellung eine entsprechende **qualifizierte Fürsorge- und Treuepflicht** gegenüber der Gesellschaft.[254] Schwieriger zu beurteilen ist hingegen die Bestimmung der daraus resultierenden Pflichten des Täters, insbesondere welchen Umfang und Grenzen diese haben. 74

Im Finanzsektor spielt der Aspekt der Untreue unter anderem bei **Risikogeschäften**, zB bei risikoreichen Kreditvergaben, eine besondere Rolle.[255] Daneben wird aktuell die Frage diskutiert, ob Compliance-Regeln Rechtspflichten begründen, deren vorsätzliche Missachtung durch die Geschäftsleitung zu einer Strafbarkeit nach § 266 StGB führen kann, wenn dadurch dem Unternehmen ein Schaden entsteht bzw. eine konkrete Vermögensgefährdung eintritt.[256] 75

Als Anknüpfungspunkt für eine Untreuestrafbarkeit in der **Treubruchsvariante**[257] kommt nur der Verstoß gegen die § 91 Abs. 2 AktG geregelte Bestandssicherungspflicht in Betracht. Ob ein Verstoß gegen diese Risikosteuerungspflicht eine untreuerelevante Pflichtverletzung darstellen kann, wird in der Literatur unterschiedlich beurteilt.[258] 76

Die Verletzung der Vermögensbetreuungspflicht ist dann zu bejahen, wenn der Täter die ihm übertragene Geschäftsbesorgung nicht oder nicht ordnungsgemäß ausführt und dem zu betreuenden Vermögen dadurch ein Nachteil entsteht.[259] Maßgeblich ist somit, ob der Vorstand einer Aktiengesellschaft (bzw. der Geschäftsführer einer GmbH) rechtlich dazu verpflichtet ist, ein Compliance-System zu installieren.[260] Insbesondere die Frage, ob aus § 91 Abs. 2 AktG eine solche umfassende Pflicht hergeleitet werden kann, ist höchst umstritten. Überwiegend wird aus dem Wortlaut – „Entwicklungen" und nicht „Risiken" – und der Tatsache, dass konkrete Vorgaben in organisatorischer Hinsicht – im Gegensatz zu § 25 a Abs. 1 KWG, § 33 WpHG – fehlen, geschlossen, dass lediglich Maßnahmen der Bestandssicherung verpflichtet sind, was sich letztlich auch schon aus der allgemeinen Leitungsaufgabe nach §§ 76 Abs. 1, 93 AktG ergibt.[261] Für den Bereich des Bankrechts gilt aufgrund der § 25 a Abs. 1 KWG und § 33 WpHG, nach denen ausdrücklich die Verpflichtung zur Einrichtung eines Compliance-Systems besteht, jedoch etwas anderes (Kap. 2.2. Rn. 1 ff.). 77

Von diesen Erwägungen ausgehend, ergibt sich für die Frage der Pflichtverletzung iSd § 266 StGB Folgendes: Ergreift die Geschäftsleitung eines Unternehmens, das dem KWG bzw. dem WpHG nicht unterliegt, nur unzureichende 78

---

253 BGH 15.11.2001 – 1 StR 185/01, BGHSt 47, 148 (150); *Fischer* StGB § 266 Rn. 61.
254 *Fischer* StGB § 266 Rn. 48.
255 Vgl. hierzu BGH 6.4.2000 – 1 StR 280/99, BGHSt 46, 30.
256 *Theile* wistra 2010, 457; *Michalke* StV 2011, 245.
257 Vgl. *Theile* wistra 2010, 457 (459).
258 Dafür: *Mosiek* wistra 2003, 370 (373 f.); MüKoAktG/*Spindler* AktG § 91 Rn. 10; abl. MüKoStGB/*Dierlamm* StGB § 266 Rn. 194.
259 MüKoStGB/*Dierlamm* StGB § 266 Rn. 184.
260 *Theile* wistra 2010, 457 (459).
261 *Theile* wistra 2010, 457 (459).

Maßnahmen, liegt darin keine untreuerelevante Pflichtverletzung. Denn die Durchführung konkreter Maßnahmen ist gesellschaftsrechtlich gerade nicht vorgesehen, zudem sind angesichts der unternehmerischen Freiheit auch unterschiedliche Maßnahmen denkbar. Gerade in Anbetracht der Weite des Untreuetatbestandes muss hier eine restriktive Betrachtungsweite erfolgen. Eine Pflichtverletzung iSd § 266 StGB kommt folglich nur dann in Betracht, wenn in weitem Umfang auf die Einrichtung von Kontrollmaßnahmen verzichtet wurde und praktisch kein Programm eingerichtet wurde, was in dieser Form nur sehr selten der Fall sein wird.[262]

79 Ob dies bei Unternehmen, die den bankenaufsichtsrechtlichen Vorschriften unterliegen angesichts der sehr genauen Vorgaben anders zu beurteilen ist, ist mehr als zweifelhaft. Dem stehen folgende Erwägung entgegen: Nach der Rechtsprechung des BGH ist eine Normverletzung nur dann pflichtwidrig, wenn sie wenigstens auch, und sei es nur mittelbar, einen **vermögensschützenden Charakter** bezogen auf das zu betreuende Vermögen besitzt.[263] Dies gilt auch dann, wenn die Handlung nach anderen Normen pflichtwidrig ist und gegebenenfalls Schadensersatzansprüche gegenüber dem Treupflichtigen begründet. Damit muss die Frage, welchen Zweck Compliance sowohl in allgemeiner Hinsicht als auch im speziellen Bereich des Bankensektors verfolgt, zwingend geklärt werden. Jedenfalls kann nicht bei jeder Verletzung einer Compliance-Regel bzw. deren unzureichende Umsetzung ein Bezug zum Vermögen der Gesellschaft hergestellt werden (zB hinsichtlich der Beratung und Unterstützung der Mitarbeiter).[264]

2. Nachteil

80 Außerdem führt eine unterstellte pflichtwidrige Handlung nicht zwangsläufig zu einem Vermögensnachteil iSd § 266 StGB. Drohende Bußgeld- oder Schadensersatzansprüche, die aus einem Verstoß gegen die Risikosteuerungspflicht resultieren können, müssen erst geltend gemacht werden. Auch ein Rückgriff auf die Rechtsfigur der **schadensgleichen Vermögensgefährdung** ist in diesem Zusammenhang zumindest problematisch. Da der Tatbestand des § 266 StGB weiter gefasst ist als der des § 263 StGB und eine Versuchsstrafbarkeit dort gerade nicht vorgesehen ist, unterliegt diese Fallgruppe gewissen Einschränkungen.[265] Unter welchen Voraussetzungen eine Vermögensgefährdung als schadensgleich anzusehen ist, ist im Einzelnen sehr umstritten.[266] Jedenfalls erscheint es im Zusammenhang mit dem Vorliegen einer unzureichenden Compliance nicht überzeugend, einen solchen Gefährdungsschaden im Hinblick auf Ersatzansprüche und Prozesskosten anzunehmen, da es insoweit an der Unmittelbarkeit des Schadens fehlt.[267] Die bloße abstrakt bestehende Möglichkeit der Geltendmachung solcher Ansprüche, ohne Kenntnis der Entscheidung des Dritten, reicht nicht aus.[268] Anders ist dies dann, wenn ein behördliches (zB

---

262 *Michalke* StV 2011, 245 (249).
263 BGH 13.9.2010 – 1 StR 220/09, BGHSt 55, 288; *Michalke* StV 2011, 245 (250).
264 *Michalke* StV 2011, 245 (250).
265 MüKoStGB/*Dierlamm* StGB § 266 Rn. 211 ff.; *Fischer* StGB § 266 Rn. 159.
266 Vgl. hierzu MüKoStGB/*Dierlamm* StGB § 266 Rn. 211 ff.
267 BGH 25.4.2006 – 1 StR 519/05, BGHSt 51, 29 (33); *Theile* wistra 2010, 457 (462); *Fischer* StGB § 266 Rn. 55.
268 MüKoStGB/*Dierlamm* StGB § 266 Rn. 226.

durch die BaFin) oder zivilrechtliches Verfahren konkret eingeleitet worden ist.[269]

VI. Strafrechtliche Verantwortlichkeit des Unternehmens selbst – die Verbandsstrafe

1. Begriff der Verbandsstrafe und deren Abgrenzung zu anderen Sanktionsformen

Der Begriff der **Verbandsstrafe** umschreibt die Übernahme kriminal-strafrechtlicher Verantwortung in Handlung und Rechtsfolge durch eine nicht-natürliche Person. Im Mittelpunkt strafrechtlicher Betrachtung steht nicht mehr die (nur) natürliche Person unter Beachtung ihrer Handlungsweisen im Rahmen ihrer organisatorischen Einbindung, sondern die Organisation selbst, welche dem deliktisch geneigten Mitarbeiter gerade erst durch diese Einbindung in die vielfältigen Arbeitsabläufe sowohl Gelegenheit als auch Möglichkeit gibt, die Rechtsordnung in vorwerfbarer Art und Weise zu verletzten. An sich ist die Sanktionierung von Unternehmen im weiteren Sinne auch dem deutschen Rechtsraum nicht unbekannt. So sehen doch schon zum gegenwärtigen Zeitpunkt verschiedene Spezialgesetze, wie beispielsweise § 35 GewO (Gewerbeuntersagung), § 21 SchwArbG (Ausschluss von öffentlichen Aufträgen), §§ 16 Abs. 1 Nr. 1 d VOB/A, § 7 a Nr. 2 e und f. VOL/A, § 20 f. (Ausschluss im Vergabeverfahren), §§ 396 AktG, 62 GmbHG, 81 GenG (Auflösung einer Gesellschaft) und nicht zuletzt die schon betrachteten §§ 30, 130 OWiG, Maßnahmen vor, wonach die Unternehmen selbst zur Verantwortung zu ziehen sind. Dennoch bilden diese Sanktionen als Rechtsfolgen weder in der Terminologie noch in ihrem rechtlich-moralischem Gewicht „(Kriminal-)Strafen" im Verständnis und in Bedeutung des StGB oder des Grundgesetzes, also gerade kein sittliches Unwerturteil. 81

2. (Verfassungs-)Rechtliche Hürden und Problematiken der strafrechtlichen Unternehmensverantwortlichkeit

Vor diesem Hintergrund des in Deutschland geübten dogmatischen Verständnisses von Strafrecht und der sich hieraus ableitenden Strafe erklärt sich auch der Umstand, dass der deutsche Gesetzgeber bislang noch kein eigenes **Unternehmensstrafrecht** kodifiziert hat. Anders als beispielsweise die Schweiz, Frankreich, Spanien, die Niederlande, welche eine eigene Unternehmens(kriminal)strafe anerkennen und teilweise sogar eigene originäre „**Körperschaftsdelikte**" in ihrer Rechtsordnung etabliert haben,[270] oder aber auch anders als der anglo-amerikanische Raum mit einer eigenständigen und zudem schon langfristig praktizierten „**corporate criminal liability**" sind die vorgetragenen Bedenken gegenüber einer solchen Rechtsmaterie innerhalb Deutschlands vor allem in der Rechtslehre vielfältig und tiefgreifend. 82

Zuvorderst wird vielfach der Ausgangspunkt des deutschen Strafrechts, namentlich der die Eigenverantwortung des Menschen voraussetzende **Schuldgrundsatz**, welcher nach Art. 79 Abs. 3 GG zu der unverfügbaren Verfassungsidentität gehört und als vor Eingriffen supranational ausgeübter öffentlicher

---
269 MüKoStGB/*Dierlamm* StGB § 266 Rn. 226.
270 Ausführlich hierzu LK/*Schünemann* StGB Vor § 25 Rn. 20, 25; Schönke/Schröder/*Heine/Weißer* StGB Vor §§ 25 Rn. 122; BeckOK OWiG/*Meyberg* OWiG § 30 Rn. 3.1.

Gewalt geschützt ist, gegen die Einführung einer strafrechtlichen Verbandsverantwortlichkeit eingeworfen.[271] Eine Strafe setze nach allgemeinem dogmatischem Verständnis Handlungs- und Schuldfähigkeit voraus, was wiederum **individuelle Zurechnung und persönliche Verantwortlichkeit** bedinge, so dass ein sittliches Unwerturteil als entscheidendes Wesensmerkmal einer Strafe nur über menschliches Verhalten verhängt werden könne.[272] Der Grundsatz, dass jede Strafe Schuld voraussetze, habe seine Grundlage in der Menschenwürdegarantie des Art. 1 Abs. 1 GG,[273] so dass die Kategorien der Schuld und der Strafe mit dem Menschsein und der Menschenwürde untrennbar verbunden sind. Dieser systembedingten Schuldunfähigkeit von Verbänden das schuldhafte Handeln des jeweiligen Unternehmensangehörigen zuzurechnen, wird zudem wiederum unter dem Gesichtspunkt der Eigenverantwortlichkeit als problematisch betrachtet, wonach jeder nur für seine eigenen Handlungen und sein eigenes Verschulden strafrechtlich verantwortlich sei.[274]

Dem Einwand wird aber dadurch entgegengetreten, dass wenn der Gesetzgeber sich für die Einführung eines Unternehmensstrafrechts entscheide, er damit zugleich auch die Möglichkeit begründe, Unternehmen zu bestrafen und dogmatische Bedenken durch die ausgeübte Rechtspraxis daher überlagert würden.[275] Zudem sei die Aussage, dass Strafe Schuld voraussetze, weder anthropologisch noch sachlogisch begründet, sondern rein normativ und funktional und als solches der Dispositionsfähigkeit des jeweiligen Gesetzgebers unterworfen.[276]

Ähnliche Problematiken ergeben sich auch unter Heranziehung der klassischen Handlungslehren sowie der präventiv bzw. repressiv ausgerichteten Strafzwecken, die ebenfalls einzig den natürlichen Menschen als Adressat ihrer Aussagen begreifen und in Bezug auf Verbände, Unternehmen oder sonstigen Institutionen nur schwerlich direkt noch wesensgemäß in ihrem derzeit geübten Verständnis zur Anwendung gelangen können.[277] Weiterhin ist zu bedenken, dass von einer **(Zwangs-)Auflösung eines inkriminierten Verbandes** als stärkste Sanktionsform zugleich und unmittelbar an der Tathandlung in keiner Weise beteiligte, unschuldige Verbandsmitglieder oder Anteilseigner mitbetroffen werden, was ebenfalls in Konflikt mit dem Schuldgrundsatz – insbesondere der nach wie vor erforderlichen Schuldnotwendigkeit gegenüber den unbeteiligten, simultan mitbestraften natürlichen Personen – geraten dürfte.[278]

---

271 BVerfG 30.6.2009 – 2 BvE 2, 5/08, 2 BvR 1010, 1022, 1259/08, 182/09, BVerfGE 123, 267 = NJW 2009, 2267 Rn. 364; vgl. auch Art. 83 Abs. 3 AEUV.
272 Vgl. schon BGH 27.10.1953 – 5 StR 723/52, BGHSt 5, 28 ff. = NJW 1953, 1838.
273 Vgl. BVerfG 26.5.1981 – 2 BvR 215/81, BVerfGE 57, 250 (275); BVerfG 14.9.1989 – 2 BvR 1062/87, BVerfGE 80, 367 (378); BVerfG 9.3.1994 – 2 BvL 43, 51, 63, 64, 70, 80/92, 2 BvR 2031/92, BVerfGE 90, 145 (173).
274 Kempf/Lüderssen/Volk/*Vogel* S. 205 ff.
275 *Leipold* ZRP 2013, 34 (35).
276 *Kubiciel* ZRP 2014, 133 (135).
277 Dies auch aufgreifend *Jahn/Pietsch* ZIS 2015, 1 (2 f.).
278 So ähnlich auch die Kritik in den Stellungnahmen des Deutschen Industrie- und Handelskammertages (http://www.dihk.de/themenfelder/recht-steuern/rechtspolitik/nationale-stellungnahmen/positionen-national-2014 [29.5.2019]).

3. Aktueller Stand der Diskussion und Gesetzesbestrebungen in Deutschland

Trotz oder gerade wegen der aufgezeigten Bedenken ist das Thema der Verbandsstrafe als geradezu „kriminalpolitischer Zombie"[279] schon seit langer Zeit eines der im Strafrecht nach wie vor diskutierten Erscheinungen. So wurde beispielsweise schon in Anschluss an das „Stahlhändlerurteil" des BGH vom 27.10.1953[280] der 40. Deutsche Juristentag beinahe ausschließlich mit dieser Problematik beschäftigt, die Einführung von **Kriminalsanktionen gegen Verbände** im Ergebnis jedoch fast einstimmig von diesem abgelehnt.[281] Dieser Grundtendenz folgend hatte sich der deutsche Gesetzgeber auch – jedenfalls bislang – der Forderung nach einer repressiven Unternehmens(kriminal)strafe widersetzt und stattdessen das System der **Sanktionierung durch das Ordnungswidrigkeitenrecht**, allen voran dem § 30 OWiG, weiter ausgebaut.[282]

83

Diese bisweilen geübte grundsätzlich ablehnende Haltung scheint aber aufgegeben zu werden. Auf ihrer Herbstkonferenz am 9.11.2011 in Berlin haben sich die Justizminister der Länder, allen voran der nordrhein-westfälische Justizminister, – auch unter dem Druck der OECD und EU[283] – für eine Erweiterung des Sanktionensystems und zugleich für die Einführung einer Verbandsstrafe ausgesprochen. Ebenso wurde in den Koalitionsvertrag der Großen Koalition auf Bundesebene betreffend die 18. Legislaturperiode ausdrücklich die Prüfung der Einführung eines Unternehmensstrafrechts für multinationale Konzerne verankert.[284] In der Folge legte **NRW auf der Justizministerkonferenz** im November 2013 einen Entwurf eines Verbandsstrafgesetzbuches (VerbStrGB-E) vor, welcher grundsätzlich begrüßt wurde.[285] Dieser Gesetzesentwurf schlägt ein Verbandsstrafgesetzbuch vor, welches die strafrechtliche Haftung von Verbänden für Zuwiderhandlungen ihrer Mitarbeiter oder Mitglieder gegen Strafgesetze begründet, wenn durch diese Zuwiderhandlungen

---

279 So *Schünemann* ZIS 2014, 1.
280 BGH 27.10.1953 – 5 StR 723/52, BGHSt 5, 28 ff.
281 BeckOK OWiG/*Meyberg* OWiG § 30 Rn. 3.2.
282 Vgl. Protokolle der Großen Strafrechtskommission IV 397 ff., 419 ff.; BMJ (Hrsg.) Abschlussbericht der Kommission zur Reform des strafrechtlichen Sanktionensystems 190 ff.; diese Entwicklung schon zum damaligen Zeitpunkt kritisch bewertend: *Scholz* ZRP 2000, 435.
283 So hatte die OECD im Anschluss an das Übereinkommen zur Bekämpfung von Bestechung von ausländischen Amtsträgern im internationalen Geschäftsverkehr v. 17.12.1997 (vgl. BT-Drs. 13/10428) noch im Frühjahr 2011 die Empfehlung an Deutschland gerichtet, eine Verschärfung der Strafen für Korruption durch Unternehmen vorzusehen. Auch die Europäische Union hatte mehrfach in vielen ihrer Rechtsakte von den Mitgliedstaaten die Einführung effektiver Sanktionen gegen Unternehmen gefordert. So wurde beispielsweise kritisiert, dass durch die Unterschiede in den nationalen Strafrechtsordnungen – auch im Bereich der strafrechtlichen Verantwortlichkeit juristischer Personen – in den Mitgliedstaaten operative und organisatorische Hindernisse für grenzüberschreitende Untersuchungen zur Folge haben können, so dass die finanziellen Interessen der EU strafrechtlich nicht ausreichend geschützt seien, vgl. die Mitteilung der Kommission vom 26.5.2011, KOM(2011) 293 endg. sowie die Mitteilung der Kommission vom 20.9.2011 zur Europäischen Strafrechtspolitik, KOM(2011) 573 endg. Zu den europäischen Vorgaben eines Unternehmenskriminalstrafrechts, vgl. *Krems* ZIS 2015, 5 (8 f.); zum Gedanken der Wettbewerbsverzerrung durch diese unterschiedliche Ausgestaltung der Verbandsstrafbarkeit im europäischen Raum, vgl. *Hetzer* EuZW 2007, 75.
284 Vgl. Koalitionsvertrag der Großen Koalition zur 18. Legislaturperiode 2013, S. 145.
285 https://www.landtag.nrw.de/portal/WWW/dokumentenarchiv/Dokument/MMI16-12 7.pdf (29.5.2019); *Krings/Kutschaty* DRiZ 2015, 16; *Kutschaty* ZRP 2013, 74.

Pflichten verletzt worden sind, die den Verband treffen (sog **betriebsbezogene Pflichten**), oder wenn durch sie der Verband bereichert worden ist oder bereichert werden sollte, vgl. § 2 Abs. 1 VerbStrGB-E, welcher in seiner Konzeption an den § 30 OWiG angelehnt ist. § 2 Abs. 2 VerbStrGB-E orientiert sich demgegenüber als zweiter materieller Tatbestand an § 130 OWiG, indem er die Sanktionierung an eine verbandsbezogene Zuwiderhandlung anknüpft, welche in Wahrnehmung der Angelegenheiten des Verbandes begangen wurde, wenn durch einen Entscheidungsträger dieses Verbandes vorsätzlich oder grob fahrlässig zumutbare Aufsichtsmaßnahmen, insbesondere technischer, organisatorischer oder personeller Art, unterlassen worden sind, durch welche die Zuwiderhandlung verhindert oder zumindest wesentlich erschwert worden wäre.

Das Verbandsstrafgesetzbuch soll hierbei nach der Intention seiner Verfasser in materiellrechtlicher wie prozessualer Hinsicht die Haftung von Verbänden auf eine eigenständige gesetzliche Grundlage stellen, wobei über die Normen der §§ 3 und 13 VerbStrGB-E die allgemeinen Regelungen des StGB und der StPO – sofern wesensgemäß auf die Verbände als Normadressaten überhaupt anwendbar – weiterhin auch für diese Rechtsmaterie Geltung beanspruchen sollen. Neben der Etablierung materieller Straftatbestände ist zudem die vorgesehene **Einführung spezieller Verbandssanktionen** hervorzuheben. So soll auch in dem VerbStrGB die Zweispurigkeit des „normalen" Strafrechts in den Kategorien der Strafen und Maßregeln beibehalten werden, indem § 4 Abs. 1 VerbStrGB-E als „Verbandsstrafen" die **Verbandsgeldstrafe**, die **Verbandsverwarnung mit Strafvorbehalt** sowie die **öffentliche Bekanntmachung der Verurteilung** vorsieht. In § 4 Abs. 2 VerbStrGB-E hingegen sind als „Verbandsmaßregeln" der Ausschluss von Subventionen, der Ausschluss von Vergabe öffentlicher Aufträge sowie die einschneidende Verbandsauflösung vorgesehen. Interessant ist in diesem Zusammenhang auch, dass gem. § 5 Abs. 1, 2 VerbStrGB-E von der Sanktionsverhängung abgesehen werden kann, wenn der Verband ausreichende organisatorische oder personelle Maßnahmen getroffen hat, um vergleichbare Verbandsstraftaten in Zukunft zu vermeiden und wenn ein bedeutender Schaden nicht entstanden oder dieser zum überwiegenden Teil wieder gut gemacht ist oder organisatorische bzw. personelle Maßnahmen zur Vermeidung der Unternehmensstrafbarkeit getroffen sind und der gegenständliche Verband zu der strafprozessualen Ermittlung durch freiwilliges Offenbaren und Zurverfügungstellung von Beweismitteln wesentlich beigetragen hat. An dieser Stelle kann das unternehmensinterne, effektiv gestaltete („ausreichende") Compliance-System somit sogar zu einem strafprozessual beachtlichen **Strafaufhebungsgrund** werden.

Allerdings musste sich der Entwurf schon vermehrt der Kritik aus Rechtspraxis und Lehre ausgesetzt sehen.[286] Zuvorderst wäre die Einführung einer solchen Verbandsstrafe gegenüber großen Unternehmen, die zuletzt in den Fokus der Öffentlichkeit geraten sind und gerade das Bedürfnis für eine solche eigenständige Regelungsmaterie geweckt haben, nicht durchsetz- und anwendbar, so dass die aufgebaute Strafandrohung daher zumindest gegenüber diesen Unter-

---

286 Vgl. beispielsweise zur Kritik im Rahmen der Saarbrücker Tagung vom 13.6.2014 *Jahn/Pietsch* ZIS 2015, 1 (3 f.); sehr kritisch auch *Schmitt-Leonardy* ZIS 2015, 11 sowie *Mansdorfer* ZIS 2015, 23, welche jeweils grundlegende konzeptionell-strukturelle Defizite in dem eingebrachten Gesetzesentwurf sehen.

nehmen völlig wirkungslos ist, vgl. § 2 Abs. 1 StGB.[287] Auch kann der Entwurf in seiner bisherigen Form nicht darüber hinwegtäuschen, dass die juristische Person nicht selbst agieren kann, also wiederum auch auf dem Gebiet des Strafrechts gem. § 2 Abs. 1 VerbStrGB-E nur – wie auch schon § 30 OWiG – über eine **Zurechnung des Handelns von „Entscheidungsträgern"** operieren kann.[288] Gewonnen wird durch diese Handlungszurechnung unter neuer Deklaration als Strafe statt als Ordnungswidrigkeit jedoch wenig, zumal die in § 4 VerbStrGB-E vorgesehenen Sanktionen auch schon nach gegenwärtiger Rechtslage bestehen.[289] Demgemäß sieht auch der als Gegenalternative eingeworfene Gesetzgebungsvorschlag der **Fachgruppe Compliance im Bundesverband der Unternehmensjuristen (BUJ)** unter Mitwirkung von Prof. Dr. Werner Beulke zur Lösung der Problematik lediglich eine Änderung der §§ 30, 130 OWiG als erforderlich an, um effektiv der Kriminalität von Verbänden adäquat zu begegnen.[290] Ebenso bedenklich erscheinen die strafprozessualen Erneuerungen durch das geplante VerbStrGB, beispielsweise die Regelung des § 18 Abs. 2 VerbStrGB-E, wonach „ein Verteidiger" zugleich den Verband (wegen der ihm vorgeworfenen Verbandsstraftat) und eine natürliche Person (wegen der anknüpfenswerten Zuwiderhandlung) verteidigen darf, „sofern dies der Aufgabe der Verteidigung nicht widerstreitet".[291] Zudem bestehe – entgegen der Ansicht der Befürworter einer selbstständigen Unternehmenssanktionierung – in tatsächlicher Hinsicht kein Nachholbedarf im internationalen Vergleich.[292]

Eine weitere, ebenfalls schon in grundsätzlicher Hinsicht gegenüber der Idee und der Etablierung eines Unternehmensstrafrechts kritische Würdigung ist auch nach wie vor innerhalb der Anwaltschaft und der durch sie repräsentierten Praxis vorzufinden. Nachdem sich die **Bundesrechtsanwaltskammer (BRAK)** in ihrer Stellungnahme Nr. 9/2013 schon frühzeitig gegen die Einführung eines Unternehmensstrafrechts ausgesprochen hatte,[293] und bei dieser Gelegenheit stattdessen eine Reform der Verfallsregelungen der §§ 73 ff. StGB, die Stärkung der „schützenden Formen" rechtsstaatlicher Strafverfolgung bei Ermittlungen in und gegen Unternehmen (vgl. BRAK-Stellungnahme Nr. 35/2010) sowie die Anpassung der schon bestehenden wesentlichen verfahrensrechtlichen Regelungen und Fragen des Bußgeldverfahrens gegen juristische Personen und Personenvereinigung an eine, den rechtsstaatlichen Anforderungen gerecht werdende Art und Weise (vgl. BRAK-Stellungnahme Nr. 46/2012, S. 3, 9 f.) vorgeschlagen hatte, wurde die Kritik gegenüber dieser Thematik an sich sowie dem nunmehr vorgelegten konkreten Gesetzesentwurf

---

287 BeckOK OWiG/*Meyberg* OWiG § 30 Rn. 3.3.
288 *Rogall* GA 2015, 260; BeckOK OWiG/*Meyberg* OWiG § 30 Rn. 3.3.
289 *Rogall* GA 2015, 260.
290 Ausführlich zu diesem Gegenentwurf *Süße/Püschel* Newsdienst Compliance, 2014, 11002. Ebenso Änderungen des OWiG-Rechts als ausreichend erachtet *Hein* CCZ 2014, 75.
291 Ausführlich zu den strafprozessualen Fragen der Unternehmenssanktionierung *Fischer/Hoven* ZIS 2015, 32.
292 *Willems* ZIS 2015, 40 (41).
293 www.brak.de/zur-rechtspolitik/stellungnahmen-pdf/stellungnahmen-deutschland/2013/mai/stellungnahme-der-brak-2013-09.pdf (29.5.2019).

aus NRW auch in ihrer Stellungnahme Nr. 15/2014 im April 2014 erneut erhoben und zusätzlich vertieft.[294]
Neben dem Hinweis auf die mit der Einführung einer solchen Gesetzesmaterie verbundenen Gefahren für die ohnehin schon mit der gegenwärtigen Anzahl an Verfahren weitgehend überlastete staatliche Strafrechtspflege sowie auch mit der für die privaten Verbände nicht absehbaren Mehrkostenbelastung durch notwendig werdende **verstärkte Kontroll- und Überwachungsmechanismen**, welche nicht nur negativen Einfluss auf das soziale Klima innerhalb der ansässigen Unternehmen, sondern auch zugleich als **abschreckendes Hemmnis für Leistung, Ertrag und Neuinvestitionen in den Standort** Deutschland gesehen werden können, wurde auch detailliert aufgezeigt, warum aus Sicht der BRAK schon kein praktisches Bedürfnis für die angestrebte Neuregelung bestehe. So sei schon bei derzeitiger Gesetzeslage die Wirtschaftskriminalität in und unter Beteiligung von Unternehmen in den Statistiken rückläufig, die gegenwärtigen rechtlichen Instrumentarien zur Bekämpfung der Unternehmenskriminalität – allen voran die §§ 30, 130 OWiG – seien mehr als ausreichend, um den auffindbaren Missständen wirksam zu begegnen. Weiterhin sei auch entgegen der Begründung des vorgebrachten Gesetzesentwurfes kein zusätzlicher Abschreckungseffekt notwendig und überdies kein strafrechtsfreier Raum durch eine seitens des Entwurfes proklamierte, derzeit bestehende „organisierte Unverantwortlichkeit" in den Unternehmensstrukturen vorzufinden. Schließlich sei die im Rahmen des VerbStrGB-E herangezogene Fiktion einer originären Verbandsschuld mit dem verfassungsrechtlich verbürgten Schuldgrundsatz unvereinbar.

84 Im Dezember 2017 ist ein neuer Entwurf – der **Kölner Entwurf eines Verbandssanktionengesetzes** – von einer Forschungsgruppe der Kölner Universität entwickelt worden.[295] Dieser basiert auf einer deutschlandweiten Untersuchung der Anwendung des geltenden Rechts, auf **rechtsvergleichenden Untersuchungen** mit den USA und Österreich sowie auf der Begleitung durch eine Expertengruppe und soll mit einer ausführlichen Kommentierung in Buchform erscheinen.[296] Dieser Entwurf macht deutlich, dass die Regeln zur Bestrafung natürlicher Personen nicht zur Anwendung kommen können, indem der Entwurf von „**Sanktionen**" und nicht von „Strafe" spricht.[297] Ebenso wie im Entwurf von NRW stehen Geldsanktionen im Vordergrund, allerdings soll nun die Sanktion gemäß § 4 VerbSG-E nach dem **Umsatz des Verbandes** gemessen und auf **maximal 15% des Umsatzes** beschränkt werden. Die Vorschriften des Kölner Entwurfs sind spezialpräventiv und auf Resozialisierung ausgerichtet, was sich insbesondere an § 5 VerbSG-E zeigt. Hiernach soll die Geldsanktion unter Auflagen zur Bewährung ausgesetzt werden können. Nicht abschließend nennt der Kölner Entwurf hier Auflagen in Form einer **Wiedergutmachung** des ent-

---

294 www.brak.de/zur-rechtspolitik/stellungnahmen-pdf/stellungnahmen-deutschland/201 4/april/stellungnahme-der-brak-2014-15.pdf (29.5.2019).
295 Kölner Entwurf eines Verbandssanktionengesetzes (VerbSG-E), abrufbar auf der Internetseite unter: http://www.jpstrafrecht.jura.uni-koeln.de/sites/iss_juniorprof/Projekte/ Koelner_Entwurf_eines_Verbandssanktionengesetzes__2017.pdf (29.5.2019).
296 *Henssler/Hoven/Kubiciel/Weigend* NZWiSt 2018, 1 (6 ff.); BeckOK OWiG/*Meyberg* OWiG § 30 Rn. 3.3 a.
297 BeckOK OWiG/*Meyberg* OWiG § 30 Rn. 3.3 a; *Beisheim/Jung* CCZ 2018, 63 (63 ff.); *Weigend/Hoven* ZRP 2018, 30 (31).

standenen Schadens sowie des Bestellens eines **Monitors**, der die Auflagenerfüllung des Verbandes überwacht und dem Gericht berichtet. Dieser Monitor soll für die Dauer oder für einen Teil der Bewährungszeit eingesetzt werden können, wobei die Kosten vom Verband zu tragen sind. Des Weiteren bietet der Kölner Entwurf die Abkehr von dem im Ordnungswidrigkeitenrecht geltenden Territorialitätsprinzip, indem gemäß § 2 Nr. 2–4 VerbSG-E auch die Ahndung von im Ausland begangenen Verbandsverfehlungen ermöglicht wird. Auch im Prozessrecht hinsichtlich der Ermittlungspflicht der Staatsanwaltschaft und diverser Einstellungsmöglichkeiten macht der Kölner Entwurf in §§ 13 ff. VerbSG-E Vorschläge. Besonders interessant ist hierbei der in § 13 VerbSG-E gemachte Vorschlag, vom im Ordnungswidrigkeitenrecht geltenden **Opportunitätsprinzip** Abstand zu nehmen und anstelle dessen das **Legalitätsprinzip** anzuwenden.

Positiv festzustellen ist, dass der Kölner Entwurf einen **spezialpräventiven und resozialisierenden Ansatz** bietet, indem er auf die Strafe in Form der Verbandsauflösung verzichtet und Unternehmen zur Einrichtung und Verbesserung von Compliance Management Systemen motiviert, weil er beispielsweise die Einstellungsmöglichkeit nach § 14 VerbSG-E bietet. Auch die Abkehr vom Territorialitätsprinzip erleichtert die Gleichbehandlung und die Wettbewerbsgleichheit von Unternehmen auf internationaler Ebene. Ebenfalls als positiv zu bewerten ist die Betitelung „Sanktion" im Gegensatz zum Entwurf aus NRW, der das Gesetz noch mit „Strafe" überschrieben und damit große Diskussionen ausgelöst hatte. Der Begriff „Strafe" suggeriere eine unmittelbare Verbindung zur strafrechtlichen „Schuld", die ein Verband im ethischen und rechtlichen Sinne nicht verwirklichen könne.[298] Letztlich sind auch die **Abkehr vom Opportunitätsprinzip** und die daraus folgende Anwendung des Legalitätsprinzips als positiv zu werten, da so eine Vereinheitlichung der Rechtsprechung ermöglicht wird.[299]

Kritischer zu betrachten ist das **Bestellen eines Monitors** nach § 5 VerbSG-E. Die Entscheidung, ob ein solcher bestellt wird, liegt im Ermessen des Gerichts und könnte hinsichtlich der entstehenden Kosten beim Verband als zusätzliche Bestrafung aufgefasst werden. Auch hinsichtlich des Problems der Befangenheit eines Monitors ist fraglich, ob sich ein Verband auf diese gemäß § 5 Abs. 4 S. 3 VerbSG-E berufen würde, wenn er doch gleichzeitig auf das Wohlwollen des Gerichts angewiesen ist. In finanzieller Hinsicht wäre die Frage zu stellen, ob die angestrebte Gleichheit zwischen den Unternehmen nicht dadurch aufgehoben wird, dass die Einrichtung und Erneuerung von Compliance Management Systemen hohe Kosten erzeugen können, die die großen Unternehmen gegenüber kleinen und mittelständigen Unternehmen besserstellen könnten.[300]

Eine Umsetzung des aus NRW stammenden VerbStrGB-E in geltendes Recht ist aufgrund der aufgezeigten Verbesserungen im Kölner Entwurf eher unwahrscheinlich. Allerdings kündigten CDU, CSU und SPD in ihrem **Koalitionsver-**

---

298 *Beisheim/Jung* CCZ 2018, 63 (66 ff.);*Köllner/Mück* NZI 2018, 311 (312 ff.); BeckOK StGB/*Momsen/Laudien* StGB § 14 Rn. 33 ff.; *Weigend/Hoven* ZRP 2018, 30 (31 ff.).
299 *Köllner/Mück* NZI 2018, 311 (312 ff.); *Weigend/Hoven* ZRP 2018, 30 (31 ff.); a.A.: *Beisheim/Jung* CCZ 2018, 63 (66 ff.)..
300 *Beisheim/Jung* CCZ 2018, 63 (66 ff.); *Köllner/Mück* NZI 2018, 311 (312 ff.)

trag vom 12.3.2018 eine Reform der Unternehmenssanktionierung an,[301] so dass eine mögliche Umsetzung des Kölner Entwurfs eines Verbandssanktionengesetzes abzuwarten bleibt. Der Koalitionsvertrag sieht explizit vor, dass Unternehmen, die vom Fehlverhalten ihrer Mitarbeiter profitieren, zukünftig stärker sanktioniert werden können. Für die Einleitung von Bußgeldverfahren gegen Unternehmen soll zukünftig das **sog Legalitätsprinzip** gelten und die Verfahrensvorschriften für Bußgeldverfahren gegen Unternehmen sollen verbessert werden. Auch wird beabsichtigt, mit spezifischen Regelungen für Verfahrenseinstellungen der Justizpraxis die erforderliche Flexibilität in der Verfolgung einzuräumen. Hinsichtlich der **Festlegung des Bußgeldrahmens** soll bei Unternehmen mit mehr als **100 Mio. EUR Umsatz pro Jahr** die **Höchstgrenze künftig bei zehn Prozent des Umsatzes liegen**. Im Koalitionsvertrag wird die Notwendigkeit von konkreten und nachvollziehbaren Zumessungsregeln für die Unternehmenssanktionen festgeschrieben, wobei die **öffentliche Bekanntmachung** der Sanktionen angestrebt wird. Für sog Internal Investigations sollen gesetzliche Vorgaben geschaffen werden, insbesondere in Bezug auf beschlagnahmte Unterlagen und Durchsuchungsmöglichkeiten. Ferner sollen gesetzliche Anreize zur Aufklärungshilfe durch „Internal Investigations" und deren Offenlegung gesetzt werden.

Kap. 2.2. Compliance-Organisation im Wertpapierbereich

Literatur: *Bauer*, Im Fahrstuhl nach oben – Compliance nach den MaComp, BankPraktiker 2010, S. 360; *Birnbaum/Kütemeier*, In der Diskussion – die MaComp, WM 2011, 293; *Bürkle*, Grenzen der strafrechtlichen Garantenstellung des Compliance-Officers, CCZ 2009, 4; *Buffo/Brünjes*, Gesucht wird ein Compliance-Officer – ein 200.000 Euro-Beispiel aus der Praxis, CCZ 2008, 108; *Bussmann/Matschke*, Die Zukunft der unternehmerischen Haftung bei Compliance-Verstößen, CCZ 2009, 132; *Campos Nave/Vogel*, Die erforderliche Veränderung von Corporate-Compliance-Organisationen im Hinblick auf gestiegene Verantwortlichkeiten des Compliance Officers, BB 2009, 2546; *Casper*, Der Compliance-Beauftragte – unternehmensinternes Aktienamt, Unternehmensbeauftragter oder einfacher Angestellter, in FS für Karsten Schmidt 2009, S. 199; *Eisele*, Verhaltensregeln und Compliance, in Schimansky/Bunte/Lwowski, Bankrechts-Handbuch, 5. Aufl. 2017; *Engelhart*, Die neuen Compliance-Anforderungen der BaFin (MaComp), ZIP 2010, 1834; *Frisch*, Kurzkommentar zu BGH, Urt. v. 17.7.2009, EWiR 2010, 95; *Fecker/Kinzl*, Ausgestaltung der arbeitsrechtlichen Stellung des Compliance-Officers – Schlussfolgerungen aus der BSR-Entscheidung des BGH, CCZ 2010, 13; *Grützner*, NJW 2009, Heft 43, Editorial; *Hahn*, Erhöhte Anforderungen an die Compliance-Funktion, die-bank, 2010, 51; *Hastenrath*, Auswirkungen des BGH-Urteils zur Garantenstellung des Compliance-Officers aus Sicht der Unternehmenspraxis, CCZ 2011, 32; *Held, F.*, Die Garantenpflicht des Compliance-Officers und die D&O Versicherung als „Allheilmittel", CCZ 2009, 231; *Held, St.*, in Clouth/Lang, MiFID Praktikerhandbuch, 2007, Rn 444; *Jäger/Sartowski*, in Renz/Hense, Wertpapier-Compliance in der Praxis, 2010, II.1 RdNr. 115 ff; *Krimphove/Kruse*, MaComp-Kommentar, 2013; *Kuthe/Zipperle*, MaComp – Compliance-Standards für alle?, Corporate Finance law 2010, 337; *Lackhoff/Schulz*, Das Unternehmen als Gefahrenquelle? Compliance-Risiken für Unternehmensleiter und Mitarbeiter, CCZ 2010, 86; *Lösler*, Compliance im Wertpapierdienstleistungskonzern, Schriftenreihe der bankrechtlichen Vereinigung, Berlin 2003; *Mosbacher/Dierlamm*, NStZ 2010, 27; *Niermann*, Die Compliance-Organisation im Zeitalter der MaComp – eine Analyse ausgewählter Fragen, ZBB 2010, 410; *Preuße/Zingel*, WpDVerOV (Wertpapierdienstleistungs-Verhaltens- und Organisationsverordnung Kommentar), 2015; *Richter*, in Baulig/Brinkmann/Eis/Heisterkamp/Meyn/Pölking/Richter/

---

[301] Koalitionsvertrag zwischen CDU, CSU und SPD zur 19. Legislaturperiode, abrufbar auf der Internetseite der Bundesregierung unter https://www.bundesregierung.de/Content/DE/StatischeSeiten/Breg/koalitionsvertrag-inhaltsverzeichnis.html (29.5.2019), S. 126; *Pasewaldt/DiBari* NZWiSt 2018, 309 (313).

Schäfer/Schäpers/Scholz/Weidner, Compliance – Konsequenzen verschärfter Vorgaben aus WpHG und Bankenaufsicht, 4. Aufl. 2012, Finanz Colloquium Heidelberg, Rn 1312 ff; *Röh*, Compliance nach der MiFID – zwischen höherer Effizienz und mehr Bürokratie, BB 2008, 398; *Rolshoven/Hense*, BKR 2009, 427; *Sandmann*, Der Compliance-Bericht im Wertpapierdienstleistungsunternehmen – praktische Erwägungen, CCZ 2008, 104; *Schäfer*, Die MaComp und das Erfordernis der Unabhängigkeit, Wirksamkeit und Dauerhaftigkeit von Compliance, BKR 2011, 45; *ders.*, Die MaComp und die Aufgaben von Compliance, BKR 2011, 187; *ders.*, Die MaComp, die Vor-Ort-Prüfungen und die Auslagerung von Compliance, BankPraktiker 2011, 206; *ders.*, in Baulig/Brinkmann/Eis/Heisterkamp/Meyn/Pölking/Richter/Schäfer/Schäpers/Scholz/Weidner, Compliance – Konsequenzen verschärfter Vorgaben aus WpHG und Bankenaufsicht, 4. Aufl. 2012, Finanz Colloquium Heidelberg; *Schlicht*, Compliance nach Umsetzung der MiFID-Richtlinie, BKR 2006, 469; *Schwintek*, WM 2005, 861 ff; *Spindler*, WM 2008, 911; *Thiel von Herff*, Strafrechtsrisiko des Compliance Officers stärkt seine Position, BB 2009, 1985; *Veil*, Compliance-Organisationen in Wertpapierdienstleistungsunternehmen im Zeitalter der MiFID, WM 2008, 1098; *Weimann*, Viele Fragen noch ungeklärt – Aspekte der Konzern-Compliance aus Sicht einer Strafverfolgungsbehörde, GoingPublic „Kapitalmarktrecht 2010", 64; *Welsch/Dose*, in Renz/Hense, Wertpapier-Compliance in der Praxis, 2010, I.3 Rn. 10; *Wessig/Hugger/Dann*, in Renz/Hense, Wertpapier-Compliance in der Praxis, 2010, I.9 Rn. 18.; *Wessig/Hugger/Dann*, in Renz/Hense, Wertpapier-Compliance in der Praxis, 2010, I.9 Rn. 19; *Zawilla* u.a., Bankpraktiker 2010, 424; *Zingel*, Stellung und Aufgaben von Compliance nach den MaComp, BKR 2010, 500.

I. Gesetzliche Grundlagen 1	IV. Aufgaben der Compliance unter
1. Entstehungsgeschichte und	MiFID II 46
historische Entwicklung 1	1. Allgemeine Aufgaben der
2. Aktueller Stand 5	Wertpapier-Compliance 47
II. Sinn und Zweck einer Compliance-Organisation 9	a) Überwachung und regelmäßige Bewertung 49
III. Anforderungen an eine gesetzeskonforme Compliance-Funktion unter MiFID II 18	b) Beratung und Unterstützung 65
1. Festlegung von angemessenen Strategien und Verfahren 18	c) Berichtspflichten 72
	d) Beschwerden 79
2. Dauerhafte, wirksame und unabhängig arbeitende Compliance-Funktion 19	2. Besondere Aufgaben der Wertpapier-Compliance 80
a) Dauerhafte Compliance-Funktion 20	V. Die Verantwortung von Compliance und Geschäftsleitung 85
b) Ordnungsgemäße und unabhängige Compliance-Funktion 21	VI. Strafrechtliche Verantwortlichkeit des Compliance-Beauftragten/BGH-Urteil vom 17.7.2009 86

I. Gesetzliche Grundlagen

1. Entstehungsgeschichte und historische Entwicklung

Auf die Bedeutung des Themas „Compliance" für den **Finanzsektor** wurde bereits im vorangegangenen Kapitel (Kap. 2.1. Rn. 1 ff.) hingewiesen. Diese Bedeutung wurde erstmalig mit Inkrafttreten des Wertpapierhandelsgesetzes am 1.1.1995 gesetzlich für den Finanzsektor manifestiert, indem insbesondere neue gesetzliche Anforderungen an die Wertpapierdienstleistungsunternehmen im Bereich des Wertpapierhandels gestellt wurden. Zu den neuen gesetzlichen Anforderungen gehörten ua organisationsrechtliche Vorgaben. Diese Regelungen enthielten hierbei zwar dem Wortlaut nach nicht den Begriff „Compliance", es war aber unstreitig, dass auch die Einrichtung einer Compliance-Or-

1

ganisation unter die neuen Organisationspflichten (damals geregelt in § 33 WpHG aF) fiel.

2 Die Anforderungen an die Compliance-Organisation wurden durch die MiFID[1] bzw. mit Umsetzung dieser europäischen Regelungen in nationales Recht[2] weiter **detailliert**. Die entsprechenden (neuen) Compliance-relevanten Regelungen traten zum 1.11.2007 in Kraft und bestimmten in § 33 Abs. 1 S. 1 Nr. 1 u. 5. WpHG aF, dass ein Wertpapierdienstleistungsunternehmen:

- angemessene Grundsätze aufzustellen, Mittel vorzuhalten und Verfahren einzurichten hat, die darauf ausgerichtet sind, sicherzustellen, dass das Wertpapierdienstleistungsunternehmen selbst und seine Mitarbeiter den Verpflichtungen dieses Gesetzes nachkommen, wobei insbesondere eine **dauerhafte und wirksame Compliance-Funktion**[3] einzurichten sei, die ihre Aufgaben **unabhängig** wahrnehmen kann;
- sicherzustellen hat, dass die Geschäftsleitung und das Aufsichtsorgan in angemessenen Zeitabständen, zumindest einmal jährlich, Berichte der mit der **Compliance-Funktion** betrauten Mitarbeiter über die Angemessenheit und Wirksamkeit der Grundsätze, Mittel und Verfahren nach Nr. 1 erhalten, die insbesondere angeben, ob zur Behebung von Verstößen des Wertpapierdienstleistungsunternehmens oder seiner Mitarbeiter gegen Verpflichtungen dieses Gesetzes oder zur Beseitigung des Risikos eines solchen Verstoßes geeignete Maßnahmen ergriffen wurden.

3 Die vorstehenden Regelungen wurden in der Verordnung zur Konkretisierung der Verhaltensregeln und Organisationsanforderungen für Wertpapierdienstleistungsunternehmen (Wertpapierdienstleistungs-Verhaltens- und Organisationsverordnung – **WpDVerOV**) vom 20.6.2007 weiter konkretisiert.[4] Die Organisationspflichten wurden hierbei insbesondere in § 12 WpDVerOV geregelt.

4 Eine weitere Konkretisierung erfolgte durch das Rundschreiben 4/2010 (WA) – Mindestanforderungen an die Compliance-Funktion und die weiteren Verhaltens-, Organisations- und Transparenzpflichten nach §§ 31 ff. WpHG für Wertpapierdienstleistungsunternehmen – (**MaComp**),[5] das am 1.1.2011 in Kraft trat und im Laufe der Zeit immer wieder angepasst worden ist. Mit diesem Rundschreiben sollte – ua durch das Modul BT 1 – insbesondere die Compliance-Funktion und die Rolle des Compliance-Beauftragten in Wertpa-

---

1 Markets in Financial Instruments Directive, ABl. EG Nr. 1 145 vom 30.4.2004, 1.
2 Die Umsetzung der MiFID erfolgte durch das Gesetz zur Umsetzung der Richtlinie über Märkte für Finanzinstrumente und der Durchführungsrichtlinie der Kommission (Finanzmarktrichtlinie-Umsetzungsgesetz – „FRUG") vom 16.7.2007.
3 Unter „Compliance-Funktion" ist ein „abgegrenzter Verantwortungsbereich innerhalb der Organisationsstruktur eines Instituts, der die in § 12 Abs. 3 WpDVerOV genannten Aufgaben zum Gegenstand hat", zu verstehen. Der Begriff ist weiter als der des Compliance-Beauftragten, bei dem es sich um die die Verantwortung tragende Person handelt, vgl. *Röh* BB 2008, 400.
4 BGBl. 2007 I 1432; zuletzt geändert durch Art. 5 Anlegerschutz- und Funktionsverbesserungsgesetz vom 5.4.2011 (BGBl. 2011 I 538); abrufbar unter www.bafin.de.
5 Rundschreiben 4/2010 (WA) – Mindestanforderungen an die Compliance-Funktion und die weiteren Verhaltens-, Organisations- und Transparenzpflichten nach §§ 31 ff. WpHG für Wertpapierdienstleistungsunternehmen (MaComp) vom 7.6.2010 (Geschäftszeichen: WA 31-Wp 2002–2009/0010), abrufbar unter www.bafin.de.

pierdienstleistungsunternehmen gestärkt werden, wodurch gleichzeitig auch eine stärkere Konturierung der Wertpapier-Compliance verbunden war.[6]

2. Aktueller Stand

Die neueste Rechtsänderung erfolgte durch die Verabschiedung der MiFID II-RL[7] und deren Umsetzung in nationales Recht durch das **Zweite Gesetz zur Novellierung von Finanzmarktvorschriften aufgrund europäischer Rechtsakte (2. FiMaNoG)**,[8] welches zum 3.1.2018 in Kraft trat. Die gesetzlichen Grundlagen zu Compliance finden sich nunmehr in § 80 Abs. 1 S. 1 WpHG,[9] ergänzt um die unmittelbar geltenden Regelungen in **Art. 22 und Art. 26 Abs. 7 DelVO**[10] und haben zu einer weiteren Detaillierung der bisherigen Regularien geführt.

§ 80 Abs. 1 S. 1 WpHG bestimmt nunmehr, dass ein Wertpapierdienstleistungsunternehmen

- angemessene Vorkehrungen zu treffen hat, um die Kontinuität und Regelmäßigkeit der Wertpapierdienstleistungen und Wertpapiernebendienstleistungen zu gewährleisten,
- auf Dauer wirksame Vorkehrungen für angemessene Maßnahmen zu treffen hat, um Interessenkonflikte bei der Erbringung von Wertpapierdienstleistungen und Wertpapiernebendienstleistungen oder einer Kombination davon zwischen einerseits ihm selbst einschließlich seiner Geschäftsleitung, seiner Mitarbeiter, seiner vertraglich gebundenen Vermittler und der mit ihm direkt oder indirekt durch Kontrolle im Sinne des Art. 4 Abs. 1 Nr. 37 der VO (EU) Nr. 575/2013 verbundenen Personen und Unternehmen und andererseits seinen Kunden oder zwischen seinen Kunden untereinander zu erkennen und zu vermeiden oder zu regeln; dies umfasst auch solche Interessenkonflikte, die durch die Annahme von Zuwendungen Dritter sowie durch die eigene Vergütungsstruktur oder sonstige Anreizstrukturen des Wertpapierdienstleistungsunternehmens verursacht werden,
- im Rahmen der Vorkehrungen nach Nr. 2 Grundsätze oder Ziele, die den Umsatz, das Volumen oder den Ertrag der im Rahmen der Anlageberatung empfohlenen Geschäfte unmittelbar oder mittelbar betreffen (Vertriebsvorgaben), derart auszugestalten, umzusetzen und zu überwachen hat, dass Kundeninteressen nicht beeinträchtigt werden,
- über solide Sicherheitsmechanismen verfügen muss, die die Sicherheit und Authentifizierung der Informationsübermittlungswege gewährleisten, das

---

6 Zu Entstehungsgeschichte, Rechtsnatur etc s. insbesondere *Birnbaum/Kütemeier* WM 2011, 293 ff.; *Engelhart* ZIP 2010, 1832; *Hahn* die-bank 2010, 51; *Kuthe/Zipperle* Corporate Finance law, 337; *Niermann* ZBB 2010, 400; *Zingel* BKR 2010, 500.
7 RL 2014/65/EU des Europäischen Parlaments und des Rates vom 15.5.2014, ABl. EU L 173/349.
8 Vgl. BT-Drs. 18/10936.
9 Der seinerseits einen Verweis auf §§ 25 a, 25 e KWG enthält.
10 Delegierte Verordnung (EU) 2017/565 der Kommission vom 25.4.2016 zur Ergänzung der Richtlinie 2014/65/EU des Europäischen Parlaments und des Rates in Bezug auf die organisatorischen Anforderungen an Wertpapierfirmen und die Bedingungen für die Ausübung ihrer Tätigkeit sowie in Bezug auf die Definition bestimmter Begriffe für die Zwecke der genannten Richtlinie (soweit im Kommentar nicht anderes benannt, sind Verweise auf die DelVO als Verweise auf diese DelVO zu verstehen).

Risiko der Datenverfälschung und des unberechtigten Zugriffs minimieren und verhindern, dass Informationen bekannt werden, so dass die Vertraulichkeit der Daten jederzeit gewährleistet ist.

Diese Norm ist im Gegensatz zu ihrer „Vorgängernorm" eher allgemein formuliert und gibt ausschließlich Grundlagen vor. Sie enthält nur wenige Vorgaben im Hinblick auf die Aufgaben der Compliance-Funktion. Nähere Bestimmungen zu diesen Aufgaben ergeben sich vielmehr – wie bereits unter Rn. 5 angedeutet – insbesondere aus den unmittelbar geltenden Art. 22 und Art. 26 Abs. 7 DelVO, die die Aufgaben der Wertpapier-Compliance weiter spezifizieren und konkretisiert (s. detaillierter hierzu Rn. 46 ff.).

7 Da sich nunmehr durch MiFID II die näheren Bestimmungen zu den Compliance-Anforderungen direkt aus der unmittelbar geltenden DelVO ergeben, wurden die entsprechenden vormaligen Regelungen aus der WpDVerOV gestrichen.

8 Die MaComp[11] wurde durch das am 19.4.2018 an die neue Rechtslage angepasste Rundschreiben 5/2018 (WA) – Mindestanforderungen an die Compliance-Funktion und weitere Verhaltens-, Organisations- und Transparenzpflichten – geändert. Sie sieht nach wie vor im Modul BT 1 weitere Konkretisierungen im Zusammenhang mit der Compliance-Funktion und den Compliance-Beauftragten vor.

II. Sinn und Zweck einer Compliance-Organisation

9 Der Sinn und Zweck einer Compliance-Organisation lässt sich aus keiner entsprechenden gesetzlichen Definition ableiten, da eine solche nicht existiert. Diese ergibt sich vielmehr aus der Gesamtheit der die Compliance-Organisation konkretisierenden Regelungen. In Kap. 2.1. Rn. 1 ff. wurde bereits ausgeführt, was unter Compliance zu verstehen ist. Dies kann auch auf die im WpHG geregelte Compliance-Organisation übernommen werden und steht im Einklang mit den gesetzlich normierten Anforderungen an Compliance. Compliance wird dabei zutreffend als die „Gesamtheit vorbeugender Maßnahmen in Unternehmen, die sicherstellen, dass die Gesetze, Regeln und Usancen im Wertpapiergeschäft eingehalten, Interessenkonflikte vermieden und insbesondere, dass Insiderinformationen nicht unlauter verwendet werden", beschrieben.[12] Was mit einer derartigen Compliance-Organisation erreicht werden soll, kommt nach wie vor in MaComp AT 1 Tz. 2 zum Ausdruck. Die hier angesprochenen Aspekte wurden zwar für das gesamte Rundschreiben formuliert, passen insbesondere aber auch auf Compliance und wurden inhaltlich auch nicht durch die Neufassung der MaComp[13] verändert.

---

11 Rundschreiben 5/2018 (WA) – Mindestanforderungen an die Compliance-Funktion und weitere Verhaltens-, Organisations- und Transparenzpflichten – (MaComp) vom 19.4.2018 (Geschäftszeichen: WA 31 – Wp 2002 -2017/0011), idF vom 9.5.2018, abrufbar unter www.bafin.de.
12 Schimansky/Bunte/Lwowski/*Eisele* § 109 Rn. 1.
13 Rundschreiben 5/2018 (WA) – Mindestanforderungen an die Compliance-Funktion und weitere Verhaltens-, Organisations- und Transparenzpflichten – (MaComp) vom 19.4.2018 (Geschäftszeichen: WA 31 – Wp 2002 -2017/0011), idF vom 9.5.2018, abrufbar unter www.bafin.de.

Nach AT 1 Tz. 2 S. 2 der MaComp zielen die MaComp zum einen auf die Einführung angemessener Maßnahmen zur Minderung des Risikos von **aufsichtsrechtlichen Maßnahmen** ab. Zu den aufsichtsrechtlichen Maßnahmen bei Gesetzesverstößen gehören nach wie vor etwa **Sonderprüfungen** nach § 88 Abs. 1 WpHG, **Prüfungsschwerpunkte** nach § 89 Abs. 4 S. 2 WpHG oder (umfangreiche) **Auskunfts- und Vorlageersuchen** („thematische Arbeiten") nach § 88 Abs. 2 WpHG.

10

Eine Minimierung solcher aufsichtsrechtlichen Maßnahmen liegt dabei auch im Interesse der Institute, da die zuvor aufgeführten Maßnahmen zu nicht unerheblichen Kosten führen können, die die Institute selbst zu tragen haben.

Weiterhin soll durch eine ordnungsgemäße Compliance-Organisation auch der Gefahr von **Schadensersatzansprüchen** gegenüber Unternehmen entgegengewirkt werden, die diese für Unternehmen mitunter sehr teuer werden können. Zwar sind Kulanzzahlungen in diesem Zusammenhang nicht ausdrücklich genannt, aber ebenfalls vom Schutzgedanken erfasst, da solche Zahlungen in der Regel weitaus häufiger zur Verhinderung von Klagen geleistet werden und damit auch zu nicht unerheblichen finanziellen Belastungen der Unternehmen führen können. Durch entsprechende organisatorische Maßnahmen und eine professionelle Compliance-Arbeit kann ein Wertpapierdienstleistungsunternehmen das Risiko derartiger Konsequenzen zumindest verringern. Die Finanzkrise („Lehman"), und die daraus resultierenden Schadensersatzpflichten bzw. Kulanzzahlungen haben besonders deutlich gemacht, wie wichtig eine ordnungsgemäße Aufklärung und Beratung ist. Bei einer frühzeitigen Einbindung von Compliance in die Produktauswahl hätte hier ggf. manches verhindert werden können.

11

Zuletzt soll nach AT 1 Tz. 2 S. 2 MaComp eine Risikominderung im Hinblick auf **Reputationsschäden** für Unternehmen aufgrund von Verstößen gegen die Bestimmungen des nunmehr 11. Abschnitts des WpHG erreicht werden.

12

Dieser Gesichtspunkt hat in den letzten Jahren, insbesondere im Zusammenhang mit der Finanzkrise von 2007 und den „Lehmann-Zertifikaten", an großer Bedeutung gewonnen. Zu beobachten war eine sehr negative und auch überregionale Berichterstattung in den Medien und zwar über eine Reihe von Banken und Sparkassen, was letztendlich in der konkreten Nennung zweier Wertpapierdienstleistungsunternehmen im Zusammenhang mit schlechten Beratungsleistungen in einer Hauptabendsendung gipfelte.[14] Unabhängig von den messbaren Auswirkungen kapitalmarktrechtlicher Gesetzesverstöße sollte die Reputation eines Wertpapierdienstleistungsunternehmens als schützenswertes Gut angesehen werden. Eng hiermit verbunden ist das Verständnis von Compliance als berufsständische Verhaltensethik.[15]

Darüber hinaus steht der BaFin auch ein **bußgeldrechtliches Instrumentarium** zur Verfügung.[16] Auch dieses Risiko soll gemäß AT 1 Tz. 2 S. 2 gemindert werden. Bußgelder können zwar nicht unmittelbar auf die MaComp gestützt wer-

13

---

14 *Birnbaum/Kütemeier* WM 2011, 293.
15 *Lösler* S. 12.
16 *Lösler* S. 11; Schimansky/Bunte/Lwowski/*Eisele* § 109 Rn. 4.

den, sondern nur auf die Bußgeldtatbestände des § 120 WpHG. Die MaComp konkretisieren allerdings den jeweiligen objektiven Tatbestand.[17]

14 Neben diesen aus AT 1 Tz. 2 MaComp hergeleiteten konkreten und eher institutsspezifischen Aspekten trägt Compliance daneben auch zur Erreichung eines übergeordneten Ziels – nämlich der Stärkung des Ansehens und der Förderung des Finanzplatzes Deutschlands durch eine höhere **Integrität und Transparenz** der Wertpapierdienstleistungsunternehmen und der Wertpapiermärkte – bei.[18] Dies gewinnt vor dem Hintergrund einer immer stärkeren Globalisierung der Märkte an großer Bedeutung.

15 Ua aus diesen Gründen ist die Compliance-Organisation der einzelnen Wertpapierdienstleistungsunternehmen auch von **besonderem Interesse** der BaFin. Im Rahmen der jährlichen WpHG Prüfungen, Prüfungsbegleitungen und Aufsichtsbesuchen legt sie daher ein besonderes Augenmerk auf diesen Punkt.

16 Darüber hinaus spielen auch strafrechtliche Aspekte eine große Rolle. Diese werden zwar ebenfalls nicht ausdrücklich genannt, ergeben sich aber mittelbar daraus, dass der **Schutz der Mitarbeiter** eines Wertpapierdienstleistungsunternehmens einen wesentlichen Aspekt der Compliance-Tätigkeit darstellt. Zu denken ist hier etwa an den Straftatbestand der Nutzung von **Insiderinformationen** nach § 119 Abs. 1 WpHG, der mit einer Freiheitsstrafe von bis zu fünf Jahren oder mit Geldstrafe bedroht ist (s. hierzu ausführlich Kap. 6.1. Rn. 1 ff.).

17 Daneben ist aus zivilrechtlicher Sicht anzumerken, dass, sollte ein Schaden eingetreten sein, auch das Risiko eines Schadenersatzanspruchs gegenüber dem jeweiligen Mitarbeiter bestehen kann.[19] Ein solcher Schadensersatzanspruch kann dann, je nach Einzelfall, ebenfalls sehr teuer werden.

III. Anforderungen an eine gesetzeskonforme Compliance-Funktion unter MiFID II

1. Festlegung von angemessenen Strategien und Verfahren

18 Art. 22 Abs. 1 S. 1 DelVO bestimmt, dass ein Wertpapierdienstleistungsunternehmen **angemessene Verfahren** und **Strategien** festlegen muss, die darauf ausgelegt sind, jedes Risiko einer etwaigen Missachtung der in der MiFID II festgelegten Pflichten durch das Wertpapierdienstleistungsunternehmen sowie die damit verbundenen Risiken aufzudecken. Darüber hinaus hat das Wertpapierdienstleistungsunternehmen diese Strategien und Verfahren auf Dauer umzusetzen. Ferner bestimmt diese Vorschrift, dass das Wertpapierdienstleistungsunternehmen angemessene Maßnahmen und Verfahren einzuführen hat, um das Risiko einer Missachtung der in der MiFID II festgelegten Pflichten auf ein Mindestmaß zu beschränken und die zuständigen Behörden in die Lage zu versetzen, ihre Befugnisse im Rahmen der Richtlinie wirksam auszuüben.

Die Formulierung „angemessene Verfahren und Strategien" in der Delegierten Verordnung verdeutlicht, dass das Gesetz den Wertpapierdienstleistungsunternehmen keine konkreten Vorgaben machen wollte, sondern den jeweiligen Wertpapierdienstleistungsunternehmen die Möglichkeit geben wollte, diese je-

---

17 S. hierzu auch *Niermann* ZBB 2010, 407.
18 Assmann/Schneider/*Koller* WpHG Vor § 31 Rn. 8 ff.
19 S. auch Schimansky/Bunte/Lwowski/*Eisele* § 109 Rn. 4.

weils für ihr Unternehmen selbst zu bestimmen. Aus diesem Grund hat der europäische Gesetzgeber auch in Art. 22 Abs. 1 S. 2 DelVO den **Proportionalitätsgrundsatz** gesetzlich normiert. Die Wertpapierdienstleistungsunternehmen können danach bei der Festlegung der angemessenen Strategien und Verfahren die Art, den Umfang und die Komplexität ihrer Geschäfte berücksichtigen, sowie die Art und das Spektrum der im Zuge dieser Geschäfte erbrachten Wertpapierdienstleistungen und Anlagetätigkeiten.

Diesen Proportionalitätsgrundsatz hat auch die BaFin bei ihren Prüfungen zu berücksichtigen.

2. Dauerhafte, wirksame und unabhängig arbeitende Compliance-Funktion

Nach Art. 22 Abs. 2 S. 1 DelVO haben die Wertpapierdienstleistungsunternehmen darüber hinaus eine **permanente, wirksame** und **unabhängig** arbeitende Compliance-Funktion zu errichten. Zwar ist der Proportionalitätsgrundsatz nicht auch ausdrücklich in Art. 22 Abs. 2 DelVO normiert. Dieser ist aber dessen ungeachtet auch hierauf anwendbar. Dies ergibt sich aus BT 1 MaComp, der allgemein bestimmt, dass bei der Umsetzung der Regularien zur Compliance-Funktion das Proportionalitätsprinzip des Art. 22 Abs. 1 S. 2 DelVO gilt. Bei der Errichtung der Compliance-Funktion hat das Wertpapierdienstleistungsunternehmen damit auch hier die Art, den Umfang und die Komplexität der Geschäfte sowie die Art und das Spektrum der im Zuge dieser Geschäfte erbrachten Wertpapierdienstleistungen und Anlagetätigkeiten zu berücksichtigen.

a) Dauerhafte Compliance-Funktion

Durch die gesetzliche Normierung des Merkmals „permanent" in Art. 22 Abs. 2 S. 1 DelVO bzw. „dauerhaft" in BT 1.1.1 iVm BT 1.3.2 MaComp, wollte der Gesetzgeber klarstellen, dass nur eine **dauerhaft** eingerichtete – und nicht nur anlassbezogen agierende – Compliance-Funktion dazu beitragen kann, die Gesetzeskonformität von Wertpapierdienstleistungsunternehmen und Mitarbeitern sicherzustellen. Aus diesem Grund gehört zu einer dauerhaften Compliance-Funktion insbesondere auch die Schaffung geeigneter Organisationsverfügungen und Arbeitsanweisungen.[20] BT 1.3.2.1 Tz. 1 S. 1 MaComp bestimmt zudem ausdrücklich, dass Überwachungshandlungen nicht nur anlassbezogen, sondern auf der Grundlage eines Überwachungsplans und regelmäßig zu erfolgen haben.[21]

Um den Voraussetzungen einer dauerhaft eingerichteten Compliance-Funktion gerecht zu werden, ist außerdem nach BT 1.3.2 Tz. 2 MaComp erforderlich, dass einem zuvor bestimmten Compliance-Beauftragten, ein **ausreichend qualifizierter Vertreter** zugeordnet wird, damit dieser im Falle einer etwaigen krankheitsbedingten oder sonstigen Abwesenheit des Compliance-Beauftragten, dessen Aufgaben ordnungsgemäß wahrnehmen kann.

---

20 So auch *Röh* BB 2008, 403.
21 S. hierzu auch im Einzelnen *Schäfer* BKR 2011, 188.

b) Ordnungsgemäße und unabhängige Compliance-Funktion

21 Nur eine ordnungsgemäß und unabhängig arbeitende Compliance-Funktion kann der gesetzgeberischen Intention gerecht werden. Aus diesem Grund hat auch der europäische Gesetzgeber in Art. 22 Abs. 3 DelVO bestimmt, dass Wertpapierdienstleistungsunternehmen sicherzustellen haben, dass folgende Bedingungen erfüllt sind, damit die Compliance-Funktion ihre Aufgaben nach Art. 22 Abs. 2 DelVO (s. Rn. 46 ff.) ordnungsgemäß und unabhängig wahrnehmen kann:

- Die Geschäftsleitung muss zunächst einen Compliance-Beauftragten ernennen, der für die Compliance-Funktion sowie für die Compliance-Berichterstattung gemäß MiFID II verantwortlich ist; soweit erforderlich, muss die Geschäftsleitung diesen austauschen (s. hierzu gesondert Rn. 22 ff.).
- Die Compliance-Funktion muss über die notwendigen Befugnisse, Ressourcen und Fachkenntnisse verfügen (s. hierzu gesondert Rn. 26 ff.).
- Die Compliance-Funktion muss Zugang zu allen einschlägigen Informationen haben (s. hierzu gesondert Rn. 27 ff.).
- Die Compliance-Funktion muss ad-hoc und direkt die Geschäftsleitung informieren, wenn sie ein erhebliches Risiko feststellt, dass das Wertpapierdienstleistungsunternehmen seine Pflichten gemäß MiFID II nicht erfüllt (s. hierzu gesondert Rn. 73).

Weiterhin müssen folgende Bedingungen erfüllt sein:

- Relevante Personen, die in die Compliance-Funktion eingebunden sind, dürfen nicht an der Erbringung der von ihnen überwachten Dienstleistungen oder Tätigkeiten beteiligt sein (s. hierzu gesondert Rn. 40).
- Das Verfahren, nach dem die Vergütung der in die Compliance-Funktion eingebundenen relevanten Personen bestimmt wird, darf weder deren Objektivität beeinträchtigen noch eine solche Beeinträchtigung wahrscheinlich erscheinen lassen (s. hierzu gesondert Rn. 40).

Von den beiden zuletzt genannten Bedingungen sind allerdings Befreiungen möglich. Art. 22 Abs. 4 DelVO bestimmt in diesem Zusammenhang, dass, wenn ein Wertpapierdienstleistungsunternehmen nachweisen kann, dass diese Anforderungen aufgrund der Art, des Umfangs und der Komplexität seiner Geschäfte sowie der Art und des Spektrums seiner Wertpapierdienstleistungen und Anlagetätigkeiten unverhältnismäßig sind und dass die Compliance-Funktion weiterhin einwandfrei ihre Aufgabe erfüllt, das Wertpapierdienstleistungsunternehmen nicht zur Erfüllung dieser Anforderungen verpflichtet ist, wenn es zu dem Schluss kommt, dass die Wirksamkeit der Compliance-Funktion nicht beeinträchtigt ist. Diese Bewertung ist regelmäßig durch das Wertpapierdienstleistungsunternehmen gem. Art. 22 Abs. 4 S. 3 DelVO zu überprüfen.

aa) Anforderungen an die Person des Compliance-Beauftragten

22 Eine ausdrückliche gesetzliche Regelung der Anforderungen an die Person des Compliance-Beauftragten ist erstmals mit dem Gesetz zur Stärkung des Anlegerschutzes und Verbesserung der Funktionsfähigkeit des Kapitalmarkts (Anlegerschutz- und Funktionsverbesserungsgesetz) vom 5.4.2011 und dem § 34 d

aF in das WpHG eingefügt worden.[22] Mit MiFID II bzw. der Umsetzung dieser Richtlinie in nationales Recht durch das 2. FiMaNoG, wurden die entsprechenden Regularien inhaltsgleich in den neuen § 87 WpHG übernommen.

Nach § 87 Abs. 5 S. 1 WpHG nF darf ein Wertpapierdienstleistungsunternehmen einen Mitarbeiter nur dann zum Compliance-Beauftragten benennen, wenn dieser **sachkundig** ist und über die für die Tätigkeit erforderliche **Zuverlässigkeit** verfügt.

(1) Sachkunde des Compliance-Beauftragten

Die Anforderungen an die Sachkunde des Compliance-Beauftragten werden durch § 3 der Verordnung über den Einsatz von Mitarbeitern in der Anlageberatung, als Vertriebsmitarbeiter, in der Finanzportfolioverwaltung, als Vertriebsbeauftragte oder als Compliance-Beauftragte und über die Anzeigepflichten nach § 87 des Wertpapierhandelsgesetzes (WpHG-Mitarbeiteranzeigeverordnung – **WpHGMaAnzV**) vom 21.12.2011,[23] die zuletzt durch Artikel 1 der Verordnung vom 24.11.2017[24] geändert worden ist, konkretisiert. Um die Sachkunde des Compliance-Beauftragten bejahen zu können, muss dieser insbesondere über die nachfolgend dargestellten Kenntnisse gem. § 3 Abs. 1 WpHGMaAnzV verfügen, die ihrerseits noch einmal in **rechtliche und fachliche Kenntnisse** unterteilt werden:

Rechtliche Kenntnisse:

- Kenntnisse der Rechtsvorschriften, die vom Wertpapierdienstleistungsunternehmen bei der Erbringung von Wertpapierdienstleistungen und Wertpapiernebendienstleistungen einzuhalten sind,
- Kenntnisse der Verwaltungsvorschriften, die von der Bundesanstalt zur Konkretisierung des Wertpapierhandelsgesetzes erlassen worden sind,
- Kenntnisse der Anforderungen und Ausgestaltung angemessener Prozesse von Wertpapierdienstleistungsunternehmen zur Verhinderung und zur Aufdeckung von Verstößen gegen aufsichtsrechtliche Bestimmungen,
- Kenntnisse der Aufgaben und Verantwortlichkeiten und Befugnisse der Compliance-Funktion und des Compliance-Beauftragten,
- soweit Mitarbeiter des Wertpapierdienstleistungsunternehmens aufgrund ihrer Tätigkeit Kenntnis von Insiderinformationen im Sinne des Art. 7 VO(EU) Nr. 596/2014 des Europäischen Parlaments und des Rates vom 16.4.2014 über Marktmissbrauch (Marktmissbrauchsverordnung) und zur Aufhebung der Richtlinie 2003/6/EG des Europäischen Parlaments und des Rates und der RL 2003/124/EG, 2003/125/EG und 2004/72/EG der Kommission (ABl. L 173 vom 12.6.2014, S. 1) in der jeweils geltenden Fassung erlangen können, Kenntnisse der Handelsüberwachung und der Vorschriften des Abschnitts 3 des Wertpapierhandelsgesetzes und
- soweit von dem Wertpapierdienstleistungsunternehmen Wertpapierdienstleistungen mit Auslandsbezug erbracht werden, Kenntnisse der hierbei zu beachtenden besonderen rechtlichen Anforderungen.

---

22 BGBl. 2011 I 538; *Lösler* WM 2010, 1923; *Müller-Christmann* DB 2011, 749.
23 BGBl. 2011 I 3116; abrufbar in der aktuell gültigen Version unter www.bafin.de.
24 BGBl. 2017 I 3810.

Fachliche Kenntnisse:
- Kenntnisse der Grundzüge der Organisation und Zuständigkeiten der Bundesanstalt,
- Kenntnisse sämtlicher Arten von Wertpapierdienstleistungen und Wertpapiernebendienstleistungen, die durch das Wertpapierdienstleistungsunternehmen erbracht werden, sowie der von ihnen ausgehenden Risiken,
- Kenntnisse der Funktionsweisen und Risiken der Arten von Finanzinstrumenten, in denen das Wertpapierdienstleistungsunternehmen Wertpapierdienstleistungen oder Wertpapiernebendienstleistungen erbringt,
- Erkennen möglicher Interessenkonflikte und ihrer Ursachen und
- Kenntnisse verschiedener Ausgestaltungsmöglichkeiten von Vertriebsvorgaben sowie der Aufbau- und Ablauforganisation des Wertpapierdienstleistungsunternehmens und von Wertpapierdienstleistungsunternehmen im Allgemeinen.

§ 3 Abs. 2 WpHGMaAnzV ergänzt, dass die erforderliche Sachkunde durch **Abschluss- oder Arbeitszeugnisse** (gegebenenfalls in Verbindung mit Stellenbeschreibungen) sowie durch **Schulungs- oder Weiterbildungsnachweise** oder in **anderer geeigneter Weise** nachgewiesen werden muss.

§ 12 WpHGMaAnzV enthält in Bezug auf den Sachkundenachweis eine **Übergangsregelung**. Für Personen, die am 3.1.2018 als Mitarbeiter in der Anlageberatung, als Vertriebsmitarbeiter, als Mitarbeiter in der Finanzportfolioverwaltung, als Vertriebsbeauftragter oder als Compliance-Beauftragter eines Wertpapierdienstleistungsunternehmens tätig waren, wird im Zeitraum vom 3.1.2018 bis längstens zum 3.7.2018 vermutet, dass sie jeweils die notwendige Sachkunde besitzen. Für Compliance-Beauftragte gilt dies allerdings nur, wenn für sie vor dem 3.1.2018 Anzeigen bei der BaFin eingereicht worden sind, wonach sie zumindest am 3.1.2018 mit der jeweils angezeigten Tätigkeit betraut waren.

(2) Zuverlässigkeit des Compliance-Beauftragten

24 Die Anforderungen an die Zuverlässigkeit des Compliance-Beauftragten werden ebenfalls in der WpHGMaAnzV konkretisiert. Die erforderliche Zuverlässigkeit hat ein Compliance-Beauftragter gem. § 6 WpHGMaAnzV regelmäßig dann nicht, wenn er in den letzten fünf Jahren vor Beginn der Tätigkeit wegen eines Verbrechens oder wegen

- Diebstahls
- Unterschlagung
- Erpressung
- Betruges
- Untreue
- Geldwäsche
- Urkundenfälschung
- Hehlerei
- Wuchers
- einer Insolvenzstraftat

- einer Steuerhinterziehung oder aufgrund des § 119 WpHG oder des § 38 WpHG in der bis zum 2.1.2018 geltenden Fassung

rechtskräftig verurteilt worden ist.

(3) Anzeige des Compliance-Beauftragten bei der BaFin

Wenn ein Mitarbeiter über die erforderliche Sachkunde und Zuverlässigkeit für einen Compliance-Beauftragten verfügt, wird dieser von der Geschäftsleitung zum Compliance-Beauftragten bestellt (s. BT 1.1 Tz. 3 MaComp).[25] Gleichzeitig hat das Wertpapierdienstleistungsunternehmen nach § 87 Abs. 5 S. 2 WpHG die Pflicht, der BaFin den Mitarbeiter anzuzeigen. Diese **Anzeige** muss das Wertpapierdienstleistungsunternehmen vornehmen, bevor der Compliance-Beauftragte seine Tätigkeit für das Wertpapierdienstleistungsunternehmen aufnimmt.

Die BaFin führt über die anzuzeigenden Mitarbeiter und die ihre Tätigkeit betreffenden Anordnungen eine interne Datenbank (vgl. § 87 Abs. 7 WpHG). Näheres ist in der „Verordnung über den Einsatz von Mitarbeitern in der Anlageberatung, als Vertriebsmitarbeiter, in der Finanzportfolioverwaltung, als Vertriebsbeauftragte oder als Compliance-Beauftragte und über die Anzeigepflichten nach § 87 des Wertpapierhandelsgesetzes (WpHG-Mitarbeiteranzeigeverordnung – WpHGMaAnzV)" geregelt.

bb) Anforderungen an die Wirksamkeit der Compliance-Funktion

Der Gesetzgeber hat in Art. 22 Abs. 3 a DelVO das Erfordernis einer **wirksamen Compliance-Funktion** explizit statuiert. Hiernach müssen, wie bereits unter Rn. 21 ausgeführt, die mit der Compliance-Funktion betrauten Personen über die notwendigen **Befugnisse, Ressourcen** und **Fachkenntnisse** verfügen sowie über einen **Zugang zu allen für ihre Tätigkeit einschlägigen Informationen.** BT 1.3.1 MaComp fächert diese Anforderungen weiter auf. Zentrale Bestandteile des Wirksamkeitserfordernisses sind danach:

(1) Einbindung in den Informationsfluss

Als Teil ihrer Befugnisse muss Mitarbeitern der Compliance-Funktion nach BT 1.3.1.2 MaComp jederzeit Zugang zu allen relevanten Informationen in Bezug auf ihre Tätigkeit gewährt werden. Zu unterscheiden ist hierbei die „passive Informationsverschaffung" von der „aktiven Informationsverschaffung".

Unter einer passiven Informationsverschaffung versteht man, dass die Mitarbeiter der Compliance-Funktion in alle Informationsflüsse, die für die Compliance-Arbeit relevant sein können, einzubinden sind. BT 1.3.1.2 Tz. 2 MaComp bestimmt in diesem Zusammenhang, dass den Mitarbeitern der Compliance-Funktion, zur ständigen Übersicht über die Bereiche des Wertpapierdienstleistungsunternehmens, in denen vertrauliche oder für die Aufgabenerfüllung der Compliance-Funktion erforderliche Informationen aufkommen können, Zugang zu gewähren ist. Ihnen muss insbesondere Zugang zu internen und externen Prüfberichten oder anderen Berichten an die Geschäftsleitung bzw. das Aufsichtsorgan (soweit vorhanden) gewährt werden, soweit die-

---

[25] Die Geschäftsleitung besitzt nach dieser Norm auch die Befugnis einen Compliance-Beauftragten wieder zu entlassen.

se für die Compliance-Tätigkeit bedeutsam sein können. Soweit für die Aufgabenerfüllung der Compliance-Funktion erforderlich und gesetzlich zulässig, soll dem Compliance-Beauftragten außerdem das Recht eingeräumt werden, an Sitzungen der Geschäftsleitung oder des Aufsichtsorgans (soweit vorhanden) teilzunehmen. Wird ihm dieses Recht nicht eingeräumt, ist dies schriftlich zu dokumentieren und zu erläutern. Um ermitteln zu können, bei welchen Sitzungen eine Teilnahme erforderlich ist, muss der Compliance-Beauftragte über eingehende Kenntnisse hinsichtlich der Organisation, der Unternehmenskultur und der Entscheidungsprozesse des Wertpapierdienstleistungsunternehmens verfügen.

29 Zur aktiven Informationsverschaffung gehören nach BT 1.3.1.2 Tz. 1 MaComp die (uneingeschränkten) Auskunfts-, Einsichts- und Zugangsrecht zu sämtlichen Räumlichkeiten und Unterlagen, Aufzeichnungen, Tonbandaufnahmen, Datenbanken und sonstigen IT-Systemen sowie weiteren Informationen, die für die Ermittlung relevanter Sachverhalte erforderlich sind.

Ein derartiges Recht auf aktive Informationsverschaffung muss von einem entsprechenden Weisungsrecht an die Mitarbeiter zur Weitergabe der erforderlichen Informationen begleitet werden,[26] da die MaComp ausdrücklich bestimmen, dass Mitarbeiter die Herausgabe von Unterlagen oder die Erteilung compliance-relevanter Auskünfte nicht verweigern dürfen.

Das Auskunfts-, Einsichts- und Zugangsrecht muss aus eigener Initiative wahrgenommen werden können.

30 Um die für ihre Aufgabenerledigung erforderlichen Befugnisse zu gewährleisten, hat die Geschäftsleitung gem. BT 1.3.1.2 Tz. 3 MaComp die Mitarbeiter der Compliance-Funktion bei der Ausführung ihrer Aufgaben zu unterstützen.

(2) (Qualitative) Personalausstattung – Fachkenntnisse

31 Art. 22 Abs. 3 a DelVO verlangt außerdem die für eine ordnungsgemäße und unabhängige Aufgabenerfüllung erforderlichen „Fachkennnisse" von den mit der Compliance-Funktion betrauten Personen. BT 1.1.2 Tz. 2 MaComp greift diesen Grundsatz auf und stellt den folgenden Katalog von Mindestanforderungen an die Fachkenntnisse auf, die spätestens mit Ablauf einer Einarbeitungszeit bei den mit der Compliance-Funktion betrauten Mitarbeitern vorhanden sein müssen:[27]

- Kenntnisse der Rechtsvorschriften, die vom Wertpapierdienstleistungsunternehmen bei der Erbringung von Wertpapierdienstleistungen und Wertpapiernebendienstleistungen einzuhalten sind einschließlich der unmittelbar geltenden europäischen Rechtsverordnungen; Kenntnisse über die europarechtlichen Grundlagen der einzuhaltenden Vorschriften werden empfohlen,
- Kenntnisse der Verwaltungsvorschriften und Verlautbarungen, die von der Bundesanstalt zur Konkretisierung des WpHG erlassen worden sind, sowie Kenntnisse der einschlägigen Leitlinien und Standards von ESMA,

---

26 *Fuchs*/Fuchs WpHG § 33 Rn. 81; *Schwark*/Zimmer/*Fett* WpHG § 33 Rn. 24.
27 Vgl. hierzu im Einzelnen *Schäfer* BKR 2011, 54 f.

- Kenntnisse über die Grundzüge der Organisation und Zuständigkeiten der Bundesanstalt;
- Kenntnisse der Anforderungen und Ausgestaltung angemessener Prozesse von Wertpapierdienstleistungsunternehmen zur Verhinderung und zur Aufdeckung von Verstößen gegen aufsichtsrechtliche Bestimmungen,
- Kenntnisse der Aufgaben, Verantwortlichkeiten und Befugnisse der Compliance-Funktion und des Compliance-Beauftragten,
- Kenntnisse verschiedener Ausgestaltungsmöglichkeiten von Vertriebsvorgaben sowie der Aufbau- und Ablauforganisation des Wertpapierdienstleistungsunternehmens und von Wertpapierdienstleistungsunternehmen im Allgemeinen,
- Kenntnisse der Funktionsweisen und Risiken der Arten von Finanzinstrumenten, in denen das Wertpapierdienstleistungsunternehmen Wertpapierdienstleistungen oder Wertpapiernebendienstleistungen erbringt,
- soweit von dem Wertpapierdienstleistungsunternehmen Wertpapierdienstleistungen mit Auslandsbezug erbracht werden: Kenntnisse der hierbei zu beachtenden besonderen rechtlichen Anforderungen,
- soweit es im Wertpapierdienstleistungsunternehmen algorithmische Handelssysteme und Handelsalgorithmen gibt: Verständnis der algorithmischen Handelssysteme und Handelsalgorithmen zumindest in Grundzügen.

Diese Anforderungen werden durch die Regularien aus der WpHGMaAnzV (insbes. § 4 WpHGMaAnzV) ergänzt.

Die Compliance-Mitarbeiter sind darüber hinaus nach BT 1.3.1.3 Tz. 2 MaComp regelmäßig zu schulen, um ihre Fachkenntnisse aufrechtzuerhalten.

(3) (Quantitative) Personalausstattung der Compliance-Funktion

Das Wertpapierdienstleistungsunternehmen hat gem. BT 1.3.1.1 MaComp für eine angemessene Ausstattung der Compliance-Funktion zu sorgen. Konkrete Vorgaben zur Anzahl der in der Compliance-Funktion zu beschäftigen Mitarbeiter machen die MaComp hier nicht. Bei der Bestimmung, wie viele Mitarbeiter in der Compliance-Funktion als ausreichend angesehen werden können, ist der bereits unter Rn. 18 dargestellte Proportionalitätsgrundsatz zu berücksichtigen. Insbesondere die Größe eines Instituts dürfte danach dafür mitbestimmend sein, wie viele Mitarbeiter als angemessen gelten.

(4) Ausreichende Sachmittelausstattung

Die Compliance-Funktion muss neben den personellen auch über die erforderlichen sachlichen Mittel für die Aufgabenerfüllung verfügen. Zu diesen Mitteln gehören zB eine ausreichende **EDV-Ausstattung**, etwa für die Überwachung von Mitarbeitergeschäften und die Verhinderung von Insidergeschäften, ausreichende Fachliteratur oder Mittel für den Vor-Ort-Besuch von Tochtergesellschaften, Niederlassungen und Filialen.[28] Auch für die eigene **Fortbildung** sowie die Weiterqualifizierung der Compliance-Mitarbeiter sind ausreichende finanzielle Mittel bereitzustellen. Das Gleiche gilt für ggf. erforderliche externe

---

[28] Schwark/Zimmer/*Fett* WpGH § 33 Rn. 23; *Niermann* ZBB 2010, 425.

Beratungsleistungen.[29] Sinnvoll und in bestimmten Fällen erforderlich ist die Vergabe eines eigenen Budgets.

cc) Anforderungen an die Unabhängigkeit der Compliance-Funktion
(1) Fachliche Unabhängigkeit/Weisungsbefugnis

34 Eine weitere zentrale Anforderung des Art. 22 Abs. 3 S. 1 DelVO iVm den Konkretisierungen in BT 1.1 Tz. 1 und BT 1.3.3 MaComp an die Compliance-Funktion ist deren **unabhängige Aufgabenwahrnehmung**. BT 1.3.3 Tz. 1 MaComp statuiert, dass die Compliance-Funktion ihre Aufgaben unabhängig von den anderen Geschäftsbereichen des Wertpapierdienstleistungsunternehmen und ihre Überwachungsaufgaben unabhängig von der Geschäftsleitung zu erfüllen hat und darüber hinaus sicherzustellen ist, dass andere Geschäftsbereiche kein Weisungsrecht gegenüber den Mitarbeitern der Compliance-Funktion besitzen und auf deren Tätigkeiten auch sonst keinen Einfluss nehmen können. Der Compliance-Beauftragte darf damit im Rahmen seiner Aufgabenerfüllung nur fachlich gegenüber der Geschäftsleitung weisungsgebunden sein. Weisungen durch Führungskräfte unterhalb der Vorstandsebene, etwa durch Bereichsleiter, sind unzulässig. Auch die Delegation des Weisungsrechts vom Vorstand auf andere Führungspersonen ist nicht statthaft.[30]

35 Insofern ist die **Geschäftsleitung grundsätzlich befugt, dem Compliance-Beauftragten materielle Vorgaben zu machen**. Sie besitzt die Letztentscheidungsbefugnis bei Compliance-Fragen.[31] Fraglich ist allerdings, inwieweit das Weisungsrecht des Vorstandes auch die Fälle erfasst, in denen er dem Compliance-Beauftragten untersagt, konkreten Verdachtsfällen nachzugehen oder bei denen er ein bestimmtes Ergebnis möchte. Derartige „vertuschende Weisungen" sind nicht zulässig. In derartigen Fällen ist eine akribische **Dokumentation** durch die Compliance-Stelle von zentraler Bedeutung.[32] Sie kann etwa im Falle einer aufsichtsbehördlichen Untersuchung zur Exkulpation des Compliance-Beauftragten beitragen. Die fachliche Verantwortung der Geschäftsleitung für Compliance bedeutet letztendlich auch, dass diese für die Organisation und die Personalauswahl in diesem Bereich verantwortlich ist.[33]

(2) Überstimmung von Bewertungen und Empfehlungen des Compliance-Beauftragten durch die Geschäftsleitung

36 Auch wenn die Geschäftsleitung eines Wertpapierdienstleistungsunternehmens grundsätzlich zu inhaltlichen Vorgaben gegenüber dem Compliance-Beauftragten berechtigt ist, darf das nicht zur Folge haben, dass die Compliance-Tätigkeit leerläuft. Nach BT 1.3.3 Tz. 2 MaComp sind deshalb **Überstimmungen** wesentlicher Bewertungen und Empfehlungen des Compliance-Beauftragten durch die Geschäftsleitung zu **dokumentieren** und in den **jährlichen Bericht nach Art. 22 Abs. 2 c DelVO aufzunehmen**. Eine wesentliche Entscheidung liegt nach S. 2 etwa bei der Empfehlung, ein bestimmtes Finanzinstrument nicht zur Aufnahme in den Vertrieb zuzulassen, vor.

---

29 Vgl. *Fecker/Kinzl* CCZ 2010, 13 (17), der die hier genannten Beispiele allerdings im Zusammenhang mit einem eigenen Budget nennt.
30 *Casper* FS Karsten Schmidt S. 210.
31 S. statt vieler *Niermann* ZBB 2010, 410.
32 *Casper* FS Karsten Schmidt S. 209 f.
33 Ähnlich *Lösler* WM 2010, 1918.

(3) Kombination der Compliance-Funktion mit anderen Kontrollfunktionen

Nach BT 1.3.3.2 Tz. 1 MaComp ist eine Anbindung der Compliance-Funktion an andere Kontrollfunktionen, wie etwa die **Geldwäscheprävention** und/oder das **Risikocontrolling** grundsätzlich zulässig und wird auch als **Compliance im weiteren Sinne** bezeichnet. Voraussetzung hierfür ist allerdings, dass hierdurch die **Wirksamkeit und Unabhängigkeit** der Compliance-Funktion nicht beeinträchtigt wird. Außerdem muss jegliche Kombination unter Angabe der Gründe für die Kombination prüfungstechnisch nachvollziehbar dokumentiert werden. 37

Etwas anderes gilt hinsichtlich der Kombination der Compliance-Funktion mit der der **Internen Revision**. Hier sieht BT 1.3.3.2 Tz. 2 MaComp vor, dass eine solche Kombination grundsätzlich nicht statthaft ist. Hintergrund für diese Bestimmung ist, dass originäre Aufgabe der Internen Revision die Kontrolle der Compliance-Funktion ist und durch eine Kombination dieser beiden Funktionen die Gefahr besteht, dass die Unabhängigkeit der Compliance-Funktion unterlaufen wird. 38

Eine **Ausnahme** von diesem Grundsatz lässt BT 1.3.3.2 Tz. 3 MaComp nur unter ganz engen Voraussetzungen zu. Zum einen muss die Kombination dieser beiden wesentlichen Funktionen angemessen sein. Ob eine solche Angemessenheit im konkreten Einzelfall bejaht werden kann, wird zum einen durch das Wertpapierdienstleistungsunternehmen und zum anderen aber auch von der BaFin geprüft, da BT 1.3.3.2 Tz. 3 MaComp bestimmt, dass diese beiden Funktionen durch nur eine Person nur nach Absprache mit der BaFin wahrgenommen werden dürfen. Im Übrigen hat das Wertpapierdienstleistungsunternehmen sicherzustellen, dass beide Funktionen ordnungsgemäß, insbesondere gründlich, redlich und fachgerecht, ausgeübt werden.

(4) Kombination der Compliance-Funktion mit der Rechtsabteilung

Eine gesonderte Frage ist, ob die Compliance-Funktion mit der Funktion der **Rechtsabteilung** kombiniert werden kann. Gem. BT. 1.3.3.3 Tz. 1 MaComp ist dies ebenfalls nur unter sehr engen Voraussetzungen möglich, nämlich nur dann, wenn Wertpapierdienstleistungsunternehmen aufgrund ihrer Größe oder der Art, des Umfangs, der Komplexität oder dem Risikogehalt ihrer Geschäftstätigkeit oder der Art und dem Spektrum der von ihnen angebotenen Dienstleistungen von der Ausnahme nach Art. 22 Abs. 3 d und e DelVO Gebrauch machen könnten. 39

Eine solche Kombination ist nach BT 1.3.3.3 Tz. 2 MaComp für größere Wertpapierdienstleistungsunternehmen oder solche mit komplexeren Aktivitäten jedoch grundsätzlich nicht statthaft, wenn hierdurch die Unabhängigkeit der Compliance-Funktion unterlaufen wird, was regelmäßig dann der Fall ist, wenn ein Wertpapierdienstleistungsunternehmen die Wertpapierdienstleistungen Eigenhandel gemäß § 2 Abs. 8 Nr. 2 c WpHG, Emissionsgeschäft gemäß § 2 Abs. 8 Nr. 5 WPHG oder Wertpapiernebendienstleistungen gemäß § 2 Abs. 9 a Nr. 3, Nr. 5 oder Nr. 6 WpHG in nicht unerheblichem Umfang erbringt.

(5) Weitere Aspekte der Unabhängigkeit von Compliance

40 Im Zusammenhang mit dem Themenbereich „Unabhängigkeit von Compliance" sind eine Reihe von weiteren Vorgaben bzw. Anforderungen zu beachten, wie etwa:

- das grundsätzliche Verbot der **Beteiligung** an Wertpapierdienstleistungen, die der Compliance-Beauftragte überwacht, das aber am Proportionalitätsgrundsatz zu messen ist (BT 1.3.3.1 MaComp);
- die **Ernennung/Abberufung/Kündigungsfrist** von Compliance-Beauftragten (BT 1.1. Tz. 3 und 1.3.3.4 Tz. 4 MaComp);
- die Stellung/Befugnisse/Vergütung des Compliance-Beauftragten, die sich an den Leitern von Revision, Risikocontrolling und Rechtsabteilung orientieren sollte (BT 1.3.3.4 Tz. 5 MaComp). Hierbei geht es um ein **Handeln „auf gleicher Augenhöhe"**;
- die **Vergütung** der Mitarbeiter der Compliance-Funktion (BT 1.3.3.4 Tz. 6 MaComp). darf grundsätzlich nicht von der Tätigkeit derjenigen Mitarbeiter abhängen, die sie überwachen. Eine erfolgsbezogene Vergütung kann dennoch im Einzelfall zulässig sein, soweit sie **keine Interessenkonflikte** begründet. Für den Fall einer darüber hinausgehenden erfolgsabhängigen Vergütung unter Inanspruchnahme der Ausnahme nach Art. 22 Abs. 4 iVm Abs. 3 e DelVO, beispielsweise eine am Unternehmenserfolg orientierte Vergütung des Compliance-Beauftragten, der alleine für die Überwachung sämtlicher Geschäftsbereiche zuständig ist, sind wirksame Vorkehrungen erforderlich, um den daraus resultierenden Interessenkonflikten entgegenzuwirken. Dies ist auch prüfungstechnisch nachvollziehbar zu dokumentieren.

dd) Auslagerung der Compliance-Funktion oder einzelne Tätigkeiten
(1) Allgemeine Grundsätze

41 Wertpapierdienstleistungsunternehmen ist es außerdem unter den Voraussetzungen des § 25 b KWG und § 80 Abs. 6 WpHG iVm Art. 30, 31 DelVO erlaubt, die Compliance-Funktion **teilweise oder vollständig auszulagern**. Voraussetzung hierfür ist jedoch nach BT 1.3.4 Tz. 1 MaComp, dass in einem solchen Fall alle einschlägigen aufsichtsrechtlichen Anforderungen einzuhalten sind und zwar unabhängig davon, ob es sich um eine teilweise oder vollständige Auslagerung handelt. Zivilrechtliche Gestaltungen oder Vereinbarungen ändern oder modifizieren hierbei die jeweils relevanten aufsichtsrechtlichen Anforderungen nicht. Die **BT 1.3.4 Tz. 2–5 MaComp** ergänzen die aufsichtsrechtlichen Anforderungen an eine Auslagerung.

Die Geschäftsleitung ist für die Erfüllung der Anforderungen, insbesondere für eine individuelle, eindeutige und transparente Einrichtung der ganz oder teilweise ausgelagerten Compliance-Funktion verantwortlich und zwar unabhängig davon, ob die Auslagerung auf ein drittes Unternehmen erfolgt.

(2) Bedeutung für die Funktion des Compliance-Beauftragten

42 Auch im Falle einer Auslagerung muss ein Wertpapierdienstleistungsunternehmen über einen Compliance-Beauftragten verfügen. Bei der Auswahl des Compliance-Beauftragten hat das Wertpapierdienstleistungsunternehmen jedoch eine Wahlfreiheit, was sich aus BT 1.3.4 Tz. 1 a MaComp ergibt. Hiernach

kann die Geschäftsleitung eines Wertpapierdienstleistungsunternehmen entweder einen eigenen Mitarbeiter oder einen Mitarbeiter eines Auslagerungsunternehmens oder einen selbstständig/freiberuflich Tätigen zum Compliance-Beauftragten ernennen. Zu beachten ist allerdings, dass die Verantwortung des Compliance-Beauftragten für die Durchführung der gesamten Compliance-Funktion des Wertpapierdienstleistungsunternehmens nach dem WpHG auch im Falle einer Auslagerung nicht auf mehrere Personen verteilt werden kann, sondern in einer Hand konzentriert bleiben muss.

Außerdem bestimmt BT 1.3.4 Tz. 1 a MaComp, dass der Compliance-Beauftragte sowohl von dem auslagernden Wertpapierdienstleistungsunternehmen als auch von dem Auslagerungsunternehmen verlangen kann, ihm diejenigen **personellen, sachlichen und sonstigen Mittel** zur Verfügung zu stellen, die für eine ordnungsgemäße Erfüllung seiner Funktion und Verantwortung im jeweiligen Wertpapierdienstleistungsunternehmen nach vernünftiger Einschätzung erforderlich sind.

Auch im Falle eines Auslagerungssachverhalts übt der Compliance-Beauftragte seine Tätigkeit **unabhängig** aus. In Ergänzung zu den Ausführungen unter Rn. 37 und 38 unterliegt der Compliance-Beauftragte auch nicht den Weisungen des Auslagerungsunternehmens. Gleiches gilt für die ihm unterstellten Compliance-Mitarbeiter des Wertpapierdienstleistungsunternehmens und/oder des Auslagerungsunternehmens. 43

Gem. BT 1.3.4 Tz. 1 b MaComp kann ein Wertpapierdienstleistungsunternehmen unter der Verantwortung und Leitung des Compliance-Beauftragten eigene Mitarbeiter, Mitarbeiter des Auslagerungsunternehmens, Mitarbeiter dritter Unternehmen und/oder selbstständig/freiberuflich tätige Spezialisten zu einer individuellen einheitlichen Compliance-Organisation zusammenführen. Ob, wie und in welchen Formen des Zusammenwirkens die ausgelagerten Tätigkeiten der Compliance-Funktion organisatorisch unter der Verantwortung und Leitung des Compliance-Beauftragten durchgeführt werden sollen, ist mit ihm sowie dem Auslagerungsunternehmen vor der Durchführung eindeutig und transparent zu regeln, insbesondere in einer institutsspezifischen „Policy" oder in einem Service-Level-Agreement. 44

Zu beachten ist in diesem Zusammenhang jedoch, dass, auch wenn einzelne Compliance-Tätigkeiten von einem Auslagerungsunternehmen erbracht werden, die diese Tätigkeiten dort ausführenden Mitarbeiter unmittelbar den fachlichen Weisungen des von der Geschäftsleitung des Wertpapierdienstleistungsunternehmens ernannten Compliance-Beauftragten unterstehen.

Eine Auslagerung der Compliance-Funktion ist zwar per Gesetz erlaubt, dessen ungeachtet wollte der Gesetzgeber aber eine sog **Fragmentierung** der Compliance-Funktion durch Auslagerung und/oder Weiterverlagerung auf mehr als ein Auslagerungsunternehmen und/oder durch sonstigen ergänzenden Fremdbezug verhindern. Aus diesem Grund bestimmt BT 1.3.4 Tz. 1 b Unterpunkt 3 MaComp, dass eine solche Fragmentierung nur bei fachlicher und/oder technischer Notwendigkeit erfolgen soll. BT 1.3.2.2 MaComp soll dabei unberührt bleiben. 45

IV. Aufgaben der Compliance unter MiFID II

46 Die „konkreten" Aufgaben der Wertpapier-Compliance sind hauptsächlich in den Art. 22 Abs. 2, 26 Abs. 7, 27 Abs. 3, 37 Abs. 2 b DelVO und § 80 Abs. 13 WpHG geregelt. Sie können in „allgemeine" und „besondere" Aufgaben unterteilt werden und werden ihrerseits durch die Bestimmungen in den MaComp jeweils weiter konkretisiert.

1. Allgemeine Aufgaben der Wertpapier-Compliance

47 Die **allgemeinen gesetzlichen Aufgaben** der Wertpapier-Compliance sind in Art. 22 Abs. 2 S. 1 DelVO genannt. Hierzu gehören:

- die ständige **Überwachung** und **regelmäßige Bewertung** der Angemessenheit und Wirksamkeit der eingeführten Maßnahmen, Strategien und Verfahren sowie der Schritte, die zur Behebung etwaiger Defizite der Wertpapierfirma bei der Einhaltung ihrer Pflichten unternommen wurden (s. Rn. 50 ff.),
- die **Beratung** und **Unterstützung** der für Wertpapierdienstleistungen und Anlagetätigkeiten zuständigen relevanten Personen im Hinblick auf die Einhaltung der Pflichten der Wertpapierfirma gemäß der MiFID II Richtlinie (s. Rn. 65 ff.),
- eine mindestens einmal jährlich stattfindende **Berichterstattung** an das Leitungsorgan über die Umsetzung und Wirksamkeit des gesamten Kontrollumfelds für Wertpapierdienstleistungen und Anlagetätigkeiten, über die ermittelten Risiken sowie über die Berichterstattung bezüglich der Abwicklung von Beschwerden und über die ergriffenen oder zu ergreifenden Abhilfemaßnahmen (s. Rn. 72 ff.) und
- die Überwachung der Prozessabläufe für die Abwicklung von **Beschwerden** und Berücksichtigung von Beschwerden als Quelle relevanter Informationen im Zusammenhang mit den allgemeinen Überwachungsaufgaben (s. Rn. 61 und 91).

Diese Pflichten sind für die deutschen Wertpapierdienstleistungsunternehmen nicht wirklich neu, da sie bereits vor MiFID II eingehalten werden mussten und dies auch regelmäßig durch die BaFin im Rahmen der jährlichen WpHG-Prüfungen, Prüfungsbegleitungen oder Aufsichtsbesuche geprüft wurde. Neu ist lediglich, dass diese Pflichten nunmehr in einer unmittelbar für alle EU-Staaten geltenden DelVO für alle EU-weit ansässigen Wertpapierdienstleistungsunternehmen verbindlich festgeschrieben wurden.

48 Zur Erfüllung der Anforderungen der zuvor genannten Kerntätigkeiten der Compliance-Funktion, nämlich der Überwachung, Bewertung, Beratung und Unterstützung, normiert Art. 22 Abs. 2 S. 2, 3 DelVO ergänzend, dass eine Beurteilung vorzunehmen ist, auf deren Grundlage ein risikobasiertes Überwachungsprogramm erstellt wird, das alle Bereiche der Wertpapierdienstleistungen, Anlagetätigkeiten sowie der relevanten Nebendienstleistungen der Wertpapierfirma, einschließlich der relevanten Informationen, die in Bezug auf die Überwachung der Abwicklung von Beschwerden gesammelt wurden, berücksichtigt. Dieses Überwachungsprogramm soll Prioritäten festlegen, die anhand der Compliance-Risikobewertung bestimmt werden, so dass die umfassende Überwachung der Compliance-Risiken sichergestellt wird.

Die in Art. 22 Abs. 2 S. 1 DelVO genannten Aufgaben verdeutlichen damit bereits die beiden maßgeblichen Säulen, auf denen Compliance beruht: die **Überwachung** und die **Prävention**.

a) Überwachung und regelmäßige Bewertung

Auf der Konkretisierungsebene der MaComp wird das Tätigkeitsgebiet von Compliance weiter beleuchtet. Die Compliance-Tätigkeit erstreckt sich dabei nach AT 6 Tz. 3 MaComp auf die **Überwachung** der zur Einhaltung der Vorschriften des WpHG getroffenen Vorkehrungen, wobei die §§ 63 ff. WpHG hervorgehoben werden.[34] Eine kurze prägnante Zusammenfassung der Aufgaben der Compliance-Funktion enthält BT 1.2 Tz. 1 MaComp. Neben der Überwachung und Bewertung der im Unternehmen aufgestellten Grundsätze und Verfahren wird hier die **Maßnahmenbeseitigung** einschließlich der Prozessabläufe für die Abwicklung von Beschwerden angesprochen. 49

aa) Überwachungs- und Kontrollaufgaben

Die MaComp konkretisieren an mehreren Stellen die Überwachungsaufgaben von Compliance. So hat die Compliance-Funktion nach BT 1.2.1 Tz. 2 MaComp zum einen durch **regelmäßige risikobasierte Überwachungshandlungen** dafür Sorge zu tragen, dass den eingerichteten Grundsätzen und Vorkehrungen und damit den Organisations- und Arbeitsanweisungen nachgekommen wird und zum anderen dafür Sorge zu tragen, dass die Mitarbeiter des jeweiligen Wertpapierdienstleistungsunternehmens das nötige Bewusstsein für Compliance-Risiken entwickeln. 50

Als weitere Überwachungsaufgaben der Compliance-Funktion nennt BT 1.2.1 Tz. 3 MaComp das **Interessenkonfliktmanagement** und den **Umgang mit compliance-relevanten Informationen**.

(1) Überwachungshandlungen

Zu den durchzuführenden Überwachungshandlungen gehört nach BT 1.2.1.3 Tz. 1 MaComp insbesondere eine Überprüfung, ob die in den Arbeits- und Organisationsanweisungen aufgeführten Kontrollhandlungen durch die **Fachabteilungen** (First-Level-Kontrolle) regelmäßig und ordnungsgemäß ausgeführt werden. Eine ordnungsgemäße Durchführung setzt dabei ua voraus, dass die entsprechenden Kontrollhandlungen durch die Fachabteilungen gemäß den internen Vorgaben vorgenommen wurden. 51

Eine 100%-ige Kontrolle durch Compliance ist in diesem Zusammenhang nicht erforderlich. Vielmehr kann die Überwachungshandlung risikoorientiert geschehen, wie BT 1.2.1 MaComp bestimmt.

Ein wesentliches Anliegen der MaComp ist die Präsenz von Compliance in der Fläche. In BT 1.2.1.2 Tz. 2 MaComp wird dies daher dahin gehend formuliert, dass durch die Compliance-Funktion „zusätzlich eigene **Vor-Ort-Prüfungen** oder andere eigene Prüfungen der Compliance-Funktion vorzunehmen sind". Der Compliance-Beauftragte hat diesbezüglich kein Wahlrecht; diese Pflicht gehört vielmehr zu seinen Kernkompetenzen, wie die MaComp klarstellt. Der 52

---

34 Ähnlich *Niermann* ZBB 2010, 412 im Zusammenhang mit dem alten MaComp-Rundschreiben, welches sich noch auf die alten (aber inhaltsgleichen) Normen bezog.

Compliance-Beauftragte hat danach risikoorientiert zu bestimmen, welche Vor-Ort-Prüfungen seine Organisationseinheit selbst vornimmt und hat das prüfungstechnisch neben der Anzahl der Stichproben nachvollziehbar zu begründen.

53 Auch Kontrollen im Hinblick auf **Churning** gehören zu den Aufgaben der Compliance-Funktion.[35] Die MaComp weisen hierauf explizit in BT 1.2.1.2 Tz. 2 und der häufig überlesenen Fußnote 2 hin.

54 Art. 22 Abs. 2 d DelVO führt die Überwachung der Prozessabläufe für die Abwicklung von Beschwerden und Berücksichtigung von Beschwerden als Quelle relevanter Informationen im Zusammenhang mit den allgemeinen Überwachungsaufgaben gesondert auf und weist somit auf die besondere Bedeutung dieser compliance-relevanten Aufgabe hin. Diese Aufgabe wird in BT 1.2.1.2 Tz. 5 MaComp weiter konkretisiert. Damit Compliance den **Ablauf des Beschwerdeverfahrens** überhaupt ordnungsgemäß überwachen kann, bestimmt diese Vorschrift, dass die Wertpapierdienstleistungsunternehmen verpflichtet sind, Compliance einen uneingeschränkten Zugang zu den Beschwerden einzurichten. BT 1.2.1.2 Tz. 5 S. 3 MaComp stellt in diesem Zusammenhang aber gleichzeitig klar, dass Compliance bei der Bearbeitung von Beschwerden beteiligt sein kann, aber auf keinen Fall beteiligt sein muss. Diese Aufgabe kann von einer eigenen Beschwerdefunktion wahrgenommen werden, so dass Compliance in diesem Fall nur noch für die Kontrolle und Überwachung des Ablaufs zuständig ist.

55 In BT 1.2.1 Tz. 2 weisen die MaComp darauf hin, dass die Überwachungshandlungen **regelmäßig** zu erfolgen haben.

Grundlage der Überwachungshandlungen von Compliance ist dabei nach BT 1.3.2.1 MaComp ein speziell von dem Compliance-Beauftragten aufzustellender **Überwachungsplan** (s. Rn. 20).

Ferner bestimmt BT 1.2.1.2 Tz, 4 MaComp, dass für die notwendigen Überwachungshandlungen geeignete Quellen, Methoden und Instrumente heranzuziehen sind. Diese müssen im vornherein durch Compliance festgelegt und auf die entsprechende Prüfungshandlung abgestimmt worden sein.

(2) Berücksichtigung der Kontrollen anderer Bereiche

56 An mehreren Stellen äußern sich die MaComp zu dem **Verhältnis der verschiedenen Kontrolleinheiten** und deren Tätigwerden zueinander. So weist BT 1.2.1.2 Tz. 3 MaComp zwar darauf hin, dass Prüfungsergebnisse der internen Revision nur begrenzt die Compliance-Überwachungshandlungen ersetzen können. Gemäß BT 1.2.1.2 Tz. 7 MaComp wird jedoch empfohlen, die Überwachungshandlungen von Compliance unter Berücksichtigung der Kontrollen der Geschäftsbereiche sowie der Prüfungshandlungen der Risikomanagementfunktion und der internen Revision zu koordinieren. Damit tragen die MaComp grds. dem verständlichen Interesse der Institute an einer weitgehenden Vermeidung von Doppelkontrollen Rechnung.[36] Dessen ungeachtet wird aber auch ua die besondere Stellung von Compliance hervorgehoben, in dem ausdrücklich normiert wurde, dass bei einer solchen Koordination die unter-

---

35 Zu dem „Prozess Churning-Prävention" s. Renz/Hense/*Jäger/Sartowski* II.1 Rn. 115 ff.
36 *Niermann* ZBB 2010, 416.

schiedlichen Aufgabenstellungen und die Unabhängigkeit der jeweiligen Funktionen zu berücksichtigen sind. Ferner geben die MaComp noch einen Hinweis zur Abgrenzung der Compliance-Tätigkeit von der Innenrevision. Im Gegensatz zu den Prüfungen der internen Revision führt die Compliance-Funktion ihre Überwachungshandlungen zu den eingerichteten Grundsätzen und Vorkehrungen im Bereich der Wertpapierdienstleistungen und Wertpapiernebendienstleistungen nämlich kontinuierlich, nach Möglichkeit prozessbegleitend oder zumindest zeitnah durch.[37]

(3) Interessenkonfliktmanagement/Umgang mit compliance-relevanten Informationen

Wie bereits unter Rn. 6 und 58 aufgeführt, zählt auch das Interessenkonfliktmanagement sowie der richtige Umgang mit compliance-relevanten Informationen zu den Kontroll- und Überwachungsaufgaben von Compliance. 57

Zu den Aufgaben von Compliance im Zusammenhang mit dem **Interessenkonfliktmanagement** gehört es nach BT 1.2.1 Tz. 3 MaComp, dass Interessenkonflikte vermieden werden bzw. unvermeidbaren Interessenkonflikten ausreichend Rechnung getragen wird. Dies gilt zum einen hinsichtlich etwaiger Interessenkonflikte innerhalb des Wertpapierdienstleistungsunternehmens selbst aber auch – so stellt BT 1.2.1 Tz. 3 S. 2 MaComp besonders heraus – hinsichtlich solcher Interessenkonflikte im Zusammenhang mit der Wahrung von Kundeninteressen. Um seine diesbezüglichen Aufgaben ordnungsgemäß erfüllen zu können, hat der Compliance-Beauftragte daher insbesondere eine Risikoanalyse gem. BT 1.2.1.1 MaComp durchzuführen.

Mit der Thematik der Interessenkonflikte eng verknüpft ist die Frage **des Umgangs mit/der Weitergabe von compliance-relevanten Informationen**.[38] Eine Definition des Begriffs enthält AT 6.1 S. 2 und 3 MaComp. Wertpapierdienstleistungsunternehmen, die **in der Regel** über solche Informationen verfügen, haben gemäß AT 6.2 Tz. 2 S. 2 MaComp ausreichende Vorkehrungen zu treffen und Maßnahmen zu ergreifen, um die im Unternehmen vorliegenden Informationen zu erfassen und ihre bestimmungsgemäße Weitergabe zu überwachen.

Die Aufgabenzuweisung an Compliance in BT 1.2. Tz. 4 MaComp beschränkt sich deshalb nicht nur auf das Thema (der unmittelbaren) Interessenkonfliktsteuerung. Nach BT 1.2 Tz. 4 S. 3 MaComp hat die Compliance-Funktion dafür Sorge zu tragen, dass organisatorische Vorkehrungen im Wertpapierdienstleistungsunternehmen getroffen werden, um die unzulässige Weitergabe von compliance-relevanten Informationen zu verhindern. Bei Mitarbeitern, die Zugang zu derartigem Wissen haben, besteht ein erhöhtes Risiko eines nicht gesetzeskonformen Verhaltens, wie etwa **Verstößen gegen die Verbote von Insidergeschäften und der Marktmanipulation nach Art. 14 und 15 VO (EU) Nr. 596/2014.** 58

Welche Vorkehrungen im Wertpapierdienstleistungsunternehmen nach AT 6.2 Tz. 2 MaComp als ausreichende zu treffen sind, wird in AT 6.2 Tz. 3 MaComp näher spezifiziert. Es handelt sich hier im Wesentlichen um die Einrich- 59

---

[37] Zu dem Verhältnis Compliance – Innenrevision s. ausführlich *Schäfer* BKR 2011, 52.
[38] S. hierzu auch *Schäfer* BKR 2011, 49 f.

tung von **Vertraulichkeitsbereichen** („Chinese Walls"), der Regelung des bereichsübergreifenden Informationsflusses („Wall Crossing") sowie die Implementierung von Beobachtungs- und Sperrlisten („Watch List" und „Restricted List").[39] Die Regelung stellt jedoch ausdrücklich klar, dass die Aufzählung nicht abschließend ist. Insofern können auch andere Maßnahmen in Betracht kommen,

Sofern ein bereichsüberschreitender Informationsfluss erforderlich ist („Need-to-know-Prinzip"), hat dieser grundsätzlich unter Beteiligung des Compliance-Beauftragten bzw. nach vorheriger Abstimmung mit diesem zu erfolgen.

60 Wertpapierdienstleistungsunternehmen, die in der Regel nicht über compliance-relevante Informationen verfügen und deren Mitarbeiter in der Regel keinen Interessenkonflikten unterliegen, haben nach AT 6.2 Tz. 2. MaComp im Rahmen ihrer Organisationspflichten allgemeine Maßnahmen für den Fall vorzusehen, dass sie in Einzelfällen solche Informationen erhalten. Als geeignete Maßnahmen kommen hier etwa die Durchführung von zeitnahen sog ex-post-Kontrollen in Betracht.

bb) Bewertungsaufgaben

61 Als Folge der Überwachungsmaßnahmen muss auch eine **Bewertung** derselben durch Compliance erfolgen. Bewertung bedeutet, dass die Compliance-Stelle **klare Aussagen** zur Gesetzeskonformität oder zu Unzulänglichkeiten der überwachten Bereiche zu treffen hat.

cc) Ermittlung von zu treffenden Maßnahmen

62 Ergibt das Ergebnis der vorgenommenen Bewertung, dass in den Grundsätzen und Vorkehrungen, die das Wertpapierdienstleistungsunternehmen aufgestellt bzw. getroffen hat, Defizite bestehen, hat die Compliance-Funktion nach BT 1.2 Tz. 8 MaComp die **notwendigen Maßnahmen**, die zur Behebung von Defiziten im Bereich der organisatorischen Vorkehrungen notwendig sind, zu ermitteln. Über diese Maßnahmen muss die Compliance-Stelle die Geschäftsleitung gemäß BT 1.2 Tz. 8 MaComp informieren.

dd) Ergreifen von Maßnahmen

63 Gemäß den allgemeinen gesellschaftsrechtlichen Grundsätzen fällt das Ergreifen der zur Abstellung der Unzulänglichkeiten erforderlichen Maßnahmen grundsätzlich in den Zuständigkeitsbereich der Geschäftsleitung. Eine eigene Verbots- oder Anordnungskompetenz der Compliance-Funktion zur Abstellung von Mängeln bzw. deren Einräumung durch die Geschäftsleitung verlangen deshalb vom Grundsatz her weder die DelVO noch das Wertpapierhandelsgesetz.[40] Sie würde tiefgreifend in das gesellschaftsrechtliche Verantwortungsgefüge eingreifen. Der Compliance-Funktion verbleibt hier deshalb im

---

39 S. hierzu ausführlich Heidel/*Schäfer* WpHG § 33 Rn. 110 ff.
40 So auch Schwark/Zimmer/*Fett* WpHG § 33 Rn. 24; *Fuchs*/Fuchs § 33 Rn. 81; *Spindler* WM 2008, 911; aA *Veil* WM 2008, 1098, wonach die Mitarbeiter der Compliance-Funktion „nach der Konzeption des Gesetzes über das Recht verfügen, vorab eine Transaktion zu untersagen".

Wesentlichen grundsätzlich nur die **Mitteilung bzw. ein Eskalationsrecht** gegenüber der Geschäftsleitung.[41]

ee) Überwachung der Maßnahmen

Die zur Behebung von Defiziten getroffenen **Maßnahmen** sind ihrerseits nach Art. 22 Abs. 2 a DelVO zu **überwachen und regelmäßig zu bewerten**. BT 1.2 Tz. 8 S. 1 MaComp übernimmt die verordnungsrechtlichen Vorgaben. Für die Überprüfung ist nach S. 2 wiederum die Vornahme entsprechender Überwachungshandlungen durch Compliance erforderlich. 64

b) Beratung und Unterstützung

Wie bereits unter Rn. 55 dargelegt, besteht die zweite Säule der Compliance-Arbeit in der **Prävention**. Hierbei handelt es sich nicht um etwas grundsätzlich Neues, sondern um „ein bereits heute vorherrschendes modernes Aufgabenverständnis von Compliance-Beauftragten in Deutschland".[42] Der europäische Verordnungsgeber hat diesem Prinzip nunmehr auch europaweit in Art. 22 Abs. 2 b DelVO Rechnung getragen, wonach Compliance die für die Wertpapierdienstleistungen und Anlagetätigkeiten zuständigen relevanten Personen im Hinblick auf die Einhaltung der in der MiFID II normierten Pflichten zu beraten und zu unterstützen hat. Dies ist keine Option, sondern eine Verpflichtung von Compliance.[43] 65

aa) Beratungsaufgaben

Die Beratungsaufgaben der Compliance-Funktion werden in BT 1.2.3 Tz. 1 MaComp konkretisiert. Hiernach hat die Compliance-Funktion unter anderem bei Mitarbeiterschulungen zu unterstützen, die tägliche Betreuung der Mitarbeiter wahrzunehmen und bei der Erstellung neuer Grundsätze und Verfahren innerhalb des Wertpapierdienstleistungsunternehmens mitzuwirken. Die Aufzählung in BT 1.2.3 Tz. 1 MaComp ist nicht abschließend, so dass die Geschäftsführung der Compliance-Funktion auch noch weitere Beratungsaufgaben übertragen kann, sollte dies notwendig sein. 66

Die **Beratung und Unterstützung der Mitarbeiter** im Hinblick auf die Einhaltung der gesetzlichen Bestimmungen sowie der Organisations- und Arbeitsanweisungen beinhaltet zum einen die Durchführung regelmäßiger, aber auch die Durchführung von anlassbezogenen Schulungen derjenigen Mitarbeiter, für die Schulungen von Relevanz sein können. Neben solchen Themen können auch gesetzliche Neuerungen, neu erlassene Verlautbarungen der Bundesanstalt oder andere Änderungen der aufsichtsrechtlichen Anforderungen und die daraus resultierenden Verhaltensregeln für Mitarbeiter sowie Änderungen der Unternehmensorganisation und der Organisations- und Arbeitsanweisungen Gegenstand dieser Schulungen sein. 67

Neben der Wissensvermittlung dienen Schulungen auch der Schaffung eines – teilweise leider nicht vorhandenen – Problembewusstseins.[44] Mitarbeiter können hier auch im Hinblick auf etwaige persönliche (**strafrechtliche**) **Risiken** 68

---

41 Schwark/Zimmer/*Fett* WpHG § 33 Rn. 24; *Veil* WM 2008, 1098.
42 Clouth/Lang/*Held* Rn. 444.
43 So auch *Birnbaum/Kütemeier* WM 2011, 296; aA *Bauer* BankPraktiker 2010, 361.
44 Clouth/Lang/*Held* Rn. 444; *Fuchs*/Fuchs WpHG § 33 Rn. 73.

sensibilisiert werden.[45] Sinnvoll ist auch die Vermittlung von Leitlinien für Mitarbeiter im Fall von Compliance-Verstößen Dritter im Unternehmen.

bb) Unterstützende Aufgaben

69 BT 1.2.4 MaComp regelt im Weiteren die Beteiligung der Compliance-Funktion an bestimmten Prozessen. Als eine der wichtigsten Aufgaben in diesem Zusammenhang nennt BT 1.2.4 Tz. 1 MaComp, dass die Compliance-Funktion in die Entwicklung der relevanten Grundsätze und Verfahren im Bereich der Wertpapierdienstleistungen und Wertpapierdienstleistungen einzubeziehen ist. Die MaComp heben in diesem Zusammenhang speziell die **Einbindung** der Compliance-Funktion bei Erstellung und ständigen Weiterentwicklung der internen Organisations- und Arbeitsanweisungen für das Wertpapierdienstleistungsunternehmen hervor, soweit diese eine Compliance Relevanz aufweisen. Die Regularien normieren hierbei explizit nur eine Beteiligung der Compliance-Funktion. Hiervon abzugrenzen ist die Erstellung. Diese obliegt nach wie vor der Geschäftsleitung.

70 BT 1.2.4 Tz. 2 der MaComp statuiert ergänzend, dass die Compliance-Funktion **möglichst frühzeitig einzubeziehen** ist, um darauf hinzuwirken, dass die Organisations- und Arbeitsanweisungen geeignet sind, Verstöße gegen die gesetzlichen Bestimmungen zu verhindern.

Der Sinn einer **frühzeitigen Einbindung** von Compliance wird in BT 1.2.4 Tz. 3 MaComp weiter erläutert. Eine zeitige Beteiligung – etwa durch Interventionsrechte bei Produktgenehmigungsprozessen – soll es der Compliance-Funktion außerdem ermöglichen, ihre Überwachungs- und Bewertungshandlungen auf der Grundlage einer ordnungsgemäßen Geschäftsorganisation durchzuführen. Nach S. 3 ist damit allerdings kein Übergang der Verantwortung von den operativen Bereichen auf die Compliance-Organisation verbunden.

71 Einen nicht abschließenden Aufgabenkatalog, wann die Compliance-Funktion einzubeziehen ist, enthält BT 1.2.4 Tz. 6 MaComp. Danach ist die Compliance-Funktion **insbesondere** bei den folgenden Aufgaben einzubeziehen:

- Ermittlung der Kriterien zur Bestimmung der Compliance-Relevanz der Mitarbeiter;
- Festlegung der Grundsätze für Vertriebsziele bei der Ausgestaltung des Vergütungssystems für relevante Personen im Sinne des BT 8 – ist das Wertpapierdienstleistungsunternehmen ein Tochterunternehmen einer Gesellschaft mit Sitz im Ausland, das diesbezüglich Vorgaben von dieser Gesellschaft erhält, so hat die Compliance-Funktion zu prüfen, ob die Vorgaben des Mutterunternehmens mit den deutschen aufsichtsrechtlichen Vorgaben im Einklang stehen;
- Einrichtung von Vertraulichkeitsbereichen;
- Ausgestaltung der Prozesse zur Überwachung der persönlichen Geschäfte im Unternehmen;

---

45 *Zawilla* ua, Bankpraktiker 2010, 424.

- Festlegung der Grundsätze zur bestmöglichen Auftragsausführung und gegebenenfalls Grundsätze zur Weiterleitung bei Ausführung durch ein drittes Unternehmen;
- Ausgestaltung des Produktüberwachungsprozesses.

c) Berichtspflichten
aa) Grundsatz

Art. 22 Abs. 2 c DelVO regelt ausdrücklich die (mindestens) **jährliche Berichtspflicht** der Compliance-Funktion an das Leitungsorgan. BT 1.2.2 Tz. 2 MaComp weist die Verantwortung für die Erfüllung der Pflicht dem Compliance-Beauftragten zu.[46] Allerdings handelt es sich hier um eine von der Geschäftsleitung abgeleitete Verantwortung. Ziel der Berichterstattung ist die Übermittlung wichtiger Informationen an die Adressaten, so dass diese eine **Bewertung von Risiken und Maßnahmen** im Wertpapierbereich besser vornehmen können.[47] Durch einen aussagekräftigen Compliance-Bericht kann zudem „zwischen allen Beteiligten Vertrauen in die Funktionsfähigkeit der Betriebsorganisation geschaffen werden".[48]

Im Einzelfall können darüber hinaus nach BT 1.2.2 Tz. 2 MaComp weitere **anlassbezogene Ad-hoc-Berichte** erforderlich sein. Hier kann sich wegen einer etwaigen Eilbedürftigkeit auch eine mündliche Unterrichtung empfehlen.[49] Solche anlassbezogenen Ad-hoc-Berichte können beispielsweise dann erforderlich werden, wenn der Compliance-Beauftragte schwerwiegende Verstöße gegen die Vorschriften des WpHG festgestellt hat. Zusammen mit der Kommunikation dieser Feststellungen hat er gleichzeitig nach BT 1.2.2. Tz. 2 S. 2 MaComp etwaige Vorschläge bezüglich möglicher Abhilfemaßnahmen mitzuteilen.

Sowohl die Kenntnisnahme des Berichts durch die Geschäftsleitung als auch die Weiterleitung an das Aufsichtsorgan (soweit ein solches überhaupt besteht) sind durch den Compliance-Beauftragten zu **dokumentieren**.[50]

Die Übermittlung des Compliance-Berichts an das Aufsichtsorgan erfolgt dabei grds. über die Geschäftsleitung. Eine Verpflichtung, Compliance-Berichte ohne vorherige Information der Geschäftsleitung unmittelbar an das Aufsichtsorgan zu übermitteln, besteht hingegen nicht.

bb) Inhalt

Die gesetzlichen Anforderungen an den Compliance-Bericht gem. Art. 22 Abs. 2 c DelVO werden durch BT 1.2.2 Tz. 1, 5 und 6 MaComp konkretisiert. Hiernach müssen die Berichte, allgemein gesagt, eine Beschreibung der Umsetzung und Wirksamkeit des gesamten Kontrollwesens (bezogen auf die Wertpapierdienstleistungen) sowie eine Zusammenfassung der identifizierten Risiken und der durchgeführten bzw. durchzuführenden Maßnahmen zur Behebung bzw. Beseitigung von Defiziten und Mängeln sowie zur Risikoreduzierung enthalten.

---

46 Zum selben Ergebnis kommt *Sandmann* CCZ 2008, 106 (unter Bezugnahme auf die alten Regelungen).
47 *Hense/Renz* CCZ 2008, 183.
48 Renz/Hense/*Welsch/Dose* I.3 Rn. 10.
49 Renz/Hense/*Welsch/Dose* I.3 Rn. 44.
50 Renz/Hense/*Welsch/Dose* I.3 Rn. 16 f.

Die Berichte sollen sich dabei auf alle Geschäftsbereiche erstrecken, die an der Erbringung von Wertpapierdienstleistungen und Wertpapiernebendienstleistungen beteiligt sind. Daneben sollen die Berichte gem. BT 1.2.2 Tz. 5 MaComp auch Informationen über die Abwicklung von Beschwerden beinhalten.

Sofern ein Compliance-Bericht entgegen der vorstehenden Regularien nicht alle Bereiche abdeckt, hat der Compliance-Beauftragte die Pflicht, dies ausführlich zu begründen. Hierdurch soll gewährleistet werden, dass die Geschäftsleitung ausreichend über alle Sachverhalte informiert ist.

76 BT 1.2.2 Tz. 6 MaComp enthält eine nicht abschließende Aufzählung derjenigen Angaben, die auf jeden Fall, soweit einschlägig, im jeweiligen Compliance-Bericht enthalten sein müssen. Hierzu zählen:

- eine **Zusammenfassung der wesentlichen Feststellungen aus der Prüfung der Grundsätze und Verfahren** des Wertpapierdienstleistungsunternehmens,
- eine **Zusammenfassung der von der Compliance-Funktion durchgeführten Prüfungen** (insbesondere Vor-Ort-Prüfungen und Aktenprüfungen), unter Angabe der in der Organisation und dem jeweiligen Compliance-Prozess festgestellten Verstöße und Mängel sowie der angemessenen Maßnahmen, die daraufhin ergriffen wurden,
- eine **Beschreibung der Risiken,** die in dem von der Compliance-Funktion überwachten Bereich identifiziert wurden,
- falls die Geschäftsleitung hierauf nicht bereits auf anderem Wege aufmerksam gemacht wurde: eine Darstellung der im Berichtszeitraum eingetretenen relevanten Änderungen und Entwicklungen regulatorischer Anforderungen sowie die zur Sicherstellung ihrer Einhaltung ergriffenen bzw. zu ergreifenden Maßnahmen,
- die Angabe sonstiger im Berichtszeitraum aufgetretener **wesentlicher Sachverhalte** mit Compliance-Relevanz oder sonstiger erforderlicher Maßnahmen und Strategien, zu denen im Berichtszeitraum gewonnene Erkenntnisse Anlass geben,
- falls die Geschäftsleitung hierauf nicht bereits auf anderem Wege aufmerksam gemacht wurde: Angaben zum **wesentlichen Schriftwechsel mit den zuständigen Aufsichtsbehörden,**
- Angaben zur **Angemessenheit der Personal- und Sachausstattung** der Compliance-Funktion,
- Angaben zur Überprüfung der Umsetzung und Einhaltung der Regelungen zur **Sachkunde und Zuverlässigkeit von Mitarbeitern,**
- Informationen über die vom Wertpapierdienstleistungsunternehmen konzipierten und **empfohlenen Finanzinstrumente,** insbesondere die **Vertriebsstrategie.**

Der letzte Punkt bezieht sich auf den Produktfreigabeprozess. Diesbezüglich besteht eine Pflicht der Geschäftsleitung, diesen Prozess nach § 81 Abs. 4 S. 1 WpHG nF ordnungsgemäß zu überwachen und sicherzustellen, dass die Compliance-Berichte insbesondere die zuvor genannten Informationen enthalten.

cc) Berichtsveränderungen

Veranlasst die Geschäftsleitung inhaltliche Änderungen des Berichts, hat Compliance den **Vorsitzenden des Aufsichtsorgans** hierüber nach BT 1.2.2 Tz. 4 MaComp zu informieren. Die Änderungen sind zu dokumentieren 77

dd) (Keine) grundsätzliche Berichterstattung an die BaFin

Eine **grundsätzliche Berichtspflicht gegenüber der Bundesanstalt** besteht für den Compliance-Beauftragten **nicht**. Allerdings normiert § 81 Abs. 4 S. 3 WpHG nF nunmehr, dass die Compliance-Berichte der BaFin auf deren Verlangen hin, zur Verfügung zu stellen sind. 78

d) Beschwerden

Die in Art. 22 Abs. 2 d DelVO normierte Aufgabe von Compliance, die Prozessabläufe für die Abwicklung von Beschwerden zu überwachen und diese auch als Quelle für Informationen zu nutzen, stellt eine Überwachungsaufgabe von Compliance dar. Insofern wird auf die diesbezüglichen Ausführungen unter Rn. 61 verwiesen. 79

2. Besondere Aufgaben der Wertpapier-Compliance

Darüber hinaus hat die Wertpapier-Compliance auch einige **besondere gesetzliche Aufgaben** zu erfüllen, die sich vornehmlich aus der DelVO aber auch aus dem WpHG ergeben. 80

Nach Art. 26 Abs. 7 DelVO hat die Compliance-Funktion die Daten von Kundenbeschwerden und deren Abwicklung zu prüfen. Hierdurch soll sichergestellt werden, dass alle Risiken und Probleme ermittelt sowie auch behoben werden. 81

Diese Regelung ergänzt die bereits bestehenden Regelungen aus Art. 22 Abs. 2 d DelVO und den dazu korrespondierenden Regelungen in den MaComp.

Zu den weiteren Aufgaben der Compliance-Funktion zählt nach Art. 27 Abs. 3 S. 1 DelVO, dass sie die Geschäftsleitung in Bezug auf **Vergütungsgrundsätze zu beraten** hat und erst nach dieser Beratung eine Genehmigung dieser Grundsätze durch die Geschäftsleitung erfolgen darf. 82

Dass zu den Aufgaben der Compliance-Funktion Beratungsaufgaben zählen, ist nicht neu (s. Rn. 65 ff.). Neu ist jedoch, dass in der zuvor genannten Norm explizit die Beratung im Zusammenhang mit den Vergütungsgrundsätzen normiert wurde.

Eine weitere Sonderaufgabe kommt der Compliance-Funktion im Bereich von Wertpapiergeschäften im Zusammenhang mit **Finanzanalysten** zu. Art. 37 Abs. 2 b DelVO bestimmt in diesem Zusammenhang, dass Finanzanalysten und alle anderen an der Erstellung von Finanzanalysen **beteiligten relevanten Personen** nur unter außergewöhnlichen Umständen und mit vorheriger Genehmigung eines Mitarbeiters der Rechtsabteilung oder der Compliance-Funktion der Wertpapierfirma ein den aktuellen Empfehlungen zuwiderlaufendes persönliches Geschäft mit den Finanzinstrumenten, auf die sich die Finanzanalyse bezieht, oder damit verbundenen Finanzinstrumenten tätigen dürfen. 83

Boehm

84 Ferner ist die Compliance-Funktion auch in den **Produktfreigabeprozess** mit eingebunden. Gem. § 80 Abs. 13 WpHG hat ein Wertpapierdienstleistungsunternehmen seine Produktfreigabevorkehrungen regelmäßig zu überprüfen, um sicherzustellen, dass diese belastbar und zweckmäßig sind und zur Umsetzung erforderlicher Änderungen geeignete Maßnahmen zu treffen. Es muss hierbei gewährleisten, dass seine Compliance-Funktion die Entwicklung und regelmäßige Überprüfung der Produktfreigabevorkehrungen überwacht und etwaige Risiken, dass Anforderungen an den Produktüberwachungsprozess nicht erfüllt werden, frühzeitig erkennt.

V. Die Verantwortung von Compliance und Geschäftsleitung

85 Trotz seines weiten Aufgabenbereichs, der expliziten Zuweisung von Aufgaben an den Compliance-Beauftragten hinsichtlich der Berichte an die Geschäftsleitung sowie das Aufsichtsorgan und der Einräumung (begrenzter) eigener Anordnungsbefugnisse kann der Compliance-Beauftragte aus aufsichtsrechtlicher Sicht nicht für alle Fehlentwicklungen in einem Wertpapierdienstleistungsunternehmen die Verantwortung tragen. Auch hier gilt der bereits dargestellte Grundsatz der **Verantwortung der Geschäftsleitung**. Die MaComp stellen dies an mehreren Stellen klar. So weist etwa AT 4 MaComp darauf hin, dass die Geschäftsleitung die Verantwortung für die Einhaltung der im WpHG geregelten Pflichten trägt. Alle Geschäftsleiter nach § 1 Abs. 2 KWG sind, unabhängig von der internen Zuständigkeitsregelung im Unternehmen oder im Konzern, für die ordnungsgemäße Geschäftsorganisation und deren Weiterentwicklung verantwortlich. Diese Verantwortung erstreckt sich auch auf ausgelagerte Aktivitäten und Prozesse. Ebenso besteht sie bei einer Delegation von Aufgaben fort. Auch in BT 1.1 MaComp wird mehrfach auf die Gesamtverantwortung der Geschäftsleitung – jetzt speziell auf die Compliance-Funktion bezogen – hingewiesen. So trägt nach BT 1.1 Tz. 1 MaComp (nach wie vor) die Geschäftsleitung die Gesamtverantwortung für die Compliance-Funktion. Bei der Verantwortungszuweisung handelt es sich lediglich um eine **von der Geschäftsleitung abgeleitete Verantwortung,** da die Verantwortung des Compliance-Beauftragten nach BT 1.1 Tz. 2 MaComp nämlich „unbeschadet der Gesamtverantwortung der Geschäftsleitung" besteht. Nach BT 1.1 Tz. 3 ist die Compliance-Funktion ein Instrument der Geschäftsleitung.[51] Die interne Zuständigkeitsverteilung ändert hieran nichts.[52]

VI. Strafrechtliche Verantwortlichkeit des Compliance-Beauftragten/ BGH-Urteil vom 17.7.2009

86 Für ein hohes Maß an Aufmerksamkeit in den Wertpapierdienstleistungsunternehmen hat – darauf wurde bereits hingewiesen (s. Kap. 2.1. Rn. 47 ff.) – das Urteil des BGH vom 17.7.2009 gesorgt.[53] Auch wegen der diesbezüglichen Bewertung in der Literatur und der Diskussion der in diesem Zusammenhang relevanten Thematik der Garantenstellung kann auf die obigen Ausführungen verwiesen werden (s. Kap. 2.1. Rn. 58 ff.).

---

51 Vgl. Hierzu die Parallelvorschrift AT 4.4 Tz. 2 S. 1 MaRisk.
52 *Engelhart* ZIP 2010, 1834.
53 BGH 17.7.2009 – 5 StR 394/08, BKR 2009, 422 = WM 2009, 1882 = NJW 2009, 1867 = ZIP 2009, 1867 = NStZ 2009, 686.

Auch wenn sich die Bundesanstalt für Finanzdienstleistungsaufsicht – vor dem Hintergrund der **Aufgabenstellung der BaFin**[54] – generell **nicht zu strafrechtlichen Sachverhalten** äußert und konsequenterweise das Urteil nicht kommentiert hat, soll doch auf mehrere Punkte hingewiesen werden, die eine WpHG-Relevanz aufweisen können. 87

Zum einen wurden die MaComp, die in BT 1 sowohl die Pflichten als auch den Verantwortungsbereich des Compliance-Beauftragten sehr umfassend und detailliert konkretisieren, erst **nach dem Urteil** und einem Großteil der dieser bewertenden Literatur erlassen. Von daher mögen einige Kritikpunkte wie eine unklare Aufgabenzuweisung oder das fehlende Berufsbild für den Bereich des Compliance-Beauftragten nach WpHG jetzt anders beurteilt werden.

Für Wertpapierdienstleistungsunternehmen besteht – unstrittig[55] – die **Verpflichtung, ein Compliance-System einzurichten**. Die in dem obiter dictum dem Compliance-Beauftragten zugewiesene Aufgabe, erhebliche Nachteile für das Unternehmen „durch Haftungsrisiken oder Ansehensverlust" zu vermeiden, ist als Sinn und Zweck der (gesetzeskonkretisierenden) MaComp – und damit auch einer bei Wertpapierdienstleistungsunternehmen einzurichtenden Compliance-Funktion – explizit verankert worden. 88

Weder Stellung noch Funktion des Compliance-Beauftragten können frei bestimmt werden und sind damit weitgehend arbeitsrechtlichen – die Pflichten reduzierenden – Vereinbarungen entzogen.[56] Gesetzgeber und Wertpapieraufsicht haben **klare Vorstellungen, wie etwa die Wirksamkeit der Compliance-Funktion** sichergestellt werden kann. Hierzu gehören ua die Anforderung von „Fachkenntnissen" bzw. „Sachkunde" sowie der Zuverlässigkeit des Compliance-Beauftragten.

Die Aufgaben des Compliance-Beauftragten sind durch die DelVO und das WpHG iVm den MaComp sehr detailliert geregelt. Dabei wird neben der Kontrolle der **Prävention ein hoher Stellenwert** zugemessen.

Wichtig ist außerdem die Vorgabe hinsichtlich einer klaren **Berichtslinie**, die regelmäßige, aber auch anlassbezogene Unterrichtungen umfasst.

Weder die DelVO noch das WpHG enthält eine umfassende Befugnis des Compliance-Beauftragten, Abhilfemaßnahmen anzuordnen, sondern setzt stattdessen im Wesentlichen auf eine Berichterstattung an die Geschäftsleitung.

Im Einzelnen ist hier noch nicht abzusehen, wie sich die zukünftige Rechtsprechung im Hinblick auf die Strafbarkeit bei Compliance-Beauftragten entwickeln wird. Von besonderem Interesse wird sein, inwieweit die Thematik „Wertpapier-Compliance" und die vorstehend genannten Punkte hier Eingang finden werden. Zwar bestehen mittlerweile eine hohe Regelungsdichte und klare Vorgaben hinsichtlich der Gestaltung einer Compliance-Organisation in Wertpapierdienstleistungsunternehmen. Eine große Bedeutung kommt in diesem Zusammenhang aber auch der **genauen Fixierung** – insbesondere der Aufgaben von Compliance, bei denen die gesetzlichen Regeln Auslegungsspielräume eröffnen – in Organisationshandbüchern und Arbeitsanweisungen zu, um 89

---

54 Zur Aufgabenstellung der BaFin s. etwa Assmann/Schneider/*Döhmel* WpHG § 4 Rn. 1 ff.
55 Vgl. etwa *Schaefer/Baumann* NJW 2011, 3601.
56 *Fecker/Kinzl* CCZ 2010, 13 (15).

das Haftungsrisiko für Compliance-Beauftragte zu mindern.[57] Das gilt gleichermaßen für die Festlegung klarer Kompetenzen des Compliance-Beauftragten.[58] Auch eine aussage- und beweiskräftige **Dokumentation** muss im Hinblick auf die Vermeidung oder Begrenzung von Haftungsrisiken einen hohen Stellenwert einnehmen.[59] Als Resümee wird man gleichwohl festhalten können, dass sich für den Compliance-Beauftragten „durchaus eine neue Gefahrenlage ergeben hat".[60]

Aus wertpapieraufsichtsrechtlicher Sicht interessant, ist ein weiterer Aspekt der BGH-Entscheidung. Zwar werden durch das Urteil die Risiken der Compliance-Beauftragten erhöht, andererseits dürfte damit aber auch eine Aufwertung ihrer Stellung verbunden sein.[61] Konsequenterweise wird deshalb auch eine **organisationsrechtliche Aufwertung** von Compliance – eines der Kernanliegen der MaComp – empfohlen.[62]

---

57 Vgl. *Engelhart* ZIP 2010, 1834; *Hahn* die-bank, 53; *Rolshoven/Hense* BKR 2009, 427; *Mosbacher/Dierlamm* NStZ 2010, 27; s. auch *Hastenrath* CCZ 2011, 33; *Renz/Hense/Wessig/Hugger/Dann* in Renz/Hense I.9 Rn. 19.
58 So auch die Untersuchung von *Hastenrath* CCZ 2011, 33.
59 *Bürkle* CCZ 2010, 8; *Grützner* NJW 2009, Heft 43, Editorial.
60 *F. Held* CCZ 2009, 231.
61 *Thiel von Herff* BB 2009, 1985; s. auch *Hastenrath* CCZ, 34.
62 *Mosbacher/Dierlamm* NStZ 2010, 270; *Hastenrath* CCZ 2011, 33 weist darauf hin, dass es nach dem Urteil „mehrfach zu einer Erhöhung der Vergütung" kam.

Kapitel 3: Vorbemerkungen Kapitalmarktstrafrecht

Literatur: *Bator*, Die Marktmanipulation im Entwurf zum Finanzmarktnovellierungsgesetz – unionsrechtskonform?, BKR 2016, 1; *Becker/Canzler*, Die WpHG-Bußgeldleitlinien der BaFin – Eine Übersicht unter Berücksichtigung erster praktischer Erfahrungen, NZG 2014, 1090; *Bergmann/Vogt*, Lücken im Kapitalmarktstrafrecht – sind seit dem 1. FiMaNoG alle Altfälle straflos?, wistra 2016, 347; *Bloy/Böse/Hillenkamp/Momsen/Rackow*, Gerechte Strafe und legitimes Strafrecht: Festschrift für Manfred Maiwald zum 75. Geburtstag, 2010; *Böse*, Marktmanipulation durch Unterlassen – ein Auslaufmodell?, wistra 2018, 22; *Buck-Heeb*, Kapitalmarktrecht, 10. Aufl. 2019, *Bülte/Müller*, Ahndungslücken im WpHG durch das Erste Finanzmarktnovellierungsgesetz und ihre Folgen, NZG 2017, 205; *Brand/Hotz*, Keine Ahndungslücke bei Insiderhandel und Marktmanipulation, NZG 2017, 238; *Brand/Hotz*, Der „VW-Skandal" unter wirtschaftsstrafrechtlichen Vorzeichen, NZG 2017, 976; *Cahn*, Probleme der Mitteilungs- und Veröffentlichungspflichten nach dem WpHG bei Veränderungen des Stimmrechtsanteils an börsennotierten Gesellschaften, AG 1997, 502; *Claßen/Hegemann*, Das Lamfalussy-Verfahren – Bestandsaufnahme, Bewertung und Ausblick, ZfgK 2003, 1200; *Eggers*, Keine Strafbarkeitslücke bei Marktmanipulation und Insiderhandel, WiJ 2017, 49; *Eggers*, Die Bußgeldleitlinien der BaFin – großer Wurf oder Stolperstein, BB 2015, 651; *Eggers/Gehrmann/Szesny*, Stellungnahme des Arbeitskreises Kapitalmarktstrafrecht der Wirtschaftsstrafrechtlichen Vereinigung (WisteV) zum Entwurf eines Ersten Gesetzes zur Novellierung von Finanzmarktvorschriften auf Grund europäischer Rechtsalte – 1. FiMaNoG, WiJ 2016, 123; *Eichelberger*, Zur Verfassungsmäßigkeit von § 20 a WpHG, ZBB 2004, 296; *Fischhoff*, Hindsight is not equal to foresight: The effect of outcome knowledge on judgment under uncertainty, Journal of Experimental Psychology: Human Perception and Performance 1975, 288; *Fleischer*, Erweiterte Außenhaftung der Organmitglieder im Europäischen Gesellschafts- und Kapitalmarktrecht, ZGR 2004, 437; *Gaede*, Gebotene Sorgfalt bei der europäisierten Strafgesetzgebung – unvermeidliche Ahndungslücke im WpHG?, wistra 2017, 41; *Gehrmann*, Kapitalmarktstrafrecht, wistra 2018, 333; *Gerner-Beuerle*, United in diversity: maximum versus minimum harmonization in EU securities regulation, CMLJ, Volume 7, 317; *Goeckenjan/Oeberst*, Aus Schaden wird man klug? Die Bedeutung des Rückschaufehlers (Hindsight Bias) für die Strafrechtsanwendung, R&P 2016, 27; *Gsell/Herresthal*, Vollharmonisierung im Privatrecht, 2010; *Hammen*, Insiderstrafrecht und Bestimmtheitsgebot – Eine Polemik, ZIS 2014, 303; *Harnos*, Rechtsirrtum über Aufklärungspflichten beim Vertrieb von Finanzinstrumenten, BKR 2009, 316; *Heinrich/Krämer/Mückenberger*, Die neuen WpHG-Bußgeldleitlinien der BaFin – kritische Betrachtungen und europäische Perspektiven, ZIP 2014, 1557; *Hupka*, Kapitalmarktaufsicht im Wandel – Rechtswirkungen der Empfehlungen des Committee of European Securities Regulators (CESR) im deutschen Kapitalmarktrecht, WM 2009, 1351; *Just/Voß/Ritz/Becker*, Wertpapierhandelsgesetz, 2015; *Kiesewetter/Parmentier*, Verschärfung des Marktmissbrauchsrechts - ein Überblick über die neue EU-Verordnung über Insidergeschäfte und Marktmanipulation, BB 2013, 2371; *Klöhn*, Marktmissbrauchsverordnung, 2018; *Klöhn*, Die (Ir-)Relevanz der Wissenszurechnung im neuen Recht der Ad-hoc-Publizität und des Insiderhandelsverbots, NZG 2017, 1285; *Klöhn/Büttner*, Generalamnestie im Kapitalmarktrecht?, ZIP 2016, 1801; *Langheld*, Vielsprachige Normenverbindlichkeit im Europäischen Strafrecht, 2016; *Lienert*, Bestimmtheit und Fehleranfälligkeit von Blankettverweisungen auf europäisches Recht im Marktmissbrauchsrecht – zugl. Anm. zu BGH HRRS 2017 Nr. 190, HRRS 2017, 265; *Lindemann/Hehr*, Die „Business Judgement Rule" (§ 93 Abs. 1 S. 2 AktG) – Vorbild für die zivil- und strafrechtliche Arzthaftung?, CCZ 2018, 2; *Lorenz/Zierden*, Kleine Ursache, große Wirkung – 1. FiMaNoG eliminiert Strafbarkeit nach WpHG, HRRS 2016, 443; *Meyer*, Die Lissabon-Entscheidung des BVerfG und das Strafrecht, NStZ 2009, 657; *Meyer/Veil/Rönnau*, Handbuch zum Marktmissbrauchsrecht, 2018; *Mock/Stüber*, Das neue Wertpapierhandelsrecht, 2018; *Möllers*, Europäische Gesetzgebungslücke 2.0: Die dynamische Rechtsharmonisierung im Kapitalmarktrecht am Beispiel von MiFID II und PRIIP, ZEuP 2016, 325; *Mülbert*, Regulierungstsunami im europäischen Lapitalmarktrecht, RegZHR 176 (2012), 369; *Nartowska/Walla*, Anmerkungen und Fortentwicklungsbedarf aus Sicht der Praxis, NZG 2015, 977; *Neumann/Ogorek*, Reichweite und verfassungsrechtliche Grenzen der Veröffentlichungs- und Mitteilungspflichten des § 23 Abs. 2 S. 1 Alt. 1 WpÜG bei fehlendem Kontrollerwerb, BB 2010, 1297; *Oechsler*, Acting in Concert beim Aktienerwerb (§ 30 Abs. 2 WpÜG), ZIP 2011, 449; *Ott/Klein*, Hindsight Bias bei der Vorstandshaftung wegen Compliance-Verstößen, AG 2017, 218; *Papachristou*, Die strafrechtliche Behandlung von Börsen- und Marktpreismanipulationen, 2006; *Parmentier*,

Die Entwicklung des europäischen Kapitalmarktrechts 2014-2015, EuZW 2016, 45; *Pauka/ Link/Armenat*, Eine vergebene Chance – die strafrechtlichen Neuregelungen durch das 2. FiMaNoG, WM 2017, 2092; *Poeltzig*, Durchsetzung und Sanktionierung des neuen Marktmissbrauchsrechts, NZG 2016, 492; *Renz/Leibold*, Die neuen strafrechtlichen Sanktionsregelungen im Kapitalmarktrecht, CCZ 2016, 157; *Risse*, Der Homo iuridicus – ein gefährliches Trugbild – Wie Heuristiken richterliche Entscheidungen beeinflussen, NJW 2018, 2848; *Rossi*, Blankettstrafnormen als besondere Herausforderung an die Gesetzgebung - Amnesie als Folge des zu frühen Inkrafttretens des 1. FiMaNoG, ZIP 2016, 2347; *Rossi*, Keine Ahndungslücke bei Insiderhandel und Marktmanipulation, NJW 2017, 966; *Rothenfußer*, Generalamnestie im Kapitalmarktrecht?, Börsen-Zeitung, Ausgabe 128 vom 7.7.2016; *Rothenfußer/Jäger*, Generalamnestie im Kapitalmarktrecht durch das Erste Finanzmarktnovellierungsgesetz, NJW 2016, 2689; *Rotsch* „Neutrale Beihilfe" – Zur Fallbearbeitung im Gutachten, Jura 2004, 14; *Rubner/Leuering*, Ahndungslücke im Kapitalmarktrecht?, NJW-Spezial 2016, 655; *Sajnovits/Wagner*, Marktmanipulation durch Unterlassen? – Untersuchung der Rechtslage unter MAR und FiMaNoG sowie deren Konsequenz für Alt-Taten, WM 2017, 1189; *Saliger*, Straflosigkeit unterlassener Ad-hoc-Veröffentlichungen nach dem 1. FiMaNoG? – Teil I –, WM 2017, 2329; *Samson/Schillhorn*, Beihilfe zur Steuerhinterziehung durch anonymisierten Kapitaltransfer?, wistra 2001, 1; *Satzger*, Die Internationalisierung des Strafrechts als Herausforderung für den strafrechtlichen Bestimmtheitsgrundsatz, JuS 2004, 943; *Schmitz*, Der strafrechtliche Schutz des Kapitalmarkts in Europa, ZStW 115 (2003), 501; *Schemmel/Kirch-Heim*, „Willful Blindness" im Wirtschaftsstrafrecht – Kann gewollte Unwissenheit vor Strafe schützen?, CCZ 2008, 96; *Schmieszek/ Langner*, Der Pranger: Instrument moderner Finanz- und Wirtschaftsregulierung?, WM 2014, 1893; *Schmolke*, Das Verbot der Marktmanipulation nach dem neuen Marktmissbrauchsregime, AG 2016, 434; *Schork/Reichling*, Neues Strafrecht aus Brüssel? - Europäische Kommission forciert Verschärfung des Kapitalmarktstrafrechts und Einführung eines Unternehmensstrafrechts, StraFo 2012, 125; *Schürnbrand*, Wider den Verzicht auf die gespaltene Auslegung im Kapitalmarktrecht, NZG 2011, 1213; *Schützendübel*, Die Bezugnahme auf EU-Verordnungen in Blankettstrafgesetzen, 2012; *Schwarze/Becker/Hatje/Schoo*, EU-Kommentar, 4. Aufl. 2019; *Seibt/Wollenschläger*, Revision des Marktmissbrauchsrechts durch Marktmissbrauchsverordnung und Richtlinie über strafrechtliche Sanktionen für Marktmanipulation, AG 2014, 593; *Simons*, Gesetzgebungskunst, AG 2016, 651; *Streinz*, EUV/AEUV, 3. Aufl. 2018; *Szesny*, Doch keine Strafbarkeitslücke im Marktmissbrauchsrecht? – Anmerkung zum BGH-Beschluss vom 10.1.2017 – 5 StR 532/16, BB 2017, 515; *Teigelack/Dolff*, Kapitalmarktrechtliche Sanktionen nach dem Regierungsentwurf eines Ersten Finanzmarktnovellierungsgesetzes – 1. FimanoG, BB 2016, 387; *Veil/Koch*, Auf dem Weg zu einem Europäischen Kapitalmarktrecht: die Vorschläge der Kommission zur Neuregelung des Marktmissbrauchs, WM 2011, 2297; *von Buttlar*, Directors' Dealings: Änderungsbedarf aufgrund der Marktmissbrauchsrichtlinie, BB 2003, 2133; *Weber*, Die Entwicklung des Kapitalmarktrechts 2018/2019, NJW 2019, 968; *Ziouvas*, Das neue Recht gegen Kurs- und Marktpreismanipulation im 4. Finanzmarktförderungsgesetz, ZGR 2003, 113.

I. Europarechtliche Harmonisierung kapitalmarktstrafrechtlicher Vorschriften 1	VI. Bestimmung des anwendbaren Rechts und Strafbarkeitslücken im Kapitalmarktstrafrecht 22
II. Blankettcharakter kapitalmarktstrafrechtlicher Normen 6	VII. Kausalität und Zurechnung im Kapitalmarktstrafrecht 24
III. Auslegungsregime kapitalmarktrechtlicher Bezugsnormen 9	VIII. Vorsatz im Kapitalmarktstrafrecht 29
IV. Verhältnis der Ermittlungsregime Strafrecht und Aufsichtsrecht zueinander 10	IX. Fahrlässigkeit im Kapitalmarktstrafrecht 34
V. Verfolgungspraxis von Ordnungswidrigkeiten und Straftaten im Kapitalmarktstrafrecht ... 18	X. Bemessung von Sanktionen im Kapitalmarktstrafrecht 37

Kap. 3: Vorbemerkungen Kapitalmarktstrafrecht

I. Europarechtliche Harmonisierung kapitalmarktstrafrechtlicher Vorschriften

Der **legislative Aktionismus** im Kapitalmarkt(straf)recht sowohl auf europäischer als auch auf nationaler Ebene ist bemerkenswert. Dabei wird man konstatieren können, dass das europäische und nationale Bank- und Kapitalmarktstrafrecht die Rechtsanwender zunehmend überfordert. Dies liegt zum einen an der Geschwindigkeit, mit der das Kapitalmarktrecht – und damit der Bezugsrahmen des Kapitalmarktstrafrechts – inzwischen mehrmals im Jahr überarbeitet und novelliert wird.[1] Begriffe wie „hyperaktiver Gesetzgeber" und „Regulierungstsunami"[2] fallen in der Diskussion. Dieser Aktivismus beeinträchtigt die Rechtssicherheit, weil viele Vorschriften nur eine kurze Halbwertzeit haben und sich nur bedingt verlässliche Rechtsprechung zu den kapitalmarktrechtlichen Vorschriften entwickeln kann.[3] Dies stellt die Praxis zudem auch deshalb vor besondere Herausforderungen, als das Europäische Recht im Lichte einer jeden Sprachfassung ausgelegt werden muss und die unterschiedlichen Übersetzungen von Richtlinien und Verordnungen nicht immer stimmig sind.[4]

1

Das Kapitalmarktrecht selbst wird immer komplexer, was nicht zuletzt an der Art der Rechtssetzung[5] durch das sog Lamfalussy-Verfahren liegt.[6] Die Internalisierung europäischen Rechts erfolgt über eine zunehmende Konsolidierung, Verzahnung und gegenseitige Bezugnahme der verschiedenen Rechtsakte, sei es bei Begriffsbestimmungen oder im Anwendungsbereich.[7] Schwierigkeiten bereitet die **erforderliche Abstimmung von europäischem und nationalem Recht**. In der weiter zurückliegenden Vergangenheit war diese Abstimmung durch eine sog Mindestharmonisierung geprägt, die es den Mitgliedstaaten erlaubte, strengeres nationales Recht zugunsten des Verbrauchers oder Anlegers zu schaffen oder beizubehalten.[8] Zudem wurden als Harmonisierungsmaßnahmen regelmäßig Richtlinien gewählt, die es wiederum dem Mitgliedstaat überließen, an welcher Stelle einer Kodifikation das europäische Recht umgesetzt wurde.[9] Außerhalb einer Vollharmonisierung dürfen die nationalen Gesetzgeber bei der Umsetzung der Richtlinie strengere Vorgaben festlegen.[10] Inzwi-

2

---

1 KölnKommWpHG/*Hirte/Möllers* Vorwort; *Möllers* ZEuP 2016, 325 (330).
2 *Mülbert* ZHR 176 (2012), 369 ff.
3 *Möllers* ZEuP 2016, 325 (330).
4 *Langheld* S. 95 ff.
5 Art. 290, 291 AEUV; Ratsbeschluss 1999/468/EG v. 28.6.1999 zur Festlegung der Modalitäten für die Ausübung der der Kommission übertragenen Durchführungsbefugnisse, ABl. 1999 L 184, 23.
6 Es handelt sich dabei um ein spezielles Rechtsetzungs- und Rechtumsetzungsverfahren, das zur zeitnahen Umsetzung des FSAP (Financial Services Action Plan) geschaffen wurde. Es basiert auf dem europäischen Komitologieverfahren und soll der Trägheit des klassischen Rechtsetzungsverfahrens auf EG-Ebene beggenen. Vgl. im Einzelnen *Klöhn* Einl. Rn. 32ff.; *Schmitz* ZStW 115 (2003), 501 (511 ff.); *Papachristou* S. 106 ff.; *Ziouvas* ZGR 2003, 113 (115 f.); *von Buttlar* BB 2003, 2133 (2134 f.); *Claßen/Hegemann* ZfgK 2003, 1220 ff.; Einwände einer demokratischen Legitimation des Komitologieverfahrens hat etwa *Hupka* WM 2009, 1351 (1353).
7 *Parmentier* EuZW 2016, 45 (51).
8 *Böse*, in: Schwarze/Becker/Hatje/Schoo, EU-Kommentar, AEUV Art. 83 Rn. 29; Zu den Methoden der Rechtsangleichung *Streinz, Streinz,* EUV/AEUV, 3. Aufl. (2018) Art. 95 EGV Rn. 38ff
9 *Schwarze/Böse* AEUV Art. 83 Rn. 29.
10 *Streinz* EGV Art. 95 Rn. 38ff.

schen findet allerdings eine vorsichtige Nivellierung dieser Entwicklung statt, indem in immer stärkerem Maße von einer Mindest- zu einer **Vollharmonisierung** übergegangen wird.[11] Der nationale Gesetzgeber hat kaum Raum für nationalindividuelle Abweichungen, sondern ist nach oben wie nach unten an den europarechtlich gesetzten Standard gebunden.

3 Paradigmatisch dafür mag der Ruf der von der Europäischen Kommission eingesetzten Expertengruppe um *de Larosière* schon Anfang 2009 gelten, wonach „zwischen den Geldbußen, die im Wettbewerbsbereich verhängt werden können und den Strafen für Finanzbetrug [...] ein augenfälliger Unterschied"[12] bestehe. Die hieraus abgeleitete **Forderung nach wirkungsvollen, einheitlichen und abschreckenden Sanktionen** in allen Mitgliedstaaten hat der europäische Gesetzgeber aufgenommen, etwa für das neue Marktmissbrauchsrecht. Die VO (EG) Nr. 596/2014 über Marktmissbrauch (MAR) – in Übereinstimmung mit anderen europäischen kapitalmarktrechtlichen Rechtsakten – detaillierte und strenge Vorgaben für die Durchsetzung und Sanktionierung des Marktmissbrauchsrechts in den einzelnen Mitgliedstaaten und die CRIM-MAD[13] bestimmtnnnbitte Teilsatz prüfennnn, dass vorsätzliche und schwerwiegende Marktmanipulationen und Insiderhandel strafrechtlich geahndet werden.[14] Zur Konkretisierung der MAR wurden bisher sechs Durchführungsverordnungen und sieben delegierte Verordnungen verabschiedet.[15] Auch sie sind sämtlich unmittelbar anwendbar (vgl. § 288 Abs. 3 AEUV). Weiter wurde eine Durchführungsrichtlinie erlassen.[16] Auf nationaler Ebene knüpften daran insbesondere das seit dem 3.7.2016 geltende 1. FiMaNoG und das größtenteils seit dem 3.1.2018 geltende 2. FiMaNoG an, die zahlreiche Anpassungen an europäische Rechtsakte vornahmen.[17] Dabei brachte das 2. FiMaNoG kapitalmarktstrafrechtlich im Wesentlichen eine Neunummerierung des WpHG mit nur wenigen inhaltlichen Änderungen. Diese Neunummerierung wird zunächst sicherlich noch eine Weile zu einer erheblichen Verunsicherung führen[18] und ist mit dem Risiko von Verweisungsfehlern verbunden, so zB in § 7 Abs. 1 WpHG.

---

11 *Möllers* ZEuP 2016, 325 (331); Gsell/Herresthal/*Möllers*, 247 ff.; *Gerner-Beuerle*, (2012) 7 CMLJ, 317 ff. (Capital Markets Law Journal).
12 Report of the High-Level Group on Financial Supervision in the EU chaired by Jacques de Larosière (nachfolgend: de Larosière-Bericht) vom 25.2.2009, Empfehlung 6 Rn. 83 (abrufbar unter http://ec.europa.eu/finance/general-policy/docs/de_larosiere_report_de.pdf, zuletzt abgerufen: 23.12.2018).
13 RL 2014/57/EU, strafrechtliche Sanktionen bei Marktmanipulation. Durch sie wurde erstmals von der strafrechtlichen Annexkompetenz nach Art. 83 Abs. 2 AEUV Gebrauch gemacht. Vgl. insoweit Europäische Kommission – Pressemitteilung v. 20.10.2011 „Insider-Geschäfte und Marktmanipulation: Europäische Kommission fordert strafrechtliche Sanktionen zur Abschreckung und zur Verbesserung der Marktintegrität", IP/11/1218, abrufbar unter http://europa.eu/rapid/press-release_IP-11-1218_de.htm (zuletzt abgerufen am 3.3.2019).
14 *Poeltzig* NZG 2016, 492 f.
15 Übersicht bei Klöhn/*Klöhn* MAR Einl. Rn. 52.
16 Vgl. Klöhn/*Klöhn* MAR Einl. Rn. 52.
17 Vgl. zu den Veränderungen im Einzelnen *Renz/Leibold* CCZ 2016, 157ff. für das 1. FiMaNoG und Meyer/Veil/Rönnau/*Brinckmann* zum 2. FiMaNoG.
18 Wohingegen die Neusortierung nach der Begründung des Regierungsentwurfs (BT-Drs. 8/10936, S. 3) die Übersichtlichkeit des WpHG verbessern soll. Kritisch dazu bereits *Mock/Stüber* Einf. Rn. 14.

Daneben erfolgt eine Koordination der nationalen Aufsichtsbehörden durch die ESMA, die eigene Leitlinien verfasst,[19] die in der Praxis eine erhebliche Bedeutung haben.[20] All dies erleichtert die nationale Rechtsanwendung nicht gerade.

Diese Bemühungen zu einer europarechtlichen **Harmonisierung sind gleichwohl grds. zu begrüßen**, da sowohl dem Bürger als auch den am Kapitalmarkt tätigen Unternehmen ein höheres Maß an Rechtssicherheit gerade im europäischen Ausland geboten wird. Diese dürfen sich in Zukunft darauf verlassen, dass die kapitalmarktrechtlichen Regelungen in allen Mitgliedstaaten im Wesentlichen gleich ausgelegt und durchgesetzt werden.[21] Die Notwendigkeit einer Harmonisierung ergab sich insbesondere aus in den EU-Mitgliedstaaten höchst unterschiedlichen und teilweise unzureichenden Sanktionsregimen und einer nicht einheitlichen Verwendung von Schlüsselbegriffen.[22] Die an die europäische Rechtssetzung anknüpfende **nationalstaatliche Umsetzung** allerdings ist eine dauerhafte und immer wieder gefährdete Aufgabe, die den einfachen Gesetzgeber oftmals an seiner Grenzen bringt und es nimmt nicht Wunder, wenn neue Regierungsentwürfe nicht stimmige Normverweise oder systematische Ungereimtheiten aufweisen.[23]

4

Man mag darin den Beginn eines Europäischen Kriminalstrafrechts beklagen,[24] dessen Rechtmäßigkeit mit Blick auf die darin liegenden Einschränkungen nationalstaatlicher Souveränität auch tatsächlich bezweifelt werden mag.[25] Als Realbefund wird man diese Tendenz zur Harmonisierung jedoch anerkennen müssen.[26]

5

---

19 Vgl. *Frank,* S. 199 ff.; zur Rechtswirkung von den ESMA-Regelungen vorhergehenden CESR-Empfehlungen vgl. *Hupka* WM 2009, 1351 (1357 f.).
20 Vgl. 16 Abs. 1 ESMA-VO. Zur Bedeutung der Leitlinien: *Poelzig* NZG 2016, 528 (529).
21 *Eggers/Gehrmann/Szesny* WiJ 2016, 123ff.
22 Erwägungsgrund (3) und (70) MAR. Bereits: EU-Kommission, „Auf dem Weg zu einer europäischen Strafrechtspolitik: Gewährleistung der wirksamen Durchführung der EU-Politik durch das Strafrecht", Mitteilung v. 20.9.2011 KOM (2011) 573.
23 Vgl. nur beispielhaft das Aufzeigen von Fehlverweisen bei *Eggers/Gehrmann/Szesny* WiJ 2016, 123ff. und *Teigelack/Dolff* BB 2016, 387 (392).
24 So wohl *Veil/Koch* WM 2011, 2297 (2298).
25 Eine rechtmäßige Kompetenzübertragung der EU-Vertragsstaaten zum Erlass von Kriminalstrafrecht zum Schutz der finanziellen Interessen der Union kritisch sehend: *Schröder* in FS Achenbach S. 491 (495); *Schröder* KapitalmarktStrR Rn. 714 f „neuer Tiefpunkt der Europäisierung"; argumentativ ähnlich: *ders.* in: Europa in der Finanzfalle: Irrwege internationaler Rechtsangleichung, 2012, S. 92 ff.; vgl. insoweit BVerfG 30.6.2009 – 2 BvE 2/08 zur Vereinbarkeit der Zuständigkeitsübertragungen im Vertrag von Lissabon mit dem Grundgesetz; kritisch dazu *Meyer* NStZ 2009, 657 (660 f.). In Betracht käme im Einzelfall ein Vorabentscheidungsersuchen an den Gerichtshof der Europäischen Union (EuGH) gemäß Art. 267 AEUV, dazu: Assmann/Schneider/Mülbert/*Vogel* WpHG Vor § 20 a Rn. 18
26 Vgl. insoweit die erfolglos erhobene Subsidiaritätsrüge (Art. 12 lit. b EUV) des Bundesrats, BR-Drs. 646/11 v. 16.12.2011, BR-Drs. 646/1, 11; vgl. zuvor Mitteilung des Bundesrats an die Europäische Kommission, BR-Drs. 582/11; *Seibt/Wollenschläger* AG 2014, 593 (595); *Kiesewetter/Parmentier* BB 2013, 2371 (2378, Fn. 153); *Schork/Reichling* StraFo 2012, 125 (128).

II. Blankettcharakter kapitalmarktstrafrechtlicher Normen

6 Die Straf- und Ordnungswidrigkeitentatbestände des Kapitalmarktrechts sind überwiegend als äußerst komplexe Blanketttatbestände ausgestaltet. Dies kann im Einzelfall mit Blick auf die Grundsätze der **Normenbestimmtheit und der Normenklarheit**[27] problematisch sein, weil sich für den Normadressaten teilweise nur sehr schwer bestimmen lässt, welches Verhalten straf- oder bußgeldbewehrt ist.[28] Der Prüfvorgang wird durch eine komplexe Verweisungskette fehleranfällig. Gerade in Eilfällen besteht eine gesteigerte Gefahr von Fehlentscheidungen der Verwaltung und der eingeschalteten Gerichte.[29] Ein Verweis auf eine europarechtliche Verbotsnorm ist im Rahmen der Prüfung der materiellen Strafbarkeit oder der Ordnungswidrigkeiten bei blankettartigen Sanktionsnormen zwar grds. als verfassungsrechtlich mit dem Bestimmtheitsgrundsatz vereinbar zu bewerten.[30] Entscheidend bleibt aber der Einzelfall.

7 Die **Anforderungen** an Klarheit und **Bestimmtheit** sind für Straf- und Bußgeldnormen höher als für reine Verwaltungsgesetze. Letztere unterliegen lediglich dem allgemeinen Bestimmtheitsgebot,[31] während erstere den strengeren Anforderungen des Art. 103 Abs. 2 GG genügen müssen.[32] Gegen das Gebot der Normenklarheit verstoßen Regelungen, bei denen es allein Experten möglich ist, sämtliche Eingriffsvoraussetzungen mit vertretbarem Aufwand zu erkennen.[33] Eine unübersichtliche Verweisungstechnik kann mit Blick auf die Normenklarheit verfassungsrechtlich unzulässig sein.[34] Aus diesem Grund mag es für **einzelne Tatbestände** des Kapitalmarktsanktionsrechts – je nach in Bezug genommener Verweisungsnorm – an einer hinreichenden Normenklarheit fehlen.[35] Dies muss bei der Anwendung der einzelnen Tatbestände beachtet werden.[36] Dabei wird zu berücksichtigen sein, ob im Einzelfall bereits konkretisierende Rechtsprechung existiert. In diesem Zusammenhang soll auch von Belang sein, über welchen Erfahrungshintergrund die ins Auge gefassten Normadressaten typischerweise verfügen.[37] Damit findet aber für ein Jedermanndelikt (insbesondere gedacht ist hier an §§ 119, 120 39 WpHG) eine **Subjektivie-**

---

27 Zu den Begriffen: BVerfG 26.7.2005 – 1 BvR 782/94 u. 1 BvR 957/96, NJW 2005, 2363 (2371).
28 Hierzu instruktiv *Hammen* ZIS 2014, 303 ff.
29 BVerfG 3.3.2004 – 1 BvF 3/92, Juris Rn. 132.
30 *Schützendübel* S. 53 ff. und 264 ff. mwN; *Renz/Leibold* CCZ 2016, 157 (158).
31 BVerfG 26.9.1978 – 1 BvR 525/77, NJW 1978, 2446 (2447).
32 BVerfG 22.6.1988 – 2 BvR 234/87, 2 BvR 1154/86, NJW 1989, 1663 (1663 f.); Bedenken hinsichtlich der Bestimmtheit dynamischer Verweise auf verwaltungsrechtliche Bezugsnormen (wenngleich außerhalb des Kapitalmarktstrafrechts) anmeldend: NK-StGB/*Ransiek* StGB § 324 Rn. 18 f; ausführlich zum Problem: *Bülte/Müller* NZG 2017, 205 (209)
33 BVerfG 3.3.2004 – 1 BvF 3/92, Juris Rn. 134.
34 BVerfG 12.10.2010 – 2 BvL 59/06, Juris Rn. 69; *Satzger* JuS 2004, 943 ff.
35 Für die Verfassungswidrigkeit des § 38 WpHG aF insgesamt allerdings: KölnKomm WpHG/*Altenhain* WpHG § 38 aF Rn. 2.
36 Dies mahnt etwa auch das Bundesverfassungsgericht in einer Entscheidung zu § 370 Abs. 1 AO (BVerfG 23.7.2009 – 2 BvR 542/09) an, soweit er auf § 6 a UStG verwies, der auch nicht komplexer ist als die Verweisungstatbestände im Rahmen des § 120 WpHG.
37 BVerfG 21.6.1977 – 2 BvR 308/77, Juris Rn. 37; BVerfG 10.3.2009 – 2 BvR 1980/07 (schadensgleiche Vermögensgefährdung), NJW 2009, 2370 (2371), beispielsweise für § 20 a WpHG a.F.: BGH 6.11.2003 – 1 StR 24/03, Juris Rn. 29; Assmann/Schütze/*Worms* § 9 Rn. 97; *Eichelberger* ZBB 2004, 296 (298); Fuchs/*Fleischer* WpHG § 20 a

rung des **Bestimmtheitsgebots** statt, die dazu führt, dass eine Frage, die klassischerweise für die Frage des Vorliegens eines Unrechtsbewusstseins und damit der Schuld relevant ist, nun für die Frage der Verfassungsgemäßheit des objektiven Tatbestandes Bedeutung haben soll.[38]

Bemerkenswert ist insoweit, dass sogar dem **Gesetzgeber selbst** angesichts der Komplexität der kapitalmarktrechtlichen Straf- und Ordnungswidrigkeitenvorschriften in neuerer Zeit gleich mehrere offensichtliche konzeptionelle Fehler unterlaufen sind,[39] wie etwa mit der durch den Gesetzgeber wohl versehentlich erfolgte Abschaffung der Sanktionierung des Scalpings noch im Regierungsentwurf zum 1. FinMaNoG.[40]

III. Auslegungsregime kapitalmarktrechtlicher Bezugsnormen

Zweifelhaft ist weiter, ob für die Auslegung der jeweiligen Bezugsnorm im „bloßen" Kapitalmarktrecht dieselben **Maßstäbe** angewandt werden können, wie im Straf- bzw. Ordnungswidrigkeitenrecht für die Beurteilung der Straf- bzw. Ordnungswidrigkeit.[41] Straf- und bußgeldrechtlich ist insbesondere das Analogieverbot (Art. 103 Abs. 2 GG, § 3 OWiG, § 1 StGB) zu beachten, das rein aufsichtsrechtlich nicht gilt. Deshalb wird teilweise eine sog gespaltene Auslegung[42] befürwortet, die beide Auslegungsweisen parallel verwendet, je nachdem, ob der Adressat verwaltungsrechtlich oder straf-/bußgeldrechtlich betroffen ist. Für eine synchrone Auslegung[43] allerdings, unter Ägide des strengeren straf- bzw. ordnungswidrigkeitenrechtlichen Maßstabs, streitet dabei die Tatsache, dass eine gespaltene Auslegung über § 823 Abs. 2 BGB de facto eine richterrechtliche Ausweitung der Strafnorm bedeuten würde, die die Grenzen des Parlamentsvorbehalts verließe.[44] Dies gilt allerdings nur, soweit die verwaltungsrechtliche Norm eine Bußgeld- oder Strafnorm ausfüllt.[45] Vom straf- bzw. bußgeldrechtlichen Auslegungsmaßstab unberührt bleibt daher die Möglichkeit der Verwaltungsbehörde, den Rechtsverstoß festzustellen, einen auf-

---

aF Rn. 138. Im internationalen Kontext: EGMR 6.10.2011 – 50425/06 (Affaire Soros c. France), NJW-RR 2012, 1502.
38 Vgl. *Hammen* ZIS 2014, 303 (307).
39 Fuchs/*Waßmer* WpHG § 39 aF Rn. 8 mwN; zusätzlich: bis 2012 bestehende Leerverweise auf erst später eingeführte Normen, etwa den inzwischen wieder aufgehobenen § 30 i WpHG (§ 30 Abs. 2 Nr. 2 lit. m WpHG); aus neuerer Zeit brisant: der Gesetzgeber hat mit dem 1. FiMaNoG aus Juli 2016 versehentlich eine Generalamnestie für den Tatbestand der Marktmanipulation geschaffen (aA aber unzutreffend: BGH 5 StR 532/16), die er so nicht beabsichtigt hatte und die im Regierungsentwurf zum 2. FiMaNoG aus Dezember 2016 wieder zu revidieren sucht. Zur Regelungslücke vgl. insbes. *Rossi* ZIP 2016, 2347ff. und *Gaede* wistra 02/2017.
40 Vgl. Stellungnahme des AK Kapitalmarktstrafrecht der WisteV v. 14.4.2016, www.wistev.de (zuletzt abgerufen am: 25.6.2019).
41 Zum Problem: *Buck-Heeb* Rn. 42; *Neumann/Ogorek* BB 2010, 1297 ff.
42 *Buck-Heeb* Rn. 42 unter Verweis auf: *Cahn* AG 1997, 502 (503); *Oechsler* ZIP 2011, 449 (452) für § 30 Abs. 2 WpÜG; für eine gespaltene Auslegung auch: *Schürnbrand* NZG 2011, 1213 ff.
43 Assmann/Schneider/*Assmann* WpHG Einl. Rn. 95; Schwark/Zimmer/*Schwark* KMRK WpHG § 21 Rn. 13.
44 Auch der BGH hat der gespaltenen Auslegung eine Absage erteilt: BGH 18.9.2006 – II ZR 137/05, Juris Rn. 41 und BGH 19.7.2011 – II ZR 246/09, Juris Rn. 33; zur Grenze richterlicher Rechtsfortbildung siehe BVerfG 16.6.2012 – 1 BvR 127/10.
45 BVerfG 5.4.2006 – 1 BvR 2780/04, Juris Rn. 23.

sichtsrechtlichen Verwaltungsakt zu erlassen und diesen notfalls mit Verwaltungszwang durchzusetzen.[46]

IV. Verhältnis der Ermittlungsregime Strafrecht und Aufsichtsrecht zueinander

10 Trifft eine Straftat tateinheitlich mit einer Ordnungswidrigkeit zusammen, ist nur das Strafgesetz anzuwenden, § 21 Abs. 1 S. 1 OWiG. Praktischer Hauptfall dieses **Subsidiaritätsgrundsatzes** dürfte im Kapitalmarktstrafrecht das Zusammentreffen einer Straftat nach § 119 Abs. 1 mit einer Ordnungswidrigkeit nach § 120 Abs. 3 Nr. 1 (Insidergeschäfte) oder Abs. 15 (Marktmanipulation) WpHG sein.[47] Allerdings lebt die Ordnungswidrigkeit gemäß § 21 Abs. 2 OWiG wieder auf, wenn keine Strafe verhängt wird, also wenn das Strafverfahren beendet wird, ohne dass es zu einer Sachentscheidung kommt.[48] Dies ist insbesondere der Fall, wenn es nach § 170 Abs. 2 StPO oder gem. §§ 153, 153 b oder 154 StPO eingestellt wird.[49] Hingegen ist eine Verfolgung der Ordnungswidrigkeit bei einer Einstellung des Strafverfahrens gem. § 153 a Abs. 1 S. 4 StPO nicht mehr möglich.[50]

11 Verfolgung und Ahndung von **Kapitalmarktordnungswidrigkeiten** werden eigenverantwortlich von der **BaFin** geführt, § 121 WpHG iVm § 36 Abs. 1 Nr. 1 OWiG. Ihr obliegt die selbstständige und unabhängige Ermittlungstätigkeit mit weitreichenden Befugnissen.[51] Gleichzeitig trifft die BaFin die Entscheidung über die Sanktionierung einer von ihr ermittelten Ordnungswidrigkeit (Verfahrenseinstellung, Festsetzung einer Geldbuße und Entscheidung über etwaige Nebenfolgen) nach pflichtgemäßen Ermessen (vgl. § 47 Abs. 1 OWiG).[52]

Trifft die Verfolgung einer Wertpapierhandelsordnungswidrigkeit mit einer Straftat zusammen,[53] liegt die **primäre Zuständigkeit** bei der **Staatsanwaltschaft**. Diese ist dann auch für die Ausermittlung der Ordnungswidrigkeit zuständig.[54] Nach § 11 S. 1 WpHG hat die Bafin Tatsachen, die den Verdacht einer Straftat nach § 119 begründen, der zuständigen Staatsanwaltschaft unverzüglich anzuzeigen. Die Ahndung der Ordnungswidrigkeit erfolgt in diesen Fällen durch das Gericht, § 45 OWiG. Die Bafin kann daneben weiterhin eigenständige Ermittlungen durchführen, soweit eine Gefährdung des staatsan-

---

46 BVerwG 11.3.198 – 6C 12/97, Juris Rn. 34; ebenso: *Schürnbrand* NZG 2011, 1213 (1215).
47 So schon zum alten Recht: Assmann/Schneider/*Vogel* WpHG § 39 aF Rn. 83; Fuchs/*Waßmer* WpHG § 39 aF Rn. 99.
48 Göhler/*Gürtler* OWiG § 21 Rn. 27.
49 BGH 19.12.1995 – KRB 32/95, NJWE-WettbR 1996, 140 (141 f.); BayObLG 28.1.2004 – 1 ObOWi 540/02, NStZ-RR 2004, 306 (307), Göhler/*Gürtler* OWiG § 21 Rn. 27; a.A.: OLG Frankfurt aM 4.5.1995 – 11 Ws (Kart) 2/95, StV 1997, 344; KK-OWiG/*Mitsch* OWiG § 21 Rn. 31. Erst recht hat ein Freispruch Rechtskraftwirkung auch hinsichtlich der Ordnungswidrigkeit hat, §§ 82, 84 Abs. 1 OWiG.
50 KK-OWiG/*Mitsch* OWiG § 21 Rn. 32; Göhler/*Gürtler* OWiG § 21 Rn. 27.
51 Fuchs/*Waßmer* WpHG § 40 aF Rn. 4.
52 Wobei sie an die allgemeinen Grenzen der Ermessensausübung und insbesondere an den Gleichbehandlungsgrundsatz gebunden *ist*, vgl. Erbs/Kohlhaas/*Wehowsky* WpHG § 39 Rn. 86.
53 Göhler/*König* OWiG § 41 Rn. 3; KK-OWiG/*Lampe* OWiG § 42 Rn. 1.
54 Fuchs/*Waßmer* WpHG § 40 aF Rn. 5.

waltschaftlichen (oder gerichtlichen) Untersuchungszwecks nicht zu besorgen ist (§ 11 S. 4 WpHG).

Nach § 42 OWiG besteht darüber hinaus ein **Evokationsrecht der Staatsanwaltschaft**, wenn sie eine Straftat verfolgt, die mit der Ordnungswidrigkeit zusammenhängt. Im Unterschied zum Zusammen*treffen* ist ein Zusammen*hängen* auch ohne Tatidentität zwischen Straftat und Ordnungswidrigkeit denkbar.[55] Da die BaFin allerdings häufig über mehr Sachkunde als die Staatsanwaltschaft verfügen wird, was die kapitalmarktrechtlichen Regelungen angeht, kommt eine Verfahrensübernahme in der Praxis selten vor.[56] Umgekehrt besteht unter den Voraussetzungen des § 43 OWiG eine **Abgabepflicht der Staatsanwaltschaft** an die BaFin, wenn die Staatsanwaltschaft das Ermittlungsverfahren nur wegen der Straftat einstellt (§ 40 OWiG) oder sie die Übernahme der Ermittlungen verweigert (§ 42 OWiG).

Diese **Doppelfunktion** der BaFin[57] als Aufsichts- und Ermittlungsbehörde ist durchaus problematisch, handelt die Behörde doch wegen desselben Sachverhalts mal (verwaltungs-)aufsichtsrechtlich, mal ordnungswidrigkeitenrechtlich mit den entsprechenden Zwangsbefugnissen.[58]

Um die Aufdeckung und Verfolgung von Kapitalmarktverstöße zu verbessern, wurden die Ermittlungs- und Aufsichtsbefugnisse der BaFin nach § 6 WpHG auf der Grundlage von Art. 23 MAR in den letzten Jahren[59] erheblich ausgeweitet. So erhielt die BaFin etwa über die (zuvor in § 4 IV WpHG aF geregelten) allgemeinen Betretungsrechte hinausgehende **Betretungs- und Beschlagnahmerechte**, die sich nicht nur auf das Betreten von Geschäftsräumen zu den üblichen Arbeitszeiten beschränken, sondern das Betreten von Geschäfts- und Wohnräumen erlauben, soweit dies zur Verfolgung von Verstößen erforderlich ist und Beschlagnahmen wurden grundsätzlich (nach Anordnung durch das AG Frankfurt aM) möglich.[60] Die BaFin arbeitet zudem im Austausch mit Steuer- und Strafverfolgungsbehörden, um sie bei deren Arbeit zu unterstützen.[61]

Bei Übergabe durch Verwaltungszwang oder dessen Androhung erlangter Informationen an die Staatsanwaltschaft, kann ein Unterlaufen des Nemo-tenetur-Grundsatzes drohen. Dem versucht der Gesetzgeber in § 6 Abs. 15 WpHG zu begegnen, indem er anordnete, dass der zur Erteilung einer Auskunft Verpflichtete die Auskunft auf solche Fragen verweigern kann, deren Beantwortung ihn selbst oder einen seiner Angehörigen der Gefahr straf- oder bußgeldrechtlicher Verfolgung aussetzen würde. Der Verpflichtete ist dabei über sein Recht zur Verweigerung der Auskunft oder Aussage zu belehren.[62]

---

55 KK-OWiG/*Lampe* OWiG § 40 aF Rn. 1.
56 Fuchs/*Waßmer* WpHG § 40 aF Rn. 5.
57 Vgl. dazu bereits KölnKommWpHG/*Altenhain* § 40 aF Rn. 9.
58 So schon zum alten Recht: Assmann/Schneider/*Vogel* WpHG § 40 aF Rn. 8.
59 Durch Gesetz v. 23.6.2017 wurde der bisherige § 4 zu § 6 und mit Wirkung zum 3.1.2018 neu gefasst, BGBl. I, 1693.
60 *Poelzig* NZG 2016, 492 (493).
61 Seit der Neufassung des § 9 Abs. 5 KWG mit Gesetz v. 2.11.2015, BGBl. I, 1864.
62 Die Frage nach einer Verwertung der dergestalt erhobenen Beweise (zum alten Recht vgl. Assmann/Schneider/*Vogel* WpHG, 5. Aufl. 2009, § 40 aF Rn. 9; Fuchs/*Waßmer* WpHG § 40 aF Rn. 13; KölnKommWpHG/*Altenhain* WpHG § 4 aF Rn. 147; Schwark/

16 Fraglich ist gleichwohl, ob durch sonstige Aufsichtsmaßnahmen erlangte Beweise in einem Bußgeldverfahren oder in einem Strafverfahren auch gegen den Beschuldigten verwertet (nicht lediglich für weitere Ermittlungsansätze verwandt) werden können. Immerhin, eine dem § 393 AO entsprechende Regelung zur Unverwertbarkeit bestimmter rein aufsichtsrechtlich erlangter Informationen im Straf- oder Ordnungswidrigkeitenverfahren enthalten die kapitalmarktrechtlichen Vorschriften nicht. Der Gesetzgeber hat die Verwertbarkeit präventiv erlangter Beweismittel in Strafverfahren seit 2008 in § 161 Abs. 2 StPO (§ 46 OWiG) allgemein geregelt.[63] Ihre Verwendung ist nur zur Aufklärung solcher Taten zulässig, zu deren Aufklärung eine solche Maßnahme nach der Strafprozessordnung hätte angeordnet werden dürfen. Die Regelung orientiert sich also am Gedanken des sog hypothetischen Ersatzeingriffs,[64] der eigentlich für den Bereich der rechtswidrigen Beweis*gewinnung* entwickelt wurde.[65] Maßgeblich soll sein, dass nach gesetzgeberischer Wertung der Verdacht einer bestimmten Straftat einen Eingriff bestimmten Ausmaßes in grundrechtlich geschützte Positionen, insbesondere das Recht auf informationelle Selbstbestimmung, gestatte.[66] Ausreichend sei hier, dass die StPO eine vergleichbare Datenerhebungsmaßnahme kenne und jene zur Aufklärung der aktuell verfolgten Straftat zulässig wäre. Damit werden jedoch lediglich solche Ermittlungsmaßnahmen ausgeschieden, die überhaupt keine Entsprechung in der StPO oder dem OWiG finden. Beispielsweise steht der BaFin die Befugnis zu, in einem automatisierten Verfahren bestimmte Daten von der Deutschen Bundesbank abzurufen (vgl. § 17 Abs. 4 WpHG). Eine Entsprechung für die Staatsanwaltschaft im Ermittlungsverfahren findet sich nicht. Solche Informationen wären danach im Strafprozess nicht verwertbar.

Die Bundesanstalt muss bei jeder Maßnahme deutlich machen, ob diese im straf-/bußgeldrechtlichen oder im aufsichtsrechtlichen Verfahren erfolgt, weil andernfalls die gesonderten Rechte des Beschuldigten/Betroffenen im straf-/bußgeldrechtlichen Verfahren unterlaufen werden könnten.[67] Insofern muss sie sehr genau überlegen, welche Vorgänge sie zur Akte nimmt und ob sie im Einzelnen strafprozessual verwendbar wären.

17 Dies ist umso wichtiger, als die Bafin Informationen, die sie über ihre äußerst umfangreichen Ermittlungsbefugnisse erlangt, uU auch über die für strafrechtliche Ermittlungsverfahren geltenden Regelungen der §§ 406 e, 475 StPO an Dritte herausgeben muss. So hat der EuGH in einer Entscheidung v. 19.6.2018[68] einem Anleger Recht gegeben, der Akteneinsicht in die Verfahrensakten der Bafin begehrte, wobei er ausführte, dass die in der Akte einer Finanzaufsichtsbehörde enthaltenen Informationen insbesondere ihren vertraulichen Charakter verlören, wenn sie mindestens fünf Jahre alt seien. Das gelte

---

Zimmer/*Zimmer/Cloppenburg* KMRK § 40 aF WpHG Rn. 2.) dürfte damit an Bedeutung verloren haben.
63 BT-Drs. 16/5846, 64.
64 BT-Drs. 16/5846, 64.
65 Vgl. *Welp* S. 216 ff.; BGH 24.3.1964 – 3 StR 60/63, Juris Rn. 24; vgl. auch BGH 29.9.1970 – 5 StR 234/70.
66 BT-Drs. 16/5846, 3, 64.
67 Sog „Verbot der Rollenvertauschung", Assmann/Schneider/*Vogel* WpHG § 40 aF Rn. 9.
68 Auf ein Vorabentscheidungsersuchen des BVerwG hin, EuGH NZG 2018, 1104.

auch, wenn es sich bei den betreffenden Informationen möglicherweise um Geschäftsgeheimnisse gehandelt habe. Die Bafin kann nach einem Urteil des EuGH v. 13.9.2018[69] sogar verpflichtet sein, Zugang zu Informationen zu gewähren, die unter das Berufsgeheimnis fallen, wobei es Sache der zuständigen nationalen Behörden und Gerichte sei, die Interessen der Parteien gegeneinander abzuwägen.[70]

V. Verfolgungspraxis von Ordnungswidrigkeiten und Straftaten im Kapitalmarktstrafrecht

Zwar gab es in der Vergangenheit nur wenige strafgerichtliche Verurteilung wegen Insiderdelikten oder Marktmanipulation. Jedoch lässt sich in den letzten Jahren ein deutlicher Anstieg der von Staatsanwaltschaften geführten Ermittlungsverfahren verzeichnen.[71] Auch die BaFin stellt in ihrem aktuellen Jahresbericht 2018 einen Trend hin zu einer wachsenden Zahl von Untersuchungen fest.[72] Nach wie vor ist jedoch von einer sehr hohen Dunkelziffer bei der Verfolgung dieser Straftaten auszugehen. Da der Qualifikationstatbestand der Marktmanipulation durch die in § 119 Abs. 5 WpHG nF mittlerweile einen **Verbrechenstatbestand** darstellt, kann in diesen Fällen in Zukunft keine Einstellung nach § 153 a StPO mehr erfolgen.   18

Internationale Zusammenarbeit: Die BaFin arbeitete im Jahr 2017 eng mit ausländischen Finanzaufsichtsbehörden zusammen. In 95 Fällen wegen Marktmanipulation (Vorjahr: 113) schaltete sie Aufsichtsbehörden aus insgesamt 27 Ländern (Vorjahr: 23) ein. Sie selbst wurde in 44 Fällen (Vorjahr: 42) um internationale Amtshilfe gebeten. Im Rahmen der Insiderdelikte bat die BaFin in 79 Fällen ausländische Aufsichtsbehörden um Amtshilfe (Vorjahr: 54). In 28 Fällen (Vorjahr: 35) wurde sie ihrerseits von ausländischen Aufsichtsbehörden um Amtshilfe ersucht. Die Schwerpunkte lagen auf den Ländern Österreich und Großbritannien, aber inzwischen auch Singapur, Mauritius oder den Bahamas.[73]   19

Im Jahr 2017 schloss die Bafin 121 Fälle strafbarer **Marktmanipulation**[74] ab (Vorjahr: 106) und zeigte 197 Verdächtige (Vorjahr: 275) bei den zuständigen Staatsanwaltschaften an. In sechs weiteren Fällen (Vorjahr: sieben) ergaben sich Hinweise auf eine vorliegende Ordnungswidrigkeit. In 56 Fällen führte die Untersuchung nicht zu Anhaltspunkten für einen Verstoß (Vorjahr: 40). Ende 2017 waren noch 441 Untersuchungen wegen Marktmanipulation offen (Vorjahr: 398). 19 Personen wurden 2017 wegen Marktmanipulation verurteilt (Vorjahr: 23), in 15 Fällen im Wege des Strafbefehls. Die Staatsanwaltschaft stellte insgesamt 373 Ermittlungsverfahren wegen Marktmanipulation ein (Vorjahr: 310), davon 187 nach § 170 Abs. 2 StPO (Vorjahr: 166), 71 Verfahren (Vorjahr: 49) nach § 153 StPO, 56 nach § 153 a StPO (Vorjahr: 50). Wegen **Insiderhandels**[75] eröffnete die Bafin 2017 62 neue Untersuchungen (Vor-   20

---

69 EuGH, ECLI:EU:C:2018:464 = NJW 2018, 2615 = NZG 2018, 1104 – Baumeister.
70 Insoweit auch: *Weber* NJW 2019, 968 (970).
71 Dazu noch: *Renz/Leibold* CCZ 2016, 157 (168).
72 Geschäftsbericht BaFin 2018, S. 90.
73 Geschäftsbericht BaFin 2018, S. 133.
74 Geschäftsbericht BaFin 2018, S. 133 f. Im größten Fall, XING AG, musste der Täter eine Geldauflage iHv 25.000 EUR zahlen.
75 Geschäftsbericht BaFin 2018, S. 139ff.

jahr: 42). In 18 der abgeschlossenen Untersuchungen (Vorjahr: 21) stellte die BaFin Anhaltspunkte für Insiderhandel fest. Sie zeigte insgesamt 40 Personen (Vorjahr: 49) bei den zuständigen Staatsanwaltschaften an. 72 Untersuchungen waren Ende 2017 noch nicht abgeschlossen (Vorjahr: 39). Im Jahr 2017 wurden insgesamt vier Personen wegen Insiderhandels rechtskräftig verurteilt (Vorjahr: 1). Insgesamt 32 Verfahren (Vorjahr: 89) stellten die Staatsanwaltschaft ein, davon 27 nach § 170 Abs. 2 StPO, 5 (Vorjahr: 14) nach § 153 a StPO.

21 Die Beendigung von Strafverfahren wegen kapitalmarktstrafrechtlicher Verstöße hat für die Betroffenen trotz der bisher vergleichsweise geringen Strafen teilweise erhebliche Konsequenzen. Hervorzuheben ist dabei das sog „**Naming and Shaming**"[76] in § 125 Abs. 1 WpHG nF,[77] der eine zwingende Bekanntmachung durch die BaFin vorsieht,[78] die nach fünf Jahren wieder von der Website der Bafin zu löschen ist (§ 125 Abs. 5 WpHG).[79] Zum Zeitpunkt April 2019 fanden sich auf der Website der Bafin 147 nicht anonymisierte Bekanntmachungen[80] begangene Verstöße und eine anonymisierte Veröffentlichung.

VI. Bestimmung des anwendbaren Rechts und Strafbarkeitslücken im Kapitalmarktstrafrecht

22 Die Schwierigkeit der Inkorporation europarechtlicher Normen in deutsches Recht zeigte sich jüngst bei der Frage, ob bei der Umsetzung der MAR zumindest für die Marktmanipulation durch aktives Tun eine Strafbarkeitslücke unter dem **Lex-mitior-Grundsatz** des § 2 Abs. 3 StGB entstanden ist.[81] Während nämlich die alten Bezugsnormen der §§ 38, 39 WpHG bereits am 2.7.2016 außer Kraft getreten sind, waren die neuen Vorschriften erst ab dem 3.7.2016 anwendbar. Ob dadurch eine Gesetzeslücke entstanden ist, wird in der Literatur kontrovers diskutiert.[82] Der 5. Strafsenat hat diese Auffassung innerhalb seines Beschlusses vom 10.1.2017 ausdrücklich abgelehnt. „Die Abweichung

---

76 Vgl. ausführlich: *Renz/Leibold* CCZ 2016, 157 (168ff)
77 Eine entsprechende Regelung wurde erstmals mit Gesetz v. 30.6.2016 eingeführt, zunächst in § 40 d WpHG aF, BGBl. I, 1514.
78 Zu finden unter: https://www.bafin.de/DE/Aufsicht/BoersenMaerkte/Massnahmen/massnahmen_sanktionen_node.html (zuletzt abgerufen am 1.4.2019).
79 Vgl. insoweit auch die Gesetzesbegründung BT-Drs. 18/7482.
80 Von denen allerdings nicht alle Sanktionen, sondern teilweise auch rein aufsichtsrechtliche Maßnahmen betreffen.
81 S. dazu S. *Rothenfußer* Börsen-Zeitung, Ausgabe 128 v. 7.7.2016, S. 13; *Bergmann/Vogt* wistra 2016, 347; *Rothenfußer/Jäger* NJW 2016, 2689; *Lorenz/Zierden* HRRS 2016, 443; *Klöhn/Büttner* ZIP 2016, 1801; *Rossi* ZIP 2016, 2437; *Rubner/Leuering* NJW-Spezial 2016, 655; *Simons*, AG 2016, 651 (652), *Gaede* wistra 2017, 41; *Lienert* HRRS 2017, 265; Klöhn/*Klöhn*, MAR, Einl. Rn. 79 ff.; *Rossi* NJW 2017, 966 (969); *Bülte*, NZG 2017, 205 (214); *Szesny* BB 2017, 515 (515); *Eggers* WiJ 2017, 49ff.
82 Dafür etwa *Gaede* wistra 2017, 41 ff.; *Bülte/Müller* NZG 2017, 205 ff.; *Lorenz/Zierden* HRRS 2016, 443 ff.; *Rossi* ZIP 2016, 2437 ff.; *Rothenfußer*, Generalamnestie im Kapitalmarktrecht?, Börsen-Zeitung v. 7.7.2016, Ausgabe 128, S. 13; sodann *ders./Jäger* NJW 2016, 2689 ff.; *Szesny*, BB 2017, 515 (516); für das Marktmanipulationsverbot auch *Bergmann/Vogt* wistra 2016, 347 ff.; aA *BaFin*, Keine Strafbarkeitslücke im Kapitalmarktrecht, Meldung vom 8.7.2016, abrufbar unter: https://www.bafin.de/SharedDocs/Veroeffentlichungen/DE/Pressemitteilung/2016/pm_160708_bz_keine_ahndungsluecke.html (letzter Aufruf: 24.11.2018); RegB 2. Finanzmarktnovellierungsgesetz, BT-Drs. 18/10936, 218 f.; *Klöhn/Büttner* ZIP 2016, 1801 ff.; auf der Grundlage einer „berichtigenden Auslegung" auch *Brand/Hotz* NZG 2017, 238 (239).

des Inkrafttretens der Änderungen des Wertpapierhandelsgesetzes (2. Juli 2016) vom Beginn der unmittelbaren Anwendbarkeit der maßgeblichen Bezugsnormen der Marktmissbrauchsverordnung in den Mitgliedsstaaten habe nicht zur Folge, dass die Verweisungen des Gesetzes auf die gemeinschaftlichen Vorschriften am 2. Juli 2016 ‚ins Leere' gegangen und Marktmanipulationen an diesem Tag nicht mit Strafe (…) bedroht gewesen wären. Die Bezugnahmen in § 38 Abs. 3 Nr. 1, § 39 Abs. 3 d Nr. 2 WpHG auf Art. 14 und 15 der Marktmissbrauchsverordnung führten vielmehr dazu, dass diese Vorschriften der Verordnung bereits vor ihrer unmittelbaren Anwendbarkeit ab dem 2. Juli 2016 durch den Bundesgesetzgeber im Inland für (mit)anwendbar erklärt worden seien."[83] Die Bewertung des BGH ist nach Auffassung des BVerfG zumindest verfassungsrechtlich unbedenklich.[84] Jedenfalls für die Marktmanipulation durch aktives Tun hat sich daher die Strafbarkeit der Marktmanipulation durch die Rechtsänderungen des 1. FiMaNoG und des 2. FiMaNoG weder hinsichtlich der Strafbarkeitsvoraussetzungen noch hinsichtlich der Sanktionsdrohung geändert.[85]

Etwas anderes muss jedoch mit Blick auf die **Unterlassensstrafbarkeit** gelten. Denn diese ist durch die Neuregelung gar nicht mehr erfasst. Die unmittelbare Normenkette, aus der eine Strafbarkeit abzuleiten wäre, sieht ein Unterlassen nicht mehr vor. Sowohl die europarechtlichen Bezugsnormen als auch die nationalen Sanktionsnormen enthalten explizit keine Unterlassungsvariante.[86] Der deutsche Gesetzgeber hält die Erfassung eines Unterlassens im Tatbestand der Marktmanipulation über § 13 StGB möglich. Dies dürfte jedoch daran scheitern, dass die MAR eine Vollharmonisierung des materiellen Marktmissbrauchsrechts anstrebt, die durch ein nationales Sonderstrafrecht im Bereich der Unterlassung konterkariert werden würde.[87] Als Konsequenz daraus ist die unterlassene Ad-hoc-Mitteilung richtigerweise straflos und auch sog Altfälle müssen nach dem Lex-mitior-Grundsatz (§ 2 Abs. 3 StGB) behandelt werden.[88]

VII. Kausalität und Zurechnung im Kapitalmarktstrafrecht

Für die Kausalität gelten auch im Kapitalmarktstrafrecht grds. dieselben Grundsätze wie im allgemeinen Strafrecht.[89]

Relevant wird die Frage nach der Kausalität regelmäßig bei der Prüfung des Einwirkungserfolgs auf den Kapitalmarkt i.R.d. Marktmanipulation.[90] Die Tathandlung muss hier den Preis als einer von mehreren mitwirkenden Faktoren nachweisbar mitbeeinflusst haben.[91] Hypothetische Reserveursachen, die

---

83 Beschl. v. 10.1.2017 – 5 StR 532/16, BGHSt 62, 13.
84 BVerfG NJW 2018, 3091.
85 *Böse* wistra 2018, 22 (24).
86 *Saliger* WM 2017, 2329 ff., 2365 ff.; *Sajnovits/Wagner* WM 2017, 1189 ff.; *Schmolke* AG 2016, 434 (439).
87 *Gehrmann*, wistra 2018, 333 (334) unter Verweis auf *Saliger*, WM 2017, 2329 ff., 2365 ff.
88 So etwa *Sajnovits/Wagner* WM 2017, 1189 (1196); *Bator* BKR 2016, 1 (3 f.); NK-WSS/*Trüg* WpHG § 38 WpHG aF Rn. 53; aA: *Böse* wistra 2018, 22 (24); *Brand/Hotz* NZG 2017, 976.
89 Vgl. allg. *Fischer*, 65. Aufl. 2018, StGB Vor § 13 Rn. 20ff.
90 Etwa: BGH NJW 2014, 1399 (1401).
91 Assmann/Schneider/*Vogel* WpHG 6. Aufl. 2012, WpHG § 38 Rn. 53, 54; Fuchs/*Waßmer* WpHG § 38 Rn. 97; Just/Voß/Ritz/Becker/*Klepsch* WpHG WpHG § 38 Rn. 38.

tatsächlich nicht wirksam geworden sind, bleiben bei der Feststellung der Kausalität außer Betracht.[92]

25 Im Rahmen der Unterlassenstrafbarkeit hängt die Frage, ob eine Preiseinwirkung festgestellt werden kann, von einer hypothetischen Kausalität ab, weil in tatsächlicher Hinsicht durch die Unterlassung nicht in das „außenweltliche Kausalgeschehen" eingegriffen wird, mithin keine unmittelbare Preiseinwirkung stattfindet.[93] Eine solche hypothetische Kausalität setzt eine **Prognoseentscheidung** voraus.[94] Dass sich der Preis ohne die Manipulationshandlung anders als tatsächlich geschehen entwickelt hätte, muss dabei feststehen; die bloße Möglichkeit einer solchen Entwicklung genügen nicht.[95]

26 Eine Befragung der Marktteilnehmer soll nicht erforderlich sein.[96] Der Nachweis der hypothetischen Kausalität ist nur anhand einer **Gesamtbewertung** aller Indiztatsachen auf Grundlage von Erfahrungssätzen über den Einfluss von Manipulationshandlungen auf Kurse und Preise möglich.[97] Von Bedeutung für diese Gesamtbetrachtung ist es, in welchem Marktsegment (regulierter Markt, Freiverkehr) das Manipulationsobjekt gehandelt wird, wie der Preis festgestellt wird (fortlaufende Notierung, Einheitskurs) und in welcher Form der Handel erfolgt (Computerhandel, Präsenzhandel).[98] Der Vergleich von Preisverlauf und Umsatz des betreffenden Papiers vor und nach dem Manipulationsverhalten, die Preis- und Umsatzentwicklung des betreffenden Papiers am Tag der Manipulationshandlung, sowie die Größe der Order, die im Zusammenhang mit der Manipulation aufgegeben wurden, können ebenfalls Indizien für einen Kausalitätsnachweis sein.[99] Daneben können weitere objektive Kriterien, wie der Zeitabstand zwischen Manipulationsverhalten und Preiseinwirkung, der Vergleich von Preisänderung und marktüblicher Volatilität sowie die Heranziehung von Erfahrungssätzen über das Preisbeeinflussungspotenzial bestimmter Manipulationen bei vergleichbaren Finanzinstrumenten zur Beurteilung herangezogen werden.[100]

27 Zu beachten ist dabei allerdings, dass die Marktinformationslage zum Zeitpunkt des nachträglichen Bekanntwerdens der Insiderinformation bereits eine andere ist. Insoweit ist der sog **Rückschaufehler** zu beachten.[101] Rückschaufehler äußern sich darin, dass die Vorhersehbarkeit eines tatsächlich eingetretenen Schadens auf der Grundlage des ex post verfügbaren Wissensstandes systematisch überschätzt wird und es daraus resultierend zu einer Fehleinschätzung

---

92 Assmann/Schneider/*Vogel* WpHG 6. Aufl. 2012, § 38 WpHG aF, Rn. 53; Fuchs/*Waßmer* WpHG § 38 aF Rn. 97.
93 *Hellmann/Beckemper* Rn. 87.
94 *Hellmann/Beckemper* Rn. 87; Fuchs/*Waßmer* WpHG § 38 aF Rn. 94.
95 Assmann/Schneider/*Vogel* WpHG, 6. Aufl. 2012, § 38 WpHG aF, Rn. 54.
96 BGHSt 48, 373 (384); BGH NJW 2014, 1896 (1899 f.).
97 Graf/Jäger/Wittig/*Diversy/Köpferl* WpHG § 38 aF Rn. 107; MAH WiStR/*Wessing/Dann* Rn. 238.
98 Graf/Jäger/Wittig/*Diversy/Köpferl* WpHG § 38 aF Rn. 107.
99 BGHSt 48, 374 (384); BGH NJW 2010, 882 (883); BGH NJW 2014, 1896 (1899 f.); Assmann/Schneider/*Vogel* WpHG, 6. Aufl. 2012, § 38 WpHG aF, Rn. 54; Fuchs/*Waßmer* WpHG § 38 aF Rn. 98.
100 Assmann/Schneider/*Vogel* WpHG, 6. Aufl. 2012, § 38 aF, Rn. 54; Fuchs/*Waßmer* WpHG § 38 aF Rn. 101.
101 *Risse* NJW 2018, 2848 (2850).

der unternehmerischen Handlungsoptionen zum Zeitpunkt der Entscheidung kommt.[102]

Nach deutschem Strafrecht begründen Erfolgsverursachung und tatbestandliche Handlung für sich allein noch nicht den Unrechtstatbestand eines Erfolgsdelikts. Hinzukommen muss vielmehr auch die **objektive Zurechenbarkeit** des betreffenden Erfolgs, also die Frage, ob der Täter eine rechtlich missbilligte Gefahr geschaffen hat, die sich im tatbestandsmäßigen Erfolg realisiert hat.[103] Dabei ist insbesondere die Reichweite des sog erlaubten Risikos zu berücksichtigen. Von der Schaffung einer rechtlich missbilligten Gefahr kann dann keine Rede sein, wenn der Grad der bewirkten Gefährdung so gering ist, dass er das **allgemeine Lebensrisiko** nicht übersteigt.[104] Dies ist etwa der Fall, wenn der Täter zwar möglicherweise ein signifikantes Verletzungsrisiko hervorruft, sein Verhalten aber vom erlaubten Risiko gedeckt ist. Zu denken ist hier an bestimmte Verhaltensweisen, die trotz ihrer Gefährlichkeit aufgrund ihres sozialen Nutzens allgemein erlaubt sind. Kapitalmarktstrafrechtlich lassen sich diese Überlegungen etwa im Bereich der **Liquidity Provider** nutzbar machen. So etwa, wenn ein Liquidity Provider einen Preis in einen Markt spiegelt und dabei versehentlich ein irreführendes Signal im Zielmarkt setzt. In der Tätigkeit eines Liquidity Providers liegt nach Auffassung der ESMA gerade eine grds. zulässige Marktpraxis.[105] Damit bewegen sich Liquidity Provider im Bereich des grds. erlaubten Risikos. 28

VIII. Vorsatz im Kapitalmarktstrafrecht

Auch im Kapitalmarktstrafrecht gelten die allgemeinen Vorsatzanforderungen.[106] Grundsätzlich soll in diesem Zusammenhang mangels anderweitiger Regelungen **bedingter Vorsatz** genügen.[107] Zwar stellt Art. 5 Abs. 2 lit. a, c CRIM-MAD in den Definitionen der Formen des Marktmissbrauchs die Beeinflussung des Preises ab, *um* ein anormales oder künstliches Preisniveau zu erzielen. Da es sich zumindest insoweit (im Bereich der CRIM-MAD) allerdings nur um Mindestvorgaben handle, die durch den nationalen Gesetzgeber auch 29

---

102 *Lindemann/Hehr* CCZ 2018, 2 (3); grundlegend zum sog hindsight bias *Fischhoff* Journal of Experimental Psychology: Human Perception and Performance, 1975, 288 ff.; zusammenfassend *Goeckenjan/Oeberst* R&P 2016, 27 ff. Strategien zum „Debiasing" im Hinblick auf die Vorstandshaftung wegen Compliance-Verstößen beleuchten *Ott/Klein* AG 2017, 218 ff.; zur Bedeutung gerade auch im Bereich des Kapitalmarkts: Spindler/Stilz/*Fleischer* AktG § 93 Rn. 60 unter ausdrücklicher Berufung auf den hindsight bias in der US-amerikanischen Leitentscheidung zur Finanzmarktkrise „re Citigroup Inc. Shareholder Derivative Litigation" 964 A.2 d 106, 124 (Del. Ch. 2009).
103 WBS AT Rn. 179; Roxin AT I Bd. 1, § 11 Rn. 39.
104 WBS AT Rn. 183.
105 Opinion ESMA 70–145–76 v. 25.4.2017. Dies macht auch Sinn, denn ohne Liquidity Provider wäre die Gefahr illiquider Märkte groß, was den Handel behindern würde. Das gilt umso mehr, wenn der Liquidity Provider im Einzelfall keine eigenen Handelsinteressen verfolgt, sondern lediglich dafür sorgt, dass Liquidität in den Märkten hergestellt wird und erhalten bleibt.
106 Im Einzelnen: MüKoStGB/*Pananis* WpHG § 38 Rn. 34; *Schröder* KapitalmarktStrR Rn. 590, Assmann/Schneider/*Vogel* WpHG, 5. Aufl. 2009, § 119, Rn. 85; Fuchs/*Waßmer* WpHG § 38 aF Rn. 24.
107 So: Assmann/Schneider/*Vogel* WpHG, § 20 a aF Rn. 127 f; MüKoStGB/*Pananis* WpHG § 38 Rn. 223.

überschritten werden dürfen, mag man es nicht für zwingend halten, ein Absichtselement in den subjektiven Tatbestand der Marktmanipulation hineinzulesen.[108] Ein darüberhinausgehendes subjektives Element in Form einer Manipulationsabsicht wird gemeinhin also nicht gefordert.[109]

30 Dies kann allerdings in dieser uneingeschränkten Form nicht richtig sein,[110] schon weil die Abgrenzung von erlaubtem und manipulativem Handeln nach den in Anhang I der MAR (Vollharmonisierung!) genannten Indikatoren teilweise nur nach der Zielrichtung des jeweiligen Geschäfts möglich ist.[111] Zumindest für sog **neutrale Handlungen** wird man von einem erweiterten Vorsatzerfordernis ausgehen müssen. Damit sind Handlungen gemeint, die der Ausführende einem jeden anderen gegenüber vorgenommen hätte, weil er mit der Handlungstat unabhängige eigene, rechtlich nicht missbillige Zwecke verfolgt.[112] Typische Beispiele sind hier Tätigkeiten von Rechtsanwälten, Notaren, Steuerberatern[113] oder aber von Bankangestellten, die Kundenorder ausführen, obwohl sie es für möglich halten, dass dabei eine Insidertatsache ausgenutzt wird.[114] Die Rechtsprechung stellt jedenfalls im Bereich der neutralen Beihilfehandlungen auf die subjektive Vorstellung der Beteiligten ab, prüft also im Bereich des Vorsatzes, ob der Hilfeleistende, so sein Tatbeitrag als Beihilfehandlung zu werten ist, genau weiß, dass der Haupttäter vermittels dieser Beihilfehandlung eine Straftat begehen möchte. In diesem Fall verliert das Tun den Alltagscharakter, es sei als Solidarisierung mit dem Täter zu deuten und dann auch nicht mehr als sozialadäquat anzusehen.[115] Eine entsprechende Einschränkung des subjektiven Tatbestands ist überdies im Bereich der neutralen (nicht nur Beihilfe-)Handlung bei der Geldwäsche (§ 261 StGB) anerkannt, und durch das Bundesverfassungsgericht sogar gefordert.[116] Dabei ergab sich die verfassungsrechtliche Einschränkung daraus, dass insbesondere ein Strafverteidiger, der Geld von seinem Mandanten annimmt, jederzeit Gefahr läuft, dass dieses Geld inkriminiert ist und der Strafverteidiger deswegen eine objektive Geldwäschehandlung begeht. Eine ähnliche Gefährdungssituation wird man auch im Kapitalmarktstrafrecht für einige Berufsgruppen annehmen müssen, etwa für **Liquidity Provider**, die ein Signal in einen anderen Markt spiegeln, um für eine gleichwertige Liquidität zu sorgen. Diese können sich bei einer Vielzahl von Spiegelungen und dem Einsatz automatisierter Systeme (etwa Cross Matching unter Verwendung des Eurex T7 der deutschen Börse) nie sicher sein, kein irreführendes Signal aufzunehmen und automatisiert zu spiegeln. Denn die von der MAR vorgegebenen red flags lassen teilweise eine Be-

---

108 Entsprechend Meyer/Veil/Rönnau/*Rönnau/Wegner* § 28 Rn. 80
109 So Meyer/Veil/Rönnau/*Rönnau/Wegner* § 28 Rn. 80 mwN, etwa unter Verweis hinsichtlich der alten Rechtslage auf BGHSt 59, 80 (91).
110 Entsprechend gehen bei der handelsgestützten Marktmanipulation vom Erfordernis eines dolus directus ersten Grades in Bezug auf die Einwirkung auf den Börsen- oder Marktpreis auch aus. Schork/Groß/*Gehrmann* § 5 Rn. 593; MüKoStGB/*Pananis* WpHG § 38 aF Rn. 243.
111 In diese Richtung wohl im Ergebnis auch: Schork/Groß/*Gehrmann* § 5 Rn. 593.
112 WBS AT Rn. 582 a mwN.
113 Beispielhaft etwa BGHSt 46, 107 und *Samson/Schillhorn* wistra 2001, 1ff.; zur selben Problematik im Insiderstrafrecht: *Momsen* in FS Maiwald II S. 561 (575 f.).
114 Insoweit Assmann/Schneider/Mülbert/*Spoerr* WpHG § 119 Rn. 164, der allerdings schon die objektive Zurechnung in Abrede stellt.
115 BGHSt 46, 107 (112); *Rotsch* Jura 2004, 14.
116 BVerfGE 110, 226.

wertung als irreführend erst zu, nachdem die Spiegelung längst erfolgt ist, der Liquidity Provider also längst gehandelt hat. Ließe man hier dolus eventualis genügen, könnten Liquidity Provider, zumal die, die automatisierte Systeme nutzen, ihr von der ESMA als wichtige Funktion anerkanntes Geschäft[117] nur schwerlich ausüben.[118]

Der Vorsatz muss sich auf sämtliche objektiven Tatbestandsmerkmale beziehen. Handelt es sich dabei um **normative Tatbestandsmerkmale**, die der Täter nicht lediglich durch sinnliche Wahrnehmung, sondern nur unter Vornahme einer rechtlichen Wertung befassen kann, genügt es für den erforderlichen Vorsatz nicht, wenn der Täter die tatsächlichen Merkmalsumstände kennt.[119] Vielmehr muss er auch Bedeutungskenntnis erlangen, indem er den sozialen Sinngehalt im Rahmen einer Parallelwertung in der Laiensphäre zumindest dem Grunde nach erfasst.[120] Die Tatbestandsstruktur der §§ 119, 120 WpHG als Blanketttatbestände erfordert, dass sich der Vorsatz nicht lediglich auf alle Merkmale des (strafrechtlichen) Blanketttatbestandes, sondern auch auf alle Merkmale der in Bezug genommenen Ausfüllungsnorm(en) beziehen.[121] Soweit der Täter einen dieser Tatumstände nicht kennt, handelt er gemäß § 16 Abs. 1 StGB ohne Vorsatz.[122] 31

Sowohl im Straf- wie im Ordnungswidrigkeitenrecht gilt die Differenzierung zwischen der Tatbestandskenntnis (Vorsatz) und dem Bewusstsein der Rechtswidrigkeit (Unrechtsbewusstsein) sowie zwischen dem (vorsatzausschließenden) **Tatbestandsirrtum** und dem (nicht vorsatzausschließenden) **Verbotsirrtum**.[123] Die Abgrenzung zwischen dem Tatbestands- und Verbotsirrtum[124] ist im Ordnungswidrigkeitenrecht mitunter noch schwieriger als im Strafrecht. Wegen der hohen Anzahl von Ge- und Verboten, von denen die meisten dem Laien unbekannt sind, reicht häufig die bloße Kenntnis der Tatumstände nicht aus, um über ein etwaiges Verbotensein des Verhaltens auch nur nachzudenken.[125] Dabei wird aber im Kapitalmarktrecht zu berücksichtigen sein, dass die im Wertpapierhandel tätigen Personen oft Spezialisten sind, die die sie betreffenden Regelungen relativ gut kennen.[126] Gerade Verfahren wie das sog EURIBOR-Verfahren haben aber gezeigt, dass dieses Argument einer kenntnisreichen Fachwelt nicht überstrapaziert werden darf. Wenn schon der Gesetzgeber oder die Fachbehörden Fehler bei der Rechtsetzung machen und diese nicht erkennen, darf an das zu fordernde Problembewusstsein von Bankenmitarbeitern kein überbordender Maßstab angelegt werden. 32

Beispiele: Das ernsthafte Vertrauen darauf, dass ein Umstand bereits öffentlich bekannt ist, führt im Rahmen des Insider Tradings zu einem Tatumstandsirr-

---

117 Opinion ESMA 70–145–76 v. 25.4.2017.
118 Nach der hier vertretenen Auffassung fehlt es hier allerdings bereits an der objektiven Zurechenbarkeit des Erfolgs.
119 BGHSt 3, 248 (255).
120 Vgl. *Fischer*, 65. Aufl. 2018, StGB § 16 Rn. 2ff.; Kühl AT § 5 Rn. 52.
121 So Graf/Jäger/Wittig/*Diversy/Köpferl* WpHG § 38 aF Rn. 111
122 *Schröder* KapitalmarktStrR Rn. 595.
123 Fuchs/*Waßmer* WpHG § 39 aF Rn. 91.
124 Zur Behandlung eines Rechtsirrtums über Aufklärungspflichten beim Vertrieb von Finanzinstrumenten: *Harnos* BKR 2009, 316 ff.
125 Assmann/Schneider/*Vogel* WpHG § 39 aF Rn. 63; Fuchs/*Waßmer* WpHG § 39 aF Rn. 92; vertiefend zu der Problematik KK-OWiG/*Rengier* OWiG § 11 Rn. 5.
126 Fuchs/*Waßmer* WpHG § 39 aF Rn. 92.

Eggers

tum, ein Irrtum über das Vorliegen einer Insiderinformation.[127] Ebenfalls ein Irrtum nach § 16 Abs. 1 StGB liegt im ernsthaften Vertrauen auf die Unwahrscheinlichkeit, dass ein Bekanntwerden einer Insiderinformation den Preis erheblich beeinflussen werde (Irrtum über die Preisbeeinflussungseignung).[128] Ein Verbotsirrtum kommt demgegenüber in Betracht, wenn volle Tatsachenkenntnis vorliegt, allerdings Level-3-Vorgaben auf europäischer Ebene nicht eingehalten wurden, obwohl Rechtsrat eingeholt wurde oder auf Behördenauskünfte vertraut wurde.[129]

33 Fragen der **Wissenszurechnung** spielen im Zivil- und Verwaltungsrecht der Ad-hoc-Publizität eine große Rolle.[130] Etwa im Rahmen des neuen Insiderhandelsverbots, denn dieses setzt die Kenntnis der Insiderinformation voraus und aus Art. 9 I MAR folgt, dass juristischen Personen insoweit das Wissen ihrer Organe und Mitarbeiter zugerechnet wird.[131] Straf- und bußgeldrechtlich stellt sich das Problem – jedenfalls bis zur Einführung eines Unternehmensstrafrechts[132] – jedoch nicht. Jeder Tatverdächtige kann nur für seinen eigenen Vorsatz verantwortlich gemacht werden.

IX. Fahrlässigkeit im Kapitalmarktstrafrecht

34 Die Straftaten und Ordnungswidrigkeiten des Kapitalmarktrechts können teilweise **leichtfertig** (insbesondere § 119 Abs. 7 WpHG.) und oder (Ordnungswidrigkeiten) sogar einfach **fahrlässig** (§ 120 Abs. 12 und 13 WpHG) **begangen werden**. Die Fahrlässigkeit bestimmt sich nach den allgemeinen Regeln.

35 **(Einfach) Fahrlässig** handelt der Täter, wenn er zwar unbewusst oder ungewollt, aber pflichtwidrig einen Ordnungswidrigkeitentatbestand durch ein Tun oder Unterlassen verwirklicht.[133] Der Täter lässt die Sorgfalt außer Acht, zu der er nach den Umständen und nach seinen persönlichen Fähigkeiten und Kenntnissen verpflichtet und imstande war.[134] Erfasst werden sowohl die **bewusste** (sog willful blindness)[135] als auch die **unbewusste Fahrlässigkeit**. Der Täter handelt bewusst fahrlässig, wenn er die Möglichkeit der Tatbestandsverwirklichung zwar erkennt, jedoch ernsthaft darauf vertraut, dass der Taterfolg nicht eintreten werde.[136] Er handelt unbewusst fahrlässig, wenn er nicht erkennt oder voraussieht, dass er durch sein pflichtwidriges Verhalten die Tatbestandsverwirklichung herbeiführen wird.[137] Einfache Fahrlässigkeit wird etwa angenommen, wenn ein Betroffener aus Unachtsamkeit den Umfang einer voll-

---

127 Assmann/Schneider/Mülbert/*Spoerr* WpHG WpHG § 119 Rn. 176.
128 Assmann/Schneider/Mülbert/*Spoerr* WpHG WpHG § 119 Rn. 176 unter Verweis auf *Loesche* S. 232ff.
129 Assmann/Schneider/Mülbert/*Spoerr* WpHG § 119 Rn. 177; *Pauka/Link/Armenat* WM 2017, 2092ff.
130 *Klöhn* NZG 2017, 1285ff.
131 *Klöhn* NZG 2017, 1285 (1292).
132 Überblick zum aktuellen Stand der Diskussion: BeckOK StGB/*Momsen/Laudien* StGB § 14 Rn. 31ff.
133 KK-OWiG/*Rengier* OWiG § 11 Rn. 31 ff. mwN.
134 Fuchs/*Vogel* WpHG § 39 Rn. 67.
135 Zur Vorsatz-Entlastungsmöglichkeit durch willful blindness: *Schemmel/Kirch-Heim* CCZ 2008, 96.
136 KölnKommWpHG/*Altenhain* WpHG § 39 aF Rn. 34.
137 KölnKommWpHG/*Altenhain* WpHG § 39 aF Rn. 34.

ziehbaren Anordnung verkennt.[138] Weitere Beispiele – insbesondere zum Verbot von Insidergeschäften – finden sich im Emittentenleitfaden der BaFin (4. Aufl.).[139]

Leichtfertigkeit ist ein besonders gesteigerter Grad der Fahrlässigkeit, so dass der Täter objektiv einen besonders schweren Sorgfaltspflichtverstoß und subjektiv besonders leichtsinnig oder besonders gleichgültig den Tatbestand verwirklicht haben muss.[140] In der Praxis wird der Vorwurf der Leichtfertigkeit häufig im Zusammenhang mit Verstößen gegen Veröffentlichungs- und Mitteilungspflichten erhoben. Denn der betroffene Adressatenkreis ist verpflichtet, sich über die Pflichten zu informieren und im Zweifel professionellen Rat einzuholen.[141]

36

Die Prüfung der Leichtfertigkeit hat überdies Folgen für die Prüfung eines Aufsichtspflichtverstoßes gem. § 130 OWiG, für den zwar grds. einfache Fahrlässigkeit genügt. Jedoch muss auch hier der Anknüpfungstatbestand der objektive Tatbestand voll verwirklich sein, wozu bei den meisten Tatbeständen des § 120 WpHG die objektive Feststellung eines besonders qualifizierten Pflichtenverstoßes gehört.[142]

X. Bemessung von Sanktionen im Kapitalmarktstrafrecht

Einzelne Tatbestände des Kapitalmarktrechts sehen differenzierte eigene **Sanktionsrahmen** vor.

Für die Strafrahmen gelten gegenüber den sonst geltenden Regelungen des allgemeinen Strafrechts keine Besonderheiten (insbes. § 46 StGB).[143] Hinzuweisen ist darauf, dass der Qualifikationstatbestand der Marktmanipulation (Gewerbsmäßigkeit oder in Ausübung besonderer Pflichten) seit dem 1. FiMaNoG ein Verbrechen darstellt. Eine Einstellung dieser Verfahren nach § 153 a StPO ist damit nicht mehr möglich. Neben die reinen Kriminalstrafen treten weitere Folgen. Eher theoretisch:[144] Das Berufsverbot des § 70 StGB. Praktisch relevant: Die Gewinnabschöpfung nach den zum 1.7.2017 neu geregelten §§ 73ff StGB.[145] Insbesondere stehen nunmehr Entschädigungsansprüche einer inzwischen zwingend vorgeschriebenen Einziehung nicht mehr entgegen.

37

Die Bußgeldtatbestände des Kapitalmarktstrafrechts sehen demgegenüber (insbes. § 120 Abs. 17–24 WpHG und § 56 Abs. 6–8 KWG) abhängig von der Schwere der Ordnungswidrigkeit ein äußerst differenziertes Bußgeldregime vor, ausgerichtet an der jeweils verletzten Gebotsnorm. Für Einzelpersonen reichen diese Geldbußen seit dem 1. FinMaNoG (06/2016) je nach Verstoß bis zu 5 Mio. EUR, vorher je nach Verstoß bis max. 2 Mio. EUR. Personenvereini-

38

---

138 Fuchs/*Waßmer* WpHG § 39 aF Rn. 97; Assmann/Schneider/Mülbert/*Spoerr* WpHG § 120 Rn. 370.
139 www.bafin.de/SharedDocs/Downloads/DE/Leitfaden/WA/dl_emittentenleitfaden_2013.pdf?__blob=publicationFile&v.=5. (zuletzt abgerufen 12.12.2018. Der Emittentenleitfaden in der aktuellen 5. Aufl. enthält keine entsprechenden Beispiele mehr.
140 Assmann/Schneider/*Vogel* WpHG § 39 aF Rn. 65; vgl. auch BGH 13.4.1960 – 2 StR 593/59 14, NJW 1960, 1678 (1680).
141 Fuchs/*Waßmer* WpHG § 39 aF Rn. 96.
142 Assmann/Schneider/Mülbert/*Spoerr* WpHG § 120 Rn. 371.
143 Ausführlich Assmann/Schneider/Mülbert/*Spoerr* WpHG § 119 Rn. 181ff.
144 Ebenso: Assmann/Schneider/Mülbert/*Spoerr* WpHG § 119 Rn. 200.
145 Ausführlich Assmann/Schneider/Mülbert/*Spoerr* WpHG § 119 Rn. 184ff.

gungen und juristische Personen können auch mit Geldbußen von bis zu 15 Mio. EUR oder 15% des Gesamtkonzernumsatzes belangt werden.[146] Die Geldbuße kann auch darüber hinaus gehen, wenn aus der Tat Vorteile gezogen wurden. Sie soll den wirtschaftlichen Vorteil des Täters übersteigen. In diesem Fall kann die Geldbuße (über diese Beträge hinaus) bis zum Dreifachen (WpHG) bzw. Zweifachen (KWG) des aus der Tat gezogenen Vorteils gehen.[147] Der Begriff wirtschaftlicher Vorteil ist weit zu verstehen und bezieht nicht nur einen in Geld erzielten Gewinn, sondern auch sonstige Vorteile wirtschaftlicher Art ein.[148] Nach hM muss der Vorteil aus der Tat resultieren, es genügt nicht, dass der Vorteil nur mittelbar aus der Ordnungswidrigkeit gezogen wird.[149] Berechnet wird der wirtschaftliche Vorteil nach hM nach dem sog **Nettoprinzip** durch Vergleich der Vermögenssituation vor und nach der Tat, wobei Kosten und sonstige Aufwendungen abzuziehen sind.[150] Ist es nicht möglich, den wirtschaftlichen Vorteil zu errechnen, kann dieser geschätzt werden. Die tatsächlichen Grundlagen der Schätzung müssen aber dargelegt werden.[151]

Hinsichtlich der Bußgeldhöhe sah der Gesetzgeber keinen Spielraum und sah sich insofern europarechtlich fremdbestimmt.[152] Tatsächlich ist die Umsetzung eher missglückt. Der Gesetzgeber hat den bestehenden Spielraum schlicht nicht gesehen. Beispielsweise geht die Bundesregierung in der Gesetzesbegründung davon aus, dass eine Geldbuße an den jeweils höheren Betrag, entweder dem Gesamtjahresumsatz oder dem Nominalbetrag (etwa in § 120 Abs. 17 S. 2 WpHG bzw. § 56 Abs. 6 a KWG) anknüpfen müsse.[153] Richtigerweise nimmt der von der Bundesregierung in Bezug genommene Verordnungstext in Art. 30 Abs. 2 MAR aber an, dass eine Orientierung entweder am Nominalbetrag oder dem Gesamtjahresumsatz erfolgen muss. Es musste gerade nicht der höhere der beiden Beträge sein. Ein Redaktionsversehen des europäischen Verordnungsgebers ist angesichts der Vielzahl der Überarbeitungen wohl auszuschließen. Die Auswahl des jeweils höheren Betrages stammt ausschließlich vom deutschen Gesetzgeber.[154]

39 Bei der Bemessung der Geldbuße ist ferner § 17 Abs. 2 OWiG zu berücksichtigen, wonach das Höchstmaß eines Bußgeldes in Fällen nur leichtfertigen oder fahrlässigen Verhaltens grds. auf die Hälfte zu reduzieren ist. Mit dem 1. FinMaNoG wurde diese Reduzierung für bestimmte Delikte jedoch ausgeschlos-

---

146 Zum Streit, ob es sich dabei (richtigerweise) um eine Obergrenze handelt, die den Rahmen bildet, bis zu dem eine Sanktion ermittelt werden muss, oder ob es sich bei den Beträgen um eine Kappungsgrenze handelt, mit der Folge tendenziell höherer Bußgelder, siehe *Poeltzig* NZG 2016, 492 (495)
147 In § 39 Abs. 4 WpHG aF (vor dem 1. FinMaNoG) war es lediglich das Zweifache. Im Rahmen des § 56 KWG verbleibt es beim Zweifachen.
148 Göhler/König OWiG § 17 Rn. 40; KK-OWiG/*Mitsch* OWiG § 17 Rn. 120.
149 Assmann/Schneider/*Vogel* WpHG § 39 aF Rn. 56; aA: Göhler/König OWiG § 17 Rn. 40; KK-OWiG/*Mitsch* OWiG § 17 Rn. 120; Fuchs/*Waßmer* WpHG § 39 aF Rn. 104.
150 KK-OWiG/*Mitsch* OWiG § 17 Rn. 119 mwN.
151 *Wehowsky* in Erbs/Kohlhaas, Nebengesetze, § 39 WpHG aF Rn. 87.
152 Darauf weist die Bundesregierung im Gesetzesentwurf zum 1. FinMaNoG immer wieder ausdrücklich hin.
153 RegE 1. FinMaNoG, S. 78.
154 Gerade so: Stellungnahme des Arbeitskreises Kapitalmarktstrafrecht der Wirtschaftsstrafrechtlichen Vereinigung WisteV v. 14.4.2016, www.wistev.de.

sen; der § 17 Abs. 2 OWiG ist in diesen Fällen nicht anzuwenden (bspw. § 120 Abs. 25 WpHG). Auch zu dieser Regelung sah sich der deutsche Gesetzgeber gehalten, weil Art. 30 VO (EU) Nr. 596/2014 keine Grundlage für die Absenkung des pauschalen Bußgeldrahmens für fahrlässiges Verhalten biete. Dies ist freilich unzutreffend, behandelt Art. 30 VO (EU) 596/2014 doch nur administrative Sanktionen. Auch gilt diese Regelung im Rahmen des WpHG für alle Betroffenen, im Rahmen des KWG gilt der Ausschluss nur für juristische Personen oder Vereinigungen. Warum dies im KWG systematisch anders geregelt wurde als im WpHG, leuchtet nicht ein.[155]

Ausgehend vom Bußgeldrahmen bilden nach § 17 Abs. 3 OWiG die Bedeutung der Ordnungswidrigkeit und der Vorwurf, der den Täter persönlich trifft, die **Grundlage für die Zumessung**. Die **Bedeutung der Ordnungswidrigkeit** bemisst sich in erster Linie nach der Schwere des Pflichtverstoßes. Grad und Ausmaß der Gefährdung bzw. Beeinträchtigung der Rechtsgüter und die aus der Tat resultierenden Konsequenzen sind maßgebend.[156] Kriterien bilden die Häufigkeit gleichartiger Verstöße, die Art der Ausführung und die Dauer der Ordnungswidrigkeit.[157] Zusätzlich können besondere Umstände in der Person des Täters berücksichtigt werden (zB: Geständnis, Einsicht und Reue, Handeln aus Not oder einer Zwangslage, aber auch besonders verwerfliche Motive des Betroffenen). Nach § 17 Abs. 3 S. 2 OWiG können auch die wirtschaftlichen Verhältnisse des Täters berücksichtigt werden. Sie ergeben sich aus dem Einkommen und Vermögen des Betroffenen, wobei Schulden und Unterhaltsverpflichtungen in die Betrachtung einzubeziehen sind.[158] 40

Bei **Tatmehrheit** gilt im Ordnungswidrigkeitenrecht im Gegensatz zur strafrechtlichen Gesamtstrafenbildung das sog **Kumulationsprinzip**.[159] Nach § 20 OWiG wird jede Geldbuße gesondert festgesetzt, auch wenn mehrere Geldbußen verwirkt sind. Gerade im Zuge der Ordnungswidrigkeiten nach § 120 WpHG kann es durch die Summierungseffekte zu unbilligen Härten kommen. Um die Grundsätze der Verhältnismäßigkeit und der schuldangemessenen Sanktionierung zu wahren, sind die Einzelgeldbußen im Hinblick auf die Gesamthöhe zu reduzieren.[160] 41

Zur Konkretisierung dieses eigentlich sehr flexiblen und daher auch den Aspekt der Einzelfallgerechtigkeit ins Auge fassenden Zumessungssystems hat die BaFin Leitlinien zur Festsetzung von Geldbußen erlassen,[161] die bei Verstößen gegen ausgewählte Verbotsnormen berücksichtigt werden müssen.[162] Diese Leitlinien sollen die Bußgeldpraxis der BaFin erläutern und abschätzbarer ma- 42

---

155 Ebenso: Stellungnahme des Arbeitskreises Kapitalmarktstrafrecht der Wirtschaftsstrafrechtlichen Vereinigung WisteV v. 14.4.2016, www.wistev.de.
156 KölnKommWpHG/*Altenhain* WpHG § 39 Rn. 62; Göhler/*Gürtler* OWiG § 17 Rn. 16; Assmann/Schneider/*Vogel* WpHG § 39 Rn. 72; Fuchs/*Waßmer* WpHG § 39 aF Rn. 102.
157 Fuchs/*Waßmer* WpHG § 39 aF Rn. 102.
158 KK-OWiG/*Mitsch* OWiG § 17 Rn. 87; Göhler/*König* OWiG § 17 Rn. 17.
159 Fuchs/*Waßmer* WpHG § 39 aF Rn. 106.
160 Fuchs/*Waßmer* WpHG § 39 aF Rn. 106.
161 www.bafin.de/SharedDocs/Downloads/DE/Leitfaden/WA/dl_bussgeldleitlinien_2013.pdf;jsessionid=68B3143EA492523A163FE8A7DCA9B748.1_cid363?__blob=publicationFile&v.=6.
162 Zur Kritik an einer zu schematischen Einteilung und an einem Außerachtlassen der gesetzgeberischen Unrechtsbewertung, siehe *Eggers* BB 2015, 651 (652).

chen.¹⁶³ Neben der damit vermeintlich gewonnen Transparenz und Gleichbehandlung bei der Bußgeldbestimmung hat die BaFin die Leitlinien allerdings auch dazu genutzt, die bisherige Ahndungspraxis zumindest in der Theorie signifikant zu verschärfen.¹⁶⁴ Erreichten die höchsten Bußgelder bei Verstößen gegen die Ad-hoc-Publizitätspflicht oder die Stimmrechtsmitteilungspflichten nur selten einen sechsstelligen Betrag,¹⁶⁵ wird dies zukünftig wohl bereits bei mittelgroßen Emittenten der Normalfall sein.¹⁶⁶ Die Bußgeldleitlinien haben zwar auf den ersten Blick einen mathematischen Charme. Problematisch ist allerdings insbesondere die zu grobe Kategorisierung von Emittenten und die Annahme von unangemessenen Bezugsgrößen.¹⁶⁷

43 Die Leitlinien bezogen sich darüber hinaus schon in ihrer ersten Fassung von 2013 nur auf bestimmte, häufig und regelmäßig auftretende Ordnungswidrigkeiten (Verstöße gegen die §§ 15 Abs. 1 S. 1, 21 Abs. 1 S. 1, 25 Abs. 1 S. 1, 25 a Abs. 1 S. 1, 26 Abs. 1 S. 1, 37 v Abs. 1, 37 w Abs. 1, 37 x Abs. 1 WpHG aF) und regelten etwa weder die Marktmanipulation noch die Insiderdelikte. Diese Beschränkung der Leitlinien besteht auch nach ihrer Überarbeitung und daraus resultierenden Neuveröffentlichung am 23.2.2017 im Wesentlichen fort. Auch in der reformierten Fassung betreffen die Bußgeldleitlinien nur Verstöße gegen Vorschriften aus den Bereichen der Ad-hoc-Publizität, der Pflicht zur Stimmrechtsmitteilung und der Finanzberichterstattung:¹⁶⁸

- Art. 17 Abs. 1 UAbs. 1, UAbs. 2 S. 1 MAR – ahndbar nach § 120 Abs. 15 Nr. 7 WpHG nF, Bußgeldrahmen nach § 120 Abs. 18, S. 1 Var. 2, S. 2 Hs. 2 Nr. 2 WpHG nF
- § 33 Abs. 1 S. 1 WpHG nF (bis zum 2. FiMaNoG: § 21 Abs. 1 S. 1 WpHG aF) – ahndbar nach § 120 Abs. 2 Nr. 2 lit. d) WpHG nF, Bußgeldrahmen nach § 120 Abs. 17 WpHG nF
- § 38 Abs. 1 S. 1 WpHG nF (bis zum 2. FiMaNoG: § 25 Abs. 1 S. 1 WpHG aF) – ahndbar nach § 120 Abs. 2 Nr. 2 lit. e) WpHG nF, Bußgeldrahmen nach § 120 Abs. 17 WpHG nF
- § 39 Abs. 1 S. 1 WpHG nF (bis zum 2. FiMaNoG: § 25 a Abs. 1 S. 1 WpHG aF) – ahndbar nach § 120 Abs. 2 Nr. 2 lit. e) WpHG nF, Bußgeldrahmen nach § 120 Abs. 17 WpHG nF
- § 40 Abs. 1 S. 1 WpHG nF (bis zum 2. FiMaNoG: § 26 Abs. 1 S. 1 WpHG aF) – ahndbar nach § 120 Abs. 2 Nr. 4 lit. a), Nr. 10 WpHG nF, Bußgeldrahmen nach § 120 Abs. 17 WpHG nF (bei Verstößen gegen § 120 Abs. 2 Nr. 4 lit. a) WpHG nF) bzw. § 120 Abs. 24 Var. 1 WpHG nF (bei Verstößen gegen § 120 Abs. 2 Nr. 10 WpHG nF)

---

163 Im Einzelnen: *Nartowska/Walla* NZG 2015, 977ff.; *Eggers* BB 2015, 651ff.
164 *Becker/Canzler* NZG 2014, 1090 (1096); *Heinrich/Krämer/Mückenberger* ZIP 2014, 1557.
165 Im Jahr 2013 betrug die höchste verhängte Geldbuße nach dem Jahresbericht der BaFin 100 TEUR. Siehe S. 190 des Jahresberichts, zu finden unter: www.bafin.de/SharedDocs/Downloads/DE/Jahresbericht/dl_jb_2013.pdf?__blob=publicationFile&v.=8.
166 *Heinrich/Krämer/Mückenberger* ZIP 2014, 1557.
167 Vgl. Im Einzelnen: *Eggers* BB 2015, 651 (652).
168 Ausdrücklich ebenso: Meyer/Veil/Rönnau/*Rönnau/Wegner* § 29 Rn. 49.

- § 41 Abs. 1 S. 1 WpHG nF (bis zum 2. FiMaNoG: § 26 a Abs. 1 S. 1 WpHG aF) – ahndbar nach § 120 Abs. 2 Nr. 4 lit. a) WpHG nF, Bußgeldrahmen nach § 120 Abs. 17 WpHG nF
- § 114 Abs. 1 S. 1 WpHG nF (bis zum 2. FiMaNoG: § 37 v Abs. 1 S. 1 WpHG aF) – ahndbar nach § 120 Abs. 12 Nr. 5 WpHG nF, Bußgeldrahmen nach § 120 Abs. 17 WpHG nF
- § 114 Abs. 1 S. 2 WpHG nF (bis zum 2. FiMaNoG: § 37 v Abs. 1 S. 2 WpHG aF) – ahndbar nach § 120 Abs. 2 Nr. 4 lit. e) WpHG nF, Bußgeldrahmen nach § 120 Abs. 17 WpHG nF
- § 114 Abs. 1 S. 3 WpHG nF (bis zum 2. FiMaNoG: § 37 v Abs. 1 S. 3 WpHG aF) – ahndbar nach § 120 Abs. 2 Nr. 2 lit. k), Nr. 10 WpHG nF, Bußgeldrahmen nach § 120 Abs. 24 Var. 1 WpHG nF (bei Verstößen gegen § 120 Abs. 2 Nr. 10 WpHG nF) bzw. § 120 Abs. 24 Var. 2 WpHG nF (bei Verstößen gegen § 120 Abs. 2 Nr. 2 lit. k) WpHG nF)
- § 114 Abs. 1 S. 4 WpHG nF (bis zum 2. FiMaNoG: § 37 v Abs. 1 S. 4 WpHG aF) – ahndbar nach § 120 Abs. 2 Nr. 15 WpHG nF, Bußgeldrahmen nach § 120 Abs. 24 Var. 1 WpHG nF
- § 115 Abs. 1 S. 1 WpHG nF (bis zum 2. FiMaNoG: § 37 w Abs. 1 S. 1 WpHG aF) – ahndbar nach § 120 Abs. 12 Nr. 5 WpHG nF, Bußgeldrahmen nach § 120 Abs. 17 WpHG nF
- § 115 Abs. 1 S. 2 WpHG nF (bis zum 2. FiMaNoG: § 37 w Abs. 1 S. 2 WpHG aF) – ahndbar nach § 120 Abs. 2 Nr. 4 lit. f) WpHG nF, Bußgeldrahmen nach § 120 Abs. 17 WpHG nF
- § 115 Abs. 1 S. 3 WpHG nF (bis zum 2. FiMaNoG: § 37 w Abs. 1 S. 3 WpHG aF) – ahndbar nach § 120 Abs. 2 Nr. 2 lit. l), Nr. 10 WpHG nF, Bußgeldrahmen nach § 120 Abs. 24 Var. 1 WpHG nF (bei Verstößen gegen § 120 Abs. 2 Nr. 10 WpHG nF) bzw. § 120 Abs. 24 Var. 2 WpHG nF (bei Verstößen gegen § 120 Abs. 2 Nr. 2 lit. l) WpHG nF)
- § 115 Abs. 1 S. 4 WpHG nF (bis zum 2. FiMaNoG: § 37 w Abs. 1 S. 4 WpHG aF) – ahndbar nach § 120 Abs. 2 Nr. 15 WpHG nF, Bußgeldrahmen nach § 120 Abs. 24 Var. 1 WpHG nF

Die WpHG-Bußgeldleitlinien 2017 erfassen – im Unterschied zur Vorfassung aus 2013 – neben Regelfälle mit Tatumständen, die bei Verstößen typischerweise auftreten, auch außergewöhnliche Sachverhalte von aus Sicht der Bafin erhöhtem Unrechtsgehalt.[169] Die Bußgeldleitlinien sollen eine einzelfallbezogene Betrachtung allerdings nicht ersetzen.[170]

Bei Ordnungswidrigkeiten, die nicht von den Bußgeldleitlinien erfasst sind, richtet sich die Bußgeldbemessung nach den allgemeinen Grundsätzen.[171]

Die §§ 119, 120 WpHG und §§ 55, 56 KWG können überdies Anknüpfungstaten für eine Bebußung von Unternehmen nach §§ 130, 30 OWiG darstellen. Denn durch ihre Verwirklichung können Pflichten verletzt werden, die das Unternehmen treffen. Inwieweit sich diesbezüglich aus der geplanten Neuregelung

---

169 Bußgeldleitlinien S. 4.
170 Meyer/Veil/Rönnau/*Rönnau*/*Wegner* § 29 Rn. 49.
171 Meyer/Veil/Rönnau/*Rönnau*/*Wegner* § 29 Rn. 49

eines Unternehmensstrafrechts Veränderungen ergeben, ist derzeit noch nicht absehbar.[172]

46 Flankiert werden die Geldbußen in den jüngeren Rechtsakten im EU-Kapitalmarktrecht immer öfter durch die öffentliche, über die Website der Bafin kundgemachte Information des Publikums[173] über tatsächlich oder sogar nur vermeintliche Rechtsverstöße unter namentlicher Nennung des Täters („naming and shaming").[174][175] Eine solche ist – anders als in § 123 WpHG – für Verstöße gegen Transparenzpflichten und Verstöße gegen die Verordnungen EU 596/2014, 2015/2365, 2016/1011 und teilweise 600/2014, 909/2014 und 2017/2402 – zwingend (§§ 124, 125, 126 WpHG, bzw. §§ 60 c, 60 d KWG, jeweils Abs. 1 „macht... bekannt"). Die Mindestveröffentlichungsdauer von fünf Jahren gem. Art. 34 Abs. 3 MAR ist auch die Höchstdauer. Damit ist die Bekanntmachung nach diesen fünf Jahren zu löschen.[176]

---

172 So auch Assmann/Schneider/Mülbert/*Spoerr* WpHG § 119 Rn. 202.
173 Zur Bewertung: Meyer/Veil/Rönnau/*Rönnau*/*Wegner* § 30 Rn. 3.
174 Kritisch zu diesem Konzept: *Schmieszek/Langner* WM 2014, 1893ff.; *Fleischer* ZGR 2004, 437 (477), der von einer „moderne Form staatlich gesponserter Lynchjustiz" spricht. Anders aber: Assmann/Schneider/*Vogel* WpHG WpHG, 6. Aufl. 2011, § 40 b WpHG aF Rn. 4.
175 *Parmentier* EuZW 2016, 45 (50); eing. *Schmieszek/Langner* WM 2014, 1893.
176 *Klöhn*/Schmolke MAR Art. 15 Rn. 114.

Teil 3: Straftaten
Kapitel 4: Betrugsdelikte

Kap. 4.1. § 263 StGB Betrug

§ 263 StGB Betrug

(1) Wer in der Absicht, sich oder einem Dritten einen rechtswidrigen Vermögensvorteil zu verschaffen, das Vermögen eines anderen dadurch beschädigt, daß er durch Vorspiegelung falscher oder durch Entstellung oder Unterdrückung wahrer Tatsachen einen Irrtum erregt oder unterhält, wird mit Freiheitsstrafe bis zu fünf Jahren oder mit Geldstrafe bestraft.

(2) Der Versuch ist strafbar.

(3) [1]In besonders schweren Fällen ist die Strafe Freiheitsstrafe von sechs Monaten bis zu zehn Jahren. [2]Ein besonders schwerer Fall liegt in der Regel vor, wenn der Täter

1. gewerbsmäßig oder als Mitglied einer Bande handelt, die sich zur fortgesetzten Begehung von Urkundenfälschung oder Betrug verbunden hat,
2. einen Vermögensverlust großen Ausmaßes herbeiführt oder in der Absicht handelt, durch die fortgesetzte Begehung von Betrug eine große Zahl von Menschen in die Gefahr des Verlustes von Vermögenswerten zu bringen,
3. eine andere Person in wirtschaftliche Not bringt,
4. seine Befugnisse oder seine Stellung als Amtsträger oder Europäischer Amtsträger mißbraucht oder
5. einen Versicherungsfall vortäuscht, nachdem er oder ein anderer zu diesem Zweck eine Sache von bedeutendem Wert in Brand gesetzt oder durch eine Brandlegung ganz oder teilweise zerstört oder ein Schiff zum Sinken oder Stranden gebracht hat.

(4) § 243 Abs. 2 sowie die §§ 247 und 248 a gelten entsprechend.

(5) Mit Freiheitsstrafe von einem Jahr bis zu zehn Jahren, in minder schweren Fällen mit Freiheitsstrafe von sechs Monaten bis zu fünf Jahren wird bestraft, wer den Betrug als Mitglied einer Bande, die sich zur fortgesetzten Begehung von Straftaten nach den §§ 263 bis 264 oder 267 bis 269 verbunden hat, gewerbsmäßig begeht.

(6) Das Gericht kann Führungsaufsicht anordnen (§ 68 Abs. 1).

Literatur: *Achenbach*, Vermögen und Nutzungschance, in Festschrift für Roxin zum 80. Geburtstag, 2011, S. 1005; *Altenhain*, Die Neuregelung der Marktpreismanipulation durch das Vierte Finanzmarktförderungsgesetz, BB 2002, 1874; *Arlt*, Der strafrechtliche Anlegerschutz vor Kursmanipulation, 2004; *Becker/Rönnau*, Der objektiv-individuelle Schadensbegriff beim Betrug (§ 263 StGB), JuS 2017, 975; *dies.*, Der Gefährdungsschaden bei Betrug (§ 263 StGB) und Untreue (§ 266 StGB), JuS 2017, 499; *Bingel*, Rechtliche Grenzen der Kursstabilisierung nach Aktienplatzierungen, 2007; *Birnbaum*, Stichwort „Churning", wistra 1991, 253; *Brand/Reschke*, Die Bedeutung der Stoffgleichheit im Rahmen betrügerischer Telefonanrufe, NStZ 2011, 379; *Bröker*, Strafrechtliche Probleme bei Warentermin- und -optionsgeschäften, 1989; *Cahn*, Grenzen des Markt- und Anlegerschutzes durch das WpHG, ZHR 162 (1998), 1; *Cornelius*, Betrug durch verschleierte Kick-Back-Zahlungen bei Immobilienfinanzierungen; NZWiSt 2012, 259; *Diehm*, Strafrechtsrelevante Maßnahmen der Europäischen Union gegen Insidergeschäfte und Kursmanipulationen, 2006; *Ebner*, Betrug i.S.d. § 263 StGB bei Anlage in Warentermingeschäften? Kriminalistik 2007,

681; *Eichelberger*, Scalping – ein Insiderdelikt? WM 2003, 2121; *Eiden*, Wenn das Handy einmal klingelt. Zur Strafbarkeit von „Ping-Anrufen", Jura 2011, 863; *Einsele*, Anlegerschutz durch Information und Beratung, JZ 2008, 477; *Eisele/Bechtel*, Der Schadensbegriff bei den Vermögensdelikten, JuS 2018, 97; *Ekkenga*, Kurspflege und Kursmanipulation nach geltendem und künftigem Recht, WM 2002, 317; *Evers*, Das Verhältnis des Vermögensnachteils bei der Untreue (§ 266 StGB) zum Vermögensschaden beim Betrug (§ 263 StGB), 2018; *Fichtner*, Die börsen- und depotrechtlichen Strafvorschriften und ihr Verhältnis zu den Eigentums- und Vermögensdelikten des StGB, 1993; *J. Fischer*, Insiderrecht und Kapitalmarktkommunikation, 2006; *Fleischer*, Scalping zwischen Insiderdelikt und Kursmanipulation, DB 2004, 51; *ders.*, Das Haffa-Urteil: Kapitalmarktstrafrecht auf dem Prüfstand, NJW 2003, 2584; *ders.*, Das Vierte Finanzmarktförderungsgesetz, NJW 2002, 2977; *Franke/Ristau*, Zur ökonomischen Beurteilung der Aufschlagsproblematik bei der Vermittlung von Optionsgeschäften, wistra 1990, 252; *Frisch*, Grundfragen der Täuschung und des Irrtums beim Betrug, in Festschrift für Herzberg, 2008, S. 729; *Füllkrug*, Zur Betrugsstrafbarkeit beim Handel mit Optionen auf Warentermingeschäfte, Kriminalistik 1985, 267; *Gaede/Mühlbauer*, Wirtschaftsstrafrecht zwischen europäischem Primärrecht, Verfassungsrecht und der richtlinienkonformen Auslegung am Beispiel des Scalping, wistra 2005, 9; *Gerst/Meinicke*, Zwischen Verkaufsgeschick und Betrug: Strafbarkeitsrisiken beim Vertrieb von Kapitalanlageprodukten am Beispiel offener Immobilienfonds, StraFo 2011, 29; *Hefendehl*, Corporate Governance und Business Ethics: Scheinberuhigung oder Alternativen bei der Bekämpfung der Wirtschaftskriminalität, JZ 2006, 119; *Hellgardt*, Fehlerhafte Ad-hoc-Publizität als strafbare Marktmanipulation, ZIP 2005, 2000; *Hey*, Wertdifferenzgeschäfte, Kriminalistik 1997, 480; *Hildner*, Aspekte des Anlagebetruges im staatsanwaltschaftlichen Ermittlungsverfahren, WM 2004, 1068; *Hilgendorf*, Betrug im Internet, in Asada, Assmann ua (Hrsg.), Das Recht vor den Herausforderungen neuer Technologien. Deutsch-japanisches Symposium in Tübingen vom 12.-18. Juli 2004, 2006, 141; *Hohnel*, Kapitalmarktstrafrecht, 2013; *Imo*, Börsentermin- und Börsenoptionsgeschäfte, Band I, 1988; *Jaath*, Zur Strafbarkeit der Verbreitung unvollständiger Prospekte über Vermögensanlagen, in Festschrift für Dünnebier, 1982, S. 583; *Jahn*, Zur Strafbarkeit von Manipulationen des Handelns an der Strombörse EEX in Leipzig, ZNER 2008, 297; *Janke*, Kompendium Wirtschaftskriminalität, 2008; *Jean-Richard*, Handelsinszenierungen zur Kursmanipulation am Kapitalmarkt, SZW 1995, 259; *Kindhäuser*, Konkludentes Täuschen, in Festschrift für Tiedemann, 2008, S. 579; *Kirschbaum/Wittmann*, Selbstregulierung im Gesellschaftsrecht: Der Deutsche Corporate Governance Kodex, JuS 2005, 1062; *Klaffke*, Verbesserungspotenzial bei der Bekämpfung von Anlagebetrug im Bereich der Justiz, ZRP 2003, 450; *Koch*, Betrug durch Warentermingeschäfte, JZ 1980, 704; *Körner*, Infomatec und die Haftung von Vorstandsmitgliedern für falsche ad hoc-Mitteilungen, NJW 2004, 3386; *Krüger*, Zum „großen Ausmaß" in § 263 Abs. 3 Satz 2 Nr. 2 StGB, wistra 2005, 247; *ders./Hilbert/Wengenroth*, Zur Strafbarkeit von Spielmanipulationen de lege lata et ferenda, Causa Sport 2013, 188; *Kudlich*, Börsen-Gurus zwischen Zölibat und Strafbarkeit – Scalping als Straftat? JR 2004, 191; *Küper*, Der sog. Erfüllungsbetrug, in Festschrift für Tiedemann, 2008, S. 617; *Lackner/Imo*, Zum Vermögensschaden bei betrügerischen Manipulationen mit Warenterminoptionen, MDR 1983, 969; *Lenenbach*, Scalping: Insiderdelikt oder Kursmanipulation? ZIP 2003, 243; *Lenzen*, Reform des Rechts zur Verhinderung der Börsenkursmanipulation, WM 2000, 1131; *Möller*, Die Neuregelung des Verbots der Kurs- und Marktpreismanipulation im Vierten Finanzmarktförderungsgesetz, WM 2002, 309; *Moosmayer*, Straf- und bußgeldrechtliche Regelungen im Entwurf eines Vierten Finanzmarktförderungsgesetzes, wistra 2002, 161; *Mühlbauer*, Zur Einordnung des „Scalping" durch Anlageberater als Insiderhandel nach dem WpHG, wistra 2003, 169; *Nestler*, Churning, 2009; *Otto*, Neue und erneut aktuelle Formen betrügerischer Anlageberatung und ihre strafrechtliche Ahndung, in Festschrift für Pfeiffer, 1988, S. 69; *ders.*, Strafrechtliche Aspekte der Anlageberatung, WM 1988, 729; *ders.*, Bankentätigkeit und Strafrecht, 1983; *Papachristou*, Die strafrechtliche Behandlung von Börsen- und Marktpreismanipulationen, 2006; *Park*, Schwerpunktbereich – Einführung in das Kapitalmarktstrafrecht, JuS 2007, 621; *ders.*, Die Entwicklung des Kapitalmarktstrafrechts, in Festschrift zu Ehren des Strafrechtsausschusses der Bundesrechtsanwaltskammer, 2006, S. 229; *ders.*, Kapitalmarktstrafrechtliche Neuerungen des Vierten Finanzmarktförderungsgesetzes, BB 2003, 1513; *ders.*, Börsenstrafrechtliche Risiken für Vorstandsmitglieder von börsennotierten Aktiengesellschaften, BB 2001, 2069; *Park/Rütters*, Untreue und Betrug durch Handel mit problematischen Vertriebsvergütungen, StV 2011, 434; *Peglau*, Die Regelbeispiele des § 263 Abs. 3 Nr. 2 StGB, wistra 2004, 7; *Perron*, Keine Unmittelbarkeit des Vermögensschadens, ausbleibender Gewinn als Nachteil

– liegt der Untreue ein anderer Begriff des Vermögensschadens zugrunde als dem Betrug? in Festschrift für Frisch, 2013, S. 857; *Peter*, Zur Feststellung des Irrtums bei Massenbetrugsfällen, StraFo 2019, 186; *Petersen*, Die Strafbarkeit des „Scalping", wistra 1999, 328; *Pfüller/Anders*, Die Verordnung zur Konkretisierung des Verbotes der Kurs- und Marktpreismanipulation nach § 20 a WpHG, WM 2003, 2445; *Rieckers*, Haftung des Vorstands für fehlerhafte Ad-hoc-Meldungen de lege lata und de lege ferenda, BB 2002, 1213; *Riedel*, Falsche Ad-hoc-Mitteilungen, wistra 2001, 447; *Rochus*, Betrügerischer Handel mit Rohstoffoptionen, NJW 1981, 736; *Rönnau*, Schadensfiktionen in der Rechtsprechung der Strafgerichte, in Festschrift für Rissing-van Saan, 2011, S. 517; *Rönnau/Soyka*, Der „Quotenschaden" im Fall „Hoyzer" – ein Verstoß gegen das Bestimmtheitsgebot? NStZ 2009, 12; *Rößler*, „Kickback" – quo vadis? NJW 2008, 554; *Rössner/Arendts*, Die Haftung wegen Kontoplünderung durch Spesenreiterei, WM 1996, 1517; *Rössner/Bolkart*, Entwurf einer Verordnung zum Verbot der Kurs- und Marktpreismanipulation, AG 2003, R 394; *Rose*, Betrug bei Warentermingeschäften – mehr Klarheit beim Vermögensschaden? wistra 2009, 289; *Rotsch*, Der Vermögensverlust großen Ausmaßes bei Betrug und Untreue, ZStW 117 (2005), 577; *Saliger*, Die Nachteilsbestimmung bei der Untreue im Fall von Aktienkäufen, NJW 2019, 886; *ders./Rönnau/Kirch-Heim*, Täuschung und Vermögensschaden beim Sportwettenbetrug durch Spielteilnehmer – Fall „Hoyzer", NStZ 2007, 361; *Satzger*, Probleme des Schadens beim Betrug, Jura 2009, 518; *Sauckel*, Betrug beim Handel mit Warenterminoptionen, 1991; *Schäfer*, Zulässigkeit und Grenzen der Kurspflege, WM 1999, 1345; *Schanz*, Börseneinführung, Handbuch für den Börsengang und die börsennotierte Gesellschaft, 4. Auflage, 2012; *Scheinfeld*, Betrug durch unternehmerisches Werben? wistra 2008, 167; *Schilling*, Diskrepanzen beim Vermögensschaden, NStZ 2018, 316; *Schlösser*, Zum Schaden beim betrügerisch veranlassten Eingehen eines Risikogeschäfts, NStZ 2009, 663; *Schlösser/Dörfler*, Strafrechtliche Folgen eines Verstoßes gegen den Deutschen Corporate Governance Kodex, wistra 2007, 326; *Schlüter*, Börsenhandelsrecht, 2. Auflage, 2002; *Schmidt*, Der Vermögensschaden im Sinne des § 263 StGB bei Investitionen in Schneeballsysteme, StV 2018, 57; *Schmitz*, Der strafrechtliche Schutz des Kapitalmarkts in Europa, ZStW 115 (2003), 501; *Schneider/Burgard*, Scalping als Insiderstraftat, ZIP 1999, 381; *Schork/Groß*, Bankstrafrecht, 2013; *Schröder*, Handbuch Kapitalmarktstrafrecht, 3. Auflage, 2015; *ders.*, Aktienhandel und Strafrecht, 1994; *Schwarz*, Kapitalmarktrecht – ein Überblick, DStR 2003, 1930; *Seelmann*, Betrug beim Handel mit Rohstoffoptionen, NJW 1980, 2545; *Siegel/Rulands*, Zivil- und (betrugs-)strafrechtliche Aufklärungspflichten im Zusammenhang mit derivativen Finanzinstrumenten, ZWH 2018, 293; *Sonnen*, Der Vermögensschaden beim betrügerischen Handel mit Warenterminoptionen, StV 1984, 175; *ders.*, Strafrechtliche Grenzen des Handels mit Optionen auf Warentermin-Kontrakte, wistra 1982, 123; *Sorgenfrei*, Zum Verbot der Kurs- oder Marktpreismanipulation nach dem 4. Finanzmarktförderungsgesetz, wistra 2002, 321; *Spindler*, Kapitalmarktreform in Permanenz – Das Anlegerschutzverbesserungsgesetz, NJW 2004, 3449; *Thielmann*, Die Vorbereitung eines Erfüllungsbetruges als vollendeter Eingehungsbetrug, StraFo 2010, 412; *Tiedemann*, Wirtschaftsstrafrecht, 5. Auflage, 2017; *Többens*, Wirtschaftsstrafrecht, 2006; *Tripmaker*, Der subjektive Tatbestand des Kursbetrugs, wistra 2002, 288; *Trüg*, Zur strafrechtlichen Relevanz von Leerverkäufen, in Festschrift für Mehle, 2009, S. 637; *ders.*, Ist der Leerverkauf von Wertpapieren strafbar? NJW 2009, 3202; *Varwig*, Zum Tatbestandsmerkmal des Vermögensschadens (§ 263 StGB), 2011; *von Ungern-Sternberg*, Wirtschaftskriminalität beim Handel mit ausländischen Aktien, ZStW 88 (1976), 653; *Vogel*, Scalping als Kurs- und Marktpreismanipulation, NStZ 2004, 252; *ders.*, Kurspflege: Zulässige Kurs- und Marktpreisstabilisierung oder straf- bzw ahndbare Kurs- und Marktpreismanipulation? WM 2003, 2437; *Volk*, Scalping strafbar? ZIP 1999, 787; *ders.*, Die Strafbarkeit von Absichten im Insiderhandelsrecht, BB 1999, 66; *Wach*, Der Terminhandel in Recht und Praxis, 1986; *Wagner*, Das Problem des Vermögensschadens beim Betrug durch den Verkauf von Plagiaten, wistra 2017, 466; *Walter*, Die Kompensation beim Betrug (§ 263 StGB), in Festschrift für Herzberg, 2008, S. 763; *Watter*, Kursmanipulation am Aktienmarkt unter Berücksichtigung von sogenannten Stützungskäufen, SZW 1990, 193; M. *Weber*, Die Entwicklung des Kapitalmarktrechts im Jahre 2005, NJW 2005, 3682; *ders.*, Die Entwicklung des Kapitalmarktrechts im Jahre 2004, NJW 2004, 3674; *ders.*, Die Entwicklung des Kapitalmarktrechts 2001/2002, NJW 2003, 18; *ders.*, Der Kommissionsentwurf einer Marktmissbrauchrichtlinie, EuZW 2002, 43; *ders.*, Scalping – Erfindung und Folgen eines Insiderdelikts, NJW 2000, 562; *ders.*, Kursmanipulationen am Wertpapiermarkt, NZG 2000, 113; *Wodsak*, Täuschung des Kapitalmarkts durch Unterlassen, 2006; *Wolf*, Das Verbot der Kurs- und Marktpreismanipulation, in Festschrift für Weber, 2004, S. 641; *Worms*, Anlegerschutz durch Strafrecht, 1987; *ders.*, Warenterminoptionen: Strafbarer Betrug oder nur enttäuschte Erwartungen? wistra 1984, 123; *Zieschang*, Der Einfluss der Gesamtrechtsordnung auf den Umfang des Vermögensschutzes durch den Betrugstatbestand, in Festschrift für Hirsch, 1999, S. 831; *Ziouvas*, Das neue Kapitalmarktstrafrecht, 2005.

I. Allgemeines 1	d) Rechtswidrigkeit der Bereicherung 74
1. Eingrenzung des Themenbereichs 1	III. Ergänzende Bemerkungen 76
2. Praktische Bedeutung der Vorschrift im Bereich des Kapitalmarkts 3	1. Regelbeispiele 76
	a) § 263 Abs. 3 S. 2 Nr. 1 StGB 77
3. Der typische Anwendungsfall 5	b) § 263 Abs. 3 S. 2 Nr. 2 StGB 79
a) Optionen auf Warentermingeschäfte 6	c) § 263 Abs. 3 S. 2 Nr. 3 StGB 81
b) Neuartige Verhaltensweisen im Bereich des Wertpapierhandels 10	d) § 263 Abs. 3 S. 2 Nr. 4 StGB 82
	e) § 263 Abs. 3 S. 2 Nr. 5 StGB 83
4. Gang der weiteren Erläuterungen 14	f) Abweichen von der Indizwirkung 84
II. Die Voraussetzungen des Tatbestandes 16	g) Strafzumessungsgesichtspunkte im Übrigen 85
1. Objektiver Tatbestand 18	2. Antragserfordernis 88
a) Täuschung 19	3. Qualifikation 89
aa) Abgrenzung Tatsache und Werturteil .. 23	4. Führungsaufsicht 90
bb) Prognosen 26	5. Konkurrenzen 91
cc) Äußere und innere Tatsachen 31	IV. Einzelne Verhaltensweisen aus dem Bereich des Kapitalmarkts und ihre Relevanz im Hinblick auf § 263 StGB 93
dd) Ausdrückliche Täuschung 33	
ee) Konkludente Täuschung 36	1. Ad-hoc-Meldungen 94
	2. Advancing the bid 95
ff) Täuschung durch Unterlassen 38	3. Bilanzfälschungen 96
b) Irrtum 44	4. Churning 97
aa) Zweifel des Getäuschten 45	5. Circular Trading 101
	6. Cornering 102
bb) Vorstellungsinhalt ... 49	7. Creating-a-Price-Trend and Trading against it 103
c) Kausalität zwischen Täuschung und Irrtum 50	
d) Vermögensverfügung 52	8. Designated Sponsoring 104
e) Kausalität zwischen Irrtum und Vermögensverfügung 54	9. Emissionsprospekte 105
	10. Falschmeldungen 106
	11. Front-Running 112
f) Vermögensschaden 55	12. Gerüchte 118
aa) Vermögensbegriffe .. 56	13. Gunning for Stop-Loss-Orders 120
bb) Schadensermittlung 59	
cc) Schadensgleiche Vermögensgefährdung .. 64	14. Kapitalanlagebetrug 121
	15. Kick-Back-Zahlungen 125
g) Kausalität zwischen Vermögensverfügung und Vermögensschaden 68	16. Kurspflege 126
	17. Leerverkäufe 131
2. Subjektiver Tatbestand 69	18. Market Corner 133
a) Vorsatz 70	19. Marking the close 135
b) Bereicherungsabsicht ... 72	20. Marktpflege 136
c) Stoffgleichheit der Bereicherung 73	21. Matched Orders 137
	22. Nichtveröffentlichung von Informationen 138
	23. Painting the tape 139
	24. Parallel-Running 140

25. Prearranged Trading 141	30. Stop-Loss-Order-Fishing 160
26. Pumping and dumping 145	31. Warentermingeschäfte 161
27. Retrozessionen 146	32. Wash Sales 174
28. Scalping..................... 147	33. Wertpapierdienstleister 177
29. Spekulationsgeschäfte 156	

I. Allgemeines

1. Eingrenzung des Themenbereichs

Die **Betrugsvorschrift** wirft eine **Vielzahl von Fragen** auf, mit denen sich die Wissenschaft immer wieder intensiv auseinandersetzt und die mitunter die Praxis vor schwierige Probleme stellen. Wie facettenreich und vielschichtig die mit § 263 StGB verknüpften Aspekte sind, wird schon daran deutlich, dass die Erläuterungen zum Betrugstatbestand in den einschlägigen Kommentierungen im Vergleich zu anderen Vorschriften äußerst umfangreich ausfallen.[1] Andererseits ist zu konstatieren, dass insbesondere auch **im Bereich des Kapitalmarkts**[2] in den letzten Jahren eine nicht unerhebliche Anzahl von **Verhaltensweisen** zu Tage getreten sind, die durchaus **betrugsrelevant** sein können, bislang jedoch in der strafrechtswissenschaftlichen Literatur im Hinblick auf die Betrugsvorschrift eher spärlich beleuchtet worden sind. Selbst in den vorhandenen umfangreichen Kommentierungen zur Betrugsvorschrift findet sich relativ wenig zu der Frage, ob und inwiefern § 263 StGB bei bestimmten Verhaltensweisen im Bereich des Kapitalmarkts einschlägig sein kann.

1

Die nachfolgenden Erläuterungen sollen dazu beitragen, diese Lücke zu füllen. Dementsprechend handelt es sich nicht um eine Gesamtkommentierung der Betrugsvorschrift.[3] Vielmehr soll § 263 StGB aus spezifisch kapitalmarktrechtlicher Sicht beleuchtet werden. Es geht also darum, die in diesem Bereich in der Praxis aufgetretenen Verhaltensweisen auf ihre Betrugsrelevanz zu würdigen. Zwar sind – quasi als Basis und Ausgangspunkt der Überlegungen – zunächst die mit § 263 StGB verbundenen Voraussetzungen darzustellen und zu erläutern. Diese Ausführungen sind aber in ihrer Intensität und in ihrem Umfang vom Thema „Kapitalmarktstrafrecht" geleitet. So bedürfen bestimmte Voraussetzungen des Betrugs – etwa das Erfordernis der Tatsachentäuschung – einer vertieften Behandlung, da dieses Merkmal für die Frage der Strafbarkeit bestimmter Vorgehensweisen im Bereich des Kapitalmarkts von wesentlicher Bedeutung ist. Andere Merkmale – so zum Beispiel die Vermögensverfügung – sind hingegen aus kapitalmarktrechtlicher Sicht weitaus unproblematischer und folglich wesentlich straffer anzusprechen. Zudem sind bestimmte mit dem Betrug verbundene Probleme für den Kapitalmarktbereich ohne weitere Relevanz, so dass sie bei den anschließenden Darlegungen vernachlässigt werden können.

2

---

[1] Siehe etwa die Kommentierungen des § 263 StGB von MüKoStGB/*Hefendehl*, NK-StGB/*Kindhäuser* und LK/*Tiedemann*.
[2] Vgl. zum Begriff *Arlt*, Kursmanipulation S. 40 ff.; *Schmitz* ZStW 115 (2003), 501 (502 f.); *Ziouvas*, Kapitalmarktstrafrecht S. 139 ff.
[3] Siehe zu § 263 StGB neben den in Fn. 1 genannten Autoren insbesondere: BeckOK StGB/*Beukelmann*; HK-StrafR/*Duttge*; *Fischer*; AnwK-StGB/*Gaede*; SK-StGB/*Hoyer*; Lackner/Kühl/*Heger*; Schönke/Schröder/*Perron*; Matt/Renzikowski/*Saliger*; SSW-StGB/*Satzger*.

2. Praktische Bedeutung der Vorschrift im Bereich des Kapitalmarkts

3 Die Zahl derer, die eine **Vermögensanlage in Aktien** erwägen, nimmt bei **langfristiger Betrachtung** zu. So gewinnt die Aktie bei Kleinanlegern eine größere Bedeutung als früher.[4] Das hängt damit zusammen, dass die **Scheu vor Aktienmärkten** zum Teil **schwindet**. Hierbei spielt etwa eine Rolle, dass viele Fernsehsendeanstalten zu besten Sendezeiten (Kurz-)Informationen über die Börse vermitteln. Auch das Internet erleichtert heute erheblich den Zugang zu den Aktienmärkten.[5] Hinzu kommt, dass grundsätzlich bei einer nicht unerheblichen Anzahl von privaten Haushalten eine Zunahme des zur Verfügung stehenden Vermögens zu verzeichnen ist. Dieser Trend – Stichwort „Erbengeneration" – wird sich in den nächsten Jahren durchaus noch verstärken, wenn auch **nicht unerwähnt** bleiben soll, dass in der Bevölkerung aufgrund **zahlreicher Kurseinbrüche** und der Finanzmarktkrise mit ihren gravierenden Auswirkungen wieder etwas mehr **Zurückhaltung** geübt wird.[6]

4 Andererseits ist festzustellen, dass viele **Anleger** – trotz Zunahme von Informationssendungen über die Börse – aufgrund der Komplexität und auch Anonymisierung des Wertpapierhandels oftmals **nicht genügend Kenntnis** von der **Funktionsweise** des Wertpapierhandels haben und ihnen auch die **Marktmechanismen** der Börse weitgehend unbekannt sind.[7] Insbesondere dieser Umstand führt dazu, dass sich **unseriöse Marktteilnehmer** auf Kosten von Anlegern bereichern wollen.[8] So werden beispielsweise[9] **Umsatzzahlen fast vollständig erfunden** oder geschönt. Durch **falsche Mitteilungen** sind einzelne Kurse in die Höhe getrieben worden.[10] Zwar existieren inzwischen mehrere Spezialbestimmungen im **Nebenstrafrecht**, mit denen solchen Verhaltensweisen entgegengewirkt werden soll. Dennoch ist auch die klassische Betrugsvorschrift im Bereich des Kapitalmarktstrafrechts von nicht unerheblicher praktischer Bedeutung, erscheinen doch bestimmte Verhaltensweisen dann, wenn eine Täuschung in Rede steht, – zumindest vom Ausgangspunkt – durchaus unter die Norm subsumierbar.

3. Der typische Anwendungsfall

5 Lange Zeit bildete für die Frage, inwieweit der Betrugsvorschrift im Bereich des Wertpapierhandels Bedeutung zukommen kann, der **Handel mit Optionen**

---

4 Siehe auch *Arlt*, Kursmanipulation S. 28 ff.
5 *Nestler*, Bank- und Kapitalmarktstrafrecht, Rn. 370.
6 Vgl. etwa M. *Weber* NJW 2003, 18 (19): Beispielloser Aufstieg der Kapitalmärkte in den 90er Jahren und ebenso beispielloser Fall seit der Jahrtausendwende.
7 Zur schwachen Stellung des Privatanlegers am Kapitalmarkt siehe *Fichtner*, Die börsen- und depotrechtlichen Strafvorschriften S. 4 ff. mwN; vgl. auch *Altenhain* BB 2002, 1874 (1875); ferner *Sauckel*, Warenterminoptionen S. 64 ff.; *Wach*, Terminhandel S. 89 ff.; *Worms*, Anlegerschutz durch Strafrecht S. 110 ff., 142 ff.
8 Hierbei handelt es sich im Übrigen nicht um ein neuartiges Phänomen; vgl. etwa *Arlt*, Kursmanipulation S. 21 f.; *Imo*, Börsentermingeschäfte S. 652 ff.; *Jaath*, FS Dünnebier S. 583, 588; *Lenzen* WM 2000, 1131; *Otto*, FS Pfeiffer S. 69, 70 f.; *ders.* WM 1988, 729 f.; *Ch. Schröder*, Aktienhandel und Strafrecht S. 61; *von Ungern-Sternberg* ZStW 88 (1976), 653.
9 Siehe *Klaffke* ZRP 2003, 450.
10 Siehe *Pluskat* Finanz-Betrieb 2002, 235 (243); *Tilp* ZIP 2002, 1729; vgl. auch *Ch. Schröder*, Aktienhandel und Strafrecht S. 61 ff.; vgl. ferner *Park*, FS Strafrechtsausschuss S. 229, 231.

auf **Warenterminkontrakte** den **Schwerpunkt**.[11] Inzwischen sind jedoch in der Praxis auch andere Verhaltensweisen im Zusammenhang mit dem Wertpapierhandel aufgetreten, die ebenfalls betrugsrelevant sein können.

a) Optionen auf Warentermingeschäfte

Ein für diesen Bereich **typischer Fall** liegt der Entscheidung des 3. Strafsenats vom 8.9.1982 zugrunde:[12] Der Angeklagte vermittelte für eine Firma, welche an der Londoner Rohstoffbörse gehandelte Optionen auf Warenterminkontrakte vertrieb, Optionsgeschäfte.

Mit der Option auf einen Warenterminkontrakt erwirbt der **Optionsnehmer** (**Käufer**) das Recht, während der Laufzeit des Vertrages zu dem bei Vertragsschluss geltenden **Kurs** („**Basispreis**") von seinem Geschäftspartner, dem **Optionsgeber** („**Stillhalter**"), Waren bestimmter Art und Menge zu erwerben (Kaufoption, Call-Option) oder sie zu verkaufen (Verkaufsoption, Put-Option). Steigt der Kurs der Waren, so macht bei der Kaufoption der Optionsnehmer einen Gewinn, wenn er von seinem Recht Gebrauch macht. Für diese Chance hat er jedoch dem Anbieter eine **Optionsprämie** zu zahlen, die für ihn in jedem Fall verloren ist. Weiterhin muss der Optionsnehmer dem **Broker** (**Makler**), der das Geschäft mit dem Stillhalter vermittelt, Kosten und eine **Provision** zahlen. Erst dann, wenn der Kurs sich vom Basispreis weg bis zu dem Punkt entwickelt hat, bei dem die **gesamte Optionsprämie** und die **Broker-Kommission zurückverdient sind** (**break-even-point**), kann der Optionsnehmer einen Gewinn machen. Wird die Option ausgeübt, kommt es nicht zum Warenkauf oder -verkauf, sondern lediglich zu einem finanziellen Ausgleich durch sogenannte „Glattstellung" der beiderseitigen Konten.

Die Firma berechnete nun in dem vom BGH entschiedenen Fall den Optionsnehmern auf die Preise ihres Brokers, also auf die Optionsprämie der Börse zuzüglich der Broker-Kommission, **Preisaufschläge** von bis zu 392%. Bei den Kunden wurde der Eindruck börsenüblicher Prämien erweckt. Darüber hinaus stellte der Angeklagte als angeblich börsenerfahrener Fachmann, teilweise unter Vorspiegelung persönlicher Kontakte zur Londoner Börse, Gewinne von 20–30% als **nahezu sicher** dar. Mitunter gab er Gewinnversprechungen ab und erklärte, in erster Linie auf Sicherheit zu setzen. In zwei Fällen spiegelte er vor, er gehe im Hinblick auf eine sichere Gewinnerwartung selbst mit ins Geschäft. In Wirklichkeit handelte es sich um ein **Spekulationsgeschäft mit nicht unbeträchtlichem Verlustrisiko**, das durch die hohen Kalkulationsaufschläge noch vervielfacht war.

---

11 Zunehmende Bedeutung erlangte dieser Handel seit ca. 1970; siehe *Füllkrug* Kriminalistik 1985, 267.
12 BGH 8.9.1982 – 3 StR 147/82, BGHSt 31, 115; ähnlich auch BGH 8.7.1981 – 3 StR 457/80, BGHSt 30, 177; siehe dazu *Hassemer* JuS 1981, 300; *Koch* JZ 1980, 704 (705 f.); *Imo*, Börsentermingeschäfte S. 718 ff.; *Lackner/Imo* MDR 1983, 969 f.; *Rochus* NJW 1981, 736; *Sauckel*, Warenterminoptionen S. 30 ff.; *Winkelbauer* in HWiStR, Warentermingeschäfte S. 1 ff.; *Worms* wistra 1984, 123 (124); siehe auch *Franke/Ristau* wistra 1990, 252 (253 f.). Dabei darf nicht unbeachtet bleiben, dass es auf dem Gebiet der Warentermingeschäfte durchaus unterschiedliche Varianten des Vorgehens gibt; vgl. *Bröker*, Strafrechtliche Probleme S. 24 ff.; *Koch* JZ 1980, 704 (706 ff.); *Molketin* NStZ 1992, 603; *Sauckel*, Warenterminoptionen S. 68 ff.; *Worms*, Anlegerschutz durch Strafrecht S. 130 ff. Zu den in der Praxis auftretenden Ermittlungsschwierigkeiten siehe ebenfalls *Koch* JZ 1980, 704 (709).

9 Der BGH wertet dieses Verhalten als **Betrug zum Nachteil der Optionsnehmer**:[13] Ohne dass es auf die Täuschung über die Höhe der Aufschläge ankomme, seien die Optionsnehmer über ihre Gewinnchancen, nämlich die Werthaltigkeit der Optionen, **getäuscht** worden. Die Optionen hätten infolge der Aufschläge allenfalls bei ganz außergewöhnlichem Kursverlauf eine geringe Gewinnchance, dagegen wurde vorgespiegelt, Gewinne von 20–30% seien nahezu sicher. Die Täuschung habe bei allen Optionsnehmern zu einem entsprechenden **Irrtum** geführt, aufgrund dessen sie über ihr **Vermögen verfügten**, indem sie den nachteiligen Vertrag abschlossen. Hierdurch erlitten sie nach Auffassung des BGH einen **Vermögensschaden**. Der Angeklagte hätte **zumindest billigend in Kauf** genommen, dass die Kunden keinen Gewinn erzielten und geschädigt wurden. Er handelte in der **Absicht, einem Dritten** – der Firma, für die er tätig war –, **einen rechtswidrigen Vermögensvorteil**, nämlich den Abschluss der Optionsverträge, **zu verschaffen**.

b) Neuartige Verhaltensweisen im Bereich des Wertpapierhandels

10 Insbesondere in den letzten Jahren sind an den Wertpapiermärkten neben den beschriebenen Fällen der Optionen auf Warentermingeschäfte noch **andere Konstellationen** verstärkt aufgetreten, bei denen sich Täter zulasten von Anlegern bereichern wollten. Die Praxis hat ganz unterschiedliche Verhaltensweisen registriert, so dass man nicht von einem bestimmten typischen Vorgehen sprechen kann. Andererseits gibt es einzelne **sich wiederholende Verhaltensmuster**, die dementsprechend auch schon eine Klassifizierung erfahren haben. Die jeweiligen Konstellationen sind vorliegend unter Rn. 93 ff. im Einzelnen alphabetisch aufgelistet und erläutert. Hier sei nur beispielhaft das „Churning" erwähnt, welches dadurch gekennzeichnet ist, dass der Vermögensverwalter allein zu dem Zweck, selbst Provisionen zu erhalten, das Kundendepot umschichtet. Insofern kommt bei entsprechender Täuschung des Anlegers durchaus im Grundsatz eine Betrugsstrafbarkeit in Betracht.

11 Vor allem aber ist in den letzten Jahren versucht worden, sich durch **Kursmanipulationen** zu bereichern. Diese sind selbst wiederum **äußerst vielfältig** und weisen ganz unterschiedliche Ausprägungen auf. Deswegen ist in diesem Zusammenhang auch der Vorbehalt zu machen, dass die Auflistung der Verhaltensweisen in Rn. 93 ff. nicht als abschließend zu bewerten ist; so entwickeln die Täter immer wieder neue Strategien, um sich auf Kosten von Anlegern zu bereichern.

12 Welches sind nun die bislang bekannt gewordenen Verhaltensweisen im Bereich der Kursmanipulation?[14] Dazu zählt ua das „Scalping":[15] In diesem Fall geben insbesondere **Wirtschaftsjournalisten** oder **Wertpapieranalysten** in Fernsehsendungen oder (Fach-)Zeitschriften einem breiten Publikum die **Empfehlung zum Kauf oder Verkauf eines bestimmten Wertpapiers**. Bei der Kaufempfehlung etwa haben diese Personen **zuvor selbst das Wertpapier erworben**. Steigt dann der Kaufpreis des Wertpapiers, da nunmehr wegen der Empfehlung eine verstärkte Nachfrage erfolgt, wird von dem Empfehlungsgeber selbst

---

13 BGH 8.9.1982 – 3 StR 147/82, BGHSt 31, 115 (116 f.).
14 Siehe im Einzelnen die alphabetische Auflistung in Rn. 93 ff.
15 Siehe dazu jetzt BGH 6.11.2003 – 1 StR 24/03, BGHSt 48, 373; eingehend *Arlt*, Kursmanipulation S. 58 ff.

– wie von vornherein beabsichtigt – das Wertpapier mit Gewinn **veräußert**. Die öffentliche Empfehlung wird also mit dem Ziel abgegeben, an den durch den Ratschlag ausgelösten Kursschwankungen durch eigene Geschäfte zu profitieren. Insofern stellt sich die Frage, ob neben einer möglicherweise einschlägigen Strafbarkeit nach dem WpHG auch die Betrugsvorschrift verwirklicht sein kann.

Ein weiteres Beispiel für Kursmanipulationen sind **falsche Ad-hoc-Meldungen** etwa über Umsätze, die so nicht erfolgt sind. Vorgekommen sind aber auch Verhaltensweisen wie **„Creating-a-Price-Trend and Trading against it"**: Hierbei wird durch große, tatsächlich stattfindende Wertpapierorder ein bestimmter Kurstrend geschaffen, um dann nach einer entsprechend einsetzenden Preissteigerung das Wertpapier gewinnbringend zu verkaufen. Auch hinsichtlich solcher Verhaltensweisen kommt die Betrugsvorschrift möglicherweise in Betracht.

4. Gang der weiteren Erläuterungen

Für die Frage, ob bestimmte im Kapitalmarktbereich registrierte Verhaltensweisen § 263 StGB erfüllen, bedarf es zunächst einer **allgemeinen Darstellung** der Voraussetzungen dieser Norm. Diese erfolgt in Rn. 16 ff. und ergänzend in Rn. 76 ff. Wie bereits dargelegt (siehe Rn. 2), handelt es sich hierbei aber nicht um eine umfassende Erläuterung, sondern die mit § 263 StGB verknüpften Erfordernisse und Probleme werden in Intensität und Umfang mit Blick auf den Bereich des Kapitalmarkts untersucht.

Nach den allgemeinen Ausführungen wird dann in Rn. 93 ff. in **alphabetischer Reihenfolge** auf **einzelne Verhaltensweisen** eingegangen und die Frage erörtert, ob § 263 StGB insoweit jeweils einschlägig sein kann.

II. Die Voraussetzungen des Tatbestandes

Die **tatbestandlichen Voraussetzungen** des Betrugs sind in **objektiver Hinsicht** eine **Täuschung**, aus der ein **Irrtum** resultieren muss, wobei aufgrund des Irrtums eine **Vermögensverfügung** erfolgt, die zu einem **Vermögensschaden** führt. Der Deutlichkeit halber sei das Erfordernis der **kausalen Verknüpfung** der vier Merkmale ausdrücklich betont.

Im **subjektiven Bereich** verlangt der Betrug neben dem **Vorsatz** die **Bereicherungsabsicht**. Weiterhin muss die erstrebte Bereicherung **stoffgleich** und **rechtswidrig** sein und der Täter diesbezüglichen **Vorsatz** aufweisen.

1. Objektiver Tatbestand

Auf objektiver Seite konzentrieren sich die Problemfelder des Betrugs im Zusammenhang mit dem Kapitalmarkt vor allem auf die Merkmale „Täuschung", „Irrtum" sowie „Vermögensschaden". Insbesondere diese Erfordernisse sind daher vertieft zu behandeln.

a) Täuschung

19 Als Tathandlung verlangt § 263 StGB eine **Täuschung über Tatsachen**.[16] Tatsachen sind Vorgänge oder Zustände der **Vergangenheit** oder **Gegenwart**, die dem Beweis zugänglich sind.[17] Nicht nur **äußere Tatsachen** (zum Beispiel eine bestimmte Eigenschaft einer Sache), sondern auch **innere Tatsachen** (etwa das Vorhandensein bestimmter Absichten oder Überzeugungen) können dabei tauglicher Gegenstand von Täuschungen sein.[18] Nach hM genügen hingegen **bloße Tatsachenveränderungen** oder Manipulationen an Objekten **ohne Einwirken auf die Vorstellung eines anderen** grundsätzlich nicht.[19] Tatsachenänderungen werden aber dann zur Täuschung, wenn sie gleichzeitig **Erklärungen** gegenüber einem anderen enthalten.[20]

20 Bereits aus diesem Tatsachenbegriff ergeben sich spezifische Probleme für den Bereich des Kapitalmarkts. So bedarf es insbesondere bei Aussagen über Gewinnwahrscheinlichkeiten der Abgrenzung der Tatsache vom bloßen **Werturteil**, wobei in diesem Zusammenhang zu beachten ist, dass vom Tatsachenbegriff lediglich Vorgänge der **Vergangenheit** oder **Gegenwart** erfasst, im Kapitalanlagebereich aber nicht selten auch Geschehnisse in der **Zukunft** von entscheidender Bedeutung sind; folglich wird insofern eine nähere Untersuchung des Tatsachenbegriffs erforderlich.

21 Täuschung ist die Einwirkung auf die Vorstellung einer anderen natürlichen Person durch Mitteilung von Tatsachen, die nicht der Wahrheit entsprechen, wodurch eine Fehlvorstellung (Irrtum) hervorgerufen werden kann.[21] Als tauglicher Adressat einer Täuschung kommt also nur eine natürliche Person in Be-

---

16 OLG Düsseldorf 2.11.1992 – 2 Ss 356/92–120/92 II, NJW 1993, 1872; *Fischer* StGB § 263 Rn. 6; Lackner/*Kühl*/Heger StGB § 263 Rn. 3; *Küper/Zopfs*, BT Rn. 492 ff.; LK/*Tiedemann* StGB § 263 Rn. 7, jeweils mwN; monographisch zum Tatsachenbegriff *Hilgendorf*, Tatsachenaussagen und Werturteile im Strafrecht; siehe auch die zusammenfassende Darstellung bei MüKoStGB/*Hefendehl* StGB § 263 Rn. 53 ff.; SSW-StGB/*Satzger* StGB § 263 Rn. 14 ff.; vgl. zudem *Schröder*, Kapitalmarktstrafrecht Rn. 624 ff.
17 BGH 8.10.2014 – 1 StR 359/13, NStZ 2015, 89 (90); BeckOK StGB/*Beukelmann* StGB § 263 Rn. 3; HK-StrafR/*Duttge* StGB § 263 Rn. 6; AnwK-StGB/*Gaede* StGB § 263 Rn. 14; Müller-Gugenberger/*Hebenstreit* § 47 Rn. 10; *Joecks/Jäger* StGB § 263 Rn. 30; LK/*Tiedemann* StGB § 263 Rn. 10; *Wittig*, Wirtschaftsstrafrecht § 14 Rn. 9.
18 BGH 8.10.2014 – 1 StR 359/13, NStZ 2015, 89 (90); HK-StrafR/*Duttge* StGB § 263 Rn. 6; Lackner/*Kühl*/Heger StGB § 263 Rn. 4; Matt/Renzikowski/*Saliger* StGB § 263 Rn. 14 f.; Esser/Rübenstahl/Saliger/Tsambikakis/*ders.* StGB § 263 Rn. 26; SSW-StGB/*Satzger* StGB § 263 Rn. 18.
19 Etwa Graf/Jäger/Wittig/*Dannecker* StGB § 263 Rn. 13; HK-StrafR/*Duttge* StGB § 263 Rn. 8; Müller-Gugenberger/*Hebenstreit* § 47 Rn. 15; Matt/Renzikowski/*Saliger* StGB § 263 Rn. 24 ff.; LK/*Tiedemann* StGB § 263 Rn. 23; *Wittig*, Wirtschaftsstrafrecht § 14 Rn. 26.
20 *Fischer* StGB § 263 Rn. 15; SSW-StGB/*Satzger* StGB § 263 Rn. 32; siehe auch Schönke/Schröder/*Perron* StGB § 263 Rn. 12.
21 Siehe BGH 8.10.2014 – 1 StR 359/13, NStZ 2015, 89 (90); BGH 5.3.2014 – 2 StR 616/12, NJW 2014, 2595 (2596); BGH 25.11.2003 – 4 StR 239/03, BGHSt 49, 17 (21); *Fischer* StGB § 263 Rn. 14; NK-WSS/*Heger/Petzsche* StGB § 263 Rn. 21; *Wittig*, Wirtschaftsstrafrecht § 14 Rn. 19; vgl. zur Täuschung beim Betrug auch *Frisch*, FS Herzberg S. 729.

tracht.²² Die Täuschung kann **ausdrücklich** oder **konkludent** erfolgen.²³ Nach hM kommt darüber hinaus – bei Vorliegen einer entsprechenden Garantenstellung – eine **Täuschung durch Unterlassen** (§ 13 StGB) in Betracht.

Aus kapitalmarktstrafrechtlicher Sicht ergibt sich vor allem die Frage, worin die Täuschung liegen kann, wann von einer konkludenten Täuschung auszugehen und in welchen Fällen eine Täuschung durch Unterlassen gegeben ist.

aa) Abgrenzung Tatsache und Werturteil

Bloße Werturteile, reine Meinungsäußerungen sind als solche keine **Tatsachen**, da sie persönliche Wertungen zum Ausdruck bringen und nicht auf ihre Wahrheit überprüft werden können.²⁴ § 263 StGB ist dann nicht einschlägig. Oftmals gestaltet sich jedoch die Abgrenzung der Tatsache vom Werturteil schwierig.²⁵ Für maßgeblich wird dabei erachtet, ob die Äußerung ihrem objektiven Sinngehalt nach einen **greifbaren, dem Beweis zugänglichen Tatsachenkern** enthält und somit überprüfbar ist.²⁶ Der BGH hat entschieden, dass derjenige eine Behauptung tatsächlicher Art aufstelle, der andere zum Kauf von Aktien durch die Zusicherung überrede, es handele sich um eine gute Kapitalanlage, die Aktien würden bald an der Börse gehandelt, im Kurs erheblich steigen und sich als gewinnbringende Kapitalanlage erweisen, hinter der Muttergesellschaft stünden finanzstarke und einflussreiche Geschäftsleute.²⁷ Hierin liege die Behauptung, dass es sich um ein kapitalkräftiges, auf Gewinnerzielung gerichtetes Unternehmen handele, dessen Marktchancen in Bank- und Börsenkreisen günstig beurteilt würden, und dass die Aktien im gegenwärtigen Zeitpunkt jedenfalls den geforderten Preis wert seien.²⁸ Wird ein zum Verkauf angebotenes Unternehmen nicht nur allgemein als wirtschaftlich solider Betrieb mit gesicherter Zukunft angepriesen, sondern fälschlich behauptet, das Unternehmen habe Aufträge in erheblichem Umfang, was mit Unterlagen dokumentiert wird, dann sind derartige Erklärungen Täuschungen im Sinne der Betrugsvorschrift, da sie einen dem Beweis zugänglichen Tatsachenkern enthalten.²⁹ Eine Tatsachenbehauptung soll auch dann gegeben sein, wenn ein Gastwirt als „versierter, flexibler Berater" bei der Vermittlung von Warenterminoptionen bezeichnet wird.³⁰

---

22 NK-WSS/*Heger/Petzsche* StGB § 263 Rn. 25 ff.; Esser/Rübenstahl/Saliger/Tsambikakis/ *Saliger* StGB § 263 Rn. 24.
23 BGH 26.8.2003 – 5 StR 145/03, BGHSt 48, 331 (344). Die Annahme einer konkludenten Täuschung ist verfassungsrechtlich unproblematisch; BVerfG 7.12.2011 – 2 BvR 2500/09 ua NJW 2012, 907 (915).
24 MüKoStGB/*Hefendehl* StGB § 263 Rn. 79 ff.; *Nestler*, Bank- und Kapitalmarktstrafrecht Rn. 375; LK/*Tiedemann* StGB § 263 Rn. 13.
25 Vgl. Esser/Rübenstahl/Saliger/Tsambikakis/*Saliger* StGB § 263 Rn. 16: Die Abgrenzung sei fließend.
26 Vgl. nur BGH 8.10.2014 – 1 StR 359/13, NStZ 2015, 89 (90); BGH 26.8.2003 – 5 StR 145/03, BGHSt 48, 331 (344 f.); OLG Köln 14.5.2013 – III-1 RVs 67/13, NStZ 2014, 327 (328); *Fischer* StGB § 263 Rn. 9; *Gerst/Meinicke* StraFo 2011, 29 (31); Müller-Gugenberger/*Hebenstreit* § 47 Rn. 12; Lackner/*Kühl*/Heger StGB § 263 Rn. 5; Wessels/ Hillenkamp/Schuhr, BT 2 Rn. 495.
27 BGH 17.10.1972 – 5 StR 281/72, bei *Dallinger* MDR 1973, 18.
28 BGH 17.10.1972 – 5 StR 281/72, bei *Dallinger* MDR 1973, 18.
29 BGH 13.1.2010 – 2 StR 500/09, NStZ-RR 2010, 146.
30 LK/*Tiedemann* StGB § 263 Rn. 15; siehe auch die Beispiele bei *Nestler*, Bank- und Kapitalmarktstrafrecht Rn. 377.

24 Die zum Teil vorgenommene Abgrenzung ist jedoch zuweilen schwer nachvollziehbar: Einerseits sollen **reklamehafte Anpreisungen** nach allgemeiner Auffassung für sich allein **keine täuschungsgeeigneten Tatsachen** enthalten[31] – etwa: „die meistgekaufte Rasierklinge" –, wenngleich man durchaus auch hier erwägen könnte, ob mit solchen Äußerungen nicht auch ein dem Beweis zugänglicher **Tatsachenkern** verbunden ist.[32] Andererseits hat die Rechtsprechung entschieden, dass die Bezeichnung eines Produkts als „konkurrenzlos" eine Tatsachenbehauptung darstellt.[33] Auch eine für § 263 StGB ausreichende Tatsache wurde bejaht bei der Äußerung „Schlankheits- und Haarwuchsmittel mit 100 %-Garantie".[34] Insofern lässt sich eine gewisse **Beliebigkeit** in der Annahme oder Ablehnung einer Tatsache nicht ganz verleugnen.[35]

25 Ob eine für § 263 StGB erforderliche Tatsachenbehauptung oder ein bloßes, nicht ausreichendes Werturteil vorliegt, ist letztlich jeweils im Einzelfall anhand des konkreten Zusammenhangs zu prüfen.[36]

bb) Prognosen

26 Ein weiteres Problem in Bezug auf den Tatsachenbegriff stellt sich bei **Prognosen**. Diese Aussagen über künftige Entwicklungen sind entweder mit **Werturteilen verbunden** oder mit ihnen **identisch**.[37] Zudem bezieht sich der Tatsachenbegriff nur auf vergangene oder gegenwärtige Geschehnisse, nicht auf Zukünftiges.[38] Im Kapitalmarktbereich werden nun aber sehr häufig Aussagen über zukünftige Kursentwicklungen gemacht, um die Kaufentscheidung von Interessenten zu beeinflussen. So ist denn auch **im Schrifttum zum Teil** angeführt, die künftige Kursentwicklung sei keine Tatsache, über die getäuscht werden könne, sondern diesbezügliche Äußerungen seien **persönliche Urteile**, die grundsätzlich nicht Gegenstand einer Täuschung sein könnten.[39] Es bedarf indes der Differenzierung.[40]

27 So kommt eine Täuschung einmal in Bezug auf die vom Täter zugrunde gelegte gegenwärtige **Prognosegrundlage** in Betracht, denn insofern geht es um Tatsachen. Darüber hinaus kann der Täter über eine **gegenwärtige Eigenschaft** täuschen. Zudem können Prognosen über den Gesichtspunkt der **inneren Tatsache** tauglicher Täuschungsgegenstand sein. Das bedeutet im Einzelnen:

28 Legt der Täter etwa im Zusammenhang mit zukünftigen Kursentwicklungen der Wahrheit zuwider dar, das in Rede stehende Unternehmen habe ein neues Medikament entwickelt, was Kurssteigerungen zur Konsequenz haben werde, dann täuscht der Betreffende über die **Prognosebasis**, also eine **gegenwärtige**

---

31 Vgl. *Fischer* StGB § 263 Rn. 10.
32 Vgl. auch Achenbach/Ransiek/Rönnau/*Kölbel* 5. Teil 1 Rn. 25 f.; *Joecks/Jäger* StGB § 263 Rn. 35.
33 So OLG Frankfurt/M. 22.5.1985 – 5 Ws 10/84, wistra 1986, 31 (34); siehe auch *Fischer* StGB § 263 Rn. 10; vgl. ferner *Kuhli* ZIS 2014, 504.
34 BGH 22.10.1986 – 3 StR 226/86, BGHSt 34, 199 (200 f.); siehe auch BGH 26.8.2003 – 5 StR 145/03, BGHSt 48, 331 (345).
35 Vgl. auch Momsen/Grützner/*Th. Schröder* StGB § 263 Rn. 17.
36 Vgl. *Fischer* StGB § 263 Rn. 9.
37 LK/*Tiedemann* StGB § 263 Rn. 16.
38 Siehe BGH 17.10.1972 – 5 StR 281/72, bei *Dallinger*, MDR 1973, 18; *Hildner* WM 2004, 1068; Schönke/Schröder/*Perron* StGB § 263 Rn. 8.
39 *Hohenlohe-Oehringen* BB 1980, 231.
40 Vgl. zum Folgenden auch LK/*Tiedemann* StGB § 263 Rn. 16.

Tatsache.[41] Auch Angaben eines Immobilienvermittlers über die Finanzierungskosten, die monatlich zu leistenden Zahlungen und andere, mit dem Kaufobjekt zusammenhängende tatsächliche Umstände, wie Mieteinnahmen oder Steuervorteile, sind als objektiv nachprüfbare und dem Beweis zugängliche Tatsachen einzuordnen.[42]

Wird vorgespiegelt, eine Option habe eine garantierte Gewinnchance, obwohl dies tatsächlich nicht der Fall ist, liegt eine Täuschung über eine **gegenwärtige Eigenschaft** vor. Freilich sind die Übergänge auch hier fließend. 29

Spiegelt der Verkäufer von Optionen der Wahrheit zuwider vor, er sei von einem Gewinn überzeugt, dann täuscht er über eine **gegenwärtige innere Tatsache**, so dass dann ebenfalls das erste Tatbestandsmerkmal des Betrugs erfüllt ist.[43] Dabei spielt grundsätzlich keine Rolle, ob der Äußernde fachliche Autorität besitzt oder überparteilich tätig wird;[44] wenn er seiner inneren Überzeugung zuwider kundtut, er sei sicher, dass die Anlage Gewinn abwerfen wird, liegt vielmehr eine Täuschung vor. Über eine **gegenwärtige innere Tatsache** kann also auch etwas in der **Zukunft** liegendes zum **tauglichen Täuschungsgegenstand** werden (siehe aber auch zu gewissen Einschränkungen Rn. 149 ff.).[45] 30

cc) Äußere und innere Tatsachen

Äußere Tatsachen, über die im Kapitalmarktrecht getäuscht werden kann, sind ua die **Gewinnchance bei Optionen** auf Warentermingeschäfte sowie der **Prämienaufschlag**.[46] Darüber hinaus ist als äußere Tatsache der **Charakter des Anlagegeschäfts** zu nennen.[47] Eine Täuschung ist gegeben, wenn wahrheitswidrig vorgespiegelt wird, dass der Kaufpreis von Grundbesitzinvestanteilen dem Marktwert entspricht.[48] Getäuscht werden kann auch über die **Grundlagen der Preisgestaltung**, indem etwa wahrheitswidrige Angaben zum Exportpreis gemacht werden.[49] Allein das Fordern eines bestimmten, überhöhten Preises enthält nach Auffassung des BGH aber für sich genommen noch keine Täuschung, insbesondere beinhaltet es grundsätzlich, abgesehen von tax- oder lis- 31

---

41 Vgl. auch BGH 8.10.2014 – 1 StR 359/13, NStZ 2015, 89 (90); Schönke/Schröder/*Perron* StGB § 263 Rn. 9.
42 BGH 8.10.2014 – 1 StR 359/13, NStZ 2015, 89 (90) mit Anm. *Kudlich* ZWH 2015, 14.
43 Anders Momsen/Grützner/*Th. Schröder* StGB § 263 Rn. 16: Die innere Überzeugung von einer Prognose sei keine innere Tatsache, da anderenfalls jede Äußerung eines Werturteils selbst eine Täuschungshandlung wäre. – Insofern ist anzumerken: Der Umstand, dass jemand in Wahrheit von einem bestimmten Umstand gar nicht überzeugt ist, stellt sich durchaus als eine dem Beweis zugängliche innere Tatsache dar. So führt *Th. Schröder* an anderer Stelle (Rn. 27) selbst aus, ein Darlehensnehmer könne über seine innere Vorstellung täuschen, er sei davon überzeugt, das Darlehen zurückführen zu können. – Auf einem anderen Blatt steht dann natürlich die Frage des Nachweises einer solchen inneren Tatsache.
44 Siehe dazu NK-WSS/*Heger/Petzsche* StGB § 263 Rn. 57.
45 BGH 8.10.2014 – 1 StR 359/13, NStZ 2015, 89 (90).
46 Siehe LK/*Tiedemann* StGB § 263 Rn. 11.
47 Siehe *Füllkrug* Kriminalistik 1985, 267 (268); LK/*Tiedemann* StGB § 263 Rn. 33.
48 KG 18.10.2000 – 3 Ws 453/00, BeckRS 2000, 16041.
49 BGH 29.7.2009 – 2 StR 91/09, JZ 2010, 420 mit Anm. *Kubiciel*; vgl. zur überhöhten Werksvergütung OLG München 7.9.2009 – 5St RR 246/09, wistra 2010, 37.

tenmäßig festgelegten Preisen, nicht die Behauptung der Angemessenheit oder Üblichkeit des geforderten Preises.[50]

32 Als **innere Tatsache** (Innenvorgänge oder Innenzustände beim Täuschenden)[51] kommt insbesondere das **Wissen um die minimale Gewinnchance** in Betracht[52] oder die Absicht, das Geld überhaupt nicht an der Börse anzulegen (**bucket-orders**).[53] Wie gesehen, können über innere Tatsachen auch erst in der **Zukunft liegende Umstände** betrugsrelevant werden, nämlich insofern, als man auf die **gegenwärtige Überzeugung** des Initiators oder Vermittlers der Kapitalanlage abstellt.[54] Die auf künftiges Handeln bezogene Absicht ist bereits eine gegenwärtige Tatsache.[55] Nicht unerhebliche Schwierigkeiten kann natürlich der **Nachweis** bestimmter Überzeugungen bereiten.

dd) Ausdrückliche Täuschung

33 Eine **ausdrückliche Täuschung**[56] liegt vor, wenn die Teilnahme am Börsenhandel behauptet wird, während dies in Wahrheit überhaupt nicht der Fall ist.

34 So ging es in der Entscheidung des 4. Strafsenats vom 4.3.1996 um die Abwicklung von **Zinsdifferenzgeschäften**.[57] Die Angeklagten schlossen Anlageverträge mit Kunden ab, obwohl eine Depotbank zur Durchführung der Zinsdifferenzgeschäfte nicht gefunden war. In keinem Fall wurden derartige Geschäfte getätigt. Um dies zu verschleiern, führte man die Kundenkonten aufgrund sogenannter **Luftbuchungen**: Erträge wurden dementsprechend fiktiv anhand der tatsächlichen Kursentwicklung bestimmter einer Liste entnommener Wertpapiere berechnet. Teilweise zahlten die Täter auch „Zinsen", um dadurch gegenüber den Anlegern Vertrauen zu schaffen. In diesem Fall hat der BGH die Voraussetzungen des Betrugstatbestandes bejaht. Das mag einleuchten hinsichtlich des hier in Rede stehenden Täuschungsmerkmals sowie der Irrtumserregung. Im Einzelfall bedarf es jedoch jeweils der eingehenden Prüfung, ob in einem solchen Fall von einem Vermögensschaden ausgegangen werden kann.

35 Eine **ausdrückliche Täuschung** ist auch dann innen gegeben, wenn wahrheitswidrig behauptet wird, die **Provision sei börsenamtlich festgesetzt**, während sie in

---

50 BGH 14.4.2011 – 1 StR 458/10, wistra 2011, 335 (336 f.); ebenso BGH 20.5.2015 – 5 StR 547/14 HRRS 2015 Nr. 685 mit Anm. *Kraatz* NZWiSt 2015, 313; *Kudlich* ZWH 2015, 346.
51 Esser/Rübenstahl/Saliger/Tsambikakis/*Saliger* StGB § 263 Rn. 15.
52 *Koch* JZ 1980, 704 (709); LK/*Tiedemann* StGB § 263 Rn. 12, 20; vgl. auch *Wach*, Terminhandel S. 136.
53 Graf/Jäger/Wittig/*Dannecker* StGB § 263 Rn. 16; *Koch* JZ 1980, 704 (707, 709); LK/*Tiedemann* StGB § 263 Rn. 33; *Winkelbauer* in: HWiStR, Warentermingeschäfte S. 3; *Worms* wistra 1984, 123 (125).
54 Vgl. Graf/Jäger/Wittig/*Dannecker* StGB § 263 Rn. 27; Joecks/Jäger/*Jäger* StGB § 263 Rn. 31; *Nestler*, Bank- und Kapitalmarktstrafrecht Rn. 182; Schönke/Schröder/*Perron* StGB § 263 Rn. 10; siehe aber auch unten Rn. 149.
55 *M. Weber* NZG 2000, 113 (118); vgl. auch Schork/Groß/Rettenmaier/Reichling Bankstrafrecht Rn. 143 f.; *Tiedemann*, Wirtschaftsstrafrecht Rn. 988.
56 Siehe dazu auch NK-WSS/*Heger/Petzsche* StGB § 263 Rn. 32 ff.
57 BGH 4.3.1996 – 4 StR 634/95, wistra 1996, 261; vgl. etwa auch BGH 7.12.1979 – 2 StR 315/79, BGHSt 29, 152 (153 f.); LG Hamburg 6.9.1994 – 620 KLs 9/93, WRP 1995, 891; siehe ebenfalls *Nestler*, Bank- und Kapitalmarktstrafrecht Rn. 392.

Wahrheit ein Vielfaches der Börsenmaklerprovision beträgt,[58] oder wenn im Übrigen über die Zusammensetzung des Optionspreises **wahrheitswidrige Angaben** erfolgen.[59] Ebenfalls ist eine ausdrückliche Täuschung zu bejahen, falls im Bereich von Warentermingeschäften den Kunden bewusst wahrheitswidrig **die Gewinnchancen als außerordentlich hoch und das Risiko als gering geschildert** werden, obwohl die Gewinnchancen nur ganz gering, wenn nicht überhaupt ausgeschlossen waren.[60] Zudem liegt eine ausdrückliche Täuschung darin, dass die Telefonverkäufer bewusst wahrheitswidrig behaupten, die Mitarbeiter der GmbH seien besonders gut qualifiziert. Eine ausdrückliche Täuschung sieht der BGH weiterhin in der wahrheitswidrigen Behauptung, 40 % des Geldes würden für notwendige Kosten verwendet, obwohl in Wahrheit dieser Prozentsatz höher liegt.[61] Im Übrigen ist von einer ausdrücklichen Täuschung auszugehen, wenn Renditemitteilungen erfolgen, welche nicht den **wahren Ertragsverlauf** der Anlage widerspiegeln.[62] Schließlich liegt eine betrugsrelevante Täuschung vor bei einer „Hausverlosung" im Internet, wenn ausdrücklich die rechtliche Zulässigkeit der Veranstaltung versichert wird, obwohl mit einer aufsichtsbehördlichen Untersagung des Gewinnspiels zu rechnen ist.[63]

ee) Konkludente Täuschung

Eine **konkludente Täuschung** ist anzunehmen, sofern zwar nicht expressis verbis etwas Unwahres zum Ausdruck gebracht wird, aber das Gesamtverhalten des Täters nach der **Verkehrsanschauung als Erklärung** über eine Tatsache zu verstehen ist.[64] Es bedarf hierbei jeweils der konkreten Prüfung im Einzelfall, was als miterklärt gelten soll.[65] Ein Beispiel für eine konkludente Täuschung[66] ist der Fall, in dem der Anschein erweckt wird, das gesamte Kundengeld werde

36

---

58 *Fichtner*, Die börsen- und depotrechtlichen Strafvorschriften S. 173; Schönke/Schröder/*Perron* StGB § 263 Rn. 31 b; LK/*Tiedemann* StGB § 263 Rn. 49; vgl. auch *Graul* JZ 1995, 595 (596).
59 *Seelmann* NJW 1981, 2132.
60 BGH 14.7.1999 – 3 StR 66/99, NStZ 2000, 36; *Füllkrug* Kriminalistik 1985, 267 (268); *Seelmann* NJW 1981, 2132; vgl. auch BayObLG 11.2.1993 – 5 St RR 170/92, NJW 1993, 2820 (2821).
61 BGH 11.7.1990 – 3 StR 84/90, wistra 1991, 25; siehe etwa auch *Otto*, Strafrecht, Die einzelnen Delikte § 51 Rn. 148.
62 BGH 3.11.1994 – 1 StR 423/94, wistra 1995, 102 (103).
63 BGH 15.3.2011 – 1 StR 529/10, NJW 2011, 1825.
64 BGH 25.7.2017 – 5 StR 46/17, NZWiSt 2018, 74 (77); BGH 26.8.2003 – 5 StR 145/03, BGHSt 48, 331 (344); *Joecks/Jäger* StGB § 263 Rn. 40; siehe zur konkludenten Täuschung auch *Brettel/Schneider*, Wirtschaftsstrafrecht, § 3 Rn. 13 ff.; Graf/Jäger/Wittig/*Dannecker* StGB § 263 Rn. 34 ff.; NK-WSS/*Heger/Petzsche* StGB § 263 Rn. 37 ff.; *Kindhäuser*, FS Tiedemann S. 579; Matt/Renzikowski/*Saliger* StGB § 263 Rn. 32 ff.; Esser/Rübenstahl/Saliger/Tsambikakis/*ders.* StGB § 263 Rn. 32 ff.; SSW-StGB/*Satzger* StGB § 263 Rn. 39 ff., 46 ff.; zur konkludenten Täuschung bei „Abo-Fallen" im Internet siehe BGH 5.3.2014 – 2 StR 616/12, NJW 2014, 2595 mit Anm. *Hecker*/*Müller* ZWH 2014, 329; *Krack* ZIS 2014, 536; *Müller* NZWiSt 2014, 393; OLG Frankfurt/M. 17.12.2010 – 1 Ws 29/09, NJW 2011, 398 mit Anm. *Bosch* JK 6/11, StGB § 263/90; *Hecker* JuS 2011, 470. Zur konkludenten Täuschung bei der Geltendmachung von Abmahnkosten siehe BGH 8.2.2017 – 1 StR 483/16, wistra 2017, 482 mit kritischer Anm. *Becker* HRRS 2017, 404.
65 Vgl. *Wittig*, Wirtschaftsstrafrecht § 14 Rn. 30.
66 Siehe dazu auch *Seelmann* NJW 1980, 2545 (2546 f.).

ohne Abzug an der Börse angelegt.[67] Auch liegt eine solche vor, wenn **höhere Provisionen als vereinbart** berechnet werden.[68] Weiterhin bejaht der BGH im Fall der „Lastschriftreiterei" mit der Vorlage der Lastschriften bei der Bank eine konkludente Täuschung[69] ebenso bei der Einreichung abhanden gekommener Schecks.[70] Nach dem BGH gibt ein Antragsteller mit der Einreichung eines Subventionsantrags zugleich konkludent die Erklärung ab, dass die geltend gemachten Kosten tatsächlich entstanden sind und keine verdeckten Zahlungsrückflüsse oder sonstige, nicht näher angegebene, Provisionen enthalten.[71] Mit der Aufnahme eines Ratings in ein Verkaufsprospekt wird durch den Emittenten konkludent erklärt, der Ratingagentur eine korrekte Tatsachenbasis zur Verfügung gestellt zu haben.[72] Verschweigt ein Wettteilnehmer eine unter seiner Mitwirkung erfolgte Manipulation einer Wette, liegt darin eine Täuschung durch schlüssiges Handeln.[73] Mit einem Anruf, bei dem die Rufnummer hinterlassen wird, ist zugleich nach der objektiv zu bestimmenden Verkehrsanschauung die Erklärung verbunden, der Anrufer habe mit dem Angerufenen kommunizieren wollen. Zudem werde schlüssig erklärt, ein Rückruf sei mit keinen erhöhten Kosten verbunden.[74]

37 Im Schrifttum wird teilweise angenommen, eine konkludente Täuschung sei gegeben, wenn gegenüber dem Kunden die **Höhe** der Aufschläge und damit die Reduzierung seiner Gewinnchance verschleiert werde.[75] In diese Richtung geht auch die Aussage, dass eine konkludente Täuschung über die Gewinnchance, nämlich die Werthaltigkeit der Optionen, in Betracht komme.[76] Nach Auffassung des BGH sei eine Täuschung der Kunden über einen wesentlich wertbestimmenden Faktor ihrer Anlage gegeben, wenn Kunden das konkrete Verhältnis von Anlagebetrag und Vermittlungskosten **nicht genau aufgeschlüsselt** wer-

---

67 Siehe *Fischer* StGB § 263 Rn. 29; NK-StGB/*Kindhäuser* StGB § 263 Rn. 130; *Sauckel*, Warenterminoptionen S. 97 ff.; LK/*Tiedemann* StGB § 263 Rn. 49; *Wach*, Terminhandel S. 187; *Worms* wistra 1984, 123 (125).
68 BGH 23.2.1982 – 5 StR 685/81, BGHSt 30, 388; *Sonnen* NStZ 1983, 73; *Winkelbauer* in: HWiStR, Warentermingeschäfte S. 4.
69 BGH 15.6.2005 – 2 StR 30/05, BGHSt 50, 147 mit Anm. *Hadamitzky/Richter* NStZ 2005, 636; *Soyka* NStZ 2005, 637.
70 BGH 11.12.2008 – 5 StR 536/08, StV 2009, 244.
71 BGH 25.4.2014 – 1 StR 13/13, NJW 2014, 2295 (2297) mit insoweit kritischer Anmerkung *Gaede* NJW 2014, 2298.
72 *Nestler*, Bank- und Kapitalmarktstrafrecht Rn. 381.
73 BGH 11.3.2014 – 4 StR 479/13, NStZ 2014, 317 (318) mwN mit dem Hinweis, dass das bloße Ausnutzen eines Informationsvorsprungs nicht für den Betrug genüge; BGH 20.12.2012 – 4 StR 55/12, NStZ 2013, 234 (235) mit Anm. *Greco* NZWiSt 2014, 334; *Hecker* JuS 2013, 656; *Jäger* JA 2013, 868; *Schiemann* NJW 2013, 888; *Schlösser* NStZ 2013, 629; vgl. ebenfalls *Krüger/Hilbert/Wengenroth* Causa Sport 2013, 188 (192 ff.); siehe zum Sportwettenbetrug auch BGH 15.12.2006 – 5 StR 181/06, BGHSt 51, 165; *Lienert* JR 2014, 484; *Rönnau/Soyka* NStZ 2009, 12; *Saliger/Rönnau/Kirch-Heim* NStZ 2007, 361.
74 BGH 27.3.2014 – 3 StR 342/13, NJW 2014, 2054 (2055) mit Anm. *Bosch* JK 11/14, StGB § 263/106 zu „Ping-Anrufen"; siehe dazu auch OLG Oldenburg 20.8.2010 – 1 Ws 371/10, wistra 2010, 453; *Eiden* Jura 2011, 863; vgl. ferner *Scheinfeld* wistra 2008, 167.
75 So ua *Maurach/Schroeder/Maiwald*, Strafrecht BT 1 § 41 Rn. 46; *Otto* JK, StGB § 263/21; *ders.* WM 1988, 729 (731); vgl. insofern auch BGH 8.7.1981 – 3 StR 457/80, BGHSt 30, 177 (181); Lackner/*Kühl*/Heger StGB § 263 Rn. 10; aA etwa Schönke/Schröder/*Perron* StGB § 263 Rn. 31 b.
76 Siehe *Otto*, Bankentätigkeit und Strafrecht S. 83; LK/*Tiedemann* StGB § 263 Rn. 49.

de.⁷⁷ Diesen Ausführungen ist mit Zweifeln zu begegnen, da insoweit eher ein Unterlassen in Rede steht.⁷⁸

ff) Täuschung durch Unterlassen

Die **Täuschung durch Unterlassen** verlangt eine **Garantenstellung**, aus der sich 38 eine Pflicht zur Aufklärung ergibt.⁷⁹

Diese Garantenstellung kann sich bezogen auf den Kapitalmarktbereich zum 39 einen **aus Gesetz** ergeben: So gibt es im Kapitalmarktsektor inzwischen eine Vielzahl von gesetzlichen **Melde-, Berichtigungs-, Mitteilungs-, Berichts- und Publizitätspflichten**. Erwähnt seien nur beispielhaft die Ad-hoc-Meldepflicht gemäß Art. 17 VO (EU) Nr. 596/2014 vom 16.4.2014,⁸⁰ wobei auch Art. 19 VO (EU) Nr. 596/2014 vom 16.4.2014,⁸¹ § 26 WpHG sowie §§ 31, 33, 38, 39 WpHG, §§ 63 ff. WpHG⁸² und § 86 WpHG zu nennen sind.⁸³ Das WpÜG⁸⁴ enthält Mitteilungspflichten ua in § 10 WpÜG und § 35 WpÜG. Eine Pflicht bestimmter Emittenten zur Erstellung eines Zahlungsberichts bzw. eines Konzernzahlungsberichts normiert § 116 WpHG. Dabei bedarf es natürlich **stets der Prüfung, welchen Schutz** die gesetzliche Regelung jeweils bezweckt.⁸⁵

Aber auch aus anderen Gründen kann sich eine Garantenstellung ergeben. All- 40 gemein nimmt der BGH an, eine auf vertragliche Beziehungen gestützte Aufklärungspflicht bezüglich vermögensrelevanter Tatsachen bestehe sowohl bei

---

77 BGH 20.9.1999 – 5 StR 729/98, BGHR StGB StGB § 263 Abs. 1 Täuschung 15.
78 Hingewiesen sei auch nochmals darauf, dass nach hM grundsätzlich derjenige, der eine Leistung zu einem bestimmten Preis anbietet, damit allein nicht konkludent erklärt, der geforderte Preis sei angemessen; siehe BGH 14.4.2011 – 1 StR 458/10, wistra 2011, 335 (336 f.); *Graul* JZ 1995, 595 (596); NK-StGB/*Kindhäuser* StGB § 263 Rn. 130; Lackner/*Kühl*/Heger StGB § 263 Rn. 10; Schönke/Schröder/*Perron* StGB § 263 Rn. 16 d, 17 c; *Sauckel*, Warenterminoptionen S. 111 ff.; *Seelmann* NJW 1980, 2545 (2548); *Worms* wistra 1984, 123 (128). Zum Unterlassen vgl. insbesondere Rn. 40 ff.
79 BGH 8.3.2017 – 1 StR 466/16, NStZ 2017, 531 (532); BeckOK StGB/*Beukelmann* StGB § 263 Rn. 18; Graf/Jäger/Wittig/*Dannecker* StGB § 263 Rn. 17; HK-StrafR/*Duttge* StGB § 263 Rn. 17; NK-WSS/*Heger/Petzsche* StGB § 263 Rn. 48; *Kudlich/Oğlakcioğlu* Rn. 240 ff.; *Nestler*, Bank- und Kapitalmarktstrafrecht Rn. 190; Schork/Groß/Rettenmaier/Reichling Rn. 136 ff.; SSW-StGB/*Satzger* StGB § 263 Rn. 81 ff.; *Wittig*, Wirtschaftsstrafrecht § 14 Rn. 28.
80 ABl. 2014 L 173, 1; siehe ferner auch BT-Drs. 14/8017, 89 (93); ferner *Cahn* ZHR 162 (1988), 1 (21 ff.); *Fleischer* NJW 2002, 2977; Hohnel/*B. Hohnel* StGB § 263 Rn. 13; *Moosmayer* wistra 2002, 161 (164 f.); *Riedel* wistra 2001, 447; *Schlüter*, Börsenhandelsrecht, D Rn. 173 ff.; *Schwarz* DStR 2003, 1930 (1934); *Wodsak*, Täuschung des Kapitalmarkts S. 21 f.
81 ABl. 2014 L 173, 1; Publizitätspflicht für sogenannte Director's. Dealings; siehe zur Vorgängerregelung in § 15 a WpHG aF ausführlich *Fleischer* ZIP 2002, 1217; *ders.* NJW 2002, 2977 (2978); *Schneider* AG 2002, 473.
82 Siehe dazu BGH 3.6.2014 – XI ZR 147/12, NJW 2014, 2947; BGH 19.2.2008 – XI ZR 170/07, BGHZ 175, 276; *Cahn* ZHR 162 (1988), 1 (33 ff.); *Helmschrott/Waßmer* WM 1999, 1853; NK-StGB/*Kindhäuser* StGB § 263 Rn. 158; *Schäfer* WpHG Vor § 31 Rn. 9; LK/*Tiedemann* StGB § 263 Rn. 60.
83 Zu zahlreichen (neueren) Informationspflichten im Kapitalmarktsektor siehe auch *Einsele* JZ 2008, 477; *Spindler* NJW 2004, 3449; *Weber* NJW 2004, 3674; *ders.* NJW 2005, 3682; vgl. zudem *Papachristou*, Marktpreismanipulationen S. 322 ff. sowie MüKoStGB/*Hefendehl* StGB § 263 Rn. 148 ff.; vgl. auch BGH 19.12.2006 – XI ZR 56/05, BGHZ 170, 226.
84 Das Wertpapiererwerbs- und Übernahmegesetz (WpÜG; BGBl. 2001 I 3822) ist am 1.1.2002 in Kraft getreten; siehe zu diesem Gesetz etwa *Lenz* NJW 2003, 2073.
85 Siehe dazu auch *Nestler*, Bank- und Kapitalmarktstrafrecht Rn. 400 ff.

vorhandenen Vertrauensverhältnissen als auch bei der Anbahnung besonderer, auf gegenseitigem Vertrauen beruhender Verbindungen, bei denen Treu und Glauben und die Verkehrssitte die Offenbarung der für die Entschließung des anderen Teils wichtiger Umstände gebieten.[86] So geht der BGH davon aus, dass bei **Warentermingeschäften eine umfassende Aufklärungspflicht** bestehe. Dementsprechend hat er eine betrugsrelevante Täuschung bejaht, wenn der Täter sich darauf beschränkt, die **Aufschläge zu verschweigen**, die er auf die Londoner Optionsprämie nimmt.[87] So führt der 1. Strafsenat aus, ein **Vertrauensverhältnis** zu dem auf dem Gebiet des Optionshandels nicht versierten Kunden ergebe sich aus dem Auftreten der Firma des Angeklagten als fachmännische Vermittlerin gewinnbringender Geldanlagen. Dieses Vertrauensverhältnis habe eine **Rechtspflicht zur Offenbarung** der für die Kaufentscheidung maßgebenden Umstände zur Folge. Dieser Rechtspflicht werde zuwidergehandelt, wenn der Angeklagte **durch Verschweigen** der Zusammensetzung des Optionspreises die Unwissenheit seiner Kunden ausgenutzt und sie dadurch zu einer unrichtigen Gewinnerwartung gebracht habe.[88] Diese Rechtsprechung ist im **Schrifttum** zum Teil stark **kritisiert** worden.[89] Dem ist insoweit zuzustimmen, als es zweifelhaft erscheint, allein aus dem einmaligen Verkauf von Wertpapieren oder deren Vermittlung eine Garantenpflicht herzuleiten.[90] So betont die Rechtsprechung zu Recht in anderem Zusammenhang, dass der Abschluss eines Austauschvertrags in der Regel keine Offenbarungspflicht begründe.[91] Aufklärungspflichten können sich aber etwa auch aus gesellschaftsrechtlichen Beziehungen ergeben:[92] So bestehe eine Aufklärungspflicht des Vertretungsorgans einer Fondsgesellschaft gegenüber den Anlegern.[93] Die Vertreter seien für

---

86 BGH 8.3.2017 – 1 StR 466/16, NStZ 2017, 531 (533); BGH 4.8.2016 – 4 StR 523/15, wistra 2016, 488 (489).
87 BGH 8.7.1981 – 3 StR 457/80, BGHSt 30, 177 (181 f.); ebenso OLG München 23.5.1979 – 1 Ws 618/79, BB 1980, 230 (231); *Rochus* NJW 1981, 736; *Scheu* JR 1982, 121 f.; *ders.* MDR 1981, 467 f.; LK/*Tiedemann* StGB § 263 Rn. 66; anders OLG Hamburg 1.7.1980 – 2 Ws 215/80, NJW 1980, 2593 (2594); siehe auch KG 18.10.2000 – 3 Ws 453/00: keine Aufklärungspflicht über die Höhe der anfallenden Aufschläge.
88 BGH 8.7.1981 – 3 StR 457/80, BGHSt 30, 177 (181 f.); siehe auch die Entscheidungen der Zivilsenate des BGH zur gesteigerten Aufklärungspflicht: etwa BGH 30.3.2004 – XI ZR 488/02, JR 2005, 24; BGH 28.5.2002 – XI ZR 150/01, BGHR BGB § 263 Warenterminoption 7; BGH 16.11.1993 – XI ZR 214/92, NJW 1994, 512; BGH 6.7.1993 – XI ZR 12/93, NJW 1993, 2433; BGH 17.5.1982 – II ZR 9/82, NJW 1982, 2815 (2816); BGH 16.2.1981 – II ZR 179/80, NJW 1981, 1266; vgl. zur Aufklärungspflicht auch *Siegel/Rulands* ZWH 2018, 293. Eine Garantenstellung des Anlageberaters gegenüber den Kunden aus Vertrag bejahend etwa auch *Esser/Rübenstahl/Saliger/Tsambikakis/Saliger* StGB § 263 Rn. 78; LK/*Tiedemann* StGB § 263 Rn. 62.
89 Eine Aufklärungspflicht ablehnend etwa *Fichtner*, Die börsen- und depotrechtlichen Strafvorschriften S. 175; *Hohenlohe-Oehringen* BB 1980, 231 f.; *Otto/Brammsen* Jura 1985, 592 (598); Schönke/Schröder/*Perron* StGB § 263 Rn. 31 b; *Seelmann* NJW 1981, 2132; *ders.* NJW 1980, 2545 (2547 f.); *Sonnen* NStZ 1981, 24 f.; *Worms* wistra 1984, 123 (127 ff.); vgl. zur Aufklärungspflicht auch *Park/Rütters* StV 2011, 434 (441).
90 Vgl. auch *Otto* WM 1988, 729 (731); *Worms*, Anlegerschutz durch Strafrecht S. 183 f.
91 Vgl. etwa BGH 2.2.2010 – 4 StR 345/09, NStZ 2010, 502; siehe auch OLG Celle 9.2.2010 – 32 Ss 205/09, wistra 2010, 278 (langjähriges Arbeitsverhältnis noch kein besonderes Vertrauensverhältnis, das zu einer Aufklärungspflicht führt).
92 Siehe insofern auch BGH 4.8.2016 – 4 StR 523/15, wistra 2016, 488 (489) mit Anm. *Brand* ZWH 2017, 254: Aufklärungspflicht in Bezug auf beitretende Gesellschafter einer Rechtsanwaltsgesellschaft.
93 BGH 8.3.2017 – 1 StR 466/16, NStZ 2017, 531 (533).

die Vornahme der Investitionsentscheidungen über das Fondsvermögen verantwortlich, auf die sich das berechtigte Vertrauen der Anleger in eine den Gesellschaftszwecken entsprechende Mittelverwendung beziehe.[94]

Unabhängig davon ist zu beachten, dass § 63 WpHG ausdrücklich umfassende **Informationspflichten** eines Wertpapierdienstleistungsunternehmens normiert.[95] Ergänzend sei angemerkt, dass bei Wertpapiergeschäften einer **Bank** mit einem Privatkunden seit jeher regelmäßig eine vertragliche **Pflicht zur umfassenden Aufklärung und Beratung** des Anlegers angenommen wird.[96] Grundsätzlich wird man also bei der Anlageberatung und Vermögensverwaltung eine Garantenstellung aus dem Beratungsvertrag annehmen können; das entbindet aber nicht von der Prüfung, worüber im Einzelfall überhaupt konkret aufzuklären war. 41

Eine Garantenpflicht kann darüber hinaus auch aus anderen Gesichtspunkten resultieren, etwa aus dem Corporate Governance Kodex, der Publizitäts- und Transparenzpflichten enthält.[97] Hierbei handelt es sich zwar um einen bloß freiwilligen Verhaltenskodex[98] ohne Gesetzeskraft, jedoch kann sich durchaus auch aus der freiwilligen Übernahme einer Verpflichtung, also aus einer Selbstbindung, eine Garantenstellung ergeben. 42

Der Vollständigkeit halber sei erwähnt, dass natürlich auch andere Garantenstellungen – insbesondere aus Ingerenz – in Betracht kommen.[99] Nach dem BGH besteht dabei eine Aufklärungspflicht aus Ingerenz nicht nur – wie zum Teil in der Literatur angenommen[100] – bei einem Vorverhalten, das selbst objektiv Täuschungscharakter aufweist: Jedenfalls bei einer Geldanlage, bei der über einen langen Zeitraum periodisch wiederkehrend Einlagen in Anlageform zu erbringen sind, genüge bereits für die Ingerenz, dass dem Fondsvermögen Kapital in erheblichem Umfang pflichtwidrig entzogen und damit der bisherige Zweck der Anlageform aufgehoben wird.[101] 43

---

94 BGH 8.3.2017 – 1 StR 466/16, NStZ 2017, 531 (533); siehe dazu auch *Bosch* JK, 2017, S. 1236, § 263 StGB; *Brand* NJW 2017, 2056; *Ceffinato* JR 2017, 543.
95 Siehe zu den Informationspflichten *Fleischer* NJW 2002, 2977 (2981); *Helmschrott/Waßmer* WM 1999, 1853; *Schlüter*, Börsenhandelsrecht, G Rn. 1301 ff.; *M. Weber* NJW 2003, 18 (23).
96 RG 23.12.1935 – 3 D 785/35, RGSt 70, 45 (46 f.); *Fichtner*, Die börsen- und depotrechtlichen Strafvorschriften S. 66 f.; *Fischer* StGB § 263 Rn. 47; Achenbach/Ransiek/Rönnau/*Kölbel* 5. Teil 1 Rn. 52.
97 Siehe NJW 2006, Heft 32, XIV; NJW 2005, Heft 33, I. Nach § 161 AktG müssen Vorstand und Aufsichtsrat einer börsennotierten Gesellschaft jährlich erklären, dass den Empfehlungen der „Regierungskommission Deutscher Corporate Governance Kodex" entsprochen wurde und wird oder welche Empfehlungen nicht angewendet wurden und werden; vgl. dazu *Holzborn/Foelsch* NJW 2003, 932 (936); *Kirschbaum/Wittmann* JuS 2005, 1062; *Schlösser/Dörfler* wistra 2007, 326; siehe ferner *Hefendehl* JZ 2006, 119.
98 Das ist ebenfalls hinsichtlich der von der Deutschen Börse veröffentlichten Going-Public-Grundsätze der Fall; *Fleischer* NJW 2002, 2977 (2983).
99 Vgl. zu den möglichen Garantenstellungen etwa Schönke/Schröder/*Perron* StGB § 263 Rn. 20 ff.; *Sauckel*, Warenterminoptionen S. 137 ff.; LK/*Tiedemann* StGB § 263 Rn. 53 ff.; *ders.*, Wirtschaftsstrafrecht Rn. 350 ff.; *Wodsak*, Täuschung des Kapitalmarkts S. 95 ff.; *Worms*, Anlegerschutz durch Strafrecht S. 183 ff.
100 Siehe etwa Schönke/Schröder/*Perron* StGB § 263 Rn. 20; SSW-StGB/*Satzger* StGB § 263 Rn. 99.
101 BGH 8.3.2017 – 1 StR 466/16, NStZ 2017, 531 (533 ff.). Siehe zu dieser Entscheidung auch *Becker* NStZ 2017, 535; *Bosch* JK, 2017, S. 1236, § 263 StGB; *Brand*

b) Irrtum

44 Irrtum bedeutet das Vorhandensein eines **Widerspruchs** zwischen einer **subjektiven Vorstellung** und der **Wirklichkeit**, mit anderen Worten muss eine **Fehlvorstellung** über Tatsachen gegeben sein.[102] Das hat gleichzeitig zur Konsequenz, dass **nur Menschen** irren können, denn nur diese sind in der Lage, eine Fehlvorstellung zu bilden. Bei arbeitsteilig tätigen Unternehmen muss dargelegt werden, wer im konkreten Fall auf welcher Grundlage und mit welchen Vorstellungen die Entscheidung über die Erbringung der vom Täter erstrebten Leistung getroffen hat.[103] Der Irrtum eines jeden Verfügenden ist grundsätzlich konkret festzustellen. In einfach gelagerten Massenbetrugsfällen kann jedoch prozessual eine Schätzung der Irrtumsquote zulässig sein, insbesondere wenn es um Kleinbeträge geht.[104] Weder **Leichtgläubigkeit** noch ein „**Mitverschulden**" schließen nach ständiger **höchstrichterlicher Rechtsprechung** den Irrtum des Opfers aus.[105] Der BGH stellt nicht auf eine informierte, aufmerksame und verständige Durchschnittsperson ab,[106] sondern meint, weder Leichtgläubigkeit des Opfers noch Erkennbarkeit der Täuschung führten dazu, dass der Betrug entfalle.[107] Für den Kapitalmarktbereich ist darauf einzugehen, was zu gelten hat, wenn der Getäuschte Zweifel an der Wahrheit der Behauptung des Täters hegt. In diesem Zusammenhang sind zudem Fallgestaltungen zu erörtern, in denen der getäuschte Anleger bereits zuvor an der Börse aufgrund von Risikogeschäften hat Verluste hinnehmen müssen und nunmehr erneut derartige Geschäfte abschließt. Weiterhin stellt sich die Frage, was zu gelten hat, wenn das Opfer nur eine allgemeine Vorstellung hat, alles sei in Ordnung.

aa) Zweifel des Getäuschten

45 Uneinheitlich wird der Fall behandelt, dass der Getäuschte **Zweifel an der Wahrheit der Aussage** des Täuschenden hat.[108] Die Rechtsprechung und wohl

---

NJW 2017, 2056; *Ceffinato* JR 2017, 543; *Linke/Adick* ZWH 2017, 335; vgl. dazu auch *Brand* ZWH 2018, 106 (108 ff.).

102 BGH 22.11.2013 – 3 StR 162/13, NStZ 2014, 215 f.; AnwK-StGB/*Gaede* StGB § 263 Rn. 53; NK-WSS/*Heger/Petzsche* StGB § 263 Rn. 63.
103 BGH 13.1.2010 – 3 StR 500/09, wistra 2010, 148; siehe zu diesem Themenkomplex auch BGH 5.3.2008 – 5 StR 36/08, NStZ 2008, 340.
104 BGH 6.9.2017 – 5 StR 268/17, NStZ-RR 2017, 375 (376); vgl. auch BGH 1.10.2015 – 3 StR 102/15, StV 2017, 89 (91); BGH 16.8.2018 – 5 StR 348/18, NStZ 2019, 43; *Peter* StraFo 2019, 186.
105 BGH 5.3.2014 – 2 StR 616/12, NJW 2014, 2595 (2596); BGH 15.10.1991 – 4 StR 420/91, wistra 1992, 95 (97); BGH 22.10.1986 – 3 StR 226/86, BGHSt 34, 199 (201); *Brettel/Schneider*, Wirtschaftsstrafrecht § 3 Rn. 26; Müller-Gugenberger/*Hebenstreit* § 47 Rn. 33; Schönke/Schröder/*Perron* StGB § 263 Rn. 32 a; *Többens*, Wirtschaftsstrafrecht S. 71; str.
106 So aber etwa *Hecker*, Europäisches Strafrecht § 10 Rn. 17, 21; SSW-StGB/*Satzger* StGB § 263 Rn. 115 f., aufgrund des vom EuGH entwickelten europäischen Verbraucherleitbilds.
107 BGH 5.3.2014 – 2 StR 616/12, NJW 2014, 2595 (2596) mit insoweit kritischer Anm. *Hecker/Müller* ZWH 2014, 329; siehe zur Entscheidung des BGH auch *Achenbach* NStZ 2015, 629 f.; *Cornelius* NStZ 2015, 310; *Cornils* StraFo 2014, 476; *Heger* HRRS 2014, 467; *Krack* ZIS 2014, 536; *Majer/Buchmann* NJW 2014, 3342; *Müller* NZWiSt 2014, 393; *Rönnau/Wegner* JZ 2014, 1064; vgl. ferner *Erb*, FS Müller-Graff S. 199; *Esser/Rübenstahl/Saliger/Tsambikakis/Saliger* StGB § 263 Rn. 6, 106.
108 Siehe zum Meinungsstand *Hillenkamp*, 40 Probleme BT, Problem 29 mwN; SK-StGB/ *Hoyer* StGB § 263 Rn. 68 ff.; vgl. auch *Nestler*, Bank- und Kapitalmarktstrafrecht Rn. 199 ff.; Momsen/Grützner/*Th. Schröder* StGB § 263 Rn. 47 ff.

überwiegende Ansicht im Schrifttum gehen davon aus, dass **auch dann ein Irrtum** vorliegt, wenn der Getäuschte die Behauptung **nur für möglicherweise wahr** hält, sich aber von dieser Vorstellung zur Verfügung motivieren lässt.[109] Teilweise wird jedoch verlangt, dass der Betreffende das Vorliegen der behaupteten Tatsache für wahrscheinlicher hält als ihr Nichtvorliegen.[110] Andere vertreten die Ansicht, dass Zweifel den Irrtum nur dann ausschließen, wenn sie auf konkreten Anhaltspunkten beruhen.[111]

Was gilt nun, wenn der Anleger eine spekulative Wertanlage wählt, wobei er bereits **früher bei derartigen Geschäften Verluste erlitten hat**? In der Kommentarliteratur wird ausgeführt, wenn der Getäuschte naheliegenden Anlass habe, an der Wahrheit der vorgespiegelten Tatsache zu zweifeln, weil sich ihre Unrichtigkeit schon in der Vergangenheit erwiesen habe, bedürfe die Feststellung, dass weitere Vermögensverfügungen auf einem neuen Irrtum beruhen, näherer Prüfung.[112] Ein Irrtum liege dann nicht nahe. 46

Auch der **BGH** hat in verschiedenen Entscheidungen im Zusammenhang mit Optionen auf Warentermingeschäfte betont, dass ein **Irrtum nicht vorschnell** bejaht werden dürfe (im Einzelnen Rn. 164 ff.). So dränge sich in der Konstellation, dass Kunden **schon früher** bei einem Warentermingeschäft mit einer anderen Firma einen Verlust erlitten hätten, die Annahme auf, dass sie **trotz ausreichenden Kenntnisstandes** eine Abwägung unterließen oder den Gedanken an weitere Verluste zugunsten der weniger realistischen Hoffnung auf Gewinn zurückdrängten.[113] In die **Betrachtung einzubeziehen** sei, wenn Kunden nach Kenntnisnahme vom Fehlschlag des ersten Geschäfts weitere Geschäfte abschließen.[114] 47

Der BGH hat zudem ausgeführt, dass eine **Täuschung** im Sinne des § 263 StGB über den **Grundcharakter von Börsentermingeschäften selten** sei, weil der von den Händlern angesprochene Personenkreis **in der Regel wisse, dass sich der Erwerb von Optionen auf Termingeschäfte wesentlich von sonstigen Geldanlagen unterscheide**. Gegenteilige Feststellungen setzten eine sorgfältige Klärung der Frage voraus, ob der Kunde tatsächlich über den Gegenstand und Zweck des Geschäfts in einem grundlegenden **Irrtum** gewesen sei.[115] Auch hier geht es wiederum um den Gesichtspunkt der **Irrtumserregung**. Es bedürfe im Einzelfall sorgfältiger, auf die Beweggründe, Kenntnisse und Erwägungen des 48

---

109 Vgl. BGH 5.12.2002 – 3 StR 161/02, NJW 2003, 1198 (1199); BGH 15.10.1991 – 4 StR 420/91, wistra 1992, 95 (97); BGH 8.5.1990 – 1 StR 144/90, wistra 1990, 305 f.; *Brettel/Schneider*, Wirtschaftsstrafrecht § 3 Rn. 28; HK-StrafR/*Duttge* StGB § 263 Rn. 25; *Joecks/Jäger* StGB § 263 Rn. 75; *Krey/Hellmann/Heinrich*, BT 2 Rn. 542; Lackner/*Kühl*/Heger StGB § 263 Rn. 18; Schönke/Schröder/*Perron* StGB § 263 Rn. 40.
Többens, Wirtschaftsstrafrecht S. 71; *Worms*, Anlegerschutz durch Strafrecht S. 188; *ders.* wistra 1984, 123 (129).
110 *Sonnen* wistra 1982, 123 (128).
111 *Amelung* GA 1977, 1 (7).
112 *Fischer* StGB § 263 Rn. 56; siehe dazu auch *Nestler*, Bank- und Kapitalmarktstrafrecht Rn. 411 ff.
113 BGH 19.8.1988 – 2 StR 389/88, wistra 1989, 19 (22); zurückhaltender jedoch BGH 22.8.2001 – 3 StR 191/01, wistra 2002, 22; siehe unten Rn. 170 ff.
114 BGH 19.8.1988 – 2 StR 389/88, wistra 1989, 19 (22); vgl. auch Müller-Gugenberger/ *Hebenstreit* § 48 Rn. 22.
115 BGH 3.10.1989 – 5 StR 237/89, NStE StGB § 263 StGB Nr. 38.

jeweiligen Kunden zugeschnittener Feststellungen zur Klärung der Frage, ob der Kunde tatsächlich einem ursächlichen Irrtum über Gegenstand und Zweck des Geschäfts erlag.[116] Dabei spielt im Übrigen eine wesentliche Rolle, ob und inwiefern der Kunde über das Risiko eines Totalverlustes informiert worden war.

bb) Vorstellungsinhalt

49 Das **Fehlen einer Vorstellung** begründet **keinen Irrtum**.[117] Ein Irrtum kann daher ausscheiden, wenn ein Kapitalanleger ohne Lektüre des Prospekts eine Beteiligung eingeht, da er dann möglicherweise keiner Fehlvorstellung unterliegt. Es mag jedoch durchaus vorkommen, dass Anleger von der bloßen **Annahme** ausgehen, **alles sei so in Ordnung**. Hierbei stellt sich die Frage, ob dann noch eine für den Irrtum ausreichende Fehlvorstellung bejaht werden kann.[118] Die überwiegende Ansicht geht davon aus, dass ein **allgemeines** Gefühl der Sicherheit für einen **Irrtum nicht genügt**, da es nicht auf konkrete Tatsachen bezogen ist.[119] Habe hingegen das Opfer die Vorstellung, hinsichtlich des **konkreten** Geschäfts sei **alles in Ordnung**, soll ein **Irrtum** gegeben sein.[120] Ausreichend sei also das Bewusstsein von der Ordnungsgemäßheit eines bestimmten Tatsachenkomplexes. Dass hierbei die Übergänge fließend sind und klare Linien nicht existieren, ergibt sich bei dieser Abgrenzung von selbst: So ist ganz offen, was unter einer „allgemeinen" Vorstellung zu verstehen ist und ab welchem Stadium diese als hinreichend „konkret" anzusehen ist. Auch eine wie immer geartete allgemeine Vorstellung bezieht sich mehr oder weniger stark auf die Täuschung und könnte so (vor)schnell als konkret bezeichnet werden. Soweit es um mit Täuschungen verbundene Massengeschäfte geht, zB beim Missbrauch des Einzugsermächtigungslastschriftverfahrens, führt der BGH aus, im Bereich gleichförmiger, massenhafter oder routinemäßiger Geschäfte, die von selbstverständlichen Erwartungen geprägt sind, könne der Tatrichter befugt sein, auf die täuschungsbedingte Fehlvorstellung auf der Grundlage eines „sachgedanklichen Mitbewusstseins" indiziell zu schließen.[121]

c) Kausalität zwischen Täuschung und Irrtum

50 Zwischen den jeweiligen Merkmalen des objektiven Tatbestandes muss eine **Kausalitätsbeziehung** bestehen. Das hat zur Konsequenz, dass der Irrtum durch die Täuschung erregt oder unterhalten worden sein muss. Daran fehlt es, wenn der Täuschungsadressat diese Anlageform vollkommen **unabhängig von den Angaben** gewählt hat und somit die Täuschung irrelevant ist.[122] In Betracht kommt dann aber versuchter Betrug.

---

116 So BGH 24.2.1982 – 1 StR 550/82, StV 1984, 153.
117 MüKoStGB/*Hefendehl* StGB § 263 Rn. 229; Hohnel/B. *Hohnel* StGB § 263 Rn. 20; *Seelmann* NJW 1980, 2545 (2550); *Többens*, Wirtschaftsstrafrecht S. 71; str.
118 Siehe auch *Seelmann* NJW 1980, 2545 (2550); *Worms* wistra 1984, 123 (129).
119 *Fischer* StGB § 263 Rn. 62; vgl. auch LG München I 28.6.2001 – 12 O 10157/01, NJW-RR 2001, 1701 (1702).
120 BGH 9.6.2009 – 5 StR 394/08, NJW 2009, 2900 (2901); BGH 26.7.1972 – 2 StR 62/72, BGHSt 24, 386 (389); Lackner/*Kühl*/Heger StGB § 263 Rn. 18.
121 BGH 22.5.2014 – 4 StR 430/13, NJW 2014, 2132 (2133); vgl. auch BGH 22.11.2013 – 3 StR 162/13, NStZ 2014, 215 (216); BGH 4.9.2014 – 1 StR 314/14, HRRS 2015 Nr. 60; *Kudlich* ZWH 2015, 105; *Trüg* HRRS 2015, 106.
122 Siehe dazu auch BGH 29.7.2009 – 2 StR 91/09, JZ 2010, 420 (422).

Zu beachten ist aber, dass die **Mitverursachung** des Irrtums durch die Täuschung ausreichend ist.[123] Ein Irrtum wird erregt, wenn der Täter die Fehlvorstellung erzeugt; er wird unterhalten, falls eine bereits vorhandene Fehlvorstellung entweder verstärkt oder bestätigt oder trotz Aufklärungspflicht nicht beseitigt wird. Im Einzelfall kann dabei die Abgrenzung zur bloßen straflosen Ausnutzung eines schon bestehenden Irrtums schwierig sein.[124]

51

d) Vermögensverfügung

Wenn auch das Erfordernis der **Vermögensverfügung** im Allgemeinen mit einer nicht unerheblichen Anzahl von Problemen behaftet ist – hier ist etwa die Abgrenzung des Betrugs vom Diebstahl verortet[125] –, gestaltet sich diese Voraussetzung im Bereich des Kapitalmarktrechts als **grundsätzlich unproblematisch**, zumal häufig ein Forderungsbetrug in Rede steht. Vertiefende Hinweise zu diesem Merkmal erübrigen sich daher. Zu beachten ist aber stets, dass Getäuschter und Verfügender identisch sein müssen.

52

Unter einer **Vermögensverfügung** versteht man **jedes Handeln, Dulden oder Unterlassen, das sich unmittelbar vermögensmindernd auswirkt**.[126] Es kommt dabei eine Vielzahl von möglichen Verhaltensweisen in Betracht, insbesondere etwa der **Abschluss eines (Anlage-)Vertrages**, wobei zu beachten ist, dass die zivilrechtliche Geschäftsfähigkeit zur Bejahung der Vermögensverfügung nicht erforderlich ist.[127] Verfügung kann auch die Überweisung des zu investierenden Kapitals sein.[128] Hingewiesen sei darauf, dass auch die **Nichtgeltendmachung einer Forderung** eine Verfügung darstellt.[129] Mit dem Erfordernis der Unmittelbarkeit scheiden solche Fälle aus, in denen der Vermögensschaden erst durch Zwischenhandlungen des Täters herbeigeführt wird.[130]

53

e) Kausalität zwischen Irrtum und Vermögensverfügung

Wiederum muss **Kausalität** zwischen der Vermögensverfügung und dem täuschungsbedingten Irrtum bestehen, wobei Mitverursachung ausreicht.[131] Die Kausalität ist zu verneinen, wenn der Getäuschte den wahren Sachverhalt erkennt und dennoch die Vermögensverfügung aus anderen Gründen vornimmt.[132] Das mag im Bereich von Spekulationsgeschäften durchaus in Betracht kommen. Dann bleibt jedoch der versuchte Betrug zu prüfen.

54

---

123 *Fischer* StGB § 263 Rn. 63.
124 Siehe dazu *Fischer* StGB § 263 Rn. 65; Lackner/*Kühl*/Heger StGB § 263 Rn. 20.
125 Siehe zum Dreiecksbetrug etwa nur BGH 7.3.2017 – 1 StR 41/17, wistra 2017, 484 (485).
126 Etwa BGH 20.2.1991 – 2 StR 421/90, BB 1991, 713; BGH 11.3.1960 – 4 StR 588/59, BGHSt 14, 170 (171); BeckOK StGB/*Beukelmann* StGB § 263 Rn. 31; NK-WSS/*Heger*/*Petzsche* StGB § 263 Rn. 79; *Joecks*/*Jäger* StGB § 263 Rn. 87; NK-StGB/*Kindhäuser* StGB § 263 Rn. 197.
127 Lackner/*Kühl*/Heger StGB § 263 Rn. 23.
128 *Nestler*, Bank- und Kapitalmarktstrafrecht Rn. 414.
129 *Müller-Gugenberger*/*Hebenstreit* § 47 Rn. 39; SK-StGB/*Hoyer* StGB § 263 Rn. 156; Schönke/Schröder/*Perron* StGB § 263 Rn. 58.
130 Siehe dazu BGH 29.6.2005 – 4 StR 559/04, BGHSt 50, 174 (178); vgl. auch *Perron*, FS Frisch S. 857, 860 ff.
131 BGH 24.2.1959 – 5 StR 618/58, BGHSt 13, 13 (14).
132 Siehe *Fischer* StGB § 263 Rn. 87; Schönke/Schröder/*Perron* StGB § 263 Rn. 77; vgl. dazu auch *Sauckel*, Warenterminoptionen S. 197; *Worms* wistra 1984, 123 (129).

f) Vermögensschaden

55 Weitere Voraussetzung des objektiven Tatbestandes des § 263 StGB ist der Eintritt eines **Vermögensschadens**. Vermögensschaden ist der **negative Saldo zwischen dem Wert des Vermögens vor und nach der irrtumsbedingten Vermögensverfügung**.[133] Hierzu bedarf es zunächst der Klärung, was unter Vermögen im Sinne des § 263 StGB zu verstehen ist.

aa) Vermögensbegriffe

56 Eine der umstrittensten Fragen im Bereich des § 263 StGB ist, wie der **Begriff des Vermögens** zu definieren ist. Die hierzu unterbreiteten Vorschläge sind **kaum noch überschaubar**. Im Hinblick darauf, dass die **praktische Bedeutung** dieses Streits insbesondere auch im Kapitalmarktrecht **weit dahinter zurückbleibt**, sollen hier nur die groben Linien skizziert werden.

57 Herkömmlich unterscheidet man drei verschiedene Vermögensbegriffe:[134] Der heute nicht mehr vertretene rein **juristische Vermögensbegriff** verstand unter Vermögen nur die Summe der einzelnen Vermögensrechte eines Rechtssubjekts.[135] Im Gegensatz dazu umfasst der rein **wirtschaftliche Vermögensbegriff** alle geldwerten Güter einer Person.[136] Dieser vom BGH vertretene Vermögensbegriff erfährt zwar teilweise durch den BGH selbst Einschränkungen,[137] gleichwohl hält die Rechtsprechung im Ausgangspunkt am wirtschaftlichen Vermögensbegriff fest.[138] Zwar hat der 2. Strafsenat des BGH im Zusammenhang mit § 253 StGB entscheiden wollen, dass die Nötigung zur Herausgabe von Betäubungsmitteln sich nicht gegen das Vermögen des Genötigten richte.[139] Insoweit hatte der 2. Strafsenat des BGH sich deutlich unter Abkehr vom wirtschaftlichen Vermögensbegriff in Richtung des **juristisch-ökonomischen Vermögensbegriffs** bewegen wollen, der richtigerweise in der Rechtslehre – mit teilweise unterschiedlichen Ausprägungen – vertreten wird. Danach fallen unter das Vermögen alle Wirtschaftsgüter einer Person, die ihr ohne rechtliche Missbilligung zustehen.[140] Die Anfrage des 2. Strafsenats bei den anderen Strafsenaten des BGH führte indes zu dem Ergebnis, dass diese an der bisheri-

---

133 Siehe BVerfG 20.5.1998 – 2 BvR 1385/95, NStZ 1998, 506; BGH 25.7.2018 – 2 StR 353/16, HRRS 2019 Nr. 31; BGH 5.12.2017 – 4 StR 323/17, NStZ 2018, 538; BGH 21.4.2016 – 1 StR 456/15, NStZ 2016, 674 (675); BGH 8.10.2014 – 1 StR 359/13, NStZ 2015, 89 (91); BGH 23.2.1982 – 5 StR 685/81, BGHSt 30, 388 (389); BGH 18.7.1961 – 1 StR 606/60, BGHSt 16, 220 (221); *Fischer* StGB § 263 Rn. 110; Müller-Gugenberger/*Hebenstreit* § 47 Rn. 51.
134 Zu den inzwischen bestehenden zahlreichen Vorschlägen siehe etwa MüKoStGB/*Hefendehl* StGB § 263 Rn. 337 ff.; SK-StGB/*Hoyer* StGB § 263 Rn. 88 ff.; NK-StGB/*Kindhäuser* StGB § 263 Rn. 16 ff.; Lackner/*Kühl*/Heger StGB § 263 Rn. 33; *Satzger* Jura 2009, 518 (519); SSW-StGB/*ders.* StGB § 263 Rn. 136 ff.; LK/*Tiedemann* StGB § 263 Rn. 127 ff.; vgl. auch *Achenbach*, FS Roxin zum 80. Geburtstag S. 1005; *Rönnau*, FS Rissing-van Saan S. 517; *Varwig*, Vermögensschaden S. 25 ff.
135 Siehe RG 2.2.1881 – 3240/80, RGSt 3, 332 (333).
136 BGH 25.11.1951 – 4 StR 574/51, BGHSt 2, 364.
137 Vgl. nur BGH 2.2.2016 – 1 StR 435/15, StV 2017, 99 (101); BGH 10.5.2001 – 3 StR 99/01, NStZ 2001, 534; BGH 28.4.1987 – 5 StR 566/86, JR 1988, 125.
138 Siehe *Wessels/Hillenkamp/Schuhr*, BT 2 Rn. 534; *Zieschang*, FS Hirsch S. 831, 843.
139 BGH 1.6.2016 – 2 StR 335/15, NStZ 2016, 596.
140 Schönke/Schröder/*Perron* StGB § 263 Rn. 82 f.; Matt/Renzikowski/*Saliger* § 263 Rn. 156, 158.

gen Rechtsprechung festhalten wollten.[141] Daraufhin hat der 2. Strafsenat von einer Vorlage an den Großen Senat für Strafsachen abgesehen und an seiner bisherigen Rechtsprechung – also im Grundsatz am wirtschaftlichen Vermögensbegriff – festgehalten.[142]

Vom Vermögen eingeschlossen sind hinreichend konkretisierte Erwerbsaussichten. Dagegen bilden **unbestimmte Aussichten und Hoffnungen** – so die spekulative Gewinnerwartung – **keinen Vermögenswert**.[143] Auch Zins- und Gewinnerwartungen bei Risikogeschäften haben regelmäßig keinen selbstständigen Vermögenswert. Es muss also um **konkrete Erwerbsaussichten** gehen, so dass die bloße Vereitelung einer erhofften Vermögensmehrung grundsätzlich keinen Betrug darstellt.[144]

bb) Schadensermittlung

Die **Schadensberechnung** erfolgt nach dem Prinzip der **Gesamtsaldierung**: Danach ist die Vermögenssituation **vor und nach der Vermögensverfügung** zu ermitteln und zu prüfen, ob eine Minderung des Gesamtwertes vorliegt, ohne dass die Einbuße durch ein unmittelbar aus der Vermögensverfügung fließendes Äquivalent wirtschaftlich voll ausgeglichen wird.[145] Ein Vermögensschaden ist insbesondere dann zu bejahen, wenn ein zum geschützten Vermögen gehörender Bestandteil entzogen oder das Vermögen mit einer Verbindlichkeit belastet wird, jedoch ein Gegenwert in das Vermögen nicht eingebracht worden ist.[146] Bei einer Darlehenshingabe hat ein Wertvergleich mit dem Rückzahlungsanspruch des Darlehensgläubigers zu erfolgen. Ein Schaden liegt vor, wenn die vorgespiegelte Rückzahlungsmöglichkeit nicht besteht und auch gegebene Sicherheiten wertlos oder minderwertig sind.[147] Ein Minderwert des Rückzahlungsanspruchs kann also durch den Wert hinreichend werthaltiger

---

141 BGH 21.2.2017 – 1 ARs 16/16, NStZ-RR 2017, 112; BGH 15.11.2016 – 3 ARs 16/16, NStZ-RR 2017, 244; BGH 10.11.2016 – 4 ARs 17/16, NStZ-RR 2017, 44; BGH 7.2.2017 – 5 ARs 47/16, NStZ-RR 2017, 110.
142 BGH 16.8.2017 – 2 StR 335/15, StV 2018, 27 (28 f.); siehe dazu auch *Schilling* NStZ 2018, 316; vgl. im Übrigen BGH 11.4.2018 – 5 StR 595/17, NStZ-RR 2018, 221 (223).
143 So auch BGH 29.11.1995 – 5 StR 495/95, NStZ 1996, 191; *Fischer* StGB § 263 Rn. 93.
144 Siehe BGH 9.6.2004 – 5 StR 136/04, NJW 2004, 2603 (2604); BGH 18.7.1961 – 1 StR 606/60, BGHSt 16, 220 (223); vgl. dazu auch *Nestler*, Bank- und Kapitalmarktstrafrecht Rn. 417 ff.; *Perron*, FS Frisch S. 857, 862 f.; *Esser/Rübenstahl/Saliger/ Tsambikakis/Saliger* StGB § 263 Rn. 135 ff.
145 Ständige Rechtsprechung; etwa BGH 16.6.2016 – 1 StR 20/16, wistra 2017, 20 (21); BGH 19.2.2014 – 5 StR 510/13, NStZ 2014, 318 (319); BGH 4.6.2013 – 2 StR 59/13, NStZ-RR 2014, 13; BGH 18.7.1961 – 1 StR 606/60, BGHSt 16, 220 (221); OLG München 11.11.2013 – 4 St RR 184/13, wistra 2014, 33; AnwK-StGB/*Gaede* StGB § 263 Rn. 98; *Eisele/Bechtel* JuS 2018, 97 f.; *Nestler*, Bank- und Kapitalmarktstrafrecht Rn. 425; Schönke/Schröder/*Perron* StGB § 263 Rn. 106; Esser/Rübenstahl/ Saliger/Tsambikakis/*Saliger* StGB § 263 Rn. 157 ff.; *Wessels/Hillenkamp/Schuhr*, BT 2 Rn. 538; zur Kompensation *Walter*, FS Herzberg S. 763. Speziell zum Vermögensschaden beim Verkauf von Plagiaten *Wagner* wistra 2017, 466.
146 *Wessels/Hillenkamp/Schuhr*, BT 2 Rn. 538.
147 BGH 4.6.2013 – 2 StR 59/13, NStZ-RR 2014, 13; BGH 29.1.2013 – 2 StR 422/12, NStZ 2013, 711 (712) mit Anm. *Schlösser* NStZ 2013, 713; vgl. auch BGH 29.11.2017 – 5 StR 352/17, wistra 2018, 169 (170)

und liquider Sicherheiten des Darlehensnehmers kompensiert werden.[148] Insgesamt ist entscheidend für die Werthaltigkeit des Rückzahlungsanspruchs eine wirtschaftliche Betrachtung, wobei die Bonität des Schuldners, dessen Rückzahlungswille und der Wert etwa bestellter Sicherheiten[149] im Zeitpunkt der Vermögensverfügung von Bedeutung sind. Ein lediglich im Nachhinein als Schadenswiedergutmachung zu bewertender Rückfluss von Geldern berührt dabei die Höhe des bereits zuvor eingetretenen Vermögensschadens nicht.[150] Im Kapitalmarktbereich geht es darum, ob der Getäuschte eine gemessen am Kaufpreis minderwertige Kapitalanlage erwirbt.

60 Maßgeblicher Zeitpunkt zur Feststellung eines Schadens ist derjenige der Verfügung, also der Vergleich des Vermögenswerts unmittelbar vor und nach der Verfügung.[151] Bei **Risikogeschäften** – so zum Beispiel bei **Optionen auf Warentermingeschäfte** – wird auf den **Vertragsschluss** abgestellt.[152] Insoweit ist bei der für die Schadensbestimmung erforderlichen Gesamtsaldierung der Geldwert des erworbenen Anspruchs gegen den Vertragspartner und der Geldwert der eingegangenen Verpflichtung miteinander zu vergleichen.[153] Dabei kann die **nachträgliche Feststellung des Werts** der Kapitalanlage im Zeitpunkt des Vertragsschlusses durchaus **Schwierigkeiten** bereiten, insbesondere dann, wenn sich der Schaden erst längere Zeit nach Vertragsabschluss offenbart.[154]

61 Grundsätzlich ist bei der **Schadensermittlung** auf die **objektive Sachlage** abzustellen, denn § 263 StGB schützt weder ein Affektionsinteresse noch die wirtschaftliche Dispositionsfreiheit.[155] Dabei ist auf die Sicht eines fiktiven „homo oeconomicus" abzustellen, der von allen persönlichen Vorlieben und Vorurteilen des Verfügenden abstrahiert und nur den nackten Kapitalwert der beim

---

148 BGH 10.8.2017 – 1 StR 573/16, StraFo 2017, 515 (516); BGH 2.2.2016 – 1 StR 437/15, StV 2017, 103; BGH 20.5.2014 – 4 StR 143/14, wistra 2014, 349 (350). BGH 10.8.2017 – 3 StR 549/16, wistra 2018, 127 (128) weist darauf hin, dass die Sicherheiten ohne finanziellen und zeitlichen Aufwand, namentlich ohne Mitwirkung des Schuldners, sofort nach Fälligkeit realisiert werden können müssen.
149 Bei einem Darlehen im Hinblick auf eine Immobilie ist dabei vom realisierbaren Verkehrswert und nicht vom Beleihungswert der Immobilie auszugehen; BGH 28.9.2016 – 2 StR 401/14, NStZ 2017, 170 (171); ferner BGH 16.6.2016 – 1 StR 20/16, wistra 2017, 20 (21). Bankübliche Bewertungsgrundsätze können im Ausgangspunkt Berücksichtigung finden. Da insofern jedoch das handelsbilanzielle Vorsichtsprinzip gilt, können diese Grundsätze für die strafrechtliche Bestimmung des Minderwerts nicht „eins zu eins" übernommen werden; BGH 4.10.2018 – 3 StR 283/18, NStZ 2019, 144; siehe zu dieser Entscheidung auch *Kulhanek* NStZ 2019, 145; vgl. ergänzend BGH 22.8.2018 – 3 StR 252/18, NStZ-RR 2019, 82 (83).
150 BGH 6.9.2017 – 5 StR 268/17, NStZ-RR 2017, 375 (376).
151 BGH 6.3.2018 – 3 StR 552/17, StV 2019, 24 (25); BGH 9.3.2017 – 1 StR 350/16, NStZ 2017, 413 (414); *Fischer* StGB § 263 Rn. 111.
152 BGH 23.2.1982 – 5 StR 685/81, BGHSt 30, 388 (389); *Otto* WM 1988, 729 (732); *Rochus* NJW 1981, 736 (737); *Sonnen* StV 1984, 175 (177); LK/*Tiedemann* StGB § 263 Rn. 173; *Worms*, Anlegerschutz durch Strafrecht S. 191; *ders.* wistra 1984, 123 (130); siehe unten Rn. 65 ff.
153 BGH 9.3.2017 – 1 StR 350/16, NStZ 2017, 413 (414).
154 Siehe LG München I 8.4.2003 – 4 KLs 305 Js 52373/00, NJW 2003, 2328 (2330); *Jaath*, FS Dünnebier S. 583, 592; *Otto* WM 1988, 729 (732); *Park* WM 2001, 2069 (2073 f.); *Worms*, Anlegerschutz durch Strafrecht S. 191.
155 BGH 16.6.2016 – 1 StR 20/16, wistra 2017, 20 (21); BGH 8.10.2014 – 1 StR 359/13, NStZ 2015, 89 (91) mit Anm. *A. H. Albrecht* JZ 2015, 841; *Schlösser* StV 2016, 25; *Fischer* StGB § 263 Rn. 146. Siehe auch *Becker/Rönnau* JuS 2017, 975 ff.

Verfügenden jeweils vorhandenen Mittel registriert und bilanziert.[156] Ausgehend von der Auffassung eines objektiven Beobachters sind jedoch auch die **individuellen wirtschaftlichen Verhältnisse** in die Betrachtung einzubeziehen. Nach der **Leitentscheidung** BGHSt. 16, 321 kann selbst bei rein wirtschaftlicher Gleichwertigkeit von Leistung und Gegenleistung ein Schaden in drei Fallgruppen angenommen werden: So, wenn dem Opfer infolge der Verfügung Mittel entzogen werden, die für die ordnungsgemäße Erfüllung seiner sonstigen Verbindlichkeiten oder für eine seinen persönlichen Verhältnissen angemessene Wirtschafts- und Lebensführung unerlässlich sind. Außerdem in dem Fall, dass das Opfer durch die Verfügung zu weiteren vermögensschädigenden Maßnahmen genötigt wird. Schließlich dann, falls das Opfer die Gegenleistung nicht oder nicht in vollem Umfang zu dem vertraglich vorausgesetzten Zweck oder in anderer zumutbarer Weise verwenden kann. Im Falle des Abschlusses betrügerischer Kapitalanlagegeschäfte liegt nach der Auffassung des BGH ein Vermögensschaden des Anlegers dann vor, wenn er etwas völlig anderes erwirbt, als er erwerben wollte, die empfangene Gegenleistung für ihn mithin in vollem Umfang unbrauchbar ist.[157] Diese Rechtsprechung zum individuellen Schadenseinschlag scheint das BVerfG zu billigen.[158] Der BGH[159] hat es jedoch zunächst offen gelassen, ob diese Rechtsprechung zum persönlichen Schadenseinschlag „in Teilen einer Korrektur" bedarf, nachdem das BVerfG entschieden hat, dass normative Gesichtspunkte bei der Bewertung von Schäden zwar eine Rolle spielen, die wirtschaftliche Betrachtung allerdings nicht verdrängt werden dürfe.[160] Inzwischen wendet der BGH aber wieder die Grundsätze des individuellen Schadenseinschlags an.[161]

Die **nachträgliche Schadensbeseitigung**, das Bestehen von Schadensersatz- und Gewährleistungsansprüchen sowie von Anfechtungsrechten verhindern den **Vermögensschaden nicht**. Problematisch kann der Fall sein, dass der Täter das besonders hohe Verlustrisiko der Anlage verschwiegen und die Anlage als sicher dargestellt hat, allein aufgrund eines glücklichen Umstands nun aber tatsächlich der Wert der Anlage steigt.[162] In derartigen Fällen könnte man argumentieren, dass ein Vermögensschaden zu verneinen ist, da die Anlage „ihr Geld wert war". Zu beachten ist in diesem Zusammenhang aber, dass der BGH in der Tendenz über den Gesichtspunkt der **schadensgleichen Vermögensgefährdung** (zum Gesichtspunkt der Vermögensgefährdung siehe Rn. 64 ff.)

62

---

156 BGH 13.11.2007 – 3 StR 462/07, NStZ 2008, 96 (99).
157 BGH 7.3.2006 – 1 StR 379/05, BGHSt 51, 10 (15 f.); BGH 7.3.2006 – 1 StR 385/05, NStZ-RR 2006, 206 (207); vgl. zum Vermögensschaden auch *Heghmanns* ZIS 2015, 102 (104 ff.).
158 Vgl. BVerfG 1.11.2012 – 2 BvR 1235/11, NJW 2013, 365 (367).
159 BGH 19.2.2014 – 5 StR 510/13, NStZ 2014, 318 (320); ebenso BGH 2.7.2014 – 5 StR 182/14 mit Anm. *Trüg* NStZ 2014, 520 und *Schlösser* HRRS 2014, 395; siehe auch *Schmidt* NJW 2015, 284.
160 So BVerfG 1.11.2012 – 2 BvR 1233/11, NJW 2013, 365 (366); siehe dazu auch *Ceffinato* NZWiSt 2015, 90; *Piel* NStZ 2014, 399 (400); vgl. zur Rechtsprechung des BVerfG auch Rn. 64.
161 BGH 12.6.2018 – 3 StR 171/17, NStZ-RR 2018, 283; dazu *Eisele* JuS 2018, 1109. Den Gesichtspunkt des individuellen Schadenseinschlags bei § 253 StGB befürwortend: BGH 11.6.2015 – 2 StR 186/15, NJW 2016, 149.
162 Siehe *Fischer* StGB § 263 Rn. 155.

einen Vermögensschaden annehmen würde.[163] Lehnt man einen Vermögensschaden hingegen ab, bedeutet das keineswegs automatisch Straflosigkeit; zu prüfen bleibt dann, ob nicht möglicherweise versuchter Betrug vorliegt.

63 Bei **Optionen auf Warentermingeschäfte** (siehe dazu im Einzelnen Rn. 161 ff., 173) kommt es für die Schadensberechnung nach Auffassung des BGH auf den Unterschied zwischen dem **vereinbarten Preis und dem wirklichen Wert der Option** (Marktpreis) an, der sich aus den **Beschaffungskosten und der Provision eines seriösen inländischen Maklers zusammensetze**.[164] Dabei lasse sich der Wert der dem jeweiligen Käufer eingeräumten Option nur mithilfe eines Sachverständigen ermitteln.[165]

Ganz allgemein bestimmt sich der Wert einer Leistung nach den Verhältnissen des jeweiligen Markts, also nach Angebot und Nachfrage. Ist für die angebotene Leistung lediglich ein einziger Nachfragender vorhanden, beurteilt sich der wirtschaftliche Wert der Leistung nach dem von den Vertragsparteien vereinbarten Preis unter Berücksichtigung der für die Parteien maßgeblichen preisbildenden Faktoren.[166]

cc) Schadensgleiche Vermögensgefährdung

64 Nach **ständiger Rechtsprechung** und **hM im Schrifttum** reicht zur Bejahung eines Vermögensschadens bereits die **konkrete Gefährdung** eines Vermögenswerts aus.[167] Hierbei handelt es sich indes um eine im Grundsatz **bedenkliche Ausweitung** der Vollendung in den Bereich des Versuchs, denn vorausgesetzt wird vom Tatbestand die Schädigung des Vermögens, nicht hingegen die bloße Gefährdung. Von daher ist Vorsicht anzumahnen und in diesem Bereich zumindest **restriktiv** vorzugehen.[168] Das BVerfG hat die Annahme eines Vermögensschadens über den Gesichtspunkt der schadensgleichen Vermögensgefährdung noch mit dem Bestimmtheitsgebot für vereinbar erachtet.[169] Notwendig sei jedoch die Konkretisierung des Schadens der Höhe nach anhand üblicher Maßstäbe des Wirtschaftslebens (siehe insoweit bei der Untreue Rn. 20). Abgesehen von einfach gelagerten und eindeutigen Fällen sei vorausgesetzt, dass der Vermögensnachteil der Höhe nach beziffert wird und dessen Ermittlung in wirtschaftlich nachvollziehbarer Weise in den Urteilsgründen dargelegt werde. Normative Gesichtspunkte können dabei zwar Berücksichtigung finden, sie

---

163 Vgl. BGH 16.2.2000 – 1 StR 189/99, NStZ 2000, 376 und unten Rn. 67; siehe auch *Rochus* NJW 1981, 736 (737); LK/*Tiedemann* StGB § 263 Rn. 162; *Worms*, Anlegerschutz durch Strafrecht S. 191.
164 BGH 19.8.1988 – 2 StR 389/88, wistra 1989, 19; BGH 2.11.1982 – 5 StR 358/82, JR 1983, 337; BGH 23.2.1982 – 5 StR 685/81, BGHSt 30, 388 (390).
165 BGH 23.2.1982 – 5 StR 685/81, BGHSt 30, 388 (390); *Sonnen* NStZ 1983, 73 (74).
166 BGH 14.7.2010 – 1 StR 245/09, wistra 2010, 407.
167 Etwa nur BGH 9.7.1987 – 4 StR 216/87, BGHSt 34, 394 (395); Müller-Gugenberger/*Hebenstreit* § 47 Rn. 58 f.; Schönke/Schröder/*Perron* StGB § 263 Rn. 143; siehe zur Vermögensgefährdung auch *Becker/Rönnau* JuS 2017, 499; MüKoStGB/*Hefendehl* StGB § 263 Rn. 588 ff.
168 Siehe auch *Becker/Rönnau* JuS 2017, 499 (500); *Brettel/Schneider*, Wirtschaftsstrafrecht § 3 Rn. 58; SK-StGB/*Hoyer* StGB § 263 Rn. 232 ff.; den Gefährdungsschaden ablehnend etwa *Evers*, Verhältnis S. 274 ff.
169 BVerfG 23.6.2010 – 2 BvR 2559/08, 2 BvR 105/09, 2 BvR 491/09, BVerfGE 126, 170 (224 f.) zur Untreue; diese Rechtsprechung gilt auch für § 263 StGB; BVerfG 7.12.2011 – 2 BvR 2500/09 ua, NJW 2012, 907 (916); vgl. auch BGH 13.4.2012 – 5 StR 442/11, NJW 2012, 2370.

dürfen jedoch wirtschaftliche Überlegungen nicht verdrängen.[170] Seitdem verlangt der BGH, dass der Vermögensschaden konkret zu beziffern ist.[171]

Bereits der Abschluss (**Eingehungsbetrug**)[172] eines unter Vorspiegelung von Leistungsfähigkeit erschlichenen Kaufvertrags soll im Einzelfall einen Gefährdungsschaden begründen können, wenn nach den Umständen die gegenseitigen Ansprüche **nicht gleichwertig sind** und die Durchsetzung der Rechtsposition des Opfers unsicher ist, so dass eine naheliegende Gefahr des Vermögensverlustes bestehe.[173] Ein tatbestandsmäßiger Gefährdungsschaden sei gegeben, wenn die Wahrscheinlichkeit des endgültigen Verlusts eines Vermögensbestandteils so groß ist, dass dies bereits im Zeitpunkt der Vermögensverfügung eine objektive Minderung des Gesamtvermögenswerts zur Folge hat.[174] Zu vergleichen sind der Geldwert des erworbenen Anspruchs und der Geldwert der eingegangenen Verpflichtung bezogen auf den Zeitpunkt des Vertragsschlusses.[175] Beim täuschungsbedingten Erwerb von **Kapitalanlagen** handelt es sich **regelmäßig** um einen **Eingehungsbetrug**, weshalb man bezüglich des Schadens auf die Vermögensgefährdung bei Vertragsabschluss abstellt. Der Ver-

65

---

170 BVerfG 1.11.2012 – 2 BvR 1235/11, NJW 2013, 365 (366) zu § 266 StGB mit Anm. *Steinert* HRRS 2014, 58; BGH 8.10.2014 – 1 StR 359/13, NStZ 2015, 89 (91).
171 Etwa BGH 8.11.2017 – 1 StR 387/17, NStZ-RR 2018, 78 (79); BGH 15.3.2017 – 4 StR 472/16, NStZ 2017, 469 (470); BGH 20.9.2016 – 2 StR 497/15, NStZ 2017, 30 f.; BGH 11.12.2013 – 3 StR 302/13, NStZ 2014, 578; BGH 23.10.2012 – 5 StR 307/12, wistra 2013, 20; BGH 13.4.2012 – 5 StR 442/11, NJW 2012, 2370 (2371); siehe zur Schadensfeststellung auch BGH 15.3.2018 – 4 StR 425/17, BeckRS 2018, 7076; BGH 26.11.2015 – 3 Str 247/15, NStZ 2016, 343; BGH 19.8.2015 – 1 StR 334/15, StraFo 2016, 34; monografisch *Wostry*, Schadensbezifferung und bilanzielle Berechnung des Vermögensschadens bei dem Tatbestand des Betruges (§ 263 StGB); siehe aber auch die Kritik von *Becker/Rönnau* JuS 2017, 499 (501): Es sei zweifelhaft, ob die in der wirtschaftlichen Praxis gebräuchlichen Bewertungsverfahren geeignet sind, eine rechtssichere Unterscheidung von gegenwärtigen Wertminderungen und bloß drohenden Verlusten herbeizuführen.
172 Unter einem Eingehungsbetrug wird der Eintritt einer schadensgleichen Vermögensgefährdung durch betrügerische Begründung einer Verbindlichkeit verstanden. Hier soll ua ein vereinbartes Rücktrittsrecht oder die freie Widerrufbarkeit der Annahme einer Vermögensgefährdung entgegenstehen; siehe dazu *Fischer* StGB § 263 Rn. 176 f. mwN; vgl. zum Eingehungsbetrug auch *Küper/Zopfs*, BT Rn. 654 f.; ferner *Schlösser* StV 2014, 694; speziell zum Eingehungsbetrug bei einer Lebensversicherung vgl. BGH 14.8.2009 – 3 StR 552/08, BGHSt 54, 69 (120 ff.) mit Anm. *Joecks* wistra 2010, 179; *Thielmann* StraFo 2010, 412; zum Kontoeröffnungsbetrug BGH 14.10.2010 – 2 StR 447/10, NStZ 2011, 160; zum Erfüllungsbetrug vgl. *Küper*, FS Tiedemann S. 617.
173 So *Fischer* StGB § 263 Rn. 164. Das scheidet bei Vorkasse aus: BGH 26.11.2009 – 5 StR 91/09, NStZ-RR 2010, 109; siehe auch BGH 5.5.2009 – 3 StR 475/08, wistra 2009, 350; BGH 5.3.2009 – 3 StR 559/08, wistra 2009, 236; BGH 10.5.2007 – 5 StR 87/07, NStZ-RR 2007, 237, jeweils zur Darlehenshingabe. Nach dem OLG Bamberg 17.3.2016 – 3 OLG 8 Ss 18/16, StV 2017, 117, erfüllt der bloße Abschluss eines Kaufvertrags noch nicht die Voraussetzungen eines Eingehungsbetrugs, sofern der Verkäufer vertraglich nur zur Vorleistung verpflichtet ist.
174 BGH 20.9.2016 – 2 StR 497/15, NStZ 2017, 30.
175 BGH 19.2.2014 – 5 StR 510/13, NStZ 2014, 318 (319 f.); BGH 20.3.2013 – 5 StR 344/12, BGHSt 58, 205 (208, 212) mit Anm. *Albrecht* NStZ 2014, 17; *Bittmann* wistra 2013, 449 (453 ff.); *Krell* NZWiSt 2013, 370; *Kubiciel* JZ 2014, 99. Der BGH meint in dieser Entscheidung, beim Eingehungsbetrug könne die Schadensbestimmung an die Bewertung des Vertragsgegenstandes durch die Vertragsparteien anknüpfen; insofern bedürfe es nicht der Feststellung eines vom vereinbarten Preis abweichenden „objektiven Werts" des Vertragsgegenstands; zurückhaltender der 1. Strafsenat, BGH 8.10.2014 – 1 StR 359/13, NStZ 2015, 89 (92); siehe dazu auch *Ch. Dannecker* NZWiSt 2015, 173.

gleich der **Vermögenslage vor und nach Abschluss des Vertrages** ergibt, ob ein Vermögensschaden eingetreten ist.[176] Dabei entfällt ein Schaden, wenn der Getäuschte über unmittelbar realisierbare Sicherheiten verfügt, die das Ausfallrisiko abdecken.[177]

66 Bei **Warentermingeschäften** und **Anlagegeschäften** soll ein **Gefährdungsschaden** vorliegen, wenn der Täter von vornherein beabsichtigt, Kundengelder nicht zurückzuzahlen oder zugesicherte Deckungsgeschäfte gar nicht durchgeführt werden.[178] Nach Auffassung des OLG Köln erleiden die Anleger bei hochspekulativen Geldanlagen einen Vermögensschaden, wenn bei Vertragsabschluss oder Hingabe der anzulegenden Gelder der Rückgewähranspruch gefährdet ist.[179] Will der Täter von Anfang an keine Anlage tätigen und das Geld nicht zurückzahlen, erleidet der Anleger im maßgeblichen Zeitpunkt der Vermögensverfügung einen Vermögensschaden in voller Höhe.[180]

67 Eine schadensgleiche Vermögensgefährdung ist von der Rechtsprechung ua angenommen worden beim **Einsammeln von Anlagegeldern in einem Schneeballsystem**:[181] Bei Anlagegeschäften, bei denen der Täter weiß, dass die Rückzahlung der vereinbarten Anlagebeträge höchst unsicher ist und Deckungsgeschäfte unmöglich sind, sei ein Betrugsschaden im Sinne des Gefährdungsschadens selbst dann zu bejahen, wenn der Täter teilweise nach Vertragsschluss zur Absicherung des Anlagekapitals abgezinste Papiere erwirbt und die Anlagebeträge im Rahmen eines Schneeballsystems letztlich vollständig zurückgezahlt werden. Allgemein nimmt der BGH eine schadensgleiche Vermögensgefährdung bei Fehlen oder Wertlosigkeit vertraglich vereinbarter Sicherheiten an.[182] Nach der jüngeren Rechtsprechung des BGH ist bei Risikogeschäften darauf abzustellen, ob der Geldwert des seitens des Getäuschten erworbenen Anspruchs infolge der Verlustgefahr geringer ist als derjenige der eingegangenen Verpflichtung. Das Verlustrisiko sei anhand des vorhandenen Unternehmensvermögens und der prognostizierten Unternehmensentwicklung mit sachverständiger Hilfe nach wirtschaftswissenschaftlichen Bewertungsverfahren zu beziffern.[183] Bei Anlagegeschäften liege ein Vermögensschaden insoweit vor, als die vom Getäuschten eingegangene Verpflichtung wertmäßig die aus der Geldanla-

---

176 So BGH 12.6.1991 – 3 StR 155/91, StV 1991, 516; siehe ferner BGH 13.11.2007 – 3 StR 462/07, NStZ 2008, 96 (Vermögensschaden, wenn bei Börsentermingeschäften Anlageberatung besonderer Qualität geschuldet, jedoch nur solche allgemein üblicher Art erbracht wurde).
177 BGH 18.2.2009 – 1 StR 731/08, BGHSt 53, 199.
178 Siehe BGH 8.7.1981 – 3 StR 457/80, BGHSt 30, 177 (178); BGH 7.12.1979 – 2 StR 315/79, BGHSt 29, 152 (154); AnwK-StGB/*Gaede* StGB § 263 Rn. 138; Lackner/Kühl/Heger StGB § 263 Rn. 42.
179 OLG Köln 8.2.2000 – Ss 40/00, NStZ 2000, 481.
180 BGH 8.11.2017 – 1 StR 387/17, NStZ-RR 2018, 78 (79); BGH 16.5.2017 – 3 StR 445/16, wistra 2018, 125 (126 f.); BGH 15.3.2017 4 StR 472/16, NStZ 2017, 469 (470).
181 BGH 16.2.2000 – 1 StR 189/99, NStZ 2000, 376; siehe dazu auch Esser/Rübenstahl/Saliger/Tsambikakis/*Saliger* StGB § 263 Rn. 195; *Schmidt* StV 2018, 57.
182 BGH 9.2.1995 – 4 StR 662/94, wistra 1995, 222 (223); BGH 2.6.1993 – 2 StR 144/93, wistra 1993, 265; BGH 3.11.1987 – 1 StR 292/87, wistra 1988, 188 (190).
183 BGH 28.6.2017 – 4 StR 186/16, NStZ 2017, 708 (709 f.); BGH 19.2.2014 – 5 StR 510/13, NStZ 2014, 318 (320 f.); vgl. auch BGH 4.2.2014 – 3 StR 347/13, NStZ 2014, 457 mit Anm. *Becker* NStZ 2014, 458; BGH 13.4.2012 – 5 StR 442/11, NJW 2012, 2370 (2371).

ge resultierenden Ansprüche einschließlich der zur Zeit des Vertragsschlusses gegebenen Gewinnmöglichkeiten übersteigt.[184]

g) Kausalität zwischen Vermögensverfügung und Vermögensschaden

Schließlich ist vom Betrugstatbestand vorausgesetzt, dass es **aufgrund** der Vermögensverfügung zu einem Vermögensschaden kommt. Der Vollständigkeit halber sei dies erwähnt, jedoch ergeben sich für die hier behandelte Materie daraus keine weiteren Probleme.

2. Subjektiver Tatbestand

§ 263 StGB verlangt im **subjektiven Bereich** neben dem **Vorsatz** die **Bereicherungsabsicht**. Weiterhin muss die erstrebte Bereicherung **stoffgleich** und **rechtswidrig** sein und der Täter diesbezüglichen **Vorsatz** aufweisen.

a) Vorsatz

Generell bedeutet **Vorsatz** das **Wissen und Wollen der objektiven Tatbestandsmerkmale**. Der Täter will also den Adressaten täuschen und bei ihm einen Irrtum hervorrufen. Zudem ist das Bewusstsein erforderlich, gerade durch die Erregung des Irrtums eine vermögensschädigende Vermögensverfügung zu bewirken. Der Täter muss die wesentlichen Umstände erkennen, welche den Schaden begründen.[185] Insgesamt hat sich der Vorsatz auf sämtliche Tatbestandsmerkmale einschließlich ihrer kausalen Verknüpfung zu beziehen.[186] Dieser Nachweis kann bei Wirtschaftsstraftaten im Einzelfall aufwendig und schwierig sein.[187] **Schädigungsvorsatz** ist **im Bereich des Anlagebetrugs** zu verneinen, wenn der Betreffende davon überzeugt ist, dass das Anlagekapital ordnungsgemäß zurückgezahlt werde.[188]

Dolus eventualis reicht aus,[189] es genügt also, wenn der Täter mit der Möglichkeit des Erfolgseintritts rechnet und ihn billigend in Kauf nimmt. In Bezug auf eine Vermögensgefährdung hat der BGH ursprünglich vertreten, zur Bejahung der subjektiven Tatseite reiche grundsätzlich die Kenntnis von den die Gefährdung begründenden Umständen aus, mag auch der Täter darauf vertrauen und hoffen, dass aus der Gefährdung letztlich kein Schaden erwachse.[190] Diese Sicht ist aber inzwischen eingeengt worden.[191] So verlangt der BGH, dass der Betrogene auch aus Sicht des Täuschenden ernstlich mit wirtschaftlichen Nachteilen zu rechnen hat. Dies sei dann nicht der Fall, wenn der Eintritt wirtschaftlicher Nachteile nicht einmal überwiegend wahrscheinlich ist.[192]

---

184 BGH 28.6.2017 – 4 StR 186/16, NStZ 2017, 708 (710).
185 BGH 4.12.2002 – 2 StR 332/02, NStZ 2003, 264; *Fischer* StGB § 263 Rn. 181.
186 Lackner/*Kühl*/Heger StGB § 263 Rn. 57.
187 Müller-Gugenberger/*Hebenstreit* § 47 Rn. 70 f.
188 BGH 4.12.2002 – 2 StR 332/02, NStZ 2003, 264.
189 Dazu BGH 12.5.2005 – 5 StR 283/04, NJW 2005, 2242 (2244); NK-StGB/*Kindhäuser* StGB § 263 Rn. 350; LK/*Tiedemann* StGB § 263 Rn. 240, 244 ff.
190 BGH 4.3.1996 – 4 StR 634/95, wistra 1996, 261.
191 Siehe schon BGH 26.8.2003 – 5 StR 145/03, BGHSt 48, 331 (346 ff.), wo betont wird, dass zur Begründung des Gefährdungsvorsatzes eingehende Feststellungen erforderlich seien; dazu *Beulke* JR 2005, 37 (40 f.); *Otto* JK, StGB § 263/73.
192 BGH 16.4.2008 – 5 StR 615/07, StV 2008, 526; siehe auch die Darlegungen zum Gefährdungsvorsatz bei der Untreue.

b) Bereicherungsabsicht

72 Die **Absicht, sich oder einem Dritten einen rechtswidrigen Vermögensvorteil zu verschaffen**, ist gegeben, wenn es dem Täter auf die Erlangung des Vorteils ankommt, sei es auch nur als notwendiges Zwischenziel. Es muss also **dolus directus 1. Grades** („Erstreben") vorliegen.[193] Die Vorteilserlangung braucht zwar nicht das in erster Linie erwünschte Ziel zu sein, jedoch muss der Täter den Vorteil für sich oder für einen Dritten **erstreben**.[194] Das ist nicht der Fall, wenn die Vorteilserlangung nur eine notwendige, dem Täter aber unerwünschte Nebenfolge eines von ihm erstrebten anderweitigen Erfolges ist.[195]

c) Stoffgleichheit der Bereicherung

73 Der erstrebte **Vermögensvorteil** muss objektiv **unmittelbar zulasten des geschädigten Vermögens** gehen; erforderlich ist, dass der Vorteil die **Kehrseite** des Schadens bildet,[196] also unmittelbare Folge der täuschungsbedingten Vermögensverfügung ist und dem Täter direkt aus dem geschädigten Vermögen zufließt, was man mit dem Begriff der **Stoffgleichheit** umschreibt.[197] Schaden und Vorteil müssen sich in der Weise entsprechen, dass sie durch ein und dieselbe Vermögensverfügung vermittelt werden, also nicht jeweils auf verschiedene Verfügungen zurückzuführen sind. Das kann insbesondere dann sehr problematisch sein, wenn aufgrund von Falschmitteilungen des Täters Aktienkäufe der Täuschungsadressaten erfolgen und der Täter nun – wie von vornherein beabsichtigt – die von ihm zuvor erworbenen Wertpapiere gewinnbringend verkauft. Dann erscheint es zweifelhaft, ob Stoffgleichheit vorliegt; die Order des Täters stellt dann nicht die unmittelbare Gegenposition des Opfers dar (siehe dazu im Einzelnen unten bei dem Stichwort „Falschmeldungen" Rn. 106 ff.).[198]

Subjektiv muss der Täter das Bewusstsein von der Stoffgleichheit der Bereicherung aufweisen, wobei insofern **dolus eventualis** genügt.[199]

d) Rechtswidrigkeit der Bereicherung

74 Weiterhin ist vorausgesetzt, dass der erstrebte Vermögensvorteil objektiv **rechtswidrig** ist. Daran fehlt es, wenn der Täter einen einredefreien und fälligen Anspruch auf den erstrebten Vorteil hat.[200] Das ist jedoch im Kapitalmarktsegment regelmäßig nicht der Fall.

---

193 BeckOK StGB/*Beukelmann* StGB § 263 Rn. 76; *Brettel/Schneider*, Wirtschaftsstrafrecht § 3 Rn. 75; SK-StGB/*Hoyer* StGB § 263 Rn. 272; *Nestler*, Bank- und Kapitalmarktstrafrecht Rn. 446; Esser/Rübenstahl/Saliger/Tsambikakis/*Saliger* StGB § 263 Rn. 240.
194 Lackner/*Kühl*/Heger StGB § 263 Rn. 58; Schönke/Schröder/*Perron* StGB § 263 Rn. 176; *Wessels/Hillenkamp/Schuhr*, BT 2 Rn. 583.
195 *Fischer* StGB § 263 Rn. 190; Müller-Gugenberger/*Hebenstreit* § 47 Rn. 75.
196 BGH 8.10.2014 – 1 StR 359/13, NStZ 2015, 89 (92); BGH 6.4.1954 – 5 StR 74/54, BGHSt 6, 115 (116); *Brand/Reschke* NStZ 2011, 379 (381 f.); AnwK-StGB/*Gaede* StGB § 263 Rn. 164; *Jahn* ZNER 2008, 297 (313); Schönke/Schröder/*Perron* StGB § 263 Rn. 168; *Wessels/Hillenkamp/Schuhr*, BT 2 Rn. 588.
197 BGH 4.12.2002 – 2 StR 332/02, NStZ 2003, 264.
198 Vgl. BGH 4.12.2002 – 2 StR 332/02, NStZ 2003, 264.
199 SSW-StGB/*Satzger* StGB § 263 Rn. 302.
200 Siehe BGH 19.9.1952 – 2 StR 307/52, BGHSt 3, 160 (162); *Küper/Zopfs*, BT Rn. 126 ff.; Esser/Rübenstahl/Saliger/Tsambikakis/*Saliger* StGB § 263 Rn. 251; LK/*Tiedemann* StGB § 263 Rn. 265.

Da die **Rechtswidrigkeit** des Vorteils **Tatbestandsmerkmal** ist, muss sich der **Vorsatz** des Täters darauf beziehen. Geht der Täter irrtümlich davon aus, einen Anspruch auf den Vorteil zu haben, liegt ein **Tatbestandsirrtum** vor.[201] Entscheidend ist dabei, ob er sich vorstellt, dass dieser Anspruch auch von der Rechtsordnung anerkannt wird und er seine Forderung demgemäß mit gerichtlicher Hilfe in einem Zivilprozess durchsetzen könnte.[202] Bezüglich der Rechtswidrigkeit genügt wiederum **dolus eventualis**.[203]

III. Ergänzende Bemerkungen
1. Regelbeispiele

Durch das **6. Strafrechtsreformgesetz** vom 26.1.1998 hat der Gesetzgeber die zuvor unbenannten besonders schweren Fälle durch **fünf Regelbeispiele** ergänzt. Es handelt sich hierbei um Konstellationen, in denen die Rechtsprechung bereits in der Vergangenheit einen besonders schweren Fall angenommen hatte oder die in anderen Vorschriften schon enthalten waren.[204] § 263 Abs. 3 StGB ist dabei eine reine **Strafzumessungsvorschrift**.[205]

a) § 263 Abs. 3 S. 2 Nr. 1 StGB

Durchaus vorkommen mag es im Bereich des Kapitalmarkts, etwa bei der Vermittlung von Wertpapieranlagegeschäften, dass der Täter **gewerbsmäßig** handelt. Dies ist der Fall, wenn sich der Täter aus der **wiederholten Tatbegehung eine nicht nur vorübergehende Einnahmequelle von einigem Umfang** verschaffen möchte.[206] Schon eine einmalige Gesetzesverletzung kann dabei ausreichen.[207] Vorausgesetzt ist ein eigennütziges Handeln.[208] Ausreichend ist aber, wenn der Täter sich mittelbare Vorteile aus der Tathandlung verspricht, so in dem Fall, dass Vermögenswerte an eine von ihm beherrschte Gesellschaft fließen und er ohne Weiteres auf diese Vorteile zugreifen kann.[209]

Die Indizwirkung des Regelbeispiels greift auch ein, wenn der Täter als **Mitglied einer Bande** handelt, die sich zur fortgesetzten Begehung von Urkundenfälschung oder Betrug verbunden hat.[210] Nach der Entscheidung des Großen

---

201 BGH 21.2.2017 – 1 StR 223/16, NStZ 2017, 465 (467); BGH 19.9.1952 – 2 StR 307/52, BGHSt 3, 160 (163).
202 BGH 21.2.2017 – 1 StR 223/16, NStZ 2017, 465 (467) mit Anm. *Bock* NStZ 2017, 468.
203 Esser/Rübenstahl/Saliger/Tsambikakis/*Saliger* StGB § 263 Rn. 252, 255.
204 Esser/Rübenstahl/Saliger/Tsambikakis/*Saliger* StGB § 263 Rn. 274; *Wessels/Hillenkamp/Schuhr*, BT 2 Rn. 591.
205 Zur Kritik an den besonders schweren Fällen und Regelbeispielen im Einzelnen siehe *Zieschang* Jura 1999, 561.
206 BGH 20.12.2017 – 4 StR 66/17, NStZ-RR 2018, 109 (110); BGH 9.7.2013 – 5 StR 181/13, NStZ 2014, 85; BGH 7.9.2011 – 1 StR 343/11, NStZ-RR 2011, 373; NK-WSS/*Heger/Petzsche* StGB § 263 Rn. 148; *Joecks/Jäger* StGB § 263 Rn. 181; NK-StGB/*Kindhäuser* StGB § 263 Rn. 391; Matt/Renzikowski/*Saliger* StGB § 263 Rn. 316; Esser/Rübenstahl/Saliger/Tsambikakis/*ders.* StGB § 263 Rn. 278; vgl. dazu auch *Bröker* wistra 1993, 161 (164 f.).
207 BGH 17.6.2004 – 3 StR 344/03, BGHSt 49, 177 (181); *Fischer* StGB Vor § 52 Rn. 61 a; Esser/Rübenstahl/Saliger/Tsambikakis/*Saliger* StGB § 263 Rn. 278.
208 BGH 19.12.2007 – 5 StR 543/07, StV 2008, 357.
209 BGH 7.9.2011 – 1 StR 343/11, NZWiSt 2012, 67 (68); BGH 26.5.2009 – 4 StR 10/09, wistra 2009, 351; BGH 5.6.2008 – 1 StR 126/08, wistra 2008, 379.
210 Vgl. dazu jüngst BGH 17.6.2004 – 3 StR 344/03, BGHSt 49, 177 (187 ff.); BGH 16.11.2006 – 3 StR 204/06, NStZ 2007, 269.

Senats des BGH für Strafsachen vom 22.3.2001[211] muss die Bande aus **mindestens drei Personen** bestehen. Die Mitwirkung eines anderen Bandenmitglieds soll dabei nicht erforderlich sein.[212] **Fortgesetzte Begehung** bedeutet, dass sich die Bande zur Begehung einer Mehrzahl von selbstständigen, nicht notwendig schon bestimmten Taten der **Urkundenfälschung** oder des **Betrugs** verbunden hat.[213] Umstritten ist, ob die Begriffe „Urkundenfälschung" und „Betrug" weit zu verstehen sind, so dass nicht nur §§ 267, 263 StGB gemeint sind, sondern etwa auch §§ 268 bis 281 StGB sowie §§ 263 a, 264, 264 a, 265 b StGB und 266 b StGB.[214] Im Hinblick auf Art. 103 Abs. 2 GG spricht vieles dafür, dass lediglich §§ 267, 263 StGB erfasst sind.

b) § 263 Abs. 3 S. 2 Nr. 2 StGB

79 Sehr oft kann es im Kapitalmarktbereich angesichts der vielfach hohen Summen, die dort investiert werden, vorkommen, dass der Täter einen **Vermögensverlust großen Ausmaßes** im Sinne des Regelbeispiels herbeiführt. Hierfür genügt ein bloßer Gefährdungsschaden nicht, vielmehr muss ein endgültiger Verlust tatsächlich eingetreten sein.[215] Ein solcher Vermögensverlust großen Ausmaßes liegt bei einem **außergewöhnlich hohen Schaden** vor, was der Fall ist, wenn der beim Opfer[216] eingetretene Verlust das für § 263 StGB **durchschnittliche Maß deutlich übersteigt**. Nach Auffassung des BGH ist als maßgebliche Wertgrenze 50.000 EUR anzusehen.[217] Auch das Schrifttum geht von 50.000 EUR als Untergrenze aus.[218] Zur Ermittlung des Schadens darf bei einer Betrugsserie, die rechtlich eine Tat bildet, eine Addition der Einzelschäden erfolgen, wenn die Taten dasselbe Opfer betreffen.[219]

80 Die zweite Alternative stellt auf die **Absicht** ab, durch **fortgesetzte Begehung**, also durch die Verwirklichung mindestens zweier für den Täter rechtlich selbstständiger Betrugstaten, **eine große Zahl von Menschen in die Gefahr des Verlustes von Vermögenswerten** zu bringen. Auch dieses Regelbeispiel kann im Bereich des **Wertpapierhandels von besonderer Bedeutung** sein, da beispielsweise Falschmeldungen oftmals an die breite Öffentlichkeit gerichtet sind. Umstritten ist zwar, was unter einer großen Zahl zu verstehen ist. Teilweise sollen

---

211 BGH 22.3.2001 – GSSt 1/00, BGHSt 46, 321.
212 *Fischer* StGB § 263 Rn. 211.
213 *Joecks/Jäger* StGB § 263 Rn. 182.
214 Siehe zum Streitstand *Fischer* StGB § 263 Rn. 212; MüKoStGB/*Hefendehl* StGB § 263 Rn. 844 f.; NK-WSS/*Heger/Petzsche* StGB § 263 Rn. 154; Esser/Rübenstahl/Saliger/Tsambikakis/*Saliger* StGB § 263 Rn. 281.
215 BGH 20.12.2017 – 4 StR 66/17, NStZ-RR 2018, 109 (110); BGH 7.10.2003 – 1 StR 212/03, BGHSt 48, 354 mit Anm. *Krüger* wistra 2004, 146; *Rotsch* ZStW 117 (2005), 577; siehe auch BGH 17.11.2006 – 2 StR 388/06, wistra 2007, 111. Andererseits soll das Regelbeispiel nach BGH 7.5.2002 – 3 StR 48/02, StV 2004, 16 nicht voraussetzen, dass der Geschädigte eine bleibende Vermögenseinbuße erleidet.
216 Es kommt also nicht auf den erlangten Vorteil des Täters an; BGH 15.3.2011 – 1 StR 529/10, NJW 2011, 1825 mit Anm. *Jannusch* NStZ 2012, 679.
217 BGH 20.12.2017 – 4 StR 66/17, NStZ-RR 2018, 109 (110); BGH 7.10.2003 – 1 StR 274/03, BGHSt 48, 360 mit Anm. *Krüger* wistra 2005, 247; ebenso BGH 5.3.2009 – 3 StR 559/08, wistra 2009, 236; kritisch *Fischer* StGB § 263 Rn. 215 a.
218 NK-StGB/*Kindhäuser* StGB § 263 Rn. 394; LK/*Tiedemann* StGB § 263 Rn. 298 a; siehe auch *Peglau* wistra 2004, 7 (9).
219 BGH 28.8.2012 – 3 StR 297/12, wistra 2012, 471.

es mindestens zehn sein,[220] andere verlangen zwanzig[221] oder dreißig,[222] mitunter fordert man sogar fünfzig Opfer.[223] Selbst wenn man jedoch fünfzig Personen zugrunde legt, ist dies bei Täuschungen über Massenmedien ohne Weiteres der Fall. Gefahr im Sinne des Regelbeispiels bedeutet eine **konkrete Gefahr**. Eine solche liegt vor, wenn es nur noch vom Zufall abhängt, ob der Schaden eintritt oder nicht, wobei zu beachten ist, dass es in § 263 Abs. 3 S. 2 Nr. 2 StGB nur um eine diesbezügliche Absicht geht. Das Regelbeispiel ist bei Vorliegen der **Absicht** bereits bei Begehung der ersten Tat erfüllt.[224]

c) § 263 Abs. 3 S. 2 Nr. 3 StGB

Wirtschaftliche Not liegt vor, wenn das Opfer einer solchen Mangellage ausgesetzt wird, dass ihm die Mittel für lebenswichtige Aufwendungen für sich oder auch für unterhaltsberechtigte Personen fehlen.[225]

81

d) § 263 Abs. 3 S. 2 Nr. 4 StGB

Die **Amtsträgereigenschaft** findet eine Legaldefinition in § 11 Abs. 1 Nr. 2 StGB. **Missbrauch der Befugnisse** ist anzunehmen, wenn der Amtsträger innerhalb einer an sich gegebenen Zuständigkeit handelt. Der Amtsträger **missbraucht seine Stellung**, wenn er außerhalb des Zuständigkeitsbereichs handelt, jedoch unter Ausnutzung der durch das Amt gegebenen Möglichkeiten.[226]

82

e) § 263 Abs. 3 S. 2 Nr. 5 StGB

Das in Nr. 5 vorgesehene Regelbeispiel – **Vortäuschen eines Versicherungsfalls** – hat im Kapitalmarktbereich keine weitere Relevanz. Insoweit wird daher auf die einschlägigen Kommentierungen verwiesen.[227]

83

f) Abweichen von der Indizwirkung

Durchaus in Betracht kommt, dass **trotz Vorliegens eines Regelbeispiels ein besonders schwerer Fall ausscheidet**. Dies ist etwa dann in Erwägung zu ziehen, wenn sich die Opfer aufgrund der in Aussicht gestellten Gewinnerwartungen leichtfertig über an sich von jedermann zu beachtende Vorsichtsmaßnahmen hinweggesetzt haben.[228] Zudem ist ein besonders schwerer Fall ausgeschlossen, wenn § 263 Abs. 4 iVm § 243 Abs. 2 StGB (Geringwertigkeit) greift. Das Vorliegen der Regelbeispiele führt also nicht unmittelbar zu einem besonders schweren Fall, es bedarf vielmehr stets einer **Gesamtwürdigung** aller konkret gegebenen maßgeblichen Strafzumessungserwägungen.[229]

84

---

220 LK/*Tiedemann* StGB § 263 Rn. 299; vgl. auch *Peglau* wistra 2004, 7 (9 f.).
221 NK-StGB/*Kindhäuser* StGB § 263 Rn. 396; Schönke/Schröder/*Perron* StGB § 263 Rn. 188 d.
222 Esser/Rübenstahl/Tsambikakis/*Saliger* StGB § 263 Rn. 285.
223 *Joecks/Jäger* StGB § 263 Rn. 186.
224 BGH 11.1.2001 – 5 StR 580/00, NStZ 2001, 319 (320); *Joecks/Jäger* StGB § 263 Rn. 187.
225 *Wessels/Hillenkamp/Schuhr*, BT 2 Rn. 595.
226 BGH 14.8.2013 – 4 StR 255/13, NStZ-RR 2013, 344; MüKoStGB/*Hefendehl* StGB § 263 Rn. 782; LK/*Tiedemann* StGB § 263 Rn. 301.
227 Siehe etwa *Fischer* StGB § 263 Rn. 222 ff.; NK-StGB/*Kindhäuser* StGB § 263 Rn. 399 ff.; LK/*Tiedemann* StGB § 263 Rn. 302.
228 Vgl. auch *Fischer* StGB § 263 Rn. 227.
229 Siehe dazu auch BGH 11.12.2008 – 5 StR 536/08, StV 2009, 244 (245); BGH 11.9.2003 – 4 StR 193/03, NStZ 2004, 265; KG 13.1.2010 – (1) 1 Ss 465/09 (23/09),

g) Strafzumessungsgesichtspunkte im Übrigen

85 Als **strafschärfend** erachtet der BGH bei **Warentermingeschäften** durch intensive telefonische Akquisitionsbemühungen eine **systematische und planmäßige Vorgehensweise**.[230] Der Umstand, dass sich einige Opfer trotz Totalverlustes beim ersten Optionsgeschäft zum Erwerb weiterer Optionen haben bewegen lassen, brauche nicht von Rechts wegen als entlastender Umstand erörtert zu werden, zumal sich daraus auch eine **besondere Geschicklichkeit** des Angeklagten bei der Täuschung der Opfer ergeben könne.[231]

86 Klassische strafschärfende Umstände sind die **Höhe des eingetretenen Schadens**, die **Anzahl der Geschädigten** und die **Vielzahl der betrügerischen Einzelakte**, wobei die Strafe jeweils nach dem Maß der individuellen Schuld zuzumessen ist.[232] Zu beachten kann auch sein, wenn einzelne Anleger existenziell getroffen werden.

87 Ein **Berufsverbot** gemäß § 70 StGB kommt nur in Betracht, wenn der Täter den Beruf, bei dem ihm Missbrauch oder Pflichtverletzungen vorgeworfen werden, bei Begehung der Taten tatsächlich ausübt. Hat der Täter eine Tätigkeit als Anlagevermittler oder -berater nur **vorgetäuscht**, um die Geschädigten zu Zahlungen an ihn zu veranlassen, dann genügt das zur Anordnung des Berufsverbots nicht.[233]

2. Antragserfordernis

88 Erwähnt sei, dass über § 263 Abs. 4 die §§ 247, 248 a StGB entsprechend gelten. In diesen Fällen (Betrug gegenüber Angehörigen, Vormund, Betreuer oder Hausgenossen; Bagatellbetrug) wird der Betrug zum **Antragsdelikt**.

3. Qualifikation

89 Der Betrug ist nach § 263 Abs. 5 StGB **Verbrechen**, wenn er gewerbs- und bandenmäßig begangen wird. Zur Definition dieser Merkmale siehe oben Rn. 77 und Rn. 78.

4. Führungsaufsicht

90 § 263 Abs. 6 StGB erlaubt die **Anordnung von Führungsaufsicht** (§ 68 Abs. 1 StGB). Hierbei handelt es sich um eine fakultative Regelung. Sie greift auch bei einem versuchten Betrug und in Bezug auf Teilnehmer der Betrugstat.[234]

5. Konkurrenzen

91 Besteht der Tatbeitrag darin, als **Geschäftsführer die organisatorischen Voraussetzungen** dafür zu schaffen, dass die angestellten und unterwiesenen Mitarbeiter Anleger werben und mit unwahren Tatsachenbehauptungen zu Geldeinlagen veranlassen, so liegt nach ständiger Rechtsprechung **eine Betrugshandlung**

StraFo 2010, 212; Müller-Gugenberger/*Hebenstreit* § 47 Rn. 91; Schönke/Schröder/*Perron* StGB § 263 Rn. 188 i.
230 BGH 14.7.1999 – 3 StR 66/99, NStZ 2000, 36.
231 BGH 14.7.1999 – 3 StR 66/99, NStZ 2000, 36.
232 BGH 16.8.2000 – 3 StR 253/00, wistra 2000, 463; siehe auch LK/*Tiedemann* StGB § 263 Rn. 293.
233 BGH 16.3.1999 – 4 StR 26/99, wistra 1999, 222.
234 Esser/Rübenstahl/Saliger/Tsambikakis/*Saliger* StGB § 263 Rn. 293.

des Geschäftsführers vor, selbst wenn von den Mitarbeitern zahlreiche Verträge mit unterschiedlichen Kunden geschlossen worden waren. Es sei für die Frage des Vorliegens einer oder mehrerer Handlungen auf den **eigenen Tatbeitrag** abzustellen, der hier lediglich in einer Tathandlung, nämlich in der Leitung und Organisation der Firma, bestehe.[235]

Betrug und das Verleiten von Anlegern zu Börsenspekulationsgeschäften gemäß § 49 BörsG iVm § 26 Abs. 1 BörsG stehen in **Tateinheit**,[236] ebenso Betrug und Untreue, falls der Täter bereits zum Zeitpunkt der Täuschung in einem Treueverhältnis zu dem Getäuschten stand.[237] Dagegen tritt § 264 a StGB, da es sich im Vergleich zu § 263 StGB um ein zum selbstständigen Tatbestand erhobenes Versuchsdelikt handelt, regelmäßig hinter den Betrug **zurück**.[238]

IV. Einzelne Verhaltensweisen aus dem Bereich des Kapitalmarkts und ihre Relevanz im Hinblick auf § 263 StGB

Im Folgenden werden – in **alphabetischer Reihenfolge** – im Bereich des **Kapitalmarkts bekannt gewordene Vorgehensweisen** dahin gehend untersucht, ob sie den Betrugstatbestand erfüllen können. Nicht erörtert wird, inwieweit bezüglich solcher Verhaltensweisen sonstige Strafvorschriften, insbesondere auch aus dem Bereich des Nebenstrafrechts, einschlägig sind. Insofern ist auf die jeweiligen Kommentierungen dieser Vorschriften in diesem Band zu verweisen.[239] Angesichts der Komplexität des Wertpapierhandels besteht im Grundsatz eine Fülle von möglichen Verhaltensweisen, bei denen der Betrugstatbestand erfüllt sein kann. Eine eventuelle Strafbarkeit gemäß § 263 StGB ist vom Ausgangspunkt insbesondere bei den nachfolgend aufgelisteten Konstellationen näher zu untersuchen.[240]

---

235 BGH 19.7.2001 – 4 StR 65/01, wistra 2001, 378; siehe etwa auch BGH 21.4.2010 – 4 StR 635/09, wistra 2010, 344 (345); BGH 9.1.2008 – 5 StR 572/07, wistra 2008, 181; BGH 18.10.2007 – 4 StR 481/07, NStZ 2008, 352; BGH 26.8.2003 – 5 StR 145/03, BGHSt 48, 331 (341 ff.); BGH 7.11.2000 – 4 StR 424/00, wistra 2001, 144; BGH 18.3.1998 – 3 StR 545/97, wistra 1998, 224; BGH 25.4.1996 – 4 StR 612/95, wistra 1996, 230; BGH 21.12.1995 – 5 StR 392/95, NStZ 1996, 296; vgl. dazu weiterhin BGH 17.6.2004 – 3 StR 344/03, BGHSt 49, 177 (182 ff.); siehe ferner BGH 10.11.2006 – 5 StR 386/06, wistra 2007, 100. Zur natürlichen Handlungseinheit beim Betrug siehe BGH 14.9.2010 – 4 StR 422/10, NStZ-RR 2010, 375.
236 BGH 14.7.1999 – 3 StR 66/99, NStZ 2000, 36; Lackner/Kühl/Heger StGB § 263 Rn. 67. Siehe im Übrigen hinsichtlich der Konkurrenzen des Betrugs zu sonstigen Vorschriften aus dem Bereich des Kapitalmarktstrafrechts die jeweiligen Angaben zu den Vorschriften in diesem Band.
237 BGH 25.11.2008 – 4 StR 500/08, wistra 2009, 106; BGH 5.3.2008 – 5 StR 36/08, NStZ 2008, 340; siehe auch bei der Untreue Rn. 41.
238 BGH 20.9.2000 – 3 StR 88/00, wistra 2001, 57 (58); Lackner/Kühl/Heger StGB § 264 a Rn. 17; str., aA etwa *Otto* WM 1988, 729 (739): Idealkonkurrenz.
239 Speziell zum Verhältnis des diesbezüglichen Nebenstrafrechts zum Betrug siehe zudem (wenn auch teilweise veraltet) *Fichtner*, Die börsen- und depotrechtlichen Strafvorschriften S. 62 ff.
240 Siehe auch die Verhaltensweisen, die in der Marktmissbrauchs-RiLi (Richtlinie des europäischen Parlaments und des Rates vom 28.1.2003 über Insider-Geschäfte und Marktmanipulation, ABl. 2003 L 96, 16) aufgelistet sind; vgl. zudem *Arlt*, Kursmanipulation S. 55 ff.; *Diehm*, Strafrechtsrelevante Maßnahmen S. 123 ff.; *Lenzen* WM 2000, 1131 (1132 ff.); *Otto*, FS Pfeiffer S. 69, 70 ff.; *Papachristou*, Marktpreismanipulationen S. 57 ff.; *Schlüter*, Börsenhandelsrecht, D Rn. 275 ff.; *von Ungern-Sternberg* ZStW 88 (1976), 653 ff.; *Watter* SZW 1990, 193; *M. Weber* EuZW 2002, 43 (45).

1. Ad-hoc-Meldungen

94 Art. 17 VO (EU) Nr. 596/2014 vom 16.4.2014[241] sieht in bestimmten Fällen eine Veröffentlichungspflicht durch den Emittenten von Wertpapieren vor (Ad-hoc-Meldepflicht). Soweit dies **unterlassen** wird, ist dies unter dem Stichwort „Nichtveröffentlichung von Informationen" Rn. 138 behandelt. Möglich ist auch, dass **unzutreffende Ad-hoc-Mitteilungen** erfolgen, zB über tatsächlich nicht getätigte Umsätze; siehe insofern die Erläuterungen zu dem Stichwort „Falschmeldungen" Rn. 106 ff.

2. Advancing the bid

95 Bei diesem Verhalten erhöht der Handelnde die **Nachfrage nach einem Wertpapier** zu dem Zweck, den Preis in die Höhe zu treiben.[242] Hinsichtlich der Frage nach einer Betrugsstrafbarkeit unterscheidet sich dieses Verhalten nicht vom Aufbau eines Market Corner. Auf die Ausführungen zu dem Stichwort „Market Corner" Rn. 133 f. kann daher verwiesen werden.

3. Bilanzfälschungen

96 Siehe das Stichwort „Falschmeldungen" Rn. 106 ff.

4. Churning

97 Kennzeichnend für das **Churning**[243] (Provisionsschneiderei,[244] Ausplündern,[245] Rein- und Rausschicken,[246] Spesenreiterei,[247] Drehen, Buttern,[248] Wälzen)[249] ist, dass der Vermögensverwalter das Wertpapierdepot **ausschließlich zu dem Zweck und entgegen den Anlagezielen**[250] des Kunden umschichtet, um selbst **Provisionen** zu erzielen. Der Bundesgerichtshof in Zivilsachen führt insofern aus: Es handele sich um den durch das Interesse des Kunden nicht gerechtfertigten **häufigen Umschlag** eines Anlagekontos, durch den der Broker oder der Vermittler oder beide sich zulasten der Gewinnchancen des Kunden Provisionseinnahmen verschaffen.[251] Im Extremfall kann dadurch sogar das gesamte Anlagekapital aufgezehrt werden („das Konto leer traden").[252]

---

241 ABl. 2014 L 173, 1.
242 *Arlt*, Kursmanipulation S. 88.
243 Monographisch dazu *Nestler*, Churning.
244 Siehe auch OLG Düsseldorf 28.11.2001 – 15 U 82/01, BeckRS 2001, 17472; OLG Düsseldorf 21.12.1989 – 10 U 117/89, BB 1990, 584; OLG Karlsruhe 16.12.1998 – 1 U 11/98, EWiR § 826 BGB 1/99, 211; weitere Rechtsprechungsnachweise bei *Imo*, Börsentermingeschäfte S. 998 ff.
245 *Birnbaum* wistra 1991, 253 (254); *Wach*, Terminhandel S. 206.
246 *Von Ungern-Sternberg* ZStW 88 (1976), 653 (666).
247 BGH 22.11.1994 – XI ZR 45/91, WM 1995, 100.
248 *Rössner/Arendts* WM 1996, 1517.
249 *Bröker*, Strafrechtliche Probleme S. 38.
250 Siehe dazu *Rössner/Arendts* WM 1996, 1517 (1519).
251 BGH 23.9.1999 – III ZR 214/98, ZIP 1999, 1838 (1839 f.); BGH 22.11.1994 – XI ZR 45/91, WM 1995, 100 (101 f.). Im Fall des BGH ging es ua um 18 Kaufgeschäfte und 14 Verkaufsgeschäfte gleicher Art an einem Tag; insgesamt 23,34% des jeweils eingesetzten Kapitals waren für Spesen und Provisionen verbraucht worden; BGH aaO, 102; siehe auch BGH 13.7.2004 – VI ZR 136/03, NJW 2004, 3423; zum Churning vgl. zudem *Janke*, Wirtschaftskriminalität S. 114 ff.
252 *Rössner/Arendts* WM 1996, 1517.

Unterschiedliche Konstellationen sind denkbar: Werden jeweils die einzelnen Transaktionen mit dem Anleger **abgesprochen** und gibt dabei der Vermögensverwalter der Wahrheit zuwider an, das Anlagekapital umzuschichten, da eine andere Investition größere Erträge in sich berge, hat er jedoch tatsächlich allein die Absicht, aufgrund der Umschichtungen Provisionen zu erhalten, dann **täuscht der Verwalter über eine innere Tatsache**.[253] Aufgrund der Täuschung entsteht beim Anleger ein Irrtum über den wahren Grund für die Transaktion, wobei die Zustimmung zu den Umschichtungen des Anlagevermögens die relevante Vermögensverfügung darstellt. Der Schaden besteht jedenfalls in der dann **überflüssigen Belastung** des Anlegers mit der **Provision** des Vermögensverwalters, dem auf der Kehrseite ein Vorteil des Vermögensverwalters entspricht.[254]

98

Der Fall kann aber auch so gelagert sein, dass der Vermögensverwalter nicht jedes einzelne Geschäft mit dem Anleger abzusprechen braucht, sondern im Rahmen eines **Vermögensverwaltungsvertrages** jeweils Anlagegeschäfte **selbstständig** vornehmen darf. Fraglich ist, ob dann auch Betrug in Betracht kommt, wenn sich der Vermögensverwalter **nach Abschluss** des Vertrages entschließt, **ausschließlich zur Provisionserzielung** Anlagegeschäfte zu tätigen. Mangels Kontakts des Vermögensverwalters mit dem Kunden vor dem jeweiligen einzelnen Geschäft scheidet dann eine ausdrückliche oder konkludente Täuschung aus. Vorliegen kann jedoch §§ 263, 13 StGB, wobei aus dem Vermögensverwaltungsvertrag die **Garantenpflicht** resultiert. Zu beachten ist aber, dass in derartigen Konstellationen auch § 266 StGB in Rede steht (siehe insoweit bei der Untreue die Darlegungen zu dem Stichwort „Churning" Rn. 51 ff.).[255]

99

Hat der Vermögensverwalter **bereits im Zeitpunkt des Abschlusses des Vermögensverwaltungsvertrages** mit dem Kunden die Absicht, Provisionsschneiderei zu begehen, liegt eine Täuschung über seine gegenwärtige Absicht bei Vertragsabschluss vor.[256] Fraglich ist, ob dann auch von einem Vermögensschaden auszugehen ist. Befürwortet man mit der Rechtsprechung die Begründung des Vermögensschadens über den Gesichtspunkt der **schadensgleichen Vermögensgefährdung**, könnte Letztere bereits zum Zeitpunkt des Vertragsabschlusses anzunehmen sein,[257] sofern der Vermögensschaden nach Maßgabe der Rechtsprechung des BVerfG hinreichend bezifferbar ist.[258]

100

---

253 *Birnbaum* wistra 1991, 253 (256); *Nestler*, Bank- und Kapitalmarktstrafrecht Rn. 386; *Park* JuS 2007, 621 (622); *Rössner/Arendts* WM 1996, 1517 (1525).
254 Denkbar ist, dass die Neuanlage nun tatsächlich – vom Verwalter unvorhergesehen – zu einer Steigerung des Anlagevermögens führt. In dieser Konstellation, bei der die Gesamtsaldierung ergibt, dass der Getäuschte besser steht als vor der Umschichtung, könnte man einen Vermögensschaden verneinen, sofern man nicht – wie die Rechtsprechung und hM im Schrifttum – eine schadensgleiche Vermögensgefährdung zur Schadensbegründung genügen lässt. Es verbleibt aber dann ein versuchter Betrug.
255 Vgl. auch *Bröker*, Strafrechtliche Probleme S. 39 f.
256 *Imo*, Börsentermingeschäfte S. 1007; *Rössner/Arendts* WM 1996, 1517 (1525).
257 Zurückhaltender insofern *Birnbaum* wistra 1991, 253 (256).
258 Siehe zur Rechtsprechung des BVerfG insbesondere Rn. 64.

5. Circular Trading

101 Das **Circular Trading** ist eine besondere Form des Prearranged Trading. Beim Circular Trading ist die **zu Beginn** der absprachegemäß erfolgenden Geschäfte bestehende Situation **am Ende** der Transaktionen **wiederhergestellt**.[259] Es erfolgt also eine **Absprache** dahin gehend, dass Gegenaufträge erteilt werden, die in Höhe, Zeit und Preis dem Erstauftrag entsprechen. Für die Beurteilung der Betrugsstrafbarkeit ergeben sich daraus keine Besonderheiten. Es kann daher auf die Ausführungen zu dem Stichwort „Prearranged Trading" Rn. 141 ff. verwiesen werden.

6. Cornering

102 Hierbei handelt es sich um einen anderen Begriff für Market Corner; siehe unter diesem Stichwort Rn. 133 f.

7. Creating-a-Price-Trend and Trading against it

103 Kennzeichnend für diese Verhaltensweise ist, dass durch ein geschicktes **Platzieren großer Wertpapierorders** ein bestimmter **Kurstrend** geschaffen wird.[260] Kommt es dementsprechend zu einer Kurssteigerung, werden die zuvor erworbenen Wertpapiere gewinnbringend verkauft. Hinsichtlich der Frage nach einer Betrugsstrafbarkeit unterscheidet sich dieses Verhalten nicht vom Aufbau eines Market Corner. Auf die Ausführungen zu dem Stichwort „Market Corner" Rn. 133 f. kann daher verwiesen werden.

8. Designated Sponsoring

104 **Designated Sponsor** (Betreuer) ist jemand, der sich verpflichtet, **verbindliche Kauf- oder Verkaufsangebote** von Aktien des betreuten Unternehmens **abzugeben**. Diese Betreuer sollen einen regen Handel und die Liquidität des Marktes gewährleisten.[261] So sieht § 81 BörsO für die Frankfurter Wertpapierbörse die Beauftragung eines Designated Sponsor vor.[262] Dieser wirkt durch wirksame Börsengeschäfte auf die Kursbildung ein.[263] Hinsichtlich der Frage nach einer Betrugsstrafbarkeit gelten die Ausführungen zu dem Stichwort „Market Corner" Rn. 133 f. entsprechend.

9. Emissionsprospekte

105 Zu falschen Angaben in Emissionsprospekten siehe das Stichwort „Kapitalanlagebetrug" Rn. 121 ff.

10. Falschmeldungen

106 Unter diesen Begriff fallen eine Reihe von in der Praxis vorkommenden Verhaltensweisen: Zum einen können insbesondere über **Massenmedien** gezielt **Falschmeldungen** über an der Börse gehandelte Unternehmen verbreitet werden, um den Kurs der Aktie zu beeinflussen. In diesem Zusammenhang hat sich herausgestellt, dass oftmals über Broker-Boards, also über Gesprächsforen

---

259 *Arlt*, Kursmanipulation S. 79.
260 *Arlt*, Kursmanipulation S. 84 f.
261 *Helmschrott/Waßmer* WM 1999, 1853 (1862 f.).
262 Siehe dazu auch *Arlt*, Kursmanipulation S. 95 f.
263 Siehe § 82 BörsO für die Frankfurter Wertpapierbörse.

im Internet zum Börsengeschehen, anonyme Falschmeldungen lanciert werden.[264] Möglich ist auch eine Falschmeldung über **E-Mails**, die scheinbar versehentlich an die Adressaten gesendet werden und Investitionsmitteilungen zum Inhalt haben. Unter den Oberbegriff „Falschmeldungen" fallen jedoch auch diejenigen Konstellationen, dass Emittenten **unzutreffende Ad-hoc-Meldungen** im Sinne des Art. 17 VO (EU) Nr. 596/2014 vom 16.4.2014[265] abgeben, zum Beispiel Umsatzzahlen angegeben werden, die nicht der Wahrheit entsprechen.[266] Auch **Bilanzfälschungen** gehören etwa in diesen Bereich.

Regelmäßig wird in diesen Fällen eine **Tatsachenbehauptung** und damit eine Täuschungshandlung gegeben sein. Es bedarf aber dennoch stets der Prüfung, ob nicht lediglich Aussagen über in der Zukunft liegende Umstände verbreitet werden. Dann ist nach den allgemeinen Grundsätzen (siehe Rn. 26 ff.) zu untersuchen, ob noch von einer Tatsachenbehauptung ausgegangen werden kann. Besonderes Augenmerk ist auch darauf zu legen, ob die Falschmeldung überhaupt kausal eine irrtumsbedingte Vermögensverfügung hervorgerufen hat, also die Geldanlage aufgrund der Falschmeldung erfolgte.[267]

107

Problematisch ist in diesen Fällen weiterhin die Feststellung des **Vermögensschadens**. Insofern könnte man argumentieren, der Anleger, der aufgrund der Falschmeldung Aktien erwirbt, erhalte in Form der zum Börsenkurs erworbenen Wertpapiere ein wirtschaftliches Äquivalent, so dass ein Schaden ausscheide; der Wert der Aktien entspreche ihrem Börsenkurs, unabhängig davon, wie dieser zustande gekommen ist.[268] Hiergegen kann jedoch eingewendet werden, dass der Preis der Aktie **nicht deren wahrem Wert** entspricht; vielmehr erwirbt der Anleger aufgrund der Täuschung die Aktie – im Fall von positiven Falschmeldungen – „**zu teuer**" oder verkauft sie – bei unzutreffenden Negativmeldungen – „**zu billig**".[269] Das Opfer erhält also dann nicht den marktadäquaten Gegenwert.[270] Natürlich muss im Einzelnen insofern nachgewiesen werden, dass die Falschmeldung **Auswirkung auf den Kurs** gehabt hat, was unter Umständen sehr **schwierig feststellbar** sein kann. Es dürfte häufig problematisch sein, in der Praxis den Nachweis zu führen, dass eine bestimmte Kursverände-

108

---

264 Siehe *Arlt*, Kursmanipulation S. 65 ff.; *Lenzen* WM 2000, 1131 f.; *Papachristou*, Marktpreismanipulationen S. 60 f.; *M. Weber* NZG 2000, 113 (116); allgemein zum Betrug im Internet *Hilgendorf*, Neue Technologien S. 141 ff.
265 ABl. 2014, L 173, 1.
266 Siehe zu unrichtigen Ad-hoc-Mitteilungen auch BGH 16.12.2004 – 1 StR 420/03, BGHSt 49, 381; BGH 9.5.2005 – II ZR 287/02, NJW 2005, 2450; BGH 19.7.2004 – II ZR 218/03, BGHZ 160, 134 (142); BGH 19.7.2004 – II ZR 402/02, BGHZ 160, 149; ferner *Hellgardt* ZIP 2005, 2000; *Hildner* WM 2004, 1068 (1069); *Körner* NJW 2004, 3386.
267 Wie schwer dieser Nachweis im Einzelfall sein kann, zeigt sich etwa – wenn auch bezogen auf das Zivilrecht – an der Entscheidung OLG München 14.5.2002 – 30 U 1021/01, ZIP 2002, 1727 (1728); siehe auch OLG München 21.4.2005 – 19 U 4671/04, NJW-RR 2005, 1213.
268 So *Rieckers* BB 2002, 1213 (1216); in diesem Sinne auch *Hellmann*, Wirtschaftsstrafrecht Rn. 105 ff.; *Hildner* WM 2004, 1068 (1070 f.).
269 Siehe dazu auch BT-Drs. 14/8017, 93 f.; BGH 25.7.2018 – 2 StR 353/16, HRRS 2019 Nr. 31; LG München I 28.6.2001 – 12 O 10157/01, NJW-RR 2001, 1701 (1703); *Arlt*, Kursmanipulation S. 269; *Jean-Richard* SZW 1995, 259 (264); *Papachristou*, Marktpreismanipulationen S. 335; *Rössner/Bolkart* ZIP 2002, 1471 (1475 f.); *von Ungern-Sternberg* ZStW 88 (1976), 653 (672); siehe auch *Saliger* NJW 2019, 886.
270 Siehe *Otto*, FS Pfeiffer S. 69, 78.

rung gerade auf ein konkretes Verhalten des Täters zurückzuführen ist (siehe insofern auch die Ausführungen zu dem Stichwort „Scalping" Rn. 147 ff.).[271] Der Schadensnachweis gestaltet sich demgemäß insgesamt – unter Einbeziehung ua von hypothetischen Vergleichskursen – sehr komplex, zumal die konkrete Bezifferung der Kursverluste erforderlich ist.[272]

109 Auf subjektiver Seite bedarf insbesondere das Merkmal der **Stoffgleichheit** eingehender Erörterung.[273] Diese ist in dem Fall zu bejahen, dass bei der **Emission** neuer Aktien eine Falschmeldung lanciert wird, um den Kurs zu manipulieren; der **Schaden der Erwerber** entspricht dann unmittelbar dem **Vorteil beim Emittenten**: Bei der Neuausgabe von Aktien liegt dementsprechend Drittbereicherungsabsicht des Vorstands einer Aktiengesellschaft zugunsten der AG vor, falls seitens des Vorstands Falschmeldungen erfolgen, um den Kurs der Aktie zu erhöhen.

110 Möglich ist aber auch, dass die Falschmeldung erfolgt, um den **Kurs der Aktie auf dem Sekundärmarkt zu beeinflussen**, damit die eigenen Papiere des Täuschenden später gewinnbringend veräußert werden können. Dann ist der aus dem Verkauf der Wertpapiere erlangte Vermögensvorteil des Täters regelmäßig **nicht** die unmittelbare Kehrseite des Schadens, den die Getäuschten dadurch erlitten haben, dass sie die Aktien – bei positiven Falschmeldungen – zuvor zu teuer erworben haben.[274] **Stoffgleichheit** wäre nur dann gegeben, wenn derjenige, welcher die Falschmeldung veröffentlicht, **unmittelbar seine Aktien an Personen verkauft**, die **aufgrund seiner Falschmeldung** die Aktien erwerben. Dann entspricht der Schaden des Anlegers unmittelbar dem Vermögensvorteil des Täters. Insoweit ist jedoch zu beachten, dass der Täuschende regelmäßig seine Aktien nicht an Personen verkauft, die getäuscht worden sind, denn diese haben im Zeitpunkt der Veräußerung durch den Täter bereits die Aktie erworben. Der Verkauf durch den Täter erfolgt also erst später.

111 Zu denken wäre allenfalls an **Drittbereicherungsabsicht**. Ein fremdnütziger Betrug zugunsten der Gesellschaft, deren Aktien von der Falschmeldung betroffen sind, ist jedoch zu verneinen, da der Kurs der Aktie auf dem Sekundärmarkt grundsätzlich **keine Auswirkungen auf den Vermögensbestand** der Gesellschaft hat. Etwas anderes gilt nur dann, wenn die Aktiengesellschaft selbst Aktieninhaberin ist. Möglich erscheint weiterhin ein fremdnütziger Betrug zugunsten der Wertpapierverkäufer. Da jedoch derjenige, der die Falschmeldung lanciert, seine Papiere über die Börse jederzeit verkaufen kann, ist die Bereicherung des Dritten keine notwendige Voraussetzung für die Vorteilserlangung des Täters, so dass der Täuschende die Bereicherung des Dritten im Regelfall

---

271 Vgl. auch LG München I 8.4.2003 – 4 KLs 305 Js 52373/00, NJW 2003, 2328 (2330); LG München I 28.6.2001 – 12 O 10157/01, NJW-RR 2001, 1701 (1703); *Fleischer* NJW 2003, 2584 (2585); *Park* BB 2003, 1513 (1514 f.); *ders.* BB 2001, 2069 (2073); *Sorgenfrei* wistra 2002, 321 (329 f.); *Tripmaker* wistra 2002, 288 (292).
272 Siehe auch *Papachristou*, Marktpreismanipulationen S. 337 ff.; *M. Weber* NJW 2003, 18 (21).
273 Vgl. zur Stoffgleichheit auch BGH 19.7.2004 – II ZR 218/03, BGHZ 160, 134 (142); LG Augsburg 9.1.2002 – 6 O 1640/01, WM 2002, 592 (593); LG München I 28.6.2001 – 12 O 10157/01, NJW-RR 2001, 1701 (1703 f.); *Park* BB 2001, 2069 (2074).
274 Siehe auch Hohnel/*B. Hohnel* StGB § 263 Rn. 44 f.; Matt/Renzikowski/*Saliger* StGB § 263 Rn. 288; Esser/Rübenstahl/Saliger/Tsambikakis/*ders.* StGB § 263 Rn. 250.

nicht erstrebt. Drittbereicherungsabsicht ist daher ebenfalls regelmäßig zu verneinen. Siehe auch das Stichwort „Gerüchte" Rn. 118 f.

11. Front-Running

Als spezieller Fall des **Front-Running** ist zunächst das **Scalping** zu nennen. Insofern wird auf die Ausführungen unmittelbar zu diesem Stichwort verwiesen (siehe Rn. 147 ff.). Allgemein ist das Front-Running dadurch gekennzeichnet, dass ein Wertpapierhandelsunternehmen **kurz vor der Durchführung einer Kundenorder ein Eigengeschäft** tätigt. Es erfolgt also ein Eigengeschäft in Kenntnis von Kundenaufträgen.[275]

Weist etwa die Order des Kunden ein beträchtliches Volumen auf, was unter Umständen auch andere Anleger zum Erwerb der in Rede stehenden Wertpapiere veranlassen wird, dann steigt möglicherweise der **Kurs** des Papiers. Wenn nun **zuvor** das Wertpapierhandelsunternehmen in Kenntnis der Kundenorder die Papiere kauft, kann das Unternehmen im Fall der Kurssteigerung beim Wiederverkauf des Papiers entsprechende Gewinne realisieren. Fraglich ist, ob ein derartiges Verhalten den Betrugstatbestand erfüllt.

Möglich ist, dass das Wertpapierhandelsunternehmen die Kundenorder erhält, **ohne** zuvor diesbezüglich auf die Entscheidung des Kunden – etwa im Sinne einer Kaufempfehlung – Einfluss genommen zu haben. Wird dann nach Erhalt der Kundenweisung der Entschluss gefasst, zunächst ein Eigengeschäft zu tätigen, kann der Betrugstatbestand in diesem Fall allenfalls durch ein **Unterlassen** erfüllt sein, denn es **unterbleibt** die Mitteilung, dass vor Ausführung der Kundenorder ein Eigengeschäft erfolgt. Voraussetzung wäre eine entsprechende **Garantenstellung**, aus der eine Aufklärungspflicht resultiert. Diese kommt durchaus in Betracht, wenn man bedenkt, dass die Rechtsprechung im Bereich der Anlageberatung in der Tendenz von einer Garantenpflicht zur Aufklärung ausgeht. Dann stellt sich aber darüber hinaus noch die Frage, ob sich die Aufklärungspflicht auch auf solche Eigengeschäfte bezieht. Insofern scheint die Rechtsprechung eher zu einer umfassenden Aufklärung zu neigen, wenn auch bedacht werden sollte, dass dies leicht zu einer Überdehnung der Anforderungen an den Garanten führen kann.

Unabhängig davon bedarf es stets besonderer Prüfung, ob denn überhaupt bei Bejahung eines Irrtums die Kausalität gegeben ist. Diese fehlt, wenn der Kunde auch **in Kenntnis der wahren Sachlage** die Order hätte durchführen wollen. Zudem kann wiederum die Feststellung eines **Vermögensschadens** außerordentliche Probleme bereiten, wenn dessen Nachweis nicht sogar oftmals ganz unmöglich ist (vgl. bereits die Darlegungen zu dem Stichwort „Falschmeldungen" Rn. 106 ff.). Grundsätzlich wäre zwar ein Vermögensschaden zu bejahen, sofern feststellbar wäre, dass der Kunde das Wertpapier zu einem niedrigeren Kurs hätte erwerben können, falls das Wertpapierhandelsunternehmen zuvor nicht das Wertpapier gekauft hätte. Diese Feststellung ist indes kaum möglich, da die Kursentwicklung von den unterschiedlichsten Umständen abhängt, so dass wertmäßig vielfach gar nicht angegeben werden kann, ob überhaupt und, wenn ja, welchen Einfluss der zuvor erfolgte Erwerb hatte.

---

275 Vgl. BGH 6.11.2003 – 1 StR 24/03, BGHSt 48, 373 (378).

116 Ein weiteres Problem ergibt sich im Übrigen im Zusammenhang mit der Stoffgleichheit (siehe insofern auch die Darlegungen zu dem Stichwort „Falschmeldungen" Rn. 106 ff.). So stellt sich ein eventueller Schaden des Kunden (Erwerb der Wertpapiere zu einem höheren Kurs) nicht auf der Kehrseite als Vorteil beim Unternehmen dar, denn dessen Vorteil liegt in der **späteren** gewinnbringenden Veräußerung der vor der Durchführung der Kundenorder selbst erworbenen Papiere. In Betracht käme allenfalls ein drittnütziger Betrug zugunsten des Wertpapierverkäufers, sofern eine diesbezügliche Absicht überhaupt feststellbar ist, was wohl regelmäßig nicht der Fall sein wird.

117 Weiterhin ist denkbar, dass das Wertpapierhandelsunternehmen an den Kunden herantritt und ein Wertpapier **empfiehlt**, welches dann wiederum von dem Unternehmen vor Ausführung der etwaigen Kundenorder erworben wird. In diesem Fall gelten die Grundsätze des **Scalping**, so dass auf dieses Stichwort, Rn. 147 ff. verwiesen werden kann.

12. Gerüchte

118 Teilweise kommt es in der Praxis vor, dass über an der Börse gehandelte Unternehmen **Gerüchte** verbreitet werden. Behauptet der Äußernde ausdrücklich oder konkludent **der Wahrheit zuwider**, ihm sei ein bestimmtes **Gerücht zugetragen** worden, obwohl es von ihm frei erfunden ist, dann liegt schon in dieser unwahren Aussage eine **Täuschung**, ohne dass es hierbei auf den Inhalt des Gerüchts überhaupt ankommt. Es ist dann eine Täuschung über die Wahrnehmung des Betroffenen gegeben. Abgesehen davon ist jeweils zu prüfen, ob in dem Gerücht inhaltlich ein **nachprüfbarer Tatsachenkern** enthalten ist. Sollte dies bejaht werden, kommt auch insofern eine Täuschung in Betracht.[276]

119 Eingehender Erörterung bedarf dann die Frage, ob die konkrete Täuschung überhaupt kausal für eine irrtumsbedingte Vermögensverfügung war. Hinsichtlich des Vermögensschadens sowie des Merkmals Stoffgleichheit wird auf die Ausführungen zu dem Stichwort „Falschmeldungen" verwiesen, die in Bezug auf Gerüchte entsprechend gelten.

13. Gunning for Stop-Loss-Orders

120 Hierbei handelt es sich um eine andere Bezeichnung für Stop-Loss-Order-Fishing; siehe unter diesem Stichwort Rn. 160.

14. Kapitalanlagebetrug

121 Den Begriff des „Kapitalanlagebetrugs" hat der Gesetzgeber als Überschrift des § 264 a StGB gewählt, der die Strafbarkeit von betrügerischen Kapitalmarktgeschäften in das **Vorfeld des § 263 StGB** verlegt. Insbesondere der Eintritt eines Vermögensschadens ist dort zur Deliktsvollendung nicht erforderlich.[277] Durchaus können jedoch die dort normierten Verhaltensweisen auch den Betrugstatbestand erfüllen. Dafür ist zunächst Voraussetzung, dass die „unrichtigen vorteilhaften Angaben" gemäß § 264 a StGB gleichzeitig eine

---

276 Siehe auch BT-Drs. 14/8017 S. 90; Schönke/Schröder/*Perron* StGB § 263 Rn. 9; ferner *J. Fischer*, Insiderrecht S. 111 ff.; *Rössner/Bolkart* ZIP 2002, 1471 (1473); kritisch *M. Weber* NZG 2000, 113 (118 f.); vgl. auch *Volk* BB 1999, 66 (69 Fn. 27).
277 Vgl. nur *Achenbach* NJW 1986, 1835 (1839); siehe zudem die Erläuterungen zu § 264 a StGB in diesem Band.

Täuschung im Sinne des § 263 StGB darstellen. Hierbei soll der Begriff der Angabe umfassender sein, weil er auch unzutreffende Prognosen einschließe (zu der Frage einer Täuschung im Sinne des § 263 StGB bei Prognosen siehe oben Rn. 26 ff.).[278] Treffender erscheint es hingegen, den Begriff übereinstimmend mit dem der Täuschung zu interpretieren, denn die Frage, ob eine Angabe „unrichtig" ist, kann nur überprüft werden, wenn es sich bei den Angaben um Tatsachen handelt.[279] Nicht hinderlich ist im Übrigen für die Annahme des Täuschungsmerkmals, dass der Prospekt an einen größeren Kreis von Personen gerichtet ist. Auch dann kann durchaus eine Täuschung vorliegen.

Wenn auch der Irrtum sowie die Kausalität zwischen Täuschung und Irrtum oftmals gegeben sein werden, mag der Nachweis, dass eine Vermögensverfügung **aufgrund** des Irrtums erfolgte, in vielen Fällen schwerfallen.[280] Die Kausalität zwischen Irrtum und Vermögensverfügung fehlt nämlich, wenn der Betreffende die Verfügung **unabhängig von der Täuschung** vornimmt.[281] Anleger lassen sich von ganz unterschiedlichen, möglicherweise von der Täuschung schlicht unabhängigen Umständen zur Anlage motivieren. Darüber hinaus bedarf es der Feststellung des Vermögensschadens. Abzustellen ist hierbei auf den vereinbarten Preis und den wirklichen Wert (Marktpreis) der Anlage. Jedenfalls dann liegt ein Schaden vor, wenn die Anlage völlig **wertlos** ist. Werden **Preisaufschläge verschwiegen**, kommt ein Vermögensschaden ebenfalls in Betracht. Im Übrigen bedarf es jeweils der konkreten Wertermittlung. 122

In subjektiver Hinsicht sind **Vorsatz** und **Bereicherungsabsicht** zu prüfen. Hierbei kann insbesondere der Nachweis, dass der Täter Vorsatz in Bezug auf die Kausalität zwischen Irrtum und Vermögensverfügung hatte, durchaus Schwierigkeiten bereiten.[282] 123

Darüber hinaus ist das Erfordernis der **Stoffgleichheit** problematisch. Ist der Täter selbst Initiator, liegt Stoffgleichheit vor, da der Vermögensvorteil beim Täter unmittelbare Folge der täuschungsbedingten Verfügung des Opfers ist. Etwas schwieriger sieht es hingegen in Fällen aus, in denen die Täuschung insbesondere durch Bankmitarbeiter oder Steuerberater, also durch **Außenstehende**, begangen wird, die für die Vermittlung der Anlage eine **Provision** erhalten. Werden in diesem Fall die Provisionen von dem Täter unmittelbar dem Anlagekapital entnommen, **bevor** dieses Kapital an die Betreibergesellschaft weitergeleitet wird, liegt Stoffgleichheit vor. Stoffgleichheit ist auch zu bejahen, wenn der Schaden des Opfers in **verdeckten** Preisaufschlägen begründet ist, die **unmittelbar** dem Täter zugutekommen. Ist es hingegen so, dass der Schaden des Opfers in der Wertlosigkeit der Anlage selbst liegt, und erhält der Täter die Provision erst von der Betreibergesellschaft, **nachdem** das Kapital an diese weitergeleitet worden ist, dann erwächst dem außenstehenden Täter durch den Schaden der Anleger nicht unmittelbar ein Vorteil. Es kommt jedoch dann ein 124

---

278 Siehe *Fischer* StGB § 264 a Rn. 14; *Schanz*, Börseneinführung § 13 Rn. 88; *Sorgenfrei* wistra 2002, 322 (323), str.
279 Vgl. auch *Zieschang* GA 2012, 607 (612).
280 Siehe auch *Hildner* WM 2004, 1068 (1070).
281 Insoweit ist auch auf die Schwierigkeiten zu verweisen, die im Rahmen des § 264 a StGB mit dem Merkmal der Erheblichkeit verbunden sind; siehe dazu jetzt BGH 12.5.2005 – 5 StR 283/04, JR 2006, 248 mit Anm. *Ziemann* sowie *Zieschang* GA 2012, 607 (613 f.).
282 Vgl. etwa *Jaath*, FS Dünnebier S. 583, 590 f.

drittnütziger Betrug zugunsten der Betreibergesellschaft in Betracht. Deren Vorteil muss der außenstehende Täter erstreben, was als notwendiges Zwischenziel durchaus der Fall ist, da der Täter für die Anlagevermittlung eine Provision erhält.[283] Der Täter will dann einem Dritten das Anlagekapital verschaffen, um selbst einen Anspruch auf die Provision zu erwerben. Dementsprechend besteht bei einem drittnützigen Betrug Stoffgleichheit zwischen dem Schaden der Anleger in Form des Kapitalverlustes und dem Vorteil der Betreibergesellschaft in Form des vereinnahmten Kapitals.[284]

15. Kick-Back-Zahlungen

125 Kennzeichnend für **Kick-Back-Zahlungen** im Kapitalmarktbereich ist, dass der Broker dem Anleger **überhöhte** Gebühren in Rechnung stellt, von denen Ersterer dann – wie von vornherein vereinbart – an den Finanzdienstleister (Vermittler) einen Teil abführt. Es handelt sich also um eine **Rückflussvereinbarung**,[285] um hohe Einbehalte der Vermittler zu verschleiern. Insofern erfolgt also eine Täuschung über die wahre Höhe der Gebühren, wobei auch die sonstigen Voraussetzungen des Betrugs erfüllt sind.[286] Der Schaden liegt darin, dass die Gebühren zu hoch angesetzt sind. Zwischen **Broker** und **Finanzdienstleister** kommt **Mittäterschaft** in Betracht.[287]

16. Kurspflege

126 Unter **Kurspflegemaßnahmen**[288] versteht man solche Handlungen, die darauf hinwirken, bestimmte zufällige **Schwankungen** des Kurses durch Gegenmaßnahmen auszugleichen. In Art. 5 Abs. 4 VO (EU) Nr. 596/2014 vom 16.4.2014[289] wird festgelegt, dass das Verbot von Insidergeschäften und das Verbot von Marktmanipulationen unter bestimmten dort normierten Voraussetzungen nicht für den Handel mit Wertpapieren zur Stabilisierung des Kurses von Wertpapieren gelten.[290]

127 Überprüft man Kurspflegemaßnahmen konkret an den Maßstäben der Betrugsvorschrift, ist festzustellen, dass in diesem Fall effektive Wertpapiergeschäfte vorliegen. Bei diesen wird jedoch nun **nicht konkludent** miterklärt, aus welchem **Motiv** und zu welchem **Zweck** die Geschäfte erfolgen. Es fehlt daher schon an einer Täuschung durch positives Tun.

---

283 Vgl. auch BGH 4.12.2002 – 2 StR 332/02, NStZ 2003, 264.
284 BGH 4.12.2002 – 2 StR 332/02, NStZ 2003, 264.
285 *Rönnau*, FS Kohlmann S. 239, 240; siehe auch *Rößler* NJW 2008, 554.
286 Vgl. BGH 6.2.2001 – 5 StR 571/00, wistra 2001, 295 (296); BGH 6.2.1990 – XI ZR 184/88, ZIP 1990, 365 (367); BGH 28.2.1989 – XI ZR 70/88, ZIP 1989, 830 (833); OLG München 29.1.1986 – 3 U 5097/85, WM 1986, 1141; ferner BGH 16.1.2001 – XI ZR 113/00, ZIP 2001, 406 (408); BGH 19.12.2000 – XI ZR 349/99, ZIP 2001, 230 (231 f.); siehe auch *Balzer* ZIP 2001, 232; *Bröker*, Strafrechtliche Probleme S. 41, 67; *Cornelius* NZWiSt 2012, 259; *Sauckel*, Warenterminoptionen S. 168; *Wach*, Terminhandel S. 226; zur Relevanz von Kick-Back-Zahlungen im Bereich der Untreue siehe dort unter dem entsprechenden Stichwort.
287 Siehe *Rössner/Arendts* WM 1996, 1517 (1518).
288 Siehe dazu etwa auch *Arlt*, Kursmanipulation S. 89 ff.; *Bingel*, Kursstabilisierung S. 21 ff.; *Ekkenga* WM 2002, 317; *Papachristou*, Marktpreismanipulationen S. 77 ff.; *Schäfer* WM 1999, 1345; *Vogel* WM 2003, 2437.
289 ABl. 2014 L 173, 1.
290 Zum sog „Greenshoe", der der Schaffung der Voraussetzungen für die Kursstabilisierung dient, siehe *A. Meyer* WM 2002, 1106.

In Betracht kommen kann allenfalls eine Täuschung durch **Unterlassen**, was eine **Pflicht zur Aufklärung** über den Zweck der Geschäfte voraussetzt.[291] Diese Pflicht könnte sich etwa aus Art. 17 VO (EU) Nr. 596/2014 vom 16.4.2014,[292] §§ 33, 38, 39 WpHG und § 10 WpÜG ergeben. Zudem ist grundsätzliche Voraussetzung für die Zulassung eines Wertpapiers zum Börsenhandel im regulierten Markt gemäß § 32 Abs. 3 Nr. 2 BörsG ein Prospekt. Hierbei geht man davon aus, dass prinzipiell im Prospekt auch geplante Kurs- und Marktpflegemaßnahmen darzulegen sind.[293]

128

Zusammenfassend ist zum Täuschungsmerkmal festzustellen: Normalerweise scheidet bei Kurspflegemaßnahmen eine Täuschung aus; sie kommt nur ausnahmsweise – durch Unterlassen – in Betracht, wenn eine Pflicht zur Aufklärung über den Zweck des Geschäfts gegeben ist, also eine Garantenpflicht besteht, und diese Mitteilung unterbleibt. Ein **Vermögensschaden** kann darin liegen, dass Anleger die Wertpapiere aufgrund der Kurspflegemaßnahmen **zu teuer** erwerben, wobei es der **Feststellung** bedarf, ob die Maßnahmen überhaupt Auswirkungen auf den Kurs gehabt haben. Problematisch kann zudem die Ermittlung der konkreten Schadenshöhe sein.

129

In subjektiver Hinsicht müssen Vorsatz und Bereicherungsabsicht vorliegen. Hierbei bedarf es eingehender Prüfung, ob überhaupt von einem Täuschungsvorsatz ausgegangen werden kann. Probleme bereitet zudem das Erfordernis der Stoffgleichheit. Letztere kommt zwar in Betracht, wenn bei der **Emission neuer Aktien** Kurspflegemaßnahmen erfolgen (siehe die Erläuterungen zu dem Stichwort „Falschmeldungen" Rn. 106 ff.). In anderen Fällen bedeutet jedoch der Schaden der Aktienkäufer, der darin gesehen werden kann, dass sie die Aktien zu teuer erwerben, auf der Kehrseite grundsätzlich **keinen unmittelbaren Vorteil** für denjenigen, der zuvor Kurspflegemaßnahmen durchgeführt hat (siehe dazu ebenfalls die Darlegungen zu dem Stichwort „Falschmeldungen" Rn. 106 ff.).

130

17. Leerverkäufe

Unter einem **Leerverkauf** ist der Verkauf von Wertpapieren zu verstehen, die der Verkäufer im Zeitpunkt des Kaufvertrags noch nicht im Eigentum oder in Kommission hat.[294] Damit wird etwa das Ziel verfolgt, die betreffenden Wertpapiere später günstiger einkaufen zu können, als sie verkauft worden sind. Zum Zweck der Kursbeeinflussung ist nun denkbar, dass in erheblichem Umfang Leerverkäufe erfolgen, um einen bestimmten Preistrend zu erzielen.[295] Nach der internationalen Finanzkrise im Jahr 2007 hat man sich bemüht, un-

131

---

291 Dazu *Arlt*, Kursmanipulation S. 332.
292 ABl. 2014, L 173, 1.
293 Siehe dazu BGH 5.7.1993 – II ZR 194/92, WM 1993, 1787 (1790); *Arlt*, Kursmanipulation S. 326 f.; *Schäfer* WM 1999, 1345 (1348); str.
294 *Arlt*, Kursmanipulation S. 93 ff.; *Papachristou*, Marktpreismanipulationen S. 71 f.; siehe zu Leerverkäufen auch *Trüg*, FS Mehle S. 637; *ders*. NJW 2009, 3202.
295 Siehe dazu auch Art. 15 iVm Art. 12 Abs. 1 a VO (EU) Nr. 596/2014 vom 16.4.2014 (ABl. 2014 L 173, 1).

gedeckte Leerverkäufe einzuschränken oder zu verbieten. Die EU-LeerverkaufsVO[296] sieht Beschränkungen ungedeckter Leerverkäufe vor.[297]

132 Sofern danach überhaupt noch Leerverkäufe zulässig sind, kann bezogen auf die konkreten Voraussetzungen des Betrugs eine Täuschung dann gegeben sein, wenn der Verkäufer der **Wahrheit zuwider** behauptet, er sei Eigentümer der Papiere. Äußert er sich hingegen diesbezüglich nicht ausdrücklich, stellt sich die Frage, ob er dann zumindest konkludent erklärt, er sei Eigentümer der Wertpapiere. Insofern ist indes zu beachten, dass sich der Verkäufer beim Kaufvertrag verpflichtet, dem Käufer das Eigentum am Kaufgegenstand zu verschaffen. Die Fähigkeit, diese Leistung zu erbringen, wird also erklärt. Es erfolgt damit die stillschweigende Aussage, er sei zur Erfüllung seiner vertraglichen Pflichten **willens und nach seiner Einschätzung auch in der Lage**.[298] Da der Leerverkäufer über den späteren eigenen Erwerb der Papiere seine Leistung tatsächlich auch erbringen kann, liegt insofern **keine Täuschung** vor. Mit dem Abschluss des Kaufvertrags wird jedoch nicht gleichzeitig konkludent miterklärt, (bereits jetzt) Eigentümer des Kaufgegenstandes zu sein. Das ist nämlich nicht Inhalt des Vertrages. Ebenso wenig wird konkludent ein bestimmter Zweck oder ein bestimmtes Motiv beim Kaufvertragsabschluss miterklärt. Nur dann, wenn eine Pflicht zur Offenbarung der Motive besteht, kommt daher eine Täuschung – **durch Unterlassen** – in Betracht. Bezüglich der sich in diesem Fall zum Vermögensschaden und zur Stoffgleichheit ergebenden Fragen siehe die Darlegungen zu den Stichworten „Falschmeldungen" Rn. 106 ff. sowie „Market Corner" Rn. 133 f., die insofern entsprechend gelten.

18. Market Corner

133 Beim Aufbau eines **Market Corner** handelt es sich um nichts anderes als um die Errichtung einer **Monopolstellung**, um den Kurs eines Wertpapiers zu beeinflussen.[299] Der Handelnde verschafft sich also die Kontrolle über die Nachfrage, so dass er eine **beherrschende Stellung** innehat. Da in diesem Fall tatsächlich wirksame Wertpapiergeschäfte stattfinden, diese also nicht nur vorgetäuscht werden, könnte eine Täuschung allenfalls über das innere Motiv der Geschäfte in Betracht kommen. Jedoch wird beim Kauf der Wertpapiere **nicht konkludent ein bestimmtes Motiv** für die Käufe **mitgeteilt**.[300] Es erfolgt keine schlüssige Aussage über Zweck und Ziel der Käufe (siehe aber auch die Darlegungen zu dem Stichwort „Scalping" Rn. 147 ff.). Daher kann allenfalls ein Betrug durch Unterlassen in Betracht kommen, und zwar dann, wenn eine Pflicht zur Offenbarung der Motive gegeben ist, also eine Garantenstellung vorliegt.[301]

---

296 VO (EU) Nr. 236/2012 vom 14.3.2012 über Leerverkäufe und bestimmte Aspekte von Credit Default Swaps, ABl. 2012 L 86, 1.
297 Siehe insbesondere Art. 12, 13 der LeerverkaufsVO.
298 Vgl. *Hebenstreit* in: Müller-Gugenberger § 47 Rn. 11, 19; *Küper/Zopfs*, BT Rn. 497; Schönke/Schröder/*Perron* StGB § 263 Rn. 16 b.
299 *Arlt*, Kursmanipulation S. 81 ff.
300 Vgl. auch *Papachristou*, Marktpreismanipulationen S. 321 f.; nicht überzeugend *Jean-Richard* SZW 1995, 259 (261 f.); *Möller* WM 2002, 309 (313); *Wolf*, FS Weber S. 641, 651.
301 Dazu *Arlt*, Kursmanipulation S. 317 ff.

Schwierigkeiten bereitet zudem der Nachweis eines **Vermögensschadens**. Hier kann nur die Argumentation helfen, durch den Aufbau des Market Corner werde der Kurs der Aktie in die Höhe getrieben, so dass der Anleger die Papiere „zu teuer" erwerbe. Dies setzt aber zunächst einmal den Nachweis voraus, dass der Kurs überhaupt durch den Aufbau des Market Corner tatsächlich beeinflusst worden ist.[302] Auch eine konkrete Schadenshöhe ist angesichts der Komplexität der kursbeeinflussenden Gesichtspunkte oftmals kaum feststellbar.[303] Im Übrigen ist in Bezug auf die **Stoffgleichheit** darauf hinzuweisen, dass der Schaden der Aktienkäufer normalerweise nicht unmittelbar auf der Kehrseite einen Vermögensvorteil für den Handelnden bedeutet, es sei denn, getäuschte Anleger erwerben direkt von dem Monopolisten Aktien (siehe im Übrigen die Darlegungen zur Stoffgleichheit bei dem Stichwort „Falschmeldungen" Rn. 109 ff., die entsprechend gelten).

134

19. Marking the close

Dieses Verhalten charakterisiert sich dadurch, dass Wertpapierkäufe oder -verkäufe größeren Volumens **zu Beginn oder am Ende des Handelstages** erfolgen, um diejenigen Marktteilnehmer zu beeinflussen, die auf der Basis des Schlusskurses handeln.[304] Hinsichtlich der Frage nach einer Betrugsstrafbarkeit unterscheidet sich dieses Verhalten nicht vom Aufbau eines Market Corner. Es erfolgen effektive, wirksame Wertpapiergeschäfte, **ohne** dass konkludent ein bestimmtes Motiv für den Kauf der Papiere miterklärt wird. Auf die Ausführungen zu dem Stichwort „Market Corner" Rn. 133 f. kann daher verwiesen werden.

135

20. Marktpflege

Der Begriff **Marktpflege** ist ein anderer Ausdruck für Kurspflege; siehe unter diesem Stichwort Rn. 126 ff.

136

21. Matched Orders

Matched Orders ist ein anderer Begriff für Prearranged Trading; siehe unter diesem Stichwort Rn. 141.

137

22. Nichtveröffentlichung von Informationen

Im Bereich des Kapitalmarkts existieren eine Reihe von Vorschriften, aus denen **Mitteilungspflichten** resultieren (siehe dazu bereits oben Rn. 39). Erfüllt der Betreffende seine Pflicht – etwa zur Ad-hoc-Mitteilung gemäß Art. 17 VO (EU) Nr. 596/2014 vom 16.4.2014[305] – nicht, kommt eine Strafbarkeit wegen Betrugs durch Unterlassen gemäß §§ 263, 13 StGB in Betracht. Die jeweiligen Veröffentlichungspflichten können also eine **Garantenstellung** begründen, wobei diese durchaus auch aus anderen Umständen resultieren mag.[306] Sofern eine Garantenstellung vorliegt, ist es denkbar, dass aus dem Unterlassen von Mitteilungen ein Vermögensschaden bei Anlegern folgt, die dann möglicher-

138

---

302 Vgl. auch *Fleischer* NJW 2003, 2584 (2585).
303 Siehe ebenfalls *Rössner/Bolkart* ZIP 2002, 1471 (1475 f.).
304 *Papachristou*, Marktpreismanipulationen S. 67 f.
305 ABl. 2014 L 173, 1.
306 Siehe auch *Wodsak*, Täuschung des Kapitalmarkts S. 95 ff. sowie Rn. 40 ff.

weise ein Wertpapier zu teuer erwerben. Eingehender Prüfung bedarf es aber stets, ob überhaupt und gegebenenfalls **wer konkret** durch die Mitteilungspflicht **geschützt** werden soll. Das sind etwa bei Art. 17 VO (EU) Nr. 596/2014 vom 16.4.2014[307] (auch) die Anleger.[308]

23. Painting the tape

139 Bei diesem Verhalten werden bewusst Wertpapiere erworben, deren Preise auf der **Anzeigentafel im Börsensaal** wiedergegeben sind.[309] Da die Geschäfte so auf der öffentlichen Anzeigetafel erscheinen, erwecken sie den Eindruck lebhafter Umsätze und Kursbewegungen. Wie beim „Creating a Price-Trend and Trading against it" soll dadurch der Kurs in eine bestimmte Richtung beeinflusst werden, um dann insbesondere die zuvor erworbenen Papiere gewinnbringend zu verkaufen. Hinsichtlich der Frage nach einer Betrugsstrafbarkeit unterscheidet sich dieses Verhalten nicht vom Aufbau eines Market Corner. Es erfolgen effektive, wirksame Wertpapiergeschäfte, ohne dass konkludent ein bestimmtes Motiv für den Kauf der Papiere miterklärt wird. Auf die Ausführungen zu dem Stichwort „Market Corner" Rn. 133 f. kann daher verwiesen werden.

24. Parallel-Running

140 Kennzeichnend für das **Parallel-Running** ist, dass ein Wertpapierhandelsunternehmen **gleichzeitig** mit einer Kundenorder ein Eigengeschäft vollzieht. Insofern gelten die unter dem Stichwort „Front-Running" Rn. 112 ff. dargestellten Grundsätze entsprechend.

25. Prearranged Trading

141 Charakteristisch für das **Prearranged Trading** (Improper Matched Orders) ist, dass mehrere Marktteilnehmer untereinander die Absprache treffen, ein bestimmtes Papier häufig hin- und herzuschieben. Es handelt sich also um Geschäfte, bei denen Aufträge und Gegenaufträge **aufeinander abgestimmt** sind.[310] Damit entsteht der Eindruck eines regen Handels, obwohl das Wertpa-

---

307 ABl. 2014 L 173, 1.
308 Die Vorgängerregelung in § 15 WpHG aF sollte zwar nach hM kein Schutzgesetz im Sinne des § 823 Abs. 2 BGB zugunsten des einzelnen Anlegers sein; BT-Drs. 14/8017 S. 87; BVerfG 24.9.2002 – 2 BvR 742/02, NStZ 2003, 210; OLG München 1.10.2002 – 30 U 855/01, NJW 2003, 144 (146); LG München I 28.6.2001 – 12 O 10157/01, NJW-RR 2001, 1701 (1702); *Kümpel*, Kapitalmarktrecht, 2. Aufl. 2000 S. 35; *Rieckers* BB 2002, 1213 (1214 f.); *Schwarz* DStR 2003, 1930 (1934). Aufgrund der Einführung der Schadensersatzpflicht gemäß §§ 97 f. WpHG (siehe dazu etwa *Fleischer* NJW 2002, 2977 [2979 ff.]; *Lenzen* Finanz-Betrieb 2001, 603 [606]; *Rieckers* aaO, 1220 f.; *Rössner/Bolkart* ZIP 2002, 1471) durch das 4. Finanzmarktförderungsgesetz wird man indes davon ausgehen können, dass durch die Mitteilungspflicht in § 15 WpHG aF zumindest insoweit auch die einzelnen Anleger geschützt sein sollten; vgl. auch BT-Drs. 14/8017, 93. Nichts anderes gilt dann aber auch für die Neuregelung in Art. 17 VO (EU) Nr. 596/2014 vom 16.4.2014 (ABl. 2014 L 173, 1); siehe ferner den Maßnahmenkatalog der Bundesregierung zur Stärkung der Unternehmensintegrität und des Anlegerschutzes, abgedruckt in NJW 2003, Heft 17, XXVIII ff.; dazu *Jahn* ZRP 2003, 121; *Lutter* NJW 2003, Heft 17, Editorial.
309 Siehe dazu *Arlt*, Kursmanipulation S. 87 f.
310 *Arlt*, Kursmanipulation S. 78 f.; Momsen/Grützner/*Th. Schröder* StGB § 263 Rn. 43; siehe dazu auch BGH 27.11.2013 – 3 StR 5/13, BGHSt 59, 80.

pier lediglich zwischen den Teilnehmern der Absprache gekauft und wieder verkauft wird. Anders als bei Wash Sales handelt es sich zwar um **wirtschaftlich unterschiedliche Personen**, sie sind jedoch über die Absprache miteinander verbunden.[311]

Im Hinblick auf den Betrugstatbestand stellt sich zunächst die Frage nach einer Täuschung. Hierbei ist von Bedeutung, dass rechtlich **wirksame Geschäfte** stattfinden. Eine Täuschung könnte nur vorliegen, soweit es um das **Motiv** der Käufe und Verkäufe geht. So entsteht der Eindruck reger Geschäftstätigkeit, obwohl die Papiere absprachegemäß nur hin- und hergeschoben werden. Jedoch ist zu beachten, dass der Kauf oder Verkauf der Papiere **nicht** die konkludente Erklärung enthält, zu welchem **Zweck** und aus welchem Grund die Papiere erworben werden (siehe aber auch die Ausführungen zu dem Stichwort „Scalping" Rn. 147 ff.). Es erfolgt keine konkludente Aussage dahin gehend, der Betreffende handele nicht, um auf den Marktpreis einzuwirken.[312] Eine Täuschung kommt daher **nur im Einzelfall** in Betracht, wenn der Handelnde eine **Garantenstellung** innehat, aus der eine Pflicht zur Aufklärung über das Motiv des Geschäfts besteht. 142

Auch die Feststellung des **Vermögensschadens** bereitet Schwierigkeiten. So bedarf es zunächst des Nachweises, dass die absprachegemäß erfolgenden Geschäfte Einfluss auf den Kurs des Papiers haben, was angesichts der Komplexität des Wertpapierhandels äußerst schwer sein mag. Gelingt dies dennoch, kann der Vermögensschaden damit begründet werden, dass die Papiere „zu teuer" erworben werden. Insofern ist jedoch zu betonen, dass die Beantwortung der Frage, um wie viel der Preis zu hoch ist, welches Ausmaß also der Schaden hat, wiederum Schwierigkeiten aufwirft. 143

Schließlich bedarf es der Gesichtspunkt der Stoffgleichheit einer eingehenden Prüfung (siehe insofern auch bei dem Stichwort „Falschmeldungen" Rn. 109 ff.). So bedeutet der Schaden der Aktienkäufer keinen unmittelbaren Vorteil bei den Teilnehmern der Absprache, es sei denn, getäuschte Anleger erwerben unmittelbar Aktien von den Teilnehmern des Prearranged Trading. Im Übrigen könnte man an einen drittnützigen Betrug zugunsten derjenigen denken, von denen die Anleger die Papiere gekauft haben. Jedoch wird der Handelnde regelmäßig nicht den Vorteil der Verkäufer erstreben. 144

26. Pumping and dumping

Pumping and dumping bedeutet, dass eine oder mehrere Personen (Pool) absprachegemäß tatsächliche Handelsaktivitäten entfalten, um den Börsenkurs in eine **bestimmte Richtung** zu bewegen.[313] So erfolgen beispielsweise mehrere Kaufaufträge zu sukzessiv höheren Preisen, um den Kurs zu beeinflussen.[314] Anschließend werden die eigenen Finanzinstrumente in großen Mengen abge- 145

---

311 Vgl. auch *Papachristou*, Marktpreismanipulationen S. 64 f.
312 *Altenhain* BB 2002, 1874 (1878); siehe auch AnwK-StGB/*Gaede* StGB § 263 Rn. 32; vgl. aber auch BGH 27.11.2013 – 3 StR 5/13, BGHSt 59, 80 (86): Es werde ein irreführendes Signal gegeben, das geeignet sei, Anleger zu täuschen. Es werde der Eindruck vermittelt, dass der Preis sich jeweils börsenmäßig aufgrund von Angebot und Nachfrage frei gebildet habe.
313 *Arlt*, Kursmanipulation S. 88; *Janke*, Wirtschaftskriminalität S. 118.
314 Vgl. BT-Drs. 14/8017, 89.

stoßen. Hinsichtlich der Frage nach einer Betrugsstrafbarkeit unterscheidet sich dieses Verhalten nicht vom Aufbau eines Market Corner. Es erfolgen wirksame Wertpapiergeschäfte, ohne dass konkludent ein bestimmtes Motiv für den Kauf der Papiere miterklärt wird. Auf die Ausführungen zu dem Stichwort „Market Corner" Rn. 133 f. kann daher verwiesen werden.

27. Retrozessionen

146 Hierbei handelt es sich um einen anderen Begriff für Kick-Back-Zahlungen; siehe unter diesem Stichwort Rn. 125.

28. Scalping

147 Das **Scalping** als solches wurde bereits angesprochen (siehe oben Rn. 12): Es geht darum, dass insbesondere über Fernseh- oder Rundfunkanstalten **Kaufempfehlungen** für Papiere gegeben werden, wobei der Empfehlende selbst das Papier kurz zuvor erworben hat, um die nach der Empfehlung eintretende Kurssteigerung durch die Veräußerung der eigenen Wertpapiere **gewinnbringend zu nutzen**. Das Scalping ist ein Spezialfall des Front-Running[315] (Rn. 112 ff.) und soll hier gesondert dargestellt sein. Dabei macht es für die Beurteilung der Rechtslage vom Ausgangspunkt grundsätzlich **keinen Unterschied**, ob ein kleiner Kreis von Personen oder ein breites Publikum angesprochen wird. Zudem spielt es im Prinzip keine Rolle, wer die Empfehlung äußert, wenn es sich auch in der Praxis regelmäßig um Personen handelt, die als **Wirtschaftsjournalisten**, **Wertpapieranalysten** oder als **Meinungsführer**[316] tätig sind.

148 Bei derartigen Verhaltensweisen steht zunächst eine Strafbarkeit gemäß §§ 119 Abs. 1, 120 Abs. 15 Nr. 2 WpHG, Art. 15 VO (EU) Nr. 596/2014 vom 16.4.2014[317] in Rede.[318] Insofern wird auf die Kommentierung dieser Vorschriften verwiesen. Es stellt sich aber darüber hinaus die Frage, ob sich der Empfehlende wegen Betrugs strafbar machen kann. In diesem Zusammenhang ist zunächst zu klären, ob eine Täuschung im Sinne der Betrugsvorschrift vorliegt.

149 Denkbar ist einmal, dass der Betreffende – ohne dies weiter zu untermauern – ein bestimmtes Wertpapier **lediglich empfiehlt**. Im Schrifttum wird hierzu vertreten, dass es sich um eine bloße persönliche Wertung handle, so dass § 263 StGB mangels Täuschung über Tatsachen ausscheide, wenn lediglich die persönliche Ansicht unterbreitet wird, bestimmte Papiere böten sich zum Kauf an, ohne dass mit dieser Äußerung falsche Behauptungen tatsächlicher Art verbun-

---

315 LG Frankfurt/M. 9.11.1999 – 5/2 KLs 92 Js 231402/98, EWiR § 14 WpHG 2/99, 1189; vgl. auch *Volk* BB 1999, 66 (68).
316 „Börsenguru"; vgl. *M. Weber* NJW 2000, 562.
317 ABl. 2014 L 173, 1.
318 Siehe zur alten Regelung in §§ 38 Abs. 2, 39, 20 a WpHG aF das Urteil des BGH vom 6.11.2003 – 1 StR 24/03, BGHSt 48, 373, in dem der BGH ausführt, Scalping sei eine sonstige Täuschungshandlung; beachte auch BGH 4.12.2013 – 1 StR 106/13, NStZ 2014, 581; ebenso § 4 MaKonV. Vgl. dazu auch *Arlt*, Kursmanipulation S. 58 ff., 99 ff.; *Eichelberger* WM 2003, 2121; *Fleischer* DB 2004, 51; *Gaede/Mühlbauer* wistra 2005, 9; *Kudlich* JR 2004, 191; *Pananis* NStZ 2004, 287; *Schmitz* JZ 2004, 526; *Vogel* NStZ 2004, 252; *Ziouvas*, Kapitalmarktstrafrecht S. 93 f.; siehe zudem OLG München 3.3.2011 – 2 Ws 87/11, NJW 2011, 3664.

den sind.[319] Die Dinge liegen jedoch komplizierter. So kann bei der bloßen Empfehlung eine Täuschung über eine **innere Tatsache** in Betracht kommen, nämlich dann, wenn der Empfehlende nur den Kurs beeinflussen möchte und in Wirklichkeit gar **nicht davon überzeugt** ist, dass der Kauf der Papiere anzuraten ist. Es wird dann über die gegenwärtige Überzeugung getäuscht.[320] Bezieht man diese innere Tatsache in § 263 StGB ein, könnte man also auf diesem Weg durchaus eine Täuschung bejahen. Konsequenz wäre jedoch eine sehr starke Ausdehnung des Täuschungsmerkmals. So kommt es mit der Einbeziehung dieser inneren Tatsache mittelbar zu einer Ausweitung des Tatsachenbegriffs in den Bereich des Werturteils, zumal im Kern etwas grundsätzlich in der Zukunft Liegendes in Rede steht.[321] Um eine **Überdehnung** des Tatsachenbegriffs zu vermeiden, könnte eine Einschränkung etwa in der Form erfolgen, dass eine bloße Empfehlung sich **nur dann als Tatsachenbehauptung** darstellt, wenn mit ihr der Anspruch auf **Maßgeblichkeit** und **Verbindlichkeit** verbunden ist.[322] Abgesehen davon wird in der Praxis gegebenenfalls der Nachweis vom Fehlen der Überzeugung auf große Schwierigkeiten treffen.

Äußert sich der Empfehlende zur **künftigen Entwicklung** des Kurses, ist im Prinzip eine Tatsache zu verneinen. Nach den oben dargestellten Grundsätzen zu Prognosen (Rn. 26 ff.) kommt indes eine Täuschung in Betracht, wenn der Betreffende der Wahrheit zuwider auch eine Aussage über einen **gegenwärtigen Umstand** macht, in der Empfehlung also ein greifbarer und nachprüfbarer Kern tatsächlicher Art steckt,[323] der nicht der Wahrheit entspricht. So etwa, falls zur Untermauerung einer Empfehlung falsche Jahresabschlusszahlen eines Unternehmens genannt werden.[324] Darüber hinaus kann er über eine **innere Tatsache** täuschen, also über seine innere Überzeugung vom kundgegebenen Kursverlauf. Hier wird man jedoch wiederum – wie soeben erläutert – **einschränkend** fordern müssen, dass mit der Aussage des Empfehlenden der Anspruch auf Maßgeblichkeit und Verbindlichkeit verknüpft ist,[325] was angesichts der Unwägbarkeit und Unsicherheit von Kursverläufen eher selten der Fall sein wird.

150

Möglich ist auch die Konstellation, dass der Betreffende von seiner **Empfehlung überzeugt** ist. Teilweise wird in derartigen Fällen davon ausgegangen, es liege eine Täuschung über die innere Tatsache vor, dass die Empfehlung **auch** erfolge, weil er selbst Gewinn machen will.[326] Damit in Einklang hat der **1. Strafsenat des BGH** in seinem Urteil vom 6.11.2003 ausgeführt, die Kaufempfehlung beinhalte die stillschweigende Erklärung, dass sie nicht mit dem sachfremden Ziel der Kursbeeinflussung zu eigennützigen Zwecken bemakelt

151

---

319 Vgl. *Fischer* StGB § 263 Rn. 12.
320 Siehe *Fichtner*, Die börsen- und depotrechtlichen Strafvorschriften S. 65, 171; vgl. auch *Otto* WM 1988, 729 (731).
321 Vgl. auch SK-StGB/*Hoyer* StGB § 263 Rn. 13; *Volk* ZIP 1999, 787; *Worms*, Anlegerschutz durch Strafrecht S. 177; *ders.* wistra 1984, 123 (126).
322 Siehe insofern – im Zusammenhang mit Prognosen und Rechtsauffassungen – Schönke/Schröder/*Perron* StGB § 263 Rn. 9; LK/*Tiedemann* StGB § 263 Rn. 16, 18; vgl. auch Müller-Gugenberger/*Hebenstreit* § 47 Rn. 12 ff.; Achenbach/Ransiek/Rönnau/*Kölbel* 5. Teil 1 Rn. 28 ff.
323 Vgl. auch *Fischer* StGB § 263 Rn. 12.
324 Siehe auch *Petersen* wistra 1999, 328 (332).
325 Vgl. auch *Schneider/Burgard* ZIP 1999, 381 (385).
326 So *Lenenbach* ZIP 2003, 243 (244, 246); vgl. auch M. *Weber* NJW 2000, 562 (563).

sei.³²⁷ Das **überzeugt** indes **nicht**. Nach der Verkehrsauffassung kann der Empfehlung ein solcher Erklärungsgehalt nicht beigemessen werden. Im Gegenteil sind eigennützige Motive insbesondere auch im vom Gewinnstreben geprägten Kapitalmarktbereich der Normalfall. Konsequenz der Ansicht des BGH ist ua, dass niemand mehr Aktien empfehlen darf, die er selbst in Besitz hat, ohne dies zu offenbaren. Im Gegensatz zur Ansicht des BGH erklärt daher der Betreffende **nicht** konkludent, er habe **keine Eigeninteressen**.³²⁸ Eine Täuschung kommt folglich allenfalls durch **Unterlassen** in Betracht, was wiederum eine Garantenstellung voraussetzt. Diese kann bei einem Vermögensanlageberater in einer vertraglichen Beziehung gegeben sein, beim typischen Fall des Scalping erfolgen jedoch die Empfehlungen über Massenmedien, ohne dass eine vertragliche Beziehung zu demjenigen besteht, welcher der Empfehlung folgt. Grundsätzlich **fehlt** es daher – sofern auch keine sonstigen Gründe ersichtlich sind – an einer Garantenstellung, so dass ein Betrug durch Unterlassen ebenfalls ausscheidet.³²⁹

152 Sollte dennoch im Einzelfall eine Täuschung zu bejahen sein, so liegt der **Irrtum** darin, dass die Anleger die Fehlvorstellung besitzen, man wolle ihnen eine vielversprechende Aktie empfehlen. Natürlich kann sich der Irrtum auch auf etwaige kundgegebene nicht zutreffende gegenwärtige Umstände beziehen. Die Kausalität zwischen Irrtum und Täuschung ist indes zu verneinen, wenn ein Anleger ohnehin schon entschlossen war, die Aktien zu erwerben. Insofern ist auch zu beachten, dass Beweggrund für die Anlageentscheidung oftmals nicht das Vertrauen auf die innere Überzeugung des Empfehlenden, sondern die in Aussicht stehende, mit der Anlage verbundene **Gewinnerwartung** selbst ist, so dass es an der **Kausalität** zwischen Irrtum und Vermögensverfügung fehlen kann.

153 Problematisch nimmt sich des Weiteren das Erfordernis des **Vermögensschadens** aus.³³⁰ Teilweise wird davon ausgegangen, dieser sei zu verneinen, da der Anleger als Äquivalent die Aktien erhalte.³³¹ Dagegen spricht jedoch, dass der Preis der Aktie durch die (Kauf-)Empfehlung nach oben manipuliert wird, die Wertpapiere also **zu teuer** erworben werden.³³² Natürlich stellt sich die Frage, ob ein Schaden tatsächlich ermittelt werden kann, muss doch festgestellt werden, dass aufgrund der Empfehlung der Aktienwert künstlich nach oben getrieben wurde, was im Einzelfall angesichts der vielfältigen Umstände, welche den Kurs beeinflussen, durchaus schwierig sein kann. Oftmals mag eine tatsächliche Kursbeeinflussung kaum nachweisbar sein (siehe bereits oben zu dem Stichwort „Falschmeldungen" Rn. 106 ff.).³³³ Dies gilt umso mehr, wenn sich

---

327 BGH 6.11.2003 – 1 StR 24/03, BGHSt 48, 373 (380); ebenso BGH 4.12.2013 – 1 StR 106/13, NStZ 2014, 581 (585).
328 Vgl. *Mühlbauer* wistra 2003, 169 (172 f.); *Petersen* wistra 1999, 330 (331). Auch mit dem vorangegangenen Erwerb der Wertpapiere ist nicht konkludent die Erklärung verbunden, er verfolge damit keine Eigeninteressen.
329 Siehe auch LG Frankfurt/M. 9.11.1999 – 5/2 Kls 92 Js 23140.2/98 (P 2/98), NJW 2000, 301 (304); *Petersen* wistra 1999, 328 (332).
330 Siehe dazu auch *Arlt*, Kursmanipulation S. 253 f.; *Schröder*, Kapitalmarktstrafrecht Rn. 631 ff.
331 *Hellmann*, Wirtschaftsstrafrecht Rn. 105 f.; *Rieckers* BB 2002, 1213 (1216).
332 Vgl. BGH 25.7.2018 – 2 StR 353/16, HRRS 2019 Nr. 31; *Arlt*, Kursmanipulation S. 253 f.; *Jean-Richard* SZW 1995, 259 (264).
333 *Altenhain* BB 2002, 1874 (1875).

die Empfehlung nur an einen kleinen Kreis von Personen richtet, deren eingesetztes Vermögen nicht ausreicht, merklich auf den Kurs Einfluss zu nehmen. Im letzteren Fall wird man zudem einen Vorsatz des Empfehlenden hinsichtlich eines Vermögensschadens kaum begründen können. Hinzuweisen ist jedoch darauf, dass nach Ansicht des BGH an den Nachweis der Kursbeeinflussung keine überspannten Anforderungen gestellt werden dürfen.[334] Vergleiche von bisherigem Kursverlauf und Umsatz, die Kurs- und Umsatzentwicklung des betreffenden Papiers am konkreten Tag sowie die Ordergröße könnten eine Kurseinwirkung hinreichend belegen.[335]

Zweifelhaft erscheint ferner allgemein beim Scalping das Merkmal der **Stoffgleichheit**, da der Vorteil, den der Empfehlende aus der späteren Veräußerung seiner Aktien erhält, **nicht die unmittelbare Kehrseite** des Schadens desjenigen ist, welcher der Empfehlung gefolgt ist (siehe insofern bereits die Darlegungen zu dem Stichwort „Falschmeldungen" Rn. 109 ff.). Zwar wäre Stoffgleichheit zu bejahen, sofern der Empfehlende an jemanden verkauft, welcher der Empfehlung folgt. Dieser Fall ist jedoch selten, denn diejenigen, welche die Empfehlung beherzigen, haben regelmäßig die Aktien schon erworben, bevor der Empfehlende seine Aktien überhaupt veräußert.

Ein **fremdnütziger** Betrug zugunsten der **Gesellschaft**, deren Aktien Gegenstand des Scalping sind, kommt regelmäßig **nicht** in Betracht,[336] da diese grundsätzlich **keinen unmittelbaren Vorteil** dadurch erlangt, dass ihre Aktien auf dem Sekundärmarkt zu einem höheren Kurs gehandelt werden (siehe dazu bereits oben bei dem Stichwort „Falschmeldungen" Rn. 111). Möglich erscheint allenfalls ein **drittnütziger Betrug** zugunsten des Wertpapierverkäufers. Insofern ist jedoch zu beachten, dass die Bereicherung des Wertpapierverkäufers keine notwendige Voraussetzung für die Vorteilserlangung des Täters ist; der Täuschende kann seine Papiere über die Börse an jedermann verkaufen und ist nicht darauf angewiesen, dass andere Personen einen Vermögensvorteil erlangen, so dass er die Bereicherung des Dritten nicht notwendig erstrebt. Daher scheidet Drittbereicherungsabsicht regelmäßig aus.[337]

29. Spekulationsgeschäfte

Das Verleiten von Anlegern zu Börsenspekulationsgeschäften ist primär von § 49 BörsG iVm § 26 Abs. 1 BörsG erfasst. Durchaus kann insoweit jedoch auch die Betrugsvorschrift einschlägig sein. Soweit es speziell um Warentermingeschäfte geht, wird auf die Ausführungen zu diesem Stichwort verwiesen (Rn. 161 ff.).[338] Im Übrigen kommt es für die Betrugsvorschrift zunächst natürlich darauf an, ob der Betreffende die Anleger **täuscht**, etwa schon über den Charakter des Geschäfts als Risikogeschäft. Demgemäß liegt eine Täuschung vor, wenn die Möglichkeit eines **Geldverlustes** ausdrücklich **ausgeschlossen** wird. Eine Täuschung ist auch dann gegeben, wenn der Täter gar nicht die **Ab-**

---

334 BGH 6.11.2003 – 1 StR 24/03, BGHSt 48, 373 (384); zweifelhaft.
335 BGH 6.11.2003 – 1 StR 24/03, BGHSt 48, 373 (384); BGH 4.12.2013 – 1 StR 106/13, NStZ 2014, 581 (585); BGH 25.7.2018 – 2 StR 353/16, HRRS 2019 Nr. 31.
336 Zutreffend *Arlt*, Kursmanipulation S. 256.
337 *Arlt*, Kursmanipulation S. 256.
338 Zu Wertdifferenzgeschäften siehe *Hey* Kriminalistik 1997, 480.

sicht hatte, ein Spekulationsgeschäft abzuschließen.[339] Angesichts bestehender Informationspflichten kommt im Übrigen eine Täuschung durch Unterlassen in Betracht.

157 Eingehender Prüfung bedarf es jeweils, ob ein **Irrtum** erzeugt wird; hier ist insbesondere darauf abzustellen, welche Kenntnisse die jeweiligen Anleger von Spekulationsgeschäften überhaupt und von dem konkreten, in Rede stehenden Geschäft haben. Ist ihnen der **Charakter als Spekulationsgeschäft** bekannt und wissen sie, welchen Risiken ihre Geldanlage dadurch in concreto ausgesetzt wird, so spricht das gegen das Vorliegen eines Irrtums (siehe auch die Darlegungen zu dem Stichwort „Warentermingeschäfte" Rn. 161 ff.). Sollte dennoch eine Fehlvorstellung verbleiben, dann können sich Bedenken hinsichtlich der Kausalität zwischen Irrtum und Vermögensverfügung ergeben, sofern der Betreffende von den mit Spekulationsgeschäften verbundenen Risiken Kenntnis hat und dennoch investiert. Dann nimmt der Anleger die Verfügung nämlich möglicherweise unabhängig von der Täuschung vor, wobei es natürlich auf die Beurteilung im Einzelfall ankommt. Hinsichtlich des Erfordernisses des **Vermögensschadens** ist – sofern man mit der hM eine schadensgleiche Vermögensgefährdung anerkennt – eine solche schon mit **Abschluss des Anlagegeschäfts** etwa darin zu sehen, dass der Anleger Wertpapiere erhält, mit denen ein erhebliches Verlustrisiko verbunden ist, obwohl die Möglichkeit des Geldverlustes der Wahrheit zuwider ausgeschlossen worden war. Allgemein liegt nach dem BGH bei Anlagegeschäften ein Vermögensschaden insoweit vor, als die vom Getäuschten eingegangene Verpflichtung wertmäßig die aus der Geldanlage resultierenden Ansprüche einschließlich der zur Zeit des Vertragsschlusses gegebenen Gewinnmöglichkeiten übersteigt.[340]

158 Problematisch sind die Fälle, in denen Wertpapieranlagen **ihrem Wert entsprechend** vertrieben werden, die mit der Geldanlage verbundenen Risiken jedoch geringer dargestellt sind, als dies tatsächlich der Fall ist, obwohl der Täuschende sie nicht völlig ausschließt. Insofern wird die Auffassung vertreten, ein Vermögensschaden könne in diesem Fall lediglich über den Gesichtspunkt des **persönlichen Schadenseinschlags** in Betracht kommen.[341]

159 Täuscht der Wertpapierinhaber, dann führt der Vermögensschaden des Anlegers auf der Kehrseite unmittelbar bei ihm zu einem Vorteil, so dass Stoffgleichheit zu bejahen ist. Problematisch ist der Fall, dass Außenstehende andere Personen zu Spekulationsgeschäften verleiten. Insofern kommt **drittnütziger Betrug** in Betracht: Der Außenstehende erstrebt den Vermögensvorteil zugunsten desjenigen, der die Wertpapiere verkauft, da er (regelmäßig) für die Vermittlung des Geschäfts selbst eine Provision erhält.

30. Stop-Loss-Order-Fishing

160 **Stop-Loss-Orders** zeichnen sich dadurch aus, dass ein automatischer Verkauf von Wertpapieren erfolgt, wenn der Kurs eine bestimmte Grenze erreicht.

---

339 *Fichtner*, Die börsen- und depotrechtlichen Strafvorschriften S. 111.
340 BGH 28.6.2017 – 4 StR 186/16, NStZ 2017, 708 (710); siehe dazu auch *Eidam* NStZ 2017, 710, der auf die möglichen Schwierigkeiten bei der Schadensermittlung hinweist.
341 Siehe *Fichtner*, Die börsen- und depotrechtlichen Strafvorschriften S. 171 f.; *von Ungern-Sternberg* ZStW 88 (1976), 653 (674 ff.).

Beim Stop-Loss-Order-Fishing versucht nun der Manipulant, den Kurs durch **effektive Wertpapiergeschäfte** in Richtung einer von anderen Marktteilnehmern bevorzugten **Stop-Marke** zu bewegen.[342] Hinsichtlich der Frage nach einer Betrugsstrafbarkeit unterscheidet sich dieses Verhalten nicht vom Aufbau eines Market Corner. Es erfolgen effektive, wirksame Wertpapiergeschäfte, ohne dass konkludent ein bestimmtes Motiv für den Kauf der Papiere miterklärt wird. Auf die Ausführungen zu dem Stichwort „Market Corner" Rn. 133 f. kann daher verwiesen werden.

31. Warentermingeschäfte

Die Funktionsweise von Optionen auf Warentermingeschäfte wurde bereits erläutert (siehe Rn. 6 ff.).[343] Weiterhin ist auf die Ausführungen insbesondere zur **ausdrücklichen** und **konkludenten Täuschung** sowie zur **Täuschung durch Unterlassen** und die dort dargelegten Grundsätze zu Warentermingeschäften zu verweisen (siehe Rn. 33 ff.).

161

Die Rechtsprechung hat sich mehrfach mit der Frage einer Betrugsstrafbarkeit bei Warentermingeschäften beschäftigen müssen. Danach ist eine ausdrückliche Täuschung zu bejahen, wenn im Bereich von Warentermingeschäften den Kunden bewusst wahrheitswidrig **die Gewinnchancen als außerordentlich hoch und das Risiko als gering geschildert** werden, obwohl die Gewinnchancen nur ganz gering, wenn nicht überhaupt ausgeschlossen waren.[344] Zudem liegt eine ausdrückliche Täuschung darin, wenn der Telefonverkäufer bewusst wahrheitswidrig behauptet, die Mitarbeiter der GmbH seien besonders gut qualifiziert. Zwar war den potenziellen Kunden zuerst in einer umfangreichen Broschüre und in einem mit Risikobelehrung überschriebenen Text mitgeteilt worden, dass der Aufschlag von 81,8 % die **Gewinnerwartung verschlechtere** und sich eine Optionsprämie in diesem Umfang verteuern müsse, damit die Kunden zumindest das eingesetzte Kapital zurückerhalten; in den sich daran anschließenden telefonischen Verkaufsgesprächen waren den Kunden dann jedoch die tatsächlichen Gewinnchancen nicht objektiv und richtig dargestellt worden. Von einem erheblichen Verlustrisiko war nie die Rede, vielmehr von einer hohen Gewinnchance. Der Aufschlag auf die Prämie war mit einer besonderen Kompetenz der GmbH und der von ihr gewährten ausgezeichneten Beratung begründet worden.[345]

162

Bei dieser Konstellation ist der BGH von einer **Täuschung** im Sinne des Betrugstatbestands ausgegangen. Betrachtet man die Rechtsprechung des BGH im Übrigen, liegen die Dinge jedoch insgesamt keineswegs so eindeutig, wie es zunächst scheint; das wird bei der näheren Betrachtung des Irrtumsmerkmals deutlich.

163

Der 2. Strafsenat des BGH hat in seinem Urteil vom 29.3.1989, obwohl der angeklagte Telefonverkäufer die Kunden durch **unrichtige Angaben über Ge-**

164

---

342 *Arlt*, Kursmanipulation S. 86.
343 Siehe insgesamt zum Terminhandel mit seinen zahlreichen Facetten *Schlüter*, Börsenhandelsrecht, G Rn. 1080 ff.; vgl. zum Warenterminoptionsbetrug auch *Ebner* Kriminalistik 2007, 681; *Hellmann*, Wirtschaftsstrafrecht Rn. 155 ff.; *Schröder*, Kapitalmarktstrafrecht Rn. 862 ff.
344 BGH 14.7.1999 – 3 StR 66/99, NStZ 2000, 36.
345 BGH 14.7.1999 – 3 StR 66/99, NStZ 2000, 36.

winnchancen und **Verlustrisiko zum Erwerb von börsenorientierten Stillhalteroptionen bewegt** und er wider besseres Wissen die Gewinnchancen beschönigt und das Verlustrisiko verharmlost hatte, die erstinstanzliche Verurteilung wegen Betrugs aufgehoben.[346] Im Anschluss an telefonische Anbahnungsgespräche hatte der Angeklagte den Kunden eine **Informationsbroschüre** zugesandt, in der auch das **Risiko des Totalverlustes** der Einlage erwähnt war. Überdies befasste sich die Broschüre eingehend mit dem Wesen und der Funktion des privaten Stillhalters. In dem mit der Informationsbroschüre versandten Auftragsformular wurde der Kunde erneut ausdrücklich auf die möglichen Risiken des Spekulationseinsatzes hingewiesen. Vor diesem Hintergrund der schriftlichen Information über das Verlustrisiko sowie unter Heranziehung des Umstandes, dass alle **Kunden vermögende, in Geldangelegenheiten offensichtlich erfahrene Angehörige akademischer Berufe** waren, verlangt der BGH konkrete Darlegungen dazu, auf welche Weise der Angeklagte bei den Interessenten die unzutreffende Vorstellung einer weitgehend sicheren und gewinnbringenden Kapitalanlage geweckt habe.

165 Fasst man diese Erwägungen des BGH zusammen, dann kann **trotz unrichtiger (telefonischer) Angaben** über die Gewinnerwartung **Betrug zu verneinen** sein, sofern **schriftlich** auf das **Risiko eines Totalverlustes hingewiesen** wird und die **Kunden in Geldangelegenheiten erfahren** sind. Wenn der 2. Strafsenat des BGH in diesem Zusammenhang es für problematisch erachtet, ob bei den Interessenten eine „unzutreffende Vorstellung ... geweckt" worden sei, dann spricht dies dafür, dass zwar in solchen Konstellationen nicht das Täuschungsmerkmal, jedoch das zweite Erfordernis der **Irrtumserregung** fraglich ist. Sollte Letzteres zu verneinen sein, kann sich aber die Frage der Strafbarkeit wegen versuchten Betrugs stellen.

166 Was den **Hinweis auf das Risiko eines Totalverlustes** angeht, kommt es jeweils auf dessen Ausgestaltung im Einzelfall an. Hierbei wird ua eine Rolle spielen, wie der Hinweis formuliert ist, an welcher Stelle in der Informationsbroschüre er erscheint, welche Schriftgröße er aufweist und welche Schriftart gewählt ist. Im Hinblick auf den zweiten Gesichtspunkt, die **Erfahrenheit der Kunden**, ist bemerkenswert, dass der BGH nicht zwingend verlangt, die potenziellen Kunden müssten in Bezug auf die konkrete Anlageform Kenntnisse besitzen, sondern allgemein auf die Erfahrenheit in Geldangelegenheiten abstellt. Der BGH konkretisiert zwar nicht, was das im Einzelnen bedeutet, lässt jedoch eher den Schluss naheliegen, dass keine zu hohen Anforderungen an die Erfahrenheit zu knüpfen sind.

167 In Bezug auf die Annahme eines Betrugs zurückhaltend äußert sich der 2. Strafsenat des BGH auch in seinem Urteil vom 19.8.1988.[347] Dort war ebenfalls in einer **Informationsbroschüre** auf das **Risiko des Totalverlustes** hingewiesen worden. Die Verurteilung der Angeklagten wegen Betruges, da sie in den mit den Kunden geführten Gesprächen das Verlustrisiko verschleiert hätten, hebt der BGH auf. Unter anderem führt der BGH aus, es gebe, falls der Hinweis auf das Verlustrisiko an „fast letzter Stelle" der Broschüre erfolgt, keinen Erfahrungssatz, dass dies die „unauffälligste" Stelle sei. Darüber hinaus

---

346 BGH 29.3.1989 – 2 StR 54/89, wistra 1989, 223.
347 BGH 19.8.1988 – 2 StR 389/88, wistra 1989, 19.

legt der BGH dar, in die Betrachtung sei auch einzubeziehen, wenn Kunden nach Kenntnisnahme vom Fehlschlag des ersten Geschäfts weitere Warentermingeschäfte abschließen. Zumindest, wenn Kunden schon früher bei einem Warentermingeschäft mit einer anderen Firma einen Teilverlust erlitten hätten, dränge sich die Annahme auf, dass sie **trotz ausreichenden Kenntnisstandes** eine Abwägung unterlassen oder den Gedanken an weitere Verluste zugunsten der weniger realistischen Hoffnung auf Gewinn zurückgedrängt hatten. Der 2. Strafsenat erweckt dabei in seinem Urteil den Eindruck, (nur dann) von einem Betrug auszugehen, **wenn der Kunde in den Irrtum versetzt werde, ein Verlust des einbezahlten Betrags sei absolut ausgeschlossen oder ein Gewinn sei absolut sicher.**[348] Dies hätte zur Konsequenz, dass immer schon dann, wenn auf Risiken im Hinblick auf die Gewinnerwartung hingewiesen wird, Betrug ausscheidet. Ob der BGH dies aber so verstanden wissen will, erscheint sehr fraglich, insbesondere auch, wenn man die erwähnte jüngere Entscheidung des 3. Strafsenats des BGH[349] beachtet (siehe dazu oben Rn. 162 f.), in der Betrug bejaht ist, obwohl in der Broschüre angegeben war, dass der Aufschlag auf die Prämie die Gewinnerwartung verschlechtere, womit zumindest konkludent das Vorhandensein eines Risikos zum Ausdruck gebracht wurde.

Dass jedenfalls Betrug in dem hier relevanten Bereich nicht vorschnell bejaht werden darf, zeigt sich auch an der Entscheidung des 5. Strafsenats des BGH vom 3.10.1989. Dort weist der BGH im Zusammenhang mit der **Erfahrenheit der Kunden** darauf hin, dass eine Täuschung im Sinne des § 263 StGB über den Grundcharakter von Börsentermingeschäften selten sei, weil der von den Händlern angesprochene Personenkreis **in der Regel wisse, dass sich der Erwerb von Optionen auf Termingeschäfte wesentlich von sonstigen Geldanlagen unterscheide.** Gegenteilige Feststellungen setzten eine sorgfältige Klärung der Frage voraus, ob der Kunde tatsächlich über den Gegenstand und Zweck des Geschäfts in einem grundlegenden Irrtum gewesen sei.[350] Auch hier geht es wiederum um den Gesichtspunkt der **Irrtumserregung**, der nach der Entscheidung des 5. Strafsenats damit selbst dann fragwürdig scheint, wenn ein hoher Gewinn mit nur minimalem Verlustrisiko vorgetäuscht worden war. Der 5. Strafsenat beruft sich insoweit auf eine Entscheidung des 1. Strafsenats vom 28.6.1983,[351] geht jedoch tatsächlich darüber hinaus. In letzterer Entscheidung stand nämlich insoweit allein das **Ausmaß** von Täuschung und Irrtum in Rede, nicht jedoch die Frage, ob beides überhaupt gegeben ist.

Aber auch der 1. Strafsenat ist in seiner Rechtsprechung nicht eindeutig; nach seiner Auffassung kommt bei Spekulationsgeschäften wie dem Optionshandel durchaus eine Täuschung in Betracht, wenn derartige Geschäfte als wertbeständige, ertragreiche Anlagegeschäfte dargestellt werden, bei denen **überhaupt kein Risiko bestehe**. Selbst dann aber bedürfe es im Einzelfall sorgfältiger, auf die Beweggründe, Kenntnisse und Erwägungen des jeweiligen Kunden zuge-

---

348 BGH 19.8.1988 – 2 StR 389/88, wistra 1989, 19 (22).
349 BGH 14.7.1999 – 3 StR 66/99, NStZ 2000, 36.
350 BGH 3.10.1989 – 5 StR 237/89, NStE StGB § 263 StGB Nr. 38; vgl. auch BGH 20.9.1999 – 5 StR 729/98, BGHR StGB StGB § 263 Abs. 1 Täuschung 15.
351 BGH 28.6.1983 – 1 StR 576/82, BGHSt 32, 22 (23).

schnittener Feststellungen zur Klärung der Frage, ob der Kunde tatsächlich einem ursächlichen Irrtum über Gegenstand und Zweck des Geschäfts erlag.[352]

170 Dabei ist der BGH teilweise aber auch im Hinblick auf die Frage der Erfahrenheit der Kunden weitaus zurückhaltender. Der 3. Strafsenat[353] hatte sich mit einem Fall zu beschäftigen, in dem der Angeklagte als Telefonverkäufer bei einer GmbH tätig war, die Optionen auf Warenterminkontrakte vertrieb. Der Preisaufschlag auf die an der Börse platzierte Prämie betrug 81,82 %; aufgrund dieses Aufschlags war die Gewinnchance gering. In einer ausführlichen Broschüre sowie durch eine der Auftragsbestätigung beigefügte Erklärung wurden die Optionskäufer darauf hingewiesen, dass der Erwerb von Optionen ein Spekulationsgeschäft darstelle, die Wahrscheinlichkeit eines **Geldverlustes groß** sei und insbesondere wegen des **hohen Preisaufschlags** auf die Börsenprämie ein **Gewinn realistisch kaum erwartet** werden könne. Bei Telefongesprächen stellte der Angeklagte bewusst wahrheitswidrig das mit Optionsgeschäften verbundene Verlustrisiko als gering sowie hohe Gewinne als nahezu sicher dar. Teilweise kauften in Warentermingeschäften unerfahrene Kunden die Optionen wegen der guten Gewinnchancen, aber auch aus Neugier in Kenntnis des Risikos. Einzelne Geschädigte hatten bereits vorher bei Optionen auf Warentermingeschäfte erhebliche Verluste erlitten.

171 Der 3. Strafsenat führt im Zusammenhang mit dem Straftatbestand des Verleitens zur Börsenspekulation unter Ausnutzung der Unerfahrenheit in diesen Geschäften aus, „unerfahren" im Sinne dieser Vorschrift sei eine Person dann, wenn sie infolge fehlender Einsicht die Tragweite des **konkreten Spekulationsgeschäfts** in seiner ganzen Bedeutung nicht verlässlich überblicken kann, wobei es auf die Verhältnisse des Einzelfalls ankomme. Aus dem Umstand allein, dass Anleger bereits vorher bei Warentermingeschäften Verluste erlitten hatten oder sich allgemein der Möglichkeit von Verlusten bewusst waren, könne nicht auf eine entsprechende Einsicht geschlossen werden. Indiz für die Unerfahrenheit sei, wenn Kunden trotz vorangegangener verlustreicher Optionsgeschäfte nochmals Optionen kaufen.[354]

172 Zieht man diese Erwägungen heran, dann gibt der BGH – wenn auch im Zusammenhang mit der Strafbestimmung des Verleitens zu Börsenspekulationen – in Bezug auf das Merkmal der „Unerfahrenheit" der Kunden ein anderes Bild ab als bei den zuvor zu § 263 StGB erwähnten Entscheidungen. So geht der 3. Strafsenat nicht davon aus, dass die Kunden, die derartige Geschäfte abschließen, **grundsätzlich Kenntnisse** haben. Verluste aus vorangegangenen Geschäften werden bei dem Abschluss neuer Geschäfte nicht gewertet als vorhandene Kenntnis, sondern als ein Gesichtspunkt, der ganz im Gegenteil dafür spricht, dass Unkenntnis vorliegt. Die Hinweise in der Informationsbroschüre, dass ein Spekulationsgeschäft gegeben ist, die Wahrscheinlichkeit eines Geld-

---

352 BGH 24.2.1982 – 1 StR 550/82, StV 1984, 153.
353 BGH 22.8.2001 – 3 StR 191/01, wistra 2002, 22 m. zustimmender Anm. *Ziouvas*; BGH 22.8.2001 – 3 StR 191/01, EWiR § 89 BörsG 1/02, 477; kritisch dagegen *Park* wistra 2002, 107; siehe aus jüngerer Zeit auch BGH 13.11.2007 – 3 StR 462/07, NStZ 2008, 96, wo der BGH in einem vergleichbaren Fall auch die Voraussetzungen des Betrugs bejaht.
354 Siehe auch BGH 14.7.1999 – 3 StR 66/99, NStZ 2000, 36.

verlustes groß ist und ein Gewinn realistisch kaum erwartet werden darf, sind vom 3. Strafsenat **überhaupt nicht** in seine Überlegungen einbezogen worden.

Ein weiterer, besonders zu beachtender Punkt bei Warentermingeschäften ist die **Schadensberechnung**.[355] Unproblematisch ist ein Schaden in Höhe der **gesamten Einzahlung** gegeben, wenn das Geld tatsächlich **gar nicht angelegt** wird.[356] Im Übrigen darf nach Auffassung des BGH nicht schon wegen der Höhe des Aufschlags ein unmittelbarer und direkter Vermögensschaden hinsichtlich des gesamten eingesetzten Betrags angenommen werden.[357] Vielmehr gelte Folgendes:[358] Sofern sich feststellen lasse, der Getäuschte sei davon ausgegangen, ein Verlust des Geldes sei **absolut ausgeschlossen**, sei der **gesamte einbezahlte Betrag** Betrugsschaden, zumindest im Sinne einer Vermögensgefährdung.[359] Meint also der Kunde etwa aufgrund der Täuschung, das von ihm bezahlte Geld sei in einem Rohstoff so wertbeständig wie dieser selbst angelegt, sei die Option für den Kunden unabhängig vom Aufschlag **völlig unbrauchbar und wertlos**.[360] Der BGH weist jedoch darauf hin, dass Fälle, in denen Täuschung und Irrtum dieses Ausmaß erreichen, selten sein werden.[361] Eine solche Würdigung setze eine sorgfältige, den Besonderheiten des Einzelfalls gerecht werdende Feststellung der Beweggründe, Kenntnisse und Erwägungen der Kunden voraus.[362] Sei dem Kunden das **Risiko** des Warentermingeschäfts **bekannt**, liege ein Schaden vor, wenn der **tatsächliche Aufschlag den vereinbarten übersteige**.[363] Sofern kein bestimmter Aufschlag verabredet sei, habe der Käufer regelmäßig mit der Provision zu rechnen, die üblicherweise von einem seriösen inländischen Makler verlangt werde; Betrugsschaden sei dann ein diese Provision übersteigender Aufschlag.[364] **Maßgeblich** sei dann also der Unterschied zwischen dem vereinbarten Preis und dem wirklichen Wert

---

[355] Siehe dazu auch Esser/Rübenstahl/Saliger/Tsambikakis/*Saliger* StGB § 263 Rn. 229 ff.
[356] Vgl. BGH 27.11.1991 – 3 StR 157/91, BGHR StGB StGB § 263 Abs. 1 Vermögensschaden 35; BGH 24.1.1986 – 2 StR 658/85, StV 1986, 299; *Füllkrug* Kriminalistik 1985, 267 f.
[357] BGH 19.8.1988 – 2 StR 389/88, wistra 1989, 19 (21).
[358] Siehe auch BGH 13.11.2007 – 3 StR 462/07, NStZ 2008, 96: Der Anspruch des Kunden sei nach dem vernünftigen Urteil eines objektiven Dritten wertlos, wenn bei Börsentermingeschäften Anlageberatung besonderer Qualität geschuldet wurde, jedoch nur solche allgemein üblicher Art erbracht wurde; dazu *Rose* wistra 2009, 289; *Satzger* JK 4/08, StGB § 263/82.
[359] BGH 19.8.1988 – 2 StR 389/88, wistra 1989, 19; BGH 27.11.1991 – 3 StR 157/91, BGHR StGB StGB § 263 Abs. 1 Vermögensschaden 35.
[360] BGH 28.6.1983 – 1 StR 576/82, BGHSt 32, 22 (23); vgl. insoweit auch noch BGH 8.9.1982 – 3 StR 147/82, BGHSt 31, 115 (117); ferner BGH 11.7.1990 – 3 StR 84/90, wistra 1991, 25; stets bei Optionen auf Warentermingeschäfte einen Schaden bezüglich des gesamten Betrags annehmen *Otto*, Strafrecht, Die einzelnen Delikte § 51 Rn. 150; *Rochus* JR 1983, 338 f. Siehe dazu auch *Nestler*, Bank- und Kapitalmarktstrafrecht Rn. 443 f.
[361] BGH 28.6.1983 – 1 StR 576/82, BGHSt 32, 22 (23); *Füllkrug* Kriminalistik 1985, 267 (268).
[362] BGH 27.11.1991 – 3 StR 157/91, BGHR StGB StGB § 263 Abs. 1 Vermögensschaden 35.
[363] Vgl. insoweit auch BGH 11.7.1990 – 3 StR 84/90, wistra 1991, 25; BGH 27.11.1991 – 3 StR 157/91, BGHR StGB StGB § 263 Abs. 1 Vermögensschaden 35.
[364] BGH 19.8.1988 – 2 StR 389/88, wistra 1989, 19 (22); siehe auch BGH 22.8.2001 – 3 StR 191/01, wistra 2002, 22; BGH 11.7.1990 – 3 StR 84/90, wistra 1991, 25.

der Option, der sich aus den Beschaffungskosten und der Provision eines seriösen inländischen Maklers zusammensetzt.[365]

32. Wash Sales

174 Kennzeichnend für **Wash Sales** ist, dass letztendlich ein Eigenhandel vorliegt, jedoch das irreführende Bild eines regen Handels erzeugt wird. Bei Wash Sales erfolgt der Kauf und Verkauf von Wertpapieren, ohne dass aus **wirtschaftlicher Sicht** ein Eigentumswechsel stattfindet, da Käufer und Verkäufer zumindest wirtschaftlich identisch sind.[366] Alle Transaktionen lassen sich nur einem einzigen wirtschaftlich Berechtigten zuordnen, wobei dazu auch Transaktionen zwischen verbundenen Unternehmen zählen. Es entsteht der Eindruck, dass das Wertpapier stark gehandelt wird, was Auswirkungen auf die Kursentwicklung haben kann.

175 Fraglich ist, ob darin ein betrugsrelevantes Verhalten zu sehen ist.[367] Problematisch ist zunächst, ob einem solchen Verhalten **Täuschungscharakter** zukommt. Dagegen spricht einmal, dass nach hM bloße Tatsachenveränderungen oder Manipulationen an Objekten ohne Einwirken auf die Vorstellung eines anderen grundsätzlich nicht zur Annahme einer Täuschung genügen.[368] Tatsachenveränderungen werden aber dann zur Täuschung, wenn sie gleichzeitig Erklärungen enthalten.[369] So könnte man erwägen, dass die Betreffenden konkludent erklären, es finde ein wirtschaftlicher Eigentumswechsel statt. Eine solche schlüssige Aussage kann jedoch dem bloßen Kauf und Verkauf von Wertpapieren nach der Verkehrsanschauung **nicht entnommen werden**. Ein Betrug kommt allenfalls in Betracht, sofern im Einzelfall die Geschäfte zivilrechtlich unwirksam sind, jedoch wirksame Handelsaktivitäten vorgespiegelt werden, oder wenn eine Pflicht zur Aufklärung besteht, der nicht entsprochen wird, wobei man sich im letzteren Fall schon im Bereich des **Unterlassens** bewegt.

176 Der **Vermögensschaden** kann – bei Bejahung einer Täuschung – darin bestehen, dass der durch die Wash Sales entstandene Kurs nicht dem tatsächlichen Wert der Papiere entspricht, diese also **zu teuer** gekauft wurden. Diese Feststellung setzt aber wiederum den (schwierigen) Nachweis voraus, dass die Wash

---

365 BGH 28.6.1983 – 1 StR 576/82, BGHSt 32, 22 (25); BGH 24.1.1986 – 3 StR 411/85, StV 1986, 299; BGH 24.2.1982 – 1 StR 550/82, StV 1984, 153. BGH 24.1.1986 – 3 StR 411/85, StV 1986, 299 führt aus, es begegne keinen Bedenken, jeden die Höhe von 20 % der Beschaffungskosten einer Option übersteigenden Aufschlag als Mindestschaden der Kunden anzunehmen; vgl. auch BGH 11.7.1990 – 3 StR 84/90, wistra 1991, 25; *Fichtner*, Die börsen- und depotrechtlichen Strafvorschriften S. 177 f.; *Franke/Ristau* wistra 1990, 252 (255 f.); *Lackner/Imo* MDR 1983, 969 (977 ff.); *Rose* wistra 2009, 289; *Sonnen* StV 1984, 175; LK/*Tiedemann* StGB § 263 Rn. 163; kritisch *Otto*, Strafrecht, Die einzelnen Delikte § 51 Rn. 150; *Rochus* JR 1983, 338 (339). Speziell zum Vermögensschaden und seiner Berechnung bei Geldanlagen im amerikanischen OTC-Markt (Over-the-Counter-Market) siehe OLG München 11.10.1985 – 2 Ws 983/85, NStZ 1986, 168 mit Anm. *Otto* JK, StGB § 263/21; *ders.*, FS Pfeiffer S. 69, 71 ff.; *Schlüter* NStZ 1986, 169.
366 *Arlt*, Kursmanipulation S. 75 ff.; *Lenzen* WM 2000, 1131 (1132 f.); *Papachristou*, Marktpreismanipulationen S. 63, jeweils mwN; siehe auch OLG Stuttgart 4.10.2011 – 2 Ss 65/11, NJW 2011, 3667.
367 Vgl. dazu auch *Arlt*, Kursmanipulation S. 304 f.
368 Siehe etwa LK/*Tiedemann* StGB § 263 Rn. 23.
369 *Fischer* StGB § 263 Rn. 15.

Sales den Kurs beeinflusst haben. Zudem bereitet auch bei Wash Sales das Merkmal der Stoffgleichheit Schwierigkeiten (siehe insofern auch die Darlegungen zu dem Stichwort „Falschmeldungen" Rn. 109 ff.). Dem Schaden der Anleger entspricht auf der Kehrseite nicht unmittelbar ein Vorteil beim Manipulanten. Auch eine Drittbereicherungsabsicht zugunsten derjenigen, welche die Papiere verkaufen, scheidet regelmäßig aus, da deren Bereicherung vom Handelnden normalerweise nicht erstrebt wird.

33. Wertpapierdienstleister

Teilweise kommen in der Praxis Fälle vor, dass **Wertpapierdienstleister** tätig werden, die gar **nicht die Erlaubnis** gemäß § 32 KWG für die Erbringung von Wertpapierdienstleistungen besitzen. Dieser Fall wird grundsätzlich von der Strafvorschrift des § 54 KWG erfasst. Eine Strafbarkeit wegen Betrugs ist dann gegeben, wenn der Täter sich **der Wahrheit zuwider** als mit der erforderlichen Erlaubnis ausgestatteter Wertpapierdienstleister ausgibt und vorgibt, das Geld an der Börse anzulegen, dies tatsächlich jedoch – wie von vornherein beabsichtigt – nicht erfolgt. 177

Problematischer ist der Fall, in dem ohne Erlaubnis tätige Wertpapierdienstleister es erreichen, dass das Geld wie vereinbart an der Börse angelegt wird. Insofern könnte man – etwa unter entsprechender Heranziehung der zum Anstellungsbetrug geltenden Gesichtspunkte – erwägen, dass von einer konkreten Vermögensgefährdung auszugehen ist, da tatsächlich die Geldanlage von einer Person vorgenommen worden ist, die gar nicht die Erlaubnis zum Tätigwerden hat. Hiergegen erheben sich jedoch gewichtige Bedenken. Stellt man nicht allgemein auf die Lauterkeit im Geschäftsverkehr ab, sondern – wie für § 263 StGB erforderlich – auf die Frage, ob das **Vermögen eine Wertminderung** erfährt, dann gelangt man zu der Ablehnung eines Vermögensschadens, denn die vereinbarte Geldanlage wird **tatsächlich durchgeführt**. In Bezug auf das unerlaubt geschlossene Geschäft greift im Übrigen zivilrechtlich auch nicht die Nichtigkeitsvorschrift des § 134 BGB.[370] Liegt damit eine wirksame Geldanlage vor, scheidet eine Betrugsstrafbarkeit hinsichtlich der Geldanlage als solcher aus.[371] 178

Kap. 4.2. § 264 a StGB Kapitalanlagebetrug

§ 264 a StGB Kapitalanlagebetrug

(1) Wer im Zusammenhang mit

1. dem Vertrieb von Wertpapieren, Bezugsrechten oder von Anteilen, die eine Beteiligung an dem Ergebnis eines Unternehmens gewähren sollen, oder

2. dem Angebot, die Einlage auf solche Anteile zu erhöhen,

in Prospekten oder in Darstellungen oder Übersichten über den Vermögensstand hinsichtlich der für die Entscheidung über den Erwerb oder die Erhöhung erheblichen Umstände gegenüber einem größeren Kreis von Personen un-

---

370 *Schlüter*, Börsenhandelsrecht, B Rn. 140.
371 Siehe aber auch BGH 13.11.2007 – 3 StR 462/07, NStZ 2008, 96: Dort bejaht der BGH einen Vermögensschaden, wenn Anlageberatung besonderer Qualität geschuldet wird, jedoch nur solche allgemein üblicher Art erbracht wird.

richtige vorteilhafte Angaben macht oder nachteilige Tatsachen verschweigt, wird mit Freiheitsstrafe bis zu drei Jahren oder mit Geldstrafe bestraft.

(2) Absatz 1 gilt entsprechend, wenn sich die Tat auf Anteile an einem Vermögen bezieht, das ein Unternehmen im eigenen Namen, jedoch für fremde Rechnung verwaltet.

(3) [1]Nach den Absätzen 1 und 2 wird nicht bestraft, wer freiwillig verhindert, daß auf Grund der Tat die durch den Erwerb oder die Erhöhung bedingte Leistung erbracht wird. [2]Wird die Leistung ohne Zutun des Täters nicht erbracht, so wird er straflos, wenn er sich freiwillig und ernsthaft bemüht, das Erbringen der Leistung zu verhindern.

Literatur: *Achenbach*, Das zweite Gesetz zur Bekämpfung der Wirtschaftskriminalität, NJW 1986, 1835; *Cerny*, § 264 a StGB – Kapitalanlagebetrug. Gesetzgeberischer Anlegerschutz mit Lücken, MDR 1987, 271; *Dannecker*, Die Entwicklung des Wirtschaftsstrafrechts in der Bundesrepublik Deutschland, in Wabnitz/Janovsky (Hrsg.), Handbuch des Wirtschafts- und Steuerstrafrechts, 4. Aufl. 2014, 1. Kap.; *Flanderka/Heydel*, Strafbarkeit des Vertriebs von Bauherren-, Bauträger- und Erwerbermodellen gem. § 264 a StGB, wistra 1990, 256; *Gallandi*, § 264 a StGB – Der Wirkung nach ein Mißgriff?, wistra 1987, 316; *Grotherr*, Der neue Straftatbestand des Kapitalanlagebetrugs (§ 264 a StGB) als Problem des Prospektinhalts und der Prospektgestaltung, DB 1986, 2584; *Hefendehl*, Schein und Sein – Die Informationsdelikte im Kapitalmarktstrafrecht, wistra 2019, 1; *Jaath*, Zur Strafbarkeit der Verbreitung unvollständiger Prospekte über Vermögensanlagen, in Festschrift für Hanns Dünnebier zum 75. Geburtstag, 1982, S. 583; *Jehl*, Die allgemeine vertrauensrechtliche und die deliktsrechtliche Prospekthaftung der Banken und Versicherungen unter dem Blickwinkel des neuen § 264 a StGB, DB 1987, 1772; *Joecks*, Anleger- und Verbraucherschutz durch das 2. WiKG, wistra 1986, 142; *ders.*, Der Kapitalanlagebetrug, 1987; *Kaligin*, Strafrechtliche Risiken bei der Konzipierung und beim Vertrieb von steuerbegünstigten Kapitalanlagen, WPg 1985, 194; *ders.*, Die Konzeption und der Vertrieb von (steuerbegünstigten) Kapitalanlagen im Blickwinkel des § 264 a StGB, WPg 1987, 354; *Knauth*, Kapitalanlagebetrug und Börsendelikte im zweiten Gesetz zur Bekämpfung der Wirtschaftskriminalität, NJW 1987, 28; *Martin*, Aktuelle Probleme bei der Bekämpfung des Kapitalanlageschwindels, wistra 1994, 127; *Möhrenschlager*, Der Regierungsentwurf eines Zweiten Gesetzes zur Bekämpfung der Wirtschaftskriminalität (1.Teil), wistra 1982, 201; *Mutter*, § 264 a StGB: Ausgewählte Probleme rund um ein verkanntes Delikt, NStZ 1991, 421; *Otto*, Strafrechtliche Aspekte der Anlageberatung, WM 1988, 729; *ders.*, Neue und erneut aktuelle Formen betrügerischer Anlageberatung und ihre strafrechtliche Ahndung, in Festschrift für Gerd Pfeiffer, Strafrecht, Unternehmensrecht, Anwaltsrecht, 1988, S. 69; *ders.*, Die Tatbestände gegen Wirtschaftskriminalität im Strafgesetzbuch, Jura 1989, 24; *Pabst*, Rechtliche Risiken bei Konzeption und Vertrieb von Kapitalanlagen, 1989; *Park*, Börsenstrafrechtliche Risiken für Vorstandsmitglieder von börsennotierten Aktiengesellschaften, BB 2001, 2069; *ders.*, Einführung in das Kapitalmarktstrafrecht (Teil 1), JuS 2007, 621; *Richter*, Strafbare Werbung beim Vertrieb von Kapitalanlagen, wistra 1987, 120; *Rössner/Worms*, Welche Änderungen bringt § 264 a StGB für den Anlegerschutz?, BB 1988, 93; *Schlüchter*, Zweites Gesetz zur Bekämpfung der Wirtschaftskriminalität, 1987; *Schmidt-Lademann*, Zum neuen Straftatbestand „Kapitalanlagebetrug" (§ 264 a StGB), WM 1986, 1241; *Schniewind/Hausmann*, Anlegerschutz durch Strafrecht – Der neue § 264 a StGB (Kapitalanlagebetrug) und seine zivilrechtlichen Auswirkungen, BB 1986, Beilage 16, 26; *Schönborn*, Kapitalanlagebetrug, 2003; *Schröder*, Die Einführung des Euro und der graue Kapitalmarkt, NStZ 1998, 552; *ders.*, Aktienhandel und Strafrecht, 1994; *ders.*, Handbuch Kapitalmarktstrafrecht, 3. Aufl. 2015; *Tiedemann*, Die Bekämpfung der Wirtschaftskriminalität durch den Gesetzgeber, JZ 1986, 865; *Weber*, Das Zweite Gesetz zur Bekämpfung der Wirtschaftskriminalität (2. WiKG), NStZ 1986, 481; *Worms*, § 264 a StGB – ein wirksames Remedium gegen den Anlageschwindel? (Teil 1), wistra 1987, 242; (Teil 2) wistra 1987, 271; *ders.*, Anlegerschutz durch Strafrecht, 1987.

I. Allgemeines	1	2. Geschütztes Rechtsgut	3
1. Rechtsentwicklung	1	3. Deliktscharakter	5

4.	Praktische Bedeutung der Vorschrift	6	
5.	Der typische Anwendungsfall	7	
II. Die Voraussetzungen des Tatbestandes		8	
1.	Objektiver Tatbestand	8	
	a) Tathandlung	9	
	aa) Unrichtige vorteilhafte Angaben	10	
	bb) Verschweigen nachteiliger Tatsachen	11	
	cc) Erheblichkeit	13	
	b) Adressatenkreis	15	
	c) Die geschützten Anlageobjekte	17	
	aa) Abs. 1 Nr. 1: Wertpapiere, Bezugsrechte sowie Anteile an Ergebnisbeteiligungen	18	
	bb) Abs. 2: Anteile an einem Treuhandvermögen	23	

	d) Im Zusammenhang mit dem Vertrieb bzw. dem Angebot auf Einlagenerhöhung	24	
	aa) Vertrieb von Wertpapieren, Bezugsrechten etc (Abs. 1 Nr. 1)	25	
	bb) Angebot, Anteile auf solche Einlagen zu erhöhen (Abs. 1 Nr. 2)	26	
	cc) Zusammenhang	29	
	e) Werbeträger	30	
2.	Subjektiver Tatbestand	33	
	a) Vorsatzanforderungen	33	
	b) Irrtumsproblematik	35	
III. Tätige Reue (Abs. 3)		38	
IV. Täterschaft und Teilnahme		44	
V. Verjährung		46	
VI. Konkurrenzen		47	
VII. Strafzumessungsgesichtspunkte		49	
VIII. Gerichtliche Zuständigkeit		51	

I. Allgemeines

1. Rechtsentwicklung

Der Straftatbestand des Kapitalanlagebetruges wurde durch Art. 1 Nr. 10 des zweiten Gesetzes zur Bekämpfung der Wirtschaftskriminalität vom 15.5.1986[1] als neuer § 264 a in das StGB eingefügt und trat am 1.8.1986 in Kraft. Die Bestimmung, die in unveränderter Form dem Regierungsentwurf[2] entspricht, geht zurück auf Empfehlungen der Sachverständigenkommission, des Sonderausschusses[3] sowie des Alternativ-Entwurfs 1977 (§ 188).[4] Mit Inkrafttreten des § 264 a StGB am 1.8.1986 wurde die Vorschrift des § 88 Abs. 1 Nr. 2 BörsG aF, in der der Prospektbetrug vorher geregelt war, außer Kraft gesetzt.

1

Kriminalpolitischer Anlass für die Schaffung der neuen Vorschrift war ein zunehmend zu beobachtender Missbrauch, insbesondere auf dem sog „Grauen Kapitalmarkt", der sich vor allem in den 70er-Jahren in wachsendem Ausmaß neben den herkömmlichen Arten der Kapitalanlage (Aktien und festverzinsliche Wertpapiere) etabliert hatte.[5] Im Vordergrund standen Steuersparmodelle in Form des Erwerbs von Kommanditanteilen an GmbH & Co. KGen sowie der sog Bauherrenmodelle. Die Anleger wurden durch unseriöse Vertriebsmethoden nicht hinreichend über die wirtschaftlichen Risiken aufgeklärt und erlitten häufig beträchtliche Verluste. Mit dem vor Einführung des § 264 a StGB zur Verfügung stehenden rechtlichen Instrumentarium war die effektive strafrechtliche Verfolgung derartiger krimineller Machenschaften sehr schwierig. Insbesondere die vom Betrugstatbestand vorausgesetzte genaue Schadensfest-

2

---

1 BGBl. 1986 I 722.
2 BT-Drs. 10/318, 4.
3 Vgl. BT-Drs. 7/5291, 16.
4 Schönke/Schröder/*Perron* StGB § 264 a Rn. 1.
5 Achenbach/Ransiek/Rönnau/*Joecks* 10. Teil Kap. 1 Rn. 1.

stellung erwies sich als höchst problematisch, weil sie die Strafverfolgungsbehörden – häufig erst nach Jahren – zur Bewertung des erworbenen Anteils zwang.[6] Im Übrigen scheiterte die Anwendung des § 263 StGB oftmals daran, dass der Nachweis eines vorsätzlich täuschenden Verhaltens des Anbieters der Kapitalanlage oder der eines hierauf ursächlich rückführbaren konkreten Vermögensschadens des Anlegers nicht gelang.[7] Um den Beweisschwierigkeiten zu entgehen, wurde mit § 264 a StGB ein kupierter Betrugstatbestand geschaffen, der gegenüber § 263 StGB um die Merkmale des Irrtums, der Vermögensverfügung, des Schadens sowie der Bereicherungsabsicht reduziert war und als betrugstypisches Merkmal lediglich die bloße Täuschung enthielt.[8] Hauptziel des neuen Tatbestandes war es, die beschriebenen kriminellen „Vermögensvernichtungsmodelle" auf dem freien Kapitalmarkt zu bekämpfen.

2. Geschütztes Rechtsgut

Nach nahezu einhelliger Auffassung schützt § 264 a StGB das **Vermögen** der betroffenen Anleger.[9] Umstritten ist jedoch, ob der Tatbestand darüber hinaus eine weitere Schutzwirkung entfaltet: Die überwiegend vertretene Auffassung hält neben dem Vermögen auch **die Funktionsfähigkeit des Kapitalanlagemarktes bzw. das Vertrauen der Anleger in sein von groben Regelverstößen freies Funktionieren** für geschützt.[10] Nach einer Mindermeinung soll hingegen *ausschließlich* das Vermögen von Kapitalanlegern geschützt werden.[11] Denn das Funktionieren des Kapitalmarkts bzw. das darauf gerichtete Vertrauen der Anleger stelle kein von § 264 a StGB unmittelbar geschütztes Rechtsgut dar, sondern allenfalls einen vom Vermögensschutz ausgehenden Schutzreflex.[12] Zuzustimmen ist indessen der überwiegenden Auffassung. Dass der Tatbestand nicht nur den reinen Vermögensschutz, sondern darüber hinausgehend auch den Schutz des überindividuellen Rechtsguts der Funktionsfähigkeit des Kapitalmarkts bezweckt, ergibt sich bereits aus der amtlichen Gesetzesbegründung.[13] Insbesondere spricht dafür auch das Erfordernis der Falschinformation

---

6 *Jaath* in FS Dünnebier S. 583 (592); *Joecks* wistra 1986, 142 (143).
7 MüKoStGB/*Ceffinato* StGB § 264 a Rn. 2.
8 Vgl. auch *Park* JuS 2007, 621 (622).
9 Achenbach/Ransiek/Rönnau/*Joecks* 10. Teil Kap.1 Rn. 8.
10 BGH 22.12.2015 – VI ZR 101/14, BeckRS 02992; BGH 24.6.2014 – VI ZR 560/13, wistra 2014, 450; *Fischer* StGB § 264 a Rn. 2; *Jaath* in FS Dünnebier S. 583 (607); *Knauth* NJW 1987, 28; Lackner/Kühl/*Heger* StGB § 264 a Rn. 1; *Möhrenschlager* wistra 1982, 201 (205); *Park* BB 2001, 2069 (2074); Schönke/Schröder/*Perron* StGB § 264 a Rn. 1; *Schröder* KapitalmarktStrR Rn. 9 f.; LK/*Tiedemann*/*Vogel* StGB § 264 a Rn. 22; *Tiedemann* JZ 1986, 865 (872); *Weber* NStZ 1986, 481 (486); anders: SSW-StGB/*Bosch* StGB § 264 a Rn. 1, der allein die Funktionsfähigkeit des Kapitalanlagemarktes als geschützt ansieht.
11 *Cerny* MDR 1987, 271 (272); SK-StGB/*Hoyer* StGB § 264 a Rn. 6 ff.; Achenbach/Ransiek/Rönnau/*Joecks* 10. Teil Rn. 10; *ders.* Kapitalanlagebetrug S. 9; *ders.* wistra 1986, 142 (143); *Mutter* NStZ 1991, 421; *Schlüchter* 2. WiKG S. 156; *Schönborn* Kapitalanlagebetrug S. 20; *Worms* wistra 1987, 242 (245); *ders.* Anlegerschutz S. 312.
12 Achenbach/Ransiek/Rönnau/*Joecks* 10. Teil Kap.1 Rn. 10; *Worms* wistra 1987, 242 (245).
13 BT-Drs. 10/318, 22, wonach die Regelung des § 264 a StGB gerade „nicht nur dem Schutz des individuellen Vermögens" dienen, sondern auch verhindern solle, dass „das Vertrauen in den Kapitalmarkt" erschüttert „und damit das Funktionieren eines wesentlichen Bereichs der geltenden Wirtschaftsordnung" als überindividuelles Rechtsgut gefährdet werde.

"gegenüber einem größeren Kreis von Personen", also die vom Tatbestand ausdrücklich aufgestellte Voraussetzung, die Tathandlung gegenüber einer unbestimmten Mehrzahl von Personen zu begehen, so dass es gerade nicht um eine Individualtäuschung geht.[14]

Im Gegensatz zum Kreditbetrug gem. § 265 b StGB, der nur einen einzigen Geschäftstyp (Kredite) betrifft, wird von § 264 a StGB rechtsformunabhängig eine Vielzahl von Anlageformen erfasst.[15]

3. Deliktscharakter

Dogmatisch stellt der Tatbestand des § 264 a StGB ein **abstraktes Gefährdungsdelikt**[16] dar.[17] Im Verhältnis zum Betrug gem. § 263 StGB enthält er ein zum selbstständigen Tatbestand erhobenes Versuchsdelikt,[18] das bereits weit im Vorbereitungsbereich liegende Handlungen unter Strafe stellt.[19] Bei einem Vergleich mit § 263 StGB lässt sich feststellen, dass man es mit einer Norm zu tun hat, bei der sämtliche Merkmale des objektiven Tatbestandes des § 263 StGB bis auf das Täuschungsmerkmal gestrichen wurden. Insbesondere verzichtet § 264 a StGB auch auf das Erfordernis eines Vermögensschadens.[20] Der Gesetzgeber wollte die bei der Anwendung des Betrugstatbestandes in diesem Bereich bestehenden Schwierigkeiten der Schadenfeststellung sowie des Nachweises des Schädigungsvorsatzes kompensieren, indem er einen erfolgskupierten Betrug geschaffen hat, bei dem bereits die bloße, unter bestimmten Voraussetzungen erfolgende vorsätzliche Täuschung strafbar ist.[21] Da die Vollendungsstrafbarkeit somit bereits im Vorfeldbereich einer konkreten Rechtsgutsverletzung greift, ist folgerichtig darauf verzichtet worden, zusätzlich den Versuch gesondert unter Strafe zu stellen. Gleichwohl erscheint die Vorgehensweise des Gesetzgebers, die Strafbarkeit nicht zuletzt aus Gründen der Beweisnot weit vorzuverlagern,[22] rechtsstaatlich unbedenklich.

§ 264 a StGB stellt hinsichtlich der erforderlichen Täuschung gegenüber § 263 StGB qualifizierte Anforderungen: § 264 a StGB differenziert im Gegensatz zu § 263 StGB lediglich zwischen zwei Täuschungsformen, nämlich (1.) dem Machen unrichtiger vorteilhafter Angaben und (2.) dem Verschweigen nachteilhafter Tatsachen.[23] Zudem muss die Täuschung gegenüber einem größeren Personenkreis mittels spezieller Werbeträger erfolgen und sich auf Umstände

---

14 Vgl. Schönke/Schröder/*Perron* StGB § 264 a Rn. 1; *Weber* NStZ 1986, 481 (486).
15 *Grotherr* DB 1986, 2584.
16 Zur Rechtsfigur des abstrakten Gefährdungsdelikts siehe *Fischer* StGB Vor § 13 Rn. 19; Schönke/Schröder/*Heine/Bosch* StGB Vor §§ 306 Rn. 4 ff.
17 *Achenbach* NJW 1986, 1835 (1839); MüKoStGB/*Ceffinato* StGB § 264 a Rn. 11; *Fischer* StGB § 264 a Rn. 3; *Otto* Jura 1989, 24 (31); Schönke/Schröder/*Perron* StGB § 264 a Rn. 1; *Schröder* KapitalmarktStrR Rn. 11; *ders.* NStZ 1998, 552; *Weber* NStZ 1986, 481 (485); kritisch dazu *Schlüchter* 2. WiKG S. 162. AA SK-StGB/*Hoyer* StGB § 264 a Rn. 11, der in § 264 a StGB ein abstrakt-konkretes Vermögensgefährdungsdelikt sieht.
18 BGH 20.9.2000 – 3 StR 88/00, wistra 2001, 57 (58) mwN.
19 *Fischer* StGB § 264 a Rn. 3.
20 *Schröder* KapitalmarktStrR Rn. 11.
21 Achenbach/Ransiek/Rönnau/*Joecks* 10. Teil Kap. 1 Rn. 4.
22 Vgl. BT-Drs. 10/318, 22.
23 SK-StGB/*Hoyer* StGB § 264 a Rn. 13.

beziehen, die im Zusammenhang mit dem Absatz bestimmter Kapitalanlagen erheblich sind.[24]

4. Praktische Bedeutung der Vorschrift

6 Die kriminalpolitische Relevanz des § 264 a StGB wird überwiegend als gering eingeschätzt.[25] Der Grund hierfür liegt in den wenigen Fällen, die in der Strafverfolgungsstatistik jährlich erfasst werden. Für das Jahr 2014 weist diese zwanzig abgeurteilte Fälle und dreizehn Verurteilungen wegen Kapitalanlagebetruges aus.[26] Gemessen an der praktischen Bedeutung etwa des Betrugstatbestandes kommt § 264 a StGB damit nur selten zur Anwendung. Dies mag ua daran liegen, dass findige Täter sich durch sorgfältige Abfassung des Prospektmaterials weitgehend auf die Gesetzeslage eingestellt haben.[27] Allerdings kann die geringe Zahl von Verurteilungen wegen Kapitalanlagebetruges nicht darüber hinwegtäuschen, dass dieser Straftatbestand in zahlreichen Ermittlungsverfahren – vor allem wegen seiner „Aufgreiffunktion"[28] – durchaus eine gewichtige Rolle spielt. Häufig tritt er jedoch im Rahmen der Verurteilung nicht mehr in Erscheinung, weil er im Verhältnis zu schwereren Delikten zurücktritt oder eine Einstellung nach den §§ 154, 154 a StPO erfolgte. Auch die im Vergleich zum Betrug geringe Anzahl von registrierten (Ermittlungs-)Fällen in der jährlich erscheinenden Polizeilichen Kriminalstatistik wird den tatsächlichen Verhältnissen nicht gerecht, weil die statistische Erfassung häufig nicht korrekt erfolgt und als verfahrensgegenständliches Delikt statt des § 264 a StGB regelmäßig der Betrug gem. § 263 StGB vermerkt wird bzw. der Kapitalanlagebetrug in der nebulösen Formulierung „§ 263 StGB ua" verloren geht.[29]

5. Der typische Anwendungsfall

7 Beispiel: (angelehnt an BGH 6.10.1980 – II ZR 60/80, NJW 1981, 1449 ff.)

Der Geschäftszweck der X-KG ist darauf gerichtet, Grundstücke auf der spanischen Insel Gran Canaria zu planen, zu bebauen und zu verwalten. Auf einigen

---

24 SK-StGB/*Hoyer* StGB § 264 a Rn. 13.
25 Vgl. *Fischer* StGB § 264 a Rn. 2 a; *Hefendehl* wistra 2019, 1, (3 f.); Achenbach/Ransiek/Rönnau/*Joecks* 10. Teil Kap. 1 Rn. 5, 6; Lackner/Kühl/*Heger* StGB § 264 a Rn. 2; BeckOK StGB/*Momsen* StGB § 264 a Rn. 4; *Schönborn* Kapitalanlagebetrug S. 81; LK/*Tiedemann/Vogel* StGB § 264 a Rn. 8 mwN; praktische Bedeutung wird der Vorschrift dagegen im Rahmen der zivilrechtlichen Prospekthaftung attestiert, siehe NK-StGB/*Hellman* StGB § 264 a Rn. 5; LK/*Tiedemann/Vogel* StGB § 264 a Rn. 16. § 264 a StGB stellt nach st. Rspr. des BGH – s. nur BGH 24.6.2014 – VI ZR 560/13, NZG 2014, 949 (950) – ein Schutzgesetz iSd § 823 Abs. 2 BGB dar und vermag dergestalt einen zivilrechtlichen Schadensersatzanspruch des einzelnen Anlegers zu begründen. Mit der Erweiterung der Prospektpflicht nach dem WpPG und dem VermAnlG sowie der Verlängerung der prospektrechtlichen Verjährungsfrist dürfte die zivilrechtliche Bedeutung von § 264 a StGB, nicht zuletzt wegen dessen Beschränkung auf vorsätzliche Täuschungshandlungen, jedoch zwischenzeitlich entfallen sein, vgl. Assmann/Schütze/*Worms* § 11 Rn. 5, 65.
26 Strafverfolgungsstatistik für das Bundesgebiet des Statistischen Bundesamtes, abrufbar unter www.destatis.de/DE/Publikationen/Thematisch/Rechtspflege/StrafverfolgungVollzug/Strafverfolgung2100300147004.pdf?__blob=publicationFile (25.4.2016).
27 *Park* JuS 2007, 621 (622).
28 Die Schwelle des Anfangsverdachts als Voraussetzung für die Aufnahme von strafrechtlichen Ermittlungen und die Durchführung von Durchsuchungsmaßnahmen liegt hier deutlich niedriger als etwa bei § 263 StGB, vgl. SSW-StGB/*Bosch* StGB § 264 a Rn. 3.
29 Vgl. auch Achenbach/Ransiek/Rönnau/*Joecks* 10. Teil Kap. 1 Rn. 6.

Grundstücken sollen im Rahmen einer entstehenden „Urbanisation" zwei Hotels errichtet werden. Der Finanzbedarf von 20 Mio. EUR soll zur Hälfte mit Fremdkapital und zur Hälfte mit der Einlage von Kommanditisten gedeckt werden. Diese wirbt der Täter (T) auf dem Kapitalmarkt auf der Grundlage eines Emissionsprospekts. Hierin sind die Kosten für den Grundstückserwerb mit 2,5 Mio. EUR angesetzt, obwohl bereits bei der Herausgabe des Prospekts feststand, dass hierfür mehr als 4 Mio. EUR aufgebracht werden müssen. Außerdem fehlt in dem Prospekt die Angabe, dass der Komplementär der X-KG persönlich mit der Y-KG, einer Schwestergesellschaft der X-KG, verflochten ist, deren Geschäftszweck ebenfalls darin besteht, auf Gran Canaria Hotelbauten (in der Nachbarschaft der von der X-KG geplanten Hotels) zu errichten. Stattdessen vermitteln Inhalt und Art des Emissionsprospekts auch dem kritischen Leser den Eindruck, das von der X-KG zu verwirklichende Vorhaben sei planerisch und rechnerisch gesichert. Aufgrund des Prospekts gelingt es T, 170 Kommanditisten anzuwerben, die Einlagen von teilweise deutlich mehr als 50.000 EUR leisten. Nach Eintritt der X-KG in das Liquidationsstadium sind die Einlagen der Kommanditisten für diese verloren.

II. Die Voraussetzungen des Tatbestandes
1. Objektiver Tatbestand

Der Täter muss im Zusammenhang mit dem Vertrieb von Wertpapieren etc bzw. dem Angebot auf Einlagenerhöhung in Prospekten oder in Darstellungen oder Übersichten über den Vermögensstand gegenüber einem größeren Kreis von Personen über entscheidungserhebliche Umstände unrichtige vorteilhafte Angaben machen oder nachteilige Tatsachen verschweigen.

a) Tathandlung

Die Tathandlung besteht darin, dass unrichtige vorteilhafte Angaben gemacht oder nachteilige Tatsachen verschwiegen werden, die für die Anlageentscheidung erheblich sind.

aa) Unrichtige vorteilhafte Angaben

Durch positives Tun macht sich gemäß § 264 a Abs. 1 Nr. 1 Alt. 1 StGB strafbar, wer **unrichtige vorteilhafte Angaben** iSd Tatbestandes **macht**. Der Begriff der **Angaben** stimmt mit dem in § 265 b StGB sowie in § 20 a Abs. 1 Nr. 1 WpHG überein.[30] Er umfasst alle ausdrücklichen oder konkludenten Aussagen über das Vorliegen oder Nichtvorliegen eines bestimmten Sachverhaltes. Dabei können sich die Angaben nicht nur auf Tatsachen iSd § 263 StGB, sondern auch auf tatsachengestützte Werturteile, Prognosen, Berechnungen usw beziehen.[31] Dem Begriff der Angaben unterfallen damit beispielsweise wertende Aussagen über die (zukünftige) wirtschaftliche Entwicklung eines Unternehmens, wobei auch Versprechen „ins Blaue hinein" grundsätzlich in den An-

---

30 Schönke/Schröder/*Perron* StGB § 264 a Rn. 24.
31 OLG Hamm 10.12.2015 – 34 U 87/15, BeckRS 2016, 00924; Achenbach/Ransiek/Rönnau/*Joecks* Teil 10 Kap.1 Rn. 37 f.; Lackner/Kühl/*Heger* StGB § 264 a Rn. 12; BeckOK StGB/*Momsen* § 264 a Rn. 12; *Park* BB 2001, 2069 (2074); *Schröder* KapitalmarktStrR Rn. 39; MüKoStGB/*Ceffinato* § 264 a Rn. 37; Assmann/Schütze/*Worms* § 11 Rn. 34; einschränkend Schönke/Schröder/*Perron* StGB § 264 a Rn. 24; aA NK-StGB/*Hellmann* StGB § 264 a Rn. 32 f.; SK-StGB/*Hoyer* § 264 a Rn. 15 ff.

wendungsbereich des § 264 a StGB fallen.[32] Einzig reine Werturteile, denen erkennbar kein Anspruch auf spezifische Sachkunde zugrunde liegt, und Angaben ohne jeglichen Tatsachenkern sind aus dem Tatbestand auszuscheiden.[33]

Tatbestandsmäßig sind nur vorteilhafte Angaben; abwertende Angaben zum Anlageangebot oder Boykottaufrufe sind nicht erfasst.[34] **Vorteilhaft** sind Angaben, die nach dem Maßstab und Urteil eines verständigen durchschnittlichen Anlegers geeignet sind, die konkreten Aussichten für eine positive Anlageentscheidung zu verbessern.[35] Abzustellen ist dabei immer auf die (objektivierte) Sicht der Anleger.[36] Die Angaben müssen sich, um vorteilhaft zu sein, auf die Werthaltigkeit der Anlage beziehen und diese in einem günstigeren Licht erscheinen lassen.[37]

Für die **Unrichtigkeit** der Tatsachenangaben kommt es entscheidend auf den objektiven Widerspruch zwischen dem Inhalt der Angabe und dem tatsächlichen Sachverhalt an.[38] Nicht erfasst sind deshalb Tatsachenbehauptungen, die lediglich schwer verständlich oder irreführend sind.[39] Eine Unrichtigkeit von Prognosen, Urteilen oder Berechnungen ist dann anzunehmen, wenn die der Beurteilung zugrunde liegenden Tatsachen nicht zutreffen.[40] Denn bei Prognosen etc darf der Anleger darauf vertrauen, dass es sich bei den Angaben nicht um reine Mutmaßungen handelt, sondern um sorgfältig analysierte Schlussfolgerungen aus nachweisbaren Feststellungen und Tatsachen.[41] Allerdings kann allein daraus, dass Prognose und spätere Entwicklung nicht übereinstimmen, nicht darauf geschlossen werden, es habe an eben dieser gewissenhaften Analyse der Tatsachengrundlage gefehlt.[42]

Das Delikt ist bereits **vollendet**, wenn der Täter die unrichtigen Angaben gemacht hat.[43] Der Täter „macht" Angaben dadurch, dass er sie einem größeren Personenkreis zugänglich macht.[44] Dafür ist nicht die tatsächliche Kenntnisnahme, sondern das Bestehen einer bloßen Kenntnisnahmemöglichkeit entscheidend.[45] Es bedarf weder der Täuschung eines individuellen Anlegers noch

---

32 MüKoStGB/*Ceffinato* StGB § 264 a Rn. 37; Assmann/Schütze/*Worms* § 11 Rn. 34.
33 OLG Hamm 10.12.2015 – 34 U 87/15, BeckRS 2016, 00924; MüKoStGB/*Ceffinato* StGB § 264 a Rn. 54; noch weitergehend wohl Assmann/Schütze/*Worms* § 11 Rn. 34, dem zufolge „sich bei § 264 a StGB (…) die (…) Suche nach hinter dem Werturteil stehenden Tatsachen oder einem entsprechenden Tatsachenkern" erübrige.
34 BT-Drs. 10/318, 24; *Fischer* StGB § 264 a Rn. 14.
35 OLG Hamm 10.12.2015 – 34 U 87/15, BeckRS 2016, 00924; Lackner/Kühl/*Heger* StGB § 264 a Rn. 12; MüKoStGB/*Ceffinato* StGB § 264 a Rn. 63.
36 Schönke/Schröder/*Perron* StGB § 264 a Rn. 25.
37 MüKoStGB/*Ceffinato* StGB § 264 a Rn. 46; *Schröder* KapitalmarktStrR Rn. 46; Assmann/Schütze/*Worms* § 11 Rn. 37.
38 Vgl. BT-Drs. 10/318, 24, wonach eine Angabe „unrichtig ist (…), wenn mit ihr nicht vorhandene Umstände als vorhanden oder vorhandene Umstände als nicht vorhanden bezeichnet werden"; OLG Hamm 10.12.2015 – 34 U 87/15, BeckRS 2016, 00924; *Cerny* MDR 1987, 271 (276); *Schröder*, Aktienhandel S. 6 f.; *Schröder* KapitalmarktStrR Rn. 41.
39 OLG Hamm 10.12.2015 – 34 U 87/15, BeckRS 2016, 00924.
40 MüKoStGB/*Ceffinato* StGB § 264 a Rn. 42.
41 MüKoStGB/*Ceffinato* StGB § 264 a Rn. 41; *Schröder* KapitalmarktStrR Rn. 44.
42 LK/*Tiedemann*/*Vogel* StGB § 264 a Rn. 78..
43 *Park* BB 2001, 2069 (2074).
44 SK/*Hoyer* StGB § 264 a Rn. 17; LK/*Tiedemann*/*Vogel* StGB § 264 a Rn. 84.
45 SK/*Hoyer* StGB § 264 a Rn. 17; LK/*Tiedemann*/*Vogel* StGB § 264 a Rn. 84.

einer Irrtumserregung; auch ein Schadenseintritt ist nicht erforderlich.[46] Unschädlich ist es zudem, wenn die bei Tatbegehung unrichtigen Angaben im Vorfeld bereits einem größeren Personenkreis zugänglich gemacht worden sind und zu dieser Zeit noch richtig waren. Die Verwirklichung des Tatbestands wird durch ein solches Vorverhalten nicht ausgeschlossen.[47]

bb) Verschweigen nachteiliger Tatsachen

Nach § 264 a Abs. 1 Nr. 1 Alt. 2 StGB macht sich strafbar, wer **nachteilige Tatsachen verschweigt**. Die dogmatische Einordnung dieser Tatbestandsalternative ist umstritten. Nach zutreffender und wohl noch hM handelt es sich hierbei um ein echtes Unterlassungsdelikt,[48] das dem Täter unabhängig von außerstrafrechtlichen Offenbarungs- und Mitteilungspflichten eine tatbestandliche Aufklärungspflicht auferlegt.[49] **Nachteilig** sind Tatsachen, wenn sie geeignet sind, die Entscheidung für den Erwerb der Kapitalanlage negativ zu beeinflussen, also bei ihrer wahrheitsgemäßen Offenbarung den Anleger vom Beitritt abhalten könnten oder sogar abhalten würden.[50] Dabei muss die Tatsache aus einer objektiven Ex-ante-Sicht geeignet sein, die jeweilige Anlageentscheidung negativ zu beeinflussen.[51]

11

Im Gegensatz zur Tatbestandsverwirklichung durch positives Tun gilt beim Unterlassen der enge Tatsachenbegriff des § 263 StGB, so dass Werturteile, Prognosen, mögliche Rechtsfolgen und zukünftige Umstände von dieser Begehungsalternative nicht erfasst werden.[52] Mitzuteilende Tatsachen sind vor allem solche zum aktuellen Vermögenswert des Anlageobjekts sowie Umstände, die das Verhältnis von Risiko und Chance betreffen, wie zB der Umstand, dass das aufzubringende Kapital zu wesentlichen Teilen an den Initiator zurückfließt und für die erworbene Investition gar nicht zur Verfügung steht.[53] Darüber hinaus müssen unter Umständen Vorstrafen der Unternehmensgründer, Initiatoren und derjenigen, die hinter dem Unternehmen stehen und auf das Geschäftsgebaren oder die Gestaltung des konkreten Anlagemodells Einfluss ausüben, angegeben werden. Zwar sind die Einzelheiten hinsichtlich der anzugebenden Vorstrafen bislang ungeklärt, aber die Angaben sind jedenfalls dann entbehrlich, wenn die strafrechtlichen Verurteilungen sämtlich nicht einschlägig sind und der Betroffene zudem in einem langfristig zu bemessenden Zeitraum vor der Prospektgestaltung und -veröffentlichung zu einem im Einklang

---

46 *Fischer* StGB § 264 a Rn. 3.
47 BGH 22.12.2015 – VI ZR 101/14, BeckRS 2016, 02992; BGH 24.6.2014 – VI ZR 560/13, wistra 2014, 450 (452); jew mwN.
48 So SSW-StGB/*Bosch* StGB § 264 a Rn. 16; Lackner/Kühl/*Heger* StGB § 264 a Rn. 12; BeckOK StGB/*Momsen* StGB § 264 a Rn. 13; Schönke/Schröder/*Perron* StGB § 264 a Rn. 27; Assmann/Schütze/*Worms* StGB § 264 a Rn. 38. Offen gelassen bei MüKoStGB/*Ceffinato* StGB § 264 a Rn. 47; *Fischer* StGB § 264 a Rn. 15; LK/*Tiedemann/Vogel* StGB § 264 a Rn. 85; aA SK-StGB/*Hoyer* StGB § 264 a Rn. 14; der aufgrund einer Gesamtbetrachtung des unter Strafe gestellten Verhaltens die zweite Tatbestandsalternative als konkludente Täuschung durch aktives Tun begreift.
49 BT-Drs. 10/318, 24 f.; Schönke/Schröder/*Perron* StGB § 264 a Rn. 28 f.
50 *Schröder* Aktienhandel S. 15 mwN; *ders.* KapitalmarktStrR Rn. 48.
51 Vgl. MüKoStGB/*Ceffinato* StGB § 264 a Rn. 49.
52 BGH 8.1.2013 – VI ZR 386/11, NZG 2013, 436 (437 f.); *Fischer* StGB § 264 a Rn. 15; *Park* BB 2001, 2069 (2074); *Schröder* Aktienhandel S. 15.
53 *Fischer* StGB § 264 a Rn. 15.

mit der Rechtsordnung stehenden Leben zurückgefunden hat.[54] Darüber hinaus sollte sich die Unterrichtungspflicht grundsätzlich nur auf einschlägige Vorstrafen erstrecken. Auch im Hinblick auf die persönliche Zuverlässigkeit derjenigen, die auf das Geschäftsgebaren oder die Gestaltung des Anlagemodells entscheidenden Einfluss ausüben, ist es für Anleger nicht von wesentlicher Bedeutung, ob beispielsweise bereits eine Vorverurteilung wegen Beleidigung vorliegt. Eine solche Offenbarungspflicht würde außer Verhältnis zu den Persönlichkeitsrechten des Mitteilungspflichtigen stehen. Andererseits ist das Verschweigen zB dann tatbestandsmäßig, wenn der Prospekt über ein Beteiligungsangebot einer Fondsgesellschaft, der für den Beitrittsinteressenten im Allgemeinen die einzige Unterrichtungsmöglichkeit darstellt, keine Angaben über eine Vielzahl von – zum Teil einschlägiger Vorstrafen wie Betrug – enthält.[55] Da allerdings eine umfassende, auf alle denkbaren Informationsrisiken und Defizite ausgerichtete Informationspflicht, die zB auch eine Einführung in handels-, gesellschafts- und steuerrechtliche Grundlagen der Kapitalanlage erfordern würde, einen Prospektumfang bedingen würde, der im Hinblick auf eine sinnvolle Anlegerinformation kontraproduktiv wäre, weist *Joecks* zutreffend darauf hin, dass insofern eine sachgerechte Begrenzung der mitteilungsbedürftigen Tatsachen erfolgen muss.[56] Da § 264 a StGB eine rechtsformunabhängige Regelung enthält, lassen sich keine für alle möglichen Anlageobjekte verbindlichen Aussagen dazu treffen, welche konkreten Tatsachen jeweils der Mitteilungspflicht unterliegen. Dieses muss der Einzelfallbeurteilung überlassen bleiben. Eine ins Einzelne gehende und individuelle Besonderheiten berücksichtigende „Anlageberatung" kann in Prospekten etc jedenfalls nicht erwartet werden.[57]

12 Werden in Prospekten etc unvollständige Angaben gemacht und wird dabei konkludent der Anschein einer vollständigen Erklärung erweckt, liegt bereits eine Täuschung durch aktives Tun im Sinne von § 264 a Abs. 1 Nr. 1 Alt. 1 StGB vor.[58]

cc) Erheblichkeit

13 Die Angaben oder das Verschweigen müssen sich auf Umstände beziehen, die für die Anlageentscheidung *erheblich* sind. Das Erheblichkeitserfordernis bezieht sich nicht auf die Bewertungserheblichkeit in Bezug auf die Anlageobjekte, sondern auf die Erheblichkeit für die Entscheidung des Anlegers.[59] Die Erheblichkeit soll in Anlehnung an die zivilrechtliche Rspr. und Lit. zur Prospekt-

---

54 KG 1.6.2011 – 19 U 90/11, wistra 2011, 358 ff.
55 Vgl. KG 1.6.2011 – 19 U 90/11, wistra 2011, 358 ff.
56 Achenbach/Ransiek/Rönnau/*Joecks* 10. Teil Kap.1 Rn. 50.
57 *Fischer* StGB § 264 a Rn. 15.
58 SSW-StGB/*Bosch* StGB § 264 a Rn. 16 demzufolge „die zweite Alternative (deshalb) eher klarstellende Bedeutung hinsichtlich des Tatsachenerfordernisses" habe; vgl. auch *Schröder* KapitalmarktStrR Rn. 50, der die praktische Relevanz der „Unterlassensalternative" vor diesem Hintergrund anzweifelt; anders dagegen Schönke/Schröder/*Perron* StGB § 264 a Rn. 24 nach dessen Dafürhalten „die Aufstellung unvollständiger Angaben (...) dem Verschweigen von Tatsachen (unterfällt) und (...) vom Tatbestand erfasst (wird), wenn der verschwiegene tatsächliche Umstand nachteilig ist".
59 So bereits *Park* BB 2001, 2069 (2075) zu § 88 BörsG aF.

haftung[60] sowie eine zu § 265 b StGB ergangene BGH-Entscheidung[61] zu bejahen sein, wenn die Angaben oder das Verschweigen nach dem Maßstab eines verständigen, durchschnittlich vorsichtigen Anlegers Einfluss auf Wert, Chancen und Risiken der Kapitalanlage haben.[62] Dieser Definition folgt nun auch der BGH ausdrücklich zu § 264 a StGB.[63] Da Prospektangaben schon ihrer Funktion nach niemals auf Vollständigkeit angelegt sein könnten, sei die Offenbarungspflicht aber jedenfalls auf diejenigen wertbildenden Umstände zu beschränken, die nach den Erwartungen des Kapitalmarkts für die Anleger bei ihrer Investitionsentscheidung von Bedeutung seien.[64]

Völlig zu Recht wird in der Literatur jedoch darauf hingewiesen, dass die Übertragbarkeit dieser Definition auf § 264 a StGB nicht unproblematisch ist: Im Gegensatz zu § 265 b StGB, bei dem es lediglich um einen einzigen Geschäftstyp – das Kreditgeschäft – geht und die Erheblichkeit des Umstandes nach Bonitätsgesichtspunkten zu beurteilen ist, kann aus Sicht des Anbieters ein hinreichend *konkreter* Geschäftszweck des potenziellen Anlegers in aller Regel gar nicht beurteilt werden.[65] Soweit teilweise in der Praxis von Wirtschaftsprüfern diverse Prüfungskataloge und Checklisten über den Mindest-Prospektinhalt an zutreffend zu nennenden Fakten verwendet werden,[66] bilden diese in strafrechtlicher Hinsicht keine ausreichende Beurteilungsgrundlage, weil sie nicht unter dem Gesichtspunkt strafrechtlicher Haftung aufgestellt wurden.[67] Sie können allenfalls als Indizien herangezogen werden.[68] Im Einzelfall ist hingegen vielmehr unter Berücksichtigung der Gesamtumstände auf Art und Inhalt der jeweiligen Kapitalanlage abzustellen.[69] Darüber hinaus führt das Merkmal des *vorsichtigen* Kapitalanlegers gerade im Bereich des strukturell risikobehafteten Grauen Kapitalmarkts zu einer Ausweitung der Strafbarkeit.[70] Diese Ausweitungstendenz zeigt sich etwa im Fall des OLG München.[71] Dort erkannte das Gericht die Pflicht an, im Prospekt anzugeben, ob gegen die Verantwortlichen ein strafrechtliches Ermittlungsverfahren laufe. Das gelte jedenfalls, wenn es gegen die Verantwortlichen des Unternehmens bereits grundrechtsrelevante Ermittlungsmaßnahmen gegeben habe, die Auswirkungen auf die Handlungsfähigkeit des Unternehmens haben können. In einer die Pflichten des Anlageberaters betreffenden Entscheidung geht der Bundesgerichtshof so weit, den Anlageberater zu verpflichten, die bloße Existenz eines Ermittlungsverfahrens gegen Fondsverantwortliche offenzulegen, sofern es sich nicht

---

60 Vgl. BT-Drs. 10/5058, 31.
61 BGH 8.12.1981 – 1 StR 706/81, NJW 1981, 775 (776).
62 Lackner/Kühl/*Heger* StGB § 264 a Rn. 13.
63 BGH 12.5.2005 – 5 StR 283/04, NJW 2005, 2242 (2244); NStZ 2005, 568 (568); JR 2006, 248 (249).
64 BGH 12.5.2005 – 5 StR 283/04, NJW 2005, 2242 (2244); NStZ 2005, 568 (568); JR 2006, 248 (249); ähnlich *Schröder* KapitalmarktStrR Rn. 51–57.
65 Schönke/Schröder/*Perron* StGB § 264 a Rn. 32; *Fischer* StGB § 264 a Rn. 16.
66 Vgl. die Nachweise bei *Joecks* wistra 1986, 142 (145 Fn. 46).
67 *Cerny* MDR 1987, 271 (277); *Gallandi* wistra 1987, 316 (317); Schönke/Schröder/*Perron* StGB § 264 a Rn. 31.
68 *Joecks* wistra 1986, 142 (147); im Ergebnis auch Lackner/Kühl/*Heger* StGB § 264 a Rn. 13.
69 *Park* BB 2001, 2069 (2075).
70 *Ziemann* Anm. zu BGH 12.5.2005 – 5 StR 283/04, JR 2006, 248 (251).
71 OLG München 18.12.2006 – 21 U 4148/06, ZIP 2007, 1320.

um von vornherein substanzlose Vorwürfe handele.[72] Diese Ausweitungstendenz verdient Kritik. Das Interesse des potenziellen Anlegers an umfassender Information über vertrauensbegründende Umstände in der Person des Emittenten steht zwar im Mittelpunkt der zivilrechtlichen Betrachtung. Gleichwohl darf der Grundrechtsschutz des Emittenten nicht vollends außer Acht gelassen werden. Durch die weitgehende Offenbarungspflicht wird in dessen Grundrecht gem. Art. 12 GG eingegriffen, denn offensichtlich schwinden die Chancen, eine Geldanlage erfolgreich zu vertreiben, mit der Aufnahme eines laufenden Ermittlungsverfahrens gegen Verantwortliche des Emittenten. Angesichts der geringen Schwelle für einen Anfangsverdacht („zureichende tatsächliche Anhaltspunkte", vgl. §§ 152 Abs. 2, 160 Abs. 1 StPO) stellt sich daher die Frage, ob aus Sicht eines vernünftigen Anlegers, dessen Vorstellungsbild sich wohl im Einklang mit geltendem Recht befindet und der daher auch die Unschuldsvermutung kennt, die bloße Existenz eines Ermittlungsverfahrens geeignet ist, die Vertrauenswürdigkeit des Emittenten infrage zu stellen. Dies erkennt der BGH selbst an, wenn er eine Ausnahme von der Aufklärungspflicht machen will, sofern es sich um „von vornherein erkennbar substanzlose Vorwürfe" handele. Einigkeit herrscht darüber, dass Irreführungen hinsichtlich belangloser Umstände die Strafbarkeit nicht begründen können.[73] Maßgeblich ist insoweit die Erkenntnis, dass der Kapitalmarkt nicht vor jeder unwahren Angabe zu schützen ist, sondern nur vor unwahren Angaben, die die Werthaltigkeit der jeweiligen Anlage sowie den Profit des durchschnittlichen verständigen Anlegers im Einzelfall tangieren können.[74]

14 Obwohl zwischen den Merkmalen vorteilhaft, nachteilig und erheblich ein enger innerer Zusammenhang mit wechselseitigen Abhängigkeiten besteht, kann die Erheblichkeit verschwiegener nachteiliger Tatsachen nicht durch das gleichzeitige Verschweigen zutreffender vorteilhafter Angaben beseitigt werden; eine derartige Kompensation ist unzulässig.[75]

b) Adressatenkreis

15 Tatbestandsmäßig sind unrichtige vorteilhafte bzw. verschwiegene nachteilige Tatsachen nur, wenn sie **gegenüber einem größeren Kreis von Personen** erklärt werden. Das Merkmal dient der Abgrenzung zur nicht tatbestandsmäßigen Individualtäuschung.[76] Unter einem größeren Personenkreis ist daher eine mindestens so große Zahl potenzieller Anleger zu verstehen, dass deren Individualität gegenüber dem sie verbindenden potenziell gleichen Interesse an der Kapitalanlage zurücktritt.[77] Gemeinsame Gruppenmerkmale, etwa die Zugehörigkeit zu einer Berufsgruppe, sind nicht erforderlich.[78] Ohne Bedeutung ist auch, ob die Adressaten tatsächlich an der Kapitalanlage interessiert sind oder

---

72 BGH 10.11.2011 – III ZR 81/11, NJW-RR 2012, 283 (284).
73 *Cerny* MDR 1987, 271 (277); *Ziemann* Anm. zu BGH 12.5.2005 – 5 StR 283/04, JR 2006, 248 (252).
74 Vgl. Achenbach/Ransiek/Rönnau/*Joecks* 10. Teil Kap. 1 Rn. 61.
75 *Park* BB 2001, 2069 (2075) mwN.
76 MüKoStGB/*Ceffinato* StGB § 264 a Rn. 69.
77 BT-Drs. 10/318, 23; BGH 22.12.2015 – VI ZR 101/14, BeckRS 2016, 02992; BGH 24.6.2014 – VI ZR 560/13, wistra 2014, 450 (451); Lackner/Kühl/*Heger* StGB § 264 a Rn. 11; *Park* BB 2001, 2069 (2075); MüKoStGB/*Ceffinato* StGB § 264 a Rn. 70.
78 BT-Drs. 10/318, 23; *Fischer* StGB § 264 a Rn. 17.

nicht.[79] Werden Angaben öffentlich gemacht, dh gegenüber einem unbestimmten Personenkreis, ist dieses Merkmal stets erfüllt.[80] Das Tatbestandserfordernis der Angaben gegenüber einem größeren Personenkreis bedeutet in der Konsequenz, dass individuelle Anlageberatung, wie etwa durch sog Telefonverkäufer oder Anlageberater im Rahmen eines individuellen Gesprächs, aus dem Anwendungsbereich der Vorschrift ausscheidet.[81] Erfasst sind zB das Auslegen von Werbematerial in allgemein zugänglichen Räumen, das systematische Werben von Haus zu Haus, die massenweise Versendung von E-Mails mit Angeboten oder das gezielte Ansprechen von vielen Personen, die aus Telefon- oder Adressverzeichnissen herausgesucht werden.[82] Im Grenzfall, in dem nur einige wenige Anleger angesprochen werden, ist § 264 a StGB jedenfalls nicht anwendbar, wenn den möglichen Anlegern speziell auf sie zugeschnittene, also maßgeschneiderte Angebote gemacht werden.[83]

Bei der Kapitalsammelmaßnahme nach Abs. 1 Nr. 2 führt die Tatbestandseinschränkung dazu, dass der Straftatbestand nur bei Publikumsgesellschaften Relevanz erlangt, weil Ansprechpartner auf der Anlegerseite nur die bisherigen Anteilseigner sein können.[84]   16

c) Die geschützten Anlageobjekte

Die Tathandlung muss im Zusammenhang mit bestimmten Bezugsobjekten vorgenommen werden. Unstreitig wird der Vertrieb von Vermögensanlagen in physischer Ware, also von Edelmetallen, Edelsteinen oder Rohstoffen, von der Norm nicht erfasst.[85] Die Vorschrift trifft in Abs. 1 und 2 eine Unterscheidung nach Anlageobjekten.   17

aa) Abs. 1 Nr. 1: Wertpapiere, Bezugsrechte sowie Anteile an Ergebnisbeteiligungen

§ 264 a Abs. 1 Nr. 1 StGB nennt als **geschützte Anlageobjekte** Wertpapiere, Bezugsrechte sowie Anteile, die eine Beteiligung an dem Ergebnis eines Unternehmens gewährleisten sollen.   18

Wertpapiere sind nach herkömmlicher zivilrechtlicher Definition Urkunden, in denen ein privates Recht derart verbrieft ist, dass zur Ausübung des Rechts die Innehabung der Urkunde erforderlich ist, wie zB Aktien, Schuldverschreibungen, Industrieobligationen oder Investmentzertifikate.[86] Zu den Wertpapieren gehören auch die Anleihen ausländischer Emittenten, soweit sie in Deutschland vertrieben werden.[87] Da nach dem Schutzzweck des § 264 a StGB jedoch nur sog Kapitalmarktpapiere dem Anwendungsbereich der Vorschrift unterfallen, nicht hingegen Wertpapiere des Zahlungsverkehrs und des Güterumlaufs   19

---

79 LK/*Tiedemann*/*Vogel* StGB § 264 a Rn. 65.
80 Vgl. LK/*Tiedemann*/*Vogel* StGB § 264 a Rn. 66.
81 MüKoStGB/*Wohlers*/*Ceffinato* StGB § 264 a Rn. 69; *Park* BB 2001, 2069 (2075); *Schlüchter* 2. WiKG S. 157.
82 MüKoStGB/*Ceffinato* StGB § 264 a Rn. 70; Schönke/Schröder/*Perron* StGB § 264 a Rn. 33; *Schlüchter* 2. WiKG S. 160.
83 MüKoStGB/*Ceffinato* StGB § 264 a Rn. 70.
84 *Möhrenschlager* wistra 1982, 201 (206); Schönke/Schröder/*Perron* StGB § 264 a Rn. 33; *Schmidt-Lademann* WM 1986, 1241 (1243).
85 MüKoStGB/*Ceffinato* StGB § 264 a Rn. 16.
86 *Möhrenschlager* wistra 1982, 201 (206); SK-StGB/*Hoyer* StGB § 264 a Rn. 28.
87 Schönke/Schröder/*Perron* StGB § 264 a Rn. 6.

wie insbes. Scheck und Wechsel,[88] kann der „klassische" Wertpapierbegriff lediglich Anhaltspunkte für die Auslegung des § 264 a StGB liefern. Dessen Wertpapierbegriff ist vielmehr wie folgt eigenständig zu bestimmen: **Wertpapiere iSd § 264 a StGB** sind Urkunden über Rechte, die der Kapitalanlage (und Kapitalschöpfung durch den Emittenten) dienen und bei massenhafter Ausgabe und Vertretbarkeit handelbar (umlauffähig), insbesondere mit Gutglaubensschutz versehen und nicht bloße Beweisurkunden sind.[89] Dazu gehören ua auch Inhaberaktien, Rentenpapiere, Wandelanleihen, Schatzanweisungen, Genussscheine, Zinsscheine und Dividendenscheine.[90] Keine Wertpapiere iSd § 264 a StGB sind hingegen Urkunden über Beteiligungen an geschlossenen Immobilienfonds und an Lebensversicherungen.[91] Derartige Beteiligungen können allerdings Anteile iSd Abs. 1 Nr. 1 darstellen[92] oder – bei Bestehen eines Treuhandverhältnisses – unter Abs. 2 fallen.[93] Rektapapiere, die auf Namen lauten und nur durch Abtretung der Forderung übertragen werden können, wie Hypotheken- und Grundschuldbriefe, Schiffspfandbriefe, Namensschuldverschreibungen, unterfallen nach zutreffender Ansicht nicht dem Wertpapierbegriff des § 264 a Abs. 1 Nr. 1 StGB, wenn und soweit sie nicht massenhaft gehandelt werden.[94]

20 Unter einem **Bezugsrecht** versteht man etwa das dem Aktionär zustehende Recht, bei einer Kapitalerhöhung einen seinem Anteil am Grundkapital entsprechenden Teil der neuen Aktien zu beziehen.[95] Aus der Systematik des § 264 a StGB ergibt sich, dass mit Bezugsrechten iSd Tatbestandes ausschließlich unverbriefte Rechte gemeint sind, die über ihren schlichten Forderungscharakter hinaus kraft eines Einsatzes von Kapital eine Art Stammrecht verkörpern, aus dem sich ein Recht auf den Bezug von Leistungen ableitet.[96] Denn durch die besondere Erwähnung der Bezugsrechte im Gesetzestext soll insbesondere im Verhältnis zu den Wertpapieren sichergestellt werden, dass die Vorschrift auch anwendbar ist, wenn diese Rechte nicht verbrieft sind, sie also unverbrieft vertrieben werden.[97] Beispiele für derartige Bezugsrechte sind etwa das Gewinnbezugsrecht des GmbH-Gesellschafters (§ 29 GmbHG), das Recht der Aktionäre einer AG auf Bezug neuer Gesellschaftsanteile nach § 186 Abs. 1 AktG oder auch Wandel- und Gewinnschuldverschreibungen nach § 221 Abs. 1 AktG.[98]

21 **Anteile, die eine Beteiligung an einem Unternehmen gewähren,** sollen in erster Linie Gesellschaftsanteile an einem Unternehmen erfassen.[99] Die amtliche Begründung meint solche Beteiligungen, bei denen der Anleger entweder selbst

---

88 *Fischer* StGB § 264 a Rn. 6; LK/*Tiedemann*/*Vogel* StGB § 264 a Rn. 40, 42.
89 LK/*Tiedemann*/*Vogel* StGB § 264 a Rn. 40.
90 LK/*Tiedemann*/*Vogel* StGB § 264 a Rn. 41.
91 *Fischer* StGB § 264 a Rn. 6; *Worms* Anlegerschutz S. 319 f.
92 *Cerny* MDR 1987, 271 (273); Schönke/Schröder/*Perron* StGB § 264 a Rn. 7.
93 Vgl. *Joecks* wistra 1986, 142 (144); Lackner/Kühl/*Heger* StGB § 264 a Rn. 4.
94 *Fischer* StGB § 264 a Rn. 6; LK/*Tiedemann*/*Vogel* StGB § 264 a Rn. 42; wohl auch *Knauth* NJW 1987, 28 (29); aA Schönke/Schröder/*Perron* StGB § 264 a Rn. 5; aA MüKoStGB/*Ceffinato* StGB § 264 a Rn. 20 ff.
95 *Joecks* Kapitalanlagebetrug S. 28; *Schröder* KapitalmarktStrR Rn. 19.
96 SK-StGB/*Hoyer* StGB § 264 a Rn. 29; LK/*Tiedemann*/*Vogel* StGB § 264 a Rn. 44.
97 *Möhrenschlager* wistra 1982, 201 (206); LK/*Tiedemann*/*Vogel* StGB § 264 a Rn. 27.
98 *Fischer* StGB § 264 a Rn. 7.
99 *Möhrenschlager* wistra 1982, 201 (205).

einen Geschäftsanteil an dem Unternehmen erwirbt oder in eine sonstige unmittelbare Rechtsbeziehung zum Unternehmen tritt, die ihm eine Beteiligung am Ergebnis dieses Unternehmens verschafft.[100] Es handelt sich dabei um Anteile an Personen- und Kapitalgesellschaften, häufig Kommanditanteile an den in der Rechtsform der KG gestalteten sog Abschreibungsgesellschaften.[101] Anteile an geschlossenen Immobilienfonds, also solchen, die nur einer begrenzten Anzahl von Anlegern offenstehen und der Finanzierung bestimmter Vorhaben dienen, gewähren ebenso eine Beteiligung an dem Ergebnis des Unternehmens.[102] Auch sonstige Beteiligungen an dem Ergebnis eines Unternehmens, wie etwa in Form von sog **partiarischen Darlehen** oder als sog **stiller Gesellschafter**, kommen als taugliche Bezugsobjekte in Betracht.[103] Der Anteil an einer Gesellschaft bürgerlichen Rechts (GbR) selbst gehört grundsätzlich ebenfalls dazu, wobei immer geprüft werden muss, ob die übrigen Voraussetzungen des § 264 a Abs. 1 Nr. 1 Alt. 3 StGB vorliegen. Der GbR-Anteil muss in einer Gesamtschau wie „eine Beteiligung an dem Ergebnis eines Unternehmens" erscheinen.[104] Soweit sich mehrere Personen zur gemeinsamen Erstellung einer Immobilie zusammenfinden, entsteht zivilrechtlich regelmäßig eine GbR, bei der jeder Gesellschafter steuerrechtlich als Bauherr gilt. Die Erfassung dieser Konstruktion durch § 264 a StGB ist jedoch nicht unproblematisch, da es um die Frage geht, ob es sich jeweils um ein Unternehmen im Sinne des § 264 a Abs. 1 Nr. 1 StGB handelt, an dem der Anleger einen Anteil erwirbt, der ihn am Unternehmensergebnis teilhaben lässt.[105] Sog **Bauherren-, Bauträger- und Erwerbermodelle** sind nach hM allenfalls vom Tatbestand erfasst, wenn die Kapitalanlage auch auf eine Beteiligung an dem Ergebnis des von dem Modell vorgesehenen Mietpools gerichtet ist.[106] Voraussetzung ist dann allerdings, dass der Mietpool als Außengesellschaft selbstständig als Vermieter auftritt, weil es ansonsten an einem Unternehmen fehlt; § 264 a StGB setzt jedoch die Beteiligung an dem Ergebnis eines *Unternehmens* voraus.[107]

Auf Warenterminoptionen findet die Vorschrift nach überwiegender Auffassung keine Anwendung, weil es sich dabei nicht um den Vertrieb von Wertpapieren, Bezugsrechten oder Anteilen handelt, die eine Beteiligung an dem Ergebnis eines Unternehmens gewähren sollen.[108] Dies wird teilweise auch damit begründet, dass es sich bei Optionsgeschäften nicht um eine Form der Kapitalanlage, sondern um lediglich kurzfristige wett- oder spielähnliche Spekulationsgeschäfte handele.[109] Dagegen wird eingewandt, gerade aufgrund der fließenden Grenzen zwischen Kapitalanlage- und Spekulationsgeschäften seien die Anleger in diesem Bereich besonders schutzwürdig, zumal auch der Wortlaut

22

---

100 *Schröder* KapitalmarktStrR Rn. 21.
101 Lackner/Kühl/*Heger* StGB § 264 a Rn. 3.
102 NK-StGB/*Hellmann* StGB § 264 a Rn. 22.
103 *Joecks* wistra 1986, 142 (144); *Möhrenschlager* wistra 1982, 201 (205); *Schröder* KapitalmarktStrR Rn. 24, 25; aA *Cerny* MDR 1987, 271 (274).
104 *Schröder* KapitalmarktStrR Rn. 22.
105 *Schröder* KapitalmarktStrR Rn. 22.
106 *Flanderka/Heydel* wistra 1990, 256 (258); *Richter* wistra 1987, 117 (118); LK/*Tiedemann/Vogel* StGB § 264 a Rn. 49.
107 *Flanderka/Heydel* wistra 1990, 256 (258); vgl. auch Teil 10 Kap. 1 Rn. 19.
108 Achenbach/Ransiek/Rönnau/*Joecks* 10. Teil Kap.1 Rn. 18; *Knauth* NJW 1987, 28 (30); *Richter* wistra 1987, 117 (118); *Fischer* StGB § 264 a Rn. 9.
109 *Knauth* NJW 1987, 28 (30).

des § 264 a StGB nicht gegen eine Einbeziehung spekulativer Kapitalanlagen spreche.[110] Allerdings sollen auch nach dieser Meinung nur die sog bedingten Optionsgeschäfte, bei denen die Option das Recht auf Abschluss eines anderen Rechtsgeschäfts begründet, von § 264 a StGB erfasst sein.[111]

bb) Abs. 2: Anteile an einem Treuhandvermögen

23 § 264 a Abs. 2 StGB dehnt den Anwendungsbereich der Strafvorschrift auf **Anteile an einem Treuhandvermögen** aus, das ein Unternehmen in eigenem Namen für Rechnung der Anleger verwaltet.[112] Erforderlich ist hier ein Treuhandverhältnis zwischen dem Unternehmen und den Anlegern, das diesen einen – idR obligatorischen – Teilhabeanspruch einräumt.[113] Es werden nur echte Treuhandvermögen erfasst, dh nur solche, bei denen nicht der Anleger, sondern der Treuhänder den Anteil erwirbt und in das Unternehmen eintritt.[114] Fälle der unechten Treuhand (Verwaltungstreuhand), bei denen der Kapitalgeber Gesellschafter ist und lediglich seine Rechte durch den Treuhänder wahrnehmen lässt, unterfallen nicht Abs. 2, sondern Abs. 1.[115] Das Treuhandvermögen kann in Vermögenswerten bestehen, zu deren direktem Erwerb die von den Anlegern aufgebrachten Mittel gedacht sind; ausreichend ist aber auch ein Recht als Treuhandgut, kraft dessen das treuhänderisch tätige Unternehmen sich für die Anleger eine Beteiligung am Ergebnis verschafft – etwa in Form von Gesellschaftsanteilen oder Immobilienfonds.[116] Abs. 2 hat zur Voraussetzung, dass es sich bei dem Treuhänder um ein Unternehmen handelt.[117] Hauptanwendungsfälle des Abs. 2 sind neben Treuhandkommanditisten bei geschlossenen Immobilienfonds echte Treuhandbeteiligungen an Abschreibungsgesellschaften (sog Schiffs- oder Flugzeugbeteiligungen), bei denen es nicht auf die zivilrechtliche Gesellschafterstellung der Anleger bei den entsprechenden Reedereien oder Fluggesellschaften ankommt, sondern vielmehr darauf, dass die Mitunternehmereigenschaft der Anleger steuerrechtlich anerkannt wird.[118] In der Literatur werden auch Steuerberatungs- und Rechtsanwaltskanzleien unter den Unternehmensbegriff subsumiert.[119] Einschränkend wird aber dafür zum Teil verlangt, dass sich diese Angehörigen freier Berufe gewerbsmäßig in größerem Umfang mit der Vermögensverwaltung befassen müssen.[120]

d) Im Zusammenhang mit dem Vertrieb bzw. dem Angebot auf Einlagenerhöhung

24 Die Täuschungshandlung muss im Zusammenhang mit dem Vertrieb der Rechte etc oder dem Angebot auf Einlagenerhöhung begangen werden.

---

110 MüKoStGB/*Ceffinato* StGB § 264 a Rn. 26.
111 MüKoStGB/*Ceffinato* StGB § 264 a Rn. 28.
112 *Schröder* KapitalmarktStrR Rn. 26.
113 Lackner/Kühl/*Heger* StGB § 264 a Rn. 4.
114 MüKoStGB/*Ceffinato* StGB § 264 a Rn. 33.
115 MüKoStGB/*Ceffinato* StGB § 264 a Rn. 33; *Schröder* KapitalmarktStrR Rn. 26.
116 MüKoStGB/*Ceffinato* StGB § 264 a Rn. 35; *Möhrenschlager* wistra 1982, 201 (206).
117 MüKoStGB/*Ceffinato* StGB § 264 a Rn. 34.
118 Vgl. BT-Drs. 10/318, 22 f.; Lackner/Kühl/*Heger* StGB § 264 a Rn. 4.
119 *Schniewind/Hausmann* BB 1986, Beilage 16, 26 (28).
120 MüKoStGB/*Ceffinato* StGB § 264 a Rn. 34.

aa) Vertrieb von Wertpapieren, Bezugsrechten etc (Abs. 1 Nr. 1)

Unter **Vertrieb** iSd Tatbestandes ist jede auf die Veräußerung von Anlagewerten gerichtete Tätigkeit zu verstehen, wobei gleichgültig ist, ob diese im eigenen oder fremden Namen erfolgt.[121] Darunter fällt nicht nur die Veräußerung der Wertpapiere etc als solche, sondern auch die entsprechende Werbung.[122] Da nicht erforderlich ist, dass das vertriebene Bezugsobjekt bereits existiert, handelt es sich bei der Werbung um den Beitritt zu Gesellschaften ebenso um tatbestandsmäßigen Vertrieb wie bei der Anwerbung von Gründungsgesellschaftern oder von Erwerbern noch zu emittierender Aktien.[123] Der Täter muss sich an einen Markt wenden, so dass bei dieser Alternative das Tatbestandsmerkmal des größeren Personenkreises, den der Täter beeinflussen muss, bereits im Merkmal des Vertriebs enthalten ist.[124] Die Gesetzesbegründung versteht unter einer großen Zahl potenzieller Anleger, dass deren Individualität gegenüber dem sie zu einem Kreis verbindenden potenziell gleichen Interesse an der Kapitalanlage zurücktritt. Der Umstand, dass sich der Vertrieb ausschließlich an Personen wendet, die bestimmte gemeinsame Merkmale erfüllen, ändert an der Tatbestandsmäßigkeit nichts.[125]

Hingegen sind allgemeine Mitteilungen über das Objekt, zB in Presseerklärungen, in der Regel straflose Vorbereitungshandlungen, weil sie noch im Vorfeld der eigentlichen Werbe- und Absatzmaßnahmen liegen.[126] Bei solchen Mitteilungen fehlt es regelmäßig an dem Zusammenhang mit dem Vertrieb der in § 264 a Abs. 1 Nr. 1 StGB genannten Kapitalanlagen.

bb) Angebot, Anteile auf solche Einlagen zu erhöhen (Abs. 1 Nr. 2)

§ 264 a Abs. 1 Nr. 2 StGB dehnt den Anwendungsbereich des Straftatbestandes auf Angebote aus, die Anteile auf Einlagen zu erhöhen. Durch die Bezugnahme der Nr. 2 mit der Formulierung „auf solche Einlagen" auf Abs. 1 Nr. 1 wird klargestellt, dass nur Anteile iSd Abs. 1 Nr. 1, „die eine Beteiligung an dem Ergebnis eines Unternehmens gewähren sollen", dem Schutzbereich der Nr. 2 unterfallen.[127] Daraus folgt, dass § 264 a Abs. 1 Nr. 2 StGB auf den Erwerb von Wertpapieren und Bezugsrechten iSd Abs. 1 Nr. 1 keine Anwendung findet, obwohl auch hier durch die Laufzeitverlängerung letztlich ein ähnlicher „Erhöhungseffekt" eintritt.[128] **Angebote** sind dabei nicht im bürgerlich-rechtlichen Sinn zu verstehen, dazu gehört vielmehr auch die werbende Aufforderung, selbst ein Angebot abzugeben (sog invitatio ad offerendum).[129] Angebote in diesem Sinne können nur an solche Personen gerichtet werden, die bereits Anteile erworben haben.[130] Nach den Vorstellungen des Gesetzgebers ist dieser Personenkreis in erhöhtem Maße schutzbedürftig, da er sich zumindest wirtschaftlich aufgrund der vorangegangenen Anlageentscheidung gezwungen

---

121 Schönke/Schröder/*Perron* StGB § 264 a Rn. 14; *Schröder* KapitalmarktStrR Rn. 37.
122 *Fischer* StGB § 264 a Rn. 5; *Knauth* NJW 1987, 28 (31).
123 LK/*Tiedemann/Vogel* StGB § 264 a Rn. 34; vgl. auch *Knauth* NJW 1987, 28 (31).
124 MüKoStGB/*Ceffinato* StGB § 264 a Rn. 88; *Schniewind/Hausmann* BB 1986, Beilage 16, 26 (28).
125 BT-Drs. 10/318, 23; *Schröder* KapitalmarktStrR Rn. 37.
126 Achenbach/Ransiek/Rönnau/*Joecks* 10. Teil Kap. 1 Rn. 31.
127 *Knauth* NJW 1987, 28 (30).
128 *Knauth* NJW 1987, 28 (30).
129 *Fischer* StGB § 264 a Rn. 10; LK/*Tiedemann/Vogel* StGB § 264 a Rn. 51.
130 BT-Drs. 10/318, 24; *Fischer* StGB § 264 a Rn. 10; *Schröder* KapitalmarktStrR Rn. 38.

sieht, seine Einlage zu erhöhen.[131] Auch hier ist jedoch Voraussetzung, dass die Angebote einem größeren Adressatenkreis unterbreitet werden, so dass Einzelangebote an bestimmte Anleger dem Tatbestand nicht unterfallen.[132] Wegen dieses Erfordernisses und des damit verbundenen Ausschlusses von Individualtäuschungen muss es sich bei dem Erhöhungsangebot nach Abs. 1 Nr. 2 um massenhafte Angebote, die sog **Kapitalsammelmaßnahmen**, handeln.[133]

Beispiel:[134]

In einem Werbeprospekt wird sämtlichen 250 Kommanditisten einer Publikums-KG, deren Zweck die Erschließung von Erdölfeldern ist, mitgeteilt, dass bei Probebohrungen ein riesiges Erdölfeld entdeckt worden sei. Um dieses zu erschließen, sei der Einsatz zusätzlichen Kapitals iHv 10.000 EUR pro Kommanditist erforderlich. Im Gegenzug werden hohe Renditen versprochen. Tatsächlich weiß der Täter bei Herausgabe des Prospekts, dass bei den Probebohrungen noch kein Öl gefunden worden ist.

Hierbei darf keine zu große Anzahl umworbener Altanleger gefordert werden, da die Regelung auf diejenigen Anleger zugeschnitten ist, die schon eine Einlage geleistet haben.[135] In der Literatur wird zu Recht darauf hingewiesen, dass es sich bei diesem Erfordernis um einen Schwachpunkt der Regelung handelt, weil sich die sog Schwindelunternehmen regelmäßig keiner Kapitalsammelmaßnahmen bedienen, sondern als wirksameres und diskreteres Werbemittel Einzelangebote an Einzelanleger bevorzugen.[136]

27 Das Erfordernis des Vertriebs entfällt bei den Angeboten auf Kapitalerhöhung.[137] Dies mag auf den ersten Blick verwundern, leuchtet aber durchaus ein, wenn man sich die Motivation des Gesetzgebers vor Augen führt: Der Gesetzgeber hielt Fallgestaltungen iSd Nr. 2 für besonders schutzbedürftig, weil bei den betroffenen Anlegern häufig infolge der vorangegangenen Anlageentscheidung ein erhöhter wirtschaftlicher Druck zu verzeichnen sei, der sie veranlasse, auch die Einlageerhöhung zu zeichnen. Eines Vertriebes bedarf es hierzu nicht, zumal in derartigen Fällen häufig eine individuelle Ansprache erfolgt.[138]

Einen eigenständigen Anwendungsbereich hat Nr. 2 demgemäß nur, wenn kein Vertrieb vorliegt; häufig wird dies allerdings auch bei Erhöhungsangeboten der Fall sein, so dass derartige Fälle bereits von Abs. 1 Nr. 1 erfasst werden.[139]

28 In der **Praxis** typisch sind Betrügereien nach folgendem Muster: Die Anleger werden mit vergleichsweise hohen Gewinnen aus dem anfänglichen, über-

---

131 BT-Drs. 10/318, 24.
132 BT-Drs. 10/318, 24; MüKoStGB/*Ceffinato* StGB § 264 a Rn. 73; *Schröder* KapitalmarktStrR Rn. 38.
133 MüKoStGB/*Wohlers/Mühlbauer* StGB § 264 a Rn. 73; *Knauth* NJW 1987, 28 (30); Schönke/Schröder/*Perron* StGB § 264 a Rn. 15;.
134 Entnommen *Park* JuS 2007, 621 (622).
135 MüKoStGB/*Ceffinato* StGB § 264 a Rn. 72.
136 *Knauth* NJW 1987, 28 (30); Schönke/Schröder/*Perron* StGB § 264 a Rn. 15.
137 *Cerny* MDR 1987, 271 (275); Achenbach/Ransiek/Rönnau/*Joecks* 10. Teil Kap. 1 Rn. 32.
138 Kritisch dazu Achenbach/Ransiek/Rönnau/*Joecks* 10. Teil Kap. 1 Rn. 32.
139 *Fischer* StGB § 264 a Rn. 10; vgl. auch Schönke/Schröder/*Perron* StGB § 264 a Rn. 15 für den Vertrieb junger Wertpapiere.

schaubaren Anlagekapital geködert und mit nachfolgenden Erhöhungsangeboten dazu gebracht, mit höheren Beträgen „einzusteigen", die nicht nur die versprochene Rendite nicht abwerfen, sondern selbst „auf Nimmerwiedersehen" verloren sind. Da derartige Geschäfte aber zumeist in Form individueller Anlageberatungen geführt werden, werden sie nicht von § 264 a StGB, sondern (allenfalls) von § 263 StGB erfasst.[140]

cc) Zusammenhang

Der erforderliche *Zusammenhang* mit dem Vertrieb oder einer Kapitalsammelmaßnahme bei der Anlagenerhöhung setzt voraus, dass die Tathandlung sich sachlich und zeitlich auf die genannten Investitionen bezieht, wobei es keine Rolle spielt, ob die Kapitalanlage zu diesem Zeitpunkt schon auf dem Markt ist oder nicht.[141] Durch dieses Merkmal wird die Strafbarkeit eingeschränkt.[142] Erforderlich ist ein **unmittelbarer Zusammenhang**, so dass etwa Pressemitteilungen, die nur den Boden für spätere Vertriebshandlungen vorbereiten, den Tatbestand nicht erfüllen.[143] Andererseits ist bei bewusst unrichtiger Berichterstattung ein Zusammenhang mit dem Vertrieb denkbar, so dass derartige Handlungen bei Erheblichkeit für die Anlageentscheidung ausnahmsweise dem Tatbestand unterfallen können.[144] Durch die gesetzliche Formulierung „im Zusammenhang mit dem Vertrieb" wird deutlich, dass der Täter als werbende Person mit dem Emittenten der genannten Objekte und Rechte nicht identisch sein muss.[145] Der Anwendungsbereich der Vorschrift beschränkt sich somit nicht auf die Initiatoren von Kapitalanlageobjekten, sondern erstreckt sich auch auf Vertriebsgesellschaften sowie mehrfache Anlageberatungen durch Einzelpersonen.[146]

e) Werbeträger

Strafbar sind die täuschenden Angaben des Täters nur, wenn sie in Prospekten oder in Darstellungen oder Übersichten über den Vermögensstand als Werbeträger enthalten sind.

Prospekt in diesem Sinne ist nicht nur der vor Einführung eines Wertpapiers an der Börse gem. §§ 3 ff., 21 WpPG nF zu erstellende Börsenzulassungsprospekt oder der Verkaufsprospekt iSd § 6 VermAnlG, sondern weitergehend jede Werbe- und Informationsschrift, die den Eindruck erweckt, die für die Beurteilung einer Anlageentscheidung wesentlichen Grundlagen zu enthalten, und die zugleich Grundlage für diese Entscheidung sein soll.[147] Dass die Werbeschrift auch andere Informationen wie zB allgemeine Angaben über Inflation und Steuern, die Darstellung einer Zinseszinsrechnung sowie meinungsbildende

---

140 Vgl. auch *Fischer* StGB § 264 a Rn. 10, der solche Geschäfte als „besonders gefährliche Betrugsformen" bezeichnet.
141 LK/*Tiedemann/Vogel* StGB § 264 a Rn. 34 f.; einschränkend nunmehr MüKoStGB/*Ceffinato* StGB § 264 a Rn. 74.
142 *Park* JuS 2007, 621 (622).
143 LK/*Tiedemann/Vogel* StGB § 264 a Rn. 32; *Joecks* Kapitalanlagebetrug S. 45.
144 MüKoStGB/*Ceffinato* StGB § 264 a Rn. 74.
145 *Fischer* StGB § 264 a Rn. 11; *Schlüchter*, 158.
146 SK-StGB/*Hoyer* StGB § 264 a Rn. 27; *Möhrenschlager* wistra 1982, 201 (206); BeckOK StGB/*Momsen* StGB § 264 a Rn. 8.
147 BT-Drs. 10/318, 23; SK-StGB/*Hoyer* StGB § 264 a Rn. 19 mwN; Lackner/Kühl/*Heger* StGB § 264 a Rn. 10.

Wertungen über die Sicherheit der Renten und den Inflationsschutz enthält, ändert nichts an ihrer Prospekteigenschaft, solange die Angaben, Darstellungen und Wertungen dieser Art allein dazu dienen, das Interesse des Lesers an der angebotenen Kapitalanlage zu wecken.[148] Nach zutreffender hM erfüllt jedoch nur eine solche Werbeschrift die Qualität eines Prospekts iSd § 264 a StGB, die – wenn auch zusammen mit anderen Darstellungen – den **Eindruck der Vollständigkeit** erweckt.[149] Ein Prospekt erweckt regelmäßig den Eindruck der Vollständigkeit, wenn in ihm sogleich der Zeichnungsbogen bzw. die Beitrittserklärung enthalten ist oder beiliegt, denn hiermit wird zumindest konkludent erklärt, dass die Informationen für einen Vertragsschluss ausreichen.[150] Erkennbar lückenhafte Informationen (wie einfache Werbezettel, Inserate oder das Anlageobjekt nur in groben Zügen beschreibende Informationsbroschüren), die erkennbar nur den Zweck verfolgen, ein Grundinteresse des Anlegers zu wecken, genügen hingegen nicht.[151] Zwar ist es denkbar, dass es hierdurch dem jeweiligen Anbieter ermöglicht wird, sich seiner Strafbarkeit mit bewusst unvollständig gehaltenen Schriftstücken zu entziehen. Jedoch relativiert sich dieser Einwand wieder, wenn man bedenkt, dass nur für den Anleger erkennbar unvollständige Informationen dem Tatbestand nicht unterfallen, was die Strafwürdigkeit des Verhaltens entscheidend infrage stellt.[152]

32 Die Begriffe der **Darstellungen** und **Übersichten über den Vermögensstand** knüpfen an dieselben Merkmale an, wie sie § 400 Abs. 1 Nr. 1 AktG verwendet.[153] Eine **Vermögensübersicht** ist ein Status oder eine Bilanz, wobei sowohl eine Handels-, Steuer- oder Vermögensbilanz in Betracht kommt.[154] Darüber hinaus sind auch Zwischenbilanzen oder Inventarlisten relevant, also jeder Status mit vermögensrelevantem Bezug.[155] Dabei muss es sich stets um schriftliche Übersichten handeln.[156] Um auch mündliche[157] oder durch Ton- und Bildträger verbreitete Darstellungen zu erfassen, enthält der Gesetzestext zudem den Begriff der **Darstellungen**.[158] Dieser Begriff ist folglich nicht in einem technischen, sondern in einem umfassenden Sinn zu verstehen.[159] Da der Begriff

---

148 BGH 21.12.1994 – 2 StR 628/94, NJW 1995, 892 (893).
149 SK-StGB/*Hoyer* StGB § 264 a Rn. 19; *Hefendehl* wistra 2019, 1 (5); Achenbach/Ransiek/Rönnau/*Joecks* 10. Teil Kap. 1 Rn. 27; *ders.*, Kapitalanlagebetrug, 41; *Kaligin* WPg 1987, 354 (358); Lackner/Kühl/*Heger* StGB § 264 a Rn. 10; Schönke/Schröder/*Perron* StGB § 264 a Rn. 19; nur vermeintlich einschränkend unter Verweis auf BGH 12.5.2005 – 5 StR 283/04, NJW 2005, 2242 (2244); LK/*Tiedemann*/*Vogel* StGB § 264 a Rn. 58; aA *Fischer* StGB § 264 a Rn. 12.
150 *Schröder* KapitalmarktStrR Rn. 32.
151 Achenbach/Ransiek/Rönnau/*Joecks* 10. Teil Kap.1 Rn. 27; *ders.* Kapitalanlagebetrug S. 41; aA *Fischer* StGB § 264 a Rn. 12, dem zufolge auch eine erkennbare Lückenhaftigkeit den Charakter einer Schrift als Prospekt grds. nicht ändere.
152 Vgl. MüKoStGB/*Ceffinato* StGB § 264 a Rn. 61.
153 *Fischer* StGB § 264 a Rn. 12; *Park* BB 2001, 2069 (2074).
154 Achenbach/Ransiek/Rönnau/*Joecks* 10. Teil Kap. 1 Rn. 29; *Park* BB 2001, 2069 (2074).
155 MüKoStGB/*Ceffinato* StGB § 264 a Rn. 63.
156 SK-StGB/*Hoyer* StGB § 264 a Rn. 21.
157 BT-Drs. 10/318, 23; MüKoStGB/*Ceffinato* StGB § 264 a Rn. 63; aA SK-StGB/*Hoyer* StGB § 264 a Rn. 20, der mündliche Darstellungen wegen ihrer Flüchtigkeit als nicht von § 264 a StGB erfasst ansieht.
158 Vgl. BT-Drs. 10/318, 23; *Möhrenschlager* wistra 1982, 201 (206); mit der Ausnahme von mündlichen Darstellungen auch SK-StGB/*Hoyer* StGB § 264 a Rn. 20.
159 Schönke/Schröder/*Perron* StGB § 264 a Rn. 21.

der Darstellung den der Übersichten über den Vermögensstand ergänzt, indem er weitere, insbes. mündliche Verbreitungsformen einbezieht, muss sich die Darstellung auf den Vermögensstand beziehen.[160] Da unrichtige einzelne Erklärungen noch keine „Darstellung" ausmachen, wird man auch insoweit verlangen müssen, dass die Präsentation von Angaben mit dem Anspruch auf eine gewisse Vollständigkeit erfolgt.[161]

Inhaltlich muss es sich um Informationen **über den Vermögensstand** handeln. Gemeint ist damit der Vermögensstand des Emittenten, nicht aber der eines Vertreibers oder Prospektverantwortlichen. Relevant sind hierbei Informationen für die Beurteilung der Ertragslage und die zukünftige wirtschaftliche Entwicklung des Emittenten.[162]

2. Subjektiver Tatbestand
a) Vorsatzanforderungen

Der subjektive Tatbestand erfordert Vorsatz, wobei **dolus eventualis** genügt.[163] Eine Bereicherungsabsicht setzt der Kapitalanlagebetrug im Gegensatz zum Betrug gem. § 263 StGB nicht voraus.[164] Der Vorsatz muss sich auf sämtliche Merkmale des objektiven Tatbestandes erstrecken. Der Täter muss sich insbesondere bewusst sein, dass die Angaben in den Werbeträgern erheblich und unwahr oder die verschwiegenen Tatsachen nachteilig sind.[165] Hält er die Mitteilung einer bestimmten Tatsache für unwichtig, weil er davon ausgeht, dass sie keinen Einfluss auf den Wert einer Kapitalanlage hat, handelt er nicht vorsätzlich.[166] Des Weiteren muss der Täter zumindest billigend in Kauf nehmen, dass die Werbemittel im Zusammenhang mit dem Vertrieb von Wertpapieren oder einer Kapitalsammelmaßnahme einem größeren Personenkreis zugänglich gemacht werden.[167]

Insbesondere in Fällen, in denen mit **Prognoseberechnungen** gearbeitet worden ist, ist dem Täter ein Vorsatz regelmäßig nur sehr schwierig nachzuweisen, weil bereits die Feststellung der Unrichtigkeit der Prognoseberechnung problematisch ist.[168] Dies gilt vor allem, wenn sich der Täter glaubhaft dahin gehend einlässt, er habe ernsthaft vertraut, „es werde schon gut gehen".[169] Dem Tatrichter ist damit die schwierige Aufgabe aufgebürdet, zwischen nicht widerlegbarer Einlassung und widerlegter Schutzbehauptung zu unterscheiden.

b) Irrtumsproblematik

Ein Irrtum über die Existenz nachteiliger Tatsachen, über die der Täter im Zusammenhang mit dem Prospektinhalt hätte informieren müssen, stellt einen

---

160 LK/*Tiedemann/Vogel* StGB § 264 a Rn. 60.
161 *Möhrenschlager* wistra 1982, 201 (206); *Park* BB 2001, 2069 (2074); *Schlüchter* 2. WiKG S. 159; LK/*Tiedemann/Vogel* StGB § 264 a Rn. 60 mwN.
162 MüKoStGB/*Ceffinato* StGB § 264 a Rn. 66.
163 *Fischer* StGB § 264 a Rn. 20; Lackner/Kühl/*Heger* StGB § 264 a Rn. 15.
164 SK-StGB/*Hoyer* StGB § 264 a Rn. 43.
165 *Fischer* StGB § 264 a Rn. 20; *Joecks* wistra 1986, 142 (147); Schönke/Schröder/*Perron* StGB § 264 a Rn. 36.
166 *Joecks* wistra 1986, 142 (147).
167 Schönke/Schröder/*Perron* StGB § 264 a Rn. 36.
168 Achenbach/Ransiek/Rönnau/*Joecks* 10. Teil Kap. 1 Rn. 86.
169 Vgl. auch Achenbach/Ransiek/Rönnau/*Joecks* 10. Teil Kap. 1 Rn. 86.

Tatbestandsirrtum gem. § 16 StGB dar.[170] Dies gilt auch, wenn der Täter seine ihm obliegende Informationspflicht nicht einmal in Form einer Parallelwertung in der Laiensphäre erkannt hat.[171] Die irrige Annahme, dass eine dem Täter bekannte Tatsache nicht der Informationspflicht unterliegt, ist ein **Gebotsirrtum**, also die für das Unterlassungsdelikt geltende besondere Form des Verbotsirrtums iSd § 17 StGB.[172] Wegen der insoweit bestehenden Informationspflicht wird dieser jedoch in aller Regel vermeidbar sein.[173]

36 Da es sich bei der Erheblichkeit sowie der Vorteilhaftigkeit der vorgespiegelten bzw. Nachteiligkeit der verschwiegenen Tatsache um normative Tatbestandsmerkmale handelt, genügt es für die Bejahung des Vorsatzes nicht, dass der Täter die wertrelevanten tatsächlichen Faktoren kennt.[174] Er muss sich zudem bewusst sein, dass sie für die vernünftige Entscheidung eines objektiven Anlegers von Bedeutung sind; andernfalls befindet er sich in einem vorsatzausschließenden Tatbestandsirrtum.[175]

37 Hält der Täter fälschlich einen Adressatenkreis von 100 Personen nicht für einen größeren Personenkreis iSd Vorschrift oder geht er zu Unrecht davon aus, bei dem von ihm verwendeten Werbemittel handele es sich nicht um einen „richtigen" Prospekt, liegt ein **Subsumtionsirrtum** vor, der den Vorsatz unberührt lässt.[176]

III. Tätige Reue (Abs. 3)

38 Als Ausgleich[177] für die weite Vorverlagerung der Vollendungsstrafbarkeit sieht § 264 a StGB in Abs. 3 einen **persönlichen Strafaufhebungsgrund** vor, der konstruktiv der **tätigen Reue** entspricht.[178] Die Sonderregelung ist erforderlich, da mangels Versuchsstrafbarkeit des § 264 a StGB keine Strafbefreiung über § 24 StGB erlangt werden kann. In der Formulierung ist der persönliche Strafaufhebungsgrund des § 264 a Abs. 3 StGB jedoch an § 24 Abs. 1 StGB angelehnt.[179] Sind an der Tat mehrere beteiligt, sind für den „Rücktritt" des einzelnen Beteiligten demgemäß die Grundsätze des § 24 Abs. 2 StGB entsprechend anzuwenden.[180]

39 Die Straffreiheit tritt gem. § 264 a Abs. 3 S. 1 StGB ein, wenn der Täter freiwillig verhindert, dass „aufgrund der Tat die durch den Erwerb oder die Erhöhung bedingte Leistung erbracht wird". Auf welche Weise der Täter die Erbringung der Leistung verhindert, ist gleichgültig. Verhindert der Täter nicht die Leistungserbringung, sondern berichtigt er seine falschen Angaben und

---

170 Schönke/Schröder/*Perron* StGB § 264 a Rn. 36; *Schönborn* Kapitalanlagebetrug S. 41.
171 MüKoStGB/*Ceffinato* StGB § 264 a Rn. 77.
172 *Fischer* StGB § 264 a Rn. 20; Lackner/Kühl/*Heger* StGB § 264 a Rn. 15; Schönke/Schröder/*Perron* StGB § 264 a Rn. 36.
173 *Schönborn* Kapitalanlagebetrug S. 41; *Worms* wistra 1987, 271 (275).
174 *Park* BB 2001, 2069 (2075).
175 **AA** *Pabst* S. 46.
176 Achenbach/Ransiek/Rönnau/*Joecks* 10. Teil Kap. 1 Rn. 88.
177 So ausdrücklich *Weber* NStZ 1986, 481 (485).
178 LK/*Tiedemann*/Vogel StGB § 264 a Rn. 96.
179 BT-Drs. 10/318, 25; *Weber* NStZ 1986, 481 (485) bezeichnet § 264 a Abs. 3 dementsprechend ausdrücklich als „Rücktrittsvorschrift"; vgl. auch *Jehl* DB 1987 1772 (1774).
180 LK/*Tiedemann*/Vogel StGB § 264 a Rn. 99.

leistet der Anleger in Kenntnis der Berichtigung gleichwohl, ist er über den Wortlaut des Abs. 3 hinaus straflos; der Leistungserbringer leistet dann nicht „aufgrund der Tat".[181]

Der **zeitliche Anwendungsbereich** der tätigen Reue erstreckt sich von der Tatvollendung – dem Machen unrichtiger bzw. dem Verschweigen wesentlicher Tatsachen – bis zur Erbringung der durch den Erwerb oder die Erhöhung bedingten Leistung.[182] Besondere Bedeutung erlangt somit die Frage, zu welchem Zeitpunkt die Leistung erbracht ist. Durch die unlautere Werbemaßnahme kommt es nicht sofort zur Zahlung des Anlegers, sondern zunächst zur Zeichnung eines Anlagewertes, die durch die nachfolgende Zahlung vollzogen wird. Erst die Zahlung stellt die Leistung iSd Vorschrift dar. Maßgeblich ist somit der Zeitpunkt der dinglichen Leistungserbringung.[183] Dies bedeutet, dass der persönliche Strafaufhebungsgrund auch noch nach dem Zeichnungsakt als schuldrechtlichem Erwerb eingreifen kann.[184] Die Möglichkeit der tätigen Reue zu diesem Zeitpunkt führt jedoch zu Friktionen, da bereits mit der Zeichnung ein vollendeter Eingehungsbetrug vorliegen kann. Welche Konsequenzen daraus folgen, ist umstritten. Teilweise wird eine Anwendung der tätigen Reue über § 264 a Abs. 1 u. 2 StGB hinaus strikt abgelehnt mit der Folge, dass eine Strafbarkeit wegen Eingehungsbetruges unberührt bleibt.[185] Nach anderer Auffassung soll sich die tätige Reue über den Wortlaut des § 264 a Abs. 3 StGB hinaus auch auf einen zugleich verwirklichten Eingehungsbetrug erstrecken.[186] Zuzustimmen ist der letztgenannten Ansicht. Es ist nicht einzusehen, dass die tätige Reue beim Kapitalanlagebetrug als gerade für die entsprechenden Sachverhalte geschaffenes Delikt zur Straflosigkeit führen, eine Strafbarkeit wegen Eingehungsbetrugs als allgemeineres, aber schwereres Delikt jedoch gleichzeitig unberührt bleiben soll. Eine unterschiedliche Behandlung ist wegen der Gleichartigkeit der beiden Delikte nicht angezeigt. Die Entkriminalisierungsfunktion der tätigen Reue wäre ansonsten weitgehend ad absurdum geführt.[187] Das Problem resultiert jedoch nicht aus der Regelung des § 264 a Abs. 3 StGB, sondern aus der Rechtsfigur des Eingehungsbetruges, die zu einer Vorverlagerung des Vollendungszeitpunktes führt.[188]

Eine Sperrwirkung entfaltet die tätige Reue iSd § 264 a Abs. 3 StGB aus demselben Grund auch noch für das – in seiner Schutzrichtung strukturell vergleichbare – Delikt der strafbaren Werbung gem. § 16 UWG.[189] Abgesehen von diesen beiden Ausnahmen gilt der Strafaufhebungsgrund allerdings nur für

---

181 *Joecks* wistra 1986, 142 (148); *Otto* WM 1988, 729 (739); LK/*Tiedemann/Vogel* StGB § 264 a Rn. 97.
182 LK/*Tiedemann/Vogel* StGB § 264 a Rn. 97.
183 LK/*Tiedemann/Vogel* StGB § 264 a Rn. 97.
184 Schönke/Schröder/*Perron* StGB StGB § 264 a Rn. 39.
185 *Richter* wistra 1987, 117 (120); *Worms* wistra 1987, 271 (275).
186 LK/*Tiedemann/Vogel* StGB § 264 a Rn. 100; wohl auch Schönke/Schröder/*Perron* StGB § 264 a Rn. 39.
187 Anders verhält es sich, wenn zugleich ein versuchter (Erfüllungs-)Betrug verwirklicht ist: Übt der Täter tätige Reue, liegt damit auch ein Rücktritt vom Versuch unmittelbar gem. § 24 StGB vor.
188 *Schröder* KapitalmarktStrR Rn. 102.
189 *Pabst*, 48; LK/*Tiedemann/Vogel* StGB § 264 a Rn. 100.

Straftaten iSd § 264 a Abs. 1 u. 2 StGB, nicht jedoch für gleichzeitig verwirklichte sonstige, nicht gleich gelagerte Tatbestände.[190]

42 Die tätige Reue entfaltet nur unter der Voraussetzung strafbefreiende Wirkung, dass die Leistungsverhinderung **freiwillig** erfolgt. Der Begriff der Freiwilligkeit ist hier ebenso zu verstehen wie bei § 24 StGB. Danach handelt der Täter – unabhängig davon, ob bei seinem Entschluss äußere Umstände mitwirken oder nicht – freiwillig, wenn ihm die Tat nach seinem Vorstellungsbild ohne unvertretbar erhöhtes Risiko noch ausführbar und ihr Zweck noch erreichbar erscheint, wenn er also „Herr seiner Entschlüsse" geblieben ist.[191] Die Freiwilligkeit ist damit zu bejahen, wenn die Verhinderung der Leistungserbringung auf einer autonomen Willensentscheidung des Täters beruht.

43 Für den Fall, dass die Leistung ohne Zutun des Täters nicht erbracht wird, billigt § 264 a Abs. 3 S. 2 StGB ihm gleichwohl Straffreiheit zu, wenn er sich freiwillig und ernsthaft bemüht hat, das Erbringen der Leistung zu verhindern. Auch diese Regelung ist § 24 StGB nachgebildet.[192] Die geforderte **Ernsthaftigkeit** ist zu bejahen, wenn der Täter alles tut, was nach seiner Überzeugung zur Verhinderung der Leistungserbringung notwendig ist.[193] Dazu gehört auch, dass er zu neuen oder geeigneteren Mitteln greift, wenn sich ihm sein bisheriges Bemühen als aussichtslos darstellt.[194]

IV. Täterschaft und Teilnahme

44 § 264 a StGB stellt **kein Sonderdelikt** dar, das nur durch bestimmte Täter begangen werden könnte.[195] Täter kann vielmehr jedermann sein, der verursacht, dass mit bestimmten unrichtigen oder unvollständigen Angaben der Vertrieb durchgeführt wird.[196] Taugliche Täter sind danach nicht nur Initiatoren, Anlageberater und -vermittler, sondern auch Rechtsanwälte, Steuerberater, Wirtschaftsprüfer, Bankenmitarbeiter etc[197] Ob sie an der Herstellung des Prospekts beteiligt waren, spielt keine Rolle; maßgeblich ist vielmehr, ob sie in Bezug auf die Verteilung der Prospekte Tatherrschaft ausüben. Hieran wird es bei Rechtsanwälten, Steuerberatern, Wirtschaftsprüfern und Bankmitarbeitern in der Regel fehlen, so dass zumeist nur Beihilfe in Betracht kommt.[198] Bezüglich einer Gehilfenschaft besteht bei diesen Personengruppen das Problem, ob

---

190 *Fischer* StGB § 264 a Rn. 21; aA *Schröder* Aktienhandel S. 44–48, der sich auch für eine analoge Anwendung des § 264 a Abs. 3 StGB auf § 399 Abs. 1 Nr. 3 AktG ausspricht.
191 Achenbach/Ransiek/Rönnau/*Joecks* 10. Teil Kap. 1 Rn. 106 f.; Lackner/Kühl/*Heger* StGB § 24 Rn. 16 m. zahlr. Rspr.-Nachw.
192 Siehe § 24 Abs. 1 S. 2 StGB.
193 Vgl. Schönke/Schröder/*Eser/Bosch* StGB § 24 Rn. 72; LK/*Lilie/Albrecht* StGB § 24 Rn. 358.
194 Schönke/Schröder/*Eser/Bosch* StGB § 24 Rn. 72.
195 BGH 22.12.2015 – VI ZR 101/14, BeckRS 2016, 02992; BGH 24.6.2014 – VI ZR 560/13, wistra 2014, 450 (450); *Joecks* wistra 1986, 142 (148); Lackner/Kühl/*Heger* StGB § 264 a Rn. 6; *Park* BB 2001, 2069 (2974); *Schröder* Aktienhandel S. 32.
196 NK-StGB/*Hellmann* StGB § 264 a Rn. 68; Achenbach/Ransiek/Rönnau/*Joecks* 10. Teil Kap. 1 Rn. 90.
197 Schönke/Schröder/*Perron* StGB § 264 a Rn. 38.
198 *Otto* WM 1988, 729 (739); LK/*Tiedemann/Vogel* StGB § 264 a Rn. 105, der zutreffend darauf hinweist, dass etwas anderes gilt, wenn sie als „Konzeptionäre" mitgewirkt haben oder bei ihnen mittelbare Täterschaft kraft überlegenen Sachwissens vorliegt.

berufsadäquates Verhalten, also Nichtverlassen des berufsspezifischen Rahmens, strafbare Beihilfe sein kann. Die Rechtsprechung hat diese Konstellation zwar nicht speziell in Bezug auf § 264 a StGB entschieden, aber in anderem Zusammenhang folgende, hier übertragbare Grundsätze aufgestellt: Wisse der Hilfeleistende, dass das Handeln des Haupttäters ausschließlich auf die Begehung einer Straftat abziele, sei sein Tatbeitrag als strafbare Beihilfehandlung zu werten. Halte er hingegen lediglich für möglich, dass der Haupttäter den von ihm geleisteten Unterstützungsbeitrag zur Begehung einer Straftat nutze, liege regelmäßig noch keine Beihilfe vor.[199] Letztlich läuft diese Auffassung auf eine gesteigerte Vorsatzanforderung hinaus; schlichter dolus eventualis genügt hier nicht, um eine Beihilfestrafbarkeit zu begründen. Eine Teilnahme am Kapitalanlagebetrug ist generell bis zur vollständigen Erbringung der Leistung möglich.[200]

Mittelbare Täterschaft kommt in Betracht, wenn der Täter sich beim Vertrieb etc gutgläubiger Werber bedient.[201]   45

Personen hingegen, die bei der Erstellung oder beim Vertrieb lediglich in untergeordneter Stellung mitwirken (zB Drucker, Briefboten oder Mitarbeiter, die den Prospekt nach festen Vorgaben erstellen), können auch bei vorsätzlichem Verhalten allenfalls als Gehilfen eingestuft werden.[202]

V. Verjährung

Die strafrechtliche Verjährungsfrist beträgt gem. § 78 Abs. 3 Nr. 4 StGB **fünf Jahre**. Die Strafverfolgungsverjährung beginnt bereits mit dem Abschluss der Verbreitungshandlung und nicht erst mit der Zeichnung oder Zahlung durch Kapitalanleger.[203] Wird der Kapitalanlagebetrug mit gedruckten Prospekten begangen, kann die fünfjährige Verjährungsfrist uU erheblich abgekürzt werden. Denn es handelt sich dann beim Kapitalanlagebetrug um ein sog Presseinhaltsdelikt, dh die Strafbarkeit der Verbreitung des Prospekts ist allein in seinem Inhalt begründet.[204] Dies hätte grundsätzlich zur Folge, dass die kurzen landesrechtlichen Verjährungsvorschriften der jeweiligen Pressegesetze gelten.[205] Allerdings enthalten die meisten Landespressegesetze Ausnahmen für gewerbliche Druckschriften, wozu die Werbeschriften des § 264 a StGB regelmäßig zählen.[206]   46

Im Einzelfall sind also die presserechtlichen Rahmenbedingungen zu beachten, wobei es für die Anwendbarkeit der jeweiligen Normen auf den Begehungsort ankommt.[207]

---

199 BGH 1.8.2000 – 5 StR 624/99, NJW 2000, 3010 (3011) mwN Der BGH nimmt in dieser Entscheidung eine Ausnahme von der Straflosigkeit an, wenn das von dem Hilfeleistenden „erkannte Risiko strafbaren Verhaltens des von ihm Unterstützten derart hoch war, dass er sich mit seiner Hilfeleistung die Förderung eines erkennbar tatgeneigten Täters angelegen sein ließ". Der unscharfe Begriff des „Angelegenseinlassens" erscheint jedoch als strafbarkeitsbegründendes Kriterium kaum geeignet.
200 *Fischer* StGB § 264 a Rn. 22.
201 *Schönke/Schröder/Perron* StGB § 264 a Rn. 38.
202 MüKoStGB/*Ceffinato* § 264 a Rn. 83.
203 OLG Köln 13.4.1999 – 2 Ws 97–98/99, NJW 2000, 598, StV 2000, 28, NStZ 1999, 565, wistra 1999, 348.
204 BGH 21.12.1994 – 2 StR 628/94, NJW 1995, 892 (893).
205 *Fischer* StGB § 264 a Rn. 23.
206 *Fischer* StGB § 264 a Rn. 23.
207 S. näher dazu Achenbach/Ransiek/Rönnau/*Joecks* 10. Teil Kap. 1 Rn. 103.

VI. Konkurrenzen

47 Wenn in demselben Werbeträger vorteilhafte Angaben vorgespiegelt und nachteilige verschwiegen werden, soll – nach allerdings umstrittener Ansicht – nur eine Deliktsverwirklichung vorliegen.[208] Enthält ein Werbeträger Informationen zu verschiedenen Kapitalanlagen, können Abs. 1 Nr. 1 und Abs. 1 Nr. 2 in Tateinheit stehen, beinhaltet er Informationen über mehrere der in Abs. 1 Nr. 1 genannten Kapitalanlagen, handelt es sich um eine Straftat nach Abs. 1 Nr. 1.[209] Nach Vollendung des Delikts durch Ansprache eines größeren Personenkreises führen weitere Handlungen, die ebenfalls den Tatbestand erfüllen, zur Annahme von Tatmehrheit.[210]

Werden gleichzeitig eine Kursmanipulation gem. §§ 38 Abs. 2 iVm 39 Abs. 1, 20 a WpHG sowie ein Kapitalanlagebetrug gem. § 264 a StGB verwirklicht, stehen diese zueinander in Idealkonkurrenz.[211] Idealkonkurrenz ist auch möglich zwischen § 264 a StGB und § 49 iVm 26 BörsG.[212] Gegenüber § 16 UWG wird § 264 a StGB von der hM dagegen als lex specialis angesehen, da zwar beide Tatbestände die individuelle Vermögenssphäre und auch die wettbewerbliche Ordnung schützen, der Kapitalmarktschutz aber umfassender sei.[213]

Ist es zur Täuschung eines konkreten Anlegers gekommen, soll § 264 a nach der Rspr. des BGH hinter § 263 StGB zurücktreten.[214] Wenn man allerdings – wie hier – davon ausgeht, dass § 264 a StGB nicht nur das individuelle Vermögen, sondern auch die Funktionsfähigkeit des Kapitalmarkts schützt, wird man Idealkonkurrenz annehmen müssen.[215]

48 Erfüllt das Täterverhalten im Rahmen eines Treuhandverhältnisses eines Unternehmens zu den Anlegern den Tatbestand des § 264 a Abs. 2 StGB und kommt es bei den Anlegern zu einem Vermögensnachteil, kann eine Untreue gem. § 266 StGB vorliegen, die mit § 264 a StGB idealiter konkurriert.[216] Nach Ansicht des BGH werden Kapitalanlagebetrügereien als Vortaten von § 261 Abs. 4 S. 2 StGB (gewerbsmäßige Geldwäsche) erfasst.[217]

---

208 MüKo-StGB/*Ceffinato* StGB § 264 a Rn. 91; aA *Fischer* StGB § 264 a Rn. 24.
209 MüKoStGB/*Ceffinato* StGB § 264 a Rn. 91.
210 LK/*Tiedemann*/*Vogel* StGB § 264 a Rn. 109; kritisch dagegen nunmehr MüKoStGB/*Wohlers*/*Mühlbauer* StGB § 264 a Rn. 107, der wegen der damit bisweilen verbundenen zufällig anmutenden Ergebnisse auch nach Vollendung von einer einheitlichen Tat ausgeht, wenn derselbe Werbeträger gegenüber weiteren Personen verwendet wird. Die Anzahl der Personen sei stattdessen auf Ebene der Strafzumessung zu berücksichtigen.
211 LK/*Tiedemann*/*Vogel* StGB § 264 a Rn. 111. Noch zu der Vorgängervorschrift §§ 38 Abs. 1 Nr. 4, 20 a WpHG: *Otto* WM 1988, 729 (739); *Park* BB 2001, 2069 (2075). AA Schönke/Schröder/*Perron* StGB § 264 a Rn. 41, dem zufolge § 38 Abs. 2 iVm §§ 39 Abs. 1, 20 a WpHG ggü § 264 a StGB zurücktreten.
212 Schönke/Schröder/*Perron* StGB§ 264 a Rn. 42.
213 Siehe bspw. Schönke/Schröder/*Perron* StGB § 264 a Rn. 42; aA MüKoStGB/*Wohlers*/*Mühlbauer* StGB § 264 a Rn. 75, der wegen ihrer von der hM abweichenden Rechtsgutsbestimmung von „einem Fall echter Konkurrenz" ausgeht.
214 BGH 20.9.2000 – 3 StR 88/00, wistra 2001, 57; ebenso *Joecks* wistra 1986, 142 (148); *Knauth* NJW 1987, 32; *Lackner/Kühl* StGB § 264 a Rn. 17 iVm StGB § 265 b Rn. 10.
215 *Mutter* NStZ 1991, 421 (422); *Otto* WM 1988, 729 (739); *ders.* Jura 1989, 24 (31); Schönke/Schröder/*Perron* StGB StGB § 264 a Rn. 41; LK/*Tiedemann*/*Vogel* StGB § 264 a Rn. 110; vgl. auch *Joecks* wistra 1986, 142 (148).
216 LK/*Tiedemann*/*Vogel* StGB § 264 a Rn. 114 iVm Rn. 110.
217 BGH 1.7.1998 – 1 StR 246/98, NStZ 1998, 622 (623).

VII. Strafzumessungsgesichtspunkte

Der Täter muss weder einen Vermögensschaden verursachen noch mit Bereicherungsabsicht handeln, um den Tatbestand des § 264 a StGB zu erfüllen. Gleichwohl wirkt es sich strafschärfend aus, wenn diese Merkmale erfüllt sind. Dies gilt insbesondere für die Höhe eines tatsächlich verursachten Schadens und die Zahl der Geschädigten. Tritt kein Schaden ein, ist für die Strafzumessung von Bedeutung, ob das Vermögen der Anleger gefährdet wurde und wie konkret eine derartige Gefährdung war. Kommt es – ohne Vorliegen einer tätigen Reue gem. § 264 a Abs. 3 StGB – tatsächlich nicht zu einer Geldanlage, wirkt sich dies strafmildernd aus. Relevant für die Strafzumessung können auch die Auswirkungen der Tat auf die Funktionsfähigkeit des Kapitalmarkts und das entsprechende Vertrauen der Anleger sein. Insbesondere bei kleineren Fällen wird dieser Aspekt jedoch zumeist keine Rolle spielen und die Strafzumessung jedenfalls nicht zuungunsten des Täters beeinflussen.

49

Von erheblicher Bedeutung für die Strafzumessung ist die Gestaltung der Werbeträger und die darin zum Ausdruck kommende kriminelle Energie: Will der Täter die Anleger bewusst und besonders raffiniert täuschen, fällt dies strafschärfend ins Gewicht. Besonders plumpe Täuschungen, bei denen die Anlageentscheidung im Grunde nur unter völliger Außerachtlassung rationaler Überlegungen zustande kommen kann, oder geringfügige (aber gleichwohl tatbestandsmäßige) Unkorrektheiten des Prospektmaterials wirken sich demgegenüber strafmildernd aus.

50

VIII. Gerichtliche Zuständigkeit

Gemäß § 74 c Abs. 1 Nr. 5 GVG ist für die Aburteilung des Kapitalanlagebetrugs die **Wirtschaftsstrafkammer** zuständig, wenn die Staatsanwaltschaft wegen der Straferwartung (§ 74 Abs. 1 S. 2 GVG) oder der besonderen Bedeutung des Falles (§ 24 Abs. 1 Nr. 3 GVG) Anklage zum Landgericht erhebt. Insbesondere bei großer Schadenshöhe oder auch bei einer Vielzahl von Geschädigten oder auch bei besonders komplexen Sachverhalten sollte die Staatsanwaltschaft davon Gebrauch machen.[218]

51

Kap. 4.3. § 265 b StGB Kreditbetrug

§ 265 b StGB Kreditbetrug

(1) Wer einem Betrieb oder Unternehmen im Zusammenhang mit einem Antrag auf Gewährung, Belassung oder Veränderung der Bedingungen eines Kredits für einen Betrieb oder ein Unternehmen oder einen vorgetäuschten Betrieb oder ein vorgetäuschtes Unternehmen

1. über wirtschaftliche Verhältnisse
   a) unrichtige oder unvollständige Unterlagen, namentlich Bilanzen, Gewinn- und Verlustrechnungen, Vermögensübersichten oder Gutachten vorlegt oder
   b) schriftlich unrichtige oder unvollständige Angaben macht,

---

218 Vgl. auch LK/*Tiedemann*/*Vogel* StGB § 264 a Rn. 125.

die für den Kreditnehmer vorteilhaft und für die Entscheidung über einen solchen Antrag erheblich sind, oder

2. solche Verschlechterungen der in den Unterlagen oder Angaben dargestellten wirtschaftlichen Verhältnisse bei der Vorlage nicht mitteilt, die für die Entscheidung über einen solchen Antrag erheblich sind,

wird mit Freiheitsstrafe bis zu drei Jahren oder mit Geldstrafe bestraft.

(2) ¹Nach Absatz 1 wird nicht bestraft, wer freiwillig verhindert, daß der Kreditgeber auf Grund der Tat die beantragte Leistung erbringt. ²Wird die Leistung ohne Zutun des Täters nicht erbracht, so wird er straflos, wenn er sich freiwillig und ernsthaft bemüht, das Erbringen der Leistung zu verhindern.

(3) Im Sinne des Absatzes 1 sind

1. Betriebe und Unternehmen unabhängig von ihrem Gegenstand solche, die nach Art und Umfang einen in kaufmännischer Weise eingerichteten Geschäftsbetrieb erfordern;

2. Kredite, Gelddarlehen aller Art, Akzeptkredite, der entgeltliche Erwerb und die Stundung von Geldforderungen, die Diskontierung von Wechseln und Schecks und die Übernahme von Bürgschaften, Garantien und sonstigen Gewährleistungen.

Literatur: *Berz*, Das Erste Gesetz zur Bekämpfung der Wirtschaftskriminalität, BB 1976, 1435; *Haft*, Die Lehre vom bedingten Vorsatz unter besonderer Berücksichtigung des wirtschaftlichen Betrugs, ZStW 88 (1976), 365; *Heinz, W.*, Die Bekämpfung der Wirtschaftskriminalität mit strafrechtlichen Mitteln – unter besonderer Berücksichtigung des 1. WiKG, GA 1977, 225; *Kindhäuser*, Das Konkurrenzverhältnis zwischen Kreditbetrug und vollendetem und versuchtem Betrug, JR 1990, 520; *Lampe*, Der Kreditbetrug, Diss. 1980; *ders.*, Zur verfassungsrechtlichen Bestimmtheit des unbestimmten Rechtsbegriffs und zur Frage der Erheblichkeit in § 265 b StGB, JR 1982, 430; *Müller-Emmert/Maier*, Das Erste Gesetz zur Bekämpfung der Wirtschaftskriminalität, NJW 1976, 1657; *Otto*, Die Tatbestände gegen Wirtschaftskriminalität im Strafgesetzbuch, Jura 1989, 24; *ders.*, Probleme des Kreditbetrugs, des Scheck- und Wechselmissbrauchs, Jura 1983, 16; *Schubarth*, Das Verhältnis von Strafrechtswissenschaft und Gesetzgebung im Wirtschaftsstrafrecht, ZStW 92 (1980), 80; *Theile*, Die Bedrohung prozessualer Freiheit durch materielles Wirtschaftsstrafrecht am Beispiel der §§ 264 a, 265 b StGB, wistra 2004, 121; *v. Rintelen*, Überindividuelle Rechtsgüter im Vorfeld des Betruges?, Diss. 1993.

I. Allgemeines 1	Unterlagen, § 265 b
1. Rechtsentwicklung 1	Abs. 1 Nr. 1 a 24
2. Geschütztes Rechtsgut 2	bb) Machen schriftlicher
3. Deliktscharakter 3	unrichtiger oder
4. Praktische Bedeutung der	unvollständiger
Vorschrift 5	Angaben, § 265 b
5. Der typische Anwendungs-	Abs. 1 Nr. 1 b 29
fall 6	cc) Verschweigen erheb-
II. Die Voraussetzungen des Tatbe-	licher Verschlechte-
standes 7	rungen der wirt-
1. Objektiver Tatbestand 7	schaftlichen Verhält-
a) Tatgegenstand 8	nisse, § 265 b Abs. 2 33
aa) Betrieb oder Unter-	c) Sachlicher Bezug der
nehmen 9	Täuschungshandlungen 35
bb) Kredit 14	aa) Zusammenhang mit
b) Tathandlungen 23	dem Kreditantrag ... 36
aa) Vorlage unrichtiger	bb) Wirtschaftliche Ver-
oder unvollständiger	hältnisse 42

cc) Vorteilhaftigkeit der Angaben	44	III. Tätige Reue (Abs. 2)	50
		IV. Täterschaft und Teilnahme	54
dd) Entscheidungserheblichkeit	45	V. Konkurrenzen	57
		VI. Strafzumessungsgesichtspunkte	60
2. Subjektiver Tatbestand	47	VII. Gerichtliche Zuständigkeit	61

I. Allgemeines

1. Rechtsentwicklung

Der Straftatbestand des Kreditbetrugs wurde durch das 1. WiKG vom 29.7.1976[1] in das StGB eingeführt. Zuvor enthielt § 50 des Gesetzes über das Kreditwesen (KWG) vom 5.12.1934[2] den Straftatbestand der Krediterschleichung. Allerdings wurde der Straftatbestand der Krediterschleichung ohne erkennbare Begründung nicht in das KWG vom 10.7.1961[3] übernommen.[4] Der heutige § 265 b StGB beruht im Wesentlichen auf dem Vorschlag der Sachverständigenkommission zur Bekämpfung der Wirtschaftskriminalität aus dem Jahre 1973. Insbesondere die Strafverfolgungsbehörden klagten Ende der 60er-Jahre über Schwierigkeiten des Nachweises der subjektiven Tatseite beim Betrug und forderten die Wiedereinführung eines speziellen Straftatbestandes zum Schutz gegen Krediterschleichung.[5]

2. Geschütztes Rechtsgut

Nach nahezu einhelliger Auffassung schützt § 265 b StGB das **Vermögen** von (potenziellen) Kreditgebern.[6] Umstritten ist allerdings, ob die Vorschrift darüber hinaus eine weitere Schutzwirkung entfaltet. Der Meinungsstreit wirkt sich sowohl bei der Beurteilung des Konkurrenzverhältnisses zwischen § 265 b StGB und § 263 StGB (vgl. Rn. 287 ff.) als auch bei der Auslegung einzelner Tatbestandsmerkmale aus. Der BGH[7] und ein Teil der Literatur halten **neben dem Vermögen** auch die **Funktionsfähigkeit des Kreditwesens** als überindividuelles Rechtsgut für geschützt.[8] Dies ergebe sich bereits aus der amtlichen Gesetzesbegründung.[9] Auch schon bei früheren Reformforderungen sei darauf hingewiesen worden, dass es beim Kreditbetrug auch um andere Schuldner und potenzielle Kreditnehmer gehe, denen die Existenzmöglichkeit genommen werde, wenn zunehmendes Misstrauen zu einer Lahmlegung des Kreditver-

---

[1] BGBl. I 1976, 2034.
[2] RGBl. I 1934, 1203.
[3] BGBl. I 1961, 881.
[4] LK/*Tiedemann* StGB § 265 b Entstehungsgeschichte.
[5] LK/*Tiedemann* StGB § 265 b Entstehungsgeschichte.
[6] BGH 8.10.2014 – 1 StR 214/14, NJW 2015, 423 (424); NStZ 2015, 342 (343); noch offen gelassen in BGH 21.2.1989 – 4 StR 463/88, NJW 1989, 1868 (1869); *Fischer* StGB § 265 b Rn. 3; NK-StGB/*Hellmann* StGB § 265 b Rn. 9; SK-StGB/*Hoyer* StGB § 265 b Rn. 6 ff.; Lackner/Kühl/*Heger* StGB § 265 b Rn. 1; Schönke/Schröder/*Perron* StGB § 265 b Rn. 3; *Schubart* ZStW 92 (1980), 80 (92); LK/*Tiedemann* StGB § 265 b Rn. 10; *v. Rintelen* S. 128 ff.; MüKoStGB/*Kasiske* StGB § 265 b Rn. 1.
[7] BGH 8.10.2014 – 1 StR 214/14, NJW 2015, 423 (424); NStZ 2015, 342 (343).
[8] Lackner/Kühl/*Heger* StGB § 265 b Rn. 1; LK/*Tiedemann* StGB § 265 b Rn. 10; Schönke/Schröder/*Perron* StGB § 265 b Rn. 3.
[9] BT-Drs. 7/5291, 14; LK/*Tiedemann* StGB § 265 b Rn. 10 ff.; Schönke/Schröder/*Perron* StGB § 265 b Rn. 3.

kehrs führe.[10] Nach einem anderen Teil der Literatur soll hingegen **ausschließlich das Vermögen** von (potenziellen) Kreditgebern geschützt werden.[11] Dieser Auffassung ist zuzustimmen. Das originäre Ziel der Einführung von § 265 b StGB im Jahre 1976 war, die Schwierigkeiten des Nachweises der subjektiven Tatseite beim Betrug zu beseitigen. Zwar war es ausweislich der Gesetzesbegründung die Absicht des Gesetzgebers, daneben die Funktionsfähigkeit der Kreditwirtschaft als solche zu schützen. Hierfür müsste jedoch nach zutreffender Auffassung von *Hellmann* der Tatbestand einen Mindestkreditbetrag nennen, weil nur erschlichene Kredite in erheblicher Höhe die Kreditwirtschaft als solche gefährden können.[12] Hierauf verzichtete der Sonderausschuss bei der Einführung bewusst.[13] Deshalb handelt es sich bei der Funktionsfähigkeit des Kreditwesens nicht um ein von § 265 b StGB unmittelbar geschütztes Rechtsgut, sondern allenfalls um einen vom Vermögensschutz ausgehenden Schutzreflex.[14] Dies führt zum einen zu dem befriedigendem Ergebnis, dass bei einer Verurteilung wegen Betruges gemäß § 263 StGB im Zusammenhang mit der Erschleichung eines Kredites der Täter nicht zugleich wegen Kreditbetruges nach § 265 b StGB bestraft wird, weil regelmäßig lediglich eine Gefahr für das Vermögen des Kreditgebers und nicht für die Kreditwirtschaft als solche besteht. Weil § 263 StGB und § 265 b StGB jeweils nur das individuelle Vermögen schützen, tritt bei einem nachweisbaren Betrug der Tatbestand des Kreditbetruges zurück (vgl. im Einzelnen zum Konkurrenzverhältnis Rn. 287 ff.). Zum anderen hat diese Rechtsgutsbestimmung zur Folge, dass auch ausländische Kreditgeber in den Schutzbereich von § 265 b StGB fallen. Denn für die prinzipielle Anwendbarkeit von Strafnormen, die wie § 265 b StGB mit dem Individualvermögen, transnational anerkannte Individualrechtsgüter schützen, spielen die Nationalität des Rechtsgutsträgers oder die Belegenheit des geschützten Rechtsguts keine Rolle.[15]

3. Deliktscharakter

Dogmatisch stellt der Tatbestand des § 265 b StGB nach herrschender Auffassung ein **abstraktes Gefährdungsdelikt** dar.[16] Danach kommt es nicht darauf an, ob die Täuschung überhaupt geeignet war, eine Gefahr für das Vermögen des Kreditgebers zu begründen. Gibt ein Kreditnehmer beispielsweise einen deutlich überhöhten Wert für sein Warenlager an, so entfällt nach dieser Auffassung § 265 b StGB nicht etwa deswegen, weil er gleichzeitig Grundbesitz

---

10 Schönke/Schröder/*Perron* StGB § 265 b Rn. 3; vgl. auch die Nachweise in BR-Drs. 5/75, 18.
11 MüKoStGB/*Kasiske* StGB § 265 b Rn. 1; SK-StGB/*Hoyer* StGB § 265 b Rn. 7; NK-StGB/*Hellmann* StGB § 265 b Rn. 9.
12 NK-StGB/*Hellmann* StGB § 265 b Rn. 9.
13 BT-Drs. 7/5291, 15.
14 NK-StGB/*Hellmann* StGB § 265 b Rn. 9; Achenbach/Ransiek/Rönnau/*Hellmann* 9. Teil Kap.1 Rn. 4.
15 BGH 8.10.2014 – 1 StR 214/14, NJW 2015, 423 (424 f.) mwN, der zwar neben dem Individualvermögen des Kreditgebers „auch das überindividuelle Rechtsgut der Kredit- und Volkswirtschaft" als geschützt ansieht, diesem Umstand für die Frage nach der transnationalen Wirkung des § 265 b StGB jedoch keine Bedeutung beimisst.
16 *Berz* BB 1976, 1435 (1438); *Fischer* StGB § 265 b Rn. 2; NK-StGB/*Hellmann* StGB § 265 b Rn. 10; *Heinz, W.* GA 1977, 225 ff.; Lackner/Kühl/*Heger* StGB § 265 b Rn. 1; Schönke/Schröder/*Perron* StGB § 265 b Rn. 4; krit. dazu LK/*Tiedemann* StGB § 265 b Rn. 13.

mit mindestens demselben Wert verschwiegen hat.[17] Auch soll durch § 265 b StGB die massenhafte Begehung verhindert werden, durch welche die Funktionsfähigkeit des Kreditwesens in Mitleidenschaft gezogen würde.[18] Für das Tatbestandsmerkmal „vorteilhaft" reicht es danach aus, dass der Kreditnehmer irgendeinen für seine wirtschaftlichen Verhältnisse bedeutsamen Umstand günstiger darstellt, als es der wirklichen Lage entspricht, unabhängig von der Gefahr eines Vermögensschadens für den Kreditgeber.[19] Dagegen handelt es sich nach Ansicht von *Hoyer* um ein **abstrakt-konkretes Gefährdungsdelikt**.[20] Das Tatbestandsmerkmal „vorteilhaft" dürfe nicht derart weit vom Einzelfall abstrahiert beurteilt werden, weil ansonsten die weitere Voraussetzung der Entscheidungserheblichkeit der Angaben über den Antrag überflüssig sei.[21] Das Gesetz selbst spreche von der Entscheidung „über einen solchen Antrag", so dass es insoweit von dem konkreten Antrag des Kreditnehmers abstrahieren wolle und daher der konkrete Einzelfall gewürdigt werden müsse.[22] Zuzustimmen ist letztlich der Auffassung von *Hoyer*. Es würde weit über den Schutzzweck – das Vermögen der (potenziellen) Kreditgeber zu schützen – hinausgehen, wenn es ausschließlich auf die abstrakte Entscheidungserheblichkeit der Angaben ankäme. Ein Kreditnehmer ist dann nicht strafwürdig, wenn trotz unrichtiger oder unvollständiger und abstrakt entscheidungserheblicher Angaben keine konkrete Gefahr für das Vermögen des Kreditgebers bestand. Daher kommt es für die Strafbarkeit nach § 265 b StGB darauf an, ob die **konkrete Gefahr eines Vermögensschadens aufgrund der unrichtigen oder unvollständigen Angaben entweder tatsächlich bestand oder zumindest vom Antragsteller persönlich nicht ausgeschlossen wurde**.[23]

Die Erschleichung eines Kredites unter Vorlage unrichtiger oder unvollständiger Unterlagen erfüllt bereits grundsätzlich auch den Tatbestand des Eingehungsbetrugs nach § 263 StGB.[24] Jedoch wollte der Gesetzgeber die bei der Anwendung des Betrugstatbestandes in diesem Bereich bestehenden Schwierigkeiten der Schadenfeststellung sowie des Nachweises des Schädigungsvorsatzes kompensieren, indem er einen erfolgskupierten Betrug geschaffen hat, bei dem bereits die bloße, unter bestimmten Voraussetzungen erfolgende vorsätzliche Täuschung strafbar ist. Da die Vollendungsstrafbarkeit somit bereits im Vorfeldbereich einer konkreten Rechtsgutverletzung greift, ist folgerichtig darauf verzichtet worden, zusätzlich den Versuch gesondert unter Strafe zu stellen.

4. Praktische Bedeutung der Vorschrift

Die praktische Bedeutung des § 265 b StGB beschränkt sich im Wesentlichen auf eine **Senkung der Einstiegsschwelle für strafprozessuale Maßnahmen**.[25] Insbesondere für die Voraussetzungen der Durchsuchung und Beschlagnahme, aber auch für die Begründung des dringenden Tatverdachts als Voraussetzung

---

17 Schönke/Schröder/*Perron* StGB § 265 b Rn. 41.
18 Schönke/Schröder/*Perron* StGB § 265 b Rn. 4.
19 SK-StGB/*Hoyer* StGB § 265 b Rn. 9.
20 SK-StGB/*Hoyer* StGB § 265 b Rn. 10.
21 SK-StGB/*Hoyer* StGB § 265 b Rn. 10.
22 SK-StGB/*Hoyer* StGB § 265 b Rn. 10.
23 SK-StGB/*Hoyer* StGB § 265 b Rn. 10.
24 HK-KapMStrafR/*Heinz*, 2. Aufl., StGB § 265 b Rn. 1.
25 *Fischer* StGB § 265 b Rn. 4; siehe auch NK-StGB/*Hellmann* StGB § 265 b Rn. 6.

eines Haftbefehls,[26] scheint § 265 b StGB eine gewisse Relevanz zu besitzen.[27] Durch die Verkürzung der tatbestandlichen Voraussetzungen in § 265 b StGB im Verhältnis zu § 263 StGB wird die strafrechtliche Eingriffslinie erheblich vorverlagert.[28] Es bedarf nur noch des Verdachts einer Täuschungshandlung, der regelmäßig mit der Anzeige geliefert wird, um strafprozessuale Ermittlungsmaßnahmen durchzuführen. Hierin besteht die Gefahr zu missbräuchlichen Eingriffen in die Freiheit des Betroffenen.[29]

5. Der typische Anwendungsfall

6 **Beispiel:**
A ist Vorstandsmitglied einer Softwareproduktionsfirma. Er stellt zur Vorbereitung eines Darlehensantrags bei einem Kreditinstitut Unterlagen zusammen. Darunter befinden sich fingierte Verträge, wonach die Softwareproduktionsfirma verschiedene Aufträge für die nahe Zukunft erhalten hatte. Die fingierten Verträge reicht A zusammen mit weiteren Unterlagen wie Bilanzen, Gewinn- und Verlustrechnungen usw bei der Bank ein und beantragt, einen bereits gewährten Kredit zu verlängern und auszuweiten. Tatsächlich gewährt die Bank den Kredit in voller Höhe. In einem bald darauf eingeleiteten Insolvenzverfahren fällt die Bank mit ihrer Forderung in voller Höhe aus. A hatte jedoch für den Fall einer Insolvenz darauf vertraut, dass sich die Bank in voller Höhe an den Sicherheiten befriedigen werde.[30]

II. Die Voraussetzungen des Tatbestandes
1. Objektiver Tatbestand

7 § 265 b StGB stellt drei qualifizierte Täuschungshandlungen im Zusammenhang mit dem Antrag auf Vergabe eines Betriebskredits unter Strafe. Im Gegensatz zu § 263 StGB erfordert der Tatbestand nicht, dass die Täuschung zu einem Irrtum und zu einer schädigenden Vermögensverfügung führt. Es kommt deshalb nicht darauf an, ob der Kreditgeber den Angaben Glauben schenkt, der Kredit gewährt wird, die Angaben für die Kreditvergabe ursächlich werden oder der Kreditgeber durch die Vergabe einen Schaden erleidet.[31]

a) Tatgegenstand

8 Der Tatbestand erfasst nur sog Betriebskredite, bei denen sowohl die Kreditgeber als auch die Kreditnehmer Betriebe oder Unternehmen sind.[32] Somit fallen Kredite, die von/für Privatpersonen gewährt werden, nicht in den Anwendungsbereich der Norm. Dasselbe gilt für Kredite, die einem Unternehmer für rein private Zwecke gewährt werden.[33]

---

26 Vgl. OLG Hamm 20.12.2007 – 3 Ws 676/07, NJW-Spezial 2008, 120.
27 NK-StGB/*Hellmann* StGB § 265 b Rn. 6.
28 *Theile* wistra 2004, 121 ff. mwN.
29 *Theile* wistra 2004, 121 ff.; krit. auch *Otto* Jura 1989, 24 (30 f.).
30 Weil A auf die Befriedigung der Bank vertraute, kommt mangels billigender Inkaufnahme eines Vermögensschadens eine Strafbarkeit wegen Betruges nach § 263 StGB nicht in Betracht.
31 NK-StGB/*Hellmann* StGB § 265 b Rn. 11.
32 BGH 27.3.2003 – 5 StR 508/02, NStZ 2003, 539 (540).
33 Schönke/Schröder/*Perron* StGB § 265 b Rn. 5.

aa) Betrieb oder Unternehmen

Betriebe und Unternehmen iSd § 265 b StGB sind nach Abs. 3 Nr. 1 nur solche, die nach Art und Umfang einen in kaufmännischer Weise eingerichteten Geschäftsbetrieb erfordern. Dabei handelt es sich nicht um eine Legaldefinition, sondern die Begriffe werden vorausgesetzt und eingeschränkt.[34]

Was genau unter einem **Betrieb** zu verstehen ist, definiert § 265 b StGB nicht. Daher ist auf den allgemeinen Betriebsbegriff in §§ 11 Abs. 1 Nr. 4 b, 14 Abs. 2 StGB zurückzugreifen.[35] Ein Betrieb ist danach eine auf Dauer angelegte, räumliche und organisatorische Zusammenfassung von Personen und Sachmitteln zur Erreichung eines arbeitstechnischen, nicht notwendig erwerbswirtschaftlichen Zwecks.[36] Auf eine bestimmte Rechtsform kommt es dabei nicht an, ebenso wenig ist ein originärer Gewerbebetrieb erforderlich, so dass auch nichtkaufmännische Betriebe aus Land- und Forstwirtschaft, der sonstigen Urproduktion sowie der freien Berufe dem Begriff unterfallen.[37] Kreditnehmer können damit auch Rechtsanwälte, Ärzte, Wirtschaftsprüfungsgesellschaften, Theater, Krankenhäuser usw sein, auf der anderen Seite kommen als Kreditgeber neben den Kreditinstituten auch sonstige Betriebe, insbesondere für Warenkredite, in Betracht.[38] Der Tatbestand erfasst ebenso **öffentliche Betriebe und Unternehmen** wie Sparkassen und öffentliche Verkehrsbetriebe, auch wenn diese im Gegensatz zu § 264 Abs. 7 S. 2 StGB nicht ausdrücklich erwähnt werden.[39] Es ist hingegen unklar, worin sich der Begriff des **Unternehmens** von dem des Betriebs unterscheidet. Vermutlich ist damit die Verbindung mehrerer Betriebe gemeint.[40]

Von der Vorschrift werden nur Betriebe und Unternehmen erfasst, die nach Art und Umfang einen **in kaufmännischer Weise eingerichteten Gewerbebetrieb erfordern**. Entscheidend ist also nicht das tatsächliche Vorhandensein eines kaufmännisch eingerichteten Betriebes, sondern dass ein solcher erforderlich ist.[41] Hierdurch sollen Kleinbetriebe und auch Kleinkredite von der Vorschrift ausgenommen werden.[42] Ob eine kaufmännische Einrichtung für den Betrieb **erforderlich** ist, richtet sich nach – letztlich unscharfen – Kriterien wie Art und Umfang der Tätigkeit/des Geschäfts, Höhe von Umsatz und Gewinn sowie Zahl und Art der Beschäftigten.[43] Bei der Beurteilung kommt es letztlich auf eine rein wirtschaftliche Gesamtbewertung aller Faktoren im Einzelfall an.[44]

---

34 SK-StGB/*Hoyer* StGB § 265 b Rn. 23.
35 NK-StGB/*Hellmann* StGB § 265 b Rn. 16.
36 Vgl. NK-StGB/*Böse* StGB § 14 Rn. 37.
37 LK/*Tiedemann* StGB § 265 b Rn. 28; Schönke/Schröder/*Perron* StGB § 265 b Rn. 7.
38 BT-Drs. 7/5291, 15; Lackner/Kühl/*Heger* StGB § 265 b Rn. 2; MüKoStGB/*Kasiske* StGB § 265 b Rn. 10; Schönke/Schröder/*Perron* StGB § 265 b Rn. 7.
39 *Fischer* StGB § 265 b Rn. 7; Achenbach/Ransiek/Rönnau/*Joecks* 9. Teil Kap.1 Rn. 11; LK/*Tiedemann* StGB § 265 b Rn. 28; MüKoStGB/*Kasiske* StGB § 265 b Rn. 10; Schönke/Schröder/*Perron* StGB § 265 b Rn. 8.
40 NK-StGB/*Hellmann* StGB § 265 b Rn. 17.
41 MüKoStGB/*Kasiske* StGB § 265 b Rn. 11; *Fischer* StGB § 265 b Rn. 8.
42 LK/*Tiedemann* StGB § 265 b Rn. 29; Schönke/Schröder/*Perron* StGB § 265 b Rn. 9.
43 *Fischer* StGB § 265 b Rn. 8.
44 Schönke/Schröder/*Perron* StGB § 265 b Rn. 10.

12 Als Kreditnehmer und Kreditgeber kommen nur Betriebe und Unternehmen in Betracht, die – soweit sie nicht vorgetäuscht werden – **bereits bestehen**.[45] Nach dem ausdrücklichen Wortlaut des § 265 b StGB sind auch vom Kreditnehmer vorgetäuschte Betriebe/Unternehmen (**Scheinfirmen**) vom Tatbestand erfasst. Ebenso erfasst sind existierende Betriebe/Unternehmen, in denen der Kreditnehmer ein der Art und Umfang nach den Anforderungen des Abs. 3 Nr. 1 entsprechenden Gegenstand vortäuscht.[46] Hingegen werden vom Tatbestand keine Existenzgründungskredite erfasst, weil zu diesem Zeitpunkt der Kreditantragsteller noch als Privatperson auftritt und es an der Betriebseigenschaft fehlt. Ebenso findet § 265 b StGB keine Anwendung für Kredite, die ein Unternehmer für private Zwecke beantragt.[47] Umgekehrt gilt § 265 b StGB, wenn ein Privater einen Kredit für Rechnung eines Betriebs beantragt,[48] weil in diesem Fall der betriebliche Zweck vorliegt.

13 Bei sog **Weiterleitungskrediten/„durchlaufenden" Krediten**, die von einem Kreditinstitut aus öffentlichen Mitteln gewährt werden, ist umstritten, wer als Kreditgeber anzusehen ist. Nach einer teilweise in der Literatur vertretenen Auffassung wird das Kreditinstitut als Kreditgeber betrachtet, wenn es als Vertragspartner im rechtlichen Sinne auftritt.[49] Die (überzeugendere) überwiegende Ansicht ermittelt den Kreditgeber im Wege einer wirtschaftlichen Betrachtung.[50] Bei einem durchlaufenden Kredit trägt die „öffentliche Hand" das wirtschaftliche Risiko, so dass weder das Vermögen des Kreditinstituts noch die Funktionsfähigkeit der Kreditwirtschaft als solche gefährdet sind. Somit ist § 265 b StGB im Hinblick auf die Schutzzwecke bei durchlaufenden Krediten nicht anzuwenden.

bb) Kredit

14 § 265 b Abs. 3 Nr. 2 StGB enthält eine **Legaldefinition des strafrechtlichen Kreditbegriffs**, der sich an § 19 Abs. 1 KWG anlehnt, aber nicht völlig damit übereinstimmt.[51] Kredite sind nach dieser abschließenden Definition Gelddarlehen aller Art, Akzeptkredite, der entgeltliche Erwerb und die Stundung von Geldforderungen, die Diskontierung von Wechseln und Schecks und die Übernahme von Bürgschaften, Garantien und sonstigen Gewährleistungen. Die Vorschrift erfasst demnach nicht nur die üblichen Bankkredite, sondern insbesondere auch Warenkredite von Lieferanten.[52] Der Gesetzgeber hat **keine Mindestkreditsumme** festgesetzt, weil er durch die Beschränkung auf Betriebe/Unternehmen auf Kreditnehmer- und -geberseite mittelbar davon ausging, dass

---

45 BayOLG 15.2.1990 – RReg 2 St 398/89, NJW 1990, 1677 (1678); *Fischer* StGB § 265 b Rn. 7.
46 MüKoStGB/*Kasiske* StGB § 265 b Rn. 12.
47 Schönke/Schröder/*Perron* StGB § 265 b Rn. 5.
48 Schönke/Schröder/*Perron* StGB § 265 b Rn. 5.
49 LK/*Tiedemann* StGB § 265 b Rn. 26.
50 Achenbach/Ransiek/Rönnau/*Joecks* 9. Teil Kap. 1 Rn. 12; Lackner/Kühl/*Heger* StGB § 265 b Rn. 2; NK-StGB/*Hellmann* StGB § 265 b Rn. 18; Schönke/Schröder/*Perron* StGB § 265 b Rn. 5; SK-StGB/*Hoyer* StGB § 265 b Rn. 23; wohl auch *Fischer* StGB § 265 b Rn. 10.
51 NK-StGB/*Hellmann* StGB § 265 b Rn. 13.
52 BT-Drs. 7/5291, 14; *Heinz* GA 1977, 193 (214); Lackner/Kühl/*Heger* StGB § 265 b Rn. 3; NK-StGB/*Hellmann* StGB § 265 b Rn. 13.

Kleinkredite nicht dem Tatbestand unterfallen.[53] Falls es ausnahmsweise zu einem Ermittlungsverfahren bei geringen Kreditsummen kommt (zB bei einem Warenkredit), bieten die §§ 153, 153 a StPO die Möglichkeit, das Strafverfahren ohne die Verhängung einer Strafe zu beenden.[54]

Zu den **Gelddarlehen aller Art** zählen alle Verträge, die die Hingabe und zeitweilige Überlassung von Geld und dessen Rückzahlung innerhalb einer Frist zum Gegenstand haben, unabhängig davon, ob es sich um Tilgungsdarlehen, Kredite mit vereinbarter Fälligkeit, Kontokorrentkredite, Personal- und Realkredite handelt.[55] Entscheidend für die Qualifizierung ist, ob es sich rechtlich um ein Darlehen handelt.[56] Daher fällt zB die Ausgabe von Genussrechten darunter,[57] nicht hingegen eine gesellschaftsrechtliche Beteiligung.[58]

Akzeptkredite sind Kredite, die eine Bank durch einen von ihr als Hauptschuldner unterschriebenen und dann regelmäßig von ihr diskontierten Wechsel einem Kunden gewährt.[59] Obwohl die bloße Überlassung der Ausstellerunterschrift der Bank bei rein wirtschaftlicher Betrachtung mit einem Akzeptkredit vergleichbar ist, wird sie nicht von § 265 b StGB erfasst. Eine Subsumtion führt über den Wortsinn „Akzept" hinaus und verstößt damit gegen das Analogieverbot.[60]

Der **entgeltliche Erwerb von Geldforderungen** ist zwar rechtlich ein Forderungskauf gem. § 453 BGB, wirtschaftlich jedoch ein Kredit, weil der Zedent die Forderung dem Zessionar im eigenen Namen anbietet, um Finanzierungsmittel zu erhalten.[61] Dazu zählen sowohl das echte Factoring, bei dem der Zessionar das Risiko der Einbringlichkeit der Forderung trägt, als auch das unechte Factoring, bei dem dieses Risiko beim Zedenten verbleibt.[62] Der Zedent muss die Voraussetzungen von Abs. 3 Nr. 1 erfüllen, während es beim Schuldner nicht darauf ankommt.[63]

Die **Stundung einer Geldforderung** ist das Hinausschieben der Fälligkeit einer Forderung bei bestehender Erfüllbarkeit, unabhängig davon, ob sie schon bei Vertragsschluss oder später vereinbart worden ist und ob sie auf bestimmte oder unbestimmte Zeit lautet.[64] Erfasst ist jede beliebige Geldforderung und damit ua auch die Einräumung eines Warenkredits.[65]

Unter der **Diskontierung von Wechseln und Schecks** versteht man den Erwerb eines noch nicht fälligen Wechsels durch den Diskontgeber (regelmäßig eine

---

53 BT-Drs. 7/5291, 15; SK-StGB/*Hoyer* StGB § 265 b Rn. 27.
54 NK-StGB/*Hellmann* StGB § 265 b Rn. 14.
55 Vgl. *Fischer* StGB § 265 b Rn. 11; ausführlich LK/*Tiedemann* StGB § 265 b Rn. 35 ff.
56 Schönke/Schröder/*Perron* StGB § 265 b Rn. 12.
57 BGH 8.10.2014 – 1 StR 214/14, NJW 2015, 423 (425 f.); OLG Hamm 20.12.2007 – 3 Ws 676/07, NJW-Spezial 2008, 120.
58 Schönke/Schröder/*Perron* StGB § 265 b Rn. 12.
59 *Fischer* StGB § 265 b Rn. 12.
60 *Fischer* StGB § 265 b Rn. 12; LK/*Tiedemann* StGB § 265 b Rn. 39; Schönke/Schröder/*Perron* StGB § 265 b Rn. 13.
61 Schönke/Schröder/*Perron* StGB § 265 b Rn. 14.
62 *Fischer* StGB § 265 b Rn. 13; LK/*Tiedemann* StGB § 265 b Rn. 40.
63 *Fischer* StGB § 265 b Rn. 13; Schönke/Schröder/*Perron* StGB § 265 b Rn. 14.
64 Palandt/*Grüneberg* BGB § 271 Rn. 12, 14.
65 *Fischer* StGB § 265 b Rn. 14; Schönke/Schröder/*Perron* StGB § 265 b Rn. 15; SK-StGB/*Hoyer* StGB § 265 b Rn. 31.

Bank) unter Abzug von Zwischenzinsen, Unkosten und Provisionen.[66] Hierbei handelt es sich um einen Spezialfall des entgeltlichen Erwerbs von Geldforderungen,[67] so dass die dazu oben (→ Rn. 246) ausgeführten Grundsätze gelten.

20 Mit der **Übernahme der Bürgschaft** verpflichtet sich der Bürge gem. § 765 BGB gegenüber dem Gläubiger eines Dritten, für die Erfüllung der Verbindlichkeit des Dritten einzustehen. Zu den Bürgschaften zählen zahlreiche Sonderformen wie beispielsweise die Nachbürgschaft, Rückbürgschaft, Ausfallbürgschaft, selbstschuldnerische Bürgschaft, Mitbürgschaft, Höchstbetragsbürgschaft oder die Zeitbürgschaft.[68]

21 Bei der **Übernahme der Garantie** verpflichtet sich der Garant (Kreditgeber) im Auftrag eines Dritten (Kreditnehmer) gegenüber dem Garantieempfänger für das Eintreten eines bestimmten Erfolgs oder die Fortdauer eines bestimmten Zustandes in der Weise einzustehen, dass er ihm für den entgegengesetzten Fall Ersatz zu leisten verspricht.[69] Im Gegensatz zur Bürgschaft ist die Garantieverpflichtung vom Fortbestand der gesicherten Schuld unabhängig, wobei die mitunter schwierige Abgrenzungsfrage für § 265 b StGB bedeutungslos ist.[70]

22 Die **sonstigen Gewährleistungen** erfassen alle übrigen Versprechen, für die Schuld eines Dritten einzustehen (zB den Schuldbeitritt) und dürften sich nicht wesentlich von der Garantie unterscheiden.[71]

b) Tathandlungen

23 § 265 b StGB stellt drei qualifizierte Täuschungshandlungen unter Strafe. Diese Täuschungshandlungen kann der Täter in Form eines Begehungsdelikts (Nr. 1) durch Vorlage unrichtiger oder unvollständiger Unterlagen (Nr. 1 a) oder durch Machen schriftlicher unrichtiger oder unvollständiger Angaben (Nr. 1 b) oder in Form eines Unterlassungsdelikts (Nr. 2) durch Verschweigen erheblicher Verschlechterungen der wirtschaftlichen Verhältnisse vornehmen.

aa) Vorlage unrichtiger oder unvollständiger Unterlagen, § 265 b Abs. 1 Nr. 1 a

24 Der Begriff **Unterlagen** umfasst alle verkörperten Beweismittel, die geeignet sind, über die wirtschaftlichen Verhältnisse des Kreditnehmers oder eines Dritten insgesamt oder über einzelne Angaben Beweis zu erbringen.[72] Neben den in Nr. 1 a beispielhaft aufgeführten Unterlagen der Bilanzen, Gewinn- und Verlustrechnungen, Vermögensübersichten und Gutachten kommen daneben beispielsweise auch Augenscheinobjekte wie Fotografien oder auch Datenträger, auf denen entsprechende Informationen gespeichert sind, in Betracht.[73] Die Unterlagen müssen nicht von dem Kreditnehmer, sondern können auch von einem Dritten erstellt sein.[74]

---

66 *Fischer* StGB § 265 b Rn. 15; SK-StGB/*Hoyer* StGB § 265 b Rn. 32.
67 LK/*Tiedemann* StGB § 265 b Rn. 44; Schönke/Schröder/*Perron* StGB § 265 b Rn. 16.
68 Schönke/Schröder/*Perron* StGB § 265 b Rn. 17.
69 Vgl. Palandt/*Sprau* BGB Vor § 765 Rn. 16.
70 Schönke/Schröder/*Perron* StGB § 265 b Rn. 18.
71 Vgl. LK/*Tiedemann* StGB § 265 b Rn. 47; SK-StGB/*Hoyer* StGB § 265 b Rn. 33; Schönke/Schröder/*Perron* StGB § 265 b Rn. 19.
72 NK-StGB/*Hellmann* StGB § 265 b Rn. 44.
73 Schönke/Schröder/*Perron* StGB § 265 b Rn. 34; MüKoStGB/*Kasiske* StGB § 265 b Rn. 29.
74 Schönke/Schröder/*Perron* StGB § 265 b Rn. 34.

Die Unterlagen sind **unrichtig**, wenn die in ihr enthaltenen Tatsachen nicht der Wirklichkeit entsprechen.[75] Ein Gutachten ist auch dann unrichtig, wenn Bewertungen oder Prognosen den tatsächlichen Grundlagen widersprechen.[76] Bilanzen, Gewinn- und Verlustrechnungen usw sind darüber hinaus unrichtig, wenn die darin enthaltenen Bewertungen von Vermögensteilen sachlich unrichtig sind.[77] Bei der Beurteilung kommt es allein auf die sachliche Richtigkeit und nicht darauf an, ob die Unterlagen „falsch" iSd § 267 StGB sind.[78]

25

Unvollständig sind Unterlagen, wenn die in ihr angegebenen Tatsachen zwar der Wirklichkeit entsprechen, zugleich aber andere richtige, idR nachteilige, Tatsachen nicht angegeben werden, so dass sich im Ergebnis ein unvollständiges Bild ergibt.[79] Das Merkmal bezieht sich auf einen einheitlichen Lebenssachverhalt, bei dem Angaben und Erklärungen, die nach der Verkehrsauffassung oder nach dem erkennbaren Willen der Beteiligten für die Entscheidung über den Kreditantrag erheblich sind, weggelassen werden.[80]

26

Es ist allgemein anerkannt, dass jeweils nur geringfügige **Abweichungen im Bagatellbereich** keine Strafbarkeit wegen Kreditbetruges begründen.[81] Eine Bagatellabweichung liegt beispielsweise vor, wenn ein Unternehmer im Zusammenhang mit einem Kreditantrag über 100.000 EUR für eine neue Maschine seine Unternehmensbilanz vorlegt, in der im Anlagevermögen lediglich 50 anstatt in Wirklichkeit 51 zum Betriebsvermögen gehörenden Laptops ausgewiesen sind und das nicht ausgewiesene Laptop mit einem Wert von 100 EUR anzusetzen gewesen wäre. Einerseits ist es denkbar, das jeweilige Tatbestandsmerkmal „unrichtig" oder „unvollständig" teleologisch zu reduzieren, so dass keine „Unrichtigkeit" oder „Unvollständigkeit" iSd § 265 b StGB vorliegt. Weil aber andererseits eine formale Begrenzung entsprechend § 264 Abs. 8 StGB nicht vorgenommen wurde, sind die Bagatellabweichungen über eine **teleologische Auslegung** des „Erheblichkeits"-Begriffs auszuscheiden.[82]

27

Der Täter **legt die Unterlagen vor,** wenn sie auf seine Veranlassung in den Machtbereich des Empfängers gelangen und nach den Umständen zu erwarten ist, dass dieser von ihnen Kenntnis nimmt.[83] Auf die tatsächliche Kenntnisnahme kommt es nicht an.[84] Er muss hierbei ausdrücklich oder konkludent auf

28

---

75 NK-StGB/*Hellmann* StGB § 265 b Rn. 38.
76 *Fischer* StGB § 265 b Rn. 28.
77 *Fischer* StGB § 265 b Rn. 28; Beck'scher Bilanzkommentar/*Grottel/H. Hoffmann* HGB § 331 Rn. 11 mwN weisen zu Recht darauf hin, dass der Begriff der Unrichtigkeit hinsichtlich eines Bilanzansatzes wegen der eingeräumten Bewertungs- und Beurteilungsspielräume eng auszulegen ist, also insoweit eine Unrichtigkeit nur vorliegt, wenn ein Fehler nach übereinstimmendem Urteil der Fachleute eindeutig feststeht und die Darstellung daher schlechthin unvertretbar ist.
78 *Fischer* StGB § 265 b Rn. 28.
79 *Fischer* StGB § 265 b Rn. 29; NK-StGB/*Hellmann* StGB § 265 b Rn. 40.
80 LK/*Tiedemann* StGB § 265 b Rn. 66.
81 Vgl. *Fischer* StGB § 265 b Rn. 34.
82 Siehe auch *Fischer* StGB § 265 b Rn. 29.
83 LK/*Tiedemann* StGB § 265 b Rn. 85; NK-StGB/*Hellmann* StGB § 265 b Rn. 46; SK-StGB/*Hoyer* StGB § 265 b Rn. 17; vgl. zu den Einzelheiten die Kommentierungen zu § 130 BGB.
84 Palandt/*Ellenberger* BGB § 130 Rn. 5.

den Kreditantrag Bezug nehmen.[85] Als Empfänger kommen der Kreditgeber oder einer diesem zuzurechnenden Person oder Stelle in Betracht.[86]

bb) Machen schriftlicher unrichtiger oder unvollständiger Angaben, § 265 b Abs. 1 Nr. 1 b

29 Unter **Angaben** sind alle sonstigen Gedankenerklärungen zu verstehen, soweit sie nicht als Unterlagen iSd Abs. 1 zu qualifizieren sind.[87] Im Gegensatz zu der Vorlage falscher Unterlagen, die auch von Dritten stammen können, erfasst Nr. 1 b nur eigene Angaben des Täters.[88] Im Einzelfall kann eine Abgrenzung zwischen Unterlagen und Angaben Schwierigkeiten bereiten. Letztlich ist sie allerdings ohne Bedeutung, weil beide Varianten von § 265 b StGB gleichwertig erfasst sind.[89]

30 Nach einer stark vertretenen Ansicht sollen dem Begriff nicht nur Tatsachenangaben, sondern auch **Bewertungen und Prognosen** unterfallen.[90] Dies folge bereits daraus, dass in Nr. 1 a ausdrücklich auch Gutachten genannt seien und beispielsweise die „Richtigkeit" einer Bilanz in erheblichem Maß von zutreffenden Bewertungen abhänge.[91] Andere Teile der Literatur lehnen diese Ansicht zu Recht ab.[92] § 265 b StGB weist eine Nähe zum allgemeinen Betrugstatbestand auf, dem nur **Täuschungen über Tatsachen** unterfallen, und ist als Vorfeldtatbestand ausgestaltet.[93] Zudem können Bewertungen und Prognosen nicht falsch, sondern allenfalls nicht vertretbar sein.[94] Erfasst sind daher nur Erklärungen über tatsächliche Umstände, die selbstverständlich in Werturteilen konkludent miterklärt sein können.[95] Letztlich gründet jede falsche Bewertung und Prognose auf (konkludent) miterklärten Tatsachen, die dem Beweis voll zugänglich sind.[96]

31 Der Tatbestand erfasst nur schriftliche Angaben. Der gesetzgeberische Sinn dürfte sich auf Beweiserleichterungen beschränken, was für eine Behandlung als objektive Bedingung der Strafbarkeit spricht.[97] Nach hM handelt es sich jedoch um ein Tatbestandsmerkmal, auf das sich auch der Vorsatz erstrecken muss.[98] Dies wird ua damit begründet, dass schriftliche Erklärungen idR besser überlegt seien und damit ein höheres Gefährdungs-(=Täuschungs-)potenzial bestehe.[99] Ganz unabhängig von seiner dogmatischen Einordnung hat das Schriftlichkeitserfordernis jedenfalls keine Einschränkungen der üblichen Auslegungsmethoden zur Folge. Wie bei sonstigen Erklärungen ist deshalb auch

---

85 *Fischer* StGB § 265 b Rn. 26.
86 *Fischer* StGB § 265 b Rn. 26.
87 *Fischer* StGB § 265 b Rn. 27; Schönke/Schröder/*Perron* StGB § 265 b Rn. 36.
88 LK/*Tiedemann* StGB § 265 b Rn. 62; Schönke/Schröder/*Perron* StGB § 265 b Rn. 36.
89 Schönke/Schröder/*Perron* StGB § 265 b Rn. 36.
90 Lackner/Kühl/*Heger* StGB § 265 b Rn. 5; Schönke/Schröder/*Perron* StGB § 265 b Rn. 39; einschränkend LK/*Tiedemann* StGB § 265 b Rn. 64.
91 Schönke/Schröder/*Perron* StGB § 265 b Rn. 39.
92 *Fischer* StGB § 265 b Rn. 27; NK-StGB/*Hellmann* StGB § 265 b Rn. 37.
93 NK-StGB/*Hellmann* StGB § 265 b Rn. 37.
94 NK-StGB/*Hellmann* StGB § 265 b Rn. 37.
95 *Fischer* StGB § 265 b Rn. 27.
96 Vgl. NK-StGB/*Hellmann* StGB § 265 b Rn. 37.
97 Vgl. *Fischer* StGB § 265 b Rn. 27; vgl. auch BT-Drs. 7/3441, 30.
98 Lackner/Kühl/*Heger* StGB § 265 b Rn. 7; LK/*Tiedemann* StGB § 265 b Rn. 63; Schönke/Schröder/*Perron* StGB § 265 b Rn. 37.
99 Schönke/Schröder/*Perron* StGB § 265 b Rn. 37; krit. *Fischer* StGB § 265 b Rn. 27.

für die Auslegung der Angaben iSd § 265 b Abs. 1 Nr. 1 b StGB nicht nur auf deren schriftliche Verkörperung, sondern auch auf den Kontext, innerhalb dessen sie gemacht worden sind, abzustellen.[100]

Für die **Unrichtigkeit** und **Unvollständigkeit** gelten die bei § 265 b Abs. 1 Nr. 1 a StGB dargelegten Voraussetzungen (Rn. 254 f.). Ebenfalls kommt es bei Nr. 1 b auf den Zugang der falschen Angaben an. Sie sind **gemacht**, wenn sie dem Kreditgeber mit Willen desjenigen, der hinter den Angaben steht, zugegangen sind.[101]

cc) Verschweigen erheblicher Verschlechterungen der wirtschaftlichen Verhältnisse, § 265 b Abs. 2

Die dritte Täuschungsvariante regelt ein **echtes Unterlassungsdelikt**,[102] welches dadurch begangen wird, dass unrichtige oder unvollständige Angaben oder Unterlagen bei der Vorlage nicht richtiggestellt bzw. vervollständigt werden. Das Gesetz will damit dem Umstand Rechnung tragen, dass im Zusammenhang mit einem Kreditantrag häufig Schriftstücke vorgelegt werden, die nicht erst aus Anlass des Kreditantrags, sondern in einem früheren Zeitpunkt angefertigt worden sind und sich die wirtschaftlichen Verhältnisse zwischenzeitlich verschlechtert haben können.[103] Letztlich verbleibt für diese Regelung nur ein sehr **schmaler Anwendungsbereich**, weil die meisten Täuschungshandlungen im Zusammenhang mit einem Kreditantrag unter Nr. 1 fallen.[104] Die Übermittlung der unrichtigen bzw. unvollständigen Unterlagen enthält nämlich idR die konkludente Aussage, dass sich die Verhältnisse seit ihrer Erstellung nicht wesentlich geändert haben.[105] § 265 b Abs. 1 Nr. 2 StGB ist folglich nur einschlägig, wenn sich aus der nachträglich unrichtig gewordenen Unterlage nicht die konkludente Aussage ergibt, die Information treffe noch immer zu.[106] In zeitlicher Hinsicht erstreckt sich die Alternative nur auf solche Fallkonstellationen, in denen die Unterlagen bereits vor dem Kreditantrag erstellt wurden und sich die dargestellten wirtschaftlichen Verhältnisse bis zur Beantragung des Kredits verschlechtert haben. Dabei werden nach zutreffender überwiegender Ansicht nur die Fälle erfasst, in denen der Antragsteller nach der Erstellung der Unterlagen von Veränderungen erfährt, diese bei der Antragstellung aber nicht bekannt gibt.[107] Nach Ansicht von *Tiedemann* erfasst die Vorschrift auch die Fälle, in denen die Veränderung zwar zwischen der Erstellung und der Vorlage der Unterlagen eintritt, der Antragsteller aber erst nach der Vorlage davon erfährt.[108] Diese zu weitgehende Ansicht ist allerdings nicht mit dem Wortlaut

---

100 BGH 10.4.2014 – 1 StR 649/13, NStZ 2015, 342 (343).
101 Schönke/Schröder/*Perron* StGB § 265 b Rn. 43.
102 *Fischer* StGB § 265 b Rn. 36; Lackner/Kühl/*Heger* StGB § 265 b Rn. 6; LK/*Tiedemann* StGB § 265 b Rn. 90; MüKoStGB/*Kasiske* StGB § 265 b Rn. 36; NK-StGB/*Hellmann* StGB § 265 b Rn. 49; Schönke/Schröder/*Perron* StGB § 265 b Rn. 44; SK-StGB/*Hoyer* StGB § 265 b Rn. 21.
103 Vgl. BR-Drs. 5/75, 31; Müller-Emmert/*Maier* NJW 1976, 1662; Schönke/Schröder/*Perron* StGB § 265 b Rn. 44.
104 *Fischer* StGB § 265 b Rn. 36; NK-StGB/*Hellmann* StGB § 265 b Rn. 50.
105 NK-StGB/*Hellmann* StGB § 265 b Rn. 50.
106 NK-StGB/*Hellmann* StGB § 265 b Rn. 51.
107 *Fischer* StGB § 265 b Rn. 36; NK-StGB/*Hellmann* StGB § 265 b Rn. 50; Schönke/Schröder/*Perron* StGB § 265 b Rn. 47; SK-StGB/*Hoyer* StGB § 265 b Rn. 22.
108 LK/*Tiedemann* StGB § 265 b Rn. 93.

„bei der Vorlage" vereinbar.[109] In diesen Fällen kommt nur eine Strafbarkeit nach § 263 StGB in Betracht.[110]

34 § 265 b Abs. 1 Nr. 2 StGB betrifft nur **Verschlechterungen**, die in den Unterlagen und Angaben **dargestellt** sind. Die Verschlechterung anderer als der angegebenen wirtschaftlichen Verhältnisse müssen nicht mitgeteilt werden.[111] Im Gegensatz zu Abs. 1 Nr. 1 muss auch keine Verbesserung der wirtschaftlichen Lage angegeben werden.[112]

c) Sachlicher Bezug der Täuschungshandlungen

35 Die drei qualifizierten Täuschungshandlungen sind für sich genommen noch nicht strafbar. Der Tatbestand setzt weiter voraus, dass die Täuschungen im **Zusammenhang mit dem Kreditantrag** erfolgen, die Angaben **wirtschaftliche Verhältnisse des Kreditnehmers** betreffen, die für diesen **vorteilhaft** und **für die Kreditentscheidung erheblich** sind.

aa) Zusammenhang mit dem Kreditantrag

36 Unter einem **Kreditantrag** versteht man jede auf die Erlangung eines Kredits gerichtete – auch mündliche – Erklärung, durch die der Kreditgeber zu einer für ihn verbindlichen Erklärung veranlasst werden soll.[113] Es muss sich also nicht um ein bindendes Angebot iSd § 145 BGB handeln.[114] Ebenso muss die Erklärung nicht vollständig oder auf eine bestimmte Kredithöhe gerichtet sein. Nicht ausreichend sind hingegen unverbindliche Erkundigungen, Sondierungsgespräche und Vorverhandlungen.[115]

37 Inhaltlich muss sich der Antrag auf die Gewährung, Belassung oder Veränderung der Bedingungen eines Kredites richten. **Gewährung** ist die (erstmalige) Erbringung der Kreditleistung.[116] Ein Kredit wird **belassen**, wenn er trotz rechtlicher Möglichkeit der Rückforderung weiter gewährt wird.[117] Hierunter fällt nicht die Stundung, weil diese bereits selbst einen Kredit darstellt, der gewährt" und nicht „belassen" wird.[118] Auf eine **Veränderung der Bedingungen eines Kredites** richtet sich der Antrag, wenn eine inhaltliche Abänderung des ursprünglichen Kreditgeschäfts (zB Zinssatz, Art und Weise der Tilgung, Kündigungsfristen etc) erreicht werden soll.[119]

38 Die Täuschungshandlung muss **im Zusammenhang** mit dem Kreditantrag erfolgen. Erforderlich ist also zunächst stets, dass überhaupt ein Kreditantrag gestellt wird, weil sonst bereits keine Gefahr einer Kreditgewährung besteht.[120]

---

109 So auch *Fischer* StGB § 265 b Rn. 36; NK-StGB/*Hellmann* StGB § 265 b Rn. 50; Schönke/Schröder/*Perron* StGB § 265 b Rn. 47; SK-StGB/*Hoyer* StGB § 265 b Rn. 22.
110 *Fischer* StGB § 265 b Rn. 36; Schönke/Schröder/*Perron* StGB § 265 b Rn. 47.
111 NK-StGB/*Hellmann* StGB § 265 b Rn. 50; Schönke/Schröder/*Perron* StGB § 265 b Rn. 45.
112 Schönke/Schröder/*Perron* StGB § 265 b Rn. 45.
113 Schönke/Schröder/*Perron* StGB § 265 b Rn. 25.
114 *Fischer* StGB § 265 b Rn. 18.
115 *Fischer* StGB § 265 b Rn. 18; Lackner/Kühl/*Heger* StGB § 265 b Rn. 4; Schönke/Schröder/*Perron* StGB § 265 b Rn. 25.
116 LK/*Tiedemann* StGB § 265 b Rn. 55; Schönke/Schröder/*Perron* StGB § 265 b Rn. 25.
117 *Fischer* StGB § 265 b Rn. 17; MüKoStGB/*Kasiske* StGB § 265 b Rn. 27.
118 Schönke/Schröder/*Perron* StGB § 265 b Rn. 25.
119 MüKoStGB/*Kasiske* StGB § 265 b Rn. 27.
120 Schönke/Schröder/*Perron* StGB § 265 b Rn. 27.

Unrichtige Angaben bei der Anbahnung eines Kredites, der dann letztlich doch nicht gestellt wird, sind somit nicht tatbestandsmäßig.[121] Liegt ein Kreditantrag vor, muss sich die Tathandlung **sachlich und zeitlich** auf den Antrag beziehen.[122] Ein sachlicher Zusammenhang liegt vor, wenn die Angaben nach dem erkennbaren Willen des Antragstellers bei der Kreditentscheidung berücksichtigt werden sollen.[123] Hingegen ist für den sachlichen Zusammenhang nicht erforderlich, dass die falschen Angaben für die Entscheidung über den Antrag erheblich sein müssen oder die Angaben in dem Antrag selbst enthalten oder mit diesem äußerlich verbunden sind.[124] Hinsichtlich des zeitlichen Zusammenhangs sind verschiedene Fallgruppen zu differenzieren. Reicht der Täter die Unterlagen **vor der Antragstellung** ein, ist es ausreichend, wenn er bereits bei der Einreichung die Absicht hatte, einen Antrag zu stellen bzw. wusste, dass ein Dritter diesen stellen würde.[125] Fehlte dem Täter die Absicht und fasst er den Entschluss zur Antragstellung erst später, muss er im Antrag zumindest konkludent Bezug auf die unrichtigen Unterlagen nehmen.[126] Eine solche konkludente Bezugnahme ist ebenso erforderlich, wenn die Unterlagen **nach der Antragstellung** eingereicht werden.[127]

Dies bedeutet, dass insbesondere auch falsche Angaben erfasst sind, die darauf abzielen, den Kreditgeber über Sachverhalte im Unklaren zu lassen, die diesen zu einer **Kündigung** berechtigen würden. Soweit also ein Kredit bereits ausgereicht wurde und nur die Alternative des Belassens des Kredits oder die Veränderung von Kreditbedingungen in Betracht kommt, muss angesichts des eindeutigen Gesetzeswortlauts gleichwohl auch hier eine falsche Angabe „im Zusammenhang mit einem Antrag" gemacht worden sein. Für einen laufenden Kredit kann sich diese Alternative nur entweder auf **revolvierende Kredite** beziehen oder auf den Fall, dass ein Kreditnehmer, der Anhaltspunkte dafür hat, dass der Kredit gekündigt werden soll, um das Belassen des Darlehens ersucht und er anlässlich dieses Ersuchens unrichtige oder unvollständige Angaben macht. Ein zeitlicher Zusammenhang ist nur insofern erforderlich, als die Tathandlung zwar dem Antrag vorausgehen, nachfolgen oder mit ihm zusammenfallen kann, aber jedenfalls der Entscheidung des Kreditgebers vorausgehen muss.[128]

Nicht unter § 265 b StGB fällt demnach der in der Praxis immer wieder auftretende sog **Covenants-Bruch**, soweit der Kreditgeber keine Kenntnis von einer Kündigungsmöglichkeit des Kredites hatte. Bei Covenants handelt es sich um bestimmte Klauseln oder (Neben-)Abreden in Kreditverträgen, womit der Kreditnehmer für die Laufzeit des Kredites vertraglich bindende Zusicherungen erteilt. In der Regel ergeben sich aus einem Covenants-Bruch für den Kreditgeber zivilrechtliche außerordentliche Kündigungsmöglichkeiten des Kredites. Sofern der Kreditantrag bereits gestellt und darüber entschieden worden war und der Kreditnehmer anschließend den vertraglich geforderten Erklärungspflichten

---

121 Lackner/Kühl/*Heger* StGB § 265 b Rn. 4.
122 BT-Drs. 7/5291, 15.
123 LK/*Tiedemann* StGB § 265 b Rn. 57; NK-StGB/*Hellmann* StGB § 265 b Rn. 24.
124 LK/*Tiedemann* StGB § 265 b Rn. 57; Schönke/Schröder/*Perron* StGB § 265 b Rn. 27.
125 Vgl. Schönke/Schröder/*Perron* StGB § 265 b Rn. 27.
126 *Fischer* StGB § 265 b Rn. 19; Schönke/Schröder/*Perron* StGB § 265 b Rn. 27.
127 Schönke/Schröder/*Perron* StGB § 265 b Rn. 27.
128 *Fischer* StGB § 265 b Rn. 19 mwN.

nicht nachkommt, mangelt es an dem tatbestandlich geforderten Zusammenhang mit einem Antrag auf Kreditgewährung oder -belassung bzw. Veränderung der Kreditkonditionen.

41 Anders ist die Situation zu beurteilen, wenn der Kreditgeber das Darlehen kündigen will, der Kreditnehmer dies jedoch durch die Darstellung einer unvollständigen oder unrichtigen Vermögenslage verhindert. Da es sich hier um eine neue Entscheidung des Kreditgebers über den bereits gewährten Kredit handelt, liegt der erforderliche „Zusammenhang mit einem Antrag" vor.

bb) Wirtschaftliche Verhältnisse

42 Darüber hinaus müssen die unrichtigen Angaben bzw. Unterlagen **wirtschaftliche Verhältnisse** betreffen. Bereits der Begriff als solcher ist nahezu grenzenlos. Zudem ordnet das Gesetz den Begriff nicht einer bestimmten Person zu (zB im Gegensatz zu § 48 KWG aF „wirtschaftliche Verhältnisse des Kreditnehmers"), so dass nicht nur die Vermögensverhältnisse des Kreditnehmers, sondern auch die Dritter, einzelner Wirtschaftszweige oder sogar der Wirtschaft überhaupt vom Wortlaut erfasst sind.[129] Nach überwiegender Auffassung ist der Begriff jedoch einzuschränken.[130] Relevant sind danach nur solche Verhältnisse, die (1.) für die Sicherheit des Kredits von Bedeutung sind und (2.) aus der Sphäre des Kreditnehmers – zu der auch Verhältnisse Dritter gehören können – stammen.[131] Denn nur diese Informationen kann der Kreditnehmer selbst verifizieren und die Gewähr für deren Richtigkeit übernehmen.

43 Zu den wirtschaftlichen Verhältnisse gehören insbesondere sämtliche Informationen, die sich aus der Bilanz des Unternehmens ergeben, die Marktgängigkeit der Produkte oder auch künftige Entwicklungen wie Fusionsabsichten und Investitionsmöglichkeiten.[132] Die wirtschaftlichen Verhältnisse eines Dritten können zB dann relevant sein, wenn sie für die Beurteilung der Bonität einer Forderung bedeutsam sind, der Dritte Sicherheiten zur Verfügung stellt oder er sich für die Kreditforderung verbürgt.[133]

cc) Vorteilhaftigkeit der Angaben

44 Die Unterlagen bzw. Angaben sind für den Kreditnehmer **vorteilhaft**, wenn sie aus objektiver Ex-ante-Sicht geeignet sind, die konkreten Aussichten des Kreditantrags zu verbessern.[134] Dies ist immer dann der Fall, wenn die angegebenen wirtschaftlichen Verhältnisse des Kreditnehmers oder eines Dritten positiver erscheinen, als sie es tatsächlich sind.[135] Neutrale oder für den Kreditnehmer ungünstige Unterlagen/Angaben scheiden somit aus dem Anwendungsbereich der Vorschrift aus. Bei der Beurteilung ist jedoch stets zu beachten, dass auch scheinbar ungünstige Angaben günstig wirken können, wenn sie dazu

---

129 BT-Drs. 7/3441, 31; krit. *Haft* ZStW 1988, 365 (369); Schönke/Schröder/*Perron* StGB § 265 b Rn. 30.
130 *Fischer* StGB § 265 b Rn. 23; Schönke/Schröder/*Perron* StGB § 265 b Rn. 30.
131 Vgl. *Fischer* StGB § 265 b Rn. 23; NK-StGB/*Hellmann* StGB § 265 b Rn. 28 f.; Schönke/Schröder/*Perron* StGB § 265 b Rn. 30.
132 NK-StGB/*Hellmann* StGB § 265 b Rn. 29.
133 *Fischer* StGB § 265 b Rn. 23; NK-StGB/*Hellmann* StGB § 265 b Rn. 29.
134 LK/*Tiedemann* StGB § 265 b Rn. 80; NK-StGB/*Hellmann* StGB § 265 b Rn. 30; Schönke/Schröder/*Perron* StGB § 265 b Rn. 41.
135 NK-StGB/*Hellmann* StGB § 265 b Rn. 30.

dienen sollen, günstigere Kreditbedingungen zu erzielen (zB Senkung des Zinssatzes oder der Tilgungsraten).[136]

dd) Entscheidungserheblichkeit

Schließlich müssen die Unterlagen bzw. Angaben für die Entscheidung über den Kreditantrag **erheblich** sein. Erheblich sind zunächst alle Umstände, die aus objektiver Ex-ante-Sicht *generell* dazu geeignet sind, die Aussichten des Kreditantrags zu verbessern.[137] Dies beurteilt sich anhand der Umstände des Einzelfalls aus der Sicht eines verständigen, durchschnittlich vorsichtigen Dritten.[138] Hierbei sind insbesondere die Art des Kredits und die Unternehmensumstände im Zeitpunkt des Kreditantrags (wie Umsatz, Gewinn, Anlage- und Umlaufvermögen, Außenstände, Verbindlichkeiten, usw) zu berücksichtigen.[139] Es handelt sich mithin allesamt um Umstände, die sich auf die Kreditwürdigkeit des Kreditnehmers beziehen.[140] Nach allgemeiner Meinung **scheiden Bagatell-Unrichtigkeiten aus**.[141] Der objektive Maßstab für die Beurteilung ist das erkennbare Erkenntnisinteresse des Kreditgebers.[142]

45

Strittig ist, ob bei der Beurteilung der Erheblichkeit über die generelle Eignung hinaus auch **individuelle Vorstellungen** des Kreditgebers und Kreditnehmers zu berücksichtigen sind. Nach zum Teil vertretener Auffassung in der Literatur könne bei der Beurteilung berücksichtigt werden, ob der Kreditgeber die Angaben für entscheidungserheblich hielt.[143] Dies ergebe sich aus dem Grundsatz der Vertragsfreiheit für Kreditverträge.[144] Die Rechtsprechung und der überwiegende Teil der Literatur lehnen diese Auffassung ab.[145] Gegen die Einbeziehung von individuellen Absprachen und Vorstellungen spreche der Schutzzweck von § 265 b StGB, der nicht die Dispositionsmaxime, sondern das Vermögen des Kreditgebers schütze.[146] Auch die Rechtsnatur als **abstraktes Gefährdungsdelikt** spreche für eine ausschließlich generelle objektivierte Betrachtung und gegen eine Subjektivierung des Merkmals.[147] Bei der Beurteilung des Meinungsstreits ist zu differenzieren: Grundsätzlich kommt es nicht darauf an, ob der Kreditgeber bei seiner Entscheidung von den unrichtigen Angaben beeinflusst wurde oder beeinflusst worden wäre, wenn er ihnen Glauben geschenkt hätte. Entscheidend ist die generelle Eignung der Angaben, die Kreditentscheidung zu beeinflussen und für die Beurteilung der Strafbarkeit im Weiteren, ob objektiv eine konkrete Gefahr für das Vermögen des Kreditgebers be-

46

---

136 Schönke/Schröder/*Perron* StGB § 265 b Rn. 41.
137 BGH 8.12.1981 – 1 StR 706/81, NJW 1982, 775 (776); m.krit.Anm. *Lampe* JR 1982, 430; BT-Drs. 7/3441, 31; 7/5291, 16; *Fischer* StGB § 265 b Rn. 31; Lackner/Kühl/*Heger* StGB § 265 b Rn. 5; NK-StGB/*Hellmann* StGB § 265 b Rn. 31; Schönke/Schröder/*Perron* StGB § 265 b Rn. 42.
138 NK-StGB/*Hellmann* StGB § 265 b Rn. 32.
139 BGH 8.12.1981 – 1 StR 706/81, NJW 1982, 775 (776).
140 Schönke/Schröder/*Perron* StGB § 265 b Rn. 42.
141 *Fischer* StGB § 265 b Rn. 34.
142 *Fischer* StGB § 265 b Rn. 29.
143 LK/*Tiedemann* StGB § 265 b Rn. 81.
144 LK/*Tiedemann* StGB § 265 b Rn. 81.
145 BGH 8.12.1981 – 1 StR 706/81, NJW 1982, 775 (776); *Fischer* StGB § 265 b Rn. 31 ff.; NK-StGB/*Hellmann* StGB § 265 b Rn. 33; diff. SK-StGB/*Hoyer* StGB § 265 b Rn. 38 f.
146 NK-StGB/*Hellmann* StGB § 265 b Rn. 33.
147 *Fischer* StGB § 265 b Rn. 32; HK-KapMStrafR/*Heinz* (2. Aufl.) StGB § 265 b Rn. 39.

stand. Eine Ausnahme besteht jedoch dann, wenn der Kreditgeber gegenüber dem Antragsteller unmissverständlich erklärt hat, dass bestimmte objektiv generell entscheidungserhebliche Angaben nicht seine Entscheidung beeinflussen werden.[148] Da diese Angaben schon keine abstrakte Gefahr für das Vermögen des Kreditgebers bergen, entfällt deren Entscheidungserheblichkeit.[149]

Auf dieser Grundlage ist es folglich ohne Bedeutung, ob sich die falschen Angaben über *erhebliche* Umstände (also keine Bagatell-Unrichtigkeiten) auf die Entscheidung tatsächlich ausgewirkt haben[150] oder ob der Kreditgeber die Unrichtigkeit oder Unvollständigkeit erkannte oder nicht.

2. Subjektiver Tatbestand

47 Der subjektive Tatbestand erfordert Vorsatz, wobei **dolus eventualis** ausreicht.[151] Eine Bereicherungsabsicht setzt der Kreditbetrug im Gegensatz zum Betrug gem. § 263 StGB nicht voraus. Der Vorsatz muss sich auf sämtliche Merkmale des objektiven Tatbestandes erstrecken. Der Täter muss sich insbesondere bewusst sein, dass die Unterlagen oder Angaben über wirtschaftliche Verhältnisse für ihn als Kreditnehmer vorteilhaft, aber unrichtig oder unvollständig, und dass sie entscheidungserheblich sind.[152]

48 Zwar weist der objektive Tatbestand zahlreiche normative Tatbestandsmerkmale auf, allerdings resultieren daraus in der Praxis in aller Regel keine besonderen Schwierigkeiten beim Nachweis der Vorsätzlichkeit.[153] Einzig die vom Täter verlangte Kenntnis der Unrichtigkeit – insbesondere von Wertangaben – und ggf. der Entscheidungserheblichkeit sind schwieriger nachzuweisen. Jedoch wird die Aussage des Täters, er sei von der Richtigkeit der Unterlagen und Angaben überzeugt gewesen, dann widerlegt, wenn er zumindest erkannt hat, dass bei objektiver Betrachtung eine falsche Tatsachenlage dargestellt wurde.[154] Zudem muss der Täter nicht exakt den Bedeutungsgehalt jedes Tatbestandsmerkmals erfassen, sondern es genügt die Erfassung des sozialen Sinngehalts (sog „Parallelwertung in der Laiensphäre").[155] Weiterhin ist zu bedenken, dass die Vorschrift ausschließlich Betriebskredite erfasst und die für den Betrieb/das Unternehmen handelnden Personen häufig aufgrund ihrer Ausbildung oder beruflichen Erfahrung die Unrichtigkeit ihrer Angaben und deren Krediterheblichkeit erkennen werden.[156]

49 Im Fall der **Unterlassungsalternative** von Abs. 1 Nr. 2 muss der Täter die Verschlechterung der dargestellten wirtschaftlichen Verhältnisse und deren Entscheidungserheblichkeit kennen, wobei auch diesbezüglich dolus eventualis genügt.[157] Der Irrtum über die Mitteilungspflicht schließt den Vorsatz nicht aus.

---

148 SK-StGB/*Hoyer* StGB § 265 b Rn. 39; MüKoStGB/*Kasiske* StGB § 265 b Rn. 33.
149 SK-StGB/*Hoyer* StGB § 265 b Rn. 39.
150 BGH 8.12.1981 – 1 StR 706/81, NJW 1982, 775 (776).
151 *Fischer* StGB § 265 b Rn. 38.
152 *Fischer* StGB § 265 b Rn. 38.
153 Ebenso NK-StGB/*Hellmann* StGB § 265 b Rn. 55; **anders** *Fischer* StGB § 265 b Rn. 38; LK/*Tiedemann* StGB § 265 b Rn. 96 ff.; Schönke/Schröder/*Perron* StGB § 265 b Rn. 48.
154 NK-StGB/*Hellmann* StGB § 265 b Rn. 55.
155 LK/*Tiedemann* StGB § 265 b Rn. 96; NK-StGB/*Hellmann* StGB § 265 b Rn. 55.
156 NK-StGB/*Hellmann* StGB § 265 b Rn. 55.
157 NK-StGB/*Hellmann* StGB § 265 b Rn. 57.

Vielmehr handelt es sich hierbei lediglich um einen Gebotsirrtum, der § 17 StGB unterfällt.[158]

III. Tätige Reue (Abs. 2)

§ 265 b Abs. 2 StGB (sog tätige Reue) sieht einen – obligatorischen – **persönlichen Strafaufhebungsgrund** vor. Die Regelung soll in den Fällen widersprüchliche Ergebnisse vermeiden, in denen mit dem vollendeten Kreditbetrug zugleich ein versuchter Betrug verwirklicht wird.[159] Die Sonderregelung ist erforderlich, weil der Täter beim Betrugsversuch gemäß § 24 StGB strafbefreiend zurücktreten, bei § 265 b StGB aber mangels Versuchsstrafbarkeit keine Strafbefreiung über § 24 StGB erreichen kann. Ohne diese Sonderregelung würde dem Täter der Anreiz genommen, durch eine auf Schadensvermeidung gerichtete Handlung Straffreiheit erlangen zu können.[160] In der Formulierung ist der persönliche Strafaufhebungsgrund des § 265 b Abs. 2 StGB an § 24 Abs. 1 StGB angelehnt. Sind an der Tat mehrere beteiligt, sind für den „Rücktritt" des einzelnen Beteiligten demgemäß die Grundsätze des § 24 Abs. 2 StGB entsprechend anzuwenden.[161]

50

Die Straffreiheit tritt gem. § 265 b Abs. 2 S. 1 StGB ein, wenn der Täter freiwillig verhindert, dass der Kreditgeber aufgrund der Tat die beantragte Leistung erbringt. Auf welche Weise der Täter die Erbringung der Leistung verhindert, ist gleichgültig. Er muss also nicht notwendigerweise Gegenaktivitäten zur Verhinderung der Leistungserbringung ergreifen, sondern es genügt, wenn er auf weitere für den Abschluss des Kreditvertrags notwendige Handlungen verzichtet.[162] Der Begriff der Freiwilligkeit ist hier ebenso zu verstehen wie bei § 24 StGB. Danach handelt der Täter – unabhängig davon, ob bei seinem Entschluss äußere Umstände mitwirken oder nicht – **freiwillig**, wenn ihm die Tat nach seinem Vorstellungsbild ohne unvertretbar erhöhtes Risiko noch ausführbar und ihr Zweck noch erreichbar erscheint, wenn er also „Herr seiner Entschlüsse" geblieben ist.[163] Die Freiwilligkeit ist damit zu bejahen, wenn die Verhinderung der Leistungserbringung auf einer autonomen Willensentscheidung des Täters beruht.

51

Der **zeitliche Anwendungsbereich** der tätigen Reue erstreckt sich von der formellen Tatvollendung durch Vornahme der Tathandlung bis zur materiellen Tatbeendung durch Erbringung der beantragten Kreditleistung.[164] Besondere Bedeutung erlangt somit die Frage, zu welchem Zeitpunkt die Kreditleistung erbracht ist. Dieser Zeitpunkt richtet sich nach den zivilrechtlichen Gegebenheiten und ist jeweils abhängig von der Art des beantragten Kredits:[165] Bei Gelddarlehen ist die Leistung erst mit Auszahlung der Darlehenssumme bzw. der Gutschrift auf dem Konto erbracht, während bei Bürgschaften, Garantien etc bereits der Abschluss des Vertrages und bei Akzeptkrediten das Zurverfü-

52

---

158 *Fischer* StGB § 265 b Rn. 38.
159 BT-Drs. 7/5291, 16.
160 NK-StGB/*Hellmann* StGB § 265 b Rn. 63.
161 BT-Drs. 7/5291, 16; LK/*Tiedemann* StGB § 265 b Rn. 107; MüKoStGB/*Kasiske* StGB § 265 b Rn. 47; Schönke/Schröder/*Perron* StGB § 265 b Rn. 49; SK-StGB/*Hoyer* StGB § 265 b Rn. 47.
162 NK-StGB/*Hellmann* StGB § 265 b Rn. 67.
163 Lackner/Kühl/*Heger* StGB § 24 Rn. 16 m. zahlr. Rspr.-Nachw.
164 NK-StGB/*Hellmann* StGB § 265 b Rn. 65.
165 LK/*Tiedemann* StGB § 265 b Rn. 104.

gungstellen des akzeptierten Wechsels genügt.[166] Wird die Kreditleistung in Raten erbracht, so ist der Zeitpunkt der ersten Ratenzahlung maßgeblich.[167] Die Möglichkeit der tätigen Reue zu diesem Zeitpunkt führt jedoch zu Friktionen, da bereits **mit der Täuschungshandlung ein vollendeter Eingehungsbetrug** vorliegen kann. Welche Konsequenzen daraus folgen, ist umstritten. Teilweise wird eine Ausdehnung des Anwendungsbereichs von § 265 b Abs. 2 StGB strikt abgelehnt mit der Folge, dass eine Strafbarkeit wegen Eingehungsbetruges unberührt bleibt.[168] Nach anderer Auffassung soll in dieser Konstellation wie für den Kapitalanlagebetrug ein Eingehungsbetrug nach § 263 StGB zu verneinen sein, um den Täter die Möglichkeit der Straffreiheit zu gewähren.[169] Richtigerweise muss sich die tätige Reue über den Wortlaut des § 265 b Abs. 2 StGB hinaus auch auf einen zugleich verwirklichten Eingehungsbetrug erstrecken. Es ist nicht einzusehen, dass die tätige Reue beim Kreditbetrug als gerade für die entsprechenden Sachverhalte geschaffenes Delikt zur Straflosigkeit führen, eine Strafbarkeit wegen Eingehungsbetruges als allgemeineres, aber schwereres Delikt jedoch gleichzeitig unberührt bleiben soll. Eine unterschiedliche Behandlung ist wegen der Gleichartigkeit der Delikte nicht angezeigt. Die Entkriminalisierungsfunktion der tätigen Reue wäre ansonsten weitgehend ad absurdum geführt. Das Problem resultiert jedoch nicht aus der Regelung des § 265 b Abs. 2 StGB, sondern aus der Rechtsfigur des Eingehungsbetruges, die zu einer Vorverlagerung des Vollendungszeitpunktes führt.

53 Für den Fall, dass die Leistung nicht ohne Zutun des Täters erbracht wird, billigt § 265 b Abs. 2 S. 2 StGB ihm gleichwohl Straffreiheit zu, wenn er sich freiwillig und ernsthaft bemüht hat, das Erbringen der Leistung zu verhindern. Auch diese Regelung ist § 24 StGB nachgebildet. Die geforderte Ernsthaftigkeit ist zu bejahen, wenn der Täter alles tut, was nach seiner Überzeugung zur Verhinderung der Leistungserbringung notwendig ist.[170] Dazu gehört auch, dass er zu neuen oder geeigneteren Mitteln greift, wenn sich ihm sein bisheriges Bemühen als aussichtslos darstellt.[171]

IV. Täterschaft und Teilnahme

54 Täter der Begehungsalternativen ist grundsätzlich jeder, der nach dem Inhalt der Erklärung und dem äußeren Erscheinungsbild die Unterlagen für den Kreditnehmer vorlegt.[172] Die Vorlage muss also nicht durch den Antragsteller erfolgen, denn sofern dieser die Unterlagen nur überbringt und somit als Bote auftritt, legt er die Unterlagen nicht iSd § 265 b StGB vor.[173] Ist der Bote gutgläubig, liegt regelmäßig ein Kreditbetrug in **mittelbarer Täterschaft** (§ 25 Abs. 1 Alt. 2 StGB) vor. So lag es zB in dem vom BGH entschiedenen Fall, in dem der Täter als Kommanditist und steuerlicher Berater des den Kredit beantragenden Unternehmens in der Handelsbilanz bewusst überhöhte Forderun-

---

166 *Fischer* StGB § 265 b Rn. 39; LK/*Tiedemann* StGB § 265 b Rn. 105; Schönke/Schröder/*Perron* StGB § 265 b Rn. 49.
167 *Fischer* StGB § 265 b Rn. 39.
168 NK-StGB/*Hellmann* StGB § 265 b Rn. 66; SK-StGB/*Hoyer* StGB § 265 b Rn. 45.
169 LK/*Tiedemann* StGB § 265 b Rn. 103.
170 Schönke/Schröder/*Eser/Bosch* StGB § 24 Rn. 72.
171 Schönke/Schröder/*Eser/Bosch* StGB § 24 Rn. 72.
172 *Fischer* StGB § 265 b Rn. 35.
173 LK/*Tiedemann* StGB § 265 b Rn. 109.

gen und zu niedrige Verbindlichkeiten auswies und der gutgläubige Geschäftsführer der Firma diese Bilanz der Kredit gewährenden Bank vorlegte.[174]

Wirken mehrere Personen aufgrund eines gemeinsamen Tatentschlusses zusammen, kommt ein Kreditbetrug in **Mittäterschaft** in Betracht, sofern die – zum Teil strittigen – Voraussetzungen des § 25 Abs. 2 StGB vorliegen.[175] Als (Mit-)Täter kommen insbesondere **Vertreter und Angestellte des Kreditnehmers** in Betracht.[176] Angestellte, die auf Weisung für den Kreditnehmer die unrichtigen Unterlagen vorlegen bzw. unrichtige Angaben machen, sind in der Regel jedoch lediglich **Gehilfen**.[177] Auch **Mitarbeiter des Kreditgebers** können bei kollusivem Zusammenwirken einen Kreditbetrug mittäterschaftlich begehen,[178] indem sie beispielsweise die Unrichtigkeit der Unterlagen erkennen und in bewusstem und gewolltem Zusammenwirken mit dem Kreditnehmer den Antrag weiterreichen.[179] Letztlich ist die **Abgrenzung zwischen Mittäterschaft und (sukzessiver) Beihilfe** immer am konkreten Einzelfall anhand der allgemeinen Abgrenzungskriterien vorzunehmen.[180]

Schließlich ist stark umstritten, ob sich der Kreditnehmer wegen Kreditbetrugs **durch Unterlassen** gem. §§ 265 b, 13 StGB strafbar machen kann, wenn er zB zulässt, dass einer seiner Mitarbeiter unrichtige Unterlagen vorlegt oder unrichtige Angaben macht.[181] Erforderlich ist nach § 13 StGB stets eine Garantenstellung des Täters zum Schutz des Vermögens des Kreditgebers.[182] Diese kann sich mitunter aus der Eigenschaft als Betriebs-/Geschäftsinhaber (sog Geschäftsherrenhaftung) ergeben oder aus Ingerenz, etwa infolge bösgläubiger Benennung einer Auskunftsperson.[183]

V. Konkurrenzen

Verwirklicht der Täter **mehrere Alternativen des Abs. 1**, soll – nach allerdings umstrittener Ansicht – nur eine Deliktsverwirklichung (tatbestandliche Handlungseinheit) vorliegen.[184]

Ebenso umstritten ist das Verhältnis zum vollendeten und versuchten **Betrug**. Die Beurteilung hängt von der Streitfrage ab, ob § 265 b StGB wie § 263 StGB ausschließlich das Individualvermögen oder darüber hinaus auch die Funkti-

---

174 Vgl. BGH 8.12.1981 – 1 StR 706/81, NJW 1982, 775 (776).
175 Zu den Voraussetzungen im Einzelnen s. *Fischer* StGB § 25 Rn. 23 ff.; Lackner/Kühl/*Heger* StGB § 25 Rn. 9 ff.
176 HK-KapMStrafR/*Heinz* (2. Aufl.) StGB § 265 b Rn. 52.
177 BGH 14.9.1983 – 3 StR 157/83, wistra 1984, 25 ff.; LG Mannheim 15.11.1984 – (22) 6 Kls 12/82, wistra 1985, 158; Schönke/Schröder/*Perron* StGB § 265 b Rn. 50; aA LK/*Tiedemann* StGB § 265 b Rn. 109.
178 *Fischer* StGB § 265 b Rn. 35.
179 Nach Ansicht von MüKoStGB/*Kasiske* StGB § 265 b Rn. 45 liegt in diesen Fällen dagegen in der Regel lediglich eine (sukzessive) Beihilfe vor, da die Tat mit dem Zugang der Unterlagen/schriftlichen Angaben schon beendet sei.
180 Schönke/Schröder/*Perron* StGB § 265 b Rn. 50.
181 Vgl. zur Diskussion um die sog Geschäftsherrenhaftung ua *Fischer* StGB § 13 Rn. 67 ff.; Schönke/Schröder/*Bosch* StGB § 13 Rn. 53 f.; NK-StGB/*Gaede* StGB § 13 Rn. 53 jeweils m. weiter. zahlr. Nachw.
182 NK-StGB/*Hellmann* StGB § 265 b Rn. 61.
183 LK/*Tiedemann* StGB § 265 b Rn. 111.
184 NK-StGB/*Hellmann* StGB § 265 b Rn. 68; Schönke/Schröder/*Perron* StGB § 265 b Rn. 51; SK-StGB/*Hoyer* StGB § 265 b Rn. 48; aA *Fischer* StGB § 265 b Rn. 41, der sich für natürliche Handlungseinheit oder Tateinheit ausspricht.

onsfähigkeit der Kreditwirtschaft als solche schützt. Nach der Auffassung, nach der § 265 b StGB auch die Funktionsfähigkeit der Kreditwirtschaft schützt, stehen die beiden Tatbestände zueinander in Tateinheit.[185] Nach der auch hier vertretenen Gegenansicht, der sich auch der BGH angeschlossen hat, wird § 265 b StGB von § 263 StGB verdrängt.[186] Eine weitere Ansicht, nach der § 265 b StGB ebenso ausschließlich das Vermögen schützt, differenziert zwischen vollendetem und versuchtem Betrug: Bei einer Vollendung wird der Kreditbetrug im Wege der Gesetzeskonkurrenz verdrängt, während bei einem Versuch aufgrund der Klarstellungsfunktion – dass die Täuschungshandlung gegenüber dem Kreditgeber tatsächlich begangen und nicht nur versucht wurde – Tateinheit bestehen soll.[187]

59 Verwirklicht der Täter im Zusammenhang mit dem Kreditbetrug **weitere Straftaten**, wie zB §§ 264, 266, 267 StGB oder Bilanzstraftaten nach §§ 331 ff. HGB, 400 AktG, 82 GmbHG, 147 GenG, ist nach den allgemeinen Regeln Tateinheit oder Tatmehrheit möglich.[188]

VI. Strafzumessungsgesichtspunkte

60 Der Täter muss weder einen Vermögensschaden verursachen noch mit Bereicherungsabsicht handeln, um den Tatbestand des § 265 b StGB zu erfüllen. Gleichwohl wirkt es sich strafschärfend aus, wenn diese Merkmale erfüllt sind. Dies gilt insbesondere für die Höhe eines tatsächlich verursachten Schadens. Tritt kein Schaden ein, ist für die Strafzumessung von Bedeutung, ob das Vermögen des Kreditgebers gefährdet wurde und wie konkret die derartige Gefährdung war. Kommt es – ohne Vorliegen einer tätigen Reue gem. § 265 b Abs. 2 StGB – tatsächlich nicht zu einer Kreditauszahlung, wirkt sich dies strafmildernd aus. Von weiterer Bedeutung für die Strafzumessung ist die aufgewendete kriminelle Energie: Wollte der Täter die Kreditgeber bewusst und besonders raffiniert täuschen, fällt dies strafschärfend ins Gewicht. Umgekehrt wirken sich lediglich geringfügige (aber gleichwohl tatbestandsmäßige) Unkorrektheiten in den Unterlagen strafmildernd aus.

VII. Gerichtliche Zuständigkeit

61 Gemäß § 74 c Abs. 1 Nr. 5 GVG ist die Wirtschaftsstrafkammer für die Aburteilung des Kreditbetrugs zuständig, wenn die Staatsanwaltschaft wegen der Straferwartung (§ 74 Abs. 1 S. 2 GVG) oder der besonderen Bedeutung des Falles (§ 24 Abs. 1 Nr. 3 GVG) Anklage zum Landgericht erhebt. Insbesondere bei großer Schadenshöhe oder auch bei einer Vielzahl von Geschädigten oder auch bei besonders komplexen Sachverhalten sollte die Staatsanwaltschaft davon Gebrauch machen.

---

185 *Berz* BB 1976, 1435 (1439); LK/*Tiedemann* StGB § 265 b Rn. 113; MüKoStGB/*Kasiske* StGB § 265 b Rn. 53; *Müller-Emmert/Maier* NJW 1976, 1657 (1662); *Otto* Jura 1983, 16 (23); Schönke/Schröder/*Perron* StGB § 265 b Rn. 51.
186 BGH 21.2.1989 – 4 StR 643/88, NJW 1989, 1868 (1869); mit Anm. *Kindhäuser* JR 1990, 520; OLG Celle 12.8.1991 – 1 Ws 183/91, wistra 1991, 359; OLG Stuttgart 4.1.1991 – 1 Ws 296/90, wistra 1991, 236; *Fischer* StGB § 265 b Rn. 41; *Heinz, W.* GA 1977, 193 (216); NK-StGB/*Hellmann* StGB § 265 b Rn. 69.
187 *Kindhäuser* JR 1990, 520 (522); Lackner/Kühl/*Heger* StGB § 265 b Rn. 10; SK-StGB/*Hoyer* StGB § 265 b Rn. 48.
188 NK-StGB/*Hellmann* StGB § 265 b Rn. 70; LK/*Tiedemann* StGB § 265 b Rn. 113.

Kapitel 5: Untreuedelikte
Kap. 5.1. § 266 StGB Untreue
§ 266 StGB Untreue

(1) Wer die ihm durch Gesetz, behördlichen Auftrag oder Rechtsgeschäft eingeräumte Befugnis, über fremdes Vermögen zu verfügen oder einen anderen zu verpflichten, mißbraucht oder die ihm kraft Gesetzes, behördlichen Auftrags, Rechtsgeschäfts oder eines Treueverhältnisses obliegende Pflicht, fremde Vermögensinteressen wahrzunehmen, verletzt und dadurch dem, dessen Vermögensinteressen er zu betreuen hat, Nachteil zufügt, wird mit Freiheitsstrafe bis zu fünf Jahren oder mit Geldstrafe bestraft.

(2) § 243 Abs. 2 und die §§ 247, 248 a und 263 Abs. 3 gelten entsprechend.

Literatur: *Achenbach*, Schwerpunkte der BGH-Rechtsprechung zum Wirtschaftsstrafrecht, in Festgabe 50 Jahre Bundesgerichtshof, Band IV, 2000, S. 593; *Achenbach/Ransiek/Rönnau*, Handbuch Wirtschaftsstrafrecht, 4. Auflage 2015; *Adick*, Organuntreue (§ 266 StGB) und Business Judgement, 2010; *Albrecht*, Zur Unmittelbarkeit des Nachteils bei der Untreue, GA 2017, 130; *Alwart*, Wirtschaftsstrafrecht im Übergang, JZ 2006, 546; *Anders*, Untreue zum Nachteil der GmbH, 2012; *Arens*, Untreue im Konzern, 2010; *Arloth*, Zur Abgrenzung von Untreue und Bankrott bei der GmbH, NStZ 1990, 570; *Arlt*, Der strafrechtliche Anlegerschutz vor Kursmanipulation, 2004; *Arzt*, Siemens: Vom teuersten zum lukrativsten Kriminalfall der deutschen Geschichte, in Festschrift für Stöckel, 2010, S. 15; *Bauer*, Untreue durch Cash-Pooling im Konzern, 2008; *Baur/Holle*, Untreue und unternehmerische Entscheidung, ZIP 2017, 555; *Beckemper*, Untreuestrafbarkeit des GmbH-Gesellschafters bei einverständlicher Vermögensverschiebung, GmbHR 2005, 592; *Becker/Walla/Endert*, Wer bestimmt das Risiko? – Zur Untreuestrafbarkeit durch riskante Wertpapiergeschäfte in der Banken-AG –, WM 2010, 875; *Bernsmann*, „Untreue und Gemeinwohl" – Eine Skizze, StV 2013, 403; *ders.*, Untreue und Korruption – der BGH auf Abwegen, GA 2009, 296; *ders.*, Alles Untreue? Skizzen zu Problemen der Untreue nach § 266 StGB, GA 2007, 219; *ders.*, „Kick-Back" zu wettbewerbswidrigen Zwecken – keine Untreue, StV 2005, 576; *Beulke*, Wirtschaftslenkung im Zeichen des Untreuetatbestands, in Festschrift für Eisenberg, 2009, S. 245; *Birnbaum*, Stichwort „Churning", wistra 1991, 253; *Bittmann*, Untreue: Erkennbarkeit und Praktikabilität = mehr Rechtssicherheit, wistra 2017, 121; *ders.*, Aktuelle Problemfelder bei Betrug und Untreue, wistra 2013, 449; *ders.*, Verschleifungsverbot, Quantifizierungsgebot (§§ 263, 266 StGB) und Pflichtwidrigkeit (§ 266 StGB), wistra 2013, 1; *ders.*, Dogmatik der Untreue, insbesondere des Vermögensnachteils, NStZ 2012, 57; *ders.*, Risikogeschäft – Untreue – Bankenkrise, NStZ 2011, 361; *ders.*, Kapitalersatz, der 5. Strafsenat des BGH und das MoMiG, wistra 2009, 102; *Böse*, Das Bundesverfassungsgericht „bestimmt" den Inhalt des Untreuetatbestands, Jura 2011, 617; *Bosch/Lange*, Unternehmerischer Handlungsspielraum des Vorstandes zwischen zivilrechtlicher Verantwortung und strafrechtlicher Sanktion, JZ 2009, 225; *Bräunig*, Untreue in der Wirtschaft, 2011; *Brammsen*, Aufsichtsratsuntreue, ZIP 2009, 1504; *ders.*, Vorstandsuntreue, wistra 2009, 85; *ders.*, Strafbare Untreue des Geschäftsführers bei einverständlicher Schmälerung des GmbH-Vermögens? DB 1989, 1609; *Brammsen/Apel*, „Schwarze Kassen" in Privatunternehmen sind strafbare Untreue, § 266 StGB, WM 2010, 781; *Brand*, Untreue und Bankrott in der KG und GmbH & Co KG, 2010; *ders.*, Die Strafbarkeit des Vorstandes gemäß § 266 StGB trotz Zustimmung aller Aktionäre, AG 2007, 681; *Brand/Petermann*, Die Auswirkungen der „AUB-Rechtsprechung" auf die Untreuehaftung des Aufsichtsrates, WM 2012, 62; *Brand/Sperling*, Legalitätsverstöße in der Aktiengesellschaft als untreuerelevante Pflichtverletzung? AG 2011, 233; *dies.*, Untreue zum Nachteil von Idealvereinen, JR 2010, 473; *Bröker*, Strafrechtliche Probleme bei Warentermin- und -optionsgeschäften, 1989; *Brüning/Samson*, Bankenkrise und strafrechtliche Haftung wegen Untreue gem. § 266 StGB, ZIP 2009, 1089; *Busch*, Konzernuntreue, 2004; *Cappel*, Grenzen auf dem Weg zu einem europäischen Untreuestrafrecht, 2009; *Corsten*, Die Einwilligung in die Untreue (§ 266 StGB) sowie in die Bestechlichkeit und Bestechung (§ 299 StGB), 2011; *ders.*, Pflichtverletzung und Vermögensnachteil bei der Untreue, wistra 2010, 206; *Daniels*, Das Mannesmann-Verfahren, ZRP 2004, 270; *Dinter*, Der Pflichtwidrigkeitsvorsatz der Untreue,

2012; *Dittrich*, Die Untreuestrafbarkeit von Aufsichtsratsmitgliedern bei der Festsetzung überhöhter Vorstandsvergütungen, 2007; *Edlbauer/Irrgang*, Die Wirkung der Zustimmung und ihrer Surrogate im Untreuetatbestand, JA 2010, 786; *Ensenbach*, Der Vermögensschutz einer Auslands-GmbH im deutschen Strafrecht, wistra 2011, 4; *Esser*, Unternehmerische Fehlentscheidungen als Untreue. Plädoyer für den Erhalt einer strafrechtlichen Wertungsebene, NZWiSt 2018, 21; *Evers*, Das Verhältnis des Vermögensnachteils bei der Untreue (§ 266 StGB) zum Vermögensschaden beim Betrug (§ 263 StGB), 2018; *Fiala/Behrendsen*, Gefahren bei der Anlage und Verwaltung von Fremdgeldern, Rpfleger 1997, 281; *Fichtner*, Die börsen- und depotrechtlichen Strafvorschriften und ihr Verhältnis zu den Eigentums- und Vermögensdelikten des StGB, 1993; *Fischer*, Die strafrechtliche Bewältigung der Finanzkrise am Beispiel der Untreue – Finanzkrise und Strafrecht, ZStW 123 (2011), 816; *ders.*, Unternehmensstrafrecht in der Revision, StraFo 2010, 329; *ders.*, Strafbarer Gefährdungsschaden oder strafloser Untreueversuch – Zur Bestimmtheit der Untreue-Rechtsprechung, StV 2010, 95; *ders.*, Prognosen, Schäden, Schwarze Kassen, NStZ-Sonderheft 2009, S. 8; *Fleischer*, Konzernuntreue zwischen Straf- und Gesellschaftsrecht: Das Bremer Vulkan-Urteil, NJW 2004, 2867; *Flum*, Der strafrechtliche Schutz der GmbH gegen Schädigungen mit Zustimmung der Gesellschafter, 1990; *Forkel*, Zwischenruf Finanzmarktkrise und Untreue, ZRP 2010, 158; *Gaede*, Probleme der Untreue im Unternehmensverbund, NZWiSt 2018, 220; *Gallandi*, Strafrechtliche Aspekte der Asset Backed Securities, wistra 2009, 41; *Ginou*, Systematik der Bezifferungsmethoden zur Ermittlung des Vermögensschadens, NZWiSt 2017, 138; *Günther*, Die Untreue im Wirtschaftsstrafrecht, in Festschrift für Weber, 2004, S. 311; *Hanft*, Bewilligung kompensationsloser Anerkennungsprämien durch den Aufsichtsrat einer Aktiengesellschaft als Untreue – Fall Mannesmann, Jura 2007, 58; *Hantschel*, Untreuevorsatz, 2010; *Hauck*, Betrug und Untreue als konkrete Gefährdungsdelikte de lege lata und de lege ferenda, ZIS 2011, 919; *Hefendehl*, Die Feststellung des Vermögensschadens – auf dem Weg zum Sachverständigenstrafrecht? wistra 2012, 325; *Heidel*, „Wes Brot ich ess, des Lied ich sing" in Festschrift für Mehle, 2009, S. 247; *Hellmann*, Risikogeschäfte und Untreuestrafbarkeit, ZIS 2007, 433; *Hermann*, Die Begrenzung der Untreuestrafbarkeit in der Wirtschaft am Beispiel der Bankenuntreue, 2011; *Hillenkamp*, Zur Kongruenz von objektivem und subjektivem Tatbestand der Untreue, in Festschrift für Maiwald, 2010, S. 323; *ders.*, Risikogeschäft und Untreue, NStZ 1981, 161; *Hohn*, „Freie" und „unfreie" Verfügungen über das Vermögen, in Festschrift für Rissing-van Saan, 2011, S. 259; *ders.*, Die „äußersten" Grenzen des erlaubten Risikos bei Entscheidungen über die Verwendung von Gesellschaftsvermögen, wistra 2006, 161; *Hohnel*, Kapitalmarktstrafrecht, 2013; *Höf*, Untreue im Konzern, 2006; *Höft*, Strafrechtliche Aufarbeitung der Finanzkrise, 2018; *Hoffmann*, Untreue und Unternehmensinteresse, 2010; *Ibold*, Unternehmerische Entscheidungen als pflichtwidrige Untreuehandlungen, 2011; *Ignor/Sättele*, Pflichtwidrigkeit und Vorsatz bei der Untreue (§ 266 StGB) am Beispiel der sog. Kredituntreue, in Festschrift für Hamm, 2008, S. 211; *Imo*, Börsentermin- und Börsenoptionsgeschäfte, Band I, 1988; *Jahn*, Lehren aus dem „Fall Mannesmann", ZRP 2004, 179; *Kasiske*, Strafbare Existenzgefährdung der GmbH und Gläubigerschutz, JR 2011, 235; *ders.*, Existenzgefährdende Eingriffe in das GmbH-Vermögen mit Zustimmung der Gesellschafter als Untreue, wistra 2005, 81; *Keller*, Strafbare Untreue und Gemeinwohlbindung von Gesellschaftsvermögen, in Festschrift für Puppe, 2011, S. 1189; *Kiethe*, Die Grenzen der strafrechtlichen Verantwortlichkeit für Bürgermeistern, NStZ 2005, 529; *Kiethe/Hohmann*, Der strafrechtliche Schutz von Geschäfts- und Betriebsgeheimnissen, NStZ 2006, 185; *Kirkpatrick*, Die Target2-Salden der Deutschen Bundesbank – Ein Fall der Untreue? wistra 2013, 249; *Kohlmann*, Die strafrechtliche Verantwortlichkeit des GmbH-Geschäftsführers, 1990; *ders.*, Untreue zum Nachteil des Vermögens einer GmbH trotz Zustimmung sämtlicher Gesellschafter? in Festschrift für Werner, 1984, S. 387; *Kort*, Das „Mannesmann"-Urteil im Lichte von § 87 AktG, NJW 2005, 333; *Körner*, Angemessenheit von Vorstandsbezügen in § 87 AktG, NJW 2004, 2697; *Kraatz*, Der Untreuetatbestand ist verfassungsgemäß – gerade noch! JR 2011, 434; *ders.*, Zur „limitierten Akzessorietät" der strafbaren Untreue – Überlegungen zur Strafrechtsrelevanz gesellschaftsrechtlicher Pflichtverletzungen im Rahmen des § 266 StGB anhand von Beispielen zur „GmbH-Untreue", ZStW 123 (2011), 447; *ders.*, Zu den Grenzen einer „Fremdrechtsanwendung" im Wirtschaftsstrafrecht am Beispiel der Untreuestrafbarkeit des Direktors einer in Deutschland ansässigen Private Company Limited by Shares, JR 2011, 58; *ders.*, „Kick-Back"-Zahlungen als strafbare Untreue. Versuch einer dogmatischen Konkretisierung und Systematisierung, ZStW 122 (2010), 521; *Krause*, Die Feststellung des Vermögensschadens – auf dem Weg zum Sachverständigenstrafrecht? wistra 2012, 331; *ders.*, Strafrechtliche Haftung des Aufsichtsrates, NStZ 2011, 57; *ders.*, Kon-

Kap. 5.1. § 266 StGB Untreue

zerninternes Cash Management – der Fall Bremer Vulkan. Neue Ansätze bei der Untreue (§ 266 StGB) und ihre Konsequenzen für die Praxis, JR 2006, 51; *Krell,* Zur Bedeutung der „Drittnormen" für die Untreue, NStZ 2014, 62; *Krey,* Finanzmarktkrise und deutsches Strafrecht, in: Festschrift für Roxin zum 80. Geburtstag, 2011, S. 1074; *Krüger,* Neues aus Karlsruhe zu Art. 103 II GG und § 266 StGB, NStZ 2011, 369; *Kubiciel,* Gesellschaftsrechtliche Pflichtwidrigkeit und Untreuestrafbarkeit, NStZ 2005, 353; *Kuhlen,* Gesetzlichkeitsprinzip und Untreue, JR 2011, 246; *Labsch,* Einverständliche Schädigung des Gesellschaftsvermögens und Strafbarkeit des GmbH-Geschäftsführers – BGH NStZ 1984, 118, JuS 1985, 602; *Lassmann,* Untreue zu Lasten gemeinnütziger Stiftungen – Strafbarkeitsrisiken im Non-Profit-Bereich, NStZ 2009, 473; *Leipold,* Strafrechtlicher Pflichtenkatalog des Aufsichtsrats, in Festschrift für Mehle, 2009, S. 347; *Leitner,* Unternehmensstrafrecht in der Revision, StraFo 2010, 323; *Lichtenwimmer,* Untreueschutz der GmbH gegen den übereinstimmenden Willen der Gesellschafter? 2008; *Loeck,* Strafbarkeit des Vorstands der Aktiengesellschaft wegen Untreue, 2006; *Löwer,* Die strafrechtliche Aufarbeitung der Wirtschafts- und Finanzkrise, 2017; *Lüderssen,* Gesellschaftsrechtliche Grenzen der strafrechtlichen Haftung des Aufsichtsrats, in Festschrift für Lampe, 2003, S. 727; *Mansdörfer,* Die Vermögensgefährdung als Nachteil im Sinne des Untreuetatbestands, JuS 2009, 114; *Marwerdel,* Der Pflichtwidrigkeitsvorsatz bei § 266 StGB – Jagd nach einem weißen Schimmel, ZStW 123 (2011), 548; *Matt,* Missverständnisse zur Untreue – Eine Betrachtung auch zum Verhältnis von (Straf-)Recht und Moral, NJW 2005, 389; *Maurer/Wolf,* Zur Strafbarkeit der Rückzahlung von Gesellschafterdarlehen in und außerhalb der insolvenzrechtlichen „Krise" einer GmbH, wistra 2011, 327; *Michalke,* Untreue – neue Vermögensbetreuungspflichten durch Compliance-Regeln, StV 2011, 245; *Mitsch,* Die Untreue – Keine Angst vor § 266 StGB! JuS 2011, 97; *Möllers/Wenninger,* Das Anlegerschutz- und Funktionsverbesserungsgesetz, NJW 2011, 1697; *Mölter,* Untreuestrafbarkeit von Anlageberatern unter spezieller Betrachtung der Vermögensbetreuungspflicht, wistra 2010, 53; *Murmann,* Untreue (§ 266 StGB) und Risikogeschäfte, Jura 2010, 561; *Nattkemper,* Die Untreuestrafbarkeit des Vorstands einer Aktiengesellschaft, 2013; *Nelles,* Untreue zum Nachteil von Gesellschaften, 1991; *Nestler,* Churning, 2009; *Nikolay,* Die neuen Vorschriften zur Vorstandsvergütung – Detaillierte Regelungen und offene Fragen, NJW 2009, 2640; *Nitsche,* Die schadensgleiche Vermögensgefahr im Untreuerecht, 2014; *Nobis,* Finanzmarktkrise und Untreue, 2016; *Nuß,* Untreue durch Marketingkommunikation, 2006; *Otto,* Dolus eventualis und Schaden bei der Untreue, § 266 StGB, in Festschrift für Puppe, 2011, S. 1247; *ders.,* Untreue der Vertretungsorgane von Kapitalgesellschaften durch Vergabe von Spenden, in Festschrift für Kohlmann, 2003, S. 187; *ders.,* Neue und erneut aktuelle Formen betrügerischer Anlageberatung und ihre strafrechtliche Ahndung, in Festschrift für Pfeiffer, 1988, S. 69; *ders.,* Strafrechtliche Aspekte der Anlageberatung, WM 1988, 729; *ders.,* Bankentätigkeit und Strafrecht, 1983; *Park/Rütters,* Untreue und Betrug durch Handel mit problematischen Verbriefungen, StV 2011, 434; *Peglau,* Vermögensschaden, „Vermögensgefährdung" und die neuere verfassungsgerichtliche Rechtsprechung, wistra 2012, 368; *Perron,* Die Untreue nach der Grundsatzentscheidung des Bundesverfassungsgerichts, in Festschrift für Heinz, 2012, S. 796; *ders.,* Probleme und Perspektiven des Untreuetatbestands, GA 2009, 219; *ders.,* Bemerkungen zum Gefährdungsschaden bei der Untreue, in Festschrift für Tiedemann, 2008, S. 737; *Poguntke,* Anerkennungsprämien, Antrittsprämien und Untreuestrafbarkeit im Recht der Vorstandsvergütung, ZIP 2011, 893; *Radtke,* Untreue zu Lasten von Personenhandelsgesellschaften, NStZ 2016, 639; *ders.,* Einwilligung und Einverständnis der Gesellschafter bei der sog. GmbH-rechtlichen Untreue, GmbHR 1998, 361; *Radtke/Hoffmann,* Gesellschaftsrechtsakzessorietät bei der strafrechtlichen Untreue zu Lasten von Kapitalgesellschaften? – oder: „Trihotel" und die Folgen, GA 2008, 535; *Ransiek,* Untreue durch Vermögenseinsatz zu Bestechungszwecken, StV 2009, 321; *ders.,* Anerkennungsprämien und Untreue – Das „Mannesmann"-Urteil des BGH, NJW 2006, 814; *ders.,* Risiko, Pflichtwidrigkeit und Vermögensnachteil bei der Untreue, ZStW 116 (2004), 634; *ders.,* Untreue im GmbH-Konzern, in Festschrift für Kohlmann, 2003, S. 207; *Reichelt,* Untreue und Bankrott, 2011; *Reiß,* Das „Treueverhältnis" des § 266 StGB, 2014; *Rixe,* Die aktien- und strafrechtliche Beurteilung nachträglicher Anerkennungsprämien, 2010; *Rönnau,* Die Zukunft des Untreuetatbestandes, StV 2011, 753; *ders.,* (Rechts-)Vergleichende Überlegungen zum Tatbestand der Untreue, ZStW 122 (2010), 299; *ders.,* Untreue zu Lasten juristischer Personen und Einwilligungskompetenz der Gesellschafter, in Festschrift für Amelung, 2009, S. 247; *ders.,* Einrichtung „schwarzer" (Schmiergeld-)Kassen in der Privatwirtschaft – eine strafbare Untreue? in Festschrift für Tiedemann, 2008, S. 713; *ders.,* Untreue als Wirtschaftsdelikt, ZStW 119 (2007), 887; *ders.,* „kick-backs": Provisionsvereinbarungen als strafbare Untreue, in Festschrift für Kohlmann, 2003, S. 239; *Rönnau/Becker*, Von der Überholspur in den Totalschaden: die untreuestrafrechtliche Aufarbeitung der causa „Nürburgring", JR 2017, 204; *Rönnau/Hohn*, Die Festsetzung (zu) hoher Vorstandsvergütungen durch den Aufsichtsrat – ein Fall für den Staatsanwalt? NStZ 2004, 113; *Rojas*, Grundprobleme der Haushaltsuntreue, 2011; *Rose*, Die strafrechtliche Relevanz von Risikogeschäften, wistra 2005, 281; *Rössner/Arendts*, Die Haftung wegen Kontoplünderung durch Spesenreiterei, WM 1996, 1517; *Safferling*, Bestimmt oder nicht bestimmt? Der Untreuetatbestand vor den verfassungsrechtlichen Schranken, NStZ 2011, 376; *Sahan/Altenburg*, Der „faktische Nicht-Geschäftsführer", NZWiSt 2018, 161; *Saliger*, Auswirkungen des Untreue-Beschlusses des Bundesverfassungsgerichts vom 23.6.2010 auf die Schadensdogmatik, ZIS 2011, 902; *ders.*, Schutz der GmbH–internen Willensbildung durch Untreuestrafrecht? in Festschrift für Roxin zum 80. Geburtstag, 2011, S. 1053; *ders.*, Das Untreuestrafrecht auf dem Prüfstand der Verfassung, NJW 2010, 3195; *ders.*, Parteienuntreue durch schwarze Kassen und unrichtige Rechenschaftsberichte, NStZ 2007, 545; *ders.*, Kick-Back, „PPP", Verfall – Korruptionsbekämpfung im „Kölner Müllfall", NJW 2006, 3377; *Saliger/Schweiger*, Probleme der Haushaltsuntreue de lege lata und de lege ferenda, ZG 2018, 16; *Satzger*, „Schwarze Kassen" zwischen Untreue und Korruption, NStZ 2009, 297; *Schilha*, Die Aufsichtsratstätigkeit in der Aktiengesellschaft im Spiegel strafrechtlicher Verantwortung, 2008; *Schlösser*, Täterschaft und Teilnahme bei der Untreue, StV 2017, 123; *Schmidt/Fuhrman*, „Siemens-Darmstadt" (BGHSt 52, 323) und das internationale Korruptionsstrafrecht, in Festschrift für Rissing-van Saan, 2011, S. 585; *Schneider*, Untreuestrafbarkeit von Kommunalbeamten wegen riskanter Finanzgeschäfte am Beispiel von Zinsswaps, wistra 2018, 281; *Schork/Groß*, Bankstrafrecht, 2013; *Schramm*, Untreue und Konsens, 2005; *Schramm/Hinderer*, Die Untreue-Strafbarkeit eines Limited-Directors, § 266 StGB, insbesondere im Lichte des Europäischen Strafrechts, ZIS 2010, 494; *Schriever*, Sicherheiten für Akquisitionskredite – Das Untreuerisiko beim Leveraged Buyout einer GmbH, wistra 2006, 404; *Schröder*, Die strafrechtliche Bewältigung der Finanzkrise am Beispiel der Untreue, ZStW 123 (2011), 771; *ders.*, Das erlaubte Risiko im Bankgeschäft am Beispiel der Pflichtwidrigkeit von ABS-Investitionen im Vorfeld der Finanzkrise, in Ökonomie versus Recht im Finanzmarkt, 2011, S. 59; *ders.*, Untreue durch Investitionen in ABS-Anleihen, NJW 2010, 1169; *Schünemann*, Der Straftatbestand der Untreue als zentrales Wirtschaftsstrafrecht der entwickelten Industriegesellschaft, in Festschrift für Frisch, 2013, S. 837; *ders.*, Die Target 2-Salden der Deutschen Bundesbank in der Perspektive des Untreuetatbestandes, ZIS 2012, 84; *ders.*, Wider verbreitete Irrlehren zum Untreuetatbestand, ZIS 2012, 183; *ders.*, Einleitende Bemerkungen zum Thema der Abschlussdiskussion „Die strafrechtliche Bewältigung der Finanzkrise am Beispiel der Untreue", ZStW 123 (2011), 767; *ders.*, Der Begriff des Vermögensschadens als archimedischer Punkt des Untreuetatbestands (Teil 1), StraFo 2010, 1, (Teil 2), StraFo 2010, 477; *ders.*, Zur Quadratur des Kreises in der Dogmatik des Gefährdungsschadens, NStZ 2008, 430; *ders.*, Der Bundesgerichtshof im Gestrüpp des Untreuetatbestandes, NStZ 2006, 196; *ders.*, „Die gravierende Pflichtverletzung" bei der Untreue: dogmatischer Zauberhut oder taube Nuss? NStZ 2005, 473; *ders.*, Organuntreue, 2004; *Schüppen*, Transaction-Boni für Vorstandsmitglieder der Zielgesellschaft: Business Judgement oder strafbare Untreue? in Festschrift für Tiedemann, 2008, S. 749; *Schulz*, Neues zum Bestimmtheitsgrundsatz, in Festschrift für Roxin zum 80. Geburtstag, 2011, S. 305; *Schumacher*, Vermögensbetreuungspflichten von Kapitalgesellschaftsorganen, 2010; *Schwerdtfeger*, Untreuestrafbarkeit und Aufsichtsrat, NZWiSt 2018, 266; *Seibt/Schwarz*, Aktienrechtsuntreue, AG 2010, 301; *Seiler*, Die Untreuestrafbarkeit des Wirtschaftsprüfers, 2007; *Soyka*, Untreue zum Nachteil von Personengesellschaften, 2008; *Steinberg/Dinter*, Anm. zu BVerfG Beschl. v. 10.3.2009 – 2 BvR 1980/07, JR 2011, 224; *Stölting*, Das Tatbestandsmerkmal des fremden Vermögens bei der Untreue zum Nachteil von Personengesellschaften am Beispiel der GmbH & Co. KG, 2010; *Szebrowski*, Kick-Back, 2005; *Thalhofer*, Kick-Backs, Exspektanzen und Vermögensnachteil nach § 266 StGB, 2008; *Theile*, Konvergenzen und Divergenzen zwischen Gesellschaftsrecht und Strafrecht, ZIS 2011, 616; *ders.*, Strafbarkeitsrisiken der Unternehmensführung aufgrund rechtswidriger Mitarbeiterpraktiken, wistra 2010, 457; *Thomas*, Strafbare Teilnahme an einer Untreue nach § 266 StGB bei gegenläufigen Interessen? in Festschrift für Rissing-van Saan, 2011, S. 669; *ders.*, Das allgemeine Schädigungsverbot des § 266 Abs. 1 StGB, in Festschrift für Hamm, 2008, S. 767; *Tiedemann*, Der Untreuetatbestand – ein Mittel zur Begrenzung von Managerbezügen? in Festschrift für Weber, 2004, S. 319; *ders.*, Untreue bei Interessenkonflikten, in Festschrift für Tröndle, 1989, S. 319; *Többens*, Wirtschaftsstrafrecht, 2006; *Tsambikakis*, Aktuelles zum Strafrecht bei GmbH und GmbH & Co, GmbHR 2005, 331; *Volk*, Untreue und Gesellschaftsrecht, in

Festschrift für Hamm, 2008, S. 803; *von Ungern-Sternberg*, Wirtschaftskriminalität beim Handel mit ausländischen Aktien, ZStW 88 (1976), 653; *Wach*, Der Terminhandel in Recht und Praxis, 1986; *Wattenberg*, Zentrales Cash-Management als Untreuetatbestand im Konzernverbund, StV 2005, 523; *Weber*, Zum bedingten Vorsatz bei der vermögensgefährdenden Untreue, in Festschrift für Eisenberg, 2009, S. 371; *Wellkamp*, Organuntreue zum Nachteil von GmbH-Konzernen und Aktiengesellschaften, NStZ 2001, 113; *Werner*, Der Gefährdungsschaden als Nachteil im Sinne des Untreuetatbestandes, 2011; *Wohlers*, Die strafrechtliche Bewältigung der Finanzkrise am Beispiel der Strafbarkeit wegen Untreue, ZStW 123 (2011), 791; *Wodicka*, Die Untreue zum Nachteil der GmbH bei vorheriger Zustimmung aller Gesellschafter, 1993; *Worms*, Anlegerschutz durch Strafrecht, 1987; *Wostry*, Strafrechtliche Risiken der Managervergütung gem. § 266 I StGB, JuS 2018, 1138; *Zech*, Untreue durch Aufsichtsratsmitglieder einer Aktiengesellschaft, 2007; *Zieschang*, Strafbarkeit des Geschäftsführers einer GmbH wegen Untreue trotz Zustimmung sämtlicher Gesellschafter? in Festschrift für Kohlmann, 2003, S. 351; *Zwiehoff*, Untreue und Betriebsverfassung – Die VW-Affäre, in Festschrift für Puppe, 2011, S. 1337.

I. Allgemeines 1	1. Ad-hoc-Meldungen 43
1. Eingrenzung des Themenbereichs 1	2. Anlageberater 44
2. Praktische Bedeutung der Vorschrift im Bereich des Kapitalmarkts 2	3. Bilanzfälschungen 50
3. Der typische Anwendungsfall 3	4. Churning 51
4. Gang der weiteren Erläuterungen 4	5. Falschmeldungen 55
II. Die Voraussetzungen des Tatbestandes 5	6. Front-Running 57
1. Objektiver Tatbestand 6	7. Gerüchte 60
a) § 266 Abs. 1 Alt. 1 StGB 7	8. Insiderinformationen 61
b) § 266 Abs. 1 Alt. 2 StGB 21	9. Kick-Back-Zahlungen 63
2. Subjektiver Tatbestand 35	10. Nichtveröffentlichung von Informationen 66
III. Ergänzende Bemerkungen 37	11. Parallel-Running 68
1. Regelbeispiele 37	12. Retrozessionen 69
2. Antragserfordernis 39	13. Risikogeschäfte 70
3. Konkurrenzen 40	14. Scalping 73
IV. Einzelne Verhaltensweisen aus dem Bereich des Kapitalmarkts und ihre Relevanz im Hinblick auf § 266 StGB 42	15. Schmiergeldzahlungen – Schwarze Kassen 74
	16. Spekulationsgeschäfte 77
	17. Sponsoring 78
	18. Vorstandsvergütungen 80
	19. Warentermingeschäfte 83
	20. Zustimmung des Willensbildungsorgans einer Gesellschaft 84

I. Allgemeines

1. Eingrenzung des Themenbereichs

Wie bereits im Zusammenhang mit der Betrugsvorschrift erläutert, erfolgt ebenfalls hinsichtlich der Untreue keine umfassende Kommentierung dieser Norm.[1] Vielmehr soll auch hier lediglich die Relevanz der Strafbestimmung **speziell in Bezug auf den Kapitalmarktsektor** beleuchtet werden. Zwar ist zum Verständnis der Vorschrift erforderlich, zunächst die mit ihr verbundenen Voraussetzungen **insgesamt** darzustellen. Dies erfolgt aber unter dem **Blickwinkel des Kapitalmarkts**, so dass einzelne mit § 266 StGB verbundene Probleme, die

---

1 Insofern wird insbesondere auf folgende Kommentierungen verwiesen: HK-StrafR/*Beukelmann*; MüKoStGB/*Dierlamm*; AnwK-StGB/*Esser*; *Fischer*; Lackner/Kühl/*Heger*; SK-StGB/*Hoyer*; NK-StGB/*Kindhäuser*; *Matt*/Renzikowski; Schönke/Schröder/*Perron*; SSW-StGB/*Saliger*; LK/*Schünemann*; BeckOK StGB/*Wittig*.

für den Kapitalmarktbereich ohne weitere Relevanz sind, vernachlässigt werden können.

2. Praktische Bedeutung der Vorschrift im Bereich des Kapitalmarkts

In den letzten Jahren hat die Bedeutung der Vorschrift in Wissenschaft und Praxis sehr stark zugenommen. Auch die breite Öffentlichkeit hat durch spektakuläre Prozesse von ihr Kenntnis genommen. Genannt seien nur die Mannesmann-Entscheidung,[2] die Führung schwarzer Schmiergeldkassen bei Siemens[3] sowie Risikogeschäfte im Kapitalmarktbereich.[4] In diesem Zusammenhang erlangt die Untreuevorschrift auch Bedeutung im Hinblick auf die Finanzkrise der letzten Jahre.[5] Nahezu monatlich werden höchstrichterliche Entscheidungen zur Untreue veröffentlicht. Die Anzahl der Aufsätze und Dissertationen ist kaum noch überschaubar. Hinzu kommt, dass mit Untreuehandlungen im Einzelfall sehr **hohe Vermögensschädigungen** einhergehen. Die durchschnittliche Schadenshöhe ist etwa 15-mal höher als beim Betrug.[6] Die Täter befinden sich regelmäßig in einer exponierten Stellung und weisen besondere Machtbefugnisse auf. Von großer Bedeutung für den Bereich des Kapitalmarkts ist § 266 StGB auch deshalb, weil ua die Vorstandsuntreue sowie die Geschäftsführeruntreue als eigenständige Strafbestimmungen im Nebenstrafrecht nicht mehr existieren, sondern in der allgemeinen Untreuevorschrift aufgegangen sind. Hinzu kommt speziell für den Kapitalmarktsektor, dass Anlageberater und -verwalter durchaus vom grundsätzlichen Anwendungsbereich der Norm erfasst sein können.

3. Der typische Anwendungsfall

Allgemein ist nach Rechtsprechung und hM im Schrifttum kennzeichnend für die Untreue die **Verletzung einer Pflicht zur fremdnützigen Vermögensbetreuung**, woraus ein diesbezüglicher Vermögensnachteil resultiert. Der Täter schädigt fremdes Vermögen, indem er eine Vertrauensstellung ausnutzt.[7] Die Untreue soll den Vermögensinhaber vor Schädigungen „von innen heraus" bewahren.[8] Ein für den Kapitalmarktsektor typischer Fall ist etwa derjenige, dass ein mit selbstständigen Befugnissen ausgestatteter **Vermögensverwalter** das eingesetzte Kapital nach Ablauf des Anlagezeitraums entgegen seiner Treuepflicht nicht zurückzahlt, sondern für sich persönlich verbraucht. Aber auch bei Kick-

---

2 BGH 21.12.2005 – 3 StR 470/04, BGHSt 50, 331 – Mannesmann-Entscheidung.
3 BGH 29.8.2008 – 2 StR 587/07, BGHSt 52, 323 – Siemens-Entscheidung; vgl. auch BGH 6.9.2016 – 1 StR 104/15, wistra 2017, 193.
4 Siehe zur Bedeutung der Untreuevorschrift auch Esser/Rübenstahl/Saliger/Tsambikakis/ Saliger StGB § 266 Rn. 5.
5 Siehe dazu *Fischer* ZStW 123 (2011), 816; Momsen/Grützner/*Schramm* StGB § 266 Rn. 71 ff.; *Schröder* ZStW 123 (2011), 771; *Schünemann* ZStW 123 (2011), 767; *Wohlers* ZStW 123 (2011), 791; monographisch *Höft*, Strafrechtliche Aufarbeitung der Finanzkrise; *Löwer*, Die strafrechtliche Aufarbeitung der Wirtschafts- und Finanzkrise; *Nobis*, Finanzmarktkrise und Untreue; vgl. dazu insbesondere auch BGH 12.10.2016 – 5 StR 134/15, NJW 2017, 578 – HSH Nordbank; dazu Rn. 15, 20, 29.
6 *Fischer* StGB § 266 Rn. 3.
7 *Joecks/Jäger* StGB § 266 Rn. 1; Müller-Gugenberger/*Hadamitzky* § 32 Rn. 1; vgl. auch NK-StGB/*Kindhäuser* StGB § 266 Rn. 3: Fehlgebrauch eingeräumter Entscheidungsmacht über fremdes Vermögen.
8 BVerfG 23.6.2010 – 2 BvR 2559/08, 2 BvR 105/09, 2 BvR 491/09, BVerfGE 126, 170 (201); *Schünemann* NStZ 2005, 473 (474).

Back-Vereinbarungen in der Gestalt, dass überhöhte Gebühren durch den Broker eingefordert werden, der davon wie abgesprochen einen Teil an den Finanzdienstleister abführt, kommt § 266 StGB in Betracht. Zudem kann eine Untreuestrafbarkeit etwa auch beim **Churning** vorliegen, also dann, wenn der Vermögensverwalter das Kundendepot allein zu dem Zweck umschichtet, selbst Provisionen zu erhalten. In der Praxis sind darüber hinaus insbesondere auch in jüngerer Zeit Fälle aufgetreten, in denen Leitungsorgane von Kapitalgesellschaften diese durch den **Verkauf wertloser Informationen** oder das Abzweigen von Geldern zur **Finanzierung von Schmiergeldern** schädigten. Möglich ist auch, dass Leitungsorgane von Aktiengesellschaften oder Angestellte mit besonderen Machtbefugnissen bewusst **falsche negative Meldungen** über das Unternehmen verbreiten, um dann von dadurch ausgelösten Kursschwankungen persönlich zu profitieren. Zudem können riskante **Anlagegeschäfte** möglicherweise eine Verletzung der Pflicht zur fremdnützigen Vermögensbetreuung darstellen. Insoweit geht es auch darum, inwieweit bei unternehmerischen Entscheidungen ein Untreuevorwurf in Betracht kommt. Schließlich ergeben sich untreuerelevante Fragen im Zusammenhang mit Art und Höhe gewährter Vorstandsbezüge (siehe zu den einzelnen Verhaltensweisen Rn. 42 ff.).

4. Gang der weiteren Erläuterungen

Im Folgenden werden zunächst die mit der Untreue gemäß § 266 StGB verbundenen Voraussetzungen dargestellt. Die Ausführungen haben dabei im besonderen Maße die **Bedeutung der Untreue für den Kapitalmarktsektor** im Blick. Im Anschluss daran finden sich einzelne relevante Verhaltensweisen aus dem Bereich des Kapitalmarkts alphabetisch aufgelistet und erläutert.

II. Die Voraussetzungen des Tatbestandes

Insoweit bedarf es der Untersuchung der jeweiligen Voraussetzungen des objektiven und subjektiven Tatbestandes des § 266 StGB. Nach dem BVerfG ist der Untreuetatbestand mit dem Bestimmtheitsgebot des Art. 103 Abs. 2 GG noch zu vereinbaren.[9] Die Vorschrift lasse ein Rechtsgut – das Vermögen – ebenso klar erkennen wie die Gefahren, vor denen der Gesetzgeber dieses mithilfe des Tatbestands schützen will.

1. Objektiver Tatbestand

Die Untreuevorschrift umfasst **zwei Tatbestandsvarianten**, deren Verhältnis zueinander seit langem stark umstritten ist: Den **Missbrauchstatbestand** (§ 266 Abs. 1 Alt. 1 StGB) und den **Treubruchtatbestand** (§ 266 Abs. 1 Alt. 2 StGB). Nach Auffassung der **Rechtsprechung** und der hM im Schrifttum verlangt nicht nur die zweite, sondern auch die erste Alternative eine **Vermögensbetreuungspflicht**, die jeweils inhaltlich identisch ist.[10] Täter kann nur derjenige sein,

---

9 BVerfG 23.6.2010 – 2 BvR 2559/08, 2 BvR 105/09, 2 BvR 491/09, BVerfGE 126, 170 (200); siehe auch BVerfG 10.3.2009 – 2 BvR 1980/07, NJW 2009, 2370; *Böse* Jura 2011, 617; *Fischer* StV 2010, 95; *Kraatz* JR 2011, 434; *Kuhlen* JR 2011, 246; *Leplow* wistra 2010, 475; SSW-StGB/*Saliger* StGB § 266 Rn. 4; *Satzger* JK 3/11, StGB § 266 I/36; *Schulz*, FS Roxin zum 80. Geburtstag S. 305; *Werner*, Gefährdungsschaden S. 36 ff.
10 Siehe insofern nur BVerfG 23.6.2010 – 2 BvR 2559/08, 2 BvR 105/09, 2 BvR 491/09, BVerfGE 126, 170 (209); BGH 9.11.2016 – 5 StR 313/15, HRRS 2017 Nr. 36; BGH 6.12.2001 – 1 StR 215/01, BGHSt 47, 187 (192); BGH 26.7.1972 – 2 StR 62/72,

der diese Vermögensbetreuungspflicht innehat, so dass die Untreue ein **Sonderdelikt** ist.[11] Für Außenstehende kommt lediglich **Teilnahme** in Betracht, wobei für Teilnehmer dann nach hM § 28 Abs. 1 StGB greift.[12]

a) § 266 Abs. 1 Alt. 1 StGB

7 Schlagwortartig ist kennzeichnend für den Missbrauchstatbestand ein **Handeln im Rahmen des rechtlichen Könnens (Außenverhältnis), jedoch außerhalb des rechtlichen Dürfens (Innenverhältnis)** zulasten des Opfers.[13]

8 Der Täter muss zunächst die **Befugnis**, also die Rechtsmacht, haben, über fremdes Vermögen zu verfügen oder eine andere Person zu verpflichten.[14]

9 Die Befugnis muss sich auf **fremdes Vermögen** beziehen, was sich nach zivilrechtlichen Grundsätzen beurteilt.[15] Dementsprechend ist auch das Vermögen einer juristischen Person für die Gesellschafter fremd. Auch bei der Einmann-GmbH ist das Vermögen der GmbH für den geschäftsführenden Alleingesellschafter fremd[16] und für den Vorstand einer Aktiengesellschaft das Vermögen der AG.[17]

10 Eingeräumt sein muss die Befugnis durch **Gesetz, behördlichen Auftrag oder Rechtsgeschäft**.[18] Diese Gründe können einzeln, jedoch auch zusammen vorliegen.[19] Als durch **Gesetz** eingeräumt sind solche Befugnisse zu erachten, die dem Täter nicht durch einen Verleihungsakt, sondern unmittelbar aufgrund gesetzlicher Regelung als Inhaber einer bestimmten Stellung zukommen.[20] Oftmals beruht die gesetzlich geregelte Befugnis auf einem **behördlichen** oder ge-

---

BGHSt 24, 386 (387); Lackner/Kühl/*Heger* StGB § 266 Rn. 4; SK-StGB/*Hoyer* StGB § 266 Rn. 10 f.; Joecks/Jäger StGB § 266 Rn. 29 f.; *Krey/Hellmann/Heinrich*, BT 2, Rn. 793; Hohnel/*Krug* StGB § 266 Rn. 11; Matt/Renzikowski StGB § 266 Rn. 7; SSW-StGB/*Saliger* StGB § 266 Rn. 6; Esser/Rübenstahl/Saliger/Tsambikakis/*ders.* StGB § 266 Rn. 6 f.; Graf/Jäger/Wittig/*Waßmer* StGB § 266 Rn. 29; *Wessels/Hillenkamp/Schuhr*, BT 2, Rn. 749 f. Zum Theorienstreit vgl. die Ausführungen und Nachweise bei MüKo-StGB/*Dierlamm* StGB § 266 Rn. 23 ff.; LK/*Schünemann* StGB § 266 Rn. 6 ff.

11 Joecks/Jäger StGB § 266 Rn. 54; NK-WSS/Jahn/Ziemann StGB § 266 Rn. 39.

12 BGH 8.1.1975 – 2 StR 567/74, BGHSt 26, 53 f.; Lackner/Kühl/*Heger* StGB § 266 Rn. 2; NK-StGB/*Kindhäuser* StGB § 266 Rn. 127; LK/*Schünemann* § 266 Rn. 203; siehe zur Teilnahme an der Untreue auch *Thomas*, FS-Rissing-van Saan, S. 669.

13 Etwa BGH 16.6.1953 – 1 StR 67/53, BGHSt. 5, 61 (63); *Brettel/Schneider*, Wirtschaftsstrafrecht § 3 Rn. 377; MüKoStGB/*Dierlamm* StGB § 266 Rn. 133; AnwK-StGB/*Esser* StGB § 266 Rn. 102; *Fischer* StGB § 266 Rn. 25; *Imo*, Börsentermingeschäfte S. 1009; NK-WSS/Jahn/Ziemann StGB § 266 Rn. 48; Joecks/Jäger StGB § 266 Rn. 15; Hohnel/*Krug* StGB § 266 Rn. 14; *Küper/Zopfs*, BT Rn. 612; *Nestler*, Bank- und Kapitalmarktstrafrecht Rn. 270; Schönke/Schröder/*Perron* StGB § 266 Rn. 17; Esser/Rübenstahl/Saliger/Tsambikakis/*Saliger* StGB § 266 Rn. 21; BeckOK StGB/*Wittig* StGB § 266 Rn. 6; *Worms*, Anlegerschutz durch Strafrecht, S. 196; siehe aber auch *Schünemann* ZIS 2012, 183 (186).

14 MüKoStGB/*Dierlamm* StGB § 266 Rn. 34.

15 MüKoStGB/*Dierlamm* StGB § 266 Rn. 35; Lackner/Kühl/*Heger* StGB § 266 Rn. 3; Joecks/Jäger StGB § 266 Rn. 16, 18; NK-StGB/*Kindhäuser* StGB § 266 Rn. 30; Schönke/Schröder/*Perron* StGB § 266 Rn. 6.

16 Vgl. BGH 20.7.1999 – 1 StR 668/98, NJW 2000, 154 (155); NK-StGB/*Kindhäuser* StGB § 266 Rn. 30; Momsen/Grützner/*Schramm* StGB § 266 Rn. 32.

17 BGH 6.12.2001 – 1 StR 215/01, BGHSt 47, 187 (192).

18 Siehe dazu auch Esser/Rübenstahl/Saliger/Tsambikakis/*Saliger* StGB § 266 Rn. 12 ff. mwN.

19 *Fischer* StGB § 266 Rn. 14.

20 MüKoStGB/*Dierlamm* StGB § 266 Rn. 37; Schönke/Schröder/*Perron* StGB § 266 Rn. 8.

richtlichen **Auftrag**, der einen Bestellungsakt voraussetzt.[21] Das ist etwa der Fall bei Abwicklern und Liquidatoren (vgl. § 265 Abs. 3 AktG und §§ 66 Abs. 2, 70 GmbHG). Sehr oft ist die Befugnis durch **Rechtsgeschäft** eingeräumt, also durch **Vollmacht oder Ermächtigung**. Eine durch Rechtsgeschäft eingeräumte Befugnis weisen ua auf:[22] Treuhänder,[23] Prokuristen, Vorstände von Vereinen, Genossenschaften oder Aktiengesellschaften, geschäftsführende Gesellschafter von BGB-Gesellschaft, OHG, KG[24] sowie GmbH & Co. KG, weiterhin der Geschäftsführer einer GmbH. Auch Aufsichtsratsmitglieder können insbesondere in den Fällen der §§ 111 ff. AktG taugliche Täter des § 266 StGB sein (siehe dazu auch unten Rn. 26, 80 ff.). Die Befugnis muss dem Täter **wirksam eingeräumt** worden sein.[25] § 266 Abs. 1 Alt. 1 StGB kommt im Bereich des Wertpapierhandels insbesondere in Betracht, wenn dem Anlageberater im Rahmen eines Depotverwaltungsvertrags Vollmacht zum An- und Verkauf von Wertpapieren erteilt worden ist (siehe auch das Stichwort „Anlageberater" Rn. 44 ff.).[26]

Wie bereits erläutert, ist nach hM und Rechtsprechung auch im Rahmen von 11 § 266 Abs. 1 Alt. 1 StGB eine im Vergleich zur 2. Alternative **inhaltlich identische Vermögensbetreuungspflicht** erforderlich. Auf diese wird im Rahmen des § 266 Abs. 1 Alt. 2 StGB im Einzelnen eingegangen, so dass auf diese Ausführungen zu verweisen ist (siehe unten Rn. 22 ff.). Hier sei nur erwähnt, dass die **Betreuung fremder Vermögensinteressen** zwar nicht einzige, jedoch **wesentliche Pflicht** sein muss.

Die Befugnis wird **missbraucht**, wenn der Täter **im Außenverhältnis** Handlungen vornimmt, die er zwar aufgrund seiner Befugnis **wirksam** vornehmen kann, jedoch nach der Ausgestaltung **im Innenverhältnis nicht** ausführen darf.[27] Dabei wird vom Missbrauchstatbestand nach hM nur **rechtsgeschäftliches Handeln** erfasst;[28] rein **tatsächliche Einwirkungen** sind **nicht** tatbestandlich.[29] Es bedarf also jeweils der eingehenden Untersuchung von Außenmacht und Innenberechtigung.[30] § 266 Abs. 1 Alt. 1 StGB ist etwa erfüllt, wenn ein Treuhänder rechtsgeschäftlich wirksam über Mittel des Treugebers verfügt, ihm diese Mittelverwendung aufgrund des Treuhandvertrages jedoch untersagt war und dadurch dem Treugeber ein Schaden entsteht.[31] Zu untersuchen ist aber stets, worauf sich die Treuepflicht konkret bezieht; so betont die Recht-

---

21 Vgl. MüKoStGB/*Dierlamm* StGB § 266 Rn. 38; *Fischer* StGB § 266 Rn. 15; Müller-Gugenberger/*Hadamitzky* § 32 Rn. 14; Achenbach/Ransiek/Rönnau/*Seier* 5. Teil 2 Rn. 108.
22 Siehe auch auch Müller-Gugenberger/*Hadamitzky* § 32 Rn. 15.
23 *Fischer* StGB § 266 Rn. 18.
24 Siehe zur KG auch Achenbach/Ransiek/Rönnau/*Seier* 5. Teil 2 Rn. 359 ff. mwN; sowie BGH 30.8.2011 – 2 StR 652/10, NJW 2011, 3733.
25 *Brettel/Schneider*, Wirtschaftsstrafrecht § 3 Rn. 354; *Nestler*, Bank- und Kapitalmarktstrafrecht Rn. 281; Esser/Rübenstahl/Saliger/Tsambikakis/*Saliger* StGB § 266 Rn. 20.
26 *Worms*, Anlegerschutz durch Strafrecht S. 198.
27 Vgl. etwa *Fischer* StGB § 266 Rn. 24 ff.; Müller-Gugenberger/*Hadamitzky* § 32 Rn. 66; Momsen/Grützner/*Schramm* StGB § 266 Rn. 36; *Többens*, Wirtschaftsstrafrecht S. 84.
28 *Fischer* StGB § 266 Rn. 10; Lackner/Kühl/*Heger* StGB § 266 Rn. 6; *Mitsch* JuS 2011, 97 (99); *Nestler*, Bank- und Kapitalmarktstrafrecht Rn. 286.
29 SK-StGB/*Hoyer* StGB § 266 Rn. 22; *Joecks/Jäger* StGB § 266 Rn. 17; Müller-Gugenberger/*Hadamitzky* § 32 Rn. 74 ff.; LK/*Schünemann* StGB § 266 Rn. 30.
30 *Fischer* StGB § 266 Rn. 28.
31 *Worms*, Anlegerschutz durch Strafrecht S. 198.

sprechung zutreffend, dass eine Rechtsbeziehung, die sich insgesamt als Treueverhältnis im Sinne des § 266 StGB darstellt, Verpflichtungen enthalten kann, deren Verletzung nicht vom Untreuetatbestand erfasst ist.[32]

13 Bei Handlungen, die **außerhalb des rechtlichen Könnens** liegen, ist § 266 Abs. 1 Alt. 1 StGB **nicht** einschlägig.[33] Darunter fällt auch die Konstellation des **kollusiven Zusammenwirkens** des Täters mit einem Dritten, selbst wenn der Täter sich formell innerhalb der Befugnis hält, denn tatsächlich handelt es sich hierbei um ein Verhalten außerhalb der Befugnis.[34] Im Kapitalanlagebereich kann es an der Überschreitung des rechtlichen Dürfens im Innenverhältnis fehlen, da sich die Betreffenden nicht selten bereits Sondervorteile im Vertrag haben zusichern lassen oder ihre Befugnisse von vornherein sehr weit gezogen sind.[35]

14 Wie bereits erwähnt, unterfallen nur **rechtsgeschäftliche Handlungen** dem Missbrauchstatbestand. Das sind etwa Verfügungen des Vereinsvorsitzenden außerhalb des Satzungszwecks,[36] die Zahlung eines Anwaltshonorars durch ein Vorstandsmitglied einer AG an sich selbst[37] oder die Zahlung überhöhter Provisionen durch einen GmbH-Geschäftsführer an sich selbst.[38] Die Missbrauchshandlung kann auch in einem **Unterlassen** bestehen,[39] sofern darin ein rechtsgeschäftliches Verhalten zu sehen ist. Die Garantenstellung ergibt sich dabei aus der Vermögensbetreuungspflicht.[40] Insofern ist nach Auffassung des BGH § 13 Abs. 2 StGB entsprechend anzuwenden.[41]

15 Unterschiedlich wird zwischen den Senaten des BGH die Frage beurteilt, ob eine **gravierende Pflichtverletzung** notwendig ist.[42] Dieses Erfordernis hat der 1. Strafsenat im Hinblick auf die Frage der Untreuestrafbarkeit im Bereich der Kreditvergabe aufgestellt.[43] Ebenfalls hat er diesen Aspekt im Zusammenhang mit dem Sponsoring zur Voraussetzung erhoben.[44] Das BVerfG hat dieses Merkmal in seiner „tatbestandsbegrenzenden Funktion" befürwortet.[45] Auch

---

32 Vgl. etwa BGH 30.10.1990 – 1 StR 544/90, BGHR StGB § 266 Abs. 1 Vermögensbetreuungspflicht 17.
33 NK-StGB/*Kindhäuser* StGB § 266 Rn. 82.
34 BGH 2.12.2005 – 5 StR 119/05, BGHSt 50, 299 (313 f.) – Kölner Müllskandal; SK-StGB/*Hoyer* StGB § 266 Rn. 78; Müller-Gugenberger/*Hadamitzky* § 32 Rn. 68; Achenbach/Ransiek/Rönnau/*Seier* 5. Teil 2 Rn. 51.
35 Vgl. *Worms*, Anlegerschutz durch Strafrecht S. 197 f.
36 BGH 5.2.1991 – 1 StR 623/90, NStE § 266 Nr. 30.
37 BGH 16.3.1993 – 1 StR 804/92, wistra 1993, 225 (226 f.).
38 BGH 29.10.1986 – 3 StR 422/86, wistra 1987, 65; vgl. auch OLG Koblenz 14.7.2011 – 2 Ss 80/11, wistra 2011, 397.
39 *Bräunig*, Untreue, S. 158 ff.; *Fischer* StGB § 266 Rn. 32; NK-StGB/*Kindhäuser* StGB § 266 Rn. 91; Schönke/Schröder/*Perron* StGB § 266 Rn. 16; Müller-Gugenberger/*Hadamitzky* § 32 Rn. 76 a ff.; LK/*Schünemann* StGB § 266 Rn. 53; *Seier*, in Achenbach/Ransiek/Rönnau/*Seier* 5. Teil 2 Rn. 74 ff.
40 *Fischer* StGB § 266 Rn. 32.
41 BGH 21.7.1989 – 2 StR 214/89, BGHSt 36, 227 (str.); NK-WSS/*Jahn/Ziemann* StGB § 266 Rn. 97; NK-StGB/*Kindhäuser* StGB § 266 Rn. 28.
42 Siehe dazu auch Esser/Rübenstahl/Saliger/Tsambikakis/*Saliger* StGB § 266 Rn. 46 ff.
43 BGH 15.11.2001 – 1 StR 185/01, BGHSt. 47, 148; vgl. zur Kreditvergabe auch BGH 13.8.2009 – 3 StR 576/08, StV 2010, 78; ferner *Krey*, FS Roxin zum 80. Geburtstag S. 1074, 1080 ff.; *Nestler*, Bank- und Kapitalmarktstrafrecht Rn. 273 ff.; *Theile* ZIS 2011, 616.
44 BGH 6.12.2001 – 1 StR 215/01, BGHSt 47, 187, dazu Rn. 78 f.
45 BVerfG 23.6.2010 – 2 BvR 2559/08 ua, NJW 2010, 3209 (3215).

der 5. Strafsenat hat sich für dieses Merkmal ausgesprochen.[46] In diesem Zusammenhang weist er darauf hin, dass bei einem Verstoß gegen § 93 Abs. 1 S. 1 AktG stets eine „gravierende" oder „evidente" Pflichtverletzung gegeben sei.[47] Dagegen hat der 3. Strafsenat in der Mannesmann-Entscheidung[48] ausgeführt, eine gravierende Pflichtverletzung sei nicht erforderlich.[49]

Möglich ist im Einzelfall, dass der Vermögensinhaber die Grenzen der Innenberechtigung durch ein wirksames **Einverständnis** erweitert; da dies zu einer Erweiterung des rechtlichen Dürfens führt, **entfällt** in diesem Fall der **Tatbestand**.[50]

Erforderlich ist weiterhin, dass durch den Befugnismissbrauch dem Inhaber des zu betreuenden Vermögens ein **Vermögensnachteil** zugefügt wird. Dabei müssen die zu betreuenden und die verletzten Vermögensinteressen identisch sein.

Grundsätzlich entspricht der **Begriff des Vermögens** dem beim **Betrugstatbestand**,[51] so dass auf die diesbezüglichen Ausführungen zum Vermögensschaden verwiesen werden kann. Ergänzend sind nur einzelne Gesichtspunkte besonders hervorzuheben: So spielt hinsichtlich des Vermögensnachteils das **Ausbleiben einer Vermögensvermehrung** bei § 266 StGB eine wesentlich größere Rolle als bei § 263 StGB, indem der Täter Vereitelungshandlungen durchführt oder gebotene Handlungen unterlässt.[52] Aber auch hier reicht zur Begründung des Vermögensschadens der Ausfall einer **bloßen Hoffnung oder ungewissen Chance** nicht aus,[53] vielmehr muss eine **gesicherte Aussicht** auf den Vorteil bestanden haben.[54]

---

46 BGH 28.5.2013 – 5 StR 551/11, NStZ 2013, 715; befürwortend auch OLG Celle 18.7.2013 – 1 Ws 238/13, StV 2014, 99 f.; OLG Hamm 21.8.2012 – III-4 RVs 42/12, wistra 2012, 447 (448); LG Hamburg 9.7.2014 – 608 KLs 12/11, ZWH 2015, 147.
47 BGH 12.10.2016 – 5 StR 134/15, NJW 2017, 578 (579) – HSH Nordbank – mit Anm. *Baur/Holle* ZIP 2017, 555; *Becker* NStZ 2017, 232; *Bittmann* wistra 2017, 121; *Brand* NJW 2017, 582; *Kubiciel* JZ 2017, 585; *Leimenstoll* StV 2017, 394; *Leite* GA 2018, 580; *Nepomuck* NZWiSt 2017, 119; *Stamm* JR 2017, 439.
48 BGH 21.12.2005 – 3 StR 470/04, BGHSt 50, 331; dazu ausführlich Rn. 80 ff.; siehe auch BGH 26.11.2015 – 3 StR 17/15, BGHSt 61, 48 (65) – Nürburgring.
49 Siehe zur gravierenden Pflichtverletzung auch HK-StrafR/*Beukelmann* StGB § 266 Rn. 18; *Bittmann* wistra 2013, 1 (6 ff.); AnwK-StGB/*Esser* StGB § 266 Rn. 75 ff.; Momsen/Grützner/*Schramm* StGB § 266 Rn. 53 ff.; NK-WSS/*Jahn/Ziemann* StGB § 266 Rn. 30 ff.; kritisch aber etwa *Schünemann* NStZ 2005, 473.
50 *Fischer* StGB § 266 Rn. 29 mwN; NK-WSS/*Jahn/Ziemann* StGB § 266 Rn. 75; *Nestler*, Bank- und Kapitalmarktstrafrecht Rn. 309 ff.; *Schramm*, Untreue S. 46 ff.; BeckOK StGB/*Wittig* StGB § 266 Rn. 20; ferner *Többens*, Wirtschaftsstrafrecht S. 85; monographisch *Corsten*, Einwilligung S. 57 ff.
51 Vgl. SK-StGB/*Hoyer* StGB § 266 Rn. 94; *Joecks/Jäger* StGB § 266 Rn. 39; *Többens*, Wirtschaftsstrafrecht S. 89 ff.; zum Vermögensschaden bei der Untreue siehe jüngst auch BGH 9.2.2006 – 5 StR 423/05, NStZ-RR 2006, 175. Monographisch zum Vermögensschaden bei § 263 StGB einerseits und § 266 StGB andererseits *Evers*, Verhältnis S. 12 ff., der ebenfalls im Ergebnis von der Identität beider Begriffe ausgeht.
52 *Fischer* StGB § 266 Rn. 116.
53 BGH 28.1.1983 – 1 StR 820/81, BGHSt 31, 232 (234); AnwK-StGB/*Esser* StGB § 266 Rn. 167.
54 BGH 28.1.1983 – 1 StR 820/81, BGHSt 31, 232 (234 f.); BGH 19.1.1965 – 1 StR 497/64, BGHSt 20, 143 (145); Hohnel/*Krug* StGB § 266 Rn. 68; *Wittig*, Wirtschaftsstrafrecht § 20 Rn. 145.

19 Die Schadensberechnung erfolgt **grundsätzlich** aufgrund einer **Einzelbetrachtung**. Das gilt jedoch **nicht**, wenn die Handlungen in einem **engen wirtschaftlichen Zusammenhang** stehen und einem sie verbindenden Ziel dienen, also ein einheitliches wirtschaftliches Vorhaben gegeben ist.[55] Hier sind bereits die Handlungen unter dem Aspekt der Pflichtverletzung als **Einheit** zu begreifen und dementsprechend ist auch der Schaden nach Maßgabe einer **Gesamtbetrachtung** zu bestimmen.[56]

20 Wie beim Betrug erkennt die Rechtsprechung auch bei der Untreue die **schadensgleiche Vermögensgefährdung** an,[57] was hier noch brisanter ist, da § 266 StGB **keine Versuchsstrafbarkeit** kennt.[58] Das BVerfG erachtet die Annahme eines Vermögensschadens über den Gesichtspunkt der schadensgleichen Vermögensgefährdung noch für mit dem Bestimmtheitsgebot vereinbar.[59] Das BVerfG stellt jedoch besondere Anforderungen an die Ermittlung des (Gefährdungs-)Schadens bei der Untreue. Notwendig sei die Konkretisierung der Schadenshöhe anhand üblicher Maßstäbe des Wirtschaftslebens. Es müsse eine nachvollziehbare, in der Regel zahlenmäßig zu belegende Ermittlung und Benennung des Schadens erfolgen. Anerkannte Bewertungsverfahren und -maßstäbe seien zu berücksichtigen; soweit komplexe wirtschaftliche Analysen vorzunehmen sind, sei die Hinzuziehung eines Sachverständigen erforderlich.[60]

---

55 BGH 23.5.2002 – 1 StR 372/01, BGHSt 47, 295 (302); BGH 15.11.2001 – 1 StR 185/01, BGHSt 47, 148 (153 f.); NK-StGB/*Kindhäuser* StGB § 266 Rn. 112; SSW-StGB/*Saliger* StGB § 266 Rn. 75; Achenbach/Ransiek/Rönnau/*Seier* 5. Teil 2 Rn. 177; vgl. zum Vermögensschaden der Untreue auch *Keller*, FS Puppe S. 1189.
56 NK-StGB/*Kindhäuser* StGB § 266 Rn. 112; *Leimenstoll* StV 2017, 394 (396); Schönke/Schröder/*Perron* StGB § 266 Rn. 41; Esser/Rübenstahl/Saliger/Tsambikakis/*Saliger* StGB § 266 Rn. 75, 122; LK/*Schünemann* StGB § 266 Rn. 169; SSW-StGB/*Saliger* StGB § 266 Rn. 75; Achenbach/Ransiek/Rönnau/*Seier* 5. Teil 2 Rn. 177.
57 Vgl. etwa BGH 17.8.2006 – 4 StR 117/06, StV 2007, 31 (32); BGH 16.2.1996 – 3 StR 185/94, wistra 1996, 184; BGH 21.10.1994 – 2 StR 328/94, BGHSt. 40, 287 (295 f.); OLG Hamburg 10.6.2009 – 3 Ss 29/09, NStZ 2010, 335; OLG Hamm 14.7.2009 – 2 Ss 197/09, NStZ 2010, 334; siehe im Übrigen die Nachweise bei *Fischer* StGB § 266 Rn. 150 ff.; Schönke/Schröder/*Perron* StGB § 266 Rn. 45 ff.; Müller-Gugenberger/*Hadamitzky* § 32 Rn. 176 b f.; monographisch *Nitsche*, Die schadensgleiche Vermögensgefahr im Untreuerecht.
58 Vgl. auch SK-StGB/*Hoyer* StGB § 266 Rn. 101; *Matt* NJW 2005, 389 (390 f.); *Perron*, FS Tiedemann S. 737; *Rönnau* ZStW 122 (2010), 299 (305 f.).
59 Siehe BVerfG 10.3.2009 – 2 BvR 1980/07, NJW 2009, 2370 (2372 f.); BVerfG 23.6.2010 – 2 BvR 2559/08, 2 BvR 105/09, 2 BvR 491/09, BVerfGE 126, 170 (204 f.); vgl. dazu *Bittmann* NStZ 2012, 57; *Böse* Jura 2011, 617; *Hauck* ZIS 2011, 919; *Hefendehl* wistra 2012, 325; *Hinrichs* wistra 2013, 161; *Kraatz* JR 2011, 434 (438 ff.); *Krause* wistra 2012, 331; *Krüger* NStZ 2011, 369; *Kuhlen* JR 2011, 246; *Kulhanek* NZWiSt 2013, 246; *Leplow* wistra 2010, 475; *Peglau* wistra 2012, 368; *Perron*, FS Heinz S. 796; *Rönnau* StV 2011, 753 (758 ff.); *Safferling* NStZ 2011, 376; *Saliger* NJW 2010, 3195; *ders.* ZIS 2011, 902; *Satzger* JK 3/11, StGB § 266 I/36; *Schünemann* ZIS 2012, 84 (100); *Schulz*, FS Roxin zum 80. Geburtstag S. 305; *Steinberg/Dinter* JR 2011, 224; *Werner*, Gefährdungsschaden S. 36 ff.
60 BVerfG 23.6.2010 – 2 BvR 2559/08, 2 BvR 105/09, 2 BvR 491/09, BVerfGE 126, 170 (229); in diesem Sinne auch im Anschluss an das BVerfG etwa BGH 26.11.2015 – 3 StR 17/15, BGHSt 61, 48 (66) – Nürburgring; BGH 14.4.2011 – 2 StR 616/10, NJW 2011, 2675 (2676); BGH 8.6.2011 – 3 StR 115/11, wistra 2011, 387; siehe auch OLG Köln 6.5.2013 – III-2 Ws 254/13, NZWiSt 2013, 396 (397 f.) mit Anm. *Lindemann/Andreschewski* NZWiSt 2013, 398. „In eng begrenzten Ausnahmefällen" lässt der BGH jedoch nach wie vor Gesichtspunkte des individuellen Schadenseinschlags zu; BGH 27.7.2017 – 3 StR 490/16, NStZ 2018, 1056 (107); siehe auch Esser/Rübenstahl/Saliger/Tsambikakis/*Saliger* StGB § 266 Rn. 79.

Das Merkmal des Vermögensnachteils stehe selbstständig neben der Pflichtverletzung, so dass es nicht mit im Pflichtwidrigkeitsmerkmal aufgehen darf („Verschleifungsverbot").[61] Vielmehr seien eigenständige Feststellungen zum Bestehen des Vermögensnachteils geboten, der – abgesehen von einfachen und eindeutigen Fällen – der Höhe nach beziffert werden müsse.[62]

Weiterhin ist zu beachten, dass ein Vermögensschaden auch bei § 266 StGB entfällt, wenn der Nachteil durch gleichzeitig eintretende wirtschaftliche Vorteile für das betreute Vermögen ausgeglichen wird.[63] Dabei müsse die Untreuehandlung selbst beides hervorbringen.[64] Bei einem treuwidrigen Austauschvertrag ist eine solche schadenshindernde Kompensation regelmäßig gegeben, wenn der Vermögensinhaber für das Vermögensopfer eine zumindest gleichwertige Gegenleistung erhält.[65] Geht es um den Kapitalmarktsektor, seien insofern auch „Chancen eines Kapitalmarkterfolges" des Geschäfts als möglicher Ausgleich des Vermögensverlusts in Betracht zu ziehen.[66] Zudem liegt nach hM ein Schaden so lange nicht vor, wie der Täter **eigene flüssige Mittel ständig zum Ersatz bereithält**.[67] Ausreichend als flüssige Mittel sollen dabei gegebenenfalls auch Wertpapiere sein.[68] Voraussetzung ist, dass der Täter zum Ausgleich nicht nur objektiv in der Lage, sondern auch subjektiv bereit ist.[69] Folgt die Untreuehandlung einem vorangegangenem Betrug und dient sie lediglich der Verwertung des betrügerisch Erlangten, fehlt ebenfalls ein untreuebedingter Vermögensnachteil, da es dann nicht mehr zu einer Vertiefung des Betrugsschadens kommt.[70]

b) § 266 Abs. 1 Alt. 2 StGB

Anders als die erste Alternative erfordert der Treubruchtatbestand **nicht notwendig** ein **rechtsgeschäftliches Handeln**; auch die **tatsächliche Einwirkung** auf das zu betreuende Vermögen wird daher erfasst: Dies stellt sogar den Regelfall dar.[71]

21

Wesentliche Voraussetzung ist das Vorliegen einer **Vermögensbetreuungspflicht**, die dem Täter **kraft Gesetzes, behördlichen Auftrags, Rechtsgeschäfts**

22

---

61 BVerfG 1.12.2012 – 2 BvR 1235/11, NJW 2013, 365 (366); BGH 3.12.2013 – 1 StR 526/13, wistra 2014, 139 (140); siehe dazu ua auch *Bittmann* wistra 2013, 1; *Krell* ZStW 126 (2014) 902; Esser/Rübenstahl/Saliger/Tsambikakis/*Saliger* StGB § 266 Rn. 8.
62 BVerfG 1.11.2012 – 2 BvR 1235/11, NJW 2013, 365 (366); BGH 21.2.2017 – 1 StR 296/16, BGHSt 62, 144 (154 f.); OLG Stuttgart 6.4.2017 – 4 Ss 623/16, ZWH 2017, 374 (376).
63 Siehe etwa BGH 9.2.2006 – 5 StR 423/05, NStZ-RR 2006, 175; BGH 4.11.1997 – 1 StR 273/97, BGHSt 43, 296 (298).
64 Insofern ist freilich aus hiesiger Sicht klarstellend und relativierend anzumerken, dass im konkreten Fall durchaus eine Gesamtbetrachtung notwendig sein kann; siehe dazu Rn. 19.
65 BGH 27.7.2017 – 3 StR 490/16, NStZ 2018, 105 (107); siehe zu dieser Entscheidung auch *Kraatz* JR 2018, 404.
66 BGH 12.10. 2016–5 StR 134/15, NJW 2017, 578 (582) – HSH Nordbank: Bei einem Risikogeschäft könne unter besonderen Umständen die Erwartung künftiger Vorteile einen Nachteil schon bei der Entstehung ausgleichen und wirtschaftlich aufheben.
67 BGH 13.12.1994 – 1 StR 622/94, StV 1995, 302 (303); BGH 16.12.1960 – 4 StR 401/60, BGHSt 15, 342 (344); Lackner/Kühl/*Heger* StGB § 266 Rn. 17.
68 BayObLG 20.7.1965 – Rreg. 3 b St 26/65, NJW 1966, 116.
69 Siehe BGH 16.12.1960 – 4 StR 401/60, BGHSt 15, 342 (344).
70 BGH 16.5.2017 – 3 StR 445/16, wistra 2018, 125 (126).
71 Vgl. nur LK/*Schünemann* StGB § 266 Rn. 106.

oder eines **Treueverhältnisses** obliegt. In Bezug auf die Grundlagen Gesetz, behördlicher Auftrag sowie Rechtsgeschäft gelten die obigen Ausführungen (siehe Rn. 10). Darüber hinaus kann dem Täter die Vermögensbetreuungspflicht aufgrund eines **Treueverhältnisses** obliegen.[72] Nach allgemeiner Ansicht werden davon im Wesentlichen **zwei Fallgruppen** erfasst: Zum einen zivilrechtlich **nicht wirksam entstandene** Betreuungsverhältnisse, bei denen sich dennoch ein tatsächliches Herrschaftsverhältnis über fremdes Vermögen ergeben hat;[73] dazu gehört die Stellung des **faktischen Geschäftsführers** einer GmbH.[74] Zum anderen sind zivilrechtlich **erloschene** Betreuungsverhältnisse erfasst, bei denen tatsächlich die Herrschaftsbeziehung über das fremde Vermögen fortbesteht.[75]

23 Für das Vorliegen der Treuepflicht selbst werden folgende Kriterien herangezogen:[76] So muss den Täter eine **besonders herausgehobene** Pflicht treffen, die fremden Vermögensinteressen zu betreuen. Die Vermögensbetreuung muss **Hauptpflicht**, also zumindest mitbestimmend und nicht nur beiläufige Pflicht, sein.[77] Zudem muss der Täter die Möglichkeit zur **selbstständigen** verantwortlichen Entscheidung innerhalb eines **gewissen Ermessensspielraums** haben,[78] an den jedoch zum Teil keine besonders hohen Anforderungen gestellt werden. Diese Kriterien können im Einzelfall unterschiedlich stark vorliegen und werden in der Praxis als **Anhaltspunkte** erachtet, auf deren Grundlage entschieden wird, ob eine Vermögensbetreuungspflicht anzunehmen ist.[79] Nach dem BGH ist eine Vermögensbetreuungspflicht gegeben, wenn der Täter gegenüber dem Geschädigten eine inhaltlich besonders hervorgehobene, nicht nur beiläufige Pflicht zur Wahrnehmung von dessen Vermögensinteressen innehat, die über die für jedermann geltenden Sorgfalts- und Rücksichtnahmepflichten und die allgemeine Pflicht, auf die Vermögensinteressen des Vertragspartners Rück-

---

72 Monographisch dazu *Reiß*, Das „Treueverhältnis" des § 266 StGB.
73 *Fichtner*, Die börsen- und depotrechtlichen Strafvorschriften S. 181; *Fischer* StGB § 266 Rn. 42; Schönke/Schröder/*Perron* StGB § 266 Rn. 30; vgl. auch BGH 6.12.1983 – VI ZR 117/82, NJW 1984, 800. Der BGH 21.8.2018 – 3 StR 292/17, wistra 2019, 60 (61) betont dabei, dass allein die tatsächliche Verfügungsgewalt nicht reicht, sondern es müsse sich um eine anvertraute faktische Machtstellung handeln.
74 BGH 13.12.2012 – 5 StR 407/12, NJW 2013, 624 (625); BGH 5.10.1954 – 2 StR 447/53, BGHSt 6, 314 (315); BGH 24.6.1952 – 1 StR 153/52, BGHSt 3, 32 (37 f.); *Ransiek*, FS Kohlmann S. 207, 218 f.; Müller-Gugenberger/*Hadamitzky* § 32 Rn. 100. Zum „faktischen Nicht-Geschäftsführer" siehe *Sahan/Altenburg* NZWiSt 2018, 161.
75 *Fischer* StGB § 266 Rn. 43; Graf/Jäger/Wittig/*Waßmer* StGB § 266 Rn. 100; *Wittig*, Wirtschaftsstrafrecht § 20 Rn. 89.
76 Vgl. MüKoStGB/*Dierlamm* StGB § 266 Rn. 162 ff.; *Küper/Zopfs*, BT Rn. 639 ff.; *Perron* GA 2009, 219 (223 ff.); Momsen/Grützner/*Schramm* StGB § 266 Rn. 93 ff.
77 BGH 5.3.2013 – 3 StR 438/12, NJW 2013, 1615 mit Anm. *Bosch* JK 11/2013 StGB § 266 I/40; *Schmidt/Corsten* NZWiSt 2013, 470; BGH 13.6.1985 – 4 StR 213/85, BGHSt 33, 244 (250); BGH 11.12.1957 – 2 StR 481/57, BGHSt 13, 315 (317); HK-StrafR/*Beukelmann* StGB § 266 Rn. 10; *Fischer* StGB § 266 Rn. 36; Lackner/Kühl/*Heger* StGB § 266 Rn. 11; *Joecks/Jäger* StGB § 266 Rn. 32; NK-StGB/*Kindhäuser* § 266 Rn. 33; *Matt*/Renzikowski StGB § 266 Rn. 21 f.; Graf/Jäger/Wittig/*Waßmer* StGB § 266 Rn. 34; BeckOK StGB/*Wittig* StGB § 266 Rn. 31.
78 Vgl. BGH 3.5.2012 – 2 StR 446/11, StV 2013, 86; BGH 23.8.1995 – 5 StR 371/95, BGHSt 41, 224 (229), in Abgrenzung zu „Diensten der Handreichung"; BGH 22.5.1991 – 3 StR 87/91, NStZ 1991, 489; BGH 2.4.1963 – 1 StR 66/63, BGHSt 18, 312 (313); BGH 11.12.1957 – 2 StR 481/57, BGHSt 13, 315 (317 f.); siehe auch die Kriterien bei *Joecks/Jäger* StGB § 266 Rn. 34 f.
79 BGH 11.12.1957 – 2 StR 481/57, BGHSt 13, 315 (317); *Fischer* StGB § 266 Rn. 37.

sicht zu nehmen, hinausgeht; hinzu kommen müsse, dass dem Täter Raum für eigenverantwortliche Entscheidungen bleibt und ihm eine gewisse Selbstständigkeit belassen wird.[80] Es muss sich um eine besonders herausgehobene Pflicht zur Wahrnehmung fremder Vermögensinteressen handeln, die sich als Hauptpflicht darstellt.[81]

Für den Kapitalmarktsektor ist insbesondere auf folgende **Einzelfälle** hinzuweisen, in denen die Rechtsprechung eine Vermögensbetreuungspflicht angenommen hat:[82]

So bejaht die Rechtsprechung eine Vermögensbetreuungspflicht des **Anlageberaters** gegenüber dem Beratenen nicht automatisch, er muss vielmehr auf das Vermögen des Kunden selbstständig einwirken können, ohne dass seine Tätigkeit durch bis ins Einzelne gehende Weisungen vorgezeichnet ist.[83] Hinsichtlich der Einzelheiten wird auf das Stichwort „Anlageberater" Rn. 44 ff. verwiesen.

Auch der **Aufsichtsrat einer AG** ist gegenüber dieser vermögensbetreuungspflichtig,[84] wobei natürlich – wie stets – zu beachten ist, dass § 266 StGB nur dann in Betracht kommt, wenn eine Pflicht verletzt wird, die gerade innerhalb des das Treueverhältnis begründenden Pflichtenkreises liegt.[85] Bei den Fällen, in denen es um die Frage geht, wie hoch die durch den Aufsichtsrat für die einzelnen Vorstandsmitglieder festgesetzten Bezüge ausfallen dürfen,[86] ist § 87 Abs. 1 AktG der maßgebliche Anknüpfungspunkt: Es kommt darauf an, ob die Vergütung in einem angemessenen Verhältnis zu den Aufgaben und Leistungen

---

80 So etwa BGH 26.3.2018 – 4 StR 408/17, NJW 2018, 1486 (1488); BGH 21.2.2017 – 1 StR 296/16, BGHSt 62, 144 (147) – ständige Rechtsprechung.
81 BGH 7.9.2017 – 2 StR 24/16, BGHSt. 62, 288.
82 Siehe im Übrigen die Auflistungen bei *Brettel/Schneider*, Wirtschaftsstrafrecht § 3 Rn. 375; MüKoStGB/*Dierlamm* StGB § 266 Rn. 190 ff.; NK-StGB/*Kindhäuser* StGB § 266 Rn. 58; *Matt*/Renzikowski StGB § 266 Rn. 36 ff.; Schönke/Schröder/*Perron* § 266 Rn. 25; SSW-StGB/*Saliger* StGB § 266 Rn. 10 ff.; Müller-Gugenberger/*Hadamitzky* § 32 Rn. 25 ff.; LK/*Schünemann* § 266 Rn. 126 ff.
83 BGH 22.5.1991 – 3 StR 87/91, NStZ 1991, 489; Schönke/Schröder/*Perron* StGB § 266 Rn. 25; zu Abschreibungsgesellschaften siehe Achenbach/Ransiek/Rönnau/*Seier* 5. Teil 2 Rn. 225 ff. mwN; zu der Frage, ob aus Compliance-Regeln Vermögensbetreuungspflichten resultieren können, siehe (zurückhaltend) *Michalke* StV 2011, 245; zum Wirtschaftsprüfer und Steuerberater vgl. BGH 3.8.2005 – 2 StR 202/05, wistra 2005, 460 sowie *Seiler*, Untreuestrafbarkeit des Wirtschaftsprüfers. Zur Vermögensbetreuungspflicht beim Geldtransport siehe BGH 1.4.2008 – 3 StR 493/07, wistra 2008, 427; zum Handlungsbevollmächtigten BGH 16.12.2010 – 4 StR 492/10, NStZ 2011, 280.
84 BGH 26.11.2015 – 3 StR 17/15, BGHSt 61, 48 (62 ff.) – Nürburgring; siehe dazu auch *Rönnau/Becker* JR 2017, 204; *Schlösser* StV 2017, 123; BGH 21.12.2005 – 3 StR 470/04, BGHSt 50, 331 – Mannesmann-Entscheidung; BGH 6.12.2001 – 1 StR 215/01, BGHSt 47, 187 (201) mwN; OLG Braunschweig 14.6.2012 – Ws 44/12, Ws 45/12, NJW 2012, 3798 (3799) mit Anm. *Corsten* wistra 2013, 73 und *Rübenstahl* NZWiSt 2013, 267; siehe auch *Brand/Petermann* WM 2012, 62; *Brammsen*, ZIP 2009, 1504; *Fischer* StGB § 266 Rn. 48, 105; NK-StGB/*Kindhäuser* StGB § 266 Rn. 58; *Krause* NStZ 2011, 57; *Leipold*, FS Mehle S. 347; *Rönnau/Hohn* NStZ 2004, 113 (114); *Schilha*, Die Aufsichtsratstätigkeit S. 202 ff.; *Schwerdtfeger* NZWiSt 2018, 266; Müller-Gugenberger/*Hadamitzky* § 32 Rn. 27; *Schumacher*, Vermögensbetreuungspflichten S. 246 ff.; Achenbach/Ransiek/Rönnau/*Seier* 5. Teil 2 Rn. 243; *Tiedemann*, FS Tröndle S. 319, 322 ff.; vgl. ferner auch *Hiéramente* NZWiSt 2014, 291 (294 ff.); sowie *Sartorius*, Strafbarkeit von Gremienreisen des Aufsichtsrats, 2013.
85 Siehe *Tiedemann*, FS Tröndle S. 319, 327; vgl. zu diesem Bereich auch *Lüderssen*, FS Lampe S. 727 ff.; *Rönnau/Hohn* NStZ 2004, 113.
86 BGH 21.12.2005 – 3 StR 470/04, BGHSt 50, 331 – Mannesmann-Entscheidung.

Zieschang

des Vorstandsmitglieds und zur Lage der Gesellschaft steht und die übliche Vergütung nicht ohne besondere Gründe überschritten wird (siehe dazu im Einzelnen Rn. 80 f.).[87] Vorgaben zur Begrenzung unangemessen hoher Vergütungen hat das Gesetz zur Angemessenheit der Vorstandsvergütung vom 31.7.2009 eingeführt.[88]

27 Vermögensbetreuungspflichtig gegenüber der Bank – insbesondere im Hinblick auf Kreditvergaben[89] – sind **Bankmitarbeiter in leitender Funktion**.[90] Ein Kreditsachbearbeiter hat dann eine Vermögensbetreuungspflicht, wenn er einen eigenverantwortlich wahrzunehmenden Entscheidungsspielraum besitzt.[91] Auch ein **Darlehensnehmer** kann gegenüber dem Darlehensgeber eine Vermögensbetreuungspflicht aufweisen, jedoch regelmäßig nur dann, wenn durch eine besondere Zweckbindung und die sich daraus ergebende Verpflichtung des Darlehensnehmers zur zweckgerechten Verwendung der Valuta Vermögensinteressen des Darlehensgebers geschützt werden und diese wirtschaftlich im Mittelpunkt des Vertrags stehen.[92]

28 Einem **Finanzbeamten**, dessen Aufgabe es ist, Anträge auf Bewilligung von Investitionszulagen selbstständig und mit einem auf Eigenverantwortung beruhenden Entscheidungsspielraum zu prüfen, kann im Hinblick auf das Fiskalvermögen eine Vermögensbetreuungspflicht obliegen.[93] Weiterhin hat der **Geschäftsführer einer GmbH** gegenüber der GmbH[94] ebenso wie der **Geschäftsführer eines Vereins** diesem gegenüber[95] eine Vermögensbetreuungsstellung in-

---

87 Vgl. zur Vorstandsvergütung auch *Heidel*, FS Mehle S. 247; *Schüppen*, FS Tiedemann S. 749.
88 Dazu *Nikolay* NJW 2009, 2640; *Oltmanns*, in Heidel, Aktienrecht, AktG § 87 Rn. 4 ff.; *Poguntke*, ZIP 2011, 893 (894 ff.); *Rixe*, Anerkennungsprämien, S. 220 ff.
89 Siehe dazu vor allem BGH 15.11.2001 – 1 StR 185/01, BGHSt 47, 148; BGH 6.4.2000 – 1 StR 280/99, BGHSt 46, 30; aus dem Schrifttum etwa *Fischer* StGB § 266 Rn. 70 f.; NK-StGB/*Kindhäuser* StGB § 266 Rn. 77; *Knauer* NStZ 2002, 399; *Pelz*, in Wabnitz/Janovsky, Wirtschaftsstrafrecht, 9. Kap. Rn. 258 ff.; *Kühne* StV 2002, 198; *Marxen/Müller* BGH EWiR § 266 StGB 2/02, 307; Müller-Gugenberger/*Schumann* § 67 Rn. 1 ff.; *ders*. NJW 1980, 1599; *Otto*, Bankentätigkeit und Strafrecht S. 68 ff.
90 BGH 15.11.2001 – 1 StR 185/01, BGHSt 47, 148 (149); BGH 15.3.1979 – 4 StR 652/78 bei *Holtz* MDR 1979, 636 f.; vgl. auch BGH 27.6.2006 – 3 StR 403/05, wistra 2006, 426; OLG München 30.11.2009 – 5St RR 357/09, wistra 2010, 155; siehe zu einzelnen Fällen von Untreuehandlungen im Bereich der Banken *Gallandi* wistra 2009, 41; Schork/Groß/*Groß*/Reichling Bankstrafrecht, Rn. 307 ff.; *Hellmann*, Wirtschaftsstrafrecht Rn. 224 ff.; *Hermann*, Bankenuntreue S. 3 ff.; Hohnel/*Krug* StGB § 266 Rn. 80 f.; *Nestler*, Bank- und Kapitalmarktstrafrecht Rn. 284; *Otto*, Bankentätigkeit und Strafrecht S. 63 ff.; *Schröder* NJW 2010, 1169; *ders*., in Ökonomie versus Recht S. 59 ff.; vgl. auch speziell zur Bundesbank einerseits *Schünemann* ZIS 2012, 84 (94 f.), andererseits *Kirkpatrick* wistra 2013, 249 (252 ff.); siehe ferner auch OLG Hamburg 10.6.2009 – 3 Ss 29/09, NStZ 2010, 335 (Kassierer einer Sportwettenvermittlung).
91 *Nestler*, Bank- und Kapitalmarktstrafrecht Rn. 315; Schork/Groß/*Groß*/Reichling Bankstrafrecht, Rn. 313; vgl. auch AnwK-StGB/*Esser* StGB § 266 Rn. 54.
92 BGH 26.3.2018 – 4 StR 408/17, NJW 2018, 1486 (1488).
93 BGH 7.9.2017 – 2 StR 24/16, BGHSt 62, 288 (301) mit Anm. *Gehm*, NZWiSt 2018, 338.
94 BGH 25.4.2006 – 1 StR 519/05, BGHSt 51, 29 (31); BGH 20.7.1999 – 1 StR 668/98, NJW 2000, 154 (155); *Reichelt*, Untreue S. 23 f.
95 BGH 27.2.1975 – 4 StR 571/74, NJW 1975, 1234; vgl. zur Vereinsuntreue auch *Brand/Sperling* JR 2010, 473. Zur Untreue zulasten gemeinnütziger Stiftungen siehe *Lassmann* NStZ 2009, 473.

ne.[96] Im Falle einer als EU-Auslandsgesellschaft gegründeten Limited ist zur Bestimmung der Pflichten des „Director" im Rahmen des § 266 StGB auf das ausländische Gesellschaftsrecht zurückzugreifen.[97]

Auch der **Makler mit Alleinauftrag** fällt unter § 266 StGB,[98] ebenso der **Börsenmakler**.[99] Zudem kann sich ein Notar nach § 266 StGB strafbar machen.[100] Ebenfalls sind die **Vorstandsmitglieder einer AG** gegenüber der Gesellschaft[101] vermögensbetreuungspflichtig, nicht jedoch, soweit es um die Bezüge der Vorstandsmitglieder geht.[102] Für die Frage, ob die Vermögensbetreuungspflicht verletzt ist, haben dabei die Vorstandsmitglieder hinsichtlich der **unternehmerischen Entscheidungen** einen **weiten Handlungsspielraum** inne.[103] Eine Pflichtverletzung des Vorstands nach § 93 Abs. 1 S. 1 AktG und damit nach Auffassung des BGH gleichzeitig auch im Sinne des § 266 StGB liege vor, wenn die Grenzen, in denen sich ein von Verantwortungsbewusstsein getragenes, ausschließlich am Unternehmenswohl orientiertes, auf sorgfältiger Ermittlung der Entscheidungsgrundlagen beruhendes unternehmerisches Handeln bewegen muss, überschritten seien, die Bereitschaft, unternehmerische Risiken einzugehen, in unverantwortlicher Weise überspannt würden oder das Verhalten des Vorstands aus anderen Gründen als pflichtwidrig gelten müsse; letztlich sei eine Pflichtverletzung immer nur dann zu bejahen, wenn ein „**schlechthin un-**

29

---

[96] Auch dem hauptamtlichen Bürgermeister obliegt gegenüber seiner Gemeinde eine Treuepflicht: Er muss nach den Grundsätzen der Wirtschaftlichkeit und Sparsamkeit handeln; BGH 9.12.2004 – 4 StR 294/04, NStZ-RR 2005, 83 (84); siehe dazu auch *Kiethe* NStZ 2005, 529; *Rojas*, Haushaltsuntreue; *Saliger/Schweiger* ZG 2018, 16; siehe zu Verstößen gegen haushaltsrechtliche Vorgaben ebenfalls BGH 19.9.2018 – 1 StR 194/18, NJW 2019, 378; BGH 21.2.2017 – 1 StR 296/16, BGHSt 62, 144 (148 ff.) mit Anm. *Bosch*, JK 2018, S. 423, § 266 StGB; *Lange* ZWH 2018, 182. Zum Stiftungsvorstand siehe BGH 24.6.2010 – 3 StR 90/10, wistra 2010, 445; *Büch* wistra 2011, 20.
[97] BGH 13.4.2010 – 5 StR 428/09, NStZ 2010, 632 (634) mit Anm. *Bittmann* wistra 2010, 303; *Kraatz* JR 2011, 58; *Schramm/Hinderer* ZIS 2010, 494; vgl. auch *Ensenbach* wistra 2011, 4.
[98] Vgl. BGH 22.4.1964 – VIII ZR 225/62, NJW 1964, 1467. Zum Untreuevorwurf gegenüber dem Vermieter im Hinblick auf die Kaution siehe BGH 2.4.2008 – 5 StR 354/07, BGHSt 52, 182; *Rönnau* NStZ 2009, 633.
[99] Vgl. LK/*Schünemann* StGB § 266 Rn. 109.
[100] Siehe etwa BGH 7.4.2010 – 2 StR 153/09, wistra 2010, 266; BGH 20.10.2009 – 3 StR 410/09, NStZ 2010, 329.
[101] BGH 22.11.2005 – 1 StR 571/04, NJW 2006, 453 (454); BGH 6.12.2001 – 1 StR 215/01, BGHSt 47, 187 (192); BGH 13.12.1994 – 1 StR 622/94, StV 1995, 302 (303); *Brammsen* wistra 2009, 85; *Brand* AG 2007, 681; MüKoStGB/*Dierlamm* StGB § 266 Rn. 95; monographisch *Loeck*, Strafbarkeit des Vorstands der Aktiengesellschaft; *Nattkemper*, Die Untreuestrafbarkeit des Vorstands einer Aktiengesellschaft; vgl. auch *Bernsmann* StV 2013, 403 (404 ff.); *Brand/Sperling* AG 2011, 233; *Theile* wistra 2010, 457.
[102] BGH 21.12.2005 – 3 StR 470/04, BGHSt 50, 331 – Mannesmann-Entscheidung.
[103] Siehe dazu BGH 22.11.2005 – 1 StR 571/04, NJW 2006, 453 (454 ff.); BGH 6.12.2001 – 1 StR 215/01, BGHSt 47, 187 (192); *Bosch/Lange* JZ 2009, 225; vgl. auch *Becker/Walla/Endert* WM 2010, 875; *Brüning/Samson* ZIP 2009, 1089; *Esser* NZWiSt 2018, 201; *Ignor/Sättele*, FS Hamm S. 211; *Seibt/Schwarz* AG 2010, 301; ferner *Forkel* ZRP 2010, 158.

vertretbares Vorstandshandeln" vorliegt.[104] Der Leitungsfehler müsse sich einem Außenstehenden „förmlich aufdrängen".[105]

30 Problematisch ist, ob im Bereich von **gesetzes- oder sittenwidrigen Rechtsgeschäften**, sofern dem Betreffenden nach den allgemeinen Kriterien eine selbstständige Stellung mit einem gewissen Ermessensspielraum zukommt, eine Vermögensbetreuungspflicht überhaupt gegeben sein kann. Insofern gilt, dass die bloße Nichtausführung des Auftrags nicht als Treuepflichtverletzung zu erachten ist.

31 Im Übrigen geht der BGH davon aus, dass § 266 StGB bei gesetzes- oder sittenwidrigen Geschäften **durchaus in Betracht** kommt: So in einem Fall, in dem sich Vorstandsmitglieder einer Bank zulasten der Bank an rechtswidrig erlangten Geldern persönlich bereicherten, die aus von ihnen durchgeführten gesetzeswidrigen Wertpapiergeschäften stammten.[106] Auch bei der auftragswidrigen spekulativen Anlage von aus Bestechungsgeldern gesammelten Geldmitteln ist § 266 StGB angenommen worden.[107]

32 **Tathandlung** beim Treubruchtatbestand ist ein **beliebiges vermögensrelevantes Verhalten**, welches die dem Täter obliegende Pflicht zur Betreuung fremden Vermögens verletzt.[108] Es kommen sowohl Handlungen **rechtsgeschäftlicher** als auch **tatsächlicher Art** in Betracht, ebenso ein Unterlassen.[109] Letzteres ist etwa der Fall, wenn der Täter auf seinem Geschäftskonto eingegangene Mittel treuwidrig nicht abführt[110] oder ein leitender Angestellter schwarze Kassen nicht offenbart.[111] Auch in der Begleichung nichtiger Forderungen, also in einer rechtsgrundlosen Zahlung, kann die Verletzung der Vermögensbetreuungspflicht liegen,[112] ebenso, wenn der Täter zum Untergang einer bestehenden Forderung beiträgt.[113] Stets bedarf es der jeweils exakten Prüfung, worauf sich die Vermögensbetreuungspflicht bezieht;[114] so ist anerkannt, dass Beziehungen, die sich insgesamt als Treueverhältnis darstellen, Verpflichtungen enthalten können, deren Einhaltung nicht vom Untreuetatbestand geschützt ist.[115] Zur Erfüllung des Tatbestands ist also erforderlich, dass die verletzte Pflicht gerade dem Vermögensschutz dient und sie innerhalb der vom Treugeber ver-

---

104 BGH 12.10. 2016 – 5 StR 134/15, NJW 2017, 578 (579) – HSH Nordbank – mit Anm. *Baur/Holle* ZIP 2017, 555; *Becker* NStZ 2017, 232; *Bittmann* wistra 2017, 121; *Brand* NJW 2017, 582; *Kubiciel* JZ 2017, 585; *Leimenstoll* StV 2017, 394; *Nepomuck* NZWiSt 2017, 119; *Stamm* JR 2017, 439.
105 BGH 12.10. 2016–5 StR 134/15, NJW 2017, 578 (579) – HSH Nordbank.
106 BGH 9.12.1987 – 3 StR 104/87, BGHR StGB § 266 Abs. 1 Nachteil 10.
107 BGH 26.10.1998 – 5 StR 746–97, NStZ-RR 1999, 184 (185 f.); siehe zu dem Problem der gesetzes- oder sittenwidrigen Beziehungen auch Esser/Rübenstahl/Saliger/Tsambikakis/*Saliger* StGB § 266 Rn. 29.
108 *Fischer* StGB § 266 Rn. 50; siehe zur Pflichtwidrigkeit auch *Krell* NStZ 2014, 62.
109 Schönke/Schröder/*Perron* StGB § 266 Rn. 35; Esser/Rübenstahl/Saliger/Tsambikakis/*Saliger* StGB § 266 Rn. 51.
110 Siehe BGH 1.11.1983 – 5 StR 363/83, wistra 1984, 71.
111 BGH 29.8.2008 – 2 StR 587/07, BGHSt 52, 323 – Siemens-Entscheidung.
112 BGH 10.10.2012 – 2 StR 591/11, NJW 2013, 401 (403) mit Anm. *Cornelius* NZWiSt 2013, 166.
113 BGH 28.11.2012 – 5 StR 328/12, wistra 2013, 102 (103).
114 Vgl. auch BGH 13.9.2010 – 1 StR 220/09, BGHSt 55, 288.
115 BGH 23.5.2002 – 1 StR 372/01, BGHSt 47, 295 (297).

liehenen Herrschaftsmacht angesiedelt ist, über das fremde Vermögen zu verfügen.[116]

Das **Einverständnis** des Vermögensinhabers lässt die Pflichtverletzung entfallen und ist damit **tatbestandsausschließend**.[117] Das ist jedoch grundsätzlich nicht der Fall, wenn die Zustimmung **gesetzeswidrig** ist, auf **Willensmängeln** beruht oder **ihrerseits pflichtwidrig** ist. Unwirksam soll etwa nach Auffassung des BGH die Zustimmung bei Ausnutzung besonderer geschäftlicher Unerfahrenheit sein.[118] Zu der besonderen Problematik der Zustimmung des Willensbildungsorgans einer Gesellschaft zu Handlungen eines Gesellschaftsorgans zum Nachteil der Gesellschaft siehe das Stichwort „Zustimmung des Willensbildungsorgans einer Gesellschaft" Rn. 84 ff.

33

Auch bei § 266 Abs. 1 Alt. 2 StGB muss aus der Tathandlung ein **Vermögensnachteil** resultieren. Insofern wird auf die Ausführungen im Zusammenhang mit dem Missbrauchstatbestand verwiesen, die hier ebenfalls gelten (siehe Rn. 17 ff.).[119]

34

2. Subjektiver Tatbestand

Der subjektive Tatbestand der Untreue setzt **Vorsatz** voraus, wobei **bedingter Vorsatz** genügt.[120] Der Vorsatz muss sowohl die Pflichtenstellung als auch die Pflichtverletzung umfassen.[121] Geht der Täter irrtümlich von einem Einverständnis des Treugebers aus, entfällt der Tatbestand.[122] Der Vorsatz muss sich auch auf den Vermögensnachteil beziehen. Vorsatz hinsichtlich der Pflichtwidrigkeit einerseits und in Bezug auf den Vermögensnachteil andererseits ist also jeweils unabhängig voneinander festzustellen.[123] Eine allgemeine Absicht oder Hoffnung, mit den pflichtwidrigen Handlungen letztlich den Vermögensinter-

35

---

116 BGH 7.9.2017 – 2 StR 24/16, BGHSt 62, 288.
117 So etwa BGH 15.5.2012 – 3 StR 118/11, NJW 2012, 2366 (2369); BGH 17.6.1952 – 1 StR 668/51, BGHSt 3, 23 (25); Brette/Schneider, Wirtschaftsstrafrecht § 3 Rn. 378; Fischer StGB § 266 Rn. 90; NK-StGB/Kindhäuser StGB § 266 Rn. 66; Hohnel/Krug StGB § 266 Rn. 46; Esser/Rübenstahl/Saliger/Tsambikakis/Saliger StGB § 266 Rn. 57; LK/Schünemann StGB § 266 Rn. 124; Graf/Jäger/Wittig/Waßmer StGB § 266 Rn. 144; aA aber BGH 12.1.1956 – 3 StR 626/54, BGHSt 9, 203 (216): Die Rechtswidrigkeit entfalle.
118 BGH 7.11.1996 – 4 StR 423/96, NStZ 1997, 124 f.
119 Zur Berechnung des Schadens bei der Vermögensgefährdung vgl. auch BGH 20.10.2009 – 3 StR 410/09, NStZ 2010, 329. Zum Vermögensnachteil bei pflichtwidrigen Zahlungen an Betriebsräte siehe BGH 17.9.2009 – 5 StR 521/08, BGHSt 54, 148; dazu Corsten wistra 2010, 206; Zwiehoff, FS Puppe S. 1337 ff.; vgl. auch BGH 13.9.2010 – 1 StR 220/09, BGHSt 55, 288; siehe ferner zum Vermögensnachteil bei der Untreue BGH 4.2.2009 – 5 StR 260/08, wistra 2009, 189; BGH 31.7.2007 – 5 StR 347/06, NStZ 2008, 398; Fischer StraFo 2010, 329 (334 f.).
120 Siehe nur SK-StGB/Hoyer StGB § 266 Rn. 118; NK-WSS/Jahn/Ziemann StGB § 266 Rn. 117; Nestler, Bank- und Kapitalmarktstrafrecht Rn. 549 f.; Schönke/Schröder/Perron StGB § 266 Rn. 49; Esser/Rübenstahl/Saliger/Tsambikakis/Saliger StGB § 266 Rn. 128; LK/Schünemann StGB § 266 Rn. 190; Többens, Wirtschaftsstrafrecht S. 91; monographisch zum Untreuevorsatz Dinter, Pflichtwidrigkeitsvorsatz; Hantschel, Untreuevorsatz; siehe auch Marwedel, ZStW 123 (2011), 548.
121 Siehe dazu BGH 21.2.2017 – 1 StR 296/16, BGHSt 62, 144 (153) mAnm Eisele NJW 2018, 180; BGH 9.11.2016 – 5 StR 313/15, HRRS 2017 Nr. 36.
122 BGH 17.6.1952 – 1 StR 668/51, BGHSt 3, 23 (25).
123 BGH 28.5.2013 – 5 StR 551/11, NStZ 2013, 715; Wabnitz/Janovsky/Raum 4. Kap Rn. 81.

essen des Treugebers, insbesondere über Folgegeschäfte, zu dienen, soll den Vorsatz nicht ausschließen.[124] Zu beachten ist jedoch, dass bei einer entsprechenden Gesamtstrategie (siehe dazu Rn. 19) der Vorsatz in Bezug auf Pflichtwidrigkeit und Schaden entfallen kann.[125] Eine Bereicherungsabsicht ist nicht erforderlich.

36 Die Rechtsprechung geht davon aus, dass an den Nachweis des subjektiven Tatbestands – insbesondere auch an den des bedingten Vorsatzes – **strenge Anforderungen** zu stellen sind.[126] Umstritten ist dabei, ob im Fall der schadensgleichen Vermögensgefährdung der subjektive Tatbestand dahin zu begrenzen ist, dass der bedingte Vorsatz eines Gefährdungsschadens nicht nur Kenntnis des Täters von der konkreten Möglichkeit des Schadenseintritts und das Inkaufnehmen dieser Gefahr voraussetzt, sondern darüber hinaus eine Billigung der Realisierung der Gefahr, sei es auch nur in der Form, dass der Täter sich mit dem Eintritt des ihm unerwünschten Erfolges abfindet.[127] Der 1. Strafsenat vermeidet diese weitere subjektive Voraussetzung dadurch, dass er bei pflichtwidrigen Risikogeschäften die sogenannte konkrete Vermögensgefährdung im objektiven Tatbestand als einen bereits unmittelbar mit der Tathandlung eingetretenen Vermögensnachteil auffasst.[128] Bezogen auf diesen Nachteil handele ein Täter, der die begründenden Umstände kennt, welche die Pflichtwidrigkeit und den Minderwert des Rückzahlungsanspruchs ausmachen, bei der Tathandlung mit direktem Vorsatz.[129]

III. Ergänzende Bemerkungen
1. Regelbeispiele

37 § 266 Abs. 2 StGB verweist auf die **Regelbeispiele** des § 263 Abs. 3 StGB (siehe insofern die Ausführungen beim Betrug Rn. 76 ff.). Das ist für § 263 Abs. 3 S. 2 Nr. 1 StGB dahin gehend zu verstehen, dass es um die fortgesetzte Bege-

---

124 So *Fischer* StGB § 266 Rn. 177.
125 Vgl. auch BGH 16.2.2006 – 4 StR 305/05, wistra 2006, 266 (267).
126 Etwa BGH 23.5.2002 – 1 StR 372/01, BGHSt 47, 295 (302); BGH 24.8.1999 – 1 StR 232/99, wistra 2000, 60; BGH 6.12.1983 – VI ZR 117/82, NJW 1984, 800 (801); ebenso etwa *Bröker*, Strafrechtliche Probleme S. 100; Lackner/Kühl/*Heger* StGB § 266 Rn. 19; *Matt*/Renzikowski StGB § 266 Rn. 149; BeckOK StGB/*Wittig* StGB § 266 Rn. 47; kritisch ua *Fischer* StGB § 266 Rn. 176; Schönke/Schröder/*Perron* StGB § 266 Rn. 50; LK/*Schünemann* StGB § 266 Rn. 190; siehe auch BGH 25.4.2007 – 2 StR 25/07, wistra 2007, 306; OLG Hamburg 10.6.2009 – 3 Ss 29/09, NStZ 2010, 335.
127 So BGH 28.5.2013 – 5 StR 551/11, NStZ 2013, 715 (716) mit Anm. *Jahn* JuS 2014, 82; *Kubiciel* StV 2014, 91; *Trüg* NStZ 2013, 717; BGH 25.5.2007 – 2 StR 469/06, NStZ 2007, 704 (705) mit Anm. *Schlösser* NStZ 2008, 397; BGH 18.10.2006 – 2 StR 499/05, BGHSt 51, 100; vgl. weiterhin ua *Brettel/Schneider*, Wirtschaftsstrafrecht § 3 Rn. 422; *Hillenkamp*, FS Maiwald S. 323; *Leitner* StraFo 2010, 323 (326 f.); *Mansdörfer* JuS 2009, 114 (116); *Otto*, FS Puppe S. 1247, 1260 ff.; *Weber*, FS Eisenberg S. 371.
128 Siehe allgemein zum Aspekt der Unmittelbarkeit bei der Untreue *Albrecht* GA 2017, 130.
129 BGH 20.3.2008 – 1 StR 488/07, NJW 2008, 2451 mit Anm. *Beulke/Witzigmann* JR 2008, 430; *Otto*, FS Puppe S. 1247, 1262 ff.; *Rübenstahl* NJW 2008, 2454; BGH 18.2.2009 – 1 StR 731/08, BGHSt 53, 199 (zum Betrug). *Saliger* NJW 2010, 3195 (3197) ist der Auffassung, das BVerfG habe mit der Einordnung der Kredituntreue unter die schadensgleiche Vermögensgefährdung (BVerfG 23.6.2010 – 2 BvR 2559/08, 2 BvR 105/09, 2 BvR 491/09, BVerfGE 126, 170 [219 f.]) dieser Rechtsprechung des 1. Strafsenats indirekt eine Absage erteilt.

hung von Taten gemäß § 266 StGB geht.[130] Problematisch erscheint die Heranziehung des § 263 Abs. 3 S. 2 Nr. 4 StGB, wenn die Amtsträgereigenschaft die Täterqualifikation des § 266 StGB erst begründet;[131] der BGH teilt diese Bedenken jedoch nicht.[132]

Auch bei § 266 StGB führt das Vorliegen der Regelbeispiele nicht unmittelbar zu einem besonders schweren Fall, es bedarf vielmehr stets einer **Gesamtwürdigung** aller konkret gegebenen maßgeblichen Strafzumessungsgesichtspunkte.[133] Über § 266 Abs. 2 StGB gilt zudem § 243 Abs. 2 StGB entsprechend.

2. Antragserfordernis

Weiterhin finden gemäß § 266 Abs. 2 StGB die §§ 247, 248 a StGB entsprechende Anwendung. In diesen Fällen (Untreue gegenüber Angehörigen, Vormund, Betreuer oder Hausgenossen; Untreue im Bagatellbereich) wird die Untreue zum **Antragsdelikt**.

3. Konkurrenzen

Nach der Rechtsprechung und hM im Schrifttum, die für beide Alternativen von einer inhaltlich identischen Vermögensbetreuungspflicht ausgehen, ist der **Missbrauchstatbestand lex specialis zum Treubruchtatbestand**, der verdrängt wird, es sei denn, beide Tatbestände beziehen sich auf unterschiedliche Schäden.[134] Bei mehreren Verhaltensweisen, die in einem unmittelbaren räumlichen Zusammenhang stehen, kommt nach dem BGH bei der Untreue eine natürliche Handlungseinheit in Betracht.[135]

Zwischen **Betrug** und **Untreue** besteht Idealkonkurrenz, wenn der Täter bei der Vornahme der Täuschung schon in einem Treueverhältnis zum Geschädigten stand oder falls dem Betrugsschaden durch die Untreue ein weiterer Schaden zugefügt wird.[136] Eine dem Betrug nachfolgende Untreuehandlung ist mitbestrafte Nachtat, falls der Vermögensgegenstand zuvor betrügerisch erlangt wurde.[137] Der Betrug ist mitbestrafte Nachtat, sofern er nur der Sicherung der durch die Untreue erlangten Beute dient.

---

130 *Fischer* StGB § 266 Rn. 191. Beachte auch etwa Esser/Rübenstahl/Saliger/Tsambikakis/*Saliger* StGB § 266 Rn. 137, der für § 263 Abs. 3 S. 2 Nr. 2 Alt. 1 StGB anders als beim Betrug im Bereich der Untreue einen Mindestwert von 100.000 EUR verlangt.
131 Vgl. *Fischer* StGB § 266 Rn. 190; LK/*Schünemann* StGB § 266 Rn. 218.
132 BGH 13.7.2000 – 4 StR 271/00, StV 2001, 110 (111).
133 Vgl. BGH 25.6.2003 – 1 StR 469/02, NStZ-RR 2003, 297 (298); Müller-Gugenberger/*Hadamitzky* § 32 Rn. 205.
134 Siehe Lackner/Kühl/*Heger* StGB § 266 Rn. 21; *Mitsch* JuS 2011, 97 (98); Esser/Rübenstahl/Saliger/Tsambikakis/*Saliger* StGB § 266 Rn. 134.
135 BGH 18.5.2010 – 4 StR 182/10, wistra 2010, 345.
136 Siehe hierzu Joecks/Jäger StGB § 266 Rn. 65; LK/*Schünemann* StGB § 266 Rn. 208.
137 Voraussetzung dafür ist aber, dass bei der Untreue überhaupt ein Vermögensschaden festgestellt werden kann; siehe Rn. 20. Zur Untreue als mitbestrafte Nachtat siehe auch BGH 30.9.2010 – 5 StR 259/10, NStZ 2011, 160.

IV. Einzelne Verhaltensweisen aus dem Bereich des Kapitalmarkts und ihre Relevanz im Hinblick auf § 266 StGB

42 Im Folgenden werden – in alphabetischer Reihenfolge – unter dem Blickwinkel des Kapitalmarktsektors einzelne Verhaltensweisen dahin gehend untersucht, ob und inwieweit für sie § 266 StGB von Bedeutung sein kann.

1. Ad-hoc-Meldungen

43 Art. 17 der VO (EU) Nr. 596/2014 vom 16.4.2014[138] sieht in bestimmten Fällen eine Ad-hoc-Meldepflicht vor. Soweit sie unterlassen wird, ist dies unter dem Stichwort „Nichtveröffentlichung von Informationen" Rn. 66 f. behandelt. Möglich ist auch, dass unzutreffende Ad-hoc-Meldungen, zB in Bezug auf Umsätze, erfolgen; siehe insofern unter dem Stichwort „Falschmeldungen" Rn. 55 f.

2. Anlageberater

44 Im Hinblick auf die Anlageberatung bedarf es zunächst des Hinweises, dass noch **keine Vermögensbetreuungspflicht** besteht und damit § 266 StGB ausscheidet, wenn es um die **(erstmalige) bloße Akquisition von Anlegern** geht. Lag also eine Täuschung bei Abschluss des Beratungsvertrags vor, ist § 263 StGB einschlägig, nicht jedoch § 266 StGB. Erst mit Abschluss eines Anlageberatungsvertrages **kann** dann eine Vermögensbetreuungspflicht entstehen.[139]

45 Kennzeichen für die Anlageberatung ist, dass ein Anlageberater von dem Anleger damit beauftragt wird, ihn fachkundig bei der Bewertung und der Beurteilung einer bestimmten Anlageentscheidung gegebenenfalls unter Berücksichtigung seiner persönlichen Verhältnisse zu beraten.[140] **Allein ein Beratungsverhältnis** reicht jedoch für sich genommen noch **nicht** aus, um eine Vermögensbetreuungspflicht im Sinne des § 266 StGB anzunehmen, da dann der Berater nicht selbstständig auf das Vermögen des Anlegers einwirken kann.[141] Hinzukommen muss vielmehr eine **Vermögensverwaltung**,[142] die so charakterisiert ist, dass der Täter eine **Dispositionsbefugnis über das Kapital** aufweist.

46 Es bedarf also jeweils im Einzelfall der eingehenden Prüfung, ob tatsächlich der Anwendungsbereich des § 266 StGB eröffnet ist. Die Anlageberatung unterfällt **nicht per se** der Untreue. So führt der BGH aus, erforderlich sei, dass dem Täter die ihm übertragene Tätigkeit nicht durch ins Einzelne gehende Weisungen vorgezeichnet sei, sondern ihm Raum für eigenverantwortliche Entscheidungen und eine gewisse Selbstständigkeit belasse.[143] § 266 StGB scheide

---

138 ABl. 2014 L 173, 1.
139 Vgl. auch Hohnel/*Krug* StGB § 266 Rn. 19; *Worms*, Anlegerschutz durch Strafrecht S. 198 Fn. 295.
140 *Fiala/Behrendsen* Rpfleger 1997, 281; siehe zur Anlageberatung auch *Nestler*, Bank- und Kapitalmarktstrafrecht Rn. 492 ff.
141 *Nestler*, Bank- und Kapitalmarktstrafrecht, Rn. 498; *Wach*, Terminhandel, S. 128 f.; siehe zum Anlageberater auch *Park/Rütters* StV 2011, 434 (438); *Mölter* wistra 2010, 53.
142 Siehe dazu *Fiala/Behrendsen* Rpfleger 1997, 281 (282 ff.); Graf/Jäger/Wittig/*Waßmer* StGB § 266 Rn. 49.
143 BGH 22.5.1991 – 3 StR 87/91, NStZ 1991, 489.

aus, wenn der Betreffende nur auf Weisung tätig werden dürfe.[144] Allein die Tatsache, dass falsche Auskünfte und Ratschläge im Zusammenhang mit der Beratung beim Kauf und Verkauf von Wertpapieren gegeben werden, rechtfertige nicht die Annahme des § 266 StGB. Es müsse das besondere Merkmal der Übertragung dieser Aufgaben zur **selbstverantwortlichen Bewältigung** nach eigenem Befinden hinzutreten.[145] Möglich ist aber, dass der Anlageberater zwar Einzelermächtigungen einholt, er jedoch trotzdem tauglicher Täter des § 266 StGB ist, da das Verhältnis zu dem Anleger maßgeblich von einer an den Täter erteilten Generalvollmacht geprägt wird, aus der eine Vermögensbetreuungspflicht resultiert.[146] Allgemein kann man sagen, dass § 266 StGB dann in Betracht kommt, wenn der Anleger dem Anlageberater rechtsgeschäftliche Befugnisse über sein Vermögen einräumt oder ihm Vermögensbestandteile zur **ganz oder teilweise selbstständigen Verwaltung** und Betreuung überträgt.[147] Es kommt also darauf an, ob der Berater Dispositionsbefugnis über das Anlagekapital hat.[148] § 266 StGB ist daher relevant für alle Anlageberater oder Verwalter, denen der Anleger eine Vollmacht zum An- und Verkauf von Wertpapieren nach eigenem Sachverstand und Ermessen einräumt oder sonstige Freiräume zur selbstständigen Entscheidung über Vermögensanlagen lässt.[149]

Liegen die Voraussetzungen einer Vermögensbetreuungspflicht vor, ist von einer **Pflichtverletzung** etwa dann auszugehen, wenn die zur Anlage übergebene Summe **abredewidrig gar nicht erst angelegt** wird.[150] Auch kann eine Verletzung der Pflichten darin zu sehen sein, dass die Gelder nach Ablauf der Festlegungszeiträume abredewidrig **nicht an die Anleger zurückgeleitet** werden.[151] Anders verhält es sich jedoch, falls von der Treuepflicht nur die Verwahrung und Anlegung des überlassenen Geldes umfasst ist. Verstoße der Treupflichtige dann gegen die Verpflichtung, das Geld nach Vertragsbeendigung auszukehren, werde einer bloßen Schuldnerpflicht zuwidergehandelt, nicht jedoch einer Treuepflicht, so dass § 266 StGB ausscheide.[152] Maßgeblich seien Inhalt und Umfang der Treuabrede, so wie sie sich aus den Vereinbarungen und deren Auslegung ergeben.[153] Eine Rechtsbeziehung, die sich insgesamt als Treueverhältnis im Sinne des § 266 StGB darstellt, kann Verpflichtungen enthalten, de-

---

144 Hinzuweisen ist jedoch darauf, dass § 266 StGB gegeben sein kann, wenn der Kunde zwar formell noch selbst entscheidet, tatsächlich dem Berater aber „blind" die Entscheidung über die Vermögensanlage überlassen wird; *Imo*, Börsentermingeschäfte S. 1014 f.; vgl. auch NK-StGB/*Kindhäuser* StGB § 266 Rn. 58, siehe ebenfalls unten Rn. 52.
145 BGH 22.5.1991 – 3 StR 87/91, NStZ 1991, 489.
146 BGH 11.8.1993 – 2 StR 309/93, NStZ 1994, 35; Lackner/Kühl/*Heger* StGB § 266 Rn. 13.
147 *Wach*, Terminhandel, S. 128 f.
148 Vgl. *Imo*, Börsentermingeschäfte S. 1038.
149 *Birnbaum* wistra 1991, 253 (255 f.); *Fichtner*, Die börsen- und depotrechtlichen Strafvorschriften S. 100; *Otto*, FS Pfeiffer S. 69, 80 f.; *ders.* WM 1988, 729 (733 f.); *von Ungern-Sternberg* ZStW 88 (1976), 653 (690 f.); speziell zu Unternehmensberatern und -sanierern als Untreuetätern *Tiedemann*, Wirtschaftsstrafrecht Rn. 1096 ff.
150 BGH 26.5.1999 – 3 StR 97/99, wistra 1999, 339; *Bröker*, Strafrechtliche Probleme S. 98.
151 BGH 26.5.1999 – 3 StR 97/99, wistra 1999, 339 (340).
152 BGH 30.10.1985 – 2 StR 383/85, NStZ 1986, 361 f.
153 BGH 30.10.1990 – 1 StR 544/90, BGHR StGB § 266 Abs. 1 Vermögensbetreuungspflicht 17; BGH 30.10.1985 – 2 StR 383/85, NStZ 1986, 361 (362).

ren Verletzung nicht vom Untreuetatbestand erfasst ist.[154] Eine **Verletzung der Vermögensbetreuungspflicht** hat der BGH darin gesehen, dass eine **unordentliche Buchführung** erfolgt, indem keinerlei Aufzeichnungen darüber geführt werden, in welcher Form, zu welchen Bedingungen und bei wem das Kapital letztlich angelegt wird.[155] Zudem sind als fachkundig und in Warentermingeschäften versiert auftretende Berater und Verwalter fremden Vermögens verpflichtet, Schäden aufgrund **handelsunüblicher, unangemessen hoher Spesenbelastungen** abzuwenden, um sich nicht dem Vorwurf der Untreue auszusetzen.[156]

48 Teilweise wird vertreten, der Anlageberater könne sich im Rahmen einer bestehenden Anlageberatung gemäß § 266 StGB strafbar machen, wenn er für eine neue erfolgreiche Anlagevermittlung **Provisionszahlungen** von dritter Seite erhält; dies sei mit seiner Pflicht, die Vermögensinteressen des Anlegers zu wahren, nicht zu vereinbaren.[157] Insofern bedarf es jedoch der genauen Analyse der Treuepflichten. So hat der BGH entschieden, dass die Annahme einer Provision nicht unbedingt einen Treubruch darzustellen braucht, wobei im konkreten Fall die Annahme der Provision für den Treugeber nicht nachteilig gewesen ist. Die **bloße Nichtherausgabe von Provisionen**, deren Gewährung den Treugeber nicht schlechter stellt, begründe grundsätzlich **keine Strafbarkeit nach § 266 StGB**.[158] Richtigerweise wird man sagen müssen, dass eine Treuepflichtverletzung darin zu sehen ist, dass der Anlageberater eine Anlage **allein deshalb vornimmt**, weil er hierfür eine entsprechende Provision erhält, obwohl diese Anlage wirtschaftlich nachteilig ist; es bedarf aber jeweils der konkreten Prüfung, ob tatsächlich von einer Treuepflichtverletzung und einem Vermögensschaden auszugehen ist (siehe insofern auch die Darlegungen zu dem Stichwort „Churning" Rn. 51 ff. und „Kick-Back-Zahlungen" Rn. 63 ff.).

49 Ergänzend sei angemerkt, dass eine Vermögensbetreuungspflicht dadurch entstehen kann, dass jemand die treuhänderische Verpflichtung übernimmt, die Verwendung von Anlagegeldern **zu kontrollieren** und erst unter bestimmten Voraussetzungen **freizugeben**. Werden nun die Gelder ohne Ausübung dieser Kontrollen an Dritte weitergeleitet, kommt eine Strafbarkeit gemäß § 266 StGB in Betracht.[159]

3. Bilanzfälschungen
50 Siehe das Stichwort „Falschmeldungen" Rn. 55 f.

---

154 BGH 23.5.2002 – 1 StR 372/01, BGHSt 47, 295 (297); BGH 30.10.1990 – 1 StR 544/90, BGHR StGB § 266 Abs. 1 Vermögensbetreuungspflicht 1, 17.
155 BGH 16.2.1996 – 3 StR 185/94, wistra 1996, 184; zu untreuerelevanten Verhaltensweisen siehe auch *von Ungern-Sternberg* ZStW 88 (1976), 653 (691 ff.).
156 So OLG München 29.1.1986 – 3 U 5097/85, WM 1986, 1141 (1142).
157 Vgl. etwa *Worms*, Anlegerschutz durch Strafrecht S. 199.
158 BGH 23.5.2002 – 1 StR 372/01, BGHSt 47, 295 (298); BGH 4.4.2001 – 1 StR 528/00, NStZ 2001, 545; BGH 13.12.1994 – 1 StR 622/94, StV 1995, 302 (303); BGH 30.10.1990 – 1 StR 544/90, BGHR StGB § 266 Abs. 1 Vermögensbetreuungspflicht 17; *Fischer* StGB § 266 Rn. 117.
159 Vgl. auch *Otto*, Banktätigkeit und Strafrecht S. 83.

4. Churning

Kennzeichen für das Churning ist die **Umschichtung des Wertpapierdepots** durch den Vermögensverwalter **ausschließlich** zu dem Zweck, selbst Provisionen zu erzielen (siehe dazu im Einzelnen beim Betrug unter dem Stichwort „Churning" Rn. 97 ff.).[160] Hat der Anleger einen Vermögensverwaltungsvertrag geschlossen, der eine gewisse Selbstständigkeit des Verwalters vorsieht, so dass Letzterer insbesondere An- und Verkäufe tätigen kann, besteht eine Vermögensbetreuungspflicht des Verwalters im Sinne des § 266 StGB. Liegen nun die Voraussetzungen des Churnings vor, dann verletzt der Vermögensverwalter seine Vermögensbetreuungspflicht, womit sein Verhalten § 266 StGB unterfällt.[161] **Churning** stellt eine **typische Verletzung der Vermögensbetreuungspflicht** dar.[162]

Unterschiedliche Konstellationen sind denkbar: Werden jeweils die einzelnen Transaktionen mit dem Anleger **abgesprochen**, bedarf es der Prüfung, ob überhaupt das Maß an Selbstständigkeit erreicht ist, dass von einer Vermögensbetreuungspflicht ausgegangen werden kann (siehe dazu bereits oben unter dem Stichwort „Anlageberater" Rn. 44 ff.). Das ist dann der Fall, wenn der Anleger sich zwar formal die Entscheidung vorbehält, faktisch jedoch blindlings den Ratschlägen des Beraters zustimmt. Erfolgen nunmehr die Umschichtungen entgegen den Anlagezielen des Kunden, liegt eine **Pflichtverletzung** vor. Diese entfällt auch nicht im Hinblick auf die Zustimmung, da Letztere aufgrund der Täuschung des Kunden und einer eventuell vorliegenden geschäftlichen Unerfahrenheit **unwirksam** ist. Der **Schaden** besteht in der dann **überflüssigen Belastung** des Anlegers mit der **Provision** des Vermögensverwalters. Der ebenfalls verwirklichte Betrug tritt dabei hinter die Untreue zurück.

Der Fall kann aber auch so gelagert sein, dass der Vermögensverwalter nicht jedes einzelne Geschäft mit dem Anleger abzusprechen braucht, sondern im Rahmen eines Vermögensverwaltungsvertrages jeweils **eigenständig Anlagegeschäfte** vornehmen darf. Dann hat der Täter eine Vermögensbetreuungspflicht inne, wobei **Churning** eine **klassische Pflichtverletzung** darstellt. Der Schaden besteht wiederum in der überflüssigen Belastung mit den Provisionen.

Hat der Vermögensverwalter **bereits im Zeitpunkt des Abschlusses des Vermögensverwaltungsvertrages** mit dem Kunden die Absicht, Provisionsschneiderei zu begehen, liegt eine **betrugsrelevante Täuschung** über seine gegenwärtige Absicht bei Vertragsabschluss vor.[163] Fraglich ist, ob dann auch bereits zu diesem Zeitpunkt von einem betrugsrelevanten Vermögensschaden auszugehen ist. Befürwortet man mit der Rechtsprechung die Begründung des Vermögensschadens über den Gesichtspunkt der schadensgleichen Vermögensgefährdung, könnte Letztere bereits zum Zeitpunkt des Vertragsabschlusses anzunehmen sein, sofern der Schaden zu diesem Zeitpunkt bereits hinreichend bezifferbar ist.[164] Erfolgt dann später **tatsächlich Provisionsschneiderei**, ist die dadurch verwirklichte **Untreue mitbestrafte Nachtat** zum vorangegangenen Betrug.

---

160 Monographisch *Nestler*, Churning.
161 Vgl. auch *Bröker*, Strafrechtliche Probleme S. 101 ff.; MüKoStGB/*Dierlamm* StGB § 266 Rn. 192; *Imo*, Börsentermingeschäfte S. 1016; *Wach*, Terminhandel S. 211 ff.
162 *Birnbaum* wistra 1991, 253 (256); *Rössner/Arendts* WM 1996, 1517 (1525).
163 *Rössner/Arendts* WM 1996, 1517 (1525).
164 Zurückhaltender insofern *Birnbaum* wistra 1991, 253 (256).

5. Falschmeldungen

55 Unter diesen Begriff fällt eine Reihe von in der Praxis vorkommenden Verhaltensweisen. Hierzu zählen zum Beispiel die gezielte Verbreitung von **Falschmeldungen über Massenmedien** oder etwa auch **Bilanzfälschungen** (siehe bereits beim Betrug unter dem Stichwort „Falschmeldungen" Rn. 106 ff.).[165] Denkbar ist nun, dass insbesondere vermögensbetreuungspflichtige Organe (Vorstände) von juristischen Personen Negativmeldungen über das Unternehmen verbreiten, die dazu führen, dass – bei Aktiengesellschaften – der Kurs der Aktie sinkt. Grund hierfür kann sein, dass die vorübergehende Reduzierung des Kurswerts zu eigenen Einkäufen von Aktien genutzt wird, die dann später gewinnbringend verkauft werden sollen, nachdem der Kurs sich wieder erholt hat.

56 Grundsätzlich ist anzumerken, dass § 266 StGB bei einem derartigen Verhalten gegeben sein kann, sofern aufgrund der pflichtverletzenden Falschmeldung ein Vermögensnachteil bei der juristischen Person feststellbar ist, etwa durch Falschmeldungen eine bereits bestehende **konkrete** gesicherte **Gewinnaussicht** zunichtegemacht wird.[166] Zu beachten ist jedoch, dass allein die Tatsache des Kursrückgangs der Aktie grundsätzlich **nicht** zu einem **Vermögensschaden im Sinne des § 266 StGB** bei der Aktiengesellschaft führt. Zwar sind dann auf dem Markt die Aktien aufgrund der Falschmeldung – sofern diese feststellbare Auswirkungen auf den Kurs hat – zu einem zu niedrigen Preis im Handel, das bedeutet jedoch in der Regel nicht eine Schädigung des Vermögensbestandes der juristischen Person. Geschädigt sind lediglich die einzelnen Aktieninhaber, da ihre Aktien eine Wertminderung erfahren; diesen gegenüber obliegt jedoch dem Vorstand keine Vermögensbetreuungspflicht. § 266 StGB käme insofern allenfalls hinsichtlich der von der Aktiengesellschaft **selbst** gehaltenen eigenen Aktien in Betracht. Ein Vermögensschaden wäre in dem Umstand zu sehen, dass die Aktie aufgrund des durch die Falschmeldung ausgelösten Kursrückgangs an Wert verloren hat.

6. Front-Running

57 Als spezieller Fall des Front-Running ist zunächst das Scalping zu nennen; insofern wird auf die Ausführungen unmittelbar zu diesem Stichwort Rn. 73 verwiesen. Allgemein ist das Front-Running dadurch gekennzeichnet, dass ein **Wertpapierhandelsunternehmen** kurz vor der Durchführung einer Kundenorder ein **Eigengeschäft** abwickelt.

58 Hat nun das Unternehmen gegenüber dem Anleger nach den zur Anlageberatung dargelegten Grundsätzen eine Vermögensbetreuungspflicht inne, stellt sich die Frage, ob das zuvor erfolgende Eigengeschäft pflichtwidrig ist und zu einem Vermögensnachteil bei dem Anleger führt. Von einer Pflichtverletzung ist sicher auszugehen, wenn zwischen dem Unternehmen und dem Anleger vereinbart wird, dass derartige Eigengeschäfte **verboten** sind. Ist dies indes nicht der Fall, wird man dem Wertpapierhandelsunternehmen unter dem Blickwinkel des § 266 StGB **nicht untersagen** können, selbst An- und Verkäufe zu täti-

---

[165] Speziell zu Geschäfts- und Betriebsgeheimnissen vgl. *Kiethe/Hohmann* NStZ 2006, 185 (190 f.).
[166] Vgl. auch *Arlt*, Kursmanipulation S. 345.

gen.¹⁶⁷ Anderenfalls dürfte das Unternehmen keinerlei Geschäfte tätigen, welche (negative) Auswirkungen auf den Kurs von Aktien haben, die ein Treugeber besitzt oder erwerben will. Die Vermögensbetreuungspflicht bezieht sich darauf, in Einklang mit den Anlagezielen des Kunden Wertpapiere zu erwerben oder zu veräußern, verbietet jedoch nicht Eigengeschäfte.

Unabhängig davon **scheitert** § 266 StGB oftmals am Nichtvorliegen eines **Vermögensnachteils.** Grundsätzlich wäre zwar ein Vermögensschaden zu bejahen, wenn der Nachweis gelingen würde, dass der Kunde das Wertpapier zu einem niedrigeren Kurs hätte kaufen können, falls das Wertpapierhandelsunternehmen zuvor nicht das Eigengeschäft durchgeführt hätte. Diese Feststellung wird indes sehr oft **kaum möglich** sein, da die Kursentwicklung von den unterschiedlichsten Umständen abhängt, so dass wertmäßig gar nicht angegeben werden kann, ob überhaupt und, wenn ja, welchen Einfluss der zuvor erfolgte Erwerb hatte.¹⁶⁸ Untreue scheidet daher regelmäßig aus. 59

7. Gerüchte

Diesbezüglich wird auf die Ausführungen zu dem Stichwort „Falschmeldungen" Rn. 55 f. verwiesen, die entsprechend gelten. 60

8. Insiderinformationen

Bei Insiderinformationen geht es um Vorabkenntnisse im Wertpapierhandel.¹⁶⁹ Hier ist denkbar, dass dieses Wissen insbesondere mit dem Ziel benutzt wird, für sich selbst Wertpapiere zu erwerben oder zu veräußern, die anschließend aufgrund bestimmter Ereignisse, die der Betreffende bereits jetzt kennt, im Wert steigen oder fallen. Fraglich ist, ob insoweit § 266 StGB einschlägig sein kann. 61

Zunächst einmal kommt § 266 StGB in Betracht, wenn eine Insiderinformation zur **unrichtigen und schädlichen Anlageberatung** genutzt wird.¹⁷⁰ Weiterhin ist denkbar – wenn auch diese Fälle selten sein werden –, dass ein Vorstandsmitglied konkret pflichtwidrig Insiderinformationen einsetzt, um seine eigene Gesellschaft zu schädigen. Ist dann ein Vermögensnachteil der Gesellschaft festzustellen, liegt § 266 StGB vor (siehe bereits oben die Darlegungen zu dem Stichwort „Falschmeldungen" Rn. 56). In diesem Zusammenhang ist jedoch wiederum zu beachten, dass die bloße Tatsache des Rückgangs des Kurses einer Aktie auf dem Sekundärmarkt keinen Vermögensnachteil im Sinne des § 266 StGB für eine Aktiengesellschaft selbst bedeutet. Zwar erleiden gegebenenfalls die Aktionäre einen Vermögensschaden, indem ihre Aktien an Wert verlieren, insofern trifft jedoch der Schaden nicht das zu betreuende Vermö- 62

---

167 Zustimmend *Bräunig*, Untreue S. 243 f.; MüKoStGB/*Dierlamm* StGB § 266 Rn. 195; *Nestler*, Bank- und Kapitalmarktstrafrecht Rn. 508.
168 Hinzu kommt, dass das Eigengeschäft regelmäßig allenfalls bei Käufen oder Verkäufen in einem erheblichen Umfang überhaupt feststellbare Auswirkungen auf den Kurs haben wird.
169 Siehe im Einzelnen zum Begriff der „Insiderinformation" auch Art. 7 VO (EU) Nr. 596/2014 vom 16.4.2014 (ABl. 2014 L 173, 1).
170 *Otto*, Bankentätigkeit und Strafrecht S. 84.

gen.[171] Grundsätzlich kann § 266 StGB das Ausnutzen von Insiderinformationen nicht erfassen.[172]

9. Kick-Back-Zahlungen

63 Im Rahmen der Erörterung der Betrugsvorschrift und ihrer kapitalmarktrechtlichen Bedeutung ist Kick-Back in der Konstellation angesprochen worden, dass der Broker dem Anleger **überhöhte Gebühren** in Rechnung stellt, von denen Ersterer dann – wie von vornherein vereinbart – an den **Finanzdienstleister** (Vermittler) einen Teil **abführt**. Unter den Begriff des Kick-Back fallen jedoch auch andere Fallgestaltungen. So erfolgen Vereinbarungen in der Form, dass insbesondere der Geschäftsführer oder Vorstand einer juristischen Person **Schmiergeldzahlungen** erhält, die auf die **vertretene Gesellschaft** durch die Vereinbarung überhöhter Zahlungsverpflichtungen mit dem Dritten **abgewälzt** werden.[173] Im Folgenden soll auf diese Verhaltensweisen unter dem Blickwinkel der Untreuevorschrift eingegangen werden.

64 Relativ klar liegen dabei die Konstellationen der überhöhten Gebühren, die letztlich dem **Finanzdienstleister** zugeführt werden. Hat dieser eine Vermögensbetreuungspflicht im Sinne des § 266 StGB inne (siehe insofern insbesondere die Ausführungen zu dem Stichwort „Anlageberater" Rn. 44 ff.), macht er sich wegen **Untreue strafbar**: Indem der Finanzdienstleister kollusiv mit dem Broker zusammenwirkt, verletzt er seine Vermögensbetreuungspflicht gegenüber dem Anleger.[174] Diesem entsteht dadurch ein **Vermögensnachteil** in Form der **überhöhten Gebühren**.

65 Schwieriger sind die Fälle zu beurteilen, dass der Geschäftsführer oder der Vorstand einer juristischen Person eine **Provision** erhält, die letztlich **zulasten der juristischen Person** geht. Insofern gelten folgende Grundsätze:[175] § 266 StGB ist erfüllt, wenn der Geschäftsführer eine vom Wert der Gegenleistung nicht gedeckte, typischerweise in der Höhe des Schmiergeldes **überhöhte Zahlungspflicht** zulasten der juristischen Person vereinbart. Der Vermögensschaden liege dann bereits darin, dass der geleisteten Zahlung in Höhe des auf den Preis aufgeschlagenen Betrags, der lediglich der Finanzierung des Schmiergelds dient, keine Gegenleistung gegenübersteht.[176] Sind dagegen die Leistungen **wirtschaftlich ausgeglichen**, soll ein Vermögensnachteil gegeben sein, wenn der

---

171 Etwas anderes gilt nur dann, wenn die Aktiengesellschaft selbst Aktieninhaberin ist. Die Wertminderung würde dann einen Vermögensschaden an zu betreuendem Vermögen bedeuten.
172 Achenbach/Ransiek/Rönnau/*Seier* 5. Teil 2 Rn. 357; *Tiedemann*, FS Tröndle S. 319, 330 f.
173 Siehe BGH 26.4.2001 – 5 StR 587/00, BGHSt 47, 8 (11); BGH 15.3.2001 – 5 StR 454/00, BGHR StGB § 266 Abs. 1 Nachteil 49; BGH 13.12.1994 – 1 StR 622/94, StV 1995, 302; BGH 28.1.1983 – 1 StR 820/81, BGHSt 31, 232; LG Magdeburg 28.11.2001 – 24 Qs 18/01, wistra 2002, 156; monographisch zu Kick-Backs *Thalhofer*, Kick-Backs S. 26 ff.; vgl. auch *Kraatz* ZStW 122 (2010), 521; SSW-StGB/*Saliger* StGB § 266 Rn. 81; siehe auch unter dem Stichwort „Schmiergeldzahlungen" Rn. 74 ff.
174 Ebenso *Nestler*, Bank- und Kapitalmarktstrafrecht Rn. 509.
175 Siehe dazu insbesondere *Bernsmann* StV 2005, 576; MüKoStGB/*Dierlamm* StGB § 266 Rn. 272 f.; NK-StGB/*Kindhäuser* StGB § 266 Rn. 114 f.; *Rönnau*, FS Kohlmann S. 329 ff.; *Saliger* NJW 2006, 3377; *Schünemann* NStZ 2006, 196 (199 ff.); *Szebrowski*, Kick-Back.
176 BGH 10.7.2013 – 1 StR 532/12, NJW 2013, 3590 (3592).

Geschäftspartner bereit gewesen wäre, die Leistung auch um einen um das Schmiergeld **gekürzten Betrag** zu erbringen.[177] Der Schaden liege darin, dass der Treupflichtige die konkrete und sichere Möglichkeit eines günstigeren Abschlusses nicht für seinen Geschäftsherrn realisiert habe.[178] Ist das nicht der Fall, liegt kein Schaden vor; es gehört **nicht** zu der Vermögensbetreuungspflicht des Täters, **Schmiergelder oder Provisionen** abzuführen (vgl. zudem bereits oben unter dem Stichwort „Anlageberater" Rn. 48).[179]

10. Nichtveröffentlichung von Informationen

Im Bereich des Kapitalmarkts existieren eine Reihe von Vorschriften, aus denen Mitteilungspflichten resultieren. Fraglich ist, ob sich insbesondere ein Vorstandsmitglied einer Aktiengesellschaft gemäß § 266 StGB strafbar machen kann, wenn es die unverzügliche Veröffentlichung einer für das Unternehmen positiven Nachricht unterlässt. Besteht eine **Pflicht zur Publikation**, kann die Nichtveröffentlichung als **Pflichtverletzung** anzusehen sein. Problematisch erscheint indes, ob von einem Vermögensnachteil der AG auszugehen ist. Das trifft sicherlich zu, wenn dadurch eine konkret bestehende sichere Gewinnaussicht, nicht jedoch eine vage Hoffnung, zunichtegemacht wird. Im Übrigen gilt: Zwar könnte man argumentieren, durch das Unterlassen der Veröffentlichung der positiven Nachricht unterbleibt ein sonst wahrscheinlicher Anstieg des Aktienkurses, jedoch ist zu beachten, dass ein niedrigerer Kurs der Aktie auf dem Sekundärmarkt **keinen Vermögensnachteil** im Sinne des § 266 StGB für die AG selbst bedeutet. § 266 StGB könnte insofern allenfalls einschlägig sein, wenn die Aktiengesellschaft selbst Aktieninhaberin ist; dann müsste jedoch nachgewiesen werden, dass eine **gesicherte Gewinnaussicht** vereitelt wird. Da die Kursentwicklung jedoch von höchst unterschiedlichen Faktoren abhängt, geht es hier eher um eine bloße Hoffnung, die nicht dem Vermögensschutz des § 266 StGB unterliegt. 66

Denkbar ist weiterhin, dass der Vorstand die Veröffentlichung einer negativen Tatsache verzögert, um eigene Aktien zum alten (höheren) Kurs verkaufen zu können. Insofern verkauft er also seine Aktien „zu teuer". Das bedeutet wiederum **keinen Vermögensnachteil für die AG** selbst, wobei in einem solchen Fall bereits sehr fraglich ist, ob überhaupt eine Pflichtverletzung gegenüber der AG vorliegt. Hinsichtlich des Erwerbers der Aktie ist zu beachten, dass gegenüber diesem keine Vermögensbetreuungspflicht des Vorstands besteht. 67

---

[177] Siehe nur BGH 23.10.2018 – 1 StR 234/17, BeckRS 2018, 37760; BGH 10.11.2009 – 4 StR 194/09, NStZ 2010, 330 (332); BGH 2.12.2005 – 5 StR 119/05, BGHSt 50, 299 (314 ff.) – Kölner Müllskandal; BGH 29.6.2006 – 5 StR 485/05, NJW 2006, 2864 (2866 f.); BGH 28.1.1983 – 1 StR 820/81, BGHSt 31, 232 (234 f.); vgl. auch die Konstellation der Kick-Back-Zahlungen in BGH 11.11.2004 – 5 StR 299/03, BGHSt 49, 317.
[178] BGH 10.11.2009 – 4 StR 194/09, NStZ 2010, 330 (332).
[179] Siehe nur BGH 11.11.2004 – 5 StR 299/03, BGHSt 49, 317 (335); BGH 23.5.2002 – 1 StR 372/01, BGHSt 47, 295 (298); BGH 4.4.2001 – 1 StR 528/00, NStZ 2001, 545; BGH 13.12.1994 – 1 StR 622/94, StV 1995, 302; BGH 30.10.1990 – 1 StR 544/90, BGHR StGB § 266 Abs. 1 Vermögensbetreuungspflicht 17; NK-StGB/ *Kindhäuser* StGB § 266 Rn. 114; Graf/Jäger/Wittig/*Waßmer* StGB § 266 Rn. 140; vgl. auch *Rönnau*, FS Kohlmann S. 239, 245 f.

11. Parallel-Running

68 Kennzeichnend für das Parallel-Running ist, dass ein Wertpapierhandelsunternehmen **gleichzeitig** mit einer Kundenorder ein Eigengeschäft vollzieht. Insofern gelten die bei dem Stichwort „Front-Running" Rn. 57 ff. dargestellten Grundsätze entsprechend.

12. Retrozessionen

69 Hierbei handelt es sich um einen anderen Begriff für „Kick-Back-Zahlungen"; siehe unter diesem Stichwort Rn. 63 ff.

13. Risikogeschäfte

70 Gerade im Kapitalmarktsektor spielen **Risiko- oder Spekulationsgeschäfte**[180] eine erhebliche Rolle. Es stellt sich in diesem Zusammenhang die Frage, ob und inwiefern § 266 StGB erfüllt sein kann, wenn ein vermögensbetreuungspflichtiger Täter derartige Geschäfte abschließt.[181] Unproblematisch ist der Anwendungsbereich des **§ 266 StGB eröffnet**, wenn der Betreffende im Innenverhältnis überhaupt **nicht befugt** ist, derartige Risikogeschäfte[182] zu tätigen, Spekulationsgeschäfte also untersagt sind.[183] Dann ist eine Verletzung der Vermögensbetreuungspflicht anzunehmen. So lag es in der Entscheidung des 3. Strafsenats des BGH vom 12.3.1997:[184] Der Anleger und der Angeklagte hatten einen Vermögensverwaltungsvertrag abgeschlossen, demzufolge das Vermögen zu 70% in Anleihen und zu 30% in Aktien anzulegen war und dabei für maximal 3% Optionen erworben werden durften. Termingeschäfte aller Art waren ausgeschlossen; es wurde dementsprechend eine vorsichtige Anlagestrategie vereinbart. Entgegen dieser Abrede wurde das Geld spekulativ eingesetzt. Der BGH führt aus, dadurch habe der Täter seine aus dem Vermögensverwaltungsvertrag resultierende Vermögensbetreuungspflicht verletzt.

71 Was gilt aber, wenn der Anleger weiß und will, dass mit seiner Geldanlage spekuliert wird und folglich Risiken vorhanden sind? Fraglich ist, ob § 266 StGB dann noch in Betracht kommen kann. Das ist **nicht** der Fall, wenn der Anleger sich ausdrücklich mit dem (hohen) Verlustrisiko, über das er umfassend und sachgerecht informiert ist, **wirksam einverstanden** erklärt.[185] Sehr oft aber handelt der Täter, ohne dass er zuvor das einzelne Geschäft mit dem Anleger

---

180 Darunter fallen auch Zinsswapverträge; siehe dazu Esser/Rübenstahl/Saliger/Tsambikakis/*Saliger* StGB § 266 Rn. 63; vgl. zu dieser Art von Geschäften im Bereich von Kommunen auch *Schneider* wistra 2018, 281.
181 Siehe dazu aus dem Schrifttum etwa *Adick*, Organuntreue S. 47 ff., 52 ff.; *Bader/Wilkens* wistra 2013, 81; *Bittmann* NStZ 2011, 361; *Bräunig*, Untreue S. 180 ff.; MüKoStGB/*Dierlamm* StGB § 266 Rn. 228 ff.; *Hellmann* ZIS 2007, 433; *Hillenkamp* NStZ 1981, 161; *Kasiske* NZWiSt 2016, 302; *Kirchner* wistra 2013, 418; *Krey*, FS Roxin zum 80. Geburtstag S. 1074, 1080 ff.; *Murmann*, Jura 2010, 561; *Nuß*, Untreue, S. 554 ff.; *Ransiek* ZStW 116 (2004), 634; *Rose* wistra 2005, 281; Müller-Gugenberger/*Hadamitzky* § 32 Rn. 156 ff.; *Schünemann*, FS Frisch S. 837, 848 ff.; BeckOK StGB/*Wittig* StGB § 266 Rn. 19; vgl. auch *Mosiek* wistra 2003, 370.
182 Siehe zum Begriff des Risikogeschäfts Esser/Rübenstahl/Saliger/Tsambikakis/*Saliger* StGB § 266 Rn. 60.
183 Vgl. BGH 21.3.1985 – 1 StR 417/84, wistra 1985, 190; *Fischer* StGB § 266 Rn. 65; Joecks/*Jäger* StGB § 266 Rn. 28; LK/*Schünemann* StGB § 266 Rn. 115 ff.
184 BGH 12.3.1997 – 3 StR 5/97, wistra 1997, 181.
185 *Fischer* StGB § 266 Rn. 65, 91; Lackner/Kühl/*Heger* StGB § 266 Rn. 7; *Nestler*, Bank- und Kapitalmarktstrafrecht Rn. 515; Schönke/Schröder/*Perron* StGB § 266 Rn. 20.

abgesprochen hat. Im **Schrifttum** findet sich in Bezug auf Risikogeschäfte die Formulierung, treuwidrig sei das Eingehen von Risiken, die sich nach dem Inhalt des Treueverhältnisses als **offenkundig unvertretbar** erweisen.[186] Es komme auf den Zweck des erteilten Auftrags und auf die für das fragliche Geschäft übliche Sorgfalt an.[187] Im Hinblick auf die notwendige Konturierung der Vorschrift und in Parallele zu unternehmerischen Entscheidungen wird man in der Tat erst dann eine Pflichtverletzung in diesem Bereich annehmen können, wenn ein „schlechthin unvertretbares Handeln" vorliegt.[188]

Nach der Rechtsprechung kann § 266 StGB in Betracht kommen, wenn die gewählte Anlageform mit einem deutlich höheren Verlustrisiko verbunden war, als diejenige Vermögengefährdung, welche die Anleger nach ihrem bis dahin gezeigten Verhalten selbst in Kauf zu nehmen bereit gewesen sind.[189] Der BGH hat dabei ursprünglich ausgeführt, § 266 StGB sei jedenfalls erfüllt, wenn der Täter nach Art eines Spielers bewusst und entgegen den Regeln kaufmännischer Sorgfalt eine aufs Äußerste gesteigerte Verlustgefahr auf sich nimmt, nur um eine höchst zweifelhafte Gewinnaussicht zu erhalten.[190] Gegen diese Formulierung und damit eine vorschnelle Bejahung des § 266 StGB hat sich jedoch das Bundesverfassungsgericht in seiner Entscheidung vom 23.6.2010 gewendet;[191] der damit einhergehende Verzicht auf eine eigenständige Ermittlung des Nachteils, wozu in der Regel die Konkretisierung des Schadens der Höhe nach anhand üblicher Maßstäbe des Wirtschaftslebens gehöre, begegne durchgreifenden verfassungsrechtlichen Bedenken.[192] Anstelle einer vom Gesetzgeber gewollten wirtschaftlichen Betrachtung trete eine weitgehend normativ geprägte Betrachtungsweise; ein eigenständiger, über das Merkmal der Verletzung einer Vermögensbetreuungspflicht hinausgehender Gehalt des Nachteilsmerkmals sei bei einer solchen Auslegung nicht mehr zu erkennen. Es finde eine „Verschleifung" der Tatbestandsmerkmale Pflichtverletzung und Vermögensnachteil entgegen der gesetzgeberischen Intention statt. Daher sei eine nachvollziehbare, in der Regel zahlenmäßig zu belegende Ermittlung und Benennung des (Gefährdungs-)Schadens notwendig. Auch Gefährdungsschäden seien von den Gerichten in wirtschaftlich nachvollziehbarer Weise festzustellen. Anerkannte Bewertungsverfahren und -maßstäbe seien zu berücksichtigen;

---

186 *Fischer* StGB § 266 Rn. 67; Schönke/Schröder/*Perron* StGB § 266 Rn. 20; Achenbach/Ransiek/Rönnau/*Seier* 5. Teil 2 Rn. 399.
187 Siehe Schönke/Schröder/*Perron* StGB § 266 Rn. 20; in Müller-Guggenberger/*Hadamitzky* § 32 Rn. 165.
188 Siehe zu diesem Aspekt bei (risikobehafteten) Unternehmensentscheidungen Rn. 29 sowie BGH 12.10. 2016 – 5 StR 134/15, NJW 2017, 578 (579) – HSH Nordbank – mit Anm. *Baur/Holle* ZIP 2017, 555; *Becker* NStZ 2017, 232; *Bittmann* wistra 2017, 121; *Brand* NJW 2017, 582; *Kubiciel* JZ 2017, 585; *Leimenstoll* StV 2017, 394; *Nepomuck* NZWiSt 2017, 119; *Stamm* JR 2017, 439.
189 BGH 16.2.1996 – 3 StR 185/94, wistra 1996, 184; BGH 6.12.1983 – VI ZR 117/82, NJW 1984, 800 (801).
190 So etwa BGH 4.2.2004 – 2 StR 355/03, StV 2004, 424 f.; BGH 11.6.1991 – 1 StR 267/91, wistra 1992, 26; BGH 24.3.1982 – 3 StR 68/82, wistra 1982, 148 (150); BGH 8.3.1977 – 5 StR 607/76, GA 1977, 342 (343); BGH 27.2.1975 – 4 StR 571/74, NJW 1975, 1234 (1236); NK-StGB/*Kindhäuser* StGB § 266 Rn. 75.
191 BVerfG 23.6.2010 – 2 BvR 2559/08, 2 BvR 105/09, 2 BvR 491/09, BVerfGE 126, 170.
192 BVerfG 23.6.2010 – 2 BvR 2559/08, 2 BvR 105/09, 2 BvR 491/09, BVerfGE 126, 170 (228). Siehe zur Verfassungsmäßigkeit auch Momsen/Grützner/*Schramm* StGB § 266 Rn. 14 ff.

soweit komplexe wirtschaftliche Analysen vorzunehmen sind, sei die Hinzuziehung eines Sachverständigen erforderlich. Unvermeidlich verbleibende Prognose- und Beurteilungsspielräume seien durch vorsichtige Schätzung auszufüllen. Im Zweifel müsse freigesprochen werden.[193]

72 Davon ausgehend ist nach der jüngeren Rechtsprechung des BGH bei Risikogeschäften zur eigenständigen Ermittlung des Vermögensnachteils darauf abzustellen, ob der Geldwert des seitens des Anlegers erworbenen Anspruchs infolge der Verlustgefahr geringer ist als derjenige der eingegangenen Verpflichtung. Dies sei mit sachverständiger Hilfe nach wirtschaftswissenschaftlichen Bewertungsverfahren zu beziffern.[194]

14. Scalping

73 Für den Tatbestand der Untreue kann das Scalping (siehe zu dieser Verhaltensweise bereits die Ausführungen beim Betrug Rn. 147 ff.) insofern relevant werden, als der Empfehlende gleichzeitig Vermögensbetreuungspflichtiger insbesondere einer Aktiengesellschaft ist und nunmehr ausschließlich zu dem Zweck, sich einen Vermögensvorteil zu verschaffen, etwa Verkaufsempfehlungen bezüglich der Aktie gibt; den dadurch entstehenden Kursfall nutzt er dann, um selbst günstig Aktien zu erwerben, die dann später gewinnbringend verkauft werden sollen, nachdem sich der Kurs wieder erholt hat. Insofern entspricht die Situation derjenigen, die im Zusammenhang mit dem Stichwort „Falschmeldungen" Rn. 55 f. dargestellt worden ist; daher wird auf diese Ausführungen verwiesen (siehe auch das Stichwort „Insiderinformationen" Rn. 61 f.).

15. Schmiergeldzahlungen – Schwarze Kassen

74 Ein weiteres Problem ist, ob Schmiergeldzahlungen durch leitende Organe, um auf diese Weise einen **günstigen Auftrag** zu erhalten, den Tatbestand der Untreue der Organe **gegenüber der Gesellschaft** erfüllen können (dazu auch bereits das Stichwort „Kick-Back-Zahlungen" Rn. 63 ff.). Dies ist zu verneinen, wenn dieses Verhalten von einer **wirksamen Zustimmung** des Willensbildungsorgans gedeckt ist.[195] Letzteres ist indes nicht der Fall, wenn die Vorgehensweise, der zugestimmt wurde, einen Straftatbestand erfüllen würde (zB § 299 StGB, §§ 333 f. StGB); dann ist die Zustimmung selbst unwirksam. Dies kann im Übrigen auch bereits bei einem Verstoß gegen Gesellschaftsrecht gegeben sein.

75 Handelt der Täter ohne wirksame Zustimmung, stellt sich die Frage, wann Schmiergeldzahlungen oder schon das Vorhandensein einer „schwarzen Kasse" zu diesem Zweck den Untreuetatbestand erfüllen. Im **Fall Siemens**, wo der

---

193 BVerfG 23.6.2010 – 2 BvR 2559/08, 2 BvR 105/09, 2 BvR 491/09, BVerfGE 126, 170 (230).
194 BGH 19.2.2014 – 5 StR 510/13, NStZ 2014, 318 (320 f.) zum Betrug. Siehe zur bilanzrechtlichen Bezifferung aber ua auch *Ginou* NZWiSt 2017, 138 (139 ff.), die darlegt, dass eine bilanzakzessorische Vermögensbewertung, die bei verschiedenen Bewertungsmöglichkeiten die Zugrundelegung der ungünstigsten Variante fordert (Vorsichtsprinzip), mit dem Strafrecht (in dubio pro reo) so nicht vereinbar ist.
195 Vgl. auch NK-StGB/*Kindhäuser* StGB § 266 Rn. 113.

Angeklagte die Vermögenswerte bereits vorfand, hat der BGH[196] ausgeführt, schon das Entziehen und Vorenthalten von Vermögenswerten unter Einrichtung schwarzer Kassen, aus denen Schmiergelder gezahlt werden sollen, sei eine Pflichtverletzung zum Nachteil der AG, selbst wenn das Geld im wirtschaftlichen Interesse des Treugebers verwendet werden sollte.[197] Zum Kernbereich der Vermögensbetreuungspflicht eines leitenden Angestellten gehöre es, seiner Arbeitgeberin bislang unbekannte, ihr zustehende Vermögenswerte in erheblicher Höhe zu offenbaren und diese ordnungsgemäß zu verbuchen. Anderenfalls mache er sich wegen Unterlassens strafbar. Bereits das Vorenthalten führe zu einem endgültigen Vermögensschaden im Sinne des § 266 StGB.[198]

Diese Grundsätze hat der 2. Strafsenat des BGH in seinem Urteil vom 27.8.2010 fortentwickelt.[199] Hiernach kann die durch den Geschäftsführer einer GmbH und den Vorstand einer AG erfolgte Vermögensaussonderung durch Falschbuchungen zur Bildung einer „schwarzen Kasse" im Ausland den Untreuetatbestand verwirklichen. Die Einrichtung einer solchen Kasse verletze in gravierender Weise Sorgfaltspflichten eines ordentlichen Geschäftsmanns, so dass Vermögensinteressen der betroffenen Gesellschaft verletzt seien. Dass bei der GmbH (allein) der Mehrheitsgesellschafter mit diesem Vorgehen einverstanden war, führe nicht zu einem tatbestandsausschließenden Einverständnis, da auch die Minderheitsgesellschafter mit der Frage der Billigung des Vorgehens zu befassen sind. Anderenfalls würden die Rechte der Minderheitsgesellschafter unterlaufen. Bei der AG komme ein Einverständnis jedenfalls dann nicht in Betracht, wenn es um ein eigenes pflichtwidriges Verhalten des Vorstands geht, das gerade in der Verschleierung der von ihm selbst vorgenommenen Vermögensverfügungen gegenüber der zu seiner Kontrolle berufenen anderen Gesellschaftsorganen – Hauptversammlung und Aufsichtsrat – besteht.[200]

16. Spekulationsgeschäfte
Siehe insofern unter dem Stichwort „Risikogeschäfte" Rn. 70 ff.

---

196 BGH 29.8.2008 – 2 StR 587/07, BGHSt 52, 323 – Siemens-Entscheidung; da eine Zustimmung des Vorstands fehlte, konnte der BGH offen lassen, ob diese die Pflichtwidrigkeit hätte ausschließen können. Siehe zur Entscheidung des BGH *Arzt*, FS Stöckel S. 15; *Bannenberg*, in Wabnitz/Janovsky, Wirtschaftsstrafrecht, 12. Kap. Rn. 97 ff.; *Bernsmann* GA 2009, 296 (300); *Bräunig*, Untreue S. 299 ff.; *Brammsen/Apel* WM 2010, 781; *Fischer* NStZ-Sonderheft 2009, 8 (10 f.); *Hohn*, FS Rissing-van Saan S. 259; *Jahn* JuS 2009, 173; *Knauer* NStZ 2009, 151; *Ransiek* NJW 2009, 95; *Rönnau* StV 2009, 246; *Satzger* JK 6/09, StGB, § 266/33; *ders.* NStZ 2009, 297; *Schmidt/Fuhrmann*, FS Rissing-van Saan S. 585; *Schünemann* StraFo 2010, 1 und 477; *ders.* NStZ 2008, 430; zu Fördergeldern siehe BGH 30.9.2010 – 4 StR 150/10, NStZ-RR 2011, 82.
197 Siehe auch BGH 27.8.2014 – 5 StR 181/14, NStZ-RR 2014, 343; dazu *Becker* NZWiSt 2015, 38.
198 Kritisch zu dieser Rechtsprechung etwa SSW-StGB/*Saliger* StGB § 266 Rn. 77 mwN.
199 BGH 27.8.2010 – 2 StR 111/09, BGHSt 55, 266 mit Anm. *Brand* NJW 2010, 3458 (3463 ff.); *Saliger*, FS Roxin zum 80. Geburtstag S. 1053 ff.
200 Zu Schwarzen Kassen vgl. auch BGH 18.10.2006 – 2 StR 499/05, BGHSt 51, 100; dazu ua *Perron* NStZ 2008, 517; *Saliger* NStZ 2007, 545; *Weber*, FS Eisenberg S. 371; BGH 21.10.1994 – 2 StR 328/94, BGHSt 40, 287; zu Schmiergeldzahlung siehe ua auch BGH 7.8.1984 – 5 StR 312/84, wistra 1984, 226; *Ransiek* StV 2009, 321; *Rönnau*, FS Tiedemann S. 713; *ders.* ZStW 119 (2007), 887 (919 ff.).

17. Sponsoring

78 Oftmals kommt es vor, dass insbesondere große Unternehmen **Fördergelder** für Kunst, soziale Belange, Sport oder Wissenschaft zur Verfügung stellen. Letztlich verfolgt dieses Sponsoring regelmäßig den Zweck, sich damit einen „guten Namen"[201] zu machen, der erhöhte Umsätze und damit im Ergebnis mittelbar wirtschaftliche Vorteile zur Konsequenz hat. Es kommt aber auch vor, dass Unternehmen rein altruistisch Geld zur Verfügung stellen. Insgesamt stellt sich die Frage, ob und inwieweit Sponsorentätigkeit § 266 StGB unterfallen kann, insbesondere ob Gesellschaftsorgane (vor allem Vorstände von Aktiengesellschaften) damit eine Vermögensbetreuungspflicht gegenüber der Gesellschaft verletzen können.

79 Der **BGH** hat sich zu diesem Fragenkreis in seiner Entscheidung vom 6.12.2001 geäußert:[202] Zunächst betont der BGH zu Recht, dass der Vorstand einer AG bei der Leitung der Geschäfte eine **weiten Handlungsspielraum** innehabe.[203] Ohne ihn sei **unternehmerische Tätigkeit schlechterdings nicht denkbar**. Dieser weite Handlungsspielraum gelte grundsätzlich auch dann, wenn der Vorstand Zuwendungen zur Förderung von Kunst, Wissenschaft, Sozialwesen und Sport leistet. § 266 StGB könne jedoch bei einer **gravierenden gesellschaftsrechtlichen Pflichtverletzung**[204] gegeben sein; ob eine Pflichtverletzung gravierend ist, bestimme sich aufgrund einer **Gesamtschau**. Bedeutsam seien die fehlende Nähe des Zuwendungszwecks zum Unternehmensgegenstand, weiterhin die Unangemessenheit im Hinblick auf die Ertrags- und Vermögenslage, auch die fehlende innerbetriebliche Transparenz sowie das Vorliegen sachwidriger Motive, insbesondere die Verfolgung rein persönlicher Präferenzen. **Jedenfalls dann**, wenn bei der Vergabe **sämtliche dieser Kriterien erfüllt** seien, liege eine **Pflichtverletzung** im Sinne des § 266 StGB vor.[205]

18. Vorstandsvergütungen

80 Einen der spektakulärsten Wirtschaftsprozesse der letzten Jahre bildet das Mannesmann-Verfahren.[206] Im Zusammenhang mit der Übernahme der Mannesmann AG durch das britische Telekommunikationsunternehmen Vodafone

---

201 Vgl. etwa auch NK-StGB/*Kindhäuser* StGB § 266 Rn. 79; ferner *Otto*, FS Kohlmann S. 200; Zuwendungen, um sich auf diese Weise als good corporate citizen darzustellen; monographisch *Nuß*, Untreue.
202 BGH 6.12.2001 – 1 StR 215/01, BGHSt 47, 187 (192 ff.); siehe auch *Beckemper* NStZ 2002, 324; *Otto*, FS Kohlmann S. 187, 201 ff.; Wabnitz/Janovsky/*Raum* 4. Kap. Rn. 120 ff.; *Tiedemann*, Wirtschaftsstrafrecht Rn. 1090 ff.; vgl. in diesem Zusammenhang ebenfalls BGH 9.12.2004 – 4 StR 294/04, NStZ-RR 2005, 83 (84).
203 Siehe auch BGH 22.11.2005 – 1 StR 571/04, NJW 2006, 453 (454 ff.); zudem *Tiedemann*, FS Tröndle S. 319, 328: Nur eindeutig unvertretbare Handlungsweisen und Zielsetzungen des Vorstands eröffnen den Anwendungsbereich des § 266 StGB.
204 Siehe bereits Rn. 15.
205 Ergänzend ist darauf hinzuweisen, dass die Sponsorentätigkeit durchaus Teil einer Gesamtstrategie sein kann, die sich letztlich gewinnbringend auswirkt, mit der Folge, dass eine Strafbarkeit nach § 266 StGB entfallen kann.
206 Siehe dazu BGH 21.12.2005 – 3 StR 470/04, BGHSt 50, 331 – Mannesmann-Entscheidung; LG Düsseldorf 22.7.2004 – XIV 5/03, NJW 2004, 3275 (Vorinstanz); weiterhin etwa *Alwart* JZ 2006, 546; *Bernsmann* GA 2006, 219 (220 ff.); *Cappel*, Europäisches Untreuestrafrecht; *Daniels* ZRP 2004, 270; MüKoStGB/*Dierlamm* StGB § 266 Rn. 267 ff.; *Dittrich*, Untreuestrafbarkeit; *Günther*, FS Weber S. 311; *Hanft* Jura 2007, 58; *Hoffmann*, Untreue S. 44 ff.; *Hohn* wistra 2006, 161; *Jahn* ZRP 2004,

hatten die Aufsichtsratsmitglieder der Mannesmann AG Sonderzahlungen als Anerkennungsprämien für in der Vergangenheit erbrachte Leistungen zugunsten von Vorstandsmitgliedern der Mannesmann AG beschlossen. Der BGH hat sich in seinem Urteil vom 21.12.2005[207] im Einzelnen damit befasst, ob die Zuerkennung dieser freiwilligen Sonderzahlungen den Tatbestand der Untreue zum Nachteil der Mannesmann AG erfüllt. Der BGH führt zunächst aus, dass die **Aufsichtsratsmitglieder** bei der Entscheidung über die Bezüge der Vorstandsmitglieder eine Vermögensbetreuungspflicht im Sinne des § 266 StGB gegenüber der AG innehaben. Dabei müssten sie bei allen Vergütungsentscheidungen im **Unternehmensinteresse** handeln. Der BGH betont aber zu Recht, dass man den Aufsichtsratsmitgliedern einen **weiten Beurteilungs- und Ermessensspielraum** zubilligen müsse.

Sei im Dienstvertrag vereinbart, dass eine an den Geschäftserfolg gebundene Prämie als Bestandteil der Vergütung bezahlt wird, dürfe sie nach Ablauf des Geschäftsjahres nachträglich zuerkannt werden. Jedoch müssten die Gesamtbezüge des bedachten Vorstandsmitglieds gemäß § 87 Abs. 1 AktG in einem angemessenen Verhältnis zu seinen Aufgaben und zur Lage der Gesellschaft stehen (siehe auch oben Rn. 26).[208] Auch bei fehlender Rechtsgrundlage im Dienstvertrag könne die Bewilligung einer nachträglichen Anerkennungsprämie zulässig sein, wenn und soweit dem Unternehmen gleichzeitig Vorteile zufließen, die in einem angemessenen Verhältnis zu der mit der freiwilligen Zusatzvergütung verbundenen Minderung des Gesellschaftsvermögens stehen. Eine im Dienstvertrag nicht vereinbarte nachträgliche Sonderzahlung, die ausschließlich belohnenden Charakter habe und der Gesellschaft keinen zukunftsbezogenen Nutzen bringen könne (**kompensationslose Anerkennungsprämie**), sei jedoch eine treupflichtwidrige Verschwendung des anvertrauten Gesellschaftsvermögens. Sie sei bereits dem Grunde nach unzulässig, ohne dass es dann darauf ankomme, ob die Gesamtbezüge des begünstigten Vorstandsmitglieds unter Einschluss der Sonderzahlung nach den Grundsätzen des § 87 Abs. 1 AktG der Höhe nach noch als angemessen beurteilt werden können.

Dass die Übernehmerin Vodafone mit den Prämien einverstanden war, beseitige die Pflichtverletzung nicht, denn maßgeblich sei die Erteilung eines Einverständnisses von dem Alleinaktionär oder von der Gesamtheit der Aktionäre durch einen wirksamen Beschluss der Hauptversammlung, der nicht vorlag. Der BGH betont schließlich, dass eine gravierende Pflichtverletzung, wie er sie beim Sponsoring sowie bei der Kreditvergabe statuiert hat,[209] nicht erforderlich sei.[210] Ist nach diesen Grundsätzen eine Strafbarkeit der Aufsichtsratsmit-

---

179; *Jakobs* NStZ 2005, 276; *Körner* NJW 2004, 2697; *Kort* NJW 2005, 333; *Krause* StV 2006, 307; *Kubiciel* NStZ 2005, 353; *Kudlich/Oğlakcioğlu* Rn. 324 ff.; *Leitner* StraFo 2010, 323; *Nuß*, Untreue, S. 496 ff.; *Poguntke* ZIP 2011, 893; *Ransiek* NJW 2006, 814; *Rixe*, Anerkennungsprämien; *Rönnau* NStZ 2006, 218; *Rönnau/Hohn* NStZ 2004, 113; *Schünemann* NStZ 2006, 196; *ders.*, Organuntreue S. 42 ff.; *Thomas*, FS Hamm S. 767; *Tiedemann*, FS Weber S. 319; *ders.* ZIP 2004, 2056; *Vogel/Hocke* JZ 2006, 568; *Wostry* JuS 2018, 1138; *Zech*, Untreue.
207 BGH 21.12.2005 – 3 StR 470/04, BGHSt 50, 331 – Mannesmann-Entscheidung.
208 Inzwischen ist das Gesetz zur Angemessenheit der Vorstandsvergütung in Kraft getreten; siehe dazu *Nikolay* NJW 2009, 2640; *Rixe*, Anerkennungsprämien S. 220 ff.
209 Siehe oben Rn. 15.
210 Siehe auch OLG Braunschweig 14.6.2012 – Ws 44/12, Ws 45/12, NJW 2012, 3798 (3800).

glieder wegen Untreue zu bejahen, kommt im Hinblick auf die begünstigten Vorstandsmitglieder Beihilfe in Betracht. Der BGH betont, dass die Vorstandsmitglieder keine Vermögensbetreuungspflicht im Sinne des § 266 StGB innehaben, soweit es um Entscheidungen geht, welche die Bezüge der Vorstandsmitglieder betreffen. Daher scheide insofern eine eigene Täterschaft aus, so dass lediglich Beihilfe gegeben sein könne, sofern deren Voraussetzungen im konkreten Fall vorliegen.

19. Warentermingeschäfte

83 Siehe insofern die Darlegungen zu den Stichworten „Anlageberater" Rn. 44 ff. sowie „Risikogeschäfte" Rn. 70 ff. Zum Vermögensschaden vergleiche auch die Ausführungen zu dem Stichwort „Warentermingeschäfte" beim Betrug Rn. 161 ff.

20. Zustimmung des Willensbildungsorgans einer Gesellschaft

84 Ein im Zusammenhang mit § 266 StGB intensiv und kontrovers diskutiertes Problem besteht darin, ob und inwieweit die **Zustimmung der Gesellschafter** bei Kapitalgesellschaften und Personengesellschaften die Strafbarkeit des Handelnden wegen Untreue ausschließen kann (siehe dazu auch Rn. 76 und Rn. 82).

85 Die mit **Zustimmung der Gesellschafter einer GmbH** erfolgende Tätigkeit des **GmbH-Geschäftsführers** steht dabei im Mittelpunkt der Debatte. Im **Schrifttum** wird **teilweise** vertreten, eine **Untreue scheide** bei Verhaltensweisen **aus**, mit denen die Gesellschafter als oberstes Willensbildungsorgan einverständlich ihr eigenes Vermögen schmälern lassen.[211] Mit Zustimmung der Gesellschafter erfolgende Eingriffe des Geschäftsführers in das Stammkapital, selbst wenn sie liquiditäts- oder existenzgefährdend sind, unterfielen nicht § 266 StGB. Die **Gegenauffassung** erachtet § 266 StGB als **erfüllt**, wenn es um **existenzgefährdende Maßnahmen** gehe[212] oder § 30 GmbHG (Stammkapital) verletzt werde.[213]

86 Der BGH ist in jüngerer Zeit der Auffassung, dass eine Strafbarkeit des Geschäftsführers wegen **Untreue trotz Einverständnisses der Gesellschafter** anzunehmen sei, wenn durch die Zustimmung eine **konkrete Existenzgefährdung** für die Gesellschaft entstehe, was jedenfalls bei einem Angriff auf das durch

---

211 Schönke/Schröder/*Perron* StGB § 266 Rn. 21 b; im Ergebnis ebenso etwa *Arloth* NStZ 1990, 570 (573 ff.); *Edlbauer/Irrgang* JA 2010, 786 (787); *Fischer* StGB § 266 Rn. 93 ff.; SK-StGB/*Hoyer* StGB § 266 Rn. 73; *Ibold*, Unternehmerische Entscheidungen S. 215 f.; *Kasiske* JR 2011, 235; *ders.* wistra 2005, 81 (84 ff.); *Kraatz* ZStW 123 (2011), 447 (477); *Labsch* JuS 1985, 602; *Lichtenwimmer*, Untreueschutz; *Nelles*, Untreue zum Nachteil von Gesellschaften, S. 553; Achenbach/Ransiek/Rönnau/*Seier* 5. Teil 2 Rn. 332 ff.
212 Etwa Lackner/Kühl/*Heger* StGB § 266 Rn. 20 a; *Maurach/Schroeder/Maiwald*, Strafrecht BT 1, § 45 Rn. 43; *Wodicka*, Die Untreue zum Nachteil der GmbH bei vorheriger Zustimmung aller Gesellschafter S. 249 ff.
213 *Achenbach*, FG BGH Band IV S. 593, 598 f.; *Brammsen* DB 1989, 1609 (1614 f.); MüKoStGB/*Dierlamm* StGB § 266 Rn. 148; *Flum*, Der strafrechtliche Schutz der GmbH gegen Schädigungen mit Zustimmung der Gesellschafter S. 169 ff.; NK-StGB/*Kindhäuser* StGB § 266 Rn. 71; *Kohlmann*, Die strafrechtliche Verantwortlichkeit des GmbH-Geschäftsführers S. 99 ff., 102 ff.; *ders.*, FS Werner S. 387, 397, 404; *Radtke* GmbHR 1998, 361 (362 ff., 365 ff.); LK/*Schünemann* StGB § 266 Rn. 249 ff.

§ 30 GmbHG geschützte **Stammkapital** der Fall sei.[214] In vorausgehenden Entscheidungen hatte der BGH vornehmlich darauf abgestellt, ob entgegen § 30 GmbHG das Stammkapital konkret gefährdet ist[215] oder darin eingegriffen wird,[216] die Existenz oder Liquidität der Gesellschaft gefährdet ist,[217] eine Überschuldung der GmbH eintritt oder eine bestehende Überschuldung vertieft wird.[218] In einzelnen Entscheidungen hatte es der BGH auch für maßgeblich erachtet, ob die Zustimmung der Gesellschafter unter Verstoß gegen die Grundsätze eines ordentlichen Kaufmanns die Gesellschafterstellung missbrauche.[219] Dem letzteren Aspekt hat das Gericht jedoch inzwischen eine Absage erteilt.[220]

Zu befürworten ist die Auffassung, dass sich der Geschäftsführer einer GmbH wegen **Untreue** zum Nachteil der GmbH strafbar macht, wenn er – mit Zustimmung der Gesellschafter – Maßnahmen durchführt, die entgegen § 30 GmbHG das **Stammkapital oder die Existenz der GmbH** angreifen.[221] Zwar ist der Geschäftsführer grundsätzlich sogar verpflichtet, sich an Beschlüsse und Weisungen der Gesellschafter zu halten. Andererseits ist er nicht ausnahmslos an solche Beschlüsse gebunden. So entfällt eine Bindung, wenn die Zustimmung der Gesellschafter gegenüber der GmbH **treuwidrig** ist.[222] Dann ist nämlich die Zustimmung nichtig und kann den Geschäftsführer nicht von der Strafbarkeit befreien. **Treuwidrig** ist der Beschluss der Gesellschafter dann, wenn es um **Eingriffe in die Vermögensintegrität** der GmbH geht, bei denen der **unternehmerische Ermessensspielraum grob überschritten** ist. Im Hinblick auf § 266 StGB bedeutet dies, dass von einem treuwidrigen und damit unwirksamen Beschluss dann auszugehen ist, wenn dadurch das Stammkapital oder die Existenz der GmbH angegriffen ist. Diese Grundsätze haben auch für die **Einmann-GmbH** Gültigkeit. 87

Entsprechendes muss bei der **Aktiengesellschaft** gelten, wenn der Vorstand mit Zustimmung des Aufsichtsrats oder der Aktionäre tätig wird (vgl. auch Rn. 76 88

---

214 BGH 15.5.2012 – 3 StR 118/11, NJW 2012, 2366 (2369); BGH 20.7.1999 – 1 StR 668/98, NJW 2000, 154 (155); siehe auch BGH 6.5.2008 – 5 StR 34/08, NStZ 2009, 153 mit Anm. *Bittmann* wistra 2009, 102; *Leplow* wistra 2009, 351 sowie *Maurer* JR 2008, 389; BGH 19.2.2013 – 5 StR 427/12, NStZ-RR 2013, 345; vgl. auch *Maurer/Wolf* wistra 2011, 327 (328 ff.).
215 Vgl. BGH 10.7.1996 – 3 StR 50/96, NJW 1997, 66 (68 f.).
216 BGH 24.10.1990 – 3 StR 16/90, wistra 1991, 107 (109); BGH 12.1.1956 – 3 StR 626/54, BGHSt 9, 203 (216); BGH 24.6.1952 – 1 StR 153/52, BGHSt 3, 32 (39 f.).
217 BGH 20.12.1994 – 1 StR 593/94, NStZ 1995, 185 (186); BGH 22.2.1991 – 3 StR 348/90, wistra 1991, 183; BGH 24.10.1990 – 3 StR 16/90, wistra 1991, 107; BGH 24.8.1988 – 3 StR 232/88, BGHSt 35, 333 (337 ff.).
218 BGH 17.12.1991 – 5 StR 361/91, wistra 1992, 140 (141); BGH 11.8.1989 – 3 StR 75/89, wistra 1990, 99.
219 Siehe BGH 24.10.1990 – 3 StR 16/90, wistra 1991, 107; BGH 29.5.1987 – 3 StR 242/86, BGHSt 34, 379 (386 ff.).
220 BGH 24.8.1988 – 3 StR 232/88, BGHSt 35, 333; BGH 20.7.1999 – 1 StR 668/98, NJW 2000, 154 (155).
221 Siehe dazu im Einzelnen *Zieschang*, FS Kohlmann S. 351, 354 ff.
222 Siehe *Zieschang*, FS Kohlmann S. 351, 356 ff. Auch die Gesellschafter einer GmbH trifft nach richtiger Auffassung eine Vermögensbetreuungspflicht gegenüber der GmbH; zutreffend BGH 13.5.2004 – 5 StR 73/03, BGHSt 49, 147 (158) – Bremer Vulkan; *Beckemper* GmbHR 2005, 592; *Ransiek*, FS Kohlmann S. 207, 219 ff. mwN; vgl. auch *Radtke/Hoffmann* GA 2008, 535 (550 f.); aA etwa *Schünemann*, Organuntreue S. 16 f.; Achenbach/Ransiek/Rönnau/*Seier* 5. Teil 2 Rn. 333.

und Rn. 82).²²³ Nicht nur den Vorstand, sondern auch den Aufsichtsrat trifft dabei eine Vermögensbetreuungspflicht gegenüber der AG als juristischer Person mit selbstständigem Vermögen.²²⁴ Dagegen wird für den Aktionär eine Vermögensbetreuungspflicht mit dem Hinweis verneint, für ihn stünden die eigenen Interessen im Vordergrund.²²⁵

89 Bei der **Personen(handels)gesellschaft** schließt das **Einverständnis** aller Gesellschafter eine **Treuepflichtverletzung** regelmäßig aus,²²⁶ wenn die Zustimmung im Übrigen wirksam ist, denn hier fehlt es an einer juristischen Person mit selbstständigem Vermögen.²²⁷

90 Zur **Konzernuntreue** hat sich der BGH für Strafsachen eingehend in seinem Urteil „Bremer-Vulkan" vom 13.5.2004 geäußert, wonach insbesondere ein existenzgefährdender Eingriff bei der Tochtergesellschaft den Tatbestand des § 266 StGB erfüllt.²²⁸

Kap. 5.2. § 34 DepotG Depotunterschlagung
§ 34 DepotG Depotunterschlagung

(1) Wer, abgesehen von den Fällen der §§ 246 und 266 des Strafgesetzbuchs, eigenen oder fremden Vorteils wegen

---

223 Siehe dazu auch BGH 21.12.2005 – 3 StR 470/04, BGHSt 50, 331 – Mannesmann-Entscheidung; *Rönnau*, FS Amelung S. 247; Esser/Rübenstahl/Saliger/Tsambikakis/*Saliger* StGB § 266 Rn. 110; *Volk*, FS Hamm S. 803, 812 f.
224 Beachte insoweit auch BGH 13.9.2010 – 1 StR 220/09, BGHSt 55, 288 mit Anm. *Bittmann* NJW 2011, 96; *Brand* JR 2011, 400: Eine Normverletzung ist in der Regel nur dann pflichtwidrig im Sinne des § 266 StGB, wenn die verletzte Norm ihrerseits wenigstens auch, und sei es mittelbar, vermögensschützenden Charakter für das zu betreuende Vermögen hat; ebenso BGH 13.4.2011 – 1 StR 94/10, NJW 2011, 1747 (1749) mit Anm. *Brand* NJW 2011, 1751; LG Ravensburg 22.2.2017 – 2 Qs 9/17, NStZ-RR 2017, 145, siehe auch BGH 20.6.2018 – 4 StR 561/17, wistra 2018, 514 (515).
225 Vgl. Lackner/Kühl/*Heger* StGB § 266 Rn. 12; NK-StGB/*Kindhäuser* StGB § 266 Rn. 57; Achenbach/Ransiek/Rönnau/*Seier* 5. Teil 2 Rn. 249 ff.; umstritten ist, ob für den Mehrheitsaktionär etwas anderes gilt.
226 Siehe BGH 23.2.2012 – 1 StR 586/11, wistra 2012, 233 (234); BGH 30.8.2011 – 2 StR 652/10, NJW 2011, 3733 (3735); BGH 1.11.1983 – 5 StR 363/83, wistra 1984, 71; *Fischer* StGB § 266 Rn. 93 a; das gilt auch für die Vor-GmbH; speziell zur GmbH & Co. KG siehe Achenbach/Ransiek/Rönnau/*Seier* 5. Teil 2 Rn. 366 f.; monographisch zum Untreueschutz der Personengesellschaften *Brand*, Untreue und Bankrott; *Soyka*, Untreue zum Nachteil von Personengesellschaften; *Stölting*, Untreue zum Nachteil von Personengesellschaften; siehe auch *Radtke* NStZ 2016, 639.
227 Siehe auch BGH 10.7.2013 – 1 StR 532/12, NJW 2013, 3590 (3593) mit Anm. *Brand* NJW 2013, 3594; *Lindemann/Hehr* NZWiSt 2014, 350; *K. Schmidt* JZ 2014, 878; vgl. ferner BGH 8.3.2017 – 1 StR 540/16, wistra 2017, 437 (439).
228 BGH 13.5.2004 – 5 StR 73/03, BGHSt 49, 147 – Bremer-Vulkan; vgl. dazu auch *Achenbach* NStZ 2005, 621 (623); *Anders*, Untreue S. 94 ff.; *Arens*, Untreue im Konzern; *Bauer*, Untreue durch Cash-Pooling; *Beulke*, FS Eisenberg S. 245, 248 f.; *Busch*, Konzernuntreue; MüKoStGB/*Dierlamm* StGB § 266 Rn. 233 f.; *Fleischer* NJW 2004, 2867; *Gaede* NZWiSt 2018, 220; *Höf*, Untreue im Konzern; *Kasiske* wistra 2005, 81 (82 ff.); *Krause* JR 2006, 51; *Kutzner* NStZ 2005, 271; SSW-StGB/*Saliger* StGB § 266 Rn. 113 f.; *Tiedemann*, Wirtschaftsstrafrecht Rn. 397, 1085; *Tsambikakis* GmbHR 2005, 331 (335 ff.); *Wattenberg* StV 2005, 523; ferner *Schriever* wistra 2006, 404; *Wellkamp* NStZ 2001, 113; siehe auch BGH 31.7.2009 – 2 StR 95/09, BGHSt 54, 52 mit Anm. *Leimenstoll* ZIS 2010, 143.

1. über ein Wertpapier der in § 1 Abs. 1 bezeichneten Art, das ihm als Verwahrer oder Pfandgläubiger anvertraut worden ist oder das er als Kommissionär für den Kommittenten im Besitz hat oder das er im Falle des § 31 für den Kunden im Besitz hat, rechtswidrig verfügt,
2. einen Sammelbestand solcher Wertpapiere oder den Anteil an einem solchen Bestand dem § 6 Abs. 2 zuwider verringert oder darüber rechtswidrig verfügt,

wird mit Freiheitsstrafe bis zu fünf Jahren oder mit Geldstrafe bestraft.

(2) (weggefallen)

Literatur: *Bassermann*, Die strafrechtlichen Bestimmungen des Depotgesetzes vom 5.7.1896, 1908; *Dürr*, Die Unterschlagung von Wertpapieren und die strafbaren Handlungen des (Depot-)Gesetzes vom 5. Juli 1896, 1902; *Fichtner*, Die börsen- und depotrechtlichen Strafvorschriften und ihr Verhältnis zu den Eigentums- und Vermögensdelikten des StGB, 1993; *Heinsius/Horn/Than*, Depotgesetz, 1975; *Hohnel*, Kapitalmarktstrafrecht, 2013; *Miletzki*, 100 Jahre Depotrecht, WM 1996, 1849; *Opitz*, Depotgesetz, 2. Aufl., 1955; *Otto*, Bankentätigkeit und Strafrecht, 1983; *Quassowski/Schröder*, Bankdepotgesetz, 1937; *Scherer*, Depotgesetz, 2012; *Schork/Groß*, Bankstrafrecht, 2013; *Tiedemann*, Wirtschaftsstrafrecht, 5. Aufl., 2017; *Többens*, Wirtschaftsstrafrecht, 2006; *Ulsenheimer*, Depotgesetz, in: Handwörterbuch des Wirtschafts- und Steuerstrafrechts, 5. EL Mai 1990 (zit. als KTUW/*Ulsenheimer*); *von Ungern-Sternberg*, Wirtschaftskriminalität beim Handel mit ausländischen Aktien, ZStW 88 (1976), 653.

I. Allgemeines	1	a) Tauglicher Täterkreis	4
1. Rechtsentwicklung	1	b) Die einzelnen Tatbestandsmerkmale	5
2. Praktische Bedeutung der Vorschrift	2	c) Tathandlungen	10
3. Der typische Anwendungsfall	3	2. Subjektiver Tatbestand	15
II. Die Voraussetzungen des Tatbestandes	4	III. Täterschaft und Teilnahme	17
1. Objektiver Tatbestand	4	IV. Konkurrenzen	18
		V. Ergänzende Hinweise	19

I. Allgemeines
1. Rechtsentwicklung

Von den Sondertatbeständen, die im Nebenstrafrecht spezielle Fälle der Untreue geregelt hatten, ist allein die **Depotunterschlagung gemäß § 34 DepotG** verblieben, im Übrigen sind die Untreuevorschriften vom Gesetzgeber zwischenzeitlich gestrichen worden. Die im Gesetz über die Verwahrung und Anschaffung von Wertpapieren (Depotgesetz) geregelte Depotunterschlagung fand sich bereits im Wesentlichen inhaltsgleich im Depotgesetz vom 5.7.1896 und hat den Anlegerschutz zum Ziel.[1]

1

---

[1] *Heinsius/Horn/Than* DepotG § 34 Rn. 1; *Miletzki* WM 1996, 1849; *Opitz* DepotG § 34 Anm. 2; NK-WSS/*Poepping* DepotG § 34 Rn. 1; vgl. auch *Bassermann*, Die strafrechtlichen Bestimmungen des Depotgesetzes S. 1: Die Schaffung des Depotgesetzes vom 5.7.1896 resultiert daraus, dass beim Zusammenbruch mehrerer Banken im Herbst 1891 zahlreiche Depotunterschlagungen aufgedeckt worden waren und der bis dato bestehende Rechtsschutz als unzureichend erachtet wurde; siehe auch *Dürr*, Die Unterschlagung von Wertpapieren S. 46 f.; *Fichtner*, Die börsen- und depotrechtlichen Strafvorschriften S. 11 ff.

2. Praktische Bedeutung der Vorschrift

2 Im Hinblick auf die gegenüber §§ 246, 266 StGB gegebene **Subsidiarität** hat § 34 DepotG **keine praktische Bedeutung**.[2] Aktuelle strafgerichtliche Rechtsprechung zu der Vorschrift sucht man vergeblich.[3] Der Gesetzgeber hat dennoch aus (unberechtigter) Furcht vor Strafbarkeitslücken an der Bestimmung festgehalten.[4]

3. Der typische Anwendungsfall

3 Aufgrund der Subsidiarität kommt zwar § 34 DepotG regelmäßig im Ergebnis nicht zum Zuge, dennoch werden die Voraussetzungen der Vorschrift immer wieder einmal in den Fällen des **Zusammenbruchs von Bankhäusern** verwirklicht:[5] Leitende Personen von Banken verleiben sich etwa durch **Umbuchungen** die Wertpapiere in ihr Vermögen ein oder verkaufen sie. Ein typischer Fall des § 34 DepotG ist im Übrigen auch, dass ein Verwahrer die Wertpapiere unberechtigt **verpfändet**.

II. Die Voraussetzungen des Tatbestandes
1. Objektiver Tatbestand
a) Tauglicher Täterkreis

4 Nach der Änderung des § 34 DepotG durch das Handelsrechtsreformgesetz vom 22.6.1998,[6] welches das Erfordernis der Kaufmannseigenschaft des Täters in § 34 DepotG gestrichen hat, sind **taugliche Täter der Verwahrer** im Sinne des § 1 Abs. 2 DepotG, der **Pfandgläubiger**, der **Kommissionär** oder der **Eigenhändler** gemäß § 31 DepotG.[7] Während § 34 Abs. 1 Nr. 1 DepotG diesen Personenkreis ausdrücklich nennt, geht er aus § 34 Abs. 1 Nr. 2 DepotG nicht eindeutig hervor. Aber auch hinsichtlich dieser Tatbestandsvariante ist der Täterkreis identisch, da nicht ersichtlich ist, wieso bezüglich eines Sammelbestandes etwas anderes gelten soll.[8]

---

2 *Otto*, Bankentätigkeit und Strafrecht S. 29; NK-WSS/*Poepping* DepotG § 34 Rn. 2; Achenbach/Ransiek/Rönnau/*Ch. Schröder* 10. Teil 3 Rn. 141; Müller-Gugenberger/*Schumann* § 69 Rn. 5; *Tiedemann* WiStR Rn. 986; *Többens*, Wirtschaftsstrafrecht S. 277; KTUW/*Ulsenheimer* Depotgesetz S. 1; Hohnel/*H. Vogel* DepotG § 34 Rn. 2.
3 Vgl. auch MüKoStGB/*Bröker* DepotG § 34 Rn. 2; *Fichtner*, Die börsen- und depotrechtlichen Strafvorschriften S. 17; Graf/Jäger/Wittig/*Waßmer* DepotG § 34 Rn. 4; Schork/Groß/*Wegner* Bankstrafrecht Rn. 830.
4 Vgl. *Otto*, Bankentätigkeit und Strafrecht S. 29 f.; Achenbach/Ransiek/Rönnau/*Seier* 5. Teil 2 Rn. 2; KTUW/*Ulsenheimer*, Depotgesetz S. 1 f. Dagegen hält *Fichtner*, Die börsen- und depotrechtlichen Strafvorschriften S. 252, § 34 DepotG für „unentbehrlich", um den Kommittenten vor rechtswidrigen Verfügungen über auf seine Rechnung gekaufte Papiere, auf die er einen Eigentumsübertragungsanspruch hat, zu schützen. – Es mag sehr bezweifelt werden, ob allein im Hinblick auf diese Konstellation wirklich an § 34 DepotG festgehalten werden soll. Auch Graf/Jäger/Wittig/*Waßmer* DepotG § 34 Rn. 5 plädiert für die Beibehaltung der Norm.
5 Siehe die bei *Otto*, Bankentätigkeit und Strafrecht S. 29 aufgeführten Fälle.
6 BGBl. 1998 I 1474, 1480.
7 Siehe auch Müller-Gugenberger/*Schumann* § 69 Rn. 4.
8 Vgl. NK-WSS/*Poepping* DepotG § 34 Rn. 4; *Quassowski/Schröder*, Bankdepotgesetz § 34 Rn. 4; Hohnel/*H. Vogel* DepotG § 34 Rn. 3, 8; Graf/Jäger/Wittig/*Waßmer* DepotG § 34 Rn. 6; siehe aber auch Achenbach/Ransiek/Rönnau/*Ch. Schröder*, 10. Teil 3 Rn. 152; anders MüKoStGB/*Bröker* DepotG § 34 Rn. 11; *Hellmann*, Wirtschaftsstrafrecht Rn. 147.

b) Die einzelnen Tatbestandsmerkmale

§ 34 Abs. 1 Nr. 1 DepotG erfasst lediglich **Wertpapiere** im Sinne des § 1 Abs. 1 DepotG, nicht Banknoten, Papiergeld oder Waren. Derivate, die nur in Form von elektronischen Rechten gehandelt werden, fallen nicht unter § 34 DepotG.[9] § 34 Abs. 1 Nr. 2 DepotG bestimmt als Tatobjekt einen **Sammelbestand** solcher Wertpapiere oder einen **Anteil an einem solchen Bestand**.

Nach § 34 Abs. 1 Nr. 1 Var. 1 DepotG müssen dem Täter die Wertpapiere entweder als Verwahrer gemäß § 1 Abs. 2 DepotG oder als Pfandgläubiger **anvertraut** worden sein. Das ist der Fall, wenn sie in den Gewahrsam des Täters mit der Verpflichtung gelangen, sie zurückzugeben oder zweckbestimmt zu verwenden.[10] Unerheblich ist, ob die Verwahrerpflichten aus einem Verwahrungsvertrag oder aus gesetzlichen Bestimmungen resultieren.[11] Zur Verwahrung anvertraut sind nicht nur diejenigen Wertpapiere, die dem Täter vom Kunden selbst oder von einem Dritten für diesen übergeben wurden, sondern auch Wertpapiere, die ein Kommissionär oder Eigenhändler für den Kunden angeschafft und diesem bereits übereignet hat.[12] Die Wertpapiere bleiben dem Täter auch dann anvertraut, wenn er sie von einem Dritten verwahren lässt und er daher nur noch als **Zwischenverwahrer** mittelbarer Besitzer ist.[13] Die Anwendung von § 34 Abs. 1 Nr. 1 Var. 1 DepotG setzt stets voraus, dass der Täter **nicht selbst Eigentümer** der ihm anvertrauten Wertpapiere ist, so dass § 34 Abs. 1 Nr. 1 Var. 1 DepotG ausscheidet, wenn der Täter über Wertpapiere verfügt, hinsichtlich derer eine unregelmäßige Verwahrung gemäß § 15 DepotG vereinbart wurde.[14]

§ 34 Abs. 1 Nr. 1 Var. 2 DepotG betrifft den Fall, dass der Täter als **Kommissionär** für den Kommittenten die Wertpapiere **in Besitz** hat. Dabei erlangt die 2. Variante keine weitere Bedeutung, wenn die Wertpapiere nach Anschaffung in das Eigentum des Kommittenten übergegangen sind, sich aber noch im Besitz des Kommissionärs befinden; dann nämlich ist der Kommissionär Verwahrer, so dass bereits § 34 Abs. 1 Nr. 1 Var. 1 DepotG einschlägig ist. Relevant wird § 34 Abs. 1 Nr. 1 Var. 2 DepotG, wenn der Kommissionär nicht bloßer Verwahrer[15] ist, er jedoch Wertpapiere in Besitz hat: Der Schutz des Kommittenten setzt nicht erst dann ein, wenn er Eigentümer der Wertpapiere geworden ist, sondern bereits zu dem Zeitpunkt, in dem der Kommissionär für Rechnung des Kommittenten – zumindest mittelbaren – Besitz an den Wertpapieren erlangt und der Kommittent einen schuldrechtlichen Anspruch auf Übereig-

---

9 Wabnitz/Janovsky/*Knierim*, 10. Kap. Rn. 296.
10 NK-WSS/*Poepping* DepotG § 34 Rn. 11; KTUW/*Ulsenheimer*, Depotgesetz S. 3; Hohnel/*H. Vogel* DepotG § 34 Rn. 13; Graf/Jäger/Wittig/*Waßmer* DepotG § 34 Rn. 25.
11 *Quassowski/Schröder*, Bankdepotgesetz § 34 Rn. 3.
12 Vgl. § 29 DepotG; *Fichtner*, Die börsen- und depotrechtlichen Strafvorschriften S. 192; *Heinsius/Horn/Than* DepotG § 34 Rn. 9; *Opitz* DepotG § 34 Anm. 4 a; *von Ungern-Sternberg* ZStW 88 (1976) 653 (698).
13 Siehe *Heinsius/Horn/Than* DepotG § 34 Rn. 9; *Opitz* DepotG § 34 Anm. 4 a; Achenbach/Ransiek/Rönnau/*Ch. Schröder*, 10. Teil 3 Rn. 150; *von Ungern-Sternberg* ZStW 88 (1976), 653 (698); Graf/Jäger/Wittig/*Waßmer* DepotG § 34 Rn. 7.
14 *Quassowski/Schröder* Bankdepotgesetz § 34 Rn. 3; Graf/Jäger/Wittig/*Waßmer* DepotG § 34 Rn. 24.
15 Der Kommissionär ist Verwahrer, wenn der Kommittent wie dargelegt Eigentümer ist.

nung dieser Wertpapiere hat.[16] § 34 Abs. 1 Nr. 1 Var. 2 DepotG kann der Kommissionär also auch dann verwirklichen, wenn er über **eigene Papiere** rechtswidrig verfügt.[17]

8 § 34 Abs. 1 Nr. 1 Var. 3 DepotG betrifft den Fall, dass der **Eigenhändler** (§ 31 DepotG) die Wertpapiere für den Kunden **in Besitz** hat. Insofern gelten die Darlegungen zu dem Merkmal „in Besitz haben" der 2. Variante entsprechend.

9 § 34 Abs. 1 Nr. 2 DepotG bezieht sich auf die heute regelmäßig erfolgende Sammelverwahrung (vgl. dazu §§ 5 ff. DepotG).[18]

c) Tathandlungen

10 Der Täter muss über die Wertpapiere **verfügen**. Dieser Begriff soll weit auszulegen sein.[19] Darunter ist im Grundsatz jede Maßnahme zu verstehen, die in irgendeiner Weise eine Veränderung in dem Verhältnis des Eigentümers zur Sache herbeiführt.[20] Es geht also um eine für den Depotkunden nachteilige Beeinträchtigung seiner Herrschaftsgewalt oder seines Herrschaftsanspruchs über das Wertpapier.[21] Es muss sich **nicht** um eine **Verfügung im Sinne der §§ 929 ff. BGB** handeln,[22] sondern **auch Beschädigungen** und **Zerstörungen** sind erfasst.

11 Das Gesetz spricht von einer **rechtswidrigen** Verfügung. Diesbezüglich wird ausgeführt, dass es sich hierbei lediglich um den Hinweis auf das **allgemeine Verbrechensmerkmal** der Rechtswidrigkeit handele.[23] Dem ist jedoch entgegenzuhalten, dass dem Merkmal angesichts der Weite des Verfügungsbegriffs und der Notwendigkeit der Eingrenzung der Vorschrift bereits auf objektiver Tatbestandsebene durchaus eine Bedeutung beizumessen ist: Tatbestandsmäßig sind nur Verfügungen **gegen oder ohne den Willen** des Kunden. Dementsprechend entfällt nicht erst die Rechtswidrigkeit,[24] sondern bereits der objektive Tatbestand, wenn der Depotkunde mit der Verfügung einverstanden ist.[25]

---

16 *Fichtner*, Die börsen- und depotrechtlichen Strafvorschriften S. 193 f.; *Hugger*, in Scherer DepotG § 34 Rn. 7; *Quassowski/Schröder* BankdepotG § 34 Rn. 3.
17 RG 16.6.1927 – II 91/27, RGSt. 61, 336; *Fichtner*, Die börsen- und depotrechtlichen Strafvorschriften S. 194 f.; *Heinsius/Horn/Than* DepotG § 34 Rn. 10; *Opitz* DepotG § 34 Anm. 4 b.
18 Siehe *Fichtner*, Die börsen- und depotrechtlichen Strafvorschriften S. 195; *Hellmann*, Wirtschaftsstrafrecht Rn. 145, 147 f.; Graf/Jäger/Wittig/*Waßmer* DepotG § 34 Rn. 20 f.
19 MüKoStGB/*Bröker* DepotG § 34 Rn. 10; *Fichtner*, Die börsen- und depotrechtlichen Strafvorschriften S. 207; *Hellmann*, Wirtschaftsstrafrecht Rn. 146; Hohnel/H. *Vogel* DepotG § 34 Rn. 14; Graf/Jäger/Wittig/*Waßmer* DepotG § 34 Rn. 28.
20 So RG 7.6.1912 – 5 D. 225/12, RGSt. 46, 144 (148 f.).
21 Siehe *Heinsius/Horn/Than* DepotG § 34 Rn. 11; *Opitz* DepotG § 34 Anm. 5 a; *Quassowski/Schröder* BankdepotG § 34 Rn. 3; KTUW/*Ulsenheimer*, Depotgesetz, S. 3.
22 NK-WSS/*Poepping* DepotG § 34 Rn. 14; Achenbach/Ransiek/Rönnau/*Ch. Schröder*, 10. Teil 3 Rn. 155; *Hugger*, in: Scherer DepotG § 34 Rn. 11; *Többens*, Wirtschaftsstrafrecht S. 277.
23 So etwa MüKoStGB/*Bröker* DepotG § 34 Rn. 15; *Heinsius/Horn/Than* DepotG § 34 Rn. 14; Achenbach/Ransiek/Rönnau/*Ch. Schröder* 10. Teil 3 Rn. 158; KTUW/*Ulsenheimer*, Depotgesetz, S. 3; Graf/Jäger/Wittig/*Waßmer* DepotG § 34 Rn. 33; Schork/Groß/*Wegner*, Bankstrafrecht Rn. 832.
24 So aber – in sich konsequent – etwa *Heinsius/Horn/Than* DepotG § 34 Rn. 14; KTUW/*Ulsenheimer*, Depotgesetz, S. 3.
25 Zustimmend NK-WSS/*Poepping* DepotG § 34 Rn. 16.

Als Verfügung über Wertpapiere kommt die **Veräußerung** oder **Verpfändung** in Betracht, die Verwendung zu persönlichen Zwecken und auch eine vorübergehende **Gebrauchsanmaßung**.²⁶ Tatbestandsmäßig ist ebenfalls die eigenmächtige Begebung von Optionen oder Optionsscheinen auf verwahrte Wertpapiere.²⁷

Als weitere Tathandlung tritt in § 34 Abs. 1 Nr. 2 DepotG zur rechtswidrigen Verfügung die **Verringerung** eines Sammelbestandes oder eines Anteils an einem solchen Bestand entgegen § 6 Abs. 2 DepotG hinzu. Darunter ist jede Maßnahme zu verstehen, die auch nur zur vorübergehenden Minderung des materiellen Miteigentumsbestandes führt und nicht bloß Verwaltung des Bestandes oder eine Ersetzungshandlung im Sinne des § 9 a DepotG darstellt.²⁸ Unter die Verringerung fällt etwa die Konstellation, dass der Sammelverwahrer unberechtigt Wertpapiere aus dem Sammelbestand **entnimmt**. Von § 34 Abs. 1 Nr. 2 DepotG erfasst wird im Übrigen auch die **Vernichtung** eines Sammelbestandes.²⁹

Die Verringerung kann durch Entnahme einzelner Stücke erfolgen oder durch eigenmächtige Buchungsvorgänge. Es spielt keine Rolle, ob der Täter zum Ausgleich jederzeit willens und in der Lage ist.³⁰

2. Subjektiver Tatbestand

Im Hinblick auf den Vorsatz genügt das **gesamte Spektrum**, also auch **bedingter Vorsatz**.³¹ Geht der Täter irrtümlich davon aus, er handele im Einklang mit dem Willen des Kunden, entfällt in direkter Anwendung des § 16 Abs. 1 S. 1 StGB der Tatbestandsvorsatz.

Zusätzlich verlangt § 34 DepotG die **Absicht, sich oder einem Dritten einen Vorteil zu verschaffen**. Hierbei muss es sich nach hM nicht unbedingt um einen Vermögensvorteil handeln.³² Objektiv braucht der Vorteil nicht eingetreten zu sein.³³ Es handelt sich also um ein Delikt mit **überschießender Innentendenz**, wobei zur notwendigen Eingrenzung Absicht im Sinne von **dolus directus 1. Grades** („Erstreben") zu verlangen ist.³⁴

---

26 Vgl. etwa *Fichtner*, Die börsen- und depotrechtlichen Strafvorschriften S. 207 f.
27 Siehe Achenbach/Ransiek/Rönnau/*Ch. Schröder* 10. Teil 3 Rn. 157.
28 Siehe *Heinsius/Horn/Than* DepotG § 34 Rn. 12; *Hellmann*, Wirtschaftsstrafrecht Rn. 147; *Hugger*, in: Scherer DepotG § 34 Rn. 12; NK-WSS/*Poepping* DepotG § 34 Rn. 15; Achenbach/Ransiek/Rönnau/*Ch. Schröder* 10. Teil 3 Rn. 159.
29 *Quassowski/Schröder* BankdepotG § 34 Rn. 4.
30 Achenbach/Ransiek/Rönnau/*Ch. Schröder* 10. Teil 3 Rn. 159; Graf/Jäger/Wittig/*Waßmer* DepotG § 34 Rn. 36.
31 MüKoStGB/*Bröker* DepotG § 34 Rn. 12; *Fichtner*, Die börsen- und depotrechtlichen Strafvorschriften S. 209; *Heinsius/Horn/Than* DepotG § 34 Rn. 17; NK-WSS/*Poepping* DepotG § 34 Rn. 19; Achenbach/Ransiek/Rönnau/*Ch. Schröder* 10. Teil 3 Rn. 160; *Többens*, Wirtschaftsstrafrecht S. 278; KTUW/*Ulsenheimer*, Depotgesetz, S. 2; Hohnel/ *H. Vogel* DepotG § 34 Rn. 17.
32 So etwa *Fichtner*, Die börsen- und depotrechtlichen Strafvorschriften S. 209; *Opitz* DepotG § 34 Anm. 5 c; aA *Quassowski/Schröder* BankdepotG § 34 Rn. 5.
33 MüKoStGB/*Bröker* DepotG § 34 Rn. 14; KTUW/*Ulsenheimer*, Depotgesetz S. 2.
34 NK-WSS/*Poepping* DepotG § 34 Rn. 23; Graf/Jäger/Wittig/*Waßmer* DepotG § 34 Rn. 41; anders Hohnel/*H. Vogel* DepotG § 34 Rn. 17: dolus eventualis sei ausreichend.

III. Täterschaft und Teilnahme

17 § 34 DepotG ist **Sonderdelikt**, da nur die dort im Einzelnen aufgelisteten Personen Täter sein können, wobei § 14 StGB zu beachten ist.[35]

IV. Konkurrenzen

18 § 34 DepotG ist gegenüber §§ 246, 266 StGB **subsidiär**.[36] Das ergibt sich schon aus dem ersten Halbsatz der Vorschrift selbst und gilt auch dann, wenn § 246 StGB zwar verwirklicht ist, jedoch – aufgrund der beim Unterschlagungstatbestand vorgesehenen Subsidiaritätsklausel – wiederum hinter eine andere Vorschrift zurücktritt.

V. Ergänzende Hinweise

19 § 34 DepotG sieht eine Freiheitsstrafe bis zu fünf Jahren oder Geldstrafe vor. Gegen einen **Angehörigen** – vgl. § 11 Abs. 1 Nr. 1 StGB – wird die Tat gemäß § 36 DepotG nur **auf Antrag** verfolgt. § 34 DepotG kennt **keine Versuchsstrafbarkeit**.

---

35 NK-WSS/*Poepping* DepotG § 34 Rn. 8.
36 Vgl. nur *Heinsius/Horn/Than* DepotG § 34 Rn. 3, 21; *Otto*, Bankentätigkeit und Strafrecht S. 28; LK/*Schünemann* § 266 Rn. 222; Müller-Gugenberger/*Schumann* § 69 Rn. 5; KTUW/*Ulsenheimer*, Depotgesetz S. 2; *von Ungern-Sternberg* ZStW 88 (1976), 653 (698). Zum Verhältnis des § 34 DepotG zu den §§ 246, 266 StGB siehe ausführlich *Fichtner*, Die börsen- und depotrechtlichen Strafvorschriften S. 214 ff., 222 ff. Von tatbestandlicher Exklusivität gehen *Hellmann*, Wirtschaftsstrafrecht Rn. 152 und Hohnel/ *H. Vogel* DepotG § 34 Rn. 20 aus.

Kapitel 6: Börsendelikte

Kap. 6.1. §§ 119 Abs. 1, Abs. 4, 120 Abs. 2 Nr. 3, Abs. 15 Nr. 2 WpHG (vormals: §§ 38 Abs. 1, Abs. 4, 39 Abs. 2 Nr. 3, Abs. 3 c, 3 d Nr. 2 WpHG) iVm Art. 15, 12 MAR
Verbot der Marktmanipulation

§ 119 WpHG Strafvorschriften

(1) Mit Freiheitsstrafe bis zu fünf Jahren oder mit Geldstrafe wird bestraft, wer eine in § 120 Absatz 2 Nummer 3 oder Absatz 15 Nummer 2 bezeichnete vorsätzliche Handlung begeht und dadurch einwirkt auf

1. den inländischen Börsen- oder Marktpreis eines Finanzinstruments, eines damit verbundenen Waren-Spot-Kontrakts, einer Ware im Sinne des § 2 Absatz 5 oder eines ausländischen Zahlungsmittels im Sinne des § 51 des Börsengesetzes,

2. den Preis eines Finanzinstruments oder eines damit verbundenen Waren-Spot-Kontrakts an einem organisierten Markt, einem multilateralen oder organisierten Handelssystem in einem anderen Mitgliedstaat oder in einem anderen Vertragsstaat des Abkommens über den Europäischen Wirtschaftsraum,

3. den Preis einer Ware im Sinne des § 2 Absatz 5 oder eines ausländischen Zahlungsmittels im Sinne des § 51 des Börsengesetzes an einem mit einer inländischen Börse vergleichbaren Markt in einem anderen Mitgliedstaat oder in einem anderen Vertragsstaat des Abkommens über den Europäischen Wirtschaftsraum oder

4. die Berechnung eines Referenzwertes im Inland oder in einem anderen Mitgliedstaat oder in einem anderen Vertragsstaat des Abkommens über den Europäischen Wirtschaftsraum.

(…)

(4) Der Versuch ist strafbar.

(5) Mit Freiheitsstrafe von einem Jahr bis zu zehn Jahren wird bestraft, wer in den Fällen des Absatzes 1

1. gewerbsmäßig oder als Mitglied einer Bande, die sich zur fortgesetzten Begehung solcher Taten verbunden hat, handelt oder

2. in Ausübung seiner Tätigkeit für eine inländische Finanzaufsichtsbehörde, ein Wertpapierdienstleistungsunternehmen, eine Börse oder einen Betreiber eines Handelsplatzes handelt.

(6) In minder schweren Fällen des Absatzes 5 Nummer 2 ist die Strafe Freiheitsstrafe von sechs Monaten bis zu fünf Jahren.

(…)

§ 120 WpHG Bußgeldvorschriften; Verordnungsermächtigung

(…)

(2) Ordnungswidrig handelt, wer vorsätzlich oder leichtfertig

(...)

3. entgegen § 25 in Verbindung mit Artikel 15 der Verordnung (EU) Nr. 596/2014 eine Marktmanipulation begeht,

(...)

(15) Ordnungswidrig handelt, wer gegen die Verordnung (EU) Nr. 596/2014 verstößt, indem er vorsätzlich oder leichtfertig

(...)

2. entgegen Artikel 15 eine Marktmanipulation begeht,

(...)

(18) ¹Die Ordnungswidrigkeit kann in den Fällen der Absätze 14 und 15 Nummer 2 mit einer Geldbuße bis zu fünf Millionen Euro, in den Fällen des Absatzes 2 Nummer 3, des Absatzes 15 Nummer 3 bis 11 sowie des Absatzes 15 a mit einer Geldbuße bis zu einer Million Euro und in den Fällen des Absatzes 15 Nummer 1 und 12 bis 23 mit einer Geldbuße bis zu fünfhunderttausend Euro geahndet werden. ²Gegenüber einer juristischen Person oder Personenvereinigung kann über Satz 1 hinaus eine höhere Geldbuße verhängt werden; diese darf

1. in den Fällen der Absätze 14 und 15 Nummer 2 den höheren der Beträge von fünfzehn Millionen Euro und 15 Prozent des Gesamtumsatzes, den die juristische Person oder Personenvereinigung im der Behördenentscheidung vorangegangenen Geschäftsjahr erzielt hat,

(...)

nicht überschreiten. ³Über die in den Sätzen 1 und 2 genannten Beträge hinaus kann die Ordnungswidrigkeit mit einer Geldbuße bis zum Dreifachen des aus dem Verstoß gezogenen wirtschaftlichen Vorteils geahndet werden. ⁴Der wirtschaftliche Vorteil umfasst erzielte Gewinne und vermiedene Verluste und kann geschätzt werden.

(...)

(23) ¹Gesamtumsatz im Sinne [...] des Absatzes 18 Satz 2 Nummer 1 [...] ist

1. im Falle von Kreditinstituten, Zahlungsinstituten und Finanzdienstleistungsinstituten im Sinne des § 340 des Handelsgesetzbuchs der sich aus dem auf das Institut anwendbaren nationalen Recht im Einklang mit Artikel 27 Nummer 1, 3, 4, 6 und 7 oder Artikel 28 Nummer B1, B2, B3, B4 und B7 der Richtlinie 86/635/EWG des Rates vom 8. Dezember 1986 über den Jahresabschluss und den konsolidierten Abschluss von Banken und anderen Finanzinstituten (ABl. L 372 vom 31.12.1986, S. 1) ergebende Gesamtbetrag, abzüglich der Umsatzsteuer und sonstiger direkt auf diese Erträge erhobener Steuern,

2. im Falle von Versicherungsunternehmen der sich aus dem auf das Versicherungsunternehmen anwendbaren nationalen Recht im Einklang mit Artikel 63 der Richtlinie 91/674/EWG des Rates vom 19. Dezember 1991 über den Jahresabschluss und den konsolidierten Abschluss von Versicherungsunternehmen (ABl. L 374 vom 31.12.1991, S. 7) ergebende Gesamtbetrag, abzüglich der Umsatzsteuer und sonstiger direkt auf diese Erträge erhobener Steuern,

3. im Übrigen der Betrag der Nettoumsatzerlöse nach Maßgabe des auf das Unternehmen anwendbaren nationalen Rechts im Einklang mit Artikel 2 Nummer 5 der Richtlinie 2013/34/EU.

²Handelt es sich bei der juristischen Person oder Personenvereinigung um ein Mutterunternehmen oder um eine Tochtergesellschaft, so ist anstelle des Gesamtumsatzes der juristischen Person oder Personenvereinigung der jeweilige Gesamtbetrag in dem Konzernabschluss des Mutterunternehmens maßgeblich, der für den größten Kreis von Unternehmen aufgestellt wird. ³Wird der Konzernabschluss für den größten Kreis von Unternehmen nicht nach den in Satz 1 genannten Vorschriften aufgestellt, ist der Gesamtumsatz nach Maßgabe der den in Satz 1 Nummer 1 bis 3 vergleichbaren Posten des Konzernabschlusses zu ermitteln. ⁴Ist ein Jahresabschluss oder Konzernabschluss für das maßgebliche Geschäftsjahr nicht verfügbar, ist der Jahres- oder Konzernabschluss für das unmittelbar vorausgehende Geschäftsjahr maßgeblich; ist auch dieser nicht verfügbar, kann der Gesamtumsatz geschätzt werden.

(…)

(25) ¹§ 17 Absatz 2 des Gesetzes über Ordnungswidrigkeiten ist nicht anzuwenden bei Verstößen gegen Gebote und Verbote, die in den Absätzen 17 bis 22 in Bezug genommen werden. ²[…] ³§ 30 des Gesetzes über Ordnungswidrigkeiten gilt auch für juristische Personen oder Personenvereinigungen, die über eine Zweigniederlassung oder im Wege des grenzüberschreitenden Dienstleistungsverkehrs im Inland tätig sind.

(26) Die Verfolgung der Ordnungswidrigkeiten nach den Absätzen 17 bis 22 verjährt in drei Jahren.

(…)

§ 25 WpHG Anwendung der Verordnung (EU) Nr. 596/2014 auf Waren und ausländische Zahlungsmittel

Artikel 15 in Verbindung mit Artikel 12 Absatz 1 bis 4 der Verordnung (EU) Nr. 596/2014 gilt entsprechend für

1. Waren im Sinne des § 2 Absatz 5 und
2. ausländische Zahlungsmittel im Sinne des § 51 des Börsengesetzes,

die an einer inländischen Börse oder einem vergleichbaren Markt in einem anderen Mitgliedstaat der Europäischen Union oder in einem anderen Vertragsstaat des Abkommens über den Europäischen Wirtschaftsraum gehandelt werden.

§ 135 WpHG Übergangsvorschriften zur Verordnung (EU) Nr. 596/2014

[…] ²Bis zum Ablauf des 2. Januar 2018 ist für die Vorschriften dieses Gesetzes die Verordnung (EU) Nr. 596/2014 mit folgender Maßgabe anwendbar:

1. Handelsplatz im Sinne des Artikels 3 Absatz 1 Nummer 10 dieser Verordnung ist ein geregelter Markt im Sinne des Artikels 4 Absatz 1 Nummer 14

der Richtlinie 2004/39/EG sowie ein multilaterales Handelssystem im Sinne des Artikels 4 Absatz 1 Nummer 15 der Richtlinie 2004/39/EG;
2. algorithmischer Handel im Sinne des Artikels 3 Absatz 1 Nummer 18 dieser Verordnung ist der Handel mit Finanzinstrumenten in der Weise, dass ein Computeralgorithmus die einzelnen Auftragsparameter automatisch bestimmt, ohne dass es sich um ein System handelt, das nur zur Weiterleitung von Aufträgen zu einem oder mehreren Handelsplätzen oder zur Bestätigung von Aufträgen verwendet wird;
3. Hochfrequenzhandel im Sinne des Artikels 3 Absatz 1 Nummer 33 dieser Verordnung ist eine hochfrequente algorithmische Handelstechnik, die gekennzeichnet ist durch die Nutzung von Infrastrukturen, die darauf abzielen, Latenzzeiten zu minimieren, durch die Entscheidung des Systems über die Einleitung, das Erzeugen, das Weiterleiten oder die Ausführung eines Auftrags ohne menschliche Intervention für einzelne Geschäfte oder Aufträge und durch ein hohes untertägiges Mitteilungsaufkommen in Form von Aufträgen, Quotes oder Stornierungen.

Artikel 15 MAR Verbot der Marktmanipulation

Marktmanipulation und der Versuch hierzu sind verboten.

Artikel 12 MAR Marktmanipulation

(1) Für die Zwecke dieser Verordnung umfasst der Begriff „Marktmanipulation" folgende Handlungen:
a) Abschluss eines Geschäfts, Erteilung eines Handelsauftrags sowie jede andere Handlung, die
  i) der bzw. die falsche oder irreführende Signale hinsichtlich des Angebots, der Nachfrage oder des Preises eines Finanzinstruments, eines damit verbundenen Waren-Spot- Kontrakts oder eines auf Emissionszertifikaten beruhenden Auktionsobjekts gibt oder bei der dies wahrscheinlich ist, oder
  ii) durch das bzw. die ein anormales oder künstliches Kursniveau eines oder mehrerer Finanzinstrumente, eines damit verbundenen Waren-Spot-Kontrakts oder eines auf Emissionszertifikaten beruhenden Auktionsobjekts erzielt wird oder bei dem/der dies wahrscheinlich ist;

  es sei denn, die Person, die ein Geschäft abschließt, einen Handelsauftrag erteilt oder eine andere Handlung vornimmt, weist nach, dass das Geschäft, der Auftrag oder die Handlung legitime Gründe hat und im Einklang mit der zulässigen Marktpraxis gemäß Artikel 13 steht.
b) Abschluss eines Geschäfts, Erteilung eines Handelsauftrags und jegliche sonstige Tätigkeit oder Handlung, die unter Vorspiegelung falscher Tatsachen oder unter Verwendung sonstiger Kunstgriffe oder Formen der Täuschung den Kurs eines oder mehrerer Finanzinstrumente, eines damit verbundenen Waren-Spot-Kontrakts oder eines auf Emissionszertifikaten beruhenden Auktionsobjekts beeinflusst oder hierzu geeignet ist;

c) Verbreitung von Informationen über die Medien einschließlich des Internets oder auf anderem Wege, die falsche oder irreführende Signale hinsichtlich des Angebots oder des Kurses eines Finanzinstruments, eines damit verbundenen Waren-Spot-Kontrakts oder eines auf Emissionszertifikaten beruhenden Auktionsobjekts oder der Nachfrage danach geben oder bei denen dies wahrscheinlich ist oder ein anormales oder künstliches Kursniveau eines oder mehrerer Finanzinstrumente, eines damit verbundenen Waren-Spot-Kontrakts oder eines auf Emissionszertifikaten beruhenden Auktionsobjekts herbeiführen oder bei denen dies wahrscheinlich ist, einschließlich der Verbreitung von Gerüchten, wenn die Person, die diese Informationen verbreitet hat, wusste oder hätte wissen müssen, dass sie falsch oder irreführend waren;

d) Übermittlung falscher oder irreführender Angaben oder Bereitstellung falscher oder irreführender Ausgangsdaten bezüglich eines Referenzwerts, wenn die Person, die die Informationen übermittelt oder die Ausgangsdaten bereitgestellt hat, wusste oder hätte wissen müssen, dass sie falsch oder irreführend waren, oder sonstige Handlungen, durch die die Berechnung eines Referenzwerts manipuliert wird.

(2) Als Marktmanipulation gelten unter anderem die folgenden Handlungen:

a) Sicherung einer marktbeherrschenden Stellung in Bezug auf das Angebot eines Finanzinstruments, damit verbundener Waren-Spot-Kontrakte oder eines auf Emissionszertifikaten beruhenden Auktionsobjekts oder die Nachfrage danach durch eine Person oder mehrere in Absprache handelnde Personen mit der tatsächlichen oder wahrscheinlichen Folge einer unmittelbaren oder mittelbaren Festsetzung des Kaufs- oder Verkaufspreises oder anderen unlauteren Handelsbedingungen führt oder hierzu geeignet ist;

b) Kauf oder Verkauf von Finanzinstrumenten bei Handelsbeginn oder bei Handelsschluss an einem Handelsplatz mit der tatsächlichen oder wahrscheinlichen Folge, dass Anleger, die aufgrund der angezeigten Kurse, einschließlich der Eröffnungs- und Schlusskurse, tätig werden, irregeführt werden;

c) die Erteilung von Kauf- oder Verkaufsaufträgen an einen Handelsplatz, einschließlich deren Stornierung oder Änderung, mittels aller zur Verfügung stehenden Handelsmethoden, auch in elektronischer Form, beispielsweise durch algorithmische und Hochfrequenzhandelsstrategien, die eine der in Absatz 1 Buchstabe a oder b genannten Auswirkungen hat, indem sie

  i) das Funktionieren des Handelssystems des Handelsplatzes tatsächlich oder wahrscheinlich stört oder verzögert,

  ii) Dritten die Ermittlung echter Kauf- oder Verkaufsaufträge im Handelssystem des Handelsplatzes tatsächlich oder wahrscheinlich erschwert, auch durch das Einstellen von Kauf- oder Verkaufsaufträgen, die zur Überfrachtung oder Beeinträchtigung des Orderbuchs führen, oder

  iii) tatsächlich oder wahrscheinlich ein falsches oder irreführendes Signal hinsichtlich des Angebots eines Finanzinstruments oder der Nachfrage danach oder seines Preises setzt, insbesondere durch das Einstellen von Kauf- oder Verkaufsaufträgen zur Auslösung oder Verstärkung eines Trends;

d) Ausnutzung eines gelegentlichen oder regelmäßigen Zugangs zu den traditionellen oder elektronischen Medien durch Abgabe einer Stellungnahme zu einem Finanzinstrument, einem damit verbundenen Waren-Spot-Kontrakt oder einem auf Emissionszertifikaten beruhenden Auktionsobjekt (oder indirekt zu dessen Emittenten), wobei zuvor Positionen bei diesem Finanzinstrument, einem damit verbundenen Waren-Spot-Kontrakt oder einem auf Emissionszertifikaten beruhenden Auktionsobjekt eingegangen wurden und anschließend Nutzen aus den Auswirkungen der Stellungnahme auf den Kurs dieses Finanzinstruments, eines damit verbundenen Waren-Spot-Kontrakts oder eines auf Emissionszertifikaten beruhenden Auktionsobjekts gezogen wird, ohne dass der Öffentlichkeit gleichzeitig dieser Interessenkonflikt ordnungsgemäß und wirksam mitgeteilt wird;

e) Kauf oder Verkauf von Emissionszertifikaten oder deren Derivaten auf dem Sekundärmarkt vor der Versteigerung gemäß der Verordnung (EU) Nr. 1031/2010 mit der Folge, dass der Auktionsclearingpreis für die Auktionsobjekte auf anormaler oder künstlicher Höhe festgesetzt wird oder dass Bieter, die auf den Versteigerungen bieten, irregeführt werden.

(3) Für die Anwendung von Absatz 1 Buchstaben a und b und unbeschadet der in Absatz 2 aufgeführten Formen von Handlungen enthält Anhang I eine nicht erschöpfende Aufzählung von Indikatoren in Bezug auf die Vorspiegelung falscher Tatsachen oder sonstige Kunstgriffe oder Formen der Täuschung und eine nicht erschöpfende Aufzählung von Indikatoren in Bezug auf falsche oder irreführende Signale und die Sicherung des[1] Herbeiführung bestimmter Kurse.

(4) Handelt es sich bei der in diesem Artikel genannten Person um eine juristische Person, so gilt dieser Artikel nach Maßgabe des nationalen Rechts auch für die natürlichen Personen, die an dem Beschluss, Tätigkeiten für Rechnung der betreffenden juristischen Person auszuführen, beteiligt sind.

(5) Der Kommission wird die Befugnis übertragen, gemäß Artikel 35 zur Präzisierung der in Anhang I festgelegten Indikatoren delegierte Rechtsakte zu erlassen, um deren Elemente zu klären und den technischen Entwicklungen auf den Finanzmärkten Rechnung zu tragen.

Literatur: *Achenbach*, Das Höchstmaß der Verbandsgeldbuße wegen Kapitalmarkt-Straftaten, WM 2018, 1337; *ders.*, Neue Sanktionen im Finanzmarktrecht – alte und neue Zweifelsfragen, wistra 2018, 13; *ders.*, Ahndung materiell sozialschädlichen Verhaltens durch bloße Geldbuße?, Goltdammer's Archiv, 2008, 1; *ders.*, Aus der 2005/2006 veröffentlichten Rechtsprechung zum Wirtschaftsstrafrecht, NStZ 2006, 614; *Altenhain*, Die Neuregelung der Marktpreismanipulation durch das Vierte Finanzmarktförderungsgesetz, BB 2002, 1874; *Annunziata*, Behavioural Finance and Markets Efficiency: Is there a Dialogue? A Preliminary Reflection on Regulation 596/2014/EU, Law and Economics Yearly Review (LEYR) 2016, Volume 5 Part 2, S. 280; *Arlt*, Der strafrechtliche Anlegerschutz vor Kursmanipulation, 2004; *Assmann/Schütze*, Handbuch des Kapitalanlagerechts, 4. Aufl. 2015; *Bardens/Meurer*, Kurspflege auf Kosten des Gewinns?, KoR 2011, 476; *Bator*, Die Marktmanipulation im Entwurf zum Finanzmarktnovellierungsgesetz – unionsrechtskonform?, BKR 2016, 1; *Bayram/Meier*, Pinging, Front Running und Quote Matching – Verbotene Handelspraktiken nach der Marktmissbrauchsverordnung?, WM 2018, 1295; *dies.*, Marktmanipulation durch Leerverkaufsattacken, BKR 2018, 55; *Beck*, Die Reform des Börsenrechts

---

1 Richtig wohl: „der".

im Vierten Finanzmarktförderungsgesetz, BKR 2002, 662 (Teil 1), 699 (Teil 2); *Beneke/Thelen*, Die Schutzgesetzqualität des Insiderhandelsverbots gem. Art. 14 Marktmissbrauchsverordnung, BKR 2017, 12; *Benner*, Konsequenzen der Zentralisierungsbestrebungen der Wertpapiermarktaufsicht, ZRP 2001, 450; *Bergmann/Vogt*, Lücken im Kapitalmarktstrafrecht – sind seit dem 1. FiMaNoG alle Altfälle straflos?, wistra 2016, 347; *dies.*, Keine Ahndungslücke im neugefassten WpHG durch das 1. FiMaNoG?, NZWiSt 2017, 149; *Beukelmann*, Europäisierung des Strafrechts – Die neue strafrechtliche Ordnung nach dem Vertrag von Lissabon, NJW 2010, 2081; *Bingel*, Rechtliche Grenzen der Kursstabilisierung nach Aktienplatzierungen, 2007; *Bisson/Kunz*, Die Kurs- und Marktmanipulation nach In-Kraft-Treten des Gesetzes zur Verbesserung des Anlegerschutzes vom 28.10.2004 und der Verordnung zur Konkretisierung des Verbots der Marktmanipulation vom 1.3.2005, BKR 2005, 186; *Börner*, Kryptowährungen und strafbarer Marktmissbrauch, NZWiSt 2018, 48; *Böse*, Marktmanipulation durch Unterlassen – ein Auslaufsmodell?, wistra 2018, 22; *Brand/Hotz*, Der „VW-Skandal" unter wirtschaftsrechtlichen Vorzeichen, NZG 2017, 976; *dies.*, „Vom Beruf unserer Zeit für die Gesetzgebung" – Einige Bemerkungen zur vermeintlichen Ahndungslücke im neuen Kapitalmarktstrafrecht, ZIP 2016, 1450; *Böxler,*, Europäisches Immaterialgüterstrafrecht, wistra 2011, 11; *Brodowski*, Strafrechtsrelevante Entwicklungen in der Europäischen Union – ein Überblick, ZIS 2011, 940; *Buck-Heeb*, Kapitalmarktrecht, 2006; *Bülte/Müller*, Ahndungslücken im WpHG durch das Erste Finanzmarktnovellierungsgesetz und ihre Folgen, NZG 2017, 205; *Burgard/Heimann*, Beteiligungspublizität nach dem Regierungsentwurf eines Gesetzes zur Umsetzung der Transparenzrichtlinie-Änderungsrichtlinie, WM 2015, 1445; *Bürgers*, Das Anlegerschutzverbesserungsgesetz, BKR 2004, 434; *Büttner*, Die Berücksichtigung einer Steuerbelastung von Taterlösen im Verfallverfahren, wistra 2007, 47; *Caspari*, Anlegerschutz in Deutschland im Lichte der Brüsseler Richtlinien, in Schwintowski/Singer/Weber (Hrsg.), Anleger und Funktionsschutz durch Kapitalmarktrecht 2006, S. 7 (zit.: Anlegerschutz); *ders.*, Marktüberwachung und Anlegerschutz, in Deutsche Börse Group (Hrsg.), Kapitalmarkt Deutschland, 2003; *Cornelius*, Verweisungsbedingte Akzessorietät, 2016; *Dannecker/Bülte*, in Wabnitz/Janovsky (Hrsg.), Handbuch des Wirtschafts- und Steuerstrafrechts, 4. Aufl. 2014, 2. Kapitel, Rn. 136 ff; *Daske/Bassemir/Fischer*, Manipulation des Börsenkurses durch gezielte Informationspolitik im Rahmen von Squeeze-Outs?, zfbf 2010, 254; *Debus*, Verweisungen in deutschen Rechtsnormen, 2008; *Degoutrie*, „Scalping", 2007; *Diehm*, Strafrechtsrelevante Maßnahmen der Europäischen Union gegen Insidergeschäfte und Kursmanipulationen, 2006; *Diehm*, Die „safe-harbor"-Verordnung und das Urteil des EuGH zum Rahmenbeschluss über den Schutz der Umwelt durch das Strafrecht, wistra 2006, 366; *Dier/Fürhoff*, Die geplante Europäische Marktmissbrauchsrichtlinie, AG 2002, 604; *Dietmeier*, Blankettstrafrecht. Ein Beitrag zur Lehre vom Tatbestand, 2003; *Eichelberger*, Das Verbot der Marktmanipulation (§ 20 a WpHG), 2006; *ders.*, Zur Verfassungsmäßigkeit von § 20 a WpHG, ZBB 2004, 296; *ders.*, Scalping – ein Insiderdelikt?, WM 2003, 2121; *ders.*, Kurspflege und Kursmanipulation nach geltendem und künftigem Recht, WM 2002, 317; *Enderle*, Blankettstrafgesetze, 2000; *Ernst*, Blankettstrafgesetze und ihre verfassungsrechtlichen Grenzen, 2018; *Feigen*, Adhäsionsverfahren auch in Wirtschaftsstrafsachen?, in FS Otto, 2007, S. 879; *Fleischer*, Stock-Spams – Anlegerschutz und Marktmanipulation, ZBB 2008, 137; *ders.*, Scalping zwischen Insiderdelikt und Kursmanipulation, DB 2004, 51; *ders.*, Das Vierte Finanzmarktförderungsgesetz, NJW 2002, 2977; *ders.*, Statthaftigkeit und Grenzen der Kursstabilisierung, ZIP 2003, 2045; *ders.*, Verhandlungen des 64. Dt. Juristentags Berlin 2002, 2002, Band I, Gutachten F; *Fleischer/Bueren*, Die Libor-Manipulation zwischen Kapitalmarkt- und Kartellrecht, DB 2012, 2561; *dies.*, Cornering zwischen Kapitalmarkt- und Kartellrecht, ZIP 2013, 1253; *Fleischer/Schmolke*, Finanzielle Anreize für Whistleblower im Europäischen Kapitalmarktrecht?, NZG 2012, 361; *dies.*, Gerüchte im Kapitalmarktrecht, AG 2007, 841; *Flothen*, Marktmanipulation und Kurspflege, 2008; *Forst*, Ist der Hochfrequenzhandel in der Europäischen Gemeinschaft gestattet?, BKR 2009, 454; *Frank*, Die Rechtswirkungen der Leitlinien und Empfehlungen der Europäischen Wertpapier- und Marktaufsichtsbehörde, 2012; *Gaede*, Zeitgesetze im Wirtschaftsstrafrecht und rückwirkend geschlossene Ahndungslücken, wistra 2011, 365; *ders.*, Gebotene Sorgfalt bei der europäisierten Strafgesetzgebung – unvermeidliche Ahndungslücke im WpHG?, wistra 2017, 41; *ders./Mühlbauer*, Wirtschaftsstrafrecht zwischen europäischem Primärrecht, Verfassungsrecht und der richtlinienkonformen Auslegung am Beispiel des Scalping, wistra 2005, 9; *Gebauer/Teichmann*, Europäisches Privat- und Unternehmensrecht (EnzEuR), 2016; *Gehrmann*, Das Bundesverfassungsgericht und die Reform des WpHG, wistra 2018, 366; *ders.*, Anmerkungen zum strafbewehrten Verbot der handelsgestützten Marktmanipulation, WM 2016, 542; *Göhler*, Ordnungswidrigkeitengesetz, 16. Aufl. 2012; *Graßl*, Die neue Marktmissbrauchsverordnung der EU, DB 2015, 2066; *Großmann/Nikoleyczik*, Shareholder Activism und Investor Activism – Typische Handlungsweisen aktivistischer Aktionäre und Investoren, angemessene Vorbereitung und mögliche Reaktion der Zielgesellschaft, AG 2017, 49; *Grüger*, Kurspflege – Zulässige Kurspflegemaßnahmen oder verbotene Kursmanipulation?, 2006; *Hammen*, Insiderstrafrecht und Bestimmtheitsgebot – Eine Polemik, ZIS 2014, 303; *Haouache*, Börsenaufsicht durch das Strafrecht, 1996; *Harrer/Grimm*, Zulässigkeit von Kursstabilisierungsmaßnahmen beim Accelerated Bookbuilding, FB 2006, 178; *Hellgardt*, Europarechtliche Vorgaben für die Kapitalmarktinformationshaftung, AG 2012, 154; *ders.*, Kapitalmarktdeliktsrecht, 2008; *ders.*, Fehlerhafte Ad-hoc-Publizität als strafbare Marktmanipulation, ZIP 2005, 2000; *Helm*, Whistleblowing im Finanzaufsichtsrecht – ein Überblick, BB 2018, 1538; *Hienzsch*, Das Scheitern der Staatsanwaltschaften bei der Verfolgung von Börsenkriminalität, HRSS 2006, 144; *Hild*, Grenzen einer strafrechtlichen Regulierung des Kapitalmarktes, 2004; *Hoffmann/Detzen*, ESMA – Praktische Implikationen und kritische Würdigung der neuen Europäischen Wertpapier- und Marktaufsichtsbehörde, DB 2011, 1261; *Holzborn/Israel*, Das Anlegerschutzverbesserungsgesetz, WM 2004, 1948; *Hommel/Braun*, Marktorientierte Unternehmensbewertung – Der Börsenkurs auf dem Prüfstand, FB 2002, 10; *Hüffer/Koch*, AktG, 12. Aufl. 2016; *Hupka*, Kapitalmarktaufsicht im Wandel – Rechtswirkungen der Empfehlungen des Committee of European Securities Regulators (CESR) im deutschen Kapitalmarktrecht, WM 2009, 1351; *Jahn*, Zur Strafbarkeit von Manipulationen des Handels an der Strombörse EEX in Leipzig, ZNER 2008, 297; *Jaskulla*, Angemessenheit und Grenzen börslicher Mistrade-Regeln in Zeiten des Hochfrequenzhandels am Beispiel der Eurex Deutschland, WM 2012, 1708; *ders.*, Voraussetzungen und haftungsrechtliche Konsequenzen einer Aussetzung des Börsenhandels vor dem Hintergrund der Ereignisse des 11. September 2001, WM 2002, 1093; *Joecks*, Anleger-. und Verbraucherschutz durch das 2. WiKG, wistra 1986, 142; *Just/Voß/Ritz/Becker*, Wertpapierhandelsgesetz (WpHG), Kommentar, 2015; *Kämmerer/Veil*, Analyse von Finanzinstrumenten (§ 34 b WpHG) und journalistische Selbstregulierung, BKR 2005, 379; *Karpen*, Die Verweisung als Mittel der Gesetzgebungstechnik, 1970; *Kasiske*, Compliance-Risiken beim Wertpapierhandel in Dark Pools, BKR 2015, 454; *Kiesewetter/Parmentier*, Verschärfung des Marktmissbrauchsrechts – ein Überblick über die neue EU-Verordnung über Insidergeschäfte und Marktmanipulation, BB 2013, 2371; *Kert*, Vorschläge für neue EU-Instrumente zur (strafrechtlichen) Bekämpfung von Insiderhandel und Marktmanipulation, NZWiSt 2013, 252; *Kiethe*, Persönliche Organhaftung für Falschinformationen des Kapitalmarkts-Anlegerschutz oder Systembruch?, DStR 2003, 1982; *Klöhn*, Marktmanipulation auch bei kurzfristiger Kursbeeinflussung – das „IMC Securities"-Urteil des EuGH, NZG 2011, 934; *ders.*, Insiderhandel vor deutschen Strafgerichten, DB 2010, 769; *ders./Büttner*, Generalamnestie im Kapitalmarktrecht?, ZIP 2016, 1801; *Knauth/Käsler*, § 20 a WpHG und die Verordnung zur Konkretisierung des Marktmanipulationsverbotes (MaKonV), WM 2006, 1041; *Köndgen/Theissen*, „Internalisierter" Wertpapierhandel zu Börsenpreisen?, WM 2003, 1497; *Köpferl*, Die Referenzierung nicht geltenden Unionsrechts in Blanketttatbeständen exemplifiziert anhand der jüngsten Änderung der §§ 38, 39 WpHG – Zugleich Besprechung des Beschlusses des Bundesgerichtshofs vom 10.1.2017 – 5 StR 532/16, ZIS 2017, 201; *Korte*, Vermögensabschöpfung reloaded, wistra 2018, 234; *Krey/Wilhelmi*, Ausbau des Adhäsionsverfahrens: Holzweg oder Königsweg?, in FS Otto, 2007, 933; *Krimphove*, Fragwürdige Europäisierung – Rechtsstaatliche Probleme des neuen deutschen Insider- und Marktmanipulationsstrafrechts, KritV 2018, 56; *Kudlich*, Doch keine Generalamnestie im Kapitalmarktstrafrecht, ZBB 2017, 72; *ders.*, Zur Frage des erforderlichen Einwirkungserfolgs bei handelsgestützten Marktpreismanipulationen, wistra 2011, 361; *Kudlich/Noltensmeier*, Die Anordnung des Verfalls (§§ 73 ff. StGB) bei verbotenem Insiderhandel nach § 38 iVm § 14 WpHG, wistra 2007, 121; *Kümpel/Hammen*, Börsenrecht, 2. Aufl. 2003; *Kümpel/Hammen/Ekkenga*, Kapitalmarktrecht (Loseblattsammlung, Stand 2/2015); *Kuthe*, Änderungen des Kapitalmarktrechts durch das Anlegerschutzverbesserungsgesetz, ZIP 2004, 883; *Kutzner*, Das Verbot der Kurs- und Marktpreismanipulation nach § 20 a WpHG – Modernes Strafrecht?, WM 2005, 1401; *Lenenbach*, Kurzkommentar zu BGH – Urt. v. 6.11.2003, EWiR § 20 a WpHG 1/4, 307; *ders.*, Scalping: Insiderdelikt oder Kursmanipulation, ZIP 2003, 243; *Leppert/Stürwald*, Aktienrückkauf und Kursstabilisierung – Die safe-Harbour-Regelungen der Verordnung (EG) Nr. 2273/2003 und der KuMaKV, ZBB 2004, 302; *Lenzen*, Das neue Recht der Kursmanipulation, ZBB 2002, 279; *dies.*, Unerlaubte Eingriffe in die Börsenkursbildung, 2000; *Lienert*, Bestimmtheit und Fehleranfälligkeit von Blankettverweisungen auf europäisches Recht im Marktmissbrauchsrecht, HRRS 2017, 265; *dies.*, Die Europäische Verwaltungsakzessorietät des Umweltstrafrechts (im Erscheinen); *von der Linden*, Das neue Marktmissbrauchsrecht im Überblick, DStR 2016, 1036; *Lindfeld*, Die Mistrade-Regeln, 2007; *Marxsen*, in Schäfer/Hamann (Hrsg.), Kapitalmarktgesetze, 2. Aufl. 2006 [7. ErgLfg. 2013]; *Maume*, Staatliche Rechtsdurchsetzung im deutschen Kapitalmarktrecht: eine kritische Bestandsaufnahme, ZHR 180 (2016), 358; *Merkt*, Verhandlungen des 64. Dt. Juristentags 2002, 2002 Band I, Gutachten G; *Meißner*, Die Stabilisierung und Pflege von Aktienkursen im Kapitalmarkt- und Aktienrecht, 2005; *Meyer*, Neue Entwicklungen bei der Kursstabilisierung, AG 2004, 289; *ders.*, Der „Greenshoe" und das Urteil des Kammergerichts, WM 2002, 1106; *ders./Veil/Rönnau*, Handbuch zum Marktmissbrauchsrecht, 2018; *Mock/Stüber*, Das neue Wertpapierhandelsrecht. Einführung und Materialien zum Ersten und Zweiten Finanzmarktnovellierungsgesetz (FiMaNoG), 2018; *Mock/Stoll/Eufinger*, Kölner Kommentar WpHG, 2007; *Möllers*, Marktmanipulationen durch Leerverkaufsattacken und irreführende Finanzanalysen, NZG 2018, 649; *ders.*, Konkrete Kausalität, Preiskausalität und uferlose Haftungsausdehnung, ComROAD II-VIII, NZG 2008, 413; *ders./Herz*, Generalamnestie im Kapitalmarktstrafrecht?, WuB 2017, 309; *dies.*, Generalamnestie von Kursmanipulationen im Kapitalmarktrecht?, JZ 2017, 445; *Möllers/Hailer*, Systembrüche bei der Anwendung strafrechtlicher Grundprinzipien auf das kapitalmarktrechtliche Marktmanipulationsverbopt, in FS Uwe H. Schneider, 2011, 832; *Momsen/Laudien*, Der Tatbestand der Marktmanipulation zwischen Porsche-Verfahren und 1. Finanzmarktnovellierungsgesetz (1. FiMaNoG) – Zugleich zur Frage der Rückwirkungen des Strafverfahrens auf die noch anhängigen zivilrechtlichen Streitigkeiten; ZIS 2016, 646; *Moosmayer*, Straf- und Bußgeldrechtliche Regelungen im Entwurf eines Vierten Finanzmarktförderungsgesetzes, wistra 2002, 161; *Mülbert*, Rechtsschutzlücken bei Short Seller-Attacken – und wenn ja, welche?, ZHR 182 (2018), 105; *Nartowska/Knierbein*, Ausgewählte Aspekte des „Naming and Shaming" nach § 40 c WpHG, NZG 2016, 256; *Nossol*, Marktmanipulation versus Pressefreiheit bei der alltäglichen journalistischen Berichterstattung, 2010; *Nowak/Gropp*, Ist der Ablauf der Lock-up-Frist bei Neuemissionen ein kursrelevantes Ereignis?, zfbf 2002, 19; *Ordner*, Das „erlangte Etwas" i.S.d. § 73 Abs. 1 Satz 1 Alt. 2 StGB bei Kapitalmarktstraftaten, ZWH 2017, 3; *Pananis*, Anmerkung zu BGH, Beschluss vom 10.1.2017 – 5 StR 532/16, NStZ 2017, 234; *ders.*, Anmerkung zu BGH – Urt. v. 6.11.2003, NStZ 2004, 287; *Papachristou*, Die strafrechtliche Behandlung von Börsen- und Marktpreismanipulationen, 2006; *Park*, Einige verfassungsrechtliche Gedanken zum Tatbestand der Marktmanipulation, in FS Rissing-van Saan, 2011, 405; *ders.*, Kapitalmarktstrafrecht und Anlegerschutz, NStZ 2007, 369; *ders.*, Schwerpunktbereich-Einführung in das Kapitalmarktstrafrecht, JuS 2007, 621; *ders.*, Die Entwicklung des Kapitalmarktstrafrechts, in FS Strafrechtsausschuss der Bundesrechtsanwaltskammer, 2006, S. 229; *ders.*, Kapitalmarktstrafrechtliche Neuerungen des Vierten Finanzmarktförderungsgesetzes, BB 2003, 1513; *ders.*, Börsenstrafrechtliche Risiken für Vorstandsmitglieder von börsennotierten Aktiengesellschaften, BB 2001, 2069; *Pauka/Link/Armenat*, Eine vergebene Chance – Die strafrechtlichen Neuregelungen durch das 2.FiMaNoG, WM 2017, 2092; *Petropoulos*, Der strafrechtliche Schutz des Kapitalmarkts vor Manipulationshandlungen nach schweizerischem und EU-Recht, 2009; *Pfüller/Anders*, Die Verordnung zur Konkretisierung des Verbotes des Kurs- und Marktpreismanipulation nach § 20 a WpHG, WM 2003, 2445; *Pfüller/Koehler*, Handel per Erscheinen – rechtliche Rahmenbedingungen beim Kauf von Neuemissionen auf dem Graumarkt, WM 2002, 781; *Poelzig*, Insider- und Marktmanipulationsverbot im neuen Marktmissbrauchsrecht, NZG 2016, 528; *dies.*, Durchsetzung und Sanktionierung des neuen Marktmissbrauchsrechts, NZG 2016, 492; *Poller*, Neuer Sanktionsrahmen auf dem Gebiet der Marktmanipulation nach dem aktuellen europäischen Markmissbrauchsrecht – Europarechtskonformität des 1. FiMaNoG?, Halle (Saale) 2017; *Poller*, Der Verbrechenstatbestand der Marktmanipulation in § 119 Abs. 5 WpHG n.F. – erhöhtes Strafbarkeitsrisiko für Kapitalmarktteilnehmer durch die gerechtfertigte Aufwertung bestimmter Begehungsformen zum Verbrechen, NZWiSt 2017, 430; *Popp*, Das Rätsel des § 38 Abs. 5 WpHG – Transnationales Regelungsbedürfnis und Gesetzgebungstechnik im Nebenstrafrecht, wistra 2011, 169; *Rackow*, Europäisches Strafrecht in der jüngeren Rechtsprechung des BGH, jM 2017, 472; *Rau*, Private Enforcement bei Referenzwertmanipulationen vor dem Hintergrund des neuen Marktmissbrauchsregimes, BKR 2017, 57; *Renz/Leibold*, Die neuen strafrechtlichen Sanktionsregelungen im Kapitalmarktrecht, CCZ 2016, 157; *Rettke*, Das normative Brutto-Prinzip des § 73 d StGB, wistra 2018, 1; *Richter*, Straftat der Marktmanipulation durch Unterlassen – Das „Verschweigen bewertungsrelevanter Umstände" (§ 20 a Abs. 1 Nr. 1 Alt. 2 WpHG a.F.) nach dem 1. FiMaNoG vom 30.6.2016, WM 2017, 1636; *Rönnau/Begemeier*, Grund

und Grenzen der Bruttoeinziehung, GA 2017, 1; *Rössner*, Beweispflege für die Kursrelevanz fehlerhafter Unternehmensentscheidungen, AG 2003, R16; *Rössner/Bolkert*, Entwurf einer Verordnung zum Verbot der Kurs- und Marktpreismanipulation, AG 2003, R 394; *Rothenfußer*, Ahndungslücke durch das 1. FiMaNoG – BGH scheitert beim Rettungsversuch am Europarecht, AG 2017, 149; *Rothenfußer/Jäger*, Generalamnestie im Kapitalmarktrecht durch das Erste Finanzmarktnovellierungsgesetz, NJW 2016, 2689; *Rübenstahl*, Bruttoabschöpfung nach neuem Recht – alte und neue Probleme (Die Perspektive eines Strafverteidigers), NZWiSt 2018, 255; *Rubner/Leuering*, Ahndungslücke im Kapitalmarktrecht?, NJW-Spezial 2016, 655; *Rudolph*, Viertes Finanzmarktförderungsgesetz – ist der Name Programm?, BB 2002, 1036; *Sajnovits/Wagner*, Marktmanipulation durch Unterlassen? – Untersuchung der Rechtslage unter MAR und FiMaNoG sowie deren Konsequenz für Alt-Taten, WM 2017, 1189; *Saliger*, Straflosigkeit unterlassener Ad-hoc-Veröffentlichungen nach dem 1. FiMaNoG? – Teil I, WM 2017, 2329; Teil II, WM 2017, 2365; *ders.*, Grundfragen der Vermögensabschöpfung, ZStW (129) 2017, 995; *ders./Schörner*, Neues Recht für alte Fälle? Die Vermögensabschöpfung im Spannungsfeld zwischen lex mitior-Grundsatz und Verschlechterungsverbot, StV 2018, 388; *Satzger/Langheld*, Europarechtliche Verweisungen in Blankettstrafgesetzen und ihre Vereinbarkeit mit dem Bestimmtheitsgebot – Anmerkung zu BGH 5 StR 543/10–17. März 2011 (LG Hamburg) = HRRS 2011 Nr. 572, HRRS 2011, 460; *Schäfer*, Zulässigkeit und Grenzen der Kurspflege, WM 1999, 1345; *Schäuble/Pananis*, Subjektive Beschränkungen des Bruttoprinzips nach neuem Einziehungsrecht (§ 73 d Abs. 1 StGB) NZWiSt 2019, 65; *Schlimbach*, Leerverkäufe, 2015; *Schlitt/Schäfer*, Quick to Market – Aktuelle Rechtsfragen im Zusammenhang mit Block-Trade-Transaktionen, AG 2004, 346; *Schlüter*, Börsenhandelsrecht, 2. Aufl. 2002; *Schmidtbleicher/Cordalis*, „Defensive Bids" für Staatsanleihen – eine Marktmanipulation?, ZBB 2007, 124; *Schmitz*, Der strafrechtliche Schutz des Kapitalmarkts in Europa, ZStW 115 (2003), 501; *ders.*, Aktuelles zum Kursbetrug gem. § 88 BörsG, wistra 2002, 208; *Schmolke*, Das Verbot der Marktmanipulationn nach dem neuen Marktmissbrauchsregime – Ziele, Kennzeichen und Problemlagen der Neuregelung in Art. 12 f., 15 MAR, AG 2016, 443; *ders.*, Private Enforcement und institutionelle Balance – Verlangt das Effektivitätsgebot des Art. 4 III EUV eine Schadensersatzhaftung bei Verstoß gegen Art. 15 MAR?, NZG 2016, 721; *Schönhöft*, Die Strafbarkeit der Marktmanipulation gemäß § 20 a WpHG, 2006; *Schork/Reichling*, Neues Strafrecht aus Brüssel? – Europäische Kommission forciert Verschärfung des Kapitalmarktstrafrechts und Einführung eines Unternehmensstrafrechts, StraFo 2012, 215; *Schröder*, Die Europäisierung des Strafrechts am Beispiel des Marktmissbrauchsrechts, HRRS 2013, 253; *ders.*, Erweiterung des Vortatenkatalogs der Geldwäsche um Marktmanipulation und Insiderhandel – Risiken für die Kreditwirtschaft und die Kapitalmärkte, WM 2011, 769; *ders.*, Perspektiven der Europäisierung des Strafrechts nach Lissabon: Neues Denken oder alte Fehler?, in FS Achenbach, 2011, S. 491; *ders.*, Strafrechtliche Risiken für den investigativen Journalismus? – Die Meinungs- und Pressefreiheit und das Wertpapierhandelsgesetz, NJW 2009, 465; *ders.*, Aktienhandel und Strafrecht, 1994; *ders./Sehte*, Kapitalmarktrecht und Pressefreiheit, 2011; *ders.*, Handbuch Kapitalmarktstrafrecht, 3. Aufl. 2015; *Schulteis*, Anm. zu OLG Stuttgart, Beschluss vom 3.9.2015 – 4 Ws 283/15 (LG Stuttgart), BeckRS 2015, 18377, GWR 2016, 15; *Schützendübel*, Die Bezugnahme auf EU-Verordnungen in Blankettstrafgesetzen, 2012; *Schuster*, Das Verhältnis von Strafnormen und Bezugsnormen aus anderen Rechtsgebieten, 2012; *Schwark*, Kurs- und Marktpreismanipulation, in FS Kümpel, 2003, S. 485; *Sethe*, Fortschritte in der Europäisierung des Kapitalmarktstrafrechts?, in Cavallo et al (Hrsg), Liber Amicorum Andreas Donatsch, 2012, S. 613; *Sieber/Satzger/v. Heintschel-Heinegg* (Hrsg.), Europäisches Strafrecht, 2014 (zit.: Sieber et al/*Bearbeiter*); *Singhof/Weber*, Neue kapitalmarktrechtliche Rahmenbedingungen für den Erwerb eigener Aktien, AG 2005, 549; *ders.*, Zum Verbot der Kurs- oder Marktpreismanipulation nach dem 4. Finanzmarktförderungsgesetz, wistra 2002, 321; *de Sousa Mendes*, Was tun im Fall von transnationalem Marktmissbrauch? – Der Fall Citigroup, ZIS 2009, 55; *Spindler*, Elektronische Finanzmärkte und Internet-Börsen, WM 2002, 1325 (Teil I), 1365 (Teil II); *ders.*, Kapitalmarktreform in Permanenz – Das Anlegerschutzverbesserungsgesetz, NJW 2004, 3449; *Stage*, Fast (erneute?) Strafbarkeitslücke im Kapitalmarktstrafrecht, jurisPR-StrafR 3/2018 Anm. 1; *Stemper*, Marktmissbrauch durch Ratingagenturen?, WM 2011, 1740; *Streinz/Ohler*, § 20 a WpHG in rechtsstaatlicher Perspektive – europa- und verfassungsrechtliche Anforderungen an das Verbot von Kurs- und Marktmanipulationen, WM 2004, 1309; *Szesny*, Anm. zu BVerfG, Urteil vom 3.5.2018, 2 BvR 463/18, GWR 2018, 237; *ders.*, Doch keine Strafbarkeitslücke im Marktmissbrauchsrecht? – Anmerkung zum BGH-Beschluss vom 10.1.2017 – 5 StR 532/16, BB 2017, 515; *ders.*, Marktmanipulation als Verbrechen – Zum neuen Verbrechenstatbestand des § 38 Abs. 5 WpHG n. F., WiJ 2016, 215; *ders.*, Finanzmarktaufsicht und Strafprozess, 2008; *ders.*, Das Sanktionsregime im neuen Marktmissbrauchsrecht, DB 2016, 1420; *Teigelack*, Insiderhandel und Marktmanipulation im Kommissionsentwurf einer Marktmissbrauchsverordnung, BB 2012, 1361; *ders./Dolff*, Kapitalmarktrechtliche Sanktionen nach dem Regierungsentwurf eines Ersten Finanzmarktnovellierungsgesetzes – 1. FiMaNoG, BB 2016, 387; *Teuber*, Die Beeinflussung von Börsenkursen, 2011; *Tiedemann*, Europäisches Gemeinschaftsrecht und Strafrecht, NJW 1993, 23; *Tountopoulos*, Marking the Close nach Europäischem Kapitalmarktrecht, WM 2013, 351; *Tripmaker*, Der subjektive Tatbestand des Kursbetrugs, wistra 2002, 288; *Trüg*, Gebotene Bestimmtheit und Taterfolg der strafbaren Marktmanipulation, NZG 2016, 820; *ders.*, Ist der Leerverkauf von Wertpapieren strafbar?, NJW 2009, 3202; *ders.*, Zur strafrechtlichen Relevanz von Leerverkäufen, in FS Mehle, 2009, S. 637; *ders.*, Umfang und Grenzen des Scalping als strafbare Marktmanipulation, NStZ 2014, 558; *ders.*, Neue Konturen der Rechtsprechung zur strafbaren Marktmanipulation, NJW 2014, 1346; *Trüstedt*, Das Verbot von Börsenkursmanipulationen, 2004; *Ulmrich*, Keine pauschale Strafbarkeitslücke im Kapitalmarktrecht, Deutscher Anwaltsspiegel, 2017, Heft 6, S. 12; *Veil*, Europäisches Insiderrecht 2.0 – Konzeption und Grundsatzfragen der Reform durch MAR und CRIM-MAD, ZBB 2014, 85; *Veil*, Europäisches Kapitalmarktrecht, 2. Aufl. 2014; *Veil/Koch*, Auf dem Weg zu einem Europäischen Kapitalmarktrecht: die Vorschläge der Kommission zur Neuregelung des Marktmissbrauchs, WM 2011, 2297; *Vogel*, Scalping als Kurs- und Marktpreismanipulation, NStZ 2004, 252; *ders.*, Kurspflege: Zulässige Kurs- und Marktpreisstabilisierung oder straf- bzw ahndbare Kurs- und Marktpreismanipulation, WM 2003, 2437; *ders.* (Hrsg.), Münchener Anwaltshandbuch Verteidigung in Wirtschafts- und Steuerstrafsachen, 2. Aufl. 2014; *Wagemann*, Erheblichkeit und Offenlegung eines Interessenkonflikts in Fällen des „Scalping" – zugleich eine Besprechung von OLG München NJW 2011, 3664, WiJ 2014, 72; *Wagner*, Beeinflusste Presseberichterstattungen der Branchen- und Wirtschaftspresse und ihre Folgen am Kapitalanlagemarkt, WM 2003, 1158; *Walla*, Die Reformen der Europäischen Kommission zum Marktmissbrauchs- und Transparenzregime – Regelungskonzeption, Aufsicht und Sanktionen, BB 2012, 1358; *Waschkeit*, Marktmanipulation am Kapitalmarkt, 2007; *Weber*, Die Entwicklung des Kapitalmarktrechts im Jahre 2011, NJW 2012, 274; *ders.*, Konkretisierung des Verbots der Kurs- und Marktpreismanipulation, NZG 2004, 23; *ders.*, Der Kommissionsentwurf einer Marktmissbrauchsrichtlinie, EuZW 2002, 43; *ders.*, Kursmanipulationen am Wertpapiermarkt, NZG 2000, 113; *Wegner/Köpferl*, Marktmissbrauch durch einen Sprengstoffanschlag? – Überlegungen zu Marktmanipulation und Insiderhandel am Beispiel des Anschlags auf den Mannschaftsbus von Borussia Dortmund, WM 2017, 1924; *Weitzell*, Refreshing the shoe – Strafbare Marktmanipulation?, NZG 2017, 411; *Woodtli*, Marktpreismanipulation durch abgesprochene Geschäfte: Einwirkung auf den Börsenpreis aund Verfall, NZWiSt 2012, 51; *Zimmermann*, NStZ 2008, 662; *Ziouvas*, Das neue Kapitalmarktstrafrecht. – Europäisierung und Legitimation, 2005; *ders.*, Das neue Recht gegen Kurs- und Marktpreismanipulation im 4. Finanzmarktförderungsgesetz, ZGR 2003, 113; *Ziovas/Walter*, Das neue Börsenstrafrecht mit Blick auf das Europarecht, WM 2002, 1483.

Materialien/national:[2]

– Erstes Gesetz zur Novellierung von Finanzmarktvorschriften auf Grund europäischer Rechtsakte (Erstes Finanzmarktnovellierungsgesetz – 1. FiMaNoG) v. 30.6.2016, BGBl. I 2016, 1514 v. 1.7.2016.
– Zweites Gesetz zur Novellierung von Finanzmarktvorschriften auf Grund europäischer Rechtsakte (Zweites Finanzmarktnovellierungsgesetz – 2. FiMaNoG) v. 23.6.2017, BGBl. I 2017, 39 v. 24.6.2017 S. 1693
– Referentenentwurf für ein Finanzmarktnovellierungsgesetz – Gesetz zur Novellierung von Finanzmarktvorschriften aufgrund europäischer Rechtsakte (Finanzmarktnovellierugsgesetz – FiMaNoG) v. 15.10.2015, abrufbar unter http://docs.dpaq.de/9802-referentenentw urf_finanzmarktnovellierungsgesetz.pdf (zuletzt abgerufen am 19.6.2019).
– Gesetzentwurf der Bundesregierung, Entwurf eines Ersten Gesetzes zur Novellierung von Finanzmarktvorschriften auf Grund europäischer Rechtsakte (Erstes Finanzmarktnovellierungsgesetz – 1. FiMaNoG) v. 15.1.2016, BR-Drs. 19/16 und Gesetzentwurf der Bundesregierung v. 8.2.2016, BT-Drs. 18/7482.

---

2 Zu Materialien zur Rechtslage vor dem 1. FiMaNoG s. die Kommentierung der Vorauflage.

- Beschlussempfehlung und Bericht des Finanzausschusses (7. Ausschuss) zu dem Gesetzentwurf der Bundesregierung – Drucksachen 18/7482, 18/7826, 18/7918 Nr. 3 – Entwurf eines Ersten Gesetzes zur Novellierung von Finanzmarktvorschriften auf Grund europäischer Rechtsakte (Erstes Finanzmarktnovellierungsgesetz – 1. FiMaNoG) v. 13.4.2016, BT-Drs. 18/8099.
- Gesetzentwurf der Bundesregierung, Entwurf eines Zweiten Gesetzes zur Novellierung von Finanzmarktvorschriften auf Grund europäischer Rechtsakte (Zweites Finanzmarktnovellierungsgesetz – 2. FiMaNoG) v. 23.1.2017, BT-Drs. 18/10936
- Beschlussempfehlung und Bericht des Finanzausschusses (7. Ausschuss) zu dem Gesetzentwurf der Bundesregierung – Drucksachen 18/10936, 18/11290, 18/11472 Nr. 1.4 – Entwurf eines Zweiten Gesetzes zur Novellierung von Finanzmarktvorschriften auf Grund europäischer Rechtsakte (Zweites Finanzmarktnovellierungsgesetz – 2. FiMaNoG) v. 29.3.2017, BT-Drs. 18/11775.
- BaFin: Leitlinien zur Festsetzung von Geldbußen im Bereich des Wertpapierhandelsgesetzes (WpHG) v. 22.2.2017, zuletzt geändert am 15.1.2018 (abrufbar unter: https://www.bafin.de/SharedDocs/Downloads/DE/Leitfaden/WA/dl_bussgeldleitlinien_2016.html)

Materialien/europäisch:
- MAR: Verordnung (EU) Nr. 596/2014 des Europäischen Parlaments und des Rates vom 16.4.2014 über Marktmissbrauch (Marktmissbrauchsverordnung) und zur Aufhebung der Richtlinie 2003/6/EG des Europäischen Parlaments und des Rates und der Richtlinien 2003/124/EG, 2003/125/EG und 2004/72/EG der Kommission, ABl. EU L 173 v. 12.6.2014, S. 1 ff.; Kommissionsvorschlag KOM (2011) 651 endgültig v. 20.10.2011, geänderter Kommissionsvorschlag KOM (2012), 421 endgültig v. 25.7.2012
- Berichtigung der Verordnung (EU) Nr. 596/2014 des Europäischen Parlaments und des Rates vom 16.4.2014 über Marktmissbrauch (Marktmissbrauchsverordnung) und zur Aufhebung der Richtlinie 2003/6/EG des Europäischen Parlaments und des Rates und der Richtlinien 2003/124/EG, 2003/125/EG und 2004/72/EG der Kommission (ABl. L 173 vom 12.6.2014), ABl. L 348 v. 21.12.2016, S. 83–85
- Delegierte Verordnung (EU) 2016/522 der Kommission vom 17.12.2015 zur Ergänzung der Verordnung (EU) Nr. 596/2014 des Europäischen Parlaments und des Rates im Hinblick auf eine Ausnahme für bestimmte öffentliche Stellen und Zentralbanken von Drittstaaten, die Indikatoren für Marktmanipulation, die Schwellenwerte für die Offenlegung, die zuständige Behörde, der ein Aufschub zu melden ist, die Erlaubnis zum Handel während eines geschlossenen Zeitraums und die Arten meldepflichtiger Eigengeschäfte von Führungskräften, ABl. 2016 L 88 v. 5.4.2016, S. 1 ff.
- Delegierte Verordnung (EU) 2016/908 der Kommission vom 26.2.2016 zur Ergänzung der Verordnung (EU) Nr. 596/2014 des Europäischen Parlaments und des Rates durch technische Regulierungsstandards für die Kriterien, das Verfahren und die Anforderungen für die Festlegung einer zulässigen Marktpraxis und die Anforderungen an ihre Beibehaltung, Beendigung oder Änderung der Bedingungen für ihre Zulässigkeit, ABl. 2016 L 153 v. 10.6.2016, S. 3 ff.
- Delegierte Verordnung (EU) 2016/1052 der Kommission vom 8.3.2016 zur Ergänzung der Verordnung (EU) Nr. 596/2014 des Europäischen Parlaments und des Rates durch technische Regulierungsstandards für die auf Rückkaufprogramme und Stabilisierungsmaßnahmen anwendbaren Bedingungen, ABl. 2016 L 173 v. 30.6.2016, S. 34 ff.
- Durchführungsrichtlinie (EU) 2015/2392 der Kommission vom 17.12.2015 zur Verordnung (EU) Nr. 596/2014 des Europäischen Parlaments und des Rates hinsichtlich der Meldung tatsächlicher oder möglicher Verstöße gegen diese Verordnung, Abl. 2015 Nr. L 322 v. 18.12.2015, S. 126 ff.
- CRIM-MAD: Richtlinie 2014/57/EU des Europäischen Parlaments und des Rates vom 16.4.2014 über strafrechtliche Sanktionen bei Marktmanipulation, ABl. 2014 L 173 v. 12.6.2014, S. 179 ff; Kommissionsvorschlag KOM (2011) 654 endgültig v. 20.10.2011, geänderter Kommissionsvorschlag, KOM(2012) 420 endg. v. 25.7.2014.
- MiFiR: Verordnung (EU) Nr. 600/2014 des Europäischen Parlaments und des Rates vom 15.5.2014 über Märkte für Finanzinstrumente und zur Änderung der Verordnung (EU) Nr. 648/2012, ABl. 2014 L 173 v. 12.6.2014, S. 84 ff; Verschieben des Inkrafttretens auf den 3.1.2018 durch Verordnung (EU) 2016/1033 des Europäischen Parlaments und des Rates v. 23.6.2016 zur Änderung der Verordnung (EU) Nr. 600/2014 über Märkte für Fi-

nanzinstrumente, der Verordnung (EU) Nr. 596/2014 über Marktmissbrauch und der Verordnung (EU) Nr. 909/2014 zur Verbesserung der Wertpapierlieferungen und -abrechnungen in der Europäischen Union und über Zentralverwahrer, ABl. 2016 L 175 v. 30.6.2016, S. 1 ff.
- MiFiD II: Richtlinie 2014/65/EU des Europäischen Parlaments und des Rates vom 15.5.2014 über Märkte für Finanzinstrumente sowie zur Änderung der Richtlinien 2002/92/EG und 2011/61/EU, ABl. 2016 L 173 v. 12.6.2016, S. 349 ff, Verschiebung des Inkrafttretens auf den 3.1.2018 durch Richtlinie (EU) 2016/1034 des Europäischen Parlaments und des Rates v. 23.6.2016 zur Änderung der Richtlinie 2014/65/EU über Märkte für Finanzinstrumente, ABl. 2016 L 175 v. 30.6.2016, S. 8 ff.
- ZentralverwalterVO: Verordnung (EU) Nr. 909/2014 des Europäischen Parlaments und des Rates vom 23.7.2014 zur Verbesserung der Wertpapierlieferungen und -abrechnungen in der Europäischen Union und über Zentralverwahrer sowie zur Änderung der Richtlinien 98/26/EG und 2014/65/EU und der Verordnung (EU) Nr. 236/2012, Abs. 2014 L 257 v. 28.8.2014, S. 1 ff.
- BenchmarkVO: Verordnung (EU) 2016/1011 des Europäischen Parlaments und des Rates vom 8.6.2016 über Indizes, die bei Finanzinstrumenten und Finanzkontrakten als Referenzwert oder zur Messung der Wertentwicklung eines Investmentfonds verwendet werden, und zur Änderung der Richtlinien 2008/48/EG und 2014/17/EU sowie der Verordnung (EU) Nr. 596/2014, Abl. L 171 v. 29.6.2016, S. 1 ff.
- EMIR: Verordnung (EU) Nr. 648/2012 des Europäischen Parlaments und des Rates vom 4.7.2012 über OTC-Derivate, zentrale Gegenparteien und Transaktionsregister, Abl. L 201 v. 27.7.2012, S. 1 ff.
- REMIT: Verordnung (EU) Nr. 1227/2011 des Europäischen Parlaments und des Rates vom 25.10.2011 über die Integrität und Transparenz des Energiegroßhandelsmarkts, Abl. L 326 v. 8.12.2011, S. 1 ff.–ESMA, Questions and Answers on the Market Abuse Regulation, ESMA 70–145–111 v. 21.11.2017, Stand: 29.3.2019, abrufbar unter https://www.esma.europa.eu/sites/default/files/library/esma70-145-111_qa_on_mar.pdf (zuletzt abgerufen am 19.6.2019)

I. Allgemeines ... 1
 1. Rechtsentwicklung ... 1
  a) Nationale Entwicklung und Harmonisierung durch die Marktmissbrauchsrichtlinie ... 1
  b) Neuregelung durch Marktmissbrauchsverordnung, Marktmissbrauchsstrafrechtrichtlinie und MiFiD II sowie 1. und 2. FiMaNoG ... 5
 2. Geschütztes Rechtsgut ... 23
 3. Verfassungs- und europarechtliche Probleme der Vorschrift ... 24
 4. Funktion und Ermittlungsbefugnisse der BaFin ... 32
 5. Rechtstatsächliches ... 42
II. Die Voraussetzungen des Tatbestandes ... 44
 1. Objektiver Tatbestand ... 44
  a) Systematik und europäische Vorgaben ... 44
  b) Tauglicher Täterkreis ... 50
  c) Sachlicher Anwendungsbereich und Tatobjekte ... 51
   aa) Finanzinstrumente, Waren-Spot-Kontrakte, Referenzwerte, Waren und ausländische Finanzinstrumente ... 53
   bb) Erfasste Handelsplätze; außerbörslicher Handel ... 60
  d) Tathandlungen der Marktmanipulation ... 66
   aa) Abschluss eines Geschäfts, Erteilung eines Handelsauftrags sowie jede andere Handlung mit der Eignung, falsche oder irreführende Signale zu geben oder ein anormales oder künstliches Kursniveau zu sichern (Art. 12 Abs. 1 lit. a MAR) .. 66
   (1) Überblick und Systematik ... 66

(2) Abschluss eines Geschäfts, Erteilung eines Handelsauftrags sowie jede andere geeignete Handlung	71
(3) Manipulationseignung	77
(4) Tatbestandsausschluss/Ausnahme gem. Art. 13 MAR (legitime Gründe, zulässige Marktpraxis)	141
bb) Abschluss eines Geschäfts, Erteilung eines Handelsauftrags und jegliche sonstige Tätigkeit oder Handlung unter Vorspiegelung falscher Tatsachen oder unter Verwendung sonstiger Kunstgriffe oder Formen der Täuschungsvornahme (Art. 12 Abs. 1 lit. b MAR)	175
(1) Überblick	175
(2) Zwingendes Beispiel („Scalping", Art. 12 Abs. 2 lit. d MAR)	179
(3) Indikatoren (Anhang I/ Teil B MAR):	184
cc) Verbreiten von Informationen mit der Eignung zum Geben falscher oder irreführender Signale oder zur Herbeiführung eines anormalen oder künstlichen Kursniveaus (Art. 12 Abs. 1 lit. c MAR)	193
(1) Verbreiten von Informationen	194
(2) Falsch oder irreführend	196
(3) Bewertungserheblichkeit?	197
(4) Eignung, falsche oder irreführende Signale zu geben oder ein anormales oder künstliches Kursniveau zu sichern	198
(5) Ausnahmeregelung für Journalisten (Art. 21 MAR)	202
(6) Begehen durch Unterlassen?	210
dd) Manipulation von Referenzwerten (Art. 12 Abs. 1 lit. d MAR)	211
e) Institutionelle Ausnahmen (Art. 6 MAR)	215
f) Ausnahmen vom Marktmanipulationsverbot für den Handel mit eigenen Aktien im Rahmen von Rückkaufprogrammen und für Kursstabilisierungsmaßnahmen (Art. 5 MAR) („Safe Harbours")	219
aa) Überblick	219
bb) Zulässiger Handel mit eigenen Aktien im Rahmen von Rückkaufprogrammen	221
(1) Anwendungsbereich	221
(2) Zweck von Rückkaufprogrammen	223
(3) Publizitäts- und Transparenzerfordernisse	224
(4) Handelsbedingungen	229
(5) Zusätzliche Erfordernisse	232
cc) Kursstabilisierungsmaßnahmen	233
(1) Persönlicher Geltungsbereich	235
(2) Sachlicher Geltungsbereich	236
(3) Marktkursstützung für einen im Voraus bestimmten Zeitraum	237
(4) Zulässige Stabilisierungsmaßnahmen	239
(5) Stabilisierungszeitraum	242
(6) Publizitäts-, Dokumentations- und Organisationspflichten	244

dd) Spezielle Kursbedingungen (Stabilisierungspreis) 250	4. Räumlicher Schutzbereich, Auslandstaten 273
ee) Ergänzende Stabilisierungsmaßnahmen (Mehrzuteilung, Greenshoe-Option) 251	III. Täterschaft und Teilnahme, Tun und Unterlassen 275
g) Tatsächliche Einwirkung als qualifizierendes Merkmal der Straftat (§ 119 Abs. 1 WpHG) ... 255	IV. Vollendung, Beendigung, Versuch 278
	V. Konkurrenzen 280
	VI. Rechtsfolgen 282
	1. Europäische Vorgaben 282
	2. Straf- bzw. Bußgeldzumessungsgesichtspunkte 286
aa) Tatsächliche Einwirkung 255	3. Verjährung.................... 292
bb) Kausalität 256	4. Sonstige Rechtsfolgen 294
h) Qualifikation, § 119 Abs. 5 WpHG 258	a) Einziehung 294
2. Subjektiver Tatbestand/Leichtfertigkeit 260	b) Ruhen, Widerruf der Teilnahme am Börsenhandel; Berufsverbot 296
a) Marktmanipulation als Straftat (§ 119 Abs. 1, 4 WpHG) 261	c) Sanktionen durch den Sanktionsausschuss 299
b) Marktmanipulation als Ordnungswidrigkeit (§ 120 Abs. 2 Nr. 3, Abs. 15 Nr. 2 WpHG) ... 264	d) Veröffentlichung von Verstößen und Sanktionen 305
c) Irrtumskonstellationen .. 266	e) Zivilrechtlicher Schadensersatz im Rahmen von Adhäsionsverfahren 308
3. Zeitlicher Anwendungsbereich 267	VII. Regelungen zu Whistleblowern 309
	VIII. Gerichtliche Zuständigkeit 312

I. Allgemeines

1. Rechtsentwicklung

a) Nationale Entwicklung und Harmonisierung durch die Marktmissbrauchsrichtlinie

Im Jahr 2002 wurden die strafrechtlichen Rahmenbedingungen für den Finanzplatz Deutschland mit dem sog 4. **Finanzmarktförderungsgesetz (4. FMFG)** im Vorgriff auf sich abzeichnende gemeinschaftsrechtliche Regelungen umfassend neu geregelt. Gründe dafür waren die zunehmende Nutzung der Kapitalmärkte durch breitere Bevölkerungsschichten – sowohl zum Aufbau einer privaten Altersvorsorge („Volksaktie") als auch in spekulativer Hinsicht („Neuer Markt") –, die eingetretene Vertrauenskrise der Anleger, der rasche Strukturwandel an den deutschen und internationalen Kapitalmärkten sowie eine steigende Anzahl von Manipulationsverdachtsfällen bei gleichzeitig fehlender Durchsetzbarkeit der Vorgängervorschrift des § 88 BörsG.[3] Anstelle des bisherigen § 88 BörsG fügte der Gesetzgeber den drei Verbotstatbestände umfassenden § 20 a WpHG als Grundlage sowohl einer Ordnungswidrigkeit (§ 39 Abs. 1 Nr. 1, 2 WpHG) als auch eines Straftatbestandes (§ 38 Abs. 1 Nr. 4 WpHG) zur Regelung der Kurs- bzw. Marktpreismanipulation ein. Zu dessen

1

---

[3] Vgl. Art. 2 Ziff. 13 des Gesetzes zur weiteren Fortentwicklung des Finanzplatzes Deutschland (Viertes Finanzmarktförderungsgesetz) v. 21.6.2002, BGBl. I 2010 (**4. FMFG**); Begr. RegE 4. FMFG S. 89; *Dier/Fürhoff* AG 2002, 604 (609); *Caspari*, Marktüberwachung und Anlegerschutz, S. 36; *Streinz/Ohler* WM 2004, 1309 (1311); MüKoStGB/*Pananis* WpHG § 38 Rn. 15; Fuchs/*Fleischer* WpHG Vor § 20 a Rn. 15; *Schröder* KapitalmarktStR Rn. 373.

Konkretisierung erließ er ferner die Rechtsverordnung zur Konkretisierung des Verbotes der Kurs- und Marktpreismanipulation (**KuMaKV**).[4]

2 Zwei Jahre später wurden die Vorschriften über das nunmehr als „Verbot der Marktmanipulation" bezeichnete Delikt durch das sog **Anlegerschutzverbesserungsgesetz (AnSVG)**[5] mit Wirkung vom 30.10.2004 den Vorgaben der sog **EU-Marktmissbrauchsrichtlinie**[6] angepasst bzw. mussten angepasst werden.[7] Dabei erfolgte eine Verschärfung des Marktmanipulationsverbots sowohl in strafrechtlicher als auch in bußgeldrechtlicher Hinsicht.[8] Insbesondere ersetzte der Gesetzgeber das bisherige für die Bejahung einer Täuschungshandlung erforderliche Absichtsmerkmal durch die bloße objektive Eignung der Täuschungshandlung zur Marktpreiseinwirkung. Ferner wurde aus dem Bereich der bisher als „sonstige Täuschungshandlungen" bezeichneten Delikte ein Sondertatbestand ausgegliedert, der nunmehr explizit Geschäfte oder Kauf- oder Verkaufsaufträge erfasst, die geeignet sind, falsche oder irreführende Signale für das Angebot, die Nachfrage oder den Börsen- und Marktpreis von Finanzinstrumenten zu geben oder ein künstliches Preisniveau herbeizuführen (§ 20 a Abs. 1 Nr. 2 WpHG idF AnSVG).

3 Die zuvor zur Konkretisierung dienende KuMaKV wurde bereits 15 Monate später wieder aufgehoben und durch die sog **Marktmanipulations-Konkretisierungsverordnung (MaKonV)**[9] ersetzt, die dem Zweck der Umsetzung einzelner Bestimmungen aus der Marktmissbrauchsrichtlinie und aus zweier dazu ergangenen Durchführungsrichtlinien[10] diente. Die MaKonV sollte den Marktteilnehmern „Leitlinien" an die Hand geben, die deutlich machen, welche Handlungen oder Unterlassungen als Kurs- oder Marktpreismanipulation iSd § 20 a Abs. 1 WpHG einzustufen waren, und welche Handlungen in keinem Fall einen solchen Verstoß darstellten.[11] Angesichts dieses legislativen „Reformstakkatos"[12] war es nur schwer nachvollziehbar, wie den Marktteilnehmern die angestrebte Rechtssicherheit vermittelt werden sollte. Ferner resultierten hieraus nicht unerhebliche Probleme bei der Bestimmung des anwendbaren

---

4 Verordnung zur Konkretisierung des Verbotes der Kurs- und Marktpreismanipulation (**KuMaKV**) v. 27.11.2003, BGBl. I 2003 v. 27.11.2003, S. 2300. Von der eingeräumten Ermächtigung an die BaFin zur Sub-Delegation (§ 20 Abs. 2 S. 2 WpHG) wurde nicht Gebrauch gemacht; kritisch zu dieser „rule making power" seitens der BaFin *Sorgenfrei* wistra 2002, 321 (331); aA *Lenzen*, Unerlaubte Eingriffe in Börsenkursbildung, S. 257; *Lenzen* ZBB 2002, 279 (287).
5 Gesetz zur Verbesserung des Anlegerschutzes (Anlegerschutzverbesserungsgesetz – **AnSVG**) v. 28.10.2004, BGBl. 2004 I 2630.
6 Richtlinie 2003/6/EG des Europäischen Parlaments und des Rates v. 28.1.2003 über Insider-Geschäfte und Marktmanipulation (Marktmissbrauch), ABl. EG Nr. L 96 v. 12.4.2003, S. 16 (21) – EU-**Marktmissbrauchsrichtlinie** [Anhang], Art. 5 „Die Mitgliedstaaten untersagen jedermann, Marktmanipulation zu betreiben"; rechtsvergleichend ua mit schweizerischem und griechischem Recht *Petropoulos*, 2009, S. 11 ff.
7 Begr. RegE AnSVG, BT-Drs. 15/3174, 26; MüKoStGB/*Pananis* WpHG § 38 Rn. 16 f.; Fuchs/*Fleischer* WpHG Vor § 20 a Rn. 16.
8 Ausführlich noch Assmann/Schneider/*Vogel*, 4. Aufl., WpHG Vor § 20 a Rn. 5, WpHG Vor § 38 Rn. 1.
9 Verordnung zur Konkretisierung des Verbotes der Marktmanipulation (MaKonV) v. 1.3.2005, BGBl. I 515.
10 Vgl. Begr. MaKonV, BR-Drs. 18/05, 11.
11 Vgl. allg. Begr. MaKonV, BR-Drs. 18/05, 2.
12 Assmann/Schneider/*Vogel* WpHG, 6. Aufl., Vor § 20 a Rn. 7; krit. auch *Streinz/Ohler* WM 2004, 1309 (1317).

Gesetzes (im Hinblick auf den Grundsatz der Tatzeitstrafbarkeit gem. § 2 Abs. 1 StGB und den Lex-mitior-Grundsatz gem. § 2 Abs. 3 StGB).[13]

Zusätzlich wirkten sich – mittelbar – insbesondere die gemeinschaftsrechtlichen Neuregelungen zur Strukturierung der Handelsplätze und zu den Transparenzpflichten durch die sog Richtlinie für Finanzdienstleistungen (**MiFID**)[14] sowie die sog EU-Transparenzrichtlinie und ihrer Neufassung[15] auf § 20 a WpHG aus.[16]

b) Neuregelung durch Marktmissbrauchsverordnung, Marktmissbrauchsstrafrechtrichtlinie und MiFiD II sowie 1. und 2. FiMaNoG

Seit dem 2.7.2016 sind die Marktmissbrauchsstraf- und Ordnungswidrigkeitentatbestände im WpHG durch **mehrstufige europarechtsakzessorische Blankette** ausgestaltet. Das Verbot des Marktmissbrauchs, inklusive aller Definitionen und Konkretisierungen, ist in der unmittelbar anwendbaren Verordnung über Insidergeschäfte und Marktmanipulation (sog **EU-Marktmissbrauchsverordnung, MAR**)[17] geregelt, die die bisherige Marktmissbrauchsrichtlinie abge-

---

13 Vgl. Assmann/Schneider/Vogel WpHG, 6. Aufl., Vor § 20 a Rn. 8 f.
14 Vgl. die Richtlinie 2004/39/EG des Europäischen Parlaments und des Rates vom 21.4.2004 über Märkte für Finanzinstrumente zur Änderung der Richtlinien 85/611/EWG und 93/6/EWG des Rates und der Richtlinie 2000/12/EG des Europäischen Parlaments und des Rates und zur Aufhebung der Richtlinie 93/22/EWG des Rates – Richtlinie über Märkte für Finanzdienstleistungen (**MiFID**), ABl. EG Nr. L 145 v. 30.4.2004, S. 1 ff. insbes. Definition des geregelten Marktes (Art. 4 Abs. 1 Nr. 14 MiFID), der multilateralen Handelsplattform (MTF) in Art. 4 Abs. 1 Nr. 15 MiFID sowie des systematischen Internalisierers in Art. 4 Abs. 1 Nr. 7 MiFID; Richtlinie 2006/37/EG der Kommission v. 10.8.2006 zur Durchführung der Richtlinie 2004/39EG des Europäischen Parlaments und des Rates in Bezug auf die organisatorischen Anforderungen an Wertpapierfirmen und die Bedingungen für die Ausübung ihrer Tätigkeit sowie in Bezug auf die Definition bestimmter Begriffe für die Zwecke der genannten Richtlinie, ABl. EG Nr. L 241 v. 2.9.2006, S. 26 ff. (**MiFID-DRiLi**); Verordnung (EG) Nr. 1287/2006 der Kommission v. 10.8.2006 zur Durchführung der Richtlinie über Märkte für Finanzdienstleistungen (**MiFID-DVO**), ABl. EG Nr. L 241. 2.9.2006, S. 1 ff.
15 Vgl. Richtlinie 2004/109/EG des Europäischen Parlaments und des Rates vom 15.12.2004 zur Harmonisierung der Transparenzanforderungen in Bezug auf Informationen über Emittenten, deren Wertpapiere zum Handel auf einem geregelten Markt zugelassen sind, und zur Änderung der Richtlinie 2001/34/EG, ABl. EG Nr. L 390, S. 38; Gesetz zur Umsetzung der Richtlinie 2004/109/EG des Europäischen Parlaments und des Rates vom 15.12.2004 zur Harmonisierung der Transparenzanforderungen in Bezug auf Informationen über Emittenten, deren Wertpapiere zum Handel zugelassen sind, und zur Änderung der Richtlinie 2001/34/EG (**Transparenzrichtlinie-Umsetzungsgesetz – TUG**) v. 5.1.2007, BGBl. 2007 I 10, in Kraft getreten am 20.1.2007; Richtlinie 2013/50/EU des Europäischen Parlaments und des Rates vom 22.10.2013 zur Änderung der Richtlinie 2004/109/EG des Europäischen Parlaments und des Rates zur Harmonisierung der Transparenzanforderungen in Bezug auf Informationen über Emittenten, deren Wertpapiere zum Handel auf einem geregelten Markt zugelassen sind, der Richtlinie 2003/71/EG des Europäischen Parlaments und des Rates betreffend den Prospekt, der beim öffentlichen Angebot von Wertpapieren oder bei deren Zulassung zum Handel zu veröffentlichen ist, sowie der Richtlinie 2007/14/EG der Kommission mit Durchführungsbestimmungen zu bestimmten Vorschriften der Richtlinie 2004/109/EG, ABl. 2013 L 294, S. 13; Gesetz zur Umsetzung der Transparenzrichtlinie-Änderungsrichtlinie v. 5.11.2015, BGBl. 2015 I 2029.
16 Ebenso Erbs/Kohlhaas/*Wehowsky* W 57 a Vor Rn. 4.
17 Verordnung (EU) Nr. 596/2014 des Europäischen Parlaments und des Rates v. 16.4.2014 über Marktmissbrauch (Marktmissbrauchsverordnung) und zur Aufhebung der Richtlinie 2003/6/EG des Europäischen Parlaments und des Rates und der Richtlinien 2003/124/EG, 2003/125/EG und 2004/72/EG der Kommission, ABl. 2014

löst hat[18] und auf die die Tatbestände des WpHG nur verweisen.[19] Die schon bislang durch zahlreiche Änderungen geprägte Rechtslage zum Marktmissbrauch hat damit eine erneute **grundlegende Umgestaltung** erfahren.neben der Vollharmonisierung[20] des aufsichtsrechtlichen Marktmissbrauchsrechts und einer Vereinheitlichung der verwaltungs- und bußgeldrechtlichen Sanktionen durch die Marktmissbrauchsverordnung, wurden erstmals auch die strafrechtlichen Sanktionen mittels der **EU-Richtlinie über strafrechtliche Sanktionen für Insidergeschäfte und Marktmanipulation (MAD II/CRIM-MAD)** harmonisiert.[21]

6 Wie schon die Marktmissbrauchsrichtlinie[22] sind die MAR und die CRIM-MAD Teil eines mehrstufigen (ursprünglich vier-, jetzt dreistufigen) Regelungssystems (sog **Komitologie-** bzw. **Lamfalussy-Verfahren**).[23] Am Anfang dieses Verfahrens steht der Erlass des Rahmenrechtsakts (1. Stufe), der dann auf der 2. Stufe durch Durchführungsbestimmungen der Kommission konkretisiert wird (Art. 290, 291 AEUV), die den Entwicklungen auf den Finanzmärkten Rechnung tragen können und eine EU-einheitliche Rechtsanwendung gewährleisten sollen. Zur Konkretisierung der MAR wurden bisher sechs Durchführungsverordnungen und sieben delegierte Verordnungen, die wie die MAR gem. § 288 Abs. 3 AEUV unmittelbar anwendbar sind, sowie eine Durchfüh-

---

L 173 v. 2.6.2014, S. 1 ff.; sa EU-Kommission, Vorschlag für Verordnung des Europäischen Parlaments und des Rates über Insider-Geschäfte und Marktmanipulation (Marktmissbrauch) KOM (2011) 651 endg. v. 20.10.2011, erweitert durch den Änderungsvorschlag v. 25.7.2012 hinsichtlich des Manipulationsverbots sog Benchmarks (zB LIBOR, EURIBOR, EU-Kommission, 2011/0295 (COD)).; Vgl. *Veil/Koch* WM 2011, 2297 ff.: „neues Zeitalter"; *Brodowski* ZIS 2011, 940 (945 f.); *Weber* NJW 2012, 274 (276).
18 Art. 37 MAR.
19 S. dazu sowie zu den Vorschlägen des Referentenentwurfs, *Poelzig* NZG 2016, 528 (530); *Szesny* DB 2016, 1420 und 1422 f.
20 Zum Harmonisierungsgrad der MAR: Meyer/Veil/Rönnau/*Veil* § 1 Rn. 20; § 3 Rn. 23 ff.; *Seibt/Wollenschläger* AG 2014, 593 (595); *Poelzig* NZG 2016, 528 (529); Klöhn/*Schmolke* MAR Vor Art. 12 Rn. 83; Langenbucher/*Klöhn* § 6 Rn. 27.
21 Richtlinie 2014/57/EU des Europäischen Parlaments und des Rates v. 16.4.2014 über strafrechtliche Sanktionen bei Marktmanipulation, ABl. 2014 L 173 v. 2.6.2014, S. 179 ff.; sa EU-Kommission, Vorschlag für Richtlinie des Europäischen Parlaments und des Rates über strafrechtliche Sanktionen für Insider-Geschäfte und Marktmanipulation, KOM (2011) 654 endg. v. 20.10.2011, erweitert durch den Änderungsvorschlag v. 25.7.2012 hinsichtlich der Strafbarkeit der Manipulation sog Benchmarks (zB LIBOR, EURIBOR, EU-Kommission, 2011/0297 (COD)).
22 Ausführlich zur Entwicklung auf europäischer Ebene Assmann/Schneider/*Vogel* WpHG, 6. Aufl., Vor § 20 a Rn. 11 ff.; Fuchs/*Fleischer* WpHG Vor § 20 a Rn. 29 ff.; zum Richtlinien-Entwurf vgl. *Weber* EuZW 2002, 43; *Dier/Fürhoff* AG 2002, 604; *Waschkeit*, Marktmanipulation am Kapitalmarkt, S. 141 ff.; MüKoStGB/*Pananis* WpHG § 38 Rn. 19 f.
23 Art. 290, 291 AEUV; Ratsbeschluss 1999/468/EG v. 28.6.1999 zur Festlegung der Modalitäten für die Ausübung der der Kommission übertragenen Durchführungsbefugnisse, ABl. EG Nr. L 184 v. 17.7.1999, 23 (sog Komitologiebeschluss); vgl. zum Komitologieverfahren *Schemmel*, Europäische Finanzverwaltung, S. 13 ff.; Meyer/Veil/Rönnau/*Veil* § 2 Rn. 1 ff.; Klöhn/*Klöhn* MAR Einl. Rn. 32 ff.; Langenbucher/*Klöhn* § 6 Rn. 19 ff.; *Schmolke* NZG 2005, 912; *Schmitz* ZStW 115 (2003) 501 (511 ff.); *Papachristou*, Börsen- und Marktpreismanipulation, S. 106 ff.; *Ziouvas* ZGR 2003, 113 (115 f.); *von Buttlar* BB 2003, 2133 (2134 f.); *Claßen/Hegemann* ZfgK 2003, 1200 ff.; krit. zur demokratischen Legitimation des Komitologieverfahrens *Weber* NZG 2004, 23 (28); *Schröder*, HWSt, X 2 Rn. 5, dort Fn. 16; *Hupka* WM 2009, 1351 (1352 ff.).

rungsrichtlinie erlassen.[24] Auf der dritten Stufe steht die Koordination der nationalen Aufsichtsbehörden durch die **European Securities and Markets Authority (ESMA)**.[25] Die ESMA wurde mit Wirkung zum 1.1.2011 neu geschaffen. Sie löst das bislang eher unverbindlich agierende Committee of European Securities Regulators (CESR) ab und ist mit deutlich weitreichenderen Kompetenzen ausgestattet. Zu diesen Kompetenzen gehört zum einen die Erstellung von Entwürfen technischer Regulierungs- und Durchführungsstandards, die den delegierten Rechtsakten der Kommission auf der 2. Stufe des Verfahrens zugrunde liegen, vgl. Art. 10, 15 ESMA-VO.[26] Daneben erlässt die ESMA sog **Leitlinien**,[27] die in der Praxis eine erhebliche Bedeutung für die einheitliche Auslegung und Anwendung der europäischen Regelungen haben, vgl. Art. 16 Abs. 1 ESMA-VO[28] Diese Leitlinien können von den nationalen Aufsichtsbehörden entweder übernommen oder mit einer Begründung abgelehnt werden, die dann veröffentlich wird (sog **Comply or Explain**, Art. 16 Abs. 3 ESMA).[29] Schließlich werden einzelne Fragen der Auslegung in sog Q&As beantwortet.

Flankiert werden MAR und CRIM-MAD durch zwei weitere Rechtsakte betreffend die Neufassung der MiFID (nachfolgend **MiFiR** und **MiFID-II**),[30] die ua den sog algorithmischen bzw. Hochfrequenzhandel stärker kontrolliert. Diese sollten ursprünglich in den relevanten Teilen am 3.1.2017 in Kraft treten; das Inkrafttreten wurde jedoch auf den 3.1.2018 verschoben.[31]

Das am 30.6.2016 erlassene **1. FiMaNoG** stellt den ersten Teil der zur Umsetzung der europäischen Vorgaben notwendigen Maßnahmen dar, die zunächst

---

24 S. etwa die tabellarische Auflistung bei Klöhn/*Klöhn* MAR Einl. Rn. 52.
25 EU-Verordnung Nr. 1095/2010 v. 15.12.2010, ABl. 2010 L 331/84, auch abgedruckt unter *Kümpel/Hammen/Ekkenga* Kz 950 (Stand Erg. Liefg. XI/11); hierzu *Zülch/Hoffmann/Detzen* EWS 2011, 167; *Hoffmann/Detzen* DB 2011, 1261.
26 Ausführlich zur demokratischen Legitimation der Agenturen *Schemmel*, Europäische Finanzverwaltung, S. 355 ff. mwN; *Koslowski*, Die Europäische Bankenaufsichtsbehörde und ihre Befugnisse, S. 141 ff. Sa Derleder/Knops/Bamberger/*Frisch*, Deutsches und europäisches Bank- und Kapitalmarktrecht II, 3. Aufl., § 54 Rn. 7.
27 Zur Rechtswirkung von und zum evtl. Rechtsschutz gegen ESMA-Leitlinien vgl. *Frank*, Die Rechtswirkungen der Leitlinien und Empfehlungen der Europäischen Wertpapier- und Marktaufsichtsbehörde, 2012, S. 121 ff., 199 ff.; allg. zu ESMA-Befugnissen *Wymeersch* ZGR 2011, 443 (461 ff.); zur Rechtswirkung von CESR-Empfehlungen vgl. *Hupka* WM 2009, 1351 (1357 f.); betr. Verbotsirrtum, vgl. Rn. 326.
28 So schon *Seibt/Wollenschläger* AG 2014, 593 (594). Zu Bedeutung und Rechtswirkungen der Leitlinien der ESMA sa *Poelzig* NZG 2016, 528 (529).
29 S. die tabellarische Auflistung bei Klöhn/*Klöhn* MAR Einl. Rn. 53.
30 Zur Novellierung der MiFID vgl. Richtlinie 2014/65/EU des Europäischen Parlaments und des Rates v. 15.5.2014 über Märkte für Finanzinstrumente sowie zur Änderung der Richtlinien 2002/92/EG und 2011/61/EU, ABl. 2014 L 173 v. 12.6.2014, S. 349 ff.; EU-Verordnung (EU) Nr. 600/2014 des Europäischen Parlaments und des Rates v. 15.5.2014 über Märkte für Finanzinstrumente und zur Änderung der Verordnung (EU) Nr. 648/2012, ABl. 2014 L 173 v. 12.6.2014, S. 84 ff.; vgl. zuletzt Gesetz zur Vermeidung von Gefahren und Missbräuchen im Hochfrequenzhandel (Hochfrequenzhandelsgesetz); RegE v. 26.9.2012, BR-Drs. 607/12 v. 12.10.2012.
31 Verordnung (EU) 2016/1033 des Europäischen Parlaments und des Rates v. 23.6.2016 zur Änderung der Verordnung (EU) Nr. 600/2014 über Märkte für Finanzinstrumente, der Verordnung (EU) Nr. 596/2014 über Marktmissbrauch und der Verordnung (EU) Nr. 909/2014 zur Verbesserung der Wertpapierlieferungen und -abrechnungen in der Europäischen Union und über Zentralverwahrer, ABl. 2016 L 175 v. 30.6.2016, S. 1 ff.; Richtlinie (EU) 2016/1034 des Europäischen Parlaments und des Rates v. 23.6.2016 zur Änderung der Richtlinie 2014/65/EU über Märkte für Finanzinstrumente, ABL. 2016 L 175 v. 30.6.2016, S. 8 ff.

in einem einzigen am 15.10.2015 vorgestellten Referentenentwurf für ein Gesetz zur Modernisierung der Finanzmärkte (FiMaNoG) zusammengefasst waren, der im Laufe des Gesetzesverfahrens jedoch aufgespalten wurde. Es enthält die Regelungen zur **Umsetzung der CRIM-MAD** sowie zur Ausführung der **Marktmissbrauchsverordnung**, soweit diese nicht auf die MiFiD II abstellt. Die zur Umsetzung der **MiFiD II** notwendigen Gesetzesänderungen finden sich dagegen im **2. FiMaNoG**, das am 23.6.2017 beschlossen wurde und zum größten Teil am 3.1.2018 in Kraft getreten ist (Art. 26 Abs. 5 d 2. FiMaNoG). Abweichend davon sind einige für das Marktmissbrauchsrecht relevante Vorschriften schon seit dem 25.6.2017 in Kraft (Art. 26 Abs. 1 d. 2. FiMaNoG).

9 Die dargestellte grundlegende Umstrukturierung erfolgte mittels des 1. FiMaNoG. So wurde in Umsetzung der CRIM-MAD in § 38 Abs. 4 WpHG eine Versuchsstrafbarkeit eingeführt. In § 38 Abs. 5 schuf der Gesetzgeber eine Qualifikation, die einzelne Begehungsformen bei gewerbs- oder bandenmäßiger Begehung oder Ausnutzen einer mit der Wertpapieraufsicht verbundenen beruflichen Stellung zu einem Verbrechen heraufstuft. Das **1. FiMaNoG** ist, anders als die MAR, schon mit Wirkung ab dem **2.7.2016 in Kraft** getreten. Welche Auswirkungen sich aus dieser Abweichung ergeben, war umstritten. Die Behauptung, die Verweisung sei an einem Tag leergelaufen, mit der Folge, dass nicht nur an diesem Tag eine Ahndungslücke bestand, sondern durch Anwendung des lex mitior-Grundsatzes eines „Generalamnestie" für alle Altfälle eingetreten war, führte zu einem Aufschrei.[32] Durch Art. 1 Nr. 12 des **2. FiMaNoG** wurde mit Wirkung zum **25.6.2017** daher in § 52 (**seit dem 3.1.2018:** § 137) WpHG eine – im Gesetzgebungsverfahren viel kritisierte – **Übergangsbestimmung** eingeführt, die für Taten nach §§ 38, 39 WpHG die Anwendbarkeit des Rechts zum Tatzeitpunkt anordnete. Zwischenzeitlich war die Frage jedoch schon einer höchstrichterlichen Klärung zugeführt: Eine Straf- bzw. Ahndbarkeit hat unabhängig von der Übergangsregelung durchgehend bestanden (s. im Detail Rn. 261 ff.).

10 Ebenfalls mit Wirkung zum 25.6.2017 wurde durch Art. 1 Nr. 8 lit. b des 2. FiMaNoG die vielfach kritisierte neue Qualifikation durch Einführung eines geringeren Strafrahmens – 6 Monate bis fünf Jahre – für **minder schwere Fälle** abgeschwächt.

11 Die augenscheinlichste, wenn auch lediglich **redaktionelle Änderung**, stellt die durch das 2. FiMaNoG vorgenommene und am 3.1.2018 in Kraft getretene **Neunummerierung des WpHG** dar, die auch mit einer Anpassung der entsprechenden Verweise einhergegangen ist. Diese Neunummerierung wird während einer Übergangszeit zu **erheblicher Verunsicherung** führen[33] und ist mit dem **Risiko von Verweisungsfehlern** verbunden, so zB in § 7 Abs. 1 WpHG (s. Rn. 37).

---

32 S. dazu S. *Rothenfußer*, Börsen-Zeitung, Ausgabe 128 v. 7.7.2016, S. 13; *Bergmann/Vogt* wistra 2016, 347; *Rothenfußer/Jäger* NJW 2016, 2689; *Lorenz/Zierden* HRRS 2016, 443; *Klöhn/Büttner* ZIP 2016, 1801; *Rossi* ZIP 2016, 2437; *Rubner/Leuering* NJW-Spezial 2016, 655; *Simons* AG 2016, 651 (652), *Gaede* wistra 2017, 41; *Lienert* HRRS 2017, 265; *Klöhn/Klöhn* MAR Einl. Rn. 79 ff.

33 S. dagegen die Begr. RegE 2. FiMaNoG, BT-Drs. 8/10936, 3, nach der die Neunummerierung der Übersichtlichkeit des WpHG dienen soll; krit. a. *Mock/Stüber* WpHR Einf. Rn. 14.

Durch das 2. FiMaNoG wurde – zunächst ohne materiell-inhaltliche Änderung – auch die Struktur des § 119 Abs. 1 durch die Zusammenfassung der auf jeweils unterschiedliche Tatobjekte abstellenden, sonst aber übereinstimmenden Tathandlungen der Nummern 1 und 2 in einem Satz vereinfacht. Dadurch sind die Bezugspunkte des Einwirkungserfolgs eine **Gliederungsebene** nach oben gewandert und finden sich nun in den Nummern 1 bis 4 statt in Buchstaben a bis d. Inhaltliche Änderungen erfolgten dagegen im Rahmen der Bezugnahme der Tathandlungen in Abs. 4, der nunmehr die Unterscheidung dahin gehend aufhebt, dass eine **flächendeckende Versuchsstrafbarkeit** angeordnet wird, sowie Abs. 5 in Bezug auf die Qualifikation.[34] Zudem erfolgte eine Anpassung des § 120 Abs. 1 Nr. 2 WpHG (früher: § 38 Abs. 1 lit. b), der nun entsprechend der Begrifflichkeit der MiFiD II neben dem organisierten Markt und dem multilateralen Handessystem auch **organisierte Handelssysteme** anderer Mitgliedstaaten und Vertragsstaaten des EWR erfasst. Die Streichung des Zusatzes „der europäischen Union" hinter Mitgliedstaaten, die auch in Nr. 4 vorgenommen wurde, dient lediglich der Verkürzung und ist nicht mit einer inhaltlichen Änderung verbunden. Eine weitere Änderung findet sich in Nr. 1 und 3 (vorher lit. a und c), nämlich die Anpassung des Verweises auf die Begriffsbestimmung der „Ware" in § 2 Abs. 5 (vorher § 2 Abs. 2 c) WpHG und die Streichung der separaten Nennung der **Emissionszertifikate** als Tatobjekt. Letztere ist nicht mehr notwendig, da Emissionszertifikate **nunmehr** unter den Begriff des **Finanzinstruments** fallen, § 2 Abs. 4 Nr. 5 WpHG, und eine diesbezügliche Manipulation daher unter § 120 Abs. 1 Nr. 1 und 2 WpHG zu subsumieren ist.

Darüber hinaus haben auch die **Bußgeldvorschriften** in § 120 (vorher § 39) WpHG eine Umgestaltung erfahren. Nach der Umnummerierung finden sich die Sanktionen für Verstöße gegen das Marktmissbrauchsverbot der Marktmissbrauchsverordnung statt in § 39 Abs. 2 Nr. 3, Abs. 3 c, Abs. 2 d Nr. 2 WpHG aF nunmehr in § 120 Abs. 2 Nr. 3, Abs. 15 Nr. 2 WpHG. Während § 120 Abs. 15 Nr. 2 WpHG auf den Verstoß gegen die Marktmissbrachsverordnung in dem von ihr selbst vorgegebenen Anwendungsbereich abstellt und damit § 39 Abs. 3 d Nr. 2 WpHG aF wörtlich entspricht, fasst § 120 Abs. 2 Nr. 3 WpHG nunmehr die vorher in § 39 Abs. 2 Nr. 3, Abs. 3 WpHG aF separat geregelten Verhaltensweisen zusammen. Mit der **Neustrukturierung** sind **keine inhaltlichen Änderungen** verbunden. Es ist jedoch darauf hinzuweisen, dass auch hier die Aufnahme der Emissionszertifikate in den Kreis der Finanzinstrumente und ihre Streichung in § 25 (vorher § 12) WpHG zu einer anderen Zuordnung diesbezüglicher Manipulationshandlungen zu den jeweiligen Bußgeldtatbeständen führt. Weitere Änderungen, die sich auf die Anpassungen der Verweisungen beschränken, finden sich in § 120 Abs. 18 (vorher § 39 Abs. 4 a) zur Bußgeldhöhe, § 120 Abs. 23 (vorher § 39 Abs. 5; Definition des Gesamtumsatzes), § 120 Abs. 25 (vorher § 39 Abs. 6 a; Ausschluss der Minderung des Bußgeldrahmens bei Fahrlässigkeit) und § 120 Abs. 26 (vorher § 30 Abs. 6 a S. 2; Verjährung).

Zuletzt geändert wurde das WpHG durch das Gesetz zur Ausübung von Optionen der EU-Prospektverordnung und zur Anpassung weiterer Finanzmarktgesetze vom 10.7.2018,[35] das größtenteils am 14.7.2018 in Kraft getreten ist.

---

34 Krit. *Pauka/Link/Armenat* WM 2017, 2092 (2097).
35 G. v. 10.7.2018 BGBl. I 1102 (Nr. 25)

Diese Änderung wirkt sich jedoch nur insofern auf die marktmissbrauchsbezogenen Bußgeldtatbestände aus, als in § 120 Abs. 15 a WpHG eine Sanktionierung des Verstoßes gegen die Pflicht zur Erstattung einer Verdachtsmeldung missbräuchlicher oder verdächtiger Geschäftspraktiken eingeführt wurde.

15 **Zweck der Marktmissbrauchsverordnung** ist es, den durch die EU-Marktmissbrauchsrichtlinie geschaffenen Rahmen zur Gewährleistung der Marktintegrität und des Anlegerschutzes zu modernisieren und zu stärken.[36] Der neue Rahmen soll sicherstellen, dass die Regulierung mit den Marktentwicklungen Schritt hält und die Bekämpfung von Marktmissbrauch an Warenmärkten und den entsprechenden Derivatemärkten verschärft werden kann; zugleich werden die Ermittlungs- und Sanktionsbefugnisse der Regulierungsbehörden verbessert.[37] Die Verordnung erweitert den Geltungsbereich der Marktmissbrauchsvorschriften auf Finanzinstrumente, die nur auf neuen Handelsplattformen (sog **organisierten** bzw. **multilateralen Handelssystemen/„Organised Trading Facilities"** – OTF bzw. „Multilateral Trading Facilities" – MTF)[38] und außerbörslich („**Over The Counter**" – OTC) gehandelt werden.[39] Diese Erweiterung war notwendig geworden, nachdem diese außerbörslichen Handelssysteme seit Verabschiedung der MiFID-Richtlinie an Bedeutung gewonnen und die Überwachung im Hinblick auf möglichen Marktmissbrauch schwieriger gemacht („**Dark Pools**") hatten.[40] Ferner werden die Regeln an die neuen Technologien (zB Hochfrequenzhandel/„**High Frequency Trading**" – HFT) angepasst.[41] Wegen der Vernetzung von Warenmärkten mit Derivatemärkten und der damit verbundenen neuen Möglichkeiten des grenz- und marktübergreifenden Missbrauchs wurden diesbezügliche Rechtsvorschriften in die Verordnung aufgenommen.[42] Der **Versuch der Marktmanipulation** wird **erstmals als Rechtsverstoß** eingestuft.[43] Schließlich werden **gemeinsame Sanktionsgrundsätze** vorgeschlagen (näher Rn. 275).

---

36 Vgl. Erwägungsgründe (1), (2), Art. 1 MAR.
37 EU-Kommission, Begründung des Vorschlags für Verordnung des Europäischen Parlaments und des Rates über Insider-Geschäfte und Marktmanipulation (Marktmissbrauch), KOM (2011) 651 endg. v. 20.10.2011.
38 Ein von einer Wertpapierfirma oder einem Marktbetreiber betriebenes System oder eine betriebene Fazilität, bei dem/der es sich nicht um einen geregelten Markt oder ein multilaterales Handelssystem (MTF) handelt und das/die Interessen einer Vielzahl Dritter am Kauf und Verkauf von Finanzinstrumenten innerhalb des Systems in einer Weise zusammenführt, die zu einem Vertrag gemäß den Bestimmungen des Titels II der sog MiFID II führt, vgl. Verordnung (EU) Nr. 600/2014 des Europäischen Parlaments und des Rates v. 15.5.2014 über Märkte für Finanzinstrumente und zur Änderung der Verordnung (EU) Nr. 648/2012, ABl. 2014 L 173, S. 84 ff. (sog MiFiR), Art. 2 Abs. 1 Nr. 15 sowie Art. 2 Abs. 1 Nr. 14; zur Definition von multilateralen Handelssystemen, vgl. § 31 f WpHG; hierzu Heidel/*Schäfer* WpHG § 31 f Rn. 16 ff.
39 Vgl. Erwägungsgrund (8) MAR. Zust. Stellungnahme DAV, Nr. 50/12, S. 3 f., abrufbar unter https://anwaltverein.de/de/newsroom/id-2012-50?file=files/anwaltverein.de/downloads/newsroom/stellungnahmen/2012/2012-Mai-25-SN-50DAV-MarktmissbrauchsVO-Endfassung.pdf (zuletzt abgerufen am 19.6.2019).
40 Etwa „Citi Match" der Citigroup, „Crossfinger" der Credit Suisse, „Turquoise" und „Chi-X" mehrerer internationaler Großbanken, vgl. FAZ v. 11.2.2011. S. dazu a. *Kasiske* BKR 2015, 454.
41 Vgl. Erwägungsgrund (38) MAR.
42 Vgl. Erwägungsgrund (20) MAR.
43 Vgl. Erwägungsgrund (41) MAR. Krit. *Sethe*, Liber amicorum Donatsch, S. 613 (627). Zur bisherigen Rechtslage vgl. Assmann/Schneider/Vogel WpHG, 6. Aufl., Vor § 38 Rn. 9.

Die Notwendigkeit einer weiteren Harmonisierung wurde – neben dem Hinweis auf die technische Entwicklung – mit den in den EU-Mitgliedstaaten höchst unterschiedlichen bzw. unzureichendenden – von fehlenden Sanktionen bis hin zu nicht ausreichend abschreckenden Sanktionen – Sanktionsregimen begründet.[44] In diesem Zusammenhang räumt die EU-Kommission ein, dass die Wirksamkeit der bisherigen EU-Marktmissbrauchsrichtlinie dadurch untergraben wird, dass sie zahlreiche Optionen und Ermessensspielräume eröffnet und es einigen ihrer Schlüsselbegriffe an Klarheit mangelt.[45] Im Laufe des Erlassverfahrens wurde der Verordnungsvorschlag um das Verbot der **Manipulation sog Benchmarks** erweitert, nachdem im Frühjahr 2011 der Verdacht der Manipulation von Referenzzinssätzen für Ausleihungen zwischen Banken (LIBOR, EURIBOR) aufgekommen war.[46]

16

Das Instrument einer **unmittelbar geltenden Verordnung** wird als das geeignetste Rechtsinstrument zur Festlegung einheitlicher Regeln und damit zum Erreichen größerer Rechtssicherheit und zur Vermeidung von Aufsichtsarbitrage betrachtet.[47] Da Marktmissbrauch überall dort möglich sei, wo das betreffende Instrument notiert ist oder außerbörslich gehandelt wird, werden nach Ansicht der EU-Kommission auch die Voraussetzungen des Subsidiaritätsprinzips (Art. 5 Abs. 3 EU-Vertrag) und des Grundsatzes der Verhältnismäßigkeit eingehalten.[48]

17

Aufbauend auf den Regelungen und Verboten der Marktmissbrauchsverordnung werden sämtliche Mitgliedstaaten daneben durch die **Marktmissbrauchs-Strafrechtsrichtlinie** (CRIM-MAD) erstmals verpflichtet, wirksame, verhältnismäßige und abschreckende strafrechtliche Sanktionen für die schwerwiegendsten Verstöße gegen Rechtsvorschriften zu Insidergeschäften und Marktmanipulation, **Art. 1 Abs. 1 CRIM-MAD**, vorzusehen. Daneben erstreckt sich die Richtlinie auch auf Aktivitäten, die die Versteigerung von Treibhausgasemissionszertifikaten und anderen Auktionsobjekten gemäß der Verordnung (EU)

18

---

44 Erwägungsgrund (70) MAR.
45 EU-Kommission, Begründung des Vorschlags für Verordnung des Europäischen Parlaments und des Rates über Insider-Geschäfte und Marktmanipulation (Marktmissbrauch), KOM (2011) 651 endg. v. 20.10.2011, Ziff. 1, 2; vgl. zuvor EU-Kommission, „Auf dem Weg zu einer europäischen Strafrechtspolitik: Gewährleistung der wirksamen Durchführung der EU-Politik durch das Strafrecht", Mitteilung v. 20.9.2011 KOM (2011) 573 endg., BR-Drs. 582/11; vgl. auch Erwägungsgrund (3) MAR.
46 EU-Kommission, geänderter Vorschlag für eine Verordnung des Europäischen Parlaments und des Rates über Insider-Geschäfte und Marktmanipulation (Marktmissbrauch) v. 25.7.2012, COM (2012), 2011/0295 (COD), Erwägungsgrund (20 a) sowie Art. 2 Abs. 3 d, Art. 5 Abs. 20 und Art. 8 Abs. 1 d; nach einer Untersuchung der International Organization of Seurities Commissions (IOSCO) werden sogar 80% der globalen Indices entweder von Privatgesellschaften oder Berufsverbänden ermittelt, FAZ v. 21.4.2012.
47 Erwägungsgrund (5) MAR; EU-Kommission, Begründung des Vorschlags für Verordnung des Europäischen Parlaments und des Rates über Insider-Geschäfte und Marktmanipulation (Marktmissbrauch), KOM (2011) 651 endg. v. 20.10.2011, Ziff. 3.1, 3.2. Zust. Stellungnahme DAV, Nr. 50/12, S. 3, 27, abrufbar unter https://anwaltverein.de/de/newsroom/id-2012-50?file=files/anwaltverein.de/downloads/newsroom/stellungnahmen/2012/2012-Mai-25-SN-50DAV-MarktmissbrauchsVO-Endfassung.pdf (zuletzt abgerufen am 19.6.2019); sa *Sethe*, Liber amicorum Donatsch, S. 613 (620).
48 Erwägungsgrund (86) MAR.

Nr. 1031/2010[49] betreffen (**Art. 1 Abs. 2 UAbs. 2 CRIM-MAD**). Ergänzend wurde die Strafbarkeit auf die Manipulation sog Benchmarks ausgedehnt, nachdem es im Frühjahr 2011 zu Ermittlungen wegen des Verdachts der Manipulation von Referenzzinssätzen für Ausleihungen zwischen Banken (LIBOR, EURIBOR) gegen eine Reihe von Banken gekommen war (Art. 1 Abs. 4 lit. c, Art. 5 Abs. 2 lit. d CRIM-MAD, Rn. 202 ff.).[50]

19 Durch die CRIM-MAD wird erstmals von der im sog Vertrag von Lissabon[51] eingeräumten strafrechtlichen Annexkompetenz[52] nach Art. 83 Abs. 2 des Vertrags über die Arbeitsweise der Europäischen Union (AEUV)[53] mit dem **Ziel einer umfassenden Harmonisierung des Kapitalmarktstrafrechts** Gebrauch gemacht.[54] Zwar hatte sich der deutsche Gesetzgeber schon vorher einer indirekten Europäisierung des Kapitalmarktstrafrechts insofern unterworfen,[55] als er es hinsichtlich der Umsetzung der EU-Marktmissbrauchsrichtlinie eben nicht bei „Verwaltungsmaßnahmen" belassen hatte, sondern die strafrechtliche Bewehrung von Verstößen vorsah.[56] Nun wird die strafrechtliche Harmonisierung im Bereich der Marktmanipulation jedoch durch die CRIM-MAD erheblich vorangetrieben.[57] Dies bedeutet den Beginn eines echten supranationalen Europäischen (Kriminal-)Strafrechts im Bereich des Marktmissbrauchs und

---

49 Verordnung (EU) Nr. 1031/2010 der Kommission v. 12.11.2010 über den zeitlichen und administrativenAblauf sowie sonstige Aspekte der Versteigerung von Treibhausgasemissionszertifikaten gemäß der Richtlinie 2003/87/EG des Europäischen Parlaments und des Rates über ein System für den Handel mit Treibhausgasemissionszertifikaten in der Gemeinschaft, ABl. 2010 L 302 v. 18.11.2010, S. 1.
50 Sa Erwägungsgrund (7) CRIM-MAD.
51 ABl. 2007 C 306, S. 1; zur Vereinbarkeit des Vertrags von Lissabon mit der deutschen Verfassung vgl. BVerfG 30.6.2009 – 2 BvE 2/08 ua, BVerfGE 123, 267 („Lissabon-Entscheidung"); hierzu *Zöller* ZIS 2009, 340; *Folz* ZIS 2009, 427; *Heger* ZIS 2009, 406; *Böse* ZIS 2010, 76.
52 Vgl. bereits EuGH 21.9.1989 – Rs 68/88, NJW 1990, 2245; EuGH 23.10.2007 – Rs C-440/05, NStZ 2008, 703 mAnm *Zimmermann* NStZ 2008, 662; *Beukelmann* NJW 2010, 2081 (2082); krit. und für restriktive Auslegung (nur bei gravierendem Vollzugsdefizit) BVerfG 30.6.2009 – 2 BvE 2/08 ua, BVerfGE 123, 267 (411); für eine enge Auslegung *Schröder* in FS Achenbach, 2011, S. 491 (495 f.); *Böxler* wistra 2011, 11 (15); Müller-Gugenberger/*Engenhart* § 6 Rn. 17, 117 ff.; zur bisherigen Rechtslage Wabnitz/Janovsky/*Dannecker*/*Bülte* 3. Kap. Rn. 69 ff.
53 Konsolidierte Fassung des AEUV abgedruckt im ABl. 2010 C 83, S. 1; hierzu Müller-Gugenberger/*Engelhart* § 6 Rn. 17, 117 ff.; ausführlich *Schützendübel*, Die Bezugnahme auf EU-Verordnungen in Blankettstrafgesetzen, 2012, S. 34 ff.
54 Europäische Kommission – Pressemitteilung v. 20.10.2011 „Insider-Geschäfte und Marktmanipulation: Europäische Kommission fordert strafrechtliche Sanktionen zur Abschreckung und zur Verbesserung der Marktintegrität", IP/11/1218, abrufbar unter http://europa.eu/rapid/press-release_IP-11-1218_de.htm (zuletzt abgerufen am 19.6.2019).
55 Zutreffend für den Regelungsbereich der Durchführungsverordnung (EG) 2273/2003 im Bereich der sog Safe-Harbor-Vorschriften *Diehm* wistra 2006, 366 (368 f.); krit. allg. *Schmitz* ZStW 115 (2003), 501 (513 ff., 517, 537); aA *Hellmann/Beckemper*, Wirtschaftsstrafrecht, § 1 Rn. 65 ff.
56 Zur Europäisierung des Kapitalmarktstrafrechts am Beispiel des Insiderstrafrechts vgl. *Ziouvas*, Das neue Kapitalmarktstrafrecht, S. 29 ff.
57 EU-Kommission, Vorschlag für Richtlinie des Europäischen Parlaments und des Rates über strafrechtliche Sanktionen für Insider-Geschäfte und Marktmanipulation, KOM (2011) 654 endg. v. 20.10.2011, Art. 1 sowie Erwägungsgrund (3); zur Sanktionsverschärfung von Kursmanipulation in der Schweiz (ua Einführung eines schweren Falls ab eines erzielten Vermögensvorteils von mehr als CHF 1 Mio, Art. 40 Abs. 2 Börsengesetz/E) vgl. *Wehrenberg/Frank/Isenring/Götze* WiJ 2012, 47 (51 f.).

dürfte den Weg für eine weitere Europäisierung des Strafrechts ebnen.[58] Ob dieses Harmonisierungsvorhaben und die zugrunde liegende Souveränitätseinschränkung des nationalen Strafrechtsgesetzgebers ausreichend begründet sind,[59] wird noch zu prüfen sein.[60] Der Bundesrat hatte insofern auch bisher erfolglos die sog **Subsidiaritätsrüge** erhoben (Art. 12 lit. b EUV),[61] da der Nachweis der Unerlässlichkeit des Einsatzes strafrechtlicher Mittel auf der Grundlage von Art. 83 Abs. 2 AEUV nicht konkret erbracht worden sei.[62] Auch die Vereinbarkeit mit nationalen Strafrechtskompetenzen und -prinzipien, ist fraglich.[63] Bei Zweifelsfragen kommt ein Vorabentscheidungsersuchen an den Gerichtshof der Europäischen Union (EuGH) gemäß Art. 267 AEUV in Betracht.[64]

---

58 *Veil/Koch* WM 2011, 2297 (2298); Sieber et al/*Vogel/Brodowski* § 5 Rn. 7; Müller-Gugenberger/*Engelhart* § 6 Rn. 10 ff., 64 f.; etwa auch im Bereich des Umweltstrafrechts, vgl. EuGH 13.9.2005 – Rs C-176/03, wistra 2005, 455; *Braum* wistra 2006, 121 mwN; *Schork/Reichling* StraFo 2012, 125; krit. *Satzger*, Internationales und Europäisches Strafrecht, 6. Aufl. 2013, S. 88 ff.; zum europäischen Immaterialgüterstrafrecht *Böxter* wistra 2011, 11; zum Rechnungslegungsstrafrecht MüKoStGB/*Sorgenfrei* HGB § 331 Rn. 37.
59 Vgl. die „spezifischen Leitlinien" hierzu in EU-Kommission, Mitteilung an das Europäische Parlament ua, KOM (2011) 573 end. v. 20.9.2011: Auf dem Weg zu einer europäischen Strafrechtspolitik: Gewährleistung der wirksamen Durchführung der EU-Politik durch das Strafrecht, S. 6, 7 ff. und Beschluss des Bundesrates hierzu v. 4.11.2011, BR-Drs. 582/11 sowie EU Kommission, Mitteilung über die Stärkung der Sanktionsregelungen im Finanzdienstleistungssektor, KOM (2010) 716 endg. v. 8.12.2010, S. 14; näher zu den Voraussetzungen für eine Strafrechtsangleichung in harmonisierten Politikbereichen Sieber et al/*Hecker* § 10 Rn. 15 ff., 32 ff., 37 ff.; die bewusste Kompetenzübertragung der EU-Vertragsstaaten zum Erlass von Kriminalstrafrecht zum Schutz der finanziellen Interessen der Union vorsichtig bejahend Sieber et al/ *Vogel/Brodowski* § 5 Rn. 7; krit. *Schröder* in FS Achenbach, S. 491 (495).
60 Krit. a. *Sethe*, Liber Amicorum Donatsch, S. 613 (621 ff.); vgl. BVerfG 30.6.2009 – 2 BvE 2/08 ua, BVerfGE 123, 267 ff. (Rn. 362) zur Vereinbarkeit der Zuständigkeitsübertragungen im Vertrag von Lissabon mit dem Grundgesetz; hierzu Müller-Gugenberger/*Engelhart* § 6 Rn. 21; krit. *Meyer* NStZ 2009, 657 (660 f.); vgl. auch Beschluss des Bundesrates v. 4.11.2011, BT-Drs. 582/11; sowie *Heger* ZIS 2009, 406 (412 f.); *Folz* ZIS 2009, 427 (430); *Böse* ZIS 2010, 76 (82, 87 f.); *Veil/Koch* WM 2011, 2297 (2301).
61 BR-Drs. 646/11 v. 16.12.2011 auf Empfehlung des Ausschusses für Fragen der Europäischen Union, BR-Drs. 646/1/11; vgl. zuvor Mitteilung des Bundesrats an die Eruopäische Kommission, BR-Drs. 582/11; sa BT-Drs. 17/9770; *Seibt/Wollenschläger* AG 2014, 593 (595); *Kiesewetter/Parmentier* BB 2013, 2371 (2378, Fn. 153); *Schork/ Reichling* StraFo 2012, 125 (128); vgl. zur Parallelproblematik beim europäischen Immaterialgüterstrafrecht *Böxler* wistra 2011, 11 (15); krit. auch *Schröder* in FS Achenbach, S. 491 (495 f.); *Schröder* HRRS 2013, 253 (253 f.); *Schröder*, Handbuch Kapitalmarktstrafrecht, Rn. 714 l „neuer Tiefpunkt der Europäisierung"; *Schröder*, Europa in der Finanzfalle: Irrwege internationaler Rechtsangleichung, 2012, S. 92 ff.
62 Krit. diesbezüglich zum Kommissionsentwurf, Stellungnahme DAV, Nr. 40/2012, S. 5 f., abrufbar unter https://anwaltverein.de/de/newsroom/id-2012-40?file=files/anwaltverein .de/downloads/newsroom/stellungnahmen/2012/SN-40-2012-MarktmissbrauchStrafA. pdf (zuletzt abgerufen am 19.6.2019); sa Graf/Jäger/Wittig/*Diversy/Köpferl* WpHG Vor §§ 38, 39 Rn. 14.
63 Vgl. die insoweit fehlende Begründung im Entwurf der Marktmissbrauchs-Strafrechtsrichtlinie einerseits und der Begründung der Marktmissbrauchs-Verordnung, Erwägungsgrund (39) Satz 1, wonach ua der Grundsatz ne bis in idem eingehalten wird, in Erwägungsgrsund (39) Satz 2 sodann jedoch gleich wieder von „Einschränkungen dieser Rechte" die Rede ist.
64 Assmann/Schneider/*Vogel* WpHG, 6. Aufl., Vor § 20 a Rn. 18; vgl. allerdings auch die sog „Solange"-Rechtsprechung des BVerfG, BVerfG 22.10.1986 – 2 BvR 197/83,

20 Dem Entwurf für die Richtlinie war eine Mitteilung der EU-Kommission zu Sanktionsregelungen im Finanzdienstleistungssektor vorangegangen, wonach strafrechtliche Sanktionen, insbesondere Freiheitsstrafen, generell eine höhere präventive Wirkung zur Verhinderung von Marktmanipulationen beigemessen, daneben aber auch eingeräumt wird, dass sich strafrechtliche Sanktionen nicht in jedem Fall eignen.[65] Allerdings wird die erwünschte Wirkung der bisherigen Vorschriften zur Verhinderung und Bekämpfung von Marktmissbrauch – einen wirksamen Beitrag zum Schutz der Finanzmärkte zu leisten – ausdrücklich als „verfehlt" und die Sanktionsregelungen der Mitgliedstaaten als „generell schwach und heterogen" bezeichnet.[66] In diesem Zusammenhang ist eine Tendenz festzustellen, die EU-Politik durch das Strafrecht zu einer wirksameren Umsetzung gelangen zu lassen.[67] Insofern tritt die bisher eher schleichende **Europäisierung des Strafrechts im Bereich der Marktmanipulation** nunmehr klar konturiert zutage. Auslöser für die auf Art. 83 Abs. 2 AEUV gestützte Reklamierung einer strafrechtlichen Annex-Kompetenz durch die Europäische Union war nicht zuletzt ein Bericht des Ausschusses der Europäischen Wertpapieraufsichtsbehörden (CESR) zu den administrativen und strafrechtlichen Maßnahmen der einzelnen EU-Mitgliedstaaten.[68] Danach standen etwa in vier Mitgliedstaaten überhaupt keine Sanktionen für Marktmanipulation zur Verfügung, wodurch es Tätern ermöglicht werde, missbräuchliche Praktiken in Ländern durchzuführen, in denen der jeweilige Verstoß nicht strafrechtlich geahndet wird.[69] Dementsprechend sieht die EU-Kommission Mindestvorschriften in Bezug auf Straftaten und strafrechtliche Sanktionen für Marktmissbrauch, die in nationales Strafrecht umgesetzt und von der Strafjustiz der Mitgliedstaaten angewandt werden, als adäquates und notwendiges Mittel zur Sicherung der Wirksamkeit der EU-Politik, die auch unter Beachtung des Grundsatzes der

---

BVerfGE 73, 339; BVerfG 12.10.1993 – 2 BvR 2134/92 ua, BVerfGE 89, 155; hierzu Assmann/Schneider/*Vogel* WpHG, 6. Aufl., Vor § 20 a Rn. 30.

65 EU-Kommission, Mitteilung über die Stärkung der Sanktionsregelungen im Finanzdienstleistungssektor, KOM (2010) 716 endg. v. 8.12.2010, abrufbar unter http://eur-le x.europa.eu/homepage.html (zuletzt abgerufen 19.6.2019); sowie Vorschlag für Richtlinie des Europäischen Parlaments und des Rates über strafrechtliche Sanktionen für Insider-Geschäfte und Marktmanipulation, KOM (2011) 654 endg. v. 20.10.2011, Begründung Nr. 1.

66 Vorschlag für Richtlinie des Europäischen Parlaments und des Rates über strafrechtliche Sanktionen für Insider-Geschäfte und Marktmanipulation, KOM (2011) 654 endg. v. 20.10.2011, Begründung Nr. 1 aE; vgl. auch Bericht der hochrangigen Gruppe zu Fragen der EU-Finanzaufsicht, Brüssel, 25.2.2009, S. 23; krit. zu Recht *Schröder* in FS Achenbach, S. 491 (496): Das Strafrecht sollte nicht dazu dienen, verunglücktes EU-Recht zu zementieren; rechtsvergleichende Darstellung bei *Halfpap*, Kapitalmarktaufsicht in Europa und in den USA, 2008, S. 28 ff.; vgl. die Darstellung der heterogenen Regulationen unterschiedlicher Aufsichtsbehörden im Fall „Citigroup" bei *de Sousa Mendes* ZIS 2009, 55.

67 Vgl. „Stockholmer Programm", Ratsdok. 17024/09; Aktionsplan zur Umsetzung v. 20.4.2010, KOM (2010) 171; *Beukelmann* NJW 2010, 2081 (2083); *Walla* BB 2012, 1358.

68 Bericht CESR/08–099 Februar 2008. S. dazu *Sethe*, Liber amicorum Donatsch, S. 613 (617 ff.).

69 EU-Kommission, Vorschlag für Richtlinie des Europäischen Parlaments und des Rates über strafrechtliche Sanktionen für Insider-Geschäfte und Marktmanipulation, KOM (2011) 654 endg. v. 20.10.2011, Begründung Nr. 1.

Subsidiarität sowie des Verhältnismäßigkeitsgrundsatzes angebracht seien.[70] Strafrechtliche Regelungen machten die gesellschaftliche Missbilligung dieser Taten nicht nur auf eine qualitativ andere Art deutlich als bloß verwaltungsrechtliche Sanktionen oder zivilrechtliche Ausgleichsmechanismen.[71] Besonders bei einem effektiven Gesetzesvollzug, der zu Gefängnisstrafen oder sonstigen strafrechtlichen Sanktionen und einer Eintragung in das Strafregister bei strafrechtlichen Verurteilungen wegen Marktmissbrauchs führen kann, und wegen der oft mit den Verurteilungen einhergehenden intensiven Medienberichterstattung mache sich dieser erhöhte Abschreckungseffekt bemerkbar.[72] Ferner erleichterten harmonisierte Vorschriften die Zusammenarbeit der Durchsetzungsbehörden in der EU, was angesichts der oftmals grenzüberschreitenden Begehungsweise von Marktmanipulationen besondere Bedeutung erlangt.[73]

Im Einzelnen finden sich in der Richtlinie Regelungen zu Rechtsverstößen im Bereich des Marktmissbrauchs, die als Straftaten betrachtet und daher strafrechtlich geahndet werden sollen (**Art. 3, 4, 5 iVm Art. 1 Abs. 1 CRIM-MAD**),[74] die Anordnung der Strafbarkeit von Anstiftung und Beihilfe zu diesen Straftaten (**Art. 6 Abs. 1 CRIM-MAD**)[75] sowie der Strafbarkeit des Versuchs der Marktmanipulation nach Art. 5 (**Art. 6 Abs. 2 CRIM-MAD**),[76] die Verpflichtung, wirksame, verhältnismäßige und abschreckende Sanktionen zu ergreifen, wobei bemerkenswerterweise sogar Mindesthöchststrafen vorgeschrieben werden, (**Art. 7 CRIM-MAD**)[77] und Regelungen zur Verantwortlichkeit juristischer Personen für derartige Straftaten (**Art. 8 CRIM-MAD**).[78] Dabei steht es den Mitgliedstaaten weiterhin frei, strengere strafrechtliche Bestimmungen zum Marktmissbrauch einzuführen oder beizubehalten. Die Regelung in Art. 6 Abs. 1 CRIM-MAD, wonach Anstiftung und Beihilfe zur Marktmanipulation strafrechtlich geahndet werden können, ist durch nationales Recht bereits vollumfänglich umgesetzt. Soweit demgegenüber in Art. 6 Abs. 2 der Versuch einer Marktmanipulation unter Strafe gestellt werden soll, ist dies **neu** (vgl. § 38 Abs. 3 WpHG, der nur den Versuch von Insiderdelikten unter Strafe stellt). Die Richtlinie sieht **Ausnahmen** für Maßnahmen der Kursstabilisierung oder im Zusammenhang mit Rückkaufprogrammen sowie für Transaktionen, Aufträge oder Handlungen vor, die der Geldpolitik oder dem Management öffentlicher Schulden dienen oder Emissionszertifikate im Rahmen der Klimapolitik der Europäischen Union betreffen (**Art. 1 Abs. 2 CRIM-MAD**). Für den Begriff „Finanzinstrument" als Gegenstand der Marktmanipulation wird auf die Begriffsbestimmung in Art. 2 Abs. 1 Nr. 8 MiFID II verwiesen (**Art. 2 Nr. 1**

---

70 EU-Kommission, Vorschlag für Richtlinie des Europäischen Parlaments und des Rates über strafrechtliche Sanktionen für Insider-Geschäfte und Marktmanipulation, KOM (2011) 654 endg. v. 20.10.2011, Begründung Nr. 3.2.
71 Erwägungsgrund (6) CRIM-MAD.
72 Erwägungsgrund (6), (7) CRIM-MAD.
73 EU-Kommission, Vorschlag für Richtlinie des Europäischen Parlaments und des Rates über strafrechtliche Sanktionen für Insider-Geschäfte und Marktmanipulation, KOM (2011) 654 endg. v. 20.10.2011, Begründung Nr. 1.
74 Erwägungsgrund (10) CRIM-MAD.
75 Erwägungsgrund (15) CRIM-MAD.
76 Erwägungsgrund (13) CRIM-MAD.
77 Erwägungsgrund (20) CRIM-MAD: „Mindestvorschriften".
78 Erwägungsgrund Nr. (18) CRIM-MAD.

CRIM-MAD). Nach **Art. 12 CRIM-MAD** wird die EU-Kommission dem Europäischen Parlament und dem Rat bis zum 4.7.2018, also vier Jahre nach dem Inkrafttreten der Richtlinie, über die Anwendung dieser Richtlinie und erforderlichenfalls über die Notwendigkeit einer Überarbeitung berichten.

22 Die in der Richtlinie zu Tage tretende Tendenz zur strafrechtlichen „Aufwertung" der Marktmanipulation wird nicht zuletzt durch die Aufnahme des § 38 Abs. 2, 5 (jetzt § 119 Abs. 1–4) WpHG in den Katalog für Geldwäsche-Vortaten in § 261 Abs. 1 Satz 2 Nr. 4 lit. b StGB durch das sog Schwarzgeldbekämpfungsgesetz deutlich.[79]

2. Geschütztes Rechtsgut

23 **Rechtsgut** der §§ 119 Abs. 1, 4; 120 Abs. 2 Nr. 3, Abs. 15 Nr. 2 WpHG ist der überindividuelle **Funktionsschutz** der Leistungsfähigkeit der kapitalmarktbezogenen Einrichtungen und Ablaufmechanismen, also die Zuverlässigkeit und Wahrheit der Preisbildung an den Börsen und Märkten.[80] Dies steht im Einklang mit den Regelungszwecken der **Marktmissbrauchsverordnung** und der **Marktmissbrauchs-Strafrechtsrichtlinie**, s. Rn. 20.So formuliert Art. 1 MAR zwar, dass das neue Regelungsregime geschaffen wird, „um die **Integrität der Finanzmärkte** in der Union sicherzustellen und den Anlegerschutz und das **Vertrauen der Anleger** in diese Märkte zu stärken". Die Integrität der Finanzmärkte, im Manipulationsrecht also das ordnungsgemäße Zustandekommen des Börsen- bzw. Marktpreises und seine Entsprechung mit der „wirklichen" Marktlage des (Börsen-)Handels (vgl. § 24 Abs. 2 S. 1 BörsG),[81] stellt dabei den Bezugspunkt des Anlegervertrauens dar.[82] Wie vor dem 1.FiMaNoG (s. dazu die 4. Aufl.) erfolgt die Stärkung des Vertrauens der Anleger in ihrer Gesamtheit jedoch nur indirekt; insbesondere werden das Vertrauen oder das Vermögen des individuellen Anlegers, allenfalls als Reflex geschützt (**kein Schutzgesetz iSd § 823 Abs. 2 BGB**).[83] **Gegen** einen doppelten Schutzzweck – Vertrauensschutz in die Funktionsfähig-

---

[79] Art. 1 Gesetz zur Verbesserung der Bekämpfung der Geldwäsche und Steuerhinterziehung (Schwarzgeldbekämpfungsgesetz) v. 28.4.2011, BGBl. 2011 I 676; krit. zu Recht *Schröder* WM 2011, 769 im Hinblick auf die Vermögens„infektion" von Kreditinstituten; *Schröder* in FS Achenbach, 2011, S. 491 (501 f.).

[80] Vgl. zur Rechtslage vor dem 1. FiMaNoG Diskussionsentwurf eines 4. FinMFG des Bundesministeriums der Finanzen (BMF) v. 3.9.2001, S. 244 (zu § 38 WpHG) sowie Regierungsentwurf durch das BMF v. 14.11.2001, S. 281 (vgl. Vorauflage §§ 20 a, 38 Abs. 2, 39 Abs. 1 Nr. 1–2, Abs. 2 Nr. 11, 4 WpHG Fn. 42); ebenso *Kümpel/Wittig* 16.367; insoweit zutreffend *Ziouvas* ZGR 2003, 113 (126, 142); offengelassen von *Arlt* S. 39 f., s. aber auch Fuchs/*Fleischer* WpHG Vor § 20 a Rn. 37 a mwN, wonach diese Frage ggf. unter der Geltung der Marktmissbrauchsverordnung doch neu aufgegriffen werden könnte.

[81] Ebenso Wabnitz/Janovsky/*Benner*, 2. Aufl. 2004, 9. Kap. Rn. 144 ff.; ausführlich zur historischen Entwicklung und Funktion des Börsenpreises *Köndgen/Theissen* WM 2003, 1497 ff.

[82] Begr. RegE 2. FinMFG, BT-Drs. 12/6679, S. 70: „Vertrauen der Anleger in die Ordnungsmäßigkeit des Handels und der Preisfindung an der Börse"; *Schlüter*, Börsenhandelsrecht, G Rn. 277.

[83] *Seibt/Wollenschläger* AG 2014, 593 (607); *Klöhn/Schmolke* MAR Art. 15 Rn. 7, 101, 135; *Schmolke* NZG 2016, 721; *Buck-Heeb* § 7 Rn. 614 ff.; Graf/Jäger/Wittig/*Diversy/Köpferl* WpHG § 38 Rn. 4 ff.; Momsen/Grützner/*Hohn* Kap. 6 Teil B Rn. 4; Derleder/Knops/Bamberger/*Frisch*, Deutsches und europäisches Bank- und Kapitalmarktrecht II, 3. Aufl., § 54 Rn. 17; aA mit Hinweis auf den effet utile: *Hellgardt* AG 2012, 154 (165); *Poelzig* ZGR 2015, 801 (823); *Schockenhoff/Culmann* AG 2016, 517 (520);

keit im Sinne des Schutzes der Preisbildung in überwachten Märkten einerseits und (individueller) Anleger(vermögens)schutz andererseits – wurden vor allem die unterschiedliche Risikostruktur und damit Schutzbedürftigkeit einzelner Anleger[84] sowie der vom Gesetzgeber gewollte, unterschiedlich ausgeprägte Anlegerschutz durch die Wahlmöglichkeit des Anlegers zwischen unterschiedlichen Handelsplattformen angeführt, von denen nur die Börsen und organisierten Märkte strafrechtlichen Schutz genossen.[85] Zwar ist der Strafrechtsschutz durch die Marktmissbrauchsverordnung auf sämtliche Handelsplätze ersteckt worden (Rn. 15). Zudem werden der Anlegerschutz und das Vertrauen der Anleger in Art. 1 MAR als ausdrückliches Ziel der Verordnung genannt. Gleichwohl ändert sich dadurch an den unterschiedlichen – angesichts der Erfahrungen mit bestimmten Finanzprodukten künftig sogar zugunsten von Kommunen und kommunalen Gebietskörperschaften modifizierten – Anleger(schutz)niveaus nichts.[86] Eine Entwicklung zum generellen strafrechtlichen Anleger(vermögens)schutz im Sinne eines Verbraucherschutzes[87] ist weiterhin nicht zu sehen.[88] Gegen die Einordnung des Art. 15 MAR als Schutzgesetz iSd § 823 Abs. 2 BGB spricht auch,

---

Zetzsche ZHR 179 (2015), 490 (494); *Rau* BKR 2017, 57; *Maume* ZHR 180 (2016), 358 (367 f.). Zu Art. 14 *Beneke/Thelen* BKR 2017, 12. Zur alten Rechtslage BGH 13.12.2011 – XI ZR 51/10, DB 2012, 450 = WM 2012, 303 m. Bespr. *v. Bernutz/ Wagner/Kremer* WM 2012, 831 (833); OLG Düsseldorf 7.4.2011 – 6 U 7/10, BB 2011, 2446 (2448); Assmann/Schneider/*Vogel* WpHG, 6. Aufl., § 20 a Rn. 17 ff. (22); *Fuchs/ Fleischer* WpHG Vor § 20 a Rn. 1; *Fuchs/Waßmer* WpHG § 38 Rn. 4; Schwark/ Zimmer/*Schwark* WpHG § 20 a Rn. 7; Assmann/Schütze/*Worms* WpHG § 20 a Rn. 77; *Papachristou* S. 145 ff., 156; *Park* NStZ 2007, 369 (370); *Schröder*, KapitalmarktStR Rn. 373; *Schröder* HWSt X 2 Rn. 5; *Hellgardt* S. 76; *Trüstedt* S. 78 ff. (82); *Sorgenfrei* wistra 2002, 321 (322), dort Fn. 14; *Hellmann/Beckemper* § 1 Rn. 67, *Caspari* S. 7 (8 ff.); sowie die zahlreichen Nachweise in der 3. Aufl. (Fn. 43).

84 Vgl. BT-Drs. 14/8017, 76 zur Abschaffung des sog Börsenzwangs: „Bei professionellen Investoren bedarf es dieses Schutzes nicht"; Assmann/Schneider/*Koller* WpHG § 31 Rn. 80 ff., 87 ff.; *Schröder* HWSt, X 2 Rn. 3; *Fleischer*, Gutachten F zum 64. Dt. Juristentag, F1 (F32 ff.); *Bingel* S. 133; MüKoStGB/*Pananis* WpHG § 38 Rn. 8.

85 Abschaffung des sog Börsenzwangs (vgl. noch § 10 Abs. 1 BörsG idF 2. FinMFG, zur Einführung vgl. BT-Drs. 12/6679, S. 69) durch § 22 Abs. 1 BörsG idF 4. FinMFG, BT-Drs. 14/8017, 76; *Schlüter* G Rn. 620 ff., 627 ff.; vgl. a. Kümpel/Hammen/*Kümpel* S. 49; *Köndgen/ Theissen* WM 2003, 1497 (1509); *Spindler* WM 2002, 1325 (1329); MAH WiStR/*Benner* § 22 Rn. 151, 155

86 Die MiFID-Einstufung von Kunden in Kleinanleger, professionelle Anleger und geeignete Gegenparteien bietet ein angemessenes und zufriedenstellendes Maß an Flexibilität und sollte daher weitgehend unverändert beibehalten werden. Aus leidvoller Erfahrung im Bereich von Geschäften mit komplexen Instrumenten durch kommunale Behörden und Gebietskörperschaften werden diese nunmehr nicht mehr kategorisch, sondern nur noch optional als professionelle Kunden angesehen, MiFID II (Fn. 11), Begründung Nr. 3.4.8 sowie Erwägungsgrund (67); exemplarisch auch die Urteilsausführungen im Fall „Frick": „Die Anleger waren Zocker, das war ein Spielcasino", FAZ v. 15.4.2011.

87 Vgl. Hinweis in BT-Drs. 14/8017, 76 zu § 22 Abs. 1 BörsG; ausführlich *Ziouvas* S. 138 ff. (141 ff.); zum Anlegerschutz bei außerbörslichen und bankinternen Handelsplattformen vgl. *Beck* BKR 2002, 699 (703).

88 Vgl. *Schmolke* NZG 2016, 721 (728) sowie Stellungnahme DAV, Nr. 50/12, S. 30 f., abrufbar unter https://anwaltverein.de/de/newsroom/id=420?file=files/anwaltverein.de /downloads/newsroom/stellungnahmen/2012/2012-Mai-25-SN-50DAV-Marktmissbrau chsVO-Endfassung.pdf (zuletzt abgerufen am 19.6.2019), der dies allerdings als eine „Lücke [...] im Sanktionsmechanismus sieht" und die Einführung einer zivilrechtlichen Sanktionsmöglichkeit fordert. AA *Seibt/Wollenschläger* AG 2014, 593 (607); Meyer/ Veil/Rönnau/*Wolf/Wink* § 31 Rn. 61 ff.; *Poelzig* ZGR 2015, 801; *Poelzig* NZG 2016, 492 (501).

dass der EU die **Kompetenz** zur Regelung eines **zivilrechtlichen Schadensersatzes** bei Marktmanipulation offenstand, diese aber **nicht genutzt** wurde.[89]

Daneben ist im europäischen Kapitalmarktrecht allgemein eine **neue zusätzliche Schutzrichtung** des überindividuellen Rechtsgüterschutzes auszumachen – die **Stabilität des Finanzmarktes** –, die unmittelbaren Eingriffe in das Marktgeschehen zulässt, etwa das sog Leerverkaufsverbot (vgl. dazu die Leerverkaufsverordnung sowie Kap. 6.2. Rn. 4 ff. zu Verstößen hiergegen).[90]

3. Verfassungs- und europarechtliche Probleme der Vorschrift

24 Wie schon vor dem 1. FiMaNoG (zur alten Rechtslage, s. Vorauflage) sind die kapitalmarktrechtlichen Buß- und Strafvorschriften als **mehrfach gestufte Blankett-Normen** mit zahlreichen unbestimmten Rechtsbegriffen ausgestaltet,[91] die unter dem verfassungsrechtlichen Bestimmtheitsgebot (Art. 103 Abs. 2, 104 Abs. 1 GG) erheblichen rechtlichen Bedenken begegnen.[92] Bereits im Rahmen des bis zum 2.7.2016 geltenden **unechten Blankett-Tatbestands**[93,94] war im Hinblick auf die Verordnungsermächtigung nach § 20a Abs. 5 WpHG aF[95] zweifelhaft, ob sie den Anforderungen an eine – grundsätzlich zulässige[96] – Delegation normkonkretisierender Vorschriften auf Rechtsverordnungen entsprach.[97]

---

89 Vgl. Meyer/Veil/Rönnau/*Wolf/Wink* § 31 Rn. 57; *Schmolke* NZG 2016, 721 (722 f.).
90 *Findeisen/Tönningsen* WM 2011, 1405 (1407) unter Hinweis auf Begr. RegE zum sog Risikobegrenzungsgesetz, BT-Drs. 16/7438, 1.
91 Charakterisiert durch Verweisung auf andere Vorschriften; allgemein zur inhaltlichen Bestimmtheit von Blankettnormen BVerfG 23.2.1972 – 2 BvL 36/71, BVerfGE 32, 346 (362); BVerfG 23.1.1990 – 1 BvL 4/87 ua, BVerfGE 81, 228 (237); sog unechtes Blankett, soweit auf Normen des WpHG verwiesen wird, bzw. sog echtes Blankett bei Verweis auf Gemeinschaftsrecht in § 20 a Abs. 3 WpHG bzw. auf die MaKonV (vgl. § 20 a Abs. 5 S. 1 WpHG); *Schönhöft* S. 28 ff.; krit. Assmann/Schneider/*Vogel* WpHG, 6. Aufl., Vor § 38 Rn. 4, 7, WpHG § 38 Rn. 19: „Diese elaborierte Blanketttechnik führt zu einem nicht unkomplizierten „Zusammenlesen" … und wirft Bestimmtheits- sowie Irrtumsfragen auf."; *Schröder* KapitalmarktStR Rn. 375: „sehr schwer lesbare Verweisungen … unübersichtlicher Gesetzesaufbau", ähnlich Rn. 421, 445, 486, 543, 545, anderersseits Rn. 400 f., 547; *Schmitz* ZStW 115 (2003), 501 (523); allg. MüKoStGB/*Schmitz*, Band 1, 2003, WpHG § 1 Rn. 49 f.; *Tiedemann* WiStR Rn. 179 ff., 197 ff.; vgl. auch *Schützendübel*, Bezugnahme auf EU-Verordnungen in Blankettstrafgesetzen, 2012.
92 AA BGH 6.11.2003 – 1 StR 24/03, BGHSt 48, 373 (383 f.) m. Bespr. *Vogel* NStZ 2004, 252 (255 f.); Assmann/Schneider/*Vogel* WpHG, 6. Aufl., Vor § 20 a Rn. 19 ff. (22); Schwark/Zimmer/*Schwark* WpHG § 20 a Rn. 34.
93 Assmann/Schneider/*Vogel* WpHG, 6. Aufl., Vor § 38 Rn. 7.
94 Charakterisiert durch Verweisung auf andere Vorschriften; allgemein zur inhaltlichen Bestimmtheit von Blankettnormen BVerfG 23.2.1972 – 2 BvL 36/71, BVerfGE 32, 346 (362); BVerfG 23.1.1990 – 1 BvL 4/87, 1 BvL 5/87, 1 BvL 6/87, 1 BvL 7/87, BVerfGE 81, 228 (237).
95 Zur Begründung vgl. BT-Drs. 15/3174, 37.
96 BVerfG 3.7.1962 – 2 BvR 15/62, BVerfGE 14, 174 (185); BVerfG 23.2.1972 – 2 BvL 36/71, BVerfGE 32, 346 (348); BVerfG 4.2.1975 – 2 BvL 5/74, BVerfGE 38, 348 (371); BVerfG 27.3.1979 – 2 BvL 7/78, BVerfGE 51, 60 (73).
97 Vgl. nur *Kutzner* WM 2005, 1401 (1406); *Streinz/Ohler* WM 2004, 1309 (1314 ff.); *Pfüller/Anders* WM 2003, 2445 (2447 f.); *Park* BB 2003, 1513 (1517); *Tripmaker* wistra 2002, 288 (292); *Moosmeyer* wistra 2002, 161 (167 ff.); MüKoStGB/*Pananis* WpHG § 38 Rn. 204; weniger krit. „sofern die Verordnungsermächtigung vorsichtig und zurückhaltend wahrgenommen wird" Assmann/Schneider/*Vogel* WpHG, 6. Aufl., § 20 a Rn. 14, der, andererseits „ein nicht unkompliziertes „Zusammenlesen" zugesteht, das Bestimmtheits- und Irrtumsfragen aufwirft"WpHG § 38 Rn. 48.

Die **Bedenken** haben sich durch die mit dem 1. FiMaNoG zusätzlich eingeführte unmittelbare Europarechtsakzessorietät der Straftatbestände und der Ordnungswidrigkeiten **sogar noch verschärft (echtes Blankett)**,[98] auch wenn zwingende europarechtliche Vorgaben nicht am Maßstab der deutschen Verfassung, sondern ausschließlich an den, allerdings entsprechenden, Anforderungen des europäischen Primärrechts in Art. 49 Abs. 1 S. 1 Grundrechtecharta gemessen werden dürfen.[99] Soweit die deutsche Regelung, vor allem also die strafrechtliche Regelung, Umsetzungsspielräume ausfüllt, hat sich der Gesetzgeber zudem weiterhin an den deutschen Grundrechten und Grundsätzen zu orientieren.[100]

Grundsätzlich ist ein Verweis auf Europarecht zur Ausfüllung von Strafvorschriften **nicht unzulässig**,[101] zumal die strafrechtliche Sanktionierung zwingend europarechtlich vorgeschrieben ist. So geht auch der BGH in einem obiter dictum von der ausreichenden Bestimmtheit des neuen Marktmissbrauchsrechts aus.[102] Erforderlich ist im Hinblick auf den Gesetzesvorbehalt gem. Art. 80 Abs. 1, 104 Abs. 1 S. 1 GG, dass die Gewichtsverteilung zwischen Blankettstrafgesetz und konkretisierendem Rechtsakt die vorrangige Bestimmungsgewalt des förmlichen (deutschen!) Gesetzes wiedergibt.[103] Der **BGH** stuft die Verweisung auf die Marktmissbrauchsverordnung in seinem Beschluss von **10.1.2017**[104] als einen **statischen Verweis** ein, der sich dadurch kennzeichnet, dass nur auf das Verweisungsobjekt in der zum Zeitpunkt des Erlasses des verweisenden Gesetzes Bezug genommen wird.[105] Da der Gesetzgeber in einem solchen Fall den Inhalt der in Bezug genommenen Norm kannte und sich damit zu Eigen machte, sei insofern kein Bestimmtheitsproblem gegeben.

Allerdings muss auch der BGH zugeben, dass sich die Verweisungsstruktur nicht auf die Inbezugnahme des Art. 15 (bzw. Art. 14, da sich das Urteil auf das Insiderstrafrecht bezog) selbst beschränkt, sondern auch die Begriffsbe-

---

98 Vgl. *Bator* BKR 2016, 1 (6 f.); auch *Szesny* DB 2016, 1420 (1422). Zum entsprechend gestalteten Insiderstrafrecht anschaulich *Hammen* ZIS 2014, 303. Krit. zu diesem Regelungsmodell *Satzger*, Internationales und Europäisches Strafrecht, § 9 Rn. 70 f.; krit. a. *Schröder* KapitalmarktStR Rn. 714 b „hochkomplexe Gesetzeskonstruktion […], die auf anderen Rechtsgebieten bereits mehrfach versagt hat."; Graf/Jäger/Wittig/*Diversy*/Köpferl WpHG Vor §§ 38, 39 Rn. 7. Sa Meyer/Veil/Rönnau/*Rönnau*/Wegner § 28 Rn. 10 ff.
99 *Jarass*, GrCh EU-GRCharta, Art. 53 Rn. 8 ff. mwN; S. zur inhaltlichen Vereinbarkeit des neuen Marktmissbrauchsregimes mit Art. 49 Abs. 1 S. 1 Grundrechtecharta *Schröder* HRRS 2013, 253 (258 f.).
100 *Jarass*, GrCh EU-GRCharta, Art. 53 Rn. 10.
101 BGH 17.3.2011 – 5 StR 543/10, BeckRS 2011, 07396 = HRRS 2011, NR. 572 mit differenzierter Anmerkung *Satzger*/Langheld HRRS 2011, 460; BGH 18.9.2013 – 2 StR 365/12, NJW 2014, 325 mit Anm. *Bosch* JK 05/2014, Art. 103 II/7. Krit. zu dieser Umsetzungtechnik bei *Bator* BKR 2016, 1 (6 f.). sa *Schützendübel* S. 64 ff. zur Zulässigkeit und Notwendigkeit von Verweisungen auf EU-Recht.
102 BGH Beschl. v. 10.1.2017 – 5 StR 532/16, = NJW 2017, 966 mit Anm. *Rossi*; *Pananis* NStZ 2017, 234; *Rothenfußer* AG 2017, 149; *Bülte/Müller* NZG 2017, 205; *Brand/Hotz* NZA 2017, 236; *Lienert* HRRS 2017, 265; *Köpferl* ZIS 2017, 201; *Szesny* BB 2017, 515; *Möllers* JZ 2017, 445.
103 BVerfG 29.4.2010 – 2 BVR 871/04, 2 BuR, wistra 2010, 396.
104 BGH Beschl. v. 10.1.2017 – 5 StR 532/16, = NJW 2017, 966 mit Anm. *Rossi*; *Pananis* NStZ 2017, 234; *Rothenfußer* AG 2017, 149; *Bülte/Müller* NZG 2017, 205; *Brand/Hotz* NZA 2017, 236; *Lienert* HRRS 2017, 265; *Köpferl* ZIS 2017, 201; *Szesny* BB 2017, 515; *Möllers* JZ 2017, 445.
105 **AA** HK-KapMStR/*Saliger*, 4. Aufl., Rn. 24; sa Graf/Jäger/Wittig/*Diversy*/Köpferl WpHG § 38 Rn. 126; *Köpferl* ZIS 2017, 201 (208).

stimmungen und deren Konkretisierung zunächst im Anhang und sodann durch die **delegierten und Durchführungsrechtsakte** umfasst. Diese Verweisungen innerhalb des Europarechts können dabei sinnvollerweise nur als dynamische interpretiert werden – Durchführungs- und delegierte Verordnungen konnte es zum Zeitpunkt des Erlasses der Marktmissbrauchsverordnung noch gar nicht geben, da die Kompetenz zum Erlass derselben überhaupt erst durch die VO übertragen wurde. Bei dem Verweis auf die Marktmissbrauchsverordnung handelt es sich also um einen **sog verdeckt dynamischen Verweis**. Der BGH überträgt, der bisherigen höchstrichterlichen Rechtsprechung entsprechend, die Anforderungen, die an die Ausfüllung von Blankettstrafgesetzen durch Rechtsverordnungen gestellt werden, und bejaht das Vorliegen ihrer Voraussetzungen mit dem Hinweis darauf, dass die wesentlichen Voraussetzungen der Strafbarkeit schon durch das WpHG und die statisch in Bezug genommenen Bestimmungen der MarktmissbrauchsVO vorgegeben sind, dem **Tertiärrecht** also **bloße Konkretisierungen** vorbehalten sind. Dem ist im Grundsatz zuzustimmen, zumal durch die Einführung der Anhänge Konkretisierungen in das Sekundärrecht übernommen wurden, die sich bisher in einer Durchführungsrichtlinie der Kommission fanden. Trotzdem werden die im Rahmen des Lamfalussy-Verfahrens umfangreichen Befugnisse der Kommission, aber auch das Vorschlagsrecht der ESMA im Hinblick auf die interorganschaftliche Kompetenzverteilung in der EU zu Recht als bedenklich und vielmals zu weitreichend gesehen (sog „gubernative Rechtssetzung").[106] Insofern ist zu fragen, ob die weitreichenden Befugnisse der Kommission zum Erlass von Durchführungs- und delegierten Rechtsakten das durch das Primärrecht vorgegebene interinstitutionelle Gleichgewicht verletzen.[107] Zumindest muss sorgfältig darauf geachtet werden, dass die Ermächtigung zur Konkretisierung nicht zur quasi-legislativen Ausdehnung des Verbotstatbestands führt.[108] Insofern ist zu begrüßen, dass die erste Ebene der Konkretisierung durch Indikatoren mittlerweile im Anhang der MAR und damit im Sekundärrecht selbst erfolgt.[109]

27 Der deutsche **Gesetzgeber** hat die Einordnung der Verweise im WpHG auf die Marktmissbrauchsverordnung als statische Verweise dadurch **bestätigt**[110] (bzw. erstmals umgesetzt), dass er die **Verweise mit dem 2. FiMaNoG** nunmehr **aktualisiert** hat, so dass diese sich ausdrücklich auf die Verordnung in der zuletzt geänderten Fassung beziehen. Die ausdrückliche und ausführliche Angabe eines europäischen Rechtsakts, inklusive der Fundstelle im Amtsblatt inklusive

---

106 Krit. *Schröder*, Handbuch Kapitalmarktstrafrecht, Rn. 714 e „verkappte Strafgesetzgebung durch Exekutivorgane"; *Schröder* HRRS 2013, 253 (259): „Dann würde aber gerade nicht mehr die nach Art. 83 Abs. 2 AEUV erlassene Richtlinie das Strafbare beschreiben, sondern letztlich ein Rechtsakt der EU-Kommission". Kritisch zur sog „gubernativen Rechtssetzung" *Vogel* in FS Jakobs, S. 734 f.; sa *Wohlers* ZStW 125 (2013) 443 (457). Für eine Stärkung der Rolle der ESMA aber *Veil/Walla* § 4 Rn. 25 ff. S.a. zum gesetzestechnisch entsprechend ausgestalteten Umweltstrafrecht, *Lienert*, Europäische Verwaltungsakzessorietät (im Erscheinen), Kap. C.II.2.d und D.III.3.b.bb.
107 Vgl. a. *Schröder* HRRS 2013, 253 (259).
108 Zutr. zur Rechtslage vor dem 1. FiMaNoG *Fuchs/Fleischer* WpHG § 20 a Rn. 138; *Eichelberger* ZBB 2004, 296 (300).
109 So auch *Lienert* HRRS 2017, 265 (269).
110 S. Begr. d. RegE zum 2. FiMaNoG, BT-Drs. 18/10936, 217.

der ebenfalls umfassenden Benennung der letzten Änderung, wird als eindeutiges Zeichen dafür gesehen, dass ein **statischer Verweis** vorliegt.[111]

Daneben lassen jedoch die Menge an Verweisen, unbestimmten Rechtsbegriffen und die Komplexität der Rechtslage weiterhin an der Vorhersehbarkeit der Strafbarkeit für den Bürger zweifeln. Da sich nicht allgemein sagen lässt, welchen Grad an gesetzlicher Bestimmtheit der einzelne Straftatbestand erfordert und der Gesetzgeber in der Lage bleiben muss, der „Vielgestaltigkeit des Lebens Herr zu werden", ist über die Bestimmtheit anhand einer wertenden Gesamtbetrachtung unter Berücksichtigung möglicher Regelungsalternativen zu entscheiden.[112] Zu prüfen sind die Besonderheiten des jeweiligen Straftatbestandes einschließlich der Umstände, die zu der gesetzlichen Regelung führen, wobei der Gesetzgeber die Strafbarkeitsvoraussetzungen umso genauer festlegen und präziser bestimmen muss, je schwerer die von ihm angedrohte Strafe ist.[113] Die Grenze des rechtsstaatlich Zulässigen im Sinne der erforderlichen **Vorhersehbarkeit** möglicher strafrechtlicher Sanktionen für ein Handeln (**Bestimmtheitsgebot**), die schon nach alter Rechtslage zumindest als erreicht galt,[114] wird damit auf eine erneute Belastungsprobe gestellt.[115] Hier bleibt weiterhin verfassungsrechtlicher Klärungsbedarf, umso mehr als die EU-Marktmissbrauchsverordnung in Kombination mit der Marktmissbrauchs-Strafrechtsrichtlinie unmittelbar in das deutsche Strafrecht hinein„regiert". 28

Aus den Normenketten ergibt sich **grundsätzlich eine vierfache, teilweise auch vielfach gestufte** auf mehrere Rechtsordnungen aufgeteilte **Tatbestandskaskade**,[116] wobei der Gesetzgeber teilweise noch nicht einmal ausdrücklich auf die ggfs. zusätzlich erforderlichen Vorschriften der § 2 WpHG bzw. Art. 2, 3 MAR (Anwendungsbereich und Begriffsbestimmungen), Art. 13 iVm der Delegierten VO (EU) 2016/908 (Vereinbarkeit mit zulässiger Marktpraxis, legitime Grün- 29

---

111 Statt vieler *Karpen* S. 67; *Debus* S. 59 mwN; *Ernst* S. 19.
112 BVerfG 15.4.1970 – 2 BvR 396/69, BVerfGE 28, 175 (183); BVerfG 17.1.1978 – 1 BvL 13/76, BVerfGE 47, 109 (120); BGH 23.6.2010 – 2 BvR 2559/08, 2 BvR 105/09, 2 BvR 491/09, wistra 2010, 380 (386 dort Rn. 75, 73) = BVerfGE BVerfGE 126, 170.
113 BVerfG 6.5. 1987–2 BvL 11/85, BVerfGE 75, 329 (342); BGH 23.6.2010 – 2 BvR 2559/08, 2 BvR 105/09, 2 BvR 491/09, wistra 2010, 380 (386, dort Rn. 75).
114 Für Verfassungsmäßigkeit BGH, NJW 2016, 3459 mit Anm. *Trüg* NZG 2016, 820; *Dinges/Voß* EWiR 2017, 73; BGH 6.11.2003 – 1 StR 24/03, BGHSt 48, 373 (383 f.); BGH 20.7.2011 – 3 StR 506/10, wistra 2011, 467 („IKB"); BGH 4.12.2013 – 1 StR 106/13, WM 2014, 890 = BGH, NJW 2014, 1896 mit Anm. *Brand*; mit Anm. *Kraayvanger* ZWH 2014, 230; BGH 27.11.2013 – 3 StR 5/13, NZG 2014, 315 = BGH, NJW 2014, 1399 mit Anm. *Wagner* EWiR 2014, 345; Assmann/Schneider/Vogel WpHG, 6. Aufl., Vor § 20 a Rn. 30: „abstrakte Verfassungsmässigkeit"; *Schröder* KapitalmarktStR Rn. 396 a ff., 400; für Verfassungswidrigkeit *Moosmayer* wistra 2002, 161 (167 ff.); *Park* BB 2003, 1513 (1517); krit. auch *Ziouvas* ZGR 2003, 113 (146): „missglückte Tatbestandsfassung"; ähnlich *Hild* S. 184; allg. BVerfG 11.2.1976 – 2 BvL 2/73, BVerfGE 41, 314 (319).
115 So auch NK-WSS/*Trüg* WpHG § 38 Rn. 35; *Krimphove* KritV 2018, 56. Sa Graf/Jäger/Wittig/*Diversy/Köpferl* WpHG § 38 Rn. 11: „nocht nicht ein Grad an Unbestimmtheit […], der zu einer Verfassungswidrigkeit der Regeln führt"; *Momsen/Laudien* ZIS 2016, 646 (652).
116 Graf/Jäger/Wittig/*Diversy/Köpferl* WpHG § 38 Rn. 9 ff.; *Mock/Stüber*, WpHR, Einf. Rn. 7 sprechen von einer „schwer überschaubaren Regelungstiefe". Zur bisherigen Rechtslage auch *Moosmayer* wistra 2002, 161 (168); krit. auch *Möllers/Hailer* in FS Schneider, S. 831, 837 ff.

de) oder Art. 5 MAR iVm der Delegierten Verordnung (EU) 2016/1052 (Safe-Harbour-Regelungen der EU-DVO 2273/2003) verweist.[117] Der unter verfassungsrechtlichen Aspekten (Art. 103 Abs. 2 GG) zu beurteilende „Erkenntnishorizont" ist für den Rechtsanwender bereits hierdurch kaum noch bestimmt genug.[118] Dies gilt unabhängig davon, welche Anforderungen an die Erkennbarkeit von unmittelbar anwendbare Normen des EU zu stellen sind, die nicht unmittelbar tatbestandsbegründende, sondern zunächst tatbestandsausschließende Wirkung nach sich ziehen (Art. 13 MAR iVm Delegierte Verordnung (EU) 2016/908), oder „lediglich", aber immerhin indizielle Wirkung für manipulatives Verhalten haben (Prüfkriterien in Anhang I der MAR iVm Delegierte Verordnung (EU) 2016/522).

30 Neben der **strukturellen Komplexität** ist bereits der Wortsinn der in WpHG, MAR und den delegierten und Durchführungsrechtsakten verwendeten unbestimmten Rechtsbegriffe selbst ausfüllungsbedürftig. Es existiert keine deutliche Vorprägung dieser unbestimmten Rechtsbegriffe durch den Sprachgebrauch,[119] und eine insoweit gefestigte Rechtsprechung entwickelt sich erst schrittweise[120] – immer neu herausgefordert durch die rasende und durch zahlreiche Änderungen geprägte Entwicklung der Rechtslage.[121] Ob die Indikatoren im Anhang I/A der MAR und die zur „Präzisierung und Klärung" (vgl. Art. 12 Abs. 5 MAR) erlassene Delegierte Verordnung (EU) 2016/522 die angesichts der erheblichen Strafdrohung von bis zu fünf Jahren Freiheitsstrafe erforderliche[122] tatbestandliche bzw. tatbestandsausnehmende Konkretisierungswirkung in verfassungs- und europarechtskonformer Weise zu entfalten vermag (vgl. etwa Rn. 110), ist zumindest zweifelhaft.[123] Dies gilt umso mehr, als die Regelung der Manipulationsformen der MAR eine klare Systematik ver-

---

117 Ob sich dies für den Rechtsanwender aus dem bloßen Zusammenhang hinreichend deutlich ergibt (so Assmann/Schneider/*Vogel* WpHG, 6. Aufl., § 20 a Rn. 29 zur vergleichbaren alten Rechtslage), sei dahingestellt.
118 Ähnlich Schwark/Zimmer/*Zimmer/Cloppenburg* WpHG § 38 Rn. 11; aA *Schröder* KapitalmarktStR Rn. 400 f., 547; Assmann/Schneider/*Vogel* WpHG, 6. Aufl., Vor § 38 Rn. 4 a; KölnKomm/*Altenhain* WpHG § 38 Rn. 20–22, 26; zu den Bestimmtheitsanforderungen bei Doppel- und Mehrfachverweisungen vgl. *Tiedemann* WiStR Rn. 205.
119 BVerfG 14.11.1989 – 1 BvL 14/85, 1 BvR 1276/84, BVerfGE 81, 70 (88).
120 Zu diesem Erfordernis BVerfG 6.5.1987 – 2 BvL 11/85, BVerfGE 75, 329 (344); BVerfG 22.6.1988 – 2 BvR 234/87, 2 BvR 1154/86, BVerfGE 78, 374 (388); BVerfG 10.1.1995 – 1 BvR 718/89, 1 BvR 719/89, 1 BvR 722/89, 1 BvR 723/89, BVerfGE 92, 1 (18), BVerfG 2 BvR 1516/96, BVerfGE 96, 68 (98); zur verfassungsrechtlichen Überprüfbarkeit des Vorliegens eines solchen „gefestigten Vorverständnisses" BVerfG 10.1.1995 – 1 BvR 718/89, 1 BvR 719/89, 1 BvR 722/89, 1 BvR 723/89, BVerfGE 92, 1 (18 ff., 23 ff.) sowie BGH 23.6.2010 – 2 BvR 2559/08, 2 BvR 105/09, 2 BvR 491/09, wistra 2010, 380 (387; dort Rn. 81, 83); *Sorgenfrei* wistra 2002, 321 (325); Assmann/Schütze/*Worms*, Handbuch des Kapitalanlagerechts, § 9 Rn. 1; Schwark/Zimmer/*Schwark* WpHG § 20 a Rn. 5; die „Scalping"-Entscheidung des BGH war demgegenüber das erste diesbezügliche Urteil dieser Instanz.
121 Vgl. Langenbucher/*Klöhn* § 6 Rn. 15 „Regelungsschwemme", „Normen-Tsunami".
122 AA Schwark/Zimmer/*Schwark* WpHG § 20 a Rn. 6 mwN; zur Verhältnismäßigkeit von Präzisionsgrad und Höhe der angedrohten Strafe vgl. BVerfG 25.7.1962 – 2 BvL 4/62, BVerfGE 14, 245 (251); insoweit zutreffend *Ziouvas* ZGR 2003, 113 (129).
123 Assmann/Schneider/*Vogel* WpHG, 6. Aufl., § 20 a Rn. 133 mwN; MAH WiStR/*Rübenstahl/Tsambikakis* § 23 Rn. 77; *Vogel* WM 2003, 2437 (2440); *Park* BB 2003, 1513 (1517); krit. auch *Rössner/Bolkart* AG 2003, R 394; aA *Teuber* S. 215 ff. (226); *Ziouvas* ZGR 2003, 113 (128 f.); *Waschkeit* S. 256 ff. (260).

missen lässt[124] und die „Konkretisierung" in Anhang und Delegierter Verordnung lediglich „Indikatoren" für eine mögliche Marktmanipulation darstellen, die nicht in jedem Fall zur Bejahung des Tatbestands führen müssen (s. 108). Die **Konkretisierung bloßer Prüfkriterien ist aber keine Tatbestandskonkretisierung** iSd Art. 80 Abs. 1, 104 Abs. 1 GG. Der Bestimmtheit ebenfalls nicht förderlich sind die zahlreichen Übersetzungsfehler in der deutschen Sprachfassung.[125]

Um die Unbestimmtheit und Weite der Formulierungen auszugleichen und den rechtsstaatlichen Bindungen des Strafrechts zu genügen, sollten die Vorschriften der MAR und der delegierten bzw. Durchführungsakte folglich **äußerst restriktiv** (bzw. bei Ausnahmevorschriften extensiv) **ausgelegt** werden[126] Dabei ist allerdings zu beachten, dass das **Marktmanipulationsverbot** direkt in der unmittelbar anwendbaren Marktmissbrauchsverordnung geregelt ist, über die der **EuGH** die **Auslegungshoheit** hat.[127] Es ist daher zu befürchten, dass eine am *effet utile* orientierte Auslegung mittelbar in das deutsche Strafrecht Einzug halten wird. Insofern sollte jedoch der **Spielraum**, den die Marktmissbrauchs-Strafrechtrichtlinie mit der Vorgabe einer Sanktionierung lediglich „**besonders schwerer Verstöße**" bietet, konsequent und ggf. durch eine teleologische Reduktion des Verweises auf die Marktmissbrauchsverordnung wahrgenommen werden. Ggf. sollte in Zweifelsfällen auch auf eine **großzügige Einstellungspraxis** zurückgegriffen werden, um den Eigenheiten eines rechtsstaatlichen Strafrechts gerecht zu werden.

31

4. Funktion und Ermittlungsbefugnisse der BaFin

Um die praktische Bedeutung des Marktmissbrauchsrechts zu erhöhen,[128] wurde 2002 mit der Bundesanstalt für Finanzdienstleistungsaufsicht (BaFin) eine zentrale Aufsichtsbehörde geschaffen.[129] Sie ist seit dem 1. FiMaNoG gem. § 4 Abs. 3 b WpHG aF (jetzt **§ 6 Abs. 5 WpHG**) auch die **zuständige Behörde** iSd Art. 22 der Marktmissbrauchsverordnung. Zur bisherigen Entwicklung s. Rn. 31 ff. der Vorauflage.

32

Durch das **1. FiMaNoG** wurden die **Befugnisse der BaFin** als Strafverfolgungsbehörde in Umsetzung des Art. 23 Abs. 2 MAR in nicht unproblematischer

33

---

124 Vgl. *Meyer/Veil/Rönnau* Vorwort, S. V.
125 *Schmolke* AG 2016, 434 (439); *Klöhn* AG 2016, 423 (424); *Kudlich* AG 2016, 459 (465); Klöhn/*Klöhn* MAR Einl. Rn. 86 ff.; Graf/Jäger/Wittig/*Diversy/Köpferl* WpHG Vor §§ 38, 39 Rn. 5; WpHG § 38 Rn. 9; *Meyer/Veil/Rönnau* Vorwort, S. V.
126 Zur entsprechenden alten Rechtslage Fuchs/*Waßmer* WpHG § 38 Rn. 12; iErg ähnlich *Schröder* KapitalmarktStR Rn. 402; *Sorgenfrei* wistra 2002, 321 (325); Assmann/Schneider/*Vogel* WpHG, 6. Aufl., Vor § 20 a Rn. 2, WpHG Vor § 38 Rn. 4; *Vogel* WM 2003, 2437 (2440); *Schröder* KapitalmarktstR Rn. 483; *Schmitz* wistra 2002, 208 (210) noch zu § 88 BörsG.
127 Vgl. *Poelzig* NZG 2016, 528 (528); *Veil* ZBB 2014, 85 (88); krit. *Bator* BKR 2016, 1 (6 f.). Zur Auslegung insgesamt s. Veil/*Veil* § 5 Rn. 40 ff.
128 *Papachristou* S. 92 ff.; *Lenzen* ZBB 2002, 279 (280): „tote(s.) Recht"; *Sorgenfrei* wistra 2002, 321; Assmann/Schneider/*Vogel* WpHG, 6. Aufl., Vor § 20 a Rn. 3; *Ziouvas* ZGR 2003, 113 (114); *Benner* ZRP 2001, 450; *Waschkeit* S. 231 ff.
129 Gesetz über die integrierte Finanzdienstleistungsaufsicht v. 22.4.2002, BGBl. 2002 I 1310; vgl. auch BT-Drs. 14/8017, 99; *Schlüter* D 126 ff. (134 ff.); zu Einzelheiten vgl. die Kommentierung im 2. Teil dieses Werkes; ausführlich zu den Ermittlungskompetenzen der BaFin *Szesny* S. 27 ff.

Weise erheblich erweitert:[130] Auch im Rahmen des 2. FiMaNoG erfolgte eine Erweiterung der Befugnisse. Im Einklang mit dem Ziel des 2. FiMaNoG und der dadurch umgesetzten MiFiDII und MiFiR zur Schließung von Aufsichtslücken und der Verbesserung der Transparenz an Finanzmärkten[131] betrifft diese Erweiterung jedoch eher die Stellung der BaFin als allgemeine Aufsichtsbehörde. Die durch das 2. FiMaNoG geschaffenen Pflichten zur Abgabe **regelmäßiger Meldungen** der Börsen und Betreiber der Märkte, für deren Entgegennahme die BaFin zuständig ist (§ 8 Abs. 1 WpHG), werden Anknüpfungspunkte für Ermittlungen in Fällen des Marktmissbrauchs bieten.

34 Die „Ermittlungs"-**Befugnisse der BaFin** zur Verhinderung oder Beseitigung von „Missständen" (§ 6 Abs. 1 WpHG; vorher 4 Abs. 1 WpHG aF) umfassen das **Verlangen von Auskünften** und der Vorlage von Unterlagen, das Verlangen von Angaben über Bestandsveränderungen in den Vermögenswerten, das Verlangen der Preisgabe der Identität weiterer Beteiligter, insbesondere der Auftraggeber, der berechtigten und verpflichteten Personen sowie Auskunftsansprüche gegenüber den weiteren Beteiligten (§ 6 Abs. 3 WpHG, vorher § 4 Abs. 3 WpHG).[132] Die herauszugebenden Daten wurden durch das 2. FiMaNoG auf sonstige Daten erstreckt, die etwa Emails und Chatverläufe umfassen.[133] Gem. § 8 Abs. 1 (vorher § 4 Abs. 3 e) WpHG wurde die Befugnis zum Verlangen von Auskünften auf die Herausgabe von Daten iSd Art. 4 MAR in standardisierter und elektronischer Form von Börsen und Betreibern von Märkten, an denen Finanzinstrumente gehandelt werden, erstreckt. Dies ergänzt die regelmäßigen Meldungen der Börsen und Betreiber von Märkten, zu deren Entgegennahme die BaFIn ebenfalls gem. § 8 Abs. 1 zuständig ist. § 8 Abs. 2 (vorher § 4 Abs. 3 f) WpHG aF erfasst daneben Auskünfte und die Meldung von Geschäften mit Derivaten von Marktteilnehmern an Spotmärkten und gibt der BaFin direkten Zugriff auf die Handelssysteme. Diese Erweiterung erfolgte im Rahmen des **1. FiMaNoG** und dient der **Umsetzung** des **Art. 23 Abs. 2 MAR**.

35 Seit dem 2. FiMaNoG können zudem generell Angaben „über **Volumen und Zweck** einer mittels eines **Warenderivats** eingegangenen Position oder offenen Forderung" verlangt werden. Gerade, aber nicht nur hinsichtlich des Zwecks ist darauf hinzuweisen, dass die allgemeinen Aussage- und Zeugnisverweigerungsrechte weiterhin Anwendung finden (§ 16 Abs. 5 WpHG), also niemand zur Selbstbelastung gezwungen werden kann.[134] Nicht zu unterschätzen ist jedoch der rein faktische Rechtfertigungszwang. Ebenfalls durch das 2. FiMaNoG und in Umsetzung der MiFiD II[135] wurde § 6 Abs. 3 S. 2 Nr. 4

---

130 S. dazu Begr. RegE, BT-Drs. 18/7482, 58 f. Kritisch *Szesny* DB 2016, 1420 (1424 f.). Ausführlich zu den Befugnissen Derleder/Knops/Bamberger/*Frisch*, Deutsches und europäisches Bank- und Kapitalmarktrecht II, 3. Aufl., § 54 Rn. 63.
131 Vgl. dazu *Mock/Stüber*, WpHR, Einf. Rn. 5, 8, 14 f., 142 ff.
132 § 20 b WpHG aF wurde durch die Generalbefugnisnorm des § 4 WpHG nF ersetzt, vgl. Begr. RegE AnSVG, BT-Drs. 15/3174, 38; zum Verfahrensrecht zur Ermittlung von Verstößen vgl. nur *Schröder* HWSt X 2 Rn. 206 ff.
133 Art. 69 Abs. 2 lit. a MiFiD II, s. Begr. RegE 2. FiMaNoG, BT-Drs. 18/10936, 225.
134 Meyer/Veil/*Rönnau*/*Litsoukov* § 26 Rn. 19.
135 Art. 69 Abs. 2 lit. j MiFiD II, s. Begr. RegE 2. FiMaNoG, BT-Drs. 18/10936, 225.

WpHG eingeführt, der die vorzulegenden Angaben auf „alle Vermögenswerte oder Verbindlichkeiten am Basismarkt" erweitert.[136]

Ferner hat die BaFin während der üblichen Arbeitszeit der Bediensteten ein **Betretungsrecht** der Grundstücke und Geschäftsräume der Beteiligten; außerhalb dieser Zeit ist zusätzlich Voraussetzung, dass das Betreten zur Verhütung von Gefahren für die öffentliche Sicherheit und Ordnung erforderlich ist und bei den Beteiligten Anhaltspunkte für einen Verstoß gegen ein Verbot oder Gebot des WpHG vorliegen (§ 6 Abs. 11 WpHG, vorher § 4 Abs. 4 WpHG aF). Dieses Betretungsrecht für Wohn- und Geschäftsräume wurde durch das 1. FiMaNoG (§ 4 Abs. 4 a; jetzt § 6 Abs. 12 WpHG) für Situationen, in denen dies zur Verfolgung von Verstößen nach Art. 14 und 15 MAR erforderlich ist, zum **Durchsuchungsrecht** erweitert sowie mit der **Befugnis zur Sicherstellung und Beschlagnahme von Beweismitteln** verknüpft. § 6 Abs. 13 (vorher § 4 Abs. 4 b) WpHG erlaubt die **Beschlagnahme von Vermögenswerten**. Die Beschlagnahme gem. § 6 Abs. 12, 13 (vorher 4 Abs. 4 a, 4 b) WpHG steht unter Richtervorbehalt.[137]

Gem. § 7 Abs. 1, 2 WpHG (vorher § 4 Abs. 3 c, 3 d WpHG idF 1. FiMaNoG) kann die BaFin seit dem 1. FiMaNoG auch bestehende **Verkehrsdaten** von Telekommunikationsgesellschaften sowie **Aufzeichnungen von Telefongesprächen**, elektronische Mitteilungen und Verkehrsdaten von Wertpapierdienstleistungsunternehmen, Kreditinstituten und Finanzinstituten anfordern, wenn dies zur Erforschung des Sachverhalts einer Marktmanipulation erforderlich ist. Für die Erhebung von Daten bei Telekommunikationsgesellschaften wird durch **Verweis** des § 7 Abs. 1, 2 WpHG auf die entsprechenden Regeln in **§ 100 a Abs. 3 StPO** sichergestellt, dass sich die Maßnahme primär gegen den Beschuldigten richtet. Daneben verweist die Vorschrift auch auf § 100 b Abs. 1–4 Satz 1 StPO. So wünschenswert es wäre, einen Anknüpfungspunkt ausreichender Schwere zu verlangen – also gem. § 100 b Abs. 1 Nr. 2, 3 StPO eine auch im Einzelfall schwerwiegende Tat und die Unerlässlichkeit der Maßnahme –, ist hier seit dem 2. FiMaNoG von einem **Verweisungsfehler** auszugehen. Dies zeigt sich darin, dass weder der Verweis auf die Katalogtaten in § 100 b Abs. 1 Nr. 1, Abs. 2 StPO noch (und insbesondere) die angeordnete „Maßgabe, dass die Bundesanstalt antragsberechtigt ist", einen Sinn macht. Der Verweis bezieht sich vielmehr (wie bisher der Verweis in § 4 Abs. 3 c WpHG aF) auf die Verfahrensanforderungen und den **Richtervorbehalt** in § 100 e StPO, die auch **weiterhin maßgeblich** sein müssen. Wird die BaFin als Ermittlungsbehörde und nicht präventiv tätig, ist zudem in Anlehnung an das Strafprozessrecht und unabhängig vom Wortlaut sowohl für § 7 Abs. 1 als auch Abs. 2 WpHG zu fordern, dass über einen bloß allgemeinen Verdacht einer Marktmanipulation hinaus konkrete Tatsachen vorliegen, die einen Verdacht ausreichender Schwere begründen.[138]

Zur Befugnis der BaFin, Berufs- und sonstige personenbezogene Tätigkeitsverbote zu erlassen, sowie zur Befugnis zur Veröffentlichung von Warnungen bei Verstößen, die der Umsetzung des Art. 30 Abs. 2 MAR dienen, s. unten Rn. 305 ff.

---

136 Meyer/Veil/Rönnau/*Litsoukov* § 26 Rn. 21.
137 Vgl. Begr. RegE BT-Drs. 18/7482, 58.
138 Meyer/Veil/Rönnau/*Litsoukov* § 26 Rn. 24.

39 Die Interventionsschwelle der BaFin für Ermittlungshandlungen ist relativ gering und wurde teilweise durch das 2. FiMaNoG noch weiter abgesenkt. Schon nach alter Rechtslage genügten bloße „Anhaltspunkte" für ein Auskunftsverlangen (§ 4 Abs. 3 S. 1 WpHG aF),[139] mit dem ua die Angabe von Bestandsveränderungen in Vermögenswerten sowie die Identität der Auftraggeber bzw. der hieraus „berechtigten" (s. o.) und verpflichteten Personen eingeholt werden können. Ab dem 3.1.2018 stellt der Wortlaut des § 6 Abs. 3 WpHG nur noch darauf ab, dass das Auskunftsverlangen zur Erfüllung der Überwachung ua über die Einhaltung des Marktmanipulationsverbots erfolgt, wobei das Auskunftsverlangen wie alle Befugnisse unter dem Vorbehalt der Geeignetheit und Erforderlichkeit steht, vgl. § 6 Abs. 1 S. 3 WpHG. Diese Erweiterung ist der Erfahrung geschuldet, dass oftmals nur Marktauffälligkeiten und keine Anhaltspunkte für konkrete Verstöße erkennbar sind.[140] Wertpapierdienstleistungsunternehmen dürfen dabei ihre Auftraggeber (Privatanleger, institutionelle Anleger, Investmentfonds etc) über diese Ermittlungen nicht informieren (§ 12 WpHG, vorher 4 Abs. 8 WpHG aF). Dies führt praktisch zu einem erhöhten Rechtfertigungsnachweis, ob bzw. welche wirtschaftlichen Gründe einen Marktteilnehmer zu den jeweiligen Transaktionen bewogen haben („legitime Gründe" bzw. **Regular-User**"-Test, vgl. unten Rn. 173).[141] Den Hintergrund bildet der vom anglo-amerikanischen Rechtsverständnis geprägte Ansatz der EU-Marktmissbrauchsrichtlinie bzw. der Marktmissbrauchsverordnung,[142] den Vorwurf einer Marktmanipulation dadurch entkräften zu können, dass die betreffende Person nachweist, dass sie legitime Gründe für die Geschäfte bzw. Aufträge hatte und diese nicht gegen die **zulässige Marktpraxis** auf dem betreffenden geregelten Markt verstoßen[143] (zur Kritik hieran vgl. Rn. 173).

40 **Kriterien**, an denen sich die BaFin bei der Prüfung der Zulässigkeit bestimmter Marktpraktiken orientieren kann, finden sich in **Art. 13 Abs. 2 der Marktmissbrauchsverordnung**, der die **EU-Durchführungsrichtlinie 2004/72/EG** vom 7.4.2004 ersetzt. Er enthält zum einen Faktoren für die Prüfung von Gepflogenheiten, die auf einem Finanzmarkt „nach vernünftigem Ermessen erwartet und von den zuständigen Aufsichtsbehörden anerkannt" werden.[144] Entscheidend ist die Transparenz der zu prüfenden Marktpraxis, ihre Auswirkung auf die Marktliquidität, wobei die besonderen Marktbedingungen, der gewichtete Durchschnittskurs eines Handelstages oder die tägliche Schlussnotierung als zu berücksichtigende Faktoren angesehen werden. Ferner ist dort ein Konsultati-

---

139 *Schröder* HWSt X 2 Rn. 21; dagegen sieht Art. 7 der EU-Durchführungsrichtlinie 2004/72/EG nur bei „begründetem Verdacht" (iS eines strafrechtlichen Anfangsverdachts gem. §§ 152 Abs. 2, 160 Abs. 1 StPO) eine Meldepflicht von Transaktionen vor; krit. zu Durchsuchungen aufgrund einer derartig niedrigen Aufgriffsschwelle unter verfassungsrechtlichen Aspekten: *Moosmayer* wistra 2002, 167; vgl. auch Assmann/Schneider/*Dreyling* WpHG § 4 Rn. 37 ff., 41: „Anhaltspunkte sind mehr als Gerüchte oder Vermutungen, sie setzen vielmehr einen Tatsachenkern voraus ...".
140 S. Beschlussempfehlung des Finanzausschusses zum 2. FiMaNoG, BT-Drs. 18/11775, 647; dazu Meyer/Veil/Rönnau/*Litsoukov* § 26 Rn. 20.
141 *Sorgenfrei* wistra 2002, 321 (328).
142 Vgl. *Meißner* S. 121.
143 Art. 1 Nr. 2 a letzter Hs. Erwägungsgrund (20) der EU-Marktmissbrauchsrichtlinie.
144 Art. 12 Abs. 1 aE MAR, bis zum 2.7.2016: Art. 1 Nr. 5 der EU-Marktmissbrauchsrichtlinie, Art. 2 EU-Durchführungsrichtlinie 2004/72/EG.

onsverfahren mit Vertretern von Emittenten, Finanzdienstleistungsunternehmen, Verbrauchern, anderen Behörden und Marktteilnehmern im Vorfeld der Feststellung einer „zulässigen Marktpraxis" vorgesehen sowie eine Regelung zur öffentlichen Bekanntgabe, ob bzw. inwieweit ein Verhalten zulässige oder unzulässige Marktpraxis in diesem Sinne darstellen soll.[145] Daneben enthält **Art. 13 Abs. 2 der Marktmissbrauchsverordnung** Regelungen zum Verfahren sowie eine Ermächtigung der Kommission zum Erlass von technischen Regulierungsstandards in Form einer Delegierten Verordnung, die zum Erlass der Delegierten Verordnung (EU) 2016/908[146] führte. Bedenkenswert erscheint hier insbesondere, dass bisher in Deutschland noch **keine einzige Marktpraxis als zulässig anerkannt** wurde,[147] was das Regel-Ausnahme-Verhältnis in nicht nur im Strafrecht bedenklicher Hinsicht umkehrt.

Diese Kriterien dienen auch der Tätigkeit der jeweiligen **Handelsüberwachungsstelle (HÜSt)** einer Börse als Orientierungshilfe (§ 7 BörsG).[148] Stellt die HÜSt Tatsachen fest, deren Kenntnis für die BaFin zur Verfolgung von Verstößen gegen das Verbot der Marktpreismanipulation erforderlich ist, hat sie die BaFin hierüber unverzüglich zu unterrichten (§ 7 Abs. 5 BörsG).[149] Verdichten sich die für derartige Befugnisse hinreichenden Hinweise bzw. Marktauffälligkeiten[150] zu einem Tatverdacht, hat die BaFin den Vorgang bei der zuständigen Staatsanwaltschaft anzuzeigen (§ 11 WpHG, vorher 4 Abs. 5 WpHG aF).[151] Schließlich hat die BaFin ein Datenabruf- und Datenübermittlungsrecht (§ 17 WpHG, vorher 6 WpHG aF) und bei grenzüberschreitenden Sachverhalten die Befugnisse zur internationalen Zusammenarbeit (§ 18 WpHG, vorher § 7 WpHG aF).[152]

41

---

145 Art. 3 EU-Durchführungsrichtlinie 2004/72/EG.
146 Delegierte Verordnung (EU) 2016/908 der Kommission v. 26.2.2016 zur Ergänzung der Verordnung (EU) Nr. 596/2014 des Europäischen Parlaments und des Rates durch technische Regulierungsstandards für die Kriterien, das Verfahren und die Anforderungen für die Festlegung einer zulässigen Marktpraxis und die Anforderungen an ihre Beibehaltung, Beendigung oder Änderung der Bedingungen für ihre Zulässigkeit. ABl. 2016 L 153 v. 10.6.2016, S. 3 ff.
147 S. Klöhn/*Schmolke* MAR Art. 13 Rn. 6 mwN zu den (wenigen) ZMP in anderen Mitgliedstaaten. Ausführlich Meyer/Veil/Rönnau/*Racky* § 16 Rn. 35 ff.
148 BegrRegE FRUG zu § 7 BörsG, BT-Drs. 16/4028, 82.
149 Zu den Aufgaben der HÜSt gehören vor allem die Überwachung der Preisfindung und der Handelsvolumina, die ständige Kontrolle der Einhaltung von Handelsusancen, die Beobachtung der Eigengeschäfte der Skontroführer, der Vergleich der Preise mit anderen Börsenplätzen und anderen Handelssystemen (insbesondere wegen des Zusammenspiels von Aktien- und Terminbörse), wobei die Daten über den Börsenhandel und die Börsengeschäftsabwicklung systematisch und lückenlos zu erfassen und auszuwerten sowie notwendige Ermittlungen durchzuführen sind, Begr. 2. FinMFG, BT-Drs. 12/6679, 60; Schwark/Zimmer/*Beck* BörsG § 7 Rn. 13 ff.; Wabnitz/Janovsky/*Benner*, 2. Aufl., 2004, 9. Kap. Rn. 27 a, 32 f.; MAH WiStR/*Benner* § 22 Rn. 181 ff.; *Waschkeit* S. 231 f.
150 Krit. zur Verdachtswirkung von Kursverläufen wegen der Möglichkeit, mittels bloßer EDV-gestützter Auftragsgenerierung bei Erreichen bestimmter Preisparameter Kurstendenzen ohne jegliche Manipulationsabsicht zu verstärken zu können (sog Quote Machines bzw. Electronic Eyes) vgl. Wabnitz/Janovsky/*Benner*, 2. Aufl. 2004, 9. Kap. Rn. 172; *Sorgenfrei* wistra 2002, 321 (326).
151 Assmann/Schneider/*Vogel*, 3. Aufl. 2003, WpHG § 20 b Rn. 54 ff.
152 Vgl. näher die Darstellung der BaFin im 2. Teil der Kommentierung in diesem Werk.

5. Rechtstatsächliches

42 Die Aktivitäten der BaFin im Bereich der Marktmanipulation spiegeln sich in folgenden Zahlen wider: Die Anzahl neuer Untersuchungen betrug 226 (2017), 272 (2016) bzw. 256 (2015), wobei Anhaltspunkte für eine Marktmanipulation in 121 (2017), 106 (2016) bzw. 170 (2015) Fällen auftraten. 56 (2017), 40 (2016) bzw. 44 (2015) Verfahren wurden eingestellt. 197 (2017), 275 (2016) bzw. 160 (2015) Verfahren wurden an die Staatsanwaltschaft abgegeben, 6 (2017), 7 (2016) bzw. 10 (2015) dem Bußgeldreferat der BaFin zugeleitet. Die Zahl offener Untersuchungen betrug 441 (2017), 398 (2016) bzw. 279 (2015).[153]

Besondere praktische Relevanz haben Manipulationen durch abgesprochene Geschäfte und andere vorgetäuschte Aktivitäten, ferner die Verbreitung von unrichtigen oder irreführenden Informationen (insbesondere im Zusammenhang mit Ad-hoc-Tatsachen),[154] sowie Scalping[155] bzw. die umgekehrte Konstellation Short-Attacken,[156] während die wenigsten Analysen auf Manipulationen der Orderlage und von Referenzpreisen entfallen.[157] Insgesamt stellte die BaFin eine **starke Zunahme an Ermittlungen** fest, der „Trend hin zu einer wachsenden Zahl von Untersuchungen [habe] sich sogar noch einmal beschleunigt".[158] Die Fallzahlen der BaFin belegen allerdings weniger die hohe Präventionsentwicklung der Marktmanipulationsvorschriften. Sie verdeutlichen vielmehr die Probleme, die tatbestandlich äußerst komplexen Normen einer entsprechenden Verfolgungsqualität zuzuführen, die es überhaupt ermöglicht, zu einem Anfangsverdacht zu gelangen oder gar eine Sanktionierung herbeizuführen.[159] Auch die Einführung sog **Sammelklagen** zum Zwecke der Verfolgung zivilrechtlicher Schadensersatzansprüche[160] hat nicht zu verstärkten Aufgriffen von Fällen geführt. Zur praktischen Irrelevanz der Durchsetzung zi-

---

153 BaFin-Jahresbericht 2017, S. 133 f., Tabellen 19 u. 20; BaFin-Jahresbericht 2016, S. 177 f., Tabellen 18 u. 20; BaFin-Jahresbericht 2015, S. 231, Tabelle 30, jeweils abrufbar unter: www.bafin.de (zuletzt abgerufen 19.6.2019); sa MüKoStGB/*Pananis* WpHG § 38 Rn. 11 ff. (13); zu früheren Jahren vgl. Vorauflagen sowie Fuchs/*Fleischer* WpHG Vor § 20 a Rn. 38 ff.
154 Fall „Conergy AG", Handelsblatt v. 20.7.2011; weitere Beispiele bei Wabnitz/Janovsky/*Benner*, 2. Aufl. 2004, 9. Kap. Rn. 166 ff.; *Schwark* in FS Kümpel, S. 490; *Lenzen*, Unerlaubte Eingriffe in die Börsenkursbildung, S. 9 ff.
155 BGH 6.11.2003 – 1 StR 24/03, BGHSt 48, 373 = ZIP 2003, 2354 = DB 2004, 64 = BB 2004, 11 = wistra 2004, 109.
156 BaFin-Jahresbericht 2017, S. 132 abrufbar unter: www.bafin.de (zuletzt abgerufen 19.6.2019). Ausführlich zur Marktmanipulation durch Leerverkaufsattacken *Bayram/Meier* BKR 2018, 55; *Möllers* NZG 2018, 649; *Mülbert* ZHR 182 (2018), 105.
157 BaFin-Jahresbericht 2017, S. 131; BaFin-Jahresbericht 2016, S. 175; BaFin-Jahresbericht 2015, S. 231, jeweils abrufbar unter: www.bafin.de (zuletzt abgerufen 19.6.2019).
158 BaFin-Jahresbericht 2015, S. 231, abrufbar unter: www.bafin.de (zuletzt abgerufen 19.6.2019); *Park* NStZ 2007, 369 (375).
159 Vgl. BaFin-Jahresbericht 2010, S. 193: „Gerade diese [Scalping-Sachverhalte] sind sehr komplex, aufwendig zu ermitteln und haben das größte Schadenspotential."; ebenso *Hienzsch* HRRS 2006, 144 ff.; *Möllers/Hailer* in FS Schneider, S. 831, 833 f.
160 Gesetz über Musterverfahren in kapitalmarktrechtlichen Streitigkeiten – Kapitalanleger-Musterverfahrensgesetz (KapMuG) v. 16.8.2005, BGBl. 2005 I 2437; *Kiethe* DStR 2003, 1982 (1988).

vilrechtlicher Schadensersatzansprüche im sog **Adhäsionsverfahren** vgl. Rn. 308.[161]

Diese Zunahme der Ermittlungen der BaFin im Bereich der Marktmanipulation zeigt sich nur teilweise in der Zahl der **Verurteilungen**.[162] Wegen Marktmanipulation wurden im Jahr 2017 19 Personen verurteilt, im Jahr 2016 sogar 23, während es 2014 lediglich 3 Personen waren. Im Jahr 2017 erfolgten 15 der Verurteilungen im Strafbefehlsverfahren (2016: 13). Es erfolgte kein Freispruch (2016: 3). Die Staatsanwaltschaften stellten 373 Ermittlungsverfahren ein (2016: 310), 56 davon gegen Zahlung einer Geldauflage (2016: 50). In 7 Fällen (2016: 0) wurden Bußgelder verhängt, in 3 Fällen (2016: 3) stellte das Bußgeldreferat das Verfahren ein.[163]

II. Die Voraussetzungen des Tatbestandes

1. Objektiver Tatbestand

a) Systematik und europäische Vorgaben

Der materielle **Anknüpfungspunkt** sowohl für die jeweilige Ordnungswidrigkeiten gem. § 120 Abs. 2 Nr. 3, Abs. 15 Nr. 2 WpHG als auch für den Straftatbestand des § 119 Abs. 1, 4 WpHG sind die **Verbotstatbestände bzw. Begriffsbestimmungen der Art. 12, 15 MAR**. Art. 15 MAR verbietet blanketthaft sowohl die vollendete als auch die versuchte Marktmanipulation; Art. 12 MAR bestimmt, welche Verhaltensweisen eine Manipulation darstellen. Durch diese weitere Aufspaltung erhält die Regelung der Markmanipulation gegenüber der Rechtslage vor dem 1. FiMaNoG (s. Vorauflage) eine weitere Ebene der Komplexität.[164]

Art. 12 Abs. 1 unterteilt die manipulativen Verhaltensweisen, entsprechend ihrer schon bisher nach ganz überwiegender Ansicht vorgenommenen typologischen Abgrenzung, in **drei Gruppen: informations-, handels- und handlungsgestützte** Manipulationen,[165] denen sie zudem die Manipulation der Benchmarks hinzufügt.

Die **erste Gruppe** ist dadurch gekennzeichnet, dass sie durch **Kundgabe unrichtiger oder irreführender Information** – im Jahresabschluss, durch Ad-hoc-Mitteilungen, Prognosen etc – verwirklicht wird und zahlreiche Überschneidungs-

---

[161] Vgl. OLG Hamburg 29.7.2005 – 1 Ws 92/05, NStZ-RR 2006, 347.
[162] Eine praktische Irrelevanz konstatieren Meyer/Veil/Rönnau/*Rönnau/Wegner* § 28 Rn. 7. Sa Böttger/*Szesny* B.I. Rn. 162
[163] BaFin-Jahresbericht 2017, S. 133 f.; BaFin-Jahresbericht 2016, S. 177 f., abrufbar unter: www.bafin.de (zuletzt abgerufen 19.6.2019).
[164] Vgl. a. Klöhn/*Schmolke* MAR Vor Art. 12 Rn. 72; *Hemeling* ZHR 181 (2017), 595 (595 f.); *Bastian/Werner* WM 2017, 1533 (1539).
[165] Vgl. zur gleichbleibenden Systematik *Poelzig* NZG 2016, 528 (535 f.); *Teigelack* BB 2012, 1361 (1362); *Seibt/Wollenschläger* AG 2014, 595 (601); Stellungnahme DAV, Nr. 40/2012, S. 9, abrufbar unter https://anwaltverein.de/de/newsroom/id-2012-40?file=files/anwaltverein.de/downloads/newsroom/stellungnahmen/2012/SN-40-2012-MarktmissbrauchStrafA.pdf (zuletzt abgerufen am 19.6.2019). Zur alten Rechtslage vgl. *Schönhöft* S. 10, *Arlt* S. 55 ff.; *Meißner* S. 42; MAH WiStR/*Benner* § 22 Rn. 422 ff.; *Waschkeit* S. 44 ff., jeweils mwN Anders als bisher deckt sich die Systematisierung in informations-, handels- oder handlungsgestützte Manipulationsvorgänge nunmehr mit den gesetzgeberischen Norm-Differenzierungen.

bereiche mit den Insiderdelikten aufweist.[166] Die **zweite Gruppe** wird durch **Handelsaktivitäten** (Orders, Geschäfte) bestimmt, deren **tatsächlicher Hintergrund nicht offengelegt** wird. Der dabei als Abgrenzung zu sog effektiven Geschäften vielfach verwendete Begriff der „fiktiven" Geschäfte[167] ist jedoch irreführend, da jede Order bzw. jedes Geschäft eine reale Marktbeeinflussung zur Folge hat, also gerade nicht fiktiv ist. Kennzeichen dieser Gruppe ist vielmehr die **fehlende Motivtransparenz**, etwa bei abgesprochenen Geschäften, bei Geschäften zur Beeinflussung von Referenzpreisen etc (vgl. etwa Rn. 118). Die **dritte Gruppe** erfasst diejenigen, eher selten vorkommenden, Fälle, in denen der **innere Wert des für das Finanzinstrument maßgebenden Unternehmens** (zB durch Sabotageakte) oder das **börsliche Preisfeststellungsverfahren** (zB durch unzulässige Skontroführeraktivitäten oder durch EDV-Manipulation) **beeinflusst wird**.[168]

45 Die verbotenen Formen der Marktmanipulation sind als weit in das Versuchsstadium einer (erfolgreichen) Marktmanipulation hineinreichende, **abstrakte Gefährdungsvorgänge** ausgestaltet und erfordern zunächst weder einen Taterfolg in Form einer konkreten Gefährdung noch eine Verletzung des geschützten Rechtsguts.[169] Auch die hieran anknüpfenden **Bußgeldtatbestände** (§ 120 Abs. 2 Nr. 3, Abs. 15 Nr. 2; vorher: § 39 Abs. 2 Nr. 3, Abs. 3 c, 3 d Nr. 2 WpHG aF) sind **abstrakte Gefährdungsdelikte**, während der seinerseits auf § 120 WpHG aufbauende **Straftatbestand des § 119 Abs. 1, 4 WpHG** (vorher § 38 Abs. 1 Nr. 1 Alt. 1, Alt. 2, Nr. 2, Abs. 4 WpHG aF) ein **Erfolgsdelikt**[170] ist. Die Tatbestandsvoraussetzungen **aller vier** (vorher drei) **Ebenen** (Art. 12 bzw. Art. 15 MAR bzw. § 120 bzw. § 119 WpHG) sind dabei **zusammenzulesen**. Der **Versuch** des **Vergehens** der Marktmanipulation war mangels ausdrücklicher Regelung **bis zum 2.7.2016 weder bußgeld- noch strafbewehrt** (vgl. §§ 12 Abs. 1, 23 Abs. 1 StGB, § 13 Abs. 2 OWiG). Dies hat sich jedoch durch die im Hinblick auf das Inkrafttreten der Marktmissbrauchsverordnung bzw. der Marktmissbrauchs-Strafrechtsrichtlinie erfolgte **Einführung einer Versuchsstrafbarkeit** in § 38 Abs. 4 WpHG (jetzt **§ 119 Abs. 4 WpHG**) mittels des 1. FiMaNoG zunächst im Hinblick auf § 38 Abs. 1 Nr. 2 WpHG geändert. Durch das 2. FiMaNoG wurde die Versuchsstrafbarkeit auf alle Manipulationen ausgedehnt. Ebenfalls durch das 1. FiMaNoG eingeführt wurde eine **Qualifikation** in § 38 Abs. 5 (jetzt **§ 119 Abs. 5**) **WpHG**.

---

166 Vgl. nur Assmann/Schneider/*Vogel* WpHG, 6. Aufl., Vor § 20 a Rn. 35 ff.; *Arlt* S. 57 ff., 99 ff., 263 ff.; *Papachristou* S. 283 ff.
167 BR-Drs. 936/01, 250; ähnlich *Arlt* S. 73 ff., 297 ff.: „scheinbarer und arrangierter Wertpapierhandel".
168 Zur entsprechenden Rechtslage vor dem 1. FiMaNoG: Assmann/Schneider/*Vogel* WpHG, 6. Aufl., Vor § 20 a Rn. 29 mwN; *Arlt* S. 96 ff., 341 ff.; ebenso die Etablierung vermeintlicher Börsen im Internet, vgl. Warnhinweis der BaFin in FAZ v. 24.5.2007.
169 Zur früheren Rechtslage *Schönhöft* S. 37 ff.; ähnlich Assmann/Schneider/*Vogel* WpHG, 6. Aufl., § 20 a Rn. 8, 112: abstrakt-konkreter Gefährdungstatbestand; allgemein zum Gefährdungsdelikt Schönke/Schröder/*Heine/Bosch* StGB Vor §§ 306 ff. Rn. 2 ff.; *Zieschang*, Die Gefährdungsdelikte, 1998, S. 22 ff., 28 ff.
170 Graf/Jäger/Wittig/*Diversy/Köpferl* WpHG § 38 Rn. 8; Zur früheren Rechtslage LG München I 8.4.2003 – 4 KLs 305 Js 52373/00, wistra 2003, 436; *Park* BB 2003, 1513 (1514); Schwark/Zimmer/*Schwark* WpHG § 20 a Rn. 3 mwN; aA *Kutzner* WM 2005, 1401 (1408): de facto Gefährdungsdelikt.

Anders als vor dem 1. FiMaNoG sind die Verstöße gegen das Verbot der Marktmanipulation nun in **§ 120 Abs. 15 Nr. 2 WpHG** (vorher § 39 Abs. 3 d Nr. 2 WpHG aF), auf den jetzt § 119 Abs. 1 WpHG (§ 38 Abs. 1 Nr. 2) verweist, grundsätzlich in **einer Tathandlung**, dem **Begehen einer Marktmanipulation** entgegen Art. 15 MAR, zusammengefasst. Diese Änderung ist im Laufe des Gesetzgebungsverfahrens zum 1. FiMaNoG durch den Finanzausschuss aus Gründen der Rechtssicherheit vorgeschlagen worden und soll gegenüber der Aufzählung der einzelnen Begehungsformen eine **redaktionelle Vereinfachung zur Vermeidung von Strafbarkeitslücken** darstellen, **ohne** jedoch zu einer inhaltlichen **Änderung** zu führen.[171]

Daneben **erweiterten** § 39 Abs. 2 Nr. 3, Abs. 3 c iVm § 12 WpHG aF, die § 38 Abs. 1 Nr. 1 WpHG aF zugrunde lagen, die Sanktionen über die europäischen Vorgaben hinausgehend[172] auf die **zusätzlichen Tatobjekte der ausländischen Waren und Zahlungsmittel und Emmissionszertifikate**. Die abweichende Formulierung der Tathandlungen spiegelte die detaillierteren Formulierungen der einzelnen Buchstaben des Art. 12 Abs. 1 MAR und erklärte sich daraus, dass § 39 Abs. 2 Nr. 3 WpHG aF nur auf Art. 12 Abs. 1 lit. c und d MAR, § 39 Abs. 3 c WpHG aF nur auf Art. 12 Abs. 1 lit. a und b MAR verwies. Diese – etwas unübersichtliche – Regelung in separaten Tatbeständen, die den unterschiedlichen Anforderungen an Vorsatz und Leichtfertigkeit sowie der unterschiedlichen Regelung der Versuchsstrafbarkeit geschuldet war,[173] wurde durch das 2. FiMaNoG mit Wirkung zum 3.1.2018 aufgehoben. Die Tathandlungen in Bezug auf die jetzt in § 25 WpHG geregelten **zusätzlichen Tatobjekte** sind nunmehr **in § 120 Abs. 2 Nr. 3 WpHG** unter der bekannten Formulierung der Begehung einer Marktmanipulation **zusammenfasst**. Bestehen bleibt jedoch die systematische Trennung von § 120 Abs. 15 Nr. 2 WpHG im Rahmen der Bußgeldtatbestände. Hier ist darauf hinzuweisen, dass die **Emissionszertifikate** nunmehr schon unter den Begriff der **Finanzinstrumente** fallen, vgl. § 2 Abs. 4 Nr. 5 WpHG, und daher aus § 25 WpHG gestrichen wurden. Diesbezügliche Manipulationshandlungen sind also unter § 120 Abs. 15 Nr. 2 WpHG zu subsumieren. Diese wechselnden systematischen Ausgestaltungen im Laufe der Zeit wirken sich nicht auf die die Gesamtzahl der Begehungsformen aus.

Im Rahmen des § 119 Abs. 1 WpHG sind zudem – über die europarechtlichen Voraussetzungen hinausgehend[174] – die Unterschiede aufgehoben worden, die bisher in Bezug auf die **Versuchsstrafbarkeit** in § 38 Abs. 4 WpHG aF und den **Anwendungsbereich der Qualifikation** des § 38 Abs. 5 WpHG aF galten. Die Verweise auf § 38 Abs. 1 Nr. 1 WpHG aF wurden durch die Streichung der Einschränkung auf „Nr. 1" erweitert, die damit überflüssig gewordene Aufteilung des § 119 Abs. 1 WpHG bzw. § 38 Abs. 1 WpHG aF in unterschiedliche Nummern aufgegeben. Damit soll das Sanktionsregime für Marktmanipulationen bei Finanzinstrumenten (Artikel 15 der Verordnung (EU) 596/2014), Waren und ausländischen Zahlungsmitteln (§ 25 WpHG) vereinheitlicht werden.

---

171 Beschlussempfehlung und Bericht des Finanzausschusses, BT-Drs. 18/8099 v. 13.4.2016, 108.
172 *Teigelack/Dolff* BB 2016, 387 (389); dies stellt daher auch keinen Verstoß gegen den Ansatz der Vollharmonisierung dar, *Poelzig* NZG 2016, 528 (530).
173 S. Begr. RegE 1. FiMaNoG, BT-Drs. 18/7482, 64 f.; *Teigelack/Dolff* BB 2016, 387 (389).
174 *Vgl. Teigelack/Dolff* BB 2016, 387 (389).

49 Der Verweis auf die Marktmissbrauchsverordnung in den Bußgeldtatbeständen, auf die wiederum § 119 WpHG verweist, dient mittelbar auch der Umsetzung der **Marktmissbrauchs-Strafrechtsrichtlinie**.[175] Die Straftatbestände verzichten bewusst auf eine eigene Ausformulierung der Tathandlungen, in der ggf. auch die engeren Voraussetzungen der Marktmissbrauchs-Strafrechtsrichtlinie gegenüber der Marktmissbrauchsverordnung hätten gespiegelt werden können, um einen **Gleichlauf zwischen** der Richtlinie unterliegenden **Straftatbeständen und** den direkt der Verordnung unterliegenden **Bußgeldtatbeständen** zu erreichen.[176] Die Marktmissbrauchs-Strafrechtsrichtlinie verwendet in vielerlei Hinsicht eine mit der Marktmissbrauchsverordnung übereinstimmende Terminologie, vgl. etwa die Definition der Marktmanipulation Art. 5 Abs. 2 CRIM-MAD, die weitgehend Art. 12 Abs. 1 MAR entspricht, oder verweist auf die Marktmissbrauchsverordnung.[177] Unterschiede ergeben sich zum Teil lediglich in sprachlicher Hinsicht („Vornahme einer Transaktion" statt „Abschluss eines Geschäfts", „jegliche sonstige Handlung " statt „jede andere Handlung"), Art. 5 Abs. 2 lit. b CRIM. Daneben ist die Missbrauchsstrafrechts-Richtlinie aber **bewusst restriktiver** gefasst: So fordert sie generell lediglich die Strafbewehrung „**schwerwiegender**" Verstöße. Speziell Art. 5 CRIM-MAD fordert etwa **keine Strafe bei bloßer Einwirkungseignung** und dehnt die Forderung nach Strafbarkeit auch nicht auf Emissionszertifikate aus.[178] Insofern ist von einer **europarechtskonformen Umsetzung**[179] auszugehen. Da sich in der deutschen Regelung allenfalls durch die Notwendigkeit einer tatsächlichen Einwirkung auf die Preise oder das Kursniveau eine Einschränkung auf besonders „schwerwiegende" Verstöße findet, kann entgegen dem Gesetzgeber zum Teil sogar von einer überschießenden Umsetzung gesprochen werden.[180]

b) Tauglicher Täterkreis

50 §§ 119 Abs. 1, 4 iVm 120 Abs. 2 Nr. 3, Abs. 15 WpHG (§§ 38 Abs. 1, Abs. 4, 39 Abs. 3 c, 3 d Nr. 2 WpHG aF) iVm Art. 12, 15 MAR sind **Allgemeindelikte** („wer ... verstößt"). Während als tauglicher Täter des § 20 a Abs. 1 S. 1 Nr. 1 Alt. 1, Nr. 2 und Nr. 3 WpHG aF ebenfalls „jedermann" in Betracht kam,[181] konnte nur derjenige das Unterlassungsdelikt des § 20 a Abs. 1 S. 1 Nr. 1 Alt. 2 WpHG aF verwirklichen, den eine spezifische Offenbarungspflicht traf (Sonderdelikt).[182] Eine **ausdrückliche Unterlassungsvariante** findet sich in Art. 12 MAR und damit im mehrstufigen Straftat- bzw. Bußgeldtatbestand der §§ 38

---

175 Begr. RegE BT-Drs. 18/7482, 64. Eine Umsetzung der Richtlinie durch Verweis auf die durch diese Richtlinie ergänzte Verordnung ist grundsätzlich europarechtskonform, *Schützendübel* S. 53 f., 73 mwN; *Bator* BKR 2016, 1 (6).
176 Begr. RegE BT-Drs. 18/7482, 64.
177 S. dazu ausführlich *Bator* BKR 2016, 1 (1 f.).
178 *Teigelack/Dolff* BB 2016, 387 (389).
179 Im Hinblick auf die Möglichkeit einer Geldstrafe aA *Teigelack/Dolff* BB 2016, 387 (391).
180 *Teigelack/Dolff* BB 2016, 387 (391). Der Gesetzgeber strebt allerdings ausdrücklich eine 1:1-Umsetzung an, vgl. Begr. RegE BT-Drs. 18/7482, 3.
181 Assmann/Schneider/*Vogel* WpHG, 6. Aufl., Vor § 20 a Rn. 54; MüKoStGB/*Pananis* WpHG § 38 Rn. 141; Fuchs/*Waßmer* WpHG § 38 Rn. 44; *Schröder* KapitalmarktStR Rn. 386; zu § 20 a Abs. 1 S. 1 Nr. 3 WpHG aF: BGH 25.2.2016 – 3 StR 142/15, WM 2016, 1022 (1023); BGH, NJW 2016, 3459.
182 Assmann/Schneider/*Vogel* WpHG, 6. Aufl., § 20 a Rn. 54 ff.WpHG § 38 Rn. 71 ff.; *Schönhöft* S. 48 f. S. zur alten Rechtslage insgesamt die Rn. 46 der Vorauflage.

Abs. 1, Abs. 4, 39 Abs. 3 c, 3 d Nr. 2 (jetzt § 119 Abs. 1, Abs. 4, § 120 Abs. 2 Nr. 3, Abs. 15 Nr. 2) WpHG seit dem 3.7.2016 **nicht mehr**. Der Gesetzgeber des 1. FiMaNoG geht unter Anknüpfung an Art. 2 Abs. 4 MAR davon aus, dass die Delikte iVm § 13 StGB, § 8 OWiG auch durch Unterlassen begangen werden können, wenn eine Garantstellung und Modalitätenäquivalenz besteht.[183] Das ist nicht haltbar (näher Rn. 275 ff.).

c) Sachlicher Anwendungsbereich und Tatobjekte

Der **Anwendungsbereich** der §§ 119 Abs. 1, 120 Abs. 2 Nr. 3, Abs. 15 Nr. 2 (vorher § 38 Abs. 1, § 39 Abs. 2 Nr. 3, Abs. 3 c, Abs. 3 d Nr. 2) WpHG ergibt sich kumulativ aus den jeweiligen Regelungen der MAR und des WpHG.

51

Der Anwendungsbereich der Marktmissbrauchsverordnung ist in **Art. 2 MAR** geregelt.[184] Die Regelung zum Anwendungsbereich in § 1 Nr. 3, 8 lit. e WpHG verweist auf die europäischen Vorgaben. Art. 2 Abs. 1 MAR bezieht sich auf den generellen sachlichen Anwendungsbereich der Verordnung; Art. 2 Abs. 2 dehnt den Anwendungsbereich speziell für das Verbot der Marktmanipulation aus.[185] Zur Begriffsbestimmung verweist die Marktmissbrauchsverordnung in Art. 3 Abs. 1 MAR jeweils auf die MiFiD II-Richtlinie, die am 3.1.2018 in Kraft getreten ist und durch das 2. FiMaNoG umgesetzt wurde.

In diesem Zusammenhang war die **Übergangsbestimmung in Art. 39 Abs. 4 UAbs. 1 MAR** von besonderer Bedeutung, nach der bis zu diesem Zeitpunkt Verweisungen auf die MifiD II-Richtlinie 2014/65/EU oder die MiFiR-Verordnung (EU) Nr. 600/2014 als Verweisungen auf die MiFiD-Richtlinie 2004/39/EG zu lesen sind, soweit die Tabelle im Anhang IV der MiFiD II eine entsprechende Vorschrift aufführt. Der gleiche spätere Zeitpunkt des Inkrafttretens galt gem. **Art. 39 Abs. 4 UAbs. 1 MAR** auch für Vorschriften, soweit diese sich auf organisierte Handelssysteme, KMU-Wachstumsmärkte, Emissionszertifikate oder darauf beruhende Auktionsprodukte beziehen. Insofern entfalten einige Änderungen durch die Marktmissbrauchsverordnung erst seit Inkrafttreten der MiFiD II-Richtlinie ihre volle Schlagkraft. In Reaktion auf dieses zeitliche Auseinanderfallen hat der Gesetzgeber im Rahmen des 1. FiMaNoG ebenfalls eine Übergangsbestimmung erlassen, § 50 WpHG.[186] Danach war die Verordnung (EU) Nr. 596/2014 für die Vorschriften des WpHG mit einigen Modifikationen anwendbar. Darin wurden zunächst die erfassten Handelsplätze unter Rückgriff auf die Richtlinie 2004/39/EG definiert und die Vorschriften der Marktmissbrauchsverordnung schon mit Inkrafttreten des 1. FiMaNoG auf multilaterale Handelssysteme erstreckt. Diese Übergangsbestimmung wurde durch das 2. FiMaNoG auf Sachverhalte vor dem

52

---

183 Begr. RegE, BT-Drs. 18/7482, 64: „Im Einklang mit Artikel 2 Absatz 4 der Verordnung (EU) Nr. 596/2014 und entsprechend § 13 des Strafgesetzbuches kann – wie schon bisher – ein Unterlassen den Tatbestand der Marktmanipulation erfüllen".
184 Die gestufte Blankettregelung, also der Verweis des Straftatbestands auf die Ordnungswidrigkeit und wiederum der Verweis der Ordnungswidrigkeit auf die Marktmissbrauchsverordnung wurde vom Gesetzgeber bewusst gewählt, um einen einheitlichen Anwendungsbereich, einschließlich der jeweiligen Ausnahmevorschriften, zu gewährleisten, Begr. RegE BT-Drs. 18/7482, 64 f.
185 Vgl. Klöhn/*Klöhn* MAR Art. 2 Rn. 2.
186 Begr. RegE, BT-Drs. 18/7482, 67.

3.1.2018 beschränkt. Für neue Sachverhalte gelten nunmehr die allgemeinen Begriffsbestimmungen der MiFiD II-Richtlinie.

aa) Finanzinstrumente, Waren-Spot-Kontrakte, Referenzwerte, Waren und ausländische Finanzinstrumente

53 Kernbegriff in diesem Zusammenhang ist das Finanzinstrument. Dieser Begriff wird sowohl in der MAR als Bezugspunkt der jeweiligen Manipulationseinwirkung gebraucht als auch im WpHG selbst im Rahmen der Beschreibung des Erfolgs der Straftat gem. § 119 Abs. 1 WpHG.[187]

Eine Definition des Begriffs der Finanzinstrumente bzw. eine Aufzählung[188] findet sich in **Anhang I Abschnitt C der MiFiD II-Richtlinie**, vgl. Art. 3 Abs. 1 lit. 1 MAR, Art. 4 Abs. 1 Nr. 15 MiFiD II,[189] der die zuvor geltende Definition in Anhang I Abschnitt C der alten MiFiD-Richtlinie ersetzt. Diese Definition ist durch die Bezugnahme unmittelbar im Rahmen der Marktmissbrauchsverordnung anwendbar. Nach ihr umfasst der **Begriff Finanzinstrumente**:

- (1) Übertragbare Wertpapiere;
- (2) Geldmarktinstrumente;
- (3) Anteile an Organismen für gemeinsame Anlagen;
- (4) bis (10) verschiedene Derivate wie Optionen, Terminkontrakte (Futures), Swaps und Termingeschäfte (Forwards), Instrumente zur Verlagerung von Kreditrisiken und finanzielle Differenzgeschäfte;
- (11) Emissionszertifikate.

54 Die **übertragbaren Wertpapiere** sind ihrerseits in **Art. 4 Abs. 1 Nr. 44 MiFiD II** definiert und umfassen insbesondere[190] **Aktien**, Aktienzertifikate und Gesellschaftsanteile (lit. a),[191] **Schuldverschreibungen** und andere verbriefte Schuldtitel (lit. b)[192] und sonstige Wertpapiere wie Optionsscheine (lit. c)[193] Wichtig ist neben der **Standardisierung** die **Handelbarkeit**, so dass zB GmbH-Anteile nicht in Betracht kommen.[194] Ausdrücklich ausgenommen sind zudem Zahlungsinstrumente (zB Bargeld, Schecks etc).[195] Sog **Kryptowährungen** wie zB bitcoins sind keine Zahlungsmittel iSd Ausnahme; sie sollten mangels Bezugs auf einen Sachwert schon gar **nicht als Wertpapiere** eingestuft werden.[196]

---

187 So auch Meyer/Veil/Rönnau/*Rönnau/Wegner* § 28 Rn. 56 f.
188 Dazu, dass die „Definitionen" keine echten Legaldefinitionen, sondern lediglich typologische Aufzählungen darstellen, s. Klöhn/*Klöhn* MAR Art. 2 Rn. 8.
189 S. dazu in: Derleder/Knops/Bamberger/ *Frisch* § 54 Rn. 18 ff.
190 Es handelt sich um eine nicht abschließende Aufzählung, Gebauer/Teichmann/*Zetzsche* EnzEuR Bd. VI § 7 C Rn. 176; Meyer/Veil/Rönnau/*Veil* § 4 Rn. 50.
191 Meyer/Veil/Rönnau/*Veil* § 4 Rn. 51 ff.
192 Meyer/Veil/Rönnau/*Veil* § 4 Rn. 55 ff.: zB Genussscheine, Inhaberschuldverschreibungen, Orderschuldverschreibungen, Gewinnschuldverschreibungen, Options- und Wandelschulsverschreibungen, Credit Linked Notes, Aktienanleihen, Asset-Backed.Securities, Phandbriefe, Zertifikate, nicht aber Namensschuldverschreibungen und Schuldscheindarlegen. Sa Graf/Jäger/Wittig/*Diversy/Köpferl* WpHG § 38 Rn. 23; KölnKommWpHG/*Roth* WpHG § 2 Rn. 65.
193 Meyer/Veil/Rönnau/*Veil* § 4 Rn. 60 f.
194 Meyer/Veil/Rönnau/*Veil* § 4 Rn. 51, 53; Klöhn/*Klöhn* MAR Art. 2 Rn. 29.
195 Meyer/Veil/Rönnau/*Veil* § 4 Rn. 52; Klöhn/*Klöhn* MAR Art. 2 Rn. 21 ff.
196 Klöhn/*Klöhn* MAR Art. 2 Rn. 85 ff.

Geldmarktinstrumente sind in Art. 4 Abs. 1 Nr. 17 MiFiD II definiert als die üblicherweise auf dem Geldmarkt gehandelten Gattungen von Instrumenten wie Schatzanweisungen, Einlagenzertifikate und Commercial Papers.[197] Auch hier sind Zahlungsmittel ausdrücklich ausgenommen. Der Begriff **Anteile an Organismen für gemeinsame Anlagen** bezieht sich auf Investmentfonds iSd OGAW-Richtlinie.[198] **Emissionszertifikate** sind Zertifikate iSd Emissionshandelsrichtlinie 2003/87/EG,[199] die zu der Emission einer bestimmten Menge von Treibhausgasen (Kohlenstoffdioxid) berechtigen.

Derivate sind Geschäfte, deren Preis von einem **Basiswert**, sog Underlying, abhängt und deren **Erfüllung zeitlich verzögert** ist (sog Termingeschäfte.[200] In Anhang I Abschnitt C Abs. 4 bis 8 und 10 sind ausdrücklich als Beispiel genannt: Optionen,[201] Swaps,[202] Terminkontrakte (Futures) und (Zins-)Termingeschäfte. Voraussetzung ist, dass zum Erfüllungszeitpunkt eine effektive Lieferung bzw. ein Barausgleich, sog cash settlement erfolgt.[203] Als Basiswerte kommen die von der MiFiD II erfassten sonstigen Finanzinstrumente, insbesondere Wertpapiere und Emissionszertifikate, Währungen,[204] Waren, Zinssätze und andere Erträge[205] sowie Benchmarks in Betracht. Die Definition der Derivate in Art. 4 Abs. 1 Nr. 49 MiFiD II bietet keinen weiteren Informationsgehalt, da sie über den Umweg der Begriffsbestimmungen in der MiFiR auf den Anhang I Abschnitt C Abs. 4 bis 10 MiFiD II zurückverweist. Kryptowährungen sind selbst mangels Bezugs auf einen Basiswert keine Derivate; sie können jedoch uU als Underlying für Derivate dienen.[206]

55

Auch **finanzielle Differenzgeschäfte** beziehen sich auf einen Referenzwert, unterscheiden sich aber von den Derivaten in Anhang I Abschnitt C Nr. 4 bis 8 und 10 dadurch, dass die Erfüllung nicht zu einem bestimmten Zeitpunkt stattfindet, sondern allein von der Entscheidung des Käufers abhängt.[207]

---

197 S. dazu Meyer/Veil/Rönnau/*Veil* § 4 Rn. 61 f.; Graf/Jäger/Wittig/*Diversy/Köpferl* WpHG § 38 Rn. 25 f.; KölnKommWpHG/*Roth* WpHG § 2 Rn. 70; Fuchs/*Fuchs* WpHG § 2 Rn. 35.
198 Richtlinie 2009/65/EG des Europäischen Parlaments und des Rates vom 13. Juli 2009 zur Koordinierung der Rechts- und Verwaltungsvorschriften betreffend bestimmte Organismen für gemeinsame Anlagen in Wertpapieren (OGAW), Abl. L 302 v. 17.11.2009, S. 32 ff. S. dazu Meyer/Veil/Rönnau/*Veil* § 4 Rn. 63 f.; Graf/Jäger/Wittig/*Diversy/Köpferl* WpHG § 38 Rn. 27 f.
199 Richtlinie 2003/87/EG des Europäischen Parlaments und des Rates vom 13. Oktober 2003 über ein System für den Handel mit Treibhausgasemissionszertifikaten in der Gemeinschaft und zur Änderung der Richtlinie 96/61/EG des Rates, Abl. L 275 v. 25.10.2003, S. 32 ff.
200 Meyer/Veil/Rönnau/*Veil* § 4 Rn. 65; Schwark/Zimmer/*Kumpan* § 2 Rn. 34 ff.; Veil/*Veil* § 8 Rn. 15; Graf/Jäger/Wittig/*Diversy/Köpferl* WpHG § 38 Rn. 29 ff.
201 Meyer/Veil/Rönnau/*Veil* § 4 Rn. 66: sowohl zum Kauf (Call Option) als auch zum Verkauf (Put Option).
202 Meyer/Veil/Rönnau/*Veil* § 4 Rn. 68 ff.: zB Total Return Swaps, Cash Equity Swaps; zu Credit Default Swaps sa Kap. 6.2.
203 Meyer/Veil/Rönnau/*Veil* § 4 Rn. 69; Klöhn/*Klöhn* MAR Art. 2 Rn. 59 ff.
204 ZB Devisenoptionsgeschäfte, Devisenfuturegeschäfte, Währungsswaps, Devisenswaps-Optionsgeschäfte, Devisenterminoptionsgeschäfte, Meyer/Veil/Rönnau/*Veil* § 4 Rn. 71.
205 ZB Zinsterminkontrakte, Zinsswaps, Zinsoptionen und Zinsbegrenzungsverträge (Caps, Floor, Swaps und Swaptions), Meyer/Veil/Rönnau/*Veil* § 4 Rn. 72.
206 Klöhn/*Klöhn* MAR Art. 2 Rn. 90 f.; s. ausführlich zu Kryptowährungen *Börner* NZWiSt 2018, 48.
207 Meyer/Veil/Rönnau/*Veil* § 4 Rn. 73.

56 Daneben findet sich eine Definition in §. 2 Abs. 4 (vorher 2 b) **WpHG**, die Finanzinstrumente als Wertpapiere (§ 2 Abs. 1 WpHG); Geldmarktinstrumente (§ 2 Abs. 2 [vorher Abs. 1a] WpHG); derivative Geschäfte, § 2 Abs. 3 [vorher Abs. 2] WpHG) und Rechte auf Zeichnung definiert..[208] Diese Definition, die der Umsetzung des Art. 4 Abs. 1 Nr. 15 iVm Anhang I Abschnitt C der MiFiD II-Richtlinie in das deutsche Recht dient, gilt für die Definition des Einwirkungserfolgs der Straftat. Um den **Gleichlauf der Auslegung** des europäischen Rechts nicht zu gefährden, muss die deutsche Umsetzung im Einklang mit dem Begriff der MiFiD II ausgelegt werden, der seinerseits **europarechtsautonom** zu bestimmen ist.[209]

57 Einbezogen in den Anwendungsbereich des Marktmissbrauchsregimes sind auch Warenderivate und sog Waren-Spot-Kontrakte. **Waren** sind gem. Art. 3 Abs. 1 Nr. 14 MaR iVm Art. 2 Nr. 1 Verordnung (EG) Nr. 1287/2006 der Kommission[210] Güter fungibler Art, die geliefert werden können. Dazu zählen auch Metalle sowie ihre Erze und Legierungen, landwirtschaftliche Produkte und Energien wie Strom. Auch die Definition der **Warenderivate** in Art. 4 Abs. 1 Nr. 50 MiFiD II nimmt einen Umweg über die MiFiR, bis die Verweisungskette wieder in Anhang I Abschnitt C Abs. 5, 6, 7 und 10 MiFiD II endet. Warenderivate sind also die dort aufgezählten derivativen Finanzinstrumente, die sich auf den Preis von Waren als Underlying beziehen.[211] Die Definition der Derivate und Warenderivate stellt nicht nur wegen der Zwischenverweisung auf die MiFiR ein **Beispiel unübersichtlicher Gesetzgebung** dar. Auffällig ist auch, dass die in Anhang I Abschnitt C in Klammern genannten (hier als Abs. bezeichneten) Zahlen in der MiFiR in unmittelbarer Nähe alternativ als Absätze, Nummern und Ziffern benannt werden, wobei Abs. 10 ohne ersichtlichen Grund sogar doppelt genannt ist.

„**Waren-Spot-Kontrakt**" bezeichnet gem. Art. 3 Abs. 1 Nr. 15 MAR einen Kontrakt über die Lieferung einer an einem Spotmarkt gehandelten Ware, die bei Abwicklung des Geschäfts unverzüglich geliefert wird, sowie einen Kontrakt über die Lieferung einer Ware, die kein Finanzinstrument ist, einschließlich physisch abzuwickelnde Terminkontrakte. Zur Erstreckung des Manipulationsverbots auf den außerbörslichen Handel, s. Rn. 15.

58 Im Rahmen des Erlassverfahrens zur MAR neu hinzugekommen ist zudem die Erstreckung des Anwendungsbereichs auf **Referenzwerte** gem. Art. 2 Abs. 2 lit. c MAR. Ein Referenzwert ist in Art. 4 Abs. 1 Nr. 29 MAR definiert als ein „**Kurs, Index oder Wert**, der der Öffentlichkeit zugänglich gemacht oder veröffentlicht wird und periodisch oder regelmäßig durch die **Anwendung einer Formel** auf den Wert eines oder mehrerer **Basiswerte oder -preise**, einschließlich geschätzter Preise, tatsächlicher oder geschätzter Zinssätze oder sonstiger Werte, oder auf Erhebungsdaten ermittelt bzw. auf der Grundlage dieser Werte be-

---

208 S. dazu MüKoHGB/*Ekkenga*, Band 6, Effektengeschäft, Rn. 64.
209 Vgl. *Wittig* WirtStrR § 30 Rn. 17, die einen Rückgriff auf die Definitionen des WpHG sogar ganz ablehnt.
210 Verordnung (EG) Nr. 1287/2006 der Kommission vom 10. August 2006 zur Durchführung der Richtlinie 2004/39/EG des Europäischen Parlaments und des Rates betreffend die Aufzeichnungspflichten für Wertpapierfirmen, die Meldung von Geschäften, die Markttransparenz, die Zulassung von Finanzinstrumenten zum Handel und bestimmte Begriffe im Sinne dieser Richtlinie, ABl. 2006 L 241, S. 1 ff.
211 Meyer/Veil/Rönnau/*Veil* § 4 Rn. 83.

stimmt wird und auf den bei der **Festsetzung** des **für ein Finanzinstrument zu entrichtenden Betrags oder des Wertes eines Finanzinstruments Bezug genommen wird**" (s. ausführlich Rn. 211).

Ausländische Zahlungsmittel (vgl. § 51 BörsG)[212] sowie Waren, die in § 2 Abs. 5 (vorher Abs. 2 c) inhaltlich der europäischen Begriffsbestimmung entsprechend als fungible Wirtschaftsgüter wie Metalle,[213] Erze, Legierungen sowie landwirtschaftliche Produkte und Energien wie Strom[214] definiert sind, sind weiterhin separat in § 25 (vorher 12) **WpHG** geregelt, der Art. 15, 12 MAR mittels Verweisung auf die genannten zusätzlichen Tatobjekte erstreckt. Diese zusätzlichen Tatobjekte fallen unter den Bußgeldtatbestand des § 120 Abs. 2 Nr. 3 WpHG (vorher § 39 Abs. 2 Nr. 3, Abs. 3 c WpHG aF). Anders als zwischen 1. und 2. FiMaNoG wird im Straftatbestand des § 119 Abs. 1 WpHG (vorher § 38 Abs. 1 Nr. 1, 2 WpHG aF) jedoch nicht mehr differenziert. Beide Bußgeldtatbestände, § 120 Abs. 2 Nr. 3 sowie § 120 Abs. 15 Nr. 2 WpHG, werden vielmehr gleichberechtigt in Bezug genommen. Für den Anwendungsbereich des **§ 25 WpHG,** also die Eignung der Einwirkung oder die tatsächliche Einwirkung auf den Preis von Waren und ausländischen Zahlungsmitteln, werden erneut die Begriffsbestimmungen des deutschen Rechts relevant.[215] Emissionszertifikate, die zwischenzeitlich ebenfalls in § 12 WpHG erfasst waren, fallen seit Inkrafttreten der MiFiD II (vgl. Anhang I, Abschnitt C Abs. 11 MiFiD II) und dem 2. FiMaNoG (§ 2 Abs. 3 Nr. 5 WpHG) wieder[216] unter den Begriff der Finanzinstrumente.[217] In Bezug auf Waren ist zu beachten, dass die Manipulationen im Hinblick auf Waren bzw. Warenderivate schon von der MAR erfasst sind, allerdings nur im Hinblick auf Wechselwirkung mit dem Kurs von an den erfassten Handelsplätzen gehandelten Finanzinstrumenten.

bb) Erfasste Handelsplätze; außerbörslicher Handel

Art. 2 Abs. 1 UAbs. 1 lit. a MAR setzt – insofern **mit der bisherigen Rechtslage übereinstimmend** – voraus, dass die Finanzistrumente zum Handel auf einem **geregelten Markt** – in Deutschland der gem. §§ 32 ff. BörsG geregelte Markt

---

212 Geldsorten, aber auch synthetische Währungen, Erbs/Kohlhaas/*Wehowsky* W 57 a WpHG § 20 a Rn. 8; Assmann/Schneider/*Vogel* WpHG, 6. Aufl., § 20 a Rn. 43; MüKoStGB/*Pananis* WpHG § 38 Rn. 143; vgl. zum Vorwurf der USA gegenüber China, den Wechselkurs des Yuan zu manipulieren, FAZ v. 26.1.2009.
213 Vgl. den Handel an der London Metal Exchange, LME; zur Manipulation des Silberpreises mit Futures und Put-Optionen, um Call-Optionen zu drücken, vgl. Handelsblatt v. 29.10.2010.
214 European Energy Exchange (EEX), Leipzig; zu Manipulationsvorwürfen an der EEX vgl. *Jahn* ZNER 2008, 297 (306 f.); Schwark/Zimmer/*Schwark* WpHG § 20 a Rn. 9; Assmann/Schneider/*Vogel* WpHG, 6. Aufl., § 20 a Rn. 31; vgl. zur begrifflichen Klarstellung Bericht Finanzausschuss, BT-Drs. 16/4899, 23 sowie Art. 2 Nr. 1 MiFID-DVO (Rn. 8) sowie Erwägungsgrund (26) hierzu; *Jahn* ZNER 2008, 297 ff.
215 Geldsorten, aber auch synthetische Währungen, Erbs/Kohlhaas/*Wehowsky* W 57 a WpHG § 20 a Rn. 8; Assmann/Schneider/*Vogel* WpHG, 6. Aufl., § 20 a Rn. 43; MüKoStGB/*Pananis* WpHG § 38 Rn. 143; vgl. zum Vorwurf der USA gegenüber China, den Wechselkurs des Yuan zu manipulieren, FAZ v. 26.1.2009.
216 Vgl. Fuchs/*Fleischer* WpHG § 20 a Rn. 6; *Royé/Fischer zu Cramburg*, in: Heidel, WpHG § 38 Rn. 3; Erbs/Kohlhaas/*Wehowsky* W 57 a WpHG § 20 a Rn. 8 zur Regelung vor der Marktmissbrauchsrichtlinie.
217 Vgl. Erwägungsgründe (16), (17), (39) MAR. Sa Graf/Jäger/Wittig/*Diversy/Köpferl* WpHG § 38 Rn. 44.

der Börse[218] – **zugelassen** oder zumindest ein **Antrag** auf Zulassung **gestellt worden ist**.[219] Auch hier verweist die Marktmissbrauchsverordnung zwecks Begriffsbestimmung in Art. 3 Abs. 1 Nr. 6 auf die MiFiD II-Richtlinie. Gem. Art. 4 Abs. 1 Nr. 21 MiFiD II ist ein „geregelter Markt" „ein von einem **Marktbetreiber** betriebenes und/oder verwaltetes **multilaterales System**, das die Interessen einer **Vielzahl Dritter** am Kauf und Verkauf von Finanzinstrumenten innerhalb des Systems und nach seinen **nichtdiskretionären** Regeln in einer Weise **zusammenführt** oder das Zusammenführen fördert, die zu einem Vertrag in Bezug auf Finanzinstrumente führt, die gemäß den Regeln und/oder den Systemen des Marktes zum Handel zugelassen wurden, sowie eine Zulassung erhalten hat und ordnungsgemäß und gemäß Titel III dieser Richtlinie funktioniert". Diese Definition entspricht wortgleich dem noch **bis zum 1.1.2018** anwendbaren Art. 4 Abs. 1 Nr. 14 MiFiD. Charakteristisch für geregelte Märkte ist – wie für alle erfassten Handesplätze der MAR –, dass sie Aufträge von einer Vielzahl an Kunden zusammenführen („multilaterales System").[220] Daneben müssen sie von einem **zugelassenen Marktbetreiber** iSd Art. 44 MiFiD II betrieben werden und werden von der zuständigen Behörde überwacht. Die Zusammenführung der Aufträge muss **ohne Ermessen des Betreibers** erfolgen („nichtdiskretionär").[221]

61 Daneben erfasst Art. 2 Abs. 1 UAbs. 1 lit. b MAR Finanzinstrumente, die in einem **multilateralen Handelssystem** iSd Art. 4 Abs. 1 Nr. 22 MiFiD II gehandelt werden oder für die der entsprechende Zulassungsantrag gestellt wurde. Die multilateralen Handelssysteme werden auf **privatrechtlicher Ebene** betrieben und unterscheiden sich von den geregelten Märkten durch geringere Anforderungen an Emittenten und handelbare Finanzinstrumente und eine auf Missstände beschränkte Aufsicht; sie umfassen in Deutschland den **Freiverkehr** an den Börsen, § 48 Abs. 3 S. 2 BörsG.[222] Nachdem sich der Anwendungsbereich des Manipulationsverbots in § 20 a WpHG aF (anders als etwa die Pflichten in Bezug auf die Ad hoc-Publizität, Directors' Dealings und Insiderlisten) schon vor dem 1. FiMaNoG auf den Freiverkehr an den Börsen erstreckte und diese Erstreckung durch die Übergangsbestimmung in § 50 WpHG auch in der Zwischenzeit weitergeführt wurde,[223] ist in Deutschland durch die Neuregelung keine Erweiterung eingetreten.

---

218 Meyer/Veil/Rönnau/*Veil* § 4 Rn. 26; Graf/Jäger/Wittig/*Diversy/Köpferl* WpHG § 38 Rn. 25; Langenbucher/*Klöhn* § 6 Rn. 51 ff.: dabei ist zwischen der Börse als dem Betreiber und dem Markt als Handelsplatz zu unterscheiden.
219 Zur unterschiedlichen, inhaltlich übereinstimmenden Verwendung des Begriffs „organisierter Markt" im WpHG, s. Meyer/Veil/Rönnau/*Veil* § 4 Rn. 25.
220 Anders als etwa systematische Internalisierer, die lediglich bilateral operieren, Art. 4 Abs. 1 Nr. 20 MiFiD II, s. dazu Langenbucher/*Klöhn* § 6 Rn. 44.
221 Meyer/Veil/Rönnau/*Veil* § 4 Rn. 18 ff.; Klöhn/*Klöhn* MAR Art. 2 Rn. 93.
222 Meyer/Veil/Rönnau/*Veil* § 4 Rn. 26 ff.; Klöhn/*Klöhn* MAR Art. 2 Rn. 94; Graf/Jäger/Wittig/*Diversy/Köpferl* WpHG § 38 Rn. 25; Langenbucher/*Klöhn* § 6 Rn. 54; *Buck-Heeb* § 3 Rn. 112 ff.; Kümpel/Wittig/*Seiffert* Rn. 4.70; *Güllner* WM 2017, 938 (943); Fuchs/*Fuchs*WpHG § 2 Rn. 113.
223 Vgl. *Veil/Koch* WM 2011, 2297 (2299); *Krause* CCZ 2014, 248 (249); *Seibt/Wollenschläger* AG 2014, 593 (595 f.); *von der Linden* DStR 2016, 1036 (1036 f.); *Graßl* DB 2015, 2066 (2067).

Kap. 6.1. §§ 119, 120 WpHG iVm Art. 15, 12 MAR Marktmanipulation

Art. 2 Abs. 1 UAbs. 1 lit. c MAR bezieht sich auf Finanzinstrumente, die in einem **organisierten Handelssystem**, sog Organised Trading Facilities (OTF) – früher auch als Alternative Trading Facilities (ATF) bezeichnet – gehandelt werden. Auch hier wird in Art. 3 Abs. 1 Nr. 7, 8 MAR auf die MiFiD II zur Begriffsbestimmung verwiesen, Art. 4 Abs. 1 Nr. 23 MiFiD II. Der Verweis ist – wie die MiFiD II selbst – erst am 3.1.2018 in Kraft getreten, s. Art. 39 Abs. 4 UAbs. 2 MAR, da die darin enthaltenen Verweise auf die MiFiD II mangels entsprechender Vorschriften in der MiFiD-Richtlinie nicht auf letztere umgeleitet werden konnten und auch die Übergangsregelung in § 50 WpHG organisierte Handelssysteme nicht erfasste (vgl. Rn. 52). Wie bei regulierten Märkten und MTFs muss es sich um ein multilaterales Handelssystem handeln, also um eine Plattform, bei der Aufträge von mindestens einer Vielzahl von Personen zusammengeführt werden. Unterschiede bestehen allerdings in der Einschränkung der gehandelten Finanzinstrumente auf **Nicht-Eigenkapitalinstrumente** sowie darin, dass die Zusammenführung von Kundenaufträgen **diskretionär** erfolgt.[224] Die Erstreckung auf OTF erfasst den Handel in sog „Dark Pools";[225] typisch sind zB broker crossing systems.[226]

62

In zeitlicher Hinsicht erstreckt sich der Anwendungsbereich auf Finanzinstrumente, die an einem der genannten Handelssysteme zugelassen sind oder für die ein **Antrag auf Zulassung** zum Handel gestellt wurde bzw. (bei organisierten Handelssystemen) ein Handel tatsächlich erfolgt. Manipulationshandlungen im **Vorfeld der Festlegung eines Emissionskurses** (sog **Bookbuilding-Phase** einer Neuemission)[227] oder **in noch früheren Stadien** – zB durch das Unterlassen einer ordnungsgemäßen sog Due-Diligence-Prüfung im Vorfeld einer Emission – sind dagegen **nicht** vom Verbot der Marktmanipulation **erfasst**. Von dieser zeitlichen Dimension ist die Tatsache zu unterscheiden, dass eine Marktpreismanipulation in Bezug auf die grundsätzlich erfassten Finanzinstrumente sowohl börslich als auch außerbörslich vorgenommen werden kann, s. Rn. 57.[228] So kann eine Manipulation etwa im telefonischen Interbankenhandel oder beim sog **Late Trading** erfolgen. Weitere denkbare Manipulationhandlungen können im Wege des sog **Market Trading**, bei dem kurzfristige Umsätze in börsengehandelten Investmentfonds-Anteilen erzielt werden, die als **Zeitzonenarbitrage** ua die Wertentwicklung des Fonds beeinflussen,[229] sowie bei Wertpapiertransaktionen von Anlegern auftreten, die sich für außerbörsliche Auftragsausführungen entschieden haben (§ 82 [vorher 33a] Abs. 4, 5 Nr. 2 WpHG).[230] Zur Abgrenzung von zulässiger Kurspflege siehe unten Rn. 233 ff.

63

---

224 Meyer/Veil/*Rönnau/Veil* § 4 Rn. 30 ff.; Klöhn/*Klöhn* MAR Art. 2 Rn. 95.
225 Graf/Jäger/Wittig/*Diversy/Köpferl* WpHG § 38 Rn. 36.
226 Klöhn/*Klöhn* MAR Art. 2 Rn. 97.
227 *Rössner/Bolkarts* AG 2003, R394 (R396); *Bingel* S. 33 f.; aA Assmann/Schneider/*Vogel* WpHG, 6. Aufl., § 20 a Rn. 40; KölnKommWpHG/*Mock* WpHG § 20 a Rn. 139 ff.
228 Assmann/Schneider/*Vogel* WpHG, 6. Aufl., § 20 a Rn. 41; Kümpel/Wittig/*Oulds* 14.311; Schwark/Zimmer/*Schwark* WpHG § 20 a Rn. 11; *Waschkeit* S. 265.
229 Vgl. BVI-Wohlverhaltensregeln Teil C Nr. 3 idF 15.1.2004, abgedruckt bei *Kümpel/ Hammen/EkkengaKz*. 290 (Stand Erg. Liefg. VII/12).
230 Assmann/Schneider/*Vogel* WpHG, 6. Aufl., § 20 a Rn. 41; krit. zum Anlegerschutz insoweit *Sorgenfrei* wistra 2002, 321 (322); näher *Ziouvas* ZGR 2003, 113 (124 f.).

64 Die Regelung in Bezug auf **außerbörslich gehandelte Finanzinstrumente** findet sich **seit dem 3.7.2016** in Art. 2 Abs. 1 UAbs. 1 lit. d der Marktmissbrauchsverordnung.[231] Danach sind zur **Vermeidung von Umgehungen** auch Finanzinstrumente erfasst, die zwar nicht unter die Buchstaben a, b und c fallen, deren Kurs oder Wert jedoch von dem Kurs oder Wert eines unter diesen Buchstaben genannten Finanzinstruments abhängt oder sich darauf auswirkt, einschließlich etwa Credit Default Swaps (vgl. zum Leerverkaufsverbot von CDS § 120 Abs. 6 Nr. 3, 4 WpHG Kap. 6.2. Rn. 20 ff.).[232] Produkte des sog **grauen Kapitalmarktes**, etwa Beteiligungen an geschlossenen Immobilienfonds, Anteile an Abschreibungsgesellschaften, bleiben unverändert aus dem Schutzbereich **ausgeschlossen**.[233] Speziell für den Anwendungsbereich des Manipulationsverbots (Art. 12, 15 MAR) findet sich die zusätzliche Regelung des Art. 2 Abs. 2 lit. a und b MAR, die auch **Waren-Spot-Kontrakte** sowie **Derivatekontrakte** und andere Arten von Finanzinstrumenten, die der Übertragung von Kreditrisiken dienen, erfasst, wobei auch hier eine Wechselwirkung der Kurse oder Werte zu den in Art. 2 Abs. 1 MAR genannten Finanzistrumenten gefordert wird. Angesichts der Vernetzung von Spot-Märkten und den dazugehörigen Derivatemärkten kann dort der Marktmissbrauch marktübergreifend erfolgen. Zweck der Verordnung ist ausdrücklich nicht die direkte Regelung der Spot-Märkte. Es werden nur Manipulationen verboten, die den Kurs von Finanzinstrumenten verzerren. Da jedoch bestimmte **Geschäfte an den Derivatemärkten** auch **zur Kursmanipulation an den zugehörigen Spot-Märkten und umgekehrt** genutzt werden können, werden diese Arten der marktübergreifenden Manipulation nunmehr ebenfalls erfasst.[234]

65 Erfasst sind alle geregelten Handelsplätze im räumlichen Geltungsbereich der Verordnung und Richtlinie, neben den gergten Handelsplätzen in Deutschland also auch alle **organisierten Märkte, multilateralen und organisierten Handelssysteme** (§ 2 Abs. 5 WpHG)[235] in einem anderen **EU-Mitgliedstaat oder in einem anderen EWR-Vertragsstaat**.[236] Zur Bestimmung der Strafbarkeit von Manipulationen mit Auslandsberührung vgl. Rn. 273 f.

---

231 S. dazu *Poelzig* NZG 2016, 528 (530).
232 Klöhn/*Klöhn* MAR Art. 2 Rn. 98. Zur bisherigen Rechtslage vgl. Assmann/Schneider/*Vogel* WpHG, 6. Aufl., § 20 a Rn. 38.
233 Vgl. Entwurf des Gesetzes zur Novellierung des Finanzanlagenvermittler- und Vermögensanlagerechts, BT-Drs. 17/6051; Assmann/Schneider/*Vogel* WpHG, 6. Aufl., § 20 a Rn. 38; *Schröder* KapitalmarktStR Rn. 380; *Arlt* S. 141; MüKoStGB/*Pananis* WpHG § 38 Rn. 142.
234 EU-Kommission, Begründung des Vorschlags für Verordnung des Europäischen Parlaments und des Rates über Insider-Geschäfte und Marktmanipulation (Marktmissbrauch), KOM (2011) 651 endg. v. 20.10.2011, Erwägungsgrund (15).
235 Vgl. Bericht Finanzausschuss, BT-Drs. 16/4899, 23: redaktionelle Angleichung an § 2 Abs. 1 BörsG 1 Nr. 4 EU-Missbrauchsrichtlinie iVm Art. 1 Nr. 13 der sog Wertpapierdienstleistungsrichtlinie 93/22EWG v. 10.5.1993, ABl. EG Nr. L 141 v. 11.6.1993, S. 27: „geregelter Markt"; *Ziouvas/Walter* WM 2002, 1483 (1486).
236 Krit. zur entsprechenden generalklauselartigen Formulierung vor dem FiMaNoG (§ 20 a Abs. 1 S. 2 Nr. 2 WpHG aF) unter Bestimmtheitsaspekten Assmann/Schneider/*Vogel* WpHG, 6. Aufl., § 20 a Rn. 25.

d) Tathandlungen der Marktmanipulation
aa) Abschluss eines Geschäfts, Erteilung eines Handelsauftrags sowie jede andere Handlung mit der Eignung, falsche oder irreführende Signale zu geben oder ein anormales oder künstliches Kursniveau zu sichern (Art. 12 Abs. 1 lit. a MAR)
(1) Überblick und Systematik

Die Variante des Art. 12 Abs. 1 lit. a MAR bezieht sich, wie bis zum 2.7.2016 § 20 a Abs. 1 S. 1 Nr. 2 WpHG aF, auf sog **handelsgestützte Manipulationen**.[237] Sie erfasst

„den Abschluss von Geschäften, die Erteilung von Handlungsaufträgen oder jede andere Handlung, die falsche oder irreführende Signale hinsichtlich des Angebots, der Nachfrage oder des Preises eines Finanzinstruments, eines damit verbundenen Waren-Spot-Kontrakts oder eines auf Emissionszertifikaten beruhenden Auktionsobjekts gibt oder bei der dies wahrscheinlich ist (Var. i), sowie Geschäfte, Handlungsaufträge oder sonstige Handlungen, die ein anormales oder künstliches Kursniveau eines oder mehrerer Finanzinstrumente, eines damit verbundenen Waren-Spot-Kontrakts oder eines auf Emissionszertifikaten beruhenden Auktionsobjekts sichern oder bei denen dies wahrscheinlich ist (Var. ii)."

Die Formulierungen „geben oder dies wahrscheinlich ist" bzw. „sichern bzw. dies wahrscheinlich ist" sind in deutscher Terminologie als „**Eignung**" zu bezeichnen.

Beispiele für handelsgestützte Manipulationen, die in den letzten Jahren praktisch relevant wurden, sind etwa Umsatzerhöhungen, um die Aufnahme einer Aktie in einen Index zu erreichen;[238] das Erteilen großvolumiger Aufträge über XETRA während der Eröffnungsauktionen und Löschen derselben kurz vor Beendigung der Mindestauktionsdauer bei parallelen Aufträgen im DAX Future an der EUREX;[239] die Aktienkursbeeinflussung zum Zweck des Verfalls sog Knock-Out-Zertifikate;[240] „Washsales" in Aktien einer insolventen, in Liquidation befindlichen AG, um aktiven Handel vorzutäuschen;[241] das Tätigen manipulativ abgesprochener Geschäfte und Insichgeschäfte aus steuerlichen Gründen durch die Beteiligten selbst[242] oder durch eine Vermögensverwaltungsgesellschaft für ihre Kunden;[243] Kaufempfehlungen und abgesprochene Geschäfte zwischen gesellschaftsrechtlich bzw. personell verflochtenen Unter-

---

237 Zu § 20 a Abs. 1 S. 1 Nr. 2 WpHG aF: Assmann/Schneider/*Vogel* WpHG, 6. Aufl., § 20 a Rn. 111; *Schönhöft* S. 89.
238 Vgl. BaFin-Prüfung bei Postbank AG-Umsätzen, Handelsblatt v. 5.9.2006.
239 Vgl. BaFin-Jahresbericht 2010, S. 203, abrufbar unter www.bafin.de (zuletzt abgerufen 19.6.2019).
240 Vorgang bei Gigaset AG, FAZ v. 17.3.2011.
241 Vorgang bei Sunburst Merchandising AG i.L., BaFin Jahresbericht 2010, S. 205, abrufbar unter www.bafin.de (zuletzt abgerufen 19.6.2019).
242 Vorgang bei Drägerwerk AG & Co. KG aA, BaFin Jahresbericht 2014, S. 221, Vorgang bei DB Real Estate AG ua, BaFin Jahresbericht 2012, S. 185 ff., abrufbar unter www.bafin.de (zuletzt abgerufen 19.6.2019), OLG Stuttgart v. 4.10.2011 – 2 Ss 65/11, NJW 2011, 3667 = wistra 2012, 80.
243 Vorgang „Vermögensverwalter", BaFin Jahresbericht 2015, S. 232 f., abrufbar unter www.bafin.de (zuletzt abgerufen 19.6.2019).

nehmen oder befreundeten Personen;[244] gegenläufige An- und Verkaufsaufträge über Geschäfts- und Privatdepot[245] bzw. in derivativen Produkten;[246] das Erteilen aufeinander abgestimmter gegenläufiger Aufträge;[247] auch durch den Aufsichtsratsvorsitzenden des Unternehmens, mit dessen Aktien gehandelt wurden[248] oder einen Spezialisten bzw. Designated Sponsor zwischen dem Privatdepot der Ehefrau und im Namen und zulasten des Wertpapierunternehmens, für das er arbeitete;[249] das Erteilen gegenläufiger Orders in Vorzugs- und Stammaktien in Verbindung mit außerbörslichen Block Trades,[250] „Gunning the market"[251] und „Spread"-Geschäfte mit Stamm- und Vorzugsaktien eines Emittenten.[252]

68 Die Ausgestaltung entspricht bis auf sprachliche Änderungen (so etwa „Abschluss eines Geschäfts, Erteilung eines Handelsauftrags" statt „Geschäfte oder Kauf- bzw. Verkaufsaufträge[253]"), die **Einfügung der Auffangtatbestands „jede andere Handlung"**[254] und die **Erweiterung der Tatobjekte** auf Waren-Spot-Kontrakte sowie (ab dem 3.1.2018) auf Emissionszertifikaten beruhende Auktionsobjekte den bisherigen gemeinschaftsrechtlichen Vorgaben in Art. 1 S. 1 Nr. 2 lit. a EU-Marktmissbrauchsrichtlinie. Auch die Ausnahme für den Fall, dass die handelnde Person nachweist, dass sie legitime Gründe hatte und ihre Handlungen nicht gegen die zulässige Marktpraxis auf dem betreffenden Markt verstoßen (**Art. 12 Abs. 2 aE, Art. 13 MAR**; bis zum 2.7.2016 Art. 1 S. 1 Nr. 2 lit. a letzter Halbsatz EU-Marktmissbrauchsrichtlinie), findet sich weiterhin für beide Handlungen (s. Rn. 141). Ferner werden in **Art. 12 Abs. 2 Abs. 2 MAR** nicht abschließende („unter anderem") **zwingende Beispiele** („gelten als") angeführt (bis zum 2.7.2016 Art. 1 S. 1 Nr. 2 S. 2 EU-Markt-

---

244 Vgl. Handelsblatt v. 20.4.2007 bzw. Vorgang bei DR Real Estate AG ua, BaFin-Jahresabschlussbericht 2010, S. 205, abrufbar unter: www.bafin.de (zuletzt abgerufen 19.6.2019).
245 Vorgänge Blue Cap AG und Mologen AG, BaFin Jahresbericht 2017, S. 135; Vorgang bei TDS Informationstechnologie AG, BaFin-Jahresbericht 2010, S. 203, abrufbar unter www.bafin.de (zuletzt abgerufen 19.6.2019).
246 Vgl. BaFin-Jahresbericht 2010, S. 204, abrufbar unter www.bafin.de (zuletzt abgerufen 19.6.2019).
247 Vorgang in Bezug auf illiquiden Optionsschein auf Aktien der Bilfinger SE, BaFin Jahresbericht 2017, S. 134; Vorgang bei Aktienanleihe HSBC T+B 09/10 DBK, BaFin Jahresbericht 2012, S. 188 f., Vorgang bei Resprop Immobilien AG, BaFin Jahresbericht 2012, S. 189; Vorgang Intershop Communications AG, BaFin Jahresbericht 2011, S. 209, abrufbar unter www.bafin.de (zuletzt abgerufen 19.6.2019).
248 Vorgang Diskus Werke AG, BaFin-Jahresbericht 2016, S. 180 abrufbar unter www.ba fin.de (zuletzt abgerufen 29.10.2018).
249 Vorgang Pfleiderer AG, BaFin-Jahresbericht 2016, S. 180 abrufbar unter www.bafin.de (zuletzt abgerufen 29.10.2018).
250 Vgl. FAZ v. 1.9.2011 zum Vorgang bei WestLB.
251 EuGH 7.7.2011 – C-445/09, ZIP 2011, 1408; *Klöhn* NZG 2011, 934.
252 Vgl. Vorgang bei WestLB, FAZ v. 12. und 13.4. und 17.7.2007, Handelsblatt v. 16.4.2007; Vorgang bei Dresdner Bank AG, FAZ v. 14.5.2007.
253 Die englische Sprachfassung sprach in beiden Fällen von „orders to trade", so dass sich zumindest aus der Änderung „Handelsaufträge" statt „Kauf- und Verkaufsaufträge" keine inhaltlichen Konsequenzen ergeben.
254 Krit. mit Hinblick auf die Bestimmtheit *Schmolke* AG 2016, 434 (441); Graf/Jäger/Wittig/*Diversy*/Köpferl WpHG § 38 Rn. 78.

missbrauchsrichtlinie).²⁵⁵ Neben den schon bisher bekannten Regelbeispielen enthält die Aufzählung eine spezifische Bezugnahme auf den algorithmischen bzw. Hochfrequenzhandel (Art. 12 Abs. 2 lit. c MAR) und bezieht speziell die ab dem 3.1.2018 neu erfasste Manipulation in Bezug auf Emissionszertifikate ein (Art. 12 Abs. 2 lit. e MAR).

Ergänzend hierzu findet sich in Anhang I/Teil A der Marktmissbrauchsverordnung eine „nicht erschöpfende Aufzählung von **Indikatoren**", vgl. Art. 12 Abs. 3 MAR, die bis auf sprachliche Änderungen und Anpassungen an den neuen Anwendungsbereich Art. 4 lit. a–g der zur Durchführung der Marktmissbrauchsrichtlinie insoweit²⁵⁶ erlassenen EU-Durchführungsrichtlinie 2003/124/EG²⁵⁷ fast wörtlich entspricht. Diese Indikatoren stellen Anhaltspunkte für mögliches manipulatives Handeln dar, deren Vorliegen zwar nicht „für sich genommen" (vorher „als solches") tatbestandsbegründend wirkt, die aber bei einer Überprüfung durch die Behörden berücksichtigt werden müssen.²⁵⁸ Den Hintergrund für die erstmalige Formulierung dieser „Signale" in der EU-Durchführungsrichtlinie bildete offensichtlich die Regelung in den Leitlinien, die die englische Aufsichtsbehörde FSA im englischen Code of Market Conduct zur Feststellung künstlicher Transaktionen („artificial transactions") entwickelt hat.²⁵⁹ 69

Weiterhin ermächtigt die Marktmissbrauchsverordnung in Art. 12 Abs. 5 die Kommission zum Erlass von delegierten Rechtsakten zur Präzisierung dieser Indikatoren, „um deren Elemente zu klären und den technischen Entwicklungen auf den Finanzmärkten Rechnung zu tragen". Die Kommission hat diese Ermächtigung zum Erlass der **Delegierten Verordnung (EU) 2016/522** am 17.12.2015²⁶⁰ genutzt. Schon der Tatbestand der Marktmissbrauchsrichtlinie wurde angesichts seiner Konturenlosigkeit „insgesamt […] als missglückt" beschrieben,²⁶¹ zumal sich effektive erlaubte Geschäfte von unerlaubten nur durch ihre (innere) Zielrichtung unterscheiden.²⁶² Die **Präzisierung der Indikatoren** im Anhang der Marktmissbrauchsverordnung durch die **Delegierte Verordnung (EU) 2016/522** zur Klärung der Elemente und zur Einbeziehung der technischen Entwicklungen auf den Finanzmärkten war daher zwingend erforderlich und bietet zumindest teilweise einen Gewinn an Klarheit. Trotzdem finden sich auch hier noch erhebliche, zB zeitliche Unbestimmtheiten. 70

---

255 Diese Regelbeispiele weichen von der ursprünglichen, im Entwurf der Kommissionsrichtlinie noch als Anhang aufgeführten, Beispielliste ab; vgl. KOM (2001) 281, Anhang Abschnitt B; Gemeinsamer Standpunkt des Parlaments und Rates v. 19.6.2002, ABl. C Nr. 228 v. 25.9.2002, S. 19 ff.; *Meißner* S. 118.
256 Vgl. Art. 1 S. 1 Nr. 2 S. 3 und letzter Satz EU-Marktmissbrauchsrichtlinie.
257 EU-Durchführungsrichtlinie 2003/124/EG v. 22.12.2003.
258 Erwägungsgrund (6) der EU-Durchführungsrichtlinie 2003/124/EG v. 22.12.2003.
259 Vgl. Sect. 118 (2) (b), Financial Services and Markets Act (FSMA) 2000; hierzu *Meißner* S. 118 f.; *Grüger* S. 53 ff. (59).
260 Delegierte Verordnung (EU) 2016/522 der Kommission v. 17.12.2015 zur Ergänzung der Verordnung (EU) Nr. 596/2014 des Europäischen Parlaments und des Rates im Hinblick auf eine Ausnahme für bestimmte öffentliche Stellen und Zentralbanken von Drittstaaten, die Indikatoren für Marktmanipulation, die Schwellenwerte für die Offenlegung, die zuständige Behörde, der ein Aufschub zu melden ist, die Erlaubnis zum Handel während eines geschlossenen Zeitraums und die Arten meldepflichtiger Eigengeschäfte von Führungskräften, ABl. 2016 L 88 v. 5.4.2016, S. 1 ff.
261 Zutr. MüKoStGB/*Pananis* WpHG § 38 Rn. 168.
262 Erbs/Kohlhaas/*Wehowsky* W 57 a WpHG § 20 a Rn. 25.

(2) Abschluss eines Geschäfts, Erteilung eines Handelsauftrags sowie jede andere geeignete Handlung

71 Die Manipulationshandlung „Abschluss eines Geschäfts, Erteilung eines Handelsauftrags" (vorher: „Vornahme von Geschäften, Erteilen von Kauf- oder Verkaufsaufträgen") umfasst nicht nur tatsächlich zustande gekommene „effektive" Geschäfte über Finanzinstrumente und andere Tatobjekte, sondern bereits die Beeinflussung der Orderlage durch Erteilen von diesbezüglichen Handelsaufträgen,[263] da beide Varianten preisbeeinflussenden Charakter aufweisen können. Die Marktmissbrauchsverordnung bezieht darüber hinaus „jede andere Handlung" mit derselben Eignung ein.

72 **Geschäfte** sind alle schuldrechtlichen Transaktionen mit Finanzinstrumenten und anderen Tatobjekten, gleichgültig ob sie auf den Erwerb oder die Veräußerung gerichtet sind, ob sie Sicherungs- oder Treuhandzwecken dienen, ob sie auf kurzfristigen oder längerfristigen Eigentumserwerb gerichtet sind (Arbitrage, Wertpapierpensions- bzw. Wertpapierleihgeschäfte), und ob sie in eigenem oder fremdem Namen oder für eigene oder fremde Rechnung getätigt werden.[264] Für den **Abschluss** von Geschäften ist zudem **unerheblich**, ob es sich um ein rechtswirksames Geschäft, ein Scheingeschäft (§ 117 BGB) oder ein Geschäft handelt, bei dem es zu keinem Wechsel des wirtschaftlichen Eigentümers eines Finanzinstruments kommt (arg. e Anhang I, Abschnitt A lit. c MAR, Anhang II Abschnitt 1 Nr. 3 lit. a Delegierte Verordnung 2016/522).[265] Ebenfalls unerheblich ist, ob das Geschäft auf einem Handelsplatz getätigt wurde, solange es sich nur auf den dortigen Preis auswirken kann.[266]

73 Der Begriff der **Handelsaufträge**, der ohne inhaltliche Änderung die bisher in der EU-Marktmissbrauchsrichtlinie verwendeten **Kauf- oder Verkaufsaufträge** ersetzt, entspricht dem kapitalmarktrechtlichen Begriff „Order",[267] gleichgültig, ob diese befristet oder limitiert erteilt werden.[268]

74 Erfasst sind somit die typischen, befristet oder limitiert erteilten, **Effektenorders** (kommissionsrechtliche Kauf- oder Verkaufsaufträge der Kunden an ihre Bank) ebenso wie die unmittelbar auf den Börsenhandel bezogenen **Vermittlungsaufträge** an Skontroführer und nicht zuletzt bindende Kauf- oder Verkaufsangebote im **elektronischen Handel**.[269] Soweit Handelsaufträge der Vor-

---

263 Graf/Jäger/Wittig/*Diversy*/*Köpferl* WpHG § 38 Rn. 77; Meyer/Veil/Rönnau/*Anschütz*/ *Kunzelmann* § 14 Rn. 13.
264 Meyer/Veil/Rönnau/*Anschütz*/*Kunzelmann* § 14 Rn. 12; Graf/Jäger/Wittig/*Diversy*/ *Köpferl* WpHG § 38 Rn. 77, zur alten Rechtslage: Assmann/Schneider/Vogel *WpHG*, 6. Aufl., § 20 a Rn. 145; *Schönhöft* S. 90; Fuchs/*Fleischer* WpHG § 20 a Rn. 44.
265 *Langenbucher* AktR § 16 Rn. 32; Meyer/Veil/Rönnau/*Anschütz*/*Kunzelmann* § 14 Rn. 13; zur alten Rechtslage Assmann/Schneider/*Vogel* WpHG, 6. Aufl., § 20 a Rn. 146; MüKoStGB/*Pananis* WpHG § 38 Rn. 169; Fuchs/*Fleischer* WpHG § 20 a Rn. 44.
266 Art. 2 Abs. 3 und Erwägungsgrund (8) MAR, dazu Meyer/Veil/Rönnau/*Anschütz*/ *Kunzelmann* § 14 Rn. 14.
267 Die englischen Sprachfassungen der EU-Marktmissbrauchsrichtlinie und der Marktmissbrauchsverordnung sprechen übereinstimmend direkt von „order".
268 *Schröder* KapitalmarktStR Rn. 480; Assmann/Schneider/*Vogel* WpHG, 6. Aufl., § 20 a Rn. 147; Fuchs/*Fleischer* WpHG § 20 a Rn. 45; Schwark/Zimmer/*Schwark* WpHG § 20 a Rn. 37.
269 Assmann/Schneider/*Vogel* WpHG, 6. Aufl., § 20 a Rn. 147; *Schröder* KapitalmarktStR Rn. 480; ebenso die Abgabe eines Gebots in Auktionsverfahren für Staatsanleihen, vgl. *Schmidtbleicher*/*Cordalis* ZBB 2007, 124 (126).

nahme von Geschäften dienen (zB der Eindeckung von Leerverkäufen oder Erfüllung von Wertpapierleihe- bzw. -pensionsgeschäften), geht die erste Tatbestandsvariante vor.[270] Das **Erteilen** eines Handelsauftrags erfolgt in dem Zeitpunkt, in dem die Order dem Adressaten zugeht, wobei es nicht darauf ankommt, ob die Order in das Orderbuch eingestellt wird, es sich um eine bedingte (zB Stop-loss-) oder um eine befristete Order handelt.[271] Bloß versehentlich erfolgte Ordereingaben bei „zu einem offensichtlich nicht marktgerechten Preis" zustande gekommenen Geschäften[272] im skontroführergestützten, im XETRA- oder Eurex-Handel (sog **mistrades**)[273] fallen jedoch ebenso wie ihre Rücknahme nicht unter den Tatbestand.[274] Zur Rücknahme manipulativ erteilter Orders, um die Angebots- bzw. Nachfrageseite zu beeinflussen, vgl. unten Rn. 137.[275]

Als **Orientierung** kann auch die in **Erwägungsgrund (10) der Delegierten Verordnung (EU) 2016/522** für ihren Anwendungsbereich genannte Bestimmung dienen, nach der eine Bezugnahme auf einen Handelsauftrag „alle Arten von Aufträgen, einschließlich Erstaufträgen, Änderungen, Aktualisierungen und Stornierungen, unabhängig davon, ob sie ausgeführt wurden, welche Mittel genutzt wurden, um Zugang zum Handelsplatz zu erlangen oder ein Geschäft zu schließen oder einen Handelsauftrag auszuführen, und ob der Auftrag in das Orderbuch des Handelsplatzes aufgenommen wurde" umfasst. 75

Anders als die EU-Marktmissbrauchslinie erfasst Art. 12 Abs. 1 lit. a MAR auch „jede andere Handlung",[276] die die gleiche Eignung zur Einwirkung auf Angebot, Nachfrage und Preis bzw. das Kursniveau an den von der Verordnung erfassten Handelsplätzen aufweist. Diese **weite** Formulierung dient der **lückenlosen Erfassung** aller **handelsbezogenen Manipulationsarten**,[277] etwa auch der Stornierung oder Änderung von Handelsaufträgen (vgl. Art. 12 Abs. 2 lit. c MAR), unabhängig von der konkreten Bezeichnung dieser Verhaltensweisen an den unterschiedlichen erfassten Märkten und Handelssystemen bzw. im Hinblick auf außerbörsliche Transaktionen. Eine **Erweiterung** über 76

---

270 Vgl. OLG Stuttgart 4.10.2011 – 2 Ss 65/11, wistra 2012, 80 = ZWH 2012, 24 = NJW 2011, 3667.
271 Assmann/Schneider/*Vogel* WpHG, 6. Aufl., § 20 a Rn. 148.
272 Vgl. § 23 der der Bedingungen für Geschäfte an der Frankfurter Wertpapierbörse (Stand 27.05.2019), abrufbar unter https://www.xetra.com/xetra-de/meta/regelwerke/Bedingungen-f-r-Gesch-fte-an-der-Frankfurter-Wertpapierb-rse-46214 (zuletzt abgerufen am 19.6.2019), zuvor „objektiv erkennbaren groben Irrtümern bei der Eingabe der Aufträge oder des Preises", vgl. §§ 12 a, 40 der Bedingungen für Geschäfte an der Frankfurter Wertpapierbörse (Stand 1.11.2007) sowie Ausführungsbestimmungen hierzu, abgedruckt bei *Kümpel/Hammen/Ekkenga*, Kz. 450; *Köndgen/Theissen* WM 2003, 1497 (1502).
273 Ausführlich *Lindfeld* S. 19 ff.; *Jaskulla* WM 2012, 1708; *Fleckner* WM 2011, 585 (595 f.).
274 Fuchs/*Fleischer* WpHG § 20 a Rn. 52. Der Vorschlag, Mistrade-Anträge zur Eindämmung von Missbräuchen kostenpflichtig zu machen (BR-Stellungnahme, vgl. BT-Drs. 16/4028, 109), wurde nicht aufgegriffen.
275 Vgl. hierzu exemplarisch den Fall im BaFin-Jahresbericht 2010, S. 204 (BKN International AG).
276 Krit. *Wittig* WirtStrR § 30 Rn. 33.
277 So auch *Schmolke* AG 2016, 434 (440); Langenbucher/*Klöhn* § 6 Rn. 167 „Catch-all-Klauseln".

diese **handelsbezogenen Manipulationen** hinaus ist **nicht bezweckt**.[278] Der Wortlaut schließt eine dementsprechende Auslegung zwar auf den ersten Blick nicht aus, da zB auch die informationsgestützen Manipulationen die entsprechende Eignung aufweisen können (und gem. Art. 12 Abs. 1 lit. c MAR auch müssen, um als Manipulation im Sinne der Verordnung zu gelten). Gerade diese Systematik spricht jedoch dafür, wie bisher nur handelsbezogene Manipulationen unter lit. a zu subsumieren. Das stützt auch der bis auf die neu eingefügten lit. c und e gleichbleibende Wortlaut der Regelbeispiele gegenüber der EU-Marktmissbrauchsrichtlinie bzw. die fast wortgleiche Übernahme der Indikatoren aus Art. 4 der Durchführungsrichtlinie 2003/124/EG in den Anhang I/Teil A.

(3) Manipulationseignung

77 Weitere und entscheidende Voraussetzung des Unrechts ist, dass die in Art. 12 Abs. 1 lit. a MAR genannten Handlungen falsche oder irreführende Signale für das Angebot, die Nachfrage oder den Preis von Finanzinstrumenten, Waren-Spot-Kontrakten oder Emissionszertifikaten **geben oder dies wahrscheinlich ist**, Art. 12 Abs. 1 lit. a Var. i) MAR, bzw. ein anormales oder künstliches Kursniveau **sichern oder dies wahrscheinlich** ist, Art. 12 Abs. 1 lit. a Var. ii) MAR. Diese Formulierung ersetzt – ohne inhaltliche Änderung, wie die gleichbleibende englische Sprachfassung zeigt, die übereinstimmend von „gives, or is likely to give" spricht – die Formulierung des Art. 1 S. 1 Nr. 2 lit. a EU-Marktmissbrauchsrichtlinie („geben könnten") und damit das bisherige Tatbestandsmerkmal des § 20 a Abs. 1 S. 1 Nr. 2 WpHG aF, die **„Eignung"**, falsche oder irreführende Signale für das Angebot, die Nachfrage oder den Börsen- und Marktpreis von Finanzinstrumenten zu geben oder ein künstliches Preisniveau herbeizuführen. Art. 12 Abs. 1 lit. a MAR ist insofern, wie schon § 20 a Abs. 1 S. 1 Nr. 2 WpHG aF, ein **abstrakt-konkreter Gefährdungstatbestand**, der somit auch dann erfüllt sein kann, wenn es nicht zu einer Täuschung der Anleger kommt.[279]

(a) Bezugspunkt: Angebot, Nachfrage oder Preis bzw. Kurslage von Finanzinstrumenten, damit verbundenen Waren-Spot-Kontrakten oder auf Emissionszertifikaten beruhende Auktionsobjekten

78 Beide Varianten beziehen sich auf Angebot, Nachfrage und Preis bzw. das Kursniveau von **Finanzinstrumenten, Waren-Spot-Kontrakten oder auf Emissionszertifikaten beruhende Auktionsobjekte**. Erfasst ist zunächst – wie schon bis zum 2.7.2016 – der inländische **Börsen- oder Marktpreis** eines Finanzinstruments, der sowohl den geregelten Handel als auch den Freiverkehr umfasst. Darüber hinaus kommen, der Erweiterung des Anwendungsbereichs durch die MAR entsprechend (vgl. Rn. 15), auch die Preise von Waren-Spot-Kontrakten und, ab dem 3.1.2018, Preise an OTF als Bezugsobjekt in Betracht. Daneben tritt die Einwirkungseignung auf Preise für Waren iSd § 2 Abs. Abs. 5 (vorher Abs. 2 c) WpHG oder ausländische Zahlungsmittel

---

278 Zust. Meyer/Veil/Rönnau/*Anschütz/Kunzelmann* § 14 Rn. 16 f.; sa Graf/Jäger/Wittig/*Diversy/Köpferl* WpHG § 38 WpHG § 38 Rn. 78 „keine Bedeutunng".
279 Assmann/Schneider/*Vogel* WpHG, 6. Aufl., § 20 a Rn. 149.

iSd § 51 BörsG über die Erstreckung des § 25 (vorher § 12) WpHG. Die Einwirkung auf die Preise von Emissionsberechtigungen iSd § 3 Nr. 3 des Treibhausgas-Emissionshandelsgesetzes wurde zwischenzeitlich ebenfalls über § 12 WpHG erfasst, fällt nunmehr aber in den Anwendungsbereich der MAR selbst (s. Rn. 12). Während Emissionszertifikate danach selbst Finanzinstrumente sind, muss dies nicht für auf ihnen beruhenden Auktionsobjekte gelten, so dass diese separat genannt sind.[280]

Die Erweiterung des Anwendungsbereichs der MAR auf außerbörsliche Transaktionen erfolgte nur im Hinblick auf die Wechselwirkungen mit den Preisen an den erfassten Märkten, so dass es für die Eignung auch nur auf die dortigen Kurse ankommt.

Neben dem **inländischen** Börsen- und Marktpreis sind auch alle entsprechenden Preise im übrigen Geltungsbereich der Verordnung, dh **in der EU und im EWR**, erfasst.[281]

Börsenpreis[282] ist der Preis, der während der Börsenzeit an einer Wertpapier- oder Warenbörse (§ 2 Abs. 2, 3 BörsG) festgestellt wird (§ 24 Abs. 1 S. 1 BörsG).[283] Dies gilt auch für einen im Freiverkehr festgestellten Preis (§ 24 Abs. 1 S. 2 BörsG). Hierzu zählen ferner der Preis, der für ein Derivat an einer Börse ermittelt wurde, und nicht zuletzt der Preis, der an einer Warenbörse ermittelt wurde. Der Börsenpreis ist eine zahlenmäßige Beurteilung der gesamten Börsenlage, ausgerichtet an den abgeschlossenen Geschäften, und kommt in einem geregelten Verfahren unter staatlicher Aufsicht zustande.[284] Von zentraler Bedeutung ist angesichts des Schutzzwecks (oben Rn. 23 f.) daher, dass Börsenpreise ordnungsmäßig zustande kommen und der wirklichen Marktlage des Börsenhandels entsprechen (§ 24 Abs. 2 S. 1 BörsG).[285] Dies bedeutet jedoch nicht, dass schon manipulierte Börsenpreise nicht weiter manipuliert werden können.[286] Es muss jedoch schon vor der Manipulationshandlung ein Börsen-

---

280 Graf/Jäger/Wittig/*Diversy/Köpferl* WpHG § 38 Rn. 40; KölnKommWpHG/*Altenhain* WpHG § 2 Rn. 83.
281 Eine Liste von Börsen mit amtlichem Handel und anderer organisierter Märkte **außerhalb** des EU- bzw. EWR-Raums ist abgedruckt bei *Kümpel/Hammen/Ekkenga* Kz. 715/2 aE (Stand Erg. Liefg. VII/12); nicht erfasst sind damit zB Preise an US-Märkten; Assmann/Schneider/*Vogel* WpHG, 6. Aufl., § 20 a Rn. 114.
282 Als zeitpunktbezogene Größe im Gegensatz zum Börsen„kurs" als zeitraumbezogene Entwicklung, vgl. Wabnitz/Janovsky/*Benner* 9. Kap. Rn. 138 ff. (141); vgl. auch *Schröder* KapitalmarktStR Rn. 381 f.; *Flothen* S. 106 ff.
283 § 2 Abs. 1 BörsG idF FRUG enthielt in Anlehnung an die Definition des geregelten Marktes in Art. 4 Abs. 1 Nr. 14 der sog Finanzmarktrichtlinie (Einl. Rn. 13) erstmals die Definition einer Börse, vgl. BegrRegE, BT-Drs. 16/4028, 79; zu Einzelheiten für die Börsenpreisfeststellung im elektronischen Handelssystem vgl. §§ 87 ff. Börsenordnung für die Frankfurter Wertpapierbörse (Stand: 27.5.2019), abrufbar unter https://www.xetra.com/xetra-de/meta/regelwerke/B-rsenordnung-f-r-die-Frankfurter-Wertpapierb-rse-46200 (zuletzt abgerufen am 19.6.2019).
284 *Schlüter* G Rn. 277, 602 ff. (610); Schäfer/Hamann/*Ledermann* KMG, BörsG, § 24 Rn. 25 ff.
285 Zur Bedeutung der Preisermittlung für den Börsenbegriff, vgl. *Kümpel/Wittig/Seiffert* 4.28 ff. mwN; Kümpel/Hammen/Ekkenga/*Kümpel* Kz. 60 S. 34 ff., (Stand Erg. Liefg. VII/12).
286 BGH 27.11.2013 – 3 StR 5/13, NZG 2014, 315 (318) = BGH, NJW 2014, 1399, mit Anm. *Wagner* EWiR 2014, 345; zust. *Waßmer* HRRS 2014, 336 (338); *Trüg* NJW 2014, 1346 (1348).

preis existiert haben; die erstmalige Festsetzung eines Börsenpreises an illiquiden Märkten alleine aufgrund der Manipulation ist nicht ausreichend.[287]

80 **Marktpreis** ist allgemein der sich auf einem Markt, der nicht den rechtlichen Status einer Börse besitzt, ergebende Durchschnittspreis, der auf Grundlage der während eines bestimmten Zeitraumes tatsächlich am Markt abgeschlossenen Geschäfte ermittelt und von der zuständigen Stelle entsprechend festgesetzt wird.[288]

81 **Keine Börsenpreise** und auch keine Marktpreise[289] sind zB außerhalb der Börsenzeit festgestellte Preise sowie Preise für Börsengeschäfte, die ohne Einschaltung eines Skontroführers und damit ohne Einhaltung der strengen Preisermittlungsbestimmungen und ohne die Überwachung durch den Skontroführer zustande gekommen sind (sog Direktgeschäfte). Dieser zulässige Direkthandel zwischen Börsenhändlern und zugelassenen Marktteilnehmern (Kreditinstituten, Wertpapierhandelsbanken, anderen Wertpapierdienstleistungsunternehmen wie Maklerfirmen) wird dem außerbörslichen Handel zugeordnet. Allerdings ist nicht auszuschließen, dass sich darauf bezogene Transaktionen mittelbar auf Börsenpreise auswirken und daher trotzdem unter das Marktmanipulationsverbot fallen, Art. 2 Abs. 3 und Erwägungsgrund (8) MAR, s. Rn. 15.

82 Zu den maßgebenden verfahrensbezogenen Anforderungen (**ordnungsmäßiges Zustandekommen**)[290] des Kursniveaus gehört, dass die Börsenpreise dem dafür durch Gesetz, Börsenverordnung und Geschäftsbedingungen der einzelnen Wertpapierbörsen vorgegebenen förmlichen Verfahren entsprechen müssen, dh während der Börsenzeit an einer Börse (§ 2 BörsG) festgestellt wurden (§ 24 Abs. 1 S. 1 BörsG, **formale Preiswahrheit**).[291] Zudem sind das gesetzliche Gebot der Zugänglichkeit der Angebote zum Kauf oder Verkauf für alle[292] Handelsteilnehmer und das Gebot der Möglichkeit, diese Angebote auch annehmen zu können, zu beachten (**Verfügbarkeitsprinzip**), vgl. § 24 Abs. 2 S. 2 BörsG. Von wesentlicher Bedeutung ist schließlich, dass die Börsenpreise und die ihnen zugrunde liegenden Umsätze allen Handelsteilnehmern unverzüglich

---

287 BGH 27.11.2013 – 3 StR 5/13, NZG 2014, 315 (318) = BGH, NJW 2014, 1399 mit Anm. *Wagner* EWiR 2014, 345, *Waßmer* HRRS 2014, 336. Sa *Trüg* NJW 2014, 1346 (1348).
288 Schäfer/Hamann/*Ledermann* KMG BörsG § 24 Rn. 24; *Sorgenfrei* wistra 2002, 321 (326); *Fichtner* S. 43 f.
289 Vgl. *Schlüter* G. IV. Rn. 283; Schäfer/Hamann/*Ledermann* KMG, § 24 Rn. 39 m.w. Beispielen; *Köndgen/Theissen* WM 2003, 1497 (1502); Assmann/Schneider/*Vogel* WpHG, 6. Aufl., § 20 a Rn. 114.
290 Ausführlich Schäfer/Hamann/*Ledermann* KMG BörsG § 24 Rn. 25 ff.; *Papachristou* S. 30 ff.
291 Börsenordnung für die Frankfurter Wertpapierbörse (Stand: 27.5.2019), abrufbar unter https://www.xetra.com/xetra-de/meta/regelwerke/B-rsenordnung-f-r-die-Frankfurter-Wertpapierb-rse-46200http://www.xetra.com/xetra-de/meta/regelwerke/Boersenordnung-fuer-die-Frankfurter-Wertpapierboerse/1378772 ; Bedingungen für Geschäfte an der Frankfurter Wertpapierbörse (Stand 27.5.2019), abrufbar unter https://www.x etra.com/xetra-de/meta/regelwerke/Bedingungen-f-r-Gesch-fte-an-der-Frankfurter-We rtpapierb-rse-46214; Börsenordnung für die Eurex Deutschland (Stand: 15.4.2019) abrufbar unterhttps://www.eurexchange.com/exchange-de/ressourcen/regelwerke/B-rsenordnung-38246 (jeweils zuletzt aufgerufen: 19.6.2019); *Schlüter* Rn. 288; Schwark/Zimmer/*Beck* BörsG § 24 Rn. 8 ff.
292 *Köndgen/Theissen* WM 2003, 1503; Schäfer/Hamann/*Ledermann* KMG BörsG § 24 Rn. 33.

bekanntzumachen sind (**Transparenzprinzip**, s. § 24 Abs. 3 S. 1 iVm §§ 72, 74 (vorher §§ 31 f., g) WpHG nF für **multilateralen Handelssystemen** iVm Titel II der MiFiR bzw. Titel III der MiFiR (vorher § 32 a WpHG) für **systematische Internalisierer**).[293]

Diese für jedes Marktsegment unterschiedliche wirkliche Marktlage bzw. Kurslage beruht also auf der jeweiligen Auftragslage, sofern keine erkennbaren, außerhalb der Auftragslage gegebenen preisrelevanten Umstände zu berücksichtigen sind (zB gekennzeichnete Crossing-Geschäfte (Rn. 123), Plus-/Minus-Ankündigungen des Skontroführers, Preisimporte, mistrades[294] (Rn. 74, 137), Volatilitätsunterbrechungen im XETRA-Handel uam).[295]

Die formale Übereinstimmung mit den in den jeweiligen Börsenordnungen konkretisierten Verhaltensregeln (§ 24 Abs. 3 S. 2, 3 BörsG sowie § 74 Abs. 3 WpHG), dh das ordnungsmäßige Zustandekommen des Börsenpreises iSd § 24 Abs. 2 S. 1 BörsG, wird durch die Handelsüberwachungsstellen der jeweiligen Börsen überprüft (vgl. § 7 Abs. 1 BörsG).[296] Je nach Verfahrensweise der Preisermittlung sind **vier Arten von Handelssystemen** zu unterscheiden: Orderbuchhandelssysteme, (quotierungsgetriebene) Market-Maker-Systeme, auf periodischen Auktionen basierende Handelssysteme sowie hybride Handelssysteme, die keinem der vorgenannten Handelssysteme entsprechen.[297] Der Handel an einer Wertpapierbörse kann an zwei Handelsplattformen durchgeführt werden, wobei der elektronische Handel zunehmend an Bedeutung gewinnt. So wurde der Präsenzhandel an der Frankfurter Wertpapierbörse am 20.5.2011 eingestellt.[298] Im **elektronischen Handel** findet die Übermittlung der Aufträge, die Zusammenführung von Angebot und Nachfrage zu Kaufverträgen und die Preisermittlung mittels EDV statt (vgl. §§ 87 ff. Börsenordnung für die Frankfurter Wertpapierbörse). Dagegen wird im **Präsenzhandel** zwar ebenfalls weitgehend mit EDV gearbeitet, die Verantwortung für die Preisfeststellung liegt jedoch bei einem Skontroführer. An der Terminbörse Eurex erfolgt die Preisbil-

---

293 Vgl. die Definition in Art. 4 Abs. 1 Nr. 20 UAbs. 1 MiFID II: „Wertpapierfirma, die in organisierter und systematischer Weise häufig in erheblichem Umfang Handel für eigene Rechnung treibt, wenn sie Kundenaufträge außerhalb eines geregelten Marktes oder eines MTF bzw. OTF ausführt, ohne ein multilaterales System zu betreiben." Neu ist die Einschränkung „in erheblichem Umfang", die in UAbs. 2 näher erläutert wird.
294 Ausführlich vgl. *Lindfeld* Fn. 477, S. 19 ff.
295 Schwark/Zimmer/*Beck* BörsG § 24 Rn. 22 ff.; Schäfer/Hamann/*Ledermann* KMG BörsG § 24 Rn. 26 ff.; MAH WiStR/*Benner* § 22 Rn. 458; der Betreiber eines multilateralen Handelssystems hat der BaFin schwerwiegende Verstöße gegen die Handelsregeln und Marktintegrität mitzuteilen; bei Anhaltspunkten für einen Verstoß gegen § 20 a WpHG ist die BaFin unverzüglich zu unterrichten und bei ihren Untersuchungen umfassen zu unterstützen (§ 31 f WpHG idF FRUG).
296 Näher *Schlüter* G Rn. 213 ff.; zum Problem „eines" Börsenpreises, wenn ein und dasselbe Finanzinstrument sowohl an der Computerbörse als auch im Präsenzhandel bzw. an verschiedenen Börsenplätzen gehandelt wird vgl. *Schröder* KapitalmarktStR Rn. 572 ff.
297 Näher Erbs/Kohlhaas/*Wehowsky* B 155 Vor BörsG Rn. 8; Schwark/Zimmer/*Beck* örsG § 24 Rn. 22 ff.
298 Vgl. Elfte Änderungssatzung zur Börsenordnung für die Frankfurter Wertpapierbörse und Neufassung der Börsenordnung für die Frankfurter Wertpapierbörse v. 24. März 2011, abrufbar unter https://www.xetra.com/xetra-de/meta/regelwerke/B-rsenordnung-f-r-die-Frankfurter-Wertpapierb-rse-46200, zuletzt abgerufen am 19.6.2019.

dung ihm Rahmen des Systems der Eurex-Börsen, dh durch automatische Ordnung und Zusammenführung von Aufträgen und Quotes.[299]

85 Wenngleich es „den" Börsen- oder Marktpreis für einzelne Finanzinstrumente gar nicht gibt, sofern diese wie etwa Aktien an mehreren Börsen gehandelt werden,[300] ist die praktische Relevanz dieses Umstands nicht gravierend. Denn die jeweilige Manipulationshandlung ist in ihrer Wirkung auf den jeweils „betroffenen" Börsenplatz hin zu untersuchen. Wenn eine „konzertierte", dh mehrere Börsen- bzw. Handelsplätze betreffende Manipulation, im Raum steht, ist diese unter Konkurrenzaspekten zu beurteilen.

86 Die **Preisermittlung an Warenbörsen** (§ 2 Abs. 3 BörsG) kann ebenfalls entweder durch Intermediäre oder in einem elektronischen System stattfinden. Ferner ist eine amtliche Preisfeststellung durch die Geschäftsführung zulässig.[301]

(b) Falsche oder irreführende Signale

87 Die Handlung muss geeignet sein, falsche oder irreführende Signale zu geben. Was ein Signal ist, wird von der Marktmissbrauchsverordnung selbst nicht näher definiert. Nach alter Rechtslage wurde ein **Signal** für Angebot, Nachfrage oder Kurs dann bejaht, wenn das getätigte Geschäft bzw. der Auftrag geeignet war, das Angebots- oder Nachfrageverhalten oder den Preis zu beeinflussen,[302] unabhängig davon in welche Richtung sich Angebot, Nachfrage oder Kurs entwickeln würden. Alternativ wurde ein Signal als jedes **Erklärungszeichen** definiert, dem eine **Bedeutung** entnommen werden kann.[303] Beide Versuche einer Begriffskonkretisierung lassen eine denkbar weite Auslegung des Tatbestands zu, da prinzipiell jede Handlung eine Signalwirkung hat und sich auf den Preis auswirken kann.[304] Daneben drohen die Alternativen der Manipulationseignung (Aussenden von Signalen und Einwirkung auf den Kurs) zu verschwimmen.[305]

88 Maßstab ist jedenfalls der verständige Anleger und die Feststellung, was dieser bei seiner Anlageentscheidung (als Investitionsanreiz) berücksichtigen würde, vgl. Erwägungsgrund 14 MAR.[306] Dieser Maßstab ist von der Frage der Bewertungserheblichkeit einer verschwiegenen Information im Rahmen der Marktmanipulation durch Unterlassen gem. § 20 a Abs. 1 S. 1 Nr. 1 Alt. 2 WpHG in der Fassung vor dem 1. FiMaNoG bekannt. Der „**verständige Anleger**" geht auf Art. 1 Abs. 2 EU-Durchführungsrichtlinie 2003/124/EG zurück und wurde als Maßstab geschaffen, um – wegen der Unvorhersehbarkeit von Marktvolatilitäten – auf die Fixierung bestimmter objektiver Schwellenwerte

---

299 § 65 ff. der Börsenordnung für die Eurex Deutschland (Stand: 8.6.2018; abrufbar unter http://www.eurexchange.com/exchange-de/ressourcen/regelwerke/136928/).
300 *Schröder*, HWSt X 2 Rn. 83.
301 Schäfer/Hamann/*Ledermann* KMG BörsG § 24 Rn. 50.
302 BGH NJW 2014, 1399 Rn. 16; Assmann/Schneider/*Vogel* WpHG, 6. Aufl., § 20 a Rn. 150.
303 Graf/Jäger/Wittig/*Diversy/Köpferl* WpHG § 38 Rn. 60; Meyer/Veil/Rönnau/*Anschütz/Kunzelmann* § 14 Rn. 18.
304 Meyer/Veil/Rönnau/*Anschütz/Kunzelmann* § 14 Rn. 18 „keine Einschränkungswirkung"; Köhn/*SchmolkeMAR* Art. 12 Rn. 42; sa Meyer/Veil/Rönnau/*Teigelack* § 13 Rn. 47.
305 Vgl. Meyer/Veil/Rönnau/*Teigelack* § 13 Rn. 11 ff., 37 ff.
306 § 14 Rn. 45 ff.; Köhn/*Schmolke* MAR Art. 12 Rn. 44

zur Festlegung der Kurserheblichkeit bewusst verzichten zu können.[307] Dieser auf einen subjektiven Ansatz hindeutende Ursprung[308] steht im Spannungsverhältnis mit der später zugrundegelegten Prämisse, dass es eine **objektive** und allgemein gültige „**Anlegervernunft**" oder einen „Anlegerverstand" gibt.[309] Die etwa durch die sog Kursblase am Neuen Markt verdeutlichte **Irrationalität** des Anlegerverhaltens warf zudem erhebliche Zweifel an dieser Prämisse auf.[310] Die Maßstabsfigur des verständigen Anlegers ist daher dem Vorwurf ausgesetzt, lediglich eine **Scheinobjektivierung** mittels einer „**Kunstfigur**" zu sein.[311] Das wird nicht zuletzt durch empirische Erhebungen verdeutlicht, die in Abhängigkeit von unterschiedlichen Anlagetypologien äußerst unterschiedliches Informationsverhalten und damit unterschiedliche Erkenntnisgrade von (Aktien-)Anlegern belegen.[312] Lediglich bei einzelnen indiziellen Kernaussagegrößen (wie zB bei Aktien Bilanzgewinn oder Umsatz) bestehen wenig Zweifel, dass sie für jeden Anleger maßgebend sein dürften.[313] Letzlich handelt es sich bei dem Maßstab des „verständigen Anlegers" um eine, für die momentane Entwicklung im Wirtschaftsstrafrecht nicht untypische, **Normativierung**.[314] Eine weitere (restriktive) Konkretisierung durch Literatur und Rechtsprechung ist insofern dringend erforderlich.[315]

Angesichts der höchst heterogenen Anlegerkreise ist zudem problematisch, auf welches „Anleger"niveau für die Bestimmung der Täuschungseignung abzustellen ist. Die Rechtsfigur des „verständigen, dh durchschnittlich erfahrenen

---

307 Begr. RegE § 13 Abs. 1 Satz 2 WpHG idF AnSVG, BT-Drs. 15/3174, 34.
308 Begr. RegE § 13 Abs. 1 Satz 2 WpHG idF AnSVG, BT-Drs. 15/3174, 34; Assmann/Schneider/*Assmann* WpHG § 13 Rn. 57 f.; *Teuber* S. 273 f. (275): „Nicht streng informationseffiziente Märkte und nicht streng rationale Marktteilnehmer verbieten eine eindeutige Bestimmung der hypothetischen Reaktion eines durchschnittlichen Marktteilnehmers"; aA Fuchs/*Fleischer* WpHG § 20 a Rn. 27: objektiver Maßstab; zum Insiderstrafrecht vgl. EuGH 23.12.2009 – Rs. C-45/08, BB 2010, 329 (Rn. 51); Assmann/Schneider/*Vogel* WpHG, 6. Aufl., § 20 a Rn. 76, der mit der hL in dem Erheblichkeitsurteil einen Objektivierungszweck verbindet; Köhn/*Schmolke* MAR Art. 12 Rn. 44; *Fleischer* ZBB 2008, 137 (142); Just/Voß/Ritz/Becker/*de Schmidt* WpHG § 20 a Rn. 101 f.
309 Vgl. § 2 Abs. 1 S. 1 MaKonV.
310 Vgl. nur *Brunnermeir/Abreu*, Bubbles and Cashes, Econometrica, Vol. 71 (2003), 171 ff.; *Allen/Morris/Song Shin*, Beauty Contests, Bubbles and Iterated Expectations in Asset Markets, Review of Financial Studies, 2006, zitiert nach Handelsblatt v. 26.6.2006; exemplarisch auch die Urteilsausführungen im Fall „Frick": „Die Anleger waren Zocker, das war ein bisschen Spielcasino", FAZ v. 15.4.2011; Fuchs/*Fleischer* WpHG § 20 a Rn. 17, 26.
311 *Kutzner* WM 2005, 1401 f.; *Weber* NZG 2004, 23 (24, 27 f.): „inhaltsleere Redeweise"; S. 132: „sehr unrealistisch"; *Achenbach* NStZ 2006, 614 (618 f.); ausführlich Schäfer/Hamann/*Hamann* KMG, BörsG §§ 44, 45 Rn. 190 ff.; Schwark/Zimmer/*Schwark* WpHG § 20 a Rn. 19; *Schönhöft* S. 67 ff. (72); aA *Schröder* KapitalmarktstR Rn. 404 f., 423, 434, 548.
312 Studien des Deutschen Aktieninstituti (DAI), Heft 19, 2005, S. 19 ff. Sa *Annunziata*, LEYR 2016, 280.
313 Assmann/Schneider/*Vogel* WpHG, 6. Aufl., § 20 a Rn. 64: „primitive" unrichtige Angaben; weitere Beispielsfälle für individuell-finanzinstrumentsbezogene Erheblichkeit von Umständen bei *Schröder*, KapitalmarktStR Rn. 426 ff.
314 *Langenbucher* AG 2016, 417 (419); *Teigelack*, Finanzanalysen und Behavioral Finance, S. 86 f.; Meyer/Veil/Rönnau/*Teigelack* § 13 Rn. 47; Langenbucher/*Klöhn* § 6 Rn. 100 ff.
315 So auch *Fleischer* ZBB 2008, 137 (141).

und vorsichtigen Anlegers"[316] wird regelmäßig ausreichen, wenn es um einen Handelsplatz bzw. um Finanzmarktinstrumente geht, an dem/denen nicht institutionelle Anleger engagiert sind. In hochspezifizierten Produktmärkten, etwa für Credit Default Swaps (CDS), sind dagegen höhere Anforderungen zu stellen (vgl. Rn. 79 ff.).[317]

90 Das Signal muss sich dabei auf die Verhältnisse an den genannten Märkten beziehen und kann daher alle Gegebenheiten einschließen, die sich auf die Preisbildung auswirken, einschließlich des Umsatzvolumens, der zeitlichen Abfolge getätigter Umsätze und der Marktliquidität.[318] Ein Signal ist **falsch**, wenn es nicht den wahren wirtschaftlichen Verhältnissen auf dem jeweiligen Markt in Bezug auf das jeweilige Finanzinstrument entspricht. Es ist **irreführend**, wenn es geeignet ist, einen verständigen Anleger über diese Verhältnisse zu täuschen.[319] Irreführend sind folglich Signale, die zwar inhaltlich richtig sind, jedoch durch ihre Darstellung beim Empfänger eine falsche Vorstellung über den Sachverhalt nahe legen.[320] Entscheidend ist immer der **Gesamtzusammenhang**, in dem die Handlungen getätigt werden.

(c) Anormales oder künstliches Kursniveau

91 Die zweite Alternative fordert die Eignung, ein anormales oder künstliches Kursniveau zu sichern.[321] Dieses Merkmal ist erheblichen Bedenken ausgesetzt. Es unterstellt, dass es einen normalen oder natürlichen Kurs eines Finanzinstruments gibt. Eine derartige Unterscheidung ist jedoch weder kapitalmarkttheoretisch noch wirtschaftswissenschaftlich möglich, da selbst sog Kursblasen keine anormalen Kurse, sondern letztlich von Marktteilnehmern gewollte Kurse darstellen (Rn. 88 ff.).[322] Geht man von der Definition aus, dass ein **Kursniveau künstlich** sein soll, wenn es nicht mehr durch einen **unbeeinflussten Marktprozess** zustande gekommen ist,[323] stellt dies einen „argumentativen Zirkel"[324] dar und bietet keine zusätzliche Bestimmtheit. Anhaltspunkte bieten die schon bisher anerkannten Manipulationspraktiken[325] sowie

---

316 Assmann/Schneider/Vogel WpHG, 6. Aufl., § 20 a Rn. 211, 62.
317 AA Assmann/Schneider/Vogel WpHG, 6. Aufl., § 20 a Rn. 211, der einheitlich den Maßstab des verständigen Anlegers gelten lässt.
318 BGH 27.11.2013 – 3 StR 5/13, NZG 2014, 315 (317) = BGH NJW 2014, 1399 mit Anm. *Wagner* EWiR 2014, 345, mit Anm. *Waßmer* HRRS 2014, 336; Assmann/Schneider/Vogel WpHG, 6. Aufl., § 20 a Rn. 150.
319 Assmann/Schneider/Vogel WpHG, 6. Aufl., § 20 a Rn. 150; MüKoStGB/*Pananis* WpHG § 38 Rn. 172; Fuchs/*Fleischer* WpHG § 20 a Rn. 47; aA KölnKommWpHG/*Stoll* WpHG § 20 a Rn. 223: beide Begriffe seien sachlich gleichbedeutend.
320 BaFin, Emittentenleitfaden, VI. 3.2.1.4.
321 Dies schließt auch das Herbeiführen mit ein, s. *Bator*, BKR 2016, 1 (2); Graf/Jäger/Wittig/*Diversy*/Köpferl WpHG § 38 WpHG § 38 Rn. 80; Meyer/Veil/Rönnau/*Anschütz/Kunzelmann* § 14 Rn. 19.
322 Zutr. *Teuber* S. 277 ff.; *Bingel* S. 149 ff.; *Meißner*, S. 119 mwN; Assmann/Vogel WpHG, 6. Aufl., § 20 a Rn. 151; ähnlich *Schröder* KapitalmarktStR Rn. 484; KölnKommWpHG/*Stoll* WpHG § 20 a Rn. 226: „nahe an der Grenze zu unauflöslichen Zirkelschlüssen".
323 Fuchs/*Fleischer* WpHG § 20 a Rn. 48; KölnKommWpHG/*Stoll* WpHG § 20 a Rn. 226; Assmann/Schneider/Vogel WpHG, 6. Aufl., § 20 a Rn. 51.
324 MüKoStGB/*Pananis* WpHG § 38 Rn. 174; KölnKommWpHG/*Stoll* WpHG 20 a Rn. 226; Meyer/Veil/Rönnau/*Teigelack* § 13 Rn. 51.
325 *Waßmer* HRRS 2014, 336 (340); Graf/Jäger/Wittig/*Diversy/Köpferl* WpHG § 38 Rn. 79.

die Konkretisierungen im Anhang der Marktmissbrauchsverordnung und der Delegierte Verordnung (EU) 2016/522.[326] Dabei ist problematisch, dass diesen Konkretisierungen nicht mehr als der Charakter eines bloßen Aufgriffskriteriums für eine Prüfung durch die BaFin zukommt. Insbesondere kritisch ist, dass keinerlei Erheblichkeitsschwelle dafür angeführt wird, wann ein Preisniveau „künstlich" sein soll.[327] So ist weder erforderlich, dass die Beeinflussung erheblich ist, noch dass sich das anormale oder künstliche Kursniveau über einen gewissen Zeitraum aufrecht erhalten muss (s. im Detail Rn. 84 f.)[328]

Dadurch dass es ein künstliches Preisniveau nicht gibt, kann auch diese Variante letztlich nur auf die **hinter den Handlungen stehende Motivationslage** bzw. den Entstehungsprozess eines bestimmten Kursniveaus abstellen. Insofern werden sich erhebliche **Überschneidungen zu der ersten Alternative** geben. Eine trennscharfe Abgrenzung scheint durch die europäische Rechtslage auch gar nicht gewünscht zu sein, wie die gemeinsame Nennung der Indikatoren für beide Varianten im Anhang der Marktmissbrauchsverordnung selbst zeigt. Insofern handelt es sich weniger um zwei echte Alternativen als vielmehr um **zwei Formulierungen bzw. Facetten des gleichen als marktmanipulativ eingestuften Verhaltens**. Kern des Unrechts ist die Irreführung anderer Marktteilnehmer über die mit den Handelsaufträgen verbundenen Motive, direkt über die ausgesendeten Signale oder vermittelt über das erreichte Kursniveau, wobei allerdings nicht notwendig ist, dass das einmal festgesetzte Kursniveau zu Transaktionen von Dritten führt.[329] Ob die konkludente Täuschung über das innere Motiv des Marktteilnehmers überhaupt pönalisiert werden sollte, kann im Einzelfall in Frage gestellt werden. Denn dadurch werden grundsätzlich neutrale Transaktionen (Ordererteilung) mit einer Offenlegungspflicht überzogen, die dem anonymen Börsenhandel ansonsten von wenigen Ausnahmen abgesehen (zB § 23 WpÜG) fremd ist[330] und deren Verletzung sodann nur über die innere Tatseite eine Strafwürdigkeit festgestellt werden könnte. Die innere Tatseite sollte jedoch mit der Abschaffung der Preisbeeinflussungsabsicht durch das AnSVG gerade in den Hintergrund treten (vgl. Rn. 2).[331] Auch die der jetzigen Rechtslage wortgleiche Formulierung der EU-Marktmissbrauchsrichtlinie stellte im Rahmen der Definition der Marktmanipulation bewusst auf das Verhalten ab und nicht auf die subjektive Seite bzw. Motivation.[332]

---

326 Meyer/Veil/Rönnau/*Anschütz/Kunzelmann* § 14 Rn. 21 ff.
327 Vgl. Begr. § 3 MaKonV, BR-Drs. 18/05, 13: „ohne dass diese Einwirkung erheblich sein müsste"; Assmann/Schneider/Vogel WpHG, 6. Aufl., § 20 a Rn. 151.
328 EuGH 7.7.2011 – C-445/09, ZIP 2011, 1408, wonach ein (lt. Sachverhalt während einer Sekunde erzieltes) anormales oder künstliches Preisniveau nicht über einen gewissen Zeitraum aufrechterhalten werden muss; hierzu *Weber* NJW 2012, 274 (278); *Klöhn* NZG 2011, 934.
329 AA BGH 27.11.2013 – 3 StR 5/13, NZG 2014, 315 (318) = BGH NJW 2014, 1399 mit Anm. *Wagner* EWiR 2014, 345, mit Anm. *Waßmer* HRRS 2014, 336.
330 Ebenso *Schönhöft* S. 94 f.; *Arlt* S. 311; allg. zur Täuschung durch konkludente Erklärungen *Fischer* StGB § 263 Rn. 12 f.
331 Für die Berücksichtigung subjektiver Elemente de lege ferenda *Teuber* S. 281 ff. mwN.
332 Begründung des Vorschlags, KOM (2001) endg., S. 6, dazu BGH 27.11.2013 – 3 StR 5/13, NZG 2014, 315 (319) = BGH, NJW 2014, 1399; *Waßmer* HRRS 2014, 336 (339).

(d) Einwirkungswahrscheinlichkeit

93 Es genügt die bloße **Wahrscheinlichkeit** der Geschäfte, falsche oder irreführende Signale zu geben bzw. ein anormales Kursniveau zu sichern, also die potenzielle (generelle) Kausalität zwischen Handlung und möglicher Folge im konkreten Einzelfall (abstrakt-konkreter Gefährdungstatbestand).[333] Die gegenüber der Marktmissbrauchsrichtlinie und § 20 a WpHG aF **neue Formulierung** in Art. 12 Abs. 1 lit. a der deutschen Sprachfassung der Marktmissbrauchsverordnung, die den **Begriff der Eignung** ersetzt, ist nicht mit inhaltlichen Änderungen verbunden, wie sich der gleichbleibenden englischen Sprachfassung entnehmen lässt. Da jedes Geschäft, jeder Handelsauftrag abstrakt gesehen ein „Signal" für die Angebots- bzw. die Nachfragesituation und damit für den Preis darstellt,[334] konnte man zwar nach unbefangenem Verständnis theoretisch jede Order als „geeignet" ansehen. Eine derart weite Auslegung des Tatbestands, die zu einer excessiven und verfassungsrechtlich untragbaren Verlagerung der Strafbarkeit in das Vorfeld der eigentlichen Marktmanipulation führen würde,[335] war jedoch weder vom Normgeber gewollt[336] noch wurde sie vertreten. Umstritten war dagegen, ob eine nicht fernliegende Möglichkeit oder eine überwiegende Wahrscheinlichkeit zu fordern war.[337] Auch wenn die Klarstellung schon im Wortlaut der Marktmissbrauchsverbordnung zu begrüßen ist, bleibt trotzdem ein **erheblicher Auslegungs- und Konkretisierungsspielraum,**[338] der durch die Regelungen in Anhang I/Abschnitt A der Marktmissbrauchsverordnung und in der Delegierten Verordnung (EU) 2016/522 gefüllt werden soll. Ob sie ausreichend sind, den Bedenken im Hinblick auf die Bestimmtheit zu begegnen, bleibt selbst bei restriktiver Auslegung der Kriterien besonders in einigen Fällen – s. zB Rn. 103, 121 – zweifelhaft,[339] zumal im Anhang I der MAR ausdrücklich darauf hingewiesen wird, dass selbst die genannten Fallgruppen „nicht unbedingt als Marktmanipulation anzusehen sind". Insofern muss auch bei Vorliegen der Indizien im Einzelfall noch geprüft werden, ob die notwendige Wahrscheinlichkeit besteht.

94 Nicht erforderlich ist dagegen, dass die Handelsaufträge die Wahrscheinlichkeit zur erheblichen Preiseinwirkung aufweisen, um ein anormales Kursniveau herbeiführen zu können; sie sind also nicht an eine qualitativ-quantitative

---

333 Zu § 20 a Abs. 1 Nr. 1 WpHG aF Assmann/Schneider/Vogel WpHG, 6. Aufl., § 20 a Rn. 118; Erbs/Kohlhaas/*Wehowsky*, W 57 a WpHG § 20 a Rn. 18; *Schröder* KapitalmarktStR Rn. 436 f.; krit. zur „Geeignetheit" als Substitution einer Kausalität: Assmann/Schütze/*Worms* § 8 Rn. 78; *Zieschang*, Die Gefährdungsdelikte, 1998, S. 199. S. zur neuen Rechtslage a. Meyer/Veil/Rönnau/*Anschütz/Kunzelmann* § 14 Rn. 23.
334 MüKoStGB/*Pananis* WpHG § 38 Rn. 172: äußerlich neutrale Handlungen ohne kommunikativen Erklärungswert, denen aufgrund des ihnen inhärenten Informationsgehalts aber Signalwirkung für den Markt zukommt.
335 Vgl. Assmann/Schneider/Vogel WpHG, 6. Aufl., § 20 a Rn. 140, 143.
336 Vgl. den Einleitungssatz zu Art. 4 EU-Durchführungsrichtlinie 2003/124/EG belegt, wonach selbst die dort angeführten (falschen bzw. irreführenden) Signale „als solche **nicht unbedingt** als Marktmanipulation anzusehen sind".
337 Assmann/Schneider/Vogel WpHG, 6. Aufl., § 20 a Rn. 122 mwN.
338 Vgl. Just/Voß/Ritz/Becker/*de Schmidt* WpHG § 20 a Rn. 380; Köhn/*Schmolke*MAR Art. 12 Rn. 45.
339 Vgl. auch Bisson/*Kunz* BKR 2005, 186 (187); *Kutzner* WM 2005, 1401 (1403); vgl. auch Assmann/Schneider/Vogel WpHG, 6. Aufl., § 20 a Rn. 143: „nicht sonderlich bestimmt, aber für restriktive Auslegung" geeignet, sowie Rn. 153; Fuchs/*Fleischer* WpHG § 20 a Rn. 47: „Begriffswahl wenig glücklich".

Schwelle geknüpft.[340] Auch bei kleinsten Preisveränderungen kann je nach Einzelfall (zB bei Knock-out-Zertifikaten) die Funktionsfähigkeit des Kapitalmarktes beeinträchtigt werden.[341] Die für eine Aussetzung des Börsenhandels erforderliche Gefahrenlage – die zeitweilige Gefährdung des ordnungsgemäßen Börsenhandels oder die Erforderlichkeit zum Schutz des Publikums, vgl. § 25 Abs. 1 S. 1 Nr. 1, 2 BörsG[342] – ist nicht erforderlich, allerdings von indizieller Bedeutung. Angesichts des Normzwecks genügt grundsätzlich die Eignung zur Beeinflussung jeder Kursfestsetzung, nicht nur der des Schlusskurses.[343] Ferner ist unerheblich, ob es sich um Kursbeeinflussungspotenzial „nach oben", „nach unten" oder „zur Seite" handelt.[344] Nicht ausreichend ist es allerdings, wenn nur durch die Manipulation an einem illiquiden Markt überhaupt ein Preis festgesetzt wird.[345]

Erforderlich ist eine zwar nachträglich erfolgende, aber aus **Ex-ante-Sicht aufzustellende Prognose**, ob eine derartige Eignung aus Sicht eines **verständigen Anlegers** (zur Kritik an dieser nur vermeintlich objektiven Rechtsfigur Rn. 88 ff.) bejaht werden kann.[346] Angesichts des Mangels an hinreichenden Erkenntnissen, was deterministisch zur Preisbildung an Kapitalmärkten führt (Rn. 91), sollte hierbei auf objektive Erfahrungssätze einer Maßstabsfigur des fiktiven verständigen Anlegers zurückgegriffen werden. Auf diese Weise mag die Eignung bei einfachen Finanzinstrumenten wie zB Aktien hinsichtlich des Umsatzes, des Gewinns und der Dividendenhöhe noch problemlos zu bejahen sein.[347] Der Ansatz versagt aber zunehmend, je synthetischer ein Finanzinstrument ist, etwa bei gestuften Derivaten, Basket-Produkten, Index-orientierten Produkten usw[348] Insofern ist die überdies erforderliche, aber auch genügende **„nicht entfernte, sondern vielmehr ernstzunehmende Möglichkeit"** der **Preiseinwirkung** ein zusätzlicher Parameter, um die Weite und die Unbestimmtheit des Tatbestands einzugrenzen.[349] Die vielfach eingesetzte spezifische Sachkunde der BaFin ist dabei keinesfalls mit der hier erforderlichen uU geringeren Er-

95

---

340 Zu § 20 a Abs. 1 S. 1 Nr. 1 WpHG aF Assmann/Schneider/Vogel WpHG, 6. Aufl., § 20 a Rn. 115; *Schröder*, HWSt, X 2 Rn. 45; *Schröder* KapitalmarktStR Rn. 433 ff.; Kümpel/Wittig/*Oulds* 14.310; aA *Park* BB 2001, 2071; krit. *Ziouvas* S. 232.
341 Zutr. Assmann/Schneider/Vogel WpHG, 6. Aufl., § 29 a Rn. 116; Fuchs/*Fleischer* WpHG § 20 a Rn. 33; krit. *Schröder*, HWSt X 2 Rn. 44.
342 Näher *Jaskulla* WM 2002, 1093 (1095 f.); Kümpel/Hammen/Ekkenga/*Hammen* Kz. 60 Rn. 504 (f. (507) (Stand Erg. Liefg. VII/12).
343 LG München I 8.4.2003 – 4 KLs 305 Js 52373/00, wistra 2003, 436 (438).
344 Zu § 20 a Abs. 1 S. 1 Nr. 1 WpHG aF Assmann/Schneider/Vogel WpHG, 6. Aufl., § 20 a Rn. 115; *Sorgenfrei* wistra 2002, 327; *Schröder* Rn. 433.
345 BGH 27.11.2013 – 3 StR 5/13, NZG 2015, 315 (318) mit teilweise kritischer Anmerkung, *Waßmer* HRRS 2014, 336 (337), der darauf hinweist, dass in diesem Fall sehr wohl ein Börsenpreis gegeben war, der nur nicht aktuell war; die Ablehnung des BGH, diesen als Referenzgröße zu nehmen „würde gerade dazu einladen, straffrei,neue' (manipulierte) Börsenpreise zu schaffen".
346 Zu § 20 a Abs. 1 S. 1 Nr. 1 WpHG aF ausführlich Assmann/Schneider/Vogel WpHG, 6. Aufl., § 20 a Rn. 93 ff.; Fuchs/*Fleischer* WpHG § 20 a Rn. 34.
347 *Papachristou* S. 189: „Extremsituationen … Ereignis von überragender Bedeutung".
348 Zutr. *Schröder*, HWSt, X 2 Rn. 44; ausführlich Assmann/Schneider/Vogel WpHG, 6. Aufl., § 20 a Rn. 120 ff. will dabei auf ex-ante-Perspektive eines „börsenkundigen" Anlegers abstellen; ähnlich *Schröder* KapitalmarktStR Rn. 434: verständiger, börsenkundiger und über das betreffende Finanzinstrument informierter Anleger.
349 Assmann/Schneider/Vogel WpHG, 6. Aufl., § 20 a Rn. 123; für eine Eingrenzung auch *Schröder*, HWSt, X 2 Rn. 48; *Schröder* KapitalmarktStR Rn. 436: „letztlich geht es dabei um Nuancen", Rn. 438: Filterfunktion des Merkmals der Geeignetheit.

kenntnisebene eines objektivierten Anlegers gleichzusetzen.[350] Der bloße Rückschluss von einer (späteren) tatsächlichen Kursänderung auf eine vorherige Kursbeeinflussungseignung ist unzulässig.[351]

(e) Konkretisierungen
(aa) Zwingende Fallgruppen
(i) Überblick

96 Zur Konkretisierung des Art. 12 Abs. 1 MAR werden zunächst in **Art. 12 Abs. 2 MAR** eine Reihe **zwingender Fallgruppen** (Beispiele; „gelten als") gegeben,[352] wobei sie nicht ausdrücklich einer der Manipulationsformen des Abs. 1 zugeordnet werden. Insofern ist es nicht auszuschließen, dass sich insbesondere zwischen den Begehungsformen des Art. 12 Abs. 1 lit. a und b MAR **Abgrenzungsschwierigkeiten** bzw. sich in der Zuordnung Unterschiede zur deutschen Rechtslage vor dem 1. FiMaNoG ergeben werden. Art. 12 Abs. 1 lit. a MAR geht in einem solchen Fall Art. 12 Abs. 1 lit. b MAR als **spezieller Tatbestand** vor.

97 Die Fallgruppen des Art. 12 Abs. 2 lit. a, b, c und e MAR beziehen sich auf handelsbasierte Manipulationen und sind für Art. 12 Abs. 1 lit. a MAR relevant.

Danach gelten unter anderem folgende Handlungen als Marktmanipulation:

- **Sicherung einer marktbeherrschenden Stellung** in Bezug auf das Angebot eines Finanzinstruments, damit verbundener Waren-Spot-Kontrakte oder eines auf Emissionszertifikaten beruhenden Auktionsobjekts oder die Nachfrage danach durch eine Person oder mehrere in Absprache handelnde Personen mit der tatsächlichen oder wahrscheinlichen **Folge einer unmittelbaren oder mittelbaren Festsetzung des Kaufs- oder Verkaufspreises**;[353]

- **Kauf oder Verkauf von Finanzinstrumenten bei Handelsbeginn oder bei Handelsschluss** an einem Handelsplatz mit der tatsächlichen oder wahrscheinlichen Folge, dass Anleger, die aufgrund der angezeigten Kurse, einschließlich der **Eröffnungs- und Schlusskurse**, tätig werden, **irregeführt werden**;

- die **Erteilung von Kauf- oder Verkaufsaufträgen** an einen Handelsplatz, einschließlich deren Stornierung oder Änderung, mittels aller zur Verfügung stehenden Handelsmethoden, auch in elektronischer Form, beispiels-

---

350 Die Einwirkungseignung wird vor Gericht häufig nur durch Sachverständigengutachten zu beurteilen sein, vgl. Assmann/Schneider/*Vogel* WpHG, 6. Aufl., § 20 a Rn. 124; zur Ermittlung der Einwirkungseignung durch Vernehmung von Erklärungsadressaten vgl. BGH 20.7.2011 – 3 StR 506/10, NZG 2011, 1075; dazu *Klöhn* NZG 2011, 934; *Weber* NJW 2012, 274 (278).
351 Assmann/Schneider/*Vogel* WpHG, 6. Aufl., § 20 a Rn. 118.
352 Jäger/Graf/Wittig/*Diversy*/*Köpferl* WpHG § 38 Rn. 95; Meyer/Veil/Rönnau/*Anschütz*/ *Kunzelmann* § 14 Rn. 25; sa *Buck-Heeb* § 7 Rn. 586; *Nestler* Rn. 697; *Poelzig* NZG 2016, 528 (536); Gebauer/Teichmann/*Zetzsche* EnzEuR Bd. VI § 7 C Rn. 62. Zur alten Rechtslage KölnKommWpHG/*Stoll* WpHG § 20 a Rn. 211; Just/Voß/Ritz/Becker/ *de Schmidt* WpHG § 20 a Rn. 383.
353 Bei der anschließenden Formulierung „führt oder hierzu geeignet ist" handelt es sich offenkundig um eine inhaltliche Doppelung, die auf einem Übersetzungsfehler beruhen dürfte.

weise durch algorithmische und Hochfrequenzhandelsstrategien, die eine der in Absatz 1 Buchstabe a oder b genannten Auswirkungen hat, indem sie

- das **Funktionieren des Handelssystems** des Handelsplatzes tatsächlich oder wahrscheinlich **stört oder verzögert**,
- **Dritten** die Ermittlung echter Kauf- oder Verkaufsaufträge im Handelssystem des Handelsplatzes tatsächlich oder wahrscheinlich **erschwert**, auch durch das Einstellen von Kauf- oder Verkaufsaufträgen, die zur Überfrachtung oder Beeinträchtigung des Orderbuchs führen, oder
- tatsächlich oder wahrscheinlich ein **falsches oder irreführendes Signal** hinsichtlich des Angebots eines Finanzinstruments oder der Nachfrage danach oder seines Preises setzt, insbesondere durch das Einstellen von Kauf- oder Verkaufsaufträgen zur Auslösung oder Verstärkung eines Trends;

▪ **Kauf oder Verkauf von Emissionszertifikaten** oder deren Derivaten auf dem Sekundärmarkt **vor der Versteigerung** gemäß der Verordnung (EU) Nr. 1031/2010 mit der Folge, dass der **Auktionsclearingpreis** für die Auktionsobjekte auf anormaler oder **künstlicher** Höhe festgesetzt wird oder dass **Bieter**, die auf den Versteigerungen bieten, **irregeführt** werden.

Art. 12 Abs. 2 lit. e MAR ist gem. Art. 39 Abs. 4 MAR ab dem 3.1.2018 in Kraft getreten.

(ii) Sicherung einer marktbeherrschenden Stellung (Art. 12 Abs. 2 lit. a MAR)

Die vor dem 1. FiMaNoG in § 4 Abs. 3 Nr. 1 MaKonV als zwingendes Beispiel[354] einer sonstigen Täuschungshandlung iSd § 20 a Abs. 1 S. 1 Nr. 3 WpHG aF geregelte **Sicherung einer marktbeherrschenden Stellung** ist jetzt der handelsgestützten Manipulation **des Art. 12 Abs. 2 lit. a MAR** zuzuordnen.[355] Denn dieses Beispiel weist erhebliche Überschneidungen mit dem Indikator in Anhang I/Teil A lit. B MAR auf, der ua die "Ausnutzung" einer solchen marktbeherrschenden Stellung einbeziehen und sich eindeutig auf Art. 12 Abs. 1 lit. a MAR bezieht.

Auf das Ausnutzen der marktbeherrschenden Stellung ("Concerning") kommt es im Rahmen dieser Fallgruppe nicht an.[356] Vielmehr reicht es aus, wenn eine **marktbeherrschende Stellung gesichert** wird, die eine **faktische Kontrolle über die Preisbildung** herstellt, ohne dass dies bezweckt worden sein müsste. Dabei genügt die Bestimmung von Angebots- oder Nachfragepreisen am Kassa-, aber auch am Terminmarkt ("**Cornering**",[357] "**Abusive Squeeze**").[358] Die Sicherung einer marktbeherrschenden Stellung liegt dagegen in der Regel **nicht** vor, wenn

---

354 Assmann/Schneider/*Vogel* WpHG, 6. Aufl., § 20 a Rn. 230; *Schröder* KapitalmarktStR Rn. 554.
355 So auch Meyer/Veil/Rönnau/*Anschütz/Kunzelmann* § 14 Rn. 26 ff.
356 Zust. Meyer/Veil/Rönnau/*Anschütz/Kunzelmann* § 14 Rn. 31.
357 S. zu dieser Fallgruppe auch *Fleischer/Bueren* ZIP 2013, 1253; Meyer/Veil/Rönnau/ *Anschütz/Kunzelmann* § 14 Rn. 27; *Schröder* KapitalmarktStR Rn. 555.
358 Meyer/Veil/Rönnau/*Anschütz/Kunzelmann* § 14 Rn. 27. Zur alten Rechtslage Begr. zu § 4 Abs. 3 Nr. 1 MaKonV, BR-Drs. 18/05, 17; Assmann/Schneider/*Vogel* WpHG, 6. Aufl., § 20 a Rn. 231; MüKoStGB/*Pananis* WpHG § 38 Rn. 209, 210; aA *Bisson/ Kunz* BKR 2005, 186 (188); zu Squeeze-out-Fällen iS § 327 c AktG vgl. *Daske/Bassemir/Fischer* ZfbF 2010, 254.

der Emittent selbst oder ein mit ihm verbundenes Unternehmen von ihm ausgegebene Finanzinstrumente an einem Markt durch das Einstellen von Kauf- oder Verkaufsaufträgen betreuen muss, um einen Handel zu ermöglichen (zB im Optionsscheinhandel).[359] Zweifelhaft ist auch der Täuschungswert bei einer bloßen Bündelung von Interessen (**acting in concert**, Rn. 118), auch über sog Pool-Vereinbarungen (oÄ).[360]

100 Neben der Preiskontrolle soll auch das **Hervorrufen unfairer Handelsbedingungen** durch die marktbeherrschende Stellung ausreichen. Eine **bereits bestehende Marktbeherrschung** („Sicherung") ist als solche aber **kein Umstand**, dem ein Täuschungswert innewohnt, da es keine Verpflichtung gibt, unabhängig von den etwa in §§ 33 ff. WpHG festgelegten Schwellenwerten irgendwelche Transparenzforderungen zu erfüllen.[361] Wann im Übrigen eine **Marktbeherrschung** iSd Art. 12 Abs. 2 lit. a MAR vorliegt, ist vielfach nicht leicht zu bestimmen. So kann etwa schon das Auftreten eines bzw. mehrerer Hedgefonds als solches faktisch eine derartige Tendenzwirkung auslösen, dass sich der Markt hiernach richtet. Ein solcher Marktauftritt („**Acting in Concert**") kann aber nicht als Beispiel für eine Marktmanipulation dienen, sofern den ggf. zu erfüllenden Transparenzanforderungen nachgekommen wird.[362] Verstöße gegen dort festgelegte Mitteilungspflichten sind im Übrigen nur als Ordnungswidrigkeit sanktioniert (§ 120 Abs. 2 Nr. 2 lit. d, e WpHG).

(iii) Kauf und Verkauf bei Handelsbeginn und -schluss („Marking the Close") (Art. 12 Abs. 2 lit. b MAR)

101 Art. 12 Abs. 2 lit. b MAR entspricht inhaltlich weitgehend Art. 1 Nr. 2 lit. c 2. Spiegelstrich EU-Marktmissbrauchsrichtlinie, der durch § 3 **Abs. 2 Nr. 1 Ma-KonV** umgesetzt wurde, wurde aber durch den Kauf oder Verkauf von Finanzinstrumenten bei **Handelsbeginn** ergänzt. Unklar ist dabei, welche zeitliche Nähe jeweils notwendig ist.[363] Sofern bei Börsenschluss gekauft oder verkauft wird und die Anleger dadurch über die den Referenzpreis bestimmenden wahren wirtschaftlichen Verhältnisse an der Börse getäuscht werden („**Marking the Close**"),[364] ist der objektive Tatbestand einer Marktmanipulation nach Art. 15, 12 Abs. 1 lit. a MAR erfüllt, ohne dass es auf eine weitergehende Prü-

---

359 Begr. zu § 4 Abs. 3 Nr. 1 MaKonV, BR-Drs. 18/05, 17; *Bisson/Kunz* BKR 2005, 186 (189); Fuchs/*Fleischer* WpHG § 20 a Rn. 66.
360 Vgl. *Waschkeit* S. 48; dann wären aber auch sog Investment-Clubs, Anleger-Vereine oä Zusammenschlüsse gleichgerichteter Anlegerinteressenten betroffen. Vgl. zu konzertierten Aktionen von Hedgefonds (Erwerb jeweils kleinerer Beteiligungen, um beim Hauptaktionär die Offenlegungspflicht zu vermeiden), FAZ v. 26.5.2007; zu § 30 Abs. 2 WpÜG vgl. BGH 18.9.2006 – II ZR 137/05, BGHZ 169, 98.
361 MüKoStGB/*Panasis* WpHG § 38 Rn. 211 mwN; *Flothen* S. 130 zum gesetzlich erlaubten und damit nicht „abusive" Squeeze out gem. § 327 a AktG; aA Schwark/Zimmer/*Schwark* WpHG § 20 a Rn. 68, wonach bereits das Herbeiführen einer marktbeherrschenden Stellung als Täuschung im Markt anzusehen sein soll; dagegen zutr. Erbs/Kohlhaas/*Wehowsky* W 57 a WpHG § 20 a Rn. 33, insbes. wenn die Marktbeherrschung im Markt bekannt ist.
362 Vgl. gesetzliche Regelung in Art. 1 des Gesetzes zur Begrenzung der mit Finanzinvestitionen verbundenen Risiken (Risikobegrenzungsgesetz) v. 19.8.2008, BGBl. 2008 I 1666; *Pluskat* DB 2009, 383; zum „Anschleichen" an Gesellschaften vgl. *Weber/Meckbach* BB 2008, 2022.
363 Meyer/Veil/*Rönnau/Anschütz/Kunzelmann* § 14 Rn. 35, die zu Recht eine restriktive Auslegung fordern.
364 S. zu dieser Fallgruppe auch *Tountopoulos* WM 2013, 351.

fung etwa anhand des Anzeichens nach Anhang I/Teil A lit. e MAR ankommt. Zu einer **Täuschung** über die wahren wirtschaftlichen Verhältnisse kommt es etwa dann, wenn der Eindruck wirtschaftlich begründeten Kauf- oder Verkaufsinteresses erweckt wird, wo in Wirklichkeit nur der Schlusspreis beeinflusst werden soll.[365] Eine solche Beeinflussung ist für den Manipulator attraktiv, da Kurse zu Handelsbeginn und -schluss als Referenzkurse für andere Marktteilnehmer dienen.[366] Da es sich bei den erfassten Transaktionen um tatsächliche Handelsaktivitäten, dh effektive Geschäfte handelt, wird letztlich die Täuschung über das dahinter stehende Motiv sanktioniert.[367] Ein solches Motiv kann etwa darin bestehen, bestimmte Bilanzansätze zu erzielen, den „strike price" einer Manageroption zu erreichen oder den Kurs eines indexbasierten Investmentfondsanteils, den Preis von Unternehmensübernahmen, die Abrechnung von Terminkontrakten, aber auch den Nachschuss von Sicherheiten zu verändern.[368] Das Verhältnis zum Indikator des Anhang I/Teil A lit. e MAR (Rn. 134) ist unklar.[369]

(iv) Algorithmischer und Hochfrequenzhandel („Spoofing", „Layering" und „Quote Stuffing") (Art. 12 Abs. 2 lit. c MAR)

Gem. **Art. 12 Abs. 2 lit. c MAR** gilt die Erteilung von Kauf- oder Verkaufsaufträgen an einen Handelsplatz, einschließlich deren Stornierung oder Änderung, mittels aller zur Verfügung stehenden Handelsmethoden, auch in elektronischer Form, beispielsweise durch algorithmische und Hochfrequenzhandelsstrategien, die eine der in Absatz 1 Buchstabe a oder b genannten Auswirkun-

102

---

[365] Sa Meyer/Veil/Rönnau/*Anschütz/Kunzelmann* § 14 Rn. 36. Zur alten Rechtslage Begr. zu § 3 Abs. 2 Nr. 1 MaKonV, BR-Drs. 18/05, 15; vgl. hierzu BR-Drs. 936/01 (neu), 250: „Beide Arten von fiktiven Geschäften sind dadurch gekennzeichnet, dass ihnen die wirtschaftliche Relevanz fehlt ... Sie werden allein zum Zweck vorgenommen, erhöhte Umsätze und damit einen aktiven Markt und entsprechende Liquidität vorzutäuschen"; *Lenzen*, Unerlaubte Eingriffe, S. 9; Assmann/Schneider/*Vogel* WpHG, 6. Aufl., § 20 a Rn. 165; *Schröder* KapitalmarktStR Rn. 522; Fuchs/*Fleischer* WpHG § 20 a Rn. 55; Schwark/Zimmer/*Schwark* WpHG § 20 a Rn. 51.
[366] Meyer/Veil/Rönnau/*Anschütz/Kunzelmann* § 14 Rn. 34; *Brammsen* WM 2012, 2134 (2139); *Tountopolos* WM 2013, 351; GroßkommHGB/*Grundmann* Bd. XI, 6. Teil Rn. 463.
[367] Erbs/Kohlhaas/*Wehowsky* W 57 a WpHG § 20 a Rn. 24; aA *Trüstedt* S. 203.
[368] ZB bei sog „Barrior Options" das Hervorrufen der Schrankenbedingung durch den Optionsscheinemittenten, vgl. Wabnitz/Janovsky/*Benner* 9. Kap. Rn. 173; FAZ v. 21.10.2008; *Waschkeit* S. 54 zum sog Capping und Pegging bei Kauf- bzw. Verkaufsoptionen; ebenso manipulativ die Beeinflussung des Bezugskurses von Wandelschuldverschreibungen im Wandelungszeitpunkt oder des Aktienkurses zur Abfindung von Minderheitsaktionären, vgl. *Hommel/Braun* FB 2002, 10 (15 f.); *Hommel* INF 2000, 49 (53 f.) mwN sowie BR-Drs. 639/03 (Beschluss), S. 2; krit. *Rudolph* BB 2002, 1036 (1041) am Beispiel sog passiver Fonds, die oftmals einen Marktindex abbilden, der zu Schlusskursen abgerechnet wird; davon abzugrenzen ist das „window dressing" (kosmetische Portfoliokorrektur) vor allem zum Jahresende als Bezugspunkt für Fonds-Geschäftsberichte, vgl. FAZ v. 30.12.2003; zur Beeinflussung der sog Merit Order an der Strombörse EEX vgl. *Jahn* ZNER 2008, 297 (308 f.); vgl. auch *Schröder*, KapitalmarktStR Rn. 506, 516; dagegen kein Fall des „marking the close" bei 374 Unternehmensanleihen am 30.12.2008, sondern Folge stark schwankender Kurse an den OTC-Referenzmärkten sowie starker Nachfrage aufgrund der am 1.1.2009 geltenden Abgeltungssteuer, vgl. FAZ u. Handelsblatt v. 22.9.2009.
[369] Vgl. Meyer/Veil/Rönnau/*Anschütz/Kunzelmann* § 14 Rn. 33. Zur alten Rechtslage Assmann/Schneider/*Vogel* WpHG, 6. Aufl., § 20 a Rn. 165 mwN; MüKoStGB/*Pananis* WpHG § 38 Rn. 187, 188.

gen hat,[370] als vollendete oder versuchte Marktmanipulation (**Tatbestandsfiktion mit Absichtselement**), wenn sie „ohne die Absicht zu handeln", in der Absicht durchgeführt wird,

- das Funktionieren des Handelssystems des Handelsplatzes zu stören oder zu verzögern,
- Dritten die Ermittlung echter Kauf- oder Verkaufsaufträge im Handelssystem des Handelsplatzes zu erschweren[371] oder
- einen falschen oder irreführenden Eindruck hinsichtlich des Angebots eines Finanzinstruments oder der Nachfrage danach zu erwecken.

Da die Marktmissbrauchsinformation für die Definition des algorithmischen Handels und des Hochfrequenzhandels in Art. 3 Abs. 1 Nr. 18, 33 MAR auf die erst am 3.1.2018 in Kraft tretende MiFiD II-Richtlinie verweist, hatte der deutsche Gesetzgeber übergangsweise in § 50 WpHG entsprechende Definitionen geschaffen.[372] Gem. § 50 Nr. 2 WpHG ist „**algorithmischer Handel** im Sinne des Artikels 3 Absatz 1 Nummer 18 dieser Verordnung […] Handel mit Finanzinstrumenten in der Weise, dass ein Computeralgorithmus die einzelnen Auftragsparameter automatisch bestimmt, ohne dass es sich um ein System handelt, das nur zur Weiterleitung von Aufträgen zu einem oder mehreren Handelsplätzen oder zur Bestätigung von Aufträgen verwendet wird", und gem. § 50 Nr. 3 WpHG „**Hochfrequenzhandel** im Sinne des Artikels 3 Absatz 1 Nummer 33 dieser Verordnung […] eine hochfrequente algorithmische Handelstechnik, die gekennzeichnet ist durch die Nutzung von Infrastrukturen, die darauf abzielen, Latenzzeiten zu minimieren, durch die Entscheidung des Systems über die Einleitung, das Erzeugen, das Weiterleiten oder die Ausführung eines Auftrags ohne menschliche Intervention für einzelne Geschäfte oder Aufträge und durch ein hohes untertägiges Mitteilungsaufkommen in Form von Aufträgen, Quotes oder Stornierungen."

Seit dem 3.1.2018 ist die MiFiD II in Kraft, so dass deren Begriffsbestimmungen direkt über den Verweis in der Marktmissbrauchsverordnung Anwendung finden.

103 Hintergrund für die Regelung bildeten Vorkommnisse wie der sog „**Flash Crash**" an der New Yorker Stock Exchange am 6.5.2010. Dabei kam es durch einen derartigen computergestützten Handel zu Kursabstürzen in Höhe von fast 1.000 Punkten, dh mehr als 9 %, innerhalb weniger Minuten.[373] Als Erscheinungsform eines derartigen „missbräuchlichen" algorithmischen Handels

---

370 Vgl. Legaldefinition in Art. 4 Nr. 30 MiFiD II: der Handel mit einem Finanzinstrument, bei dem ein Computeralgorithmus die einzelnen Auftragsparameter automatisch bestimmt, zB ob der Auftrag eingeleitet werden soll, Zeitpunkt, Preis bzw. Quantität des Auftrags oder wie der Auftrag nach seiner Einreichung mit eingeschränkter oder gar keiner menschlichen Beteiligung bearbeitet werden soll.
371 Etwa durch EDV-gestütztes „Frontrunning" mittels sog „Predatory Algorithmus", dh Computerprogramme, die versuchen, große Kauf- oder Verkaufsaufträge aufzuspüren, um sich schnell mit eigenen Orders dazwischenzuschalten (auch „Latenz-Arbitrage" genannt), vgl. Handelsblatt v. 24.8.2010, FAZ v. 18.5.2010. Gegen die Einstufung von Frontrunning als Marktmanipulation *Bayram/Meier* WM 2018, 1295.
372 Zur alten Rechtslage Begr. RegE, BT-Drs. 18/7482, 67.
373 Bereits 2005 wurde fast jeder dritte Auftrag im vollelektronischen XETRA-Orderbuch der Deutsche Börse von einem automatischen Handelssystem erzeugt. Dabei reagieren algorithmisch aufgebaute Systeme mittlerweile innerhalb von Millisekunden

wird das sog „**Quote Stuffing**" angesehen, bei dem eine großvolumige Order platziert wird, welche gezielt das Order-Verarbeitungsvolumen der Börsen-EDV überfordert.[374] Die Börsen-EDV kann zunächst nur einen Teil der Order abarbeiten, wodurch eine kurze Verzögerung entsteht, die der Order-Geber ausnutzt. Aufgrund dieser Verzögerung nehmen andere Handelsteilnehmer an, dass die Kurse fehlerhaft sind, und ziehen ihre Kaufaufträge zurück, um etwa an anderen Börsen zu kaufen oder zu verkaufen.[375] Dieser Arbitrage-Effekt führt dann beispielsweise zu einer Abverkaufswelle mit fallenden Kursen, von der der Order-Geber durch das „Abarbeiten" seiner Rest-Order durch das EDV-System der Börse profitiert. Ähnlich verhält es sich bei dem sog „**Layering**", bei dem mit kleinsten Kursdifferenzen versehene, übereinandergelagerte bzw. hintereinander gestaffelte Orders in erheblicher Größenordnung das EDV-System der Börse be- bzw. überlasten („Verstopfen").[376] Das sog „**Spoofing**" dagegen verschleiert die Identität des Auftraggebers.[377] Das für ein ordnungsgemäßes Zustandekommen des Börsenpreises maßgebliche **Prinzip der Chancengleichheit** der Handelsteilnehmer[378] wird insoweit einer erheblichen Belastung ausgesetzt.

Wie **derartige Techniken** von „echten" Kauf- oder Verkaufsaufträgen im Handelssystem **abzugrenzen** sein sollen, ist schwer nachzuvollziehen.[379] Gleichwohl ist auffällig, dass die Stornierungsquoten im „Blitzhandel" mehr als 90 % betragen, da die meisten Aufträge mit dem Ziel platziert werden, den Markt lediglich zu testen.[380] 104

Die extrem kurzen Reaktionszeiten gehen zulasten anderer Marktteilnehmer, denen aufgrund „trägerer" Informationsmedien kurzfristige Marktreaktionen nicht möglich sind.[381] Eine derartige Informationsunausgewogenheit ist aber nichts Neues und hat auch bisher nicht unter dem Aspekt der Marktfairness als Grundlage für Sanktionen gedient (Rn. 137, 151). Vorzuziehen wäre in solchen Fällen vielmehr die Anerkennung einer zulässigen Marktpraxis oder die 105

("Algo Trading"), vgl. Deutsche Börse, Report 1585 Nr. 3/06, S. 14 ff.; Handelsblatt v. 8.12.2011: „Die Invasion der Robo-Trader"; zum sog „Flash Crash" an der NYSE vgl. FAZ v. 8.5.2010: „Chaosminuten an der Wall Street".
374 Sa Meyer/Veil/Rönnau/*Anschütz/Kunzelmann* § 14 Rn. 39.
375 *Kasiske* WM 2014, 1933 (1935); Meyer/Veil/Rönnau/*Anschütz/Kunzelmann* § 14 Rn. 39, 41.
376 Meyer/Veil/Rönnau/*Anschütz/Kunzelmann* § 14 Rn. 40; *Grundmann* in GroßkommHGB Bd. XI Teil 6 Rn. 465.
377 http://de.wikipedia.org/wiki/Spoofing: „Spoofing (englisch, zu deutsch: Manipulation, Verschleierung oder Vortäuschung) nennt man in der Informationstechnik verschiedene Täuschungsversuche in Computernetzwerken zur Verschleierung der eigenen Identität" (zuletzt abgerufen am 19.6.2019).
378 Vgl. nur Schwark/Zimmer/*Beck* BörsG § 24 Rn. 18 f.
379 Bereits im Jahr 2010 betrug der Anteil des Hochfrequenzhandels am europäischen Orderbuchumsatz 40% (Quelle: Tabb Group, zit. nach Schaper in: Deutsches Aktieninstitut (Hrsg.), Im Fokus 2012, S. 12, 14).
380 Nach Schätzungen des Wallstreet Journals stornieren Hochfrequenzhändler zwischen 95% und 98% ihrer Aufträge, wohingegen es bei „normalen" Anlegern nur ca. 10% bis 20% sind. Es wird erwogen, separate Entgelte für „unverhältnismäßig viele Auftragseingaben, -änderungen und -löschungen" zu verlangen, vgl. § 31 f Abs. 1 WpHG idF des Art. 3 Nr. 4 des Gesetzentwurfes zur Vermeidung von Gefahren und Missbräuchen im Hochfrequenzhandel (Hochfrequenzhandelsgesetz), RegE v. 26.9.2012, BR-Drs. 607/12 v. 12.10.2012.
381 Handelsblatt v. 8.12.2011, S. 18: „Die Invasion der Robo-Trader".

Ermächtigung der Geschäftsführung der Börse (nicht der BaFin) zur vorübergehenden Kursaussetzung gem. § 25 Abs. 1 S. 1 Nr. 1, 2 BörsG[382] (vgl. auch Art. 51 MiFID II zu Notfallsicherungen/„Circuit Breakers"). Die Ermittlung, ob die Programmierung eines EDV-Hochfrequenzhandelsprogramms auf eine Störung oder Verzögerung des Funktionierens des Handelssystems gerichtet ist und wer bei der Programmierungs- und/oder Erwerbsentscheidung eines solchen Systems für ein Wertpapierdienstleistungunternehmen die **Absicht** hierzu gehabt haben soll, dürfte in der Praxis kaum möglich sein, zumindest aber zu **erheblichen Schwierigkeiten** führen.[383] Ob man in Zukunft generell eine Verlangsamung der zeitlichen Taktung derartiger Systeme von dem derzeitigen Millisekunden-Bereich auf größere Zeiteinheiten vorschreibt, um „Flash Crash"-Phänomene künftig auszuschließen, bleibt abzuwarten. Die bußgeld- oder gar strafrechtlichen Vorschriften dürften in der Verfolgungspraxis leerlaufen. Die im Vorfeld einer Sanktionierung künftig von den Betreibern derartiger Handelssysteme zu beachtenden Schutzvorkehrungen dürften demgegenüber ausreichen, den Markt vor systemischen Risiken zu schützen (vgl. Art. 17 MiFID II).[384]

106 Art. 12 Abs. 2 lit. c MAR entspricht weitgehend der **Neuregelung des sog algorithmischen Handels einschließlich des Hochfrequenzhandels**, die der deutsche Gesetzgeber[385] im Vorgriff auf diese EU-weite Regelung durch § 3 Abs. 1 Nr. 4 MaKonV getroffen hatte. Allerdings wird klargestellt, dass die gleichen Handlungen auch durch traditionelle Handelsmethoden durchgeführt werden können.[386] Wiederum finden sich dadurch Überschneidungen zu verschiedenen Indikatoren, nämlich den in der Art. 4 Nr. 1 iVm Anhang II Abschnitt 1 Nr. 4 lit. e, Nr. 5 lit. e, f., Nr. 6 lit. h, i der Delegierten Verordnung (EU) 2016/522.[387] Auch hier ist das Verhältnis unklar. Die Intensität der Einwirkung auf die Kapitalmärkte, die durch Verwendung algorithmischer Handelsmethoden gegenüber traditionellen Methoden um ein Vielfaches zunimmt, könnte ein sinnvolles Abgrenzungskriterium zwischen zwingendem Regelbeispiel und bloßem eine Abwägung ermöglichenden Indikator darstellen.

---

382 Näher Heidel/*Uhl* BörsG § 25 Rn. 3 ff.
383 *Teigelack* BB 2012, 1361 (1365).
384 Vgl. den Maßnahmenkatalog im Entwurf eines Gesetzes zur Vermeidung von Gefahren und Missbräuchen im Hochfrequenzhandel (Hochfrequenzhandelsgesetz), RegE v. 26.9.2012, BR-Drs. 607/12 v. 12.10.2012; vgl. auch *Forst* BKR 2009, 454 sowie die Art. 12 Abs. 2 lit. c MAR entsprechende Erweiterung von § 3 Abs. 1 MaKonV.
385 Gesetz zur Vermeidung von Gefahren und Missbräuchen im Hochfrequenzhandel (Hochfrequenzhandelsgesetz) v. 14.5.2013, BGBl. 2013 I 1162.
386 Erwägungsgrund (38) MAR: „Die dabei angeführten Beispiele sollen weder eine erschöpfende Aufzählung sein noch den Eindruck erwecken, dass dieselben Strategien, wenn sie mit anderen Mitteln verfolgt würden, nicht auch missbräuchlich wären."
387 Vgl. Meyer/Veil/Rönnau/*Anschütz/Kunzelmann* § 14 Rn. 42, die die Indikatoren als Ergänzung zu Art. 12 Abs. 2 lit. c MAR, insbesondere zur Konkretisierung der Irreführungseignung sehen.

(v) Beeinflussung des Auktionsclearingpreises oder Irreführung der Bieter von auf Emissionszertifikaten beruhenden Auktionsobjekten (Art. 12 Abs. 2 lit. e MAR)

Ein weiteres zwingendes Beispiel bezieht sich auf die Beeinflussung der Auktionsclearingpreise einer Versteigerung gem. Verordnung (EU) Nr. 1031/2010[388] (Primärmarkt) bzw. der Irreführung der beteiligten Bieter durch Transaktionen auf dem **Sekundärmarkt**.[389] Dieses Beispiel findet keine Entsprechung nach alter Rechtslage und steht im Zusammenhang mit der Erstreckung des Anwendungsbereichs auf Emissionszertifikate nach der MiFiD II; sie spiegelt auch das erklärte Ziel zur Erfassung der **handelsplatzübergreifenden** Manipulationen.[390] Es zeigt sich damit auch eine Ähnlichkeit zur Fallgruppe des „Marking the close" und der Manipulation von Referenzwerten; es soll verhindert werden, dass die manipulierten Preise des Sekundärmarktes auf die des Primärmarkten hinüberwirken.[391] Unklar ist wie beim Marking the Close, in welchem **zeitlichen Zusammenhang** die Beeinflussung mit der Versteigerung („vor der Versteigerung") stehen muss (Rn. 101).[392] Der Nachweis der Beinflussung eines „anormalen oder künstlichen" Preises oder Irreführung wird sich denselben Schwierigkeiten ausgesetzt sehen wie die Bestimmung des tatsächlichen Einwirkungserfolgs nach deutscher Rechtslage (s. dazu Rn. 255). Eine **bloß wahrscheinliche** Beeinflussung des Preises bzw. der Irreführung ist **nicht ausreichend**.[393]

107

(bb) Indikatoren
(i) Überblick

Ergänzend zu diesen zwingenden Fallgruppen („unbeschadet") und nicht ohne Überschneidungen finden sich in **Anhang I/Teil A** folgende **Indikatoren für manipulatives Handeln** durch Aussenden falscher oder irreführender Signale und durch Sicherung des Erzielens bestimmter Kurse in nicht erschöpfender Aufzählung genannt, die für sich genommen „nicht unbedingt als Marktmanipulation anzusehen" sind, aber bei der Überprüfung berücksichtigt werden:

108

- der Umfang, in dem erteilte Handelsaufträge oder abgewickelte Geschäfte einen *bedeutenden Teil des Tagesvolumens* der Transaktionen mit dem entsprechenden Finanzinstrument, einem damit verbundenen Waren-Spot-Kontrakt oder einem auf Emissionszertifikaten beruhenden Auktionsobjekt ausmachen, vor allem dann, wenn diese Tätigkeiten zu einer erheblichen Veränderung des Kurses führen (lit. a) (vorher § 3 Abs. 1 Nr. 1 lit. a MaKonV);

- der Umfang, in dem erteilte Handelsaufträge oder abgewickelte Geschäfte von *Personen mit erheblichen Kauf- oder Verkaufspositionen* in Bezug auf ein Finanzinstrument, einen damit verbundenen Waren-Spot-Kontrakt

---

[388] Verordnung (EU) Nr. 1031/2010 der Kommission vom 12. November 2010 über den zeitlichen und administrativen Ablauf sowie sonstige Aspekte der Versteigerung von Treibhausgasemissionszertifikaten gemäß der Richtlinie 2003/87/EG des Europäischen Parlaments und des Rates über ein System für den Handel mit Treibhausgasemissionszertifikaten in der Gemeinschaft, ABl. Nr. L 302 S. 1 ff.
[389] Klöhn/*Schmolke* MAR Art. 12 Rn. 384 f., 387.
[390] Klöhn/*Schmolke* MAR Art. 12 Rn. 384 f.
[391] Klöhn/*Schmolke* MAR Art. 12 Rn. 385.
[392] Klöhn/*Schmolke* MAR Art. 12 Rn. 388.
[393] Klöhn/*Schmolke* MAR Art. 12 Rn. 391 f.

oder ein auf Emissionszertifikaten beruhendes Auktionsobjekt zu wesentlichen Änderungen des Kurses dieses Finanzinstruments, damit verbundenen Waren-Spot-Kontrakts oder auf Emissionszertifikaten beruhenden Auktionsobjekt führen (lit. b) (vorher § 3 Abs. 1 Nr. 1 lit. b MaKonV);

- der Umstand, ob getätigte Geschäfte *nicht* zu einer *Änderung des wirtschaftlichen Eigentums* eines Finanzinstruments, eines damit verbundenen Waren-Spot-Kontrakts oder eines auf Emissionszertifikaten beruhenden Auktionsobjekts führen (lit. c) (vorher § 3 Abs. 1 Nr. 3 MaKonV);
- der Umfang, in dem erteilte Handelsaufträge oder abgewickelte Geschäfte *Umkehrungen von Positionen innerhalb eines kurzen Zeitraums* beinhalten *und einen beträchtlichen Teil des Tagesvolumens* der Transaktionen mit dem entsprechenden Finanzinstrument, einem damit verbundenen Waren-Spot-Kontrakt oder einem auf Emisssionszertifikaten beruhenden Auktionsobjekt ausmachen und mit einer erheblichen Veränderung des Kurses eines Finanzinstruments, eines damit verbundenen Waren-Spot-Kontrakts oder eines auf Emissisonszertifikaten beruhenden Auktionsobjekts in *Verbindung stehen könnten* (lit. d) (vorher § 3 Abs. 1 Nr. 1 lit. c MaKonV);
- der Umfang, in dem erteilte Handelsaufträge oder abgewickelte *Geschäfte innerhalb einer kurzen Zeitspanne des Börsentages konzentriert* werden und zu einer Kursveränderung führen, die in der Folge *wieder umgekehrt* wird (lit. e) (vorher § 3 Abs. 1 Nr. 1 lit. d MaKonV);
- der Umfang, in dem erteilte Handelsaufträge die *Darstellung* der besten Geld- oder Briefkurse eines Finanzinstruments, eines damit verbundenen Waren-Spot-Kontrakts oder eine auf Emissionszertifikaten beruhenden Auktionsobjekts verändern oder allgemeiner die den Marktteilnehmern verfügbare Darstellung des Orderbuchs verändern *und vor ihrer eigentlichen Abwicklung annulliert werden* (lit. f.) (vorher § 3 Abs. 1 Nr. 2 MaKonV);
- der Umfang, in dem Geschäfte *genau oder ungefähr zu einem Zeitpunkt* in Auftrag gegeben oder abgewickelt werden, zu dem die *Referenzkurse*, die *Abrechnungskurse* und die Bewertungen berechnet werden, und dies zu Kursveränderungen führt, die sich auf diese Kurse und Bewertungen auswirken (lit. g) (vorher § 3 Abs. 1 Nr. 1 lit. e MaKonV).

109 Soweit dabei den Anzeichen unter Nr. 1 lit. a bis d gemeinsam ist, dass sie ua auf einen **„bedeutenden Anteil"** am Tagesgeschäftsvolumen bzw. auf **„erhebliche bzw. wesentliche Veränderungen des Kurses"** abstellen, bewirkt dies für den Rechtsanwender jedoch nicht die erforderliche Konkretisierung, da beide Umstände **weder absolut noch relativ umschrieben** werden.[394] Es wird vielmehr nur ein unbestimmter Rechtsbegriff durch einen anderen ersetzt.[395] Eine weitere Konkretisierung erfahren diese Indikatoren durch **Art. 4 Nr. 1 iVm Anhang II Abschnitt 1 der Delegierten Verordnung (EU) 2016/522**.[396] Die Delegierte Verordnung zählt jeweils verschiedene **Praktiken zur näheren Bestim-**

---

394 Assmann/Schneider/*Vogel* WpHG, 6. Aufl., § 20 a Rn. 155; aA Begr. § 3 Abs. 1 Nr. 1 MaKonV, BR-Drs. 18/05, 13.
395 Zur entsprechenden alten Rechtslage MüKoStGB/*Pananis* WpHG § 38 Rn. 176: teilweise nur eine sehr schwache Indizwirkung.
396 S. dazu ESMA, Consultation Paper – ESMA's. draft technical advice on possible delegated acts concerning the Market Abuse Regulation, ESMA/2014/808, S. 7 ff.

mung des Indikators auf, wobei vielfach sog „zusätzliche Indikatoren" genannt werden, die zeigen, dass auch hier noch ein erheblicher Spielraum verbleibt. Weder die Praktiken selbst noch die zusätzlichen Indikatoren sind dabei abschließend aufgezählt oder zwingend maßgeblich.[397] Auffällig ist auch, dass verschiedene Praktiken für mehrere Indikatoren genannt werden. Die zusätzlichen Indikatoren sind sogar in den überwiegenden Fällen im Zusammenhang mit mehreren Praktiken genannt. Eine trennscharfe Systematisierung und Zuordnung ist von der Delegierten Verordnung nicht bezweckt; die konkrete Zuordnung hängt vielmehr mit der Nutzung der jeweiligen Praxis, also mit dem durch die Praxis angestrebten Zweck zusammen.[398]

Damit wird erneut deutlich, dass die Konkretisierung nur eine sehr eingeschränkte Rechtssicherheit bieten kann.[399] Es ist insbesondere bedenklich, dass sich die Kriterien nicht nur an die Behörden, sondern auch an die Marktteilnehmer richten. Einer Behörde mag es möglich sein, die notwendige Prüfung **ex post** vorzunehmen und dabei „Prüfkriterien" wie „bedeutender Teil des Tagesvolumens der Transaktionen", „erhebliche Veränderungen des Kurses", „innerhalb eines kurzen Zeitraums" heranzuziehen. Dass bzw. wie eine solche Prüfung von einem **Marktteilnehmer ex ante** objektiv vorgenommen werden soll (und nur die ex ante Betrachtung ist für die Vorsehbarkeit möglicher strafrechtlicher oder bußgeldrechtlicher Sanktionierung verfassungsrechtlich entscheidend), ist **schwer ersichtlich** und dürfte **im Einzelfall auch nur ausnahmsweise** nachweisbar sein.

Da die Unterscheidung eines verbotenen von einem erlaubten Geschäft letztlich nur **nach der Zielrichtung** vorgenommen werden kann, mit der es durchgeführt wird (Rn. 70), legt die Ausgestaltung der Regelung vielmehr nahe, dass hier im Ergebnis eine **Verdachtsstrafe** statuiert wird.[400] Die in Anhang I/Teil A angeführten Umstände, dh „Anzeichen" iSv Anhaltspunkten, Faktoren und Richtlinienvorgaben,[401] mögen **Aufgriffskriterien für die BaFin** darstellen. Das Vorliegen eines der im Anhang genannten Anzeichen bzw. einer der in der Delegierten Verordnung (EU) 2016/522 aufgeführten Praktiken führt aber zum einen **nicht zwingend** zur Annahme einer Marktmanipulation. Zum anderen kann die **erforderliche Einzelfallbetrachtung überwiegende Gründe für ein gesetzeskonformes Verhalten** ergeben.[402] Das Vorliegen der Anzeichen kann insofern einen **Rechtfertigungszwang** begründen, der **strafrechtlich nicht akzeptabel** ist (zu diesem Problem vgl. Rn. 39). Erwägungsgrund (8) der Delegierten Verordnung (EU) 2016/522 verdeutlicht dies eindrücklich: „In einigen Beispielen für die in dieser Verordnung dargelegten Praktiken werden Fälle beschrieben, die unter den Begriff der Marktmanipulation fallen oder in einigen Punk-

---

397 Erwägungsgrund (6) Delegierte Verordnung (EU) 2016/522.
398 Erwägungsgrund (7) Delegierte Verordnung (EU) 2016/522. Krit. Meyer/Veil/Rönnau/*Anschütz/Kunzelmann* § 14 Rn. 46 f.
399 Begr. Zu § 3 Abs. 1 MaKonV, BR-Drs. 18/05, 13.
400 Fuchs/*Fleischer* WpHG § 20 a Rn. 48 empfehlen einen intensiven Austausch mit der Kapitalmarktordnung.
401 Vgl. Begr. zu § 3 MaKonV, BR-Drs. 18/05, 13, 15.
402 Anhang I MAR Einleitungssatz; Erwägungsgrund (8) der Delegierten Verordnung (EU) 2016/522; zur alten Rechtslage Begr. zu § 3 MaKonV, BR-Drs. 18/05, 13; krit. auch *Schröder* KapitalmarktStR Rn. 485 f.: „sprachlich verunglückt", „Vorschrift irritiert ihren Leser".

ten als manipulatives Verhalten gelten. Allerdings können bestimmte Beispiele für Praktiken als legitim angesehen werden, wenn etwa eine Person, die Geschäfte schließt oder Handelsaufträge ausführt, bei denen davon ausgegangen werden kann, dass es sich um eine Marktmanipulation handelt, nachweisen kann, dass ihre Gründe dafür, die betreffenden Geschäfte abzuschließen oder Handelsaufträge auszuführen, legitim waren und der auf dem betreffenden Markt akzeptierten Praxis entsprachen."

(ii) Bedeutender Teil des Tagesvolumens (Anhang I/Teil A lit. a MAR)

112 Im Einzelnen ist zur Indizwirkung der „Signale" (Anzeichen) Folgendes festzustellen: Nach **Anhang I/Teil A lit. a MAR** (vorher Art. 4 lit. a EU-Durchführungsrichtlinie 2003/124/EG; in § 3 Abs. 1 S. 1 lit. a MaKonV) geht eine Marktmanipulation häufig mit Geschäften oder Aufträgen einher, die aufgrund ihres bedeutenden Teils am Tagesvolumen der Transaktionen mit diesem Finanzinstrument, einem verbundenen Waren-Spot-Kontrakt oder einem auf Emissionszertifikaten beruhenden Auktionsobjekt ein ausreichendes Kurseinwirkungspotential haben. Tritt eine (erhebliche) **Kursänderung** dadurch tatsächlich ein, dass eine Steigerung (auch nur für eine Sekunde), eine Senkung oder eine ansonsten nicht gegebene Beibehaltung des Preises erfolgt,[403] wird die tatbestandsbezogene Indizwirkung der großvolumigen Geschäfte oder Aufträge dadurch verstärkt (vgl. Wortlaut „vor allem dann"). Der Anteil am Volumen der Transaktionen kann sich auf „jede[n] börsliche[n] oder außerbörsliche Markt [beziehen], an dem Angebot und Nachfrage bezüglich Finanzinstrumenten zusammengeführt und Preise gebildet werden", wie die Begründung zu § 3 Abs. 1 Nr. 1 lit. a MaKonV[404] – damals zu Unrecht – schon vorsah.

103

Eine **Konkretisierung** der Begriffe „bedeutender Teil" und „erhebliche Veränderung des Kurses" fehlt. Art. 4 Nr. 1 iVm Anhang II Abschnitt 1 Nr. 1 der Delegierten Verordnung (EU) 2016/522 zählt vielmehr vier verschiedene **Praktiken zur näheren Bestimmung des Indikators** auf. Dabei werden sog „zusätzliche Indikatoren" zur Veranschaulichung angeführt, die ihrerseits jedoch die gleichen oder ähnlichen unbestimmten Rechtsbegriffe enthalten.

113 Die erste aufgeführte Praktik (lit. a) ist der Kauf von Positionen, auch nach Absprache durch mehrere Beteiligte, auf dem Sekundärmarkt im Anschluss an die Zuteilung auf dem Primärmarkt in der Absicht, den Preis künstlich in die Höhe zu treiben und bei anderen Investoren Interesse zu wecken. Dies beschreibt die auch schon bisher erfassten Fälle des sog **Advancing the bid**, bei denen die Nachfrage nach einem Finanzinstrument erhöht wird, um den Kurs dadurch nach oben zu treiben, dass der Eindruck der Dynamik erweckt wird oder vorgetäuscht wird, dass der Kursanstieg durch lebhafte Umsätze verursacht wurde. Als zusätzlicher Indikator wird dabei zum einen eine „**ungewöhnliche Konzentration** von Transaktionen und/oder Handelsaufträgen" genannt (i.), wobei jedoch die Unsicherheit bestehen bleibt, was „ungewöhnlich" ist. Der manipulative Charakter der aufgeführten Geschäfte oder Aufträge ist so-

---

[403] Vgl. EuGH 7.7.2011 – C-445/09, ZIP 2011, 1408; *Klöhn* NZG 2011, 934; *Weber* NJW 2012, 274 (278); krit. für den Fall des Beibehalters Assmann/Schneider/*Vogel* WpHG, 6. Aufl., § 20 a Rn. 155: „Wortlautgrenze".
[404] Begr. zu § 3 Abs. 1 Nr. 1 lit. a MaKonV.

mit zumindest äußerst sorgfältig unter Heranziehung aller Umstände im Einzelfall zu prüfen. Denn das Handelsvolumen begründet für sich genommen noch keine Manipulation.[405] In solchen Fällen wird es zunächst entscheidend darauf ankommen, wie **markteng** (bzw. umgekehrt wie **liquide**) der zu untersuchende Wert ist (sog **Free Float**).[406] Bei ansonsten nur geringen Handelsumsätzen können relativ kleine Aufträge gleichwohl den Kurs spürbar beeinflussen.

Der zweite Indikator, die Tatsache, dass Transaktionen oder Handelsaufträge „keine andere Berechtigung erkennen lassen als die, den Kurs oder das Handelsvolumen im Verlauf eines Börsentages, etwa zur Eröffnung oder kurz vor Schließung, in der Nähe eines Referenzpunktes in die Höhe zu treiben" (ii.) zeigt erneut die bedenkliche Tendenz, für Marktteilnehmer einen Rechtfertigungszwang zu kreieren. Charakteristisch für die Fallgruppe ist, dass nicht eine Investmentidee umgesetzt, sondern das Marktverhalten anderer Marktteilnehmer beeinflusst werden soll. Die Täuschung liegt darin, dass für Marktteilnehmer nicht erkennbar ist, dass die Transaktionen mit der Absicht, den Preis zu beeinflussen, vorgenommen wurden und damit der zustande gekommene Preis verzerrt ist.[407] Unklar ist dabei jedoch, welche „wirtschaftliche" Begründung bzw. Motivation akzeptabel ist (zB Hochfrequenz-Handel, Arbitrage-Handel, Intra-Day-Trading, Late Trading bei Investmentfondsanteilen?).[408] Da in sämtlichen dieser Fälle effektive Transaktionen vorliegen, kommt es hierbei **entscheidend** darauf an, ob mit einer (eigentlich gerade aus dem Tatbestand eliminierten, Rn. 2) **Preisbeeinflussungsabsicht** gehandelt wurde. Denn wenn die formalen Handelsregeln eingehalten worden sind, die als solche grundsätzlich keinen Täuschungswert haben,[409] kann Gegenstand der Täuschung nur die Preisbeeinflussungsabsicht als innere Tatsache sein.[410] Die effektiven, formal korrekten Transaktionen dienten dann lediglich als Täuschungsmittel. Diese Tatbestandsausweitung geht ähnlich wie die Beurteilung des Scalping als Täuschung über Motive weit über § 263 StGB hinaus (Rn. 182).[411]

Als zweite Praktik (lit. b) wird das sog **Creation of a floor or a ceiling in the price pattern** („Erzeugung eines Tiefstpreises oder Höchstpreises im Preisgefüge") genannt, wo es dem Handelnden darum geht, die Überschreitung eines bestimmten Kurses und damit für ihn nachteilige Folgen zu vermeiden. Die zu-

---

405 Begr. § 3 Abs. 1 Nr. 1 lit. a MaKonV, BR-Drs. 18/05, 14; *Schröder* KapitalmarktStR Rn. 498: „strafrechtliche Erfassung fraglich" bzw. Rn. 509 f.: „Leerformel"; *Waschkeit* S. 45 f.; zum manipulativen Hochfrequenzhandel vgl. *Forst* BKR 2009, 454 (456).
406 MüKoStGB/*Pananis* WpHG § 38 Rn. 177: Generalverdacht für Akteure in illiquiden Märkten; vgl. zur Bestimmung liquider Aktien auch Art. 22 iVm Anhang II Tabelle 2, 3 MiFID-DVO (Fn. 31).
407 BR-Drs. 639/03, 12.
408 Krit. ebenso MüKoStGB/*Pananis* WpHG § 38 Rn. 190; *Pfüller/Anders* WM 2003, 2445 (2449 f.); *Arlt* S. 320 ff.; Schwark/Zimmer/*Schwark* WpHG § 20 a Rn. 53.
409 *Lenzen* S. 192 ff., 201 f., 209, 211; zust. *Altenhain* BB 2001, 1874 (1877 f.).
410 Ähnlich BGH 6.11.2003 – 1 StR 24/03 zu „Scalping", ZIP 2003, 2354 (2355 f.): „Die Kaufempfehlung beinhalteten die stillschweigende Erklärung, dass sie nicht mit dem sachfremden Ziel der Kursbeeinflussung zu eigennützigen Zwecken bemakelt waren."; aA *Rössner/Bolkart* AG 2003, R394; der Unrechtsgehalt ist ohne Kenntnis der Motivation des Handelnden nicht feststellbar; ähnlich *Haouache* S. 49 ff. zum fragwürdigen Maßstab der Chancengleichheit an Börsen.
411 *Arlt* S. 320 ff.; Assmann/Schneider/*Vogel* WpHG, 6. Aufl., § 20 a Rn. 167.

sätzlichen **Indikatoren** zeichnen sich dadurch aus, dass sie sich auf **Konstellationen** beziehen, in denen eine solche Einwirkung typischerweise besonders **attraktiv** ist. Insofern wird auf Transaktionen oder Handelsaufträge abgestellt, die dazu führen bzw. wahrscheinlich dazu führen, dass:

- der Preis in den Tagen vor Ausgabe, der vorzeitigen Tilgung oder dem Erlöschen verbundener Derivate oder Wandelanleihen ansteigt, sinkt oder beibehalten wird (i.)
- der gewichtete Durchschnittspreis eines Tages oder eines bestimmten Zeitraums während eines Handelstages ansteigt oder sinkt (ii.)
- der Preis eines zugrundeliegenden Finanzinstruments etc unter oder über dem Ausübungspreis oder eines anderen zur Bestimmung der Auszahlung eines entsprechenden Derivats am Ende seiner Laufzeit benutzten Elements gehalten wird (iii.).

Daneben sind als zusätzliche Indikatoren genannt:

- Transaktionen an einem Handelsplatz, die dazu führen bzw. wahrscheinlich dazu führen, dass der Preis eines zugrundeliegenden Finanzinstruments etc dahin gehend modifiziert wird, dass er den Ausübungspreis oder ein anderes zur Bestimmung der Auszahlung eines entsprechenden Derivats am Ende seiner Laufzeit benutztes Element übersteigt oder nicht erreicht (iv).
- Transaktionen, die zur Modifizierung des Abrechnungskurses eines Finanzinstruments etc führen (bzw. wahrscheinlich dazu führen), wenn dieser Kurs insbesondere bei der Berechnung der Einschussanforderungen als Referenzkurs oder entscheidender Faktor genutzt wird (v.).

Nach lit. c sind weiterhin sog **Ping-Aufträge** erfasst, also die Erteilung kleiner Kauf- oder Verkaufsaufträge, um den Grad der verdeckten Aufträge festzustellen und einzuschätzen, welche Positionen auf einer „**Dark Platform**" verbleiben. Anhang II Nr. 1 lit. d bezieht sich auf die Praktik des sog **Phishings**, bei der Handelsaufträge ausgeführt werden, um Aufträge anderer Handelsteilnehmer auszuspähen, und anschließend die dadurch erlangten Informationen genutzt werden, um einen Handelsauftrag auszulösen.[412]

(iii) Innehaben einer bedeutenden Verkaufs- oder Kaufposition (Anhang I/Teil A lit. b MAR)

116 Anhang I/Teil A lit. b MAR (vorher Art. 4 lit. b EU-Durchführungsrichtlinie 2003/124/EG; § 3 Abs. 1 Nr. 1 lit. b MaKonV) stellt dagegen nicht auf den Umfang der Transaktion ab, sondern auf die Stellung des Marktteilnehmers. Das Innehaben einer „**bedeutenden**" (vorher: „vergleichsweise großen") **Kauf- oder Verkaufsposition** in einem bestimmten Finanzinstrument, einem verbundenen Waren-Spot-Kontrakt oder einem auf Emissionszertifikaten beruhenden Auktionsobjekt innehat,[413] deutet auf ein besonderes wirtschaftliches Interesse an einer Preiseinwirkung.[414] Anders als bei lit. a muss es hier zur Bejahung der

---

412 Sa *Kasiske* WM 2014, 1933 (1938); Meyer/Veil/Rönnau/*Anschütz/Kunzelmann* § 14 Rn. 51 f.
413 Vgl. Anhang II Tabelle 2 MiFID-DVO (Fn. 31) zur Bestimmung von Aufträgen mit großem Volumen im Vergleich zum marktüblichen Geschäftsumgang.
414 Vgl. zur entsprechenden alten Rechtslage Begr. § 3 Abs. 1 Nr. 1 lit. b MaKonV, BR-Drs. 18/05, 14.

Indizwirkung aber zu einer wesentlichen Änderung des Kurses dieser Finanzinstrumente vermittels Geschäften oder Aufträgen gekommen sein.unklar ist dabei zunächst, ob unter einer „Kaufposition" positive Handelsbestände zu verstehen sind, und ferner, ob das Merkmal der „Verkaufsposition" eine Lieferverpflichtung (zB aus vorangegangenen Leerverkäufen oder Wertpapierleihegeschäften) bezeichnet.[415] Auch die Unbestimmtheit des Begriffs „bedeutend", insbesondere im Hinblick auf das Verhältnis zum Begriff „marktbeherrschend" iSv Art. 12 Abs. 2 lit. a) MAR und Art. 4 Nr. 1 iVm Anhang II Abschnitt 1 Nr. 2 lit. b der Delegierten Verordnung (EU) 2016/522 wirft Fragen auf. Eine mögliche Orientierung bieten die MiFiD II und die zur Konkretisierung erlassene Delegierte Verordnung (EU) 2017/587,[416] insbesondere die Tabellen 1 und 2 des Anhangs II.[417]

Praktiken zur näheren Bestimmung dieses Indikators finden sich in **Art. 4 Nr. 1 iVm Anhang II Abschnitt 1 Nr. 2 der Delegierten Verordnung (EU) 2016/522.** Nr. 2 lit. a verweist dabei auf Nr. 1 lit. a, das sog **Advancing the Bid** (s. Rn. 113).

Als zweite Praktik (lit. b) nennt die Delegierte Verordnung das **Ausnutzen** eines „erheblichen Einflusses einer **marktbeherrschenden Stellung**" mit dem Ziel einer deutlichen Verfälschung bzw. wahrscheinlichen Verfälschung der Preise, zu denen andere Parteien Lieferungen vornehmen, entgegennehmen oder herausschieben müssen, um ihre Verpflichtungen zu erfüllen. Dabei bezieht sich die Delegierte Verordnung ausdrücklich auf den sog „**Abusive Squeeze**",[418] aufgeführt werden können wie bisher aber auch die Begriffe des sog „**Cornering**" sowie das Herbeiführen eines sog „**knock-out-kickers**".[419] Hierzu zählt etwa die gezielte Herbeiführung einer künstlichen Verknappung eines Vermögenswertes, insbesondere unter Ausnutzung der eigenen Marktstellung, mit dem Ziel, die volle Kontrolle über Angebot oder Lieferung des betreffenden Finanzinstruments zu erhalten.[420] Ein solcher Verstoß stellt ggf. eine Überschreitung börsenregulatorisch vorgegebener Positionslimite dar (zur evtl. Ahndung

---

415 *Schröder* KapitalmarktStR Rn. 512; vgl. auch § 34 b WpHG: „Nettoverkaufsposition".
416 Delegierte Verordnung (EU) 2017/587 der Kommission vom 14. Juli 2016 zur Ergänzung der Verordnung (EU) Nr. 600/2014 des Europäischen Parlaments und des Rates über Märkte für Finanzinstrumente durch technische Regulierungsstandards mit Transparenzanforderungen für Handelsplätze und Wertpapierfirmen in Bezug auf Aktien, Aktienzertifikate, börsengehandelte Fonds, Zertifikate und andere vergleichbare Finanzinstrumente und mit Ausführungspflichten in Bezug auf bestimmte Aktiengeschäfte an einem Handelsplatz oder über einen systematischen Internalisierer, Abl. EU Nr. L 87 v. 31.3.2017, S. 387 ff.
417 Meyer/Veil/Rönnau/*Anschütz/Kunzelmann* § 14 Rn. 53.
418 Zur entsprechenden alten Rechtslage *Daske/Bassemir/Fischer* ZfbF 2010, 254 zu Squeeze-out-Fällen iS § 327 a AktG; *Schröder* KapitalmarktStR Rn. 504 f. mit Fallbeispiel „Porsche/VW AG".
419 Vgl. Art. 4 lit. b EU-Durchführungsrichtlinie 2003/124/EG; BR-Drs. 639/03, 12; beim Cornering wird der Kassamarkt, beim Squeeze der Terminmarkt benutzt, vgl. *Ziouvas* ZGR 2003, 113 (134); MAH WiStR/*Benner* § 22 Rn. 477; *Papachristou* S. 73 f.; Assmann/Schneider/*Vogel* WpHG, 6. Aufl., § 20 a Rn. 157; krit. *Schröder* KapitalmarktStR Rn. 503 f., 505.
420 ZB beim Ausnutzen fehlender Eindeckungsmöglichkeiten von Leerverkäufen durch den „Cornerer", vgl. *Ziouvas* ZGR 2003, 113 (134); weitere Sachverhaltskonstellationen bei *Papachristou* S. 73; MAH WiStR/*Benner* § 22 Rn. 477 ff.; zum Cornering an der Strombörse EEX vgl. *Jahn* ZNER 2008, 297 (310 f.).

solcher Überschreitungen durch den Sanktionsausschuss der Börse siehe unten Rn. 299 ff.). Inwiefern jedoch das Ausnutzen einer starken Marktposition – wenn es zB durch **Hedge Fonds** mit dem Ziel erfolgt, im Rahmen eines Übernahmeversuchs ein höheres „Gegenangebot" von Konkurrenten herbeizuführen oder um ein Minderheitsgesellschafter-Ausschluss- bzw. Squeeze-Out-Verfahren zu erreichen, vgl. §§ 320, 327 a ff. AktG – einen Anhaltspunkt für manipulatives Verhalten darstellen soll, nur weil „der Marktteilnehmer ein wirtschaftliches Interesse an einer Preiseinwirkung gehabt haben kann",[421] ist nicht verständlich.[422] Das gilt in gleichem Maße für das „Sichern einer marktbeherrschenden Stellung" iSd Art. 12 Abs. 2 lit. a MAR (vgl. Rn. 96 ff.). Streng genommen handelt es sich bei diesen Geschäften ohnehin nur um eine einer möglichen Manipulation eines Vermögenswertes uU vorgelagerte Handlung. Bleibt es demnach bei einer beherrschenden Stellung, ohne dass diese (etwa durch Unterlassen erforderlicher Veröffentlichungen bei Erreichen relevanter Schwellenwerte) manipulativ ausgenutzt wird, ist ein Strafbarkeitsbedürfnis nicht erkennbar. Denn da die Marktteilnehmer nicht davon ausgehen können, dass Finanzinstrumente immer breit gestreut sind, liegt schon keine Täuschung über die Marktlage vor.[423] Die eigentliche Problematik liegt jedoch darin, dass die Indizien von der BaFin gleichwohl als Anhaltspunkt für manipulatives Verhalten interpretiert werden können und das auf ihrer Grundlage sodann eingeleitete Verfahren das gesamte Konzept des handelnden Marktteilnehmers, etwa eines Hedge Fonds, selbst (zB durch entsprechende Öffentlichkeitswirkung) zerstören kann, wenn sich die angewandte Marktstrategie im Nachhinein als völlig regulär herausstellt. Insbesondere in diesem Bereich ist bereits bei Prüfung der Indizwirkung eine äußerst sorgfältige Einbeziehung evtl. berührter Grundrechte (Art. 12, 14 GG) geboten. Im Übrigen wird nur die Veröffentlichungspflicht gem. § 35 WpÜG in Betracht kommen, deren Nichtbeachtung eine Marktmanipulation durch Unterlassen iSv § 20 a Abs. 1 S. 1 Alt. 2 WpHG aF darstellen konnte.[424] Das bloße Herbeiführen der kontrollierenden Stellung (auch in Form des sog „acting in concert", Rn. 98 ff.) ist demnach lediglich eine straflose Vorbereitungshandlung,[425] insbesondere wenn das Zwischenziel der Kontrollerlangung nicht der raschen Erlangung eines Vermögensvorteils zB durch Abstoßen der Position, sondern etwa dem Hauptziel der Abwehr einer feindlichen Übernahme dient.[426]

119 Lit. c und d stellen daneben auf die Ausnutzung der Wechselwirkungen zwischen unterschiedlichen Handelsplätzen „Inter-trading Venues Manipulation" (**handelsplatzübergreifende** Manipulation) bzw. unterschiedlichen Finanzinstrumenten „Cross-product Manipulation" (**produktübergreifende Manipulation**) ab. Auffällig ist, dass hier auf die **Absicht** abgestellt wird, die jeweils anderen Preise bzw. Kurse zu beeinflussen, also auf ein subjektives Element. Ob-

---

421 So die Begr. zu § 3 Abs. 1 Nr. 1 lit. b MaKonV, BR-Drs. 18/05, 14.
422 *Schröder* KapitalmarktStR Rn. 504; *Flothen* S. 130; *Meißner* S. 130; aA *Ziouvas* ZGR 2003, 113 (134): „überhöhte Preise".
423 Ebenso *Trüstedt* S. 201.
424 *Arlt* S. 313 ff. (316 f.), 333 f.
425 *Knauth/Käsler* WM 2006, 1041 (1046); Assmann/Schneider/*Vogel* WpHG, 6. Aufl., § 20 a Rn. 157.
426 Krit. auch *Weber* NZG 2004, 23 (28); vgl. den Fall des „Anschleichens" an eine marktbeherrschende Position am Beispiel „Schaeffer/Continental".

jekte Umstände wie die tatsächliche Beeinflussung von für die Preisbildung auf anderen Märkten relevanten Kursen (lit. c, Ziffer i) sowie verschiedene, in Nr. 1 lit. b aufgeführte und mittels Verweisung in Bezug genommene Arten von Transaktionen, die eine besondere Beeinflussungseignung aufweisen, gelten lediglich als zusätzliche Indikatoren.

(iv) Mangelnde Änderung des wirtschaftlichen Eigentums/„fiktive" Geschäfte (Anhang I/Teil A lit. c MAR)

Anhang I/Teil A lit. c MAR nennt als Prüf-Indikator den Umstand, dass getätigte Geschäfte **nicht zu einer Änderung des wirtschaftlichen Eigentums** eines Finanzinstruments, eines damit verbundenen Waren-Spot-Kontrakts oder eines auf Emissionszertifikaten beruhenden Auktionsobjekts führen. Hier wird (erstmals) auf den Begriff des „wirtschaftlichen" Eigentums abgestellt. Unter Rückgriff auf den steuerlichen Begriff des wirtschaftlichen Eigentums (vgl. § 39 AO) könnten insoweit Treuhand- bzw. Sicherungskonstellationen erschlossen werden.[427]

Inhaltlich entspricht dieser Indikator § 3 Abs. 1 Nr. 3 MaKonV (in Umsetzung des Art. 4 lit. a EU-Durchführungsrichtlinie 2003/124/EG) und erfasst Manipulationsfälle, in denen Geschäfte den äußeren Anschein einer Vermögensverschiebung bewirken, die in Wirklichkeit nicht vorliegt. Solche, vielfach (unzutreffend) als „**fiktive**" Geschäfte bezeichnete Aktivitäten sind dadurch gekennzeichnet, dass ihnen die wirtschaftliche Relevanz fehlt, zB weil mit ihnen kein wirklicher Wechsel des Eigentums an dem Finanzinstrument beabsichtigt ist. Sie werden vielmehr allein zum Zweck vorgenommen, erhöhte Umsätze und damit einen aktiven Markt und entsprechende Liquidität vorzutäuschen (**„Wash Sales", „Improper matched orders", „Circular orders"**).[428] Hierfür eignen sich besonders vollelektronische Handelssysteme wie XETRA, bei denen die jeweilige Orderlage einsehbar ist.[429] Die Bezeichnung von In-Sich-Geschäften als „fiktive Geschäfte" oder „Scheingeschäfte",[430] ist jedoch missverständlich, da die Rechtsfolge von § 117 Abs. 1 BGB nicht eingreifen soll.[431]

Unter diese Variante fallen nicht nur Treuhand-Transaktionen, die nur einem einzigen Berechtigten (Treugeber) zuzurechnen sind, sondern sogar Transaktionen zwischen verbundenen Unternehmen (etwa im Konzernverbund). Die bloße Eigenschaft als Konzernunternehmen lässt jedoch dessen zivilrechtliche Eigenständigkeit unberührt. Sofern also keine Treuhandabrede zugrunde liegt, findet bei einer konzerninternen Umschichtung von Finanzinstrumenten ein

---

[427] Jedoch ist die Anlehnung an den steuerlichen Begriff wirtschaftlichen Eigentums (vgl. § 39 AO) nur bedingt geeignet, vgl. die Zurechnungsproblematik bei Wertpapierpensionsgeschäften; *Sorgenfrei* wistra 2002, 321 (328): *Waschkeit* S. 45.
[428] BR-Drs. 936/01, 250; Meyer/Veil/Rönnau/*Anschütz/Kunzelmann* § 14 Rn. 57 ff. Zur alten Rechtslage *Schönhöft* S. 92; *Schröder* KapitalmarktStR Rn. 488 ff., 519 f.; Assmann/Schneider/*Vogel* 6. Aufl., WpHG § 20 a Rn. 162, 163; MüKoStGB/*Pananis* WpHG § 38 Rn. 185; Fuchs/*Fleischer* WpHG § 20 a Rn. 53; Schwark/Zimmer/*Schwark* WpHG § 20 a Rn. 48 f.; vgl. auch die Darstellung in diesem Band im Hinblick auf Betrug unter § 263 StGB.
[429] *Ziouvas* ZGR 2003, 113 (132); *Lenzen* (Fn. 2, S. 10); MüKoStGB/*Pananis* WpHG § 38 Rn.185.
[430] BR-Drs. 639/03, 11.
[431] *Schröder*, HWSt, X 2 Rn. 55; *Schröder* KapitalmarktStR Rn. 518; Assmann/Schneider/*Vogel* WpHG, 6. Aufl., § 20 a Rn. 162.

Wechsel des zivilrechtlichen bzw. wirtschaftlichen Eigentums statt. Damit ist es auch nicht gerechtfertigt, von einer Täuschung des Marktes auszugehen.

122 Art. 4 Nr. 1 iVm Anhang II Abschnitt 1 Nr. 3 der Delegierten Verordnung (EU) 2016/522 umschreibt in den genannten Praktiken diese schon bisher anerkannte Fallgruppen, wobei sich erneut erheblich Abgrenzungsschwierigkeiten ergeben. Nr. 3 lit. a erfasst Vorkehrungen für sog **„Wash Trades"**, die zunächst ohne zusätzlichen Informationsgehalt als „Transaktionen und Vorkehrungen, die nicht zu einer Änderung des wirtschaftlichen Eigentums oder des Marktrisikos führen", umschrieben sind. Als zusätzliche Indikatoren sind hierfür die ungewöhnliche Wiederholung einer Transaktion zwischen einer kleinen Anzahl von Parteien über einen gewissen Zeitraum (i), Transaktionen oder Handelsaufträge, durch die sich die Bewertung einer Position verändert oder wahrscheinlich verändert, obwohl der Umfang der Position weder kleiner noch größer wird (ii) und eine ungewöhnliche Konzentration von Transaktionen (iii) genannt.

123 Nr. 3 lit. a) umfasst dabei Fälle des sog **Cross-Trade, Crossing bzw. Wash Sales**,[432] die sich durch die **wirtschaftliche Identität zwischen Käufer und Verkäufer** bei Transaktionen auszeichnen, sowie Fälle der sog **„Circular Orders"**, bei denen durch Hin- und Herkäufe zwischen mehreren Treuhandkonten der Anschein tatsächlicher Transaktionen durch verschiedene Marktteilnehmer geschaffen wird, tatsächlich aber nur eine Person Veranlasser aller Handelsaktivitäten ist.[433] Die Eingabe gegenläufiger Aufträge durch einen Handelsteilnehmer, die dasselbe Wertpapier betreffen und im elektronischen Handelssystem zu einem Geschäftsabschluss zusammengeführt werden könnten, ist ebenfalls manipulativ, sofern der Handelsteilnehmer wissentlich sowohl auf der Kauf- als auch auf der Verkaufsseite für eigene Rechnung oder für Rechnung desselben Kunden handelt.[434]

124 Um die Merkmale des Art. 12 lit. a MAR zu erfüllen, insbesondere die Wahrscheinlichkeit der Kursbeeinflussung, ist zu fordern, dass zwischen den Geschäften lediglich wenige Minuten liegen und sie einen großen Anteil am Gesamttagesumsatz der jeweiligen Aktie ausmachen, wobei die Volumina der einzelnen Geschäfte in Bezug auf den jeweiligen Gesamttagesumsatz der Aktien zu bestimmen ist.[435] In diesem Sinn sind auch die zusätzlichen Indikatoren zu lesen.

125 Daneben können nicht nur die vollständige Kompensation hinsichtlich Stückzahl, Preis und ggf. Zahlungsverpflichtungen (Valuta-Gleichheit), zwischen zwei Vertragsparteien oder iS von perfekten „Circular Orders",[436] sondern auch sog **„Improper Matched Orders"** (auch matched orders, prearranged

---

432 Meyer/Veil/Rönnau/*Anschütz/Kunzelmann* § 14 Rn. 59. Vgl. § 29 Abs. 2 der Bedingungen für Geschäfte an der Frankfurter Wertpapierbörse (Stand: 3.4.2012), abgedruckt bei Kümpel/Hammen/Ekkenga, Kz 450 (Stand Erg. Liefg. VII/12).
433 *Lenzen* S. 27 f.; *Papachristou* S. 75 f.; *Arlt* S. 300.
434 § 29 Abs. 2 der Bedingungen für Geschäfte an der Frankfurter Wertpapierbörse, Stand 8.3.2010; MAH WiStR/*Benner* § 22 Rn. 449 ff.
435 OLG Stuttgart 4.10.2011 – 2 Ss 65/11, wistra 2012, 80 = NJW 2011, 3667 = ZWH 2012, 24 mAnm *Koppmann* ZWH 2012, 27; *Woodtli* NZWiSt 2012, 51; *Kudlich* wistra 2011, 361.
436 BR-Drs. 936/01, 250; sa Meyer/Veil/Rönnau/*Anschütz/Kunzelmann* § 14 Rn. 62. Zur alten Rechtslage *Schröder* KapitalmarktStR Rn. 492; Schäfer/Hamann/*Ledermann*

quotes bzw. prearranged trades genannt)[437] eine Indizwirkung für eine Marktmanipulation entfalten. Diese in lit. c geschilderten Fallgruppe umfasst Sachverhalte, bei denen Auftrag und Gegenauftrag hinsichtlich der Stückzahl und des Preises „im Wesentlichen" zwischen mindestens zwei Parteien abgesprochen wurden, aber auch spiegelbildlich deckungsgleiche Verkäufe mit anschließenden Rückkäufen durch ein und dieselbe Person. Wann jedoch gegenläufige Orders „fast gleichzeitig" und in „sehr ähnlichem" Umfang und „sehr ähnliche" Kurse sind, lässt sich auch der Delegierten Verordnung nicht entnehmen. Zudem stellte sich bisher die Frage, ob auch die Kombination von mehreren Finanzinstrumenten genügt und ob die Umkehrung an einem einzelnen Börsenplatz erfolgen muss oder sich auch über mehrere, in- bzw. ausländische Börsenplätze erstrecken kann. Angesichts des erklärten Ziels der MAR, auch Wechselwirkungen jeweils zwischen den Märkten sowie zwischen den Finanzinstrumenten zu erfassen (vgl. Rn. 15), kann hier keine Einschränkung auf einzelne Finanzinstrumente oder Märkte angenommen werden. Voraussetzung bleibt jedoch, dass es sich um Transaktionen handelt, die der Preisfestsetzung zugrunde liegen können.

Als weitere Praktik, die als Indiz für das Fehlen der Änderung des wirtschaftlichen Eigentums gilt, wird in lit. d die Verschleierung des Eigentums („**Concealing Ownership**") angeführt, bei der ein Finanzinstrument oder ein sonstiges Tatobjekt unter Verstoß gegen Offenlegungspflichten von einer mit dem wahren Eigentümer in Absprache handelnden Person gehandelt wird. Anders als bei lit. a muss diese Täuschung zwar nicht unbedingt mit dem fehlenden Wechsel des wirtschaftlichen Eigentums zusammenfallen, wird dies in der Praxis jedoch oft. Denn das Verschleiern des Eigentums ermöglicht vielmals erst den In-Sich-Handel. Damit sind die Anknüpfungspunkte für eine Ermittlung noch weiter ins Vorfeld verschoben. Legale Konstellationen wie das Halten von Finanzinstrumenten durch Banken als Treuhänder, sog Nominee Holding, bleiben zulässig.[438]

Art. 4 Nr. 1 iVm Anhang II Abschnitt 1 Nr. 3 lit. b beschreibt schließlich die Praktik des sog „**painting the tape**", bei der Handelsaufträge erteilt werden, damit diese auf der öffentlichen Anzeigetafel erscheinen, um lebhafte Umsätze oder Kursbewegungen vorzutäuschen. Eine Beeinflussung des Inhalts der öffentlichen Anzeigetafeln muss nicht unbedingt im Zusammenhang mit einer Täuschung über die wirtschaftliche Eigentümerstellung stehen, sondern kann auch Folge einer anderen manipulativen Transaktion sein, wie die doppelte Zuordnung dieser Praktik zu Anhang I/Abschnitt A lit. c und d MAR zeigt. Die Indizwirkung erklärt sich vielmehr daraus, dass die Manipulation des Inhalts der Anzeigetafeln das Ziel der jeweiligen Täuschung darstellen kann und daher in der Praxis vielfach zusammen auftreten wird. Diese Fallgruppe beruht auf dem auch dem „Advancing the Bid" zugrunde liegende Gedanken, dass auch effektive Geschäfte über die tatsächliche Geschäftslage täuschen können, wenn hierdurch der unzutreffende Eindruck erweckt wird, die Kursbewegung

---

KMG BörsG § 88 Rn. 12: zB verdeckte Kompensation durch Einstellung eines hohen Verkaufslimits über einen Börsenteilnehmer und Erteilung einer Billigst-Order über einen anderen Börsenteilnehmer.
437 Meyer/Veil/Rönnau/*Anschütz/Kunzelmann* § 14 Rn. 61; *Eichelberger* S. 27.
438 Meyer/Veil/Rönnau/*Anschütz/Kunzelmann* § 14 Rn. 63.

eines Vermögenswertes sei aufgrund legitimer, wirtschaftlich motivierter Umsätze zustande gekommen.[439]

128 Der Vorwurf der Täuschung über die wahre wirtschaftliche Motivation bzw. die rechtliche Identität der Handelnden gegenüber den anderen Marktteilnehmern kann nicht erhoben werden, wenn diese im Einklang mit den gesetzlichen Regeln und Marktbestimmungen angekündigt oder angezeigt wurde, dh Markttransparenz hergestellt ist. Danach sind etwa im Eurex-Handel **Cross- oder Pre-arranged Trades zulässig, wenn** der Käufer vor der Eingabe seines Auftrags oder Quotes einen **Cross-Request eingegeben** hat und der Auftrag unmittelbar im Anschluss hieran eingegeben wurde.[440] Auch das sog XETRA-Block-Crossing durch Bezugnahme auf Referenzpreise aus vergleichbaren Drittmärkten ist zulässig.[441] Eine Täuschung liegt auch dann nicht vor, wenn Geschäfte unwissentlich zwischen identischen Vertragspartnern vorgenommen wurden, zB beim Transfer von Vermögenswerten aus dem Kundenbestand eines Kreditinstituts in dessen Eigenhandelsbestand. Ebensowenig fielen Handlungen, die gegenläufige Kundenorders in einem eigenen elektronischen, sich nicht als Börse qualifizierenden System des Betreibers betreffen (sog „Inhouse"-Crossing-Systeme, §§ 32 ff. WpHG aF)[442] in die bemakelte Gruppe der „wash sales"[443] (oben Rn. 121). Das gleiche gilt für anzuerkennende Umschichtungen von Eigenhandelstatbeständen bei Kreditinstituten uÄ sowie echte und unechte Pensionsgeschäfte iSd § 340 b Abs. 2, 3 HGB, Repurchase Agreements und sog Wertpapierdarlehen, soweit die formellen Voraussetzungen eingehalten sind. Das bloße Auslagern von Beständen („**Parking**") ist dagegen schon per se nicht manipulativ, da hierdurch dem Markt keine Liquidität entzogen wird.

(v.) Umkehren von Positionen innerhalb eines kurzen Zeitraums (Anhang I/Teil A lit. d MAR)

129 Gem. **Anhang I/Teil A lit. d MAR** (Art. 4 lit. d EU-Durchführungsrichtlinie 2003/124/EG; § 3 Abs. 1 Nr. 1 lit. c MaKonV) können Geschäfte und Handelsaufträge manipulativ sein, wenn sie innerhalb eines kurzen Zeitraums **Positionen umkehren**, an einem Markt einen bedeutenden Anteil am Tagesgeschäftsvolumen dieser Finanzinstrumente bzw. der anderen Tatobjekte ausmachen und mit einer erheblichen Kursänderung im Zusammenhang stehen

---

439 Assmann/Schneider/*Vogel* WpHG, 6. Aufl., § 20 a Rn. 114; *Schröder* KapitalmarktStR Rn. 493 f., 498; Fuchs/*Fleischer* WpHG § 20 a Rn. 57; *Ziouvas* ZGR 2003, 113 (133 f.): Herbeiführens des sog „Knock-out-Kickers" von Optionsscheinen, um Optionsprämien zu vermeiden; aA *Arlt* S. 320 ff.
440 Nr. 2.3 Abs. 3 der Bedingungen für den Handel an der Eurex Deutschland und der Eurex Zürich (Stand: 15.7.2011) abgedruckt bei *Kümpel/Hammen/Ekkenga* (Stand Erg. Liefg. VII/12), Kz. 472: „Auftrag oder Quote frühestens 5 Sekunden und spätestens 65 Sekunden nach der Eingabe des Cross-Requests"; MAH WiStR/*Benner* § 22 Rn. 459 f.; Beispielsfall bei Wabnitz/Janovsky/*Benner* 9. Kap. Rn. 169, 172; MüKoStGB/*Pananis* WpHG § 38 Rn. 189; Fuchs/*Fleischer* WpHG § 20 a Rn. 53.
441 Näher *Schlüter* G Rn. 989 ff.; MAH WiStR/*Benner* § 22 Rn. 400, 449 ff.; Assmann/Schneider/*Vogel* WpHG, 6. Aufl., § 20 a Rn. 163; sa Meyer/Veil/Rönnau/*Anschütz/Kunzelmann* § 14 Rn. 58.
442 *Kümpel/Hammen* S. 51; *Merkt*, Gutachten G zum 64. Dt. Juristentag, G1 (G46 f.); Schwark/Zimmer/*Schwark* WpHG § 20 a Rn. 50; aA MüKoStGB/*Pananis* WpHG § 38 Rn. 189.
443 BR-Drs. 639/03, 11.

könnten. Anzeichen für eine Marktmanipulation sollen danach also – anders gewendet – Umkehrungen von Positionen in Finanzinstrumenten etc sein, die innerhalb eines kurzen Zeitraums vermittels Geschäften oder Aufträgen und mit dem Ziel vorgenommen werden, künstlich Umsätze und Handelsaktivität zu generieren und damit letztlich auf den Börsen- oder Marktpreis eines Finanzinstruments einzuwirken.[444] Was „**innerhalb eines kurzen Zeitraums**" sein soll – Minuten, Stunden, ein Handelstag, eine Woche? –, war bisher ungeklärt (vgl. demgegenüber die Formulierung in lit. e: „innerhalb eines kurzen Abschnitts eines Börsentags"). Dies gilt umso mehr, als Zeitparameter angesichts des sog Hochfrequenz-Handels (High-Frequency Trading, HFT) bzw. „Algo-Tradings", bei dem computergestützte Handelssysteme im Millisekundenbereich auf Marktschwankungen reagieren (Rn. 102), eine völlig neue Bedeutung erlangt haben.[445] Einen **Anhaltspunkt** könnte in Zukunft für die Fallgrupe der „Improper Matched Orders" der zusätzliche Indikator in **Art. 4 Nr. 1 iVm Anhang II Abschnitt 1 Nr. 4 lit. b iVm Nr. 3 lit. c (i)** Delegierte Verordnung (EU) 2016/522 bieten, der sich in zeitlicher Hinsicht auf den „**betreffenden Handelstag**" bezieht. Angesichts der Unterbestimmtheit des Indikators dürfte er somit allenfalls eine geringe Indizwirkung für den Tatbestand haben.[446] Eindeutig nicht hierunter fallen (ggf. wiederholte) Preisarbitrage-Geschäfte sowie Tätigkeiten (sog Designated Sponsors), soweit sie im gesetzlichen Rahmen Positionen umkehren und dadurch Marktliquidität schaffen.[447]

Art. 4 Nr. 1 iVm Anhang II Abschnitt 1 Nr. 4 Delegierte Verordnung (EU) 2016/522 führt verschiedene Praktiken zur Konkretisierung auf, wie etwa das sog „**Painting the Tape**" (lit. a) und die „**Improper Matched Orders**" (lit. b). Hier fällt erneut auf, dass die Delegierte Verordnung verschiedene **Praktiken im Zusammenhang mit mehreren Indikatoren** (und teilweise sogar in Bezug auf mehrere Begehungsformen der Marktmanipulation) **aufführt**.

130

Nr. 4 lit. c nennt die Praktik des sog „**Pump and Dump**" bzw. „**Pumping and Dumping**". Dabei werden Long-Positionen durch eine Person oder mehrere in Absprache handelnde Personen mit anschließenden weiteren Ankäufen und/oder Ausstreuung irreführender positiver Informationen mit dem Ziel eingenommen, den Kurs durch Vortäuschen erhöhter Handelsaktivitäten und Anlocken weiterer Käufer künstlich hochzutreiben und anschließend die eigenen Finanzinstrumente nach Erreichen eines künstich hohen Standes in großen Men-

131

---

444 Vgl. Begr. zu § 3 Abs. 1 Nr. 1 lit. c MaKonV, BR-Drs. 18/05, 14.
445 Vgl. Frankfurter Allgemeine Sonntagszeitung v. 9.8.2009: „Milliardengewinne in Millisekunden"; Handelsblatt v. 24.8.2010: „Stress durch rasende Händler"; Süddeutsche Zeitung v. 10./11.9.2011: „Tempo!"; Handelsblatt v. 9.10.2012: „Kampf der Roboterbörse".
446 Krit. a. Meyer/Veil/Rönnau/*Anschütz/Kunzelmann* § 14 Rn. 569. Zur alten Rechtslage Assmann/Schneider/*Vogel* WpHG, 6. Aufl., § 20 a Rn. 158; KölnKommWpHG/*Stoll* WpHG § 20 a Anh. I – § 3 MaKonV Rn. 13; *Hellmann/Beckemper* § 1 Rn. 99 ff.; *Schröder* KapitalmarktStR Rn. 513.
447 KölnKommWpHG/*Stoll* WpHG § 20 a Anh. I – § 3 MaKonV Rn. 13; Assmann/Schneider/*Vogel* WpHG, 6. Aufl., § 20 a Rn. 158; MüKoStGB/*Pananis* WpHG § 38 Rn. 179; *Flothen* S. 127. S. aber VG Frankfurt 19.11.2014 – 2 K 1675/13.F, EWiR 2015, 377: Sobald der Designated Sponsor die als abschließend anzusehenden börsenrechtlichen Vorschriften überschreitet, kann eine Marktmanipulation angenommen werden. Dies kann auch auf andere professionelle Liquiditätsspender übertragen werden, *Gehrmann* WM 2016, 543 (545).

Saliger

gen abzustoßen. **Nr. 4 lit. d** beschreibt die hier als „**Trash und Cash**" bezeichnete umgekehrte Praktik, bei der eine Short-Position mit anschließenden weiteren Verkäufen und/oder Ausstreuung irreführender negativer Informationen kombiniert wird, um den Kurs mittels Anlocken weiterer Verkäufer abstürzen zu lassen und die gehaltene Position zu schließen, sobald der „Kurs dann im Keller ist".

132 Gem. Nr. 4 lit. e ist auch das sog „**Quote Stuffing**" erfasst, bei dem eine große Zahl von Handelsaufträgen und/oder Auftragsstornierungen und/oder -aktualisierungen erteilt wird, um Unsicherheit für die anderen Teilnehmer zu erzeugen, deren Prozess zu verlangsamen und/oder die eigene Strategie zu verschleiern. Hier werden sich Abgrenzungsschwierigkeiten zu Art. 12 Abs. 2 lit. c MAR ergeben, der das „Quote Stuffing" schon als Regelbeispiel einstuft.

133 Gem. Nr. 4 lit. f. ist schließlich die Erteilung von Handelsaufträgen oder einer Auftragsserie bzw. Abwicklung von Transaktionen oder einer Transaktionsserie erfasst, die mit der Absicht getätigt wird, einen Trend auszulösen oder zu verschärfen und andere Teilnehmer zu ermutigen, den Trend zu beschleunigen oder zu erweitern, um eine Gelegenheit für die Auflösung oder Eröffnung einer Position zu einem günstigen Preis zu schaffen („**Momentum Ignition**"). Solche Täuschungsvorgänge mit dem Ziel der Vorspiegelung einer vermeintlich hohen Nachfrage nach einem Vermögenswert können etwa durch die Erteilung mehrerer Kaufaufträge zu sukzessiv höheren Preisen erfolgen.[448] Diese Praxis lässt sich nach der Delegierten Verordnung auch anhand einer großen Zahl von Auftragsstornierungen (zB gemessen an der Zahl der Handelsaufträge), die in Verbindung mit dem Verhältnis zum Volumen (zB Anzahl der Finanzinstrumente je Auftrag) betrachtet werden kann, veranschaulichen. Durch dieses Abstellen auf die Auftragsstornierungen ergibt sich eine erhebliche Überschneidung mit Anhang I/Teil A lit. f. MAR. Dabei sollte jedoch nicht aus der bloßen Erteilung mehrerer Kaufaufträge auf eine Täuschungsabsicht geschlossen werden, da die Erteilung zu marktbedingt sukzessiv höheren Preisen auch erfolgen kann, um hohe Transaktionskosten zu sparen.[449]

(vi) Gegenläufige Kursänderungen (Anhang I/Teil A lit. e MAR)

134 **Anhang I/Teil A lit. e MAR** (Art. 4 lit. e EU-Durchführungsrichtlinie 2003/124/EG; § 3 Abs. 1 Nr. 1 lit. d MaKonV) wird durch **Art. 4 Nr. 1 iVm Anhang II Abschnitt 1 Nr. 5** Delegierte Verordnung (EU) 2016/522 konkretisiert, der als Praktiken das „Creation of a floor or a ceiling in the price pattern", das „Inter-trading Venues Manipulation", das „Cross-product Manipulation", das „Marking the close", das „Layering und Spoofing", das „Quote Stuffing" sowie das „Momentum Ignition" nennt. Hier wird besonders augenscheinlich, dass es zwischen den Indikatoren erhebliche Überschneidungsbereiche gibt. Denn alle diese Praktiken wurden schon im Zusammenhang mit anderen Indikatoren oder im Regelbeispiel des Art. 12 Abs. 2 lit. c MAR genannt.

---

448 Vgl. zu § 3 Abs. 1 Nr. 1 lit. d MaKonV MüKoStGB/*Pananis* WpHG § 38 Rn. 181; nicht jedoch, wenn hierdurch eine „Investmentidee" (zB marktschonender Paketverkauf) umgesetzt werden soll, vgl. Rn. 159; Schwark/Zimmer/*Schwark* WpHG § 20 a Rn. 45; zum geheimen Aufkauf von Aktien durch sukzessive Geschäfte („Anschleichen") vgl. *Weber* NZG 2000, 113 (116) sowie *Weber/Meckbach* BB 2008, 2022.
449 Vgl. *Rudolph* BB 2002, 1036 (1041).

Der Indikator spiegelt die Erwägung, dass man durch die Konzentration von 135
Geschäften oder Aufträgen innerhalb einer kurzen Zeitspanne die Preise künstlich steigern, senken oder beibehalten kann. Die in der 3. Auflage zur Rechtslage vor dem 1. FiMaNoG noch vertretene Zuordnung der Verhaltensweisen des „Painting the Tape", s. Rn. 127 ff., unter diese Variante findet in der Delegierten Verordnung dagegen keine Entsprechung, sie wird vielmehr im Zusammenhang mit Anhang I/Teil A lit. c und d MAR genannt. Unter diesem Indikator ebenfalls nicht genannt sind die umgekehrten Preisänderungen, die gegebenenfalls im Anschluss an die Phase der geballten Geschäftsaktivität (Momentum Ignition) erfolgen kann („**Pumping and Dumping**", „**Creating a Price and trading against it**", ähnlich auch „**Stop-Loss-Order-Fishing**", „Gunning the Market").[450] Dies ist zu begrüßen, da die bloße gegenläufige Entwicklung des Preises tatsächlich nur bedingt darauf hindeutet, dass es sich zuvor um ein künstlich bewirktes Preisniveau gehandelt hat.[451] Diese Praktiken fallen vielmehr unter Anhang I/Teil A lit. d MAR, wobei im Einzelfall zu untersuchen ist, ob tatsächlich eine Umkehrung der Position stattgefunden hat, also auch schon die Erhöhung der Kurse auf den Aktivitäten des Verkäufers/Käufers beruhte.

Erneut ist die **Unterbestimmtheit** zu kritisieren, die sich aus der Verwendung 136
des Begriffs „**kurzer Abschnitt**" des Handelstags bzw. „**gegenläufige**" **Preisänderung** ergibt. Angesichts der immer kürzer werdenden Handelstakte (Hochfrequenzhandel, Rn. 129, 102) ist die Bestimmung eines kurzen Abschnitts der Beliebigkeit ausgesetzt. Wann eine Preisänderung „gegenläufig" iSd lit. e ist, ist ebenfalls nicht eindeutig: Genügt bereits ein (welcher?) Bruchteil des Kurses oder ist die vollständige Preisumkehrung erforderlich? Der Verzicht auf den Begriff der erheblichen Preisänderung bietet nur beschränkt Klarheit.

(vii) Annullierung erteilter Orders vor Ausführung (Anhang I/Teil A lit. f. MAR)

Anhang I/Teil A lit. f. MAR tritt an die Stelle des in § 3 Abs. 1 Nr. 2 MaKonV 137
umgesetzten Art. 4 lit. f. EU-Durchführungsrichtlinie 2003/124/EG. Anzeichen für eine Marktmanipulation können hiernach auch Kauf- oder Verkaufsaufträge sein, die auf die den Marktteilnehmern ersichtliche Orderlage einwirken, vor ihrer Ausführung aber zurückgenommen werden, insbesondere wenn sich die Einwirkung auf die zur Kenntnis gegebenen Preise der am höchsten limitierten Kaufaufträge oder der am niedrigsten limitierten Verkaufsaufträge bezieht („**Ausweichkurse**").[452] Werden Kauf- oder Verkaufsaufträge vor ihrer Ausführung annulliert, nachdem sie zuvor das Bild der Orderlage (zB im offenen Orderbuch des elektronischen Handels oder beim Hochfrequenzhandel) geprägt haben, liegt es nahe, dass die Marktteilnehmer falsche oder irreführende Signale über Angebot oder Nachfrage bezüglich eines Finanzinstruments erhalten haben. Insbesondere beim Hochfrequenzhandel in der Form der Angebotseinstellung, kürzestfristiger Annullierung derselben und Erteilung von Folgeaufträgen auf der Grundlage der Marktreaktion könnte eine derartige Mani-

---

450 *Arlt* S. 320 ff.
451 *Schröder* KapitalmarktStR Rn. 493 ff., 495, 515; *Arlt* S. 320 ff.; aA Begr. zu § 3 Abs. Nr. 1 lit. d MaKonV, BR-Drs. 18/05, 14.
452 Schwark/Zimmer/*Schwark* WpHG § 20 a Rn. 47.

pulation vorliegen (Rn. 102).[453] Eine Ausnahme wird bei sog **Mistrades** zu gelten haben, die zu berechtigten Zurücknahmen von Orders führen und damit gar nicht Eingang in den Börsenpreis finden (s. Rn. 74).[454]

138 **Art. 4 Nr. 1 iVm Anhang II Abschnitt 1 Nr. 6** Delegierte Verordnung (EU) 2016/522 listet wiederum eine Anzahl an Praktiken auf, die schon von anderen Indikatoren bekannt sind, so etwa in lit. b das „Creation of a floor or a ceiling in the price pattern", in lit. e das „Inter-trading Venues Manipulation", in lit. f. das „Cross-product Manipulation", in lit. g das „Layering und Spoofing", in lit. h das „Quote Stuffing" sowie in lit. i das „Momentum Ignition". Daneben sind folgende Praktiken genannt:

- Erteilung von Aufträgen, die vor ihrer Ausführung zurückgezogen werden und dazu führen bzw. wahrscheinlich dazu führen, dass der falsche Eindruck entsteht, als gäbe es eine Nachfrage nach oder ein Angebot an einem Finanzinstrument, einem verbundenen Waren-Spot-Kontrakt oder einen auf Emissionszertifikaten beruhenden Auktionsobjekt zu dem betreffenden Preis, was gewöhnlich als **„Erteilung von Aufträgen ohne die Absicht, diese auszuführen"** bezeichnet wird,[455] wobei allerdings eine **klare Abgrenzung zu den anderen Praktiken kaum möglich** erscheint;

- Verschiebung der Differenz zwischen Geld- und Briefkursen auf ein künstliches Niveau und/oder Beibehaltung dieser Differenz auf einem solchen Niveau durch einen Missbrauch von Marktmacht, was gewöhnlich als übermäßige Differenz zwischen Geld- und Briefkursen (**„Excessive Bid-Offer Spreads"**) bezeichnet wird.[456] Hier kann es zu Überschneidungen zu Art. 12 Abs. 2 lit. a MAR kommen.

- Veröffentlichung von Handelsaufträgen in der Absicht, andere Marktteilnehmer, die sich herkömmlicher Handelstechniken bedienen („Slow traders"), anzulocken, gefolgt von einem raschen Überwechseln zu weniger großzügigen Konditionen in der Hoffnung, aus dem Zustrom von Handelsaufträgen dieser „Slow traders" Gewinn zu ziehen; diese Praxis wird gewöhnlich als **„Smoking"** bezeichnet.

(viii) Zeitpunkt der Berechnung von Referenzpreisen (Anhang I/Teil A lit. g MAR)

139 **Anhang I/Teil A lit. g MAR** (Art. 4 lit. g EU-Durchführungsrichtlinie 2003/124/EG; § 3 Abs. 1 Nr. 1 lit. e MaKonV) betrifft schließlich die Fälle der Manipulation von Referenzpreisen wie der Schlussnotierung eines Börsentages, dem Kassakurs oder dem Abrechnungskurs von Derivatekontrakten („Mar-

---

453 Begr. zu § 3 Abs. 1 Nr. 2 MaKonV, BR-Drs. 18/05, 15; krit. *Schröder* Kapitalmarkt-StR Rn. 518; zum Hochfrequenzhandel *Forst* BKR 2009, 454 (455); zur Manipulation durch sog defensive bids bei der Auktion von Staatsanleihen vgl. *Schmidtbleicher/Cordalis* ZBB 2007, 124 (126), die allerdings (und nur auf bid to cover ratios) § 20 a Abs. 1 S. 1 Nr. 1 WpHG anwenden wollen; Assmann/Schneider/*Vogel* WpHG, 6. Aufl., § 20 a Rn. 161.
454 Zust. Meyer/Veil/Rönnau/*Anschütz/Kunzelmann* § 14 Rn. 71; zweifelnd Klöhn/Schmolke MAR Art. 12 Rn. 171. Zur alten Rechtslage Assmann/Schneider/*Vogel* WpHG, 6. Aufl., § 20 a Rn. 161; MüKoStGB/*Panisis* WpHG § 38 Rn. 184; Fuchs/*Fleischer* WpHG § 20 a Rn. 52; ausführlich *Lindfeld* S. 47; zu mistrades im Hochfrequenzhandel *Jaskulla* WM 2012, 1708 ff.
455 S. dazu Meyer/Veil/Rönnau/*Anschütz/Kunzelmann* § 14 Rn. 72.
456 S. dazu Meyer/Veil/Rönnau/*Anschütz/Kunzelmann* § 14 Rn. 73.

king the Close"),[457] die zum Teil auch schon dem Regelbeispiel des Art. 12 Abs. 2 lit. b MAR unterfallen.

Art. 4 Nr. 1 iVm Anhang II Abschnitt 1 Nr. 7 Delegierte Verordnung (EU) 2016/522 nennt neben dem „Marking the Close" (lit. a) auch die Praktiken der Absprache auf dem Anschlussmarkt eines öffentlichen Erstangebots (lit. b), siehe dazu Nr. 1 lit. a, das „Creation of a floor or a ceiling in the price pattern" (lit. c), das „Inter-trading Venues Manipulation" (lit. d) und das „Crossproduct Manipulation" (lit. e).

Neu ist daneben die in lit. f. genannte Praktik der Vorkehrungen zur Verfälschung der mit einem Warenvertrag verbundenen Kosten etwa im Zusammenhang mit Versicherung oder Fracht, die dazu führt, dass der Abrechnungspreis eines Finanzinstruments oder eines verbundenen Waren-Spot-Kontrakts in unnatürlicher oder künstlicher Höhe festgelegt wird.

(4) Tatbestandsausschluss/Ausnahme gem. Art. 13 MAR (legitime Gründe, zulässige Marktpraxis)

Das Verbot des Art. 15 iVm Art. 12 Abs. 1 lit. a MAR (vorher § 20 a Abs. 1 S. 1 Nr. 2 WpHG aF) gilt nicht, wenn die handelnde Person **nachweist**, dass die Handlung legitime Gründe hat und im Einklang mit der zulässigen Marktpraxis steht (Art. 13 MAR, zuvor § 20 a Abs. 2 S. 1 WpHG aF). Erst das kumulative **Vorliegen der legitimen Gründe** und **einer zulässigen Marktpraxis** lässt somit den **Tatbestand entfallen**.[458] Die unklar geratene Formulierung der Verordnung („Das Verbot … gilt nicht") ist in diesem Sinne zu verstehen.[459] **Art. 13 MAR** enthält verschiedene Berurteilungskriterien und Verfahrensregeln, die durch die technischen Regulierungsstandards in der **Delegierten Verordnung (EU) 2016/908** ergänzt werden.

(a) Dogmatische Einordnung

Die Formulierung des **Art. 13 Abs. 1 MAR** („das Verbot … gilt nicht, wenn die Person … nachweist") legt eine dogmatische Einordnung als **Beweislastumkehr** nahe;[460] die direkte **Bezugnahme in den Bußgeld- und Straftatbeständen des WpHG** auf diese unmittelbar anwendbare Vorschrift wäre daher **erheblichen Bedenken** ausgesetzt. Eine Beweislastumkehr im Straf- oder Bußgeldverfahren ist **nicht hinnehmbar**.[461] Anders als die kapitalmarktrechtliche Marktmiss-

---

[457] BR-Drs. 639/03, 12; sa Meyer/Veil/Rönnau/*Anschütz/Kunzelmann* § 14 Rn. 76. Zur alten Rechtslage Begr. zu § 3 Abs. 1 Nr. 1 lit. e MaKonV, BR-Drs. 18/05, S. 14; Assmann/Schneider/*Vogel* WpHG, 6. Aufl., § 20 a Rn. 160; *Ziouvas* ZGR 2003, 113 (135); *Trüstedt*, Börsenkursmanipulationen, S. 203; MüKoStGB/*Pananis* WpHG § 38 Rn. 183.
[458] Vgl. Art. 1 Nr. 2 lit. a letzter Halbsatz EU-Marktmissbrauchsrichtlinie: „Marktmanipulationen sind …, es sei denn, …".
[459] Ebenso *Meißner* S. 122; widersprüchlich *Schröder*, KapitalmarktStR Rn. 536 bzw. Rn. 604; krit. *Spindler* NJW 2004, 3449 (3453) mwN; *Kuthe* ZIP 2004, 883 (887); *Bisson/Kunz* BKR 2005, 186 (188).
[460] Krit. Momsen/Grützner/*Hohn* Kap. 6 Teil B Rn. 91; Graf/Jäger/Wittig/*Diversy/Köpferl* WpHG § 38 WpHG § 38 Rn. 82. Zur bisherigen Rechtslage a. *Veil/Teigelack* § 14 Rn. 31.
[461] Vgl. *Schmitz* ZStW 115 (2003), 501 (525 f.); Assmann/Schneider/*Vogel* WpHG, 6. Aufl., § 20 a Rn. 168: „problematisch"; Rn. 179: „fragwürdige Aussage zur Beweislast"; *Schönhöft* S. 116 f. (119 f.); *Papachristou* S. 271; *Kutzner* WM 2005, 1401

brauchsverordnung findet sich in der **Marktmissbrauchs-Strafrechtsrichtlinie** jedoch folgende Formulierung: „es sei denn, die Person ... kann sich auf einen rechtmäßigen Grund stützen und die Transaktion oder der Handelsauftrag stehen im Einklang mit der zugelassenen Marktpraxis". Eine Auslegung der **Ausnahme vom strafrechtlichen Verbot als negatives Tatbestandsmerkmal (Tatbestandsausschluss)**[462] ist daher **europarechtskonform**. Dogmatisch ist dieses Ergebnis durch eine teleologische Reduktion des Verweises auf die Marktmissbrauchsverordnung in §§ 119 Abs. 1, 120 Abs. 2 Nr. 3, Abs. 15 Nr. 2 (vorher §§ 38 Abs. 1, 39 Abs. 2 Nr. 3, Abs. 3 c, 3 d Nr. 2) WpHG zu erreichen. Ob dasselbe auch für die Bußgeldbewährung gem. § 39 Abs. 3 d Nr. 2 WpHG gelten kann, die direkt auf den Vorgaben der Marktmissbrauchsverordnung beruht, ist problematisch. Trotzdem ist eine solche Auslegung vorzuziehen, solange noch kein entgegenstehendes Urteil des EuGH existiert.

143 Soweit aufgrund des Verdachts auf Verstöße gegen Art. 15, 12 Abs. 1 lit. a MAR Überwachungsverfahren durch die BaFin eingeleitet werden, ist die Ausnahme vom im Verwaltungsverfahrensrecht grundsätzlich geltenden Amtsermittlungsgrundsatz (vgl. § 24 Abs. 1 S. 1 VwVfG) zulässig.[463] Im Straf- und Bußgeldverfahren sind dagegen auch die zugunsten des Betroffenen wirkenden negativen Tatbestandsmerkmale, hier also die Vereinbarkeit einer Handlung mit der zulässigen Marktpraxis sowie das Vorliegen legitimer Gründe, **von Amts wegen zu ermitteln.**[464] Dadurch ergibt sich zwar eine **gespaltene Auslegung** der Ausnahme in straf- bzw. bußgeldrechtlicher und kapitalmarktrechtlicher Hinsicht. Diese ist jedoch aus verfassungsrechtlichen Gründen zwingend.

(b) Zulässige Marktpraxis

144 Gem. Art. 3 Abs. 1 Nr. 9 MAR bezeichnet der Begriff „zulässige Marktpraxis" eine bestimmte Marktpraxis, die von einer zuständigen Behörde gemäß Artikel 13 anerkannt wurde. Diese teilweise tautologische Begriffsbestimmung ersetzt die sprachlich klarere, aber inhaltlich weitgehend übereinstimmende Definition in Art. 1 Nr. 5 EU-Marktmissbrauchsrichtlinie, die in § 20 a Abs. 2 S. 2 WpHG aF umgesetzt war. Danach galten nur solche Gepflogenheiten, die auf dem jeweiligen Markt nach vernünftigem Ermessen erwartet werden konnten und von der BaFin (konstitutiv)[465] als zulässige Marktpraxis im Sinne dieser Vorschrift anerkannt wurden, als zulässige Marktpraxis.[466] Die BaFin ist gem. § 6 Abs. 5 WpHG in Umsetzung des Art. 22 MAR weiterhin die für die Anerkennung verantwortliche Behörde. Die Anerkennung erfolgt in Form einer Allge-

---

(1404): Umkehrung der Unschuldsvermutung aus Art. 6 Abs. 2 EMRK; aA Fuchs/*Fleischer* WpHG § 20 a Rn. 77.
462 So auch Meyer/Veil/Rönnau/*Racky* § 16 Rn. 8; Meyer/Veil/Rönnau/*Rönnau/Wegner* § 28 Rn. 51. Zur alten Rechtslage KölnKommWpHG/*Mock* WpHG § 20 a Rn. 257; *Schröder* KapitalmarktStR Rn. 536; aA *Bisson/Kunz* BKR 2005, 186 (189); *Kuthe* ZIP 2004, 883 (887), *Spindler* NJW 2004, 3449 (3453),
463 Assmann/Schneider/*Vogel WpHG, 6. Aufl.,* § 20 a Rn. 172.
464 Assmann/Schneider/*Vogel WpHG, 6. Aufl.,* § 20 a Rn. 172.
465 Assmann/Schneider/*Vogel* WpHG, 6. Aufl., § 20 a Rn. 173. MüKoStGB/*Pananis* WpHG § 38 Rn. Rn. 211; aA Gebauer/Teichmann/Zetzsche EnzEur § 7 C. Rn. 73; zur neuen Rechtslage Graf/Jäger/Wittig/*Diversy/Köpferl* WpHG § 38 Rn. 82.
466 Vgl. Art. 1 Nr. 5 EU-Marktmissbrauchsrichtlinie; zu verfassungsrechtlichen Aspekten vgl. *Park* in FS Rissing-van Saan, 2011, S. 405 (415 ff.).

meinverfügung, die ein Verwaltungsakt iSd § 35 VwVfG ist.[467] Trotz der Formulierung „anerkannt wurde" ist es wie bisher[468] nicht erforderlich, dass die Marktpraxis bereits zum Zeitpunkt der Tathandlung als zulässig anerkannt war,[469] vgl. Erwägungsgrund (2) der **Delegierten VO (EU) 2016/908**: „Um sicherzustellen, dass die ZMP nicht der Innovation und einer anhaltenden dynamischen Entwicklung der Finanzmärkte entgegenstehen, sollten die zuständigen Behörden bei neuen oder sich abzeichnenden Markttrends, die zu einer neuen Marktpraxis führen könnten, **nicht automatisch von deren Unzulässigkeit ausgehen.**" Vielmehr muss eine Prüfung der Kriterien des Art. 13 Abs. 2 MAR im Rahmen der Ermittlungen vorgenommen werden. Nur so kann gewährleistet werden, dass die Verfolgung von Marktmanipulation mit der hohen Veränderungs- und Modernisierungsgeschwindigkeit des Handels mit Finanzinstrumenten Schritt hält. Hierfür spricht auch, dass der in Erwägungsgrund (4) der EU-Durchführungsrichtlinie 2004/72/EG vorgesehene Weg der Diskussion bei unterschiedlicher Handhabung von Marktpraktiken in einzelnen EU-Mitgliedstaaten lediglich mit dem Wunsch nach umfassender Konsultation und größtmöglicher Transparenz für die Marktteilnehmer verknüpft wird, nicht aber mit einer (latenten) Verbotswirkung.[470] Die **materiellrechtliche Anerkennungsfähigkeit einer Praxis** hat insofern **Vorrang vor der formalen Anerkennung.** Soweit Marktteilnehmer aufgrund einer neu entwickelten Marktpraxis handeln, ohne dass bereits eine Anerkennung durch die BaFin erfolgt oder deren Anerkennung umstritten ist, wird zudem – bei späterer bzw. endgültiger Nicht-Anerkennung dieser Marktpraxis – regelmäßig ein **Tatbestandsirrtum** (§ 16 StGB) in Betracht kommen.[471] Dadurch wird ausgeschlossen, dass einer rückwirkenden Nicht-Anerkennung einer Marktpraxis eine strafbarkeits- oder ordnungswidrigkeitsbegründende Wirkung zukommt, die dem Grundsatz nulla poena sine lege (Art. 103 Abs. 2 GG) widersprechen würde.[472]

Da sich die Handelsusancen auf den Finanzmärkten im Rahmen neuer Entwicklungen regelmäßig verändern, liegt es auf der Hand, dass es keine Aufzählung zulässiger Marktpraktiken geben kann.[473] Für die Anerkennung als zulässige Marktpraxis ist gleichwohl Folgendes von Bedeutung: Um ein normales Funktionieren des Marktes zu ermöglichen und die Integrität des Marktes zu schützen, ist **faires und effizientes Handeln** seitens der Marktteilnehmer erforderlich. Insbesondere Marktpraktiken, die das freie Spiel von Angebot und Nachfrage dadurch beeinträchtigen, dass sie die Möglichkeiten anderer Markt-

---

467 Meyer/Veil/Rönnau/*Racky* § 16 Rn. 9; KölnKommWpHG/*Mock* WpHG § 20 Anhang I – § 7 MaKonV Rn. 7 ff.; *Schröder* KapitalmarktStR Rn. 530; aA (Rechtsverordnung) Assmann/Schneider/*Vogel* WpHG, 6. Aufl., § 20 a Rn. 183.
468 Vgl. § 20 a Abs. 2 S. 3 WpHG aF, eingefügt aufgrund Beschlussempfehlung und Bericht des Finanzausschusses, BT-Drs. 15/3493, 52; Begr. MaKonV, BR-Drs. 18/0519; MüKoStGB/*Pananis* WpHG § 38 Rn. 193.
469 Zust. Meyer/Veil/Rönnau/*Racky* § 16 Rn. 6; AA
470 Vgl. ferner Art. 1 Nr. 5 EU-Marktmissbrauchsrichtlinie: „Zulässige Marktpraxis" **sind** Gepflogenheiten ..., wohingegen § 20 a Abs. 2 S. 2 WpHG als einschränkende Fiktion formuliert ist: „Als zulässige Marktpraxis **gelten nur solche** Gepflogenheiten ...".
471 Zust. Meyer/Veil/Rönnau/*Racky* § 16 Rn. 7. Für verwaltungsrechtlichen Ansatz (Gebot der Rechtssicherheit) Assmann/Schneider/*Vogel* WpHG, 6. Aufl., § 20 a Rn. 174.
472 *Schönhöft* S. 116; krit. allg. *Park* JuS 2007, 621 (625); *Park* NStZ 2007, 369 (376); *Kutzner* WM 2005, 1401 (1404).
473 Vgl. Erwägungsgrund (34) der EU-Marktmissbrauchsrichtlinie.

teilnehmer, auf Geschäfte zu reagieren, einschränken, können die Marktintegrität ernsthaft gefährden. Ihre Anerkennung durch die zuständigen Behörden ist daher eher unwahrscheinlich. Marktpraktiken, die zu einer Erhöhung der **Liquidität** führen, werden eher anerkannt als solche, die die Liquidität verringern.[474] Marktpraktiken, die Marktmissbrauchsbestimmungen oder geltende Verhaltensregeln verletzen, haben nur eine geringe Aussicht auf Anerkennung durch die zuständigen Behörden.[475] Ein wesentliches Kriterium für die Beurteilung und Anerkennung von Marktpraktiken durch die zuständigen Behörden ist die von den Marktteilnehmern in diesem Punkt geübte **Transparenz**. Je weniger transparent eine Marktpraxis ist, desto unwahrscheinlicher ist ihre Anerkennung. Allerdings sind die Praktiken auf nicht geregelten Märkten strukturbedingt möglicherweise weniger transparent als vergleichbare Praktiken auf geregelten Märkten und sollen daher nicht per se als unzulässig eingestuft werden.[476] Ferner dürfen einzelne Marktpraktiken eines bestimmten Marktes keine Gefahr für die Marktintegrität anderer, direkt oder indirekt verbundener Märkte in der Gemeinschaft darstellen, unabhängig davon, ob es sich um geregelte Märkte handelt oder nicht. Je höher also das Risiko für die Marktintegrität eines verbundenen Marktes innerhalb der Gemeinschaft ist, desto geringer ist die Aussicht auf eine Anerkennung der Marktpraktiken.[477] Hier stößt jedoch die strafrechtliche Beurteilung an Grenzen, da die Transparenz einer Marktpraxis nicht zwingend gleichbedeutend mit der Transparenz der dahinter stehenden Motivlage ist, gerade Letztere aber Gegenstand einer Täuschung (bzw. Irreführung) sein kann, die einer möglichen Pönalisierung zugeführt werden soll.

146 Die in § 20 a Abs. 2 S. 2 WpHG aF erfolgte Umsetzung der Definition des Art. 1 Nr. 5 EU-Marktmissbrauchsverordnung nannte **Handelsusancen** („**Gepflogenheiten**") auf dem betreffenden Markt als zusätzliche Tatbestands(ausschluss-)voraussetzung, wobei nur solche Gepflogenheiten akzeptiert wurden[478] bzw. werden konnten,[479] die dort nach „vernünftigem Ermessen" erwartet werden konnten.[480] Die **neue Definition** in **Art. 1 Nr. 9 MAR** stellt nicht mehr ausdrücklich auf eine Gepflogenheit auf dem Markt ab, die nach vernünftigem Ermessen erwartet werden kann, sondern definiert die zulässige Marktpraxis **zirkulär** als eine Marktpraxis, die nach den Kriterien des Art. 13 MAR anerkannt wurde. Inhaltlich sollte hier für das Vorliegen einer Marktpraxis **an die alte Definition angeschlossen** werden. Bei einer **Marktpraxis** handelt es sich insofern um eine **objektiv zu verstehende Übung am Markt**.[481] Ausgeschlossen sind daher Praktiken, welche die gesetzgeberisch ge-

---

474 Erwägungsgrund (1) der EU-Durchführungsrichtlinie 2004/72 EG; vgl. zur (manipulativen) Marktpraxis von Liquidität vorspiegelnden sog defensive bids bei der Auktion von Staatsanleihen *Schmidtbleicher/Cordalis* ZBB 2007, 124; Börsenzeitung v. 1.11.2007; iErg auch MüKoStGB/*Pananis* WpHG § 38 Rn. 194.
475 Erwägungsgrund (1) der EU-Durchführungsrichtlinie 2004/72 EG.
476 Erwägungsgrund (2) der EU-Durchführungsrichtlinie 2004/72 EG.
477 Erwägungsgrund (3) der EU-Durchführungsrichtlinie 2004/72 EG.
478 So der Wortlaut von Art. 1 Nr. 5 EU-Marktmissbrauchsrichtlinie; ggf. sind sog Usancenausschüsse an Börsen einzubeziehen, vgl. MAH WiStR/*Benner* § 22 Rn. 514.
479 So der Wortlaut von § 20 a Abs. 2 S. 2 WpHG.
480 Assmann/Schneider/*Vogel*, 6. Aufl. § 20 a Rn. 176.
481 Schwark/Zimmer/*Schwark* WpHG § 20 a Rn. 56; aA Assmann/Schneider/*Vogel*, 6. Aufl. § 20 a Rn. 177.

wollte Integrität und Funktionalität des jeweiligen Marktes beeinträchtigen, selbst wenn sie sich als üblich eingependelt haben sollten. Wichtiger Beurteilungsmaßstab für das vernünftige Ermessen sind dabei die jeweilige Börsenordnung, etwa für die Tätigkeit von **Skontroführern**, sog **Quote-Verpflichteten**, Spezialisten bzw. Service Providern und nicht zuletzt **Designated Sponsors**[482] (Rn. 238), sowie einschlägige Verhaltensempfehlungen[483] – zB die BVI-Wohlverhaltensregeln hinsichtlich des „Late Trading" bzw. „Market Timing"/der Zeitzonenarbitrage bei börsengehandelten Investmentfondsanteilen.[484]

Hierbei wird man neben den Regelwerken bzw. Empfehlungen der Spitzenverbände der betroffenen Wirtschaftskreise (vgl. früher § 9 Abs. 1 S. 1 MaKonV)[485] auch auf Feststellungen der HÜSt (§ 7 BörsG) bzw. die Haltung eines Sanktionsausschusses als Selbstregulierungsmechanismus (Rn. 299 ff.) zu einer bestimmten Verhaltensweise zurückgreifen können.[486] Händleranweisungen einzelner Kreditinstitute oÄ sind demgegenüber bloß punktuelle, nicht zwingend auf die Gesamtheit der Teilnehmer an dem betreffenden Markt bezogene Verhaltensanweisungen.

(c) Anerkennung einer zulässigen Marktpraxis: Allgemeines (Art. 13 Abs. 3 ff. MAR, Art. 2, 10 ff. Delegierte Verordnung (EU) 2016/908)

Vorgaben zum Verfahren für die Anerkennung einer zulässigen Marktpraxis finden sich in **Art. 13 Abs. 3–10 MAR iVm Art. 2, 10 ff. Delegierte Verordnung (EU) 2016/908**. Eine Anerkennung zulässiger Marktpraktiken auf anderem Wege oder durch andere staatliche Stellen ist nicht zulässig.[487] Es ist zu beachten, dass gem. **Art. 13 Abs. 2 UAbs. 2 MAR** eine an einem Markt von der zulässigen Behörde anerkannte Marktpraxis **nicht automatisch auch in anderen Märkten** als **zulässig** gilt. Dadurch kann eine in den Mitgliedstaaten unterschiedliche Vollzugspraxis entstehen. Aus diesem Grund war die aus der EU-Marktmissbrauchsrichtlinie bekannte Ausnahme der zulässigen Marktpraxis im ursprünglichen Kommissionsentwurf der Martmissbrauchsverordnung nicht mehr vorgesehen, wurde im Laufe des Entstehungsverfahrens jedoch wieder eingeführt.[488] Die **Anerkennung in einem anderen Markt** sollte jedoch als **Indiz** für die Zulässigkeit sprechen und kann ggf. auch zu einem Tatbestandsirrtum (§ 16 StGB, vgl. auch Rn. 266) des Handelnden führen. Ob es sich um eine zulässige Marktpraxis handelt, ist dabei nur für die Feststellung eines Verstoßes gegen Art. 12 Abs. 1 lit. a MAR (vorher § 20 a Abs. 1 S. 1 Nr. 2 WpHG aF) von Bedeutung. Eine Marktmanipulation nach Art. 12 Abs. 1 lit. b–d MAR (vorher § 20 a Abs. 1 S. 1 Nr. 1 oder 3 WpHG aF) wird dadurch nicht ausgeschlossen.

---

[482] *Holzborn/Israel* WM 2004, 1948 (1954, dort Fn. 86); MüKoStGB/*Pananis* WpHG § 38 Rn. 194; KölnKomm/*Mock* WpHG § 20 a Rn. 288.
[483] Assmann/Schneider/*Vogel*, 6. Aufl. § 20 a Rn. 177; KölnKommWpHG/*Mock* WpHG § 20 a Rn. 264.
[484] Wohlverhaltensregeln des BVI Bundesverband Investment und Management eV v. 31.12.2002 idF 15.1.2004, abgedruckt bei *Kümpel/Hammen/Ekkenga* Kz. 290 (Stand Erg. Liefg. VII/12).
[485] ZB Zentralausschuss der Kreditwirtschaft, Deutsche Börse AG; vgl. ferner Assmann/Schneider/*Vogel*, 6. Aufl. § 20 a Rn. 150.
[486] Schwark/Zimmer/*Schwark* WpHG § 20 a Rn. 56.
[487] Zur bisherigen Rechtslage Begr. § 7 MaKonV, BR-Drs. 18/05, S. 19.
[488] Vgl. dazu *Teigelack* BB 2012, 1361 (1364); *Tountopoulos* EWS 2012, 449 (452).

148 Im Anschluss an Art. 2 Abs. 2 der EU-Durchführungsrichtlinie 2004/72/EG sah § 7 Abs. 1 S. 1 MaKonV vor, dass die BaFin über die Anerkennung einer Marktpraxis entscheidet, sobald sie im Rahmen ihrer Aufsichtstätigkeit von einer möglichen Gepflogenheit im Sinne des § 20 a Abs. 2 WpHG erfährt. Eine ähnliche Anforderung findet sich nunmehr in Erwägungsgrund (42) Delegierte Verordnung (EU) 2016/908. Insgesamt enthalten die europäischen Regeln jedoch überwiegend Vorgaben darüber, welche Verfahrensschritte notwendig sind und nicht, unter welchen Umständen ein Verfahren eingeleitet werden soll. Die Kenntniserlangung wird in der Praxis oftmals durch eine Information seitens der marktnahen Handelsüberwachungsstellen an den Börsen (HÜSt) erfolgen, vgl. § 7 BörsG. Darüber hinaus wird die BaFin in Verfahren wegen Marktmissbrauch prüfen, ob für die Beurteilung des Sachverhalts eine Marktpraxis relevant ist, die als zulässig anerkannt werden könnte. Erhält also die BaFin im Rahmen ihrer Aufsichtstätigkeit Kenntnis von einer Gepflogenheit, die geeignet sein könnte, falsche oder irreführende Signale für das Angebot, die Nachfrage oder den Börsen- oder Marktpreis eines Finanzinstruments zu geben oder ein künstliches Preisniveau herbeizuführen, so überprüft sie zunächst die bisherige Marktpraxis und berücksichtigt insbesondere wesentliche Änderungen des Marktes, zB geänderte Handelsusancen oder eine Änderung der Infrastruktur des Marktes. Wurde eine Marktpraxis erst einmal als zulässig anerkannt, hat die BaFin diese gem. **Art. 13 Abs. 8 MAR, Art. 12 Abs. 1 Delegierte Verordnung (EU) 2016/908** (vorher § 7 Abs. 1 S. 2 MaKonV, in Umsetzung von Art. 2 Abs. 3 der EU-Durchführungsrichtlinie 2004/72/EG) regelmäßig – zumindest alle 2 Jahre – daraufhin zu untersuchen, ob sie noch den Kriterien für eine zulässige Marktpraxis entspricht. Eine Überprüfung wird gem. Art. 12 Abs. 2 Delegierte Verordnung (EU) 2016/908 zudem notwendig, wenn Sanktionen im Zusammenhang mit einer festgelegten zulässigen Marktpraxis verhängt werden (lit. a), wenn aufgrund einer wesentlichen Veränderung der Marktbedingungen mindestens eine der Bedingungen für die Zulässigkeit entfällt (lit. b) oder eine zuständige Behörde begründeten Anlass zu der Vermutung hat, dass ein Begünstigter oder eine die Marktpraxis durchführende Person gegen die Marktmissbrauchsverordnung verstoßen hat (lit. c). Da sich die Marktpraktiken den Bedürfnissen der Marktteilnehmer entsprechend verändern, hat die BaFin besonders auf neu entstehende Praktiken zu achten. Dies wird regelmäßig durch Anstöße der HÜSt, Presseveröffentlichungen oÄ erfolgen. Änderungen im Handelsumfeld, Änderungen der am betreffenden Markt geltenden Regeln sowie Änderungen in der Zusammensetzung und Infrastruktur des Marktes können dazu führen, dass eine vorher als zulässig anerkannte Marktpraxis modifiziert oder ganz gestrichen werden muss (**Art. 13 Abs. 8 MAR, Art. 12 Abs. 3 Delegierte Verordnung 2016/908**, vorher § 7 Abs. 1 S. 3 MaKonV). Diese Kriterien für die Änderung oder Beendigung einer zulässigen Marktpraxis werden in **Art. 13 Delegierte Verordnung 2016/908** konkretisiert. Die **Änderungen** dürfen sich **nicht rückwirkend zulasten der Marktteilnehmer** auswirken.[489] Die Berücksichtigung der Handelsregeln dient nicht deren Kontrolle in Bezug auf Recht- und Zweckmäßigkeit, sondern lediglich der Über-

---

489 Zur bisherigen Rechtslage Begr. § 7 Abs. 1 S. 3 MaKonV, BR-Drs. 18/05, 20; Assmann/Schneider/*Vogel*, 6. Aufl. § 20 a Rn. 187; *Park* in FS Rissing van-Saan, 2011, S. 405 (419 f.).

prüfung der Marktpraxis im Hinblick auf ihre Kompatibilität mit dem geltenden Recht.[490] Art. 12 Abs. 5 Delegierte Verordnung (EU) 2016/908 stellt klar, dass die Verfahrensvorschriften des Art. 2 Delegierte Verordnung (EU) 2016/908 auch für die Änderung einer zulässigen Marktpraxis eingehalten werden müssen. Für den Fall der Beendigung sieht Art. 12 Abs. 6 Delegierte Verordnung (EU) 2016/908 die Veröffentlichung sowie die Benachrichtigung der anderen zuständigen Behörden und der ESMA vor. Bis zum 2.7.2016 stellte entsprechend § 7 Abs. 1 S. 4 MaKonV im Einklang mit Art. 3 Abs. 5 der EU-Durchführungsrichtlinie 2004/72/EG klar, dass die Verfahrensvorschriften der §§ 8, 9 MaKonV auch bei Änderungen oder Aufhebungen bereits anerkannter Marktpraktiken zu beachten waren.[491]

In Fällen besonderer Eilbedürftigkeit erlaubte § 7 Abs. 2 S. 1 MaKonV der BaFin, in einem vereinfachten Verfahren ohne die Beteiligung von Marktteilnehmern, Behörden und zuständigen ausländischen Stellen nach § 9 MaKonV sowie ohne die Bekanntgabe der endgültigen Anerkennung nach § 10 MaKonV über die Zulässigkeit zu entscheiden. Die Verfahrensschritte mussten dann allerdings zu einem späteren Zeitpunkt nachgeholt werden. Ein derartiger Fall besonderer Eilbedürftigkeit lag etwa dann vor, wenn es erforderlich war, besonders zeitnah auf illegale Vorgänge an den schnelllebigen Kapitalmärkten mit Maßnahmen nach § 4 WpHG aF reagieren zu können. Die vorläufige Anerkennung war nur für das konkret-individuelle Verfahren verbindlich und erlangte erst durch die in § 7 Abs. 2 S. 2 MaKonV vorgeschriebene Nachholung von Beteiligung und Bekanntgabe abstrakt-generelle Wirkung. Diese Wirkung reichte dabei nur so weit, wie die vorläufige Entscheidung der BaFin bestätigt und nicht inhaltlich abgeändert wurde.[492] § 7 Abs. 2 S. 1, 2 MaKonV diente der Umsetzung des Art. 3 Abs. 4 der EU-Durchführungsrichtlinie 2004/72/EG, der eine Regelung für den Fall vorschrieb, dass im Laufe von Untersuchungen wegen Marktmissbrauchs die Frage der Zulässigkeit einer Marktpraxis zu entscheiden ist. Eine entsprechende ausdrückliche Regelung findet sich weder in Art. 13 MAR noch in der Delegierten Verordnung (EU) 2016/908. Trotzdem muss zumindest für die in Art. 2 Abs. 1 lit. b Delegierte Verordnung (EU) 2016/908 vorgesehene „angemessene" Beteiligung von relevanten Stellen die Möglichkeit einer Verkürzung des Verfahrens bestehen.

§ 7 Abs. 2 S. 3 MaKonV stellte klar, dass die **staatsanwaltschaftlichen Ermittlungsbefugnisse** durch das Anerkennungsverfahren nicht beschränkt wurden. Auch hier findet sich in den ab dem 3.7.2016 geltenden europäischen Vorschriften keine entsprechende Regelung, was sich aber aus der beschränkten Kompetenz der Europäischen Union und des gewählten Regelungsgegenstandes erklären kann. Inhaltlich ist insofern **nicht von einer Änderung** auszugehen. Leitet die Staatsanwaltschaft also Ermittlungen ein, so ist sie – de lege – Herrin des Ermittlungsverfahrens.[493] Nach § 122 Abs. 1 S. 1 (vorher § 40 a Abs. 1 S. 1) WpHG informiert sie die BaFin über die Einleitung des Verfahrens.

---

490 Zur bisherigen Rechtslage Begr. § 7 Abs. 1 S. 3 MaKonV, BR-Drs. 18/0520.
491 Zur bisherigen Rechtslage Begr. § 7 Abs. 1 S. 4 MaKonV, BR-Drs. 18/0520.
492 Zur bisherigen Rechtslage Begr. § 7 Abs. 2 S. 1 MaKonV, BR-Drs. 18/05, 20; Assmann/Schneider/*Vogel*, 6. Aufl. § 20 a Rn. 188.
493 Kritisch zur demgegenüber herrschenden Praxis der Rolle der BaFin *Park* in FS BRAK-Strafrechtsausschuss, 2006, S. 229 (239 ff.).

Dadurch erhält die BaFin Gelegenheit, in eigener Verantwortung abstrakt über die Anerkennung einer für das Verfahren bedeutsamen Marktpraxis zu entscheiden. Eine Beteiligung der BaFin an den Ermittlungen des konkreten Verdachtsfalls ist hierfür zwar nicht erforderlich. Vielmehr gelten die allgemeinen Bestimmungen des § 11 (vorher 4 Abs. 5) und § 122 (vorher) 40 a WpHG.[494] Ermittlungsverfahren der Staatsanwaltschaft und Anerkennungsverfahren der BaFin sind aber nur theoretisch zwei voneinander unabhängige Vorgänge. Die BaFin muss von den Strafverfolgungsbehörden und Gerichten die Informationen erhalten, die ihr die Identifikation einer potenziell zulässigen Marktpraxis ermöglichen; **praktisch** besteht ein **Verfolgungsverbund**.[495] Andererseits führt die (vorläufige wie endgültige) Anerkennung einer Marktpraxis für die Staatsanwaltschaft bindend zu einem Tatbestandsausschluss.[496]

(d) Kriterien für die Anerkennung einer Marktpraxis (Art. 13 Abs. 2 MAR)

151 Art. 13 Abs. 2 MAR nennt die Kriterien, die bei der Anerkennung einer zulässigen Marktpraxis von der zuständigen Behörde zu berücksichtigen sind. Diese Kriterien, die die Bundesanstalt als die für die Anerkennung einer zulässigen Marktpraxis zuständige Behörde zu berücksichtigen hat (Markttransparenz, -liquidität, -funktion, -fairness, -struktur und -integrität),[497] werden in **Art. 3– 9 Delegierte Verordnung (EU) 2016/908** konkretisiert. Letztlich handelt es sich bei der Feststellung einer zulässigen Marktpraxis um die Ermittlung einer bestimmten, am Normzweck orientierten Verkehrsauffassung, die das Tatbestandsmerkmal der Geeignetheit als falsches oder irreführendes Signal bzw. der Künstlichkeit eines Preisniveaus – nicht zwingend aus Sicht des Anlegers, sondern primär aus Sicht der hiervon offenbar abzugrenzenden Marktteilnehmer bzw. Behörden (vgl. Art. 2 Abs. 1 lit. b Delegierte Verordnung (EU) 2016/08) – ausschließt. Im Einzelnen:

152 Ein wesentliches Kriterium für die Beurteilung und Anerkennung von Marktpraktiken ist gem. **Art. 13 Abs. 2 lit. a MAR** (Art. 2 Abs. 1 lit. a der EU-Durchführungsrichtlinie 2004/72/EG; § 8 Abs. 1 Nr. 1 MaKonV). die dabei von den Marktteilnehmern geübte **Transparenz**. Je weniger transparent eine Marktpraxis nicht nur für die an einem Geschäft Beteiligten, sondern für den gesamten Markt ist, desto geringer sind ihre Aussichten auf Anerkennung (vgl. auch Rn. 145). Die erforderliche („hinreichende") Transparenz kann etwa durch Publizität erreicht werden, beispielsweise dadurch, dass bestimmte Geschäftsarten im Einklang mit dem Regelwerk eines Marktes nachvollziehbar offengelegt wurden (zB bei Cross Trades, Rn. 123). Marktpraktiken auf nichtorganisierten Märkten können strukturbedingt weniger transparent sein als vergleichbare Marktpraktiken auf organisierten Märkten. Dieser Umstand führt aber nicht von vornherein zu einer Ablehnung der Anerkennung.[498] Seit dem

---

494 Begr. § 7 Abs. 2 S. 3 MaKonV, BR-Drs. 18,05, 20; Assmann/Schneider/*Vogel,* 6. Aufl. § 20 a Rn. 189.
495 Krit. *Park,* in: FS BRAK-Strafrechtsausschuss, 2006, S. 229 (239 ff.); aA Fuchs/*Fleischer* WpHG § 20 a Rn. 84: Staatsanwaltschaft Herrin des Verfahrens.
496 Assmann/Schneider/*Vogel,* 6. Aufl. § 20 a Rn. 189; KölnKommWpHG/*Mock* WpHG § 20 a Anh. I – § 7 MaKonV Rn. 45.
497 Assmann/Schneider/*Vogel* WpHG, 6. Aufl., § 20 a Rn. 195; Schwark/Zimmer/*Schwark* WpHG § 20 a Rn. 63.
498 Zur alten Rechtslage Erwägungsgrund (2) der EU-Durchführungsrichtlinie 2004/72/EG; Begr. § 8 Abs. 1 Nr. 1 MaKonV, BR-Drs. 18/05, S. 21; Assmann/Schnei-

3.7.2016 finden sich in **Art. 3 Delegierte Verordnung (EU) 2016/908** detaillierte Anforderungen bzgl. der Aspekte, die die zuständige Behörde in diesem Zusammenhang zu berücksichtigen hat. Darin finden sich sowohl Angaben zu einer **öffentlichen Bekanntgabe** in Art. 1 Abs. 1 sowie zur **Benachrichtigung der zuständigen Behörde** in Art. 2 Abs. 2, wo jeweils nach den Phasen der Durchführung der Marktpraxis differenziert wird.

Gem. Art. 3 Abs. 1 Delegierte Verordnung 2016/908 berücksichtigen die zuständigen Behörden bei der Entscheidung über die Anerkennung, ob die Marktpraxis die **öffentliche Bekanntgabe** folgender Informationen gewährleistet:

153

Vor („ehe") der Ausführung (lit. a):

- Identität der künftigen Begünstigten und ausführenden Personen sowie Angabe, wer von ihnen für die Erfüllung der Transparenzanforderungen nach den Buchstaben b und c dieses Absatzes verantwortlich ist (i);
- Angabe der Finanzinstrumente, auf die die ZMP angewandt werden soll (ii);
- Zeitraum, in dem die ZMP ausgeführt werden soll, und die Situationen oder Bedingungen, die zu einer vorübergehenden Unterbrechung, Aussetzung oder Beendigung ihrer Ausführung führen können (iii);
- Angabe der Handelsplätze, auf denen die ZMP ausgeführt werden soll, und gegebenenfalls Angabe der Möglichkeit, Geschäfte außerhalb eines Handelsplatzes abzuschließen (iv);
- gegebenenfalls Nennung der Höchstbeträge an Bargeld und der Anzahl der Finanzinstrumente, die von der ZMP erfasst werden sollen (v.).

Während („sobald") der Ausführung (lit. b):

- regelmäßige Vorlage detaillierter Angaben zu Handelstätigkeiten im Zusammenhang mit der Ausführung der ZMP, beispielsweise Anzahl der abgeschlossenen Geschäfte, Handelsvolumen, durchschnittlicher Umfang der Geschäfte und angezeigte durchschnittliche Spreads, Preise der abgeschlossenen Geschäfte (i);
- alle Änderungen an bereits bekanntgegebenen Informationen zur ZMP, einschließlich Änderungen bei den verfügbaren Ressourcen in Form von Bargeld und Finanzinstrumenten, Änderungen hinsichtlich der Identität der die ZMP ausführenden Personen sowie alle Änderungen bei der Allokation von Bargeld oder Finanzinstrumenten in den Konten des Begünstigten und der Personen, die die ZMP ausführen (ii).

Nach Abschluss („nicht mehr") der Ausführung (lit. c):

- die Tatsache, dass die Ausführung der ZMP eingestellt wird (i);
- eine Beschreibung der Art und Weise der Ausführung der AMP [richtig wohl: ZMP, Fehler in der Übersetzung] (ii);
- die Gründe oder Ursachen für die Einstellung der Ausführung der ZMP.

---

der/*Vogel*, 6. Aufl. § 20 a Rn. 196; MüKoStGB/*Pananis* WpHG § 38 Rn. 198; zum Hochfrequenzhandel *Forst* BKR 2009, 454.

154 **Gem. Art. 3 Abs. 2 Delegierte Verordnung 2016/908 berücksichtigen** die zuständigen Behörden bei der Entscheidung über die Anerkennung, ob die Marktpraxis gewährleistet, dass ihr folgende Informationen zugehen:

- vor **Ausführung** einer Marktpraxis als ZMP die Absprachen oder Verträge zwischen den identifizierten Begünstigten und den Personen, die die Marktpraxis nach deren Festlegung als ZMP ausführen werden, wenn solche Absprachen oder Verträge für ihre Ausführung notwendig sind (**lit. a**);
- während („ab Beginn") der **Ausführung** der Marktpraxis als ZMP regelmäßige Berichte an die zuständige Behörde mit detaillierten Angaben zu den getätigten Geschäften und zur Funktionsweise etwaiger Absprachen oder Verträge zwischen dem Begünstigten und den Personen, die die ZMP ausführen (**lit. b**).

155 **Gem. Art. 13 Abs. 2 lit. b MAR** (Art. 2 Abs. 1 lit. b der EU-Durchführungsrichtlinie 2004/72/EG; § 8 Abs. 1 Nr. 3 MaKonV) darf das Funktionieren der Marktkräfte und das zur effektiven Preisbildung erforderliche ungehinderte Zusammenspiel von Angebot und Nachfrage durch eine Marktpraxis nicht beeinträchtigt werden. Dabei sind insbesondere die **Auswirkungen** der betreffenden **Marktpraxis** auf die wichtigsten Marktparameter, etwa **auf die** vor der Einführung der untersuchten Marktpraxis herrschenden besonderen **Marktbedingungen, auf den gewichteten Durchschnittskurs und auf die tägliche Schlussnotierung, zu analysieren**, um die Marktpraxis insgesamt sicher bewerten zu können.[499] Werden die Märkte in diesen Punkten negativ beeinflusst, so stellt dies noch kein gewichtiges Argument gegen die Anerkennung der Marktpraxis dar,[500] sondern gibt nur Anlass für die BaFin, eine detaillierte Überprüfung (zB eine Chartanalyse) anzustellen.[501]

Genauere Angaben finden sich in **Art. 4 Delegierte Verordnung (EU) 2016/908**. Gem. **Abs. 1** berücksichtigt die zuständige Behörde neben der Frage der Einschränkung der Möglichkeiten anderer Marktteilnehmer, auf Geschäfte zu reagieren, verschiedene **Kriterien in Bezug auf die Art der Personen, die die Marktpraxis ausführen werden**. Diese – nicht abschließenden („zumindest") – Kriterien schließen die Frage ein, ob die ausführende Person eine **beaufsichtigte Person** iSd Art. 1 Delegierte Verordnung (EU) 2016/908 (**lit. a**) und ob sie ein **Mitglied eines Handelsplatzes** ist, an dem die ZMP angewendet werden soll (**lit. b**). Von Bedeutung sind zudem die **Aufzeichnungen** der ausführenden Person, die sie über Aufträge und Geschäfte im Zusammenhang mit der Marktpraxis führt (**lit. c**): Diese müssen eine **leichte Unterscheidung von anderen Handelsaktivitäten** ermöglichen und sollten gem. **lit. f. mindestens fünf Jahre lang aufbewahrt** werden. In diesem Zusammenhang sollen für die Ausführung der ZMP **gesonderte Konten** geführt werden, damit insbesondere nachgewiesen werden kann, dass erteilte Aufträge getrennt und einzeln erfasst werden und Aufträge von verschiedenen Kunden nicht zusammengefasst werden. Weiterhin wird berücksichtigt, ob die ausführende Person spezielle interne Verfah-

---

499 Art. 2 Abs. 1 S. 2 der EU-Durchführungsrichtlinie 2004/72/EG.
500 So aber Begr. zu § 8 Abs. 1 Nr. 3 MaKonV, BR-Drs. 18/05, S. 21; dagegen mit Recht zweifelnd Assmann/Schneider/*Vogel*, 6. Aufl. § 20 a Rn. 198.
501 Assmann/Schneider/*Vogel*, 6. Aufl. § 20 a Rn. 156: ausgesprochen generalklauselartiges Kriterium setzt Gesamtwürdigung voraus; MüKoStGB/*Pananis* WpHG § 38 Rn. 198.

ren eingeführt hat, die eine **sofortige Identifizierung der Aktivitäten**, die mit der Marktpraxis im Zusammenhang stehen, und die sofortige **Bereitstellung der betreffenden Auftrags- und Geschäftsaufzeichnungen** auf Ersuchen der zuständigen Behörde ermöglichen (lit. d). Die ausführende Person sollte zudem über die **notwendigen Ressourcen** verfügen, um die Einhaltung der für die ZMP festgelegten Bedingungen jederzeit **überwachen** und gewährleisten zu können (lit. e).

Die zuständigen Behörden berücksichtigen gem. **Abs. 2** zudem, inwieweit durch die Marktpraxis eine Vorabliste mit Handelsbedingungen für ihre Ausführung als ZMP, einschließlich Beschränkungen für Preise und Volumen und Beschränkungen bei Positionen, festgelegt wird, und beurteilen gem. **Abs. 3**, inwieweit die ausführende Person im Hinblick auf die Art und Weise der Durchführung des Handelns **weisungsfrei** ist (lit. a) und ob die **Vermeidung von Interessenkonflikten zwischen dem Begünstigten und den Kunden der ausführenden Person** sicherstellt (lit. b). 156

Art. 13 Abs. 2 lit. c MAR (Art. 2 Abs. 1 lit. b der EU-Durchführungsrichtlinie 2004/72/EG; § 8 Abs. 1 Nr. 2 MaKonV) schreibt vor, dass **Liquidität und Leistungsfähigkeit** der Märkte nicht durch Marktpraktiken gefährdet werden dürfen. Andernfalls würde die Hauptfunktion der Börsen und sonstigen Märkte, die darin besteht, für Finanzinstrumente jederzeit schnelle, kostengünstige und sichere Geschäfte sowie eine effektive Preisbildung zu gewährleisten, ernstlich infrage gestellt. Marktpraktiken, die zu einer Erhöhung der Liquidität führen, können eher anerkannt werden als solche, die die Liquidität einschränken.[502] Liquidität in diesem Sinne bedeutet Angebot und Nachfrage nach einem Finanzinstrument. Gem. **Art. 5 Delegierte Verordnung (EU) 2016/908** bewertet die zuständige Behörde in diesem Zusammenhang die **Auswirkungen auf das Handelsvolumen** (lit. a), die Anzahl der Aufträge im Auftragsbuch (**Ordertiefe**) (lit. b), das **Tempo** der Durchführung der Geschäfte (lit. c), den **volumengewichteten Durchschnittspreis** eines einzigen Handelstages und den **täglichen Schlusskurs** (lit. d), die **Geld-Brief-Spanne, Preisschwankung und -volatilität** (lit. e) sowie die **Regelmäßigkeit** von Angeboten oder Geschäften (lit. f.). 157

Da sog **Quote-Verpflichtete, Market Maker** bzw. **Spezialisten** sowie **Designated Sponsors** durch ihre Stellung gerade Liquidität schaffen (vgl. Rn. 238), ist ihr Marktverhalten per se nicht manipulationsgeeignet.[503] Dass wegen Art. 13 MAR eine generelle förmliche Anerkennung von Market Makern bzw. Designated Sponsors durch die BaFin erforderlich ist, ist insofern zu bezweifeln. Marktpraktiken, die zu überhöhten Einschränkungen (dh einer Verknappung) von Angebot und Nachfrage führen (sog **Cornering** bzw. **Abusive Squeeze**, vgl. Rn. 99 f., 118), bergen ein erhöhtes Risiko der Nichtanerkennung.[504] 158

---

502 Erwägungsgrund (1) der EU-Durchführungsrichtlinie 2004/72/EG; Begr. § 8 Abs. 1 Nr. 2 MaKonV, BR-Drs. 18/05, S. 21; MüKoStGB/*Pananis* WpHG § 38 Rn. 198.
503 Vgl. LG München 8.4.2003 – 4 KLs 305 Js 52373/00, wistra 2003, 436 (438, unter 3.); ebenso Assmann/Schneider/*Vogel*, 6. Aufl. § 20 a Rn. 197; *Holzborn/Israel* WM 2004, 1948 (1958, dort Fn. 86); Schwark/Zimmer/*Beck* BörsG § 27 Rn. 32, 42; enger dagegen Begr. § 8 Abs. 1 Nr. 2 MaKonV, BR-Drs. 18/05, S. 21: „Marktpraktiken, die zu einer Erhöhung der Liquidität führen, könne eher anerkannt werden, als solche, die die Liquidität einschränken"; allg. krit. zur Unbestimmtheit der in § 8 MaKonV genannten Prüfkriterien *Park* NStZ 2007, 369 (376).
504 Assmann/Schneider/*Vogel*, 6. Aufl. § 20 a Rn. 197.

159 Gem. **Art. 13 Abs. 2 lit. d MAR** (Art. 2 Abs. 1 S. 1 lit. d der EU-Durchführungsrichtlinie 2004/72/EG; § 8 Abs. 1 Nr. 4 MaKonV) ist für das einwandfreie Funktionieren des Marktes und zum Schutz seiner Integrität bei der Anerkennung zulässiger Marktpraktiken darauf zu achten, dass diese das effiziente und faire Handeln der Marktteilnehmer nicht beeinträchtigen. Marktpraktiken, die das freie Spiel von Angebot und Nachfrage dadurch beeinträchtigen, dass sie die Möglichkeit anderer Marktteilnehmer, auf bestimmte Geschäfte zu reagieren, einschränken (zB bei Painting the tape, Rn. 127 ff., oder dem Hochfrequenzhandel),[505] können die **Marktintegrität** ernsthaft gefährden und erhöhen daher das Risiko der Nichtanerkennung.[506] Gem. **Art. 6 Abs. 1 Delegierte Verordnung (EU) 2016/908** berücksichtigt die BaFin daher, ob sich die Marktpraxis auf die **Preisbildungsprozesse** in einem Handelsplatz auswirkt (lit. a), inwieweit die Marktpraxis die **Beurteilung von Preisen und Aufträgen** im Auftragsbuch erleichtern könnte, und ob die zu tätigenden Geschäfte oder die zu erteilenden Aufträge für ihre Ausführung als ZMP nicht den **Handelsregeln** des jeweiligen Handelsplatzes **zuwiderlaufen** (lit. b), wie die **Modalitäten der öffentlichen Bekanntgabe** der in Art. 3 genannten Informationen ausgestaltet sind (lit. c) und inwieweit mit der Marktpraxis eine **Vorabliste** von Situationen oder Bedingungen aufgestellt wird, in bzw. unter denen ihre Ausführung als ZMP vorübergehend **ausgesetzt oder eingeschränkt** wird, ua besondere Handelsperioden oder -phasen wie Auktionsphasen, Übernahmen, Erstplatzierungen, Kapitalerhöhungen, Zweitplatzierungen.

160 Ein Element der Prüfung, ob die Gepflogenheit mit dem Handelsmechanismus auf dem Markt vereinbar ist, ist die Frage, ob sie den anderen Marktteilnehmern eine angemessene und rechtzeitige Reaktion erlaubt. Wie allerdings bei der Frage der Rechtzeitigkeit berücksichtigt werden soll, dass der Markt höchst unterschiedliche Reaktionstakte kennt, die von Millisekunden bei algorithmisch gesteuerten automatisierten Handelsprogrammen (Hochfrequenz-Handel, vgl. Rn. 102) bis zu Tagen beim nur zeitungsinformierten Privatanleger reichen, ist nicht zu sehen. Die vom Gesetzgeber schon mit der entsprechenden Vorgängerregelung bezweckte „Fairness" erscheint angesichts dessen weiterhin realitätsfremd.[507]

161 Ein weiteres Kriterium ist, ob die Gepflogenheiten die **Integrität anderer Märkte**, auf denen dasselbe Finanzinstrument gehandelt wird, gefährdet (**Art. 13**

---

505 Assmann/Schneider/*Vogel*, 6. Aufl. § 20 a Rn. 199.
506 Erwägungsgrund (3) der EU-Durchführungsrichtlinie 2004/72/EG; aA Begr. zu § 8 Abs. 1 Nr. 4 MaKonV: „in der Regel nicht anerkennungsfähig"; MüKoStGB/*Pananis* WpHG § 38 Rn. 198; vgl. künftig aber die Möglichkeit der Börsenaufsichtsbehörde, die Nutzung einer (fehlerhaften, aber auch marktmanipulierenden) Handelsstrategie mittels Computeralgorithmus zu untersagen (§ 3 Abs. 4 Nr. 5 BörsG idF Gesetz zur Vermeidung von Gefahren und Missbräuchen im Hochfrequenzhandel (Hochfrequenzhandelsgesetz/RegE v. 26.9.2012, BR-Drs. 607/12 v. 12.10.2012) sowie die Verpflichtung eines Wertpapierdienstleistungsunternehmens, das einen algorithmischen Handel betreibt, zur umfassenden Dokumentation des Inhalts und evtl. Änderungen des verwendeten Computeralgorithmus in § 33 Abs. 1 a WpHG idF Hochfrequenzhandelsgesetz (s. o.).
507 BR-Drs. 18/05, 22; Assmann/Schneider/*Vogel*, 6. Aufl. § 20 a Rn. 200; vgl. *Forst* BKR 2009, 454 (456); auch die (zweifelhafte) Zulassung neuer Ordertypen im Hochfrequenzhandel in den USA durch die SEC, FAZ v. 21.9.2012: „Hochfrequenzhandel im Visier".

Abs. 2 lit. d MAR; vorher § 8 Abs. 1 Nr. 6 MaKonV;. 2 Abs. 1 S. 1 lit. e der EU-Durchführungsrichtlinie 2004/72/EG), etwa durch Beeinflussung der Preise, die als sog Preisimport im dortigen Markt Berücksichtigung finden.[508] Einzelne Marktpraktiken eines bestimmten Marktes dürfen die Integrität anderer, direkt oder indirekt mit diesem Markt verbundener geregelter oder nicht geregelter Märkte innerhalb der Europäischen Union oder des Europäischen Wirtschaftsraums nicht gefährden. Je höher das Risiko für solche anderen Märkte ist, desto geringer sind die Aussichten auf Anerkennung der Marktpraxis.

Art. 7 Delegierte Verordnung (EU) 2016/908 macht genauere Angaben zu den Aspekten, die bei der Anerkennungsentscheidung von der zuständigen Behörde berücksichtigt wird. Dies schließt ein: 162

- ob die mit der Ausführung der Marktpraxis nach deren Festlegung als ZMP verbundenen Geschäfte den zuständigen Behörden **regelmäßig gemeldet** werden (lit. a);
- ob die **Ressourcen** (Bargeld oder Finanzinstrumente), die der Ausführung der ZMP zugeteilt werden, ausreichend sind und den Zielen der ZMP selbst entsprechen (lit. b);
- die **Art und Höhe der Vergütung für erbrachte Dienstleistungen** im Rahmen der Ausführung einer ZMP und die Frage, ob diese Vergütung als Pauschale festgelegt wird; wenn eine variable Vergütung geplant ist, darf sie nicht zu einem Verhalten führen, das der Marktintegrität oder dem ordnungsgemäßen Funktionieren des Marktes abträglich ist, und muss der zuständigen Behörde zwecks Bewertung mitgeteilt werden (lit. c);
- ob die Arten von Personen, die die ZMP ausführen werden, eine **angemessene Trennung** der für die Ausführung der ZMP bestimmten **Aktiva** von den Aktiva ihrer Kunden (sofern zutreffend) oder ihren eigenen Aktiva gewährleisten, wenn dies für den betrachteten Markt angebracht ist (lit. d);
- ob die jeweiligen **Pflichten** der Begünstigten und der die ZMP ausführenden Personen oder gegebenenfalls die gemeinsamen Pflichten beider **eindeutig festgelegt** sind (lit. e);
- ob die Arten von Personen, die die ZMP ausführen werden, über eine organisatorische Struktur und geeignete interne Regelungen verfügen, die gewährleisten, dass die mit der ZMP verbundenen handelsbezogenen **Entscheidungen** gegenüber anderen Abteilungen innerhalb dieser Person **geheim bleiben** und unabhängig von Kundenaufträgen, Portfolioverwaltung oder für eigene Rechnung platzierten Aufträgen getroffen werden (lit. f.);
- ob ein **geeignetes Berichtsverfahren** zwischen dem Begünstigten und der Person, die die ZMP ausführen wird, besteht, das den Austausch von Informationen ermöglicht, die gegebenenfalls zur Erfüllung der jeweiligen gesetzlichen oder vertraglichen Verpflichtungen notwendig sind (lit. g).

Gem. Art. 13 Abs. 2 lit. f. MAR (§ 8 Abs. 2 MaKonV; Art. 2 Abs. 1 S. 1 lit. f. der EU-Durchführungsrichtlinie 2004/72/EG) ist im Anerkennungsverfahren auch zu berücksichtigen, zu welchen faktischen und rechtlichen[509] Ergebnissen andere in- und ausländische Behörden bereits in Verfahren gelangt sind, in de- 163

---

508 Vgl. für den Umkehrfall des Preisimports nach Deutschland § 24 Abs. 2 S. 3 BörsG.
509 Assmann/Schneider/*Vogel*, 6. Aufl. § 20 a Rn. 202.

nen die zur Anerkennung anstehende Marktpraxis von Bedeutung war. Es handelt sich dabei nicht nur um abstrakte Verfahren zur Anerkennung derselben oder anderer Marktpraktiken, sondern auch um einzelfallbezogene Verfahren und Untersuchungen wegen des Verdachts auf Marktmanipulation, die ausgewertet werden sollen.[510] Anders als in Art. 2 Abs. 1 lit. b Delegierte Verordnung (EU) 2016/908 (vorher § 9 Abs. 1 Satz 2 MaKonV) geht es nicht um die Konsultation anderer Behörden in der Anerkennungsfrage, sondern um die Berücksichtigung unabhängig vom Anerkennungsverfahren vorliegender Erkenntnisse aus anderen Verfahren. Als inländische Behörden kommen Justizbehörden und solche Behörden in Betracht, die mit der BaFin bei der Verfolgung von Marktmanipulation zusammenarbeiten, insbesondere die Handelsüberwachungsstellen (HÜSt).[511] Daneben sind die Feststellungen entsprechender ausländischer Stellen zu berücksichtigen. Soweit sich aus den Untersuchungen in Verfahren wegen des Verdachts auf Marktmanipulation Erkenntnisse über die Vereinbarkeit der Marktpraxis mit den gesetzlichen Bestimmungen und mit dem Regelwerk von Märkten gewinnen lassen, sind diese in das Anerkennungsverfahren einzubeziehen.

164 Gem. Art. 8 Delegierte Verordnung (EU) 2016/908 beachten die zuständigen Behörden insbesondere, ob **Untersuchungen** in den von ihnen überwachten Märkten zu Ergebnissen geführt haben, die **die Festlegung** als ZMP **in Frage stellen könnten.**

165 Schließlich ist gem. **Art. 13 Abs. 2 lit. g MAR** (bis zum 2.7.2016 § 8 Abs. 1 Nr. 5 MaKonV, in Umsetzung des Art. 2 Abs. 1 S. 1 lit. g der EU-Durchführungsrichtlinie 2004/72/EG) im Anerkennungsverfahren zu prüfen, inwieweit die untersuchte Praxis mit den individuellen **Strukturmerkmalen des betreffenden Marktes** vereinbar ist. Zu den Strukturmerkmalen zählen ua Art und Grad der Regulierung und Überwachung dieses Marktes, insbesondere die Frage, ob es sich um einen organisierten Markt handelt. Daneben ist die Art der dort gehandelten Finanzinstrumente und der Marktteilnehmer, zB der Anteil des auf Privatanleger entfallenden Handels,[512] entscheidend. Vor allem das letzte Kriterium, die Art der Marktteilnehmer, verdeutlicht, dass Art. 15 MAR (vorher § 20 a WpHG aF) keine allgemein anlegerschützende Norm ist (oben Rn. 23). Bei der Berücksichtigung des Anteils von Privatanlegern auf dem betreffenden Markt bewerten die zuständigen Behörden gem. **Art. 7 Delegierte Verordnung (EU) 2016/908** zumindest die potenziellen Auswirkungen der Marktpraxis auf die Interessen von Privatanlegern, wenn die Marktpraxis Finanzinstrumente betrifft, die auf Märkten gehandelt werden, in denen Privatanleger aktiv sind (lit. a) und die Frage, ob die Marktpraxis für Privatanleger die Wahrscheinlichkeit erhöht, Gegenparteien bei Finanzinstrumenten geringer Liquidität zu finden, ohne dass ihre Risikobelastung steigt (lit. b).

---

510 Begr. zu § 8 Abs. 2 MaKonV, BR-Drs. 18/05, S. 22; vgl. zu anerkannten Marktpraktiken in Österreich, Frankreich, Spanien und Portugal Assmann/Schneider/*Vogel*, 6. Aufl. § 20 a Rn. 203 ff.
511 MüKoStGB/*Pananis* WpHG § 38 Rn. 199.
512 Zur alten Rechtslage Begr. zu § 8 Abs. 1 Nr. 5 MaKonV, BR-Drs. 18/05, S. 22; MüKoStGB/*Pananis* WpHG § 38 Rn. 198.

Kap. 6.1. §§ 119, 120 WpHG iVm Art. 15, 12 MAR Marktmanipulation

(e) Notifikation und Beteiligung der ESMA und der zuständigen Behörden der anderen Mitgliedstaaten
(Art. 13 Abs. 3 f. MAR, Art. 2 Abs. 1, Art. 10 f. Delegierte Verordnung (EU) 2016/908)

Will eine zuständige Behörde eine zulässige Marktpraxis festlegen, so hat sie diese Absicht und Einzelheiten zu der Bewertung der Praxis anhand der Kriterien des Art. 13 Abs. 2 MAR zunächst und mindestens **drei Monate vor** der Einführung der zulässigen Marktpraxis der **ESMA und den anderen zuständigen Behörden** gem. **Art. 13 Abs. 3 MAR, Art. 2 Abs. 2, Art. 10 Abs. 1 Delegierte Verordnung (EU) 2016/908** mitzuteilen („zu informieren" – Notifikation). Einzelheiten zum Inhalt dieser Meldung sind in Art. 10 **Abs. 2** Delegierte Verordnung (EU) 2016/908 festgelegt. Danach enthält die Meldung: 166

- eine Erklärung der Absicht, eine ZMP festzulegen, mit Angabe des erwarteten Datums der Festlegung (lit. a);
- die Angabe der meldenden zuständigen Behörde und der Kontaktangaben der Kontaktperson(en) bei dieser Behörde (Name, dienstliche Telefonnummer und E-Mail-Adresse, Titel) (lit. b);
- eine ausführliche Beschreibung der Marktpraxis mit folgenden Informationen (lit. c):
  i. Angabe der Arten von Finanzinstrumenten und Handelsplätzen, in denen die ZMP angewendet werden soll;
  ii. Arten von Personen, die die ZMP ausführen dürfen;
  iii. Art der Begünstigten;
  iv. Angabe, ob die Marktpraxis für einen festgelegten Zeitraum durchgeführt werden kann, sowie Angabe von Situationen oder Bedingungen, die zu einer vorübergehenden Unterbrechung, Aussetzung oder Beendigung der Praxis führen können;
- Grund, aus dem die Praxis eine Marktmanipulation gemäß Artikel 12 der Verordnung (EU) Nr. 596/2014 darstellen könnte (lit. d);
- genaue Angabe zu der gemäß Artikel 13 Absatz 2 der Verordnung (EU) Nr. 596/2014 durchgeführten Bewertung (lit. e).

Die zuständige Behörde nutzt gem. Art. 2 Abs. 2, 10 **Abs. 3** Delegierte Verordnung (EU) 2016/2014 die im Anhang dieser Verordnung bereitgestellte Vorlage, inklusive einer Tabelle für die Übermittlung ihrer Bewertung der Marktpraxis. Diese Vorlage enthält keine über die schon in den Vorschriften genannten Aspekte hinausgehenden Anforderungen.

Die ESMA leitet im Anschluss gem. **Art. 11 Abs. 1 Delegierte Verordnung (EU) 2016/908** ein **Konsultationverfahren** mit den zuständigen Behörden, auch der anderen Mitgliedstaaten, ein. Werden im Laufe des Verfahrens grundlegende oder wesentliche Änderungen in Bezug auf die Meldung, insbesondere die Bewertung der Marktpraxis vorgenommen, so wird das Verfahren gem. Art. 11 Abs. 1 Delegierte Verordnung (EU) 2016/908 eingestellt und kann ggf. ein neues Verfahren durch die zuständige Behörde im Hinblick auf die geänderte Marktpraxis eingeleitet werden. Kommt es nicht zu der Einstellung, so gibt die **ESMA** gem. **Art. 13 Abs. 4 MAR** – innerhalb von zwei Monaten nach Enthalt der Information – gegenüber der mitteilenden zuständigen Behörde eine **Stel-** 167 lungnahme ab.[513] Darin bewertet sie, ob die zulässige Marktpraxis mit den Kriterien des Art. 13 Abs. 2 MAR und der Delegierten Verordnung (EU) 2016/908 vereinbar ist und prüft, ob das Vertrauen in den Finanzmarkt der Union durch die Festlegung der zulässigen Marktpraxis gefährdet würde. Sie veröffentlicht diese Stellungnahme auf ihrer Webseite. Die Stellungnahme ist für die zuständige Behörde **nicht bindend**. Sie kann eine zulässige Marktpraxis trotzdem festlegen, muss dann aber gem. **Art. 13 Abs. 5 MAR** innerhalb von 24 Stunden nach der Festlegung der zulässigen Marktpraxis eine Bekanntmachung auf ihrer Webseite veröffentlichen, in der sie die Gründe für ihr Vorgehen vollständig darlegt und auch darauf eingeht, warum die zulässige Marktpraxis keine Gefahr für das Vertrauen in den Markt darstellt (*Comply or Explain*).[514] Ist eine zuständige Behörde der Ansicht, dass eine andere zuständige Behörde eine zulässige Marktpraxis festgelegt hat, die die in Abs. 2 verankerten Kriterien nicht erfüllt, so vermittelt die ESMA den Einigungsprozess und kann ggf. gem. Art. 19 Abs. 3 Verordnung (EU) Nr. 1095/2010 einen Beschluss fassen, der die Behörden zur Beilegung der Angelegenheit zwingt.

(f) Beteiligung von Marktteilnehmern und anderen Behörden (Art. 2 Abs. 1 lit. b Delegierte Verordnung (EU) 2016/908)

168 **Art. 2 Abs. 1 lit. b Delegierte Verordnung (EU) 2016/908** verpflichtet die zuständige Behörde, vor der Anerkennung einer Marktpraxis die Vertreter aller relevanten Stellen anzuhören. Dies entspricht der bis zum 2.7.2016 in § 9 Abs. 1 S. 1 MaKonV (in Umsetzung des Art. 3 Abs. 1, 2 der EU-Durchführungsrichtlinie 2004/72/EG) vorgeschriebenen **Beteiligung Dritter**, welche die Einbindung externen Sachverstandes und die Ermittlung der berechtigten Interessen der von der Entscheidung über die Anerkennung der Marktpraxis betroffenen Personen gewährleisten sollte. Bei ihren Entscheidungen über die Zulässigkeit einer Marktpraxis hatte die BaFin nach § 9 Abs. 1 S. 1 MaKonV „erforderlichenfalls" die betroffenen Marktteilnehmer, die Börsen und Märkte sowie Verbraucher umfassend zu konsultieren und ihnen gegenüber ein hohes Maß an Transparenz walten zu lassen.[515] Die Erforderlichkeit war in jedem Fall anzunehmen, da die Wirkungen der Anerkennung oder Nicht-Anerkennung einer Marktpraxis erheblich sind. **Art. 2 Abs. 1 lit. b Delegierte Verordnung (EU) 2016/908** legt lediglich fest, dass die **Anhörung „in angemessenem Umfang"** zu erfolgen hat und nennt beispielhaft die Vertreter der Emittenten, Wertpapierfirmen, Kreditinstitute, Investoren, Teilnehmer am Markt für Emissionszertifikate, Betreiber eines multilateralen Handelssystems (MTF) oder eines organisierten Handelssystems (OTF) und Betreiber eines geregelten Marktes sowie andere Behörden als

---

513 Als Beispiel sei die ablehnende Stellungnahme in Bezug auf die von der französischen Autorité des marchés financiers geplante Einführung ZMP in Bezug auf Liquiditätskontrakte vom 11.4.2018 zu nennen (ESMA 70–145–442, abrufbar unter https://www.esma.europa.eu/sites/default/files/library/esma70-145-442_opinion_on_amf_amp_on_liquidity_contracts.pdf, zuletzt abgerufen am 19.6.2019).
514 So hat die Autorité des marchés financiers die ZMP in Bezug auf Liquiditätskontrakte trotz der ablehnenden Stellungnahme der ESMA am 2.7.2018 mit Wirkung ab 1.1.2019 eingeführt, **Décision AMF n° 2018–01 du 2 juillet 2018** sowie Note publique prise en application de l'article 13(5) du règlement (UE) n° 596/2014, beide abrufbar unter https://www.amf-france.org/Reglementation/Dossiers-thematiques/Marches/Abus-de-marche/Contrats-de-liquidit----Note-explicative-de-la-decision-de-l-AMF-d-instaurer-une-pratique-de-march-admise, zuletzt abgerufen am 19.6.2019).
515 Begr. zu § 9 MaKonV, S. 23; Assmann/Schneider/*Vogel*, 6. Aufl. § 20 a Rn. 150.

relevante Stellen. Die inhaltlichen Anforderungen an die Anordnung dürften sich dadurch jedoch nicht verändern. Auf Anlegerseite werden dabei – wie bisher – nicht nur Verbraucherverbände als Repräsentanten der Gruppe der Privatanleger, sondern auch Repräsentanten der Gruppe der professionellen Kunden (§ 67 (vorher 31 a) Abs. 2, 3 WpHG) zu hören sein. Daneben sind inländische Behörden, deren Aufgabenbereich von der Anerkennung der Marktpraxis berührt wird, insbesondere also Börsenaufsichtsbehörden (ggf. vorhandene Arbeitskreise für Usancenausschüsse), anzuhören.

Anders als bisher § 9 Abs. 2 MaKonV finden sich in Art. 2 Abs. 1 lit. b Delegierte Verordnung (EU) 2016/908 keine ausdrücklichen Angaben zu Fristen für die Stellungnahmen. Da jedoch die Marktmissbrauchsverordnung selbst für die Stellungnahme der ESMA in Art. 13 Abs. 3 MAR eine Frist von 2 Monaten vorsieht, ist davon auszugehen, dass das Setzen von **Fristen** im Interesse der sachgerechten Durchführung des Verfahrens **weiterhin zulässig** ist. Für die angemessene Verfolgung der Marktmanipulation auf den wandlungsfreudigen und schnelllebigen Kapitalmärkten ist eine zügige Durchführung des Anerkennungsverfahrens von großer Bedeutung. Dies erlaubt auch der Wortlaut des Art. 2 Abs. 1 lit. b Delegierte Verordnung (EU) 2016/908, der lediglich einen „angemessenen Umfang" der Anhörung verlangt.

169

(g) Bekanntgabe einer zulässigen Marktpraxis (Art. 2 Abs. 3 UAbs. 1 Delegierte Verordnung (EU) 2016/908), Veröffentlichung und Überwachung durch die ESMA (Art. 13 Abs. 9, 10 MAR) und Übergangsregeln (Art. 13 Abs. 11 MAR)

Art. 2 Abs. 3 UAbs. 1 Delegierte Verordnung (EU) 2016/908 schreibt vor, dass die zuständige Behörde die Entscheidung zur Festlegung einer Marktpraxis als zulässige Marktpraxis sowie eine Beschreibung derselben veröffentlicht. Dies war bis zum 2.7.2016 in § 10 Abs. 1 MaKonV geregelt, der der Umsetzung von Art. 3 Abs. 3 der EU-Durchführungsrichtlinie 2004/72/EG diente. Wie nach geltender Rechtslage hatte die BaFin danach die positive Anerkennung einer zulässigen Marktpraxis bekannt zu geben, um eine gleichmäßige Information aller Marktteilnehmer und sonstigen Betroffenen zu gewährleisten. Die Delegierte Verordnung (EU) 2016/908 macht dabei keine Angaben dazu, welche Rechtsform die Anerkennung hat bzw. haben muss. Die Anerkennung ist daher wie bisher als **Rechtsverordnung** iSd Art. 80 GG, **nicht bloß** als **Allgemeinverfügung** iSd § 35 S. 2 VwVfG einzustufen[516] und weist im Ergebnis die Bedeutung eines **Safe Harbour** auf.[517] Die gleichen Form- und Verfahrensvorschiften müssen auch für die Änderung (Art. 2 Abs. 5 Delegierte Verordnung (EU) 2016/908) einer Anerkennung gelten; bei Widerruf erfolgt lediglich die Veröffentlichung der Entscheidung (bis 2.7.2016, vgl. § 7 Abs. 1 S. 3 MaKonV).[518] Da die Delegierte Verordnung nur von der Veröffentlichung der Entscheidung **zur Festlegung** spricht, müssen die Ablehnung und die ihr zugrunde liegende Marktpraxis nicht

170

---

516 Überzeugend Assmann/Schneider/*Vogel*, 6. Aufl. § 20 a Rn. 182; zum Rechtsschutz Assmann/Schneider/*Vogel*, 6. Aufl. § 20 a Rn. 152; aA *Schröder* KapitalmarktStR Rn. 530, 530 a; Fuchs/*Fleischer* WpHG § 20 a Rn. 81; KölnKommWpHG/*Mock/Stoll/ Eufinger* WpHG § 20 a Anh. I § 7 MaKonV Rn. 7.
517 MüKoStGB/*Pananis* WpHG § 38 Rn. 202.
518 Zur alten Rechtslage zutr. Assmann/Schneider/*Vogel*, 6. Aufl. § 20 a Rn. 151 iVm Rn. 191.

veröffentlicht werden,[519] eine Veröffentlichung ist allerdings zu befürworten.[520] Der **Inhalt der Veröffentlichung** nach Art. 2 Abs. 3 UAbs. 1 Delegierte Verordnung (EU) 2016/908 enthält folgende Angaben (vorher § 10 Abs. 1 S. 2 MaKonV), die – wenn auch in unterschiedlicher Reihenfolge genannt – mit den Angaben in der Meldung der zuständigen Behörde an die ESMA gem. Art. 10 Abs. 2 lit. c und der **Vorlage im Anhang** übereinstimmen:

- eine Beschreibung der Arten von Personen, die die ZMP ausführen dürfen (lit. a);

- eine Beschreibung der Arten von Personen oder Personengruppen, die von der Ausführung der ZMP profitieren könnten, indem sie sie entweder direkt ausführen oder eine andere Person benennen, die die ZMP ausführt („Begünstigter") (lit. b);

- eine Beschreibung der Art des Finanzinstruments, auf das sich die ZMP bezieht (lit. c);

- eine Angabe dazu, ob die ZMP für einen festgelegten Zeitraum durchgeführt werden kann, und eine Beschreibung der Situationen oder Bedingungen, die zu einer vorübergehenden Unterbrechung, Aussetzung oder Beendigung der Praxis führen können (lit. d).

Die BaFin veröffentlicht auf ihrer Website auch die für sie relevanten Gesetze, ihre Richtlinien, Rundschreiben und sonstigen Veröffentlichungen sowie die nach § 40 b WpHG von ihr getroffenen Maßnahmen. Als Veröffentlichungsmedium bestimmt die Delegierte Verordnung das Internet. Eine Verkündung im Bundesanzeiger und eine Veröffentlichung im Bundesgesetzblatt sind damit nicht mehr notwendig, bleiben aber wünschenswert.

171 § 10 Abs. 2 MaKonV, der auf Art. 3 Abs. 3 S. 2 der EU-Durchführungsrichtlinie 2004/72/EG beruhte, schrieb die unverzügliche Weiterleitung der Entscheidung über die Anerkennung an den Ausschuss der europäischen Wertpapierregulierungsbehörden vor. Nach der neuen Rechtslage findet sich eine solche Mitteilungspflicht **nach der endgültigen Entscheidung** zur Anerkennung nicht mehr – anders als in Bezug auf die **Absicht** der Anerkennung und gem. Art. 12 Abs. 4, 6 Delegierte Verordnung (EU) in Bezug auf die Änderung, die unveränderte Beibehaltung und die Beendigung einer Marktpraxis. Da die **ESMA** gem. **Art. 13 Abs. 9 MAR eine Liste der zulässigen Marktpraktiken veröffentlicht**, ist eine solche Meldung über die endgültige Anerkennungsentscheidung jedoch für die Erfüllung ihrer Aufgaben gem. Art. 24, 25 MAR sinnvoll, wenn nicht sogar notwendig, auch wenn die ESMA die Informationen auch der Veröffentlichung auf der Website der nationalen Behörde entnehmen könnte. Wie bisher dient das Verfahren dazu, ein Informationsgefälle zwischen in- und ausländischen Marktteilnehmern zu vermeiden und an einer zentralen Stelle alle EU- und EWR-weit zulässigen Marktpraktiken zur Verfügung zu halten. Daneben stellt die Anerkennung eine wichtige Information für die Aufsichtstätigkeit ausländischer Regulierungsbehörden dar.[521]

---

519 Zur alten Rechtslage Begr. zu § 10 MaKonV, BR-Drs. 15/08, 24.
520 Zur alten Rechtslage zu Recht Assmann/Schneider/*Vogel*, 6. Aufl. § 20 a Rn. 191.
521 Begr. zu § 10 Abs. 2 MaKonV, BR-Drs. 18/05, 24.

Gem. **Art. 13 Abs. 10 MAR überwacht** die **ESMA** die **Anwendung** der zulässigen Marktpraxis und legt der Kommission jährlich einen Bericht über die Anwendung auf den betreffenden Märkten vor.

War eine Marktpraxis schon vor dem 2.7.2014 als zulässige Marktpraxis festgelegt, so **gilt** diese in dem betreffenden Mitgliedstaat **weiter**, bis die dort zuständige Behörde einen Beschluss hinsichtlich ihrer Weitergeltung gefasst hat, Art. 13 Abs. 11 UAbs. 2 MAR. Die zuständigen Behörden übermitteln der ESMA diese Marktpraxis gem. Art. 13 Abs. 11 UAbs. 1 MAR innerhalb von drei Monaten nach dem Inkrafttreten der in Abs. 7 genannten technischen Regulierungsstandards, also bis zum 3.10.2016, vgl. Art. 14 Delegierte Verordnung (EU) 2016/908.

(h) Legitime Gründe

Es ist nur durch Auslegung ersichtlich, was unter dem **kumulativ** für eine Ausnahme zu Art. 12 Abs. 1 lit. a MAR (bis zum 2.7.2016 § 20a Abs. 1 S. 1 Nr. 2 WpHG aF) erforderlichen Tatbestandsmerkmal der „**legitimen Gründe**" zu verstehen sein soll. Wie schon bisher in der EU-Marktmissbrauchslinie, dem WpHG und in der MaKonV findet sich weder in der Marktmissbrauchsverordnung noch in der Delegierten Verordnung (EU) 2016/908 eine Definition oder Konkretisierung dieses Begriffs. Hinweise ergeben sich einzig aus der Entstehungsgeschichte der Vorschrift. Ausgangspunkt für diese Ausnahme war zunächst die Formulierung „es sei denn, die Person weist nach" in Art. 1 S. 1 Nr. 2 lit. a letzter Halbsatz EU-Marktmissbrauchsrichtlinie. Diese Regelung wiederum beruhte ersichtlich[522] auf der dem anglo-amerikanischen Rechtskreis entlehnten Rechtsfigur des „**regular user**",[523] dessen Verhaltensweise dann nicht als missbräuchlich iSd englischen Market Abuse Regime war, wenn ein sog „regular user test" zu diesem Ergebnis kam.[524] Eine Transaktion wurde danach nicht als künstlich („artificial") oder irreführend („misleading") eingestuft, wenn sie auf **vernünftigen wirtschaftlichen Erwägungen** („legitimate business reasons") beruhte.[525] Ob in diesem Zusammenhang die Erzielung eines Verlustes zur Erlangung eines Steuervorteils einen legitimen Grund darstellt, hat das OLG Stuttgart offen gelassen.[526] Als wirtschaftlich vernünftig wurden von der britischen Aufsichtsbehörde (Financial Service Authority, FSA) generell **Handelsgeschäfte** angesehen, **durch die Kurs-, Zins- oder Steuerdifferenzen in unterschiedlichen Anlageformen und an verschiedenen Märkten ausgenutzt werden**.[527] Das dahinterstehende Motiv der Gewinnerzielung ist strafrechtlich „neutral", so dass tiefergehende Überlegungen erforderlich werden. Der **eigentliche Zweck einer Transaktion** bzw. die für die Abgrenzung entscheidende Frage, ob die Gewinnerzielung mit legalen oder illegalen Mitteln angestrebt wird, ist nach angloamerikanischem Rechtsverständnis anhand **der vom Marktteilnehmer vorzu-**

---

522 Vgl. *Fleischer*, Gutachten F 118 f. mwN; *Meißner* S. 109; *Grüger* S. 65.
523 Sect. 118 (10) des britischen Financial Services and Markets Act 2000 – FSMA: „regular user, in relation to particular markets, means a reasonable person who deals regularly on that market in investments of the kind in question".
524 Ausführlich *Meißner* S. 109 ff., 113 ff., *Grüger* S. 64 ff.
525 MAR (Market Abuse Regime) 1.5.8 des englischen Code of Market Conduct (COMC), vgl. *Meißner* S. 115.
526 OLG Stuttgart 4.10.2011 – 2 Ss 65/11, wistra 2012, 80 = ZWH 2012, 24, 25.
527 MAR 1.5.24 COMC, vgl. *Meißner* S. 115; enger Assmann/Schneider/*Vogel*, 6. Aufl. § 20 Rn. 143, der nur kapitalmarktrechtlich relevante Gründe anerkennen will.

bringenden Begründung bei wertender Betrachtung zu beurteilen. Ihm obliegt insoweit eine **Nachweispflicht**. Das Ermitteln der Erwägungen, die hinter solchen Kurs-, Zins- oder Steuerarbitrage-Geschäften stehen, führt letztlich aber nur dazu, dass eine **Motivforschung** betrieben wird und damit doch das – mittlerweile abgeschaffte – Merkmal der **Absicht der Preisbeeinflussung** verdeckt in den **objektiven Tatbestand hineininterpretiert wird**.[528] Die Gesetzesbegründung zum AnSVG verwies demgegenüber auf Art. 1 Nr. 5 EU-Marktmissbrauchsrichtlinie und wollte danach das als Voraussetzung für den Ausnahmetatbestand vorgesehene subjektive Element der legitimen Gründe – offenbar zugunsten des Marktteilnehmers – lediglich dann verneinen, wenn positiv festgestellt werden kann, dass der Handelnde in betrügerischer oder manipulativer Absicht agiert hat.[529] Diese Konsequenz konnte allerdings weder dem Wortlaut des Art. 1 Nr. 5 EU-Marktmissbrauchsrichtlinie entnommen, noch aus den Erwägungsgründen zu dieser Richtlinie abgeleitet werden[530] und findet sich auch nicht in der ab dem 3.7.2016 direkt anwendbaren europäischen Regelung in Art. 13 Abs. 1 MAR. Letztlich wurde hierdurch versucht, das Verbot des § 20a Abs. 1 Nr. 2 WpHG aF zu entschärfen. Dies änderte jedoch nichts daran, dass die aus dem angloamerikanischen Rechtskreis entnommene Regelungstechnik einer Entlastungsbürde durch die Verpflichtung, seine Motive etc offen zu legen, mit dem deutschen Rechtsverständnis schon im Grundsatz nicht vereinbar ist. Dies hatte vermutlich auch den Bundesrat im Rahmen des Getzgebungsverfahrens dazu bewogen zu beantragen, eindeutig zu regeln, was „legitime Gründe" sind,[531] da solche Gründe sowohl objektiven als auch subjektiven Charakter haben können. Demgegenüber verwies die Gegenäußerung der Bundesregierung darauf, dass bereits nach dem eindeutigen Wortlaut der Begriff der „legitimen Gründe" lediglich auf **subjektive Motive** des Handelnden beschränkt ist, die **nicht darauf gerichtet** sein dürfen, **den Markt oder andere Handelsteilnehmer in unzulässiger Weise zu beeinflussen**.[532] Im Übrigen würde auch hier der Irrtum über das Vorliegen eines legitimen Grundes einen strafbarkeits- bzw. ordnungswidrigkeitsausschließenden **Tatbestandsirrtum** (§ 16 Abs. 1 StGB) darstellen.

174 Da eine Konkretisierung fehlt, ist den **verfassungsrechtlichen Anforderungen** (Bestimmtheitsgrundsatz) an eine bußgeld- und strafbewehrte Verbotsnorm, auch wenn es sich insoweit um die tatbestandliche Bestimmtheit eines Ausnahmetatbestands handelt,[533] nur dann Genüge getan, wenn die Ausnahmevorschrift **extensiv zugunsten des Marktteilnehmers** ausgelegt wird.[534] Nur wenn

---

528 Assmann/Schneider/*Vogel*, 6. Aufl. § 20a Rn. 179: „durch die Hintertür"; *Bisson/Kurz* BKR 2005, 186 (188); *Papachristou* S. 272; Erbs/Kohlhaas/*Wehowsky*, W 57a WpHG § 20a Rn. 25; im Ergebnis ebenso *Schröder* KapitalmarktStR Rn. 529.
529 Begr. AnSVG zu § 20a Abs. 2 WpHG, BT-Drs. 15/3174, S. 37.
530 Vgl. Erwägungsgrund (20) der EU-Marktmissbrauchsrichtlinie: „Anderer rechtswidriger Grund".
531 Stellungnahme des Bundesrates zu Art. 1 Nr. 7 (§ 20a Abs. 2 Satz 1 und 2 WpHG) RegE AnSVG, BT-Drs. 15/3355, 2; *Park* in FS Rissing-van Saan, 2011, S. 405 (421 ff.).
532 BT-Drs. 15/3355, 6 zu Art. 1 Nr. 7 (§ 20a Abs. 2 Satz 1 und 2 WpHG).
533 Vgl. Stellungnahme des Bundesrates, BT-Drs. 15/3355, 2 mit ablehnender Gegenäußerung der Bundesregierung, BT-Drs. 15/3355, 6.
534 MüKoStGB/*Pananis* WpHG § 38 Rn. 195; MAH WiStR/*Rübenstahl/Tsambikakis* § 23 Rn. 102; aA *Schönhöft* S. 119 f., der § 20a Abs. 2 WpHG infolge Unbestimmtheit für verfassungswidrig hält; vgl. auch Stellungnahme *Deutscher Anwaltverein* NZG 2004, 703 (705).

positiv festgestellt werden kann, dass sich hinter den Geschäften oder Aufträgen ein „anderer rechtswidriger Grund" verbirgt,[535] ist §§ 120 Abs. 1, 119 Abs. 2 Nr. 2, Abs. 15 Nr. 2 (vorher: §§ 38 Abs. 1, 39 Abs. 3 c, Abs. 3 d Nr. 2) WpHG zu bejahen. Ansonsten könnte eine Billigung des Zwecks nur dann erfolgen, wenn der Marktteilnehmer einen „akzeptablen" Zwecknachweis erbringen kann. Die hierin liegende Überbürdung eines Entlastungsnachweises wäre uU als Verstoß gegen die **Unschuldsvermutung** zu werten.[536]

bb) Abschluss eines Geschäfts, Erteilung eines Handelsauftrags und jegliche sonstige Tätigkeit oder Handlung unter Vorspiegelung falscher Tatsachen oder unter Verwendung sonstiger Kunstgriffe oder Formen der Täuschungsvornahme (Art. 12 Abs. 1 lit. b MAR)

(1) Überblick

Art. 15 iVm Art. 12 Abs. 1 lit. b MAR stuft den „Abschluss eines Geschäfts, [die] Erteilung eines Handelsauftrags und jegliche sonstige Tätigkeit oder Handlung, **die unter Vorspiegelung falscher Tatsachen oder unter Verwendung sonstiger Kunstgriffe oder Formen der Täuschung den Kurs** eines oder mehrerer Finanzinstrumente, eines damit verbundenen Waren-Spot-Kontrakts oder eines auf Emissionszertifikaten beruhenden Auktionsobjekts **beeinflusst oder hierzu geeignet ist**", als Marktmanipulation ein. Die bisherige Einschränkung, dass die sonstige Tätigkeit oder Handlung „an Finanzmärkten" stattfinden muss,[537] fand sich lediglich in der deutschen Sprachfassung; dies wurde mittlerweile berichtigt.[538] Die Regelung **entspricht weitgehend** der Vorschrift des Art. 1 Nr. 2 lit. b **EU-Marktmissbrauchsrichtlinie** (iVm Art. 5 lit. a und b der EU-Durchführungsrichtlinie 2003/124/EG), die durch den bis zum 2.7.2016 geltenden § 20 a Abs. 1 S. 1 Nr. 3 WpHG aF iVm der Verordnungsermächtigung in § 20 a Abs. 5 S. 1 Nr. 3 WpHG aF und den hierzu ergangenen näheren Bestimmungen in § 4 MaKonV umgesetzt worden war (sog **„sonstige Täuschungshandlungen"**),[539] Änderungen ergeben sich **wie bei lit. a** in sprachlicher Hinsicht durch die Anpassung an den erweiterten Kreis der Tatobjekte sowie im Hinblick auf das Einfügen des Auffangtatbestands „jegliche sonstige Tätigkeit oder Handlung". Zur Rechtslage vor dem 1. FiMaNoG s. Rn. 165 ff. der Vorauflage.

175

Art. 12 Abs. 1 lit. b MAR ist ein **Auffangtatbestand** zu lit. a und lit. c.[540] Im Gegensatz zu den Angaben iSd lit. c setzt die Tathandlung der lit. b keine ausdrückliche oder konkludente Erklärung voraus; sie muss auch nicht zwingend

176

---

535 Vgl. Erwägungsgrund (20) der EU-Marktmissbrauchsrichtlinie.
536 Ebenso *Kutzner* WM 2005, 1401 (1404); *Meißner* S. 122; *Tiedemann* WiStR Rn. 193 ff., unter Hinweise auf die Zulässigkeit widerlegbarer Beweisvermutung nach der Rechtsprechung des EGMR zu Art. 6 Abs. 2 EMRK; *Park* in FS Rissing-van Saan, 2011, S. 405 (421 ff., 423); aA *Schönhöft* S. 118.
537 S. dazu *Buck-Heeb* § 7 Rn. 574; *Schmolke* AG 2016, 434 (441).
538 Berichtigung der Verordnung (EU) Nr. 596/2014 des Europäischen Parlaments und des Rates vom 16.4.2014 über Marktmissbrauch (Marktmissbrauchsverordnung) und zur Aufhebung der Richtlinie 2003/6/EG des Europäischen Parlaments und des Rates und der Richtlinien 2003/124/EG, 2003/125/EG und 2004/72/EG der Kommission (ABl. 2014 L 173), Abl. 2016 L 348, S. 83.
539 Zur Rechtsentwicklung vgl. Assmann/Schneider/*Vogel*, 6. Aufl. § 20 a Rn. 206, 213.
540 *Poelzig* NZG 2016, 528 (536); Graf/Jäger/Wittig/*Diversy/Köpferl* WpHG § 38 Rn. 91; Meyer/Veil/Rönnau/*Anschütz/Kunzelmann* § 14 Rn. 81; Gebauer/Teichmann/ *Zetzsche* EnzEuR § 7 C Rn. 81.

einen kommunikativen Erklärungswert aufweisen.[541] Die „sonstigen Täuschungshandlungen" iSd lit. b können – dem Charakter als Auffangtatbestand entsprechend – je nach Art ihrer Ausübung in informationsgestützte, handels- und handlungsgestützte Manipulationen unterschieden werden.[542] Im Interesse einer trennscharfen Systematik sollten hinsichtlich der informations- und handelsgestützten Begehungsformen die Spezialregelungen der lit. c und lit. a vorrangig Anwendung finden.[543] Es ist allerdings zu bezweifeln, dass die MAR eine klare systematische Zuordnung verfolgt.[544] Bei Art. 12 Abs. 1 MAR ergeben sich weiterhin sprachlich starke Überschneidungen zwischen den Anwendungsbereichen der einzelnen Varianten, vor allem zwischen lit. a und lit. b. Diese Überschneidungen zeigen sich auch in der Nennung und Zuordnung der Indikatoren in der Delegierten Verordnung (EU) 2016/522. Insofern dürfte es vor allem interessant sein, wie sich die Einfügung des Merkmals „jede andere Handlung" in Art. 12 Abs. 1 lit. a MAR bzw. „jegliche sonstige Tätigkeit oder Handlung an Finanzmärkten" in Art. 12 Abs. 1 lit. b MAR auswirkt. Es ist jedoch davon auszugehen, dass dadurch **keine umfassende Änderung der Systematik** gegenüber der EU-Marktmissbrauchsrichtlinie **bezweckt** wird. Vereinzelt ergeben sich jedoch **unterschiedliche Zuordnungen** gegenüber der bisherigen deutschen Rechtslage, so etwa im Hinblick auf **Gerüchte**. Die Verbreitung reiner Werturteile ohne jeglichen Tatsachenkern sowie das Ausstreuen von Gerüchten, die als unverbürgte Nachrichten nicht unter den engeren Begriff der Angaben iSd § 20 a Abs. 1 S. 1 Nr. 1 WpHG aF fielen[545] (zu Ratings vgl. Rn. 194 f.), waren bis zum 1. FiMaNoG von der sonstigen Täuschungshandlung erfasst. In Zukunft fallen Gerüchte jedoch ausdrücklich unter die informationsgestützte Manipulation gem. Art. 12 Abs. 1 lit. c MAR.

177 Die Handlung muss unter „Vorspiegelung falscher Tatsachen oder unter Verwendung sonstiger Kunstgriffe oder Formen der Täuschung" erfolgen, also **geeignet** sein, bei einem verständigen Anleger (zur Kritik an dieser Rechtsfigur Rn. 88 ff.) eine kursrelevante **Fehlvorstellung hervorzurufen**. Diese nicht als separate Alternativen zu sehende Tathandlung erfordert eine Täuschungshandlung, also ein Verhalten, das objektiv geeignet ist, bei einem verständigen Anleger einen Irrtum herbeizuführen[546] Ein Täuschungserfolg in Form eines Irrtums seitens der getäuschten Marktteilnehmer ist nicht notwendig (Irrefüh-

---

541 Graf/Jäger/Wittig/*Diversy/Köpferl* WpHG § 38 Rn. 91; Klöhn/*Schmolke* MAR Art. 12 Rn. 202; zur alten Rechtslage Assmann/Schneider/*Vogel*, 6. Aufl. § 20 a Rn. 11; KölnKommWpHG/*Stoll* WpHG § 20 a Anh. I – § 4 MaKonV Rn. 4. MüKoStGB/*Pananis* WpHG § 38 Rn. 206; Fuchs/*Fleischer* WpHG § 2 a Rn. 60; krit. zu Recht *Bingel* S. 136 f., 141 f., 146.
542 So auch Klöhn/*Schmolke* MAR Art. 12 Rn. 196; *Schmolke* AG 2016, 434 (441); Just/Voß/Ritz/Becker/*de Schmidt* WpHG § 20 a Rn. 380; *de Schmidt* RdF 2016, 4 (6); Graf/Jäger/Wittig/*Diversy/Köpferl* WpHG § 38 Rn. 91 f.; aA GroßkommHGB/*Grundmann* Bd. XI Teil 6, Rn. 454 (nur handelsgestützte Manipulation).
543 Zur alten Rechtslage Assmann/Schneider/*Vogel*, 6. Aufl. § 20 a Rn. 209.
544 Vgl. Langenbucher/*Klöhn* § 6 Rn. 167; *Schmolke* AG 2016, 434 (441). Sa Meyer/Veil/Rönnau/*Anschütz/Kunzelmann* § 14 Rn. 81.
545 BR-Drs. 936/01, 250; Schwark/Zimmer/*Schwark* WpHG § 20 a Rn. 67; *Weber* NZG 2000, 113 (116): gezielte Falschmeldungen in Internet-Chat Rooms; krit. Assmann/Schneider/*Vogel*, 6. Aufl. § 20 a Rn. 69, 223.
546 Köhn/*Schmolke* MAR Art. 12 Rn. 198 f.; sa *Köpferl/Wegner* WM 2017, 1924 (1929); Meyer/Veil/Rönnau/*Anschütz/Kunzelmann* § 14 Rn. 84.

rungseignung).⁵⁴⁷ Die Fehlvorstellung muss ihrerseit geeignet sein, den Kurs eines Finanzinstruments, verbundenen Waren-Spot-Kontrakts oder eines auf Emissionszertifikaten beruhenden Auktionsobjekts zu beeinflussen, **Kursbeeinflussungseignung** vgl. Rn. 77 ff.⁵⁴⁸ Weitere Schwierigkeiten ergaben sich bisher daraus, dass der nationale Verordnungsgeber zur Definition der sonstigen Täuschungshandlungen auf „die wahren wirtschaftlichen Verhältnisse" abstellte. Diese Vorstellung kollidierte zum einen mit den etwa in § 4 Abs. 2 Nr. 2 bzw. Abs. 3 Nr. 2 MaKonV aufgeführten Verhaltensweisen, die gerade nicht über die wahre Marktlage täuschen.⁵⁴⁹ Zum anderen decken sich die **wahren wirtschaftlichen Verhältnisse** weder notwendig mit den Umständen, die im Zusammenhang mit dem Preisfeststellungsverfahren maßgebend sind, noch war der Normzweck des § 20 a WpHG aF auf den Schutz der wahren wirtschaftlichen Verhältnisse gerichtet. Die Vorschrift diente vielmehr dem Schutz der funktionierenden Börsen- bzw. Marktpreisbildung iSd Grundsatzes der formalen Preis- bzw. Kurswahrheit, wie er § 24 BörsG insgesamt zugrunde liegt.⁵⁵⁰ Die von der Marktmissbrauchsverordnung übereinstimmend mit der EU-Marktmissbrauchsrichtlinie gewählte Begrifflichkeit der **Beeinflussung des Kurses** ist insofern schon begrifflich neutral. Trotz der unterschiedlichen Formulierung des Wortlauts ist hier ein Gleichlauf herzustellen mit der Wahrscheinlichkeit, ein anormales oder künstliches Kursniveau herbeizuführen oder zu sichern, Art. 12 Abs. 1 lit. a und c MAR. S. zu den damit verbundenen Schwierigkeiten Rn. 91 ff.

Angesichts der Schwierigkeiten, ein künstliches oder potenziell durch Täuschung herbeigeführtes Kursniveau zu identifizieren, sind auch im Rahmen des Art. 12 Abs. 1 lit. b MAR die zwingenden Beispiele und Indikatoren von Relevanz.

Beispiele für eine Marktmanipulation durch sonstige Täuschungshandlungen, die jetzt unter Art. 12 Abs. 1 lit. b MAR fallen, wurden etwa die Einwirkung auf den Unternehmenswert eines Emittenten mit dem Ziel, in einem weiteren Schritt den hierdurch veränderten Börsen- oder Marktpreis zu nutzen,⁵⁵¹ Eingriffe in das elektronische Handelssystem (zB durch eine EDV-Manipulation oder -Eingriffe)⁵⁵² oder gar terroristische Handlungen genannt.⁵⁵³ Die Bestechung eines Skontroführers erfüllt den Tatbestand dagegen nicht.⁵⁵⁴

178

---

547 So auch Köhn/*Schmolke* MAR Art. 12 Rn. 198 f.
548 *Trüstedt* S. 217; Erbs/Kohlhaas/*Wehowsky* W 57 a WpHG § 20 a Rn. 35.
549 Zutr. Erbs/Kohlhaas/*Wehowsky* W 57 a WpHG § 20 a Rn. 31.
550 Vgl. Stellungnahme des Bundesrats zu § 24 BörsG idF 4. FMFG, BT-Drs. 14/8017, S. 76 f.; Bericht des Finanzausschusses, BT-Drs. 14/8601, S. 14; Schwark/Zimmer/*Beck* BörsG § 24 Rn. 10; *Uhl*, in: Heidel, BörsG § 24 Rn. 1 ff.
551 Vgl. Beispiel bei *Lenzen*, Börsenkursbildung, S. 31 f.
552 Vgl. zum Missbrauchsverbot der Börsen-EDV vgl. § 43 Börsenordnung für die Frankfurter Wertpapierbörse idF 17.9.2018 (Fn. 504); FAZ v. 4.11.2010: „Sabotageverdacht in London – Finanzaufsicht untersucht Handelsunterbrechung der LSE"; FAZ v. 1.2.2011: „Börsen im Nahkampf gegen Computer-Attacken – Furcht an der Wall Street und in der Londoner City vor Manipulation des Handels".
553 MAH WiStR/*Benner*, § 22 Rn. 421 (Hacking) bzw. *Schönhöft* S. 143 f. Zur Beurteilung eines Sprengstoffanschlags als Marktmanipulation s. *Wegner/Köpferl*, WM 2017, 1924.
554 Abl. zu Recht Assmann/Schneider/*Vogel*, 6. Aufl. § 20 a Rn. 223; **aA** *Waschkeit* S. 279.

Ebenfalls als ein Fall der sonstigen Täuschungshandlung werden Leerverkäufe erörtert.[555] Zu beachten ist nunmehr auch das **generelle Verbot ungedeckter**, seit Inkrafttreten der EU-Leerverkaufverordnung **auch untertägig ungedeckter, Leerverkäufe** von Aktien und öffentlichen Schuldtiteln in Art. 13 der EU-Leerverkaufsverordnung bzw. von **bestimmten Kreditderivaten** (Credit Default Swaps, CDS) in Art. 14 EU-Leerverkaufsverordnung, dessen Verstöße allerdings „nur" als Ordnungswidrigkeit geahndet werden § 120 Abs. 6 Nr. 3–4 (vorher § 39 Abs. 2 d Nr. 3–4) WpHG, näher Kap. 6.2.). Unter Marktmanipulationsaspekten sind Leerverkäufe fallweise zu untersuchen, da Leerverkäufe regelmäßig zulässige wirtschaftliche Markthintergründe besitzen[556] und ihnen daher ein Täuschungsgehalt nicht per se innewohnt.[557] Leerverkäufe sind daher nur bei **speziell gelagerten Sachverhalten** als manipulativ einzustufen, zB wenn sie in Verbindung mit der Verbreitung falscher Gerüchte mit dem Ziel getätigt werden, einen **Kursverfall zu bewirken**. Zu sog Leerverkaufsattacken/Short-Attacks als Gegenstück zum Scalping s. Rn. 180. Eine Marktmanipulation kann auch bei der Tätigung von Leerverkäufen in einem „erheblichen, massenhaften Umfang" (sog **„bear raids"**)[558] oder bei fehlender Eindeckungswilligkeit (sog **„abusive naked short"**)[559] sowie bei Verstößen gegen börsenrechtliche Verbote[560] vorliegen.[561]

(2) Zwingendes Beispiel("Scalping", Art. 12 Abs. 2 lit. d MAR)

179 Eine **Konkretisierung** der Manipulation iSd lit. d findet sich in Art. 12 Abs. 2 MAR (zwingende Beispiele)und den Indikatoren in Anhang I/Teil B MAR, wobei letztere wiederum in der **Delegierten Verordnung (EU) 2016/522** konkretisiert sind. Inhaltlich ergeben sich wiederum Überschneidungen, wobei die

---

555 Ausführlich *Schlimbach*, Leerverkäufe, S. 220 ff. mwN.
556 *Sorgenfrei* wistra 2002, 321 (328) mwN; *Hild*, Grenzen einer strafrechtlichen Regulierung des Kapitalmarktes, S. 139; Schwark/Zimmer/*Schwark* WpHG § 20 a Rn. 69; *Schwark*, in: FS Kümpel, S. 492; *Altenhain* BB 2002, 1874 (1877); *Fichtner*, Börsen- und depotrechtliche Strafvorschriften, S. 56 f.; *Arlt* S. 337 f.; gegen eine Täuschung iS § 263 StGB vgl. die Darstellung in diesem Band unter StGB § 263 Rn. 131 f.; krit. *Ziouvas* ZGR 2003, 113 (135 f.); Assmann/Schneider/*Vogel*, 6. Aufl. § 20 a Rn. 221, der dabei noch auf das „Vorbild" der US-amerikanischen Aufsichtsbehörde SEC abstellt, obgleich sich dort deren Beurteilung bereits wieder gewandelt hat, vgl. die Darstellung unten zu § 39 Abs. 2 d Nr. 3, 4 WpHG, Kap. 18.16.; zu Leerverkäufen von Skontroführern *Weber* NZG 2000, 113 (115).
557 Zutr. *Hellmann/Beckemper*, § 1 Rn. 99; *Lenzen*, Börsenkursbildung, S. 209; *Schröder*, Aktienhandel und Strafrecht, S. 76; *Arlt* S. 337 f.; *Trüstedt*, Börsenkursmanipulationen, S. 197 ff.; *Schröder* KapitalmarktStR Rn. 498 ff., 502.
558 *Findeisen/Tönningsen* WM 2011, 1405 (1406, 1408); *Flothen*, Marktmanipulation, S. 129.
559 *Findeisen/Tönningsen* WM 2011, 1405 (1408); *Trüg* NJW 2009, 2002 (2005); *Trüg*, in: FS Mehle, S. 637 (656 f.); *Flothen*, Marktmanipulation, S. 129.
560 Vgl. das Verbot von Leerverkäufen strukturierter Produkte (Optionsscheine, Zertifikate, Reverse Convertibles) gem. § 104 Allgemeine Bedingungen der Deutsche Börse AG für den Freiverkehr an der Frankfurter Wertpapierbörse idF 28.11.2011, abgedruckt bei *Kümpel/Hammen/Ekkenga* Kz 438 (Erg. Lfg. VII/12), vgl. nunmehr §§ 30 h, j WpHG.
561 Bei drohender erheblicher Marktbeeinträchtigung sah ein letztlich nicht Gesetz gewordener § 4 a WpHG idF 4. FMFG die Möglichkeit zur Untersagung von Leerverkäufen vor (BT-Drs. 14/8600, S. 55); BR-Drs. 936/01 (neu): „Denkbar ist auch die Manipulation durch Leerverkäufe"; näher hierzu *Schlüter* G Rn. 332 ff. (346 f.); ebenso *Lenzen* ZBB 2002, 279 (281); *Schröder* KapitalmarktStR Rn. 499 ff. (502).

Kap. 6.1. §§ 119, 120 WpHG iVm Art. 15, 12 MAR Marktmanipulation

Zuordnung verschiedener Praktiken zu einzelnen Indikatoren unter der geltenden europäischen Rechtslage wie bei Art. 12 Abs. 1 lit. a MAR an einer klaren Systematik und Trennschärfe vermissen lässt.

Für lit. b wird das **zwingende Beispiel** des **Art. 12 Abs. 2 lit. d MAR** relevant. 180 Als Marktmanipulation gilt danach die

„Ausnutzung eines gelegentlichen oder regelmäßigen Zugangs zu den traditionellen oder elektronischen Medien durch Abgabe einer Stellungnahme zu einem Finanzinstrument, einem damit verbundenen Waren-Spot-Kontrakt oder einem auf Emissionszertifikaten beruhenden Auktionsobjekt (oder indirekt zu dessen Emittenten), wobei zuvor[562] Positionen bei diesem Finanzinstrument, einem damit verbundenen Waren-Spot-Kontrakt oder einem auf Emissionszertifikaten beruhenden Auktionsobjekt eingegangen wurden und anschließend Nutzen aus den Auswirkungen der Stellungnahme auf den Kurs dieses Finanzinstruments, eines damit verbundenen Waren-Spot-Kontrakts oder eines auf Emissionszertifikaten beruhenden Auktionsobjekts gezogen wird, ohne dass der Öffentlichkeit gleichzeitig dieser Interessenkonflikt ordnungsgemäß und wirksam mitgeteilt wird".

Dieses Beispiel beschreibt die Fallgruppe des sog **Scalping**[563] (bisher in § 4 Abs. 3 Nr. 2 MaKonV; Art. 1 Nr. 2 lit. c 3. Spiegelstrich EU-Marktmissbrauchsrichtlinie),[564] Beim sog Scalping raten etwa Börsenjournalisten,[565] -analysten oder sog „Börsengurus"[566] zunächst öffentlich zum Kauf eines Finanzinstruments, ohne dabei zu offenbaren, dass sie vorher selbst eine eigene Position in demselben Finanzinstrument aufgebaut haben, und den zwischenzeitlich gestiegenen Kurs sodann zur gewinnbringenden Veräußerung ihrer Position nutzen. Auch der zuletzt praktisch sehr relevante Umkehrfall einer negativen Empfehlung, die zu einem Fall der Kurse von Finanzinstrumenten führt, die der Empfehlende sodann zu dem gesunkenen Preis erwirbt und anschließend nach Erholung des Kurses wieder veräußert (sog Leerverkaufsattacken/Short-Attacks), ist erfasst.[567] Schon zuvor hatte der **BGH** entschieden, dass in

---

562 Der Erwerb einer entsprechenden Position zeitgleich oder nach der Empfehlung fällt nicht unter das Regelbeispiel, zur bisherigen Rechtslage zu Recht *Wagemann* WiJ 2014, 72 (75).
563 Dazu ausführlich Meyer/Veil/Rönnau/*Teigelack* § 13 Rn. 60 ff.; Klöhn/*Schmolke* MAR Art. 12 Rn. 358 ff.
564 *Buck-Heeb* § 7 Rn. 586; *Graßl/Nikoleyczik*, AG 2017, 49 (55); *Szesny* DB 2016, 1420 (1422); *Schockenhoff/Culmann*, AG 2016, 517 (521); zur alten Rechtslage krit. Erbs/Kohlhaas/*Wehowsky* W 57 a WpHG § 20 a Rn. 31. Ausführlich Assmann/Schneider/*Vogel*, 6. Aufl. § 20 a Rn. 235 ff.; vgl. zu Interessenkonflikten beim Eigenhandel MAH WiStR/*Benner*, § 22 Rn. 469.
565 Vgl. hierzu Schwark/Zimmer/*Schwark* WpHG § 20 a Rn. 74.
566 Diese herausgehobene Stellung wird vom Tatbestand nicht vorausgesetzt („**Jedermanns-Delikt**"), ist aber typisch, vgl. Klöhn/*Schmolke* MAR Art. 12 Rn. 366.
567 Sa *Bayram/Meier* BKR 2018, 55; *Möllers* NZG 2018, 649; *Mülbert* ZHR 182 (2018), 105; *Schockenhoff/Culmann* AG 2016, 517; FAZ v. 21.4.2016, „Zweifelhafte Studien bewegen Kurse", abrufbar unter: http://www.faz.net/aktuell/finanzen/aktien/zweifelhafte-studie-loest-kurssturz-der-stroeer-aktieaus-14192032.html; SZ v. 24.2.2016, „Angriff aus dem Hinterhalt", abrufbar unter: http://www.sueddeutsche.de/wirtschaft/wirecard-angriff-aus-dem-hinterhalt-1.2878377 (jeweils zuletzt abgerufen am 19.6.2019). Vgl. a. den Sachverhalt bei BGH 6.11.2003 – 1 StR 24/03, BGHSt, 48, 373 ff.; = NJW 2004, 302 = wistra 2004, 109 = ZIP 2003, 2354 = DB 2004, 64 = BB 2004, 11 mAnm bzw. Bespr. *Fleischer* DB 2004, 51; *Hellgardt* ZIP 2005, 2000; *Vogel* NStZ 2004, 252; zuvor LG Stuttgart 30.8.2002 – 6 KLs 150 Js 77452/00, ZIP 2003, 259 mAnm *Lenenbach* ZIP 2003, 243 bzw. *Mühlbauer* wistra 2003, 169; ausführlich

der beschriebenen Verhaltensweise kein Verstoß gegen das Insiderhandelsverbot zu sehen war, sondern vielmehr ein Fall der Marktpreismanipulation.[568]

181 Nach neuer Rechtslage wird das Scalping zum Teil als eine Form der informationsgestützten Manipulation iSd Art. 12 Abs. 1 lit. c MAR eingestuft.[569] Dem ist zuzugeben, dass sich die Kurseinflussungseignung aus der Verbreitung der Anlageempfehlungen ergibt, während das Innehaben von eigenen Positionen lediglich ein Motiv darstellt. Selbst wenn die Anlageempfehlungen richtig sind, können sie angesichts des nicht mitgeteilten Interessenkonflikts als irreführend gesehen werden. Trotzdem handelt es sich um eine Kombination aus der Verbreitung von Informationen mit den eigenen Geschäften. Dass die Verordnung keine klare systematische Abgrenzung verfolgt,[570] zeigt sich auch an den **Indikatoren**, die mehreren Manipulationshandlungen zugeordnet sind.

182 Eine Manipulation kann auch vorliegen, wenn die Anlageempfehlungen trotz der Interessenkollision richtig sind; der Unrechtsgehalt beruht dann allein auf dem Nichtoffenbaren der Interessenkollision. Darin zeigt sich die über den Bereich des § 263 StGB hinausgehende Reichweite dieser Tatbestandsalternative.[571] Es werden selbst die Mitteilung wahrer Tatsachen unter bloßer Täuschung über die Motive des Kapitalmarktteilnehmers (finanzielles Eigeninteresse) sowie die nur möglicherweise marktwirksame von selbsterfüllenden Vorhersagen pönalisiert, mithin Verhaltensweisen erfasst, die im allgemeinen Geschäftsleben üblich sind.[572] Es bleibt umstritten, ob die konkludente „Täuschung" über die innere Tatsache der Eigennützigkeit der Empfehlung selbst bei ihrer Offenbarung das Anlegerpublikum von einer Investition abhalten würde (zweifelhafte Kausalität),[573] zumal sich noch nicht zwingend ein (dem Anlegerpublikum verlustbringendes) niedrigeres Kursniveau einstellen muss.[574]

Degoutrie „Scalping", 2007, S. 28 ff.; MüKoStGB/*Pananis* WpHG § 38 Rn. 212 f.; für den Umkehrfall vgl. *Weber* NZG 2000, 113 (125 linke Spalte sowie dort Fn. 143) sowie Assmann/Schneider/*Vogel*, 6. Aufl. § 20 a Rn. 235; Fuchs/*Fleischer* WpHG § 20 a Rn. 67; aA für den zum Preisrückgang führenden Fall Schwark/Zimmer/*Schwark* WpHG § 20 a Rn. 71.

568 BGH 6.11.2003 – 1 StR 24/03, BGHSt 48, 373; aA *Papachristou* S. 283 ff. (304 f.); *Trüstedt* S. 181 ff.; *Kutzner* WM 2005, 1401 (1403 ff.); *Gaede/Mühlbauer* wistra 2005, 9 mwN; *Pananis* NStZ 2004, 287; zust. dagegen *Schröder* HWSt, X 2 Rn. 51 f.

569 Meyer/Veil/Rönnau/*Teigelack* § 13 Rn. 3. Sa Köhln/*Klöhn* MAR Art. 12 Rn. 360 ff., der eine parallele Subsumtion unter lit. b und c für möglich und unbedenklich hält.

570 Zur besonders aus deutscher Sicht vermissten Systematik s. etwa *Meyer/Veil/Rönnau* Vorwort, S. V; Klöhn/*Klöhn* MAR Einl. Rn. 89.

571 BGH 6.11.2003 – 1 StR 24/03, BGHSt 48, 373 ff. m. Bespr. *Vogel* NStZ 2004, 252; *Fischer* StGB § 263 Rn. 13 f.; ausführlich Assmann/Schneider/*Vogel*, 6. Aufl. § 20 a Rn. 189 ff./191; Schwark/Zimmer/*Schwark* WpHG § 20 a Rn. 72; *Fleischer* DB 2004, 51; *Widder* BB 2004, 15; *Schäfer* BKR 2004, 78; *Pananis* NStZ 2004, 287; *Gaede/Mühlbauer* wistra 2005, 9; *Petersen* wistra 1999, 328 (329); *Pananis* NStZ 2004, 287 (288); *Gaede/Mühlbauer* wistra 2005, 9 (13 ff.); *Kutzner* WM 2005, 1401, (1404); *Schönhöft* S. 135 ff.; *Papachristou*, Börsen- und Marktpreismanipulation, S. 204 ff. (208); aA *Volk* BB 1999, 66 (67); *Weber* NZG 2000, 123; *Lenenbach* ZIP 2003, 244; *Eichelberger* WM 2003, 2122.

572 Krit. zu Recht MüKoStGB/*Pananis* WpHG § 38 Rn. 214. Der BGH lehnt jedoch die Notwendigkeit zumindest der Feststellung eines derartigen „Pflichtwidrigkeitszusammenhangs" ausdrücklich ab, BGH 4.12.2013 – 1 StR 106/13, NJW 2014, 1896 (1900), mit Anm. *Brand* NJW 2014, 1900, mit Anm. *Kraayvanger* ZWH 2014, 230; krit. zu diesem Urteil *Trüg* NStZ 2014, 558 (561 f.).

573 *Schröder* KapitalmarktStR Rn. 558.

574 Assmann/Schneider/*Vogel*, 6. Aufl. § 20 a Rn. 235 ff.

Über sachgerechte Empfehlungen hinaus kann der Tatbestand auch durch die Abgabe sonstiger Meinungen oder Gerüchte erfüllt sein.[575] Inwieweit die Gerüchte zutreffen oder die Meinungen sachlich begründet sind, ist für die Erfüllung dieses zwingenden Beispiels unerheblich. Nach der Rechtsprechung des BGH zur bisherigen Rechtslage ist es nicht erforderlich, dass die handelnde Person selbst Positionen in dem betreffenden Finanzinstrument innehat; auch eine Zurechnung gem. § 25 Abs. 2 StGB ist möglich (kein Sonderdelikt).[576] Kein Scalping liegt vor, sofern der Interessenkonflikt zusammen (dh zeitgleich)[577] mit der Kundgabe der Stellungnahme oder des Gerüchts angemessen und wirksam offenbart wird.[578] Nicht ausreichend sind dabei bloße pauschale Disclaimer etwa in Börsenbriefen oder auf Homepages; vielmehr ist ein Hinweis zumindest auf die konkret gehaltene Position erforderlich.[579] Die 5 %-Beteiligungsquote als Voraussetzung für eine Offenlegungspflicht durch Finanzanalysten gem. § 34 b Abs. 1 Satz 2 Nr. 2 WpHG aF iVm §§ 5, 6 FinAnV wurde durch den BGH nicht als lex specialis bzgl. des Offenlegungsmaßstabs anerkannt.[580] Dass eine Manipulation bei Herstellung von Transparenz entfällt, entspricht einem allgemeinen Gedanken des Manipulationsverbots: In jedem (nicht nur im „Scalping"-)Fall scheidet eine Täuschungshandlung aus, wenn die **Transparenz** der kapitalmarktrelevanten Information im Markt hergestellt ist (vgl. die Anforderungen an die Bekanntgabe von Stabilisierungsmaßnahmen (unten Rn. 240 ff.).[581]

Die Praxisrelevanz des Scalping zeigt sich auch in der Vielzahl der durch die BaFin untersuchten Fälle (vgl. Rn. 42), darunter etwa die unrichtige Bewerbung verschiedener Aktien durch einen Fernsehmoderator im Auftrag der Inhaber der Aktien[582] und Einbeziehung von Aktien in den Börsenhandel in

---

575 Sog rumor mongers vgl. *Fleischer/Schmolke* AG 2007, 841 (852 f.); MüKoStGB/*Pananis* WpHG § 38 Rn. 215; Schwark/Zimmer/*Schwark* WpHG § 20 a Rn. 73; vgl. auch die geschilderten Fälle in Süddeutsche Zeitung v. 16.1.2010: „Die politische Börse – Absurde Gerüchte über Angela Merkel drückten den Euro – kein Einzelfall"; FAZ v. 26.4.2008: „SEC bestraft Händler wegen Gerüchten."
576 BGH 25.2.2016 – 3 StR 142/15, WM 2016, 1022; BGH 4.12.2013 – 1 StR 106/13, NJW 2014, 1896 mit Anm. *Brand* NJW 2014, 1900, mit Anm. *Kraayvanger* ZWH 2014, 230; zust. *Trüg* NStZ 2014, 558 (559 f.). Für das Innehaben einer Position eines Finanzinstruments als besonderes persönliches Merkmal iS eines Sonderdelikts dagegen *Möllers/Hailer* in FS Schneider S. 831, 845 ff.
577 Assmann/Schneider/*Vogel*, 6. Aufl. § 20 a Rn. 237.
578 Begr. zu § 4 Abs. 3 Nr. 2 MaKonV, BR-Drs. 18/05, S. 17; Assmann/Schneider/*Vogel*, 6. Aufl. § 20 a Rn. 234; krit. zur Effizienz dieser Offenlegung Erbs/Kohlhaas/*Wehowsky* W 57 a WpHG § 20 a Rn. 32; *Schröder* KapitalmarktStR Rn. 560.
579 BGH 4.12.2013 – 1 StR 106/13, NJW 2014, 1896 (1900), mit Anm. *Brand* NJW 2014, 1900, mit Anm. *Kraayvanger* ZWH 2014, 230.
580 BGH 4.12.2013 – 1 StR 106/13, NJW 2014, 1896 (1898 f.) mit kritischer Anmerkung *Brand* NJW 2014, 1900; dem BGH zustimmend dagegen *Trüg* NStZ 2014, 558 (559 f.); für Anerkennung als lex specialis auch Fuchs/*Fleischer* WpHG § 20 a Rn. 67 mwN; Schwark/Zimmer/*Fett* WpHG § 34 b Rn. 23 f.; Assmann/Schneider/*Koller* WpHG § 34 b Rn. 18 ff., 58.
581 Beim Scalping besteht die eigentlich relevante Information nicht im Innehaben der Position, sondern in der dabei bereits bestehenden Veräußerungsabsicht, zutr. *Schröder* KapitalmarktStR Rn. 559 f.
582 Vorgang bei LetsBuyIt Group AG., BaFin Jahresbericht 2014, S. 219 f., abrufbar unter www.bafin.de (zuletzt abgerufen 19.6.2019).

Deutschland und Bewerbung derselben mittels Börsenbriefen.[583] Ein Sachverhalt des Scalping lag auch der Entscheidung des BGH vom 25.2.2016 zu Grunde.[584] Dort wurden Aktien mittels Telefonanrufen durch ein Call-Center beworben.

(3) Indikatoren (Anhang I/Teil B MAR):
(a) Überblick, Personen in enger Beziehung

184 Daneben enthält **Anhang I/Teil B** eine wiederum nicht erschöpfende Aufzählung von **Indikatoren** für manipulatives Handeln durch Vorspiegelung falscher Tatsachen sowie durch sonstige Kunstgriffe oder Formen der Täuschung im Sinne von Art. 12 Abs. 1 lit. b MAR. Für sich genommen wiederum nicht unbedingt als Marktmanipulation anzusehen, aber bei der Prüfung zu berücksichtigen ist:

- ob von bestimmten Personen erteilte *Handelsaufträge oder abgewickelte Geschäfte* vorab oder im Nachhinein *von der Verbreitung falscher oder irreführender Informationen* durch dieselben oder in enger Beziehung zu ihnen stehenden Personen *begleitet* wurden;
- ob Geschäfte von Personen in Auftrag gegeben bzw. abgewickelt werden, bevor oder nachdem diese Personen oder in enger Beziehung zu ihnen stehende Personen *unrichtige oder verzerrte oder nachweislich von materiellen Interessen beeinflusste Anlageempfehlungen erstellt oder weitergegeben* haben.

Charakteristisch für die Beispiele in **Anhang I/Teil B MAR** (§ 4 Abs. 2 MaKonV; Art. 5 lit. a und b der EU-Durchführungsrichtlinie 2003/124/EG) ist, dass die Handelsaufträge oder abgewickelten Geschäfte im Zusammenhang mit unrichtigen oder irreführenden Informationen bzw. unrichtigen, verzerrten oder ganz offensichtlich von materiellen Interessen beeinflussten Anlageempfehlungen stehen. Diese müssen durch die handelnden Personen oder zu diesen in enger Beziehung stehende Personen erstellt bzw. weitergegeben werden. Die „**enge Beziehung**" beschränkt sich dabei nicht auf den Angehörigenkreis (etwa iSd § 15 AO), sondern erstreckt sich auch auf sonstige private (freundschaftliche) und geschäftliche Kontakte („Geschäftsfreund"). Sie ist von der – hier nicht einschlägigen[585] – Definition einer „**eng verbundenen Person**" in Art. 3 Abs. 1 Nr. 26 MAR abzugrenzen, die nur Angehörige und kontrollierte juristische Personen umfasst.

(b) Weitergabe unrichtiger oder irreführender Informationen, Anhang I/Teil B lit. a MAR

185 **Anhang I/Teil B lit. a MAR** (§ 4 Abs. 2 Nr. 1 MaKonV; Art. 5 lit. a EU-Durchführungsrichtlinie 2003/124/EG) bezieht sich auf die Weitergabe „unrichtiger

---

583 Vorgang Grit International Inc., Bafin Jahresbericht 2017, S. 135 f., abrufbar unter www.bafin.de (zuletzt abgerufen 19.6.2019).
584 BGH 25.2.2016 – NJW 2016, 3459 mAnm *Trüg* NZG 2016, 820. Sa BaFin-Jahresbericht 2016, S. 178 f.
585 Dies ergibt sich aus einem Vergleich der unterschiedlichen Sprachfassungen der Anlage I Teil B zur MAR. Insbesondere die englische und die französische Fassung sprechen im Haupttext der MAR von einer engen Verbundenheit (closely associated, étroitement liée), nicht aber in der Anlage (persons linked to them; personnes qui leur sont liées).

oder irreführender Informationen", der wiederum die Überschneidung mit der informationsgestützten Manipulation verdeutlicht. Informationen sind unrichtig, wenn sie nicht der Marktlage entsprechen, irreführend, wenn sie zwar richtig sind, aber trotzdem geeignet, bei einem Anleger falsche Vorstellungen über einen Sachverhalt hervorzurufen. Eine Weitergabe kann auf jede Art erfolgen. Unbeachtlich ist weiterhin, ob die Weitergabe an einen unbestimmten Personenkreis oder an bestimmte Dritte erfolgt.[586]

Art. 4 Nr. 1 iVm Anhang II Abschnitt 2 Nr. 1 der Delegierten Verordnung (EU) 2016/522 enthält wiederum eine Aufzählung von Praktiken, die den Indikator konkretisieren. Genannt sind zunächst: 186

- die Verbreitung falscher oder fehlerhafter Marktinformationen über die Medien einschließlich Internet oder mit anderen Mitteln, die zur Verschiebung des Kurses eines Finanzinstruments, eines verbundenen Waren-Spot-Kontrakts oder eines auf Emissionszertifikaten beruhenden Auktionsobjekts in einer Richtung führt bzw. wahrscheinlich führt, welche für die Position, die von der/den an der Verbreitung der Information interessierten Person(en) gehalten wird, oder eine von dieser/diesen geplante Transaktion von Vorteil ist (lit. a);
- Eröffnung einer Position eines Finanzinstruments, eines verbundenen Waren-Spot-Kontrakts oder auf Emissionszertifikaten beruhenden Auktionsobjekts und Schließung einer solchen Position unmittelbar nach deren Offenlegung unter Betonung des langfristigen Charakters der Investition, was gewöhnlich als **„Eröffnung einer Position und Schließung derselben unmittelbar nach ihrer Offenlegung"** bezeichnet wird (lit. b).

Diese beiden Praktiken haben nicht nur starke Berührungspunkte zur informationsgestützten Manipulation des Art. 12 Abs. 1 lit. c MAR, auch mit dem zwingenden Beispiel des Art. 12 Abs. 2 lit. d MAR können sich Überschneidungen ergeben.[587] Dem Indikator kommt jedoch ein eigener Anwendungsbereich zu, soweit Positionen erst nach der Stellungnahme eingegangen werden oder die Stellungnahme nur indirekt mittels Handeln mit Derivaten ausgenutzt wird.[588]

Daneben finden Praktiken, die schon aus dem Zusammenhang mit den Indikatoren für die handelsbezogene Manipulation des Art. 12 Abs. 1 lit. a MAR bekannt sind: Das **„Pumping und Dumping"** (lit. c), wobei hier ein weiterer zusätzlicher Indikator in der Verbreitung von Meldungen in den Medien über den Anstieg (oder Rückgang) einer qualifizierten Beteiligung vor oder kurz nach einer ungewöhnlichen Bewegung im Preis eines Finanzinstruments gesehen wird, das **„Trash und Cash"** (lit. d) und das **„Concealing Ownership"** (lit. e). Unterschiede zu Art. 12 Abs. 1 lit. a MAR ergeben sich dabei aus der Art, wie der Kurs beeinflusst wird bzw. werden soll.

Die letzten beiden Praktiken unterscheiden sich jedoch von den bisher genannten dadurch, dass sie ganz klar eine sonstige Handlung darstellen, die den 187

---

586 Zur alten Rechtslage vgl. Begr. zu § 4 Abs. 2 Nr. 1 MaKonV, BR-Drs. 18/05, S. 16; Assmann/Schneider/*Vogel*, 6. Aufl. § 20 a Rn. 228; krit. *Schröder* KapitalmarktStR Rn. 552.
587 Vgl. a. Meyer/Veil/Rönnau/*Anschütz/Kunzelmann* § 14 Rn. 89.
588 Klöhn/*Schmolke* MAR Art. 12 Rn. 369, 383.

Kernbereich dieser Begehungsform ausmachen dürfte: In lit. f. und g sind **Bewegung oder Lagerung physischer Waren** bzw. **Leerfahrten von Schiffen** genannt, durch die ein falscher oder irreführender Eindruck in Bezug auf Angebot und Nachfrage bzw. den Kurs oder Wert einer Ware oder Leistung im Rahmen eines Finanzinstruments oder eines verbundenen Waren-Spot-Kontrakts entstehen könnte.

(c) Erstellung oder Weitergabe unrichtiger, verzerrter oder nachweislich von materiellen Interessen beeinflusster Anlageempfehlungen (Anhang I/Teil B lit. b MAR)

188 Anhang I/Teil B lit. b MAR (§ 4 Abs. 2 Nr. 2 MaKonV; Art. 5 lit. b EU-Durchführungsrichtlinie 2003/124/EG) nennt als Anzeichen für eine Täuschungshandlung die Erstellung oder Weitergabe von unrichtigen, verzerrenden oder nachweislich von wirtschaftlichen Interessen beeinflussten Anlageempfehlungen (ehemals: „Finanzanalysen oder Anlageempfehlungen").[589] **Anlageempfehlungen** sind in **Art. 3 Abs. 1 lit. 35 MAR definiert** als „Informationen mit expliziten oder impliziten Empfehlungen oder Vorschlägen zu Anlagestrategien in Bezug auf ein oder mehrere Finanzinstrumente oder Emittenten, die für Verbreitungskanäle oder die Öffentlichkeit vorgesehen sind, einschließlich einer Beurteilung des aktuellen oder künftigen Wertes oder Kurses solcher Instrumente". Daneben definiert Art. 3 Abs. 1 Nr. 34 MAR „Empfehlung oder Vorschlag einer Anlagestrategie" als „eine von einem unabhängigen Analysten, einer Wertpapierfirma, einem Kreditinstitut oder einer sonstigen Person, deren Haupttätigkeit in der Erstellung von Anlageempfehlungen besteht, oder einer bei den genannten Einrichtungen im Rahmen eines Arbeitsvertrags oder anderweitig tätigen natürlichen Person erstellte Information, die direkt oder indirekt einen bestimmten Anlagevorschlag zu einem Finanzinstrument oder Emittenten darstellt (Ziffer i) oder eine von anderen als den in Ziffer i genannten Personen erstellte Information, die direkt eine bestimmte Anlageentscheidung zu einem Finanzinstrument vorschlägt (Ziffer ii). Finanzanalysen dürften daher wie bisher erfasst sein.

189 Die bloße Erstellung einer Anlageempfehlung ist trotz der insofern missverständlichen Formulierung („oder") weiterhin per se noch keine taugliche Tathandlung und auch als isoliertes Prüfkriterium ungeeignet. Vielmehr muss die **Weitergabe** kumulativ hinzutreten.[590]

190 Eine Finanzanalyse war als **unrichtig** anzusehen, wenn entweder nicht nur unwesentliche Teile der Analysegrundlage (§§ 3 ff. FinAnV)[591] oder Angaben über ihre Ersteller bzw. Verantwortliche (§ 2 FinAnV) unwahr oder unvertretbar waren, aber auch, wenn das Analyseergebnis unzutreffend oder unvertretbar war.[592] Sie war **fehlerhaft**, wenn sie unrichtig, unvollständig oder entgegen § 34 b Abs. 1 Satz 1 WpHG aF ohne die erforderliche Sachkenntnis, Sorgfalt

---

589 Vgl. Begr. zu § 4 Abs. 2 Nr. 2 MaKonV, BR-Drs. 18/05, 17.
590 Assmann/Schneider/*Vogel*, 6. Aufl. § 20 a Rn. 229; Fuchs/*Fleischer* WpHG § 20 a Rn. 63.
591 Verordnung über die Analyse von Finanzinstrumenten (**Finanzanalyseverordnung – FinAnV**) v. 17.12.2004, BGBl. 2004 I 3522.
592 Assmann/Schneider/*Vogel*, 6. Aufl. § 20 a Rn. 229.

und Gewissenhaftigkeit erstellt worden war.[593] **In Zukunft** wird die Unrichtigkeit von Anlageempfehlungen in Einklang mit Art. 20 MAR und den nach **Art. 20 Abs. 3 MAR** erlassenen technischen Regulierungsstandards in Delegierte Verordnung (EU) 2016/958[594] zu bestimmen sein. **Verzerrend** ist eine Darstellung, wenn sie in einer Weise verfasst ist, dass ein verständiger Anleger (Rn. 88 ff.) durch sie in die Irre geführt wird.[595] Was unter einer „**nachweislichen**" Beeinflussung durch materielle Interessen zu verstehen ist, ist demgegenüber weniger eindeutig. Auch hier ist festzustellen, dass der schlichten Beeinflussung durch wirtschaftliche Interessen allein kein Täuschungswert zukommt; sie erhellt allenfalls die hinter der Handlung stehende Motivlage.[596]

Wie bisher der Anwendungsbereich des § 4 Abs. 2 Nr. 1 MaKonV gegenüber dem vorgreiflich anwendbaren § 20 a Abs. 1 S. 1 WpHG aF,[597] bleibt die Bedeutung dieses Indikators neben Art. 12 Abs. 1 lit. c MAR eher gering.

Art. 4 Nr. 1 iVm Anhang II Abschnitt 2 Nr. 2 der Delegierten Verordnung (EU) 2016/522 nennt die schon in Nr. 2 lit. a genannte „**Verbreitung falscher oder fehlerhafter Marktinformationen**", wenn eine entsprechende Position gehalten wird oder anderweitig von einer damit verbundenen Transaktion profitiert wird, das „**Pumping und Dumping**" und das „**Trash und Chash**".

191

(d) Zeitlicher Zusammenhang

Welcher zeitliche Zusammenhang genau zwischen Information und Transaktion bestehen soll, ist offengelassen.[598] So legt Anhang I/Abschnitt A lit. b lediglich fest, dass die Information „vorher oder im Nachhinein" bzw. „nachher" erfolgen muss. Angesichts der höchst unterschiedlichen „Halbwertzeit" von Informationen auf dem Kapitalmarkt, stellt sich erneut die Frage nach der hinreichenden Bestimmtheit. Anhaltspunkte für die Auslegung kann nur die Eignung zur Kursbeeinflussung geben.

192

cc) Verbreiten von Informationen mit der Eignung zum Geben falscher oder irreführender Signale oder zur Herbeiführung eines anormalen oder künstlichen Kursniveaus (Art. 12 Abs. 1 lit. c MAR)

Art. 12 Abs. 1 lit. c MAR beschreibt die Verbreitung von Informationen, soweit diese geeignet sind, falsche oder irreführende Signale hinsichtlich des Angebots, des Kurses oder der Nachfrage eines Finanzinstruments oder eines anderen Tatobjekts auszusenden bzw. ein anormales oder künstliches Kursniveau

193

---

593 Assmann/Schneider/*Vogel*, 6. Aufl. § 20 a Rn. 229; Schwark/Zimmer/*Schwark* WpHG § 20 a Rn. 76 zu sog „Sell-side Analysten".
594 Delegierte Verordnung (EU) 2016/958 der Kommission vom 9. März 2016 zur Ergänzung der Verordnung (EU) Nr. 596/2014 des Europäischen Parlaments und des Rates im Hinblick auf die technischen Regulierungsstandards für die technischen Modalitäten für die objektive Darstellung von Anlageempfehlungen oder anderen Informationen mit Empfehlungen oder Vorschlägen zu Anlagestrategien sowie für die Offenlegung bestimmter Interessen oder Anzeichen für Interessenkonflikte, ABl. L 160, 17.6.2016, p. 15
595 Assmann/Schneider/*Vogel*, 6. Aufl. § 20 a Rn. 229.
596 Assmann/Schneider/*Vogel*, 6. Aufl. § 20 a Rn. 229; *Schröder* KapitalmarktStR Rn. 553.
597 MüKoStGB/*Pananis* WpHG § 38 Rn. 207; Fuchs/*Fleischer* WpHG § 20 a Rn. 63.
598 Die von Assmann/Schneider/*Vogel*, 6. Aufl. § 20 a Rn. 182 zur alten Rechtslage für einen „engen ... zeitlichen Zusammenhang" herangezogene Begründung „BT-Drs. 18/05, S. 16" lässt dies nicht erkennen.

herbeizuführen. Dies entspricht der bis zum 2.7.2016 geltenden Variante des Machens unrichtiger oder irreführender Angaben über bewertungserhebliche Tatsachen in § 20 a Abs. 1 S. 1 Nr. 1 WpHG aF, ist aber etwas weiter gefasst. Dabei handelt es sich um einen „klassischen" Fall einer Marktmanipulation in Form der „informationsgestützten" Manipulation.[599] Eine explizite Unterlassensvariante findet sich in der neuen Rechtslage nicht mehr (s. näher Rn. 50, 210, 275 ff.).[600]

(1) Verbreiten von Informationen

194 Der Begriff der Informationen (§ 20 a Abs. 1 S. 1 Nr. 1 WpHG aF: Angabe), der in der MAR nicht definiert wird,[601] geht über den der Tatsachen hinaus und umfasst neben inneren Absichten auch Werturteile und Prognosen, sofern sie auf einen Tatsachenkern zurückzuführen und daher überprüfbar sind (zB Werturteile und Prognosen von Dritten oder in der Vergangenheit geäußerte eigene Werturteile wie Empfehlungen oder Analyseergebnisse, sowie Ratings, vgl. Art. 20 Abs. 1 MAR „Anlageempfehlungen und andere Informationen").[602] Auch Gerüchte, die als lediglich unverbürgte Nachrichten vor dem 1. FiMaNoG nur als sonstige Täuschungshandlung unter § 20 a Abs. 1 S. 1 Nr. 3 WpHG aF erfasst werden konnten,[603] sind ausdrücklich in den Anwendungsbereich des Art. 12 Abs. 1 lit. c MAR einbezogen. So wird dem Begriff der „Information" nach neuer Rechtslage **keine Begrenzungswirkung** zugeschrieben.[604]

195 Die Informationen können „über die Medien einschließlich des Internets oder auf anderem Wege", also **in jeglicher Form** (mündlich, telefonisch, schriftlich, per Fax[605] oder E-Mail, mittels Presse, Rundfunk, Fernsehen, Internet),[606]

---

599 Zur alten Rechtslage Assmann/Schneider/*Vogel*, 6. Aufl. § 20 a Rn. 58.
600 KölnKommWpHG/*Stoll* WpHG § 20 a Rn. 170.
601 Vgl. Meyer/Veil/Rönnau/*Teigelack* § 13 Rn. 11.
602 Meyer/Veil/Rönnau/*Teigelack* § 13 Rn. 12 ff.; *Buck-Heeb* § 7 Rn. 589; Graf/Jäger/Wittig/Diversy/*Köpferl* WpHG § 38 Rn. 52. Zur alten Rechtslage Begr. § 2 Abs. 1 MaKonV, BR-Drs. 18/05, S. 12 iVm Begr. RegE zu § 13 WpHG, BT-Drs. 15/3174, S. 33: einheitliches Verständnis bei der Auslegung von § 20 a Abs. 1 S. 1 Nr. 1 und § 13 WpHG; ebenso Erbs/Kohlhaas/*Wehowsky* W 57 a WpHG § 20 a Rn. 10; Schwark/Zimmer/*Schwark* WpHG § 20 a Rn. 13; *Schröder*, HWSt X 2 Rn. 22 f.; *BaFin*, Leitfaden S. 89; *Hellmann/Beckemper* § 1 Rn. 69; *Schröder* HWSt X 2 Rn. 22; weitergehend Assmann/Schneider/*Vogel*, 6. Aufl. § 20 a Rn. 42; *Schröder* KapitalmarktStR Rn. 387 f.; *Arlt* S. 146 ff.; zur Verbreitung von Ratings vgl. EU-Kommission, Mitteilung über Rating-Agenturen, ABl. EU Nr. C 59, S. 2 (4); Stemper WM 2011, 1740 (1744 f.).
603 Begr. RegE 4. Finanzmarktförderungsgesetz, BT-Drs. 14/8017, S. 90; BaFin, Emittentenleitfaden v. 14.5.2009, S. 112; Erbs/Kohlhaas/*Wehowsky* W 57 a WpHG § 20 a Rn. 10; *Waschkeit* S. 266; aA Assmann/Schneider/*Vogel*, 6. Aufl. § 20 a Rn. 70; *Fleischer/Schmolke* AG 2007, 841 (852 f.); Fuchs/*Fleischer* WpHG § 20 a Rn. 17; MüKoStGB/*Pananis* WpHG § 38 Rn. 146, sofern im Gewand eines Gerüchts unter Hinweis auf eine angeblich zuverlässige Informationsquelle eine in ihrem Kern präzise Aussage getätigt wird; ähnlich Fuchs/*Fleischer* WpHG § 30 a Rn. 17.
604 Klöhn/*Schmolke* MAR Art. 12 Rn. 243; aA GroßkommHGB/*Grundmann* Bd. XI Teil 6, Rn. 446.
605 Vgl. BaFin-Jahresbericht 2010, S. 195 zu Fehlinformationen betreffend Freiverkehrswerte mittels sog „Spam mails"; *Fleischer* ZBB 2008, 137.
606 Zum Anlegerfernsehen via Internet (Deutsches Anleger Fernsehen, DAF) vgl. Handelsblatt v. 27.8.2006, FAZ v. 9.3.2007; zum Internet-Chatroom vgl. Beispiel bei *Hellmann/Beckemper* § 1 Rn. 68.

auch als sog Rating verbreitet werden.[607] Der Adressaten- bzw. Empfängerkreis muss nicht bestimmt sein.[608] Unerheblich war bisher, ob die Weitergabe privat (zB als „vergiftetes Tipgeben")[609] oder öffentlich (zB mittels eines unrichtigen Jahresabschlusses) erfolgte.[610] Art. 12 Abs. 1 lit. c MAR stellt auf eine **Verbreitung** ab, so dass zumindest ein **privat** und im **persönlichen Beisein** gemachter Tipp an eine einzelne Person nicht mehr unter den Tatbestand fallen dürfte bzw. der **Adressatenkreis generell weiter** gezogen sein muss.[611]

(2) Falsch oder irreführend

Die objektive Formulierung der Tathandlung des Verbreitens stellt zunächst nicht ausdrücklich darauf ab, dass die Informationen oder Gerüchte falsch bzw. irreführend sein müssen. Dass letzteres der Fall ist, ergibt sich aber zum einen aus ihrer Eignung, falsche oder irreführende Signale auszusenden, vor allem jedoch aus der **subjektiven Voraussetzung,** dass die handelnde Person „wusste oder hätte wissen müssen, dass [die verbreiteten Informationen] falsch oder irreführend waren".[612]

196

Informationen sind dann **unrichtig,** wenn sie nicht der Wahrheit entsprechen, dh wenn sie nicht vorhandene Umstände als vorhanden oder vorhandene Umstände als nicht vorhanden darstellen.[613] Werturteile oder Prognosen sind jedoch nur dann unrichtig, wenn sie auf einer unrichtigen oder unvollständigen Tatsachenbasis beruhen, sich hieraus aber nicht plausibel ableiten lassen, oder wenn sie Umstände verschweigen, welche die Informationen nachteilig beeinflusst hätten.[614] Die Unrichtigkeit muss nach fachmännischem Urteil eindeutig sein, dh die **Angabe musste schlechterdings als nicht mehr vertretbar erscheinen.**[615] Unvollständige Informationen sind dann unrichtig, wenn ein falsches Gesamtbild dadurch entsteht, dass einerseits positive Angaben gemacht, ande-

---

607 Zutr. ist mit Assmann/Schneider/*Vogel,* 6. Aufl. § 20 a Rn. 59, 65 f. eine normative Zurechnung erforderlich; Fuchs/*Fleischer* WpHG § 20 a Rn. 16, 18; Erbs/Kohlhaas/*Wehowsky* W 57 a WpHG § 20 a Rn. 14; *Schröder* KapitalmarktStR Rn. 393 f.; *Arlt* S. 157, 160; *Waschkeit* S. 273 f.; Schwark/Zimmer/*Schwark* WpHG § 20 a Rn. 28.
608 Graf/Jäger/Wittig/*Diversy/Köpferl* WpHG § 38 Rn. 54. Vgl. zur alten Rechtslage *Schröder* KapitalmarktStR Rn. 394; Fuchs/*Fleischer* WpHG § 20 a Rn. 18, jeweils mwN.
609 Vgl. auch Erbs/Kohlhaas/*Wehowsky* W 57 a WpHG § 20 a Rn. 14.
610 Assmann/Schneider/*Vogel,* 6. Aufl. § 20 a Rn. 59, 65 f.; MüKoStGB/*Pananis* WpHG § 38 Rn. 147.
611 Vgl. Graf/Jäger/Wittig/*Diversy/Köpferl*WpHG § 38 Rn. 54; Klöhn/*Schmolke* MAR Art. 12 Rn. 246 ff.; *Wittig* WirtStrR § 30 Rn. 25. AA GroßkommHGB/*Grundmann* Bd. XI Teil 6 Rn. 448.
612 Meyer/Veil/Rönnau/*Teigelack* § 13 Rn. 17; vgl. a. Graf/Jäger/Wittig/*Diversy/Köpferl* WpHG § 38 Rn. 49; *Poelzig* NZG 2016, 528 (536).
613 *Joecks* wistra 1986, 145; Assmann/Schneider/*Vogel,* 6. Aufl. § 20 a Rn. 60; Schwark/Zimmer/*Schwark* WpHG § 20 a Rn. 13.
614 Assmann/Schneider/*Assmann* WpHG § 13 Rn. 13; MüKoStGB/*Pananis* WpHG § 38 Rn. 148; einschränkend Achenbach/Wannemacher/*Hellmann* StGB § 265 b Rn. 31: Wertungen und Prognosen können nicht unrichtig sein, allenfalls unvertretbar; krit. zu Werturteilen Schwark/Zimmer/*Schwark* WpHG § 20 a Rn. 15.
615 Graf/Jäger/Wittig/*Diversy* WpHG § 38 Rn. 135; *Joecks* wistra 1986, 146; *Sorgenfrei* wistra 2002, 323; Assmann/Schneider/*Vogel,* 6. Aufl. § 20 a Rn. 60; *Schröder* KapitalmarktStR Rn. 390, 390 a, 392 e (zu Ratings); Kümpel/Wittig/*Oulds* 14.314 ff.; Fuchs/*Fleischer* WpHG § 20 a Rn. 20.

rerseits aber diesbezügliche Teile weggelassen wurden.[616] Der Begriff der „unrichtigen" Informationen wird zudem durch denjenigen der „irreführenden" Informationen ergänzt.[617] Damit sind auch Angaben erfasst, welche zwar inhaltlich richtig sind, jedoch aufgrund ihrer (auch uU unvollständigen) Darstellung beim Empfänger der Information eine falsche Vorstellung über den geschilderten Sachverhalt nahelegen.[618]

(3) Bewertungserheblichkeit?

197 Während nunmehr das Unrecht der Tathandlung mit der Formulierung der **Einwirkungswahrscheinlichkeit** zusammengefasst ist, stellte § 20 a Abs. 1 S. 1 Nr. 1 WpHG aF kumulativ auf die Bewertungserheblichkeit und die Preisbeeinflussungseignung ab. Ob dem Merkmal der bewertungserheblichen Umstände neben der umfassenderen Preisbeeinflussungseignung eine eigene Bedeutung zukam, war schon nach alter Rechtslage zweifelhaft (s. Rn. 209 der Vorauflage). Ob die abweichende Formulierung der MAR mit inhaltlichen Änderungen verbunden ist, ist daher ebenfalls fraglich.

Die Definition der **bewertungserheblichen Umstände** knüpfte an der Begriffsdefinition der Insiderinformationen in § 2 Abs. 2 MaKonV an. Sowohl die in der MaKonV enthaltene als auch die jetzige Definition der Insiderinformationen in Art. 7 Abs. 1 lit. a) MAR stellt darauf ab, dass die Informationen geeignet sein müssen, den Kurs [...] erheblich zu beeinflussen. Die **Kursbeeinflussungseignung** iSd Markmanipulation weist dagegen gerade keine Einschränkung auf die Erheblichkeit der Kursbeeinflussung auf. Daraus kann auf die grundsätzliche Erfassung auch sonstiger Informationen geschlossen werden, die noch nicht den Grad der Bewertungserheblichkeit erreicht haben.[619] Im Regelfall werden die **Bewertungserheblichkeit und Kursbeeinflussungseignung** trotzdem **zusammenfallen** (s. Rn. 191).

(4) Eignung, falsche oder irreführende Signale zu geben oder ein anormales oder künstliches Kursniveau zu sichern

198 Die Verbreitung der Informationen muss zudem **geeignet** sein, **falsche oder irreführende Signale auszusenden** oder **ein anormales oder künstliches Kursniveau herbeizuführen**. Diese Formulierung entspricht bis auf eine geringfügige sprachliche Abweichung („sichern statt herbeiführen"), die sich zudem lediglich in der deutschen Sprachfassung findet,[620] Art. 12 Abs. 1 lit. a MAR. Auf die entsprechenden Ausführungen in Rn. 77 ff. sei daher verwiesen.

---

616 Zutreffend Assmann/Schneider/*Vogel*, 6. Aufl. § 20 a Rn. 61: im Zweifel liegt bei unvollständigen Angaben kein teilweises Unterlassen, sondern insgesamt unrichtige Angaben vor; Schwark/Zimmer/*Schwark* WpHG § 20 a Rn. 22; Erbs/Kohlhaas/*Wehowsky* W 57 a WpHG § 20 a Rn. 12; Fuchs/*Fleischer* WpHG § 20 a Rn. 21; *Schröder* KapitalmarktStR Rn. 390.
617 § 20 a Abs. 1 S. 1 Nr. 1 WpHG idF Art. 1 Nr. 7 AnSVG.
618 Begr. RegE AnSVG zu § 20 a Abs. 1 WpHG, BT-Drs. 15/3174, 37; *Schröder* KapitalmarktStR Rn. 391 ff.; Assmann/Schneider/*Vogel*, 6. Aufl. § 20 a Rn. 62; MüKoStGB/*Pananis* WpHG § 38 Rn. 148; Fuchs/*Fleischer* WpHG § 20 a Rn. 22; Schwark/Zimmer/*Schwark* WpHG § 20 a Rn. 17.
619 Meyer/Veil/Rönnau/*Teigelack* § 13 Rn. 15 f.
620 S. dazu *Bator* BKR 2016, 1 (2), der feststellt, dass in der englischen, französischen und polnischen Sprachfassung jeweils derselbe Begriff („secure", „fixer", „utrzymac") verwendet wird.

Gerade für die informationsgestützte Manipulation ist jedoch fraglich, ob und inwieweit die Eignung, falsche oder irreführende Signale auszusenden, neben der dem Verbreiten falscher oder irreführender Signale überhaupt einen eigenen Anwendungsbereich haben kann. Denn jede Verbreitung einer Information enthält ein Signal für den Kapitalmarkt, wenn man davon ausgeht, dass grundsätzlich alle verfügbaren Informationen in die Anlageentscheidung eines vernünftigen Anlegers einbezogen werden.[621] Handelt es sich um eine falsche bzw. irreführende Information, müsste diese per definitionem geeignet sein, falsche Signale auszusenden. Die Möglichkeit einer – angesichts des Verschleifungsverbots[622] notwendigen und von der MAR offenbar auch gewünschten – Differenzierung besteht daher allenfalls in quantitativer Hinsicht.[623] Die MAR bietet hier anders als bei Art. 12 Abs. 1 lit. a und b **keinerlei Konkretisierungen**. Sicher zu bejahen ist eine Eignung zum Aussenden falscher oder irreführender Signale jedenfalls dann, wenn es tatsächlich kausal zu einer Einwirkung auf den Preis gekommen ist, wobei in einem solchen Fall auch ein anormales oder künstliches Kursniveau zu bejahen wäre.[624] Dabei bleibt zu beachten, dass aus einer bloßen Änderung des Kurses nicht automatisch auf die Einwirkung iSd Kausalität geschlossen werden darf, s. Rn. 95.

Daneben bietet sich wie nach alter Rechtslage eine **Orientierung an der Bewertungserheblichkeit** der Informationen an, deren Verbreitung im Regelfall die erforderliche Eignung zum Aussenden falscher oder irreführender Signale aufweisen wird.[625] Maßstab der Bewertungserheblichkeit sind der verständige Anleger und die Feststellung, was dieser bei seiner Anlageentscheidung (als Investitionsanreiz) berücksichtigen würde.[626] Dieser Maßstab liegt auch dem **Insiderrecht** und den verschiedenen Pflichten zu Ad-hoc-Veröffentlichungen zu Grunde, bezüglich derer die Definition der bewertungserheblichen Umstände der MaKonV den Auslegungsgleichlauf fördern sollte.[627]

Statuiert der Gesetzgeber eine **Veröffentlichungspflicht** oder unterwirft er eine Information dem Regime der **Insiderhandelsverbote**, so trifft er eine **Grundentscheidung** hinsichtlich ihrer **Bedeutung** für den stark **normativierten Begriff des verständigen Anlegers**. Unter Geltung der MAR erfolgt damit eine Orientierung an Art. 7 Abs. 1 lit. a, 14, 17 MAR. Insofern wirkt sich auch die Erweiterung des Begriffs der Insiderinformation indirekt auf das Verbot der Marktmanipulation aus. Zum Begriff der Insiderinformation s. Kapitel 5.

Ein vollständiger Gleichlauf zwischen Veröffentlichungspflicht und Bewertungserheblichkeit wird jedoch nicht bewirkt. Während nämlich ein legitimes

---

621 Erwägungsgrund (14) MAR; Meyer/Veil/Rönnau/*Teigelack* § 13 Rn. 37 ff.
622 Ausführlich zum Verschleifungsverbot, *Saliger* in FS Fischer, S. 523.
623 Vgl. Meyer/Veil/Rönnau/*Teigelack* § 13 Rn. 41 ff.
624 Meyer/Veil/Rönnau/*Teigelack* § 13 Rn. 42.
625 Meyer/Veil/Rönnau/*Teigelack* § 13 Rn. 43.; *Buck-Heeb* § 7 Rn. 592; ausführlich zu den bewertungserheblichen Umständen s. Rn. 204 der Vorauflage.
626 Abweichend davon die Vorgängernorm des § 2 Abs. 1 KuMaKV („Tatsachen und Werturteile, die geeignet sind, auf die Anlageentscheidung eines vernünftigen Anlegers mit durchschnittlicher Börsenkenntnis Einfluss zu nehmen"), davon wiederum abweichend die Formulierung in der Begründung zu § 2 KuMaKV: „durchschnittlich verständiger, börsenkundiger Anleger", BR-Drs. 639/03, S. 10; exemplarische Auflistung bei Assmann/Schneider/*Vogel*, 6. Aufl. § 20 Art. 87 sowie bei Köln-KommWpHG/*Mock* WpHG § 20 a Anh. I – § 2 MaKonV Rn. 6.
627 Begr. zu § 2 Abs. 1 MaKonV, BR-Drs. 18/05, 12.

Interesse daran zu bejahen sein kann, gewisse Informationen für einen Zeitraum der Öffentlichkeit vorzuenthalten (Selbstbefreiung von der Veröffentlichungspflicht nach Art. 17 Abs. 4 MAR), kann daraus in keinem Fall ein Recht zur Lüge folgen.

201 Die Marktmanipulation mittels falscher oder irreführender Ad hoc-Meldungen stellt einen der praktisch relevantesten Fälle der Marktmanipulation dar.[628] Weitere Beispiele aus der Praxis sind die Veröffentlichung unrichtiger Angaben über ein Übernahmeangebot;[629] die Veröffentlichung falscher Pressemitteilungen zu den Konsequenzen der Finanzkrise auf die eigenen Geschäftsaktivitäten;[630] die Veröffentlichung unrichtiger Halbjahres- oder Umsatzzahlen durch ein Vorstandsmitglied einer börsennotierten Aktiengesellschaft;[631] unvertretbar optimistische Angaben zur Höhe des erwarteten Jahresüberschusses durch einen Vorstandsvorsitzenden in Aktionärsbriefen und Interviews mit Tageszeitung;[632] eine Bilanzfälschung durch Scheinumsätze;[633] unterlassene Abschreibungen in der Bilanz;[634] das Erstatten einer anonymen Strafanzeige mit dem Vorwurf der Bilanzfälschung und deren Bekanntmachung zur Ausnutzung des daraufhin einsetzenden Kursverfalls;[635] die Vorspiegelung eines nicht existierenden Übernahmeangebots mittels E-Mail[636] oder Pressekonferenz;[637] die Verbreitung des Vorwurfs einer (möglichen) Bilanzfälschung in einem Anlegermagazin;[638] die Veröffentlichung eines (möglicherweise unrichtigen) negativen Analystenberichts mit Verkaufsempfehlung und kurzfristig darauffolgender Veröffentlichung eines Widerrufs der Verkaufsempfehlung;[639] rückdatierte Verträge;[640] eine Urkundenfälschung über die Eigenmittelausstattung;[641] fingierte

---

[628] Vorgang bei Infomatec AG; Vorgang bei Metabox AG: FAZ und Handelsblatt, jeweils v. 1.3.2001; Vorgang bei PA Power Automation AG: FAZ v. 20.3.2002; Vorgang bei Teles AG: FAZ v. 22.9.2004; Vorgang bei CAA: FAZ v. 10.2.2005; Vorgang bei Daimler-Chrysler AG: FAZ v. 18.8.2005. Vorgang bei Tria IT Solutions AG, BaFin Jahresbericht 2015, S. 232; Vorgang bei MLP AG, BaFin Jahresbericht 2013, S. 170 f.; abrufbar unter www.bafin.de (zuletzt abgerufen 19.6.2019).

[629] Vorgang bei Cobracrest AG & Co. KGaA, BaFin Jahresbericht 2011, S. 208, abrufbar unter www.bafin.de (zuletzt abgerufen 19.6.2019).

[630] Vorgang bei IKB Deutsche Industriebank AG, BaFin Jahresbericht 2011, S. 207 f., abrufbar unter www.bafin.de (zuletzt abgerufen 19.6.2019).

[631] Vorgang bei EM-TV AG: LG München I 8.4.2003 – 4 KLs 305 Js 52373/00, wistra 2003, 436 bzw. bei CAA AG, vgl. BaFin-Jahresbericht 2010, S. 202, abrufbar unter www.bafin.de (zuletzt abgerufen 19.6.2019).

[632] Vgl. BaFin-Jahresbericht 2017, S. 136, abrufbar unter www.bafin.de (zuletzt abgerufen 29.10.2018).

[633] Vorgang bei Comroad AG vgl. LG München I 21.11.2002 – 6 KLs 305 Js 34066/02, wistra 2003, 277; Vorgang bei Pixelnet AG, Handelsblatt v. 6.12.2002; Vorgang bei ISION AG, FAZ v. 11.11.2003; Vorgang bei Advanced Medien AG, FAZ v. 22.3.2002; Vorgang bei Nici AG, FAZ v. 2.12.2006, S. 17.

[634] Vorgang bei Refugium AG, FAZ v. 28.6.2003.

[635] Vorgang bei FJH AG, Handelsblatt v. 10.11.2003, 6.1.2004 u. 23.1.2004.

[636] Vorgang bei Gold-Zack AG, Handelsblatt v. 6.5.2002. Vgl. auch FAZ v. 21.4.2007: „Lotteriespiel mit Halbwahrheiten – Anleger stürzen sich zunehmend auf wilde Übernahmegerüchte".

[637] Vgl. Vorgang Center-Tainment AG, FAZ v. 9.12.2006.

[638] Vorgang bei MLP AG, Handelsblatt v. 14.6.2002 u. 10.5.2004, FAZ v. 14. u. 15.6.2002.

[639] Vorgang bei WCM AG, FAZ v. 12.2.2003 u. 19.5.2004; Vorgang bei Sixt AG, Handelsblatt v. 13. u. 14.2.2003.

[640] Vorgang bei Beuttenmüller Wertpapier-Verwaltungs AG, Handelsblatt v. 24.6.2003.

[641] Vorgang bei der italienischen Parmalat Finanziaria SpA, FAZ v. 24.12.2003.

Übernahmeangebote zur Kurssteigerung beim Übernahmekandidaten;[642] die Veröffentlichung einer Gewinnwarnung zur Abwehr einer feindlichen Übernahme durch geplanten Kursrutsch;[643] die Veröffentlichung einer unzutreffenden Pressemitteilung zur US-Subprime-Krise;[644] Betrug an Privatanlegern durch Vertrieb verschiedener Aktien über Mantelgesellschaften nach Bewerbung mittels unrichtiger oder irreführender Angaben sowie Generierung umsatzgetragener Kursfeststellungen[645] und die Vornahme einer unrichtigen Eintragung über eine Kapitalerhöhung ins Unternehmensregister, verbunden mit gegenläufigen Orders und der Verbreitung falscher Informationen;[646]

(5) Ausnahmeregelung für Journalisten (Art. 21 MAR)

Art. 21 MAR (§ 20 a Abs. 6 WpHG aF; Art. 1 Nr. 2 lit. c S. 2 EU-Marktmissbrauchsrichtlinie) [647] enthält eine Ausnahmevorschrift für die Berufsgruppe der Journalisten.[648] Danach erfolgt die Beurteilung einer Verbreitung als Marktmanipulation iSd Art. 12 lit. c MAR, unter Berücksichtigung der Presse- und Meinungsfreiheit in anderen Medien und der journalistischen Berufs- und Standesregeln, wenn die Verbreitung für **journalistische Zwecke** oder andere Ausdrucksformen in den Medien erfolgt.

Dies gilt nicht, wenn die betreffenden Personen oder mit ihnen **in enger Beziehung** stehende Personen durch die Verbreitung umittelbar oder mittelbar Gewinne erzielen (objektives Element) oder (alternativ) die Verbreitung in **Irreführungsabsicht** (subjektives Element) vorgenommen wurde.Die Einführung der Gegenausnahme der Irreführungsabsicht stellt formell eine Erweiterung der Gegenausnahmen gegenüber der Rechtslage vor dem 1. FiMaNoG dar. Ob sich daraus in der Praxis auch inhaltlich Änderungen ergeben, ist zu bezweifeln. Die Regelung stand ursprünglich in Zusammenhang mit den Vorschriften für Finanzanalysen (§ 34 b Abs. 4 WpHG aF), da Journalisten von den dort – strenger – regulierten Sorgfaltsanforderungen nur dann entbunden sind, wenn sie einer vergleichbaren Selbstregulierung unterworfen sind. Auch in Zukunft findet sich eine entsprechende Regelung für Anlageempfehlungen und Statistiken in Art. 20 Abs. 3 UAbs. 4 MAR, nach dem die dafür niedergelegten technischen Modalitäten für Journalisten keine Anwendung finden, „die einer gleichwertigen angemessenen Regelung — einschließlich einer gleichwertigen angemessenen Selbstregulierung — in den Mitgliedstaaten unterliegen, sofern mit

---

642 Vorgang bei Cobracrest AG, FAZ v. 5.4.2006; ebenso bei RWE, FAZ v. 14.5.2007.
643 Vgl. Vorgang bei CEWE Color, Handelsblatt v. 18.4.2007 und v. 6.8.2007.
644 Fall „Ortseifen" (ehem. IKB-Vorstandsvorsitzender) mit Verurteilung zu Freiheitsstrafe auf 1 Jahr und 10 Monate auf Bewährung, LG Düsseldorf 14.7.2010 - 14 KLs 6/09, 14 KLs – 130 Js 54/07–6/09, AG 2011, 722, bestätigt durch BGH 20.7.2011 - 3 StR 506/10; wistra 2011, 457 m. Bespr. *v. Bernuth/Wagner/Kremer* WM 2012, 831; *Jahn* JZ 2011, 340 ff.
645 Vorgang bei eSky Exchange Corp.ua, BaFin Jahresbericht 2015, S. 234, abrufbar unter www.bafin.de (zuletzt abgerufen 19.6.2019).
646 Vorgang bei IQ Investment AG, BaFin Jahresbericht 2013, S. 170, abrufbar unter www.bafin.de (zuletzt abgerufen 19.6.2019).
647 Vgl. zunächst noch RegE AnSVG, BT-Drs. 15/3174, S. 21; sodann aber Beschlussempfehlung des Finanzausschusses, BT-Drs. 15/3493, S. 25, 52; Assmann/Schneider/*Vogel*, 6. Aufl. § 20 a Rn. 131.
648 Ausführlich dazu Klöhn/*Klöhn* MAR Art. 21 Rn. 1 ff.

einer solchen Regelung eine ähnliche Wirkung erzielt wird wie mit den technischen Modalitäten".

204 Der Geltungsbereich des Journalistenprivilegs erfasst alle Personen, die für journalistische Zwecke oder andere Ausdrucksformen in den Medien Informationen offenlegen oder verbreiten bzw. Empfehlungen geben oder verbreiten. Wie in § 20 a Abs. 6 WpHG aF sind also **alle Journalisten** erfasst, gleichgültig ob es sich um natürliche oder juristische Personen, um Angestellte oder freiberuflich tätige (Haupt-, Nebenberufs- oder Gelegenheits-)Journalisten handelt und ob bzw. inwieweit sie (wie zB Pressesprecher und Newsletter-Verantwortliche) in berufliche bzw. presserechtliche Selbstregulierungsmechanismen einbezogen sind.[649] Die Ausdehnung auf Veröffentlichungen „in anderen Ausdrucksformen der Medien" dürfte hauptsächlich klarstellenden Charakter im Hinblick auf die Diversifizierung der Massenmedien und nicht journalistischen, aber trotzdem in den Schutzbereich der Meinungsfreiheit fallendenTätigkeiten (Bloggen etc) haben.[650] Der weite Kreis der privilegierten Personen beruht auf der Reichweite der verfassungsrechtlich geschützten **Meinungs- und Medienfreiheit** (Art. 5 Abs. 1 S. 1, 2 GG) bzw. dem entsprechenden Grundrecht in Art. 11 Abs. 2 der EU-Grundrechtecharta.[651] Art. 5 Abs. 2 S. 2 GG lässt zwar Schranken der Meinungs- und Medienfreiheit durch allgemeine Gesetze zu. Die Einschränkung ist jedoch ihrerseits Beschränkungen, sog „Schranken-Schranken", unterworfen. Das einschränkende allgemeine Gesetz ist im Lichte der Meinungs- und Medienfreiheit auszulegen, wobei eine Abwägung zwischen der Reichweite der Einschränkung (zB der Bindung der Zulässigkeit der journalistischen Tätigkeit an berufliche Sorgfaltspflichten) und der Meinungs- und Medienfreiheit vorzunehmen ist und der Kernbereich der Meinungs- und Medienfreiheit durch die Einschränkungen nicht berührt werden darf.[652]

205 In sachlicher Hinsicht ist nur diejenige Tätigkeit privilegiert, die **journalistischen Zwecken** oder anderen Ausdrucksformen dient. (§ 20 a Abs. 6 WpHG aF: „in Ausübung ihres Berufs"). Dies ist von lediglich **privatem Handeln** abzugrenzen.[653] Unerheblich ist dabei, über welches Medium die Tätigkeit realisiert wird (Internet, Fernsehen, Rundfunk, Presse, sonstige Informations- und Kommunikationsdienste).[654] Wichtig ist jedoch ein Mindestmaß an redaktioneller Bearbeitung hinsichtlich der verwendeten Informationen.[655]

---

649 Vgl. EU-Marktmissbrauchsrichtlinie, Erwägungsgrund (44) sowie Begr. RegE AnSVG zu § 34 b Abs. 4 WpHG, BT-Drs. 15/3174, S. 39; *Kämmerer/Veil* BKR 2005, 379 (381 ff.); *Spindler* NZG 2004, 1138 (1141 f.) Assmann/Schneider/*Vogel*, 6. Aufl. § 20 a Rn. 134; KölnKommWpHG/*Mock* WpHG § 20 a Rn. 455.
650 Klöhn/*Klöhn* MAR Art. 21 Rn. 21 ff.
651 Fuchs/*Fleischer* WpHG § 20 a Rn. 143.
652 Assmann/Schneider/*Vogel*, 6. Aufl. § 20 a Rn. 106; *Schröder* KapitalmarktStR Rn. 439.
653 Assmann/Schneider/*Vogel*, 6. Aufl. § 20 a Rn. 135; *Nossol*, Marktmanipulation versus Pressefreiheit bei der alltäglichen journalistischen Berichterstattung, 2010, S. 94 f.; Fuchs/*Fleischer* WpHG § 20 a Rn. 143.
654 Assmann/Schneider/*Vogel*, 6. Aufl. § 20 a Rn. 134.
655 Klöhn/*Klöhn* MAR Art. 21 Rn. 27.

206 Der **Inhalt der „Privilegierung"**, die dogmatisch als **Tatbestandsausschluss** einzuordnen ist,[656] besteht in einem speziellen Beurteilungsmaßstab: das Vorliegen einer ggf. grundsätzlich bestehenden Marktmanipulation ist einschränkend **unter Berücksichtigung der Regeln der Pressefreiheit und der Freiheit der Meinungsäußerung in anderen Medien sowie der journalistischen Berufs- und Standesregeln** zu beurteilen.[657] Solche Regeln finden sich derzeit in Ziff. 7 Pressekodex,[658] in den „Journalistischen Verhaltensgrundsätzen des Presserats zu Insider- und anderen Informationen mit potenziellen Auswirkungen auf Wertpapierkurse"[659] sowie in dem „Kodex für anlegergerechte Kapitalmarktkommunikation".[660] Danach dürfen redaktionelle Inhalte nicht durch private oder geschäftliche Interessen Dritter oder persönliche wirtschaftliche Interessen der Journalisten beeinflusst werden. Ferner müssen unbestätigte Meldungen, Gerüchte und Vermutungen als solche kenntlich gemacht werden. Dagegen verstoßende Verhaltensweisen wie zB „ins Blaue hinein" gemachte Werturteile und Prognosen entsprechen nicht den in den Regelwerken zum Ausdruck kommenden Pflichten: den journalistischen Sorgfalts-, insbesondere Recherche-, Prüfungs- und Wahrheitspflichten, der Neutralitätspflicht sowie der Pflicht, Interessenkonflikte zu vermeiden bzw. offen zu legen.[661]

207 Eine (objektive) Gegenausnahme bestand schon in § 20 a Abs. 6 WpHG aF, wenn der Journalist aus der zu beurteilenden Tätigkeit direkt oder indirekt (etwa über Familienangehörige oder verbundene Unternehmen) einen Nutzen zog oder Gewinne schöpfte. Diese Ausnahme wird in Art. 21 lit. a MAR ausdrücklich auf **mittelbare oder unmittelbare** Vorteile oder Gewinne erstreckt, die den **betreffenden Personen oder mit ihnen in enger Beziehung stehenden Personen** aus der Offenlegung oder Verbreitung der entsprechenden Information erwachsen. Der Begriff der „in enger Beziehung stehenden Personen" dürfte trotz der Abweichung in der deutschen Sprachfassung mit der Begriffsdefinition für „eng verbundene Personen" (person closely associated) in Art. 3 Abs. 1

---

656 Zutr. und ausführlich begründend *Nossol* S. 61 ff. (81 f.); vgl. auch *Schröder* KapitalmarktStR Rn. 604.
657 Vgl. den Hinweis auf die vom Deutschen Presserat eingesetzte Selbstregulierung in der Anhörung des Finanzausschusses v. 16.6.2004, Wortprotokoll 64. Sitzung, S. 25 ff.; Assmann/Schneider/*Vogel*, 6. Aufl. § 20 a Rn. 136; enger *Kämmerer/Veil* BKR 2005, 379 (383) für § 34 b Abs. 4 WpHG, da die Selbstregulierung nicht in Kraft gesetzt worden sei; für eine weite Auslegung iS „aller Regeln, die für den Beruf des Journalisten gelten", allerdings ohne die freiwilligen Verhaltenskodizes, *Nossol* S. 85 ff. (197).
658 *Deutscher Presserat*, Publizistische Grundsätze (Pressekodex), Richtlinien für die publizistische Arbeit nach den Empfehlungen des Deutschen Presserates, 2017, insbes. Richtlinie 7.4 („Wirtschafts- und Finanzmarktberichterstattung") abrufbar unter https://www.presserat.de/fileadmin/user_upload/Downloads_Dateien/Pressekodex201 7_web.pdf (zuletzt abgerufen am 19.6.2019); Erbs/Kohlhaas/*Wehowsky* W 57 a WpHG § 20 a Rn. 41; *Schröder* NJW 2009, 465 (469).
659 *Deutscher Presserat*, Journalistische Verhaltensgrundsätze des Deutschen Presserats zu Insider- und anderen Informationen mit potenziellen Auswirkungen auf Wertpapierkurse, 2008; Rosen/Gerke, Kodex für anlegergerechte Kapitalmarktkommunikation, Anhang 6, S. 98.
660 *Rosen/Gerke*, Kodex für anlegergerechte Kapitalmarktkommunikation, 2001; Assmann/Schneider/*Vogel*, 6. Aufl. § 20 a Rn. 136; zum Medienkodex des Netzwerks Recherche vgl. Erbs/Kohlhaas/*Wehowsky* W 57 a WpHG § 20 a Rn. 43.
661 Vgl. *Schröder* NJW 2009, 2009 (465) (469); zu den Recherche- und Wahrheitspflichten für Branchen- und Wirtschaftspresse *Wagner* WM 2003, 1158 (1160 f., 1167); Assmann/Schneider/*Vogel*, 6. Aufl. § 20 a Rn. 136; Fuchs/*Fleischer* WpHG § 20 a Rn. 144.

Nr. 26 MAR übereinstimmen. Er erfasst also zunächst Ehepartner oder eingetragene Lebenspartner (lit. a), unterhaltberechtigte Kinder (lit. b) und seit mindestens einem Jahr im gleichen Haushalt lebende Verwandte (lit. c). Daneben sind juristische Personen, Treuhand oder Personengesellschaften erfasst, deren Führungsaufgaben durch den Betroffenen oder eine der genannten Personen wahrgenommen werden, die direkt oder indirekt von einer solchen Person kontrolliert wird, die zugunsten einer solchen Person gegründet wurde oder deren wirtschaftliche Interessen weitgehend denen einer solchen Person entsprechen (lit. d). Dies entspricht wie bisher dem Kreis der in Art. 19 MAR für die sog Director's. Dealings maßgeblichen natürlichen und juristischen Personen. Insofern gab Art. 1 Nr. 2 lit. c S. 2 EU-Marktmissbrauchsrichtlinie noch keine Orientierung; die Verwendung der übereinstimmenden Begrifflichkeit „in enger Beziehung stehende Personen" in Art. 19 und 21 MAR bietet daher einen Gewinn an Klarheit.

208 Eine weitere (subjektive) Gegenausnahme, die in § 20 a Abs. 6 WpHG aF noch keine Entsprechung hatte, besteht gem. Art. 21 lit. b MAR, wenn die Weitergabe oder Verbreitung in der **Absicht** erfolgt, den **Markt** in Bezug auf das Angebot von Finanzinstrumenten, die Nachfrage danach oder ihren Kurs **irrezuführen**. Dass eine Veröffentlichung, die mit Irreführungsabsicht erfolgt, gleichzeitig den Berufs- und Standesregelungen genügt, dürfte einen in der Praxis kaum vorkommenden Fall darstellen. Zudem besteht eine hohe Wahrscheinlichkeit, dass sich hier die Schwierigkeiten des Nachweises wiederholen werden, die zur Abschaffung der Einwirkungsabsicht in § 20 a WpHG aF durch das AnsVG geführt hatten.

209 Das Journalistenprivileg führt nach dem eindeutigen Wortlaut dann nicht zur Straflosigkeit, wenn der Journalist selbst bei Berücksichtigung des privilegierenden Beurteilungsmaßstabs **gegen Art. 12 Abs. 1 lit. c MAR verstößt.**[662] Auch für die anderen Begehungsformen in Art. 12 Abs. 1 lit. a, b und d MAR gilt die Privilegierung nicht.[663]

(6) Begehen durch Unterlassen?

210 Bis zum 1. FiMaNoG fand sich in § 20 a Abs. 1 S. 1 Nr. 1 Alt. 2 WpHG aF ein echtes Unterlassungsdelikt,[664] das das Verschweigen bewertungsrelevanter Umstände, die zur Börsen- oder Marktpreisbeeinflussung geeignet sind, entgegen einer Offenbarungspflicht aus bestehenden Rechtsvorschriften (echtes dynamisches (Teil-)Blankett) erfasste.[665] Diese Tatbestandsvariante findet in Art. 12 Abs. 1 MAR **keine Entsprechung mehr.** Ob weiterhin eine Strafbarkeit,

---

662 Zur Rechtslage vor dem 1. FiMaNoG Assmann/Schneider/*Vogel*, 6. Aufl. § 20 a Rn. 139; weitergehend Erbs/Kohlhaas/*Wehowsky* W 57 x WpHG § 20 a Rn. 43; zum Fall einer Journalistin als Werkzeug einer Preismanipulation nach koreanischem Recht in: Schröder/Sethe/*Chulkee Yim* S. 111 ff.
663 Assmann/Schneider/*Vogel*, 6. Aufl. § 20 a Rn. 139; aA KölnKommWpHG/*Mock* WpHG § 20 a Rn. 462.
664 *Park* BB 2001, 2069 (2070); *Hellmann/Beckemper* § 1 Rn. 81; Fuchs/*Fleischer* WpHG § 20 a Rn. 35; MüKoStGB/*Pananis* WpHG § 38 Rn. 162; *Schröder*, HWSt, X 2, Rn. 42; *Schröder* KapitalmarktStR Rn. 449; Assmann/Schneider/*Vogel*, 6. Aufl. § 20 a Rn. 98 nimmt eine Zwitterstellung zum unechten Unterlassungsdelikt an, ebenso *Schönhöft* S. 86 f.
665 Assmann/Schneider/*Vogel*, 6. Aufl. § 20 a Rn. 100.

nunmehr als unechtes Unterlassungsdelikt gem. § 13 StGB, in Frage kommt, ist umstritten (s. Rn. 275 ff.).[666]

dd) Manipulation von Referenzwerten (Art. 12 Abs. 1 lit. d MAR)

Art. 12 Abs. 1 lit. d MAR verbietet schließlich die Manipulation von **Benchmarks**.[667] Die Manipulationshandlung ist beschrieben als die „Übermittlung falscher oder irreführender Angaben oder Bereitstellung falscher oder irreführender Ausgangsdaten bezüglich eines Referenzwerts, wenn die Person, die die Informationen übermittelt oder die Ausgangsdaten bereitgestellt hat, wusste oder hätte wissen müssen, dass sie falsch oder irreführend waren, oder sonstige Handlungen, durch die die Berechnung eines Referenzwerts manipuliert wird." Diese Variante wurde erst im Laufe des Erlassverfahrens aus Anlass des **LIBOR- und EURIBOR-Skandals**[668] in die Verordnung eingefügt.[669] Da der Preis zahlreicher Finanzinstrumente in Bezug auf derartige Referenzwerte bestimmt wird, kann deren Manipulation eine besonders weitreichende Erschütterung des Marktvertrauens bewirken und zu Verlusten bei Marktteilnehmern und Verzerrungen der Verhältnisse am Markt führen.[670] Die Vorschrift gilt für **alle veröffentlichten oder über das Internet abrufbaren Referenzwerte**, unabhängig davon, ob sie kostenlos oder entgeltlich sind.[671] Art. 3 Abs. 1 Nr. 29 MAR definiert **Referenzwerte** als „einen Kurs, Index oder Wert, der der Öffentlichkeit zugänglich gemacht oder veröffentlicht wird und periodisch oder regelmäßig durch die Anwendung einer Formel auf den Wert eines oder mehrerer Basiswerte oder -preise, einschließlich geschätzter Preise, tatsächlicher oder geschätzter Zinssätze oder sonstiger Werte, oder auf Erhebungsdaten ermittelt bzw. auf der Grundlage dieser Werte bestimmt wird und auf den bei der Festsetzung des für ein Finanzinstrument zu entrichtenden Betrags oder des Wertes eines Finanzinstruments Bezug genommen wird." Diese Bestimmung steht in Zusammenhang mit den Definitionen der BenchmarktVO (Verordnung (EU) 2016/1011 v. 8.6.2016, ist aber nicht mit ihr identisch.[672] Beispiele für erfasste Referenzwerte sind die Angebotssätze im **Interbankenverkehr**,[673] deren Manipulation der Anlass der Erstreckung des Manipulationsverbots war.[674] So ist etwa der „**Libor**" (London Interbank Offered Rate) ein Referenzzinssatz für derartige ungesicherte Kredite zwischen wichtigen Banken und wird einer Vielzahl von Finanzierungs- und Sicherungsgeschäften im Wert von mehr als 300 Bio. USD zugrunde gelegt.[675] Der **Euribor** bezieht sich auf den

211

---

666 Vgl. dazu *Bator* BKR 2016, 1 (3 ff.); *Saliger* WM 2017, 2329 und 2365.
667 S. dazu *Poelzig* NZG 2016, 528 (356); *Rau* BKR 2017, 57. Ausführlich *Brosig* Benchmark-Manipulation, 2018.
668 S. dazu ausführlich *Fleischer/Bueren* DB 2012, 2561.
669 Geänderter Kommissionsvorschlag KOM (2012) 421, endg.
670 Erwägungsgrund (44) MAR.
671 Vgl. Erwägungsgrund (44) MAR. Danach ergänzt die Vorschrift zudem „die Vorschriften der Verordnung (EU) Nr. 1227/2011, die die vorsätzliche Übermittlung falscher Informationen an Unternehmen untersagt, die Preisbewertungen oder Marktberichte enthalten, mit der Folge, dass Marktteilnehmer, die aufgrund dieser Bewertungen und Berichte tätig werden, irregeführt werden".
672 Klöhn/*Schmolke* MAR Art. 12 Rn. 276.
673 Erwägungsgrund (44) MAR. S. allgemein *Bausch/Wittmann* WM 2014, 494 (495); Meyer/Veil/Rönnau/*Brinckmann* § 15 Rn. 4; Klöhn/*Schmolke* MAR Art. 12 Rn. 276 f.
674 Meyer/Veil/Rönnau/*Brinckmann* § 15 Rn. 5 ff.
675 *Fleischer/Bueren* DB 2012, 2561 (2561) mwN.

Referenzzinssatz zwischen europäischen Banken.[676] Beide dienen dabei – für das Kapitalmarktrecht primär interessant – der Berechnung von OTC-Zinsswaps und börsengehandelten Zins-Futures.[677] Ebenfalls erfasst sind Referenzwerte für Aktienindizes wie DAX 30, MDAX etc[678]

212 Die Variante gleicht mit Ausnahme des Auffangtatbestands „sonstige Handlung" einer **vertypten mittelbaren Täterschaft** durch Täuschung derjenigen, die die Referenzwerte veröffentlichen, bzw. einer entsprechenden Manipulation von EDV-Systemen.[679] Eine Manipulation unmittelbar durch den Administraor ist zunächst nicht erfasst.[680] Insofern spiegeln die zwei prinzipiellen Varianten der „Übermittlung falscher oder irreführender Angaben oder Bereitstellung falscher oder irreführender Ausgangsdaten" vom Betrug bzw. Computerbetrug bekannte Handlungen, je nachdem, ob dadurch eine Irreführung eines Menschen oder direkt des EDV-Systems bewirkt wird. Der Begriff der falschen bzw. irreführenden Angaben stimmt mit dem der falschen bzw. irreführenden Informationen iSd Art. 12 Abs. 1 lit. c MAR überein, s. Rn. 196.[681] Eine Übermittlung von Angaben liegt vor, wenn der Täter diese an einen von ihm bestimmten Personenkreis weiterleitet; ein Bereitstellen, wenn die der Berechnung zugrundeliegenden Daten einem Dritten zugänglich gemacht werden.[682]

213 Die Tathandlung ist dabei bewusst weit gefasst, um alle Daten zu erfassen, die irgendwie eine Abweichung des Referenzwertes bewirken können.[683] Neben die ersten beiden Varianten tritt zu diesem Zweck ein **Auffangtatbestand**, der der „sonstigen Handlung", der allerdings mit dem auch unmittelbaren Bezug auf den Manipulationserfolg nicht notwendig eine Begehung in mittelbarer Täterschaft voraussetzt.[684] Insgesamt bewirkt diese Variante auch eine **Vorverlagerung** des Verbots, da die Kurserheblichkeit der Referenzwerte unwiderleglich vermutet wird bzw. auf Basis dieser Vermutung die Notwendigkeit einer unmittelbaren Beeinflussung abgeschafft wurde.[685]

214 Bei der Variante handelt es sich – wiederum mit Ausnahme der sonstigen Handlung – um eine **informationsgestützte Manipulation**,[686] so dass für die

---

676 *Fleischer/Bueren* DB 2012, 2561 (2561 f.) mwN.
677 *Fleischer/Bueren* DB 2012, 2561 (2562) mwN.
678 Meyer/Veil/Rönnau/*Veil* § 4 Rn. 84 ff.; Graf/Jäger/Wittig/*Diversy/Köpferl* WpHG § 38 Rn. 41; *Kert* NZWiSt 2013, 252; Meyer/Veil/Rönnau/*Brinckmann* § 15 Rn. 3; ausführlich Veil/*Wundenberg* European Capital Markets Law, § 35 mwN.
679 Vgl. Erwägungsgrund (44) MAR. Danach ergänzt die Vorschrift zudem „die Vorschriften der Verordnung (EU) Nr. 1227/2011, die die vorsätzliche Übermittlung falscher Informationen an Unternehmen untersagt, die Preisbewertungen oder Marktberichte enthalten, mit der Folge, dass Marktteilnehmer, die aufgrund dieser Bewertungen und Berichte tätig werden, irregeführt werden".
680 Meyer/Veil/Rönnau/*Veil* Rn. 21 ff.
681 Graf/Jäger/Wittig/*Diversy/Köpferl* WpHG § 38 Rn. 74; *Wittig* WirtStR § 30 Rn. 31.
682 Ausführlich Meyer/Veil/Rönnau/*Brinckmann* § 15 Rn. 26 ff.; Klöhn/*Schmolke* MAR Art. 12 Rn. 279 ff.; sa Graf/Jäger/Wittig/*Diversy/Köpferl* WpHG § 38 Rn. 75; *Wittig* WirtStR § 30 Rn. 31.
683 Vgl. Erwägungsgrund (44) MAR.
684 Zust. Meyer/Veil/Rönnau/*Brinckmann* § 15 Rn. 34.
685 Vgl. *Kert* NZWiSt 2013, 252 (256); KölnKommWpHG/*Stoll* WpHG § 20 a Rn. 168.
686 Vgl. GroßkommHGB/*Grundmann* Bd. XI Teil 6 Rn. 453; *Seibt/Wollenschläger* AG 2014, 593 (602); *Kiesewetter/Parmentier* BB 2013, 2371 (2372); *Wittig* WirtStR § 30 Rn. 30; *Schmolke* AG 2016, 434 (442); Klöhn/*Schmolke*MAR Art. 12 MAR Rn. 274 Meyer/Veil/Rönnau/*Brinckmann* § 15 Rn. 19 f.; sa *Buck-Heeb* § 7 Rn. 598.

Täuschungseignung in weitem Umfang auf die Ausführungen zu Art. 12 Abs. 1 lit. c MAR verwiesen werden kann (s. Rn. 198 ff.). Lediglich das Objekt der Eignung, die Referenzwerte statt das Kursniveau bzw. die Marktpreise direkt, unterscheiden sich.[687]

e) Institutionelle Ausnahmen (Art. 6 MAR)

Als **institutionelle Ausnahmen** sieht die Marktmissbrauchsverordnung vor, 215 dass Geschäfte verschiedener Hoheitsträger im Rahmen der **Geldpolitik, der Staatsschuldenverwaltung und** – dies stellt eine im Hinblick auf die Erweiterung des Anwendungsbereichs des Marktmissbrauchsregimes auf Emissionszertifikate eingefügte Neuheit dar[688] – **der Klimapolitik nicht** von der Verordnung **erfasst sind.**[689] Gem. Art. 6 Abs. 1 MAR gilt dies für Geschäfte, Aufträge oder Handlungen, die aus **geld- oder wechselkurspolitischen Gründen** oder **im Rahmen der Staatsschuldenverwaltung** von einem Mitgliedstaat, den Mitgliedern des Europäischen Systems der Zentralbanken, einem Ministerium, einer anderen Einrichtung oder Zweckgesellschaft eines oder mehrerer Mitgliedstaaten oder einer in deren Auftrag handelnden Person sowie im Fall eines Mitgliedstaats mit der Form eines Bundesstaats von einem Mitglied des Bundes getätigt werden. Gem. **Art. 6 Abs. 2 UAbs. 1 MAR** sind auch Geschäfte, Aufträge oder Handlungen der Kommission, einer anderen offiziell benannten Stelle oder einer anderen Person, die in deren Auftrag handelt, im Rahmen der Staatsschuldenverwaltung von der Ausnahme erfasst. **Offizielle Stellen** sind nach **Art. 6 Abs. 2 UAbs. 2 MAR** die Union, Zweckgesellschaften eines oder er mehrer Mitgliedstaaten, die Europäische Zentralbank, die Europäische Finanzstabilisierungsfazilität, der Europäische Stabilitätsmechanismus sowie internationale Finanzinstitute, die zwei oder mehrere Mitgliedstaaten zu dem Zweck errichtet haben, Mittel zu mobilisieren und diejenigen seiner Mitglieder, die von schwerwiegenden Finanzierungsproblemen betroffen oder bedroht sind, finanziell zu unterstützen. Schließlich sind auch Tätigkeiten eines Mitgliedstaats, der Kommission oder einer anderen offiziell benannten Stelle oder einer in deren Auftrag handelnden Person, die **Emissionszertifikate** betreffen **und im Rahmen der Klimapolitik** der Union (**Art. 6 Abs. 3 MAR**) bzw. sowie zur Umsetzung der **Gemeinsamen Agrarpolitik** oder der **Gemeinsamen Fischereipolitik** (**Art. 6 Abs. 4 MAR**) ausgenommen.

In Art. 6 Abs. 5 MAR wird der Kommission die Befugnis übertragen, durch 216 Delegierte Verordnung die Ausnahmen des Abs. 1 auf bestimmte öffentliche Stellen und die Zentralbanken von Drittstaaten zu erweitern.[690] In Art. 6 Abs. 6 MAR findet sich die Befugnis, die Ausnahme des Abs. 3 auf öffentliche Stellen eines Drittstaates auszuweiten, mit dem ein Abkommen nach der Emissionshandels-Richtlinie besteht.

---

687 Vgl. *Schmolke* AG 2016, 434 (443); Meyer/Veil/Rönnau/*Brinckmann* § 15 Rn. 14.
688 *Teigelack* BB 2012, 1361 (1362).
689 Für eine gänzliche Abschaffung einer Ausnahme für staatliche Einrichtungen Stellungnahme DAV, Nr. 50/12, S. 7 f., abrufbar unter https://anwaltverein.de/de/newsroom/id-2012-50?file=files/anwaltverein.de/downloads/newsroom/stellungnahmen/2012/2012-Mai-25-SN-50DAV-MarktmissbrauchsVO-Endfassung.pdf (zuletzt abgerufen am 19.6.2019).
690 S. dazu die Delegierte Verordnung (EU) 2016/522.

217 Art. 6 Abs. 7 MAR enthält allerdings insofern eine **Rückausnahme** für die in den Ausnahmen genannten Unternehmen tätige Personen, wenn diese unmittelbar oder mittelbar die Geschäfte, Aufträge oder Handlungen **für eigene Rechnung** tätigen.

218 Art. 6 MAR stellt eine dem Zweck der möglichst weitreichenden Harmonisierung entsprechende und zwischenzeitige tatsächliche Entwicklungen abbildende **Erweiterung** gegenüber der EU-Marktmissbrauchsrichtlinie dar.[691] Nach deren Art. 7 dürfen die EU-Mitgliedstaaten, das Europäische System der Zentralbanken, die nationalen Zentralbanken und alle anderen amtlich beauftragten Stellen oder die in ihrem Namen handelnden Personen in ihrer Geld- und Wechselkurspolitik und bei der Verwaltung der öffentlichen Schulden keinen Beschränkungen unterliegen,[692] wobei hinsichtlich der Verwaltung ihrer öffentlichen Schulden für die Mitgliedstaaten lediglich eine Ermächtigung bestand, die Ausnahmeregelungen auf ihre Gliedstaaten oder vergleichbare Gebietskörperschaften auszudehnen.[693]

f) Ausnahmen vom Marktmanipulationsverbot für den Handel mit eigenen Aktien im Rahmen von Rückkaufprogrammen und für Kursstabilisierungsmaßnahmen (Art. 5 MAR) („Safe Harbours")

aa) Überblick

219 Art. 5 MAR iVm der Delegierten Verordnung (EU) 2016/1052 enthält eine Ausnahme vom Marktmanipulationsverbot,[694] die als **Tatbestandsausschluss** einzuordnen ist.[695] Unter bestimmten Voraussetzungen sind danach – wie bisher – zwei Gruppen **transaktionsbezogener Ausnahmen** – Kursstabilisierungsmaßnahmen für Finanzinstrumente und der Handel mit eigenen Aktien im Rahmen von Rückkaufprogrammen – zugelassen, die eigentlich kursbeeinflussenden Charakter aufweisen, aber aus wirtschaftlichen Gründen als gerechtfertigt angesehen werden[696] und die daher „nicht bereits als solche" als Marktmissbrauch zu betrachten sind (sog **"Safe Harbour"**).[697] Das Marktmanipulationsverbot gilt daher jedenfalls für solche Transaktionen nicht, die im Einklang mit Art. 5 MAR und der Delegierten Verordnung (EU) 2016/1052[698] ste-

---

[691] Vgl. *Teigelack* BB 2012, 1361 (1362).
[692] Vgl. Erwägungsgründe (32) sowie Art. 7 S. 1 der EU-Marktmissbrauchsrichtlinie; Begr. RegE AnSVG, BT-Drs. 15/3174, 26; Assmann/Schneider/*Assmann* WpHG § 1 Rn. 6; MAH WiStR/*Benner*, § 22 Rn. 485; iErg auch *Arlt* S. 335 f.; nicht privilegiert sind jedoch sog primary dealer bei Staatsanleiheauktionen, vgl. *Schmidtbleicher/ Cordalis* ZBB 2007, 124 (129).
[693] Art. 7 S. 2 EU-Marktmissbrauchsrichtlinie; aA Assmann/Schneider/*Assmann* WpHG § 1 Rn. 7.
[694] S. dazu auch ESMA, Consultation Paper – Draft technical standards on the Market Abuse Regulation, ESMA/2014/809.
[695] Klöhn/*Schmolke* MARArt. 5 Rn. 7 mwN auch zur Gegenansicht. Zum Streit nach der alten Rechtslage, s. Rn. 255 der Vorauflage. Ausführlich auch *Stage*, Strafbare Marktmanipulation während der Aktienemission im engeren Sinne, 2016, S. 427 f.
[696] Zur Marktpraxis im europäischen bzw. US-amerikanischen Kontext vgl. *Pfüller/ Anders* WM 2003, 2445 (2446); *Fleischer* ZIP 2003, 2045 (2048 f.).
[697] Zur entsprechenden alten Rechtslage BR-Drs. 936/01, 251.
[698] Delegierte Verordnung (EU) 2016/1052 der Kommission v. 8.3.2016 zur Ergänzung der Verordnung (EU) Nr. 596/2014 des Europäischen Parlaments und des Rates durch technische Regulierungsstandards für die auf Rückkaufprogramme und Stabilisierungsmaßnahmen anwendbaren Bedingungen, ABl. 2016 L 173/34.

hen, die technische Regulierungsstandards nach Art. 5 Abs. 3 MAR enthält.[699] Die **Ausnahmen** sind jedoch an einigen Stellen **enger gefasst als bisher**. So ist etwa die Abwicklung eines Rückkaufprogramms über Derivate nicht mehr zulässig (Rn. 222), der Rückkauf darf nicht mehr OTC erfolgen (Rn. 222) und die speziellen Anforderungen im Hinblick auf volumenbezogene Handelsbedingungen für illiquide Märkte gelten nicht mehr (Rn. 231). Die Regelung dient der **Rechtssicherheit**: Erfolgt der Handel im Einklang mit den Voraussetzungen der Ausnahmevorschriften, liegt keine Marktmanipulation vor. Die Regelung ist jedoch nicht in dem Sinne **abschließend**, dass im Gegenschluss alle damit nicht übereinstimmenden Handlungen automatisch als Marktmanipulation gelten. Vielmehr muss jede Handlung sorgfältig auf ihr Preisbeeinflussungspotential untersucht werden. Auch die Anerkennung als zulässige Marktpraxis bleibt im Einzelfall denkbar.[700]

Kursstabilisierungsmaßnahmen[701] bewirken danach hauptsächlich die vorübergehende Stützung des Emissionskurses unter Verkaufsdruck geratener, relevanter Wertpapiere, mindern so den durch kurzfristige Anleger verursachten Verkaufsdruck und halten für die relevanten Wertpapiere geordnete Marktverhältnisse aufrecht. Dies liegt sowohl im Interesse der Anleger, die die relevanten Wertpapiere im Rahmen eines Zeitungsangebots gezeichnet oder gekauft haben, als auch im Interesse der Emittenten (im Einzelnen vgl. Rn. 226 ff.).[702] Durch **Überzeichnung** und **„Greenshoe"-Optionen**[703] können zusätzliche Ressourcen bereitgestellt und Kursstabilisierungsmaßnahmen abgesichert werden. Diese Maßnahmen sind damit in den Grenzen der Marktmissbrauchsverordnung und der Delegierten VO (EU) 2016/1052 ebenfalls zulässig[704] (Rn. 251 ff.). Schließlich ist auch der **Erwerb eigener Aktien über Rückkaufprogramme** unter bestimmten Voraussetzungen zulässig (Rn. 221 ff.).[705]

220

---

699 Vorher Art. 8 iVm Art. 17 Abs. 2 EU-Marktmissbrauchsrichtlinie.
700 Klöhn/*Klöhn* MAR Art. 5 Rn. 15. Zur alten Rechtslage ausführlich Rn. 285 ff. der Vorauflage.
701 Art. 3 Abs. 2 lit. d MAR, Kap. III Art. 5–8 Delegierte Verordnung (EU) 2016/1052 (vorher Art. 2 (7), Kap. III Art. 7–10 Durchführungsverordnung (EG) 2273/2003).
702 Erwägungsgrund 6 sowie Erwägungsgründe (7)–(11) Delegierte Verordnung (EU) 2016/1052 zu Rechtfertigung und Inhalt zulässiger Kursstabilisierungsmaßnahmen (vorher Erwägungsgrund (11) Durchführungsverordnung (EG) 2273/2003 bzw. Erwägungsgründe (12)–(18)); krit. *Vogel* WM 2003, 2437 (2438).
703 Überzeichnungsreserven, die der Emittent einem Kreditinstitut im Rahmen des Zeichnungsangebots zugesteht, bei der dieses innerhalb eines bestimmten Zeitraums nach der Emission der Wertpapiere eine bestimmte Menge desselben zum Ausgabekurs erwerben kann, Art. 1 lit. g Delegierte Verordnung (EU) 2016/1052 (vorher Art. 2 (14) Durchführungsverordnung (EG) 2273/2003).
704 Erwägungsgrund (10) Delegierte Verordnung (EU) 2016/1052 (vorher Erwägungsgründe (19), (20) der Durchführungsverordnung (EG) 2273/2003).
705 Erwägungsgründe (3)–(5), Kap. II Art. 2–4 Delegierte Verordnung (EU) 2016/1052 (vorher Erwägungsgründe (7)–(10), Kap. II Art. 3–6 der Durchführungsverordnung (EG) 2273/2003).

bb) Zulässiger Handel mit eigenen Aktien im Rahmen von Rückkaufprogrammen
(1) Anwendungsbereich

221 Um in den Genuss der Verbotsausnahme[706] des Art. 5 MAR (vorher Art. 8 EU-Marktmissbrauchsrichtlinie) zu gelangen, ist erforderlich, dass das Rückkaufprogramm ausschließlich einer eng gezogenen Zweckbestimmung unterliegt, auch wenn es wirtschaftlich zahlreiche Gründe für die in der Praxis bedeutsamen Aktienrückkäufe gibt.[707] Ferner müssen zahlreiche Publizitäts- und Transparenzpflichten erfüllt, bestimmte Handelsbedingungen eingehalten und zusätzliche Erfordernisse beachtet werden (Art. 2–4 Delegierte Verordnung (EU) 2016/1052, bis zum 2.7.2016 Art. 3–6 EU-DVO 2273/2003).[708]

222 Die Verbotsausnahme umfasst als Rückkaufprogramme gem. Art. 5 Abs. 1 zunächst jeglichen **Handel mit eigenen Aktien iSv Art. 21 bis 27 der sog Zweiten Gesellschaftsrechtsrichtlinie bzw. Kapitalrichtlinie**[709] (Art. 3 Abs. 1 Nr. 17 MAR).[710] „Handel" mit eigenen Aktien meint dabei nicht den auf Gewinn zielenden An- und Verkauf, sondern allgemein den Erwerb eigener Aktien.[711] Davon sind neben dem Erwerb durch den in eigenem Namen handelnden Emittenten und dem Erwerb durch andere Personen, die für Rechnung des Emittenten handeln,[712] auch Umgehungshandlungen – zB durch Gewährung von Vorschüssen oder Darlehen oder die Leistung von Sicherheiten durch den Emittenten an einen Dritten zum Zweck des Aktienerwerbs durch diesen –[713] und die Inpfandnahme eigener Aktien erfasst.[714] Alle diese Konstellationen müssen daher den Anforderungen der Verordnung genügen. Anders als nach der bis zum 2.7.2016 geltenden Rechtslage[715] ist die Ausnahme gem. Erwägungsgrund (2)

---

706 Art. 2 Abs. 1 Delegierte Verordnung (EU) 2016/1052; Art. 3 Durchführungsverordnung (EG) 2273/2003 sprach noch von einer „Freistellung".
707 *Grüger* S. 91; KölnKommWpHG/*Mock* WpHG § 20 a Rn. 314 ff.; Assmann/Schneider/*Vogel* WpHG, 6. Aufl., § 20 a Rn. 249.
708 Dazu ausführlich Meyer/Veil/Rönnau/*Haupt* § 17 Rn. 25 ff.
709 Richtlinie des Europäischen Parlaments und des Rates v. 25.10.2012 zur Koordinierung der Schutzbestimmungen, die in den Mitgliedstaaten den Gesellschaften im Sinne des Artikels 54 Absatz 2 des Vertrages über die Arbeitsweise der Europäischen Union im Interesse der Gesellschafter sowie Dritter für die Gründung der Aktiengesellschaft sowie für die Erhaltung und Änderung ihres Kapitals vorgeschrieben sind, um diese Bestimmungen gleichwertig zu gestalten (2012/30/EU), ABl. 2012 L 315, 74 ff.
710 Diese wurde in § 71 AktG umgesetzt, vgl. Begr. RegE 1. FiMaNoG, BT-Drs. 18/7482, 64. Bis zum 2.7.2016 gem. Art. 3, 1 Nr. 3 EU-DVO 2273/2003 iVm Art. 19–24 der ebenfalls schon als Zweite Gesellschaftsrichtlinie bezeichneten Zweiten Richtlinie des Rates v. 13.12.1976 zur Koordinierung der Schutzbestimmungen, die in den Mitgliedstaaten den Gesellschaften im Sinne des Artikels 58 Absatz 2 des Vertrages im Interesse der Gesellschafter sowie Dritter für die Gründung der Aktiengesellschaft sowie für die Erhaltung und Änderung ihres Kapitals vorgeschrieben sind, um diese Bestimmungen gleichwertig zu gestalten (77/91/EWG), ABl. 1977 L 26, 1 ff.
711 Klöhn/*Klöhn*MAR Art. 5 Rn. 26. Zur entsprechenden alten Rechtslage Erbs/Kohlhaas/*Wehowsky* W 57 a WpHG § 20 a Rn. 36; *Leppert/Stürwald* ZBB 2004, 302 (305 f.).
712 Art. 17 Abs. 1 RL 2012/30/EG (vorher Art. 19 Abs. 1 RL 77/91/EWG); vgl. § 71 d AktG; Assmann/Schneider/*Vogel* WpHG, 6. Aufl., § 20 a Rn. 251.
713 Art. 21 Abs. 1 RL 2012/30/EU (vorher Art. 23 Abs. 1 RL 77/91/EWG; vgl. § 71 a AktG; Assmann/Schneider/*Vogel* WpHG, 6. Aufl., § 20 a Rn. 251.
714 Art. 22 Abs. 1 RL 2012/30/EU (vorher Art. 24 Abs. 1 RL 77/91/EWG); vgl. § 71 e AktG; Assmann/Schneider/*Vogel* WpHG, 6. Aufl., § 20 a Rn. 251.
715 Durchführungsverordnung (EG) 2273/2003, Erwägungsgrund (8).

Delegierte Verordnung (EU) 2016/1052 zukünftig ausdrücklich auf den **tatsächlichen Handel** mit eigenen Aktien beschränkt; der „synthetische" Handel mit eigenen Aktien durch derivative Finanzinstrumente (zB mittels Erwerb von Kaufoptionen) ist nicht mehr von der Ausnahme umfasst.[716] Bisher war unbeachtlich, ob der Handel mit eigenen Aktien börslich oder außerbörslich („open market" bzw. „off-market-repurchase") oder mittels Rückkaufangebot an die Aktionäre erfolgt („Self-Tender Offer").[717] Auch hier wurde die Rechtslage insofern verschärft: Im Consultation Paper zu der späteren Delegierten Verordnung 2016/1052 stellt die ESMA ausdrücklich klar, dass in Zukunft der **OTC-Handel nicht** mehr unter die Ausnahme fällt, um Umgehungen der Preisvorschriften zu vermeiden.[718] Die **bloße Beachtung der gesellschaftsrechtlichen Anforderungen** an den Handel mit eigenen Aktien führt nicht zwingend zur Verbotsausnahme,[719] wird möglicherweise aber als **Tatbestandsirrtum** zu würdigen sein. Termin und Menge der Wertpapiere, die während der Laufzeit des Rückkaufprogramms gehandelt werden sollen, müssen zwar nicht vorab festgelegt („programmiert", s. Begriffsbestimmung in Art. 1 lit. a Delegierte Verordnung 2016/1052) werden. Das Unterbleiben der vorigen Festlegung führt dann aber zu weiteren Einschränkungen beim Emittenten (vgl. Art. 4 Abs. 2 lit. a iVm Art. 4 Abs. 1 Delegierte Verordnung 2016/1052).[720]

(2) Zweck von Rückkaufprogrammen

Gem. Art. 5 Abs. 2 MAR (vorher Art. 3 EU-DVO 2273/2003) muss der Erwerb eigener Aktien einem der folgenden **Zwecke** dienen, um als Rückkaufprogramm iSd Vorschrift eingestuft zu werden. Dies stellt eine **zwingende und abschließende Voraussetzung** dar.[721] Zulässige Zwecke sind danach die **Kapitalherabsetzung** (Herabsetzung der Zahl oder des Werts der Aktien) (lit. a), die **Erfüllung der Verpflichtungen aus Schuldtiteln, die in Beteiligungskapital umgewandelt werden können** (lit. b), (Wandelschuldverschreibungen,[722] sonstige Bezugsrechte, vgl. die in § 71 Abs. 1 S. 1 Nr. 3 AktG genannten Fälle) sowie **die Erfüllung der Verpflichtungen aus Belegschaftsaktienprogrammen** und anderen Formen der Zuteilung von Aktien an Mitarbeiter des Emittenten oder einer Tochtergesellschaft (lit. c). Hierunter fallen „klassische" Mitarbeiterbeteiligungen ebenso wie Optionsprogramme als erfolgsabhängige Vergütungsbestand-

223

---

716 Klöhn/*Klöhn* MAR Art. 5 Rn. 23: Werden bei dem Rückerwerb **anderer Finanzinstrumente** als dem eigener Aktien die sonstigen Anforderungen wie zB Transparenz eingehalten, **reduziert** dies trotzdem das **Risiko**, dass diese unter das Marktmanipulationsverbot fallen.
717 Vgl. Assmann/Schneider/*Vogel* WpHG, 6. Aufl., § 20 a Rn. 251.
718 ESMA, Consultation Paper – Draft Technical Standards on the Market Abuse Regime, ESMA/2014/809, S. 14 Rn. 22; sa Klöhn/*Klöhn*MAR Art. 5 Rn. 29.
719 Noch zur alten Rechtslage vgl. Assmann/Schneider/*Vogel* WpHG, 6. Aufl., § 20 a Rn. 251.
720 Bis zum 2.7.2016 Art. 6 Abs. 3 lit. a EU-DVO 2273/2003 iVm Art. 6 Abs. 1, Art. 2 Nr. 4 EU-DVO 2273/2003.
721 Zur bisherigen Rechtslage vgl. auch Assmann/Schneider/*Vogel* WpHG, 6. Aufl., § 20 a Rn. 252; Fuchs/*Fleischer* WpHG § 20 a Rn. 96; *Flothen* S. 89 ff.
722 Zur bisherigen Rechtslage s. Durchführungsverordnung (EG) 2273/2003, Erwägungsgrund (5), der sich in dieser Form weder in der MAR noch in der Delegierten VO (EU) 2016/1052 findet; § 221 AktG; Assmann/Schneider/*Vogel* WpHG, 6. Aufl., § 20 a Rn. 201.

teile.[723] Soweit die Rückkaufprogramme dagegen **ganz oder teilweise anderen Zwecken** dienen – etwa der **Bilanzkosmetik**;[724] der **Abwehr einer feindlichen Übernahme**, vgl. § 33 WpÜG; der **Schadensabwehr** vgl. § 71 Abs. 1 S. 1 Nr. 1 AktG;[725] der Ermöglichung des **Wertpapier-(Eigen-)Handels** vgl. § 71 Abs. 1 S. 1 Nr. 7 AktG idF ARUG[726] oder dem Betreiben einer **anlassbezogenen Kurspflege** vgl. § 71 Abs. 1 S. 1 Nr. 8 AktG idF ARUG[727] – greift die Verbotsausnahme nicht.[728] Im Vergleich zur früheren Rechtslage, die durch den pauschalen Verweis des § 11 KuMaKV auf § 71 AktG charakterisiert war, ist damit ein **wesentlich engerer Kreis** von Rückkaufprogrammen privilegierungsgeeignet.[729] Derartige anderen Zwecken dienende Rückkaufprogramme sind jedoch **nicht** etwa im Umkehrschluss **als zwingend** manipulativ zu beurteilen, insbesondere dann nicht, wenn Publizitäts-, Transparenz- bzw. bestimmte Handelsbedingungen in Anlehnung an Art. 5 Abs. 3 MAR, Art. 2 Abs. 1, 3 Delegierte VO (EU) 2016/1052[730] eingehalten werden, die auch für die Rückkaufprogramme gelten, welche die ausschließlichen Zweckvorgaben erfüllen. Das gilt unabhängig davon, dass auf diese Möglichkeit nicht mehr wie bislang[731] ausdrücklich in den Erwägungsgründen der Delegierten Verordnung hingewiesen wird.

(3) Publizitäts- und Transparenzerfordernisse

224 Nach **Art. 2 Delegierte Verordnung (EU) 2916/1052** (vorher Art. 4 Abs. 1–4 EU-DVO 2273/2003) sind verschiedene Publizitäts- bzw. Transparenzerfordernisse zu erfüllen.[732]

(a) Anforderungen des Art. 21 Abs. 1 RL 2012/30/EU

225 Erforderlich ist die **Genehmigung** des Rückkaufprogramms **durch die Hauptversammlung**, welche die Einzelheiten des vorgesehenen Erwerbs – die Höchstzahl der zu erwerbenden Aktien, die Geltungsdauer der Genehmigung, die 18 Monate[733] nicht überschreiten darf, und den niedrigsten und höchsten Gegenwert bei entgeltlichem Erwerb – festschreibt. Das **Volumen** des Erwerbs darf

---

723 Assmann/Schneider/*Vogel* WpHG, 6. Aufl., § 20 a Rn. 201.
724 Vgl. *Bardens/Meurer* KoR 2011, 476.
725 Vgl. *Hüffer/Koch* AktG § 71 Rn. 7 ff.; Heidel/*Block* AktG § 71 Rn. 12 ff.
726 Art. 1 Nr. 6 des Gesetzes zur Umsetzung der Aktionärsrechterichtlinie (ARUG) v. 30.7.2009, BGBl. 2009 I, S. 2479; zum ReGE vgl. *Drinhausen/Keinath* BB 2009, 64; *Hüffer/Koch* AktG § 71 Rn. 19 a ff.; Heidel/*Block* AktG § 71 Rn. 57 ff.
727 Art. 1 Nr. 6 des Gesetzes zur Umsetzung der Aktionärsrechtelinie (ARUG) v. 30.7.2009, BGBl. 2009 I, S. 2479; *Hüffer/Koch* AktG § 71 Rn. 19 c ff.; Heidel/*Block* AktG § 71 Rn. 59 ff.
728 Assmann/Schneider/*Vogel* WpHG, 6. Aufl., § 20 a Rn. 252; *Meißner*, S. 151, 159 ff. zu § 71 ff. AktG, aber auch S. 205: Rückerwerb auch zulässig, wenn eigene Aktien als Akquisitionswährung oder deshalb erworben werden, um die Unterbewertung der Gesellschaft zu beseitigen.
729 *Streinz/Ohler* WM 2004, 1309 (1311); *Grüger*S. 91 f.; *Teuber* S. 246 ff.; zur Kritik an § 11 KuMaKV vgl. Vorauflage.
730 Vorher Art. 4 Abs. 2, 4 bzw. Art. 5 EU-DVO 2273/2003.
731 Erwägungsgrund (2), (3), S. 2 Durchführungsverordnung (EG) 2273/2003; Assmann/Schneider/*Vogel* WpHG, 6. Aufl., § 20 a Rn. 252.
732 Erwägungsgrund (3) Delegierte Verordnung (EU) 2016/1052; bisher Durchführungsverordnung (EG) 2273/2003, Erwägungsgrund (6); § 221 AktG.
733 Vgl. demgegenüber die Empfehlung der CESR (12 Monate), CESR, Juli 2002, Ref. 02 089 b, VI, Article 8 Rn. 131, S. 46, da mit der Länge des Zeitraums die Effizienz der Veröffentlichungswirkung am Markt abnimmt, zit. nach *Grüger* S. 92 f.

10 % des gezeichneten Kapitals nicht überschreiten, nur voll eingezahlte Aktien betreffen und das Garantiekapital nicht beeinträchtigen.

(b) Rechtzeitige und substantiierte Bekanntgabe des Rückkaufprogramms (Art. 2 Abs. 1 Delegierte Verordnung (EU) 2016/1052)

Der Emittent muss das Rückkaufprogramm in allen EU-Mitgliedstaaten, in denen er einen Antrag auf Zulassung seiner Aktien zum Handel auf einem geregelten Markt gestellt hat, **vor** dessen Ausführung mit folgendem **Inhalt** angemessen bekannt geben:[734] Publik zu machen sind insbesondere der Zweck des Rückkaufprogramms, der größtmögliche Geldbetrag, der für das Programm zugewiesen wurde (vorher: der maximale Kaufpreis), die maximal zu erwerbende Aktienstückzahl und der Zeitraum des Rückkaufprogramms, ferner ggf. nachträgliche Änderungen.[735] Die **Form** der „angemessenen" Bekanntgabe ist so zu wählen, dass die Öffentlichkeit einen schnellen Zugriff auf die veröffentlichten Informationen hat und eine vollständige, korrekte und rechtzeitige Bewertung dieser Informationen nach Maßgabe der Durchführungsverordnung (EU) 2016/1055 möglich ist, Art. 1 lit. b Delegierte Verordnung (EU) 2016/1052.[736,] Es sind damit die **Anlegerpublizität** – durch Veröffentlichung in Zeitungen mit Weiterverbreitung oder gleichwertigen, von den zuständigen Stellen anerkannten Mitteln, insbesondere dem Internet – **und** – durch Unterrichtung der zuständigen staatlichen Stellen – die **Behördenpublizität** herzustellen.[737] Dabei kann das amtlich bestellte System gem. Art. 21 der Transparenzrichtlinie[738] genutzt werden, Art. 1 lit. b Delegierte Verordnung (EU) 2016/1052.

226

(c) Mechanismen zur Gewährleistung der Meldepflichten (Art. 2 Abs. 2, 3 Delegierte Verordnung (EU) 2016/1052, vorher Art. 4 Abs. 3 EU-DVO 2273/2003)

Der Emittent muss über Mechanismen verfügen, die es ihm ermöglichen und gewährleisten, dass er seinen Meldepflichten nach Art. 5 Abs. 3 MAR nachkommt, insbesondere iVm Art. 25 Abs. 1, 2, Art. 26 Abs. 1, 2, 3 der die MiFiD II ergänzenden Verordnung (EU) Nr. 600/2014,[739] sobald diese am 3.1.2017 in Kraft getreten ist. Dies kann etwa dadurch erfolgen, dass das Rückkaufpro-

227

---

[734] Art. 2 Abs. 1 Delegierte Verordnung (EU) 2016/1052, vorher Art. 4 Abs. 2 S. 1 Durchführungsverordnung (EG) 2273/2003.
[735] Vgl. Art. 2 Abs. 1 S. 1, 2 Delegierte Verordnung (EU) 2016/1052, vorher Art. 4 Abs. 2 S. 2 Durchführungsverordnung (EG) 2273/2003; Assmann/Schneider/*Vogel* WpHG, 6. Aufl., § 20 a Rn. 255; Fuchs/*Fleischer* WpHG § 20 a Rn. 98 ff.
[736] Vorher Art. 102 Abs. 1, 103 der Richtlinie 2001/34/EG des Europäischen Parlaments und Rates v. 28.5.2001 über die Zulassung von Wertpapieren zur amtlichen Börsennotierung und über die hinsichtlich dieser Wertpapiere zu veröffentlichenden Informationen, ABl. 2001 L 184, 1 (sog **Kapitalmarktpublizitätsrichtlinie**), vgl. die Definition in Art. 2 Nr. 5 EU-DVO 2273/2003.
[737] Ausländische Amtssprache oder englisch, falls von den zuständigen Stellen akzeptiert; vgl. auch Assmann/Schneider/*Vogel* WpHG, 6. Aufl., § 20 a Rn. 255.
[738] Richtlinie 2004/109/EG des Europäischen Parlaments und des Rates v. 15.12.2004 zur Harmonisierung der Transparenzanforderungen in Bezug auf Informationen über Emittenten, deren Wertpapiere zum Handel auf einem geregelten Markt zugelassen sind, und zur Änderung der Richtlinie 2001/34/EG, ABl. 2004 L 90, 38 ff.
[739] Verordnung (EU) Nr. 600/2014 des Europäischen Parlaments und des Rates v. 15.5.2014 über Märkte für Finanzinstrumente und zur Änderung der Verordnung (EU) Nr. 648/2012, ABl. 2012 L 173, 84.

gramm von einem Kreditinstitut (vgl. Art. 3 Abs. 1 Nr. 3 MAR, vorher Art. 2 Nr. 2 EU-DVO 2273/2003) durchgeführt wird, welches die Meldepflichten aus § 9 WpHG erfüllt.[740]

(d) Rechtzeitige Bekanntgabe von Transaktionsdaten (Art. 2 Abs. 3 Delegierte Verordnung (EU) 2016/1052)

228 Der Emittent muss für alle Transaktionen spätestens am Ende des siebten Handelstags nach deren Ausführung die genannten Informationen bekannt geben, wobei die Siebentagesfrist erst mit Ausführung der letzten Transaktion beginnt.[741] Die Bekanntgabeform war in der EU-DVO 2273/2003 – vermutlich aufgrund eines Redaktionsversehens[742] – nicht geregelt, so dass zugunsten des Emittenten davon auszugehen war, dass etwa auch die Bekanntgabe auf seiner Internetseite genügte.[743] Art. 2 Abs. 3 Delegierte Verordnung (EU) 2016/1052 fordert eine angemessene Bekanntgabe (vgl. die Begriffsbestimmung in Art. 1 lit. b Delegierte Verordnung (EU) 2016/1052). Nach S. 2 ist darüber hinaus die Veröffentlichung auf der Website des Emittenten erforderlich. Die Informationen müssen dort für mindestens fünf Jahre ab dem Tag der angemessenen Bekanntgabe öffentlich zugänglich bleiben.

(4) Handelsbedingungen

229 Gem. **Art. 3** Delegierte Verordnung (EU) 2016/1052 (vorher Art. 5 EU-DVO 2273/2003) sind bestimmte Handelsbedingungen hinsichtlich des Preises und des Handelsvolumens unter Berücksichtigung der Volatilität einzuhalten:

(a) Preisbezogene Handelsbedingungen

230 Da ein „künstliches" Ansteigen des Aktienkurses durch die Aktienrückkäufe vermieden werden soll, darf der Erwerb nicht zu einem Preis erfolgen, der über dem Preis des letzten unabhängig von dem Erwerb getätigten Abschlusses bzw. des derzeit höchsten unabhängigen (Kauf-)Angebots liegt (**Art. 3 Abs. 2 Delegierte Verordnung (EU) 2016/1052**, vorher Art. 5 Abs. 1 S. 1 EU-DVO 2273/2003). Dies gilt entsprechend für einen Erwerb auf nicht geregelten Märkten.[744] Eine Abwicklung des Erwerbs über derivative Finanzinstrumente ist ab dem 3.7.2016 nicht mehr möglich; vorher waren auch hier die entsprechenden Bedingungen einzuhalten (**Art. 5 Abs. 1 S. 2, 3 EU-DVO 2273/2003**). „Unabhängig" sind danach Abschlüsse bzw. Angebote, wenn an ihnen weder der Emittent noch für seine Rechnung handelnde Personen unmittelbar oder mittelbar beteiligt sind. Sofern sich der Preis durch solche Abschlüsse und Angebote nach oben verändert, darf der Emittent dem gestiegenen Preis folgen.

(b) Volumenbezogene Handelsbedingungen

231 An einem Börsentag darf der Emittent nicht mehr als 25 % des durchschnittlichen täglichen Handelsvolumens zurückerwerben (**Art. 3 Abs. 3 S. 1 Delegierte**

---

740 Vgl. Assmann/Schneider/*Vogel* WpHG, 6. Aufl., § 20 a Rn. 2256.
741 Assmann/Schneider/*Vogel* WpHG, 6. Aufl., § 20 a Rn. 202.
742 *Leppert/Stürwald* ZBB 2004, 302 (306 f.); *Singhof/Weber* AG 2005 549 (558).
743 Assmann/Schneider/*Vogel* WpHG, 6. Aufl., § 20 a Rn. 257.
744 Vgl. CESR, Juli 2002, Ref.: 02 089 b, VI, Article 8, Rn. 134, S. 46, zit. nach *Grüger*, Kurspflege, S. 95; zu weiteren Einzelheiten vgl. Assmann/Schneider/*Vogel* WpHG, 6. Aufl., § 20 a Rn. 259.

Verordnung (EU) 2016/1052, vorher Art. 5 Abs. 2 S. 1 EU-DVO 2273/2003). Diese Grenze kann auf **zweifache Weise** ermittelt werden: Der Emittent kann das Volumen des Rückkaufprogramms bei dessen Veröffentlichung für dessen genehmigte Dauer unter Bezugnahme auf das durchschnittliche tägliche Handelsvolumen im Monat vor der Veröffentlichung festlegen (**Art. 3 Abs. 3 S. 2 lit. a** Delegierte Verordnung (EU) 2016/1052, vorher Art. 5 Abs. 2 S. 1 EU-DVO 2273/2003). Tut er das nicht, ist für jeden Kauf das durchschnittliche tägliche Handelsvolumen der letzten 20 Börsentage vor Kauftermin maßgeblich (**Art. 3 Abs. 3 S. 2 lit. b** Delegierte Verordnung (EU) 2016/1052, vorher Art. 5 Abs. 2 S. 3 EU-DVO 2273/2003).[745] Nach der **bis zum 2.7.2016** geltenden Rechtslage konnte der Emittent die 25 %-Schwelle bis zu einem Volumen von 50 % des gem. Art. 5 Abs. 2 S. 2, 3 EU-DVO 2273/2003 zu berechnenden durchschnittlichen Tagesvolumens überschreiten, wenn er seine diesbezügliche Absicht der BaFin vorab mitteilte und in angemessener Weise dem Publikum bekannt gibt, dass er die 25 %-Schwelle uU überschreiten wird (**Art. 5 Abs. 3 EU-DVO 2273/2003**). Diese für Fälle außerordentlich niedriger Liquidität auf dem betroffenen Markt zugeschnittene Vorschrift galt entsprechend, wenn sich eine derartige Situation erst während des laufenden Rückkaufprogramms einstellt.[746] In Art. 3 Delegierte Verordnung (EU) 2016/1052 findet sich eine entsprechende **Ausnahme nicht mehr**.

(5) Zusätzliche Erfordernisse

Zusätzliche Anforderungen enthält **Art. 4** Delegierte Verordnung (EU) 2016/1052 (vorher Art. 6 EU-DVO 2273/2003): Aus Gründen der Transparenz bzw. Fairness[747] ist es dem Emittenten bzw. den unmittelbar oder mittelbar für seine Rechnung handelnden Personen während der Laufzeit des Rückkaufprogramms untersagt, eigene Aktien zu verkaufen (**Art. 3 Abs. 1 lit. a** Delegierte Verordnung (EU) 2016/1052),[748] solche in „geschlossenen Zeiträumen" gem. Art. 19 Abs. 11 MAR, in denen der Handel generell untersagt ist,[749] zu erwerben (**Art. 3 Abs. 1 lit. b** Delegierte Verordnung (EU) 2016/1052)[750] oder die Ad hoc-Veröffentlichung von Insiderinformationen[751] gem. Art. 17 Abs. 4, 5 MAR aufzuschieben (**Art. 3 Abs. 1 lit. c** Delegierte Verordnung (EU) 2016/1052).[752] Durch ein sog **programmiertes Rückkaufprogramm** iSv Art. 1 lit. a Delegierte Verordnung (EU) 2016/1052[753] (die Festle-

232

---

745 Zur Abhängigkeit des Berechnungsmodus von zu erwartenden sinkenden bzw. steigenden Tagesvolumina vgl. Assmann/Schneider/*Vogel* WpHG, 6. Aufl., § 20 a Rn. 260 f.; Fuchs/*Fleischer* WpHG § 20 a Rn. 104 f.
746 Durchführungsverordnung (EG) 2273/2003, Erwägungsgrund (9), S. 2; Assmann/Schneider/*Vogel* WpHG, 6. Aufl., § 20 a Rn. 261.
747 Assmann/Schneider/*Vogel* WpHG, 6. Aufl., § 20 a Rn. 204.
748 Vorher Art. 6 Abs. 1 lit. a EU-DVO 2273/2003; die Ausgabe von Belegschaftsaktien an Mitarbeiter oder an Inhaber von Wandelschuldverschreibungen fällt nicht hierunter, KölnKommWpHG/*Mock* WpHG § 20 a Anh. II – Art. 6 VO 2273/2003 Rn. 3.
749 Zur bisherigen Rechtslage s. Durchführungsverordnung (EG) 2273/2003, Erwägungsgrund (10); in Deutschland nicht von Bedeutung, vgl. *Singhof/Weber* AG 2005, 549 (561); Assmann/Schneider/*Vogel* WpHG, 6. Aufl., § 20 a Rn. 262.
750 Vorher Art. 6 Abs. 1 lit. b EU-DVO 1273/2003.
751 Art. 17 Abs. 4 UAbs. 1 MAR (vorher Art. 6 Abs. 2 EU-Marktmissbrauchsrichtlinie, § 15 Abs. 3 WpHG aF).
752 Vorher Art. 6 Abs. 1 lit. a–c EU-DVO 2273/2003; vgl. § 15 Abs. 3 WpHG aF.
753 Vorher Art. 1 Nr. 4 EU-DVO 2273/2003.

gung der Termine und der Menge der während der Laufzeit des Programms zu handelnden Wertpapiere) kann sich der Emittent von diesen Beschränkungen befreien. Eine demgegenüber größere Flexibilität erreicht der Emittent jedoch, wenn er das Rückkaufprogramm unter Führung eines **Wertpapierdienstleistungsunternehmens**[754] durchführen lässt, sofern dieses seine Rückkaufsentscheidungen unabhängig und unbeeinflusst vom Emittenten trifft (**Art. 4 Abs. 3 lit. b** Delegierte Verordnung (EU) 2016/1052, vorher Art. 6 Abs. 3 lit. b EU-DVO 2273/2003).[755] Ist der Emittent selbst ein derartiges Wertpapierdienstleistungsunternehmen, so gilt zumindest das Verkaufsverbot des Abs. 1 lit. a ferner dann nicht, wenn durch geeignete Compliance-Maßnahmen („**Chinese Walls**") zwischen der Handelsabteilung und dem Kreis der Insider eine Informationsabschottung gewährleistet ist (**Art. 4 Abs. 3** Delegierte Verordnung (EU) 2016/1052, vorher Art. 6 Abs. 2 erster Untersabsatz EU-DVO 2273/2003). Auch die Verbote gem. Abs. 1 lit. b, c gelten bei entsprechend geeigneten Maßnahmen (**Art. 4 Abs. 4** Delegierte Verordnung (EU) 2016/1052, vorher Art. 6 Abs. 2 zweiter Untersabsatz EU-DVO 2273/2003) nicht. Beide Befreiungen setzen jedoch eine Überwachung der „Chinese Walls" durch die Aufsichtsbehörde voraus.[756] Aktienrückkäufe, die den vorgenannten Anforderungen nicht entsprechen, zB Aktienrückkäufe zum Zweck der Kurspflege,[757] bergen indiziell die Gefahr, als manipulativ eingestuft zu werden. Hier ist eine genaue Einzelfallprüfung geboten.[758]

cc) Kursstabilisierungsmaßnahmen

233 Unter **Kurs- bzw. Preisstabilisierungsmaßnahmen** werden generell sowohl marktausgleichende An- und Verkäufe im Vorfeld oder Anschluss an eine Emission oder Zweitplatzierung verstanden, die eine stetige Kursentwicklung gewährleisten und plötzliche Kursstürze oder -sprünge, etwa durch das kurzfristige Realisieren von Zeichnungsgewinnen („flipping"), vermeiden sollen,[759] als auch Eingriffe unabhängig von einer Emission durch den Emittenten, institutionelle Investoren oder Finanzinstitute (zB als Mittel der Bilanzpolitik).[760]

234 Die Verbotsausnahme des Art. 5 Abs. 4 MAR (vorher § 20 a Abs. 3 WpHG aF) erfasst dagegen angesichts der eindeutigen Vorgaben der Martmissbrauchsverordnung in Verbindung mit der Delegierten Verordnung (EU) 2016/1052 Preisstabilisierungsmaßnahmen vor einer Emission und während einer Bookbuildingphase nicht, sondern bezieht sich **lediglich auf die im Zusammenhang**

---

754 Wertpapierhaus oder Kreditinstitut, vgl. § 2 Abs. 4 WpHG.
755 Vgl. Assmann/Schneider/*Vogel* WpHG, 6. Aufl., § 20 a Rn. 263.
756 Vgl. Assmann/Schneider/*Vogel* WpHG, 6. Aufl., § 20 a Rn. 264; *Meißner* S. 205; Fuchs/*Fleischer* WpHG § 20 a Rn. 107.
757 Vgl. FAZ v. 7.1.2005.
758 *Meyer* AG 2004, 289 (292); Assmann/Schneider/*Vogel* WpHG, 6. Aufl., § 20 a Rn. 265.
759 *Kümpel* Rn. 11, 25; Schwark/Zimmer/*Schwark* WpHG § 20 a Rn. 79; Assmann/Schneider/*Vogel* WpHG, 6. Aufl., § 20 a Rn. 267; *Meyer* AG 2004, 289; *Arlt* S. 89; *Meißner* S. 28 ff. mwN; zum „flipping" im Zusammenhang mit Bezugsrechten vgl. KölnKommWpHG/*Mock* WpHG § 20 a Rn. 343.
760 *Papachristou*, Börsen- und Marktpreismanipulation, S. 77 f.; *Schönhöft* S. 99; *Arlt* S. 323; *Ekkenga* WM 2002, 317 ff.; zur Begriffsvielfalt vgl. Fuchs/*Fleischer* WpHG § 20 a Rn. 108.

mit Emissionen erfolgten Preisstabilisierungsmaßnahmen.[761] Dabei sind die von der CESR verabschiedeten Standards für Stabilisierungsmaßnahmen[762] bereits berücksichtigt. **Kursstabilisierung** iS der Legaldefinition des Art. 3 Abs. 3 lit. d MAR (vorher Art. 2 Nr. 7–14 EU-DVO 2273/2003) ist dabei „jeder Kauf bzw. jedes Angebot zum Kauf von Wertpapieren oder eine Transaktion mit vergleichbaren verbundenen Instrumenten, die ein Kreditinstitut oder eine Wertpapierfirma im Rahmen eines signifikanten Zeichnungsangebots für diese Wertpapiere mit dem alleinigen Ziel tätigen, den Marktkurs dieser Wertpapiere für einen im Voraus bestimmten Zeitraum zu stützen, wenn auf diese Wertpapiere Verkaufsdruck besteht".[763] Innerhalb dieser Gruppe erfolgt dann aber eine **großzügige** Einbeziehung. So sind etwa sowohl **Erst-** als auch **Zweitplatzierungen** (sog „initial" oder „secondary public offerings" – IPOs, SPOs) erfasst und dürfen Stabilisierungsmaßnahmen ua auch mit **Finanzderivaten** etc durchgeführt werden, vgl. unten Rn. 277.[764] Während Stabilisierungsmaßnahmen früher gem. § 6 Abs. 2 KuMaKV unzulässig waren, wenn der Stabilisierungsmanager einem **Interessenkonflikt** ausgesetzt war, weil er selbst oder ein mit ihm konzernverbundenes Unternehmen (§ 15 AktG) Kauf- oder Verkaufsoptionen hinsichtlich der emittierten Wertpapiere besaß, und er das hiermit verbundene wirtschaftliche Interesse nicht im Börsenzulassungsprospekt oder in anderer handelsüblicher Weise öffentlich zuvor bekannt gemacht hatte,[765] ist ihre Zulässigkeit heute nicht mehr an diese Einschränkungen gebunden.[766] Ferner sind nunmehr nicht nur kursstützende Ankäufe des Stabilisierungsmanagers innerhalb des Stabilisierungszeitraums in den Eigenhandelsbestand unter Normzweckaspekten als zulässig anzusehen, sondern ungeachtet des (latenten) Interessenkonflikts sogar Verkäufe aus dem *Eigenhandelsbestand*.[767] Obwohl derartige Stabilisierungsmaßnahmen an sich zur Preisbeeinflussung geeig-

---

761 Vgl. Erwägungsgrund (12), Art. 3 Abs. 2 lit. d MAR; Erwägungsgrund (6), Art. 5 Abs. 1 Delegierte Verordnung (EU) 2016/1052 (zur vorherigen Rechtslage vgl. Erwägungsgrund (33) sowie Art. 8 EU-Marktmissbrauchsrichtlinie; Erwägungsgrund (11), Art. 2 Nr. 7 Durchführungsverordnung (EG) 2273/2003); *Grüger*, Kurspflege, S. 169 ff., 190, 228 f.; zu den unterschiedlichen Motiven der Emittenten bzw. Kreditinstitute etc vgl. *Meißner*, Stabilisierung, S. 33.
762 Vgl. CESR-Papiere „Stabilisation and Allotment – A European Supervisory Approach", CESR/02–020 b v. April 2002; bzw. "CESR`s. Advice on Level 2 Implementing Measures for the Proposed Market Abuse Directive", CESR/02–089 d v. Dezember 2002 (siehe Materialien/europäisch); BR-Drs. 639/03; vgl. die einzelnen Nachweise bei *Grüger* S. 96 ff.
763 Vgl. auch Delegierte Verordnung (EU) 2016/1052, Erwägungsgründe (6)-(7) (vorher Durchführungsverordnung (EG) 2273/2003, Erwägungsgründe (11–15)).
764 Vgl. Wortlaut Art. 3 Abs. 3 lit. d MAR sowie Erwägungsgrund (7), (8) Delegierte Verordnung (EU) 2016/1052 (vorher Art. 2 Nr. 7 sowie Erwägungsgrund (12) Durchführungsverordnung (EG) 2273/2003): „jeder" Kauf bzw. „jede" Transaktion „unabhängig davon, ob diese Maßnahmen an einem Handelsplatz oder außerhalb eines Handelsplatzes erfolgen"; vgl. a. Assmann/Schneider/*Vogel* WpHG, 6. Aufl., § 20 a Rn. 271, 273; Fuchs/*Fleischer* WpHG § 20 a Rn. 108.
765 Ebenso Ziff. 2.3.11 FSA Price Stabilising Rules gem. Begründung zu § 6 KuMaKV, S. 14; krit. *Pfüller/Anders* WM 2003, 2445 (2451): „praktisch selten" bzw. „überflüssig".
766 Assmann/Schneider/*Vogel* WpHG, 6. Aufl., § 20 a Rn. 211.
767 *Pfüller/Anders* WM 2003, 2445 (2451).

nete Verhaltensweisen darstellen,[768] gelten sie in den Grenzen der Art. 5 Abs. 4 MAR, Art. 5–8 Delegierte Verordnung (EU) 2016/1052 (vorher Art. 7–11 EU-DVO 2273/2003;[769] zuvor §§ 4–12 KuMaKV) gleichwohl als marktkonformes und befugtes Verhalten (Art. 5 Abs. 4 MAR, vorher Art. 8 EU-Marktmissbrauchsrichtlinie).[770] Die Regelung für Stabilisierungsmaßnahmen ist wie die der Rückkaufprogramme dogmatisch als Tatbestandsausschluss einzustufen (oben Rn. 219).

(1) Persönlicher Geltungsbereich

235 Die Verbotsausnahme kommt emissionsbegleitenden Wertpapierfirmen[771] und Kreditinstituten[772] zu Gute. Die erforderliche emissionsbegleitende Funktion wird dabei als Emittent, Bieter oder Unternehmen, das die Stabilisierungsmaßnahme durchführt, gewährleistet (Art. 6 Abs. 5 Delegierte Verordnung (EU) 2016/1052, vorher Art. 9 Abs. 1 S. 1 vor lit. a EU-DVO 2273/2003). Der früher in § 5 KuMaKV ausdrücklich benannte Stabilisierungsmanager wird in Art. 6 Abs. 5 Delegierte Verordnung (EU) 2016/1052 insofern indirekt genannt, als die Ernennung einer zentralen Stelle für die Erfüllung der Bekanntgabepflichten und die Bearbeitung von Ersuchen der zuständigen Behörde gefordert wird. Zwischenzeitlich fand sich in Art. 9 Abs. 1 S. 1 lit. d EU-DVO 2273/2003 eine abweichende Formulierung, wonach die Bekanntgabe, „welche Person für die Durchführung der Maßnahme zuständig ist", erforderlich war (vgl. Art. 9 Abs. 5 EU-DVO 2273/2003).[773]

(2) Sachlicher Geltungsbereich

236 Erfasst werden gem. Art. 3 Abs. 2 lit. d MAR Transaktionen mit Wertpapieren iSd Art. 3 Abs. 2 lit. a MAR sowie verbundenen Instrumenten iSd Art. 3 Abs. 2 lit. b MAR im Rahmen eines signifikanten Zeichnungsangebots (Art. 3 Abs. 3 lit. c MAR) für diese Wertpapiere.[774] Zu beachten ist, dass die Definition der

---

768 Mit dem Ziel der Angebotsverknappung an Kassa- oder Terminmärkten; *Fleischer* ZIP 2003, 2045 (2046); *Meißner* S. 54 ff., 64 f., 71; *Schäfer* WM 1999, 13445; *Schwark* in FS Kümpel, S. 485 (493).
769 Vgl. hierzu *Meyer* AG 2004, 289 ff.
770 Vgl. nur *Papachristou* S. 78 f.; *Grüger* S. 98.
771 Art. 3 Abs. 1 Nr. 2 MAR iVm Art. 4 Abs. 1 Nr. 1 der MiFiD II, Richtlinie 2014/65/EU des Europäischen Parlaments und des Rates v. 15.5.2014 über Märkte für Finanzinstrumente sowie zur Änderung der Richtlinien 2002/92/EG und 2011/61/EU, ABl. 2014 L 173 v. 12.6.2014, S. 349 ff. (vorher „Wertpapierhäuser", Art. 2 Nr. 1 Durchführungsverordnung (EG) 2273/2003 iVm Art. 1 Nr. 2 der sog Wertpapierdienstleistungsrichtlinie; Richtlinie 93/22/EWEG des Rates, ABl. 1993 L 141, 27).
772 Art. 3 Abs. 1 Nr. 3 MAR iVm Art. 4 Abs. 1 Nr. 1 der Capital Requirements Regulation, Verordnung (EU) Nr. 575/2013 des Europäischen Parlaments und des Rates v. 26.6.2013 über Aufsichtsanforderungen an Kreditinstitute und Wertpapierfirmen und zur Änderung der Verordnung (EU) Nr. 646/2012, ABl. 2013 L 176 v. 27.6.2013, S. 1 ff. (vorher Art. 2 Nr. 2 Durchführungsverordnung (EG) 2273/2003 iVm Art. 1 Nr. 1 Richtlinie 2000/12/EG des Europäischen Parlaments und des Rates v. 20.3.2000 über die Aufnahme und Ausübung der Tätigkeit der Kreditinstitute, ABl. 2000 L 126, 1).
773 Vgl. Durchführungsverordnung (EG) 2273/2003, Erwägungsgrund (17); *Assmann*, Schneider/*Vogel* WpHG, 6. Aufl., § 20 a Rn. 272; *Fuchs*/*Fleischer* WpHG § 20 a Rn. 111, 126 *Grüger* S. 100; *Bingel* S. 169 ff.
774 Bis zum 2.7.2016: Aktien bzw. Finanzinstrumente, die auf einem geregelten Markt iSd Art. 1 Nr. 4 EU-Marktmissbrauchsrichtlinie im EU- bzw. EWR-Raum zum Handel zugelassen sind bzw. für die ein Zulassungsantrag gestellt wurde, wenn für sie ein si

Wertpapiere und der verbundenen Instrumente für Art. 5 MAR nicht mit den allgemeinen Begriffsdefinitionen, die auf die MiFiD II verweisen, übereinstimmt.[775] „**Signifikant**" in diesem Sinne sind **Erst- oder Zweitplatzierungen**,[776] die sich sowohl hinsichtlich des Werts der angebotenen Wertpapiere als auch hinsichtlich der Verkaufsmethoden vom üblichen Handel unterscheiden. Dabei **beschränkt** sich der Wortlaut **nicht auf öffentliche Angebote**.[777] Trotzdem soll nach **Erwägungsgrund 6 der Delegierten Verordnung (EU) 2016/1052** der „Handel mit Wertpapierblöcken, bei dem es sich ausschließlich um **Privattransaktionen** handelt, **nicht als signifikantes Zeichnungsangebot** von Wertpapieren angesehen werden".[778] Öffentlich angekündigte Privatplatzierungen sind jedoch erfasst.[779] Eine im Sinne der Safe-Harbour-Regelung bevorzugte Zweitplatzierung ist zB die Kapitalerhöhung gegen Einlagen (§§ 182 ff. AktG).[780]

(3) Marktkursstützung für einen im Voraus bestimmten Zeitraum

Alleiniges Ziel der Stabilisierungsmaßnahmen muss nach dem eindeutigen Wortlaut von Art. 3 Abs. 2 lit. d MAR (vorher Art. 2 Nr. 7 EU-DVO 2273/2003 (vgl. auch Art. 10 Abs. 1, 2 EU-DVO 2273/2003)) die **Preisstützung bei emissionsbedingtem Verkaufsdruck** sein.[781] Diese „Zielvorgabe" ist erfüllt, wenn der Ausgleich kurzfristig sinkender Preisbewegungen angestrebt wird, die typischerweise im Zusammenhang mit öffentlichen Platzierungen auftreten.[782] Da lediglich das „Ziel" vorgegeben ist, muss die Kurstabilisierung nicht zwingend dieses Ergebnis bewirken. Besteht das Ziel demgegenüber in einer kontinuierlichen Kurspflege (zum erlaubten Stabilisierungszeitraum unten Rn. 242 ff.) oder beruhen Preissenkungen auf dem allgemeinen Markttrend oder der aktuellen Geschäftslage des Emittenten, so liegen keine vom Verbot der Marktmanipulation ausgenommenen Stabilisierungsmaßnahmen vor.[783]

---

gnifikantes Zeichnungsangebot besteht (Art. 2 Nr. 6, 7, 9 EU-DVO 2273/2003); Assmann/Schneider/*Vogel* WpHG, 6. Aufl., § 20 a Rn. 209.

775 S. dazu Meyer/Veil/Rönnau/*Haupt* § 17 Rn. 12 ff.
776 Initial Public Offering (IPO), Secondary Public Offerings (SPO); Schwark/Zimmer/*Schwark* WpHG § 20 a Rn. 79.
777 Meyer/Veil/Rönnau/*Veil* § 4 Rn. 111; Meyer/Veil/Rönnau/*Haupt* § 17 Rn. 20; Klöhn/*Klöhn*MAR Art. 5 Rn. 94; zur alten Rechtslage: Assmann/Schneider/*Vogel* WpHG, 6. Aufl., § 20 a Rn. 273, 302; sa KölnKommWpHG/*Mock* WpHG § 20 a Anh. II – Art. 2 VO 2273/2003, Rn. 59 f.; *Schlitt/Schäfer* AG 2004, 346 (357).
778 Delegierte Verordnung (EU) 2016/1052, Erwägungsgrund (6); Zur alten Rechtslage Durchführungsverordnung (EG) 2273/2003, Erwägungsgrund (14); Assmann/Schneider/*Vogel* WpHG, 6. Aufl., § 20 a Rn. 273.
779 Klöhn/*Klöhn*MAR Art. 5 Rn. 94. Zur Differenzierung zwischen nicht-öffentlichem Parketthandel und uU hinreichend öffentlichen „block trades" nach alter Rechtslage vgl. Assmann/Schneider/*Vogel* WpHG, 6. Aufl., § 20 a Rn. 273, 302.
780 Assmann/Schneider/*Vogel* WpHG, 6. Aufl., § 20 a Rn. 209; *Bingel* S. 174.
781 Vgl. demgegenüber die etwas allgemeiner gehaltene Formulierung in Erwägungsgrund (11) der EU-Marktmissbrauchsrichtlinie: „Kursstabilisierungsmaßnahmen bewirken **hauptsächlich** die vorübergehende Stärkung des Emissionskurses unter Verkaufsdruck geratener relevanter Wertpapiere …".
782 Vgl. bereits § 4 Abs. 2 KuMaKV; Assmann/Schneider/*Vogel* WpHG, 6. Aufl., § 20 a Rn. 210.
783 Klöhn/*Klöhn*MAR Art. 5 Rn. 91; Vgl. auch die 1. Aufl. dieser Kommentierung Rn. 60.

Dies gilt erst recht, wenn auf eine Preiserhöhung hingewirkt wird.[784] Ebenfalls nicht vom Verbot ausgenommen sind Maßnahmen, die auf eine Preisdämpfung abzielen.[785]

238 **Designated Sponsors, Market Maker** und andere Gegenparteien sind oftmals im Rahmen ihrer Tätigkeit im Umfeld von Stabilisierungsmaßnahmen tätig, ohne dass diese Tätigkeit dem alleinigen Zweck der Preisstabilisierung gem. Art. 3 Abs. 2 lit. d MAR dient.[786] Mangels intrinsischen Zusammenhangs mit der Kursstabilisierung und um einen Wertungswiderspruch zu ihrer **Funktion als Liquiditätsspender** zu vermeiden, sollten diese Tätigkeiten der Quote-Verpflichteten, Designated Sponsors und der Market Maker trotzdem als mit der **zulässigen** Marktpraxis vereinbar und legitim eingestuft werden, sofern sie mit den sonstigen gesetzlichen Vorschriften in Einklang stehen (Art. 12 Abs. 1 lit. a, Art. 13 MAR).[787] Generell besteht in Deutschland Einigkeit, dass das Vorliegen einer Marktmanipulation schon tatbestandlich ausscheidet, wenn der Handelnde im **Einklang mit den Börsenregeln** eine Funktion als Liquiditätsspender erfüllt.[788] Für Market Maker sei in diesem Zusammenhang auch auf die Delegierte Verordnung (EU) 2017/578[789] hingewiesen. Den möglichen Widerspruch zwischen der Funktion der Zurverfügungstellung von Liquidität und den Vorgaben des Marktmissbrauchsrechts erkennt die MAR zudem selbst an, vgl. Erwägungsgründe 29 und 30, indem sie Market Maker und sonstige Gegenparteien gem. Art. 9 Abs. 2 lit. a) MAR vom Verbot des Insiderhandels ausnimmt (zur entsprechenden Ausnahme vom Leerverkaufsverbot s. Kap. 6.1). Zudem ist darauf hinzuweisen, dass das Vorliegen eines Tatbestandsausschlusses bei Einhalten der Vorgaben nicht den Gegenschluss erlaubt, dass bei Nichteinhaltung der Vorgaben des Art. 5 MAR automatisch eine Marktmanipulation vorliegt (Rn. 219).[790] Zwar ist angesichts der Vollharmonisierung[791] eine pauschale Erweiterung durch den nationalen Gesetz- oder Verordnungsgeber mit Vorsicht zu betrachten;[792] eine **normzweckorientierte**

---

784 Vgl. Art. 7 Delegierte Verordnung (EU) 2016/1052, zuvor Art. 10 Durchführungsverordnung (EG) 2273/2003; Assmann/Schneider/*Vogel* WpHG, 6. Aufl., § 20 a Rn. 210.
785 Zutr. Assmann/Schneider/*Vogel* WpHG, 6. Aufl., § 20 a Rn. 210.
786 Meyer/Veil/Rönnau/*Veil* § 4 Rn. 110; Klöhn/*Klöhn* MAR Art. 5 Rn. 91; Fuchs/*Fleischer* WpHG § 20 a Rn. 110.
787 Vgl. für den Designated Sponsor *Arlt* S. 339; für Market Maker hinsichtlich Insiderinformationen: EU-Marktmissbrauchsrichtlinie, Erwägungsgrund (18) Satz 2; *Waschkeit* S. 339 f.; im Ergebnis auch Assmann/Schneider/*Vogel* WpHG, 6. Aufl., § 20 a Rn. 305; in: Assmann/Schneider/ WpHG § 14 Rn. 34; Schwark/Zimmer/*Schwark* WpHG § 20 a Rn. 94; Schwark/Zimmer/*Beck* BörsG § 27 Rn. 42. S. nunmehr auch das Urteil des VG Frankfurt 19.11.2014 – 2 K 1675/13.F, EWiR 2015, 377, dazu *Gehrmann* WM 2016, 543 (545).
788 Vgl. Meyer/Veil/Rönnau/*Racky* § 16 Rn. 49: „allgemeine Rechtsauffassung".
789 Delegierte Verordnung (EU) 2017/578 der Kommission vom 13.6.2016 zur Ergänzung der Richtlinie 2014/65/EU des Europäischen Parlaments und des Rates über Märkte für Finanzinstrumente durch technische Regulierungsstandards zur Angabe von Anforderungen an Market-Making-Vereinbarungen und -Systeme, ABl. 2017 L 87, 183 ff.
790 Meyer/Veil/Rönnau/*Haupt* § 17 Rn. 3; *Tountopoulos* 2012, 449 (451); Klöhn/ *Schmolke* MAR Art. 5 Rn. 8 mwN.
791 Zum weitgehend vollharmonisierenden Charakter der MAR, s. Seibt/Wollenschläger AG 2014, 593 (595); Poelzig NZG 2016, 528 (529).
792 Zur diesbezüglichen Diskussion nach alter Rechtslage, s. Rn. 295 ff. der Voraufl.

Auslegung bleibt dennoch **möglich**, wobei die Letztentscheidungsbefugnis an den **EuGH** fällt.

(4) Zulässige Stabilisierungsmaßnahmen

Sowohl hinsichtlich der Art der Stabilisierungsmaßnahmen als auch der hierzu 239 eingesetzten Instrumente lässt Art. 2 Abs. 2 lit. d MAR große Spielräume. Nicht nur jeder Kauf oder jede Erteilung von Kaufangeboten in Bezug auf die zu stabilisierenden Wertpapiere, sondern auch jegliche Transaktion mit verbundenen Instrumenten (einschließlich zB des Verkaufs von Kaufoptionen) werden nunmehr ausdrücklich begünstigt.[793] Hierunter fallen nach Art. 3 Abs. 2 lit. b MAR (vorher Art. 2 Nr. 8 lit. a–e EU-DVO 2273/2003):

- Verträge über bzw. Rechte auf Zeichnung, Kauf oder Verkauf von Wertpapieren (i),[794]
- Finanzderivate auf Wertpapiere (ii),[795]
- bei wandel- oder austauschbaren Schuldtiteln die Wertpapiere, in die diese wandel- oder austauschbaren Titel umgewandelt bzw. gegen die sie eingetauscht werden können (iii),
- Instrumente, die vom Emittenten oder Garantiegeber der Wertpapiere ausgegeben werden bzw. abgesichert sind und deren Marktkurs den Kurs der Wertpapiere erheblich beeinflussen könnte oder umgekehrt (iv), und
- Aktien, wenn die zu stützenden Wertpapiere Aktien entsprechen und von ihnen vertreten werden (v.).[796]

Es ist dabei nicht erforderlich, dass die Instrumente zum Handel auf einem regulierten Markt zugelassen sind bzw. für sie ein Zulassungsantrag gestellt wurde.[797] Die Stabilisierungsmaßnahmen müssen auch nicht auf einem regulierten Markt erfolgen.[798] Bemerkenswert erscheint, dass der sog **Handel per Erscheinen** (auch „**vorbörslicher**" oder „**Pre IPO-Handel**")[799] dem Anwendungsbereich von Stabilisierungsmaßnahmen unterfallen darf.[800] Der Handel per Er-

---

[793] Zur im Ergebnis übereinstimmenden bisherigen Rechtslage gem. Art. 2 Nr. 7 EU-DVO 2273/2003 und der (zunächst) restriktiven Betrachtungsweise des nationalen Gesetzgebers (vgl. BR-Drs. 639/03, S. 14: Gefahr der missbräuchlichen Nutzung der Möglichkeiten der „Safe Harbour") s. zutr., Assmann/Schneider/*Vogel* WpHG, 6. Aufl., § 2 a Rn. 276.
[794] Als Gattungsbegriff zu verstehen, dh ausstattungsgleich mit derselben ISIN-Nr. vgl. *Pfüller/Anders* WM 2003, 2445 (2451).
[795] Nicht deckungsgleich mit dem Begriff der „Finanzinstrumente" iS Art. 3 Abs. 1 Nr. 1 MAR (vorher Art. 1 S. 1 Nr. 3 EU-Marktmissbrauchsrichtlinie) bzw. mit dem Begriff „Derivate" iS § 2 Abs. 2 WpHG.
[796] Zur alten Rechtslage nach § 6 KuMaKV vgl. 1. Aufl. Rn. 63.
[797] Assmann/Schneider/*Vogel* WpHG, 6. Aufl., § 20 a Rn. 273.
[798] Durchführungsverordnung (EG) 2273/2003, Erwägungsgrund (12); Assmann/Schneider/*Vogel* WpHG, 6. Aufl., § 20 a Rn. 276; allgemein zu Erscheinungsformen der Kurs- und Marktpflege *Meißner* S. 28 ff.; *Bingel* S. 22 ff.
[799] Vgl. hierzu *Meißner* S. 31 f.; *Papachristou* S. 81 f.; *Pfüller/Koehler* WM 2002, 781 ff.; in Deutschland gibt es allerdings keinen, den geforderten Bekanntgabe- und Meldevorschriften entsprechenden Handel per Erscheinen, vgl. Assmann/Schneider/*Vogel* WpHG, 6. Aufl., § 20 a Rn. 278.
[800] Delegierte Verordnung (EU) 2016/1052, Erwägungsgrund (7); vorher Durchführungsverordnung (EG) 2273/2003, Erwägungsgrund (15): „when issued trading"; vgl. Assmann/Schneider/*Vogel* WpHG, 6. Aufl., § 20 a Rn. 300; Schwark/Zimmer/*Schwark* WpHG § 20 a Rn. 82; enger KölnKommWpHG/*Mock* WpHG § 20 a Rn. 398 mwN:

scheinen stellt einen bedeutenden Frühindikator für den Erfolg einer Emission dar und findet bei den Investoren erhebliche Beachtung (zB wenn sich dieser Handel an der unteren Grenze der Bookbuilding-Spanne bewegt).[801] Nicht priviligiert sind dagegen Stabilisierungsmaßnahmen vor und während der **Bookbuilding-Phase**, dh Maßnahmen, die letztlich der Beeinflussung der Bandbreite der Bookbuilding-Spanne dienen.[802]

241 Von der Verbotsausnahme nicht erfasst,[803] aber im Umfeld von Emissionen praktisch relevant sind sog Marktschutzvereinbarungen bzw. Lockup-Agreements. Legt man ein weites Begriffsverständnis zu Grunde, so kann dieses Merkmal generell Abreden zum rücksichtsvollen Umgang mit Aktien des Emittenten im zeitlichen Umfeld eines Börsengangs beschreiben (Kurspflege durch Aktionäre).[804] Die Praxis versteht hierunter regelmäßig die Vereinbarung eines Veräußerungsverbots für einen festgelegten Zeitraum nach der Emission zwischen Emittent und/oder Emissionsbank bzw. Emissionskonsortium einerseits und Altaktionären andererseits,[805] wobei vielfältigste Gestaltungsformen auftreten.[806] Ob in einer solchen Vereinbarung grundsätzlich eine Marktmanipulation zu sehen ist oder nicht, war umstritten.[807] Die im Börsenprospekt zu Marktschutzvereinbarungen erforderlichen Angaben ergeben sich aus der sog **Prospekt-Verordnung**.[808] Sind Aktien der Gegenstand einer derartigen Vereinbarung, so sind die beteiligten Parteien, der Inhalt der Vereinbarung und die Ausnahmen davon sowie der Zeitraum des lock-up anzugeben (ProspektVO, Anhang III, Ziff. 7.3).[809] Durch diese Transparenz für die Marktteilnehmer entfällt regelmäßig das Strafbarkeitsbedürfnis. Im Einzelfall dagegen ist zu klä-

---

nur bei Einhaltung der Vorgaben der Art. 7 ff. Durchführungsverordnung (EG) 2273/2003.
801 *Meißner* S. 63.
802 Assmann/Schneider/*Vogel* WpHG, 6. Aufl., § 20 a Rn. 278; *Pfüller/Koehler* WM 2002, 781 ff.; *Bingel* S. 175 ff.; speziell zum sog Accelerated Bookbuilding *Harrer/Grimm* FB 2006, 178.
803 Klöhn/*Klöhn*MAR Art. 5 Rn. 88.
804 *Grüger*, Kurspflege, S. 231 ff.; *Bingel* S. 40 ff.; *Teuber*, Beeinflussung, S. 64 ff.; allg. zu Begriff und Erscheinungsformen *Fleischer*, Gutachten F zum 64. Dt. Juristentag, F1 (F81 ff.); *Schäfer* ZGR 2008, 455 (462 ff.); KölnKommWpHG/*Mock/Stoll/Eufinger* WpHG § 20 a Rn. 363; *Pfüller/Anders* WM 2003, 2445 (2449) mwN.
805 Schäfer/Hamann/*Hamann* KMG, BörsG §§ 44, 45 Rn. 184; Beispiele bei LG Frankfurt 17.1.2003 – 3–07 O 26/01, ZIP 2003, 400; OLG Frankfurt 6.7.2004 – 5 U 122/03, ZIP 2004, 1411 (1414).
806 *Fleischer* WM 2002, 2305; *Papachristou* S. 74 f.; *Schäfer* WM 1999, 1345, jeweils mwN; Assmann/Schneider/*Vogel* WpHG, 6. Aufl., § 20 a Rn. 268.
807 Vgl. *Bingel* S. 147, 157; *Waschkeit* S. 340; *Schäfer* WM 1999, 1345 (1348 f.); *Pfüller/Anders* WM 2003, 2445 (2449) mwN unter Hinweis auf die Offenlegungspflicht (§ 16 Abs. 1 Nr. 14 BörsZulV) und Marktüblichkeit eines derartigen, auch als „Marktschutzvereinbarung" bezeichneten Veräußerungsverbots, insbes. für Altaktionäre bzw. Emissionsverbot für den Emittenten für einen bestimmten Zeitraum nach der Emission, ebenso *Ekkenga* WM 2002, 317 (321 f.) auch für langfristige Lock-up-Vereinbarungen zB mit Streubesitz-Aktionären, um Paketbildungen zu verhindern; ähnlich *Weber* NZG 2000, 113 (116 für „Family and friends"-Programm; der Ablauf der Lock-up-Frist ist kursrelevant, vgl. *Nowak/Gropp* ZfbF 2002, 19 ff.; aA *Lenzen* S. 221; *Ekkenga* WM 2002, 317 (318).
808 Verordnung EG Nr. 809/2004 der Kommission v. 29.4.2004, ABl. 2004 L 186, 3 ff.
809 Vgl. Schäfer/Hamann/*Hamann* KMG, BörsG §§ 44, 45 Rn. 186 a.

ren,⁸¹⁰ ob Verstöße gegen solche Marktschutzvereinbarungen per se marktmanipulativen Charakter aufweisen.⁸¹¹

(5) Stabilisierungszeitraum

Vom Marktmanipulationsverbot auszunehmende Stabilisierungsmaßnahmen sind **nur befristet möglich** (**Art. 5 Abs. 1** Delegierte Verordnung (EU) 2016/1052, vorher Art. 8 Abs. 1 EU-DVO 2273/2003), unbefristete Stabilisierungsmaßnahmen sind wie bisher nicht vom „safe harbour" gedeckt.⁸¹² Die jeweils maßgebenden zeitlichen Grenzen richten sich nach Platzierungsart (Erst-, Zweitplatzierung) bzw. zu stabilisierendem Wertpapier: bei **öffentlich angekündigten Erstplatzierungen von Aktien und ihnen entsprechenden Wertpapieren** beginnt die Frist mit dem Tag der Aufnahme des Handels auf dem geregelten Markt (Notierungsaufnahme) und endet spätestens nach **30 Kalendertagen** (**Art. 5 Abs. 1 lit. a** Delegierte Verordnung (EU) 2016/1052, vorher Art. 8 Abs. 2 S. 1 EU-DVO 2273/2003).⁸¹³ Sofern das Wertpapier in EU- bzw. EWR-Mitgliedstaaten schon davor gehandelt werden darf und der Handel den erforderlichen Bekanntgabe- und Meldevorschriften entspricht (unten Rn. 244 ff.), beginnt die Frist bereits an dem Tag, an dem der Emissionskurs angemessen bekannt gegeben wird.⁸¹⁴ 242

Der Stabilisierungszeitraum bei der **Zweitplatzierung von Aktien und ihnen entsprechenden Wertpapieren** beginnt am Tag der Veröffentlichung des Sekundäremissionspreises (Schlusspreis) und endet spätestens 30 Kalendertage nach dem Datum der Zuteilung, dh an dem Tag, an dem die Zuteilungsquote festgelegt wird (Art. 5 Abs. 1 lit. a iVm Art. 1 lit. d Delegierte Verordnung (EU) 2016/1052, vorher Art. 8 Abs. 3 iVm Art. 2 Nr. 11 EU-DVO 2273/2003).⁸¹⁵ 243

Bei **Schuldverschreibungen** (vgl. **§ 2 Abs. 1 Nr. 1 WpHG**) und anderen **verbrieften Schuldtiteln** einschließlich solcher, die in Aktien oder andere Wertpapiere, die Aktien entsprechen (Wandelanleihen, Optionsanleihen), umgewandelt werden können, beginnt der Stabilisierungszeitraum an dem Tag, an dem die (endgültigen) Konditionen des Angebots angemessen bekannt gegeben werden, und endet spätestens 30 Kalendertage nach dem Tag, an dem der Emittent den Emissionserlös erhalten hat, oder (sofern dies früher eintritt) spätestens 60 Kalendertage nach der Zuteilung der Wertpapiere. Nach neuer Rechtslage erfolgt insoweit keine Differenzierung mehr danach, ob diese in Aktien oder entsprechende Wertpapiere umgewandelt werden können (Wandelanleihen, Options-

---

810 ZB durch Verpfändung der einer lock-up-Vereinbarung unterliegenden Aktien, wenn während der Haltefrist mit einer Verwertung der Aktien zu rechnen ist, vgl. LG Frankfurt 17.1.2003 – 3–07 O 26/01, ZIP 2003, 400 (402); Schäfer/Hamann/*Hamann* KMG, BörsG §§ 44, 45 Rn. 187; großzügiger Schwark/Zimmer/*Schwark* WpHG § 20 a Rn. 96, soweit Marktschutzvereinbarungen veröffentlicht werden.
811 Zum Fall des Nichteinhaltens einer publik gemachten Marktschutzvereinbarung vgl. Assmann/Schneider/*Vogel* WpHG, 6. Aufl., § 20 a Rn. 301; KölnKommWpHG/*Mock* WpHG § 20 a Rn. 406 ff.
812 Assmann/Schneider/*Vogel* WpHG, 6. Aufl., § 20 a Rn. 275, 277.
813 Zuvor § 7 Nr. 1 KuMaKV, vgl. Voraufl. Rn. 64; *Meyer* AG 2004, 289 (293); Fuchs/*Fleischer* WpHG § 20 a Rn. 117.
814 Art. 1 lit. b Delegierte Verordnung (EU) 2016/1052, zuvor Art. 2 Nr. 5 Durchführungsverordnung (EG) 2273/2003.
815 Fuchs/*Fleischer* WpHG § 20 a Rn. 118; zu Bezugsrechtsemissionen vgl. § 186 Abs. 2 S. 1 AktG sowie Assmann/Schneider/*Vogel* WpHG, 6. Aufl., § 20 a Rn. 279 (dort Fn. 4); Schwark/Zimmer/*Schwark* WpHG § 20 a Rn. 83.

anleihen) oder nicht (so noch gem. **Art. 8 Abs. 4, 5 EU-DVO 2273/2003**). Wurden in einem sog kombinierten Angebot sowohl Aktien als auch derartige Anleihen emittiert, so war der Stabilisierungszeitraum jeweils gesondert zu bestimmen.[816] Gleichwohl begann der Stabilisierungszeitraum für beide Fallgruppen zum gleichen Zeitpunkt wie jetzt nach geltender Rechtslage.[817]

(6) Publizitäts-, Dokumentations- und Organisationspflichten

244 Angesichts der erheblichen Bedeutung der informationellen **Transparenz** des Kapitalmarktes für seine Teilnehmer[818] ist die Privilegierung der erfassten Stabilisierungsmaßnahmen nach Art. 6 Delegierte Verordnung (EU) 2016/1052 (vorher Art. 9 EU-DVO) an die Einhaltung zahlreicher Pflichten geknüpft. Zu unterscheiden ist zwischen der ex ante- (Abs. 1) und der ex post-Publizität (Abs. 3), ferner zwischen Melde- (Abs. 2) und Aufzeichnungspflichten.[819] Die Publizitäts-, Dokumentations- und Organisationspflichten richten sich gem. Art. 6 Delegierte Verordnung (EU) 2016/1052 (vorher Art. 9 EU-DVO 2273/2003) an **Emittenten, Bieter**[820] oder **Unternehmen, die Stabilisierungsmaßnahmen durchführen** bzw. die von diesen als zentrale Stelle gem. Art. 6 Abs. 5 Person (dh an den sog **Stabilisierungsmanager iSd früheren § 5 KuMaKV**).[821] Beim Zusammentreffen mehrerer Pflichtenadressaten erschien es schon nach alter Rechtslage geboten, den Stabilisierungsmanager als vorrangig verantwortlich zu betrachten.[822] Dies wird durch die Systematik des Art. 6 Delegierte Verordnung (EU) 2016/1052 klargestellt: Gem. Art. 6 Abs. 5 benennen der Emittent, der Bieter und alle Unternehmen, die die Stabilisierungsmaßnahme durchführen, sowie in ihrem Auftrag handelnde Personen einen von ihnen als zentrale Stelle; die Pflichten richten sich dann ausdrücklich an diese Person.

245 **Vor Beginn der Zeichnungsfrist** haben die vorgenannten Adressaten gem. Art. 6 Abs. 1 Delegierte Verordnung (EU) 2016/1052 (vorher Art. 9 Abs. 1 S. 1 EU-DVO 2273/2003, der abgesehen vom Fehlen eines lit. f. nahezu wortgleich ist) in angemessener Weise,[823] dh praktisch regelmäßig im Prospekt, bekannt zu geben,

- dass möglicherweise eine Stabilisierungsmaßnahme durchgeführt wird, diese aber nicht garantiert wird und jederzeit beendet werden kann (lit. a),[824]

---

816 KölnKommWpHG/*Mock* WpHG § 20 a Anh. II – Art. 8 VO 2273/2003, Rn. 15 f.; Fuchs/*Fleischer* WpHG § 20 a Rn. 119 f.
817 Ausführlich *Meyer* AG 2004, 289 (293); zum Fristbeginn bei sog „accelerated bookbuilding offerings" vgl. *Bingel* S. 174 f. mwN.
818 Vgl. Erwägungsgrund (7) MAR; vorher Erwägungsgrund (15) und (24) der EU-Marktmissbrauchsrichtlinie.
819 Fuchs/*Fleischer* WpHG § 20 a Rn. 121.
820 Vorbesitzer oder Emittenten, vgl. Art. 2 Nr. 10 Durchführungsverordnung (EG) 2273/2003.
821 Vgl. Art. 9 V Durchführungsverordnung (EG) 2273/2003; Assmann/Schneider/*Vogel* WpHG, 6. Aufl., § 20 a Rn. 281; zur bisherigen Rechtslage vgl. § 5 KuMaKV, hierzu *Meyer* AG 2004, 289 (292).
822 Zutr. Assmann/Schneider/*Vogel* WpHG, 6. Aufl., § 20 a Rn. 281.
823 Vgl. Art. 1 lit. b Delegierte Verordnung (EU) 2016/1052; vorher Art. 2 Nr. 5 Durchführungsverordnung (EG) 2273/2003; Fuchs/*Fleischer* WpHG § 20 a Rn. 123: Tag, Uhrzeit, Anzahl und Preis der Wertpapiere; *Leppert/Stürwald* ZBB 2004, 302 (312).
824 Näher *Vogel* WM 2003, 2437 (2440 f.); KölnKommWpHG/*Mock* WpHG § 20 a Rn. 348.

- dass Stabilisierungsmaßnahmen auf die Stützung des Marktpreises abzielen (lit. b),
- den Stabilisierungszeitraum (lit. c),
- die Person, die für die Durchführung der Maßnahme zuständig ist, dh den, bzw. bei mehreren Emissionskonsorten den führenden, Stabilisierungsmanager („lead bank");[825] steht dieser bei Bekanntgabe noch nicht fest, muss die Information vor Beginn jeder Stabilisierungsmaßnahme veröffentlicht werden (lit. d),
- ob die Möglichkeit einer Überzeichnung oder Greenshoe-Option besteht, wobei ggf. Einzelheiten anzugeben sind (lit. e), und
- an welchem Ort die Stabilisierungsmaßnahme durchgeführt werden kann, dh den Namen der Handelsplätze (lit. f.).

Aufgrund des Vorrangs der Durchführungsbestimmungen zur sog Prospektrichtlinie[826] gem. **Art. 9 Abs. 1 S. 2** EU-DVO 2273/2003 waren insoweit die Bestimmungen in den Anhängen zur sog Prospektverordnung[827] maßgeblich (etwa in Anhang III, Mindestangaben für die Wertpapierbeschreibung für Aktien (Schema), Ziff. 6.5.).[828] Die Delegierte Verordnung (EU) 2016/1052 enthält einen entsprechenden Verweis nicht mehr. Nach dem Tag der Ausführung der (letzten) Stabilisierungsmaßnahmen müssen die Adressaten der BaFin **spätestens am Ende des siebten Handelstags** die Einzelheiten sämtlicher Stabilisierungsmaßnahmen mitteilen (Art. 6 Abs. 2 Delegierte Verordnung (EU) 2016/1052, vorher **Art. 9 Abs. 2** EU-DVO 2273/2003).[829] 246

Wiederum in angemessener Weise (vgl. **Art. 1 lit. b** Delegierte Verordnung (EU) 2016/1052, vorher Art. 2 Nr. 5 EU-DVO 2273/2003)[830] ist binnen einer Woche nach Ablauf des Stabilisierungszeitraums gem. **Art. 6 Abs. 3** Delegierte Verordnung (EU) 2016/1052, vorher Art. 9 Abs. 3 EU-DVO 2273/2003 bekannt zu geben, 247

- ob eine Stabilisierungsmaßnahme durchgeführt wurde oder nicht (**lit. a**),
- zu welchem Termin mit der Stabilisierung begonnen wurde und wann die letzte Stabilisierungsmaßnahme erfolgte (**lit. b, c**),

---

825 Vgl. Erwägungsgrund (9) Art. 6 Delegierte Verordnung (EU) 2016/1052; vorher Erwägungsgrund (17) Durchführungsverordnung (EG) 2273/2003; *Pfüller/Anders* WM 2003, 2445 (2451); Assmann/Schneider/*Vogel* WpHG, 6. Aufl., § 20 a Rn. 282.
826 Richtlinie 2003/71/EG des Europäischen Parlaments und des Rates v. 4.11.2003 betreffend den Prospekt, der beim öffentlichen Angebot von Wertpapieren oder bei deren Zulassung zum Handel zu veröffentlichen ist, und zur Änderung der Richtlinie 2001/34/EG (**Prospektrichtlinie**), ABl. 2003 L 345 v. 31.12.2003, S. 64.
827 Verordnung (EG) Nr. 809/2004 der Kommission v. 29.4.2004 zur Umsetzung der Richtlinie 2003/71/EG des Europäischen Parlaments und des Rates betreffend die in Prospekten enthaltenen Informationen sowie das Format, die Aufnahme von Informationen mittels Verweis und die Veröffentlichung solcher Prospekte und die Verbreitung von Werbung (**Prospektverordnung**), ABl. 2004 L 149 v. 30.4.2004, S. 1, berichtigte Fassung Nr. L 215 v. 16.6.2004, S. 3.
828 Vgl. Schäfer/Hamann/*Hamann* KMG, BörsG §§ 44, 45 Rn. 172; *Bingel* S. 180 f.
829 Fuchs/*Fleischer* WpHG § 20 a Rn. 123; krit. *Bingel* S. 182 f.
830 Eine gebündelte Offenlegung genügt, Fuchs/*Fleischer* WpHG § 20 a Rn. 124; *Leppert/Stürwald* ZBB 2004, 302 (312 f.).

- innerhalb welcher Preisspanne die Stabilisierung erfolgte (jeweils einzeln für jeden Termin, zu dem eine Maßnahme durchgeführt wurde), (**lit. d**), und
- an welchem Handelsplatz die Kursstabilisierungsmaßnahmen erfolgten (**lit. e**).

Auch lit. e ist gegenüber der alten Rechtslage neu.

248 Unabhängig davon, dass eine derartige nachträgliche Publizität den Erfolg einer Stabilisierungsmaßnahme konterkarieren kann,[831] ist unklar, wie ein **Verstoß** gegen diese **nachlaufenden formalen Pflichten** strafrechtlich zu beurteilen ist. Konsequenz einer Bejahung von Strafbarkeit wäre, dass dann eine ansonsten zulässige, dh vom Manipulationsverbot nicht betroffene Kursstabilisierungshandlung, nachträglich pönalisiert wird. Die Verletzung derartiger Formvorschriften rechtfertigt aber im Hinblick auf das ultima-ratio-Prinzip keine strafrechtliche Bemakelung von Kursstabilisierungsmaßnahmen, die ansonsten im Einklang mit den Anforderungen der MAR und der Delegierte Verordnung erfolgt sind, und sollte deshalb als separate Ordnungswidrigkeit geahndet werden.[832]

249 Nach **Art. 6 Abs. 4** Delegierte Verordnung (EU) 2016/1052 (vorher Art. 9 Abs. 4 EU-DVO 2273/2003) sind die Adressaten zu einer umfassenden **Dokumentation** aller Stabilisierungsmaßnahmen verpflichtet, um eine aufsichtsbehördliche Nachprüfung zu ermöglichen. Während sich in der EU-DVO 2273/2003 keine Mindestaufbewahrungsfrist fand und damit auch eine Sanktionsgrundlage im Falle eines Verstoßes fehlte, verweist Art. 9 Abs. 4 Delegierte Verordnung (EU) 2016/1052 auf Art. 15 MiFiD, so dass ebenso wie zuvor gemäß § 10 Abs. 1 S. 2 KuMaKV eine Mindestaufbewahrungsfrist von fünf Jahren vorgesehen ist.

dd) Spezielle Kursbedingungen (Stabilisierungspreis)

250 Gem. **Art. 7 Abs. 1** Delegierte Verordnung (EU) 2016/1052 (vorher Art. 10 Abs. 1 EU-DVO 2273/2003) ist ausdrücklich vorgeschrieben, dass die Stabilisierung bei Aktienemissionen unter keinen Umständen zu einem höheren Preis als dem Emissionspreis (iSd Angebotspreises, nicht des Zeichnungspreises im aktienrechtlichen Sinn)[833] erfolgen darf. Angesichts des klaren Wortlauts sind **Preisbereinigungen**, etwa durch die Ausgabe von sog Berichtigungsaktien bei Kapitalerhöhungen aus Gesellschaftsmitteln, **nicht** (mehr, vgl. früher § 8 Nr. 4 KuMaKV) zulässig.[834] Dies gilt für Zeichnungsangebote von **Wandelschuldverschreibungen** in dem Sinne, dass der Marktpreis zum Zeitpunkt der Bekanntgabe des endgültigen Angebots unter keinen Umständen überschritten werden darf (**Art. 7 Abs. 2** Delegierte Verordnung (EU) 2016/1052, vorher Art. 10 Abs. 2 EU-DVO 2273/2003.

---

831 Assmann/Schneider/*Vogel* WpHG, 6. Aufl., § 20 a Rn. 285.
832 Vgl. *Vogel* WM 2003, 2437 (2441), dort Fn. 53: „Strafrechtsdogmatisch nicht abgestimmt"; vgl. auch *Pfüller/Anders* WM 2003, 2445 (2452 f.) zur Schutzzweck-Beeinträchtigung einer nachträglichen unrichtigen Veröffentlichung; MAH WiStR/*Benner*, § 22 Rn. 493, 504, 509; *Tountopoulos* EWS 2012, 449 (451).
833 Zutr. *Pfüller/Anders* WM 2003, 2445 (2452); Assmann/Schneider/*Vogel* WpHG, 6. Aufl., § 20 a Rn. 288; Fuchs/*Fleischer* WpHG § 20 a Rn. 127.
834 *Meyer* AG 2004, 289 (293); krit. *Bingel* S. 184 (186).

ee) Ergänzende Stabilisierungsmaßnahmen (Mehrzuteilung, Greenshoe-Option)

Durch Mehrzuteilungs- bzw. sog „Greenshoe"-Optionen[835] bei Überzeichnung können zusätzliche Ressourcen bereitgestellt und Kursstabilisierungsmaßnahmen abgesichert werden. Sie sind daher eng mit der Kursstabilisierung verbunden.[836] Um in das Privileg einer Ausnahme vom Verbot der Marktmanipulation zu gelangen, müssen die Anforderungen an sog „ergänzende Stabilisierungsmaßnahmen" gem. **Art. 8 Delegierte Verordnung (EU) 2016/1052** (vorher Art. 11 EU-DVO 2273/2003) erfüllt sein. Diese sind definiert als **Überzeichnung** oder die Ausübung einer **Greenshoe-Option** durch ein Wertpapierhaus[837] oder ein Kreditinstitut,[838] die im Rahmen eines signifikanten Zeichnungsangebots[839] von Wertpapieren[840] ausschließlich der Vereinfachung der eigentlichen Kursstabilisierung dient (Art. 1 lit. e Delegierte Verordnung (EU) 2016/1052, vorher Art. 2 Nr. 12 EU-DVO 2273/2003).

251

Beide Maßnahmen sind in der Praxis häufig vorkommende Erscheinungsformen im Zusammenhang mit Stabilisierungsmaßnahmen.[841] Hintergrund ist dabei eine Klausel in Emissions- oder Garantieverträgen, die es erlaubt, Zeichnungs- oder Kaufangebote über die ursprünglich geplante Menge hinaus anzunehmen (Art. 1 lit. f. Delegierte Verordnung (EU) 2016/1052, vorher Art. 2 Nr. 13 EU-DVO 2273/2003). Eine **Greenshoe-Option** ist eine Überzeichnungsreserve, die der Bieter (Emittent oder Vorbesitzer)[842] einem Wertpapierdienstleistungsunternehmen in der Weise zugesteht, dass dieses innerhalb eines bestimmten Zeitraums nach der Emission eine bestimmte Menge der Wertpapiere zum Emissionspreis („Ausgabekurs") erwerben kann (Art. 1 lit. g Delegierte Verordnung (EU) 2016/1052, vorher Art. 2 Nr. 14 EU-DVO 2273/2003). Da jede Mehrzuteilung als eine den Preis zumeist negativ beeinflussende Maßnahme anzusehen ist,[843] gelten nach Art. 8 Delegierte Verordnung (EU) 2016/1052, vorher 11 EU-DVO 2273/2003 im Einzelnen die nachfolgenden **Bedingungen:**

252

---

835 Allg. hierzu *Meyer* WM 2002, 1106; das Verfahren trägt den Namen des Unternehmens, bei dessen Wertpapier-Emission es erstmals angewandt wurde (Greenshoe Manufacturing & Co.). Zur nicht von der Ausnahme erfassten Praxis des sog *Renewing the shoe* s. *Weitzell* NZG 2017, 411.
836 Erwägungsgrund (19) Durchführungsverordnung (EG) 2273/2003; *Teuber* S. 71 ff., 164 ff.
837 Vgl. die Definition von Wertpapierfirma (die Wahl des alten Begriffs Wertpapierhaus dürfte einen Redaktionsfehler darstellen) in Art. 3 Abs. 1 Nr. 2 MAR, vorher Art. 2 Nr. 1 Durchführungsverordnung (EG) 2273/2003.
838 Art. 3 Abs. 1 Nr. 3 MAR, vorher Art. 2 Nr. 2 Durchführungsverordnung (EG) 2273/2003.
839 Art. 3 Abs. 2 lit. c MAR, vorher Art. 2 Nr. 9 Durchführungsverordnung (EG) 2273/2003 sowie Erwägungsgrund (14) hierzu.
840 Art. 3 Abs. 2 lit. a MAR, vorher Art. 2 Nr. 6 Durchführungsverordnung (EG) 2273/2003 sowie Erwägungsgrund (13) hierzu.
841 Vgl. nur *Flothen* S. 71 ff.; *Teuber* S. 261 ff.
842 Art. 1 lit. c Delegierte Verordnung (EU) 2016/1052, vorher Art. 2 Nr. 10 Durchführungsverordnung (EG) 2273/2003; Fuchs/*Fleischer* WpHG § 20 a Rn. 129 ff.; Assmann/Schneider/*Vogel* WpHG § 20 a Rn. 289.
843 Vgl. BR-Drs. 639/02, 17 zu §§ 12, 13 KuMaKV; *Bingel* S. 36 ff., 186 ff.

- die Überzeichnung ist nur innerhalb der Zeichnungsfrist[844] und zum Emissionskurs zulässig (**lit. a**),
- die Überzeichnung darf nur zu 5% des ursprünglichen Angebots[845] nicht durch eine Greenshoe-Option abgedeckt sein (**lit. b**), – sog **naked short** – was zusammen mit lit. d dazu führt, dass eine Überzeichnung nie mehr als 20 % des ursprünglichen Angebots umfassen darf,[846]
- die Greenshoe-Option darf nur im Rahmen einer Überzeichnung, also zu deren Abdeckung und nur während des Stabilisierungszeitraums ausgeübt werden (**lit. c, e**),[847] und
- darf 15 % des ursprünglichen Angebots nicht überschreiten (**lit. d**).
- Ferner ist die Öffentlichkeit unverzüglich und in allen angemessenen Einzelheiten über die Ausübung der Greenshoe-Option zu unterrichten, insbesondere über den Zeitpunkt der Ausübung und die Zahl und Art der relevanten Wertpapiere iSd Art. 2 Nr. 6 EU-DVO 2273/2003, **lit. f** (zur Fragwürdigkeit der nachträglichen Publizität vgl. oben Rn. 248).

253 Besondere Aufmerksamkeit ist bei einer auf Kursstabilisierung abzielenden Überzeichnung geboten, wenn sich daraus eine Position ergibt, die nicht durch eine „Greenshoe"-Option abgedeckt ist.[848] Hier erfolgte eine Verbesserung im Vergleich zur Rechtslage vor Inkrafttreten der EU-DVO 2273/2003.[849] Die Entstehung einer derartigen ungedeckten Position („**naked short**") ist dabei, im Gegensatz zum früheren Verbot gem. § 12 Abs. 1 S. 2 KuMaKV,[850] nicht per se unzulässig. Bei teleologischer Reduktion liegt auch kein Verstoß gegen das Leerverkaufsverbot des Art. 13 EU-LeerverkaufsVO und damit kein bußgeldbewehrter Verstoß vor (Kap. 18.16.).[851] Ein solcher Verstoß ist vielmehr erst bei Überschreiten der in lit. b genannten 5 %-Grenze zu bejahen.

254 Die umfangreichen Publizitäts-, Dokumentations- und Organisationspflichten des Art. 6 Delegierte Verordnung gelten entsprechend (Art. 8 Delegierte Verordnung (EU) 2016/1052, vorher Art. 11, Einleitungssatz EU-DVO 2273/2003).[852] Die einschlägigen Vorschriften zu Prospektangaben, die im Fal-

---

844 Entsprechend der international gängigen Praxis dürfte gemeint sein: mit der Zuteilung der Haupttranche unmittelbar im Anschluss an die Zeichnungsfrist, vgl. *Meyer* AG 2004, 289 (296).
845 Zuvor: 15% gem. § 12 Abs. 1 S. 3 KuMaKV.
846 Assmann/Schneider/*Vogel* WpHG, 6. Aufl., § 20 a Rn. 290.
847 Anders noch § 12 Abs. S. 1 KuMaKV, der eine Ausübung auch noch nach dem Ende des Stabilisierungszeitraums zuließ; vgl. *Meyer* AG 2004, 289 (296); zum sog Refreshing the Shoe vgl. *Bingel* S. 190 ff. sowie Fuchs/*Fleischer* WpHG § 20 a Rn. 134.
848 Erwägungsgrund (10) Delegierte Verordnung (EU) 2016/1052, vorher Erwägungsgrund (20) Durchführungsverordnung (EG) 2273/2003.
849 *Bisson/Kunz* BKR 2005, 186 (189 f.).
850 Dazu *Fleischer* ZIP 2000, 2045 (253); krit. *Pfüller/Anders* WM 2003, 2445 (2453) insbesondere wegen der hiervon abweichenden internationalen Praxis bei Schuldverschreibungen; *Bingel* S. 189 f., auch zum sog „refreshing the shoe"; Assmann/Schneider/*Vogel* WpHG, 6. Aufl., § 20 a Rn. 291 sowie KölnKommWpHG/*Mock* WpHG § 20 a Rn. 394.
851 Zur marktschonenden Eindeckung des „naked short" bzw. der insoweit für die rechtzeitige Belieferung der Mehrzuteilung eingegangenen Wertpapier„leihe") vgl. *Meyer* AG 2004, 289 (290).
852 Assmann/Schneider/*Vogel* WpHG, 6. Aufl., § 20 a Rn. 290; Fuchs/*Fleischer* WpHG § 20 a Rn. 131 ff.; krit. *Pfüller/Anders* WM 2003, 2445 (2453) zum damaligen § 10 KuMaKV.

le einer Greenshoe- bzw. einer sonstigen Mehrzuteilungsoption zu machen sind, fanden sich bisher in der früheren **Prospektverordnung** (zB in Anhang III, Mindestangaben für die Wertpapierbeschreibung für Aktien (Schema), Ziff. 5.2.5).[853] Ein entsprechender Verweis findet sich in Art. 6 Delegierte Verordnung (EU) 2016/1052 nicht mehr. Unabhängig davon, dass gem. Art. 8 iVm Art. 6 Delegierte Verordnung (EU) 2016/1052 (vorher Art. 11 iVm Art. 9 EU-DVO 2273/2003) die anfängliche Publizität einer solchen Maßnahme gewährleistet sein muss, erscheint die nachträgliche Stabilisierungstransparenz mittels Publizität fragwürdig[854] und ist jedenfalls unter strafrechtlichen Gesichtspunkten abzulehnen (vgl. oben Rn. 248).

g) Tatsächliche Einwirkung als qualifizierendes Merkmal der Straftat (§ 119 Abs. 1 WpHG)

aa) Tatsächliche Einwirkung

Der Straftatbestand des § 119 Abs. 1 (vorher § 38 Abs. 1) WpHG ist nur dann erfüllt, wenn zusätzlich zur zugrundeliegenden, mehrfach gestuften Ordnungswidrigkeit gem. 255

- § 120 Abs. 2 Nr. 3, § 25 WpHG iVm Art. 15 Abs. 1, Art. 12 Abs. 1 MAR (ggf. iVm Art. 12 Abs. 3, Anhang I MAR, Art. 12 Abs. 5 MAR iVm Delegierte Verordnung (EU) 2016/522) (§ 119 Abs. 1 Alt. 1 WpHG)
- § 120 Abs. 15 Nr. 2 WpHG iVm Art. 15 Abs. 1, Art. 12 Abs. 1 MAR (ggf. iVm Art. 12 Abs. 3, Anhang I MAR, Art. 12 Abs. 5 MAR iVm Delegierte Verordnung (EU) 2016/522) (§ 119 Abs. 1 Alt. 2 WpHG)

tatsächlich eingewirkt wurde auf

- den inländischen Börsen- oder Marktpreis eines Finanzinstruments, eines damit verbundenen Waren-Spot-Kontrakts, einer Ware im Sinne des § 2 Absatz 5 oder eines ausländischen Zahlungsmittels im Sinne des § 51 des Börsengesetzes
- den Preis eines Finanzinstruments oder eines damit verbundenen Waren-Spot-Kontrakts an einem organisierten Markt, einem multilateralen oder organisierten Handelssystem in einem anderen Mitgliedstaat oder in einem anderen Vertragsstaat des Abkommens über den Europäischen Wirtschaftsraum,
- den Preis einer Ware im Sinne des § 2 Absatz 5 oder eines ausländischen Zahlungsmittels im Sinne des § 51 des Börsengesetzes an einem mit einer inländischen Börse vergleichbaren Markt in einem anderen Mitgliedstaat oder in einem anderen Vertragsstaat des Abkommens über den Europäischen Wirtschaftsraum oder
- die Berechnung eines Referenzwertes im Inland oder in einem anderen Mitgliedstaat oder in einem anderen Vertragsstaat des Abkommens über den Europäischen Wirtschaftsraum

---

853 Vgl. hierzu Schäfer/Hamann/*Hamann* KMG, BörsG §§ 44, 45 Rn. 182; *Fleischer* ZIP 2003, 2045 (2052).
854 Krit. *Pfüller/Anders* WM 2003, 2445 (2453); Assmann/Schneider/*Vogel* WpHG, 6. Aufl., § 20 a Rn. 290.

Bzgl. der Definitionen von Waren-Spot-Kontrakten und Referenzwerten verweisen § 3 Abs. 2 d, 2 e WpHG auf die entsprechenden Definitionen in Art. 3 Abs. 1 Nr. 15, 29 MAR.[855]

Die Marktmanipulation als Straftat ist also wie vor dem 1. FiMaNoG[856] als **Erfolgsdelikt** ausgestaltet.[857] Der Tatererfolg einer **tatsächlichen Preiseinwirkung (Verletzungsdelikt)** kann in jeder Kursrichtung stattfinden, dh „nach oben", „nach unten", aber auch „zur Seite".[858] Ausreichend ist, dass einmal ein Kurs festgesetzt wird, er muss nicht Grundlage von Transaktionen Dritter geworden sein.[859] Auch wenn die Ausgestaltung als Erfolgsdelikt nicht für alle Begehungsformen ausdrücklich von der Marktmissbrauchs-Strafrechtsrichtlinie vorgesehen ist,[860] so ist sie trotzdem zulässig, da nur eine Sanktionierung der schwerwiegenden Verstöße[861] gefordert ist.[862] Eine darüber hinausgehende Einschränkung erfolgt bedauernswerterweise nicht.[863]

bb) Kausalität

256 Die manipulative Handlung (Art. 15, Art. 12 Abs. 1 lit. a–d; bis zum 2.7.2016 Handlung oder Unterlassung gem. § 20 a Abs. 1 S. 1 Nr. 1–3 WpHG aF) muss **kausal** für die Preisbildung geworden sein („dadurch") und stellt damit eine nur durch einen graduellen Unterschied gekennzeichnete wichtige Weiche zwischen nur ordnungswidrigen Tathandlungen (unten Rn. 257) und dem Kriminalstrafrecht. Eine Tathandlung mit bloßer **Preiseinwirkungseignung reicht somit für die Bejahung des Straftatbestands nicht** aus.[864] Für den Fall einer handelsgestützten Manipulation nach § 20 a Abs. 1 Nr. 2 WpHG aF hatte das OLG Stuttgart bereits das Erteilen von gleichbedeutenden Kauf- und Verkaufsangeboten in übereinstimmenden Limits und die damit verbundene Einwirkungseignung im Tatbestandsmerkmal der (tatsächlichen) Einwirkung als mit der tatsächlichen Einwirkung eingetreten angesehen.[865] Andererseits ist eine

---

855 Vgl. BT-Drs. 18/7482, 57.
856 Assmann/Schneider/*Vogel* WpHG, 6. Aufl., § 38 Rn. 49; Schwark/Zimmer/*Schwark/Cloppenburg* WpHG § 38 Rn. 10; *Holzborn/Israel* WM 2004, 1948 (1954); Fuchs/*Waßmer* WpHG § 38 Rn. 5; ausführlich und krit. für die Fallgruppe handelsgestützter Manipulation *Kudlich* wistra 2011, 361.
857 So auch *Poelzig* NZG 2016, 528 (537).
858 OLG Stuttgart 4.10.2011 – 2 Ss 65/11, wistra 2012, 80 = ZWH 2012, 24, 25; BGH 27.11.2013 – 3 StR 5/13 = BGHSt 59, 80 = NZG 2014, 315 = NJW 2014, 1399 mit Anm. *Wagner* EWiR 2014, 345, mit Anm. *Waßmer* HRRS 2014, 336; BGH, NJW 2016, 3459; Assmann/Schneider/*Vogel* WpHG, 6. Aufl., § 38 Rn. 51; *Hellmann/Beckemper* § 1 Rn. 77; MüKoStGB/*Pananis* WpHG § 38 Rn. 221.
859 BGH 27.11.2013 – 3 StR 5/13, NZG 2014, 315 (318) = NJW 2014, 1399 mit Anm. *Wagner* EWiR 2014, 345; zust. *Waßmer* HRRS 2014, 336 (338); Meyer/Veil/Rönnau/*Rönnau/Wegner* § 28 Rn. 64 ff.; A.A. (zur handelsgestützten Manipulation) *Kudlich* wistra 2011, 361 ff.; Momsen/Grützner/*Hohn* Kap. 6 Abschn. B Rn. 74.
860 S. dazu *Teigelack/Dolff* BB 2016, 387 (392).
861 Zu diesem Merkmal s. *Kert* NZWiSt 2013, 252 (257 f.).
862 *Szesny* DB 2016, 1420 (1422); aA *Bator* BKR 2016, 1 (2 f.).
863 So auch *Poelzig* NZG 2016, 528 (537); *Teigelack/Dolff* BB 2016, 387 (391 f.).
864 Assmann/Schneider/*Vogel* WpHG, 6. Aufl., § 38 Rn. 51, 26; *Tripmaker* wistra 2002, 288 (291); *Fleischer* DB 2004, 51 (55); ausführlich *Hellgardt* S. 518 ff., 545 f.
865 OLG Stuttgart 4.10.2011 – 2 Ss 65/11, wistra 2012, 80 = ZWH 2012, 24, 25 m. zust. Anm. *Koppmann* ZWH 2012, 27; *Woodtli* NZWiSt 2012, 51; aA *Kudlich* wistra 2011, 361.

„erhebliche" Preiseinwirkung weiterhin **nicht** erforderlich.[866] Anerkannt ist zudem, dass sog **Bagatellfälle** materiellrechtlich oder prozessual[867] von schuldunangemessener, unverhältnismäßiger Strafe ausgeschlossen werden sollen, was auch unter Anwendung der Marktmissbrauchsverordnung zu gelten hat. Ein Bagatellfall liegt allerdings nicht schon deshalb vor, weil es sich um Aktien mit geringem Stückpreis („penny stocks") handelt und die mögliche Preiseinwirkung in absoluten Zahlen lediglich kleinere Differenzbeträge ausmacht.[868] Angesichts der Multikausalität des Zustandekommens eines Börsenpreises bzw. der Preise an anderen erfassten Märkten[869] ist der prozessuale Nachweis schwierig, dass eine solche Preiseinwirkung (die ggf. im Beibehalten eines Kurses bestehen kann), jedenfalls auch,[870] durch die Tathandlung stattgefunden hat (**Mitursächlichkeit**).[871] Der bloße **Rückschluss** von ex post festgestellten Kursbewegungen ist **kein Nachweis**, allerdings geht von diesen – zumindest bei „besonders groben und publikumswirksamen Manipulationen"[872] – **Indizwirkung** aus[873] (zu den Analyse-Parametern „besondere Marktbedingungen", „gewichteter Durchschnittskurs eines Handelstages" bzw. „tägliche Schlussnotierung" für die Feststellung einer gängigen Marktpraxis vgl. Art. 13 Abs. 2 MAR, vorher Art. 2 Abs. 1 S. 2 EU-Durchführungsrichtlinie 2004/72/EG). Für einen Nachweis muss der unbeeinflusste, durch „echtes" Angebot und Nachfrage und damit interessenausgleichend zustande gekommene (Gleichgewichts-)Preis ex post abstrakt ermittelt werden.[874] Dieser **„wahre" Preis** eines Vermögenswertes hat zugunsten des Täters sämtliche nicht-(bzw. nicht-nachweisbar-)manipulative Faktoren zu beinhalten (insbes. die Orderlage zur Tatzeit ist ggf. sogar sekundengenau zu ermitteln).[875] Dieser „wahre" Preis eines Vermögenswertes ist sodann **dem manipulativ-beeinflussten Preis** in dem be-

---

866 Zur bisherigen Rechtslage Assmann/Schneider/*Vogel* WpHG, 6. Aufl., § 38 Rn. 51; *Schröder* KapitalmarktStR Rn. 564 ff., andererseits Rn. 586 f.; MüKoStGB/*Pananis* WpHG § 38 Rn. 222.
867 KölnKommWpHG/*Altenhain* WpHG § 38 Rn. 112; §§ 153, 153 a StPO.
868 OLG Stuttgart 4.10.2011 – 2 Ss 65/11, wistra 2012, 80 = ZWH 2012, 24 (26); *Woodtli* NZWiSt 2012, 51 (55).
869 BGH 6.11.2003 – 1 StR 24/03, BGHSt 48, 373 (383); *Kutzner* WM 2005, 1401 (1406); *Schröder* KapitalmarktStR Rn. 566 f.; *Möller* NZG 2008, 413.
870 Assmann/Schneider/*Vogel* WpHG, 6. Aufl., § 38 Rn. 53; Fuchs/*Waßmer* WpHG § 38 Rn. 41; krit. *Kutzner* WM 2005, 1401 (1407).
871 BGH 7.1.2008 – II ZR 229/05, DStR 2008, 568 = BB 2008, 688 („Comroad VI") mAnm *Wünsche*; LG München I 8.4.2003 – 4 KLs 305 Js 52373/00, wistra 2003, 436 (438); Assmann/Schneider/*Vogel* WpHG, 6. Aufl., § 38 Rn. 54; Erbs/Kohlhaas/ *Wehowsky* W 57 a WpHG § 20 a Rn. 31; *Schönhöft* S. 160; *Hellmann/Beckemper* § 1 Rn. 77; *Tripmaker* wistra 2002, 288 (292); *Ziouvas* ZGR 2003, 113 (140); *Streinz/ Ohler* WM 2004, 1309 (1316); *Holzborn/Israel* WM 2004, 1948 (1954); MüKoStGB/*Pananis* WpHG § 38 Rn. 222.
872 *Schröder*, HWSt, X 2 Rn. 74.
873 Krit. *Fleischer* DB 2004, 51 (55): „Segelanweisung"; *Schröder*, HWSt, X 2 Rn. 73 f.; Schwark/Zimmer/*Zimmer/Cloppenburg* WpHG § 38 Rn. 11; aA BGH 2.2.2007 – II ZR 153/05, DB 2007, 627 zur haftungsbegründenden Kausalität bei § 826 BGB.
874 ZB wenn der nicht oder verspätet veröffentlichte Umstand bei nachträglichem Bekanntwerden einen starken Kursausschlag verursacht, vgl. *Hellgardt* ZIP 2005, 2000 (2002); *Schönhöft* S. 159; *Hellmann/Beckemper* § 1 Rn. 87; *Schröder*, HWSt, X 2 Rn. 75.
875 Vgl. Sachverhalt bei EuGH 7.7.2011 – C-445/09, ZIP 2011, 1408; *Sorgenfrei* wistra 2002, 321 (329); zu den hierbei auftretenden Problemen vgl. *Hellgardt* ZIP 2005, 2000 (2005 f.); *Schröder* KapitalmarktStR Rn. 566, 566 a mit instruktivem Beispiel sowie Rn. 585 a ff.; *Schröder* HWSt X 2 Rn. 85 ff.; unklar *Fleischer* BB 2002, 1869

treffenden Zeitpunkt gegenüberzustellen (Auktionspreis im Einheitspreisverfahren bzw. Preis im fortlaufenden Handel).[876] Nach einer **Gesamtbewertung** der vorliegenden (wissenschaftlichen)[877] Erkenntnisse und anderer (Indiz-)Tatsachen wie etwa des **Zeitabstands** zwischen dem (vermuteten) Manipulationsverhalten und der Preiseinwirkung oder der **Relation** zur sonstigen Volatilität eines Finanzinstruments[878] muss das Gericht zur Überzeugung der (mindestens: Mit-)Ursächlichkeit der Handlung bzw. Unterlassung gelangen.[879] Die Kurs(mit)beeinflussung muss **positiv festgestellt** werden; dabei müssen **Störfaktoren** identifiziert und isoliert werden.[880] Hieran will der BGH allerdings „keine überspannten Anforderungen" stellen.[881] Ein Vergleich von bisherigem Kursverlauf und Umsatz, die Kurs- und Umsatzentwicklung des betreffenden Papiers am konkreten Tag sowie die Ordergröße sollen danach eine Kurseinwirkung in hinreichender Weise belegen.[882] Eine Befragung der Marktteilnehmer sei dazu nicht veranlasst.[883] Dies führt zu einer bedenklichen Verschiebung der gesetzlichen Anforderung an einen Straftatbestand zugunsten einer ergebnisorientierten Lösung.[884] Dies hat zur Folge, dass das Erfolgs- zum Gefährdungsdelikt tendiert.[885] Ungeachtet der technischen Möglichkeiten einer Handelsüberwachungsstelle der Börse (§ 7 Abs. 1 S. 2 BörsG), der Auskunfts-

---

(1872 f.) für die Ermittlung des zivilrechtlichen Vermögensschadens bei Verstößen nach §§ 37 b, c, WpHG.
876 Vgl. für § 20 a Abs. 1 S. 1 Nr. 2 WpHG das Erfordernis der Feststellung des unmittelbar vor Abgabe der tatbestandsmäßigen Kauf- und Verkaufsangebote geltenden „Kurspreises" der jeweiligen Aktie im Fall OLG Stuttgart 4.10.2011 – 2 Ss 65/11, wistra 2012, 80 = ZWH 2012, 24, 27; *Woodtli* NZWiSt 2012, 51 (53).
877 Vgl. Assmann/Schneider/*Vogel* WpHG, 6. Aufl., § 38 Rn. 55 zu Sachverständigengutachten, Gutachterstreit sowie in dubio pro reo; zu Sachverständigen vgl. auch MAH WiStR/*Benner*, § 22 Rn. 87 ff.
878 Assmann/Schneider/*Vogel* WpHG, 6. Aufl., § 38 Rn. 54.
879 BGH 6.7.1990 – 2 StR 549/89, BGHSt 37, 106 (111 ff.); BGH 2.8.1995 – 2 StR 221/94, BGHSt 41, 206 (216); BGH, NJW 2016, 3459; str., vgl. die Nachweise zur Gegenansicht bei *Trüstedt* S. 126 ff.
880 LG München I 8.4.2003 – 4 KLs 305 Js 52373/00, wistra 2003, 436 (438); krit. zur Nachweisbarkeit Schwark/Zimmer/*Zimmer/Cloppenburg* WpHG § 38 Rn. 11; MAH WiStR/*Benner*, § 22 Rn. 365, 367 ff.
881 Ebenso OLG Stuttgart 4.10.2011 – 2 Ss 65/11, wistra 2012, 80 = ZWH 2012, 24 (26).
882 BGH 6.11.2003 – 1 StR 24/03, BGHSt 48, 373 (384); zust. Assmann/Schneider/*Vogel* WpHG, 6. Aufl., § 38 Rn. 54; Erbs/Kohlhaas/*Wehowsky* W 57 a WpHG § 38 Rn. 31; zur Indizwirkung wiederholte Verkäufe eines Scalpers vgl. *Schröder* KapitalmarktStR Rn. 561, iÜ krit. vgl. ausführlich Rn. 575 ff.; aA angesichts der Auswirkungen des sog Basket-Handels, die permanent gegenläufigen Handelsbewegungen durch Arbitrage (jedenfalls in marktstarken Werten) auf die Schwierigkeiten bei der Kausalitätsfeststellung dagegen *Kutzner* WM 2005, 1401 (1408); ähnlich *Bürgers* BKR 2004, 424 (429).
883 BGH NJW 2016, 3459 (*Hellgardt* ZIP 2005, 2000 (2006); aA *Fleischer* DB 2004, 51 (55); *Rössner* AG 2003, R16 (R17); *Schröder* KapitalmarktStR Rn. 565 ff.
884 *Schönhöft* S. 161, 163 ff.; *Schröder* KapitalmarktStR Rn. 567: Theorien des Pi mal Daumen; *Kutzner* WM 2005, 1401 (1406 ff.): Umkehrung der Unschuldsvermutung; Schwark/Zimmer/*Zimmer/Cloppenburg* WpHG § 38 Rn. 11.
885 Vgl. BGH 28.11.2005 – II ZR 246/04, BB 2007, 960 (961); 2.2.2007 – II ZR 153/05, DB 2007, 627; 4.6.2007 – II ZR 147/05, BB 2007, 1806 = DStR 2007, 1684, jeweils zur haftungsbegründenden Kausalität bei fehlerhaften Ad-hoc-Meldungen; *Hellgardt* ZIP 2005, 2000 (2003 f.); krit. *Kutzner* WM 2005, 1401 (1408); Fuchs/*Waßmer* WpHG § 38 Rn. 41; *Wohlers* ZStW 125 (2013), 443 (453); allg. krit. *Tiedemann* WiStR Rn. 272 ff.

rechte der BaFin bzw. deren grenzüberschreitender behördlicher Kooperationsmöglichkeiten, wird die erforderliche materiellrechtliche Kausalität nur in **klar gelagerten Ausnahmefällen** prozessual nachweisbar sein,[886] zumal eindeutige deterministische Komponenten oder Gesetzmäßigkeiten für die Preisbildung an Kapitalmärkten (vgl. etwa § 24 BörsG) bislang nicht feststehen.[887] Bei **marktbreiteren bzw. volatileren Vermögenswerten** wird der Nachweis angesichts eines technisch unterstützten Handels mit dem Ziel der Ausnutzung (kurzfristiger) Preisschwankungen an verschiedenen Börsenplätzen (sog Arbitrage-Handel) ohnehin **regelmäßig nicht** möglich sein. Je **marktenger** ein Vermögenswert ist, desto eher dürfte wiederum ein Kausalzusammenhang **nachweisbar** werden.[888] Umgekehrt sind völlig unerhebliche, bagatellhafte Preisbeeinflussungen – so überhaupt feststellbar[889] – mittels teleologischer Reduktion auszuscheiden.[890] Umstritten ist, ob der Richter bei einem **Sachverständigenstreit** (zB BaFin-Mitarbeiter versus Universitätsprofessor) nach dem Grundsatz **in dubio pro reo** entscheiden muss.[891]

Kann die Kausalität nicht (hinreichend) festgestellt werden, so verbleibt es – sofern keine Strafbarkeit wegen versuchter Marktmanipulation in Betracht kommt (Rn. 279) – bei einer Ahndung als vorsätzlich begangene Ordnungswidrigkeit nach § 120 Abs. 2 Nr. 3, Abs. 15 Nr. 2 (vorher § 39 Abs. 2 Nr. 3, Abs. 3 c, 3 d Nr. 2) WpHG.[892] Ob es bei letztgenannter Vorschrift auch eine Tatbestandserfüllung in der Form garantenpflichtwidrigen **Unterlassens** gibt, ist zu bezweifeln.[893]

h) Qualifikation, § 119 Abs. 5 WpHG

Durch das 1. FiMaNoG wurde in § 38 Abs. 5 WpHG aF eine **Qualifikation** eingefügt, die das Delikt gem. § 38 Abs. 1 Nr. 2 WpHG aF (nicht Nr. 1)[894] bei Erfüllung der Qualifikationsmerkmale mit Freiheitsstrafe von einem bis zu zehn Jahren bedroht, also als **Verbrechen** ausgestaltet hat.[895] Im Rahmen des 2. FiMaNoG wurde die Differenzierung zwischen Marktmanipulationen im di-

---

886 Krit. daher zu Recht *Schröder* KapitalmarktStR Rn. 567; *Schröder*, HWSt X 2 Rn. 90; vgl. auch MAH WiStR/*Benner*, § 22 Rn. 365; dies belegt nicht zuletzt die geringe Anzahl an sanktionierten Fällen, vgl. BaFin-Jahresbericht 2010, S. 201, abrufbar unter: www.bafin.de (zuletzt abgerufen am 19.6.2019).
887 *Rössner* AG 2003, R16 (R17); Assmann/Schneider/*Vogel* WpHG, 6. Aufl., § 38 Rn. 56, auch zur „stummen" Marktmanipulation; *Hellgardt* ZIP 2005, 2000 (2005) mittels sog Ereignisstudie für Ad hoc-Mitteilungen; vgl. auch *Schröder* KapitalmarktStR Rn. 569 ff.
888 Assmann/Schneider/*Vogel* WpHG, 6. Aufl., § 38 Rn. 56.
889 Fuchs/*Waßmer* WpHG § 38 Rn. 41: nur in eindeutigen (evidenten, groben) Fällen.
890 Assmann/Schneider/*Vogel* WpHG, 6. Aufl., § 38 Rn. 51; *Hellgardt* ZIP 2005, 2000 (2007).
891 Assmann/Schneider/*Vogel* WpHG, 6. Aufl., § 38 Rn. 55 mwN.
892 Assmann/Schneider/*Vogel* WpHG, 6. Aufl., § 38 Rn. 6.
893 Assmann/Schneider/*Vogel* WpHG, 6. Aufl., § 39 Rn. 60.
894 Sa *Poelzig* NZG 2016, 528 (537).
895 Krit. Stellungnahme des Deutschen Aktieninstituts zum FiMaNoG, S. 10 f., abrufbar unter https://www.dai.de/files/dai_usercontent/dokumente/positionspapiere/2016-03-10%20DAI-Stellungnahme%201.%20FiMaNoG.pdf (zuletzt abgerufen am 19.6.2019); *Teigelack/Dolff* BB 2016, 387 (392 f.), die darauf hinweisen, dass eine Verurteilung für Beamte der BaFin automatisch zur Beendigung des Beamtenverhältnisses führen würde; *Pauka/Link/Armenat* WM 2018, 2092; differenziert *Poller*, NZWiSt 2017, 430.

rekten Anwendungsbereich und solchem im Hinblick auf die zusätzlichen Tatobjekte des § 25 (vorher § 12) WpHG aufgegeben und die Qualifikation (nunmehr § 120 Abs. 5 WpHG) einheitlich auf § 120 Abs. 1 WpHG erstreckt.[896]

259 In Anlehnung an die besonders schweren Fälle des Betruges wurde zunächst die **gewerbs- oder bandenmäßige Begehung** als Qualifikationsmerkmal aufgenommen, so dass sich hier die Auslegung an bekannten Maßstäben orientieren kann (vgl. § 263 StGB).[897] Da die Erfüllung dieser Merkmale jedoch zu einer Erhöhung des **Strafmaßes** führt, die **systemwidrig** weit über die beim Betrug hinausgeht, ist eine **restriktive Auslegung** vonnöten.[898] Weiteres Qualifikationsmerkmal ist die Begehung **in Ausübung** der Tätigkeit für eine inländische Finanzaufsichtsbehörde, ein Wertpapierdienstleistungsunternehmen, eine Börse oder einen Betreiber eines Handelsplatzes.[899] Dies dient der Sanktionierung des Ausnutzens besonderer durch die **finanzmarktbezogene Tätigkeit** erlangter Informationsvorsprünge.[900] Ob die Begründung, dass aus Sicht des nationalen Gesetzgebers die „Auswirkungen auf die Integrität in diesen Fällen sehr hoch und damit in besonderem Maße strafwürdig sind", ausreicht, um dieses **europarechtlich nicht gebotene** hohe Strafmaß zu rechtfertigen, erscheint zweifelhaft,[901] zumal die mit Hinblick auf die Bestimmtheit der Norm geäußerten Probleme mit zunehmendem Strafmaß an Bedeutung gewinnen. Auch die Möglichkeit der Untersuchungshaft, der Ausschluss der Verfahrenserledigung im Strafverfahren und der Einstellung aus Opportunitätsgründen sowie der Ausschluss des Zeugnisverweigerungsrechts von Journalisten gem. § 52 Abs. 2 S. 2 Var. 1 StPO wecken Bedenken.[902]

Insofern ist zu begrüßen, dass im Rahmen des **2. FiMaNoG** ein geringerer Strafrahmen für **minder schwere Fälle** in § 120 **Abs. 6** WpHG eingeführt wurde (sechs Monate bis zu fünf Jahre).

2. Subjektiver Tatbestand/Leichtfertigkeit

260 Angesichts der mehrfach gestuften Blankett-Tatbestände (Rn. 24, 29) müssen sämtliche Tatbestandsmerkmale der jeweils in Bezug genommenen Normen des WpHG, der MAR sowie ggf. der Delegierten Verordnung (EU) 2016/522

---

896 Krit. *Pauka/Link/Armenat* WM 2018, 2092.
897 Vgl. Begr. RegE BT-Drs. 18/7482, S. 64. Sa *Szesny* WiJ 2016, 215 (216); Meyer/Veil/Rönnau/*Rönnau/Wegner* § 28 Rn. 86.
898 Vgl. *Gehrmann* WM 2016, 542 (548); Stellungnahme des Deutschen Aktieninstituts zum 1. FiMaNoG, S. 10 f., abrufbar unter https://www.dai.de/files/dai_usercontent/dokumente/positionspapiere/2016-03-10%20DAI-Stellungnahme%201.%20FiMaNoG.pdf (zuletzt abgerufen am 19.6.2019); abl. *Szesny* DB 2016, 1420 (1423).
899 S. dazu *Szesny* WiJ 2016, 215 (217); *Pauka/Link/Armenat* WM 2018, 2092 (2096); Meyer/Veil/Rönnau/*Rönnau/Wegner* § 28 Rn. 87.
900 Begr. RegE BT-Drs. 18/7482, 64.
901 Vgl. *Gehrmann* WM 2016, 542 (548); *Pauka/Link/Armenat* WM 2018, 2092; Stellungnahme des Deutschen Aktieninstituts zum 1. FiMaNoG, S. 10 f., abrufbar unter https://www.dai.de/files/dai_usercontent/dokumente/positionspapiere/2016-03-10%20DAI-Stellungnahme%201.%20FiMaNoG.pdf (zuletzt abgerufen am 19.6.2019). Krit. auch *Teigelack/Dolff* BB 2016, 387 (392 f.), die darauf hinweisen, dass diese Merkmale von den Erwägungsgründen (11) und (12) CRIM-MAD als schwerwiegende Verstöße und damit als strafbegründend und nicht als strafschärfend angesehen werden.
902 *Szesny* WiJ 2016, 215; *Pauka/Link/Armenat* WM 2018, 2092 (2095); Meyer/Veil/Rönnau/*Rönnau/Wegner* § 28 Rn. 88.

daraufhin geprüft werden, ob sie vom Vorsatz des Täters umfasst waren bzw. ob diesbezüglich Leichtfertigkeit vorlag.

a) Marktmanipulation als Straftat (§ 119 Abs. 1, 4 WpHG)

Sämtliche Tatbestandselemente der gestuften und zusammenzulesenden Normen[903] (vgl. Rn. 5 f., 44) müssen vorsätzlich verwirklicht worden sein. Dies schließt bei der Marktmanipulation als Straftat neben der Preisbeeinflussungseignung auch die tatsächliche Beeinflussung ein.[904] Erforderlich ist bedingter Vorsatz (**dolus eventualis**); dh der Täter muss Umstände für möglich halten und billigend in Kauf nehmen, die den Tatbestand des § 119 Abs. 1 (vorher § 38 Abs. 1) WpHG erfüllen.[905] Auf eine Schädigungs- oder Bereicherungsabsicht kommt es grundsätzlich nicht an.[906] Allerdings wurde für die Beurteilung von Hochfrequenzhandelspraktiken durch die Marktmissbrauchsverordnung (wieder) ein (negatives) Absichtselement eingeführt, Art. 12 Abs. 2 lit. c MAR, vgl. Rn. 102. Zudem enthalten einige Fallgruppen des Anhangs I der Marktmissbrauchsordnung Absichtsmerkmale, so dass diese mittelbar als Indikator für einige Formen des marktmissbräuchlichen Verhaltens dienen können. Dies zeigt, wie wichtig die Preiseinwirkungsabsicht für die Abgrenzung zwischen legitimen Transaktionen einerseits und unerwünschten Manipulationen andererseits ist.[907] Bedenklich ist auch, dass über den Vorsatz die Prüfung erfolgt, ob ein verwerfliches bzw. gefährliches Tatmotiv vorliegt.[908] Der Kapitalmarkt ist auf Anonymität aufgebaut, die eine Offenlegung von Umständen, die Rückschlüsse auf Motive zulassen oÄ, bis auf wenige Ausnahmen (§ 35 WpÜG, Kennzeichnung als „Crossing", vgl. Rn. 123) nicht kennt. Art. 5 Abs. 2 lit. a, c **CRIM-MAD** stellt in den Definitionen der Formen des Marktmissbrauchs auf die Beeinflussung des Preises ab, „um ein anormales oder künstliches Preisni-

261

---

[903] Vgl. nur *Tiedemann* WiStR Rn. 337 ff. mwN.
[904] Zur alten Rechtslage Kümpel/Wittig/*Oulds* 14.322; *Schröder* KapitalmarktStR Rn. 592 ff., 595 ff.; für eine Einwirkungsabsicht de lege ferenda *Teuber* S. 284.
[905] Assmann/Schneider/*Vogel* WpHG, 6. Aufl., § 20 a Rn. 127 f., WpHG § 38 Rn. 81 f.; MüKoStGB/*Pananis* WpHG § 38 Rn. 223; Fuchs/*Fleischer* WpHG § 20 a Rn. 74; Fuchs/Waßmer WpHG § 38 Rn. 48; *Waschkeit* S. 286 f., 288 f.; *Schönhöft* S. 169; Kümpel/Wittig/*Oulds* 14.321.
[906] Zur alten Rechtslage in Bezug auf die handelsgestützte Manipulation Assmann/Schneider/*Vogel* WpHG, 6. Aufl., § 20 a Rn. 126; *Groß*, Kapitalmarktrecht, 2. Aufl. 2002, BörsG § 88 Rn. 10; *Schäfer/Ledermann* BörsG § 88 Rn. 13; *Schönhöft* S. 169; aA de lege ferenda *Streinz/Ohler* WM 2004, 1309 (1316); *Teuber* S. 285. In Bezug auf die informationsgestütze Manipulation: Assmann/Schneider/*Vogel* WpHG, 6. Aufl., § 20 a Rn. 152; *Waschkeit* S. 287; einschränkend hinsichtlich der Indizwirkung bestimmter Handelsaktivitäten *Schröder* KapitalmarktStR Rn. 598 ff.; vgl. aber auch EuGH v. 23.12.2009 – Rs C 45/08, BB 2010, 329 (zur Vorsatzvermutung bei Insiderdelikten) m. krit. Anm. *Opitz* BKR 2010, 71 f.: „Verdachtsstrafe"; aA MüKoStGB/*Pananis* WpHG § 38 Rn. 224; wohl auch KölnKommWpHG/*Mock* WpHG § 20 a Rn. 251. In Bezug auf die sonstige Täuschungshandlung Assmann/Schneider/*Vogel* WpHG, 6. Aufl., § 20 a Rn. 214; Schwark/Zimmer/*Zimmer*/*Cloppenburg* WpHG § 38 Rn. 16; *Schröder* KapitalmarktStR Rn. 601 f.; MüKoStGB/*Pananis* WpHG § 38 Rn. 223; *Park* BB 2003, 1515 (1513); *Fleischer* NJW 2002, 2977 (2979); *Sorgenfrei* wistra 2002, 321 (329); aA de lege ferenda für eine überschießende Innentendenz *Teuber* S. 285: Einwirkungs-, Bereicherungs- und jedenfalls Täuschungsabsicht als taugliches Abgrenzungskriterium.
[907] Vgl. Bericht Finanzausschuss, BT-Drs. 14/8600, 19; sa *Streinz/Ohler* WM 2004, 1309 (1316); *Waschkeit* S. 287 f. (288).
[908] *Schönhöft* S. 173.

veau **zu erzielen**". Diese Formulierung, die sich in der Definition des den deutschen Straftatbeständen zugrunde liegenden Art. 12 Abs. 1 lit. a, c MAR nicht findet, deutet auf ein **Absichtsmerkmal** hin. Da es sich insofern um Mindestvorgaben handelt, die durch die nationalen Gesetzgeber auch überschritten werden dürfen, stellt die **deutsche Ausgestaltung, die auf dieses Merkmal verzichtet**, trotzdem eine europarechtskonforme Umsetzung dar. Auf der anderen Seite wäre auch die Wiedereinführung eines Absichtsmerkmals für die Strafbarkeit europarechtskonform. Dies gilt auch für **Art. 5 Abs. 1 lit. b,** bei dem sich anders als bei Art. 5 Abs. 1 lit. a und c CRIM-MAD **im Wortlaut kein Hinweis auf ein Absichtsmerkmal** findet. Aus dieser Formulierung ließe sich zwar der Gegenschluss ziehen, dass die Vorgaben dem nationalen Gesetzgeber die Einführung eines solchen Merkmals untersagen. Jedoch gebietet die Marktmissbrauchs-Strafrechtsrichtlinie nicht die Sanktionierung aller Verstöße gegen die Marktmissbrauchsverordnung, sondern nur die besonders schwerwiegender. Gerade bei den sonstigen Täuschungshandlungen beruht das Unrecht wesentlich auf der subjektiven Tatseite.

262 Der Feststellung des voluntativen Elements ist gerade im Rahmen von Wirtschaftsstraftaten besondere Bedeutung zuzumessen.[909] Der Täter muss dabei zumindest in laienhafter Wertung[910] die in dem Tatbestandsmerkmal enthaltene Wertung nachvollziehen.[911] Bei der Bestimmung des Vorsatzes ist zu berücksichtigen, ob der potenzielle Täter Privatanleger, institutioneller Investor oder Börsenteilnehmer, erfahrener Marktjournalist oÄ ist. So wird etwa die Kenntnis einer zulässigen Marktpraxis eher bei erfahrenen Marktteilnehmern nachweisbar sein. Bei lediglich **leichtfertiger** Begehung kommt eine Ahndung als Ordnungswidrigkeit in Betracht, § 120 Abs. 2 Nr. 3, Abs. 15 Nr. 2 (vorher § 39 Abs. 2 Nr. 3, Abs. 3 d Nr. 3) WpHG.[912] Bloß versehentlich erfolgte Ordererteilungen („mistrades") sind bereits objektiv nicht tatbestandsbegründend (Rn. 74, 137).

263 Im Zusammenhang mit der informationsgestützten Manipulation ist relevant, wie der Vorsatz bei **Journalisten** zu beurteilen ist. Art. 21 MAR (Rn. 202 ff.) sieht vor, dass bei der Beurteilung eines Verbreitens von Informationen für journalistische Zwecke oder andere Ausdrucksformen in den Medien die Regeln der Pressefreiheit und der Freiheit der Meinungsäußerung in anderen Medien sowie die journalistischen Berufs- und Standesregeln zu berücksichtigen sind. Diese Privilegierung bezieht sich auf die Frage, ob ein Verbreiten von Informationen als marktmissbräuchlich zu sehen ist. Daher entfällt bereits der **objektive** Tatbestand, wenn die Journalisten (bei Vorliegen der übrigen Voraussetzungen) ihre Sorgfalts- und insbesondere Recherche-, Prüfungs- und Wahrheitspflicht, ferner die Neutralitätspflicht und die Pflicht, Interessenkonflikte zu vermeiden bzw. offen zu legen, einhalten.[913] Da die Anforderungen an die-

---

909 BGH 16.4.2008 – 5 StR 615/07, NStZ-RR 2008, 239.
910 Vgl. *Schönhöft* S. 171; zum dolus eventualis bei professionellen Marktteilnehmern vgl. Fuchs/*Waßmer* WpHG § 38 Rn. 73.
911 *Tripmaker* wistra 2002, 288 (291); *Park* BB 2003, 1513 (1515).
912 Assmann/Schneider/*Vogel* WpHG, 6. Aufl., § 20 a Rn. 130.
913 Vgl. Ziff. 7 Pressekodex, abrufbar unter: http://www.presserat.de/pressekodex/pressekodex/ (zuletzt abgerufen am 19.6.2019); Zur alten Rechtslage iErg Assmann/Schneider/*Vogel* WpHG, 6. Aufl., § 20 a Rn. 106 unter Hinweis auf die Wechselwirkung mit der verfassungsrechtlich geschützten Medienfreiheit (Art. 5 Abs. 1 S. 2, Abs. 2 GG).

sen Pflichtenkatalog mit Blick auf Aktualitätserfordernisse, die im Kapitalmarktbereich eine besondere Rolle spielen, nicht überspannt werden sollten,[914] ist auch ein Verhalten, das ansonsten ggfs. als bedingt vorsätzlich einzustufen wäre, als tatbestandsausschließend zu qualifizieren (§ 16 StGB).[915] Dies ergibt sich auch aus einem Gegenschluss zu **Art. 21 lit. b MAR**, der die Privilegierung erst bei Irreführungsabsicht für unanwendbar erklärt.Liegt schon der objektive Tatbestand des Art. 12 Abs. 1 lit.b MAR nicht vor, entfällt sowohl eine Ahndung als vollendete Straftat nach § 119 Abs. 1 WpHG als auch eine Ahndung als vollendete Ordnungswidrigkeit nach § 120 Abs. 2 Nr. 2 n Abs. 15 Nr. 2 WpHG, die über die jeweilige Verweisung das Vorliegen eben dieses Tatbestands gerade voraussetzen. Dies gilt nicht, wenn diese Personen aus den unrichtigen oder irreführenden Angaben direkt oder indirekt einen Nutzen oder Gewinne schöpfen (vgl. oben Rn. 203). Angesichts des hohen Werts der Presse- bzw. Meinungsfreiheit muss bei Einhaltung der Maßstäbe des Art. 21 MAR **auch eine Versuchsstrafbarkeit** entfallen.

b) Marktmanipulation als Ordnungswidrigkeit (§ 120 Abs. 2 Nr. 3, Abs. 15 Nr. 2 WpHG)

Alle Bußgeldtatbestände, die Marktmanpulation sanktionieren, können sowohl **vorsätzlich** als auch **leichtfertig** verwirklicht werden. Der Täter handelt leichtfertig, wenn er die gebotene Sorgfalt „in ungewöhnlich großem Maß" verletzt, „einfachste ganz naheliegende Überlegungen" nicht anstellt oder nicht beachtet, „was im gegebenen Fall jedem hätte einleuchten müssen".[916]Durch das 2. FiMaNoG wurde die Differenzierung in Bezug auf die handelsgestützte oder sonstige Manipulation in Bezug auf ausländische Zahlungsmittel, Waren und Emissionszertifikate gem. § 39 Abs. 3 c iVm § 12 WpHG aF aufgehoben, die nur **vorsätzlich** begangen werden konnten. Im Referentenentwurf war insgesamt eine Ausdehnung der Ahnbarkeit auf einfache Fahrlässigkeit vorgesehen,[917] von der aber im Regierungsentwurf zum 1. FiMaNoG wieder Abstand genommen wurde.[918] Dies ist zu begrüßen. Im Zusammenhang mit Art. 12 Abs. 1 lit. c MAR ist zu beachten, dass es erforderlich ist, dass die Person, die die Informationen bereitet, „wusste oder hätte wissen müssen, dass sie falsch oder irreführend waren", was jedoch zu keinen höheren Anforderungen an die subjektive Tatseite führt.

Das sog Journalistenprivileg (Art. 21 MAR, oben Rn. 202) gilt auch im Bereich der leichtfertigen Begehungsweise (sofern kein eigennütziges Handeln vorliegt, eine Täuschungsabsicht ist in diesem Fall ohnehin logisch nicht denkbar). Dies ergibt sich ebenfalls aus dem Gegenschluss zu Art. 21 lit. b MAR (Gegenaus-

264

265

---

914 Assmann/Schneider/*Vogel* WpHG, 6. Aufl., § 20 a Rn. 133.
915 *Nossol* S. 202 f.; *Eichelberger* S. 286; aA Erbs/Kohlhaas/*Wehowsky* W 57 a WpHG § 20 a Rn. 43.
916 KK-OWiG/*Rengier* OWiG § 10 Rn. 48 ff. mwN; Assmann/Schneider/*Vogel* WpHG, 6. Aufl., § 39 Rn. 63 ff.; Erbs/Kohlhaas/*Wehowsky* W 57 a WpHG § 39 § 39 Rn. 58.
917 Begründung des RefE FiMaNoG v. 19.10.2015, S. 232, abrufbar unter http://docs.dpaq.de/9802-referentenentwurf_finanzmarktnovellierungsgesetz.pdf (zuletzt abgerufen am 19.6.2019). Krit. Stellungnahme des Deutschen Aktieninstituts zum FiMaNoG, S. 14., abrufbar unter https://www.dai.de/files/dai_usercontent/dokumente/positionspapiere/2016-03-10%20DAI-Stellungnahme%201.%20FiMaNoG.pdf (zuletzt abgerufen am 19.6.2019).
918 *Poelzig* NZG 2016, 492 (497).

nahme bei Irreführungsabsicht); eine gegenteilige Auslegung wäre auch im Hinblick auf die Pressefreiheit nicht überzeugend.

c) Irrtumskonstellationen

266 Ob der Täter bzw. Teilnehmer sich hinsichtlich einzelner bzw. mehrerer Umstände im **Irrtum** befunden hat und ob dieser Irrtum als sog Tatbestands- oder Verbotsirrtum zu beurteilen ist, richtet sich nach §§ 16, 17 StGB. Bei den vorliegenden gestuften Blankettstrafnormen (s. Rn. 5 f., 44) bedeutet dies ein „Zusammenlesen" der Blankettnorm mit den in Bezug genommenen Ausfüllungsnormen.[919] Da nur schlechterdings unvertretbar noch als zutreffend angesehene Informationen „falsch" iSd Art. 12 Abs. 1 lit. a, b MAR sind (oben Rn. 196), werden Irrtümer über die Richtigkeit von Angaben zu Strafbarkeitseinschränkungen führen (vorsatzausschließender Tatbestandsirrtum, § 16 StGB). Der Irrtum über die Existenz und den Umfang einer Rechtsvorschrift zur Offenbarungspflicht von Angaben (§ 20 a Abs. 1 S. 1 Nr. 1 Alt. 2 WpHG aF) war nach überwiegender Auffassung als sog Verbotsirrtum zu beurteilen, der den Vorsatz nicht ausschließt und nur bei Unvermeidbarkeit schuldausschließend wirkt (§ 17 StGB, § 11 Abs. 2 OWiG).[920] Ein Irrtum über die Existenz oder die Auslegung einer für § 119 Abs. 1 bzw. § 120 Abs. 2 Nr. 3, Abs. 15 Nr. 2 (vorher § 38 Abs. 1 bzw. § 39 Abs. 2 Nr. 3, Abs. 3 c, 3 d Nr. 2) WpHG maßgebenden blankettausfüllenden Norm (Art. 15, 12 sowie Anhang I MAR einschließlich der Delegierten Verordnungen) ist ebenfalls nach den Regeln über den (vermeidbaren oder unvermeidbaren) Verbotsirrtum zu behandeln.[921] Allgemein kommt es darauf an, ob der konkrete Täter nach seinen individuellen Fähigkeiten zur Unrechtseinsicht hätte kommen können, insbesondere darauf, ob und inwieweit dem Täter die Unkenntnis der Vorschriften zum Verbot der Kurs- und Marktpreismanipulation zur Last fällt.[922] Angesichts der Ausgestaltung als (mehrfach) gestufte Blankettnorm – zumal ab dem 3.7.2016 mit Verweisen direkt auf das Europarecht – werden Irrtumsfragen nicht unerhebliche praktische Bedeutung erhalten, auch wenn man bestimmten Marktteilnehmern (zB institutionellen Anlegern, Wirtschaftsjournalisten) einen erhöhten Kenntnisgrad der Funktionsabläufe im Börsengeschäft, der bewertungserheblichen und einwirkungsgeeigneten Umständen etc vielfach nicht wird absprechen können. Auch wird man bei der Prüfung der Vermeidbarkeit des Irrtums bei professionellen Marktteilnehmern einen strengen Maßstab[923] anlegen. So wird ein Skontroführer anders zu beurteilen sein als der Angestellte in der Bilanzabteilung eines börsennotierten Unternehmens.[924]

---

919 S. allgemein zu Irrtümern bei Blankettmerkmalen *Schuster* S. 26 ff.; *Enderle* S. 283 ff.; *Dietmeier* S. 149 ff.; *Cornelius* S. 284 f.
920 Assmann/Schneider/*Vogel* WpHG, 6. Aufl., § 20 a Rn. 129, 214; Fuchs/*Waßmer* WpHG § 38 Rn. 77.
921 Assmann/Schneider/*Vogel* WpHG, 6. Aufl., § 20 a Rn. 214; Assmann/Schneider/*Vogel* WpHG, 6. Aufl., § 39 Rn. 63 ff.; *Hupka* WM 2009, 1351 (1357 f.) bejaht Verbotsirrtum bei Vertrauen auf CESR-Empfehlungen angesichts des „Regulatorischen Overkills".
922 BGH 19.12.1952 – 1 StR 2/52, BGHSt 3, 357 (366); BGH 23.12.1952 – 2 StR 612/52, BGHSt 4, 1.
923 Vgl. nur BGH 18.3.1952 – GSSt 2/51; Fuchs/*Waßmer* WpHG § 38 Rn. 78.
924 Vgl. zur unterschiedlichen Wahrnehmung von Kursrisiken durch Kassa- und Terminhändler *Dietl/Royer/Stratmann* FB 2009, 337.

3. Zeitlicher Anwendungsbereich

Die Strafbarkeit einer Tat bestimmt sich nach dem Gesetz, das zur Zeit der Tat gilt (§ 2 Abs. 1 StGB).Wird das Gesetz, das bei Beendigung der Tat gilt, vor der Entscheidung geändert, so ist das mildeste Gesetz anzuwenden (**Sperrwirkung des milderen Rechts, § 2 Abs. 3 StGB**). Für **Alttaten** ist daher in konkreter Betrachtungsweise[925] zu entscheiden, welche Regelung im Einzelfall nach seinen besonderen Umständen als milderes Gesetz zu beurteilen ist.[926] Für die Beurteilung als mildestes Gesetz ist dabei nicht die abstrakte Strafdrohung maßgebend, sondern der gesamte sachlich-rechtliche Rechtszustand einschließlich des Erlasses einer blankettausfüllenden Norm.[927]

267

Die Neuregelungen durch das **1. FiMaNoG** in den §§ 38 Abs. 1 Nr. 1 Alt. 2, Nr. 2, Abs. 4, 39 Abs. 3 c, 3 d WpHG aF iVm Art. 15 MAR stellen bei weitreichender **Unrechtskontinuität** in verschiedenen Bereichen eine Verschärfung der Rechtslage gegenüber der bisherigen Regelung dar, insbesondere durch die Einführung der Strafbarkeit des Versuchs, aber auch durch die Ausweitung des Anwendungsbereichs. Allerdings wurde im Hinblick auf das **Auseinanderfallen des Zeitpunkts des Inkrafttretens** des 1. FiMaNoG (2.7.2016) und des Zeitpunkts der Geltung der Vorschriften zur Marktmanipulation in der Marktmissbrauchsverordnung gem. Art. 39 Abs. 2 MAR (3.7.2016) eine unbeabsichtigte "**Ahndungslücke**" bzw. "Generalamnestie im Kapitalmarktrecht" postuliert.[928] Da die durch das 1. FiMaNoG eingeführten Verweise mangels Geltung der ausfüllenden Vorschriften der MAR am 2.7.2016 **leergelaufen** seien, die alte Rechtslage aber schon außer Kraft getreten war, sei die Marktmanipulation an diesem Tag straflos gewesen, wodurch wegen der Anwendung des "lex mitior"-Grundsatzes gem. § 2 Abs. 3 StGB auch alle Alttaten straflos bzw. gem. § 4 Abs. 3 OWiG nicht ahndbar seien.[929] Die BaFin hat in einer Stellungnahme das Bestehen einer derartigen Lücke mit Verweis auf die in der Verordnung unterschiedlich ausgewiesenen Zeitpunkte des "Inkrafttretens" (Art. 39 Abs. 1 MAR) und der "Geltung" (Art. 39 Abs. 1 MAR) pauschal abgestritten.[930]

268

Die Lösung dieser Frage hängt davon ob, ob die Wahl des Datums durch den deutschen Gesetzgeber, wie von der BaFin behauptet, bewusst erfolgt ist oder

269

---

925 BGH 6.11.2003 – 1 StR 24/03, ZIP 2003, 2354 (2357) mwN; MüKoStGB/*Schmitz*, 2003, StGB § 2 Rn. 20 ff.; *Trüstedt* S. 207 ff.
926 Graf/Jäger/Wittig/*Diversy*, 820 WpHG § 38 Rn. 182; Assmann/Schneider/*Vogel* WpHG, 6. Aufl., Vor § 20 a Rn. 7 ff.: "Reformstakkato";Erbs/Kohlhaas/*Wehowsky* W 57 a WpHG § 38 Rn. 35 ff.; *Tiedemann* WiStR Rn. 264; Fuchs/*Waßmer* WpHG § 38 Rn. 65.
927 BGH 8.1.1965 – 2 StR 49/64, BGHSt 20, 177; BGH 28.1.1987 – 3 StR 373/86, BGHSt 34, 272 (282).
928 So *Rothenfußer* Börsen-Zeitung v. 7.7.2016, S. 13. Ausführlich *ders./Jäger*, NJW 2016, 2689; *Lorenz/Zierden* HRRS 2016, 443; diff. *Bergmann/Vogt* wistra 2016, 347. Sa *Klöhn/Büttner* ZIP 2016, 1801; *Rossi* ZIP 2016, 2437; *Simons* AG 2016, 651 (652), *Gaede* wistra 2017, 41; *Lienert* HRRS 2017, 265; *Szesny* BB 2017, 515; *Poller*, Neuer Sanktionsrahmen aufdem Gebiet der Marktmanipulation nach dem aktuellen europäischen Markmissbrauchsrecht -Europarechtskonformität des 1. FiMaNoG?, 2017, S. 16 Fn. 84; Klöhn/*Klöhn* MAR Einl. Rn. 79 ff.
929 *Rothenfußer* Börsen-Zeitung v. 7.7.2016, S. 13.
930 BaFin, "Keine Strafbarkeitslücke im Kapitalmarktrecht", Pressemitteilung v. 8.7.2016, abrufbar unter https://www.bafin.de/SharedDocs/Veroeffentlichungen/DE/Pressemitteilung/2016/pm_160708_bz_keine_ahndungsluecke.html (zuletzt abgerufen am 19.6.2019); eine Ahndungslücke ebenfalls verneinend *Klöhn/Büttner* ZIP 2016, 1801.

einen bloßen Redaktions- bzw. Übertragungsfehler darstellt.[931] Handelte es sich bei der Abweichung um eine bewusste Wahl des Gesetzgebers, um das neue deutsche Recht zur Ausnutzung einer Bestandsschutzklausel in der Verordnung schon vorher in Kraft zu setzen (so die BaFin),[932] ist die ungewollte Nebenwirkung der Straflosigkeit bzw. mangelnden Ahndbarkeit wegen Leerlaufens der Verweise in Kauf zu nehmen. Die Vorschriften zum Marktmissbrauch dürften gem. § 39 Abs. 2 MAR tatsächlich erst ab dem 3.7.2016 gelten. Allerdings findet sich für die Behauptung der BaFin in der Gesetzesbegründung kein Rückhalt.[933] Vielmehr sprechen die Gesetzesbegründungen zum Referentenentwurf, der noch den 3.7.2016 als Zeitpunkt des Inkrafttretens vorsah, und zum Regierungsentwurf übereinstimmend und ohne weitere Begründung davon, dass dies der von der Marktmissbrauchsverordnung vorgesehene Zeitpunkt sei.[934] Es spricht also alles dafür, dass es sich um einen **bloßen Redaktionsfehler** handelt.[935] Dieser Fehler ist zwar in der konkreten Form ungewöhnlich; Fehler bei der Anpassung von Blankettverweisungen stellen insgesamt aber bei weitem keinen Einzelfall dar.[936]

270 Der vorliegende Fehler ist mit dem Leerlaufen eines Verweises vergleichbar, wenn er bei Aufhebung und Ersetzung der in Bezug genommenen Norm nicht angepasst wird (sog **Materieller Fehler**).[937] Bei solchen materiellen Fehlern kommt es **entscheidend** auf die **Vorhersehbarkeit für den Rechtsanwender** an.[938] Im vorliegenden Fall ist die Lage ausreichend vorhersehbar: Erstens ist **eindeutig, dass das Verbot der Marktmanipulation nicht aufgehoben werden sollte**. Das Verbot in § 20 a WpHG aF bzw. Art. 15, 12 MAR ist zweitens **weitgehend inhaltsgleich**, so dass sich materiell Unrechtskontinuität ergibt. Schließlich ist auch der **Inhalt** der in Bezug genommenen Norm, selbst wenn sie noch nicht in Kraft getreten ist, durch den Rechtsanwender genauso **leicht nachlesbar** wie bei einem Verweis auf eine geltende Norm[939] – dies stellt insofern einen entscheidenden Unterschied zur mangelnden Anpassung des Verweises bei Ersetzung der blankettausfüllenden Norm dar. Nach allem dürfte sich also **keine Straflosigkeit bzw. Ahndungslücke für Altfälle** ergeben.[940]

---

931 AA BGH 10.1.2017 – 5 StR 532/16, NJW 2017, 966 (967, Rn. 10), der die Frage für unerheblich hält.
932 BaFin, "Keine Strafbarkeitslücke im Kapitalmarktrecht", Pressemitteilung v. 8.7.2016, abrufbar unter https://www.bafin.de/SharedDocs/Veroeffentlichungen/DE/Pressemitteilung/2016/pm_160708_bz_keine_ahndungsluecke.html (zuletzt abgerufen am 19.6.2019).
933 So schon *Bergmann/Vogt* wistra 2016, 347.
934 Begr. RefE FiMaNoG, S. 263; Begr. RegE 1. FiMaNoG, BT-Drs. 18/7482, S. 80.
935 So auch *Bergmann/Vogt* wistra 2016, 347.
936 S. dazu *Saliger/v. Saucken/Graf* ZRP 2016, 54.
937 Vgl. *Saliger/v. Saucken/Graf* ZRP 2016, 54 (56).
938 Vgl. *Saliger/v. Saucken/Graf* ZRP 2016, 54 (56).
939 Insofern wenig überzeugend *Bergmann/Vogt* wistra 2016, 347 (349 ff.), die für die Möglichkeit der Einbeziehung in die Auslegung fordern, dass die Normen der Verordnung direkt vom deutschen Recht in Bezug genommen wurden, was bei § 39 Abs. 3 d Nr. 2 WpHG für Art. 12 MAR, der die verschiedenen Fallgruppen beschreibt, nicht der Fall sei. § 39 Abs. 3 d Nr. 2 WpHG sei daher zu unbestimmt gewesen.
940 So auch *Klöhn/Büttner* ZIP 2016, 1801. AA NK-WSS/*Trüg*WpHG § 38 Rn. 4.

Dies entspricht im Ergebnis auch der zwischenzeitlich ergangenen **Entscheidung des BGH vom 10.1.2017**,[941] deren Verfassungsmäßigkeit vom BVerfG bestätigt wurde.[942] Danach habe der deutsche Gesetzgeber die Vorschriften der Marktmissbrauchsverordnung durch die **Bezugnahme** schon vor deren unmittelbarer Anwendbarkeit in Europa in Deutschland für anwendbar erklärt, so dass es gar nicht zu einem Leerlaufen gekommen sei. An der Anordnung der **vorzeitigen Anwendbarkeit** sei er weder durch Europarecht noch durch Verfassungsrecht gehindert gewesen. Der **Anwendungsbefehl** umfasst dabei nicht nur das Verbot als solches, sondern alle Vorschriften, die zu dessen sinnvoller Anwendung notwendig sind, insbesondere also die Vorschriften zum Anwendungsbereich und die Begriffsbestimmungen in Art. 12 MAR, so dass die Strafdrohung auch ausreichend bestimmt ist. Die durch das 2. FiMaNoG eingeführte **Übergangsregelung** des § 52 (seit 3.1.2018: § 137) WpHG, die für Alttaten gem. §§ 38, 39 WpHG die Anwendung des Tatzeitrechts anordnet (sog **Interklusionsvorschrift**),[943] wäre daher zur Schließung der Ahndungslücke gar nicht notwendig gewesen. Ob die damit verbundene rückwirkend angeordnete **Ausnahme vom lex mitior-Grundsatz** verfassungs- bzw. europarechtlich zulässig gewesen wäre, wird zu Recht bezweifelt.[944] Zudem ist auf ein Kuriosum im Verlauf des Gesetzgebungsverfahrens des 2. FiMaNoG hinzuweisen: So sollte im Rahmen der Umnummerierung auch der Verweis auf die „Alttaten gem. §§ 38, 39 WpHG" übereifrig in „§ 119, 120 WpHG" geändert werden, obwohl die Taten zum Tatzeitpunkt natürlich noch in §§ 38, 39 WpHG geregelt waren; dies wurde berichtigt.[945]

271

Auch das 2. FiMaNoG bewahrt die Unrechtskontinuität. Lediglich die Einführung der minder schweren Fälle in § 119 Abs. 6 WpHG stellte eine Milderung dar. Verschärft wurden dagegen die Regelungen in Bezug auf handels- und

272

---

941 BGH 10.1.2017 – 5 StR 532/16, BGHSt 62, 13 = NJW 2017, 966 mit Anm. *Rossi*; *Pananis* NStZ 2017, 234; *Rothenfußer* AG 2017, 149; *Bülte/Müller* NZG 2017, 205; *Brand/Hotz* NZA 2017, 236; *Lienert* HRRS 2017, 265; *Köpferl* ZIS 2017, 201; *Szesny* BB 2017, 515; *Möllers/Herz* JZ 2017, 515; *Bergmann/Vogt* NZWiSt 2017, 146; *Kudlich* ZBB 2017, 72; *Möllers/Herz* WuB 2017, 309; *Wessing/Janssen* EWiR 2017, 165; *Rackow* jM 2017, 472 (478 ff.); *Ulmrich* Deutscher Anwaltsspiegel 2017, Heft 6, S. 12; *Hippeli* jurisPR-HaGesR 2/2017 Anm. 5.; *Hölken* jurisPR-InsR 9/2017 Anm. 2; *Kunkel/Kunkel*, jurisPR-Compl 3/2017 Anm. 4. Sa LG Frankfurt aM 31.10.2016 – 5/12 KLs – 7521 Js 211504/14 (9/16), BeckRS 2016, 116071 mit Anm. *Altenhofen* jurisPR-HaGesR 3/2017 Anm. 3. Bestätigt in BGH 8.8.2018 – 2 StR 210/16, NStZ-RR 2019, 49 = BeckRS 2018, 28853 mit Anm *Moellers/Herz* WuB 2019, 153.
942 BVerfG 3.5.2018 – 2 BvR 463/17, NJW 2018, 3091 = wistra 2018, 336, mit Anm. *Gehrmann* wistra 2018, 366; *Szesny* GWR 2018, 237; *Weber* FD-StrafR 2018, 406420; *Kraack* EWiR 2018, 677; BVerfG 13.6.2018 – 2 BvR 375/17, 2 BvR 1785/17, BeckRS 2018, 13469; *Hippel* WuB 2018, 388.
943 Zur Begrifflichkeit s. *Schützendübel* S. 94.
944 Überzeugend *Schützendübel* S. 113 f.; sa *Saliger*, WM 2017, 2365 (2366 ff.); *Rossi*, ZIP 2016, 2437 (2443 ff.); *Rothenfußer/Jäger*, NJW 2016, 2689 (2693 ff.); *Gaede*, wistra 2017, 41 (46 ff.); *Gaede*, wistra 2011, 365; *Pananis*, NStZ 2017, 236 (238); *Stage*, jurisPR-StrafR 3/2018 Anm. 1. Für die Zulässigkeit dagegen BVerfG NJW 2008, 3769; OLG Stuttgart NStZ-RR 1999, 379; *Bergmann/Vogt* wistra 2016, 347 (351 f.); *Bülte/Müller* NZG 2017, 205 (211 ff.); *Brand/Hotz* ZIP 2016, 1450; *Möllers/Herz* JZ 2017, 445 (449 ff.); *Möllers/Herz* WuB 2017, 309; differenzierend *Sturm* NStZ 2017, 553.
945 *Stage*, jurisPR-StrafR 3/2018 Anm. 1; ausführlich Meyer/Veil/Rönnau/Rönnau/Wegner § 28 Rn. 19 ff. mwN; sa *Bergmann/Vogt* NZWiSt 2017, 146 (152).

handlungsgestützte Manipulationen bei Emissionszertifikaten, Waren und ausländischen Zahlungsmitteln, die jetzt auch bei Leichtfertigkeit strafbar sind; bei Emissionszertifikaten durch ihre Einbeziehung in den Begriff der Finanzinstrumente; im Anwendungsbereich des § 25 WpHG durch Zusammenfassung der Regelung mit der informationsgestützten Manipulation in § 120 Abs. 2 Nr. 3 WpHG. Entsprechendes gilt für die Ausdehnung der Qualifikation und der Versuchsstrafbarkeit gem. § 119 Abs. 4, 5 WpHG (s. Rn. 12).

4. Räumlicher Schutzbereich, Auslandstaten

273 Die Marktmissbrauchsverordnung stellt insgesamt für ihren Anwendungsbereich auf ein **Marktortprinzip** ab, so dass sie auf alle Handlungen – egal ob im Inland, im europäischen oder im außereuropäischen Ausland, **Art. 2 Abs. 4 MAR** – anwendbar ist, solange diese sich auf Finanzinstrumente beziehen, die unter die Verordnung fallen, also an einem dortigen Handelsplatz zugelassen sind oder ein Antrag auf Zulassung gestellt wurde.[946] Bei außerbörslichen Tatobjekten genügt es, wenn sich die Transaktion über die von der Verordnung[947] bewusst einbezogenen Wechselwirkungen auf ein derartiges Finanzinstrument bezieht.

274 Für die Anwendung des deutschen Straf- bzw. ordnungswidrigkeitenrechts muss darüber hinaus ein **Anknüpfungspunkt im internationalen Strafrecht** bzw. Ordnungswidrigkeitenrecht vorliegen.[948] Dies ist zunächst gem. §§ 3, 9 StGB; §§ 5, 7 OWiG der Fall, wenn der Handlungsort im Inland liegt. Im Rahmen der Marktmanipulation als Straftat ist daneben eine Anknüpfung an einem inländischen Erfolgsort iSd § 9 StGB denkbar, da es sich hier um ein Erfolgsdelikt handelt (s. Rn. 255). Liegt also der tatsächliche oder beabsichtigte Erfolgsort im Inland (zB tatsächliche Kursbeeinflussung an einer inländischen Börse), so liegt insgesamt eine Inlandstat vor (§§ 3, 9 Abs. 1 StGB), unabhängig davon, ob die Handlung vom Inland oder Ausland aus erfolgte.[949] Eine solche Anknüpfung am Erfolgsort kommt dagegen im Rahmen der Sanktion der Marktmanipulation als Ordnungswidrigkeiten nicht in Frage, da diese als **abstrakte Gefährdungsdelikte** ausgestaltet sind und bei diesen **kein Erfolgsort** iSd § 9 StGB bzw. § 7 OWiG vorliegen kann.[950] Liegen Handlungs- und Erfolgsort im Ausland, ist der Täter jedoch Deutscher, so ist bei entsprechendem ausländischem Marktmanipulationsverbot eine Inlandsstrafbarkeit nach § 119 Abs. 1, 4 WpHG gegeben (§ 7 Abs. 2 Nr. 1 StGB). Nicht ausreichend ist demgegenüber, wenn ein deutscher Anleger Opfer einer an einer ausländischen Börse bzw. einem überwachten Markt begangenen Tathandlung wird, da der individuelle Anlegerschutz nicht Normzweck der Art. 15, 12 MAR ist (Rn. 23).[951]

---

946 Vgl., auch zur völkerrechtlichen Zulässigkeit, Klöhn/*Klöhn* MAR Art. 2 Rn. 104 ff.
947 *Poelzig* NZG 2016, 528 (530 f.).
948 So auch Meyer/Veil/Rönnau/*Rönnau/Wegner* § 28 Rn. 24 ff.
949 *Arlt* S. 347 ff., 356 ff.
950 Vgl. BGH, NStZ 2015, 82; zust. Satzger, Internationales und Europäisches Strafrecht, 7. Aufl. § 5 Rn. 25 mwN auch zur Gegenansicht; Meyer/Veil/Rönnau/*Rönnau/Wegner* § 28 Rn. 29; § 29 Rn. 30.
951 Keine Tat „gegen einen Deutschen" iS von § 7 Abs. 1 StGB; ebenso Assmann/Schneider/*Vogel* WpHG, 6. Aufl., § 20 a Rn. 70.

III. Täterschaft und Teilnahme, Tun und Unterlassen

Die Vornahme der Tathandlungen in Art. 12 MAR ist durchgängig an **positives Tun** geknüpft.[952] Für die Tathandlungen der darauf verweisenden Sanktionsvorschriften gelten die allgemeinen Grundsätze. Ebenso wie bei § 20 a Abs. 1 S. 1 Nr. 1 Alt. 1, Nr. 2, 3 WpHG aF[953] kommen sowohl unmittelbare Täterschaft (zB falsche Ad-hoc-Angaben) als auch – in **zahlreichen Fällen** – **mittelbare Täterschaft** in Betracht (§ 25 Abs. 1 Alt. 2 StGB), da bei der informationsbasierten Manipulation gutgläubige Dritte (Marktintermediäre, Presse, sonstige Medien) die vom Täter stammenden Angaben weitergeben[954] und die börsenbezogene Handlungen regelmäßig über Kreditinstitute in Auftrag gegeben bzw. über Intermediäre (zB Skontroführer) abgewickelt werden.[955] Auch sog dolose Werkzeuge des mittelbaren Täters sind jenseits der Mittäterschaft denkbar, etwa wenn der Finanzvorstand einer börsennotierten AG den Leiter der Finanzabteilung anweist, Zahlen im Jahresabschluss zu manipulieren. Für Aufsichtsratsmitglieder kommt etwa bei rechtswidrigen festgestellten Jahresabschlüssen eine Strafbarkeit wegen **Beihilfe** zur Marktmanipulation in Betracht, uU sogar für Abschlussprüfer bei entsprechender Mitwirkung. **Mittäterschaft** kommt insbes. bei „pre-arranged trades" oder „circular trading" in Betracht.[956] Mittäterschaft ist darüber hinaus denkbar bei Zusammenwirken mehrerer Vorstands- und/oder Aufsichtratsmitglieder (zB wash sales im Konzernverbund) und in sog Scalping-Fällen.[957]

275

Unterließ es der Täter entgegen einer ihn betreffenden Offenbarungspflicht, bewertungserhebliche Umstände bekannt zu machen, so beging er bis zum 2.7.2016 eine Marktmanipulation gem. § 20 a Abs. 1 S. 1 Nr. 1 Alt. 2 WpHG aF Ließ ein Täter (zB Vorstand, Aufsichtsrat) zu, dass ein anderer (zB der Pressesprecher seines börsennotierten Unternehmens) unrichtige Angaben machte, so konnte er sich wegen Kursmanipulation durch Unterlassen (uU in mittelbarer Täterschaft) strafbar machen, wenn die Voraussetzungen des unechten Unterlassungsdelikts vorlagen (§ 13 StGB). Ob und unter welchen Voraussetzungen eine **Garantenstellung zur Verhinderung von Zuwiderhandlungen** eingreift, ist in Rechtsprechung und Literatur umstritten. Die wohl überwiegende Auf-

276

---

[952] AA Meyer/Veil/Rönnau/*Brinckmann* § 15 Rn. 36; Meyer/Veil/Rönnau/*Rönnau/Wegner* § 28 Rn. 75 ff.; *Buck-Heeb* § 7 Rn. 580, 593; GroßkommHGB/ *Grundmann* Bd. XI Teil 6 Rn. 445; *Renz/Leibold* CCZ 2016, 157 (166); wie hier: *Sajnovits/Wagner* WM 2017, 1189; NK-WSS/*Trüg*WpHG § 38 WpHG § 38 Rn. 53; KölnKommWpHG/*Stoll* WpHG § 20 a Rn. 170. Sa Klöhn/*Schmolke*MAR Art. 12 Rn. 252 ff.
[953] Assmann/Schneider/*Vogel* WpHG, 6. Aufl., § 20 a Rn. 66; zu § 20 a Abs. 1 S. 1 Nr. 3 WpHG aF BGH 25.2.2016 – 3 StR 142/15, WM 2016, 1022 (1023 f.); BGH 4.12.2013 – 1 StR 106/13, NJW 2014, 1896 mit Anm. *Brand* NJW 2014, 1900, mit Anm. *Kraayvanger* ZWH 2014, 230.
[954] *Schröder* KapitalmarktStR Rn. 609, 615; MüKoStGB/*Pananis* WpHG § 38 Rn. 230; *Möllers/Hailer* in FS Schneider, S. 831 (842 f.).
[955] *Schröder* KapitalmarktStR Rn. 611; zur mittelbaren Täterschaft für den Fall der Bestechung eines Skontroführers vgl. Graf/Jäger/Wittig/*Diversy* 820 WpHG § 38 Rn. 172.
[956] MüKoStGB/*Pananis* WpHG § 38 Rn. 230.
[957] *Schröder* KapitalmarktStR Rn. 607 f.; zur Mittäterschaft in einem „Scalping"-Fall, s. BGH 25.2.2016 – 3 StR 142/15, WM 2016, 1022 (1023 f.); BGH 4.12.2013 – 1 StR 106/13, NJW 2014, 1896 (1897 f.) mit Anm. *Brand* NJW 2014, 1900, mit Anm. *Kraayvanger* ZWH 2014, 230.

fassung nimmt eine Pflicht zur Verhinderung betriebsbezogener Taten von Mitarbeitern des Unternehmens an (Geschäftsherrenhaftung).[958] Daneben war auch eine Marktmanipulation durch Unterlassen denkbar, sofern zunächst gutgläubig Informationen verbreitet wurden, die trotz späterer Erkenntnis als unrichtig oder irreführend nicht berichtigt wurden (Ingerenz)..[959]

277 Nach der Aufhebung von § 20 a WpHG aF und angesichts des Umstands, dass Art. 12 MAR keine explizite Unterlassungsvariante der Marktmanipulation enthält (siehe bereits Rn. 50, 193), ist unklar, ob eine **Marktmanipulation durch Unterlassen** auch nach neuem Recht strafbar ist. Insbesondere ist **unklar, ob** das Unterlassen von Ad-hoc-Veröffentlichungen nach Art. 17 MAR (§ 15 WpHG aF), das früher einen Hauptanwendungsfall des Verschweigens bewertungserheblicher Umstände bildete, nach wie vor **als Marktmanipulation strafbar ist.** Der Gesetzgeber geht von einer fortbestehenden Strafbarkeit aus, wenn er meint: „Im Einklang mit Artikel 2 Absatz 4 der Verordnung (EU) Nr. 596/2014 und entsprechend § 13 des Strafgesetzbuches kann – wie schon bisher – ein Unterlassen den Tatbestand der Marktmanipulation erfüllen."[960] Diese Ansicht ist nicht **haltbar.**[961] Was die Anknüpfung an Art. 2 Abs. 4 MAR anbelangt, so gelten danach zwar „die Verbote und Anforderungen dieser Verordnung für Handlungen und Unterlassungen in der Union und in Drittländern in Bezug auf die in den Absätzen 1 und 2 genannten Instrumente."[962] Indes betrifft Art. 2 Abs. 4 MAR nach seiner systematischen Stellung und der wenig prominenten Behandlung im Normgebungsverfahren, wo die Unterlassungen erst spät eingefügt wurden, allein den räumlichen Anwendungsbereich, begründet also keine Unterlassungsstrafbarkeit, sondern setzt diese voraus.[963] Auch der Rückgriff auf § 13 StGB als nationaler Zurechnungsnorm ist hochproblematisch. Zum einen ist die MAR vollharmonisierend[964] und daher bezüglich der Nichterwähnung der Unterlassungen negativ abschließend, kann also nicht unter Berufung auf die ebenfalls keine Unterlassung enthaltende CRIM-MAD ohne Widerspruch zu deren die MAR nur flankierende Funktion durch eine national überschießende Kriminalisierung des Unterlassens unter-

---

958 Vgl. Erbs/Kohlhaas/*Wehowsky* W 57 a WpHG § 20 a Rn. 20WpHG § 38 Rn. 33; Assmann/Schneider/*Vogel* WpHG, 6. Aufl., § 20 a Rn. 109, WpHG § 38 Rn. 79, 80; vgl. auch *Möllers/Hailer* in FS Schneider, S. 831 (842 ff.).
959 Vgl. Begr. RegE FiMaNoG, BT-Drs. 18/7482, 64; zur alten Rechtslage Assmann/Schneider/*Vogel* WpHG, 6. Aufl., § 20 a Rn. 67; Fuchs/*Fleischer* WpHG § 20 a Rn. 23; MüKoStGB/*Pananis* WpHG § 38 Rn. 149; Fuchs/*Fleischer* WpHG § 20 a Rn. 23; *Eichelberger* S. 255 ff.; Fuchs/*Waßmer* WpHG § 38 Rn. 71; aA *Schröder* KapitalmarktStR Rn. 395; *Arlt* S. 176. Dies galt jedoch nicht, wenn zunächst zutreffende Informationen erst durch später eintretende Umstände unrichtig werden, MüKoStGB/*Pananis* WpHG § 38 Rn. 149; *Eichelberger* S. 256 f.; aA Assmann/Schneider/*Vogel* WpHG, 6. Aufl., § 20 a Rn. 67, der von einer kommunikativen Verkehrssicherungspflicht ausgeht; dagegen zutreffend *Schröder* KapitalmarktStR Rn. 395; Graf/Jäger/Wittig/*Diversy* WpHG § 38 Rn. 134: Wortlautgrenze.
960 BT-Drs. 18/7482, 64.
961 Ausführlich *Saliger* WM 2017, 2329 und WM 2017, 2365. *Sajnovits/Wagner* WM 2017, 1189; sa *Eggers* WiJ 2017, 49 (52).
962 Verordnung (EU) Nr. 596/2014 des Europäischen Parlaments und des Rates vom 16.4.2014 über Marktmissbrauch (Marktmissbrauchsverordnung) und zur Aufhebung der Richtlinie 2003/6/EG des Europäischen Parlaments und des Rates und der Richtlinien 2003/124/EG, 2003/125/EG und 2004/72/EG, ABl. 2014 L 173, 29.
963 AA *Brand/Hotz* NZG 2017, 976.
964 Etwa *Seibt/Wollenschläger* AG 2014, 593 (595).

laufen werden.⁹⁶⁵ Zum anderen **fehlt** es an dem Erfordernis der **Entsprechung** von Tun und Unterlassen nach § 13 StGB. Denn alle für ein Unterlassen relevante Normen im WpHG, in der MAR oder in der CRIM-MAD sind stark aktivisch formuliert, so dass ein Unterlassen nicht denselben sozialen Sinngehalt wie ein Tun aufweist.⁹⁶⁶

IV. Vollendung, Beendigung, Versuch

Vollendet ist eine Tat des § 119 Abs. 1 (vorher § 38 Abs. 1) WpHG in dem Zeitpunkt, in dem es zu einer Einwirkung auf Nachfrage, Angebot oder Preis des betreffenden Finanzinstruments, Waren-Spot-Kontrakts oder Emissionszertifikats gekommen ist.⁹⁶⁷ **Beendet** ist die Tat mit Abschluss der Einwirkung, etwa der (nachweislich) vollständigen Einpreisung irreführender Angaben.⁹⁶⁸

278

Seit dem 1. FiMaNoG ist der **Versuch** des Vergehens (vgl. § 23 Abs. 1 StGB) einer Marktmanipulation **in Bezug auf § 38 Abs. Abs. 1 Nr. 2 WpHG aF** gemäß § 38 Abs. 4 WpHG aF strafbar. Diese Versuchsstrafbarkeit wurde in Umsetzung der Vorgaben des Art. 6 Abs. 2 CRIM-MAD eingeführt und durch das 2. FiMaNoG auch auf die bisher in § 38 Abs. 1 Nr. 1 WpHG aF geregelten Verhaltensweisen ausgedehnt (§§ 119 Abs. 1, 4 WpHG). Zudem ist auch der Versuch einer Marktmanipulation nach Art. 15 der Marktmissbrauchsverordnung verboten; ein Verstoß dagegen und damit eine als Ordnungswidrigkeit zu sanktionierende Marktmanipulation liegt daher schon im Versuchsstadium vor. Hierdurch sollen Fälle erfasst werden, in denen klare Beweise für die Absicht zur Marktmanipulation vorliegen und die Aktivität begonnen wurde, aber entweder kein Auftrag erteilt oder kein Geschäft ausgeführt wird, etwa aufgrund von technischem Versagen.⁹⁶⁹

279

V. Konkurrenzen

Treffen die Straftat des § 119 Abs. 1 (vorher § 38 Abs. 1) WpHG und die Ordnungswidrigkeit (§ 120 Abs. 2 Nr. 3, Abs. 15 Nr. 2 WpHG, vorher § 39 Abs. 2 Nr. 3, Abs. 3 c, 3 d Nr. 2 WpHG aF) zusammen, so tritt die Ordnungswidrigkeit grundsätzlich zurück (Subsidiarität, § 21 Abs. 1 S. 1 OWiG), allerdings nicht, wenn eine Strafe zB wegen Verfahrenseinstellung (§ 21 Abs. 2 OWiG)

280

---

965 Vgl. *Bator* BKR 2016, 1 (3 ff.); KölnKommWpHG/*Mock* WpHG § 20 a Rn. 170.
966 *Saliger* WM 2017, 2329 (2334 f.); Esser/Rübenstahl/Saliger/Tsambikakis/*Theile* WpHG § 38 Rn. 17; *Wittig* WirtStR § 30 Rn. 26; aA Graf/Jäger/Wittig/*Diversy/Köpferl* WpHG § 38 Rn. 116 f.; *Böse* wistra 2018, 22; *Richter* WM 2017, 1636.
967 Zur bis zum 2.6.2016 geltenden Rechtslage MüKoStGB/*Pananis* WpHG § 38 Rn. 232.
968 Zur bis zum 2.6.2016 geltenden Rechtslage MüKoStGB/*Pananis* WpHG § 38 Rn. 232.
969 Erwägungsgrund (41) MAR; EU-Konmmission, Vorschlag für Verordnung des Europäischen Parlaments und des Rates über Insider-Geschäfte und Marktmanipulation (Marktmissbrauch), KOM (2011) 651 endg. v. 20.10.2011 Begründung Nr. 3.4.1.4. sowie Erwägungsgrund (19). S. dazu u. *Teigelack* BB 2012, 1361 (1364) und *Kiesewetter/Parmentier* BB 2013, 2371 (2375); *Seibt/Wollenschläger* AG 2014, 593 (601), die daraus resultierende Abgrenzungsschwierigkeiten fürchten.

nicht verhängt wird.[970] § 20 a Abs. 1 Satz 1 Nr. 1 Alt. 2 WpHG aF (Unterlassen) war subsidiär zu Alt. 1 (positives Tun).[971]

281 Tateinheit (§ 52 StGB) bzw. Idealkonkurrenz besteht zu §§ 263 ff.[972] und § 266 StGB[973] und zu § 4[974] bzw. § 16 UWG.[975] Bei einer sonstigen Täuschungshandlung durch Eingriff in die EDV zum Zweck der Beeinflussung der Kursbildung im elektronischen Handel ist Tateinheit mit § 263 a StGB möglich, im übrigen mit § 264 a StGB.[976] Bisher konnte auch zu Insiderdelikten (§ 38 Abs. 1 WpHG aF) Tateinheit bestehen, sofern kein Scalping vorlag.[977] Zahlreiche der in § 2 Abs. 3, 4 MaKonV genannten Umstände waren ferner ad hoc-publizitätspflichtig (§ 15 Abs. 1 S. 1 WpHG aF) und begründeten (ggf. tateinheitlich) einen Verstoß gegen § 15 Abs. 1 S. 1 WpHG aF.[978] Tateinheit bestand darüber hinaus zu Verstößen gegen Rechnungslegungsvorschriften und gesellschaftsrechtliche Publizitätspflichten (§§ 399 Abs. 1 Nr. 1–4, Abs. 2, 400 Abs. 1, Abs. 2 AktG,[979] § 331 HGB, 82 Abs. 2 GmbHG).[980] In diesem Zusammenhang ist zu beachten, dass sich durch die **Abschaffung** der ausdrücklichen **Unterlassensvariante** des Verschweigens bewertungserheblicher Informationen insofern weitaus **weniger Überschneidungen zu den Insiderdelikten** sowie zu anderen Delikten ergeben, die eine Nichtoffenlegung von Informationen sanktionieren.

VI. Rechtsfolgen

1. Europäische Vorgaben

282 Da nach Ansicht der EU-Kommission festgestellt wurde, dass die Aufsichtsbehörden weder mit ausreichenden Handlungsbefugnissen ausgestattet waren noch auf gleichwertige starke und abschreckende Sanktionsregelungen für alle

---

970 BGH 19.12.1995 – KRB 33/95, BGHSt 41, 385 (390 f.); Assmann/Schneider/*Vogel* WpHG, 6. Aufl., § 39 Rn. 83; Erbs/Kohlhaas/*Wehowsky* W 57 a WpHG § 38 Rn. 39; MüKoStGB/*Pananis* WpHG § 38 Rn. 240; *Göhler*, OWiG § 21 Rn. 24 ff.
971 Assmann/Schneider/*Vogel* WpHG, 6. Aufl., § 20 a Rn. 99.
972 Erbs/Kohlhaas/*Wehowsky* W 57 a WpHG § 38 Rn. 36; *Fichtner* S. 62 ff., Assmann/Schneider/*Vogel* WpHG, 6. Aufl., Vor § 38 Rn. 15; zum problematischen Schadensnachweis und der sog Stoffgleichheit zwischen schädigender Verfügung und hierdurch unmittelbar erstrebtem Vorteil, vgl. Achenbach/Wannemacher/*Schröder* § 24 II/Kursbetrug, BörsG § 88 Rn. 45, 48; *Schröder*, HWSt, X 2 Rn. 78; ausführlich *Schröder* KapitalmarktStR Rn. 620, 621 ff.; MüKoStGB/*Pananis* WpHG § 38 Rn. 240.
973 *Schröder*, HWSt, X 2 Rn. 79; Achenbach/Wannemacher/*Schröder* § 24 II/Kursbetrug, BörsG § 88 Rn. 49; *Fichtner* S. 100.
974 *Schröder*, HWSt, X 2 Rn. 78.
975 Assmann/Schneider/*Vogel* WpHG, 6. Aufl., Vor § 38 Rn. 15.
976 *Fichtner* S. 78 ff.; Assmann/Schneider/*Vogel* WpHG, 6. Aufl., Vor § 38 Rn. 15, teilweise aA zur Rechtslage vor Einführung § 20 a Abs. 1 S. 2 WpHG idF AnSVG *Schröder*, HWSt X 2 Rn. 78.
977 BGH 6.11.2003 – 1 StR 24/03, ZIP 2003, 2354 (2355): Scalping kein Insidergeschäf iSd §§ 13, 14 WpHG; Schwark/Zimmer/*Schwark* WpHG § 14 Rn. 78; Erbs/Kohlhaas *Wehowsky* W 57 a WpHG § 38 Rn. 39; Assmann/ Schneider/*Vogel* WpHG § 38 Rn. 15; *Ziouvas* ZGR 2003, 113 (130); eine trotz BGH mögliche Tateinheit-Konstellation beschreibt *Lenenbach* ZIP 2003, 243 (246); MAH WiStR/*Benner* § 22 Rn. 516
978 Assmann/Schneider/*Vogel* WpHG, 6. Aufl., Vor § 38 Rn. 14.
979 BGH 16.12.2004 – 1 StR 420/03 – Fall Haffa; *Waschkeit* S. 314 ff. (325).
980 Asmann/Schneider/*Vogel* WpHG Vor § 38 Rn. 15; *Lenzen* S. 160 f.; MüKoStGB/*Pananis* WpHG § 38 Rn. 240.

Finanzvergehen zurückgreifen können, die wirksam durchzusetzen sind,[981] werden in **Art. 30 Abs. 2 MAR Mindestvorschriften für (umsetzungsbedürftige)**[982] **verwaltungsrechtliche Maßnahmen, Sanktionen und Geldbußen** eingeführt.[983] Zu beachten ist in diesem Zusammenhang auch die neue Rechtsprechung des EuGH zum europäischen Doppelbestrafungsverbot („ne bis in idem") gem. Art. 50 GrCh.[984] Danach ist es unter bestimmten Umständen zulässig, verwaltungsrechtliche und strafrechtliche Sanktionen nebeneinander anzuwenden.

Als Mindestmaßnahmen sind vorgesehen:

- eine Anordnung, wonach die für den Verstoß verantwortliche Person die Verhaltensweise einzustellen und von einer Wiederholung abzusehen hat (Art. 30 Abs. 2 lit. a);
- den Einzug der infolge des Verstoßes erzielten Gewinne oder der vermiedenen Verluste, sofern diese sich beziffern lassen (Art. 30 Abs. 2 lit. b);
- eine öffentliche Warnung betreffend die für den Verstoß verantwortliche Person und die Art des Verstoßes (Art. 30 Abs. 2 lit. c);
- den Entzug oder die Aussetzung der Zulassung einer Wertpapierfirma (Art. 30 Abs. 2 lit. d);
- ein vorübergehendes Verbot für Personen, die in einer Wertpapierfirma Führungsaufgaben wahrnehmen, oder für jedwede andere für den Verstoß verantwortliche natürliche Person, in Wertpapierfirmen Führungsaufgaben wahrzunehmen (Art. 30 Abs. 2 lit. e);
- bei wiederholten Verstößen gegen Artikel 15 ein dauerhaftes Verbot für Personen, die in einer Wertpapierfirma Führungsaufgaben wahrnehmen, oder eine andere verantwortliche natürliche Person, in Wertpapierfirmen Führungsaufgaben wahrzunehmen (Art. 30 Abs. 2 lit. f.);
- ein vorübergehendes Verbot für Personen, die in einer Wertpapierfirma Führungsaufgaben wahrnehmen, oder eine andere verantwortliche natürliche Person, Eigengeschäfte zu tätigen (Art. 30 Abs. 2 lit. g);
- maximale verwaltungsrechtliche finanzielle Sanktionen, die mindestens bis zur dreifachen Höhe der durch die Verstöße erzielten Gewinne oder vermiedenen Verluste gehen können, sofern diese sich beziffern lassen (Art. 30 Abs. 2 lit. h)
- im Falle einer natürlichen Person maximale verwaltungsrechtliche finanzielle Sanktionen von mindestens 5.000.000 EUR bei Verstößen gegen Artikel 15 (Art. 30 Abs. 2 lit. j), im Falle einer juristischen Person maximale

---

981 Vgl. auch EU-Kommission, Mitteilung über die Stärkung der Sanktionsregelungen im Finanzdienstleistungssektor, KOM (2010) 716 endg. v. 8.12.2010.
982 Dies ist für eine Verordnung eher untypisch, *Teigelack/Dolff* BB 2016, 387 (387).
983 EU-Kommission, Begründung des Vorschlags für Verordnung des Europäischen Parlaments und des Rates über Insider-Geschäfte und Marktmanipulation (Marktmissbrauch), KOM (2011) 651 endg. v. 20.10.2011, Erwägungsgrund (34), (35), Art. 24 ff., insbes. Art. 25 d, e; *Veil/Koch* WM 2011, 2297 (2305); Assmann/Schneider/*Vogel* WpHG, 6. Aufl., Vor § 38 Rn. 7 b.
984 EuGH 20.3.2018 – C-524/15, MwStR 2018, 551 – Luca Menci mAnm *Obermaier*; EuGH 20.3.2018 – C-596/16, C-597/16, NJW 2018, 1237 – Di Puma; EuGH 20.3.2018 – C-537/16, NJW 2018, 1233 – Garlsson Real Estate; ausführlich zum Themenkreis etwa Meyer/Veil/Rönnau/*Rönnau/Wegner* § 29 Rn. 24 ff.

verwaltungsrechtliche finanzielle Sanktionen von mindestens 515.000.000 EUR oder 15 % des jährlichen Gesamtumsatzes der juristischen Person entsprechend dem letzten verfügbaren durch das Leitungsorgan genehmigten Abschluss bei Verstößen gegen Artikel 15 (Art. 30 Abs. 2 lit. j, i).

In vielerlei Hinsicht entsprach die bisherige deutsche Rechtslage bereits diesen Vorgaben; im Rahmen der Umsetzung erfolgte jedoch teilweise auch eine nicht unbedeutende Verschärfung, insbesondere im Hinblick auf die Höhe der Bußgelder sowie durch die Einführung des **„Naming and Shaming"**.

283 Nach **Art. 7 Abs. 1 CRIM-MAD** werden die Mitgliedstaaten daneben verpflichtet, die erforderlichen Maßnahmen zu treffen, um sicherzustellen, dass die Straftaten auf wirksame, angemessene und abschreckende Weise strafrechtlich geahndet werden können. Die EU-Kommission sieht dabei **Mindestvorschriften** in **Bezug auf Straftaten und strafrechtliche Sanktionen** für Marktmissbrauch, die in nationales Strafrecht umgesetzt und von der Strafjustiz der Mitgliedstaaten angewandt werden, als Mittel zur Sicherung der Wirksamkeit der EU-Politik vor, da sie die gesellschaftliche Missbilligung dieser Taten auf eine qualitativ andere Art deutlich machen als verwaltungsrechtliche Sanktionen oder zivilrechtliche Ausgleichsmechanismen.[985] In der endgültigen Fassung der Richtlinie finden sich erstmals sogar **Mindesthöchststrafen**, in Art. 7 Abs. 2 CRIM-MAD ist insofern Bewehrung mit Freiheitsstrafe im Höchstmaß von **mindestens 4 Jahren** vorgesehen. Wenn man den Katalog an verwaltungsrechtlichen Maßnahmen und Sanktionen betrachtet, den bereits Art. 30 Abs. 2 MAR vorsieht, und darüber hinaus die „Ermächtigung" in Betracht zieht, über die lediglich als strafrechtliche „Mindestvorschriften"[986] vorgesehenen Sanktionen hinausgehende „weitere Sanktionsbefugnisse und höhere Geldbußen als die genannten Geldbußen (bis zur zweifachen Höhe der erzielten Gewinne oder vermiedenen Verluste)" verhängen zu können (Art. 30 Abs. 2 Marktmissbrauchsverordnung), wird die **strafrechtliche Aufwertung der Marktmanipulation** deutlich.

284 Ferner sollen künftig nach **Art. 8 Abs. 1 CRIM-MAD** gegen **juristische Personen** wegen Marktmanipulationsstraftaten des Art. 5 CRIM-MAD Sanktionen verhängt werden können, wenn eine solche Straftat zu ihren Gunsten von einer Person begangen wurde, die entweder allein oder als Teil eines Organs der juristischen Person gehandelt hat und aufgrund einer der folgenden Befugnisse eine leitende Stellung innerhalb der juristischen Person innehat:

- der Befugnis zur Vertretung der juristischen Person (Art. 8 Nr. 1 a),
- der Befugnis, Entscheidungen im Namen der juristischen Person zu treffen (Art. 8 Nr. 1 b) oder
- einer Kontrollbefugnis innerhalb der juristischen Person (Art. 8 Nr. 1 c).

---

985 EU-Kommission, Vorschlag für Richtlinie des Europäischen Parlaments und des Rates über strafrechtliche Sanktionen für Insider-Geschäfte und Marktmanipulation, KOM (2011) 654 endg. v. 20.10.2011, S. 3/4.
986 EU-Kommission, Vorschlag für Verordnung des Europäischen Parlaments und des Rates über strafrechtliche Sanktionen für Insider-Geschäfte und Marktmanipulation, KOM (2011) 654 endg. v. 20.10.2011, Erwägungsgrund (15).

Insoweit wird eine Ähnlichkeit zu dem Zuschreibungskonzept der §§ 30, 130 OWiG deutlich. Allerdings war der Richtlinienvorschlag noch so formuliert, dass eine Verpflichtung zur Einführung einer **Unternehmensstrafbarkeit** nicht fernlag.[987] Zusätzlich (!) zu dem für Ordnungswidrigkeiten geregelten Sanktionssystem für juristische Personen in der Marktmissbrauchsverordnung wurde nämlich in dem explizit als Richtlinie für „strafrechtliche Sanktionen" bezeichneten Vorschlag der EU-Kommission noch von den EU-Mitgliedstaaten gefordert, die Verantwortlichkeit auf juristische Personen auszuweiten, was „weitestmöglich auch für die strafrechtliche Verantwortlichkeit gelten sollte."[988] Hinzu trat, dass der Richtlinienentwurf nur Mindestvorschriften für strafrechtliche Sanktionen statuieren sollte und es den Mitgliedstaaten daher überlassen bleibt, strengere Vorschriften einzuführen.[989] Als Reaktion auf diesbezüglich geäußerte Bedenken wurde im Rahmen des Erlassverfahrens die Formulierung in Erwägungsgrund (18) CRIM-MAD ausdrücklich um einen Hinweis ergänzt, nach dem eine Unternehmensstrafbarkeit allenfalls dann gefordert sein soll, wenn das nationale Recht eine solche ohnehin vorsieht.[990] Eine **Verpflichtung zur Einführung** einer Unternehmensstrafbarkeit ist daher **ausdrücklich nicht vorgesehen**.[991] Die Einführung dieses Hinweises ist zu begrüßen. Obwohl die Diskussion über die Einführung eines allgemeinen Unternehmensstrafrechts im Hinblick auf den Vergleich mit der Rechtslage anderer europäischer Länder ein Dauerbrenner bleiben wird,[992] ist insofern einem Berufen auf angebliche europäische Vorgaben durch Befürworter ein Riegel vorgeschoben. Die gegen juristische Personen zu verhängenden Sanktionen müssen lediglich wirksam, angemessen und abschreckend sein (**Art. 8 CRIM-MAD**).

Die Verantwortlichkeit juristischer Personen nach Art. 8 Abs. 1 und 2 schließt die strafrechtliche Verfolgung natürlicher Personen als Täter, Anstifter oder Gehilfen einer Marktmanipulation nicht aus (**Art. 8 Abs. 3 CRIM-MAD**). 285

2. Straf- bzw. Bußgeldzumessungsgesichtspunkte

Die Straftat § 119 Abs. 1, 4 (vorher § 38 Abs. 1 Nr. 1 Alt. 2, Nr. 2, Abs. 4) WpHG) kann mit **Freiheitsstrafe bis zu 5 Jahren** oder mit **Geldstrafe** sanktio- 286

---

987 S. *Schork/Reichling* StraFo 2012, 125; *Sethe*, in: Liber amicorum Donatsch, S. 613 (624 f.); aA Stellungnahme DAV, Nr. 40/2012, S. 10, abrufbar unter https://anwaltverein.de/de/newsroom/id-2012-40?file=files/anwaltverein.de/downloads/newsroom/stellungnahmen/2012/SN-40-2012-MarktmissbrauchStrafA.pdf (zuletzt abgerufen am 19.6.2019).
988 EU-Kommission, Vorschlag für Verordnung des Europäischen Parlaments und des Rates über Insider-Geschäfte und Marktmanipulation (Missbrauch) KOM (2011) 651 endg. v. 20.10.2011, Erwägungsgrund (14); *Veil/Koch* WM 2011, 2297 (2306).
989 EU-Kommission, Vorschlag für Verordnung des Europäischen Parlaments und des Rates über Insider-Geschäfte und Marktmanipulation (Missbrauch) KOM (2011) 651 endg. v. 20.10.2011, Erwägungsgrund (15); *Veil/Koch* WM 2011, 2297 (2305).
990 Erwägungsgrund (18) CRIM-MAD: „Die Mitgliedstaaten sollten, soweit ihr nationales Recht eine strafrechtliche Verantwortlichkeit von juristischen Personen vorsieht, gegebenenfalls diese strafrechtliche Verantwortlichkeit im Einklang mit ihrem nationalen Recht auf die in dieser Richtlinie genannten Straftatbestände ausdehnen."
991 Vgl. a. *Kiesewetter/Parmentier* BB 2013, 2371 (2378 f.); *von der Linden* DStR 2016, 1036 (1041).
992 Vgl. zum Diskussionsstandard *Achenbach* NZWiSt 2012, 321; *Höll/Reichling* PStR 2012, 167, jeweils unter Hinweis auf einen bislang nicht veröffentlichten Diskussionsentwurf des BMJ eines Gesetzes zur Änderung des Gesetzes über Ordnungswidrigkeiten v. 29.3.2012; *Kempf/Lüderssen/Volk*, Unternehmensstrafrecht, 2012, S. 4.

niert werden. Die Ordnungswidrigkeit nach § 120 Abs. 2 Nr. 3 (vorher § 39 Abs. 2 Nr. 3, Abs. 3 c) WpHG kann bei natürlichen Personen mit einer **Geldbuße von bis zu einer Million Euro**, die Ordnungswidrigkeit nach § 120 Abs. 15 Nr. 2 (vorher § 39 Abs. 3 d Nr. 2) WpHG sogar mit einer Geldbuße von bis zu **fünf Millionen Euro** geahndet werden, § 120 Abs. 18 (vorher § 39 Abs. 4 a) WpHG. Dies stellt eine erhebliche Verschärfung gegenüber der Rechtslage vor dem 1. FiMaNoG dar, nach der Ordnungswidrigkeiten gem. § 39 Abs. 1 Nr. 1, 2, Abs. 2 Nr. 11 WpHG aF insgesamt mit einer Geldbuße von jeweils **bis zu einer Million Euro** geahndet werden (§ 39 Abs. 4 WpHG aF).[993] Die Erhöhung des Bußgeldrahmens erfolgte in Umsetzung des Art. 30 Abs. 2 lit. i MAR. Eine höhere Geldbuße ist gem. § 120 Abs. 18 S. 3 (vorher § 39 Abs. 4 a S. 3) WpHG bis zur dreifachen Höhe des durch den Verstoß gezogenen wirtschaftlichen Vorteils möglich, vgl. die Vorgaben in Art. 30 Abs. 2 lit. h MAR.[994]

287 Bei der Bußgeldmessung zu berücksichtigen sind nach § 46 Abs. 2 S. 2 StGB insbesondere die Beweggründe und Ziele des Täters (zB eine etwaige Bereicherungsabsicht),[995] das Maß der Pflichtwidrigkeit (zB bei Wertpapierhändlern, Skontroführern oder Finanzvorständen), die Art der Ausführungen (zB die Art der Bilanzmanipulation oder eine möglicherweise gewählte „Verschleierungstechnik") sowie die verschuldeten Auswirkungen der Tat, insbes. Das Ausmaß der Marktmanipulation, wobei der Vermögensschaden der Anleger wegen der regelmäßig nicht feststellbaren Kausalität (oben Rn. 256) nur schwer ermittelbar sein dürfte. Hinzu treten generalpräventive Aspekte (Vertrauen in die Funktionsfähigkeit der Preisfeststellung an der Börse).[996] Diese Erwägungen gelten in vergleichbarer Weise für die Bußgeldzumessung (§ 17 Abs. 3 OWiG).[997] Hierbei wird es ua darauf ankommen, welchem Berufskreis der Täter angehört (dh ob er etwa eine berufsmäßig mit Wertpapierhandel betraute Person ist, zB Bankangestellter, Börsenmakler, Skontroführer etc), in welchem Stadium des Preisbildungsverfahrens die Tat begangen wurde (Bilanzfälschung im Vorfeld, Platzierung von Gerüchten im Gegensatz zur Einwirkung auf die Orderlage) und welche Kontrollmechanismen bzw. -gremien dabei umgangen oder getäuscht wurden (Abschlussprüfer, Aufsichtsrat etc).

288 Bei der Festsetzung der **Geldbußen** sind nach Art. 31 MAR alle relevanten Umstände zu berücksichtigen, insbes. Faktoren wie

- die Schwere und Dauer des Verstoßes (Art. 31 Abs. 1 lit. a);
- der Grad an Verantwortung der verantwortlichen Personen (Art. 31 Abs. 1 lit. b);
- die Finanzkraft der verantwortlichen Personen, wie sie sich aus dem Gesamtumsatz der verantwortlichen juristischen Person oder den Jahresein-

---

993 Dagegen noch 1,5 Millionen EUR gem. § 39 Abs. 4 WpHG aF; krit. *Achenbach* GA 2008, 1 (13 f.).
994 Krit. zum Kommissionsentwurf, Stellungnahme DAV, Nr. 40/2012, S. 3 f. „Einwand der Unverhältnismäßigkeit mit Blick auf mögliche verheerende wirtschaftliche Konsequenzen", abrufbar unter https://anwaltverein.de/de/newsroom/id-2012-40?file=files/anwaltverein.de/downloads/newsroom/stellungnahmen/2012/SN-40-2012-MarktmissbrauchStrafA.pdf (zuletzt abgerufen am 19.6.2019). Sa *Achenbach* WM 2018, 1337.
995 Assmann/Schneider/*Vogel* WpHG, 6. Aufl., § 38 Rn. 88.
996 Vgl. Erwägungsgrund (2), (43, erster Spiegelstrich) EU-Marktmissbrauchsrichtlinie; Begr. RegE AnSVG/Allgemeiner Teil, BT-Drs. 15/3174, 26.
997 Assmann/Schneider/*Vogel* WpHG, 6. Aufl., § 39 Rn. 70 ff.

künften der verantwortlichen natürlichen Person ablesen lässt (Art. 31 Abs. 1 lit. c);
- die Höhe der von der verantwortlichen Person erzielten Gewinne oder vermiedenen Verluste, sofern diese sich beziffern lassen (Art. 31 Abs. 1 lit. d);
- das Ausmaß der Zusammenarbeit der verantwortlichen Person mit der zuständigen Behörde, unbeschadet des Erfordernisses, die erzielten Gewinne oder vermiedenen Verluste dieser Person einzubeziehen (Art. 31 Abs. 1 lit. e);
- frühere Verstöße der verantwortlichen Person (Art. 31 Abs. 1 lit. f.);
- die Maßnahmen, die von der für den Verstoß verantwortlichen Person ergriffen wurden, um zu verhindern, dass sich der Verstoß wiederholt (Art. 31 Abs. 1 lit. g).

Die deutsche Rechtslage kommt diesen Anforderungen nach. Von Interesse ist daneben die neue Vorschrift des § 120 Abs. 25 (vorher § 39 Abs. 6 a) **WpHG**, der die Anwendbarkeit des § 17 Abs. 2 OWiG ausschließt, so dass eine Absenkung des maximalen Bußgelds bei Fahrlässigkeit auf die Hälfte der Obergrenze des vorsätzlichen Delikts nicht mehr erfolgt.[998]

Daneben ist gem. § 120 Abs. 18 S. WpHG iVm § 30 OWiG die Verhängung einer **Geldbuße gegen juristische Personen** bzw. **Personenvereinigungen** (Emittenten, Kreditinstitute, Wertpapierdienstleistungsunternehmen) möglich, wenn eine der in § 30 Abs. 1 Nr. 1–4 OWiG genannten Personen durch die (sog Anknüpfungs-)Tat eine betriebsbezogenen Pflicht verletzt hat oder die juristische Person bzw. Personenvereinigung durch die Tat bereichert worden ist[999] und bei der Tat jeweils die Interessen dieser juristischen Person oder Personenvereinigung verfolgt wurden. Hinzu tritt, dass bei einer Verletzung entsprechender Aufsichtspflichten auch Taten von zB sonstigen Angestellten von Wertpapierdienstleistungsunternehmen (angestellte Börsenhändler etc) als **Ordnungswidrigkeit gem. § 130 OWiG** erfasst werden können.[1000] Die Höhe der maximale Höhe der Geldbuße liegt bei **5 Millionen Euro** für Ordnungswidrigkeiten nach § 120 Abs. 15 Nr. 2 WpHG bzw. **1 Million Euro** für Ordnungwidrigkeiten nach § 120 Abs. 2 Nr. 3 WpHG. Gem. § 120 Abs. 18 S. 2 (vorher § 39 Abs. 4 a S. 2) WpHG kann die Geldbuße in den Fällen des 120 Abs. 15 Nr. 2 (vorher § 39 Abs. 3 d Nr. 2) WpHG über Satz 1 hinaus sogar noch erheblich erhöht werden, nämlich auf **den höheren der Beträge**[1001] von 15 Mio. Euro und 15 % des Gesamtumsatzes, den die juristische Person oder Personenvereinigung im der Behördenentscheidung vorausgegangenen Geschäftsjahr erzielt hat, nicht überschreiten darf (Nr. 1).[1002] Auch hier besteht gem. S. 3 die Möglichkeit, auf das Dreifache des aus dem Verstoß gezogenen wirtschaftlichen Vorteils abzu-

---

998 Begr. BT-Drs. 18/7482, 66.
999 Assmann/Schneider/*Vogel* WpHG, 6. Aufl., § 39 Rn. 74 ff.
1000 Assmann/Schneider/*Vogel* WpHG, 6. Aufl., § 38 Rn. 94, WpHG § 39 Rn. 69 ff.; Erbs/Kohlhaas/*Wehowsky* W 57 a WpHG § 39 Rn. 6 f.; Graf/Jäger/Wittig/*Diversy* WpHG § 38 Rn. 192.
1001 *Teigelack/Dolff* BB 2016, 387 (390) zweifeln an, ob dies von den europäischen Vorgaben gefordert war, und vermuten, dass der „absoluten Geldbetrag [...] als Korrektiv zu ansonsten sehr hohen umsatzabhängigen Geldbußen" eingeführt wurde.
1002 Krit. Stellungnahme des Deutschen Aktieninstituts zum FiMaNoG, S. 14 f., abrufbar unter https://www.dai.de/files/dai_usercontent/dokumente/positionspapiere/2016-03-10%20DAI-Stellungnahme%201.%20FiMaNoG.pdf (zuletzt abgerufen am

stellen. Auch diese Verschärfung wurde in Umsetzung der europäischen Vorgaben und in Anlehnung an die Bußgeldbemessung im Kartellrecht durch das 1. FiMaNoG eingeführt.[1003]

290 § 120 Abs. 23 (vorher § 39 Abs. 5) **WpHG** enthält genaue Angaben zur Berechnung des **Gesamtumsatzes** iSd § 120 Abs. 18 S. 2 Nr. 1 (vorher § 39 Abs. 4 a S. 2 Nr. 1) WpHG. Bemerkenswert ist insbesondere S. 2, nach dem bei Tochter- bzw. Muttergesellschaften zur Berechnung auf den Gesamtumsatz im Konzernabschluss der Muttergesellschaft abzustellen ist. Dies dient dem legitimen Interesse, eine Umgehung der hohen Bußgelder durch Gründung von Tochtergesellschaften zu vermeiden, ist jedoch eine sehr weitreichende Anordnung, die in vielen Fällen über dieses Ziel hinausgehen kann und insofern kontrovers diskutiert wird.[1004] Soweit dies im Rahmen der europäischen Vorgaben möglich ist, sollten dieser sehr weite Anwendungsbereich und das damit verfolgte Ziel bei der Bußgeldbemessung berücksichtigt werden.

291 Das noch im Kommissionsentwurf enthaltene Mandat an die ESMA, Leitlinien zur Art der verwaltungsrechtlichen Maßnahmen und Sanktionen und zur Höhe der Geldbußen (Art. 27 Nr. 2 MAR/E) zu erlassen, findet sich in der endgültigen Fassung der Marktmissbrauchsverordnung nicht mehr. Einen Anhaltspunkt für die Höhe derartiger Sanktionen im Einzelfall bieten vielmehr die neuen **Bußgeldleitlinien der BaFin**, die nach den durch das 1. FiMaNoG notwendigen Überarbeitungen am 22.2.2017 erlassen und zuletzt am 15.1.2018 geändert wurden und die ergänzend neben die bisherigen Bußgeldleitlinien von 2013 treten.[1005]

3. Verjährung

292 Die Verfolgung einer Manipulation nach § 119 Abs. 1, 4 (vorher § 38 Abs. 1 Nr. 1 Alt. 1, Alt. 2, Nr. 2, Abs. 4) WpHG verjährt in **fünf Jahren** (§ 78 Abs. 3 Nr. 4 StGB). Die Verjährungsfrist beginnt mit der Beendigung der Tat (§ 78 a S. 1 StGB), hier mit dem Eintritt des Erfolgs der Manipulation, dh der Einwirkung auf den Börsen- oder Marktpreis.[1006] Beeinflusst die Manipulationshandlung den Börsen- oder Marktpreis ggf. über längere Zeit (zB bei Bilanzmanipulationen), so begründet dies keinen späteren Beendigungszeitpunkt. Die Verjährungsfrist der Ordnungswidrigkeiten gem. § 120 Abs. 2 Nr. 3, Abs. 15 Nr. 2 (vorher § 39 Abs. 2 Nr. 3, Abs. 3 c, 3 d Nr. 2) WpHG beträgt drei Jahre (§ 120

19.6.2019); zum Kommissionsentwurf, Stellungnahme DAV, Nr. 40/2012, S. 3 f. „Einwand der Unverhältnismäßigkeit mit Blick auf mögliche verheerende wirtschaftliche Konsequenzen", abrufbar unter https://anwaltverein.de/de/newsroom/id-2012-40?file=files/anwaltverein.de/downloads/newsroom/stellungnahmen/2012/SN-40-20 12-MarktmissbrauchStrafA.pdf (zuletzt abgerufen am 19.6.2019); *Szesny* DB 2016, 1420 (1423 f.).
1003 Krit. *Teigelack/Dolff* BB 2016, 387 (390); *Seibt/Wollenschläger* AG 2014, 395 (603); *Achenbach* wistra 2018, 12 (14 ff.); sa *Buck-Heeb* § 7 Rn. 607; *Graßl* DB 2015, 2066 (2071).
1004 S. zB *Szesny* DB 2016, 1420 (1423).
1005 https://www.bafin.de/SharedDocs/Downloads/DE/Leitfaden/WA/dl_bussgeldleitlinien_2016.html (zuletzt abgerufen am 19.6.2019). S. dazu Meyer/Veil/Rönnau/*Rönnau/Wegner* § 28 Rn. 49 ff.
1006 Assmann/Schneider/*Vogel* WpHG, 6. Aufl., § 38 Rn. 86.

Abs. 26 iVm Abs. 18; vorher § 39 Abs. 6 a S. 4 iVm § 39 Abs. 4, Abs. 4 a WpHG).[1007]

Soweit gleichzeitig ein sog Presseinhaltsdelikt[1008] verwirklicht ist (zB bei der Veröffentlichung falscher Ad-hoc-Mitteilungen), greift allerdings uU[1009] die kurze presserechtliche Verjährung von sechs Monaten[1010] bzw. – bei Presseinhalts-Ordnungswidrigkeiten – von drei Monaten.[1011] Ein derartiges Ergebnis ist nicht im Sinne des Gesetzgebers des 4. FMG bzw. des AnSVG gewesen, da allein bis zur Feststellung des falschen Inhalts nicht selten der Zeitraum von sechs Monaten bereits abgelaufen ist.[1012] Es lässt sich allerdings auch nicht durch teleologische Reduktion der presserechtlichen Norm vermeiden.[1013] Hier erscheint eine jeweilige Gesetzesänderung der presserechtlichen Verjährungsnorm durch die einzelnen Bundesländer angezeigt.[1014]

293

4. Sonstige Rechtsfolgen

a) Einziehung

Art. 30 Abs. 2 lit. b MAR sieht vor, dass die Behörden der Mitgliedstaaten die Befugnis haben, „den Einzug der infolge des Verstoßes erzielten Gewinne oder der vermiedenen Verluste, sofern diese sich beziffern lassen", anzuordnen. Diese Formulierung ist weitaus spezifischer als diejenige, die sich noch im Entwurf fand: „Beantragung des Einfrierens und/oder die Beschlagnahme von Vermögenswerten" (Art. 26 Abs. 1 lit. j).[1015] Die Vorschriften zur Einziehung gem. § 73 Abs. 1 S. 1 StGB (bis zum 1.7.2017: Verfall)[1016] werden den europäischen Anforderungen gerecht.

294

Unabhängig davon, ob Kauf- oder Verkaufspreise manipuliert wurden, sollte in keinem Fall das dabei eingesetzte Vermögen „erlangt", sondern lediglich die erzielte Differenz als Ergebnis eines manipulativ zustande gekommenen Sondervorteils gelten,[1017] ggf. noch zu reduzieren um eine etwaige hierauf lastende

295

1007 S. dazu Begr. RegE, BT-Drs. 18/7482, 66.
1008 Straftat, bei welcher der Inhalt des Druckwerks die in einem Straftatbestand notwendige Erklärung enthält, auch wenn die übrigen Tatbestandsmerkmale außerhalb des Druckwerks erfüllt werden, vgl. *Arlt* S. 369.
1009 Soweit nicht in den Landespressegesetzen bestimmte Druckwerke, insbes. solche, die gewerblichen Zwecken dienen (zB Börsenzulassungsprospekte, BGH 21.12.1994 – 2 StR 628/94, BGHSt 40, 385 (387) von der kurzen Verjährung ausgenommen sind, zB gem. § 4 Abs. 2 Hessisches PrG; MüKoStGB/*Pananis* WpHG § 38 Rn. 241.
1010 *Trüstedt* S. 165 f.; *Arlt* S. 369 f.; MAH WiStR/*Benner* § 22 Rn. 443 ff.; Wabnitz/Janovsky/*Benner* 2. Aufl. 2004, 9. Kap. Rn. 181 f.; Assmann/Schneider/*Vogel* WpHG, 6. Aufl., § 38 Rn. 87.
1011 *Trüstedt* S. 166; Assmann/Schneider/*Vogel* WpHG, 6. Aufl., § 38 Rn. 87; Meyer/Veil/Rönnau/*Rönnau/Wegner* § 28 Rn. 32 ff.
1012 Vgl. FAZ v. 9.8.2006: „Bayerns Standortvorteil für Anlagebetrüger".
1013 Ausführlich *Trüstedt* S. 166 ff. (174) hinsichtlich Art. 14 BayPrG.
1014 *Arlt* S. 371; zur daher beabsichtigten Änderung des BayPrG vgl. FAZ v. 8.2.2007.
1015 EU-Kommission, Vorschlag für Verordnung des Europäischen Parlaments und des Rates über Insider-Geschäfte und Marktmanipulation (Marktmissbrauch), KOM (2011) 651 endg. Art. 26 Abs. 1 lit. j.
1016 Vgl. Gesetz zur Reform der strafrechtlichen Vermögensabschöpfung vom 13.4.2017 (BGBl. I S. 872); ausführlich Meyer/Veil/Rönnau/*Rönnau/Wegner* § 28 Rn. 139 ff.
1017 Vgl. BGH 27.1.2010 – 5 StR 224/09, NStZ 2010, 339 = wistra 2010, 141 (142) mAnm *Gehrmann* wistra 2010, 346; mAnm *Achenbach* NStZ 2010, 621 (625); Graf/Jäger/Wittig/*Diversy* WpHG § 38 Rn. 190 f.; *Schilling* StraFo 2011, 128 (131 f.); *Kudlich/Noltensmeier* wistra 2007, 121 (123 ff.); aA OLG Stuttgart

Steuer.[1018] In der **Rechtsprechung** zeichnete sich zuletzt eine **bedenkliche Tendenz zur Erweiterung der Verfallsanordnungen** ab – freilich noch nach der vor dem 1.7.2017 geltenden Rechtslage. So erklärte der BGH auch bei einer sonstigen Täuschungshandlung durch „Scalping" eine Verfallsanordnung für zulässig[1019] und stufte in einem Fall des „pre-arranged trading" den gesamten durch den Verkauf der Aktien erzielten Kaufpreis mit der Begründung als erlangt iSd § 73 Abs. 1 S. 1 StGB aF ein, dass schon das Geschäft als solches verboten sei.[1020] Auch beim „Scalping" wurde von der Rechtsprechung zum Teil sehr rigide das Bruttoprinzip so herangezogen, dass der gesamte Erlös aus den Aktionverkäufen einbezogen ist.[1021] Lediglich bei der Ausnutzung von Insidervorteilen beschränkte sich der Verfall auf den Sondervorteil.[1022] Zu begrüßen war wenigstens die Klarstellung des OLG Stuttgart, dass bei kurz aufeinander folgenden Ver- und Rückkauffällen der Kaufpreis der Aktien nur einmal erlangt wurde.[1023] Durch die Neuregelung der Einziehung zum 1.7.2017 erfolgte – gerade im Hinblick auf die gegensätzliche Rechtsprechung – in §§ 73, 73 d StGB eine extensive Präzisierung der Anwendung des Bruttoprinzips durch den Gesetzgeber, die gem. Art. 316 h EGStGB auch für Alttaten gilt.[1024] So werden auf einer ersten Ebene das Erlangte unter Zugrundelegung des Bruttoprinzips weit bestimmt und der Anwendungsbereich des Verfalls auch auf nicht unmittelbar erlangte aus der Tat erwachsende Vorteile erstreckt, § 73 StGB.[1025] Somit erfasst der Wortlaut – anders als bisher[1026] – nicht mehr nur die handelsge-

---

4.10.2011 – 2 Ss 65/11, ZWH 2012, 24 = NJW 2011, 3667 (3670); *Woodtli* NZWiSt 2012, 51 (55). Sa *Ordner* ZWH 2017, 3.
1018 Überzeugend und ausführlich *Kudlich/Noltensmeier* wistra 2007, 121 (für Insidervergehen); *Klöhn* DB 2010, 769 (772 ff.); zu steuerlichen Aspekten *Büttner* wistra 2007, 47; aA BGH (1. Senat) 29.6.2010 – 1 StR 245/09, NStZ 2011, 396 m. krit. Anm.: *Bauer*; LG Berlin 24.7.2009 – 523 Qs 162/08, zit. nach MüKoStGB/*Pananis* WpHG § 38 Rn. 236/Fn. 756: gesamter Veräußerungserlös.
1019 BGH 25.2.2016 – 3 StR 142/15, WM 2016, 1022 (1025).
1020 BGH 27.11.2013 – 3 StR 5/13, NZG 2014, 315; auch OLG Stuttgart 4.10.2011 – 2 Ss 65/11, wistra 2012, 80, s. dazu auch *Waßmer* HRRS 2014, 336 (340 f.).
1021 OLG Frankfurt aM 12.1.2017 – 3 Ws 901/16, NStZ-RR 2017, 144; mit Hinweis auf die Ähnlichkeit zu Insiderdelikten anders noch die Vorinstanz LG Frankfurt aM 31.10.2016 – 5/12 KLs – 7521 Js 211504/14 (9/16), BeckRS 2016, 116071. S. zur Bestimmung des Erlangten beim Scalping auch BGH NJW 2016, 2459.
1022 BGH (1. Senat) 7.1.2010 – 5 StR 224/09, NJW 2010, 882 (884), zust. *Waßmer* HRRS 2014, 336 (341). OLG Stuttgart 3.9.2015 – 4 Ws 283/15 (LG Stuttgart), BeckRS 2015, 18377 mit Anm. *Schulteis* GWR 2016, 15; *Pelz* jurisPR-Compl 1/2016 Anm. 2.
1023 OLG Stuttgart 6.6.2014 – 2 Ss 541/13, wistra 2014, 455.
1024 BT-Drs. 18/9525, 46 f., 56; s. dazu statt vieler *Saliger* ZStW (129) 2017, 995 (995 f., 1010 ff.); *Rönnau/Begemeier* GA 2017, 1; *Rettke* wistra 2018, 1; *Korte* wistra 2018, 234; *Rübenstahl* NZWiSt 2018, 255; *Saliger/Schörner* StV 2018, 388; Schönke/Schröder/*Eser/Schubert* StGB Vor §§ 73-76 b Rn. 8 ff.
1025 BT-Drs.18/9525, 55, 62, s. dazu *Saliger* ZStW (129) 2017, 995 (1010 ff.); *Schäuble/Pananis* NZWiSt 2019, 65; einschr. Schönke/Schröder/*Eser/Schubert* StGB § 73 Rn. 9, 11 ff.
1026 Assmann/Schneider/*Vogel* WpHG, 6. Aufl., § 38 Rn. 91; Fuchs/*Waßmer* WpHG § 38 Rn. 84; *Arlt* S. 366 f.; *Großmann* wistra 2004, 41; ausführlich *Schönhöft* S. 179 ff.; MüKoStGB/*Pananis* WpHG § 38 Rn. 236 f. auch zum Sonderfall der Entlohnung eines Journalisten als Gegenleistung für eine unrichtige Darstellung; vgl. auch OLG Celle 30.8.2011 – 322 SsBs 175/11, wistra 2011, 476 (zum Verfall nach §§ 29, 29 a OWiG, der hierfür erforderlichen Kausalbeziehung zwischen Tat und dem Vorteil), s. dazu die Vorauflage: HK-KapMStrafR/*Saliger*, 4. Aufl.

stützte Manipulation, sondern auch die informations- oder handlungsgestützte Manipulation, bei der durch späteres Ausnutzen des zuvor manipulierten Börsen- oder Marktpreises aus der Tat mittelbar ein Vermögensvorteil erlangt wird. Im Gegenzug ermöglicht § 73 d Abs. 1. S. 1 StGB auf einer zweiten Ebene bei der Bestimmung des Wertes des Erlangten einen Abzug von Aufwendungen, sofern diese nicht bewusst zur Begehung oder Vorbereitung der Tat dienten, und nähert sich im Ergebnis dem Nettoprinzip wieder an.[1027] Nach der Gesetzesbegründung soll das **Abzugsverbot nun** – im Unterschied zur bisherigen Rechtsprechung – **auch für Aktien gelten, die zweckgerichtet für ein verbotenes Insidergeschäft angeschafft oder eingesetzt** werden. Denn auch in diesen Fällen werde wie bei der vorsätzlichen Marktmanipulation bewusst Kapital in verbotene Geschäfte investiert.[1028] Für die Marktmanipulation können weiterhin die Neuregelungen zur Abkoppelung der Einziehung von etwaigen Ansprüchen Verletzter sowie die Erweiterung der Möglichkeiten einer Einziehung von Vermögensvorteilungen bei Dritten, § 73 b Abs. 1 StGB, relevant werden.[1029]

b) Ruhen, Widerruf der Teilnahme am Börsenhandel; Berufsverbot

Art. 23 Abs. 2 lit. l MAR fordert die Befugnis der zuständigen Behörde zur Verhängung eines vorübergehenden Verbots der Ausübung der Berufstätigkeit. Die möglichen Verwaltungssanktionen sind in Art. 30 Abs. 2 MAR näher spezifiziert. Art. 30 Abs. 2 UAbs. 1 lit. e MAR sieht die Verhängung eines vorübergehenden Verbotes der Wahrnehmung von Führungsaufgaben in Wertpapierfirmen gegenüber den Führungskräften oder anderen für den Verstoß verantwortlichen Personen vor. Die MAR selbst enthält keine Konkretisierung der möglichen Länge eines vorübergehenden Verbots. § 6 Abs. 7, 8 (vorher 4 Abs. 3 i, j) WpHG, der Art. 30 Abs. 2 UAbs. 1 lit. g MAR umsetzt,[1030] stellt auf einen Zeitraum von bis zu zwei Jahren ab. Bei wiederholten Verstößen soll gem. Art. 30 Abs. 2 UAbs. 1 lit. f. MAR sogar ein dauerhaftes Verbot zulässig sein. Eine Umsetzung ist in Bezug auf Geschäftsleiter ist in § 36 Abs. 2 KWG erfolgt, wonach die BaFin die Abberufung eines Geschäftsleiters eines Kredit- oder Finanzdienstleistungsinstituts verlangen und die Untersagung der Tätigkeit als Geschäftsleiter aussprechen kann.[1031] In Bezug auf Angestellte ermöglicht § 6 Abs. 8 (vorher § 4 Abs. 3 j) WpHG die Untersagung der Ausübung der Tätigkeit in einer Wertpapierfirma.[1032] Daneben ist gem. Art. 30 Abs. 2 UAbs. 1 lit. g MAR gegenüber Führungskräften und anderen verantwortlichen Personen auch die Verhängung eines vorübergehenden Verbots der Tätigung von Eigengeschäften vorgesehen. Dies wurde in § 6 Abs. 7 (vorher § 4 Abs. 3 i) WpHG umgesetzt, der der BaFin die Befugnis verleiht, die Tätigung von Geschäften für eigene Rechnung in den von der Marktmissbrauchsverordnung er-

---

[1027] Krit. Deutscher Richterbund, Stellungnahme Nr. 9/16, S. 4; *Emmert* NZWiSt 2016, 449; s.a. Schönke/Schröder/*Eser/Schubert* StGB § 73 d Rn. 2 ff.; SSW-StGB/*Burghart* StGB § 73 Rn. 12.
[1028] BT-Drs. 18/9525, 68.
[1029] S. dazu Schönke/Schröder/*Eser/Schubert* StGB Vor §§ 73-76 b Rn. 9; *Saliger* ZStW 129 (2017), 995.
[1030] Begr. RegE 1. FiMaNoG, BT-Drs. 18/7482, 59.
[1031] RegE 1. FiMaNoG, BT-Drs. 18/7482, 59; s. dazu Meyer/Veil/Rönnau/*Litsoukov* § 26 Rn. 35.
[1032] Vgl. Begr. RegE BT-Drs. 18/7482, 59.

fassten Finanzinstrumenten zu untersagen. Die Rechtmäßigkeit derart gravierender Eingriffe wird unter Verhältnismäßigkeits-(Übermaßverbots-)Gesichtspunkten und unter Beachtung der Berufsfreiheit (Art. 12 GG) genau zu prüfen sein. Sie dürfte in den Fällen zu verneinen sein, in denen lediglich eine Ordnungswidrigkeit vorliegt.

Zur Überschneidung der Befugnisse der zuständigen Behörde mit den Befugnissen des Sanktionsausschusses vgl. Rn. 299 ff.

297 Schon vor dem 1. FiMaNoG war der **Widerruf der Zulassung** zum Skontroführer im Börsenhandel **oder** die vorläufige Maßnahme des **Ruhens** dieser Zulassung auf Dauer von bis zu 6 Monaten (§ 27 Abs. 2, 3 BörsG) praktisch von hoher Revelanz.[1033] Gleiches gilt für den Widerruf der Erlaubnis zur Tätigkeit als **Quote-Verpflichteter** bzw. **Designated Sponsor**[1034] bzw. **Market Maker**[1035] zur Teilnahme am EUREX-Handel[1036] sowie der Zulassung als Skontroführer im EUREX-Handel (§ 26 Abs. 2 S. 1 BörsG) bzw. als Spezialist.[1037]

298 Daneben kam als sonstige Folge ein **Berufsverbot** nach den allgemeinen Vorschriften (§ 70 StGB) in Betracht. Voraussetzung dafür ist, dass die Tat unter Missbrauch des Berufs oder Gewerbes des Täters oder unter grober Verletzung der mit ihnen verbundenen Pflichten begangen wurde und dass die bewusste und planmäßige Ausnutzung der durch den Beruf oder das Gewerbe gegebenen Möglichkeit zur Begehung von Straftaten in einem inneren Zusammenhang mit der Berufs-(Gewerbe-)Ausübung steht, deren Zwecken zuwiderläuft und die Unzuverlässigkeit des Täters gerade auf diesem Gebiet erkennbar macht.[1038] Erforderlich ist eine ungünstige Wiederholungsprognose (§ 70 Abs. 1 S. 1 StGB). Da die Prognose in der Praxis allerdings oftmals zugunsten des Täters ausfällt, gelangt die Vorschrift nur selten zur Anwendung.[1039]

c) Sanktionen durch den Sanktionsausschuss

299 Unabhängig von berufsrechtlichen Sanktionen besteht ferner die Möglichkeit der Verhängung von Sanktionen durch einen sog **Sanktionsausschuss** (§ 22 Abs. 1 BörsG) in einem verwaltungsrechtlichen Verfahren (§ 22 Abs. 3 BörsG).[1040] Der Sanktionsausschuss hat nach dem ausdrücklichen Willen des

---

1033 Schwark/Zimmer/*Beck* BörsG § 27 Rn. 71 ff.
1034 §§ 81 Abs. 3 der Börsenordnung für die Frankfurter Wertpapierbörse (Stand: 17.9.2018, Fn. 504).
1035 Wenn der **Market-Maker** seine Verpflichtung zur Stellung von ordnungsgemäßen Quotes nach Abmahnung wiederholt nicht erfüllt; demgegenüber erfolgt der Widerruf der Zulassung als sog **Best-Executor** außerhalb des hier relevanten Sanktionsrahmens, da ein Best-Executor im Rahmen des internalisierten Kundenhandels im Wege des In-House-Crossing von Kundenorders über das Marktmodell XETRA BEST vornimmt, welches mangels Börseneigenschaft nicht unter den Regelungsbereich des § 20 WpHG fällt; näher hierzu *Schlüter* G Rn. 1010 ff. (1034); *Köndgen/Theissen* WM 2003, 1497 (1503 ff.); *Kümpel/Hammen* S. 64 f.
1036 § 40 Börsenordnung für die Eurex Deutschland (Fn. 504).
1037 Schäfer/Hamann/*Ledermann* KMG BörsG § 26 Rn. 17; zur Kündigung des Vertrags als Spezialist vgl. § 85 Abs. 5 Börsenordnung für die Frankfurter Wertpapierbörse (Stand: 17.9.2018, Fn. 504).
1038 *Fischer* StGB § 70 Rn. 6 ff.
1039 Fuchs/*Waßmer* WpHG § 38 Rn. 85.
1040 Kümpel/Hammen/Ekkenga/*Kurth* Erläuterungen zu Kz. 515, Rn. 21 f., 75; Schäfer/Hamann/*Marxsen*, KMG, BörsG § 20 Rn. 31; Fuchs/*Waßmer* WpHG § 38 Rn. 86; MAH WiStR/*Benner* § 22 Rn. 270 ff., 290 ff.; Schäfer/Hamann, KMG, BörsG § 20

Gesetzgebers die Aufgabe, **Transparenz, Fairness und Chancengleichheit an der Börse** sicherzustellen sowie das Vertrauen der Anleger, Emittenten und unmittelbaren Börsenbenutzer in die Funktionsfähigkeit der Börse zu schützen. Dies entspricht der Schutzrichtung der "" 119 Abs. 1, 4; 120 Abs. 2 Nr. 2, Abs. 15 Nr. 2 WpHG iVm Art. 15 MAR).[1041] Der Sanktionsausschuss kann hierzu (idR handelsgestützte) Verstöße von **Handelsteilnehmern**, iSd § 3 Abs. 8 S. 1 BörsG, zur Teilnahme am Börsenhandel zugelassenen Unternehmen, Börsenhändlern (§ 19 Abs. 1 BörsG) und von Skontroführern (§ 27 Abs. 1 S. 1, 3 BörsG),[1042] gegen börsenrechtliche Vorschriften oder Anordnungen, die entweder eine ordnungsgemäße Durchführung des Handels an der Börse oder der Börsengeschäftsabwicklung sicherstellen sollen (§ 22 Abs. 2 S. 1 BörsG), sowie Verstöße eines **Emittenten** oder einer für ihn handelnden Person gegen ihm bzw. ihr obliegende Pflichten aus der Zulassung (§ 22 Abs. 2 S. 2 BörsG) ahnden.

In den sachlichen Anwendungsbereich des § **22 Abs. 2 S. 1 BörsG** („börsenrechtliche Vorschriften, die eine ordnungsgemäße Durchführung des Handels an der Börse [...] sicherstellen sollen") fallen insbesondere die Vorschriften zur Preisermittlung im Präsenz- bzw. elektronischen Handel,[1043] ferner die sog Freiverkehrsrichtlinien.[1044]

Die Sanktionsgewalt beschränkt sich somit ausschließlich auf Maßnahmen gegen Handelsteilnehmer sowie Emittenten und die jeweils für sie tätigen Hilfspersonen.[1045][1046] Personen ohne das Recht zur Teilnahme am Handel (Anleger, sog Trading Assistants, sonstiges Hilfspersonal, Medienvertreter, Börsenbesucher) fallen dagegen nicht in den persönlichen Anwendungsbereich.[1047] Der Sanktionsausschuss kann nicht nur **vorsätzlich und leichtfertig,**[1048] sondern

---

Rn. 36 m. Erläuterungen v. *Marxsen* in BörsG § 20 Rn. 1 ff.; *Schlüter* G Rn. 247 ff. (258 ff.); zum Sanktionsausschuss der Eurex vgl. § 7 der Börsenordnung Eurex.

1041 Begr. RegE § 20 BörsG idF 2. FMFG, BT-Drs. 12/6679, S. 68; Begr. RegE § 20 BörsG idF 4. FMFG, BT-Drs. 14/8017, S. 75; Schwark/Zimmer/*Beck* BörsG § 22 Rn. 1; Schäfer/Hamann/*Marxsen*, KMG, BörsG § 20 Rn. 3, 5: der Schutz einzelner Anleger ist bloßer Rechtsreflex.
1042 Vgl. BT-Drs. 883/1/06, 15; BT-Drs. 16/4037, 3; BT-Drs. 16/4899, 30.
1043 BT-Drs. 12/6679, 68; Schwark/Zimmer/*Beck* BörsG § 22 Rn. 17 ff.; Schäfer/Hamann/*Marxsen*, KMG, BörsG § 20 Rn. 8.
1044 Schwark/Zimmer/*Schwark* BörsG § 48 Rn. 6; VG Frankfurt/M. 28.10.2002 – 9 E 551/02 (2), ZIP 2003, 528; Schäfer/Hamann/*Marxsen*, KMG, BörsG § 20 Rn. 6.
1045 § 22 Abs. 2 S. 1 BörsG idF FRUG; Schwark/Zimmer/*Beck* BörsG § 22 Rn. 22.
1046 Eingefügt im Laufe des Gesetzgebungsverfahrens zum 4. FMFG auf Vorschlag des Finanzausschusses, um im Rahmen der Selbstverwaltung der Börse auch Verstöße von Emittenten gegen deren Pflichten aus der Zulassung unterhalb der Schwelle des Widerrufs der Zulassung als Ultima Ratio angemessen sanktionieren zu können, BT-Drs. 14/8601, S. 13; Kümpel/Hammen/Ekkenga/*Kurth*, Erläuterungen zu Kz. 515 Rn. 13; Schäfer/Hamann/*Marxsen*, KMG, BörsG § 20 Rn. 61; Schwark/Zimmer/*Beck* WpHG § 22 Rn. 23 f.
1047 VG Frankfurt 5.4.2004 – 9 E 707/03, abrufbar unter: http://www.lareda.hessenrecht.hessen.de/lexsoft/default/hessenrecht_lareda.html#docid:7360918 (zuletzt abgerufen am 19.6.2019); Schwark/Zimmer/*Beck* BörsG § 20 Rn. 12; § 17 Abs. 1 Nr. 5 der Börsenordnung der Frankfurter Wertpapierbörse idF 28.11.2011, abgedruckt bei Kümpel/Hammen/Ekkenga Kz 438 (Erg. Lfg. VII/12); Schäfer/Hamann/*Marxsen*, KMG, BörsG § 20 § 20 Rn. 7; aA MAH WiStR/*Benner*, § 22 Rn. 298.
1048 Vgl. § 20 Abs. 2 BörsG aF; Kümpel/Hammen/Ekkenga/*Kurth* Erläuterungen zu Kz. 515 Rn. 24; Schäfer/Hamann/*Marxsen*, KMG, BörsG § 20 Rn. 18; Schwark/*Schwark* BörsG § 20 Rn. 21; bei lediglich fahrlässiger Begehung kommt ggfs. eine Abmah-

auch bloß fahrlässig begangene Verstöße ahnden (§ 22 Abs. 2 BörsG).[1049] Dabei können ein **Verweis, Ordnungsgeld oder** gegen Handelsteilnehmer auch der **Ausschluss von der Börse** für eine Dauer von **bis zu 30 Handelstagen** verhängt werden.[1050] Durch das 2. FiMaNoG erfolgte eine erhebliche Erhöhung des möglichen Ordnungsgelds auf **eine Million Euro**. Zudem ist im Interesse der Flexibilität nunmehr nicht nur ein vollständiger Ausschluss, sondern auch ein teilweiser Ausschluss möglich.[1051] Es gilt der Amtsermittlungsgrundsatz iSd § 24 VwVfG.[1052] Ungeklärt ist, ob diese Sanktionen als Strafgewalt iSd Art. 92 GG anzusehen sind;[1053] jedenfalls ist gegen Maßnahmen des Sanktionsausschusses der Verwaltungsrechtsweg gegeben (§ 22 Abs. 3 BörsG).

302 Oftmals werden Verstöße gegen die Orderlage oder gegen Crossing-Regeln sowie das Überschreiten von EUREX-Positionslimits geahndet. Einen Überblick über verhängte Sanktionen bietet dabei die Internet-Seite der Hessischen Börsenaufsichtsbehörde.[1054]

303 Die Maßnahmen, die dem Sanktionsausschluss zur Verfügung stehen, bewirken teilweise eine Umsetzung der vorgesehenen verwaltungsrechtlichen Maßnahmen in der Marktmissbrauchsverordnung. So sieht Art. 23 Abs. 2 lit. j MAR die Aussetzung des Handels mit den betreffenden Finanzinstrumenten durch die zuständige Behörde vor.[1055] Der Sanktionsausschuss ist zwar nicht „zuständige Behörde" im Sinne dieser Verordnung (dies ist die BaFin, § 6 Abs. 5 WpHG). Allerdings lässt Art. 23 Abs. 1 lit. a, b MAR auch eine Zusammenarbeit oder eine Übertragung der Befugnisse durch die zuständige Behörde zu. Von dieser Möglichkeit hat der Gesetzgeber im 1. FiMaNoG insofern Gebrauch gemacht, als die Zuweisung der Zuständigkeit an die BaFin in § 4 Abs. 3 a WpHG **unbeschadet** des § 3 Abs. 5 BörsG erfolgt. Gem. 3 Abs. 5 BörsG obliegt es weiterhin der Börsenaufsicht, zur Aufrechterhaltung der Ordnung und für den Geschäftsverkehr an der Börse Anordnungen zu erlassen, wozu insbesondere die Anordnung der Aussetzung oder Einstellung des Börsenhandels mit einzelnen oder mehreren Finanzinstrumenten, Rechten oder Wirtschaftsgütern gehört.

304 Angesichts erheblicher Überschneidungen zwischen der handelsgestützten Martkmanipulation und dem Tätigkeitsbereich des Sanktionsausschusses wurden immer wieder Zweifel an der Notwendigkeit der strafrechtlichen Sanktio-

---

nung durch die Börsengeschäftsführung in Betracht, vgl. MAH WiStR/*Benner*, § 22 Rn. 303.

1049 Die Absenkung des Verschuldensmaßstabs auf Fahrlässigkeit im Laufe des FRUG-Gesetzgebungsverfahrens (Bericht Finanzausschuss, BT-Drs. 16/4899, 32) beruht auf Nachweisproblem leichtfertiger Begehung (BT-Drs. 16/4883, 12, 94).

1050 Die Ergänzung, dass auch Emittenten mit einem Verweis belegt werden können, stellt nach Ansicht des Gesetzgebers eine „redaktionelle Korrektur" (?) dar, BT-Drs. 16/4028, 85.

1051 Begr. RegE 2. FiMaNoG, BT-Drs.18/10936, 269.

1052 Kümpel/Hammen/Ekkenga/*Kurth* Kz. 515 Rn. 57.

1053 Vgl. hierzu MAH WiStR/*Benner*, § 22 Rn. 275 ff., 280 ff.

1054 Abrufbar unter https://wirtschaft.hessen.de/wirtschaft/boerse/sanktionsausschuss/entscheidungen-des-sanktionsausschusses-von-eurex-deutschland-0 (zuletzt abgerufen am 19.6.2019); vgl. auch MAH WiStR/*Benner*, § 22 Rn. 284 ff., 317 ff., 322 ff. sowie Schark/Zimmer/*Beck* BörsG § 22 Rn. 20.

1055 EU-Kommission, Vorschlag für Verordnung des Europäischen Parlaments und des Rates über Insider-Geschäfte und Marktmanipulation (Marktmissbrauch), KOM (2011) 651 endg. v. 20.10.2011, Art. 26 Abs. 1 lit. f.–h.

nierung geäußert.[1056] Durch den Erlass der Marktmissbrauchsstafrechtsrichtlinie wurde derartigen Überlegungen jedoch der Boden entzogen.

d) Veröffentlichung von Verstößen und Sanktionen

Während bislang Verstöße außerhalb einer fallaktuellen journalistischen Berichterstattung nicht oder nur zeitversetzt veröffentlicht wurden, sollen künftig die zwingende und unverzügliche Veröffentlichung und die damit verbundene **Anprangerung**, sog „**naming and shaming**", vgl. Art. 34 Abs. 1 MAR, eine erhöhte Präventionswirkung erzeugen.[1057] Danach werden ab Inkrafttreten der Marktmissbrauchsverordnung alle verwaltungsrechtlichen Sanktionen und Maßnahmen[1058] unverzüglich veröffentlicht und **für 5 Jahre** bereitgestellt, Art. 34 Abs. 1, 3 MAR, wobei mindestens die Art und Natur des Verstoßes und die Identität der Verantwortlichen (!) bekannt gegeben werden. Gem. Art. 34 Abs. 1 UAbs. 2 MAR **kann** von der Veröffentlichung zeitweise (lit. a) oder, wenn erforderlich, sogar endgültig[1059] (lit. c) **abgesehen werden**, wenn die Veröffentlichung laufende Ermittlungen oder die Stabilität der Finanzmärkte ernsthaft gefährden würde oder die Veröffentlichung im Hinblick auf die Rechte der Betroffenen unverhältnismäßig wäre; eine Bekanntmachung der Maßnahmen und Sanktionen kann auch auf anonymer Basis erfolgen (lit. b).

305

Die Vorgaben der Marktmissbrauchsverordnung werden in § 125 (vorher 40 d) **WpHG** ausgeführt. Danach veröffentlicht die **BaFin** Entscheidungen über Maßnahmen und Sanktionen unverzüglich auf ihrer Internetseite (§ 125 Abs. 1 WpHG), unter Nennung der Vorschrift, gegen die verstoßen wurde, sowie der verantwortlichen Person, § 125 Abs. 2 WpHG). § 125 Abs. 3 WpHG ermöglicht ein zeitweiliges oder endgültiges Absehen von der Veröffentlichung (Nr., 1, 3) oder eine Anonymisierung (Nr. 2), wenn die Bekanntmachung der personenbezogenen Daten unverhältnismäßig wäre oder sie die Stabilität des Finanzsystems bzw. eine laufende Ermittlung ernsthaft gefährden würde. Dieser ursprünglich auf ein in den USA seitens der SEC eingeführtes System zurückgehende Regelung wird sicherlich Diskussionsbedarf auslösen („Denunziantenprämie", vgl. auch Art. 32 Abs. 4 MAR: „whistle blower"),[1060] da vor

306

1056 Vgl. Schwark/Zimmer/*Schwark* BörSG § 20 Rn. 1; *Hild* S. 185; *Waschkeit* S. 309. Zur Kollision beider Sanktionsmöglichkeiten unter dem Gesichtspunkt ne bis in idem, vgl. MAH WiStR/*Benner* § 22 Rn. 338.
1057 VO (EU) 596/2004, Erwägungsgrund 73 sowie den Hinweis auf „strafrechtliche Verurteilungen wegen Marktmissbrauchs, die oft mit einer intensiven Medienberichterstattung einhergehen" im Vorschlag der EU-Kommission über eine Richtlinie über strafrechtliche Sanktionen für Insider-Geschäfte und Marktmanipulation, KOM (2011) 654 endg. v. 20.10.2011, Begründung, S. 4; zum „Internetpranger" vgl. *Hassemer* in FS Achenbach 2011, S. 107; *Veil/Koch* WM 2011, 2297 (2300 f.); Meyer/Veil/Rönnau/*Rönnau/Wegner* § 30 Rn. 3 mwN Krit. zum Kommissionsentwurf, Stellungnahme DAV (Strafrechtsausschuss), Nr. 40/2012, S. 4, abrufbar unter https://anwaltverein.de/de/newsroom/id-2012-40?file=files/anwaltverein.de/downloads/newsroom/stellungnahmen/2012/SN-40-2012-MarktmissbrauchStrafA.pdf (zuletzt abgerufen am 19.6.2019). Zustimmend dagegen Stellungnahme DAV (Ausschuss Bank- und Kapitalmarktrecht), Nr. 50/12, S. 29, abrufbar unter https://anwaltverein.de/de/newsroom/id-2012-50?file=files/anwaltverein.de/downloads/newsroom/stellungnahmen/2012/2012-Mai-25-SN-50DAV-MarktmissbrauchsVO-Endfassung.pdf (zuletzt abgerufen am 19.6.2019).
1058 Vgl. umfangreichen Katalog in Art. 30 Abs. 2 lit. a–j.
1059 Zust. *Seibt/Wollenschläger* AG 2014, 395 (605).
1060 *Fleischer/Schmolke* NZG 2012, 361 ff.

einer Veröffentlichung insbes. unter dem Aspekt des Übermaßverbots eine sorgfältige Abwägung der verfassungsrechtlich geschützten Rechte zwingend erforderlich ist.[1061] Insgesamt sollte von der Veröffentlichungsbefugnis eher **restriktiv** Gebrauch gemacht werden, auch durch eine großzügige Handhabung der Ausnahmetatbestände im Interesse der Persönlichkeitsrechte des Betroffenen.[1062] Liegen Gründe für den Aufschub, die Anonymisierung oder das Absehen von der Veröffentlichung vor, handelt es sich sogar um eine **gebundene Entscheidung**.[1063] Bemerkenswert ist, dass die Maßnahmen und Sanktionen schon **veröffentlicht** werden können, **bevor sie unanfechtbar** geworden sind.[1064] In einem solchen Fall ist nach § 125 Abs. 2 WpHG lediglich ein Hinweis in die Veröffentlichung aufzunehmen. Gerade in einem solchen Fall sollte aber angesichts der irreversiblen Konsequenzen der Veröffentlichung besonders sorgfältig abgewogen werden, ob nicht von einer Veröffentlichung abgesehen werden kann.[1065] Gem. § 125 Abs. 5 WpHG wird die Bekanntmachung nach fünf Jahren gelöscht, wodurch ein Gleichgewicht zwischen der Einhaltung der europäischen Mindestvorgaben und den Persönlichkeitsrechten der betroffenen natürlichen Personen und Unternehmen erreicht werden soll.[1066] Rechtsschutz gegen die Veröffentlichung als schlicht hoheitliche Handlung kann vor den Verwaltungsgerichten mittels allgemeiner Leistungsklage oder Feststellungsklage erreicht werden.[1067]

307 In diesem Zusammenhang ist auch die von Art. 30 Abs. 2 UAbs. 1 lit. c MAR vorgesehene **öffentliche Warnung** zu nennen: Gem. **§ 6 Abs. 9** (vorher § 4 Abs. 3 k) **WpHG**, der in Umsetzung dieser Bestimmung eingeführt wurde,[1068] hat die BaFin die Befugnis, auf ihrer Internetseite eine Warnung unter Nennung der natürlichen oder juristischen Person oder der Personenvereinigung, die den Verstoß begangen hat, sowie der Art des Verstoßes zu veröffentlichen. Durch einen Verweis auf § 125 Abs. 3, 5 WpHG bestehen auch hier die Möglichkeiten des Absehens von oder der Verschiebung der Veröffentlichung und die Pflicht, die Meldung nach fünf Jahren wieder zu löschen. Diese öffentliche Warnung soll keine Warnung vor der genannten Person darstellen, sondern eine Verwarnung des Verstoßenden selbst.[1069]

1061 Vgl. ua die Anerkennung diverser „Grundrechte" sowie der Unschuldsvermutung, Verhältnismäßigkeit und des Grundsatzes „ne bis in idem" einerseits, aber gleichzeitig die Rechtfertigung der Einschränkung dieser Rechte unter Hinweis auf Art. 52 Abs. 1 der Charta der Grundrechte der Europäischen Union, EU-Kommission, Vorschlag für Verordnung des Europäischen Parlaments und des Rates über Insider-Geschäfte und Marktmanipulation (Marktmissbrauch), KOM (2011) 651 endg., Erwägungsgrund (39) Satz 1 bzw. Satz 2; in der endgültigen VO (EU) Nr. 596/2004, Erwägungsgründe (66), (77) findet sich ein etwas pauschalerer Verweis auf die Grundrechte.
1062 *Seibt/Wollenschläger* AG 2014, 395 (605).
1063 *Burgard/Heimann* WM 2015, 1445 (1453); *Buck-Heeb* § 18 Rn. 1124.
1064 Vgl. *Seibt/Wollenschläger* AG 2014, 395 (605).
1065 So zu Recht *Poelzig* NZG 2016, 492 (500); sa *Burgard/Heimann* WM 2015, 1445 (1453); *Nartowska/Knierbein* NZG 2016, 256 (259) zu § 40 c WpHG.
1066 Begr. RegE BT-Drs. 18/7482, 67: Die europäische Mindestfrist wird im nationalen Recht aus Gründen des Datenschutzes nicht überschritten.
1067 *Seibt/Wollenschläger* AG 2014, 395 (605) mwN.
1068 Begr. RegE BT-Drs. 18/7482, 59.
1069 Begr. RegE BT-Drs. 18/7482, S. 59. Sa Meyer/Veil/*Rönnau*/*Litsoukov* § 26 Rn. 28. *Poelzig* NZG 2016, 492 (500). Meyer/Veil/*Rönnau*/*Wegner* § 30 Rn. 40 „überwiegend repressive Natur".

e) Zivilrechtlicher Schadensersatz im Rahmen von Adhäsionsverfahren

Mangels Schutzgesetzeigenschaft[1070] des Art. 15 MAR scheiden zivilrechtliche Schadensersatzfolgen einer Marktmanipulation aus.[1071] Das zur Verfolgung zivilrechtlicher Ansprüche de lege lata mögliche **Adhäsionsverfahren** (§§ 403–406 c StPO) läuft zudem in der Praxis leer.[1072] Das Strafgericht sieht im Rahmen seiner Ermessensentscheidung aus prozessökonomischen Gründen regelmäßig von einer Entscheidung über den zivilrechtlichen Anspruch und der dafür erforderlichen weiteren Klärung der bei Marktmanipulationsvorwürfen bereits strafrechtlich äußerst komplexen Sachverhalte (zu den Tatbestandsmerkmalen siehe Rn. 24 ff., 66 ff., 255) ab (§§ 405 S. 2, 406 Abs. 1 S. 4 StPO).

VII. Regelungen zu Whistleblowern

Daneben sieht die Marktmissbrauchsverordnung in Art. 32 die Einführung wirksamer Mechanismen zur Meldung von Verstößen gegen die Verordnung vor (sog **Whistle-Blower-Regelungen**),[1073] eine Vorgabe, die sich auch in zahlreichen anderen Rechtsakten europäischen Ursprungs findet, so etwa in Art. 71 der Eigenmittelrichtlinie,[1074] Art. 28 der PRIIPS-Verordnung[1075] und Art. 99 d der OGAW-V-Richtlinie.[1076] Diese Vorgaben wurden in der zentralen Vorschrift des § 4 d FinDAG umgesetzt,[1077] die der BaFin die Befugnis zur Einführung einer entsprechenden Hinweisgeberstelle gibt, welche sie auch zum 2.7.2016 genutzt hat.[1078] Nähere Angaben zum Verfahren der Meldung, wie etwa zur Einstellung spezieller Beschäftigter durch die zuständige Behörde und zur Einrichtung spezieller Kommunikationskanäle sowie zum Schutz von be-

---

1070 AA jedoch *Seibt/Wollenschläger* AG 2014, 593 (607) mwN.
1071 Vgl. zur entsprechenden Rechtslage vor dem 1. FiMaNoG LG Berlin (19. Große Strafkammer) 15.2.2010 – (519) 3 Wi Js 1665/07 Kls (03/09): „Kapitalanleger sind im Verfahren wegen des Verstoßes gegen § 30 a WpHG keine Verletzten im Sinne des § 406 StPO (entgegen LG Berlin 20.5.2008 – 514 AR 01/07)"; *Fuchs/Fleischer* WpHG § 20 a Rn. 152 ff.
1072 *Feigen* in FS Otto, S. 879 ff.; *Krey/Wilhelmi* in FS Otto, S. 939 ff.
1073 EU-Kommission, Begründung des Vorschlags für Verordnung des Europäischen Parlaments und des Rates über Insider-Geschäfte und Marktmanipulation (Marktmissbrauch), KOM (2011) 651 endg. v. 20.10.2011, Erwägungsgrund (36), Art. 29, wobei sogar die Möglichkeit finanzieller Anreize – ähnlich dem SEC-Modell in den USA – angesprochen wird, Art. 29 Ziff. 2; vgl. FAZ v. 12.8.2010: „Amerika will Hinweise auf Börsenvergehen hoch belohnen"; *Fleischer/Schmolke* NZG 2012, 361. Zum neuen Vorschlag einer EU-Whistleblowerschutz-Richtlinie vom 23.4.2018 s. *Helm* BB 2018, 1538 (1545).
1074 Richtlinie 2013/36/EU des Europäischen Parlaments und des Rates v. 26.6.2013 über den Zugang zur Tätigkeit von Kreditinstituten und die Beaufsichtigung von Kreditinstituten und Wertpapierfirmen, zur Änderung der Richtlinie 2002/87/EG und zur Aufhebung der Richtlinien 2006/48/EG und 2006/49/EG, ABl. 2013 L 176, 338 ff.
1075 Verordnung (EU) Nr. 1286/2014 des Europäischen Parlaments und des Rates v. 26.11.2014 über Basisinformationsblätter für verpackte Anlageprodukte für Kleinanleger und Versicherungsanlageprodukte (PRIIP), ABl. 2014 L 352, 1 ff.
1076 Richtlinie 2014/91/EU des Europäischen Parlaments und des Rates v. 23.7.2014 zur Änderung der Richtlinie 2009/65/EG zur Koordinierung der Rechts- und Verwaltungsvorschriften betreffend bestimmte Organismen für gemeinsame Anlagen in Wertpapieren (OGAW) im Hinblick auf die Aufgaben der Verwahrstelle, die Vergütungspolitik und Sanktionen, ABl. 2014 L 257, 186 ff.; Begr. RegE BT-Drs. 18/7482, 76 f.
1077 Sa Meyer/Veil/Rönnau/*Litsoukov* § 26 Rn. 53.
1078 http://www.bafin.de/DE/Aufsicht/Hinweisgeberstelle/hinweisgeberstelle_node.html (zuletzt abgerufen am 19.6.2019).

stimmten Personengruppen und personenbezogenen Daten, enthält die auf Grundlage des Art. 32 Abs. 5 MAR erlassene EU-Durchführungsrichtlinie 2015/2392,[1079] die in Deutschland in der Marktmanipulations-Verstoßmeldeverordnung (MarVerstMeldV)[1080] umgesetzt wurde.

Ein Kerngegenstand der Regelung ist der Schutz der Informanten: § 4 d Abs. 1 S. 2 FinDAG ermöglicht die Abgabe anonymer Hinweise, § 4 d Abs. 3 FinDAG regelt die Geheimhaltung der Identität durch die BaFin.[1081] Insofern zeigt § 4 d Abs. 5 FinDAG, der das Informationsfreiheitsgesetz für unanwendbar erklärt, auch, dass der Schutz der Persönlichkeitsrechte hier der Informationsfreiheit vorzugehen hat.[1082] § 4 d Abs. 6, 7 FinDAG stellt sicher, dass die Hinweisgeber bei **gutgläubigem** Handeln **keine** arbeitsrechtlichen oder strafrechtlichen **Konsequenzen** zu befürchten haben, und dass das Recht, Verstöße zu melden, nicht vertraglich eingeschränkt werden darf.[1083] Auf der anderen Seite finden sich auch Regeln zum Schutz der von den Meldungen betroffenen Personen: So gelten die Regelungen des § 4 d Abs. 3, 5 FinDAG zur Geheimhaltung der Identität durch die BaFin und zum Ausschluss eines Anspruchs aus dem Informationsfreiheitsgesetz auch für diese. Erst wenn es zu einem Gerichtsverfahren kommt, wird die Identität beider Beteiligten, des Hinweisgebers und des Betroffenen teilweise aufgedeckt; zudem **darf** die Anonymität der Denunzianten **nicht zu** einer **Einschränkung** besonders **strafprozessualer Rechte des Betroffenen führen**, § 4 d Abs. 8 FinDAG.[1084]

310 Wie die Praxis diese Regelung bzw. die Möglichkeit der Meldung von Verstößen an die Hinweisgeberstelle, die per Post, E-Mail, telefonisch oder persönlich stattfinden kann, annimmt, bleibt abzuwarten. Anhaltpunkte wird insofern die anonymisierte Berichterstattung der BaFin in ihrem Jahresbericht geben, vgl. § 4 d Abs. 4 FinDAG. Insofern ist allerdings zu bemerken, dass die BaFin auch schon bisher Hinweise entgegengenommen hat.[1085] Da auf eine Einführung von finanziellen Anreizen für Whistle-Blower (vgl. Art. 32 Abs. 4 MAR) vor dem Hintergrund eines „unerwünschten Denunziantentums"[1086] verzichtet wurde, ist nicht auszuschließen, dass diese Möglichkeit wie bisher weitgehend ohne praktische Bedeutung bleibt.[1087]

311 Die zentrale Whistleblower-Regelung in § 4 d FinDAG ist im Zusammenhang mit weiteren Regeln in § 5 Abs. 8 (vorher Abs. 7) BörsG und § 23 Abs. 6 Nr. 3

1079 Durchführungsrichtlinie (EU) 2015/2392 der Kommission vom 17.12.2015 zur Verordnung (EU) Nr. 596/2014 des Europäischen Parlaments und des Rates hinsichtlich der Meldung tatsächlicher oder möglicher Verstöße gegen diese Verordnung [s. Anhang 3], Abl. 2015 L 322, 126 ff.
1080 Verordnung zur Meldung von Verstößen gegen das Verbot der Marktmanipulation (Marktmanipulations-Verstoßmeldeverordnung – MarVerstMeldV) vom 2.7.2016 (BGBl. I, 1572).
1081 *Schmitz*, Whistleblower: Zentrale Stelle für Hinweise auf Verstöße gegen Aufsichtsrecht ist eingerichtet, Meldung der BaFin abrufbar unter http://www.bafin.de/SharedDocs/Veroeffentlichungen/DE/Fachartikel/2016/fa_bj_1607_whistleblower.html (zuletzt abgerufen am 19.6.2019).
1082 Begr. RegE BT-Drs. 18/7482, 77.
1083 Begr. RegE BT-Drs. 18/7482, 77.
1084 Begr. RegE BT-Drs. 18/7482, 77.
1085 Begr. RegE BT-Drs. 18/7482, 77.
1086 *Poelzig* NZG 2016, 492 (495) mwN.
1087 *Poelzig* NZG 2016, 492 (494 f.).

VAG zu sehen, die für Börsenträger und Unternehmen, die dem Versicherungsaufsichtsgesetz unterliegen, eine Pflicht zur Einrichtung eines Prozesses auferlegt, der es den Mitarbeitern ermöglicht, anonym Hinweise auf Verstöße zu geben.

VIII. Gerichtliche Zuständigkeit

Verfahren wegen Kurs- und Marktpreismanipulation, die regelmäßig am Landgericht anhängig sind (vgl. § 74 Abs. 1 S. 1 GVG), fallen in den Zuständigkeitsbereich der Wirtschaftsstrafkammer (§ 74 c Abs. 1 Nr. 2 GVG).[1088] Die Staatsanwaltschaft[1089] kann in Fällen besonderer Bedeutung die Zuständigkeit der Wirtschaftsstrafkammer begründen (vgl. §§ 74 Abs. 1 S. 2, 24 Abs. 1 Nr. 3 GVG).

312

Kap. 6.2. § 120 Abs. 6 Nr. 3, 4 WpHG (vormals § 39 Abs. 2 d Nr. 3, 4 WpHG) Verbot ungedeckter Leerverkäufe und bestimmter Kreditderivate

§ 120 WpHG Bußgeldvorschriften; Verordnungsermächtigung

(6) Ordnungswidrig handelt, wer gegen die Verordnung (EU) Nr. 236/2012 des Europäischen Parlaments und des Rates vom 14. März 2012 über Leerverkäufe und bestimmte Aspekte von Credit Default Swaps (ABl. L 86 vom 24.3.2012, S. 1), die durch die Verordnung (EU) Nr. 909/2014 (ABl. L 257 vom 28.8.2014, S. 1) geändert worden ist, verstößt, indem er vorsätzlich oder leichtfertig

(...)

3. entgegen Artikel 12 Absatz 1 oder Artikel 13 Absatz 1 eine Aktie oder einen öffentlichen Schuldtitel leer verkauft,

4. entgegen Artikel 14 Absatz 1 eine Transaktion vornimmt oder

(...)

(24) Die Ordnungswidrigkeit kann in den Fällen [...] des Absatzes 6 Nummer 3 bis 5 [...] mit einer Geldbuße bis zu fünfhunderttausend Euro [...] geahndet werden.

Literatur: *Altenhain*, Die Neuregelung der Marktpreismanipulation durch das Vierte Finanzmarktförderungsgesetz, BB 2002, 1874; *Ernst*, Blankettstrafgesetze und ihre verfassungsrechtlichen Grenzen, 2017; *Findeisen/Tönningsen*, Das Verbot ungedeckter Leerverkäufe, WM 2011, 1405; *Juurikkala*, Credit Default Swaps and the EU Short Selling Regulation: A Critical Analysis, ECFR 2012, 314; *Kiesel/Nohn/Schiereck*, Werteffekte auf die Leerverkaufsrestriktion bei Finanztiteln in Deutschland, ZBB 2014, 314; *Krüger/Ludewig*, Leerverkaufsregulierung, WM 2012, 1942; *Laurer*, Der Leerverkauf von Aktien: Abgrenzung, Formen und aufsichtsrechtliche Implikationen, ZfgK 2008, 980; *Ludewig*, Europäische Leerverkaufsregulierung in der praktischen Anwendung: Anforderungen an die Deckung von Leerverkäufen von Aktien nach Artikel 12 und 113 der Verordnung (EU) Nr. 236/2012 (EU-LVVO), WM 2015, 2226; *Ludewig/Geilfus*, EU-Leerverkaufsregulierung: Die ESMA-Guidelines bestimmen neuen Rahmen der Ausnahmeregelungen für Market-Maker und Primärhändler, WM 2013, 1533; *Mittermeier*, Grundlagen und Regelungsperspektiven von Leerverkäufen, ZBB 2010, 139; *Mock*, Das Gesetz zur Vorbeugung gegen missbräuchliche Wertpapier- und Derivategeschäfte, WM 2010, 2248; *Möllers/Harrer*, Das neue Recht zur

---

[1088] MüKoStGB/*Pananis* WpHG § 38 Rn. 242.
[1089] IdR die für Wirtschaftsstraftaten zuständigen Schwerpunktstaatsanwaltschaften.

Saliger

Regelung ungedeckter Kreditderivate – Das Gesetz gegen missbräuchliche Wertpapier- und Derivategeschäfte versus europäische Regulierungsvorschläge, NZG 2010, 1124; *Möllers/Christ/Harrer*, Nationale Alleingänge und die europäische Reaktion auf ein Verbot ungedeckter Leerverkäufe, NZG 2010, 1167; *Mülbert/Sajnovits*, Das künftige Regime für Leerverkäufe und bestimmte Aspekte von Credit Default Swaps nach der Verordnung (EU) Nr. 236/2012, ZBB 2012, 266; *Müller-Christmann*, Das Gesetz zur Stärkung des Anlegerschutzes und Verbesserung der Funktionsfähigkeit des Kapitalmarktes, DB 2011, 744; *Payne*, The Regulation of Short Selling and It's Reform in Europe, EBOR 13 (2012), 413; *Reiner/Schacht*, Credit Default Swaps und verbriefte Kapitalanforderungen in der Finanzmarktkrise, WM 2010, 337 (Teil I), 358 (Teil II); *Riederer/Weick-Ludewig*, Leerverkäufe durch die Parteien einer Wertpapierleihe, – Schließt ein funktionales Verständnis des Leerverkaufes aus, dass verliehene Wertpapiere doppelt zur Deckung von Leerverkäufen verwendet werden? –, WM 2016, 1005; *Stage*, Die Regulierung und strafrechtliche Relevanz von Leerverkäufen de lege lata und de lege ferenda – aus deutscher und europäischer Sicht, in Grimm/Ladler (Hrsg.), EU-Recht im Spannungsverhältnis zu den Herausforderungen im Internationalen Wirtschaftsrecht, 2012, 69; *Schlimbach*, Leerverkäufe – Die Regulierung des gedeckten und ungedeckten Leerverkaufs in der Europäischen Union, 2015; *Trüg*, Zur strafrechtlichen Relevanz von Leerverkäufen, in FS Mehle, 2009, 637; *ders.*, Finanzkrise, Wirtschaftsstrafrecht und Moral – am Beispiel der Leerverkäufe, in Kempf/Lüderssen/Volk (Hrsg.), Die Finanzkrise, das Wirtschaftsstrafrecht und die Moral, 2010, 290 (zit.: Trüg, Finanzkrise); *ders.*, Ist der Leerverkauf von Aktien strafbar?, NJW 2009, 3202; *Tyrolt/Bingel*, Short Selling – Neue Vorschriften zur Regulierung von Leerverkäufen, BB 2010, 1419; *Walla*, in Veil (Hrsg.), Europäisches Kapitalmarktrecht, 2. Aufl. 2015, § 15 Leerverkäufe und Credit Default Swaps; *Weick-Ludewig*, in Heidel, Aktienrecht, 4. Aufl. 2014, Vor §§ 30 h, §§ 30 h; *Weick-Ludewig/Sajnovits*, Der Leerverkaufsbegriff nach der Verordnung (EU) Nr. 236/2012 (EU-LVVO), WM 2014, 1521; *Zimmer*, Gesetzliches Verbot ungedeckter Leerverkäufe, BB 2010, Heft 30 I; *Zimmer/Beisken*, Die Regulierung von Leerverkäufen de lege lata und de lege ferenda, WM 2010, 485.

Materialien:

Gesetz zur Vorbeugung gegen missbräuchliche Wertpapier- und Derivategeschäfte (nachfolgend: WpMiVoG) v. 21.7.2010, BGBl. I 945; BT-Drs. 17/1952 (RegFraktE); BT-Drs. 17/2336 (Beschlussempfehlung und Bericht des Finanzausschusses).

Gesetz zur Stärkung des Anlegerschutzes und Verbesserung der Funktionsfähigkeit des Kapitalmarkts (Anlegerschutz- und Funktionsverbesserungsgesetz – nachfolgend AnlSVG) v. 5.4.2011, BGBl. I 538; BT-Drs. 17/3628 (RegE); BT-Drs. 17/3803; BT-Drs. 17/4710 (Beschlussempfehlung des Finanzausschusses); BT-Drs. 17/4739 (Bericht des Finanzausschusses).

Gesetz zur Ausführung der Verordnung (EU) Nr. 236/2012 des Europäischen Parlaments und des Rates vom 14.3.2012 über Leerverkäufe und bestimmte Aspekte von Credit Default Swaps (EU-Leerverkaufs-Ausführungsgesetz) v. 6.11.2012, BGBl. I 2286; BT-Drs. 17/9665 (RegE); BT-Drs. 17/10854 (Beschlussempfehlung des Finanzausschusses).

Vorschlag für eine Verordnung des Europäischen Parlaments und des Rates über Leerverkäufe und bestimmte Aspekte von Credit Default Swaps – KOM (2010) 482 endgültig v. 15.9.2010, abrufbar über http://eur-lex.europa.eu/legal-content/DE/TXT/PDF/?uri=CELEX:52010PC0482&from=DE.

Verordnung (EU) Nr. 236/2012 des Europäischen Parlaments und des Rates über Leerverkäufe und bestimmte Aspekte von Credit Default Swaps v. 14.3.2012, ABl. EU Nr. L 86, S. 1.

Delegierte Verordnung (EU) Nr. 826/2012 der Kommission v. 29.6. 2012 zur Ergänzung der Verordnung (EU) Nr. 236/2012 des Europäischen Parlaments und des Rates im Hinblick auf technische Regulierungsstandards für die Melde- und Offenlegungspflichten in Bezug auf Netto-Leerverkaufspositionen an die Europäische Wertpapier- und Marktaufsichtsbehörde zu übermittelnden Informationen und die Methode zur Berechnung des Umsatzes zwecks Ermittlung der unter die Ausnahmeregelung fallenden Aktion, ABl. EU Nr. L 251 v. 18.9.2012, S. 1.

Durchführungsverordnung (EU) Nr. 827/2012 der Kommission v. 29.6.2012 zur Festlegung technischer Durchführungsstandards in Bezug auf die Verfahren für die Offenlegung von Nettopositionen in Aktien gegenüber der Öffentlichkeit, das Format, in dem der Europäischen Wertpapier- und Marktaufsichtsbehörde Informationen zu Netto-Leerverkaufspositionen zu übermitteln sind, die Arten von Vereinbarungen, Zusagen und Maßnahmen, die angemessen gewährleiste, dass Aktien und öffentliche Schuldtitel für die Abwicklung des Geschäfts verfügbar sind, und die Daten, zu denen die Ermittlung des Haupthandelsplatzes einer Aktie erfolgt, sowie den Zeitraum, auf den sich die betreffende Berechnung bezieht, gemäß der Verordnung (EU) Nr. 236/2012 des Europäischen Parlaments und des Rates über Leerverkäufe und bestimmt Aspekte von Credit Default Swaps, ABl. Nr. L 251 v. 18.9.2012, S. 11.

Delegierte Verordnung (EU) Nr. 918/2012 der Kommission v. 5.7.2012 zur Ergänzung der Verordnung (EU) Nr. 236/2012 des Europäischen Parlaments und des Rates über Leerverkäufe und bestimmte Aspekte von Credit Default Swaps im Hinblick auf Begriffsbestimmungen, die Berechnung von Netto-Leerverkaufspositionen, gedeckte Credit Default Swaps auf öffentliche Schuldtitel, Meldeschwellen, Liquiditätsschwellen für die vorübergehende Aufhebung von Beschränkungen, signifikante Wertminderungen bei Finanzinstrumenten und ungünstige Ereignisse, ABl. Nr. L 274 v. 9.10.2012, S. 1.

Delegierte Verordnung (EU) Nr. 919/2012 der Kommission v. 5.7.2012 zur Ergänzung der Verordnung (EU) Nr. 236/2012 des Europäischen Parlaments und des Rates über Leerverkäufe und bestimmte Aspekte von Credit Default Swaps im Hinblick auf technische Regulierungsstandards für die Methode zur Berechnung der Wertminderung bei liquiden Aktien und anderen Finanzinstrumenten, Absl. Nr. L 274 v. 9.10.2012, S. 16.

Leitlinien ESMA/2013/74 – Ausnahme für Market-Making-Tätigkeiten und Primärmarkttätigkeiten gemäß der Verordnung (EU) Nr. 236/2012 des Europäischen Parlaments und des Rates über Leerverkäufe und bestimmte Aspekte von Credit Default Swaps

I. Einordnung und Systematik 1	gramme, Kursstabilisierungsmaßnahmen 15
II. Objektive Tatbestände 3	bb) Zeitlicher Anwendungsbereich 17
1. Verbot ungedeckter Leerverkäufe, § 120 Abs. 6 Nr. 3 WpHG 3	cc) Räumlicher Anwendungsbereich 18
a) Allgemeines 3	c) Tathandlung 19
aa) Gesetzgebungsgeschichte 3	2. Verbot bestimmter Kreditderivate, § 120 Abs. 6 Nr. 4 WpHG 20
bb) Zweck des Verbots und seiner Sanktionierung 4	a) Allgemeines 20
b) Anwendungsbereich 7	aa) Gesetzgebungsgeschichte 20
aa) Sachlicher Anwendungsbereich 7	bb) Zweck des Verbots und seiner Sanktionierung 21
(1) Tatobjekte 8	b) Anwendungsbereich 22
(2) Begriff Leerverkauf 9	aa) Sachlicher Anwendungsbereich 22
(3) Ausnahme: Gedeckte Leerverkäufe 10	bb) Räumlicher Anwendungsbereich 27
(4) Maßgeblicher Zeitpunkt für Deckungsgeschäft 14	cc) Ausnahmen 28
(5) Persönlich-sachliche Verbotsausnahmen: Market-Maker, Primärhändler, Rückkaufpro-	c) Tathandlung 29
	III. Subjektiver Tatbestand (Vorsatz, Irrtum) und Leichtfertigkeit 30
	IV. Konkurrenzen 31
	V. Bußgeldbemessung 32

I. Einordnung und Systematik

Der am 16.11.2012 erstmals in Kraft getretene § 39 Abs. 2 d WpHG aF, der im Rahmen der Umnummerierung des 2. FiMaNoG mit Wirkung zum 3.1.2018 inhaltsgleich zu **§ 120 Abs. 6 WpHG** geworden ist, sanktioniert als Blankett- 1

Ordnungswidrigkeit spezifische Verletzungen der EU-Leerverkaufsverordnung. Die EU-LeerverkaufVO, als akzessorischer Gegenstand der Sanktionsnorm, verfolgt ein **zweigleisiges System:**[1] Die für besonders gefährlich erachteten ungedeckten Leerverkäufe und Credit Default Swaps in öffentlichen Schuldtiteln sind grundsätzlich verboten (Art. 12–14). Die aus gedeckten Leerverkäufen resultierenden Netto-Leerverkaufspositionen unterliegen dagegen lediglich verschiedenen Melde- bzw. Veröffentlichungspflichten. Um eine flexible Reaktion auf Marktentwicklungen zu ermöglichen,[2] steht es den nationalen Aufsichtsbehörden – teilweise auch der ESMA (Art. 28 EU-LeerverkaufsVO) – jedoch im Ausnahmefall frei, auch grundsätzlich erlaubte Transaktionen zu beschränken oder zu verbieten (Art. Art. 20, 21, 23 EU-LeerverkaufsVO) oder zusätzliche Transaktionen bzw. Verleiher Meldepflichten zu unterwerfen (Art. 18, 19 EU-LeerverkaufsVO).[3] Daneben existiert die Verpflichtung für zentrale Gegenparteien, ein obligatorisches Clearing System für Leerverkäufe bereitzustellen (Art. 15 EU-LeerverkaufsVO).

2 Die aktuelle **Systematik der Bußgeldtatbestände** in § 120 WpHG spiegelt dieses Grundsystem: § 120 Abs. 6 WpHG sanktioniert Verstöße gegen die Pflichten und Verbote, die sich in der EU-LeerverkaufsVO selbst finden (**Verwaltungsrechtsakzessorietät**), § 120 Abs. 13 (vorher § 39 Abs. 3 a WpHG) Verstöße gegen die Einzelfallanordnungen der BaFin (**Verwaltungsaktakzessorietät**).[4] § 120 Abs. 6 WpHG ist wiederum in Sanktionen für Verstöße gegen Melde- und Offenlegungspflichten, § 120 Abs. 6 Nr. 1, 2 WpHG, Verstöße gegen Transaktionsverbote, § 120 Abs. 6 Nr. 3–4 WpHG (s. Kap. 12.15.), sowie Verstöße gegen die Pflicht zur Bereitstellung eines Clearing-Systems, § 120 Abs. 6 Nr. 5 WpHG (s. Kap. 13.5.), unterteilt.

II. Objektive Tatbestände

1. Verbot ungedeckter Leerverkäufe, § 120 Abs. 6 Nr. 3 WpHG

a) Allgemeines

aa) Gesetzgebungsgeschichte

3 Ein gesetzliches Verbot ungedeckter Leerverkäufe („naked short sales"), flankiert durch Transparenzpflichten, wurde in Deutschland erstmals **durch das Gesetz zur Vorbeugung gegen missbräuchliche Wertpapier- und Derivategeschäfte (WpMiVoG)** in § 30 h, i WpHG mit Geltung ab dem 27.7.2010 eingeführt, s. zur vorherigen Rechtslage die 4. Aufl.[5] Diese Regelung wurde zum

---

1 EU-LeerverkaufsVO, Erwägungsgrund (5); vgl. *Krüger/Ludewig* WM 2012, 1942 (1946); Assmann/Schütze/*Schäfer* § 21 Rn. 13.
2 EU-LeerverkaufsVO, Erwägungsgrund (4).
3 S. dazu ausführlich Veil/*Walla* § 15 Rn. 31 ff.
4 Vgl. KölnKommWpHG/*Altenhain* § 39 Rn. 56 ff., der zu Recht auch die Rechtmäßigkeit der Verfügung als objektive Bedingung der Ahndbarkeit fordert.
5 Art. 1 Nr. 5 Gesetz zur Vorbeugung gegen missbräuchliche Wertpapier- und Derivategeschäfte v. 21.7.2010, BGBl. 2010 I 945; *Findeisen/Tönningsen* WM 2011, 1405 (1406); Grimm/Ladler/*Stage* S. 69 (83 f.); krit. *Zimmer* BB 2010 Heft 40 I; *Möllers/Christ/Harrer* NZG 2010, 1167 ff.; *Zimmer/Beisken* WM 2010, 485 (486); zum Gesetzentwurf der Bundesregierung vgl. *Tyrolt/Bingel* BB 2010, 1420 (1424); Assmann/Schneider/*Vogel* WpHG § 20 a Rn. 221.

Kap. 6.2. § 120 Abs. 6 Nr. 3, 4 WpHG Ungedeckte Leerverkäufe u. CDS

1.11.2012[6] von der sog **EU-LeerverkaufsVO** abgelöst, die auf Betreiben der Kommission erlassen wurde, um Aufsichtsarbitrage durch Verlagerung missbräuchlicher Praktiken an weniger regulierte und/oder ausländische Marktplätze zu vermeiden.[7] Diese Verordnung ist teilweise deutlich schärfer gefasst – so gibt es etwa kein Intra-day-Handelsprivileg, vgl. Rn. 14 –, lehnt sich aber im Übrigen an die deutsche Rechtslage an.[8] Nach Umgestaltung und Anpassung des WpHG an die unmittelbar anwendbare Verordnung durch das **EU-Leerverkaufsausführungsgesetz** enthält dieses nur noch Zuständigkeits-, Aufsichtsvorschriften, eine Verordnungsermächtigung sowie die Bußgeldvorschriften, die zur Ausfüllung direkt auf die Vorschriften der EU-LeerverkaufsVO verweisen.[9] Durch das 2. FiMaNoG wurde neben der rein redaktionellen Neunummerierung auch diese **statische Verweisung** auf die LeerverkaufsVO aktualisiert. In Bezug genommen wird jetzt die Leerverkaufs-VO idF der Verordnung (EU) Nr. 909/2014 (sog Zentralverwalter-VO). Da diese Verordnung die hier relevanten Regelungen unberührt lässt, ist durch die Aktualisierung der Verweisung jedoch **keine inhaltliche Änderung** eingetreten. Aus demselben Grund führt auch die **verspätete Anpassung** der Verweisung – Inkrafttreten der Zentralverwalter-VO am 17.9.2014 vs. Inkrafttreten des Art. 3.1.2018 des 2. FiMaNoG – **nicht** zu einem **Leerlaufen** des Verweises.

bb) Zweck des Verbots und seiner Sanktionierung

Zweck des § 120 Abs. 6 Nr. 3 WpHG ist es, Verstöße gegen das Verbot des Leerverkaufs bestimmter Wertpapiere (Aktien und Schuldtitel) in Art. 12, 13 EU-LeerverkaufsVO zu **sanktionieren**. Nach der **Legaldefinition** des Art. 2 Abs. 1 lit. b EU-LeerverkaufsVO liegt ein **Leerverkauf** vor, wenn Aktien oder Schuldinstrumente verkauft werden, die sich zum Zeitpunkt des Eingehens der Verkaufsvereinbarung nicht im Eigentum des Verkäufers befinden. Erfasst sind auch die Konstellationen, in denen der Verkäufer zum Zeitpunkt des Eingehens der Verkaufsvereinbarung die Aktien oder Schuldinstrumente geliehen oder eine Vereinbarung getroffen hat, diese zu leihen, um sie bei der Abwicklung zu liefern.[10]

---

6 EU-LeerverkaufsVO, Art. 48; hierzu *Krüger/Ludewig* WM 2012, 1942 (1950); die Verordnung geht auf Empfehlungen des CESR zurück, vgl. CESR, Report Model for a Pan-European Short Selling Disclosure Regime, CESR/10–088, abrufbar unter https://www.esma.europa.eu/sites/default/files/library/2015/11/10_088.pdf (zuletzt abgerufen 19.6.2019) und sollte ursprünglich am 1.7.2012 in Kraft treten, vgl. EU-Kommission, Vorschlag für eine Verordnung des Europäischen Parlamentes und des Rates über Leerverkäufe und bestimmte Aspekte von Credit Default Swaps, KOM (2010) 482 endg. v. 15.9.2010, Art. 42.
7 Vorschlag der EU-Kommission für eine Verordnung des Europäischen Parlaments und des Rates über Leerverkäufe und bestimmte Aspekte von Credit Default Swaps, KOM (2010) 482 endg. v. 15.9.2010; vgl. hierzu Grimm/Ladler/*Stage* S. 69 (86 ff.); EU-Parlam., Pressemitteilung v. 15.11.2011, REF 20111115IPR31525.
8 Heidel/*Weick-Ludewig* WpHG Vor § 30 h Rn. 19; BT-Drs. 17/9665, 1.
9 EU-Leerverkaufs-Ausführungsgesetz/RegE, BT-Drs. 17/9665, 9 zu Nr. 9.
10 EU-Kommission, Verordnung (EU) Nr. 236/2012 des Europäischen Parlamentes und des Rates über Leerverkäufe und bestimmte Aspekte von Credit Default Swaps v. 14.3.2012, ABl. EU Nr. L 86, S. 1 ff. – EU-LeerverkaufsVO, Art. 2 Abs. 1 b Hs. 1; zu den Ausnahmen vgl. Hs. 2 i-iii sowie EU-LeerverkaufsVO, Erwägungsgrund (17).

5 Es ist anerkannt, dass Leerverkäufe verschiedene **Vorteile** für das Funktionieren der Kapitalmärkte bieten, etwa indem sie zur Markteffizienz beitragen.[11] So kann der Verkauf von Wertpapieren durch den Leerverkäufer, der später die entsprechenden Papiere erwirbt, um seinen Leerverkauf zu decken, die Liquidität des Marktes steigern. Zudem ermöglichen Leerverkäufe den Anlegern eine Reaktion, wenn sie der Ansicht sind, ein Wertpapier sei überbewertet, und sind damit ein Instrument zur effizienteren Preisfindung von Wertpapieren. Sie mindern die Gefahr von Preisblasen und können als Frühindikator für Probleme eines Emittenten dienen. Des Weiteren stellen Leerverkäufe ein wichtiges Instrument dar, das zu Zwecken der Absicherung, für andere Risikomanagementmaßnahmen sowie für Market-Making eingesetzt wird.[12]

6 Auf der anderen Seite gelten Leerverkäufe jedoch auch als ein Faktor, der in bestimmten Situationen die Entstehung verschiedener **Risiken** begünstigen kann.[13] So können Leerverkäufe unter extremen Marktbedingungen eine enorme Abwärtsspirale der Kurse verursachen und damit zu Marktverwerfungen und möglicherweise zur Entstehung systemischer Risiken führen.[14] Gerade bei ungedeckten Leerverkäufen besteht möglicherweise ein erhöhtes Risiko, dass Abwicklungen scheitern und Volatilität entsteht.[15] Hintergrund des Verbots und des zusätzlich eingeführten Transparenzsystems für Netto-Leerverkaufspositionen (Art. 5 ff. EU-LeerverkaufsVO)[16] ist insofern die Befürchtung, dass ungedeckte Leerverkäufe in den erfassten Finanzinstrumenten potenziell krisenverstärkende Transaktionen sind, welche es ermöglichen, in kurzer Zeit eine große Zahl von Wertpapieren zu verkaufen, ohne dass diese zuvor durch ein mit Kosten verbundenes Wertpapierleihgeschäft beschafft werden müssen. Dadurch kann ein starker Kursdruck entstehen.[17] Ferner ist es hierdurch grundsätzlich möglich, mehr Wertpapiere zu verkaufen als am Markt verfügbar sind.[18] **Zweck des Verbots** und seiner **Sanktionierung** ist es also letztlich, den damit verbundenen Risiken für die Stabilität und Funktionsfähigkeit der Finanzmärkte im Kern entgegenzuwirken.[19]

---

11 EU-LeerverkaufsVO, Erwägungsgrund (5); Ausführlich *Schlimbach* S. 37 ff. mwN; *Findeisen/Tönningsen* WM 2011, 1405 f.; *Zimmer/Beisken* WM 2010, 485 (486); *Tyrolt/Bingel* BB 2010, 1419 (1420); *Trüg* in FS Mehle, S. 644 ff. (649 f.); *Trüg*, Finanzkrise, S. 290, 311 ff. jew. mit zahlreichen Nachweisen; vgl. auch FAZ v. 20.10.2011: „Geliehen und verkauft – Deutscher Aktienmarkt ist beliebt bei Leerverkäufern".
12 EU-LeerverkaufsVO, Erwägungsgrund (18), (26).
13 Ausführlich *Schlimbach* S. 43 ff.
14 EU-LeerverkaufsVO, Erwägungsgrund (1); sa *Mülbert/Sajnovits* ZBB 2012, 266 (267).
15 EU-LeerverkaufsVO, Erwägungsgrund (1); *Tyrolt/Bingel* BB 2010, 1419 (1420); *Findeisen/Tönningsen* WM 2011, 1405 (1406); *Zimmer/Beisken* WM 2010, 485 (486).
16 Zu technischen Durchführungsstandards vgl. Durchführungsverordnung (EU) Nr. 827/2012 der Kommission v. 29.6.2012, ABl. EU Nr. L 251, S. 11 ff.; zu technischen Regulierungsstandards für die Offenlegung sog Netto-Leerverkaufspositionen vgl. Delegierte Verordnung (EU) Nr. 826/2012 der Kommission v. 29.6.2012, ABl. EU Nr. L 251, S. 1 ff.
17 *Findeisen/Tönningsen* WM 2011, 1405 (1406), aber auch mit Hinweis auf die umgekehrte Kursreaktion bei Short-squeeze-Konstellationen; Assmann/Schütze/*Schäfer* § 21 Rn. 5; *Fleischer* ZGR 2008, 185 (219 ff.) zu Leerverkäufen von Hedgefonds.
18 *Findeisen/Tönningsen* WM 2011, 1405 (1406); Assmann/Schütze/*Schäfer* § 21 Rn. 5; Heidel/Weick-Ludewig WpHG § 30 h Rn. 1.
19 Begr. RegE, BT-Drs. 17/1952, 7 (9 f.); vgl. auch EU-LeerverkaufsVO, Erwägungsgrund (2); *Schlimbach* S. 81 ff.; dass dieses Ziel erreicht wurde, verneinen *Kiesel/Nohn/Schiereck* ZBB 2014, 314; kritisch auch *Mülbert/Sajnovits* ZBB 2012, 266 (268); *Payne*

b) Anwendungsbereich
aa) Sachlicher Anwendungsbereich

Der sachliche Anwendungsbereich des Verbots ungedeckter Leerverkäufe und 7
des § 120 Abs. 6 Nr. 3 WpHG ergibt sich aus dem Zusammenspiel von Art. 1
Abs. 1 EU-LeerverkaufsVO („Anwendungsbereich"), den Begriffsbestimmungen in Art. 2 Abs. 1 EU-LeerverkaufsVO sowie den Verbotstatbeständen in Art. 12 Abs. 1, 13 Abs. 1 EU-LeerverkaufsVO. Zur näheren Bestimmung der erfassten Finanzinstrumente, Handelsplätze und Handelssysteme verweist die EU-LeerverkaufsVO auf die MiFiD-Richtlinie (Art. 2 Abs. 1 lit. a, 1 EU-LeerverkaufsVO). Diese ist mittlerweile **außer Kraft** getreten und wurde mit Wirkung zum 3.1.2018 durch die MiFiD II-Richtlinie ersetzt. Gem. Art. 94 UAbs. 2, 3 iVm mit der Entsprechungstabelle in MiFiD II gelten Verweise auf die MiFiD-Richtlinie als Verweise auf die MiFiD II-Richtlinie, sog **Verweisungsverjüngungsklausel**.[20] Diese Technik zur Anpassung von Verweisungen ist **kritisch** zu sehen, da der Normadressat den Austausch des Verweisungsobjekts nicht am Wortlaut der Norm erkennen kann.[21] Trotzdem ist der Verweis auf die Leerverkaufsverordnung nicht leergelaufen, da die Begriffsbeziehungen nicht direkt in den statischen Verweis des § 120 WpHG einbezogen sind, sondern ihrerseits von den europäischen Verbotsnormen konkludent erfasst werden und die Verweisungsverjüngung aus europäischer Sicht gültig ist. Insofern handelt es sich bei dem Verweis in § 120 Abs. 6 Nr. 3 WpHG um einen **versteckt dynamischen** Verweis.

(1) Tatobjekte

Tatobjekte des § 120 Abs. 6 Nr. 3 WpHG sind zum einen **Aktien**, die zum 8
Handel an einem Handelsplatz, also einem regulierten Markt oder multilateralen Handelssystem, in der EU zugelassen sind (Art. 12 Abs. 1, Art. 1 Abs. 1 lit. a, Art. 2 Abs. 1 lit. a, 1 EU-LeerverkaufsVO). Damit sind auch Aktien, die lediglich im Freiverkehr[22] oder an sonstigen multilateralen Handelssystemen gehandelt werden, die nicht als Börse zugelassen sind, einbezogen.[23] Zudem ist der **außerbörsliche Handel** dieser Finanzinstrumente mitberücksichtigt, um eine Umgehung des Leerverkaufsverbots zu vermeiden.[24]

Zum anderen erfasst § 120 Abs. 6 Nr. 3 WpHG **Schuldtitel** (Art. 13 EU-LeerverkaufsVO) eines öffentlichen Emittenten (Art. 2 Abs. 1 lit. f. EU-LeerverkaufsVO), also Schuldtitel, die von der Union selbst, von Zentral- oder Regio-

---

EBOR 13 (2012), 413; vgl. a. *Juurikkala* ECFR 2012, 307; Veil/*Walla* § 15 Rn. 36 ff. Eine Abschätzung der Folgen findet sich auch im Bericht der Kommission an das Europäische Parlament und den Rat über die Bewertung der Verordnung (EU) Nr. 236/2012 über Leerverkäufe und bestimmte Aspekte von Credit Default Swaps, COM (2013) 885 final.
20 S. dazu *Ernst* S. 134 ff., 152 ff. mwN.
21 *Ernst* S. 134 ff. mwN.
22 BaFin, Häufige Fragen zum Verbot ungedeckter Leerverkäufe in Aktien und öffentlichen Schuldtiteln gem. Art. 12 f. der EU-LeerverkaufsVO, Frage 3 a, 5. Stand: 10.8.2015.
23 *Krüger/Ludewig* WM 2012, 1942 (1943, 1946); *Schlimbach* S. 92 f., 96; aA Mülbert/*Sajnovits* ZBB 2012, 266 (269); Assmann/Schütze/*Schäfer* § 21 Rn. 13; Veil/*Walla* § 15 Rn. 13; zur alten Rechtslage s. Heidel/Weick-*Ludewig* WpHG § 30 h Rn. 6 f.; Tyrolt/*Bingel* BB 2010, 1419 (1424); Erbs/Kohlhaas/*Wehowsky* W 57 a WpHG § 30 h Rn. 6.
24 *Schlimbach* S. 92 f. mwN.

nalregierungen oder örtlichen Gebietskörperschaften eines EU-Mitgliedstaats, von einer zwischenstaatlichen Zweckgesellschaft, etwa dem Europäischen Stabilitätsmechanismus (ESM) und dem Europäischen System für Finanzaufsicht (EFSF),[25] oder einem zwischenstaatlichen internationalen Finanzinstitut oder der Europäischen Investitionsbank ausgegeben wurden (Art. 2 Abs. 1 lit. d EU-LeerverkaufsVO). Ausgenommen sind Schuldverschreibungen von Kommunen.[26] Anders als nach der alten Rechtslage ist es zudem **nicht mehr erforderlich, dass die öffentlichen Schuldtitel in Euro denominieren.**[27]

(2) Begriff Leerverkauf

9 Verboten und damit sanktioniert ist nur der **ungedeckte Leerverkauf**. Ist der Verkäufer zum Zeitpunkt der Transaktionen Eigentümer sämtlicher verkaufter Wertpapiere, so liegt schon begrifflich kein Leerverkauf iSd VO vor, es sei denn, der Verkäufer hat sich die Aktien nur im Rahmen einer Wertpapierleihe geliehen.[28] Eine sachliche Ausnahme von dieser **Legaldefinition** des Leerverkaufs in **Art. 2 Abs. 1 lit. b Hs. 1 EU-LeerverkaufsVO** enthält dessen Hs. 2. Danach umfasst der Begriff „**Leerverkauf**" nicht:

- den Verkauf von Finanzinstrumenten, die im Rahmen einer Wertpapierleihe oder eines Repo-Geschäfts übertragen worden sind, sofern die Wertpapiere entweder zurückgegeben werden oder die übertragende Partei die Wertpapiere zurückfordert, so dass das Geschäft bei Fälligkeit abgewickelt werden kann,
- den Verkauf eines Finanzinstruments durch eine natürliche oder juristische Person, die das Finanzinstrument vor dem Verkauf erworben, zum Zeitpunkt des Verkaufs aber nicht empfangen hat, sofern das Finanzinstrument zu einem Zeitpunkt geliefert wird, der die fälligkeitsgerechte Abwicklung des Geschäfts gewährleistet,
- den Verkauf eines Finanzinstruments durch eine natürliche oder juristische Person, die eine Option oder einen ähnlichen Anspruch auf dieses Finanzinstrument ausgeübt hat, sofern das Finanzinstrument zu einem Zeitpunkt geliefert wird, der die fälligkeitsgerechte Abwicklung des Geschäfts gewährleistet.[29]

Es kommt also im Ergebnis **nicht** auf die **rechtliche Eigentümerstellung**, sondern die **wirtschaftliche Zuordnung** der Wertpapiere an.[30] Die ESMA hat hierzu technische Durchführungsstandards erarbeitet, die etwa den Begriff „Eigen-

---

25 Assmann/Schütze/*Schäfer* § 21 Rn. 17.
26 Assmann/Schütze/*Schäfer* § 21 Rn. 17; Veil/*Walla* § 15 Rn. 19; *Schlimbach* S. 100.
27 Assmann/Schütze/*Schäfer* § 21 Rn. 18.
28 Dies stellt eine Ausweitung gegenüber § 30 h WpHG aF dar, s. dazu *Mülbert/Sajnovits* ZBB 2012, 266 (270). Ausführlich zur Wertpapierleihe, *Schlimbach* S. 112 ff.
29 Art. 3 Abs. 2 Delegierte Verordnung (EU) Nr. 918/2012 der Kommission v. 5.7.2012, ABl. EU Nr. L 274, S. 1 ff.; zu technischen Durchführungsstandards und technischen Regulierungsstandards jeweils in Bezug auf Melde- und Offenlegungspflichten für sog Netto-Leerverkaufspositionen vgl. EU-Kommission, Durchführungsverordnung (EU) Nr. 827/2012 bzw. Delegierte Verordnung (EU) Nr. 826 (2012), jeweils v. 29.6.2012, ABl. EU Nr. L S. 11 ff. bzw. S. 1 ff.; siehe dazu ausführlich *Mülbert/Sajnovits* ZBB 2012, 266 (270 ff.); *Weick-Ludewig/Sajnovits* WM 2014, 1521 (1522 ff.).
30 Art. 3 Abs. 1 Delegierte VO Nr. 918/2012, vgl. dazu *Mülbert/Sajnovits* ZBB 2012, 266 (270); Assmann/Schütze/*Schäfer* § 21 Rn. 1, 15; Veil/*Walla* § 15 Rn. 17; *Weick-Ludewig/Sajnovits* WM 2014, 1521 (1522 f.); *Schlimbach* S. 108 f.

tum", die Definition eines Leerverkaufs und das Halten einer Aktie oder eines Schuldinstruments durch eine natürliche oder juristische Person präzisieren.³¹

(3) Ausnahme: Gedeckte Leerverkäufe

Vom Verbot nicht erfasst sind daneben sog **gedeckte Leerverkäufe**. Nach der EU-LeerverkaufsVO kann eine natürliche oder juristische Person eine zum Handel an einem Handelsplatz (vgl. Art. 2 Abs. 1 l) EU-LeerverkaufsVO) zugelassene Aktie dann leer verkaufen, wenn vorher oder zeitgleich³² eine **Wertpapierleihe** bestand oder zumindest ein entsprechender Vertrag geschlossen wurde (Art. 12 Abs. 1 a EU-LeerverkaufsVO), andere schuld- oder sachenrechtliche Gegenansprüche auf Lieferung bestehen (Art. 12 Abs. 1 b EU-LeerverkaufsVO) oder eine sog **Locate-Vereinbarung** (Art. 12 Abs. 1 c EU-LeerverkaufsVO) abgeschlossen worden ist.³³ Die Voraussetzung eines eigentumsrechtlichen bzw. sachenrechtlichen Anspruchs auf Übereignung gibt es im deutschen Sachenrecht nicht; sie kann sich daher nur auf denkbare Auslandssachverhalte beziehen.³⁴

Nähere Angaben, welche Arten von Vereinbarungen unter die Ausnahmetatbestände fallen, lassen sich den technischen Durchführungsstandards in Art. 5 bis 8 der **Durchführungsverordnung (EU) Nr. 827/2012** entnehmen. Unter lit. b fallen im Einzelnen etwa konkretisierte Termingeschäfte und Swaps, Optionen, Rückkaufvereinbarungen, sog „ständige Vereinbarungen und rollierende Fazilitäten", Bezugsrechtsvereinbarungen, aber auch sonstige Ansprüche oder Vereinbarungen (Auffangtatbestand), die die Lieferung der Aktien oder öffentlichen Schuldtitel nach sich ziehen, Art. 1 b, Art. 5 Abs. 1 a-f. Durchführungsverordnung (EU) Nr. 827/2012 der Kommission v. 29.6.2012, ABl. EU Nr. L 251 S. 1 ff.³⁵ Maßgeblich ist jeweils die Verfügbarkeit der Aktie, um das Geschäft in der Folge fristgerecht abwickeln zu können.³⁶

Alle **tauglichen Deckungsgeschäfte** müssen insofern **fünf allgemeinen Anforderungen** genügen: Sie müssen unmittelbar durchsetzbar (1) und für die Dauer

---

31 Art. 2 Abs. 2 EU-LeerverkaufsVO iVm Art. 3, 4 Delegierte Verordnung (EU) Nr. 918/2012 der Kommission vom 5.7.2012 zur Ergänzung der Verordnung (EU) Nr. 236/2012 des Europäischen Parlamentes und des Rates über Leerverkäufe und bestimmte Aspekte von Credit Default Swaps im Hinblick auf Begriffsbestimmungen, die Berechnung von Netto-Leerverkaufspositionen, gedeckte Credit Default Swaps auf öffentliche Schuldtitel, Meldeschwellen, Liquiditätsschwellen für die vorübergehende Aufhebung von Beschränkungen, signifikante Wertminderungen bei Finanzinstrumenten und ungünstige Ereignisse, C (2012) 4529 final, ABl. EU Nr. L 274, S. 1 ff.; s. dazu ESMA's. technical advice on possible Delegated Acts concerning the regulation on short sales and certain aspects of credit default swaps – Final Report ((EC) No 236/2012), ESMA 2012/263.
32 AA *Schlimbach* S. 127, der mit Hinweis auf die verwendete Perfektform „hat geliehen" nur vorher vorgenommene Deckungsgeschäfte für zulässig erachtet
33 Dazu ausführlich *Mülbert/Sajnovits* ZBB 2012, 266 (271 ff.); Fuchs/*Weick-Ludewig* WpHG § 30 h Rn. 66 ff. Sa *Schlimbach* S. 127 ff.
34 *Mock* WM 2010, 2248 (2251).
35 S. ausführlich *Sajnovits/Weick-Ludewig* WM 2015, 2226. Weitere Angaben finden sich auch in ESMA, Questions and Answers – Implementation of the Regulation on short selling and certain aspects of credit default swaps (2nd UPDATE), ESMA/2013/159, S. 21 ff., https://www.esma.europa.eu/sites/default/files/library/2015/11/2013-159.pdf (zuletzt abgerufen am 19.6.2019), von denen die BaFin eine unverbindliche deutsche Übersetzung zur Verfügung gestellt hat.
36 *Krüger/Ludewig* WM 2012, 1942 (1948).

des Leerverkaufs rechtlich verbindlich sein (2), eine Anzahl umfassen, die die leerverkauften Aktien abdeckt (3), vorher oder zur gleichen Zeit wie der Leerverkauf abgeschlossen worden sein (4) sowie einen Ablauf-, Liefer- oder Rückkauftermin vorsehen, der die von der Leerverkaufsverordnung bezweckte fristgerechte Abwicklung gewährleistet (5).[37] Wie die Konstellation zu behandeln ist, in der ein verliehenes Wertpapier sowohl vom Verleiher als auch vom Entleiher leer verkauft wird, also effektiv die zur Deckung notwendigen Wertpapiere doppelt verkauft werden („Doppelleerverkauf"), ist umstritten.[38] Bei unbefangener Anwendung der Vorschriften liegt hier beim Verleiher gem. Art. 2 Abs. 1 lit. b Hs. 2 EU-LeerverkaufsVO schon kein Leerverkauf vor, während der Leerverkauf des Entleihers als gedeckt gilt, oder sind beide Leerverkäufe als gedeckt anzusehen, so dass im Ergebnis auch beide Leerverkäufe als zulässig angesehen werden können.[39] Diesem von der EU-LeerverkaufsVO nicht vorgesehenen Ergebnis kann durch eine im Hinblick auf die Gewährleistung der Abwicklung vorgenommene teleologische Reduktion der Ausnahmevorschriften begegnet werden.[40] Eine solche kommt dabei jedoch allenfalls für die EU-Leerverkaufsverordnung selbst, nicht aber für die Bußgeldtatbestände in Frage (sog **gespaltene Auslegung**), so dass eine Sanktionierung nach § 120 Abs. 6 Nr. 3 WpHG ausscheidet.[41]

13 Entsprechende Ausnahmen gelten auch für die Beschränkung ungedeckter Leerverkäufe von **öffentlichen Schuldtiteln** (vgl. Art. 13 Abs. 1 a-c EU-LeerverkaufsVO).[42] Im Hinblick auf die ungedeckten Leerverkäufe von öffentlichen Schuldtiteln besteht daneben die Möglichkeit einer zeitweiligen Aufhebung des Verbots durch die nationalen Aufsichtsbehörden für eine Dauer von maximal sechs Monaten (mit Verlängerungsmöglichkeit), wenn ein Umsatzrückgang in den öffentlichen Schuldtiteln unter die in Art. 22 Abs. 2 Delegierte Verordnung (EU) Nr. 918/2012 der Kommission v. 5.7.2012[43] vorgesehene Schwelle erfolgt ist. Schließlich gilt ein Leerverkauf gem. Art. 13 Abs. 2 auch als gedeckt, wenn er zur Absicherung einer **Long-Position** dient, die zwar nicht in Bezug auf den öffentlichen Schuldtitel selbst besteht, jedoch im Hinblick auf ein Wertpapier, dessen Wert stark mit dem des öffentlichen Schuldtitels korreliert.[44]

(4) Maßgeblicher Zeitpunkt für Deckungsgeschäft

14 Das **bis zum 31.10.2012** in § 30 h WpHG aF geregelte generelle Verbot ungedeckter Leerverkäufe galt in sachlicher Hinsicht **nicht für untertägig ungedeckte Leerverkäufe**, bei denen die entsprechenden Aktien oder Schuldtitel bis zum

---

37 *Sajnovits/Weick-Ludewig* WM 2015, 2226 (2230 f.).
38 S. dazu ausführlich *Riederer/Weick-Ludewig* WM 2016, 1005.
39 *Riederer/Weick-Ludewig* WM 2016, 1005.
40 *Riederer/Weick-Ludewig* WM 2016, 1005.
41 *Weick-Ludewig/Sajnovits* WM 2014, 1521 (1525 ff.).
42 Art. 12 Abs. 2 EU-LeerverkaufsVO iVm Art. 7 Durchführungsverordnung (EU) Nr. 827/2012 der Kommission v. 29.6.2012, ABl. EU Nr. L 251, S. 11 ff.; *Krüger/Ludewig* WM 2012, 1942 (1948 f.).
43 ABl. EU Nr. L 274, S. 1 ff.; zuständig soll die jeweilige Börsengeschäftsführung sein, vgl. § 15 Abs. 5 a BörsG idF Art. 2 Nr. 1 EU-Leerverkaufs-Ausführungsgesetz, BT-Drs. 17/9665 idF Beschlussempfehlung Finanzausschuss, BT-Drs. 17/10854 nach vorheriger Ablehnung durch den Wirtschaftsausschuss des Bundesrates, BR-Drs. 168/1/12; *Krüger/Ludewig* WM 2012, 1942 (1950).
44 Vgl. dazu zustimmend Assmann/Schütze/*Schäfer* § 21 Rn. 1, 15; *Veil/Walla* § 15 Rn. 19.

Ende des Tages, an dem der Leerverkauf abgeschlossen wurde, beschafft wurden oder ein unbedingt durchsetzbarer schuldrechtlicher oder sachenrechtlicher Anspruch auf diese begründet wurde.[45] Dabei war – zugunsten des Leerverkäufers – **unbeachtlich**, ob der Leerverkäufer anfänglich keine Eindeckungsabsicht hatte, die Eindeckung aber bis zum Ende des Tages nachholte (zum Versuch s. Rn. 29; zur Tatbestandsmäßigkeit eines „abusive naked short" auch § 20 Abs. 1 S. 1 Nr. 2 WpHG, s. Rn. 19),[46] auf der anderen Seite aber auch – zu seinen Lasten –, wenn die beabsichtigte Eindeckung aufgrund von nicht in der Sphäre des Verkäufers liegenden Gründen scheiterte.[47] Sofern durch Verkettungsgeschäfte von Intra-Day-Transaktionen mehrtägige Leerverkäufe aufrechterhalten wurden, konnte hierin allerdings nicht nur ein Verstoß gegen § 30 h Abs. 1 WpHG liegen, sondern uU auch ein Fall des Marktmissbrauchs (Kap. 6.1 Rn. 178, 180).[48] Dieses sog *intra day*-Privileg besteht nach der EU-LeerverkaufsVO **nicht mehr**.[49] Die VO stellt vielmehr zur Beurteilung der Deckung eines Leerverkaufs auf den **Zeitpunkt der Transaktion** und nicht mehr auf das Ende des Handelstages ab.[50] Für Fälle, in denen der Verkäufer die Absicht hat, innerhalb des Handelstages ein Deckungsgeschäft abzuschließen, gelten gem. Art. 6 Abs. 3, 4 der Durchführungsverordnung (EU) Nr. 827/2012 lediglich dieselben Erleichterungen für Locate Agreements iSd Art. 12 Abs. 1 lit. c EU-LeerverkaufsVO, wie sie auch für liquide Aktien vorgesehen sind.[51]

(5) Persönlich-sachliche Verbotsausnahmen: Market-Maker, Primärhändler, Rückkaufprogramme, Kursstabilisierungsmaßnahmen

Persönlich-sachliche Verbotsausnahmen (§ 30 h Abs. 2 S. 1 Nr. 1, 2 WpHG aF)[52] für **Market Maker** finden sich jedoch weiterhin (Art. 17 EU-LeerverkaufsVO).[53] Die von den Ausnahmen erfassten Finanzunternehmen und Ge-

---

45 Beschlussempfehlung Finanzausschuss, BT-Drs. 17/2336, S. 13; vgl. zu Einzelheiten der Kritik, die zur Herausnahme der Intra-Day-Transaktionen geführt hatte *Findeisen/Tönningsen* WM 2011, 1405 (1406); Stellungnahme Zentraler Kreditausschuss v. 27.5.2010, S. 6, abrufbar unter https://die-dk.de/themen/stellungnahmen/ (zuletzt abgerufen 18.8.2016); die EU-LeerverkaufsVO (Fn. 6) enthält dagegen kein Intra-day-Handelsprivileg, Heidel/*Weick-Ludewig* WpHG Vor § 30 h Rn. 16.
46 Vgl. *Trüg* NJW 2009, 3202 (3205); *Trüg* in FS Mehle, S. 637 (647 f.); Trüg, Finanzkrise, S. 290 (314 ff.); *Findeisen/Tönningsen* WM 2011, 1405 (1408).
47 *Mock* WM 2010, 2248 (2251).
48 Vgl. die Bedenken der SPD-Fraktion, BT-Drs. 17/2336, 12 f. zu Verkettungsgeschäften über unterschiedliche Zeitzonen, denen in Missbrauchsfällen der BaFin „durch eine Änderung der Auslegung der Gesetze" entgegenwirken würde, BT-Drs. 17/2336, 13.
49 *Krüger/Ludewig* WM 2012, 1942 (1948); *Mülbert/Sajnovits* ZBB 2012, 266 (269); Assmann/Schütze/*Schäfer* § 21 Rn. 15; Veil/*Walla* § 15 Rn. 16; *Schlimbach* S. 127 f.
50 *Mülbert/Sajnovits* ZBB 2012, 266 (269). S. zur Bestimmung dieses Zeitpunkts *Schlimbach* S. 115 ff.
51 Vgl. *Krüger/Ludewig* WM 2012, 1942 (1949).
52 Die Ausnahmeregelung erfolgte in Anlehnung an die Vorgaben des CESR (Committee of European Securities Regulators), vgl. Begr. RegE WpMiVoG (Fn. 18), BT-Drs. 17/1952, S. 9, wobei im Laufe des Gesetzgebungsverfahrens ein Redaktionsversehen in der Formulierung von § 30 h Abs. 2 Satz 1 WpHG beseitigt wurde, BT-Drs. 17/2336, 12, 13; auch der Vorschlag der EU-Kommission für eine Verordnung des Europäischen Parlamentes und des Rates über Leerverkäufe und bestimmte Aspekte von Credit Default Swaps endg. v. 15.9.2010 – KOM (2010) 482 enthält in Art. 15 Abs. 1 eine derartige Annahme.
53 *Krüger/Ludewig* WM 2012, 1942 (1949); ausführlich *Schlimbach* S. 139 ff.

schäfte sind in Art. 2 Abs. 1 k EU-LeerverkaufsVO definiert. Die Verbote der EU-LeerverkaufsVO gelten also nicht für Wertpapierfirmen, Kreditinstitute, Körperschaften eines Drittlandes oder lokale Firmen, die Mitglied eines Handelsplatzes oder eines als Drittlandmarktes sind, deren Rechts- und Aufsichtsrahmen gleichwertig ist, wenn sie als Eigenhändler auftreten und entweder feste, zeitgleiche An- und Verkaufskurse vergleichbarer Höhe stellen, um den Markt kontinuierlich mit Liquidität zu versorgen (Art. 2 Abs. 1 k i EU-LeerverkaufsVO), Kundenaufträge erfüllen (Art. 2 Abs. 1 k ii EU-LeerverkaufsVO) oder Positionen absichern, die sich aus den Tätigkeiten in Ziffern i und ii ergeben haben (Art. 2 Abs. 1 k iii EU-LeerverkaufsVO). Die Ausnahme bezieht weiterhin nur die zu den genannten Zwecken getätigten Geschäfte der Market Maker etc ein, jedoch nicht zwingend deren gesamte Unternehmenstätigkeit.[54] (Art. 17 Abs. 1 EU-LeerverkaufsVO).[55] Daneben werden zugelassene **Primärhändler** öffentlicher Schuldtitel iS von Art. 2 Abs. 1 n) EU-LeerverkaufsVO unter den Voraussetzungen des Art. 17 Abs. 3, 6 EU-LeerverkaufsVO von den Verbotsregelungen ausgenommen.[56] Die Unternehmen, die von den Ausnahmen Gebrauch machen wollen, müssen dies – anders als nach der alten Rechtslage[57] – 30 Tage **vor Aufnahme der Tätigkeit** bei der BaFin **melden** (Art. 17 Abs. 5, 6 EU-LeerverkaufsVO).[58] Nähere Angaben sowohl zu den Anforderungen an die ausnahmefähigen Tätigkeiten als auch zum Anzeigeverfahren finden sich in den auf der Grundlage von Art. 9 Abs. 2 der Verordnung (EU) Nr. 1095/2010 erlassenen ESMA-Guidelines vom 2.4.2013,[59] in Bezug auf die die BaFin erklärt hat, ihnen mit Ausnahme bestimmter Regeln nachkommen zu wollen (sog *Partially-Comply*-Erklärung).[60] Speziell für Deutschland finden sich Vorgaben im aktualisierten Merkblatt der BaFin vom 15.7.2013[61] und in der Leerverkaufs-Anzeigenverordnung (LAnzV).[62]

16 Schließlich sind zulässige Transaktionen im Zusammenhang mit **Kursstabilisierungsmaßnahmen** vom Leerverkaufsverbot ausgenommen (Art. 17 Abs. 4 EU-LeerverkaufsVO) (vgl. Kap. 6.1. Rn. 253 ff.), eine Ausnahme, die der in der Marktmissbrauchsverordnung VO (EU) Nr. 596/2014 (bis zum 2.7.2016 der Marktmissbrauchsrichtlinie 2003/6/EG) entspricht.[63]

---

54 Vgl. *Krüger/Ludewig* WM 2012, 1942 (1949); zur alten Rechtslage Heidel/*Weick-Ludewig* WpHG § 30 h Rn. 16; Erbs/Kohlhaas/*Wehowsky* W 57 a WpHG § 30 h Rn. 7.
55 Vgl. ferner EU-LeerverkaufsVO, Erwägungsgrund (26).
56 *Krüger/Ludewig* WM 2012, 1942 (1949); *Schlimbach* S. 152 f.
57 S. dazu *Ludewig/Geilfus* WM 2013, 1533 (1535); Heidel/*Weick-Ludewig* WpHG Vor § 30 h Rn. 33: Hier genügte eine Anzeige, die unverzüglich nach Ende des Quartals erfolgte.
58 *Schlimbach* S. 153 f.
59 ESMA-Guidelines 02/04/2013, ESMA/2013/74, https://www.esma.europa.eu/sites/default/files/library/2015/11/2013-74.pdf (zuletzt abgerufen 19.6.2019).
60 Dazu ausführlich *Ludewig/Geilfus* WM 2013, 1533.
61 Abrufbar unter https://www.bafin.de/SharedDocs/Veroeffentlichungen/DE/Merkblatt WA/mb_130715_eu_market_making.html (zuletzt abgerufen 19.6.2019).
62 Verordnung zur Konkretisierung von Art, Umfang und Form der Mitteilungen und Benachrichtigungen gemäß Art. 17 Abs. 5, 6, 9 und 10 der Verordnung (EU) Nr. 236/2012 (Leerverkaufs-Anzeigenverordnung – LAnzV) v. 16.4.2014, BGBl. 2014 I 386.
63 *Krüger/Ludewig* WM 2012, 1942 (1949); *Schlimbach* S. 150 ff.

bb) Zeitlicher Anwendungsbereich

§ 120 Abs. 6 Nr. 3 WpHG ist seit dem 3.1.2018 in Kraft. Davor galt § 39 Abs. 2 d WpHG aF, der am 16.11.2012 in Kraft getreten war (zur Rechtslage davor siehe die Vorauflage). 17

cc) Räumlicher Anwendungsbereich

Grundsätzlich knüpft die EU-LeerverkaufsVO ausschließlich an die Arten der gehandelten Finanzinstrumente an, nicht aber an den Ort der Transaktion oder die Nationalität bzw. den Sitz der Beteiligten (Art. 1 Abs. 1 lit. a EU-LeerverkaufsVO). Das Verbot ungedeckter Leerverkäufe in diesen Wertpapieren gilt daher wie zuvor auch für im **Ausland** abgeschlossene Geschäfte.[64] Für Aktien, die ihren Haupthandelsplatz außerhalb der Europäischen Union haben, sieht Art. 16 EU-LeerverkaufsVO jedoch eine Ausnahme von den Vorschriften der EU-LeerverkaufsVO vor. Der Haupthandelsplatz wird alle zwei Jahre bindend durch die ESMA bestimmt und in einer Liste veröffentlicht;[65] Einzelheiten zu den Kriterien und dem Verfahren sind in Kapitel V der Durchführungs-VO (EU) Nr. 827/2012 geregelt. 18

c) Tathandlung

Tathandlung des § 120 Abs. 6 Nr. 3 WpHG ist das **Leerverkaufen** einer Aktie oder eines öffentlichen Schuldtitels **entgegen den Art. 12, 13 EU-LeerverkaufsVO**. Dabei kommt es nicht darauf an, ob der Verkäufer eine Eindeckungsabsicht hat. Jedoch sind Leerverkäufe, bei denen eine solche Eindeckungsabsicht von vornherein nicht bestand (sog **„abusive naked short"**), erst recht vom Tatbestand erfasst.[66] Derartige Verhaltensweisen unterfallen darüber hinaus gleichzeitig der Missbrauchsnorm des § 120 Abs. 15 Nr. 2 (vorher § 39 Abs. 3 d Nr. 2) WpHG iVm Art. 12, 15 Marktmissbrauchsverordnung VO (EU) Nr. 596/2014 und sind, sofern sich das „abusive naked short selling" in der Kursbildung niederschlägt, nach § 119 Abs. 1 (vorher § 38 Abs. 1 Nr. 2) WpHG strafbar. Dasselbe gilt für sog **„bear raids"**, dh **massenhafte Leerverkäufe** mit dem Ziel, weitere Verkäufe am Markt zu initiieren, um damit dem Interesse des Leerverkäufers weiter in die Hände zu spielen.[67] **Kettenleerverkäufe**, die dazu dienen sollten, die Ausnahme vom Verbot ungedeckter Leerverkäufe innerhalb eines Tages („Intra-day"-Handel) zu umgehen, waren ebenso zu beurteilen, sofern durch sie eine Kursauswirkung verursacht wurde.[68] Da **untertägige Leerverkäufe** von der EU-LeerverkaufsVO – anders als 19

---

[64] *Schlimbach* S. 101 ff.; *Krüger/Ludewig* WM 2012, 1942 (1946); Assmann/Schütze/*Schäfer* § 21 Rn. 14; alte Rechtslage: § 1 Abs. 2 WpHG idF WpMiVoG; s. dazu RegE WpMiVoG (Fn. 18), BT-Drs. 17/1952, 7 f.; Erbs/Kohlhaas/*Wehowsky* W 57 a WpHG § 30 h Rn. 6.
[65] Abrufbar unter https://registers.esma.europa.eu/publication/searchRegister?core=esma_registers_mifid_shsexs (zuletzt abgerufen am 19.6.2019). Sa *Schlimbach* S. 97 f.
[66] *Trüg* NJW 2009, 3202 (3205); *Trüg* in FS Mehle, S. 637 (647 f.); *Trüg*, Finanzkrise, S. 290 (314 ff.); *Findeisen/Tönningsen* WM 2011, 1405 (1408).
[67] Vgl. *Findeisen/Tönningsen* WM 2011, 1405 (1408).
[68] Vgl. die Bedenken der SPD-Fraktion, BT-Drs. 17/2336, 12 f. zu Verkettungsgeschäften über unterschiedliche Zeitzonen, denen in Missbrauchsfällen die BaFin „durch eine Änderung der Auslegung der Gesetze" entgegenwirken würde, BT-Drs. 17/2336, 13.

nach vorheriger deutscher Rechtslage – schon grundsätzlich untersagt sind, fallen diese in Zukunft immer auch unter § 120 Abs. 6 Nr. 3 WpHG.
Der **Versuch** ist nicht sanktioniert (§ 13 Abs. 2 OWiG).[69]

2. Verbot bestimmter Kreditderivate, § 120 Abs. 6 Nr. 4 WpHG
a) Allgemeines
aa) Gesetzgebungsgeschichte

20 § 120 Abs. 6 Nr. 4 (vorher § 39 Abs. 2 d Nr. 4) WpHG sanktioniert das Verbot des Abschlusses bestimmter Kreditderivate, das sich in **Art. 14 Abs. 1 EU-LeerverkaufsVO** findet und das zum 1.11.2012 an die Stelle des § 30 j WpHG aF getreten ist (zur bisherigen Entwicklung siehe die Vorauflage).[70] Auch hier ist durch das 2. FiMaNoG lediglich eine redaktionelle Änderung erfolgt.

bb) Zweck des Verbots und seiner Sanktionierung

21 **Zweck** des Art. 14 Abs. 1 EU-LeerverkaufsVO und seiner Sanktionierung in § 120 Abs. 6 Nr. 4 WpHG ist die Stabilisierung des Finanzmarktes durch das Verbot des Handels mit sog ungedeckten **Credit Default Swaps (CDS)**. Da der Wert von CDS mit der Wahrscheinlichkeit des Kreditausfalls steigt, kann ein Erwerber, der ohne eigenen Absicherungszweck handelt, ein Interesse am Verfall der Kreditwürdigkeit des Schuldners haben.[71] Im Zusammenhang mit dem unregulierten CDS-Handel[72] wurde daher beobachtet, dass sich das Ausfallrisiko insbesondere von Zentralregierungen, Regionalregierungen und örtlichen Gebietskörperschaften von Mitgliedstaaten der Euro-Zone erheblich ausgeweitet hatte. Um diesen Gefahren vorzubeugen, hat die EU in Art. 14 Abs. 1 EU-LeerverkaufsVO ein Verbot ungedeckter CDS auf öffentliche Schuldtitel (iS Art. 2 Abs. 1 f. EU-LeerverkaufsVO) erlassen.[73] Ferner wurden neben umfangreichen Transparenzanforderungen für CDS-Geschäfte Regelungen für eine zeitliche Beschränkung von Transaktionen mit CDS in Ausnahmesituationen eingeführt (Art. 8 ff., 21).[74]

b) Anwendungsbereich
aa) Sachlicher Anwendungsbereich

22 Art. 14 EU-LeerverkaufsVO verbietet das Eingehen einer ungedeckten Position in einen Credit Default Swap auf öffentliche Schuldtitel (Art. 4 EU-LeerverkaufsVO). Die Begriffe „Credit Default Swap" und „Credit Default Swap auf öffentliche Schuldtitel" sind in Art. 2 Abs. 1 c bzw. e EU-LeerverkaufsVO legal

---

69 *Mock* WM 2010, 2248 (2252 f.).
70 Art. 1 Nr. 6 EU-Leerverkaufs-Ausführungsgesetz, RegE v. 16.5.2012, BT-Drs. 17/9665; Heidel/*Weick-Ludewig* WpHG Vor § 30 h Rn. 10.
71 S. zur alten Rechtslage Heidel/*Weick-Ludewig* WpHG § 30 j Rn. 1.
72 Vgl. die Definition von CDS als „Derivatekontrakt, bei dem eine Partei einer anderen Partei eine Prämie als Gegenleistung für eine Zahlung oder einen anderen Vorteil im Falle eines Kreditereignisses mit Bezug auf den Referenzschuldner oder bei jedem anderen Zahlungsausfall im Zusammenhang mit diesem Derivatekontrakt, der eine vergleichbare wirtschaftliche Wirkung hat", EU-LeerverkaufsVO, Art. 2 Abs. 1 lit. c sowie die Legaldefinition für CDS auf öffentliche Schuldtitel in Art. 2 Abs. 1 lit. e EU-LeerverkaufsVO; Erbs/Kohlhaas/*Wehowsky* W 57 a WpHG § 30 j Rn. 2.
73 Erwägungsgründe (2), (14), (21) ff. EU-LeerverkaufsVO.
74 Vgl. auch EU-Kommission, EU-LeerverkaufsVO, Erwägungsgründe (14), (21 ff.), (27 ff.).

definiert. Ein **Credit Default Swap** liegt vor, wenn der Sicherungsgeber dem Sicherungsnehmer bei Eintritt eines vorab spezifizierten Kreditereignisses eine Ausgleichszahlung zu leisten hat, auch soweit diese in eine **Credit Linked Note**[75] oder einen **Total Return Swap**[76] eingebettet ist.[77] Die CDS-Position ist **ungedeckt**, wenn kein Sicherungsinteresse der natürlichen oder juristischen Person besteht, welche diese Position eingeht. Auch dieses Verbot kann bei Marktstörungen für öffentliche Schuldtitel durch die zuständige Behörde für bis zu 12 Monate (mit Verlängerungsmöglichkeit) aufgehoben werden (Art. 14 Abs. 2 EU-LeerverkaufsVO). Ferner können weitere Regelungen in sog Ausnahmesituationen getroffen werden (vgl. Art. 21 EU-LeerverkaufsVO).

Ähnlich den Regelungen zum Leerverkaufsverbot (Rn. 7 ff.) ist der Anwendungsbereich in sachlicher, persönlicher und zeitlicher Hinsicht beschränkt, da nicht jede Form von CDS-Handel eine stabilitätsbedrohende Wirkung für den Finanzmarkt aufweist. Das gilt vor allem für die **sachliche Beschränkung** des Anwendungsbereichs auf ungedeckte CDS, durch die legitimen Absicherungsinteressen Rechnung getragen wird.

Gem. Art. 4 Abs. 1 a EU-LeerverkaufsVO liegt ein **gedeckter Credit Default Swap** vor, wenn die Position dazu dient, sich gegen ein Ausfallrisiko des Emittenten abzusichern und die natürliche oder juristische Person eine Long-Position in öffentlichen Schuldtiteln des betreffenden Emittenten hält, auf den der Credit Default Swap auf öffentliche Schuldtitel sich bezieht (Art. 4 Abs. 1 a EU-LeerverkaufsVO), oder sich gegen das Risiko eines Wertverfalls des öffentlichen Schuldtitels abzusichern, wenn die natürliche oder juristische Person Vermögenswerte besitzt oder Verbindlichkeiten hat, die unter anderem, aber nicht nur, Finanzgeschäfte, ein Portfolio von Vermögenswerten oder finanzielle Verpflichtungen, deren Wert eine Korrelation zum Wert des öffentlichen Schuldtitels aufweist, umfassen (Art. 4 Abs. 1 b EU-LeerverkaufsVO).[78] Aus der Formulierung des Art. 14 Abs. 1 EU-LeerverkaufsVO, dass Transaktionen über CDS nur vorgenommen werden dürfen, wenn dies „nicht zu ungedeckten Positionen in Credit Default Swaps führt", lässt sich schließen, dass die **abzusichernden Verbindlichkeiten** und Vermögenswerte **schon zur Zeit des Abschlusses des CDS bestehen müssen**. Anders als nach § 30 j WpHG aF genügt es insofern nicht mehr, wenn diese im unmittelbaren zeitlichen Zusammenhang da-

---

[75] Anleihen, deren Rückzahlungshöhe vom Eintritt vertraglich vereinbarter Kreditereignisse (typischerweise Ausfall einer Referenzverbindlichkeit) abhängt. Dadurch hat der Verkäufer der Anleihe (Sicherungsnehmer) die Möglichkeit, Kreditrisiken auf den Käufer der Anleihe (Sicherungsgeber) zu übertragen. Tritt das Kreditereignis ein, muss die Anleihe vom Verkäufer nicht zurückgezahlt werden, vgl. Erbs/Kohlhaas/*Wehowsky* W 57 a WpHG § 30 j Rn. 3.
[76] Beim Total Return Swap wird neben dem Ausfallrisiko auch das Kursrisiko einer Referenzverbindlichkeit an den Sicherungsgeber weitergegeben. Der Sicherungsnehmer zahlt an den Sicherungsgeber die Erträge der Referenzverbindlichkeit (Zinsen und Wertsteigerungen), der Sicherungsgeber zahlt dafür im Gegenzug einen vereinbarten festen oder variablen Zins und ersetzt die Kursverluste der Referenzverbindlichkeit. Der Sicherungsnehmer muss auch hier nicht Gläubiger der Referenzverbindlichkeit sein, Gegenstand der Vereinbarung sind dann die fiktiven Erträge der Referenzverbindlichkeit, vgl. Erbs/Kohlhaas/*Wehowsky* W 57 a WpHG § 30 j Rn. 3.
[77] *Mülbert/Sajnovits* ZBB 2012, 266 (269).
[78] Kritik an der „sachlich unzutreffende[n] oder jedenfalls unglückliche[n] Formulierung" bei *Mülbert/Sajnovits* ZBB 2012, 266 (274).

mit übernommen werden.[79] Eine konzerndimensionale Absicherung dürfte ausreichen.[80]

24 Einzelheiten zur Frage, wann ein **ausreichendes Sicherungsinteresse** vorliegt, finden sich in Art. 14–20 der Delegierten Verordnung (EU) Nr. 918/2012 der Kommission v. 5.7.2012.[81] Art. 14 der Delegierten Verordnung legt parallel zu Art. 4 Abs. 1 a EU-LeerverkaufsVO fest, dass ein Sicherungsinteresse grundsätzlich vorliegt, wenn entweder eine Long-Position in öffentlichen Schuldtiteln, die Referenzverbindlichkeiten des Credit Default Swaps sind, gehalten wird, oder in anderen Vermögenswerten, die eine ausreichende Korrelation haben. Eine Korrelation kann sich gem. Art. 18 Abs. 1 Delegierte Verordnung (EU) Nr. 918/2012 entweder aufgrund eines quantitativen oder eines qualitativen **Korrelationstests** ergeben, wobei die Berechnung sich grundsätzlich auf die Daten aus den zurückliegenden zwölf Monaten bezieht. Der Korrelationstest gilt gem. Art. 18 Abs. 2 als erfüllt, wenn nachgewiesen werden kann, dass die abgesicherte Risikoposition sich auf ein Unternehmen bezieht, das sich im Besitz eines öffentlichen Emittenten befindet bzw. die Mehrheit des Stimmkapitals von einem solchen gehalten wird oder dessen Schulden von einem öffentlichen Emittenten garantiert werden (lit. a), sich die abgesicherte Risikoposition auf eine regionale, lokale oder kommunale Gebietskörperschaft des Emittenten bezieht (lit. b) oder auf ein Unternehmen, das erheblich von Verträgen mit öffentlichen Emittenten oder durch diese finanzierte Projekte abhängt (lit. c).

25 Die Voraussetzung des qualitativen Korrelationstests, also „eine aussagekräftige [...], dh eine auf angemessenen Daten beruhende Korrelation", zeigt, dass auch die jetzige Regelung in hohem Maße unbestimmt ist. Angesichts dieser Unbestimmtheit hilft bußgeldrechtlich nur eine sehr großzügige, also betroffenenfreundliche Auslegung dieses Tatbestandsmerkmals,[82] die weiterhin zur Folge haben dürfte, dass der Anwendungsbereich des Bußgeldtatbestands (auch in Ansehung der möglichen Bußgeldhöhe) beschränkt bleibt.

26 Art. 19 DelegierteVO legt fest, dass die **Höhe der Absicherung** in Bezug auf die abgesicherten Positionen entweder deckungsgleich sein muss oder sich, bei überhöhter Rückstellungsbildung, anhand verschiedener Faktoren (Größe der nominalen Position, Sensitivitätskennzahl und Charakter der Absicherungsstrategie [statisch oder dynamisch]) nachweisen lässt, dass ein höherer Wert „erforderlich ist, um [das] Risikomaß abzudecken". Daneben legt Art. 19 Abs. 3 Delegierte VO dem Positionsinhaber eine Pflicht auf sicherzustellen, dass seine Position „allzeit verhältnismäßig" bleibt. Insofern muss er die Laufzeit der CDS soweit wie möglich an die Laufzeit der abgesicherten Risikopositionen annähern, wozu auch gehört, dass er im Falle der Auflösung oder Tilgung der abgesicherten Risikoposition auch die CDS-Position verringert oder anderweitig veräußern muss (Art. 19 Abs. 3 Delegierte VO). Allein aufgrund einer Fluktuation beim Marktwert der abgesicherten Risikoposition oder beim Wert des CDS wird eine Position, die zum Zeitpunkt ihrer Übernahme gedeckt war, jedoch nicht als ungedeckt betrachtet (Art. 19 Abs. 4 Delegierte VO).

---

79 *Mülbert/Sajnovits* ZBB 2012, 266 (274).
80 AA *Mülbert/Sajnovits* ZBB 2012, 266 (274).
81 S. dazu ausführlich *Mülbert/Sajnovits* ZBB 2012, 266 (273 ff.).
82 Zur alten Rechtslage Erbs/Kohlhaas/*Wehowsky* W 57 a WpHG § 37j Rn. 6.

Daneben finden sich auch Angaben über die **territoriale Reichweite** bei Bestehen von Vermögenswerten bzw. Verbindlichkeiten in mehreren Mitgliedstaaten (Art. 15 Delegierte VO) sowie **Vorgaben zur Berechnung** einer ungedeckten Position in Credit Default Swaps (Art. 20 Delegierte VO).

bb) Räumlicher Anwendungsbereich

Durch die Neuregelung ergibt sich ebenfalls eine **Erweiterung des räumlichen Anwendungsbereichs**: Während nach alter Rechtslage nur im Inland begründete Kreditderivate unter das Verbot fielen, da mangels Bezugs zu einem inländischen regulierten Markt auf den Ort der das Kreditderivat begründenden Handlung abgestellt wurde,[83] und insofern das Verbot problemlos umgangen werden konnte,[84] entspricht der Anwendungsbereich von Art. 14 EU-LeerverkaufsVO nun dem des Verbots ungedeckter Leerverkäufe. Es sind also auch **Transaktionen im Ausland erfasst**, solange sich die Credit Default Swaps auf Verbindlichkeiten öffentlicher Emittenten iSd EU-LeerverkaufsVO beziehen.   27

cc) Ausnahmen

Eine **persönlich-sachliche Ausnahme** gilt wiederum für **Market-Making**[85] und **Primärhändlertätigkeiten**,[86] zulässige Maßnahmen im Rahmen von Rückkaufprogrammen oder Kursstabilisierungsmaßnahmen, vgl. Kap. 6.1. Rn. 221 ff., 233 ff.) (Art. 17 Abs. 1, 3, 4 EU-LeerverkaufsVO), sowie zentrale Gegenparteien, die ungedeckte Positionen in CDS unfreiwillig eingehen müssen (Art. 19 Abs. 5 Delegierte VO). Eine **zeitliche Ausnahme** gilt für ungedeckte Positionen in CDS auf öffentliche Schuldtitel, die vor dem 25.3.2012 oder während einer Aussetzung des Verbots gem. Art. 14 Abs. 2 EU-LeerverkaufsVO begründet wurden; diese dürfen gem. Art. 46 Abs. 2 EU-LeerverkaufsVO bis zum Fälligkeitstermin gehalten werden.[87]   28

c) Tathandlung

Nach § 120 Abs. 6 Nr. 4 WpHG begeht eine Ordnungswidrigkeit, wer eine **Transaktion iSv Art. 14 Abs. 1 EU-LeerverkaufsVO** vornimmt. Das ist insbesondere der Fall, wenn unzulässige Kreditderivate begründet oder rechtsgeschäftlich in solche eingetreten wird (s. zur Entwicklung die 4. Aufl.). Der **Versuch** der Nr. 4 ist nicht bußgeldbewehrt (§ 13 Abs. 2 OWiG).   29

III. Subjektiver Tatbestand (Vorsatz, Irrtum) und Leichtfertigkeit

Die Ordnungswidrigkeiten nach § 120 Abs. 6 Nr. 3, 4 WpHG können **vorsätzlich oder leichtfertig** verwirklicht werden (§ 10 OWiG), wobei der Ausgangstatbestand der Art. 12–14 EU-Leerverkaufs-VO (das Leerverkaufen bzw. der Abschluss eines ungedeckten Credit Default Swaps) kaum leichtfertig erfüllt   30

---

[83] Gesetz zur Vorbeugung gegen missbräuchliche Wertpapier- und Derivategeschäfte, Begr. RegE, BT-Drs. 17/1952, 11; Heidel/*Weick-Ludewig* WpHG § 30 j Rn. 3; *Krüger/Ludewig* WM 2012, 1942 (1944); der Ort der Verbuchung oÄ ist dagegen ohne Bedeutung, Erbs/Kohlhaas/*Wehowsky* W 57 a WpHG § 30 j Rn. 5.
[84] *Mock* WM 2010, 2248 (2254); *Möllers/Harrer* NZG 2010, 1124 (1127); zutr. weist Erbs/Kohlhaas/*Wehowsky* W 57 a WpHG § 30 j Rn. 5, daraufhin, dass der größte Teil der europäischen CDS ohnehin in London gehandelt wird.
[85] Vgl. Definition in Art. 2 Abs. 1 k EU-LeerverkaufsVO.
[86] Vgl. Definition des zugelassenen Primärhändlers Art. 2 Abs. 1 n EU-LeerverkaufsVO.
[87] *Mülbert/Sajnovits* ZBB 2012, 266 (273).

werden wird.[88] Da zur Beurteilung ungedeckter Leerverkäufe nunmehr auf den Zeitpunkt der Transaktion abgestellt wird,[89] kommt es nicht mehr darauf an, ob der Verkäufer ein Deckungsgeschäft nach Durchführung des Leerverkaufs vornehmen wollte und lediglich unerwartet daran gehindert wurde. Auch der umgekehrte Fall, in dem ein ungedeckter Leerverkauf beabsichtigt wird, bei dem der Verkäufer aber vor Ende des Tages doch noch ein Deckungsgeschäft tätigt, fällt nach neuer Rechtslage unproblematisch unter den Tatbestand. Irrtümer über die Voraussetzungen bzw. Reichweite einer der Ausnahmevorschriften führen, da ein repressives Verbot mit Erlaubnisvorbehalt betroffen ist, zum Verbotsirrtum (§ 11 Abs. 2 OWiG).[90]

IV. Konkurrenzen

31 Sofern ein Verstoß gegen das Verbot von Leerverkäufen nach § 120 Abs. 6 Nr. 3, 4 WpHG gleichzeitig das Verbot der Marktmanipulation gem. Art. 15, 12 MAR verletzt, also ua geeignet ist, sich auf den Kurs eines Wertpapiers auszuwirken, stehen § 120 Abs. 6 Nr. 3, 4 WpHG und § 120 Abs. 15 Nr. 2 WpHG in Tateinheit. Sind die zusätzlichen Voraussetzungen des Straftatbestands der versuchten oder vollendeten Markmanipulation gem. § 119 Abs. 1, 4 (vorher § 38 Abs. 1 Nr. 2, Abs. 4) WpHG erfüllt, so geht deren Strafbarkeit nach den allgemeinen Regeln vor (Subsidiarität, § 21 Abs. 1 S. 1 OWiG). Zu Leerverkäufen als Marktmanipulation iSd Art. 15, 12 MAR vgl. Kap. 6.1. Rn. 178, 180. Fällt ein Leerverkauf unter eine der zahlreichen Ausnahmen der EU-LeerverkaufsVO und liegt damit keine Ordnungswidrigkeit nach § 120 Abs. 6 Nr. 3, 4 vor, so kommt auch eine Sanktionierung als Ordnungswidrigkeit nach § 120 Abs. 15 Nr. 2 WpHG nicht in Betracht (Spezialität). Im Falle ungedeckter Leerverkäufe zum Zweck zulässiger Kursstabilisierungsmaßnahmen geht Art. 17 Abs. 4 EU-Leerverkaufs-VO als Spezialnorm den Regeln der Marktmissbrauchsverordnung (EU) Nr. 596/2004 vor.[91] Im Übrigen bleiben konkurrierende kapitalmarktrechtliche Pflichten bestehen, die bei Kursstabilisierungsmaßnahmen beachtet werden müssen.[92]

V. Bußgeldbemessung

32 Verstöße gegen § 120 Abs. 6 Nr. 3, 4 WpHG iVm Art. 12 Abs. 1, 13 Abs. 1, 14 Abs. 1 EU-LeerverkaufsVO können mit einer Geldbuße von bis zu 500.000 EUR geahndet werden (§ 120 Abs. 4 WpHG). Durch diesen – schon nach alter Rechtslage geltenden – Bußgeldrahmen sollte sichergestellt werden, dass ein Verstoß gegen das Leerverkaufsverbot bei den mit diesen Transaktionen verbundenen hohen Gewinnmöglichkeiten mit einer spürbaren Geldbuße

---

88 AA *Schlimbach* S. 163 f., mit Hinweis auf Abgrenzungsfragen bei der Einordnung eines Handelsgeschäfts als Leerverkauf und die Voraussetzungen der zulässigen Deckungsgeschäfte. Subsumtionsfehler sind jedoch traditionell eine Frage des Verbotsirrtums.
89 *Mülbert/Sajnovits* ZBB 2012, 266 (269).
90 Repressives Verbot mit Erlaubnisvorbehalt, vgl. die Kommentierungen zu § 11 Abs. 2 OWiG sowie *Fischer* StGB § 16 Rn. 16; BGH 22.7.1993 – 4 StR 322/93, NStZ 1993, 594; BGH 11.9.2002 – 1 StR 73/02, NStZ-RR 2003, 55 (56).
91 *Findeisen/Tönningsen* WM 2011, 1405 (1408 ff., 1410).
92 *Findeisen/Tönningsen* WM 2011, 1405 (1410); Assmann/Schneider/*Vogel* WpHG § 20 a Rn. 270; KölnKommWpHG/*Mock* § 20 a Rn. 358.

einhergeht und so eventuellen Umgehungen vorgebeugt wird.[93] Dies entspricht grundsätzlich den europarechtlichen Vorgaben und den Vorstellungen der EU-Kommission.[94] Obgleich Art. 41 EU-LeerverkaufsVO mit „Strafmaßnahmen" betitelt ist, überlässt es die EU-Kommission hier den Mitgliedstaaten, wirksame, verhältnismäßige und abschreckende Maßnahmen gegen Verstöße gegen das Leerverkaufsverbot zu verhängen – anders als im Bereich des Marktmissbrauchs (Kap. 6.1. Rn. 18 ff.). Grundsätzlich können auch Maßnahmen „nur" verwaltungsrechtlicher Art und Bußgelder diesen Anforderungen genügen. Einen gewissen Rahmen werden die Leitlinien bieten, die die ESMA zur Gewährleistung eines einheitlichen Ansatzes dieser „Sanktionen und verwaltungsrechtlichen Maßnahmen" erlassen kann (Art. 41 Abs. 2, 3 EU-LeerverkaufsVO). Angesichts des vom Gesetzgeber erkannten krisenverstärkenden Risikopotenzials der verbotenen Leerverkäufe im Hinblick auf das Vertrauen in die Finanzmärkte ist der geringe Bußgeldrahmen nicht unproblematisch.[95]

Kap. 6.3. §§ 49, 26 Abs. 1 BörsG Börsenspekulation

§ 26 BörsG Verleitung zu Börsenspekulationsgeschäften

(1) Es ist verboten, gewerbsmäßig andere unter Ausnutzung ihrer Unerfahrenheit in Börsenspekulationsgeschäften zu solchen Geschäften oder zur unmittelbaren oder mittelbaren Beteiligung an solchen Geschäften zu verleiten.

(2) Börsenspekulationsgeschäfte im Sinne des Absatzes 1 sind insbesondere

1. An- oder Verkaufsgeschäfte mit aufgeschobener Lieferzeit, auch wenn sie außerhalb einer inländischen oder ausländischen Börse abgeschlossen werden, und
2. Optionen auf solche Geschäfte,

die darauf gerichtet sind, aus dem Unterschied zwischen dem für die Lieferzeit festgelegten Preis und dem zur Lieferzeit vorhandenen Börsen- oder Marktpreis einen Gewinn zu erzielen.

§ 49 BörsG Strafvorschriften

Mit Freiheitsstrafe bis zu drei Jahren oder mit Geldstrafe wird bestraft, wer entgegen § 26 Abs. 1 andere zu Börsenspekulationsgeschäften oder zu einer Beteiligung an einem solchen Geschäft verleitet.

Literatur: *Achenbach*, Das zweite Gesetz zur Bekämpfung der Wirtschaftskriminalität, NJW 1986, 1835; *Achilles-Baumgärtel*, Über die Notwendigkeit einer Einschränkung der Auslegung der Tatbestandsmerkmale des § 89 I BörsG, NStZ 1998, 603;, § 22 VI Rn 650 ff; *Birnbaum*, Stichwort „Churning", wistra 1991, 253; *Bröker*, § 89 BörsG in der neueren Rechtsprechung – ein Überblick, wistra 1993, 161; *Büschgen*, Das kleine Börsenlexikon,

---

93 Begr. Reg Frakt WpMiVoG, BT-Drs. 17/1952, 11 (zu § 49 WpHG); Heidel/*Weick-Ludewig* WpHG § 30 h Rn. 17, WpHG § 30 j Rn. 11.
94 Vgl. EU-Kommission, EU-LeerverkaufsVO, Art. 41 sowie Erwägungsgrund (41).
95 Vgl. Begründung Fraktionsentwurf WpMiVoG, BT-Drs. 17/1952, 7 sowie die Sanktionspraxis in den USA, Handelsblatt v. 27.10.2010: „UBS muss Millionenstrafe zahlen wegen Verstoß bei Leerverkäufen" (festgesetzt wurden 12 Mio. US-Dollar) und demgegenüber der doppelt so hohe Bußgeldrahmen von 1 Mio EUR für das sog „Anschleichen" bei Unternehmensübernahmen unter Verstoß gegen Mitteilungspflichten.

Kap. 6: Börsendelikte

22. Aufl. 2001; *Joecks*, Anleger- und Verbraucherschutz durch das 2. WiKG, wistra 1986, 142; *Knauth*, Kapitalanlageberatung und Börsendelikte im zweiten Gesetz zur Bekämpfung der Wirtschaftskriminalität, NJW 1987, 28; *Kümpel*, Börsengesetznovelle 1989 Teil II, WM 1989, 1485; *Ledermann*, Verleitung zu Börsenspekulationsgeschäften [§ 89 BörsG], in F.A. Schäfer (Hrsg.), Kommentar zum Wertpapierhandelsgesetz, Börsengesetz, Verkaufsprospektgesetz, 1999; *Möhrenschlager*, Der Regierungsentwurf eines Zweiten Gesetzes zur Bekämpfung der Wirtschaftskriminalität (2. Teil), wistra 1983, 17; *Otto*, Strafrechtliche Aspekte der Anlageberatung, WM 1988, 729; *Park*, Börsenstrafrechtliche Risiken für Vorstandsmitglieder von börsennotierten Aktiengesellschaften, BB 2001, 2069; *ders.*, Anm. zu BGH wistra 2002, 22, wistra 2002, 107 (Merkmal der Unerfahrenheit); *ders.*, Kapitalmarktstrafrechtliche Neuerungen des Vierten Finanzmarktförderungsgesetzes, BB 2003, 1513; *ders.*, Einführung in das Kapitalmarktstrafrecht (Teil 2), JuS 2007, 712; *Schlüchter*, Zweites Gesetz zur Bekämpfung der Wirtschaftskriminalität, 1987; *Schröder*, Aktienhandel und Strafrecht, 1994; *ders.*, Die Komplexität synthetischer Finanzprodukte als Ursache für Vertrauensverluste und kriminogenes Verhalten am Kapitalmarkt, ZBB 2010, 280; *Schwark*, Die Börsentermingeschäfte, Jura 1985, 403; *ders.*, in Schwark/Zimmer (Hrsg.), Kapitalmarktrechtskommentar, 4. Aufl. 2010, § 26 BörsG; *Trüg*, Ist der Leerverkauf von Wertpapieren strafbar?, NJW 2009, 3202; Volk (Hrsg.), Verteidigung in Wirtschafts- und Steuerstrafsachen, 2006.

I. Allgemeines 1
  1. Rechtsentwicklung 1
  2. Geschütztes Rechtsgut 3
  3. Deliktscharakter 5
  4. Praktische Bedeutung der Vorschrift 6
  5. Der typische Anwendungsfall 7
II. Die Voraussetzungen des Tatbestandes 8
  1. Objektiver Tatbestand 8
    a) Börsenspekulationsgeschäfte 9
    aa) Erscheinungsformen von Börsenspekulationsgeschäften 11
    (1) Warentermingeschäfte 11
    (2) Finanztermingeschäfte (§ 2 Abs. 2 WpHG) 13
    (3) Optionsgeschäfte ... 14
    (4) Kassageschäfte 15
    (5) Sonstiges 20
    bb) Unmittelbare oder mittelbare Beteiligung an Börsenspekulationsgeschäften 25
    b) Unerfahrenheit in Börsenspekulationsgeschäften 26
    c) Ausnutzung der Unerfahrenheit 32
    d) Verleiten 35
  2. Subjektiver Tatbestand 38
    a) Vorsatzanforderungen ... 38
    b) Gewerbsmäßigkeit als besonderes subjektives Merkmal 41
III. Täterschaft und Teilnahme 43
IV. Konkurrenzen 45
V. Strafzumessungsgesichtspunkte 46
VI. Gerichtliche Zuständigkeit – Verjährung 49

I. Allgemeines

1. Rechtsentwicklung

1 Der Straftatbestand der Verleitung zur Börsenspekulation hat in seiner Geschichte bereits mehrere Fassungen erlebt. Bis zum Inkrafttreten des Vierten Finanzmarktförderungsgesetzes am 1.7.2002 war die Strafbarkeit in § 89 BörsG aF geregelt, der seine Gestalt durch das zweite Gesetz zur Bekämpfung der Wirtschaftskriminalität (2. WiKG)[1] erhalten hatte. Gegenüber der davor geltenden Fassung, die auf dem EGStGB vom 2.3.1974[2] beruht hatte, verzichtete § 89 BörsG aF „im Interesse einer wirksameren Strafverfolgung" auf mehrere, vorwiegend subjektive Tatbestandsmerkmale und wurde erheblich umge-

---
1 In Kraft getreten am 1.8.1986, BGBl. I 721.
2 BGBl. 1974 I 469, 570.

staltet.³ Obwohl mit dem 2. WiKG auch der Kapitalanlagebetrug gem. § 264a StGB als neuer Straftatbestand ins Strafgesetzbuch aufgenommen wurde, hatte der Gesetzgeber die Beibehaltung des § 89 BörsG aF für notwendig erachtet, weil Börsenspekulationsgeschäfte bereits begrifflich nicht unter die von § 264a StGB erfassten Kapitalanlagen fielen, aber wegen ihrer Gefährlichkeit für einen bestimmten Personenkreis einer strafrechtlichen Regelung bedurften.⁴

Nachfolgeregelung des § 89 BörsG aF – und damit Vorgänger des heutigen § 49 BörsG nF – wurde am 1.7.2002 der Straftatbestand des § 61 BörsG aF durch das Vierte Finanzmarktförderungsgesetz, welches am 1.7.2002 in Kraft trat.⁵ Inhaltlich blieb die Vorschrift unverändert.⁶ Allerdings erfolgte eine Trennung in eine abstrakte Verbotsnorm (§ 23 BörsG aF), die das allgemeine Verbot der Verleitung zu Börsenspekulationsgeschäften regelte, und eine Strafvorschrift (§ 61 BörsG aF), die die Strafbarkeit eines Verstoßes gegen die allgemeine Verbotsnorm des § 23 BörsG aF bestimmte. Diese gesetzliche Tatbestandsaufspaltung war im Regierungsentwurf nicht vorgesehen, dort sollte vielmehr die Fassung des § 89 BörsG aF im Wortlaut unverändert übernommen werden.⁷ Ausschlaggebend für die Trennung war die Beschlussempfehlung des Finanzausschusses.⁸ Begründet wurde die Trennung mit dem Argument, dass es sich bei der Regelungsmaterie um Nebenstrafrecht handele, dessen Sanktionsnormen sich auf verwaltungsrechtliche Ge- oder Verbote zu beziehen hätten. Dabei sei eine regulatorische Trennung zwischen der Bezugsnorm und der Strafnorm vorzunehmen.⁹ Seine nunmehrige Gestalt erhielt der Straftatbestand des § 49 iVm § 26 BörsG nF durch das Finanzrichtlinie-Umsetzungsgesetz (FRUG),¹⁰ das an dieser Stelle aber keine inhaltliche, sondern nur eine numerische Änderung mit sich brachte.

2. Geschütztes Rechtsgut

Die Strafvorschrift dient dem Schutz von Personen, die in Börsenspekulationsgeschäften unerfahren sind, gegen Vermögensschäden. Der Schutzzweck der Norm besteht nicht etwa in der generellen Verhinderung solcher Geschäfte durch Privatpersonen. Vielmehr sollen diese davor bewahrt werden, ihr Vermögen deshalb zu verspekulieren, weil ihre Unkenntnis über die Risiken ausgenutzt wird.¹¹ Der Gesetzgeber geht dabei davon aus, dass Börsenspekulationsgeschäfte wegen ihrer Undurchsichtigkeit und Unüberschaubarkeit auch für Personen mit durchschnittlichen Geschäftskenntnissen und Lebenserfahrungen besonders gefährlich sind.¹² Wegen dieser besonderen Gefährlichkeit für den

---

3 Erbs/Kohlhaas/*Wehowsky* BörsG § 49 Rn. 1.
4 BT-Drs. 10/318, 46; Erbs/Kohlhaas/*Wehowsky* BörsG § 49 Rn. 1; *Möhrenschlager* wistra 1983, 17 (19).
5 BGBl. 2002 I 2010.
6 *Park* BB 2003, 1513 (1517).
7 BT-Drs. 14/8071, 22 f.
8 BT-Drs. 14/8600, 31 (48).
9 So der Bericht des Finanzausschusses, BT-Drs. 14/8601, 13 (17); kritisch dazu unter Praktikabilitätsgesichtspunkten *Park* BB 2003, 1513 (1517).
10 In Kraft getreten am 1.11.2007, BGBl. I 1330.
11 Achenbach/Ransiek/Rönnau/*Schröder* 10. Teil Kap. 2 Rn. 224.
12 Erbs/Kohlhaas/*Wehowsky* BörsG § 49 Rn. 2.

Börsenunerfahrenen hat der Gesetzgeber ein Strafbedürfnis bejaht.[13] Bei § 49 BörsG nF handelt es sich somit um ein **Vermögensdelikt**.

4 Nach teilweise vertretener Auffassung soll der Straftatbestand neben dem Schutz des Vermögens der Opfer auch den Schutz der Börse bezwecken.[14] Dies erscheint aber angesichts der ausdrücklichen Einbeziehung außerbörslich getätigter Geschäfte in den Anwendungsbereich der Vorschrift zweifelhaft.

3. Deliktscharakter

5 Da § 49 BörsG nF das Vermögen des Börsenunerfahrenen schützt, aber nicht voraussetzt, dass dieser tatsächlich einen Vermögensschaden oder auch nur eine konkrete Vermögensgefährdung erleidet, handelt es sich um ein **abstraktes Gefährdungsdelikt**.[15] Der Strafrechtsschutz greift damit bereits weit im Vorfeld einer konkreten Rechtsgutsverletzung ein. Diese Vorverlagerung des strafrechtlichen Vermögensschutzes ist dadurch gerechtfertigt, dass es gerade in Zeiten, in denen die private Altersvorsorge immer wichtiger wird, nötig ist, den unerfahrenen Anleger vor dem Abschluss von Geschäften zu schützen, mit denen er sein eingesetztes Kapital „auf's Spiel setzt", ohne dies intellektuell genau durchschaut zu haben.[16] Aufgrund dieser Vorverlagerung der Vollendungsstrafbarkeit bestand kein zusätzliches Bedürfnis, auch den Versuch unter Strafe zu stellen. Der Versuch, einen anderen unter Ausnutzung seiner Unerfahrenheit zum Abschluss von Börsenspekulationsgeschäften zu verleiten, ist folgerichtig nicht strafbar.

4. Praktische Bedeutung der Vorschrift

6 Der Straftatbestand der Verleitung zur Börsenspekulation hat in seiner bisherigen Geschichte eine vergleichsweise **geringe praktische Bedeutung** entfaltet.[17] Schon angesichts der veröffentlichten Gerichtsentscheidungen[18] kann der Vorschrift jedoch nicht jegliche praktische Relevanz abgesprochen werden.[19] Tatsächlich hat es über die veröffentlichten Entscheidungen hinaus durchaus mehrere Verfahren gegeben. Insbesondere wegen der Vermittlung von Börsenspekulationsgeschäften durch sog Telefonverkäufer sind in den vergangenen Jahren diverse Ermittlungsverfahren eingeleitet worden, die zwar – soweit ersichtlich – ganz überwiegend mit Einstellungen nach §§ 170 II, 153 a StPO geendet, vereinzelt aber auch zum Erlass von Strafbefehlen und Verurteilungen geführt haben. Dass der Gesetzgeber den Straftatbestand nach wie vor für sinnvoll und

---

13 *Achenbach* NJW 1986, 1835 (1839); *Knauth* NJW 1987, 28 (33).
14 *Schlüchter* S. 150.
15 MüKoStGB/*Bröker* BörsG § 49 Rn. 2; Achenbach/Ransiek/Rönnau/*Schröder* 10. Teil Kap. 2 Rn. 225; Zur Rechtsfigur des abstrakten Gefährdungsdelikts siehe Schönke/Schröder/*Heine/Bosch* StGB Vor § 306 Rn. 4 ff.; *Fischer* StGB Vor § 13 Rn. 19.
16 Achenbach/Ransiek/Rönnau/*Schröder* 10. Teil Kap. 2 Rn. 225.
17 MüKoStGB/*Bröker* BörsG § 49 Rn. 3; *Altenhain* BB 2002, 1874; Schwark/Zimmer/*Schwark* BörsG § 26 Rn. 1. Vgl. auch *Otto* WM 1988, 729 (736), der den Anwendungsbereich der Vorschrift auf den Bereich der unseriösen Warentermin- und Warenterminoptionsgeschäfte beschränkt.
18 Vgl. etwa die bei *Bröker* wistra 1993, 161 ff. genannten Entscheidungen sowie BGH 22.8.2002 – 3 StR 191/01, NStZ-RR 2002, 84.
19 So aber wohl Wabnitz/Janovsky/*Benner*, 3. Aufl. 2007, 9. Kap. Rn. 221 ff.

erforderlich hält, wird daraus ersichtlich, dass er ihn ins 2007 neu normierte Börsengesetz inhaltlich unverändert übernommen hat.[20]

Neben der verstärkten Fokussierung des Interesses der Strafverfolgungsbehörden auf Kapitaltransfers an der Börse könnte die Aufarbeitung der Finanzmarktkrise aus den Jahren 2007 bis 2009 zu einer vermehrten Einleitung von kapitalmarktstrafrechtlichen Ermittlungsverfahren führen. In deren Zuge könnte § 49 BörsG eine größere Bedeutung in der Praxis erlangen, wobei die Anwendungshäufigkeit abzuwarten bleibt.

5. Der typische Anwendungsfall
Beispiel: (BGH 14.7.1999 – 3 StR 66/99, NStZ 2000, 36 f., wistra 2000, 141 f.)

A war als sog Telefonverkäufer bei der O-Beratungs- und Vermittlungs-GmbH angestellt, die Warenterminoptionen verkaufte. Er veranlasste 15 Personen in insgesamt 31 Fällen dazu, Optionen zu erwerben und dafür insgesamt knapp 200.000 EUR zu bezahlen. Er hatte den Kunden bewusst wahrheitswidrig die Gewinnchancen als außerordentlich hoch und das Risiko als gering geschildert, obwohl die Gewinnchancen angesichts eines Aufschlags der O-GmbH von 81,8% auf die Originalprämie nur ganz gering, wenn nicht überhaupt ausgeschlossen waren. Den potenziellen Kunden war zwar zuerst in einer umfangreichen Broschüre und einem mit „Risikobelehrung" überschriebenen Text mitgeteilt worden, dass der Aufschlag auf die 81,8% die Gewinnerwartung verschlechtere und sich die Optionsprämie in diesem Umfang verteuern müsse, damit die Kunden zumindest das eingesetzte Kapital wieder zurückerhielten. In den sich daran anschließenden Verkaufsgesprächen sind den Kunden die tatsächlichen Gewinnchancen jedoch nicht objektiv und richtig dargestellt worden. In den entsprechenden Telefonaten war von einem erheblichen Verlustrisiko nie die Rede; vielmehr wurde auf eine hohe Gewinnchance hingewiesen. Der Aufschlag auf die Prämie wurde mit einer besonderen Kompetenz der O-GmbH und der von ihr gewährten ausgezeichneten Beratung begründet. Aufgrund dieser Angaben haben die Kunden jeweils die vorgeschlagenen Optionen erworben. Die Kunden, die aufgrund dieser Täuschungen die Optionen erwarben, verloren bis auf geringe Restbeträge das gesamte eingesetzte Kapital. Keiner der Geschädigten hatte vorher Kontakt mit Optionsgeschäften.

II. Die Voraussetzungen des Tatbestandes
1. Objektiver Tatbestand
Strafbar ist das Verleiten eines in Börsenspekulationsgeschäften Unerfahrenen unter Ausnutzung seiner Unerfahrenheit zu solchen Geschäften oder zur unmittelbaren oder mittelbaren Teilnahme daran.

---

20 *Park* BB 2003, 1513 (1517). Kritisch diesbezüglich MüKoStGB/*Bröker* BörsG § 49 Rn. 5, dem zufolge es der Existenz des Straftatbestands in § 49 iVm § 26 BörsG seit Inkrafttreten der 6. KWG-Novelle am 1.1.1998 in Anbetracht der Wohlverhaltensregeln des WpHG und der Strafnormen des KWG nicht mehr bedürfe.

a) Börsenspekulationsgeschäfte

9 Der zentrale Begriff der Vorschrift ist der des Börsenspekulationsgeschäfts.[21] Isoliert betrachtet handelt es sich um einen sehr unbestimmten, auslegungsbedürftigen Rechtsbegriff. Denn während einigen Sparern beispielsweise schon der Kauf von Standardwerten am Aktienmarkt als höchst spekulativ erscheint, sehen andere darin eine solide Kapitalanlage. Der Gesetzgeber reduziert die große Spannweite dessen, was man unter Börsenspekulationsgeschäften verstehen kann, durch eine Legaldefinition in § 26 Abs. 2 BörsG nF[22]

Die Norm versteht darunter insbesondere

- An- oder Verkaufsgeschäfte mit aufgeschobener Lieferzeit, auch wenn sie außerhalb einer inländischen oder ausländischen Börse abgeschlossen werden und

- Optionen auf solche Geschäfte,

die darauf gerichtet sind, aus dem Unterschied zwischen dem für die Lieferzeit festgelegten Preis und dem zur Lieferzeit vorhandenen Börsen- oder Marktpreis einen Gewinn zu erzielen.

Dabei werden die darunter fallenden Geschäfte im Gesetzestext nur abstrakt umschrieben und – wie das Wort „insbesondere" zum Ausdruck bringt – von der Definition nicht abschließend erfasst.[23] Dadurch wird die Umgehung der Vorschrift erschwert.[24] Sie weist dadurch auch die gebotene Flexibilität auf, um der ständigen Entwicklung neuer Geschäftsformen Rechnung zu tragen.[25] Nach einer etwas griffigeren **Definition** versteht man unter Börsenspekulationsgeschäften solche An- oder Verkaufsgeschäfte, die von beiden Parteien erst zu einem bestimmten späteren Zeitpunkt zu erfüllen sind und die in der Absicht geschlossen werden, aus zwischenzeitlichen Preisunterschieden einen Gewinn zu ziehen, der regelmäßig durch ein Gegengeschäft realisiert werden soll.[26] Den Spekulationscharakter erhalten solche Geschäfte durch den Umstand, dass kein Güteraustausch stattfindet, sondern die Absicht des Spekulanten vielmehr darauf gerichtet ist, eine Preisdifferenz als Gewinn abzuziehen.[27]

10 Für die strafrechtliche Würdigung, ob ein Spekulationsgeschäft vorliegt, kommt es nicht allein auf die zivilrechtliche Beurteilung an, ob ein Termingeschäft vorliegt oder ob das Geschäft an der Terminbörse abgeschlossen wurde.[28] Dies stellt lediglich ein Indiz dar. Ein Termingeschäft kann ebenso kaufmännischer oder privater Vorsicht entsprechen.[29]

---

21 *Schröder* KapitalmarktStrR Kap. 5 Rn. 799.
22 Achenbach/Ransiek/Rönnau/*Schröder* 10. Teil Kap. 2 Rn. 227.
23 Achenbach/Ransiek/Rönnau/*Schröder* 10. Teil Kap. 2 Rn. 229; Schwark/Zimmer/*Schwark* BörsG § 26 Rn. 2.
24 BT-Drs. 10/318, 47.
25 Schwark/Zimmer/*Schwark* BörsG § 26 Rn. 2; vgl. auch Erbs/Kohlhaas/*Wehowsky* BörsG § 49 Rn. 4.
26 *Schröder* KapitalmarktStrR Kap. 5 Rn. 801, 808; Schwark/Zimmer/*Schwark* BörsG § 26 Rn. 2.
27 BT-Drs. 10/318, 46.
28 *Schröder* KapitalmarktStrR Kap. 5 Rn. 773.
29 *Schröder* KapitalmarktStrR Kap. 5 Rn. 773; ausführlich zur Teilnahme am Terminhandel als Element kaufmännischer Vorsicht und im Gegensatz als Ort der Spekulation *ders.* KapitalmarktStrR Kap. 5 Rn. 774 ff.

aa) Erscheinungsformen von Börsenspekulationsgeschäften
(1) Warentermingeschäfte

Unter **Warentermingeschäften** versteht man Geschäfte über mengen- und qualitätsmäßig standardisierte Einheiten (**Kontrakte**) von in großem Umfang verbrauchten Naturprodukten aus der Landwirtschaft oder dem Bergbau (zB Baumwolle, Öl, Getreide, Kakao, Kaffee, Zucker, Metalle), die nicht sofort bei Vertragsschluss, sondern erst zu einem, in einem ebenfalls standardisierten Einheitsvertrag bestimmten, späteren Termin erfüllt werden müssen.[30] Die Zugrundelegung der standardisierten Kontrakte ermöglicht die Vereinheitlichung der Geschäfte durch die Vermeidung der Notwendigkeit des individuellen Aushandelns.[31] So wird beispielsweise Öl in Barrel gehandelt und Gold in Feinunzen. Den Spekulationscharakter erhalten auch die Warentermingeschäfte durch die Absicht, durch intertemporäre Preisunterschiede ohne Gütertausch einen Gewinn zu ziehen, der durch ein Gegengeschäft realisiert werden soll: Während der Käufer hofft, dass sich die Ware während der Laufzeit des Kontrakts am Handelsmarkt so verteuert hat, dass sie über dem seinem Kontrakt zugrunde liegenden Preis notiert, hofft der Verkäufer, der die Ware im Zeitpunkt des Kontraktverkaufs nicht besaß, auf fallende Preise.[32] 11

Warentermingeschäfte gehören grundsätzlich zu den Börsenspekulationsgeschäften.[33] Eine Ausnahme gilt grundsätzlich dann, wenn es sich um sog **Hedgegeschäfte** (s. dazu Rn. 22) handelt, wenn also zur Vermeidung von Kursrisiken neutralisierende Gegengeschäfte abgeschlossen werden.[34] Bei einem Hedgegeschäft sichert sich zB ein Rohstoffproduzent durch Terminverkäufe bestimmte Verkaufspreise, zu denen er das Gut profitabel fördern kann.[35] Spiegelbildlich verschafft sich die verarbeitende Industrie eine feste Kalkulationsbasis, indem sie die Lieferung zukünftig zu verarbeitender Rohstoffe frühzeitig zu festen Preisen sicherstellen kann.[36] Bei solchen Hedgegeschäften ist jedoch zu beachten, dass sehr wohl für eine der beiden Parteien des kurssichernden Geschäfts ein Börsenspekulationsgeschäft vorliegen kann. Für den Verkäufer kann der Vertrag ein sicherndes Hedgegeschäft und für den Käufer reine Spekulation darstellen.[37] Für die Beurteilung ist immer der verfolgte Zweck des Geschäftes maßgebend.[38] 12

(2) Finanztermingeschäfte (§ 2 Abs. 2 WpHG)

Finanztermingeschäfte sind börsenmäßige Geschäfte über mengen- und gattungsmäßig standardisierte Einheiten (Kontrakte) von Währungen, verzinslichen Anleihen oder Aktienindizes, die nicht sofort bei Vertragsschluss, sondern erst zu einem späteren, in einem ebenfalls standardisierten Einheitsvertrag be- 13

---

30 Achenbach/Ransiek/Rönnau/*Schröder* 10. Teil Kap. 2 Rn. 242.
31 Achenbach/Ransiek/Rönnau/*Schröder* 10. Teil Kap. 2 Rn. 242.
32 Achenbach/Ransiek/Rönnau/*Schröder* 10. Teil Kap. 2 Rn. 242.
33 Achenbach/Ransiek/Rönnau/*Schröder* 10. Teil Kap. 2 Rn. 242; Schwark/Zimmer/*Schwark* BörsG § 26 Rn. 2.
34 Vgl. Schwark/Zimmer/*Schwark* BörsG § 26 Rn. 3; Achenbach/Ransiek/Rönnau/*Schröder* 10. Teil Kap. 2 Rn. 244; Erbs/Kohlhaas/*Wehowsky* BörsG § 49, § 26 Rn. 4.
35 Achenbach/Ransiek/Rönnau/*Schröder* 10. Teil Kap. 2 Rn. 244.
36 Achenbach/Ransiek/Rönnau/*Schröder* 10. Teil Kap. 2 Rn. 244.
37 Achenbach/Ransiek/Rönnau/*Schröder* 10. Teil Kap. 2 Rn. 244.
38 Achenbach/Ransiek/Rönnau/*Schröder* 10. Teil Kap. 2 Rn. 244.

stimmten, Termin erfüllt werden müssen. Der bei späterer Erfüllung des Geschäfts zu zahlende Preis wird bereits bei Vertragsschluss vereinbart. Finanzterminkontrakte werden auch als **Futures** oder als **Financial Futures** bezeichnet. Sie sind mit den Warentermingeschäften artverwandt.[39]

(3) Optionsgeschäfte

14 Unter einer **Option** versteht man das gegen sofortige Zahlung des Optionspreises erworbene Recht, Wertpapiere, Waren oder andere handelbare Rechte innerhalb einer vereinbarten Frist jederzeit zu einem bestimmten Preis zu kaufen oder zu verkaufen.[40] Der Käufer einer Kaufoption erwirbt das Recht, von dem sog **Stillhalter**[41] innerhalb der Laufzeit der Option die Lieferung bzw. Andienung der Wertpapiere etc zu verlangen.[42] Der Stillhalter bleibt bis zum Ablauf der vereinbarten Optionsfrist zur Erfüllung verpflichtet.[43] Der Optionsmarkt setzt sich aus einem Primärmarkt und einem Sekundärmarkt zusammen: Auf dem Primärmarkt findet der Erstverkauf der Optionen statt, auf dem Sekundärmarkt jeder Weiterverkauf.[44] Ein Gütertausch findet dabei nicht statt.[45] Nach hM handelt es sich bei Optionsgeschäften um Börsentermingeschäfte.[46]

(4) Kassageschäfte

15 Auch **Kassageschäfte** können Börsenspekulationsgeschäfte darstellen.[47] Unter Kassageschäften versteht man Sofortgeschäfte (auch: Spotgeschäfte), die im Gegensatz zum Terminhandel unmittelbar nach Abschluss zu erfüllen sind, wobei an den Wertpapierbörsen zur Regulierung der Geldseite und zur Stückelieferung eine Frist von längstens zwei Börsentagen gilt.[48]

16 Dazu gehören insbesondere **Optionsscheine**, die Wertpapiere in Form verbriefter Optionsrechte darstellen.[49] Sie berechtigen zum Kauf oder Verkauf eines bestimmten Basiswerts wie zB Aktien, Indizes oder Anleihen.[50] Der Markt der Optionsscheine hat in den vergangenen zwei Jahrzehnten eine dynamische Entwicklung erlebt.[51] Vom ursprünglich klassischen Optionsschein als ein sinnvolles und effektives Element der Unternehmensfinanzierung am Kapitalmarkt, werden mittlerweile unzählig unterschiedlich ausgestaltete Optionsscheine gehandelt, die zum Teil unternehmensferne reine Spekulationspapiere darstel-

---

39 Achenbach/Ransiek/Rönnau/*Schröder* 10. Teil Kap. 2 Rn. 250.
40 Erbs/Kohlhaas/*Wehowsky* BörsG § 49 Rn. 4.
41 Der sog Stillhalter ist der Verkäufer der Option, der bereit ist, die Wertpapiere bzw. Waren zu liefern und sich der Wahl des Käufers, ob er die Erfüllung des Geschäfts will oder nicht, unterwirft, vgl. *Büschgen* Stichwort „Stillhalter (1)"; *Schwark* Jura 1985, 403 (406).
42 *Schwark* Jura 1985, 403 (406).
43 BGH 20.10.1984 – II ZR 262/83, NJW 1985, 634 (635).
44 BGH 4.2.1992 – XI ZR 32/92, NJW 1992, 1630.
45 Erbs/Kohlhaas/*Wehowsky* BörsG § 49 Rn. 4.
46 Zum Streitstand siehe *Schröder* Aktienhandel S. 84; vgl. zur Entwicklung der Optionsscheine vom sinnvollen Mittel der Unternehmensfinanzierung am Kapitalmarkt zum spekulativen Wertpapier *Schröder*, ZBB 2010, 280 (281 ff.).
47 *Möhrenschlager* wistra 1983, 17 (20); *Schröder* KapitalmarktStrR Kap. 5 Rn. 813; Schwark/Zimmer/*Schwark* BörsG § 26 Rn. 2.
48 Vgl. *Büschgen* Stichwörter „Kassageschäft" und „Kassahandel (1)".
49 Achenbach/Ransiek/Rönnau/*Schröder* 10. Teil Kap. 2 Rn. 263.
50 *Schröder* KapitalmarktStrR Kap. 5 Rn. 814.
51 *Schröder* KapitalmarktStrR Kap. 5 Rn. 814.

len.[52] Ob ein Optionsscheingeschäft letztlich als Börsenspekulationsgeschäft einzuordnen ist, hängt vom konkreten Einzelfall ab.

Jenseits der Optionsscheine kommen Kassageschäfte dann als Börsenspekulationsgeschäfte in Betracht, wenn sie als verdeckte Differenzgeschäfte betrieben werden.[53] Hierzu zählt ua der Kauf von Aktienbezugsrechten ohne Bezugsabsicht, der ausnahmslos als Börsenspekulationsgeschäft einzuordnen ist.[54]

Auch sog Leerverkäufe (short sales) weisen den erforderlichen Spekulationscharakter auf, wenn sie von Anfang an darauf abzielen, aus temporären Kursveränderungen Gewinne zu erzielen.[55] Leerverkäufe werden als mitverantwortlich für den Zusammenbruch von Kreditinstituten in der Finanzkrise angesehen. Nach gängiger Definition liegt ein Leerverkauf vor, wenn ein Verkäufer Wertpapiere verkauft, welche er nicht hat bzw. nicht besitzt, in der Absicht, sie später billiger zu erwerben und an der Differenz zwischen Verkaufs- und Kaufpreis zu verdienen.[56] Dritte können bei Leerverkäufen nicht erkennen, dass sich der Leerverkäufer wieder eindecken muss und nur verkauft, weil er auf günstigere Einstiegspreise hofft.[57] Ein Leerverkäufer erzielt demnach einen Gewinn, wenn er später Wertpapiere am Markt erwirbt, die er zuvor (leer) teurer verkauft hatte. Im Gegensatz zu anderen Kapitalmarktteilnehmern profitiert der Leerverkäufer bei kurzfristigen Kurseinbrüchen oder länger andauernden Baissen.[58]

Ein Leerverkäufer hat in erster Linie zwei Alternativen, um sich mit den durch ihn geschuldeten Wertpapieren einzudecken. Zum einen kann er nach dem short sale im Kassahandel die geschuldeten Wertpapiere erwerben, um seiner Lieferverpflichtung nachzukommen. Diese Alternative wird als sog ungedeckter Leerverkauf (naked short sale) bezeichnet. Ungedeckte Leerverkäufe sind mittlerweile seit dem 27.7.2010 durch § 30 h WpHG verboten. Die Norm wurde im Zuge der Aufarbeitung der Finanzmarktkrise durch das Gesetz zur Vorbeugung gegen missbräuchliche Wertpapier- und Derivategeschäfte eingeführt.[59]

Zum anderen kann sich der Verkäufer zuvor darlehensweise die veräußerten Wertpapiere übereignen lassen (idR Sachdarlehen, §§ 607 ff. BGB), um mit diesen „geliehenen" Papieren beim Verkauf zu erfüllen.[60] Er erfüllt bei dieser Art des Verkaufs zwar effektiv (so dass im Grunde kein echter Leerverkauf vorliegt), aber nicht mit ihm wirtschaftlich gehörenden Wertpapieren.[61] Auch hier besteht ein Nachschussrisiko, weil die Rückgabepflicht der Wertpapiere aus der Wertpapierleihe nur durch Rückkauf am Kassamarkt oder einer entsprechenden Zahlung des Differenzbetrages an den Entleiher erfolgen kann.[62]

---

52 *Schröder* KapitalmarktStrR Kap. 5 Rn. 814ff.
53 *Schröder* KapitalmarktStrR Kap.5 Rn. 813.
54 *Schröder* KapitalmarktStrR Kap. 5 Rn. 831 mwN.
55 *Schröder* KapitalmarktStrR Kap. 5 Rn. 832.
56 *Trüg* NJW 2009, 3202.
57 *Schröder* KapitalmarktStrR Kap. 5 Rn. 501.
58 *Trüg* NJW 2009, 3202 (3203).
59 BGBl. I 2010, 945.
60 *Trüg* NJW 2009, 3202 (3202).
61 MüKoHGB/*Ekkenga*, Bd. VI, Rn. 66; *Schröder* KapitalmarktStrR Kap. 5 Rn. 833.
62 *Schröder* KapitalmarktStrR Kap. 5 Rn. 833.

Diese Variante wird als sog gedeckter Leerverkauf bezeichnet, der weiterhin zulässig ist.

Soweit ersichtlich, wurden im Zuge der Aufarbeitung der Finanzmarktkrise strafrechtliche Ermittlungsverfahren wegen des Verdachts der Verleitung zu Börsenspekulationsgeschäften selten eingeleitet. Der Grund dürfte darin gelegen haben, dass Leerverkäufe unter Privatanlegern in Deutschland kaum vorkamen,[63] so dass eine Strafbarkeit bereits an dem Merkmal der „Unerfahrenheit" des Verkäufers scheiterte.

19 Ebenso kann der Handel mit Zertifikaten ein Börsenspekulationsgeschäft darstellen. In den vergangenen Jahren ist der Handel mit Zertifikaten auch unter Privatanlegern stark gewachsen.[64] Allein in Deutschland sind mehrere hunderttausend Zertifikate auf dem Markt, wobei es sehr sichere, aber auch hochspekulative Varianten gibt.[65] Auch hier kommt es für die Einordnung als Spekulationsgeschäft auf die tatbestandsspezifische Gefahrenlage im Zeitpunkt des Erwerbs an.[66]

(5) Sonstiges

20 Vom Anwendungsbereich der Vorschrift erfasst sind auch Börsenspekulationsgeschäfte, die tatsächlich gar nicht durchgeführt, sondern dem Verleiteten lediglich **vorgetäuscht** werden.[67] Da nach § 26 Abs. 2 BörsG die Geschäfte auf die Gewinnerzielung „gerichtet" sein müssen, die sich aus dem intertemporalen Preisunterschied ergibt, kommt es maßgeblich darauf an, was zwischen dem Verleitenden und dem Verleiteten vereinbart wurde; es spielt somit keine Rolle, ob die eingesetzten Gelder tatsächlich für die Börsenspekulationsgeschäfte eingesetzt und dort investiert werden.[68]

21 Börsenspekulationsgeschäfte sind auch solche Geschäfte, die **außerhalb des organisatorischen Rahmens einer inländischen oder ausländischen Börse** stattfinden oder nicht mit einem Terminmarkt in Verbindung stehen, wie dies zB beim Telefonhandel der Fall ist.[69] Dies wurde bereits durch die Änderung des § 89 BörsG aF mit dem 2. WiKG im Jahr 1986 klargestellt, mit der § 26 BörsG nF inhaltlich übereinstimmt. Die vor der Neuformulierung des § 89 BörsG aF ergangene Rechtsprechung des Bundesgerichtshofs, wonach Warentermingeschäfte und Optionen auf solche Geschäfte, die an inländischen Börsen nicht abgeschlossen werden durften, vom Anwendungsbereich des Straftatbestandes nicht erfasst waren,[70] ist somit überholt.[71]

22 **Keine Börsenspekulationsgeschäfte** sind die sog **Hedgegeschäfte**, da diese nicht der Erzielung eines Gewinns, sondern nur der Vermeidung von Verlusten die-

---

63 *Schröder* KapitalmarktStrR Kap. 3 Rn. 499.
64 *Schröder* KapitalmarktStrR Kap. 5 Rn. 835.
65 *Schröder* KapitalmarktStrR Kap. 5 Rn. 835.
66 *Schröder* KapitalmarktStrR Kap. 5 Rn. 835.
67 BT-Drs. 10/318, 47.
68 Vgl. Schwark/Zimmer/*Schwark* BörsG § 26 Rn. 3.
69 Achenbach/Ransiek/Rönnau/*Schröder* 10. Teil Kap. 2 Rn. 231.
70 Vgl. BGH 7.12.1979 – 2 StR 315/79, NJW 1980, 1005 (1007); BGH 9.11.1982 – 5 StR 342/82, ZIP 1983, 148.
71 Vgl. Achenbach/Ransiek/Rönnau/*Schröder* 10. Teil Kap. 2 Rn. 230.

nen.⁷² Hedgegeschäfte zeichnen sich durch die Verbindung eines auf die tatsächliche Lieferung von Ware gerichteten Hauptgeschäftskaufs oder -verkaufs mit einem daneben laufenden Termingeschäft aus, das grundsätzlich nur dazu dienen soll, das im Hauptgeschäft liegende und durch plötzliche und unvorhersehbare Kursschwankungen bedingte Risiko in geeigneter Weise auszugleichen. Sie sind von § 26 Abs. 2 BörsG und damit auch vom Straftatbestand des § 49 BörsG nicht erfasst. Etwas anders gilt jedoch für die hochspekulativen **Hedgefonds**, die durch hohe Umschlagsgeschwindigkeit der von ihnen gehaltenen Kapitalanlagen unter Nutzung aller Spekulationsmöglichkeiten und aller möglichen Finanzinstrumente möglichst rasche und starke Vermögenszuwächse anstreben und dabei auch Hebelwirkungen auszunutzen versuchen, indem sie mithilfe von Fremdkapital ein Vielfaches ihres Eigenkapitals in Finanzinstrumenten anlegen. Die Bezeichnung „Hedgefonds" ist völlig irreführend, weil sie dem Kapitalanleger suggeriert, dass in irgendeiner Weise das „Hedging" von Anlageengagements, also eine Risikoabsicherung betrieben würde, während tatsächlich genau das Gegenteil praktiziert wird.⁷³

Nicht erfasst vom Anwendungsbereich der §§ 26 Abs. 2, 49 BörsG sind auch solche Geschäfte, die der **Kapitalanlage** dienen.⁷⁴ Dies gilt selbst dann, wenn die Kapitalanlage nur kurzfristig erfolgt und auf die Erzielung von Kursgewinnen ausgerichtet ist, weil Börsenspekulationsgeschäfte nach der Vorstellung des Gesetzgebers nicht zum Zweck der Kapitalanlage abgeschlossen werden.⁷⁵

Von Bedeutung sein kann im Zusammenhang mit § 49 BörsG auch das sog **Churning**, also die Ausplünderung von Wertpapierdepots über Provisionen und Gebühren durch missbräuchliche, idR übermäßig häufige, Depotumschichtungen.⁷⁶

Entscheidend ist, ob nach der Art des jeweiligen Geschäfts ein geringer Einsatz zu erheblichen Gewinnen oder Verlusten führen kann und das spekulative Moment das Geschäft insgesamt prägt. Es kommt hingegen nicht darauf an, ob das Geschäft tatsächlich durchgeführt wird, seine Erfüllung vom Verleiteten nicht beabsichtigt ist, von Rücktrittsrechten Gebrauch gemacht wird oder ob das Geschäft Gewinn oder Verlust eingebracht hat.⁷⁷

bb) Unmittelbare oder mittelbare Beteiligung an Börsenspekulationsgeschäften

Tatbestandsmäßig ist nicht nur das Verleiten zum unmittelbaren Abschluss von Börsenspekulationsgeschäften, sondern ebenso das **Verleiten zu einer unmittelbaren oder mittelbaren Beteiligung** an solchen Geschäften. Durch die Gleichstellung unmittelbarer oder mittelbarer Beteiligungen an Börsenspekulationsgeschäften mit der Durchführung solcher Geschäfte selbst sollen insbesondere auch fondsmäßig betriebene Warentermingeschäfte erfasst werden, bei denen der Anleger einen Kontrakt oder eine Option nicht unmittelbar für sich erwirbt, sondern sich an einem treuhänderisch gehaltenen Sammelkonto betei-

---

72 BT-Drs. 10/318, 47; Schwark/Zimmer/*Schwark* BörsG § 26 Rn. 3; Erbs/Kohlhaas/*Wehowsky* BörsG § 49 Rn. 4; einschränkend Achenbach/Ransiek/Rönnau/*Schröder* 10. Teil Kap. 2 Rn. 244.
73 Vgl. *Büschgen* Stichwort „Hedgefonds".
74 Schwark/Zimmer/*Schwark* BörsG § 23 aF Rn. 3.
75 Vgl. BT-Drs. 10/318, 46.
76 Siehe dazu *Birnbaum* wistra 1991, 253 (255).
77 Schwark/Zimmer/*Schwark* BörsG § 26 Rn. 3.

ligt.[78] Die vom Anwendungsbereich der Vorschrift ausdrücklich erfasste Verleitung zur **mittelbaren Beteiligung** an Börsenspekulationsgeschäften zielt auf Gestaltungen, bei denen dem Verleiteten an dem Fonds keine dinglichen Rechte, sondern lediglich schuldrechtliche Ansprüche zustehen.[79] Die mittelbare Beteiligung erfasst auch Fälle, in denen sich der Verleitete an der Kapitalanlage in einem Fonds beteiligt, dessen Kapital zu noch unbestimmten Spekulationsgeschäften verwendet werden soll.[80]

b) Unerfahrenheit in Börsenspekulationsgeschäften

26 Strafbar ist das Verleiten zu Börsenspekulationsgeschäften nur unter der Voraussetzung, dass es unter Ausnutzung der Unerfahrenheit des Verleiteten erfolgt. Das Merkmal der **Unerfahrenheit** wird in Rechtsprechung und Literatur überwiegend sehr weit ausgelegt: Unerfahren iSd Tatbestandes ist danach eine zum Abschluss eines Börsenspekulationsgeschäfts verleitete Person bereits dann, wenn sie infolge fehlender Einsicht die Tragweite des konkreten Spekulationsgeschäfts in seiner ganzen Bedeutung nicht verlässlich überblicken kann, wobei es auf die Verhältnisse im Einzelfall ankommt.[81] Es soll also nicht auf eine fehlende Übung, sondern nur auf mangelnde Kenntnis ankommen.[82] Angesichts des Gesetzeswortlauts, in dem nicht von Ausnutzung der *Unkenntnis*, sondern von Ausnutzung der *Unerfahrenheit* die Rede ist, unterliegt eine derartige Auslegung erheblichen Bedenken.[83] Denn der Begriff der Unerfahrenheit weist zwar eine inhaltliche Schnittmenge mit dem Begriff der Unkenntnis auf, ist mit diesem jedoch keinesfalls vollkommen deckungsgleich: Während mit Unkenntnis allgemein jegliche fehlende Kenntnis gemeint ist, unabhängig davon, worauf der Kenntnismangel beruht, beschreibt die Unerfahrenheit einen *Mangel an Erlebnissen*, aus denen man Einsichten und Erkenntnisse sammelt; sie stellt somit gewissermaßen einen Unterfall der Unkenntnis dar.[84] Niemand würde auf die Idee kommen, jemanden, der etwa die Noten aller 32 Beethoven-Klaviersonaten auswendig kennt, alles über Fingersätze, Anschlagtechnik, Tempo und Dynamik weiß, aber noch nie einen einzigen Takt davon selbst gespielt hat, als erfahrenen Pianisten und Interpreten dieser Werke zu bezeichnen. Richtigerweise ist der Begriff der Unerfahrenheit auch in strafrechtlichem Kontext in diesem einschränkenden Sinne zu interpretieren.[85] Hätte der Gesetzgeber einen weitergehenden Strafrechtsschutz installieren wollen, hätte er im Gesetzestext statt des Begriffs der Unerfahrenheit den Begriff der Unkenntnis verwenden müssen. Zu einer entsprechenden Klarstellung hätte er auch in der Neufassung der Vorschrift durch das Vierte Finanzmarktförderungsgesetz die Möglichkeit gehabt. Diese Gelegenheit hat er jedoch ungenutzt gelassen. Vom Tatbestand erfasst ist danach nicht die Ausnutzung jeglicher Unkenntnis,

---

78 *Schlüchter*, 152; Erbs/Kohlhaas/*Wehowsky* BörsG § 49 Rn. 5.
79 BT-Drs. 10/318, 49; Erbs/Kohlhaas/*Wehowsky* BörsG § 49 Rn. 5.
80 *Schlüchter*, 152; vgl. auch *Schröder* KapitalmarktStrR Kap. 5 Rn. 839.
81 BGH 22.8.2001 – 3 StR 191/01, wistra 2002, 107 m. abl. Anm. *Park*; OLG Bremen 16.10.1989 – Ss 46/89, wistra 1990, 163; *Schröder*, 102; Achenbach/Ransiek/Rönnau/*Schröder* 10. Teil Kap. 2 Rn. 274; Schwark/Zimmer/*Schwark* BörsG § 26 Rn. 6.
82 Achenbach/Ransiek/Rönnau/*Schröder* 10. Teil Kap. 2 Rn. 273 f.; *ders.* KapitalmarktStrR Kap. 5 Rn. 840 f.
83 So bereits *Park* wistra 2002, 107.
84 *Park* wistra 2002, 107.
85 *Park* BB 2003, 1513 (1517).

sondern nur die Ausnutzung derjenigen Unkenntnis, die auf fehlender Erkenntnis aufgrund von mangelnder Teilhabe an gleich gelagerten Börsengeschäften in der Vergangenheit beruht.[86]

Wegen der Unübersichtlichkeit von Börsenspekulationsgeschäften und einer daraus folgenden Aufklärungsbedürftigkeit für den durchschnittlich erfahrenen Bürger werden durchschnittliche Geschäftskenntnisse und Lebenserfahrung als nicht ausreichend angesehen, um die Unerfahrenheit zu beseitigen; vielmehr muss der Betreffende das Börsengeschäft im Einzelfall verlässlich überblicken können.[87] Da es nach dem ausdrücklichen Gesetzeswortlaut auf die Erfahrung speziell in Börsenspekulationsgeschäften ankommt, können auch im allgemeinen Geschäftsleben sehr erfahrene Kaufleute[88] und Akademiker[89] ohne Weiteres unerfahren iSd Vorschrift sein. Von mangelnden Kenntnissen ist beim durchschnittlichen Privatanleger allgemein auszugehen, wobei allerdings hervorzuheben ist, dass die Unerfahrenheit als echtes Tatbestandsmerkmal zur Überzeugung des Tatgerichts feststehen muss und nicht bei bestimmten Personengruppen einfach vermutet wird.[90]

Umstritten ist, wie es sich auf das Merkmal der Unerfahrenheit auswirkt, wenn der Verleitete in der Vergangenheit bereits Börsenspekulationsgeschäfte getätigt hat. Die **Rechtsprechung** bejaht das Merkmal der Unerfahrenheit selbst dann, wenn der Verleitete erneut Börsenspekulationsgeschäfte abschließt, obwohl er zuvor bei gleichartigen Geschäften Vermögen verloren hat.[91] So hat der BGH in Bezug auf Warenterminoptionsgeschäfte[92] festgestellt, dass „aus der Tatsache allein, dass ein Anleger bereits vorher bei Warenterminoptionsgeschäften Kapitalverluste erlitten hatte oder sich allgemein der Möglichkeit von Verlusten bewusst war, nicht auf die Einsicht in deren Funktionsweise und grundlegenden Prinzipien geschlossen werden" könne.[93] Mit dieser extensiven Auslegung des Begriffs der Unerfahrenheit will die Rechtsprechung der Vielgestaltigkeit von Börsenspekulationsgeschäften Rechnung tragen. Hintergrund ist die Überlegung, dass der Schutzbereich der Norm zu weit eingeengt würde, wenn man es genügen ließe, dass der Verleitete generelle Erfahrung in Börsenspekulationsgeschäften aufweist, sie im konkreten Fall aber nicht beherrscht und die Hintergründe nicht durchschaut.[94] Denn die generelle Erfahrung nütze ihm wenig, wenn er gleichwohl Funktionsweise und Risiken des konkreten Geschäfts, zu dem er verleitet wird, verkenne und deshalb sein Geld verliere. In der **Literatur** wird hingegen überwiegend vertreten, dass die Tatsache, dass ein Anleger sich in der Vergangenheit bereits aktiv an Börsenspekulationsgeschäften beteiligt hat – unabhängig vom wirtschaftlichen Erfolg

---

86 *Park* BB 2003, 1513 (1517).
87 Vgl. BT-Drs. 10/318, 48; Erbs/Kohlhaas/*Wehowsky* BörsG § 49 Rn. 7.
88 Vgl. Achenbach/Ransiek/Rönnau/*Schröder* 10. Teil Kap. 2 Rn. 278.
89 *Schlüchter* S. 153.
90 *Schröder* KapitalmarktStrR Kap. 5 Rn. 842.
91 So auch Erbs/Kohlhaas/*Wehowsky* BörsG § 49 Rn. 7.
92 *Otto* WM 1988, 729 (736), weist im Zusammenhang mit Warentermin- und Warenterminoptionsgeschäften darauf hin, dass die Tatvoraussetzung der Ausnutzung der Unerfahrenheit nicht den Kern des insoweit maßgeblichen Unrechts erfasse, weil hier regelmäßig nicht die Unerfahrenheit ausgenutzt, sondern die Anlageentscheidung vielmehr durch massive Täuschungen beeinflusst würde.
93 BGH 22.8.2001 – 3 StR 191/01, NStZ 2002, 84.
94 Erbs/Kohlhaas/*Wehowsky* BörsG § 49 Rn. 7.

dieser Geschäfte – ausreichen müsse, um die Unerfahrenheit im Einzelfall auszuschließen.[95] Als Begründung wird angeführt, dass die extensive Auslegung der Gegenmeinung einer kritischen Überprüfung nicht standhalte, weil sie die tatsächliche Entwicklung des Wirtschaftslebens nicht genügend berücksichtige, wonach von Seiten der Rechtsprechung, Literatur und Verbraucherschutzverbänden seit Jahren auf die Funktionsweisen, Risiken und den spekulativen Charakter von Börsenspekulationsgeschäften hingewiesen werde.[96]

29 Im Ergebnis verdient die Literaturauffassung grundsätzlich den Vorzug, weil sie den tatsächlichen Gegebenheiten des Wirtschaftslebens am ehesten gerecht wird. Wer in der Vergangenheit bereits bei bestimmten Börsenspekulationsgeschäften Vermögen verloren hat und erneut in gleichartige Geschäfte investiert, mag immer noch nicht die Funktionsweise solcher Geschäfte durchschaut haben; ihm fehlt es dann aber im Regelfall weniger an Erfahrung als vielmehr an Vernunft. Die Auffassung der Rechtsprechung läuft darauf hinaus, auch solche Personen unter den strafrechtlichen Schutz des § 49 BörsG zu stellen, die keineswegs unerfahren sind, sondern lediglich aus negativen Erfahrungen, die sie in gleichartigen Geschäften zuvor bereits gesammelt hatten, nicht klug geworden sind.[97] Dadurch würde der Anwendungsbereich der Strafvorschrift jedoch überdehnt. Zu berücksichtigen ist insoweit, dass § 49 BörsG keinen umfassenden Schutz für verleitete Spekulanten entfaltet, sondern den Schutzbereich von vornherein auf *unerfahrene* Anleger beschränkt. Im Übrigen kann allein aus dem Umstand, dass sie solche Geschäfte trotz eingefahrener Verluste erneut getätigt haben, noch nicht darauf geschlossen werden, dass sie Funktionsweise und Risiken dieser Geschäfte nicht hinreichend durchschaut hätten. Zur Börsenrealität gehört zB auch eine besonders risikofreudige Anlegermentalität sog „Zockernaturen", die trotz Kenntnis hoher Verlustrisiken bewusst hohe Wagnisse eingehen. Derartige Personen finden sich gerade bei Börsengeschäften mit besonders spekulativem Charakter. Ihren Schutz bezweckt die Strafnorm des § 49 BörsG ersichtlich nicht. Angesichts der heutigen Informationsmöglichkeiten und immer häufiger festzustellenden Intensität, mit der sich auch Privatanleger mit Börsenmechanismen und bestimmten Anlageformen auseinandersetzen, erscheint auch die These zweifelhaft, es müsse grundsätzlich davon ausgegangen werden, dass der inländische Privatanleger nicht über einen Kenntnisstand verfüge, der das Merkmal der Unerfahrenheit entfallen ließe.[98] Die Sichtweise der Rechtsprechung überdehnt den strafrechtlichen Schutz letztlich auf Fälle, die nicht die erforderliche Strafbedürftigkeit aufweisen. Eine entsprechende tatbestandliche Rechtfertigung dafür ist nicht ersichtlich.

---

95 *Achilles-Baumgärtel* NStZ 1998, 603 (605); *Bröker* wistra 1993, 161 (163).
96 *Achilles-Baumgärtel* NStZ 1998, 603 (605).
97 Deutlich wird die sich darin verbergende Widersprüchlichkeit auch bei *Rössner/Worms* wistra 1987, 319 (321), die einerseits vertreten, dass sich „die notwendige Erfahrung" nicht „bereits durch die tatsächliche Vornahme von Börsenspekulationsgeschäften" ergebe, andererseits jedoch darauf hinweisen, dass „auch die möglicherweise schmerzliche **Erfahrung** des Geldverlustes" längst nicht ausreiche, um Unerfahrenheit der Anleger zu beseitigen (Hervorhebung durch *Verf.*). Danach sollen die Anleger sogar trotz selbst gemachter Erfahrungen noch unerfahren sein. Das ist in etwa so nachvollziehbar wie wenn ein Flugzeug trotz eines tatsächlich durchgeführten Fluges als flugunfähig beurteilt würde.
98 So jedoch *Schröder* Aktienhandel S. 102.

Nach verbreiteter Auffassung soll ein zunächst vorhandener Mangel an entsprechender Geschäftskenntnis und Erfahrung auf dem Gebiet des Börsenspekulationsgeschäfts **durch umfassende Aufklärung** des Verleiteten **beseitigt** werden können.[99] Eine gründliche Aufklärung führe zum Wegfall des Tatbestandsmerkmals der Unerfahrenheit.[100] Für den Inhalt und die Reichweite der gebotenen Aufklärung seien jeweils die konkreten Umstände des Einzelfalls maßgeblich.[101] Dabei ist jedoch das Erfordernis der Erfahrenheit iSd § 26 Abs. 1 BörsG weiter zu verstehen als der Umfang der Informationspflicht nach § 31 Abs. 2 Nr. 2 WpHG, da das WpHG eine bloße Information des Anlegers ausreichen lässt, ohne dass der Anleger diese auch tatsächlich verstanden haben muss.[102] Dieser Auffassung ist insoweit zuzustimmen, als eine umfassende Aufklärung tatsächlich die Tatbestandsmäßigkeit entfallen lässt. Allerdings führt die Aufklärung dogmatisch nicht zur Verneinung des Merkmals der Unerfahrenheit; vielmehr fehlt es dann am *Ausnutzen* der Unerfahrenheit.[103] Denn durch die Aufklärung sammelt der Verleitete zwar Kenntnisse, aber noch keine Erfahrungen. Die auf der fehlenden Erfahrung beruhenden kognitiven Mängel werden dann jedoch durch hinreichende Aufklärung kompensiert, so dass die Unerfahrenheit sich weder ursächlich noch mitursächlich im Geschäftsabschluss niederschlägt.

Neben der Sache liegt deshalb auch der Hinweis von *Rössner/Worms*, dass man „für eine entsprechende Erfahrung (...) nicht voraussetzen" könne, dass „jemand bereits Börsenspekulationsgeschäfte durchgeführt hat, da dies einem Verbot der Werbung neuer Kunden gleichkäme, eine derartige Forderung aber über den Schutzzweck der Norm hinausginge".[104] Denn diese Auffassung verkennt, dass es keineswegs strafbar ist, Unerfahrene zu Börsenspekulationsgeschäften zu verleiten, sofern deren Unerfahrenheit dabei nicht ausgenutzt wird. Die Werbung neuer Kunden wäre mithin auch dann ohne Weiteres zulässig, wenn man das Merkmal der Unerfahrenheit lediglich bei Anlegern verneinen wollte, die bereits Börsenspekulationsgeschäfte getätigt haben. Zu beachten sind dann allerdings die gesteigerten Aufklärungsanforderungen, die erfüllt sein müssen, um das Merkmal des Ausnutzens auszuschließen.

c) Ausnutzung der Unerfahrenheit

Die Verwirklichung des Tatbestandes setzt nach dem ausdrücklichen Gesetzeswortlaut voraus, dass der Täter die Unerfahrenheit des Opfers ausnutzt. Die Vorschrift will somit nicht jedes Börsenspekulationsgeschäft, zu dem unerfah-

---

99 OLG Bremen 16.10.1989 – Ss 46/89, wistra 1990, 163; OLG Bremen 10.8.1992 – Ss 46/90, wistra 1993, 34; OLG Düsseldorf 22.11.1989 – 4 U 21/88, wistra 1989, 115; MüKoStGB/*Bröker* BörsG § 49 Rn. 18; Müller-Gugenberger/*Schumann* § 68 Rn. 12; *Rössner/Worms* wistra 1987, 319 (321); *Schröder* Aktienhandel S. 103; Schwark/Zimmer/*Schwark* BörsG § 26 Rn. 6.
100 So ausdrücklich *Bröker* wistra 1993, 161 (163); *Schröder* KapitalmarktStrR Kap. 5 Rn. 843.
101 BGH 16.2.1981 – II ZR 179/80, ZIP 1981, 376; BGH 7.2.1983 – II ZR 285/81, ZIP 1983, 421; BGH 5.11.1984 – II ZR 38/84, ZIP 1985, 272; BGH 11.7.1988 – II ZR 355/87, NJW 1988, 2882; BGH 19.8.1988 – 2 StR 389/88, wistra 1989, 19; OLG Bremen 16.10.1989 – Ss 46/89, wistra 1990, 163; OLG Bremen 10.8.1992 – Ss 46/90, wistra 1993, 34; *Schröder* KapitalmarktStrR Kap. 5 Rn. 844.
102 Volk/*Benner* (1. Aufl.) § 22 Rn. 662.
103 Vgl. auch *Kümpel* WM 1989, 1485 (1494).
104 *Rössner/Worms* wistra 1987, 319 (320 f.).

rene Kunden verleitet werden, unter Strafe stellen, sondern nur solche Geschäfte, bei denen die Unerfahrenheit nicht durch ausreichende Aufklärung beseitigt worden ist; erst dann liegt ein strafbares Ausnutzen vor.[105] Ein schlichtes Nebeneinander von Unerfahrenheit und Geschäftsabschluss genügt also nicht.[106] Für das Ausnutzen der Unerfahrenheit genügt es, wenn der Täter die Unerfahrenheit „in seinen Dienst stellt und dazu nutzt, um das Opfer verleiten zu können".[107] Die aufgrund der Tatbestandsstruktur erforderliche kausale Verknüpfung zwischen der Unerfahrenheit und dem Geschäftsabschluss ist zu bejahen, wenn die Unerfahrenheit ursächlich oder jedenfalls mitursächlich für das Geschäft war.[108] Da eine nicht ausreichende Aufklärung die Unerfahrenheit nicht ausschließt, soll zumindest eine Mitursächlichkeit stets angenommen werden können, wenn die Aufklärung unzureichend war.[109]

33 Da im Gegensatz zur Vorgängerregelung nur noch ein *Ausnutzen*, nicht jedoch ein *Ausbeuten* erforderlich ist, setzt der Tatbestand keinen gesteigerten Missbrauch mehr voraus.[110] Teilweise wird jedoch verlangt, dass die Willensbeeinflussung über eine Anpreisung oder Werbung hinaus unlautere Züge aufweisen müsse.[111] Diese Unlauterkeit müsse aber nicht als objektiv nachprüfbarer Umstand in die Außenwelt treten.[112] Andererseits könne ein selbst unerfahrener Täter, der die Risikolage seinerseits nicht überblicke, einen anderen Unerfahrenen zwar verleiten, dessen Unerfahrenheit aber nicht ausnutzen. Ebenso fehle es an einem Ausnutzen bei unerfahrenen Opfern, die sich jedoch als erfahren gebärdeten und die Aufklärungsversuche ihres Beraters zurückwiesen.[113]

34 Am Ausnutzen der Unerfahrenheit fehlt es insbesondere, wenn dem Kunden verlässliche (generelle) Kenntnisse über Funktionsweise, Chancen und Risiken vermittelt werden, so dass dieser die Tragweite des Geschäfts im Einzelfall ausreichend zu überblicken vermag.[114]

Dieser Umstand ist mit wesentlich dafür, dass die Strafvorschrift des § 49 BörsG in der Praxis in den letzten Jahren keine allzu große Rolle mehr gespielt hat: Raffinierte Täter übersenden dem Anleger umfangreiches Prospektmaterial und lassen sich schriftlich von diesem bestätigen, dass er vollumfänglich aufgeklärt wurde und die Aufklärung auch verstanden hat. Der Nachweis, dass die Aufklärung nur vorgetäuscht war, ist schwierig, und wenn sie gelingt, han-

---

105 *Kümpel* WM 1989, 1485 (1494).
106 *Schröder* KapitalmarktStrR Kap. 5 Rn. 850.
107 *Schröder* KapitalmarktStrR Kap. 5 Rn. 851.
108 OLG Düsseldorf 22.11.1989 – 4 U 21/88, wistra 1989, 115; OLG Düsseldorf 27.11.1990 – 4 U 63/90, wistra 1991, 156; **aA** Achenbach/Ransiek/Rönnau/*Schröder* 10. Teil Kap. 2 Rn. 279 der allein die Feststellung, dass die Unerfahrenheit mitursächlich für den Geschäftsabschluss war, nicht für ausreichend hält, sondern darüber hinaus verlangt, dass die Willensbeeinflussung unlautere Züge aufweist.
109 *Bröker* wistra 1993, 161 (164).
110 BT-Drs. 10/318, 48; *Joecks* wistra 1986, 142 (149); *Schlüchter* S. 150; Schwark/Zimmer/*Schwark* BörsG § 26 Rn. 6.
111 Achenbach/Ransiek/Rönnau/*Schröder* 10. Teil Kap. 2 Rn. 279; *ders.* KapitalmarktStrR Kap. 5 Rn. 851.
112 *Schröder* KapitalmarktStrR Kap. 5 Rn. 851.
113 *Schröder* KapitalmarktStrR Kap. 5 Rn. 852.
114 Vgl. Bröker wistra 1993, 161 (164).

delt es sich zumeist um derart gravierende Fälle, dass bereits § 263 StGB eingreift.[115]

Von besonderer Bedeutung dabei ist das Verhältnis des Risikos zu den tatsächlichen Gewinnaussichten unter Berücksichtigung der jeweils anfallenden Provisionen und Gebühren.[116] Diese Kenntnisse können dem Kunden durch die entsprechenden Informationen vor Abschluss des Geschäfts verschafft werden. Hat eine Aufklärung im vorgenannten Sinn stattgefunden, ist dies ein wichtiger Ansatzpunkt für die **Verteidigung**, um das Merkmal des Ausnutzens oder zumindest den entsprechenden Vorsatz des Beschuldigten zu eliminieren. Denn eine Verurteilung ist nur möglich, wenn die Strafverfolgungsbehörden den **Nachweis** erbringen können, dass die Unerfahrenheit des Kunden in Börsenspekulationsgeschäften trotz der Aufklärung ausgenutzt wurde – etwa weil die Aufklärung unzureichend war oder durch anschließende beschönigende Verkaufsgespräche wieder zunichte gemacht wurde – und der Verkäufer auch nicht darauf vertraut hat, der Kunde werde durch die Informationsbroschüre bzw. andere Aufklärungshinweise in die Lage versetzt, Funktionsweise und Risiken des konkreten Spekulationsgeschäfts verlässlich zu beurteilen und eine autonome Entscheidung zu treffen. Insbesondere Letzteres ist schwierig zu beweisen und kann die Strafverfolgungsbehörden in der Praxis vor beträchtliche Probleme stellen.[117] Allerdings kann der Beschuldigte insoweit durchaus Gefahr laufen, dass die Strafverfolger die Beweisschwierigkeiten durch eine allzu großzügige Bejahung des Eventualvorsatzes umgehen. Für die Strafverfolger kann es ebenso wie für die Verteidigung lohnend sein, sich der Frage zuzuwenden, wie seriös andere Kunden als Vertragspartner des beschuldigten Verkäufers dessen Verkaufsmethoden beurteilen. Aus einer solchen Betrachtung lassen sich mitunter aussagekräftige Indizien ableiten, weil regelmäßig davon auszugehen ist, dass Verkäufer bei verschiedenen Kunden in ähnlicher Ausgangsposition vergleichbare Verkaufstaktiken anwenden. Nach der Lebenswahrscheinlichkeit spricht deshalb mehr dafür, dass der Verkäufer ordnungsgemäß aufgeklärt hat, wenn sich von mehreren Hunderten oder sogar Tausenden seiner Kunden nur ein einziger oder sehr wenige beklagen, als wenn sich ein Großteil seiner Kundschaft über unlautere Verkaufsmethoden und insbesondere mangelnde Aufklärung beklagt. Eine generalisierende Aussage lässt dieser Aspekt allerdings nicht zu; maßgeblich sind auch insoweit stets die Umstände des Einzelfalls.

d) Verleiten

Tathandlung ist das **Verleiten** von in Börsenspekulationsgeschäften unerfahrenen Personen unter Ausnutzung ihrer Unerfahrenheit. Das Merkmal des Verleitens ist auch in anderen Straftatbeständen enthalten (zB §§ 120 I, 160, 323 b, 357 StGB) und beschreibt jeweils die erfolgreiche Beeinflussung des Willens und des Handelns eines anderen durch den Täter.[118] In Anlehnung an eine schon vom Reichsgericht entwickelte Definition ist das Verleiten zu bejahen, wenn mit irgendwelchen Mitteln auf den Willen eines anderen zu dem

---

115 *Park* JuS 2007, 712 (713) mwN.
116 Vgl. OLG Düsseldorf 22.11.1988 – 4 U 21/88, ZIP 1989, 220 f.
117 Ebenso *Schlüchter* S. 154 f.
118 Schwark/Zimmer/*Schwark* BörsG § 26 Rn. 4.

Zweck eingewirkt wird, ihn zum Abschluss von Börsenspekulationsgeschäften zu bestimmen, und wenn diese Einwirkungen Erfolg gehabt haben.[119] Zusammengefasst ist Verleiten somit das Bestimmen durch Willensbeeinflussung im Sinne des Anstiftens.[120] Das bloße Ermöglichen des Abschlusses von Börsenspekulationsgeschäften stellt noch kein Verleiten dar.[121] Welche Mittel eingesetzt werden, ist unerheblich.[122] Der Begriff des Verleitens als solcher ist grundsätzlich wertneutral, er braucht kein Element der Unlauterkeit zu beinhalten.[123]

36 Ist der Kunde unabhängig von der Einflussnahme des Verkäufers von vornherein fest zum Abschluss des Börsenspekulationsgeschäfts entschlossen, kann er – entsprechend der von der Anstiftung gem. § 26 StGB bekannten Rechtsfigur des **omnimodo facturus** – nicht mehr verleitet werden, selbst wenn er die eingegangenen Risiken nicht überblickt.[124] Das Einwirken des Verkäufers stellt sich in diesem Fall als strafloser (untauglicher) Versuch des Verleitens dar.

37 Vollendet ist das Verleiten, wenn der Verleitete das Börsenspekulationsgeschäft tatsächlich abgeschlossen hat.[125] Die Vollendung der Tat ist auch gleichzeitig ihre Beendigung, wenn der Täter damit seine Absicht zur Gewinnerzielung verwirklicht hat.[126] Unerheblich ist, ob sich die Gefahrenlage realisiert; ein Vermögensschaden wird nicht vorausgesetzt.[127]

2. Subjektiver Tatbestand
a) Vorsatzanforderungen

38 Die Tat setzt Vorsatz voraus, lässt jedoch insoweit **dolus eventualis** genügen.[128] Der Täter braucht also nur mit der mangelnden Erfahrung des Kunden im Abschluss von Spekulationsgeschäften gerechnet und diesen Umstand billigend in Kauf genommen zu haben.[129] Übergabe und Unterzeichnung einer Informationsschrift sollen den Vorsatz der Unerfahrenheit nicht entfallen lassen.[130] Vielmehr soll ein vorsätzliches Handeln dadurch nur ausgeschlossen werden, wenn sich der Verkäufer vergewissert, dass der Kunde alle Erläuterungen und Beispiele der Werbebroschüre verstanden hat und dadurch in die Lage versetzt worden ist, mündliche Zusicherungen, insbesondere Gewinnversprechungen, als reine Werbung und ggf. unglaubhaft zu durchschauen.[131]

---

119 RG JW 1913, 1049; Erbs/Kohlhaas/*Wehowsky* BörsG § 49 Rn. 6.
120 Müller-Gugenberger/*Schumann* § 68 Rn. 11; *Schröder* KapitalmarktStrR Kap. 5 Rn. 846.
121 *Schröder* KapitalmarktStrR Kap. 5 Rn. 847.
122 *Schlüchter* S. 151; *Schröder* Aktienhandel S. 100; Schwark/Zimmer/*Schwark* BörsG § 26 Rn. 4.
123 AA MüKoStGB/*Bröker* BörsG § 49 Rn. 13; Müller-Gugenberger/*Schumann* § 68 Rn. 11.
124 *Schröder*, 101; Achenbach/Ransiek/Rönnau/*Schröder* 10. Teil Kap. 2 Rn. 271.
125 Erbs/Kohlhaas/*Wehowsky* BörsG § 49 Rn. 16.
126 Erbs/Kohlhaas/*Wehowsky* BörsG § 49 Rn. 16.
127 Achenbach/Ransiek/Rönnau/*Schröder* 10. Teil Kap. 2 Rn. 231.
128 *Bröker* wistra 1993, 161 (165); *Joecks* wistra 1986, 142 (149); *Schlüchter* S. 154.
129 *Kümpel* WM 1989, 1485 (1494 Fn. 82).
130 Achenbach/Ransiek/Rönnau/*Schröder* 10. Teil Kap. 2 Rn. 281.
131 OLG Bremen 10.8.1992 – Ss 46/90, wistra 1993, 36 (38); vgl. auch *Rössner/Worms* wistra 1987, 319 (321).

Vom Vorsatz umfasst sein muss auch das Ausnutzen der Unerfahrenheit; der 39
Täter muss mit entsprechendem **Ausnutzungsbewusstsein** handeln. Auch insoweit genügt jedoch Eventualvorsatz.[132] Ein diesbezüglicher Vorsatz weist in der Praxis die größten Beweisschwierigkeiten auf.[133] Indizien für das Wissen des Täters können sich aus der objektiven Verlustwahrscheinlichkeit[134] sowie aus der Beurteilung des Geschäftsgebarens des Verkäufers durch seine übrigen Kunden ergeben.[135] Eigennützigkeit ist nicht erforderlich.[136]

Der Täter muss den Vorsatz bereits bei Eingehung der Geschäftsverbindung besitzen. Bildet er seinen Vorsatz erst in deren Verlauf, so unterfallen die zuvor abgeschlossenen Geschäfte nicht dem Tatbestand.[137]

Ob der Täter einen Vermögensvorteil für sich oder einen anderen erstrebt hat, 40
ist unerheblich.[138] Eine **Bereicherungsabsicht** wird vom Tatbestand somit **nicht vorausgesetzt.**

b) Gewerbsmäßigkeit als besonderes subjektives Merkmal

Strafbar ist die Verleitung zu Börsenspekulationsgeschäften nur, wenn sie **ge-** 41
werbsmäßig erfolgt. Nach allgemeiner strafrechtlicher Definition handelt gewerbsmäßig, wer die Tat in der **Absicht** begeht, sich durch wiederholte tatbestandsmäßige Handlungen eine fortlaufende Einnahmequelle von einiger Dauer und einigem Umfang zu verschaffen.[139] Die durch die Tatbegehung erstrebte Einnahmequelle braucht nicht die Haupteinnahmequelle darzustellen, es genügen auch Nebeneinnahmen.[140] Da maßgeblich für die Gewerbsmäßigkeit die entsprechende Absicht des Täters ist, soll dieses Tatbestandsmerkmal bereits bei einem einmaligen Handeln vorliegen können.[141] Andererseits reicht es für die Gewerbsmäßigkeit aber nicht aus, dass der Täter bei einmaligem Handeln nur mit der Möglichkeit weiterer Geschäfte rechnet, ohne dass ein auf Wiederholung gerichteter Wille erkennbar ist.[142] Nach herrschender Lesart handelt es sich somit bei der Gewerbsmäßigkeit um ein **subjektives Merkmal.**[143] Die Gewerbsmäßigkeit wird im Sinne einer erstrebten fortlaufenden Gewinnerzielung verstanden, so dass auch ein Handeln in gewinnsüchtiger Absicht davon erfasst wird.[144]

---

132 *Schlüchter* S. 154 f.
133 Siehe dazu *Schlüchter* S. 154 f.; s. Rn. 32 ff.
134 *Schlüchter* S. 154 f.
135 Siehe dazu Rn. 34 .
136 Volk/*Benner*, 1. Aufl., § 22 Rn. 678.
137 Schwark/Zimmer/*Schwark* BörsG § 26 Rn. 7.
138 *Kümpel* WM 1989, 1485 (1494).
139 BGH 8.11.1951 – 4 StR 563/51, NJW 1952, 113; BGH 25.7.1963 – 3 StR 4/63, NJW 1963, 2034 (2037); BGH 9.10.1974 – 2 StR 485/73, NJW 1975, 395; BGH 11.10.1994 – 1 StR 522/94, NStZ 1995, 85; Schönke/Schröder/*Eser/Bosch* StGB § 243 Rn. 31; *Fischer* StGB § 243 Rn. 18.
140 BGH GA 1955, 212; BGH MDR[H.] 1976, 633; Schwark/Zimmer/*Schwark* BörsG § 26 Rn. 5.
141 SK-StGB/*Hoyer* StGB § 243 Rn. 32; Schönke/Schröder/*Eser/Bosch* StGB § 243 Rn. 31 mwN.
142 *Schröder* KapitalmarktStrR Kap. 5 Rn. 858.
143 *Schröder* KapitalmarktStrR Kap. 5 Rn. 854; vgl. auch Kohlmann/*Hilgers-Klautzsch* Stand 11/2014 AO § 373 Rn. 35.
144 BT-Drs. 10/1318, 48.

42 Bei **Telefonverkäufern** nimmt *Bröker* folgende Differenzierung vor:[145] Handelt es sich um angestellte Telefonverkäufer, die auf der Basis eines festen Gehalts, also ohne Provisionsvereinbarungen arbeiten, sei die Gewerbsmäßigkeit regelmäßig zu verneinen, da die Verkäufer von den getätigten Abschlüssen weder direkt noch indirekt einen wirtschaftlichen Vorteil hätten. Erhielten sie jedoch – wie üblich – für die Geschäftsabschlüsse eine Provision, erzielten sie mit dem erfolgreichen Verleiten einen mittelbaren Profit, so dass (bei den regelmäßig gegebenen sonstigen Voraussetzungen der Gewerbsmäßigkeitsdefinition) die Gewerbsmäßigkeit zu bejahen sei. Bei den selbstständigen Telefonverkäufern nach § 84 HGB liege die Gewerbsmäßigkeit im Allgemeinen ebenso unproblematisch vor wie bei Geschäftsführern der Vermittlungsfirmen.

Zu beachten ist noch, dass die Gewerbsmäßigkeit wiederholt begangene Einzeltaten nicht zu einer (natürlichen) Handlungseinheit verknüpft. Auch eine Privilegierung des Täters durch die Annahme einer rechtlichen Handlungseinheit kommt nicht in Frage, da die Einzeltaten wegen der inneren Einstellung des Täters strafwürdig sind.[146]

III. Täterschaft und Teilnahme

43 Täter einer Verleitung zu Börsenspekulationsgeschäften kann jede natürliche Person sein, sofern sie gewerbsmäßig im strafrechtlichen Sinne handelt.[147] In der Regel gehören die Täter dem Personenkreis an, der sich beruflich mit Finanzdienstleistungen, Anlageberatung, Bankgeschäften oder sonst gewerbsmäßig mit der Vermittlung von Börsentermingeschäften oder anderen Spekulationsgeschäften befasst.[148] Das können selbstständige Anlageberater sowie Geschäftsführer, Vorstandsmitglieder oder andere Organe von Banken oder entsprechenden Unternehmen sein, wobei gleichgültig ist, in welcher Rechtsform das Unternehmen betrieben wird. Auch Angestellte oder freie Mitarbeiter solcher Unternehmen können als Täter in Betracht kommen.

44 Täterschaft und Teilnahme richten sich nach den allgemeinen Vorschriften der §§ 25–29 StGB. Je nach ihrem Tatbeitrag, und ihrer Interessenlage sind die Tatbeteiligten danach unmittelbare oder mittelbare Täter, Anstifter oder Gehilfen. Da es sich bei der Gewerbsmäßigkeit um ein strafbegründendes persönliches Merkmal iSd § 28 Abs. 1 StGB handelt, ist § 49 BörsG ein **echtes Sonderdelikt**.[149] Ein Tatbeteiligter, der selbst nicht gewerbsmäßig handelt, kann deshalb niemals Täter sein, sondern lediglich Anstifter oder Gehilfe. Seine Strafe ist gem. § 28 Abs. 1 StGB gegenüber der des Täters obligatorisch iSd § 49 Abs. 1 StGB zu mildern. Ist ein Unternehmen von Anfang an darauf angelegt, Unerfahrene zu verleiten, kann die Geschäftsleitung über die Rechtsfigur der Täterschaft kraft Organisationsherrschaft auch dann als Täter verantwortlich sein, wenn sie von dem einzelnen Geschäftsabschluss nichts weiß. Voraussetzung dafür ist, dass die Tat von der Geschäftsführung oder auf einer nachfol-

---

145 *Bröker* wistra 1993, 161 (164 f.).
146 Schönke/Schröder-*Sternberg-Lieben/Bosch* StGB Vor §§ 52 ff. Rn. 93/94; Schwark/Zimmer/*Schwark* BörsG § 26 Rn. 5.
147 *Schröder* KapitalmarktStrR Kap. 5 Rn. 855.
148 *Schröder* KapitalmarktStrR Kap. 5 Rn. 855.
149 Erbs/Kohlhaas/*Wehowsky* BörsG § 49 Rn. 12, 14.

genden Hierarchieebene gelenkt wird.[150] Eine derartige Tatherrschaft ist dann anzunehmen, wenn der Hintermann durch seine Organisationsstrukturen die Rahmenbedingungen für deliktisches Handeln prägt und beeinflusst. Unter diesen Voraussetzungen ist es dann nicht von Belang, ob der unmittelbar Handelnde vorsätzlich oder gutgläubig handelt. Diese Fälle treten auf, wenn die Geschäftsleitung Konzepte entwickelt, auf deren Grundlage Unerfahrene verleitet werden sollen, und die Tathandlungen als regelhafter Ablauf infolge dieser Konzeption erscheinen.[151]

IV. Konkurrenzen

Tateinheit ist möglich mit Betrug gem. § 263 StGB[152] (wobei § 26 BörsG, anders als § 263 StGB, jedoch keinen Schaden voraussetzt)[153] und – sofern ausnahmsweise ein besonderes Treueverhältnis zwischen dem Vermittler und dem Kunden besteht – auch mit Untreue gem. § 266 StGB.[154]

Idealkonkurrenz mit § 264 a StGB wird eher selten vorkommen, da der Gesetzgeber die aus Preisdifferenzen erwarteten Gewinne nicht als Kapitalanlage im Sinne des § 264 a StGB verstanden wissen wollte.[155] Sie kann jedoch in Fällen vorliegen, in denen die Beteiligungen an einem rein zu Spekulationszwecken aufgelegten Fonds mittels Prospekten vertrieben werden.[156]

Wegen der Unterschiedlichkeit der jeweils geschützten Rechtsgüter ist auch im Verhältnis von § 49 BörsG zu dem Verbot der Kurs- und Marktpreismanipulation gem. § 38 Abs. 2 WpHG Idealkonkurrenz anzunehmen.[157] Werden Börsenspekulationsgeschäfte in einer Weise angepriesen, dass neben § 49 BörsG zugleich der Tatbestand der strafbaren Werbung gem. § 16 UWG erfüllt ist, wird regelmäßig Tateinheit zu bejahen sein.[158]

V. Strafzumessungsgesichtspunkte

Die Straftat nach §§ 26, 49 BörsG nF ist ein Vergehen (§ 12 Abs. 2 StGB), das mit Freiheitsstrafe bis zu drei Jahren oder mit Geldstrafe bestraft werden kann. Hat sich der Täter bereichert oder dies versucht, kann neben einer Freiheitsstrafe zusätzlich auf eine Geldstrafe erkannt werden (§ 41 StGB). Die allgemeinen Vorschriften der §§ 73 ff. StGB über Verfall und Einziehung finden Anwendung.[159]

Im Rahmen der Strafzumessung spielt eine wichtige Rolle, welches **Maß an krimineller Energie** der Täter aufwendet, um den anderen zum Abschluss des Börsenspekulationsgeschäfts zu verleiten und insbesondere, inwieweit er dabei dessen Unerfahrenheit ausnutzt. Besteht das Ausnutzen lediglich im Unterlas-

---

150 *Schröder* KapitalmarktStrR Kap. 5 Rn. 857.
151 *Schröder* KapitalmarktStrR Kap. 5 Rn. 857.
152 RG JW 1913, 1049 (1050); zu Einzelheiten im Verhältnis zum Betrug vgl. *Schröder* KapitalmarktStrR Kap. 5 Rn. 859–871 a.
153 Schwark/Zimmer/*Schwark* BörsG § 26 Rn. 9.
154 Achenbach/Ransiek/Rönnau/*Schröder* 10. Teil Kap. 2 Rn. 284; ders. KapitalmarktStrR Kap. 5 Rn. 875.
155 Schwark/Zimmer/*Schwark* BörsG § 26 Rn. 9.
156 *Schröder* KapitalmarktStrR Kap. 5 Rn. 875.
157 IErg auch Erbs/Kohlhaas/*Wehowsky* BörsG § 49 Rn. 17 zu § 38 Abs. 2 WpHG aF.
158 Vgl. auch Erbs/Kohlhaas/*Wehowsky* BörsG § 49 Rn. 17.
159 Erbs/Kohlhaas/*Wehowsky* BörsG § 49 Rn. 18.

sen der gebotenen Aufklärung, wiegt dies vom Handlungsunwert weniger schwer als eine **gezielte Täuschung** durch aktive Verschleierungshandlungen und bewusste Irreführung des Opfers. Auch eine gewisse Hartnäckigkeit des Täters sowie das Maß des vom Verleiteten (zunächst) geleisteten Widerstandes sind relevante Strafzumessungsgesichtspunkte: War das Opfer zunächst abgeneigt und hat sich nur durch heftiges, nachhaltiges und ggf. wiederholtes Drängen des Täters zum Geschäftsabschluss verleiten lassen, wird die Strafe höher ausfallen, als wenn sich das Opfer gleich beim ersten zarten „Anklopfen" ohne Weiteres zum Geschäftsabschluss verleiten lässt. Macht es das Opfer dem Täter sehr leicht, ist dies zugunsten des Täters zu berücksichtigen.

47 Arbeitet der Verkäufer – als Angestellter oder selbstständig – für eine Vermittlungsfirma, wird im Rahmen der Strafzumessung auch zu berücksichtigen sein, in welchem Ausmaß er eigene Gestaltungsspielräume hat bzw. an Vorgaben der Vermittlungsfirma gebunden ist. Dabei kommt es nicht auf die rechtlichen, sondern in erster Linie auf die faktischen Verhältnisse an.

48 Bleibt es nicht bei der vom Tatbestand vorausgesetzten abstrakten Vermögensgefährdung, sondern bewirkt der Täter eine konkrete Vermögensgefährdung oder sogar eine **Schadensrealisierung**, ist auch dies im Strafmaß zu berücksichtigen.

VI. Gerichtliche Zuständigkeit – Verjährung

49 Ist ein Verfahren wegen Verleitung zu Börsenspekulationsgeschäften am Landgericht anhängig, fällt es gem. § 74 c Abs. 1 Nr. 2 GVG in den Zuständigkeitsbereich der Wirtschaftsstrafkammer.[160] Dies gilt auch für die Berufungsinstanz.[161] Es wird deshalb in der Regel von den für Wirtschaftsstrafsachen zuständigen Schwerpunktstaatsanwaltschaften verfolgt.

Die Verfolgung einer Straftat nach §§ 26, 49 BörsG verjährt in fünf Jahren (§ 78 Abs. 3 Nr. 4 StGB).[162]

---

160 Erbs/Kohlhaas/*Wehowsky* BörsG § 49 Rn. 18.
161 Siehe dazu im Einzelnen *Meyer-Goßner* StPO § 74 c Rn. 6.
162 Erbs/Kohlhaas/*Wehowsky* BörsG § 49 Rn. 18.

Kapitel 7: Insiderdelikte

Literatur: *Achenbach*, Aus der 2003/2004 veröffentlichten Rechtsprechung zum Wirtschaftsstrafrecht, NStZ 2004, 549; *Arlt*, Der strafrechtliche Anlegerschutz vor Kursmanipulation, 2004; *Assmann*, Das neue deutsche Insiderrecht, ZGR 1994, 494; *ders.*, Das künftige deutsche Insiderrecht (I) und (II), AG 1994, 196 und 237; *ders.*, Rechtsanwendungsprobleme des Insiderrechts in Bezug auf die Organisation und die Geschäfte von Kreditinstituten, WM 1996, 1337; *ders.*, Rechtsanwendungsprobleme des Insiderrechts in der Praxis, AG 1997, 50; *ders.*, Anmerkung zu Hess. VGH, Beschluss vom 16.3.1998 (Gerüchte als Insidertatsachen), AG 1998, 438; *Bachmann*, Ad-hoc-Publizität nach „Geltl", DB 2012, 2206; *Baedorff*, Das Merkmal der Verwendung von Insiderinformationen. Die Tathandlung des § 14 Abs. 1 Nr. 1 WpHG unter besonderer Berücksichtigung der Problematik der psychischen Kausalität, 2011; *Baetge* (Hrsg.), Insiderrecht und Ad-hoc-Publizität, 1995; *Barta*, Die Insiderinformation als aufklärungspflichtiger Umstand de lege lata und de lege ferenda, DZWIR 2012, 178; *Baumann/Weber/Mitsch/Eisele*, Strafrecht. Allgemeiner Teil, 12. Aufl. 2016; *Becker*, Das neue Wertpapierhandelsgesetz, 1995; *Becker/Rodde*, Auswirkungen europäischer Rechtsakte auf das Kapitalmarktsanktionsrecht – Neuerungen durch das Finanzmarktnovellierungsgesetz, ZBB 2016, 11; *Beneke/Thelen*, Die Schutzgesetzqualität des Insiderhandelsverbots gem. Art. 14 Marktmissbrauchsverordnung, BKR 2017, 12; *Benner-Heinacher*, Kollidiert die Auskunftspflicht des Vorstandes mit dem Insidergesetz?, DB 1995, 765; *Bergmann/Drees*, Das neue Insiderstrafrecht des WpHG und seine Durchsetzbarkeit in der Praxis, StraFo 2005, 364; *Brandi/Süßmann*, Neue Insiderregeln und Ad-hoc-Publizität – Folgen für Ablauf und Gestaltung von M&A Transaktionen, AG 2004, 642; *Bühren* Auswirkungen des Insiderhandelsverbots der EU-Marktmissbrauchsverordnung auf M&A-Transaktionen, NZG 2017, 1172; *Bürgers*, Das Anlegerschutzverbesserungsgesetz, BKR 2004, 424; *Bundesanstalt für Finanzdienstleistungsaufsicht (BaFin)* (Hrsg.), Emittentenleitfaden vom 8.11.2013; *dies.*, Art. 17 MAR – Veröffentlichung von Insiderinformationen (FAQs) vom 29.5.2019; *Cahn*, Grenzen des Markt- und Anlegerschutzes durch das WpHG, ZHR 162 (1998), 1; *ders.*, Das neue Insiderrecht, Der Konzern 2005, 5; *Cascante/Bingel*, Insiderhandel – in Zukunft leichter nachweisbar? Die Auslegung des Insiderrechts durch den EuGH und Folgen für die M&A-Praxis, NZG 2010, 161; *Caspari*, Die geplante Insiderregelung in der Praxis, ZGR 1994, 530; *Casper*, Insiderverstöße bei Aktienoptionsprogrammen, WM 1999, 363; *Claussen*, Neues zur kommenden Insidergesetzgebung (II), ZBB 1992, 267; *ders.*, Das neue Insiderrecht, DB 1994, 27; *ders.*, Insiderhandelsverbot und Ad hoc-Publizität, 1996; *ders.*, Das WpHG und die Wertpapieranalysten – ein offenes Feld, AG 1997, 306; *ders.*, Wie ändert das KonTraG das Aktiengesetz?, DB 1998, 177; *Claussen/Florian*, Der Emittentenleitfaden, AG 2005, 745; *Claussen/Schwark* (Hrsg.), Insiderrecht für Finanzanalysten, 1997; *Cohen*, Insider Trading: Searching for Similes, Jahrbuch für Recht und Ethik 11 (2003), 361; *Cornils*, Der Begehungsort von Äußerungsdelikten im Internet, JZ 1999, 394; *Cramer*, Strafbarkeit der Ausnutzung und Weitergabe von Insiderinformationen in der Bundesrepublik Deutschland, in: FS Triffterer, 1996, S. 323; *ders.*, Strafrechtliche Probleme des Insiderhandelsverbots, insbesondere Beihilfe zur fremden Insider-Straftat, AG 1997, 59; *Diekmann/Sustmann*, Gesetz zur Verbesserung des Anlegerschutzes (Anlegerschutzverbesserungsgesetz – AnSVG), NZG 2004, 929; *Dickersbach*, Das neue Insiderrecht der Bundesrepublik Deutschland vor dem Hintergrund des Europäischen Gemeinschaftsrechts, 1995; *Dierlamm*, Der faktische Geschäftsführer im Strafrecht – ein Phantom?, NStZ 1996, 153; *ders.*, Das neue Insiderstrafrecht, NStZ 1996, 519; *Eichelberger*, Scalping – ein Insiderdelikt?, WM 2003, 2121; *Eichele*, Finanzanalysten und Wirtschaftsjournalisten als Primärinsider, WM 1997, 501; *v. Falkenhausen/Widder*, Die Weitergabe von Insiderinformationen innerhalb einer Rechtsanwalts-, Wirtschaftsprüfer- oder Steuerberatersozietät, BB 2004, 165; *Fleischer*, Scalping zwischen Insiderdelikt und Kursmanipulation, DB 2004, 51; *Fromm-Russenschuck/Banerjea*, Die Zulässigkeit des Handels mit Insiderpapieren nach Durchführung einer Due Diligence-Prüfung, BB 2004, 2425; *Fürhoff*, Insiderrechtliche Behandlung von Aktienoptionsprogrammen und Management Buy-Outs, AG 1998, 83; *Fürhoff/Wölk*, Aktuelle Fragen zur Ad hoc-Publizität, WM 1997, 449; *Fürsich*, Probleme des strafbaren Insiderhandelns nach Inkrafttreten des Anlegerschutzverbesserungsgesetzes, 2008; *Gaede/Mühlbauer*, Wirtschaftsstrafrecht zwischen europäischem Primärrecht, Verfassungsrecht und der richtlinienkonformen Auslegung am Beispiel des Scalping, wistra 2005, 9; *Gehling*, Insiderinformation mit Zukunftsbezug, in: Liber amicorum für Martin Winter, 2011, S. 129; *Gehrmann*, Das versuchte Insiderdelikt. Reichweite der Strafbarkeit des Versuchs gem. § 38 Abs. 3 WpHG nach kritischer Auseinandersetzung mit dem Rechtsgut und

Kap. 7: Insiderdelikte

der Struktur des Insiderdelikts, 2009; *ders.*, Reichweite der Strafbarkeit des versuchten Insiderdelikts, wistra 2009, 334; *Gehrt*, Die neue Ad hoc-Publizität nach § 15 Wertpapierhandelsgesetz, 1997; *Götz*, Die unbefugte Weitergabe von Insidertatsachen, DB 1995, 1949; *Grothaus*, Reform des Insiderrechts: Großer Aufwand – viel Rechtsunsicherheit – wenig Nutzen?, ZBB-Report 2005, 62; *Grunewald*, Neue Regeln zum Insiderhandel, ZBB 1990, 128; *Hammen*, Pakethandel und Insiderhandelsverbot, WM 2004, 1753; *ders.*, Insiderstrafrecht und Bestimmtheitsgebot – Eine Polemik, ZIS 2014, 303; *ders.*, Verfassungsrechtliche Fragen des Marktmissbrauchsrechts, WM 2019, 341; *Handelsrechtsausschuss des Deutschen Anwaltvereins*, Stellungnahme zum Regierungsentwurf vom 14.9.2006 eines Gesetzes zur Umsetzung der Richtlinie über Märkte für Finanzinstrumente und der Durchführungsrichtlinie der Kommission (Finanzmarkt-Richtlinie-Umsetzungsgesetz – FRUG), NZG 2006, 935; *Haouache*, Börsenaufsicht durch Strafrecht, 1996; *Hasselbach*, Die Weitergabe von Insiderinformationen bei M&A-Transaktionen mit börsennotierten Aktiengesellschaften – Unter Berücksichtigung des Gesetzes zur Verbesserung des Anlegerschutzes vom 28.10.2004, NZG 2004, 1087; *Hassemer*, Professionelle Adäquanz – Bankentypisches Verhalten und Beihilfe zur Steuerhinterziehung, Teil 1, wistra 1995, 41; *Heinrich*, Der Erfolgsort beim abstrakten Gefährdungsdelikt, GA 1999, 72; *Heise*, Der Insiderhandel an der Börse und dessen strafrechtliche Bedeutung, 2000; *Hienzsch*, Das Scheitern der Staatsanwaltschaften bei der Verfolgung von Börsenkriminalität, HRRS 2006, 144; *Hilgendorf*, Überlegungen zur strafrechtlichen Interpretation des Ubiquitätsprinzips im Zeitalter des Internet, NJW 1997, 1873; *ders.*, Tatsachenaussagen und Werturteile im Strafrecht, 1998; *ders.*, Nationales oder transnationales Strafrecht?, in: FS 600 Jahre Würzburger Juristenfakultät, 2002, S. 333; *ders.*, Das deutsche Börsenstrafrecht im europäischen Kontext, in: The Korean Journal of Securities Law 2002, S. 399; *ders.*, Skeptische Überlegungen zur Strafwürdigkeit von Insiderhandeln. Eine Skizze, in: Assmann u.a. (Hrsg.), Markt und Staat in einer globalisierten Gesellschaft, 2010, S. 259; *Hilgendorf/Frank/Valerius*, Die deutsche Strafrechtsentwicklung 1975–2000, in: Vormbaum/Welp (Hrsg.), Das Strafgesetzbuch, Bd. 1, Suppl. 1, 2004, S. 258; *Hilgendorf/Valerius*, Computer- und Internetstrafrecht. Ein Grundriss, 2. Aufl. 2012; *Hohn*, Die Bestimmung des erlangten Etwas iSd § 73 StGB durch den BGH, wistra 2003, 321; *Hopt*, Europäisches und deutsches Insiderrecht, ZGR 1991, 17; *ders.*, Grundsatz- und Praxisprobleme nach dem Wertpapierhandelsgesetz, ZHR 159 (1995), 135; *ders.*, Ökonomische Theorie und Insiderrecht, AG 1995, 353; *ders.*, Das neue Insiderrecht nach §§ 12 ff. WpHG, in: Das Zweite Finanzmarktförderungsgesetz in der praktischen Umsetzung (Bankrechtstag 1995). Schriftenreihe der Bankrechtlichen Vereinigung, Band 7, 1996, S. 3; *ders.*, Verbot von Erwerbs- oder Veräußerungsgeschäften in Insiderpapieren unter Verwendung von Insiderinformationen (§ 14 Abs. 1 Nr. 1 WpHG), in: Festschrift für Wulff Goette zum 65. Geburtstag, 2011, S. 179; *Hopt/Kumpan* Insidergeschäfte und Ad-hoc-Publizität bei M&A – Unternehmenskäufe und Übernahmeangebote und Marktmissbrauchsverordnung (MAR), ZGR 2017, 765; *Immenga*, Das neue Insiderrecht im Wertpapierhandelsgesetz, ZBB 1995, 197; *Joussen*, Auskunftspflicht des Vorstandes nach § 131 AktG und Insiderrecht, DB 1994, 2485; *Kert*, Vorschläge für neue EU-Instrumente zur (strafrechtlichen) Bekämpfung von Insiderhandel und Marktmanipulation, NZWiSt 2013, 252; *Kiesewetter/Parmentier*, Verschärfung des Marktmissbrauchsrechts – ein Überblick über die neue EU-Verordnung über Insidergeschäfte und Marktmanipulation, BB 2013, 2371; *Klasen*, Insiderrechtliche Fragen zu aktienorientierten Vergütungsmodellen, AG 2006, 24; *Klöhn* (Hrsg.), Marktmissbrauchsverordnung, 2018; *ders.*, Die Regelung legitimer Handlungen im neuen Insiderrecht (Art. 9 MAR), ZBB 2017, 261; *ders.*, Ad-hoc-Publizität und Insiderverbot im neuen Marktmissbrauchsrecht, AG 2016, 423; *ders.*, Eine neue Insiderfalle für Finanzanalysten? Zweck, Bedeutung und Auslegung von Erwägungsgrund Nr. 28 MAR, WM 2016, 1665; *ders.*, Grenzen des insiderrechtlichen Verbots selektiver Informationsweitergabe an professionelle Marktteilnehmer: Vermeidestrategien und ihre Behandlung im Lichte rechtsvergleichender Erfahrung, in: FS für Uwe H. Schneider, 2011, S. 633; *Klöhn/Büttner*, Generalamnestie im Kapitalmarktrecht?, ZIP 2016, 1801; *Koch, Philip*, Ermittlung und Verfolgung von strafbarem Insiderhandel, 2005; *Koch, Stefan*, Neuerungen im Insiderrecht und der Ad-hoc-Publizität, DB 2005, 267; *Kocher/Sambulski*, Insiderinformationen in der Hauptversammlung, DB 2018, 1905; *Kocher/Widder*, Die Bedeutung von Zwischenschritten bei der Definition von Insiderinformationen, BB 2012, 2837; *Köpferl/Wegner*, Marktmissbrauch durch einen Sprengstoffanschlag?, WM 2017, 1924; *Kohlmann*, Das Strafrecht als wirksame Waffe gegen den Insiderhandel, in: FS Vieregge, 1995, S. 443; *Kondring*, Zur Anwendung deutschen Insiderstrafrechts auf Sachverhalte mit Auslandsberührung, WM 1998, 1369; *Krause*, Kapitalmarktrechtliche Compliance: neue

Kap. 7: Insiderdelikte

Pflichten und drastisch verschärfte Sanktionen nach der EU-Marktmissbrauchsverordnung, CCZ 2014, 248; *Kruse*, Die Preiserheblichkeit von Insiderinformationen, 2011; *Kudlich*, Die Unterstützung fremder Straftaten durch berufsbedingtes Verhalten, 2004; *ders.*, Börsen-Gurus zwischen Zölibat und Strafbarkeit – Scalping als Straftat?, JR 2004, 191; *Kudlich/Noltensmeier*, Die Anordnung des Verfalls (§§ 73 ff. StGB) bei verbotenem Insiderhandel nach § 38 i.V.m § 14 WpHG, wistra 2007, 121; *Kübler*, Transparenz am Kapitalmarkt, AG 1977, 85; *Kümpel*, Zum Begriff der Insidertatsache, WM 1994, 2137; *ders.*, Insiderrecht und Ad hoc-Publizität aus Bankensicht, WM 1996, 653; *Kümpel/Hammen/Ekkenga*, Kapitalmarktrecht, Loseblattsammlung; *Kuthe*, Änderungen des Kapitalmarktrechts durch das Anlegerschutzverbesserungsgesetz, ZIP 2004, 883; *Langenbucher*, Aktien- und Kapitalmarktrecht, 4. Aufl. 2018; *Langrock*, Das „Verwenden" von Insiderinformationen gem. § 14 Abs. 1 Nr. 1 WpHG, in: Recht – Wirtschaft – Strafe, 2010, 389; *Lenenbach*, Scalping – Insiderdelikt oder Kursmanipulation?, ZIP 2003, 243; *von der Linden*, Das neue Marktmissbrauchsrecht im Überblick, DStR 2016, 1036; *Liekefett*, Due-Diligence bei M&A-Transaktionen, 2005; *Loesche*, Die Eignung zur erheblichen Kursbeeinflussung in den Insiderhandelsverboten des Wertpapierhandelsgesetzes, 1998; *Löwe-Krahl*, Beteiligung von Bankangestellten an Steuerhinterziehungen ihrer Kunden – die Tatbestandsmäßigkeit berufstypischer Handlungen, wistra 1995, 201; *Lücker*, Der Straftatbestand des Mißbrauchs von Insiderinformationen nach dem Wertpapierhandelsgesetz (WpHG), 1998; *Manne*, Insider Trading and the Stock Market, 1966; *Marsch-Barner/Schäfer*, Handbuch börsennotierte AG, 4. Aufl. 2018; *Martin*, Grenzüberschreitende Umweltbeeinträchtigungen im deutschen Strafrecht, ZRP 1992, 19; *dies.*, Kommentar zu Hess. VGH, Beschluss vom 16.3.1998 (Gerüchte als Insidertatsachen), BB 1999, 76; *Merkner/Sustmann*, Insiderrecht und Ad Hoc-Publizität – Das Anlegerschutzverbesserungsgesetz „in der Fassung durch den Emittentenleitfaden der BaFin", NZG 2005, 729; *Mielk*, Die wesentlichen Neuregelungen der KWG-Novelle, WM 1997, 2200; *Mock*, Gestreckte Verfahrensabläufe im Europäischen Insiderhandelsrecht, ZBB 2012, 286; *Möllers/Herz*, Anmerkung zu einer Entscheidung des BGH, Beschluss vom 08.08.2018 (2 StR 210/16) – Zur Strafbarkeit der Marktmanipulation sowie des Insiderhandels, WuB 2019, 153; *Moosmayer*, Straf- und bußgeldrechtliche Regelungen im Entwurf eines Vierten Finanzmarktförderungsgesetzes, wistra 2002, 161; *Mühlbauer*, Zur Einordnung des „Scalping" durch Anlageberater als Insiderhandel nach dem WpHG – zugleich Besprechung von LG Stuttgart wistra 2003, 153, wistra 2003, 169; *Nerlich*, Die Tatbestandsmerkmale des Insiderhandelsverbots nach dem Wertpapierhandelsgesetz, 1999; *Neumann*, Gerüchte als Kapitalmarktinformationen: die kapitalmarktrechtliche Behandlung von Informationen mit unsicherem Wahrheitsgehalt, 2011; *Nietsch*, Die Verwendung der Insiderinformation: eine Standortbestimmung zwischen Insiderfundamentalismus und Marktrealismus, ZHR 174 (2010), 556; *Ott/Schäfer*, Ökonomische Auswirkungen der EG-Insider-Regulierung in Deutschland, ZBB 1991, 226; *Pananis*, Insidertatsache und Primärinsider. Eine Untersuchung zu den Zentralbegriffen des § 13 Abs. 1 WpHG, 1998; *ders.*, Anmerkung zu BGH, Urteil vom 6.11.2003 (Kurs- und Marktpreismanipulation durch „Scalping"), NStZ 2004, 287; *Park*, Börsenstrafrechtliche Risiken für Vorstandsmitglieder von börsennotierten Aktiengesellschaften, BB 2001, 2069; *ders.*, Kapitalmarktstrafrechtliche Neuerungen des Vierten Finanzmarktförderungsgesetzes, BB 2003, 1513; *ders.*, Die Entwicklung des Kapitalmarktstrafrechts, in: FS Strafrechtsausschuss der Bundesrechtsanwaltskammer, 2006, S. 229; *ders.*, Kapitalmarktstrafrecht und Anlegerschutz, NStZ 2007, 369; *ders.*, Einführung in das Kapitalmarktstrafrecht (Teil 1), JuS 2007, 621; *ders.*, Einführung in das Kapitalmarktstrafrecht (Teil 2), JuS 2007, 712; *Peltzer*, Die neue Insiderregelung im Entwurf des Zweiten Finanzmarktförderungsgesetzes, ZIP 1994, 746; *Petersen*, Die Strafbarkeit des „Scalping", wistra 1999, 328; *Poelzig*, Durchsetzung und Sanktionierung des neuen Marktmissbrauchsrechts, NZG 2016, 492; *dies.*, Insider- und Marktmanipulationsverbot im neuen Marktmissbrauchsrecht, NZG 2016, 528; *dies.*, Kapitalmarktrecht, 2018; *Popp*, Das Rätsel des § 38 Abs. 5 WpHG. Transnationales Regelungsbedürfnis und Gesetzgebungstechnik im Nebenstrafrecht, wistra 2011, 169; *Ransiek*, Insiderstrafrecht und Unschuldsvermutung, wistra 2011, 1; *Rothenfußer,* Ahndungslücke durch das 1. FiMaNoG – BGH scheitert beim Rettungsversuch am Europarecht, AG 2017, 149; *ders.*, Ahndungslücke durch das 1. FiMaNoG – das BVerfG weist den Weg zum EuGH, AG 2018, 675; *Rothenfußer/Jäger*, Generalamnestie im Kapitalmarktrecht durch das Erste Finanzmarktnovellierungsgesetz, NJW 2016, 2689; *Satzger*, Die Anwendung des deutschen Strafrechts auf grenzüberschreitende Gefährdungsdelikte, NStZ 1998, 112; *Schäfer*, Anmerkung zu BGH, Urteil vom 6.11.2003 (Kurs- und Marktpreismanipulation durch „Scalping"), BKR 2004, 78; *Schäuble/Pananis*, Subjektive Beschränkungen des Bruttoprinzips nach neuem Einziehungsrecht (§ 73 d Abs. 1 StGB), NStZ 2019, 65; *Schmidt-Diemitz*, Pakethandel und das Weitergabeverbot von Insiderwissen, DB 1996, 1809; *Schmitz*, Der strafrechtliche Schutz des Kapitalmarktes in Europa, ZStW 115 (2003), 501; *Schneider, Ingo*, Unternehmenserwerb mit Informationen aus einer Due Diligence kein strafbarer Insiderhandel, DB 2005, 2678; *Schneider, Sven H.*, Die Weitergabe von Insiderinformationen – Zum normativen Verhältnis der verschiedenen Formen der Informationsweitergabe, NZG 2005, 702; *ders.*, Informationspflichten und Informationssystemeinrichtungspflichten im Aktienkonzern, 2006; *Schneider, Uwe H./Burgard*, Scalping als Insiderstraftat, ZIP 1999, 381; *Schröder, Christian*, Strafbares Insiderhandeln von Organvertretern einer AG nach geltendem und neuem Recht, NJW 1994, 2879; *ders.*, Die Europäisierung des Strafrechts nach Art. 83 Abs. 2 AEUV am Beispiel des Marktmissbrauchsrechts: Anmerkungen zu einem Fehlstart, HRRS 2013, 253; *Schuster*, Die internationale Anwendung des Börsenrechts, 1996; *Schwark*, Buchbesprechung zu Heinz-Dieter Assmann/Uwe H. Schneider (Hrsg.), Wertpapierhandelsgesetz, Kommentar, ZBB 1996, 261; *Schwarz*, Kapitalmarktrecht – Ein Überblick, DStR 2003, 1930; *Schwintek*, Die Anzeigepflicht bei Verdacht von Insidergeschäften und Marktmanipulation nach § 10 WpHG, WM 2005, 861; *Seibt*, Europäische Finanzmarktregulierung zu Insiderrecht und Ad hoc-Publizität, ZHR 177 (2013), 388; *Seibt/Danwerth*, Ad-hoc-Publizitätspflichten beim Vorstandswechsel zwischen Börsenunternehmen, NZG 2019, 121; *Sethe*, Die Verschärfung des insiderrechtlichen Weitergabeverbots, ZBB 2006, 243; *Sieber*, Internationales Strafrecht im Internet – Das Territorialitätsprinzip der §§ 3, 9 StGB im globalen Cyberspace, NJW 1999, 2065; *Siebold*, Das neue Insiderrecht, 1996; *Smid*, Der Journalist als Insider auf Grund öffentlich zugänglicher Informationen?, AfP 2002, 13; *Soesters*, Die Insiderhandelsverbote des Wertpapierhandelsgesetzes, 2002; *Spindler*, Kapitalmarktreform in Permanenz – Das Anlegerschutzverbesserungsgesetz, NJW 2004, 3449; *Stemper*, Marktmissbrauch durch Ratingagenturen?, WM 2011, 1740; *Süßmann*, Insiderhandel – Erfahrungen aus der Sicht des Bundesaufsichtsamts für den Wertpapierhandel, AG 1997, 63; *ders.*, Die befugte Weitergabe von Insidertatsachen, AG 1999, 162; *Szesny/Kuthe*, Kapitalmarkt Compliance, 2. Aufl. 2018; *Szesny/Vossel*, Keine Strafbarkeitslücke durch Verweisung auf eine noch nicht anwendbare europäische Verordnung, GWR 2018, 237; *Teigelack*, Insiderhandel und Marktmanipulation im Kommissionsentwurf einer Marktmissbrauchsverordnung, BB 2012, 1361; *Teigelack/Dolff*, Kapitalmarktrechtliche Sanktionen nach dem Regierungsentwurf eines Ersten Finanzmarktnovellierungsgesetzes – 1. FiMaNoG, BB 2016, 387; *Tippach*, Marktdaten im künftigen Insiderrecht?, WM 1993, 1269; *ders.*, Das Insider-Handelsverbot und die besonderen Rechtspflichten der Banken, 1995; *Trüg*, Konzeption und Struktur des Insiderstrafrechts, 2014; *Veil*, Europäisches Insiderrecht 2.0 – Konzeption und Grundsatzfragen der Reform durch MAR und CRIM-MAD, ZBB 2014, 85; *Vetter/Engel/Lauterbach*, Zwischenschritte als ad-hoc-veröffentlichungspflichtige Insiderinformation, AG 2019, 160; *Viciano-Gofferje/Cascante*, Neues aus Brüssel zum Insiderrecht – die Marktmissbrauchsverordnung, NZG 2012, 968;*Vogel*, Scalping als Haus- und Marktpreismanipulation, NStZ 2004, 252; *Volk*, Die Strafbarkeit von Absichten im Insiderhandel, BB 1999, 66; *Wahner*, Zivilrechtlicher Anlegerschutz in der Marktmissbrauchsverordnung, 2017; *Weber, Martin*, Die Entwicklung des Kapitalmarktrechts im Jahre 2003, NJW 2004, 28; *Weber, Ulf Andreas*, Das neue deutsche Insiderrecht, BB 1995, 157; *Yun*, Die Strafbarkeitsgründe des Insiderhandelsverbots, 2016; *Ziemons*, Neuerungen im Insiderrecht und bei der Ad hoc-Publizität durch die Marktmissbrauchsrichtlinie und das Gesetz zur Verbesserung des Anlegerschutzes, NZG 2004, 537; *Ziouvas*, Zur Strafbarkeit des Scalping, EWiR 2003, 85.

Kap. 7.1. Vorbemerkungen zu Insiderdelikten

I. Rechtsentwicklung 1
II. Schutzzweck und Legitimation des Insiderstrafrechts 17
III. Gesetzessystematik 25
IV. Verfassungsmäßigkeit der Blanketttatbestände 31
V. Praktische Bedeutung des Insiderstrafrechts 33
VI. Der typische Anwendungsfall ... 35

I. Rechtsentwicklung

1 Eine erste gesetzliche Regelung erfuhr das Insiderrecht 1934 in den USA. Unter dem Eindruck dieses Regelungswerks wurden für den wachsenden Kapital-

markt der Nachkriegszeit in den meisten europäischen Ländern gesetzliche Insiderhandelsverbote erlassen. Auch in Deutschland wurde bereits seit Ende der 1960er-Jahre die Notwendigkeit einer Insiderregelung anerkannt, jedoch begegnete eine gesetzliche Normierung erheblichen Widerständen. Das deutsche Insiderrecht beruhte auf einem in den 1970er-Jahren entwickelten freiwilligen System der Selbstregulierung. Erst europäische Vorgaben erzwangen eine gesetzliche Regelung. Im Jahr 1994 wurde (mit erheblicher Verzögerung) die **EG-Insiderrichtlinie** vom 13.11.1989 in nationales Recht umgesetzt und das WpHG erlassen. Es trat am 1.8.1994 in Kraft.[1]

Im Vierten Finanzmarktförderungsgesetz (4. FFG) vom 21.6.2002 wurde der Entwurf einer neuen **EG-Richtlinie über Insider-Geschäfte und Marktmanipulation**[2] bereits berücksichtigt.[3] Die Richtlinie ist, mit nur geringen Änderungen gegenüber dem Entwurf, am 12.4.2003 in Kraft getreten.[4] Das 4. FFG hat das Insiderstrafrecht allerdings im Wesentlichen unberührt gelassen. In § 15 a WpHG aF wurde für Mitglieder von Geschäftsführungs- und Aufsichtsorganen eine Pflicht zur Offenbarung von Geschäften in Wertpapiere des eigenen Unternehmens eingeführt. In § 15 WpHG aF wurde die Regelung der Ad hoc-Publizität konkretisiert. Schließlich wurde die Kurs- und Marktpreismanipulation der Regelung des Insiderstrafrechts angegliedert.[5]

Tiefgreifend umgestaltet wurde das Insiderstrafrecht zunächst durch das **Anlegerschutzverbesserungsgesetz** vom 28.10.2004 (AnSVG).[6] Das AnSVG diente der Umsetzung der **Marktmissbrauchsrichtlinie** vom 28.1.2003[7] sowie der dazu erlassenen Durchführungsrichtlinien.[8] Die Richtlinie zwang den Gesetzgeber allerdings nicht dazu, Insidergeschäfte strafrechtlich zu sanktionieren;[9] gleich wirksame und verhältnismäßige Verwaltungsmaßnahmen bzw. im Verwaltungsverfahren zu erlassende Sanktionen hätten der Richtlinie Genüge getan. Die Entscheidung für eine strafrechtliche Sanktionierung entspricht der – nicht billigenswerten – Tendenz des Gesetzgebers zur Strafrechtsausweitung.[10]

Die wichtigsten das Insiderstrafrecht betreffenden **Änderungen** des AnSVG sind Folgende:[11]

- Der Anwendungsbereich der Insiderhandelsverbote wurde durch die Neudefinition des Begriffs „Insiderpapier" in § 12 WpHG aF erweitert.

---

1 BGBl. 1994 I 1749 ff. Zur Entstehung des deutschen Insiderrechts vgl. *Assmann* ZGR 1994, 494 (495 ff.); *Hopt* ZHR 159 (1995), 135 (136 ff.); *Immenga* ZBB 1995, 197 (197 ff.); *Kohlmann* in FS Vieregge S. 443 ff.; *Peltzer* ZIP 1994, 746 f.; Schäfer/Hamann/*Schäfer* WpHG Vor § 12 Rn. 1 ff.
2 ABl. 2001 C 240, 265 ff.
3 Dazu *Moosmayer* wistra 2002, 161 ff.; Überblick bei Assmann/Schneider/*Assmann*, 5. Aufl. 2009, WpHG Einl. Rn. 39 ff. Vgl. auch den RegE 4. FFG, BR-Drs. 936/01 (neu) vom 14.11.2001, S. 172.
4 ABl. 2003 L 96, 16 ff. Allgemein zum strafrechtlichen Schutz des Kapitalmarktes in Europa *Schmitz* ZStW 115 (2003), 501.
5 *Park* BB 2003, 1513.
6 BGBl. 2004 I 2630 ff. Dazu auch *Bergmann/Drees* StraFo 2005, 364 ff.; *Bürgers* BKR 2004, 424 ff.; *Kuthe* ZIP 2004, 883 ff. und *Spindler* NJW 2004, 3449 ff.
7 RL 2003/6/EG vom 28.1.2003 über Insider-Geschäfte und Marktmanipulation, ABl. 2003 L 96, 16 ff.
8 Auflistung bei Assmann/Schneider/*Assmann*, 6. Aufl., WpHG Einl. Rn. 29 Fn. 4.
9 *Park* in FS Strafrechtsausschuss S. 229 (235).
10 *Hilgendorf/Frank/Valerius*, Die deutsche Strafrechtsentwicklung, S. 258 (367 f.).
11 Ausführlich *Park* in FS Strafrechtsausschuss S. 229 (236 f.).

- Der am Kernstrafrecht (§ 263 StGB) orientierte Begriff der „Insidertatsache" wurde in § 13 Abs. 1 WpHG aF durch den Begriff „Insiderinformation" ersetzt. „Insiderinformation" war fortan eine „konkrete Information über nicht öffentlich bekannte Umstände".[12] Dadurch wurde festgelegt, dass auch „Bewertungen" mit prüfbarem Inhalt und Prognosen Grundlage verbotener Insidergeschäfte sein konnten.
- Das Merkmal der Eignung, den Kurs erheblich zu beeinflussen, wurde so konkretisiert, dass eine solche Eignung dann bejaht werden sollte, „wenn ein verständiger Anleger die Information bei seiner Anlageentscheidung berücksichtigen würde", § 13 Abs. 1 S. 2 WpHG aF.
- In § 13 Abs. 1 S. 4 WpHG aF nannte der Gesetzgeber Beispiele für Insiderinformationen. Dadurch wurde ua klargestellt, dass das „Frontrunning", also Eigengeschäfte von Wertpapierdienstleistungsunternehmen mit Finanzinstrumenten unter Ausnutzung der Kenntnis von Kundenaufträgen, vom Insiderhandelsverbot des § 14 WpHG aF erfasst wurde.
- Die traditionelle Differenzierung zwischen Primär- und Sekundärinsidern fiel auf der Ebene der Verbotsnormen fort. Für die straf- und ordnungswidrigkeitsrechtlichen Sanktionen nach §§ 38, 39 WpHG aF blieb sie aber relevant. Darüber hinaus wurde die Definition des Primärinsiders in § 38 Abs. 1 Nr. 2 WpHG aF auf Personen erweitert, die aufgrund der Vorbereitung oder Begehung einer Straftat über eine Insiderinformation verfügen.
- In § 14 WpHG aF wurde das Insiderhandelsverbot neu gefasst und das Erfordernis der „Ausnutzung" einer Insidertatsache durch jenes der „Verwendung" einer Insiderinformation ersetzt.
- § 14 Abs. 1 Nr. 3 WpHG aF wurde insoweit erweitert, als es fortan auch verboten war, einen anderen auf „sonstige Weise" dazu zu verleiten, Insiderpapiere zu erwerben und zu veräußern. Zuvor war lediglich die „Empfehlung" zur Veräußerung oder zum Erwerb verboten.
- In § 14 Abs. 2 WpHG aF wurden Ausnahmen vom Insiderhandelsverbot für in Einklang mit EU-Verordnungsrecht stehende Aktienrückkaufsprogramme und Kursstabilisierungsmaßnahmen eingeführt.
- Nach § 39 Abs. 2 Nr. 3 und 4 aF wurden vorsätzliche oder leichtfertige Verstöße gegen das Weitergabeverbot (§ 14 Abs. 1 Nr. 2 WpHG aF) bzw. das Empfehlungs- und Verleitungsverbot (§ 14 Abs. 1 Nr. 3 WpHG aF) als Ordnungswidrigkeit geahndet.
- Schließlich wurden erstmals auch der versuchte (§ 38 Abs. 3 WpHG aF) und der leichtfertige (§ 38 Abs. 4 WpHG aF) Insiderhandel unter Strafe gestellt – eine Strafbarkeitsausdehnung, die mit Blick auf den Verhältnismäßigkeitsgrundsatz Bedenken erregt (s. Rn. 3). Dass seit Juli 2016 zumindest die Strafbarkeit des leichtfertigen Insiderhandels wieder entfallen ist (s. Rn. 15; Kap. 7.4. Rn. 48 f.), ist deshalb zu begrüßen.

5 Die Entwicklung des deutschen Insiderstrafrechts ist durch die immer weiter zunehmende Integration des europäischen Kapitalmarktes gekennzeichnet. Insofern lässt sich heute von einem **europäischen Finanz- oder Kapitalmarkt-**

---

12 BT-Drs. 15/3174, 33.

strafrecht sprechen.[13] Parallel dazu lässt sich eine Globalisierung der Märkte für Kapitaldienstleistungen sowohl auf der Anbieter- als auch der Nachfrageseite feststellen. Eine Hauptursache für diese Entwicklung ist die Digitalisierung der Informations- und Kommunikationstechnik, die Datenübertragung rund um den Globus praktisch ohne Zeitverlust ermöglicht.[14] Wie weit die Umgestaltung der Kapitalmärkte gehen wird, ist derzeit noch nicht abzuschätzen. Der Gesetzgeber steht vor der Aufgabe, das Kapitalmarktrecht und damit auch das Insiderstrafrecht den Gegebenheiten des Marktes entsprechend fortzuentwickeln, um das Vertrauen in die Kapitalmärkte zu sichern und die Anleger zu schützen.[15] Zu Recht wurde daher von der Notwendigkeit einer „Kapitalmarktrechtsreform in Permanenz" gesprochen.[16]

In der Finanzmarktkrise der Jahre 2008–2010[17] spielten Fälle von Insiderbetrug – von Ausnahmen abgesehen – keine hervorgehobene Rolle. Es wurde jedoch deutlich, dass der globale Kapitalmarkt eine durch die Einzelstaaten kaum mehr kontrollierbare Eigendynamik entwickelt hat. Die Prämisse, der Kapitalmarkt habe die Funktion, die Realwirtschaft zu unterstützen, trifft in dieser Allgemeinheit nicht mehr zu.

Auch in Reaktion auf die Finanzmarktkrise ist es mittlerweile zu einer weitgehenden **Europäisierung des Insiderrechts** gekommen. Im Wesentlichen **seit dem 3.7.2016**[18] gelten in allen Mitgliedstaaten der EU die das Insiderrecht betreffenden Teile der **unmittelbar** anwendbaren **Marktmissbrauchsverordnung** vom 16.4.2014.[19] Die Verordnung enthält ua das Verbot von Insidergeschäften und bestimmten Vorbereitungshandlungen. Ergänzt wurde die Marktmissbrauchsverordnung durch eine **neue Marktmissbrauchsrichtlinie (CRIM-MAD)** vom 16.4.2014,[20] die erstmals eine auf Art. 83 Abs. 2 AEUV gestützte Verpflichtung der Mitgliedstaaten vorsah, bis zum 3.7.2016 strafrechtliche Regelungen zum Insiderhandel (und zur Kurs- und Marktpreismanipulation) einzuführen.

Die **Marktmissbrauchsverordnung** beinhaltet das Verbot (auch des Versuchs), Insidergeschäfte zu **tätigen**, dies Dritten zu **empfehlen** oder sie dazu zu **verleiten**[21] und Insiderinformationen unrechtmäßig **offenzulegen** (Art. 14). Die entsprechenden Begriffsbestimmungen zur Insiderinformation (Art. 7 Abs. 1–4), zum Insidergeschäft (Art. 8 Abs. 1, 3), zur Empfehlung oder Verleitung zum Tätigen eines Insidergeschäfts (Art. 8 Abs. 2) und zur unrechtmäßigen Offenlegung von Insiderinformationen (Art. 10) finden sich ebenfalls in der Verordnung selbst. Die Mitgliedstaaten wurden verpflichtet, für Verstöße gegen die

---

13 Den europäischen Bezug besonders betonend *Tiedemann* WiStR Rn. 365 ff.; vgl. auch *Hilgendorf* The Korean Journal of Securities Law 2002, 399 (401 f.).
14 Dazu allgemein *Hilgendorf* in FS Würzburger Juristenfakultät S. 333 ff.
15 Entwicklungsbericht für 2003 von *Weber* NJW 2004, 28 ff.
16 *Schwarz* DStR 2003, 1930 (1934).
17 Überblick bei *Schröder* KapitalmarktStrR Rn. 1080–1145.
18 Zur Vorverlagerung der Anwendbarkeit in Deutschland s. Rn. 16.
19 VO (EU) Nr. 596/2014 des Europäischen Parlaments und des Rates vom 16.4.2014 über Marktmissbrauch und zur Aufhebung der Richtlinie 2003/6/EG des Europäischen Parlaments und des Rates und der Richtlinien 2003/124/EG, 2003/125/EG und 2004/72/EG der Kommission, ABl. 2014 L 173, 1 ff.
20 Richtlinie 2014/57/EU des Europäischen Parlaments und des Rates vom 16.4.2014 über strafrechtliche Sanktionen bei Marktmanipulation (Marktmissbrauchsrichtlinie), ABl. EU L 173 v. 12.6.2014, S. 179 ff.
21 Art. 8 Abs. 2 und 3, Art. 14 lit. b berichtigt ABl. 2016 L 287, 320.

Insiderhandelsverbote erhebliche verwaltungsrechtliche Sanktionen einzuführen (Art. 30). Mit Wirkung vom 3.7.2016 wurden in der Folge ua die **Marktmissbrauchsrichtlinie vom 28.1.2003** und deren Durchführungsrichtlinie RL 2003/124/EG **aufgehoben**; Bezugnahmen auf die Marktmissbrauchsrichtlinie vom 28.1.2003 gelten künftig als Bezugnahmen auf die Marktmissbrauchsverordnung (Art. 37).

9 Die **neue Marktmissbrauchsrichtlinie (CRIM-MAD)** dient der Harmonisierung der **strafrechtlichen** Sanktionierung von Verstößen gegen das europäisierte Insiderrecht. Bis zum 3.7.2016 mussten die Mitgliedstaaten das Tätigen von Insidergeschäften in schweren Fällen und bei Vorliegen von Vorsatz unter Strafe stellen (Art. 3 Abs. 1, 13 Abs. 1). Als solche gelten auch Auftragsänderungen oder -stornierungen hinsichtlich solcher Finanzinstrumente, auf die sich Insiderinformationen beziehen, wenn der jeweilige Auftrag vor Erlangen der Informationen erteilt wurde (Art. 3 Abs. 4). Strafrechtlich sanktioniert werden muss in schweren Fällen und bei Vorliegen von Vorsatz außerdem, das Tätigen eines Insidergeschäfts zu empfehlen bzw. zu ihm anzustiften (Art. 3 Abs. 1) und Insiderinformationen an Dritte weiterzugeben, sofern dies nicht rechtmäßig im Rahmen der beruflichen oder geschäftlichen Pflichterfüllung erfolgt (Art. 4 Abs. 1, 2). Das gilt dem Wortlaut der Richtlinie nach auch für Sekundärinsider (Art. 3 Abs. 1, 3 UAbs. 2 bzw. Art. 4 Abs. 3 iVm Art. 3 Abs. 3 UAbs. 2). In Bezug auf das Tätigen von Insidergeschäften und die Weitergabe von Insiderinformationen (nicht die Empfehlung zum Tätigen von Insidergeschäften) müssen nach nationalem Recht auch Anstiftung und Beihilfe strafbar sein (Art. 6 Abs. 1), desgleichen der Versuch, ein Insidergeschäft zu tätigen (Art. 6 Abs. 2). Die Richtlinie enthält Definitionen des Insidergeschäfts (Art. 3 Abs. 2, 4, 5), der Empfehlung oder Anstiftung zum Tätigen eines Insidergeschäfts (Art. 3 Abs. 6) und der Weitergabe von Insiderinformationen (Art. 4 Abs. 2), die sich mit jenen der Marktmissbrauchsverordnung im Wesentlichen decken. In Hinblick auf Erwägungsgrund 17 der neuen Marktmissbrauchsrichtlinie (CRIM-MAD), nach dem bei „der Anwendung der Richtlinie […] der durch die Verordnung (EU) Nr. 596/2014 […] geschaffene Rechtsrahmen berücksichtigt werden" soll und den Umstand, dass sich in anderen Sprachfassungen die jeweiligen Bestimmungen in Marktmissbrauchsverordnung und neuer -richtlinie (CRIM-MAD) decken, dürfte von einem einheitlichen Marktmissbrauchsverständnis in Marktmissbrauchsverordnung und neuer -richtlinie (CRIM-MAD) auszugehen sein.[22]

10 Alle Strafen sollen wirksam, verhältnismäßig und abschreckend sein (Art. 7 Abs. 1). Das Höchstmaß der in den mitgliedstaatlichen Strafvorschriften vorgesehenen Freiheitsstrafen muss für das Tätigen von Insidergeschäften und eine entsprechende Empfehlung oder Anstiftung mindestens vier Jahre, für die unrechtmäßige Offenlegung von Insiderinformationen mindestens zwei Jahre betragen (Art. 7 Abs. 2, 3). In Art. 8 der Richtlinie ist vorgesehen, dass die Mitgliedstaaten die erforderlichen Maßnahmen treffen, um sicherzustellen, dass auch juristische Personen für die in den Artikeln 3 bis 6 genannten Straftaten zur Verantwortung gezogen werden können, wenn die Taten zu ihren Gunsten begangen wurden. Art. 9 fordert, dass gegen nach Art. 8 verantwortli-

---

22 *Klöhn* MAR Art. 14 Rn. 39; *Poelzig* NZG 2016, 492 (495); für das Marktmanipulationsverbot auch *Bator* BKR 2016, 1 (2).

che juristische Personen „Geldstrafen oder nichtstrafrechtliche Geldbußen" verhängt werden können. Dem Wortlaut der Vorschrift ist keine Verpflichtung zur Einführung der Strafbarkeit von juristischen Personen zu entnehmen.

Bedenken gegen das neue Regelungsregime ergeben sich hinsichtlich der Kompetenz der EU zum Erlass der neuen Marktmissbrauchsrichtlinie (CRIM-MAD). Die in Art. 83 Abs. 2 AEUV festgelegte Annexkompetenz setzt voraus, dass gemeinsame strafrechtliche Mindestvorschriften für die wirksame Durchführung der EU-Politik „unerlässlich" sein müssen. Das Vorliegen dieser Voraussetzung wurde von der Kommission nicht dargelegt.[23] Sie interpretierte das Merkmal vielmehr iSv Erforderlichkeit. Damit wurde sie den Vorgaben des BVerfG in der Lissabon-Entscheidung nicht gerecht, wonach „nachweisbar feststehen [muss], dass ein gravierendes Vollzugsdefizit tatsächlich besteht und nur durch Strafdrohung beseitigt werden kann".[24] Der empirische Nachweis eines derartigen Vollzugsdefizits beim Insiderhandel steht ebenso aus wie eine tragfähige Begründung der Notwendigkeit, zu seiner Beseitigung Strafrecht einzusetzen.[25] Eine vom deutschen Bundesrat in seiner Plenarsitzung vom 16.12.2011 deshalb zu Recht erhobene Subsidiaritätsrüge blieb erfolglos.

11

Die Reform des europäischen Marktmissbrauchsrechts behält die **inhaltliche Grundstruktur** der Insiderhandelsverbote bei.[26] Während es zu einer Ausweitung der vom Insiderrecht erfassten Finanzinstrumente gekommen ist (s. Kap. 7.2.), stimmen die Definitionen und (bzw.) Verbote der Insiderinformation, des Insidergeschäfts, der Empfehlung zum Tätigen eines solchen und der Weitergabe von Insiderinformationen in der Marktmissbrauchsverordnung und der neuen Marktmissbrauchsrichtlinie (CRIM-MAD) mit jenen aus der vom deutschen Gesetzgeber umgesetzten Marktmissbrauchsrichtlinie vom 28.1.2003 sowie deren Durchführungsrichtlinie RL 2003/124/EG im Wesentlichen überein. Vieles spricht deshalb dafür, dass die vom EuGH entwickelten Auslegungsgrundsätze weiterhin berücksichtigt werden können.[27] Die Marktmissbrauchsrichtlinie (CRIM-MAD) geht v.a. in den folgenden Hinsichten über die bisherige deutsche Rechtslage hinaus:

12

- erweiterte Strafbarkeit von Sekundärinsidern (Art. 3, 4);
- explizites Bekenntnis zu einer Theorie der negativen Generalprävention (Art. 7).

Die immense Bedeutung der Neuregelungen ergibt sich in erster Linie aus der **Europäisierung** des Insiderrechts.[28] Durch die Verortung von Verbotstatbeständen und Begriffsbestimmungen in einer unmittelbar anwendbaren Verordnung erreicht die Harmonisierung des Insiderrechts ein neues Niveau. Hinzu kommt, dass die in der Verordnung enthaltenen Verbotstatbestände durch die Inbezugnahme in § 119 Abs. 3 WpHG ihren Charakter als Vorschriften des

13

---

23 So auch Fuchs/*Mennicke* WpHG Vor §§ 12 ff. Rn. 40 m.
24 BVerfG 30.6.2009 – 2 BvE 2/08 ua, BVerfGE 123, 267 (412).
25 Ähnlich *Schröder* HRRS 2013, 253 (254 f.); zurückhaltend *Veil* ZBB 2014, 85 (86 f.).
26 Fuchs/*Mennicke* WpHG § 14 Rn. 1; JVRB/*Ritz* WpHG Einl. Rn. 109; *Eggers/Gehrmann* WiJ 2016, 123 (124); *Teigelack* BB 2012, 1361 (1365); *Veil* ZBB 2014, 85 (86); *Weber* NJW 2016, 992 (996).
27 Fuchs/*Mennicke* WpHG § 14 Rn. 1; *Veil* ZBB 2014, 85 (91); *Veil/Koch* WM 2011, 2297 (2300).
28 *Teigelack* BB 2012, 1361 (1365); *Veil* ZBB 2014, 85 (86).

EU-Rechts nicht verlieren und sich deren Auslegung deshalb nach unionsrechtlichen Grundsätzen richtet.[29]

14 Welches Ausmaß die Vereinheitlichung des Insider*straf*rechts tatsächlich erreichen wird, bleibt abzuwarten. Das Vereinigte Königreich und Dänemark haben sich nicht an der Annahme der neuen Marktmissbrauchsrichtlinie (CRIM-MAD) beteiligt und werden durch sie nicht gebunden. Unterschiedliche Regelungsinhalte in den mitgliedstaatlichen Strafvorschriften können sich auch daraus ergeben, dass die Richtlinie nicht abschließend[30] festlegt, wann ein die Verpflichtung zur Schaffung eines Straftatbestands auslösender schwerer Fall eines Insidergeschäfts oder einer entsprechenden Vorfeldhandlung vorliegt. Ein bestimmtes Verhalten kann deshalb zB in einem Mitgliedstaat Straftat und in einem anderen Mitgliedstaat lediglich eine Ordnungswidrigkeit sein.[31]

15 Die europäischen Vorgaben wurden in Deutschland im Wesentlichen bereits durch das **Erste Finanzmarktnovellierungsgesetz** vom 30.6.2016 (1. FiMaNoG)[32] umgesetzt. Das **Zweite Finanzmarktnovellierungsgesetz** vom 23.6.2017 (2. FiMaNoG)[33] enthält demgegenüber im Wesentlichen lediglich redaktionelle Neuerungen (s. Kap. 7.5. Rn. 4 f.). Die wichtigsten Änderungen des WpHG sind folgende:

- Fortan bestimmt **Art. 2** der Marktmissbrauchsverordnung den **Anwendungsbereich** der Insiderhandelsverbote. Die Definition des Insiderpapiers in § 12 WpHG aF entfällt.
- Ob eine Handlung gegen die **Insiderhandelsverbote** verstößt, ergibt sich seit Juli 2016 unmittelbar aus **Art. 14 iVm 7 ff.** der Marktmissbrauchsverordnung. Die nationalen Bestimmungen über den Begriff der Insiderinformation und das Verbot von Insidergeschäften in den §§ 13, 14 WpHG aF wurden deshalb aufgehoben.
- Die (mittelbare) Bezugnahme des § 38 WpHG aF auf § 14 WpHG aF wurde im Rahmen des 1. FiMaNoG durch Verweise auf die Verbotsvorschrift des Art. 14 der Marktmissbrauchsverordnung ersetzt, § 38 Abs. 3 WpHG aF. Seit Inkrafttreten von Art. 3 Nr. 122 des 2. FiMaNoG am 3.1.2018 findet sich die **Strafbewehrung** des Insiderhandelsverbots in **§ 119 Abs. 3 WpHG**.
- Verstöße gegen die Verbote des Insidergeschäfts, der Empfehlung bzw. Verleitung[34] dazu und der unrechtmäßigen Offenlegung von Insiderinformationen sind nun **ausnahmslos auch für Sekundärinsider** strafbewehrt, § 119 Abs. 3 WpHG.
- Die Strafbarkeit des leichtfertigen Insiderhandels wurde – außer, soweit die besonderen Strafbewehrungen des Verbots von Insidergeschäften im Zusammenhang mit der Versteigerung von Treibhausgasemissionszertifikaten nach der VO (EU) 1031/2010 in Rede stehen (§ 119 Abs. 2 WpHG, s. Kap. 7.5. Rn. 18 ff.) – aufgehoben, § 119 Abs. 7 WpHG.

---

29 HdB-EUStrafR/*Satzger* § 9 Rn. 23.
30 Auslegungshinweise finden sich in Erwägungsgrund 11.
31 *Becker/Rodde* ZBB 2016, 11 (17).
32 BGBl. 2016 I 1514.
33 BGBl. 2017 I 1693.
34 Art. 8 Abs. 2 und 3, Art. 14 lit. b berichtigt ABl. 2016 L 287, 320.

Die das Insiderstrafrecht betreffenden Regelungen des 1. FiMaNoG sind am 16
2.7.2016 in Kraft getreten (Art. 17 Abs. 1). Damit wurden die deutschen Insiderhandelsverbote zwar nach Inkrafttreten, aber einen Tag vor Geltungsbeginn des europäischen Insiderhandelsverbots aus Art. 14 der Marktmissbrauchsverordnung (3.7.2016; Art. 39 Abs. 1, 2 der Marktmissbrauchsverordnung) aufgehoben. In Streit stand deshalb, ob Insiderhandel wegen eines in die „Leere" gehenden Verweises in § 38 WpHG aF am 2.7.2016 in Deutschland straflos war.[35] Eine solche **Ahndungslücke** hätte weitreichende Folgen nach sich ziehen können: „Mildestes" Gesetz iSd § 2 Abs. 3 StGB ist jedenfalls ein solches, das ein bestimmtes Verhalten für straffrei erklärt. Damit wären sämtliche noch nicht abgeurteilten Altfälle aus dem Bereich des Insiderrechts grundsätzlich straflos gestellt worden. Mit BGH und BVerfG ist allerdings davon auszugehen, dass der nationale Gesetzgeber die europäischen Insiderhandelsverbote ohne Verstoß gegen Art. 103 Abs. 2 GG in Deutschland einen Tag vor dem in Art. 39 Abs. 2 der Marktmissbrauchsverordnung bestimmten Geltungsbeginn für anwendbar erklärt hat.[36] Dass dies bewusst geschah,[37] darf zwar bezweifelt werden. Weil nämlich die Gesetzesbegründung davon spricht, dass die Vorschriften zur Umsetzung des europäischen Programms gegen Insiderhandel „zum in diesen Rechtsakten bestimmten Anwendungszeitpunkt" wirksam würden,[38] spricht vieles für ein redaktionelles Versehen des Gesetzgebers.[39] Das steht der Vorverlagerung des Anwendungsbeginns der Bezugsnormen aus der Marktmissbrauchsverordnung allerdings nicht entgegen.[40] Durch einen Blick in die bereits in Kraft getretene und im Amtsblatt der Europäischen Union veröffentlichte Marktmissbrauchsverordnung war am 2.7.2016 klar bestimmbar, welches Verhalten durch § 38 WpHG strafbewehrt sein sollte.[41] Es ist offensichtlich, dass das nach dem Willen des deutschen Gesetzgebers auch

---

35 Straflosigkeit nehmen etwa an NK-WSS/*Trüg* WpHG § 38 Rn. 4; *Lorenz/Zierden* HRRS 2016, 443 (448); *Rothenfußer/Jäger* NJW 2016, 2689 (2695); aA BGH 10.1.2017 – 5 StR 532/16, NJW 2017, 966 mit abl. Anm. *Rothenfußer* AG 2017, 149; BVerfG 3.5.2018 – 2 BvR 463/17, NJW 2018, 3091 mit Anm. *Rothenfußer* AG 2018, 675 und *Szesny/Vossel* GWR 2018, 237; BGH 8.8.2018 – 2 StR 210/16, NStZ-RR 2019, 49 mit Anm. *Möllers/Herz* WuB 2019, 153; s. bereits *Bergmann/Vogt* wistra 2016, 347 (349); *Klöhn/Büttner* ZIP 2016, 1801 (1808); zusammenfassend *Hammen* WM 2019, 341.
36 BGH 10.1.2017 – 5 StR 532/16, NJW 2017, 966 (967) mit Verweis auf *Klöhn/Büttner* ZIP 2016, 1801 (1805 ff.) und abl. Anm. *Rothenfußer* AG 2017, 149; BVerfG 3.5.2018 – 2 BvR 463/17, NJW 2018, 3091 mit Anm. *Rothenfußer* AG 2018, 675 und *Szesny/Vossel* GWR 2018, 237; BGH 8.8.2018 – 2 StR 210/16, NStZ-RR 2019, 49 mit Anm. *Möllers/Herz* WuB 2019, 153; zur Möglichkeit des nationalen Gesetzgebers, auf eine noch nicht anwendbare europäische Verordnung zu verweisen, s. auch BVerfG 19.12.1991 – 2 BvR 836/85, NVwZ-RR 1992, 521.
37 So BGH 8.8.2018 – 2 StR 210/16, NStZ-RR 2019, 49 (50) mit Bezugnahme auf die Gesetzgebungsmaterialien des 2. FiMaNoG; *Klöhn/Büttner* ZIP 2016, 1801 ff. und die BaFin in ihrer Pressemitteilung vom 8.7.2016: Keine Strafbarkeitslücke im Kapitalmarktrecht, abrufbar unter https://www.bafin.de/SharedDocs/Veroeffentlichungen/DE/Pressemitteilung/2016/pm_160708_bz_keine_ahndungsluecke.html (zuletzt abgerufen am 12.6.2019).
38 BT-Drs. 18/7482, S. 80.
39 NK-WSS/*Trüg* WpHG § 38 Rn. 4; *Bergmann/Vogt* wistra 2016, 347; *Lorenz/Zierden* HRRS 2016, 443 (444 f.); *Rothenfußer/Jäger* NJW 2016, 2689 (2690).
40 BGH 10.1.2017 – 5 StR 532/16, NJW 2017, 966 (967).
41 *Bergmann/Vogt* wistra 2016, 347 (349); *Klöhn/Büttner* ZIP 2016, 1801 (1807 f.); in diese Richtung auch BGH 10.1.2017 – 5 StR 532/16, NJW 2017, 966; BVerfG

am 2.7.2016 gelten und der Insiderhandel nicht einmal zeitweise entkriminalisiert werden sollte.[42] Denn der Zweck der durch das 1. FiMaNoG vorgenommenen Aufhebung der deutschen Insiderhandelsverbote beschränkte sich erkennbar auf die notwendige Anpassung des § 38 WpHG aF an den Umstand, dass sich das europäische Insiderhandelsverbot fortan in einer Verordnung befindet. Marktmissbrauchsverordnung und 1. FiMaNoG weisen also ersichtlich die gemeinsame Zielsetzung der Vermeidung von Insiderhandel auf.[43] Nach Art. 103 Abs. 2 GG schutzwürdiges Vertrauen auf eine etwaige Straflosigkeit des Insiderhandels ist deshalb am 2.7.2016 nicht entstanden.[44] Auch Europarecht steht der gesetzgeberischen Vorverlagerung des Geltungsbeginns der Verbotsvorschriften der Marktmissbrauchsverordnung nicht entgegen. Dass die Insiderhandelsverbote der Marktmissbrauchsverordnung erst ab dem 3.7.2016 aus sich heraus anwendbar waren, gründet darauf, dass den Mitgliedstaaten Zeit eingeräumt werden sollte, um das nationale Recht an das neue Marktmissbrauchsregime anzupassen.[45] Insiderhandel wurde durch die Marktmissbrauchsrichtlinie vom 28.1.2003 indes auch vor dem 3.7.2016 europarechtlich missbilligt. Dem EU-Gesetzgeber war bei der Schaffung des neuen Regelungsregimes außerdem bekannt, dass Insiderverstöße schon unter Geltung der Marktmissbrauchsrichtlinie vom 28.1.2003 in vielen Mitgliedstaaten strafbewehrt waren. Daraus, dass dies nach Art. 13 Abs. 1 UAbs. 2 der neuen Marktmissbrauchsrichtlinie (CRIM-MAD) ab 3.7.2016 flächendeckend gelten sollte, lässt sich nicht entnehmen, dass eine frühere Pönalisierung dem Willen des europäischen Gesetzgebers widerspricht.[46] § 2 Abs. 3 StGB würde überdies nicht zwingend die Straflosigkeit *sämtlicher* noch nicht abgeurteilter Altfälle nach sich ziehen. Weil das Meistbegünstigungsprinzip vom Bundesverfassungsgericht nicht als Ausprägung des Rückwirkungsverbots des Art. 103 Abs. 2 GG begriffen wird,[47] wäre eine etwaige Ahndungslücke am 2.7.2016 durch die

---

3.5.2018 – 2 BvR 463/17, NJW 2018, 3091 (3092) mit Anm. *Szesny/Vossel* GWR 2018, 237; BGH 8.8.2018 – 2 StR 210/16, NStZ-RR 2019, 49 (50) mit Anm. *Möllers/Herz* WuB 2019, 153.

42 BGH 10.1.2017 – 5 StR 532/16, NJW 2017, 966 (967); BGH 8.8.2018 – 2 StR 210/16, NStZ-RR 2019, 49 (51) für die Marktmanipulation.

43 Zum Gedanken der gemeinsamen Zwecksetzung eines deutschen Strafgesetzes und einer in Bezug genommen ungültigen europäischen Vorschrift als Anknüpfungspunkt für die Wahrung des Art. 103 Abs. 2 GG s. BVerfG 19.12.1991 – 2 BvR 836/85, NVwZ-RR 1992, 521 (522).

44 So iErg auch BGH 10.1.2017 – 5 StR 532/16, NJW 2017, 966 (967 f.); BGH 8.8.2018 – 2 StR 210/16, NStZ-RR 2019, 49 (51). Die Auffassung, dass Insiderhandel am 2.7.2016 straflos gewesen sein könnte, erschließt sich erst aus der Zusammenschau aus Art. 17 Abs. 1 des 1. FiMaNoG und Art. 39 Abs. 2 der Marktmissbrauchsverordnung, der zugleich die Geltung des europäischen Insiderhandelsverbots ab dem 3.7.2016 anordnet. „Vertraut" werden konnte am 2.7.2016 also allenfalls auf das Vorliegen einer Ahndungslücke. Berücksichtigen ließe sich ein solcher Gültigkeitsirrtum über § 17 S. 2 StGB oder im Rahmen der Strafzumessung im engeren Sinne, s. MüKoStGB/*Joecks* StGB § 17 Rn. 34, 79 ff.

45 Erwägungsgrund 88 der Marktmissbrauchsverordnung; BGH 10.1.2017 – 5 StR 532/16, NJW 2017, 966 (969); BGH 8.8.2018 – 2 StR 210/16, NStZ-RR 2019, 49 (51); *Klöhn/Büttner* ZIP 2016, 1801 (1806).

46 BGH 10.1.2017 – 5 StR 532/16, NJW 2017, 966 (969); BVerfG 3.5.2018 – 2 BvR 463/17, NJW 2018, 3091 (3092) mit Anm. *Szesny/Vossel* GWR 2018, 237; *Klöhn/Büttner* ZIP 2016, 1801 (1806).

47 BVerfG 18.9.2008 – 2 BvR 1817/08, NJW 2008, 3769.

Einfügung des § 52 bzw. nun § 137 WpHG – in Einklang jedenfalls mit deutschem Verfassungsrecht – rückwirkend beseitigt worden.[48]

II. Schutzzweck und Legitimation des Insiderstrafrechts

Zweck des Insiderhandelsverbots ist nach Art. 1 der Marktmissbrauchsverordnung, die „Integrität der Finanzmärkte in der Union sicherzustellen und den Anlegerschutz und das Vertrauen der Anleger in diese Märkte zu stärken". Primäres Ziel ist damit wie auch schon in WpHG und EG-Insiderrichtlinie der Funktionsschutz des Kapitalmarktes: Durch das Vorhandensein eines Insiderhandelsverbots wird das Vertrauen des Anlegers in den Kapitalmarkt erhöht, umgekehrt wird ein Kapitalmarkt, bei dem eine solche Insiderregelung fehlt, von den Anlegern auf dem internationalen Markt gemieden. Mit dem Schutz des Anlegervertrauens in die Integrität des Marktes wird das **Funktionieren des Kapitalmarktes** geschützt.[49]

17

Ob das Insiderhandelsverbot über das Funktionieren des Wertpapiermarktes hinaus auch **Individualinteressen der Anleger** schützt, wird insbesondere im Hinblick auf die Frage, ob die Insidervorschriften Schutzgesetze iSd § 823 Abs. 2 BGB sind und dem einzelnen Anleger somit ein Schadensersatzanspruch zustehen kann, höchst kontrovers diskutiert. Zu § 14 WpHG aF wurde zutreffend überwiegend vertreten,[50] dass das Insiderrecht den einzelnen Anleger nur mittelbar schütze. § 14 WpHG aF war daher kein Schutzgesetz im hier relevanten Sinn. Auch die Erwägungsgründe der Marktmissbrauchsverordnung, insbesondere der Nr. 1–6, stellen den Markt- gegenüber dem Anlegerschutz deutlich in den Vordergrund.[51] Ein gewandeltes Verständnis ist selbst Erwägungsgrund 23 nicht zu entnehmen. Auch dort wird letztlich primär auf die Funktionsfähigkeit des Kapitalmarkts abgestellt, wenn es heißt: „Das wesentliche Merkmal von Insidergeschäften ist ein ungerechtfertigter Vorteil, der mittels Insiderinformationen zum Nachteil Dritter erzielt wird, die diese Informationen nicht kennen, und *infolgedessen* in der Untergrabung der Integrität der Finanzmärkte und des Vertrauens der Investoren" [sic].[52] Es dürfte deshalb an-

18

---

[48] Ob dem mittlerweile Art. 49 Abs. 1 S. 3 der europäischen Grundrechte-Charta entgegensteht, bedarf der Klärung; letztlich offen gelassen wurde diese Frage von BVerfG 13.6.2018 – 2 BvR 375/17, WM 2018, 1251 und BGH 8.8.2018 – 2 StR 210/16, NStZ-RR 2019, 49 mit der Argumentation, dass eben schon keine Ahndungslücke bestanden habe; s. dazu ferner *Rothenfußer/Jäger* NJW 2016, 2689 (2694); Schönke/Schröder/*Hecker* StGB § 2 Rn. 14; *Schützendübel*, Die Bezugnahme auf EU-Verordnungen in Blankettstrafgesetzen, S. 112 ff.; *Gaede* wistra 2011, 365.

[49] *Klöhn* MAR Art. 14 Rn. 14; vgl. bereits Schäfer/Hamann/*Schäfer* WpHG Vor § 12 Rn. 12; ebenso Assmann/Schneider/*Assmann*, 6. Aufl., WpHG Vor § 12 Rn. 42; *Assmann* AG 1994, 196 (201); *Grunewald* ZBB 1990, 128 (130); *Hopt* ZGR 1991, 17 (25); *ders.* AG 1995, 353 (358); *Kübler* AG 1977, 85 (87 f.); *Mennicke*, Sanktionen gegen Insiderhandel, S. 116; *Siebold*, Das neue Insiderrecht, S. 41; *Tippach*, Marktdaten, S. 14 ff.

[50] *Caspari* ZGR 1994, 530 (532); *Dickersbach*, Das neue Insiderrecht, S. 197 ff.; *Immenga* ZBB 1995, 197 (205); *Mennicke*, Sanktionen gegen Insiderhandel, S. 618 f.; MüKoStGB/*Pananis* WpHG § 38 Rn. 5; abwägend Schimansky/Bunte/Lwowski/*Hopt/Kumpan* § 107 Rn. 6; Assmann/Schneider/*Assmann*, 6. Aufl., WpHG Vor § 12 Rn. 49.

[51] *Klöhn* MAR Einl. Rn. 72; Art. 14 Rn. 9 f.; aA mit Verweis auf Erwägungsgrund 23 *Beneke/Thelen* BKR 2017, 12 (14).

[52] Hervorhebung durch die Verfasser; wie hier Assmann/Schneider/Mülbert/*Assmann* MAR Vor Art. 7 Rn. 29; *Klöhn* MAR Art. 14 Rn. 9; aA *Wahner* S. 215 f.; *Beneke/Thelen* BKR 2017, 12 (14).

zunehmen sein, dass auch die Insiderhandelsverbote aus Art. 14 keinen individuellen Anlegerschutz vermitteln.[53] Gelingt der Nachweis eines konkreten Schadens, so lassen sich Schadenersatzpflichten immerhin auf Normen wie § 404 AktG oder die §§ 76, 93, 116 AktG stützen, sofern deren besondere Voraussetzungen gegeben sind.

19 Der Sinn eines Insiderstrafrechts wird immer wieder in Zweifel gezogen.[54] Der Schutzzweck „Funktionieren des Kapitalmarktes" ist zunächst **von ökonomischer Seite kritisiert** worden. Bereits Mitte der 1960er-Jahre argumentierte der US-Ökonom *Manne*, Insiderhandel sei geradezu eine Voraussetzung effektiver Kapitalmärkte und schädige den einzelnen Anleger nicht. Ein Insiderhandelsverbot sei deshalb aus ökonomischer Sicht nutzlos und geradezu verfehlt.[55] Diese Sicht ist im jüngeren ökonomischen Schrifttum mehrfach bestätigt worden.[56]

20 In der Tat ist die **Ungleichverteilung von Information** unmittelbare Folge eines marktwirtschaftlichen Systems, in dem die Akteure unterschiedliche Positionen einnehmen und grundsätzlich selbst über ihre Interessen und ihren ökonomischen Einsatz bestimmen können. Die Vorstellung, in einem „fairen Markt" seien alle Informationen grundsätzlich gleich verteilt und stünden jedem Marktteilnehmer als Grundlage seiner wirtschaftlichen Dispositionen gleichermaßen zur Verfügung, ist wirklichkeitsfremd und naiv. Obgleich sich auch der europäische Gesetzgeber zum Vertrauensschutz als Zielsetzung des Insiderhandelsverbots bekannt hat, sollte de lege ferenda weiter über den Sinn eines Insiderhandelsverbotes, seine Zielsetzung und dementsprechend seine möglichst zweckmäßige Gestaltung nachgedacht werden.

21 Hinzu tritt ein zweiter Gesichtspunkt: In der Marktwirtschaft wird das rasche und effiziente **Ausnutzen neuer Informationen** durch die Marktteilnehmer zu ökonomischen Zwecken grundsätzlich positiv bewertet. Die Abschichtung zwischen Informationen, deren Nutzung durch die Marktteilnehmer erwünscht ist, und Informationen, die nicht (oder noch nicht) zur Grundlage wirtschaftlicher Dispositionen gemacht werden dürfen, stellt ein schwieriges rechtspolitisches, aber auch rechtsdogmatisches Problem dar. Ein paralleles Problem taucht im Kernstrafrecht mit der Abgrenzung von erlaubter Geschäftstüchtigkeit und verbotenem Betrug auf.[57] Diese Abgrenzungsproblematik spielt bei der Auslegung der Vorschriften über verbotenes Insiderhandeln eine wesentliche Rolle.

22 Ein dritter Ansatzpunkt für Kritik setzt bei der **spezifisch strafrechtlichen Sanktionierung** des Insiderhandels an. Das Strafrecht, so wird argumentiert,

---

53 Assmann/Schneider/Mülbert/*Assmann* MAR Vor Art. 7 Rn. 29; *Klöhn* MAR Art. 14 Rn. 9, 122; HdB-EUStrafR/*Koch* § 17 Rn. 48; *Langenbucher* S. 355; skeptisch auch Baumbach/Hopt/*Kumpan* VO (EU) Nr. 596/2014 Vorb. Rn. 9; aA *Wahner* S. 216; *Beneke/Thelen* BKR 2017, 12 (14); *Poelzig* NZG 2016, 492 (501).
54 Überblick bei *Hilgendorf*, Skeptische Überlegungen, S. 262 ff.
55 Grundlegend *Manne*, Insider Trading and the Stock Market, 1966; aus dem deutschen Schrifttum vgl. *Hopt* AG 1995, 353; *Mennicke*, Sanktionen gegen Insiderhandel, S. 57 ff.; *Ott/Schäfer* ZBB 1991, 226.
56 Nachweise bei *Hopt* AG 1995, 353 ff.; vgl. auch Assmann/Schneider/*Assmann*, 6. Aufl. WpHG Vor § 12 Rn. 43.
57 Dieses Problem wurde schon bei der Schaffung des allgemeinen Betrugstatbestandes diskutiert, dazu *Hilgendorf*, Tatsachenaussagen, S. 26 ff.

müsse im liberalen Staat *ultima ratio* des Rechtsgüterschutzes bleiben und sei kein Mittel, das leichthin zu Zwecken der Wirtschaftssteuerung eingesetzt werden sollte. Teilweise wird die Ausweitung der Strafbarkeit im Bereich der Wirtschaftsstraftaten insgesamt problematisiert, zT erstreckt sich die Kritik speziell auf das Insiderrecht, insbesondere mit dem Argument der Aufklärungsschwierigkeiten derartiger Straftaten und der Subsidiarität strafrechtlicher Sanktionen.[58]

Auch diese kritischen Einwände lassen sich – auch in Hinblick auf die Kriminalisierungsentscheidung des europäischen Gesetzgebers (s. Rn. 11) – nicht ohne Weiteres beiseite räumen. Das Strafrecht als schärfstes staatliches Instrument der Verhaltenssteuerung steht im Bereich des verbotenen Insiderhandels vor besonderen Problemen. Das Insiderrecht ist wesentlich geprägt von europäischen Vorgaben einerseits, spezifisch wirtschaftsrechtlichen Denkmodellen andererseits. Beides führt, in Verbindung mit der unnötig verschachtelten Regelung (s. Rn. 25 ff.), dazu, dass im Insiderstrafrecht die Einhaltung der im klassischen Strafrecht traditionell hochgehaltenen und verfassungsrechtlich wohl begründeten (Art. 103 Abs. 2 GG, vgl. auch § 1 StGB) Bestimmtheitsanforderungen erheblich gefährdet ist. Die Gegenstandsbereiche des Insiderstrafrechts, also die zu beurteilenden Sachverhalte, sind zudem einem rasanten Wandel unterworfen, was sich schon in der stets wechselnden, stark von Anglizismen geprägten Terminologie bemerkbar macht. Dies erschwert den Zugriff des (Straf-)Gesetzgebers sehr. 23

Die genannten Faktoren bergen die Gefahr einer rechtsstaatlich bedenklichen **Flexibilisierung des strafrechtlichen Instrumentariums**, um (echten oder vermeintlichen) Marktinteressen und rechtspolitischen Vorstellungen der Akteure oder einer „kritischen Öffentlichkeit" gerecht zu werden. Es ist deshalb besonders zu betonen, dass das Insiderstrafrecht als Teil des Strafrechts unter besonderen **rechtsstaatlichen Bindungen** steht, die nicht im Wege „flexibler Auslegung" abgeschüttelt werden dürfen. Dazu gehören insbesondere die Wortlautgrenze und das Analogieverbot sowie der strafrechtliche Bestimmtheitsgrundsatz. 24

III. Gesetzessystematik

Die Kernbestimmungen des Insiderstrafrechts bilden für **bis 1.7.2016 begangene Taten** die Insiderhandelsverbote des § 14 WpHG aF. Das Gesetz unterschied drei Tatvarianten: den Erwerb bzw. die Veräußerung eines Insiderpapiers unter Verwendung einer Insiderinformation (§ 14 Abs. 1 Nr. 1 WpHG aF), die unbefugte Mitteilung oder das unbefugte Zugänglichmachen einer Insiderinformation (§ 14 Abs. 1 Nr. 2 WpHG aF) und die auf einen Erwerb oder eine Veräußerung eines Insiderpapiers gerichtete Empfehlung oder sonstige Verleitung dazu (§ 14 Abs. 1 Nr. 3 WpHG aF). Die Insiderhandelsverbote richteten sich an jeden Insider gleichermaßen, dh dass die traditionelle Unterscheidung zwischen Primär- und Sekundärinsidern auf der Verbotsebene schon für § 14 WpHG aF nicht mehr galt. Welche Wertpapiere Insiderpapiere darstell- 25

---

58 Vgl. *Haouache*, Börsenaufsicht, S. 57 ff.; zusammenfassend Assmann/Schneider/*Assmann*, 6. Aufl., WpHG Vor § 12 Rn. 44 mit Nachweisen.

ten, ergab sich aus § 12 WpHG aF. Der Begriff der Insiderinformation wurde in § 13 WpHG aF definiert.

26 Den Straftatbestand des § 38 Abs. 1 WpHG aF erfüllte zunächst, wer nach § 38 Abs. 1 Nr. 1 WpHG aF entgegen § 14 Abs. 1 Nr. 1 WpHG aF ein Insiderpapier **erwarb** oder **veräußerte**. Nach § 38 Abs. 1 Nr. 2 WpHG aF ist strafbar, wer eine Insiderinformation einem anderen **weitergab** oder einen anderen zum Erwerb oder zur Veräußerung eines Insiderpapiers **verleitete**. Dies gilt allerdings nur dann, wenn der Täter als sog „**Primärinsider**" eine **besondere Nähebeziehung** zu der infrage stehenden Insiderinformation besaß. Eine solche Nähebeziehung konnte entstehen aus einer besonderen Organmitgliedschaft oder einem Gesellschafterstatus (§ 38 Abs. 1 Nr. 2 a WpHG aF), bei Anteilseignern (Nr. 2 b), durch eine bestimmte Tätigkeit (Nr. 2 c) oder aufgrund der Vorbereitung oder Begehung einer Straftat (Nr. 2 d). Ergänzt wurden die strafrechtlichen Regelungen für bis zum 1.7.2016 begangene Taten durch die ordnungswidrigkeitsrechtlichen Bestimmungen in § 39 Abs. 2 Nr. 3 und 4 WpHG aF (s. Kap. 7.5. Rn. 9, 14).

27 Der genaue Wortlaut der Verbotsnormen ergibt sich erst aus dem Zusammenlesen von § 38 Abs. 1 Nr. 2 WpHG aF und § 39 Abs. 2 Nr. 3 und 4 WpHG aF. Die Regelung des Insiderstrafrechts ist deshalb schon unter Geltung der Verbotstatbestände des WpHG sehr unübersichtlich geraten. Die Ursache für die defizitäre Gesetzgebungstechnik wurde schon für die ältere Gesetzesfassung in der Komplexität der Materie und den äußeren Umständen des Gesetzgebungsverfahrens, nämlich Zeitdruck und Notwendigkeit von Kompromissen, sowie in der Tatsache gesehen, dass mit der umzusetzenden EG-Richtlinie bereits gewisse Vorgaben bestanden.[59] Es ist zu bedauern, dass der Gesetzgeber weder die Reform von 2004 noch spätere Reformen dazu genutzt hat, um die Gesetzestechnik zu verbessern.[60]

28 Die für das Insiderstrafrecht zentrale Vorschrift ist für **seit 2.7.2016** begangene Taten **Art. 14 der Marktmissbrauchsverordnung**. Dieser enthält wie § 14 WpHG aF drei Verbotstatbestände: das Tätigen von Insidergeschäften samt Versuchs (Art. 14 lit. a), die Empfehlung an Dritte oder Verleitung[61] Dritter, Insidergeschäfte zu tätigen (Art. 14 lit. b) und die unrechtmäßige Offenlegung von Insiderinformationen (Art. 14 lit. c). Konkretisiert wird das Insiderhandelsverbot durch die Bestimmung des Insidergeschäfts in Art. 8 Abs. 1 und 3, der Empfehlung oder Verleitung zum Tätigen eines solchen in Art. 8 Abs. 2 und der unrechtmäßigen Offenlegung von Insiderinformationen in Art. 10. Diese Verbote gelten uneingeschränkt auch für Sekundärinsider (Art. 8 Abs. 4 UAbs. 2, Art. 10 Abs. 1 UAbs. 2 iVm Art. 8 Abs. 4 UAbs. 2). Der Anwendungsbereich des europäischen Insiderhandelsverbots ergibt sich aus Art. 2, der Begriff der Insiderinformation aus Art. 7 Abs. 1–4. Ausnahmen von den Insiderverboten enthalten die Art. 5, 9, und 11.

---

59 Schäfer/Hamann/*Schäfer* WpHG § 13 Rn. 3.
60 Im Rahmen der Schaffung des 1. FiMaNoG hingegen waren dem deutschen Gesetzgeber durch die Europäisierung des Insiderhandelsverbots die Hände gebunden, s. Rn. 32.
61 Art. 8 Abs. 2 und 3, Art. 14 lit. b berichtigt ABl. 2016 L 287, 320; zur Ersetzung des Begriffs der Anstiftung in der Strafbewehrung des WpHG durch das 2. FiMaNoG s. Kap. 7.5. Rn. 6.

Die Strafbewehrung der Insiderhandelsverbote erfolgt durch statische Verweisung auf die Marktmissbrauchsverordnung. Strafbar ist nach § 119 Abs. 3 Nr. 1 WpHG, wer entgegen Art. 14 lit. a der Marktmissbrauchsverordnung ein **Insidergeschäft tätigt**. Den Straftatbestand des § 119 Abs. 3 Nr. 2 WpHG erfüllt, wer entgegen Art. 14 lit. b der Marktmissbrauchsverordnung einem anderen **empfiehlt**, ein Insidergeschäft zu tätigen oder ihn dazu **verleitet** (zur Ersetzung des Begriffs der Anstiftung durch das 2. FiMaNoG s. Kap. 7.5. Rn. 6). § 119 Abs. 3 Nr. 3 WpHG stellt es unter Strafe, eine Insiderinformation entgegen Art. 14 lit. c der Marktmissbrauchsverordnung unrechtmäßig **offenzulegen**. Die Strafbarkeit des Verstoßes hängt nicht von der Insidereigenschaft des Täters ab. Auch künftig wird das Insiderstrafrecht durch das Ordnungswidrigkeitenrecht ergänzt. Die entsprechenden Bestimmungen finden sich in § 120 Abs. 14 WpHG. 29

Welches Verhalten strafbar ist, ergibt sich also auch weiterhin erst aus der Zusammenschau mehrerer Normen. Dazu ist allerdings festzuhalten, dass die Finanzmarktnovellierungsgesetze dem Gesetzgeber keine Möglichkeit boten, die Regelungstechnik zu vereinfachen. Aufgrund der unmittelbaren Geltung der in der Marktmissbrauchsverordnung enthaltenen Insiderhandelsverbote muss er in § 119 Abs. 3 WpHG auf Art. 14 der Marktmissbrauchsverordnung verweisen.[62] 30

IV. Verfassungsmäßigkeit der Blanketttatbestände

§ 38 Abs. 1 Nr. 1 WpHG aF nahm Bezug auf das Insiderhandelsverbot des § 14 Abs. 1 Nr. 1 WpHG aF, der wiederum auf § 12 WpHG aF und § 13 WpHG aF verwies. § 38 Abs. 1 Nr. 2 WpHG aF verwies unter Rekurs auf § 13 WpHG aF (Insiderinformation) auf § 39 Abs. 2 Nr. 3 und 4 WpHG aF. Es handelte sich somit bereits beim deutschen Insiderhandelsverbot um einen verschachtelten, mehrstufigen **Blanketttatbestand**. Eine solche Blankettnorm ist im Hinblick auf das verfassungsrechtliche Bestimmtheitsgebot (Art. 103 Abs. 2 GG) sehr problematisch. Sinn des strafrechtlichen Bestimmtheitsgebotes ist es ua, dem Rechtsunterworfenen die Möglichkeit zu geben, sich über den Inhalt der in einem Staat geltenden und strafrechtlich sanktionierten Verbotsnormen Klarheit zu verschaffen. Bei § 38 Abs. 1 WpHG aF fanden sich zwar sämtliche Bezugstatbestände in ein und demselben Gesetz, so dass der Rechtsunterworfene sich den Inhalt des Verbots grundsätzlich aus dem Gesetz erschließen konnte. Den meisten Marktteilnehmern dürfte dies jedoch nur mit fachjuristischer Unterstützung möglich gewesen sein. Die Regelung in § 38 Abs. 1 WpHG aF ist deshalb verfassungsrechtlich bedenklich.[63] 31

Die mit der Ausgestaltung als Blanketttatbestand verbundenen rechtsstaatlichen Probleme wurden durch die Neuregelung des Insiderhandelsverbots nicht wesentlich entschärft. § 119 Abs. 3 WpHG verweist auf Art. 14 der Marktmissbrauchsverordnung. Welches Verhalten diese Norm verbietet, wird in den Art. 8 und 10 der Marktmissbrauchsverordnung konkretisiert. Vollständig erfasst wird der Verbotstatbestand erst unter Berücksichtigung der Art. 2, 5, 7, 9 und 11 der Marktmissbrauchsverordnung, welche den Begriff der Insiderinfor- 32

---

62 HdB-EUStrafR/*Satzger* § 9 Rn. 21; *Satzger/Langheld* HRRS 2011, 460 (461); *Schröder* HRRS 2013, 253 (253, 260); aA *Eggers/Gehrmann* WiJ 2016, 123 (124).
63 *Fürsich* S. 69 ff. Skeptisch auch *Hammen* ZIS 2014, 303 ff.

mation und den Anwendungsbereich der Marktmissbrauchsverordnung sowie bestimme Ausnahmen von den Insiderverboten bestimmen. Hinzu kommt, dass sich nun nicht mehr sämtliche Bezugsgegenstände des Verbots in einem Gesetz befinden. Es handelt sich bei den Insiderhandelsverboten fortan um sog „echte" (mehrstufige) Blankettnormen, die durch Vorschriften eines anderen – des europäischen – Normgebers ausgefüllt werden. An einer solchen Ausgestaltung führte indes kein Weg vorbei (s. Rn. 30).

V. Praktische Bedeutung des Insiderstrafrechts

33 Zu den wichtigsten Aufgaben der Kapitalmärkte gehört die Kapitalallokation. Der deutsche Kapitalmarkt kann diese Aufgabe nicht optimal wahrnehmen, da das Vertrauen der Anleger durch die Finanzmarktkrise der Jahre 2008–2010 einerseits, aufsehenerregende Fälle von Börsenkriminalität andererseits immer noch erschüttert ist. Infolge dieser medienwirksamen Fälle gewinnt das Insiderstrafrecht zunehmend praktische Bedeutung, obgleich die Rechtsprechung dazu nicht sehr entwickelt ist.[64] Hinzu tritt die höchst unübersichtliche Regelungstechnik der Verbotstatbestände (s. Rn. 25 ff.). Folge ist eine nicht unerhebliche **Rechtsunsicherheit**, die zur Verunsicherung der Marktakteure beiträgt.

34 Da das Insiderstrafrecht auf der EG-Insiderrichtlinie beruht (vgl. Rn. 1, 2), ist das deutsche Insiderhandelsverbot (§§ 12 ff., 38 f. WpHG aF) bei der Anwendung auf Altfälle richtlinienfreundlich auszulegen. Hinzu kommt, dass sich die Strafwürdigkeit des Insiderhandels ohnehin allenfalls innerhalb enger Grenzen überzeugend begründen lässt (vgl. Rn. 16 ff.). Aus alledem ergibt sich, dass die einschlägigen Tatbestände grundsätzlich restriktiv interpretiert werden sollten, um der Praxis nicht Steine statt Brot zu geben.

VI. Der typische Anwendungsfall

35 A war als Vermögensverwalter für die Familienmitglieder des Vorstands und des Aufsichtsrats der K-AG tätig. Aus geschäftlichen und familiären Quellen wusste er spätestens seit Oktober 1994, dass bei der K-AG erhebliche Gewinneinbußen durch ein fehlgeschlagenes Brasiliengeschäft zu erwarten waren. Außerdem war ihm bewusst, dass zusätzliche sich negativ auf das Geschäftsergebnis auswirkende Faktoren in der Führungsspitze der K-AG bekannt geworden waren, zB Wertberichtigungsbedarf bei Forderungen gegenüber Kunden in Mittelamerika und Nordeuropa. Diese kursbeeinflussenden Faktoren wurden nicht veröffentlicht. Stattdessen verkaufte A in neun Fällen zwischen dem 2. und dem 14.11.1994 Vorzugsaktien der K-AG zu Preisen zwischen 1 378,– und 1 100,– DM (ca. 700,– bis 560,– EUR). Die Wertpapiere stammten aus Depots der Familienmitglieder. Nachdem die Informationen über das fehlgeschlagene Brasiliengeschäft und andere ergebnisbeeinflussende Faktoren bekannt geworden waren, sank der Kurs auf 780,– DM (ca. 400,– EUR) ab. Durch den frühzeitigen Verkauf erzielte A einen Vermögensvorteil in Höhe von mindestens 480 000,– DM (ca. 245 000,– EUR).

(AG Frankfurt am Main – 92 Js 20500.3/95, zitiert nach *Benner*, in: Wabnitz/Janovsky, Handbuch des Wirtschafts- und Steuerstrafrechts, 2. Aufl., Kap. 9

---

64 Assmann/Schneider/*Assmann*, 6. Aufl., WpHG Vor § 12 Rn. 14.

Rn. 121. Nach *Benner* handelt es sich um das erste deutsche Insiderstrafverfahren).

Kap. 7.2. Art. 2 MAR Anwendungsbereich
Artikel 2 MAR Anwendungsbereich

(1) Diese Verordnung gilt für
a) Finanzinstrumente, die zum Handel auf einem geregelten Markt zugelassen sind oder für die ein Antrag auf Zulassung zum Handel auf einem geregelten Markt gestellt wurde;
b) Finanzinstrumente, die in einem multilateralen Handelssystem gehandelt werden, zum Handel in einem multilateralen Handelssystem zugelassen sind oder für die ein Antrag auf Zulassung zum Handel in einem multilateralen Handelssystem gestellt wurde;
c) Finanzinstrumente, die in einem organisierten Handelssystem gehandelt werden;
d) Finanzinstrumente, die nicht unter die Buchstaben a, b oder c fallen, deren Kurs oder Wert jedoch von dem Kurs oder Wert eines unter diesen Buchstaben genannten Finanzinstruments abhängt oder sich darauf auswirkt; sie umfassen Kreditausfall-Swaps oder Differenzkontrakte, sind jedoch nicht darauf beschränkt.

[1]Diese Verordnung gilt außerdem für Handlungen und Geschäfte, darunter Gebote, bezüglich Versteigerungen von Treibhausgasemissionszertifikaten und anderen darauf beruhenden Auktionsobjekten auf einer als geregelten Markt zugelassenen Versteigerungsplattform gemäß der Verordnung (EU) Nr. 1031/2010, selbst wenn die versteigerten Produkte keine Finanzinstrumente sind. [2]Sämtliche Vorschriften und Verbote dieser Verordnung in Bezug auf Handelsaufträge gelten unbeschadet etwaiger besonderer Bestimmungen zu den im Rahmen einer Versteigerung abgegebenen Geboten für diese Gebote.

(2) (...)

(3) Diese Verordnung gilt für alle Geschäfte, Aufträge und Handlungen, die eines der in den Absätzen 1 und 2 genannten Finanzinstrumente betreffen, unabhängig davon, ob ein solches Geschäft, ein solcher Auftrag oder eine solche Handlung auf einem Handelsplatz getätigt wurden.

(4) Die Verbote und Anforderungen dieser Verordnung gelten für Handlungen und Unterlassungen in der Union und in Drittländern in Bezug auf die in den Absätzen 1 und 2 genannten Instrumente.

I. Allgemeines 1
II. Finanzinstrumente (Art. 2 Abs. 1, 3 Abs. 1 Nr. 1 der Marktmissbrauchsverordnung) .. 4
III. Marktbezug 8

I. Allgemeines

§ 12 WpHG aF behandelte mit der Legaldefinition des Insiderpapiers einen der zentralen Begriffe des Insiderstrafrechts. Das Vorliegen eines Insiderpapiers war notwendige Voraussetzung für die Geltung des Insiderhandelsverbots gemäß § 14 WpHG aF. Insiderpapiere waren zunächst **Finanzinstrumente**. Mit dem Begriff des Finanzinstruments wurde Bezug genommen auf die Legaldefinition des § 2 Abs. 2 b WpHG aF. Finanzinstrumente waren danach Wertpapiere, Geldmarktinstrumente, Derivate, Rechte auf Zeichnung von Wertpapieren, Anteile an Investmentvermögen und Vermögensanlagen iSd § 1 Abs. 2 des Vermögensanlagengesetzes.

2 Um Finanzinstrumente als Insiderpapiere einordnen zu können, mussten sie zusätzlich eine der in § 12 S. 1 Nr. 1–3 WpHG aF dargelegten Voraussetzungen erfüllen. Dies sollte sicherstellen, dass nur solche Finanzinstrumente als Insiderpapiere qualifiziert werden, die einen gewissen **Marktbezug** aufweisen. Diese Einschränkung resultierte aus dem primären Ziel des Insiderstrafrechts, das im Funktionsschutz des organisierten Kapitalmarktes liegt.[1] Nur wenn ein Finanzinstrument tatsächlich am Kapitalmarkt gehandelt wird oder, was durch das AnSVG neu eingeführt wurde, einen anderen engen Bezug zu ihm aufweist, besteht die Gefahr, dass Insidertransaktionen mit diesem Finanzinstrument das Vertrauen der Anleger in die Integrität des Marktes verletzen.

3 Seit Juli 2016 wird der Anwendungsbereich der Insiderhandelsverbote durch **Art. 2 der Marktmissbrauchsverordnung**[2] bestimmt. Die Geltung des Insiderhandelsverbots knüpft dabei wie bereits nach § 12 WpHG aF an bestimmte **Finanzinstrumente** und **Handelsplätze** an.[3] Art. 2 Abs. 1 normiert den sachlichen, Art. 2 Abs. 4 den räumlichen Anwendungsbereich der Insiderhandelsverbote.[4]

II. Finanzinstrumente (Art. 2 Abs. 1, 3 Abs. 1 Nr. 1 der Marktmissbrauchsverordnung)

4 Der sachliche Anwendungsbereich der Insiderhandelsverbote orientiert sich auch in Art. 2 Abs. 1 UAbs. 1 der Marktmissbrauchsverordnung am Begriff des **Finanzinstruments**. Die Marktmissbrauchsverordnung enthält indes keine eigenständige Definition dieses Merkmals, sondern verweist in Art. 3 Abs. 1 Nr. 1 auf Art. 4 Abs. 1 Nr. 15 RL 2014/65/EU (MiFID II). Dort wird wiederum auf den Anhang I Abschnitt C Bezug genommen, in dem sich eine enumerative Aufzählung der erfassten Instrumente findet. Finanzinstrumente iSd Art. 2 Abs. 1 der Marktmissbrauchsverordnung sind demnach übertragbare Wertpapiere (Anhang I Abschnitt C Nr. 1 MiFiD II), Geldmarktinstrumente (Nr. 2), Anteile an Organismen für gemeinsame Anlagen (Nr. 3), Derivatkontrakte (Nr. 4, 5, 6, 7, 10), derivative Instrumente für den Transfer von Kreditrisiken (Nr. 8), finanzielle Differenzgeschäfte (Nr. 9) und Emissionszertifikate iSd RL 2003/87/EG (Nr. 11).

5 Praktisch bedeutsame Finanzinstrumente iSd Art. 2 Abs. 1 UAbs. 1 der Marktmissbrauchsverordnung sind insbesondere **übertragbare Wertpapiere** nach An-

---

1 Assmann/Schneider/*Assmann* WpHG, 6. Aufl., Vor § 12 Rn. 49; Kümpel/Hammen/Ekkenga/*Kümpel/Veil* Kennz. 065 Rn. 55; s. auch Kap. 7.1. Rn. 17.
2 Verordnung (EU) Nr. 596/2014 des Europäischen Parlaments und des Rates vom 16.4.2014 über Marktmissbrauch und zur Aufhebung der Richtlinie 2003/6/EG des Europäischen Parlaments und des Rates und der Richtlinien 2003/124/EG, 2003/125/EG und 2004/72/EG der Kommission, ABl. EU L 173 v. 12.6.2014, S. 1 ff.
3 Schimansky/Bunte/Lwowski/*Hopt/Kumpan* § 107 Rn. 22.
4 *Klöhn* MAR Art. 2 Rn. 2.

hang I Abschnitt C Nr. 1 MiFID II. Nach Art. 4 Abs. 1 Nr. 44 MiFID II gehören dazu die Kategorien von Wertpapieren, die auf dem Kapitalmarkt gehandelt werden können, mit Ausnahme von Zahlungsinstrumenten. Dazu gehören insbesondere Aktien und andere, Aktien oder Anteilen an Gesellschaften, Personengesellschaften oder anderen Rechtspersönlichkeiten gleichzustellende Wertpapiere sowie Aktienzertifikate (a), Schuldverschreibungen oder andere verbriefte Schuldtitel, einschließlich Zertifikaten (Hinterlegungsscheinen) für solche Wertpapiere (b) und alle sonstigen Wertpapiere, die zum Kauf oder Verkauf solcher Wertpapiere berechtigen oder zu einer Barzahlung führen, die anhand von übertragbaren Wertpapieren, Währungen, Zinssätzen oder -erträgen, Waren oder anderen Indizes oder Messgrößen bestimmt wird (c).

Geldmarktinstrumente (Anhang I Abschnitt C Nr. 2 MiFID II) sind nach Art. 4 Abs. 1 Nr. 17 MiFID II die üblicherweise auf dem Geldmarkt gehandelten Gattungen von Instrumenten, mit Ausnahme von Zahlungsinstrumenten. Da der Handel auf dem Geldmarkt „**üblicherweise**" erfolgen muss, werden nur solche Instrumente erfasst, für die bereits ein Markt besteht.[5] Art. 4 Abs. 1 Nr. 17 MiFID II nennt als beispielhaft erfasste Geldmarktinstrumente Schatzanweisungen, Einlagenzertifikate und Commercial Papers. Nach Art. 11 DelVO (EU) 2017/565 sind auch sonstige Instrumente mit im Wesentlichen den gleichen Merkmalen erfasst, soweit ihr Wert jederzeit bestimmt werden kann, es sich nicht um Derivate handelt und ihre Fälligkeit bei der Emission maximal 397 Tage beträgt. Zu den Geldmarktinstrumenten zählen Instrumente mit relativ kurzer Laufzeit wie zB kurzfristige Schuldscheindarlehen oder Schatzwechsel.[6] Nicht umfasst hingegen werden Tagesgelder, Termingelder und Sparbriefe, da ihnen die **Fungibilität**, also die Austauschbarkeit und Zirkulationsfähigkeit, fehlt.[7] Erfasst werden ferner **Anteile an Organismen für gemeinsame Anlagen** (Anhang I Abschnitt C Nr. 3 MiFID II), dadurch also insbesondere Investmentfonds.

Zu den **Derivaten** (Anhang I Abschnitt C Nr. 4, 5, 6, 7, 10 MiFID II) gehören insbesondere Optionen, Futures, Swaps und Forwards auf verschiedene Basiswerte wie Wertpapiere, Währungen, Zinssätze, aber auch Waren und Klimavariablen. Bei **Festgeschäften** handelt es sich um solche vertragliche Gestaltungen, bei denen die Parteien sich zur Erfüllung der vertraglichen Verpflichtung, zB dem Kauf oder Verkauf eines bestimmten Wertpapiers, zu einem gewissen Zeitpunkt und einem vorher festgelegten Preis verpflichten (sog **futures**). Bei **Optionsgeschäften** hingegen ist eine Partei berechtigt, aber nicht verpflichtet, die Erfüllung der vereinbarten Leistung von seinem Vertragspartner zu verlangen. Hat der Inhaber der Option die Wahl, vom Vertragspartner den Kauf bestimmter Wertpapiere zu verlangen, handelt es sich um eine sog **„Put-Option"**; kann er vom Vertragspartner den Verkauf verlangen, handelt es sich um eine sog **„Call-Option"**.

---

5 *Klöhn* MAR Art. 2 Rn. 47.
6 *Klöhn* MAR Art. 2 Rn. 50; Schimansky/Bunte/Lwowski/*Hopt/Kumpan* § 107 Rn. 23.
7 *Klöhn* MAR Art. 2 Rn. 50; *Nestler* S. 253; vgl. außerdem Begr. RegE Umsetzungsgesetz, BR-Drs. 963/96, 100; *Mielk* WM 1997, 2204.

III. Marktbezug

8 Eröffnet ist der Anwendungsbereich der Insiderhandelsverbote grundsätzlich nur, wenn ein Finanzinstrument einen ausreichend engen Bezug zu einem in Art. 2 Abs. 1 UAbs. 1 lit. a-c der Marktmissbrauchsverordnung genannten Handelsplatz aufweist. Art. 2 Abs. 1 UAbs. 1 lit. a normiert die Anwendbarkeit auf Finanzinstrumente, die zum Handel auf einem **geregelten Markt** zugelassen sind. Ein geregelter Markt ist nach Art. 3 Abs. 1 Nr. 6 der Marktmissbrauchsverordnung iVm Art. 4 Abs. 1 Nr. 21 MiFID II ein von einem Marktbetreiber betriebenes und/oder verwaltetes multilaterales System, das die Interessen einer Vielzahl Dritter am Kauf und Verkauf von Finanzinstrumenten innerhalb des Systems und nach seinen nichtdiskretionären Regeln in einer Weise zusammenführt oder das Zusammenführen fördert, die zu einem Vertrag in Bezug auf zum Handel zugelassene Finanzinstrumente führt. Es muss eine Zulassung erhalten haben und ordnungsgemäß und gemäß Titel III der MiFID II funktionieren. Nichtdiskretionär sind Regeln, wenn sie dem Betreiber keinen Ermessensspielraum bei der Orderausführung im Einzelfall einräumen.[8] Geregelte Märkte sind insbesondere die regulierten Märkte der Börsen.[9]

9 Im Rahmen der Novellierung des Marktmissbrauchsrechts hat der europäische Gesetzgeber auf die zunehmende Bedeutung alternativer Handelssysteme reagiert.[10] Neben dem geregelten Markt sind jetzt auch **multilaterale** (Art. 2 Abs. 1 UAbs. 1 lit. b, Art. 3 Abs. 1 Nr. 7 der Marktmissbrauchsverordnung iVm Art. 4 Abs. 1 Nr. 22 MiFID II) und **organisierte** Handelssysteme (Art. 2 Abs. 1 UAbs. 1 lit. c, Art. 3 Abs. 1 Nr. 8 der Marktmissbrauchsverordnung iVm Art. 4 Abs. 1 Nr. 23 MiFID II) erfasst. Ein multilaterales Handelssystem ist ein von einer Wertpapierfirma oder einem Marktbetreiber betriebenes multilaterales System, das die Interessen einer Vielzahl Dritter am Kauf und Verkauf von Finanzinstrumenten innerhalb des Systems und nach nichtdiskretionären Regeln in einer Weise zusammenführt, die zu einem Vertrag gemäß Titel II der MiFID II führt. In Abgrenzung zum geregelten Markt bedarf nur der Marktbetreiber als Wertpapierfirma, nicht aber auch das Handelssystem selbst der Zulassung.[11] Dadurch wird das europäische Insiderhandelsverbot auf den von der Marktmissbrauchsrichtlinie vom 28.1.2003 nicht geregelten Freiverkehr erweitert.[12] In Hinblick auf die bisherige deutsche Rechtslage stellt das für das Insiderhandelsverbot wegen § 12 S. 1 Nr. 1 WpHG aF indes keine Neuerung dar. Ein organisiertes Handelssystem ist ein multilaterales System, bei dem es sich nicht um einen geregelten Markt oder ein multilaterales Handelssystem handelt und das die Interessen einer Vielzahl Dritter am Kauf und Verkauf von Schuldverschreibungen, strukturierten Finanzprodukten, Emissionszertifikaten oder Derivaten innerhalb des Systems in einer Weise zusammenführt, die zu einem Vertrag gemäß Titel II der MiFID II führt. Es unterscheidet sich von geregelten Märkten und multilateralen Handelssystemen also dadurch, dass nur

---

8 Erwägungsgrund 6 der RL 2004/39/EG; *Klöhn* MAR Art. 2 Rn. 93, 96.
9 Graf/Jäger/Wittig/*Diversy*/Köpferl WpHG § 38 Rn. 35; Schimansky/Bunte/Lwowski/*Hopt/Kumpan* § 107 Rn. 24.
10 *Poelzig* NZG 2016, 528 (530).
11 Graf/Jäger/Wittig/*Diversy*/Köpferl WpHG § 38 Rn. 36; *Klöhn* MAR Art. 2 Rn. 94; MüKoBGB/*Lehmann* Bd. 12, Teil 12, Rn. 146.
12 *Kiesewetter/Parmentier* BB 2013, 2371 (2372); *Seibt* ZHR 177 (2013), 388 (411); *Teigelack* BB 2012, 1361 (1362).

bestimmte Finanzinstrumente gehandelt werden können und keine nichtdiskretionären Regeln befolgt werden müssen.[13] Dem Betreiber steht hier also ein Ermessensspielraum bei der Orderausführung zu.

Wie in § 12 S. 2 WpHG aF wird für auf geregelten Märkten (Art. 2 Abs. 1 UAbs. 1 lit. a der Marktmissbrauchsverordnung) und in multilateralen Handelssystemen (Art. 2 Abs. 1 UAbs. 1 lit. b der Marktmissbrauchsverordnung) gehandelte Finanzinstrumente der Anwendungsbereich der Marktmissbrauchsverordnung auf den **Zeitpunkt des Antrags auf Zulassung zum Handel** vorverlagert, nicht aber auch auf den der öffentlichen Ankündigung des Antrags (so noch § 12 S. 2 WpHG aF). Damit wird der sog **Handel per Erscheinen**[14] in die Insiderregelungen einbezogen.[15] Der Antrag ist gestellt, sobald er der Börse bzw. dem Handelssystembetreiber zugegangen ist.

Art. 2 Abs. 1 UAbs. 1 lit. d der Marktmissbrauchsverordnung bestimmt die Anwendbarkeit der Insiderhandelsverbote auf Finanzinstrumente, die nicht unter die Buchstaben a–c des Art. 2 Abs. 1 UAbs. 1 fallen – insbesondere also solche ohne eigene Zulassung zum Handel in einem vorgenannten Handelssystem –, deren Kurs oder Wert aber vom Kurs oder Wert eines in lit. a-c genannten Finanzinstruments **abhängt** oder sich darauf auswirkt. Die Regelung entspricht Art. 9 Abs. 2 der Marktmissbrauchsrichtlinie vom 28.1.2003 (s. auch § 12 S. 1 Nr. 3 WpHG aF) mit der Erweiterung, dass auch Finanzinstrumente erfasst sind, die sich ihrerseits auf den Kurs oder Wert der in Art. 2 Abs. 1 UAbs. 1 lit. a–c genannten Finanzinstrumente auswirken. Die Vorschrift soll eine Umgehung des Insiderhandelsverbots durch marktmissbräuchliche Handlungen in Bezug auf Finanzinstrumente verhindern, die selbst keinen ausreichenden Marktbezug aufweisen.[16]

Art. 2 Abs. 1 lit. d nennt als Anwendungsfälle beispielhaft Kreditausfall-Swaps und Differenzkontrakte, ohne dass die Vorschrift darauf beschränkt wäre. Erfasst werden durch die Regelung vor allem **Optionsverträge**, die selbst an keinem der in Art. 2 Abs. 1 lit. a-c genannten Märkte zum Handel zugelassen sind. Nicht börslich gehandelte **Aktienoptionen** aus **Mitarbeiteroptionsprogrammen** unterfallen dem Anwendungsbereich des Art. 2 Abs. 1 lit. d,[17] umstritten ist das für bloße **Wertsteigerungsrechte** (sog **appreciation rights** oder **phantom stocks**).[18]

Nach Art. 2 Abs. 1 UAbs. 2 gilt die Marktmissbrauchsverordnung **auch für Versteigerungen von Treibhausgasemissionszertifikaten** und anderen darauf beruhenden Auktionsobjekten auf einer als geregelter Markt zugelassenen Versteigerungsplattform gemäß der VO (EU) Nr. 1031/2010 und zwar auch dann, wenn die versteigerten Produkte keine Finanzinstrumente sind (zu den Insider-

---

13 Graf/Jäger/Wittig/*Diversy/Köpferl* WpHG § 38 Rn. 37; *Klöhn* MAR Art. 2 Rn. 96; MüKoBGB/*Lehmann* Bd. 12, Teil 12, Rn. 147; *Langenbucher* S. 326.
14 Der Begriff erfasste ursprünglich nur die Zeit zwischen dem Bekanntwerden eines Emissionsvorhabens und der Emission bzw. Zuteilung; heute wird er im weiteren Sinne gebraucht für alle Geschäfte über Wertpapiere vor Ausgabe von effektiven Stücken, vgl. *Schäfer* in Schäfer/Hamann WpHG § 12 Rn. 8.
15 Schimansky/Bunte/Lwowski/*Hopt/Kumpan* § 107 Rn. 29.
16 Erwägungsgrund 10 der Marktmissbrauchsverordnung; *Klöhn* MAR Art. 2 Rn. 98.
17 Assmann/Schneider/Mülbert/*Assmann* MAR Art. 2 Rn. 15; *Klöhn* MAR Art. 2 Rn. 100.
18 Zur Diskussion Schimansky/Bunte/Lwowski/*Hopt/Kumpan* § 107 Rn. 28; *Klöhn* MAR Art. 2 Rn. 101; Marsch-Barner/Schäfer/*Schäfer* 14.75.

verboten im Zusammenhang mit der Versteigerung von Treibhausgasemissionszertifikaten s. auch Kap. 7.5. Rn. 18 ff.; Kap. 7.6. Rn. 1 f.).

14 **Art. 2 Abs. 3** der Marktmissbrauchsverordnung normiert ausdrücklich, dass wie für § 12 WpHG aF auch für das europäische Insiderhandelsverbot unbeachtlich ist, ob ein konkretes Geschäft tatsächlich auf einem der in Art. 2 Abs. 1 der Marktmissbrauchsverordnung genannten Handelsplätze vorgenommen wird. Allein die grundsätzliche Zulassung des Finanzinstruments auf einem der in Art. 2 Abs. 1 genannten Handelsplätze ist entscheidend. Dann spielt es für die Anwendbarkeit der Insiderhandelsverbote keine Rolle, ob die Transaktion über einen dieser Handelsplätze abgewickelt wird oder nicht. Somit kann auch der **Privathandel** zwischen zwei Parteien, dh eine Transaktion außerhalb eines der in Art. 2 Abs. 1 genannten Märkte, zu einem Verstoß gegen das Insiderhandelsverbot führen, wenn dabei Insiderwissen verwendet wird.

15 Der räumliche Anwendungsbereich der Insiderhandelsverbote ist nach **Art. 2 Abs. 4** der Marktmissbrauchsverordnung eröffnet, wenn sich eine insiderrechtlich relevante Maßnahme auf ein in Art. 2 Abs. 1 genanntes Finanzinstrument bezieht. Erforderlich und ausreichend ist damit, dass das in Rede stehende Finanzinstrument zum Handel in der Union zugelassen ist (oder ein Antrag auf Zulassung gestellt wurde). Die Handlung selbst kann hingegen auch in einem Drittland, also außerhalb der Union, vorgenommen werden (zu den Besonderheiten des deutschen Strafanwendungsrechts s. Kap. 7.5. Rn. 65).

Kap. 7.3. Art. 7 MAR Insiderinformation
Artikel 7 MAR   Insiderinformationen

(1) Für die Zwecke dieser Verordnung umfasst der Begriff „Insiderinformationen" folgende Arten von Informationen:
a) nicht öffentlich bekannte präzise Informationen, die direkt oder indirekt einen oder mehrere Emittenten oder ein oder mehrere Finanzinstrumente betreffen und die, wenn sie öffentlich bekannt würden, geeignet wären, den Kurs dieser Finanzinstrumente oder den Kurs damit verbundener derivativer Finanzinstrumente erheblich zu beeinflussen;
b) in Bezug auf Warenderivate nicht öffentlich bekannte präzise Informationen, die direkt oder indirekt ein oder mehrere Derivate dieser Art oder direkt damit verbundene Waren-Spot-Kontrakte betreffen und die, wenn sie öffentlich bekannt würden, geeignet wären, den Kurs dieser Derivate oder damit verbundener Waren-Spot-Kontrakte erheblich zu beeinflussen, und bei denen es sich um solche Informationen handelt, die nach Rechts- und Verwaltungsvorschriften der Union oder der Mitgliedstaaten, Handelsregeln, Verträgen, Praktiken oder Regeln auf dem betreffenden Warenderivate- oder Spotmarkt offengelegt werden müssen bzw. deren Offenlegung nach vernünftigem Ermessen erwartet werden kann;
c) in Bezug auf Emissionszertifikate oder darauf beruhende Auktionsobjekte nicht öffentlich bekannte präzise Informationen, die direkt oder indirekt ein oder mehrere Finanzinstrumente dieser Art betreffen und die, wenn sie öffentlich bekannt würden, geeignet wären, den Kurs dieser Finanzinstru-

mente oder damit verbundener derivativer Finanzinstrumente erheblich zu beeinflussen;

d) für Personen, die mit der Ausführung von Aufträgen in Bezug auf Finanzinstrumente beauftragt sind, bezeichnet der Begriff auch Informationen, die von einem Kunden mitgeteilt wurden und sich auf die noch nicht ausgeführten Aufträge des Kunden in Bezug auf Finanzinstrumente beziehen, die präzise sind, direkt oder indirekt einen oder mehrere Emittenten oder ein oder mehrere Finanzinstrumente betreffen und die, wenn sie öffentlich bekannt würden, geeignet wären, den Kurs dieser Finanzinstrumente, damit verbundener Waren-Spot-Kontrakte oder zugehöriger derivativer Finanzinstrumente erheblich zu beeinflussen.

(2) ¹Für die Zwecke des Absatzes 1 sind Informationen dann als präzise anzusehen, wenn damit eine Reihe von Umständen gemeint ist, die bereits gegeben sind oder bei denen man vernünftigerweise erwarten kann, dass sie in Zukunft gegeben sein werden, oder ein Ereignis, das bereits eingetreten ist oder von den vernünftigerweise erwarten kann, dass es in Zukunft eintreten wird, und diese Informationen darüber hinaus spezifisch genug sind, um einen Schluss auf die mögliche Auswirkung dieser Reihe von Umständen oder dieses Ereignisses auf die Kurse der Finanzinstrumente oder des damit verbundenen derivativen Finanzinstruments, der damit verbundenen Waren-Spot-Kontrakte oder der auf den Emissionszertifikaten beruhenden Auktionsobjekte zuzulassen. ²So können im Fall eines zeitlich gestreckten Vorgangs, der einen bestimmten Umstand oder ein bestimmtes Ereignis herbeiführen soll oder hervorbringt, dieser betreffende zukünftige Umstand bzw. das betreffende zukünftige Ereignis und auch die Zwischenschritte in diesem Vorgang, die mit der Herbeiführung oder Hervorbringung dieses zukünftigen Umstandes oder Ereignisses verbunden sind, in dieser Hinsicht als präzise Information betrachtet werden.

(3) Ein Zwischenschritt in einem gestreckten Vorgang wird als eine Insiderinformation betrachtet, falls er für sich genommen die Kriterien für Insiderinformationen gemäß diesem Artikel erfüllt.

(4) Für die Zwecke des Absatzes 1 sind unter „Informationen, die, wenn sie öffentlich bekannt würden, geeignet wären, den Kurs von Finanzinstrumenten, derivativen Finanzinstrumenten, damit verbundenen Waren-Spot-Kontrakten oder auf Emissionszertifikaten beruhenden Auktionsobjekten spürbar zu beeinflussen" Informationen zu verstehen, die ein verständiger Anleger wahrscheinlich als Teil der Grundlage seiner Anlageentscheidungen nutzen würde.

Im Fall von Teilnehmern am Markt für Emissionszertifikate mit aggregierten Emissionen oder einer thermischen Nennleistung in Höhe oder unterhalb des gemäß Artikel 17 Absatz 2 Unterabsatz 2 festgelegten Schwellenwerts wird von den Informationen über die physischen Aktivitäten dieser Teilnehmer angenommen, dass sie keine erheblichen Auswirkungen auf die Preise der Emissionszertifikate und der auf diesen beruhenden Auktionsobjekte oder auf damit verbundene Finanzinstrumente haben.

(5) ¹Die ESMA gibt Leitlinien für die Erstellung einer nicht erschöpfenden indikativen Liste von Informationen gemäß Absatz 1 Buchstabe b heraus, deren Offenlegung nach vernünftigem Ermessen erwartet werden kann oder die nach Rechts- und Verwaltungsvorschriften des Unionsrechts oder des nationalen

Rechts, Handelsregeln, Verträgen, Praktiken oder Regeln auf den in Absatz 1 Buchstabe b genannten betreffenden Warenderivate- oder Spotmärkten offengelegt werden müssen. ²Die ESMA trägt den Besonderheiten dieser Märkte gebührend Rechnung.

Bis zum 1.7.2016 geltende Rechtslage

§ 13 WpHG a.F. Insiderinformation

(1) ¹Eine Insiderinformation ist eine konkrete Information über nicht öffentlich bekannte Umstände, die sich auf einen oder mehrere Emittenten von Insiderpapieren oder auf die Insiderpapiere selbst beziehen und die geeignet sind, im Falle ihres öffentlichen Bekanntwerdens den Börsen- oder Marktpreis der Insiderpapiere erheblich zu beeinflussen. ²Eine solche Eignung ist gegeben, wenn ein verständiger Anleger die Information bei seiner Anlageentscheidung berücksichtigen würde. ³Als Umstände im Sinne des Satzes 1 gelten auch solche, bei denen mit hinreichender Wahrscheinlichkeit davon ausgegangen werden kann, dass sie in Zukunft eintreten werden. ⁴Eine Insiderinformation ist insbesondere auch eine Information über nicht öffentlich bekannte Umstände im Sinne des Satzes 1, die sich

1. auf Aufträge von anderen Personen über den Kauf oder Verkauf von Finanzinstrumenten bezieht oder
2. auf Derivate nach § 2 Abs. 2 Nr. 2 mit Bezug auf Waren bezieht und bei der Marktteilnehmer erwarten würden, dass sie diese Information in Übereinstimmung mit der zulässigen Praxis an den betreffenden Märkten erhalten würden.

(2) Eine Bewertung, die ausschließlich auf Grund öffentlich bekannter Umstände erstellt wird, ist keine Insiderinformation, selbst wenn sie den Kurs von Insiderpapieren erheblich beeinflussen kann.

I. Allgemeines 1	ff) Unzutreffende Aussagen als Insiderinformationen? 46
1. Bedeutung 1	
2. Rechtsentwicklung 2	gg) Rechtsbehauptungen 48
3. Grundlagen des Informationsbegriffs 9	hh) Unternehmensbewertungen 51
II. Insiderinformation 17	ii) Empfehlungen 56
1. Präzise Information über Umstände oder Ereignisse iSd Art. 7 Abs. 1, 2 der Marktmissbrauchsverordnung 18	2. Keine öffentliche Bekanntheit 57
	a) Konzept der Bereichsöffentlichkeit 57
	b) Herstellung von Bereichsöffentlichkeit 60
a) „Präzision" der Information 20	3. Emittentenbezug oder Bezug zu Finanzinstrumenten (Art. 7 Abs. 1 der Marktmissbrauchsverordnung) 63
b) Bezugnahme auf „Umstände" und „Ereignisse" 22	
aa) Prognosen 24	4. Kursrelevanz 67
bb) Werturteile und andere Meinungsäußerungen 32	a) Eignung zur Kursbeeinflussung 68
	b) Erheblichkeit der Kursbeeinflussung 70
cc) Gerüchte 34	
dd) Informationen über innere Tatsachen 37	5. Besondere Bestimmungen für Insiderinformationen nach Art. 7 Abs. 1 lit. b-d ... 76
ee) Gestreckte Sachverhalte, insb. mehrstufige Entscheidungsprozesse 43	6. Beispiele für Insiderinformationen 77

I. Allgemeines
1. Bedeutung

Art. 7 der Marktmissbrauchsverordnung (zuvor: § 13 WpHG aF) definiert mit dem Ausdruck „Insiderinformation" einen der zentralen Begriffe des Insiderstrafrechts. Der Begriff ist zum einen Bestandteil der (deutschen wie englischen) Alltagssprache, andererseits ist „Information" ein *terminus technicus* in mehreren juristischen Teildisziplinen (etwa in der Rechtsinformatik oder im Informationsrecht) und wird darüber hinaus in zahlreichen anderen Disziplinen verwendet, oft in ganz unterschiedlicher Bedeutung.

2. Rechtsentwicklung

Der Begriff der Insiderinformation ersetzte in § 13 WpHG aF den älteren Ausdruck „Insidertatsache", ohne mit ihm gleichbedeutend zu sein. § 13 Abs. 1 Hs. 2 WpHG idF bis zum 29.10.2004 definierte die **Insidertatsache** als eine nicht öffentlich bekannte Tatsache, die sich auf einen oder mehrere Emittenten von Insiderpapieren oder auf Insiderpapiere bezieht und die geeignet ist, im Falle ihres öffentlichen Bekanntwerdens den Kurs der Insiderpapiere erheblich zu beeinflussen.

Bei der Auslegung des Begriffes der „Insidertatsache" sollte nach hM grundsätzlich auf den allgemeinen (v.a. strafrechtlichen) Tatsachenbegriff, etwa iSd § 263 oder der §§ 186, 187 StGB, zurückgegriffen werden.[1] Unter einer „Tatsache" versteht die Rechtsprechung „etwas Geschehenes oder Bestehendes, das zur Erscheinung gelangt und in die Wirklichkeit getreten und daher dem Beweis zugänglich ist".[2] Eine Tatsache ist nach dieser Auffassung ein Sachverhalt oder Umstand, der besteht oder bestanden hat. Kennzeichnend für Tatsachen ist, dass sie der sinnlichen Wahrnehmung grundsätzlich zugänglich sind.[3]

In Betracht kommen sowohl äußere Tatsachen, dh Geschehnisse und Zustände der Außenwelt, als auch innere Tatsachen, dh solche des menschlichen Innenlebens, wie zB die bestehende Absicht einer Unternehmensübernahme. In zeitlicher Hinsicht soll der Tatsachenbegriff nur in der Vergangenheit liegende und gegenwärtige Umstände, nicht dagegen in der Zukunft liegende Ereignisse erfassen.

Nach einer im Schrifttum vertretenen Ansicht[4] war der Tatsachenbegriff des WpHG weiter zu verstehen als im traditionellen Kernstrafrecht. Begründet wurde diese Ansicht ua mit der unterschiedlichen Deliktsstruktur von Betrugs- und Ehrverletzungsdelikten als Erfolgsdelikte und dem Insiderhandelsverbot als Gefährdungsdelikt. Das Gefährdungsdelikt bedeute eine Vorverlagerung der Strafbarkeit; damit sei auch die Erweiterung des Anwendungsbereichs von „Tatsache" gerechtfertigt.[5] Ein weiteres Argument wurde aus § 13 Abs. 2 WpHG idF bis zum 29.10.2004 hergeleitet, wonach Bewertungen, die aus-

---

[1] Kümpel/Hammen/Ekkenga/*Kümpel*/*Veil* Kennz. 065 Rn. 70.
[2] RGSt 24, 387 (387 f.); 41, 193 (194); 55, 129 (131); weitere Nachweise bei *Hilgendorf*, Tatsachenaussagen, S. 55 ff.
[3] Hess. VGH 16.3.1998 – 8 TZ 98/98, AG 1998, 436; LG Frankfurt aM 9.11.1999 – 5/2 KLs 92 Js 23140.2/98, NJW 2000, 301 (302) (Fall Prior).
[4] *Cramer* in FS Triffterer S. 323 (331 ff.); *Heise*, Insiderhandel an der Börse, S. 113; *Nerlich*, Tatbestandsmerkmale des Insiderhandelsverbots, S. 98.
[5] *Heise*, Insiderhandel an der Börse, S. 113.

schließlich aufgrund öffentlich bekannter Tatsachen erstellt werden, keine Insidertatsachen waren.[6] Daraus wurde geschlossen, dass im WpHG entgegen dem traditionellen Tatsachenbegriff auch Bewertungen grundsätzlich Tatsachencharakter aufweisen könnten. Außerdem gebiete eine richtlinienkonforme Auslegung ein weites Verständnis des Tatsachenbegriffs. Die EG-Insiderrichtlinie erfasse mit dem Begriff der präzisen Information nicht nur objektive, dem Beweis zugängliche, sondern auch „subjektive" Äußerungen, sofern diese Grundlage einer „überlegten und planvollen" Handlung sein können.[7]

6 Angesichts der vielen Zweifelsfragen, die der Tatsachenbegriff des WpHG aufwarf, ist bemerkenswert, dass die EG-Insiderrichtlinie in Art. 1 Nr. 1 nicht von einer „Tatsache", sondern von einer „präzisen Information" sprach. Das Wort „präzise" entfiel bei der Umsetzung der Richtlinie; der Begriff „Information" wurde durch den der „Tatsache" ersetzt. Durch diesen Umsetzungsfehler[8] wurden zahlreiche Auslegungsprobleme vorprogrammiert.

7 Der BGH hat allerdings schon in einer Leitentscheidung im Jahr 2003 klargestellt, dass das Insiderstrafrecht gerade mit Blick auf den in Art. 1 der Richtlinie verwendeten Begriff der „präzisen Information" richtlinienkonform auszulegen sei.[9] Angelpunkt des Insiderstrafrechts war deshalb schon nach der alten Rechtslage nicht der Begriff der „Insidertatsache", sondern der der **Insiderinformation**.[10] Durch das Anlegerschutzverbesserungsgesetz vom 28.10.2004 (**AnSVG**)[11] wurde der Begriff der „Insidertatsache" dann durchweg durch den Begriff „Insiderinformation" ersetzt. Damit wurde das deutsche Insiderstrafrecht an den Sprachgebrauch der Marktmissbrauchsrichtlinie vom 28.1.2003 (s. Kap. 7.1. Rn. 3 f.) und die sonstigen einschlägigen europäischen Sekundärrechts sowie an die Terminologie in den übrigen europäischen Ländern angepasst.[12]

8 Die Definition der Insiderinformation in § 13 WpHG aF ist zum 2.7.2016 entfallen, weil sich ihre Bestimmung nun **in Art. 7** der unmittelbar geltenden **Marktmissbrauchsverordnung**[13] findet. Nach der allgemeinen Definition aus Art. 7 Abs. 1 lit. a (zu den Besonderheiten des Art. 7 Abs. 1 lit. b-d s. Rn. 76) sind Insiderinformationen „nicht öffentlich bekannte präzise Informationen, die direkt oder indirekt einen oder mehrere Emittenten oder ein oder mehrere Finanzinstrumente betreffen und die, wenn sie öffentlich bekannt würden, geeignet wären, den Kurs dieser Finanzinstrumente oder den Kurs damit verbundener derivativer Finanzinstrumente erheblich zu beeinflussen". Diese Definition entspricht Art. 1 Nr. 1 UAbs. 1 der Marktmissbrauchsrichtlinie vom

---

6 *Heise*, Insiderhandel an der Börse, S. 113.
7 *Claussen* ZBB 1992, 267 (276); *Nerlich*, Tatbestandsmerkmale des Insiderhandelsverbots, S. 98.
8 *Pananis*, Insidertatsache und Primärinsider, S. 64, spricht von einer „inadäquaten" Umsetzung.
9 BGH 6.11.2003 – 1 StR 24/03, NJW 2004, 302 (303) = BKR 2004, 74 ff. mAnm *Schäfer* = NStZ 2004, 285 ff. mAnm *Pananis*.
10 So bereits *Hilgendorf* in 1. Aufl. WpHG §§ 38 I Nr. 1–3, 12, 13, 14, Rn. 63.
11 BGBl. 2004 I 2630 ff.; vgl. auch Kap. 7.1. Rn. 3 f.
12 Assmann/Schneider/*Assmann*, 6. Aufl., WpHG § 13 Rn. 4.
13 Verordnung (EU) Nr. 596/2014 des Europäischen Parlaments und des Rates vom 16.4.2014 über Marktmissbrauch und zur Aufhebung der Richtlinie 2003/6/EG des Europäischen Parlaments und des Rates und der Richtlinien 2003/124/EG 2003/125/EG und 2004/72/EG der Kommission, ABl. EU L 173 v. 12.6.2014, S. 1 ff.

28.1.2003. Eine wesentliche Rechtsänderung ist mit der Einführung einer europäischen Legaldefinition der Insiderinformation deshalb nicht verbunden.[14] Wegen des Gleichlaufs der Begriffsbestimmungen ist insbesondere anzunehmen, dass die vom EuGH entwickelten Auslegungsgrundsätze im Wesentlichen auch für das künftige Regelungsregime bedeutsam bleiben.[15]

3. Grundlagen des Informationsbegriffs

Der Begriff „Information" kann (jedenfalls im deutschen Recht) keineswegs als geklärt gelten. Dasselbe gilt für die Begriffe „Umstand", „Tatsache", „Tatsachenaussage", „Prognose", „Wertung", „Werturteil" usw. Um die mit diesen Begriffen verbundenen Probleme umfassend zu analysieren und den Sprachbrauch konsensfähig zu klären, bedürfte es einer Grundlagendiskussion, die bislang kaum in Gang gekommen und die als solche für das Kapitalmarktstrafrecht auch kaum von Interesse ist. Um mehr Einheitlichkeit und Sicherheit bei der Begriffsverwendung zu erreichen, sind aber doch einige (wenige) grundsätzlichere Überlegungen erforderlich. 9

Eine „Information" ist zunächst keineswegs dasselbe wie eine „Tatsache", eine „Insiderinformation" also schon begrifflich etwas anderes als eine „Insidertatsache": **Information** besteht aus Aussagen *über* Tatsachen (Tatsachenaussagen) und gehört der Welt der Sprache an, wobei es sich um natürliche (wie das Deutsche oder Englische) oder künstliche Sprachen (zB Computersprachen) handeln kann. Informationen sind also stets sprachlich kodiert. Tatsachen hingegen sind das, *worauf* sich Information bezieht. Eine Information kann wahr oder falsch sein, zutreffen oder nicht zutreffen. Dagegen sind Tatsachen Ereignisse oder Zustände. 10

Eine Aussage (Information) ist dann **wahr** (zutreffend), wenn das, was sie aussagt, der Wirklichkeit entspricht. So ist zB die Aussage, ein Unternehmen besitze eine bestimmte Mitarbeiterzahl, dann wahr, wenn das Unternehmen tatsächlich diese Mitarbeiterzahl besitzt. Nur auf Aussagen lassen sich die Begriffe „wahr" und „falsch" sinnvoll anwenden, nicht dagegen auf Tatsachen selbst. Es gilt also, Aussage (Information) und Aussagegegenstand (Tatsache) klar zu unterscheiden. Im deutschen juristischen Sprachgebrauch wurde diese wichtige Unterscheidung bislang vernachlässigt (vgl. nur den Wortlaut von § 263 StGB), inzwischen beginnt sie sich nicht nur im Insiderstrafrecht, sondern auch im Kernstrafrecht durchzusetzen.[16] 11

Tatsachen sind nach traditionellem deutschen Verständnis gegenwärtige oder vergangene Ereignisse oder Zustände; dagegen soll auf künftige Ereignisse oder Zustände der Tatsachenbegriff (noch) keine Anwendung finden.[17] Aussagen über Tatsachen sind nach diesem Sprachgebrauch stets entweder gegenwarts- oder vergangenheitsbezogen. Zukunftsbezogene Tatsachenaussagen (Prognosen) sollen deshalb zB nicht betrugsrelevant (§ 263 StGB) sein. Dage- 12

---

14 Assmann/Schneider/Mülbert/*Assmann* MAR Art. 7 Rn. 2; Fuchs/*Mennicke/Jakovou* WpHG § 13 Rn. 18 b; Hauschka/Moosmayer/Lösler/*Franke/Grenzebach* § 17 Rn. 48; *von der Linden* DStR 2016, 1036 (1037); *Poelzig* NZG 2015, 528 (531).
15 Assmann/Schneider/Mülbert/*Assmann* MAR Art. 7 Rn. 9; Fuchs/*Mennicke/Jakovou* WpHG § 13 Rn. 18 c; *Veil* ZBB 2014, 85 (90).
16 Vgl. nur *Fischer* StGB § 263 Rn. 6.
17 *Fischer* StGB § 263 Rn. 6, 7 a.

gen lässt sich einwenden, dass Prognosen dasselbe betrügerische Potenzial entfalten können, wenn sie mit dem Anspruch auf Wahrheit geäußert werden und der Adressat ihnen Glauben schenkt.[18] Für das Insiderstrafrecht hat schon der deutsche Gesetzgeber[19] zu Recht entschieden, dass auch Aussagen über Künftiges relevant sein können. Der Begriff „Information" nach § 13 Abs. 1 S. 3 WpHG aF umfasste auch künftige Umstände, die nach traditionellem juristischen Sprachgebrauch (noch) keine Tatsachen darstellen. Dasselbe gilt nun auch für die europäische Definition der Insiderinformation in der Marktmissbrauchsverordnung. Nach Art. 7 Abs. 2 S. 1 der Marktmissbrauchsverordnung können sich Insiderinformationen auf Umstände beziehen, die „bereits gegeben sind oder bei denen man vernünftigerweise erwarten kann, dass sie in Zukunft gegeben sein werden".

13 Für das Verständnis des Informationsbegriffs ist ferner die **Unterscheidung von beschreibenden und wertenden Aussagen** wichtig. Aussagen können bloß beschreibend sein und als Tatsachenaussage[20] formuliert werden („Die Firma X hat 500 Mitarbeiter"). Die Aussage kann aber auch eine Wertung enthalten; in diesem Fall handelt es sich um eine wertende Aussage („Firma X – nein danke!"). Tritt eine wertende Aussage in der logischen Form eines Urteils auf, so handelt es sich um ein Werturteil („Firma X wird schlecht geführt"). Wertende Äußerungen drücken eine persönliche Stellungnahme (positiver oder negativer Art) aus. Typisch dafür sind wertende Vokabeln wie „ausgezeichnet", „schlecht" oder „miserabel". Beschreibende Aussagen sind einer empirischen Prüfung zugänglich, wertende Aussagen dagegen nicht. Nur beschreibende Aussagen sind Informationen.

14 Beschreibende und wertende Aussagen treten meist in Mischformen auf („Törichterweise hat X das Unternehmen Y zu einem Preis von 5 Mio. EUR gekauft"). Derartige Mischäußerungen lassen sich grundsätzlich in einen beschreibenden („hat gekauft") und bewertenden („törichterweise") Bestandteil unterteilen. Die relevanten Informationen sind dann im beschreibenden Bestandteil der Äußerung enthalten, während der bewertende die (subjektive) Stellungnahme des Sprechers enthält. Die hM gebraucht in diesem Zusammenhang das Bild vom „Tatsachenkern" der Äußerung, um den Aussageteil mit Faktenbezug zu kennzeichnen.[21]

15 Der **Begriff „Information"** taucht in **vielen Disziplinen** auf (vgl. Rn. 1) und wird in ganz unterschiedlicher Bedeutung verwendet. Für das Recht ist die fremde Terminologie nicht bindend; es bestimmt seinen Sprachgebrauch nach seinen Zwecken und Erfordernissen selbst (Grundsatz der teleologischen Begriffsbildung). Orientierungspunkt der juristischen Verwendungsweise von „Information" sind die alltagssprachlichen Begriffe „Aussage", „Nachricht" oder „Auskunft"; Kontrastbegriffe sind „informationsfreie" Äußerungen wie Wertungen oder Exklamationen. Beim Empfänger führt Information zu Wissen, viele Informationen zu haben ist gleichbedeutend mit viel zu wissen.

---

18 Weitere Argumente bei *Hilgendorf*, Tatsachenaussagen, S. 143 ff.
19 Basierend auf Art. 1 Abs. 1 der Durchführungsrichtlinie 2003/124/EG.
20 Oder „Tatsachenurteil", die Begriffe sind praktisch gleichbedeutend.
21 Vgl. nur Assmann/Schneider/*Assmann*, 6. Aufl., WpHG § 13 Rn. 15.

Expliziert man die alltagssprachliche Verwendung von „Information" für die Zwecke der Jurisprudenz, so lassen sich **fünf Begriffsmerkmale** unterscheiden: 16

- Informationen beziehen sich auf Tatsachen/Umstände (unter Einschluss künftiger Umstände). Insofern handelt es sich stets um faktische Aussagen (**Faktenbezug** von Information).
- Nur wahre Tatsachenaussagen stellen Informationen dar; auf falsche Aussagen ist der Begriff „Information" nicht sinnvoll anwendbar (**Wahrheit** bzw. **Wahrheitsanspruch** von Information).
- Informationen lassen sich grundsätzlich widerlegen und damit prüfen (**Prüfbarkeit** von Information).
- Informationen können, anders als reine Wertungen, ohne größere Probleme weitergegeben werden (**Kommunizierbarkeit** von Information).
- Da sich Informationen auf bestimmte Fakten beziehen und prüfbar sind, sind sie – anders als Wertungen – in weit höherem Grade von ihrem Urheber unabhängig (und damit objektiv) als die stets weitgehend urhebergeprägten (subjektiven) Wertungen (**Objektivität** von Information).

II. Insiderinformation

Art. 7 Abs. 1 lit. a der Marktmissbrauchsverordnung enthält die Grundbestimmung des Begriffs der Insiderinformation. Art. 7 Abs. 1 lit. b-d normiert besondere Beispiele für Insiderinformationen.[22] 17

1. Präzise Information über Umstände oder Ereignisse iSd Art. 7 Abs. 1, 2 der Marktmissbrauchsverordnung

Eine Insiderinformation lag nach § 13 Abs. 1 S. 1 WpHG aF nur vor, wenn es 18 sich bei der infrage stehenden Information um eine „konkrete Information über Umstände" handelt. Art. 7 Abs. 1 lit. a, Abs. 2 S. 1 der Marktmissbrauchsverordnung spricht hingegen von einer „präzisen Informationen" über „eine Reihe von Umständen" oder ein „Ereignis". Die Information (s. Rn. 16) muss also präzise sein (s. Rn. 20 f.) und sich auf „Umstände" oder „Ereignisse" beziehen (s. Rn. 22 ff.).

Mit der Ersetzung der „konkreten" Information iSd § 13 Abs. 1 S. 1 WpHG 19 aF durch die „**präzise**" Information iSd Art. 7 Abs. 1 lit. a und die Bezugnahme des Art. 7 Abs. 2 S. 1 der Marktmissbrauchsverordnung auch auf „Ereignisse" ist keine wesentliche Rechtsänderung verbunden. Schon Art. 1 Nr. 1 der Marktmissbrauchsrichtlinie vom 28.1.2003[23] verwendete – anders als der deutsche Gesetzgeber – den Begriff der „präzisen" Information. Die Begriffe „konkret" und „präzis" waren deshalb im vorliegenden Zusammenhang als synonym anzusehen,[24] so dass für die Interpretation des Merkmals „konkret" iSd § 13 Abs. 1 S. 1 WpHG aF auf Art. 1 Abs. 1 der **Richtlinie der Kommission vom 22.12.2003**[25] zurückgegriffen werden konnte. Deren Konkretisierung des

---

22 *Klöhn* MAR Art. 7 Rn. 3.
23 Richtlinie 2003/6/EG vom 28.1.2003 über Insider-Geschäfte und Marktmanipulation, ABl. EU L 96 v. 12.4.2003, S. 16 ff.
24 Assmann/Schneider/*Assmann*, 6. Aufl., WpHG § 13 Rn. 6.
25 Richtlinie 2003/124/EG vom 22.12.2003, ABl. EU L 339 v. 24.12.2003, S. 70.

Begriffs der präzisen Information entspricht inhaltlich wiederum jener aus Art. 7 Abs. 2 S. 1 der nun gültigen Marktmissbrauchsverordnung.

a) „Präzision" der Information

20 Die Informationen müssen zunächst **präzise** sein. Das sind sie nach Art. 7 Abs. 2 S. 1 der Marktmissbrauchsverordnung, „wenn damit eine Reihe von Umständen gemeint ist, die bereits gegeben sind oder bei denen man vernünftigerweise erwarten kann, dass sie in Zukunft gegeben sein werden, oder ein Ereignis, das bereits eingetreten ist oder von den [sic] vernünftigerweise erwarten kann, dass es in Zukunft eintreten wird, und diese Informationen darüber hinaus spezifisch genug sind, um einen Schluss auf die mögliche Auswirkung dieser Reihe von Umständen oder dieses Ereignisses auf die Kurse der Finanzinstrumente" zuzulassen.

21 Für die Auslegung des Merkmals „präzise" ergibt sich daraus, dass eine Information dann als „präzise" gelten kann, wenn sie so „spezifisch" ist, dass sie einen Schluss auf mögliche Auswirkungen auf Kurse von Finanzinstrumenten zulässt.[26] Das Merkmal „präzise" wird hier also über die praktische Nutzbarkeit „konkreter Informationen" definiert. Es kommt v.a. darauf an, ob die Information genug Emittenten- oder Insiderpapierbezug aufweist, um ein (seriöses) Urteil über die Möglichkeit der Auswirkung auf den Kurs zu gestatten.[27] Dies ist dann nicht der Fall, wenn es sich um ganz unbestimmte, allgemeine und nichtssagende Informationen handelt. Je eindeutiger sich die Information auf einen Einzelfall oder eine klar umrissene Gruppe von Einzelfällen bezieht, desto „präziser" ist sie. Der EuGH hat im *Lafonta*-Verfahren entschieden, dass für die Einstufung einer Information als „präzise" nicht erforderlich ist, dass sich aus ihr ableiten lässt, in welche Richtung sich ihr Einfluss auf die Kurse der betroffenen Finanzinstrumente auswirken wird, wenn sie öffentlich bekannt wird.[28] Ausgeschlossen werden sollen durch das Erfordernis der „präzisen" Information demnach nur ganz allgemeine, vage Informationen, die keine Schlussfolgerung in Hinblick auf ihre möglichen Kursauswirkungen zulassen.[29]

b) Bezugnahme auf „Umstände" und „Ereignisse"

22 Die Information muss sich ferner auf „**Umstände**" oder ein „**Ereignis**" beziehen. Mit der Einbeziehung des in § 13 Abs. 1 S. 1 WpHG aF nicht enthaltenen Begriffs des „Ereignisses" in die Konkretisierung der präzisen Information in Art. 7 Abs. 2 S. 1 der Marktmissbrauchsverordnung ist keine Rechtsänderung verbunden. Er fand sich bereits in Art. 1 Abs. 1 der Richtlinie der Kommission vom 22.12.2003[30] und wurde in das WpHG nur um der Vermeidung von Redundanzen willen nicht übernommen, da der Begriff des „Umstands" jenen des „Ereignisses" nach Auffassung des deutschen Gesetzgebers bereits umfasste.[31]

---

26 Ausführlich MüKoStGB/*Pananis* WpHG § 38 Rn. 41.
27 Assmann/Schneider/*Assmann*, 6. Aufl., WpHG § 13 Rn. 8.
28 EuGH 11.3.2015 – C-628/13, NJW 2015, 1663 – Lafonta m. Bspr. *Klöhn* NZG 2015, 809; *Seibt/Kraack* EWiR 2015, 237; *Zetzsche* AG 2015, 381.
29 EuGH 11.3.2015 – C-628/13, NJW 2015, 1663 (1664) – Lafonta.
30 Richtlinie 2003/124/EG vom 22.12.2003, ABl. EU L 339 v. 24.12.2003, S. 70.
31 BT-Drs. 15/3493, 51; Assmann/Schneider/Mülbert/*Assmann* MAR Art. 7 Rn. 15.

"Umstände" und "Ereignisse" sind nicht mit "Tatsachen" im tradierten juristischen Sinn (vgl. Rn. 3) gleichzusetzen.[32] "Tatsachen" sind nach etabliertem juristischen Sprachgebrauch nur gegenwärtig existierende oder in der Vergangenheit existente Umstände. **Zukünftige Ereignisse** oder Zustände sind in der Gegenwart grundsätzlich noch nicht der äußeren Wahrnehmung und dem Beweis zugänglich und deshalb nach herrschendem juristischen Sprachgebrauch (noch) keine Tatsachen. Es handelt sich aber bereits um (künftige) Umstände oder Ereignisse (so ausdrücklich jetzt auch Art. 7 Abs. 2 S. 1 der Marktmissbrauchsverordnung). Taugliche Anknüpfungspunkte einer Insiderinformation sind damit Ereignisse oder Zustände, die entweder in der Vergangenheit oder der Gegenwart oder der Zukunft liegen.

23

aa) Prognosen

Nicht alle Aussagen über Künftiges kommen als Insiderinformationen infrage. Nach Art. 7 Abs. 2 S. 1 der Marktmissbrauchsverordnung kann sich eine Insiderinformation auf zukünftige Umstände beziehen, wenn man **"vernünftigerweise erwarten kann"**, dass sie in Zukunft gegeben sein werden". Anders als in der deutschen Fassung des Art. 1 Abs. 1 der Richtlinie der Kommission vom 22.12.2003 und § 13 Abs. 1 S. 3 WpHG aF ist **nicht mehr von einer "hinreichenden Wahrscheinlichkeit"** des Ereigniseintritts die Rede. Bei dieser Änderung dürfte es sich allerdings lediglich um eine **sprachliche Anpassung** der deutschen Fassung der Marktmissbrauchsverordnung an die schon vor der Harmonisierung des Insiderrechts vorherrschende europäische Terminologie handeln.[33] Denn alle anderen Sprachfassungen bereits des Art. 1 Abs. 1 der Richtlinie der Kommission vom 22.12.2003 stellten bei der Berücksichtigungsfähigkeit künftiger Umstände auf ein Adverb wie "vernünftigerweise" (zu erwarten) ab.[34]

24

Art. 7 Abs. 2 S. 1 der Marktmissbrauchsverordnung lässt allerdings – wie es auch bereits die Richtlinie der Kommission vom 22.12.2003 und § 13 Abs. 1 WpHG aF zum Merkmal der "hinreichenden Wahrscheinlichkeit" taten – offen, wann "vernünftigerweise" erwartet werden kann, dass ein künftiger Umstand eintreten wird. In Erwägungsgrund 16 S. 2 heißt es lediglich, dass "auf der Grundlage einer Gesamtbewertung [...] eine realistische Wahrscheinlichkeit" bestehen müsse, dass ein künftiger Umstand eintritt. Es reicht also jedenfalls nicht aus, dass der Eintritt des Umstands überhaupt möglich ist, vielmehr muss es ausreichend wahrscheinlich sein, dass er eintritt. Eine Präzisierung der erforderlichen Eintrittswahrscheinlichkeit wirft schwerwiegende Probleme auf, eine (objektive) Quantifizierung dürfte kaum möglich sein.[35]

25

Die erforderliche Einschränkung lässt sich mit folgenden teleologischen Erwägungen gewinnen: Zweck des Insiderrechts ist es zu verhindern, dass einzelne Marktteilnehmer in privilegierten Positionen aus der Verwertung nicht öffentlich bekannter kursrelevanter Informationen ungerechtfertigte Sondervorteile

26

---

32 RegE AnSVG BT-Drs. 15/3174, 33.
33 Assmann/Schneider/Mülbert/*Assmann* MAR Art. 7 Rn. 43; *Wittig* WiStR § 30 Rn. 63; *Poelzig* NZG 2016, 528 (532); iErg auch *BaFin*, FAQ Art. 17 MAR vom 29.5.2019, S. 6.
34 EuGH 28.6.2012 – C-19/11, NJW 2012, 2787 (2789).
35 Vgl. auch Assmann/Schneider/*Assmann*, 6. Aufl., WpHG § 13 Rn. 25.

ziehen und so das Vertrauen der Marktteilnehmer in die grundsätzliche Chancengleichheit auf dem Wertpapiermarkt untergraben wird. Dieses Vertrauen wird jedoch nur dann beeinträchtigt, wenn es sich bei den Insiderinformationen nicht um offensichtlich ungesicherte Informationen oder Vermutungen ins Blaue hinein handelt, auf die ein **verständiger, dh besonnen und wohl informiert agierender Marktteilnehmer** ohnehin nicht vertrauen würde.[36] Daraus folgt, dass ein künftiger Umstand dann ausreichend wahrscheinlich und eine darauf bezogene Aussage eine „Information" iSv Art. 7 Abs. 2 S. 1 der Marktmissbrauchsverordnung ist, wenn ein verständiger Marktteilnehmer sie bei seinen Entscheidungen berücksichtigen würde.

27 Will man dieses Kriterium für die Bedürfnisse der Praxis verobjektivieren, so bietet sich für den Regelfall die Formulierung „**überwiegend** wahrscheinlich" an.[37] Die hier vertretene Auslegung ähnelt der Bestimmung der „hinreichenden" Eintrittswahrscheinlichkeit iSd Richtlinie der Kommission vom 22.12.2003 und § 13 Abs. 1 WpHG aF durch die höchstrichterliche Rechtsprechung. Der EuGH hat im Daimler-Chrysler-Verfahren[38] auf Vorlage des BGH klargestellt, dass Art. 1 Abs. 1 der Richtlinie der Kommission vom 22.12.2003 dahin auszulegen ist, dass der Eintritt eines künftigen Ereignisses hinreichend wahrscheinlich ist, wenn eine „umfassende Würdigung der bereits verfügbaren Anhaltspunkte ergibt, dass tatsächlich erwartet werden kann", dass das Ereignis eintreten wird.[39] Der EuGH objektivierte diese Formel nicht zahlenmäßig, gab aber durchaus einen Rahmen vor. Einerseits sei nicht erforderlich, dass die Wahrscheinlichkeit des Eintritts des Ereignisses hoch ist; andererseits schieden Ereignisse aus, deren Eintritt „nicht wahrscheinlich" ist.[40] Daraufhin führte der BGH aus, der Eintritt eines künftigen Ereignisses sei hinreichend wahrscheinlich, wenn „nach den Regeln der allgemeinen Erfahrung eher mit dem Eintritt des künftigen Umstands als mit seinem Ausbleiben zu rechnen ist".[41] Diese Rechtsprechung lässt sich als Bestätigung des Erfordernisses einer überwiegenden Eintrittswahrscheinlichkeit deuten.[42]

28 Stets zu berücksichtigen ist allerdings, dass ein verständiger Marktteilnehmer auch weniger wahrscheinliche Umstände berücksichtigen wird, wenn daraus

---

36 Für ein Abstellen auf den verständigen Anleger auch *Poelzig* KapitalmarktR § 13 Rn. 373.
37 Zustimmend *Schröder* KapitalmarktStrR Rn. 128.
38 EuGH 28.6.2012 – C 19/11, NJW 2012, 2787 (Daimler-Chrysler) m. Bespr. *Klöhn* ZIP 2012, 1885; *Kocher/Widder* BB 2012, 1817.
39 Kritisch zur Nutzbarkeit dieser Formel KölnKommWpHG/*Klöhn* WpHG § 13 Rn. 95 ff.; *Schröder* KapitalmarktStrR Rn. 128.
40 EuGH 28.6.2012 – C 19/11, NJW 2012, 2787 (2789) (Daimler-Chrysler). KölnKommWpHG/*Klöhn* WpHG § 13 Rn. 98 erahnt darin die hier vertretene Formel von der „überwiegenden Wahrscheinlichkeit"; deutlicher *Seibt* ZHR 177 (2013), 388 (401), der die Ausführungen des EuGH als Forderung nach einer Eintrittswahrscheinlichkeit von über 50% interpretiert; aA *Möllers/Seidenschwann* NJW 2012, 2762 (2763).
41 BGH 23.4.2013 – II ZB 7/09, NJW 2013, 2114. Eine vom BGH selbst proklamierte Abkehr von der zuvor geforderten mindestens überwiegenden Wahrscheinlichkeit erschließt sich nur schwer, so auch Fuchs/*Mennicke/Jakovou* WpHG § 13 Rn. 71; *Widder* BB 2013, 1483 (1489).
42 Assmann/Schneider/Mülbert/*Assmann* MAR Art. 7 Rn. 47; Schimansky/Bunte/Lwowski/*Hopt/Kumpan* § 107 Rn. 45; *Poelzig* KapitalmarktR § 13 Rn. 376.

sehr erhebliche (positive oder negative) Folgen für ihn entstehen können.[43] Wo die Bedeutung des Ausmaßes der potenziellen Kursauswirkung für die Entscheidungen des Marktteilnehmers dogmatisch zu verorten ist, ist nicht unproblematisch. Erachtet man die Überlegungen des verständigen Marktteilnehmers als Maßstab zur Bestimmung des erforderlichen Wahrscheinlichkeitsgrades, spricht vieles für eine Berücksichtigung bereits an dieser Stelle. Der EuGH hingegen hat zum alten Regelungsregime unter Betonung der Eigenständigkeit der Tatbestandsmerkmale der präzisen Information und deren Eignung zur spürbaren Kursbeeinflussung ausgeführt, dass die erforderliche Wahrscheinlichkeit des Eintritts eines Ereignisses nicht vom Ausmaß der Auswirkung des betreffenden Ereignisses auf den Kurs abhinge.[44] In der Literatur wird das ganz überwiegend als Ablehnung des sog *probability-magnitude*-Tests gewertet, soweit die Anforderungen an die Eintrittswahrscheinlichkeit künftiger Ereignisse in Rede stehen.[45]

Erwägungsgrund 16 S. 3 der Marktmissbrauchsverordnung übernimmt die Rechtsprechung des EuGH zum sog probability-magnitude-Test, so dass deren Interpretation – wie auch die sonstigen Ausführungen aus dem Daimler-Chrysler-Verfahren zur erforderlichen, dh regelmäßig überwiegenden Eintrittswahrscheinlichkeit – auch unter Geltung des harmonisierten Insiderrechts bedeutsam bleiben dürfte(n).[46] Die BaFin jedenfalls geht weiterhin von einem Erfordernis einer überwiegenden Eintrittswahrscheinlichkeit aus, also einer solchen von über 50%.[47]

Allgemein kann festgehalten werden, dass Prognosen präzise Informationen darstellen können, sofern sie sich auf bestimmte künftige Umstände beziehen und prüfbar sind. Die Prüfbarkeit kann sich zB daraus ergeben, dass die Aussage aus anerkannten Regelhaftigkeiten, etwa gesicherten empirischen Gesetzmäßigkeiten oder „Marktgesetzen" (zusammen mit bestimmten Zusatzprämissen), herleitbar ist.

Ungesicherte Prognosen sowie andere Informationen, die erkennbar in besonderem Maße unsicher sind, fallen aus dem Anwendungsbereich des Insiderrechts heraus. Es handelt sich hierbei insbesondere um ungesicherte Vermutungen („Der Vorstand könnte vorhaben, …"), besonders, wenn sie zusätzlich in ihrem Wahrheits- oder Geltungsanspruch abgeschwächt werden („Möglicherweise plant der Vorstand, …"), aber auch um Prognosen „ins Blaue hinein" und erkennbar falsche Aussagen, die von keinem vernünftigen Anleger ernst genommen werden („Die Firma X steht kurz vor dem Bankrott", wenn es der Firma X nach allen vorgelegten Zahlen gut geht).

---

43 *Klöhn* NZG 2011, 166 (171): „hinreichende Wahrscheinlichkeit".
44 EuGH 28.6.2012 – C 19/11, NJW 2012, 2787 (2789 f.) (Daimler-Chrysler).
45 Assmann/Schneider/Mülbert/*Assmann* MAR Art. 7 Rn. 45; *Klöhn* MAR Art. 7 Rn. 93; *Krause* CCZ 2014, 248 (251); *Langenbucher* NZG 2013, 1401 (1404). Davon zu trennen ist die Frage, ob der Eintrittswahrscheinlichkeit eines künftigen Umstands Bedeutung für die Kursrelevanz einer Information zukommt, insbesondere in Fällen gestreckter Sachverhalte (s. Rn. 75).
46 Baumbach/Hopt/*Kumpan* VO (EU) Nr. 596/2014 Art. 7 Rn. 2; *Klöhn* MAR Art. 7 Rn. 94 f., 97; *Krause* CCZ 2014, 248 (251); *Poelzig* NZG 2016, 528 (532); *Veil* ZBB 2014, 85 (90).
47 *BaFin*, FAQ Art. 17 MAR vom 29.5.2019, S. 6 unter Ablehnung der Berücksichtigungsfähigkeit des Ausmaßes der Kursauswirkung, soweit die Präzision der Information in Rede steht.

bb) Werturteile und andere Meinungsäußerungen

32 Keine konkreten Informationen sind im Ausgangspunkt ferner **Werturteile und erkennbar subjektive Ansichten** (zB ist die Behauptung, ein Unternehmen werde „den Bach heruntergehen", zu ungenau, um überprüfbar zu sein). Abgrenzungsprobleme entstehen dann, wenn der Behauptung ein **Tatsachenkern** zugrunde liegt, der dem Beweis zugänglich ist. Unter Anwendung der allgemeinen, auch dem § 263 StGB zugrunde liegenden Definition liegt eine Information nur bzgl. des Tatsachenkerns, nicht jedoch bzgl. der Äußerung der subjektiven Meinung vor.[48]

33 Eine Äußerung, die selbst keine konkrete Information darstellt, zB ein Werturteil, kann **zum Gegenstand einer Information** gemacht werden, zB: „Der Analyst X hat das Werturteil Y abgegeben". Es wäre missverständlich, in solchen Fällen davon zu sprechen, die ursprünglich vorliegende Äußerung (das Werturteil Y) werde selbst zu einer Information; sie wird nur zum Gegenstand einer solchen.

cc) Gerüchte

34 **Gerüchte** sollten nach Maßgabe des Emittentenleitfadens bislang als Information zu qualifizieren sein, sofern sie Tatsachen und nicht nur eine Meinung oder ein Werturteil zum Gegenstand haben.[49] Nach dieser Ansicht sind die mit Gerüchten schon begrifflich verbundenen Zweifel über ihren Wahrheitsgehalt unerheblich. ZT wird dies damit begründet, dass es auf die Beweisbarkeit der Tatsache bzw. der Information nicht ankomme.[50] Nach aA[51] sind Gerüchte schon wegen des in ihnen artikulierten Wahrheitszweifels keine „präzisen Informationen". Anders ausgedrückt, fehlt es Gerüchten von vornherein an dem für eine Information nötigen Wahrheits- oder Geltungsanspruch. Darauf beruhende Geschäfte seien „blanke Spekulation".[52]

35 Dass Erwägungsgrund 14 der Marktmissbrauchsverordnung die „Verlässlichkeit der Informationsquelle" als Kriterium einer verständigen Anlageentscheidung benennt, spricht dafür, dass Gerüchte nicht per se als Anknüpfungspunkt einer Insiderinformation ausscheiden sollen.[53] Richtigerweise wird deshalb wie folgt zu unterscheiden sein: Bezieht sich das Gerücht auf bestimmte Sachverhalte und enthält es einen zumindest einigermaßen präzisen Faktenbezug, so kann es eine „präzise Information" iSv Art. 7 Abs. 1 lit. a der Marktmissbrauchsverordnung darstellen, sofern es mit hinreichendem Anspruch auf Wahrheit auftritt.[54] Entscheidend für die insiderrechtliche Relevanz des Ge-

---

48 *Schäfer* in Schäfer/Hamann WpHG § 13 Rn. 39; ähnlich Baumbach/Hopt/*Kumpan* VO (EU) Nr. 596/2014 Art. 7 Rn. 1: „überprüfbares" Werturteil.
49 *BaFin*, Emittentenleitfaden, S. 33.
50 So Hess. VGH 16.3.1998 – 8 TZ 98/98, AG 1998, 436 mit Anm. *Assmann*.
51 Assmann/Schneider/Mülbert/*Assmann* MAR Art. 7 Rn. 35 f.; vgl. auch schon *Soesters*, Insiderhandelsverbote, S. 139 f.
52 Assmann/Schneider/Mülbert/*Assmann* MAR Art. 7 Rn. 35.
53 *Klöhn* MAR Art. 7 Rn. 60; s. auch *BaFin*, FAQ Art. 17 MAR vom 29.5.2019, S. 6.
54 Ähnlich Baumbach/Hopt/*Kumpan* VO (EU) Nr. 596/2014 Art. 7 Rn. 4; *Poelzig* KapitalmarktR § 13 Rn. 372.

rüchts ist dann, ob es – im Wesentlichen abhängig von der Verlässlichkeit der Informationsquelle – kursrelevant ist.[55]

In vielen Fällen werden der Wahrheits- und Geltungsanspruch und damit zusammenhängend die Glaubwürdigkeit eines bloßen Gerüchts aber so gering sein, dass es im Verkehr nicht als präzise Information akzeptiert wird.[56] Es ist gerade typisch für Gerüchte, dass der das Gerücht Weitergebende für die Richtigkeit des Gesagten nicht einstehen will. Viele Gerüchte sind offen spekulativ und deshalb vor dem Hintergrund von Sinn und Zweck des Insiderrechts (vgl. Rn. 26; Kap. 7.1. Rn. 17 ff.) insiderrechtlich nicht relevant. Im Übrigen sprechen sich Gerüchte in aller Regel so schnell herum, dass die in ihnen möglicherweise enthaltenen Informationen meist als öffentlich bekannt anzusehen sind.

36

dd) Informationen über innere Tatsachen

Absichten, Pläne und Überzeugungen sind nach hM als innere Tatsachen dem Tatsachenbereich zuzuordnen.[57] Aussagen über derartige innere Tatsachen sind im Grundsatz prüfbar und besitzen damit informativen Charakter.[58] Sie können deshalb Insiderinformation sein.

37

Für die Rechtslage vor Inkrafttreten des Anlegerschutzverbesserungsgesetzes war es gerade im Zusammenhang mit inneren Tatsachen besonders bedeutsam, die Begriffe „Tatsache" und „Information" (über eine Tatsache) auseinanderzuhalten.[59] Dies wurde in der Diskussion über das **Scalping** vernachlässigt. Unter „Scalping" versteht man den Erwerb von Finanzinstrumenten in der Absicht, sie anderen zum Erwerb zu empfehlen, um sie nach einem infolge der Empfehlung steigenden Kurs mit Gewinn wieder abzustoßen. In der Literatur[60] und Teilen der Rechtsprechung[61] wurde das Scalping als Insiderdelikt gewertet. Relevante Insidertatsache (nach § 13 WpHG idF bis 29.10.2004) sollte die Absicht sein, zukünftig eine entsprechende Empfehlung abzugeben.[62]

38

Eine Besonderheit des Scalpings liegt darin, dass derjenige, der die Empfehlung abzugeben beabsichtigt, und derjenige, der am Markt auf diese Absicht gestützte Dispositionen trifft, identisch sind. Es fehlt also ein **Drittbezug**. Die Tatbestandsmerkmale „unter Ausnutzung seiner Kenntnis einer Insidertatsache" (§ 14 Abs. 1 Nr. 1 WpHG idF bis 29.10.2004) ließen sich bejahen, indem

39

---

55 Erwägungsgrund 14 der Marktmissbrauchsverordnung; *Klöhn* MAR Art. 7 Rn. 61; Baumbach/Hopt/*Kumpan* VO (EU) Nr. 596/2014 Art. 7 Rn. 4; *Poelzig* KapitalmarktR § 13 Rn. 372.
56 Schwark/Zimmer/*Schwark/Kruse*, 4. Aufl., WpHG § 13 Rn. 23 f.
57 Assmann/Schneider/*Assmann*, 6. Aufl., WpHG § 13 Rn. 20.
58 Ausführlich *Hilgendorf*, Tatsachenaussagen, S. 128 ff.
59 Schwark/Zimmer/*Schwark/Kruse*, 4. Aufl., WpHG § 13 Rn. 16.
60 Assmann/Schneider/*Assmann*, 6. Aufl., WpHG § 13 Rn. 10, WpHG § 14 Rn. 49; *Schneider/Burgard* ZIP 1999, 381 (386); *Smid* AfP 2002, 13 (15); *Ziouvas* EWiR 2003, 85; gegen die Annahme der Ausnutzung einer Insidertatsache *Petersen* wistra 1999, 328 (330 ff.); *Schäfer* in Schäfer/Hamann WpHG § 14 Rn. 76.
61 LG Frankfurt aM 9.11.1999 – 5/2 KLs 92 Js 231402/98, NJW 2000, 301 (302); offen gelassen von OLG Frankfurt aM 15. 3. 2000–1 Ws 22/00, NJW 2001, 982 (Fall Prior); LG Stuttgart 30.8.2002 – 6 KLs 150 Js 77452/00, wistra 2003, 153 (157) (Fall Sascha O.) m. Bespr. *Eichelberger* WM 2003, 2121; *Lenenbach* ZIP 2003, 243; *Mühlbauer* wistra 2003, 169.
62 AA *Volk* BB 1999, 66 (69 f.).

man auf die (im eigenen Bewusstsein enthaltene) Absicht, man werde in Kürze eine bestimmte Empfehlung aussprechen, abstellte und sie als innere Tatsache qualifizierte. Stellte man dagegen auf den Begriff „Information" ab, so schied ein Insiderdelikt nach Ansicht des BGH aus: „Eine Verwendung des Begriffs der Information in dem Sinne, dass eine Person sich über einen von ihr selbst gefassten Gedanken „informiert", ist dem Sprachgebrauch fremd."[63] Der BGH bejahte stattdessen eine Tat nach § 20 a WpHG aF (Verbot der Marktmanipulation).

40 Dieser Ansicht war unter Geltung des Regelungsregimes des WpHG zuzustimmen:[64] Zwar lassen sich Absichten ohne Weiteres als (innere) Tatsachen verstehen, so dass das Vorliegen einer bestimmten Absicht Insidertatsache sein konnte. Von einer „konkreten Information" kann dagegen nur dann die Rede sein, wenn über das Vorliegen einer Absicht eine Aussage formuliert wird (zB „Person X hat die Absicht, ..."). Solange die Kenntnis vom Vorliegen einer bestimmten Absicht lediglich im Bewusstsein derjenigen Person vorhanden ist, die die Absicht gefasst hat, lässt sich noch nicht von einer „konkreten Information" (über das Vorliegen der Absicht) sprechen.[65] Die *Georgakis*-Entscheidung des EuGH[66] sprach nicht gegen diese Ansicht,[67] da es dort um Aktiengeschäfte mehrerer unterschiedlicher Personen ging, deren Wissen über die jeweiligen Absichten der anderen den erforderlichen Drittbezug aufwies.[68]

41 Auch unter Geltung der Marktmissbrauchsverordnung ändert sich an der insiderrechtlichen Bewertung des Scalpings jedenfalls im Ergebnis nichts.[69] Nicht eindeutig bestimmbar ist indes, ob nach dem Willen des europäischen Gesetzgebers wie nach alter Rechtslage bereits keine Insiderinformation vorliegt oder diese lediglich nicht „genutzt" (s. Kap. 7.4. Rn. 25 ff.) wird. Erwägungsgrund 54 S. 3 deutet darauf hin, dass nach wie vor schon keine Insiderinformation vorliegt: „Informationen über die eigenen Handelspläne und -strategien des Marktteilnehmers sollten nicht als Insider*informationen* betrachtet werden".[70] Für letztere Auffassung spricht allerdings der Wortlaut von Art. 9 Abs. 5: „Für die Zwecke der Artikel 8 und 14 stellt die bloße Tatsache, dass eine Person ihr Wissen darüber, dass sie beschlossen hat, Finanzinstrumente zu erwerben oder zu veräußern, beim Erwerb oder der Veräußerung dieser Finanzinstrumente nutzt, an sich noch keine *Nutzung* von Insiderinformationen dar."[71] Die wohl überwiegende Auffassung im Schrifttum entnimmt der Neuregelung durch die Marktmissbrauchsverordnung unter Verweis auf Art. 9

---

63 BGH 6.11.2003 – 1 StR 24/03, NJW 2004, 302 (303).
64 So auch *Vogel* NStZ 2004, 252 (254); *Wittig*, WiStR, 3. Aufl., § 30 Rn. 23; aA Assmann/Schneider/*Assmann*, 6. Aufl., WpHG § 13 Rn. 10; MüKoStGB/*Pananis* WpHG § 38 Rn. 46.
65 AA *Schröder* KapitalmarktStrR Rn. 146 ff., der in diesen Fällen vom Vorliegen einer Insiderinformation ausgeht, aber über Erwägungsgrund (30) der Marktmissbrauchsrichtlinie vom 28.1.2003 ebenfalls zur Nichtanwendbarkeit der insiderrechtlichen Regelungen kommt.
66 EuGH 10.5.2007 – C-391/04, AG 2007, 542.
67 So aber Assmann/Schneider/*Assmann*, 6. Aufl., WpHG § 14 Rn. 49.
68 Schwark/Zimmer/*Schwark/Kruse*, 4. Aufl., WpHG § 13 Rn. 16 b.
69 Graf/Jäger/Wittig/*Diversy/Köpferl* WpHG § 38 Rn. 131; *Klöhn* MAR Art. 7 Rn. 27; *Poelzig* KapitalmarktR § 13 Rn. 370.
70 Hervorhebung nur hier.
71 Hervorhebung nur hier.

Abs. 5 einen Verzicht des Informationsbegriffs auf das Erfordernis eines Drittbezugs und betrachtet Erwägungsgrund 54. S. 3 als Redaktionsversehen.[72]

Beim sog **Frontrunning**, bei dem jemand in Kenntnis von Kundenaufträgen Eigengeschäfte tätigt, liegt ein gegebenenfalls erforderlicher Drittbezug dagegen vor.[73] Der *Frontrunner* nutzt die Informationen aus, die er über das Kauf- oder Verkaufverhalten anderer gewonnen hat.[74] Bei Vorliegen der sonstigen Voraussetzungen kommt ein Insiderdelikt unstrittig infrage (s. auch Art. 7 Abs. 1 lit. d der Marktmissbrauchsverordnung). 42

ee) Gestreckte Sachverhalte, insb. mehrstufige Entscheidungsprozesse

Intensiv diskutiert wurde in jüngerer Zeit die Frage, ob bei zeitlich gestreckten Vorgängen, bei denen über mehrere **Zwischenschritte** ein bestimmter Umstand verwirklicht oder ein bestimmtes Ereignis herbeigeführt werden soll, nur das künftige Endereignis oder auch ein diesem vorgelagerter Zwischenschritt eine Insiderinformation sein kann. Bei **mehrstufigen Entscheidungsprozessen** dergestalt, dass ein Unternehmen eine Entscheidung intern in mehreren Schritten fällt oder die Entscheidung von der Zustimmung Dritter abhängig ist, ist für **jeden** Schritt gesondert zu prüfen, ob eine kursrelevante präzise Insiderinformation vorliegt.[75] Entscheidend ist lediglich, ob der jeweilige Umstand im Kapitalmarktverkehr bereits als solcher **kursrelevant** ist. Für die Beurteilung der Frage, ob eine Insiderinformation vorliegt, kommt es also darauf an, wie ein gewisser **Umstand** am Markt **wahrgenommen wird**. Nicht allein maßgeblich ist demnach die Wahrscheinlichkeit des Eintritts des in der Entscheidungskette letzten Ereignisses; vielmehr ist jedes Element der Kette gesondert zu prüfen[76] (Grundsatz der Einzelbetrachtung in mehrstufigen Entscheidungsprozessen). 43

Vor Inkrafttreten der Marktmissbrauchsverordnung bedurfte diese Auffassung der Bekräftigung durch die Rechtsprechung. Auf Vorlage des BGH im Daimler-Chrysler-Verfahren hat der EuGH[77] festgestellt, dass bei einem zeitlich gestreckten Vorgang, bei dem ein bestimmter Umstand oder ein bestimmtes Ereignis herbeigeführt werden soll, nicht nur dieses Endereignis eine präzise Information iSd Art. 1 Nr. 1 der Marktmissbrauchsrichtlinie vom 28.1.2003, Art. 1 Abs. 1 der Durchführungsrichtlinie RL 2003/124/EG sein konnte, sondern auch ein mit der Verwirklichung dieses Umstands oder Ereignisses verknüpfter Zwischenschritt. Das sollte nicht nur für bereits existierende, sondern 44

---

72 *Klöhn* MAR Einl. Rn. 59, 63; Art. 7 Rn. 26; Baumbach/Hopt/*Kumpan* VO (EU) Nr. 596/2014 Art. 7 Rn. 1, 7; *Poelzig* KapitalmarktR § 13 Rn. 370; *Köpferl/Wegner* WM 2017, 1924 (1925 f.) zur insiderrechtlichen Relevanz des am Tattag vorgenommenen Erwerbs von Verkaufsoptionsscheinen durch den Attentäter auf den Mannschaftsbus von Borussia Dortmund im April 2017.
73 *Wittig*, WiStR, § 30 Rn. 61.
74 Siehe dazu ein instruktives Beispiel bei *Schröder* KapitalmarktStrR Rn. 152.
75 Assmann/Schneider/Mülbert/*Assmann* MAR Art. 7 Rn. 52; Schimansky/Bunte/Lwowski/Hopt/*Kumpan* § 107 Rn. 46; *Wagner* in Heidel Aktienrecht WpHG § 13 Rn. 2; *Schumann* in Müller-Gugenberger, § 68 Rn. 48.
76 So auch Fuchs/Mennicke/*Jakovou* WpHG § 13 Rn. 74; aA Assmann/Schneider/*Assmann*, 6. Aufl., WpHG § 13 Rn. 28; Schwark/Zimmer/*Schwark/Kruse*, 4. Aufl., WpHG § 13 Rn. 10 a, 19 a, 20.
77 EuGH 28.6.2012 – C-19/11, NJW 2012, 2787 (Daimler-Chrysler) m. Bespr. *Klöhn* ZIP 2012, 1885; *Kocher/Widder* BB 2012, 1817.

auch künftige Zwischenschritte gelten.[78] Für das **einvernehmliche vorzeitige Ausscheiden** eines **Vorstandsmitglieds** kam der BGH[79] zu dem Ergebnis, dass bereits die Kundgabe der Absicht des amtierenden Vorstandsvorsitzenden gegenüber dem Aufsichtsratsvorsitzenden, vor Ablauf der Amtszeit aus dem Amt zu scheiden, eine Insiderinformation iSd § 13 Abs. 1 S. 1 WpHG aF über einen bereits eingetretenen Umstand sein könne.

45 Art. 7 Abs. 2 S. 2, Abs. 3 der **Marktmissbrauchsverordnung** gießt die Rechtsprechung des EuGH nun in Gesetzesform. Art. 7 Abs. 2 S. 2 lautet: „So können im Fall eines zeitlich gestreckten Vorgangs, der einen bestimmten Umstand oder ein bestimmtes Ereignis herbeiführen soll oder hervorbringt, dieser betreffende zukünftige Umstand bzw. das betreffende zukünftige Ereignis und auch die Zwischenschritte in diesem Vorgang, die mit der Herbeiführung oder Hervorbringung dieses zukünftigen Umstandes oder Ereignisses verbunden sind, in dieser Hinsicht als präzise Information betrachtet werden." Und in Art. 7 Abs. 3 heißt es: „Ein Zwischenschritt in einem gestreckten Vorgang wird als eine Insiderinformation betrachtet, falls er für sich genommen die Kriterien für Insiderinformationen gemäß diesem Artikel erfüllt." Art. 7 Abs. 3 dürfte jedenfalls unter Berücksichtigung von Erwägungsgrund 16 S. 2 so auszulegen sein, dass nicht nur bereits eingetretene, sondern in Einklang mit der EuGH-Rechtsprechung auch zukünftige Zwischenschritte erfasst sind und es für deren Einordnung als „präzise" Information nur darauf ankommt, dass mit ihrem Eintritt, nicht aber auch zwingend jenem des Endereignisses, „vernünftigerweise" gerechnet werden kann.[80] Die Wahrscheinlichkeit des Eintritts des Endereignisses hat für die Einstufung eines (zukünftigen wie bereits eingetretenen) Zwischenschritts als Insiderinformation nur auf Ebene der Kursrelevanz (eingeschränkte) Bedeutung (s. Rn. 75).[81] Die vorgenannten Grundsätze gelten auch in sonstigen Konstellationen gestreckter Sachverhalte. Im **VW-Abgasskandal** kommen deshalb unterschiedlichste Bezugspunkte für das Vorliegen einer Insiderinformation in Betracht, neben bereits begangenen Täuschungshandlungen also – ab dem Moment, ab dem dies hinreichend wahrscheinlich war (§ 13 Abs. 1 S. 3 WpHG aF) – etwa auch der Umstand, dass in der Folge Bußgeldzahlungen drohten.[82]

---

78 EuGH 28.6.2012 – C-19/11, NJW 2012, 2787 (2788) (Daimler-Chrysler). Es liegt nahe, dass es dem EuGH für die Eignung des künftigen Zwischenschritts als Insiderinformation hinsichtlich des Merkmals der hinreichenden Wahrscheinlichkeit allein auf die Eintrittswahrscheinlichkeit des Zwischenschritts und nicht auch des Endereignisses ankam, dafür KölnKommWpHG/*Klöhn* § 13 Rn. 12 a; *Liese/Kraft* CCZ 2013, 219 (222). Zur neuen Rechtslage s. Rn. 45.
79 BGH 23.4.2013 – II ZB 7/09, NJW 2013, 2114 (Daimler-Chrysler); zu Veränderungen in Schlüsselpositionen in Börsenunternehmen im Allgemeinen *Seibt/Danwerth* NZG 2019, 121.
80 *Poelzig* KapitalmarktR § 13 Rn. 377 aE.
81 *Vetter/Engel/Lauterbach* AG 2019, 160 (169) differenzieren danach, ob ein Zwischenschritt seine insiderrechtliche Relevanz „allein aus [seiner] Bezogenheit auf das zukünftige Ereignis" beziehe oder nicht. In ersterem Fall müsse der Eintritt des Endereignisses bereits für die Einstufung des Zwischenschritts als „präzise" Information überwiegend wahrscheinlich sein.
82 S. LG Stuttgart 19.12.2017 – 31 O 33/16 KfH, BeckRS 2017, 144834 Rn. 124 ff.; ferner LG Braunschweig 5.8.2016 – 5 OH 62/16 und jüngst LG Stuttgart 24.10.2018 – 22 O 101/16.

ff) Unzutreffende Aussagen als Insiderinformationen?

Aussagen über Ereignisse und Zustände, die vom Insider und vom Markt (nach Veröffentlichung) zunächst als wahr behandelt wurden, sich später jedoch als **unzutreffend** herausstellen, sind nach bislang ganz überwiegender Ansicht gleichwohl Insiderinformationen, da es allein darauf ankommen soll, ob sie zum Zeitpunkt der Insiderhandlung als (wahre) Informationen dargestellt wurden, also mit einem entsprechenden Geltungsanspruch geäußert wurden.[83]

Diese noch unter Geltung der alten Terminologie („Insidertatsache") gebildete Ansicht erscheint heute problematisch, weil zumindest nach dem Sprachgebrauch des Alltags eine „Information" nur dann vorliegt, wenn das, was sie aussagt, den Tatsachen entspricht. Eine „unzutreffende Information" ist keine Information, sondern eine Fehlinformation; sie führt nicht zu Wissen (s. Rn. 15 f.), sondern zu einem Irrtum.[84] Der Jurisprudenz steht es grundsätzlich frei, den Sprachgebrauch des Alltags zu modifizieren; es wäre also begrifflich möglich, auch unzutreffende Aussagen als „Informationen" iSv Art. 7 der Marktmissbrauchsverordnung einzustufen. Mit Blick auf das Bestimmtheitsgebot (Art. 103 Abs. 2 GG) und das Ziel der General- und Spezialprävention erscheint es aber grundsätzlich vorzugswürdig, wenn der Wortlaut einer gesetzlichen (Straf-)Norm so weit wie möglich dem Alltagssprachgebrauch entspricht und damit den Marktteilnehmern verständlich bleibt. Die bereits durch das AnSVG eingeführte Versuchsstrafbarkeit erlaubt es, auch die Verwendung von objektiv unzutreffenden (unwahren) Aussagen, die bloß vermeintlich Insiderinformationen darstellen, strafrechtlich zu berücksichtigen. Deshalb erscheint es im Ergebnis vorzugswürdig, bloß vermeintliche Insiderinformationen, die zwar vom Insider und vom Markt als wahr eingestuft und behandelt werden, sich aber später als unzutreffend herausstellen, nicht als Insiderinformationen iSv Art. 7 der Marktmissbrauchsverordnung anzusehen.[85]

gg) Rechtsbehauptungen

Besondere Probleme wirft die Einstufung von **Rechtsbehauptungen** auf.[86] Versteht man unter Rechtsbehauptungen „Ansichten über die Anwendung objektiven Rechts auf objektive Sachverhalte",[87] so scheint es an der Möglichkeit einer (empirischen) Überprüfung zu fehlen. Dies spricht dafür, Rechtsbehauptungen nicht als Informationen aufzufassen. Dem steht freilich entgegen, dass es der allgemeine Sprachgebrauch ohne Weiteres zulässt, von der „Information über eine Rechtslage" zu sprechen oder davon, sich „über die Lösung einer bestimmten Rechtsfrage" informieren zu wollen. Dies bedeutet, dass nach allgemeinem Sprachgebrauch die Beantwortung von Rechtsfragen durchaus Gegen-

---

83 Zum alten Recht Assmann/Schneider/*Assmann*, 6. Aufl., WpHG § 13 Rn. 12; für Geltung auch unter dem Regelungsregime der Marktmissbrauchsverordnung Assmann/Schneider/Mülbert/*Assmann* MAR Art. 7 Rn. 16; *Klöhn* MAR Art. 7 Rn. 62 ff. unter Bezugnahme auf die für die Beurteilung des Vorliegens einer Insiderinformation maßgeblichen Ex-ante-Perspektive (s. Rn. 68) und mit der Einschränkung, dass erwiesen falsche Tatsachenbehauptungen nicht erfasst seien; wohl auch Schimansky/Bunte/Lwowski/*Hopt/Kumpan* § 107 Rn. 50.
84 Zustimmend *Poelzig* KapitalmarktR § 13 Rn. 371.
85 Graf/Jäger/Wittig/*Diversy/Köpferl* WpHG § 38 Rn. 144; NK-WSS/*Trüg* WpHG § 38 Rn. 128; *Poelzig* KapitalmarktR § 13 Rn. 371; wohl auch *Nestler* S. 258.
86 *Hilgendorf*, Tatsachenaussagen, S. 205 ff.
87 Assmann/Schneider/*Assmann*, 6. Aufl., WpHG § 13 Rn. 13.

stand einer Information sein kann. So stellt etwa die Aussage „Nach deutschem Recht ist ... verboten" nach üblichem Verständnis eine Information dar.[88]

49 Unabhängig davon ist die Frage zu behandeln, ob Äußerungen *über* Rechtsbehauptungen Informationen darstellen können. Dies ist ohne Weiteres zu bejahen. Aussagen wie „Nach Ansicht der BGH-Rechtsprechung ist das X-Gesetz hier nicht einschlägig" sind prüfbar, also beweisbar (oder widerlegbar) und stellen damit eine Information dar. Im eben genannten Beispiel kann etwa die BGH-Rechtsprechung zum X-Gesetz, so wie sie in einschlägigen Sammlungen festgehalten wurde, überprüft werden.

50 Noch deutlicher tritt der Informationscharakter in Äußerungen über fremde Rechte hervor, etwa in Aussagen wie „Im Land X ist die geschäftliche Praxis Y nicht verboten". Derartige Äußerungen sind durch eine Untersuchung der jeweiligen Rechtspraxis prüfbar. Um zu entscheiden, ob eine Rechtsbehauptung als Insiderinformation infrage kommt, ist somit darauf abzustellen, wie sie im Markt verstanden wird: Ist sie als prüfbare Information über eine bestimmte in- oder ausländische Rechtslage zu verstehen, so kann es sich (bei Vorliegen aller anderen Voraussetzungen) um eine Insiderinformation handeln.

hh) Unternehmensbewertungen

51 **Unternehmensbewertungen** sind, der irreführenden Verwendung des Wortes „Bewertung" zum Trotz, in aller Regel keine reinen Wertungen. Wenn ein Analyst (auch als Angehöriger einer Ratingagentur), ein Wirtschaftsprüfer oder ein Wirtschaftsjournalist ein Unternehmen „bewertet", so stützt er sich in der Regel auf umfangreiches Faktenmaterial, das er unter Zugrundelegung ökonomischer Regelhaftigkeiten beschreibt und analysiert. Eine „Bewertung" in diesem Sinne hat beschreibenden Charakter und kann deshalb grundsätzlich Insiderinformation sein.[89] Einzelne, meist sehr zurückhaltend formulierte wertende Elemente („Auf dieser Grundlage empfiehlt es sich, von einer Investition in Aktien des Unternehmens X abzusehen") vermögen daran nichts zu ändern (s. auch Rn. 13 f. zur Unterscheidung von beschreibenden und wertenden Äußerungen).

52 Darüber hinaus kann die Tatsache, dass ein bekannter Analyst oder ein anerkanntes Wirtschaftsprüfungsunternehmen ein Unternehmen gut oder schlecht eingestuft hat, ohne Weiteres *Gegenstand* einer selbst wertungsfreien Aussage und damit einer reinen Information sein. Eine derartige Aussage kommt deshalb als Insiderinformation infrage.[90]

53 Bereits nach § 13 Abs. 2 WpHG aF waren allerdings „Bewertungen", die ausschließlich aufgrund **öffentlich bekannter** Umstände erstellt wurden, keine Insiderinformationen, selbst wenn sie den Kurs von Insiderpapieren erheblich beeinflussen konnten. Diese Privilegierung hat, wie sich aus Erwägungsgrund 28 S. 1 der Marktmissbrauchsverordnung ergibt, im Ausgangspunkt auch künftig Bestand. Danach sollen aufgrund öffentlich verfügbarer Angaben erstellte

---

88 Gegen die Einstufung juristischer Bewertungen als Insiderinformation OLG Frankfurt 20.8.2014 – 23 Kap. 1/08.
89 Vgl. auch *Stemper* WM 2011, 1740 (1742 f.) zu Bewertungen durch Ratingagenturen.
90 *Klöhn* MAR Art. 7 Rn. 75.

Analysen und Bewertungen nicht als Insiderinformationen eingestuft werden. Bewertungen von Finanzanalysten, Journalisten, Wirtschaftsprüfern usw, die aufgrund öffentlich verfügbarer Angaben erstellt wurden, dürfen also regelmäßig weitergegeben werden und/oder zur Grundlage von Wertpapiergeschäften gemacht werden, ohne dass diese Handlungen unter das Insiderhandelsverbot fallen würden. Das ist sachgerecht, da ein dadurch erzielter Vorteil nicht die Folge eines privilegierten Informationszugangs, sondern besserer Analysefähigkeiten ist.[91] Das gilt wie nach § 13 Abs. 2 WpHG aF allerdings nur, wenn die Bewertung *ausschließlich* aufgrund öffentlich bekannter Umstände erstellt wurde.[92]

Erwägungsgrund 28 S. 2 der Marktmissbrauchsverordnung enthält indes eine 54 in § 13 Abs. 2 WpHG aF nicht enthaltene Rückausnahme. Bewertungen und Analysen sollen „beispielsweise" dann Insiderinformationen sein können, wenn ihre Veröffentlichung oder Verbreitung vom Markt „routinemäßig" erwartet wird und zur Preisbildung von Finanzinstrumenten beiträgt oder Ansichten eines anerkannten Marktkommentators oder einer Institution enthält, die Preise verbundener Finanzinstrumente beeinflussen können.[93] Gemeinsam ist diesen Analysen, dass im Fall einer etwaigen Veröffentlichung eine höhere Gewähr für ihre Marktrelevanz besteht.[94] Die Literatur beschränkt diese Rückausnahme mit Hinweis auf die Entstehungsgeschichte der Vorschrift auf Analysen und Bewertungen, die zum Zwecke der Veröffentlichung und Verbreitung erstellt wurden.[95] Aus Gründen der Rechtssicherheit ist Erwägungsgrund 28 S. 2 auch im Übrigen – insbesondere außerhalb des Anwendungsbereichs der dort genannten Regelbeispiele – eng auszulegen. Einen klassischen Anwendungsfall einer „routinemäßig" erwarteten Veröffentlichung stellt die Bewertung einer Ratingagentur dar, anerkannte Institutionen sind etwa bekannte Forschungsinstitute wie das ifo Institut in München.[96]

Von der Bewertung selbst ist der Fall zu unterscheiden, in dem eine Person ihre 55 Kenntnis darüber, dass demnächst eine Bewertung bestimmten Inhalts („sensationell günstige Unternehmenslage"; „problematische Geschäftsaussichten") veröffentlicht werden wird, zur Grundlage eines Wertpapiergeschäfts macht. Der Umstand, dass eine bestimmte Bewertung publiziert werden wird, kann seinerseits Gegenstand einer kursrelevanten Insiderinformation sein.[97]

ii) Empfehlungen

Empfehlungen oder Tipps wie „Du solltest Aktien des Unternehmens X kau- 56 fen!" enthalten keine empirisch prüfbare (Tatsachen-)Aussage und stellen damit keine Information dar. Dagegen informiert die Aussage „Der Analyst X

---

[91] *Klöhn* MAR Art. 7 Rn. 332; Schimansky/Bunte/Lwowski/*Hopt/Kumpan* § 107 Rn. 60.
[92] IErg ähnlich *Klöhn* MAR Art. 7 Rn. 349: nicht öffentlich bekannte Umstände dürfen die Analyse nicht beeinflussen.
[93] Skeptisch zu dieser Rückausnahme *Klöhn* AG 2016, 423 (427 f.); näher *Klöhn* WM 2016, 1665.
[94] *Klöhn* MAR Art. 7 Rn. 352.
[95] *Klöhn* MAR Art. 7 Rn. 341; Meyer/Veil/Rönnau/*Krause* § 6 Rn. 43; Schimansky/Bunte/Lwowski/*Hopt/Kumpan* § 107 Rn. 60 a; Marsch-Barner/Schäfer/*Schäfer* 14.27.
[96] *Klöhn* MAR Art. 7 Rn. 360, 367; Meyer/Veil/Rönnau/*Krause* § 6 Rn. 45, 47; Schimansky/Bunte/Lwowski/*Hopt/Kumpan* § 107 Rn. 60 a.
[97] *Klöhn* MAR Art. 7 Rn. 371; zum alten Recht Assmann/Schneider/*Assmann*, 6. Aufl., WpHG § 13 Rn. 76; **aA** Schäfer/Hamann/*Schäfer* WpHG § 13 Rn. 58.

hat den Kauf von Aktien des Unternehmens Y empfohlen" *über* einen bestimmten Sachverhalt und kann deshalb bei Vorliegen aller übrigen Voraussetzungen eine Insiderinformation sein. Eine derartige Aussage ist selbst keine Empfehlung, sondern informiert *über* eine Empfehlung.

2. Keine öffentliche Bekanntheit
a) Konzept der Bereichsöffentlichkeit

57 Informationen sind nach Art. 7 Abs. 1 lit. a der Marktmissbrauchsverordnung nur dann Insiderinformationen, wenn sie **nicht öffentlich bekannt** sind. Allerdings ist nicht erforderlich, dass die Information geheim bzw. vertraulich, zB im Sinne der § 17 UWG, § 404 AktG, § 333 HGB oder 203 StGB ist.[98] Maßgeblich ist nach hier vertretener, indes umstrittener Auffassung die Herstellung sog **Bereichsöffentlichkeit**.[99] Sie liegt dann vor, wenn eine unbestimmte Anzahl von Personen aus dem Kreis der Marktteilnehmer faktisch in der Lage ist, von der Information Kenntnis zu nehmen.

58 Das Kriterium der Bereichsöffentlichkeit entsprach der Begründung des Regierungsentwurfs zum 2. FFG, wonach eine Tatsache öffentlich sein sollte, wenn eine unbestimmte Vielzahl von Personen die Möglichkeit ihrer Kenntnisnahme hatte, wobei maßgeblicher Personenkreis nicht die breite Öffentlichkeit, sondern allein der Kreis der Marktteilnehmer sein sollte.[100] Der Marktmissbrauchsrichtlinie vom 28.1.2003 und dem AnSVG lag dieselbe Konzeption zugrunde.[101] Die Marktmissbrauchsverordnung selbst definiert den Begriff der öffentlichen Bekanntheit nicht und auch die Erwägungsgründe enthalten keine maßgeblichen Auslegungshinweise. Da die Anforderungen an eine ordnungsgemäße Ad-hoc-Publikation einer Insiderinformation nicht unbesehen auf die Beurteilung einer Information als „öffentlich bekannt" iSd Art. 7 Abs. 1 lit. a Marktmissbrauchsverordnung übertragen werden können, ist auch dem Umstand, dass Art. 17 Abs. 1 UAbs. 2, Abs. 10 der Marktmissbrauchsverordnung iVm Art. 2 Abs. 1 lit. a der DurchführungsVO (EU) 2016/105 die Verbreitung von Insiderinformationen an eine „möglichst breite Öffentlichkeit" verlangt, nicht zwingend eine Abkehr vom bisherigen Öffentlichkeitskonzept zu entnehmen.[102] Die Beschränkung auf die Bereichsöffentlichkeit genügt auch den Interessen der (noch) nicht informierten Marktteilnehmer, da davon auszugehen ist, dass bereits infolge der Bereichsöffentlichkeit der Markt so stark beein-

---

98 Graf/Jäger/Wittig/*Diversy/Köpferl* WpHG § 38 Rn. 134; *Nestler* S. 262; **aA** für das alte Recht wohl *Claussen* ZBB 1992, 267 (275), wonach die Tatsache einem Geheimnis vergleichbar sein muss.
99 Assmann/Schneider/Mülbert/*Assmann* MAR Art. 7 Rn. 65 f.; Assmann/Schneider/Mülbert/*Spoerr* WpHG § 119 Rn. 100; Esser/Rübenstahl/Saliger/Tsambikakis/*Theile* WpHG § 38 Rn. 107; NK-WSS/*Trüg* WpHG § 38 Rn. 129; *Nestler* S. 262; auch wird die BaFin scheint keinen Anlass zu einer Modifikation ihres – indes nicht widerspruchsfreien – Öffentlichkeitskonzepts zu sehen, s. *BaFin*, FAQ Art. 17 MAR vom 29.5.2019, S. 8 f.; aA Graf/Jäger/Wittig/*Diversy/Köpferl* WpHG § 38 Rn. 134; *Klöhn* MAR Art. 7 Rn. 126 ff.; Meyer/Veil/Rönnau/*Krause* § 6 Rn. 81; Baumbach/Hopt/*Kumpan* VO (EU) Nr. 596/2014 Art. 7 Rn. 5; Langenbucher § 15 Rn. 22; Poelzig KapitalmarktR § 13 Rn. 382; *Wittig* WiStR § 30 Rn. 65.
100 BT-Drs. 12/6679, 46.
101 AA *Klöhn* AG 2016, 423 (426 f.); *Klöhn* MAR Art. 7 Rn. 128; Meyer/Veil/Rönnau/*Krause* § 6 Rn. 80.
102 Assmann/Schneider/Mülbert/*Assmann* MAR Art. 7 Rn. 66; aA *Klöhn* MAR Art. 7 Rn. 126 ff.; Meyer/Veil/Rönnau/*Krause* § 6 Rn. 77 ff.

flusst wird, dass die Erzielung von wesentlichen Insidergewinnen ab dem Zeitpunkt der Verbreitung der Information unter den professionellen und institutionellen Marktteilnehmern nicht mehr möglich ist.[103]

Unerheblich ist, ob die Weitergabe der Information auf dem gesetzlich vorgeschriebenen und einzig zulässigen Weg der Ad-hoc-Meldung (Art. 17 der Marktmissbrauchsverordnung iVm Art. 2 der DurchführungsVO [EU] 2016/1055) oder auf andere Weise erfolgt. Im letztgenannten Fall liegt eine unbefugte und somit verbotene Weitergabe iSv Art. 14 lit. c der Marktmissbrauchsverordnung vor.[104] Eine solche ist jedoch für die Herstellung der Bereichsöffentlichkeit unschädlich, denn es kommt für die Beurteilung, ob sie gegeben ist, nicht darauf an, auf welchem Weg die Bekanntheit der Information zustande gekommen ist. Allein das faktisches Bestehen der Bereichsöffentlichkeit ist entscheidend.[105] Der Unterschied zwischen der rechtmäßig und der unrechtmäßig zustande gekommenen Bereichsöffentlichkeit liegt lediglich darin, dass der unbefugt und somit unrechtmäßig Weitergebende möglicherweise straf- oder ordnungswidrigkeitsrechtlich zu belangen ist (§§ 119, 120 WpHG; s. dazu die Erläuterungen in Kap. 7.5., 7.6.). 59

b) Herstellung von Bereichsöffentlichkeit

Die Bereichsöffentlichkeit ist hergestellt, wenn die Marktteilnehmer von der Information Kenntnis nehmen können.[106] Zu welchem Zeitpunkt dies der Fall ist, kann im Einzelfall problematisch sein. Die Information ist jedenfalls dann den Marktteilnehmern zugänglich gemacht, wenn sie nach Maßgabe von Art. 17 der Marktmissbrauchsverordnung veröffentlicht wurde (nicht aber bereits allein durch die Veröffentlichung auf der Webseite des Emittenten).[107] Ebenso genügt die Veröffentlichung in einem im Finanzsektor verbreiteten elektronischen Informationsverbreitungssystem.[108] In Betracht kommen insbesondere die Informationssysteme von Nachrichtenagenturen und Nachrichtenvermittlungsstellen. Teilweise wird die Herstellung der Bereichsöffentlichkeit bereits mit Einstellung der Information in den Börsenticker bejaht,[109] nach *Assmann*[110] ist dagegen auf den (späteren) Zeitpunkt abzustellen, zu dem nach üblichem Verlauf der Dinge von einer Kenntnisnahme durch die Marktteilnehmer auszugehen ist. Letztere Ansicht erscheint vorzugswürdig, da erst mit Kenntnisnahme durch einen größeren Personenkreis Öffentlichkeit anzunehmen ist. In der Praxis dürfte sich die Differenzierung allerdings als unerheblich erweisen, da in der Regel bereits wenige Minuten nach Veröffentlichung der 60

---

103 Assmann/Schneider/Mülbert/*Assmann* MAR Art. 7 Rn. 65; aA *Klöhn* MAR Art. 7 Rn. 129; Meyer/Veil/Rönnau/*Krause* § 6 Rn. 79.
104 Assmann/Schneider/Mülbert/*Assmann* MAR Art. 10 Rn. 12; aA *Klöhn* MAR Art. 10 Rn. 24 f.; *Schneider* NZG 2005, 702 (703 ff.).
105 Ähnlich *Park* NStZ 2007, 369 (373).
106 Kümpel/Hammen/Ekkenga/*Kümpel/Veil* Kennz. 065 Rn. 78.
107 *BaFin*, FAQ Art. 17 MAR vom 29.5.2019, S. 8 f.; *Klöhn* MAR Art. 7 Rn. 137; Meyer/Veil/Rönnau/*Krause* § 6 Rn. 89 ff.
108 Assmann/Schneider/Mülbert/*Assmann* MAR Art. 7 Rn. 68; vgl. auch *BaFin*, FAQ Art. 17 MAR vom 29.5.2019, S. 8.
109 Vgl. *Claussen* ZBB 1992, 267 (275) bezogen auf den räumlichen Aspekt.
110 Assmann/Schneider/Mülbert/*Assmann* MAR Art. 7 Rn. 68.

Nachricht ein breites Publikum an Marktteilnehmern von dieser Kenntnis nimmt.[111]

61 Fälle, in denen die Information nur an einen begrenzten Personenkreis weitergegeben wird, sind nicht zur Herstellung der Bereichsöffentlichkeit geeignet, wie zB die Weitergabe von Informationen im Rahmen von **Pressekonferenzen** und Diskussionen mit **Finanzanalysten** oder anlässlich von **Hauptversammlungen**. Die Teilnehmer derartiger Veranstaltungen sind nicht identisch mit denjenigen Personen, die solche Informationen typischerweise unmittelbar nach der Informationserlangung verwerten. Sie fallen deshalb nicht in den Kreis der relevanten Marktteilnehmer.[112] Die Informationen werden außerdem nur einem begrenzten Kreis von Personen mitgeteilt, die Mitteilung eröffnet gerade nicht, wie es die Definition von Bereichsöffentlichkeit voraussetzt, einer unbestimmten Anzahl von Personen die Möglichkeit der Kenntnisnahme dieser Tatsache.[113] Entsprechendes gilt bei der Veröffentlichung von Tatsachen in sozialen Medien, Zeitungen oder Zeitschriften mit einem begrenzten Adressatenkreis wie zB Branchenzeitungen oder Lokalzeitungen. Anderes wird bei besonderen Börsen- und Wirtschaftszeitschriften anzunehmen sein, die regelmäßig über börsenrelevante Entwicklungen berichten.

62 Für die öffentliche Bekanntheit einer Information kommt es nur darauf an, dass sie der Bereichsöffentlichkeit in dem oder den **Mitgliedstaat(en)** zugänglich ist, in dem oder denen ein Finanzinstrument zum Handel zugelassen ist bzw. gehandelt wird.[114] Erfolgt die Publikation zur Herstellung der Bereichsöffentlichkeit im Ausland, wie zB bei Veröffentlichung im elektronischen Informationsverbreitungssystem einer ausländischen Börse, so führt dies über die weltweite Vernetzung der Börsen zu einer hinreichenden Bereichsöffentlichkeit auch im Inland.[115] Dasselbe gilt für die Publikation in einer im Ausland erscheinenden, aber auch im Inland von Marktteilnehmern regelmäßig gelesenen Zeitschrift.[116]

3. Emittentenbezug oder Bezug zu Finanzinstrumenten (Art. 7 Abs. 1 der Marktmissbrauchsverordnung)

63 Nach Art. 7 Abs. 1 lit. a der **Marktmissbrauchsverordnung** muss sich die Information auf „einen oder mehrere Emittenten oder ein oder mehrere Finanzinstrumente" beziehen. Nach dem Wortlaut der Norm und der früher hM[117] handelt es sich um ein eigenständiges Tatbestandsmerkmal, das neben der Kursrelevanz zu prüfen ist. Allerdings wurde bereits unter Geltung des WpHG im Hinblick auf die schwierige und umstrittene Einordnung der Marktdaten (siehe Rn. 65) vorgeschlagen, den Emittentenbezug im Zusammenhang mit dem Erfordernis der konkreten Information und der Kursrelevanz zu prüfen und ihm keine selbstständige Bedeutung zuzumessen.[118] Verstärkt werden die

---

111 Schäfer/Hamann/*Schäfer* WpHG § 13 Rn. 48.
112 Schäfer/Hamann/*Schäfer* WpHG § 13 Rn. 49.
113 Assmann/Schneider/Mülbert/*Assmann* MAR Art. 7 Rn. 69; *BaFin*, FAQ Art. 17 MAR vom 29.5.2019, S. 8 f.; zur Diskussion auch *Kocher/Sambulski* DB 2018, 1905.
114 *Klöhn* MAR Art. 7 Rn. 148 ff.; Meyer/Veil/Rönnau/*Krause* § 6 Rn. 82 ff.
115 Schäfer/Hamann/*Schäfer* WpHG § 13 Rn. 51.
116 AA womöglich *Klöhn* MAR Art. 7 Rn. 149.
117 *Caspari* ZGR 1994, 530 (539 f.); Schäfer/Hamann/*Schäfer* WpHG § 13 Rn. 52.
118 Assmann/Schneider/*Assmann*, 6. Aufl., WpHG § 13 Rn. 46.

Zweifel an einer eigenständigen Funktion des Merkmals dadurch, dass es – anders als in Hinblick auf die Ad-hoc-Publizitätspflichten nach Art. 17 der Marktmissbrauchsverordnung – für das Vorliegen einer Insiderinformation nach dem ausdrücklichen Wortlaut von Art. 7 Abs. 1 lit. a der Marktmissbrauchsverordnung keine Rolle spielt, ob der Emittenten- oder Finanzinstrumentenbezug unmittelbar oder mittelbar ist.[119] Der zwischen beiden Polen mögliche graduelle Übergang ist also nicht entscheidungserheblich. Informationen, die kurserheblich sind, einen Emittenten oder ein Finanzinstrument aber nicht einmal mittelbar betreffen, sind kaum vorstellbar.[120]

Emittentenbezug liegt vor, wenn die Information betriebsinterne Vorgänge betrifft.[121] Die Herkunft der Information ist ohne Belang. Emittentenbezug ist gegeben bei Umständen, die unmittelbar im Unternehmen selbst begründet sind, wie zB der Gewinn oder der Umsatz des Unternehmens, die Vermögens- und Finanzlage, Dividendenerhöhungen[122] sowie bedeutsame Erfindungen und Vertragsabschlüsse oder der Abschluss eines Beherrschungs- oder Gewinnabführungsvertrags.[123] Darüber hinaus sind emittentenbezogene Informationen auch solche, die die Beziehung des Unternehmens zu seiner Umwelt betreffen.[124] Erfasst werden damit unternehmensexterne Informationen, deren Quellen außerhalb des Unternehmens liegen, sich aber auf das Unternehmen beziehen, wie zB Übernahmeangebote[125] oder die Einleitung staatsanwaltschaftlicher Ermittlungen gegen den Vorstand eines Unternehmens.[126]

64

Daneben können auch allgemeine **Marktdaten** oder Marktinformationen einen Emittentenbezug aufweisen, wobei die Abgrenzungskriterien zu nicht emittentenbezogenen Informationen nicht abschließend geklärt sind. Marktdaten sind allgemeine, den gesamten Wertpapiermarkt betreffende Umstände, die sich nur mittelbar auf den Emittenten auswirken, wie zB die Änderung der Leitzinsen, aber auch Wahlergebnisse oder Naturkatastrophen. Während die Änderung des Diskont- oder Lombardsatzes noch eine gewisse Nähe zum Emittenten aufweist, handelt es sich bei den letztgenannten Umständen um marktferne Ereignisse. Vorgeschlagen wird deshalb eine Differenzierung nach dem Kriterium der Unternehmensnähe mit dem Ergebnis, dass nur die unternehmensnahen bzw. unternehmensspezifischen Umstände einen Emittentenbezug aufweisen, während Umstände, die die gesamte Branche betreffen, wie Teuerungsraten, Wahlergebnisse, Arbeitslosenzahlen oder allgemeine politische Ereignisse und Informationen, nicht unter den Begriff der Insiderinformation fallen sollen.[127] Diese – mit der gesetzlichen Bezugnahme auch auf mittelbar emittentenbezogene Informationen kaum vereinbare – Unterscheidung läuft darauf hinaus, den

65

---

119 Zu dieser Unterscheidung *BaFin*, Emittentenleitfaden, S. 34.
120 *Klöhn* MAR Art. 7 Rn. 116.
121 *Tippach* WM 1993, 1269 (1271).
122 Schäfer/Hamann/*Schäfer* WpHG § 13 Rn. 53.
123 BT-Drs. 12/6679, 46.
124 Assmann/Schneider/*Assmann*, 6. Aufl., WpHG § 13 Rn. 45.
125 *Weber* BB 1995, 157 (163).
126 Assmann/Schneider/*Assmann*, 6. Aufl., WpHG § 13 Rn. 44.
127 *Dierlamm* NStZ 1996, 519 (521 f.); Schäfer/Hamann/*Schäfer* WpHG § 13 Rn. 55; *Tippach* WM 1993, 1269 (1270).

Emittentenbezug danach zu bestimmen, wie unternehmensspezifisch oder „konkret" eine Information ist.[128]

66 Die Definition des **Finanzinstrumentenbezugs** ist ebenfalls umstritten. Erfasst werden jedenfalls solche Informationen, die in einem spezifischen Zusammenhang mit Finanzinstrumenten stehen. Dies können Informationen mit Bezug auf eine bestimmte Klasse von Wertpapieren sein oder Informationen zu bestimmten Finanzinstrumenten, wie zB eine Dividendenerhöhung oder eine Order zum Erwerb einer größeren Menge bestimmter Wertpapiere.[129] Nach einer weiter gehenden Ansicht[130] erfasst der Begriff auch nicht wertpapierspezifische marktbezogene Informationen.

4. Kursrelevanz

67 Gemäß Art. 7 Abs. 1 lit. a der Marktmissbrauchsverordnung muss die Information geeignet sein, im Falle ihres öffentlichen Bekanntwerdens den Kurs erheblich zu beeinflussen. Konkretisiert wird dieses Erfordernis in Art. 7 Abs. 4 der Marktmissbrauchsverordnung. Dass dort nicht, wie in Art. 7 Abs. 1 lit. a, von einer erheblichen, sondern „spürbaren" Kursbeeinflussung die Rede ist, dürfte keine inhaltliche Bedeutung haben.[131] Sehr ähnlich zu § 13 Abs. 1 S. 1 WpHG aF und wortgleich mit Art. 1 Abs. 2 der Richtlinie der Kommission vom 22.12.2003 – das Kriterium der Kursrelevanz bleibt insoweit unverändert[132] – stellt Art. 7 Abs. 4 der Marktmissbrauchsverordnung für die Beurteilung der Kursrelevanz einer Information darauf ab, ob „ein **verständiger Anleger** [sie] wahrscheinlich als Teil der Grundlage seiner Anlageentscheidungen **nutzen würde**".[133]

a) Eignung zur Kursbeeinflussung

68 Das Merkmal der **Eignung** zur (erheblichen) Kursbeeinflussung lässt es genügen, dass nach allgemeiner Lebenserfahrung ein gewisses Kursbeeinflussungspotenzial besteht, ohne dass die Beeinflussung tatsächlich eingetreten sein muss. Die Beurteilung der Eignung erfolgt nach einhelliger Meinung[134] durch eine nachträgliche ex-ante Prognose unter Zugrundelegung objektiver Maßstäbe. Der faktische Kursverlauf des Finanzinstruments nach Veröffentlichung der Information kann Indizwirkung entfalten, wenn andere Umstände als das öffentliche Bekanntwerden der Insiderinformation für die Kursänderung prak-

---

128 Konsequent deshalb die oben wiedergegebene Ansicht, die auf das Merkmal des Emittentenbezugs ganz verzichten will.
129 Assmann/Schneider/*Assmann*, 6. Aufl., WpHG § 13 Rn. 49.
130 *Tippach* WM 1993, 1269 (1271); vgl. auch *Caspari* ZGR 1994, 530 (540): „Tatsachen, die sich auf Insiderpapiere beziehen und damit marktbezogen sind".
131 *Poelzig* NZG 2016, 528 (532 mit Fn. 48).
132 Hauschka/Moosmayer/Lösler/*Franke/Grenzebach* § 17 Rn. 49.
133 Hervorhebungen nur hier.
134 Erwägungsgrund 14 S. 1 der Marktmissbrauchsverordnung; *BaFin*, FAQ Art. 17 MAR vom 29.5.2019, S. 6; BGH 23.4.2013 – II ZB 7/09, NJW 2013, 2114 (2117) (Daimler-Chrysler); Baumbach/Hopt/*Kumpan* VO (EU) Nr. 596/2014 Art. 7 Rn. 7; Marsch-Barner/Schäfer/*Schäfer* 14.24; *Nestler* S. 263; *Wittig* WiStR § 30 Rn. 67.

tisch ausgeschlossen werden können.[135] Die subjektive Einschätzung des Insiders kann nur im Rahmen des Vorsatzes Berücksichtigung finden.

Beurteilungsmaßstab ist die Sicht des **verständigen Anlegers**, dessen genauere Umschreibung jedoch Schwierigkeiten bereitet: Nach einer Ansicht[136] ist auf den „durchschnittlich verständigen Anleger" abzustellen. Dagegen wird zu Recht eingewandt, dass diese Definition des verständigen Anlegers die Frage nach der Differenzierung zwischen dem Wissen des (verständigen) Privatanlegers und des Börsenfachmanns offen lasse.[137] Maßgeblich ist vielmehr die mutmaßliche Prognose eines börsenkundigen Anlegers, der mit den Gegebenheiten und Gesetzlichkeiten des Marktes vertraut ist.[138]

b) Erheblichkeit der Kursbeeinflussung

Das Merkmal der **Erheblichkeit** der Kursbeeinflussung dient dem **Ausschluss von Bagatellfällen**, in denen der Insider nur unbedeutsame Sondervorteile erlangen kann. An welchen Kriterien die Grenze der Erheblichkeit festzumachen ist, war lange Zeit umstritten. Teilweise wurden als Anknüpfungspunkt bestimmte **Kursveränderungen** herangezogen; vorgeschlagen wurden Werte von 2%[139] bis hin zu 10%.[140] Gegen die Heranziehung dieser festen Prozentsätze wurde vorgebracht, dass dadurch die Unterschiede zwischen den einzelnen Wertpapieren nicht ausreichend berücksichtigt würden. So wirkt sich zB eine kursrelevante Information bei marktengen Wertpapieren anders aus als bei marktbreiten Wertpapieren, bei denen die Kursveränderung wesentlich geringer sein kann.[141] Hinzu kommt das Problem, dass sich die Überschreitung eines bestimmten Schwellenwertes kaum exakt prognostizieren lässt, so dass der Rekurs auf die Überschreitung bestimmter Schwellenwerte eine exakte Grenzziehung eher fingiert als wirklich ermöglicht.

Auf der anderen Seite standen eher subjektiv orientierte Vorschläge, die die Erheblichkeitsschwelle ohne Heranziehung fester Schwellenwerte ermitteln wollten, um auf diese Weise eine höhere Flexibilität zu erreichen. Überwiegend[142] wurde hier eine Abgrenzung anhand des Handelsanreizes der Tatsache für den Anleger vorgenommen. Nach einem anderen Ansatz,[143] der auf die *materiality*-Grundsätze des US-amerikanischen Rechts zur Bestimmung der Ad hoc-Publizität zurückgriff, ist eine Information dann kurserheblich, wenn sie derart gewichtig ist, dass der fachkundige Investor sie in seiner Anlagestrategie be-

---

135 Erwägungsgrund 15 der Marktmissbrauchsverordnung; *BaFin*, FAQ Art. 17 MAR vom 29.5.2019, S. 7; BGH 23.4.2013 – II ZB 7/09, NJW 2013, 2114 (2117) (Daimler-Chrysler); Baumbach/Hopt/*Kumpan* VO (EU) Nr. 596/2014 Art. 7 Rn. 7.
136 *Caspari* ZGR 1994, 530 (540).
137 Assmann/Schneider/*Assmann*, 6. Aufl., WpHG § 13 Rn. 57.
138 BGH 13.12.2011 – XI ZR 51/10, NJW 2012, 1800 (1804); Assmann/Schneider/*Assmann*, 6. Aufl., WpHG § 13 Rn. 58; *Loesche*, Eignung zur Kursbeeinflussung, S. 118 ff.
139 *Becker*, Wertpapierhandelsgesetz, S. 65 f.
140 *Claussen* DB 1994, 27 (30); *Dierlamm* NStZ 1996, 519 (522).
141 *Kümpel* WM 1994, 2137 (2141).
142 *Cahn* ZHR 162 (1998), 1 (17 f.); *Fürhoff/Wölk* WM 1997, 449 (455); *Kümpel* WM 1996, 653 (656); wohl auch *Süßmann* AG 1997, 63 (64).
143 *Gehrt*, Ad-hoc-Publizität, S. 160 ff.

rücksichtigen müsste. Teilweise wurde auch abstrakt auf das „Gewicht"[144] oder die „erhebliche Bedeutung"[145] der Information abgestellt.

72 Bereits das AnSVG hat diesen Streit in § 13 Abs. 1 S. 2 WpHG aF dahin gehend entschieden, dass eine Eignung zur erheblichen Kursbeeinflussung dann vorliegen soll, wenn ein verständiger Anleger die Information bei seiner Anlageentscheidung **berücksichtigen** würde. Dies gilt nach Art. 7 Abs. 4 UAbs. 1 auch unter Geltung der Marktmissbrauchsverordnung: Kursrelevant sind Informationen, die der verständige Anleger wahrscheinlich als Teil der Grundlage seiner Anlageentscheidungen nutzen würde. Die Marktmissbrauchsverordnung folgt also einem **subjektiven Ansatz**.[146] Kursrelevant ist nach überwiegender Auffassung eine Information, die einen **Handelsanreiz** schafft.[147]

73 Gegen diese Bestimmung der Erheblichkeitsgrenze anhand von flexibleren Kriterien lässt sich einwenden, dass sie gerade in Zweifelsfällen kein verlässliches Kriterium für Insider und Emittenten bieten. Jedenfalls mit Blick auf den strafrechtlichen Bestimmtheitsgrundsatz (Art. 103 Abs. 2 GG) ist ein rein subjektiver Ansatz problematisch. Es steht zu erwarten, dass sich Gerichte und andere Rechtsanwender bei der Auslegung von Art. 7 Abs. 1 der Marktmissbrauchsverordnung weiter soweit wie möglich an objektiven Kriterien orientieren werden, denen allerdings allenfalls eine Indizwirkung für die hypothetische Entscheidung eines verständigen Anlegers zukommen kann. Im Interesse der Rechtssicherheit erscheint es nach wie vor vorzugswürdig, die von Gesetzes wegen gebotene Einzelfallbetrachtung durch eine Berücksichtigung von objektiven Schwellenwerten zu ergänzen, so dass etwa bei Aktien bei einer zu erwartenden Kursschwankung in Höhe von mehr als 5% im Regelfall (aber nicht zwingend) von einer entsprechenden Anlegerentscheidung und damit von der Eignung zu einer erheblichen Kursbeeinflussung auszugehen ist.[148]

74 Grundsätzlich liegt es bei einer auf einen „Handelsanreiz" abstellenden Beurteilung der Erheblichkeit einer Kursveränderung nahe, dass ein „verständiger Anleger" bei seiner Entscheidung über die Anlage in ein bestimmtes Finanzinstrument nur solche Informationen berücksichtigen wird, die erwarten lassen, dass sich der Kurs dieses Finanzinstruments durch das Bekanntwerden der Information in eine bestimmte Richtung entwickeln wird.[149] Wenn es gleichermaßen wahrscheinlich ist, dass der Kurs des Finanzinstruments steigt bzw. fällt, steht er in Hinblick auf die Entscheidung über eine Anlage in dieses Finanzinstrument nicht besser, als wenn er die Information nicht besäße.[150] Ob sich eine solche Bestimmung der Kursrelevanz einer Information mit der „Lafonta"-Entscheidung des EuGH[151] in Einklang bringen lässt, wird kontrovers

---

144 *Joussen* DB 1994, 2485 (2487).
145 *Dickersbach*, Das neue Insiderrecht, S. 171.
146 *Nestler* S. 264; *Wittig* WiStR § 30 Rn. 70.
147 *BaFin*, FAQ Art. 17 MAR vom 29.5.2019, S. 7; Assmann/Schneider/Mülbert/*Assmann* MAR Art. 7 Rn. 82 ff.; *Klöhn* MAR Art. 7 Rn. 211; Meyer/Veil/Rönnau/*Krause* § 6 Rn. 119 ff.; Schimansky/Bunte/Lwowski/*Hopt/Kumpan* § 107 Rn. 54.
148 Vgl. auch *Park* BB 2001, 2069 (2072) zur alten Rechtslage; aA Marsch-Barner/Schäfer/*Schäfer* 14.22.
149 Selbstverständlich kann die tatsächliche Entwicklung des Kurses vom Erwartungswert abweichen, vgl. *Klöhn* NZG 2015, 809.
150 Ähnlich *Klöhn* NZG 2015, 809 (813).
151 EuGH 11.3.2015 – C-628/13, NJW 2015, 1663 – Lafonta m. Bspr. *Klöhn* NZG 2015, 809; *Seibt/Kraack* EWiR 2015, 237; *Zetzsche* AG 2015, 381.

diskutiert. Das liegt daran, dass das Gericht trotz ausdrücklichen Hinweises auf die Beschränkung des Vorlagegegenstandes auf das Merkmal der „Präzision" der Information ausführt, dass (der auf die Kursrelevanz bezogene) „Art. 1 II der RL 2003/124 ebenso wie ihr Art. 1 I nicht verlangt, dass es die Information erlaubt, die Richtung zu bestimmen, in die sich der Kurs der betreffenden Finanzinstrumente ändern wird."[152] Der Wortlaut dieser Ausführungen lässt eine Interpretation zu, nach der der EuGH eine Information bereits dann als kursrelevant betrachtet, wenn sie erhebliche Auswirkungen haben kann, ohne dass sich ein positiver oder negativer Erwartungswert bilden lässt.[153] Nach anderer Auffassung beschränkt sich die Aussage des EuGH auf die Feststellung, dass eine Information über die bloße Volatilität eines Finanzinstruments A kursrelevant für ein Finanzinstrument B sein kann, weil bzw. falls dessen Kurs von der Volatilität des Finanzinstruments A abhängig ist.[154]

Bei der Beurteilung der **Kursrelevanz** von Informationen mit einem Zukunftsbezug kann die Eintrittswahrscheinlichkeit des in Bezug genommenen künftigen Ereignisses nicht von vornherein ausgeblendet werden.[155] Denn die Kursrelevanz eines zukunftsbezogenen Umstands wird sich – insbesondere bei (bereits realisierten) Zwischenschritten eines gestreckten Sachverhalts – oftmals von der des etwaigen Endereignisses ableiten, wodurch dessen Eintrittswahrscheinlichkeit zumindest mittelbare Bedeutung erlangt.[156] Aus diesem Zusammenhang ergibt sich indes bereits, dass der Eintrittswahrscheinlichkeit des Endereignisses für die Kursrelevanz eines vorgelagerten Umstands nur eine beschränkte Bedeutung zukommen kann. Je bedeutsamer das etwaige Endereignis ist, desto eher wird der verständige Anleger einen diesem vorgelagerten Umstand bei seiner Anlageentscheidung berücksichtigen. Mit steigender Bedeutung des Endereignisses sind also niedrigere Anforderungen an die Wahrscheinlichkeit seines Eintritts zu stellen.[157] Weil die vom Normgeber in Art. 7 Abs. 2 S. 2, Abs. 3 der Marktmissbrauchsverordnung ausdrücklich angeordnete Relevanz von Zwischenschritten anderenfalls leerliefe, entfaltet Art. 7 Abs. 2 S. 1 keine Sperrwirkung dergestalt, dass für die Einstufung eines Zwischenschritts als Insiderinformation erforderlich wäre, dass der Eintritt des Endereignisses überwiegend wahrscheinlich (und demgemäß bereits das künftige Endereignis Insiderinformation) ist.[158]

75

---

152 EuGH 11.3.2015 – C-628/13, NJW 2015, 1663 – Lafonta m. Bspr. *Klöhn* NZG 2015, 809; *Seibt/Kraack* EWiR 2015, 237; *Zetzsche* AG 2015, 381.
153 So wohl *Seibt/Kraack* EWiR 2015, 237 (238).
154 *Klöhn* NZG 2015, 809 (815 ff.). Für Finanzinstrument A ist die Information nach diesem Verständnis nicht kursrelevant.
155 EuGH 28.6.2012 – C 19/11, NJW 2012, 2787 (2789 f., Rn. 55) (Daimler-Chrysler); BGH 23.4.2013 – II ZB 7/09, NJW 2013, 2114 (2116 Rn. 17, 2117 Rn. 25); *BaFin*, FAQ Art. 17 MAR vom 29.5.2019, S. 10; zum VW-Abgasskandal jüngst LG Stuttgart 24.10.2018 – 22 O 101/16.
156 *Poelzig* KapitalmarktR § 13 Rn. 387; ähnlich *BaFin*, FAQ Art. 17 MAR vom 29.5.2019, S. 10.
157 *Poelzig* KapitalmarktR § 13 Rn. 387.
158 Assmann/Schneider/Mülbert/*Assmann* MAR Art. 7 Rn. 55; *Klöhn* MAR Art. 7 Rn. 108; *Poelzig* KapitalmarktR § 13 Rn. 387 mN zur Gegenansicht; auch eine Mindestwahrscheinlichkeit des Eintritts des Endereignisses soll nicht erforderlich sein, s. *BaFin*, FAQ Art. 17 MAR vom 29.5.2019, S. 10 („es darf nur nicht völlig ausgeschlossen sein"); differenzierend danach, ob ein Zwischenschritt seine insiderrechtliche Relevanz „allein aus seiner Bezogenheit" auf das zukünftige Endereignis erlange

5. Besondere Bestimmungen für Insiderinformationen nach Art. 7 Abs. 1 lit. b-d

76 Art. 7 Abs. 1 lit. b und c der Marktmissbrauchsverordnung enthält besondere Definitionen für Insiderinformationen in Bezug auf Warenderivate (lit. b) und Emissionszertifikate (lit. c). Gegenüber der allgemeinen Definition des Art. 7 Abs. 1 lit. a einschränkend wirkt die Regelung über Insiderinformationen in Bezug auf Warenderivate nach Art. 7 lit. b. Erfasst sind danach nicht öffentlich bekannte präzise Informationen, die direkt oder indirekt ein oder mehrere Derivate dieser Art oder direkt damit verbundene Waren-Spot-Kontrakte betreffen und die, wenn sie öffentlich bekannt würden, geeignet wären, den Kurs dieser Derivate oder damit verbundener Waren-Spot-Kontrakte erheblich zu beeinflussen, und bei denen es sich um solche Informationen handelt, die nach Rechts- und Verwaltungsvorschriften der Union oder der Mitgliedstaaten, Handelsregeln, Verträgen, Praktiken oder Regeln auf dem betreffenden Warenderivate- oder Spotmarkt offengelegt werden müssen bzw. deren Offenlegung nach vernünftigem Ermessen erwartet werden kann. Nach Erwägungsgrund 20 der Marktmissbrauchsverordnung trägt die Regelung dem Umstand Rechnung, dass Spotmärkte und die zugehörigen Derivatemärkte in hohem Maße vernetzt sind und Marktmissbrauch deshalb markt- und grenzüberschreitend erfolgen kann. Der Begriff der Insiderinformation in Bezug auf Warenderivate setzt über die allgemeinen Merkmale des Art. 7 Abs. 1 lit. a hinaus voraus, dass bestimmte Regeln oder Praktiken die Offenlegung der Information verlangen oder sie nach vernünftigem Ermessen erwartet werden kann.[159] Das gilt zB für die Verordnung (EU) 1227/2011 für den Energiemarkt und die Datenbank der Gemeinsamen Initiative: Daten aus dem Mineralölsektor (Joint Organisations Database Initiative – JODI) für Erdöl.[160] Gemäß Art. 7 Abs. 5 S. 1 der Marktmissbrauchsverordnung hat die ESMA Leitlinien für eine nicht erschöpfende, indikative Liste von Informationen erstellt, deren Offenlegung erwartet werden kann oder verpflichtend ist.[161] Art. 7 Abs. 1 lit. c bestimmt die Insiderinformation nun auch für Emissionszertifikate und darauf beruhende Auktionsobjekte. Art. 7 Abs. 1 lit. d betrifft insbesondere das Frontrunning (s. Rn. 42).

6. Beispiele für Insiderinformationen

77 Zusätzlich enthält der **Emittentenleitfaden** der BaFin einen – auf Art. 7 der Marktmissbrauchsverordnung übertragbaren, allerdings nicht als abschließend zu verstehenden – **Katalog** mit Vorgängen, die im Regelfall als Gegenstand kurserheblicher Insiderinformationen anzusehen sein sollen.[162] Für die Rechtsanwendung kommt diesem Katalog als quasi fingierte Kasuistik große Bedeutung zu.

- Veräußerung von Kerngeschäftsfeldern, Rückzug aus oder Aufnahme von neuen Kerngeschäftsfeldern;

Vetter/Engel/Lauterbach AG 2019, 160 (169); offen gelassen von LG Stuttgart 24.10.2018 – 22 O 101/16.
159 Klöhn MAR Art. 7 Rn. 308, 319.
160 Erwägungsgrund 20 der Marktmissbrauchsverordnung.
161 https://www.esma.europa.eu/sites/default/files/library/esma-2016-1480_de.pdf (zuletzt abgerufen am 12.6.2019).
162 *BaFin*, Emittentenleitfaden, S. 52 f.

- Verschmelzungsverträge, Eingliederungen, Ausgliederungen, Umwandlungen, Spaltungen sowie andere wesentliche Strukturmaßnahmen;
- Beherrschungs- und/oder Gewinnabführungsverträge;
- Erwerb oder Veräußerung von wesentlichen Beteiligungen;
- Übernahme- und Abfindungs-/Kaufangebote;
- Kapitalmaßnahmen (inkl. Kapitalberichtigung);
- wesentliche Änderung der Ergebnisse der Jahresabschlüsse oder Zwischenberichte gegenüber früheren Ergebnissen oder Marktprognosen;
- Änderung des Dividendensatzes;
- bevorstehende Zahlungseinstellung/Überschuldung, Verlust nach § 92 AktG/ kurzfristige Kündigung wesentlicher Kreditlinien;
- Verdacht auf Bilanzmanipulation, Ankündigung der Verweigerung des Jahresabschlusstestats durch den Wirtschaftsprüfer;
- erhebliche außerordentliche Aufwendungen (zB nach Großschäden oder Aufdeckung krimineller Machenschaften) oder erhebliche außerordentliche Erträge;
- Ausfall wesentlicher Schuldner;
- Abschluss, Änderung oder Kündigung besonders bedeutender Vertragsverhältnisse (einschließlich Kooperationsabkommen);
- Restrukturierungsmaßnahmen mit erheblichen Auswirkungen auf die künftige Geschäftstätigkeit;
- bedeutende Erfindungen, Erteilung bedeutender Patente oder Gewährung wichtiger (aktiver/passiver) Lizenzen;
- maßgebliche Produkthaftungs-[163] oder Umweltschadensfälle;
- Rechtsstreitigkeiten von besonderer Bedeutung;
- überraschende Veränderungen in Schlüsselpositionen des Unternehmens (zB Vorstandsvorsitzender, Aufsichtsratsvorsitzender, überraschender Ausstieg des Unternehmensgründers);[164]
- überraschender Wechsel des Wirtschaftsprüfers;
- Antrag des Emittenten auf Widerruf der Zulassung zum amtlichen oder geregelten Markt, wenn nicht noch an einem anderen inländischen organisierten Markt eine Zulassung aufrechterhalten wird;
- Lohnsenkung oder Lohnerhöhung;
- Beschlussfassung des Vorstandes, von der Ermächtigung der Hauptversammlung zur Durchführung eines Rückkaufprogramms Gebrauch zu machen.

Kap. 7.4. Art. 14 MAR Verbot von Insidergeschäften

Artikel 14 MAR   Verbot von Insidergeschäften und unrechtmäßiger Offenlegung von Insiderinformationen

Folgende Handlungen sind verboten:

---

163 S. zum VW-Abgasskandal jüngst LG Stuttgart 24.10.2018 – 22 O 101/16.
164 Dazu etwa *Seibt/Danwerth* NZG 2019, 121.

a) das Tätigen von Insidergeschäften und der Versuch hierzu,
b) Dritten zu empfehlen, Insidergeschäfte zu tätigen, oder Dritte dazu zu verleiten, Insidergeschäfte zu tätigen, oder
c) die unrechtmäßige Offenlegung von Insiderinformationen.

Bis zum 1.7.2016 geltende Rechtslage
§ 14 WpHG a.F. Verbot von Insidergeschäften
(1) Es ist verboten,
1. unter Verwendung einer Insiderinformation Insiderpapiere für eigene oder fremde Rechnung oder für einen anderen zu erwerben oder zu veräußern,
2. einem anderen eine Insiderinformation unbefugt mitzuteilen oder zugänglich zu machen,
3. einem anderen auf der Grundlage einer Insiderinformation den Erwerb oder die Veräußerung von Insiderpapieren zu empfehlen oder einen anderen auf sonstige Weise dazu zu verleiten.

(2) ¹Der Handel mit eigenen Aktien im Rahmen von Rückkaufprogrammen und Maßnahmen zur Stabilisierung des Preises von Finanzinstrumenten stellen in keinem Fall einen Verstoß gegen das Verbot des Absatzes 1 dar, soweit diese nach Maßgabe der Vorschriften der Verordnung (EG) Nr. 2273/2003 der Kommission vom 22. Dezember 2003 zur Durchführung der Richtlinie 2003/6/EG des Europäischen Parlaments und des Rates – Ausnahmeregelungen für Rückkaufprogramme und Kursstabilisierungsmaßnahmen (ABl. EU Nr. L 336 S. 33) erfolgen. ²Für Finanzinstrumente, die in den Freiverkehr oder in den regulierten Markt einbezogen sind, gelten die Vorschriften der Verordnung (EG) Nr. 2273/2003 entsprechend.

I. Allgemeines/Rechtsentwicklung 1	b) Subjektiver Tatbestand .. 61
1. Anwendungsbereich des § 14 WpHG aF 1	3. Nutzung von Empfehlungen oder Verleitungen (Art. 14 lit. a; 8 Abs. 3 der Marktmissbrauchsverordnung) 64
2. Neuerungen durch das AnSVG 6	
3. Die Europäisierung des Verbots von Insidergeschäften .. 9	4. Offenlegungsverbot (Art. 14 lit. c; 10 der Marktmissbrauchsverordnung) 66
II. Verbotstatbestände 14	
1. Verbot des Insidergeschäfts (Art. 14 lit. a; 8 Abs. 1 der Marktmissbrauchsverordnung) 14	a) Objektiver Tatbestand ... 67
	aa) Offenlegung 67
	bb) Unrechtmäßigkeit der Offenlegung 71
a) Objektiver Tatbestand ... 14	(1) Allgemeines 71
aa) Erwerb und Veräußerung 16	(2) Fallgruppen 76
bb) Nutzen einer Insiderinformation 25	b) Subjektiver Tatbestand .. 91
(1) Allgemeines 25	c) Offenlegung von Empfehlungen und Verleitungen, Art. 10 Abs. 2 94
(2) Einzelfälle 32	
b) Subjektiver Tatbestand .. 48	III. Ausnahmen vom Insiderhandelsverbot (Art. 5 der Marktmissbrauchsverordnung) 95
2. Empfehlungs- und Verleitungsverbot (Art. 14 lit. b; 8 Abs. 2 der Marktmissbrauchsverordnung) 52	
	1. Aktienrückkaufprogramme 96
	2. Kursstabilisierungsmaßnahmen 97
a) Objektiver Tatbestand ... 55	

I. Allgemeines/Rechtsentwicklung
1. Anwendungsbereich des § 14 WpHG aF

Bislang stellte § 14 WpHG aF die **Kernvorschrift** des Insiderrechts dar. Er enthielt das umfassende **Verbot** von **Insidergeschäften**. In § 14 Abs. 1 Nr. 1–3 WpHG aF wurden die Verbotstatbestände einzeln aufgeführt, § 14 Abs. 2 WpHG aF enthielt eine Einschränkung des Anwendungsbereichs des Insiderhandelsverbots. Demnach unterfielen der Handel mit eigenen Aktien im Rahmen von Aktienrückkaufsprogrammen und Kursstabilisierungsmaßnahmen nicht dem Insiderhandelsverbot, wenn sie in Übereinstimmung mit EU-Verordnungsrecht standen (s. Rn. 95 ff.).

1

Dem Insider war es verboten, unter Verwendung einer Insiderinformation Insiderpapiere (§ 12 WpHG aF) zu erwerben oder zu veräußern (sog **Erwerbs- und Veräußerungsverbot**, § 14 Abs. 1 Nr. 1 WpHG aF), einem anderen unbefugt Insiderinformationen mitzuteilen oder zugänglich zu machen (sog **Weitergabeverbot**, § 14 Abs. 1 Nr. 2 WpHG aF) oder einem anderen auf der Grundlage einer Insiderinformation den Erwerb oder die Veräußerung von Insiderpapieren zu empfehlen bzw. ihn auf sonstige Weise dazu zu verleiten (sog **Empfehlungs- und Verleitungsverbot**, § 14 Abs. 1 Nr. 3 WpHG aF).

2

Die **Verbotstatbestände galten für jeden Insider**, unabhängig davon, wie er an die Insiderinformation gelangt ist. Auf Ebene des Verbotstatbestandes war es also bereits seit Inkrafttreten des Anlegerschutzverbesserungsgesetzes vom 28.10.2004 (AnSVG),[1] unerheblich, ob ein Primär- oder ein Sekundärinsider handelte.[2] Eine Differenzierung erfolgt für bis 1.7.2016 verwirklichte Delikte jedoch auf der **Rechtsfolgenseite**. Ein vorsätzlicher oder leichtfertiger Verstoß wird entweder als **Straftat** (§ 38 Abs. 1, 4 WpHG aF) oder als **Ordnungswidrigkeit** (§ 39 Abs. 2 Nr. 3, 4 WpHG aF) geahndet.[3]

3

Verstieß ein **Primärinsider** vorsätzlich gegen das Insiderhandelsverbot, machte er sich gemäß § 38 Abs. 1, 39 Abs. 2 Nr. 3, 4 WpHG aF immer strafbar, unabhängig davon, welche Variante des § 14 Abs. 1 WpHG aF er verwirklichte. Handelte der Primärinsider leichtfertig, machte er sich bis 1.7.2016 bei einem Verstoß gegen das Erwerbs- und Veräußerungsverbot strafbar (§§ 38 Abs. 1, 4; 14 Abs. 1 Nr. 1 WpHG aF), bei Verstößen gegen das Weitergabeverbot (§ 14 Abs. 1 Nr. 2 WpHG aF) und gegen das Empfehlungs- und Verleitungsverbot (§ 14 Abs. 1 Nr. 3 WpHG aF) hingegen verwirklichte er lediglich den Tatbestand einer Ordnungswidrigkeit (§ 39 Abs. 2 Nr. 3, 4 WpHG aF).

4

Eine Strafbarkeit des **Sekundärinsiders** gemäß § 38 Abs. 1 Nr. 1, Abs. 4 WpHG aF kommt für bis zum 1.7.2016 begangene Taten nur dann in Betracht, wenn er vorsätzlich oder leichtfertig gegen das Erwerbs- und Veräußerungsverbot des § 14 Abs. 1 Nr. 1 WpHG aF verstieß. Handelte der Sekundärinsider gegen das Weitergabeverbot oder das Empfehlungs- und Verleitungsverbot (§ 14 Abs. 1 Nr. 2, 3 WpHG aF), kommt, sowohl bei vorsätzlichem als auch bei leichtfertigem Handeln, nur eine Ahndung als Ordnungswidrigkeit (§ 39 Abs. 2 Nr. 3, 4 WpHG aF) infrage.

5

---

1 BGBl. 2004 I 2630 ff.; zur Rechtslage vor Inkrafttreten des AnSVG vgl. HK-KapM-StrafR/*Hilgendorf*, 1. Aufl., WpHG §§ 38 I Nr. 1–3, 12, 13, 14 Rn. 31 ff.
2 Zur Unterscheidung zwischen Primär- und Sekundärinsider vgl. Kap. 7.5. Rn. 26 ff.
3 S. Kap. 7.5. Rn. 86 zur durch das AnSVG neu eingeführten Versuchsstrafbarkeit.

2. Neuerungen durch das AnSVG

6 § 14 WpHG aF wurde durch das AnSVG umfassend geändert (vgl. zur Gesetzgebungshistorie Kap. 7.1. Rn. 3 f.). Die Verlagerung der Unterscheidung zwischen Primär- und Sekundärinsidern vom Tatbestand der §§ 13, 14 WpHG aF auf die Ebene der Rechtsfolgen (§§ 38, 39 WpHG aF) ist eine Folge dieser Änderungen. Auch der Anknüpfungspunkt der Vorschrift war fortan ein anderer: Gegenstand des Handelns des Insiders war gemäß § 14 WpHG aF seit Inkrafttreten des AnSVG eine **Insiderinformation** (§ 13 WpHG aF), wohingegen zuvor der Begriff der **Insidertatsache** die entscheidende Rolle spielte.[4]

7 Bezüglich des Erwerbs- und Veräußerungsverbots (§ 14 Abs. 1 Nr. 1 WpHG aF) musste die Handlung des Insiders unter **Verwendung** einer Insiderinformation vorgenommen werden, zuvor war das **Ausnutzen der Kenntnis** der Insidertatsache erforderlich. Ergänzt wurde § 14 Abs. 1 Nr. 3 WpHG aF: Verboten war seit 2004 auch, einen anderen auf sonstige Weise zum Erwerb oder zur Veräußerung von Insiderpapieren zu verleiten. § 14 Abs. 1 Nr. 3 WpHG aF enthielt vor Inkrafttreten des AnSVG nur ein isoliertes Empfehlungsverbot.

8 Die **Beschränkung** des **Anwendungsbereichs** des Insiderhandelsverbotes beim Handel mit eigenen Aktien über § 14 Abs. 2 WpHG aF wurde ebenfalls durch das AnSVG neu eingeführt und ergänzte die früher in § 20 WpHG, fortan in § 1 Abs. 3 WpHG aF enthaltene Regelung. Nach § 1 Abs. 3 WpHG aF kam ein Insiderverstoß bei geld- oder währungspolitisch motivierten Geschäften bzw. bei im Rahmen der öffentlichen Schuldenverwaltung vorgenommenen Geschäften bestimmter Träger hoheitlicher Gewalt nicht infrage.[5]

3. Die Europäisierung des Verbots von Insidergeschäften

9 Seit dem 3.7.2016 – in **Deutschland** bereits seit dem **2.7.2016** (s. Kap. 7.1. Rn. 16) – gilt **unionsweit und unmittelbar das Verbot von Insidergeschäften** aus Art. 14 der Marktmissbrauchsverordnung.[6] Aufgrund der unmittelbaren Geltung des europäischen Insiderhandelsverbots wurden die Bestimmungen in § 14 WpHG durch das 1. FiMaNoG gestrichen.

10 Art. 14 der Marktmissbrauchsverordnung verbietet (den Versuch), **Insidergeschäfte zu tätigen** (lit. a), dies **Dritten zu empfehlen oder sie dazu zu verleiten** (lit. b) und Insiderinformationen unrechtmäßig **offenzulegen** (lit. c). Die entsprechenden Begriffsbestimmungen zum Insidergeschäft (Art. 8 Abs. 1, 3), zur Empfehlung oder Verleitung zum Tätigen eines Insidergeschäfts (Art. 8 Abs. 2) und zur unrechtmäßigen Offenlegung von Insiderinformationen (Art. 10) finden sich ebenfalls in der Verordnung selbst. **Ausnahmen** vom Handels- und Weitergabeverbot regeln insbesondere die Art. 9 bzw. 11 der Marktmissbrauchsverordnung.

11 Wer seit Anfang Juli 2016 vorsätzlich gegen das europäische Insiderhandelsverbot verstieß, machte sich zunächst nach § 38 Abs. 3 WpHG aF strafbar. Seit

---

4 Der Wortlaut des § 14 WpHG aF entspricht damit Art. 1 Nr. 1 der Richtlinie 89/592/EWG vom 13.11.1989 (sog Insiderrichtlinie).
5 Siehe auch Assmann/Schneider/*Assmann*, 6. Aufl., WpHG § 1 Rn. 5 ff.
6 Verordnung (EU) Nr. 596/2014 des Europäischen Parlaments und des Rates vom 16.4.2014 über Marktmissbrauch und zur Aufhebung der Richtlinie 2003/6/EG des Europäischen Parlaments und des Rates und der Richtlinien 2003/124/EG, 2003/125/EC und 2004/72/EG der Kommission, ABl. EU L 173 v. 12.6.2014, S. 1 ff.

dem 3.1.2018 findet sich die Strafbewehrung in § 119 Abs. 3 WpHG. § 119 Abs. 3 Nr. 1 WpHG pönalisiert es, entgegen Art. 14 lit. a der Marktmissbrauchsverordnung ein **Insidergeschäft zu tätigen**. Den Straftatbestand des § 119 Abs. 3 Nr. 2 WpHG erfüllt, wer entgegen Art. 14 lit. b der Marktmissbrauchsverordnung einem anderen **empfiehlt**, ein Insidergeschäft zu tätigen oder ihn dazu **verleitet** (zur Ersetzung des Begriffs der Anstiftung durch das 2. FiMaNoG s. Kap. 7.5. Rn. 6). In § 119 Abs. 3 Nr. 3 WpHG wird es unter Strafe gestellt, eine Insiderinformation entgegen Art. 14 lit. c der Marktmissbrauchsverordnung **offenzulegen**.

Die Strafbarkeit eines Verstoßes gegen sämtliche Varianten des europäischen Insiderhandelsverbots hängt nicht von der Einstufung des Täters als Primär- oder Sekundärinsider ab. In Art. 4 Abs. 1, 3 iVm Art. 3 Abs. 3 UAbs. 2 der Marktmissbrauchsrichtlinie (CRIM-MAD)[7] ist die **Strafbarkeit der Empfehlung und Weitergabe auch durch Sekundärinsider** vorgesehen. Diese Vorgabe hat der deutsche Gesetzgeber umgesetzt, indem er in § 119 Abs. 3 WpHG fortan auf eine Täterkreisbeschränkung verzichtet. Aus § 119 Abs. 7 WpHG ergibt sich, dass der **leichtfertige** Insiderhandel künftig – mit Ausnahme der besonderen Strafbewehrung von Insidergeschäften im Zusammenhang mit der Versteigerung von Treibhausgasemissionszertifikaten nach § 119 Abs. 2 Nr. 1 WpHG – **straflos** bleibt und für jedermann nur noch als Ordnungswidrigkeit nach § 120 Abs. 14 WpHG erfasst wird. 12

Im Übrigen sind mit der Europäisierung des Insiderhandelsverbots keine wesentlichen Änderungen verbunden, weil die Regelungskonzeption der durch das AnSVG umgesetzten Marktmissbrauchsrichtlinie vom 28.1.2003 beibehalten wird.[8] Art. 14 lit. a der Marktmissbrauchsverordnung findet seine Entsprechung in Art. 2 Abs. 1 UAbs. 1 der Marktmissbrauchsrichtlinie vom 28.1.2003 (zur punktuellen Ausweitung des Erwerbs- und Veräußerungsverbots durch Art. 8 Abs. 1 S. 2; Abs. 3 der Marktmissbrauchsverordnung s. Rn. 15, 22, 64 f.), Art. 14 lit. b und c der Marktmissbrauchsverordnung in Art. 3 lit. b bzw. Art. 3 lit. a der Marktmissbrauchsrichtlinie vom 28.1.2003. Vieles spricht deshalb dafür, dass die vom EuGH entwickelten Auslegungsgrundsätze bedeutsam bleiben.[9] 13

II. Verbotstatbestände

1. Verbot des Insidergeschäfts (Art. 14 lit. a; 8 Abs. 1 der Marktmissbrauchsverordnung)

a) Objektiver Tatbestand

Art. 14 lit. a. der Marktmissbrauchsverordnung verbietet das Tätigen von Insidergeschäften. Nach **Art. 8 Abs. 1 S. 1 der Marktmissbrauchsverordnung** liegt ein Insidergeschäft vor, wenn eine Person über Insiderinformationen[10] verfügt 14

---

7 RL 2014/57/EU des Europäischen Parlaments und des Rates vom 16.4.2014 über strafrechtliche Sanktionen bei Marktmanipulation (Marktmissbrauchsrichtlinie), ABl. EU L 173 v. 12.6.2014, S. 179 ff.
8 Fuchs/*Mennicke* WpHG § 14 Rn. 1; JVRB/*Ritz* WpHG Einl. Rn. 109; *Kiesewetter/Parmentier* BB 2013, 2371 (2373); *Veil* ZBB 2014, 85 (86); *Teigelack* BB 2012, 1361 (1362); *Weber* NJW 2016, 992 (996).
9 Fuchs/*Mennicke* WpHG § 14 Rn. 1; *Veil* ZBB 2014, 85 (91).
10 Zum Begriff der Insiderinformation s. die Erläuterungen in Kap. 7.3. Rn. 17 ff.

und unter Nutzung derselben für eigene oder fremde Rechnung direkt oder indirekt Finanzinstrumente,[11] auf die sich die Informationen beziehen, erwirbt oder veräußert. Verboten sind darüber hinaus alle Geschäfte, die der Umgehung dieses Verbots dienen, zB die Beauftragung eines Dritten mit dem Erwerb von Finanzinstrumenten.[12]

15 Die Regelung entspricht Art. 2 Abs. 1 UAbs. 1 der Marktmissbrauchsrichtlinie vom 28.1.2003. Die Grundstruktur des Kerntatbestands der Insiderhandelsverbote bleibt gegenüber § 14 Abs. 1 Nr. 1 WpHG aF deshalb unverändert.[13] Eine Erweiterung des Erwerbs- und Veräußerungsverbots liegt demgegenüber in der Regelung des Art. 8 Abs. 3 (s. Rn. 64 f.). Nach Art. Art. 8 Abs. 1 S. 2 Marktmissbrauchsverordnung gilt außerdem nun auch die Stornierung oder Änderung eines Auftrags in Bezug auf ein Finanzinstrument, auf das sich Insiderinformationen beziehen, als Insidergeschäft, wenn der Auftrag vor Erlangen der Insiderinformationen erteilt wurde.

aa) Erwerb und Veräußerung

16 Umstritten war unter Geltung der Verbotstatbestände des WpHG, wie die Begriffe „Erwerb" und „Veräußerung" zu verstehen waren. Nach zivilrechtlichen Grundsätzen erstrecken sich die Begriffe auf das dingliche Verfügungsgeschäft, dh Erwerb und Veräußerung liegen nur vor, wenn sich die dingliche Rechtsposition verändert hat. Nach einer Ansicht[14] reichte deshalb der Abschluss eines obligatorischen Rechtsgeschäfts nicht aus. Umstritten war jedoch unter den Verfechtern dieser Ansicht, welche Voraussetzungen im Einzelnen zur Begründung des Erwerbs bzw. der Veräußerung gegeben sein mussten.

17 Nach *Claussen*[15] sollten alle „wertrechtlich relevanten Transaktionen" erfasst sein. Andere Stimmen stellten allein auf die Änderung der eigentumsrechtlichen Zuordnung und nicht auf die Verschiebung der Verfügungsmacht ab. Die eigentumsrechtliche Zuordnung ist auch bei der Zeichnung von Wertpapieren sowie bei der Wertpapierleihe[16] gegeben.

18 *Assmann* sprach sich mit einer im Vordringen befindlichen Ansicht dafür aus, den Erwerb und die Veräußerung richtlinienkonform dahin gehend auszulegen, dass neben dem dinglichen Verfügungsgeschäft auch der obligatorische Vertrag in Betracht komme.[17] Begründet wurde dies damit, dass in anderen europäischen Ländern nicht zwischen schuldrechtlichem und dinglichem Ge-

---

11 Zum Begriff des Finanzinstruments s. die Erläuterungen in Kap. 7.2. Rn. 1 ff.
12 Schäfer/Hamann/*Schäfer* WpHG § 14 Rn. 4.
13 *Von der Linden* DStR 2016, 1036 (1037); *Poelzig* NZG 2016, 528 (532); *Teigelack/Dolff* BB 2016, 387 (391).
14 Vgl. nur Schäfer/Hamann/*Schäfer* WpHG § 14 Rn. 5; s. aber auch Marsch-Barner/Schäfer/*Schäfer* 14.39.
15 *Claussen* ZBB 1992, 267 (281); *ders.* DB 1994, 27 (31).
16 Allerdings ist es nach Schäfer/Hamann/*Schäfer* WpHG § 14 Rn. 5 praktisch kaum möglich, allein durch die Leihe eine Insiderinformation auszunutzen, in der Regel sei dazu ein weiteres Rechtsgeschäft, nämlich der Kauf oder Verkauf von Wertpapieren, erforderlich.
17 So auch *BaFin*, Emittentenleitfaden, S. 37; Kümpel/Hammen/Ekkenga/*Kümpel*/*Veil* Kennz. 065 Rn. 88 f.; OLG Karlsruhe NZG 2004, 377 (379); Schwark/Zimmer/*Schwark*/*Kruse*, 4. Aufl., WpHG § 14 Rn. 10.

schäft unterschieden werde und auch nach allgemeinem Sprachgebrauch der Erwerb bzw. die Veräußerung bereits bei Abschluss des Vertrags vorliege.[18]

Diese Ansicht verdiente schon unter Geltung des WpHG Zustimmung, weil sie dem besonderen grenzüberschreitenden Bezug des Insiderrechts Rechnung trägt und auch solche Konstellationen erfasst, in denen der Insider zu keinem Zeitpunkt Wertpapiereigentum oder Verfügungsmacht über eine entsprechende Zahl von Aktienrechten innehat.[19] Für die Auslegung der europäisierten Insiderhandelsverbote ist sie – in Anbetracht des angestrebten Ziels der Harmonisierung des Marktmissbrauchsrechts nahezu zwingend – zur ganz überwiegenden Auffassung geworden.[20] Einschränkend ist jedoch zu beachten, dass nur solche obligatorischen Verträge geeignet sind, einen Erwerb oder eine Veräußerung nach Art. 8 Abs. 1 S. 1 der Marktmissbrauchsverordnung darzustellen, bei denen der Insider bezüglich des Finanzinstruments eine **gesicherte Erwerbs-** bzw. **Veräußerungsposition** erhält.[21] Nicht ausreichend ist daher ein bedingter (§ 158 BGB) Erwerbs- oder Veräußerungsvertrag, bei dem der Eintritt der Bedingung nicht ausschließlich vom Willen des Insiders abhängt.

Nicht erforderlich ist, dass das Rechtsgeschäft zu einem Gewinn des Insiders führt. Auch wenn Erwägungsgrund 23 der Marktmissbrauchsverordnung den aus Insidergeschäften gezogenen ungerechtfertigten Vorteil als wesentliches Merkmal des Insidergeschäfts betont, dürfte aufgrund des eindeutigen Wortlauts des Art. 8 Abs. 1 anzunehmen sein, dass es sich beim Erwerbs- und Veräußerungsverbot wie schon unter Geltung des WpHG um ein abstraktes Gefährdungsdelikt handelt.[22] Die Schenkung und die Vererbung von Wertpapieren stellen weder Erwerb noch Veräußerung iSd Art. 8 Abs. 1 der Marktmissbrauchsverordnung dar.[23]

Von § 14 Abs. 1 Nr. 1 WpHG aF nicht erfasst war nach hM[24] das **Unterlassen** des Erwerbs oder der Veräußerung von Wertpapieren. Zwar können auch dadurch Insiderinformationen ausgenutzt werden, nach dem Wortlaut des § 14 WpHG aF sowie dem Wortlaut des Art. 2 Abs. 1 der Insiderrichtlinie musste es jedoch zu einer rechtsgeschäftlichen Handlung gekommen sein. Der Ausweitung des Tatbestandes auf das Unterlassen eines Erwerbs oder einer Veräußerung stand daher das strafrechtliche Analogieverbot entgegen. Dies galt ebenso für dem **Unterlassen gleichzusetzende Verhaltensweisen**, bei denen ebenfalls

---

18 Assmann/Schneider/*Assmann*, 6. Aufl., WpHG § 14 Rn. 12 ff.
19 Vgl. dazu das Beispiel bei Kümpel/Hammen/Ekkenga/*Kümpel/Veil* Kennz. 065 Rn. 88; Wabnitz/Janovsky/*Benner*, 3. Aufl., 9. Kapitel Rn. 112.
20 Assmann/Schneider/Mülbert/*Assmann* MAR Art. 8 Rn. 18; Graf/Jäger/Wittig/*Diversy/Köpferl* WpHG § 38 Rn. 155; Schimansky/Bunte/Lwowski/*Hopt/Kumpan* § 107 Rn. 63; *Klöhn* MAR Art. 8 Rn. 58; Baumbach/Hopt/*Kumpan* VO (EU) Nr. 596/2014 Art. 8 Rn. 1; Meyer/Veil/Rönnau/*Veil* § 7 Rn. 27; *Langenbucher* § 15 Rn. 56; *Nestler* S. 255; *Poelzig* KapitalmarktR § 13 Rn. 396; *Wittig* WiStR § 30 Rn. 73; wohl auch Marsch-Barner/Schäfer/*Schäfer* 14.39.
21 *Klöhn* MAR Art. 8 Rn. 58; Meyer/Veil/Rönnau/*Veil* § 7 Rn. 27; OLG Karlsruhe 4.2.2004 – 3 Ws 195/03, NZG 2004, 377 (379); *Park* JuS 2007, 621 (623).
22 Assmann/Schneider/Mülbert/*Spoerr* WpHG § 119 Rn. 6.
23 Assmann/Schneider/Mülbert/*Assmann* MAR Art. 8 Rn. 17; *Klöhn* MAR Art. 8 Rn. 57; *Claussen*, Insiderhandelsverbot und Ad-hoc-Publizität, Rn. 38; **aA** Meyer/Veil/Rönnau/*Veil* § 7 Rn. 29.
24 Assmann/Schneider/*Assmann*, 6. Aufl., WpHG § 14 Rn. 16; *Kümpel/Wittig* Rn. 3.527; Schäfer/Hamann/*Schäfer* WpHG § 14 Rn. 6; **aA** *Claussen* DB 1994, 27 (31); *Weber* BB 1995, 157 (166).

kein Rechtsgeschäft abgeschlossen wird, wie zB bei der Nichtausübung einer Kaufs- oder Verkaufsoption.[25] Problematisch waren Fälle, in denen nach den üblichen Regeln zur Abgrenzung von Tun und Unterlassen eher ein (aktives) Tun anzunehmen ist, etwa beim Widerruf einer noch nicht ausgeführten Kauf- oder Verkaufsorder. Da auch hier weder ein Erwerb noch eine Veräußerung iSv § 14 Abs. 1 Nr. 1 WpHG aF anzunehmen ist, bleibt auch ein solches Verhalten in Altfällen straflos.

22 Wegen **Art. 8 Abs. 1 S. 2** der Marktmissbrauchsverordnung stellt die Nutzung von Insiderinformationen in Form der **Stornierung oder Änderung eines Auftrags** in Bezug auf ein Finanzinstrument, auf das sich die Informationen beziehen, seit Juli 2016 hingegen ein Insidergeschäft dar, wenn der Auftrag vor Erlangen der Insiderinformationen erteilt wurde. Nicht erfasst ist weiterhin die bloße Aufgabe des Entschlusses zum Abschluss eines Vertrages.

23 Da es auf die Form des Rechtsgeschäfts nicht ankommt, werden grundsätzlich (s. aber Rn. 40) auch sog **Face-to-face-Geschäfte** vom Insiderhandelsverbot erfasst, dh Geschäfte, die nicht über die Börse, sondern unmittelbar zwischen Verkäufer und Käufer abgewickelt werden.[26] Dagegen werden insofern Zweifel geäußert, als in dieser Situation das Vertrauen des Kapitalmarktes ohnehin nicht erschüttert werden könne, so dass der Gesetzeszweck ein Verbot hier nicht erfordere.[27]

24 Das Nutzungsverbot erstreckt sich auf **Eigen- und Fremdgeschäfte** („für eigene oder fremde Rechnung"), dh sowohl auf Geschäfte, die der Insider in eigenem Namen (für eigene oder fremde Rechnung) vornimmt, als auch auf Geschäfte, die er in fremdem Namen im Wege der Stellvertretung (zB nach § 164 BGB) tätigt.

bb) Nutzen einer Insiderinformation
(1) Allgemeines

25 Der Insider musste beim Erwerb oder bei der Veräußerung des Insiderpapiers nach altem Recht (§ 14 Abs. 1 Nr. 1 WpHG aF) **unter Verwendung** einer Insiderinformation handeln. Das objektive Merkmal des Verwendens ersetzte dabei das bis zum Inkrafttreten des AnSVG im subjektiven Tatbestand zu prüfende Merkmal des „Ausnutzens" der Kenntnis einer Insidertatsache.[28]

26 Der Begriff des Ausnutzens hatte in zuvor zu erheblichen Beweisschwierigkeiten geführt, da er zweckgerichtetes Handeln voraussetzte.[29] Nach überwiegender Ansicht[30] war eine Gewinnerzielungsabsicht des Täters erforderlich, dh die

---

25 Assmann/Schneider/*Assmann*, 6. Aufl., WpHG § 14 Rn. 17; *Dickersbach*, Das neue Insiderrecht, S. 183; Schimansky/Bunte/Lwowski/*Hopt/Kumpan* § 107 Rn. 36; *Schröder* NJW 1994, 2879 (2880).
26 Schimansky/Bunte/Lwowski/*Hopt/Kumpan* § 107 Rn. 31; Marsch-Barner/Schäfer/*Schäfer* 14.10; Meyer/Veil/Rönnau/*Veil* § 7 Rn. 14; *Assmann* AG 1997, 50 (55); *Schmidt-Diemitz* DB 1996, 1809.
27 Schäfer/Hamann/*Schäfer* WpHG § 14 Rn. 9.
28 Vgl. zum Begriff des Ausnutzens *Hilgendorf*, 1. Aufl., WpHG §§ 38 I Nr. 1–3, 12, 13, 14 Rn. 115 ff.
29 Begr. RegE AnSVG, BT-Drs. 15/3174, 34.
30 *Assmann* AG 1994, 237 (246); Assmann/Schneider/*Assmann/Cramer*, 3. Aufl. 2003, WpHG § 14 Rn. 25; *Caspari* ZGR 1994, 530 (542); Schäfer/Hamann/*Schäfer* WpHG § 14 Rn. 11; aA *Claussen* DB 1994, 27 (31); *Siebold*, Das neue Insiderrecht, S. 240.

Absicht, sich oder einem Dritten einen Sondervorteil zu verschaffen.[31] Problematisch war des Weiteren die Interpretation des Begriffs des Ausnutzens als „Alleinstellungsmerkmal". Demnach durfte der einzige den Insider motivierende Gesichtspunkt die Gewinnerzielungsabsicht sein. Bei weiteren, oftmals nicht widerlegbaren Motiven des Handelnden führte diese Interpretation zur Straflosigkeit des Insiders. Mit Inkrafttreten des AnSVG spielte der Zweck des Handels, also die Erlangung eines wirtschaftlichen Vorteils, dann nur noch auf Ebene der Straf- bzw. Bußgeldzumessung eine Rolle.

Art. 8 Abs. 1 S. 1 der Marktmissbrauchsverordnung[32] stellt wiederum nicht wie § 14 Abs. 1 Nr. 1 WpHG idFd AnSVG auf den Erwerb oder die Veräußerung unter „Verwendung", sondern auf die **„Nutzung"** einer Insiderinformation ab. Damit ist jedoch keine erneute Änderung der Rechtslage verbunden, weil § 14 Abs. 1 Nr. 1 WpHG aF richtlinienkonform ausgelegt wurde und die insoweit maßgebliche Marktmissbrauchsrichtlinie vom 28.1.2003[33] in Art. 2 Abs. 1 UAbs. 1 bereits ebenfalls von einer „Nutzung" der Information sprach.[34]

27

Nach hM liegt ein „Nutzen einer Insiderinformation" nicht vor, wenn der Insider bei Erwerb oder Veräußerung eines Finanzinstruments lediglich im Besitz der Insiderinformation ist.[35] Die Kenntnis der Insiderinformation muss darüber hinaus auch Einfluss auf die Entscheidung des Insiders haben.[36] Es muss also eine **Kausalitätsbeziehung** zwischen der Kenntnis der Insiderinformation und der Vornahme des Geschäftes bestehen.[37]

28

Nicht unter das Insiderhandelsverbot fallen deshalb solche Geschäfte, die auch ohne die Insiderkenntnis vorgenommen worden wären. Dies gilt insbesondere dann, wenn der Abschluss des Wertpapiergeschäfts der Erfüllung einer vertraglichen Pflicht dient (s. auch Art. 9 Abs. 3 der Marktmissbrauchsverordnung).[38] Letztlich geht es wie schon vor der Novellierung durch das AnSVG um den Nachweis einer bestimmten inneren psychischen Kausalität, was erhebliche Probleme aufwerfen kann.[39]

29

Exemplarisch für die Schwierigkeiten, die eine angemessene Interpretation des Nutzungserfordernisses aufwirft, ist die **„Spector-Entscheidung"** des EuGH

30

---

[31] *Park* BB 2001, 2069 (2072).
[32] Verordnung (EU) Nr. 596/2014 des Europäischen Parlaments und des Rates vom 16.4.2014 über Marktmissbrauch und zur Aufhebung der Richtlinie 2003/6/EG des Europäischen Parlaments und des Rates und der Richtlinien 2003/124/EG, 2003/125/EG und 2004/72/EG der Kommission, ABl. EU L 173 vom 12.6.2014, S. 1 ff.
[33] RL 2003/6/EG vom 28.1.2003 über Insider-Geschäfte und Marktmanipulation, ABl. EU L 96 vom 12.4.2003, S. 16 ff.
[34] *Kiesewetter/Parmentier* BB 2013, 2371 (2373); *Viciano-Gofferje/Cascante* NZG 2012, 968 (972).
[35] So *Bürgers* BKR 2004, 424; *Cahn* Der Konzern 2005, 5 (9); Begr. RegE AnSVG, BT-Drs. 15/3174, 34; Kümpel/Hammen/Ekkenga/*Kümpel/Veil* Kennz. 065 Rn. 90; unentschieden dagegen *Kuthe* ZIP 2004, 883 (884); aA *Ziemons* NZG 2004, 537 (539).
[36] *BaFin*, Emittentenleitfaden, S. 37; Begr. RegE AnSVG, BT-Drs. 15/3174, 34; *Hopt* in FS Goette S. 179 (180).
[37] Assmann/Schneider/Mülbert/*Assmann* MAR Art. 8 Rn. 31; Schimansky/Bunte/Lwowski/*Hopt/Kumpan* § 107 Rn. 69; Marsch-Barner/Schäfer/*Schäfer* 14.46.
[38] Assmann/Schneider/*Assmann*, 6. Aufl., WpHG § 14 Rn. 29; Kümpel/Hammen/Ekkenga/*Kümpel/Veil* Kennz. 065 Rn. 90.
[39] Eingehend *Baedorff*, Verwendung von Insiderinformationen, insbes. S. 73 ff.

vom 23.12.2009.[40] Die noch zum alten Recht ergangene Entscheidung hat erhebliche Kritik hervorgerufen,[41] was auch damit zusammenhängt, dass viele Passagen der Entscheidung missverständlich formuliert sind. Die Kernaussage des Gerichts lautet, dass eine Person, die über eine Insiderinformation verfügt und ein Geschäft mit Wertpapieren tätigt, auf die sich die Insiderinformation bezieht, diese Information auch „genutzt" (bzw. in der Terminologie des damaligen deutschen Rechts „verwendet") hat. Das Gericht spricht diesbezüglich von einer (allerdings widerleglichen) Vermutung. Vermutet wird mithin ein (innerpsychischer) Kausalzusammenhang zwischen bestimmten Insiderkenntnissen und den entsprechenden Insidergeschäften: Wer eine Insiderinformation über das Wertpapier X besitzt und X kauft, von dem wird vermutet, dass die Information für den Kauf kausal war oder, untechnisch gesprochen, dass die Information in das Geschäft „eingeflossen" ist. Eine derartige Vermutung ist sehr naheliegend und mit dem deutschen Recht vereinbar.[42] Mit der Annahme psychischer Kausalität ist aber bereits entschieden, dass bezüglich der Informationsverwendung auch Vorsatz vorlag.[43] Insofern unterscheidet sich die psychische Kausalität als objektives Tatbestandsmerkmal von anderen (objektiven) Tatbestandsmerkmalen. Deshalb konnte der EuGH also auch eine Vorsatzvermutung aufstellen.[44] Man sollte aber nicht aus den Augen verlieren, dass sich dieser (zu vermutende) Vorsatz nur auf den (psychischen) Kausalzusammenhang zwischen Insiderkenntnis und entsprechendem Insidergeschäft bezieht, nicht auf weitere Elemente des objektiven Tatbestandes.

31 Weil die Reform des Marktmissbrauchsrechts die bisherige Konzeption des Insiderhandelsverbots unverändert lässt, ist anzunehmen, dass weiterhin auf die vorgenannten Auslegungsgrundsätze des EuGH aus der „Spector-Entscheidung"[45] zurückgegriffen werden kann.[46] Dafür spricht auch Erwägungsgrund 24 der Marktmissbrauchsverordnung.[47] Danach sollte einer Person, die im Besitz von Insiderinformationen ist und Finanzinstrumente erwirbt oder veräußert, auf die sich die Insiderinformationen beziehen, „unterstellt werden, dass [sie] diese Informationen genutzt hat". Erwägungsgrund 25 deutet darauf hin, dass diese Kausalitätsvermutung auch für die Stornierung oder Änderung von Aufträgen gilt.

---

40 EuGH 23.12.2009 – C-45/08, ZIP 2010, 78 = EuZW 2010, 227 – Spector.
41 *Cascante/Bingel* NZG 2010, 161; *Ransiek* wistra 2011, 2; Schwark/Zimmer/*Schwark/Kruse*, 4. Aufl., WpHG § 14 Rn. 16 a.
42 *Ransiek* wistra 2011, 1 (2 f.); aA Assmann/Schneider/*Assmann*, 6. Aufl., WpHG § 14 Rn. 26 f.
43 Vgl. auch *Hopt* in FS Goette S. 179 (182), der die „Nutzung" damit gleichsetzt, „dass der Urheber des Geschäfts mit Vorsatz gehandelt hat".
44 EuGH 23.12.2009 – C-45/08, EuZW 2010, 227 (230) – Spector.
45 EuGH 23.12.2009 – C-45/08, EuZW 2010, 227 – Spector.
46 Assmann/Schneider/Mülbert/*Assmann* MAR Art. 8 Rn. 36; *Klöhn* MAR Art. 8 Rn. 126; *Kiesewetter/Parmentier* BB 2013, 2371 (2373); *Veil* ZBB 2015, 85 (91).
47 Verordnung (EU) Nr. 596/2014 des Europäischen Parlaments und des Rates vom 16.4.2014 über Marktmissbrauch und zur Aufhebung der Richtlinie 2003/6/EG des Europäischen Parlaments und des Rates und der Richtlinien 2003/124/EG, 2003/125/EG und 2004/72/EG der Kommission, ABl. EU L 173 vom 12.6.2014, S. 1 ff.

(2) Einzelfälle

Die Zulässigkeit einiger Marktpraktiken, die teilweise schon der EuGH in seiner „Spector-Entscheidung"[48] trotz der dort aufgestellten Vermutung **nicht** als „Nutzen" von Insiderinformationen wertete, wird im Katalog „**legitime[r] Handlungen**" aus Art. 9 der **Marktmissbrauchsverordnung**[49] fortan verbindlich festgeschrieben. Weil in den dort aufgeführten Fallgruppen nicht angenommen werden solle, dass Insiderinformationen *genutzt* wurden, handelt es sich bei Art. 9 um einen Tatbestandsausschluss.[50]

Erwägungsgrund 24 der Marktmissbrauchsverordnung[51] ist zu entnehmen, dass der Katalog des Art. 9 der Marktmissbrauchsverordnung nicht abschließend ist.[52] Dort heißt es, dass das Vorliegen eines Verstoßes gegen das Insiderhandelsverbot „im Hinblick auf den Zweck dieser Verordnung untersucht werden [sollte], der darin besteht, die Integrität des Finanzmarkts zu schützen und das Vertrauen der Investoren zu stärken, das wiederum auf der Gewissheit beruht, dass die Investoren gleichbehandelt und vor der missbräuchlichen Verwendung von Insiderinformationen geschützt werden." Zugleich können die in Art. 9 geregelten Marktpraktiken **im Einzelfall verbotene Insidergeschäfte** darstellen, wenn sich hinter ihnen ein rechtswidriger Grund verbirgt (**Art. 9 Abs. 6**).

Aufgrund fehlender Kausalität fallen etwa die von **Maklern** und sog **Marketmakern** und Personen, die als Gegenpartei für die Finanzinstrumente zugelassen sind, im Zusammenhang mit ihrer normalen Berufsausübung vorgenommenen Wertpapiergeschäfte nicht unter das Insiderhandelsverbot, sofern sie rechtskonform und nicht unter Verwendung von Insiderkenntnissen zu eigenem oder fremdem Vorteil vorgenommen werden (Art. 9 Abs. 2 lit. a).[53] Diese Geschäfte dienen vielmehr der Erhaltung der Liquidität des Marktes und entsprechen damit dem Interesse der Anleger.

In Erfüllung ihrer beruflichen Aufgabe handeln auch die Kreditinstitute, die **Kauf- oder Verkaufsaufträge** ihrer Kunden entsprechend deren Weisungen ausführen, unter der Voraussetzung, dass sie ihr Insiderwissen nicht in die Ge-

---

48 EuGH 23.12.2009 – C-45/08, ZIP 2010, 78 = EuZW 2010, 227 (231 f.) – Spector.
49 Verordnung (EU) Nr. 596/2014 des Europäischen Parlaments und des Rates vom 16.4.2014 über Marktmissbrauch und zur Aufhebung der Richtlinie 2003/6/EG des Europäischen Parlaments und des Rates und der Richtlinien 2003/124/EG, 2003/125/EG und 2004/72/EG der Kommission, ABl. EU L 173 vom 12.6.2014, S. 1 ff.
50 *Klöhn* MAR Art. 9 Rn. 1; HdB-EUStrafR/*Koch* § 17 Rn. 54; *Poelzig* NZG 2016, 528 (532); *Veil* ZBB 2014, 85 (91); aA wohl Marsch-Barner/Schäfer/*Schäfer* 14.49: Entfall lediglich der Vermutungswirkung.
51 Verordnung (EU) Nr. 596/2014 des Europäischen Parlaments und des Rates vom 16.4.2014 über Marktmissbrauch und zur Aufhebung der Richtlinie 2003/6/EG des Europäischen Parlaments und des Rates und der Richtlinien 2003/124/EG, 2003/125/EG und 2004/72/EG der Kommission, ABl. EU L 173 vom 12.6.2014, S. 1 ff.
52 *Poelzig* NZG 2016, 528 (533); iErg so auch Assmann/Schneider/Mülbert/*Assmann* MAR Art. 9 Rn. 3; *Klöhn* MAR Art. 9 Rn. 3; Hauschka/Moosmayer/Lösler/*Franke/Grenzebach* § 17 Rn. 58; *Krause* CCZ 2014, 248 (253); *Veil* ZBB 2014, 85 (91); *Weber* NJW 2016, 992 (996).
53 EuGH 23.12.2009 – C-45/08, EuZW 2010, 227 (232) – Spector; *Poelzig* KapitalmarktR § 13 Rn. 398.

schäfte einfließen lassen (Art. 9 Abs. 2 lit. b).[54] Im eigenen Interesse sollten sie dies allerdings sorgfältig dokumentieren.[55]

36 Problematischer ist der Fall der **interessenwahrend** erteilten Kundenorder. Aufgrund des hier eingeräumten Handlungsspielraums besteht die Gefahr, dass vorhandenes Insiderwissen zur bestmöglichen Erfüllung des Auftrags verwendet und somit gegen das Insiderhandelsverbot verstoßen wird. Vorgeschlagen wird deshalb die Abgabe des Auftrags an einen anderen, nicht mit Insiderkenntnissen ausgestatteten Börsenmakler.[56] Dagegen wird allerdings eingewandt, dass das Ausfindigmachen eines Nichtinsiders unter den Kursmaklern und die Übertragung des Auftrags an diesen ohne Preisgabe des Insiderwissens praktisch kaum durchführbar seien.[57]

37 Sog **Hedginggeschäfte**, die zur Sicherung vor Preisschwankungen erfolgen, sind keine Insidergeschäfte, da hier keine Insiderinformationen zum Vorteil der Bank verwendet werden, sondern der Kursbeeinflussung entgegengewirkt werden soll.[58]

38 Maßnahmen der **Kurspflege**, die von Kreditinstituten im Emittenteninteresse oder im eigenen Interesse betrieben werden, sind grundsätzlich zulässig, da sie in der Regel nicht auf Insiderwissen beruhen, sondern unabhängig davon aufgrund einer unternehmerischen Entscheidung vorgenommen werden.[59] Nach aA[60] soll dies nur für solche Maßnahmen gelten, die kursglättend wirken, nicht dagegen für die Kurspflege „gegen den Markttrend". Dagegen spricht jedoch, dass die Unterscheidung im Einzelfall erheblichen Schwierigkeiten begegnet und dass beiden Maßnahmen die unternehmerische Entscheidung zugrunde liegt, bei bestimmten Abweichungen von einer Zielgröße Gegenmaßnahmen einzuleiten.[61] Vom Insiderhandelsverbot erfasst werden deshalb nur solche Kurspflegemaßnahmen, die im Einzelfall aufgrund von Insiderkenntnissen vorgenommen werden.[62]

39 Das in der Umsetzungsphase von bereits gefassten **unternehmerischen Plänen und Entscheidungen** erlangte Insiderwissen wird regelmäßig dann nicht verwendet, wenn die Pläne auch ohne dieses Wissen umgesetzt worden wären. Es fehlt hier die Kausalität des Insiderwissens für die Entscheidung über den Abschluss des Wertpapiergeschäfts, da lediglich eine bereits getroffene Entscheidung ausgeführt wird.[63] Etwas anderes gilt dann, wenn die Insiderinformation über den bereits gefassten Entschluss hinaus Einfluss auf das Geschäft nimmt,

---

54 Meyer/Veil/Rönnau/*Veil* § 7 Rn. 63 f.
55 Assmann/Schneider/*Assmann*, 6. Aufl., WpHG § 14 Rn. 53.
56 Assmann/Schneider/Mülbert/*Assmann* MAR Art. 8 Rn. 66; Baumbach/Hopt/*Kumpan* VO (EU) Nr. 596/2014 Art. 9 Rn. 3.
57 *Weber* BB 1995, 157 (161).
58 Auf Art. 9 Abs. 1 der Marktmissbrauchsverordnung stellen ab Marsch-Barner/Schäfer/*Schäfer* 14.50 und Meyer/Veil/Rönnau/*Veil* § 7 Rn. 52; auf Art. 9 Abs. 2 stützen sich Assmann/Schneider/Mülbert/*Assmann* MAR Art. 9 Rn. 12 und Schimansky/Bunte/Lwowski/*Hopt/Kumpan* § 107 Rn. 81.
59 Assmann/Schneider/Mülbert/*Assmann* MAR Art. 8 Rn. 58; BT-Drs. 12/6679, 47; Schäfer/Hamann/*Schäfer* WpHG § 14 Rn. 69.
60 *Caspari* ZGR 1994, 530 (544).
61 Assmann/Schneider/Mülbert/*Assmann* MAR Art. 8 Rn. 58.
62 Vgl. Assmann/Schneider/*Assmann*, 6. Aufl., WpHG § 14 Rn. 52 mit Beispielen.
63 Assmann/Schneider/Mülbert/*Assmann* MAR Art. 8 Rn. 47; Schwark/Zimmer/*Schwark/Kruse*, 4. Aufl., WpHG § 14 Rn. 23.

indem beispielsweise der Insider aufgrund der Insiderinformation mehr Aktien erwirbt als geplant.

Insidergeschäfte sind grundsätzlich auch sog **Face-to-face-Geschäfte** 40 (s. Rn. 23), da das Insiderhandelsverbot nicht auf den Börsenhandel beschränkt ist. Ist jedoch die Insiderinformation *beiden* Parteien bekannt, so findet nach überwiegender Meinung[64] das Erwerbs- und Veräußerungsverbot keine Anwendung. Das lässt sich auf eine teleologische Reduktion des Anwendungsbereichs des Erwerbs- und Veräußerungsverbots[65] oder[66] eine teleologische Auslegung des Begriffs „Nutzen" stützen.

Als typische Face-to-face-Geschäfte können auch der **Pakethandel** bzw. der **Erwerb von Unternehmensbeteiligungen** dem Insiderhandelsverbot unterfallen, sofern eine Partei sich ihre Insiderkenntnisse zunutze machen will.[67] Dabei kann auch der Beteiligungserwerb bzw. der Pakethandel selbst eine Insiderinformation darstellen. In diesem Fall verwendet der Initiator der Beteiligung bei der Verwirklichung seines Entschlusses die Insiderinformation nicht, sondern handelt lediglich entsprechend seinem vorgefassten, von ihm selbst geschaffenen Entschluss (Art. 9 Abs. 5).[68] 41

Wird im Vorfeld eines Beteiligungserwerbs eine **Due-Diligence-Prüfung** vorgenommen, bei der der Investor Kenntnis von einer Insiderinformation erlangt, so liegt nach einer Meinung[69] kein Verstoß gegen das Insiderhandelsverbot vor, wenn die erworbene Insiderinformation die Beteiligungsabsicht des Investors lediglich bestärkt und dieser die Finanzinstrumente entsprechend eines vorher gefassten Erwerbsplans erwirbt. 42

Nach dieser Ansicht soll schon gar nicht das Nutzen einer Insiderinformation vorliegen, da eine kausale Beziehung zwischen Information und Erwerb nicht gegeben sei. Schließlich läge die Erwerbsabsicht schon vor Bekanntwerden des Ergebnisses der Due-Diligence Prüfung vor. Dieser Ansicht ist jedoch nur dann zu folgen, wenn der Erwerber einen festen Erwerbsplan hatte, die Konditionen des Geschäfts schon vor Bekanntwerden der Insiderinformation festgelegt wurden *und* das Geschäft dann auch tatsächlich zu den vorher vereinbarten Bedingungen zustande gekommen ist.[70] Nur beim Vorliegen dieser Voraussetzungen 43

---

64 EuGH 10.5.2007 – C 391/04, AG 2007, 542 – Georgakis; bei einer gleichen Verteilung von Information handele es sich nicht um Insiderinformation; ähnlich auch EuGH 23.12.2009 – C-45/08, EuZW 2010, 227 (231) – Spector; Assmann/Schneider/Mülbert/ *Assmann* MAR Art. 8 Rn. 40; *Klöhn* MAR Art. 8 Rn. 171; skeptisch *Grothaus* ZBB-Report 2005, 62 (63); zurückhaltend *Schäfer/Hamann/Schäfer* WpHG § 14 Rn. 13.
65 Zum alten Recht *Cahn* Der Konzern 2005, 5 (10 f.); *Diekmann/Sustmann* NZG 2004, 929 (931); *Fromm-Russenschuck/Banerjea* BB 2004, 2425 (2427); Kümpel/Hammen/ Ekkenga/*Kümpel/Veil* Kennz. 065 Rn. 91.
66 Zum alten Recht Assmann/Schneider/*Assmann*, 6. Aufl., WpHG § 14 Rn. 28, 42.
67 Assmann/Schneider/*Assmann*, 6. Aufl., WpHG § 14 Rn. 43; Schäfer/Hamann/*Schäfer* WpHG § 14 Rn. 62; **aA** *Claussen* ZBB 1992, 267 (282).
68 *Klöhn* MAR Art. 8 Rn. 167; Marsch-Barner/Schäfer/*Schäfer* 14.81; zum alten Recht BT-Drs. 12/6679, 47; allgemein zum Pakethandel *Schmidt-Diemitz* DB 1996, 1809.
69 Vgl. Assmann/Schneider/Mülbert/*Assmann* MAR Art. 8 Rn. 59; *Fromm-Russenschuck/ Banerjea* BB 2004, 2425 (2427); *Schneider* DB 2005, 2678 (2679); ablehnend *Grothaus* ZBB-Report 2005, 62 (63); *Ziemons* NZG 2004, 537 (539 f.).
70 Schwer vorstellbar ist, dass sich die zur Kenntnis gelangte Insiderinformation überhaupt nicht auf den Inhalt des Vertrages auswirkt. Diese Konstellation dürfte also in der Praxis die Ausnahme darstellen; vgl. dazu *Cahn* Der Konzern 2005, 5 (10) mit ausführlicher Diskussion.

kann davon ausgegangen werden, dass die Insiderinformation nicht in das Handeln des Insiders eingeflossen ist.

44 Richtigerweise ist in den Fällen, in denen sich die zur Kenntnis gelangte Insiderinformation trotz des Bestehens eines festen Erwerbsplans auf den konkreten Inhalt des Unternehmenskaufvertrags (zB Höhe des Kaufpreises oder Ausgestaltung der Garantien) auswirkt,[71] der Tatbestand des Art. 14 lit. a der Marktmissbrauchsverordnung verwirklicht. Der Insider lässt die Information mit in sein Handeln einfließen,[72] er handelt also unter Nutzung der Information. Im Hinblick auf den Regelungszweck des Insiderstrafrechts[73] kann jedoch eine teleologische Reduktion des Anwendungsbereichs des Art. 14 lit. a der Marktmissbrauchsverordnung angezeigt sein.[74] Voraussetzung dafür ist aber, dass beide Vertragsparteien bezüglich der Insiderinformation den gleichen Kenntnisstand haben.[75]

45 Eine Nutzung der Insiderinformation liegt aber **jedenfalls** dann vor, wenn der Erwerber über den ursprünglichen Plan hinaus börslich oder außerbörslich weitere Aktien erwirbt (sog **alongside purchases**). Nimmt der Investor dagegen nach Kenntnisnahme der Insiderinformation vom Erwerb einer Beteiligung Abstand, so ist dies für die bis 1.7.2016 geltende Rechtslage insiderrechtlich irrelevant, da es weder zum Erwerb noch zu einer Veräußerung von Insiderpapieren kommt.[76] Unter Geltung von Art. 8 Abs. 1 S. 2 der Markmissbrauchsverordnung kann nun anderes gelten, wenn erteilte Aufträge geändert oder storniert werden.[77]

46 Der **sukzessive Aufbau einer Beteiligung** an einem Unternehmen ist als Ausführung einer unternehmerischen Entscheidung zu beurteilen, mit der Folge, dass der Erwerber, der im Laufe des Verfahrens Insiderinformationen erlangt, diese nicht verwendet.[78] Etwas anderes gilt dann, wenn der Erwerber bei Überschreitung der Beteiligungsschwelle die Meldung nach § 33 WpHG unterlässt und hieraus Vorteile zieht.[79]

47 Zulässig ist trotz Erhalts von Insiderinformationen im Zuge der **Übernahme** eines Unternehmens oder eines Unternehmenszusammenschlusses auf der Grundlage eines **öffentlichen** Angebots – zB im Rahmen der Durchführung einer Due Diligence – die Fortsetzung der Unternehmensübernahme oder des -zusammenschlusses, wenn die Insiderinformation nicht zu anderen Zwecken als der Fortführung der Übernahme oder des Zusammenschlusses genutzt wird

---

71 Dies dürfte in der Mehrzahl der Fälle die Regel sein.
72 Begr. RegE AnSVG, BT-Drs. 15/3174, 34; *Bergmann/Drees* StraFo 2005, 364 (368).
73 Der Regelungszweck liegt nach hM im Schutz der Funktionsfähigkeit des organisierten Kapitalmarkts; vgl. dazu Kap. 7.1. Rn. 17 ff.
74 Zum alten Recht *BaFin*, Emittentenleitfaden, S. 38; *Koch* DB 2005, 267 (269); Kümpel/Hammen/Ekkenga/*Kümpel/Veil* Kennz. 065 Rn. 91; *Merkner/Sustmann* NZG 2005, 729 (732); ablehnend *Grothaus* ZBB-Report 2005, 62 (63); *Ziemons* NZG 2004, 537 (539 f.).
75 Vgl. dazu schon Rn. 40; die Herstellung eines Informationsgleichstandes bei Erwerber und Veräußerer sollte demnach im Interesse des Erstgenannten liegen.
76 *Fromm-Russenschuck/Banerjea* BB 2004, 2425 (2428); s. dazu auch Rn. 21.
77 *Meyer/Veil/Rönnau/Veil* § 7 Rn. 34; differenzierend Assmann/Schneider/Mülbert/*Assmann* MAR Art. 8 Rn. 29, 60.
78 *Kümpel*, 3. Aufl. 2004, Rn. 16.168 f.
79 Assmann/Schneider/Mülbert/*Assmann* MAR Art. 8 Rn. 61; *Caspari* ZGR 1994, 530 (542).

(Art. 9 Abs. 4).[80] Öffentliche Übernahmeangebote sind solche nach § 29 WpÜG, die also auf das Halten von mindestens 30 Prozent der Stimmrechte gerichtet sind.[81] Voraussetzung ist, dass zum Zeitpunkt der Genehmigung des Unternehmenszusammenschlusses oder der Annahme des Angebots durch die Anteilseigner des betreffenden Unternehmens sämtliche Insiderinformationen öffentlich bekannt gemacht wurden oder sonst ihren Charakter als Insiderinformation verloren haben. Von der Privilegierung nicht erfasst ist der Beteiligungsaufbau, durch den keine Verpflichtung zur Abgabe eines öffentlichen Übernahmeangebots entsteht. Zum **Scalping** s. Kap. 7.3. Rn. 38 ff.

b) Subjektiver Tatbestand

Der **subjektive Tatbestand** erforderte für das Erwerbs- und Veräußerungsverbot nach altem Recht (§§ **14 Abs. 1 Nr. 1; 38 Abs. 4 WpHG aF**) entweder vorsätzliches oder leichtfertiges Handeln des Insiders. Die Strafbarkeit für leichtfertiges Handeln wurde in (überschießender) Umsetzung von Art. 4 iVm Art. 2 und 3 der Marktmissbrauchsrichtlinie vom 28.1.2003 durch das AnSVG eingeführt. 48

Durch das **1. FiMaNoG** wurde die mit der Pönalisierung des **leichtfertigen** Insiderhandels verbundene Strafrechtsausweitung **zurückgenommen**. Zwar setzt ein Verstoß gegen Art. 14 lit. a der Marktmissbrauchsverordnung auf Verbotsebene keinen Vorsatz voraus. So wird beispielsweise in Art. 8 Abs. 4 UAbs. 2 betont, dass das Tätigen von Insidergeschäften auch dann verboten ist, wenn der Handelnde „wissen müsste, dass es sich [...] um Insiderinformationen handelt". Dass aber leichtfertiges Handeln weiterhin strafbar sein soll, hätte der Gesetzgeber aufgrund der allgemeingültigen Regelung des § 15 StGB in § 119 Abs. 3 WpHG ausdrücklich normieren müssen. Künftig ist also auch für das Erwerbs- und Veräußerungsverbot nach § 119 Abs. 3 WpHG iVm Art. 14 lit. a der Marktmissbrauchsverordnung **Vorsatz** erforderlich (zum Ordnungswidrigkeitentatbestand des § 120 Abs. 14 WpHG bei leichtfertigem Handeln s. Kap. 7.6. Rn. 3 ff.). Dieses Ergebnis wird durch einen Umkehrschluss aus § **119 Abs. 7 WpHG** bestätigt. Die Rücknahme der Strafbarkeit leichtfertigen Handelns ist wegen Art. 3 Abs. 1 der neuen Marktmissbrauchsrichtlinie (CRIM-MAD)[82] mit den europarechtlichen Vorgaben vereinbar. 49

Der Vorsatz des Insiders muss sich auf alle objektiven Tatbestandsmerkmale beziehen. Der Täter muss wissen, dass er Kenntnis von einer Insiderinformation hat und der Erwerb bzw. die Veräußerung ein Finanzinstrument iSd Art. 2 Abs. 1 der Marktmissbrauchsverordnung betrifft. Das Wissen, dass es sich um eine Insiderinformation handelt, setzt das Wissen des Täters voraus, dass die Information sich auf nicht öffentlich bekannte Umstände bezieht. Damit scheiden die Fälle aus, in denen der Täter zwar weiß, dass sein Vertragspartner sie nicht kennt, zugleich aber glaubt, die Tatsache sei öffentlich bekannt.[83] 50

---

80 *Hopt/Kumpan* ZGR 2017, 765 (827).
81 Marsch-Barner/Schäfer/*Schäfer* 14.85; *Poelzig* KapitalmarktR § 13 Rn. 399.
82 RL 2014/57/EU des Europäischen Parlaments und des Rates vom 16.4.2014 über strafrechtliche Sanktionen bei Marktmanipulation (Marktmissbrauchsrichtlinie), ABl. EU L 173 vom 12.6.2014, S. 179 ff.
83 Assmann/Schneider/*Assmann*, 6. Aufl., WpHG § 14 Rn. 59.

51 Darüber hinaus ist erforderlich, dass der Insider auch die **Kursrelevanz** kennt. Der Nachweis dieser Kenntnis ist allerdings in den Fällen, in denen die Kursrelevanz nicht ganz offensichtlich ist, schwierig zu führen.[84] Dementsprechend muss der Täter lediglich die Umstände erkannt haben, die die Insiderinformation ausmachen und das Preisbeeinflussungspotenzial für möglich halten.[85] In Bezug auf die Insiderinformation reicht **bedingter Vorsatz** aus, so zB, wenn der Täter nicht sicher weiß, ob die Tatsache bereits öffentlich bekannt ist. Der Vorsatz des Täters muss sich schließlich auch darauf beziehen, dass er eine Insiderinformation verwendet, dh sein Vorsatz muss sich auf die (psychische) Kausalität zwischen dem Insiderwissen und dem entsprechenden Insidergeschäft beziehen. Nach der „Spector-Entscheidung" des EuGH[86] ist diesbezüglich allerdings Vorsatz zu vermuten (vgl. Rn. 30). Ansonsten ist für „Vorsatzvermutungen" kein Raum.[87]

2. Empfehlungs- und Verleitungsverbot (Art. 14 lit. b; 8 Abs. 2 der Marktmissbrauchsverordnung)

52 Mit dem Empfehlungsverbot nach § 14 Abs. 1 Nr. 3 WpHG aF wurde Art. 3 lit. b der EG-Insiderrichtlinie in deutsches Recht umgesetzt. Nach §§ 38 Abs. 1 Nr. 2, 39 Abs. 2 Nr. 4 WpHG aF machte sich strafbar, wer als Primärinsider entgegen dem Verbot des § 14 Abs. 1 Nr. 3 WpHG aF einem anderen auf der Grundlage seiner Kenntnis von einer Insiderinformation den Erwerb oder die Veräußerung von Insiderpapieren empfahl. Das Verbot, andere Personen zu Insidergeschäften zu verleiten, wurde durch das AnSVG in § 14 Abs. 1 Nr. 3 WpHG aF aufgenommen. Damit wurde Art. 3 lit. b der Marktmissbrauchsrichtlinie vom 28.1.2003 in deutsches Recht umgesetzt.

53 Fortan verbietet **Art. 14 lit. b der Marktmissbrauchsverordnung**[88] die Empfehlung oder Verleitung[89] zum Tätigen von Insidergeschäften. Näher ausgestaltet sind die Verbote in **Art. 8 Abs. 2**. Die Vorschrift entspricht weitgehend Art. 3 lit. b der Marktmissbrauchsrichtlinie vom 28.1.2003 und ähnelt damit stark § 14 Abs. 1 Nr. 3 WpHG aF.[90]

54 Nach Art. 8 Abs. 2 lit. a der Marktmissbrauchsverordnung liegt eine Empfehlung oder Verleitung zum Tätigen eines Insidergeschäfts vor, wenn eine Person eine Insiderinformation besitzt und auf der Grundlage der Information einem Dritten empfiehlt oder ihn dazu verleitet, Finanzinstrumente zu erwerben oder zu veräußern, auf die sich die Informationen beziehen. Wie beim Tätigen von Insidergeschäften ist nun auch die Empfehlung oder Verleitung zur Stornierung eines Auftrags verboten (Art. 8 Abs. 2 lit. b).

---

84 Assmann/Schneider/*Assmann*, 6. Aufl., WpHG § 14 Rn. 60.
85 *BaFin*, Emittentenleitfaden, S. 41; Kümpel/Hammen/Ekkenga/*Kümpel*/*Veil* Kennz. 065 Rn. 101.
86 EuGH 23.12.2009 – C-45/08, EuZW 2010, 227 (230) – Spector.
87 Heidel/*Fischer zu Cramburg*/*Royé* WpHG § 14 Rn. 2 c.
88 Verordnung (EU) Nr. 596/2014 des Europäischen Parlaments und des Rates vom 16.4.2014 über Marktmissbrauch und zur Aufhebung der Richtlinie 2003/6/EG des Europäischen Parlaments und des Rates und der RL 2003/124/EG, 2003/125/EG und 2004/72/EG der Kommission, ABl. EU L 173 v. 12.6.2014, S. 1 ff.
89 Art. 8 Abs. 2 und 3, Art. 14 lit. b berichtigt ABl. EU L 287 v. 21.10.2016, S. 320.
90 *Poelzig* NZG 2016, 528 (533).

a) Objektiver Tatbestand

Der objektive Tatbestand setzt zunächst voraus, dass der Täter Kenntnis von einer Insiderinformation (Art. 7) hat, die sich auf ein Finanzinstrument iSd Art. 2 Abs. 1 bzw. auf den Emittenten eines solchen Finanzinstruments bezieht.

Unter einer **Empfehlung** ist jede einseitige und rechtlich unverbindliche Erklärung zu verstehen, durch die der Erklärende ein Verhalten als für den Adressaten vorteilhaft bezeichnet und die Verwirklichung des Verhaltens anrät, mit dem Ziel, den Willen des Adressaten zu beeinflussen.[91] Dazu zählen vor allem die für Insiderkreise typischen „Tipps".[92]

Der Begriff des **Verleitens** beinhaltet alle Verhaltensweisen, die darauf abzielen, den Willen eines anderen zu beeinflussen.[93] Er umfasst als Oberbegriff auch die Tatbestandsalternative der Empfehlung. Ausreichend für ein Verleiten ist es, wenn der Insider der anderen Person den Erwerb oder die Veräußerung des Insiderpapiers nahelegt.[94]

Empfehlung bzw. Verleiten setzen nicht die Mitteilung der Insiderinformation voraus; in diesem Fall wäre bereits der Tatbestand der Weitergabe (Art. 14 lit. c) erfüllt. Sie können auf die Veräußerung oder den Erwerb von Finanzinstrumenten iSd Art. 2 Abs. 1 (Art. 8 Abs. 2 lit. a) oder – in Entsprechung zur Ausweitung des Verbots des Insidergeschäfts durch Art. 8 Abs. 1 S. 2 – die Stornierung oder Änderung von Aufträgen (Art. 8 Abs. 2 lit. b) gerichtet sein.

Gleichgültig ist, ob der Empfänger der Empfehlung bzw. der Adressat des Verleitens die Wertpapiere für sich oder einen Dritten erwerben oder veräußern soll.[95] Empfehlung bzw. Verleiten müssen ursächlich auf die Kenntnis einer Insiderinformation zurückgehen.[96] Die Spector-Vermutung des EuGH ist auf die Feststellung des Vorliegens eines solchen Kausalzusammenhangs übertragbar.[97]

Der Wortlaut des Art. 8 Abs. 2 der Marktmissbrauchsverordnung ist sprachlich unklar. Es ist nicht eindeutig erkennbar, ob das „Verleiten" zur Tatvollendung lediglich eine Verleitenshandlung oder auch einen Verleitenserfolg in Gestalt des Erwerbs oder der Veräußerung von Finanzinstrumenten bzw. der Stornierung oder Änderung eines Auftrags durch den Verleiteten voraussetzt.[98] Beide Möglichkeiten sind denkbar. Für die letztgenannte Alternative spricht, dass aufgrund der in § 119 Abs. 4 WpHG geregelten Versuchsstrafbarkeit die eher dem Bereich des Versuchs zuzuordnende Konstellation des reinen Tätigwerdens adäquat behandelt werden kann und keine Strafbarkeitslücke entsteht. Die Bezugnahme auf die Empfehlung als Unterfall des Verleitens spricht jedoch gegen diese Auslegung. Hinzukommt, dass die Regelung über die „Nut-

---

[91] Assmann/Schneider/Mülbert/*Assmann* MAR Art. 8 Rn. 82.
[92] Vgl. *Park* JuS 2007, 621 (624).
[93] *Klöhn* MAR Art. 8 Rn. 220; *BaFin*, Emittentenleitfaden, S. 41; Begr. RegE AnSVG, BT-Drs. 15/3174, 34.
[94] *BaFin*, Emittentenleitfaden, S. 41.
[95] Assmann/Schneider/Mülbert/*Assmann* MAR Art. 8 Rn. 89.
[96] Assmann/Schneider/Mülbert/*Assmann* MAR Art. 8 Rn. 83; Meyer/Veil/Rönnau/*Schelm* § 9 Rn. 11.
[97] Assmann/Schneider/Mülbert/*Assmann* MAR Art. 8 Rn. 83; *Klöhn* MAR Art. 8 Rn. 237 f.; aA Meyer/Veil/Rönnau/*Schelm* § 9 Rn. 11 f.
[98] Ähnliche Probleme werden im Kernstrafrecht im Zusammenhang mit dem Begriff des „Absetzens" im Rahmen des Hehlereitatbestandes (§ 259 StGB) diskutiert; vgl. *Fischer* StGB § 259 Rn. 18.

zung von Verleitungen" in Art. 8 Abs. 3 suggeriert, dass eine tatsächliche Nutzung kein integraler Bestandteil des Merkmals der Verleitung ist.[99] Richtigerweise reicht deshalb ein bloßes Tätigwerden zur Tatvollendung aus. Ob der Adressat der Empfehlung bzw. dem Verleiten nachgeht, ist für die Verwirklichung des objektiven Tatbestands daher ohne Belang. Im Unterschied zur einfachen Empfehlung muss bei der Verleitung allerdings beim Dritten der Entschluss entstehen, das von der Insiderinformation betroffene Finanzinstrument zu erwerben, zu veräußern oder einen Auftrag zu stornieren oder zu ändern.[100]

b) Subjektiver Tatbestand

61 Der subjektive Tatbestand des Verstoßes gegen das Empfehlungs- und Verleitungsverbot kann vorsätzlich oder leichtfertig verwirklicht werden. Hinsichtlich der Rechtsfolge ist für bis zum 1.7.2016 begangene Taten wie folgt zu differenzieren: Handelte ein Primärinsider vorsätzlich, machte er sich gemäß § 38 Abs. 1 Nr. 2, 39 Abs. 2 Nr. 4 WpHG aF strafbar. Handelte er leichtfertig, verwirklichte er lediglich eine Ordnungswidrigkeit (§ 39 Abs. 2 Nr. 4 WpHG aF). Der Sekundärinsider erfüllte bei Tatbegehung bis zum 1.7.2016 sowohl bei vorsätzlichem als auch bei leichtfertigem Handeln nur den Tatbestand einer Ordnungswidrigkeit (§ 39 Abs. 2 Nr. 4 WpHG).

62 § 119 Abs. 3 Nr. 2 WpHG weitet die Strafbarkeit des vorsätzlichen Verstoßes gegen das Empfehlungs- und Verleitungsverbot auf Sekundärinsider aus. Leichtfertiges Handeln ist nun für jedermann eine Ordnungswidrigkeit nach § 120 Abs. 14 WpHG.

63 Der Vorsatz des Täters muss sich auf alle objektiven Tatbestandsmerkmale erstrecken, dh auf die Abgabe einer Empfehlung bzw. auf das Verleiten unter Zugrundelegung seines Insiderwissens.

3. Nutzung von Empfehlungen oder Verleitungen (Art. 14 lit. a; 8 Abs. 3 der Marktmissbrauchsverordnung)

64 Art. 8 Abs. 3 der Marktmissbrauchsverordnung erweitert den Anwendungsbereich der Insiderhandelsverbote gegenüber dem alten Recht und besagt, dass die Nutzung von Empfehlungen oder Verleitungen gemäß Art. 8 Abs. 2 ein Insidergeschäft iSv Art. 8 Abs. 1 darstellt, wenn der die Transaktion Tätigende weiß oder wissen sollte, dass die Empfehlung oder Verleitung auf Insiderinformationen beruht. Die Vorschrift regelt den Fall, dass der Empfänger einer Empfehlung oder Verleitung dieser tatsächlich folgt und das ihm nahegelegte Geschäft tätigt.[101] Eine „Nutzung" der Empfehlung oder Verleitung liegt vor, wenn sie für das Geschäft ursächlich war.[102] Dabei muss der Täter die Insiderinformation selbst nicht kennen. Bedeutung hat die Verbotsvorschrift deshalb vor allem, wenn offenbleibt, ob ein Tippempfänger die zugrunde liegende Insiderinformation gekannt hat.[103]

---

99 *Klöhn* MAR Art. 8 Rn. 223.
100 Graf/Jäger/Wittig/*Diversy/Köpferl* WpHG § 38 Rn. 188; Meyer/Veil/Rönnau/*Rönnau/Wegner* § 28 Rn. 108; *Schröder* KapitalmarktStrR Rn. 301; aA Assmann/Schneider/Mülbert/*Assmann* MAR Art. 8 Rn. 92; *Klöhn* MAR Art. 8 Rn. 224; Meyer/Veil/Rönnau/*Schelm* § 9 Rn. 22 ff.
101 Meyer/Veil/Rönnau/*Rönnau/Wegner* § 28 Rn. 112.
102 *Klöhn* MAR Art. 8 Rn. 253 f.
103 *Klöhn* AG 2016, 423 (432 f.).

Aus strafrechtlicher Perspektive ist indes festzuhalten, dass § 119 Abs. 3 Nr. 1 65
WpHG wegen des Vorsatzerfordernisses aus § 15 StGB nur greift, wenn der
Täter des Insidergeschäfts zumindest wusste oder in Kauf nahm, dass die Empfehlung oder Verleitung auf einer Insiderinformation beruhte.[104] Verkennt er
das leichtfertig, kommt nur eine Ordnungswidrigkeit nach § 120 Abs. 14
WpHG in Betracht. Dieses Ergebnis ist mit dem Europarecht vereinbar, da
Art. 3 Abs. 7 der neuen Marktmissbrauchsrichtlinie (CRIM-MAD) vom
16.4.2014[105] eine Kriminalisierung der Nutzung von Empfehlungen und Verleitungen nur verlangt, wenn die handelnde Person Kenntnis davon hat, dass
der Empfehlung oder Verleitung eine Insiderinformation zugrunde liegt.[106]

4. Offenlegungsverbot (Art. 14 lit. c; 10 der Marktmissbrauchsverordnung)

Die Unzulässigkeit der Weitergabe von Insiderinformationen ergibt sich für 66
bis 1.7.2016 begangene Taten aus § 14 Abs. 1 Nr. 2 WpHG aF. Seitdem regelt
Art. 14 lit. c iVm Art. 10 der Marktmissbrauchsverordnung[107] die **unrechtmäßige Offenlegung** von Insiderinformationen. Das Verbot entspricht im Wesentlichen jenem aus Art. 3 lit. a der Marktmissbrauchsrichtlinie vom 28.1.2003
und enthält deshalb inhaltlich gegenüber § 14 Abs. 1 Nr. 2 WpHG aF keine
gravierenden Änderungen.[108] Die dazu entwickelten Auslegungsgrundsätze
sollten deshalb auch in Zukunft nutzbar gemacht werden können.[109] Eine wesentliche Neuerung liegt indes darin, dass Art. 4 Abs. 1, 3 iVm Art. 3 Abs. 3
UAbs. 2 der Marktmissbrauchsrichtlinie (CRIM-MAD)[110] die Mitgliedstaaten
zur Einführung der Strafbarkeit der Weitergabe durch Sekundärinsider verpflichteten.[111] Strafbar ist nach § 119 Abs. 3 Nr. 3 WpHG iVm Art. 14 lit. c
der Marktmissbrauchsverordnung deshalb nun, „wer" eine Insiderinformation
unrechtmäßig offenlegt.

---

104 Assmann/Schneider/Mülbert/*Assmann* MAR Art. 8 Rn. 98; Graf/Jäger/Wittig/*Diversy/Köpferl* WpHG § 38 Rn. 165; Meyer/Veil/Rönnau/*Rönnau/Wegner* § 28 Rn. 113; Assmann/Schneider/Mülbert/*Spoerr* WpHG § 119 Rn. 126; **aA** *Klöhn* MAR Art. 14 Rn. 49.
105 Richtlinie 2014/57/EU des Europäischen Parlaments und des Rates vom 16.4.2014 über strafrechtliche Sanktionen bei Marktmanipulation (Marktmissbrauchsrichtlinie), ABl. EU L 173 v. 12.6.2014, S. 179 ff.
106 Meyer/Veil/Rönnau/*Rönnau/Wegner* § 28 Rn. 113; aA *Klöhn* MAR Art. 14 Rn. 49, da bei Sanktionslosigkeit einfach fahrlässigen Verkennens des Umstands, dass einer Empfehlung oder Verleitung eine Insiderinformation zugrunde liegt, die wirksame Durchsetzung der Marktmissbrauchsverordnung in Deutschland nicht gewährleistet sei.
107 Verordnung (EU) Nr. 596/2014 des Europäischen Parlaments und des Rates vom 16.4.2014 über Marktmissbrauch und zur Aufhebung der RL 2003/6/EG des Europäischen Parlaments und des Rates und der RL 2003/124/EG, 2003/125/EG und 2004/72/EG der Kommission, ABl. EU L 173 vom 12.6.2014, S. 1 ff.
108 *Poelzig* NZG 2016, 528 (534).
109 *Teigelack* BB 2012, 1361 (1364); *Veil* ZBB 2014, 85 (91).
110 RL 2014/57/EU des Europäischen Parlaments und des Rates vom 16.4.2014 über strafrechtliche Sanktionen bei Marktmanipulation (Marktmissbrauchsrichtlinie), ABl. EU L 173 v. 12.6.2014, S. 179 ff.
111 *Schröder* HRRS 2013, 253 (261) hält das für einen „glatten Fall von Überkriminalisierung".

a) Objektiver Tatbestand
aa) Offenlegung

67 Tatbestandliche Handlung ist nach Art. 14 lit. c der Marktmissbrauchsverordnung das „**Offenlegen**" von Insiderinformationen. Dass fortan sprachlich nicht mehr auf eine Mitteilung oder das Zugänglichmachen (§ 14 Abs. 1 Nr. 2 WpHG aF) bzw. die Weitergabe iSd Art. 3 lit. a der Marktmissbrauchsrichtlinie vom 28.1.2003 abgestellt wird, bewirkt keine inhaltliche Änderung.[112]

68 Eine Offenlegung durch Mitteilung einer Insiderinformation liegt vor, wenn sie willentlich oder leichtfertig an einen Dritten weitergegeben wird. Die Art und Weise der Weitergabe ist dabei unerheblich, in Betracht kommt also jede Art der Kommunikation.[113]

69 Das Zugänglichmachen einer Insiderinformation unterscheidet sich von der Mitteilung dadurch, dass der Insider die Information nicht aktiv weitergibt, sondern es einem Dritten ermöglicht, sich die Information selbst zu beschaffen.[114] Voraussetzung ist dabei, dass dem Insider selbst der Zugang zu den Informationen möglich ist und sich nicht jeder beliebige Dritte von der Information Kenntnis verschaffen kann. Das Zugänglichmachen liegt beispielsweise vor bei Ermöglichung des Zugangs zu einem Computer durch Mitteilen des Passworts[115] oder beim Ermöglichen des Mithörens von Informationen,[116] nicht dagegen beim bloßen Liegenlassen von Informationsmaterial auf dem Schreibtisch.[117]

70 Der Tatbestand setzt weiter voraus, dass der **Dritte** tatsächlich **Kenntnis** erlangt, wobei jedoch nicht erforderlich ist, dass er die erkannte Information als nicht öffentlich bekannte Insiderinformation erkennt.[118] Umstritten ist, ob das Offenlegungsverbot einschlägig ist, wenn vor Weitergabe seitens des Insiders die Information dem Dritten schon bekannt ist. Nach zutreffender Ansicht[119] ergibt sich aus dem Gesetzeszweck, dass *jede* unbefugte Weitergabe an einen Dritten verboten sein soll. Dieser Streit hat nach neuer Rechtslage indes deutlich an Bedeutung verloren, da der Versuch der Offenlegung von Insiderinformationen nun für jedermann strafbar ist (§ 119 Abs. 4 WpHG).

bb) Unrechtmäßigkeit der Offenlegung
(1) Allgemeines

71 Das Offenlegungsverbot setzt voraus, dass die Weitergabe **unrechtmäßig** erfolgt. Das ist sie nach Art. 10 Abs. 1 S. 1 der Marktmissbrauchsverordnung,

---

112 Assmann/Schneider/Mülbert/*Assmann* MAR Art. 10 Rn. 11; Meyer/Veil/Rönnau/*Meyer* § 8 Rn. 4.
113 Assmann/Schneider/Mülbert/*Assmann* MAR Art. 10 Rn. 12.
114 Assmann/Schneider/Mülbert/*Assmann* MAR Art. 10 Rn. 13.
115 BT-Drs. 12/6679, 47.
116 *Hopt*, in: Bankrechtstag 1995, S. 3 (18 f.).
117 Schäfer/Hamann/*Schäfer* WpHG § 14 Rn. 16.
118 Assmann/Schneider/Mülbert/*Assmann* MAR Art. 10 Rn. 13 f.; aA *Klöhn* MAR Art. 10 Rn. 27; *Sethe* ZBB 2006, 243 (249).
119 Fuchs/*Mennicke* WpHG § 14 Rn. 195; Assmann/Schütze/*Sethe* § 8 Rn. 124; aA Assmann/Schneider/Mülbert/*Assmann* MAR Art. 10 Rn. 14, allerdings ohne nähere Begründung; ebenso *Klöhn* MAR Art. 10 Rn. 29: teleologische Reduktion, da es an der für das Offenlegungsverbot charakteristischen Erweiterung des Kreises der Insider fehlt.

wenn sie nicht „im Zuge der normalen Ausübung einer Beschäftigung oder eines Berufs oder der normalen Erfüllung von Aufgaben" geschieht. Diese Regelung entspricht Art. 3 lit. a der Marktmissbrauchsrichtlinie vom 28.1.2003, die der Auslegung des Merkmals der „**Unbefugtheit**" iSd § 14 Abs. 1 Nr. 2 WpHG aF zugrunde lag. Auf die dazu entwickelten Auslegungsgrundsätze kann daher auch weiterhin zurückgegriffen werden.[120]

Weitgehend Einigkeit besteht zunächst darüber, dass es sich bei dem Merkmal „unrechtmäßig" nicht um ein allgemeines Verbrechensmerkmal, wie etwa in § 203 StGB oder § 404 Abs. 1 AktG, handelt, sondern um ein **tatbestandsbeschränkendes** Merkmal.[121] Zu berücksichtigen ist bei der Auslegung dieses Merkmals einerseits der Sinn und Zweck des Offenlegungsverbots, nämlich das Ziel, den Kreis der Insider auf möglichst wenige Personen zu beschränken,[122] sowie das allgemeine Ziel des Insiderrechts, die informationelle Chancengleichheit der Marktteilnehmer zu gewährleisten und Sondervorteile Einzelner durch die Erlangung von Insiderinformationen möglichst zu unterbinden.[123] Auf der anderen Seite darf jedoch das gerade in einer Marktwirtschaft schützenswerte Interesse an einem funktionierenden Informationsfluss nicht außer Acht gelassen werden. Die Auslegung des Merkmals „unrechtmäßig" ist daher in hohem Maße durch die **Abwägung** zwischen den Zielen des Insiderrechts und dem berechtigten Interesse an einem raschen Informationsfluss geprägt.[124] Nach einer neueren Entscheidung des Europäischen Gerichtshofs[125] zu Art. 3 lit. a der Insiderrichtlinie, der wortgleich mit Art. 3 lit. a der Marktmissbrauchsrichtlinie vom 28.1.2003 ist, ist der Umstand zu berücksichtigen, dass jede Ausnahme vom Verbot der Weitergabe von Insiderinformationen eng auszulegen ist. 72

Entgegen vereinzelt vertretener Auffassung ist für die Rechtmäßigkeit der Weitergabe von Insiderinformationen nicht entscheidend, ob sie an eine Person mit einer ausdrücklichen (gesetzlichen oder vertraglichen) **Verschwiegenheitspflicht** erfolgt und außerdem im Hinblick auf die Aufgabenerfüllung vernünftigerweise geboten erscheint.[126] Gegen das zusätzliche Erfordernis einer ausdrücklichen Verschwiegenheitspflicht spricht, dass für den Informationsempfänger ebenfalls das Insiderhandelsverbot gilt, ihn also bereits die Strafandrohung an der Informationsverwertung hindern sollte. Setzt er sich über diese hinweg, so würde ihn auch eine zusätzliche Verschwiegenheitspflicht nicht von der Informationsverwertung abhalten.[127] Eine Eingrenzung der erlaubten Weitergabe an Personen mit einer besonderen Verschwiegenheitspflicht ist deshalb nicht erforderlich. Sie würde die Informationsweitergabe übermäßig erschweren. 73

Folgt man der hM, so ist das Vorliegen des Weitergabeverbots davon abhängig, ob die Weitergabe eine normale aufgaben-, beschäftigungs- oder berufsbe- 74

---

120 Assmann/Schneider/Mülbert/*Assmann* MAR Art. 10 Rn. 17.
121 Assmann/Schneider/Mülbert/*Assmann* MAR Art. 10 Rn. 18; Meyer/Veil/Rönnau/*Meyer* § 8 Rn. 8; Schimansky/Bunte/Lwowski/*Hopt/Kumpan* § 107 Rn. 104.
122 *Klöhn* MAR Art. 10 Rn. 36; BaFin, Emittentenleitfaden, S. 41; *Kümpel* Rn. 3.546.
123 Assmann/Schneider/*Assmann*, 6. Aufl., WpHG § 14 Rn. 73.
124 *Klöhn* MAR Art. 10 Rn. 36, 43.
125 EuGH 22.11.2005 – C-384/02, NZG 2006, 60 (61).
126 So aber *Götz* DB 1995, 1949 (1950); wie hier Assmann/Schneider/Mülbert/*Assmann* MAR Art. 10 Rn. 22.
127 Schäfer/Hamann/*Schäfer* WpHG § 14 Rn. 20.

dingte Weitergabe ist. Eine einfache allgemeingültige Definition der **„normalen Weitergabe"** ist bislang nicht gelungen; die Feststellung muss vielmehr einzelfallorientiert vorgenommen werden.[128]

75 Der **EuGH** hat das Merkmal „unbefugt" (s. Rn. 71) in seiner auf die Auslegung der Marktmissbrauchsverordnung zu übertragenden Entscheidung vom 22.11.2005 restriktiv ausgelegt.[129] Nach dem EuGH soll eine normale aufgaben-, tätigkeits- oder berufsbedingte Weitergabe nur dann gegeben sein, wenn ein **enger Zusammenhang** zwischen der Weitergabe der Information und den beruflichen Aufgaben, derentwegen die Weitergabe erfolgt, vorliegt. Die Weitergabe muss des Weiteren für die Erfüllung der beruflichen Aufgaben **unerlässlich** sein.[130] Bei der Beurteilung des Vorliegens dieser Voraussetzungen ist die Sensibilität, also das Kursbeeinflussungspotenzial, der maßgeblichen Insiderinformation zu berücksichtigen.[131]

(2) Fallgruppen

76 Vier **Fallgruppen** sind von besonderer Bedeutung, nämlich die Weitergabe von Informationen innerhalb eines Unternehmens (zB von der Betriebsleitung an die einzelnen Abteilungen), die Weitergabe vom Unternehmen an Dritte (zB die Weitergabe an Aktionäre in der Hauptversammlung, an Rechtsanwälte, Wirtschaftsprüfer, Finanzanalysten oder Kunden) sowie die Weitergabe von Unternehmensexternen an andere Unternehmensexterne (zB die Informationen eines Paketverkäufers gegenüber dem Paketkäufer).[132] Eine vierte Fallgruppe wird für die Fälle diskutiert, in denen die Weitergabe der Information einem gesetzlichen Gebot oder einer Obliegenheit entspricht.

77 Die **Weitergabe** der Information **innerhalb des Unternehmens** ist in den Fällen erlaubt, in denen die Weitergabe aus betrieblichen Gründen unerlässlich ist und sich im normalen Rahmen des betriebsinternen Informationsflusses bewegt.[133] An dieser Stelle werden wiederum verschiedene Fallgruppen unterschieden: Der **Wirtschaftsausschuss**[134] hat zwar gemäß § 106 Abs. 2 BetrVG ein Recht auf Information nur insoweit, als dadurch nicht Betriebs- oder Geschäftsgeheimnisse des Unternehmens gefährdet werden. Daraus konnte je-

---

128 Assmann/Schneider/*Assmann*, 6. Aufl., WpHG § 14 Rn. 79; Schäfer/Hamann/*Schäfer* WpHG § 14 Rn. 23.
129 EuGH 22.11.2005 – C-384/02, NZG 2006, 60 (61); *Sethe* ZBB 2006, 243 (250); für fortgeltende Relevanz der Entscheidung auch unter der Marktmissbrauchsverordnung Assmann/Schneider/Mülbert/*Assmann* MAR Art. 10 Rn. 21; *Klöhn* MAR Art. 10 Rn. 72; *Kiesewetter/Parmentier* BB 2013, 2371 (2373); *Krause* CCZ 2014, 248 (253); *Poelzig* NZG 2016, 528 (534); *Veil* ZBB 2014, 85 (91); **aA** wohl Assmann/Schütze/*Sethe* § 8 Rn. 128; *Zetzsche* NZG 2015, 817 (824).
130 EuGH 22.11.2005 – C-384/02, NZG 2006, 60 (61).
131 Vgl. EuGH 22.11.2005 – C-384/02, NZG 2006, 60 (61), der davon ausgeht, dass Insiderinformationen über eine Fusion zwischen zwei börsennotierten Gesellschaften im Allgemeinen von besonderer Sensibilität sind.
132 Schäfer/Hamann/*Schäfer* WpHG § 14 Rn. 22.
133 EuGH 22.11.2005 – C-384/02, NZG 2006, 60 (61); Assmann/Schneider/Mülbert/*Assmann* MAR Art. 10 Rn. 37; Kümpel/Hammen/Ekkenga/*Kümpel/Veil* Kennz. 065 Rn. 94; *Sethe* ZBB 2006, 243 (250).
134 Dies ist das Gremium, das den Betriebsrat über die wirtschaftlichen Angelegenheiten des Unternehmens unterrichtet, vgl. § 106 Abs. 1 BetrVG. Die Mitglieder (mindestens drei bis höchstens sieben) werden gemäß § 107 Abs. 2 BetrVG grundsätzlich vom Betriebsrat bestimmt.

doch nach bisher wohl hM nicht geschlossen werden, dass ihm keine Insiderinformationen mitgeteilt werden dürfen. Das Erfordernis einer vertrauensvollen Zusammenarbeit zwischen Wirtschaftsausschuss und Unternehmen könne die Weitergabe von Insiderinformationen rechtfertigen.[135]

Dieser Meinung kann, insbesondere im Hinblick auf die Rechtsprechung des EuGH,[136] in dieser Allgemeinheit nicht mehr gefolgt werden. Richtigerweise ist eine Einzelfallbetrachtung am Maßstab der vom EuGH aufgestellten Anforderungen anzustellen. Allein das Erfordernis der vertrauensvollen Zusammenarbeit ist nicht geeignet, um eine Weitergabe von Insiderinformationen zu rechtfertigen.[137] Die Mitteilung von Insiderinformationen an einzelne **Aktionäre**, zB an Familienpools oder Mehrheitsaktionäre, ist nur ausnahmsweise gerechtfertigt, wenn sie im Interesse des Unternehmens zwingend erforderlich ist.[138]

Unbefugt ist ferner die Weitergabe von Informationen unter mit verschiedenen Geschäftsbereichen betrauten Abteilungen eines Unternehmens, wie zB von der Kreditabteilung eines Kreditinstitutes an die mit Wertpapierhandel beschäftigte Stelle, da dies nicht zum normalen Geschäftsablauf gehört.[139] Durch Schaffung von Vertraulichkeitsbereichen, sog **Chinese Walls**, wird in der Regel ein solcher Informationsaustausch verhindert.[140] Für die Weitergabe von Insiderinformationen **innerhalb eines Konzerns** gelten dieselben Grundsätze wie für die unternehmensinterne Weitergabe.[141]

Bei der Weitergabe von Insiderinformationen **an außerhalb des Unternehmens stehende Personen** ist ebenfalls darauf abzustellen, ob die Weitergabe im Rahmen der normalen Ausübung der unternehmerischen Tätigkeit erfolgt und zur Erfüllung beruflicher Aufgaben unerlässlich ist. Damit sind jedenfalls Mitteilungen an Rechtsanwälte, Steuerberater, Wirtschaftsprüfer und sonstige Personen, die gegenüber dem Unternehmen eine beratende Tätigkeit ausüben, zulässig, sofern die Weitergabe der Information zur Erfüllung der beruflichen Aufgaben **unerlässlich ist**.[142] Dies gilt auch für die Fälle, in denen der Aufsichtsrat in aktienrechtlich zulässiger Weise unternehmensexterne Berater einschaltet. Die Weitergabe von Informationen durch Externe an ihre Mitarbeiter ist zulässig, soweit dies zur Erfüllung der übernommenen Aufgabe unerlässlich ist.[143]

---

135 *Götz* DB 1995, 1949 (1950); Schäfer/Hamann/*Schäfer* WpHG § 14 Rn. 43; Schwark/Zimmer/*Schwark/Kruse*, 4. Aufl., WpHG § 14 Rn. 50 f.; Assmann/Schneider/*Assmann*, 4. Aufl., WpHG § 14 Rn. 91; unter Geltung der Marktmissbrauchsverordnung auch Meyer/Veil/Rönnau/*Meyer* § 8 Rn. 68.
136 EuGH 22.11.2005 – C-384/02, NZG 2006, 60 (61).
137 Assmann/Schneider/Mülbert/*Assmann* MAR Art. 10 Rn. 40.
138 Assmann/Schneider/Mülbert/*Assmann* MAR Art. 10 Rn. 41; *Klöhn* MAR Art. 10 Rn. 115 f.; Marsch-Barner/Schäfer/*Schäfer* 14.68 ff.; *Sethe* ZBB 2006, 243 (251).
139 Assmann/Schneider/Mülbert/*Assmann* MAR Art. 10 Rn. 42; *Schröder* Kapitalmarkt-StR Rn. 292.
140 Assmann/Schneider/Mülbert/*Assmann* MAR Art. 10 Rn. 42.
141 Assmann/Schneider/Mülbert/*Assmann* MAR Art. 10 Rn. 43; Schwark/Zimmer/*Schwark/Kruse*, 4. Aufl., WpHG § 14 Rn. 54.
142 Assmann/Schneider/Mülbert/*Assmann* MAR Art. 10 Rn. 46; Graf/Jäger/Wittig/*Diversy/Köpferl* WpHG § 38 Rn. 204; zur Weitergabe von Insiderinformationen an Ratingagenturen *Stemper* WM 2011, 1740 (1741 f.).
143 Assmann/Schneider/Mülbert/*Assmann* MAR Art. 10 Rn. 46; *v. Falkenhausen/Widder* BB 2004, 165 (166 ff.); *Sethe* ZBB 2006, 243 (252).

Im Kernstrafrecht werden ähnliche Probleme im Zusammenhang mit dem „berufsmäßig tätigen Gehilfen" (§ 203 Abs. 3 S. 1 StGB) diskutiert.

81 Die Weitergabe ist als befugt anzusehen, wenn dem Erwerbsinteressenten eines Aktienpakets oder einer bedeutenden Beteiligung im Rahmen einer **Due-Diligence Prüfung** Insiderinformationen offen gelegt werden.[144] Dies wird vor allem aus Praktikabilitätsgesichtspunkten befürwortet.[145] Dem ist zuzustimmen. Die Durchführung einer umfassenden Due-Diligence Prüfung vor Erwerb von Unternehmensbeteiligungen eines gewissen Wertes gehört im Wirtschaftsverkehr mittlerweile zum nationalen und internationalen Standard.[146] Der Erwerb ohne sorgfältige Prüfung des Erwerbsgegenstandes ist deshalb nicht oder nur schwer vorstellbar.

82 Zulässig ist nach **Art. 11 Abs. 4** der Marktmissbrauchsverordnung unter bestimmten Voraussetzungen die im Verlauf einer **Marktsondierung** vorgenommene Offenlegung von Insiderinformationen (s. auch die Delegierte Verordnung [EU] 2016/960 und die Durchführungsverordnung [EU] 2016/959). Eine solche Marktsondierung besteht zunächst nach Art. 11 Abs. 1 der Marktmissbrauchsverordnung in der Übermittlung von Informationen vor der Ankündigung eines Geschäfts an potenzielle Anleger, um deren Interesse an einem möglichen Geschäft und dessen Bedingungen wie seinem Umfang und seiner preislichen Gestaltung abzuschätzen. Privilegiert wird die Offenlegung von Insiderinformationen durch Emittenten, Zweitanbieter eines Finanzinstruments, wenn sie das Finanzinstrument in unüblicher Menge oder mit einem unüblichen Wert anbieten und eine Verkaufsmethode angewendet wird, die eine Vorabbewertung des potenziellen Anlegerinteresses erfordert und Teilnehmer am Markt für Emissionszertifikate sowie Personen, die in ihrem Auftrag handeln (Art. 11 Abs. 1 lit. a–d).

Erwerbsinteressenten, die beabsichtigen, Übernahmeangebote für die Anteile eines Unternehmens oder einen Unternehmenszusammenschluss an Dritte zu richten, sind privilegiert, wenn die Informationen für den Dritten erforderlich sind, um sich über seine Bereitschaft, seine Unternehmensanteile anzubieten eine Meinung zu bilden und diese Bereitschaft für die Abgabe des Angebots durch den Interessenten erforderlich ist (Art. 11 Abs. 2).

Die Offenlegung von Insiderinformationen im Rahmen einer Marktsondierung ist zulässig, wenn die Verpflichtungen aus Art. 11 Abs. 3, 5 erfüllt werden. Nach Art. 11 Abs. 5 muss der offenlegende Marktteilnehmer insbesondere die Zustimmung des Empfängers einholen, dass ihm Insiderinformationen mitgeteilt werden und ihn darüber in Kenntnis setzen, dass er die Vertraulichkeit der Information zu wahren hat und die Nutzung der mitgeteilten Informationen ein verbotenes Insidergeschäft darstellen kann. Der Empfänger der Marktsondierung unterliegt also den allgemeinen Insiderverboten des Art. 14.[147]

---

144 Vgl. Assmann/Schneider/Mülbert/*Assmann* MAR Art. 10 Rn. 56; Meyer/Veil/Rönnau/*Meyer* § 8 Rn. 38 f.; *Brandi/Süßmann* AG 2004, 642 (647); *Sethe* ZBB 2006, 243 (252); aA *Schneider*, Informationspflichten, S. 67 ff.
145 S. *Brandi/Süßmann* AG 2004, 642 (647); *Sethe* ZBB 2006, 243 (252); vgl. dazu weiter *Hasselbach* NZG 2004, 1087 ff.
146 S. dazu *Liekefett*, Due-Diligence bei M&A-Transaktionen, S. 26 ff.
147 Vgl. Erwägungsgrund 36.

Die überwiegende Auffassung geht davon aus, dass Art. 11 der Marktmissbrauchsverordnung die Rechtmäßigkeit der Offenlegung von Insiderinformationen im Rahmen von Marktsondierungen abschließend regelt und nicht durch die einengende Auslegung der Erforderlichkeit einer Informationsweitergabe durch den EuGH eingeschränkt wird.[148] Erwägungsgrund 35 der Marktmissbrauchsverordnung spricht dafür, dass im umgekehrten Fall eine Offenlegung von Insiderinformationen trotz Verstoßes gegen Art. 11 Abs. 3, 4 zulässig sein kann, wenn sie „im Zuge der normalen Ausübung einer Beschäftigung oder eines Berufs oder der normalen Erfüllung von Aufgaben" iSd Art. 10 Abs. 1 erfolgt.

Problematisch ist die Informationsweitergabe von Seiten eines Emittenten an **Journalisten** und **Redakteure**. Die Mitteilung von Insiderinformationen, die den Emittenten unmittelbar betreffen, an die Presse und ihre Vertreter ist als unbefugt anzusehen.[149] Hinsichtlich der Veröffentlichung einer solchen Information ist das Verfahren gemäß Art. 17 Abs. 1, 10 der Marktmissbrauchsverordnung, Art. 2 der Durchführungsverordnung 2016/1055, § 26 WpHG vorrangig. Die Informationen müssen mittels einer Ad-hoc-Meldung auf dem gesetzlich vorgeschriebenen Weg unter Wahrung der notwendigen Formalia bekannt gemacht werden.

Neben der gleichmäßigen Unterrichtung der Anleger ist es schließlich auch Ziel der Ad-hoc-Publizität, der Gefahr des Insiderhandels zu begegnen.[150] Durch die Weitergabe einer Insiderinformation an Journalisten würde die Zahl der Insider, die keiner Überwachung durch die BaFin unterliegen,[151] ansteigen und damit die Gefahr von verbotenem Insiderhandel erhöht.

Das Verbot der Weitergabe der Insiderinformation zur Veröffentlichung in den Massenmedien gilt auch für **außerhalb des Emittenten stehende Insider**, wie zB private Investoren und im Grundsatz auch Journalisten.[152] Auch in diesen Fällen ist zur Veröffentlichung grundsätzlich ausschließlich der Weg über die Ad-hoc-Meldung des Emittenten zulässig.[153] Die Gegenansicht[154] vernachlässigt, dass der Emittent eventuell ein berechtigtes Interesse an der vorübergehenden Geheimhaltung der Information gemäß Art. 17 Abs. 4, 5 der Marktmissbrauchsverordnung hat, welches durch die Veröffentlichung von Seiten eines außerhalb des Emittenten stehenden Insiders beeinträchtigt werden kann.[155]

---

148 Assmann/Schneider/Mülbert/*Assmann* MAR Art. 11 Rn. 7; Klöhn/*Brellochs* MAR Art. 11 Rn. 17; vgl. ferner *Krause* CCZ 2014, 248 (254); *Poelzig* NZG 2016, 528 (535); *Veil* ZBB 2014, 85 (92).
149 Assmann/Schneider/Mülbert/*Assmann* MAR Art. 10 Rn. 50; Graf/Jäger/Wittig/*Diversy/Köpferl* WpHG § 38 Rn. 205; Meyer/Veil/Rönnau/*Meyer* § 8 Rn. 47; *Sethe* ZBB 2006, 243 (252); aA Schimansky/Bunte/Lwowski/*Hopt/Kumpan* § 107 Rn. 110 und *Klöhn* MAR Art. 10 Rn. 201 f., wenn die Weitergabe der Information der Herstellung öffentlicher Bekanntheit durch die Medien dient; *Schneider* NZG 2005, 702 (703 ff.).
150 Vgl. zum Ganzen *Sethe* ZBB 2006, 243 (252 f.).
151 Die BaFin ist gemäß § 26 Abs. 1 WpHG von der Ad-hoc-Mitteilung zu unterrichten.
152 Zur sog Insiderfalle vgl. *Sethe* ZBB 2006, 243 (253).
153 Vgl. Assmann/Schneider/Mülbert/*Assmann* MAR Art. 10 Rn. 51; *Sethe* ZBB 2006, 243 (252 f.).
154 Vgl. schon *Schneider* NZG 2005, 702 (703 ff.), der die Möglichkeit einer sog „öffentlichen Bekanntmachung" befürwortet; eingehend *Schröder* KapitalmarktStR Rn. 295 ff.
155 Assmann/Schneider/Mülbert/*Assmann* MAR Art. 10 Rn. 51.

86 Nicht verkannt werden kann indes die Betonung der Bedeutung der Pressefreiheit in der Marktmissbrauchsverordnung[156] und der neuen Marktmissbrauchsrichtlinie (CRIM-MAD).[157] Art. 21 der Marktmissbrauchsverordnung etwa verlangt bei der Auslegung des Art. 10 die „Berücksichtigung" der „Regeln der Pressefreiheit und der Freiheit der Meinungsäußerung". Eine Offenlegung von Insiderinformationen kann sich daher jedenfalls dann als rechtmäßig erweisen, wenn sie über die bloße Publikation hinausgehend journalistisch aufbereitet ist und ein relevantes Informationsinteresse der Öffentlichkeit besteht.[158]

87 Bei der **Weitergabe von Insiderinformationen** durch **außerhalb des emittierenden Unternehmens** stehende Insider an Dritte sind des Weiteren die Fälle problematisch, in denen eine Interessenkollision zwischen Weitergabe der Information und dem Schutzzweck des Insiderrechts besteht. Dabei handelt es sich insbesondere um folgende Fallgestaltungen: **Kreditinstitute** sind grundsätzlich nicht berechtigt, Insiderinformationen an ihre Kunden weiterzugeben oder Insiderinformationen zum Vorteil der Kunden zu verwerten, auch wenn sie dazu im Rahmen der Vermögenssorge verpflichtet wären.[159] Dies gilt auch in besonderen Ausnahmesituationen; das Kreditinstitut hat hier kein Nothilferecht.[160]

88 Ebenso verhält es sich bei der Herausgabe von **Emissionsprospekten**: Hier besteht einerseits die Verpflichtung des Emittenten sowie der weiteren für die Richtigkeit und Vollständigkeit des Emissionsprospekts Mitverantwortlichen, alle relevanten Informationen und somit auch die Insiderinformationen im Prospekt zu offenbaren. Andererseits unterliegt die Preisgabe von Insiderinformationen im Prospekt, mit dessen Verteilung keine Bereichsöffentlichkeit hergestellt wird, grundsätzlich dem Weitergabeverbot. Dieser Interessenkonflikt ist dadurch zu lösen, dass das Prospekt im Lichte der Insiderinformationen zu gestalten ist, so dass es im Hinblick auf diese keinen unzutreffenden Gesamteindruck erweckt.[161]

89 Die Weitergabe aufgrund eines **gesetzlichen Gebots** oder einer **Obliegenheit** ist nicht unrechtmäßig iSd Art. 10 Abs. 1 der Marktmissbrauchsverordnung, wenn die Auslegung der kollidierenden Normen ergibt, dass ein Vorrang gegenüber dem insiderrechtlichen Weitergabeverbot besteht.[162] Erlaubt ist deshalb die Informationsweitergabe innerhalb des Vorstands oder des Vorstands gegenüber dem Aufsichtsrat nach §§ 90, 170 f. AktG. Dasselbe gilt, wenn dem Aufsichtsratsmitglied im Rahmen der Ausübung seines Einsichts- und Prüfungsrechts nach § 111 Abs. 2 AktG Insiderinformationen zugänglich gemacht werden.[163] Weitere Fälle sind die Weitergabe von Informationen im Rahmen der Unterrichtungspflichten gegenüber dem Betriebsrat gemäß §§ 80 Abs. 2,

---

156 Vgl. Erwägungsgrund 77 und Art. 21 der Verordnung (EU) Nr. 596/2014.
157 Vgl. Erwägungsgrund 28 und Art. 4 Abs. 5 der RL 2014/57/EU.
158 Assmann/Schneider/Mülbert/*Assmann* MAR Art. 10 Rn. 52; *Klöhn* MAR Art. 10 Rn. 215 f.
159 Assmann/Schneider/Mülbert/*Assmann* MAR Art. 10 Rn. 59; Meyer/Veil/Rönnau/*Meyer* § 8 Rn. 52.
160 Assmann/Schneider/Mülbert/*Assmann* MAR Art. 10 Rn. 61.
161 Assmann/Schneider/Mülbert/*Assmann* MAR Art. 10 Rn. 62; Schäfer/Hamann/*Schäfer* WpHG § 14 Rn. 65.
162 Assmann/Schneider/Mülbert/*Assmann* MAR Art. 10 Rn. 24; *Klöhn* MAR Art. 10 Rn. 98.
163 Assmann/Schneider/Mülbert/*Assmann* MAR Art. 10 Rn. 28; *Klöhn* MAR Art. 10 Rn. 107.

90, 92, 111 BetrVG und die Erfüllung gesellschaftsrechtlicher, kapitalmarktrechtlicher und kartellrechtlicher Mitteilungspflichten wie zB die Mitteilungspflichten gegenüber der Bundesanstalt für Finanzdienstleistungsaufsicht nach §§ 26, 33 WpHG. Obliegenheiten zur Offenbarung von Informationen bestehen zB in Genehmigungsverfahren gegenüber Behörden. Nicht zu dieser Fallgruppe gehören dagegen die Fälle, in denen die Mitteilungspflicht zur Wahrung von Geschäfts- oder Betriebsgeheimnissen eingeschränkt ist.[164]

Gegenüber dem einzelnen **Aktionär** besteht außerhalb der Hauptversammlung 90
keine Auskunftspflicht, es dürfen ihm keine Insiderinformationen mitgeteilt werden. Ob dieses Verbot auch für Insiderinformationen gilt, die im Rahmen eines Auskunftsbegehrens eines Aktionärs nach § 131 Abs. 1 AktG mitgeteilt werden, ist umstritten. Nach einer Ansicht[165] kann hier das dem Schutz der Aktionäre dienende Insiderhandelsverbot nicht gelten, weil die Aktionäre einen berechtigten Anspruch auf umfassende Information hätten. Nach überwiegender Ansicht[166] ergibt sich aus dem Auskunftsverweigerungsrecht nach § 131 Abs. 3 AktG, dass der Aktionär nicht alle Auskünfte verlangen kann; Insiderinformationen dürften ihm nicht offen gelegt werden. Vorgeschlagen wird eine Lösung des Konflikts durch Herstellung der Bereichsöffentlichkeit vor Beginn der Hauptversammlung[167] (die Hauptversammlung selbst begründet unstreitig keine Bereichsöffentlichkeit, s. Kap. 7.3. Rn. 61).

b) Subjektiver Tatbestand

Im Hinblick auf den subjektiven Tatbestand kommt eine vorsätzliche oder 91
leichtfertige Weitergabe (Mitteilung oder Zugänglichmachen) in Betracht. Hinsichtlich der Rechtsfolgen ist für **bis zum 1.7.2016** begangene Taten wie folgt zu unterscheiden: Handelte ein Primärinsider vorsätzlich, machte er sich strafbar (§ 38 Abs. 1 Nr. 2, § 39 Abs. 2 Nr. 3 WpHG aF), bei Leichtfertigkeit hingegen lag nur eine Ordnungswidrigkeit (§ 39 Abs. 2 Nr. 3 WpHG aF) vor. Beim Sekundärinsider ist in Altfällen sowohl für vorsätzliches als auch für leichtfertiges Handeln die Ahndung als Ordnungswidrigkeit vorgesehen (§ 39 Abs. 2 Nr. 3 WpHG aF).

Aufgrund zwingender Vorgaben der neuen Markmissbrauchsrichtlinie (CRIM- 92
MAD)[168] ist die **Differenzierung zwischen Primär- und Sekundärinsidern** nun **entfallen**. Die Strafbarkeit allein der **vorsätzlichen** Weitergabe nach **§ 119 Abs. 3 Nr. 3 WpHG** ist nicht mehr von der Tätereigenschaft abhängig (s. Rn. 12). Leichtfertiges Handeln stellt fortan für jedermann eine Ordnungswidrigkeit nach § 120 Abs. 14 WpHG dar.

Der **Vorsatz** des Täters setzt voraus, dass er weiß, dass die Information eine In- 93
siderinformation ist, die insbesondere (noch) nicht öffentlich bekannt ist. Hat er den Tatbestand objektiv durch ein Zugänglichmachen verwirklicht, so ist weiter erforderlich, dass er zumindest damit rechnet und billigend in Kauf

---

164 Assmann/Schneider/Mülbert/*Assmann* MAR Art. 10 Rn. 30.
165 *Benner-Heinacher* DB 1995, 765 (766).
166 Assmann/Schneider/Mülbert/*Assmann* MAR Art. 10 Rn. 35 Marsch-Barner/Schäfer/*Schäfer* 14.71.
167 *Götz* DB 1995, 1949 (1951 f.).
168 Art. 4 Abs. 3 iVm Art. 3 Abs. 3 UAbs. 2 RL 2014/57/EU des Europäischen Parlaments und des Rates vom 16.4.2014 über strafrechtliche Sanktionen bei Marktmanipulation (Marktmissbrauchsrichtlinie), ABl. EU L 173 v. 12.6.2014, S. 179 ff.

nimmt, dass sich ein Dritter Kenntnis von der Insiderinformation verschaffen wird. Der Irrtum des Täters über die Befugnis zur Weitergabe ist ein Irrtum über ein (normatives) Tatbestandsmerkmal und führt somit zum Ausschluss des Vorsatzes.

c) Offenlegung von Empfehlungen und Verleitungen, Art. 10 Abs. 2

94 Art. 10 Abs. 2 der Marktmissbrauchsverordnung verbietet in systematischem Zusammenhang mit Art. 8 Abs. 2 und 8 Abs. 3 die Offenlegung von Empfehlungen und Verleitungen zum Tätigen eines Insidergeschäfts durch den Tippempfänger. Anders als bei Art. 10 Abs. 1 wird nicht die Insiderinformation selbst, sondern eine Empfehlung oder Verleitung iSd Art. 8 Abs. 2 weitergegeben. Der Täter als Empfänger einer solchen Empfehlung oder Verleitung muss also selbst keine Kenntnis von der Insiderinformation haben. Erforderlich ist allerdings nach § 119 Abs. 3 Nr. 3 WpHG bzw. § 120 Abs. 14 WpHG, dass er weiß oder leichtfertig verkennt, dass die Erstempfehlung oder -verleitung auf einer Insiderinformation beruht (s. Rn. 64 f.).

III. Ausnahmen vom Insiderhandelsverbot (Art. 5 der Marktmissbrauchsverordnung)

95 Art. 5 der Marktmissbrauchsverordnung enthält **Ausnahmen vom Insiderhandelsverbot** für den Handel mit eigenen Aktien im Rahmen von Rückkaufprogrammen und für Kursstabilisierungsmaßnahmen. Konkretisiert werden deren Voraussetzungen in der DelVO 2016/1052.

1. Aktienrückkaufprogramme

96 **Rückkaufprogramme** (Art. 3 Abs. 1 Nr. 17 der Marktmissbrauchsverordnung) sind nach Art. 5 Abs. 2 der Marktmissbrauchsverordnung nur zu folgenden Zwecken zulässig:

- zur **Herabsetzung des Kapitals** des Emittenten;
- zur Erfüllung von Verpflichtungen, die aus **Schuldtiteln** resultieren, die in Beteiligungskapital umgewandelt werden können;
- zur Erfüllung von Verpflichtungen, die aus einem **Belegschaftsaktienprogramm** oder einer anderen Form der Zuteilung von Aktien des Emittenten oder eines verbundenen Unternehmens resultieren.

Rückkaufprogramme müssen des Weiteren die in Art. 5 Abs. 1, 3 der Marktmissbrauchsverordnung genannten und in der DelVO 2016/1052 konkretisierten Voraussetzungen erfüllen. Verlangt werden ua die vorherige Bekanntgabe des Programms, weitere Informationspflichten und mehrere Handelsbedingungen.[169]

2. Kursstabilisierungsmaßnahmen

97 **Kursstabilisierungsmaßnahmen** (Art. 5 Abs. 4; 3 Abs. 2 lit. d der Marktmissbrauchsverordnung) sind gemäß Art. 5 Abs. 4 lit. a der Marktmissbrauchsverordnung, Art. 5 DelVO 2016/1052 nur in einem befristeten Zeitrahmen zulässig. Bei Erstplatzierung von Aktien gilt eine Frist von **30 Tagen** ab Aufnahme des Handels (Art. 5 Abs. 1 lit. a. DelVO 2016/1052), bei einer Zweitplatzie-

---

[169] Vgl. *Klöhn* MAR Art. 5 Rn. 12 ff.

rung beginnt die Frist mit dem Tag der angemessenen Veröffentlichung des Schlusskurses des maßgeblichen Wertpapiers und endet **30 Tage** nach dem Zuteilungsdatum (Art. 5 Abs. 1 lit. b DelVO 2016/1052). Es muss vor Beginn der Erst- oder Zweitplatzierung bekannt gegeben werden, dass eine Kursstabilisierungsmaßnahme nicht zwingend erfolgen muss und dass sie jederzeit beendet werden kann (Art. 6 Abs. 1 lit. a DelVO 2016/1052).

Innerhalb von einer Woche nach Ende des Stabilisierungszeitraums ist in angemessener Weise bekannt zu machen, ob tatsächlich Kursstabilisierungsmaßnahmen durchgeführt wurden (Art. 6 Abs. 3 lit. a DelVO 2016/1052). Ist dies der Fall, sind Einzelheiten der Maßnahme zu veröffentlichen. Art. 7 sieht schließlich vor, dass eine Kursstabilisierungsmaßnahme im Falle eines Zeichnungsangebots für Aktien oder Aktien entsprechende Wertpapiere nicht zu einem Kurs erfolgen darf, der über dem Emissionskurs liegt. Bei Schuldtiteln darf die Stabilisierung nicht zu einem höheren Kurs erfolgen als dem Marktkurs dieser Instrumente zum Zeitpunkt der Bekanntgabe der endgültigen Modalitäten des neuen Angebots. 98

Kap. 7.5. § 119 WpHG Strafvorschriften

§ 119 WpHG Strafvorschriften

(1) Mit Freiheitsstrafe bis zu fünf Jahren oder mit Geldstrafe wird bestraft, wer eine in § 120 Absatz 2 Nummer 3 oder Absatz 15 Nummer 2 bezeichnete vorsätzliche Handlung begeht und dadurch einwirkt auf

1. den inländischen Börsen- oder Marktpreis eines Finanzinstruments, eines damit verbundenen Waren-Spot-Kontrakts, einer Ware im Sinne des § 2 Absatz 5 oder eines ausländischen Zahlungsmittels im Sinne des § 51 des Börsengesetzes,
2. den Preis eines Finanzinstruments oder eines damit verbundenen Waren-Spot-Kontrakts an einem organisierten Markt, einem multilateralen oder organisierten Handelssystem in einem anderen Mitgliedstaat oder in einem anderen Vertragsstaat des Abkommens über den Europäischen Wirtschaftsraum,
3. den Preis einer Ware im Sinne des § 2 Absatz 5 oder eines ausländischen Zahlungsmittels im Sinne des § 51 des Börsengesetzes an einem mit einer inländischen Börse vergleichbaren Markt in einem anderen Mitgliedstaat oder in einem anderen Vertragsstaat des Abkommens über den Europäischen Wirtschaftsraum oder
4. die Berechnung eines Referenzwertes im Inland oder in einem anderen Mitgliedstaat oder in einem anderen Vertragsstaat des Abkommens über den Europäischen Wirtschaftsraum.

(2) Ebenso wird bestraft, wer gegen die Verordnung (EU) Nr. 1031/2010 der Kommission vom 12. November 2010 über den zeitlichen und administrativen Ablauf sowie sonstige Aspekte der Versteigerung von Treibhausgasemissionszertifikaten gemäß der Richtlinie 2003/87/EG des Europäischen Parlaments und des Rates über ein System für den Handel mit Treibhausgasemissionszertifikaten in der Gemeinschaft (ABl. L 302 vom 18.11.2010, S. 1), die zuletzt durch die Verordnung (EU) Nr. 176/2014 (ABl. L 56 vom 26.2.2014, S. 11) geändert worden ist, verstößt, indem er

1. entgegen Artikel 38 Absatz 1 Unterabsatz 1, auch in Verbindung mit Absatz 2 oder Artikel 40, ein Gebot einstellt, ändert oder zurückzieht oder

2. als Person nach Artikel 38 Absatz 1 Unterabsatz 2, auch in Verbindung mit Absatz 2,
   a) entgegen Artikel 39 Buchstabe a eine Insiderinformation weitergibt oder
   b) entgegen Artikel 39 Buchstabe b die Einstellung, Änderung oder Zurückziehung eines Gebotes empfiehlt oder eine andere Person hierzu verleitet.

(3) Ebenso wird bestraft, wer gegen die Verordnung (EU) Nr. 596/2014 des Europäischen Parlaments und des Rates vom 16. April 2014 über Marktmissbrauch (Marktmissbrauchsverordnung) und zur Aufhebung der Richtlinie 2003/6/EG des Europäischen Parlaments und des Rates und der Richtlinien 2003/124/EG, 2003/125/EG und 2004/72/EG der Kommission (ABl. L 173 vom 12.6.2014, S. 1; L 287 vom 21.10.2016, S. 320; L 306 vom 15.11.2016, S. 43; L 348 vom 21.12.2016, S. 83), die zuletzt durch die Verordnung (EU) 2016/1033 (ABl. L 175 vom 30.6.2016, S. 1) geändert worden ist, verstößt, indem er

1. entgegen Artikel 14 Buchstabe a ein Insidergeschäft tätigt,
2. entgegen Artikel 14 Buchstabe b einem Dritten empfiehlt, ein Insidergeschäft zu tätigen, oder einen Dritten dazu verleitet oder
3. entgegen Artikel 14 Buchstabe c eine Insiderinformation offenlegt.

(4) Der Versuch ist strafbar.

(5) Mit Freiheitsstrafe von einem Jahr bis zu zehn Jahren wird bestraft, wer in den Fällen des Absatzes 1

1. gewerbsmäßig oder als Mitglied einer Bande, die sich zur fortgesetzten Begehung solcher Taten verbunden hat, handelt oder
2. in Ausübung seiner Tätigkeit für eine inländische Finanzaufsichtsbehörde, ein Wertpapierdienstleistungsunternehmen, eine Börse oder einen Betreiber eines Handelsplatzes handelt.

(6) In minder schweren Fällen des Absatzes 5 Nummer 2 ist die Strafe Freiheitsstrafe von sechs Monaten bis zu fünf Jahren.

(7) Handelt der Täter in den Fällen des Absatzes 2 Nummer 1 leichtfertig, so ist die Strafe Freiheitsstrafe bis zu einem Jahr oder Geldstrafe.

Bis zum 1.7.2016 geltende Rechtslage

§ 38 WpHG a.F. Strafvorschriften

(1) Mit Freiheitsstrafe bis zu fünf Jahren oder mit Geldstrafe wird bestraft, wer

1. entgegen § 14 Abs. 1 Nr. 1 ein Insiderpapier erwirbt oder veräußert oder
2. a) als Mitglied des Geschäftsführungs- oder Aufsichtsorgans oder als persönlich haftender Gesellschafter des Emittenten oder eines mit dem Emittenten verbundenen Unternehmens,
   b) auf Grund seiner Beteiligung am Kapital des Emittenten oder eines mit dem Emittenten verbundenen Unternehmens,

c) auf Grund seines Berufs oder seiner Tätigkeit oder seiner Aufgabe bestimmungsgemäß oder

d) auf Grund der Vorbereitung oder Begehung einer Straftat

über eine Insiderinformation verfügt und unter Verwendung dieser Insiderinformation eine in § 39 Abs. 2 Nr. 3 oder 4 bezeichnete vorsätzliche Handlung begeht.

(...)

(3) In den Fällen der Absätze 1 und 2 a ist der Versuch strafbar.

(4) Handelt der Täter in den Fällen des Absatzes 1 Nummer 1 oder des Absatzes 2 a Nummer 1 leichtfertig, so ist die Strafe Freiheitsstrafe bis zu einem Jahr oder Geldstrafe.

§ 39 WpHG a.F. Bußgeldvorschriften

(2) Ordnungswidrig handelt, wer vorsätzlich oder leichtfertig

(...)

3. entgegen § 14 Abs. 1 Nr. 2 eine Insiderinformation mitteilt oder zugänglich macht,

4. entgegen § 14 Abs. 1 Nr. 3 den Erwerb oder die Veräußerung eines Insiderpapiers empfiehlt oder auf sonstige Weise dazu verleitet ...

(...)

I. Allgemeines 1	(§ 38 Abs. 1 Nr. 2 lit. c WpHG aF) 43
1. Schutzgut, Rechtsentwicklung und (europa-)rechtlicher Hintergrund 1	(5) Kriminalinsider (§ 38 Abs. 1 Nr. 2 lit. d WpHG aF) 57
2. Charakter der Vorschrift 9	cc) Sekundärinsider 62
3. Systematik 12	III. Allgemeine strafrechtliche Fragen 64
II. Verbot des Insiderhandels nach § 119 Abs. 3 WpHG 21	1. Räumlicher Anwendungsbereich 64
1. Verbot des Insidergeschäfts (§ 119 Abs. 3 Nr. 1 WpHG) 21	2. Täterschaft und Teilnahme .. 66
2. Verwendung von Insiderinformationen (§ 119 Abs. 3 Nr. 2, 3 WpHG; § 38 Abs. 1 Nr. 2 WpHG aF) 23	a) Erwerb oder Veräußerung von Finanzinstrumenten für einen anderen 69
a) Allgemeines 23	
b) Tathandlung 24	b) Anstiftung und Beihilfe bei Sekundärinsidern in Altfällen 70
c) Täterkreis in Altfällen ... 26	
aa) Allgemeines 26	c) Strafbarkeit von Bankangestellten bei der Ausführung von Kundenorders 71
bb) Primärinsider (§ 38 Abs. 1 Nr. 2 lit. a–d WpHG aF) .. 28	
(1) Allgemeines 28	aa) Täterschaft 72
(2) Organinsider (§ 38 Abs. 1 Nr. 2 lit. a WpHG aF) 32	bb) Teilnahme 73
	3. Unterlassen 76
	4. Vorsatz und Irrtumsfragen .. 78
(3) Beteiligungsinsider (§ 38 Abs. 1 Nr. 2 lit. b WpHG aF) 40	5. Rechtswidrigkeit, Schuld, Vollendung und Versuch 81
(4) Berufs-, Tätigkeits- oder Aufgabeninsider	7. Rechtsfolgen 88
	8. Konkurrenzen, strafverfahrensrechtliche Fragen 92

I. Allgemeines
1. Schutzgut, Rechtsentwicklung und (europa-)rechtlicher Hintergrund

1 § 119 WpHG (§ 38 WpHG aF) ist das „Kernstück des deutschen Kapitalmarktstrafrechts".[1] Straf- und Bußgeldvorschriften gegen den Insiderhandel enthält das WpHG bereits seit seinem Inkrafttreten am 1.8.1994 (ausführlich zur Entstehung des Insiderstrafrechts Kap. 7.1. Rn. 1 ff.). Zuvor war die Verwendung von Insiderinformationen strafrechtlich kaum zu erfassen.[2] Durch die Bewehrung der früher in § 14 Abs. 1 WpHG aF und nun in Art. 14 der Marktmissbrauchsverordnung kodifizierten Verhaltensregeln über die Verwendung von Insiderinformationen soll das Vertrauen der Anleger in die Integrität des Kapital- und Wertpapiermarktes erhöht und die **Funktionsfähigkeit der Börsen und Märkte** geschützt werden (s. bereits Kap. 7.1. Rn. 17).[3]

2 Mit der Verabschiedung des WpHG wurde der Gesetzgeber seiner Pflicht zur Umsetzung der **EG-Insiderrichtlinie** vom 13.11.1989[4] gerecht. Erste Änderungen der Strafvorschrift des § 38 WpHG aF ergaben sich zunächst durch das auf dem Entwurf einer neuen **EG-Richtlinie über Insider-Geschäfte und Marktmanipulation**[5] beruhende Vierte Finanzmarktförderungsgesetz (4. FFG) vom 21.6.2002,[6] das allerdings das Insiderstrafrecht im Wesentlichen unberührt ließ und lediglich den Kreis der Insiderpapiere in § 12 WpHG aF erweiterte.

Eine weitere Umgestaltung der Norm fand durch das **Anlegerschutzverbesserungsgesetz** vom 28.10.2004 (AnSVG)[7] statt, das sich mit der Marktmissbrauchsrichtlinie vom 28.1.2003[8] sowie ihren Durchführungsrichtlinien ebenfalls auf europarechtliche Dokumente zurückführen lässt.[9] Dadurch kam es zu umfassenden, wenngleich sich auf den Anwendungsbereich des § 38 Abs. 1 WpHG aF nur wenig auswirkenden Änderungen. Insbesondere wurde die zuvor in § 13 Abs. 1 WpHG aF vorgenommene Differenzierung zwischen Primär- und Sekundärinsider auf § 38 Abs. 1 Nr. 2 WpHG aF übertragen (Kap. 7.1. Rn. 3 f.). Eine Ausweitung der Strafbarkeit des Insiderhandels wurde jedoch dadurch erreicht, dass der Kreis der Tatobjekte (Insiderpapiere iSd § 12 WpHG aF) erneut erweitert sowie der **Versuch** nach § 38 Abs. 3 WpHG aF (s. Rn. 81 ff.) und leichtfertiger Erwerb bzw. Veräußerung von Insiderpapieren nach § 38 Abs. 4 WpHG aF (s. Rn. 78) unter Strafe gestellt wurden.

3 Durch Art. 3 Nr. 7 des Gesetzes zur Novellierung des Finanzanlagenvermittler- und Vermögensanlagenrechts vom 6.12.2011 wurde § 38 Abs. 2 a WpHG aF

---

1 MüKoStGB/*Pananis* WpHG § 38 Rn. 1 zu § 38 WpHG aF.
2 Zusammenfassend Assmann/Schneider/*Vogel*, 6. Aufl., WpHG Vor § 38 Rn. 14 mwN.
3 Zu Problemen in der Praxis der Strafverfolgung *Hienzsch* HRRS 2006, 144 (145).
4 RL 89/592/EWG vom 13.11.1989 zur Koordinierung der Vorschriften betreffend Insider-Geschäfte; ABl. EG L 334 v. 18.11.1989, S. 30 ff.
5 KOM(2001) 281 endg.; ABl. EG C 240 E. v. 28.8.2001, S. 265 ff. Die Richtlinie trat nach geringfügigen Änderungen als Marktmissbrauchsrichtlinie in Kraft.
6 BGBl. 2002 I 2010; in Kraft getreten am 1.7.2002.
7 BGBl. 2004 I 2630; in Kraft getreten am 30.10.2004.
8 RL 2003/6/EG vom 28.1.2003 über Insidergeschäfte und Marktmanipulation (Marktmissbrauch); ABl. EU L 96 v. 12.4.2003, S. 16 ff.
9 Allerdings bleibt festzuhalten, dass den zugrunde liegenden Rechtsakten der Europäischen Gemeinschaften keine Pflicht zur kriminalrechtlichen Bewehrung des Insiderhandels zu entnehmen ist. Demnach wäre ausreichend gewesen, Verstöße gegen Insiderhandelsverbote lediglich mit Geldbußen zu belegen. Eingehend zur Kritik an der strafrechtlichen Bewehrung s. Kap. 7.1. Rn. 19 ff.

eingeführt, der im Rahmen der Versteigerung von Treibhausgasemissionszertifikaten begangene Verstöße gegen insiderrechtliche Bestimmungen der Verordnung (EU) Nr. 1031/2010 unter Strafe stellte (s. Rn. 18 f.).

Umfassend umgestaltet wurde § 38 WpHG aF durch das **Erste Finanzmarktnovellierungsgesetz** (1. FiMaNoG), das die europarechtlichen Vorgaben aus der Marktmissbrauchsverordnung und der neuen Marktmissbrauchsrichtlinie (CRIM-MAD) umgesetzt hat (s. Kap. 7.1. Rn. 7 ff., Kap. 7.4. Rn. 9 ff.). § 38 Abs. 3 WpHG idFd 1. FiMaNoG verwies ab 2.7.2016 auf das Insiderhandelsverbot des unmittelbar anwendbaren **Art. 14 der Marktmissbrauchsverordnung.**

Das **Zweite Finanzmarktnovellierungsgesetz** vom 23.6.2017 (2. FiMaNoG)[10] enthält demgegenüber im Wesentlichen redaktionelle Neuerungen. Mit Inkrafttreten von Art. 1 des 2. FiMaNoG am 25.6.2017 wurde der **statische Verweis** auf die Marktmissbrauchsverordnung in § 38 Abs. 3 WpHG aF redaktionell überarbeitet. Dadurch sollte sichergestellt werden, dass für die Straf- und Bußgeldvorschriften des WpHG (§§ 38, 39 aF) insgesamt auf die letzte Fassung der Marktmissbrauchsverordnung verwiesen wird, die diese aufgrund der Verordnung (EU) 2016/1033 des Europäischen Parlaments und des Rates vom 23.6.2016 zur Änderung der Verordnung (EU) Nr. 600/2014 über Märkte für Finanzinstrumente, der Verordnung (EU) Nr. 596/2014 über Marktmissbrauch und der Verordnung (EU) Nr. 909/2014 zur Verbesserung der Wertpapierlieferungen und -abrechnungen in der Europäischen Union und über Zentralverwahrer (ABl. L 175 vom 30.6.2016, S. 1) und der Berichtigung der Verordnung (EU) Nr. 596/2014 (ABl. L 287 vom 21.10.2016, S. 320) erhalten hat.

Zudem wurde in § 38 Abs. 3 Nr. 2 WpHG aF der Begriff „**anstiftet**" durch „**verleitet**" ersetzt. Dadurch wurde eine entsprechende Berichtigung der Marktmissbrauchsverordnung umgesetzt.[11] Diese – und in der Folge auch § 38 Abs. 3 Nr. 2 WpHG aF – hatte in der deutschen Sprachfassung des Art. 14 lit. b zuvor missverständlich auf eine „Anstiftung" abgestellt, obwohl unter Berücksichtigung der anderen Sprachfassungen nach einhelliger Meinung ohne Abkehr von der bisherigen Rechtslage weiterhin „Verleitung" gemeint war.[12] Mag es sich dabei auch nach überwiegender Auffassung um nicht viel mehr als das bei EU-Verordnungen in Bezug nehmenden Strafvorschriften bekannte Problem des Erfordernisses der Berücksichtigung verschiedener Sprachfassungen zur Bestimmung des verbotenen Verhaltens handeln,[13] zeigt sich hier – in einer Anstiftung iSd § 26 StGB liegt ein „Mehr" gegenüber dem „Verleiten" – doch jedenfalls erneut, dass die Europäisierung des Insiderrechts mit einer steten Flexibilisierung rechtsstaatlicher Grundsätze wie dem Bestimmtheitsgrundsatz einhergeht (s. bereits Kap. 7.1. Rn. 31 f.).[14]

Mit Inkrafttreten von Art. 3 des 2. FiMaNoG am 3.1.2018 kam es zu einer Neunummerierung des WpHG. Die Insiderhandelsverbote befinden sich fortan

---

10 BGBl. 2017 I 1693.
11 ABl. EU L 287 v. 21.10.2016, S. 320.
12 *Klöhn* MAR Art. 14 Rn. 33; Assmann/Schneider/Mülbert/*Spoerr* WpHG § 119 Rn. 115; *Poelzig* NZG 2016, 492 (496).
13 Dazu im Allgemeinen HdB-EUStrafR/*Satzger* § 9 Rn. 32.
14 Szesny/Kuthe/*Gehrmann* Kapitalmarkt Compliance Kap. 27 Rn. 82 nimmt für Altfälle des bloßen Verleitens gar eine „Generalamnestie" an.

in § 119 Abs. 3 WpHG. Die besondere Regelung für Insidergeschäfte im Zusammenhang mit der Versteigerung von Treibhausgasemissionszertifikaten ist nun in § 119 Abs. 2 WpHG normiert (s. Rn. 18 f.).

8 Weil die Marktmissbrauchsverordnung unionsweite Verbotstatbestände enthält, ist sie seit ihrem Inkrafttreten zwingender Anknüpfungspunkt für eine strafrechtliche Sanktionierung von Insidergeschäften durch die Mitgliedstaaten.[15] Europarechtlich gezwungen war der Gesetzgeber außerdem, die Strafbarkeit des Verstoßes gegen die Weitergabe- und Empfehlungsverbote auf **Sekundärinsider** zu erweitern.[16] Zu begrüßen ist, dass er die Reform darüber hinaus dazu genutzt hat, die Strafbarkeit des leichtfertigen Verstoßes gegen das Erwerbs- und Veräußerungsverbot aufzuheben.

2. Charakter der Vorschrift

9 Schon das deutsche Insiderhandelsverbot bestand aus mehrstufigen **Blanketttatbeständen**. So verwies § 38 Abs. 1 Nr. 1 WpHG aF auf das Insiderhandelsverbot des § 14 Abs. 1 Nr. 1 WpHG aF, der wiederum durch die Verwendung der Merkmale „Insiderinformation" und „Insiderpapiere" auf § 13 bzw. § 12 WpHG aF Bezug nahm. In einen regelrechten „**Verweisungsdschungel**" führte schließlich § 38 Abs. 1 Nr. 2 WpHG aF, der zunächst unter Inbezugnahme der § 39 Abs. 2 Nr. 3 bzw. Nr. 4 WpHG aF zu lesen war, die ihrerseits auf § 14 Abs. 1 Nr. 2 bzw. Nr. 3 WpHG aF mit ihrer Anknüpfung an die §§ 12, 13 WpHG aF verwiesen. Dass der vollständige Regelungsgehalt der Vorschrift somit nur in der Gesamtschau von vier bzw. sogar fünf Paragrafen zu erfassen ist, ist im Hinblick auf das verfassungsrechtliche Bestimmtheitsgebot nicht unproblematisch; s. Kap. 7.1. Rn. 31 ff.

10 Die wesentlichste Änderung in der Struktur des Insiderhandelsverbots durch die Finanzmarktnovellierungsgesetze liegt darin, dass § 119 Abs. 3 WpHG auf **europäisches Recht** Bezug nimmt. Nach § 119 Abs. 3 Nr. 1 WpHG macht sich strafbar, wer entgegen Art. 14 lit. a ein Insidergeschäft tätigt. Was ein Insidergeschäft ist, normiert Art. 8 Abs. 1, 3 unter Bezugnahme auf den Begriff der Insiderinformation aus Art. 7 und des Finanzinstruments aus Art. 2 Abs. 1 der Marktmissbrauchsverordnung. Ähnlich strukturiert verweisen § 119 Abs. 3 Nr. 2 und 3 WpHG auf Art. 14 lit. b und c der Marktmissbrauchsverordnung, die ihren Regelungsgehalt durch die Bestimmungen der Art. 8 Abs. 2 und 10 erhalten. Bedeutsam für die Reichweite der Insiderverbote sind außerdem insbesondere die Art. 9 und 11 der Marktmissbrauchsverordnung. Die Bedenken gegen die Regelungssystematik des Insiderhandelsverbots bleiben also auch fortan im Grundsatz bestehen; s. Kap. 7.1. Rn. 32.

11 Wegen der konkreten Ausgestaltung der Insiderhandelsverbote stellt § 119 Abs. 3 WpHG ein **Tätigkeitsdelikt** dar.[17] Der Tatbestand wird also bereits dadurch verwirklicht, dass Finanzinstrumente erworben oder veräußert bzw.

---

15 HdB-EUStrafR/*Satzger* § 9 Rn. 21; *Schröder* HRRS 2013, 253.
16 Art. 3 Abs. 1, 3 UAbs. 2, Art. 4 Abs. 1, 3 der RL 2014/57/EU des Europäischen Parlaments und des Rates vom 16.4.2014 über strafrechtliche Sanktionen bei Marktmanipulation (Marktmissbrauchsrichtlinie), ABl. EU L 173 v. 12.6.2014, S. 179 ff.; *Schröder* HRRS 2013, 253 (261) hält die Strafbarkeit der Weitergabe einer Insiderinformation durch einen Sekundärinsider für einen „glatten Fall von Überkriminalisierung".
17 Assmann/Schneider/Mülbert/*Spoerr* WpHG § 119 Rn. 6.

Aufträge storniert oder geändert werden (Art. 14 lit. a der Marktmissbrauchsverordnung), Insiderinformationen mitgeteilt oder zugänglich gemacht werden (Art. 14 lit. c der Marktmissbrauchsverordnung) bzw. auf ihrer Grundlage ein Dritter zur Transaktion eines Finanzinstruments verleitet wird (Art. 14 lit. b der Marktmissbrauchsverordnung). Ein davon zu trennender Tatererfolg, etwa das Erzielen eines Gewinns, ist nicht erforderlich. Vor allem muss es durch die Handlung weder zu einer Beeinträchtigung noch zu einer konkreten Gefährdung der Funktionsfähigkeit der Börsen und Märkte kommen. Vielmehr stellt § 119 Abs. 3 WpHG ein **abstraktes Gefährdungsdelikt** dar, das die Strafbarkeit bereits in das Vorfeld einer Rechtsgutsverletzung verlagert.[18]

3. Systematik

§ 38 Abs. 1 WpHG aF belegt bis 1.7.2016 begangene Verstöße gegen die in § 14 Abs. 1 WpHG aF genannten Insiderhandelsverbote mit Strafe. Den Tatbestand erfüllte gemäß § 38 Abs. 1 Nr. 1 WpHG aF zunächst, wer entgegen § 14 Abs. 1 Nr. 1 WpHG aF unter Verwendung einer Insiderinformation ein Insiderpapier erwarb oder veräußerte. Welche Wertpapiere als Insiderpapiere gelten, ergibt sich für Altfälle aus § 12 WpHG aF. Der Begriff der Insiderinformation wiederum wurde in § 13 Abs. 1 WpHG aF legaldefiniert und durch § 13 Abs. 2 WpHG aF näher konkretisiert.

§ 38 Abs. 1 Nr. 2 WpHG aF beinhaltet Gefährdungstatbestände im Vorfeld des Nutzungsverbotes. Danach machte sich strafbar, wer einem anderen eine Insiderinformation unbefugt mitteilte oder zugänglich machte (§ 39 Abs. 2 Nr. 3 iVm § 14 Abs. 1 Nr. 2 WpHG aF) oder einem anderen auf Grundlage einer Insiderinformation den Erwerb oder die Veräußerung von Insiderpapieren empfahl bzw. ihn auf sonstige Weise dazu verleitete (§ 39 Abs. 2 Nr. 4 iVm § 14 Abs. 1 Nr. 3 WpHG aF).

Der **Täterkreis** des § 38 Abs. 1 Nr. 2 WpHG aF ist allerdings auf Personen beschränkt, die über die Insiderinformation aufgrund einer gewissen berufs- oder tätigkeitsbedingten Nähe (vgl. Nr. 2 lit. a–c) oder aufgrund der Vorbereitung oder Begehung einer Straftat (vgl. Nr. 2 lit. d) verfügten (sog **Primärinsider**; näher Rn. 26 ff.).

Für alle anderen (sog Sekundärinsider) stellt ein bis Anfang Juli 2016 begangener Verstoß gegen die Verbote des § 14 Abs. 1 Nr. 2 und 3 WpHG aF gemäß § 39 Abs. 2 Nr. 3 und 4 WpHG aF nur eine Ordnungswidrigkeit dar.

Die Strafbewehrung der Insiderhandelsverbote erfolgt seit Juli 2016 durch statische Verweisung auf die **Marktmissbrauchsverordnung**. Strafbar ist nach § 119 Abs. 3 Nr. 1 WpHG, wer entgegen **Art. 14 lit. a** der Marktmissbrauchsverordnung ein **Insidergeschäft tätigt**. Was ein Insidergeschäft ist, ergibt sich aus **Art. 8 Abs. 1, 3**, der auf die Bestimmung des Begriffs der Insiderinformation in **Art. 7** Bezug nimmt. Die vom Insiderrecht in erster Linie erfassten Finanzinstrumente definiert **Art. 2 Abs. 1 iVm Art. 3 Abs. 1 Nr. 1**.

Nach **§ 119 Abs. 3 Nr. 2 WpHG** macht sich strafbar, wer entgegen Art. 14 lit. b der Marktmissbrauchsverordnung einem anderen **empfiehlt**, ein Insidergeschäft zu tätigen oder ihn dazu **verleitet** (zur Ersetzung des Begriffs der An-

---

18 Assmann/Schneider/Mülbert/*Spoerr* WpHG § 119 Rn. 6.

stiftung durch das 2. FiMaNoG s. Rn. 6). Konkretisiert wird das Empfehlungs- und Verleitungsverbot in **Art. 8 Abs. 2**. § 119 Abs. 3 Nr. 3 WpHG stellt es unter Strafe, eine Insiderinformation entgegen Art. 14 lit. c der Marktmissbrauchsverordnung **offenzulegen**. Näher ausgestaltet wird das Offenlegungsverbot in **Art. 10**. Fortan hängt die Strafbarkeit sämtlicher Verstöße gegen die Insiderhandelsverbote **nicht mehr von der Primärinsidereigenschaft** des Täters ab.

18 Die Strafbewehrung des Verstoßes gegen die Verbote von Insidergeschäften in Zusammenhang mit der Versteigerung von Treibhausgasemissionszertifikaten nach der Verordnung (EU) Nr. 1031/2010 aus **§ 119 Abs. 2 WpHG** hat aufgrund des ausgeweiteten Anwendungsbereichs der Marktmissbrauchsverordnung eine geringe praktische Bedeutung.[19] Voraussetzung für die Anwendbarkeit der Insiderverbote der Verordnung (EU) Nr. 1031/2010 ist nach dessen Art. 36, dass die Auktionsobjekte, auf die sich Insiderinformationen beziehen, keine Finanzinstrumente sind. Außerdem gelten die Insiderhandelsverbote des Art. 14 der Marktmissbrauchsverordnung nach Art. 2 Abs. 1 UAbs. 2 S. 1 der Marktmissbrauchsverordnung auch für Handlungen und Geschäfte, darunter Gebote, bezüglich Versteigerungen von Treibhausgasemissionszertifikaten und anderen darauf beruhenden Auktionsobjekten auf einer als geregelter Markt zugelassenen Versteigerungsplattform gemäß der Verordnung (EU) Nr. 1031/2010 und das selbst dann, wenn die versteigerten Produkte keine Finanzinstrumente sind. Relevant ist § 119 Abs. 2 WpHG etwa, wenn die Auktionsplattform, auf der die Versteigerung stattfindet, nicht als geregelter Markt zugelassen ist.[20]

19 Die Struktur des § 119 Abs. 2 WpHG entspricht der des § 119 Abs. 3 WpHG. § 119 Abs. 2 Nr. 1 enthält in Entsprechung zum Erwerbs- und Veräußerungsverbot des § 119 Abs. 3 Nr. 1 WpHG die Strafbewehrung des Verbots, entgegen Art. 38 Abs. 1 UAbs. 1 der Verordnung (EU) Nr. 1031/2010 – also unter Nutzung von Insiderinformationen – und auch in Verbindung mit Artikel 40 der Verordnung (EU) Nr. 1031/2010 – also als Primär- oder Sekundärinsider –, im Rahmen der Versteigerung von Treibhausgasemissionszertifikaten ein Gebot einzustellen, zu ändern oder zurückzuziehen. § 119 Abs. 2 Nr. 2 lit. a WpHG stellt es – allerdings nur für Primärinsider iSv Art. 38 Abs. 1 UAbs. 2 der Verordnung (EU) Nr. 1031/2010 – unter Strafe, entgegen Art. 39 lit. a der Verordnung (EU) Nr. 1031/2010 eine Insiderinformation weiterzugeben. Das ist der Fall, wenn die Weitergabe nicht im normalen Rahmen der Ausübung der Arbeit oder des Berufs oder bei der Erfüllung ihrer Aufgaben geschieht. Ebenfalls nur für Primärinsider ist es nach § 119 Abs. 2 Nr. 2 lit. b WpHG strafbar, auf der Grundlage von Insiderinformationen einer anderen Person zu empfehlen oder eine andere Person dazu zu verleiten, für Auktionsobjekte, auf die sich die Informationen beziehen, Gebote einzustellen, zu ändern oder zurückzuziehen (Art. 39 lit. b der Verordnung (EU) Nr. 1031/2010). Die Tathandlungen des § 119 Abs. 2, insbes. der Nr. 2, sind also an die aus Art. 14 der Marktmissbrauchsverordnung bekannten Insiderhandelsverbote angelehnt (s. Kap. 7. 4.). Die für Art. 38 f. der Verordnung (EU) Nr. 1031/2010 maßgebliche Definition der Insiderinformation richtet sich nach Art. 37 lit. a VO (EU)

---

19 Meyer/Veil/Rönnau/*Rönnau/Wegner* § 28 Rn. 94.
20 Assmann/Schneider/Mülbert/*Spoerr* WpHG § 119 Rn. 136.

Nr. 1031/2010. Sie ähnelt jener aus Art. 7 der Marktmissbrauchsverordnung, verzichtet allerdings auf das Erfordernis der „Erheblichkeit" der Preisbeeinflussung. Verstöße gegen § 119 Abs. 2 Nr. 2 WpHG sind für Sekundärinsider bußgeldbewehrt (s. Kap. 7.6.).

§ 119 Abs. 4 WpHG ordnet die Strafbarkeit des Versuchs an und aus § 119 Abs. 7 WpHG ergibt sich, dass in Zukunft nur noch leichtfertige Verstöße gegen § 119 Abs. 2 Nr. 1 WpHG strafbar sind. Zur Systematik der Vorschrift vgl. auch Kap. 7.1. Rn. 25 ff.; Kap. 7.4. Rn. 1 ff.; zu den entsprechenden Bußgeldtatbeständen s. Kap. 7.6. 20

II. Verbot des Insiderhandels nach § 119 Abs. 3 WpHG

1. Verbot des Insidergeschäfts (§ 119 Abs. 3 Nr. 1 WpHG)

§ 119 Abs. 3 Nr. 1 WpHG enthält eine Strafbewehrung für Verstöße gegen das **Insiderhandelsverbot des Art. 14 lit. a der Marktmissbrauchsverordnung**. **Tathandlungen** sind der Erwerb und die Veräußerung (s. Kap. 7.4. Rn. 16 ff.). Anders als nach altem Recht gilt außerdem auch die Stornierung oder Änderung vor Erlangen von Insiderinformationen erteilter Aufträge als verbotenes Insidergeschäft (s. Kap. 7.4. Rn. 22). Unerheblich ist, ob der Täter in eigenem Namen (ggf. auch auf fremde Rechnung) oder in fremdem Namen handelt (s. Kap. 7.4. Rn. 24). **Objekt der Transaktion muss ein Finanzinstrument iSd Art. 2 Abs. 1 der Marktmissbrauchsverordnung sein.** 21

Der Täter muss **unter Nutzung einer Insiderinformation** handeln. Dies setzt objektiv zwar nach wie vor eine Kausalitätsbeziehung zwischen der (Kenntnis der) Insiderinformation und dem Entschluss zur Vornahme der Transaktion in ihrer konkreten Gestalt voraus. Unerheblich ist aber der Zweck des Handelns, insbesondere ist eine noch vor dem AnSVG erforderliche Gewinnerzielungsabsicht des Täters entbehrlich und lediglich bei der Strafzumessung zu berücksichtigen (vgl. Kap. 7.4. Rn. 26).[21] 22

2. Verwendung von Insiderinformationen (§ 119 Abs. 3 Nr. 2, 3 WpHG; § 38 Abs. 1 Nr. 2 WpHG aF)

a) Allgemeines

§ 119 Abs. 3 Nr. 2 WpHG normiert das Empfehlungs- und Verleitungsverbot (s. Kap. 7.4. Rn. 52 ff.) und **§ 119 Abs. 3 Nr. 3 WpHG** das Weitergabeverbot (s. Kap. 7.4. Rn. 66 ff.). Nach alter Rechtslage waren Verstöße gegen das Weitergabe- (§ 39 Abs. 2 Nr. 3 iVm § 14 Abs. 1 Nr. 2 WpHG aF) sowie das Empfehlungs- und Verleitungsverbot (§ 39 Abs. 2 Nr. 4 iVm § 14 Abs. 1 Nr. 3 WpHG aF) nur für die in § 38 Abs. 1 Nr. 2 lit. a–d WpHG aF aufgezählten Personen strafbewehrt (näher Rn. 26 ff.). Zwar enthält auch die Marktmissbrauchsverordnung eine Differenzierung zwischen Primär- (Art. 8 Abs. 4 UAbs. 1) und Sekundärinsidern (Art. 8 Abs. 4 UAbs. 2). Art. 3 Abs. 1, 3 UAbs. 2 bzw. Art. 4 Abs. 3 iVm Art. 3 Abs. 3 UAbs. 2 der **neuen Marktmissbrauchsrichtlinie (CRIM-MAD)** sah allerdings die **Ausweitung der Strafbarkeit sämtlicher Insiderverbote auf Sekundärinsider** vor. Der deutsche Gesetzgeber 23

---

21 *Bergmann/Drees* StraFo 2005, 364 (367); *Bürgers* BKR 2004, 424 (425); vgl. auch BT-Drs. 15/3174, 34.

hat diese Vorgabe durch das Erste Finanzmarktnovellierungsgesetz umgesetzt. Für die Strafbarkeit eines Verstoßes gegen § 119 Abs. 3 Nr. 2, 3 WpHG kommt es auf die Eigenschaft als Primärinsider deshalb nicht mehr an. Auch insoweit handelt es sich seit 2.7.2016 nach Entfall der Differenzierung zwischen Primär- und Sekundärinsidereigenschaft auf der Sanktionsebene also um **Jedermannsdelikte**. Für Altfälle bleibt diese Unterscheidung aber bedeutsam (s. deshalb Rn. 26 ff.).

b) Tathandlung

24 Die Verwendungsverbote stellen typische **Vorbereitungshandlungen** eines Insiderhandels durch einen Dritten unter Strafe und normieren somit Vorfeldtatbestände. Über die Verweisung in § 119 Abs. 3 Nr. 2 WpHG ist zunächst das **Empfehlungs- und Verleitungsverbot** des **Art. 14 lit. b der Marktmissbrauchsverordnung** erfasst (s. Kap. 7.4. Rn. 52 ff.; zur Ersetzung des Begriffs der Anstiftung durch das 2. FiMaNoG s. Rn. 6). Untersagt sind die in Bezug genommenen Verhaltensweisen, wenn sie auf der Grundlage einer Insiderinformation erfolgen. Von dem Oberbegriff des Verleitens werden sämtliche Mittel und Wege umfasst, durch die der Wille des anderen beeinflusst wird.[22] Damit sind neben Empfehlungen auch sonstige Handlungen erfasst, die einen anderen zur Transaktion eines Finanzinstruments anhalten sollen (s. im Einzelnen Kap. 7.4. Rn. 57).

25 § 119 Abs. 3 Nr. 3 WpHG sanktioniert einen Verstoß gegen das **Weitergabeverbot** aus **Art. 14 lit. c der Marktmissbrauchsverordnung**, das jede unrechtmäßige (Tatbestandsmerkmal; s. Kap. 7.4. Rn. 71 ff.) Offenlegung einer Insiderinformation gegenüber einem Dritten bei Strafe untersagt, sei es durch deren **Mitteilung** oder **Zugänglichmachen** (s. Kap. 7.4. Rn. 67 ff.).

c) Täterkreis in Altfällen
aa) Allgemeines

26 Bis 1.7.2016 waren das Weitergabe- (§ 14 Abs. 1 Nr. 2 WpHG aF) und Empfehlungs- bzw. Verleitungsverbot (§ 14 Abs. 1 Nr. 3 WpHG aF) **nur für Primärinsider** (s. Rn. 28 ff.) strafbar. Dazu zählen gemäß § 38 Abs. 1 Nr. 2 WpHG aF neben den bereits nach § 13 Abs. 1 WpHG idF bis zum 29.10.2004 erfassten Personengruppen (§ 38 Abs. 1 Nr. 2 lit. a–c WpHG aF hat die Enumeration des § 13 Abs. 1 WpHG idF bis zum 29.10.2004 wortgleich übernommen) auch Personen, die aufgrund der Vorbereitung oder Begehung einer Straftat über die verwendete Insiderinformation verfügten („**Kriminalinsider**"; Nr. 2 lit. d). Für alle anderen, dh für sog **Sekundärinsider** (Rn. 62 f.), stellt ein bis **1.7.2016** begangener Verstoß gegen das Weitergabe- bzw. Empfehlungsverbot nur eine Ordnungswidrigkeit gemäß § 39 Abs. 2 Nr. 3 bzw. Nr. 4 WpHG aF dar.

27 Der Täter musste als Primärinsider über die Insiderinformation **verfügen**. Das sachbezogene Merkmal setzt voraus, dass der Insider die Herrschaftsgewalt über die Informationen innehatte. Dafür ist nicht zwingend erforderlich, dass er sie auch inhaltlich zur Kenntnis nahm. So ist ein Verstoß gegen das Weitergabeverbot etwa dadurch denkbar, dass der Insider die – ihm nicht bekannten

---

22 BT-Drs. 15/3174, 34.

– Insiderinformationen in einem verschlossenen Umschlag an einen Dritten weitergab. Eine Empfehlung oder ein Verleiten aufgrund einer Insiderinformation entgegen § 14 Abs. 1 Nr. 3 WpHG aF wird freilich nicht ohne deren Kenntnis möglich gewesen sein, so dass sich die Bedeutung des Merkmals in Grenzen hält.

bb) Primärinsider (§ 38 Abs. 1 Nr. 2 lit. a–d WpHG aF)
(1) Allgemeines

Primärinsider sind Personen, die **unmittelbaren Zugang zu Insiderinformationen** haben. Demgegenüber gehört zu den Sekundärinsidern jeder Dritte, der mittelbar über einen Primärinsider oder aus einer anderen Quelle Kenntnis von einer Insiderinformation erlangt. 28

Primärinsider ist, wer zumindest eines der **personenbezogenen Merkmale** des § 38 Abs. 1 Nr. 2 lit. a–d WpHG aF erfüllte und zusätzlich (kumulativ) über eine Insiderinformation verfügte (**sachbezogenes Merkmal**). Anknüpfungspunkt der personenbezogenen Merkmale ist in § 38 Abs. 1 Nr. 2 lit. a und b WpHG aF die verbandsrechtlich definierte Stellung der Person, in § 38 Abs. 1 Nr. 2 lit. c WpHG aF dagegen die tätigkeitsbezogene Verbindung der Person zum Unternehmen. Die Definition des Insiders erfolgte damit wie in der EG-Insiderrichtlinie unter **kapitalmarktrechtlichen Gesichtspunkten**: Einbezogen wurden nicht nur diejenigen, die aufgrund ihrer gesellschaftsrechtlichen Stellung Zugang zu Insiderinformationen hatten, sondern darüber hinaus auch diejenigen, die aufgrund ihrer Tätigkeit mit Insiderinformationen in Berührung kamen.[23] 29

Mit § 14 WpHG aF wurden Art. 2–4 der EG-Insiderrichtlinie in deutsches Recht umgesetzt. Nicht umgesetzt wurde Art. 2 Abs. 2 der Insiderrichtlinie, wonach sich das Insiderhandelsverbot auch auf diejenigen natürlichen Personen erstreckte, die an dem Beschluss beteiligt waren, das Geschäft für Rechnung ihrer Gesellschaft zu tätigen. Im deutschen Recht war eine derartige Regelung überflüssig: Die Wissenszurechnung von Organen und Vertretern gegenüber der Gesellschaft bewirkt, dass diese zum Kreis der Primärinsider gehörten. Aufgrund der nach § 14 StGB erfolgenden Pflichtendelegation waren dann auch die beteiligten natürlichen Personen vom Insiderhandelsverbot erfasst. 30

Dem Kreis der Primärinsider wurden durch das Anlegerschutzverbesserungsgesetz Personen hinzugefügt, die aufgrund der Vorbereitung oder Begehung einer Straftat an die verwendeten Insiderinformationen gelangen (§ 38 Abs. 1 Nr. 2 lit. d WpHG aF). Auch die Einbeziehung der sog **Kriminalinsider** lässt sich auf europarechtliche Vorgaben, namentlich Art. 2 Abs. 1 UAbs. 2 der Marktmissbrauchsrichtlinie vom 28.1.2003 zurückführen.[24] Dahinter lassen sich weniger kapitalmarktrechtliche Überlegungen als **Gerechtigkeitserwägungen** vermuten.[25] Es wäre unbillig, diejenigen wegen eines Verstoßes gegen das Weitergabe- oder Empfehlungsverbot zu bestrafen, die bestimmungsgemäß und somit erlaubtermaßen über Insiderinformationen verfügten, dagegen Personen, die 31

---

23 Schäfer/Hamann/*Schäfer* WpHG § 13 Rn. 7.
24 Vgl. auch Erwägungsgrund (17) der Marktmissbrauchsrichtlinie vom 28.1.2003.
25 Ähnlich auch Assmann/Schneider/*Vogel*, 6. Aufl., WpHG § 38 Rn. 34.

sich diese Insiderinformationen auf kriminellem Wege beschafft haben, aus dem Täterkreis auszuklammern.

(2) Organinsider (§ 38 Abs. 1 Nr. 2 lit. a WpHG aF)

32 Nach § 38 Abs. 1 Nr. 2 lit. a WpHG aF gehören zu den Primärinsidern die sog **Organinsider**, dh die Mitglieder des Geschäftsführungs- oder Aufsichtsorgans oder die persönlich haftenden Gesellschafter des Emittenten oder eines mit dem Emittenten verbundenen Unternehmens. Die **Rechtsform des Unternehmens** ist dabei unerheblich. Voraussetzung ist allein, dass es Insiderpapiere emittierte oder mit einem solchen Insiderpapiere emittierenden Unternehmen verbunden war. In Betracht kommen insbesondere Aktiengesellschaften und Kommanditgesellschaften, aber auch andere Gesellschaftsformen wie die GmbH, die OHG und die zulässigen Kombinationen dieser Gesellschaftsformen.

33 Die Stellung als **Geschäftsführungs- oder Aufsichtsorgan** bzw. **als persönlich haftender Gesellschafter** bestimmt sich nach gesellschaftsrechtlichen Vorschriften. Maßgeblich ist allein die Organstellung bzw. die Stellung als persönlich haftender Gesellschafter. Dies gilt unabhängig davon, ob das Organ im Einzelfall freiwillig gebildet wird, wie zB der Aufsichtsrat einer GmbH, oder zwingend vom Gesetz vorgegeben ist. Auf die Geschäftsführungsbefugnis und Vertretungsmacht kommt es nicht an, so dass beispielsweise der Vorstand einer Aktiengesellschaft auch dann Organinsider war, wenn er die Aktiengesellschaft nur zusammen mit einem Prokuristen vertreten durfte.

34 **Typische Organinsider** waren demnach Vorstand und Aufsichtsratsmitglieder der AG,[26] die Geschäftsführer der GmbH sowie die Gesellschafter der OHG und die Komplementäre der KG. Der **Prokurist** war dagegen nicht Organ der Gesellschaft. Ebenfalls keine Organe waren die Mitglieder eines bloß beratenden Gremiums ohne organschaftliche oder aufsichtsrechtliche Befugnisse.[27] Deshalb waren Verwaltungsräte und Beiräte keine Organinsider, sie konnten jedoch Tätigkeitsinsider sein (vgl. Rn. 43 ff.). Ebenso waren keine Organinsider die Mitglieder anderer als der in § 38 Abs. 1 Nr. 2 lit. a WpHG aF genannten Organe (zB die Gesellschafterversammlung), selbst wenn ihnen durch Gesellschaftsvertrag entsprechende Befugnisse eingeräumt wurden.[28]

35 Problematisch ist die Behandlung des **fehlerhaft bestellten Mitglieds** des Geschäftsführungs- oder Aufsichtsorgans bzw. des fehlerhaften persönlich haftenden Gesellschafters. Die früher hA unterschied hier zwischen zivilrechtlicher und strafrechtlicher Rechtsfolge: Zivilrechtlich sollten die fehlerhaften Gesellschafter bzw. Gesellschaftsorgane als Primärinsider behandelt werden und entsprechend auf Schadensersatz haften, strafrechtlich verbiete jedoch das Analogieverbot eine derartige Gleichsetzung mit wirksam bestellten Organen, da eine dem § 14 Abs. 3 StGB (Zurechenbarkeit besonderer persönlicher Merk-

---

26 Vgl. LG Augsburg 27.11.2003 – 3 Kls 502 Js 127369/99, NStZ 2005, 109 (110).
27 Schimansky/Bunte/Lwowski/*Hopt/Kumpan* § 107 Rn. 66; Schäfer/Hamann/*Schäfer* WpHG § 13 Rn. 11; Schwark/Zimmer/*Zimmer/Cloppenburg*, 4. Aufl., WpHG § 38 Rn. 6; Assmann/Schneider/*Vogel*, 6. Aufl., WpHG § 38 Rn. 13.
28 Schwark/Zimmer/*Zimmer/Cloppenburg*, 4. Aufl., WpHG § 38 Rn. 6; Assmann/Schneider/*Vogel*, 6. Aufl., WpHG § 38 Rn. 13.

male trotz Unwirksamkeit der die Vertretung begründenden Rechtshandlung) vergleichbare Vorschrift fehle.[29]

Diese Ansicht ist jedoch nicht zwingend, da der Wortlaut von § 38 Abs. 1 Nr. 2 lit. a WpHG aF lediglich auf die Mitgliedschaft abstellt und damit eine bloß faktische Mitgliedschaft nicht ausschließt.[30] Die früher hA führte überdies zu erheblichen Komplikationen, zB wenn die Unwirksamkeit des Bestellungsaktes erst nach der Begehung der Tat entdeckt wurde. Für eine Berücksichtigung des fehlerhaft bestellten Mitglieds schon bei § 38 Abs. 1 Nr. 2 lit. a WpHG aF lässt sich schließlich auf den Gesetzeszweck rekurrieren, das Vertrauen der Marktteilnehmer zu bewahren: Aus Sicht der Anleger bedeutet es keinen Unterschied, ob ein (faktisches) Organmitglied, das gegen das Insiderhandelsverbot verstößt, wirksam oder unwirksam bestellt wurde. Im Ergebnis bedeutet dies, dass auch die bloß faktische Mitgliedschaft in Geschäftsführungs- und Aufsichtsorganen von § 38 Abs. 1 Nr. 2 a WpHG aF erfasst wird.[31]

36

Die Einordnung des fehlerhaft bestellten Mitglieds als Primärinsider lässt sich im Übrigen auch über § 38 Abs. 1 Nr. 2 lit. c WpHG aF begründen, da das faktische Mitglied die Informationen im Rahmen seiner Tätigkeit erworben hat.[32] Diese Lösung dürfte § 38 Abs. 1 Nr. 2 lit. c WpHG aF indes als Rest- und Auffangkategorie überfrachten und wird zudem der hier vertretenen restriktiven Interpretation des Tatbestandsmerkmals „bestimmungsgemäß" (vgl. Rn. 50 ff.) nicht gerecht. Im Ergebnis ist deshalb nicht erst § 38 Abs. 1 Nr. 2 lit. c WpHG aF, sondern schon § 38 Abs. 1 Nr. 2 lit. a WpHG aF auch auf fehlerhaft bestellte Mitglieder anzuwenden.[33]

37

Die genannten Personengruppen müssen Organe oder Gesellschafter eines **Insiderpapiere emittierenden Unternehmens** oder eines damit **verbundenen Unternehmens** gewesen sein. Über die Mindestanforderungen der Insiderrichtlinie (Art. 2 Abs. 1 1. Spiegelstrich) hinaus wurde der Insiderbegriff damit auf Mitglieder eines verbundenen Unternehmens erweitert. Der Begriff des verbundenen Unternehmens entspricht nach einhelliger Meinung der Legaldefinition des § 15 AktG.[34] Erfasst werden damit auch Konzernunternehmen iSd § 18 AktG.

38

Die genannten Personengruppen müssen die Insiderkenntnisse „**als Mitglied**" eines der genannten Organe bzw. als Gesellschafter erlangt haben. Erforderlich ist deshalb eine Kausalitätsbeziehung zwischen der Stellung als Organ oder Gesellschafter und der Erlangung der Insiderkenntnisse.[35] Die Insiderinformationen müssen sich auf den Emittenten oder ein verbundenes Unternehmen be-

39

---

29 Assmann/Schneider/*Assmann*, 3. Aufl., WpHG § 13 Rn. 8; ähnlich Schäfer/Hamann/*Schäfer* WpHG § 13 Rn. 12.
30 Vgl. auch Schwark/Zimmer/*Zimmer/Cloppenburg*, 4. Aufl., WpHG § 38 Rn. 6.
31 So auch die inzwischen wohl hM, vgl. Assmann/Schneider/*Vogel*, 6. Aufl., WpHG § 38 Rn. 13; Fuchs/*Waßmer* WpHG § 38 Rn. 18; aA MüKoStGB/*Pananis* WpHG § 38 Rn. 99.
32 *Pananis*, Insidertatsache und Primärinsider, S. 120; Schwark/Zimmer/*Zimmer/Cloppenburg*, 4. Aufl., WpHG § 38 Rn. 6.
33 Vgl. auch *Dierlamm* NStZ 1996, 153 ff. zu der allgemeineren Frage der Verantwortlichkeit des bloß „faktischen Geschäftsführers" im Strafrecht.
34 Begr. RegE 2. FFG, BT-Drs. 12/6679, 46; Schäfer/Hamann/*Schäfer* WpHG § 13 Rn. 14 mwN.
35 *Dierlamm* NStZ 1996, 519 (520); Schäfer/Hamann/*Schäfer* WpHG § 13 Rn. 16; Assmann/Schneider/*Vogel*, 6. Aufl., WpHG § 38 Rn. 8; **aA** *Bergmann/Drees* StraFo 2005, 364 (367).

zogen haben.[36] Damit bleiben rein zufällig erlangtes Insiderwissen sowie Insiderwissen über Drittunternehmen für die Qualifikation als Organinsider außer Betracht.

(3) Beteiligungsinsider (§ 38 Abs. 1 Nr. 2 lit. b WpHG aF)

40 Nach § 38 Abs. 1 Nr. 2 lit. b WpHG aF ist sog **Beteiligungs- oder Anteilsinsider**, wer aufgrund seiner Beteiligung am Kapital des Emittenten oder eines mit dem Emittenten verbundenen Unternehmens Kenntnis von einer Insiderinformation hatte. Die Vorschrift erfasst Aktionäre und Gesellschafter des Emittenten und verbundener Unternehmen (§ 15 AktG). Erforderlich ist Kausalität zwischen Kapitalbeteiligung und Erlangung des Insiderwissens („aufgrund seiner Beteiligung").[37] Wie der Organinsider kann auch der Beteiligungsinsider nur Insider in Bezug auf Insiderinformationen gewesen sein, die den Emittenten und die von ihm emittierten Insiderpapiere betrafen.

41 Der Tatbestand setzt keine **Mindestbeteiligung** des Anteilseigners voraus. Zwar wurde bereits im Gesetzgebungsverfahren verschiedentlich gefordert, eine Beteiligung iSd § 38 Abs. 1 Nr. 2 lit. b WpHG aF erst ab einer Beteiligungshöhe von 1 bis 5 % anzunehmen mit dem Ziel, Kleinstaktionäre, die erfahrungsgemäß nicht in Besitz von Insiderinformationen gelangen, aus der Regelung auszunehmen.[38] Gegen eine solche Auslegung spricht jedoch der Wortlaut der Vorschrift. Die erforderliche Ausgrenzung der Kleinstaktionäre aus dem Insiderbegriff erfolgt in vielen Fällen bereits durch das Tatbestandsmerkmal der Kausalität zwischen Beteiligung und Informationserlangung.[39]

42 **Mittelbare Beteiligungen** am Kapital des Emittenten vermögen nur dann die Eigenschaft als Beteiligungsinsider zu begründen, wenn sie unter die Voraussetzungen eines verbundenen Unternehmens nach § 15 AktG fallen.[40] Wurde die Beteiligung allerdings durch „rein formale Vorschalt- oder Zwischengesellschaften" vermittelt, so ist dies unbeachtlich.[41] Nicht Beteiligungsinsider ist der Treugeber, dem die Beteiligung durch den Treuhänder vermittelt wurde. Bezüglich der vom Treuhänder erlangten Informationen kann er deshalb nur als Sekundärinsider eingestuft werden.[42]

(4) Berufs-, Tätigkeits- oder Aufgabeninsider (§ 38 Abs. 1 Nr. 2 lit. c WpHG aF)

43 Nach § 38 Abs. 1 Nr. 2 lit. c WpHG aF ist sog **Berufs-, Tätigkeits- oder Aufgabeninsider**, wer aufgrund seines Berufs oder seiner Tätigkeit oder seiner Aufgabe bestimmungsgemäß Kenntnis von einer Insiderinformation erlangte. Die Abgrenzung und Auslegung der Tatbestandsmerkmale Beruf, Tätigkeit und

---

36 Assmann/Schneider/*Vogel*, 6. Aufl., WpHG § 38 Rn. 16.
37 *BaFin*, Emittentenleitfaden, S. 42; Assmann/Schneider/*Vogel*, 6. Aufl., WpHG § 38 Rn. 19.
38 *Claussen* ZBB 1992, 267 (270 f.); *Hopt* ZGR 1991, 17 (36 f.).
39 Begr. RegE 2. FFG, BT-Drs. 12/6679, 46; Schimansky/Bunte/Lwowski/*Hopt/Kumpan* § 107 Rn. 68; *Lücker*, Missbrauch von Insiderinformationen, S. 47; Schäfer/Hamann/*Schäfer* WpHG § 13 Rn. 20 mwN; Schwark/Zimmer/*Zimmer/Cloppenburg*, 4. Aufl., WpHG § 38 Rn. 7; Assmann/Schneider/*Vogel*, 6. Aufl., WpHG § 38 Rn. 18.
40 Schimansky/Bunte/Lwowski/*Hopt/Kumpan* § 107 Rn. 69; Schäfer/Hamann/*Schäfer* WpHG § 13 Rn. 21.
41 Schimansky/Bunte/Lwowski/*Hopt/Kumpan* § 107 Rn. 69; vgl. auch *Deutsche Börse AG* WM 1994, 2038 (2040).
42 Schimansky/Bunte/Lwowski/*Hopt/Kumpan* § 107 Rn. 69.

Aufgabe ist im Einzelnen unklar. Einigkeit besteht darüber, dass § 38 Abs. 1 Nr. 2 lit. c WpHG aF einen Auffangtatbestand gegenüber § 38 Abs. 1 Nr. 2 lit. a und b WpHG aF enthält, der Fallgruppen erfassen sollte, in denen die Kenntniserlangung nicht rein zufällig erfolgte.[43]

Als **Insider aufgrund ihres Berufes** werden die dem Unternehmen angehörenden Berufsgruppen qualifiziert, unabhängig von ihrer Stellung im Unternehmen. In Betracht kommen Angehörige des Vorstands ebenso wie Mitarbeiter der einzelnen Abteilungen, selbst Lehrlinge, sofern sie bestimmungsgemäß mit Insiderinformationen in Berührung kamen.[44] Personengruppen, die nicht dem emittierenden oder einem verbundenen Unternehmen angehörten, sind Aufgaben- oder Tätigkeitsinsider, sofern sie eine Tätigkeit wahrnahmen, in deren Rahmen sie regelmäßig und vorhersehbar Insiderinformationen erlangten.[45] Damit waren auch Arbeiter und Angestellte eines außerhalb des emittierenden Unternehmens stehenden Primärinsiders selbst Primärinsider, wenn sie bestimmungsgemäß Insiderkenntnisse erlangten, zB Mitarbeiter von Aufsichtsämtern. 44

Die Qualifikation als Primärinsider erfolgt in diesen Fällen unabhängig davon, ob zwischen der jeweiligen Person und dem Unternehmen ein Vertragsverhältnis oder ein sonstiges (gesetzliches) Verhältnis bestand.[46] Die entgegenstehende Ansicht,[47] die durch das Erfordernis eines speziellen Vertragsverhältnisses den Kreis der Primärinsider insbesondere im Hinblick auf Finanzanalysten einschränken will, steht nicht mit dem Wortlaut des Gesetzes in Einklang. 45

Zum Kreis der **Tätigkeitsinsider** gehören beispielsweise bestimmte Berufsgruppen, die regelmäßig mit Insiderinformationen in Berührung kommen, etwa Unternehmensberater, Steuerberater, Rechtsanwälte, Notare und Kreditinstitute, wenn im Einzelfall die konkrete Tätigkeit typischerweise die Erlangung von Insiderinformationen mit sich brachte. Die Qualifikation von Psychiatern, Ärzten, Taxifahrern, Flugbegleiterinnen oder Kunden als Primärinsider ist dagegen zweifelhaft. Diese Berufsgruppen sind nicht typischerweise im Besitz von Insiderkenntnissen, auch wenn sie diese im Einzelfall in Zusammenhang mit ihrer Tätigkeit erlangen können. Jedenfalls wird es hier an dem bestimmungsgemäßen Verfügen über Informationen fehlen (s. sogleich Rn. 50 ff.). 46

Keine Primärinsider sind **Familienmitglieder**, Angehörige, Lebenspartner oder Freunde des Primärinsiders, die von diesem Insiderinformationen erlangten. Die Kenntnis der Insidertatsache beruhte hier auf rein privaten Beziehungen und ist daher nicht berufs-, tätigkeits- oder aufgabenbedingt.[48] 47

---

43 Schäfer/Hamann/*Schäfer* WpHG § 13 Rn. 22.
44 Schäfer/Hamann/*Schäfer* WpHG § 13 Rn. 23.
45 Schäfer/Hamann/*Schäfer* WpHG § 13 Rn. 24; Assmann/Schneider/*Vogel*, 6. Aufl., WpHG § 38 Rn. 30.
46 *Assmann* AG 1997, 50 (53); *Caspari* ZGR 1994, 530 (538); *Eichele* WM 1997, 501 (502); Schimansky/Bunte/Lwowski/*Hopt/Kumpan* § 107 Rn. 72; Schäfer/Hamann/*Schäfer* WpHG § 13 Rn. 24; Schwark/Zimmer/*Cloppenburg*, 4. Aufl., WpHG § 38 Rn. 8. So auch EGMR 6.10.2011 – 50425/06, NJW-RR 2012, 1502 (Affaire Soros c. France) zum älteren französischen Insiderrecht im Rahmen der Bestimmtheit der Formel „gelegentlich der Ausübung seines Berufs".
47 *Claussen*, Insiderhandelsverbot und Ad-hoc-Publizität, Rn. 85 ff.
48 *Fischer zu Cramburg/Royé* in Heidel Aktienrecht WpHG § 38 Rn. 2.

48 **Juristischen Personen und Personenvereinigungen** wird die Kenntnis ihrer Organe gemäß §§ 31, 166 BGB zugerechnet. Sie sind deshalb ebenfalls dem Kreis der Primärinsider zuzurechnen.

49 Eine Einschränkung erfährt der Tatbestand durch die Merkmale „aufgrund" und „bestimmungsgemäß". Die Kenntniserlangung von der Insiderinformation muss in einer **Kausalitätsbeziehung** zur Ausübung des Berufs oder der Wahrnehmung der Tätigkeit oder der Aufgabe stehen, die Berufsausübung muss also *conditio sine qua non* für die Kenntniserlangung gewesen sein. Durch das Kausalitätserfordernis werden diejenigen Personen aus dem Kreis der Primärinsider herausgenommen, die das Insiderwissen rein privat erlangten.[49] Teilweise wird eine einschränkende Auslegung des Kausalitätsmerkmals dahin gehend gefordert, dass nur solche Kenntnisse kausal erlangt sind, die der Beruf, die Tätigkeit oder die Aufgabe vorhersehbar mit sich bringen. Erforderlich sei ein gewisses Näheverhältnis zwischen Insider und Emittent, so dass Finanzanalysten und alle anderen Personen, die nur gelegentlich ihrer Tätigkeit Insiderwissen erlangten, nicht Primärinsider nach § 38 Abs. 1 Nr. 2 lit. c WpHG aF sind.[50] Gegen diese Ansicht spricht jedoch, dass sie aus dem Wortlaut des Gesetzes („aufgrund") nicht herleitbar ist. Es handelt sich letztlich um eine Einbeziehung von Adäquanzgesichtspunkten mit dem Ziel einer restriktiven Gesetzesinterpretation. Dieses Ziel lässt sich jedoch einfacher und ohne begriffliche Verwerfungen durch eine entsprechende Interpretation der Tatbestandsvoraussetzung einer „bestimmungsgemäßen" Kenntniserlangung erreichen.[51]

50 Das Tatbestandsmerkmal „**bestimmungsgemäß**" geht über den Wortlaut der EG-Insiderrichtlinie hinaus, die als einschränkendes Tatbestandsmerkmal nur das Kriterium *by virtue* enthielt und damit Kausalität erforderte.[52] Die Konsequenz dieser Erweiterung gegenüber der Insiderrichtlinie ist strittig. Denkbar wäre eine richtlinienkonforme Auslegung in der Weise, dass das Merkmal „bestimmungsgemäß" lediglich als weitere Konkretisierung der Kausalität ohne eigenständige Bedeutung betrachtet wird.[53] Diese Auslegung würde jedoch gegen den Willen des deutschen Gesetzgebers[54] die Strafbarkeit des Primärinsiders erweitern und ist daher nicht mit *dem nullum crimen-nulla-poena-sine-lege*-Grundsatz (Art. 103 Abs. 2 GG) vereinbar.[55] Der deutsche Gesetzgeber hatte das Merkmal „bestimmungsgemäß" bewusst in den Tatbestand aufgenommen, um eine Einschränkung des Anwendungsbereichs der Norm zu erreichen.[56]

---

49 *Eichele* WM 1997, 501 (502); Schäfer/Hamann/*Schäfer* WpHG § 13 Rn. 28.
50 *Assmann* AG 1997, 50 (54).
51 Vgl. auch Assmann/Schneider/*Vogel*, 6. Aufl., WpHG § 38 Rn. 21.
52 *Claussen* DB 1994, 27 (28 Fn. 11); Schäfer/Hamann/*Schäfer* WpHG § 13 Rn. 30; *Weber* BB 1995, 157 (160); nach **aA** entspricht die Formulierung „by virtue" dem Tatbestandsmerkmal „bestimmungsgemäß", vgl. *Mennicke*, Sanktionen gegen Insiderhandel, S. 600 f.
53 Angedeutet bei Assmann/Schneider/*Assmann*, 3. Aufl. 2003, WpHG § 13 Rn. 19 f.
54 Vgl. Begr. RegE 2. FFG, BT-Drs. 12/6679, 46.
55 *Nerlich*, Tatbestandsmerkmale des Insiderhandelsverbots, S. 83; Schäfer/Hamann/ *Schäfer* WpHG § 13 Rn. 31; *Schwark* in Schwark, 3. Aufl., WpHG § 16 Rn. 16.
56 Zur Vereinbarkeit mit europäischem Recht skeptisch *Nerlich*, Tatbestandsmerkmale des Insiderhandelsverbots, S. 81 ff.; Schäfer/Hamann/*Schäfer* WpHG § 13 Rn. 31; *Soesters*, Insiderhandelsverbote, S. 125 ff.; *Tippach*, Marktdaten, S. 168.

Die nähere Auslegung des Begriffs „bestimmungsgemäß" ist allerdings umstritten, insbesondere im Hinblick auf die Aufnahme von Finanzanalysten und Wirtschaftsjournalisten in den Kreis der Primärinsider. Weitgehend Einigkeit besteht dahin gehend, dass nicht **bestimmungsgemäß** solche Kenntnisse erlangt wurden, die rein zufällig oder bei Gelegenheit der Berufsausübung bzw. der Tätigkeit gewonnen wurden.[57] Mit dieser Definition scheiden diejenigen Personen aus dem Kreis der Primärinsider aus, die die Insiderkenntnisse durch widerrechtliches Verhalten erlangten (wie zB die Putzfrau, die durch Öffnen eines vertraulichen Briefs in den Besitz von Insiderinformationen kam; vgl. aber § 38 Abs. 1 Nr. 2 lit. d WpHG aF, s. Rn. 57 ff.), und sonstige Berufsgruppen, die von ihrer Funktion her regelmäßig keine Insiderinformationen erhalten sollten, wie zB Taxifahrer, Kellner, Flugbegleiterinnen, Ärzte und Psychiater.[58]

51

In problematischen Fällen, wie denen der Finanzanalysten, wird diese Negativdefinition jedoch nicht als ausreichend erachtet und daraus auf das Erfordernis einer **positiven Begriffsfestlegung** geschlossen. Vorgeschlagen wird eine subjektive Beurteilung entweder unter Zugrundelegung der Absender-Adressaten-Beziehung, wonach entscheidend sein soll, ob der Absender die Information gerade für den Adressaten bestimmt hatte,[59] oder aus Sicht des Informationsempfängers, wonach die Information dann bestimmungsgemäß war, wenn sie aus seiner Sicht für ihn bestimmt war.[60]

52

Auf der anderen Seite steht der objektive, am Wortlaut ansetzende Vorschlag, das Tatbestandsmerkmal „bestimmungsgemäß" als „den Bestimmungen gemäß" zu interpretieren. Gegen eine solche Auslegung spricht, dass wegen der fehlenden Regelung dieser Materie in vielen Fällen auf fiktive Vorschriften zurückgegriffen werden müsste, was im Hinblick auf das Bestimmtheitsgebot bedenklich erscheint.[61] Nach *Assmann* ist darauf abzustellen, ob der Beruf, die Tätigkeit oder die Aufgabe „**üblicherweise und vorhersehbar**" mit der Erlangung von Insiderkenntnissen verbunden waren.[62] Dieses Adäquanzkriterium, dessen Feineinstellung allerdings auf wertende Erwägungen angewiesen ist, scheint am ehesten geeignet, um die erforderliche Tatbestandseingrenzung vorzunehmen.

53

Nach hM sind **Finanzanalysten**, genauso wie **Wirtschaftsjournalisten**, denen im Rahmen ihrer Tätigkeit Insiderinformationen übermittelt wurden, Primärinsider gemäß § 38 Abs. 1 Nr. 2 lit. c WpHG aF, da sie die Informationen nicht nur zufällig oder bei Gelegenheit ihrer Tätigkeit erhielten, sondern die Informationserlangung gerade Gegenstand ihrer Tätigkeit war.[63] Mit diesem Ergebnis sollen Wertungswidersprüche vermieden werden: Eine Qualifikation

54

---

57 Begr. RegE 2. FFG, BT-Drs. 12/6679, 46; BaFin, Emittentenleitfaden, S. 43; vgl. auch *Bergmann/Drees* StraFo 2005, 364 (367); *Eichele* WM 1997, 501 (507); *Nerlich*, Tatbestandsmerkmale des Insiderhandelsverbots, S. 79; Schäfer/Hamann/*Schäfer* WpHG § 13 Rn. 32; Schwark/Zimmer/*Zimmer*/Cloppenburg, 4. Aufl., WpHG § 38 Rn. 8.
58 AA für Psychiater *Weber* BB 1995, 157 (161), mit der Begründung, dass der Psychiater die Informationen nicht zufällig aufschnappt, sondern gezielt vom Absender erhält.
59 *Weber* BB 1995, 157 (161).
60 *Dierlamm* NStZ 1996, 519 (520).
61 *Dierlamm* NStZ 1996, 519 (520); Schäfer/Hamann/*Schäfer* WpHG § 13 Rn. 33.
62 Assmann/Schneider/*Vogel*, 6. Aufl., WpHG § 38 Rn. 26; ablehnend *Schröder* KapitalmarktStrR Rn. 277, der nur auf die Vorhersehbarkeit im Einzelfall abstellt.
63 *Caspari* ZGR 1994, 530 (538); *Dierlamm* NStZ 1996, 519 (521); *Eichele* WM 1997, 501 (509); Schimansky/Bunte/Lwowski/*Hopt/Kumpan* § 107 Rn. 75; *Weber* BB 1995,

des Analysten nur als Sekundärinsider hätte zur Folge, dass dieser durch die Weitergabe der Insiderinformationen an Dritte grundsätzlich nur eine Ordnungswidrigkeit begehen, der Dritte sich jedoch strafbar machen würde, wenn er diese Kenntnisse in einem Wertpapiergeschäft verwertet.[64]

55 Einer Mindermeinung zufolge waren Analysten dagegen nicht ohne Weiteres als Primärinsider einzustufen, sondern es war zu differenzieren: Wurden dem Analysten widerrechtlich vertrauliche Informationen mitgeteilt, war er demnach nur Sekundärinsider. Anders verhielt es sich, wenn er aktiv Tatsachen vom Emittenten einforderte.[65] Zur Begründung wurde angeführt, dass die Tätigkeit des (redlichen) Analysten, dem gegen seinen Willen Insiderinformationen aufgedrängt werden, zu stark eingeschränkt wäre, da er bis zu deren öffentlichem Bekanntwerden an der Fortsetzung seiner Arbeit gehindert wäre. Diese Differenzierung ist inzwischen jedoch nicht mehr zu rechtfertigen, da auch unter Geltung des WpHG Sekundärinsider Insiderinformationen nicht mehr weitergeben durften und ansonsten eine Ordnungswidrigkeit nach § 39 Abs. 2 Nr. 3 WpHG aF verwirklichten.

56 Die Primärinsider-Qualifikation von Finanzanalysten und Wirtschaftsjournalisten scheitert richtigerweise auch nicht an dem zur Präzisierung des Merkmals „bestimmungsgemäß" verwendeten Erfordernis der „Vorhersehbarkeit" (s. Rn. 53) der Informationserlangung. Selbst wenn den Analysten und Wirtschaftsjournalisten eine Insiderinformation im Rahmen von Vor-Ort-Gesprächen oder ähnlichen Situationen widerrechtlich weitergegeben oder aufgedrängt wurde, blieb die Informationserlangung dennoch „vorhersehbar" und damit bestimmungsgemäß. Die og Personenkreise mussten damit rechnen, dass ihnen im Rahmen solcher Veranstaltungen möglicherweise auch ungewollt Insiderinformationen zur Kenntnis gelangen würden.[66]

(5) Kriminalinsider (§ 38 Abs. 1 Nr. 2 lit. d WpHG aF)

57 Seit den Änderungen durch das Anlegerschutzverbesserungsgesetz zählte in Einklang mit Art. 2 Abs. 1 UAbs. 2 der Marktmissbrauchsrichtlinie vom 28.1.2003 zu den Primärinsidern auch der **Kriminalinsider** iSd § 38 Abs. 1 Nr. 2 lit. d WpHG aF, der aufgrund der **Vorbereitung oder Begehung einer Straftat** über die Insiderinformation verfügte. Dies setzt dem Wortlaut („der Vorbereitung oder Begehung *einer* Straftat" statt „*seiner*" wie in lit. b und c) nach nicht voraus, dass der Kriminalinsider selbst **Täter oder Teilnehmer** der als Informationsquelle dienenden Straftat war.

58 Dennoch muss davon ausgegangen werden, dass der Kreis der Kriminalinsider auf diejenigen Personen beschränkt ist, die **selbst** an der Vorbereitung oder Begehung einer Straftat beteiligt waren.[67] Dies ergibt sich schon aus der Begründung des Gesetzgebers. Primärinsider sollten demnach ua diejenigen Personen sein, die „aufgrund *ihrer* kriminellen Aktivitäten über eine Insiderinformation

---

157 (162); differenzierend Schwark/Zimmer/*Zimmer/Cloppenburg*, 4. Aufl., WpHG § 38 Rn. 8.
64 Vgl. *Kümpel*, 3. Aufl. 2004, Rn. 16 141.
65 *Claussen* AG 1997, 306 (310, 312).
66 **AA** Assmann/Schneider/*Vogel* WpHG § 38 Rn. 8.
67 Ähnlich wohl *Schröder* KapitalmarktstrR Rn. 278 ff.

verfügen".⁶⁸ Unterstützt wird dieses Ergebnis durch Art. 2 Abs. 1 UAbs. 2 der Marktmissbrauchsrichtlinie vom 28.1.2003. Auch hier fand die Formulierung „*ihrer* kriminellen Aktivitäten" Verwendung. Unter Berücksichtigung der Gesetzesbegründung und der Tatsache, dass kein Hinweis darauf vorliegt, dass der deutsche Gesetzgeber von den Vorlagen der Marktmissbrauchsrichtlinie vom 28.1.2003 abweichen wollte, ist der missglückte Wortlaut des § 38 Abs. 1 Nr. 2 lit. d WpHG aF als Redaktionsversehen zu betrachten.⁶⁹ Die Vorschrift muss also so gelesen werden, dass Primärinsider ist, wer „auf Grund der Vorbereitung oder Durchführung *seiner* Straftat über Insiderinformationen verfügte". Nicht ausreichend ist, dass sich nur der Informant durch die Weitergabe der Insiderinformation strafbar machte.⁷⁰

Informationsquelle ist die **Vorbereitung** oder Begehung einer **Straftat**. Nicht 59
ausreichend ist, dass mit der Erlangung der Insiderinformation gerade ein Verstoß gegen das Weitergabe- und Empfehlungsverbot vorbereitet werden sollte, da darin für den Sekundärinsider nach § 39 Abs. 2 Nr. 3 bzw. 4 WpHG aF lediglich eine Ordnungswidrigkeit lag. Dagegen ist Kriminalinsider im Sinne der Vorschrift, wer die Insiderinformationen unredlich erlangte, um (zugleich) gegen das Erwerbs- und Veräußerungsverbot des § 38 Abs. 1 Nr. 1 WpHG aF zu verstoßen. Weitere Straftaten, die durch das Sammeln von Insiderinformationen vorbereitet werden können, sind zB Erpressung (§ 253 StGB) und Betrug (§ 263 StGB) zum Nachteil des betroffenen Unternehmens.⁷¹ Als **begangene** Straftaten der Informationsbeschaffung kommen vor allem Vermögensdelikte nach den §§ 242 ff. StGB sowie Daten- und Persönlichkeitsschutzdelikte nach den §§ 201 ff. StGB in Betracht.⁷²

Als Straftat iSd § 38 Abs. 1 Nr. 2 lit. d WpHG aF kommt aber auch der Straf- 60
tatbestand der **Marktmanipulation** nach § 20 a WpHG aF infrage.⁷³ Darauf wies auch schon der Erwägungsgrund (Nr. 17) der Marktmissbrauchsrichtlinie vom 28.1.2003 hin, wonach auch solche Personen als Kriminalinsider zu qualifizieren waren, die Insiderinformationen im Zuge von Straftaten erlangten, die geeignet waren, den Kurs eines Finanzinstruments oder die Kursbildung auf dem Markt als solche zu beeinflussen. Hat eine Person zB den Kurs eines Finanzinstruments gemäß § 20 a WpHG aF manipuliert und gab sie diese Information an einen Dritten weiter, machte sie sich gemäß §§ 38 Abs. 1 Nr. 2 lit. d, 39 Abs. 2 Nr. 3 WpHG aF strafbar.⁷⁴ Schließlich können die Vorbereitung oder die Begehung einer Straftat selbst Umstände darstellen, die einer Insiderinformation zugrunde liegen.⁷⁵ Ausreichend ist die vor-

---

68 BT-Drs. 15/3174, 40.
69 Diese Auslegung entspricht auch den Gerechtigkeitserwägungen, die der Vorschrift wohl zugrunde liegen; vgl. Rn. 31. Schließlich wird eine (im Gegensatz zur ordnungswidrigkeitsrechtlichen Verantwortlichkeit des Sekundärinsiders) verschärfte strafrechtliche Behandlung als Primärinsider nur dann gerechtfertigt sein, wenn die fragliche Person sich selbst etwas zu Schulden hat kommen lassen.
70 Assmann/Schneider/*Vogel*, 6. Aufl., WpHG § 38 Rn. 35.
71 Assmann/Schneider/*Vogel*, 6. Aufl., WpHG § 38 Rn. 37.
72 BT-Drs. 15/3174, 40.
73 *Park* NStZ 2007, 369 (372); *Schröder* KapitalmarktstrR Rn. 280.
74 Mit *Schröder*, aaO ist aber zu fordern, dass die Manipulation grundsätzlich im Kurs fortlebt. Andernfalls fehlt der Information in den meisten Fällen das notwendige Kursbeeinflussungspotenzial.
75 Siehe *BaFin*, Emittentenleitfaden, S. 43.

sätzliche und rechtswidrige Begehung der Tat; ein schuldhaftes Verhalten ist nicht erforderlich.

61 Wie bei § 38 Abs. 1 Nr. 2 lit. a–c WpHG aF ist ein Kausalzusammenhang („auf Grund") zwischen der gesetzlich niedergelegten (hier: kriminellen) Tätigkeit und der Erlangung der Insiderinformation notwendig. Ebenso ist im Einklang mit den anderen Primärinsidern (vgl. Rn. 39 ff.) zu fordern, dass der Kriminalinsider nicht nur zufällig im Rahmen (der Vorbereitung oder Begehung) einer Straftat die Insiderinformation erlangte, sondern das inkriminierte Verhalten gerade der Informationsbeschaffung diente.[76]

cc) Sekundärinsider

62 Sekundärinsider ist jeder Inhaber einer Insiderinformation, der nicht Primärinsider ist, dh auf sonstige Weise eine Insiderinformation erlangt hatte.[77] Typische Sekundärinsider sind der Taxifahrer, der ein Gespräch über relevante Details mithörte, oder Freunde und andere Privatbekanntschaften von Insidern, die durch Zufall mit der Insiderinformation in Kontakt kamen. Nicht zum Kreis der Sekundärinsider gehören diejenigen Personen, die lediglich aufgrund einer Empfehlung nach § 14 Abs. 1 Nr. 3 WpHG aF Wertpapiergeschäfte vornahmen, solange sie nicht selbst über Insiderkenntnisse verfügten.

63 Anders als für den Primärinsider stellte für den Sekundärinsider bis 1.7.2016 nur der Verstoß gegen das Transaktionsverbot des § 14 Abs. 1 Nr. 1 WpHG aF eine Straftat dar, während ein Handeln entgegen dem Weitergabe- und Empfehlungsverbot der § 14 Abs. 1 Nr. 2 und 3 WpHG aF lediglich als Ordnungswidrigkeit belangt werden kann. Gab der Sekundärinsider aber Insiderinformationen weiter, so konnte sich der diese für ein Insidergeschäft ausnutzende Empfänger wegen Verstoßes gegen das Insiderhandelsverbot des § 14 Abs. 1 Nr. 1 WpHG aF strafbar machen. Umgekehrt ist zu beachten: Ein Verstoß gegen das Weitergabe- und Empfehlungsverbot stellte bereits bei leichtfertigem Handeln eine Ordnungswidrigkeit dar (§ 39 Abs. 2 Nr. 3 und 4 WpHG aF). Wegen des nicht auf einen bestimmten Täterkreis beschränkten Wortlauts des § 39 Abs. 2 WpHG aF gilt dies sowohl für Sekundär- als auch für Primärinsider, zumal ansonsten der leichtfertig handelnde Primärinsider ungerechtfertigt privilegiert würde.[78]

III. Allgemeine strafrechtliche Fragen

1. Räumlicher Anwendungsbereich

64 Der räumliche Anwendungsbereich der strafbewehrten Insiderverbote aus § 119 Abs. 3 WpHG ist aufgrund ihres Blankettcharakters durch eine zweistufige Prüfung zu ermitteln.[79] Zunächst ist erforderlich, dass durch Art. 2 Abs. 4 der Marktmissbrauchsverordnung der räumliche Anwendungsbereich der Verhaltensvorschriften des Art. 14 der Marktmissbrauchsverordnung eröffnet ist. Das ist der Fall, wenn sich eine insiderrechtlich relevante Maßnahme auf ein in

---

76 Vgl. Assmann/Schneider/*Vogel*, 6. Aufl., WpHG § 38 Rn. 39, wonach die Insiderinformation nicht nur bei Gelegenheit der Straftat erlangt worden sein darf.
77 BT-Drs. 15/3174, 40.
78 *Cahn* Der Konzern 2005, 5 (13).
79 Graf/Jäger/Wittig/*Diversy/Köpferl* WpHG § 38 Rn. 225 ff.; Meyer/Veil/Rönnau/ *Rönnau/Wegner* § 28 Rn. 23.

Art. 2 Abs. 1 genanntes Finanzinstrument bezieht. Erforderlich und ausreichend ist damit, dass das in Rede stehende Finanzinstrument zum Handel in der Union zugelassen ist (oder ein Antrag auf Zulassung gestellt wurde). Die Handlung selbst kann hingegen auch in einem Drittland, also außerhalb der Union, vorgenommen werden.

Die Anwendbarkeit der Sanktionsvorschrift des § 119 Abs. 3 WpHG richtet sich hingegen nach deutschem Strafanwendungsrecht, §§ 3 ff. StGB. Insoweit ist darauf zu verweisen, dass bloße Tätigkeits- und abstrakte Gefährdungsdelikte wie § 119 Abs. 3 WpHG nach hM keinen Erfolgsort im Inland haben. Demnach muss sich der allein maßgebliche Handlungsort gemäß § 3 StGB grundsätzlich im Inland befinden, damit § 119 Abs. 3 WpHG zur Anwendung gelangt.

2. Täterschaft und Teilnahme

Täterschaft und Teilnahme richten sich nach den **allgemeinen Vorschriften** der §§ 25 ff. StGB. Es sind also auch Fälle von mittelbarer Täterschaft gemäß § 25 Abs. 1 Var. 2 StGB (der Insider bedient sich eines gutgläubigen Werkzeugs) und Mittäterschaft gemäß § 25 Abs. 2 StGB (bewusstes und gewolltes Zusammenwirken, zB in Kollegialorganen) denkbar.

Für Altfälle ist bedeutsam, dass die hM annimmt, dass die Insidereigenschaft nach § 38 Abs. 1 Nr. 2 WpHG aF kein **besonderes persönliches Merkmal** nach § 28 Abs. 1 StGB sei, da die Sonderstellung des Insiders tat- und nicht täterbezogen zu deuten sei.[80] Diese Auffassung überzeugt jedoch nicht. Zumindest die Insidervoraussetzungen in § 38 Abs. 1 Nr. 2 lit. a–c WpHG aF charakterisieren Status und Pflichtenstellung einer bestimmten Person in einer bestimmten organisatorischen oder tätigkeitsspezifischen Situation.[81] Infolge dieses besonderen Verhältnisses des Insiders zur Insiderinformation lässt sich eine Parallele zur Geheimhaltungspflicht nach § 203 StGB ziehen, die nach hM ebenso ein besonderes persönliches Merkmal iSd § 28 Abs. 1 StGB darstellt.[82] Lediglich für den Kriminalinsider, der nicht von vornherein eine besondere Nähe zur Insiderinformation aufwies, ist das Verfügen hierüber nicht als besonderes persönliches Merkmal anzusehen. Ansonsten ist die Strafe des Teilnehmers, der sich als Nicht-Insider an der Tat eines Insiders beteiligte, nach § 28 Abs. 1 StGB zu mildern.

Besondere Probleme können sich in folgenden Fallgruppen ergeben:

- Erwerb oder Veräußerung von Finanzinstrumenten für einen anderen (s. sogleich Rn. 69);
- Anstiftung und Beihilfe bei Sekundärinsidern in Altfällen (s. Rn. 70);
- Strafbarkeit von Bankangestellten bei der Ausführung von Kundenorders (s. Rn. 71 ff.).

---

80 Assmann/Schneider/*Vogel*, 6. Aufl., WpHG § 38 Rn. 76; vgl. auch *Heise*, Insiderhandel an der Börse, S. 91 ff.
81 Fuchs/*Waßmer* WpHG § 38 Rn. 189.
82 Lackner/Kühl/*Heger* StGB § 203 Rn. 2; *Fischer* StGB § 28 Rn. 5.

a) Erwerb oder Veräußerung von Finanzinstrumenten für einen anderen

69 Da das Verbot des Art. 8 Abs. 1 der Marktmissbrauchsverordnung auch die fremdnützige Begehungsweise erfasst, handelt derjenige, der für einen anderen Finanzinstrumente erwirbt oder veräußert, als Täter. Liegt dem Geschäft ein Beschluss eines mehrgliedrigen Unternehmensorgans zugrunde, so begründet bereits die Mitwirkung an diesem Beschluss die Mittäterschaft.[83]

b) Anstiftung und Beihilfe bei Sekundärinsidern in Altfällen

70 Problematisch ist für die bis 1.7.2016 geltenden Verbote des § 14 WpHG aF die Fallkonstellation, in der ein Sekundärinsider Insiderinformationen an einen Dritten weitergab, der dann aufgrund der erlangten Insiderinformation Insiderpapiere erwarb oder veräußerte. In diesem Fall könnte sich der Sekundärinsider wegen Anstiftung oder Beihilfe nach §§ 26, 27 StGB zu einem verbotenen Insidergeschäft strafbar gemacht haben. Dass er dadurch im Ergebnis in diesem Bereich einem Primärinsider gleichgestellt wird, war vor dem Anlegerschutzverbesserungsgesetz (AnSVG) fragwürdig, da Weitergabe und Empfehlung für den Sekundärinsider nicht sanktionsbewehrt waren.[84] Nachdem ein solches Verhalten aber nach dem Inkrafttreten des AnSVG für den Sekundärinsider zumindest eine Ordnungswidrigkeit darstellte und sich demzufolge in seinem Unrechtsgehalt nur noch graduell von einer Straftat unterschied, bestehen gegen eine Teilnahmestrafbarkeit des Sekundärinsiders keine Bedenken mehr.[85] Aufgrund der Einführung der Strafbarkeit der Weitergabe von Insiderinformationen durch Sekundärinsider im Zuge der Schaffung des Ersten Finanzmarktnovellierungsgesetzes stellt sich das Problem für die Verbotstatbestände der Marktmissbrauchsverordnung erst recht nicht mehr.

c) Strafbarkeit von Bankangestellten bei der Ausführung von Kundenorders

71 Regelmäßig bedient sich der Insider zur Ausführung des Erwerbs oder der Veräußerung der Mitwirkung Dritter, indem er Börsenmaklern entsprechende Orders erteilt.

aa) Täterschaft

72 Hier ist zunächst danach zu unterscheiden, ob der Bankangestellte **eigenes Insiderwissen** in die Entscheidung über die Ausführung der Order einfließen lässt oder ob er die Order ausführt, ohne einen eigenen Ermessensspielraum zu haben. Im ersten Fall ist der Bankangestellte Täter; im zweiten Fall kommt allenfalls Beihilfe (§ 27 StGB) in Betracht (s. auch Art. 9 Abs. 2 lit. b der Marktmissbrauchsverordnung).[86]

---

83 Assmann/Schneider/*Assmann*, 6. Aufl., WpHG § 14 Rn. 184.
84 Näher Assmann/Schneider/*Assmann/Cramer*, 3. Aufl. 2003, WpHG § 14 Rn. 93 ff.; *Assmann* WM 1996, 1337 (1346, 1353); *Cramer* AG 1997, 59 (59 ff.); Schäfer/Hamann/*Schäfer* WpHG § 14 Rn. 32.
85 Assmann/Schneider/*Assmann*, 6. Aufl., WpHG § 14 Rn. 185; *Bergmann/Drees* StraFo 2005, 364 (369); *Schröder* KapitalmarktStrR Rn. 345.
86 Schimansky/Bunte/Lwowski/Hopt/*Kumpan* § 107 Rn. 84; aA Meyer/Veil/Rönnau/*Veil* § 7 Rn. 64: Handeln auf fremde Rechnung als eigenes Insidergeschäft.

bb) Teilnahme

Problematisch ist, dass die Durchführung einer Kundenorder sich als typische Tätigkeit der Bank darstellt, die sich objektiv nicht von anderen, legal erbrachten Geschäften der Bank unterscheidet und insofern nach außen als Handlung ohne Unrechtstendenz erscheint (sog **neutrale Handlung**).[87] Teilweise wird deshalb vertreten,[88] eine den normalen Abläufen entsprechende Durchführung der Kundenorder erfülle bereits in objektiver Hinsicht nicht den Tatbestand einer Beihilfehandlung. Nach der Rechtsprechung[89] können dagegen auch äußerlich neutrale Geschäfte als Beihilfe gewertet werden.

Die Ansicht der Rechtsprechung verdient Zustimmung:[90] Die Beantwortung der Frage, ob die äußerlich neutrale Durchführung einer Kundenorder den Tatbestand der Beihilfe zu einem verbotenen Insidergeschäft erfüllt, hängt davon ab, ob ein entsprechender **Vorsatz des Bankangestellten** vorliegt, wobei *dolus eventualis* ausreicht. Zwar unterscheiden sich die Geschäfte aus Sicht eines objektiven Betrachters äußerlich nicht voneinander, subjektiv macht es jedoch einen Unterschied, ob der Bankangestellte sich damit abfindet, dass der Kunde seine Kenntnis von einer Insiderinformation zu seinem Vorteil ausnutzt, oder ob er das Geschäft für ein „normales" Bankgeschäft hält. Somit kann sich das objektiv neutrale Geschäft durch seinen subjektiven Unrechtsgehalt durchaus von anderen Geschäften unterscheiden. Abgrenzungskriterium ist damit das subjektive Element der Beihilfehandlung, dh der Vorsatz.[91]

Direkter Vorsatz liegt nur bei sicherem Wissen von der Insiderstraftat vor, also in der Regel dann, wenn der Kunde den Bankangestellten über seine Insiderkenntnisse informiert hat. Dies dürfte aber der praktisch seltenere Fall sein, so dass in den meisten Fällen zu prüfen ist, ob der Bankangestellte mit dem Insiderwissen des Kunden rechnete und den Abschluss seine weiteren Insidergeschäftes billigend in Kauf nahm (*dolus eventualis*).[92] An dessen Nachweis sind wie in allen Fällen sozialtypischer Handlungen bei der Berufsausübung hohe Anforderungen zu stellen.[93]

3. Unterlassen

Verbotener Insiderhandel kann auch durch Unterlassen begangen werden, § 13 StGB. So ist denkbar, dass der Täter durch Unterlassen ein Finanzinstrument erwirbt oder veräußert. Davon zu unterscheiden ist, dass der Erwerb oder die

---

87 Allgemein zur Problematik *Kudlich*, Berufsbedingtes Verhalten.
88 *Assmann* WM 1996, 1337 (1347); *Hassemer* wistra 1995, 41 (42); zur parallelen Problematik der Beihilfe zu Steuerstraftaten durch Bankangestellte *Löwe-Krahl* wistra 1995, 201.
89 BGH 1.8.2000 – 5 StR 624/99, NJW 2000, 3010.
90 Zum Problem der äußerlich neutralen Beihilfehandlungen auch *BWME* AT § 26 Rn. 111 ff.
91 Meyer/Veil/Rönnau/*Rönnau/Wegner* § 28 Rn. 121; Graf/Jäger/Wittig/*Diversy/Köpferl* WpHG § 38 Rn. 234; *Cramer* AG 1997, 59 (61); *Schröder* KapitalmarktStrR Rn. 350; Schwark/Zimmer/*Schwark/Kruse*, 4. Aufl., WpHG § 14 Rn. 96; *Schwintek* WM 2005, 861 (867).
92 *Schröder* KapitalmarktStrR Rn. 350 entnimmt BGH 1.8.2000 – 5 StR 624/99, BGHSt 46, 107 (112) materiellrechtlich gesteigerte Anforderungen an das Vorliegen des Eventualvorsatzes. Erforderlich sei, dass der Täter Umstände erkenne, aus denen sich das Risiko der Tatbegehung durch den Haupttäter weiter zuspitze.
93 Vgl. Assmann/Schneider/*Assmann*, 6. Aufl., WpHG § 14 Rn. 193 ff. mit Beispielen.

Veräußerung selbst unterlassen, davon also Abstand genommen wird. Da § 38 Abs. 1 Nr. 1 WpHG aF erforderte, dass der Insider Insiderpapiere erwirbt oder veräußert, dh eine Transaktion positiv durchführt, ist das Unterlassen eines Erwerbs oder einer Veräußerung nach alter Rechtslage nicht tatbestandsmäßig iSd § 38 Abs. 1 Nr. 1 WpHG aF, selbst wenn dadurch Insiderinformationen ausgenutzt worden sein sollten (vgl. Kap. 7.4. Rn. 21). Diese Rechtslage wird durch Art. 8 Abs. 1 S. 2 der Marktmissbrauchsverordnung geändert. Danach stellt die Stornierung oder Änderung eines Auftrags ein verbotenes Insidergeschäft dar, wenn sie auf dem Erlangen einer Insiderinformation nach Erteilung des Auftrags beruht (s. Kap. 7.4. Rn. 22). Nicht erfasst ist hingegen weiterhin das Unterlassen einer noch nicht in Auftrag gegebenen Transaktion.[94]

77 In den Blickpunkt der Diskussion gerät in letzter Zeit zunehmend, ob die Geschäftsleitung von Unternehmen eine **Organisationspflicht** trifft, Verstöße gegen Insiderhandelsverbote, vornehmlich die Weitergabe von Insiderinformationen durch Mitarbeiter, zu verhindern.[95] Ausdrücklich normiert sind solche Pflichten zB für Wertpapierdienstleistungsunternehmen in § 80 Abs. 1 WpHG. Doch auch ohne eine solche besondere gesetzliche Regelung kann eine Garantenpflicht der Geschäftsführung in Anlehnung an die zur sog **Geschäftsherrenhaftung** entwickelten Grundsätze erwogen werden.[96] Im Hinblick auf die Eigenverantwortlichkeit der angestellten Mitarbeiter wird dafür jedoch vorauszusetzen sein, dass sich in deren Verstoß gegen das Insiderhandelsverbot gerade das besondere Gefahrenpotenzial des Unternehmens realisiert hat.

4. Vorsatz und Irrtumsfragen

78 Die Strafbarkeit eines Verstoßes gegen § 119 Abs. 3 WpHG setzt **Vorsatz** des Täters voraus (näher Kap. 7.4. Rn. 48 ff., 61 ff., 91 ff.). Gemäß **§ 38 Abs. 4 WpHG** aF reichte in Bezug auf das Transaktionsverbot des § 38 Abs. 1 Nr. 1 iVm § 14 Abs. 1 Nr. 1 WpHG aF nach altem Recht auch **Leichtfertigkeit** aus. Die darin liegende Erweiterung des Insiderstrafrechts begründete der Gesetzgeber mit einem Verweis auf Art. 4 iVm Art. 2 und 3 der Marktmissbrauchsrichtlinie vom 28.1.2003.[97] Darin wurde aber nicht verlangt, dass der Gesetzgeber die leichtfertige Transaktion von Insiderpapieren als Straftat ausgestaltet; eine Ordnungswidrigkeit – wie sie sich nun in § 120 Abs. 14 WpHG findet – hätte genügt. Es ist erfreulich, dass der Gesetzgeber das **Erste Finanzmarktnovellierungsgesetz** dazu genutzt hat, diese nicht erforderliche **Strafrechtsausweitung zurückzunehmen**.

79 Ein **Tatbestandsirrtum** nach § 16 Abs. 1 S. 1 StGB ist anzunehmen, wenn der Täter irrtümlich annimmt oder darauf vertraut, die seiner Entscheidung zugrunde liegende Information sei bereits öffentlich bekannt (s. Kap. 7.4. Rn. 50). Dasselbe gilt für Irrtümer über die Eignung einer bestimmten Infor-

---

94 Meyer/Veil/Rönnau/*Rönnau*/Wegner § 28 Rn. 131.
95 Zur Problematik Assmann/Schneider/*Assmann*, 6. Aufl., WpHG § 14 Rn. 90; *Schneider*, Informationspflichten, S. 225 ff., 306 f.; *Sethe* ZBB 2006, 243 (253 ff.).
96 Vgl. Lackner/Kühl/*Heger* StGB § 13 Rn. 14; NK-StGB/*Gaede* StGB § 13 Rn. 53; Schönke/Schröder/*Bosch* StGB § 13 Rn. 53 f., jeweils mwN auch zur Gegenmeinung. Speziell zur Problematik im Insiderstrafrecht *Lücker*, Missbrauch von Insiderinformationen, S. 141 f.; *Schneider*, Informationspflichten, S. 225 ff., 306 f.; aA *Sethe* ZBB 2006, 245 (254 ff.).
97 BT-Drs. 15/3174, 40.

mation, im Falle ihres Bekanntwerdens den Börsen- oder Marktpreis des betreffenden Finanzinstruments zu beeinflussen (s. Kap. 7.4. Rn. 51). Auch der Irrtum des Täters über die Befugnis zur Weitergabe ist ein Irrtum über ein (normatives) Tatbestandsmerkmal (s. Kap. 7.4. Rn. 93) und führt zum Ausschluss des Vorsatzes.

Dagegen liegt ein **Verbotsirrtum** nach § 17 StGB vor, wenn der Täter (vor allem bei neuartigen und dementsprechend umstrittenen Geschäftsformen) glaubt, kein Unrecht zu verwirklichen. In diesen Fällen kommt es darauf an, ob der Irrtum für den Täter **vermeidbar** war. Gerade für Angehörige von Berufsgruppen, die regelmäßig in einem Graubereich zwischen Recht und Unrecht operieren, gelten erhöhte Erkundigungspflichten: Der professionelle Marktteilnehmer muss sich aus allen ihm verfügbaren Quellen informieren. Geringere Anforderungen gelten bei unerfahrenen Anlegern.

5. Rechtswidrigkeit, Schuld, Vollendung und Versuch

Es gelten die **allgemeinen Regeln** über Rechtswidrigkeit und Schuld. Eine Rechtfertigung einer Insiderstraftat kommt praktisch kaum in Betracht.[98] Die **neue Marktmissbrauchsrichtlinie (CRIM-MAD)** verpflichtete die Mitgliedstaaten in Art. 6 Abs. 2 zur Einführung der Strafbarkeit des **Versuchs**, ein Insidergeschäft zu tätigen. Mit der Pönalisierung auch des Versuchs der Verstöße gegen die Weitergabe- und Empfehlungsverbote, die sich nun in **§ 119 Abs. 4 WpHG** findet, geht der deutsche Gesetzgeber indes über die europäischen Vorgaben hinaus.

§ 119 Abs. 3 Nr. 1 WpHG ist **vollendet**, wenn der Erwerb bzw. die Veräußerung des Finanzinstruments bzw. die Stornierung oder Änderung eines Auftrags abgeschlossen ist. Ausreichend ist nach vorzugswürdiger Auffassung der Abschluss eines obligatorischen Vertrags, sofern der Insider dadurch bezüglich des Finanzinstruments eine gesicherte Erwerbs- bzw. Veräußerungsposition erhält (vgl. Kap. 7.4. Rn. 19). Ansonsten, zB bei einer lediglich bedingt vereinbarten Transaktion oder bei Abgabe einer Order gegenüber der depotführenden Bank,[99] kommt ein strafbarer Versuch in Betracht. Wegen der Natur des § 119 Abs. 3 Nr. 1 WpHG als abstraktes Gefährdungsdelikt (s. Rn. 11) ist nicht erforderlich, dass der Täter durch die Transaktion einen Gewinn erzielt.

Eine Empfehlung oder ein sonstiges Verleiten nach **§ 119 Abs. 3 Nr. 2 WpHG** ist zu dem Zeitpunkt abgeschlossen, zu dem es der Täter unternommen hat, den Willen eines anderen zu beeinflussen bzw. wenn (beim Verleiten) beim anderen ein entsprechender Tatentschluss entstanden ist. Zu einer Transaktion des Verleiteten muss es hingegen nicht kommen (s. Kap. 7.4. Rn. 60).[100] Der Verstoß gegen **§ 119 Abs. 3 Nr. 3 WpHG** ist vollendet, wenn der Empfänger der Weitergabe tatsächlich Kenntnis über die offenzulegende Information erlangt hat (s. Kap. 7.4. Rn. 70).

Problematisch ist jeweils, ob die Insiderinformation wahr sein muss oder ob zur Vollendung des Verstoßes gegen ein Insiderhandelsverbot auch eine Aussage über einen nicht bestehenden Umstand (unwahre Aussage) als Tatobjekt

---

98 *Klöhn* MAR Art. 14 Rn. 68; Meyer/Veil/Rönnau/*Rönnau/Wegner* § 28 Rn. 133.
99 *BaFin*, Emittentenleitfaden, S. 43.
100 Assmann/Schneider/*Assmann*, 6. Aufl., WpHG § 14 Rn. 181.

ausreicht.[101] Letzteres ist abzulehnen, da schon dem Informationsbegriff ein Wahrheitsanspruch immanent ist (s. Kap. 7.3. Rn. 15 f.). Die Formulierung „unwahre Information" stellt schon begrifflich einen Widerspruch in sich dar.

85 Für den Ausschluss unwahrer Aussagen aus dem Begriff der Insiderinformation spricht zudem, dass sich ansonsten auch der **dolose Insider**, der sich über den fehlenden Wahrheitsgehalt seiner Aussage im Klaren ist, wegen Insiderhandels strafbar machen würde. Wer eine hinreichend konkrete „Information" über kursrelevante Umstände in Erfahrung bringt, deren Unwahrheit sich alsbald herausstellt, wäre wegen Verstoßes gegen das Insiderhandelsverbot strafbar, wenn er in Kenntnis der Unwahrheit die unwahre „Information" weitergibt bzw. auf deren Grundlage den Erwerb oder Veräußerung des Finanzinstruments empfiehlt. Die Motivation des Täters wird in diesen Fällen aber darin liegen, den Empfänger der weitergegebenen „Information" bzw. der Empfehlung in die Irre zu führen. Der mit einem solchen Verhalten verbundene Unrechtsgehalt mag daher zwar das Vertrauen des konkreten Empfängers in die Richtigkeit der Information verletzen, nicht jedoch das von § 119 Abs. 3 WpHG geschützte Vertrauen der Anleger im Allgemeinen in eine gleiche Verteilung von Informationen und die fehlende unberechtigte Ausnutzung von Informationsvorsprüngen (s. Kap. 7.1. Rn. 17).

86 Diese Erwägungen legen nahe, unwahre Aussagen aus dem Begriff der Insiderinformation iSd Art. 7 der Marktmissbrauchsverordnung auszuklammern. Aufgrund der **Strafbarkeit des Versuchs (§ 119 Abs. 4 WpHG)** ergeben sich dadurch auch keine Strafbarkeitslücken für **gutgläubige Insider**, die im Vertrauen auf den Wahrheitsgehalt ihrer (tatsächlich unzutreffenden) „Informationen" eine gegen die Insiderhandelsverbote des Art. 14 der Marktmissbrauchsverordnung verstoßende Handlung vornehmen und zB Finanzinstrumente erwerben oder veräußern. Vielmehr sind sie wegen (untauglichen) Versuchs strafbar, was im Hinblick auf die mit ihrer Tätigkeit verbundene Enttäuschung des Anlegervertrauens auch dem Schutzzweck des § 119 Abs. 3 WpHG gerecht wird. Mit der Bewertung als Versuch ist keine zwingende Milderung des Strafrahmens verbunden, über die vielmehr im Rahmen einer Gesamtwürdigung zu entscheiden ist (§ 23 Abs. 2 StGB).

87 Zusammenfassend kann somit festgehalten werden:

- **Unwahre Aussagen** sind **keine Insiderinformationen** iSd Art. 7 der Marktmissbrauchsverordnung. Verstöße gegen die Insiderhandelsverbote des Art. 14 der Marktmissbrauchsverordnung, die auf unwahren Aussagen beruhen, können daher niemals zur Vollendung der in § 119 Abs. 3 WpHG niedergelegten Straftaten führen.
- Weiß der Täter allerdings **nicht** um die Unrichtigkeit der Aussage, so kann er sich nach § 119 Abs. 4 WpHG wegen (untauglichen) **Versuchs** eines Verstoßes gegen ein Insiderhandelsverbot des Art. 14 der Marktmissbrauchsverordnung strafbar machen.
- Weiß der Täter dagegen um die Unrichtigkeit der Aussage, ist eine **Strafbarkeit nach § 119 Abs. 3, 4 WpHG** ausgeschlossen. Allerdings kann die

---

101 So Assmann/Schneider/*Assmann*, 6. Aufl., WpHG § 13 Rn. 12; **aA** bereits zur vormaligen Fassung des § 13 WpHG *Arlt*, Strafrechtlicher Anlegerschutz, S. 267; *Schwark* in Schwark, 3. Aufl., WpHG § 13 Rn. 34; *Tippach*, Marktdaten, S. 78.

bewusste Verbreitung unrichtiger Informationen Anknüpfungspunkt für sonstige Straftaten sein, insbesondere für einen nach § 119 Abs. 1 WpHG bewehrten Verstoß gegen das Verbot der Marktmanipulation nach Art. 12, 15 der Marktmissbrauchsverordnung.

7. Rechtsfolgen

Der **Strafrahmen** des § 119 Abs. 3 WpHG, der eine Geldstrafe oder eine **Freiheitsstrafe** von **bis zu fünf Jahren** vorsieht, ist dem der §§ 263, 266, 242 StGB und dem des besonders schweren Falls des Verrats von Betriebsgeheimnissen nach § 17 Abs. 4 UWG angeglichen. Dies gilt gleichermaßen für sog Primär- und Sekundärinsider. Eine Differenzierung zugunsten des Sekundärinsiders ist nicht vorgesehen, da die Schwere des Vergehens nicht davon abhängig gemacht werden soll, auf welche Weise der Insider die Insiderkenntnisse erlangt hat.[102]

88

Erlangte der Täter durch verbotenen Insiderhandel unmittelbar aus der Tat Finanzinstrumente oder Geld, so unterlag das Erlangte unter Geltung der alten Rechtslage nach zunächst hM in vollem Umfang dem Verfall (sog Bruttoprinzip, § 73 Abs. 1 S. 1 StGB aF).[103] Der für den Erwerb aufgewendete Kaufpreis oder der Wert der veräußerten Wertpapiere konnten nicht abgesetzt werden.[104] Ebenso wenig sollte die Anordnung des Verfalls auf den Vorteil zu beschränken sein, der aus der fehlenden öffentlichen Bekanntmachung der Insiderinformation resultiert.[105] Der BGH hatte sich dann hingegen in einer neueren, allerdings wenig überzeugenden[106] Entscheidung der Gegenansicht angeschlossen und beschränkte den Verfall auf den „insiderspezifischen Sondervorteil".[107] Diese Rechtsprechung dürfte sich seit Inkrafttreten des neuen Vermögensabschöpfungsrechts am 1.7.2017 nun nicht mehr aufrechterhalten lassen.[108] Denn bei der Bestimmung des Werts des Erlangten sind zwar nach § 73 d Abs. 1 S. 1 StGB die Aufwendungen des Täters abzuziehen. Das gilt aber gemäß § 73 d Abs. 1 Satz 2 Hs. 1 StGB nicht für „das, was für die Begehung der Tat oder für ihre Vorbereitung aufgewendet oder eingesetzt worden ist." Nach der Gesetzesbegründung soll dieses Abzugsverbot etwa dann einschlägig sein, „wenn Aktien [...] zweckgerichtet für ein verbotenes Insidergeschäft angeschafft oder eingesetzt werden".[109]

89

---

102 Schäfer/Hamann/*Schäfer* WpHG § 38 Rn. 9.
103 LG Augsburg 27.11.2003 – 3 Kls 502 Js 127369/99, NStZ 2005, 109 (111); *Hilgendorf* in 2. Aufl. Rn. 275; aA *Kudlich/Noltensmeier* wistra 2007, 121 (123 f.), die unter dem „Erlangten" lediglich die „unzulässige Sonderchance" verstehen wollen.
104 Assmann/Schneider/*Vogel*, 6. Aufl., WpHG § 38 Rn. 90.
105 LG Augsburg 27.11.2003 – 3 Kls 502 Js 127369/99, NStZ 2005, 109 (111); aA *Hohn* wistra 2003, 321 (323).
106 Assmann/Schneider/*Vogel*, 6. Aufl., WpHG § 38 Rn. 94: „überzeugt weder dogmatisch noch praktisch".
107 BGH 27.1.2010 – 5 StR 224/09, NJW 2010, 883 = JZ 2010, 37 mit krit. Anm. *Vogel*; dem BGH zustimmend aber MüKoStGB/*Pananis* WpHG § 38 Rn. 254 und *Schröder* KapitalmarktStrR Rn. 365 b; so dann auch BGH 27.11.2013 – 3 StR 5/13, NJW 2014, 1399 (1403) und BGH 11.6.2015 – 1 StR 368/14.
108 So auch Meyer/Veil/Rönnau/*Rönnau/Wegner* § 28 Rn. 157; *Schäuble/Pananis* NStZ 2019, 65 (68), auch zur Problematik der Anwendbarkeit des Bruttoprinzips bei Verbotsirrtümern.
109 BT-Drs. 18/9525, S. 68.

90 Neben der Verhängung von Freiheits- oder Geldstrafe kann das Gericht ein **Berufsverbot** gemäß § 70 StGB anordnen, wenn der Täter die Tat unter Missbrauch seines Berufs oder Gewerbes oder unter grober Verletzung der mit ihnen verbundenen Pflichten begangen hat. Unter Missbrauch seines Berufs handelt der Täter, wenn er die sich aus dem Beruf ergebenden allgemeinen Aufgaben bewusst und planmäßig dazu ausnutzt, einen diesen Aufgaben zuwiderlaufenden Zweck zu verfolgen.[110] Bei Insiderstraftaten ist dies in der Regel nicht anzunehmen, da die strafbewehrten Handlungen nicht in einem inneren Zusammenhang mit den beruflichen Aufgaben stehen (Beispiel: ein Aufsichtsratsmitglied erlangt Kenntnis von einer Insiderinformation und verkauft daraufhin in großem Umfang Aktien. Der Verkauf steht nicht in unmittelbarem Zusammenhang mit seiner Tätigkeit als Aufsichtsratsmitglied).

91 Unter grober Verletzung der mit dem Beruf oder Gewerbe verbundenen Pflichten wird die Tat begangen, wenn der Täter berufsspezifische oder allgemeine, sich aus der Berufstätigkeit ergebende Pflichten grob verletzt. Voraussetzung ist also, dass eine allgemeine oder berufsspezifische Pflicht besteht, die es dem Täter verbietet, die im Rahmen seines Berufs erlangten Kenntnisse zu verwerten. Weitere Voraussetzung ist, dass die Gesamtwürdigung des Täters und der Tat die Gefahr erkennen lässt, dass er bei weiterer Ausübung seines Berufs erhebliche rechtswidrige Taten der bezeichneten Art begehen wird. Mangels Vorliegens einer ungünstigen Wiederholungsprognose wird die Verhängung eines Berufsverbots in der Praxis regelmäßig scheitern.

8. Konkurrenzen, strafverfahrensrechtliche Fragen

92 Zu einem in Zusammenhang mit dem verbotenen Insidergeschäft verwirklichten Betrug nach § 263 StGB oder Kapitalanlagebetrug nach § 264 a StGB besteht Tateinheit. Sie kann auch zwischen einem Insiderdelikt und einer Kurs- und Marktpreismanipulation (§ 119 Abs. 1 WpHG nF) vorliegen.[111]

93 Die **Strafverfolgung** erfolgt von Amts wegen, es handelt sich um ein Offizialdelikt. Um Verstößen gegen die Verbote und Gebote des WpHG entgegenzuwirken, obliegt die Aufsicht gemäß § 6 WpHG der **Bundesanstalt für Finanzdienstleistungsaufsicht**. Der Behörde sind dabei nach § 6 WpHG weitgehende Auskunfts-, Vorlage- und Zutrittsrechte sowie nach § 7 WpHG das Recht eingeräumt, von Telekommunikationsbetreibern die Herausgabe von Kommunikationsdaten zu verlangen. Tatsachen, die den Verdacht einer Insiderstraftat begründen, sind gemäß § 11 S. 1 WpHG an die zuständige Staatsanwaltschaft weiterzuleiten.

94 Gemäß § 78 Abs. 3 Nr. 4 StGB tritt die **Verfolgungsverjährung** für Insiderstraftaten nach fünf Jahren ein. Die Verjährungsfrist beginnt mit dem Zeitpunkt, in dem die Tat beendet ist (§ 78 a S. 1 StGB). Bei der Insiderstraftat als abstraktem Gefährdungsdelikt beginnt sie mit dem Eintritt der Gefährdung, dh dem Zeitpunkt, in dem der rechtswidrige Zustand durch eine der Tathandlungen geschaffen wurde.[112] Die Verjährungsfrist kann nach den allgemeinen Regeln durch einen der in § 78 c StGB bezeichneten Tatbestände unterbrochen wer-

---

110 *Fischer* StGB § 70 Rn. 4.
111 Assmann/Schneider/Mülbert/*Spoerr* WpHG § 119 Rn. 213.
112 *Fischer* StGB § 78 a Rn. 13.

den. In diesem Fall beginnt die Verjährungsfrist von neuem, endet jedoch spätestens zehn (§ 119 Abs. 3 WpHG) Jahre nach Beendigung der Tat (§ 78 c Abs. 3 StGB).

Kap. 7.6. § 120 WpHG Bußgeldvorschriften

§ 120 WpHG Bußgeldvorschriften; Verordnungsermächtigung

(...)

(5) Ordnungswidrig handelt, wer gegen die Verordnung (EU) Nr. 1031/2010 verstößt, indem er vorsätzlich oder leichtfertig
1. als Person nach Artikel 40
   a) entgegen Artikel 39 Buchstabe a eine Insiderinformation weitergibt oder
   b) entgegen Artikel 39 Buchstabe b die Einstellung, Änderung oder Zurückziehung eines Gebotes empfiehlt oder eine andere Person hierzu verleitet,

(...)

(14) Ordnungswidrig handelt, wer eine in § 119 Absatz 3 Nummer 1 bis 3 bezeichnete Handlung leichtfertig begeht.

(15) Ordnungswidrig handelt, wer gegen die Verordnung (EU) Nr. 596/2014 verstößt, indem er vorsätzlich oder leichtfertig

(...)

8. entgegen Artikel 17 Absatz 1 Unterabsatz 2 Satz 2 die Veröffentlichung einer Insiderinformation mit einer Vermarktung seiner Tätigkeiten verbindet,

(...)

I. § 120 Abs. 5 Nr. 1 WpHG (§ 39 Abs. 2 c Nr. 1 WpHG aF) Verwendung von Insiderinformationen durch Sekundärinsider (Verordnung [EU] Nr. 1031/2010) 1
II. § 120 Abs. 14 WpHG (§ 39 Abs. 3 b WpHG aF) Leichtfertige Verstöße gegen die Insiderhandelsverbote 3
III. § 120 Abs. 15 Nr. 8 WpHG (§ 39 Abs. 3 d Nr. 8 WpHG aF) Verbindung der Veröffentlichung einer Insiderinformation mit der Vermarktung eigener Tätigkeiten 8

I. § 120 Abs. 5 Nr. 1 WpHG (§ 39 Abs. 2 c Nr. 1 WpHG aF) Verwendung von Insiderinformationen durch Sekundärinsider (Verordnung [EU] Nr. 1031/2010)

§ 120 Abs. 5 Nr. 1 WpHG (§ 39 Abs. 2 c Nr. 1 WpHG aF) ergänzt die Insiderstrafvorschriften des § 119 Abs. 2 WpHG (s. deshalb bereits die Ausführungen in Kap. 7.5. Rn. 18 f.) und sanktioniert Vorfeldtatbestände von Insidergeschäften im Zusammenhang mit der in der Verordnung (EU) Nr. 1031/2010 geregelten Versteigerung von Treibhausgasemissionszertifikaten. Nach § 120 Abs. 5 Nr. 1 lit. a WpHG iVm Art. 39 lit. a der Verordnung (EU) Nr. 1031/2010 ist es verboten, als Person nach Art. 40 der Verordnung (EU) Nr. 1031/2010, also als Sekundärinsider, Insiderinformationen weiterzugeben, soweit das nicht im normalen Rahmen der Ausübung der Arbeit oder des Berufs oder sonstiger Aufgabenerfüllung geschieht. § 120 Abs. 5 Nr. 1 lit. b WpHG iVm Art. 39 lit. b der Verordnung (EU) Nr. 1031/2010 verbieten es, als Sekundärinsider auf der Grundlage einer Insiderinformation einer anderen Person zu empfehlen oder sie dazu zu verleiten, für Auktionsobjekte Gebote einzustellen, zu ändern oder zurückzuziehen. Die Tathandlungen sind angelehnt an die aus Art. 14 der Marktmissbrauchsverordnung bekannten Insiderhandelsverbote (s. Kap. 7.4.). Erfasst ist vorsätzliches und leichtfertiges Handeln. Ausreichend ist deshalb, dass der Täter wissen müsste, dass es sich bei der in Rede stehenden Information um eine Insiderinformation handelt.

2 Die Ordnungswidrigkeit des § 120 Abs. 5 Nr. 1 WpHG kann nach seinem klaren Wortlaut nur durch einen Sekundärinsider verwirklicht werden. Nicht erfasst sind leichtfertige Verstöße durch Primärinsider.[1] Verhängt werden kann eine Geldbuße in Höhe von bis zu 50.000 EUR (§ 120 Abs. 24 WpHG), wobei § 17 Abs. 2 OWiG Anwendung findet, so dass fahrlässiges Handeln im Höchstmaß mit nur 25.000 EUR geahndet werden kann. Die vorgesehene Sanktion liegt am unteren Ende des Bußgeldrahmens von § 120 WpHG.

II. § 120 Abs. 14 WpHG (§ 39 Abs. 3 b WpHG aF) Leichtfertige Verstöße gegen die Insiderhandelsverbote

3 § 120 Abs. 14 WpHG (§ 39 Abs. 3 b WpHG aF) betrifft leichtfertige Verstöße gegen die Insiderhandelsverbote des Art. 14 der Marktmissbrauchsverordnung (s. Kap. 7.4.). Seit dem 1. FiMaNoG stellt **leichtfertiges** Handeln auch bei einem Verstoß gegen das Verbot des Erwerbs oder der Veräußerung von Finanzinstrumenten unter Nutzung von Insiderinformationen (Art. 14 lit. a der Marktmissbrauchsverordnung keine Straftat mehr dar (anders noch § 38 Abs. 1 Nr. 1; Abs. 4 iVm § 14 Abs. 1 Nr. 1 WpHG aF). Leichtfertigkeit bedeutet ein **erhöhtes Maß** an **Fahrlässigkeit**. Leichtfertig handelte, wer grob achtlos vorging und nicht beachtete, was sich unter den Voraussetzungen seiner Erkenntnisse und Fähigkeiten aufdrängen musste.[2] Die gebotene Sorgfalt muss also in ungewöhnlich hohem Maße verletzt worden sein.

4 Bei der leichtfertigen Begehungsweise erfasst die Leichtfertigkeit den gesamten Tatbestand. Dass etwa der Erwerb oder die Veräußerung eines Finanzinstruments leichtfertig erfolgten, ist indes nur schwer vorstellbar. § 120 WpHG soll die Geltung der Insiderhandelsverbote insbesondere für den Fall sicherstellen, dass der Täter hätte wissen müssen, dass es sich bei der ihm bekannten Information um eine Insiderinformation handelt. Dies kann vor allem darauf beruhen, dass der Insider grob sorgfaltswidrig davon ausgeht, dass die Insiderinformation bereits veröffentlicht wurde.[3] Erfasst ist es also beispielsweise, wenn ein Vorstand bei einem Handel davon ausging, die Information sei bereits veröffentlicht worden, weil es eine entsprechende Anweisung hierzu gab, er dies aber nicht überprüfte, obwohl ihm bekannt war, dass es bei der Veröffentli-

---

1 So auch Fuchs/*Waßmer* WpHG § 39 Rn. 206.
2 *Fischer* StGB § 15 Rn. 20.
3 *BaFin*, Emittentenleitfaden, S. 43; Kümpel/Hammen/Ekkenga/*Kümpel/Veil* Kennz. 065 Rn. 103.

chung regelmäßig zu Verzögerungen kommt.[4] Wegen des begriffsnotwendigen Bezugs der Insiderinformation auf Finanzinstrumente ist ebenso der Fall erfasst, dass der Täter verkennt, dass das fragliche Finanzinstrument vom Anwendungsbereich der Verbotsvorschriften des Art. 14 der Marktmissbrauchsverordnung erfasst ist.

Richtigerweise bedingt der Irrtum über die Eigenschaft eines Transaktionsobjekts als von Art. 2 Abs. 1 der Marktmissbrauchsverordnung erfasstes Finanzinstrument bereits den Irrtum bezüglich der Eigenschaft einer Information als Insiderinformation. Verkannte der Insider also leichtfertig die Eigenschaft als Finanzinstrument, wusste er ebenso wenig, dass eine Insiderinformation vorlag. Letztere setzt nämlich gemäß Art. 7 Abs. 1 lit. a der Marktmissbrauchsverordnung voraus, dass sie sich auf den Emittenten eines Finanzinstruments oder auf das Finanzinstrument selbst bezieht.

Leichtfertig handelt in Hinblick auf das Weitergabeverbot des § 119 Abs. 3 Nr. 3 WpHG zB, wer an seinem PC passwortgeschützte Dateien geöffnet hat und das Büro verlässt, ohne sich ordnungsgemäß abzumelden, und so einem Dritten ermöglicht, Zugriff auf die Insiderinformationen zu nehmen.[5]

Durch die Vorgaben der **Marktmissbrauchsverordnung** ist es gegenüber der alten Rechtslage unter Geltung der Verbotsvorschriften des WpHG zu einer **drastischen Erhöhung der Geldbußen** für Insiderverstöße gekommen. Art. 30 Abs. 2 der Marktmissbrauchsverordnung verpflichtet die Mitgliedstaaten dazu, Mindesthöchstgrenzen von 5 Mio. EUR für Verstöße durch natürliche Personen und 15 Mio. EUR bzw. 15% des Jahresgesamtumsatzes für solche durch juristische Personen vorzusehen. Alternativ sollen Bußgelder bis zur dreifachen Höhe der durch die Verstöße erzielten Gewinne oder vermiedenen Verluste verhängt werden können, sofern diese sich beziffern lassen. Umgesetzt wurden diese Vorgaben durch § 120 Abs. 18 WpHG (§ 39 Abs. 3 b, 4 a WpHG aF). § 120 Abs. 25 WpHG (§ 39 Abs. 6 a WpHG aF) schließt die Anwendbarkeit des § 17 Abs. 2 OWiG künftig aus.

III. § 120 Abs. 15 Nr. 8 WpHG (§ 39 Abs. 3 d Nr. 8 WpHG aF) Verbindung der Veröffentlichung einer Insiderinformation mit der Vermarktung eigener Tätigkeiten

Nach § 120 Abs. 15 Nr. 8 WpHG (§ 39 Abs. 3 d Nr. 8 WpHG aF) iVm Art. 17 Abs. 1 UAbs. 2 S. 2 der Marktmissbrauchsverordnung darf ein Emittent die Veröffentlichung von Insiderinformationen nicht mit der Vermarktung seiner Tätigkeit verbinden. Erfasst werden vorsätzliche und fahrlässige Verstöße. Die Ordnungswidrigkeit kann bei natürlichen Personen mit einer Geldbuße bis zu 1 Mio. EUR, bei juristischen Personen mit bis zu 2,5 Mio. EUR bzw. 2% des Gesamtumsatzes und darüber hinaus mit einer Geldbuße bis zum Dreifachen des aus dem Verstoß gezogenen wirtschaftlichen Vorteils geahndet werden.

---

[4] Vgl. Assmann/Schneider/*Assmann*, 6. Aufl., WpHG § 14 Rn. 62; *BaFin*, Emittentenleitfaden, S. 43.
[5] Assmann/Schneider/*Assmann*, 6. Aufl., WpHG § 14 Rn. 116.

Hilgendorf/Kusche

Kapitel 8: Verletzung der Geheimhaltungs- und Verschwiegenheitspflichten

Kap. 8.1. § 333 HGB Verletzung der Geheimhaltungspflicht

§ 333 HGB Verletzung der Geheimhaltungspflicht

(1) Mit Freiheitsstrafe bis zu einem Jahr oder mit Geldstrafe wird bestraft, wer ein Geheimnis der Kapitalgesellschaft, eines Tochterunternehmens (§ 290 Abs. 1, 2), eines gemeinsam geführten Unternehmens (§ 310) oder eines assoziierten Unternehmens (§ 311), namentlich ein Betriebs- oder Geschäftsgeheimnis, das ihm in seiner Eigenschaft als Abschlußprüfer oder Gehilfe eines Abschlußprüfers bei Prüfung des Jahresabschlusses, eines Einzelabschlusses nach § 325 Abs. 2 a oder des Konzernabschlusses bekannt geworden ist, oder wer ein Geschäfts- oder Betriebsgeheimnis oder eine Erkenntnis über das Unternehmen, das ihm als Beschäftigter bei einer Prüfstelle im Sinne von § 342 b Abs. 1 bei der Prüftätigkeit bekannt geworden ist, unbefugt offenbart.

(2) ¹Handelt der Täter gegen Entgelt oder in der Absicht, sich oder einen anderen zu bereichern oder einen anderen zu schädigen, so ist die Strafe Freiheitsstrafe bis zu zwei Jahren oder Geldstrafe. ²Ebenso wird bestraft, wer ein Geheimnis der in Absatz 1 bezeichneten Art, namentlich ein Betriebs- oder Geschäftsgeheimnis, das ihm unter den Voraussetzungen des Absatzes 1 bekannt geworden ist, unbefugt verwertet.

(3) Die Tat wird nur auf Antrag der Kapitalgesellschaft verfolgt.

Literatur: *Baetge/Kirsch/Thiele* (Hrsg.), Bilanzrecht, Handelsrecht mit Steuerrecht und den Regelungen des IASB, Loseblatt, Stand 85. EL 2019 (zit. als BilR/*Bearbeiter*); Beck´scher Bilanz-Kommentar, Handelsbilanz, Steuerbilanz, *Grottel/Schmidt/Schubert/Winkeljohann* (Hrsg.), 11. Aufl. 2018 (zit. als Beck'scher Bilanzkommentar/*Bearbeiter*); Beck´scher Online-Kommentar HGB, *Häublein/Hoffmann-Theinert* (Hrsg.), Stand: 24. Edt. 15.7.2018 (zit. als BeckOK HGB/*Bearbeiter*); *Beulke* u. a. (Hrsg.); Festschrift für Hans Dahs, 2005; *Dierlamm*, Anmerkung zu einer Entscheidung des OLG Nürnberg, Beschluss vom 18.6.2009 (1 Ws 289/09, StV 2011, 143) – Zur Schweigepflicht der Berufsgeheimnisträger als personales Recht, StV 2011, 144; *Gatzweiler/Wölky*, Anmerkung zur Entscheidung des OLG Köln vom 1.9.2015 (2 Ws 544/15) – Zur Entbindung von der Schweigepflicht durch Insolvenzverwalter, StV 2016, 10; *Graf/Jäger/Wittig* (Hrsg.), Wirtschafts- und Steuerstrafrecht, 2. Aufl. 2017; *Hellmann*, Wirtschaftsstrafrecht, 5. Aufl. 2018; *Hilber/Hartung*, Auswirkungen des Sarbanes-Oxley Act auf deutsche WP-Gesellschaften: Konflikte mit der Verschwiegenheitspflicht der Wirtschaftsprüfer und dem Datenschutz, BB 2003, 1054; *Hiller/Bernardi*, Auskunftsrecht trifft Schweigepflicht, BOARD 2013, 240; *Hofbauer/Kupsch* (Hrsg.), Rechnungslegung, Loseblatt, Stand 94. Ergänzungslieferung 2018; *Horn* (Hrsg.), Heymann-Handelsgesetzbuch (ohne Seerecht) Bd. 3, 2. Aufl. Reprint 2013; Karlsruher Kommentar zur Strafprozessordnung und zum Gerichtsverfassungsgesetz mit Einführungsgesetz, *Hannich* (Hrsg.), 8. Aufl. 2019 (zit. als KK-StPO/*Bearbeiter*); *Kersting*, Auswirkungen des Sarbanes-Oxley-Gesetzes in Deutschland – Können deutsche Unternehmen das Gesetz befolgen?, ZIP 2003, 233; Kölner Kommentar zum Rechnungslegungsrecht, *Claussen/Scherrer* (Hrsg.), 2010 (zit. als KölnKommRLR/*Bearbeiter*); *Küting/Weber* (Hrsg.), Handbuch der Rechnungslegung – Einzelabschluss, Loseblatt, Stand 27. EL 2018; *Leitner/Rosenau* (Hrsg.), Nomos Kommentar zum Wirtschafts- und Steuerstrafrecht, 2017 (zit. als NK-WSS/*Bearbeiter*); *Löwe/Rosenberg* (Hrsg.), Strafprozessordnung, Bd. 2, §§ 48–93 StPO, 27. Aufl. 2017; *Maume*, Know-how-Schutz – Abschied vom Geheimhaltungswillen?, WPR 2008, 1275–1280; *Mock*, Die Verschwiegenheitspflicht des Abschlussprüfers und Interessenkonflikte, DB 2003, 1996; *Müller*, Gestattung der Due Diligence durch den Vorstand der Aktiengesellschaft, NJW 2000, 3452; *Müller-Gugenberger* (Hrsg.), Wirtschaftsstrafrecht, 6. Aufl. 2015; Münchener Kommentar zum Bilanzrecht, *Hennrichs/Kleindiek/Watrin* (Hrsg.), Bd. 2, §§ 238–342 e HGB, 1. Aufl. 2013 (zit. als MüKoBilR/*Bearbeiter*); Münchener Kommentar zum Handelsgesetzbuch, Bd. 4, §§ 238–342 e HGB, *Schmidt* (Hrsg.), 3. Aufl. 2013 (zit. als MüKoHGB/*Bearbeiter)*; Münchener Kommentar zum Strafgesetzbuch, Bd. 7, Nebenstrafrecht II, *Joecks/Miebach* (Hrsg.), 2. Aufl. 2015 (zit. als MüKoStGB/ *Bearbeiter)*; Münchener Kommentar zur Strafprozessordnung, Bd. 1, §§ 1–150 StPO, *Knauer/Kudlich/Schneider* (Hrsg.), 2014 (zit. als MüKoStPO/*Bearbeiter*); *Poll*, Die Verantwortlichkeit des Abschlussprüfers nach § 323 HGB, DZWir 1995, 95; *Quick*, Geheimhaltungspflicht des Abschlussprüfers: Strafrechtliche Konsequenzen bei Verletzung, BB 2004, 1490; *Roschmann/Frey*, Geheimhaltungsverpflichtungen der Vorstandsmitglieder von Aktiengesellschaften bei Unternehmenskäufen, AG 1996, 449; *Reichard*, Die Verschwiegenheitspflicht von Aufsichtsratsmitgliedern, GWR 2017, 72–74; *Rützel*, Illegale Unternehmensgeheimnisse?, GRUR 1995, 557; *Schramm*, Interessenkonflikte bei Wirtschaftsprüfern, Steuerberatern und Rechtsanwälten und dem besonderen Aspekt der beruflichen Verschwiegenheit (Teil I), DStR 2003, 1316; *Staub* (Begr.), Handelsgesetzbuch: HGB, Großkommentar, *Canaris/Habersack/Schäfer* (Hrsg.), Bd. 7/2: §§ 331–342 e, 5. Aufl. 2012; *Többens*, Wirtschaftsspionage und Konkurrenzausspähung in Deutschland, NStZ 2000, 505; *Ulmer* (Hrsg.), HGB-Bilanzrecht: Rechnungslegung, Abschlußprüfung, Publizität, Teilbd. 2, §§ 290–342 a HGB, Konzernabschluss, Prüfung und Publizität, Reprint 2015; *Waßmer*, Defizite und Neuerungen im Bilanzstrafrecht des HGB, ZIS 2011, 648; *Witt/Freudenberg*, Der Entwurf der Richtlinie über den Schutz von Geschäftsgeheimnissen im Spiegel zentraler deutscher Verbotstatbestände, WRP 2014, 375.

I. Allgemeines 1	1. Rechtfertigende Einwilligung 27
1. Rechtsentwicklung 1	
2. Geschütztes Rechtsgut 2	2. Gesetzliche Offenbarungsrechte und -pflichten 28
3. Deliktsnatur 4	
II. Tatbestand 5	a) Berichterstattungs- und Auskunftspflichten sowie Einsichtsrechte nach HGB 29
1. Objektiver Tatbestand 6	
a) Tauglicher Täterkreis 6	
b) Tatgegenstand 10	
aa) Gesellschaftsgeheimnis 11	b) Auskunftspflichten zur Durchführung von Qualitätskontrollen, Berufsaufsicht und Enforcements 33
(1) Gesellschaftsbezogene Tatsache 12	
(2) Fehlende Offenkundigkeit 13	
(3) Geheimhaltungsinteresse 14	c) Sonstige Auskunftspflichten 35
	d) Anzeigepflichten 37
(4) Geheimhaltungswille 15	e) Aussagepflichten als Zeuge 40
bb) Betriebs- und Geschäftsgeheimnis 16	3. Rechtfertigender Notstand .. 42
	IV. Versuch, Vollendung, Beendigung 43
cc) Erkenntnis über das Unternehmen 17	
	V. Konkurrenzen 46
dd) Prüfungsbedingte Kenntniserlangung .. 18	1. Verhältnis der Tatbestände des § 333 HGB 46
c) Tathandlung 19	
aa) Offenbaren 20	2. Verhältnis zu anderen Tatbeständen zur Verletzung von Geheimhaltungspflichten 47
bb) Verwerten 21	
cc) Handeln ohne Befugnis 22	3. Verhältnis zu anderen Strafvorschriften 48
2. Subjektiver Tatbestand 23	
a) Vorsatz 23	**VI. Rechtsfolgen** 49
b) Irrtum 24	**VII. Verjährung** 51
3. Qualifikation 25	**VIII. Prozessuale Besonderheiten** 53
III. Rechtswidrigkeit 26	1. Strafantrag 53
	2. Zuständigkeit 57

I. Allgemeines

1. Rechtsentwicklung

§ 333 HGB wurde durch das **Bilanzrichtliniengesetz** vom 19.12.1985[1] in das HGB eingefügt und durch das 4. **KWG-Änderungsgesetz** vom 21.12.1992[2] in Abs. 1 geändert. Entsprechend den Änderungen des § 332 HGB wurde der Geheimnisschutz des § 333 HGB sodann im Rahmen des **Bilanzrechtsreformgesetzes** vom 4.12.2004[3] auf den Einzelabschluss iSv § 325 Abs. 2 a HGB erstreckt. Wenig später, mit dem **Bilanzkontrollgesetz** vom 15.12.2004,[4] wurde schließlich der Kreis der geheimhaltungspflichtigen Personen auf Beschäftigte bei einer Prüfstelle iSv § 342 b Abs. 1 HGB erweitert und entsprechend die Reichweite des unbefugten Offenbarens gem. § 333 Abs. 1 HGB auf diejenigen Erkenntnisse ausgedehnt, die dem Prüfstellenbeschäftigten bei der Prüfungstätigkeit bekannt geworden sind.

2. Geschütztes Rechtsgut

Geschütztes Rechtsgut des § 333 HGB ist das **Geheimhaltungsinteresse der Kapitalgesellschaft und der mit ihr verbundenen Unternehmen** iSv § 290 Abs. 1, 2 HGB (Mutter-/Tochterunternehmen), § 310 HGB (Gemeinschaftsunternehmen) und § 311 HGB (assoziierte Unternehmen).[5] Da die Interessen der Gesellschaft mit denjenigen der **Aktionäre, Gesellschafter und sonstigen Eigner** eine Einheit bilden, sind auch diese nach hM vom Schutzbereich der Norm erfasst.[6] Nicht geschützt werden hingegen durch eine Verletzung der Geheimhaltungspflicht nur mittelbar Betroffene, wie etwa **Gläubiger oder Arbeitnehmer**.[7]

Hinsichtlich der vom Schutzbereich erfassten Unternehmen und Personen ist § 333 HGB **Schutzgesetz iSv § 823 Abs. 2 BGB**.[8]

---

1 Gesetz zur Durchführung der Vierten, Siebenten und Achten Richtlinie des Rates der Europäischen Gemeinschaften zur Koordinierung des Gesellschaftsrechts (Bilanzrichtlinien-Gesetz – BiRiLiG) v. 19.12.1985, BGBl. 1985 I 2355.
2 Gesetz zur Änderung des Gesetzes über das Kreditwesen und anderer Vorschriften über Kreditinstitute v. 21.12.1992, BGBl. 1992 I 2211.
3 Gesetz zur Einführung internationaler Rechnungslegungsstandards und zur Sicherung der Qualität der Abschlussprüfung (Bilanzrechtsreformgesetz – BilReG) v. 4.12.2004, BGBl. 2004 I 3166.
4 Gesetz zur Kontrolle von Unternehmensabschlüssen (Bilanzkontrollgesetz – BilKoG) v. 15.12.2004, BGBl. 2004 I 3408.
5 MüKoHGB/*Quedenfeld* HGB § 333 Rn. 1; MüKoStGB/*Sorgenfrei* HGB § 333 Rn. 7; Graf/Jäger/Wittig/*Olbermann* HGB § 333 Rn. 2; MüKoBilR/*Waßmer* HGB § 333 Rn. 2; BeckOK HGB/*Regierer* HGB § 333 Rn. 1.
6 MüKoBilR/*Waßmer* HGB § 333 Rn. 3; BeckOK HGB/*Regierer* HGB § 333 Rn. 1; Graf/Jäger/Wittig/*Olbermann* HGB § 333 Rn. 2; Heymann/*Otto* HGB § 333 Rn. 4, 7; aA MüKoHGB/*Quedenfeld* HGB § 333 Rn. 1; MüKoStGB/*Sorgenfrei* HGB § 333 Rn. 7.
7 Heymann/*Otto* HGB § 333 Rn. 5; MüKoHGB/*Quedenfeld* HGB § 333 Rn. 1; Ulmer/*Dannecker* HGB § 333 Rn. 7; BeckOK HGB/*Regierer* HGB § 333 Rn. 1; Graf/Jäger/Wittig/*Olbermann* HGB § 333 Rn. 2.
8 Graf/Jäger/Wittig/*Olbermann* HGB § 333 Rn. 3; MüKoBilR/*Waßmer* HGB § 333 Rn. 2; aA folgerichtig MüKoStGB/*Sorgenfrei* HGB § 333 Rn. 7.

3. Deliktsnatur

4 Bei § 333 HGB handelt es sich um ein **abstraktes Gefährdungsdelikt**;[9] ein Schadenseintritt oder eine konkrete Gefährdung ist für die Tatbestandsverwirklichung nicht erforderlich. § 333 HGB ist ein **absolutes Antragsdelikt**.

II. Tatbestand

5 § 333 HGB enthält **zwei eng miteinander verbundene Grundtatbestände**: das unbefugte Offenbaren eines Gesellschaftsgeheimnisses oder einer Erkenntnis (Abs. 1) und das unbefugte Verwerten eines Gesellschaftsgeheimnisses (Abs. 2 S. 2). Einen **Qualifikationstatbestand** normiert § 333 Abs. 2 S. 1 HGB für den Fall, dass der Täter gegen Entgelt, in Bereicherungs- oder Schädigungsabsicht handelt.

1. Objektiver Tatbestand
a) Tauglicher Täterkreis

6 Täter des § 333 HGB können nach dem Gesetzeswortlaut ausschließlich **Abschlussprüfer, Gehilfen von Abschlussprüfern** und **Beschäftigte einer Prüfstelle iSv § 342 b Abs. 1 HGB** sein. Es handelt sich insoweit um ein **echtes Sonderdelikt**.[10]

7 Der Begriff des **Abschlussprüfers** entspricht demjenigen des § 332 HGB, insoweit wird auf die Ausführungen in Kap. 11.1. Rn. 10 ff. verwiesen.

8 Zum Begriff des **Gehilfen eines Abschlussprüfers** kann zunächst ebenfalls auf die Ausführungen in Kap. 11.1. Rn. 17 verwiesen werden. Abweichend hiervon sind aber auch diejenigen Personen vom tauglichen Täterkreis erfasst, die den Abschlussprüfer lediglich bei seiner Tätigkeit unterstützen (zB **Büro- und Schreibkräfte**).[11] Eine Beschränkung des Täterkreises auf „Berichtsgehilfen" ieS ist – anders als bei § 332 HGB – sachlich nicht gerechtfertigt, da eine Hilfskraft, die lediglich Schreib- und Unterstützungstätigkeiten erbringt, die Tathandlung des Offenbarens oder Verwertens eigenständig verwirklichen kann;[12] eine Beschränkung des Gehilfenbegriffs würde den Geheimnisschutz mithin entwerten.[13]

9 **Beschäftigter einer Prüfstelle iSv § 342 b Abs. 1 HGB** ist jeder, der für eine Prüfstelle – unabhängig vom Bestehen eines arbeitsrechtlichen Beschäftigungsverhältnisses – bei der Erfüllung ihrer Aufgaben tätig ist.[14] **Prüfstelle** ist gem. § 342 b Abs. 1 S. 1 HGB eine privatrechtlich organisierte Einrichtung zur Prüfung von Verstößen gegen Rechnungslegungsvorschriften, die das BMJV im

---

9 MüKoHGB/*Quedenfeld* HGB § 333 Rn. 3; Heymann/*Otto* HGB § 333 Rn. 9; Graf/Jäger/Wittig/*Olbermann* HGB § 333 Rn. 4; Staub/*Dannecker* HGB § 333 Rn. 12.
10 MüKoStGB/*Sorgenfrei* HGB § 333 Rn. 10; MüKoBilR/*Waßmer* HGB § 333 Rn. 4; BeckOK HGB/*Regierer* HGB § 333 Rn. 3; Graf/Jäger/Wittig/*Olbermann* HGB § 333 Rn. 5.
11 Graf/Jäger/Wittig/*Olbermann* HGB § 333 Rn. 7; MüKoBilR/*Waßmer* HGB § 333 Rn. 6; MüKoStGB/*Sorgenfrei* HGB § 333 Rn. 14; NK-WSS/*Knierim/Kessler* HGB § 333 Rn. 4; BeckOK HGB/*Regierer* HGB § 333 Rn. 3.
12 Graf/Jäger/Wittig/*Olbermann* HGB § 333 Rn. 7; MüKoStGB/*Sorgenfrei* HGB § 333 Rn. 14.
13 MüKoBilR/*Waßmer* HGB § 333 Rn. 6.
14 MüKoHGB/*Quedenfeld* HGB § 333 Rn. 8; Graf/Jäger/Wittig/*Olbermann* HGB § 333 Rn. 8; BeckOK HGB/*Regierer* HGB § 333 Rn. 4.

Einvernehmen mit dem BMF durch Vertrag anerkennt und der die in § 342 b HGB festgelegten Aufgaben übertragen werden. Vom BMJV und dem BMF anerkannte Prüfstelle ist der „**Deutsche Prüfstelle für Rechnungswesen DPR e. V.**".[15] Die BaFin ist hingegen selbst dann keine Prüfstelle iSv § 342 b HGB, wenn sie die Prüfung an sich zieht.[16]

b) Tatgegenstand

§ 333 HGB schützt **jedes Geheimnis einer Kapitalgesellschaft und der mit ihr verbundenen Unternehmen.** Die besondere Hervorhebung des Betriebs- oder Geschäftsgeheimnisses hat dabei keine einschränkende Bedeutung.[17] Der Geheimnisbegriff ist identisch mit demjenigen der § 404 AktG und § 85 GmbHG.[18] Durch das Bilanzkontrollgesetz vom 15.12.2004[19] wurde der Tatgegenstand um **Erkenntnisse über das Unternehmen** erweitert, die Beschäftigten einer Prüfstelle iSv § 342 b Abs. 1 HGB bekannt geworden sind.

aa) Gesellschaftsgeheimnis

Das **Gesellschaftsgeheimnis** wird nach hM definiert als gesellschaftsbezogene, nicht offenkundige Tatsache (**objektives Element**), für die ein berechtigtes Interesse an der Geheimhaltung besteht (**normatives Element**) und ein Geheimhaltungswille vorhanden ist (**subjektives Element**).[20]

(1) Gesellschaftsbezogene Tatsache

Von § 333 HGB geschützt sind Informationen über **äußere oder innere Tatsachen mit wirtschaftlichem Bezug** zur Gesellschaft oder einem verbundenen Unternehmen.[21] Tatsachen sind dabei zu verstehen als konkrete Vorgänge oder Umstände der Vergangenheit oder Gegenwart, die sinnlich wahrnehmbar und dem Beweis zugänglich sind.[22] Erfasst ist nicht nur die einzelne unbekannte Tatsache, sondern auch eine Zusammenfassung mehrerer offenkundiger Einzelinformationen, sofern damit über die Einzelinformationen hinausgehende wirtschaftliche Vorteile verbunden sind (**Mosaiktheorie**).[23] Die Rechts- oder Sittenwidrigkeit eines Geheimnisses hat nach hM keine Auswirkungen auf die Tatbestandsmäßigkeit (zur Offenbarungsbefugnis vgl. aber Rn. 22).[24] Das Geheimnis muss zum Tatzeitpunkt noch bestehen und der Gesellschaft oder

---

15 MüKoHGB/*Paal* HGB § 342 b Rn. 1.
16 MüKoBilR/*Waßmer* HGB § 333 Rn. 7; KölnKommRLR/*Altenhain* HGB § 333 Rn. 12; MüKoStGB/*Sorgenfrei* HGB § 333 Rn. 15.
17 Graf/Jäger/Wittig/*Olbermann* HGB § 333 Rn. 9; MüKoBilR/*Waßmer* HGB § 333 Rn. 8.
18 MüKoHGB/*Quedenfeld* HGB § 333 Rn. 9 mwN.
19 BGBl. I 3408.
20 MüKoBilR/*Waßmer* HGB § 333 Rn. 9; Graf/Jäger/Wittig/*Olbermann* HGB § 333 Rn. 10; Staub/*Dannecker* HGB § 333 Rn. 28; Heymann/*Otto* HGB § 333 Rn. 13; Erfordernis des Geheimhaltungswillens abl. *Maume* WRP 2008, 1275, 1280.
21 MüKoBilR/*Waßmer* HGB § 333 Rn. 10.
22 MüKoStGB/*Sorgenfrei* HGB § 333 Rn. 20; MüKoBilR/*Waßmer* HGB § 333 Rn. 10.
23 Graf/Jäger/Wittig/*Olbermann* HGB § 333 Rn. 11; MüKoBilR/*Waßmer* HGB § 333 Rn. 11; MüKoStGB/*Sorgenfrei* HGB § 333 Rn. 20; KölnKommRLR/*Altenhain* HGB § 333 Rn. 19; *Quick* BB 2004, 1490 (1491).
24 MüKoHGB/*Quedenfeld* HGB § 333 Rn. 14; Graf/Jäger/Wittig/*Olbermann* HGB § 333 Rn. 11; Staub/*Dannecker* HGB § 333 Rn. 45; Heymann/*Otto* HGB § 333 Rn. 15; MüKoStGB/*Sorgenfrei* HGB § 333 Rn. 31; *Quick* BB 2004, 1490 (1491); *Hellmann* Rn. 522; Müller-Gugenberger/*Dittrich* § 33 Rn. 51; *Többens* NStZ 2000, 505 (506);

einem verbundenen Unternehmen auch zustehen.[25] Eine Übertragung des Geheimnisses nach der Tat ist für die Tatbestandsverwirklichung daher ohne Bedeutung.[26] Zweifelhaft ist, ob dies auch für eine Übertragung des Geheimnisses vor der Tatbegehung gilt.[27]

(2) Fehlende Offenkundigkeit

13 **Offenkundig** ist eine Tatsache, wenn sie entweder allgemein bekannt ist oder für jeden die Möglichkeit besteht, mit legalen Mitteln von ihr Kenntnis zu erlangen.[28] Nicht unter den Geheimnisbegriff fallen somit insbes. Veröffentlichungen im Patent-[29] oder Handelsregister[30] sowie Ad hoc-Meldungen nach § 26 WpHG.[31][32] Geschützt ist eine Tatsache auch, wenn sie in der Vergangenheit allgemein bekannt war, zum Tatzeitpunkt aber bereits in Vergessenheit geraten oder nicht mehr allgemein zugänglich war.[33] Die Geheimnisqualität einer Tatsache erlischt mit dem Zeitpunkt, in dem sie für einen beliebigen Zugriff preisgegeben wird, nicht jedoch, sofern die Zugriffsmöglichkeit nur einem begrenzten Personenkreis gezielt eingeräumt wird (zB gegenüber Wirtschaftsprüfern, Steuerberatern oder einzelnen Kunden).[34]

(3) Geheimhaltungsinteresse

14 Ob ein berechtigtes Interesse an der Geheimhaltung einer Tatsache besteht, bestimmt sich nach **objektiven Kriterien**, da eine rein subjektive, allein vom Willen der Gesellschaft getragene Sicht den Anwendungsbereich der Norm in die Hände der Gesellschaft legen würde.[35] Maßstab für ein objektives Geheimhaltungsinteresse sind die **Grundsätze einer sachgemäßen Unternehmensführung**.[36] Danach ist ein Geheimhaltungsinteresse insbes. dann zu bejahen, wenn der Gesellschaft durch das Bekanntwerden einer Tatsache ein **materieller oder immaterieller Schaden** drohen würde, etwa eine Beeinträchtigung der Wettbewerbsfähigkeit oder ein Ansehens- oder Vertrauensverlust.[37]

---

aA *Poll* DZWiR 1995, 95 (96); *Rützel* GRUR 1995, 557 (560); HK-HGB/*Ruß* HGB § 333 Rn. 1 (6. Aufl. 2002).
25 MüKoBilR/*Waßmer* HGB § 333 Rn. 10; MüKoStGB/*Sorgenfrei* HGB § 333 Rn. 31.
26 MüKoBilR/*Waßmer* HGB § 333 Rn. 10; MüKoStGB/*Sorgenfrei* HGB § 333 Rn. 31.
27 Für ein weiterhin bestehendes Geheimnis der Gesellschaft trotz vorheriger Übertragung: MüKoBilR/*Waßmer* HGB § 333 Rn. 10; aA MüKoStGB/*Sorgenfrei* HGB § 333 Rn. 31; KölnKommRLR/*Altenhain* HGB § 333 Rn. 16.
28 Graf/Jäger/Wittig/*Olbermann* HGB § 333 Rn. 11; MüKoStGB/*Sorgenfrei* HGB § 333 Rn. 22; MüKoHGB/*Quedenfeld* HGB § 333 Rn. 11; MüKoBilR/*Waßmer* HGB § 333 Rn. 11.
29 *Poll* DZWir 1995, 95 (96).
30 *Hilber/Hartung* BB 2003, 1054 (1057).
31 KölnKommRLR/*Altenhain* HGB § 333 Rn. 19.
32 MüKoStGB/*Sorgenfrei* HGB § 333 Rn. 22.
33 Graf/Jäger/Wittig/*Olbermann* HGB § 333 Rn. 11; MüKoBilR/*Waßmer* HGB § 333 Rn. 11; MüKoStGB/*Sorgenfrei* HGB § 333 Rn. 22; *Quick* BB 2004, 1490 (1491).
34 MüKoBilR/*Waßmer* HGB § 333 Rn. 11; MüKoStGB/*Sorgenfrei* HGB § 333 Rn. 22; KölnKommRLR/*Altenhain* HGB § 333 Rn. 19; Ulmer/*Dannecker* § 333 Rn. 24.
35 Graf/Jäger/Wittig/*Olbermann* HGB § 333 Rn. 12; *Maume* WRP 2008, 1275 (1276) („Willkürausschluss").
36 MüKoHGB/*Quedenfeld* HGB § 333 Rn. 12; MüKoBilR/*Waßmer* HGB § 333 Rn. 12; Graf/Jäger/Wittig/*Olbermann* HGB § 333 Rn. 12; Heymann/*Otto* HGB § 333 Rn. 15; MüKoStGB/*Sorgenfrei* HGB § 333 Rn. 23.
37 BGH 20.5.1996 – II ZR 190/95, MDR 1996, 918; MüKoBilR/*Waßmer* HGB § 333 Rn. 12; Heymann/*Otto* HGB § 333 Rn. 15; MüKoStGB/*Sorgenfrei* HGB § 333 Rn. 23;

(4) Geheimhaltungswille

Ferner muss ein **Geheimhaltungswille**, dh ein Wille, Unbefugte von der Kenntnis einer bisher unbekannten Tatsache auszuschließen, als subjektives Geheimniselement bestehen.[38] Ein solcher Wille folgt grundsätzlich aus einem bestehenden Geheimhaltungsinteresse; er bedarf daher weder einer ausdrücklichen Bekundung noch einer Erkennbarkeit nach außen.[39] Eine ausdrückliche Bekundung oder Erkennbarkeit nach außen vorauszusetzen, würde den Schutzbereich des § 333 HGB erheblich einschränken, denn zum einen können die Organe der Gesellschaft nicht Kenntnis von jedem Geheimnis haben und zum anderen kann eine ausdrückliche Bekundung für die Gesellschaft negative Auswirkungen haben.[40] Liegen keine Anhaltspunkte für einen fehlenden Geheimhaltungswillen vor, ist somit von dessen Bestehen auszugehen (sog **Willensvermutung**). Der Geheimhaltungswille fehlt, wenn ein bestehender Offenbarungswille ausdrücklich oder konkludent (zB durch die Vermarktung eines Produktes) erklärt wird.[41] Die Offenbarung obliegt dem jeweils **zuständigen Organ der Gesellschaft**, dh dem Vorstand der AG oder dem Geschäftsführer der GmbH, nicht aber der Hauptversammlung oder den Gesellschaftern;[42] letztere können aber Weisungsrechte ausüben.[43] Im Konzern ist der Geheimhaltungswille des antragsberechtigten Mutterunternehmens maßgeblich.[44] Ein nur pflichtwidrig gefasster Offenbarungswille hat keine Auswirkungen auf die Geheimnisqualität[45] – anders aber eine pflichtwidrige Offenbarung; diese führt zur Aufgabe des Geheimnisses.[46]

bb) Betriebs- und Geschäftsgeheimnis

Unter den Begriff der **Betriebsgeheimnisse** fallen Tatsachen aus dem technischen Bereich eines Unternehmens, während Tatsachen aus dem kaufmännischen Bereich dem Begriff der **Geschäftsgeheimnisse** zuzuordnen sind.[47] Die

---

Graf/Jäger/Wittig/*Olbermann* HGB § 333 Rn. 12; KölnKommRLR/*Altenhain* HGB § 333 Rn. 20; Ulmer/*Dannecker* § 333 Rn. 25.
38 Graf/Jäger/Wittig/*Olbermann* HGB § 333 Rn. 13; MüKoBilR/*Waßmer* HGB § 333 Rn. 14.
39 MüKoBilR/*Waßmer* HGB § 333 Rn. 14; Heymann/*Otto* HGB § 333 Rn. 17; Graf/Jäger/Wittig/*Olbermann* HGB § 333 Rn. 13; MüKoHGB/*Quedenfeld* HGB § 333 Rn. 13; *Quick* BB 2004, 1490 (1491); *Többens* NStZ 2000, 505 (506).
40 MüKoBilR/*Waßmer* HGB § 333 Rn. 14; Graf/Jäger/Wittig/*Olbermann* HGB § 333 Rn. 13.
41 KölnKommRLR/*Altenhain* HGB § 333 Rn. 23; MüKoBilR/*Waßmer* HGB § 333 Rn. 15.
42 Zum Vorstand s. BGH 26.4.2016 – XI ZR 108/15, NJW 2016, 2569 (2571) (Vorstand ist „Herr der Gesellschaftsgeheimnisse"); dazu *Reichard* GWR 2017, 72 (74); Graf/Jäger/Wittig/*Olbermann* HGB § 333 Rn. 13; MüKoBilR/*Waßmer* HGB § 333 Rn. 15.
43 MüKoBilR/*Waßmer* HGB § 333 Rn. 15; KölnKommRLR/*Altenhain* HGB § 333 Rn. 23; MüKoHGB/*Quedenfeld* HGB § 333 Rn. 13; Staub/*Dannecker* HGB § 333 Rn. 43.
44 MüKoStGB/*Sorgenfrei* HGB § 333 Rn. 25; MüKoBilR/*Waßmer* HGB § 333 Rn. 15; aA KölnKommRLR/*Altenhain* HGB § 333 Rn. 23.
45 MüKoBilR/*Waßmer* HGB § 333 Rn. 15; MüKoHGB/*Quedenfeld* HGB § 333 Rn. 13; MüKoStGB/*Sorgenfrei* HGB § 333 Rn. 26; Heymann/*Otto* HGB § 333 Rn. 19.
46 Graf/Jäger/Wittig/*Olbermann* HGB § 333 Rn. 13, Staub/*Dannecker* HGB § 333 Rn. 43; Heymann/*Otto* HGB § 333 Rn. 19; MüKoHGB/*Quedenfeld* HGB § 333 Rn. 13.
47 Heymann/*Otto* HGB § 333 Rn. 20; Graf/Jäger/Wittig/*Olbermann* HGB § 333 Rn. 14; MüKoBilR/*Waßmer* HGB § 333 Rn. 16; Staub/*Dannecker* HGB § 333 Rn. 34; *Poll* DZWir 1995, 95 (96).

Grenzen sind fließend; da beide Geheimnisarten aber gleichermaßen geschützt sind, bedarf es keiner genauen Abgrenzung.[48] Unter Betriebs- und Geschäftsgeheimnisse fallen bspw. Kunden- und Lieferantenlisten, Einkaufspreise, Bezugsquellen etc.[49] Grenzen kann der Geheimnisschutz in gesetzlichen Regelungen finden, die eine Kennzeichnungs- oder Offenbarungspflicht beinhalten, so etwa § 22 Abs. 3 ChemG, § 17 a GenTG, Art. 16 EG-AltstoffVO, § 2 S. 3 VIG.[50]

cc) Erkenntnis über das Unternehmen

17 Der Begriff der Erkenntnis über ein Unternehmen ist weit gefasst und **geht über denjenigen des Betriebs- oder Geschäftsgeheimnisses hinaus**.[51] Umfasst sind alle nicht allgemein bekannten und schutzwürdigen Umstände, die im Rahmen der Prüftätigkeit über das Unternehmen gewonnen werden,[52] so etwa die Absicht, eine Prüfung einzuleiten, die Tatsache, dass eine Prüfung durchgeführt wird, ob das Unternehmen mitwirkt oder eine Mitwirkung verweigert sowie das gefundene Prüfergebnis und daraus resultierende Schlussfolgerungen.[53] Darüber hinaus sind vom Begriff der Erkenntnis auch alle Gesellschaftsgeheimnisse erfasst, sofern diese nicht bereits unter die ausdrücklich benannten Betriebs- und Geschäftsgeheimnisse zu subsumieren sind.[54]

dd) Prüfungsbedingte Kenntniserlangung

18 Die Geheimnisse müssen dem Täter **in seiner beruflichen Funktion** als Abschlussprüfer oder Gehilfe eines Abschlussprüfers bei Prüfung des Jahresabschlusses, eines Einzelabschlusses nach § 325 Abs. 2 a HGB oder des Konzernabschlusses bekannt geworden sein. Erkenntnisse über das Unternehmen müssen dem Beschäftigten der Prüfstelle bei der Prüftätigkeit bekannt geworden sein. Da nur hierfür die Verschwiegenheitspflicht des Abschlussprüfers bzw. Abschlussprüfergehilfen gem. § 323 Abs. 1 S. 1 HGB und diejenige des Prüfstellenbeschäftigten gem. § 342 c Abs. 1 S. 1 HGB gilt, muss ein **zeitlicher und funktionaler Zusammenhang zwischen Prüfungstätigkeit und Kenntniserlangung** bestehen.[55] War der Täter zum **Zeitpunkt der Kenntniserlangung** nicht oder nicht mehr Abschlussprüfer, Abschlussprüfergehilfe oder Prüfstellenbeschäftigter, ist der Tatbestand des § 333 HGB nicht verwirklicht.[56] Ein Wirtschaftsprüfer, der zwar die berufliche Qualifikation hat, zum Zeitpunkt der Kenntnisnahme aber noch nicht oder nicht mehr die Funktion des Abschlussprüfers innehatte, handelt demzufolge nicht tatbestandsmäßig.[57] Verwirklicht

---

48 Graf/Jäger/Wittig/*Olbermann* HGB § 333 Rn. 14.
49 Weitere Beispiele bei MüKoStGB/*Sorgenfrei* HGB § 333 Rn. 29 mwN.
50 MüKoStGB/*Sorgenfrei* HGB § 333 Rn. 28; MüKoBilR/*Waßmer* HGB § 333 Rn. 17.
51 MüKoHGB/*Quedenfeld* HGB § 333 Rn. 17.
52 MüKoBilR/*Waßmer* HGB § 333 Rn. 18; NK-WSS/*Knierim/Kessler* HGB § 333 Rn. 9.
53 MüKoStGB/*Sorgenfrei* HGB § 333 Rn. 32; MüKoBilR/*Waßmer* HGB § 333 Rn. 18; NK-WSS/*Knierim/Kessler* HGB § 333 Rn. 9.
54 MüKoBilR/*Waßmer* HGB § 333 Rn. 18.
55 MüKoStGB/*Sorgenfrei* HGB § 333 Rn. 34; MüKoHGB/*Quedenfeld* HGB § 333 Rn. 18; MüKoBilR/*Waßmer* HGB § 333 Rn. 20; Staub/*Dannecker* HGB § 333 Rn. 21 f., 24; *Poll* DZWir 1995, 95 (97); *Quick* BB 2004, 1490 (1492); vgl. *Witt/Freudenberg* WRP 2014, 375 (378).
56 Graf/Jäger/Wittig/*Olbermann* HGB § 333 Rn. 15; MüKoStGB/*Sorgenfrei* HGB § 333 Rn. 34; MüKoHGB/*Quedenfeld* HGB § 333 Rn. 18.
57 NK-WSS/*Knierim/Kessler* HGB § 333 Rn. 10; MüKoStGB/*Sorgenfrei* HGB § 333 Rn. 33; MüKoHGB/*Quedenfeld* HGB § 333 Rn. 18.

sein können dann aber die Tatbestände der §§ 203, 204 StGB.[58] Zum Zeitpunkt der Offenbarung oder Verwertung des Geheimnisses muss die berufliche Funktion hingegen nicht mehr ausgeübt werden, da die Verschwiegenheitspflicht auch nach Beendigung der Tätigkeit fortwirkt.[59] In **funktionaler Hinsicht** beurteilt sich der erforderliche Zusammenhang am Maßstab der in den §§ 316–324 a HGB genannten Prüfungstätigkeiten.[60] Der Schutz des § 333 HGB erstreckt sich daher nicht nur auf die eigentlichen Prüfungshandlungen, sondern auch auf die – außerhalb der eigentlichen Prüfungshandlung erfolgende – Anfertigung des Prüfungsberichtes.[61] Keine prüfungsbezogene Kenntniserlangung liegt hingegen vor, wenn etwa der Abschlussprüfer von dem Geheimnis privat oder in seiner Funktion als Steuer- oder Unternehmensberater erfährt.[62] Von § 333 HGB nicht erfasst, sind Verletzungen der Verschwiegenheitspflichten bei anderen Prüfungen; diesbezüglich sind ggf. andere Strafvorschriften anwendbar.[63]

c) Tathandlung

Die Tatbestände des § 333 Abs. 1 und Abs. 2 S. 2 HGB unterscheiden zwischen der Tathandlung des unbefugten Offenbarens eines Gesellschaftsgeheimnisses oder einer Erkenntnis über das Unternehmen und des unbefugten Verwertens eines Gesellschaftsgeheimnisses.

aa) Offenbaren

Unter Offenbaren ist jede **Mitteilung, Weitergabe oder Weiterleitung** eines Geheimnisses bzw. einer Erkenntnis an eine Person zu verstehen, der dies **noch nicht oder noch nicht vollständig bekannt war**.[64] Ausreichend ist auch die bloße Bestätigung von Gerüchten oder Vermutungen.[65] Kannte der Adressat das Geheimnis bereits, liegt lediglich ein strafloser Versuch vor.[66] Erfolgt die Offenbarung **mündlich**, ist zur Tatbestandsverwirklichung die Kenntnisnahme durch den Adressaten erforderlich; dieser muss aber weder den Geheimischarakter erkannt, noch die Mitteilung verstanden haben.[67] Bei einer **schriftlichen**

---

58 MüKoBilR/*Waßmer* HGB § 333 Rn. 20.
59 MüKoStGB/*Sorgenfrei* HGB § 333 Rn. 34; *Poll* DZWir 1995, 95 (96); *Quick* BB 2004, 1490 (1492); BT-Drs. 15/3421, 16; *Mock* DB 2003, 1996 (1999).
60 Ulmer/*Dannecker* HGB § 333 Rn. 19; MüKoStGB/*Sorgenfrei* HGB § 333 Rn. 36; NK-WSS/*Knierim/Kessler* HGB § 333 Rn. 11.
61 Beck`scherBilanzkommentar/*Grottel/H. Hoffmann* HGB § 333 Rn. 12; Ulmer/*Dannecker* HGB § 333 Rn. 19; MüKoStGB/*Sorgenfrei* HGB § 333 Rn. 36.
62 Graf/Jäger/Wittig/*Olbermann* HGB § 333 Rn. 15; MüKoStGB/*Sorgenfrei* HGB § 333 Rn. 36; MüKoBilR/*Waßmer* HGB § 333 Rn. 20; KölnKommRLR/*Altenhain* HGB § 333 Rn. 31.
63 MüKoBilR/*Waßmer* HGB § 333 Rn. 20.
64 MüKoHGB/*Quedenfeld* HGB § 333 Rn. 19; MüKoBilR/*Waßmer* HGB § 333 Rn. 22; Graf/Jäger/Wittig/*Olbermann* HGB § 333 Rn. 16; MüKoStGB/*Sorgenfrei* HGB § 333 Rn. 39.
65 Graf/Jäger/Wittig/*Olbermann* HGB § 333 Rn. 16; MüKoBilR/*Waßmer* HGB § 333 Rn. 22; KölnKommRLR/*Altenhain* HGB § 333 Rn. 33; Staub/*Dannecker* HGB § 333 Rn. 48; BilR/*Tschesche* HGB § 333 Rn. 25 Hofbauer/Kupsch/*Gehm* HGB § 333 Rn. 6; HdR/*Pfennig* HGB § 333 Rn. 15.
66 Graf/Jäger/Wittig/*Olbermann* HGB § 333 Rn. 16.
67 KölnKommRLR/*Altenhain* HGB § 333 Rn. 33; MüKoBilR/*Waßmer* HGB § 333 Rn. 22; Graf/Jäger/Wittig/*Olbermann* HGB § 333 Rn. 16; *Quick* BB 2004, 1490 (1493); aA MüKoStGB/*Sorgenfrei* HGB § 333 Rn. 39.

Mitteilung genügt zur Tatbestandsverwirklichung bereits, dass die Möglichkeit zur Kenntnisnahme verschafft wird.[68] Eine Offenbarung kann auch durch ein **pflichtwidriges Unterlassen** erfolgen, so etwa wenn die Kenntnisnahme von Akten oder Dateien durch einen unbefugten Dritten nicht verhindert wird.[69] Die Garantenstellung iSv § 13 Abs. 1 StGB resultiert aus der Übernahme der Prüftätigkeit.[70] Tatbestandsmäßig ist auch das Offenbaren eines Geheimnisses oder einer Erkenntnis an andere Schweigepflichtige.[71]

bb) Verwerten

21 Unter Verwertung iSv § 333 Abs. 2 S. 2 HGB ist das **Ausnutzen eines Geheimnisses für sich oder einen Dritten zum Zwecke der Gewinnerzielung** zu verstehen.[72] Eine Nutzung des Geheimnisses allein für politische oder ideelle Zwecke stellt hingegen keine Verwertung dar; darin kann aber ein Offenbaren nach Abs. 1 liegen.[73] Nicht erforderlich ist, dass der Täter durch die Verwertung das Geheimnis offenbart, tatsächlich einen Gewinn erzielt oder der Gesellschaft hierdurch ein Schaden entsteht.[74] Ebenso wenig muss ein im Geheimnis verkörperter wirtschaftlicher Wert realisiert werden.[75] Voraussetzung ist aber, dass die Handlung über das bloße „Haben" des Geheimnisses hinausgeht;[76] das Abschreiben, Kopieren oder Fotografieren von Unterlagen ist demnach nicht tatbestandsmäßig.[77] Für die Verwertung von Erkenntnissen über ein Unternehmen durch einen Prüfstellenbeschäftigten besteht eine **Strafbarkeitslücke**, sofern es sich bei der Erkenntnis nicht auch um ein Geheimnis handelt.[78] Eine eigenständige Bedeutung kommt § 333 Abs. 2 S. 2 HGB nur dann zu, wenn der Täter das Geheimnis nutzt, ohne es zu offenbaren.[79] Besteht die Nutzung

---

68 NK-WSS/*Knierim/Kessler* HGB § 333 Rn. 12; Graf/Jäger/Wittig/*Olbermann* HGB § 333 Rn. 16; MüKoBilR/*Waßmer* HGB § 333 Rn. 22; Beck`scherBilanzkommentar/*Grottel/H. Hoffmann* HGB § 333 Rn. 13; aA MüKoHGB/*Quedenfeld* HGB § 333 Rn. 19; BeckOK HGB/*Regierer* HGB § 333 Rn. 6; MüKoStGB/*Sorgenfrei* HGB § 333 Rn. 39, der das Verschaffen einer Kenntnisnahmemöglichkeit als straflosen untauglichen Versuch einordnet.
69 MüKoBilR/*Waßmer* HGB § 333 Rn. 23; Staub/*Dannecker* HGB § 333 Rn. 49; Graf/Jäger/Wittig/*Olbermann* HGB § 333 Rn. 16; MüKoStGB/*Sorgenfrei* HGB § 333 Rn. 39; Ulmer/*Dannecker* HGB § 333 Rn. 37; Heymann/*Otto* HGB § 333 Rn. 23; HdR/*Pfennig* HGB § 333 Rn. 15; *Schramm* DStR 2003, 1316.
70 Graf/Jäger/Wittig/*Olbermann* HGB § 333 Rn. 16; MüKoBilR/*Waßmer* HGB § 333 Rn. 23.
71 MüKoStGB/*Sorgenfrei* HGB § 333 Rn. 39; MüKoBilR/*Waßmer* HGB § 333 Rn. 22; Staub/*Dannecker* HGB § 333 Rn. 48.
72 MüKoBilR/*Waßmer* HGB § 333 Rn. 25; MüKoStGB/*Sorgenfrei* HGB § 333 Rn. 43; Heymann/*Otto* HGB § 333 Rn. 24; MüKoHGB/*Quedenfeld* HGB § 333 Rn. 34; BilR/*Tschesche* HGB § 333 Rn. 42; Hofbauer/Kupsch/*Gehm* HGB § 333 Rn. 8.
73 MüKoHGB/*Quedenfeld* HGB § 333 Rn. 34; Graf/Jäger/Wittig/*Olbermann* HGB § 333 Rn. 17.
74 MüKoBilR/*Waßmer* HGB § 333 Rn. 25; Graf/Jäger/Wittig/*Olbermann* HGB § 333 Rn. 17; BilR/*Tschesche* HGB § 333 Rn. 42; Staub/*Dannecker* HGB § 333 Rn. 54; vgl. auch BayObLG 28.10.1983 – Rreg. 2 St 200/83, NStZ 1984, 169 f. (zu § 355 StGB).
75 MüKoBilR/*Waßmer* HGB § 333 Rn. 25; KölnKommRLR/*Altenhain* HGB § 333 Rn. 38.
76 MüKoStGB/*Sorgenfrei* HGB § 333 Rn. 42; KölnKommRLR/*Altenhain* HGB § 333 Rn. 38; MüKoBilR/*Waßmer* HGB § 333 Rn. 25.
77 MüKoStGB/*Sorgenfrei* HGB § 333 Rn. 42.
78 MüKoStGB/*Sorgenfrei* HGB § 333 Rn. 42; MüKoBilR/*Waßmer* HGB § 333 Rn. 25; *ders*. ZIS 2011, 648 (654).
79 Staub/*Dannecker* HGB § 333 Rn. 55; MüKoBilR/*Waßmer* HGB § 333 Rn. 28.

allein in einer Offenbarung des Geheimnisses gegen Entgelt, ist nicht der Grundtatbestand des § 333 Abs. 2 S. 2 HGB, sondern die Qualifikation des § 333 Abs. 2 S. 1 HGB verwirklicht.[80]

cc) Handeln ohne Befugnis

Unbefugt ist die Offenbarung oder Verwertung, wenn der Täter zur Weitergabe oder Nutzung weder berechtigt noch verpflichtet war.[81] Bei der Frage, ob es sich bei der Unbefugtheit um ein Tatbestands- oder Rechtswidrigkeitsmerkmal handelt, ist danach zu differenzieren, ob das Geheimnis weiterhin geschützt bleiben soll.[82] Liegt in der Zustimmung des Gesellschaftsorgans zur Offenbarung/Verwertung eine Aufgabe des Geheimhaltungswillens, scheidet bereits ein tatbestandsmäßiges Handeln aus (**tatbestandsausschließendes Einverständnis**).[83] Wird die Zustimmung hingegen zum Zwecke der Ausweitung des Kreises der Geheimnisträger erteilt ohne damit zugleich den Geheimhaltungswillen aufzugeben, liegt darin lediglich ein Rechtfertigungsgrund (**rechtfertigende Einwilligung**).[84] Zu weiteren Rechtfertigungsgründen unter Rn. 27 ff. 22

2. Subjektiver Tatbestand

a) Vorsatz

Die Tatbestände des § 333 Abs. 1 und Abs. 2 S. 2 StGB setzen **vorsätzliches Verhalten** voraus, wobei **bedingter Vorsatz** hinsichtlich aller Merkmale des objektiven Tatbestands genügt.[85] Vom Vorsatz umfasst sein müssen sowohl die geheimnisbegründenden Tatsachen, als auch die prüfungsbedingte Kenntniserlangung und die Tatsache, dass das Geheimnis offenbart oder verwertet wird.[86] Der Tatbestand des unbefugten Verwertens setzt ferner ein Handeln mit **Verwertungsabsicht** voraus.[87] 23

b) Irrtum

Ein **Tatbestandsirrtum** iSd § 16 StGB liegt vor, wenn sich der Täter über den Geheimnischarakter der Tatsache, über den Offenbarungswillen des Gesellschaftsorgans (als Element des Geheimnisbegriffs) oder über die prüfungsbedingte Kenntniserlangung irrt.[88] Irrt er hingegen in Kenntnis der tatsächlichen 24

---

80 Hofbauer/Kupsch/*Gehm* HGB § 333 Rn. 10; KölnKommRLR/*Altenhain* HGB § 333 Rn. 38, 60; Heymann/*Otto* HGB § 333 Rn. 25.
81 MüKoBilR/*Waßmer* HGB § 333 Rn. 24; MüKoStGB/*Sorgenfrei* HGB § 333 Rn. 44; Beck`scherBilanzkommentar/*Grottel/H. Hoffmann* HGB § 333 Rn. 13.
82 Graf/Jäger/Wittig/*Olbermann* HGB § 333 Rn. 18.
83 Graf/Jäger/Wittig/*Olbermann* HGB § 333 Rn. 18.
84 MüKoStGB/*Sorgenfrei* HGB § 333 Rn. 45; Graf/Jäger/Wittig/*Olbermann* HGB § 333 Rn. 18; Staub/*Dannecker* HGB § 333 Rn. 59; Heymann/*Otto* HGB § 333 Rn. 35; MüKoBilR/*Waßmer* HGB § 333 Rn. 39.
85 Graf/Jäger/Wittig/*Olbermann* HGB § 333 Rn. 19; *Quick* BB 2004, 1490 (1493).
86 MüKoStGB/*Sorgenfrei* HGB § 333 Rn. 48; Graf/Jäger/Wittig/*Olbermann* HGB § 333 Rn. 19; Heymann/*Otto* HGB § 333 Rn. 28.
87 MüKoBilR/*Waßmer* HGB § 333 Rn. 30; Graf/Jäger/Wittig/*Olbermann* HGB § 333 Rn. 19; MüKoStGB/*Sorgenfrei* HGB § 333 Rn. 47 f.; Beck`scherBilanzkommentar/*Grottel/H. Hoffmann* HGB § 333 Rn. 19; aA (bedingter Vorsatz für Abs. 2 S. 2 ausreichend) MüKoHGB/*Quedenfeld* HGB § 333 Rn. 42; Heymann/*Otto* HGB § 333 Rn. 26.
88 Graf/Jäger/Wittig/*Olbermann* HGB § 333 Rn. 20; MüKoBilR/*Waßmer* HGB § 333 Rn. 32; Staub/*Dannecker* HGB § 333 Rn. 67; MüKoHGB/*Quedenfeld* HGB § 333 Rn. 31.

Umstände über seine Verschwiegenheitspflicht, liegt ein **Verbotsirrtum** iSv § 17 StGB vor, der nur bei **Unvermeidbarkeit** zum Schuldausschluss führt.[89] Geht der Täter irrig davon aus, dass das Einverständnis des zuständigen Entscheidungsträgers zur Offenbarung oder Verwertung vorliegt, handelt es sich um einen – in den Rechtsfolgen dem § 16 StGB gleichgestellten – **Erlaubnistatbestandsirrtum**.[90]

3. Qualifikation

25 § 333 Abs. 2 S. 2 HGB enthält einen Qualifikationstatbestand. Sofern der Täter **gegen Entgelt** oder in der **Absicht** handelt, **sich oder einen anderen zu bereichern oder einen anderen zu schädigen**, erhöht sich der Strafrahmen auf Freiheitsstrafe bis zu zwei Jahren oder Geldstrafe. Die Tatbestandsvoraussetzungen entsprechen denjenigen des § 332 Abs. 2 HGB; insoweit wird auf die Ausführungen unter Kap. 11.1. Rn. 37 ff. verwiesen.

III. Rechtswidrigkeit

26 Ist der Täter zur Offenbarung oder Verwertung des Geheimnisses oder der Erkenntnis befugt, ist die Tat (abgesehen von den Fällen eines tatbestandsausschließenden Einverständnisses, s. Rn. 22) gerechtfertigt.[91]

1. Rechtfertigende Einwilligung

27 Der Täter handelt gerechtfertigt, wenn eine **Zustimmung des zuständigen Gesellschaftsorgans** zur Offenbarung oder Verwertung des Geheimnisses oder der Erkenntnis vorliegt, ohne dass damit zugleich eine Aufgabe des Geheimhaltungswillens verbunden ist.[92] Zur Abgrenzung vom tatbestandsausschließenden Einverständnis s. Rn. 22.

2. Gesetzliche Offenbarungsrechte und -pflichten

28 Eine Rechtfertigung der Tat kann sich ferner aus gesetzlichen Offenbarungsrechten oder -pflichten des Täters ergeben.

a) Berichterstattungs- und Auskunftspflichten sowie Einsichtsrechte nach HGB

29 Gemäß § 321 HGB ist der **Abschlussprüfer** verpflichtet, gegenüber dem gesetzlichen Vertreter und ggf. gegenüber dem Aufsichtsrat (§ 321 Abs. 5 S. 1, 2 HGB) über Art und Umfang sowie über das Ergebnis seiner Prüfung zu berichten. Gemäß § 321 Abs. 1 S. 3 HGB bezieht sich diese **Berichtspflicht** auch auf bei der Prüfung festgestellte Unrichtigkeiten oder Verstöße gegen gesetzliche Vorschriften sowie Tatsachen, die den Bestand des geprüften Unternehmens oder des Konzerns gefährden oder seine Entwicklung wesentlich beinträchti-

---

[89] MüKoBilR/*Waßmer* HGB § 333 Rn. 33; Beck'scherBilanzkommentar/*Grottel/H. Hoffmann* HGB § 333 Rn. 20; Graf/Jäger/Wittig/*Olbermann* HGB § 333 Rn. 21.
[90] KölnKommRLR/*Altenhain* HGB § 333 Rn. 43; Graf/Jäger/Wittig/*Olbermann* HGB § 333 Rn. 21; Staub/*Dannecker* HGB § 333 Rn. 69; MüKoBilR/*Waßmer* HGB § 333 Rn. 32.
[91] MüKoBilR/*Waßmer* HGB § 333 Rn. 38; vgl. Graf/Jäger/Wittig/*Olbermann* HGB § 333 Rn. 23; aA MüKoHGB/*Quedenfeld* HGB § 333 Rn. 35.
[92] MüKoStGB/*Sorgenfrei* HGB § 333 Rn. 45; Graf/Jäger/Wittig/*Olbermann* HGB § 333 Rn. 18; Staub/*Dannecker* HGB § 333 Rn. 59; Heymann/*Otto* HGB § 333 Rn. 35; MüKoBilR/*Waßmer* HGB § 333 Rn. 39.

gen können oder die schwerwiegende Verstöße der gesetzlichen Vertreter oder von Arbeitnehmern gegen Gesetz, Gesellschaftsvertrag oder die Satzung erkennen lassen.

Eine **Auskunftspflicht** besteht für den Abschlussprüfer von Mutter- und Tochterunternehmen gemäß **§ 320 Abs. 3 S. 2 HGB gegenüber dem Konzernabschlussprüfer.** Dieser kann von den Abschlussprüfern der Mutter- und Tochterunternehmen nicht nur mündliche Auskünfte zur Erläuterung des prüfungsrelevanten Sachverhalts, sondern auch Einblick in deren Arbeitsunterlagen verlangen.[93] Damit wird die Verschwiegenheitspflicht des Abschlussprüfers nach § 323 Abs. 1 HGB für den Bereich der Konzernabschlussprüfung durchbrochen.[94] Für den Fall, dass die Kapitalgesellschaft als Tochterunternehmen in den Konzernabschluss eines Mutterunternehmens, das seinen Sitz nicht in einem Mitgliedstaat der EU oder einem anderen Vertragsstaats des Abkommens über den Europäischen Wirtschaftsraum hat, einbezogen ist, enthält § 320 Abs. 5 S. 1 HGB eine **Übermittlungsbefugnis des Abschlussprüfers eines Tochterunternehmens.** Dieser ist befugt, die ihm gem. § 320 Abs. 2 HGB von den gesetzlichen Vertretern zum Zwecke einer sorgfältigen Prüfung zur Verfügung gestellten Aufklärungen und Nachweise an den Konzernabschlussprüfer weiterzugeben, sofern diese für die Prüfung des Konzernabschlusses des Mutterunternehmens erforderlich sind. § 320 Abs. 4 HGB sieht hinsichtlich des Ergebnisses der bisherigen Prüfung zudem eine **Berichtspflicht des bisherigen Abschlussprüfers gegenüber dem neuen Abschlussprüfer** vor. Die Pflicht besteht jedoch erst auf schriftliche Anfrage des neuen Abschlussprüfers und umfasst weder die Überlassung noch die Gewährung einer Einsicht in die Arbeitspapiere.[95]

Gemäß § 321 a Abs. 1 HGB steht den **Gläubigern und Gesellschaftern** des Unternehmens im Insolvenzfall ein **Einsichtsrecht** gegenüber dem Abschlussprüfer zu. Diese haben die Wahl, entweder selbst oder durch einen von ihnen zu bestimmenden Wirtschaftsprüfer oder im Falle des § 319 Abs. 1 S. 2 HGB durch einen vereidigten Buchprüfer Einsicht in die Prüfungsberichte über die aufgrund gesetzlicher Vorschriften durchzuführende Prüfung des Jahresabschlusses der letzten drei Geschäftsjahre zu nehmen. Voraussetzung ist ein berechtigtes Interesse der Gläubiger oder Gesellschafter an den Ursachen für die Insolvenz.[96] Gem. § 321 a Abs. 3 S. 1 HGB kann aber der Insolvenzverwalter oder ein gesetzlicher Vertreter des Schuldners einer Offenlegung von Geheimnissen widersprechen, wenn eine solche geeignet ist, der Gesellschaft einen erheblichen Nachteil zuzufügen.

Für **Beschäftigte einer Prüfstelle** iSv § 342 b Abs. 1 HGB besteht gem. § 342 b Abs. 6 HGB eine **Berichtspflicht gegenüber der BaFin.** Diese umfasst die Absicht, eine Prüfung einzuleiten, die Weigerung des betroffenen Unternehmens, an einer Prüfung mitzuwirken sowie das Ergebnis der Prüfung und ggf. den Umstand, ob sich das Unternehmen mit dem Prüfungsergebnis einverstanden erklärt hat.

---

93 MüKoBilR/*Bormann* HGB § 320 Rn. 37 f.
94 Hofbauer/Kupsch/*Häfele* HGB § 320 Rn. 44.
95 BT-Drs. 16/10067, 91.
96 Beck'scher Bilanzkommentar/*Schmidt/Deicke* HGB § 321 a Rn. 3.

b) Auskunftspflichten zur Durchführung von Qualitätskontrollen, Berufsaufsicht und Enforcements

33 Wirtschaftsprüfer sind gem. § 57 b Abs. 3 WPO von ihrer Verschwiegenheitspflicht befreit, soweit dies zur Durchführung einer Qualitätskontrolle („**Peer Review**") erforderlich ist. Gleiches gilt nach § 62 Abs. 3 WPO, wenn die Auskunft zum Zwecke der Durchführung eines **berufsaufsichtsrechtlichen Verfahrens** erforderlich ist.

34 Auskunftspflichten bestehen für **Abschlussprüfer** ferner im Rahmen sog **Enforcement-Verfahren**. Angesichts des zweistufigen Prüfverfahrens ist der Abschlussprüfer sowohl gegenüber dem DPR eV (§ 342 b Abs. 4 S. 1 HGB) als auch gegenüber der BaFin (§ 107 Abs. 5 WpHG) zur Erteilung von Auskünften und Vorlage von Unterlagen verpflichtet.

c) Sonstige Auskunftspflichten

35 Auskunftspflichten können sich ferner im Rahmen von **Due-Diligence-Prüfungen** (zB bei dem Verkauf von Unternehmensbeteiligungen oder Unternehmensbestandteilen) ergeben. Voraussetzung ist, dass im Falle einer hinreichend verfestigten Erwerbsabsicht das Geheimhaltungsinteresse des Unternehmens hinter dem Verkaufsinteresse zurücktritt, so dass die Offenbarung von Unternehmensdaten an zur Verschwiegenheit verpflichtete Berufsgeheimnisträger oder andere Personen, mit denen Geheimhaltungsvereinbarungen geschlossen werden, befugt ist.[97]

36 Gemäß dem US-amerikanischen **Sarbanes-Oxley-Act of 2002** (SOA) müssen sich deutsche **Wirtschaftsprüfungsgesellschaften** zur vorbehaltlosen Zusammenarbeit mit dem Public Company Accounting Oversight Board (PCAOB) verpflichten, wozu auch die **Offenlegung angeforderter Informationen** über geprüfte Unternehmen und die Herausgabe sämtlicher Arbeitspapiere gehört.[98] Nach deutschem Recht bestehende Verschwiegenheitspflichten können durch den SOA jedoch grundsätzlich nicht eingeschränkt oder aufgehoben werden; eine Befugnis zur Offenbarung besteht insoweit nur im Falle einer **Zustimmung des zuständigen Organs**.[99]

d) Anzeigepflichten

37 Der Täter des § 333 HGB handelt ferner befugt, wenn er der aus § 138 StGB resultierenden **Strafanzeigepflicht für bevorstehende, schwere Straftaten** nachkommt. Umstritten ist allerdings, ob auch darüber hinaus eine **Strafanzeige wegen weiterer Straftaten** gerechtfertigt ist, die im Rahmen der Prüfung entdeckt wurden. Zum Teil wird die Befugnis zur Erstattung einer Strafanzeige in den nicht von § 138 StGB erfassten Fällen ohne Zustimmung des zuständigen Organs generell verneint.[100] Nach aA soll eine generelle Befugnis zur Erstattung von Strafanzeigen – abgesehen von Bagatelldelikten – als staatsbürgerli-

---

97 MüKoBilR/*Waßmer* HGB § 333 Rn. 48; *Müller* NJW 2000, 3452 (3453 ff.); *Roschmann/Frey* AG 1996, 449 (452).
98 MüKoBilR/*Waßmer* HGB § 333 Rn. 55.
99 MüKoStGB/*Sorgenfrei* HGB § 333 Rn. 64; MüKoBilR/*Waßmer* HGB § 333 Rn. 55; *Hilber/Hartung* BB 2003, 1054 (1057 u. 1059); *Kersting* ZIP 2003, 233 (241).
100 MüKoHGB/*Quedenfeld* HGB § 333 Rn. 40; BilR/*Tschesche* HGB § 333 Rn. 28.

ches Recht bestehen.[101] Letztere Auffassung dürfte schon mit Blick auf das vom Gesetzgeber normierte Zeugnisverweigerungsrecht der §§ 53 Abs. 1 Nr. 3, 53 a StPO, das Abschlussprüfer und Abschlussprüfergehilfen sogar in einem Prozess verpflichtet, das Zeugnis ohne Entbindung von der Schweigepflicht zu verweigern (s. Rn. 40), abzulehnen sein.[102] Eine Befugnis zur Erstattung von Strafanzeigen kann sich daher allenfalls aus § 34 StGB ergeben. Die von § 34 StGB vorausgesetzte **Güter- und Interessenabwägung** muss allerdings zu einem Überwiegen der öffentlichen oder privaten Interessen an einer Anzeigeerstattung gegenüber dem Interesse des Unternehmens an der Geheimhaltung führen.[103] Dies dürfte jedenfalls bei schweren Verbrechen,[104] ggf. auch bei einer Wiederholungsgefahr[105] anzunehmen sein.

Wirtschaftsprüfern und **vereidigten Buchprüfern** obliegt darüber hinaus gem. 38 §§ 2 Abs. 1 Nr. 12, 43 GWG eine **Verdachtsmeldepflicht gegenüber der Zentralstelle für Finanztransaktionsuntersuchungen**, sofern Vorgänge innerhalb des Unternehmens auf Geldwäsche oder Terrorismusfinanzierung schließen lassen.

Beschäftigte von Prüfstellen haben gem. § 342 b Abs. 8 S. 1 HGB eine **Anzeige-** 39 **pflicht** hinsichtlich derjenigen Tatsachen, die den Verdacht einer Straftat in Zusammenhang mit der Rechnungslegung eines Unternehmens begründen. Eine **Mitteilungspflicht gegenüber der Abschlussprüferaufsichtsstelle beim Bundesamt für Wirtschaft und Ausfuhrkontrolle** besteht für Prüfstellenbeschäftigte aus § 342 b Abs. 2 8 S. 2 HGB ferner, wenn Tatsachen auf das Vorliegen einer Berufspflichtverletzung durch den Abschlussprüfer schließen lassen.

e) Aussagepflichten als Zeuge

Für Abschlussprüfer und Abschlussprüfergehilfen normieren die §§ 53 Abs. 1 40 Nr. 3, 53 a StPO, §§ 383 Abs. 1 Nr. 6, 384 Nr. 3 ZPO, § 102 Abs. 1 Nr. 3 b AO iVm § 84 FGO; § 118 Abs. 1 SGG, § 46 Ans. 2 ArbGG, § 98 VwGO **Zeugnisverweigerungsrechte**, die der Offenbarung von Gesellschaftsgeheimnissen entgegenstehen.[106] Eine Befugnis zur Offenbarung liegt nur dann vor, wenn eine **Entbindung von der Schweigepflicht** durch das vertretungsberechtigte Organ der Gesellschaft erfolgt.[107] In diesem Fall entfällt das Zeugnisverweigerungsrecht, so dass der Abschlussprüfer bzw. Abschlussprüfergehilfe zur Aussage verpflichtet ist. Die Entbindung von der Schweigepflicht hinsichtlich der Tatsachen, die dem Abschlussprüfer vor der Insolvenz des Unternehmens bekannt geworden sind, allein durch den **Insolvenzverwalter** ist nicht wirksam; nach hM muss auch eine entsprechende Erklärung des **früheren gesetzlichen Vertreters** vorliegen.[108]

---

101 Staub/*Dannecker* HGB § 333 Rn. 80 unter Bezugnahme auf BVerfG 2.7.2001 – 1 BvR 2049/00, NJW 2001, 3474.
102 MüKoBilR/*Waßmer* HGB § 333 Rn. 46.
103 MüKoBilR/*Waßmer* HGB § 333 Rn. 46.
104 MüKoBilR/*Waßmer* HGB § 333 Rn. 46; MüKoStGB/*Sorgenfrei* HGB § 333 Rn. 69.
105 MüKoStGB/*Sorgenfrei* HGB § 333 Rn. 69.
106 Graf/Wittig/*Olbermann* HGB § 333 Rn. 24.
107 MüKoBilR/*Waßmer* HGB § 333 Rn. 49 mwN; *Hiller/Bernardi* BOARD 2013, 240 (241).
108 OLG Celle 2.8.1985 – 1 Ws 194/85, wistra 1986, 83 (Wirtschaftsprüfer); OLG Schleswig 27.5.1980 – 1 Ws 160/08, NJW 1981, 294 (Wirtschaftsprüfer); OLG Zweibrücken 8.12.2016 – 1 Ws 334/16, NZWiSt 2017, 226 (Steuerberater); OLG

41 Für Beschäftigte einer Prüfstelle iSv § 342 b HGB besteht kein Zeugnisverweigerungsrecht. Diese sollen nach der Intention des Gesetzgebers gerade zur Aussage verpflichtet sein.[109]

3. Rechtfertigender Notstand

42 Eine Befugnis zur Offenbarung eines Geheimnisses oder einer Erkenntnis kann sich ferner aus den Grundsätzen des **rechtfertigenden Notstands** gem. § 34 StGB ergeben. Voraussetzung ist, dass die Offenbarung der **Wahrung höherrangiger Interessen** dient.[110] Dies kann insbes. im Falle einer Offenbarung zur Wahrung eigener Interessen anzunehmen sein, etwa bei der Durchsetzung einer Honorarforderung, der Abwehr zivilrechtlicher Ansprüche oder der Verteidigung gegen den Vorwurf einer Straftat.[111] Auch in Eil- oder Notfällen, in denen die Entscheidung des zuständigen Organs nicht rechtzeitig eingeholt werden kann, kann eine Offenbarungsbefugnis aus § 34 StGB resultieren.[112]

IV. Versuch, Vollendung, Beendigung

43 Der **Versuch** des § 333 HGB ist nicht unter Strafe gestellt (§ 23 Abs. 1 StGB).

44 In den Fällen des **Offenbarens** ist die Tat **vollendet**, wenn das Geheimnis oder die Erkenntnis so in den Herrschaftsbereich des Empfängers gelangt, dass ihm eine Kenntnisnahme des Geheimnisses oder der Erkenntnis möglich ist.[113] **Tatbeendigung** tritt mit Kenntnisnahme ein.[114]

45 In den Fällen des **Verwertens** tritt **Vollendung** ein, wenn der Täter das Geheimnis derart nutzt, dass nach seiner Vorstellung die angestrebte Gewinnerzielung unmittelbar bevorsteht.[115] Angesichts der Einordnung als abstraktes Gefähr-

---

Düsseldorf 14.12.1992 – 1 Ws 1155/92, StV 1993, 346 (Steuerberater); OLG Koblenz NStZ 1985, 426 (Rechtsanwalt); Löwe/Rosenberg/*Ignor/Berthaeu* StPO § 53 Rn. 78; Krause in FS Dahs S. 349 (350); MüKoStPO/*Percic* StPO § 53 Rn. 57; *Gatzweiler/Wölky* StV 2016, 10 (11); *Dierlamm* StV 2011, 144; aA OLG Köln 1.9.2015 – III-2 Ws 544/15, StV 2016, 8 (Rechtsanwalt); OLG Nürnberg, 18.6.2009 – 1 Ws 289/09, StV 2011, 142 (Wirtschaftsprüfer); OLG Oldenburg 28.5.2004 – 1 Ws 242/04, NJW 2004, 2176 (Wirtschaftsprüfer); OLG Hamm, 17.8.2017 – III-4 Ws 130/17, NStZ 2018, 421 (Wirtschaftsprüfer); KK-StPO/*Senge* StPO § 53 Rn. 47 mwN.
109 BT-Drs. 15/3421, 16; HdR/*Pfennig* HGB § 333 Rn. 32.
110 KölnKommRLR/*Altenhain* HGB § 333 Rn. 47; Graf/Jäger/Wittig/*Olbermann* HGB § 333 Rn. 25; MüKoBilR/*Waßmer* HGB § 333 Rn. 56; vgl. *Mock* DB 2003, 1996 (1997); *Poll* DZWiR 1995, 95 (97).
111 Graf/Jäger/Wittig/*Olbermann* HGB § 333 Rn. 25; MüKoBilR/*Waßmer* HGB § 333 Rn. 56; Staub/*Dannecker* HGB § 333 Rn. 79, 81; Heymann/*Otto* HGB § 333 Rn. 37; *Quick* BB 2004, 1490 (1492).
112 Heymann/*Otto* HGB § 333 Rn. 37; MüKoHGB/*Quedenfeld* HGB § 333 Rn. 38; MüKoStGB/*Sorgenfrei* HGB § 333 Rn. 66; Graf/Jäger/Wittig/*Olbermann* HGB § 333 Rn. 25.
113 MüKoBilR/*Waßmer* HGB § 333 Rn. 35; Graf/Jäger/Wittig/*Olbermann* HGB § 333 Rn. 27; MüKoStGB/*Sorgenfrei* HGB § 333 Rn. 71.
114 Ulmer/*Dannecker* HGB § 333 Rn. 38; MüKoHGB/*Quedenfeld* HGB § 333 Rn. 42; MüKoBilR/*Waßmer* HGB § 333 Rn. 35; Graf/Jäger/Wittig/*Olbermann* HGB § 333 Rn. 27; MüKoStGB/*Sorgenfrei* HGB § 333 Rn. 73; NK-WSS/*Knierim/Kessler* HGB § 333 Rn. 18.
115 MüKoStGB/*Sorgenfrei* HGB § 333 Rn. 72; MüKoHGB/*Quedenfeld* HGB § 333 Rn. 45; MüKoBilR/*Waßmer* HGB § 333 Rn. 36; Graf/Jäger/Wittig/*Olbermann* HGB § 333 Rn. 28.

dungsdelikt (s. Rn. 4) ist eine tatsächliche Gewinnerzielung für die Tatvollendung nicht erforderlich. Beendet ist die Tat mit dem Ausnutzen des Geheimnisses bzw. der Erkenntnisse.[116]

V. Konkurrenzen

1. Verhältnis der Tatbestände des § 333 HGB

Bei § 333 Abs. 1 HGB und § 333 Abs. 2 S. 2 HGB handelt es sich um **selbstständige Delikte**. Sind Offenbarung und Verwertung auf (teilweise) dieselbe Ausführungshandlung zurückzuführen, liegt **Tateinheit** (§ 52 StGB) vor.[117] Hingegen ist von **Tatmehrheit** (§ 53 StGB) auszugehen, wenn mehrere Handlungen vorliegen, so etwa wenn das Geheimnis gegenüber verschiedenen Personen offenbart wird.[118] Besteht die Verwertung allein in einer Offenbarung des Geheimnisses gegen Entgelt, ist nicht der Grundtatbestand des § 333 Abs. 2 S. 2 HGB, sondern die **Qualifikation** des § 333 Abs. 2 S. 1 HGB verwirklicht.[119] Sofern die Offenbarung zum Zwecke einer späteren Verwertung erfolgt, liegt Tatmehrheit vor.[120]

46

2. Verhältnis zu anderen Tatbeständen zur Verletzung von Geheimhaltungspflichten

Im Verhältnis zu Straftatbeständen, die ebenfalls die Verletzung der Geheimhaltungspflicht unter Strafe stellen, ist § 333 HGB **lex specialis**, sofern es sich nicht um die von § 333 HGB nicht erfassten sonstigen gesetzlichen Prüfungen oder um andere Rechtsformen als Kapitalgesellschaften handelt. So treten etwa § 404 Abs. 1 Nr. 2 AktG (hinsichtlich Abschlussprüfungen), § 19 PublG, § 315 UmwG, § 151 Abs. 1 Nr. 2, 3 GenG, § 138 Abs. 1 Nr. 1 VAG hinter § 333 HGB zurück.[121] Gleiches gilt hinsichtlich der §§ 203 Abs. 1 Nr. 3, Abs. 3, 204 StGB.[122] Hinsichtlich der Verschwiegenheitspflicht des Prüfers bei Gründungs- und Sonderprüfungen iSd AktG ist § 404 Abs. 1 Nr. 2 AktG aber weiterhin anwendbar.[123] Mit der Verletzung von Geschäftsgeheimnissen gem. § 23 GeschGehG[124] sowie mit § 119 WpHG[125] kann Tateinheit bestehen.

47

---

116 BayObLG 20.7.1995 – 4 St RR 4/95, NJW 1996, 268 (271 f.) (zu § 17 UWG aF); MüKoStGB/*Sorgenfrei* HGB § 333 Rn. 73; KölnKommRLR/*Altenhain* HGB § 333 Rn. 55; aA MüKoBilR/*Waßmer* HGB § 333 Rn. 36 (mit Gewinnerzielung).
117 Vgl. BGH 11.1.1995 – 5 StR 290/54, BGHSt 7, 149 (151); BGH 25.11.1997 – 5 StR 526/96, BGHSt 43, 317 (319); MüKoStGB/*Sorgenfrei* HGB § 333 Rn. 75; MüKoBilR/ *Waßmer* HGB § 333 Rn. 59; Heymann/*Otto* HGB § 333 Rn. 43.
118 KölnKommRLR/*Altenhain* HGB § 333 Rn. 55, 60; MüKoBilR/*Waßmer* HGB § 333 Rn. 59.
119 Hofbauer/Kupsch/*Gehm* HGB § 333 Rn. 10; KölnKommRLR/*Altenhain* HGB § 333 Rn. 38, 60; Heymann/*Otto* HGB § 333 Rn. 25.
120 KölnKommRLR/*Altenhain* HGB § 333 Rn. 38; MüKoBilR/*Waßmer* HGB § 333 Rn. 59.
121 Heymann/*Otto* HGB § 333 Rn. 42; MüKoStGB/*Sorgenfrei* HGB § 333 Rn. 76.
122 MüKoBilR/*Waßmer* HGB § 333 Rn. 60; KölnKommRLR/*Altenhain* HGB § 333 Rn. 62.
123 MüKoStGB/*Sorgenfrei* HGB § 333 Rn. 76; MüKoHGB/*Quedenfeld* HGB § 333 Rn. 49.
124 Zu § 17 UWG aF: Hofbauer/Kupsch/*Gehm* HGB § 333 Rn. 1; KölnKommRLR/*Altenhain* HGB § 333 Rn. 62; MüKoBilR/*Waßmer* HGB § 333 Rn. 60; MüKoStGB/*Sorgenfrei* HGB § 333 Rn. 77.
125 MüKoStGB/*Sorgenfrei* HGB § 333 Rn. 77 (zu § 38 Abs. 1 WpHG aF).

3. Verhältnis zu anderen Strafvorschriften

48 **Tateinheit** ist möglich mit den §§ 246, 266, 94, 95, 97, 98, 99 StGB.[126] Bei der Zueignung eines Gegenstands, der ein Geheimnis verkörpert, ist die anschließende Verwertung straflose Nachtat.[127]

VI. Rechtsfolgen

49 Das unbefugte Offenbaren eines Geheimnisses wird gem. § 333 Abs. 1 HGB mit Freiheitsstrafe bis zu einem Jahr oder mit Geldstrafe bestraft. Das unbefugte Verwerten gem. § 333 Abs. 2 S. 2 HGB wird ebenso wie die Verwirklichung des Qualifikationstatbestands gem. § 333 Abs. 2 S. 1 HGB mit Freiheitsstrafe bis zu zwei Jahren oder mit Geldstrafe geahndet.

50 Im Übrigen wird hinsichtlich der Rechtsfolgen auf die **Ausführungen zu § 332 HGB** (s. Kap 11.1. Rn. 52 f.) verwiesen.

VII. Verjährung

51 Die **Strafverfolgung** von Taten nach Abs. 1 verjährt in drei Jahren (§ 78 Abs. 3 Nr. 5 StGB) und von Taten nach Abs. 2 aufgrund der höheren Strafandrohung nach fünf Jahren (§ 78 Abs. 3 Nr. 4 StGB). Die Verjährungsfrist beginnt gem. § 78 a StGB mit Tatbeendigung (s. Rn. 44 f.).

52 Die Frist für die **Strafvollstreckungsverjährung** orientiert sich an der verhängten Strafe. Bei Taten nach Abs. 1 kann diese drei oder fünf Jahre und bei Taten nach Abs. 2 auch zehn Jahre betragen (§ 79 Abs. 3 Nr. 3–5 StGB). Die Frist beginnt mit Rechtskraft der Entscheidung (§ 79 Abs. 6 StGB).

VIII. Prozessuale Besonderheiten

1. Strafantrag

53 Taten nach § 333 HGB werden nur auf Antrag verfolgt (**absolutes Antragsdelikt**). Da § 333 HGB nicht zu den Privatklagedelikten iSv § 374 StPO gehört, besteht im Fall eines wirksamen Strafantrags **Strafverfolgungszwang**.

54 **Antragsberechtigt** ist gem. § 333 Abs. 3 HGB die Kapitalgesellschaft. Diese übt das Antragsrecht durch das jeweils **vertretungsberechtigte Organ** aus: der Vorstand bei der AG (§ 78 AktG), der oder die Geschäftsführer bei der GmbH (§ 35 GmbHG), der oder die persönlich haftende(n) Gesellschafter bei der KGaA (§§ 278 Abs. 2, 283 AktG) und der oder die Abwickler oder Liquidator(en) bei der Kapitalgesellschaft i.L.[128] Im Konzern steht die Antragsbefugnis allein dem **Mutterunternehmen** zu.[129] Kein Antragsrecht haben die in Abs. 3 nicht erwähnten Tochterunternehmen sowie gemeinsam geführten und assoziierten Unternehmen.[130]

---

126 MüKoStGB/*Sorgenfrei* HGB § 333 Rn. 77; Graf/Jäger/Wittig/*Olbermann* HGB § 333 Rn. 31; MüKoBilR/*Waßmer* HGB § 333 Rn. 62.
127 Graf/Jäger/Wittig/*Olbermann* HGB § 333 Rn. 31; Staub/*Dannecker* HGB § 333 Rn. 86; MüKoStGB/*Sorgenfrei* HGB § 333 Rn. 77; Heymann/*Otto* HGB § 333 Rn. 44; MüKoBilR/*Waßmer* HGB § 333 Rn. 62.
128 MüKoHGB/*Quedenfeld* HGB § 333 Rn. 55 mwN.
129 MüKoBilR/*Waßmer* HGB § 333 Rn. 64.
130 MüKoBilR/*Waßmer* HGB § 333 Rn. 64; MüKoStGB/*Sorgenfrei* HGB § 333 Rn. 78.

Die **Strafantragsfrist** beträgt drei Monate (§ 77 b Abs. 1 S. 1 StGB) und beginnt mit Ablauf des Tages, an dem der Berechtigte von der Tat und der Person des Täters Kenntnis erlangt (§ 77 b Abs. 2 S. 1 StGB). Sofern das antragsberechtigte Organ aus mehreren Personen besteht, ist im Falle der **Gesamtvertretung** die Kenntnis aller Mitglieder erforderlich,[131] während im Falle der **Einzelvertretung** die Frist für jeden Antragsberechtigten gesondert läuft (§ 77 b Abs. 3 StGB).[132]

55

Gem. § 158 Abs. 2 StPO muss der Strafantrag bei einem Gericht oder der Staatsanwaltschaft schriftlich oder zu Protokoll, bei einer anderen Behörde schriftlich angebracht werden. Der **formgerechte** Antrag eines Organmitglieds ist ausreichend, sofern die übrigen Mitglieder innerhalb der Antragsfrist mündlich zustimmen oder das handelnde Organmitglied ermächtigen.[133] Der Antrag kann gem. § 77 d Abs. 1 S. 2 StGB bis zum rechtskräftigen Abschluss des Strafverfahrens zurückgenommen werden. Die **Rücknahme** kann nur gegenüber einer nach § 158 Abs. 2 StPO zuständigen Stelle erklärt werden; eine Rücknahmeerklärung gegenüber dem Täter ist unbeachtlich.[134] Ein zurückgenommener Antrag kann nicht nochmals gestellt werden (§ 77 d Abs. 1 S. 3 StGB).

56

2. Zuständigkeit

Sofern eine landgerichtliche Zuständigkeit gegeben ist, fallen Taten nach § 333 HGB gem. § 74 c Abs. 1 S. 1 Nr. 1 GVG in den Zuständigkeitsbereich der **Wirtschaftsstrafkammern**.

57

Kap. 8.2. § 404 AktG Verletzung der Geheimhaltungspflicht

§ 404 AktG Verletzung der Geheimhaltungspflicht

(1) Mit Freiheitsstrafe bis zu einem Jahr, bei börsennotierten Gesellschaften bis zu zwei Jahren, oder mit Geldstrafe wird bestraft, wer ein Geheimnis der Gesellschaft, namentlich ein Betriebs- oder Geschäftsgeheimnis, das ihm in seiner Eigenschaft als

1. Mitglied des Vorstands oder des Aufsichtsrats oder Abwickler,
2. Prüfer oder Gehilfe eines Prüfers

bekanntgeworden ist, unbefugt offenbart; im Falle der Nummer 2 jedoch nur, wenn die Tat nicht in § 333 des Handelsgesetzbuchs mit Strafe bedroht ist.

(2) ¹Handelt der Täter gegen Entgelt oder in der Absicht, sich oder einen anderen zu bereichern oder einen anderen zu schädigen, so ist die Strafe Freiheitsstrafe bis zu zwei Jahren, bei börsennotierten Gesellschaften bis zu drei Jahren, oder Geldstrafe. ²Ebenso wird bestraft, wer ein Geheimnis der in Absatz 1 bezeichneten Art, namentlich ein Betriebs- oder Geschäftsgeheimnis, das ihm un-

---

131 Graf/Jäger/Wittig/*Olbermann* HGB § 333 Rn. 34; MüKoHGB/*Quedenfeld* HGB § 333 Rn. 56; Heymann/*Otto* HGB § 333 Rn. 47.
132 MüKoBilR/*Waßmer* HGB § 333 Rn. 66
133 MüKoStGB/*Sorgenfrei* HGB § 333 Rn. 81; KölnKommRLR/*Altenhain* HGB § 333 Rn. 64.
134 Heymann/*Otto* HGB § 333 Rn. 50; MüKoStGB/*Sorgenfrei* HGB § 333 Rn. 82; Ulmer/*Dannecker* HGB § 333 Rn. 75.

ter den Voraussetzungen des Absatzes 1 bekanntgeworden ist, unbefugt verwertet.

(3) ¹Die Tat wird nur auf Antrag der Gesellschaft verfolgt. ²Hat ein Mitglied des Vorstands oder ein Abwickler die Tat begangen, so ist der Aufsichtsrat, hat ein Mitglied des Aufsichtsrats die Tat begangen, so sind der Vorstand oder die Abwickler antragsberechtigt.

Literatur: *Achenbach/Ransiek/Rönnau* (Hrsg.), Handbuch Wirtschaftsstrafrecht, 4. Aufl. 2015; *Graf/Jäger/Wittig* (Hrsg.), Wirtschafts- und Steuerstrafrecht, 2. Aufl. 2017; *Hopt/ Wiedemann (Hrsg.)*, AktG, Großkommentar, 8. Lfg. §§ 399–410, 4. Aufl. 1997; *Hüffer/ Koch*, Aktiengesetz, 13. Aufl. 2018; *Kiethe*, Die Unangemessenheit des Honorars – Haftungsfalle für Unternehmensberater und -sanierer?, BB 2005, 1801; *Kiethe*, Gesellschaftsstrafrecht – Zivilrechtliche Haftungsgefahren für Gesellschaften und ihre Organmitglieder, WM 2007, 722; Kölner Kommentar zum Aktiengesetz, *Zöllner/Noack* (Hrsg.), Bd. 7/Teil 1, §§ 399–410 AktG, , 3. Aufl. 2011 (zit. als KölnKommAktG/*Bearbeiter*); *Leitner/Rosenau* (Hrsg.), Nomos Kommentar zum Wirtschafts- und Steuerstrafrecht, 2017 (zit. als NK-WSS/ *Bearbeiter*); *Müller-Gugenberger* (Hrsg.), Wirtschaftsstrafrecht, 6. Aufl. 2015; Münchener Kommentar zum Aktiengesetz, *Goette/Habersack* (Hrsg.), Bd. 6, §§ 329–410 AktG, WpÜG, Österreichisches Übernahmerecht, 4. Aufl. 2017 (zit. MüKoAktG/*Bearbeiter*); Münchener Kommentar zum GmbHG, *Fleischer/Goette* (Hrsg.), Bd. 3, §§ 53–85, 3. Aufl. 2018 (zit. als MüKoGmbHG/*Bearbeiter*); Münchener Kommentar zum Strafgesetzbuch, *Joecks/Miebach* (Hrsg.), Bd. 7, Nebenstrafrecht II, 2. Aufl. 2015 (zit. als MüKoStGB/*Bearbeiter*); *Reichard*, Die Verschwiegenheitspflicht von Aufsichtsratsmitgliedern, GWR 2017, 72–74; *Schmidt/Lutter* (Hrsg.), AktG Kommentar, Bd. 2, §§ 150–410, 3. Aufl. 2015; *Säcker*, Aktuelle Probleme der Verschwiegenheitspflicht der Aufsichtsratsmitglieder, NJW 1986, 803; *Semler/v. Schenck* (Hrsg.), Der Aufsichtsrat, §§ 95–116, 161, 170–172, 394 und 395 AktG, Kommentar, 2015; *Spindler/Stilz* (Hrsg.), Aktiengesetz, Bd. 2, §§ 150–410 AktG, SpruchG, SE-VO, 4. Aufl. 2019; *Ulmer/Habersack/Löbbe* (Hrsg.), GmbHG, Großkommentar, Bd. 3, §§ 53–87, 2. Aufl. 2016. Vgl. im Übrigen die Literatur zu § 333 HGB in Kap. 8.1.

I. Allgemeines 1	a) Berichterstattung- und
1. Rechtsentwicklung 1	Auskunftspflichten nach
2. Geschütztes Rechtsgut 2	AktG 26
3. Deliktsnatur 5	b) Sonstige Auskunfts-
II. Tatbestand 6	pflichten 29
1. Objektiver Tatbestand 7	c) Anzeige- und Aussage-
a) Tauglicher Täterkreis 7	pflichten 30
aa) Mitglieder des Vor-	3. Rechtfertigender Notstand .. 31
stands oder des Auf-	IV. Versuch, Vollendung, Beendi-
sichtsrats oder	gung 32
Abwickler 8	V. Konkurrenzen 35
bb) Prüfer oder Gehilfe	1. Verhältnis der Tatbestände
eines Prüfers 13	des § 404 AktG 35
b) Tatgegenstand 15	2. Verhältnis zu anderen Tatbe-
aa) Gesellschaftsgeheim-	ständen zur Verletzung von
nis 15	Geheimhaltungspflichten 36
bb) Funktionsbedingte	3. Verhältnis zu anderen Straf-
Kenntniserlangung .. 17	vorschriften 37
c) Tathandlung 19	VI. Rechtsfolgen 38
2. Subjektiver Tatbestand 20	VII. Verjährung 41
3. Qualifikation 22	VIII. Prozessuale Besonderheiten 43
III. Rechtswidrigkeit 23	1. Strafantrag 43
1. Rechtfertigende Einwilli-	2. Zuständigkeit 47
gung 24	
2. Gesetzliche Offenbarungs-	
rechte und -pflichten 25	

I. Allgemeines

1. Rechtsentwicklung

Die historische Entwicklung von § 404 AktG entspricht zunächst der des § 403 AktG (vgl. Kap. 11.2. Rn. 1), da beide Tatbestände ursprünglich in einer Norm zusammengefasst waren. Erst im **Aktiengesetz 1965**[1] wurde die Verletzung der Geheimhaltungspflicht in der gesonderten Norm des § 404 neu gefasst; seither ist nicht mehr die Verletzung der Verschwiegenheitspflicht, sondern die Offenbarung bzw. Verwertung von Gesellschaftsgeheimnissen unter Strafe gestellt. Die Vorschrift ist seither zudem als absolutes Antragsdelikt ausgestaltet. Mit Einführung von § 333 HGB durch das **Bilanzrichtliniengesetz vom 19.12.1985**[2] wurde § 404 Abs. 1 AktG um eine Subsidiaritätsklausel hins. § 333 HGB ergänzt. Die letzte Änderung hat § 404 AktG durch das **TransPuG vom 19.7.2002**[3] erfahren, durch welches die Strafrahmen der Abs. 1 und 2 für den Fall der Offenbarung von Geheimnissen börsennotierter Gesellschaften angehoben wurde.

2. Geschütztes Rechtsgut

Geschütztes Rechtsgut des § 404 AktG ist das **Interesse der Gesellschaft und nach hM auch ihrer Aktionäre an der Wahrung der Gesellschaftsgeheimnisse**.[4] Hingegen gehören Gläubiger und Arbeitnehmer der Gesellschaft nicht zum geschützten Personenkreis.[5]

Dem strafrechtlichen Schutz unterfallen grundsätzlich nur **Gesellschaften mit Sitz im Inland**.[6] Unternehmen mit Sitz im Ausland sind gem. § 5 Nr. 7 StGB im Falle der Verletzung von Betriebs- oder Geschäftsgeheimnissen erfasst, sofern diese von einem Unternehmen mit Sitz im räumlichen Geltungsbereich dieses Gesetzes abhängig sind und mit diesem einen Konzern bilden. In den Schutzbereich einbezogen sind gem. § 53 Abs. 1 SEAG ferner **europäische Aktiengesellschaften** (SE).

§ 404 AktG stellt für die Gesellschaft und ihre Aktionäre ein **Schutzgesetz iSv § 823 Abs. 2 BGB** dar.[7]

---

1 Aktiengesetz v. 6.9.1965, BGBl. 1965 I 1089.
2 Gesetz zur Durchführung der Vierten, Siebenten und Achten Richtlinie des Rates der Europäischen Gemeinschaften zur Koordinierung des Gesellschaftsrechts (Bilanzrichtlinien-Gesetz – BiRiLiG) v. 19.12.1985, BGBl. 1985 I 2355.
3 Gesetz zur weiteren Reform des Aktien- und Bilanzrechts, zur Transparenz und Publizität (TransPuG) v. 19.7.2002, BGBl. 2002 I 2681.
4 Müller-Gugenberger/*Dittrich* § 33 Rn. 100; Hopt/Wiedemann/*Otto* AktG § 404 Rn. 2; MüKoAktG/Schaal AktG § 404 Rn. 3; Spindler/Stilz/*Hefendehl* AktG § 404 Rn. 8; *Kiethe* WM 2007, 722 (728); aA KölnKommAktG/*Altenhain* AktG § 404 Rn. 3 (Aktionäre sind nicht umfasst).
5 Graf/Jäger/Wittig/*Temming* AktG § 404 Rn. 3; Spindler/Stilz/*Hefendehl* AktG § 404 Rn. 8; Hopt/Wiedemann/*Otto* AktG § 404 Rn. 2; MüKoStGB/*Kiethe* AktG § 404 Rn. 4; KölnKommAktG/*Altenhain* AktG § 404 Rn. 3 f.
6 BGH 17.9.1996 – 4 Ars 21/95, NJW 1997, 533 (534); MüKoAktG/*Schaal* AktG § 404 Rn. 3.
7 OLG Koblenz 5.3.1987 – 6 W 38/87, NJW-RR 1987, 809; Hopt/Wiedemann/*Otto* AktG § 404 Rn. 3; MüKoStGB/*Kiethe* AktG § 404 Rn. 5; aA KölnKommAktG/*Altenhain* AktG § 404 Rn. 4 (nur zugunsten der Gesellschaft).

3. Deliktsnatur

§ 404 AktG ist als **abstraktes Gefährdungsdelikt** ausgestaltet; ein Schadenseintritt ist insofern keine Voraussetzung für die Tatbestandsverwirklichung.[8] Gem. § 404 Abs. 3 S. 1 AktG handelt es sich um ein **absolutes Antragsdelikt** (s. Rn. 43 ff.).

II. Tatbestand

§ 404 AktG entspricht in seinem Aufbau dem Tatbestand des § 333 HGB. In § 404 Abs. 1 AktG ist als **Grundtatbestand** das unbefugte Offenbaren und in § 404 Abs. 2 S. 2 AktG das unbefugte Verwerten eines Gesellschaftsgeheimnisses geregelt. § 404 Abs. 2 S. 1 AktG enthält einen **Qualifikationstatbestand** für den Fall, dass der Täter gegen Entgelt, in Bereicherungs- oder Schädigungsabsicht handelt.

1. Objektiver Tatbestand
a) Tauglicher Täterkreis

Als Täter des § 404 AktG kommen nach dem Gesetzeswortlaut ausschließlich **Mitglieder des Vorstands oder des Aufsichtsrats** oder **Abwickler** der Gesellschaft (Nr. 1) oder **Prüfer** oder **Gehilfen eines Prüfers** (Nr. 2) in Betracht. Es handelt sich mithin um ein **echtes Sonderdelikt**.[9]

aa) Mitglieder des Vorstands oder des Aufsichtsrats oder Abwickler

Mitglied des Vorstands ist jeder, der durch den Aufsichtsrat nach § 84 AktG oder in dringenden Fällen durch das Registergericht nach § 85 AktG dazu bestellt wurde.[10] Davon erfasst sind auch stellvertretende Mitglieder, sofern sie Vorstandsgeschäfte wahrnehmen.[11] Für die KGaA treten die persönlich haftenden Gesellschafter gem. § 408 S. 2 AktG an die Stelle der Vorstandsmitglieder.

Mitglied des Aufsichtsrats ist, wer nach der Gründung der Gesellschaft von den Gründern gem. § 30 AktG bestellt, gem. § 101 Abs. 1 AktG von der Hauptversammlung gewählt, gem. § 101 Abs. 2 AktG entsandt oder gem. § 104 AktG vom Registergericht bestellt wurde.[12]

Unter den Begriff des **Abwicklers** fallen die Vorstandsmitglieder einer nach § 262 AktG aufgelösten Gesellschaft sowie die natürlichen oder juristischen Personen, die gem. § 256 Abs. 2 oder Abs. 3 AktG dazu bestellt wurden.[13] Wird eine **juristische Person** als Abwickler tätig, sind taugliche Täter des § 404 AktG die vertretungsberechtigten Organe der juristischen Person iSv § 14 Abs. 1 Nr. 1 StGB.[14] Wird eine **OHG oder eine KG** zum Abwickler bestellt,

---

8 Graf/Jäger/Wittig/*Temming* AktG § 404 Rn. 4; MüKoStGB/*Kiethe* AktG § 404 Rn. 6; MüKoAktG/*Schaal* AktG § 404 Rn. 6.
9 MüKoStGB/*Kiethe* AktG § 404 Rn. 6; Hopt/Wiedemann/*Otto* AktG § 404 Rn. 4; KölnKommAktG/*Altenhain* AktG § 404 Rn. 7; MüKoAktG/*Schaal* AktG § 404 Rn. 5.
10 MüKoAktG/*Schaal* AktG § 404 Rn. 9; Graf/Jäger/Wittig/*Temming* AktG § 404 Rn. 5.
11 OLG Stuttgart 18.2.1998 – 9 U 201/97, OLGR Stuttgart 1998, 143 (144); Hopt/Wiedemann/*Otto* AktG § 404 Rn. 7.
12 MüKoAktG/*Schaal* AktG § 404 Rn. 10; Graf/Jäger/Wittig/*Temming* AktG § 404 Rn. 5; *Reichard* GWR 2017, 72 (73).
13 MüKoAktG/*Schaal* AktG § 404 Rn. 11; Graf/Jäger/Wittig/*Temming* AktG § 404 Rn. 5.
14 Graf/Jäger/Wittig/*Temming* AktG § 404 Rn. 5; MüKoStGB/*Kiethe* AktG § 404 Rn. 15; Spindler/Stilz/*Hefendehl* AktG § 404 Rn. 14.

kommen die vertretungsberechtigten Gesellschafter gem. § **14 Abs. 1 Nr. 2 StGB** als taugliche Täter in Betracht.[15]

Nach hM erfasst der Täterkreis des § 404 AktG auch **faktische Organe** der Gesellschaft, so dass die rechtliche Wirksamkeit der Bestellung zum Organ unerheblich ist.[16] Die Tätereigenschaft ist insofern nach den tatsächlich übertragenen und ausgeübten Aufgabenbereichen funktional zu beurteilen.[17] 11

Die strafrechtliche Sanktionierung des § 404 AktG knüpft an die mit der Täterstellung in Abs. 1 Nr. 1 einhergehenden **gesellschaftsrechtlichen Verpflichtungen** an.[18] So sind Vorstandsmitglieder gem. § 93 Abs. 1 S. 3 AktG verpflichtet, über vertrauliche Angaben und Geheimnisse der Gesellschaft, namentlich Betriebs- oder Geschäftsgeheimnisse, die ihnen durch ihre Tätigkeit im Vorstand bekannt geworden sein, Stillschweigen zu bewahren. Gleiches gilt nach § **116 S. 1 AktG** auch für Aufsichtsratsmitglieder, wobei § 116 S. 2 AktG deren Verschwiegenheitspflicht hinsichtlich erhaltener vertraulicher Berichte und vertraulicher Beratungen besonders hervorhebt. Für Abwickler findet die Verschwiegenheitspflicht des § 93 Abs. 1 S. 3 AktG gem. § **268 Abs. 2 S. 1 AktG** ebenfalls Anwendung. Zu berücksichtigen ist allerdings, dass sich die Verschwiegenheitspflicht aus § 93 Abs. 1 S. 3 AktG auch auf vertrauliche Angaben über die Gesellschaft bezieht, während § 404 AktG ausschließlich Gesellschaftsgeheimnisse schützt[19] und weder durch Satzung noch Geschäftsordnung gemildert oder verschärft werden kann.[20] 12

bb) Prüfer oder Gehilfe eines Prüfers

Als taugliche Täter erfasst § 404 Abs. 1 Nr. 2 AktG ferner **Prüfer und Gehilfen von Prüfern**. Hinsichtlich des Begriffs des Prüfers und Prüfergehilfen kann zunächst auf die Ausführungen zu § 403 AktG verwiesen werden (s. Kap. 11.2. Rn. 7 ff.). 13

Abweichend von § 403 AktG erfasst § 404 AktG auch **andere Prüfer** (zB Abschlussprüfer und Abschlussprüfergehilfen), da § 404 AktG den Schutz von Gesellschaftsgeheimnissen betrifft, die nicht zwangsläufig in Zusammenhang mit dem schriftlichen Prüfungsbericht stehen, an den die Strafbarkeit des § 403 AktG anknüpft.[21] Sofern der Abschlussprüfer oder Abschlussprüfergehilfe (s. zum Begriff des Abschlussprüfers und Abschlussprüfergehilfen in Kap. 11.1. Rn. 11 ff.) sich gem. § 333 HGB strafbar macht, tritt seine Strafbarkeit nach 14

---

15 MüKoStGB/*Kiethe* AktG § 404 Rn. 15.
16 NK-WSS/*Krause/Twele* AktG § 404 Rn. 3; Graf/Jäger/Wittig/*Temming* AktG § 404 Rn. 5; MüKoAktG/*Schaal* AktG § 404 Rn. 14; Hopt/Wiedemann/*Otto* AktG § 404 Rn. 7; Spindler/Stilz/*Hefendehl* AktG § 404 Rn. 17; aA Achenbach/Ransiek/Rönnau/*Ransiek* 8. Teil 2. Kap. Rn. 12; MüKoStGB/*Kiethe* AktG § 404 Rn. 14; *ders.* WM 2007, 722 (724 f.).
17 Graf/Jäger/Wittig/*Temming* AktG § 404 Rn. 5; Hopt/Wiedemann/*Otto* AktG § 404 Rn. 7; aA MüKoStGB/*Kiethe* AktG § 404 Rn. 14; *ders.* BB 2005, 1801 (1803); KölnKommAktG/*Altenhain* AktG § 404 Rn. 8 u. § 399 Rn. 28 ff.
18 MüKoAktG/*Schaal* AktG § 404 Rn. 16; vgl. KölnKommAktG/*Altenhain* AktG § 404 Rn. 5 u. 3; *Kiethe* WM 2007, 722 (728).
19 MüKoAktG/*Schaal* AktG § 404 Rn. 16.
20 BGH 26.4.2016 – XI ZR 108/15, NJW 2016, 2569 (2571); *Reichard* GWR 2017, 72 (73).
21 MüKoStGB/*Kiethe* AktG § 404 Rn. 18; Spindler/Stilz/*Hefendehl* AktG § 404 Rn. 14; aA Graf/Jäger/Wittig/*Temming* AktG § 404 Rn. 5.

§ 404 AktG gem. der **Subsidiaritätsklausel** in Abs. 1 Hs. 2 allerdings hinter § 333 HGB zurück.[22]

b) Tatgegenstand
aa) Gesellschaftsgeheimnis

15   Von § 404 AktG geschützt sind **Gesellschaftsgeheimnisse**. Bei der ausdrücklichen Erwähnung der Betriebs- und Geschäftsgeheimnisse handelt es sich nicht um eine Einschränkung, sondern um eine besondere Hervorhebung des praktisch wichtigsten Anwendungsfalles.[23] Inhaltlich ist der Geheimnisbegriff mit demjenigen des § 333 HGB und § 85 GmbHG identisch. Insoweit wird auf die Ausführungen zu § 333 HGB verwiesen (s. Kap. 8.1. Rn. 11 ff.).

16   Als von § 404 AktG geschützte Geheimnisse kommen folgende Tatsachen in Betracht: Geschäftliche Vorhaben, Vertragsabschlüsse, Guthaben, steuerliche Verhältnisse,[24] Umsätze, Preiskalkulationen, Produktionsabläufe, Vorgänge der Personal- und Geschäftsplanung, Gegenstand, Verlauf und Ergebnisse der Beratungen des Aufsichtsrats,[25] geschäftspolitische Ziele, Kundenkarteien,[26] Übernahmeangebote etc.[27]

bb) Funktionsbedingte Kenntniserlangung

17   § 404 AktG setzt voraus, dass dem Täter das Geheimnis in der Eigenschaft bekannt geworden ist, die ihn zum tauglichen Täter qualifiziert. Insoweit muss ein *zeitlicher und funktionaler Zusammenhang zwischen der ausgeübten Tätigkeit und der Kenntniserlangung* bestehen. Bekannt geworden ist dem Täter das Geheimnis, wenn es ihm in seiner Eigenschaft als Funktionsträger in irgendeiner Weise zugänglich geworden ist.[28] Insoweit ist auch die Mitursächlichkeit der Funktionsstellung ausreichend.[29] War dem Täter die Information bereits vor Erlangung der täterqualifizierenden Funktion bekannt, scheidet eine Tatbestandsverwirklichung aus.[30] Nicht nach § 404 AktG strafbar macht sich demnach derjenige, der von einem Gesellschaftsgeheimnis als Mitarbeiter Kenntnis erlangt, dies aber erst nach seiner Bestellung zum Vorstandsmitglied offenbart.[31] Dies gilt selbst dann, wenn der Täter von dem Geheimnis nach Begründung seiner Funktionsstellung erneut Kenntnis erlangt.[32] Die Funktions-

---

22 MüKoStGB/*Kiethe* AktG § 404 Rn. 18.
23 KölnKommAktG/*Altenhain* AktG § 404 Rn. 9; MüKoStGB/*Kiethe* AktG § 404 Rn. 24; Graf/Jäger/Wittig/*Temming* AktG § 404 Rn. 9.
24 LG Konstanz 20.12.1991 – 1 HO 36/91, NJW 1992, 1241 (1242) (zu § 203 StGB)
25 BGH 5.6.1975 – II ZR 156/73, NJW 1975, 1412 (1413 f.); *Säcker* NJW 1986, 803 (807).
26 BGH 14.1.1999 – I ZR 2–97, NJW-RR 1999, 1131 (1132) (zu § 17 UWG).
27 MüKoAktG/*Schaal* AktG § 404 Rn. 28 mwN.
28 Graf/Jäger/Wittig/*Temming* AktG § 404 Rn. 6; MüKoAktG/*Schaal* AktG § 404 Rn. 16.
29 NK-WSS/*Krause/Twele* AktG § 404 Rn. 4; Graf/Jäger/Wittig/*Temming* AktG § 404 Rn. 6; MüKoAktG/*Schaal* AktG § 404 Rn. 16.
30 Hopt/Wiedemann/*Otto* AktG § 404 Rn. 8; KölnKommAktG/*Altenhain* AktG § 404 Rn. 18; MüKoStGB/*Kiethe* AktG § 404 Rn. 4; NK-WSS/*Krause/Twele* AktG § 404 Rn. 4.
31 Ggf. kommt in diesem Fall aber eine Strafbarkeit nach einer anderen Vorschrift in Betracht, etwa gem. § 17 UWG oder § 203 StGB.
32 NK-WSS/*Krause/Twele* AktG § 404 Rn. 4; Graf/Jäger/Wittig/*Temming* AktG § 404 Rn. 6; MüKoStGB/*Kiethe* AktG § 404 Rn. 42; aA Spindler/Stilz/*Hefendehl* AktG § 404 Rn. 18.

stellung des Täters muss mithin zum **Zeitpunkt der Kenntniserlangung** bestehen. Hingegen muss sie zum Zeitpunkt der Offenbarung nicht mehr vorliegen, dh dass das Ausscheiden aus der Funktionsstellung vor Offenbarung des Geheimnisses für die Tatbestandsverwirklichung unbeachtlich ist.[33]

Von § 404 AktG nicht erfasst wird die Kenntniserlangung des Geheimnisses außerhalb der **die Täterschaft begründenden Funktion**,[34] so etwa wenn der Funktionsträger davon aus seinem Bekanntenkreis oder als privater Kunde eines Unternehmens erfahren hat.[35] Allerdings dürfte es hier nicht selten zu Überschneidungen kommen, so dass die konkrete Abgrenzung letztlich eine Frage des Einzelfalles ist.[36]

c) Tathandlung

§ 404 AktG unterscheidet hinsichtlich der Tathandlung zwischen der unbefugten **Offenbarung** (Abs. 1) und der unbefugten **Verwertung** (Abs. 2 S. 2) eines Gesellschaftsgeheimnisses. Die Begriffe des Offenbarens, Verwertens und der Unbefugtheit sind identisch mit denjenigen des § 333 HGB. Insoweit wird auf die Ausführungen in Kap. 8.1. Rn. 19 ff. verwiesen.

2. Subjektiver Tatbestand

Die Tatbestände des § 404 Abs. 1 und Abs. 2 S. 2 AktG setzen **vorsätzliches Verhalten** voraus; **bedingter Vorsatz** hinsichtlich der Merkmale des objektiven Tatbestands genügt.[37] Für § 404 Abs. 2 S. 2 AktG ist überdies ein Handeln mit **Verwertungsabsicht** erforderlich.[38]

Zur **Irrtumsproblematik** wird auf die Ausführungen zu § 333 HGB verwiesen (s. Kap. 8.1. Rn. 24).

3. Qualifikation

§ 404 Abs. 2 S. 1 AktG enthält einen Qualifikationstatbestand für den Fall, dass der Täter gegen Entgelt oder in der Absicht handelt, sich oder einen anderen zu bereichern oder einen anderen zu schädigen. Der Qualifikationstatbestand ist wortlautidentisch mit demjenigen anderer Vorschriften zur Verletzung der Geheimhaltungs- oder Berichtspflicht. Insoweit wird auf die Ausführungen unter Kap. 11.1 Rn. 37 ff. verwiesen.

III. Rechtswidrigkeit

Sofern nicht bereits eine Zustimmung des zuständigen Organs zur Offenbarung oder Verwertung des Geheimnisses vorliegt, die angesichts der Aufgabe

---

33 MüKoStGB/*Kiethe* AktG § 404 Rn. 17; Graf/Jäger/Wittig/*Temming* AktG § 404 Rn. 6; KölnKommAktG/*Altenhain* AktG § 404 Rn. 18.
34 Hopt/Wiedemann/*Otto* AktG § 404 Rn. 10; Graf/Jäger/Wittig/*Temming* AktG § 404 Rn. 6; MüKoAktG/*Schaal* AktG § 404 Rn. 19.
35 NK-WSS/*Krause/Twele* AktG § 404 Rn. 5; MüKoAktG/*Schaal* AktG § 404 Rn. 19; KölnKommAktG/*Altenhain* AktG § 404 Rn. 19.
36 NK-WSS/*Krause/Twele* AktG § 404 Rn. 5; MüKoStGB/*Kiethe* AktG § 404 Rn. 43.
37 Hopt/Wiedemann/*Otto* AktG § 404 Rn. 31; MüKoStGB/*Kiethe* AktG § 404 Rn. 61; Spindler/Stilz/*Hefendehl* AktG § 404 Rn. 41; NK-WSS/*Krause/Twele* AktG § 404 Rn. 14; Graf/Jäger/Wittig/*Temming* AktG § 404 Rn. 21.
38 Siehe zu § 333 HGB in Kap. 8.1. Rn. 23 und zu § 85 GmbHG in Kap. 8.3. Rn. 16; aA MüKoStGB/*Kiethe* AktG § 404 Rn. 61; NK-WSS/*Krause/Twele* AktG § 404 Rn. 14.

des Geheimhaltungswillens bereits zum Tatbestandsausschluss führt (s. dazu in Kap. 8.1. Rn. 22), stellt eine vorliegende Befugnis nach hM einen **Rechtfertigungsgrund** für den Täter dar.[39]

1. Rechtfertigende Einwilligung

24 Eine rechtfertigende Befugnis zur Offenbarung oder Verwertung des Geheimnisses liegt vor, wenn das zuständige Organ seine **Zustimmung** dazu erteilt hat und hierin nicht bereits eine Aufgabe des Geheimhaltungswillens als tatbestandsausschließendes Einverständnis zu sehen ist.[40]

2. Gesetzliche Offenbarungsrechte und -pflichten

25 Eine Rechtfertigung der Tat kommt ferner in Betracht, wenn der Täter in der Erfüllung gesetzlicher Offenbarungsrechte oder -pflichten handelt.

a) Berichterstattung- und Auskunftspflichten nach AktG

26 Dem **Vorstand** einer AG obliegen **umfangreiche Berichterstattungs- und Auskunftspflichten**, die die Offenbarung von Gesellschaftsgeheimnissen rechtfertigen. Hervorzuheben ist dabei insbesondere § 131 Abs. 1 AktG. Hiernach ist der Vorstand verpflichtet, jedem Aktionär auf Verlangen in der Hauptversammlung Auskunft über Angelegenheiten der Gesellschaft zu geben, soweit sie zur sachgemäßen Beurteilung des Gegenstands der Tagesordnung erforderlich sind. Diese Auskunft muss nach § 131 Abs. 2 S. 1 AktG den Grundsätzen einer gewissenhaften und getreuen Rechenschaft entsprechen. Allerdings kann der Vorstand in den von § 131 Abs. 3 S. 1 AktG abschließend geregelten Fällen eine Auskunft verweigern.

27 Für **Aufsichtsratsmitglieder** kann sich eine Befugnis zur Offenbarung von Gesellschaftsgeheimnissen insbesondere aus § 394 AktG ergeben. Hiernach unterliegen diejenigen Aufsichtsratsmitglieder, die auf Veranlassung einer Gebietskörperschaft in den Aufsichtsrat gewählt oder entsandt worden sind, hinsichtlich der Berichte, die sie der Gebietskörperschaft zu erstatten haben, keiner Verschwiegenheitspflicht. Die **Freistellung von der Verschwiegenheitspflicht** knüpft dabei nicht an eine konkrete Berichtspflicht an; nach § 394 S. 3 AktG kann diese vielmehr auf Gesetz, Satzung oder auf einem dem Aufsichtsrat in Textform mitgeteilten Rechtsgeschäft beruhen. Die Freistellung gilt nach § 394 S. 2 AktG allerdings nicht für vertrauliche Angaben und Geheimnisse der Gesellschaft, namentlich Betriebs- oder Geschäftsgeheimnisse, wenn ihre Kenntnis für die Zwecke der Berichte nicht von Bedeutung ist. Maßgeblich für die Reichweite der aus § 394 AktG resultierenden Befugnis ist mithin der Zweck des Berichts. Dieser liegt darin, der Gebietskörperschaft die für die Beteiligungsverwaltung notwendigen Kenntnisse zu verschaffen und ihr sowie der Rechnungsprüfungsbehörde die haushaltsrechtliche Prüfung der wirtschaftlichen Betätigung der Gesellschaft zu ermöglichen.[41] Erfasst sind hiervon mithin

---

[39] Statt vieler Graf/Jäger/Wittig/*Temming* AktG § 404 Rn. 17 mwN; s. zum gleichgelagerten Meinungsstreit um die dogmatische Einordnung der Befugnis bei § 333 HGB in Kap. 8.1. Rn. 22.
[40] MüKoStGB/*Kiethe* AktG § 404 Rn. 76; Spindler/Stilz/*Hefendehl* AktG § 404 Rn. 48 f.; Graf/Jäger/Wittig/*Temming* AktG § 404 Rn. 17.
[41] MüKoAktG/*Schürnbrand* AktG § 394 Rn. 31; Schmidt/Lutter/*Oetker* AktG § 394 Rn. 23; Hüffer/Koch AktG § 394 Rn. 44; *Reichard* GWR 2017, 72 (73).

sämtliche Vorgänge, die von wesentlicher wirtschaftlicher Bedeutung für die Gesellschaft sind oder Auswirkungen auf die Entlastung der Organträger haben können.[42] Hingegen gehören Details über den Geschäftsbetrieb oder die Aufdeckung steuerlicher oder kartellrechtlicher Vorgänge nur dann zum Berichtszweck, wenn sie auch für die Beteiligungsverwaltung relevant sind.[43] Aus der Systematik der §§ 394, 395 AktG resultiert ferner, dass die Freistellung von der Verschwiegenheitspflicht **nur gegenüber Bediensteten oder Organmitgliedern der Gebietskörperschaft bzw. der Rechnungsprüfungsbehörden** gilt, die mit der Beteiligungsverwaltung oder mit Prüfungsaufgaben betraut sind.[44]

Für **Prüfer iSd § 404 Abs. 1 Nr. 2 AktG** kann sich eine Offenbarungsbefugnis aus der **jeweiligen Berichterstattungspflicht** ergeben, so etwa aus den §§ 34 Abs. 2, 52 Abs. 3, 145 Abs. 6 AktG.

b) Sonstige Auskunftspflichten

Auskunftspflichten, die die Offenbarung von Gesellschaftsgeheimnissen rechtfertigen können, finden sich auch außerhalb des AktG. Hervorzuheben sind insoweit insbesondere die dem Vorstand obliegende **Pflicht zur Offenlegung des Jahresabschlusses** gem. § 325 HGB sowie die **Pflicht zur Mitteilung kursbeeinflussender Tatsachen** gem. Art. 17 MAR[45] (Ad-hoc-Publizität).[46] Auskunftspflichten bestehen ferner im Kredit- und Versicherungsaufsichtsrecht.[47] Zudem kann die Offenbarung von Informationen im Rahmen einer **Due-Diligence-Prüfung** bei einem Unternehmenskauf gerechtfertigt sein.[48] Eine Befugnis zur Weitergabe von Gesellschaftsgeheimnissen kann auch aus einer **Unterrichtungspflicht gegenüber Arbeitnehmervertretungen**, etwa Betriebsrat oder Wirtschaftsausschuss (zB § 106 Abs. 2 BetrVG),[49] oder im Rahmen eines **Spruchverfahrens** aus § 7 Abs. 7 SpruchG resultieren.[50]

c) Anzeige- und Aussagepflichten

Hinsichtlich bestehender Anzeige- und Aussagepflichten wird auf die Ausführungen zu § 333 HGB verwiesen (s. Kap. 8.1. Rn. 37 ff.).

3. Rechtfertigender Notstand

Als allgemeiner Rechtfertigungsgrund kommt ferner ein rechtfertigender Notstand gem. § 34 StGB in Betracht, der allerdings eine **Interessen- und Güterabwägung** voraussetzt. Gerechtfertigt ist die Offenbarung oder Verwertung eines

---

42 MüKoAktG/*Schürnbrand* AktG § 394 Rn. 31.
43 Semler/v. Schenck/*Gasteyer* AktG § 394 Rn. 26; MüKoAktG/*Schürnbrand* AktG § 394 Rn. 31.
44 MüKoAktG/*Schürnbrand* AktG § 394 Rn. 36.
45 Entspricht § 15 WpHG aF.
46 Spindler/Stilz/*Hefendehl* AktG § 404 Rn. 51; MüKoAktG/*Schaal* AktG § 404 Rn. 35; MüKoStGB/*Kiethe* AktG § 404 Rn. 77.
47 MüKoAktG/*Schaal* AktG § 404 Rn. 36.
48 MüKoAktG/*Schaal* AktG § 404 Rn. 36; Hüffer/*Koch* AktG § 93 Rn. 32; Graf/Jäger/Wittig/*Temming* AktG § 404 Rn. 19, der in der Entscheidung des Vorstands zur Offenlegung von Informationen in Rahmen einer Due-Diligence-Prüfung bereits einen Tatbestandsausschluss sieht.
49 MüKoAktG/*Schaal* AktG § 404 Rn. 36.
50 Spindler/Stilz/*Hefendehl* AktG § 404 Rn. 51.

Gesellschaftsgeheimnisses danach nur dann, wenn dies zur Wahrung höherrangiger Interessen dient (s. dazu auch Kap. 8.1. Rn. 42).[51]

IV. Versuch, Vollendung, Beendigung

32 Der **Versuch** des § 404 AktG ist nicht unter Strafe gestellt (§ 23 Abs. 1 StGB).

33 Bei der **Offenbarung** eines Gesellschaftsgeheimnisses tritt **Tatvollendung** ein, wenn das Geheimnis so in den Herrschaftsbereich des Empfängers gelangt, dass dieser die Möglichkeit der Kenntnisnahme hat; eine inhaltliche Kenntnisnahme ist nicht erforderlich.[52] **Beendet** ist die Tat sodann mit tatsächlicher Kenntnisnahme durch einen Unbefugten.[53]

34 In den Fällen des **Verwertens** tritt **Tatvollendung** ein, wenn ein Zustand herbeigeführt wird, in dem eine Gewinnerzielung nach der Vorstellung des Täters unmittelbar bevorsteht.[54] **Beendet** ist die Tat mit der Ausnutzung des Geheimnisses.[55]

V. Konkurrenzen

1. Verhältnis der Tatbestände des § 404 AktG

35 Die Tatbestände des § 404 Abs. 1 AktG und des § 404 Abs. 2 S. 2 AktG stellen **selbstständige Delikte** dar, die je nach Einzelfall sowohl in **Tateinheit** (§ 52 StGB) als auch in **Tatmehrheit** (§ 53 StGB) begangen werden können.[56] Besteht die Verwertung allein in der Offenbarung des Geheimnisses gegen Entgelt, verwirklicht dies nicht den Grundtatbestand des § 404 Abs. 2 S. 2 AktG, sondern den **Qualifikationstatbestand** des § 404 Abs. 2 S. 1 AktG.[57]

2. Verhältnis zu anderen Tatbeständen zur Verletzung von Geheimhaltungspflichten

36 Für Prüfer und Gehilfen von Prüfern tritt eine Strafbarkeit nach § 404 AktG im Wege der **Gesetzeskonkurrenz** ausdrücklich hinter einer Strafbarkeit nach § 333 HGB zurück. Davon erfasst sind Abschlussprüfer und Abschlussprüfer-

---

51 NK-WSS/*Krause/Twele* AktG § 404 Rn. 16; Graf/Jäger/Wittig/*Temming* AktG § 404 Rn. 20; Spindler/Stilz/*Hefendehl* AktG § 404 Rn. 55; MüKoAktG/*Schaal* AktG § 404 Rn. 37.
52 NK-WSS/ *Krause/Twele* AktG § 404 Rn. 17; MüKoStGB/*Kiethe* AktG § 404 Rn. 70; aA Hopt/Wiedemann/*Otto* AktG § 404 Rn. 32 (geht von einem Erfordernis der Kenntnisnahme aus und lässt allein bei schriftlicher Mitteilung die bloße Möglichkeit genügen).
53 Spindler/Stilz/*Hefendehl* AktG § 404 Rn. 61; NK-WSS/*Krause/Twele* AktG § 404 Rn. 17; MüKoAktG/*Schaal* AktG § 404 Rn. 59.
54 MüKoAktG/*Schaal* AktG § 404 Rn. 60; MüKoStGB/*Kiethe* AktG § 404 Rn. 71; Hopt/Wiedemann/*Otto* AktG § 404 Rn. 34; aA KölnKommAktG/*Altenhain* AktG § 404 Rn. 37 (ausreichend sei die Vornahme einer Handlung, mit der der Täter einen wirtschaftlichen Nutzen erzielen will).
55 BayObLG 20.7.1995 – 4 St RR 4/95, NJW 1996, 268 (271 f.), zu § 17 UWG; KölnKommAktG/*Altenhain* AktG § 404 Rn. 38.
56 Hopt/Wiedemann/*Otto* AktG § 404 Rn. 52; Spindler/Stilz/*Hefendehl* AktG § 404 Rn. 63; MüKoAktG/*Schaal* AktG § 404 Rn. 63; NK-WSS/*Krause/Twele* AktG § 404 Rn. 18.
57 MüKoStGB/*Kiethe* AktG § 404 Rn. 51; Hopt/Wiedemann/*Otto* AktG § 404 Rn. 28 iErg auch KölnKommAktG/*Altenhain* AktG § 404 Rn. 26 (alle drei Tatbestände des § 404 AktG erfüllt, jedoch geht Abs. 2 S. 1 den anderen als lex specialis vor).

gehilfen.[58] Hingegen ist § 404 AktG im Verhältnis zu den §§ 203, 204 StGB lex specialis.[59] Tateinheit ist möglich mit § 23 GeschGehG und § 119 Abs. 3 WpHG iVm Art. 14 MAR.[60]

3. Verhältnis zu anderen Strafvorschriften
Tateinheit ist möglich mit den §§ 246, 266 StGB.[61]

37

VI. Rechtsfolgen

Das unbefugte Offenbarung eines Gesellschaftsgeheimnisses wird gem. § 404 Abs. 1 AktG mit Freiheitsstrafe bis zu einem Jahr oder Geldstrafe bestraft. Das unbefugte Verwerten eines Gesellschaftsgeheimnisses gem. § 404 Abs. 2 S. 2 AktG wird ebenso wie die Verwirklichung des Qualifikationstatbestands gem. § 404 Abs. 2 S. 1 AktG mit Freiheitsstrafe bis zu zwei Jahren oder mit Geldstrafe geahndet.

38

Sofern **Geheimnisse einer börsennotierten Gesellschaft** offenbart oder verwertet werden, erhöht sich der Strafrahmen auf Freiheitsstrafe bis zu zwei Jahren im Falle des Offenbarens bzw. auf Freiheitsstrafe bis zu drei Jahren im Falle des Verwertens bzw. der Verwirklichung des Qualifikationstatbestands. Nach der Legaldefinition des § 3 Abs. 2 AktG sind **börsennotiert** iSd AktG diejenigen Gesellschaften, deren Aktien zu einem Markt zugelassen sind, der von staatlich anerkannten Stellen geregelt und überwacht wird, regelmäßig stattfindet und für das Publikum mittelbar oder unmittelbar zugänglich ist.

39

Im Übrigen wird hinsichtlich der Rechtsfolgen auf die Ausführungen zu § 332 HGB (s. Kap. 11.1. Rn. 52 f.) und § 403 AktG (s. Kap. 11.2. Rn. 33 f.) verwiesen. Davon abweichend kommt die Verhängung einer **Unternehmensgeldbuße** gem. § 30 OWiG bei einer Verwirklichung von § 404 AktG durch Vorstands- oder Aufsichtsratsmitglieder oder Abwickler jedoch nicht in Betracht, da die Strafvorschrift dem Schutz der Gesellschaft dient.[62]

40

VII. Verjährung

Die **Strafverfolgung** von Taten nach § 404 Abs. 1 AktG verjährt in den Fällen, in denen eine börsennotierte Gesellschaft betroffen ist, in fünf Jahren (§ 78 Abs. 3 Nr. 4 StGB). Gleiches gilt in den Fällen des § 404 Abs. 2 AktG. Geht es in den Fällen des § 404 Abs. 1 AktG nicht um eine börsennotierte Gesellschaft, tritt Strafverfolgungsverjährung in drei Jahren ein (§ 78 Abs. 3 Nr. 5 StGB).

41

---

58 Graf/Jäger/Wittig/*Temming* AktG § 404 Rn. 25; Spindler/Stilz/*Hefendehl* AktG § 404 Rn. 64; MüKoAktG/*Schaal* AktG § 404 Rn. 64.
59 Hopt/Wiedemann/*Otto* AktG § 404 Rn. 52; MüKoAktG/*Schaal* AktG § 404 Rn. 64; KölnKommAktG/*Altenhain* AktG § 404 Rn. 42; MüKoStGB/*Kiethe* AktG § 404 Rn. 86.
60 Teilweise zu § 17 UWG aF: NK-WSS/*Krause/Twele* AktG § 404 Rn. 18; MüKoAktG/*Schaal* AktG § 404 Rn. 64; Schmidt/Lutter/*Oetker* AktG § 404 Rn. 16; MüKoStGB/*Kiethe* AktG § 404 Rn. 86; Graf/Jäger/Wittig/*Temming* AktG § 404 Rn. 25; aA Spindler/Stilz/*Hefendehl* AktG § 404 Rn. 63; Müller-Gugenberger/*Dittrich* § 33 Rn. 102, der in § 119 WpHG im Verhältnis zu § 404 AktG eine Spezialnorm sieht.
61 NK-WSS/*Krause/Twele* AktG § 404 Rn. 18; Hopt/Wiedemann/*Otto* AktG § 404 Rn. 53; MüKoStGB/*Kiethe* AktG § 404 Rn. 86.
62 Ulmer/Habersack/Löbbe/*Ransiek* GmbHG § 85 Rn. 3; MüKoGmbHG/*Altenhain* GmbHG § 85 Rn. 56.

Die Verjährungsfrist beginnt gem. § 78 a StGB mit Tatbeendigung (s. Rn. 33 f.).

42 Die Frist für die **Strafvollstreckungsverjährung** bemisst sich nach der verhängten Strafe. Diese kann bei Taten nach § 404 Abs. 1 AktG ohne Involvierung eines börsennotierten Unternehmens drei oder fünf Jahre und in Fällen des § 404 Abs. 1 AktG, in denen ein börsennotiertes Unternehmen betroffen ist, sowie in den Fällen des § 404 Abs. 2 AktG auch zehn Jahre betragen (§ 79 Abs. 3 Nr. 3–5 StGB). Die Frist beginnt gem. § 79 Abs. 6 StGB mit Rechtskraft der Entscheidung.

VIII. Prozessuale Besonderheiten

1. Strafantrag

43 Taten nach § 404 AktG werden nur auf Antrag verfolgt (**absolutes Antragsdelikt**). Da § 404 AktG kein Privatklagedelikt iSv § 374 StPO darstellt, besteht im Falle eines wirksamen Strafantrags **Strafverfolgungszwang**.

44 **Antragsberechtigt** ist gem. § 404 Abs. 3 S. 1 AktG die betroffene Gesellschaft; dies gilt selbst dann, wenn das Geheimnis nach Tatbegehung veräußert wurde.[63] Sofern die Tat von einem Prüfer oder Prüfergehilfen begangen wurde, ist der Antrag folglich vom **gesetzlichen Vertreter der Gesellschaft**, mithin dem Vorstand oder Abwickler zu stellen. Zur Vermeidung von Interessenkonflikten enthält § 404 Abs. 3 S. 2 AktG eine **Sonderregelung** für den Fall, dass die Tat von einem Organ der Gesellschaft begangen wurde. Hiernach obliegt die Antragsberechtigung bei einer Tatbegehung durch ein Vorstandsmitglied oder einen Abwickler dem Aufsichtsrat und bei einer Tatbegehung durch ein Aufsichtsratsmitglied dem Vorstand oder den Abwicklern. Besteht das antragsberechtigte Organ aus mehreren Mitgliedern, folgt die Berechtigung zur Antragsstellung der **Vertretungsregelung der Gesellschaft**.[64]

45 Die **Strafantragsfrist** beträgt drei Monate (§ 77 b Abs. 1 S. 1 StGB) und beginnt mit Ablauf des Tages, an dem der Berechtigte von der Tat und der Person des Täters Kenntnis erlangt (§ 77 b Abs. 2 S. 1 StGB). Besteht das antragsberechtigte Organ aus mehreren Personen, ist im Falle der **Gesamtvertretung** die Kenntnis aller Mitglieder erforderlich.[65]

46 Gem. § 158 Abs. 2 StPO ist der Strafantrag bei einem Gericht oder der Staatsanwaltschaft schriftlich oder zu Protokoll, bei einer anderen Behörde schriftlich zu stellen. **Formgerecht** gestellt ist auch der Antrag eines antragsberechtigten Organmitglieds, sofern die anderen Mitglieder diesen dazu ermächtigt haben oder innerhalb der Frist zustimmen.[66] Bis zum rechtskräftigen Abschluss des Strafverfahrens ist eine **Rücknahme** des Strafantrags möglich (§ 77 d Abs. 1 S. 2 StGB). Diese kann allerdings ausschließlich gegenüber einer nach § 158 Abs. 2 StPO zuständigen Stelle, hingegen nicht gegenüber dem Täter er-

---

63 Müller-Gugenberger/*Dittrich* § 33 Rn. 109; Spindler/Stilz/*Hefendehl* AktG § 404 Rn. 67.
64 MüKoAktG/*Schaal* AktG § 404 Rn. 67; Spindler/Stilz/*Hefendehl* AktG § 404 Rn. 67; NK-WSS/*Krause/Twele* AktG § 404 Rn. 19.
65 Spindler/Stilz/*Hefendehl* AktG § 404 Rn. 68; NK-WSS/*Krause/Twele* AktG § 404 Rn. 19.
66 MüKoAktG/*Schaal* AktG § 404 Rn. 67.

klärt werden. Gem. § 77 d Abs. 1 S. 3 StGB kann ein zurückgenommener Antrag nicht erneut gestellt werden.

2. Zuständigkeit

Sofern eine landgerichtliche Zuständigkeit gegeben ist, fallen Taten nach § 404 AktG gem. § 74 c Abs. 1 S. 1 Nr. 1 GVG in den Zuständigkeitsbereich der Wirtschaftsstrafkammern. 47

Kap. 8.3. § 85 GmbHG Verletzung der Geheimhaltungspflicht

§ 85 GmbHG Verletzung der Geheimhaltungspflicht

(1) Mit Freiheitsstrafe bis zu einem Jahr oder mit Geldstrafe wird bestraft, wer ein Geheimnis der Gesellschaft, namentlich ein Betriebs- oder Geschäftsgeheimnis, das ihm in seiner Eigenschaft als Geschäftsführer, Mitglied des Aufsichtsrats oder Liquidator bekanntgeworden ist, unbefugt offenbart.

(2) [1]Handelt der Täter gegen Entgelt oder in der Absicht, sich oder einen anderen zu bereichern oder einen anderen zu schädigen, so ist die Strafe Freiheitsstrafe bis zu zwei Jahren oder Geldstrafe. [2]Ebenso wird bestraft, wer ein Geheimnis der in Absatz 1 bezeichneten Art, namentlich ein Betriebs- oder Geschäftsgeheimnis, das ihm unter den Voraussetzungen des Absatzes 1 bekanntgeworden ist, unbefugt verwertet.

(3) [1]Die Tat wird nur auf Antrag der Gesellschaft verfolgt. [2]Hat ein Geschäftsführer oder ein Liquidator die Tat begangen, so sind der Aufsichtsrat und, wenn kein Aufsichtsrat vorhanden ist, von den Gesellschaftern bestellte besondere Vertreter antragsberechtigt. [3]Hat ein Mitglied des Aufsichtsrats die Tat begangen, so sind die Geschäftsführer oder die Liquidatoren antragsberechtigt.

Literatur: *Baumbach/Hueck* (Hrsg.), GmbH-Gesetz, 21. Aufl. 2017; Beck'scher Online-Kommentar GmbHG, *Jäger/Ziemons* (Hrsg.), 38. Edt., Stand: 1.2.2019 (zit. als BeckOK GmbHG/*Bearbeiter*); *Bork/Schäfer* (Hrsg.), GmbHG, 4. Aufl. 2019; *Dierlamm*, Der faktische Geschäftsführer im Strafrecht – ein Phantom?, NStZ 1996, 153; *Erbs/Kohlhaas*, Strafrechtliche Nebengesetze, Häberle (Hrsg.), Stand: 223. EL 2019; *Graf/Jäger/Wittig* (Hrsg.), Wirtschafts- und Steuerstrafrecht, 2. Aufl. 2017; *Gübel*, Die Auswirkungen der faktischen Betrachtungsweise auf die strafrechtliche Haftung faktischer GmbH-Geschäftsführer, 1994; *Hachenburg*, Gesetz betreffend die Gesellschaften mit beschränkter Haftung (GmbHG), *Mertens/Stein* (Hrsg.), 8. Auflage 1997; *Henssler/Strohn* (Hrsg.), Gesellschaftsrecht, 4. Aufl. 2019; Kölner Kommentar zum Aktiengesetz, *Zöllner/Noack* (Hrsg.), Bd. 7/Teil 1, §§ 399–410 AktG, 3. Aufl. 2011 (zit. als KölnKommAktG/*Bearbeiter*); *Leitner/Rosenau* (Hrsg.), Wirtschafts- und Steuerstrafrecht, 2017 (zit. als NK-WSS/*Bearbeiter*); *Lutter/Hommelhoff* (Hrsg.), GmbHG, Kommentar, 19. Aufl. 2016; *Michalski/Heidinger/Leible/Schmidt* (Hrsg.), Kommentar zum Gesetz betreffend die Gesellschaften mit beschränkter Haftung (GmbH-Gesetz), Bd. 2, §§ 35–88 GmbHG, EGGmbHG, 3. Aufl. 2017; Münchener Kommentar zum GmbHG, *Fleischer/Goette* (Hrsg.), Bd. 3, §§ 53–85, 3. Aufl. 2018 (zit. als MüKoGmbHG/*Bearbeiter*); Münchener Kommentar zum Handelsgesetzbuch, Bd. 4, §§ 238–342 e HGB, *Schmidt* (Hrsg.), 3. Aufl. 2013 (zit. als MüKoHGB*Bearbeiter*); Münchener Kommentar zum Strafgesetzbuch, *Joecks/Miebach* (Hrsg.), Bd. 7: Nebenstrafrecht II, 2. Aufl. 2015 (zit. als MüKoStGB/*Bearbeiter*); *Richter*, Der Konkurs der GmbH aus der Sicht der Strafrechtspraxis (II), GmbHR 1984, 113; *Roth/Altmeppen*, GmbHG, 9. Aufl. 2019; *Rowedder/Schmidt-Leithoff* (Hrsg.), Kommentar zum GmbHG, 6. Aufl. 2017; *Saenger/Inhester* (Hrsg.), Handkommentar zum GmbHG, 3. Aufl. 2016; *Schneider*, Informationsrecht von GmbH-Gesellschaftern – Inhalt und Grenzen, GmbHR 2008, 638; *Scholz* (Hrsg.), Kommentar zum GmbH-Gesetz, Bd. 3, §§ 53–85, 11. Aufl. 2015; *Ulmer/Habersack/Löbbe* (Hrsg.), GmbHG, Großkommentar, Bd. 3, §§ 53–87, 2. Aufl. 2016; *Wicke*, GmbHG, 3. Aufl. 2016. Vgl. im Übrigen die Literatur zu § 333 HGB in Kap. 8.1. und zu § 404 AktG in Kap. 8.2.

# Kap. 8: Verletzung der Geheimhaltungs- und Verschwiegenheitspflichten

I. Allgemeines ... 1	a) Berichterstattungs- und Auskunftspflichten ... 22
1. Rechtsentwicklung ... 1	b) Anzeige- und Aussagepflichten ... 23
2. Geschütztes Rechtsgut ... 2	3. Rechtfertigender Notstand .. 24
3. Deliktsnatur ... 5	IV. Versuch, Vollendung, Beendigung ... 25
II. Tatbestand ... 6	V. Konkurrenzen ... 28
1. Objektiver Tatbestand ... 7	1. Verhältnis der Tatbestände des § 85 GmbHG ... 28
a) Tauglicher Täterkreis ... 7	2. Verhältnis zu anderen Tatbeständen zur Verletzung von Geheimhaltungspflichten ... 29
b) Tatgegenstand ... 11	3. Verhältnis zu anderen Strafvorschriften ... 30
aa) Gesellschaftsgeheimnis ... 11	VI. Rechtsfolgen ... 31
bb) Funktionsbedingte Kenntniserlangung .. 13	VII. Verjährung ... 33
c) Tathandlung ... 15	VIII. Prozessuale Besonderheiten ... 35
2. Subjektiver Tatbestand ... 16	1. Strafantrag ... 35
a) Vorsatz ... 16	2. Zuständigkeit ... 38
b) Irrtum ... 17	
3. Qualifikation ... 18	
III. Rechtswidrigkeit ... 19	
1. Rechtfertigende Einwilligung ... 20	
2. Gesetzliche Offenbarungsrechte und -pflichten ... 21	

I. Allgemeines
1. Rechtsentwicklung

1 Die Strafvorschrift des § 85 GmbHG wurde zum Schutz des Geheimbereichs von GmbHs im Rahmen der **GmbH-Novelle** durch das Gesetz zur Änderung des Gesetzes betreffend die Gesellschaften mit beschränkter Haftung und anderer handelsrechtlicher Vorschriften vom 4.7.1980[1] mit Wirkung zum 1.1.1981 eingeführt und besteht seither unverändert fort. Inhaltlich beruht die Vorschrift auf der dem Schutz des Geheimbereichs der Aktiengesellschaft dienenden Strafvorschrift des § 404 AktG,[2] die allerdings insofern weiter gefasst ist, als dass sie auch Prüfer und Prüfergehilfen als taugliche Täter benennt (s. dazu im Einzelnen in Kap. 8.2. Rn. 13 f.). Für die Erfassung von Prüfern und Prüfergehilfen bestand in § 85 GmbHG kein Anlass, da das GmbHG keine Vorschriften über die Prüfung von GmbHs enthält. Die Verletzung der Geheimhaltungspflicht durch Abschlussprüfer ist seit Erlass des Bilanzrichtlinien-Gesetzes vom 19.12.1985[3] für alle Kapitalgesellschaften in § 333 HGB unter Strafe gestellt (s. dazu Kap. 8.1.).

2. Geschütztes Rechtsgut

2 § 85 GmbHG dient dem **Schutz des Geheimbereichs von GmbHs**, somit im Wesentlichen der **Wahrung ihrer Wirtschaftsgeheimnisse**.[4] Damit besteht der Zweck der Vorschrift nach hM vorrangig im Schutz des gesellschaftlichen Ver-

---

1 BGBl. 1980 I 836.
2 BT-Drs. 8/1347, 56; Bork/Schäfer/*Roth* GmbHG § 85 Rn. 1; Hachenburg/*Kohlmann* GmbHG § 85 Rn. 3.
3 BGBl. I 2355.
4 MüKoStGB/*Hohmann* GmbHG § 85 Rn. 1; Michalski/*Dannecker* GmbHG § 85 Rn. 8; Graf/Jäger/Wittig/*Ibold* GmbHG § 85 Rn. 5; NK-WSS/*Parigger* GmbHG § 85 Rn. 1; Ulmer/Habersack/Löbbe/*Ransiek* GmbHG § 85 Rn. 5; HK-GmbHG/*Saenger* GmbHG § 85 Rn. 1.

mögens, das sich im wirtschaftlichen Wert der Gesellschaftsgeheimnisse wiederspiegelt.[5] Zum Teil wird das allgemeine Vertrauen in die Funktionsfähigkeit der GmbH als Institution als weiteres, allerdings nachrangiges Rechtsgut des § 85 GmbHG angesehen.[6]

In den Schutzbereich der Vorschrift fällt **ausschließlich die Gesellschaft** selbst, während die **Gesellschafter** und **Gläubiger** hiervon nicht erfasst sind.[7] Letzteres gilt auch für die **Arbeitnehmer** der Gesellschaft.[8] Erfasst werden ausschließlich **inländische GmbHs**, dh solche, die ihren satzungsmäßigen Sitz iSv § 4 a GmbHG in Deutschland haben.[9] Ausländische Gesellschaften, die mit der deutschen GmbH vergleichbar sind, fallen nicht in den Schutzbereich des § 85 GmbHG.[10] Zu berücksichtigen ist aber **§ 5 Nr. 7 StGB**, wonach im Falle der Verletzung von Betriebs- oder Geschäftsgeheimnissen auch Unternehmen mit Sitz im Ausland geschützt sind, sofern sie von einem Unternehmen mit Sitz im räumlichen Geltungsbereich dieses Gesetzes abhängig sind und mit diesem einen Konzern bilden.

Hinsichtlich der vom Schutzbereich erfassten Gesellschaft ist § 85 GmbHG **Schutzgesetz iSv § 823 Abs. 2 BGB.**[11]

3. Deliktsnatur

§ 85 GmbHG ist als **abstraktes Gefährdungsdelikt** ausgestaltet; eine konkrete Vermögensgefährdung oder ein Schadenseintritt ist mithin keine Tatbestandsvoraussetzung.[12] Es handelt sich ferner um ein **absolutes Antragsdelikt** (s. Rn. 35 ff.).

II. Tatbestand

§ 85 GmbHG entspricht strukturell dem fast wortlautidentischen § 404 AktG, der zusätzlich Prüfer und Prüfergehilfen als taugliche Täter benennt.[13] Wie in

---

5 Graf/Jäger/Wittig/*Ibold* GmbHG § 85 Rn. 5; MüKoStGB/*Hohmann* GmbHG § 85 Rn. 1; Michalski/*Dannecker* GmbHG § 85 Rn. 8; NK-WSS/*Parigger* GmbHG § 85 Rn. 1; Scholz/Tiedemann/*Rönnau* GmbHG § 85 Rn. 3; Ulmer/Habersack/Löbbe/*Ransiek* GmbHG § 85 Rn. 5; aA MüKoGmbHG/*Altenhain* GmbHG § 85 Rn. 5.
6 MüKoStGB/*Hohmann* GmbHG § 85 Rn. 1; Michalski/*Dannecker* GmbHG § 85 Rn. 10; NK-WSS/*Parigger* GmbHG § 85 Rn. 1; aA MüKoGmbHG/*Altenhain* GmbHG § 85 Rn. 5; Scholz/Tiedemann/*Rönnau* GmbHG § 85 Rn. 3; Ulmer/Habersack/Löbbe/*Ransiek* GmbHG § 85 Rn. 8; Graf/Jäger/Wittig/*Ibold* GmbHG § 85 Rn. 5.
7 NK-WSS/*Pariggger* GmbHG § 85 Rn. 1; Graf/Jäger/Wittig/*Ibold* GmbHG § 85 Rn. 5; MüKoStGB/*Hohmann* GmbHG § 85 Rn. 1; MüKoGmbHG/*Altenhain* GmbHG § 85 Rn. 6; Bork/Schäfer/*Roth* GmbHG § 85 Rn. 1; aA HK-GmbHG/*Saenger* GmbHG § 85 Rn. 6.
8 MüKoStGB/*Hohmann* GmbHG § 85 Rn. 1; MüKoGmbHG/*Altenhain* GmbHG § 85 Rn. 6; Michalski/*Dannecker* GmbHG § 85 Rn. 101.
9 MüKoStGB/*Hohmann* GmbHG § 85 Rn. 2.
10 BGH 17.9.1996 – 4 ARs 21/95, NJW 1997, 533 (534) zu § 404 AktG; MüKoStGB/*Hohmann* GmbHG § 85 Rn. 2; Baumbach/Hueck/*Haas* GmbHG § 85 Rn. 1.
11 MüKoStGB/*Hohmann* GmbHG § 85 Rn. 3; Baumbach/Hueck/*Haas* GmbHG § 85 Rn. 1; MüKoGmbHG/*Altenhain* GmbHG § 85 Rn. 6; *Wicke* GmbHG § 85 Rn. 1; aA Michalski/*Dannecker* GmbHG § 85 Rn. 12 (auch zugunsten der Gesellschafter); HK-GmbHG/*Saenger* GmbHG § 85 Rn. 6.
12 Graf/Jäger/Wittig/*Ibold* GmbHG § 85 Rn. 6; MüKoStGB/*Hohmann* GmbHG § 85 Rn. 3; Michalski/*Dannecker* GmbHG § 85 Rn. 14; NK-WSS/*Parigger* GmbHG § 85 Rn. 3.
13 Graf/Jäger/Wittig/*Ibold* GmbHG § 85 Rn. 1; Hachenburg/*Kohlmann* § 85 Rn. 3.

§ 404 AktG ist auch in § 85 Abs. 1 GmbHG als **Grundtatbestand** das unbefugte Offenbaren und in § 85 Abs. 2 S. 2 GmbHG das unbefugte Verwerten eines Gesellschaftsgeheimnisses unter Strafe gestellt. Der mit § 404 Abs. 2 S. 1 AktG identische **Qualifikationstatbestand** in § 85 Abs. 2 S. 1 GmbHG erhöht den gesetzlichen Strafrahmen für den Fall, dass der Täter gegen Entgelt, in Bereicherungs- oder Schädigungsabsicht handelt.

1. Objektiver Tatbestand
a) Tauglicher Täterkreis

7 Täter des § 85 GmbHG können ausschließlich **Geschäftsführer, Mitglieder des Aufsichtsrats** und **Liquidatoren** einer GmbH sein. Die Vorschrift stellt ein echtes Sonderdelikt dar.[14]

8 **Geschäftsführer** iSd § 85 GmbHG sind die nach den Vorschriften des GmbHG zum Geschäftsführer oder stellvertretenden Geschäftsführer (§ 44 GmbHG) wirksam oder unwirksam bestellten Personen.[15] Nach hM wird hiervon auch der **faktische Geschäftsführer** erfasst, sofern sowohl betriebsintern als auch nach außen alle Dispositionen weitgehend von diesem gesteuert werden, er auf sämtliche Geschäftsvorgänge bestimmenden Einfluss nimmt und gegenüber dem formellen Geschäftsführer die überragende Stellung im Unternehmen einnimmt oder zumindest das deutliche Übergewicht hat.[16] Nach hM ist von einem bestimmenden Einfluss des faktischen Geschäftsführers und einer überragenden Stellung im Unternehmen auszugehen, wenn dieser von acht **klassischen Merkmalen des Kernbereichs der Geschäftsführung** mindestens sechs erfüllt; hierbei handelt es sich um die Bestimmung der Unternehmenspolitik, die Unternehmensorganisation, die Einstellung von Mitarbeitern, die Gestaltung der Geschäftsbeziehungen zu Vertragspartnern, die Verhandlung mit Kreditgebern, die Gehaltshöhe, die Entscheidung in Steuerangelegenheiten sowie die Steuerung der Buchhaltung.[17]

9 **Mitglieder des Aufsichtsrats** iSd § 85 GmbH sind nach hM diejenigen Personen, die zum Mitglied eines obligatorischen oder fakultativen Aufsichtsrats bestellt sind.[18] Nicht erfasst sind nach allg. Auffassung – anders als bei § 82 Abs. 2 Nr. 2 GmbHG – hingegen **Mitglieder eines ähnlichen Organs** (so etwa Angehörige eines Beirats, Verwaltungsrats oder Ausschusses).[19] Maßgeblich

---

14 NK-WSS/*Parigger* GmbHG § 85 Rn. 4; Baumbach/Hueck/*Haas* GmbHG § 85 Rn. 3; Michalski/*Dannecker* GmbHG § 85 Rn. 13; Scholz/Tiedemann/*Rönnau* GmbHG § 85 Rn. 5, 8; Graf/Jäger/Wittig/*Ibold* GmbHG § 85 Rn. 7; *Wicke* GmbHG § 85 Rn. 2.
15 Graf/Jäger/Wittig/*Ibold* GmbHG § 82 Rn. 18, § 85 Rn. 8; Baumbach/Hueck/*Haas* GmbHG § 85 Rn. 14; Henssler/Strohn/*Servatius* GmbHG § 85 Rn. 6.
16 BGH 10.5.2000 – 3 StR 101/00, NJW 2000, 2285 f. (zu § 82 GmbHG) mwN; so auch *Dierlamm* NStZ 1996, 153; *Gübel* S. 166 f.; MüKoStGB/*Hohmann* GmbHG § 82 Rn. 50 ff.; Graf/Jäger/Wittig/*Ibold* GmbHG § 85 Rn. 8; aA MüKoGmbHG/*Altenhain* GmbHG § 85 Rn. 8; Ulmer/Habersack/Löbbe/*Ransiek* GmbHG § 85 Rn. 11.
17 BGH 10.7.1996 – 3 StR 50/96, NJW 1997, 66 (67); BayObLG 20.2.1997 – 5 St RR 159/96, NJW 1997, 1936; *Dierlamm* NStZ 1996, 153 (156).
18 MüKoStGB/*Hohmann* GmbHG § 82 Rn. 117; Graf/Jäger/Wittig/*Ibold* GmbHG § 85 Rn. 8; NK-WSS/*Parigger* GmbHG § 85 Rn. 6; Scholz/Tiedemann/*Rönnau* GmbHG § 85 Rn. 10; Ulmer/Habersack/Löbbe/*Ransiek* GmbHG § 85 Rn. 13; aA Michalski/*Dannecker* GmbHG § 85 Rn. 17; Lutter/Hommelhoff/*Kleindiek* GmbHG § 85 Rn. 2 (keine Mitglieder eines fakultativen Aufsichtsrats).
19 Graf/Jäger/Wittig/*Ibold* GmbHG § 85 Rn. 8; Lutter/Hommelhoff/*Kleindiek* GmbHG § 85 Rn. 2; Scholz/Tiedemann/*Rönnau* GmbHG § 85 Rn. 8.

für die Abgrenzung zwischen dem Aufsichtsrat und einem ähnlichen Organ ist nicht die begriffliche Bezeichnung des Gremiums, sondern die zugewiesenen Aufgabe der Überwachung der Geschäftsführung.[20]

Als **Liquidator** iSd § 85 GmbHG ist das Geschäftsführungs- und Vertretungsorgan der im Stadium der Abwicklung befindlichen GmbH unabhängig von der Wirksamkeit des Bestellungsaktes zu qualifizieren.[21] Für den **faktischen Liquidator** gelten die Ausführungen zum faktischen Geschäftsführer entsprechend.[22] Ist eine **juristische Person** zum Liquidator bestellt, bestimmt sich die strafrechtliche Verantwortlichkeit der für diese handelnden natürlichen Personen nach § 14 StGB.[23]

b) Tatgegenstand
aa) Gesellschaftsgeheimnis

Als Tatgegenstand erfasst § 85 GmbHG **Geheimnisse der Gesellschaft**, namentlich Betriebs- oder Geschäftsgeheimnisse, die dem Täter in seiner Eigenschaft als Geschäftsführer, Mitglied des Aufsichtsrats oder Liquidator bekannt geworden sind. Bei der ausdrücklichen Erwähnung der Betriebs- und Geschäftsgeheimnisse handelt es sich nicht um eine Einschränkung des Geheimnisbegriffs, sondern vielmehr um eine Hervorhebung der praktisch wichtigsten Unterfälle des Gesellschaftsgeheimnisses.[24] Inhaltich ist der Geheimnisbegriff des § 85 GmbHG identisch mit demjenigen der §§ 333 HGB und 404 AktG;[25] insoweit kann auf die Ausführungen zu § 333 HGB verwiesen werden (s. Kap. 8.1. Rn. 11 ff.).

Als von § 85 GmbHG **geschützte Gesellschaftsgeheimnisse** kommen folgende Tatsachen in Betracht: Kalkulationsunterlagen, Finanzierungspläne, Kunden- und Lieferantenlisten, Verlauf und Ergebnis von Geschäftsführer- und Aufsichtsratssitzungen, Fabrikationsverfahren, Guthaben und Umsätze der Gesellschaft, Konditionen und Marktstrategien, Fertigungsmethoden, Computerprogramme etc.[26]

bb) Funktionsbedingte Kenntniserlangung

Tatbestandsvoraussetzung des § 85 GmbHG ist ferner, dass dem Täter das Geheimnis in seiner Eigenschaft als Funktionsträger bekannt geworden ist. Erforderlich ist insoweit ein **zeitlicher und funktionaler Zusammenhang** zwischen

---

20 Scholz/*Tiedemann/Rönnau* GmbHG § 85 Rn. 11; Graf/Jäger/Wittig/*Ibold* GmbHG § 85 Rn. 8; Baumbach/Hueck/*Haas* GmbHG § 85 Rn. 16.
21 MüKoStGB/*Hohmann* GmbHG § 82 Rn. 116; Baumbach/Hueck/*Haas* GmbHG § 82 Rn. 87.
22 BGH 20.9.1999 – 5 StR 729/98, NStZ 2000, 34 (36); Baumbach/Hueck/*Haas* GmbHG § 82 Rn. 87; einschr. Michalski/*Dannecker* GmbHG § 82 Rn. 234.
23 Michalski/*Dannecker* GmbHG § 85 Rn. 18; Baumbach/Hueck/*Haas* GmbHG § 85 Rn. 15; Graf/Jäger/Wittig/*Ibold* GmbHG § 85 Rn. 8; MüKoStGB/*Hohmann* GmbHG § 82 Rn. 116.
24 NK-WSS/*Parigger* GmbHG § 85 Rn. 8; Graf/Jäger/Wittig/*Ibold* GmbHG § 85 Rn. 12; MüKoStGB/*Hohmann* GmbHG § 85 Rn. 8.
25 MüKoHGB/*Quedenfeld* HGB § 333 Rn. 9 mwN.
26 MüKoStGB/*Hohmann* GmbHG § 85 Rn. 11 mwBsp.

der Funktion des Täters und der Kenntniserlangung.[27] In zeitlicher Hinsicht ist vorausgesetzt, dass der Täter die Funktion, die seine Täterschaft begründet, zum Zeitpunkt der Kenntniserlangung innehat.[28] Ob diese zum Zeitpunkt der Tatbegehung noch besteht, ist hingegen unbeachtlich; die Schweigepflicht der von § 85 GmbHG erfassten Funktionsträger besteht insoweit über das Amts- oder Dienstverhältnis hinaus fort.[29] Tatsachen, die dem Funktionsträger vor Übernahme der die Täterschaft begründenden Funktion bekannt geworden sind, sind vom Schutzbereich des § 85 GmbHG mithin ebenfalls nicht erfasst.[30]

14 In **funktionaler Hinsicht** ist eine Kenntniserlangung in innerem Zusammenhang mit der beruflichen Stellung des Funktionsträgers erforderlich,[31] ohne dass es dabei allerdings auf interne Zuständigkeiten ankäme.[32] Ein innerer Zusammenhang ist auch gegeben, wenn der Täter gerade aufgrund seiner Funktion im Unternehmen in der Lage war, sich ungehindert Kenntnis von dem Geheimnis zu verschaffen.[33] Eine private Kenntniserlangung reicht zur Tatbestandsverwirklichung ebenso wenig aus, wie eine Kenntniserlangung im Rahmen einer anderen beruflichen Tätigkeit.[34] Ausreichend kann aber uU bereits eine Kenntniserlangung im Rahmen eines privaten Gesprächs in der Werkskantine sein.[35]

c) Tathandlung

15 § 85 GmbHG unterscheidet hinsichtlich der Tathandlung zwischen der unbefugten **Offenbarung** (Abs. 1) und der unbefugten **Verwertung** (Abs. 2 S. 2) eines Gesellschaftsgeheimnisses. Die Begriffe des Offenbarens, Verwertens und der Unbefugtheit sind identisch mit denjenigen des § 333 HGB. Insoweit wird auf die Ausführungen in Kap. 8.1. Rn. 19 ff. verwiesen.

---

27 MüKoGmbHG/*Altenhain* GmbHG § 85 Rn. 21; Michalski/*Dannecker* GmbHG § 85 Rn. 20 ff.; Rowedder/Schmidt-Leithoff/*Schaal* GmbHG § 85 Rn. 7; zu § 404 AktG: KölnKommAktG/*Altenhain* AktG § 404 Rn. 17.
28 Michalski/*Dannecker* GmbHG § 85 Rn. 21; Graf/Jäger/Wittig/*Ibold* GmbHG § 85 Rn. 10; MüKoGmbHG/*Altenhain* GmbHG § 85 Rn. 22; Rowedder/Schmidt-Leithoff/*Schaal* GmbHG § 85 Rn. 7.
29 Scholz/Tiedemann/*Rönnau* GmbHG § 85 Rn. 12; MüKoGmbHG/*Altenhain* GmbHG § 85 Rn. 22; Michalski/*Dannecker* GmbHG § 85 Rn. 21; Roth/Altmeppen/*Altmeppen* GmbHG § 85 Rn. 3; Erbs/Kohlhaas/*Schaal* GmbHG § 85 Rn. 5; *Richter* GmbHR 1984, 113 (117).
30 Erbs/Kohlhaas/*Schaal* GmbHG § 85 Rn. 5; Baumbach/Hueck/*Haas* GmbHG § 85 Rn. 12; Michalski/*Dannecker* GmbHG § 85 Rn. 24; Rowedder/Schmidt-Leithoff/*Schaal* GmbHG § 85 Rn. 7.
31 Graf/Jäger/Wittig/*Ibold* GmbHG § 85 Rn. 9; Scholz/Tiedemann/*Rönnau* GmbHG § 85 Rn. 9; Baumbach/Hueck/*Haas* GmbHG § 85 Rn. 12; Michalski/*Dannecker* GmbHG § 85 Rn. 20.
32 MüKoStGB/*Hohmann* GmbHG § 85 Rn. 25; MüKoGmbHG/*Altenhain* GmbHG § 85 Rn. 23; Michalski/*Dannecker* GmbHG § 85 Rn. 20.
33 Michalski/*Dannecker* GmbHG § 85 Rn. 20; Scholz/Tiedemann/*Rönnau* GmbHG § 85 Rn. 9.
34 MüKoGmbHG/*Altenhain* GmbHG § 85 Rn. 23; MüKoStGB/*Hohmann* GmbHG § 85 Rn. 25.
35 Erbs/Kohlhaas/*Schaal* GmbHG § 85 Rn. 5; Graf/Jäger/Wittig/*Ibold* GmbHG § 85 Rn. 9.

2. Subjektiver Tatbestand
a) Vorsatz

Die Tatbestände des § 85 Abs. 1 und Abs. 2 S. 2 GmbHG setzen **vorsätzliches Verhalten** voraus, wobei **bedingter Vorsatz** genügt.[36] Der Täter muss demnach wenigstens billigend in Kauf nehmen, dass es sich bei der gegenständlichen Tatsache um ein Gesellschaftsgeheimnis handelt, das ihm in seiner Funktion zur Kenntnis gelangt ist, und er muss es unter diesen Umständen offenbaren oder verwerten. Der Tatbestand des Verwertens erfordert überdies ein Handeln mit **Verwertungsabsicht**.[37]

16

b) Irrtum

Ein **Tatbestandsirrtum** iSv § 16 StGB ist gegeben, wenn sich der Täter über den Geheimnischarakter der gegenständlichen Tatsache, über den Offenbarungswillen des zuständigen Gesellschaftsorgans (als Element des Geheimnisbegriffs) oder über die funktionsbedingte Kenntniserlangung irrt.[38] Irrt er hingegen in Kenntnis der tatsächlichen Umstände über seine Verschwiegenheitspflicht, liegt ein **Verbotsirrtum** iSv § 17 StGB vor, der nur bei **Unvermeidbarkeit** zum Schuldausschluss führt.[39] Um einen in den Rechtsfolgen dem § 16 StGB gleichgestellten **Erlaubnistatbestandsirrtum** handelt es sich, wenn der Täter irrig vom Vorliegen eines Rechtfertigungsgrundes, etwa von der Einwilligung des zuständigen Organs zur Offenbarung oder Verwertung, ausgeht.[40]

17

3. Qualifikation

§ 85 GmbHG enthält einen Qualifikationstatbestand für den Fall, dass der Täter gegen Entgelt oder in der Absicht handelt, sich oder einen anderen zu bereichern oder einen anderen zu schädigen. Der Qualifikationstatbestand ist wortlautidentisch mit demjenigen anderer Vorschriften zur Verletzung der Geheimhaltungs- oder Berichtspflicht. Insoweit wird auf die Ausführungen unter Kap. 11.1 Rn. 37 ff. verwiesen.

18

III. Rechtswidrigkeit

Ist der Funktionsträger zur Offenbarung oder Verwertung des Geheimnisses befugt, ist die Tat – sofern nicht bereits eine Aufgabe des Geheimhaltungswillens durch das zuständige Organ zum Tatbestandsausschluss führt (tatbe-

19

---

36 NK-WSS/*Parigger* GmbHG § 85 Rn. 29; Michalski/*Dannecker* GmbHG § 85 Rn. 59; MüKoGmbHG/*Altenhain* GmbHG § 85 Rn. 37; Erbs/Kohlhaas/*Schaal* GmbHG § 85 Rn. 13; Baumbach/Hueck/*Haas* GmbHG § 85 Rn. 26.
37 Michalski/*Dannecker* GmbHG § 85 Rn. 60; MüKoGmbHG/*Altenhain* GmbHG § 85 Rn. 37 (Bereicherungsabsicht); Graf/Jäger/Wittig/*Ibold* GmbHG § 85 Rn. 25 (Bereicherungsabsicht); siehe dazu auch bei § 333 HGB in Kap. 8.1. Rn. 23.
38 MüKoStGB/*Hohmann* GmbHG § 85 Rn. 46; MüKoGmbHG/*Altenhain* GmbHG § 85 Rn. 38; Michalski/*Dannecker* GmbHG § 85 Rn. 61; Baumbach/Hueck/*Haas* GmbHG § 85 Rn. 27; Rowedder/Schmidt-Leithoff/*Schaal* GmbHG § 85 Rn. 22.
39 Michalski/*Dannecker* GmbHG § 85 Rn. 61; Scholz/Tiedemann/*Rönnau* GmbHG § 85 Rn. 48; Graf/Jäger/Wittig/*Ibold* GmbHG § 85 Rn. 26; MüKoStGB/*Hohmann* GmbHG § 85 Rn. 39; Rowedder/Schmidt-Leithoff/*Schaal* GmbHG § 85 Rn. 22.
40 Graf/Jäger/Wittig/*Ibold* GmbHG § 85 Rn. 26; Michalski/*Dannecker* GmbHG § 85 Rn. 63; MüKoGmbHG/*Altenhain* GmbHG § 85 Rn. 39.

standsausschließendes Einverständnis – s. dazu auch Kap. 8.1. Rn. 22) – gerechtfertigt.[41]

1. Rechtfertigende Einwilligung

20 Der Täter ist zur Offenbarung oder Verwertung des Geheimnisses befugt, wenn eine **Zustimmung des zuständigen Organs** vorliegt, die nicht zugleich als Aufgabe des Geheimhaltungswillens der Gesellschaft anzusehen ist.[42] In Betracht kommt dies etwa bei einer beabsichtigten Erweiterung des Kreises der Geheimnisträger.[43] Zur Abgrenzung vom tatbestandsausschließenden Einverständnis s. Kap. 8.1. Rn. 22.

2. Gesetzliche Offenbarungsrechte und -pflichten

21 Die Offenbarung oder Verwertung von Gesellschaftsgeheimnissen kann ferner durch gesetzliche Offenbarungsrechte und -pflichten gerechtfertigt sein.

a) Berichterstattungs- und Auskunftspflichten

22 Diese können sich insbesondere aus den den Organen einer GmbH obliegenden Berichterstattungs- und Auskunftspflichten ergeben, die sich sowohl im GmbHG als auch in Vorschriften anderer Gesetze finden. Hierzu gehört vor allem die dem vertretungsberechtigten Organ obliegende **Pflicht zur Offenlegung des Jahresabschlusses** gem. § 325 HGB[44] sowie die **Vorlagepflicht gegenüber dem Abschlussprüfer** gem. § 320 HGB.[45] Ferner sind die Geschäftsführer gem. § 51 a Abs. 1 GmbHG verpflichtet, jedem Gesellschafter auf Verlangen unverzüglich Auskunft über die **Angelegenheiten der Gesellschaft** zu geben und die Einsicht der Bücher und Schriften zu gestatten.[46] Auch die Auskunftspflicht gegenüber dem **Aufsichtsrat** der GmbH kann eine Offenbarung von Gesellschaftsgeheimnissen rechtfertigen.[47] Dem Geheimnisschutz geht auch die Auskunftspflicht des Geschäftsführers oder Liquidators bei Stellung eines **Antrags auf Eröffnung des Insolvenzverfahrens** iSv § 15 a InsO,[48] im **Insolvenzeröff-**

---

41 NK-WSS/*Parigger* GmbHG § 85 Rn. 36; Michalski/*Dannecker* GmbHG § 85 Rn. 70 f.; MüKoGmbHG/*Altenhain* GmbHG § 85 Rn. 45.
42 MüKoStGB/*Hohmann* GmbHG § 85 Rn. 65; Michalski/*Dannecker* GmbHG § 85 Rn. 72; Baumbach/Hueck/*Haas* GmbHG § 85 Rn. 17; Erbs/Kohlhaas/*Schaal* GmbHG § 85 Rn. 9.
43 Michalski/*Dannecker* GmbHG § 85 Rn. 72; MüKoStGB/*Hohmann* GmbHG § 85 Rn. 65.
44 Graf/Jäger/Wittig/*Ibold* GmbHG § 85 Rn. 32; Michalski/*Dannecker* GmbHG § 85 Rn. 73; aA BGH 8.11.1999 – II ZR 7/98, NJW 2000, 1329 (1330), wonach die Entstehung der Offenlegungspflicht des § 325 HGB das berechtigte Geheimhaltungsinteresse der GmbH entfallen lasse, so dass in diesem Fall bereits kein Betriebsgeheimnis vorliege.
45 Scholz/Tiedemann/*Rönnau* GmbHG § 85 Rn. 37; Graf/Jäger/Wittig/*Ibold* GmbHG § 85 Rn. 32; Michalski/*Dannecker* GmbHG § 85 Rn. 73; Baumbach/Hueck/*Haas* GmbHG § 85 Rn. 20.
46 OLG Hamm 7.10.1987 – 8 U 9/87, GmbHR 1988, 218 (219); Michalski/*Dannecker* GmbHG § 85 Rn. 73; MüKoStGB/*Hohmann* GmbHG § 85 Rn. 66; HK-GmbHG/*Saenger* GmbHG § 85 Rn. 13; *Schneider* GmbHR 2008, 638 (640).
47 Scholz/Tiedemann/*Rönnau* GmbHG § 85 Rn. 37; Graf/Jäger/Wittig/*Ibold* GmbHG § 85 Rn. 32.
48 MüKoStGB/*Hohmann* GmbHG § 85 Rn. 66; Scholz/Tiedemann/*Rönnau* GmbHG § 85 Rn. 37.

nungsverfahren gem. §§ 20, 22 Abs. 3 InsO[49] sowie im eröffneten Verfahren gem. §§ 97, 101 InsO[50] vor. Weitere Auskunftspflichten bestehen gegenüber dem **Betriebsrat** gem. §§ 74 ff. BetrVG,[51] gegenüber dem **Finanzamt** gem. § 93 AO[52] oder gegenüber der **BaFin** gem. § 6 Abs. 3 WpHG.[53]

b) Anzeige- und Aussagepflichten

Hinsichtlich bestehender Anzeige- und Aussagepflichten wird auf die Ausführungen zu § 333 HGB verwiesen (s. Kap. 8.1. Rn. 37 ff.). 23

3. Rechtfertigender Notstand

Im Übrigen kommt eine Befugnis zur Offenbarung eines Gesellschaftsgeheimnisses nach den Grundsätzen des rechtfertigenden Notstands gem. § 34 StGB in Betracht, sofern eine **umfassende Güter- und Interessenabwägung** ergibt, dass die Offenbarung der Wahrung höherrangiger Interessen dient (s. dazu auch Kap. 8.1. Rn. 42).[54] 24

IV. Versuch, Vollendung, Beendigung

Der **Versuch** des § 85 GmbHG ist nicht unter Strafe gestellt (§ 23 Abs. 1 StGB). 25

In den Fällen des unbefugten **Offenbarens** ist die Tat **vollendet**, wenn das Geheimnis an einen unbefugten Dritten so übermittelt wurde, dass dieser die Möglichkeit der Kenntnisnahme hat.[55] Ob er das Geheimnis tatsächlich zur Kenntnis genommen oder verstanden hat, ist unbeachtlich.[56] **Tatbeendigung** tritt ein, wenn der Empfänger das Geheimnis zur Kenntnis genommen hat.[57] Dies gilt gleichermaßen für den Qualifikationstatbestand; der Empfang der erstrebten Zuwendung ist für die Tatbeendigung nicht von Bedeutung.[58] 26

---

49 Baumbach/Hueck/*Haas* GmbHG § 85 Rn. 20; MüKoGmbHG/*Altenhain* GmbHG § 85 Rn. 46.
50 Baumbach/Hueck/*Haas* GmbHG § 85 Rn. 20; MüKoGmbHG/*Altenhain* GmbHG § 85 Rn. 46.
51 Graf/Jäger/Wittig/*Ibold* GmbHG § 85 Rn. 32; MüKoGmbHG/*Altenhain* GmbHG § 85 Rn. 46; Baumbach/Hueck/*Haas* GmbHG § 85 Rn. 19; Henssler/Strohn/*Servatius* GmbHG § 85 Rn. 8.
52 MüKoGmbHG/*Altenhain* GmbHG § 85 Rn. 46; Baumbach/Hueck/*Haas* GmbHG § 85 Rn. 19; Graf/Jäger/Wittig/*Ibold* GmbHG § 85 Rn. 32.
53 MüKoGmbHG/*Altenhain* GmbHG § 85 Rn. 46.
54 Scholz/Tiedemann/*Rönnau* GmbHG § 85 Rn. 41 f.; MüKoStGB/*Hohmann* GmbHG § 85 Rn. 70; Graf/Jäger/Wittig/*Ibold* GmbHG § 85 Rn. 34; MüKoGmbHG/*Altenhain* GmbHG § 85 Rn. 47; Baumbach/Hueck/*Haas* GmbHG § 85 Rn. 22 f.; Hachenburg/*Kohlmann* GmbHG § 85 Rn. 53.
55 MüKoStGB/*Hohmann* GmbHG § 85 Rn. 62; Michalski/*Dannecker* GmbHG § 85 Rn. 50.
56 Michalski/*Dannecker* GmbHG § 85 Rn. 50; MüKoStGB/*Hohmann* GmbHG § 85 Rn. 62; NK-WSS/*Parigger* GmbHG § 85 Rn. 37; Baumbach/Hueck/*Haas* GmbHG § 85 Rn. 28; Ulmer/Habersack/Löbbe/*Ransiek* GmbHG § 85 Rn. 26, 38; Erbs/Kohlhaas/*Schaal* GmbHG § 85 Rn. 20.
57 Graf/Jäger/Wittig/*Ibold* GmbHG § 85 Rn. 37; Erbs/Kohlhaas/*Schaal* GmbHG § 85 Rn. 20; Michalski/*Dannecker* GmbHG § 85 Rn. 50; Ulmer/Habersack/Löbbe/*Ransiek* GmbHG § 85 Rn. 38; aA Baumbach/Hueck/*Haas* GmbHG § 85 Rn. 29 (Einstellung der unbefugten Mitteilung, Offenkundigwerden der Tatsache oder Offenbarungswille der Gesellschaft).
58 BGH 7.7.1993 – 5 StR 303/93, NStZ 1993, 538 f. (zu § 203 StGB); Graf/Jäger/Wittig/*Ibold* GmbHG § 85 Rn. 37; Erbs/Kohlhaas/*Schaal* GmbHG § 85 Rn. 20.

27 In den Fällen des unbefugten **Verwertens** tritt **Vollendung** ein, wenn der Täter das Geheimnis derart nutzt, dass die angestrebte Gewinnerzielung nach seiner Vorstellung unmittelbar möglich erscheint.[59] **Beendet** ist die Tat, wenn der Täter das Geheimnis tatsächlich ausgenutzt hat.[60]

V. Konkurrenzen

1. Verhältnis der Tatbestände des § 85 GmbHG

28 Bei den Tatbeständen des § 85 Abs. 1 und Abs. 2 S. 1 GmbHG handelt es sich um **selbstständige Delikte**, die je nach Einzelfall sowohl **tateinheitlich** (§ 52 StGB) als auch **tatmehrheitlich** (§ 53 StGB) begangen werden können.[61] Besteht die Verwertung allein in der Offenbarung des Geheimnisses gegen Entgelt, ist nicht der Grundtatbestand des § 85 GmbHG, sondern der **Qualifikationstatbestand** des § 85 Abs. 2 S. 1 GmbHG verwirklicht.[62] Erfolgt die Offenbarung des Geheimnisses zum Zwecke einer späteren Verwertung, stehen Abs. 1 und Abs. 2 S. 2 in Tatmehrheit.[63]

2. Verhältnis zu anderen Tatbeständen zur Verletzung von Geheimhaltungspflichten

29 § 85 GmbHG ist **lex specialis** gegenüber § 315 UmwG und den §§ 203, 204 StGB.[64] Tateinheit ist möglich mit § 23 GeschGehG und § 119 Abs. 3 WpHG.[65]

3. Verhältnis zu anderen Strafvorschriften

30 Tateinheit ist möglich mit den §§ 246, 266 StGB.[66]

VI. Rechtsfolgen

31 Das unbefugte Offenbaren eines Geheimnisses wird gem. § 85 Abs. 1 GmbHG mit Freiheitsstrafe bis zu einem Jahr oder mit Geldstrafe bestraft. Das unbefugte Verwerten gem. § 85 Abs. 2 S. 2 GmbHG wird ebenso wie die Verwirk-

---

59 Graf/Jäger/Wittig/*Ibold* GmbHG § 85 Rn. 37; Erbs/Kohlhaas/*Schaal* GmbHG § 85 Rn. 20; NK-WSS/*Parigger* GmbHG § 85 Rn. 39; Michalski/*Dannecker* GmbHG § 85 Rn. 54; MüKoStGB/*Hohmann* GmbHG § 85 Rn. 62; aA MüKoGmbHG/*Altenhain* GmbHG § 85 Rn. 52.
60 MüKoStGB/*Hohmann* GmbHG § 85 Rn. 63; Graf/Jäger/Wittig/*Ibold* GmbHG § 85 Rn. 37; Michalski/*Dannecker* GmbHG § 85 Rn. 55; NK-WSS/*Parigger* GmbHG § 85 Rn. 39; Erbs/Kohlhaas/*Schaal* GmbHG § 85 Rn. 20.
61 Scholz/*Tiedemann*/*Rönnau* GmbHG § 85 Rn. 55; MüKoStGB/*Hohmann* GmbHG § 85 Rn. 71; Graf/Jäger/Wittig/*Ibold* GmbHG § 85 Rn. 38; Erbs/Kohlhaas/*Schaal* GmbHG § 85 Rn. 23; HK-GmbHG/*Saenger* GmbHG § 85 Rn. 3.
62 MüKoGmbHG/*Altenhain* GmbHG § 85 Rn. 33.
63 MüKoGmbHG/*Altenhain* GmbHG § 85 Rn. 33; aA Scholz/*Tiedemann*/*Rönnau* GmbHG § 85 Rn. 33.
64 NK-WSS/*Parigger* GmbHG § 85 Rn. 43; Graf/Jäger/Wittig/*Ibold* GmbHG § 85 Rn. 38; Michalski/*Dannecker* GmbHG § 85 Rn. 82; Scholz/*Tiedemann*/*Rönnau* GmbHG § 85 Rn. 53, 55; Baumbach/Hueck/*Haas* GmbHG § 85 Rn. 31.
65 Teilweise zu § 17 UWG aF: Erbs/Kohlhaas/*Schaal* GmbHG § 85 Rn. 23; Graf/Jäger/Wittig/*Ibold* GmbHG § 85 Rn. 38; HK-GmbHG/*Saenger* GmbHG § 85 Rn. 3; Rowedder/Schmidt-Leithoff/*Schaal* GmbHG § 85 Rn. 35.
66 Graf/Jäger/Wittig/*Ibold* GmbHG § 85 Rn. 38; Scholz/*Tiedemann*/*Rönnau* GmbHG § 85 Rn. 55; Baumbach/Hueck/*Haas* GmbHG § 85 Rn. 31; MüKoStGB/*Hohmann* GmbHG § 85 Rn. 71.

lichung des Qualifikationstatbestands gem. § 85 Abs. 2 S. 1 GmbHG mit Freiheitsstrafe bis zu zwei Jahren oder mit Geldstrafe geahndet.

Überdies können die Vorschriften über das **Berufsverbot** (§ 70 StGB) und die **Einziehung** nach §§ 73 ff. StGB Anwendung finden (s. dazu Kap. 11.1. Rn. 52 f.).[67] Die Verhängung einer **Unternehmensgeldbuße** gem. § 30 OWiG kommt hingegen nicht in Betracht, da die Strafvorschrift dem Schutz der Gesellschaft dient.[68]

VII. Verjährung

Die **Strafverfolgung** von Taten nach Abs. 1 verjährt in drei Jahren (§ 78 Abs. 3 Nr. 5 StGB), während die Frist für Taten nach Abs. 2 aufgrund der höheren Strafandrohung fünf Jahre (§ 78 Abs. 3 Nr. 4 StGB) beträgt. Die Verjährungsfrist beginnt gem. § 78 a StGB mit Tatbeendigung (s. Rn. 26 f.).

Die Frist für die **Vollstreckungsverjährung** bemisst sich nach der verhängten Strafe. Bei Taten nach Abs. 1 kann diese drei oder fünf Jahre und bei Taten nach Abs. 2 auch zehn Jahre betragen (§ 79 Abs. 3 Nr. 3–5 StGB). Die Frist beginnt mit Rechtskraft der Entscheidung (§ 79 Abs. 6 StGB).

VIII. Prozessuale Besonderheiten

1. Strafantrag

Taten nach § 85 GmbHG werden nur auf Antrag verfolgt; es handelt sich insoweit um ein **absolutes Antragsdelikt**. Da § 85 GmbHG nicht zu den Privatklagedelikten iSv § 374 StPO gehört, besteht im Falle eines wirksamen Strafantrags **Strafverfolgungszwang**.

Antragsberechtigt ist gem. § 85 Abs. 3 S. 1 GmbHG die Gesellschaft. Dies gilt selbst für den Fall, dass das Geheimnis nach Tatbeendigung an einen Dritten veräußert wurde.[69] Um Interessenkollisionen zu vermeiden, enthält § 85 Abs. 3 S. 2, 3 GmbHG Regelungen zur **Ausübung des Antragsrechts**: Sofern ein Geschäftsführer oder ein Liquidator die Tat begangen hat, ist der Aufsichtsrat oder, wenn ein solcher nicht vorhanden ist, ein von den Gesellschaftern bestellter besonderer Vertreter antragsberechtigt. Hat hingegen ein Mitglied des Aufsichtsrats die Tat begangen, sind die Geschäftsführer oder die Liquidatoren antragsberechtigt. Sofern das jeweils antragsberechtigte Organ aus mehreren Personen besteht, ist die Wirksamkeit des Strafantrags von den **geltenden Vertretungs- und Abstimmungsregelungen** abhängig.[70]

Im Übrigen wird auf die Ausführungen zum gleichgelagerten Strafantragserfordernis bei § 333 HGB und § 404 AktG verwiesen (s. Kap. 8.1. Rn. 53 ff. und 8.2. Rn. 43 ff.).

---

67 MüKoGmbHG/*Altenhain* GmbHG § 85 Rn. 56; BeckOK GmbHG/*Dannecker/N. Müller* GmbHG § 85 Rn. 104 f.
68 Ulmer/Habersack/Löbbe/*Ransiek* GmbHG § 85 Rn. 3; MüKoGmbHG/*Altenhain* GmbHG § 85 Rn. 56.
69 MüKoStGB/*Hohmann* GmbHG § 85 Rn. 72; Michalski/*Dannecker* GmbHG § 85 Rn. 88.
70 Scholz/Tiedemann/*Rönnau* GmbHG § 85 Rn. 58; Graf/Jäger/Wittig/*Ibold* GmbHG § 85 Rn. 40.

2. Zuständigkeit

38 Sofern die Zuständigkeit des Landgerichts begründet ist, fallen Delikte nach § 85 GmbHG in den Zuständigkeitsbereich der **Wirtschaftsstrafkammern** (§ 74 c Abs. 1 S. 1 Nr. 1 GVG).

Kap. 8.4. § 19 PublG Verletzung der Geheimhaltungspflicht

§ 19 PublG Verletzung der Geheimhaltungspflicht

(1) Mit Freiheitsstrafe bis zu einem Jahr oder mit Geldstrafe wird bestraft, wer ein Geheimnis des Unternehmens (Konzernleitung, Teilkonzernleitung), namentlich ein Betriebs- oder Geschäftsgeheimnis, das ihm in seiner Eigenschaft als Prüfer nach diesem Gesetz oder als Gehilfe eines solchen Prüfers bekanntgeworden ist, unbefugt offenbart.

(2) ¹Handelt der Täter gegen Entgelt oder in der Absicht, sich oder einen anderen zu bereichern oder einen anderen zu schädigen, so ist die Strafe Freiheitsstrafe bis zu zwei Jahren oder Geldstrafe. ²Ebenso wird bestraft, wer ein Geheimnis der in Absatz 1 bezeichneten Art, namentlich ein Betriebs- oder Geschäftsgeheimnis, das ihm unter den Voraussetzungen des Absatzes 1 bekanntgeworden ist, unbefugt verwertet.

(3) Die Tat wird nur auf Antrag des Unternehmens (Konzernleitung, Teilkonzernleitung) verfolgt.

Literatur: Beck'scher Bilanz-Kommentar, Handelsbilanz, Steuerbilanz, *Grottel/Schmidt/Schubert/Winkeljohann* (Hrsg.), 11. Aufl. 2018 (zit. als Beck'scher Bilanzkommentar/*Bearbeiter);* Beck'scher Online-Kommentar HGB, Häublein/Hoffmann-Theinert (Hrsg.), Stand: 24. Edt. 15.7.2018 (zit. als BeckOK HGB/*Bearbeiter);* Esser/Rübenstahl/Saliger/Tsambikakis (Hrsg.), Wirtschaftsstrafrecht, 2017; *Graf/Jäger/Wittig* (Hrsg.), Wirtschafts- und Steuerstrafrecht, 2. Auflage 2017; *Hofbauer/Kupsch* (Hrsg.), Rechnungslegung, 94. EL 2018; *Horn* (Hrsg.), Heymann-Handelsgesetzbuch (ohne Seerecht) Bd. 3, 2. Aufl. Reprint 2013; *Kölner Kommentar* zum Rechnungslegungsrecht, *Claussen/Scherrer* (Hrsg.), 1. Aufl. 2010 (zit. als KölnKommRLR/*Bearbeiter); Leitner/Rosenau* (Hrsg.), Wirtschafts- und Steuerstrafrecht, 2017 (zit. als NK-WSS/*Bearbeiter); Müller-Guggenberger* (Hrsg.), Wirtschaftsstrafrecht, 6. Aufl. 2015; Münchener Kommentar zum Bilanzrecht, *Hennrichs/Kleindiek/Watrin* (Hrsg.), Bd. 2, §§ 238–342 e HGB, 1. Aufl. 2013 (zit. als MüKoBilR/*Bearbeiter);* Münchener Kommentar zum Handelsgesetzbuch, Bd. 4, §§ 238–342 e HGB, *Schmidt (*Hrsg.), 3. Aufl. 2013 (zit. als MüKoHGB/*Bearbeiter);* Münchener Kommentar zum Strafgesetzbuch, Bd. 7, Nebenstrafrecht II, *Joecks/Miebach* (Hrsg.), 2. Aufl. 2015 (zit. als MüKoStGB/*Bearbeiter); Quick,* Geheimhaltungspflicht des Abschlussprüfers: Strafrechtliche Konsequenzen bei Verletzung, BB 2004, 1490; *Schäfer,* Publizitätsgesetz, 2. Aufl. 2016; *Ulmer* (Hrsg.), HGB-Bilanzrecht: Rechnungslegung, Abschlußprüfung, Publizität, Teilbd. 2, §§ 290–342 a HGB, Konzernabschluss, Prüfung und Publizität, Reprint 2015. Vgl. im Übrigen die Literatur zu § 333 HGB in Kap. 8.1. und zu § 404 AktG in Kap. 8.2.

I. Allgemeines 1	bb) Prüfungsbedingte
1. Rechtsentwicklung 1	Kenntniserlangung .. 8
2. Geschütztes Rechtsgut 2	c) Tathandlung 9
3. Deliktsnatur 4	2. Subjektiver Tatbestand 10
II. Tatbestand 5	3. Qualifikation 12
1. Objektiver Tatbestand 6	III. Rechtswidrigkeit 13
a) Tauglicher Täterkreis 6	IV. Versuch, Vollendung, Beendigung 15
b) Tatgegenstand 7	V. Konkurrenzen 18
aa) Unternehmensgeheimnis 7	1. Verhältnis der Tatbestände des § 19 PublG 18

2. Verhältnis zu anderen Tatbeständen zur Verletzung von Geheimhaltungspflichten....	19	VI. Rechtsfolgen	21
		VII. Verjährung	22
		VIII. Prozessuale Besonderheiten	24
3. Verhältnis zu anderen Strafvorschriften	20	1. Strafantrag...................	24
		2. Zuständigkeit	26

I. Allgemeines

1. Rechtsentwicklung

§ 19 PublG wurde durch das **Publizitätsgesetz** vom 15.8.1969[1] erstmals eingeführt und durch das **EGStGB** von 1974[2] neu gefasst. Die Norm gehört zum Kreis der Vorschriften zur Verletzung von Geheimhaltungspflichten und entspricht inhaltlich weitestgehend § 333 HGB.

1

2. Geschütztes Rechtsgut

Geschütztes Rechtsgut des § 19 PublG ist das **Interesse der Konzern- oder Teilkonzernleitung an der Geheimhaltung von Geheimnissen** der Konzerne, Teilkonzerne oder der damit verbundenen Unternehmen.[3] Da das PublG die Rechnungslegungs- und Offenbarungspflichten von Unternehmen und Konzernen regelt, die nicht nach spezialgesetzlichen Vorschriften zur Offenlegung des Jahresabschlusses verpflichtet sind,[4] fallen in den Schutzbereich auch nur diejenigen Unternehmen iSd §§ 1 Abs. 1–4, 3 Abs. 1 PublG und Konzerne iSv § 11 Abs. 1 PublG, für die eine Offenlegungspflicht nicht bereits nach handels- oder gesellschaftsrechtlichen Vorschriften besteht. Nicht vom Schutzbereich erfasst ist das Geheimhaltungsinteresse nur mittelbar Betroffener, so etwa von **Gläubigern** oder **Arbeitnehmern** des Unternehmens.[5]

2

Hinsichtlich der vom Schutzbereich erfassten Konzern- und Teilkonzernleitung ist § 19 PublG **Schutzgesetz iSv § 823 Abs. 2 BGB**.[6]

3

3. Deliktsnatur

§ 19 PublG ist als **abstraktes Gefährdungsdelikt** ausgestaltet, insoweit ist weder der Eintritt eines Schadens noch der einer konkreten Gefahr erforderlich.[7] Es handelt sich zudem um ein **absolutes Antragsdelikt** (s. Rn. 24 f.).

4

---

1 Gesetz über die Rechnungslegung von bestimmten Unternehmen und Konzernen (Publizitätsgesetz – PublG) vom 15.8.1969, BGBl. 1969 I 1189.
2 Art. 128 des Einführungsgesetzes zum Strafgesetzbuch (EGStGB) vom 2.3.1974, BGBl. 1974 I 469.
3 *Schäfer* PublG § 19 Rn. 1; Graf/Jäger/Wittig/*Straßer* PublG § 19 Rn. 1; Esser/Rübenstahl/Saliger/Tsambikakis/*Tsambikakis* PublG § 19 Rn. 2.
4 Graf/Jäger/Wittig/*Straßer* PublG Vor §§ 17–20 Rn. 1; *Schäfer* PublG Einl. Rn. 9; Müller-Guggenberger/*Wagenpfeil* § 41 Rn. 3 (mit Bsp.).
5 Esser/Rübenstahl/Saliger/Tsambikakis/*Tsambikakis* PublG § 19 Rn. 2; *Schäfer* PublG § 19 Rn. 2; Graf/Jäger/Wittig/*Straßer* PublG § 19 Rn. 1; zu § 333 HGB: MüKoStGB/*Sorgenfrei* HGB § 333 Rn. 7.
6 *Schäfer* PublG § 19 Rn. 2; Esser/Rübenstahl/Saliger/Tsambikakis/*Tsambikakis* PublG § 19 Rn. 3; zu § 333 HGB: BeckOK HGB/*Regierer* HGB § 333 Rn. 2; MüKoBilR/*Waßmer* HGB § 333 Rn. 4.
7 Graf/Jäger/Wittig/*Straßer* PublG § 19 Rn. 2; Esser/Rübenstahl/Saliger/Tsambikakis/*Tsambikakis* PublG § 19 Rn. 3.

II. Tatbestand

5 § 19 PublG fügt sich in die Gruppe der Strafvorschriften zur Verletzung der Geheimhaltungspflicht ein. Strukturell entspricht die Vorschrift dem § 333 HGB, der jedoch einen weiter gefassten Prüferbegriff enthält. § 19 PublG enthält – entsprechend § 333 HGB – in Abs. 1 den **Grundtatbestand** des unbefugten Offenbarens und in Abs. 2 S. 2 den des unbefugten Verwertens eines Unternehmensgeheimnisses. Der mit § 333 Abs. 2 S. 1 HGB identische **Qualifikationstatbestand** des § 19 Abs. 2 S. 1 PublG erhöht den gesetzlichen Strafrahmen für den Fall, dass der Täter gegen Entgelt, in Bereicherungs- oder Schädigungsabsicht handelt.

1. Objektiver Tatbestand
a) Tauglicher Täterkreis

6 Der Kreis der tauglichen Täter ist nach dem Gesetzeswortlaut des § 19 Abs. 1 PublG beschränkt auf **Prüfer** sowie auf deren **Gehilfen**. Es handelt sich insoweit um ein **echtes Sonderdelikt**. Als Prüfer nach dem PublG kommen ausschließlich **Abschlussprüfer** iSd §§ 6 Abs. 1, 14 Abs. 1 PublG bzw. bei Genossenschaften als Mutterunternehmen **Prüfverbände** gem. § 14 Abs. 2 PublG in Betracht.[8] Bei **juristischen Personen** richtet sich die Strafbarkeit der für diese handelnden Personen nach § 14 StGB.[9] Im Übrigen wird auf die Ausführungen zu § 18 PublG (s. Kap. 11.3. Rn. 7 f.) verwiesen.

b) Tatgegenstand
aa) Unternehmensgeheimnis

7 Vom Schutzbereich des § 19 PublG sind **sämtliche Geheimnisse eines Unternehmens**, namentlich Betriebs- oder Geschäftsgeheimnisse, erfasst, die dem Täter in seiner Eigenschaft als Prüfer oder Prüfergehilfe iSd PublG bekannt geworden sind. Die Erwähnung der Betriebs- und Geschäftsgeheimnisse hat dabei keine einschränkende, sondern lediglich eine hervorhebende Bedeutung des praktisch wichtigsten Falles der Unternehmensgeheimnisse.[10] Da der Geheimnisbegriff des § 19 PublG demjenigen des § 333 HGB entspricht, kann auf die Ausführungen in Kap. 8.1. Rn. 10 ff. verwiesen werden.

bb) Prüfungsbedingte Kenntniserlangung

8 Tatbestandsvoraussetzung des § 19 PublG ist ferner, dass dem Täter das Geheimnis in seiner beruflichen Funktion als Prüfer iSd PublG bzw. als dessen Prüfergehilfe bekannt geworden ist. Erforderlich ist insoweit ein **zeitlicher und funktionaler Zusammenhang** zwischen der Prüfungstätigkeit und der Kenntniserlangung. Auch insoweit wird auf die Ausführungen zu § 333 HGB (s. Kap. 8.1. Rn. 18) verwiesen.

---

8 *Schäfer* PublG § 19 Rn. 4; Graf/Jäger/Wittig/*Straßer* PublG § 19 Rn. 3 mVa § 18 Rn. 5 f.; Esser/Rübenstahl/Saliger/Tsambikakis/*Tsambikakis* PublG § 19 Rn. 4.
9 Graf/Jäger/Wittig/*Straßer* PublG § 18 Rn. 7.
10 Graf/Jäger/Wittig/*Olbermann* HGB § 333 Rn. 9; MüKoBilR/*Waßmer* HGB § 333 Rn. 8; aA Graf/Jäger/Wittig/*Straßer* PublG § 19 Rn. 5.

c) Tathandlung

Die Tatbestände des § 19 PublG unterscheiden hinsichtlich der Tathandlung zwischen der unbefugten **Offenbarung** (Abs. 1) und der unbefugten **Verwertung** (Abs. 2 S. 2) eines Unternehmensgeheimnisses. Die Begriffe des Offenbarens, Verwertens und der Unbefugtheit sind identisch mit denjenigen des § 333 HGB. Es wird daher auf die dortigen Ausführungen (s. Kap. 8.1. Rn. 20 ff.) verwiesen.

2. Subjektiver Tatbestand

Die Tatbestände des § 19 Abs. 1 und Abs. 2 S. 2 PublG setzen **vorsätzliches Verhalten** voraus, wobei **bedingter Vorsatz** hinsichtlich der objektiven Tatbestandsmerkmale genügt.[11] Der Tatbestand des unbefugten Verwertens setzt darüber hinaus ein Handeln mit **Verwertungsabsicht** voraus.[12]

Hinsichtlich der **Irrtumsproblematik** kann auf die Darstellung in § 333 HGB (s. Kap. 8.1. Rn. 24) verwiesen werden.

3. Qualifikation

Sofern der Täter gegen Entgelt oder in der Absicht handelt, sich oder einen anderen zu bereichern oder einen anderen zu schädigen, ist der Qualifikationstatbestand des § 19 Abs. 2 S. 1 PublG verwirklicht. Dieser ist wortlautidentisch mit demjenigen anderer Vorschriften zur Verletzung der Geheimhaltungs- oder Berichtspflicht. Insoweit wird auf die Ausführungen unter Kap. 11.1 Rn. 37 ff. verwiesen.

III. Rechtswidrigkeit

Sofern nicht bereits eine Zustimmung des zuständigen Organs zur Offenbarung oder Verwertung des Geheimnisses vorliegt, die angesichts der Aufgabe des Geheimhaltungswillens bereits zum Tatbestandsausschluss führt (s. dazu in Kap. 8.1. Rn. 22), stellt eine vorliegende Befugnis nach hM einen **Rechtfertigungsgrund** für den Täter dar.[13]

Zu den einzelnen Rechtfertigungsgründen (Einwilligung, Auskunfts-, Aussage- und Anzeigepflichten, rechtfertigender Notstand) wird auf die Ausführungen zu § 333 HGB (Kap. 8.1. Rn. 26 ff.) verwiesen.

IV. Versuch, Vollendung, Beendigung

Der **Versuch** des § 19 PublG ist nicht unter Strafe gestellt (§ 23 Abs. 1 StGB).

Die Tat des § **19 Abs. 1 PublG** (unbefugte Offenbarung) ist **vollendet**, wenn das Geheimnis so in den Herrschaftsbereich des Empfängers gelangt ist, dass

---

[11] Esser/Rübenstahl/Saliger/Tsambikakis/*Tsambikakis* PublG § 19 Rn. 10; zu § 333 HGB: Graf/Jäger/Wittig/*Olbermann* HGB § 333 Rn. 19; *Quick* BB 2004, 1490 (1493).
[12] Esser/Rübenstahl/Saliger/Tsambikakis/*Tsambikakis* PublG § 19 Rn. 10; Graf/Jäger/Wittig/*Straßer* PublG § 19 Rn. 24; zu § 333 HGB: MüKoBilR/*Waßmer* HGB § 333 Rn. 30; Graf/Jäger/Wittig/*Olbermann* HGB § 333 Rn. 19; MüKoStGB/*Sorgenfrei* HGB § 333 Rn. 47 f.; Beck'scherBilanzkommentar/*Grottel/H. Hoffmann* HGB § 333 Rn. 19; aA (bedingter Vorsatz für Abs. 2 S. 2 ausreichend) MüKoHGB/*Quedenfeld* HGB § 333 Rn. 42; Heymann/*Otto* HGB § 333 Rn. 26.
[13] Siehe zu § 333 HGB: MüKoBilR/*Waßmer* HGB § 333 Rn. 38; Graf/Jäger/Wittig/*Olbermann* HGB § 333 Rn. 22; aA Graf/Jäger/Wittig/*Straßer* PublG § 19 Rn. 17.

ihm eine Kenntnisnahme möglich ist.[14] Mit tatsächlicher Kenntnisnahme des Geheimnisses tritt **Tatbeendigung** ein.[15]

In den Fällen des § 19 Abs. 2 S. 2 PublG (unbefugte Verwertung) tritt **Vollendung** ein, wenn der Täter das Geheimnis derart nutzt, dass nach seiner Vorstellung die angestrebte Gewinnerzielung unmittelbar bevorsteht.[16] **Beendet** ist die Tat mit dem Ausnutzen des Geheimnisses.[17]

V. Konkurrenzen

1. Verhältnis der Tatbestände des § 19 PublG

Die Tatbestände des § 19 Abs. 1 und Abs. 2 S. 2 PublG sind **selbstständig** und voneinander unabhängig, so dass diese sowohl im Verhältnis der **Tateinheit** (§ 52 StGB) als auch im Verhältnis der **Tatmehrheit** (§ 53 StGB) zueinander stehen können.[18] Besteht die vom Täter begangene Verwertung des Geheimnisses allein in dessen Offenbarung gegen Entgelt, ist nicht der Grundtatbestand des § 19 Abs. 2 S. 2 PublG, sondern der **Qualifikationstatbestand** des § 19 Abs. 2 S. 1 PublG verwirklicht.[19] Erfolgt die Offenbarung zum Zwecke einer späteren Verwertung, stehen beide Delikte in Tateinheit zueinander.[20]

2. Verhältnis zu anderen Tatbeständen zur Verletzung von Geheimhaltungspflichten

§ 19 PublG ist gegenüber § 333 HGB und § 404 AktG **lex specialis**.[21] Gleiches gilt hinsichtlich der §§ 203, 204 StGB.[22] **Tateinheit** ist möglich mit § 23 GeschGehG und § 119 WpHG.[23]

---

14 Graf/Jäger/Wittig/*Straßer* PublG § 19 Rn. 34; zu § 333 HGB: MüKoBilR/*Waßmer* HGB § 333 Rn. 35; Graf/Jäger/Wittig/*Olbermann* HGB § 333 Rn. 27; MüKoStGB/*Sorgenfrei* HGB § 333 Rn. 71.
15 Esser/Rübenstahl/Saliger/Tsambikakis/*Tsambikakis* PublG § 19 Rn. 11; Graf/Jäger/Wittig/*Straßer* PublG § 19 Rn. 36; zu § 333 HGB: Ulmer/*Dannecker* HGB § 333 Rn. 38; MüKoHGB/*Quedenfeld* HGB § 333 Rn. 42; MüKoBilR/*Waßmer* HGB § 333 Rn. 35; Graf/Jäger/Wittig/*Olbermann* HGB § 333 Rn. 27; MüKoStGB/*Sorgenfrei* HGB § 333 Rn. 73; NK-WSS/*Knierim/Kessler* HGB § 333 Rn. 18.
16 Graf/Jäger/Wittig/*Straßer* PublG § 19 Rn. 37; Esser/Rübenstahl/Saliger/Tsambikakis/*Tsambikakis* PublG § 19 Rn. 11; zu § 333 HGB: MüKoStGB/*Sorgenfrei* HGB § 333 Rn. 72; MüKoHGB/*Quedenfeld* HGB § 333 Rn. 45; MüKoBilR/*Waßmer* HGB § 333 Rn. 36; Graf/Jäger/Wittig/*Olbermann* HGB § 333 Rn. 28.
17 BayObLG 20.7.1995 – 4 St RR 4/95, NJW 1996, 268 (271 f.) (zu § 17 UWG); zu § 333 HGB: MüKoStGB/*Sorgenfrei* HGB § 333 Rn. 73; KölnKommRLR/*Altenhain* HGB § 333 Rn. 55; aA MüKoBilR/*Waßmer* HGB § 333 Rn. 36 (mit Gewinnerzielung).
18 Graf/Jäger/Wittig/*Straßer* PublG § 19 Rn. 43; Esser/Rübenstahl/Saliger/Tsambikakis/*Tsambikakis* PublG § 19 Rn. 14; zu § 333 HGB: MüKoHGB/*Quedenfeld* HGB § 333 Rn. 48; MüKoStGB/*Sorgenfrei* HGB § 333 Rn. 75.
19 Graf/Jäger/Wittig/*Straßer* PublG § 19 Rn. 43; zu § 333 HGB: Hofbauer/Kupsch/*Gehm* HGB § 333 Rn. 10; KölnKommRLR/*Altenhain* HGB § 333 Rn. 38, 60; Heymann/*Otto* HGB § 333 Rn. 25.
20 Zu § 333 HGB: KölnKommRLR/*Altenhain* HGB § 333 Rn. 38; MüKoBilR/*Waßmer* HGB § 333 Rn. 59.
21 *Schäfer* PublG § 19 Rn. 3; Graf/Jäger/Wittig/*Straßer* PublG § 19 Rn. 44; Esser/Rübenstahl/Saliger/Tsambikakis/*Tsambikakis* PublG § 19 Rn. 14.
22 Graf/Jäger/Wittig/*Straßer* PublG § 19 Rn. 45.
23 Zu § 333 HGB (teilweise zu § 17 UWG aF): Hofbauer/Kupsch/*Gehm* HGB § 333 Rn. 1; KölnKommRLR/*Altenhain* HGB § 333 Rn. 62; MüKoBilR/*Waßmer* HGB § 333 Rn. 60; MüKoStGB/*Sorgenfrei* HGB § 333 Rn. 77.

3. Verhältnis zu anderen Strafvorschriften

Tateinheit ist möglich mit den §§ 246, 266 StGB.[24]

VI. Rechtsfolgen

Das unbefugte Offenbaren eines Geheimnisses wird gem. § 19 Abs. 1 PublG mit Freiheitsstrafe bis zu einem Jahr oder mit Geldstrafe bestraft. Das unbefugte Verwerten gem. § 19 Abs. 2 S. 2 PublG wird ebenso wie die Verwirklichung des Qualifikationstatbestands gem. § 19 Abs. 2 S. 1 PublG mit Freiheitsstrafe bis zu zwei Jahren oder mit Geldstrafe geahndet. Im Übrigen wird hinsichtlich der Rechtsfolgen auf die **Ausführungen zu § 332 HGB** (s. Kap. 11.1. Rn. 52 f.) verwiesen.

VII. Verjährung

Für Taten nach § 19 Abs. 1 PublG tritt die **Verfolgungsverjährung** innerhalb von drei Jahren (§ 78 Abs. 3 Nr. 5 StGB) und für Taten nach § 19 Abs. 2 PublG aufgrund der höheren Strafandrohung innerhalb von fünf Jahren (§ 78 Abs. 3 Nr. 4 StGB) ein. Die Verjährungsfrist beginnt gem. § 78 a StGB mit Tatbeendigung (s. Rn. 16 f.).

Die **Strafvollstreckungsverjährung** orientiert sich an der verhängten Strafe. Bei Taten nach Abs. 1 kann die Frist drei oder fünf Jahre und bei Taten nach Abs. 2 auch zehn Jahre betragen (§ 79 Abs. 3 Nr. 3–5 StGB). Die Frist beginnt mit Rechtskraft der Entscheidung (§ 79 Abs. 6 StGB).

VIII. Prozessuale Besonderheiten

1. Strafantrag

Taten nach § 19 PublG werden nur auf Antrag verfolgt; es handelt sich insoweit um ein **absolutes Antragsdelikt**. Da § 19 PublG nicht vom Katalog der Privatklagedelikte in § 374 StPO erfasst ist, besteht bei Vorliegen eines wirksamen Strafantrags **Strafverfolgungszwang**.

Antragsberechtigt ist gem. § 19 Abs. 3 PublG das Unternehmen (Konzernleitung, Teilkonzernleitung). Die Ausübung des Antragsrechts erfolgt durch den **gesetzlichen Vertreter** iSv § 4 PublG.[25] Im Übrigen wird auf die Ausführungen zu § 333 HGB (Kap. 8.1. Rn. 53 ff.) verwiesen.

2. Zuständigkeit

Sofern die Zuständigkeit des Landgerichts begründet ist, fallen Taten nach § 19 PublG gem. § 74 Abs. 1 S. 1 Nr. 1 GVG in den Zuständigkeitsbereich der **Wirtschaftsstrafkammern**.

---

24 Graf/Jäger/Wittig/*Straßer* PublG § 19 Rn. 45.
25 Esser/Rübenstahl/Saliger/Tsambikakis/*Tsambikakis* PublG § 19 Rn. 15; *Schäfer* PublG § 19 Rn. 11.

Kap. 8.5. § 315 UmwG Verletzung der Geheimhaltungspflicht
§ 315 UmwG Verletzung der Geheimhaltungspflicht

(1) Mit Freiheitsstrafe bis zu einem Jahr oder mit Geldstrafe wird bestraft, wer ein Geheimnis eines an einer Umwandlung beteiligten Rechtsträgers, namentlich ein Betriebs- oder Geschäftsgeheimnis, das ihm in seiner Eigenschaft als

1. Mitglied des Vertretungsorgans, vertretungsberechtigter Gesellschafter oder Partner, Mitglied eines Aufsichtsrats oder Abwickler dieses oder eines anderen an der Umwandlung beteiligten Rechtsträgers,
2. Verschmelzungs-, Spaltungs- oder Übertragungsprüfer oder Gehilfe eines solchen Prüfers

bekannt geworden ist, unbefugt offenbart, wenn die Tat im Falle der Nummer 1 nicht in § 85 des Gesetzes betreffend die Gesellschaften mit beschränkter Haftung, § 404 des Aktiengesetzes oder § 151 des Genossenschaftsgesetzes, im Falle der Nummer 2 nicht in § 333 des Handelsgesetzbuchs mit Strafe bedroht ist.

(2) [1]Handelt der Täter gegen Entgelt oder in der Absicht, sich oder einen anderen zu bereichern oder einen anderen zu schädigen, so ist die Strafe Freiheitsstrafe bis zu zwei Jahren oder Geldstrafe. [2]Ebenso wird bestraft, wer ein Geheimnis der in Absatz 1 bezeichneten Art, namentlich ein Betriebs- oder Geschäftsgeheimnis, das ihm unter den Voraussetzungen des Absatzes 1 bekannt geworden ist, unbefugt verwertet.

(3) [1]Die Tat wird nur auf Antrag eines der an der Umwandlung beteiligten Rechtsträgers verfolgt. [2]Hat ein Mitglied eines Vertretungsorgans, ein vertretungsberechtigter Gesellschafter oder Partner oder ein Abwickler die Tat begangen, so sind auch ein Aufsichtsrat oder ein nicht vertretungsberechtigter Gesellschafter oder Partner antragsberechtigt. [3]Hat ein Mitglied eines Aufsichtsrats die Tat begangen, sind auch die Mitglieder des Vorstands, die vertretungsberechtigten Gesellschafter oder Partner oder die Abwickler antragsberechtigt.

Literatur: Beck'scher Bilanz-Kommentar, Handelsbilanz, Steuerbilanz, *Grottel/Schmidt/ Schubert/Winkeljohann* (Hrsg.), 11. Aufl. 2018 (zit. als Beck'scher Bilanzkommentar/*Bearbeiter*); *Böttcher/Habighorst/Schulte* (Hrsg.), Umwandlungsrecht, 2. Aufl. 2019; *Erbs/Kohlhaas*, Strafrechtliche Nebengesetze, Häberle (Hrsg.), EL 223. 01/2019; *Esser/Rübenstahl/ Saliger/Tsambikakis*, Wirtschaftsstrafrecht, 2017; *Fischer*, Strafgesetzbuch, 66. Aufl. 2019; *Graf/Jäger/Wittig* (Hrsg.), Wirtschaftsstrafrecht, 2. Aufl. 2017; *Henssler/Strohn* (Hrsg.), Gesellschaftsrecht, 4. Aufl. 2019; *Hofbauer/Kupsch* (Hrsg.), Rechnungslegung, 94. EL 2018; *Horn* (Hrsg.), Heymann-Handelsgesetzbuch (ohne Seerecht) Bd. 3, 2. Aufl. Reprint 2013; *Kallmeyer* (Hrsg.), Umwandlungsgesetz, Kommentar: Verschmelzung, Spaltung und Formwechsel bei Handelsgesellschaften, 6. Aufl. 2017; Kölner Kommentar zum Aktiengesetz, *Zöllner/Noack* (Hrsg.), Bd. 7/Teil 1, §§ 399–410 AktG, 3. Aufl. 2011 (zit. als KölnKomm-AktG/*Bearbeiter*); Kölner Kommentar zum Rechnungslegungsrecht, *Claussen/Scherrer* (Hrsg.), 1. Aufl. 2010 (zit. als KölnKommRLR/*Bearbeiter*); Kölner Kommentar zum Umwandlungsgesetz, *Dauner-Lieb/Simon* (Hrsg.), 2009 (zit. als KölnKommUmwG/*Bearbeiter*); *Lutter* (Hrsg.), Umwandlungsgesetz, Kommentar mit systematischer Darstellung des Umwandlungssteuerrechts, *Bayer/Vetter* (Hrsg.), 5. Aufl. 2014; *Maulbetsch/Klumpp/Rose* (Hrsg.), Heidelberger Kommentar zum Umwandlungsgesetz, 2. Aufl. 2017 (zit. als HK-UmwG/*Bearbeiter*); Münchener Kommentar zum Aktiengesetz, *Goette/Habersack* (Hrsg.), Bd. 6, §§ 329–410 AktG, WpÜG, Österreichisches Übernahmerecht, 4. Aufl. 2017 (zit. als MüKoAktG/*Bearbeiter*); Münchener Kommentar zum Bilanzrecht, *Hennrichs/Kleindiek/ Watrin* (Hrsg.), Bd. 2, §§ 238–342 e HGB, 1. Aufl. 2013 (zit. als MüKoBilR/*Bearbeiter*);

Münchener Kommentar zum GmbHG, *Fleischer/Goette* (Hrsg.), Bd. 3, §§ 53–85, 3. Aufl. 2018 (zit. als MüKoGmbHG/*Bearbeiter*); Münchener Kommentar zum Strafgesetzbuch, Bd. 7, Nebenstrafrecht II, *Joecks/Miebach* (Hrsg.), 2. Aufl. 2015 (zit. als MüKoStGB/*Bearbeiter*); *Scholz* (Hrsg.), GmbHG, Bd. 3, §§ 53–85, 11. Aufl. 2015; *Semler/Stengel* (Hrsg.), Umwandlungsgesetz, 4. Aufl. 2017; *Spindler/Stilz* (Hrsg.), Aktiengesetz, Bd. 2, §§ 150– 410 AktG, SpruchG, SE-VO, 4. Aufl. 2019; *Staub* (Begr.), Handelsgesetzbuch: HGB, Großkommentar, *Canaris/Habersack/Schäfer* (Hrsg.), Bd. 7/2, §§ 331–342 e HGB, 5. Aufl. 2012; *v. Stebut*, Gesetzliche Vorschriften gegen den Mißbrauch von Insiderinformationen, DB 1974, 613; *Ulmer/Habersack/Löbbe* (Hrsg.), GmbHG, Großkommentar, Bd. 3, §§ 53–87, 2. Aufl. 2016; *Widmann/Mayer* (Hrsg.), Umwandlungsrecht: Umwandlungsgesetz, Umwandlungssteuergesetz, Kommentar, Stand: 177. EL 2019. Vgl. im Übrigen die Literatur zu § 333 HGB in Kap. 8.1., zu § 404 AktG in Kap. 8.2. und zu § 85 GmbHG in Kap. 8.3.

I. Allgemeines	1	3. Qualifikation	17
1. Rechtsentwicklung	1	III. Rechtswidrigkeit	18
2. Geschütztes Rechtsgut	2	IV. Versuch, Vollendung, Beendigung	21
3. Deliktsnatur	4		
II. Tatbestand	5	V. Konkurrenzen	24
1. Objektiver Tatbestand	6	1. Verhältnis der Tatbestände des § 315 UmwG	24
a) Tauglicher Täterkreis	6		
aa) Organe eines an der Umwandlung beteiligten Rechtsträgers	7	2. Verhältnis zu anderen Tatbeständen zur Verletzung von Geheimhaltungspflichten	25
bb) Verschmelzungs-, Spaltungs-, Übertragungsprüfer oder deren Gehilfen	11	3. Verhältnis zu anderen Strafvorschriften	26
		VI. Rechtsfolgen	27
b) Tatgegenstand	12	VII. Verjährung	29
c) Tathandlung	14	VIII. Prozessuale Besonderheiten	31
2. Subjektiver Tatbestand	15	1. Strafantrag	31
		2. Zuständigkeit	35

I. Allgemeines

1. Rechtsentwicklung

§ 315 UmwG ist zurückzuführen auf das **Gesetz zur Bereinigung des Umwandlungsrechts** vom 28.10.1994.[1] Die Vorschrift wurde entsprechend den Parallelvorschriften zur Verletzung von Geheimhaltungspflichten der §§ 404 AktG, 85 GmbHG, 151 GenG, 138 VAG gefasst und soll die Strafbarkeit auf Fälle ausdehnen, in denen an einer Umwandlung ein Rechtsträger beteiligt ist, der nicht von den Vorschriften in anderen Gesetzen erfasst wird.[2] Mit dem **Gesetz zur Änderung des Umwandlungsgesetzes** vom 22.7.1998[3] wurde der Kreis der tauglichen Täter sowie der antragsberechtigten Personen auf vertretungsberechtigte Partner einer Gesellschaft iSd PartGG ausgeweitet. Mit **Gesetz zur Modernisierung der Finanzaufsicht über Versicherungen** vom 1.4.2015[4] wurde schließlich § 138 VAG aus der Subsidiaritätsklausel des Abs. 1 entfernt.

1

---

1 Gesetz zur Bereinigung des Umwandlungsrechts (UmwBerG) v. 28.10.1994, BGBl. 1994 I 3210.
2 BT-Drs. 12/6699, 172.
3 Gesetz zur Änderung des Umwandlungsgesetzes, des Partnerschaftsgesellschaftsgesetzes und anderer Gesetze v. 22.7.1998, BGBl. 1998 I 1878.
4 Mit Gesetz zur Modernisierung der Finanzaufsicht über Versicherungen vom 1.4.2015, BGBl. 2015 I 434.

2. Geschütztes Rechtsgut

§ 315 UmwG dient dem **Schutz des Geheimhaltungsinteresses des an einer Umwandlung beteiligten Rechtsträgers**.[5] Zum Teil wird darüber hinaus auch das Vertrauen der Allgemeinheit in die Zuverlässigkeit der als Täter in Betracht kommenden Personen,[6] das Geheimhaltungsinteresse der Anteilseigner[7] sowie das Vermögen des betroffenen Rechtsträgers[8] als Schutzgut angesehen. Nicht geschützt ist das Geheimhaltungsinteresse von **Arbeitnehmern** oder **Gläubigern** des betroffenen Unternehmens.[9]

Hinsichtlich der vom Schutzbereich umfassten Personen stellt § 315 UmwG ein **Schutzgesetz iSv § 823 Abs. 2 BGB** dar.[10]

3. Deliktsnatur

§ 315 UmwG stellt – wie auch die anderen Strafvorschriften zur Verletzung von Geheimhaltungspflichten – ein **abstraktes Gefährdungsdelikt** dar; der Eintritt einer konkreten Gefahr oder eines Schadens ist mithin keine Tatbestandsvoraussetzung.[11] Es handelt sich ferner um ein **absolutes Antragsdelikt** (s. Rn. 31 ff.).

II. Tatbestand

§ 315 UmwG ist in seiner Deliktsstruktur den anderen Normen zur Verletzung der Geheimhaltungspflicht (§ 333 HGB, § 404 AktG etc) angelehnt. Der **Grundtatbestand** stellt in Abs. 1 das unbefugte Offenbaren und in Abs. 2 S. 2 das unbefugte Verwerten eines Geheimnisses des an einer Umwandlung beteiligten Rechtsträgers unter Strafe. § 315 Abs. 2 S. 1 UmwG enthält einen **Qualifikationstatbestand** für den Fall, dass der Täter gegen Entgelt, in Bereicherungs- oder Schädigungsabsicht handelt.

---

5 Graf/Jäger/Wittig/*von Häfen* UmwG § 315 Rn. 2; Semler/Stengel/*Taschke* UmwG § 315 Rn. 1; Böttcher/Habighorst/Schulte/*Böttcher* UmwG § 315 Rn. 1; Esser/Rübenstahl/Saliger/Tsambikakis/*Tsambikakis* UmwG § 315 Rn. 2.
6 Böttcher/Habighorst/Schulte/*Böttcher* UmwG § 315 Rn. 1; Semler/Stengel/*Taschke* UmwG § 315 Rn. 2; Kallmeyer/*Marsch-Barner* UmwG § 315 Rn. 1; Lutter/*Kuhlen* UmwG § 315 Rn. 3; aA KölnKommUmwG/*Hohn* UmwG § 315 Rn. 6.
7 Semler/Stengel/*Taschke* UmwG § 315 Rn. 1; Lutter/*Kuhlen* UmwG § 315 Rn. 3; aA Widmann/Mayer/*Vossius* UmwG § 315 Rn. 1; *v. Stebut* DB 1974, 613 (616); Graf/Jäger/Wittig/*von Häfen* UmwG § 315 Rn. 2; HK-UmwG/*Weinreich* UmwG § 315 Rn. 16.
8 Lutter/*Kuhlen* UmwG § 315 Rn. 3; Böttcher/Habighorst/Schulte/*Böttcher* UmwG § 315 Rn. 1; Semler/Stengel/*Taschke* UmwG § 315 Rn. 1; Graf/Jäger/Wittig/*von Häfen* UmwG § 315 Rn. 2; HK-UmwG/*Weinreich* UmwG § 315 Rn. 15.
9 Böttcher/Habighorst/Schulte/*Böttcher* UmwG § 315 Rn. 1; Semler/Stengel/*Taschke* UmwG § 315 Rn. 1; Graf/Jäger/Wittig/*von Häfen* UmwG § 315 Rn. 2; Esser/Rübenstahl/Saliger/Tsambikakis/*Tsambikakis* UmwG § 315 Rn. 2; Kallmeyer/*Marsch-Barner* UmwG § 315 Rn. 1; aA Lutter/*Kuhlen* UmwG § 315 Rn. 3 (Arbeitnehmer sind einbezogen).
10 Böttcher/Habighorst/Schulte/*Böttcher* UmwG § 315 Rn. 2; Graf/Jäger/Wittig/*von Häfen* UmwG § 315 Rn. 2; Semler/Stengel/*Taschke* UmwG § 315 Rn. 1; Henssler/Strohn/*Raum* UmwG § 315 Rn. 2.
11 Esser/Rübenstahl/Saliger/Tsambikakis/*Tsambikakis* UmwG § 315 Rn. 3; HK-UmwG/*Weinreich* UmwG § 315 Rn. 5; Lutter/*Kuhlen* UmwG § 315 Rn. 3; aA KölnKommUmwG/*Hohn* UmwG § 315 Rn. 11.

1. Objektiver Tatbestand
a) Tauglicher Täterkreis

Als taugliche Täter des § 315 UmwG kommen ausschließlich **Mitglieder des** 6 **Vertretungsorgans, vertretungsberechtigte Gesellschafter oder Partner, Mitglieder des Aufsichtsrats oder Abwickler des betroffenen oder eines anderen an der Umwandlung beteiligten Rechtsträgers** (Nr. 1) sowie **Verschmelzungs-, Spaltungs- oder Übertragungsprüfer oder Gehilfen eines solchen Prüfers** (Nr. 2) in Betracht. Der Kreis der tauglichen Täter setzt sich mithin aus demjenigen der §§ 313 Abs. 1 und 314 UmwG zusammen. Es handelt sich insoweit um ein **echtes Sonderdelikt**.[12]

aa) Organe eines an der Umwandlung beteiligten Rechtsträgers

§ 315 Abs. 1 Nr. 1 UmwG knüpft hinsichtlich der Täterschaft an eine **Organ-** 7 **stellung** der betroffenen Personen an. Als **Mitglieder eines Vertretungsorgans** sind alle zur Vertretung berechtigten Personen unabhängig von der Gesellschaftsform[13] erfasst, so etwa der Geschäftsführer einer GmbH oder die Vorstandsmitglieder einer AG, einer eG, eines genossenschaftlichen Prüfungsverbands, eines eV oder eines VVaG.[14] Darunter fallen auch die stellvertretenden Geschäftsführungs- und Vorstandsmitglieder.[15] Unter den Täterkreis der **vertretungsberechtigten Gesellschafter und Partner** fallen die geschäftsführungsbefugten Gesellschafter einer OHG, die Komplementäre einer KG bzw. einer KGaA sowie die vertretungsberechtigten Partner iSd PartGG.[16] Weiterhin als taugliche Täter erfasst sind **Mitglieder des Aufsichtsrats** einer GmbH, AG, KGaA, eG oder eines VVaG.[17] Angesichts des abschließenden Gesetzeswortlauts sind Mitglieder eines dem Aufsichtsrat **ähnlichen Organs**, so etwa eines Beirats oder Verwaltungsrats, hingegen nicht von § 315 UmwG erfasst.[18] Hinsichtlich des Begriffs des **Abwicklers** wird auf die Ausführungen zu § 404 AktG (s. Kap. 8.2. Rn. 10) verwiesen.

Die Täterschaft begründen kann grundsätzlich auch eine **faktische Ausübung** 8 der von § 315 Abs. 1 Nr. 1 UmwG erfassten Funktionen.[19] Zum faktischen Geschäftsführer einer GmbH s. Kap. 8.3. Rn. 8.

---

12 Semler/Stengel/*Taschke* UmwG § 315 Rn. 4; Esser/Rübenstahl/Saliger/Tsambikakis/ *Tsambikakis* UmwG § 315 Rn. 3; Graf/Jäger/Wittig/*von Häfen* UmwG § 315 Rn. 20; HK-UmwG/*Weinreich* UmwG § 315 Rn. 7.
13 Böttcher/Habighorst/Schulte/*Böttcher* UmwG § 313 Rn. 4; Esser/Rübenstahl/Saliger/ Tsambikakis/*Tsambikakis* UmwG § 315 Rn. 2.
14 Semler/Stengel/*Taschke* UmwG § 313 Rn. 14; Esser/Rübenstahl/Saliger/Tsambikakis/ *Tsambikakis* UmwG § 313 Rn. 11; Graf/Jäger/Wittig/*von Häfen* UmwG § 313 Rn. 6; Widmann/Mayer/*Vossius* UmwG § 313 Rn. 12; KölnKommUmwG/*Rönnau* UmwG § 313 Rn. 31.
15 Semler/Stengel/*Taschke* UmwG § 313 Rn. 14; Graf/Jäger/Wittig/*von Häfen* UmwG § 313 Rn. 6.
16 KölnKommUmwG/*Rönnau* UmwG § 313 Rn. 28; Esser/Rübenstahl/Saliger/Tsambikakis/*Tsambikakis* UmwG § 313 Rn. 13; Graf/Jäger/Wittig/*von Häfen* UmwG § 313 Rn. 6; Widmann/Mayer/*Vossius* UmwG § 313 Rn. 12.
17 Esser/Rübenstahl/Saliger/Tsambikakis/*Tsambikakis* UmwG § 313 Rn. 14; Graf/Jäger/ Wittig/*von Häfen* UmwG § 313 Rn. 6.
18 Semler/Stengel/*Taschke* UmwG § 313 Rn. 14; Graf/Jäger/Wittig/*von Häfen* UmwG § 313 Rn. 6; KölnKommUmwG/*Rönnau* UmwG § 313 Rn. 31.
19 Dazu ausführlich Graf/Jäger/Wittig/*von Häfen* UmwG § 313 Rn. 7 ff.

9 Die genannten Personengruppen können allerdings nur dann taugliche Täter des § 315 Abs. 1 Nr. 1 UmwG sein, wenn sie **Organe eines an einer Umwandlung beteiligten Rechtsträgers** sind. Hierzu gehört einerseits der übertragende bzw. formwechselnde und andererseits der übernehmende bzw. neue Rechtsträger.[20] Der Kreis möglicher Rechtsträger resultiert für die Verschmelzung aus § 3 UmwG, für die Spaltung aus § 124 UmwG, für die Vermögensübertragung aus § 175 UmwG und für den Formwechsel aus § 191 UmwG.

10 Der **Geheimnisträger** selbst ist angesichts der Subsidiaritätsklausel in § 315 Abs. 1 UmwG zunächst nicht erfasst, da dessen Geheimnisse bereits von den §§ 85 GmbHG, 404 AktG oder § 151 GenG geschützt werden.[21] Eine Strafbarkeit nach § 315 Abs. 1 Nr. 1 UmwG kommt für Organe des Geheimnisträgers daher nur dann in Betracht, wenn die spezielleren Straftatbestände nicht greifen (zB im Falle einer OHG).[22]

bb) Verschmelzungs-, Spaltungs-, Übertragungsprüfer oder deren Gehilfen

11 Hinsichtlich der Begriffe der **Verschmelzungs-, Spaltungs-, Übertragungsprüfer** bzw. **deren Gehilfen** kann zunächst auf die Ausführungen zu § 314 UmwG (s. Kap. 11.4. Rn. 7 ff.) verwiesen werden. Anders als bei § 314 UmwG werden von § 315 Abs. 1 Nr. 2 UmwG aber auch diejenigen Verschmelzungs-, Spaltungs-, Übertragungsprüfer und deren Gehilfen erfasst, die eine **freiwillige Prüfung** vornehmen; der Begriff der „erforderlichen Prüfung" aus § 314 UmwG ist in § 315 Abs. 1 Nr. 2 UmwG nicht enthalten.[23] Zu berücksichtigen ist auch hinsichtlich der von Nr. 2 erfassten Prüfer die **Subsidiaritätsklausel** in § 315 Abs. 1 UmwG, so dass eine Strafbarkeit nach § 315 UmwG für die von § 333 HGB erfasst Prüfer und Prüfergehilfen (s. Kap. 8.1. Rn. 6 ff., Kap. 11.1. Rn. 10 ff.) nicht in Betracht kommt.

b) Tatgegenstand

12 Der Schutzbereich des § 315 UmwG erfasst **Geheimnisse des an einer Umwandlung beteiligen Rechtsträgers**. Die ausdrückliche Benennung von Betriebs- oder Geschäftsgeheimnissen hat dabei keine einschränkende Bedeutung, sondern stellt lediglich eine Hervorhebung des praktisch wichtigsten Anwendungsfalles dar.[24] Umstritten ist, ob das Unternehmensgeheimnis in einem **sachlichen Bezug zum konkreten Umwandlungsvorgang** stehen muss. Zwar lässt sich eine solche Beschränkung dem Gesetzeswortlaut nicht ausdrücklich entnehmen, hierfür dürfte jedoch die systematische Stellung des § 315 UmwG

---

20 Esser/Rübenstahl/Saliger/Tsambikakis/*Tsambikakis* UmwG § 313 Rn. 19; Widmann/Mayer/*Vossius* UmwG § 313 Rn. 26.
21 Henssler/Strohn/*Raum* UmwG § 315 Rn. 1; Esser/Rübenstahl/Saliger/Tsambikakis/*Tsambikakis* UmwG § 315 Rn. 6.
22 Henssler/Strohn/*Raum* UmwG § 315 Rn. 1; Esser/Rübenstahl/Saliger/Tsambikakis/*Tsambikakis* UmwG § 315 Rn. 6; Kallmeyer/*Marsch-Barner* UmwG § 315 Rn. 2.
23 Esser/Rübenstahl/Saliger/Tsambikakis/*Tsambikakis* UmwG § 315 Rn. 5.
24 Semler/Stengel/*Taschke* UmwG § 315 Rn. 9; Graf/Jäger/Wittig/*von Häfen* UmwG § 315 Rn. 7; zu § 333 HGB: Graf/Jäger/Wittig/*Olbermann* HGB § 333 Rn. 9; MüKoBilR/*Waßmer* HGB § 333 Rn. 8; zu § 404 AktG: KölnKommAktG/*Altenhain* AktG § 404 Rn. 9; MüKoStGB/*Kiethe* AktG § 404 Rn. 24; Graf/Jäger/Wittig/*Temming* AktG § 404 Rn. 9.

sprechen, der lediglich als Auffangtatbestand für die sensible Situation eines Umwandlungsprozesses konzipiert ist.[25]

Im Übrigen kann zum Geheimnisbegriff und **zur funktions- bzw. prüfungsbedingten Kenntniserlangung** auf die Ausführungen zu § 333 HGB (s. Kap. 8.1. Rn. 10 ff.) und § 404 AktG (s. Kap. 8.2. Rn. 15 ff.) verwiesen werden.

c) Tathandlung

§ 315 UmwG unterscheidet als Tathandlung zwischen der unbefugten **Offenbarung** (Abs. 1) und der unbefugten **Verwertung** (Abs. 2 S. 2) eines Geheimnisses eines an einer Umwandlung beteiligten Rechtsträgers. Da die Begriffe des Offenbarens, Verwertens und der Unbefugtheit identisch mit denjenigen in § 333 HGB sind, kann insoweit auf die Ausführungen in Kap. 8.1. Rn. 19 ff. verwiesen werden.

2. Subjektiver Tatbestand

Die Grundtatbestände des § 315 Abs. 1 und Abs. 2 S. 2 UmwG setzen **vorsätzliches Verhalten** voraus, wobei **bedingter Vorsatz** hinsichtlich der Merkmale des objektiven Tatbestands ausreicht.[26] Für § 315 Abs. 2 S. 2 UmwG ist ferner ein Handeln mit **Verwertungsabsicht** erforderlich.[27]

Zur **Irrtumsproblematik** wird auf die Ausführungen zu § 333 HGB verwiesen (s. Kap. 8.1. Rn. 24).

3. Qualifikation

§ 315 Abs. 2 S. 1 UmwG enthält einen Qualifikationstatbestand für den Fall, dass der Täter gegen Entgelt oder in der Absicht handelt, sich oder einen anderen zu bereichern oder einen anderen zu schädigen. Da der Qualifikationstatbestand wortlautidentisch mit demjenigen anderer Vorschriften zur Verletzung der Geheimhaltungs- oder Berichtspflicht ist, kann insoweit auf die Ausführungen in Kap. 11.1 Rn. 37 ff. verwiesen werden.

III. Rechtswidrigkeit

Liegt eine Befugnis zur Offenbarung oder Verwertung des Geheimnisses vor, ist die Tat – abgesehen von Fällen, in denen eines Aufgabe des Geheimhaltungswillens durch das zuständige Organ bereits zum Tatbestandsausschluss führt (tatbestandsausschließendes Einverständnis – s. dazu Kap. 8.1. Rn. 22) – **gerechtfertigt**.[28]

---

[25] Esser/Rübenstahl/Saliger/Tsambikakis/*Tsambikakis* UmwG § 315 Rn. 7; Widmann/Mayer/*Vossius* UmwG § 315 Rn. 15; KölnKommUmwG/*Hohn* UmwG § 315 Rn. 21; Böttcher/Habighorst/Schulte/*Böttcher* UmwG § 315 Rn. 6; Semler/Stengel/*Taschke* UmwG § 315 Rn. 8; aA Lutter/*Kuhlen* UmwG § 315 Rn. 6 f.
[26] Böttcher/Habighorst/Schulte/*Böttcher* UmwG § 315 Rn. 12; Semler/Stengel/*Taschke* UmwG § 315 Rn. 25; Graf/Jäger/Wittig/*von Häfen* UmwG § 315 Rn. 14; Esser/Rübenstahl/Saliger/Tsambikakis/*Tsambikakis* UmwG § 315 Rn. 11.
[27] Semler/Stengel/*Taschke* UmwG § 315 Rn. 34; zu § 333 HGB: MüKoBilR/*Waßmer* HGB § 333 Rn. 30; Graf/Jäger/Wittig/*Olbermann* HGB § 333 Rn. 19; MüKoStGB/*Sorgenfrei* HGB § 333 Rn. 47 f.; Beck'scherBilanzkommentar/*Grottel/H. Hoffmann* HGB § 333 Rn. 19; aA Graf/Jäger/Wittig/*von Häfen* UmwG § 315 Rn. 14.
[28] Graf/Jäger/Wittig/*von Häfen* UmwG § 315 Rn. 15; KölnKommUmwG/*Hohn* UmwG § 315 Rn. 27; zu § 404 AktG: MüKoAktG/*Schaal* AktG § 404 Rn. 33.

3 Kap. 8: Verletzung der Geheimhaltungs- und Verschwiegenheitspflichten

19 Eine Befugnis zur Offenbarung oder Verwertung in Form einer **rechtfertigenden Einwilligung** liegt vor, wenn das zuständige Organ seine Zustimmung erteilt hat, ohne damit zugleich den Geheimhaltungswillen generell aufzugeben.[29] Zur Abgrenzung vom tatbestandsausschließenden Einverständnis s. Kap. 8.1. Rn. 22.

20 Hinsichtlich im Einzelfall bestehender **Offenbarungsrechte und -pflichten**, die zu einer Rechtfertigung der Tat führen können, sowie zu den Grundsätzen des **rechtfertigenden Notstands** kann auf die Ausführungen zu § 333 HGB (s. Kap. 8.1. Rn. 28 ff.), § 404 AktG (s. Kap. 8.2. Rn. 25 ff.) und § 85 GmbHG (s. Kap. 8.3. Rn. 21 ff.) verwiesen werden.

IV. Versuch, Vollendung, Beendigung

21 Der **Versuch** des § 315 UmwG ist nicht strafbar (§ 23 Abs. 1 StGB).

22 Der Tatbestand des **§ 315 Abs. 1 UmwG ist vollendet**, wenn das Geheimnis so in den Herrschaftsbereich des Empfängers gelangt ist, dass dieser die Möglichkeit hat, hiervon Kenntnis zu nehmen.[30] Mit Kenntnisnahme des Geheimnisses ist die Tat **beendet**.[31]

23 In den Fällen des **§ 315 Abs. 2 S. 2 UmwG** tritt die **Tatvollendung** ein, wenn der Täter das Geheimnis derart nutzt, dass die angestrebte Gewinnerzielung nach seiner Vorstellung unmittelbar bevorsteht.[32] Eine tatsächliche Gewinnerzielung ist hingegen nicht erforderlich.[33] **Beendet** ist die Tat mit Abschluss der Ausführungshandlung, dh mit dem Ausnutzen des Geheimnisses.[34]

V. Konkurrenzen

1. Verhältnis der Tatbestände des § 315 UmwG

24 Bei § 315 Abs. 1 und Abs. 2 S. 2 UmwG handelt es sich um zwei **selbstständige Tatbestände**, die zueinander sowohl in **Tateinheit** (§ 52 StGB) als auch in **Tatmehrheit** (§ 53 StGB) stehen können.[35] Sofern sich die Verwertung des Ge-

---

[29] Zu § 333 HGB: MüKoStGB/*Sorgenfrei* HGB § 333 Rn. 45; Graf/Jäger/Wittig/*Olbermann* HGB § 333 Rn. 18; Staub/*Dannecker*, HGB § 333 Rn. 59; Heymann/*Otto* HGB § 333 Rn. 35; MüKoBilR/*Waßmer* HGB § 333 Rn. 39; zu § 404 AktG: MüKoStGB/*Kiethe* AktG § 404 Rn. 76; Spindler/Stilz/*Hefendehl* AktG § 404 Rn. 48 f.; Graf/Jäger/Wittig/*Temming* AktG § 404 Rn. 17.

[30] Esser/Rübenstahl/Saliger/Tsambikakis/*Tsambikakis* UmwG § 315 Rn. 12; Semler/Stengel/*Taschke* UmwG § 315 Rn. 23; Böttcher/Habighorst/Schulte/*Böttcher* UmwG § 315 Rn. 10; HK-UmwG/*Weinreich* UmwG § 315 Rn. 19; aA KölnKommUmwG/*Hohn* UmwG § 315 Rn. 42.

[31] Semler/Stengel/*Taschke* UmwG § 315 Rn. 23; Böttcher/Habighorst/Schulte/*Böttcher* UmwG § 315 Rn. 10; Esser/Rübenstahl/Saliger/Tsambikakis/*Tsambikakis* UmwG § 315 Rn. 12.

[32] Widmann/Mayer/*Vossius* UmwG § 315 Rn. 30; Lutter/*Kuhlen* UmwG § 315 Rn. 18; Böttcher/Habighorst/Schulte/*Böttcher* UmwG § 315 Rn. 16; Semler/Stengel/*Taschke* UmwG § 315 Rn. 32; Kallmeyer/*Marsch-Barner* UmwG § 315 Rn. 10.

[33] Semler/Stengel/*Taschke* UmwG § 315 Rn. 32; Esser/Rübenstahl/Saliger/Tsambikakis/*Tsambikakis* UmwG § 315 Rn. 12; HK-UmwG/*Weinreich* UmwG § 315 Rn. 19.

[34] Semler/Stengel/*Taschke* UmwG § 315 Rn. 33; BayObLG 20.7.1995 – 4 St RR 4/95, NJW 1996, 268 (271 f.) (zu § 17 UWG); zu § 333 HGB: MüKoStGB/*Sorgenfrei* HGB § 333 Rn. 73; KölnKommRLR/*Altenhain* HGB § 333 Rn. 55; aA MüKoBilR/*Waßmer* HGB § 333 Rn. 36 (mit Gewinnerzielung).

[35] Semler/Stengel/*Taschke* UmwG § 315 Rn. 46; HK-UmwG/*Weinreich* UmwG § 315 Rn. 23; aA Lutter/*Kuhlen* UmwG § 315 Rn. 19.

heimnisses allein auf die Offenbarung gegen Entgelt beschränkt, ist nicht der Grundtatbestand des § 315 Abs. 2 S. 2 UmwG, sondern der **Qualifikationstatbestand** des § 315 Abs. 2 S. 1 UmwG verwirklicht.[36]

2. Verhältnis zu anderen Tatbeständen zur Verletzung von Geheimhaltungspflichten

§ 315 Abs. 1 Nr. 1 UmwG tritt angesichts der in der Norm enthaltenen **Subsidiaritätsklausel** hinter den Tatbeständen der §§ 85 GmbHG, 404 AktG, 151 GenG zurück. Gleiches gilt für § 315 Abs. 1 Nr. 2 UmwG im Verhältnis zu 333 HGB. Hingegen geht § 315 UmwG den §§ 203, 204 StGB als **lex specialis** vor.[37] Mit § 23 GeschGehG und § 119 WpHG kann **Tateinheit** gegeben sein.[38]

25

3. Verhältnis zu anderen Strafvorschriften

Im Verhältnis zu den §§ 242, 246, 266 StGB ist **Tateinheit** möglich.[39]

26

VI. Rechtsfolgen

Das unbefugte Offenbaren von Geheimnissen eines an einer Umwandlung beteiligten Rechtsträgers ist gem. § 315 Abs. 1 UmwG mit Freiheitsstrafe bis zu einem Jahr oder mit Geldstrafe bedroht. Mit Freiheitsstrafe bis zu zwei Jahren oder mit Geldstrafe wird dagegen sowohl das unbefugte Verwerten eines solchen Geheimnisses als auch die Verwirklichung des Qualifikationstatbestandes bestraft, § 315 Abs. 2 UmwG.

27

Im Übrigen wird hinsichtlich der Rechtsfolgen auf die Ausführungen zu § 332 HGB (s. Kap. 11.1. Rn. 52 f.) verwiesen. Davon abweichend kommt im Falle einer Verwirklichung von § 315 UmwG durch Organe des betroffenen Rechtsträgers die Verhängung einer **Unternehmensgeldbuße** gem. § 30 OWiG jedoch nicht in Betracht, da die Vorschrift dem Schutz des Rechtsträgers dient.[40]

28

VII. Verjährung

Strafverfolgungsverjährung von Taten nach § 315 Abs. 1 UmwG tritt innerhalb von drei Jahren (§ 78 Abs. 3 Nr. 5 StGB) ein, während die Frist für Taten nach § 315 Abs. 2 UmwG angesichts der höheren Strafandrohung fünf Jahre (§ 78

29

---

36 Semler/Stengel/*Taschke* UmwG § 315 Rn. 46; zu § 333 HGB: Hofbauer/Kupsch/*Gehm* HGB § 333 Rn. 10; KölnKommRLR/*Altenhain* HGB § 333 Rn. 38, 60; Heymann/*Otto* HGB § 333 Rn. 25.
37 Böttcher/Habighorst/Schulte/*Böttcher* UmwG § 315 Rn. 3; Widmann/Mayer/*Vossius* UmwG § 315 Rn. 36; KölnKommUmwG/*Hohn* UmwG § 315 Rn. 52; Lutter/*Kuhlen* UmwG § 315 Rn. 19; Semler/Stengel/*Taschke* UmwG § 315 Rn. 48; Esser/Rübenstahl/Saliger/Tsambikakis/*Tsambikakis* UmwG § 315 Rn. 15; Graf/Jäger/Wittig/*von Häfen* UmwG § 315 Rn. 21.
38 Teilweise zu § 17 UWG aF: Semler/Stengel/*Taschke* UmwG § 315 Rn. 48; Esser/Rübenstahl/Saliger/Tsambikakis/*Tsambikakis* UmwG § 315 Rn. 15; Lutter/*Kuhlen* UmwG § 315 Rn. 19; KölnKommUmwG/*Hohn* UmwG § 315 Rn. 52; Graf/Jäger/Wittig/*von Häfen* UmwG § 315 Rn. 21; Widmann/Mayer/*Vossius* UmwG § 315 Rn. 37.
39 Graf/Jäger/Wittig/*von Häfen* UmwG § 315 Rn. 21; KölnKommUmwG/*Hohn* UmwG § 315 Rn. 52; Semler/Stengel/*Taschke* UmwG § 315 Rn. 48; HK-UmwG/*Weinreich* UmwG § 315 Rn. 23.
40 Vgl. Ulmer/Habersack/Löbbe/*Ransiek* GmbHG § 85 Rn. 3; MüKoGmbHG/*Altenhain* GmbHG § 85 Rn. 56.

Abs. 3 Nr. 4 StGB) beträgt. Die Frist für die Strafverfolgungsverjährung beginnt gem. § 78 a StGB mit Tatbeendigung (s. Rn. 22 f.).

30 Die Frist für die **Vollstreckungsverjährung** bemisst sich nach der verhängten Strafe. Bei Taten nach Abs. 1 kann diese drei oder fünf Jahre und bei Taten nach Abs. 2 auch zehn Jahre betragen (§ 79 Abs. 3 Nr. 3–5 StGB). Die Frist beginnt mit Rechtskraft der Entscheidung (§ 79 Abs. 6 StGB).

VIII. Prozessuale Besonderheiten

1. Strafantrag

31 Taten nach § 315 UmwG werden gem. Abs. 3 S. 1 nur auf Antrag verfolgt; es handelt sich insoweit um ein **absolutes Antragsdelikt**. Da es sich nicht um ein Privatklagedelikt iSv § 374 StPO handelt, besteht im Falle eines wirksamen Strafantrags **Strafverfolgungszwang**.

32 **Antragsberechtigt** sind nach § 315 Abs. 3 S. 1 UmwG die an der Umwandlung beteiligten Rechtsträger. Der Gesetzeswortlaut dürfte angesichts des Schutzzwecks jedoch so auszulegen sein, dass das Antragsrecht nur demjenigen an der Umwandlung beteiligten Rechtsträger zusteht, dessen Geheimhaltungsinteressen verletzt sind.[41]

33 Grundsätzlich wird das Antragsrecht durch das **vertretungsberechtigte Organ** der Gesellschaft ausgeübt.[42] Zur Vermeidung von Interessenkonflikten enthält § 315 Abs. 3 S. 2, 3 UmwG jedoch **Sonderregelungen** für die Antragsberechtigung. Hiernach gilt, dass im Falle einer Tatbegehung durch ein Mitglied eines Vertretungsorgans, durch einen vertretungsberechtigten Gesellschafter oder Partner oder durch einen Abwickler auch ein Aufsichtsrat oder ein nicht vertretungsberechtigter Gesellschafter oder Partner antragsberechtigt ist (S. 2). Wurde die Tat von einem Mitglied des Aufsichtsrats begangen, sind auch die Mitglieder des Vorstands, die vertretungsberechtigten Gesellschafter oder Partner oder die Abwickler antragsberechtigt (S. 3). Besteht das jeweils antragsberechtigte Organ aus **mehreren Personen**, ist die Wirksamkeit des Strafantrags von den geltenden **Vertretungs- und Abstimmungsregelungen** der Gesellschaft abhängig.[43]

34 Im Übrigen wird auf die Ausführungen zum gleichgelagerten Strafantragserfordernis bei § 333 HGB und § 404 AktG verwiesen (s. Kap. 8.1. Rn. 53 ff. und 8.2. Rn. 43 ff.).

2. Zuständigkeit

35 Sofern die Zuständigkeit des Landgerichts begründet ist, fallen Delikte nach § 315 UmwG in den Zuständigkeitsbereich der **Wirtschaftsstrafkammern** (§ 74 c Abs. 1 S. 1 Nr. 1 GVG).

---

41 Böttcher/Habighorst/Schulte/*Böttcher* UmwG § 315 Rn. 18; Semler/Stengel/*Taschke* UmwG § 315 Rn. 42; Graf/Jäger/Wittig/*von Häfen* UmwG § 315 Rn. 23; HK-UmwG/ *Weinreich* UmwG § 315 Rn. 21; Lutter/*Kuhlen* UmwG § 315 Rn. 16; aA Henssler/ Strohn/*Raum* UmwG § 315 Rn. 2.
42 Esser/Rübenstahl/Saliger/Tsambikakis/*Tsambikakis* UmwG § 315 Rn. 16; Kallmeyer/ *Marsch-Barner* UmwG § 315 Rn. 12; HK-UmwG/*Weinreich* UmwG § 315 Rn. 22; Widmann/Mayer/*Vossius* UmwG § 315 Rn. 32.
43 Zu § 85 GmbHG: Scholz/*Tiedemann/Rönnau* GmbHG § 85 Rn. 58; Graf/Jäger/Wittig/ *Ibold* GmbHG § 85 Rn. 40; Erbs/Kohlhaas/*Schaal* GmbHG § 85 Rn. 24.

Kap. 8.6. § 151 GenG Verletzung der Geheimhaltungspflicht
§ 151 GenG Verletzung der Geheimhaltungspflicht

(1) Mit Freiheitsstrafe bis zu einem Jahr oder mit Geldstrafe wird bestraft, wer ein Geheimnis der Genossenschaft, namentlich ein Betriebs- oder Geschäftsgeheimnis, das ihm in seiner Eigenschaft als
1. Mitglied des Vorstands oder des Aufsichtsrats oder Liquidator oder
2. Prüfer oder Gehilfe eines Prüfers

bekannt geworden ist, unbefugt offenbart, im Falle der Nummer 2 jedoch nur, wenn die Tat nicht in § 340 m in Verbindung mit § 333 des Handelsgesetzbuchs mit Strafe bedroht ist.

(2) ¹Handelt der Täter gegen Entgelt oder in der Absicht, sich oder einen anderen zu bereichern oder einen anderen zu schädigen, so ist die Strafe Freiheitsstrafe bis zu zwei Jahren oder Geldstrafe. ²Ebenso wird bestraft, wer ein Geheimnis der in Absatz 1 bezeichneten Art, namentlich ein Betriebs- oder Geschäftsgeheimnis, das ihm unter den Voraussetzungen des Absatzes 1 bekannt geworden ist, unbefugt verwertet.

(3) ¹Die Tat wird nur auf Antrag der Genossenschaft verfolgt. ²Hat ein Mitglied des Vorstands oder ein Liquidator die Tat begangen, so ist der Aufsichtsrat, hat ein Mitglied des Aufsichtsrats die Tat begangen, so sind der Vorstand oder die Liquidatoren antragsberechtigt.

Literatur: *Bauer*, Genossenschafts-Handbuch, Stand: EL 02/2018; Beck´scher Bilanz-Kommentar, Handelsbilanz, Steuerbilanz, *Grottel/Schmidt/Schubert/Winkeljohann* (Hrsg.), 11. Aufl. 2018 (zit. als Beck´scher Bilanzkommentar/*Bearbeiter*); Berliner Kommentar zum Genossenschaftsgesetz, *Hillebrand/Keßler* (Hrsg.), 3. Aufl. 2019 (zit. als BerlKomm/*Bearbeiter*); *Beuthien* (Hrsg.), Genossenschaftsgesetz mit Umwandlungs- und Kartellrecht sowie Statut der Europäischen Genossenschaft, 16. Aufl. 2018; *Esser/Rübenstahl/Saliger/Tsambikakis* (Hrsg.), Wirtschaftsstrafrecht, 2017; *Graf/Jäger/Wittig* (Hrsg.), Wirtschafts- und Steuerstrafrecht, 2. Aufl. 2017; *Henssler/Strohn* (Hrsg.), Gesellschaftsrecht, 4. Aufl. 2019; *Hopt/Wiedemann* (Hrsg.), AktG, Großkommentar, 8. Lfg. §§ 399–410, 4. Aufl. 1997; *Horn* (Hrsg.), Heymann-Handelsgesetzbuch (ohne Seerecht) Bd. 3, 2. Aufl. Reprint 2013; Kölner Kommentar zum Aktiengesetz, *Zöllner/Noack* (Hrsg.), Bd. 7/Teil 1, §§ 399–410 AktG, 3. Aufl. 2016 (zit. als KölnKommAktG/*Bearbeiter*); *Leitner/Rosenau* (Hrsg.), Nomos Kommentar zum Wirtschafts- und Steuerstrafrecht, 2017 (zit. als NK-WSS/*Bearbeiter*); Münchener Kommentar zum Aktiengesetz, *Goette/Habersack* (Hrsg.), Bd. 6, §§ 329–410 AktG, WpÜG, Österreichisches Übernahmerecht, 4. Aufl. 2017 (zit. als MüKoAktG/*Bearbeiter*); Münchener Kommentar zum Bilanzrecht, *Hennrichs/Kleindiek/Watrin* (Hrsg.), Bd. 2, §§ 238–342 e HGB, 1. Aufl. 2013 (zit. als MüKoBilR/*Bearbeiter*); Münchener Kommentar zum GmbHG, *Fleischer/Goette* (Hrsg.), Bd. 3, §§ 53–85, 3. Aufl. 2018 (zit. als MüKo-GmbHG/*Bearbeiter*); Münchener Kommentar zum Handelsgesetzbuch, Bd. 4, §§ 238–342 e HGB, *Schmidt* (Hrsg.), 3. Aufl. 2013 (zit. als MüKoHGB/*Bearbeiter*); Münchener Kommentar zum Strafgesetzbuch, *Joecks/Miebach* (Hrsg.), Bd. 7: Nebenstrafrecht II, 2. Aufl. 2015 (zit. als MüKoStGB/*Bearbeiter*); *Pöhlmann/Fandrich/Bloehs* (Hrsg.), Kommentar zum Genossenschaftsgesetz: GenG, 4. Aufl. 2012; *Spindler/Stilz* (Hrsg.), Aktiengesetz, Bd. 2, §§ 150–410 AktG, SpruchG, SE-VO, 4. Aufl. 2019; *Ulmer/Habersack/Löbbe* (Hrsg.), GmbHG, Großkommentar, Bd. 3, §§ 53–87, 2. Aufl. 2016. Vgl. im Übrigen die Literatur zu § 333 HGB in Kap. 8.1. und zu § 404 AktG in Kap. 8.2.

I. Allgemeines	1	II. Tatbestand		6
1. Rechtsentwicklung	1	1. Objektiver Tatbestand		7
2. Geschütztes Rechtsgut	2	a) Tauglicher Täterkreis		7
3. Deliktsnatur	5	b) Tatgegenstand		9

c) Tathandlung 11	3. Verhältnis zu anderen Strafvorschriften 21
2. Subjektiver Tatbestand 12	
3. Qualifikation 14	VI. Rechtsfolgen 22
III. Rechtswidrigkeit 15	VII. Verjährung 24
IV. Versuch, Vollendung, Beendigung 16	VIII. Prozessuale Besonderheiten 26
	1. Strafantrag 26
V. Konkurrenzen 19	2. Zuständigkeit 28
1. Verhältnis der Tatbestände des § 151 GenG 19	
2. Verhältnis zu anderen Tatbeständen zur Verletzung von Geheimhaltungspflichten 20	

I. Allgemeines

1. Rechtsentwicklung

1 § 151 GenG ist auf die **Genossenschaftsnovelle** von 1973[1] zurückzuführen und ist inhaltlich an § 404 AktG angelehnt. Die Subsidiaritätsklausel in Abs. 1 wurde erst später eingefügt.

2. Geschütztes Rechtsgut

2 Geschütztes Rechtsgut des § 151 GenG ist das **Interesse der Genossenschaft und ihrer Mitglieder an der Wahrung ihrer Geheimnisse**.[2] Nicht geschützt ist hingegen das Geheimhaltungsinteresse von **Gläubigern** oder **Arbeitnehmern** der Genossenschaft.[3]

3 Dem Schutzbereich unterfallen grundsätzlich nur **inländische Genossenschaften**.[4] Nach § 5 Nr. 7 StGB sind im Falle der Verletzung von Betriebs- oder Geschäftsgeheimnissen auch Unternehmen mit Sitz im Ausland erfasst, sofern diese von einem Unternehmen mit Sitz im räumlichen Geltungsbereich dieses Gesetzes abhängig sind und mit diesem einen Konzern bilden.

4 Für die Genossenschaft und ihre Mitglieder stellt § 151 GenG ein **Schutzgesetz iSv § 823 Abs. 2 BGB** dar.[5]

3. Deliktsnatur

5 § 151 GenG ist wie die anderen Tatbestände zur Verletzung der Geheimhaltungspflicht (zB § 333 HGB, § 404 AktG, § 85 GmbHG) als **abstraktes Ge-**

---

1 Gesetz zur Änderung des Gesetzes betreffend die Erwerbs- und Wirtschaftsgenossenschaften v. 9.10.1973, BGBl. 1973 I 1451.
2 Graf/Jäger/Wittig/*Olbermann* GenG § 151 Rn. 3; Esser/Rübenstahl/Saliger/Tsambikakis/ *Tsambikakis* GenG § 151 Rn. 1; MüKoStGB/Kiethe GenG § 151 Rn. 1, 2; BerlKomm/ *Herzberg* GenG § 151 Rn. 1; Pöhlmann/Fandrich/Bloehs/*Pöhlmann* GenG § 151 Rn. 2; Hensssler/Strohn/*Geibel* GenG § 151 Rn. 1.
3 MüKoStGB/Kiethe GenG § 151 Rn. 2; Graf/Jäger/Wittig/*Olbermann* GenG § 151 Rn. 3; Leitner/Rosenau/*v. Wietersheim* GenG § 151 Rn. 2; einschr. Pöhlmann/Fandrich/Bloehs/ *Pöhlmann* GenG § 151 Rn. 2 (Dritte werden nur ausnahmsweise geschützt).
4 MüKoStGB/Kiethe GenG § 151 Rn. 1; BGH 17.9.1996 – 4 ARs 21/95, NJW 1997, 533 (534) zu § 404 AktG.
5 NK-WSS/*v. Wietersheim* GenG § 151 Rn. 2; Hensssler/Strohn/*Geibel* GenG § 151 Rn. 1; Pöhlmann/Fandrich/Bloehs/*Pöhlmann* GenG § 151 Rn. 2; Graf/Jäger/Wittig/*Olbermann* GenG § 151 Rn. 4.

fährdungsdelikt ausgestaltet, so dass ein Schadenseintritt nicht vorausgesetzt ist.[6] Zudem handelt es sich um ein **absolutes Antragsdelikt** (Rn. 26 f.).

II. Tatbestand

§ 151 GenG ist in Aufbau und Systematik § 404 AktG angelehnt. **Grundtatbestand** ist nach § 151 Abs. 1 GenG das unbefugte Offenbaren und nach Abs. 2 S. 2 das unbefugte Verwerten von Geheimnissen einer Genossenschaft. Ein mit § 404 Abs. 2 S. 1 AktG wortlautidentischer **Qualifikationstatbestand** ist in § 151 Abs. 2 S. 1 GenG für den Fall enthalten, dass der Täter gegen Entgelt, in Bereicherungs- oder Schädigungsabsicht handelt.

1. Objektiver Tatbestand
a) Tauglicher Täterkreis

Entsprechend § 404 AktG kommen als Täter des § 151 GenG ausschließlich **Mitglieder des Vorstands oder Aufsichtsrats oder Liquidatoren (Nr. 1)** sowie **Prüfer oder Prüfergehilfen (Nr. 2)** in Betracht. Es handelt sich insoweit um ein **echtes Sonderdelikt**.[7]

Zum Kreis der tauglichen Täter wird auf die Ausführungen zu § 404 AktG (s. Kap. 8.2. Rn. 7 ff.) verwiesen. Zu berücksichtigen ist auch bei § 151 GenG die in der Norm enthaltene **Subsidiaritätsklausel**, wonach eine Strafbarkeit von Prüfern und Prüfergehilfen nach § 151 GenG nur dann in Betracht kommt, wenn diese wegen der Tat nicht bereits nach § 340 m iVm § 333 HGB strafbar sind.

b) Tatgegenstand

§ 151 GenG schützt sämtliche **Geheimnisse einer Genossenschaft**. Die ausdrückliche Erwähnung von Betriebs- und Geschäftsgeheimnissen im Gesetzeswortlaut stellt keine Einschränkung des Geheimnisbegriffs, sondern vielmehr eine Hervorhebung des praktisch wichtigsten Anwendungsfalls dar.[8] Inhaltlich entspricht der Geheimnisbegriff demjenigen anderer Strafvorschriften zur Verletzung der Geheimhaltungspflicht, so etwa § 333 HGB, § 404 AktG, § 85 GmbHG. Insoweit wird hinsichtlich des Geheimnisbegriffs auf die Ausführungen zu § 333 HGB (s. Kap. 8.1. Rn. 11 ff.) verwiesen.

Auch das Erfordernis der **funktions- bzw. prüfungsbedingten Kenntniserlangung** des § 151 GenG entspricht demjenigen der § 333 HGB, § 404 AktG, so dass auch diesbezüglich auf die dortigen Ausführungen verwiesen werden kann (s. Kap. 8.1. Rn. 18, Kap. 8.2. Rn. 17 f.).

c) Tathandlung

§ 151 GenG unterscheidet zwischen den Tathandlungen des unbefugten **Offenbarens** (Abs. 1) und des unbefugten **Verwertens** (Abs. 2 S. 2) von Genossen-

---

[6] Graf/Jäger/Wittig/*Olbermann* GenG § 151 Rn. 5; MüKoStGB/*Kiethe* GenG § 151 Rn. 4; NK-WSS/*v. Wietersheim* GenG § 151 Rn. 2.
[7] MüKoStGB/*Kiethe* GenG § 151 Rn. 4; Pöhlmann/Fandrich/Bloehs/*Pöhlmann* GenG § 151 Rn. 3; Esser/Rübenstahl/Saliger/Tsambikakis/*Tsambikakis* GenG § 151 Rn. 1; *Bauer* GenG § 151 Rn. 3.
[8] Zu § 404 AktG: KölnKommAktG/*Altenhain* AktG § 404 Rn. 9; MüKoStGB/*Kiethe* AktG § 404 Rn. 24; Graf/Jäger/Wittig/*Temming* AktG § 404 Rn. 9.

schaftsgeheimnissen. Da die Begriffe des Offenbarens, Verwertens und der Unbefugtheit identisch mit denjenigen in § 333 HGB sind, kann insoweit auf die Darstellung in Kap. 8.1. Rn. 19 ff. verwiesen werden.

2. Subjektiver Tatbestand

12 § 151 Abs. 1 und Abs. 2 S. 2 GenG setzen **vorsätzliches Verhalten** voraus, wobei **dolus eventualis** hinsichtlich der objektiven Tatbestandsmerkmale genügt.[9] Der Tatbestand des § 151 Abs. 2 S. 2 GenG erfordert darüber hinaus ein Handeln mit **Verwertungsabsicht**.[10]

13 Zur Irrtumsproblematik wird auf die Ausführungen zu § 333 HGB verwiesen (s. Kap. 8.1. Rn. 24).

3. Qualifikation

14 § 151 Abs. 2 S. 1 GenG enthält einen Qualifikationstatbestand für den Fall, dass der Täter gegen Entgelt oder in der Absicht handelt, sich oder einen anderen zu bereichern oder einen anderen zu schädigen. Dieser ist wortlautidentisch mit anderen Strafvorschriften zur Verletzung der Berichts- und Geheimhaltungspflicht. Insoweit wird auf die Darstellung in Kap. 11.1. Rn. 37 ff. verwiesen.

III. Rechtswidrigkeit

15 Liegt eine Befugnis zur Offenbarung oder Verwertung eines Genossenschaftsgeheimnisses vor, ist die Tat **gerechtfertigt**.[11] Eine Befugnis kann sowohl aus einer **Einwilligung** des zuständigen Organs, als auch aus dem Täter obliegenden **Offenbarungsrechten und -pflichten** resultieren. Ferner kann die Tat nach den Grundsätzen des **rechtfertigenden Notstands** gerechtfertigt sein. Insoweit wird auf die Ausführungen zu § 333 HGB (s. Kap. 8.1. Rn. 26 ff.), § 404 AktG (s. Kap. 8.2. Rn. 23 ff.) und § 85 GmbHG (s. Kap. 8.3. Rn. 19 ff.) verwiesen.

IV. Versuch, Vollendung, Beendigung

16 Der **Versuch** des § 151 GenG ist nicht unter Strafe gestellt (§ 23 Abs. 1 StGB).

17 Der Tatbestand des **§ 151 Abs. 1 GenG** ist **vollendet**, wenn das Geheimnis so in den Herrschaftsbereich des Empfängers gelangt ist, dass dieser die Möglichkeit hat, hiervon Kenntnis zu nehmen.[12] Mit Kenntnisnahme des Geheimnisses ist die Tat **beendet**.[13]

---

9 Graf/Jäger/Wittig/*Olbermann* GenG § 151 Rn. 16; MüKoStGB/Kiethe GenG § 151 Rn. 13; Esser/Rübenstahl/Saliger/Tsambikakis/*Tsambikakis* GenG § 151 Rn. 10; BerlKomm/*Herzberg* GenG § 151 Rn. 3.
10 Zu § 333 HGB: MüKoBilR/*Waßmer* HGB § 333 Rn. 30; Graf/Jäger/Wittig/*Olbermann* HGB § 333 Rn. 19; MüKoStGB/*Sorgenfrei* HGB § 333 Rn. 47 f.; Beck´scherBilanzkommentar/*Grottel/H. Hoffmann* HGB § 333 Rn. 19; aA (bedingter Vorsatz für Abs. 2 S. 2 ausreichend) MüKoHGB/*Quedenfeld* HGB § 333 Rn. 42; Heymann/*Otto* HGB § 333 Rn. 28; Beuthien/*Schöpflin* GenG § 151 Rn. 8.
11 Graf/Jäger/Wittig/*Olbermann* GenG § 151 Rn. 19; MüKoStGB/*Kiethe* GenG § 151 Rn. 16; NK-WSS/*v. Wietersheim* GenG § 151 Rn. 11.
12 Graf/Jäger/Wittig/*Olbermann* GenG § 151 Rn. 20; MüKoStGB/*Kiethe* GenG § 151 Rn. 15 mVa MüKoStGB/*Kiethe* AktG § 404 Rn. 70.
13 Zu § 404 AktG: Spindler/Stilz/*Hefendehl* AktG § 404 Rn. 61; NK-WSS/*Krause/Twele* AktG § 404 Rn. 17; MüKoAktG/*Schaal* AktG § 404 Rn. 59.

Bei § 151 Abs. 2 S. 2 GenG tritt **Tatvollendung** ein, wenn ein Zustand herbeigeführt wird, in dem eine Gewinnerzielung nach der Vorstellung des Täters unmittelbar bevorsteht.[14] **Beendet** ist die Tat mit Abschluss der Ausführungshandlung, dh mit dem Ausnutzen des Geheimnisses.[15]

V. Konkurrenzen

1. Verhältnis der Tatbestände des § 151 GenG

Die Tatbestände des § 151 Abs. 1 und Abs. 2 S. 2 GenG sind **selbstständig** und können daher sowohl im Verhältnis der **Tateinheit** (§ 52 StGB) als auch der **Tatmehrheit** (§ 53 StGB) zueinander stehen.[16] Beschränkt sich die Verwertung des Geheimnisses allein auf dessen Offenbarung gegen Entgelt, ist nicht der Grundtatbestand des § 151 Abs. 2 S. 2 GenG, sondern der **Qualifikationstatbestand** des § 151 Abs. 2 S. 1 GenG verwirklicht.[17]

2. Verhältnis zu anderen Tatbeständen zur Verletzung von Geheimhaltungspflichten

Für Prüfer und Prüfergehilfen tritt eine Strafbarkeit nach § 151 GenG angesichts der in Abs. 1 enthaltenen **Subsidiaritätsklausel** hinter § 340 m iVm § 333 HGB zurück. Gegenüber den §§ 203, 204 StGB ist § 151 GenG hingegen **lex specialis**.[18] **Tateinheit** ist möglich mit § 23 GeschGehG und § 119 Abs. 3 WpHG.[19]

3. Verhältnis zu anderen Strafvorschriften

Mit den §§ 242, 246, 266 StGB ist **Tateinheit** möglich.[20]

VI. Rechtsfolgen

Das unbefugte Offenbaren von Genossenschaftsgeheimnissen ist gem. § 151 Abs. 1 GenG mit Freiheitsstrafe bis zu einem Jahr oder mit Geldstrafe bedroht. Mit Freiheitsstrafe bis zu zwei Jahren oder mit Geldstrafe wird gem. § 151 Abs. 2 GenG dagegen sowohl das unbefugte Verwerten eines solchen Geheimnisses als auch die Verwirklichung des Qualifikationstatbestandes bestraft.

Im Übrigen wird hinsichtlich der Rechtsfolgen auf die Ausführungen zu § 332 HGB (s. Kap. 11.1. Rn. 52 f.) verwiesen. Abweichend davon kommt bei einer Verwirklichung von § 151 GenG durch Vorstands- oder Aufsichtsratsmitglie-

---

14 Graf/Jäger/Wittig/*Olbermann* GenG § 151 Rn. 21 mVa Graf/Jäger/Wittig/*Olbermann* HGB § 333 Rn. 28; MüKoStGB/*Kiethe* GenG § 151 Rn. 15 mVa MüKoStGB/*Kiethe* AktG § 404 Rn. 71.
15 BayObLG 20.7.1995 – 4 St RR 4/95, NJW 1996, 268 (271 f.) zu § 17 UWG.
16 *Bauer* GenG § 151 Rn. 28; Esser/Rübenstahl/Saliger/Tsambikakis/*Tsambikakis* GenG § 151 Rn. 15; zu § 404 AktG: Hopt/Wiedemann/*Otto* AktG § 404 Rn. 52; Spindler/Stilz/*Hefendehl* AktG § 404 Rn. 63; MüKoAktG/*Schaal* AktG § 404 Rn. 63; NK-WSS/*Krause/Twele* AktG § 404 Rn. 18.
17 Zu § 404 AktG: MüKoStGB/*Kiethe* AktG § 404 Rn. 51; Hopt/Wiedemann/*Otto* AktG § 404 Rn. 28; iErg auch KölnKommAktG/*Altenhain* AktG § 404 Rn. 26.
18 Graf/Jäger/Wittig/*Olbermann* GenG § 151 Rn. 22; Beuthien/*Schöpflin* GenG § 151 Rn. 9.
19 MüKoStGB/*Kiethe* GenG § 151 Rn. 15 mVa MüKoStGB/*Kiethe* AktG § 404 Rn. 86 (zu § 17 UWG aF).
20 Zu § 404 AktG: NK-WSS/*Krause/Twele* AktG § 404 Rn. 18; Hopt/Wiedemann/*Otto* AktG § 404 Rn. 53; MüKoStGB/*Kiethe* AktG § 404 Rn. 86.

der oder Liquidatoren die Verhängung einer **Unternehmensgeldbuße** gem. § 30 OWiG nicht in Betracht, da die Vorschrift dem Schutz der Genossenschaft dient.[21]

VII. Verjährung

24 Bei der unbefugten Offenbarung von Genossenschaftsgeheimnissen nach § 151 Abs. 1 GenG tritt **Strafverfolgungsverjährung** innerhalb von drei Jahren (§ 78 Abs. 3 Nr. 5 StGB) ein, während das unbefugte Verwerten von Genossenschaftsgeheimnissen ebenso wie die Verwirklichung des Qualifikationstatbestands angesichts der höheren Strafandrohung erst nach fünf Jahren (§ 78 Abs. 3 Nr. 4 StGB) verjähren. Die Frist für die Strafverfolgungsverjährung beginnt gem. § 78 a StGB mit Tatbeendigung (s. Rn. 17 f.).

25 Die Frist für die **Vollstreckungsverjährung** bemisst sich nach der verhängten Strafe. Bei Taten nach Abs. 1 kann diese drei oder fünf Jahre und bei Taten nach Abs. 2 auch zehn Jahre betragen (§ 79 Abs. 3 Nr. 3–5 StGB). Die Frist beginnt mit Rechtskraft der Entscheidung (§ 79 Abs. 6 StGB).

VIII. Prozessuale Besonderheiten

1. Strafantrag

26 Taten nach § 151 GenG werden nur auf Antrag verfolgt; es handelt sich insoweit um ein **absolutes Antragsdelikt**. Da § 151 GenG nicht zum Katalog der Privatklagedelikte gem. § 374 StPO gehört, besteht im Falle eines wirksamen Strafantrags **Strafverfolgungszwang**.

27 **Antragsberechtigt** ist nach § 151 Abs. 3 S. 1 GenG die Genossenschaft, so dass der Strafantrag grundsätzlich vom **vertretungsberechtigten Organ** zu stellen ist. Zur Vermeidung von Interessenkonflikten enthält § 151 Abs. 3 S. 2 GenG jedoch eine **Sonderregelung** für die Antragsberechtigung. Hiernach ist der Aufsichtsrat antragsberechtigt, sofern die Tat durch ein Mitglied des Vorstands oder einen Liquidator begangen wurde. Wurde die Tat hingegen durch ein Mitglied des Aufsichtsrats begangen, so sind der Vorstand oder die Liquidatoren antragsberechtigt. Im Übrigen wird auf die Darstellung zu § 404 AktG (s. Kap. 8.2. Rn. 43 ff.) verwiesen.

2. Zuständigkeit

28 Sofern eine landgerichtliche Zuständigkeit gegeben ist, fallen Taten nach § 151 GenG gem. § 74 c Abs. 1 S. 1 Nr. 1 GVG in den Zuständigkeitsbereich der **Wirtschaftsstrafkammern**.

Kap. 8.7. § 55 b KWG Unbefugte Offenbarung von Angaben über Millionenkredite Gercke/Stirner

§ 55 b KWG Unbefugte Offenbarung von Angaben über Millionenkredite

(1) Mit Freiheitsstrafe bis zu einem Jahr oder mit Geldstrafe wird bestraft, wer entgegen § 14 Abs. 2 Satz 10 eine Angabe offenbart.

---

21 Vgl. Ulmer/Habersack/Löbbe/*Ransiek* GmbHG § 85 Rn. 3; MüKoGmbHG/*Altenhain* GmbHG § 85 Rn. 56.

(2) Handelt der Täter gegen Entgelt oder in der Absicht, sich oder einen anderen zu bereichern oder einen anderen zu schädigen, ist die Strafe Freiheitsstrafe bis zu zwei Jahren oder Geldstrafe.
(3) Die Tat wird nur auf Antrag verfolgt.

Literatur: *Achenbach/Schröder*, Straflosigkeit des Offenbarens und Verwertens von Angaben über Millionenkredite (§§ 55 a, 55 b iVm § 14 KWG)?, ZBB 2005, 135; *Achenbach/Ransiek/Rönnau*, Hdb. Wirtschaftsstrafrecht, 4. Aufl. 2015; *Boos/Fischer/Schulte-Mattler*, KWG, CRR-VO, Bd. 1, 5. Aufl. 2016; *Erbs/Kohlhaas*, Strafrechtliche Nebengesetze, 223. EL, 01/2019; *Gößmann*, Si tacuisses..., BKR 2006, 199; *Graf/Jäger/Wittig*, Wirtschafts- und Steuerstrafrecht, 2. Aufl. 2017; *Hellmann/Beckemper*, Wirtschaftsstrafrecht, 5. Aufl. 2018; *Hohnel*, Kapitalmarktstrafrecht, 2013; Münchener Kommentar zum Strafgesetzbuch, Bd. 7, Nebenstrafrecht II, *Joecks/Miebach* (Hrsg.) 2. Aufl. 2015 (zit. als MüKoStGB/*Bearbeiter*); *Reischauer/Kleinhans*, KWG, EL 042018; *Schork/Groß*, Bankrecht, 2013; *Schröder*, Handbuch Kapitalmarktstrafrecht, 3. Aufl. 2015; *Tiedemann*, Die strafrechtliche Verschwiegenheitspflicht des Bankiers – Bemerkungen zum Fall Leo Kirch ./. Deutsche Bank, in Festschrift für Günter Kohlmann, *Hirsch/Wolter/Brauns* (Hrsg.), 2003; *Tiedemann*, Neue Aspekte zum Schutz des Bankgeheimnisses, NJW 2003, 2213; *Tiedemann*, Strafbarkeit des Offenbarens und Verwertens von Bundesbankangaben nach §§ 55 a, 55 b KWG, ZBB 2005, 190.

I. Allgemeines ... 1
II. Tatbestand ... 3
  1. Objektiver Tatbestand ... 3
    a) Tauglicher Täterkreis ... 3
    b) Die einzelnen Tatbestandsmerkmale ... 5
      aa) Angaben ... 5
      bb) Unbefugte Offenbarung ... 6
  2. Subjektiver Tatbestand ... 8
  3. Qualifikation des § 55 b Abs. 2 KWG ... 9
III. Rechtsfolgen ... 10
IV. Verjährung/Tatbeendigung ... 11
V. Prozessuale Besonderheiten ... 12

I. Allgemeines

§ 55 b KWG wurde im Rahmen der 6. KWG-Novelle[1] in das KWG eingefügt und trat am 1.1.1998 in Kraft. Abs. 3 KWG wurde erst im Rahmen des 3. Finanzmarktförderungsgesetzes vom 24.3.1998[2] ergänzt. Die Vorschrift war im Gesetzgebungsverfahren zur 6. KWG-Novelle aufgrund eines technischen Versehens entfallen.[3] Vom 1.7.2002 bis zum 31.12.2006 lief die Strafvorschrift ins Leere (s. dazu Kap. 15.20. Rn. 1). 1

Zum geschützten Rechtsgut, der Deliktsnatur und der praktischen Bedeutung von § 55 b KWG wird auf die Ausführungen zu § 55 a KWG verwiesen (s. Kap. 15.20. Rn. 2 ff.). 2

II. Tatbestand

1. Objektiver Tatbestand

a) Tauglicher Täterkreis

Als taugliche Täter erfasst § 55 b KWG angesichts der Verweisung auf § 14 Abs. 2 S. 10 KWG ausschließlich die **bei einem anzeigepflichtigen Unternehmen beschäftigten Personen**. Es handelt sich insoweit um ein **echtes Sonderde-** 3

---

[1] BGBl. I 2518.
[2] BGBl. I 529.
[3] BT-Drs. 13/9874, 143.

likt.[4] Die Stellung der Beschäftigten im Unternehmen[5] ist für die Täterschaft ebenso unbeachtlich, wie die Frage, ob sie mit den übermittelten Daten selbst befasst waren oder sich diese ohne interne Zuständigkeit verschafft haben.[6]

4 Für Dritte gelten die Vorschriften der §§ 26, 27 StGB. Insbesondere **Mitarbeiter der Deutschen Bundesbank**, die den §§ 55 a, 55 b KWG nicht unterliegen, können sich nach § 204 StGB strafbar machen.[7]

b) Die einzelnen Tatbestandsmerkmale
aa) Angaben

5 Angaben iSv § 55 b KWG sind diejenigen Daten, die die Deutsche Bundesbank dem anzeigepflichtigen Unternehmen nach § 14 Abs. 2 S. 1–4 KWG übermittelt.

bb) Unbefugte Offenbarung

6 Um eine unbefugte **Offenbarung** iSv § 55 b Abs. 1 KWG handelt es sich, wenn eine in einem anzeigepflichtigen Unternehmen beschäftigte Person die von der Deutschen Bundesbank übermittelten Angaben einem anderen in der Weise zugänglich macht, dass er die **Möglichkeit** hat, **von ihnen Kenntnis zu nehmen**.[8] Die Offenbarung kann sowohl mündlich als auch schriftlich erfolgen;[9] eine direkte Kommunikation ist nicht erforderlich.[10] Die Kundgabe muss allerdings einen gewissen Detaillierungsgrad aufweisen.[11] Nicht tatbestandsmäßig ist die Kundgabe von Bewertungen und Schlussfolgerungen, die aus den Angaben iSv § 14 Abs. 2 KWG resultieren.[12]

7 Straflos ist die Offenbarung von Informationen, die dem anzeigepflichtigen Unternehmen schon vor der Benachrichtigung durch die Deutsche Bundesbank vorlagen.[13] Ebenfalls nicht vom Tatbestand des § 55 b Abs. 1 KWG erfasst ist die Kundgabe von Informationen, die bereits in der Wirtschaftspresse diskutiert werden.[14]

---

4 Graf/Jäger/Wittig/*Bock* KWG § 55 a Rn. 10.
5 Schork/Groß/*Wegner* Rn. 706.
6 Erbs/Kohlhaas/*Häberle* KWG § 55 b Rn. 2 mVa § 55 a Rn. 2.
7 *Hellmann/Beckemper*, Wirtschaftsstrafrecht, Rn. 550; Erbs/Kohlhaas/*Häberle* KWG § 55 b Rn. 2 mVa § 55 a Rn. 2; Graf/Jäger/Wittig/*Bock* KWG § 55 a Rn. 13 (zu § 203 StGB).
8 BGH 24.1.2006 – XI ZR 384/03, NJW 2006, 830 (838); so auch Schork/Groß/*Wegner* Rn. 709; Boos/Fischer/Schulte-Mattler/*Lindemann* KWG § 55 b Rn. 4 f.
9 *Reischauer/Kleinhans* KWG § 55 b Rn. 2; Boos/Fischer/Schulte-Mattler/*Lindemann* KWG § 55 b Rn. 4; Graf/Jäger/Wittig/*Bock* KWG § 55 b Rn. 6.
10 Achenbach/Schröder ZBB 2005, 135 (140); *Schröder* Rn. 1009; Boos/Fischer/Schulte-Mattler/*Lindemann* KWG § 55 b Rn. 4.
11 Graf/Jäger/Wittig/*Bock* KWG § 55 b Rn. 7; *Gößmann* BKR 2006, 199 (200); Schork/Groß/*Wegner* Rn. 709; aA Tiedemann NJW 2003, 2213 (2214).
12 Achenbach/Schröder ZBB 2005, 135 (140); Achenbach/Ransiek/Rönnau/*Schröder*, Teil 10, Kap. 3, Rn. 126; Schork/Groß/*Wegner* Rn. 709; Graf/Jäger/Wittig/*Bock* KWG § 55 b Rn. 8; aA *Tiedemann* in FS Kohlmann S. 307, 314; *ders.* ZBB 2005, 190 f.
13 Schork/Groß/*Wegner* Rn. 709.
14 *Schröder* Rn. 1011.

2. Subjektiver Tatbestand

§ 55 b KWG setzt eine vorsätzliche Tatbegehung voraus, wobei das Handeln mit **Eventualvorsatz** ausreicht.[15] Eine fahrlässige Tatbegehung ist nicht strafbar.

3. Qualifikation des § 55 b Abs. 2 KWG

§ 55 b Abs. 2 KWG enthält strafschärfende Qualifizierungen für den Fall, dass die Offenbarung **gegen Entgelt** erfolgt, der Täter mit **(Dritt-)Bereicherungsabsicht** oder in der **Absicht** handelt, **einen anderen zu schädigen**. Zu den Einzelheiten kann auf die gleichlautende Vorschrift des § 332 Abs. 2 HGB (s. Kap. 11.1. Rn. 7 ff.) verwiesen werden.

III. Rechtsfolgen

Das Grunddelikt des § 55 b Abs. 1 KWG sieht ein Strafmaß von Geldstrafe oder Freiheitsstrafe bis zu einem Jahr, die Qualifikation des § 55 b Abs. 2 KWG ein Strafmaß von Geldstrafe oder Freiheitsstrafe bis zu zwei Jahren vor.

IV. Verjährung/Tatbeendigung

Die Verjährungsfrist beträgt für § 55 b Abs. 1 KWG drei Jahre (§ 78 Abs. 3 Nr. 5 StGB) und für § 55 b Abs. 2 KWG fünf Jahre (§ 78 Abs. 3 Nr. 4 StGB). **Tatbeendigung** iSv § 78 a S. 1 StGB tritt mit Kenntnisnahme der gegenüber einem Dritten offenbarten Angabe ein.[16]

V. Prozessuale Besonderheiten

Bei § 55 b KWG handelt es sich um ein **absolutes Antragsdelikt**. Antragsberechtigt ist gem. § 77 Abs. 1 StGB der durch die Tat Verletzte. Dies ist der **Kreditnehmer**, dessen Daten offenbart wurden.[17] Hingegen ist die Deutsche Bundesbank nach zutreffender Ansicht nicht antragsberechtigt, da das Antragsrecht auch dem Schutz des Kreditnehmers vor einer Erörterung vertraulicher Daten in öffentlicher Hauptverhandlung dient.[18]

Sofern die Zuständigkeit des Landgerichts begründet ist, fallen Delikte nach § 55 b KWG in den Zuständigkeitsbereich der **Wirtschaftsstrafkammern** (§ 74 c Abs. 1 Nr. 2 GVG).

---

15 Erbs/Kohlhaas/*Häberle* KWG § 55 b Rn. 4; Graf/Jäger/Wittig/*Bock* KWG § 55 b Rn. 11; Hohnel/*Brunke* KWG § 55 b Rn. 10.
16 Siehe zu § 333 HGB: Ulmer/*Dannecker* HGB § 333 Rn. 38; MüKoHGB/*Quedenfeld* HGB § 333 Rn. 42; MüKoBilR/*Waßmer* HGB § 333 Rn. 35; Graf/Jäger/Wittig/*Olbermann* HGB § 333 Rn. 27; MüKoStGB/*Sorgenfrei* HGB § 333 Rn. 73; NK-WSS/*Knierim*/*Kessler* HGB § 333 Rn. 18.
17 Erbs/Kohlhaas/*Häberle* KWG § 55 b Rn. 6; Graf/Jäger/Wittig/*Bock* KWG § 55 b Rn. 21, § 55 a Rn. 6
18 Boos/Fischer/Schulte-Mattler/*Lindemann* KWG § 55 b Rn. 9 mVa § 55 a Rn. 10; Erbs/Kohlhaas/*Häberle* KWG § 55 b Rn. 6, § 55 a Rn. 6.

Kap. 8.8. § 120 Abs. 2 Nr. 2 a WpHG Offenbaren anstehender Maßnahmen

§ 120 Abs. 2 Nr. 2 a, Abs. 24 WpHG Bußgeldvorschriften

(2) Ordnungswidrig handelt, wer vorsätzlich oder leichtfertig

2a. entgegen § 12 oder § 23 Absatz 1 Satz 2 eine Person über eine Anzeige, eine eingeleitete Untersuchung oder eine Maßnahme in Kenntnis setzt,

(24) Die Ordnungswidrigkeit kann in den Fällen des (…) mit einer Geldbuße bis zu fünfhunderttausend Euro, in den Fällen des (…) Absatzes 2 (…) Nummer 2 a, (…) mit einer Geldbuße bis zu zweihunderttausend Euro (…), in den Fällen des (…) mit einer Geldbuße bis zu hunderttausend Euro, in den übrigen Fällen mit einer Geldbuße bis zu fünfzigtausend Euro geahndet werden.

Literatur: *Assmann/Schneider* (Hrsg.), WpHG Kommentar, 6. Aufl. 2011; *Assmann/Schneider/Mülbert* (Hrsg.), WpHG Kommentar, 7. Aufl. 2019; Kölner Kommentar zum WpHG, *Hirte/Möllers* (Hrsg.), 2. Aufl. 2014 (zit. als KölnKommWpHG/*Bearbeiter*); *Schwintek*, Die Anzeigepflicht bei Verdacht von Insidergeschäften und Marktmanipulation nach § 10 WpHG, WM 2005, 861.

I. Historie des Bußgeldtatbestands 1	IV. Adressat/Täter 7
II. Grundtatbestand 2	V. Verschulden 8
1. Verstoß gegen § 12 WpHG 3	VI. Rechtsfolge 9
2. Verstoß gegen § 23 Abs. 2 S. 2 WpHG 4	VII. Verfolgungs- und Vollstreckungsverjährung 11
III. Tathandlung 6	

I. Historie des Bußgeldtatbestands

1   Der neue § 120 Abs. 2 Nr. 2 a WpHG war nur von der Neunummerierung des WpHG durch das 2. FiMaNoG betroffen.[1] Eine nahezu entsprechende Regelung fand sich bereits zuvor in § 39 Abs. 2 Nr. 2 a WpHG aF. Diese Regelung wurde mit Inkrafttreten des ersten **Gesetzes zur Novellierung von Finanzmarktvorschriften auf Grund europäischer Rechtsakte (FiMaNoG)** in das WpHG aufgenommen und ersetzte (inhaltsgleich) die zuvor bestehende Regelungen des § 39 Abs. 2 Nr. 1 WpHG aF.

II. Grundtatbestand

2   § 120 Abs. 2 Nr. 2 a WpHG sanktioniert Verstöße gegen zwei verschiedene Verschwiegenheitstatbestände, nämlich Verstöße gegen § 12 WpHG und Verstöße gegen § 23 Abs. 1 S. 2 WpHG.

1. Verstoß gegen § 12 WpHG

3   Aus Art. 14 und 15 der VO (EU) Nr. 596/2014 ergibt sich das **Verbot von Insidergeschäften** und das **Verbot der Marktmanipulationen**.

---

[1] Zur Historie s. Kap. 3 Rn. 3.

Bei Verstößen hiergegen hat die BaFin die Möglichkeit, verschiedene Maßnahmen zu ergreifen. Diese sind insbesondere in **§ 6 Abs. 2–13 WpHG** sowie den **§§ 7–9 WpHG** geregelt.[2]

§ 12 WpHG bestimmt, dass die **Adressaten von Maßnahmen** nach § 6 Abs. 2 bis 13 WpHG sowie den §§ 7–9 WpHG, die von der BaFin wegen eines möglichen Verstoßes gegen das Verbot von Insidergeschäften und der Marktmanipulationen ergriffen werden, **andere Personen** von diesen Maßnahmen oder von einem daraufhin eingeleiteten Ermittlungsverfahren **nicht in Kenntnis setzen dürfen**.

Dieses **Verbot gilt nicht** bezüglich Mitarbeitern staatlicher Stellen und solchen, die aufgrund ihres Berufs einer gesetzlichen Verschwiegenheitspflicht unterliegen.

2. Verstoß gegen § 23 Abs. 2 S. 2 WpHG

§ 23 Abs. 1 S. 2 WpHG regelt zunächst das Gebot, dass

- Wertpapierdienstleistungsunternehmen,
- andere Kreditinstitute,
- Kapitalverwaltungsgesellschaften und
- Betreiber von außerbörslichen Märkten, an denen Finanzinstrumente gehandelt werden,

bei der Feststellung von Tatsachen, die den Verdacht begründen, dass mit einem Geschäft über Finanzinstrumente, für die die BaFin die zuständige Behörde im Sinne des Art. 2 Abs. 1 Buchst. j VO (EU) Nr. 236/2012 ist, gegen die Art. 12, 13 oder 14 VO (EU) Nr. 236/2012 (Beschränkung ungedeckter Leerverkäufe) **verstoßen wird**, dies **unverzüglich der Bundesanstalt mitzuteilen haben**.

Daneben regelt § 23 Abs. 1 S. 2 WpHG das Verbot, dass die zuvor genannten Personengruppen **andere Personen** – mit Ausnahme von staatlichen Stellen und solche, die aufgrund ihres Berufs einer gesetzlichen Verschwiegenheitspflicht unterliegen -, von der Anzeige oder von einer daraufhin eingeleiteten Untersuchung **nicht in Kenntnis setzen dürfen**.

Mit anderen Worten, Wertpapierdienstleistungsunternehmen, andere Kreditinstitute, Kapitalverwaltungsgesellschaften und Betreiber von außerbörslichen Märkten, an denen Finanzinstrumente gehandelt werden, die eine **Verdachtsanzeige** nach § 23 Abs. 1 S. 1 WpHG abgegeben haben, dürfen hierüber keine anderen als die in S. 2 der Vorschrift genannten Personen in Kenntnis setzen.

Sinn und Zweck der in § 12 und § 23 Abs. 1 S. 2 WpHG gesetzlich normierten und in § 120 Abs. 2 Nr. 2 a WpHG bebußten Verschwiegenheitspflichten ist, dass zum einen sichergestellt werden soll, dass Personen, bei denen der Verdacht eines Verstoßes gegen das Verbot von Insidergeschäften, Marktmanipulation oder gegen die Beschränkungen ungedeckter Leerverkäufe besteht, von Überwachungs- und Bußgeldverfahren der BaFin sowie Ermittlungs- und Strafverfahren der zuständigen Strafverfolgungsbehörden keine Kenntnis erlangen,

---

2 Welche konkreten Maßnahmen die BaFin nach § 6 Abs. 2 bis 13 WpHG sowie den §§ 7-9 WpHG ergreifen kann, wird im Kapitel 1.2 näher erörtert.

um **Verdunklungsmaßnahmen**, die **Flucht** oder eine **sonstige Entziehungsmaßnahme** zu verhindern. Zum anderen steht auch der **Persönlichkeitsschutz** der Betroffenen selbst im Fokus. Daneben sollen auch **Anleger** nicht verunsichert werden.[3]

III. Tathandlung

6 Ein Verstoß gegen die in § 120 Abs. 2 Nr. 2 a WpHG normierten Verschwiegenheitstatbestände liegt vor, wenn jemand eine andere Person über **eine Anzeige, eine eingeleitete Untersuchung** oder **eine Maßnahme in Kenntnis gesetzt** hat. § 120 Abs. 2 Nr. 2 a WpHG ist damit ein **Erfolgsdelikt**. Ein solches ist – sowohl in Variante 1 als in Variante 2 – immer dann verwirklicht, wenn das Inkenntnissetzen durch aktives Tun erfolgt.

In § 120 Abs. 2 Nr. 2 a Var. 1 WpHG reicht es dafür aus, dass ein Dritter aus den Äußerungen des Auskunftsverpflichteten den Schluss ziehen kann, dass eine Anzeige, Untersuchung und/oder Maßnahme vorliegt.

In § 120 Abs. 2 Nr. Var. 2 ist es zur Erfüllung des Tatbestandes daher nicht ausreichend, wenn jemand eine andere Person darüber in Kenntnis setzt, dass er die (bloße) Absicht hat, eine entsprechende Anzeige zu erstatten.

In beiden Varianten besteht keine Verschwiegenheitspflicht gegenüber staatlichen Stellen und Berufsgeheimnisträgern. Als Berufsgeheimnisträger im Sinne dieser Vorschrift gelten die in § 53 Abs. 1 StPO genannten Personen.

Zwar wird in der Literatur[4] vertreten, dass die Befreiung von der Verschwiegenheitspflicht gegenüber Berufsgeheimnisträgern zu weit geraten sei, diese Ansicht hat jedoch bußgeldrechtlich keine Relevanz, da die Befreiung für diese Berufsgruppen gesetzlich normiert wurde.[5]

IV. Adressat/Täter

7 Täter können nur zur Verschwiegenheit verpflichtete Personen bzw. für sie handelnde Personen (vgl. § 9 OWiG) sein.

§ 129 Abs. 2 Nr. 2 a iVm § 12 WpHG richtet sich damit an die Adressaten der Maßnahmen, dh insbesondere an Personen, von denen die BaFin beispielsweise Informationen und Auskünfte, die Vorlage bestimmter Dokumente und Kopien verlangen kann, die von der BaFin geladen oder vernommen wurden, eine Untersagung erhalten haben etc Adressat bzw. Täter kann demnach **jedermann** sein.

Demgegenüber richtet sich **§ 120 Abs. 2 Nr. 2 a iVm § 23 Abs. 1 S. 2 WpHG** ausdrücklich nur an die **Anzeigenerstatter** gem. § 23 WpHG, dh Wertpapierdienstleistungsunternehmen, andere Kreditinstitute, Kapitalverwaltungsgesellschaften und Betreiber von außerbörslichen Märkten, an denen Finanzinstrumente gehandelt werden.

---

3 So auch Assmann/Schneider/Mülbert/*Spoerr* WpHG § 120 Rn. 102; KölnKommWpHG/*Altenhain* WpHG § 39 Rn. 12.
4 Assmann/Schneider/*Vogel* WpHG, 6. Aufl. § 10 Rn. 58.
5 Assmann/Schneider/Mülbert/*Spoerr* WpHG § 120 Rn. 104.

V. Verschulden

Der Verschuldensmaßstab umfasst nach § 120 Abs. 2 WpHG sowohl **Vorsatz** (s. Kap. 3 Rn. 29 ff.) als auch **Leichtfertigkeit** (s. Kap. 3 Rn. 36).

8

VI. Rechtsfolge

Eine vorsätzliche oder leichtfertige Verletzung dieser Verschwiegenheitspflichten ist nach § 120 Abs. 24 WpHG mit einer Geldbuße von bis zu 200.000 EUR – als gesetzlicher Höchstbetrag – bedroht. Ergänzend zu dieser Regelung findet § 17 Abs. 2 OWiG Anwendung. Dieser bestimmt, dass, wenn das Gesetz für vorsätzliches und fahrlässiges Handeln eine Geldbuße androht, ohne im Höchstmaß zu unterscheiden, dass fahrlässiges Handeln im Höchstmaß nur mit der Hälfte des angedrohten Höchstbetrags geahndet werden kann. Daraus folgt, dass eine vorsätzliche Verletzung der zuvor genannten Verschwiegenheitspflichten mit einer Geldbuße von bis zu 200.000 EUR bedroht ist, während eine leichtfertige Verletzung dieser Pflichten nur mit einer Geldbuße von bis zu 100.000 EUR bedroht ist.

9

Welches konkrete Bußgeld letztendlich gegenüber einem Täter (s. Rn. 7) festgesetzt wird, entscheidet die BaFin in Ausübung ihres jeweiligen Ermessens. Hierbei ist sie im Rahmen der Selbstbindung der Verwaltung, insbesondere an die sich selbst gegebenen **WpHG-Bußgeldleitlinien** in der jeweils aktuellen Fassung, gebunden.[6]

10

VII. Verfolgungs- und Vollstreckungsverjährung

Das WpHG sieht für diesen Tatbestand keine eigenen Verjährungsregelungen vor. Es gelten damit die Verjährungsregelungen der §§ 31–34 OWiG.

11

---

[6] BaFin – WpHG-Bußgeldleitlinien II, Stand Januar 2018, abrufbar unter https://www.bafin.de/SharedDocs/Downloads/DE/Leitfaden/WA/dl_bussgeldleitlinien_2016.html.

Kapitel 9: Falsche Angaben und unrichtige Darstellung

Kap. 9.1. § 399 AktG Falsche Angaben

§ 399 AktG Falsche Angaben

(1) Mit Freiheitsstrafe bis zu drei Jahren oder mit Geldstrafe wird bestraft, wer

1. als Gründer oder als Mitglied des Vorstands oder des Aufsichtsrats zum Zweck der Eintragung der Gesellschaft oder eines Vertrags nach § 52 Absatz 1 Satz 1 über die Übernahme der Aktien, die Einzahlung auf Aktien, die Verwendung eingezahlter Beträge, den Ausgabebetrag der Aktien, über Sondervorteile, Gründungsaufwand, Sacheinlagen und Sachübernahmen oder in der nach § 37 a Absatz 2, auch in Verbindung mit § 52 Absatz 6 Satz 3, abzugebenden Versicherung,
2. als Gründer oder als Mitglied des Vorstands oder des Aufsichtsrats im Gründungsbericht, im Nachgründungsbericht oder im Prüfungsbericht,
3. in der öffentlichen Ankündigung nach § 47 Nr. 3,
4. als Mitglied des Vorstands oder des Aufsichtsrats zum Zweck der Eintragung einer Erhöhung des Grundkapitals (§§ 182 bis 206) über die Einbringung des bisherigen, die Zeichnung oder Einbringung des neuen Kapitals, den Ausgabebetrag der Aktien, die Ausgabe der Bezugsaktien, über Sacheinlagen, in der Bekanntmachung nach § 183 a Abs. 2 Satz 1 in Verbindung mit § 37 a Abs. 2 oder in der nach § 184 Abs. 1 Satz 3 abzugebenden Versicherung,
5. als Abwickler zum Zweck der Eintragung der Fortsetzung der Gesellschaft in dem nach § 274 Abs. 3 zu führenden Nachweis oder
6. als Mitglied des Vorstands einer Aktiengesellschaft oder des Leitungsorgans einer ausländischen juristischen Person in der nach § 37 Abs. 2 Satz 1 oder § 81 Abs. 3 Satz 1 abzugebenden Versicherung oder als Abwickler in der nach § 266 Abs. 3 Satz 1 abzugebenden Versicherung

falsche Angaben macht oder erhebliche Umstände verschweigt.

(2) Ebenso wird bestraft, wer als Mitglied des Vorstands oder des Aufsichtsrats zum Zweck der Eintragung einer Erhöhung des Grundkapitals die in § 210 Abs. 1 Satz 2 vorgeschriebene Erklärung der Wahrheit zuwider abgibt.

Literatur: *Achenbach*, Aus der 1987/1988 veröffentlichten Rechtsprechung zum Wirtschaftsstrafrecht, NStZ 1989, 497; *Achenbach/Ransiek/Rönnau*, Handbuch Wirtschaftsstrafrecht, 4. Aufl. 2015; *Altenhain*, in: Kölner Kommentar zum Aktiengesetz, Band 7, 3. Aufl. 2013; *Arnhold*, Auslegungshilfen zur Bestimmung einer Geschäftslagetäuschung im Rahmen der §§ 331 Nr. 1 HGB, 400 Abs. 1 Nr. 1 AktG, 82 Abs. 2 Nr. 2 GmbHG, 1993; *Bernsmann*, in: Heidel, Aktienrecht und Kapitalmarktrecht, 4. Aufl. 2014; *Brand*, in: Esser/Rübenstahl/Saliger/Tsambikakis, Wirtschaftsstrafrecht, 2017; *Brandes*, Die Rechtsprechung des Bundesgerichtshofs auf dem Gebiet des Aktienrechts, WM 1992, 465; *Bruns*, „Die sog. „tatsächliche" Betrachtungsweise im Strafrecht", JR 1984, 133; *Dreyling/Schäfer*, Insiderrecht und Ad-Hoc-Publizität, 2001, Rn. 52 ff.; *Eyermann*, Untersagung der Berufsausübung durch Strafurteil und Verwaltungsakt – BVerwGE 15, 282, JuS 1964, 269; *Fischer*, Strafgesetzbuch und Nebengesetze, Kommentar, 66. Aufl. 2018; *Geilen*, Aktienstrafrecht, 1984 (Sonderausgabe aus Kölner Kommentar zum Aktiengesetz 1. Aufl. 1970); *Godin/Wilhelmi*, Aktiengesetz, 4. Aufl. 1971; *Hefendehl*, in: Spindler/Stilz, Aktiengesetz, 3. Aufl. 2015; *ders.*, Schein und Sein – Die Informationsdelikte im Kapitalmarktstrafrecht, wistra 2019, 1; *Hildesheim*, Die strafrechtliche Verantwortung des faktischen Mitgeschäftsführers in der Rechtsprechung des BGH, wistra 1993, 166; *Jakobs*, Anmerkung zu BGH, Urt.

Kap. 9: Falsche Angaben und unrichtige Darstellung

v. 26.7.1994 – 5 StR 98/94, NStZ 1995, 26; *Joerden*, Grenzen der Auslegung des § 84 I Nr. 2 GmbHG, wistra 1990, 1; *Kiethe*, Gesellschaftsstrafrecht – Zivilrechtliche Haftungsgefahren für Gesellschaften und ihre Organmitglieder, WM 2007, 722; *ders.*, Die Unangemessenheit des Honorars – Haftungs"falle" für Unternehmensberater und -sanierer, BB 2005, 1801; *Kiethe*, in: Münchener Kommentar zum Strafgesetzbuch, Band 7, Nebenstrafrecht II, 2015 (zit. als MüKoStGB/*Kiethe*); *Klug*, in: Hopt/Wiedemann, AktG Großkommentar, §§ 399–410, 3. Aufl. 1975; *Kohlmann*, in: Hachenburg, GmbHG, Bd. 3, 8. Aufl. 1997; *Kratzsch*, „Das faktische Organ" im Gesellschaftsrecht, ZGR 1985, 506; *Krause/Twele*, in: Leitner/Rosenau, Nomos Kommentar Wirtschafts- und Steuerstrafrecht, 2017 (zit. als NK-WSS/*Krause/Twele*); *Kuhlen*, in: Lutter, Umwandlungsgesetz, Band II, 5. Aufl. 2014; *ders.*, Grundfragen der strafrechtlichen Produkthaftung, JZ 1994, 1142; *Löffeler*, Strafrechtliche Konsequenzen faktischer Geschäftsführung, wistra 1989, 121; *Oetker*, in: K. Schmidt/Lutter, Aktiengesetz: Kommentar, 3. Aufl. 2015; *Otto*, Grundkurs Strafrecht, Allgemeine Strafrechtslehre, 7. Aufl. 2004; *ders.*, in: Hopt/Wiedemann, AktG Großkommentar, 34. Lieferung §§ 399–410, 4. Aufl. 1997; *Lutter*, Das überholte Thesaurierungsgebot bei Eintragung einer Kapitalgesellschaft im Handelsregister, NJW 1989, 2647; *ders.*, in: Lutter/Hommelhoff, Kommentar zum GmbHG, 17. Aufl. 2009; *Morsch*, Probleme der Kapitalaufbringung und der Kapitalerhaltung im Cash-Pool, NZG 2003, 97; *Park*, Börsenstrafrechtliche Risiken für Vorstandsmitglieder von börsennotierten Aktiengesellschaften, BB 2001, 2069; *Peter*, Die strafrechtliche Verantwortlichkeit von Kollegialorganmitgliedern der AG und der GmbH für das Nichteinschreiten bei Gründungsschwindelhandlungen anderer Kollegialorganmitglieder, 1990; *Roxin*, Anmerkung zu BGH, Urteil vom 26.7.1994 – 5 StR 98/94 (LG Berlin), JZ 1995, 49; *Schäfer*, Die Entwicklung der Rechtsprechung zum Konkursstrafrecht, wistra 1990, 81; *Schaal*, in: Münchener Kommentar zum Aktiengesetz, 4. Aufl. 2017 (zit. als MüKoAktG/*Schaal*); *ders.*, in: Erbs/Kohlhaas, Strafrechtliche Nebengesetze, 2018; *Schmidt, K.*, Barkapitalaufbringung und „freie Verfügung" bei der Aktiengesellschaft und der GmbH – Mittelaufbringung und Mittelverwendung bei Kapitalgesellschaften, AG 1986, 106; *ders.*, Die Strafbarkeit „faktischer Geschäftsführer" wegen Konkursverschleppung als Methodenproblem, in: Festschrift für Rebmann, 1989, S. 419; *Schröder*, Aktienhandel und Strafrecht, 1994; *Sorgenfrei*, Zum Verbot der Kurs- oder Marktpreismanipulation nach dem 4. Finanzmarktförderungsgesetz, wistra 2002, 321; *ders.*, in: Münchener Kommentar zum Strafgesetzbuch, Band 6/1, Nebenstrafrecht II, 2010 (zit. MüKoStGB/*Sorgenfrei*); *Stein*, Das faktische Organ, 1984; *Steinmetz*, Die verschleierte Sacheinlage im Aktienrecht aus zivil- und strafrechtlicher Sicht, 1990; *Temming*, in: Graf/Jäger/Wittig, Wirtschafts- und Steuerstrafrecht, 2. Aufl. 2017; *Tiedemann*, Kommentar zum GmbHG, 9. Aufl. 2002; *ders.*, Gründungs- und Sanierungsschwindel durch verschleierte Sacheinlagen, in: Festschrift für Lackner, 1987, S. 737; *Wagenpfeil*, in: Müller-Gugenberger, Handbuch Wirtschaftsstrafrecht, 6. Aufl. 2015.

A. Allgemeines 1	c) Bezugsgegenstände der falschen Angaben 29
I. Begriffsverwendung 1	aa) Übernahme der Aktien ... 30
II. Rechtsentwicklung 2	bb) Einzahlung auf Aktien .. 31
III. Geschütztes Rechtsgut 3	cc) Verwendung eingezahlter Beträge 32
IV. Deliktscharakter 4	dd) Ausgabebetrag der Aktien 33
V. Zivilrecht 7	ee) Sondervorteile 34
VI. Praktische Bedeutung der Vorschrift 8	ff) Gründungsaufwand 35
VII. Anwendung auf ausländische Aktiengesellschaften 9	gg) Sacheinlagen 36
VIII. Der typische Anwendungsfall ... 10	hh) Sachübernahme 37
B. Tatbestandliche Voraussetzungen des § 399 Abs. 1 Nr. 1 AktG: Falschangaben zum Zwecke der Eintragung 11	ii) Falsche Anmeldung bei Sachgründung ohne externe Gründungsprüfung gem. § 37 a Abs. 2 AktG 38
I. Objektiver Tatbestand 11	II. Subjektiver Tatbestand 39
1. Tauglicher Täterkreis 11	1. Vorsatzanforderungen 39
2. Tathandlungen 26	2. Besondere subjektive Merkmale 40
a) Falsche Angaben 27	
b) Verschweigen erheblicher Umstände 28	

III. Rechtswidrigkeit und Schuld	41
IV. Irrtumskonstellationen	42
1. Tatbestandsirrtum	43
2. Verbotsirrtum	45
V. Täterschaft und Teilnahme	46
VI. Unterlassen, Versuch, Vollendung und Beendigung	50
1. Unterlassen	50
2. Versuch	51
3. Vollendung und Beendigung	52
VII. Konkurrenzen	53
1. Innertatbestandliche Konkurrenzen	53
2. Konkurrenzen im Verhältnis zu anderen Gesetzen	56
VIII. Prozessuales.....................	57
1. Offizialdelikt	57
2. Zuständigkeiten	58
3. Verjährung	59
4. Mögliche Folgen der Tat	60
5. Rechtspolitik/Kompetenzen der BaFin	61
C. Tatbestandliche Voraussetzungen des § 399 Abs. 1 Nr. 2 AktG: Gründungsschwindel durch unrichtige Berichte	62
I. Objektiver Tatbestand	63
1. Tauglicher Täterkreis	63
2. Tathandlungen	67
II. Subjektiver Tatbestand	68
III. Rechtswidrigkeit und Schuld	69
IV. Irrtumskonstellationen	70
V. Täterschaft, Teilnahme, Konkurrenzen	71
VI. Unterlassen, Versuch, Vollendung und Beendigung	72
1. Unterlassen	72
2. Versuch	73
VII. Konkurrenzen	74
VIII. Prozessuales.....................	75
D. Tatbestandliche Voraussetzungen des § 399 Abs. 1 Nr. 3 AktG: Falschangaben bei öffentlicher Ankündigung von Aktien	76
I. Objektiver Tatbestand	76
1. Tauglicher Täterkreis	76
2. Tathandlungen	77
II. Subjektiver Tatbestand	80
1. Vorsatz	80
2. Besondere subjektive Merkmale	81
III. Rechtswidrigkeit, Schuld, Irrtumskonstellationen	82
IV. Täterschaft und Teilnahme	83
V. Versuch und Vollendung	84
VI. Konkurrenzen	85
VII. Prozessuales und Besonderheiten..................................	86
E. Tatbestandliche Voraussetzungen des § 399 Abs. 1 Nr. 4 AktG: Kapitalerhöhungsschwindel	87
I. Objektiver Tatbestand	87
1. Tauglicher Täterkreis	87
2. Schutzrichtung und Tathandlungen	88
a) Allgemein	88
b) Tathandlungen...........	89
aa) Kapitalerhöhung gegen Einlagen und Kapitalerhöhung aus genehmigtem Kapital	90
bb) Bedingte Kapitalerhöhung...............	92
II. Subjektiver Tatbestand	93
1. Vorsatz	93
2. Besondere subjektive Merkmale	94
III. Rechtswidrigkeit, Schuld, Irrtumskonstellationen	95
IV. Täterschaft und Teilnahme	96
V. Versuch und Vollendung	97
VI. Konkurrenzen	98
1. Innertatbestandliche Konkurrenzen	98
2. Konkurrenzen im Verhältnis zu anderen Gesetzen	99
VII. Prozessuales	100
F. Tatbestandliche Voraussetzungen des § 399 Abs. 1 Nr. 5 AktG: Abwicklungsschwindel	101
I. Objektiver Tatbestand	101
1. Tauglicher Täterkreis	101
2. Schutzrichtung und Tathandlungen	102
II. Subjektiver Tatbestand	105
1. Vorsatz	105
2. Besondere subjektive Merkmale	106
III. Rechtswidrigkeit, Schuld, Irrtumskonstellationen	107
IV. Täterschaft und Teilnahme	108
V. Versuch und Vollendung	109
VI. Konkurrenzen	110
1. Innertatbestandliche Konkurrenzen	110
2. Konkurrenzen im Verhältnis zu anderen Gesetzen	111
VII. Prozessuales	112
G. Tatbestandliche Voraussetzungen des § 399 Abs. 1 Nr. 6 AktG: Abgabe unrichtiger Versicherungen – „Eignungsschwindel"	113
I. Objektiver Tatbestand	113
1. Tauglicher Täterkreis	113
2. Schutzrichtung und Tathandlungen	114

a) Schutzrichtung 114	I. Objektiver Tatbestand 127
b) Tathandlungen 115	1. Tauglicher Täterkreis 127
II. Subjektiver Tatbestand 118	2. Schutzrichtung und Tathandlungen 128
1. Vorsatz 118	II. Subjektiver Tatbestand 130
2. Besondere subjektive Merkmale 119	1. Vorsatz 130
III. Rechtswidrigkeit und Schuld 120	2. Besondere subjektive Merkmale 131
IV. Irrtumskonstellationen 121	III. Rechtswidrigkeit, Schuld, Irrtumskonstellationen, Täterschaft, Teilnahme, Versuch und Vollendung...................... 132
V. Täterschaft und Teilnahme 122	
VI. Versuch und Vollendung 123	
VII. Konkurrenzen 124	
1. Innertatbestandliche Konkurrenzen 124	IV. Konkurrenzen 133
2. Konkurrenzen im Verhältnis zu anderen Gesetzen 125	V. Strafverfolgung 134
	1. Offizialdelikt 134
VIII. Prozessuales...................... 126	2. Gerichtliche Zuständigkeit .. 135
H. Tatbestandliche Voraussetzungen des § 399 Abs. 2 AktG: Abgabe wahrheitswidriger Erklärungen ... 127	3. Verjährung................... 136
	4. Strafe 137

A. Allgemeines

I. Begriffsverwendung

1 Der Begriff „**falsche Angaben**" kommt in §§ 399, 400 AktG, § 147 GenG, § 82 GmbHG und sinngleich als **unrichtige** Angaben in § 313 UmwG, § 17 Nr. 4 PublG und § 331 Nr. 4 HGB vor. In § 399 Abs. 1 AktG und § 147 Abs. 1 GenG findet sich neben dem Merkmal „falsche Angaben machen" auch die (Unterlassens-)Alternative „**erhebliche Umstände verschweigen**". Der Gesetzgeber hat damit dem Umstand Rechnung getragen, dass es keinen Unterschied macht, ob eine durch den Täter beabsichtigte Täuschung durch aktives Tun oder Unterlassen herbeigeführt wird. Diesbezügliche praktische Auswirkungen sind jedoch gering, zumal aktive Falschangaben und verschwiegene Umstände häufig ineinander übergehen.[1] In § 399 AktG, § 147 GenG und § 82 GmbHG findet sich die Formulierung „falsche Angaben" auch jeweils in der Deliktsbezeichnung.

II. Rechtsentwicklung

2 Die Aktiengesellschaft ist traditionell die Unternehmens(träger)form mit den meisten Straf- und Bußgeldnormen.[2] § 399 AktG geht im Kern auf § 295 AktG 1937 zurück, der seinen Ursprung in § 313 HGB alter Fassung[3] hatte.[4] Während § 313 HGB aF noch vor allem die Bekämpfung des Gründungsschwindels ins Auge fasste, erfuhr § 295 AktG 1937[5] eine Erweiterung des Schutzbereichs, die schließlich in § 399 AktG fortgeführt wurde. So wurde die frühere Strafvorschrift des § 20 des Gesetzes über die Kapitalerhöhung aus Gesellschaftsmitteln und über die Gewinn- und Verlustrechnung vom 23.12.1959[6] in § 399

---
1 Müller-Gugenberger/*Wagenpfeil* § 27 Rn. 163. Vgl. auch Graf/Jäger/Wittig/*Temming* AktG § 399 Rn. 12 („Die Grenzen sind (...) fließend").
2 Müller-Gugenberger/*Müller-Gugenberger* § 23 Rn. 78.
3 § 313 HGB vom 10.5.1897.
4 Graf/Jäger/Wittig/*Temming* AktG § 399 Rn. 1.
5 § 295 AktG vom 30.1.1937.
6 BGBl. I 789.

Abs. 2 AktG übernommen. Zudem stellte der Gesetzgeber verschiedene wahrheitswidrige Erklärungen im Zusammenhang mit der Umwandlung einer Aktiengesellschaft in eine GmbH unter Strafe. Durch das Gesetz zur Änderung des GmbHG vom 4.7.1980[7] wurde § 399 AktG um den Tatbestand des Abs. 1 Nr. 6 erweitert, indem falsche Angaben von Vorstandsmitgliedern und Abwicklern bei der Abgabe unterschiedlicher Versicherungen einer Strafandrohung unterstellt wurden. Mit Einführung der kleinen Aktiengesellschaft durch das Gesetz für kleine Aktiengesellschaften und zur Deregulierung des Aktienrechts (DeregG) vom 2.8.1994[8] wurde § 399 Abs. 1 Nr. 1 AktG auch auf Angaben zur Sicherungspflicht nach § 36 Abs. 2 Satz 2 AktG erstreckt. Schließlich wurden mit dem Gesetz zur Bereinigung des Umwandlungsrechts vom 28.10.1994[9] die Regelungen hinsichtlich des Umwandlungsrechts aus dem AktG gestrichen und eigenständig im Umwandlungsgesetz geregelt. Durch das MoMiG[10] wurde § 399 Abs. 1 Nr. 6 AktG klarstellend erweitert. Danach gelten die Inhabilitätsvorschriften ausdrücklich auch für Leitungsorgane ausländischer juristischer Personen.[11] Weitere Anpassungen wurden im Jahr 2009 an § 399 Abs. 1 Nr. 1 (Ergänzung der Bezugnahme auf die gem. § 37 a Abs. 2 AktG abzugebende Versicherung) und Nr. 4 AktG (Ergänzung der Bezugnahmen auf die Bekanntmachung nach § 183 a Abs. 2 S. 1 iVm § 37 a Abs. 2 AktG sowie der Versicherung nach § 184 Abs. 1 S. 3 AktG) vorgenommen. § 399 Abs. 1 Nr. 1 AktG wurde schließlich durch die Aktienrechtsnovelle 2016 auf entsprechende Falscherklärungen im Hinblick auf Nachgründungen (§ 52 AktG) erweitert.[12]

III. Geschütztes Rechtsgut

Geschütztes Rechtsgut von § 399 AktG ist das Vertrauen des Rechtsverkehrs (zu dem insbes. die Gesellschaftsgläubiger zählen) in die Korrektheit der Handelsregistereintragungen und der ihnen zugrundeliegenden Unterlagen sowie der öffentlichen Ankündigungen.[13] Mittelbar wird dadurch auch das Vermögen betroffener Personen geschützt.[14] § 399 Abs. 1 Nr. 1–5 AktG sollen insbes. verhindern, dass Aktien in Umlauf gesetzt werden, die nur Scheinwerte darstellen.[15]

---

7 BGBl. I 836 (842).
8 BGBl. I 1961.
9 BGBl. I 3210 (3263).
10 In Kraft getreten am 1.11.2008.
11 Zur Gesetzgebungsbegründung vgl. BT-Drs. 16/6140, 49 f.
12 Hierzu *Ihrig/Wandt* ZGR 2016, 17.
13 Vgl. RG 24.10.1905 – 603/05, RGSt 38, 195 (198); RG 24.9.1907 – II 412/07, RGSt 40, 285 (286); RG 8.5.1908 – V 167/08, RGSt 41, 293 (301); BGH 11.7.1988 – II ZR 243/87, BGHZ 105, 121 (123 f.); *Brandes* WM 1992, 477; *Hefendehl* wistra 2019, 1 (3); *Geilen* AktG § 399 Rn. 14, 15, 93, 109, 129, 142; 164; Erbs/Kohlhaas/*Schaal* AktG § 399 Rn. 2 f.; MüKoAktG/*Schaal* AktG § 399 Rn. 4 f.; Müller-Gugenberger/*Wagenpfeil* § 27 Rn. 163; Esser/Rübenstahl/Saliger/Tsambikakis/*Brand* GmbHG § 82, AktG § 399 Rn. 10; Graf/Jäger/Wittig/*Temming* AktG § 399 Rn. 2.
14 Erbs/Kohlhaas/*Fuhrmann* AktG § 399 Anm. 1 b. Vgl. auch KölnKommAktG/*Altenhain* AktG § 399 Rn. 10.
15 Achenbach/Ransiek/Rönnau/*Ransiek* 8. Teil 3. Kap., Rn. 17 unter Hinweis auf BGH 11.7.1988 – II ZR 243/87, BGHZ 105, 121, 124.

Die Norm lässt sich in folgende Einzeltatbestände einteilen:
- Gründungsschwindel durch unrichtige Anmeldung, § 399 Abs. 1 Nr. 1 AktG
- Gründungsschwindel durch unrichtige Berichte, § 399 Abs. 1 Nr. 2 AktG
- Schwindel bei der öffentlichen Ankündigung von Aktien, § 399 Abs. 1 Nr. 3 AktG
- Kapitalerhöhungsschwindel, § 399 Abs. 1 Nr. 4 AktG
- Abwicklungsschwindel, § 399 Abs. 1 Nr. 5 AktG
- Unrichtige Versicherungen bei persönlicher Untauglichkeit, § 399 Abs. 1 Nr. 6 AktG
- Wahrheitswidrige Erklärungen bei Erhöhung des Grundkapitals, § 399 Abs. 2 AktG

IV. Deliktscharakter

4 Bei § 399 AktG handelt es sich um ein **abstraktes Gefährdungsdelikt**.[16] Dies erklärt sich zunächst daraus, dass weder die (erfolgreiche) Täuschung interessierter Personen,[17] noch der Eintritt eines Vermögensschadens vorausgesetzt wird. § 399 AktG soll vielmehr schon im Vorfeld eines Betruges[18] diejenigen Personen schützen, die mit der Aktiengesellschaft in wirtschaftlicher Beziehung stehen oder wirtschaftliche Beziehungen beabsichtigen.

5 Zugleich stellt § 399 AktG in Teilen ein sogenanntes **Sonderdelikt**[19] dar. Sonderdelikte, die sehr genau den jeweiligen Adressaten einer Verbotsnorm – Straf- oder Bußgeldbestimmung – bestimmen, kommen im Wirtschaftsstrafrecht häufig vor.[20] Innerhalb von § 399 AktG haben Abs. 1 Nr. 1 und Nr. 2 („als Gründer oder Mitglied des Vorstandes oder des Aufsichtsrats"), Abs. 1 Nr. 4 („als Mitglied des Vorstands oder des Aufsichtsrats"), Abs. 1 Nr. 5 („als Abwickler") und Abs. 1 Nr. 6 („als Mitglied des Vorstands ... oder als Abwickler") Sonderdeliktscharakter. Gleiches gilt für § 399 Abs. 2 AktG.[21]

Wer die gesetzlich bezeichnete besondere Eigenschaft nicht hat, kann nicht als Täter, sondern allenfalls als Teilnehmer (Beihilfe, Anstiftung) bestraft werden (**echte Sonderdelikte**). Daneben kennt das Strafrecht auch **unechte Sonderdelikte**, bei denen die Zugehörigkeit zu einem bestimmten Täterkreis die Strafbarkeit nicht begründet, jedoch qualifiziert und damit einen höheren Strafrahmen zulässt. So handelt es sich etwa bei der Bestechlichkeit um ein echtes Sonderdelikt, da das Merkmal „Träger eines öffentlichen Amtes" strafbegründend wirkt. Demgegenüber ist zB die Körperverletzung im Amt (§ 340 StGB) ein unechtes Sonderdelikt, weil zu den „normalen" Merkmalen der einfachen Körperverletzung die Eigenschaft „Amtsträger" hinzutreten muss.

---

16 Vgl. Erbs/Kohlhaas/*Schaal* AktG § 399 Rn. 5; K. Schmidt/Lutter/*Oetker* AktG § 399 Rn. 2; Geßler/Hefermehl/Eckardt/Kropff/*Fuhrmann* AktG § 399 Rn. 2; *Geilen* AktG § 399 Rn. 9; KölnKommAktG/*Altenhain* AktG § 399 Rn. 13; Graf/Jäger/Wittig/*Temming* AktG § 399 Rn. 3. Aktuell auch BGH 24.3.2016 – 2 StR 36/15, NStZ-RR 2016, 205 (207) (für § 399 Abs. 1 Nr. 4 AktG).
17 MüKoAktG/*Schaal* AktG § 399 Rn. 7.
18 NK-WSS/*Krause/Twele* AktG § 399 Rn. 2.
19 KölnKommAktG/*Altenhain* AktG § 399 Rn. 14; NK-WSS/*Krause/Twele* AktG § 399 Rn. 2. Allgemein zur Begrifflichkeit: Schönke/Schröder/*Eisele* StGB Vor § 13 Rn. 131.
20 Vgl. zB §§ 82, 84, 85 GmbHG, § 130 OWiG.
21 Esser/Rübenstahl/Saliger/Tsambikakis/*Brand* GmbHG § 82, AktG § 399 Rn. 1.

Schließlich werden die Strafnormen des Aktienstrafrechts als sogenannte **Blankettstraftatbestände** bezeichnet.[22] Charakteristisch ist ihre ausdrückliche – so zB § 399 Abs. 1 Nr. 3–6, Abs. 2 AktG – oder aber konkludente – zB § 399 Abs. 1 Nr. 1 und Nr. 2 AktG – Bezugnahme auf außerstrafrechtliche Normen. Man unterscheidet in der Literatur weiter zwischen echten und unechten Blankettstraftatbeständen.

Verweist ein Blankett auf Vorschriften derselben Normsetzungsinstanz, spricht man von **unechten Blankettgesetzen** oder auch **Blankettgesetzen im weiteren Sinn**.[23] Wird demgegenüber auf andere Instanzen als den Gesetzgeber verwiesen (Bsp.: Rechtsakte der Verwaltungsbehörde), spricht man von **echten Blankettgesetzen** oder auch **Blankettgesetzen im engeren Sinn**.[24] Letztere stehen in einem spezifischen Spannungsverhältnis zu Art. 103 Abs. 2 GG, weil grundsätzlich nur der Gesetzgeber selbst die Grenzen strafbaren Handelns bestimmen und abstecken darf.[25]

V. Zivilrecht

Die Vorschrift des § 399 AktG ist (in allen Tatbestandsvarianten) zugunsten der Gesellschaft, der Aktionäre, der Gläubiger und der sonstigen Vertragspartner der Gesellschaft **Schutzgesetz im Sinne des § 823 Abs. 2 BGB**.[26] Der zivilrechtliche Schadensersatz setzt voraus, dass der Anspruchsteller nachweisen kann, dass der Geschädigte durch ein Verhalten im Vertrauen auf die Korrektheit der maßgeblichen Angaben einen **Schaden**[27] erlitten hat.[28]

VI. Praktische Bedeutung der Vorschrift

Der Vorschrift kommt in der Strafverfolgungsstatistik trotz zahlreicher Kapitalmarkt-Skandale in den vergangenen Jahren[29] nur geringe Bedeutung zu.[30] Dies liegt aber weniger an einer vermeintlich niedrigen Kriminalitätsbelastung der Aktiengesellschaften als vielmehr an einer vermutlich hohen Dunkelziffer[31] und der häufig anzutreffenden Praxis, dass Staatsanwaltschaften und Gerichte bei gleichzeitigem Vorliegen anderer Straftatbestände – wie Betrug und Untreue – hinsichtlich § 399 AktG von Verfolgungsbeschränkungen und Einstel-

---

22 Vgl. Erbs/Kohlhaas/*Schaal* AktG § 399 Rn. 6; weiterführend hierzu auch Esser/Rübenstahl/Saliger/Tsambikakis/*Brand* GmbHG § 82, AktG § 399 Rn. 7. Allgemein zur Begrifflichkeit der Blankettstraftatbestände etwa LK-*Vogel* StGB § 16 Rn. 36.
23 Zu dieser Unterscheidung etwa *Eidam* in Esser/Rübenstahl/Saliger/Tsambikakis, Wirtschaftsstrafrecht, StGB §§ 16, 17 Rn. 18.
24 Umfänglich zu dieser Unterscheidung *Otto* Jura 2005, 538 oder *Warda*, Die Abgrenzung von Tatbestands- und Verbotsirrtum bei Blankettstrafgesetzen, S. 10 f.; vgl. auch LK/*Vogel* StGB § 16 Rn. 36.
25 Hierzu BVerfG 22.6.1988 – 2 BvR 234/87, 1154/86, BVerfGE 78, 374 (381 ff.).
26 So die überwiegende Ansicht. Vgl. mwN nur KölnKommAktG/*Altenhain* AktG § 399 Rn. 12; K. Schmidt/Lutter/*Oetker* AktG § 399 Rn. 2.
27 Zum Schadensbegriff vgl. zB Palandt/*Heinrichs* BGB Vor § 249 Rn. 7 ff.
28 Beispielhaft sei insoweit verwiesen auf die Fälle in *Brandes* WM 1992, 477; BGH 11.11.1985 – II ZR 109/84, BGHZ 96, 231 (243); BGH 11.7.1988 – II ZR 243/87, BGHZ 105, 121 (126); Geßler/Hefermehl/Eckardt/Kropff/*Fuhrmann* AktG § 399 Rn. 3; zur neueren Rspr. vgl. *Kiethe* WM 2007, 722 ff.
29 ZB „Infomatec", „EM.TV", Comroad".
30 *Hefendehl* wistra 2019, 1 (4).
31 Hopt/Wiedemann/*Otto* AktG Vor § 399 Rn. 12; MüKoStGB/*Kiethe* AktG § 399 Rn. 19.

lungen nach §§ 154, 154 a StPO Gebrauch machen, zumal die angedrohte Höchststrafe für §§ 263, 266 StGB höher ist als diejenige für Bilanzdelikte.[32]

VII. Anwendung auf ausländische Aktiengesellschaften

9 Der Schutz des § 399 bezieht sich (nur) auf inländische Gesellschaften (KGaA und AG)[33] und ausländische Gesellschaften mit Zweigniederlassung in der Bundesrepublik Deutschland. Auch die „Societas Europaea, SE" (sogenannte Europäische Aktiengesellschaft) fällt unter diesen Schutz, was sich aus § 53 SE-Ausführungsgesetz ergibt.[34]

VIII. Der typische Anwendungsfall

10 Beispiel (Urteil vom 7.2.1910, RGSt 43, 182 ff.):

Der Bankier F gibt als Vorsitzender des Aufsichtsrates der BV-AG bei der Anmeldung der Aktiengesellschaft zum Handelsregister folgende Versicherung ab: „Auf jede Aktie ist ein Viertel des Nennbetrages eingefordert; dieser Betrag ist auch bar eingezahlt und im Besitz des Vorstandes". Tatsächlich waren die Gründer der Aktiengesellschaft nur Strohleute und haben das Aktienkapital nur für Rechnung des Bankiers F gezeichnet. Den zur Einzahlung auf das Grundkapital benötigten Betrag von 150.000 Mark hat er aus seinem Vermögen gegeben, um ihn beim Gründungsakt vorlegen zu können. Nach erfolgter Vorlegung beim Notar wurde der Betrag von 150.000 Mark unverzüglich wieder dem Bankier F überbracht.

B. Tatbestandliche Voraussetzungen des § 399 Abs. 1 Nr. 1 AktG: Falschangaben zum Zwecke der Eintragung

Diese Alternative lautet:

(1) Mit Freiheitsstrafe bis zu drei Jahren oder mit Geldstrafe wird bestraft, wer (…)

1. als Gründer oder als Mitglied des Vorstands oder des Aufsichtsrats zum Zweck der Eintragung der Gesellschaft oder eines Vertrags nach § 52 Absatz 1 Satz 1 über die Übernahme der Aktien, die Einzahlung auf Aktien, die Verwendung eingezahlter Beträge, den Ausgabebetrag der Aktien, über Sondervorteile, Gründungsaufwand, Sacheinlagen und Sachübernahmen oder in der nach § 37 a Absatz 2, auch in Verbindung mit § 52 Absatz 6 Satz 3, abzugebenden Versicherung,

(…)

falsche Angaben macht oder erhebliche Umstände verschweigt.

---

32 Vgl. Achenbach/Ransiek/Rönnau/*Ransiek* 8. Teil 1. Kap. Rn. 27; MüKoStGB/*Kiethe* AktG § 399 Rn. 19.
33 NK-WSS/*Krause/Twele* AktG § 399 Rn. 1.
34 Gesetz zur Ausführung der EG-VO über das Statut der Europäischen Gesellschaft (SE) vom 28.12.2004, BGBl. I 3675.

Kap. 9.1. § 399 AktG Falsche Angaben

I. Objektiver Tatbestand
1. Tauglicher Täterkreis

Täter des sogenannten **Gründungsschwindels** können die Gründer der Aktiengesellschaft[35] und ferner die Mitglieder des Vorstandes und des Aufsichtsrates sein, nicht dagegen Prokuristen.[36]   11

Gründer sind gemäß § 28 AktG die Aktionäre, die die Satzung[37] (Gesellschaftsvertrag) festgestellt[38] haben und die die Aktien gegen Bar- oder Sacheinlagen übernehmen, wobei die Übernahme einer Aktie genügt.[39]   12

Eine **offene Stellvertretung** ist gemäß § 23 Abs. 1 Satz 2 AktG (unter der Voraussetzung einer notariellen Vollmacht) zulässig. In diesem Fall ist der Vertretene strafrechtlich verantwortlich, da nur er Gründer ist.[40] Hat ein geschäftsunfähiger oder beschränkt geschäftsfähiger Gründer einen **gesetzlichen Vertreter**, so ist der Vertreter als Gründer verantwortlich.[41] Bei einer **juristischen Person als Gründer** sind deren vertretungsberechtigte Organe gemäß § 14 Abs. 1 Nr. 1 StGB strafbar.[42] Nimmt eine **Personengesellschaft** (OHG, KG) die Gründung vor, so haftet derjenige, der als vertretungsberechtigter Gesellschafter[43] an der Feststellung der Satzung mitwirkt.   13

Der verdeckt treuhänderisch Handelnde, der sogenannte **Strohmann**,[44] kann sich nicht darauf berufen, dass er auf fremde Rechnung gehandelt hat. Er ist Gründer und Aktionär mit allen Rechten und Pflichten und deshalb auch strafrechtlich verantwortlich.[45] Demgegenüber kann der Hintermann, für den der Strohmann tätig wird, nicht Gründer sein und deshalb auch nicht nach § 399 AktG als unmittelbarer oder mittelbarer Täter (echtes Sonderdelikt!) belangt werden.[46] Jedoch kann er als Anstifter oder Gehilfe gemäß §§ 26, 27 StGB strafbar sein,[47] wobei die Strafe gemäß §§ 28 Abs. 1, 49 Abs. 1 StGB zu mildern ist. Bei dem Einsatz eines Strohmannes können sich insofern **Strafbarkeitslücken** ergeben. Wird nämlich ein gutgläubiger Strohmann eingeschaltet, so erfüllt er mangels Vorsatzes die Tatbestandsvoraussetzungen des § 399 AktG nicht, wodurch es an einer teilnahmefähigen Haupttat fehlt und eine Strafbarkeit des Hintermannes wegen Beihilfe oder Anstiftung ausscheidet.[48] Auch über eine **Unterlassungsstrafbarkeit** lässt sich diese Strafbarkeitslücke nicht schließen. Nach einer in der Literatur vertretenen Auffassung soll der Hintermann abgeleitet aus § 46 Abs. 5 AktG eine **Garantenstellung** zur Verhin-   14

---

35 Vgl. § 36 AktG.
36 Henssler/Strohn/*Raum* AktG § 399 Rn. 5 mit Verweis auf BGH 22.9.2009 – 3 StR 195/09.
37 Vgl. § 2 AktG.
38 Zur Feststellung der Satzung vgl. § 23 AktG.
39 Erbs/Kohlhaas/*Schaal* AktG § 399 Rn. 9; *Geilen* AktG § 399 Rn. 18; MüKoStGB/*Kiethe* AktG § 399 Rn. 13; Esser/Rübenstahl/Saliger/Tsambikakis/*Brand* GmbHG § 82, AktG § 399 Rn. 47.
40 Hopt/Wiedemann/*Otto* AktG § 399 Anm. 4.
41 *Geilen* AktG § 399 Rn. 22.
42 BGH 4.4.1979 – 3 StR 488/78, BGHSt 28, 371.
43 Vgl. § 14 Abs. 1 Nr. 2 StGB.
44 Ausführlich zu Strohmännern vgl. Müller-Gugenberger/*Schmid/Ludwig* § 29 Rn. 21 ff.
45 MüKoStGB/*Kiethe* AktG § 399 Rn. 17.
46 Hopt/Wiedemann/*Otto* AktG § 399 Anm. 4.
47 *Godin/Wilhelmi* AktG § 399 Rn. 2; Erbs/Kohlhaas/*Schaal* AktG § 399 Rn. 10.
48 Vgl. *Geilen* AktG § 399 Rn. 19.

derung von Täuschungshandlungen des Strohmannes haben können.[49] Die zivilrechtliche Haftung des Hintermannes gemäß § 46 Abs. 5 AktG kann jedoch nicht auf die strafrechtliche Ebene ausgedehnt werden, da dann der Kreis der als Täter haftenden Gründer gegen den Wortlaut des Gesetzes unzulässig ausgedehnt würde.[50]

15 **Gründer der KGaA**[51] sind die Gesellschafter, die die Satzung festgestellt haben.[52] Ihre Haftung ergibt sich aus § 408 AktG iVm § 399 Abs. 1 Nr. 1 AktG.

16 **Mitglieder des Vorstands** können ebenso Täter sein. Mitglied des Vorstandes ist, wer gemäß § 84 AktG durch den Aufsichtsrat oder gemäß § 85 AktG in dringenden Fällen durch das Gericht zum Mitglied des Vorstandes bestellt worden ist. Der Bestellungsakt bedarf der Zustimmung des Bestellten. Vorstandsmitglied kann gemäß § 76 Abs. 3 AktG nur eine natürliche, unbeschränkt geschäftsfähige Person werden. Die Haftung setzt mit der Übernahme des Amtes ein.[53]

17 Umstritten ist, ob Täter auch derjenige sein kann, der die Funktion nur **faktisch ausübt**.[54] Die **Rechtsprechung** lässt dies genügen und bejaht die strafrechtliche Verantwortlichkeit des **faktischen Geschäftsführers** der **GmbH**[55] und der **KG**[56] sowie des **faktischen Vorstandsmitglieds** der **Genossenschaft**[57] und der **AG**.[58]

In der **Literatur** gibt es hierzu teils zustimmende, jedoch auch einschränkende[59] und, unter Hinweis auf Art. 103 Abs. 2 GG, ablehnende Stimmen.[60] Die teils beachtlichen Einwände werden von der Rechtsprechung aber nicht gehört.[61]

18 Das Vorstandsmitglied als **faktisches Organ** soll strafrechtlich haften, da eine (nur) tatsächliche Stellung und Tätigkeit ausreichend sei.[62] Es ist nach dieser Sicht der Dinge gleichgültig, ob der Gesellschaftsvertrag nichtig[63] oder die Handelsregistereintragung nicht erfolgt ist.[64] Weiterhin ist es nach überwiegen-

---

49 *Geilen* AktG § 399 Rn. 20.
50 So auch: Hopt/Wiedemann/*Otto* AktG § 399 Rn. 12; *Geilen* AktG § 399 Rn. 21; MüKoStGB/*Kiethe* AktG § 399 Rn. 23; Heidel/*Bernsmann* AktG § 399 Rn. 2.
51 Kommanditgesellschaft auf Aktien.
52 Vgl. § 280 Abs. 3 AktG.
53 Müller-Gugenberger/*Wagenpfeil* § 27 Rn. 164.
54 Umfassend hierzu Esser/Rübenstahl/Saliger/Tsambikakis/*Brand* GmbHG § 82, AktG § 399 Rn. 19 ff.
55 BGH 24.6.1952 – 1 StR 153/52, BGHSt 3, 32; BGH 28.6.1966 – 1 StR 414/65, BGHSt 21, 101; BGH 22.9.1982 – 3 StR 287/82, BGHSt 31, 118.
56 BGH 6.11.1986 – 1 StR 327/86, BGHSt 34, 221.
57 RG 14.10.1887 – 846/87, RGSt 16, 269.
58 BGH 28.6.1966 – 1 StR 414/65, BGHSt 21, 101 (104 ff.).
59 Kritisch ua: *Stein* ZHR 1984, 207; *Joerden* wistra 1990, 1 ff.; zustimmend: Lutter/*Kuhlen* UmwG § 313 Rn. 11 ff.; *Bruns* JR 1984, 133; *Kratzsch* ZGR 1985, 506; *K. Schmidt* in FS Rebmann S. 419.
60 Achenbach/Ransiek/Rönnau/*Ransiek*, 8. Teil, 1. Kap. Rn. 31 ff.; Heidel/*Bernsmann* AktG § 399 Rn. 3; *Kiethe* BB 2005, 1803; MüKoStGB/*Kiethe* AktG § 399 Rn. 25 f.
61 Spindler/Stilz/*Hefendehl* AktG § 399 Rn. 31.
62 Vgl. Hopt/Wiedemann/*Otto* AktG § 399 Rn. 20 Fn. 13 mwN.
63 RG 3.6.1910 – V 58/10, RGSt 43, 407 (413).
64 Hopt/Wiedemann/*Otto* AktG § 399 Anm. 5.

der Meinung[65] gleichgültig, ob der Bestellungsakt mangelhaft[66] ist bzw. das Vorstandsmitglied nicht rechtswirksam mit der Vertretungsmacht betraut wurde. Maßgeblich soll nur sein, dass der Betreffende seine Tätigkeit als Vorstandsmitglied aufgenommen und vom Aufsichtsrat geduldet ausgeübt hat.[67] Auch die Tatsache, dass andere Mitglieder für das Amt rechtswirksam bestellt sind und dieses Amt auch ausüben, soll der Vorstandseigenschaft des tatsächlich Tätigen nach überwiegender Meinung grundsätzlich nicht entgegenstehen.[68] Diese Weite der faktischen Betrachtungsweise wird teilweise mit beachtlichen Argumenten kritisiert, da auf diese Weise das Sonderdelikt zum „Jedermanndelikt" werde.[69] Die **Täterstellung des Vorstandsmitgliedes** endet nach der sich so darstellenden faktischen Sichtweise nicht mit der rechtlichen Beendigung der Vorstandseigenschaft, sondern erst mit der tatsächlichen Aufgabe des Amtes.[70]

Auch das als **Strohmann** tätige Vorstandsmitglied kann Täter sein,[71] ebenso der **Hintermann** als faktisches Vorstandsmitglied, falls er nach außen in Erscheinung tritt und sein Verhalten vom Aufsichtsrat geduldet wird.[72]

Stellvertretende Vorstandsmitglieder stehen gemäß § 94 AktG den Vorstandsmitgliedern gleich.[73] Die Beschränkung auf die Stellvertretung hat keine Auswirkung auf die strafrechtliche Haftung.[74]

Auch **persönlich haftende Gesellschafter einer KGaA** gelten im Rahmen der §§ 399–407 AktG als Vorstandsmitglieder (§ 408 S. 2 AktG).[75]

Schließlich können **Mitglieder des Aufsichtsrates** taugliche Täter des § 399 Abs. 1 Nr. 1 AktG sein. Mitglied des Aufsichtsrates ist, wer nach der Gründung der AG von deren Gründern bestellt (§ 30 AktG), wer von der Hauptversammlung der Aktionäre (§ 101 Abs. 1 AktG) gewählt oder von ihr entsandt worden ist (§ 101 Abs. 2 AktG). Darüber hinaus können Aufsichtsratsmitglieder ua auch durch das Gericht bestellt werden (§ 104 AktG) oder zB als Arbeitnehmervertreter nach dem Betriebsverfassungsgesetz oder dem Mitbestimmungsgesetz entsandt bzw. gewählt werden.

Die **faktische Übernahme** der Stellung als Aufsichtsratsmitglied ist – wie auch bei Vorstandsmitgliedern – ausreichend. Es ist daher unbeachtlich, wenn die

---

65 Vgl. die zahlreichen Nachweise bei Hopt/Wiedemann/*Otto* AktG § 399 Rn. 20 Fn. 14 mwN auch zur aA.
66 RG 6.2.1930 – II 22/29, RGSt 64, 81 (84).
67 Vgl. Hopt/Wiedemann/*Otto* AktG § 399 aaO.
68 Vgl. BGH 19.4.1984 – 1 StR 736/83, StV 1984, 461 mit Anm. *Otto*; Rechtsprechungsüberblick bei *K. Schmidt* in FS Rebmann S. 421 ff.; krit. zur Rspr. ua: *Achenbach* NStZ 1989, 497 f.; *Hildesheim* wistra 1993, 169; *Löffeler* wistra 1989, 125; *Schäfer* wistra 1990, 82.
69 Vgl. Hopt/Wiedemann/*Otto* AktG § 399 Rn. 21–26.
70 Vgl. Erbs/Kohlhaas/*Schaal* AktG § 399 Rn. 13; aA MüKoStGB/*Kiethe* AktG § 399 Rn. 27.
71 BGH 28.6.1966 – 1 StR 414/65, BGHSt 21, 205.
72 So auch Müller-Gugenberger/*Wagenpfeil* § 27 Rn. 145.
73 Vgl. Esser/Rübenstahl/Saliger/Tsambikakis/*Brand* GmbHG § 82, AktG § 399 Rn. 36.
74 Hopt/Wiedemann/*Otto* AktG § 399 Rn. 28.
75 Esser/Rübenstahl/Saliger/Tsambikakis/*Brand* GmbHG § 82, AktG § 399 Rn. 36.

Bestellung unwirksam war⁷⁶ oder die Aktiengesellschaft nicht wirksam besteht.⁷⁷ Maßgeblich ist auch hier die tatsächliche Aufnahme und Ausübung der Aufsichtsratstätigkeit und deren Billigung durch das zuständige Gesellschaftsorgan. Insoweit wird auf die für Vorstandsmitglieder erörterten Grundsätze nach oben verwiesen (dies gilt auch für den Zeitpunkt des Endes der Haftung).

24 **Stellvertretende Aufsichtsratsmitglieder** können nicht bestellt werden (§ 101 Abs. 3 S. 1 AktG), jedoch **Ersatzmitglieder** (§ 101 Abs. 3 S. 2 AktG). Letztere sind jedoch keine Mitglieder, solange die bisherigen Mitglieder bestellt sind, so dass sie bis zum Fortfall deren Mitgliedschaft nicht Täter des § 399 Abs. 1 Nr. 1 AktG sein können. Auch Mitglieder des **Aufsichtsrates einer KGaA** können gemäß §§ 399 Abs. 1 Nr. 1, 408 AktG Täter sein.⁷⁸

25 Die Mitgliedschaft in einem **mehrgliedrigen Organ**⁷⁹ weist regelmäßig die Besonderheit auf, dass eine Zuständigkeitsaufteilung gegeben ist. Dabei stellt sich strafrechtlich die Frage nach der Verantwortung der Mitglieder, die nicht im relevanten Zuständigkeitsbereich tätig sind. Die Beantwortung dieser Frage ist umstritten.⁸⁰ Während zum Teil von einer umfassenden strafrechtlichen Verantwortung der Mitglieder des Kollegialorgans ausgegangen wird, stellen andere Meinungen auf die festgelegte Ressortzuständigkeit des Organmitglieds ab. Der BGH knüpft an die grundsätzliche „Allzuständigkeit" an und geht auch bei einer internen Ressortverteilung von einer Strafbarkeit aller Organmitglieder aus, wenn es sich um ein ressortübergreifendes Thema handelt, das das Unternehmen als Ganzes betrifft.

Angesichts zahlreicher denkbarer Fallgestaltungen kann jedenfalls festgehalten werden: Erhalten Mitglieder Kenntnis von Unregelmäßigkeiten anderer Mitglieder oder Kenntnis von Umständen, die auf solche Unregelmäßigkeiten schließen lassen, so besteht die Pflicht, sich zu informieren und gegebenenfalls einzuschreiten. Insoweit ist an eine Einschaltung des Aufsichtsrates oder Einberufung des Gesamtvorstandes zu denken. Das Mitglied eines mehrgliedrigen Organs wird zum Täter, wenn es sich bewusst an rechtswidrigen Beschlüssen beteiligt. Wird es bei rechtswidrigen Beschlüssen überstimmt, hat es den Aufsichtsrat oder das Registergericht zu verständigen.⁸¹

2. Tathandlungen

26 Der Täter muss bezogen auf den Gründungsvorgang **falsche Angaben** machen oder **erhebliche Umstände verschweigen**.

---

76 Hopt/Wiedemann/*Otto* AktG § 399 Anm. 7; *Geilen* AktG § 399 Rn. 35; aA Achenbach/Ransiek/Rönnau/*Ransiek* 8. Teil, 1. Kap. Rn. 31 ff.; Heidel/*Bernsmann* AktG § 399 Rn. 3; *Kiethe* BB 2005, 1801 (1803); MüKoStGB/*Kiethe* AktG § 399 Rn. 25 f.
77 Vgl. Müller-Gugenberger/*Wagenpfeil* § 27 Rn. 164; Heidel/*Bernsmann* AktG § 399 Rn. 3; *Kiethe* BB 2005, 1801 (1803); MüKoStGB/*Kiethe* AktG § 399 Rn. 25 f.
78 Vgl. KölnKommAktG/*Altenhain* AktG § 399 Rn. 39, der jedoch einen Rückgriff auf § 408 AktG für überflüssig hält.
79 Ausführlich zu Fragen der Täterschaft vgl. Hopt/Wiedemann/*Otto* AktG § 399 Rn. 112 ff. mwN; *Kiethe* BB 2005, 1801 (1803); MüKoStGB/*Kiethe* AktG § 399 Rn. 133 ff.
80 Vgl. ausführlich MüKoStGB/*Kiethe* AktG § 399 Rn. 133 ff. mwN.
81 Vgl. zur Thematik Müller-Gugenberger/*Wagenpfeil* § 27 Rn. 164 ff.; MüKoStGB/*Kiethe* AktG § 399 Rn. 133 ff.

a) Falsche Angaben

Angaben können nicht nur bestehende und künftige **Tatsachen**,[82] sondern auch **Werturteile** in Form von Bewertungen, Schätzungen und Prognosen **mit objektivierbarem Inhalt** sein.[83]

Falsch sind Angaben, wenn sie irreführend sind, wenn sie also den Registerrichter und die Allgemeinheit veranlassen können, sie für wahr zu halten und dadurch getäuscht zu werden. Bei **Tatsachen** ist dies der Fall, wenn sich der Inhalt der Angabe nicht mit der Wirklichkeit der Gründungsschritte deckt.[84] Selbst wenn die Angabe objektiv wahr ist, kann sie aus der Sicht des Adressaten falsch sein, wenn dieser ihr eine andere Bedeutung beimisst (str.).[85] Beispielsweise[86] ist die Angabe, es sei eine Bareinzahlung auf Aktien erfolgt, objektiv wahr, wenn die Einzahlung erfolgt ist. Falls aber vereinbart ist, dass die Einzahlung sofort nach Eintragung zurückgezahlt werden soll, so widerspricht dies dem Verständnis des Begriffs „Einzahlung auf Aktien". Eine solche wäre nicht rechtswirksam im Sinne des § 37 Abs. 1 AktG erfolgt. Insofern läge eine falsche Angabe vor.[87]

Werturteile sind falsch, wenn sie auf tatsächlichen Grundlagen aufbauen, die falsch sind, oder wenn die tatsächlichen oder rechtlichen Schlussfolgerungen, auf denen sie beruhen, objektiv unrichtig sind.[88] Unrichtige Schlussfolgerungen oder Beurteilungen sind, da dem Bewertenden ein angemessener Beurteilungsspielraum gewährt werden muss, nur dann als falsche Angaben relevant, wenn sie evident unrichtig sind. Das ist jedenfalls anzunehmen, wenn nach dem Konsens der einschlägigen Fachleute die vorgelegte Schlussfolgerung oder Beurteilung unvertretbar ist.[89] Maßstab sind dabei die einschlägigen Rechtsnormen und wirtschaftlichen Gepflogenheiten. Hier seien zB die Grundsätze ordnungsgemäßer Buchführung genannt.[90] Die Gegenauffassung,[91] die nur solche unrichtigen subjektiven Werturteile aus dem Tatbestand des § 399 AktG herausnehmen möchte, die ohne jede Relevanz für die geschützten Rechtsgüter sind, überzeugt nicht. Bei dieser Sichtweise würde der Tatbestand uferlos ausgedehnt.

Das **teilweise Verschweigen** von Informationen kann eine Äußerung zur unvollständigen und damit unrichtigen Angabe machen. So kann zB das Verschweigen des Umstandes, dass eine eingebrachte Sache an die Gesellschaft nur

---

82 KölnKommAktG/*Altenhain* AktG § 399 Rn. 49; *Sorgenfrei* wistra 2002, 321 (323); *Dreyling/Schäfer*, Insiderrecht und Ad-Hoc-Publizität, 2001, Rn. 52 ff.
83 KölnKommAktG/*Altenhain* AktG § 399 Rn. 49; *Sorgenfrei* wistra 2002, 321 (323); *Park* BB 2001, 2070 f.; *Geilen* AktG § 399 Rn. 51; vgl. auch Hopt/Wiedemann/*Otto* AktG § 399 Rn. 36 sowie Esser/Rübenstahl/Saliger/Tsambikakis/*Brand* GmbHG § 82, AktG § 399 Rn. 66.
84 KölnKommAktG/*Altenhain* AktG § 399 Rn. 51.
85 AA KölnKommAktG/*Altenhain* AktG § 399 Rn. 51. Vgl. ferner Esser/Rübenstahl/Saliger/Tsambikakis/*Brand* GmbHG § 82, AktG § 399 Rn. 67.
86 Siehe Hopt/Wiedemann/*Otto* AktG § 399 Rn. 38 mwN.
87 Vgl. Hopt/Wiedemann/*Otto* AktG § 399 aaO.
88 Vgl. KölnKommAktG/*Altenhain* AktG § 399 Rn. 52.
89 Vgl. Hopt/Wiedemann/*Otto* AktG § 399 Rn. 39 mwN; MüKoAktG/*Schaal* AktG § 399 Rn. 56 f.; Heidel/*Bernsmann* AktG § 399 Rn. 6.
90 Vgl. Hopt/Wiedemann/*Otto* AktG § 399 aaO unter Hinweis auf *Arnhold*, Auslegungshilfen, S. 55 ff.
91 MüKoStGB/*Kiethe* AktG § 399 Rn. 35.

sicherungsübereignet wurde, als falsche Angabe über die Sacheinlage angesehen werden.[92]

b) Verschweigen erheblicher Umstände

28 Das teilweise Verschweigen ist vom **Verschweigen erheblicher Umstände** zu unterscheiden. Hier ist erforderlich, dass der Täter zu einem selbstständigen, gesetzlich vorgeschriebenen Gegenstand überhaupt keine Angaben macht, zB eingeräumte Sondervorteile unerwähnt lässt.[93] Wann Umstände **erheblich** sind, ist umstritten. Nach der Rechtsprechung sind die Umstände dann erheblich, wenn es sich um vom Registergericht benötigte Informationen handelt und wenn im Wirtschaftsleben nach Treu und Glauben und unter Berücksichtigung der Verkehrssitte eine Angabe zu erwarten gewesen wäre.[94] Eine am Wortlaut orientierte enge Auffassung will als erheblich nur solche Umstände ansehen, die die Zulässigkeit der Eintragung betreffen.[95] Demgegenüber stellt eine weitere Auffassung zutreffend darauf ab, dass die Umstände dann erheblich sind, wenn sie zur Eintragung in das Handelsregister geeignet sind und auf die sich der Vertrauensschutz erstreckt.[96]

Liegt zunächst ein **unvorsätzliches Verschweigen von Umständen** vor, resultiert aus § 13 StGB[97] bis zur Eintragung[98] die Pflicht zur nachträglichen Berichtigung bzw. Ergänzung.[99] Gleiches gilt, wenn eine zunächst richtige Angabe durch Veränderung der tatsächlichen Verhältnisse nicht mehr den Tatsachen entspricht. Es müssen mithin auch wesentliche Umstände nachträglich mitgeteilt werden, die sich zwischen Anmeldung und Eintragung ergeben haben.[100] Verliert eine Sacheinlage beispielsweise nach Anmeldung und vor Eintragung der Gesellschaft ihren Wert,[101] müsste dies der Verantwortliche mitteilen.

Die falschen Angaben bzw. verschwiegenen erheblichen Umstände müssen gründungsrelevant sein.[102] Sie müssen also **zum Zweck der Eintragung** gemacht werden. Vom Tatbestand erfasst werden nicht nur die Erklärungen, die für den vom Gericht zu prüfenden Gründungsakt maßgeblich sind (§ 38 Abs. 1 S. 1 AktG), sondern auch freiwillige Erklärungen, soweit diese für die Anmeldung erheblich sind.[103]

Umstritten ist, ob die Zweckbestimmung rein subjektiv[104] oder objektiv begrenzt[105] zu sehen ist. Richtigerweise fordert eine überwiegende Meinung inso-

---

92 Beispiel bei Hopt/Wiedemann/*Otto* AktG § 399 aaO.
93 Vgl. *Geilen* AktG § 399 Rn. 54.
94 RG 24.9.1907 – II 412/07, RGSt 40, 285.
95 So *Geilen* AktG § 399 Rn. 63, 74.
96 Hopt/Wiedemann/*Otto* AktG § 399 Rn. 45; MüKoStGB/*Kiethe* AktG § 399 Rn. 38.
97 Hopt/Wiedemann/*Otto* AktG § 399 Rn. 49; aA Achenbach/Ransiek/Rönnau/*Ransiek* 8. Teil, 3. Kap. Rn. 49; MüKoStGB/*Kiethe* AktG § 399 Rn. 39.
98 Nur bis dahin, vgl. Hopt/Wiedemann/*Otto* AktG § 399 Rn. 50.
99 So zutreffend *Geilen* AktG § 399 Rn. 56; Hopt/Wiedemann/*Otto* AktG § 399 Rn. 49 mwN.
100 BGH 16.3.1993 – 1 StR 804/92, NStZ 1993, 442.
101 Beispiel bei Achenbach/Ransiek/Rönnau/*Ransiek* 8. Teil, 3. Kap. Rn. 49.
102 MüKoStGB/*Kiethe* AktG § 399 Rn. 40; Heidel/*Bernsmann* AktG § 399 Rn. 8.
103 MüKoStGB/*Kiethe* AktG § 399 Rn. 40 unter Hinweis auf RG 10.3.1910 – III 70/10 RGSt 43, 323 (325) und RG 26.9.1913 – V 587/13, RGSt 49, 340 (341).
104 So *Geilen* AktG § 399 Rn. 75.
105 So Erbs/Kohlhaas/*Schaal* AktG § 399 Rn. 33; Hopt/Wiedemann/*Otto* AktG § 399 Rn. 47.

weit sowohl die subjektive als auch die objektive Komponente,[106] da der Tatbestand bei allein subjektiver Betrachtung zu weit ausgedehnt und der Schutzzweck außer Acht gelassen würde. Die falsche Angabe muss daher objektiv geeignet sein, die Eintragung der Gesellschaft in das Register zu bewirken und der Täter muss dies subjektiv beabsichtigt[107] haben.

c) Bezugsgegenstände der falschen Angaben

Bezugsgegenstände der falschen Angaben bzw. verschwiegenen Umstände sind Gründungsvorgänge, denen besondere Bedeutung für das Vertrauen in eine neu gegründete Gesellschaft beizumessen ist: 29

aa) Übernahme der Aktien

Mit der Feststellung der Satzung und der Übernahme sämtlicher Aktien durch die Gründer wird die Gesellschaft errichtet. Die Übernahme muss in derselben Urkunde wie die Feststellung der Satzung beurkundet werden (§ 23 Abs. 2 AktG). Diese notarielle Urkunde muss der Anmeldung beigefügt sein (§ 37 Abs. 4 Nr. 1 AktG). In ihr sind die Gründer, der Nennbetrag, der Ausgabebetrag und – bei mehreren Gattungen – die Gattung der Aktien, die der jeweilige Gründer übernimmt, zu benennen (§ 23 Abs. 2 Nr. 1, 2 AktG).[108] Das Vorschieben von **Strohmännern** begründet in diesem Fall keine Falschangaben, da tatsächlich eine zivilrechtliche Verpflichtung entsteht.[109]   30

bb) Einzahlung auf Aktien

Bei Anmeldung der Gesellschaft ist gemäß § 37 Abs. 1 AktG zu erklären, dass die Voraussetzungen der §§ 36 Abs. 2, 36 a AktG über die Leistung der Einlagen erfüllt sind. Der Betrag, zu dem die Aktien ausgegeben werden, und der im Sinne des § 54 Abs. 3 AktG eingezahlte Betrag sind anzugeben. Die Angaben hierzu sind falsch oder wegen Unvollständigkeit unrichtig, wenn die Einzahlung behauptet wird, obwohl sie nicht, nicht vollständig, nicht in der angegebenen Art oder in der Form des § 54 Abs. 3 AktG erfolgt ist.[110] **Einzahlung des Betrages** bedeutet, dass dieser endgültig zur freien Verfügung des Vorstandes steht, also durch Zahlung in das Gesellschaftsvermögen geflossen ist. Die Bedeutung der „freien Verfügung des Vorstands" ist streitig.[111] Nach überwiegender Auffassung ist damit nicht gemeint, dass das Geld sichtbar vorhanden sein muss und allein der Vorstand damit machen darf, was er will, sondern dass die Mittel wirklich und nicht nur zum Schein durch effektive Zahlung in das Gesellschaftsvermögen geflossen sind (kein „**Vorzeigegeld**").[112] Schuld-   31

---

106 MüKoStGB/*Kiethe* AktG § 399 Rn. 41 mwN; Heidel/*Bernsmann* AktG § 399 Rn. 8.
107 Näher zur Absicht Hopt/Wiedemann/*Otto* AktG § 399 Rn. 89.
108 Vgl. *Geilen* AktG § 399 Rn. 59.
109 Achenbach/Ransiek/Rönnau/*Ransiek* 8. Teil, 3. Kap. Rn. 27 unter Hinweis auf die abweichende Auffassung von *Geilen* AktG § 399 Rn. 59; MüKoStGB/*Kiethe* AktG § 399 Rn. 49 mwN.
110 Ausführlich Hopt/Wiedemann/*Otto* AktG § 399 Rn. 55; *Geilen* AktG § 399 Rn. 60; Achenbach/Ransiek/Rönnau/*Ransiek* 8 Teil, 3. Kap. Rn. 27 ff.
111 Zum Streit Hopt/Wiedemann/*Otto* AktG § 399 Rn. 56.
112 *Schmidt* AG 1986, 106 ff.; Achenbach/Ransiek/Rönnau/*Ransiek* 8. Teil, 3. Kap. Rn. 28; Erbs/Kohlhaas/*Schaal* AktG § 399 Rn. 38; BGH 26.9.2005 – II ZR 380/03, NZG 2005, 976 (979); MüKoStGB/*Kiethe* AktG § 399 Rn. 49 mwN; Hopt/Wiedemann/*Otto* AktG § 399 Rn. 56; aA: *Godin/Wilhelmi* AktG § 36 Anm. 13.

rechtliche Verwendungsabsprachen oder Zweckbindungen von Stammkapitaleinlagen, die der Ablösung von Forderungen Dritter dienen, sind grundsätzlich unschädlich.[113] Problematisch können sogenannte Cash-Pools im Rahmen von konzernweiten Cash-Management-Systemen sein. Die Leistung der Einlage zur freien Verfügbarkeit des Vorstands ist nicht gegeben, wenn es zum Rückfluss der Bareinlage an den Cash-Pool kommt.[114]

Unrichtig ist die Erklärung zB, wenn eine Barzahlung behauptet wird, tatsächlich jedoch eine Aufrechnung erfolgt ist oder eine Sacheinlage vorliegt. Auch eine Scheinzahlung, bei der von vornherein vereinbart wurde, dass der Betrag ohne Rechtsgrund zurückfließen soll, fällt hierunter.[115] Unrichtig ist die Angabe auch, wenn über die Modalitäten der Einzahlung gemäß § 54 Abs. 3 AktG getäuscht wird. Ein solcher Fall liegt zB vor, wenn statt einer Barzahlung Wechsel gegeben werden.

Streitig ist die Behandlung einer sogenannten **verdeckten oder verschleierten Sacheinlage**. Sie führt nicht generell zur Unrichtigkeit, sondern nur dann, wenn zwischen der Barzahlung und der Sacheinlage eine enge Verknüpfung besteht.[116] Einzelne Stimmen in Literatur[117] und Rechtsprechung[118] sehen in der Einbeziehung der verdeckten Sacheinlage einen Verstoß gegen das Analogieverbot gemäß Art. 103 Abs. 2 GG.

cc) Verwendung eingezahlter Beträge

32 Gemäß §§ 36 Abs. 2, 54 Abs. 3 AktG müssen die eingezahlten Beträge endgültig zur **freien Verfügung** des Vorstands stehen. Der Begriff „zur freien Verfügung" ist umstritten.[119] Schutzrichtung des § 399 Abs. 1 AktG ist hier, dass das durch Einzahlung vorhandene Kapital in vollem Umfang wertmäßig erhalten bleibt. Erfasst werden sollen **tatsächliche Minderungen** des eingezahlten Kapitals.[120] Seit der Aufgabe des Vorbelastungsverbots[121] ist fraglich, inwieweit überhaupt noch Angaben zur Verwendung des eingezahlten Kapitals zu machen sind[122] oder allein Angaben zur Unterbilanz ausreichen.[123] Durch den Bezug auf „eingezahlte Beträge" wird deutlich, dass nur der tatsächliche Mittelabfluss gemeint ist.[124] Die Erheblichkeit insoweit gemachter Falschangaben ist nur dann zu bejahen, wenn den abgeflossenen Mitteln kein hinreichender

---

113 Näher dazu: Hopt/Wiedemann/*Otto* AktG § 399 Rn. 56; vgl. für die GmbH auch BGH 30.11.1995 – 1 StR 358/95, StV 1996, 267.
114 MüKoStGB/*Kiethe* AktG § 399 Rn. 46 unter Hinweis auf *Morsch* NZG 2003, 97 (99 f.). Vgl. zu praktischen Vorschlägen zur Strafbarkeitsvermeidung *Göb/Nebel* NZI 2017, 387 (389).
115 Weitere Fälle bei Hopt/Wiedemann/*Otto* AktG § 399 Rn. 56.
116 So auch *Tiedemann* in FS Lackner S. 741; Hopt/Wiedemann/*Otto* AktG § 399 Rn. 67.
117 Heidel/*Bernsmann* AktG § 399 Rn. 9.
118 LG Koblenz 21.12.1990 – 105 Js (Wi) 22346/87, ZIP 1991, 1284 (1287 ff.).
119 Ausführlich Hopt/Wiedemann/*Otto* AktG § 399 Rn. 69 ff.
120 Achenbach/Ransiek/Rönnau/*Ransiek* 8. Teil, 3. Kap. Rn. 33 unter Hinweis auf BGH 16.3.1993 – 1 StR 804/92, NStZ 1993, 442 und BGH 13.7.1992 – II ZR 263/91, BGHZ 119, 177, 188.
121 Für die GmbH: BGH 9.3.1981 - II ZR 54/80, BGHZ 80, 129 ff.; für die AG: *Lutter* NJW 1989, 2653.
122 Dies bejahend BGH 16.3.1993 – 1 StR 804/92, NStZ 1993, 442.
123 Vgl. *Lutter/Hommelhoff* GmbHG § 85 Rn. 11.
124 So auch Achenbach/Ransiek/Rönnau/*Ransiek* 8. Teil, 3. Kap. Rn. 33 ff. mwN; aA: *Lutter/Hommelhoff* GmbHG § 85 Rn. 11.

Gegenwert gegenübersteht, der der Gesellschaft zugeflossen ist oder zufließen soll. Unschädlich sind grundsätzlich schuldrechtliche Verwendungsabsprachen, solange sie nicht mittelbar oder unmittelbar dazu führen, dass die eingezahlten Mittel an den Einleger zurückfließen.[125] Das **Gebot der wertgleichen Deckung**[126] ist zu beachten. Danach dürfen die Bareinlagen, soweit sie nicht (zulässig) für Steuern und Gebühren verwandt wurden, nur durch Gegenstände ersetzt werden, die ihrem Wert nach den verwendeten Einlagen mindestens entsprechen.[127]

dd) Ausgabebetrag der Aktien

Über die Kapitalausstattung der Gesellschaft und die Bonität der Gründung wird getäuscht, wenn Aktien für einen geringeren Betrag als den Nennbetrag ausgegeben werden. Unrichtig sind die Angaben auch dann, wenn Aktien zu einem über dem Nennbetrag liegenden Betrag ausgegeben werden und dieser Betrag höher angegeben wird als der wirkliche Ausgabebetrag.[128]

33

ee) Sondervorteile

Die Angaben sind unrichtig, wenn einzelnen Aktionären oder Dritten bei sogenannten qualifizierten Gründungen durch die Satzung gemäß § 26 Abs. 1 AktG Sondervorteile eingeräumt werden und über deren Höhe oder Ausmaß unzutreffende Angaben erfolgen, zB über die vorzugsweise Beteiligung am Gewinn oder etwa ein besonderes Warenbezugsrecht.[129]

34

ff) Gründungsaufwand

Hierunter versteht § 26 Abs. 2 AktG den Gesamtaufwand, der zulasten der Gesellschaft an Aktionäre oder an andere Personen als Entschädigung oder als Belohnung für die Gründung oder deren Vorbereitung gewährt wird. Falsch sind die Angaben ua bei unrichtigen Zahlungsangaben, jedoch auch, wenn zB ein Vertrag über eine zu erbringende Entlohnung für die Mitwirkung an der Gründung nicht vorgelegt wird.[130]

35

gg) Sacheinlagen

Dies sind Einlagen der Aktionäre, die nicht durch Einzahlung des Nennbetrages oder des höheren Ausgabebetrages zu leisten sind, § 27 Abs. 1, 1. Alt. AktG. Der wirtschaftliche Wert der Vermögensgegenstände muss feststellbar sein, § 27 Abs. 2 AktG. Beispielhaft seien hier Angaben zu Erfinder-, Urheber- und Lizenzrechten, Herstellungsverfahren und Beteiligungen genannt, die nicht

36

---

125 MüKoStGB/*Kiethe* AktG § 399 Rn. 48 mwN.
126 BGH 13.7.1992 – II ZR 263/91, BGHZ 119, 177 (187 f.); BGH 26.9.2005 – II ZR 380/03, DB 2005, 2458 (2459).
127 BGH 18.3.2002 – II ZR 363/00, BGHZ 150, 197 (199); MüKoStGB/*Kiethe* AktG § 399 Rn. 55 mwN.
128 So Müller-Gugenberger/*Wagenpfeil* § 27 Rn. 167; MüKoStGB/*Kiethe* AktG § 399 Rn. 58 mwN; aA: *Geilen* AktG § 399 Rn. 68.
129 Vgl. Erbs/Kohlhaas/*Schaal* AktG § 399 Rn. 44; MüKoStGB/*Kiethe* AktG § 399 Rn. 61 mwN.
130 Vgl. RG 2.10.1888 – 1665/88, RGSt 18, 105 (111); Hopt/Wiedemann/*Otto* AktG § 399 Rn. 80.

den Inhalt haben, den Registergericht und interessierte Dritte ihnen nach Treu und Glauben entnehmen können und müssen.[131]

Falsche Angaben liegen beispielsweise dann vor, wenn Sacheinlagen entgegen § 27 Abs. 1 AktG in der Satzung nicht festgesetzt werden, Bareinlagen aber von der Gesellschaft unmittelbar dazu verwendet werden sollen, Vermögensgegenstände des Einlegenden zu erwerben (Rückfluss der Bareinlage, „verschleierte Sacheinlage").[132]

hh) Sachübernahme

37 Im Falle einer Sachübernahme nach § 27 Abs. 1 Satz 1 AktG schließen die Gründer mit einem Dritten oder einem der Gründer einen schuldrechtlichen Vertrag, der die Gesellschaft verpflichtet, vorhandene oder herzustellende Gegenstände zu übernehmen, § 27 Abs. 1, 2. Alt. AktG, ohne dass die Gegenleistung in dafür zu übertragenden Aktien besteht. Der Gegenstand der Sachübernahme muss in der Satzung festgesetzt werden. Die Verträge, die sich auf die Sachübernahme beziehen, sind gemäß § 37 Abs. 4 Nr. 2 AktG der Anmeldung beizufügen.

ii) Falsche Anmeldung bei Sachgründung ohne externe Gründungsprüfung gem. § 37a Abs. 2 AktG[133]

38 Die Anmeldenden (Gründer oder Vorstandsmitglied oder Aufsichtsratsmitglied) haben zu versichern, dass ihnen außergewöhnliche Umstände, die den gewichteten Durchschnittspreis der einzubringenden Wertpapiere oder Geldmarktinstrumente während der letzten drei Monate vor dem Tag der tatsächlichen Einbringung erheblich beeinflusst haben könnten, nicht bekannt sind. Das Gleiche gilt für Umstände, die darauf hindeuten, dass der beizulegende Zeitwert der Vermögensgegenstände am Tag ihrer tatsächlichen Einbringung aufgrund neuer oder neu bekannt gewordener Umstände erheblich niedriger ist als der von dem Sachverständigen angenommene Wert (vgl. hierzu § 33a AktG). Die (neu eingefügte) Bezugnahme auf § 52 Abs. 6 AktG datiert auf die Aktienrechtsnovelle 2016 (hierzu oben Rn. 2).

Sogenannte „**Nachgründungssachverhalte**" wurden von § 399 Abs. 1 Nr. 1 AktG bislang nicht erfasst. § 399 Abs. 1 Nr. 1 AktG ist durch die Aktienrechtsnovelle 2016 nunmehr jedoch auch auf entsprechende Falscherklärungen im Hinblick auf Nachgründungen (§ 52 AktG) erweitert worden.[134]

II. Subjektiver Tatbestand

1. Vorsatzanforderungen

39 Der Tatbestand des § 399 AktG erfordert **Vorsatz**, wobei **bedingter Vorsatz** (dolus eventualis) ausreicht.[135] Weil naturgemäß immer mehrere Personen als

---

131 MüKoStGB/*Kiethe* AktG § 399 Rn. 64 mwN.
132 Vgl. hierzu ausführlich Achenbach/Ransiek/Rönnau/*Ransiek* 8. Teil, 3. Kap. Rn. 37 ff. mwN.
133 Alternative neu eingefügt durch Gesetz vom 30.7.2009, BGBl. I 2479, mWv 1.9.2009.
134 Henssler/Strohn/*Raum* AktG § 399 Rn. 4a. Zur gesetzgeberischen Intention vgl. *Ihrig/Wandt* ZGR 2016, 17.
135 BGH 1.2.1977 – 5 StR 626/76, GA 1977, 340 (342); Erbs/Kohlhaas/*Fuhrmann* AktG § 399 Rn. 47; Esser/Rübenstahl/Saliger/Tsambikakis/*Brand*GmbHG § 82, AktG § 399 Rn. 193; NK-WSS/*Krause/Twele* AktG § 399 Rn. 21.

Täter in Frage kommen, kann sich der Nachweis von vorsätzlichem Handeln schwierig gestalten.[136]

Ein **direkter Vorsatz** (sog Wissentlichkeit bzw. dolus directus 2. Grades) liegt vor, wenn der Täter in positiver Kenntnis der Merkmale des objektiven Tatbestandes handelt.[137] Bezogen auf § 399 Abs. 1 Nr. 1 AktG bedeutet dies, dass der Täter in Kenntnis der im Gesetz genannten Gegenstände bei der Anmeldung der Gesellschaft beim Registergericht unrichtige Angaben macht oder erhebliche Umstände verschweigt.[138] Eine **Absicht**, andere zu täuschen, ist nicht erforderlich.[139]

Bedingter Vorsatz wird angenommen, wenn der Täter mit der Möglichkeit der Verwirklichung des objektiven Tatbestandes rechnet, diese aber gleichwohl billigend in Kauf nimmt.[140] Nach neuerer Rechtsprechung des Bundesgerichtshofs ist der Feststellung des voluntativen Elements „gerade im Rahmen von Wirtschaftsstraftaten besonderes Gewicht einzuräumen".[141]

2. Besondere subjektive Merkmale

Neben dem Vorsatz ist subjektiv weiterhin erforderlich, dass der Täter **zum Zweck der Eintragung** oder eines Vertrags gem. § 52 Abs. 1 S. 1 AktG handelt. Er muss die **Absicht** haben, mit den Angaben die beantragte Eintragung bzw. den besagten Vertrag zu erreichen. Auf die Verwirklichung dieses Ziels muss es dem Täter ankommen.[142] Erforderlich ist insoweit der **zielgerichtete Wille** des Täters, also dolus directus ersten Grades.[143]

III. Rechtswidrigkeit und Schuld

Insoweit ist auf allgemeine Grundsätze zu verweisen. Eine **Rechtfertigung** wird nur selten in Betracht kommen.[144] Der Einwilligung oder Weisung der Hauptversammlung kommt keine rechtfertigende Kraft zu, weil diese über das Rechtsgut (vgl. oben) nicht disponieren kann.[145]

Auch eine **Entschuldigung** gemäß § 35 StGB ist nur in Ausnahmefällen denkbar.[146]

---

136 *Stackmann* NJW 2013, 1987.
137 Vgl. Esser/Rübenstahl/Saliger/Tsambikakis/*Eidam* StGB § 15 Rn. 11.
138 Vgl. insoweit KölnKommAktG/*Altenhain* AktG § 399 Rn. 98.
139 RG 30.10.1930 – II 810/30, RGSt 64, 422 (423).
140 *Geilen* AktG § 399 Rn. 77; Geßler/Hefermehl/Eckardt/Kropff/*Fuhrmann* AktG § 399 Rn. 35.
141 BGH 16.4.2008 – 5 StR 615/07, NStZ-RR 2008, 239 (Ls. 1); hierzu *Wegner* wistra 2008, 347 f. Vgl. zum Ganzen auch Esser/Rübenstahl/Saliger/Tsambikakis/*Eidam* StGB § 15 Rn. 17 f.
142 Vgl. BGH 6.2.1963 – 3 StR 58/62, BGHSt 18, 246 (248); BGH 28.6.1966 – 1 StR 414/65, BGHSt 21, 283 (284); BGH 24.8.1988 – 2 StR 324/88, BGHSt 35, 325 (327); Heidel/*Bernsmann* AktG § 399 Rn. 17; aA Graf/Jäger/Wittig/*Temming* AktG § 399 Rn. 58; *Hefendehl* wistra 2019, 1 (6).
143 MüKoStGB/*Kiethe* AktG § 399 Rn. 71; KölnKommAktG/*Altenhain* AktG § 399 Rn. 100.
144 Vgl. *Geilen* AktG § 399 Rn. 87. Für die Notstandsregelungen der §§ 34, 35 StGB vgl. KölnKommAktG/*Altenhain* AktG § 399 Rn. 103.
145 Vgl. auch Scholz/Tiedemann/*Rönnau* GmbHG § 82 Rn. 190; KölnKommAktG/*Altenhain* AktG § 399 Rn. 102.
146 Vgl. *Geilen* AktG § 399 Rn. 88.

IV. Irrtumskonstellationen

42 Kommt ein Irrtum infrage, finden die allgemeinen Grundsätze Anwendung. Es ist zu differenzieren zwischen einem Tatbestandsirrtum gemäß § 16 StGB und einem Verbotsirrtum gemäß § 17 StGB.

1. Tatbestandsirrtum

43 Ein **Tatbestandsirrtum** gemäß § 16 StGB, der den Vorsatz ausschließt, liegt vor, wenn der Täter in Unkenntnis eines zum gesetzlichen Tatbestand gehörenden Umstandes handelt. Besonderheiten und Probleme bestehen im Bereich von **Blankettstrafnormen** (wie zB § 399 AktG), wo eine Abgrenzung von Tatbestands- und Verbotsirrtum schwierig sein kann.[147] Infolge eines Zusammenlesens von Blankett- und Blankettausfüllungsnorm begründet ein Irrtum über Rechtspflichten, die sich aufgrund der Tatumstände der ausfüllenden Norm ergeben, einen vorsatzausschließenden Tatbestandsirrtum (über ein normatives Tatbestandsmerkmal).

Beispiele für einen Tatbestandsirrtum gemäß § 16 StGB:

- Der Täter, der die Norm, die ihn zu bestimmten Angaben verpflichtet, nicht kennt und daher unvollständige Angaben macht.[148]
- Ein Vorstand vergisst eine Sacheinlage zum Zeitpunkt der Anmeldung.
- Ein Vorstand irrt über die Brauchbarkeit oder die Eigenschaft einer Sacheinlage und macht deshalb falsche Angaben.
- Ein Kalkulationsfehler führt zu der falschen Angabe, eine Sacheinlage habe einen bestimmten Wert.

44 Ein vorsatzausschließender Irrtum liegt nach hM auch vor, wenn der Täter über die tatsächlichen Voraussetzungen eines Rechtfertigungsgrundes irrt. In diesem Fall spricht man vom **Erlaubnistatbestandsirrtum**.[149]

2. Verbotsirrtum

45 Der **Verbotsirrtum** ist in § 17 StGB gesetzlich erfasst. Nach § 17 S. 1 StGB handelt der Täter ohne Schuld, wenn ihm bei Begehung der Tat die Einsicht, Unrecht zu tun, fehlt und er diesen Irrtum nicht vermeiden konnte. Falls er den Irrtum vermeiden konnte, kann die Strafe gemäß §§ 17 S. 2, 49 Abs. 1 StGB gemildert werden. Die Rechtsprechung stellt hohe Anforderungen an die **Unvermeidbarkeit** des Verbotsirrtums.[150] Danach ist ein Verbotsirrtum nur dann **vermeidbar**, wenn dem Täter sein Vorhaben unter Berücksichtigung seiner individuellen Kenntnisse und Fähigkeiten hätte Anlass geben müssen, über dessen mögliche Rechtswidrigkeit nachzudenken oder sich zu erkundigen, und er so zur Unrechtseinsicht gekommen wäre.[151] Die zu stellenden Anforderungen

---

147 Vgl. etwa Esser/Rübenstahl/Saliger/Tsambikakis/*Eidam* StGB §§ 16, 17 Rn. 16 ff.
148 Ausführlich mit weiteren Beispielen: Hopt/Wiedemann/*Otto* AktG § 399 Rn. 94 ff. mwN.
149 Hierzu Hopt/Wiedemann/*Otto* AktG § 399 Rn. 97 f.
150 Vgl. BGH 23.4.1953 – 3 StR 219/52, BGHSt 4, 236; BGH 27.1.1966 – KRB 2/65, BGHSt 21,18 (20); BGH 13.9.1994 – 1 StR 357/94, BGHSt 40, 257 (264). Kritische Bestandsaufnahme für den Bereich des Wirtschaftsstrafrechts bei *Eidam* ZStW 127 (2015), 120 ff.
151 So BayObLG 8.9.1988 – Rreg. 5 St 96/88, JZ 1989, 599 (600).

ergeben sich dabei aus der jeweiligen Lebens- und Berufssituation des Täters, seiner Bildung und besonderen Veranlassungen, Erkundigungen einzuholen.[152] Unvermeidbarkeit wurde zB anerkannt, wenn der Täter sich auf die Auskünfte eines Notars verlassen hat.[153]

Beispiele für einen Verbotsirrtum gemäß § 17 StGB:

- Ein Vorstand meint, dass in einer Erklärung die Abweichung von der Wirklichkeit so gering ist, dass ein Hinweis darauf nicht erforderlich ist.
- Der Täter meint, die Hingabe von Wechseln erfülle die Voraussetzung der Barzahlung.
- Ein Anmeldender irrt über das Erfordernis der Erfüllung der Voraussetzungen des § 54 Abs. 3 AktG.

V. Täterschaft und Teilnahme

Wie oben erläutert, handelt es sich um ein echtes **Sonderdelikt**. Der Täterkreis beschränkt sich auf Gründer, Mitglieder des Vorstands und Mitglieder des Aufsichtsrats. Möglich sind Alleintäterschaft (§ 25 Abs. 1 StGB), mittelbare Täterschaft (§ 25 Abs. 1, 2. Alt. StGB) und Mittäterschaft (§ 25 Abs. 2 StGB). 46

Relevant kann insoweit die Rechtsprechung des BGH zur **mittelbaren Täterschaft** sein. Danach ist das Vorliegen eines **gutgläubigen Werkzeugs** (sog Verantwortungsprinzip) nicht zwingend erforderlich. Die schiere **Organisationsherrschaft** des Vorgesetzten gegenüber Untergebenen kann nach der Rechtsprechung die Täterschaft des in der Organisation Übergeordneten auch bei Bösgläubigkeit und Unrechtsbewusstsein des Untergebenen begründen.[154] 47

Andere Personen können **Teilnehmer** und als **Anstifter** oder **Gehilfe** strafbar sein. Dies setzt jedoch eine tatbestandsmäßige und rechtswidrige **Haupttat** eines Allein- oder Mittäters bzw. auch mittelbaren Täters voraus. 48

Anstifter ist gemäß § 26 StGB, wer einen anderen vorsätzlich zu dessen vorsätzlich begangenen rechtswidriger Tat bestimmt.[155] Wer beispielsweise den nach § 399 Abs. 1 Nr. 1 AktG tauglichen Täter durch Zahlungsversprechen oder Überredung zu falschen Angaben bewegt, ist Anstifter.

Gehilfe ist gemäß § 27 StGB, wer vorsätzlich einem anderen zu dessen vorsätzlich begangener rechtswidriger Tat Hilfe leistet.[156] Die Übergabe gefälschter Unterlagen an ein Vorstandsmitglied, das darauf basierend falsche Angaben macht, oder die Bestärkung eines Vorstandsmitglieds in seinem bereits bestehenden Tatentschluss kann Hilfeleistung im Sinne des § 27 StGB sein.

---

152 Beispiele bei Hopt/Wiedemann/*Otto* AktG § 399 Rn. 100 f.
153 *Fischer* StGB § 17 Rn. 7, 9; BGH 16.5.1958 – 2 StR 103/58, GA 1959, 87.
154 ZB BGH 26.7.1994 – 5 StR 98/94, BGHSt 40, 218 mAnm *Roxin* JZ 1995, 49; *Jakobs* NStZ 1995, 26 oder BGH 6.7.1990 – 2 StR 549/89, BGHSt 37, 106 sowie *Kuhlen* JZ 1994, 1142 (1144). Ausführlich nunmehr auch *Eidam*, Der Organisationsgedanke im Strafrecht, 2015, S. 157 ff. Vgl. ferner Esser/Rübenstahl/Saliger/Tsambikakis/*Eidam* StGB § 25 Rn. 6. KölnKommAktG/*Altenhain* AktG § 399 Rn. 114 hält eine Organisationsherrschaft bei § 399 AktG jedoch für ausgeschlossen.
155 Zur Anstiftung vgl. *Fischer* StGB § 26 Rn. 2 ff.
156 Zur Beihilfe vgl. *Fischer* StGB § 27 Rn. 2 ff.

49 Problematisch kann die Frage der **Täterschaft bei mehrgliedrigen Organen** sein.[157]

VI. Unterlassen, Versuch, Vollendung und Beendigung

1. Unterlassen

50 Eine Unterlassungsstrafbarkeit im Sinne des § 13 StGB kommt insbesondere bei Entscheidungen von Kollegialorganen in Betracht.[158] Ein durch Mehrheitsbeschluss überstimmtes oder ressortunzuständiges Mitglied kann als Garant verpflichtet sein, die Ausführung des Beschlusses zu verhindern, zB die Mitteilung an das Registergericht.

2. Versuch

51 Ein **versuchter Gründungsschwindel** ist nicht strafbar,[159] da es sich bei § 399 AktG gemäß § 12 Abs. 2 StGB um ein Vergehen handelt. Vergehen sind rechtswidrige Taten, die im Mindestmaß mit einer Freiheitsstrafe von weniger als einem Jahr bedroht sind. § 399 AktG sieht als Mindeststrafe nur eine Geldstrafe vor. Solche Taten sind daher gemäß § 23 Abs. 1 StGB nur als vollendete Delikte strafbar, da das Gesetz – hier § 399 AktG – eine Versuchsstrafbarkeit nicht ausdrücklich unter Strafe stellt. Auch der Versuch einer Beteiligung an einem solchen Delikt ist nicht strafbar, da § 30 StGB nur die versuchte Beteiligung an einem Verbrechen regelt.

3. Vollendung und Beendigung

52 Die Abgrenzung zwischen Vollendung und Beendigung[160] ist ua für die Frage des Beginns der Verfolgungsverjährung von großer Bedeutung. Der Wortlaut des Gesetzes könnte die Annahme zulassen, dass eine **Vollendung** bereits dann vorliegt, wenn der Täter (etwa ein Gründer) die unrichtigen, für die Eintragung relevanten Angaben zum Zwecke der Eintragung beispielsweise gegenüber einem Vorstandsmitglied macht, zB im Gründungsbericht.[161] Da bei dieser Sichtweise die Strafbarkeit jedoch unangemessen ausgedehnt und der Gesetzgeber zudem in § 399 Abs. 1 Nr. 2 AktG einen ganz speziellen Fall unrichtiger Angaben in der Phase vor der Anmeldung konkret geregelt hat, ist § 399 Abs. 1 Nr. 1 AktG restriktiv auszulegen.[162] Tatvollendung ist nach ganz überwiegender Meinung erst gegeben, wenn die Gründungsunterlagen mit den unrichtigen Angaben beim zuständigen Registergericht eingegangen sind.[163] Der Registerrichter muss die Angaben noch nicht zur Kenntnis genommen haben.[164] Auch ist eine Täuschung nicht erforderlich, was sich aus der Deliktsnatur als abstraktes Gefährdungsdelikt ergibt (vgl. oben). Schließlich bedarf es aus dem gleichen Grund auch nicht der Eintragung, um eine Vollendung anzu-

---

157 S. hierzu „tauglicher Täterkreis" unter Rn. 25, und ausführlich Hopt/Wiedemann/Otto AktG § 399 Rn. 112 f.
158 Vgl. MüKoStGB/*Kiethe* AktG § 399 Rn. 146 f.
159 KölnKommAktG/*Altenhain* AktG § 399 Rn. 108.
160 Vgl. ausführlich MüKoStGB/*Kiethe* AktG § 399 Rn. 148 ff.; Heidel/*Bernsmann* AktG § 399 Rn. 18.
161 Vgl. *Geilen* AktG § 399 Rn. 83.
162 Vgl. auch RG 11.12.1903 – 4904/03, RGSt 37, 25 (27); Geßler/Hefermehl/Eckardt/Kropff/*Fuhrmann* AktG § 399 Rn. 99.
163 Vgl. auch *Geilen* AktG § 399 Rn. 83 f.
164 Hopt/Wiedemann/*Otto* AktG § 399 Rn. 103.

nehmen. Ergänzende, zu den schriftlichen Angaben gemachte **mündliche Angaben** können den Tatbestand erfüllen,[165] müssen dann aber zur Kenntnis des zuständigen Beamten gelangen.[166]

Gehen die **Unterlagen bei einem unzuständigen Gericht** ein, das sie weiterleitet, so tritt erst mit Eingang der Unterlagen beim zuständigen Gericht Tatvollendung ein.

Ein **kollusives Zusammenwirken** oder die Kenntnis des zuständigen Beamten beim Registergericht hindert nicht die Tatvollendung.[167]

Die **Berichtigung** der falschen Angaben **vor Zugang** beim Registergericht führt zur Straffreiheit des Täters, eine solche **nach Zugang** kommt zu spät und kann allenfalls bei der Strafzumessung – etwa in analoger Anwendung des § 24 StGB oder nach den Grundsätzen der tätigen Reue – berücksichtigt werden.[168]

Materielle **Tatbeendigung** tritt nach hM mit der Eintragung in das Handelsregister ein.[169] Teilweise wird vertreten, es komme auf den tatsächlichen Eintritt eines Schadens bei Dritten an.[170] Dies widerspricht jedoch der Deliktsnatur des § 399 AktG.

VII. Konkurrenzen

1. Innertatbestandliche Konkurrenzen

Wird eine Anmeldung eingereicht, in der mehrere unrichtige oder unvollständige Angaben vorhanden sind, die verschiedene Alternativen der unter § 399 Abs. 1 Nr. 1–6, Abs. 2 AktG genannten Tatbestände erfüllen, so liegt dennoch nur ein **einheitliches Delikt** vor.[171]

Beispiele für ein einheitliches Delikt:

Der Gründer macht bei der Anmeldung unrichtige Angaben über die Einzahlung auf Aktien und über die Verwendung eingezahlter Beträge. Werden in verschiedenen Anmeldungen unterschiedliche Tatbestandsalternativen erfüllt, so kann je nach dem konkreten Einzelfall Tateinheit (§ 52 StGB) oder Tatmehrheit (§ 53 StGB) vorliegen. Tateinheit kann zB bei gleichzeitiger Einreichung verschiedener Anmeldungen bei einem Gericht gegeben sein, Tatmehrheit dagegen etwa bei zeitlich aufeinanderfolgenden Einreichungen.

Problematisch kann die Beurteilung eines Falles als **straflose Vortat** sein. Wenn die durch die Vortat verwirklichte Rechtsgutsbeeinträchtigung durch die Nachtat vergrößert wird, ist die Vortat straflos, die Nachtat jedoch strafbar.

53

54

---

165 *Geilen* AktG § 399 Rn. 83.
166 Hopt/Wiedemann/*Otto* AktG § 399 Rn. 103.
167 Hopt/Wiedemann/*Otto* AktG § 399 Rn. 103.
168 Nach Hopt/Wiedemann/*Otto* AktG § 399 Rn. 105 sollte in analoger Anwendung des § 158 StGB sogar eine Straffreiheit erwogen werden; ebenso für Straffreiheit aus dem Rechtsgedanken der §§ 158, 264 Abs. 5, 264 a Abs. 3, 265 b Abs. 2, 315 Abs. 6 StGB folgernd Achenbach/Ransiek/Rönnau/*Ransiek* 8. Teil, 3. Kap. Rn. 48; vgl. auch *Krack* NStZ 2001, 505 ff.; gegen eine analoge Anwendung: MüKoStGB/*Kiethe* AktG § 399 Rn. 157; *Geilen* AktG § 399 Rn. 84.
169 Vgl. BGH 30.3.1987 – 1 StR 580/86, wistra 1987, 212 zur GmbH; Geßler/Hefermehl/Eckardt/Kropff/*Fuhrmann* AktG § 399 Rn. 100.
170 *Geilen* AktG § 399 Rn. 180.
171 BGH 24.3.2016 – 2 StR 36/15, NStZ-RR 2016, 205 (207).

Beispiel für eine straflose Vortat:

Beispielhaft sei hier der Gründungsschwindel durch falsche Berichte (§ 399 Abs. 1 Nr. 2 AktG) genannt, dem ein Gründungsschwindel durch unrichtige Anmeldung (§ 399 Abs. 1 Nr. 1 AktG) nachfolgt.[172]

55 Dagegen liegt eine **straflose Nachtat** vor, wenn der Täter den Unrechtsgehalt der Vortat nicht vertieft, sondern nur in anderer Funktion noch einmal verwirklicht.

Beispiel für eine straflose Nachtat:

Der Täter macht als Gründer im Gründungsbericht falsche Angaben (§ 399 Abs. 1 Nr. 2 AktG), die er später als bestelltes Vorstandsmitglied im zu erstattenden Prüfungsbericht wiederholt.[173]

2. Konkurrenzen im Verhältnis zu anderen Gesetzen

56 Mit Betrug (§ 263 StGB), Untreue (§ 266 StGB), Urkundenfälschung (§ 267 StGB) und strafbarer Werbung (§ 16 UWG) ist Tateinheit möglich. Grundsätzlich kommt im Verhältnis zur mittelbaren Falschbeurkundung (§ 271 StGB) Tateinheit nicht in Betracht, da die Eintragung im Handelsregister für die Richtigkeit des zur Anmeldung und Eintragung Gebrachten keine Beweiskraft für und gegen jedermann hat, weil diese Beweiskraft sich nur auf die Tatsache der Erklärung als solche und auf die Identität des Erklärenden erstreckt.[174] Ein Ausnahmefall und damit Tateinheit des Gründungsschwindels mit mittelbarer Falschbeurkundung wird zB dann anzunehmen sein, wenn der Täter unrichtige Angaben macht und bewirkt, dass im Handelsregister eine falsche Angabe über die Person des Erklärenden beurkundet wird.[175]

VIII. Prozessuales
1. Offizialdelikt

57 Die Strafverfolgung nach § 399 AktG bedarf keines Strafantrags durch etwaig Geschädigte. Sie erfolgt von Amts wegen und kann deshalb auch bei „Rücknahme einer Strafanzeige" fortgeführt werden.

2. Zuständigkeiten

58 Im Falle einer Anklageerhebung zum Landgericht besteht für eine Tat nach § 399 AktG eine Zuständigkeit der Wirtschaftsstrafkammer gemäß § 74 c Abs. 1 S. 1 Nr. 1 GVG.

3. Verjährung

59 Eine Tat nach § 399 AktG verjährt gemäß § 78 Abs. 3 Nr. 4 StGB fünf Jahre nach der Beendigung. Diese richtet sich nach § 78 a S. 1 StGB.

---

172 Beispiel bei *Geilen* AktG § 399 Rn. 182.
173 Beispiel bei Erbs/Kohlhaas/*Fuhrmann* AktG § 399 Anm. 13.
174 Vgl. hierzu *Geilen* AktG § 399 Rn. 184; Erbs/Kohlhaas/*Fuhrmann* AktG § 399 Anm. 13; RG 5.11.1888 – 2113/88, RGSt 18, 179 (180). Aktuell auch BGH 14.6.2016 – 3 StR 128/16, NStZ 2016, 675 (676) mAnm *Schuster* = wistra 2016, 443 (443 f.) = ZIP 2016, 1724 (1725 f.).
175 Vgl. *Geilen* AktG § 399 Rn. 184; Hopt/Wiedemann/*Otto* AktG § 399 Rn. 121.

4. Mögliche Folgen der Tat

Neben Geld- und Freiheitsstrafe können im Urteil Gewinnabschöpfungsmaßnahmen nach Maßgabe der §§ 73 ff. StGB angeordnet werden. Den verurteilten Täter eines Delikts nach § 399 AktG trifft gemäß § 76 Abs. 3 S. 2 Nr. 3 c) AktG für die Dauer von fünf Jahren die Inhabilität, dh die Unfähigkeit, das Amt eines Geschäftsführers oder Vorstands auszuüben. Das gilt auch dann, wenn die abgeurteilte Tat vor Inkrafttreten des MoMiG datiert. Nach der Rspr. des OLG München kann eine vor dem 1.11.2008 begangene, jedoch nicht rechtskräftig abgeurteilte Straftat der Sanktion des § 76 Abs. 3 S. 2 Nr. 3 c) AktG unterstellt werden. Verfassungsrechtliche Bedenken bestünden nicht.[176] Neben dem Täter selbst kann das Unternehmen mit einer Unternehmensgeldbuße gemäß § 30 OWiG belegt werden.[177] Im Schrifttum wird de lege ferenda die Ausdehnung des Rechtsinstituts der tätigen Reue auf § 399 AktG befürwortet.[178]

60

5. Rechtspolitik/Kompetenzen der BaFin

Anlässlich der Skandale im Zusammenhang mit dem Zusammenbruch des „Neuen Marktes" sind nicht nur Forderungen nach einer Verschärfung der Kapitalmarkt-Strafrechtsnormen, sondern auch nach einer diesbezüglichen Ausweitung der Kompetenzen der **Bundesanstalt für Finanzdienstleistungsaufsicht** laut geworden.

61

C. Tatbestandliche Voraussetzungen des § 399 Abs. 1 Nr. 2 AktG: Gründungsschwindel durch unrichtige Berichte

Diese Alternative lautet:

62

(1) Mit Freiheitsstrafe bis zu drei Jahren oder mit Geldstrafe wird bestraft, wer
(...)
2. als Gründer oder als Mitglied des Vorstands oder des Aufsichtsrats im Gründungsbericht, im Nachgründungsbericht oder im Prüfungsbericht,
(...)
falsche Angaben macht oder erhebliche Umstände verschweigt.

I. Objektiver Tatbestand

1. Tauglicher Täterkreis

Der taugliche Täterkreis entspricht dem des § 399 Abs. 1 Nr. 1 AktG. Insoweit wird auf obige Ausführungen (s. Rn. 11 ff.) verwiesen. Nach dem Wortlaut des Gesetzes scheint zunächst jede der in § 399 Abs. 1 Nr. 2 AktG genannten Gruppierung bei jedem der dort aufgezählten Berichte tauglicher Täter sein zu können. Ein solches Verständnis wäre jedoch vorschnell. Wer Täter sein kann, hängt von der Art des erstatteten Berichtes ab. § 399 Abs. 1 Nr. 2 AktG nennt drei Arten von Berichten:

63

---

176 OLG München 26.4.2016 – 31 Wx 117/16, wistra 2016, 419.
177 Vgl. ausführlich MüKoStGB/*Kiethe* AktG § 399 Rn. 168.
178 *Krack* NStZ 2001, 506 f.

- Gründungsbericht
- Nachgründungsbericht und
- Prüfungsbericht.

64 Den **Gründungsbericht** haben ausschließlich die Gründer zu erstatten (§ 32 Abs. 1, 2, 3 AktG).[179] Zwar haben die Mitglieder des Vorstands und des Aufsichtsrats gemäß §§ 33 Abs. 1, 34 Abs. 1 AktG Kontrollpflichten. Sie vermögen aber in ihrer Person keine Tätereigenschaft zu begründen,[180] weil die Überprüfung des Gründungsberichtes den von den Gründern erstellten Bericht inhaltlich nicht verändern kann. Auch die Weitergabe des nach § 34 AktG geprüften Gründungsberichtes ist nicht geeignet, eine Täterschaft der Vorstands- oder Aufsichtsratsmitglieder zu begründen,[181] da es immer eigene Angaben der Gründer bleiben. Erkennen die Vorstands- oder Aufsichtsratsmitglieder die Unrichtigkeit des Gründungsberichts und unternehmen nichts, könnte eine Unterlassungstäterschaft erwogen werden, um dieses Verhalten strafrechtlich zu erfassen. Einer solchen Konstruktion bedarf es jedoch nicht, weil der von diesen Personen gemäß § 34 Abs. 2 AktG gerade zu erstellende Prüfungsbericht durch die 3. Variante des § 399 Abs. 1 Nr. 2 AktG erfasst wird. Ihre eigenen Angaben im Prüfungsbericht sind dann falsch und machen sie zu aktiven Tätern.[182]

65 Den **Nachgründungsbericht** hat der Aufsichtsrat zu erstellen.[183] Er hat gemäß § 53 Abs. 3 AktG über die Prüfung bestimmter, für die Gesellschaft riskanter Verträge, schriftlich Bericht zu erstatten. Taugliche Täter sind daher die amtierenden Aufsichtsratsmitglieder.[184] Die Vorlage dieses Berichtes durch den Vorstand bei Gericht (§ 52 Abs. 6 AktG) begründet keine Täterschaft des Vorstands, weil dieser sich mangels inhaltlicher Kontrollpflicht nicht mit diesem identifiziert[185] und daher insoweit auch keine Garantenstellung innehat.[186]

66 Über die Gründungsprüfung (§ 33 Abs. 1 AktG) haben die Vorstands- und Aufsichtsratsmitglieder im **Prüfungsbericht** gemäß § 34 Abs. 2 AktG schriftlich zu berichten. Nur die Vorstands- und Aufsichtsratsmitglieder kommen daher als taugliche Täter dieser Alternative in Betracht.

2. Tathandlungen

67 **Unrichtige Angaben** oder das **Verschweigen erheblicher Umstände** in den im Gesetz genannten Berichten stellen die Tathandlung dar (zu den Begriffen s. Rn. 26 ff.). Abweichend von § 399 Abs. 1 Nr. 1 AktG müssen die **Angaben** aber **nicht zum Zweck der Eintragung der Gesellschaft** gemacht werden. Die

---

179 Vgl. auch KölnKommAktG/*Altenhain* AktG § 399 Rn. 117; NK-WSS/*Krause/Twele* § 399 Rn. 22.
180 Hopt/Wiedemann/*Otto* AktG § 399 Rn. 124.
181 So auch Hopt/Wiedemann/*Otto* AktG § 399 Rn. 124; aA: Geßler/Hefermehl/Eckardt/Kropff/*Fuhrmann* AktG § 399 Rn. 40.
182 Vgl. *Peter*, Verantwortlichkeit, S. 87; *Geilen* AktG § 399 Rn. 97.
183 Vgl. KölnKommAktG/*Altenhain* AktG § 399 Rn. 118.
184 So auch *Geilen* AktG § 399 Rn. 98.
185 So die hM, vgl. ua Hopt/Wiedemann/*Otto* AktG § 399 Rn. 127.
186 Hopt/Wiedemann/*Otto* AktG § 399 Rn. 127; *Geilen* AktG § 399 Rn. 98; aA: Erbs/Kohlhaas/*Schaal* AktG § 399 Rn. 54; Geßler/Hefermehl/Eckardt/Kropff/*Fuhrmann* AktG § 399 Rn. 41.

Angaben können daher für die Eintragung unerheblich sein.[187] Um einer uferlosen Ausweitung der Vorschrift zu begegnen, ist der Tatbestand restriktiv **auszulegen**.[188] Schutzrichtung des Tatbestandes ist die Überprüfung der Solidität der Gesellschaftsgründung. Insofern ist es angezeigt, solche unrichtigen Angaben aus dem Tatbestand herauszunehmen, die sich nicht auf die mit der Gründung oder Nachgründung zusammenhängenden Umstände beziehen und daher nicht die Gefahr in sich tragen, dass das Vertrauen auf die Korrektheit der Berichterstattung bei Gläubigern oder sonstigen Interessierten zu wirtschaftlichen Nachteilen führt.[189]

II. Subjektiver Tatbestand

Der subjektive Tatbestand erfordert Vorsatz, wobei bedingter Vorsatz ausreicht. Insoweit wird nach oben (s. Rn. 39) verwiesen. 68

III. Rechtswidrigkeit und Schuld

Es bestehen keine Besonderheiten, so dass auf die obigen Ausführungen (s. Rn. 41) verwiesen werden kann. 69

IV. Irrtumskonstellationen

Grundsätzlich kann hier ebenfalls auf die Ausführungen zu § 399 Abs. 1 Nr. 1 AktG (s. Rn. 42 ff.) verwiesen werden. 70

Bezogen auf § 399 Abs. 1 Nr. 2 sei folgendes *Beispiel* genannt:[190]

Der Täter macht im Gründungsbericht unvollständige Angaben, indem er es unterlässt, auf eine beabsichtigte Sachübernahme hinzuweisen, weil er fälschlicherweise annimmt, zukünftige Ereignisse seien in diesem Bericht nicht zu erwähnen. Hier dürfte ein **Tatbestandsirrtum** gemäß § 16 StGB vorliegen.[191]

V. Täterschaft, Teilnahme, Konkurrenzen

Es wird auf die obigen Ausführungen zu § 399 Abs. 1 Nr. 1 AktG (s. Rn. 46 ff.) verwiesen. 71

VI. Unterlassen, Versuch, Vollendung und Beendigung

1. Unterlassen

Eine Unterlassungsstrafbarkeit nach § 13 StGB kommt insbesondere bei Entscheidungen von Kollegialorganen in Betracht.[192] Ein durch Mehrheitsbeschluss überstimmtes oder ressortunzuständiges Mitglied kann als Garant verpflichtet sein, die Ausführung des Beschlusses zu verhindern, zB die Mitteilung an das Registergericht. 72

---

187 Erbs/Kohlhaas/*Schaal* AktG § 399 Rn. 56; *Geilen* AktG § 399 Rn. 103.
188 So auch *Geilen* AktG § 399 Rn. 105; Hopt/Wiedemann/*Otto* AktG § 399 Rn. 131 f.; Erbs/Kohlhaas/*Schaal* AktG § 399 Rn. 56.
189 So im Ergebnis auch Erbs/Kohlhaas/*Schaal* AktG § 399 Rn. 56 mit Beispiel; Geßler/Hefermehl/Eckardt/Kropff/*Fuhrmann* AktG § 399 Rn. 45; Hopt/Wiedemann/*Otto* AktG § 399 Rn. 131 f.
190 Das Beispiel findet sich bei Hopt/Wiedemann/*Otto* AktG § 399 Rn. 136.
191 Vgl. Erbs/Kohlhaas/*Schaal* AktG § 399 Rn. 58; Hopt/Wiedemann/*Otto* AktG § 399 Rn. 136.
192 Vgl. MüKoStGB/*Kiethe* AktG § 399 Rn. 146 f.

2. Versuch

73 Der **Versuch** des unrichtigen Berichtens ist nicht strafbar. Auch insoweit wird auf die Ausführungen zu § 399 Abs. 1 Nr. 1 (s. Rn. 51) Bezug genommen.

Vollendung tritt ein, wenn der unrichtige Bericht einem mit der Berichterstattung nicht befassten Dritten zugeht.[193] Das ist der Fall, wenn

- der **Gründungsbericht** mindestens einem Vorstands- oder Aufsichtsratsmitglied (§ 33 Abs. 1 AktG iVm § 32 Abs. 1 AktG) oder einem Gründungsprüfer (§ 33 Abs. 2 AktG) zugeht,
- der Nachgründungsbericht einem Vorstandsmitglied, einem Gründungsprüfer oder einem Teilnehmer der Hauptversammlung (§ 52 AktG) zugeht,
- der Prüfungsbericht einer der Stellen, denen der Bericht zu übersenden ist (§ 34 Abs. 3 AktG), zugeht.

Auch hier ist weder Kenntnisnahme noch Gutgläubigkeit oder eine Täuschung des Empfängers notwendig (wie auch bei § 399 Abs. 1 Nr. 1 AktG).

VII. Konkurrenzen

74 Es wird auf die Ausführungen oben unter Rn. 53 ff. Bezug genommen.

VIII. Prozessuales

75 Es wird auf die Ausführungen unter Rn. 57 ff. Bezug genommen.

D. Tatbestandliche Voraussetzungen des § 399 Abs. 1 Nr. 3 AktG: Falschangaben bei öffentlicher Ankündigung von Aktien

Diese Alternative lautet:

(1) Mit Freiheitsstrafe bis zu drei Jahren oder mit Geldstrafe wird bestraft, wer

(...)

3. in der öffentlichen Ankündigung nach § 47 Nr. 3,

(...)

falsche Angaben macht oder erhebliche Umstände verschweigt.

I. Objektiver Tatbestand
1. Tauglicher Täterkreis

76 Der Tatbestand des § 399 Abs. 1 Nr. 3 AktG ist hinsichtlich der als Täter in Betracht kommenden Personen nicht begrenzt. Er ist insofern **kein Sonderdelikt**.[194] Da die öffentlichen Ankündigungen bei der Einführung von Aktien üblicherweise durch Banken erfolgen, die regelmäßig juristische Personen sind, werden insbesondere vertretungsberechtigte Organmitglieder (Vorstand, Geschäftsführung) der Emissionsbanken und auch andere Personen in leitender Funktion, die für die Ankündigung zuständig sind, als Täter in Erscheinung treten. Sonstiges Personal wie Schreibkräfte, Büromitarbeiter etc machen sich allenfalls als Gehilfen strafbar. Die Vertreterhaftung nach § 14 StGB ist hier nicht anwendbar, da es lediglich um die Frage geht, welcher konkreten natürli-

---

193 *Geilen* AktG § 399 Rn. 106; Hopt/Wiedemann/*Otto* AktG § 399 Rn. 138.
194 Vgl. KölnKommAktG/*Altenhain* § 399 Rn. 125; Esser/Rübenstahl/Saliger/Tsambikakis/*Brand* GmbHG § 82, AktG § 399 Rn. 137 („kein Sonder-, sondern *Allgemeindelikt*"; Hervorhebung im Original).

chen Person die für die juristische Person gemachten Angaben zuzurechnen sind.[195]

2. Tathandlungen

Die **falschen oder unvollständigen Angaben** (zu den Begriffen s. Rn. 26 f.) müssen in der **öffentlichen Ankündigung** gemäß § 47 Nr. 3 AktG gemacht werden. Adressat der öffentlichen Ankündigung muss die Öffentlichkeit insgesamt sein, jedoch reicht auch eine begrenzte Öffentlichkeit, wie etwa der Kundenkreis einer Bank,[196] aus, wenn die Angaben von weiteren Personen, an die sie weitergegeben werden, genutzt werden können.[197] Die Ankündigung kann durch Veröffentlichungen in Zeitungen/Zeitschriften, Prospekten, Pressemitteilungen, Postwurfsendungen, Aushängen in Kreditinstituten, Radio- und Fernsehsendungen erfolgen.

77

Die Ankündigung kann in Angaben, die zum Zweck der Gründung der Gesellschaft gemacht worden sind (vgl. § 46 Abs. 1 AktG), wie etwa über die Übernahme der Aktien, die Einzahlung auf Aktien, die Verwendung eingezahlter Beträge, etwaige Sondervorteile, den Gründungsaufwand, Sacheinlagen oder Sachübernahmen **falsch** sein. Auch hinsichtlich der Angaben über eine Schädigung der Gesellschaft durch Sacheinlagen oder Sachübernahmen kann dies der Fall sein.

Zu beachten ist die in § 47 Nr. 3 AktG enthaltene **zeitliche Beschränkung**, nach der nur solche öffentlichen Ankündigungen den Tatbestand erfüllen können, die

78

- vor der Eintragung der Gesellschaft in das Handelsregister oder
- in den ersten zwei Jahren nach der Eintragung gemacht werden.

Streitig ist, ob es sich bei der zeitlichen Beschränkung lediglich um eine objektive Bedingung der Strafbarkeit[198] oder um ein vom Vorsatz umfasstes objektives Tatbestandsmerkmal handelt. Die Vertreter, die eine objektive Bedingung der Strafbarkeit annehmen,[199] sehen in der zeitlichen Beschränkung lediglich eine kriminalpolitische Begrenzung der Strafbarkeit. Dagegen meinen die Vertreter der entgegenstehenden Auffassung, dass die zeitliche Begrenzung gerade Tathandlungen mit besonders strafwürdigem Unrecht kennzeichne, weshalb sich auch der Vorsatz auf diese besondere „Risikofrist" beziehen müsse.[200] Letzterer Auffassung ist zuzustimmen.

Zweck der Ankündigung muss die Einführung der Aktien in den Verkehr sein. Nach überwiegender Auffassung begrenzt dieses subjektive Element auch den

79

---

195 So auch Hopt/Wiedemann/*Otto* AktG § 399 Rn. 141; *Geilen* AktG § 399 Rn. 115; aA: Erbs/Kohlhaas/*Schaal* AktG § 399 Rn. 60; Geßler/Hefermehl/Eckardt/Kropff/*Fuhrmann* AktG § 399 Rn. 48.
196 Müller-Gugenberger/*Wagenpfeil* § 50 Rn. 82 mwN.
197 Hopt/Wiedemann/*Otto* AktG § 399 Rn. 148.
198 Zum Begriff beispielsweise *Otto*, Grundkurs Strafrecht Allgemeiner Teil, § 7 Rn. 79 ff.
199 Erbs/Kohlhaas/*Fuhrmann* AktG § 399 Rn. 65; Geßler/Hefermehl/Eckardt/Kropff/*Fuhrmann* AktG § 399 Rn. 53.
200 Vgl. Hopt/Wiedemann/*Otto* AktG § 399 Rn. 144; *Schröder*, Aktienhandel, S. 42.

objektiven Tatbestand dahin, dass die Ankündigung objektiv geeignet sein muss, diesen Zweck zu erreichen.[201]

Auf Kapitalerhöhungen ist § 399 Abs. 1 Nr. 3 AktG nicht anwendbar.[202]

II. Subjektiver Tatbestand

1. Vorsatz

80 Der subjektive Tatbestand erfordert Vorsatz, wobei bedingter Vorsatz ausreicht. Insoweit wird auf oben (s. Rn. 39) verwiesen. Folgt man (wie hier) hinsichtlich der **zeitlichen Beschränkung** der Meinung, es handele sich um ein Tatbestandsmerkmal, so muss sich der Vorsatz des Täters hierauf beziehen.[203]

2. Besondere subjektive Merkmale

81 Ferner muss der Täter zu dem (subjektiven) Zweck gehandelt haben, durch die Angaben in der öffentlichen Ankündigung die Einführung der Aktien in den Verkehr zu ermöglichen oder zu fördern. Er muss – vereinfacht gesagt – also zum **Zweck der Einführung** handeln.

III. Rechtswidrigkeit, Schuld, Irrtumskonstellationen

82 Auch insoweit bestehen keine Besonderheiten. Es kann auf die obigen Ausführungen zu § 399 Abs. 1 Nr. 1 (s. Rn. 41 ff.) verwiesen werden.

IV. Täterschaft und Teilnahme

83 Da § 399 Abs. 1 Nr. 3 AktG **kein Sonderdelikt** darstellt, sind **Täterschaft**,[204] Mittäterschaft, mittelbare Täterschaft und **Teilnahme** nach den allgemeinen Grundsätzen (und ohne Einschränkungen) möglich. Mittelbare Täterschaft ist zB denkbar, wenn die Person, die für die Ankündigung zuständig ist, über die Richtigkeit und Vollständigkeit der Angaben von einem dolosen Hintermann getäuscht wird.

V. Versuch und Vollendung

84 Der **Versuch** ist nicht strafbar, da es sich um ein Vergehen handelt und die Versuchsstrafbarkeit in § 399 AktG nicht ausdrücklich angeordnet ist (s. Rn. 51).

Vollendung tritt ein, wenn die Ankündigung der Öffentlichkeit zugänglich gemacht worden ist. Je nach dem Medium der Bekanntmachung ist dies der Fall, wenn für den Adressatenkreis die Möglichkeit der Kenntnisnahme besteht. Dies kann das Erscheinen einer Tageszeitung, das Aufhängen eines Plakates oder der Zugang eines Prospektes beim Empfänger sein.[205]

VI. Konkurrenzen

85 Der Schwindel bei der öffentlichen Ankündigung von Aktien kann je nach Sachlage tateinheitlich oder tatmehrheitlich mit Betrug (§ 263 StGB), Untreue

---

201 Geßler/Hefermehl/Eckardt/Kropff/*Fuhrmann* AktG § 399 Rn. 52; Hopt/Wiedemann/Otto AktG § 399 Rn. 147; MüKoStGB/*Kiethe* AktG § 399 Rn. 94.
202 Ausführlich Hopt/Wiedemann/*Otto* AktG § 399 Rn. 146.
203 Vgl. Hopt/Wiedemann/*Otto* AktG § 399 Rn. 144; *Schröder,* Aktienhandel, S. 42.
204 Zum Begriff vgl. BGH 15.1.1991 – 5 StR 492/90, BGHSt 37, 289 (291); BGH 23.11.1993 – 1 StR 742/93, wistra 1994, 57.
205 Erbs/Kohlhaas/*Schaal* AktG § 399 Rn. 62.

(§ 266 StGB), Kapitalanlagebetrug (§ 264 a StGB) und strafbarer Werbung (§ 16 UWG) zusammentreffen.

VII. Prozessuales und Besonderheiten

Teilweise wird vertreten, dass auf Fälle des § 399 Abs. 1 Nr. 3 AktG die Vorschrift des § 264 a Abs. 3 StGB analog anzuwenden sei, wenn der Täter freiwillig verhindere, dass aufgrund der Tat die durch den Erwerb bedingte Leistung erbracht werde.[206] Demgegenüber vertritt eine Gegenauffassung die Ansicht, dass § 399 Abs. 1 Nr. 3 AktG einen ganz bestimmten Täterkreis erfasse, in den in der Regel ein besonderes Vertrauen gesetzt werde.[207] Dieser Aspekt werde mit einer analogen Anwendung des § 264 a StGB ausgehebelt. Überhaupt dürfe man dem Gesetzgeber keine Gesetzeserweiterungen per Analogieschluss „aufdrängen".[208] Im Übrigen wird auf die Ausführungen zu Rn. 57 ff. Bezug genommen.

86

E. Tatbestandliche Voraussetzungen des § 399 Abs. 1 Nr. 4 AktG: Kapitalerhöhungsschwindel

Diese Alternative lautet:

(1) Mit Freiheitsstrafe bis zu drei Jahren oder mit Geldstrafe wird bestraft, wer
(...)
4. **als Mitglied des Vorstands oder des Aufsichtsrats zum Zweck der Eintragung einer Erhöhung des Grundkapitals (§§ 182 bis 206) über die Einbringung des bisherigen, die Zeichnung oder Einbringung des neuen Kapitals, den Ausgabebetrag der Aktien, die Ausgabe der Bezugsaktien, über Sacheinlagen, in der Bekanntmachung nach § 183 a Abs. 2 Satz 1 in Verbindung mit § 37 a Abs. 2 oder in der nach § 184 Abs. 1 Satz 3 abzugebenden Versicherung,**
(...)
falsche Angaben macht oder erhebliche Umstände verschweigt.

I. Objektiver Tatbestand
1. Tauglicher Täterkreis

Die Norm ist (wiederum) ein **echtes Sonderdelikt**, da als Täter nur die Mitglieder des Vorstands oder des Aufsichtsrats in Betracht kommen.[209] Ausgehend von den wirtschaftlichen Bezugsnormen des § 399 Abs. 1 Nr. 4 AktG ist hinsichtlich der tauglichen unmittelbaren Täter zu differenzieren:[210]

87

- Bei der Anmeldung der Kapitalerhöhung durch Einlagen sowie bei der Anmeldung dieser Durchführung kommen nur die **Mitglieder des Vorstands** und der **Vorsitzende des Aufsichtsrates** (sowie gegebenenfalls dessen Stellvertreter nach § 107 Abs. 1 S. 3 AktG) als Täter infrage (vgl. §§ 184 Abs. 1, 188 Abs. 1 AktG).
- Ebenso ist es bei der Anmeldung der bedingten Kapitalerhöhung (vgl. § 195 Abs. 1 AktG) und

---

206 *Schröder*, Aktienhandel, S. 46 ff.
207 Hopt/Wiedemann/*Otto* AktG § 399 Rn. 160 f.
208 Esser/Rübenstahl/Saliger/Tsambikakis/*Brand* GmbHG § 82, AktG § 399 Rn. 146.
209 Vgl. BGH 24.3.2016 – 2 StR 36/15, NStZ-RR 2016, 205 (207).
210 Hopt/Wiedemann/*Otto* AktG § 399 Rn. 164 f.

- bei der Kapitalerhöhung mittels genehmigten Kapitals (vgl. § 203 Abs. 1 AktG).
- Für die Anmeldung der Ausgabe von Bezugsaktien bei einer bedingten Kapitalerhöhung ist dagegen allein der **Vorstand** zuständig (vgl. § 201 Abs. 1 AktG). Die übrigen Mitglieder des Aufsichtsrates kommen als Unterlassungstäter in Betracht, da sie Überwachungsgaranten im Hinblick auf die Ordnungsgemäßheit der Kapitalerhöhung durch den Vorstand sind.[211]

2. Schutzrichtung und Tathandlungen

a) Allgemein

88 Die Vorschrift soll die Aufbringung des Kapitals sichern und den Rechts- und Wirtschaftsverkehr davor bewahren, dass Aktien in Umlauf gesetzt werden, die nur Scheinwerte darstellen.[212] Sie ist Schutzgesetz im Sinne des § 823 Abs. 2 BGB.[213] Die Tathandlungen beziehen sich auf die Erhöhung des Grundkapitals der Aktiengesellschaft gemäß §§ 182–206 AktG. Zu unterscheiden sind dabei

- die Kapitalerhöhung gegen Einlagen (§§ 182–191 AktG),
- die bedingte Kapitalerhöhung (§§ 192–201 AktG) und
- die Kapitalerhöhung aus genehmigtem Kapital (§§ 202–206 AktG).

Nicht betroffen ist hier die Kapitalerhöhung aus Gesellschaftsmitteln, die von § 399 Abs. 2, 1. Alt. AktG erfasst wird.

b) Tathandlungen

89 Die Tathandlungen entsprechen denen der übrigen Tatbestandsalternativen des § 399 Abs. 1 AktG. Es müssen demnach **falsche** oder **unvollständige Angaben zum Zweck der Eintragung** in das Handelsregister gemacht werden. Allerdings müssen sich die Angaben hier auf bestimmte Vorgänge beziehen, die für die oben genannten jeweiligen Kapitalerhöhungen von Bedeutung sind. Es sind zu unterscheiden: Die Kapitalerhöhung gegen Einlagen (§§ 192–201 AktG) und die Kapitalerhöhung mit genehmigtem Kapital (§§ 202–206 AktG). Durch Gesetz vom 30.7.2009[214] haben mit Wirkung zum 1.9.2009 zudem die Bekanntmachung nach § 183a Abs. 2 S. 1 iVm § 37a Abs. 2 AktG und die Versicherung nach § 184 Abs. 1 S. 3 AktG tatbestandliche Bedeutung erlangt.

aa) Kapitalerhöhung gegen Einlagen und Kapitalerhöhung aus genehmigtem Kapital

90 Bei der **Kapitalerhöhung gegen Einlagen** und bei der **Kapitalerhöhung aus genehmigtem Kapital** sind unrichtige Angaben betreffend folgender Sachverhalte tatbestandsmäßig:

- **Einbringung des bisherigen Kapitals**
  Gemäß §§ 184 Abs. 3, 203 Abs. 3 S. 4 AktG ist eine Erklärung darüber abzugeben, welche Einlagen auf das bisherige Grundkapital noch nicht geleis-

---

211 So auch Achenbach/Ransiek/Rönnau/*Ransiek* 8. Teil, 3. Kap. Rn. 65 mwN; aA: BGH 11.7.1988 – II ZR 243/87, BGHZ 105, 121 (133); *Geilen* AktG § 399 Rn. 133; zu § 82 GmbHG vgl. BayObLG 30.5.1994 – 4St RR 74/94, NJW 1994, 2967 f.
212 BGH 11.7.1988 – II ZR 243/87, BGHZ 105, 121 ff.
213 BGH 11.7.1988 – II ZR 243/87, BGHR BGB § 823 Abs. 2 Schaden 1.
214 BGBl. I 2479.

tet und inwieweit sie noch zu erlangen sind (vgl. §§ 182 Abs. 4, 203 Abs. 3 S. 1–3 AktG). Der Begriff der Einbringung des bisherigen Kapitals entspricht dem der Einzahlung auf Aktien (hierzu s. Rn. 31).

- **Zeichnung oder Einbringung des neuen Kapitals**
  Aus §§ 188 Abs. 1, Abs. 3 Nr. 1, 203 Abs. 1 AktG ergeben sich die erforderlichen Angaben für die Zeichnung, aus §§ 188 Abs. 1, 2, 203 Abs. 1 AktG die erforderlichen Angaben für die Einbringung. Jeweils in Verbindung mit § 36 Abs. 2 AktG und § 37 Abs. 1 AktG ist zu erklären, ob das neue Kapital zur freien Verfügung des Vorstands steht.[215]
- **Ausgabebetrag der Aktien**
  Aus §§ 188 Abs. 1, 2, 203 Abs. 1 AktG iVm § 37 Abs. 1 AktG ergibt sich, dass die Anmeldung Erklärungen über den Ausgabebetrag der Aktien, über bereits geleistete Einzahlungen und dass diese Beträge zur freien Verfügung des Vorstands stehen, enthalten.
- **Sacheinlagen**
  Bei der Anmeldung des Erhöhungsbeschlusses zum Handelsregister sind Angaben über Sacheinlagen[216] notwendig. Gemäß § 184 Abs. 1 AktG ist ihnen der Bericht über die Prüfung der Sacheinlagen gemäß § 183 Abs. 3 AktG beizufügen. Darüber hinaus sind gemäß §§ 188 Abs. 3 Nr. 2, 203 Abs. 1 AktG die Verträge beizufügen, die den Festsetzungen nach § 183 AktG zugrunde liegen. Schließlich muss bei der Anmeldung die Erklärung beigebracht werden, dass die Sacheinlagen vollständig geleistet worden sind (§ 186 Abs. 2 AktG iVm §§ 36 a Abs. 2, 37 Abs. 1 AktG). Probleme ergeben sich bei verdeckten bzw. verschleierten Sacheinlagen.

Mit Gesetz vom 30.7.2009[217] haben mit Wirkung zum 1.9.2009 zudem die Bekanntmachung nach § 183 a Abs. 2 S. 1 iVm § 37 Abs. 2 AktG und die Versicherung nach § 184 Abs. 1 S. 3 AktG tatbestandliche Bedeutung erlangt. Bisher galt im Aktienrecht bei Sacheinlagen ohne Ausnahme der Grundsatz der **externen Werthaltigkeitsprüfung**.[218] Sowohl im Falle der Sachgründung (§ 33 Abs. 2 Nr. 4 AktG) als auch im Falle der Kapitalerhöhung gegen Sacheinlage (§ 183 Abs. 3 S. 1 AktG) hatte dies Bedeutung.[219] Dieser Grundsatz ist durch eine europarechtliche Änderungsrichtlinie aufgeweicht worden. Art. 10 a der Änderungsrichtlinie führte zu den jeweiligen Formulierungen in § 33 a AktG für die Sachgründung und in § 183 a AktG für die Kapitalerhöhung gegen Sacheinlage im deutschen Aktiengesetz. Nach § 183 a Abs. 1 S. 1 iVm § 33 a AktG kann auf eine externe Prüfung der Werthaltigkeit der Sacheinlage verzichtet werden, wenn sich der Verkehrswert der Sacheinlage unschwer ermitteln lässt. Dafür setzt § 33 a Abs. 1 Nr. 1 AktG voraus, dass sich bei übertragbaren Wertpapieren ein gewichteter Durchschnittspreis während der letzten drei Monate vor der Sacheinlage aufgrund der Handelspreise für dieses Wertpapier auf einem organisierten Kapitalmarkt ermitteln lässt.

---

215 Zum Begriff der „freien Verfügung" vgl. BGH 11.11.1985 – II ZR 109/84, BGHZ 96, 239; *Steinmetz* S. 31 ff.
216 Hierzu Hopt/Wiedemann/*Otto* AktG § 399 Rn. 81, 171.
217 BGBl. I 2479.
218 Vgl. Heidel/*Elser* AktG § 183 a Rn. 1 mwN.
219 Europarechtliche Grundlage in: Art. 10 Abs. 2 und 3 der 2. Kapitalrichtlinie; vgl. Heidel/*Elser* AktG § 183 a Rn. 1.

Gemäß § 183 a Abs. 2 S. 1 AktG hat der Vorstand das Datum des Beschlusses über die Kapitalerhöhung sowie die Angaben nach § 37 a Abs. 1 und 2 AktG in den Gesellschaftsblättern bekanntzumachen. Erfolgen in dieser Bekanntmachung falsche Angaben, wird dies durch § 399 Abs. 1 Ziff. 4 AktG nun erfasst.[220]

Ähnlich gestaltet es sich im Falle der Anmeldung der Erhöhung des Grundkapitals zur Eintragung in das Handelsregister nach § 184 AktG. Falschangaben in der Anmeldung werden nun über § 399 Abs. 1 Ziff. 4, letzte Alternative, iVm §§ 184 Abs. 3 S. 1, 37 a AktG erfasst.[221]

bb) Bedingte Kapitalerhöhung

92 Bei der **bedingten Kapitalerhöhung** sind Angaben über Sacheinlagen erforderlich (§§ 195 Abs. 1, 194 AktG); zudem sind die entsprechenden Verträge und Prüfungsberichte (§§ 195 Abs. 2 Nr. 1, 194 Abs. 4 AktG) beizufügen. Weitergehende Angaben regelt § 201 AktG. Angaben betreffend die Erbringung des bisherigen Kapitals und über die Zeichnung des neuen Kapitals sind hier nicht erforderlich.

II. Subjektiver Tatbestand
1. Vorsatz

93 Der subjektive Tatbestand erfordert Vorsatz, wobei bedingter Vorsatz ausreicht.[222] Insoweit wird auf oben verwiesen.[223]

2. Besondere subjektive Merkmale

94 Der Täter muss zum **Zwecke der Eintragung** handeln. Auf die obigen Ausführungen wird Bezug genommen.[224]

III. Rechtswidrigkeit, Schuld, Irrtumskonstellationen

95 Auch insoweit bestehen keine Besonderheiten. Es kann auf die obigen Ausführungen zu § 399 Abs. 1 Nr. 1 AktG verwiesen werden.[225]

IV. Täterschaft und Teilnahme

96 § 399 Abs. 1 Nr. 4 AktG stellt ein **echtes Sonderdelikt** dar. **Mittäterschaft** und **mittelbare Täterschaft** sind nach den allgemeinen Grundsätzen möglich, falls die tauglichen Täter eine von § 399 Abs. 1 Nr. 4 AktG geforderte Position innehaben. Die **Teilnahme** (Anstiftung und Beihilfe) bestimmt sich nach den allgemeinen Regeln (§§ 26, 27 StGB).

V. Versuch und Vollendung

97 Der **Versuch** ist nicht strafbar, da es sich um ein Vergehen handelt und die Versuchsstrafbarkeit nicht ausdrücklich in § 399 AktG angeordnet ist (s. Rn. 51).

---

220 Vgl. ausführlich Heidel/*Elser* AktG § 183 a Rn. 2 ff.
221 Vgl. Heidel/*Elser* AktG § 184 Rn. 1 f.
222 BGH 8.3.1977 – 5 StR 607/76, GA 1977, 340 (342).
223 Vgl. Rn. 39 und Hopt/Wiedemann/*Otto* AktG § 399 Rn. 88, 173.
224 S. Rn. 40 und Hopt/Wiedemann/*Otto* AktG § 399 Rn. 46 f., 89, 174.
225 S. Rn. 41 ff. und das Beispiel bei Hopt/Wiedemann/*Otto* AktG § 399 Rn. 46 f., 89, 177.

Vollendung tritt ein, wenn die Angaben beim Registergericht ordnungsgemäß eingegangen sind[226] bzw. dort zur Kenntnis genommen werden.[227]

VI. Konkurrenzen

1. Innertatbestandliche Konkurrenzen

Die unter § 399 Abs. 1 Nr. 1–6, Abs. 2 AktG genannten Tatbestände untereinander werden als ein **einheitliches Delikt** behandelt, wenn durch eine Anmeldung mehr als eine Alternative erfüllt wird (s. ausführlich Rn. 53).

2. Konkurrenzen im Verhältnis zu anderen Gesetzen

Der Kapitalerhöhungsschwindel kann je nach Sachlage tateinheitlich oder tatmehrheitlich mit Betrug (§ 263 StGB), Untreue (§ 266 StGB), Kapitalanlagebetrug (§ 264 a StGB) oder unrichtiger Darstellung und strafbarer Werbung (§ 16 UWG) zusammentreffen.

VII. Prozessuales

Es wird auf die Ausführungen oben zu Rn. 57 ff. Bezug genommen.

F. Tatbestandliche Voraussetzungen des § 399 Abs. 1 Nr. 5 AktG: Abwicklungsschwindel

Diese Alternative lautet:

(1) Mit Freiheitsstrafe bis zu drei Jahren oder mit Geldstrafe wird bestraft, wer

(...)

5. als Abwickler zum Zweck der Eintragung der Fortsetzung der Gesellschaft in dem nach § 274 Abs. 3 zu führenden Nachweis oder

(...)

falsche Angaben macht oder erhebliche Umstände verschweigt.

I. Objektiver Tatbestand

1. Tauglicher Täterkreis

Die Norm ist ein **echtes Sonderdelikt**, da als Täter nur **Abwickler** (Liquidatoren) in Betracht kommen. Man unterscheidet sogenannte geborene Abwickler, gekorene Abwickler und befohlene Abwickler. **Geborene Abwickler** sind gemäß § 265 AktG zB die Vorstandsmitglieder der gemäß § 262 AktG aufgelösten Gesellschaft und ihre Stellvertreter. **Gekorene Abwickler** sind andere, dem Vorstand nicht angehörende Personen, die durch Satzung oder Beschluss der Gesellschaft oder der Hauptversammlung (§ 265 Abs. 2 AktG) bestellt werden, wobei auch juristische Personen und Personenvereinigungen[228] (OHG, KG) infrage kommen. **Befohlene Abwickler** sind natürliche oder juristische Personen und Personenvereinigungen,[229] die gemäß § 265 Abs. 3 AktG aus wichtigem Grund vom Registergericht zum Abwickler bestellt werden können.

---

226 *Geilen* AktG § 399 Rn. 139.
227 BGH 24.3.2016 – 2 StR 36/15, NStZ-RR 2016, 205 (207).
228 Ob Personenvereinigungen infrage kommen, ist str., vgl. Hopt/Wiedemann/*Otto* AktG § 399 Rn. 186 mwN.
229 Streitig, vgl. vorherige Fußnote.

Ist der Bestellungsakt aus formellen Gründen unwirksam, kann der Abwickler als **faktischer Abwickler** täterschaftlich haften.[230]

2. Schutzrichtung und Tathandlungen

102 Die Vorschrift soll sicherstellen, dass bei Eintragung der Fortsetzung einer aufgelösten Gesellschaft die Verteilung des Gesellschaftsvermögens unter den Aktionären noch nicht begonnen hat. Die Tathandlungen entsprechen denen der übrigen Tatbestandsalternativen des § 399 Abs. 1 AktG. Es müssen demnach **falsche** oder **unvollständige Angaben** (s. Rn. 26 f.) gemacht werden.

103 Bezugsgegenstand der Angaben ist nach § 399 Abs. 1 Nr. 5 AktG der nach § 274 Abs. 3 AktG zu führende **Nachweis**. Nach § 274 Abs. 1 AktG kann eine aufgelöste Gesellschaft durch Beschluss der Hauptversammlung fortgesetzt werden, solange noch nicht mit der Verteilung des Gesellschaftsvermögens unter den Aktionären begonnen wurde. Die Abwickler haben diesen Vorgang zur Eintragung in das Handelsregister anzumelden und dabei den Nachweis zu erbringen, dass noch nicht mit der Verteilung begonnen wurde. Der Nachweis besteht aus der Versicherung der Abwickler und der diese Versicherung stützenden Beweisführung.[231] Die **Verteilung hat begonnen**, wenn auch nur ein Aktionär etwas von dem Vermögen der Gesellschaft erhalten hat. Die konkrete Möglichkeit, den Vermögensgegenstand in das Vermögen der Gesellschaft zurückführen zu können, spielt ebenso wenig eine Rolle wie die Frage, ob das Grundkapital der Gesellschaft noch gedeckt ist.[232]

104 Zur **Beweisführung** bedient sich der Täter regelmäßig Bescheinigungen Dritter (zB Buch- und Wirtschaftsprüfer). Da sich der Täter diese zu eigen macht, fallen sie unter seine Angaben. Er muss nur wissen (bedingter Vorsatz genügt), dass die von ihm vorgelegten Erklärungen unrichtige oder unvollständige Angaben in der notwendigen Beweisführung enthalten.[233] Durch den subjektiven Zweck der Eintragung der Fortsetzung der Gesellschaft werden die relevanten Angaben objektiv begrenzt. Angaben, die für die Fortsetzung der Gesellschaft irrelevant sind, erfüllen den Tatbestand nicht.[234]

II. Subjektiver Tatbestand

1. Vorsatz

105 Der subjektive Tatbestand erfordert Vorsatz, wobei bedingter Vorsatz ausreicht.[235] Insoweit wird nach oben verwiesen.[236]

2. Besondere subjektive Merkmale

106 Der Täter muss überdies zum **Zwecke der Eintragung der Fortsetzung der Gesellschaft** handeln. Auf die obigen Ausführungen wird Bezug genommen.[237]

---

230 Hopt/Wiedemann/*Otto* AktG § 399 Rn. 189; aA: MüKoStGB/*Kiethe* AktG § 399 Rn. 116.
231 Hopt/Wiedemann/*Otto* AktG § 399 Rn. 191 f.
232 Vgl. *Geilen* AktG § 399 Rn. 146.
233 *Geilen* AktG § 399 Rn. 147.
234 Hopt/Wiedemann/*Otto* AktG § 399 Rn. 194 mwN.
235 BGH 8.3.1977 – 5 StR 607/76, GA 1977, 340 (342).
236 S. Rn. 39 und Hopt/Wiedemann/*Otto* AktG § 399 Rn. 86 ff., 195.
237 S. Rn. 40 und Hopt/Wiedemann/*Otto* AktG § 399 Rn. 196, 89, 46 f.

III. Rechtswidrigkeit, Schuld, Irrtumskonstellationen

Es kann auf die obigen Ausführungen zu § 399 Abs. 1 Nr. 1 AktG verwiesen werden.[238] 107

IV. Täterschaft und Teilnahme

§ 399 Abs. 1 Nr. 5 AktG stellt ein **echtes Sonderdelikt** dar. **Mittäterschaft** und **mittelbare Täterschaft** sind nach den allgemeinen Grundsätzen möglich, falls die tauglichen Täter eine von § 399 Abs. 1 Nr. 5 AktG geforderte Position innehaben. Die **Teilnahme** (Anstiftung und Beihilfe) bestimmt sich nach den allgemeinen Regeln (§§ 26, 27 StGB). 108

V. Versuch und Vollendung

Der **Versuch** ist nicht strafbar, da es sich um ein Vergehen handelt und die Versuchsstrafbarkeit nicht ausdrücklich in § 399 AktG geregelt ist (s. Rn. 51). 109

Vollendung tritt ein, wenn die eigene Versicherung der Abwickler und der entsprechende Nachweis beim Registergericht ordnungsgemäß eingegangen sind.[239]

VI. Konkurrenzen

1. Innertatbestandliche Konkurrenzen

Die unter § 399 Abs. 1 Nr. 1–6, Abs. 2 AktG genannten Tatbestände untereinander werden als ein **einheitliches Delikt** behandelt, wenn durch eine Anmeldung mehr als eine Alternative erfüllt wird (s. ausführlich Rn. 53). 110

2. Konkurrenzen im Verhältnis zu anderen Gesetzen

Der Abwicklungsschwindel kann mit der falschen eidesstattlichen Versicherung gemäß § 156 StGB tateinheitlich zusammentreffen, wenn von den Abwicklern als Nachweis eine eidesstattliche Versicherung gefordert wird. Im Übrigen wird auf die obigen Ausführungen verwiesen.[240] 111

VII. Prozessuales

Es wird auf die Ausführungen zu Rn. 57 ff. Bezug genommen. 112

G. Tatbestandliche Voraussetzungen des § 399 Abs. 1 Nr. 6 AktG: Abgabe unrichtiger Versicherungen – „Eignungsschwindel"

Diese Alternative lautet:

(1) Mit Freiheitsstrafe bis zu drei Jahren oder mit Geldstrafe wird bestraft, wer (…)

6. als Mitglied des Vorstands einer Aktiengesellschaft oder des Leitungsorgans einer ausländischen juristischen Person in der nach § 37 Abs. 2 Satz 1 oder § 81 Abs. 3 Satz 1 abzugebenden Versicherung oder als Abwickler in der nach § 266 Abs. 3 Satz 1 abzugebenden Versicherung

falsche Angaben macht oder erhebliche Umstände verschweigt.

---

238 S. Rn. 41 ff. und das Beispiel bei Hopt/Wiedemann/*Otto* AktG § 399 Rn. 46 f., 89, 177.
239 Hopt/Wiedemann/*Otto* AktG § 399 Rn. 200, 103 ff.
240 S. Rn. 56 und Hopt/Wiedemann/*Otto* AktG § 399 Rn. 203, 118 ff.

I. Objektiver Tatbestand
1. Tauglicher Täterkreis

113 Die Norm ist ein **echtes Sonderdelikt**, da als Täter nur die Mitglieder des Vorstands (s. Rn. 16 ff.), des Leitungsorgans einer ausländischen juristischen Person[241] oder Abwickler in Betracht kommen.

Leitungsorgane ausländischer juristischer Personen sind deren gesetzliche Vertreter. Nach den Gesetzesmaterialien soll die Regelung nicht dazu führen, dass an den deutschen Inhabilitätsvorschriften die Fähigkeit von Personen, Organ einer ausländischen Gesellschaft sein zu können, gemessen werden soll.[242] Dies bleibt Aufgabe des Rechts, dem die ausländische Gesellschaft unterliegt.[243] Es gilt nur zu verhindern, dass nach deutschem Recht inhabile Personen als Organe einer ausländischen Gesellschaft in Deutschland eine Zweigniederlassung eintragen lassen.

2. Schutzrichtung und Tathandlungen
a) Schutzrichtung

114 Die Vorschrift wurde durch das Gesetz zur Änderung des GmbHG vom 4.7.1980[244] in das Aktiengesetz eingefügt. Sie soll sicherstellen, dass die scharfen Bestimmungen über die Eignung als Vorstandsmitglied oder als Abwickler beachtet und entsprechende wahrheitsgemäße Versicherungen gegenüber dem Registergericht abgegeben werden.

b) Tathandlungen

115 Es müssen **falsche** oder **unvollständige Angaben** (zu den Begriffen s. Rn. 26 f.) in den nach §§ 37 Abs. 2 S. 1, 81 Abs. 3 S. 1, 266 Abs. 3 S. 1 AktG geregelten Erklärungen gemacht werden. In diesen Erklärungen haben die tauglichen Täter gegenüber dem Registergericht zu versichern, dass keine Umstände vorliegen, die ihrer Bestellung nach § 76 Abs. 3 S. 2 AktG entgegenstehen, und dass sie über ihre unbeschränkte Auskunftspflicht belehrt worden sind. Die Angaben müssen in der Versicherung enthalten sein, was auch der Fall ist, wenn der Täter erst auf Aufforderung des Registergerichts ergänzende falsche Angaben macht.[245] Tatbestandsmäßig sind nur die in § 76 Abs. 3 S. 2, 3 AktG vorgeschriebenen Angaben. Gibt ein tauglicher Täter keine Versicherung ab, so ist dies nicht tatbestandsmäßig.[246]

116 Wer wegen einer der in § 76 Abs. 3 S. 2 Nr. 3 a–e AktG genannten **Straftaten** verurteilt wurde, kann für die Dauer von fünf Jahren ab Rechtskraft nicht Vorstandsmitglied sein (§ 76 Abs. 3 S. 2 aE AktG). Auch der, dem durch Gerichtsurteil oder durch Verwaltungsakt die **Ausübung eines Berufes, Berufszweiges, Gewerbes oder Gewerbezweiges** untersagt wurde, kann für den Zeitraum des Verbotes bei einer Gesellschaft, deren Unternehmensgegenstand ganz oder teilweise mit dem Verbotsgegenstand übereinstimmt, nicht Vorstandsmitglied oder Abwickler sein (§ 76 Abs. 3 S. 2 Nr. 2 AktG). Beispielhaft seien hier das

---

241 Erweiterung eingefügt durch Gesetz vom 23.10.2008 mWv 1.11.2008, BGBl. I 2026.
242 BT-Drs. 16/6140, 50.
243 MüKoStGB/*Kiethe* AktG § 399 Rn. 121.
244 BGBl. I 836.
245 BayObLG 10.12.1981 – BReg 1 Z 184/81, GmbHR 1982, 211.
246 Geßler/Hefermehl/Eckardt/Kropff/*Fuhrmann* AktG § 399 Rn. 81.

strafrechtliche Berufsverbot gemäß § 70 StGB, die Ausschließung aus der Rechtsanwaltskammer gemäß § 114 BRAO und die Gewerbeuntersagungen gemäß § 35 GewO sowie gemäß § 3 EinzelhandelsG genannt.[247] Ein zur Bewährung ausgesetztes Berufsverbot gemäß § 70 a StGB muss nicht angegeben werden,[248] weil dem Verurteilten im Zeitpunkt der Anmeldung die Berufsausübung gerade nicht untersagt ist.

Die tauglichen Täter haben die Versicherung bei ihrer **persönlich erstmaligen Bestellung** anzugeben. 117

II. Subjektiver Tatbestand

1. Vorsatz

Der subjektive Tatbestand erfordert Vorsatz, wobei bedingter Vorsatz ausreicht.[249] Insoweit wird nach oben verwiesen.[250] 118

2. Besondere subjektive Merkmale

Zum **Zwecke der Eintragung** muss der Täter hier **nicht** handeln. Er handelt daher auch dann tatbestandsmäßig, wenn er die Unrichtigkeit oder Unvollständigkeit der Angaben in seiner Versicherung kennt, dabei aber nicht weiß, dass die Versicherung Vorbedingung seiner Eintragung in das Handelsregister ist.[251] 119

III. Rechtswidrigkeit und Schuld

Auch insoweit bestehen keine Besonderheiten. Es kann auf die obigen Ausführungen (s. Rn. 41) verwiesen werden. 120

IV. Irrtumskonstellationen

Auf die Ausführungen zu § 399 Abs. 1 Nr. 1 AktG wird grundsätzlich verwiesen.[252] Besonderheiten können hinsichtlich der relevanten Fristen auftreten. 121

Beispiele:

Geht der Täter irrigerweise davon aus, dass die Fristen abgelaufen sind, liegt ein vorsatzausschließender **Tatbestandsirrtum** gemäß § 16 StGB vor.[253] Ist der Täter dagegen der irrigen Auffassung, er sei nicht verpflichtet, sich selbst zu bezichtigen, handelt es sich um einen **Verbotsirrtum** gemäß § 17 StGB.

V. Täterschaft und Teilnahme

§ 399 Abs. 1 Nr. 6 AktG stellt ein **echtes Sonderdelikt** dar (s. Rn. 117). Zudem handelt es sich um ein **eigenhändiges Delikt**.[254] Täter kann nur der sein, der in eigener Sache die erforderlichen Angaben macht. Andere Vorstandsmitglieder 122

---

247 Vgl. *Eyermann* JuS 1964, 269; MüKoStGB/*Kiethe* AktG § 399 Rn. 126.
248 So auch Achenbach/Ransiek/Rönnau/*Ransiek* 8. Teil, 3. Kap. Rn. 84; Hopt/Wiedemann/*Otto* AktG § 399 Rn. 210; MüKoStGB/*Kiethe* AktG § 399 Rn. 127; aA: *Geilen* AktG § 399 Rn. 157.
249 BGH 8.3.1977 – 5 StR 607/76, GA 1977, 340 (342).
250 S. Rn. 39 und Hopt/Wiedemann/*Otto* AktG § 399 Rn. 88, 173.
251 Näher dazu *Geilen* AktG § 399 Rn. 161.
252 S. Rn. 42 ff. und das Beispiel bei Hopt/Wiedemann/*Otto* AktG § 399 Rn. 46 f., 89, 177.
253 Beispiel bei *Geilen* AktG § 399 Rn. 159.
254 Vgl. Hopt/Wiedemann/*Otto* AktG § 399 Rn. 219 mwN.

und Abwickler können wegen **Teilnahme** (Anstiftung und Beihilfe) nach den allgemeinen Regeln (§§ 26, 27 StGB) strafbar sein.

VI. Versuch und Vollendung

123 Der **Versuch** ist nicht strafbar, da es sich um ein Vergehen handelt und die Versuchsstrafbarkeit nicht ausdrücklich in § 399 AktG angeordnet ist (s. Rn. 51).

Vollendung tritt ein, wenn die Angaben beim Registergericht ordnungsgemäß eingegangen sind.[255]

VII. Konkurrenzen
1. Innertatbestandliche Konkurrenzen

124 Die unter § 399 Abs. 1 Nr. 1–6, Abs. 2 AktG genannten Tatbestände untereinander werden als ein **einheitliches Delikt** behandelt, wenn durch eine Anmeldung mehr als eine Alternative erfüllt wird (s. ausführlich Rn. 53).

2. Konkurrenzen im Verhältnis zu anderen Gesetzen

125 Tateinheit und Tatmehrheit mit anderen Straftatbeständen ist möglich. Hier kommt es auf den Einzelfall an.

VIII. Prozessuales

126 Es wird auf die Ausführungen unter Rn. 57 ff. Bezug genommen.

H. Tatbestandliche Voraussetzungen des § 399 Abs. 2 AktG: Abgabe wahrheitswidriger Erklärungen

Diese Alternative lautet:

(2) Ebenso wird bestraft, wer als Mitglied des Vorstands oder des Aufsichtsrats zum Zweck der Eintragung einer Erhöhung des Grundkapitals die in § 210 Abs. 1 Satz 2 vorgeschriebene Erklärung der Wahrheit zuwider abgibt.

I. Objektiver Tatbestand
1. Tauglicher Täterkreis

127 Die Norm ist ein **echtes Sonderdelikt**, da als Täter nur die Mitglieder des Vorstands (s. Rn. 16 ff.) oder des Aufsichtsrats (s. Rn. 22 ff.) in Betracht kommen. Der weit gefasste Wortlaut der Norm wird durch die wirtschaftsrechtlichen Bezugsnormen jedoch eingeschränkt. So ist die gemäß § 210 Abs. 1 S. 2 AktG relevante Erklärung bei der Anmeldung zum Handelsregister abzugeben, die gemäß §§ 207 Abs. 2, 184 Abs. 1 AktG vom Vorstand und vom Aufsichtsratsvorsitzenden vorzunehmen ist. Als **taugliche Täter** kommen daher nur die **Mitglieder des Vorstands** und der **Vorsitzende des Aufsichtsrats** sowie dessen **Stellvertreter** (§ 107 Abs. 1 S. 3 AktG) in Betracht.

2. Schutzrichtung und Tathandlungen

128 Die Vorschrift schützt die **Kapitalerhöhung aus Gesellschaftsmitteln**[256] (sogenannte **nominelle Kapitalerhöhung**). Sie soll ua auch sicherstellen, dass das

---
255 *Geilen* AktG § 399 Rn. 139.
256 *Geilen* AktG § 399 Rn. 164, 167.

durch die Kapitalerhöhung geschaffene Grundkapital zum Zeitpunkt des Wirksamwerdens des Beschlusses wirtschaftlich noch zur Verfügung steht.[257]

Tathandlung sind **unrichtige** oder **unvollständige Angaben** (s. Rn. 26 f.) zum Zweck der Eintragung einer Erhöhung des Grundkapitals aus Gesellschaftsmitteln in der Erklärung, die der Täter nach § 210 Abs. 1 S. 2 AktG abzugeben hat. Die Anmeldenden haben darin zu erklären, dass nach ihrer Kenntnis seit dem Stichtag der zugrunde gelegten Bilanz bis zum Tag der Anmeldung keine Vermögensminderung eingetreten ist, die der Kapitalerhöhung entgegenstünde, wenn sie am Tag der Anmeldung beschlossen worden wäre. Das ist beispielsweise gemäß § 208 Abs. 2 AktG nicht der Fall, wenn in der Zwischenzeit eine Vermögensminderung eingetreten ist, die bei Anrechnung der entstandenen Verluste auf die umwandlungsfähigen Rücklagen deren Verwendung unmöglich machen würde.[258] Im Gegensatz zu § 399 Abs. 1 AktG ist das **Verschweigen erheblicher Umstände** in § 399 Abs. 2 AktG nicht wörtlich geregelt. Nach überwiegender Auffassung ist es aber auch hier tatbestandsmäßig, da die wirtschaftsrechtlichen Bezugsnormen ganz bestimmte – erhebliche – Angaben fordern, deren Verschweigen dazu führt, dass die Angaben unvollständig und damit unrichtig sind.[259] 129

II. Subjektiver Tatbestand

1. Vorsatz

Der subjektive Tatbestand erfordert Vorsatz, wobei bedingter Vorsatz ausreicht.[260] Insoweit wird nach oben verwiesen.[261] 130

2. Besondere subjektive Merkmale

Der Täter muss zum **Zwecke der Eintragung** handeln. Auf die obigen Ausführungen wird Bezug genommen.[262] 131

III. Rechtswidrigkeit, Schuld, Irrtumskonstellationen, Täterschaft, Teilnahme, Versuch und Vollendung

Auch insoweit bestehen keine Besonderheiten. Auf die Ausführungen zu § 399 Abs. 1 Nr. 1 AktG (s. Rn. 41 ff.) wird verwiesen. 132

IV. Konkurrenzen

Auf die Ausführungen zu § 399 Abs. 1 Nr. 4 AktG (s. Rn. 97 f.) wird verwiesen. 133

---

257 Hopt/Wiedemann/*Otto* AktG § 399 Rn. 226.
258 Vgl. Geßler/Hefermehl/Eckardt/Kropff/*Fuhrmann* AktG § 399 Rn. 21.
259 So Erbs/Kohlhaas/*Fuhrmann* AktG § 399 Anm. 10; Geßler/Hefermehl/Eckardt/Kropff/*Fuhrmann* AktG § 399 Rn. 89; *Geilen* AktG § 399 Rn. 166; Hopt/Wiedemann/*Otto* AktG § 399 Rn. 223.
260 BGH 8.3.1977 – 5 StR 670/76, GA 1977, 340 (342).
261 S. Rn. 39 und Hopt/Wiedemann/*Otto* AktG § 399 Rn. 88, 173.
262 S. Rn. 40 und Hopt/Wiedemann/*Otto* AktG § 399 Rn. 46 f., 89, 174.

V. Strafverfolgung
1. Offizialdelikt

134 Bei den verschiedenen Tatbeständen des § 399 StGB handelt es sich um **Offizialdelikte**,[263] die von Amts wegen verfolgt werden. Ein Strafantrag ist nicht erforderlich. Ermittlungen können daher auch bei „Rücknahme einer Strafanzeige" fortgeführt werden.

2. Gerichtliche Zuständigkeit

135 Gemäß § 74 c Abs. 1 Nr. 1 GVG ist für Straftaten nach dem AktG eine Strafkammer als Wirtschaftsstrafkammer zuständig, soweit nach § 74 Abs. 1 GVG als Gericht des ersten Rechtszuges und nach § 74 Abs. 3 GVG für die Verhandlung und Entscheidung über das Rechtsmittel der Berufung gegen die Urteile des Schöffengerichts das Landgericht zuständig ist.

3. Verjährung

136 Gemäß § 78 Abs. 3 Nr. 4 StGB verjähren Taten nach § 399 AktG nach fünf Jahren. Verjährungsbeginn, -unterbrechung und -hemmung bestimmen sich nach §§ 78 a–c StGB. Die Verjährung beginnt mit der Beendigung der Ausführungshandlung. Da es sich bei § 399 AktG um ein abstraktes Gefährdungsdelikt handelt, beginnt die Verjährung bereits mit der Gefährdung; eine Verletzung ist nicht erforderlich.

Beispiel:

Beim Kapitalerhöhungsschwindel beginnt die Verjährung mit Abgabe der Erklärung und nicht erst mit dem Eintritt einer Täuschung oder eines Vermögensschadens bei einem Dritten.[264]

4. Strafe

137 Die von § 399 AktG sanktionierten Straftaten sind Vergehen gemäß § 12 Abs. 2 StGB. Sie können mit Geldstrafe (vgl. §§ 40, 41 StGB) oder Freiheitsstrafe (vgl. §§ 38, 39 StGB) bis zu drei Jahren geahndet werden. Die Vorschriften über die Einziehung gemäß §§ 73 ff. StGB finden Anwendung und werden in den letzten Jahren von den Strafverfolgungsbehörden und Gerichten verstärkt zur Anwendung gebracht. Auch die Verhängung eines Berufsverbots gemäß § 70 StGB kommt in Betracht. Bei Teilnehmern kann gemäß §§ 28 Abs. 1, 49 Abs. 1 StGB die Strafe gemildert werden. Den verurteilten Täter eines Delikts nach § 399 AktG trifft gemäß § 76 Abs. 3 S. 2 Nr. 3 c) AktG für die Dauer von fünf Jahren die Inhabilität, dh die Unfähigkeit, das Amt eines Geschäftsführers oder Vorstands auszuüben. Das gilt auch dann, wenn die abgeurteilte Tat vor Inkrafttreten des MoMiG datiert. Nach der Rspr. des OLG München kann eine vor dem 1.11.2008 begangene, jedoch nicht rechtskräftig abgeurteilte Straftat der Sanktion des § 76 Abs. 3 S. 2 Nr. 3 c) AktG unterstellt werden. Verfassungsrechtliche Bedenken bestünden nicht.[265] Neben dem Täter selbst kann das Unternehmen mit einer Unternehmensgeldbuße gemäß § 30 Ord-

---

263 Vgl. dazu *Fischer* StGB Vor § 77 Rn. 2.
264 Hopt/Wiedemann/*Otto* AktG § 399 Rn. 238; **aA**: *Geilen* AktG § 399 Rn. 180.
265 OLG München 26.4.2016 – 31 Wx 117/16, wistra 2016, 419.

nungswidrigkeitengesetz belegt werden.[266] Im Schrifttum wird de lege ferenda die Ausdehnung des Rechtsinstituts der tätigen Reue auf § 399 AktG befürwortet.[267]

Kap. 9.2. § 400 AktG Unrichtige Darstellung
§ 400 AktG Unrichtige Darstellung

(1) Mit Freiheitsstrafe bis zu drei Jahren oder mit Geldstrafe wird bestraft, wer als Mitglied des Vorstands oder des Aufsichtsrats oder als Abwickler

1. die Verhältnisse der Gesellschaft einschließlich ihrer Beziehungen zu verbundenen Unternehmen in Darstellungen oder Übersichten über den Vermögensstand, in Vorträgen oder Auskünften in der Hauptversammlung unrichtig wiedergibt oder verschleiert, wenn die Tat nicht in § 331 Nr. 1 oder 1 a des Handelsgesetzbuchs mit Strafe bedroht ist, oder
2. in Aufklärungen oder Nachweisen, die nach den Vorschriften dieses Gesetzes einem Prüfer der Gesellschaft oder eines verbundenen Unternehmens zu geben sind, falsche Angaben macht oder die Verhältnisse der Gesellschaft unrichtig wiedergibt oder verschleiert, wenn die Tat nicht in § 331 Nr. 4 des Handelsgesetzbuchs mit Strafe bedroht ist.

(2) Ebenso wird bestraft, wer als Gründer oder Aktionär in Aufklärungen oder Nachweisen, die nach den Vorschriften dieses Gesetzes einem Gründungsprüfer oder sonstigen Prüfer zu geben sind, falsche Angaben macht oder erhebliche Umstände verschweigt.

Literatur: *Altenhain*, in: Kölner Kommentar zum Aktiengesetz, Band 7, 3. Aufl. 2013 (zit. als KölnKommAktG/*Altenhain*); *Arnhold*, Auslegungshilfen zur Bestimmung einer Geschäftslagetäuschung im Rahmen der §§ 331 Nr. 1 HGB, 400 Abs. 1 Nr. 1 AktG, 82 Abs. 2 Nr. 2 GmbHG, 1993; *Baumbach/Hueck*, Kommentar zum GmbHG, 21. Aufl. 2017; *Bertsch*, Rechnungslegung von Konzernunternehmen, 1995; *Biener/Berneke*, Bilanzrichtlinengesetz, 1986; *Brandes*, Die Rechtsprechung des Bundesgerichtshofs auf dem Gebiet des Aktienrechts, WM 1992, 465; *Dannecker*, Bilanzstrafrecht, in: Blumers/Frick/Müller (Hrsg.), Betriebsprüfungshandbuch, Loseblatt, Stand: Januar 1996, Rn. 600; *Fleischer*, Das Haffa-Urteil: Kapitalmarktstrafrecht auf dem Prüfstand, NJW 2003, 2584; Förschle u.a. (Hrsg.): *Grottel/Schmidt/Schubert/Winkeljohann* (Hrsg.), Beck'scher Bilanzkommentar, 10. Aufl. 2016; *Fuhrmann*, in: Geßler/Hefermehl/Eckardt/Kropff, Aktiengesetz, Kommentar, 1973, strafrechtliche Vorschriften, in: Bd. 6, 18. Lieferung 1994; *Geilen*, Aktienstrafrecht, 1984 (Sonderausgabe aus Kölner Kommentar zum Aktiengesetz 1. Aufl. 1970); *Godin/Wilhelmi*, Aktiengesetz, 4. Aufl. 1971; *Gramich*, Die Strafvorschriften des Bilanzrichtliniengesetzes, wistra 1987, 157; *Heymann/Otto*, Kommentar zum Handelsgesetzbuch, Bd. 3, §§ 238–342 a HGB, 2. Aufl. 1999; *Holzborn/Foelsch*, Schadensersatzpflichten von Aktiengesellschaften und deren Management bei Anlegerverlusten – Ein Überblick, NJW 2003, 932; *Joecks*, Der Kapitalanlagebetrug, 1987; *Kiethe*, Strafrechtlicher Anlegerschutz durch § 400 I Nr. 1 AktG – Zugleich Besprechung von LG München I, Urteil vom 8.4.2003 – 4 KLS 3 05 Js 52370/00 (EM.TV) – NStZ 2004, 73; *ders.*, Gesellschaftsrecht – Zivilrechtliche Haftungsgefahren für Gesellschaften und ihre Organmitglieder, WM 2007, 722; *Klug* in: Hopt/Wiedemann, AktG Großkommentar, 3. Aufl. 1975; *Klussmann*, Geschäftslagetäuschungen nach § 400 AktG, 1975; *Kort*, Die Haftung von Vorstandsmitgliedern für falsche Ad-hoc-Mitteilungen, AG 2005, 21; *Krause*, Strafrechtliche Haftung des Aufsichtsrates, NStZ 2011, 57 ff; *Krause/Twele*, in: Leitner/Rosenau, NomosKommentar Wirtschafts- und Steuerstrafrecht, 2017 (zit. als NK-WSS/*Krause/Twele*); *Kutzner*, Zur Strafbarkeit unrichtiger Ad-hoc-Mitteilungen, WuB IX § 400 AktG 1.05; *Lauterwein/Xylander*, in: Esser/

---

[266] Vgl. ausführlich MüKoStGB/*Kiethe* AktG § 399 Rn. 163.
[267] *Krack* NStZ 2001, 506 f.

Kap. 9: Falsche Angaben und unrichtige Darstellung

Rübenstahl/Saliger/Tsambikakis, Wirtschaftsstrafrecht, 2017; *Leisch*, in: Möllers/Rotter, Ad-hoc-Publizität, 2003; *Liebl*, Die bundesweite Erfassung von Wirtschaftsstraftaten nach einheitlichen Gesichtspunkten – Ergebnisse und Analysen für die Jahre 1974–1981, 1984; *Maul*, Geschäfts- und Konzernlagetäuschungen als Bilanzdelikte, DB 1989, 185; *Möhrenschläger*, Der Regierungsentwurf eines zweiten Gesetzes zur Bekämpfung der Wirtschaftskriminalität, wistra 1982, 201; *Otto*, in: Hopt/Wiedemann, AktG Großkommentar, 34. Lieferung §§ 399–410, 4. Aufl. 1997; *ders.*, in: Heymann, Handelsgesetzbuch, Bd. 3, 2. Aufl. 1999; *Quedenfeld*, in: Münchener Kommentar zum Handelsgesetzbuch, Bd. 4, §§ 238–342 a HGB, 3. Aufl. 2013 (zit. als MüKoHGB/*Quedenfeld*); *Park*, Die Entwicklung des Kapitalmarktstrafrechts, in: Festschrift zu Ehren des Strafrechtsausschusses der Bundesrechtsanwaltskammer, S. 229; *Ransiek*, Unrichtige Angaben vom Vermögensstand einer Aktiengesellschaft, JR 2005, 165; *Rützel*, Der aktuelle Stand der Rechtsprechung zur Haftung bei Ad-hoc-Mitteilungen, AG 2003, 69; *Schaal*, in: Münchener Kommentar zum Aktiengesetz, 4. Aufl. 2017; *Schlosser/Stephan-Wimmer*, Der Schutzcharakter von Buchführungspflichten im Rahmen deliktischer Geschäftsleiterhaftung, GmbHR 2019, 449; *Schmedding*, Unrichtige Konzernrechnungslegung, 1991; *Temming*, in: Graf/Jäger/Wittig, Wirtschafts- und Steuerstrafrecht, 2. Aufl. 2017; *Wohlgemuth*, Überblick über das System der verbundenen Unternehmen nach dem AktG und nach dem HGB, DStR 1991, 1495, 1529.

A. Allgemeines 1	2. Zuständigkeiten 23
I. Begriffsverwendung 1	3. Verjährung 24
II. Rechtsentwicklung 2	4. Mögliche Folgen der Tat 25
III. Geschütztes Rechtsgut 3	C. Tatbestandliche Voraussetzungen des § 400 Abs. 1 Nr. 2, 1. Alt. AktG: Falsche Angaben gegenüber Prüfern 26
IV. Deliktscharakter 4	
V. Zivilrecht 5	
VI. Spektakuläre Fälle und praktische Bedeutung der Vorschrift ... 6	
VII. Anwendung auf ausländische Aktiengesellschaften 8	I. Objektiver Tatbestand 26
	1. Tauglicher Täterkreis 26
VIII. Der typische Anwendungsfall ... 9	2. Schutzrichtung und Tathandlungen 27
1. § 400 Abs. 1 AktG 9	a) Schutzrichtung 27
2. § 400 Abs. 2 AktG 9	b) Tathandlungen 28
B. Tatbestandliche Voraussetzungen des § 400 Abs. 1 Nr. 1 AktG: Unrichtige Wiedergabe von Geschäftsverhältnissen 10	c) Bezugsgegenstand 29
	aa) Aufklärungen 30
	bb) Nachweise 31
	cc) Adressat der Aufklärungen und Nachweise 32
I. Objektiver Tatbestand 10	II. Subjektiver Tatbestand 33
1. Tauglicher Täterkreis 10	III. Rechtswidrigkeit und Schuld 34
2. Schutzrichtung und Tathandlungen 11	IV. Irrtumskonstellationen 35
a) Schutzrichtung 11	V. Täterschaft und Teilnahme 36
b) Tatmittel, Tatgegenstand und Tathandlungen 12	VI. Versuch und Vollendung 37
	VII. Konkurrenzen 38
aa) Tatmittel 12	1. Innertatbestandliche Konkurrenz 38
bb) Tatgegenstand 15	
cc) Tathandlungen 16	2. Konkurrenz zu anderen Straftatbeständen 39
II. Subjektiver Tatbestand 17	
III. Rechtswidrigkeit, Schuld, Täterschaft und Teilnahme, Irrtumskonstellationen 18	VIII. Prozessuales 40
	1. Offizialdelikt 40
	2. Zuständigkeiten 41
IV. Versuch und Vollendung 19	3. Verjährung 42
V. Konkurrenzen 20	4. Mögliche Folgen der Tat 43
1. Innertatbestandliche Konkurrenz 20	D. Tatbestandliche Voraussetzungen des § 400 Abs. 1 Nr. 2, 2. und 3. Alt. AktG: Unrichtige Wiedergabe von Geschäftsverhältnissen gegenüber Prüfern 44
2. Konkurrenz zu anderen Straftatbeständen 21	
VI. Prozessuales 22	
1. Offizialdelikt 22	I. Objektiver Tatbestand 44

1. Tauglicher Täterkreis 44	E. **Tatbestandliche Voraussetzungen des § 400 Abs. 2 AktG: Falsche Angaben gegenüber Gründungsprüfern und anderen Prüfern** 61
2. Schutzrichtung und Tathandlungen 45	
a) Schutzrichtung 45	
b) Tatmittel, Tatgegenstand und Tathandlungen 46	I. Objektiver Tatbestand 61
aa) Tatmittel 46	1. Tauglicher Täterkreis 61
(1) Aufklärungen 47	2. Schutzrichtung und Tathandlungen 62
(2) Nachweise 48	a) Schutzrichtung 62
(3) Adressat der Aufklärungen und Nachweise 49	b) Tathandlungen 63
bb) Tatgegenstand 50	c) Bezugsgegenstand 64
cc) Tathandlungen 51	d) Adressat 65
II. Subjektiver Tatbestand 52	II. Subjektiver Tatbestand 66
III. Rechtswidrigkeit, Schuld, Täterschaft und Teilnahme, Irrtumskonstellationen 53	III. Rechtswidrigkeit, Schuld, Irrtumskonstellationen, Täterschaft und Teilnahme 67
IV. Versuch und Vollendung 54	IV. Versuch und Vollendung 68
V. Konkurrenzen 55	V. Konkurrenzen 69
1. Innertatbestandliche Konkurrenz 55	1. Innertatbestandliche Konkurrenz 69
2. Konkurrenz zu anderen Straftatbeständen 56	2. Konkurrenz zu anderen Straftatbeständen 70
VI. Strafverfolgung 57	VI. Strafverfolgung 71
1. Offizialdelikt 57	1. Offizialdelikt 71
2. Zuständigkeiten 58	2. Gerichtliche Zuständigkeit .. 72
3. Verjährung und Folgen der Tat 59	3. Verjährung................... 73
	4. Strafe 74

A. Allgemeines

I. Begriffsverwendung

Der Begriff „**unrichtige Darstellung**" findet sich als Deliktsbezeichnung/Überschrift in § 400 AktG, § 331 HGB, § 17 PublG und § 313 UmwG. Im Tatbestand selbst lautet die Formulierung jeweils „Verhältnisse ... unrichtig wiedergibt oder verschleiert". Neben den oben genannten Delikten regeln auch die Vorschriften des § 147 GenG (hier auch „Verhältnisse ... unrichtig wiedergibt oder verschleiert") und des § 82 GmbHG (hier: „... die Vermögenslage ... unwahr darstellt oder verschleiert") die unrichtige Darstellung.

1

II. Rechtsentwicklung

§ 400 AktG hat seinen Ursprung in § 296 Abs. 1 Nr. 1, 2 AktG 1937,[1] der wiederum auf § 314 HGB aF[2] zurückgeht.[3] Durch das Gesetz zur Änderung des GmbHG vom 4.7.1980[4] ist Abs. 2 angefügt worden.[5] Durch das Bilanzrichtliniengesetz vom 19.12.1985[6] wurden die früheren Tatbestände des Abs. 1 Nr. 2 und 4 aufgehoben.[7]

2

---

1 Gesetzestext bei Hopt/Wiedemann/*Otto* AktG § 400 Rn. 1, Fn. 1.
2 Gesetzestext bei Hopt/Wiedemann/*Otto* AktG § 400 Rn. 1, Fn. 2.
3 Graf/Jäger/Wittig/*Temming* AktG § 400 Rn. 1.
4 BGBl. I 836.
5 Hopt/Wiedemann/*Otto* AktG § 400 Rn. 81.
6 BGBl. I 2355.
7 Zu weiteren Änderungen vgl. Hopt/Wiedemann/*Otto* AktG § 400 Rn. 1.

Zuletzt wurde § 400 AktG durch das Bilanzrechtsreformgesetz vom 4.12.2004[8] geändert. In § 400 Abs. 1 Nr. 1 erfolgte ein Verweis auf § 331 Nr. 1 a HGB.

III. Geschütztes Rechtsgut

Dem Schutzbereich des § 400 AktG unterfallen die Gesellschaft, deren Gläubiger, die Aktionäre und die Arbeitnehmer der Gesellschaft.[9] Geschütztes Rechtsgut ist das Vertrauen dieser Personen in die Richtigkeit und Vollständigkeit bestimmter Angaben über die Gesellschaftsverhältnisse, die von bestimmten, zuständigen Personen abgegeben werden.[10]

IV. Deliktscharakter

Bei § 400 AktG handelt es sich – wie auch bei § 399 AktG – um ein **abstraktes Gefährdungsdelikt**,[11] ein echtes **Sonderdelikt**[12] und einen (unechten) **Blankettstraftatbestand**.[13] Insoweit wird auf die obigen Ausführungen zu § 399 AktG (s. Kap. 9.1 Rn. 4 ff.) Bezug genommen.

In § 400 AktG sind als in Betracht kommende Täter die Mitglieder des Vorstands oder des Aufsichtsrats sowie die Abwickler genannt. Von daher und auch vom übrigen Wortlaut deckt sich § 400 AktG weitgehend mit § 147 GenG (s. dazu Kap. 9.6 Rn. 3).

V. Zivilrecht

Im Verfahren „Bremer Vulkan" hatte der BGH sich mit § 400 Abs. 1 Nr. 1 AktG zivilrechtlich auseinanderzusetzen.[14] Die Norm wurde ausdrücklich als Schutzgesetz ua für gegenwärtige Gläubiger und Vertragspartner der Aktiengesellschaft qualifiziert.[15] Im Fall „Infomatec" hat der BGH dagegen die Anwen-

---

8 BGBl. I 3166 Nr. 65/2004.
9 Hopt/Wiedemann/*Otto* AktG § 400 Rn. 2; MüKoStGB/*Kiethe* AktG § 400 Rn. 2; Spindler/Stilz/*Hefendehl* AktG § 400 Rn. 2 jew. mwN.
10 *Gramich* wistra 1987, 158; MüKoStGB/*Kiethe* AktG § 400 Rn. 2; Esser/Rübenstahl/Saliger/Tsambikakis/*Lauterwein/Xylander* AktG § 400 Rn. 3. Vgl. auch *Hefendehl* wistra 2019, 1 (3). AA KölnKommAktG/*Altenhain* AktG § 400 Rn. 6 (Schutz des Vermögens).
11 Vgl. *Schlosser/Stephan-Wimmer* GmbHR 2019, 453; Esser/Rübenstahl/Saliger/Tsambikakis/*Lauterwein/Xylander* AktG § 400 Rn. 5; KölnKommAktG/*Altenhain* AktG § 400 Rn. 9; Graf/Jäger/Wittig/*Temming* AktG § 400 Rn. 4; Spindler/Stilz/*Hefendehl* AktG § 400 Rn. 15; Hopt/Wiedemann/*Otto* AktG § 400 Rn. 5 mwN. Zum Begriff des abstrakten/konkreten Gefährdungsdelikts etwa *Fischer* StGB Vor § 13 Rn. 18 f.
12 *Schlosser/Stephan-Wimmer* GmbHR 2019, 453; NK-WSS/*Krause/Twele* AktG § 400 Rn. 1; Esser/Rübenstahl/Saliger/Tsambikakis/*Lauterwein/Xylander* AktG § 400 Rn. 5; KölnKommAktG/*Altenhain* AktG § 400 Rn. 13. Allgemein zu dieser Begrifflichkeit: Schönke/Schröder/*Eisele* Vor § 13 Rn. 131.
13 Vgl. *Schlosser/Stephan-Wimmer* GmbHR 2019, 453 sowie Erbs/Kohlhaas/*Schaal* AktG § 400 Rn. 5 unter Hinweis auf BGH 29.11.1978 – 4 StR 70/78, BGHSt 28, 213 (215).
14 BGH 17.9.2001 – II ZR 178/99, wistra 2002, 58 (61).
15 Vgl. auch OLG München 1.10.2002 – 30 U 855/01, NJW 2003, 144 ff. („Infomatec AG"); *Fleischer* NJW 2003, 2584 (2585) zu „EM.TV"; *Kiethe* NStZ 2004, 73 (74) zu „EM.TV" und allgemein *Holzborn/Foelsch* NJW 2003, 932 ff.; *Rützel* AG 2003, 69 ff.; *Bernuth/Kremer* BB 2013, 2188; einschränkend: *Kort* AG 2005, 21 ff.; zur Substantiierung einer Schadensersatzklage vgl.: LG Marburg 4.6.2003 – 5 S 192/02, NJOZ 2005, 1527 ff.; umfassend zu den Haftungsgefahren für Gesellschaften und ihre Organmitglieder: *Kiethe* WM 2007, 722 ff.

dung des § 400 Abs. 1 Nr. 1 AktG (als Schutzgesetz) auf Ad-hoc-Mitteilungen abgelehnt.[16]

Die Vorschrift des § 400 AktG ist nach richtiger Ansicht zugunsten der Gesellschaft, der Aktionäre, der Arbeitnehmer, der Gläubiger und der sonstigen Vertragspartner der Gesellschaft **Schutzgesetz im Sinne des § 823 Abs. 2 BGB**.[17] Der zivilrechtliche Schadensersatz setzt voraus, dass der Anspruchsteller nachweisen kann, dass der Geschädigte durch ein Verhalten im Vertrauen auf die Korrektheit der maßgeblichen Angaben einen **Schaden**[18] erlitten hat.[19]

VI. Spektakuläre Fälle und praktische Bedeutung der Vorschrift

Dem Aktienstrafrecht kam in den vergangenen Jahrzehnten nur geringe Bedeutung zu. Nach einer auf der 42. Justizministerkonferenz beschlossenen und zwischen 1974 und 1985 durchgeführten „bundesweiten Erfassung von Wirtschaftsstraftaten nach einheitlichen Gesichtspunkten",[20] wurden nur sehr wenige Anklagen wegen Verletzung aktienrechtlicher Vorschriften erhoben. Einschlägig waren insoweit 1974: 2, 1975: 3, 1976: 2, 1977: 4, 1978: 2, 1979: 2, 1980: 1, 1981: 1 Verfahren.[21] Dies allein lässt indes nicht den Schluss zu, dass Aktiengesellschaften nicht durch Kriminalität belastet waren bzw. sind. Häufig wurden und werden Verfahren, die gleichzeitig die Vorwürfe des Betruges oder der Untreue zum Gegenstand haben, auf diese Delikte gemäß § 154 a StPO beschränkt, oder es wird gemäß § 154 StPO von der Verfolgung abgesehen.

Seit Anfang der 90er-Jahre sind die Aktiengesellschaften zunehmend in den Fokus der Ermittlungsbehörden geraten und Gegenstand zahlreicher Medien-Berichterstattungen gewesen. Dies dürfte die Herausbildung des Begriffs des „Kapitalmarktstrafrechts" unterstützt haben.[22] **Spektakuläre Fälle**, in denen **Bilanzfälschungen** und **unrichtige Darstellungen** nach §§ 331 HGB, 400 AktG zum Vorwurf gemacht wurden, bewegten die Öffentlichkeit und beschäftigten die Staatsanwaltschaften:

Vorwurf der **Bilanzfälschung** (§§ 331, 400 AktG):[23] AGFB, Balsam AG, BELUGA, BGAG, Bremer Vulkan Verbund AG, Coop AG, FlowTex, FRISIA

---

16 *Achenbach* NStZ 2005, 621 (625) unter Hinweis auf BGH 19.7.2004 – II ZR 218/03, BGHZ 160, 134 (140 f.).
17 Hopt/Wiedemann/*Otto* AktG § 400 Rn. 4 mwN; NK-WSS/*Krause/Twele* AktG § 400 Rn. 1; KölnKommAktG/*Altenhain* AktG § 400 Rn. 8; BGH 17.9.2001 – II ZR 178/99, wistra 2002, 58 (61) („Bremer Vulkan"); aA bei Ad-hoc-Mitteilungen: BGH 19.7.2004 – II ZR 218/03, ZIP 2004, 1604 („Infomatec"); *Leisch* in: Möllers/Rotter, Ad-hoc-Publizität, 2003, § 16 Rn. 51; *Ransiek* JR 2005, 165 (166); BGH 16.12.2004 – 1 StR 420/03, BGHSt 49, 381 (385) („EM.TV"). Ausführlich zu Uneinigkeiten hinsichtlich des Kreises vermeintlicher Anspruchsinhaber: *Schlosser/Stephan-Wimmer* GmbHR 2019, 453 ff.
18 Zum Schadensbegriff vgl. Palandt/*Thomas* BGB Vor § 249 Rn. 7 ff.
19 Beispielhaft sei insoweit verwiesen auf die Fälle in *Brandes* WM 1992, 477; BGH 11.11.1985 – II ZR 109/84, BGHZ 96, 231 (243); BGH 11.7.1988 – II ZR 243/87, BGHZ 105, 121 (126); Geßler/Hefermehl/Eckardt/Kropff/*Fuhrmann* AktG § 400 Rn. 3.
20 Hopt/Wiedemann/*Otto* AktG Vor § 399 Rn. 11.
21 Hopt/Wiedemann/*Otto* AktG Vor § 399 Rn. 11 unter Hinweis auf *Liebl* S. 257.
22 *Park* in: FS zu Ehren des Strafrechtsausschusses der Bundesrechtsanwaltskammer S. 231.
23 Aufstellung mit Presse-Quellen bei Hopt/Wiedemann/*Otto* AktG Vor § 399 Rn. 14.

Kap. 9: Falsche Angaben und unrichtige Darstellung

AG,[24] HypoVereinsbank AG, Metallgesellschaft AG, Sektkellerei Schloß Wachenheim, Schieß AG/Dorries Scharmann AG, Klöckner-Humboldt-Deutz AG, VK Mühlen AG, Süweda, Ymos AG, Stumpf AG, Südmilch AG/Sachsenmilch AG, Telekom AG, SERO Entsorgung AG.[25]

Vorwurf der **unrichtigen Darstellung** (§ 400 AktG):[26] Daimler-Benz AG, Holzmann AG, Bremer Vulkan AG,[27] EM.TV/Haffa, Phoenix, Phenomedia AG,[28] EM.TV.[29]

In jüngerer Zeit führte insbesondere der **Zusammenbruch des "Neuen Marktes"** und die damit einhergehenden Insolvenzen der dort gehandelten Aktiengesellschaften zu zahlreichen Ermittlungsverfahren. Beispielhaft können folgende Fälle genannt werden:

- Infomatec/Häfele, Harlos,[30]
- EM.TV/Gebrüder Haffa,[31]
- Sero Entsorgung AG/Euro Waste Service AG,[32]

---

24 Herbst 2006 Anklage der StA Oldenburg wegen §§ 331 HGB, 400 AktG zum LG Oldenburg - 190 Js 13658/04, im März 2011 rechtskräftige Verurteilung der geständigen Angeklagten zu 1½ bzw. 2 Jahren Freiheitsstrafe mit Bewährung.
25 Seit 7.10.1996 erstmals im „geregelten Markt" der Frankfurter Wertpapierbörse gehandelt, am 7.6.2001 Anklage der StA Bielefeld zum Landgericht Münster gegen die „faktischen Vorstände" der SERO Entsorgung AG - 6 Js 413/97 StA Bielefeld. Im Prozess um den Untergang des Müllentsorgungs-Imperiums Löbbert hat das Landgericht Münster die Brüder Johannes und Dieter Löbbert zu jeweils sieben Jahren und sechs Monaten sowie einen Finanzmanager zu drei Jahren Haft wegen Betrugs und Kreditbetrugs verurteilt. Der BGH hat die Verurteilungen wegen eines Formfehlers aufgehoben. In einem zweiten Prozess wurden die Angeklagten am 4.2.2011 erneut zu jeweils 7 ½ Jahren Freiheitsstrafe verurteilt. Das Verfahren ist im Dezember 2011 nach 14 Jahren Verfahrensdauer rechtskräftig geworden.
26 Aufstellung mit Presse-Quellen bei Hopt/Wiedemann/*Otto* AktG Vor § 399 Rn. 15.
27 Vorwurf der unrichtigen Darstellung der Gesellschaftsverhältnisse gemäß § 400 Abs. 1 Nr. 1 AktG in der Hauptversammlung vom 29.6.1995; vgl. auch zum Zivilrecht BGH 17.9.2001 – II ZR 178/99, wistra 2002, 58 (61) („Bremer Vulkan").
28 Ab 2002 Ermittlungen der Staatsanwaltschaft Bochum wegen angeblicher Scheinbuchungen in Höhe von ca. 15 Mio. EUR, 2003 Anklage zum Landgericht Bochum ua wegen Bilanzfälschung, seit 11/2004 Hauptverfahren anhängig gegen mehrere Vorstandsmitglieder. Im Februar 2009 ist der ehemalige Vorstandsvorsitzende wegen Betruges, Untreue und Bilanzfälschung zu drei Jahren und zehn Monaten Haft verurteilt worden.
29 LG München I 8.4.2003 – 4 KLs 305 Js 52373/00, NJW 2003, 2328 ff.; BGH 16.12.2004 – 1 StR 420/03, wistra 2005, 139 ff.; dazu: *Achenbach* NStZ 2005, 621 (624 f.); *Fleischer* NJW 2003, 2584 ff.; *Kutzner* WuB IX AktG § 400 1.05; *Ransiek* JR 2005 165 ff.; *Kiethe* NStZ 2004, 73 ff.
30 Ermittlungen wegen § 400 AktG, Untersuchungshaft und Anklage der Staatsanwaltschaft Augsburg gegen die früheren Infomatec-Vorstände Häfele und Harlos, später Verurteilung von Harlos zu 2 Jahren mit Bewährung, von Häfele zu 2 Jahren 9 Monaten (BGH), rechtskräftig.
31 Anklage der Staatsanwaltschaft München vom 6.11.2002 und Verurteilung durch das LG München I am 8.4.2003 ua wegen § 400 Abs. 1 Nr. 1 AktG - 4 KLS 305 Js 52373/00, bestätigt durch BGH 16.12.2004 – 1 StR 420/03, wistra 2005, 139 ff.; der Entscheidung des LG München I bzw. des BGH zustimmend: *Fleischer* NJW 2003, 2584 ff.; *Kiethe* NStZ 2004, 73 ff.; *Ransiek* JR 2005, 165 ff.; *Kutzner* WuB IX AktG § 400 1.05.
32 Ermittlungsverfahren der Staatsanwaltschaft Bielefeld ua wegen § 400 Abs. 1 Nr. 1 AktG und Anklage zum LG Münster; im Prozess um den Untergang des Müllentsorgungs-Imperiums Löbbert hat das Landgericht Münster die Brüder Johannes und Dieter Löbbert im März 2007 zu jeweils sieben Jahren und sechs Monaten sowie einen Ex-

Kap. 9.2. § 400 AktG Unrichtige Darstellung

- Metabox AG,[33]
- Comrod,[34]
- Biodata,[35]
- Phenomedia.[36]

Aus dem **Dax-Bereich** sind insbesondere die *Telekom* und deren Vorstandsvorsitzender *Ron Sommer*[37] im Rahmen der Bewertung der Telekom-Immobilien und der Beteiligungen in die Schlagzeilen geraten.

VII. Anwendung auf ausländische Aktiengesellschaften

Hinsichtlich der Anwendung auf ausländische Aktiengesellschaften wird auf die Ausführungen zu § 399 AktG (Kap. 9.1. Rn. 9) verwiesen.

VIII. Der typische Anwendungsfall
1. § 400 Abs. 1 AktG

Beispiel (BGH, wistra 2005, 139 ff.):

Die Angeklagten Th. H. und F. H. waren Vorstandsmitglieder der seit Oktober 1997 börsennotierten EM.TV AG. Am 24.8.2000 wurden von ihnen unrichtige Halbjahreszahlen bzw. Ad-hoc-Mitteilungen veröffentlicht. Die Form der Darstellung in der Ad-hoc-Mitteilung entsprach einer (kumulierten) Gewinn- und Verlustrechnung. Sie spiegelte die Ertragslage der Aktiengesellschaft und

---

Finanzmanager zu drei Jahren Haft wegen Betrugs und Kreditbetrugs verurteilt. Der BGH hat die Verurteilungen wegen eines Formfehlers aufgehoben. In einem zweiten Prozess wurden die Angeklagten (Gebrüder Löbbert) am 4.2.2011 erneut zu jeweils 7 ½ Jahren Freiheitsstrafe verurteilt. Das Verfahren ist im Dezember 2011 nach 14 Jahren Verfahrensdauer rechtskräftig geworden.

33 Strafanzeige der Schutzgemeinschaft der Kleinaktionäre (SdK), Anklage der Staatsanwaltschaft beim Landgericht Hildesheim gegen den Metabox-Gründer Stefan Domeyer, rechtskräftige Verurteilung zu sieben Monaten Freiheitsstrafe mit Bewährung.

34 Im April 2002 wurde Comrod-Gründer *Bodo Schnabel* in Untersuchungshaft genommen, Mitte August 2002 wurde gegen ihn Anklage erhoben, am 21.11.2002 wurde er durch das LG München I zu sieben Jahren Freiheitsstrafe verurteilt. Mehr als 90 % der angegeben Umsätze sollen frei erfundene Luftbuchungen gewesen sein.

35 Insolvenzeröffnung am 1.2.2002, nachfolgend Strafanzeige, Anfang 2005 hat die Staatsanwaltschaft Kassel Anklage gegen Tan S. und zwei weitere Geschäftsführer erhoben. Vorgeworfen wurden ihnen ua die Verletzung der Buchführungspflicht, Insolvenzstraftaten und verbotene Insidergeschäfte. Das Verfahren ist im Februar 2009 eingestellt worden.

36 Ab 2002 Ermittlungen der Staatsanwaltschaft Bochum wegen angeblicher Scheinbuchungen in Höhe von ca. 15 Mio. EUR. Im Februar 2009 ist der ehemalige Vorstandsvorsitzende wegen Betruges, Untreue und Bilanzfälschung zu drei Jahren und zehn Monaten Haft verurteilt worden.

37 Strafanzeige gegen *Ron Sommer* im März 2001 an die Staatsanwaltschaft Bonn ua wegen § 400 AktG. Ein Gutachten im Auftrag der Staatsanwaltschaft Bonn sei zum Ergebnis gekommen, dass der Konzern sein Immobilienvermögen kurz vor dem Börsengang in seiner Eröffnungsbilanz 1995 mit rund 2,8 Mrd. DM zu hoch bewertet habe. Für den zweiten Börsengang sei der Immobilienbesitz im Jahre 1998 mit rund 3 Mrd. DM zu hoch ausgewiesen worden, so die Financial Times Deutschland.
Am 2.6.2005 meldete die Wirtschaftswoche: Die Staatsanwaltschaft Bonn erhebe keine Anklage. Den sechs Beschuldigten sei aber bei einem „hinreichenden Tatverdacht" auferlegt worden, Geldbeträge zwischen 20.000 und 250.000 EUR an die Staatskasse zu zahlen. Die Telekom habe sich zu einer gemeinnützigen Zahlung von 5 Mio. EUR bereiterklärt, die betroffene Wirtschaftsprüfungsgesellschaft zu 250.000 EUR.

des Gesamtkonzerns zum 30.6.2000 wider und ließ Schlüsse darauf zu, ob die Gesellschaft in der Lage sein würde, ihre selbst gesteckten Jahresvorgaben zu erreichen. Unter anderem wurde ein zum Stichtag des 30.6.2000 noch überhaupt nicht abgeschlossener Vertrag betreffend Junior-TV in den Umsatzzahlen berücksichtigt. Zudem wurde unzutreffend der Halbjahresumsatz im Formel-1-Segment völlig überhöht mit 603,9 Mio. DM angegeben.

2. § 400 Abs. 2 AktG
Beispiel:

Der Aktionär A legt dem nach § 33 AktG eingesetzten Gründungsprüfer G Unterlagen vor, aus denen sich für G ergibt, dass Sacheinlagen vorgenommen wurden. In den dazu anliegenden Erläuterungen wird wahrheitswidrig mitgeteilt, dass die als Sacheinlagen eingebrachten Gegenstände frei von Rechten Dritter sind. Tatsächlich stehen sie – wie A weiß – jedoch im Alleineigentum des Dritten D.

B. Tatbestandliche Voraussetzungen des § 400 Abs. 1 Nr. 1 AktG: Unrichtige Wiedergabe von Geschäftsverhältnissen

Der Tatbestand dieser Alternative lautet:

(1) Mit Freiheitsstrafe bis zu drei Jahren oder mit Geldstrafe wird bestraft, wer als Mitglied des Vorstands oder des Aufsichtsrats oder als Abwickler
1. die Verhältnisse der Gesellschaft einschließlich ihrer Beziehungen zu verbundenen Unternehmen in Darstellungen oder Übersichten über den Vermögensstand, in Vorträgen oder Auskünften in der Hauptversammlung unrichtig wiedergibt oder verschleiert, wenn die Tat nicht in § 331 Nr. 1 oder 1 a des Handelsgesetzbuchs mit Strafe bedroht ist, oder

(...)

I. Objektiver Tatbestand
1. Tauglicher Täterkreis

10 Täter des § 400 Abs. 1 Nr. 1 AktG können die **Mitglieder des Vorstands** oder des **Aufsichtsrats** sowie die **Abwickler** sein.[38] Hinsichtlich dieser Personen wird auf die Ausführungen zu § 399 AktG (Kap. 9.1. Rn. 11 ff.) verwiesen.

2. Schutzrichtung und Tathandlungen
a) Schutzrichtung

11 Die Vorschrift soll vor Falschinformationen über die Verhältnisse der Aktiengesellschaft und ihrer verbundenen Unternehmen schützen. Der Wortlaut ist dem der §§ 147 Abs. 2 Nr. 1 GenG, 313 Abs. 1 Nr. 1 UmwG, 331 Nr. 1 HGB ähnlich. Geschützt wird vor unrichtigen Wiedergaben und Verschleierungen in Darstellungen oder Übersichten über den Vermögensstand und in Vorträgen oder Auskünften in der Hauptversammlung.

---

[38] Ausf.: KölnKommAktG/*Altenhain* AktG § 400 Rn. 14 ff. Vgl. auch Graf/Jäger/Wittig/*Temming* AktG § 400 Rn. 5.

ns. 9.2. § 400 AktG Unrichtige Darstellung

b) Tatmittel, Tatgegenstand und Tathandlungen
aa) Tatmittel

Die unrichtige Wiedergabe oder Verschleierung muss 12
- in Darstellungen oder Übersichten über den Vermögensstand,
- in Vorträgen oder Auskünften in der Hauptversammlung

erfolgen. Charakteristisch ist, dass sie den Eindruck der Vollständigkeit erwecken.[39] Sie müssen sich auf den Vermögensstand beziehen. Dieser beinhaltet alle wirtschaftlichen Faktoren im weitesten Sinne, also Umstände, die für die Beurteilung der Situation der Gesellschaft und ihre künftige Entwicklung von Bedeutung sein können.[40]

Als **Übersichten** werden Zusammenstellungen von Daten qualifiziert, die einen 13 Gesamtüberblick über die wirtschaftliche Situation der Gesellschaft ermöglichen.[41] Wegen der Subsidiarität zu § 331 Nr. 1 HGB kommen für § 400 Abs. 1 Nr. 1 AktG alleine **nicht publizitätspflichtige** Jahresabschlüsse, Abschluss-, Liquiditäts-, Zwischen- und Übersichtsbilanzen in Betracht, die im Laufe des Geschäftsjahres aufgestellt werden, zB um einen Bonitätsnachweis zu erbringen.[42] Auch Vermögensübersichten in Anlageprospekten fallen hierunter.

Die **Darstellung** erweitert den Begriff der Übersichten.[43] In Betracht kommen – häufig formlose – Berichte zwischen Organen der Gesellschaft,[44] aber auch Zwischenberichte für die Aktionäre oder die Öffentlichkeit. Die Darstellung kann mündlich, schriftlich sowie durch Ton- und Bildaufzeichnungen erfolgen. Umstritten war, ob auch die sogenannten **„Ad-hoc-Mitteilungen"** als Darstellungen oder Übersichten über den Vermögensstand eingestuft werden können. Während das OLG München dies im Fall „Infomatec" verneinte,[45] hat das LG München I eine Ad-hoc-Mitteilung in Form einer kumulierten Gewinn- und Verlustrechnung für das 1. Halbjahr 2000 betreffend das Unternehmen „EM.TV" als Darstellung iSd § 400 AktG qualifiziert.[46] Die **„Em.TV-Entscheidung"** des LG München I wurde durch den BGH in seinem viel beachteten Urteil vom 16.12.2004[47] bestätigt und die Problematik damit höchstrichterlich geklärt.[48] Der BGH stellte fest, dass es sich bei Bekanntgabe von Halb-

---

39 Vgl. auch die Kommentierungen zu den gleichlautenden Begriffen in § 264 a Abs. 1 StGB und *Möhrenschläger* wistra 1982, 206; *Joecks*, Kapitalanlagebetrug, S. 42 f.
40 Hopt/Wiedemann/*Otto* AktG § 400 Rn. 36.
41 Hopt/Wiedemann/*Otto* AktG § 400 Rn. 33; KölnKommAktG/*Altenhain* AktG § 400 Rn. 36.
42 Vgl. Hopt/Wiedemann/*Otto* AktG § 400 Rn. 33.
43 Hopt/Wiedemann/*Otto* AktG § 400 Rn. 34.
44 ZB der Bericht des Vorstands an den Aufsichtsrat nach § 90 AktG oder der Prüfbericht des Aufsichtsrats nach § 171 Abs. 2 S. 1 AktG.
45 OLG München 1.10.2002 – 30 U 855/01, NJW 2003, 144 (146) unter Hinweis auf *Thümmel* DB 2001, 2331 (2332).
46 LG München I 8.4.2003 – 4 KLs 305 Js 52373/00, NJW 2003, 2328 (2331); zustimmend: *Fleischer* NJW 2003, 2584 f. unter Hinweis auf *Baums* (Hrsg.), Bericht der Regierungskommission „Corporate Governance", 2001, Rn. 184; *Kiethe* NStZ 2004, 73 ff.
47 BGH 16.12.2004 – 1 StR 420/03, wistra 2005, 139 ff.; zustimmend: *Ransiek* JR 2005, 165 ff.; *Kutzner* WuB IX AktG § 400 1.05.
48 MüKoStGB/*Kiethe* AktG § 400 Rn. 42.

jahreszahlen in der konkreten Form, nämlich als Zahlenmaterial in Tabellenform und die Verhältnisse und Beteiligungen in Berichtsform, teils um eine Übersicht, teils um eine Darstellung im Sinne von § 400 Abs. 1 Nr. 1 AktG handele. Weiter hat der BGH festgestellt, dass sich die Übersicht bzw. Darstellung auf den Vermögensstand der Gesellschaft bezieht. Diese Voraussetzung sei bereits dann erfüllt, wenn ein Bericht so umfassend sei, dass er ein Gesamtbild über die wirtschaftliche Lage des Unternehmens ermögliche und den Eindruck der Vollständigkeit erwecke. Zentral war somit die Fragestellung, ob und inwieweit „das Gesamtbild abgerundet" werden sollte.[49] Zu den Übersichten über den Vermögensstand gehörten auch die Abschlüsse, die im Laufe eines Geschäftsjahres aufgestellt werden, aber auch die Gewinn- und Verlustrechnung sowie Zwischenberichte für die Aktionäre und die Öffentlichkeit. Im vorliegenden Fall gelte dies auch für Quartalsberichte. Dem stehe nicht entgegen, dass die fraglichen Halbjahreszahlen im Rahmen einer Ad-hoc-Mitteilung bekannt gegeben worden seien. Solche Mitteilungen unterfielen dem Schutz des § 400 Abs. 1 Nr. 1 AktG, wenn sie den Vermögensstand darstellten und sich nicht etwa auf die Bekanntgabe nur eines einzelnen Geschäftsabschlusses bezögen.

Zivilrechtlich wurde im Falle von Ad-hoc-Mitteilungen die Annahme einer Darstellung über den Vermögensstand durch den BGH teilweise bejaht,[50] zum Teil aber auch verneint.[51]

14 Als **Vorträge oder Auskünfte in der Hauptversammlung** werden alle Äußerungen qualifiziert, die von Mitgliedern des Vorstands, des Aufsichtsrats oder von Abwicklern in ihrer Organfunktion oder Funktion als Abwickler gehalten bzw. gegeben werden. Bemerkungen im privaten Gespräch gelegentlich der Hauptversammlung sind nicht tatbestandsmäßig.[52]

Als **Vorträge** werden nicht nur Referate, sondern jede Stellungnahme zu den Verhältnissen der Gesellschaft[53] angesehen. Dies können schlichte Informationen, Klarstellungen oder erläuternde Widersprüche seitens des tauglichen Täters sein. Selbst spontane Bemerkungen und Zwischenrufe unterfallen dem Begriff der Vorträge.[54]

Auskünfte sind die dem Fragerecht des Aktionärs in der Hauptverhandlung genügenden Antworten, § 131 Abs. 1 AktG. Geht die unrichtige Antwort inhaltlich über die gestellte Frage hinaus oder hätte die Antwort ganz verweigert werden dürfen, ist dies für die Tatbestandsmäßigkeit irrelevant.[55] Tatbestandsmäßig sind ferner auch unrichtige Begründungen für eine Auskunftsverweigerung.[56]

---

49 Vgl. Erbs/Kohlhaas/*Schaal* AktG § 400 Rn. 20.
50 BGH 16.12.2004 – 1 StR 420/03, NZG 2005, 132 (135) („EM.TV").
51 BGH 19.7.2004 – II ZR 217/03 NZG 2004, 811 (812 f.) („Infomatec").
52 Geßler/Hefermehl/Eckardt/Kropff/*Fuhrmann* AktG § 400 Rn. 17.
53 Vgl. RG 19.10.1911 – I 628/11, RGSt 45, 210 (212).
54 Esser/Rübenstahl/Saliger/Tsambikakis/*Lauterwein/Xylander* AktG § 400 Rn. 31; KölnKommAktG/*Altenhain* AktG § 400 Rn. 42.
55 Vgl. Geßler/Hefermehl/Eckardt/Kropft/*Fuhrmann* AktG § 400 Rn. 18; *Geilen* AktG § 400 Rn. 52. Ferner auch *Moser* NZG 2017, 1419 (1426).
56 *Moser* NZG 2017, 1419 (1426).

bb) Tatgegenstand

Gegenstand der Tathandlung (unrichtige Wiedergabe oder Verschleierung) sind die **Verhältnisse der Gesellschaft** einschließlich ihrer Beziehungen zu verbundenen Unternehmen.[57] Der Begriff der „Verhältnisse" umfasst sämtliche Tatsachen, Umstände, Daten, Vorgänge und Schlussfolgerungen, die für die Beurteilung der Situation und der Entwicklung der Gesellschaft von Bedeutung sein können.[58] Er ist grundsätzlich nicht beschränkt auf wirtschaftliche Umstände, sondern erfasst auch politische und soziale Gegebenheiten.[59] Ferner bezieht er sich auch auf die Beziehungen zu verbundenen Unternehmen.[60] Die Begrifflichkeit war wegen der ihr immanenten Weite und Unbestimmtheit **umstritten**, wurde zunächst in der Literatur als rechtlich kaum noch fassbar und insofern wegen Art. 103 Abs. 2 GG als verfassungsrechtlich bedenklich angesehen.[61] Forderungen nach einer restriktiven **Auslegung**[62] hat sich zunächst das OLG Frankfurt aM[63] angeschlossen und entschieden, dass die Strafdrohung auf „**sozialschädliche und sozialgefährdende Verhaltensweisen**" zu beschränken sei. Das OLG Frankfurt aM führt aus: „Erklärungen, die bei abstrakter Betrachtung nicht relevant sind für eine Entscheidung der geschützten Personen, mit der Gesellschaft in rechtliche oder wirtschaftliche Beziehungen zu treten, sind aus dem Tatbestand auszuschließen". Diese Entscheidung gilt nicht nur für § 400 Abs. 1 Nr. 1 AktG, sondern kann auf § 331 Nr. 1 HGB und vergleichbare Tatbestände übertragen werden. In einer aktuellen Entscheidung vom 27.4.2006[64] hat das BVerfG nunmehr ausdrücklich die **Verfassungsmäßigkeit** des § 400 Abs. 1 Nr. 1 AktG festgestellt und dargelegt, dieser habe durch seine Ausdeutung in Rechtsprechung und Schrifttum hinreichende Bestimmtheit gewonnen (vgl. zur Frage der Verfassungsmäßigkeit im Übrigen auch Rn. 13).

Die Verhältnisse können sich auf die Vergangenheit, Gegenwart[65] oder Zukunft[66] beziehen. Einschlägig sind beispielsweise

---

57 Zu den verbundenen Unternehmen vgl. *Bertsch* S. 33 ff.; *Wohlgemuth* DStR 1991, 1495 ff.
58 Heymann/*Otto* HGB § 331 Rn. 21; *Maul* DB 1989, 185; RG 29.11.1890 – 3160/90, RGSt 21, 172; Blumers/Frick/Müller/*Dannecker* HGB § 331 Rn. 640; *Arnhold* S. 19 ff.
59 So *Gramich* wistra 1987, 157 (158); Geßler/Hefermehl/Eckardt/Kropff/*Fuhrmann* AktG § 400 Rn. 13; **aA:** Baumbach/Hueck/*Schulze-Osterloh* GmbHG Anh. § 82 Rn. 5 (Vorauflage).
60 Heymann/*Otto* HGB § 331 Rn. 22; *Biener/Berneke* S. 470.
61 *Geilen* AktG § 400 Rn. 18; Heymann/*Otto* HGB § 331 Rn. 21; MüKoHGB/*Quedenfeld* HGB § 331 Rn. 48; **aA:** Geßler/Hefermehl/Eckardt/Kropff/*Fuhrmann* AktG § 400 Rn. 13.
62 MüKoHGB/*Quedenfeld* HGB § 331 Rn. 48; Hopt/Wiedemann/*Otto* AktG § 400 Rn. 29; dagegen: *Kiethe* NStZ 2004, 73 (74).
63 OLG Frankfurt aM 19.6.2002 – 2 Ws 36/02, wistra 2003, 196 ff. Vgl. nunmehr auch BGH 12.10.2016 – 5 StR 134/15, NJW 2017, 578 (581) mAnm *Brand* = NStZ 2017, 227 (231 f.) mAnm *Becker* = BB 2017, 79 (81).
64 BVerfG 27.4.2006 – 2 BvR 131/05, AG 2006, 539.
65 Beispiel: Vermögensgegenstände oder Verbindlichkeiten.
66 Beispiel: Fusionspläne, Rationalisierungsvorhaben, Investitionspläne.

- die falsche Bewertung von Außenständen,[67]
- die Nichtaufnahme von Vermögensgegenständen,[68]
- die Verkündung eines Großauftrages, der in Wahrheit noch nicht erteilt wurde.

cc) Tathandlungen

16 Als Tathandlungen nennt § 400 Abs. 1 Nr. 1 AktG die **unrichtige Wiedergabe** und die **Verschleierung** der Verhältnisse der Gesellschaft. Beide Alternativen sind gleichrangig. Die Abgrenzung der Begriffe ist umstritten,[69] jedoch ohne praktische Relevanz,[70] da die Übergänge fließend sind.[71]

Das LG Hamburg[72] hat in einer viel beachteten Entscheidung in der Sache „HSH-Nordbank" jüngst entschieden, dass nicht nur der Begriff der „Verhältnisse" (s. Rn. 12), sondern vor allem auch die damit in engem Zusammenhang stehende Tathandlung der „unrichtigen Wiedergabe" nach der Maßgabe des Art. 103 Abs. 2 GG restriktiv auszulegen[73] ist. Dies führt dazu, dass nur solche Abweichungen den objektiven Tatbestand erfüllen, die **wesentlich** sind. Es muss insofern ein erheblicher Unterschied zwischen der unrichtigen Angabe der gesellschaftlichen Verhältnisse und der tatsächlichen Unternehmenssituation bestehen. Ob ein erheblicher Unterschied vorliegt, ist daran zu messen, ob die unrichtige Darstellung abstrakt geeignet ist, den vom Schutzzweck umfassten Personenkreis in der Gestaltung ihrer rechtlichen und wirtschaftlichen Beziehungen zu dem Unternehmen zu beeinflussen.[74] Dieser Rechtsprechung ist zuzustimmen.[75] Der BGH stimmt all dem in der Tendenz zwar zu, fordert methodisch aber gleichwohl eine über den Ansatz des LG Hamburgs hinausgehende Gesamtbetrachtung zur Klärung der Erheblichkeitsfrage.[76]

Im Übrigen und ergänzend wird auf die umfangreiche Darstellung zu § 331 Nr. 1 HGB Bezug genommen (Kap. 9.4. Rn. 18 ff.).

---

67 RG 5.4.1886 – 652/86, RGSt 14, 80 (81).
68 RG 19.10.1928 – II 616/28, RGSt 62, 357.
69 MüKoHGB/*Quedenfeld* HGB § 331 Rn. 402; Heymann/*Otto* HGB § 331 Rn. 30; *Klussmann*, Geschäftslagetäuschung, S. 23 ff.; *Schmedding* S. 116 ff.
70 MüKoHGB/*Quedenfeld* HGB § 331 Rn. 402; Heymann/*Otto* HGB § 331 Rn. 30.
71 Vgl. BeckBilKomm/*Grottel/H. Hoffmann* AktG § 400 Rn. 10.
72 LG Hamburg 9.7.2014 – 608 KLs 12/11, AG 2015, 368 (370 f.).
73 *Becker* NStZ 2017, 232 (234) meint hingegen, es bleibe angesichts des klaren Wortlauts allein die Möglichkeit einer teleologischen Reduktion.
74 LG Hamburg 9.7.2014 – 608 KLs 12/11, AG 2015, 368 (370 f.). So auch BGH 12.10.2016 – 5 StR 134/15, NJW 2017, 578 (581) mAnm *Brand* = NStZ 2017, 227 (231 f.) mAnm *Becker* = BB 2017, 79 (81).
75 Ähnlich insoweit auch der Vorschlag bei Spindler/Stilz/*Hefendehl* AktG § 400 Rn. 31 („evidente Verstöße").
76 BGH 12.10.2016 – 5 StR 134/15, NJW 2017, 578 (581) mAnm *Brand* = NStZ 2017, 227 (231 f.) mAnm *Becker* = BB 2017, 79 (81). Vgl. hierzu auch *Köllner/Cyrus* NZI 2017, 521 (522).

Kap. 9.2. § 400 AktG Unrichtige Darstellung

II. Subjektiver Tatbestand

Der Tatbestand des § 400 AktG erfordert **Vorsatz**, wobei **bedingter Vorsatz** (dolus eventualis) ausreicht.[77] Auf die Ausführungen zu § 399 AktG wird verwiesen (Kap. 9.1. Rn. 39).

Bedingter Vorsatz setzt voraus, dass der Täter aufgrund konkreter Anhaltspunkte die Gefahr erkennt, dass die entsprechenden Erklärungen unrichtig oder undurchsichtig sind und er die Erklärungen dennoch abgibt. Dies wäre zu verneinen, wenn beispielsweise ein Aufsichtsratsmitglied Berichte des Vorstands ohne Zweifel ungeprüft weitergibt, weil er auf deren Richtigkeit vertraut.

17

III. Rechtswidrigkeit, Schuld, Täterschaft und Teilnahme, Irrtumskonstellationen

Hier ist grundsätzlich auf die obigen Ausführungen (Kap. 9.1. Rn. 41) zu verweisen. Insbesondere eine *Einwilligung* bei § 400 Abs. 1 Nr. 1 AktG durch Wissen und Einverständnis anderer Gesellschaftsorgane oder deren Mitglieder kommt nicht in Frage, weil der Vorschrift ein indisponibles Rechtsgut zugrunde liegt.[78]

18

IV. Versuch und Vollendung

Hinsichtlich Versuch, Vollendung und Beendigung wird auf die Ausführungen zu § 331 Nr. 1 HGB (s. Kap. 9.4. Rn. 27 ff.) verwiesen.

19

Bei **mündlichen** Erklärungen in der Hauptversammlung genügt es für die Vollendung, wenn wenigstens ein Aktionär sie gehört hat, wobei nicht erforderlich ist, dass er den Inhalt in seiner Tragweite erfasst hat. Bei **schriftlichen** Äußerungen reicht es aus, wenn ein Teilnehmer der Hauptversammlung das Schriftstück erhalten hat. Kenntnisnahme vom Inhalt ist nicht erforderlich.[79]

V. Konkurrenzen

1. Innertatbestandliche Konkurrenz

Überschneiden sich einzelne Tathandlungen des § 400 AktG, so geht der speziellere dem allgemeineren Tatbestand vor. Demzufolge schließt § 400 Abs. 1 Nr. 2 AktG den allgemeineren § 400 Abs. 1 Nr. 1 AktG aus.[80]

20

2. Konkurrenz zu anderen Straftatbeständen

§ 400 Abs. 1 Nr. 1 AktG tritt als subsidiär hinter § 331 Nr. 1 und Nr. 1 a HGB zurück, soweit deren Voraussetzungen vorliegen.[81] Durch das Bilanzrechtsreformgesetz (BilReG) vom 4.12.2004 erfolgte die Verweisung auf § 331 Nr. 1 a HGB. Es handelt sich um eine Folgeänderung resultierend auf der Einfügung der §§ 315 a, 325 Abs. 2 a, 2 b HGB.

21

---

77 Esser/Rübenstahl/Saliger/Tsambikakis/*Lauterwein/Xylander* AktG § 400 Rn. 51; KölnKommAktG/*Altenhain* AktG § 400 Rn. 44.
78 Spindler/Stilz/*Hefendehl* AktG § 400 Rn. 113. Vgl. auch KölnKommAktG/*Altenhain* AktG § 400 Rn. 46.
79 *Geilen* AktG § 400 Rn. 71.
80 Hopt/Wiedemann/*Otto* AktG § 400 Rn. 93.
81 Ausführlich dazu Hopt/Wiedemann/*Otto* AktG § 400 Rn. 94; MüKoHGB/*Quedenfeld* HGB § 331 Rn. 111 ff.; s. auch Kap. 9.4. Rn. 99.

Im Übrigen kann zwischen § 400 Abs. 1 Nr. 1 AktG einerseits und jeweils §§ 263 StGB (Betrug), 264 a StGB (Kapitalanlagebetrug), 265 b StGB (Kreditbetrug), 266 StGB (Untreue), 267 StGB (Urkundenfälschung) und § 16 UWG (strafbare Werbung) je nach Einzelfall Tateinheit gemäß § 52 StGB oder Tatmehrheit gemäß § 53 StGB vorliegen.

VI. Prozessuales
1. Offizialdelikt

22 Die Strafverfolgung nach § 400 AktG bedarf keines Strafantrags durch etwaig Geschädigte. Sie erfolgt von Amts wegen und kann auch bei „Rücknahme einer Strafanzeige" fortgeführt werden.

2. Zuständigkeiten

23 Im Falle einer Anklageerhebung zum Landgericht besteht für eine Tat nach § 400 AktG eine Zuständigkeit der Wirtschaftsstrafkammer gemäß § 74 c Abs. 1 S. 1 Nr. 1 GVG.

3. Verjährung

24 Eine Tat nach § 400 AktG verjährt gemäß § 78 Abs. 3 Nr. 4 StGB fünf Jahre nach der Beendigung. Diese richtet sich nach § 78 a S. 1 StGB.

4. Mögliche Folgen der Tat

25 Neben Geld- und Freiheitsstrafe können im Urteil Gewinnabschöpfungsmaßnahmen nach Maßgabe der §§ 73 ff. StGB angeordnet werden. Den verurteilten Täter eines Delikts nach § 400 AktG trifft gemäß § 76 Abs. 3 Nr. 3 d AktG für die Dauer von fünf Jahren die Inhabilität, dh die Unfähigkeit, das Amt eines Geschäftsführers oder Vorstands auszuüben. Neben dem Täter selbst kann das Unternehmen mit einer Unternehmensgeldbuße gemäß § 30 OWiG belegt werden.[82] Kommt es hinsichtlich des Täters zu einer Einstellung des Verfahrens gemäß §§ 153 ff. StPO, besteht für die Staatsanwaltschaft die Möglichkeit, in einem selbstständigen Verfahren gemäß § 444 Abs. 3 StPO eine Geldbuße gegen das Unternehmen beim Gericht zu beantragen.[83]

C. Tatbestandliche Voraussetzungen des § 400 Abs. 1 Nr. 2, 1. Alt. AktG: Falsche Angaben gegenüber Prüfern

Diese Alternative lautet:

(1) Mit Freiheitsstrafe bis zu drei Jahren oder mit Geldstrafe wird bestraft, wer als Mitglied des Vorstands oder des Aufsichtsrats oder als Abwickler
1. (...)
2. in Aufklärungen oder Nachweisen, die nach den Vorschriften dieses Gesetzes einem Prüfer der Gesellschaft oder eines verbundenen Unternehmens zu geben sind, falsche Angaben macht (...), wenn die Tat nicht in § 331 Nr. 4 des Handelsgesetzbuchs mit Strafe bedroht ist.

(...)

---

82 Vgl. ausführlich MüKoStGB/*Kiethe* AktG § 400 Rn. 99.
83 MüKoStGB/*Kiethe* AktG § 400 Rn. 99.

I. Objektiver Tatbestand

1. Tauglicher Täterkreis

Täter können die **Mitglieder des Vorstandes**, die **Mitglieder des Aufsichtsrates**[84] oder der **Abwickler** (Liquidator) sein. Hinsichtlich dieser Personen wird auf die Ausführungen zu § 399 AktG oben (Kap. 9.1. Rn. 11 ff.) verwiesen.[85] Besonderheiten ergeben sich aber aus der **Art der Auskünfte**. Nicht jede unrichtige Auskunft, die einem Prüfer von einem tauglichen Täter gegeben wird, ist tatbestandsmäßig, sondern nur eine solche, auf die der Prüfer gerade gegenüber diesem Organmitglied ein Auskunftsrecht hat.

26

Beispiel:

Nach §§ 165 Abs. 2, 336 Abs. 4 AktG ist beispielsweise der **Vorstand** dem Prüfer gegenüber in einem bestimmten Punkt auskunftspflichtig. Gibt nun ein **Aufsichtsratsmitglied** auf Anfrage bestimmte falsche Auskünfte, so ist sein Handeln nicht tatbestandsmäßig.[86]

2. Schutzrichtung und Tathandlungen

a) Schutzrichtung

Die Vorschrift soll sicherstellen, dass Angaben gegenüber Prüfern der Gesellschaft oder Prüfern verbundener Unternehmen korrekt erfolgen. Der Wortlaut ist nahezu identisch mit dem des § 147 Abs. 2 Nr. 2, Alt. 1 GenG (s. Kap. 9.7. Rn. 26).

27

b) Tathandlungen

Der Täter muss **falsche Angaben** machen. Insoweit wird grundsätzlich auf die Ausführungen zu § 399 AktG (s. Kap. 9.1. Rn. 26 f.) verwiesen. Im Gegensatz zu § 399 Abs. 1 AktG ist in § 400 Abs. 1 Nr. 2 AktG das „**Verschweigen erheblicher Umstände**" nicht aufgeführt,[87] was praktisch aber häufig keine Bedeutung haben wird. Angaben nämlich, in denen erhebliche Umstände verschwiegen werden, können auch falsch sein, wenn sie den Eindruck von Vollständigkeit vermitteln und der fehlende Teil für die sachgerechte Beurteilung der Gesellschaftsverhältnisse notwendig ist.[88]

28

c) Bezugsgegenstand

Tatgegenstand der falschen Angaben sind Aufklärungen und Nachweise, die nach den Vorschriften des AktG einem Prüfer der Gesellschaft oder eines verbundenen Unternehmens zu geben sind. Relevant sind danach nur solche Angaben, bezüglich derer der Prüfer ein Auskunftsrecht hat.

29

---

84 Zur strafrechtlichen Verantwortung des Aufsichtsrates vgl. *Krause* NStZ 2011, 57 ff.
85 S. Kap. 9.1. Rn. 16 ff. und Hopt/Wiedemann/*Otto* AktG § 399 Rn. 19 ff., 28, 31 ff., 185 ff.
86 Vgl. Hopt/Wiedemann/*Otto* AktG § 399 Rn. 64; *Geilen* AktG § 400 Rn. 102.
87 Vgl. Hopt/Wiedemann/*Otto* AktG § 399 Rn. 67.
88 Spindler/Stilz/*Hefendehl* AktG § 400 Rn. 37.

aa) Aufklärungen

30 Aufklärungen sind Erklärungen jeder Art, die für die Prüfung relevante Informationen enthalten und zur Klärung oder Vermeidung von Zweifelsfragen oder Widersprüchen erforderlich sind.[89]

bb) Nachweise

31 Nachweise sind Unterlagen, die den vom Prüfer untersuchten Bereich betreffen, zB Urkunden, Schriften oder Inventurlisten.[90]

cc) Adressat der Aufklärungen und Nachweise

32 Adressat der Aufklärungen und Nachweise ist der **Prüfer**, wobei dies nach zutreffender Meinung nicht der Prüfer unmittelbar sein muss. Es kann auch eine unrichtige Angabe gegenüber einem Prüfungsgehilfen ausreichen.[91] Die Angaben sind dem Prüfer gegenüber schon dann gemacht, wenn sie an einen seiner Sphäre zuzurechnenden, mit der Prüfungsaufgabe betrauten Adressaten gerichtet sind.[92]

Nicht jede Prüfung ist von § 400 AktG erfasst. Einschlägig sind nur **Sonderprüfungen**[93] (vgl. §§ 145 Abs. 2, 258 Abs. 5 AktG), da die Abschlussprüfung in den §§ 316 ff. HGB geregelt ist. Falsche Angaben gegenüber **Abschlussprüfern und Konzernabschlussprüfern** fallen unter § 331 Nr. 4 HGB. Auch **Gründungsprüfungen** sind hier nicht tatbestandsrelevant, da die dort auskunftspflichtigen Personen nicht taugliche Täter des § 400 Abs. 1 Nr. 2 AktG sind. Gründungsprüfungen fallen unter § 400 Abs. 2 AktG.

II. Subjektiver Tatbestand

33 Der Tatbestand des § 400 AktG erfordert **Vorsatz**, wobei **bedingter Vorsatz** (dolus eventualis) ausreicht. Auf die Ausführungen zu § 399 AktG (Kap. 9.1. Rn. 39) wird verwiesen.

Besondere subjektive Merkmale wie etwa eine Täuschungs- oder Schädigungsabsicht sind nicht erforderlich.

III. Rechtswidrigkeit und Schuld

34 Hier ist grundsätzlich auf die obigen Ausführungen (Kap. 9.1. Rn. 41) zu verweisen. Auf Unvollständigkeit beruhende falsche Angaben können womöglich

---

89 So zutreffend Hopt/Wiedemann/*Otto* AktG § 399 Rn. 71.
90 Hopt/Wiedemann/*Otto* AktG § 399 Rn. 71 unter Hinweis auf BGH 22.12.1959 – 1 StR 591/59, BGHSt 13, 382 (383) und Geßler/Hefermehl/Eckardt/Kropff/*Fuhrmann* AktG § 400 Rn. 31.
91 So auch MüKoStGB/*Kiethe* AktG § 400 Rn. 60; *Dannecker,* Bilanzstrafrecht, Rn. 677; Heymann/*Otto* HGB § 331 Rn. 70; *Geilen* AktG § 400 Rn. 104; Hopt/Wiedemann/ *Otto* AktG § 400 Rn. 72; **aA**: Erbs/Kohlhaas/*Fuhrmann* AktG § 400 Rn. 46; Geßler/ Hefermehl/Eckardt/Kropff/*Fuhrmann* AktG § 400 Rn. 32; Heidel/*Bernsmann* AktG § 400 Rn. 6 mwN.
92 Hopt/Wiedemann/*Otto* AktG § 400 Rn. 72.
93 AA MüKoStGB/*Kiethe* AktG § 400 Rn. 57, wonach auch Abschlussprüfungen nach § 313 AktG, Vertragsprüfungen nach § 293 b AktG, Eingliederungsprüfungen nach § 320 Abs. 3 AktG und Barabfindungsprüfungen nach § 327 c Abs. 2 S. 2 AktG erfasst sein sollen; ebenso für die Abschlussprüfung nach § 313 AktG Achenbach/Ransiek/ Rönnau/*Ransiek* 8. Teil, 1. Kap. Rn. 919.

durch ein Schweigerecht (zB aus § 160 Abs. 2 AktG) gerechtfertigt sein.[94] Darüber hinaus kommt eine Rechtfertigung zB aus rechtfertigendem Notstand gemäß § 34 StGB nur in atypischen Ausnahmesituationen infrage.[95]

IV. Irrtumskonstellationen

Auch insoweit kann auf die obigen Ausführungen zu § 399 AktG (Kap. 9.1. Rn. 42 ff.) Bezug genommen werden. 35

Für § 400 AktG lassen sich folgende *Beispiele* nennen:

Nimmt der Täter irrig an, eine von ihm gemachte Angabe unterfalle nicht der gesetzlichen Auskunftspflicht, so liegt ein den Vorsatz ausschließender **Tatbestandsirrtum** gemäß § 16 StGB vor. Meint der Täter fälschlicherweise, seiner Auskunftspflicht stehe ein Schweigerecht gegenüber, ist ein **Verbotsirrtum** gemäß § 17 StGB gegeben.

V. Täterschaft und Teilnahme

Wie oben bereits erläutert, handelt es sich um ein echtes **Sonderdelikt**. Hier kann auf die obigen Ausführungen zu § 399 AktG (Kap. 9.1. Rn. 5) verwiesen werden. Auch die **Teilnahme** richtet sich nach den allgemeinen Vorschriften der §§ 26, 27 StGB. Auf die Ausführungen zu § 399 AktG[96] kann ebenfalls verwiesen werden. 36

VI. Versuch und Vollendung

Der **Versuch** ist nicht strafbar, da § 400 AktG ein Vergehen darstellt. Auf die Ausführungen zu § 399 AktG[97] wird Bezug genommen. 37

Tatvollendung tritt mit Zugang der für die Prüfung bestimmten Aufklärungen oder Nachweise beim Prüfer oder dessen Gehilfen ein. Aus der Deliktsnatur des § 400 AktG als abstraktes Gefährdungsdelikt ergibt sich, dass eine Kenntnisnahme vom Inhalt nicht erforderlich ist. Auch eine erfolgreiche Irreführung des Prüfers ist nicht notwendig.

VII. Konkurrenzen

1. Innertatbestandliche Konkurrenz

Überschneiden sich einzelne Tathandlungen des § 400 AktG, so geht der speziellere dem allgemeineren Tatbestand vor. Zwischen § 400 Abs. 1 Nr. 2 AktG und § 400 Abs. 2 AktG kann in Ausnahmefällen Tatmehrheit gemäß § 53 StGB vorliegen.[98] 38

2. Konkurrenz zu anderen Straftatbeständen

§ 400 Abs. 1 Nr. 2 AktG tritt als subsidiär hinter § 331 Nr. 4 HGB zurück, soweit dessen Voraussetzungen vorliegen.[99] Im Übrigen kann zwischen § 400 39

---

94 Hopt/Wiedemann/*Otto* AktG § 400 Rn. 22, 49, 75.
95 Spindler/Stilz/*Hefendehl* AktG § 400 Rn. 115 („nur ganz ausnahmsweise"); Hopt/Wiedemann/*Otto* AktG § 400 Rn. 22, 49, 75 mwN; aA noch Hopt/Wiedemann/*Klug* AktG § 400 Rn. 13 und § 399 Rn. 20.
96 Vgl. Hopt/Wiedemann/*Otto* AktG § 399 Rn. 109 ff. und oben Kap. 9.1. Rn. 46 ff.
97 Hopt/Wiedemann/*Otto* AktG § 399 Rn. 102 und oben Kap. 9.1. Rn. 51.
98 Zur innertatbestandlichen Konkurrenz vgl. Hopt/Wiedemann/*Otto* AktG § 400 Rn. 93.
99 Ausführlich dazu Hopt/Wiedemann/*Otto* AktG § 400 Rn. 94.

AktG einerseits und jeweils § 263 StGB (Betrug), § 264 a StGB (Kapitalanlagebetrug), § 265 b StGB (Kreditbetrug), § 266 StGB (Untreue), § 267 StGB (Urkundenfälschung) und § 16 UWG (strafbare Werbung) je nach Einzelfall Tateinheit gemäß § 52 StGB[100] oder Tatmehrheit gemäß § 53 StGB vorliegen.

VIII. Prozessuales
1. Offizialdelikt

40 Die Strafverfolgung nach § 400 AktG bedarf keines Strafantrags durch etwaig Geschädigte. Sie erfolgt von Amts wegen und kann auch bei „Rücknahme einer Strafanzeige" fortgeführt werden.

2. Zuständigkeiten

41 Im Falle einer Anklageerhebung zum Landgericht besteht für eine Tat nach § 400 AktG eine Zuständigkeit der Wirtschaftsstrafkammer gemäß § 74 c Abs. 1 S. 1 Nr. 1 GVG.

3. Verjährung

42 Eine Tat nach § 400 AktG verjährt gemäß § 78 Abs. 3 Nr. 4 StGB fünf Jahre nach der Beendigung. Diese richtet sich nach § 78 a S. 1 StGB.

4. Mögliche Folgen der Tat

43 Neben Geld- und Freiheitsstrafe können im Urteil Gewinnabschöpfungsmaßnahmen nach Maßgabe der §§ 73 ff. StGB angeordnet werden. Den verurteilten Täter eines Delikts nach § 400 AktG trifft gemäß § 76 Abs. 3 Nr. 3d AktG für die Dauer von fünf Jahren die Inhabilität, dh die Unfähigkeit, das Amt eines Geschäftsführers oder Vorstands auszuüben. Neben dem Täter selbst kann das Unternehmen mit einer Unternehmensgeldbuße gemäß § 30 OWiG belegt werden.[101] Kommt es hinsichtlich des Täters zu einer Einstellung des Verfahrens gemäß §§ 153 ff. StPO, besteht für die Staatsanwaltschaft die Möglichkeit, in einem selbstständigen Verfahren gemäß § 444 Abs. 3 StPO eine Geldbuße gegen das Unternehmen beim Gericht zu beantragen.[102]

D. Tatbestandliche Voraussetzungen des § 400 Abs. 1 Nr. 2, 2. und 3. Alt. AktG: Unrichtige Wiedergabe von Geschäftsverhältnissen gegenüber Prüfern

Der Tatbestand dieser Alternative lautet:

(1) Mit Freiheitsstrafe bis zu drei Jahren oder mit Geldstrafe wird bestraft, wer als Mitglied des Vorstands oder des Aufsichtsrats oder als Abwickler
(...)
2. in Aufklärungen oder Nachweisen, die nach den Vorschriften dieses Gesetzes einem Prüfer der Gesellschaft oder eines verbundenen Unternehmens zu geben sind, (...) die Verhältnisse der Gesellschaft unrichtig wiedergibt oder verschleiert, wenn die Tat nicht in § 331 Nr. 4 des Handelsgesetzbuchs mit Strafe bedroht ist.
(...)

---

100 Vgl. hierzu nur Spindler/Stilz/*Hefendehl* AktG § 400 Rn. 127.
101 Vgl. ausführlich MüKoStGB/*Kiethe* AktG § 400 Rn. 99.
102 MüKoStGB/*Kiethe* AktG § 400 Rn. 99.

I. Objektiver Tatbestand
1. Tauglicher Täterkreis

Täter können Mitglieder des Vorstands, des Aufsichtsrats oder Abwickler sein. Insoweit wird auf oben verwiesen (Rn. 7 ff.). 44

2. Schutzrichtung und Tathandlungen
a) Schutzrichtung

Die Vorschrift soll sicherstellen, dass Angaben gegenüber Prüfern der Gesellschaft oder Prüfern verbundener Unternehmen korrekt erfolgen. Sie soll vor unrichtigen Wiedergaben und Verschleierungen der Verhältnisse der Aktiengesellschaft und ihrer verbundenen Unternehmen in Aufklärungen und Nachweisen schützen. Der Wortlaut ist nahezu identisch mit dem des § 147 Abs. 2 Nr. 2, 2. und 3. Alt GenG und des § 313 Abs. 1 Nr. 2, 2. und 3. Alt. UmwG. 45

b) Tatmittel, Tatgegenstand und Tathandlungen
aa) Tatmittel

Die unrichtige Wiedergabe oder Verschleierung muss 46

- in **Aufklärungen** oder
- in **Nachweisen**

erfolgen, die nach den Vorschriften des AktG einem Prüfer der Aktiengesellschaft zu geben sind.

(1) Aufklärungen

Aufklärungen sind Erklärungen jeder Art, die für die Prüfung relevante Informationen enthalten und zur Klärung oder Vermeidung von Zweifelsfragen oder Widersprüchen erforderlich sind.[103] 47

(2) Nachweise

Nachweise sind Unterlagen, die den vom Prüfer untersuchten Bereich betreffen, zB Urkunden, Schriften oder Inventurlisten.[104] 48

(3) Adressat der Aufklärungen und Nachweise

Adressat der Aufklärungen und Nachweise ist der **Prüfer**, wobei dies nach zutreffender Meinung nicht der Prüfer unmittelbar sein muss. Es kann auch eine unrichtige Angabe gegenüber einem Prüfungsgehilfen ausreichen.[105] Die Angaben sind dem Prüfer gegenüber schon dann gemacht, wenn sie an einen seiner Sphäre zuzurechnenden, mit der Prüfungsaufgabe betrauten Adressaten gerichtet sind.[106] 49

---

103 So zutreffend Hopt/Wiedemann/*Otto* AktG § 399 Rn. 71.
104 Hopt/Wiedemann/*Otto* AktG § 399 Rn. 71 unter Hinweis auf BGH 22.12.1959 – 1 StR 591/59, BGHSt 13, 382 (383) und Geßler/Hefermehl/Eckardt/Kropff/*Fuhrmann* AktG § 400 Rn. 31.
105 So auch MüKoStGB/*Kiethe* AktG § 400 Rn. 60; *Dannecker*, Bilanzstrafrecht, Rn. 677; Heymann/*Otto* HGB § 331 Rn. 70; *Geilen* AktG § 400 Rn. 104; Hopt/Wiedemann/*Otto* AktG § 400 Rn. 72; **aA**: Erbs/Kohlhaas/*Fuhrmann* AktG § 400 Rn. 46; Geßler/Hefermehl/Eckardt/Kropff/*Fuhrmann* AktG § 400 Rn. 32; Heidel/*Bernsmann* AktG § 400 Rn. 6 mwN.
106 Hopt/Wiedemann/*Otto* AktG § 400 Rn. 72.

Nicht jede Prüfung ist von § 400 AktG erfasst. Einschlägig sind nur **Sonderprüfungen**[107] (vgl. §§ 145 Abs. 2, 258 Abs. 5 AktG), da die Abschlussprüfung in den §§ 316 ff. HGB geregelt ist. Falsche Angaben gegenüber **Abschlussprüfern und Konzernabschlussprüfern** fallen unter § 331 Nr. 4 HGB. Auch **Gründungsprüfungen** sind hier nicht tatbestandsrelevant, da die dort auskunftspflichtigen Personen nicht taugliche Täter des § 400 Abs. 1 Nr. 2 AktG sind. Gründungsprüfungen fallen unter § 400 Abs. 2 AktG.

bb) Tatgegenstand

50 Gegenstand der Tathandlung (unrichtige Wiedergabe oder Verschleierung) sind die **Verhältnisse der Gesellschaft** einschließlich ihrer Beziehungen zu verbundenen Unternehmen.[108]

cc) Tathandlungen

51 Als Tathandlungen nennt § 400 Abs. 1 Nr. 2, 2. und 3. Alt. AktG die **unrichtige Wiedergabe** und die **Verschleierung** der Verhältnisse der Gesellschaft. Beide Alternativen sind gleichrangig. Die Abgrenzung der Begriffe ist umstritten,[109] jedoch ohne praktische Relevanz,[110] da die Übergänge fließend sind.[111]

Im Übrigen wird auf die umfangreiche Darstellung zu § 331 Nr. 1 HGB Bezug genommen (Kap. 9.4. Rn. 20 ff.).

II. Subjektiver Tatbestand

52 Der Tatbestand des § 400 AktG erfordert **Vorsatz**, wobei **bedingter Vorsatz** (dolus eventualis) ausreicht. Auf die Ausführungen zu § 399 AktG (Kap. 9.1. Rn. 39) wird verwiesen.

III. Rechtswidrigkeit, Schuld, Täterschaft und Teilnahme, Irrtumskonstellationen

53 Hier ist grundsätzlich auf die obigen Ausführungen zu verweisen (Kap. 9.1. Rn. 41).

IV. Versuch und Vollendung

54 Der **Versuch** ist nicht strafbar, da § 400 AktG ein Vergehen darstellt. Auf die Ausführungen zu § 399 AktG[112] wird Bezug genommen.

Tatvollendung tritt mit Zugang der für die Prüfung bestimmten Aufklärungen oder Nachweise beim Prüfer oder dessen Gehilfen ein. Aus der Deliktsnatur des § 400 AktG als abstraktes Gefährdungsdelikt ergibt sich, dass eine Kennt-

---

107 AA MüKoStGB/*Kiethe* AktG § 400 Rn. 57, wonach auch Abschlussprüfungen nach § 313 AktG, Vertragsprüfungen nach § 293 b AktG, Eingliederungsprüfungen nach § 320 Abs. 3 AktG und Barabfindungsprüfungen nach § 327 c Abs. 2 S. 2 AktG erfasst sein sollen; ebenso für die Abschlussprüfung nach § 313 AktG Achenbach/Ransiek/*Rönnau/Ransiek* 8. Teil, 1. Kap. Rn. 919.
108 Hopt/Wiedemann/*Otto* AktG § 400 Rn. 30; zu den verbundenen Unternehmen vgl. *Bertsch* S. 33 ff.; *Wohlgemuth* DStR 1991, 1495 ff.
109 MüKoHGB/*Quedenfeld* HGB § 331 Rn. 40; Heymann/*Otto* HGB § 331 Rn. 30; *Klussmann*, Geschäftslagetäuschung, S. 23 ff.; *Schmedding* S. 116 ff.
110 MüKoHGB/*Quedenfeld* HGB § 331 Rn. 40; Heymann/*Otto* HGB § 331 Rn. 30.
111 Vgl. zu § 331 HGB BeckBilKomm/*Grottel/H. Hoffmann* HGB § 331 Rn. 10.
112 Hopt/Wiedemann/*Otto* AktG § 399 Rn. 102 und oben Kap. 9.1. Rn. 51.

nisnahme vom Inhalt nicht erforderlich ist. Auch eine erfolgreiche Irreführung des Prüfers ist nicht notwendig.

V. Konkurrenzen

1. Innertatbestandliche Konkurrenz

Überschneiden sich einzelne Tathandlungen des § 400 AktG, so geht der speziellere dem allgemeineren Tatbestand vor. Zwischen § 400 Abs. 1 Nr. 2 AktG und § 400 Abs. 2 AktG kann in Ausnahmefällen Tatmehrheit gemäß § 53 StGB vorliegen.[113]

2. Konkurrenz zu anderen Straftatbeständen

§ 400 Abs. 1 Nr. 2 AktG tritt als subsidiär hinter § 331 Nr. 4 HGB zurück, soweit dessen Voraussetzungen vorliegen.[114] Im Übrigen kann zwischen § 400 AktG einerseits und jeweils § 263 StGB (Betrug), § 264 a StGB (Kapitalanlagebetrug), § 265 b StGB (Kreditbetrug), § 266 StGB (Untreue), § 267 StGB (Urkundenfälschung) und § 16 UWG (strafbare Werbung) je nach Einzelfall Tateinheit gemäß § 52 StGB[115] oder Tatmehrheit gemäß § 53 StGB vorliegen.

VI. Strafverfolgung

1. Offizialdelikt

Die Strafverfolgung nach § 400 AktG bedarf keines Strafantrags durch etwaig Geschädigte. Sie erfolgt von Amts wegen und kann auch bei „Rücknahme einer Strafanzeige" fortgeführt werden.

2. Zuständigkeiten

Im Falle einer Anklageerhebung zum Landgericht besteht für eine Tat nach § 400 AktG eine Zuständigkeit der Wirtschaftsstrafkammer gemäß § 74 c Abs. 1 S. 1 Nr. 1 GVG.

3. Verjährung und Folgen der Tat

Eine Tat nach § 400 AktG verjährt gemäß § 78 Abs. 3 Nr. 4 StGB fünf Jahre nach der Beendigung. Diese richtet sich nach § 78 a S. 1 StGB.

Neben Geld- und Freiheitsstrafe können im Urteil Gewinnabschöpfungsmaßnahmen nach Maßgabe der §§ 73 ff. StGB angeordnet werden. Den verurteilten Täter eines Delikts nach § 400 AktG trifft gemäß § 76 Abs. 3 Nr. 3 d AktG für die Dauer von fünf Jahren die Inhabilität, dh die Unfähigkeit, das Amt eines Geschäftsführers oder Vorstands auszuüben. Neben dem Täter selbst kann das Unternehmen mit einer Unternehmensgeldbuße gemäß § 30 OWiG belegt werden.[116] Kommt es hinsichtlich des Täters zu einer Einstellung des Verfahrens gemäß §§ 153 ff. StPO, besteht für die Staatsanwaltschaft die Möglichkeit, in einem selbstständigen Verfahren gemäß § 444 Abs. 3 StPO eine Geldbuße gegen das Unternehmen beim Gericht zu beantragen.[117]

---

113 Zur innertatbestandlichen Konkurrenz vgl. Hopt/Wiedemann/*Otto* AktG § 400 Rn. 93.
114 Ausführlich dazu Hopt/Wiedemann/*Otto* AktG § 400 Rn. 94.
115 Vgl. hierzu nur Spindler/Stilz/*Hefendehl* AktG § 400 Rn. 127.
116 Vgl. ausführlich MüKoStGB/*Kiethe* AktG § 400 Rn. 99.
117 MüKoStGB/*Kiethe* AktG § 400 Rn. 99.

Anlässlich der Skandale im Zusammenhang mit dem Zusammenbruch des „Neuen Marktes" sind Forderungen nach einer Verschärfung der Kapitalmarktstrafrechtsnormen und nach einer Ausweitung der Kompetenzen der Bundesanstalt für Finanzdienstleistungsaufsicht laut geworden.

E. Tatbestandliche Voraussetzungen des § 400 Abs. 2 AktG: Falsche Angaben gegenüber Gründungsprüfern und anderen Prüfern

Diese Alternative lautet:

(2) Ebenso wird bestraft, wer als Gründer oder Aktionär in Aufklärungen oder Nachweisen, die nach den Vorschriften dieses Gesetzes einem Gründungsprüfer oder sonstigen Prüfer zu geben sind, falsche Angaben macht oder erhebliche Umstände verschweigt.

I. Objektiver Tatbestand

1. Tauglicher Täterkreis

61 Täter können die **Gründer** oder die **Aktionäre** sein.

Gründer der AG sind die Aktionäre, die die Satzung festgestellt haben (§ 28 AktG).[118] Bei einer KGaA sind Gründer die Gesellschafter, die die Satzung festgestellt haben (§ 280 Abs. 3 AktG). **Aktionär** ist jeder an der Gesellschaft Beteiligte, der mindestens eine Aktie besitzt (§ 118 AktG).

2. Schutzrichtung und Tathandlungen

a) Schutzrichtung

62 Die Vorschrift soll vor gefährlichen Falschinformationen durch Gründer und Aktionäre schützen.[119]

b) Tathandlungen

63 Der Täter muss **falsche Angaben** machen oder **erhebliche Umstände verschweigen**. Insoweit wird grundsätzlich auf die Ausführungen zu § 399 AktG verwiesen.[120]

c) Bezugsgegenstand

64 **Tatgegenstand** der falschen Angaben sind **Aufklärungen** und **Nachweise** (zu diesen Begriffen s. Rn. 13 f.), die nach den Vorschriften des AktG einem Prüfer der Gesellschaft oder eines verbundenen Unternehmens zu geben sind. Gemäß § 35 Abs. 1 AktG können die Gründungsprüfer von den Gründern alle Aufklärungen und Nachweise verlangen, die für eine sorgfältige Prüfung des Gründungsvorganges (§ 34 Abs. 1 AktG) notwendig sind.

Der Täter muss in seiner **Funktion als Gründer oder Aktionär** handeln. Relevant sind danach nur solche Angaben, bezüglich derer der Prüfer ein Auskunftsrecht und der Täter eine Auskunftspflicht hat. Auf die obigen Ausführungen zu § 400 Abs. 1 Nr. 2 AktG (s. Rn. 12) wird Bezug genommen.

---

118 S. Kap. 9.1. Rn. 12 und Hopt/Wiedemann/*Otto* AktG § 399 Rn. 8 ff.
119 Erbs/Kohlhaas/*Schaal* AktG § 400 Rn. 55; Hopt/Wiedemann/*Otto* AktG § 399 Rn. 81.
120 S. Kap. 9.1. Rn. 26 ff. und Hopt/Wiedemann/*Otto* AktG § 399 Rn. 36 ff.

d) Adressat

Adressat der Aufklärungen und Nachweise ist der Gründungsprüfer oder der sonstige Prüfer. **Gründungsprüfer** sind die gemäß § 33 Abs. 2, 3 AktG eingesetzten Prüfer, nicht aber die Vorstands- oder Aufsichtsratsmitglieder, die gemäß § 33 Abs. 1 AktG den Gründungshergang zu prüfen haben.[121] **Sonstige Prüfer** können zB die Prüfer bei der Nachgründung und bei der Kapitalerhöhung mit Sacheinlagen gemäß §§ 52 Abs. 4, 183 Abs. 3 AktG sein, außerdem die Prüfer im Falle der §§ 194 Abs. 4 S. 2, 205 Abs. 5 S. 1 AktG. Nach zutreffender Meinung muss nicht der Prüfer unmittelbar Adressat sein; auch die unrichtige Angabe gegenüber einem Prüfungsgehilfen kann genügen.[122] Die Angaben sind dem Prüfer gegenüber schon dann gemacht, wenn sie an einen seiner Sphäre zuzurechnenden, mit der Prüfungsaufgabe betrauten Adressaten gerichtet sind (Rn. 15).

Bei der **Nachgründung** und der **Kapitalerhöhung mit Sacheinlagen** sind die Aktionäre gemäß § 52 Abs. 4 AktG bzw. § 183 Abs. 3 AktG auskunftspflichtig.[123]

II. Subjektiver Tatbestand

Der Tatbestand des § 400 AktG erfordert **Vorsatz**, wobei **bedingter Vorsatz** (dolus eventualis) ausreicht.[124] Auf die Ausführungen zu § 399 AktG (Kap. 9.1. Rn. 39) wird verwiesen.

III. Rechtswidrigkeit, Schuld, Irrtumskonstellationen, Täterschaft und Teilnahme

Hier ist ebenfalls auf die obigen Ausführungen zu §§ 399, 400 Abs. 1 Nr. 2, Alt. 1 AktG (Kap. 9.1. Rn. 41 ff. und Rn. 17 ff.) zu verweisen.

IV. Versuch und Vollendung

Der **Versuch** ist nicht strafbar, da § 400 AktG ein Vergehen ist. Auf die Ausführungen zu § 399 AktG[125] wird Bezug genommen.

Tatvollendung tritt mit Zugang der für die Prüfung bestimmten Aufklärungen oder Nachweise beim Prüfer oder dessen Gehilfen ein. Aus der Deliktsnatur des § 400 AktG als abstraktes Gefährdungsdelikt ergibt sich, dass eine Kenntnisnahme vom Inhalt nicht erforderlich ist. Auch eine erfolgreiche Irreführung des Prüfers ist nicht notwendig.

V. Konkurrenzen

1. Innertatbestandliche Konkurrenz

Auf die Ausführungen zu § 400 Abs. 1 Nr. 2, Alt. 1 AktG wird verwiesen.[126]

---

121 Hopt/Wiedemann/*Otto* AktG § 399 Rn. 86.
122 So auch *Dannecker*, Bilanzstrafrecht, Rn. 677; Heymann/*Otto* HGB § 331 Rn. 70; *Geilen* AktG § 399 Rn. 104; Hopt/Wiedemann/*Otto* AktG § 400 Rn. 72; aA: Erbs/Kohlhaas/*Schaal* AktG § 400 Rn. 46; Geßler/Hefermehl/Eckardt/Kropff/*Fuhrmann* AktG § 400 Rn. 32; Heidel/*Bernsmann* AktG § 400 Rn. 6.
123 *Geilen* AktG § 400 Rn. 121 f.
124 KölnKommAktG/*Altenhain* AktG § 400 Rn. 76.
125 Hopt/Wiedemann/*Otto* AktG § 399 Rn. 102 und oben § 399 AktG s. Kap. 9.1. Rn. 51.
126 Zur innertatbestandlichen Konkurrenz vgl. Rn. 21 und Hopt/Wiedemann/*Otto* AktG § 400 Rn. 93.

2. Konkurrenz zu anderen Straftatbeständen

70 Zwischen § 400 AktG einerseits und jeweils § 263 (Betrug), § 264 a (Kapitalanlagebetrug), § 265 b (Kreditbetrug), § 266 (Untreue), § 267 (Urkundenfälschung) StGB und § 16 UWG (strafbare Werbung) kann je nach Einzelfall Tateinheit gemäß § 52 StGB oder Tatmehrheit gemäß § 53 StGB vorliegen.

VI. Strafverfolgung

1. Offizialdelikt

71 Bei den Tatbeständen des § 400 AktG handelt es sich um **Offizialdelikte**, die im Spiegel des Legalitätsprinzips von Amts wegen verfolgt werden. Ein Strafantrag ist nicht erforderlich.

2. Gerichtliche Zuständigkeit

72 Gemäß § 74 c Abs. 1 Nr. 1 GVG ist für Straftaten nach dem AktG eine Strafkammer als **Wirtschaftsstrafkammer** zuständig, soweit nach § 74 Abs. 1 GVG als Gericht des ersten Rechtszuges und nach § 74 Abs. 3 GVG für die Verhandlung und Entscheidung über das Rechtsmittel der Berufung gegen die Urteile des Schöffengerichts das Landgericht zuständig ist.

3. Verjährung

73 Gemäß § 78 Abs. 3 Nr. 4 StGB verjähren Taten nach § 400 AktG nach fünf Jahren. Verjährungsbeginn, -unterbrechung und -hemmung sind in den §§ 78 a–c StGB geregelt. Die **Verjährung** beginnt mit der Beendigung der Ausführungshandlung. Da es sich bei § 400 AktG um ein abstraktes Gefährdungsdelikt handelt, beginnt die Verjährung bereits mit der Gefährdung; eine Verletzung ist nicht erforderlich.

Beispiel:

Bei § 400 AktG beginnt die Verjährung mit Abgabe des Nachweises und nicht erst mit dem Eintritt einer Täuschung oder eines Vermögensschadens bei einem Dritten.

4. Strafe

74 Die von § 400 AktG sanktionierten Straftaten sind Vergehen gemäß § 12 Abs. 2 StGB. Sie können mit Geldstrafe (vgl. §§ 40, 41 StGB) oder Freiheitsstrafe (vgl. §§ 38, 39 StGB) bis zu drei Jahren geahndet werden. Die Verhängung eines Berufsverbots gemäß § 70 StGB kommt ebenfalls in Betracht. Bei Teilnehmern kann gemäß §§ 28 Abs. 1, 49 Abs. 1 StGB die Strafe gemildert werden. Neben Geld- und Freiheitsstrafe können im Urteil Gewinnabschöpfungsmaßnahmen nach Maßgabe der §§ 73 ff. StGB angeordnet werden. Den verurteilten Täter eines Delikts nach § 400 AktG trifft gemäß § 76 Abs. 3 S. 2 Nr. 3 d AktG für die Dauer von fünf Jahren die Inhabilität, dh die Unfähigkeit, das Amt eines Geschäftsführers oder Vorstands auszuüben. Neben dem Täter selbst kann das Unternehmen mit einer Unternehmensgeldbuße gemäß § 30 OWiG belegt werden.[127]

---

127 Vgl. ausführlich MüKoStGB/*Kiethe* AktG § 399 Rn. 167 f.

Kap. 9.3. § 82 GmbHG Falsche Angaben
§ 82 GmbHG Falsche Angaben

(1) Mit Freiheitsstrafe bis zu drei Jahren oder mit Geldstrafe wird bestraft, wer
1. als Gesellschafter oder als Geschäftsführer zum Zweck der Eintragung der Gesellschaft über die Übernahme der Geschäftsanteile, die Leistung der Einlagen, die Verwendung eingezahlter Beträge, über Sondervorteile, Gründungsaufwand und Sacheinlagen,
2. als Gesellschafter im Sachgründungsbericht,
3. als Geschäftsführer zum Zweck der Eintragung einer Erhöhung des Stammkapitals über die Zeichnung oder Einbringung des neuen Kapitals oder über Sacheinlagen,
4. als Geschäftsführer in der in § 57 i Abs. 1 Satz 2 vorgeschriebenen Erklärung oder
5. als Geschäftsführer einer Gesellschaft mit beschränkter Haftung oder als Geschäftsleiter einer ausländischen juristischen Person in der nach § 8 Abs. 3 Satz 1 oder § 39 Abs. 3 Satz 1 abzugebenden Versicherung oder als Liquidator in der nach § 67 Abs. 3 Satz 1 abzugebenden Versicherung

falsche Angaben macht.

(2) Ebenso wird bestraft, wer
1. als Geschäftsführer zum Zweck der Herabsetzung des Stammkapitals über die Befriedigung oder Sicherstellung der Gläubiger eine unwahre Versicherung abgibt oder
2. als Geschäftsführer, Liquidator, Mitglied eines Aufsichtsrats oder ähnlichen Organs in einer öffentlichen Mitteilung die Vermögenslage der Gesellschaft unwahr darstellt oder verschleiert, wenn die Tat nicht in § 331 Nr. 1 oder Nr. 1 a des Handelsgesetzbuchs mit Strafe bedroht ist.

Literatur: *Altenhain*, in: Münchener Kommentar zum GmbH-Gesetz, 3. Aufl. 2018 (zit. als MüKoGmbHG/*Altenhain*); *Arnhold*, Auslegungshilfen zur Bestimmung einer Geschäftslagetäuschung im Rahmen der §§ 331 Nr. 1 HGB, 400 Abs. 1 Nr. 1 AktG, 82 Abs. 2 Nr. 2 GmbHG, 1993; *Baumbach/Hueck*, Kommentar zum GmbHG, 21. Aufl. 2017; *Brand*, in: Esser/Rübenstahl/Saliger/Tsambikakis, Wirtschaftsstrafrecht, 2017; *Brandes*, Die Rechtsprechung des Bundesgerichtshofs auf dem Gebiet des Aktienrechts, WM 1992, 465; *Cobet*, Fehlerhafte Rechnungslegung. Eine strafrechtliche Untersuchung zum neuen Bilanzrecht am Beispiel von § 331 I Nr. 1 des Handelsgesetzbuches, 1991; *Dannecker*, Bilanzstrafrecht, in: Blumers/Frick/Müller, Betriebsprüfungshandbuch, Loseblatt 1999; *ders.*, in: Michalski u.a., GmbHG, 3. Aufl. 2017; *Eyermann*, Untersagung der Berufsausübung durch Strafurteil und Verwaltungsakt – BVerwGE 15, 282, JuS 1964, 269; *Fuhrmann*, in: Geßler/Hefermehl/Eckardt/Kropff, Aktiengesetz, Kommentar, 1973, strafrechtliche Vorschriften, in: Bd. 6, 18. Lieferung; *Geilen*, Aktienstrafrecht, 1984 (Sonderausgabe aus Kölner Kommentar zum Aktiengesetz 1. Aufl. 1970); *Heymann/Otto*, Kommentar zum Handelsgesetzbuch, Bd. 3, §§ 238–342 a HGB, 2. Aufl. 1999; *Hohmann*, in: Münchener Kommentar zum Strafgesetzbuch, Band 7, Nebenstrafrecht II, 2. Aufl. 2015 (zit. als MüKoStGB/*Hohmann*); *Ibold*, in: Graf/Jäger/Wittig, Wirtschafts- und Steuerstrafrecht, 2. Aufl. 2017; *Kohlmann*, in: Hachenburg, GmbHG, Bd. 3, 8. Aufl. 1990; *ders.*, Die strafrechtliche Verantwortlichkeit des GmbH-Geschäftsführers, 1990; *Kaligin*, Das neue GmbH-Strafrecht, NStZ 1981, 90; *Kohlmann*, Die strafrechtliche Verantwortlichkeit des GmbH-Geschäftsführers, 1990; *ders.*, in: Hachenburg, GmbHG, Bd. 3: §§ 53–85 GmbHG, 8. Aufl. 1997; *Lutter/Hommelhoff*, Kommentar zum GmbHG, 19. Aufl. 2016; *Meyer-Landrut/Miller/Niehus*, Kommentar zum GmbHG einschließlich Rechnungslegung zum Einzel- sowie Konzernabschluß, 1987; *Otto*, in: Hopt/Wiedemann, AktG Großkommentar, 34. Lieferung, §§ 399–410, 4. Aufl. 1997;

Parigger, in: Leitner/Rosenau (Hrsg.), NomosKommentar Wirtschafts- und Steuerstrafrecht, 2017 (zit. als NK-WSS/*Parigger*); *Quedenfeld*, in: Münchener Kommentar zum Handelsgesetzbuch, Bd. 4 §§ 238–342 a HGB, 3. Aufl. 2013 (zit. als MüKoHGB/*Quedenfeld*); *Reck/ Hey*, Die neue Qualität der Wirtschaftsstraftaten in den Neuen Bundesländern unter besonderer Beachtung der GmbH, GmbHR 1996, 658; *Richter*, GmbH-Konkurs aus Sicht der Strafrechtspraxis, GmbHR 1984, 114; *Rönnau*, Haftung der Direktoren einer in Deutschland ansässigen englischen Private Company Limited by Shares nach deutschem Strafrecht – eine erste Annäherung, ZGR 2005, 832; *Roth/Altmeppen*, Kommentar zum GmbHG, 6. Aufl. 2009; *Schaal*, in Rowedder/Schmidt-Leithoff, Kommentar zum GmbHG, 4. Aufl. 2002; *Schlösser*, Die Strafbarkeit des Geschäftsführers einer private company limited by shares in Deutschland, wistra 2066, 81; *Schlosser/Stephan-Wimmer*, Der Schutzcharakter von Buchführungspflichten im Rahmen deliktischer Geschäftsleiterhaftung, GmbHR 2019, 449; *Scholz/Schneider*, Kommentar zum GmbHG (mit Anhang Konzernrecht), I. Band, §§ 1–44, II. Band, §§ 45–87, 9. Aufl. 2000; *Steinmetz*, Die verschleierte Sacheinlage im Aktienrecht aus zivil- und strafrechtlicher Sicht, 1990; *Tiedemann*, Kommentar zum GmbH-Strafrecht, 5. Aufl. 2010; *Tiedemann/Rönnau*, in: Scholz, GmbHG, Band 3, 11. Aufl. 2015; *Wegner*, Anmerkung zu BGH wistra 2005, 68, abgedruckt in wistra 2005, 150 f.; *Weiß*, Die Strafbarkeit falscher „überschießender" Angaben des Geschäftsführers nach § 82 Abs. 1 Nr. 5 GmbHG, wistra 2016, 9.

A. Allgemeines	1
I. Rechtsentwicklung	1
II. Geschütztes Rechtsgut	2
III. Deliktscharakter	3
IV. Zivilrecht	4
V. Praktische Bedeutung der Vorschrift	5
VI. Der typische Anwendungsfall	6
1. § 82 Abs. 1, 2 Nr. 1 GmbHG	6
2. § 82 Abs. 2 Nr. 2 GmbHG	7
B. Tatbestandliche Voraussetzungen des § 82 Abs. 1 Nr. 1 GmbHG: Gründungsschwindel durch unrichtige Anmeldung	8
I. Objektiver Tatbestand	8
1. Tauglicher Täterkreis	8
2. Schutzrichtung und Tathandlungen	9
a) Schutzrichtung	9
b) Tathandlungen	10
c) Gegenstand der Tathandlungen	12
aa) Falschangaben zur Übernahme der Geschäftsanteile	13
bb) Leistung der Einlagen	14
cc) Verwendung eingezahlter Beträge	15
dd) Sondervorteile	16
ee) Gründungsaufwand	17
ff) Sacheinlagen	18
II. Subjektiver Tatbestand	20
III. Rechtswidrigkeit und Schuld	21
IV. Irrtumskonstellationen	22
V. Täterschaft und Teilnahme	23
VI. Versuch und Vollendung	24
VII. Konkurrenzen	25
1. Innertatbestandliche Konkurrenz	25
2. Konkurrenz zu anderen Straftatbeständen	26
VIII. Prozessuales	27
1. Offizialdelikt	27
2. Zuständigkeiten	28
3. Verjährung	29
4. Mögliche Folgen der Tat	30
C. Tatbestandliche Voraussetzungen des § 82 Abs. 1 Nr. 2 GmbHG: Gründungsschwindel durch unrichtigen Sachgründungsbericht	31
I. Objektiver Tatbestand	31
1. Tauglicher Täterkreis	31
2. Schutzrichtung und Tathandlungen	33
a) Schutzrichtung	33
b) Tathandlungen	34
II. Subjektiver Tatbestand	39
III. Rechtswidrigkeit und Schuld	40
IV. Irrtumskonstellationen	41
V. Täterschaft und Teilnahme	42
VI. Versuch und Vollendung	43
VII. Konkurrenzen	44
1. Innertatbestandliche Konkurrenz	44
2. Konkurrenz zu anderen Straftatbeständen	45
VIII. Prozessuales	46
D. Tatbestandliche Voraussetzungen des § 82 Abs. 1 Nr. 3 GmbHG: Schwindel bei Kapitalerhöhung gegen Einlagen	47
I. Objektiver Tatbestand	47
1. Tauglicher Täterkreis	47
2. Schutzrichtung und Tathandlungen	48

a) Schutzrichtung	48
b) Tathandlungen und Tatgegenstand	49
aa) Tathandlungen	49
bb) Tatgegenstand	50
II. Subjektiver Tatbestand	54
III. Rechtswidrigkeit und Schuld	55
IV. Irrtumskonstellationen	56
V. Täterschaft und Teilnahme	57
VI. Versuch und Vollendung	58
VII. Konkurrenzen	59
VIII. Prozessuales	60
E. Tatbestandliche Voraussetzungen des § 82 Abs. 1 Nr. 4 GmbHG: Schwindel bei Kapitalerhöhung aus Gesellschaftsmitteln	61
I. Objektiver Tatbestand	61
1. Tauglicher Täterkreis	61
2. Schutzrichtung und Tathandlungen	62
a) Schutzrichtung	62
b) Tathandlungen	63
II. Subjektiver Tatbestand	64
III. Rechtswidrigkeit und Schuld	65
IV. Irrtumskonstellationen, Täterschaft und Teilnahme	66
V. Versuch und Vollendung	67
VI. Konkurrenzen	68
VII. Prozessuales	69
F. Tatbestandliche Voraussetzungen des § 82 Abs. 1 Nr. 5 GmbHG: Abgabe unrichtiger Versicherungen – „Eignungsschwindel"	70
I. Objektiver Tatbestand	70
1. Tauglicher Täterkreis	70
2. Schutzrichtung und Tathandlungen	73
a) Schutzrichtung	73
b) Tathandlungen	74
II. Subjektiver Tatbestand	80
III. Rechtswidrigkeit und Schuld	81
IV. Irrtumskonstellationen	82
V. Täterschaft und Teilnahme	83
VI. Versuch und Vollendung	84
VII. Konkurrenzen	85
1. Innertatbestandliche Konkurrenz	85
2. Konkurrenzen im Verhältnis zu anderen Gesetzen	86
VIII. Prozessuales	87
G. Tatbestandliche Voraussetzungen des § 82 Abs. 2 Nr. 1 GmbHG: Kapitalherabsetzungsschwindel	88
I. Objektiver Tatbestand	88
1. Tauglicher Täterkreis	88
2. Schutzrichtung und Tathandlungen	89
a) Schutzrichtung	89
b) Tathandlung	90
II. Subjektiver Tatbestand	96
III. Rechtswidrigkeit und Schuld	97
IV. Irrtumskonstellationen	98
V. Täterschaft und Teilnahme	99
VI. Versuch und Vollendung	100
VII. Konkurrenzen	101
VIII. Strafverfolgung	102
1. Offizialdelikt	102
2. Gerichtliche Zuständigkeit	103
3. Verjährung	104
4. Strafe	105
5. Weitere mögliche Folgen der Tat	106
6. Ausland	107
H. Tatbestandliche Voraussetzungen des § 82 Abs. 2 Nr. 2 GmbHG: Unwahre Darstellung oder Verschleierung der Verhältnisse der Kapitalgesellschaft – sog Geschäftslagetäuschung	108
I. Objektiver Tatbestand	108
1. Tauglicher Täterkreis	108
a) Taugliche Täter	108
b) Strohmann und faktische Organschaft	109
c) Mehrgliedrige Organe	110
2. Schutzrichtung und Tathandlungen	111
a) Schutzrichtung	111
b) Tatmittel, Tatgegenstand und Tathandlungen	112
aa) Tatmittel	112
bb) Tatgegenstand	113
cc) Tathandlungen	114
II. Subjektiver Tatbestand	116
III. Rechtswidrigkeit und Schuld	117
IV. Irrtumskonstellationen	118
V. Täterschaft und Teilnahme	119
VI. Versuch und Vollendung	120
VII. Konkurrenzen	121
1. Innertatbestandliche Konkurrenz	121
2. Konkurrenz zu anderen Straftatbeständen	122
VIII. Strafverfolgung	123
1. Offizialdelikt	123
2. Gerichtliche Zuständigkeit	124
3. Verjährung	125
4. Strafe	126
5. Weitere mögliche Folgen der Tat	127

Kap. 9: Falsche Angaben und unrichtige Darstellung

A. Allgemeines
I. Rechtsentwicklung

1 Das Gesetz betreffend die Gesellschaften mit beschränkter Haftung (kurz: GmbH-Gesetz, abgekürzt: GmbHG) vom 20.4.1892[1] in der Fassung der Bekanntmachung vom 20.5.1898[2] wurde in der Vergangenheit mehrfach modifiziert. Die letzten Änderungen erfolgten durch Art. 3 des Gesetzes zur weiteren Reform des Aktien- und Bilanzrechts, zu Transparenz und Publizität (Transparenz- und Publizitätsgesetz) vom 19.7.2002,[3] durch Art. 6 des Bilanzrechtsreformgesetzes vom 4.12.2004[4] und durch das am 28.10.2008 im Bundesgesetzesblatt veröffentlichte *Gesetz zur Modernisierung des GmbH-Rechts und zur Bekämpfung von Missbräuchen (MoMiG)*.[5]

§ 82 GmbHG wurde nur geringfügig ergänzt und geändert.[6] Die heutige Fassung beruht wesentlich auf dem Gesetz zur Änderung des Gesetzes betreffend die Gesellschaften mit beschränkter Haftung und anderer handelsrechtlicher Vorschriften vom 4.7.1980.[7] Hierdurch wurde § 82 GmbHG der ähnlichen Vorschrift des § 399 AktG unter Berücksichtigung der andersartigen Gesellschaftsform angeglichen und die Strafbarkeit verschärft. Durch das Bilanzrichtlinien-Gesetz (BiRiLiG) vom 19.12.1985[8] ist § 82 Abs. 2 Nr. 2 im Hinblick auf § 331 Nr. 1 HGB als subsidiär angelegt worden. Durch das Gesetz zur Bereinigung des Umwandlungsrechts (UmwBerG) vom 28.10.1994[9] ist § 82 Abs. 1 Nr. 4 mit Wirkung zum 1.1.1995 eingefügt worden, wodurch die bisherige Nr. 4 zur Nr. 5 wurde.

Durch das Bilanzrechtsreformgesetz vom 4.12.2004 wurde in § 82 Abs. 2 Nr. 2 GmbHG ein Verweis auf § 331 Nr. 1 a HGB eingefügt. Zuletzt wurde durch das MoMiG[10] in § 82 Abs. 1 Nr. 5 GmbHG klargestellt, dass die Inhabilitätsvorschriften auch für Geschäftsleiter ausländischer juristischer Personen gelten.

II. Geschütztes Rechtsgut

2 § 82 GmbHG schützt das Vertrauen der Gesellschaftsgläubiger und sonstiger interessierter dritter Personen (zB zukünftige Gesellschafter) in die Richtigkeit der Handelsregistereintragungen und deren Grundlagen sowie in die Wahrhaftigkeit öffentlicher Mitteilungen über die Vermögenslage der GmbH.[11] Zugespitzt sieht die überwiegende Auffassung deshalb das geschützte Rechtsgut im *Vertrauen in die Richtigkeit und Vollständigkeit der öffentlichen Informatio-*

---

1 RGBl. 477.
2 RGBl. 846.
3 BGBl. I 2681.
4 BGBl. I 3166 Nr. 65/2004.
5 Näheres zB bei BeckOK GmbHG/*Dannecker/N. Müller* GmbHG § 82 Rn. 81.
6 Rowedder/Schmidt-Leithoff/*Schaal* GmbHG § 82 Rn. 2.
7 BGBl. I 836 „GmbH-Novelle 1980"; allgemein zum GmbH-Strafrecht: Rowedder/Schmidt-Leithoff/*Schaal* GmbHG Vor §§ 82–85 Rn. 2.
8 BGBl. I 2355, 2398.
9 BGBl. I 3210.
10 MoMiG vom 23.10.2008, BGBl. I 2026.
11 BGH 29.6.2016 – 2 StR 520/15, wistra 2016, 492 (495) mAnm *Floeth* NZWiSt 2017, 196; Rowedder/Schmidt-Leithoff/*Schaal* GmbHG § 82 Rn. 1.

nen über die Verhältnisse der Gesellschaft.[12] Wie § 399 AktG soll somit auch § 82 GmbHG vor jeglicher Täuschung der Öffentlichkeit über die wesentlichen wirtschaftlichen Grundlagen des Unternehmens bewahren.[13] Ob auch die Interessen der Gesellschaft selbst erfasst sind, ist streitig.[14] Der Schutz der (gegenwärtigen) Gesellschafter wird von § 82 GmbHG – anders als im Aktienstrafrecht – nicht bezweckt.[15]

III. Deliktscharakter

Bei § 82 GmbHG handelt es sich – wie bei § 399 AktG – um ein **abstraktes Gefährdungsdelikt**[16] (die Vorschrift enthält insoweit Äußerungsdelikte),[17] ein (echtes) **Sonderdelikt**[18] und um einen **Blankettstraftatbestand**[19] (Bezugnahme auf außerstrafrechtliche Normen, hier §§ 8, 39, 67, 57 i GmbHG). Auf die Ausführungen zu § 399 AktG (s. Kap. 9.1. Rn. 4 ff.) wird verwiesen.

IV. Zivilrecht

Die Vorschrift des § 82 GmbHG ist **Schutzgesetz im Sinne des § 823 Abs. 2 BGB**, soweit sie nicht nur Allgemeininteressen, sondern auch den Individualinteressen des jeweils geschützten Personenkreises dient.[20] Die Einstufung als Schutzgesetz wird allerdings in der Literatur teilweise enger, teilweise weiter gesehen.[21] Für (gegenwärtige und zukünftige) Gläubiger sowie für künftige Gesellschafter sind Abs. 1 Nr. 1–5, für gegenwärtige Gläubiger zudem Abs. 2 Nr. 1 und für Gesellschafter, Gläubiger, andere Geschäftspartner und Arbeitnehmer der Gesellschaft Abs. 2 Nr. 2 Schutzgesetze im Sinne des § 823 Abs. BGB.[22] Der zivilrechtliche Schadensersatz setzt dabei voraus, dass der Anspruchsteller nachweisen kann, dass der Geschädigte durch ein Verhalten im

---

12 Michalski/*Dannecker* GmbHG § 82 Rn. 12. Vgl. auch Scholz/*Tiedemann/Rönnau* GmbHG § 82 Rn. 9; NK-WSS/*Parigger* GmbHG § 82 Rn. 1; aA Graf/Jäger/Wittig/*Ibold* GmbHG § 82 Rn. 7 („Vermögen der Allgemeinheit").
13 Rowedder/Schmidt-Leithoff/*Schaal* GmbHG § 82 Rn. 1 mwN.
14 Hierzu Scholz/*Tiedemann/Rönnau* GmbHG § 82 Rn. 9.
15 Mit zahlreichen weiteren Nachweisen Scholz/*Tiedemann/Rönnau* GmbHG § 82 Rn. 13. Vgl. auch Michalski/*Dannecker* GmbHG § 82 Rn. 15.
16 Vgl. *Schlosser/Stephan-Wimmer* GmbHR 2019, 453; *Lutter/Hommelhoff* GmbHG § 82 Rn. 1; Rowedder/Schmidt-Leithoff/*Schaal* GmbHG § 82 Rn. 6; Michalski/*Dannecker* GmbHG § 82 Rn. 19; Scholz/*Tiedemann/Rönnau* GmbHG § 82 Rn. 17; MüKo-GmbHG/*Altenhain* GmbHG § 82 Rn. 6; NK-WSS/*Parigger* GmbHG § 82 Rn. 2; Graf/Jäger/Wittig/*Ibold* GmbHG § 82 Rn. 11. Aus neuerer Zeit auch BGH 29.6.2016 – 2 StR 520/15, wistra 2016, 492 (495) mAnm *Floeth* NZWiSt 2017, 196. MwN zum Begriff des abstrakten/konkreten Gefährdungsdelikts etwa *Fischer* StGB Vor § 13 Rn. 18 f.
17 BGH 29.6.2016 – 2 StR 520/15, wistra 2016, 492 (495).
18 *Schlosser/Stephan-Wimmer* GmbHR 2019, 453. Dazu: Schönke/Schröder/*Eisele* StGB Vor § 13 Rn. 131.
19 Ausführlich Rowedder/Schmidt-Leithoff/*Schaal* GmbHG § 82 Rn. 5 mwN; vgl. zudem Michalski/*Dannecker* GmbHG § 82 Rn. 23 oder *Schlosser/Stephan-Wimmer* GmbHR 2019, 453.
20 Rowedder/Schmidt-Leithoff/*Schaal* GmbHG § 82 Rn. 2 mwN.
21 Vgl. die Nachweise bei Rowedder/Schmidt-Leithoff/*Schaal* GmbHG § 82 Rn. 2, Fn. 7–13. Ausführlich zu Uneinigkeiten hinsichtlich des Kreises vermeintlicher Anspruchsinhaber auch *Schlosser/Stephan-Wimmer* GmbHR 2019, 453 ff.
22 Rowedder/Schmidt-Leithoff/*Schaal* GmbHG § 82 Rn. 2 unter Hinweis auf abweichende (engere/weitere) Meinungen.

Vertrauen auf die Korrektheit der maßgeblichen Angaben einen **Schaden**[23] erlitten hat.[24]

V. Praktische Bedeutung der Vorschrift

5   § 82 GmbHG und auch §§ 83, 84 GmbHG haben im Wirtschaftsstrafrecht eine erhebliche Bedeutung,[25] was sich jedoch kaum in den Verurteilungszahlen widerspiegelt.[26]

VI. Der typische Anwendungsfall

1. § 82 Abs. 1, 2 Nr. 1 GmbHG

6   **Beispiel (OLG Stuttgart 28.6.1995 – 1 U 182/94, ZIP 1995, 1595 ff.):**
Der G ist einziger Gesellschafter und Geschäftsführer der E-GmbH. Die Geschäftsbeziehung zur Hausbank H gestaltet sich wegen der ständigen Überziehung der Kreditlinie schwierig. Mit Beschluss der Gesellschafterversammlung vom 15.1.1991 wurde das Stammkapital der E-GmbH von 50.000 DM auf 550.000 DM erhöht. Die neue Stammeinlage, die vom Gesellschafter G übernommen wurde, war sofort in voller Höhe in Geld zu leisten. Zur Leistung der neuen Stammeinlage gewährte die Hausbank H dem Gesellschafter G einen Privatkredit über 500.000 DM. Dieser wurde dem Girokonto der E-GmbH gutgeschrieben. Dadurch wurde der dort bestehende Sollsaldo von 2.047.750,98 DM um 500.000 DM reduziert. Am 15.1.1991 wurde die Kapitalerhöhung auf Veranlassung des G beim Amtsgericht – Registergericht – zur Eintragung in das Handelsregister angemeldet. Mit Schreiben vom 22.1.1991 verlangte das Registergericht von G die Vorlage eines Bankauszuges oder einer Bankbestätigung zum Nachweis des eingezahlten Stammkapitals. Am 24.1.1991 legte G dem Registergericht ein Schreiben der Hausbank H vor, in dem es wörtlich heißt: „Zur Vorlage beim Registergericht bestätigen wir, dass die Kapitaleinlage in Höhe von 500.000 DM zum 15.1.1991 auf das bei uns geführte Konto Nr. 1028380 der E-GmbH gutgeschrieben wurde." Daraufhin wurde die Kapitalerhöhung am 1.2.1991 in das Handelsregister eingetragen. Am 24.1.1991 forderte die Hausbank H von der E-GmbH, dass der Sollsaldo über die zurückgeführten 500.000 DM hinaus weiter abgebaut werde.

2. § 82 Abs. 2 Nr. 2 GmbHG

7   **Beispiel (OLG Stuttgart, wistra 1984, 114 mAnm Richter, GmbHR 1984, 113 (116 f.):**
Die A-GmbH war seit längerer Zeit überschuldet. Der Eintritt der Zahlungsunfähigkeit drohte zudem. Da bedeutende Aufträge zu erwarten waren, bemühte sich der Geschäftsführer im Zusammenwirken mit einem Unternehmensberater, die „Durststrecke" zu überwinden. Um weitere Zeit zu gewinnen,

---

23 Zum Schadensbegriff vgl. Palandt/*Thomas* BGB Vor § 249 Rn. 7 ff.
24 Beispielhaft sei insoweit verwiesen auf die Fälle in *Brandes* WM 1992, 477; BGH 11.11.1985 – II ZR 109/84, BGHZ 96, 231 (243); BGH 11.7.1988 – II ZR 243/87, BGHZ 105, 121 (126); zur AG: Geßler/Hefermehl/Eckardt/Kropff/*Fuhrmann* AktG § 399 Rn. 3.
25 Vgl. Rowedder/Schmidt-Leithoff/*Schaal* GmbHG Vor §§ 82–85 Rn. 7; MüKoStGB/ *Hohmann* GmbHG § 82 Rn. 6 („nicht unerhebliche Bedeutung").
26 Näher hierzu: MüKoGmbHG/*Altenhain* GmbHG § 82 Rn. 3.

wandten sie sich an alle Gläubiger der GmbH und schlugen ihnen vor, ihre Forderungen zu stunden. Zur Sicherstellung der Stundungsvereinbarung wurde ein Anderkonto eingerichtet, das der Verfügung seitens der GmbH entzogen war. Man verschwieg jedoch die konkrete Höhe der Gesamtverbindlichkeiten der GmbH sowie insbesondere die Höhe der zu Befriedigungszwecken auf dem Anderkonto bereitgestellten Gelder. Diese Gelder stammten zudem regelmäßig aus dem Vermögen der GmbH, obwohl den Gläubigern gegenüber behauptet wurde, sie kämen von „dritter Seite". Auch wurde wahrheitswidrig behauptet, es handele sich um „erhebliche Beträge" oder aber um solche „größeren Umfangs". Der tatsächlich vorhandene Betrag reichte aber schon für die 1. Rate der zugesagten Zahlungen nicht aus. Schließlich wurde die „Sanierung" – ohne Benachrichtigung der Gläubiger – eingestellt, der GmbH der Restbetrag vom Konto ausgezahlt und der Konkurs des Unternehmens beantragt.

B. Tatbestandliche Voraussetzungen des § 82 Abs. 1 Nr. 1 GmbHG: Gründungsschwindel durch unrichtige Anmeldung

Diese Alternative lautet:

(1) Mit Freiheitsstrafe bis zu drei Jahren oder mit Geldstrafe wird bestraft, wer

1. als Gesellschafter oder als Geschäftsführer zum Zweck der Eintragung der Gesellschaft über die Übernahme der Geschäftsanteile, die Leistung der Einlagen, die Verwendung eingezahlter Beträge, über Sondervorteile, Gründungsaufwand und Sacheinlagen,

(...)

falsche Angaben macht.

I. Objektiver Tatbestand
1. Tauglicher Täterkreis

Täter können die Gesellschafter oder die Geschäftsführer sein.

Gesellschafter sind regelmäßig natürliche Personen, in Betracht kommen aber auch Personengesellschaften (OHG und KG) und juristische Personen. Der Gesellschafter kann sich nach zutreffender hM nur als mittelbarer Täter oder Mittäter strafbar machen, was sich aus § 82 GmbHG schließen lässt.[27] Als mittelbarer Täter ist er strafbar, wenn er sich etwa bei der Eintragung der Gesellschaft eines undolosen Geschäftsführers bedient. Als Mittäter kann er strafbar sein, wenn der Geschäftsführer die Unrichtigkeit der Angaben des Gesellschafters kennt.[28] Ist der Gesellschafter eine juristische Person, sind Täter die nach § 14 StGB bestimmten Personen.

Geschäftsführer kann nach § 6 Abs. 2 GmbHG nur eine natürliche, unbeschränkt geschäftsfähige Person sein, die bestimmte Voraussetzungen erfüllen muss. Sie kann im Gesellschaftsvertrag (§ 6 Abs. 3 GmbHG) oder durch Mehrheitsbeschluss der Gesellschafter (§§ 45, 46 Nr. 5 GmbHG) bestellt worden sein. Auch der stellvertretende Geschäftsführer gemäß § 44 GmbHG ist Ge-

---

[27] So die hM: Rowedder/Schmidt-Leithoff/*Schaal* GmbHG § 82 Rn. 9 mwN; *Lutter/Hommelhoff* GmbHG § 82 Rn. 3; aA: *Kaligin* NStZ 1981, 90 f.

[28] *Lutter/Hommelhoff* GmbHG § 82 Rn. 3; Scholz/Tiedemann/*Rönnau* GmbHG § 82 Rn. 23.

schäftsführer, wenn er als solcher tätig geworden ist.[29] Für die strafrechtliche Verantwortung spielen Mängel der Bestellung zum Geschäftsführer grundsätzlich keine Rolle, wenn er im Einverständnis und mit Duldung des zuständigen Gesellschaftsorgans die Geschäftsführertätigkeit aufgenommen und tatsächlich ausgeübt hat.[30] Insoweit gelten, wie auch im Aktienrecht und im übrigen Gesellschaftsrecht, die Grundsätze zum „faktischen Geschäftsführer".[31] Es ist danach ohne Bedeutung, ob der Geschäftsführer einer nicht wirksam bestellten Gesellschaft angehört,[32] ob er durch einen unwirksamen Bestellungsakt zum Geschäftsführer berufen worden ist,[33] oder ob er überhaupt nicht formell bestellt worden ist.[34] Sind **mehrere Geschäftsführer** vorhanden, sind im Grundsatz zunächst alle strafrechtlich verantwortlich (Grundsatz der Gesamtverantwortung). Eine **interne Aufgabenverteilung** ist jedoch nicht generell ausgeschlossen.[35]

2. Schutzrichtung und Tathandlungen
a) Schutzrichtung

9   Die Vorschrift soll sicherstellen, dass gegenüber dem Registergericht keine falschen Angaben über besonders wesentliche Umstände gemacht werden. Der Wortlaut ist nahezu identisch mit dem des § 399 Abs. 1 Nr. 1 AktG, weshalb auf die dortigen Ausführungen (s. Kap. 9.1. Rn. 3) Bezug genommen werden kann.

b) Tathandlungen

10 Der Täter muss **falsche Angaben** machen.[36] Auch insoweit wird grundsätzlich auf die Ausführungen zu § 399 AktG (s. Kap. 9.1. Rn. 26 f.) verwiesen. Im Gegensatz zu § 399 Abs. 1 AktG ist in § 82 Abs. 1 GmbHG das **„Verschweigen erheblicher Umstände"** nicht aufgeführt. Eine unterlassene Offenlegung ist mithin – und in Anbetracht des strafrechtlichen Analogieverbots – nicht vom Wortlaut des § 82 Abs. 1 Nr. 1 GmbHG erfasst,[37] so dass alleine ein unechter Unterlassensvorwurf in Frage kommen kann (dazu sogleich s. Rn. 10). Nach dem Gesetzentwurf der Bundesregierung zur GmbH-Novelle 1980 sollte das Merkmal „erhebliche Umstände verschweigen" zwar noch in § 82 GmbHG aufgenommen werden.[38] Dies hat der Rechtsausschuss des Bundestages jedoch

---

29 Rowedder/Schmidt-Leithoff/*Schaal* GmbHG § 82 Rn. 7, 10 mwN.
30 Vgl. jüngst BGH 18.12.2014 – 4 StR 323/14, NZI, 2015, 186, (187) mAnm *Floeth*.
31 Lutter/Hommelhoff GmbHG § 82 Rn. 2; ausführlich Rowedder/Schmidt-Leithoff/*Schaal* GmbHG § 82 Rn. 11 mwN; zur AG vgl. Hopt/Wiedemann/*Otto* AktG § 399 Rn. 20 Fn. 13 mwN; die hM unter Hinweis auf Art. 103 Abs. 2 GG ablehnend: Achenbach/Ransiek/*Rönnau/Ransiek* 8. Teil, 3. Kap. Rn. 22.
32 RG 3.6.1910 – V 58/10, RGSt 43, 407 (410, 413 ff.).
33 *Floeth* NZI 2015, 187; vgl. auch schon RG 14.10.1887 – 846/87, RGSt 16, 269 (271).
34 BGH 3.7.1989 – StbSt (R) 14/88, wistra 1990, 60; BGH 20.9.1999 – 5 StR 729/98, wistra 1999, 459.
35 Ausf. hierzu Scholz/Tiedemann/*Rönnau* GmbHG § 82 Rn. 29 ff.
36 Zu den notwendigen tatrichterlichen Feststellungen bei Verurteilung wegen Gründungsschwindels vgl. BGH 29.9.2004 – 5 StR 357/04, wistra 2005, 68 mAnm *Wegner* wistra 2005, 150 f.
37 *Böcker* DZWIR 2014, 395. Hierzu auch Esser/Rübenstahl/Saliger/Tsambikakis/*Brand* GmbHG § 82, AktG § 399 Rn. 72.
38 Vgl. BT-Drs. 8/1347, 55.

abgelehnt.[39] Rechtspraktisch wäre dieses zusätzliche Merkmal ohnehin in vielen Fällen überflüssig. Werden erhebliche Umstände verschwiegen, kommt oftmals auch eine konkludent falsche Angabe in Frage.[40] War der verschwiegene Umstand dagegen unerheblich, so ist er für die Frage der Unrichtigkeit der Angabe ohne Bedeutung.[41]

Auch durch **Unterlassen** kann sich der Täter wegen falscher Angaben strafbar machen, allerdings nur, wenn er gemäß § 13 StGB eine Garantenstellung hat.[42]

Beispiel:

Ein zunächst gutgläubiger Geschäftsführer bemerkt erst nach Anmeldung, dass seine Angaben unvollständig oder sonst falsch waren. In diesem Fall kann er aus vorangegangenem pflichtwidrigen Tun als Garant verpflichtet sein, seine unrichtigen Angaben zu berichtigen.[43]

Die falschen Angaben müssen gründungsrelevant sein. Sie müssen also **zum Zweck der Eintragung** gemacht werden. Umstritten ist, ob die Zweckbestimmung rein subjektiv oder objektiv begrenzt[44] zu sehen ist. Richtigerweise fordert eine häufig vertretene Meinung[45] insoweit sowohl die subjektive als auch die objektive Komponente, da der Tatbestand bei allein subjektiver Betrachtung zu weit ausgedehnt und der Schutzzweck außer Acht gelassen würde. Die falsche Angabe muss daher objektiv geeignet sein, die Eintragung der Gesellschaft in das Register zu bewirken und der Täter muss dies subjektiv beabsichtigt haben. Die Angaben müssen auch zum Zweck der **erstmaligen Eintragung** der Gesellschaft gemacht werden. § 82 Abs. 1 Nr. 1 GmbHG erfasst daher nicht die Fortsetzung einer zunächst gemäß § 60 GmbHG aufgelösten Gesellschaft.

Beispiel:

Der Geschäftsführer meldet die Zurückverwandlung einer zuvor aufgelösten GmbH zur Eintragung in das Handelsregister an. In diesem Fall liegt keine Neugründung vor, so dass § 82 Abs. 1 Nr. 1 GmbHG bei der Fortsetzungseintragung schon wegen des sich aus Art. 103 Abs. 2 GG ergebenden Analogieverbotes nicht anwendbar ist.[46]

c) Gegenstand der Tathandlungen

Tatgegenstand der falschen Angaben sind folgende **Gründungsvorgänge**, denen besondere Bedeutung für die Vertrauenswürdigkeit und Leistungsfähigkeit einer neu gegründeten GmbH im Wirtschaftsleben zukommt:

---

39 Vgl. BT-Drs. 8/3908, 77.
40 Rowedder/Schmidt-Leithoff/*Schaal* GmbHG § 82 Rn. 19; Scholz/*Tiedemann/Rönnau* GmbHG § 82 Rn. 72.
41 Rowedder/Schmidt-Leithoff/*Schaal* GmbHG § 82 Rn. 19.
42 Michalski/*Dannecker* GmbHG § 82 Rn. 63. Ausführlich zu etwaigen Garantenpflichten Scholz/*Tiedemann/Rönnau* GmbHG § 82 Rn. 119 f. oder auch NK-WSS/*Parigger* GmbHG § 82 Rn. 15.
43 Vgl. *Steinmetz* S. 142; *Baumbach/Hueck* GmbHG § 82 Rn. 24; *Kohlmann* Rn. 29.
44 So vergleichbar zur AG: Müller-Gugenberger/*Wagenpfeil* § 27 Rn. 142; Erbs/Kohlhaas/ *Fuhrmann* AktG § 399 Rn. 3; Hopt/Wiedemann/*Otto* AktG § 399 Rn. 47.
45 Rowedder/Schmidt-Leithoff/*Schaal* GmbHG § 82 Rn. 27 mwN.
46 Beispiel aus *Kohlmann* Rn. 28 unter Hinweis auf BGH 20.1.1955 – 4 StR 492/54, BGHSt 7, 157 (160).

- Übernahme der Geschäftsanteile
- Leistung der Einlagen
- Verwendung eingezahlter Beträge
- Sondervorteile
- Gründungsaufwand
- Sacheinlagen

aa) Falschangaben zur Übernahme der Geschäftsanteile

13 Gemäß § 3 Abs. 1 Nr. 4 GmbHG muss im Gesellschaftsvertrag der Betrag der von jedem Gesellschafter auf das Stammkapital zu leistenden Einlage festgelegt sein. Als Leistung kommen Geld- und Sachleistung in Betracht. Falsch können die Angaben insoweit hinsichtlich der Höhe des übernommenen Stammkapitals, der Art der Einlagen und der Personen der Gesellschafter sein.

Beispiele:

- Der Geschäftsführer verschweigt bei der Anmeldung, dass zwischenzeitlich ein Gesellschafterbeitritt wirksam angefochten wurde und der Beitritt nichtig ist.
- Die Gesellschafter vereinbaren intern Sacheinlagen. Da sie wissen, dass diese wertmäßig nicht für die Anmeldung ausreichen, nehmen sie in den Gesellschaftsvertrag Bareinlagen in dem Bewusstsein auf, diese nicht einbringen zu wollen.

bb) Leistung der Einlagen

14 Gemäß § 7 Abs. 2 GmbHG muss schon zugunsten der Vor-GmbH bei Geldeinlagen ein Viertel auf das Stammkapital eingezahlt werden. Gemäß § 7 Abs. 3 GmbHG sind dagegen Sacheinlagen und Sachübernahmen bereits vor Anmeldung zum Handelsregister vollständig an die Vor-GmbH zu leisten. Das eingezahlte Geld bzw. die Sachleistung muss jedenfalls **zur freien Verfügung des Geschäftsführers** stehen. Falsch können Angaben zur Höhe und zur Art und Weise der erbrachten Leistung sein.

Beispiele:

- Der Geschäftsführer macht unrichtige Angaben zur Höhe der tatsächlich eingezahlten Beträge.
- Der Geschäftsführer erklärt, die Geldanlage sei erbracht, obwohl die Einzahlung tatsächlich auf sein Privatkonto erfolgte.[47]
- Der Geschäftsführer erklärt, es sei bar eingezahlt worden, obwohl tatsächlich eine Aufrechnung erfolgte.[48]
- Der Geschäftsführer erklärt Barzahlung, obwohl ihm bei Anmeldung lediglich ein noch nicht eingelöster Scheck oder Wechsel vorliegt.[49]
- Der Geschäftsführer erklärt Barzahlung in dem Wissen, dass er den Betrag unverzüglich zurückzahlen muss (sog „Vorzeigegeld").[50]

---

47 BayObLG 21.1.1987 – RReg 4 St 261/86, wistra 1987, 191.
48 RG 7.12.1910 – 661/10, JW 1911, 251.
49 Scholz/*Tiedemann*/Rönnau GmbHG § 82 Rn. 82.
50 Erbs/Kohlhaas/*Schaal* GmbHG § 82 Rn. 19.

cc) Verwendung eingezahlter Beträge

Zum Schutz der Aufbringung und **Erhaltung der Stammeinlage** sind Falschangaben zur Verwendung eingezahlter Beträge strafbar. Ein Vorbelastungsverbot besteht für die GmbH nicht.[51] Im Hinblick auf § 8 Abs. 2 GmbHG ist jedoch zu fordern, dass die geleistete Bareinlage zum Zeitpunkt der Anmeldung der Gesellschaft zumindest wertmäßig noch vorhanden ist (Gebot der wertgleichen Deckung).[52]

Beispiele:

- Ein zum Teil mit der Bareinlage angeschaffter PKW wird schon vor der Anmeldung zerstört.
- Ein Kontoguthaben wird zur Sicherung einer Darlehensforderung verpfändet.[53]

dd) Sondervorteile

Auch insoweit soll, wenn Gesellschaftern aus Anlass der Gründung Sondervorteile eingeräumt werden, die Erhaltung der Einlage sichergestellt werden. Unrichtige Angaben hinsichtlich höherer Gewinnanteils-Rechte, erweiterter Stimmrechte, besonderer Benutzungsrechte oder etwa Lieferrechte kommen insoweit in Betracht, wenn solche Sondervorteile rechtswirksam vereinbart wurden oder mit deren Erfüllung ernsthaft zu rechnen war.[54] Solche Sonderrechte der Gesellschafter gegen die Gesellschaft sind nach einhelliger Auffassung nur wirksam, wenn sie in den Gesellschaftsvertrag aufgenommen werden, ansonsten sind sie nichtig.[55]

ee) Gründungsaufwand

Auch hier soll die Erhaltung der Einlage sichergestellt werden. Insoweit sind tatsächlich aus Gesellschaftsmitteln gezahlte Kosten einschlägig.[56]

Beispiel:

Die GmbH bezahlt, wie in der Satzung festgelegt, Notar- und Gerichtskosten für die Anmeldung und Eintragung der Gesellschaft sowie anfallende Gebühren bei der Gewerbeanmeldung. Außerdem zahlt sie bereits fällige Steuern. Hierüber werden bei der Anmeldung unvollständige oder sonst unrichtige Angaben gemacht.

ff) Sacheinlagen

Der Begriff war vor der GmbH-Novelle 1980 in § 5 Abs. 4 GmbHG definiert. Danach sind Sacheinlagen alle Einlagen, die nicht in Geld zu leisten sind. Es handelt sich um die Einbringung von Sachen oder sonstigen vermögenswerten

---

51 BGH 9.3.1981 – II ZR 54/80, BGHZ 80, 129 (133 ff.).
52 MüKoStGB/*Hohmann* GmbHG § 82 Rn. 35.
53 BGH 1.2.1977 – 5 StR 626/76, GA 1977, 340 (341).
54 Scholz/Tiedemann/Rönnau GmbHG § 82 Rn. 101 f.
55 RG 16. April 1926 – II 532/25, RGZ 113, 241; *Hachenburg/Ulmer* GmbHG § 3 Rn. 115; MüKoStGB/*Hohmann* GmbHG § 82 Rn. 38.
56 *Kohlmann* Rn. 38 Fn. 45 unter Hinweis auf *Baumbach/Hueck* GmbHG § 82 Rn. 14; Hachenburg/Kohlmann GmbHG § 82 Rn. 31.

Gütern gegen Ausgabe von Beteiligungsrechten.[57] In Betracht kommen Grundstücke und bewegliche Sachen jeder Art, Forderungen, Lizenzen, Urheberrechte, Unternehmensbeteiligungen etc, also Gegenstände, denen ein Vermögenswert zukommt. In der heutigen Fassung des § 5 Abs. 4 GmbHG ist der Begriff nicht mehr definiert. Er umfasst aber nach überwiegender Auffassung die **Sacheinlage**, die **Sachübernahme** (Übernahme von Anlagen oder anderen Vermögensgegenständen unter Anrechnung der von der Gesellschaft zu leistenden Vergütung auf die Stammeinlage) und die „**verschleierte Sacheinlage**".[58] Der Gegenstand der Sacheinlage und der genaue Betrag der Stammeinlage, der mit ihr abgedeckt werden soll, müssen im Gesellschaftsvertrag festgelegt werden. Das bedeutet, dass die Sacheinlage hier in Euro bewertet werden muss und der angegebene Wert den tatsächlichen nicht übersteigen darf.

Beispiele:

- Der Geschäftsführer erklärt zu einem PKW als Sacheinlage, dieser sei ein Neufahrzeug und habe einen Wert von 50.000 EUR, wobei er weiß, dass das Fahrzeug einen schweren Unfallschaden hatte, 40.000 km Laufleistung hat und allenfalls 15.000 EUR wert ist.
- Ein Unternehmen mit angeblich 50.000 EUR Inventar wird eingebracht, obwohl das Inventar zum größten Teil verkauft wurde.[59]
- Ein Patent wird eingebracht, obwohl es nicht wirksam beim Patentamt registriert wurde.
- Die Hypotheken-Belastung eines eingebrachten Grundstücks wird verschwiegen.

II. Subjektiver Tatbestand

Der Tatbestand des § 82 GmbHG erfordert **Vorsatz**, wobei **bedingter Vorsatz** (dolus eventualis) ausreicht.[60] Auf die Ausführungen zu § 399 AktG (s. Kap. 9.1. Rn. 39) wird verwiesen.

Besonderes subjektives Merkmal ist das Handeln „zum Zwecke der Eintragung". Der Täter muss die Absicht haben, mit den Angaben die Eintragung zu erreichen. Insoweit wird auf die Ausführungen zu § 399 Abs. 1 Nr. 1 AktG (s. Kap. 9.1. Rn. 40) verwiesen. Eine besondere Täuschungs- oder Schädigungsabsicht ist auch hier nicht erforderlich.[61]

III. Rechtswidrigkeit und Schuld

Es gelten die allgemeinen Grundsätze. Eine Rechtfertigung kommt nur in atypischen Ausnahmesituationen infrage, zB aus rechtfertigendem **Notstand** gemäß § 34 StGB. **Einwilligung** oder **Weisung** (insbesondere seitens der Gesellschafter) sind auf Rechtfertigungsebene generell unbeachtlich, weil weder die aktuellen Gesellschafter noch der Aufsichtsrat über die geschützten Rechtsgü-

---

57 Hachenburg/*Ulmer* GmbHG § 5 Rn. 30; Rowedder/Schmidt-Leithoff/*Schaal* GmbHG § 82 Rn. 47.
58 Rowedder/Schmidt-Leithoff/*Schaal* GmbHG § 82 Rn. 48.
59 RG 24.9.1907 – II 412/07, RGSt 40, 285 (287).
60 Vgl. NK-WSS/*Parigger* GmbHG § 82 Rn. 31.
61 *Kohlmann* Rn. 38 Fn. 42 unter Hinweis auf RG 30.12.1930 – 2 D 810/30, JW 1931, 204 und Hachenburg/*Kohlmann* GmbHG § 82 Rn. 50 f.

ter dispositionsbefugt sind.[62] Wird der Geschäftsführer (usw) zur Abgabe einer falschen Erklärung mit Drohungen oder durch Gewalt genötigt, besteht die Möglichkeit einer Entschuldigung gem. § 35 StGB.[63]

IV. Irrtumskonstellationen

Es kann auf die obigen Ausführungen zu § 399 AktG (s. Kap. 9.1. Rn. 42 ff.) Bezug genommen werden. In Betracht kommen nach dem Gesetz der **Tatbestandsirrtum** gemäß § 16 StGB und der **Verbotsirrtum** gemäß § 17 StGB.

Für § 82 Abs. 1 GmbHG lassen sich folgende Beispiele nennen:

Nimmt der Geschäftsführer aufgrund eines fehlerhaften Kontoauszuges an, die Einlagen seien in voller Höhe geleistet, während sie tatsächlich noch nicht erbracht wurden, so liegt ein den Vorsatz ausschließender **Tatbestandsirrtum** gemäß § 16 StGB vor. Ebenso ist dies der Fall, wenn der Geschäftsführer einer Vorgesellschaft ohne eigenes Girokonto meint, es reiche aus, wenn die Stammeinlage seinem persönlichen Konto gutgeschrieben wurde.[64] Meint der Täter fälschlicherweise, es sei zulässig, die erfolgte Hingabe eines Wechsels als Leistung einer Bareinlage darzustellen,[65] ist ein **Verbotsirrtum** gemäß § 17 StGB gegeben. Dies ist auch anzunehmen, wenn der Geschäftsführer fälschlicherweise glaubt, er dürfe die Vollzahlung versichern, obwohl noch geringe Reste auf die Einlage ausstehen.[66] Es kommt darauf an, ob der Verbotsirrtum unvermeidbar oder vermeidbar war.[67] Insoweit wird auf die Ausführungen oben zu § 399 AktG (s. Kap. 9.1. Rn. 45) verwiesen.

V. Täterschaft und Teilnahme

Wie bereits erläutert, handelt es sich um ein echtes **Sonderdelikt**. Auf die Ausführungen zu § 399 AktG[68] kann verwiesen werden.

Eine mögliche **Teilnahme** richtet sich nach den allgemeinen Vorschriften der §§ 26, 27 StGB.

VI. Versuch und Vollendung

Der **Versuch** ist nicht strafbar, da § 82 Abs. 1 GmbHG ein Vergehen ist. Auf die Ausführungen zu § 399 AktG[69] wird Bezug genommen.

Tatvollendung tritt mit Zugang der Eintragungsunterlagen beim zuständigen Registergericht ein. Aus der Deliktsnatur des § 82 Abs. 1 Nr. 1 GmbHG als abstraktes Gefährdungsdelikt ergibt sich auch hier,[70] dass eine Kenntnisnahme des Inhaltes nicht erforderlich ist.

---

62 Scholz/*Tiedemann/Rönnau* GmbHG § 82 Rn. 190; Michalski/*Dannecker* GmbHG § 82 Rn. 252.
63 Scholz/*Tiedemann/Rönnau* GmbHG § 82 Rn. 192.
64 BayObLG 21.1.1987 – RReg 4 St 261/86, wistra 1987, 191.
65 RG 7.4.1903 – 469/03, RGSt 36, 185; BGH 17.6.1952 – 1 StR 668/51, GmbHR 1952, 108; **aA**: *Baumbach/Hueck* GmbHG § 82 Rn. 21.
66 RG 25.3.1886 – 270/86, RGSt 14, 36 (45).
67 Vgl. dazu *Fischer* StGB § 17 Rn. 7 ff.
68 S. Kap. 9.1. Rn. 46 ff. und Hopt/Wiedemann/*Otto* AktG § 399 Rn. 109 ff.
69 S. Kap. 9.1. Rn. 51 und Hopt/Wiedemann/*Otto* AktG § 399 Rn. 102.
70 Vgl. auch § 399 AktG, § 147 GenG, § 400 AktG.

Tatbeendigung erfolgt nach vorherrschender Meinung[71] mit der Eintragung in das Handelsregister[72] oder mit der Ablehnung des Eintragungsantrags.[73] Ab diesem Zeitpunkt beginnt gemäß §§ 78 Abs. 3 Nr. 4, 78 a S. 1 StGB die Verjährung.

VII. Konkurrenzen
1. Innertatbestandliche Konkurrenz

25 Das Verhältnis zwischen den einzelnen Tatformen des Gründungsschwindels gemäß § 82 Abs. 1 Nr. 1 GmbHG ist problematisch. Der Tatbestand betrifft eine Reihe verschiedener Gründungsvorgänge, die allesamt von der Alternative „Leistung der Einlage" als Oberbegriff erfasst werden. Sie gehen daher in der umfassenden Alternative „Leistung der Einlage" auf, so dass hier nur eine einheitliche Tat gegeben ist.[74] Eine Verurteilung hat in diesem Fall wegen falscher Angaben über die Leistung der Einlagen zu erfolgen.[75]

2. Konkurrenz zu anderen Straftatbeständen

26 **Tateinheit** ist ua möglich mit Betrug (§ 263 StGB), Untreue (§ 266 StGB), Urkundenfälschung (§ 267 StGB) und strafbarer Werbung (§ 16 UWG). Zu diesen Delikten kann auch **Tatmehrheit** bestehen, im Übrigen zB auch zu § 156 StGB.[76]

VIII. Prozessuales
1. Offizialdelikt

27 Die Strafverfolgung nach § 82 Abs. 1 Nr. 1 GmbHG bedarf keines Strafantrags durch etwaig Geschädigte. Sie erfolgt von Amts wegen und kann auch bei „Rücknahme einer Strafanzeige" fortgeführt werden.

2. Zuständigkeiten

28 Im Falle einer Anklageerhebung zum Landgericht besteht für eine Tat nach § 82 GmbHG eine Zuständigkeit der Wirtschaftsstrafkammer gemäß § 74 c Abs. 1 S. 1 Nr. 1 GVG.

3. Verjährung

29 Eine Tat nach § 82 GmbHG verjährt gemäß § 78 Abs. 3 Nr. 4 StGB fünf Jahre nach der Beendigung. Diese richtet sich nach § 78 a S. 1 StGB.

4. Mögliche Folgen der Tat

30 Neben Geld- und Freiheitsstrafe können im Urteil Gewinnabschöpfungsmaßnahmen nach Maßgabe der §§ 73 ff. StGB angeordnet werden. Den verurteilten Täter eines Delikts nach § 82 GmbHG trifft gemäß § 6 Abs. 2 S. 2 Nr. 3 c GmbHG für die Dauer von fünf Jahren die Inhabilität, dh die Unfähigkeit, das Amt eines Geschäftsführers oder Vorstands auszuüben. Hat der Täter zum

---

71 *Kohlmann* Rn. 46 mwN; Rowedder/Schmidt-Leithoff/*Schaal* GmbHG § 82 Rn. 104.
72 BGH 30.3.1987 – 1 StR 580/86, wistra 1987, 212; anders: BGH 10.5.2000 – 3 StR 101/00, NJW 2000, 2285.
73 *Kohlmann* Rn. 46 mwN.
74 Rowedder/Schmidt-Leithoff/*Schaal* GmbHG § 82 Rn. 116.
75 Scholz/*Tiedemann/Rönnau* GmbHG § 82 Rn. 211.
76 BGH GA 1954, 308.

Zeitpunkt der rechtskräftigen Verurteilung ein solches Amt inne, endet seine Amtsstellung kraft Gesetzes.

C. Tatbestandliche Voraussetzungen des § 82 Abs. 1 Nr. 2 GmbHG: Gründungsschwindel durch unrichtigen Sachgründungsbericht

Diese Alternative lautet:

(1) Mit Freiheitsstrafe bis zu drei Jahren oder mit Geldstrafe wird bestraft, wer

(...)

2. als Gesellschafter im Sachgründungsbericht,

(...)

falsche Angaben macht.

I. Objektiver Tatbestand
1. Tauglicher Täterkreis

Täter können nur die **Gesellschafter** sein, genauer die Gründungsgesellschafter. Nur diese haben gemäß § 5 Abs. 4 S. 2 GmbHG einen Sachgründungsbericht zu erstatten.[77]   31

Zum Begriff der Gesellschafter wird auf die Ausführungen zu § 82 Abs. 1 Nr. 1 GmbHG (s. Rn. 7) verwiesen. Der Sachgründungsbericht muss von den Gesellschaftern persönlich erstattet werden, eine Vertretung ist unzulässig. Bei juristischen Personen und Personenhandelsgesellschaften handelt der gesetzliche Vertreter.   32

2. Schutzrichtung und Tathandlungen
a) Schutzrichtung

Die Vorschrift soll sicherstellen, dass gegenüber dem Registergericht keine falschen Angaben über besonders wesentliche Umstände gemacht werden. Der Wortlaut ist nahezu identisch mit dem des § 399 Abs. 1 Nr. 2 AktG, weshalb auf die dortigen Ausführungen (s. Kap. 9.1. Rn. 63 ff.) Bezug genommen werden kann.   33

b) Tathandlungen

Der Täter muss **falsche Angaben** machen. Auch insoweit wird grundsätzlich auf die Ausführungen zu § 399 AktG verwiesen (s. Kap. 9.1. Rn. 26 f.). Im Gegensatz zu § 399 Abs. 1 AktG ist in § 82 Abs. 1 GmbHG das „**Verschweigen erheblicher Umstände**" nicht aufgeführt. Insoweit wird auf die obigen Ausführungen zu § 82 Abs. 1 Nr. 1 GmbHG (s. Rn. 9) Bezug genommen.   34

Durch **Unterlassen** kann der Täter sich wegen falscher Angaben nur strafbar machen, wenn er gemäß § 13 StGB eine Garantenstellung hat.   35

Beispiel:

Ein zunächst gutgläubiger Gesellschafter bemerkt erst nach Einreichung des Sachgründungsberichtes, dass dieser unrichtig war. In diesem Fall kann er aus

---

[77] *Meyer-Landrut/Miller/Niehus* GmbHG § 82 Rn. 5.

vorangegangenem pflichtwidrigen Tun als Garant verpflichtet sein, seine unrichtigen Angaben zu berichtigen.[78]

36 Inhaltlich hat der **Sachgründungsbericht** (§ 5 Abs. 4 S. 2 GmbHG) die Umstände darzustellen, die für die Beurteilung der Angemessenheit der Leistungen für Sacheinlagen wesentlich sind und eine Bewertung der Leistungen zulassen.[79] Auf diese Umstände müssen sich die falschen Angaben beziehen. Aus den Umständen des jeweiligen Einzelfalls ergibt sich, welche Angaben zu machen sind.[80]

37 Bei dieser Alternative müssen die Angaben nicht **zum Zweck der Eintragung** gemacht werden.

38 **Umstritten** ist, ob § 82 Abs. 1 Nr. 2 GmbHG wegen der zahlreichen unbestimmten Rechtsbegriffe, die in § 5 Abs. 4 S. 2 GmbHG enthalten sind (zB Angemessenheit, Wesentlichkeit), **restriktiv auszulegen** ist. So fordert ein Teil der Literatur, dass – im Wege einer verfassungskonformen Auslegung im Spiegel von Art. 103 Abs. 2 GG – nur **offensichtlich falsche Angaben** strafbar sein sollen.[81] Dem ist zuzustimmen. Die Gegenansicht, nach der keinerlei Einschränkungen vorzunehmen und eine Einzelfalldeutung durch den Richter erfolgen soll,[82] verkennt die verfassungsrechtliche Problematik.

II. Subjektiver Tatbestand

39 Der Tatbestand des § 82 GmbHG erfordert **Vorsatz**, wobei **bedingter Vorsatz** (dolus eventualis) ausreicht. Auf die Ausführungen zu § 399 AktG (s. Kap. 9.1. Rn. 39) wird auch an dieser Stelle verwiesen. **Besondere subjektive Merkmale** wie etwa eine Täuschungs- oder Schädigungsabsicht sind nicht erforderlich.[83]

III. Rechtswidrigkeit und Schuld

40 Es gelten die allgemeinen Grundsätze. Eine Rechtfertigung kommt nur in Ausnahmesituationen infrage, zB wegen rechtfertigendem Notstand gemäß § 34 StGB. Vgl. überdies oben Rn. 21.

IV. Irrtumskonstellationen

41 Insoweit kann auf die obigen Ausführungen zu § 399 AktG (s. Kap. 9.1. Rn. 42 ff.) Bezug genommen werden. In Betracht kommen nach dem Gesetz der Tatbestandsirrtum gemäß § 16 StGB und der Verbotsirrtum gemäß § 17 StGB.

---

78 Vgl. zur Thematik auch *Steinmetz* S. 142; *Baumbach/Hueck* GmbHG § 82 Rn. 24; *Kohlmann* Rn. 29.
79 Rowedder/Schmidt-Leithoff/*Schaal* GmbHG § 82 Rn. 54.
80 Vgl. Rowedder/Schmidt-Leithoff/*Schaal* GmbHG § 82 Rn. 54 und § 5 Rn. 64.
81 *Lutter/Hommelhoff* GmbHG § 82 Rn. 15; Scholz/Tiedemann/*Rönnau* GmbHG § 82 Rn. 128; Hachenburg/*Kohlmann* GmbHG § 82 Rn. 78; *Baumbach/Hueck* GmbHG § 82 Rn. 27.
82 Rowedder/Schmidt-Leithoff/*Schaal* GmbHG § 82 Rn. 54 unter Hinweis auf BGH 8.12.1981 – 1 StR 706/81, NJW 1982, 775.
83 *Kohlmann* Rn. 38 Fn. 42 unter Hinweis auf RG 30.12.1930 – 2 D 810/30, JW 1931, 204 und Hachenburg/*Kohlmann* GmbHG § 82 Rn. 50 f.

V. Täterschaft und Teilnahme

Wie oben bereits erläutert, handelt es sich um ein echtes **Sonderdelikt**. Der Täterkreis beschränkt sich auf die Gründungsgesellschafter. Täter, Nebentäter, mittelbarer Täter und Mittäter kann nur ein Träger der Sonderpflicht sein.[84] Hier kann auf die obigen Ausführungen zum tauglichen Täterkreis (s. Rn. 31 f.) verwiesen werden. Auch die **Teilnahme** richtet sich nach den allgemeinen Vorschriften der §§ 26, 27 StGB. Auf die Ausführungen zu § 399 AktG[85] kann verwiesen werden.

42

VI. Versuch und Vollendung

Der **Versuch** ist nicht strafbar, da § 82 Abs. 1 GmbHG ein Vergehen ist. Auf die Ausführungen zu § 399 AktG[86] wird Bezug genommen.

43

Tatvollendung tritt beim Sachgründungsschwindel ein, wenn der Sachgründungsbericht einer dritten Person (nicht nur zufällig) zugeht.[87] Da die Geschäftsführer die Gesellschaft anzumelden haben, sind diese regelmäßig auch Adressat des Berichts. Sind die Gesellschafter selbst Geschäftsführer, kann Adressat zB auch der Notar sein, der den Gesellschaftsvertrag aufsetzt. Aus der Deliktsnatur des § 82 Abs. 1 Nr. 2 GmbHG als abstraktes Gefährdungsdelikt ergibt sich auch hier,[88] dass eine Kenntnisnahme vom Inhalt nicht erforderlich ist.

Tatbeendigung erfolgt beim Sachgründungsschwindel, wenn der Sachgründungsbericht dem Registergericht vorliegt und von diesem bei seiner Entscheidung berücksichtigt wurde.[89]

VII. Konkurrenzen

1. Innertatbestandliche Konkurrenz

Zwischen den einzelnen Tatformen des § 82 Abs. 1 GmbHG ist gleichartige Tateinheit möglich. Regelmäßig ist Tateinheit gegeben, wenn bei der Anmeldung gleichzeitig über verschiedene Gründungsvorgänge falsche Angaben gemacht werden.[90]

44

2. Konkurrenz zu anderen Straftatbeständen

Tateinheit ist ua möglich mit Betrug (§ 263 StGB), Untreue (§ 266 StGB), Urkundenfälschung (§ 267 StGB) und strafbarer Werbung (§ 16 UWG). Zu diesen Delikten kann auch **Tatmehrheit** bestehen, im Übrigen zB auch zu § 156 StGB.[91]

45

VIII. Prozessuales

Hierzu vgl. oben zu § 82 Abs. 1 Nr. 1 GmbHG (s. Rn. 27 ff.).

46

---

84 NK-WSS/*Parigger* GmbHG § 82 Rn. 6.
85 S. Kap. 9.1. Rn. 46 ff. und Hopt/Wiedemann/*Otto* AktG § 399 Rn. 109 ff.
86 S. Kap. 9.1. Rn. 51 und Hopt/Wiedemann/*Otto* AktG § 399 Rn. 102.
87 Rowedder/Schmidt-Leithoff/*Schaal* GmbHG § 82 Rn. 103; Scholz/Tiedemann/Rönnau GmbHG § 82 Rn. 130; *Baumbach/Hueck* GmbHG § 82 Rn. 31.
88 Vgl. schon § 399 AktG, § 147 GenG, § 400 AktG.
89 Rowedder/Schmidt-Leithoff/*Schaal* GmbHG § 82 Rn. 104.
90 Rowedder/Schmidt-Leithoff/*Schaal* GmbHG § 82 Rn. 117.
91 BGH GA 1954, 308.

D. Tatbestandliche Voraussetzungen des § 82 Abs. 1 Nr. 3 GmbHG: Schwindel bei Kapitalerhöhung gegen Einlagen

Diese Alternative lautet:

(1) Mit Freiheitsstrafe bis zu drei Jahren oder mit Geldstrafe wird bestraft, wer
(...)
3. als Geschäftsführer zum Zweck der Eintragung einer Erhöhung des Stammkapitals über die Zeichnung oder Einbringung des neuen Kapitals oder über Sacheinlagen,
(...)
falsche Angaben macht.

I. Objektiver Tatbestand
1. Tauglicher Täterkreis

47 Täter können nur die **Geschäftsführer** sein, nicht dagegen Gesellschafter oder Liquidatoren,[92] da dies dem Wortlaut der Vorschrift und somit dem Analogieverbot (Art. 103 Abs. 2 GG) widerspräche. Zum Begriff der Geschäftsführer wird auf die Ausführungen zu § 82 Abs. 1 Nr. 1 GmbHG (s. Rn. 7) verwiesen.

2. Schutzrichtung und Tathandlungen
a) Schutzrichtung

48 Die Vorschrift soll verhindern, dass über die Zuführung neuen Eigenkapitals getäuscht wird. Inhaltlich entspricht sie weitgehend dem Gründungsschwindel nach § 82 Abs. 1 Nr. 1 GmbHG und dem Sachgründungsschwindel nach § 82 Abs. 1 Nr. 2 GmbHG.[93]

b) Tathandlungen und Tatgegenstand
aa) Tathandlungen

49 Der Täter muss **falsche Angaben** machen. Insoweit wird auf die obigen Ausführungen zu § 82 Abs. 1 Nr. 1 GmbHG Bezug genommen (s. Rn. 9).

Zum Zwecke der Eintragung einer Erhöhung des Stammkapitals muss der Täter handeln. Er muss die Eintragung zu seinem Ziel machen. Insoweit wird auf die entsprechenden Ausführungen zu § 82 Abs. 1 Nr. 1 GmbHG verwiesen, wo der Täter „zum Zwecke der Eintragung der Gesellschaft" handeln muss.

Zur Täterschaft durch **Unterlassen** wird auf die Ausführungen zu § 82 Abs. 1 Nr. 2 GmbHG verwiesen.[94]

bb) Tatgegenstand

50 Die maßgeblichen **Vorschriften des Kapitalerhöhungsverfahrens** finden sich in § 57 Abs. 1, 2, 3 iVm § 8 Abs. 2 S. 2 GmbHG sowie §§ 55 Abs. 1, 56 Abs. 1 GmbHG.

51 Mit „**Zeichnung des neuen Kapitals**" ist die Übernahme im Sinne des § 55 Abs. 1 GmbHG gemeint. Die Handlung entspricht der Übernahme der Stamm-

---

92 So zu den Liquidatoren OLG Jena GmbHR 1998, 1041; *Lutter/Hommelhoff* GmbHG § 82 Rn. 4 mwN und Rn. 16; Rowedder/Schmidt-Leithoff/*Schaal* GmbHG § 82 Rn. 55 aA: *Kohlmann* Rn. 102 mwN.
93 *Kohlmann* Rn. 101 mwN.
94 S. Rn. 35 und allgemein zur Thematik auch *Steinmetz* S. 142; *Baumbach/Hueck* Rn. 24; *Kohlmann* Rn. 29.

einlage bei § 82 Abs. 1 Nr. 1 GmbHG. Die Übernahmeverpflichtung bedarf einer notariell aufgenommenen oder beglaubigten Erklärung des Übernehmers. Diese Erklärung oder eine beglaubigte Abschrift ist gemäß § 57 Abs. 3 Nr. 1 GmbHG dem Registergericht vorzulegen. Zu den Angaben über die Zeichnung gehören auch die Aussagen über die Liste der Personen, die die neuen Stammeinlagen in welcher Höhe übernommen haben (s. insoweit die Ausführungen zu § 82 Abs. 1 Nr. 1 GmbHG unter Rn. 13).

Beispiele:
- Eine auf einen Gesellschafter entfallende Einlage wird betragsmäßig zu niedrig angegeben.
- Ein Gesellschafter, der an der Kapitalerhöhung beteiligt ist, wird verschwiegen.

„**Einbringung des neuen Kapitals**" meint die **Leistung der Einlage**, die auf das erhöhte Kapital zu erbringen ist. Gemeint ist der Unterschiedsbetrag zwischen dem bisherigen und dem erhöhten Stammkapital. Der Vorgang entspricht der „Leistung der Einlage" bei § 82 Abs. 1 Nr. 1 GmbHG, weshalb auf die Ausführungen dort (s. Rn. 14, 18) verwiesen werden kann. Hierunter fällt auch die Leistung einer Sacheinlage. Daher ist die weitere Tatbestandsalternative „falsche Angaben über Sacheinlagen" in § 82 Abs. 1 Nr. 3 GmbHG als spezieller Teil der Einbringung des neuen Kapitals eigentlich überflüssig.[95] 52

Beispiele für falsche Angaben:[96]
- Der Geschäftsführer gibt einen Betrag, der der GmbH als Forderung ohnehin zustand, als Einzahlung auf das Stammkapital an.
- Der Geschäftsführer gibt einen höheren Betrag als tatsächlich gezahlt als Einzahlung auf das Stammkapital an.
- Der Geschäftsführer erklärt, über das Stammkapital frei verfügen zu können, obwohl dieses an die Bank verpfändet wurde.

Die **Sacheinlagen** regelt § 56 GmbHG besonders. Ihr Gegenstand und der Betrag der Stammeinlage, der abgedeckt werden soll, sind im Gesellschafterbeschluss über die Erhöhung der Stammeinlage festzusetzen. Hierzu wird auf die Ausführungen zur Sacheinlage bei § 82 Abs. 1 Nr. 1 GmbHG verwiesen.[97] 53

Auch bei **verdeckten Sacheinlagen** gelten die gleichen Grundsätze wie beim Gründungsschwindel gemäß § 82 Abs. 1 Nr. 1 GmbHG, weshalb auf die dortigen Ausführungen Bezug genommen wird.[98]

II. Subjektiver Tatbestand

Der Tatbestand des § 82 GmbHG erfordert **Vorsatz**, wobei **bedingter Vorsatz** (dolus eventualis) ausreicht. Auf die Ausführungen zu § 399 AktG wird auch an dieser Stelle verwiesen (s. Kap. 9.1. Rn. 39). **Besonderes subjektives Merk-** 54

---

95 So auch Rowedder/Schmidt-Leithoff/*Schaal* GmbHG § 82 Rn. 58.
96 Zahlreiche weitere Beispiele bei Rowedder/Schmidt-Leithoff/*Schaal* GmbHG § 82 Rn. 60 und bei *Kohlmann* Rn. 104 ff. mwN.
97 S. Rn. 18 f. und Rowedder/Schmidt-Leithoff/*Schaal* GmbHG § 82 Rn. 61, 62.
98 S. Rn. 18 f. Ferner Rowedder/Schmidt-Leithoff/*Schaal* GmbHG § 82 Rn. 59 und Esser/ Rübenstahl/Saliger/Tsambikakis/*Brand* GmbHG § 82, AktG § 399 Rn. 96.

mal ist auch hier, dass der Täter „**zum Zwecke der Eintragung**" in das Handelsregister handeln muss. Auf die Ausführungen zu § 82 Abs. 1 Nr. 1 GmbHG und zu § 399 Abs. 1 Nr. 1 AktG (Rn. 20 und Kap. 9.1. Rn. 40) wird Bezug genommen. Eine Täuschungs- oder Schädigungsabsicht ist auch hier nicht erforderlich.

III. Rechtswidrigkeit und Schuld

55 Es gelten die allgemeinen Grundsätze. Eine Rechtfertigung kommt nur in atypischen Ausnahmesituationen infrage, zB wegen rechtfertigendem Notstand gemäß § 34 StGB. S. überdies Rn. 21.

IV. Irrtumskonstellationen

56 Insoweit kann auf die obigen Ausführungen (s. Kap. 9.1. Rn. 42 ff.) zu § 399 AktG Bezug genommen werden. In Betracht kommen nach dem Gesetz der Tatbestandsirrtum gemäß § 16 StGB und der Verbotsirrtum gemäß § 17 StGB.

V. Täterschaft und Teilnahme

57 Wie oben bereits erläutert, handelt es sich um ein echtes **Sonderdelikt**. Es kann auf die obigen Ausführungen zu § 82 Abs. 1 Nr. 1 GmbHG (s. Rn. 23) verwiesen werden. Auch die **Teilnahme** richtet sich nach den allgemeinen Vorschriften der §§ 26, 27 StGB. Auf die Ausführungen zu § 399 AktG[99] wird verwiesen.

VI. Versuch und Vollendung

58 Der **Versuch** ist nicht strafbar, da § 82 Abs. 1 GmbHG ein Vergehen ist. Auf die Ausführungen zu § 399 AktG[100] wird Bezug genommen.

Tatvollendung tritt beim Kapitalerhöhungsschwindel ein, wenn die Angaben beim zuständigen Registergericht ordnungsgemäß eingegangen sind.[101] Aus der Deliktsnatur des § 82 Abs. 1 Nr. 3 GmbHG als abstraktes Gefährdungsdelikt ergibt sich auch hier,[102] dass eine Kenntnisnahme vom Inhalt nicht erforderlich ist.

Tatbeendigung erfolgt beim Kapitalerhöhungsschwindel, wenn die Eintragung erfolgt ist.

VII. Konkurrenzen

59 Auf die Ausführungen zu § 82 Abs. 1 Nr. 2 wird Bezug genommen.[103]

VIII. Prozessuales

60 Hierzu vgl. oben zu § 82 Abs. 1 Nr. 1 GmbHG (s. Rn. 27 ff.).

---

99 S. Kap. 9.1. Rn. 46 ff. und Hopt/Wiedemann/*Otto* AktG § 399 Rn. 109 ff.
100 S. Kap. 9.1. Rn. 51 und Hopt/Wiedemann/*Otto* AktG § 399 Rn. 102.
101 Vgl. BGH 29.6.2016 – 2 StR 520/15, wistra 2016, 492 mAnm *Floeth* NZWiSt 2017, 196.
102 Vgl. schon § 399 AktG, § 147 GenG, § 400 AktG.
103 S. Rn. 44 f. und Rowedder/Schmidt-Leithoff/*Schaal* GmbHG § 82 Rn. 117.

E. Tatbestandliche Voraussetzungen des § 82 Abs. 1 Nr. 4 GmbHG: Schwindel bei Kapitalerhöhung aus Gesellschaftsmitteln

Diese Alternative lautet:

(1) Mit Freiheitsstrafe bis zu drei Jahren oder mit Geldstrafe wird bestraft, wer
(…)
4. als Geschäftsführer in der in § 57 i Abs. 1 Satz 2 vorgeschriebenen Erklärung oder
(…)
falsche Angaben macht.

I. Objektiver Tatbestand

1. Tauglicher Täterkreis

Täter können nur die **Geschäftsführer** sein, nicht dagegen Gesellschafter oder Liquidatoren. Zum Begriff der Geschäftsführer wird auf die Ausführungen zu § 82 Abs. 1 Nr. 1 GmbHG verwiesen (s. Rn. 7). 61

2. Schutzrichtung und Tathandlungen

a) Schutzrichtung

Die Vorschrift wurde durch das UmwBerG[104] neu eingefügt und entspricht dem bisherigen § 36 KapErhG.[105] Vergleichbar mit § 82 Abs. 1 Nr. 4 GmbHG ist § 399 Abs. 2 AktG, weshalb auf Rechtsprechung und Literatur zu dieser Norm Bezug genommen werden kann. Geschützt wird die **Kapitalerhöhung aus Gesellschaftsmitteln**[106] (sogenannte **nominelle Kapitalerhöhung**). Bei dieser werden der Gesellschaft keine neuen Mittel von den Gesellschaftern zugeführt, sondern solche aus dem Eigenvermögen der GmbH. Diese Mittel werden quasi durch einen „Umbuchungsvorgang" zu haftendem Kapital.[107] Es soll sichergestellt werden, dass das durch die Kapitalerhöhung geschaffene Grundkapital zum Zeitpunkt des Wirksamwerdens des Beschlusses wirtschaftlich noch zur Verfügung steht.[108] Die maßgeblichen **Vorschriften des Kapitalerhöhungsverfahrens** finden sich in §§ 57 c, 57 i GmbHG. 62

b) Tathandlungen

Der Täter muss **falsche Angaben** machen. Auch insoweit wird grundsätzlich auf die Ausführungen zu § 399 AktG (s. Kap. 9.1. Rn. 26 f.) und § 82 Abs. 1 Nr. 1 GmbHG (s. Rn. 9) Bezug genommen. Die falschen Angaben müssen in der Erklärung, die bei Erhöhung des Stammkapitals aus Gesellschaftsmitteln nach § 57 i Abs. 1 S. 2 GmbHG von den Geschäftsführern gegenüber dem Registergericht abzugeben ist, enthalten sein. In § 57 i GmbHG ist die sogenannte „Negativerklärung" geregelt, wonach der Geschäftsführer erklären muss, dass zwischen Bilanz, Beschluss und Anmeldung der Kapitalerhöhung zum Handelsregister das Nettovermögen nicht unter die geplante Kapitalziffer gesunken ist.[109] 63

---

104 Vom 28.10.1994, BGBl. I 3210.
105 Vom 23.12.1959, BGBl. I 789.
106 *Roth/Altmeppen* GmbHG § 82 Rn. 20.
107 Rowedder/Schmidt-Leithoff/*Schaal* GmbHG § 82 Rn. 63.
108 *Roth/Altmeppen* GmbHG § 82 Rn. 20; zum vergleichbaren § 399 AktG siehe Hopt/Wiedemann/*Otto* AktG § 399 Rn. 226.
109 *Lutter/Hommelhoff* GmbHG § 82 Rn. 16.

Zur Täterschaft durch **Unterlassen** wird auf die Ausführungen zu § 82 Abs. 1 Nr. 2 GmbHG verwiesen.[110]

II. Subjektiver Tatbestand

64 Der Tatbestand des § 82 GmbHG erfordert **Vorsatz**, wobei **bedingter Vorsatz** (dolus eventualis) ausreicht. Auf die Ausführungen zu § 399 AktG wird auch an dieser Stelle verwiesen (s. Kap. 9.1. Rn. 39). **Besondere subjektive Merkmale** sieht die Vorschrift nicht vor. Anders als bei § 82 Abs. 1 Nr. 3 GmbHG und bei § 399 Abs. 2 AktG muss der Täter **nicht** zum **Zwecke der Eintragung** handeln. Das ergibt sich aus dem Wortlaut und der Systematik, da anders als in den genannten Vorschriften der Gesetzgeber in § 82 Abs. 1 Nr. 4 GmbHG auf dieses Merkmal ausdrücklich verzichtet hat.[111] Ferner ist auch eine Täuschungs- oder Schädigungsabsicht nicht erforderlich.

III. Rechtswidrigkeit und Schuld

65 Es gelten die allgemeinen Grundsätze. Eine Rechtfertigung kommt nur in atypischen Ausnahmesituationen infrage, zB wegen rechtfertigendem Notstand gemäß § 34 StGB. Vgl. überdies oben Rn. 21.

IV. Irrtumskonstellationen, Täterschaft und Teilnahme

66 Es kann auf die obigen Ausführungen zu § 82 Abs. 1 Nr. 1 GmbHG (s. Rn. 22 f.) verwiesen werden.

V. Versuch und Vollendung

67 Auf die Ausführungen zu § 82 Abs. 1 Nr. 3 GmbHG wird Bezug genommen (s. Rn. 58).

VI. Konkurrenzen

68 Auf die Ausführungen zu § 82 Abs. 1 Nr. 2, 3 GmbHG wird Bezug genommen.[112]

VII. Prozessuales

69 Hierzu vgl. oben zu § 82 Abs. 1 Nr. 1 GmbHG (s. Rn. 27 ff.).

F. Tatbestandliche Voraussetzungen des § 82 Abs. 1 Nr. 5 GmbHG: Abgabe unrichtiger Versicherungen – „Eignungsschwindel"

Diese Alternative lautet:

(1) Mit Freiheitsstrafe bis zu drei Jahren oder mit Geldstrafe wird bestraft, wer (...)

5. als Geschäftsführer einer Gesellschaft mit beschränkter Haftung oder als Geschäftsleiter einer ausländischen juristischen Person in der nach § 8 Abs. 3 Satz 1 oder § 39

---

110 S. Rn. 35 und allgemein zur Thematik auch *Steinmetz* S. 142; *Baumbach/Hueck* GmbHG § 82 Rn. 24; *Kohlmann* Rn. 29.
111 Vgl. Rowedder/Schmidt-Leithoff/*Schaal* GmbHG § 82 Rn. 66; **aA**: *Baumbach/Hueck* GmbHG § 82 Rn. 53.
112 S. Rn. 44 f., 59 und Rowedder/Schmidt-Leithoff/*Schaal* GmbHG § 82 Rn. 117.

Abs. 3 Satz 1 abzugebenden Versicherung oder als Liquidator in der nach § 67 Abs. 3 Satz 1 abzugebenden Versicherung

(...)

falsche Angaben macht.

I. Objektiver Tatbestand
1. Tauglicher Täterkreis

Die Norm ist echtes **Sonderdelikt**, da als Täter nur der **Geschäftsführer**, der **Liquidator** (s. Rn. 3) oder der Geschäftsleiter einer ausländischen juristischen Person in Betracht kommen. Der/die Gesellschafter scheiden als Täter aus. 70

Zum Begriff „der Geschäftsführer" wird auf die Ausführungen zu § 82 Abs. 1 Nr. 1 GmbHG verwiesen (vgl. oben Rn. 7). Es kommen nur solche Geschäftsführer infrage, die nach dem 31.12.1980 in das Handelsregister eingetragen wurden.

Liquidator ist der Abwickler (Geschäftsführungs- und Vertretungsorgan) einer aufgelösten GmbH. Regelungen hierzu trifft § 66 GmbHG. Grundsätzlich nimmt der Geschäftsführer die Abwicklung vor, wenn dies nicht durch Gesellschaftsvertrag oder Gesellschafterbeschluss einer anderen Person übertragen wurde (§ 66 Abs. 1 GmbHG, „gekorener Liquidator"). Das Registergericht kann aus wichtigem Grund auch eine andere Person bestellen (§ 66 Abs. 2 GmbHG, „befohlener Liquidator"). Liquidator kann auch eine juristische Person oder Gesamthandsgemeinschaft sein, wobei sich die strafrechtliche Haftung dann nach § 14 StGB regelt. 71

Geschäftsleiter einer ausländischen juristischen Person[113] können ebenfalls Täter sein. Mit dieser Tatbestandsänderung wurde eine Strafbarkeitslücke geschlossen.[114] 72

Leitungsorgane ausländischer juristischer Personen sind deren gesetzliche Vertreter. Nach den Gesetzesmaterialien soll die Regelung nicht dazu führen, dass an den deutschen Inhabilitätsvorschriften die Fähigkeit von Personen, Organ einer ausländischen Gesellschaft sein zu können, gemessen werden soll.[115] Dies bleibt Aufgabe des Rechts, dem die ausländische Gesellschaft unterliegt.[116] Es gilt nur zu verhindern, dass nach deutschem Recht inhabile Personen als Organe einer ausländischen Gesellschaft in Deutschland eine Zweigniederlassung eintragen lassen.[117]

Ist ein Geschäftsführer wegen einer Insolvenzstraftat vorbestraft, besteht ein **Bestellungshindernis** nach § 6 Abs. 2 Satz 3 und 4 GmbHG. Der Bestellungsakt ist unwirksam.[118] In einem solchen Fall wären die Regeln des faktischen Geschäftsführers anzuwenden (streitig, s. Rn. 7).

---

113 Erweiterung eingefügt durch Gesetz vom 23.10.2008 mWv 1.11.2008, BGBl. I 2026.
114 *Rönnau* ZGR 2005, 832 (839); *Schlösser* wistra 2006, 81 (84 ff.); MüKoStGB/*Kiethe/Hohmann* GmbHG § 82 Rn. 157 (Vorauflage).
115 BT-Drs. 16/6140, 50.
116 MüKoStGB/*Kiethe/Hohmann* GmbHG § 82 Rn. 157 (Vorauflage).
117 MüKoStGB/*Kiethe/Hohmann* GmbHG § 82 Rn. 157 (Vorauflage).
118 OLG Sachsen-Anhalt 10.11.1999 – 7 Wx 7/99, ZIP 2000, 622.

2. Schutzrichtung und Tathandlungen
a) Schutzrichtung

73 Die Vorschrift soll die durch die GmbH-Novelle von 1980 eingeführte Versicherung des Geschäftsführers gemäß § 8 Abs. 3 S. 1 GmbHG oder § 39 Abs. 3 S. 1 GmbHG und die des Liquidators gemäß § 67 Abs. 3 S. 1 GmbHG strafrechtlich flankieren. Sie soll auf diese Weise sicherstellen, dass die scharfen Bestimmungen über die Eignung als Geschäftsführer oder als Liquidator beachtet und entsprechende wahrheitsgemäße Versicherungen gegenüber dem Registergericht abgegeben werden (Stichwort: „Eignungsschwindel"). Jenseits des Regelungsgegenstands der §§ 8 Abs. 3 S. 1, 39 Abs. 3 S. 1 und 67 Abs. 3 S. 1 GmbHG abgegebene (andere) falsche oder unvollständige Angaben (Bsp.: Vorstrafen jenseits des Katalogs von § 6 Abs. 2 S. 2 Nr. 3 GmbHG), die in einer Versicherung enthalten sind, unterfallen nicht dem Schutzzweck von § 82 Abs. 1 Nr. 5 GmbHG.[119]

Vergleichbar und wörtlich nahezu identisch mit § 82 Abs. 1 Nr. 5 GmbHG ist § 399 Abs. 1 Nr. 6 AktG, weshalb auf Rechtsprechung und Literatur zu dieser Norm Bezug genommen werden kann. Auch § 399 Abs. 1 Nr. 6 AktG wurde durch das Gesetz zur Änderung des GmbHG vom 4.7.1980[120] in das Aktiengesetz eingefügt.

b) Tathandlungen

74 Es müssen **falsche** oder **unvollständige Angaben** (zum Begriff s. Kap. 9.1. Rn. 26 f.) in den nach §§ 8 Abs. 3 S. 1, 39 Abs. 3 S. 1, 67 Abs. 3 S. 1 GmbHG geregelten Erklärungen gemacht werden. In diesen Erklärungen haben die tauglichen Täter (s. Rn. 70 ff.) gegenüber dem Registergericht zu versichern, dass keine Umstände vorliegen, die ihrer Bestellung nach § 6 Abs. 2 S. 2 und 3 GmbHG entgegenstehen und dass sie über ihre unbeschränkte Auskunftspflicht belehrt worden sind. Die Angaben müssen in der Versicherung enthalten sein, was auch der Fall ist, wenn der Täter erst auf Aufforderung des Registergerichts ergänzende falsche Angaben macht.[121] Tatbestandsmäßig sind nur die in § 8 Abs. 3 S. 1, 39 Abs. 3 S. 1 und 67 Abs. 3 S. 1 GmbHG vorgeschriebenen Angaben, mithin also ausschließlich Angaben zu Verurteilungen nach den in § 6 Abs. 2 S. 2 Nr. 3 und S. 3 GmbHG abschließend aufgezählten Delikten.[122] Andere falsche oder unvollständige (sog „überschießende")[123] Angaben, die in der Versicherung enthalten sind, werden nicht erfasst[124] (s. zu Letzterem bereits Rn. 73).

75 Wer wegen einer der in § 6 Abs. 2 S. 2 Nr. 3 a)–e) GmbHG genannten **Straftaten** verurteilt wurde, kann für die Dauer von fünf Jahren ab Rechtskraft nicht Geschäftsführer sein (sog Eignungsmangel).[125] Finden sich im Bundeszentralregister gemäß § 51 Abs. 1 **BZRG tilgungsreife Eintragungen** wegen solcher De-

---

119 KG Berlin 8.4.2014 – (1) 121 Ss 25/14 (7/14), GmbHR 2015, 868 m. zust. Anm. *Bittmann*. AA *Weiß* wistra 2016, 9 ff.
120 BGBl. I 836.
121 BayObLG 10.12.1981 – BReg 1 Z 184/81, GmbHR 1982, 211.
122 MüKoStGB/*Hohmann* GmbHG § 82 Rn. 91.
123 Zum Begriff: *Weiß* wistra 2016, 9 f.
124 KG Berlin 8.4.2014 – (1) 121 Ss 25/14 (7/14), GmbHR 2015, 868 m. zust. Anm. *Bittmann*. AA *Weiß* wistra 2016, 9 ff.
125 Konkreter Beispielsfall: LG Leipzig 12.10.2016 – 15 Qs 148/16, wistra 2017, 166.

likte, so spielt dies für die Offenbarungspflicht des Geschäftsführers keine Rolle.[126] Jedenfalls muss er die Vorstrafe angeben, wenn die Frist für die Tilgung der Strafe früher abläuft als die Fünf-Jahres-Frist gemäß § 6 Abs. 2 S. 3 GmbHG.[127] **Verurteilungen ausländischer Gerichte** können insoweit relevant sein, als sie mit den in § 6 Abs. 2 S. 2 Nr. 3 a–e GmbHG genannten Straftaten vergleichbar sind (§ 6 Abs. 2 S. 3 GmbHG).

Nichtabgabe: Gibt ein tauglicher Täter **überhaupt keine Versicherung** ab, so ist dies auch nicht tatbestandsmäßig.[128]

Beispiel:

Der Geschäftsführer G meldet die GmbH zum Handelsregister an und unterlässt bewusst die Erklärung gemäß § 8 Abs. 3 S. 1 GmbHG, weil er wegen Bankrotts ein Jahr zuvor rechtskräftig verurteilt wurde. Der für die Eintragung zuständige Beamte übersieht das Fehlen der Versicherung und nimmt die Eintragung vor. G ist nicht strafbar.

Auch der, dem durch Gerichtsurteil oder durch Verwaltungsakt die **Ausübung eines Berufes, Berufszweiges, Gewerbes oder Gewerbezweiges** untersagt wurde, kann für den Zeitraum des Verbotes bei einer Gesellschaft, deren Unternehmensgegenstand ganz oder teilweise mit dem Verbotsgegenstand übereinstimmt, nicht Geschäftsführer oder Liquidator sein (§ 6 Abs. 2 S. 2 Nr. 2 GmbHG).

Beispiel:

Der Geschäftsführer erklärt in der Versicherung bewusst wahrheitswidrig, dass ein gegen ihn verhängtes Berufsverbot nach § 35 GewO bereits wieder aufgehoben wurde.

Weiter beispielhaft seien hier das strafrechtliche Berufsverbot gemäß § 70 StGB, die Ausschließung aus der Rechtsanwaltskammer gemäß § 114 BRAO und die Gewerbeuntersagung gemäß § 35 GewO sowie gemäß § 3 EinzelhandelsG genannt.[129] Untersagt die Verwaltungsbehörde gemäß § 16 Abs. 3 HandwerksO lediglich, einen konkreten Gewerbebetrieb fortzuführen, ist dies nicht als ein zur Amtsunfähigkeit führendes Gewerbeverbot anzusehen.[130] Gleiches gilt, falls die Behörde ein Gewerbeverbot nach § 35 Abs. 1 GewO lediglich gegen die GmbH, nicht aber gegen den Geschäftsführer verhängt.[131] Ein **Berufsverbot auf Bewährung** (§ 70 a StGB) muss nicht angegeben werden.[132]

Die tauglichen Täter haben die Versicherung bei ihrer **persönlich erstmaligen Bestellung** abzugeben. Angesprochen sind hiermit sowohl der erstmalige Geschäftsführer als auch weitere, ihm folgende Geschäftsführer (§ 39 Abs. 3 GmbHG) sowie Liquidatoren.

---

126 *Roth/Altmeppen* GmbHG § 82 Rn. 22 mwN; aA: *Kohlmann* Rn. 49 mwN.
127 So jedenfalls auch *Kohlmann* Rn. 49 mwN.
128 *Scholz/Tiedemann/Rönnau* GmbHG § 82 Rn. 152; *Baumbach/Hueck* GmbHG § 82 Rn. 50; zur AG: *Geßler/Hefermehl/Eckardt/Kropff/Fuhrmann* AktG § 399 Rn. 81.
129 Vgl. *Eyermann* JuS 1964, 269.
130 BayObLG 11.6.1986 – BReg 3 Z 78/86, NJW-RR 1986, 1362; *Scholz/Schneider* GmbHG § 6 Rn. 22; *Hachenburg/Ulmer* GmbHG § 6 Rn. 14.
131 *Scholz/Schneider* GmbHG § 6 Rn. 22; *Hachenburg/Ulmer* GmbHG § 6 Rn. 14.
132 *Roth/Altmeppen* GmbHG § 82 Rn. 23; *Baumbach/Hueck* GmbHG § 82 Rn. 7 mwN.

79 Treten **Ausschlussgründe** gemäß § 6 GmbHG erst **nach** der **Anmeldung** ein, so greift § 82 Abs. 1 Nr. 5 GmbHG nicht.[133]

II. Subjektiver Tatbestand

80 Der Tatbestand des § 82 GmbHG erfordert **Vorsatz**, wobei **bedingter Vorsatz** (dolus eventualis) ausreicht. Insbesondere muss sich der (bedingte) Vorsatz auch auf die Fristen gemäß § 8 Abs. 2 GmbHG beziehen. Auf die Ausführungen zu § 399 AktG wird auch an dieser Stelle verwiesen (s. Kap. 9.1. Rn. 39).

Besondere subjektive Merkmale sieht die Vorschrift nicht vor. Anders als bei § 82 Abs. 1 Nr. 3 GmbHG und bei § 399 Abs. 2 AktG muss der Täter **nicht zum Zwecke der Eintragung** handeln. Das ergibt sich aus dem Wortlaut und der Systematik, da anders als in den genannten Vorschriften der Gesetzgeber in § 82 Abs. 1 Nr. 5 auf dieses Merkmal ausdrücklich verzichtet hat.[134] Er handelt daher auch dann tatbestandsmäßig, wenn er die Unrichtigkeit oder Unvollständigkeit der Angaben in seiner Versicherung kennt, aber nicht weiß, dass die Versicherung Vorbedingung seiner Eintragung in das Handelsregister ist.[135] Eine Täuschungs- oder Schädigungsabsicht ist auch hier nicht erforderlich.

III. Rechtswidrigkeit und Schuld

81 Es gelten die allgemeinen Grundsätze. Eine Rechtfertigung kommt nur in atypischen Ausnahmesituationen infrage, zB wegen rechtfertigendem Notstand gemäß § 34 StGB. S. überdies Rn. 21.

IV. Irrtumskonstellationen

82 Insoweit kann auf die obigen Ausführungen[136] zu § 399 AktG Bezug genommen werden. In Betracht kommen nach dem Gesetz der Tatbestandsirrtum gemäß § 16 StGB und der Verbotsirrtum gemäß § 17 StGB. Besonderheiten können hinsichtlich der relevanten Fristen auftreten.

Beispiele:

Geht der Täter irrigerweise davon aus, dass die relevanten Fristen abgelaufen sind, liegt ein vorsatzausschließender **Tatbestandsirrtum** gemäß § 16 StGB vor.[137] Ebenso verhält es sich, wenn der Geschäftsführer irrigerweise glaubt, der Geschäftszweig der GmbH werde von seinem Berufsverbot nicht erfasst.[138] Ist der Täter dagegen der irrigen Auffassung, er sei nicht verpflichtet, sich selbst zu bezichtigen, handelt es sich um einen **Verbotsirrtum** gemäß § 17 StGB.

---

133 Vgl. *Kohlmann* GmbHG § 82 Rn. 53 f.
134 Vgl. Rowedder/Schmidt-Leithoff/*Schaal* GmbHG § 82 Rn. 66 (str.).
135 Zur AG: KK-*Geilen* AktG § 399 Rn. 161.
136 S. Kap. 9.1. Rn. 42 ff. und das Beispiel bei Hopt/Wiedemann/*Otto* AktG § 399 Rn. 46 f., 89, 177.
137 Beispiel zur AG bei KK-*Geilen* AktG § 399 Rn. 159.
138 *Roth/Altmeppen* GmbHG § 82 Rn. 23.

V. Täterschaft und Teilnahme

Wie oben bereits erläutert, handelt es sich um ein echtes **Sonderdelikt**. Es kann auf die obigen Ausführungen zu § 82 Abs. 1 Nr. 1 GmbHG (s. Rn. 23) verwiesen werden. 83

Zudem handelt es sich um ein sogenanntes **eigenhändiges Delikt**.[139] Täter kann nur der sein, der in eigener Sache die erforderlichen Angaben macht. Andere Personen können wegen **Teilnahme** (Anstiftung und Beihilfe) nach den allgemeinen Regeln (§§ 26, 27 StGB) strafbar sein. Auf die Ausführungen zu § 399 AktG[140] wird verwiesen.

VI. Versuch und Vollendung

Der **Versuch** ist nicht strafbar, da § 82 Abs. 1 GmbHG ein Vergehen darstellt. Auf die Ausführungen zu § 399 AktG[141] wird Bezug genommen. 84

Tatvollendung tritt beim Eignungsschwindel ein, wenn die Versicherung beim zuständigen Registergericht ordnungsgemäß eingegangen ist.[142]

Aus der Deliktsnatur des § 82 Abs. 1 Nr. 5 GmbHG als abstraktes Gefährdungsdelikt ergibt sich auch hier,[143] dass eine Kenntnisnahme vom Inhalt nicht erforderlich ist. **Tatbeendigung** erfolgt beim Eignungsschwindel, wenn die Eintragung erfolgt ist.

VII. Konkurrenzen

1. Innertatbestandliche Konkurrenz

Die unter § 82 Abs. 1 Nr. 1–5 GmbHG genannten Tatbestände untereinander werden als ein **einheitliches Delikt** behandelt, wenn durch eine Anmeldung mehr als eine Alternative erfüllt wird.[144] 85

2. Konkurrenzen im Verhältnis zu anderen Gesetzen

Tateinheit und Tatmehrheit mit anderen Straftatbeständen ist möglich. Hier kommt es auf den Einzelfall an. 86

VIII. Prozessuales

Vgl. oben zu § 82 Abs. 1 Nr. 1 GmbHG (s. Rn. 27 ff.). 87

G. Tatbestandliche Voraussetzungen des § 82 Abs. 2 Nr. 1 GmbHG: Kapitalherabsetzungsschwindel

Diese Alternative lautet:

(2) Ebenso wird bestraft, wer
1. als Geschäftsführer zum Zweck der Herabsetzung des Stammkapitals über die Befriedigung oder Sicherstellung der Gläubiger eine unwahre Versicherung abgibt oder

(...)

---

139 Vergleichbar zur AG siehe: Hopt/Wiedemann/*Otto* AktG § 399 Rn. 219 mwN.
140 S. Kap. 9.1. Rn. 46 ff. und Hopt/Wiedemann/*Otto* AktG § 399 Rn. 109 ff.
141 S. Kap. 9.1. Rn. 51 und Hopt/Wiedemann/*Otto* AktG § 399 Rn. 102.
142 Rowedder/Schmidt-Leithoff/*Schaal* GmbHG § 82 Rn. 102.
143 Vgl. schon § 399 AktG, § 147 GenG, § 400 AktG.
144 S. Rn. 25 f. sowie Rowedder/Schmidt-Leithoff/*Schaal* GmbHG § 82 Rn. 117.

I. Objektiver Tatbestand
1. Tauglicher Täterkreis

88 Die Norm ist ein **echtes Sonderdelikt**, da als Täter nur der **Geschäftsführer** in Betracht kommt. Der/die Gesellschafter scheiden als Täter aus. Auch die Liquidatoren kommen als Täter nicht in Betracht. Zwar ist eine Kapitalherabsetzung auch im Stadium der Liquidation möglich, jedoch spricht der Wortlaut eindeutig gegen eine Einbeziehung dieses Täterkreises.[145] Zum Begriff der Geschäftsführer wird auf die Ausführungen zu § 82 Abs. 1 Nr. 1 GmbHG verwiesen (s. Rn. 7). Es kommen nur solche Geschäftsführer infrage, die nach dem 31.12.1980 in das Handelsregister eingetragen wurden. Ist ein Geschäftsführer wegen einer Insolvenzstraftat vorbestraft, besteht ein **Bestellungshindernis** nach § 6 Abs. 2 S. 2 Nr. 3 a und/oder b GmbHG. Der Bestellungsakt wäre dann unwirksam.[146] In einem solchen Fall wären die Regeln des **faktischen Geschäftsführers** anwendbar (s. Rn. 7).

2. Schutzrichtung und Tathandlungen
a) Schutzrichtung

89 Die Vorschrift soll die Versicherung des Geschäftsführers gemäß § 58 Abs. 1 Nr. 4 GmbHG strafrechtlich absichern. Sie soll die von dieser Versicherung betroffenen Gläubiger schützen und erreichen, dass wahrheitsgemäße Versicherungen gegenüber dem Registergericht abgegeben werden.

b) Tathandlung

90 Es muss eine **unwahre Versicherung** über die Befriedigung oder Sicherstellung der Gläubiger zum Zwecke der **Herabsetzung des Stammkapitals** abgegeben werden. Inhaltlich verweist § 82 Abs. 2 Nr. 1 GmbHG damit auf § 58 Abs. 1 Nr. 4 GmbHG. Dieser erlaubt eine Herabsetzung des Stammkapitals nur unter bestimmten Voraussetzungen.

91 Auf die **vereinfachte Kapitalherabsetzung** gemäß § 58 a GmbHG ist § 82 Abs. 2 Nr. 1 GmbHG nicht anwendbar.

92 Die Versicherung ist unwahr, wenn der Täter in ihr **falsche Angaben** macht. Insoweit wird grundsätzlich auf die Ausführungen zu § 399 AktG verwiesen. Unwahr ist die Versicherung, wenn die in ihr enthaltenen Angaben nicht mit der objektiven Wahrheit übereinstimmen.[147]

Die falschen Angaben müssen in der Versicherung enthalten sein, was auch der Fall ist, wenn der Täter erst auf Aufforderung des Registergerichts ergänzende falsche Angaben macht. Es ist gleichgültig, ob der Täter Angaben macht, zu denen er verpflichtet war oder ob er **freiwillige Angaben** zur Erläuterung bzw. Ergänzung solcher Angaben macht, zu denen er verpflichtet war.[148] In beiden Fällen ist die Versicherung unwahr.

Mit der Anmeldung des Herabsetzungsbeschlusses zum Handelsregister muss der Geschäftsführer versichern, dass die **Gläubiger der Gesellschaft**, die sich

---

145 So auch *Roth/Altmeppen* GmbHG § 82 Rn. 25 mwN.
146 OLG Sachsen-Anhalt 10.11.1999 – 7 Wx 7/99, ZIP 2000, 622.
147 Rowedder/Schmidt-Leithoff/*Schaal* GmbHG § 82 Rn. 78.
148 Rowedder/Schmidt-Leithoff/*Schaal* GmbHG § 82 Rn. 78; Scholz/*Tiedemann/Rönnau* GmbHG § 82 Rn. 158.

gemeldet und der Herabsetzung widersprochen haben, befriedigt oder sichergestellt worden sind.[149] Gläubiger ist jeder Forderungs- und Anspruchsinhaber.[150] Die Gläubiger müssen sich bei der Gesellschaft **gemeldet** haben. Solche, die sich nicht gemeldet haben, fallen nicht unter den Schutz des § 82 Abs. 2 Nr. 1 GmbHG.

Unwahr ist die Versicherung, wenn der Geschäftsführer solche Gläubiger nicht aufführt, die Forderungen angemeldet haben. Ein **Bestreiten der Forderung** durch die Gesellschaft ist ohne Bedeutung.[151]

Problematisch ist, wie weit der **Umfang der Versicherungspflicht** nach § 58 GmbHG geht. Nach übereinstimmender Auffassung sind **bestrittene** (nicht befriedigte) **Forderungen** grundsätzlich **sicherzustellen**.

93

Sind Forderungen **offensichtlich unbegründet** oder stellt der Geschäftsführer nach sorgfältiger Prüfung fest, dass sie nicht bestehen, so soll die Versicherung nach überwiegender Auffassung ohne Einschränkung abgegeben werden dürfen.[152] Nach anderer Auffassung[153] muss der Geschäftsführer aufdecken, dass die aus seiner Sicht nicht existente Forderung nicht gesichert worden ist. Das Registergericht setzt das Verfahren dann aus.

Teilweise wird vertreten, dass der Geschäftsführer in Fällen, in denen sich später herausstellt, dass die Forderung doch besteht, sich in einem Tatbestandsirrtum über das objektive Tatbestandsmerkmal „Gläubiger" irre.[154] Um Komplikationen zu vermeiden, ist es ratsam, die fragliche Forderung immer einer Sicherstellung zu unterziehen oder in die Versicherung nach § 58 GmbHG einen Vorbehalt aufzunehmen, in dem auf die streitige und nicht sichergestellte Forderung hingewiesen wird.[155]

Eine **Befriedigung** der Gläubiger liegt vor, wenn ihre Ansprüche endgültig erfüllt wurden. Die **Sicherstellung** erfolgt nach den Regeln der §§ 232–240 BGB.

94

Unwahr ist die Versicherung, wenn die Gläubiger

95

- nicht oder nicht ausreichend befriedigt oder
- wenn sie nicht oder nicht ausreichend sichergestellt wurden.

In der Versicherung muss der Geschäftsführer auch angeben, ob und wie die Befriedigung bzw. Sicherstellung erfolgt ist.[156]

Unwahr ist die Versicherung auch, wenn der Geschäftsführer verschweigt,

- dass wegen **ungenügender Bekanntmachung** (§ 58 Abs. 1 Nr. 1 GmbHG),[157]
- dass mangels Ablaufs der Jahresfrist (§ 58 Abs. 1 Nr. 3 GmbHG) der Kreis der betroffenen Gläubiger noch nicht abschließend bestimmt ist.

---

149 *Lutter/Hommelhoff* GmbHG § 82 Rn. 18.
150 Rowedder/Schmidt-Leithoff/*Schaal* GmbHG § 82 Rn. 80.
151 Rowedder/Schmidt-Leithoff/*Schaal* GmbHG § 82 Rn. 81 mwN.
152 Rowedder/Schmidt-Leithoff/*Schaal* GmbHG § 82 Rn. 81 mwN.
153 *Roth/Altmeppen* GmbHG § 82 Rn. 27.
154 Scholz/Tiedemann/*Rönnau* GmbHG § 82 Rn. 206.
155 So Rowedder/Schmidt-Leithoff/*Schaal* GmbHG § 82 Rn. 81 mwN.
156 Rowedder/Schmidt-Leithoff/*Schaal* GmbHG § 82 Rn. 82 mwN.
157 *Roth/Altmeppen* GmbHG § 82 Rn. 26; Rowedder/Schmidt-Leithoff/*Schaal* GmbHG § 82 Rn. 79; **aA**: *Lutter/Hommelhoff* GmbHG § 82 Rn. 18.

Die **ungenügende Bekanntmachung** ergibt sich aus § 58 Abs. 1 Nr. 1 GmbHG. Die Herabsetzung des Stammkapitals verlangt, dass der entsprechende Gesellschafterbeschluss in der Form des § 30 Abs. 2 GmbHG bekanntgemacht wird. Ist die Bekanntmachung nicht oder nicht richtig erfolgt, liegt eine unwahre Versicherung vor.

II. Subjektiver Tatbestand

96 Der Tatbestand des § 82 GmbHG erfordert **Vorsatz**, wobei **bedingter Vorsatz** (dolus eventualis) ausreicht. Insbesondere muss sich der (bedingte) Vorsatz auch auf die Frist gemäß § 58 Abs. 1 Nr. 3 GmbHG beziehen. Auf die Ausführungen zu § 399 AktG wird im Übrigen auch an dieser Stelle verwiesen (s. Kap. 9.1. Rn. 39).

Besonderes subjektives Merkmal ist, dass der Täter – wie bei § 82 Abs. 1 Nr. 1 GmbHG – **zum Zwecke der Eintragung** handeln muss.[158] Wörtlich heißt es in § 82 Abs. 2 Nr. 1 GmbHG „zum Zwecke der Herabsetzung des Stammkapitals". Da Ziel der Handlung des Geschäftsführers gerade die Eintragung der Kapitalherabsetzung in das Handelsregister ist, liegt auf der Hand, dass er subjektiv „zum Zwecke der Eintragung" handeln muss. Eine Täuschungs- oder Schädigungsabsicht ist nicht erforderlich.

III. Rechtswidrigkeit und Schuld

97 Es gelten die allgemeinen Grundsätze. Auf die Ausführungen zu § 399 AktG wird verwiesen.

IV. Irrtumskonstellationen

98 Insoweit kann auf die obigen Ausführungen[159] zu § 399 AktG Bezug genommen werden. In Betracht kommen der Tatbestandsirrtum gemäß § 16 StGB und der Verbotsirrtum gemäß § 17 StGB.

Besonderheiten können hinsichtlich des Bestehens der Forderungen auftreten.

Beispiele:

Geht der Täter irrigerweise davon aus, dass die angemeldete Forderung nicht oder nicht mehr besteht, kann ein vorsatzausschließender **Tatbestandsirrtum** gemäß § 16 StGB vorliegen.[160] Ebenso verhält es sich, wenn der Geschäftsführer in der Versicherung den Forderungsbetrag aufgrund ihm falsch zugetragener Informationen zu niedrig angibt. Auch die irrige Annahme, die Jahresfrist nach § 58 Abs. 1 Nr. 3 GmbHG sei abgelaufen, unterfällt § 16 StGB und ist als Tatbestandsirrtum zu qualifizieren.

Ist der Täter dagegen der irrigen Auffassung, er sei nicht verpflichtet, Forderungen offenzulegen, handelt es sich um einen **Verbotsirrtum** gemäß § 17 StGB.

---

158 Rowedder/Schmidt-Leithoff/*Schaal* GmbHG § 82 Rn. 97.
159 S. Kap. 9.1. Rn. 42 ff. und das Beispiel bei Hopt/Wiedemann/*Otto* AktG § 399 Rn. 46 f., 89, 177.
160 Rowedder/Schmidt-Leithoff/*Schaal* GmbHG § 82 Rn. 81.

Kap. 9.3. § 82 GmbHG Falsche Angaben

V. Täterschaft und Teilnahme

Wie oben bereits erläutert, handelt es sich um ein echtes **Sonderdelikt**. Hier kann auf die obigen Ausführungen zu § 82 Abs. 1 Nr. 1 GmbHG (s. Rn. 23) verwiesen werden. 99

Zudem handelt es sich um ein **eigenhändiges Delikt**.[161] Insoweit wird auf die Darstellung zu § 82 Abs. 1 Nr. 5 GmbHG Bezug genommen (s. Rn. 83). Die **Teilnahme** (Anstiftung und Beihilfe) richtet sich nach den allgemeinen Regeln (§§ 26, 27, 28 StGB). Auf die Ausführungen zu § 399 AktG[162] wird verwiesen.

VI. Versuch und Vollendung

Der **Versuch** ist nicht strafbar, da § 82 Abs. 2 GmbHG ein Vergehen ist. Auf die Ausführungen zu § 399 AktG[163] wird Bezug genommen. 100

Tatvollendung tritt beim Kapitalherabsetzungsschwindel ein, wenn die Versicherung beim zuständigen Registergericht ordnungsgemäß eingegangen ist.[164] Aus der Deliktsnatur des § 82 Abs. 1 Nr. 5 GmbHG als abstraktes Gefährdungsdelikt ergibt sich auch hier,[165] dass eine Kenntnisnahme vom Inhalt nicht erforderlich ist.

Tatbeendigung erfolgt auch beim Kapitalherabsetzungsschwindel, wenn der Zugang zum Registergericht erfolgt ist.[166]

VII. Konkurrenzen

Auf die Ausführungen zu § 82 Abs. 1 wird Bezug genommen (s. Rn. 25 f.). 101

VIII. Strafverfolgung

1. Offizialdelikt

Bei den verschiedenen Tatbeständen des § 82 GmbHG handelt es sich um **Offizialdelikte**,[167] die von Amts wegen verfolgt werden. Ein Strafantrag ist nicht erforderlich. 102

2. Gerichtliche Zuständigkeit

Gemäß § 74 c Abs. 1 Nr. 1 GVG ist für Straftaten nach dem GmbHG eine Strafkammer als Wirtschaftsstrafkammer zuständig, soweit nach § 74 Abs. 1 GVG als Gericht des ersten Rechtszuges und nach § 74 Abs. 3 GVG für die Verhandlung und Entscheidung über das Rechtsmittel der Berufung gegen die Urteile des Schöffengerichts das Landgericht zuständig ist.[168] 103

---

161 Vergleichbar zur AG siehe: Hopt/Wiedemann/*Otto* AktG § 399 Rn. 219 mwN.
162 S. Kap. 9.1. Rn. 46 ff. und Hopt/Wiedemann/*Otto* AktG § 399 Rn. 109 ff.
163 S. Kap. 9.1. Rn. 51 und Hopt/Wiedemann/*Otto* AktG § 399 Rn. 102.
164 Rowedder/Schmidt-Leithoff/*Schaal* GmbHG § 82 Rn. 102.
165 Vgl. schon § 399 AktG, § 147 GenG, § 400 AktG.
166 Scholz/*Tiedemann*/Rönnau GmbHG § 82 Rn. 161; Rowedder/Schmidt-Leithoff/*Schaal* GmbHG § 82 Rn. 104.
167 Vgl. dazu *Fischer* StGB Vor § 77 Rn. 2.
168 Vgl. OLG Koblenz 1.12.1977 – 1 Ws 626/77, MDR 1978, 779; OLG Stuttgart 17.11.1981 – 1 Ws 339/81, MDR 1982, 252.

3. Verjährung

104 Gemäß § 78 Abs. 3 Nr. 4 StGB verjähren Taten nach § 82 GmbHG nach fünf Jahren. Verjährungsbeginn, -unterbrechung und -hemmung sind in §§ 78 a–c StGB geregelt. Die Verjährung beginnt mit der Beendigung der Ausführungshandlung. Da es sich bei § 82 GmbHG um ein abstraktes Gefährdungsdelikt handelt, beginnt die Verjährung bereits mit der Gefährdung; eine Verletzung ist nicht erforderlich.

Beispiel:

Beim Kapitalherabsetzungsschwindel beginnt die Verjährung mit Abgabe der Erklärung und nicht erst mit dem Eintritt einer Täuschung oder eines Vermögensschadens bei einem Dritten.[169]

4. Strafe

105 Die von § 82 GmbHG sanktionierten Straftaten sind **Vergehen** gemäß § 12 Abs. 2 StGB. Sie können mit Geldstrafe (§§ 40, 41 StGB) oder Freiheitsstrafe (§§ 38, 39 StGB) bis zu drei Jahren geahndet werden. Die Vorschriften über **die Einziehung** gemäß §§ 73 ff. StGB finden Anwendung und werden in den letzten Jahren von den Strafverfolgungsbehörden und Gerichten verstärkt zur Anwendung gebracht. Auch die Verhängung eines **Berufsverbots** gemäß § 70 StGB kommt in Betracht, wobei jedoch gemäß § 62 StGB der Grundsatz der Verhältnismäßigkeit zu wahren ist. Bei Teilnehmern kann gemäß §§ 28 Abs. 1, 49 Abs. 1 StGB die Strafe gemildert werden.

5. Weitere mögliche Folgen der Tat

106 Den verurteilten Täter eines Delikts nach § 82 GmbHG trifft gemäß § 6 Abs. 2 S. 2 Nr. 3 c GmbHG für die Dauer von fünf Jahren die Inhabilität, dh die Unfähigkeit, das Amt eines Geschäftsführers oder Vorstands auszuüben. Hat der Täter zum Zeitpunkt der rechtskräftigen Verurteilung ein solches Amt inne, endet seine Amtsstellung kraft Gesetzes.

6. Ausland

107 Zur Rechtslage in **Österreich** wird auf die ausführliche Darstellung bei Rowedder/Schmidt-Leithoff/*Schaal* GmbHG § 82 Rn. 123–126 verwiesen.

H. Tatbestandliche Voraussetzungen des § 82 Abs. 2 Nr. 2 GmbHG: Unwahre Darstellung oder Verschleierung der Verhältnisse der Kapitalgesellschaft – **sog** Geschäftslagetäuschung

Diese Alternative lautet:

(2) Ebenso wird bestraft, wer

(...)

2. als Geschäftsführer, Liquidator, Mitglied eines Aufsichtsrats oder ähnlichen Organs in einer öffentlichen Mitteilung die Vermögenslage der Gesellschaft unwahr darstellt oder verschleiert, wenn die Tat nicht in § 331 Nr. 1 oder Nr. 1 a des Handelsgesetzbuchs mit Strafe bedroht ist.

---

169 Zur AG: Hopt/Wiedemann/*Otto* AktG § 399 Rn. 238; aA: KK-*Geilen* AktG § 399 Rn. 180.

I. Objektiver Tatbestand
1. Tauglicher Täterkreis
a) Tauglicher Täter

Täter können sein: 108
- der Geschäftsführer (§ 6 Abs. 2 GmbHG),
- der Liquidator,
- das Mitglied eines Aufsichtsrates,
- das Mitglied eines ähnlichen Organs (zB von Verwaltungsräten, Beiräten).

Andere Personen, wie etwa Sanierer, Bankmitarbeiter oder Dritte können sich nur als Teilnehmer strafbar machen. Der Täter muss in seiner Eigenschaft als Organwalter die Mitteilung machen. Private Äußerungen werden nicht erfasst,[170] wofür schon der Wortlaut spricht („als Geschäftsführer", „als Mitglied des Aufsichtsrats").

b) Strohmann und faktische Organschaft

Wie auch im Aktienrecht gelten auch im übrigen Gesellschaftsrecht die Grundsätze zum „faktischen Geschäftsführer".[171] Nach der Rechtsprechung spielen Mängel bei der Bestellung zum Geschäftsführer für die strafrechtliche Verantwortung grundsätzlich keine Rolle, wenn er im Einverständnis und mit Duldung des zuständigen Gesellschaftsorgans die Geschäftsführertätigkeit aufgenommen und tatsächlich ausgeübt hat. Es ist danach ohne Bedeutung, ob der Geschäftsführer einer nicht wirksam bestellten Gesellschaft angehört,[172] ob er durch einen unwirksamen Bestellungsakt zum Geschäftsführer berufen worden ist[173] oder ob er überhaupt nicht formell bestellt worden ist.[174] 109

c) Mehrgliedrige Organe

Besonderheiten bestehen bei **mehrgliedrigen Organen**. Insoweit wird auf die Ausführungen zu § 399 AktG verwiesen.[175] Sind **mehrere Geschäftsführer** vorhanden, sind im Grundsatz erst einmal alle strafrechtlich verantwortlich. Eine **interne Aufgabenverteilung** ändert jedenfalls bei ressortübergreifenden Problemen nichts an der Verantwortung eines jeden Geschäftsführers, kann aber für die Frage des Vorsatzes relevant sein.[176] 110

2. Schutzrichtung und Tathandlungen
a) Schutzrichtung

Die Vorschrift soll vor Falschinformationen über die Verhältnisse der GmbH schützen. Die Norm ähnelt in ihrer Ausgestaltung § 400 Abs. 1 Nr. 1 AktG. 111

---

170 *Roth/Altmeppen* GmbHG § 82 Rn. 31; Rowedder/Schmidt-Leithoff/*Schaal* GmbHG § 82 Rn. 84; **aA:** *Lutter/Hommelhoff* GmbHG § 82 Rn. 23.
171 Ausführlich Rowedder/Schmidt-Leithoff/*Schaal* GmbHG § 82 Rn. 11 mwN; zur AG vgl. Hopt/Wiedemann/*Otto* AktG § 399 Rn. 20 Fn. 13 mwN; aA Baumbach/Hueck/*Haas* GmbHG § 82 Rn. 87; MüKoStGB/*Hohmann* GmbHG § 82 Rn. 49 ff. mwN.
172 RG 3.6.1910 – V 58/10 ff., RGSt 43, 407 (410, 413 ff.).
173 RG 14.10.1887 – 846/87, RGSt 16, 269, (271).
174 BGH 3.7.1989 – StbSt (R) 14/88, wistra 1990, 60; BGH 20.9.1999 – 5 StR 729/98, wistra 1999, 459.
175 S. Kap. 9.1. Rn. 25.
176 Rowedder/Schmidt-Leithoff/*Schaal* GmbHG § 82 Rn. 14.

Geschützt wird vor unrichtigen Darstellungen in öffentlichen Mitteilungen. Da durch das BiRiLiG die unrichtige Darstellung oder Verschleierung von Gesellschaftsverhältnissen, zu denen auch die Vermögenslage zu rechnen ist, allgemein für alle Kapitalgesellschaften in § 331 Nr. 1 HGB sanktioniert wurde, ist § 82 Abs. 2 Nr. 2 GmbHG subsidiär ausgestaltet.

b) Tatmittel, Tatgegenstand und Tathandlungen
aa) Tatmittel

112 Die unrichtige Darstellung muss in einer **öffentlichen Mitteilung** erfolgen. Öffentliche Mitteilungen sind (schriftliche oder mündliche) Erklärungen, die sich – unmittelbar oder mittelbar – an einen unbestimmten Personenkreis richten. Dabei müssen sie für eine nach Zahl und Zusammensetzung unbestimmte Mehrheit von Personen wahrnehmbar sein.[177] Mitteilungen an einzelne außenstehende Personen reichen nicht.[178] Die Erklärungen müssen sich **nach außen richten**, interne Äußerungen, die für Außenstehende nur zugänglich, aber nicht bestimmt sind, fallen nicht unter den Tatbestand.[179] Bei Mitteilungen an Gläubiger der Gesellschaft muss es sich um eine größere Zahl handeln, um Öffentlichkeit anzunehmen.[180] Es spielt keine Rolle, ob die Mitteilung von dem Personenkreis tatsächlich zur Kenntnis genommen wurde, an den sie sich richtete.

Als öffentliche Mitteilungen werden zB Veröffentlichungen in Zeitungen/Zeitschriften, Prospekten, Pressemitteilungen, Postwurfsendungen, Aushängen in Kreditinstituten, Radio- und Fernsehsendungen qualifiziert. Auch Mitteilungen an das Handelsregister fallen darunter,[181] da sie mittelbar der Öffentlichkeit zugänglich sind.

Nicht darunter fallen sollen Mitteilungen in „geschlossenen" Versammlungen, wie zB in einer Gesellschafterversammlung, im Betriebsrat oder im Aufsichtsrat, es sei denn, Rundfunk oder Fernsehen sind dort ausdrücklich zugelassen.[182] Schließlich fallen auch Mitteilungen an ein Kreditinstitut im Rahmen einer Krediterlangung oder an das Finanzamt nicht darunter.[183]

bb) Tatgegenstand

113 Gegenstand der Tathandlung (unwahre Darstellung oder Verschleierung) ist die **Vermögenslage der Gesellschaft**. Der Begriff der „Vermögenslage" ist sehr weit und umfasst alle aktiven und passiven Bilanzposten, stille Reserven, Umsatz- und Kostenfaktoren, mithin alle Umstände, die für die Kreditwürdigkeit der Gesellschaft oder deren künftige wirtschaftliche Entwicklung bedeutsam

---

177 Rowedder/Schmidt-Leithoff/*Schaal* GmbHG § 82 Rn. 86 unter Hinweis auf RG 4.1.1924 – IV 832/23, RGSt 58, 53.
178 Hachenburg/*Kohlmann* GmbHG § 82 Rn. 116.
179 Rowedder/Schmidt-Leithoff/*Schaal* GmbHG § 82 Rn. 86 mwN; **aA:** *Kohlmann* Rn. 58 ff.; *Lutter/Hommelhoff* GmbHG § 82 Rn. 21.
180 *Richter* GmbHR 1984, 113 (116 ff.).
181 Thüringer OLG 29.7.1997 – 1 Ss 318/96, NStZ 1998, 307 (308); Hachenburg/*Kohlmann* GmbHG § 82 Rn. 115; *Kohlmann* Rn. 58 ff.
182 Vgl. Baumbach/Hueck/*Haas* GmbHG § 82 Rn. 72; *Kohlmann* Rn. 59.
183 *Tiedemann* GmbHG § 82 Rn. 141.

sind.[184] Darunter fallen auch nichtbilanzfähige Posten wie „Know-how", Vertragsabschlüsse, Fusionsabsichten oder Sanierungspläne.[185]

cc) Tathandlungen

Als Tathandlungen nennt § 82 Abs. 2 Nr. 2 GmbHG die **unwahre Darstellung** und die **Verschleierung** der Vermögenslage der Gesellschaft. Beide Alternativen sind gleichrangig. Die unwahre Darstellung entspricht dem Begriff **„unrichtige Wiedergabe"** in § 400 Abs. 1 Nr. 1, 2 AktG bzw. § 331 HGB. Auf die umfangreichen Ausführungen zu diesen Delikten wird Bezug genommen (s. Kap. 9.2. Rn. 13 ff. und Kap. 9.4. Rn. 18 ff.). 114

Die **unwahre Darstellung** bezieht sich auf die objektiv unrichtige Darstellung der Vermögenslage. Die Verschleierung tangiert die Klarheit und Übersichtlichkeit und damit die Form[186] der Darstellung.

In der Praxis finden sich vorwiegend folgende **Fälle der unwahren Darstellung:**[187]

- Nichtaufführen bestimmter Vermögenswerte oder Verbindlichkeiten,
- willkürliche Überbewertung von Vermögensgegenständen,
- Voraktivierung künftiger Kaufpreisforderungen vor Übereignung des ebenfalls aktivierten Kaufgegenstandes,
- Einstellen fiktiver Beträge in die Bilanz,
- Ausweis dubioser Forderungen zum Nennwert.

Eine unrichtige Wiedergabe kann auch durch **Unterlassen** erfolgen, etwa beim Unterlassen der Richtigstellung einer als falsch erkannten Angabe.[188]

Eine **Verschleierung** ist gegeben, wenn die wirtschaftlich bedeutsamen Verhältnisse zwar objektiv richtig dargestellt werden, ihre Erkennbarkeit aber so erschwert ist, dass für den sachverständigen Leser der Bilanz der tatsächliche Sachverhalt nur schwer oder überhaupt nicht erkennbar ist und so die Gefahr einer falschen Beurteilung der wirtschaftlichen Situation besteht.[189] 115

In der Praxis finden sich vorwiegend folgende **Fälle der Verschleierung:**

- Ausweis aufgelöster stiller Reserven als Einnahmen aus dem laufenden Geschäftsbetrieb,
- Missachtung der Gliederungsvorschriften,
- Falschbezeichnungen (zB Rückstellungen werden unter den sonstigen Verbindlichkeiten aufgeführt).

---

184 Ausführlich Rowedder/Schmidt-Leithoff/*Schaal* GmbHG § 82 Rn. 88 mwN.
185 *Richter* GmbHR 1984, 113 (116).
186 Vgl. RG 27.2.1905 – 5339/04, RGSt 37, 434; *Arnhold* S. 25.
187 Weitere Beispiele bei Rowedder/Schmidt-Leithoff/*Schaal* GmbHG § 82 Rn. 93 mwN.
188 Vgl. Hopt/Wiedemann/*Otto* AktG § 400 Rn. 17; BGH 17.9.2001 – II ZR 178/99, wistra 2002, 58 (61) („Bremer Vulkan").
189 *Arnhold* S. 24 f.; RG 11.10.1888 – 1742/88, RGSt 18, 332; Blumers/Frick/Müller/*Dannecker* HGB § 331 Rn. 649; Heymann/*Otto* HGB § 331 Rn. 29 mwN.

II. Subjektiver Tatbestand

116 Der Tatbestand des § 82 Abs. 2 Nr. 2 GmbHG erfordert **Vorsatz**, wobei **bedingter Vorsatz** (dolus eventualis) ausreicht.[190] Auf die Ausführungen zu § 399 AktG wird Bezug genommen (s. Kap. 9.1. Rn. 39).

Besondere subjektive Merkmale, wie etwa eine Täuschungs- oder Schädigungsabsicht, sind nicht erforderlich.

III. Rechtswidrigkeit und Schuld

117 Die unwahre Darstellung oder Verschleierung kann durch eine Einwilligung oder Weisung – zB der Gesellschafter oder des Aufsichtsrates – nicht gerechtfertigt werden, da diese über das überindividuelle Rechtsgut nicht verfügen können. Hier ist ebenfalls auf die obigen Ausführungen zu § 82 Abs. 1 GmbHG (Rn. 21) zu verweisen.

IV. Irrtumskonstellationen

118 Insoweit kann auf die obigen Ausführungen zu § 399 AktG (s. Kap. 9.1. Rn. 42 ff.) Bezug genommen werden.

V. Täterschaft und Teilnahme

119 § 331 Nr. 1 HGB stellt ein echtes **Sonderdelikt** dar. Der **Täterkreis** beschränkt sich auf die oben erwähnten Personen, nämlich den Geschäftsführer, den Liquidator, die Mitglieder eines Aufsichtsrates und die Mitglieder eines ähnlichen Organs (zB eines Verwaltungsrats, Beirats). Täter, Nebentäter, mittelbarer Täter und Mittäter kann nur ein Träger der Sonderpflicht sein. Hier kann auf die obigen Ausführungen zu § 399 AktG (s. Kap. 9.1. Rn. 46 ff.) verwiesen werden. Auch die **Teilnahme** richtet sich nach den allgemeinen Vorschriften der §§ 26, 27, 28 StGB. Auf die Ausführungen zu § 399 AktG[191] wird Bezug genommen.

VI. Versuch und Vollendung

120 Der **Versuch** ist nicht strafbar, da § 82 GmbHG ein Vergehen ist. Auf die Ausführungen zu § 399 AktG[192] wird verwiesen.

Tatvollendung tritt ein, wenn die öffentliche Mitteilung der Öffentlichkeit zugänglich gemacht worden ist. Das ist zB der Fall, wenn die Zeitung, in der die Mitteilung veröffentlicht ist, erscheint. Bei mündlichen Mitteilungen tritt die Vollendung ein, sobald die Mitteilung von einem Zuhörer akustisch wahrgenommen wird. Bei Mitteilungen an das Handelsregister, also mittelbaren Mitteilungen (s. Rn. 112), ist, da es sich um ein abstraktes Gefährdungsdelikt handelt, Vollendung anzunehmen, sobald eine dritte Person die Möglichkeit der Einsichtnahme hat.[193]

---

190 Rowedder/Schmidt-Leithoff/*Schaal* GmbHG § 82 Rn. 97; NK-WSS/*Parigger* GmbHG § 82 Rn. 75.
191 S. Kap. 9.1. Rn. 46 ff. und Hopt/Wiedemann/*Otto* AktG § 399 Rn. 109 ff.
192 Hopt/Wiedemann/*Otto* AktG § 399 Rn. 102.
193 Vgl. *Tiedemann* GmbHG § 82 Rn. 162; **aA:** Rowedder/Schmidt-Leithoff/*Schaal* GmbHG § 82 Rn. 103.

Die **Tatbeendigung**, die für den Verjährungsbeginn relevant ist, tritt ein, wenn ein großer Teil der Personen, an die sich die Mitteilung richtet, die Gelegenheit hatte, von ihr Kenntnis zu nehmen.[194]

VII. Konkurrenzen

1. Innertatbestandliche Konkurrenz

Zwischen den einzelnen Tathandlungen des § 82 GmbHG kann – je nach Einzelfall – gleichartige Tateinheit vorliegen.[195] Ebenso können Fälle der Tatmehrheit gegeben sein.[196]

121

2. Konkurrenz zu anderen Straftatbeständen

Tateinheit ist ua möglich mit Betrug (§ 263 StGB), Untreue (§ 266 StGB), Urkundenfälschung (§ 267 StGB) und strafbarer Werbung (§ 16 UWG). Zu diesen Delikten kann auch **Tatmehrheit** bestehen.

122

Besonderheiten bestehen im **Verhältnis zu § 331 Nr. 1 und Nr. 1 a HGB**.[197] Der Tatbestand des § 82 Abs. 2 Nr. 2 GmbHG tritt – wie grundsätzlich auch § 400 Abs. 1 Nr. 1 AktG, § 147 Abs. 2 Nr. 1 GenG (bei Kreditinstituten), § 313 UmwG und § 17 PublG – als **subsidiär** hinter § 331 Nr. 1 und Nr. 1 a HGB zurück, wenn diese durch die Tat verwirklicht werden. Hier ist eine genaue Prüfung notwendig, da § 331 Nr. 1 und Nr. 1 a HGB teilweise weiter, aber auch enger gefasst sind als § 82 Abs. 2 Nr. 2 GmbHG.[198] Enger gefasst ist § 82 Abs. 2 Nr. 2 GmbHG, da dieser sich nur auf die **Vermögenslage** der Gesellschaft bezieht, während § 331 Nr. 1 und Nr. 1 a HGB sehr weit die **Verhältnisse der Kapitalgesellschaft** erwähnen. Weiter gefasst ist § 82 Abs. 2 Nr. 2 GmbHG, da er sich nicht nur auf die wenigen in § 331 Nr. 1 und Nr. 1 a HGB genau aufgezählten Papiere bezieht, sondern **jede (mündliche/schriftliche) öffentliche Mitteilung** anspricht. Außerdem ist der Täterkreis bei § 82 Abs. 2 Nr. 2 GmbHG anders, da hier auch Mitglieder eines **dem Aufsichtsrat ähnlichen Organs** einbezogen werden. Es bestehen daher zahlreiche mögliche Fallvarianten, in denen die Subsidiarität des § 82 Abs. 2 Nr. 2 GmbHG nicht greift.

VIII. Strafverfolgung

1. Offizialdelikt

Bei den verschiedenen Tatbeständen des § 82 GmbHG handelt es sich um **Offizialdelikte**,[199] die von Amts wegen verfolgt werden. Ein Strafantrag ist nicht erforderlich.

123

---

[194] *Cobet* S. 80; Rowedder/Schmidt-Leithoff/*Schaal* GmbHG § 82 Rn. 104.
[195] Ausführlich zu den Konkurrenzen Rowedder/Schmidt-Leithoff/*Schaal* GmbHG § 82 Rn. 116 f.
[196] Vgl. Beispiele bei Rowedder/Schmidt-Leithoff/*Schaal* GmbHG § 82 Rn. 119 unter Hinweis auf *Reck/Hey* GmbHR 1996, 658 (659 f.).
[197] § 331 Nr. 1 a HGB eingefügt durch Bilanzrechtsreformgesetz (BilReG) vom 4.12.2004 (BGBl. I 3166).
[198] Baumbach/Hueck/*Haas* GmbHG Anh. § 82 Rn. 4; Erbs/Kohlhaas/*Schaal* HGB § 331 Rn. 65.
[199] Vgl. dazu *Fischer* StGB Vor § 77 Rn. 2.

2. Gerichtliche Zuständigkeit

124 Gemäß § 74 c Abs. 1 Nr. 1 GVG ist für Straftaten nach dem GmbHG eine Strafkammer als Wirtschaftsstrafkammer zuständig, soweit nach § 74 Abs. 1 GVG als Gericht des ersten Rechtszuges und nach § 74 Abs. 3 GVG für die Verhandlung und Entscheidung über das Rechtsmittel der Berufung gegen die Urteile des Schöffengerichts das Landgericht zuständig ist.[200]

3. Verjährung

125 Gemäß § 78 Abs. 3 Nr. 4 StGB verjähren Taten nach § 82 GmbHG nach fünf Jahren. Verjährungsbeginn, -unterbrechung und -hemmung sind in §§ 78 a–c StGB geregelt. Die Verjährung beginnt mit der Beendigung der Ausführungshandlung. Da es sich bei § 82 GmbHG um ein abstraktes Gefährdungsdelikt handelt, beginnt die Verjährung mit der Gefährdung; eine Verletzung ist nicht erforderlich.

4. Strafe

126 Die von § 82 GmbHG sanktionierten Straftaten sind **Vergehen** gemäß § 12 Abs. 2 StGB. Sie können mit Geldstrafe (vgl. §§ 40, 41 StGB) oder Freiheitsstrafe (vgl. §§ 38, 39 StGB) bis zu drei Jahren geahndet werden. Die Vorschriften über **die Einziehung** gemäß §§ 73 ff. StGB finden Anwendung und werden in den letzten Jahren von den Strafverfolgungsbehörden und Gerichten verstärkt zur Anwendung gebracht. Auch die Verhängung eines **Berufsverbots** gemäß § 70 StGB kommt in Betracht, wobei jedoch gemäß § 62 StGB der Grundsatz der Verhältnismäßigkeit zu wahren ist. Bei Teilnehmern kann gemäß §§ 28 Abs. 1, 49 Abs. 1 StGB die Strafe gemildert werden.[201]

5. Weitere mögliche Folgen der Tat

127 Den verurteilten Täter eines Delikts nach § 82 GmbHG trifft gemäß § 6 Abs. 2 Nr. 3 c GmbHG für die Dauer von fünf Jahren die Inhabilität, dh die Unfähigkeit, das Amt eines Geschäftsführers oder Vorstands auszuüben. Hat der Täter zum Zeitpunkt der rechtskräftigen Verurteilung ein solches Amt inne, endet seine Amtsstellung kraft Gesetzes.

Kap. 9.4. § 331 HGB Unrichtige Darstellung

§ 331 HGB Unrichtige Darstellung

Mit Freiheitsstrafe bis zu drei Jahren oder mit Geldstrafe wird bestraft, wer

1. als Mitglied des vertretungsberechtigten Organs oder des Aufsichtsrats einer Kapitalgesellschaft die Verhältnisse der Kapitalgesellschaft in der Eröffnungsbilanz, im Jahresabschluß, im Lagebericht einschließlich der nichtfinanziellen Erklärung, im gesonderten nichtfinanziellen Bericht oder im Zwischenabschluß nach § 340 a Abs. 3 unrichtig wiedergibt oder verschleiert,

---

200 Vgl. OLG Koblenz 1.12.1977 – 1 Ws 626/77, MDR 1978, 779; OLG Stuttgart 17.11.1981 – 1 Ws 339/81, MDR 1982, 252.
201 Zur Rechtslage in Österreich wird auf die ausführliche Darstellung bei Rowedder/Schmidt-Leithoff/*Schaal* GmbHG § 82 Rn. 123–126 verwiesen.

1a. als Mitglied des vertretungsberechtigten Organs einer Kapitalgesellschaft zum Zwecke der Befreiung nach § 325 Abs. 2 a Satz 1, Abs. 2 b einen Einzelabschluss nach den in § 315 e Absatz 1 genannten internationalen Rechnungslegungsstandards, in dem die Verhältnisse der Kapitalgesellschaft unrichtig wiedergegeben oder verschleiert worden sind, vorsätzlich oder leichtfertig offen legt,

2. als Mitglied des vertretungsberechtigten Organs oder des Aufsichtsrats einer Kapitalgesellschaft die Verhältnisse des Konzerns im Konzernabschluß, im Konzernlagebericht einschließlich der nichtfinanziellen Konzernerklärung, im gesonderten nichtfinanziellen Konzernbericht oder im Konzernzwischenabschluß nach § 340 i Abs. 4 unrichtig wiedergibt oder verschleiert,

3. als Mitglied des vertretungsberechtigten Organs einer Kapitalgesellschaft zum Zwecke der Befreiung nach § 291 Abs. 1 und 2 oder nach § 292 einen Konzernabschluß oder Konzernlagebericht, in dem die Verhältnisse des Konzerns unrichtig wiedergegeben oder verschleiert worden sind, vorsätzlich oder leichtfertig offenlegt,

3a. entgegen § 264 Abs. 2 Satz 3, § 289 Abs. 1 Satz 5, § 297 Abs. 2 Satz 4 oder § 315 Absatz 1 Satz 5 eine Versicherung nicht richtig abgibt,

4. als Mitglied des vertretungsberechtigten Organs einer Kapitalgesellschaft oder als Mitglied des vertretungsberechtigten Organs oder als vertretungsberechtigter Gesellschafter eines ihrer Tochterunternehmen (§ 290 Abs. 1, 2) in Aufklärungen oder Nachweisen, die nach § 320 einem Abschlußprüfer der Kapitalgesellschaft, eines verbundenen Unternehmens oder des Konzerns zu geben sind, unrichtige Angaben macht oder die Verhältnisse der Kapitalgesellschaft, eines Tochterunternehmens oder des Konzerns unrichtig wiedergibt oder verschleiert.

Literatur: *Abendroth*, Der Bilanzeid – sinnvolle Neuerung oder systematischer Fremdkörper?, WM 2008, 1147; *Achenbach*, Aus der 1987/1988 veröffentlichten Rechtsprechung zum Wirtschaftsstrafrecht, NStZ 1989, 497; *ders.*, Aus der 2004/2005 veröffentlichten Rechtsprechung zum Wirtschaftsstrafrecht, NStZ 2005, 621; *Achenbach/Ransiek/Rönnau*, Handbuch Wirtschaftsstrafrecht, 4. Aufl. 2015; *Altmeppen*, Schutz vor „europäischen" Kapitalgesellschaften, NJW 2004, 97; *Altenhain*, Der strafbare Bilanzeid, WM 2008, 1141; *Arnhold*, Auslegungshilfen zur Bestimmung einer Geschäftslagetäuschung im Rahmen der §§ 331 Nr. 1 HGB, 400 Abs. 1 Nr. 1 AktG, 82 Abs. 2 Nr. 2 GmbHG, 1993; *Baumbach/Hueck*, Kommentar zum GmbHG, 20. Aufl. 2013; *Beiersdorf/Buchheim*, Entwurf des Gesetzes zur Umsetzung der EU-Transparenzrichtlinie: Ausweitung der Publizitätspflichten, BB 2006, 1674; *Beiersdorf/Rahe*, Verabschiedung des Gesetzes zur Umsetzung der EU-Transparenzrichtlinie (TUG) – Update zu BB 2006, 1674 ff., BB 2007, 99; *Biener/Berneke*, Bilanzrichtliniengesetz, 1986; *Böcking/Stein*, Prüfung des Konzernlageberichts durch Abschlussprüfer, Aufsichtsräte und Deutsche Prüfstelle für Rechnungslegung, Der Konzern 2007, 43; *Brandes*, Die Rechtsprechung des Bundesgerichtshofs auf dem Gebiet des Aktienrechts, WM 1992, 465; *Bruns*, Die sog. „tatsächliche" Betrachtungsweise im Strafrecht, JR 1984, 133; *Buck*, Internationalisierung von Recht – Wandel der deutschen Rechnungslegung, JZ 2004, 883; *Bücklers*, Bilanzfälschung nach § 331 Nr. 1 HGB, 2002; *Cobet*, Fehlerhafte Rechnungslegung. Eine strafrechtliche Untersuchung zum neuen Bilanzrecht am Beispiel von § 331 I Nr. 1 des Handelsgesetzbuches, 1991; *Dannecker*, Bilanzstrafrecht, in: Blumers/Frick/Müller, Betriebsprüfungshandbuch, Loseblatt 1999; *ders.*, in: Canaris/Schilling/Ulmer, Handelsgesetzbuch Großkommentar, 3. Band, 2. Teilband §§ 290–342 a, 4. Aufl. 2002; *ders.*, Zur Strafbarkeit verdeckter Gewinnausschüttungen: Steuerhinterziehung, Untreue, Bilanzfälschung, in: Festschrift für Erich Samson, 2010, S. 257; *Deutsches Aktieninstitut (DAI)*, Stellungnahme zum Regierungsentwurf eines Transparenzrichtlinie-Umsetzungsgesetzes (TUG) vom 28. Juni 2006–16. August 2006, NZG 2006, 696; *Dierlamm*, Der fakti-

Kap. 9: Falsche Angaben und unrichtige Darstellung

sche Geschäftsführer im Strafrecht – ein Phantom?, NStZ 1996, 153 ff.; *Förschle/Grottel/ Schmidt/Schubert/Winkeljohann* (Hrsg.), ????*Grottel/Schmidt/Schubert/Winkeljohann* (Hrsg.), Beck'scher Bilanzkommentar, 10. Aufl. 2016; *Eisolt*, Strafbare unrichtige Darstellung (§ 331 HGB) im Fall der sofortigen Vereinnahmung von Mietgarantiegebühren, StuB 2010, 533; *Fleischer*, Das Haffa-Urteil: Kapitalmarktstrafrecht auf dem Prüfstand, NJW 2003, 2584; *ders.*, Der deutsche „Bilanzeid" nach § 264 Abs. 2 Satz 3 HGB, ZIP 2007, 97; *Fuhrmann*, in: Geßler/Hefermehl/Eckardt/Kropff, Aktiengesetz, Kommentar, 1973, strafrechtliche Vorschriften, in: Bd. 6, 18. Lieferung 1994; *Gaßmann*, Abschöpfung illegitimer Tatvorteile und Ansprüche geschädigter Aktionäre, wistra 2004, 41; *Geilen*, Aktienstrafrecht, 1984 (Sonderausgabe aus Kölner Kommentar zum Aktiengesetz 1. Aufl. 1970); *Göres*, Kapitalmarktrechtliche Pflichten nach dem Transparenzrichtlinie-Umsetzungsgesetz (TUG), Der Konzern 2007, 15; *Gramich*, Die Strafvorschriften des Bilanzrichtliniengesetzes, wistra 1987, 157 ff; *Gratopp*, Bilanzdelikte nach § 331 Nr. 1, Nr. 1 a HGB, 2009; *Hagedorn*, Bilanzstrafrecht im Lichte bilanzrechtlicher Reformen, 2009; *Göbel*, Die Auswirkungen der faktischen Betrachtungsweise auf die strafrechtliche Haftung faktischer GmbH-Geschäftsführer, 1994; *Hamann*, Der Bilanzmeineid nach § 331 Nr. 3 a HGB, Der Konzern 2008, 145; *Hefendehl*, Der Bilanzeid: Erst empört zurückgewiesen, dann bereitwillig aus den USA importiert, Festschrift für Klaus Tiedemann, 2008, S. 1065; *Heldt/Ziemann*, Sarbanes-Oxley in Deutschland? – Zur geplanten Einführung eines strafbewehrten „Bilanzeides" nach dem Regierungsentwurf eines Transparenzrichtlinie-Umsetzungsgesetzes, NZG 2006, 652; *Heymann/Otto*, Kommentar zum Handelsgesetzbuch, Bd. 3, §§ 238–342 a HGB, 2. Aufl. 1999; *Hildesheim*, Die strafrechtliche Verantwortung des faktischen Mitgeschäftsführers in der Rechtsprechung des BGH, wistra 1993, 166; *Hoyos/H.P.Huber*, in: Beck'scher Bilanzkommentar, 7. Aufl. 2010; *Hüttemann*, BB-Gesetzgebungsreport: Internationalisierung des deutschen Handelsbilanzrechts im Entwurf des Bilanzrechtsreformgesetzes, BB 2004, 203; *Joerden*, Grenzen der Auslegung des § 84 I Nr. 2 GmbHG, wistra 1990, 1; *Kiethe*, Strafrechtlicher Anlegerschutz durch § 400 I Nr. 1 AktG – Zugleich Besprechung von LG München I, Urteil vom 8.4.2003 – 4 KLS 305 Js 52373/00 (EM.TV), NStZ 2004, 73; *ders.*, Gesellschaftsstrafrecht – Zivilrechtliche Haftungsgefahren für Gesellschaften und ihre Organmitglieder, WM 2007, 722; *Klug*, Aktienstrafrecht, 1964; *Klussmann*, Geschäftslagetäuschungen nach § 400 AktG, 1975; *Knierim/Kessler*, in: Leitner/Rosenau (Hrsg.), NomosKommentar Wirtschafts- und Steuerstrafrecht, 2017 (zit. als NK-WSS/*Knierim/Kessler*); *Kohlmann*, in: Hachenburg, GmbHG, Bd. 3: §§ 53–85 GmbHG, 8. Aufl. 1997; *ders.*, Die strafrechtliche Verantwortlichkeit des GmbH-Geschäftsführers, 1990; *Kort*, Die Haftung von Vorstandsmitgliedern für falsche Ad-hoc-Mitteilungen, AG 2005, 21; *Kratzsch*, „Das faktische Organ" im Gesellschaftsrecht, ZGR 1985, 506; *Krause*, Strafrechtliche Haftung des Aufsichtsrates, NStZ 2011, 57; *Krämer*, Zur Schutzrichtung des Tatbestandes der unrichtigen Darstellung (§ 331 HGB) – unter Einbeziehung der internationalen Rechnungslegungsstandards, NZWiSt 2013, 286; *Kuhlen*, in: Lutter, Umwandlungsgesetz, 4. Aufl. 2009; *Kutzner*, Zur Strafbarkeit unrichtiger Quartalsberichte oder Ad-hoc-Mitteilungen, WuB IX § 400 AktG 1.05; *ders.*, Zur Verfassungsmäßigkeit des HGB § 331 Nr. 1, WuB IX § 331 HGB 1.07; *Lanfermann/Maul*, Auswirkungen des Sarbanes-Oxley Acts in Deutschland, DB 2002, 1725; *Lauterwein/Xylander*, in: Esser/Rübenstahl/Saliger/Tsambikakis, Wirtschaftsstrafrecht, 2017; *Löffeler*, Strafrechtliche Konsequenzen faktischer Geschäftsführung – Eine Bestandsaufnahme der neuen Rechtsprechung, wistra 1989, 121 ff.; *Lutter*, Europäisches Unternehmensrecht, 4. Aufl. 1996; *Lutter/Hommelhoff*, Kommentar zum GmbHG, 18. Aufl. 2012; *Marker*, Bilanzfälschung und Bilanzverschleierung, 1970; *Maul*, Geschäfts- und Konzernlagentäuschungen als Bilanzdelikte, DB 1989, 185; *Moxter*, Zum Verhältnis von Handelsbilanz und Steuerbilanz, BB 1997, 195; *Muscat*, Bilanzdelikte – ein Fall für das Steuerstrafrecht?, PStR 2006, 159 ff.; *Olbermann*, in: Graf/Jäger/Wittig, Wirtschafts- und Steuerstrafrecht, 2. Aufl. 2017; *Otto*, in: Hopt/Wiedemann AktG Großkommentar, §§ 399–410, 34. Lieferung, 4. Aufl. 1997; *Park*, Die Entwicklung des Kapitalmarktstrafrechts, in: Festschrift zu Ehren des Strafrechtsausschusses der Bundesrechtsanwaltskammer, S. 229; *ders.*, Kapitalmarktstrafrecht und Anlegerschutz, NStZ 2007, 369; *ders.*, Der strafbare Bilanzeid gem. § 331 Nr. 3 a HGB, in: Festschrift für Egon Müller, 2008, S. 531; *Quedenfeld*, in: Münchener Kommentar zum Handelsgesetzbuch, Bd. 4 §§ 238–342 a HGB, 3. Aufl. 2013; *Ransiek*, Unrichtige Darstellung vom Vermögensstand einer Aktiengesellschaft, JR 2005, 165; *ders.*, Gesellschaftsrechtliche Bilanzdelikte, in: Achenbach/Wannemacher (Hrsg.), Beraterhandbuch zum Steuer- und Wirtschaftsstrafrecht, 1997 (§ 23 III, S. 52–88); *ders.*, in: Achenbach/Ransiek/Rönnau, Handbuch Wirtschaftsstrafrecht, 4. Aufl. 2015; *Rützel*, Der aktuelle Stand der Rechtsprechung zur Haftung bei Ad-hoc-Mitteilungen, AG

Kap. 9.4. § 331 HGB Unrichtige Darstellung

2003, 69; *Rodewald/Unger,* Zusätzliche Transparenz für die europäischen Kapitalmärkte – die Umsetzung der EU-Transparenzrichtlinie in Deutschland, BB 2006, 1917; *Schaal,* in: Erbs/Kohlhaas, Strafrechtliche Nebengesetze, 2015; *Schellhorn,* Der Bilanzeid nach § 264 Abs. 2 Satz 3 HGB – Anwendungsfragen und Bedeutung, DB 2009, 2363; *Schlosser/ Stephan-Wimmer,* Der Schutzcharakter von Buchführungspflichten im Rahmen deliktischer Geschäftsleiterhaftung, GmbHR 2019, 449; *Schmedding,* Unrichtige Konzernrechnungslegung, 1991; *Schmid,* Synoptische Darstellung der Rechnungslegung nach HGB und IAS/ IFRS, DStR 2005, 80; *Schmidt,* Die Strafbarkeit „faktischer Geschäftsführer" wegen Konkursverschleppung als Methodenproblem, in: FS Rebmann, 1989, S. 419; *Schnorr,* Geschäftsleiterhaftung für fehlerhafte Buchführung, ZHR 170 (2006), 9; *Schüppen,* Systematik und Auslegung des Bilanzstrafrechts, 1993; *Schulze-Osterloh,* Internationalisierung der Rechnungslegung und ihre Auswirkungen auf die Grundprinzipien des deutschen Rechts, Der Konzern 2004, 173; *ders.,* Objektiver und subjektiver Fehlerbegriff im Handelsbilanzrecht, ZHR 179 (2015), 9; *Sorgenfrei,* Zweifelsfragen zum Bilanzeid (§ 331 Nr. 3 a HGB), wistra 2008, 329; *ders.,* in: Münchener Kommentar zum Strafgesetzbuch, Band 7, Nebenstrafrecht II, 2015; *Stein,* Die Normadressaten der §§ 64, 84 GmbHG und die Verantwortlichkeit von Nichtgeschäftsführern wegen Konkursverschleppung, ZHR 1984, 207 ff.; *Tiedemann,* Kommentar zum GmbH-Strafrecht, 5. Aufl. 2010; *ders.,* Artikel „Bilanzstrafrecht", in: Krekeler/Tiedemann/Ulsenheimer/Weinmann (Hrsg.), Handwörterbuch des Wirtschafts- und Steuerstrafrechts (HdWiStR), Loseblatt Stand 1990 (zit. als KTUW/*Tiedeman*); *Veltins,* Verschärfte Unabhängigkeitsanforderungen an Abschlussprüfer, DB 2004, 445; *Wagner,* Die Bestellung des Abschlussprüfers für die prüferische Durchsicht – Fragen bei der aktuellen Vorbereitung der Hauptversammlung, BB 2007, 454; *Waßmer,* Bilanzielle Fragen als Vorfragen von Strafbarkeit, ZWH 2012, 306; *ders.,* Defizite und Neuerungen im Bilanzstrafrecht des HGB, ZIS 2011, 648; *H. Weber,* Unrichtige Wiedergabe und Verschleierung, in: Leffson/Rückle/Großfeld, Handwörterbuch unbestimmter Rechtsbegriffe im Bilanzrecht des HGB, 1986; *Weiß,* Die Pflicht zur Unterzeichnung des Jahresabschlusses der AG bei seiner Aufstellung und die Folgen ihrer Verletzung, WM 2010, 1010; *Wimmer,* Die zivil- und strafrechtlichen Folgen mangelhafter Jahresabschlüsse bei GmbH und KG, DStR 1997, 1931; *Wolf,* IAS/IFRS und Strafrecht: Konvergenz oder Divergenz?, StuB 2003, 775; *ders.,* Bilanzmanipulationen: Wann ist die Übersicht erschwert?, StuB 2009, 909; *Ziemann,* Der strafbare Bilanzeid nach § 331 Nr. 3 a HGB, wistra 2007, 292.

A. Allgemeines 1	2. Konkurrenz zu anderen
I. Rechtsentwicklung 1	Straftatbeständen 29
II. Geschütztes Rechtsgut 3	VIII. Prozessuales 30
III. Deliktscharakter 4	1. Offizialdelikt 30
IV. Zivilrecht 5	2. Zuständigkeiten 31
V. Praktische Bedeutung der Vorschrift 6	3. Verjährung 32
	4. Mögliche Folgen der Tat 33
VI. Der typische Anwendungsfall ... 8	5. Strafrahmen und Kompetenzen der BaFin 34
B. Tatbestandliche Voraussetzungen des § 331 Nr. 1 HGB: Unrichtige Wiedergabe oder Verschleierung der Verhältnisse der Kapitalgesellschaft 9	**C. Tatbestandliche Voraussetzungen des § 331 Nr. 1 a HGB: Offenlegung eines unrichtigen Einzelabschlusses nach § 315 e Abs. 1 HGB** 35
I. Objektiver Tatbestand 9	I. Objektiver Tatbestand 35
1. Tauglicher Täterkreis 9	1. Tauglicher Täterkreis 35
2. Schutzrichtung und Tathandlungen 16	2. Schutzrichtung und Tathandlungen 37
II. Subjektiver Tatbestand 23	II. Subjektiver Tatbestand 40
III. Rechtswidrigkeit und Schuld 24	1. Vorsatz oder Leichtfertigkeit 40
IV. Irrtumskonstellationen 25	2. Besondere subjektive Merkmale 41
V. Täterschaft und Teilnahme 26	
VI. Versuch und Vollendung 27	III. Rechtswidrigkeit/Schuld sowie Rechtsfolgen 42
VII. Konkurrenzen 28	
1. Innertatbestandliche Konkurrenz 28	IV. Versuch, Vollendung und Unterlassen 43

V. Konkurrenzen 44
VI. Prozessuales...................... 45
  1. Offizialdelikt 45
  2. Zuständigkeiten 46
  3. Verjährung.................. 47
  4. Mögliche Folgen der Tat 48
D. Tatbestandliche Voraussetzungen des § 331 Nr. 2 HGB: Unrichtige Wiedergabe oder Verschleierung der Verhältnisse des Konzerns 49
I. Objektiver Tatbestand 49
  1. Tauglicher Täterkreis – Strohmann – Faktische Organschaft – Mehrgliedrige Organe 49
  2. Schutzrichtung und Tathandlungen 50
II. Subjektiver Tatbestand 54
III. Rechtswidrigkeit/Schuld sowie Rechtsfolgen 55
IV. Prozessuales...................... 56
  1. Offizialdelikt 56
  2. Zuständigkeiten 57
  3. Verjährung.................. 58
  4. Mögliche Folgen der Tat 59
E. Tatbestandliche Voraussetzungen des § 331 Nr. 3 HGB: Offenlegung eines unrichtigen Konzernabschlusses oder Konzernlageberichts 60
I. Objektiver Tatbestand 60
  1. Tauglicher Täterkreis 60
  2. Schutzrichtung und Tathandlungen 62
II. Subjektiver Tatbestand 65
  1. Vorsatz oder Leichtfertigkeit 65
  2. Besondere subjektive Merkmale 66
III. Rechtswidrigkeit/Schuld sowie Rechtsfolgen 67
IV. Versuch und Vollendung 68
V. Prozessuales...................... 69
  1. Offizialdelikt 69
  2. Zuständigkeiten 70
  3. Verjährung.................. 71
  4. Mögliche Folgen der Tat 72
F. Tatbestandliche Voraussetzungen des § 331 Nr. 3 a HGB: Abgabe einer falschen Versicherung („Bilanzeid") 73
I. Entstehungsgeschichte der Vorschrift 73
II. Entwicklungsstadien im deutschen Recht 74
  1. Diskussionsentwurf des TUG 75
  2. Gesetzentwurf der Bundesregierung 76

  3. Endgültige Regelung 77
III. Objektiver Tatbestand 78
  1. Betroffene Gesellschaften und tauglicher Täterkreis ... 78
  2. Schutzrichtung und Tathandlungen 81
IV. Subjektiver Tatbestand 84
V. Rechtswidrigkeit/Schuld und Rechtsfolgen 85
VI. Versuch und Vollendung 86
VII. Konkurrenzen 87
  1. Innertatbestandliche Konkurrenz 87
  2. Konkurrenz zu anderen Straftatbeständen 88
VIII. Prozessuales...................... 89
  1. Offizialdelikt 89
  2. Zuständigkeiten 90
  3. Verjährung.................. 91
  4. Mögliche Folgen der Tat 92
G. Tatbestandliche Voraussetzungen des § 331 Nr. 4, 1. Alt. HGB: Falsche Angaben gegenüber Abschlussprüfern 93
I. Objektiver Tatbestand 93
  1. Tauglicher Täterkreis 93
  2. Schutzrichtung und Tathandlungen 100
II. Subjektiver Tatbestand 107
III. Rechtswidrigkeit und Schuld 108
IV. Irrtumskonstellationen 109
V. Täterschaft und Teilnahme 110
VI. Versuch und Vollendung 111
VII. Konkurrenzen 112
  1. Innertatbestandliche Konkurrenz 112
  2. Konkurrenz zu anderen Straftatbeständen 113
VIII. Strafverfolgung 114
  1. Offizialdelikt 114
  2. Gerichtliche Zuständigkeit .. 115
  3. Verjährung.................. 116
  4. Strafe 117
  5. Weitere mögliche Folgen der Tat 118
H. Tatbestandliche Voraussetzungen des § 331 Nr. 4, 2. und 3. Alt. HGB: Unrichtige Wiedergabe oder Verschleierung der Verhältnisse in Aufklärungen oder Nachweisen gegenüber Abschlussprüfern 119
I. Objektiver Tatbestand 119
  1. Tauglicher Täterkreis 119
  2. Schutzrichtung und Tathandlungen 120
II. Subjektiver Tatbestand 121

III. Rechtswidrigkeit, Schuld, Irrtumskonstellationen 122	1. Offizialdelikt 126
IV. Täterschaft und Teilnahme 123	2. Gerichtliche Zuständigkeit .. 127
V. Versuch und Vollendung 124	3. Verjährung 128
VI. Konkurrenzen 125	4. Strafe 129
VII. Strafverfolgung 126	5. Strafprozessrecht 130

A. Allgemeines

I. Rechtsentwicklung

Die Vorschriften der §§ 331–335 HGB haben ihre Ursprünge im seinerzeitigen Konkursstrafrecht[1] und wurden durch das BiRiLiG vom 19.12.1985[2] in das HGB eingefügt. Sie traten am 1.1.1986 in Kraft.[3] Damit wurde das Bilanzstraf- und Bilanzordnungswidrigkeitenrecht für **Kapitalgesellschaften** im HGB zentral neu geregelt.[4] § 331 HGB ist in ergänzter Form[5] der Vorschrift des § 400 AktG nachgebildet.[6] Vorbild der §§ 332–335 HGB waren die §§ 401–403 AktG.

1

Durch das BiRiLiG vom 30.11.1990[7] und das Gesetz zur Änderung des Kreditwesengesetzes vom 21.12.1992[8] erfolgte eine Erweiterung des Schutzbereichs im Bankbereich.[9] Ebenso wurde im Versicherungsbereich eine Ausdehnung des Schutzbereichs durch das Versicherungsbilanzrichtlinie-Gesetz vom 24.6.1994[10] vorgenommen. Wichtig war ferner die Ausdehnung des Schutzbereichs der §§ 331–335 HGB auf die offene Handelsgesellschaft und die Kommanditgesellschaft iSd § 264 a Abs. 1 HGB durch das Kapitalgesellschaften- und Co.-Richtlinien-Gesetz (KapCoRiLiG) vom 24.2.2000.[11] Insoweit findet sich eine Regelung in § 335 b HGB.

Schließlich erfuhr § 331 HGB eine wichtige Ergänzung durch das Bilanzrechtsreformgesetz vom 4.12.2004, das am 10.12.2004 in Kraft trat.[12] Geändert wurde das deutsche Bilanzrecht im HGB vor allem im Hinblick auf die Konzernrechnungslegung. Folgeänderungen haben sich ua auch für die Straf- und Bußgeldvorschriften im HGB ergeben. So wurde § 331 HGB – als Folgeänderung zur Einführung eines von der Bundesanzeigerpublizität des Jahresabschlusses befreienden Einzelabschlusses (§ 325 Abs. 2 a HGB, Art. 1 Nr. 29 des Gesetzes) – um den Tatbestand der Nr. 1 a ergänzt. Zugleich wurden in § 331 Abs. 3 HGB Streichungen vorgenommen.

---

1 *Krämer* NZWiSt 2013, 287.
2 BGBl. I 2355.
3 Art. 13 BiRiLiG.
4 Vgl. ausführlich zur Entstehungsgeschichte MüKoHGB/*Quedenfeld* HGB Vor § 331 Rn. 1 ff. oder *Krämer* NZWiSt 2013, 287.
5 Vgl. dazu BT-Drs. 10/317, 100; BT-Drs. 10/3440, 46; BT-Drs. 10/4268, 122.
6 Heymann/*Otto* HGB § 331 Rn. 1; Esser/Rübenstahl/Saliger/Tsambikakis/*Lauterwein/ Xylander* HGB § 331 Rn. 1.
7 BGBl. I 2570.
8 BGBl. I 2211 (2227).
9 Vgl. ausführlich MüKoHGB/*Quedenfeld* HGB Vor § 331 Rn. 11 ff.
10 BGBl. I 1377.
11 BGBl. I 154.
12 BGBl. I 3166; vgl. zu den Materialien RegE, BR-Drs. 326/04 (dazu wistra 2004, Heft 6, S. VI f.) = BT-Drs. 15/3419; Lit. dazu: *Arbeitskreis Bilanzrecht der Hochschullehrer Rechtswissenschaft* BB 2004, 546; *Buck* JZ 2004, 883; *Hüttemann* BB 2004, 203; *Veltins* DB 2004, 445; Übersicht zur Bilanzrechtsreform in: wistra 2005, Heft 1, S. V f.

Am 15.12.2006 wurde das Gesetz zur Umsetzung der EU-Transparenzrichtlinie (TUG) mit einigen Änderungen im Vergleich zum zunächst vorliegenden RegE verabschiedet.[13] Mit dem Gesetz wurde in § 331 Nr. 3 a HGB die Strafbarkeit der unrichtigen Abgabe eines Bilanzeides eingeführt (s. zu § 331 Nr. 3 a HGB Rn. 73 ff.).

Eine weitere Änderung von § 331 Nr. 3 HGB betrifft eine Folgeänderung zur Änderung von § 292 HGB durch das Bilanzrichtlinie-Umsetzungsgesetz (BilRUG) aus dem Jahre 2015.[14]

Die letzte Änderung von § 331 HGB datiert auf das Jahr 2017 durch das Gesetz zur Stärkung der nichtfinanziellen Berichterstattung der Unternehmen in ihren Lage- und Konzernlageberichten (CSR-Richtlinie-Umsetzungsgesetz) vom 11.4.2017.[15] Es erfolgten Erweiterungen in Nr. 1 und Nr. 2 sowie redaktionelle Folgeänderungen in Nr. 1 a und 3 a, die durch andernorts erfolgte Änderungen des HGB notwendig geworden waren. Die Erweiterungen in den Nr. 1 und 2 haben zur Folge, dass sich die Strafvorschrift nunmehr auf die nichtfinanzielle Erklärung und den nichtfinanziellen Bericht einerseits sowie auf die Berichte auf Konzernebene andererseits erstreckt.[16]

Gegenüber §§ 400 ff. AktG alter Fassung sind keine wesentlichen Neuerungen in §§ 331–335 HGB enthalten. Allein das neu erfasste Konzernrecht ist hier zu nennen.[17]

- § 331 Nr. 1 HGB entspricht wesentlich dem alten § 400 Nr. 1 und 2 AktG,
- § 331 Nr. 1 a HGB wurde neu eingefügt (s. Rn. 35 ff.),
- § 331 Nr. 2 HGB ersetzte § 400 Abs. 1 Nr. 2 und 4 AktG alter Fassung,
- § 331 Nr. 3 HGB ist ohne entsprechendes Vorbild im AktG,
- § 331 Nr. 3 a HGB wurde neu eingefügt (s. Rn. 73 ff.),
- § 331 Nr. 4 HGB schließlich entspricht § 400 Abs. 1 Nr. 2 AktG aF bzw. § 400 Abs. 1 Nr. 2 AktG nF

Die zu diesen Vorschriften und zu den verwandten Vorschriften in § 82 GmbHG und § 313 UmwG ergangene Rechtsprechung und Literatur kann bei der Auslegung des § 331 HGB hilfreich sein.

2 Die Vorschriften der §§ 331 ff. HGB haben unabhängig vom Geschäftszweck Geltung für alle Kapitalgesellschaften und nach § 335 b HGB auch für bestimmte offene Handelsgesellschaften und Kommanditgesellschaften iSd § 264 a HGB. Sie gelten unabhängig von der Gesellschaftsform modifiziert für alle Kreditinstitute iSd § 340 Abs. 1 HGB, alle Finanzdienstleistungsinstitute iSd § 340 Abs. 4 HGB und Versicherungsunternehmen iSd § 341 HGB, die den deutschen handels- und gesellschaftsrechtlichen Vorschriften unterliegen.[18] Sie finden keine Anwendung auf **ausländische Gesellschaften**, die lediglich in

---

13 Zu den Änderungen vgl. *Beiersdorf/Rahe* BB 2007, 99 ff.
14 BT-Drs. 18/5256.
15 BGBl. I 802. Einschlägige Materialien: BR-Drs. 547/16 (Gesetzentwurf); BT-Drs.-18/9982 (Gesetzesentwurf). Vgl. hierzu auch *Gehm* NZWiSt 2018, 113.
16 BT-Drs.- 18/9982, 59.
17 MüKoHGB/*Quedenfeld* HGB Vor § 331 Rn. 35.
18 MüKoHGB/*Quedenfeld* HGB Vor § 331 Rn. 35.

Deutschland tätig werden.[19] Das Recht, das für die Verhältnisse der Gesellschaft maßgeblich ist, folgt nach bisher hM nicht aus dem Ort der Gründung, sondern aus dem Ort des Sitzes der Gesellschaft.[20] Die dynamische europarechtliche Entwicklung ist jedoch zu beachten.[21]

Teilweise wurde angenommen, § 331 HGB sei wegen Verstoßes gegen Art. 51 Abs. 3 der 4. EG-Richtlinie zur Angleichung des Gesellschaftsrechts[22] europarechtswidrig.[23]

Die Normen betreffen nur die **Handelsbilanz**,[24] nicht aber die Steuerbilanz.[25]

II. Geschütztes Rechtsgut

Dem Schutzbereich des § 331 HGB[26] unterfällt, wie auch bei § 400 AktG und § 82 GmbHG, das Vertrauen in die Richtigkeit und Vollständigkeit bestimmter Informationen über die Verhältnisse der Kapitalgesellschaft[27] bzw. des Konzerns.[28] Geschützt werden die Kapitalgesellschaft bzw. der Konzern und alle Personen, die mit der Gesellschaft oder dem Konzern in irgendeiner wirtschaftlichen/rechtlichen Beziehung stehen oder eine solche Beziehung anbahnen wollen. Dazu gehören ua Arbeitnehmer, Gesellschafter, Kreditgeber und Gläubiger.[29]

III. Deliktscharakter

Bei § 331 HGB handelt es sich – wie auch bei §§ 399, 400 AktG, § 147 GenG, § 82 GmbHG – um ein **abstraktes Gefährdungsdelikt**,[30] ein echtes **Sonderde-**

---

19 MüKoHGB/*Quedenfeld* HGB Vor § 331 Rn. 39 unter Hinweis auf Achenbach/Wannemacher/*Ransiek* § 23 III Rn. 236.
20 Achenbach/Ransiek/Rönnau/*Ransiek* 8. Teil, 1. Kap. Rn. 23 unter Hinweis auf Palandt/*Heldrich* Anh. zu Art. 12 EGBGB Rn. 1.
21 Vgl. EuGH 30.9.2003 – C-167/01, NJW 2003, 3331 ff.; EuGH 5.11.2002 – C-208/00, NJW 2002, 3614 ff.; BGH 13.3.2003 – VII ZR 370/98, ZIP 2003, 718 ff.; *Altmeppen* NJW 2004, 97 ff.
22 Vgl. *Lutter*, Europäisches Unternehmensrecht, S. 147 ff.
23 Vgl. *Schüppen* S. 185 ff.; ablehnend: Achenbach/Ransiek/Rönnau/*Ransiek* 8. Teil, 1. Kap. Rn. 45.
24 Blumers/Frick/Müller/*Dannecker* HGB § 331 Rn. 613.
25 Graf/Jäger/Wittig/*Olbermann* HGB § 331 Rn. 5. Vgl. zur Handels- und Steuerbilanz *Moxter* BB 1997, 195 ff.; allgemein zum Verhältnis von Bilanzstrafrecht und Steuerstrafrecht vgl. *Muscat* PStR 2006, 159 ff.
26 Ausführlich hierzu jüngst *Krämer* NZWiSt 2013, 288 ff.
27 AG, KGaA, GmbH.
28 Vgl. Esser/Rübenstahl/Saliger/Tsambikakis/*Lauterwein/Xylander* HGB § 331 Rn. 5 oder MüKoHGB/*Quedenfeld* HGB § 331 Rn. 1 mwN. Ferner auch *Gehm* NZWiSt 2018, 113. Tendenziell anders *Krämer* NZWiSt 2013, 290 („nicht primärer Schutzzweck").
29 BGH 21.8.1996 – 4 StR 364/96, wistra 1996, 348; *Schüppen* S. 105 f.; einschränkend *Cobet* S. 21 ff. („nicht die Gesellschaft").
30 Vgl. *Schlosser/Stephan-Wimmer* GmbHR 2019, 453; *Gehm* NZWiSt 2018, 113; *Krämer* NZWiSt 2013, 288 („abstraktes Vermögensgefährdungsdelikt"); MüKoHGB/*Quedenfeld* HGB § 331 Rn. 3; Esser/Rübenstahl/Saliger/Tsambikakis/*Lauterwein/Xylander* HGB § 331 Rn. 9; mwN zur AG: Hopt/Wiedemann/*Otto* AktG § 400 Rn. 5. MwN und erläuternd zum Begriff des abstrakten/konkreten Gefährdungsdelikts: *Fischer* StGB Vor § 13 Rn. 18 f.

likt³¹ und um einen (unechten) **Blankettstraftatbestand**.³² Insoweit wird auf die obigen Ausführungen zu den genannten Delikten Bezug genommen (s. Kap. 9.1. Rn. 4 ff.; Kap. 9.2 Rn. 4; Kap. 9.3. Rn. 3).

IV. Zivilrecht

5 Die Vorschrift des § 331 HGB ist zugunsten der durch die Norm geschützten Personen **Schutzgesetz im Sinne des § 823 Abs. 2 BGB**.³³ Der zivilrechtliche Schadensersatz setzt dabei voraus, dass der Anspruchsteller nachweisen kann, dass der Geschädigte durch ein Verhalten im Vertrauen auf die Korrektheit der maßgeblichen Angaben einen **Schaden**³⁴ erlitten hat.³⁵ In neuerer Zeit hat sich eine Vielzahl von Gerichten mit § 823 Abs. 2 BGB in Verbindung mit diversen kapitalmarktbezogenen Vorschriften befasst.³⁶ Die Frage, in welchen Fallkonstellationen § 331 HGB und § 400 AktG als Schutzgesetze anzusehen sind, war Gegenstand zahlreicher juristischer Abhandlungen.³⁷

V. Praktische Bedeutung der Vorschrift

6 Den Tatbeständen des § 331 HGB kam in der weiter zurückliegenden Vergangenheit eine nur sehr untergeordnete Bedeutung zu.³⁸ Gerichtsentscheidungen fanden sich kaum, statistische Erhebungen zur Verbreitung von Bilanzdelikten fehlten überwiegend.³⁹ Für das Jahr 2010 wurde beispielsweise von nur 14 Verurteilungen berichtet.⁴⁰ Dies allein lässt aber nicht den Schluss zu, dass gegen § 331 HGB nicht verstoßen wurde. Häufig wurden (und werden) Verfahren, die gleichzeitig die Vorwürfe des Betruges oder der Untreue zum Gegenstand haben, auf diese Delikte gemäß § 154 a StPO beschränkt, oder aber es

---

31 Graf/Jäger/Wittig/*Olbermann* HGB § 331 Rn. 4; MüKoHGB/*Quedenfeld* HGB § 331 Rn. 4 mwN. Vgl. auch *Stackmann* NJW 2013, 1987 sowie *Schlosser/Stephan-Wimmer* GmbHR 2019, 453.
32 Esser/Rübenstahl/Saliger/Tsambikakis/*Lauterwein/Xylander* HGB § 331 Rn. 10; *Schlosser/Stephan-Wimmer* GmbHR 2019, 453. Vgl. zur AG: Erbs/Kohlhaas/*Schaal* AktG § 399 Rn. 1 e und oben Kap. 9.1 Rn. 4 ff.
33 *Meschede* ZIP 2017, 215 (220); Blumers/Frick/Müller/*Dannecker* HGB § 331 Rn. 637; Heymann/*Otto* HGB § 331 Rn. 2; Graf/Jäger/Wittig/*Olbermann* HGB § 331 Rn. 9; vgl. für Nr. 1 auch Gehm NZWiSt 2018, 113; einschränkend *Wimmer* DStR 1997, 1933; *Stackmann* NJW 2013, 1987; aA zu § 400 AktG: BGH 19.7. 2004 – II ZR 218/03, NJW 2004, 2664 f. bei Ad-hoc-Mitteilungen („Infomatec"); *Kort* AG 2005, 21 ff. Ausführlich zu Uneinigkeiten hinsichtlich des Kreises vermeintlicher Anspruchsinhaber: *Schlosser/Stephan-Wimmer* GmbHR 2019, 453 ff.
34 Zum Schadensbegriff vgl. Palandt/*Thomas* BGB Vor § 249 Rn. 7 ff.
35 Beispielhaft sei insoweit verwiesen auf die Fälle in: *Brandes* WM 1992, 477; BGH 11.11.1985 – II ZR 109/84, BGHZ 96, 231 (243); BGH 11.7.1988 – II ZR 243/87, BGHZ 105, 121 (126); Geßler/Hefermehl/Eckardt/Kropff/*Fuhrmann* AktG § 399 Rn. 3.
36 Ua BGH 19.7.2004 – II ZR 218/03, AG 2004, 543; BGH 19.7.2004 – II ZR 217/03, ZIP 2004, 1604 („Infomatec"); LG Bonn 15.5.2001 – 11 O 181/00, AG 2001, 484 ff.
37 *Kort* AG 2005, 21 ff.; *Achenbach* NStZ 2005, 621 (625); *Rützel* AG 2003, 69 ff.; *Schnorr* ZHR 170 (2006), 9 ff.; *Kiethe* WM 2007, 722 ff.
38 Esser/Rübenstahl/Saliger/Tsambikakis/*Lauterwein/Xylander* HGB § 331 Rn. 11; Canaris/Schilling/Ulmer/*Dannecker* HGB Vor § 331 Rn. 47 ff.
39 Canaris/Schilling/Ulmer/*Dannecker* HGB Vor § 331 Rn. 47 unter Hinweis auf KTUW/*Tiedemann*, S. 1; Achenbach/Ransiek/Rönnau/*Ransiek* 1. Teil, 8. Kap. Rn. 27; *Waßmer* ZWH 2012, 306 („sehr selten").
40 *Waßmer* ZWH 2012, 306 (mit Fn. 2).

wird gemäß § 154 StPO von der Verfolgung abgesehen.[41] Seit Anfang der 90er-Jahre waren besonders größere Aktiengesellschaften zunehmend strafrechtlichen Ermittlungsverfahren ausgesetzt. Zahlreiche Medien-Berichterstattungen haben **spektakuläre Fälle** behandelt, die **Bilanzfälschungen** und **unrichtige Darstellungen** nach § 331 HGB oder § 400 AktG zum Gegenstand hatten, und nicht wenige zivil- und strafrechtliche Urteile (nebst den dazugehörigen juristischen Fachbeiträgen) beschäftigen sich in jüngerer Zeit mit den § 331 HGB, § 400 AktG, die Teil des Kapitalmarktstrafrechts sind.[42]

Beispielsfälle zum Vorwurf der Bilanzfälschung (§ 331 HGB, § 400 AktG):[43]

AGFB, Balsam AG, BELUGA, BGAG, Bremer Vulkan Verbund AG, Coop AG, FlowTex, FRISIA AG,[44] HypoVereinsbank AG, Metallgesellschaft AG, Sektkellerei Schloß Wachenheim, Schieß AG/Dorries Scharmann AG, Klöckner-Humboldt-Deutz AG, VK Mühlen AG, Süweda, Ymos AG, Stumpf AG, Südmilch AG/Sachsenmilch AG, Telekom AG, Phenomedia AG,[45] SERO Entsorgung AG.[46]

Beispielsfälle zum Vorwurf der unrichtigen Darstellung (§ 400 AktG):[47]

Berliner Bankgesellschaft,[48] Daimler-Benz AG, Holzmann AG, Bremer Vulkan AG,[49] EM.TV.[50]

---

41 Vgl. Hopt/Wiedemann/*Otto* AktG Vor § 399 Rn. 12; Canaris/Schilling/Ulmer/*Dannecker* HGB Vor § 331 Rn. 52.
42 Vgl. *Park* in FS zu Ehren des Strafrechtsausschusses der Bundesrechtsanwaltskammer S. 229 ff.
43 Aufstellung mit Presse-Quellen bei Hopt/Wiedemann/*Otto* AktG Vor § 399 Rn. 14 und Canaris/Schilling/Ulmer/*Dannecker* HGB Vor § 331 Rn. 49; weitere Beispiele in: MüKoStGB/*Sorgenfrei* HGB Vor § 331 Rn. 26 ff. oder *Krämer* NZWiSt 2013, 286.
44 Herbst 2006 Anklage der StA Oldenburg wegen §§ 331 HGB, 400 AktG zum Landgericht Oldenburg, 190 Js 13658/04, im März 2011 rechtskräftige Verurteilung der geständigen Angeklagten zu 1 ½ bzw. 2 Jahren Freiheitsstrafe mit Bewährung.
45 Ab 2002 Ermittlungen der Staatsanwaltschaft Bochum wegen angeblicher Scheinbuchungen in Höhe von ca. 15 Mio. EUR, 2003 Anklage zum Landgericht Bochum ua wegen Bilanzfälschung, seit 11/2004 Hauptverfahren anhängig gegen mehrere Vorstandmitglieder. Im Februar 2009 ist der ehemalige Vorstandsvorsitzende wegen Betruges, Untreue und Bilanzfälschung zu drei Jahren und zehn Monaten Haft verurteilt worden.
46 Seit 7.10.1996 erstmals im „geregelten Markt" der Frankfurter Wertpapierbörse gehandelt, am 7.6.2001 Anklage der StA Bielefeld zum Landgericht Münster gegen die „faktischen Vorstände" der SERO Entsorgung AG – 6 Js 413/97 StA Bielefeld. Im Prozess um den Untergang des Müllentsorgungs-Imperiums Löbbert hat das Landgericht Münster die Brüder Johannes und Dieter Löbbert zu jeweils sieben Jahren und sechs Monaten sowie einen Ex-Finanzmanager zu drei Jahren Haft wegen Betrugs und Kreditbetrugs verurteilt. Der BGH hat die Verurteilungen wegen eines Formfehlers aufgehoben. In einem zweiten Prozess wurden die Angeklagten am 4.2.2011 erneut zu jeweils 7 ½ Jahren Freiheitsstrafe verurteilt. Das Verfahren ist im Dezember 2011 nach 14 Jahren Verfahrensdauer rechtskräftig geworden.
47 Aufstellung mit Presse-Quellen bei Hopt/Wiedemann/*Otto* AktG Vor § 399 Rn. 15.
48 2 Js 26/02 StA Berlin.
49 Vorwurf der unrichtigen Darstellung der Gesellschaftsverhältnisse gemäß § 400 Abs. 1 Nr. 1 AktG in der Hauptversammlung vom 29.6.1995; vgl. auch zum Zivilrecht BGH 17.9.2001 – II ZR 178/99, wistra 2002, 58 (61) („Bremer Vulkan").
50 LG München I 8.4.2003 – 4 KLs 305 Js 52373/00, NJW 2003, 2328 ff.; BGH 16.12.2004 – 1 StR 420/03, wistra 2005, 139 ff.; dazu: *Achenbach* NStZ 2005, 621 (624 f.); *Fleischer* NJW 2003, 2584 ff.; *Kutzner* WuB IX § 400 AktG 1.05; *Ransiek* JR 2005 165 ff.; *Kiethe* NStZ 2004, 73 ff.

Insbesondere der **Zusammenbruch des „Neuen Marktes"** und die damit einhergehenden Insolvenzen der dort gehandelten Aktiengesellschaften führten in der Vergangenheit zu zahlreichen Ermittlungsverfahren.[51] Auf die Beispielsfälle zu § 400 AktG wird Bezug genommen.[52]

Auch die Literatur[53] hat sich, ausgehend von zahlreichen Bilanzskandalen in letzter Zeit, verstärkt mit dem Bilanzstrafrecht und § 331 HGB beschäftigt. Es ist aus dem Dornröschenschlaf erwacht[54] und scheint für die Strafverfolgungsbehörden mittlerweile zum „Einstiegsdelikt" zu avancieren.[55] Dabei wird § 331 HGB mittlerweile als „zentrale Norm"[56] des Bilanzstrafrechts bezeichnet. Hinzu kommen die jüngsten gesetzgeberischen Aktivitäten, die zu einer Ergänzung der Norm geführt haben.

VI. Der typische Anwendungsfall

Beispiel (Staatsanwaltschaft Bielefeld, Az. 6 Js 413/97):[57]

Die Beschuldigten D und J sind Mehrheitsaktionäre der S-AG. Die S-AG ist ein Konzern mit Sitz im Inland. Sie hat zahlreiche inländische und einige ausländische Tochterunternehmen. Obwohl D und J nicht als vertretungsberechtigte Organe der S-AG bestellt waren, führten sie den Konzern als faktische Vorstände. Seit 1994 war die S-AG wirtschaftlich stark angeschlagen und deutlich in die Verlustzone geraten. Um in der Öffentlichkeit den Eindruck einer günstigen wirtschaftlichen Situation zu erwecken, ließen D und J daher die Konzernjahresabschlüsse der S-AG in den Jahren 1993–1997 durch hunderte Luftrechnungen von Tochterunternehmen manipulieren. Auf diese Weise wurden die Bilanzpositionen „Forderungen aus Lieferungen und Leistungen" sowie „Umsatzerlöse" falsch dargestellt.

Weiteres Beispiel:

Der Vorstandsvorsitzende V der B-AG legt dem Angestellten des Wirtschaftsprüfers W, der mit der Abschlussprüfung beauftragt ist, eine Erklärung über die offenen Forderungen der B-AG vor, die als Anlagen gefälschte Lieferscheine nennt und aufweist. V hat Kenntnis von der Fälschung.

---

51 Vgl. *Park* JuS 2007, 714. Ferner auch Esser/Rübenstahl/Saliger/Tsambikakis/*Lauterwein/Xylander* HGB § 331 Rn. 11.
52 S. Rn. 3 ff. zu § 400 AktG „Unrichtige Darstellung"; weitere Fälle, in: „Neuer Markt – Die Chronik einer Kapitalvernichtung", in: http://www.manager-magazin.de/finanzen/artikel/a-186368.html (zuletzt abgerufen am 13.6.2019).
53 Beispielhaft: *Krämer* NZWiSt 2013, 286 ff.; *Krause* NStZ 2011, 57–65; *Waßmer* ZIS 2011, 648 ff.; *Dannecker* in: FS Samson S. 257 ff.; *Eisolt* StuB 2010, 533 ff.; *Wolf* StuB 2009, 909 ff.; *Abendroth* WM 2008, 1147 ff.; *Hamann* Der Konzern 2008, 145; *Sorgenfrei* wistra 2008, 329 ff.; *Altenhain*, Der strafbare falsche Bilanzeid, WM 2008, 1141 ff.; *Kutzner*, Zur Verfassungsmäßigkeit des HGB § 331 Nr. 1, WuB IX § 331 HGB 1.07; *Park* NStZ 2007, 369 ff.; *ders.* in FS Müller S. 531 ff.
54 So *Park* in FS Müller S. 531.
55 Achenbach/Ransiek/Rönnau/*Ransiek* 1. Teil, 8. Kap. Rn. 27.
56 *Park* JuS 2007, 714.
57 SERO Entsorgung AG: 7.6.2001 Anklage der StA Bielefeld zum Landgericht Münster.

B. Tatbestandliche Voraussetzungen des § 331 Nr. 1 HGB: Unrichtige Wiedergabe oder Verschleierung der Verhältnisse der Kapitalgesellschaft

Diese Alternative lautet:

Mit Freiheitsstrafe bis zu drei Jahren oder mit Geldstrafe wird bestraft, wer

1. als Mitglied des vertretungsberechtigten Organs oder des Aufsichtsrats einer Kapitalgesellschaft die Verhältnisse der Kapitalgesellschaft in der Eröffnungsbilanz, im Jahresabschluß, im Lagebericht einschließlich der nichtfinanziellen Erklärung, im gesonderten nichtfinanziellen Bericht oder im Zwischenabschluß nach § 340 a Abs. 3 unrichtig wiedergibt oder verschleiert,

(...)

I. Objektiver Tatbestand
1. Tauglicher Täterkreis

§ 331 Nr. 1 nennt als taugliche Täter:

- die Mitglieder des vertretungsberechtigten Organs einer Kapitalgesellschaft und
- die Mitglieder des Aufsichtsrats einer Kapitalgesellschaft.

a) Mitglied des vertretungsberechtigten Organs einer Kapitalgesellschaft

Wer **Mitglied eines vertretungsberechtigten Organs** ist, richtet sich nach der Art der Kapitalgesellschaft. Anschaulich wird dies in der nachfolgenden Übersicht:[58]

Kapitalgesellschaft	Mitglied des Organs	Normen
Aktiengesellschaft	(stellv.) Vorstandsmitglieder	§§ 76 Abs. 2, 3, 94 AktG
KGaA	persönl. haftender Gesellschafter	§§ 278 Abs. 2, 283 AktG
GmbH	(stellv.) Geschäftsführer	§§ 35 Abs. 1, 44 GmbHG
Kapitalges. i.L.[59]	Abwickler/Liquidatoren	§§ 265 Abs. 1, 290 AktG, § 66 GmbHG

Andere Personen können nicht **Täter** des § 331 HGB sein, so zB nicht- leitende Angestellte, Prokuristen, Handlungsbevollmächtigte oder etwa mit der Bilanzerstellung beauftragte Personen. Auch durch § 14 Abs. 2 StGB kann die höchstpersönliche Organpflicht der Bilanzierung nach einer weit verbreiteten Meinung nicht auf Dritte übertragen werden.[60]

---

58 Ausführlich MüKoHGB/*Quedenfeld* HGB § 331 Rn. 6 ff. mwN Vgl. auch NK-WSS/ *Knierim/Kessler* HGB § 331 Rn. 31.
59 Kapitalgesellschaft in Liquidation.
60 MüKoHGB/*Quedenfeld* HGB § 331 Rn. 15 unter Hinweis ua auf *Schmedding* S. 81; KTUW/*Tiedemann* S. 3; Blumers/Frick/Müller/*Dannecker* HGB § 331 Rn. 641; **aA**: *Maul* DB 1989, 185 (188); *Biener/Berneke* S. 470.

11 Auch ein als **Strohmann** eingesetztes Organmitglied kann insoweit haften, ebenso der hinter dem Strohmann agierende Hintermann.[61]

12 Umstritten ist, ob Täter auch derjenige sein kann, der die genannte Funktion nur **faktisch ausübt**.[62] Die Rechtsprechung lässt dies genügen und bejaht die strafrechtliche Verantwortlichkeit faktischer Organmitglieder, so zB die des **faktischen Geschäftsführers** der **GmbH**[63] und der **KG**[64] sowie des **faktischen Vorstandsmitglieds** der **Genossenschaft**[65] und der **AG**.[66] In der Literatur gibt es zur faktischen Ausübung der Organstellung teils zustimmende,[67] jedoch auch einschränkende[68] und unter Hinweis auf Art. 103 Abs. 2 GG ablehnende Stimmen.[69] Die teils beachtlichen Einwände werden von der Rechtsprechung aber nicht gehört.[70]

13 Problematisch ist die **faktische Mitgeschäftsführung/-vorstandschaft**.[71] Bei dieser Sachlage ist der tatsächlich eingetragene Geschäftsführer/Vorstand neben dem faktischen Geschäftsführer/Vorstand tätig. Der BGH hat für die Annahme einer faktischen Mitgeschäftsführung (Vorstandschaft) zunächst eine **überragende Stellung des faktischen Geschäftsführers** gegenüber dem tätigen und eingetragenen Geschäftsführer verlangt.[72] Später ließ der BGH ein **bloßes Übergewicht** des faktischen Geschäftsführers ausreichen,[73] was in der Literatur unter Hinweis auf den Bestimmtheitsgrundsatz zu Recht kritisiert wurde.[74]

Die wahrgenommenen Geschäftsführungsaufgaben müssen quantifizierbar sein.[75] In der Literatur wurden hierzu folgende Prüfungspunkte aufgestellt:

- Bestimmung der Unternehmenspolitik
- Unternehmensorganisation
- Einstellung und Entlassung von Arbeitnehmern
- Gestaltung der Geschäftsbeziehung zu Vertragspartnern
- Entscheidung der Steuerangelegenheiten
- Verhandlung mit Kreditgebern

---

61 MüKoHGB/*Quedenfeld* HGB § 331 Rn. 24 unter Hinweis ua auf RG 14.10.1887 – 846/87, RGSt 16, 269; *Gübel* S. 79 ff.; vgl. zum UmwG: Lutter/*Kuhlen* UmwG § 313 Rn. 9 mwN.
62 Vgl. zB Lutter/*Kuhlen* UmwG § 313 Rn. 10.
63 BGH 24.6.1952 – 1 StR 153/52, BGHSt 3, 32; BGH 28.6.1966 – 1 StR 414/65, BGHSt 21, 101; BGH 22.9.1982 – 3 StR 287/82, BGHSt 31, 118.
64 BGH 6.11.1986 – 1 StR 327/86, BGHSt 34, 221.
65 RG 14.10.1887 – 846/87, RGSt 16, 269.
66 BGH 28.6.1966 – 1 StR 414/65, BGHSt 21, 101 (104 ff.).
67 MüKoHGB/*Quedenfeld* HGB § 331 Rn. 16 ff. mwN.
68 Kritisch ua: *Stein* ZHR 1984, 207; *Joerden* wistra 1990, 1 ff.; zustimmend: Lutter/*Kuhlen* UmwG § 313 Rn. 11 ff.; *Bruns* JR 1984, 133; *Kratzsch* ZGR 1985, 506; *K. Schmidt* in FS Rebmann S. 419.
69 Achenbach/Ransiek/Rönnau/*Ransiek* 8. Teil, 1. Kap. Rn. 31 ff. mwN.
70 Spindler/Stilz/*Hefendehl* AktG § 399 Rn. 31.
71 Sehr ausführlich MüKoHGB/*Quedenfeld* HGB § 331 Rn. 26 f. unter Hinweis auf *Dierlamm* NStZ 1996, 153; *Hoyer* NStZ 1988, 359; *Achenbach* NStZ 1989, 497.
72 BGH 22.9.1982 – 3 StR 287/82, BGHSt 31, 118 ff.; bezugnehmend *Löffeler* wistra 1989, 121 ff.
73 BGH 19.4.1984 – 1 StR 736/83, StV 1984, 461.
74 *Otto* StV 1984, 462; *Hildesheim* wistra 1993, 166 ff.; *Dierlamm* NStZ 1996, 153 ff.
75 MüKoHGB/*Quedenfeld* HGB § 331 Rn. 26 unter Hinweis auf BGH 22.9.1982 – 3 StR 287/82, BGHSt 31, 118 und *Hildesheim* wistra 1993, 166 (169).

- Steuerung von Buchhaltung und Bilanzierung
- Vergütung, die dem Geschäftsführergehalt entspricht.

Sind sechs der acht Punkte erfüllt, soll, nach einer in der Literatur vertretenen Ansicht, die vom BGH geforderte überragende Stellung erfüllt sein.[76]

Die **faktische Betrachtungsweise** kann in folgenden Fällen relevant werden:
- Kapitalgesellschaft ist nicht wirksam entstanden
- Kapitalgesellschaft besteht noch nicht
- unwirksame oder mangelhafte Bestellung des Organmitglieds
- weitere Tätigkeit des Organmitglieds nach Verlust der Organmitgliedschaft
- fehlende Eintragung in das Handelsregister
- rückwirkende Beendigung der Organstellung.

Die Mitgliedschaft in einem **mehrgliedrigen Organ**[77] weist regelmäßig die Besonderheit auf, dass eine Zuständigkeitsaufteilung gegeben ist. Dabei stellt sich strafrechtlich die Frage nach der Verantwortung der Mitglieder, die nicht im relevanten Zuständigkeitsbereich tätig sind. Die Beantwortung dieser Frage ist komplex.[78] Während zum Teil von einer umfassenden strafrechtlichen Verantwortung der Mitglieder des Kollegialorgans ausgegangen wird, stellen andere Meinungen auf die festgelegte Ressortzuständigkeit des Organmitglieds ab. Der BGH knüpft im Grundsatz an eine „Allzuständigkeit" an und geht auch bei einer internen Ressortverteilung von einer Strafbarkeit aller Organmitglieder aus, wenn es sich um ein ressortübergreifendes Thema handelt, das das Unternehmen als Ganzes betrifft.

Angesichts zahlreicher denkbarer Fallgestaltungen kann jedenfalls festgehalten werden: Erhalten Mitglieder Kenntnis von Unregelmäßigkeiten anderer Mitglieder oder Kenntnis von Umständen, die auf solche Unregelmäßigkeiten schließen lassen, so besteht die Pflicht, sich zu informieren und gegebenenfalls einzuschreiten. Insoweit ist an eine Einschaltung des Aufsichtsrates oder Einberufung des Gesamtvorstandes zu denken. Das Mitglied eines mehrgliedrigen Organs wird zum Täter, wenn es sich bewusst an rechtswidrigen Beschlüssen beteiligt. Wird es bei rechtswidrigen Beschlüssen überstimmt, hat es den Aufsichtsrat oder das Registergericht zu verständigen.[79]

b) Mitglieder des Aufsichtsrats einer Kapitalgesellschaft
Man unterscheidet zwischen obligatorischen und fakultativen Aufsichtsräten.

Obligatorische Aufsichtsräte bestehen bei der AG (§§ 95 ff. AktG), der KGaA (§ 278 Abs. 3 AktG), bei der dualistisch angelegten europäischen Gesellschaft SE (§ 15 SEEG, § 15 SEAG) und zum Teil bei der GmbH (§ 77 BetrVG 1952; § 6 Abs. MitbestG; § 4 MontanmitbestG; § 6 Abs. 2 Investmentgesetz).[80] Alle

---
76 *Dierlamm* NStZ 1996, 153 (156).
77 Ausführlich zu Fragen der Täterschaft vgl. Hopt/Wiedemann/*Otto* AktG § 399 Rn. 112 ff. mwN; MüKoStGB/*Kiethe* AktG § 399 Rn. 133 ff.
78 Vgl. ausführlich MüKoStGB/*Kiethe* AktG § 399 Rn. 133 ff. mwN.
79 Vgl. zur Thematik Müller-Gugenberger/*Wagenpfeil* § 27 Rn. 145; MüKoStGB/*Kiethe* AktG § 399 Rn. 133 ff.
80 Vgl. ausführlich MüKoStGB/*Sorgenfrei* HGB § 331 Rn. 30 ff. mwN.

Mitglieder der obligatorischen Aufsichtsräte sind taugliche Täter des § 331 HGB.

Fakultative Aufsichtsräte finden sich bei der GmbH und anderenorts unter verschiedenen Bezeichnungen, zB als „Beiräte" oder „Verwaltungsräte". Nach hM werden diese grds. nicht von § 331 HGB erfasst.[81] Nur im Falle der GmbH können Aufsichtsratsmitglieder taugliche Täter sein, wenn dem Aufsichtsrat die Prüfungspflichten der §§ 171, 337 AktG übertragen worden sind,[82] vgl. § 52 GmbHG.

2. Schutzrichtung und Tathandlungen
a) Schutzrichtung

16 Die Vorschrift soll vor Falschinformationen über die Verhältnisse der Kapitalgesellschaft schützen. Der Wortlaut ist dem des § 17 Nr. 1 PublG (s. Kap. 9.6.) ähnlich. Geschützt wird vor unrichtigen Darstellungen in der Eröffnungsbilanz, dem Jahresabschluss, dem Lagebericht und dem Zwischenabschluss. Hinzu kommt neuerdings auch die nichtfinanzielle Erklärung und der gesonderte nichtfinanzielle Bericht. Insoweit (und trotz kontinuierlicher Erweiterungen) ist § 331 Nr. 1 HGB enger gefasst als beispielsweise die verwandten §§ 400 AktG, 82 GmbHG.[83]

b) Tatmittel, Tatgegenstand und Tathandlungen
aa) Tatmittel[84]

17 Die unrichtige Darstellung muss in der Eröffnungsbilanz, dem Jahresabschluss, dem Lagebericht oder dem Zwischenabschluss erfolgen. Im Jahr 2017 wurde Nr. 1 dahin gehend erweitert, dass eine Strafbarkeit nicht nur die Darstellungen im Lagebericht, sondern auch die Darstellungen in der nichtfinanziellen Erklärung und in dem gesonderten nichtfinanziellen Bericht umfasst (vgl. Rn. 1). Ob auch unvollständige Angaben im Abhängigkeitsbericht erfasst werden, wird unterschiedlich beurteilt.[85] Im Hinblick auf den Wortlaut ist dies jedoch abzulehnen, so dass hier alleine der Gesetzgeber für Ergänzung sorgen könnte.[86] Die **Eröffnungsbilanz** ist in § 242 Abs. 1 HGB legaldefiniert. Der **Jahresabschluss** besteht nach § 242 Abs. 3 HGB aus der Bilanz und der Gewinn- und Verlustrechnung. Der **Lagebericht**, dessen Inhalt § 289 HGB vorschreibt, ist nach § 264 Abs. 1 HGB nur für mittelgroße und große Kapitalgesellschaften zwingend. Der **Zwischenabschluss** gemäß § 340 a Abs. 3 HGB regelt den Sonderfall der Ermittlung von Zwischenergebnissen bei Kreditinstituten nach § 10 Abs. 3 KWG.

Der **Anhang** zum Jahresabschluss wird in § 242 Abs. 3 HGB nicht ausdrücklich genannt. Eine Einbeziehung in den Anwendungsbereich des § 331 Nr. 1 HGB erscheint daher auf den ersten Blick problematisch. Der Anhang bildet jedoch gemäß § 264 Abs. 1 HGB mit der Bilanz und der Gewinn- und Verlust-

---

81 Vgl. MüKoStGB/*Sorgenfrei* HGB § 331 Rn. 33 mwN.
82 MüKoStGB/*Sorgenfrei* HGB § 331 Rn. 32 mwN.
83 Vgl. hierzu etwa *Bernuth/Kremer* BB 2013, 2188.
84 Vgl. ausführlich zu den Tatmitteln: MüKoBilKom/*Waßmer* HGB § 331 Rn. 29 ff. mwN.
85 *Fleischer* BB 2014, 840.
86 So tendenziell auch *Fleischer* BB 2014, 840.

rechnung eine Einheit. Angaben im Anhang des Jahresabschlusses werden daher auch von § 331 Nr. 1 HGB erfasst,[87] soweit sie die Richtigkeit, Vollständigkeit und Klarheit der Bilanz und der Gewinn- und Verlustrechnung betreffen.[88]

bb) Tatgegenstand

Gegenstand der Tathandlung (**unrichtige Wiedergabe oder Verschleierung**) sind die **Verhältnisse der Kapitalgesellschaft**. Der Begriff der „Verhältnisse" umfasst sämtliche Tatsachen, Umstände, Daten, Vorgänge und Schlussfolgerungen, die für die Beurteilung der Situation und der Entwicklung der Kapitalgesellschaft von Bedeutung sein können.[89] Er ist grundsätzlich nicht beschränkt auf wirtschaftliche Umstände, sondern erfasst auch politische und soziale Gegebenheiten,[90] was problematisch ist. Er bezieht sich ferner auch auf die Beziehungen zu verbundenen Unternehmen.[91] Der Begriff ist wegen der skizzierten Weite und Unbestimmtheit **umstritten** und wurde zunächst in der Literatur als rechtlich kaum noch fassbar und wegen Art. 103 Abs. 2 GG verfassungsrechtlich bedenklich angesehen.[92] Forderungen nach einer **restriktiven Auslegung**[93] hat sich die Rechtsprechung[94] zunächst im Falle des vergleichbaren § 400 Abs. 1 Nr. 1 AktG angeschlossen und entschieden, dass die Strafdrohung auf „sozialschädliche und sozialgefährdende Verhaltensweisen" zu beschränken sei. Das OLG Frankfurt aM führte insoweit aus: „Erklärungen, die bei abstrakter Betrachtung nicht relevant sind für eine Entscheidung der geschützten Personen, mit der Gesellschaft in rechtliche oder wirtschaftliche Beziehungen zu treten, sind aus dem Tatbestand auszuschließen". Schon diese Entscheidung zu § 400 AktG konnte auf § 331 Nr. 1 HGB und vergleichbare Tatbestände übertragen werden. Mittlerweile besteht Einigkeit, dass eine **Wesentlichkeits- bzw. Erheblichkeitsschwelle** bei Bilanzierungs-, Berichts- oder Testatsverstößen eine geeignete Eingrenzung des Tatbestands ermöglicht und überdies auch Abgrenzungsfragen zu den Ordnungswidrigkeitstatbeständen in § 334 HGB sinnvoll bewältigt.[95] In Abgrenzung zu § 334 Abs. 1 Nr. 1 a-d HGB sind für § 331 Nr. 1 HGB folglich nur **erhebliche Verletzungen** von Rechnungslegungsvorschriften rele-

---

87 So ohne Einschränkung: Baumbach/Hueck/*Schulze-Osterloh* GmbHG Anh. § 82 Rn. 4 (Vorauflage); *Cobet* S. 20 (50 ff.); *Schüppen* S. 169 ff. (197 ff.); *Arnhold* S. 30.
88 Insoweit einschränkend vgl. Blumers/Frick/Müller/*Dannecker* HGB § 331 Rn. 640; MüKoHGB/*Quedenfeld* HGB § 331 Rn. 56; Heymann/*Otto* HGB § 331 Rn. 20.
89 Heymann/*Otto* HGB § 331 Rn. 21; *H. Weber* in: Leffson/Rückle/Großfeld, S. 321; *Arnhold* S. 19 ff.
90 So *Gramich* wistra 1987, 157 (158); Geßler/Hefermehl/Eckardt/Kropff/*Fuhrmann* AktG § 400 Rn. 13; MüKoBilKom/*Waßmer* HGB § 331 Rn. 17; **aA**: Baumbach/Hueck/*Schulze-Osterloh* GmbHG Anh. § 82 Rn. 5 (Vorauflage).
91 Heymann/*Otto* HGB § 331 Rn. 22; *Biener/Bernecke* S. 470.
92 KK-*Geilen* AktG § 400 Rn. 18; Heymann/*Otto* HGB § 331 Rn. 21; MüKoHGB/*Quedenfeld* HGB § 331 Rn. 40; **aA**: Geßler/Hefermehl/Eckardt/Kropff/*Fuhrmann* AktG § 400 Rn. 13.
93 MüKoHGB/*Quedenfeld* HGB § 331 Rn. 48; Heymann/*Otto* HGB § 331 Rn. 22; dagegen: *Kiethe* NStZ 2004, 73 (74).
94 OLG Frankfurt aM 19.6.2002 – 2 Ws 36/02, wistra 2003, 196 ff.
95 MüKoStGB/*Sorgenfrei* HGB Vor §§ 331 ff. Rn. 34. Ausführlicher auch Esser/Rübenstahl/Saliger/Tsambikakis/*Lauterwein/Xylander* HGB § 331 Rn. 92 ff. Vgl. auch BGH 16.5.2017 – 1 StR 306/16, NStZ 2018, 540 (542) m. insoweit zust.Anm. *Gehm* NZWiSt 2018, 113.

vant.[96] Konkretisierend führt der BGH für die Messlatte der Erheblichkeit in einer neueren Entscheidung aus: „Nicht jede Verletzung von Rechnungslegungsvorschriften führt zu einer Verletzung von § 331 HGB, vielmehr muss es sich um eine solche handeln, die die Interessen der Gläubiger, der Arbeitnehmer oder der Gesellschaft berührt."[97] Durch Beschluss vom 15.8.2006 hat das Bundesverfassungsgericht § 331 Nr. 1 HGB ausdrücklich für (noch) verfassungsgemäß erklärt.[98]

19 Die Verhältnisse können sich auf die Vergangenheit,[99] Gegenwart[100] oder Zukunft[101] beziehen. Einschlägig sind beispielsweise

- die falsche Bewertung von Außenständen,[102]
- die Nichtaufnahme von Vermögensgegenständen,[103]
- die Aufnahme von nicht der Gesellschaft gehörenden Gegenständen in die Bilanz,[104]
- die Nichtaufnahme von Schulden.[105]

cc) Tathandlungen

20 Als Tathandlungen nennt § 331 Nr. 1 HGB die **unrichtige Wiedergabe** und die **Verschleierung** der Verhältnisse der Kapitalgesellschaft. Beide Alternativen sind gleichrangig. Die Abgrenzung der Begriffe ist umstritten,[106] jedoch ohne praktische Relevanz,[107] da die Übergänge fließend sind.[108] Insoweit nimmt das Merkmal Verschleierung nach *Otto* jedenfalls eine verfahrenserleichternde Funktion ein, da ein Täter, der sich auf eine geschickt manipulierte aber richtige Darstellung berufe, wenigstens wegen Verschleierung strafbar sei.[109]

Die **unrichtige Wiedergabe** bezieht sich auf die objektiv unrichtige Darstellung der Verhältnisse. Sie verletzt daher die **Bilanzwahrheit**.[110] Die **Verschleierung** tangiert die Klarheit und Übersichtlichkeit und damit die Form[111] der Darstellung. Verletzt wird insofern die **Bilanzklarheit**.[112]

21 Eine **unrichtige Wiedergabe** (Bilanzfälschung) liegt vor, wenn die Darstellung der Verhältnisse und die dadurch geschilderte wirtschaftliche Situation der Ge-

---

96 MüKoHGB/*Quedenfeld* HGB § 331 Rn. 49. Vgl. auch BGH 16.5.2017 – 1 StR 306/16, NStZ 2018, 540 (542).
97 BGH 16.5.2017 – 1 StR 306/16, NStZ 2018, 540 (542).
98 BVerfG 15.8.2006 – 2 BvR 822/06, NJW-RR 2006, 1627 f.
99 Beispiel: Bestand am Bilanzstichtag.
100 Beispiel: Vermögensgegenstände oder Verbindlichkeiten.
101 Beispiel: Fusionspläne, Rationalisierungsvorhaben, Investitionspläne.
102 RG 5.4.1886 – 652/86, RGSt 14, 80 (81).
103 RG 19.11.1928 – II 616/28, RGSt 62, 357.
104 RG 3.6.1910 – V 58/10, RGSt 43, 407 (416).
105 *Marker* S. 27 f.
106 MüKoHGB/*Quedenfeld* HGB § 331 Rn. 40; Heymann/*Otto* HGB § 331 Rn. 30; *Klussmann*, Geschäftslagetäuschung, S. 23 ff.; *Schmedding* S. 116 ff. Vgl. hierzu auch Esser/Rübenstahl/Saliger/Tsambikakis/*Lauterwein/Xylander* HGB § 331 Rn. 86 ff.
107 MüKoHGB/*Quedenfeld* HGB § 331 Rn. 40; Heymann/*Otto* HGB § 331 Rn. 30.
108 Vgl. Beck'scher Bilanzkommentar/*Grottel/H. Hoffmann* HGB § 331 Rn. 10.
109 Heymann/*Otto* HGB § 331 Rn. 30.
110 MüKoHGB/*Quedenfeld* HGB § 331 Rn. 40.
111 Vgl. RG 27.2.1905 – 5339/04, RGSt 37, 434; *Arnhold* S. 25.
112 MüKoHGB/*Quedenfeld* HGB § 331 Rn. 40.

sellschaft nicht den objektiven Gegebenheiten entsprechen.[113] Durch den Bezug auf die handelsrechtlichen Abschlüsse ist eine unrichtige Wiedergabe insbesondere dann anzunehmen, wenn den Bilanzierungsvorschriften der §§ 252 ff. HGB nicht entsprochen wurde.[114] Umgekehrt ist für den Vorwurf der unrichtigen Wiedergabe kein Raum, wenn die Bilanzierungsvorschriften der §§ 252 ff. HGB eingehalten wurden.[115] Im Übrigen sind die objektiven Faktoren maßgebend.[116] Der Inhalt ist von einem objektiven Empfängerhorizont her auszulegen. **Tatsachenbehauptungen** sind unrichtig, wenn sie mit der Wirklichkeit nicht übereinstimmen. **Bewertungen, Schätzungen und Prognosen** sind unrichtig, wenn sie nach der einheitlichen Einschätzung einschlägier Fachleute evident unrichtig sind oder wenn sie auf objektiv falschen Tatsachen beruhen.[117] Beispielhaft können hier die Angabe nicht existenter Wirtschaftsgüter, die Überbewertung von Forderungen oder Beständen oder das Verschweigen von Verbindlichkeiten genannt werden.[118] Schätzungen von Jahresabschlusszahlen können somit eine Gratwanderung zwischen der Vermeidung eines Ordnungsgeldes gem. § 335 Abs. 1 Nr. 1 HGB und einer strafbaren Handlung darstellen.[119] Maßstab bei Bewertungen etc sind die Vorschriften des Bilanzrechts, die Grundsätze ordnungsgemäßer Buchführung und das Gebot, die Vermögens-, Finanz- und Ertragslage der Kapitalgesellschaft richtig auszuweisen.[120] Weiterhin sind die auf EU-Recht beruhenden Bilanzgrundsätze EU-richtlinienkonform auszulegen.[121]

Bei Vorliegen einer unrichtigen Wiedergabe hat, aufgrund des Bestimmtheitsgebots, zudem eine Eingrenzung nach Gesichtspunkten der Wesentlichkeit bzw. Erheblichkeit zu erfolgen (Rn. 18).[122]

Ohne Bedeutung ist, ob durch die unrichtige Wiedergabe die Verhältnisse zu günstig oder zu ungünstig dargestellt werden.[123] Eine zu günstige Darstellung kann die Gläubiger manipulieren (zB die kreditgewährende Bank), eine zu ungünstige dagegen die Gesellschafter (zB unberechtigter Verzicht auf Gewinnansprüche).[124]

In der Praxis problematisch ist zuweilen die Frage, wie eine unvollständige Wiedergabe von einer unrichtigen, fehlerhaften Wiedergabe abzugrenzen ist.

---

113 Heymann/Otto HGB § 331 Rn. 25. Vgl. auch BGH 16.5.2017 – 1 StR 306/16, NStZ 2018, 540 (544).
114 Achenbach/Ransiek/Rönnau/*Ransiek* 8. Teil, 1. Kap. Rn. 51.
115 *Park* JuS 2007, 715.
116 BayObLG 21.1.1987 – RReg 4 St 261/86, wistra 1987, 191; Blumers/Frick/Müller/*Dannecker* HGB § 331 Rn. 611.
117 Heymann/Otto HGB § 331 Rn. 26. Vgl. hierzu auch *Gehm* NZWiSt 2018, 113.
118 LG Hamburg 12.6.2013 – 309 O 425/08, jurisPR-InsR 1/2014 Anm. 6, mAnm von *Harbeck* unter Hinweis auf *Spatscheck/Wulf* DStR 2003, 173.
119 Vgl. *Kuhsel* DStR 2013, 1960.
120 Heymann/Otto HGB § 331 Rn. 26 unter Hinweis auf *Arnhold* S. 55 ff.
121 Heymann/Otto HGB § 331 Rn. 26 unter Hinweis auf *Tiedemann* GmbHG Vor §§ 82 ff. Rn. 73.
122 MüKoStGB/*Sorgenfrei* HGB § 331 Rn. 50 f mwN; eine wesentliche Abweichung wird beispielsweise angenommen, wenn der tatsächliche Wert etwa die Hälfte des angegebenen Wertes beträgt, vgl. OLG Hamm 3.2.2014 – I-8 U 47/10, 8 U 47/10. Vgl. ferner BGH 16.5.2017 – 1 StR 306/16, NStZ 2018, 540 (542).
123 *Geilen* AktG § 400 Rn. 28; Heymann/Otto HGB § 331 Rn. 31.
124 Beispiele bei MüKoHGB/*Quedenfeld* HGB § 331 Rn. 45.

Dies ist regelmäßig von einiger Wichtigkeit, da im Falle der Unvollständigkeit nur ein Verfahren nach § 335 HGB einzuleiten wäre.[125]

In der Praxis finden sich vorwiegend folgende **Fälle der Bilanzfälschung**:
- Einstellen fiktiver Beträge in die Bilanz,
- Nichtaufführen bestimmter Vermögenswerte,
- Ausweis dubioser Forderungen zum Nennwert,
- willkürliche Überbewertung von Vermögensgegenständen,
- Voraktivierung künftiger Kaufpreisforderungen vor Übereignung des ebenfalls aktivierten Kaufgegenstandes.

Eine unrichtige Wiedergabe kann auch durch **Unterlassen** erfolgen, etwa beim Unterlassen der Richtigstellung einer als falsch erkannten Angabe.[126]

22 Eine **Verschleierung** (Bilanzverschleierung) ist gegeben, wenn die wirtschaftlich bedeutsamen Verhältnisse zwar **objektiv richtig** dargestellt werden, ihre Erkennbarkeit aber so erschwert ist, dass für den sachverständigen Leser der Bilanz der **tatsächliche Sachverhalt nur schwer oder überhaupt nicht erkennbar** ist und so die Gefahr einer falschen Beurteilung der wirtschaftlichen Situation besteht.[127] Relevant wird dies besonders im Lagebericht,[128] wo beispielsweise unzulässige Saldierungen von Forderungen und Verbindlichkeiten[129] oder das Zusammenziehen wesensfremder Posten erfolgen können.[130]

In der Praxis finden sich vorwiegend folgende **Fälle der Bilanzverschleierung**:
- Falschbezeichnungen (zB Rückstellungen werden unter den sonstigen Verbindlichkeiten aufgeführt),
- Ausweis aufgelöster stiller Reserven als Einnahmen aus dem laufenden Geschäftsbetrieb,
- Missachtung der Gliederungsvorschriften.

II. Subjektiver Tatbestand

23 Der Tatbestand des § 331 HGB erfordert **Vorsatz**, wobei **bedingter Vorsatz** (dolus eventualis) ausreicht.[131] Vorsätzlich handelt der Täter danach bereits dann, wenn er aufgrund konkreter Anhaltspunkte die konkrete Gefahr erkennt, dass er die Verhältnisse unrichtig wiedergibt oder verschleiert, sich aber damit abfindet, ohne eine Überprüfung vorzunehmen.[132] Angesichts der Vielzahl von Personen, die an den erfassten Zahlenwerken zuweilen mitwirken, ge-

---

125 Vgl. *Kleinmanns* BB 2014, 561.
126 Vgl. *Otto* in Hopt/Wiedemann AktG § 400 Rn. 17; BGH 17.9.2001 – II ZR 178/99, wistra 2002, 58 (61) („Bremer Vulkan").
127 *Arnhold* S. 24 f.; RG 11.10.1888 – 1742/88, RGSt 18, 332; Blumers/Frick/Müller/Dannecker HGB § 331 Rn. 649; *Eschenfelder* BB 2014, 685 (687); Heymann/*Otto* HGB § 331 Rn. 29 mwN.
128 Vgl. *Tiedemann* GmbHG Vor §§ 82 ff. Rn. 75.
129 RG 15.10.1934 – 3 D 1357/33, RGSt 68, 346.
130 MüKoHGB/*Quedenfeld* HGB § 331 Rn. 46.
131 *Park* JuS 2007, 715; *Gehm* NZWiSt 2018, 113 (114); NK-WSS/*Knierim/Kessler* HGB § 331 Rn. 45; MüKoHGB/*Quedenfeld* HGB § 331 Rn. 83; Heymann/*Otto* HGB § 331 Rn. 33 mwN.
132 *Geilen* AktG § 400 Rn. 48; *Tiedemann* GmbHG § 82 Rn. 169; Heymann/*Otto* HGB § 331 Rn. 33.

staltet sich der Nachweis vorsätzlichen Handelns in der Praxis oftmals schwierig.[133]

Besondere subjektive Merkmale, wie etwa eine Täuschungs- oder Schädigungsabsicht, sind nicht erforderlich.[134]

III. Rechtswidrigkeit und Schuld

Es ist zunächst und einleitend auf die obigen Ausführungen zu § 399 AktG (s. Kap. 9.1. Rn. 41) zu verweisen. Auf Unvollständigkeit beruhende falsche Angaben können unter Umständen durch ein Schweigerecht gerechtfertigt sein.[135] Weisungen, zB durch die Gesellschafterversammlung, sind nach einhelliger Meinung kein Rechtfertigungsgrund.[136] Darüber hinaus soll eine Rechtfertigung, zB aus **rechtfertigendem Notstand** gemäß § 34 StGB, in Frage kommen. Einzelheiten hierzu sind jedoch streitig.[137] Würde etwa durch eine unrichtige Angabe gegenüber dem Abschlussprüfer eine Gefährdung des Unternehmens vermieden und dadurch tausende Arbeitsplätze gesichert, könnte die Frage gestellt werden, ob die unrichtige Angabe nicht ausnahmsweise durch rechtfertigenden Notstand gedeckt ist.[138] Teilweise wird vertreten, hier sei generell ein rechtfertigender Notstand auszuschließen, weil Publizitäts- und Rechenschaftspflichten Vorrang haben.[139] Nach aA soll es im Einzelfall jedoch auf eine Güterabwägung ankommen (so auch die Vorauflage).[140] Richtig dürfte die Auffassung sein, dass § 34 StGB nicht als Rechtfertigungsgrund in Betracht kommt. Im Einzelfall wird eine Rechtfertigung regelmäßig an der Güter- und Interessenabwägung, daneben aber auch an der Angemessenheitsklausel des § 34 S. 2 StGB scheitern.[141]

24

IV. Irrtumskonstellationen

Es ist zunächst und einleitend auf die obigen Ausführungen zu § 399 AktG (s. Kap. 9.1. Rn. 42 ff.) zu verweisen.

25

Für § 331 HGB lassen sich folgende Beispiele nennen:

Nimmt der Täter irrig an, eine von ihm gemachte Angabe unterfalle nicht der gesetzlichen Auskunftspflicht, so liegt ein den Vorsatz ausschließender **Tatbestandsirrtum** gemäß § 16 StGB vor.

Meint der Täter fälschlicherweise, seiner Auskunftspflicht stehe ein Schweigerecht gegenüber, ist ein **Verbotsirrtum** gemäß § 17 StGB gegeben.

Meint der Täter, er unterfalle als faktischer GmbH-Geschäftsführer nicht dem Täterkreis des § 331 HGB, so liegt ein **unbeachtlicher Subsumtionsirrtum** vor, der den Vorsatz nicht tangiert.[142] In Betracht kommt dann aber ein vermeidba-

---

133 *Stackmann* NJW 2013, 1987.
134 *Gehm* NZWiSt 2018, 113 (114).
135 Hopt/Wiedemann/*Otto* AktG § 400 Rn. 22, 49, 75.
136 Esser/Rübenstahl/Saliger/Tsambikakis/*Lauterwein/Xylander* HGB § 331 Rn. 179.
137 Nachgezeichnet etwa von Graf/Jäger/Wittig/*Olbermann* § 331 Rn. 28.
138 Beispiel bei MüKoHGB/*Quedenfeld* HGB § 331 Rn. 82.
139 *Arnhold* S. 152 f.
140 MüKoHGB/*Quedenfeld* HGB § 331 Rn. 82.
141 Ausführlich: Esser/Rübenstahl/Saliger/Tsambikakis/*Eidam* StGB § 34 Rn. 5 f.
142 Vgl. Scholz/Tiedemann/*Rönnau* GmbHG § 82 Rn. 199.

rer oder unvermeidbarer Verbotsirrtum.[143] Häufig kommen Irrtümer vor, die die Unrichtigkeit der jeweiligen Angaben betreffen. Ist der **Irrtum tatsächlicher Art**, schließt er den Vorsatz aus.

Beispiel:

Der Täter macht unzutreffende Angaben über Forderungen an Gesellschafter, weil er annimmt, dass diese Angaben, die ihm ein zuständiger Mitarbeiter übermittelt hat, zutreffen. In diesem Fall handelt der Täter ohne Vorsatz.

Problematisch sind Fälle, in denen ein **Rechtsirrtum** Ursache dafür ist, dass der Täter seine Angaben selbst für zutreffend hält. Hier kann je nach Einzelfall die Abgrenzung zwischen vorsatzausschließendem Tatbestands- und Verbotsirrtum schwierig sein.

Beispiel:

Der Täter macht bewusst unvollständige Angaben, weil er rechtsirrig glaubt, zu vollständigen Informationen nicht verpflichtet zu sein. In diesem Fall dürfte ebenfalls ein vorsatzausschließender Tatbestandsirrtum vorliegen.[144]

V. Täterschaft und Teilnahme

26 § 331 Nr. 1 HGB stellt ein echtes **Sonderdelikt** dar. Der **Täterkreis** beschränkt sich – wie oben dargestellt – auf:

- die Mitglieder des vertretungsberechtigten Organs einer Kapitalgesellschaft und
- die Mitglieder des Aufsichtsrats einer Kapitalgesellschaft.

Täter, Nebentäter, mittelbarer Täter und Mittäter kann nur ein Träger der Sonderpflicht sein. Es kann auf die Ausführungen zu § 399 AktG (s. Kap. 9.1. Rn. 46 ff.) verwiesen werden.

Die **Teilnahme** richtet sich nach den allgemeinen Vorschriften der §§ 26, 27, 28 StGB.[145] Auf die Ausführungen zu § 399 AktG[146] wird Bezug genommen.

VI. Versuch und Vollendung

27 Der **Versuch** ist nicht strafbar, da § 331 HGB ein Vergehen ist. Auf die Ausführungen zu § 399 AktG[147] wird verwiesen. **Tatvollendung** tritt mit Zugang des Rechenwerkes oder des Lageberichtes bei mindestens einem der infrage kommenden Adressaten ein.[148] Dies sind Personen, für die das Werk bestimmt ist bzw. die ein Recht auf Kenntnisnahme haben. In Betracht kommen Gesellschafter, Aktionäre, Mitglieder des Aufsichtsrates und auch Dritte.[149] Aus der Deliktsnatur des § 331 HGB als abstraktes Gefährdungsdelikt ergibt sich, dass eine Kenntnisnahme vom Inhalt nicht erforderlich ist. Auch eine erfolgreiche

---

143 Vgl. Lutter/*Kuhlen* UmwG § 313 Rn. 25 mwN.
144 Beispiel aus Lutter/*Kuhlen* UmwG § 313 Rn. 26 mwN.
145 Ausführlich Lutter/*Kuhlen* UmwG § 313 Rn. 30 mwN.
146 Vgl. Hopt/Wiedemann/*Otto* AktG § 399 Rn. 109 ff. und s. Kap. 9.1. Rn. 46 ff.
147 Hopt/Wiedemann/*Otto* AktG § 399 Rn. 102 und s. Kap. 9.1. Rn. 50 ff.
148 Graf/Jäger/Wittig/*Olbermann* HGB § 331 Rn. 29.
149 Heymann/*Otto* HGB § 331 Rn. 37.

Irreführung des Adressaten ist nicht notwendig. Die **Tatbeendigung**, die für den Verjährungsbeginn relevant ist, tritt mit Kenntnisnahme vom Inhalt ein.[150]

VII. Konkurrenzen

1. Innertatbestandliche Konkurrenz

Mehrere unrichtige Darstellungen in einer Urkunde begründen nur eine strafbare Handlung (**natürliche Handlungseinheit**). Eine Tathandlung kann auch verschiedene Alternativen des § 331 HGB erfüllen. Es kann insoweit Gesetzeskonkurrenz oder gleichartige Idealkonkurrenz vorliegen.[151] Überschneiden sich einzelne Tathandlungen des § 331 HGB, so geht der speziellere dem allgemeineren Tatbestand vor.   28

2. Konkurrenz zu anderen Straftatbeständen

Im Übrigen kann zwischen § 331 HGB und insbesondere Vermögensdelikten je nach Einzelfall **Tateinheit** gemäß § 52 StGB oder **Tatmehrheit** gemäß § 53 StGB vorliegen. Mit Betrug (§ 263 StGB), Kapitalanlagebetrug (§ 264 a StGB), Kreditbetrug (§ 265 b StGB), Subventionsbetrug (§ 264 StGB) und Untreue (§ 266 StGB) kann Tateinheit gegeben sein.[152] **Subsidiär** zu § 331 Nr. 1 HGB sind § 400 Abs. 1 Nr. 1 AktG, § 82 Abs. 2 Nr. 2 GmbHG, § 147 Abs. 2 Nr. 1 GenG (bei Kreditinstituten), § 313 UmwG und § 17 PublG soweit sich die unrichtige Darstellung der Kapitalgesellschaft auf Eröffnungsbilanz, Jahresabschluss, Lagebericht oder Zwischenabschluss nach § 340 a Abs. 3 HGB bezieht.[153] Gleiches dürfte nunmehr auch für die nichtfinanzielle Erklärung und den gesonderten nichtfinanziellen Bericht gelten. Den genannten Normen kommt bei anderen Erklärungen/Tatmitteln eigenständige Bedeutung zu.[154]   29

VIII. Prozessuales

1. Offizialdelikt

Die Strafverfolgung nach § 331 HGB bedarf keines Strafantrags durch etwaig Geschädigte. Sie erfolgt von Amts wegen und kann insofern auch bei „Rücknahme einer Strafanzeige" fortgeführt werden.   30

2. Zuständigkeiten

Im Falle einer Anklageerhebung zum Landgericht besteht für eine Tat nach § 331 HGB eine Zuständigkeit der Wirtschaftsstrafkammer gemäß § 74 c Abs. 1 S. 1 Nr. 1 GVG.   31

3. Verjährung

Eine Tat nach § 331 HGB verjährt gemäß § 78 Abs. 3 Nr. 4 StGB fünf Jahre nach der Beendigung. Diese richtet sich nach § 78 a S. 1 StGB.   32

---

150 MüKoHGB/*Quedenfeld* HGB § 331 Rn. 94.
151 Vgl. ausführlich MüKoHGB/*Quedenfeld* HGB § 331 Rn. 105 ff.
152 MüKoHGB/*Quedenfeld* HGB § 331 Rn. 110.
153 MüKoHGB/*Quedenfeld* HGB § 331 Rn. 111 ff.
154 Insoweit wird auf die ausführliche Darstellung bei MüKoHGB/*Quedenfeld* HGB § 331 Rn. 111 ff. verwiesen.

4. Mögliche Folgen der Tat

33 Neben Geld- und Freiheitsstrafe können im Urteil Gewinnabschöpfungsmaßnahmen nach Maßgabe der §§ 73 ff. StGB angeordnet werden. Neben dem Täter selbst kann das Unternehmen mit einer Unternehmensgeldbuße gemäß § 30 OWiG belegt werden.[155] Den Täter des § 331 HGB kann zudem ein Berufsverbot nach § 70 StGB treffen[156]

5. Strafrahmen und Kompetenzen der BaFin

34 Anlässlich der Skandale im Zusammenhang mit dem Zusammenbruch des „Neuen Marktes" sind Forderungen nach einer Verschärfung der Kapitalmarkt-Strafrechtsnormen und nach einer Ausweitung der Kompetenzen der Bundesanstalt für Finanzdienstleistungsaufsicht laut geworden.

C. Tatbestandliche Voraussetzungen des § 331 Nr. 1 a HGB: Offenlegung eines unrichtigen Einzelabschlusses nach § 315 e Abs. 1 HGB

Diese Alternative lautet:

Mit Freiheitsstrafe bis zu drei Jahren oder mit Geldstrafe wird bestraft, wer

(...)

1a. als Mitglied des vertretungsberechtigten Organs einer Kapitalgesellschaft zum Zwecke der Befreiung nach § 325 Abs. 2 a Satz 1, Abs. 2 b einen Einzelabschluss nach den in § 315 e Abs. 1 genannten internationalen Rechnungslegungsstandards, in dem die Verhältnisse der Kapitalgesellschaft unrichtig wiedergegeben oder verschleiert worden sind, vorsätzlich oder leichtfertig offen legt,

(...)

I. Objektiver Tatbestand
1. Tauglicher Täterkreis
a) Taugliche Täter

35 § 331 Nr. 1 a HGB nennt als taugliche Täter die **Mitglieder des vertretungsberechtigten Organs einer Kapitalgesellschaft**. Das Aufsichtsratsmitglied kann im Gegensatz zu § 331 Nr. 1 HGB gem. § 331 Nr. 1 a HGB nicht Täter sein. Insoweit wird auf die Ausführungen zu § 331 Nr. 1 (s. Rn. 10 ff.) verwiesen. Aufsichtsratsmitglieder werden nicht erwähnt und fallen daher nicht unter den Tatbestand.[157] Täter ist, wer den Jahresabschluss gegenüber dem Bundesanzeiger und dem Registergericht offenlegt.

b) Strohmann – Faktische Organschaft – Mehrgliedrige Organe

36 Auch hier kann auf die Ausführungen zu § 331 Nr. 1 HGB Bezug genommen werden (s. Rn. 10 ff.).

2. Schutzrichtung und Tathandlungen
a) Schutzrichtung

37 Die Vorschrift des § 331 Nr. 1 a HGB soll vor leichtfertiger oder vorsätzlicher Offenlegung eines nach § 325 Abs. 2 a S. 1, Abs. 2 b HGB befreienden Einzel-

---

155 Vgl. ausführlich MüKoStGB/*Kiethe* AktG § 399 Rn. 168.
156 MüKoStGB/*Sorgenfrei* HGB § 331 Rn. 163 mwN.
157 Vgl. zu dem ähnlichen § 331 Nr. 3 HGB: MüKoHGB/*Quedenfeld* HGB § 331 Rn. 78.

abschlusses nach den in § 315 e Abs. 1 HGB genannten **internationalen Rechnungslegungsstandards**, in dem die Verhältnisse des Konzerns unrichtig wiedergegeben oder verschleiert worden sind, schützen. § 331 Nr. 1 a HGB knüpft an die ältere Vorschrift des § 331 Nr. 3 HGB an und betrifft allein die **Offenlegung**. § 331 Nr. 1 a HGB ist zugunsten künftiger Gesellschafter, aktueller und künftiger Gläubiger und Arbeitnehmer auch Schutzgesetz gemäß § 823 Abs. 2 BGB.

b) Tatgegenstand und Tathandlung
aa) Tatgegenstand

Gegenstand der Tathandlung (**Offenlegung**) ist der **Einzelabschluss nach internationalen Rechnungslegungsstandards**.[158] Diese entsprechen IAS-VO[159] und werden in § 315 e Abs. 1 HGB genannt. Eine Pflicht zur Aufstellung eines solchen Einzelabschlusses besteht nicht. Zudem werden Gesellschaften nicht von der Pflicht, einen Jahresabschluss nach dem HGB aufzustellen, befreit. Die Aufstellung eines Jahresabschlusses nach internationalen Rechnungslegungsstandards kann die Offenlegung des Jahresabschlusses nach dem HGB im Bundesanzeiger bei großen Kapitalgesellschaften[160] gemäß § 325 Abs. 2 a S. 1 HGB aber ersetzen.[161] Die Gesellschaft hat ein Wahlrecht. Über dieses entscheidet gemäß § 46 Nr. 1 a HGB die Gesellschafterversammlung. 38

Gegenstand der Darstellung des Einzelabschlusses sind die **wirtschaftlichen Verhältnisse** der Gesellschaft. Diese hat die in § 315 e Abs. 1 HGB aufgeführten Standards[162] einzuhalten (§ 325 Abs. 2 a S. 2 HGB) und ergänzend die in § 325 Abs. 2 a S. 3 und 4 HGB aufgezählten Anforderungen zu beachten.[163]

Die Offenlegung muss eine unrichtige Wiedergabe oder Verschleierung betreffen. Zur **unrichtigen Wiedergabe** und zur **Verschleierung** s. Rn. 21 ff.

bb) Tathandlungen

Als Tathandlung nennt § 331 Nr. 3 HGB die **Offenlegung** zum Zwecke der Befreiung (vgl. § 325 Abs. 2 a S. 1, Abs. 2 b HGB). Die Offenlegung ist in § 325 Abs. 3 HGB legal definiert. Offenlegung ist gegeben, wenn der Einzelabschluss im Bundesanzeiger bekannt gemacht und die Bekanntmachung unter Beifügung der Unterlagen zum Handelsregister eingereicht wird.[164] Nur zielgerichtetes Handeln kommt in Betracht. Eine Offenlegung aus anderen Motiven genügt nicht.[165] 39

---

158 Vgl. zur Internationalisierung der Rechnungslegung *Schulze-Osterloh* Der Konzern 2004, 173 ff.; vgl. zum Inhalt der internationalen Rechnungslegungsstandards: Achenbach/Ransiek/Rönnau/*Ransiek* 8. Teil, 1. Kap. Rn. 69.
159 Vgl. allgemein zur Relevanz der IAS/IFRS für das Strafrecht *Wolf* StUB 2003, 775 ff.
160 Vgl. § 267 Abs. 3 HGB.
161 Vgl. Baumbach/Hueck/*Schulze-Osterloh/Servatius* GmbHG Anh. § 82 Rn. 20 (Vorauflage).
162 Übersicht bei *Schmid* DStR 2005, 80.
163 Achenbach/Ransiek/Rönnau/*Ransiek* 8. Teil, 1. Kap. Rn. 67.
164 Beck'scher Bilanzkommentar/*Grottel/H. Hoffmann* HGB § 331 Rn. 26.
165 Beck'scher Bilanzkommentar/*Grottel/H. Hoffmann* HGB § 331 Rn. 27.

II. Subjektiver Tatbestand
1. Vorsatz oder Leichtfertigkeit

40 Der Tatbestand des § 331 Nr. 1 a HGB kann vorsätzlich oder leichtfertig begangen werden. Zum **Vorsatz**, wobei **bedingter Vorsatz** (dolus eventualis) ausreicht,[166] s. Rn. 23. Der Täter muss wissen, dass er ein vertretungsberechtigtes Organ der Kapitalgesellschaft ist, dass er den Jahresabschluss zum Zwecke der Befreiung nach § 325 Abs. 2 a Satz 1, Abs. 2 b HGB offenlegt und dass der Jahresabschluss die Gesellschaftsverhältnisse unrichtig wiedergibt oder verschleiert.

Leichtfertigkeit ist eine gesteigerte Form der Fahrlässigkeit im Sinne eines besonderen Grades von Nachlässigkeit.[167] Der Begriff entspricht weitestgehend der groben Fahrlässigkeit im Zivilrecht.[168]

2. Besondere subjektive Merkmale

41 Der Täter muss **zum Zwecke der Befreiung** nach § 325 Abs. 2 a S. 1, Abs. 2 b HGB gehandelt haben.[169] Die Offenlegung muss demnach zielgerichtet auf diesen Zweck erfolgt sein, bei anderen Zielrichtungen ist der Tatbestand nicht erfüllt.[170]

III. Rechtswidrigkeit/Schuld sowie Rechtsfolgen

42 Zu **Rechtswidrigkeit** und **Schuld**, zum **Irrtum**, zu **Täterschaft und Teilnahme** und zu den **Konkurrenzen** gelten die Ausführungen zu § 331 Nr. 1 HGB, s. Rn. 24 ff. entsprechend.

IV. Versuch, Vollendung und Unterlassen

43 Der **Versuch** ist nicht strafbar, da § 331 HGB ein Vergehen ist. Auf die Ausführungen zu § 399 AktG[171] wird verwiesen.

Tatvollendung und **Tatbeendigung** treten mit der Offenlegung ein.[172] Der erstrebte Zweck – Befreiung – muss nicht erreicht werden (**abstraktes Gefährdungsdelikt**).[173]

Den Täter, der nach Offenlegung die unrichtige Wiedergabe oder Verschleierung erkennt, trifft eine **Garantenpflicht**. Er hat die Angaben durch eine Anzeige gegenüber dem Bundesanzeiger und dem Registergericht zu berichtigen.[174]

---

166 MüKoHGB/*Quedenfeld* HGB § 331 Rn. 83 f.; Heymann/*Otto* HGB § 331 Rn. 33 mwN.
167 Vgl. *Fischer* StGB § 15 Rn. 20.
168 *Maul* DB 1989, 188; Beck'scher Bilanzkommentar/*Grottel/H. Hoffmann* HGB § 331 Rn. 27 mwN; BGH 10.12.1965 – 1 StR 327/65, BGHSt 20 315 (323 f.); OLG Nürnberg 4.9.1986 – Ws 696/86, NStZ 1986, 556; Schönke/Schröder/*Sternberg-Lieben/Schuster* StGB § 15 Rn. 106.
169 Heymann/*Otto* HGB § 331 Rn. 63.
170 Blumers/Frick/Müller/*Dannecker* HGB § 331 Rn. 672.
171 Hopt/Wiedemann/*Otto* AktG § 399 Rn. 102 und s. Kap. 9.1. Rn. 50 ff.
172 Heymann/*Otto* HGB § 331 Rn. 64; aA: Baumbach/Hueck/*Schulze-Osterloh/Servatius* GmbHG Anh. § 82 Rn. 28: Beendigung erst mit Kenntnisnahme durch eine Person, die Teil der Öffentlichkeit ist.
173 So auch Baumbach/Hueck/*Schulze-Osterloh/Servatius* GmbHG Anh. § 82 Rn. 27.
174 MüKoBilR/*Waßmer* HGB § 331 Rn. 61.

Ansonsten kommt pflichtwidriges **Unterlassen** in Betracht. Die Garantenpflicht gilt ebenso für andere Mitglieder des vertretungsberechtigten Organs.

V. Konkurrenzen

§ 331 Nr. 1 a HGB ist **Spezialgesetz** gegenüber § 82 Abs. 2 Nr. 2 GmbHG, § 313 Abs. 1 Ziffer 1 UmwG, § 147 Abs. 2 Ziffer 1 GenG und § 400 Abs. 1 Ziff. 1 AktG.

44

VI. Prozessuales

1. Offizialdelikt

Die Strafverfolgung nach § 331 HGB bedarf keines Strafantrags durch etwaig Geschädigte. Sie erfolgt von Amts wegen und kann auch bei „Rücknahme einer Strafanzeige" fortgeführt werden.

45

2. Zuständigkeiten

Im Falle einer Anklageerhebung zum Landgericht besteht für eine Tat nach § 331 HGB eine Zuständigkeit der Wirtschaftsstrafkammer gemäß § 74 c Abs. 1 S. 1 Nr. 1 GVG.

46

3. Verjährung

Eine Tat nach § 331 HGB verjährt gemäß § 78 Abs. 3 Nr. 4 StGB fünf Jahre nach der Beendigung. Diese richtet sich nach § 78 a S. 1 StGB.

47

4. Mögliche Folgen der Tat

Neben Geld- und Freiheitsstrafe können im Urteil Gewinnabschöpfungsmaßnahmen nach Maßgabe der §§ 73 ff. StGB angeordnet werden. Neben dem Täter selbst kann das Unternehmen mit einer Unternehmensgeldbuße gemäß § 30 OWiG belegt werden.[175] Den Täter des § 331 HGB kann zudem ein Berufsverbot nach § 70 StGB treffen.[176]

48

D. Tatbestandliche Voraussetzungen des § 331 Nr. 2 HGB: Unrichtige Wiedergabe oder Verschleierung der Verhältnisse des Konzerns

Diese Alternative lautet:

Mit Freiheitsstrafe bis zu drei Jahren oder mit Geldstrafe wird bestraft, wer

(…)

2. **als Mitglied des vertretungsberechtigten Organs oder des Aufsichtsrats einer Kapitalgesellschaft die Verhältnisse des Konzerns im Konzernabschluß, im Konzernlagebericht einschließlich der nichtfinanziellen Konzernerklärung, im gesonderten nichtfinanziellen Konzernbericht oder im Konzernzwischenabschluß nach § 340 i Abs. 4 unrichtig wiedergibt oder verschleiert,**

(…)

---

175 Vgl. ausführlich MüKoStGB/*Kiethe* AktG § 399 Rn. 168.
176 MüKoStGB/*Sorgenfrei* HGB § 331 Rn. 163 mwN.

I. Objektiver Tatbestand
1. Tauglicher Täterkreis – Strohmann – Faktische Organschaft – Mehrgliedrige Organe

49 § 331 Nr. 2 nennt als taugliche Täter die gleichen Personen wie Nr. 1, so dass auf oben verwiesen werden kann (s. Rn. 9 ff.).

2. Schutzrichtung und Tathandlungen
a) Schutzrichtung

50 Die Vorschrift soll vor Falschinformationen über die Verhältnisse des Konzerns schützen. Der Wortlaut ist dem des § 17 Nr. 2 PublG ähnlich. Geschützt wird vor unrichtigen Darstellungen im Konzernabschluss, im Konzernlagebericht und im Konzernzwischenabschluss. Hinzu kommt neuerdings auch die nichtfinanzielle Erklärung und der gesonderte nichtfinanzielle Bericht. Auch § 331 Nr. 2 HGB ist insoweit enger gefasst als beispielsweise die verwandten § 400 AktG, § 82 GmbHG.

b) Tatmittel, Tatgegenstand und Tathandlungen
aa) Tatmittel

51 Die unrichtige Darstellung muss im Konzernabschluss, im Konzernlagebericht oder im Konzernzwischenabschluss erfolgen. Durch die im Jahr 2017 vorgenommenen Änderungen (Rn. 1) werden nunmehr auch die Darstellungen in der nichtfinanziellen Erklärung und in dem gesonderten nichtfinanziellen Bericht von Nr. 2 umfasst. Der **Konzern** ist in § 18 AktG legaldefiniert. Man unterscheidet den Unterordnungskonzern vom Gleichordnungskonzern, was jedoch für die strafrechtliche Beurteilung irrelevant ist.[177] Für die strafrechtliche Prüfung unbedeutend ist auch die **Konzernvermutung** in § 18 Abs. 1 S. 3 AktG.[178] Zur Strafverfolgung muss demnach der **Beweis** geführt werden, dass überhaupt ein Konzern besteht.

Der **Konzernabschluss**[179] ist in §§ 290 ff., 297 ff. HGB geregelt, der **Konzernlagebericht** in § 315 HGB und der **Konzernzwischenabschluss**[180] in § 340 i Abs. 4 HGB. Hinsichtlich des **Anhangs** zum Jahresabschluss wird auf Rn. 17 verwiesen.

Hat das Mutterunternehmen des Konzerns seinen **Sitz im Ausland**, greift § 331 Nr. 2 HGB nicht,[181] da sich §§ 290 ff. HGB nur auf Konzerne mit inländischem Sitz des Mutterunternehmens beziehen, vgl. § 290 Abs. 1 HGB.

bb) Tatgegenstand

52 Gegenstand der Tathandlung (**unrichtige Wiedergabe oder Verschleierung**) sind die **Verhältnisse des Konzerns**. Zum Begriff der „Verhältnisse" wird grundsätzlich auf die Ausführungen zu § 331 Nr. 1 HGB Bezug genommen (s. Rn. 18 ff.). Für den Konzern ist besonders auf § 297 Abs. 2 S. 2 HGB zu verweisen. Dieser verlangt für die Vermittlung eines den tatsächlichen Verhältnissen entsprechenden Bildes der Vermögens-, Finanz- und Ertragslage des

---
177 Heymann/*Otto* HGB § 331 Rn. 47.
178 *Geilen* AktG § 400 Rn. 88.
179 Ausführlich: Achenbach/Ransiek/Rönnau/*Ransiek* 8. Teil, 1. Kap. Rn. 72 ff.
180 Vgl. § 10 a Abs. 1 S. 2 KWG iVm § 10 Abs. 3 KWG.
181 Vgl. entsprechend *Geilen* AktG § 400 Rn. 82.

Konzerns die Beachtung der **Grundsätze ordnungsgemäßer Buchführung**.[182] Außerdem ist hier § 298 Abs. 1 HGB zu nennen, der für den Konzernabschluss auf die Rechnungslegungsvorschriften der §§ 244–256, 265, 266, 268–275, 277–283 HGB und die in §§ 299 ff. HGB aufgeführten Konsolidierungsgrundsätze verweist.

cc) Tathandlungen

Als Tathandlungen nennt § 331 Nr. 2 HGB – wie auch § 331 Nr. 1 – die **unrichtige Wiedergabe** und die **Verschleierung** der Verhältnisse des Konzerns. Insoweit wird auf die obigen Ausführungen mit der Maßgabe Bezug genommen, dass die Bestimmungen über den Konzernabschluss (§§ 290 ff. HGB) und den Konzernlagebericht (§ 315 HGB) zu beachten sind. 53

II. Subjektiver Tatbestand

Der Tatbestand des § 331 HGB erfordert **Vorsatz**, wobei **bedingter Vorsatz** (dolus eventualis) ausreicht.[183] Auf Rn. 23 wird Bezug genommen. 54

Besondere subjektive Merkmale, wie etwa eine Täuschungs- oder Schädigungsabsicht, sind nicht erforderlich.

III. Rechtswidrigkeit/Schuld sowie Rechtsfolgen

Zu **Rechtswidrigkeit** und **Schuld**, zum **Irrtum**, zu **Täterschaft** und **Teilnahme**, zu den **Konkurrenzen** sowie zu **Versuch** und **Vollendung** gelten die Ausführungen zu § 331 Nr. 1 HGB unter Rn. 24 ff. entsprechend. 55

IV. Prozessuales
1. Offizialdelikt

Die Strafverfolgung nach § 331 HGB bedarf keines Strafantrags durch etwaig Geschädigte. Sie erfolgt von Amts wegen und kann auch bei „Rücknahme einer Strafanzeige" fortgeführt werden. 56

2. Zuständigkeiten

Im Falle einer Anklageerhebung zum Landgericht besteht für eine Tat nach § 331 HGB eine Zuständigkeit der Wirtschaftsstrafkammer gemäß § 74 c Abs. 1 S. 1 Nr. 1 GVG. 57

3. Verjährung

Eine Tat nach § 331 HGB verjährt gemäß § 78 Abs. 3 Nr. 4 StGB fünf Jahre nach der Beendigung. Diese richtet sich nach § 78 a S. 1 StGB. 58

4. Mögliche Folgen der Tat

Neben Geld- und Freiheitsstrafe können im Urteil Gewinnabschöpfungsmaßnahmen nach Maßgabe der §§ 73 ff. StGB angeordnet werden. Neben dem Täter selbst kann das Unternehmen mit einer Unternehmensgeldbuße gemäß § 30 59

---

182 Müller-Gugenberger/*Schmid* § 40 Rn. 36.
183 MüKoHGB/*Quedenfeld* HGB § 331 Rn. 83, 87; Heymann/*Otto* HGB § 331 Rn. 33 mwN.

OWiG belegt werden.[184] Den Täter des § 331 HGB kann zudem ein Berufsverbot nach § 70 StGB treffen.[185]

E. Tatbestandliche Voraussetzungen des § 331 Nr. 3 HGB: Offenlegung eines unrichtigen Konzernabschlusses oder Konzernlageberichts

Diese Alternative lautet:

Mit Freiheitsstrafe bis zu drei Jahren oder mit Geldstrafe wird bestraft, wer
(…)
3. als Mitglied des vertretungsberechtigten Organs einer Kapitalgesellschaft zum Zwecke der Befreiung nach § 291 Abs. 1 und 2 oder nach § 292 einen Konzernabschluß oder Konzernlagebericht, in dem die Verhältnisse des Konzerns unrichtig wiedergegeben oder verschleiert worden sind, vorsätzlich oder leichtfertig offenlegt,
(…)

I. Objektiver Tatbestand

1. Tauglicher Täterkreis

a) Taugliche Täter

60 § 331 Nr. 3 HGB nennt als taugliche Täter die **Mitglieder des vertretungsberechtigten Organs einer Kapitalgesellschaft**. Insoweit wird auf die Ausführungen zu § 331 Nr. 1 HGB (s. Rn. 9 ff.) verwiesen. Der Täter kann dem befreiten Mutterunternehmen oder dem Mutterunternehmen, das den Konzernabschluss und den Konzernlagebericht auf der höheren Stufe aufgestellt hat, angehören.[186] Aufsichtsratsmitglieder werden nicht in Nr. 3 erwähnt und fallen daher nicht unter den Tatbestand.[187] Streitig ist, ob Mitglieder des Vertretungsorgans ausländischer Kapitalgesellschaften miteinbezogen sind (hM) oder nicht. Dagegen spricht, dass die Offenlegung zum Zweck der Befreiung vom Konzernabschluss nach § 291 HGB erfolgen muss und § 291 HGB sich nur auf solche Unternehmen bezieht, die auch den Regeln des HGB unterfallen. Ein ausländisches Mutterunternehmen gehört gerade nicht dazu.[188]

b) Strohmann – faktische Organschaft – mehrgliedrige Organe

61 Auch hier kann auf die obigen Ausführungen Bezug genommen werden (Rn. 11 f.).

2. Schutzrichtung und Tathandlungen

a) Schutzrichtung

62 Die Vorschrift soll vor leichtfertiger oder vorsätzlicher Offenlegung eines befreienden Konzernabschlusses oder Konzernlageberichtes, in dem die Verhältnisse des Konzerns unrichtig wiedergegeben oder verschleiert worden sind, schützen. § 331 Nr. 3 HGB knüpft an die Unterscheidung zwischen Mutterunternehmen nach § 290 HGB und solchen nach §§ 291, 292 HGB an. Während das Mutterunternehmen im Falle des § 290 HGB einen Konzernabschluss und Konzernlagebericht aufzustellen hat, können in den Fällen der §§ 291, 292

---

184 Vgl. ausführlich MüKoStGB/*Kiethe* AktG § 399 Rn. 168.
185 MüKoStGB/*Sorgenfrei* HGB § 331 Rn. 163 mwN.
186 Heymann/*Otto* HGB § 331 Rn. 55.
187 MüKoHGB/*Quedenfeld* HGB § 331 Rn. 78.
188 Näher hierzu: Achenbach/Ransiek/Rönnau/*Ransiek* 8. Teil, 1. Kap. Rn. 76.

HGB Konzernabschlüsse und Konzernlageberichte von Mutterunternehmen höherer Stufe an die Stelle von Konzernabschlüssen und Konzernlageberichten von Mutterunternehmen niedrigerer Stufe treten. Die Bezugnahme auf § 292 a HGB wurde nach dessen Streichung fallengelassen.[189]

b) Tatgegenstand und Tathandlung
aa) Tatgegenstand

Gegenstand der Tathandlung (**Offenlegung**) sind der **Konzernabschluss** und der **Konzernlagebericht**, in denen die Verhältnisse des Konzerns unrichtig wiedergegeben oder verschleiert worden sind. Es muss also ein Konzernabschluss oder Konzernlagebericht vorliegen, der die objektiven Tatbestandsmerkmale des § 331 Nr. 2 HGB erfüllt.[190] 63

Zum **Konzern** s. Rn. 51, zu den **Verhältnissen des Konzerns** s. Rn. 51, zum **Konzernabschluss** s. Rn. 51, zum **Konzernlagebericht** s. Rn. 51, zur **unrichtigen Wiedergabe** s. Rn. 52 ff. und zur **Verschleierung** s. Rn. 52 ff. Der in § 331 Nr. 3 HGB ursprünglich noch verwandte Begriff „Teilkonzern" wurde gestrichen.[191]

bb) Tathandlungen

Als Tathandlung nennt § 331 Nr. 3 HGB die **Offenlegung**. Diese ist in § 325 Abs. 3 HGB legaldefiniert. Offenlegung ist gegeben, wenn der **Konzernabschluss** oder der **Konzernlagebericht** 64

- im Bundesanzeiger bekanntgemacht
- und die Bekanntmachung mit den Unterlagen zum Handelsregister des Sitzes der Kapitalgesellschaft eingereicht worden sind.

II. Subjektiver Tatbestand
1. Vorsatz oder Leichtfertigkeit

Der Tatbestand des § 331 Nr. 3 HGB kann vorsätzlich oder leichtfertig begangen werden. Zum **Vorsatz**, wobei **bedingter Vorsatz** (dolus eventualis) ausreicht,[192] s. Rn. 23. 65

Leichtfertigkeit bedeutet eine gesteigerte Form der Fahrlässigkeit im Sinne eines besonderen Grades von Nachlässigkeit. Der Begriff entspricht der groben Fahrlässigkeit im Zivilrecht.[193]

2. Besondere subjektive Merkmale

Der Täter muss zum Zwecke der Befreiung nach § 291 Abs. 1 und 2 oder nach § 292 HGB gehandelt haben.[194] Die Offenlegung muss demnach zielgerichtet 66

---

[189] § 292 a HGB ist gemäß Art. 5 KapAEG mWv 31.12.2004 außer Kraft getreten und war letztmalig auf das Geschäftsjahr anzuwenden, das spätestens am 31.12.2004 endete.
[190] MüKoHGB/*Quedenfeld* HGB § 331 Rn. 69.
[191] Gesetz vom 4.12.2004 BGBl. I 3166.
[192] MüKoHGB/*Quedenfeld* HGB § 331 Rn. 83, 88; Heymann/*Otto* HGB § 331 Rn. 33 mwN.
[193] *Maul* DB 1989, 188; Beck'scher Bilanzkommentar/*Grottel/H. Hoffmann* HGB § 331 Rn. 33, 27; BGH 10.12.1965 – 1 StR 327/65, BGHSt 20, 315 (323 f.); OLG Nürnberg 4.9.1986 – Ws 696/86, NStZ 1986, 556.
[194] Vgl. (noch zur alten Rechtslage) Heymann/*Otto* HGB § 331 Rn. 63.

auf diese Zwecke erfolgt sein; bei anderen Zielrichtungen ist der Tatbestand nicht erfüllt.[195]

III. Rechtswidrigkeit/Schuld sowie Rechtsfolgen

67 Zu **Rechtswidrigkeit** und **Schuld**, zum **Irrtum**, zu **Täterschaft und Teilnahme** und zu den **Konkurrenzen** gelten die Ausführungen zu § 331 Nr. 1 HGB unter Rn. 24 ff. entsprechend.

IV. Versuch und Vollendung

68 Der **Versuch** ist nicht strafbar, da § 331 HGB ein Vergehen darstellt. Auf die Ausführungen zu § 399 AktG[196] wird verwiesen.

Tatvollendung und **Tatbeendigung** treten mit der Offenlegung ein.[197] Der erstrebte Zweck – Befreiung – muss nicht erreicht werden (**abstraktes Gefährdungsdelikt**).

V. Prozessuales

1. Offizialdelikt

69 Die Strafverfolgung nach § 331 HGB bedarf keines Strafantrags durch etwaig Geschädigte. Sie erfolgt von Amts wegen und kann auch bei „Rücknahme einer Strafanzeige" fortgeführt werden.

2. Zuständigkeiten

70 Im Falle einer Anklageerhebung zum Landgericht besteht für eine Tat nach § 331 HGB eine Zuständigkeit der Wirtschaftsstrafkammer gemäß § 74 c Abs. 1 S. 1 Nr. 1 GVG.

3. Verjährung

71 Eine Tat nach § 331 HGB verjährt gemäß § 78 Abs. 3 Nr. 4 StGB fünf Jahre nach der Beendigung. Diese richtet sich nach § 78 a S. 1 StGB.

4. Mögliche Folgen der Tat

72 Neben Geld- und Freiheitsstrafe können im Urteil Gewinnabschöpfungsmaßnahmen nach Maßgabe der §§ 73 ff. StGB angeordnet werden. Neben dem Täter selbst kann das Unternehmen mit einer Unternehmensgeldbuße gemäß § 30 OWiG belegt werden.[198] Den Täter des § 331 HGB kann zudem ein Berufsverbot nach § 70 StGB treffen.[199]

---

195 Blumers/Frick/Müller/*Dannecker* HGB § 331 Rn. 672.
196 Hopt/Wiedemann/*Otto* AktG § 399 Rn. 102 und Kap. 9.1. Rn. 51 ff.
197 Heymann/*Otto* HGB § 331 Rn. 64.
198 Vgl. ausführlich MüKoStGB/*Kiethe* AktG § 399 Rn. 168.
199 MüKoStGB/*Sorgenfrei* HGB § 331 Rn. 163 mwN.

Kap. 9.4. § 331 HGB Unrichtige Darstellung

F. Tatbestandliche Voraussetzungen des § 331 Nr. 3 a HGB: Abgabe einer falschen Versicherung („Bilanzeid")

Diese Alternative lautet:

Mit Freiheitsstrafe bis zu drei Jahren oder mit Geldstrafe wird bestraft, wer
(...)
3a. entgegen § 264 Abs. 2 Satz 3, § 289 Abs. 1 Satz 5, § 297 Abs. 2 Satz 4 oder § 315 Absatz 1 Satz 5 eine Versicherung nicht richtig abgibt,
(...)

I. Entstehungsgeschichte der Vorschrift

Mit § 264 Abs. 2 S. 3 HGB hat der sogenannte Bilanzeid[200] Einzug in das deutsche Recht erhalten.[201] Beruhend auf Art. 4 Abs. 2 lit. c der Transparenzrichtlinie (TranspRL)[202] hat er ein rechtsvergleichendes Regelungsvorbild in Sec. 302 des US-amerikanischen „Sarbanes-Oxley Act of 2002".[203] Die Neuregelung stellt eine Reaktion auf die Finanzskandale in Europa[204] und den USA dar.

Die Notwendigkeit der Vorschriften zum Bilanzeid nebst der Einführung des § 331 Nr. 3 a HGB wird überwiegend bezweifelt und dogmatisch wie kriminalpolitisch als bedenklich eingestuft.[205] *Fleischer* nennt die Einführung der Strafvorschrift zum Bilanzeid etwa einen „kriseninduzierten Legislativakt".[206] Eine eigenständige praktische Bedeutung des strafbaren Bilanzeides dürfte neben den bereits bestehenden Strafvorschriften der Bilanzfälschung und Bilanzverschleierung (§ 331 Nr. 1 und Nr. 2 HGB) als gering einzuschätzen sein.[207]

II. Entwicklungsstadien im deutschen Recht

Die Regelungen zum Bilanzeid wurden in drei Stadien geformt.

1. Diskussionsentwurf des TUG

Ein erster Diskussionsentwurf des TUG vom 3.5.2006 ging in zweierlei Hinsicht über die gemeinschaftsrechtlichen Vorgaben hinaus. Einerseits dehnte er die Erklärungspflicht noch auf alle Kapitalgesellschaften aus und begründete dies mit der wünschenswerten „Appell- und Warnfunktion"[208] des „Bilanz-

---

200 Allgemein dazu *Altenhain* WM 2008, 1141 ff.
201 Sehr ausführlich zur Entstehungsgeschichte *Park* in FS Müller S. 531, 532 ff.
202 RL 2004/109/EG des europäischen Parlaments und des Rates vom 15.12.2004.
203 Hierzu *Lanfermann/Maul* DB 2002, 1725 ff.
204 ZB „Parmalat", „Ahold", „EM-TV".
205 Vgl. *Heldt/Ziemann* NZG 2006, 652 ff.; *von Rosen*, FAZ vom 10.8.2006, S. 13; *DAI*, Stellungnahme zum Regierungsentwurf eines TUG, NZG 2006, 696 ff.; *Hamann* Der Konzern 2008, 145 ff.; *Schellhorn* DB 2009, 2363 ff.; *Abendroth* WM 2008, 1147 ff.; *Park* in FS Müller S. 531, 549; *Fleischer* ZIP 2007, 97 unter Hinweis auf die Paralleldiskussion in den USA.
206 *Fleischer* ZIP 2007, 97 (105).
207 Ebenso *Ziemann* wistra 2007, 292 (294); kritisch auch *Sorgenfrei* wistra 2008, 329 ff.
208 Begr. DiskE TUG, S. 120; kritisch dazu *DAI* NZG 2006, 579 (581).

eides".²⁰⁹ Andererseits sah er noch von dem sogenannten „Wissensvorbehalt" ab, den die EU-Transparenzrichtlinie vorsieht.²¹⁰

2. Gesetzentwurf der Bundesregierung

76 Mit dem Gesetzentwurf der Bundesregierung vom 28.6.2006²¹¹ und dem Regierungsentwurf vom 4.9.2006 trat die Umsetzung der europäischen Transparenzrichtlinie²¹² in die Schlussphase. Letzterer hat die Erstreckung des Bilanzeides auf alle Kapitalgesellschaften rückgängig gemacht und die Erklärungspflicht auf kapitalmarktorientierte Unternehmen im Sinne des § 2 Abs. 7 WpHG beschränkt. Der Wissensvorbehalt wurde noch für verzichtbar gehalten, da ein neuer § 331 Nr. 3 a HGB ohnehin nur wissentlich begangen werden könne.²¹³

3. Endgültige Regelung

77 In der parlamentarischen Beratung hat der Bundesrat mit Nachdruck darauf gedrängt, die Vorschriften zum Bilanzeid den EU-Vorgaben entsprechend umzusetzen und nicht zu überdehnen.²¹⁴ In den §§ 264, 289, 297, 315 HGB ist daher jeweils die Formulierung „nach bestem Wissen" aufgenommen worden.²¹⁵ Ein neuer § 331 Nr. 3 a HGB sollte außerdem zunächst zwei Tathandlungen pönalisieren. Neben der Nichtabgabe (Alt. 1) sollte die nicht richtige Abgabe (Alt. 2) einer Versicherung im Sinne der Vorschriften zur Berichterstellung (Jahresabschluss pp.) unter Strafe gestellt werden.²¹⁶ Von der Strafbarkeit der Nichtabgabe ist in der parlamentarischen Beratung ebenfalls abgesehen worden. Die **Nichtabgabe des Bilanzeides** soll nur noch als Ordnungswidrigkeit gemäß § 39 Abs. 2 Nr. 19 iVm § 37 v. Abs. 2 Nr. 3 WpHG verfolgt werden können.²¹⁷

Mit diesen Änderungen hat der Bundestag das TUG in der Sitzung vom 30.11.2006 angenommen. Am 15.12.2006 wurde dem Gesetz zur Umsetzung der EU-Transparenzrichtlinie (TUG) auch im Bundesrat zugestimmt.²¹⁸ Am 5.1.2007 ist das TUG ausgefertigt worden und am 20.1.2007 trat es in Kraft.²¹⁹

---

209 Zu diesem Begriff vgl. Begr. RegE TUG, BT-Drs. 16/2498, 55; Stellungnahme des Bundesrates, BR-Drs. 579/06, 5; Beschlussempfehlung und Bericht des Bundesrates, BR-Drs. 16/3644, 2 (62, 63).
210 Begr. DiskE TUG, S. 120. Vgl. hierzu auch *Heldt/Ziemann* NZG 2006, 652 (654).
211 Transparenzrichtlinie-Umsetzungsgesetz (TUG); hierzu: *Rodewald/Unger* BB 2006, 1917 ff.
212 RL 2004/109/EG des europäischen Parlaments und des Rates vom 15.12.2004.
213 *Fleischer* ZIP 2007, 99 unter Hinweis auf RegE TUG, BT-Drs. 16/2498, 55.
214 *Fleischer* ZIP 2007, 99 unter Hinweis auf die Stellungnahme des Bundesrates, BR-Drs. 579/06, 5.
215 *Fleischer* ZIP 2007, 99 unter Hinweis auf Beschlussempfehlung und Bericht des Finanzausschusses, BT-Drs. 16/3644, 80 f.
216 Vgl. *Heldt/Ziemann* NZG 2006, 652 (653); *Beiersdorf/Buchheim* BB 2006, 1674 ff.
217 *Fleischer* ZIP 2007, 99 unter Hinweis auf Bericht und Begründung des Finanzausschusses, BT-Drs. 16/3644, 82; zustimmend: *Göres* Der Konzern 2007, 15 ff.
218 Zu allen Änderungen vgl. *Beiersdorf/Rahe* BB 2007, 99 ff.; *Fleischer* ZIP 2007, 97 ff.; *Böcking/Stein* Der Konzern 2007, 43 ff.; *Wagner* BB 2007, 454 ff.
219 BGBl. I 2007, 10.

III. Objektiver Tatbestand
1. Betroffene Gesellschaften und tauglicher Täterkreis
a) Betroffene Gesellschaften

Nach § 264 Abs. 2 S. 3 HGB gilt die gesetzliche Neuregelung nur für Kapitalgesellschaften, die Inlandsemittenten iSd § 2 Abs. 7 WpHG und keine Kapitalanlagegesellschaften iSd § 327 a HGB sind.

b) Taugliche Täter

§ 331 Nr. 3 a HGB nennt unmittelbar keine tauglichen Täter, sondern verweist auf §§ 264 Abs. 2 S. 3, 289 Abs. 1 S. 5, 297 Abs. 2 S. 4 und 315 Abs. 1 S. 5 HGB. Nach diesen Vorschriften haben die gesetzlichen Vertreter (bei der Aktiengesellschaft sämtliche Vorstandsmitglieder) von Kapitalgesellschaften, die Inlandsemittenten im Sinne des Wertpapierhandelsgesetzes sind, die Versicherung abzugeben. Auch die fehlerhaft bestellten und stellvertretenden Vorstandsmitglieder fallen – ohne Rücksicht auf die Ressortzuständigkeit – darunter.[220] Insoweit unterscheidet sich die deutsche Regelung vom US-amerikanischen Regelungsvorbild.[221] So legt § 264 Abs. 1 HGB die Aufstellung des Jahresabschlusses in die Verantwortung sämtlicher gesetzlichen Vertreter. Zudem trifft die Buchführungsverantwortung nach § 91 Abs. 1 AktG alle Vorstandsmitglieder.[222]

c) Strohmann – Faktische Organschaft – Mehrgliedrige Organe

Es kann auf die obigen Ausführungen Bezug genommen werden (Rn. 11 f.).

2. Schutzrichtung und Tathandlungen
a) Schutzrichtung

Den Vorschriften zum neu eingeführten Bilanzeid sollten nach Vorstellung des Gesetzgebers eine Vertrauensbildungsfunktion, eine Signalfunktion, eine Appell- und Warnfunktion sowie eine Abschreckungsfunktion zukommen.[223] Gerade die Neuregelung des § 331 Nr. 3 a HGB wird kriminalpolitisch zu Recht in Zweifel gezogen,[224] weil das Vertrauen in die objektive Richtigkeit der Bilanzberichterstattung bereits durch die Straftatbestände der Bilanzfälschung und Bilanzverschleierung umfassend geschützt wird.

§ 331 Nr. 3 a HGB soll nicht in erster Linie das Vermögen einzelner Anleger schützen, sondern auch das Kollektivvertrauen der Kapitalanleger in die Redlichkeit öffentlich verlautbarter und besonders bekräftigter Finanzinformationen.[225]

§ 331 Nr. 3 a HGB ist, wie auch die übrigen Alternativen des § 331 HGB, Schutzgesetz im Sinne des § 823 Abs. 2 BGB.[226]

---

220 *Fleischer* ZIP 2007, 97 (100).
221 *Fleischer* ZIP 2007, 97 (100).
222 Weitere Argumente bei *Fleischer* ZIP 2007, 97 (100).
223 *Fleischer* ZIP 2007, 97 (103 ff.).
224 Vgl. *Heldt/Ziemann* NZG 2006, 652 ff.; *Fleischer* ZIP 2007, 97 ff.
225 *Fleischer* ZIP 2007, 97 (102).
226 *Fleischer* ZIP 2007, 97 (103).

b) Tatgegenstand und Tathandlung
aa) Tatgegenstand

82 Gegenstand der Tathandlung (**Abgabe einer nicht richtigen Versicherung**) sind:
- der Jahresabschluss (vgl. § 264 Abs. 2 HGB),
- der Lagebericht (vgl. § 289 Abs. 1 HGB),
- der Konzernabschluss (vgl. § 297 Abs. 2 HGB),
- der Konzernlagebericht (vgl. § 315 Abs. 1 HGB)
- der verkürzte Abschluss des Halbjahresfinanzberichts und der
- Zwischenlagebericht des Halbjahresfinanzberichts.

Fraglich ist, an welchem Bezugspunkt der Bilanzeid ansetzt.[227] In § 264 Abs. 2 S. 3 HGB heißt es, dass die gesetzlichen Vertreter ihre schriftliche Versicherung „bei der Unterzeichnung" des Jahresabschlusses abgeben. Insoweit könnte daran zu denken sein, den Bilanzeid auf den **aufgestellten** oder den bereits **festgestellten** Jahresabschluss zu beziehen.[228] Für letztere Ansicht spricht, dass auch im Rahmen des strukturell vergleichbaren § 245 HGB nach überwiegender Auffassung erst der festgestellte Jahresabschluss zu unterzeichnen ist.[229]

bb) Tathandlungen

83 Als Tathandlung nennt § 331 Nr. 3 a HGB die **Abgabe einer nicht richtigen Versicherung.**

Die Abgabe des Bilanzeides hat **höchstpersönlich** zu erfolgen. Eine Vertretung durch einen Bevollmächtigten ist nicht zulässig. Auch wenn dem Vorstandsmitglied hinreichende Kenntnisse in Buchführung und Bilanzierung fehlen, besteht die Erklärungspflicht. Das Vorstandsmitglied hat sich im Zweifel fremden Sachverstands zu bedienen oder die notwendigen Kenntnisse zu erwerben.[230]

Die Versicherung hat gemäß § 264 Abs. 2 S. 3 HGB schriftlich mit eigenhändiger Namensunterschrift (§ 126 BGB) zu erfolgen.

Mit dem Bilanzeid wird versichert, dass die Abschlüsse die Vermögens-, Finanz- und Ertragslage korrekt wiedergeben. Bei Lageberichten erstreckt sich die Erklärung auf den Geschäftsverlauf einschließlich der Geschäftsergebnisse und der Lage sowie zusätzlich auf die Beschreibung der wesentlichen Chancen und Risiken der voraussichtlichen Entwicklung der Gesellschaft.

Die Erklärung erfolgt unter der Einschränkung, dass die Aussage „**nach bestem Wissen**" erfolgt. Gerade diese Formulierung war im Gesetzgebungsverfahren höchst umstritten. Der Diskussionsentwurf und der erste Regierungsentwurf sahen von dem sogenannten Wissensvorbehalt noch ab, obwohl dieser in der EU-Transparenzrichtlinie ausdrücklich vorgesehen ist.

---

227 Ausführlich zu verschiedenen Anwendungsfragen und Bedeutung: *Schellhorn* DB 2009, 2363.
228 Vgl. *Fleischer* ZIP 2007, 97 (101) unter Hinweis auf DAV-Handelsrechtsausschuss, NZG 2006, 655 (658).
229 *Fleischer* ZIP 2007, 97 (102) mwN; aA offenbar *Weiß* WM 2010, 1010 ff.
230 So auch *Fleischer* ZIP 2007, 97 (102) mwN.

Letztlich setzten sich die Befürworter des Wissensvorbehaltes durch. Danach hat das Vorstandsmitglied zB zu versichern, dass der Jahresabschluss nach bestem Wissen ein den tatsächlichen Verhältnissen entsprechendes Bild der Vermögens,- Finanz- und Ertragslage vermittelt. Gleichlautend sind die Formulierungen für den (Konzern-)Lagebericht und den Konzernabschluss. Zur Begründung für die Einbeziehung des Wissensvorbehalts wurde die allgemeine Sorgfaltspflicht der Vorstandsmitglieder gemäß § 93 Abs. 1 AktG angeführt, die uneingeschränkt auch für den Bereich der Rechnungslegung gelte.[231] Außerdem wurde geltend gemacht, dass die Vorstandsmitglieder nach § 91 Abs. 2 AktG zur Einrichtung eines Risikoüberwachungssystems und zur Einbeziehung der dabei gewonnenen Erkenntnisse verpflichtet seien.[232]

Die Formulierung „nach bestem Wissen" bezieht sich nicht auf das vorhandene Wissen, sondern verlangt zusätzlich ein subjektiv redliches Erklärungs- und Informationsverhalten. Wer die Augen vor offenkundigen Falschdarstellungen verschließt und sich bewusst unwissend hält, handelt nicht normgemäß. Ebenso ist derjenige zu beurteilen, der Anhaltspunkte für Zweifel hegt oder bei Anspannung der gehörigen Sorgfalt hegen muss und den Bilanzeid dennoch unterschreibt. Soweit das Vorstandsmitglied auf die Richtigkeit von Aussagen oder Unterlagen mit dem Rechnungswesen betrauter Personen vertraut, empfiehlt es sich daher, von diesen Personen eigene Versicherungen einzuholen.[233]

Bei vorstandsinternen Meinungsverschiedenheiten gilt grundsätzlich § 245 HGB, wonach einzelne Vorstandsmitglieder den Jahresabschluss auch dann zu unterzeichnen haben, wenn sie mit seinem Inhalt nicht einverstanden sind. Auf § 264 Abs. 2 S. 3 HGB lässt sich dies wegen der in § 331 Nr. 3 a HGB normierten Strafbarkeit nicht übertragen. Das Mehrheitsprinzip des § 77 Abs. 1 S. 2 AktG wird zurückgedrängt. Das betroffene Vorstandsmitglied wird den Bilanzeid in einem solchen Fall verweigern.[234]

Wie auch bei Anwendung des § 331 Nr. 1 HGB sind **nicht erhebliche Verstöße** aus dem Anwendungsbereich des § 331 Nr. 3 a HGB auszunehmen.[235] Erst bei Pflichtverletzungen, die zur Unrichtigkeit oder Unvollständigkeit der Darstellung als solcher führen, kann die Grenze der Strafbarkeit erreicht werden.

Erstmalig sind die in §§ 264 Abs. 2 S. 3, 289 Abs. 1 S. 5, 297 Abs. 2 S. 4 und 315 Abs. 1 S. 6 HGB normierten Vorschriften zum Bilanzeid gemäß Art. 62 EGHGB auf Jahres- und Konzernabschlüsse sowie Lageberichte und Konzernlageberichte für das nach dem 31.12.2006 beginnende Geschäftsjahr anzuwenden.

IV. Subjektiver Tatbestand
Der Tatbestand des § 331 Nr. 3 a HGB kann nur vorsätzlich begangen werden, wobei **bedingter Vorsatz** (dolus eventualis) ausreicht,[236] s. Rn. 23. Vereinzelt

84

---

231 Vgl. Beschlussempfehlung und Bericht des Finanzausschusses, BT-Drs. 16/3644, 81.
232 Vgl. Beschlussempfehlung und Bericht des Finanzausschusses, BT-Drs. 16/3644, 81.
233 Vgl. *Fleischer* ZIP 2007, 97 (101).
234 *Fleischer* ZIP 2007, 97 (102) mwN.
235 *Fleischer* ZIP 2007, 97 (102) unter Hinweis auf Beck'scher Bilanzkommentar/*Hoyos/H. P. Huber* HGB § 331 Rn. 20.
236 MüKoHGB/*Quedenfeld* HGB § 331 Rn. 83, 89; *Heymann/Otto* HGB § 331 Rn. 33 mwN; so auch: *Fleischer* ZIP 2007, 97 (102) der hinsichtlich § 264 Abs. 2 S. 3 HGB

wird in Bezug auf die Unrichtigkeit auch dolus directus 2. Grades eingefordert.[237]

V. Rechtswidrigkeit/Schuld und Rechtsfolgen

85 Zu **Rechtswidrigkeit** und **Schuld**, zum **Irrtum**,[238] zu **Täterschaft und Teilnahme** und zu den **Konkurrenzen** gelten die Ausführungen zu § 331 Nr. 1 HGB unter Rn. 24 ff. entsprechend.

VI. Versuch und Vollendung

86 Der **Versuch** ist nicht strafbar, da § 331 HGB ein Vergehen ist. Auf die Ausführungen zu § 399 AktG[239] wird verwiesen.

Tatvollendung tritt mit der Unterzeichnung des Abschlusses / Berichts ein.[240] Ein ggf. erstrebter Zweck muss nicht erreicht werden (**abstraktes Gefährdungsdelikt**).

Tatbeendigung erfolgt dagegen mit der erstmaligen Kenntnisnahme des Adressaten,[241] spätestens mit der Bekanntmachung im Unternehmensregister (§ 8 b Abs. 2 Nr. 9 HGB).[242]

VII. Konkurrenzen

1. Innertatbestandliche Konkurrenz

87 Mehrere unrichtige Darstellungen in einer Urkunde begründen nur eine strafbare Handlung (**natürliche Handlungseinheit**). Eine Tathandlung kann auch verschiedene Alternativen des § 331 HGB erfüllen. Es kann insoweit Gesetzeskonkurrenz oder gleichartige Idealkonkurrenz vorliegen.[243] Überschneiden sich einzelne Tathandlungen des § 331 HGB, so geht der speziellere dem allgemeineren Tatbestand vor.

2. Konkurrenz zu anderen Straftatbeständen

88 Im Übrigen kann zwischen § 331 HGB und insbesondere Vermögensdelikten je nach Einzelfall **Tateinheit** gemäß § 52 StGB oder **Tatmehrheit** gemäß § 53 StGB vorliegen. Mit Betrug (§ 263 StGB), Kapitalanlagebetrug (§ 264 a StGB), Kreditbetrug (§ 265 b StGB), Subventionsbetrug (§ 264 StGB) und Untreue (§ 266 StGB) kann Tateinheit gegeben sein.[244] **Subsidiär** zu § 331 Nr. 1 HGB sind § 400 Abs. 1 Nr. 1 AktG, § 82 Abs. 2 Nr. 2 GmbHG, § 147 Abs. 2 Nr. 1 GenG (bei Kreditinstituten), § 313 UmwG und § 17 PublG, soweit sich die unrichtige Darstellung der Kapitalgesellschaft auf Eröffnungsbilanz, Jahresabschluss, Lagebericht oder Zwischenabschluss nach § 340 a Abs. 3 HGB bezieht.[245] Den genannten Normen kommt bei anderen Erklärungen/Tatmitteln –

---

auf „Spurenelemente von Leichtfertigkeit" verweist, unter Hinweis auf den Bestimmtheitsgrundsatz für § 331 Nr. 3 a HGB zutreffend aber Vorsatz fordert.
237 Hierzu Graf/Jäger/Wittig/*Olbermann* HGB § 331 Rn. 85.
238 Vgl. ausführlich: MüKoStGB/*Sorgenfrei* HGB § 331 Rn. 130 ff. mwN.
239 Hopt/Wiedemann/*Otto* AktG § 399 Rn. 102 u. s. Kap. 9.1. Rn. 51 ff.
240 So auch Graf/Jäger/Wittig/*Olbermann* HGB § 331 Rn. 86; str.
241 MüKoStGB/*Sorgenfrei* HGB § 331 Rn. 139 mwN.
242 MüKoStGB/*Sorgenfrei* HGB § 331 Rn. 139.
243 Vgl. ausführlich MüKoHGB/*Quedenfeld* HGB § 331 Rn. 105 ff.
244 MüKoHGB/*Quedenfeld* HGB § 331 Rn. 110.
245 MüKoHGB/*Quedenfeld* HGB § 331 Rn. 111 ff.

also nicht Eröffnungsbilanz, Jahresabschluss, Lagebericht oder Zwischenabschluss – eigenständige Bedeutung zu.[246]

VIII. Prozessuales

1. Offizialdelikt

Die Strafverfolgung nach § 331 HGB bedarf keines Strafantrags durch etwaig Geschädigte. Sie erfolgt von Amts wegen und kann auch bei „Rücknahme einer Strafanzeige" fortgeführt werden.

2. Zuständigkeiten

Im Falle einer Anklageerhebung zum Landgericht besteht für eine Tat nach § 331 HGB eine Zuständigkeit der Wirtschaftsstrafkammer gemäß § 74 c Abs. 1 S. 1 Nr. 1 GVG.

3. Verjährung

Eine Tat nach § 331 HGB verjährt gemäß § 78 Abs. 3 Nr. 4 StGB fünf Jahre nach der Beendigung. Diese richtet sich nach § 78 a S. 1 StGB.

4. Mögliche Folgen der Tat

Neben Geld- und Freiheitsstrafe können im Urteil Gewinnabschöpfungsmaßnahmen nach Maßgabe der §§ 73 ff. StGB angeordnet werden. Neben dem Täter selbst kann das Unternehmen mit einer Unternehmensgeldbuße gemäß § 30 OWiG belegt werden.[247] Den Täter des § 331 HGB kann zudem ein Berufsverbot nach § 70 StGB treffen.[248]

G. Tatbestandliche Voraussetzungen des § 331 Nr. 4, 1. Alt. HGB: Falsche Angaben gegenüber Abschlussprüfern

Diese Alternative lautet:

Mit Freiheitsstrafe bis zu drei Jahren oder mit Geldstrafe wird bestraft, wer

(...)

4. als Mitglied des vertretungsberechtigten Organs einer Kapitalgesellschaft oder als Mitglied des vertretungsberechtigten Organs oder als vertretungsberechtigter Gesellschafter eines ihrer Tochterunternehmen (§ 290 Abs. 1, 2) in Aufklärungen oder Nachweisen, die nach § 320 einem Abschlußprüfer der Kapitalgesellschaft, eines verbundenen Unternehmens oder des Konzerns zu geben sind, unrichtige Angaben macht (...).

---

[246] Insoweit wird auf die ausführliche Darstellung bei MüKoHGB/*Quedenfeld* HGB § 331 Rn. 111 ff. verwiesen. Vgl. auch MüKoStGB/*Sorgenfrei* HGB § 331 Rn. 148 ff. mwN.
[247] Vgl. ausführlich MüKoStGB/*Kiethe* AktG § 399 Rn. 168.
[248] MüKoStGB/*Sorgenfrei* HGB § 331 Rn. 163 mwN.

Kap. 9: Falsche Angaben und unrichtige Darstellung

I. Objektiver Tatbestand
1. Tauglicher Täterkreis
a) Taugliche Täter

93 § 331 Nr. 4 nennt als taugliche Täter
- die Mitglieder des vertretungsberechtigten Organs einer Kapitalgesellschaft und
- die vertretungsberechtigten Gesellschafter des Tochterunternehmens einer Kapitalgesellschaft.

94 Wer **Mitglied eines vertretungsberechtigten Organs** ist, richtet sich nach der Art der Kapitalgesellschaft. Insoweit wird auf die obige Übersicht verwiesen (Rn. 10).

95 Andere Personen können **nicht Täter** des § 331 HGB sein, so zB nicht - leitende Angestellte, Prokuristen, Handlungsbevollmächtigte oder etwa mit der Bilanzerstellung beauftragte Personen. Auch durch § 14 Abs. 2 StGB kann die höchstpersönliche Organpflicht der Bilanzierung nach einer weit verbreiteten Meinung nicht auf Dritte übertragen werden.[249]

b) Strohmann und faktische Organschaft

96 Auch ein als **Strohmann** eingesetztes Organmitglied kann insoweit haften, ebenso der hinter dem Strohmann agierende Hintermann.[250]

97 Umstritten ist, ob Täter auch derjenige sein kann, der die genannte Funktion nur **faktisch ausübt** (faktische Organschaft). Auf die obigen Ausführungen wird verwiesen (Rn. 12 f.)

c) Mehrgliedrige Organe

98 Besonderheiten bestehen bei **mehrgliedrigen Organen**. Insoweit wird auf die obigen Ausführungen verwiesen Rn. 14.[251]

d) Täter bei Personengesellschaften

99 Ein **vertretungsberechtigter Gesellschafter** kommt als Täter in Betracht, wenn es sich bei dem Tochterunternehmen nicht um eine Kapitalgesellschaft, sondern um eine Personengesellschaft handelt. Personengesellschaften sind die offene Handelsgesellschaft (OHG), die Kommanditgesellschaft (KG) und die Gesellschaft bürgerlichen Rechts (GbR).

2. Schutzrichtung und Tathandlungen
a) Schutzrichtung

100 Die Vorschrift soll vor gefährlichen Falschinformationen gegenüber Abschlussprüfern schützen. Der Wortlaut ist dem des § 147 Abs. 2 Nr. 2, Alt. 1 GenG und des § 400 Abs. 1 Nr. 2 AktG ähnlich.

---

[249] Ausführlich MüKoHGB/*Quedenfeld* HGB § 331 Rn. 15 unter Hinweis ua auf *Schmedding* S. 81; *Tiedemann,* Bilanzstrafrecht, S. 3; Blumers/Frick/Müller/*Dannecker* Rn. 641; **aA**: *Maul* DB 1989, 185 (188); *Biener/Berneke* S. 470.
[250] MüKoHGB/*Quedenfeld* HGB § 331 Rn. 24 unter Hinweis ua auf RG 14.10.1887 – 846/87, RGSt 16, 269; *Gübel* S. 79 ff.; vgl. zum UmwG: Lutter/*Kuhlen* UmwG § 313 Rn. 9 mwN.
[251] S. zudem Kap. 9.1. Rn. 25 und zum HGB ausführlich MüKoHGB/*Quedenfeld* HGB § 331 Rn. 28 mwN.

Kap. 9.4. § 331 HGB Unrichtige Darstellung

b) Tathandlungen

Der Täter muss **unrichtige Angaben** machen. Die Formulierung entspricht dem Begriff **falsche Angaben** in §§ 399, 400 AktG, 147 GenG, 82 GmbHG. Insoweit kann auf die grundsätzlichen Ausführungen zu § 399 AktG verwiesen (s. Kap. 9.1. Rn. 26 f.) werden. Im Gegensatz zu beispielsweise § 399 Abs. 1 AktG ist in § 331 HGB das „Verschweigen erheblicher Umstände" nicht explizit aufgeführt.[252] Das Verschweigen erheblicher Umstände macht Angaben jedoch regelmäßig unrichtig, so dass auch diese Fälle überwiegend erfasst werden. 101

Das **Verweigern jeglicher Angaben** erfüllt den Tatbestand nicht, denn § 331 Nr. 4 HGB schützt die Richtigkeit, Vollständigkeit und Klarheit der Auskunft, nicht aber die Erfüllung der Auskunftspflicht[253] als solche.[254]

Tatgegenstand der falschen Angaben sind Aufklärungen und Nachweise, die nach § 320 HGB dem Abschlussprüfer der Kapitalgesellschaft, dem Abschlussprüfer eines verbundenen Unternehmens oder dem Abschlussprüfer des Konzerns zu geben sind. Dies sind alle Auskünfte, die der Prüfer zur Erfüllung seiner Aufgabe benötigt. Umfasst sind neben Büchern, Schriften und Belegen auch mündliche Erläuterungen.[255] Strafrechtlich relevant sind nur solche Angaben, bezüglich derer der Prüfer ein Auskunftsrecht hat.[256] 102

Aufklärungen sind Erklärungen jeder Art, die für die Prüfung relevante Informationen enthalten und zur Klärung oder Vermeidung von Zweifelsfragen oder Widersprüchen erforderlich sind.[257]

Nachweise sind Unterlagen, die den vom Prüfer untersuchten Bereich betreffen, zB Urkunden, Schriften, Inventurlisten.[258]

Von § 331 Nr. 4 werden nur die **Pflichtprüfungen nach §§ 316 ff. HGB** erfasst. Sonderprüfungen oder freiwillige Prüfungen fallen nicht unter den Tatbestand.[259] 103

Adressat der Aufklärungen und Nachweise ist der **Abschlussprüfer**. Als solche kommen **Wirtschaftsprüfer** oder **vereidigte Buchprüfer** in Betracht. Erfasst werden der Abschlussprüfer der Kapitalgesellschaft (§ 319 Abs. 1 HGB), eines verbundenen Unternehmens (§ 271 Abs. 2 HGB) oder des Konzerns (§ 319 Abs. 5 HGB idF BilReG). Auch wenn § 331 Nr. 4 HGB im Gegensatz zu §§ 332, 333 HGB den Gehilfen des Abschlussprüfers nicht ausdrücklich nennt, geht die hM davon aus, dass Empfänger der unrichtigen Angaben nicht der Prüfer unmittelbar sein muss, sondern auch die unrichtige Angabe gegenüber 104

---

252 Vgl. zur AG Hopt/Wiedemann/*Otto* AktG § 400 Rn. 67.
253 Diese Pflicht wird geschützt durch § 335 Abs. 1 Nr. 5 HGB.
254 *Heymann*/*Otto* HGB § 331 Rn. 98; vgl. zu § 400 AktG: Geßler/Hefermehl/Eckardt/Kropff/*Fuhrmann* AktG § 400 Rn. 34.
255 Achenbach/Ransiek/Rönnau/*Ransiek* 8. Teil, 1. Kap. Rn. 105.
256 Vgl. *Heymann*/*Otto* HGB § 331 Rn. 92; Blumers/Frick/Müller/*Dannecker* Rn. 674.
257 Hopt/Wiedemann/*Otto* AktG § 400 Rn. 71; Blumers/Frick/Müller/*Dannecker* Rn. 676.
258 Hopt/Wiedemann/*Otto* AktG § 400 Rn. 71 unter Hinweis auf BGH 22.12.1959 – 1 StR 591/59, BGHSt 13, 382 (383) und Geßler/Hefermehl/Eckardt/Kropff/*Fuhrmann* AktG § 400 Rn. 31; Blumers/Frick/Müller/*Dannecker* Rn. 676.
259 MüKoHGB/*Quedenfeld* HGB § 331 Rn. 76 unter Hinweis auf *Ransiek* Rn. 301.

einem **Prüfungsgehilfen** ausreichen kann.[260] Die Angaben sind dem Prüfer gegenüber schon dann gemacht, wenn sie an einen seiner Sphäre zuzurechnenden, mit der Prüfungsaufgabe betrauten Adressaten gerichtet sind.[261] Eine erfolgreiche **Täuschung** des Prüfers ist nicht erforderlich, was sich auch aus der Deliktsnatur des § 331 HGB als abstraktes Gefährdungsdelikt[262] ergibt.[263]

105 Der Täter muss in seiner Funktion als Mitglied des oben genannten Täterkreises handeln. **Private Äußerungen** fallen nicht unter den Tatbestand.[264] Auch nicht solche, die erst **nach** der Abschlussprüfung erfolgen.[265]

106 Eine Strafbarkeit durch **Unterlassen** ist denkbar, in der Praxis aber eher selten. Der Täter ist nur strafbar, wenn ihn eine Garantenpflicht zum Tätigwerden trifft, § 13 StGB (s. die Beispiele zu § 313 UmwG Kap. 9.5. Rn. 34).

II. Subjektiver Tatbestand

107 Der Tatbestand des § 331 HGB erfordert **Vorsatz**, wobei **bedingter Vorsatz** (dolus eventualis) ausreicht.[266] Auf die obigen Ausführungen zu § 399 AktG wird verwiesen (s. Kap. 9.1. Rn. 39).

Besondere subjektive Merkmale, wie etwa eine Täuschungs- oder Schädigungsabsicht, sind nicht erforderlich.

III. Rechtswidrigkeit und Schuld

108 Es ist auf die obigen Ausführungen (s. Rn. 24) zu verweisen.

IV. Irrtumskonstellationen

109 Auch insoweit kann auf die obigen Ausführungen (Rn. 25) Bezug genommen werden.

V. Täterschaft und Teilnahme

110 § 331 HGB stellt ein echtes **Sonderdelikt** dar. Hinsichtlich **Täterschaft** und **Teilnahme** wird auf die Ausführungen zu § 399 AktG[267] Bezug genommen.

VI. Versuch und Vollendung

111 Der **Versuch** ist nicht strafbar, da § 331 HGB ein Vergehen ist. Auf die Ausführungen zu § 399 AktG[268] wird verwiesen.

---

260 So auch Blumers/Frick/Müller/*Dannecker* Rn. 677; *Heymann*/*Otto* HGB § 331 Rn. 70, 94; *Geilen* AktG § 400 Rn. 104; Hopt/Wiedemann/*Otto* AktG § 400 Rn. 72; MüKoHGB/*Quedenfeld* HGB § 331 Rn. 81 **aA**: Erbs/Kohlhaas/*Fuhrmann* AktG § 400 Rn. 46; Geßler/Hefermehl/Eckardt/Kropff/*Fuhrmann* AktG § 400 Rn. 32; Erbs/Kohlhaas/*Schaal* HGB § 331 Rn. 44.
261 Vergleichbar zur AG: Hopt/Wiedemann/*Otto* AktG § 400 Rn. 72.
262 Vgl. zum abstrakten/konkreten Gefährdungsdelikt: Schönke/Schröder/*Eisele* StGB Vor § 13 Rn. 131.
263 MüKoStGB/*Sorgenfrei* HGB § 331 Rn. 132.
264 So zutreffend Hachenburg/*Kohlmann* GmbHG § 82 Rn. 118; Lutter/*Kuhlen* UmwG § 313 Rn. 21 unter Hinweis auf die ablehnende Auffassung von Lutter/*Hommelhoff* GmbHG § 82 Rn. 23.
265 Zum UmwG vgl. Lutter/*Kuhlen* UmwG § 313 Rn. 21.
266 MüKoHGB/*Quedenfeld* HGB § 331 Rn. 90, 83.
267 Vgl. Hopt/Wiedemann/*Otto* AktG § 399 Rn. 109 ff. und Kap. 9.1. Rn. 46 ff.
268 Hopt/Wiedemann/*Otto* AktG § 399 Rn. 102 und Kap. 9.1. Rn. 51.

Tatvollendung tritt mit Zugang der für die Prüfung bestimmten Aufklärungen oder Nachweise beim Prüfer oder dessen Gehilfen ein.[269] Aus der Deliktsnatur des § 331 HGB als abstraktes Gefährdungsdelikt ergibt sich, dass eine Kenntnisnahme vom Inhalt nicht erforderlich ist. Auch eine erfolgreiche Irreführung des Prüfers ist nicht notwendig.

Tatbeendigung tritt mit Kenntnisnahme vom Inhalt durch den Prüfer ein.[270]

VII. Konkurrenzen[271]

1. Innertatbestandliche Konkurrenz

Eine Tathandlung kann verschiedene Alternativen des § 331 HGB erfüllen. Es kann Gesetzeskonkurrenz oder gleichartige Idealkonkurrenz vorliegen.[272] Überschneiden sich einzelne Tathandlungen des § 331 HGB, so geht der speziellere dem allgemeineren Tatbestand vor.

112

2. Konkurrenz zu anderen Straftatbeständen

Im Übrigen kann zwischen § 331 HGB und insbesondere Vermögensdelikten je nach Einzelfall **Tateinheit** gemäß § 52 StGB oder **Tatmehrheit** gemäß § 53 StGB vorliegen. Mit Betrug (§ 263 StGB), Kapitalanlagebetrug (§ 264 a StGB), Kreditbetrug (§ 265 b StGB), Subventionsbetrug (§ 264 StGB) und Untreue (§ 266 StGB) kann Tateinheit gegeben sein.[273]

113

Subsidiär zu § 331 Nr. 4 HGB sind § 400 Abs. 1 Nr. 2 AktG und § 17 Nr. 4 PublG.[274] § 400 Abs. 1 Nr. 2 AktG kommt allerdings dann eigenständige Bedeutung zu, wenn keine Abschlussprüfung betroffen ist, sondern eine Sonderprüfung.[275] Gleiches gilt für § 17 Nr. 4 PublG für die nach dem PublG vorgeschriebenen Prüfungen.[276] Insoweit ist auch auf § 147 Abs. 2 Nr. 2 GenG hinzuweisen, der für alle Genossenschaften gilt; ausgenommen sind hier die Kredit- und Finanzdienstleistungsinstitute, auf die § 331 Nr. 4 HGB anzuwenden ist. Für den Versicherungsverein auf Gegenseitigkeit (VVaG) schließlich findet § 143 Nr. 2 VAG, der dem § 331 Nr. 4 entspricht, Anwendung.

VIII. Strafverfolgung

1. Offizialdelikt

Bei den verschiedenen Tatbeständen des § 331 HGB handelt es sich um **Offizialdelikte**,[277] die von Amts wegen verfolgt werden. Ein Strafantrag ist nicht erforderlich.

114

2. Gerichtliche Zuständigkeit

Gemäß § 74 c Abs. 1 Nr. 1 GVG ist für Straftaten nach dem HGB eine Strafkammer als Wirtschaftsstrafkammer zuständig, soweit nach § 74 Abs. 1 GVG

115

---

269 MüKoHGB/*Quedenfeld* HGB § 331 Rn. 100.
270 MüKoHGB/*Quedenfeld* HGB § 331 Rn. 100 aE.
271 Vgl. hierzu sehr ausführlich für zahlreiche Fallkonstellationen: MüKoStGB/*Sorgenfrei* HGB § 331 Rn. 148–157.
272 Vgl. ausführlich MüKoHGB/*Quedenfeld* HGB § 331 Rn. 105 ff.
273 MüKoHGB/*Quedenfeld* HGB § 331 Rn. 110.
274 MüKoHGB/*Quedenfeld* HGB § 331 Rn. 111.
275 Beck'scher Bilanzkommentar/*Grottel*/*H. Hoffmann* HGB § 331 Rn. 51, 80.
276 Achenbach/Wannemacher/*Ransiek* § 23 III Rn. 308.
277 Vgl. dazu *Fischer* StGB Vor § 77 Rn. 2.

als Gericht des ersten Rechtszuges und nach § 74 Abs. 3 GVG für die Verhandlung und Entscheidung über das Rechtsmittel der Berufung gegen die Urteile des Schöffengerichts das Landgericht zuständig ist.

3. Verjährung

116 Gemäß § 78 Abs. 3 Nr. 4 StGB beträgt die Verjährungsfrist für Taten nach § 331 Nr. 4 HGB fünf Jahre. Verjährungsbeginn, -unterbrechung und -hemmung sind in §§ 78 a–c StGB geregelt. Die Verjährung beginnt mit der Beendigung der Ausführungshandlung. Da es sich bei § 331 HGB um ein abstraktes Gefährdungsdelikt handelt, beginnt die Verjährung bereits mit der Gefährdung; eine Verletzung ist nicht erforderlich.

4. Strafe

117 Die von § 331 HGB sanktionierten Straftaten sind Vergehen gemäß § 12 Abs. 2 StGB. Sie können mit Geldstrafe (§§ 40, 41 StGB) oder Freiheitsstrafe (§§ 38, 39 StGB) bis zu drei Jahren geahndet werden. Die Vorschriften über die Einziehung gemäß §§ 73 ff. StGB finden Anwendung. Auch die Verhängung eines Berufsverbots gemäß § 70 StGB kommt in Betracht. Bei Teilnehmern kann gemäß §§ 28 Abs. 1, 49 Abs. 1 StGB die Strafe gemildert werden.

5. Weitere mögliche Folgen der Tat

118 Den verurteilten Täter eines Delikts nach § 331 HGB kann gemäß § 70 StGB, § 6 Abs. 2 S. 2 Nr. 3 d GmbHG idF MoMiG ein Berufsverbot treffen, wenn eine Wiederholungsprognose besteht.[278]

H. Tatbestandliche Voraussetzungen des § 331 Nr. 4, 2. und 3. Alt. HGB: Unrichtige Wiedergabe oder Verschleierung der Verhältnisse in Aufklärungen oder Nachweisen gegenüber Abschlussprüfern

Diese Alternative lautet:

Mit Freiheitsstrafe bis zu drei Jahren oder mit Geldstrafe wird bestraft, wer

(...)

4. als Mitglied des vertretungsberechtigten Organs einer Kapitalgesellschaft oder als Mitglied des vertretungsberechtigten Organs oder als vertretungsberechtigter Gesellschafter eines ihrer Tochterunternehmen (§ 290 Abs. 1, 2) in Aufklärungen oder Nachweisen, die nach § 320 einem Abschlußprüfer der Kapitalgesellschaft, eines verbundenen Unternehmens oder des Konzerns zu geben sind, (...) die Verhältnisse der Kapitalgesellschaft, eines Tochterunternehmens oder des Konzerns unrichtig wiedergibt oder verschleiert.

(...)

---

278 MüKoStGB/*Sorgenfrei* HGB § 331 Rn. 119.

I. Objektiver Tatbestand
1. Tauglicher Täterkreis

§ 331 Nr. 4 HGB nennt als taugliche Täter:

- die Mitglieder des vertretungsberechtigten Organs einer Kapitalgesellschaft,
- die Mitglieder des vertretungsberechtigten Organs des Tochterunternehmens einer Kapitalgesellschaft und
- die vertretungsberechtigten Gesellschafter des Tochterunternehmens einer Kapitalgesellschaft.

Insoweit wird auf die Ausführungen zu § 331 Nr. 4, 1. Alt. HGB verwiesen (Rn. 93 ff.).

Ferner wird auf die Ausführungen zu **„Strohmann und faktische Organschaft"** Bezug genommen (Rn. 11 ff.).

Besonderheiten bestehen bei **mehrgliedrigen Organen**. Insoweit wird auf die Ausführungen zu § 399 AktG verwiesen.[279]

Ein **vertretungsberechtigter Gesellschafter** kommt als Täter in Betracht, wenn es sich bei dem Tochterunternehmen nicht um eine Kapitalgesellschaft, sondern um eine **Personengesellschaft** handelt. Personengesellschaften sind die offene Handelsgesellschaft (OHG), die Kommanditgesellschaft (KG) und die Gesellschaft bürgerlichen Rechts (GbR).

2. Schutzrichtung und Tathandlungen
a) Schutzrichtung

Die Vorschrift soll vor gefährlichen Falschinformationen gegenüber Abschlussprüfern schützen. Der Wortlaut ist dem des § 147 Abs. 2 Nr. 2, 2. und 3. Alt GenG und des § 400 Abs. 1 Nr. 2, 2. und 3.Alt. AktG ähnlich.

b) Tathandlungen

Es muss eine **unrichtige Wiedergabe** oder **Verschleierung** der Verhältnisse der Kapitalgesellschaft, eines Tochterunternehmens oder des Konzerns gegeben sein. Hinsichtlich dieser Begriffe wird auf die Ausführungen zu § 331 Nr. 1 HGB (s. Rn. 18 ff.) Bezug genommen.

Tatgegenstand der unrichtigen Wiedergabe bzw. Verschleierung sind Aufklärungen und Nachweise, die nach § 320 HGB dem Abschlussprüfer der Kapitalgesellschaft, dem Abschlussprüfer eines verbundenen Unternehmens oder dem Abschlussprüfer des Konzerns zu geben sind. Strafrechtlich relevant sind danach nur solche Angaben, bezüglich derer der Prüfer ein Auskunftsrecht hat.[280] Zu den Begriffen **Aufklärungen** und **Nachweise** wird auf die Ausführungen zu § 331 Nr. 4, 1. Alt. HGB (Rn. 102) Bezug genommen.

Adressat der Aufklärungen und Nachweise ist der **Abschlussprüfer**. Als solche kommen **Wirtschaftsprüfer** oder **vereidigte Buchprüfer** in Betracht, vgl. § 319 Abs. 1 HGB. Auch wenn § 331 Nr. 4 HGB im Gegensatz zu §§ 332, 333 HGB den Gehilfen des Abschlussprüfers nicht ausdrücklich nennt, geht die zutref-

---

279 Zum HGB ausführlich MüKoHGB/*Quedenfeld* HGB § 331 Rn. 28 f mwN.
280 Vgl. Heymann/*Otto* HGB § 331 Rn. 92; Blumers/Frick/Müller/*Dannecker* HGB § 331 Rn. 674.

fende und überwiegende Meinung davon aus, dass Empfänger der unrichtigen Wiedergabe nicht der Prüfer unmittelbar sein muss, sondern auch die unrichtige Angabe gegenüber einem **Prüfungsgehilfen** ausreichen kann.[281]

Die Angaben sind dem Prüfer gegenüber schon dann gemacht, wenn sie an einen seiner Sphäre zuzurechnenden, mit der Prüfungsaufgabe betrauten Adressaten gerichtet sind.[282] Ergänzend wird auf die ausführlichen Darstellungen zu § 331 Nr. 4, 1. Alt. HGB verwiesen.[283]

II. Subjektiver Tatbestand

121 Der Tatbestand des § 331 HGB erfordert **Vorsatz**, wobei **bedingter Vorsatz** (dolus eventualis) ausreicht.[284] Auf die Ausführungen zu § 399 AktG wird verwiesen (s. Kap. 9.1. Rn. 39).

Besondere subjektive Merkmale wie etwas eine Täuschungs- oder Schädigungsabsicht sind nicht erforderlich.

III. Rechtswidrigkeit, Schuld, Irrtumskonstellationen

122 Es wird auf die obigen Ausführungen zu § 399 AktG (s. Kap. 9.1. Rn. 41 ff.) verwiesen.

IV. Täterschaft und Teilnahme

123 § 331 HGB stellt ein echtes **Sonderdelikt** dar. Der **Täterkreis** beschränkt sich auf die (oben) dargestellten Personen. Täter, Nebentäter, mittelbarer Täter und Mittäter kann nur ein Träger der Sonderpflicht sein. Es kann insoweit auf die obigen Ausführungen zu § 399 (s. Kap. 9.1. Rn. 46 ff.) verwiesen werden. Auch die **Teilnahme** richtet sich nach den allgemeinen Vorschriften der §§ 26, 27, 28 StGB.[285]

V. Versuch und Vollendung

124 Der **Versuch** ist nicht strafbar, da § 331 HGB ein Vergehen ist. Auf die Ausführungen zu § 399 AktG[286] wird verwiesen.

Tatvollendung tritt mit Zugang der für die Prüfung bestimmten Aufklärungen oder Nachweise beim Prüfer oder dessen Gehilfen ein.[287] Aus der Deliktsnatur des § 331 HGB als abstraktes Gefährdungsdelikt ergibt sich, dass eine Kenntnisnahme vom Inhalt nicht erforderlich ist. Auch eine erfolgreiche Irreführung des Prüfers ist nicht notwendig.

Tatbeendigung tritt mit Kenntnisnahme vom Inhalt durch den Prüfer ein.[288]

---

281 So auch Blumers/Frick/Müller/*Dannecker* HGB § 331 Rn. 677; Heymann/*Otto* HGB § 331 Rn. 70, 94; *Geilen* AktG § 400 Rn. 104; Hopt/Wiedemann/*Otto* AktG § 400 Rn. 72; MüKoHGB/*Quedenfeld* HGB § 331 Rn. 81 **aA**: Erbs/Kohlhaas/*Schaal* AktG § 400 Rn. 6; Geßler/Hefermehl/Eckardt/Kropff/*Fuhrmann* AktG § 400 Rn. 32.
282 Vergleichbar zur AG: Hopt/Wiedemann/*Otto* AktG § 400 Rn. 72.
283 Rn. 104.
284 MüKoHGB/*Quedenfeld* HGB § 331 Rn. 83, 90.
285 Ausführlich: Lutter/*Kuhlen* UmwG § 313 Rn. 30 mwN.
286 Hopt/Wiedemann/*Otto* AktG § 399 Rn. 102 und Kap. 9.1. Rn. 51.
287 MüKoHGB/*Quedenfeld* HGB § 331 Rn. 100.
288 MüKoHGB/*Quedenfeld* HGB § 331 Rn. 100 aE.

VI. Konkurrenzen

Auf die Ausführungen zu § 331 Nr. 4 1. Alt. HGB wird verwiesen.[289] 125

Subsidiär zu § 331 Nr. 4 HGB sind § 400 Abs. 1 Nr. 2 AktG und § 17 Nr. 4 PublG.[290] § 400 Abs. 1 Nr. 2 AktG kommt allerdings dann eigenständige Bedeutung zu, wenn keine Abschlussprüfung betroffen ist, sondern eine Sonderprüfung.[291] Gleiches gilt gem. § 17 Nr. 4 PublG für die nach dem PublG vorgeschriebenen Prüfungen.[292] Insoweit ist auch auf § 147 Abs. 2 Nr. 2 GenG hinzuweisen, der für alle Genossenschaften gilt; ausgenommen sind hier die Kredit- und Finanzdienstleistungsinstitute, auf die § 331 Nr. 4 HGB anzuwenden ist. Für den Versicherungsverein auf Gegenseitigkeit (VVaG) schließlich findet § 143 Nr. 2 VAG, der dem § 331 Nr. 4 entspricht, Anwendung.

VII. Strafverfolgung

1. Offizialdelikt

Bei den verschiedenen Tatbeständen des § 331 HGB handelt es sich um **Offizialdelikte**,[293] die von Amts wegen verfolgt werden. Ein Strafantrag ist nicht erforderlich. 126

2. Gerichtliche Zuständigkeit

Gemäß § 74 c Abs. 1 Nr. 1 GVG ist für Straftaten nach dem HGB eine Strafkammer als Wirtschaftsstrafkammer zuständig, soweit nach § 74 Abs. 1 GVG als Gericht des ersten Rechtszuges und nach § 74 Abs. 3 GVG für die Verhandlung und Entscheidung über das Rechtsmittel der Berufung gegen die Urteile des Schöffengerichts das Landgericht zuständig ist. 127

3. Verjährung

Gemäß § 78 Abs. 3 Nr. 4 StGB haben Taten nach § 331 Nr. 4 HGB eine Verjährungsfrist von fünf Jahren. Verjährungsbeginn, -unterbrechung und -hemmung sind in §§ 78 a–78 c StGB geregelt. Die Verjährung beginnt mit der Beendigung der Ausführungshandlung. Da es sich bei § 331 HGB um ein abstraktes Gefährdungsdelikt handelt, beginnt die Verjährung mit der Gefährdung; eine Verletzung ist nicht erforderlich. 128

4. Strafe

Die von § 331 HGB sanktionierten Straftaten sind Vergehen gemäß § 12 Abs. 2 StGB. Sie können mit Geldstrafe (§§ 40, 41 StGB) oder Freiheitsstrafe (§§ 38, 39 StGB) bis zu drei Jahren geahndet werden. Die Vorschriften über die Einziehung gemäß §§ 73 ff. StGB finden Anwendung. Auch die Verhängung eines Berufsverbots gemäß § 70 StGB kommt in Betracht. Bei Teilnehmern kann gemäß §§ 28 Abs. 1, 49 Abs. 1 StGB die Strafe gemildert werden. 129

---

289 Rn. 112 f.
290 MüKoHGB/*Quedenfeld* HGB § 331 Rn. 111.
291 Beck'scher Bilanzkommentar/*Grottel/H. Hoffmann* HGB § 331 Rn. 51, 80.
292 Achenbach/Wannemacher/*Ransiek* § 23 III Rn. 308.
293 Vgl. dazu *Fischer* StGB Vor § 77 Rn. 2.

5. Strafprozessrecht

130 Bedeutsam kann je nach Einzelfall sein, dass Tatsachen oder Beweismittel aus Steuerakten des betroffenen Unternehmens nach § 393 Abs. 2 AO in Strafverfahren wegen Bilanzdelikten nicht verwertet werden dürfen.[294]

Die §§ 73 ff. StGB lassen die Abschöpfung illegitimer Tatvorteile zu.[295]

Kap. 9.5. § 313 UmwG Unrichtige Darstellung

§ 313 UmwG Unrichtige Darstellung

(1) Mit Freiheitsstrafe bis zu drei Jahren oder mit Geldstrafe wird bestraft, wer als Mitglied eines Vertretungsorgans, als vertretungsberechtigter Gesellschafter oder Partner, als Mitglied eines Aufsichtsrats oder als Abwickler eines an einer Umwandlung beteiligten Rechtsträgers bei dieser Umwandlung

1. die Verhältnisse des Rechtsträgers einschließlich seiner Beziehungen zu verbundenen Unternehmen in einem in diesem Gesetz vorgesehenen Bericht (Verschmelzungsbericht, Spaltungsbericht, Übertragungsbericht, Umwandlungsbericht), in Darstellungen oder Übersichten über den Vermögensstand, in Vorträgen oder Auskünften in der Versammlung der Anteilsinhaber unrichtig wiedergibt oder verschleiert, wenn die Tat nicht in § 331 Nr. 1 oder Nr. 1 a des Handelsgesetzbuchs mit Strafe bedroht ist, oder

2. in Aufklärungen und Nachweisen, die nach den Vorschriften dieses Gesetzes einem Verschmelzungs-, Spaltungs- oder Übertragungsprüfer zu geben sind, unrichtige Angaben macht oder die Verhältnisse des Rechtsträgers einschließlich seiner Beziehungen zu verbundenen Unternehmen unrichtig wiedergibt oder verschleiert.

(2) Ebenso wird bestraft, wer als Geschäftsführer einer Gesellschaft mit beschränkter Haftung, als Mitglied des Vorstands einer Aktiengesellschaft, als zur Vertretung ermächtigter persönlich haftender Gesellschafter einer Kommanditgesellschaft auf Aktien oder als Abwickler einer solchen Gesellschaft in einer Erklärung nach § 52 über die Zustimmung der Anteilsinhaber dieses Rechtsträgers oder in einer Erklärung nach § 140 oder § 146 Abs. 1 über die Deckung des Stammkapitals oder Grundkapitals der übertragenden Gesellschaft unrichtige Angaben macht oder seiner Erklärung zugrunde legt.

Literatur: *Brandes*, Die Rechtsprechung des Bundesgerichtshofs auf dem Gebiet des Aktienrechts, WM 1992, 465; *Bruns*, Die sog. „tatsächliche" Betrachtungsweise im Strafrecht, JR 1984, 133; *Dannecker*, Bilanzstrafrecht, in: Blumers/Frick/Müller, Betriebsprüfungshandbuch, Loseblatt 1999; *Förschle* u.a. (Hrsg.): Beck'scher Bilanz-Kommentar, Handels- und Steuerbilanz – §§ 238–342 e HGB, 9. Aufl. 2014 (zit. als MüKoBilR/*Dannecker*); *Fuhrmann*, in: Geßler/Hefermehl/Eckardt/Kropff, Aktiengesetz, Kommentar, 1973, strafrechtliche Vorschriften, in: Bd. 6, 18. Lieferung 1994; *Geilen*, Aktienstrafrecht, 1984 (Sonderausgabe aus Kölner Kommentar zum Aktiengesetz 1. Aufl. 1970); *Heymann/Otto*, Kommentar zum Handelsgesetzbuch, Bd. 3, §§ 238–342 a HGB, 2. Aufl. 1999; *Joerden*, Grenzen der Auslegung des § 84 I Nr. 2 GmbHG, wistra 1990, 1; *Klussmann*, Strafbarkeit sog. Geschäftslagetäuschungen nach § 400 AktG 65, AG 1973, 221; *ders.*, Geschäftslagetäuschun-

---

[294] So auch MüKoStGB/*Sorgenfrei* HGB § 331 Rn. 160 mwN; vgl. zu § 82 GmbHG: OLG Stuttgart 16.4.1986 – 2 Ss 772/86, wistra 1986, 191 f.; MüKoBilR/*Waßmer* HGB § 331 Rn. 156 mwN.

[295] Umfassend zu §§ 73 ff. StGB (freilich aufgrund der alten Rechtslage) und den Ansprüchen geschädigter Aktionäre: *Gaßmann* wistra 2004, 41 ff.

gen nach § 400 AktG, 1975; *Kohlmann*, in: Hachenburg GmbHG, Bd. 3, 8. Aufl. 1997; *Kratzsch*, „Das faktische Organ" im Gesellschaftsrecht, ZGR 1985, 506; *Kuhlen*, in: Lutter, Umwandlungsgesetz Kommentar, Band II, 5. Aufl. 2014; *Lauterwein/Xylander*, in: Esser/Rübenstahl/Saliger/Tsambikakis, Wirtschaftsstrafrecht, 2017; *Lutter/Hommelhoff*, Kommentar zum GmbHG, 19. Aufl. 2016; *Marsch-Barner*, in: Kallmeyer, Umwandlungsgesetz Kommentar, 4. Aufl. 2009; *Otto*, in: Hopt/Wiedemann, AktG Großkommentar, 34. Lieferung §§ 399–410, 4. Aufl. 1997; *Quedenfeld*, in: Münchener Kommentar zum Handelsgesetzbuch, Bd. 4 §§ 238–342 a HGB, 3. Aufl. 2013 (zit. als MüKoHGB/*Quedenfeld*); *Roth/Altmeppen*, GmbHG, 9. Aufl. 2019; *Schmedding*, Unrichtige Konzernrechnungslegung, 1991; *Schmidt*, Die Strafbarkeit „faktischer Geschäftsführer" wegen Konkursverschleppung als Methodenproblem, in: FS Rebmann, 1989, S. 419; *Stein*, Die Normadressaten der §§ 64, 84 GmbHG und die Verantwortlichkeit von Nichtgeschäftsführern wegen Konkursverschleppung, ZHR 1984, 207; *Tiedemann*, Kommentar zum GmbH-Strafrecht, 5. Aufl. 2010; *Vossius,* in: Widmann/Mayer, Umwandlungsrecht, Umwandlungsgesetz, Umwandlungssteuergesetz, Band 4: §§ 174–325 UmwG, 4. Aufl. 1998.

A. Allgemeines 1	1. Tauglicher Täterkreis 25
I. Rechtsentwicklung 1	2. Schutzrichtung und Tathandlungen 29
II. Geschütztes Rechtsgut 2	a) Schutzrichtung 29
III. Deliktscharakter 3	b) Tathandlung 30
IV. Zivilrecht 4	II. Subjektiver Tatbestand 35
V. Praktische Bedeutung der Vorschrift 5	III. Rechtswidrigkeit und Schuld 36
VI. Der typische Anwendungsfall ... 6	IV. Irrtumskonstellationen 37
B. Tatbestandliche Voraussetzungen des § 313 Abs. 1 Nr. 1 UmwG: Unrichtige Wiedergabe und Verschleierung der Verhältnisse 7	V. Täterschaft und Teilnahme 40
	VI. Versuch und Vollendung 41
	VII. Konkurrenzen 42
I. Objektiver Tatbestand 7	1. Innertatbestandliche Konkurrenz 42
1. Tauglicher Täterkreis 7	2. Konkurrenz zu anderen Straftatbeständen 43
2. Schutzrichtung und Tathandlungen 9	**D. Tatbestandsvoraussetzungen des § 313 Abs. 1 Nr. 2, 2. und 3. Alt. UmwG: Unrichtige Wiedergabe oder Verschleierung der Verhältnisse in Aufklärungen oder Nachweisen gegenüber Prüfern** 44
a) Schutzrichtung 9	
b) Tatmittel, Tatgegenstand und Tathandlung 10	
aa) Tatmittel 10	
bb) Tatgegenstand 11	
cc) Tathandlungen 13	I. Objektiver Tatbestand 44
II. Subjektiver Tatbestand 14	1. Tauglicher Täterkreis 44
III. Rechtswidrigkeit und Schuld, Irrtumskonstellationen, Täterschaft und Teilnahme 15	2. Schutzrichtung und Tathandlungen 45
	a) Schutzrichtung 45
IV. Versuch und Vollendung 16	b) Tathandlung 46
V. Konkurrenzen 18	II. Subjektiver Tatbestand 47
1. Innertatbestandliche Konkurrenz 18	III. Rechtswidrigkeit und Schuld, Irrtumskonstellationen, Täterschaft und Teilnahme 48
2. Konkurrenz zu anderen Straftatbeständen 19	IV. Versuch und Vollendung 49
VI. Strafverfolgung 21	V. Konkurrenzen 50
1. Offizialdelikt 21	VI. Strafverfolgung 51
2. Gerichtliche Zuständigkeit .. 22	1. Offizialdelikt 51
3. Verjährung 23	2. Gerichtliche Zuständigkeit .. 52
4. Strafe 24	3. Verjährung 53
C. Tatbestandsvoraussetzungen des § 313 Abs. 1 Nr. 2, 1. Alt. UmwG: Falsche Angaben gegenüber Prüfern 25	4. Strafe 54
	E. Tatbestandliche Voraussetzungen des § 313 Abs. 2 UmwG: Falsche Angaben in Erklärungen nach dem UmwG 55
I. Objektiver Tatbestand 25	

Kap. 9: Falsche Angaben und unrichtige Darstellung

I. Objektiver Tatbestand	55	IV. Versuch und Vollendung	68
1. Tauglicher Täterkreis	55	V. Konkurrenzen	69
2. Schutzrichtung und Tathandlungen	59	VI. Strafverfolgung	70
II. Subjektiver Tatbestand	66	1. Offizialdelikt	70
III. Rechtswidrigkeit, Schuld, Irrtumskonstellationen, Täterschaft und Teilnahme	67	2. Gerichtliche Zuständigkeit ..	71
		3. Verjährung...................	72
		4. Strafe	73

A. Allgemeines

I. Rechtsentwicklung

1 § 313 UmwG trat am 1.1.1995 in Kraft.[1] Zuvor fanden sich in verschiedenen Gesetzen entsprechende Straftatbestände, die überwiegend weiterhin Geltung haben.[2] Hervorzuheben ist insoweit der rechtsformunabhängige § 331 HGB. § 36 KapErhG wurde durch Art. 5 UmwBerG aufgehoben. Die alte Regelung des § 399 Abs. 2 AktG ist entfallen und findet sich nun ähnlich in § 313 Abs. 2 UmwG wieder.[3] Außerdem wurde § 82 Abs. 1 GmbHG durch Art. 4 Abs. 5 UmwBerG um eine Alternative ergänzt (falsche Erklärungen des Geschäftsführers in der Anmeldungserklärung nach § 57 i Abs. 1 Satz 2 GmbHG).

Bedeutsame Änderungen erfuhr § 313 UmwG durch Gesetze vom 22.7.1998[4] und vom 4.12.2004.[5] In § 313 Abs. 1 Nr. 1 wurde die Bezugnahme auf § 331 Nr. 1 a HGB eingefügt. § 313 UmwG ist artverwandt mit den Vorschriften des § 400 AktG und § 331 HGB.

Die im UmwG angesprochenen Umwandlungen sind die **Verschmelzung**[6] (§§ 2–122 UmwG), die **Spaltung**[7] (§§ 123–173 UmwG), die **Vermögensübertragung** (§§ 174–189 UmwG) und der **Formwechsel**[8] (§§ 190–304 UmwG). Wichtige Grundbegriffe des Umwandlungsrechts sind „**Rechtsträger**" und „**Vermögen**".

II. Geschütztes Rechtsgut

2 Dem Schutzbereich des § 313 UmwG unterfallen verschiedene Rechtsgüter.

Zunächst soll das Vertrauen der Allgemeinheit in die Richtigkeit der tatbestandlich aufgeführten Angaben geschützt werden.[9] Daneben soll die Norm die Individualinteressen bestimmter Personengruppen an korrekten Informa-

---

1 UmwG vom 28.10.1994, BGBl. I 3210; BGBl. 1995 I 428; letztes Änderungsgesetz vom 22.12.2011 (BGBl. I 3044). Vgl. auch Esser/Rübenstahl/Saliger/Tsambikakis/*Lauterwein*/*Xylander* UmwG § 313 Rn. 2; BeckOGK/M. *Krüger*/*Wengenroth* UmwG § 313 Rn. 6.
2 ZB § 147 GenG, § 134 VAG, § 400 AktG, § 17 PublG, § 331 HGB.
3 Vgl. Art. 6 Abs. 15 UmwBerG.
4 Art. 1 des Gesetzes zur Änderung des Umwandlungsgesetzes, des Partnerschaftsgesellschaftsgesetzes und anderer Gesetze vom 22.7.1998, BGBl. I 1878 Nr. 46/1998.
5 Art. 8 Abs. 10 des Gesetzes zur Einführung internationaler Rechnungslegungsstandards und zur Sicherung der Qualität der Abschlussprüfung vom 4.12.2004, BGBl. I 3166 Nr. 65/2004.
6 Zum Begriff Müller-Gugenberger/*Wagenpfeil* § 27 Rn. 183, 54.
7 Zum Begriff Müller-Gugenberger/*Wagenpfeil* § 27 Rn. 183, 61 ff.
8 Zum Begriff Müller-Gugenberger/*Wagenpfeil* § 50 Rn. 10.
9 Lutter/*Kuhlen* UmwG § 313 Rn. 6 mwN; *Marsch-Barner* UmwG § 313 Rn. 2; tendenziell kritisch Semler/Stengel/*Taschke* UmwG § 313 Rn. 7; Esser/Rübenstahl/Saliger/Tsambikakis/*Lauterwein*/*Xylander* UmwG § 313 Rn. 3; BeckOGK/M. *Krüger*/*Wengenroth* UmwG § 313 Rn. 10.

tionen schützen, zB die Anteilseigner der an der Umwandlung beteiligten Rechtsträger.[10] Schließlich werden die Geschäftspartner und Arbeitnehmer der beteiligten Rechtsträger geschützt.[11]

III. Deliktscharakter

Bei § 313 UmwG handelt es sich – wie auch bei §§ 399, 400 AktG, § 147 GenG, § 82 GmbHG – um ein **abstraktes Gefährdungsdelikt**,[12] ein (echtes) **Sonderdelikt**[13] und einen (unechten) **Blankettstraftatbestand**. Insoweit wird auf die Ausführungen zu den genannten Delikten Bezug genommen (s. Kap. 9.1. Rn. 4 ff.; Kap. 9.2. Rn. 4; Kap. 9.7. Rn. 3; Kap. 9.3. Rn. 3).

IV. Zivilrecht

Die Vorschrift des § 313 UmwG ist zugunsten der durch die Norm geschützten Personen (Rechtsgutsträger) **Schutzgesetz im Sinne des § 823 Abs. 2 BGB**.[14] Der zivilrechtliche Schadensersatz setzt dabei voraus, dass der Anspruchsteller nachweisen kann, dass der Geschädigte durch ein Verhalten im Vertrauen auf die Korrektheit der maßgeblichen Angaben einen **Schaden**[15] erlitten hat.[16]

V. Praktische Bedeutung der Vorschrift

Den Tatbeständen des § 313 UmwG kommt durch die zahlreichen Unternehmenszusammenschlüsse der letzten Jahre verstärkte Bedeutung zu. Wegen der Subsidiarität des § 313 Abs. 1 Nr. 1 UmwG findet dieser jedoch nur eingeschränkt Anwendung.[17] Zu Verurteilungen kommt es bei gleichzeitigem Vorliegen von Betrug oder Untreue, die mit höherer Strafe bedroht sind, wegen der Praxis der Staatsanwaltschaften, für gewöhnlich nach §§ 154, 154 a StPO zu verfahren, selten.[18]

VI. Der typische Anwendungsfall

Der typische Anwendungsfall:

Die A-AG und die B-AG sollen verschmolzen werden. Der Vorstandsvorsitzende V der B-AG teilt dem Aktionär A der A-AG in einer Versammlung der Anteilsinhaber am 3.5.2015 bewusst wahrheitswidrig mit, die A-AG habe von der S-GmbH einen Großauftrag über 300 Mio. EUR erhalten. Erste Teilzah-

---

10 Lutter/*Kuhlen* UmwG § 313 Rn. 6 unter Hinweis auf BT-Drs. 12/6699, 171 f.; Marsch-Barner UmwG § 313 Rn. 2; **aA**: Widmann/Mayer/*Vossius* UmwG § 313 Rn. 2, 47.
11 Lutter/*Kuhlen* UmwG § 313 Rn. 6 mwN
12 Esser/Rübenstahl/Saliger/Tsambikakis/*Lauterwein/Xylander* UmwG § 313 Rn. 7 mwN; zum Begriff des abstrakten/konkreten Gefährdungsdelikts siehe bspw. *Fischer* StGB Vor § 13 Rn. 18 f.
13 Zur Begrifflichkeit: Schönke/Schröder/*Eisele* StGB Vor § 13 Rn. 131.
14 Semler/Stengel/*Taschke* UmwG § 313 Rn. 8; Esser/Rübenstahl/Saliger/Tsambikakis/ *Lauterwein/Xylander* UmwG § 313 Rn. 6; BeckOGK/M. *Krüger/Wengenroth* UmwG § 313 Rn. 15 sowie Lutter/*Kuhlen* UmwG § 313 Rn. 7 mwN.
15 Zum Schadensbegriff vgl. Palandt/*Thomas* BGB Vor § 249 Rn. 7 ff.
16 Beispielhaft sei insoweit verwiesen auf die Fälle in *Brandes* WM 1992, 477; BGH 11.11.1985 – II ZR 109/84, BGHZ 96, 231 (243); BGH 11.7.1988 – II ZR 243/87, BGHZ 105, 121 (126); Geßler/Hefermehl/Eckardt/Kropff/*Fuhrmann* AktG § 399 Rn. 3.
17 Vgl. Esser/Rübenstahl/Saliger/Tsambikakis/*Lauterwein/Xylander* UmwG § 313 Rn. 8.
18 Ebenso Esser/Rübenstahl/Saliger/Tsambikakis/*Lauterwein/Xylander* UmwG § 313 Rn. 8.

lungen an die A-AG würden bereits am 1.9.2015 erfolgen. Tatsächlich liegt kein Auftrag der S-GmbH vor. Es hat lediglich Anbahnungsgespräche für einen eventuellen Auftrag gegeben.

B. Tatbestandliche Voraussetzungen des § 313 Abs. 1 Nr. 1 UmwG: Unrichtige Wiedergabe und Verschleierung der Verhältnisse

Der Tatbestand dieser Alternative lautet:

(1) Mit Freiheitsstrafe bis zu drei Jahren oder mit Geldstrafe wird bestraft, wer als Mitglied eines Vertretungsorgans, als vertretungsberechtigter Gesellschafter oder Partner, als Mitglied eines Aufsichtsrats oder als Abwickler eines an einer Umwandlung beteiligten Rechtsträgers bei dieser Umwandlung

1. die Verhältnisse des Rechtsträgers einschließlich seiner Beziehungen zu verbundenen Unternehmen in einem in diesem Gesetz vorgesehenen Bericht (Verschmelzungsbericht, Spaltungsbericht, Übertragungsbericht, Umwandlungsbericht), in Darstellungen oder Übersichten über den Vermögensstand, in Vorträgen oder Auskünften in der Versammlung der Anteilsinhaber unrichtig wiedergibt oder verschleiert, wenn die Tat nicht in § 331 Nr. 1 oder Nr. 1 a des Handelsgesetzbuchs mit Strafe bedroht ist, oder

(...)

I. Objektiver Tatbestand
1. Tauglicher Täterkreis

Nur natürliche Personen, die für einen an der Umwandlung beteiligten **Rechtsträger** tätig werden, kommen in Betracht. Der Kreis der Rechtsträger ergibt sich aus §§ 3, 124, 175, 191 UmwG. Zu dem jeweiligen Rechtsträger muss der Täter in Beziehung stehen als:

- Mitglied eines Vertretungsorgans,
- vertretungsberechtigter Gesellschafter oder Partner,
- Mitglied eines Aufsichtsrats eines der an der Umwandlung beteiligten Rechtsträger oder
- Abwickler eines der an der Umwandlung beteiligten Rechtsträger.[19]

Auch eine als **Strohmann** eingesetzte Person kann insoweit haften.[20]

Umstritten ist, ob Täter auch derjenige sein kann, der die genannte Funktion nur **faktisch ausübt**.[21] Die **Rechtsprechung** lässt dies genügen und bejaht die strafrechtliche Verantwortlichkeit des **faktischen Geschäftsführers der GmbH**[22] und der **KG**[23] sowie des **faktischen Vorstandsmitglieds der Genossenschaft**[24]

---

19 Vgl. insoweit Esser/Rübenstahl/Saliger/Tsambikakis/*Lauterwein/Xylander* Wirtschaftsstrafrecht, UmwG § 313 Rn. 9.
20 Lutter/*Kuhlen* UmwG § 313 Rn. 9 mwN; vgl. auch Kap. 9.1. Rn. 19.
21 Lutter/*Kuhlen* UmwG § 313 Rn. 10.
22 BGH 24.6.1952 – 1 StR 153/52, BGHSt 3, 32; BGH 28.6.1966 – 1 StR 414/65, BGHSt 21, 101; BGH 22.9.1982 – 3 StR 287/82, BGHSt 31, 118.
23 BGH 6.11.1986 – 1 StR 327/86, BGHSt 34, 221.
24 RG 14.10.1887 – 846/87, RGSt 16, 269.

und der **AG**.²⁵ In der **Literatur** gibt es hierzu zustimmende, allerdings auch – mit beachtlichen Argumenten – einschränkende Auffassungen.²⁶

Besonderheiten ergeben sich aus der **Art der Auskünfte**. Nicht jede unrichtige Auskunft, die einem Prüfer von einem tauglichen Täter gegeben wird, ist tatbestandsmäßig, sondern nur eine solche, auf die der Prüfer gerade gegenüber diesem Organmitglied ein Auskunftsrecht hat. 8

Beispiel:

Ist der **Vorstand** dem Prüfer gegenüber in einem bestimmten Punkt auskunftspflichtig und gibt nun ein **Aufsichtsratsmitglied** auf Anfrage bestimmte falsche Auskünfte, so ist sein Handeln nicht tatbestandsmäßig.

2. Schutzrichtung und Tathandlungen
a) Schutzrichtung

Die Vorschrift soll vor Falschinformationen über die Verhältnisse der Kapitalgesellschaft schützen. Der Wortlaut ist dem der §§ 331 HGB, 17 Nr. 1 PublG ähnlich. Geschützt wird vor unrichtigen Darstellungen in Berichten nach dem Umwandlungsgesetz, in Darstellungen und Übersichten über den Vermögensstand sowie in Vorträgen oder Auskünften in der Versammlung der Anteilsinhaber. 9

b) Tatmittel, Tatgegenstand und Tathandlung
aa) Tatmittel

Die unrichtige Darstellung muss erfolgen 10

- im Verschmelzungs-, Spaltungs-, Übertragungs- oder Umwandlungsbericht,
- in Darstellungen und Übersichten über den Vermögensstand oder
- in Vorträgen oder Auskünften in der Versammlung der Anteilsinhaber.

Der **Verschmelzungsbericht** ist in § 8 UmwG, der **Spaltungsbericht** in §§ 127, 135 Abs. 1 UmwG, der **Umwandlungsbericht** in § 192 UmwG geregelt. Der **Übertragungsbericht** entspricht nach den Verweisungsnormen der §§ 176 ff. UmwG entweder dem Verschmelzungsbericht (§§ 176 Abs. 1, 178 Abs. 1, 180 Abs. 1, 186 Abs. 1, 188 Abs. 1 UmwG) oder dem Spaltungsbericht (§§ 177 Abs. 1, 179 Abs. 1, 184 Abs. 1, 189 Abs. 1 UmwG).

Zum Begriff der **Darstellungen und Übersichten** über den Vermögensstand wird auf die Ausführungen zum insoweit wortgleichen § 400 Abs. 1 AktG verwiesen (s. Kap. 9.2. Rn. 12 f.). Teilweise wird (auch) zu § 313 UmwG vertreten, der Begriff der Darstellung sei restriktiv auszulegen und auf **wichtige Mitteilungen** – vergleichbar der Unterrichtung nach § 143 UmwG – zu beschränken.²⁷ Dem ist zuzustimmen (anders noch die Vorauflage).

Zu den Begriffen der **Vorträge und Auskünfte in der Versammlung der Anteilsinhaber** wird ebenfalls auf die grundsätzlichen Ausführungen zu § 400 Abs. 1

---

25 BGH 28.6.1966 – 1 StR 414/65, BGHSt 21, 101(104 ff.).
26 Kritisch ua: *Stein* ZHR 1984, 207; *Joerden* wistra 1990, 1 ff.; zustimmend: Lutter/*Kuhlen* UmwG § 313 Rn. 11 ff.; *Bruns* JR 1984, 133; *Kratzsch* ZGR 1985, 506; *K. Schmidt* in FS Rebmann S. 419.
27 So Lutter/*Kuhlen* UmwG § 313 Rn. 15 unter Hinweis auf Kallmeyer/*Marsch-Barner* UmwG § 313 Rn. 8.

AktG (s. Kap. 9.2. Rn. 14) verwiesen, denn in § 400 Abs. 1 Nr. 1 AktG heißt es nahezu wortgleich „in Vorträgen oder Auskünften in der Hauptversammlung". Bei der Versammlung der Anteilseigner handelt es sich um die im UmwG vorgesehene Versammlung, in der der erforderliche Umwandlungsbeschluss – etwa über einen Verschmelzungsvertrag gemäß § 13 UmwG – der jeweiligen Rechtsträger gefasst werden muss.

bb) Tatgegenstand

11 Gegenstand der Tathandlung (**unrichtige Wiedergabe oder Verschleierung**) sind die **Verhältnisse des Rechtsträgers**. Der Begriff entspricht den Paralleltatbeständen der § 400 Abs. 1 AktG, § 331 HGB, § 82 Abs. 2 Nr. 2 GmbHG, § 147 GenG, § 17 PublG und ist wie dort auszulegen.[28] Auf die Ausführungen zu den genannten Tatbeständen wird insoweit grundsätzlich verwiesen.

12 Tatgegenstand sind nur die Verhältnisse des Rechtsträgers, für den der Täter handelt. Eine Auskunft über Vermögensangelegenheiten etwa, die einen anderen beteiligten Rechtsträger betreffen, ist nicht tatbestandsmäßig.[29]

cc) Tathandlungen

13 Als Tathandlungen nennt § 313 Abs. 1 Nr. 1 UmwG die **unrichtige Wiedergabe** und die **Verschleierung** der Verhältnisse der Kapitalgesellschaft. Beide Alternativen sind gleichrangig. Die Abgrenzung der Begriffe ist umstritten,[30] jedoch ohne praktische Relevanz,[31] da die Übergänge fließend sind.[32] Auf die Ausführungen zum insoweit wortgleichen § 331 Nr. 1 HGB wird Bezug genommen (Kap. 9.4. Rn. 20 ff.).

II. Subjektiver Tatbestand

14 Der Tatbestand des § 313 UmwG erfordert **Vorsatz**, wobei **bedingter Vorsatz** (dolus eventualis) ausreicht.[33] Auf die Ausführungen zu § 399 AktG wird verwiesen (s. Kap. 9.1. Rn. 39).

Besondere subjektive Merkmale, wie etwa eine Täuschungs- oder Schädigungsabsicht, sind nicht erforderlich.

III. Rechtswidrigkeit und Schuld, Irrtumskonstellationen, Täterschaft und Teilnahme

15 Hier ist ebenfalls auf die obigen Ausführungen zu § 399 AktG (s. Kap. 9.1. Rn. 41 ff.) zu verweisen.

---

28 Vgl. Lutter/*Kuhlen* UmwG § 313 Rn. 15 unter Hinweis auf *Geilen* AktG § 400 Rn. 26 ff.; Heymann/*Otto* HGB § 331 Rn. 23 ff.; *Tiedemann* GmbHG § 82 Rn. 148 ff.
29 Lutter/*Kuhlen* UmwG § 313 Rn. 18.
30 MüKoHGB/*Quedenfeld* HGB § 331 Rn. 40; Heymann/*Otto* HGB § 331 Rn. 30; *Klussmann*, Geschäftslagetäuschung, S. 23 ff.; *Schmedding* S. 116 ff.
31 MüKoHGB/*Quedenfeld* HGB § 331 Rn. 40; Heymann/*Otto* HGB § 331 Rn. 30.
32 Vgl. BeckBilKomm/*Grottel/Hoffmann* HGB § 331 Rn. 10.
33 BeckOGK/M. *Krüger/Wengenroth* UmwG § 313 Rn. 71; Esser/Rübenstahl/Saliger/Tsambikakis/*Lauterwein/Xylander* UmwG § 313 Rn. 44.

IV. Versuch und Vollendung

Der **Versuch** ist nicht strafbar, da § 313 UmwG ein Vergehen ist. Auf die Ausführungen zu § 399 AktG[34] wird Bezug genommen.

Tatvollendung tritt mit Zugang des Berichtes, der Darstellung oder Übersicht bei mindestens einem der infrage kommenden Adressaten ein.[35] Dies sind Personen, für die das Werk bestimmt ist bzw. die ein Recht auf Kenntnisnahme haben. Bei Vorträgen und Auskünften in der Versammlung der Anteilsinhaber ist dies der Fall, sobald die Äußerung erfolgt ist und von mindestens einem Zuhörer wahrgenommen wurde. Aus der Deliktsnatur des § 313 UmwG als abstraktes Gefährdungsdelikt ergibt sich, dass eine Kenntnisnahme vom Inhalt nicht erforderlich ist. Auch eine erfolgreiche Irreführung ist nicht notwendig.

Die **Tatbeendigung**, die für den Verjährungsbeginn relevant ist, tritt mit Kenntnisnahme vom Inhalt ein.[36]

V. Konkurrenzen

1. Innertatbestandliche Konkurrenz

Eine Tathandlung kann verschiedene Alternativen des § 313 UmwG erfüllen. Es kann Gesetzeskonkurrenz oder gleichartige Idealkonkurrenz vorliegen.[37] Überschneiden sich einzelne Tathandlungen des § 313 UmwG, so geht der speziellere dem allgemeineren Tatbestand vor.

2. Konkurrenz zu anderen Straftatbeständen

Im Verhältnis zu § 331 Nr. 1 und Nr. 1 a HGB ist § 313 Abs. 1 Nr. 1 UmwG **subsidiär**, wenn die unrichtige Darstellung in einer Eröffnungsbilanz, einem Jahresabschluss, einem Lagebericht, einem befreienden Einzelabschluss nach § 325 Abs. 2 a S. 1, 2 b iVm § 315 a HGB oder einem Zwischenabschluss nach § 340 a Abs. 3 HGB erfolgt. Ist § 331 Nr. 1 HGB nicht erfüllt und lediglich eine Ordnungswidrigkeit nach § 334 Abs. 1 HGB gegeben, so gilt die Subsidiaritätsklausel nicht.

§ 313 UmwG behält **eigenständige Bedeutung** für:

- unrichtige Wiedergaben oder Verschleierungen in Verschmelzungs-, Spaltungs-, Umwandlungs- und Übertragungsberichten,
- sonstige Darstellungen und Übersichten über den Vermögensstand,
- Vorträge oder Auskünfte in der Versammlung der Anteilsinhaber.

Im Übrigen kann zwischen § 313 UmwG und insbesondere Vermögensdelikten (§§ 263, 266 StGB) je nach Einzelfall Tateinheit gemäß § 52 StGB oder Tatmehrheit gemäß § 53 StGB vorliegen.

---

34 Hopt/Wiedemann/*Otto* AktG § 399 Rn. 102, 63 ff.
35 *Klussmann* AG 1973, 221 (226 f.); Heymann/*Otto* HGB § 331 Rn. 34; BeckOGK/ M. *Krüger*/Wengenroth UmwG § 313 Rn. 65.
36 Vgl. entsprechend zu § 331 Nr. 1 HGB: MüKoHGB/*Quedenfeld* HGB § 331 Rn. 94.
37 Vgl. ausführlich Lutter/*Kuhlen* UmwG § 313 Rn. 33 mwN.

Kap. 9: Falsche Angaben und unrichtige Darstellung

VI. Strafverfolgung

1. Offizialdelikt

21 Bei den verschiedenen Tatbeständen des § 313 UmwG handelt es sich um **Offizialdelikte**,[38] die von Amts wegen verfolgt werden. Ein Strafantrag ist nicht erforderlich.

2. Gerichtliche Zuständigkeit

22 Gemäß § 74c Abs. 1 Nr. 1 GVG ist für Straftaten nach dem UmwG eine Strafkammer als Wirtschaftsstrafkammer zuständig, soweit nach § 74 Abs. 1 GVG als Gericht des ersten Rechtszuges und nach § 74 Abs. 3 GVG für die Verhandlung und Entscheidung über das Rechtsmittel der Berufung gegen die Urteile des Schöffengerichts das Landgericht zuständig ist.[39]

3. Verjährung

23 Gemäß § 78 Abs. 3 Nr. 4 StGB verjähren Taten nach § 313 UmwG nach fünf Jahren. Verjährungsbeginn, -unterbrechung und -hemmung sind in §§ 78 a–c StGB geregelt. Die Verjährung beginnt mit der Beendigung der Ausführungshandlung. Da es sich bei § 313 UmwG um ein abstraktes Gefährdungsdelikt handelt, beginnt die Verjährung mit der Gefährdung; eine Verletzung ist nicht erforderlich.

4. Strafe

24 Die von § 313 UmwG sanktionierten Straftaten sind **Vergehen** gemäß § 12 Abs. 2 StGB. Sie können mit Geldstrafe (§§ 40, 41 StGB) oder Freiheitsstrafe (§§ 38, 39 StGB) bis zu drei Jahren geahndet werden. Die Vorschriften über **die Einziehung** gemäß §§ 73 ff. StGB finden Anwendung[40] und werden in den letzten Jahren von den Strafverfolgungsbehörden und Gerichten verstärkt zur Anwendung gebracht. Auch die Verhängung eines **Berufsverbots** gemäß § 70 StGB kommt in Betracht. Bei **Teilnehmern** kann gemäß §§ 28 Abs. 1, 49 Abs. 1 StGB die Strafe gemildert werden.

C. Tatbestandsvoraussetzungen des § 313 Abs. 1 Nr. 2, 1. Alt. UmwG: Falsche Angaben gegenüber Prüfern

Der Tatbestand dieser Alternative lautet:

(1) Mit Freiheitsstrafe bis zu drei Jahren oder mit Geldstrafe wird bestraft, wer als Mitglied eines Vertretungsorgans, als vertretungsberechtigter Gesellschafter oder Partner, als Mitglied eines Aufsichtsrats oder als Abwickler eines an einer Umwandlung beteiligten Rechtsträgers bei dieser Umwandlung

(...)

2. in Aufklärungen und Nachweisen, die nach den Vorschriften dieses Gesetzes einem Verschmelzungs-, Spaltungs- oder Übertragungsprüfer zu geben sind, unrichtige Angaben macht oder die Verhältnisse des Rechtsträgers einschließlich seiner Beziehungen zu verbundenen Unternehmen unrichtig wiedergibt oder verschleiert.

---

38 Vgl. dazu *Fischer* StGB Vor § 77 Rn. 2.
39 Vgl. insoweit auch Esser/Rübenstahl/Saliger/Tsambikakis/*Lauterwein/Xylander* UmwG § 313 Rn. 55.
40 Esser/Rübenstahl/Saliger/Tsambikakis/*Lauterwein/Xylander* UmwG § 313 Rn. 53.

I. Objektiver Tatbestand
1. Tauglicher Täterkreis

Nur natürliche Personen, die für einen an der Umwandlung beteiligten **Rechts-** 25
träger tätig werden, kommen als Täter in Betracht. Der Kreis der Rechtsträger
ergibt sich aus §§ 3, 124, 175, 191 UmwG. Zu dem jeweiligen Rechtsträger
muss der Täter in Beziehung stehen als

- Mitglied eines Vertretungsorgans,
- als vertretungsberechtigter Gesellschafter oder Partner,
- als Mitglied eines Aufsichtsrats eines der an der Umwandlung beteiligten Rechtsträgers oder
- als Abwickler eines der an der Umwandlung beteiligten Rechtsträgers.

Auch eine als **Strohmann** eingesetzte Person kann insoweit haften.[41] 26

Umstritten ist, ob Täter auch derjenige sein kann, der die genannte Funktion 27
nur **faktisch ausübt**[42] (ausführlich zur Problematik Kap. 9.1. Rn. 17 f.). Die
Rechtsprechung lässt dies – wie oben gezeigt – genügen und bejaht die strafrechtliche Verantwortlichkeit des **faktischen Geschäftsführers der GmbH**,[43]
der **KG**[44] sowie des **faktischen Vorstandsmitglieds der Genossenschaft**[45] und
der **AG**.[46] In der **Literatur** gibt es hierzu zustimmende, mit gewichtigen Argumenten aber auch einschränkende Auffassungen.[47]

Besonderheiten ergeben sich aber aus der **Art der Auskünfte**. Nicht jede un- 28
richtige Auskunft, die einem Prüfer von einem tauglichen Täter gegeben wird,
ist tatbestandsmäßig, sondern nur eine solche, auf die der Prüfer gerade gegenüber diesem Organmitglied ein Auskunftsrecht hat.

Beispiel:
Ist beispielsweise der Vorstand dem Prüfer gegenüber in einem bestimmten
Punkt auskunftspflichtig und gibt nun ein Aufsichtsratsmitglied auf Anfrage
bestimmte falsche Auskünfte, so ist sein Handeln nicht tatbestandsmäßig.

2. Schutzrichtung und Tathandlungen
a) Schutzrichtung

Die Vorschrift soll sicherstellen, dass Angaben gegenüber Verschmelzungs-, 29
Spaltungs- und Übertragungsprüfern korrekt erfolgen. Der Wortlaut ist dem
des § 147 Abs. 2 Nr. 2, Alt. 1 GenG und des § 400 Abs. 1 Nr. 2 AktG angenä-
hert.

---

41 Lutter/*Kuhlen* UmwG § 313 Rn. 9 mwN; vgl. auch Kap. 9.1. Rn. 19 zur AG.
42 Lutter/*Kuhlen* UmwG § 313 Rn. 10.
43 BGH 24.6.1952 – 1 StR 153/52, BGHSt 3, 32; BGH 28.6.1966 – 1 StR 414/65, BGHSt 21, 101; BGH 22.9.1982 – 3 StR 287/82, BGHSt 31, 118.
44 BGH 6.11.1986 – 1 StR 327/86, BGHSt 34, 221.
45 RG 14.10.1887 – 846/87, RGSt 16, 269.
46 BGH 28.6.1966 – 1 StR 414/65, BGHSt 21, 101 (104 ff.).
47 Kritisch ua *Stein* ZHR 1984, 207; *Joerden* wistra 1990, 1 ff.; zustimmend: Lutter/*Kuhlen* UmwG § 313 Rn. 11 ff.; *Bruns* JR 1984, 133; *Kratzsch* ZGR 1985, 506; *K. Schmidt* in FS Rebmann S. 419.

b) Tathandlung

30 Der Täter muss **unrichtige Angaben** machen. Die Formulierung entspricht dem Begriff **falsche Angaben** in §§ 399, 400 AktG, 147 GenG, 82 GmbHG. Insoweit kann hier auf die Ausführungen zu § 399 AktG verwiesen werden (s. Kap. 9.1. Rn. 26 f.). Im Gegensatz zu § 399 Abs. 1 AktG ist in § 313 UmwG das „Verschweigen erheblicher Umstände" nicht explizit aufgeführt.[48] Das Verschweigen erheblicher Umstände macht Angaben jedoch oftmals unrichtig, so dass auch diese Fälle in der Regel erfasst werden.

31 **Tatgegenstand** der falschen Angaben sind Aufklärungen und Nachweise, die nach den Vorschriften des UmwG einem Verschmelzungs-, Spaltungs- und Übertragungsprüfer zu geben sind. Relevant sind danach nur solche Angaben, bezüglich derer der Prüfer ein Auskunftsrecht hat. **Aufklärungen** sind Erklärungen jeder Art, die für die Prüfung relevante Informationen enthalten und zur Klärung oder Vermeidung von Zweifelsfragen oder Widersprüchen erforderlich sind.[49] **Nachweise** sind Unterlagen, die den vom Prüfer untersuchten Bereich betreffen, zB Urkunden, Schriften oder Inventurlisten.[50]

32 **Adressat** der Aufklärungen und Nachweise ist der **Prüfer**, wobei dies nach zutreffender hM nicht der Prüfer unmittelbar sein muss, sondern auch die unrichtige Angabe gegenüber einem Prüfungsgehilfen ausreichen kann.[51] Die Angaben sind dem Prüfer gegenüber schon dann gemacht, wenn sie an einen seiner Sphäre zuzurechnenden, mit der Prüfungsaufgabe betrauten Adressaten gerichtet sind.[52]

Eine **Täuschung** des Prüfers ist nicht erforderlich,[53] was sich auch aus der Deliktsnatur des § 313 UmwG als abstraktes Gefährdungsdelikt ergibt.

Die jeweilige **Prüfung** muss nach dem UmwG **erforderlich** sein.[54] Dies bestimmt sich nach §§ 9 ff., 44, 60, 81, 100 UmwG und den dort genannten Verweisungsnormen.

Die **Pflicht zur Information** der Prüfer ergibt sich aus § 11 Abs. 1 S. 1 UmwG, der auf § 320 Abs. 1 S. 2, Abs. 2 S. 1 HGB verweist. Sie bezieht sich auf alle Aufklärungen und Nachweise, die für eine sorgfältige Prüfung notwendig sind.

---

48 Vgl. Hopt/Wiedemann/*Otto* AktG § 400 Rn. 67.
49 So zutreffend und vergleichbar zur AG: Hopt/Wiedemann/*Otto* AktG § 400 Rn. 71.
50 Vergleichbar zur AG: Hopt/Wiedemann/*Otto* AktG § 400 Rn. 71 unter Hinweis auf BGH 22.12.1959 – 1 StR 591/59, BGHSt 13, 382 (383) und Geßler/Hefermehl/Eckardt/Kropff/*Fuhrmann* AktG § 400 Rn. 31.
51 So auch *Dannecker* in Blumers/Frick/Müller Rn. 677; *Heymann*/*Otto* HGB § 331 Rn. 70; *Geilen* AktG § 400 Rn. 104; Hopt/Wiedemann/*Otto* AktG § 400 Rn. 72; aA: *Fuhrmann* AktG § 400 Anm. 6; Geßler/Hefermehl/Eckardt/Kropff/*Fuhrmann* AktG § 400 Rn. 32.
52 Vergleichbar zur AG: Hopt/Wiedemann/*Otto* AktG § 400 Rn. 72.
53 Widmann/Mayer/*Vossius* UmwG § 313 Rn. 60.
54 So zutreffend Lutter/*Kuhlen* UmwG § 313 Rn. 20 unter Hinweis auf Widmann/Mayer/*Vossius* UmwG § 313 Rn. 53 f. und BT-Drs. 12/6699, 171.

Der Täter muss in seiner Funktion als Mitglied des oben genannten Täterkreises handeln. **Private Äußerungen** fallen nicht unter den Tatbestand,[55] auch nicht solche, die erst **nach** dem Umwandlungsverfahren erfolgen.[56] 33

Eine Strafbarkeit durch **Unterlassen** ist denkbar, jedoch eher selten.[57] Der Täter ist nur strafbar, wenn ihn eine Garantenpflicht trifft, § 13 StGB. 34

Beispiele:

A ist während des Umwandlungsverfahrens für bestimmte Nachweise gegenüber einem Prüfer zuständig. Der nicht zuständige, dem A unterstellte B erbringt unrichtige Nachweise, wovon A erfährt. A unternimmt nichts. Hier kommt eine Strafbarkeit des A als Unterlassungstäter in Betracht.

oder

A gibt unbewusst einen unrichtigen Nachweis ab. Einige Tage später bemerkt er dies und unternimmt bewusst nichts. Wegen der Abgabe des unrichtigen Nachweises ist A nicht strafbar. Wegen der unterlassenen Korrektur liegt jedoch eine Strafbarkeit als Unterlassungstäter vor.

II. Subjektiver Tatbestand

Der Tatbestand des § 313 UmwG erfordert **Vorsatz**, wobei **bedingter Vorsatz** (dolus eventualis) ausreicht. Auf die obigen Ausführungen zu § 399 AktG wird verwiesen (s. Kap. 9.1. Rn. 39). 35

Besondere subjektive Merkmale wie etwa eine Täuschungs- oder Schädigungsabsicht werden nicht vorausgesetzt.

III. Rechtswidrigkeit und Schuld

An dieser Stelle ist ebenfalls auf die obigen Ausführungen zu § 399 AktG (s. Kap. 9.1. Rn. 41) zu verweisen. 36

IV. Irrtumskonstellationen

Auch insoweit kann auf die obigen Ausführungen (s. Kap. 9.1. Rn. 42 ff.) zu § 399 AktG Bezug genommen werden. 37

Für § 313 UmwG lassen sich folgende Beispiele nennen:

Nimmt der Täter irrig an, eine von ihm gemachte Angabe unterfalle nicht der gesetzlichen Auskunftspflicht, so liegt ein den Vorsatz ausschließender **Tatbestandsirrtum** gemäß § 16 StGB vor. Meint der Täter fälschlicherweise, seiner Auskunftspflicht stehe ein Schweigerecht gegenüber, ist ein **Verbotsirrtum** gemäß § 17 StGB gegeben. Meint der Täter, er unterfalle als faktischer GmbH-Geschäftsführer nicht dem Täterkreis des § 313 UmwG, so liegt ein **unbeachtlicher Subsumtionsirrtum** vor, der den Vorsatz nicht tangiert.[58] In Betracht kommt aber ein vermeidbarer oder unvermeidbarer Verbotsirrtum.[59]

---

55 So zutreffend Hachenburg/*Kohlmann* GmbHG § 82 Rn. 118; Lutter/*Kuhlen* UmwG § 313 Rn. 21 unter Hinweis auf die ablehnende Auffassung von *Lutter/Hommelhoff* GmbHG § 82 Rn. 23.
56 Lutter/*Kuhlen* UmwG § 313 Rn. 21.
57 Vgl. insoweit nur BeckOGK/M. *Krüger/Wengenroth* UmwG § 313 Rn. 69 f.
58 Vgl. Scholz/*Tiedemann/Rönnau* GmbHG § 82 Rn. 199.
59 Vgl. Lutter/*Kuhlen* UmwG § 313 Rn. 25 mwN.

38 Häufig kommen Irrtümer vor, die die Unrichtigkeit der jeweiligen Angaben betreffen. Ist der **Irrtum tatsächlicher Art**, schließt er den Vorsatz aus.

Beispiel:
Der Täter macht unzutreffende Angaben über Forderungen an Gesellschafter, weil er annimmt, dass diese Angaben, die ihm ein zuständiger Mitarbeiter übermittelt hat, zutreffen. In diesem Fall handelt der Täter ohne Vorsatz.

39 Problematisch sind Fälle, in denen ein **Rechtsirrtum** Ursache dafür ist, dass der Täter seine Angaben selbst für zutreffend hält. Hier kann je nach Einzelfall die Abgrenzung zwischen vorsatzausschließendem Tatbestandsirrtum und (allein auf Ebene der Schuld relevantem) Verbotsirrtum schwierig sein.

Beispiel:
Der Täter macht bewusst unvollständige Angaben, weil er rechtsirrig glaubt, zu vollständigen Informationen nicht verpflichtet zu sein. In diesem Fall dürfte ebenfalls ein vorsatzausschließender Tatbestandsirrtum vorliegen.[60]

V. Täterschaft und Teilnahme

40 Es ist an dieser Stelle ebenfalls auf die obigen Ausführungen zu § 399 AktG (s. Kap. 9.1. Rn. 46 ff.) zu verweisen.

VI. Versuch und Vollendung

41 Der **Versuch** ist nicht strafbar, da § 313 UmwG ein Vergehen ist. Auf die Ausführungen zu § 399 AktG[61] wird Bezug genommen.

Tatvollendung tritt mit Zugang der für die Prüfung bestimmten Aufklärungen oder Nachweise beim Prüfer oder dessen Gehilfen ein. Aus der Deliktsnatur des § 313 UmwG als abstraktes Gefährdungsdelikt ergibt sich, dass eine Kenntnisnahme vom Inhalt nicht erforderlich ist. Ebenso wenig ist eine erfolgreiche Irreführung des Prüfers notwendig.

VII. Konkurrenzen

1. Innertatbestandliche Konkurrenz

42 Eine Tathandlung kann verschiedene Alternativen des § 313 UmwG erfüllen. Es kann Gesetzeskonkurrenz oder gleichartige Idealkonkurrenz vorliegen.[62] IdR wird jedoch Gesetzeskonkurrenz in Betracht kommen.[63] Überschneiden sich beispielsweise einzelne Tathandlungen des § 313 UmwG, so geht der spezielle dem allgemeineren Tatbestand vor (Spezialität).[64]

2. Konkurrenz zu anderen Straftatbeständen

43 Im Übrigen kann zwischen § 313 UmwG und insbesondere Vermögensdelikten je nach Einzelfall Tateinheit gemäß § 52 StGB oder Tatmehrheit gemäß § 53 StGB vorliegen.

---

60 Lutter/*Kuhlen* UmwG § 313 Rn. 26 mwN.
61 S. Kap. 9.1. Rn. 51 und Hopt/Wiedemann/*Otto* AktG § 399 Rn. 102.
62 Vgl. ausführlich Lutter/*Kuhlen* UmwG § 313 Rn. 33 mwN.
63 Semler/Stengel/*Taschke* UmwG § 313 Rn. 82.
64 Semler/Stengel/*Taschke* UmwG § 313 Rn. 82; Lutter/*Kuhlen* UmwG § 313 Rn. 33.

D. Tatbestandsvoraussetzungen des § 313 Abs. 1 Nr. 2, 2. und 3. Alt. UmwG: Unrichtige Wiedergabe oder Verschleierung der Verhältnisse in Aufklärungen oder Nachweisen gegenüber Prüfern

Der Tatbestand dieser Alternative lautet:

(1) Mit Freiheitsstrafe bis zu drei Jahren oder mit Geldstrafe wird bestraft, wer als Mitglied eines Vertretungsorgans, als vertretungsberechtigter Gesellschafter oder Partner, als Mitglied eines Aufsichtsrats oder als Abwickler eines an einer Umwandlung beteiligten Rechtsträgers bei dieser Umwandlung

(...)

2. in Aufklärungen und Nachweisen, die nach den Vorschriften dieses Gesetzes einem Verschmelzungs-, Spaltungs- oder Übertragungsprüfer zu geben sind, unrichtige Angaben macht oder die Verhältnisse des Rechtsträgers einschließlich seiner Beziehungen zu verbundenen Unternehmen unrichtig wiedergibt oder verschleiert.

I. Objektiver Tatbestand

1. Tauglicher Täterkreis

Nur natürliche Personen, die für einen an der Umwandlung beteiligten **Rechts-** 44 **träger** tätig werden, kommen in Betracht. Der Kreis der Rechtsträger ergibt sich aus §§ 3, 124, 175, 191 UmwG. Zu dem jeweiligen Rechtsträger muss der Täter in Beziehung stehen als

- Mitglied eines Vertretungsorgans,
- vertretungsberechtigter Gesellschafter oder Partner,
- Mitglied eines Aufsichtsrats eines der an der Umwandlung beteiligten Rechtsträger oder
- Abwickler eines der an der Umwandlung beteiligten Rechtsträger.

Auf die Ausführungen zu § 313 Abs. 1 Nr. 1 (Rn. 7 ff.) wird verwiesen.

2. Schutzrichtung und Tathandlungen

a) Schutzrichtung

Die Vorschrift soll sicherstellen, dass Angaben gegenüber Verschmelzungs-, 45 Spaltungs- und Übertragungsprüfern korrekt erfolgen. Der Wortlaut ist dem des § 147 Abs. 2 Nr. 2, 2. und 3. Alt GenG (Kap. 9.7), des § 400 Abs. 1 Nr. 2 AktG (Kap. 9.2) und des § 331 Nr. 4 HGB (Kap. 9.4) ähnlich.

b) Tathandlung

Es muss eine **unrichtige Wiedergabe** oder **Verschleierung** der Verhältnisse des 46 Rechtsträgers einschließlich seiner Beziehungen zu verbundenen Unternehmen gegeben sein. Zu diesen Begriffen wird auf die Ausführungen zu § 331 Nr. 1 HGB (s. Kap. 9.4. Rn. 18 ff.) Bezug genommen.

Tatmittel der unrichtigen Wiedergabe bzw. Verschleierung sind **Aufklärungen** und **Nachweise**, die nach den Vorschriften des UmwG einem Verschmelzungs-, Spaltungs- oder Übertragungsprüfer gegenüber abzugeben sind. Die jeweilige **Prüfung** muss nach dem UmwG **erforderlich** sein.[65] Dies bestimmt sich nach §§ 9 ff., 44, 60, 81, 100 UmwG und den dort genannten Verweisungsnormen.

---

[65] So zutreffend Lutter/*Kuhlen* UmwG § 313 Rn. 20 unter Hinweis auf BT-Drs. 12/6699, 171.

Die **Pflicht zur Information** der Prüfer ergibt sich aus § 11 Abs. 1 S. 1 UmwG, der auf § 320 Abs. 1 S. 2, Abs. 2 S. 1 HGB verweist. Strafrechtlich relevant sind danach nur solche Angaben, bezüglich derer der Prüfer ein Auskunftsrecht hat.[66]

Aufklärungen sind Erklärungen jeder Art, die für die Prüfung relevante Informationen enthalten und zur Klärung oder Vermeidung von Zweifelsfragen oder Widersprüchen erforderlich sind.[67] **Nachweise** sind Unterlagen, die den vom Prüfer untersuchten Bereich betreffen, zB Urkunden, Schriften, Inventurlisten.[68] Auf die Ausführungen zu § 331 Nr. 4, 1. Alt. HGB (s. Kap. 9.4. Rn. 102) wird Bezug genommen.

Adressat der Aufklärungen und Nachweise ist der **Prüfer**, wobei dies nach zutreffender Meinung nicht der Prüfer unmittelbar sein muss. Auch die unrichtige Angabe gegenüber einem Prüfungsgehilfen kann ausreichen.[69] Eine (vollendete) **Täuschung** des Prüfers ist nicht erforderlich, was sich auch aus der Deliktsnatur des § 313 UmwG als abstraktes Gefährdungsdelikt ergibt.

Im Übrigen wird auf die Darstellung zu § 313 Abs. 1 Nr. 2, 1. Alt. UmwG (Rn. 30 ff.) verwiesen.

II. Subjektiver Tatbestand

47 Der Tatbestand des § 313 UmwG erfordert **Vorsatz**, wobei **bedingter Vorsatz** (dolus eventualis) ausreicht. Auf die obigen Ausführungen zu § 399 AktG wird verwiesen (s. Kap. 9.1. Rn. 39).

Besondere subjektive Merkmale wie etwas eine Täuschungs- oder Schädigungsabsicht sind nicht erforderlich.

III. Rechtswidrigkeit und Schuld, Irrtumskonstellationen, Täterschaft und Teilnahme

48 Hier ist ebenfalls auf die obigen Ausführungen zu § 399 AktG (s. Kap. 9.1. Rn. 41 ff.) zu verweisen.

IV. Versuch und Vollendung

49 Der **Versuch** ist nicht strafbar, da § 313 UmwG ein Vergehen ist. Auf die Ausführungen zu § 399 AktG[70] wird Bezug genommen.

Tatvollendung tritt mit Zugang der für die Prüfung bestimmten Aufklärungen oder Nachweise beim Prüfer oder dessen Gehilfen ein. Aus der Deliktsnatur des § 313 UmwG als abstraktes Gefährdungsdelikt ergibt sich, dass eine

---

66 Vgl. Heymann/*Otto* HGB § 331 Rn. 92; Blumers/Frick/Müller/*Dannecker* HGB § 331 Rn. 674.
67 So zutreffend und vergleichbar zur AG: Hopt/Wiedemann/*Otto* AktG § 400 Rn. 71.
68 Vergleichbar zur AG: Hopt/Wiedemann/*Otto* AktG § 400 Rn. 71 unter Hinweis auf BGH 22.12.1959 – 1 StR 591/59, BGHSt 13, 382 (383) und Geßler/Hefermehl/Eckardt/Kropff/*Fuhrmann* AktG § 400 Rn. 6.
69 So auch Blumers/Frick/Müller/*Dannecker* HGB § 331 Rn. 677; Heymann/*Otto* HGB § 331 Rn. 70; *Geilen* AktG § 400 Rn. 104; Hopt/Wiedemann/*Otto* AktG § 400 Rn. 72; **aA**: Erbs/Kohlhaas/*Schaal* AktG § 400 Rn. 6; Geßler/Hefermehl/Eckardt/Kropff/*Fuhrmann* AktG § 400 Rn. 32.
70 Kap. 9.1.Rn. 50 ff.

Kenntnisnahme vom Inhalt nicht erforderlich ist. Auch eine erfolgreiche Irreführung des Prüfers ist nicht notwendig (s. auch bereits Rn. 46).

V. Konkurrenzen

Auf die Ausführungen zu § 313 Abs. 1 Nr. 2, 1. Alt. UmwG (Rn. 42 f.) wird Bezug genommen. Eine **Subsidiarität** zu § 331 Nr. 1 HGB sieht § 313 Abs. 1 Nr. 2 UmwG – im Gegensatz zu § 313 Abs. 1 Nr. 1 UmwG – **nicht** vor. 50

VI. Strafverfolgung

1. Offizialdelikt

Bei den verschiedenen Tatbeständen des § 313 UmwG handelt es sich um **Offizialdelikte**,[71] die von Amts wegen verfolgt werden. Ein Strafantrag ist nicht erforderlich. 51

2. Gerichtliche Zuständigkeit

Gemäß § 74 c Abs. 1 Nr. 1 GVG ist für Straftaten nach dem UmwG eine Strafkammer als Wirtschaftsstrafkammer zuständig, soweit nach § 74 Abs. 1 GVG als Gericht des ersten Rechtszuges und nach § 74 Abs. 3 GVG für die Verhandlung und Entscheidung über das Rechtsmittel der Berufung gegen die Urteile des Schöffengerichts das Landgericht zuständig ist. 52

3. Verjährung

Gemäß § 78 Abs. 3 Nr. 4 StGB verjähren Taten nach § 313 UmwG nach fünf Jahren. Verjährungsbeginn, -unterbrechung und -hemmung sind in §§ 78 a–c StGB geregelt. Die Verjährung beginnt mit der Beendigung der Ausführungshandlung. Da es sich bei § 313 UmwG um ein abstraktes Gefährdungsdelikt handelt, beginnt die Verjährung bereits mit der Gefährdung; eine Verletzung ist nicht erforderlich. 53

4. Strafe

Die von § 313 UmwG sanktionierten Straftaten sind **Vergehen** gemäß § 12 Abs. 2 StGB. Sie können mit Geldstrafe (§§ 40, 41 StGB) oder Freiheitsstrafe (§§ 38, 39 StGB) bis zu drei Jahren geahndet werden. Die Vorschriften über **die Einziehung** gemäß §§ 73 ff. StGB finden Anwendung und werden in den letzten Jahren von den Strafverfolgungsbehörden und Gerichten verstärkt zur Anwendung gebracht. Auch die Verhängung eines **Berufsverbots** gemäß § 70 StGB kommt in Betracht. Bei **Teilnehmern** kann gemäß §§ 28 Abs. 1, 49 Abs. 1 StGB die Strafe gemildert werden. 54

E. Tatbestandliche Voraussetzungen des § 313 Abs. 2 UmwG: Falsche Angaben in Erklärungen nach dem UmwG

Der Tatbestand dieser Alternative lautet:

(...)

(2) Ebenso wird bestraft, wer als Geschäftsführer einer Gesellschaft mit beschränkter Haftung, als Mitglied des Vorstands einer Aktiengesellschaft, als zur Vertretung ermächtigter persönlich haftender Gesellschafter einer Kommanditgesellschaft auf Aktien oder

---

71 Vgl. dazu *Fischer* StGB Vor § 77 Rn. 2.

als Abwickler einer solchen Gesellschaft in einer Erklärung nach § 52 über die Zustimmung der Anteilsinhaber dieses Rechtsträgers oder in einer Erklärung nach § 140 oder § 146 Abs. 1 über die Deckung des Stammkapitals oder Grundkapitals der übertragenden Gesellschaft unrichtige Angaben macht oder seiner Erklärung zugrunde legt.

I. Objektiver Tatbestand
1. Tauglicher Täterkreis

55 Auch hier kommen nur natürliche Personen, die für einen an der Umwandlung beteiligten **Rechtsträger** tätig werden, in Betracht. Der Kreis der Rechtsträger ergibt sich aus §§ 3, 124, 175, 191 UmwG. Zu dem jeweiligen Rechtsträger muss der Täter in Beziehung stehen als

- Geschäftsführer einer GmbH,
- Mitglied des Vorstands einer AG,
- vertretungsberechtigter Komplementär einer KGaA oder
- Abwickler einer der genannten Gesellschaften.

56 Auch eine als **Strohmann** eingesetzte Person kann insoweit haften.[72]

57 Die Ausführungen zur **faktischen Ausübung** (s. Rn. 7) gelten auch hier.

58 Besonderheiten ergeben sich auch hier aus der Art der Auskünfte. Nicht jede unrichtige Auskunft, die einem Prüfer von einem tauglichen Täter gegeben wird, ist tatbestandsmäßig, sondern nur eine solche, auf die der Prüfer gerade gegenüber diesem Organmitglied ein Auskunftsrecht hat.

2. Schutzrichtung und Tathandlungen

59 Die Vorschrift soll sicherstellen, dass korrekte Angaben gegenüber dem Registergericht erfolgen.

60 Der Täter muss **unrichtige Angaben** machen. Die Formulierung entspricht dem Begriff **falsche Angaben** in §§ 399, 400 AktG, 147 GenG, 82 GmbHG. Insoweit kann hier auf die grundsätzlichen Ausführungen zu § 399 AktG verwiesen werden (vgl. Kap. 9.1. Rn. 26 f.). Tatbestandsmäßig ist es auch, wenn der Täter seiner Erklärung unrichtige Angaben **zugrunde legt**. Im Gegensatz zu beispielsweise § 399 Abs. 1 AktG ist in § 313 Abs. 2 UmwG das „**Verschweigen erheblicher Umstände**" nicht explizit aufgeführt.[73] Das Verschweigen erheblicher Umstände macht Angaben jedoch regelmäßig unrichtig, so dass auch diese Fälle erfasst werden.

61 **Tatgegenstand** der unrichtigen Angaben sind **Erklärungen**, die nach

- § 52 UmwG über die Zustimmung der Anteilsinhaber dieses Rechtsträgers („dieses" Rechtsträgers meint denjenigen, für den der Handelnde tätig wird)[74] oder
- §§ 140 bzw. 146 Abs. 1 UmwG über die Deckung des Stammkapitals oder Grundkapitals der übertragenden Gesellschaft

abzugeben sind.

---

72 Lutter/*Kuhlen* UmwG § 313 Rn. 9 mwN; vgl. auch Kap. 9.1. Rn. 19 zur AG.
73 Vgl. hierzu Hopt/Wiedemann/*Otto* AktG § 400 Rn. 67.
74 Lutter/*Kuhlen* UmwG § 313 Rn. 23.

Kap. 9.5. § 313 UmwG Unrichtige Darstellung

§§ 52, 140, 146 Abs. 1 UmwG lauten:

§ 52 UmwG Anmeldung der Verschmelzung

¹Bei der Anmeldung der Verschmelzung zur Eintragung in das Register haben die Vertretungsorgane der an der Verschmelzung beteiligten Rechtsträger im Falle des § 51 Abs. 1 auch zu erklären, daß dem Verschmelzungsbeschluß jedes der übertragenden Rechtsträger alle bei der Beschlußfassung anwesenden Anteilsinhaber dieses Rechtsträgers und, sofern der übertragende Rechtsträger eine Personenhandelsgesellschaft, eine Partnerschaftsgesellschaft oder eine Gesellschaft mit beschränkter Haftung ist, auch die nicht erschienenen Gesellschafter dieser Gesellschaft zugestimmt haben. ²Wird eine Gesellschaft mit beschränkter Haftung, auf deren Geschäftsanteile nicht alle zu leistenden Einlagen in voller Höhe bewirkt sind, von einer Gesellschaft mit beschränkter Haftung durch Verschmelzung aufgenommen, so ist auch zu erklären, dass alle Gesellschafter dieser Gesellschaft dem Verschmelzungsbeschluss zugestimmt haben.

§ 140 UmwG Anmeldung der Abspaltung oder der Ausgliederung

Bei der Anmeldung der Abspaltung oder der Ausgliederung zur Eintragung in das Register des Sitzes einer übertragenden Gesellschaft mit beschränkter Haftung haben deren Geschäftsführer auch zu erklären, daß die durch Gesetz und Gesellschaftsvertrag vorgesehenen Voraussetzungen für die Gründung dieser Gesellschaft unter Berücksichtigung der Abspaltung oder der Ausgliederung im Zeitpunkt der Anmeldung vorliegen.

§ 146 Abs. 1 UmwG Anmeldung der Abspaltung oder der Ausgliederung

(1) Bei der Anmeldung der Abspaltung oder der Ausgliederung zur Eintragung in das Register des Sitzes einer übertragenden Aktiengesellschaft hat deren Vorstand oder einer Kommanditgesellschaft auf Aktien haben deren zu ihrer Vertretung ermächtigten persönlich haftenden Gesellschafter auch zu erklären, daß die durch Gesetz und Satzung vorgesehenen Voraussetzungen für die Gründung dieser Gesellschaft unter Berücksichtigung der Abspaltung oder der Ausgliederung im Zeitpunkt der Anmeldung vorliegen.

Adressat der Erklärungen ist das **Registergericht**. 62

Eine **Täuschung** des Registergerichts ist nicht erforderlich, was sich auch aus der Deliktsnatur des § 313 UmwG als abstraktes Gefährdungsdelikt[75] ergibt.

Der Täter muss in seiner Funktion als Mitglied des oben genannten Täterkreises handeln. **Private Äußerungen** fallen nicht unter den Tatbestand.[76] Auch nicht solche, die erst **nach** dem Umwandlungsverfahren erfolgen.[77] 63

Eine Strafbarkeit durch **Unterlassen** ist denkbar, in der Praxis aber eher selten. 64
Der Täter ist nur strafbar, wenn ihn eine Garantenpflicht zum Tätigwerden trifft, § 13 StGB.

Beispiele: 65

A ist während des Umwandlungsverfahrens für die Erklärung gegenüber dem Registergericht zuständig. Der nicht zuständige B gibt die Erklärung ab, wovon A erfährt. A unternimmt nichts. Hier kommt eine Strafbarkeit des A als Unterlassungstäter in Betracht.

---

75 Vgl. zum abstrakten/konkreten Gefährdungsdelikt: Schönke/Schröder/*Eisele* StGB Vor § 13 Rn. 131.
76 So zutreffend Hachenburg/*Kohlmann* GmbHG § 82 Rn. 118; Lutter/*Kuhlen* UmwG § 313 Rn. 21 unter Hinweis auf die ablehnende Auffassung von *Lutter/Hommelhoff* GmbHG § 82 Rn. 23.
77 Lutter/*Kuhlen* UmwG § 313 Rn. 21.

oder

A macht in seiner Erklärung unbewusst unrichtige Angaben. Später bemerkt er dies und unternimmt bewusst nichts. Wegen der unbewussten Abgabe der unrichtigen Erklärung macht A sich nicht strafbar. Wegen der unterlassenen Korrektur liegt jedoch eine Strafbarkeit als Unterlassungstäter vor.

II. Subjektiver Tatbestand

66 Der Tatbestand des § 313 UmwG erfordert **Vorsatz**, wobei **bedingter Vorsatz** (dolus eventualis) ausreicht. Auf die obigen Ausführungen zu § 399 AktG wird verwiesen (s. Kap. 9.1. Rn. 39).

Besondere subjektive Merkmale wie etwas eine Täuschungs- oder Schädigungsabsicht sind nicht erforderlich.

III. Rechtswidrigkeit, Schuld, Irrtumskonstellationen, Täterschaft und Teilnahme

67 Es ist auf die obigen Ausführungen zu § 313 Abs. 1 UmwG (s. Rn. 15 ff.) und § 399 AktG (s. Kap. 9.1. Rn. 41 ff.) zu verweisen.

IV. Versuch und Vollendung

68 Der **Versuch** ist nicht strafbar, da § 313 Abs. 2 UmwG ein Vergehen ist. Auf die Ausführungen zu § 399 AktG[78] wird Bezug genommen.

Tatvollendung tritt mit Zugang der Erklärung beim Registergericht ein. Aus der Deliktsnatur des § 313 UmwG als abstraktes Gefährdungsdelikt ergibt sich, dass eine Kenntnisnahme vom Inhalt nicht erforderlich ist. Auch eine erfolgreiche Irreführung des Richters ist nicht notwendig.

Tatbeendigung erfolgt mit der Eintragung in das Register.

V. Konkurrenzen

69 Auf die obigen Ausführungen zu § 313 Abs. 1 (s. Rn. 18 ff.) wird Bezug genommen.

VI. Strafverfolgung

1. Offizialdelikt

70 Bei den verschiedenen Tatbeständen des § 313 UmwG handelt es sich um **Offizialdelikte**,[79] die von Amts wegen verfolgt werden. Ein Strafantrag ist nicht erforderlich.

2. Gerichtliche Zuständigkeit

71 Gemäß § 74 c Abs. 1 Nr. 1 GVG ist für Straftaten nach dem UmwG eine Strafkammer als Wirtschaftsstrafkammer zuständig, soweit nach § 74 Abs. 1 GVG als Gericht des ersten Rechtszuges und nach § 74 Abs. 3 GVG für die Verhandlung und Entscheidung über das Rechtsmittel der Berufung gegen die Urteile des Schöffengerichts das Landgericht zuständig ist.[80]

---

78 Hopt/Wiedemann/*Otto* AktG § 399 Rn. 102.
79 Vgl. dazu *Fischer* StGB Vor § 77 Rn. 2.
80 Semler/Stengel/*Taschke* UmwG § 313 Rn. 4.

3. Verjährung

Gemäß § 78 Abs. 3 Nr. 4 StGB verjähren Taten nach § 313 UmwG nach fünf Jahren. Verjährungsbeginn, -unterbrechung und -hemmung sind in §§ 78 a–c StGB geregelt. Die Verjährung beginnt mit der Beendigung der Ausführungshandlung. Da es sich bei § 313 UmwG um ein abstraktes Gefährdungsdelikt handelt, beginnt die Verjährung mit der Gefährdung; eine Verletzung ist nicht erforderlich.

72

4. Strafe

Die von § 313 UmwG sanktionierten Straftaten sind **Vergehen** gemäß § 12 Abs. 2 StGB. Sie können mit Geldstrafe (§§ 40, 41 StGB) oder Freiheitsstrafe (§§ 38, 39 StGB) bis zu drei Jahren geahndet werden. Die Vorschriften über **die Einziehung** gemäß §§ 73 ff. StGB finden Anwendung und werden in den letzten Jahren von den Strafverfolgungsbehörden und Gerichten verstärkt zur Anwendung gebracht. Auch die Verhängung eines **Berufsverbots** gemäß § 70 StGB kommt in Betracht. Bei **Teilnehmern** kann gemäß §§ 28 Abs. 1, 49 Abs. 1 StGB die Strafe gemildert werden.

73

Kap. 9.6. § 17 PublG Unrichtige Darstellung

§ 17 PublG Unrichtige Darstellung

Mit Freiheitsstrafe bis zu drei Jahren oder mit Geldstrafe wird bestraft, wer als gesetzlicher Vertreter (§ 4 Abs. 1 Satz 1) eines Unternehmens oder eines Mutterunternehmens, beim Einzelkaufmann als Inhaber oder dessen gesetzlicher Vertreter,

1. die Verhältnisse des Unternehmens im Jahresabschluß oder Lagebericht unrichtig wiedergibt oder verschleiert,

1a. zum Zwecke der Befreiung nach § 9 Abs. 1 Satz 1 in Verbindung mit § 325 Abs. 2 a Satz 1, Abs. 2 b des Handelsgesetzbuchs einen Einzelabschluss nach den in § 315 e Abs. 1 des Handelsgesetzbuchs genannten internationalen Rechnungslegungsstandards, in dem die Verhältnisse des Unternehmens unrichtig wiedergegeben oder verschleiert worden sind, vorsätzlich oder leichtfertig offen legt,

2. die Verhältnisse des Konzerns oder Teilkonzerns im Konzernabschluß, Konzernlagebericht, Teilkonzernabschluß oder Teilkonzernlagebericht unrichtig wiedergibt oder verschleiert,

3. zum Zwecke der Befreiung nach § 11 Abs. 6 Satz 1 Nr. 1 in Verbindung mit den §§ 291 und 292 des Handelsgesetzbuchs einen Konzernabschluß, Konzernlagebericht, Teilkonzernabschluß oder Teilkonzernlagebericht, in dem die Verhältnisse des Konzerns oder Teilkonzerns unrichtig wiedergegeben oder verschleiert worden sind, vorsätzlich oder leichtfertig offengelegt oder

4. in Aufklärungen oder Nachweisen, die nach § 2 Abs. 3 Satz 4 in Verbindung mit § 145 Abs. 2 und 3 des Aktiengesetzes, § 6 Abs. 1 Satz 2 in Verbindung mit § 320 Abs. 1, 2 des Handelsgesetzbuchs, § 12 Abs. 3 Satz 3 in Verbindung mit § 2 Abs. 3 Satz 4 und § 145 Abs. 2 und 3 des Aktiengesetzes oder § 14 Abs. 1 Satz 2 in Verbindung mit § 320 Abs. 3 des Handelsgesetzbuchs einem Abschlußprüfer des Unternehmens, eines verbun-

Kap. 9: Falsche Angaben und unrichtige Darstellung

denen Unternehmens, des Konzerns oder des Teilkonzerns zu geben sind, unrichtige Angaben macht oder die Verhältnisse des Unternehmens, eines Tochterunternehmens, des Konzerns oder des Teilkonzerns unrichtig wiedergibt oder verschleiert.

Literatur: *Achenbach/Ransiek/Rönnau*, Handbuch Wirtschaftsstrafrecht, 4. Aufl. 2015; *Adler/Düring/Schmaltz*, Rechnungslegung und Prüfung der Unternehmen, Kommentar zum HGB, AktG, GmbH, PublG nach den Vorschriften des Bilanzrichtliniengesetzes, Teilband 4, 6. Aufl. 1997; *Baumbach/Hueck*, GmbH-Gesetz, 20. Aufl. 2013; *Biener*, Publizitätsgesetz mit Regierungsbegründung uä (Textsammlung), 1973; *Böcking/Gros/Rabenhorst*, in: Ebenroth/Boujong/Joost/Strohn, Handelsgesetzbuch, 3. Aufl. 2014; *Dannecker*, Bilanzstrafrecht, in: Blumers/Frick/Müller, Betriebsprüfungshandbuch, Loseblatt 1999; *Förschle/Grottel/Schmidt/Schubert/Winkeljohann (Hrsg.)*, Beck'scher Bilanz-Kommentar, Handels- und Steuerbilanz – §§ 238–342 e HGB, 9. Aufl. 2014; *Fuhrmann*, in: Geßler/Hefermehl/Eckardt/Kropff, Aktiengesetz, Kommentar, 1973, strafrechtliche Vorschriften, in: Bd. 6, 18. Ergänzungslieferung 1994; *Geilen*, Aktienstrafrecht, 1984 (Sonderausgabe aus Kölner Kommentar zum Aktiengesetz 1. Aufl. 1970); *Heymann/Otto*, Kommentar zum Handelsgesetzbuch, Bd. 3, §§ 238–342 a HGB, 2. Aufl. 1999; *Kohlmann*, in: Hachenburg GmbHG, Bd. 3, 8. Aufl. 1990; *Kuhlen*, in: Lutter Umwandlungsgesetz, 4. Aufl. 2009; *Lauterwein/Xylander*, in: Esser/Rübenstahl/Saliger/Tsambikakis, Wirtschaftsstrafrecht, 2017; *Lutter/Hommelhoff*, Kommentar zum GmbHG, 18. Aufl. 2012; *Merkt*, in: Baumbach/Hopt, Handelsgesetzbuch, 36. Aufl. 2014; *Otto*, in: Hopt/Wiedemann, AktG Großkommentar, 34. Lieferung §§ 399–410, 4. Aufl. 1997; *Quedenfeld*, in Münchener Kommentar zum HGB, Bd. 4, §§ 238–342 a HGB, 3. Aufl. 2013 (zit. als MüKoHGB/*Quedenfeld*); *Ransiek*, Gesellschaftsrechtliche Bilanzdelikte, in: Achenbach/Wannemacher (Hrsg.), Beraterhandbuch zum Steuer- und Wirtschaftsstrafrecht, 1997 (§ 23 III, S. 52–88); *Roth/Altmeppen*, GmbHG, 7. Aufl. 2012; *Schulze-Osterloh*, Internationalisierung der Rechnungslegung und ihre Auswirkungen auf die Grundprinzipien des deutschen Rechts, Der Konzern 2004, 173; *Wolf*, IAS/IFRS und Strafrecht: Konvergenz oder Divergenz?, StuB 2003, 775.

A. Allgemeines 1	2. Konkurrenz zu anderen Straftatbeständen 18
I. Rechtsentwicklung 2	VI. Strafverfolgung 19
II. Geschütztes Rechtsgut 3	1. Offizialdelikt 19
III. Deliktscharakter 4	2. Gerichtliche Zuständigkeit .. 20
IV. Zivilrecht 5	3. Verjährung.................. 21
V. Praktische Bedeutung der Vorschrift 6	4. Strafe 22
VI. Der typische Anwendungsfall ... 8	C. Tatbestandliche Voraussetzungen des § 17 Nr. 1 a PublG: Offenlegung eines unrichtigen Einzelabschlusses nach internationalen Rechnungslegungsstandards 23
B. Tatbestandliche Voraussetzungen des § 17 Nr. 1 PublG: Unrichtige Wiedergabe oder Verschleierung der Verhältnisse des Unternehmens 9	I. Objektiver Tatbestand 23
I. Objektiver Tatbestand 9	1. Tauglicher Täterkreis 23
1. Tauglicher Täterkreis 9	2. Schutzrichtung und Tathandlungen 24
2. Schutzrichtung und Tathandlungen 12	a) Schutzrichtung 24
a) Schutzrichtung 12	b) Tatgegenstand und Tathandlung 25
b) Tathandlungen 13	aa) Tatgegenstand 25
II. Subjektiver Tatbestand 14	bb) Tathandlungen 26
III. Rechtswidrigkeit, Schuld, Irrtumskonstellationen, Täterschaft und Teilnahme 15	II. Subjektiver Tatbestand 27
	1. Vorsatz oder Leichtfertigkeit 27
IV. Versuch und Vollendung 16	2. Besondere subjektive Merkmale 28
V. Konkurrenzen 17	
1. Innertatbestandliche Konkurrenz 17	III. Rechtswidrigkeit/Schuld und Rechtsfolgen 29

IV. Versuch, Vollendung und Unterlassen	30
V. Konkurrenzen	31
VI. Strafverfolgung	32
D. Tatbestandliche Voraussetzungen des § 17 Nr. 2 PublG: Unrichtige Wiedergabe oder Verschleierung der Verhältnisse des Konzerns	33
I. Objektiver Tatbestand	33
1. Tauglicher Täterkreis	33
2. Schutzrichtung und Tathandlungen	34
a) Schutzrichtung	34
b) Tathandlungen	35
II. Subjektiver Tatbestand	36
III. Rechtswidrigkeit und Schuld	37
IV. Irrtumskonstellation	38
V. Täterschaft und Teilnahme	39
VI. Versuch und Vollendung	40
VII. Konkurrenzen	41
VIII. Strafverfolgung	42
E. Tatbestandliche Voraussetzungen des § 17 Nr. 3 PublG: Offenlegung eines unrichtigen (Teil-)Konzernabschlusses bzw. (Teil-)Konzernlageberichts	43
I. Objektiver Tatbestand	43
1. Tauglicher Täterkreis	43
2. Schutzrichtung und Tathandlungen	44
a) Schutzrichtung	44
b) Tathandlungen	45
II. Subjektiver Tatbestand	46
1. Vorsatz bzw. Leichtfertigkeit	46
2. Besondere subjektive Merkmale	47
III. Rechtswidrigkeit, Schuld, Irrtumskonstellationen, Täterschaft und Teilnahme	48
IV. Versuch und Vollendung	49
V. Konkurrenzen	50
VI. Strafverfolgung	51
F. Tatbestandliche Voraussetzungen des § 17 Nr. 4, 1. Alt. PublG: Falsche Angaben gegenüber Abschlussprüfern	52
I. Objektiver Tatbestand	52
1. Tauglicher Täterkreis	52
2. Schutzrichtung und Tathandlungen	55
a) Schutzrichtung	55
b) Tathandlungen	56
II. Subjektiver Tatbestand	61
III. Rechtswidrigkeit und Schuld	62
IV. Irrtumskonstellationen	63
V. Täterschaft und Teilnahme	64
VI. Versuch und Vollendung	65
VII. Konkurrenzen	66
1. Innertatbestandliche Konkurrenz	66
2. Konkurrenz zu anderen Straftatbeständen	67
VIII. Strafverfolgung	68
1. Offizialdelikt	68
2. Gerichtliche Zuständigkeit	69
3. Verjährung	70
4. Strafe	71
G. Tatbestandliche Voraussetzungen des § 17 Nr. 4, 2. und 3. Alt. PublG: Unrichtige Wiedergabe oder Verschleierung der Verhältnisse in Aufklärungen oder Nachweisen gegenüber Abschlussprüfern	72
I. Objektiver Tatbestand	72
1. Tauglicher Täterkreis	72
2. Schutzrichtung und Tathandlungen	73
a) Schutzrichtung	73
b) Tathandlungen	74
II. Subjektiver Tatbestand	75
III. Rechtswidrigkeit, Schuld, Irrtumskonstellationen, Täterschaft, Teilnahme, Konkurrenzen, Versuch und Vollendung	76
IV. Strafverfolgung	77

A. Allgemeines

Die Vorschrift ist der des § 331 HGB nachgebildet.[1] Während sich § 331 HGB auf Kapitalgesellschaften bezieht und § 17 PublG insoweit subsidiär ist, betrifft § 17 PublG Unternehmen bestimmter Rechtsformen nach §§ 3 Abs. 1, 11 Abs. 5 PublG. Dies sind insbesondere Personenhandelsgesellschaften ab bestimmten Größenordnungen nach §§ 1, 11 Abs. 1 PublG, wirtschaftlich ausge-

---

1 *Schäfer* PublG § 17 Rn. 1.

richtete Vereine und rechtsfähige Stiftungen des bürgerlichen Rechts, wenn sie ein Gewerbe betreiben.

I. Rechtsentwicklung

Das Gesetz über die Rechnungslegung von bestimmten Unternehmen (PublG)[2] trat 1969 in Kraft.[3] Mit dem PublG wurden Rechnungslegungs- und Offenlegungspflichten für Unternehmen und Konzerne in Abhängigkeit von der Unternehmensgröße eingeführt. Bis dahin hing die Frage, ob ein Unternehmen oder Konzern zur Offenlegung seines Jahresabschlusses verpflichtet ist, insbesondere von dessen Rechtsform ab.[4] Gesetzgeberische Intention der Einführung des PublG war es, eine Grundlage dafür zu schaffen, dass Unternehmen einer bestimmten Größenordnung unabhängig von ihrer Rechtsform ihren Jahresabschluss offenzulegen haben. Zur Begründung wurde ua darauf hingewiesen, dass ein Schutz der Gläubiger durch die Offenlegung des Jahresabschlusses nicht von der Rechtsform, sondern von der Unternehmensgröße abhänge.[5] Wesentlich geändert wurde § 17 PublG durch Einfügung des Tatbestandes des § 17 Nr. 1 a PublG (bei gleichzeitiger Änderung von Nr. 3) mit Inkrafttreten des Bilanzrechtsreformgesetzes[6] vom 4.12.2004. Die Ergänzung war als Folgeänderung zur Einfügung der seinerzeitigen §§ 315 a, 325 Abs. 2 a HGB[7] notwendig. Weitere Änderungen von Nr. 3 im Jahr 2015 und von Nr. 1 a im Jahr 2017 betrafen redaktionelle Folgeänderungen zu Änderungen des HGB. § 17 PublG ist verwandt mit den Vorschriften der §§ 400 AktG, 331 HGB und weitgehend insbesondere dem § 331 HGB nachgebildet.[8]

II. Geschütztes Rechtsgut

Dem Schutzbereich des § 17 PublG unterfällt, wie auch bei §§ 331 HGB, 400 AktG, das Vertrauen in die Richtigkeit und Vollständigkeit bestimmter Informationen über die Verhältnisse des Unternehmens bzw. des Konzerns.[9] Geschützt werden das Unternehmen bzw. der Konzern und alle Personen, die mit diesen in irgendeiner wirtschaftlichen/rechtlichen Beziehung stehen, oder eine solche Beziehung anbahnen wollen. Dazu gehören ua Arbeitnehmer, Gesellschafter, Kreditgeber und Gläubiger.[10]

---

2 Vom 15.8.1969, BGBl. I 1189, ber. 1970 BGBl. I 1113.
3 Vgl. insoweit auch Esser/Rübenstahl/Saliger/Tsambikakis/*Lauterwein/Xylander* PublG § 17 Rn. 1.
4 *Adler/Düring/Schmaltz* PublG Vor §§ 1–10 Rn. 1.
5 Vgl. Begr.RegE, in *Biener*, Publizitätsgesetz, S. 2.
6 BGBl. I 3166; ausführlich dazu *Roth/Altmeppen* GmbHG § 42 Rn. 3 ff. mwN.
7 Vgl. dazu Baumbach/Hopt/*Merkt* HGB § 315 a Rn. 1 ff. und HGB Einl. Vor § 238 Rn. 20 ff.
8 *Schäfer* PublG § 17 Rn. 1. Vgl. auch Esser/Rübenstahl/Saliger/Tsambikakis/*Lauterwein/ Xylander* PublG § 17 Rn. 1.
9 Ebenso: Esser/Rübenstahl/Saliger/Tsambikakis/*Lauterwein/Xylander* PublG § 17 Rn. 2.
10 Vgl. allgemein BGH 21.8.1996 – 4 StR 364/96, wistra 1996, 348; *Schüppen* S. 105 f.; einschränkend *Cobet* S. 21 ff. („nicht die Gesellschaft").

III. Deliktscharakter

Bei § 17 PublG handelt es sich – wie auch bei §§ 399, 400 AktG, § 147 GenG und § 82 GmbHG – um ein **abstraktes Gefährdungsdelikt**,[11] ein echtes Sonderdelikt[12] und um einen (unechten) **Blankettstraftatbestand**.[13] Es wird auf die obigen Ausführungen zu den genannten Delikten Bezug genommen (s. Kap. 9.1. Rn. 4 ff.; Kap. 9.2. Rn. 4; Kap. 9.7. Rn. 3; Kap. 9.3. Rn. 3).

IV. Zivilrecht

Die Vorschrift des § 17 PublG ist zugunsten der durch die Norm geschützten Personen **Schutzgesetz im Sinne des § 823 Abs. 2 BGB**. Der zivilrechtliche Schadensersatz setzt dabei voraus, dass der Anspruchsteller nachweisen kann, dass der Geschädigte durch ein Verhalten im Vertrauen auf die Korrektheit der maßgeblichen Angaben einen **Schaden**[14] erlitten hat.[15]

V. Praktische Bedeutung der Vorschrift

Den Tatbeständen des § 17 PublG kommt nur geringe praktische Bedeutung zu.[16] Insbesondere ist § 17 Nr. 4 PublG subsidiär gegenüber § 331 Nr. 4 HGB.[17] Eigenständige Bedeutung hat die Norm nur bei den nach dem PublG vorgeschriebenen Prüfungen.[18] Hier sind zu nennen:

- die Prüfung nach § 2 Abs. 3 PublG, ob ein Unternehmen rechnungslegungspflichtig bzw. nach § 12 Abs. 3 PublG konzernrechnungslegungspflichtig ist,[19]
- die Abschlussprüfung nach § 6 Abs. 1 PublG bzw. Konzernabschlussprüfung nach § 14 Abs. 1 PublG iVm § 320 HGB,
- die Teilkonzernrechnungslegung.

§§ 2 Abs. 3, 6 Abs. 1, 12 Abs. 3, 14 Abs. 1 PublG haben folgenden Wortlaut:

§ 2 Abs. 3 PublG Beginn und Dauer der Pflicht zur Rechnungslegung

(3) ¹Das Gericht hat zur Prüfung der Frage, ob ein Unternehmen nach diesem Abschnitt Rechnung zu legen hat, Prüfer zu bestellen, wenn Anlaß für die Annahme besteht, daß das Unternehmen zur Rechnungslegung nach diesem Abschnitt verpflichtet ist. ²Hat das Unternehmen einen Aufsichtsrat, ist vor der Bestellung außer den gesetzlichen Vertretern auch dieser zu hören. ³Gegen die Entscheidung ist die Beschwerde zulässig. ⁴Für die Auswahl der Prüfer, den Ersatz angemessener barer Auslagen und die Vergütung der Prüfer, die Verantwortlichkeit und die Rechte der Prüfer und die Kosten gelten § 142 Abs. 6,

---

11 Esser/Rübenstahl/Saliger/Tsambikakis/*Lauterwein/Xylander* PublG § 17 Rn. 3. Zum Begriff des abstrakten/konkreten Gefährdungsdelikts: *Fischer* StGB Vor § 13 Rn. 18 f.
12 Vgl. Esser/Rübenstahl/Saliger/Tsambikakis/*Lauterwein/Xylander* PublG § 17 Rn. 3. Dazu: Schönke/Schröder/*Eisele* StGB Vor § 13 Rn. 131.
13 Vgl. Esser/Rübenstahl/Saliger/Tsambikakis/*Lauterwein/Xylander* PublG § 17 Rn. 3. Vgl. ferner zur AG: Erbs/Kohlhaas/*Schaal* AktG § 399 Rn. 6.
14 Zum Schadensbegriff vgl. Palandt/*Thomas* BGB Vor § 249 Rn. 7 ff.
15 Beispielhaft sei insoweit verwiesen auf die Fälle in *Brandes* WM 1992, 477; BGH 11.11.1985 – II ZR 109/84, BGHZ 96, 231 (243); BGH 11.7.1988 – II ZR 243/87, BGHZ 105, 121 (126); Geßler/Hefermehl/Eckardt/Kropff/*Fuhrmann* AktG § 399 Rn. 3.
16 Ebenso: Esser/Rübenstahl/Saliger/Tsambikakis/*Lauterwein/Xylander* PublG § 17 Rn. 4.
17 *Weinreich* in Böttger, Wirtschaftsstrafrecht in der Praxis, Kap. 7 Rn. 66.
18 *Ransiek*, „Gesellschaftsrechtliche Bilanzdelikte", § 23 III Rn. 308; BeckBilKomm/*Grottel/H. Hoffmann* HGB § 331 Rn. 61.
19 Vgl. § 145 Abs. 2, 3 AktG zu den Rechten des Abschlussprüfers.

§§ 143, 145 Abs. 1 bis 3, § 146 des Aktiengesetzes und § 323 des Handelsgesetzbuchs sinngemäß; die Kosten trägt jedoch die Staatskasse, wenn eine Verpflichtung zur Rechnungslegung nach diesem Abschnitt nicht besteht. [5]Die Prüfer haben über das Ergebnis der Prüfung schriftlich zu berichten und den Bericht zu unterzeichnen. [6]Sie haben ihn unverzüglich dem Gericht und den gesetzlichen Vertretern einzureichen; kommt der Bericht zu dem Ergebnis, dass das Unternehmen zur Rechnungslegung nach diesem Abschnitt verpflichtet ist, ist der Bericht auch beim Betreiber des Bundesanzeigers elektronisch einzureichen; Absatz 2 Satz 3 gilt entsprechend. [7]Auf Verlangen haben die gesetzlichen Vertreter jedem Gesellschafter eine Abschrift des Berichts zu erteilen.

§ 6 Abs. 1 PublG Prüfung durch die Abschlußprüfer

(1) [1]Der Jahresabschluß und der Lagebericht sind durch einen Abschlußprüfer zu prüfen. [2]Soweit in den Absätzen 2 bis 4 nichts anderes bestimmt ist, gelten § 316 Abs. 3, § 317 Abs. 1, 2, 4 a, 5 und 6, § 318 Abs. 1 bis 1 b, 3 bis 8, § 319 Abs. 1 bis 4, § 319 a Abs. 1, 1 a und 3, § 319 b Abs. 1, § 320 Abs. 1, 2 und 4 sowie die §§ 321 bis 324 des Handelsgesetzbuchs über die Prüfung des Jahresabschlusses sinngemäß, bei einem Unternehmen, das kapitalmarktorientiert im Sinne des § 264 d des Handelsgesetzbuchs ist, jedoch nur insoweit, als nicht die Verordnung (EU) Nr. 537/2014 anzuwenden ist.

§ 12 Abs. 3 PublG Beginn und Dauer der Pflicht zur Konzernrechnungslegung

(3) [1]Das Gericht hat zur Prüfung der Frage, ob ein Mutterunternehmen nach diesem Abschnitt Rechnung zu legen hat, Prüfer zu bestellen, wenn Anlaß für die Annahme besteht, daß das Mutterunternehmen zur Rechnungslegung nach diesem Abschnitt verpflichtet ist. [2]Hat das Mutterunternehmen einen Aufsichtsrat, so ist vor der Bestellung außer den gesetzlichen Vertretern des Mutterunternehmens auch dieser zu hören. [3]§ 2 Abs. 3 Satz 3 bis 8 gilt sinngemäß.

§ 14 Abs. 1 PublG Prüfung des Konzernabschlusses

(1) [1]Der Konzernabschluß oder Teilkonzernabschluß ist unter Einbeziehung des Konzernlageberichts oder des Teilkonzernlageberichts durch einen Abschlußprüfer zu prüfen. [2]§ 316 Abs. 3, §§ 317 bis 324 des Handelsgesetzbuchs über die Prüfung sowie § 6 Abs. 2, 3 dieses Gesetzes gelten sinngemäß.

7 Verlässliche statistische Zahlen zur Verfolgungsstatistik liegen nicht vor. Verfolgungsbeschränkungen und Einstellungen nach §§ 154, 154 a StPO dürften wegen der höheren Strafandrohungen der §§ 263, 266 StGB auch insoweit von den Strafverfolgungsbehörden bevorzugt werden.

VI. Der typische Anwendungsfall

8 Beispiel:

Die A-KG hat in den Jahren 1997–2001 jeweils 140–150 Mio. Euro Umsatzerlöse erzielt. In diesen Jahren hatte das Unternehmen durchschnittlich mindestens 5 500 Arbeitnehmer beschäftigt. Die Komplementäre I und L der A-KG legen dem Wirtschaftsprüfer W, der mit der Abschlussprüfung beauftragt ist, eine Erklärung über die Sollsalden bei der Hausbank H vor, die als Anlagen gefälschte Kontoauszüge nennt und aufweist. I und L haben die Kontoauszüge fälschen lassen.

Beispiel:

Der Beschuldigte A ist Vorstandsvorsitzender der B-KG. Die B-KG ist ein Konzern mit Sitz im Inland. Sie hat zahlreiche inländische Tochterunternehmen. Die B-KG ist wirtschaftlich stark angeschlagen und in die Verlustzone geraten. Um dennoch den Eindruck einer günstigen wirtschaftlichen Situation zu erwecken, ließ A den Konzernjahresabschluss der B-KG des Jahres 2000 durch zahlreiche Luftrechnungen von Tochterunternehmen manipulieren. So stellte sich die Lage der B-KG insbesondere für die kreditgebenden Banken als gut dar.

B. Tatbestandliche Voraussetzungen des § 17 Nr. 1 PublG: Unrichtige Wiedergabe oder Verschleierung der Verhältnisse des Unternehmens

Der Tatbestand dieser Alternative lautet:

Mit Freiheitsstrafe bis zu drei Jahren oder mit Geldstrafe wird bestraft, wer als gesetzlicher Vertreter (§ 4 Abs. 1 Satz 1) eines Unternehmens oder eines Mutterunternehmens, beim Einzelkaufmann als Inhaber oder dessen gesetzlicher Vertreter,
(...)
1. die Verhältnisse des Unternehmens im Jahresabschluß oder Lagebericht unrichtig wiedergibt oder verschleiert,
(...)

I. Objektiver Tatbestand
1. Tauglicher Täterkreis

Als Täter kommen nur:

- die gesetzlichen Vertreter (§ 4 Abs. 1 S. 1 PublG) eines Unternehmens oder eines Mutterunternehmens
- sowie beim Einzelkaufmann der Inhaber oder dessen gesetzlicher Vertreter

in Betracht.

Gesetzliche Vertreter sind

- bei einer juristischen Person die Mitglieder des vertretungsberechtigten Organs,
- bei einer Personenhandelsgesellschaft der oder die vertretungsberechtigten Gesellschafter.

Die Ausführungen zur Einsetzung eines **Strohmannes** (s. Kap. 9.1. Rn. 19) und zur **faktischen Ausübung** (s. Kap. 9.1. Rn. 17 f.) einer Organstellung gelten auch hier.

Besonderheiten ergeben sich aber aus der Art der Auskünfte. Nicht jede unrichtige Auskunft, die einem Prüfer von einem tauglichen Täter gegeben wird, ist tatbestandsmäßig, sondern nur eine solche, auf die der Prüfer gerade gegenüber diesem Organmitglied ein Auskunftsrecht hat. Insoweit sind die Prüfungen nach §§ 2 Abs. 3, 12 Abs. 3 PublG – (Konzern)-Rechnungslegungspflicht – und nach §§ 6 Abs. 1, 14 Abs. 1 PublG iVm § 320 HGB – (Konzern)-Abschlussprüfung – sowie die Teilkonzernrechnungslegung einschlägig.[20]

2. Schutzrichtung und Tathandlungen
a) Schutzrichtung

Die Vorschrift soll vor Falschinformationen über die Verhältnisse des Unternehmens schützen. Der Wortlaut ist dem des § 331 Nr. 1 HGB sehr ähnlich.

---

20 *Ransiek*, „Gesellschaftsrechtliche Bilanzdelikte", § 23 III Rn. 308.

b) Tathandlungen

13 Tathandlungen sind die **unrichtige Wiedergabe** oder das **Verschleiern** der Verhältnisse des Unternehmens. Die unrichtige Wiedergabe oder Verschleierung muss im **Jahresabschluss** oder **Lagebericht** erfolgen. Insoweit wird insgesamt auf die Ausführungen zu § 331 Nr. 1 HGB verwiesen (s. Kap. 9.4. Rn. 20 ff.). Da § 331 HGB als lex specialis Vorrang hat, dient § 17 PublG lediglich dazu, den Kreis der Normadressaten zu erweitern.[21]

II. Subjektiver Tatbestand

14 Der Tatbestand des § 17 PublG erfordert **Vorsatz**, wobei **bedingter Vorsatz** (dolus eventualis) ausreicht. Auf die obigen Ausführungen zu § 399 AktG wird verwiesen (s. Kap. 9.1. Rn. 39).

III. Rechtswidrigkeit, Schuld, Irrtumskonstellationen, Täterschaft und Teilnahme

15 Hier ist auf die Ausführungen zu § 331 HGB (s. Kap. 9.4. Rn. 24 ff.) zu verweisen.

IV. Versuch und Vollendung

16 Hinsichtlich Versuch, Vollendung und Beendigung wird auf die Ausführungen zu § 331 Nr. 1 HGB (s. Kap. 9.4. Rn. 27) Bezug genommen.

V. Konkurrenzen
1. Innertatbestandliche Konkurrenz

17 Eine Tathandlung kann verschiedene Alternativen des § 17 PublG erfüllen. Es kann Gesetzeskonkurrenz oder gleichartige Idealkonkurrenz vorliegen.[22] Überschneiden sich einzelne Tathandlungen des § 17 PublG, so geht der speziellere dem allgemeineren Tatbestand vor.

2. Konkurrenz zu anderen Straftatbeständen

18 Im Übrigen kann zwischen § 17 PublG und insbesondere Vermögensdelikten je nach Einzelfall Tateinheit gemäß § 52 StGB oder Tatmehrheit gemäß § 53 StGB vorliegen. Hinsichtlich § 331 HGB wird auf die Ausführungen dort Bezug genommen (s. Kap. 9.4. Rn. 28 f.).

VI. Strafverfolgung
1. Offizialdelikt

19 Bei den verschiedenen Tatbeständen des § 17 PublG handelt es sich um **Offizialdelikte**,[23] die von Amts wegen verfolgt werden. Ein Strafantrag ist nicht erforderlich.

2. Gerichtliche Zuständigkeit

20 Gemäß § 74 c Abs. 1 Nr. 1 GVG ist für Straftaten nach dem PublG eine Strafkammer als Wirtschaftsstrafkammer zuständig, soweit nach § 74 Abs. 1 GVG als Gericht des ersten Rechtszuges und nach § 74 Abs. 3 GVG für die Verhand-

---

21 Böttger/*Weinreich* Kap. 7 Rn. 177.
22 Vgl. ausführlich Lutter/*Kuhlen* UmwG § 313 Rn. 33 mwN.
23 Vgl. dazu *Fischer* StGB Vor § 77 Rn. 2.

lung und Entscheidung über das Rechtsmittel der Berufung gegen die Urteile des Schöffengerichts das Landgericht zuständig ist.[24]

3. Verjährung

Gemäß § 78 Abs. 3 Nr. 4 StGB verjähren Taten nach § 17 PublG nach fünf Jahren. Verjährungsbeginn, -unterbrechung und -hemmung sind in §§ 78 a–c StGB geregelt. Die Verjährung beginnt mit der Beendigung der Ausführungshandlung. Da es sich bei § 17 PublG um ein abstraktes Gefährdungsdelikt handelt, beginnt die Verjährung mit der Gefährdung; eine Verletzung ist nicht erforderlich.

21

4. Strafe

Die von § 17 PublG sanktionierten Straftaten sind **Vergehen** gemäß § 12 Abs. 2 StGB. Sie können mit Geldstrafe (vgl. §§ 40, 41 StGB) oder Freiheitsstrafe (vgl. §§ 38, 39 StGB) bis zu drei Jahren geahndet werden. Die Vorschriften über **die Einziehung** gemäß §§ 73 ff. StGB finden Anwendung und werden in den letzten Jahren von den Strafverfolgungsbehörden und Gerichten verstärkt zur Anwendung gebracht. Auch die Verhängung eines **Berufsverbots** gemäß § 70 StGB kommt in Betracht, wobei jedoch gemäß § 62 StGB der Grundsatz der Verhältnismäßigkeit zu beachten ist. Bei Teilnehmern kann gemäß §§ 28 Abs. 1, 49 Abs. 1 StGB die Strafe gemildert werden.

22

C. Tatbestandliche Voraussetzungen des § 17 Nr. 1 a PublG: Offenlegung eines unrichtigen Einzelabschlusses nach internationalen Rechnungslegungsstandards

Der Tatbestand dieser Alternative lautet:

Mit Freiheitsstrafe bis zu drei Jahren oder mit Geldstrafe wird bestraft, wer als gesetzlicher Vertreter (§ 4 Abs. 1 Satz 1) eines Unternehmens oder eines Mutterunternehmens, beim Einzelkaufmann als Inhaber oder dessen gesetzlicher Vertreter,

1. (...)

1a. zum Zwecke der Befreiung nach § 9 Abs. 1 Satz 1 in Verbindung mit § 325 Abs. 2 a Satz 1, Abs. 2 b des Handelsgesetzbuchs einen Einzelabschluss nach den in § 315 e Abs. 1 des Handelsgesetzbuchs genannten internationalen Rechnungslegungsstandards, in dem die Verhältnisse des Unternehmens unrichtig wiedergegeben oder verschleiert worden sind, vorsätzlich oder leichtfertig offen legt,

(...)

I. Objektiver Tatbestand

1. Tauglicher Täterkreis

Vgl. insoweit die Ausführungen zu § 17 Nr. 1 PublG (s. Rn. 9).

23

2. Schutzrichtung und Tathandlungen

a) Schutzrichtung

Die Vorschrift des § 17 Nr. 1 a PublG soll vor leichtfertiger oder vorsätzlicher Offenlegung eines nach § 9 Abs. 1 S. 1 PublG in Verbindung mit §§ 325 Abs. 2 a S. 1, Abs. 2 b HGB befreienden Einzelabschlusses nach den in § 315 e

24

---

[24] Vgl. OLG Koblenz 1.12.1977 – 1 Ws 626/77, MDR 1978, 779; OLG Stuttgart 17.11.1981 – 1 Ws 339/81, MDR 1982, 252.

Abs. 1 HGB genannten **internationalen Rechnungslegungsstandards**, in dem die Verhältnisse des Konzerns unrichtig wiedergegeben oder verschleiert worden sind, schützen. § 17 Nr. 1 a PublG knüpft an die älteren Vorschriften der §§ 331 Nr. 3 HGB, 17 Nr. 3 PublG an und betrifft allein die **Offenlegung**. § 17 Nr. 1 a PublG ist zugunsten künftiger Gesellschafter, aktueller und künftiger Gläubiger und Arbeitnehmer auch Schutzgesetz gemäß § 823 Abs. 2 BGB.

b) Tatgegenstand und Tathandlung
aa) Tatgegenstand

25 Gegenstand der Tathandlung (Offenlegung) ist der **Einzelabschluss nach internationalen Rechnungslegungsstandards**.[25] Diese entsprechen IAS-VO[26] und werden in § 315 e Abs. 1 HGB genannt. Eine Pflicht zur Aufstellung eines solchen Einzelabschlusses besteht nicht. Zudem werden Gesellschaften nicht von der Pflicht, einen Jahresabschluss nach dem HGB aufzustellen, befreit. Die Aufstellung eines Jahresabschlusses nach internationalen Rechnungslegungsstandards kann die Offenlegung des Jahresabschlusses nach dem HGB im Bundesanzeiger bei großen Kapitalgesellschaften (vgl. § 267 Abs. 3 HGB) gemäß § 325 Abs. 2 a S. 1 HGB aber ersetzen.[27]

Gegenstand der Darstellung des Einzelabschlusses sind die **wirtschaftlichen Verhältnisse** der Gesellschaft. Diese hat die in § 315 e Abs. 1 HGB aufgeführten Standards[28] einzuhalten (§ 325 Abs. 2 a S. 2 HGB) und ergänzend die in § 325 Abs. 2 a S. 3 und 4 HGB aufgezählten Anforderungen zu beachten.[29]

Die Offenlegung muss eine unrichtige Wiedergabe oder Verschleierung betreffen. Zur unrichtigen Wiedergabe und zur Verschleierung vgl. § 331 Nr. 1 HGB (s. Kap. 9.4. Rn. 18 ff.).

bb) Tathandlungen

26 Als Tathandlung nennt § 17 Nr. 1 a PublG die **Offenlegung** zum Zwecke der Befreiung (vgl. § 325 Abs. 2 a S. 1, Abs. 2 b HGB). Die Offenlegung ist in § 325 Abs. 3 HGB legal definiert. Offenlegung ist gegeben, wenn der Einzelabschluss im Bundesanzeiger bekannt gemacht und die Bekanntmachung unter Beifügung der Unterlagen zum Handelsregister eingereicht wird.[30] Nur zielgerichtetes Handeln kommt in Betracht. Eine Offenlegung aus anderen Motiven reicht nicht aus.[31]

II. Subjektiver Tatbestand
1. Vorsatz oder Leichtfertigkeit

27 Der Tatbestand des § 17 Nr. 1 a PublG kann vorsätzlich oder leichtfertig begangen werden. Zum **Vorsatz**, wobei **bedingter Vorsatz** (dolus eventualis) ausreicht, s. Rn. 14. Der Täter muss wissen, dass er gesetzlicher Vertreter im Sinne

---

25 Vgl. zur Internationalisierung der Rechnungslegung *Schulze-Osterloh* Der Konzern 2004, 173 ff.
26 Vgl. allgemein zur Relevanz der IAS/IFRS für das Strafrecht *Wolf* StUB 2003, 775 ff.
27 Vgl. Baumbach/Hopt/*Merkt* HGB § 325 Rn. 4.
28 Übersicht bei *Schmid* DStR 2005, 80.
29 Vgl. Baumbach/Hopt/*Merkt* HGB § 325 Rn. 4; Ebenroth/Boujong/Joost/Strohn/*Böcking*/Gros/Rabenhorst HGB § 325 Rn. 4.
30 Vgl. Baumbach/Hopt/*Merkt* HGB § 325 Rn. 3.
31 MüKoHGB/*Quedenfeld* HGB § 331 Rn. 60.

des § 4 Abs. 1 S. 1 PublG ist, oder beim Einzelkaufmann Inhaber des Unternehmens ist. Zudem muss er in dem Bewusstsein handeln, dass er den Einzelabschluss zum Zwecke der Befreiung nach § 325 Abs. 2 a S. 1, Abs. 2 b HGB offenlegt und dass der Jahresabschluss die Gesellschaftsverhältnisse unrichtig wiedergibt oder verschleiert.

Leichtfertigkeit bedeutet eine gesteigerte Form der Fahrlässigkeit im Sinne eines besonderen Grades von Nachlässigkeit. Der Begriff entspricht der groben Fahrlässigkeit im Zivilrecht (vgl. § 331 Nr. 1 a HGB, Kap. 9.4. Rn. 40).

2. Besondere subjektive Merkmale

Der Täter muss **zum Zwecke der Befreiung** nach § 325 Abs. 2 a S. 1, Abs. 2 b HGB gehandelt haben.[32] Die Offenlegung muss demnach zielgerichtet auf diesen Zweck erfolgt sein. Bei anderen Zielrichtungen ist der Tatbestand nicht erfüllt.[33]   28

III. Rechtswidrigkeit/Schuld und Rechtsfolgen

Zu **Rechtswidrigkeit** und **Schuld**, zum **Irrtum**, zu **Täterschaft und Teilnahme** und zu den **Konkurrenzen** gelten die Ausführungen zu § 331 Nr. 1 HGB (s. Kap. 9.4. Rn. 24 ff.) entsprechend.   29

IV. Versuch, Vollendung und Unterlassen

Der **Versuch** ist nicht strafbar, da § 17 PublG ein Vergehen ist. Auf die Ausführungen zu § 399 AktG[34] wird verwiesen.   30

Tatvollendung und **Tatbeendigung** treten mit der Offenlegung ein.[35] Der erstrebte Zweck – Befreiung – muss nicht erreicht werden (**abstraktes Gefährdungsdelikt**).[36]

Den Täter, der nach Offenlegung die unrichtige Wiedergabe oder Verschleierung erkennt, trifft eine Garantenpflicht. Er hat die Angaben durch eine Anzeige gegenüber dem Bundesanzeiger und dem Registergericht zu berichtigen.[37] Ansonsten kommt pflichtwidriges **Unterlassen** in Betracht.

V. Konkurrenzen

§ 17 Nr. 1 a PublG ist **Spezialgesetz** gegenüber § 82 Abs. 2 Nr. 2 GmbHG, § 313 Abs. 1 Ziffer 1 UmwG, § 147 Abs. 2 Ziffer 1 GenG und § 400 Abs. 1 Ziffer 1 AktG.   31

VI. Strafverfolgung

Es wird auf die obigen Ausführungen zu § 17 Nr. 1 PublG (s. Rn. 19 ff.) Bezug genommen.   32

---

32 Heymann/*Otto* HGB § 331 Rn. 63.
33 Blumers/Frick/Müller/*Dannecker* HGB § 331 Rn. 672.
34 Hopt/Wiedemann/*Otto* AktG § 399 Rn. 102 und Kap. 9.1. Rn. 50 ff.
35 Heymann/*Otto* HGB § 331 Rn. 64; aA: Baumbach/Hueck/*Schulze-Osterloh/Servatius* GmbHG Anh. § 82 Rn. 28: Beendigung erst mit Kenntnisnahme durch eine Person, die Teil der Öffentlichkeit ist.
36 So auch Baumbach/Hueck/*Schulze-Osterloh/Servatius* GmbHG Anh. § 82 Rn. 27.
37 Baumbach/Hueck/*Schulze-Osterloh/Servatius* GmbHG Anh. § 82 Rn. 29.

D. Tatbestandliche Voraussetzungen des § 17 Nr. 2 PublG: Unrichtige Wiedergabe oder Verschleierung der Verhältnisse des Konzerns

Der Tatbestand dieser Alternative lautet:

> Mit Freiheitsstrafe bis zu drei Jahren oder mit Geldstrafe wird bestraft, wer als gesetzlicher Vertreter (§ 4 Abs. 1 Satz 1) eines Unternehmens oder eines Mutterunternehmens, beim Einzelkaufmann als Inhaber oder dessen gesetzlicher Vertreter,
> (…)
> 2. die Verhältnisse des Konzerns oder Teilkonzerns im Konzernabschluß, Konzernlagebericht, Teilkonzernabschluß oder Teilkonzernlagebericht unrichtig wiedergibt oder verschleiert,
> (…)

I. Objektiver Tatbestand

1. Tauglicher Täterkreis

33   Vgl. insoweit die Ausführungen zu § 17 Nr. 1 PublG (s. Rn. 9).

2. Schutzrichtung und Tathandlungen

a) Schutzrichtung

34   Die Vorschrift soll vor Falschinformationen über die Verhältnisse des Konzerns oder Teilkonzerns schützen. Der Wortlaut ist mit dem des § 331 Nr. 2 HGB fast identisch.

b) Tathandlungen

35   Tathandlungen sind die **unrichtige Wiedergabe** oder das **Verschleiern** der Verhältnisse des Konzerns oder Teilkonzerns. Die unrichtige Wiedergabe oder Verschleierung muss im **Konzernabschluss, Konzernlagebericht, Teilkonzernabschluss oder Teilkonzernlagebericht** erfolgen. Insoweit wird insgesamt auf die Ausführungen zu § 331 Nr. 2 HGB verwiesen (s. Kap. 9.4. Rn. 51 ff.).

II. Subjektiver Tatbestand

36   Der Tatbestand des § 17 PublG erfordert **Vorsatz**, wobei **bedingter Vorsatz** (dolus eventualis) ausreicht. Auf die Ausführungen zu § 399 AktG wird verwiesen (s. Kap. 9.1. Rn. 39).

III. Rechtswidrigkeit und Schuld

37   Hier ist auf allgemeine Grundsätze zu verweisen.

IV. Irrtumskonstellation

38   Auch insoweit kann auf die obigen Ausführungen zu § 399 AktG (s. Kap. 9.1. Rn. 42) und § 331 HGB (s. Kap. 9.4. Rn. 25) Bezug genommen werden.

V. Täterschaft und Teilnahme

39   Wie bereits erläutert, handelt es sich um ein echtes **Sonderdelikt**. Der Täterkreis beschränkt sich auf

- die gesetzlichen Vertreter (§ 4 Abs. 1 S. 1 PublG) eines Unternehmens oder eines Mutterunternehmens
- sowie beim Einzelkaufmann auf den Inhaber oder dessen gesetzlichen Vertreter.

Täter kann nur ein Träger der Sonderpflicht sein. Es kann auf die obigen Ausführungen (s. Kap. 9.1. Rn. 46 f.) verwiesen werden. Auch die **Teilnahme** richtet sich nach den allgemeinen Vorschriften der §§ 26, 27 StGB.[38] Auf die Ausführungen zu § 399 AktG[39] wird Bezug genommen.

VI. Versuch und Vollendung

Hinsichtlich Versuch, Vollendung und Beendigung wird auf die Ausführungen zu § 331 Nr. 1 HGB (s. Kap. 9.4. Rn. 27) Bezug genommen. 40

VII. Konkurrenzen

Auf die Ausführungen zu § 331 Nr. 1 HGB (s. Kap. 9.4. Rn. 28 ff.) und § 17 Nr. 4, 1. Alt. PublG (Rn. 17 f.) wird Bezug genommen. 41

VIII. Strafverfolgung

Insoweit wird auf die obigen Ausführungen zu § 17 Nr. 1 PublG (s. Rn. 19 ff.) Bezug genommen. 42

E. Tatbestandliche Voraussetzungen des § 17 Nr. 3 PublG: Offenlegung eines unrichtigen (Teil-)Konzernabschlusses bzw. (Teil-)Konzernlageberichts

Der Tatbestand dieser Alternative lautet:

> Mit Freiheitsstrafe bis zu drei Jahren oder mit Geldstrafe wird bestraft, wer als gesetzlicher Vertreter (§ 4 Abs. 1 Satz 1) eines Unternehmens oder eines Mutterunternehmens, beim Einzelkaufmann als Inhaber oder dessen gesetzlicher Vertreter,
> (...)
> 3. zum Zwecke der Befreiung nach § 11 Abs. 6 Satz 1 Nr. 1 in Verbindung mit den §§ 291 und 292 des Handelsgesetzbuchs einen Konzernabschluß, Konzernlagebericht, Teilkonzernabschluß oder Teilkonzernlagebericht, in dem die Verhältnisse des Konzerns oder Teilkonzerns unrichtig wiedergegeben oder verschleiert worden sind, vorsätzlich oder leichtfertig offenlegt oder
> (...)

I. Objektiver Tatbestand
1. Tauglicher Täterkreis

Vgl. insoweit die Ausführungen zu § 17 Nr. 1 PublG (s. Rn. 9) bzw. zu § 331 Nr. 2 HGB (s. Kap. 9.4. Rn. 49). 43

2. Schutzrichtung und Tathandlungen
a) Schutzrichtung

Die Vorschrift soll vor leichtfertiger oder vorsätzlicher Offenlegung eines befreienden (Teil-)Konzernabschlusses oder (Teil-)Konzernlageberichtes, in dem die Verhältnisse des Konzerns unrichtig wiedergegeben oder verschleiert wor- 44

---

38 Ausführlich Lutter/*Kuhlen* UmwG § 313 Rn. 30 mwN.
39 S. Kap. 9.1. Rn. 48 und Hopt/Wiedemann/*Otto* AktG § 399 Rn. 109 ff.

den sind, schützen. Auf § 331 Nr. 3 HGB wird vollinhaltlich Bezug genommen (s. Kap. 9.4. Rn. 62 ff.).

b) Tathandlungen

45 Gegenstand der Tathandlung (Offenlegung) sind der (Teil-)**Konzernabschluss** und der (Teil-)**Konzernlagebericht**, in denen die Verhältnisse des Konzerns unrichtig wiedergegeben oder verschleiert worden sind. Als Tathandlung nennt § 17 Nr. 3 PublG HGB die **Offenlegung**. Insoweit wird auf die obigen Ausführungen zu § 17 Nr. 1 a und zu § 331 Nr. 3 HGB verwiesen (s. Kap. 9.4. Rn. 63 ff.).

II. Subjektiver Tatbestand

1. Vorsatz bzw. Leichtfertigkeit

46 Der Tatbestand des § 17 Nr. 3 PublG kann vorsätzlich oder leichtfertig begangen werden. Auf die Ausführungen oben zu § 17 Nr. 1 a PublG und zu § 331 Nr. 3 HGB sei verwiesen (s. Kap. 9.4. Rn. 65).

2. Besondere subjektive Merkmale

47 Der Täter muss **zum Zwecke der Befreiung** nach § 11 Abs. 6 Satz 1 Nr. 1 PublG iVm §§ 291, 292 HGB gehandelt haben.[40] Die Offenlegung muss folglich zielgerichtet auf diesen Zweck erfolgt sein. Bei anderen Zielrichtungen ist der Tatbestand nicht erfüllt.[41]

III. Rechtswidrigkeit, Schuld, Irrtumskonstellationen, Täterschaft und Teilnahme

48 Es ist auf die obigen Ausführungen (Rn. 15 ff.) zu verweisen.

IV. Versuch und Vollendung

49 Hinsichtlich Versuch, Vollendung und Beendigung wird auf die Ausführungen zu § 17 Nr. 1 a PublG und zu § 331 Nr. 3 HGB (s. Kap. 9.4. Rn. 68) Bezug genommen.

V. Konkurrenzen

50 Auf die obigen Ausführungen (Rn. 17 f.) wird Bezug genommen.

VI. Strafverfolgung

51 Insoweit wird auf die obigen Ausführungen zu § 17 Nr. 1 PublG (s. Rn. 19 ff.) Bezug genommen.

F. Tatbestandliche Voraussetzungen des § 17 Nr. 4, 1. Alt. PublG: Falsche Angaben gegenüber Abschlussprüfern

Der Tatbestand dieser Alternative lautet:

Mit Freiheitsstrafe bis zu drei Jahren oder mit Geldstrafe wird bestraft, wer als gesetzlicher Vertreter (§ 4 Abs. 1 Satz 1) eines Unternehmens oder eines Mutterunternehmens, beim Einzelkaufmann als Inhaber oder dessen gesetzlicher Vertreter,

---

40 Heymann/*Otto* HGB § 331 Rn. 63.
41 Blumers/Frick/Müller/*Dannecker* HGB § 331 Rn. 672.

(...)
4. in Aufklärungen oder Nachweisen, die nach § 2 Abs. 3 Satz 4 in Verbindung mit § 145 Abs. 2 und 3 des Aktiengesetzes, § 6 Abs. 1 Satz 2 in Verbindung mit § 320 Abs. 1, 2 des Handelsgesetzbuchs, § 12 Abs. 3 Satz 3 in Verbindung mit § 2 Abs. 3 Satz 4 und § 145 Abs. 2 und 3 des Aktiengesetzes oder § 14 Abs. 1 Satz 2 in Verbindung mit § 320 Abs. 3 des Handelsgesetzbuchs einem Abschlußprüfer des Unternehmens, eines verbundenen Unternehmens, des Konzerns oder des Teilkonzerns zu geben sind, unrichtige Angaben macht (...)

I. Objektiver Tatbestand
1. Tauglicher Täterkreis

Als Täter kommen nur

- die gesetzlichen Vertreter (§ 4 Abs. 1 Satz 1 PublG) eines Unternehmens oder eines Mutterunternehmens,
- sowie beim Einzelkaufmann der Inhaber oder dessen gesetzlicher Vertreter

in Betracht.

Gesetzliche Vertreter sind

- bei einer juristischen Person die Mitglieder des vertretungsberechtigten Organs,
- bei einer Personenhandelsgesellschaft der oder die vertretungsberechtigten Gesellschafter.

Die Ausführungen zur Einsetzung eines **Strohmannes** (s. Kap. 9.1. Rn. 19) und zur **faktischen Ausübung** (s. Kap. 9.1. Rn. 17 f.) einer Organstellung gelten auch hier.

Besonderheiten ergeben sich aber aus der Art der Auskünfte. Nicht jede unrichtige Auskunft, die einem Prüfer von einem tauglichen Täter gegeben wird, ist tatbestandsmäßig, sondern nur eine solche, auf die der Prüfer gerade gegenüber diesem Organmitglied ein Auskunftsrecht hat. Insoweit sind die Prüfungen nach §§ 2 Abs. 3, 12 Abs. 3 PublG – (Konzern-)Rechnungslegungspflicht – und nach §§ 6 Abs. 1, 14 Abs. 1 PublG iVm § 320 HGB – (Konzern-)Abschlussprüfung – sowie die Teilkonzernrechnungslegung einschlägig.[42]

2. Schutzrichtung und Tathandlungen
a) Schutzrichtung

Die Vorschrift soll sicherstellen, dass Angaben gegenüber Abschlussprüfern korrekt erfolgen. Der Wortlaut ist dem des § 147 Abs. 2 Nr. 2, Alt. 1 GenG und des § 400 Abs. 1 Nr. 2 AktG sowie des § 331 Nr. 4 HGB ähnlich.

b) Tathandlungen

Der Täter muss **unrichtige Angaben** machen. Die Formulierung entspricht dem Begriff **falsche Angaben** in §§ 399, 400 AktG, 147 GenG, 82 GmbHG. Insoweit kann hier auf die grundsätzlichen Ausführungen zu § 399 AktG verwiesen werden (s. Kap. 9.1. Rn. 26 f.). Im Gegensatz zu § 399 Abs. 1 AktG ist in § 17 PublG das „**Verschweigen erheblicher Umstände**" nicht explizit aufge-

---

[42] Ransiek, „Gesellschaftsrechtliche Bilanzdelikte", § 23 III Rn. 308.

führt.[43] Das Verschweigen erheblicher Umstände macht Angaben jedoch oftmals unrichtig, so dass auch diese Fälle überwiegend erfasst werden.

Tatgegenstand der falschen Angaben sind Aufklärungen und Nachweise, die nach den Vorschriften des PublG dem Abschlussprüfer zu geben sind. Relevant sind danach nur solche Angaben, bezüglich derer der Prüfer ein Auskunftsrecht hat.

Zu den Begriffen **Aufklärungen** und **Nachweise** wird auf die obigen Ausführungen zu § 400 AktG (s. Kap. 9.2. Rn. 29 ff.) und § 331 HGB (s. Kap. 9.4. Rn. 102) verwiesen.

57 **Adressat** der Aufklärungen und Nachweise ist der **Abschlussprüfer** (des Unternehmens, eines verbundenen Unternehmens, des Konzerns oder des Teilkonzerns), wobei dies nach zutreffender Meinung nicht der Prüfer unmittelbar sein muss, sondern auch die unrichtige Angabe gegenüber einem Prüfungsgehilfen ausreichen kann.[44] Die Angaben sind dem Prüfer gegenüber schon dann gemacht, wenn sie an einen seiner Sphäre zuzurechnenden, mit der Prüfungsaufgabe betrauten Adressaten gerichtet sind.[45]

Eine **Täuschung** des Prüfers ist nicht erforderlich, was sich auch aus der Deliktsnatur des § 17 PublG als abstraktes Gefährdungsdelikt[46] ergibt.

58 Die jeweilige **Prüfung** muss nach dem PublG **erforderlich** sein. Dies bestimmt sich nach den in § 17 PublG genannten Verweisungsnormen. Die **Pflicht zur Information** der Prüfer ergibt sich aus diesen Verweisungsnormen. Sie bezieht sich auf alle Aufklärungen und Nachweise, die für eine sorgfältige Prüfung notwendig sind.

59 Der Täter muss in seiner Funktion als Mitglied des oben genannten Täterkreises handeln. **Private Äußerungen** fallen nicht unter den Tatbestand.[47]

60 Eine Strafbarkeit durch **Unterlassen** ist denkbar, in der Praxis aber eher selten. Der Täter ist nur strafbar, wenn ihn eine Garantenpflicht zum Tätigwerden trifft, § 13 StGB (s. Kap. 9.4. Rn. 20 ff.).

II. Subjektiver Tatbestand

61 Der Tatbestand des § 17 PublG erfordert **Vorsatz**, wobei **bedingter Vorsatz** (dolus eventualis) ausreicht. Auf die obigen Ausführungen zu § 399 AktG wird verwiesen (s. Kap. 9.1. Rn. 39).

III. Rechtswidrigkeit und Schuld

62 Hier ist auf allgemeine Grundsätze zu verweisen.

---

43 Vgl. Hopt/Wiedemann/*Otto* AktG § 400 Rn. 67.
44 So auch Blumers/Frick/Müller/*Dannecker* Rn. 677; Heymann/*Otto* HGB § 331 Rn. 70; Geilen AktG § 399 Rn. 104; Hopt/Wiedemann/*Otto* AktG § 400 Rn. 72; **aA**: Erbs/Kohlhaas/*Fuhrmann* AktG § 400 Rn. 6; Geßler/Hefermehl/Eckardt/Kropff/*Fuhrmann* AktG § 400 Rn. 32.
45 Vergleichbar zur AG: Hopt/Wiedemann/*Otto* AktG § 400 Rn. 72.
46 Vgl. zum abstrakten/konkreten Gefährdungsdelikt: Schönke/Schröder/*Eisele* StGB Vor § 13 Rn. 131.
47 So zutreffend Hachenburg/*Kohlmann* GmbHG § 82 Rn. 118; Lutter/*Kuhlen* UmwG § 313 G Rn. 21 unter Hinweis auf die ablehnende Auffassung von Lutter/Hommelhof GmbHG § 82 Rn. 23.

IV. Irrtumskonstellationen

Auch insoweit kann auf die obigen Ausführungen zu § 399 AktG (s. Kap. 9.1. Rn. 42 ff.) und § 331 HGB (s. Kap. 9.4. Rn. 25) Bezug genommen werden. 63

V. Täterschaft und Teilnahme

Wie bereits erläutert, handelt es sich um ein echtes **Sonderdelikt**. Der **Täterkreis** beschränkt sich auf 64

- die gesetzlichen Vertreter (§ 4 Abs. 1 S. 1 PublG) eines Unternehmens oder eines Mutterunternehmens
- sowie beim Einzelkaufmann auf den Inhaber oder dessen gesetzlichen Vertreter.

Täter kann nur ein Träger der Sonderpflicht sein. Es kann auf die obigen Ausführungen (s. Kap. 9.1. Rn. 46 f.) verwiesen werden. Auch die **Teilnahme** richtet sich nach den allgemeinen Vorschriften der §§ 26, 27 StGB.[48] Auf die Ausführungen zu § 399 AktG[49] wird Bezug genommen.

VI. Versuch und Vollendung

Hinsichtlich Versuch, Vollendung und Beendigung wird auf die Ausführungen zu § 331 Nr. 4 HGB[50] Bezug genommen. 65

VII. Konkurrenzen

1. Innertatbestandliche Konkurrenz

Eine Tathandlung kann verschiedene Alternativen des § 17 PublG erfüllen. Es kann Gesetzeskonkurrenz oder gleichartige Idealkonkurrenz vorliegen.[51] Überschneiden sich einzelne Tathandlungen des § 17 PublG, so geht der speziellere dem allgemeineren Tatbestand vor. 66

2. Konkurrenz zu anderen Straftatbeständen

Die Anwendung des PublG ist abhängig von der Unternehmensgröße (vgl. §§ 1 Abs. 1, 11 Abs. 1 PublG). Es gilt nur für Unternehmen bestimmter Rechtsformen (§§ 3 Abs. 1, 11 Abs. 5 PublG), insbesondere Personenhandelsgesellschaften, große Einzelkaufleute und Stiftungen. Ansonsten ist, insbesondere für Kapitalgesellschaften, vorrangig § 331 HGB anzuwenden. Im Übrigen kann zwischen § 17 PublG und insbesondere Vermögensdelikten je nach Einzelfall Tateinheit gemäß § 52 StGB oder Tatmehrheit gemäß § 53 StGB vorliegen. 67

VIII. Strafverfolgung

1. Offizialdelikt

Bei den verschiedenen Tatbeständen des § 17 PublG handelt es sich um **Offizialdelikte**,[52] die von Amts wegen verfolgt werden. Ein Strafantrag ist nicht erforderlich. 68

---

48 Ausführlich Lutter/*Kuhlen* UmwG § 313 Rn. 30 mwN.
49 S. Kap. 9.1. Rn. 48 und Hopt/Wiedemann/*Otto* AktG § 399 Rn. 109 ff.
50 S. Kap. 9.4. Rn. 109 und Hopt/Wiedemann/*Otto* AktG § 399 Rn. 102.
51 Vgl. ausführlich Lutter/*Kuhlen* UmwG § 313 Rn. 33 mwN.
52 Vgl. dazu *Fischer* StGB Vor § 77 Rn. 2.

2. Gerichtliche Zuständigkeit

69 Gemäß § 74 c Abs. 1 Nr. 1 GVG ist für Straftaten nach dem PublG eine Strafkammer als Wirtschaftsstrafkammer zuständig, soweit nach § 74 Abs. 1 GVG als Gericht des ersten Rechtszuges und nach § 74 Abs. 3 GVG für die Verhandlung und Entscheidung über das Rechtsmittel der Berufung gegen die Urteile des Schöffengerichts das Landgericht zuständig ist.

3. Verjährung

70 Gemäß § 78 Abs. 3 Nr. 4 StGB verjähren Taten nach § 17 PublG nach fünf Jahren. Verjährungsbeginn, -unterbrechung und -hemmung sind in §§ 78 a–c StGB geregelt. Die Verjährung beginnt mit der Beendigung der Ausführungshandlung. Da es sich bei § 17 PublG um ein abstraktes Gefährdungsdelikt handelt, beginnt die Verjährung mit der Gefährdung; eine Verletzung ist nicht erforderlich.

4. Strafe

71 Die von § 17 PublG sanktionierten Straftaten sind **Vergehen** gemäß § 12 Abs. 2 StGB. Sie können mit Geldstrafe (§§ 40, 41 StGB) oder Freiheitsstrafe (§§ 38, 39 StGB) bis zu drei Jahren geahndet werden. Die Vorschriften über **die Einziehung** gemäß §§ 73 ff. StGB finden Anwendung und werden in den letzten Jahren von den Strafverfolgungsbehörden und Gerichten verstärkt zur Anwendung gebracht. Auch die Verhängung eines **Berufsverbots** gemäß § 70 StGB kommt in Betracht. Bei **Teilnehmern** kann gemäß §§ 28 Abs. 1, 49 Abs. 1 StGB die Strafe gemildert werden.

G. Tatbestandliche Voraussetzungen des § 17 Nr. 4, 2. und 3. Alt. PublG: Unrichtige Wiedergabe oder Verschleierung der Verhältnisse in Aufklärungen oder Nachweisen gegenüber Abschlussprüfern

Der Tatbestand dieser Alternative lautet:

Mit Freiheitsstrafe bis zu drei Jahren oder mit Geldstrafe wird bestraft, wer als gesetzlicher Vertreter (§ 4 Abs. 1 Satz 1) eines Unternehmens oder eines Mutterunternehmens, beim Einzelkaufmann als Inhaber oder dessen gesetzlicher Vertreter,
(...)
4. in Aufklärungen oder Nachweisen, die nach § 2 Abs. 3 Satz 4 in Verbindung mit § 145 Abs. 2 und 3 des Aktiengesetzes, § 6 Abs. 1 Satz 2 in Verbindung mit § 320 Abs. 1, 2 des Handelsgesetzbuchs, § 12 Abs. 3 Satz 3 in Verbindung mit § 2 Abs. 3 Satz 4 und § 145 Abs. 2 und 3 des Aktiengesetzes oder § 14 Abs. 1 Satz 2 in Verbindung mit § 320 Abs. 3 des Handelsgesetzbuchs einem Abschlußprüfer des Unternehmens, eines verbundenen Unternehmens, des Konzerns oder des Teilkonzerns zu geben sind, (...) die Verhältnisse des Unternehmens, eines Tochterunternehmens, des Konzerns oder des Teilkonzerns unrichtig wiedergibt oder verschleiert.

I. Objektiver Tatbestand
1. Tauglicher Täterkreis

72 Vgl. insoweit die Ausführungen zu § 331 Nr. 4, 2. und 3. Alt. HGB (s. Kap. 9.4. Rn. 93).

2. Schutzrichtung und Tathandlungen

a) Schutzrichtung

Die Vorschrift soll sicherstellen, dass Angaben gegenüber Abschlussprüfern korrekt erfolgen. Der Wortlaut ist dem des § 147 Abs. 2 Nr. 2, 1. Alt GenG (vgl. oben) und des § 400 Abs. 1 Nr. 2 AktG (vgl. oben) sowie des § 331 Nr. 4 HGB ähnlich. 73

b) Tathandlungen

Die Tathandlung „unrichtige Wiedergabe" bzw. „Verschleierung" entspricht der des § 331 Nr. 4, 2. und 3. Alt. HGB, weshalb auf die dortige Darstellung Bezug genommen wird (s. Kap. 9.4. Rn. 101). Tatgegenstand der falschen Angaben sind Aufklärungen und Nachweise, die nach den Vorschriften des PublG dem Abschlussprüfer zu geben sind. Relevant sind danach nur solche Angaben, bezüglich derer der Prüfer ein Auskunftsrecht hat. 74

Zu den Begriffen **Aufklärungen**, **Nachweise** und **Abschlussprüfer** wird auf die obigen Ausführungen zu § 400 AktG (s. Kap. 9.2. Rn. 12 ff.) verwiesen.

II. Subjektiver Tatbestand

Der Tatbestand des § 17 Nr. 4 PublG erfordert **Vorsatz**, wobei **bedingter Vorsatz** (dolus eventualis) ausreicht. Auf die obigen Ausführungen zu § 399 AktG wird verwiesen (s. Kap. 9.1. Rn. 39). 75

III. Rechtswidrigkeit, Schuld, Irrtumskonstellationen, Täterschaft, Teilnahme, Konkurrenzen, Versuch und Vollendung

Es kann auf die obigen Ausführungen zu § 331 Nr. 4, 2. und 3. Alt. HGB (s. Kap. 9.4. Rn. 108 ff.) Bezug genommen werden. 76

IV. Strafverfolgung

Hier kann vollumfänglich auf die Ausführungen zu § 17 Nr. 1 PublG (s. Rn. 19 ff.) Bezug genommen werden. 77

Kap. 9.7. § 147 GenG Falsche Versicherungen und falsche Angaben

§ 147 GenG Falsche Angaben oder unrichtige Darstellung

(1) Mit Freiheitsstrafe bis zu drei Jahren oder mit Geldstrafe wird bestraft, wer als Mitglied des Vorstands oder als Liquidator in einer schriftlichen Versicherung nach § 79 a Abs. 5 Satz 2 über den Beschluss zur Fortsetzung der Genossenschaft falsche Angaben macht oder erhebliche Umstände verschweigt.

(2) Ebenso wird bestraft, wer als Mitglied des Vorstands oder des Aufsichtsrats oder als Liquidator

1. die Verhältnisse der Genossenschaft in Darstellungen oder Übersichten über den Vermögensstand, die Mitglieder oder die Haftsummen, in Vorträgen oder Auskünften in der Generalversammlung unrichtig wiedergibt oder verschleiert, wenn die Tat nicht in § 340 m in Verbindung mit § 331 Nr. 1 oder Nr. 1 a des Handelsgesetzbuchs mit Strafe bedroht ist,

2. in Aufklärungen oder Nachweisen, die nach den Vorschriften dieses Gesetzes einem Prüfer der Genossenschaft zu geben sind, falsche Angaben macht

Kap. 9: Falsche Angaben und unrichtige Darstellung

oder die Verhältnisse der Genossenschaft unrichtig wiedergibt oder verschleiert, wenn die Tat nicht in § 340 m in Verbindung mit § 331 Nr. 4 des Handelsgesetzbuchs mit Strafe bedroht ist.

Literatur: *Achenbach,* Aus der 1987/1988 veröffentlichten Rechtsprechung zum Wirtschaftsstrafrecht, NStZ 1989, 497; *Achenbach/Ransiek/Rönnau,* Handbuch Wirtschaftsstrafrecht, 4. Aufl. 2015; *Arnhold,* Auslegungshilfen zur Bestimmung einer Geschäftslagetäuschung im Rahmen der §§ 331 Nr. 1 HGB, 400 Abs. 1 Nr. 1 AktG, 82 Abs. 2 Nr. 2 GmbHG, 1993; *Beuthien,* Genossenschaftsgesetz mit Umwandlungsrecht, 16. Aufl. 2018; *Brandes,* Die Rechtsprechung des Bundesgerichtshofs auf dem Gebiet des Aktienrechts, WM 1992, 465; *Grottel/Schmidt/Schubert/Winkeljohann* (Hrsg.), Beck'scher Bilanzkommentar, 10. Aufl. 2016; *Fuhrmann,* in: Geßler/Hefermehl/Eckardt/Kropff, Aktiengesetz, Kommentar, 1973, strafrechtliche Vorschriften, in: Bd. 6, 18. Ergänzungslieferung 1994; *Geilen,* Aktienstrafrecht, 1984 (Sonderausgabe aus Kölner Kommentar zum Aktiengesetz 1. Aufl. 1970 ff); *Helios/Strieder,* Reform des Genossenschaftsrechts – Wiederbelebung einer guten Idee, DB 2005, 2794; *Heymann/Otto,* Kommentar zum Handelsgesetzbuch, Bd. 3, §§ 238–342 a HGB, 2. Aufl. 1999; *Hildesheim,* Die strafrechtliche Verantwortung des faktischen Mitgeschäftsführers in der Rechtsprechung des BGH, wistra 1993, 166; *Kiethe,* in: Münchener Kommentar zum Strafgesetzbuch, Band 7, Nebenstrafrecht II, 2015 (zit. als MüKoStGB/*Kiethe*); *Klussmann,* Geschäftslagetäuschungen nach § 400 AktG, 1975; *Lauterwein/Xylander,* in: Esser/Rübenstahl/Saliger/Tsambikakis, Wirtschaftsstrafrecht, 2017; *Löffeler,* Strafrechtliche Konsequenzen faktischer Geschäftsführung – Eine Bestandsaufnahme der neuen Rechtsprechung, wistra 1989, 121; *Otto,* in: Hopt/Wiedemann, AktG Großkommentar, 8. Lieferung §§ 399–410, 4. Aufl. 1997; *ders.,* Anmerkung zu BGH, StV 1984, 461; *Peter,* Die strafrechtliche Verantwortlichkeit von Kollegialorganmitgliedern der AG und der GmbH für das Nichteinschreiten bei Gründungsschwindelhandlungen anderer Kollegialorganmitglieder, 1990; *Pöhlmann,* in: Pöhlmann/Fandrich/Bloehs, Kommentar zum Genossenschaftsgesetz, 4. Aufl. 2012; *Quedenfeld,* in: Münchener Kommentar zum Handelsgesetzbuch, Bd. 4, §§ 238–342 a HGB, 3. Aufl. 2013 (zit. als MüKoHGB/*Quedenfeld*); *Schäfer,* Die Entwicklung der Rechtsprechung zum Konkursstrafrecht, wistra 1990, 81; *K. Schmidt,* Die Strafbarkeit „faktischer Geschäftsführer" wegen Konkursverschleppung als Methodenproblem, in: FS Rebmann, 1989, S. 419; *Tiedemann,* Kommentar zum GmbH-Strafrecht, 3. Aufl. 1995 (Sonderausgabe aus Scholz, Kommentar zum GmbH-Gesetz, 8. Auflage 1993 ff.); *Wolf,* Die Strafbestimmungen für Amtsträger im Genossenschaftswesen, 1986.

A. Allgemeines 1	VI. Versuch und Vollendung 18
I. Rechtsentwicklung 1	VII. Konkurrenzen 20
II. Geschütztes Rechtsgut 2	VIII. Strafverfolgung 21
III. Deliktscharakter 3	1. Offizialdelikt 21
IV. Zivilrecht 4	2. Gerichtliche Zuständigkeit .. 22
V. Praktische Bedeutung der Vorschrift 5	3. Verjährung.................. 23
VI. Der typische Anwendungsfall ... 6	4. Strafe 24
B. Tatbestandliche Voraussetzungen des § 147 Abs. 1 GenG: Falschangaben zum Zwecke der Eintragung der Fortsetzung der Genossenschaft 7	C. Tatbestandliche Voraussetzungen des § 147 Abs. 2 Nr. 1 GenG: Unrichtige Wiedergabe oder Verschleierung der Verhältnisse der Genossenschaft 25
I. Objektiver Tatbestand 7	I. Objektiver Tatbestand 25
1. Tauglicher Täterkreis........ 7	1. Tauglicher Täterkreis 25
2. Schutzrichtung und Tathandlungen 11	2. Schutzrichtung und Tathandlungen 27
a) Schutzrichtung........... 11	a) Schutzrichtung........... 27
b) Tathandlungen........... 12	b) Tatmittel, Tatgegenstand und Tathandlungen 28
II. Subjektiver Tatbestand 14	aa) Tatmittel 28
III. Rechtswidrigkeit und Schuld 15	bb) Tatgegenstand 29
IV. Irrtumskonstellationen 16	cc) Tathandlungen 30
V. Täterschaft und Teilnahme 17	II. Subjektiver Tatbestand 31

III. Rechtswidrigkeit, Schuld, Irrtumskonstellationen, Täterschaft, Teilnahme 32
IV. Versuch und Vollendung 33
V. Konkurrenzen und Subsidiaritätsklausel 35
VI. Strafverfolgung 37
   1. Offizialdelikt 37
   2. Gerichtliche Zuständigkeit .. 38
   3. Verjährung 39
   4. Strafe 40
D. Tatbestandliche Voraussetzungen
   des § 147 Abs. 2 Nr. 2, Alt. 1
   GenG: Falschangaben in Aufklärungen und Nachweisen gegenüber Prüfern 41
   I. Objektiver Tatbestand 41
      1. Tauglicher Täterkreis 41
      2. Schutzrichtung und Tat-
         handlungen 42
   II. Subjektiver Tatbestand 44
   III. Rechtswidrigkeit, Schuld, Irr-
        tumskonstellationen, Täter-
        schaft, Teilnahme, Konkurren-
        zen 45

IV. Versuch und Vollendung 46
V. Subsidiaritätsklausel 47
VI. Strafverfolgung 48
   1. Offizialdelikt 48
   2. Gerichtliche Zuständigkeit .. 49
   3. Verjährung 50
   4. Strafe 51
E. Tatbestandsvoraussetzungen des
   § 147 Abs. 2 Nr. 2, 2. und 3. Alt.
   GenG: Unrichtige Wiedergabe
   und Verschleierung in Aufklärun-
   gen und Nachweisen gegenüber
   Prüfern 52
   I. Objektiver Tatbestand 52
      1. Tauglicher Täterkreis 52
      2. Schutzrichtung und Tat-
         handlungen 53
   II. Subjektiver Tatbestand 54
   III. Rechtswidrigkeit, Schuld, Irr-
        tumskonstellationen, Täter-
        schaft, Teilnahme 55
   IV. Versuch und Vollendung 56
   V. Konkurrenzen und Subsidiari-
      tätsklausel 57
   VI. Strafverfolgung 58

A. Allgemeines

I. Rechtsentwicklung

Das „Gesetz betreffend die Erwerbs- und Wirtschaftsgenossenschaften" (kurz: 1
Genossenschaftsgesetz, abgekürzt: GenG) vom 1.5.1889[1] wurde in der Vergangenheit mehrfach modifiziert. Die letzten Änderungen der Strafvorschrift
des § 147 GenG erfolgten durch Art. 3 Bank-BilRLG vom 30.11.1990,[2] durch
Art. 7 RegVBG vom 20.12.1993,[3] durch Art. 7 des Gesetzes zur Einführung
internationaler Rechnungslegungsstandards und zur Sicherung der Qualität
der Abschlussprüfung vom 4.12.2004[4] und durch die Neufassung des Genossenschaftsgesetzes vom 16.10.2006.[5]

II. Geschütztes Rechtsgut

§ 147 Abs. 1 GenG soll verhindern, dass durch unrichtige Eintragungen im Ge- 2
nossenschaftsregister ein irreführender Anschein über die Genossenschaft entsteht.[6] Geschützt werden soll das Vertrauen in die Richtigkeit und Vollständigkeit des Genossenschaftsregisters.[7]

---

1 RGBl. 55.
2 BGBl. I 2570. Markant war hierbei die Klarstellung von Subsidiarität bei Kreditgenos-
  senschaften (§ 340 m HGB). Vgl. hierzu Esser/Rübenstahl/Saliger/Tsambikakis/*Lauter-
  wein/Xylander* GenG § 147 Rn. 2.
3 BGBl. I 2182.
4 BGBl. I 3166 Nr. 65/2004.
5 BGBl. I 2230 Nr. 47/2006.
6 *Beuthien* GenG § 147 Rn. 2.
7 MüKoStGB/*Kiethe* GenG § 147 Rn. 1; Henssler/Strohn/*Geibel* GenG § 147 Rn. 1. Vgl.
  auch Esser/Rübenstahl/Saliger/Tsambikakis/*Lauterwein/Xylander* GenG § 147 Rn. 3.

§ 147 Abs. 2 GenG betrifft Angaben, die für die Beurteilung der Bonität der Genossenschaft von unmittelbarer Bedeutung sind. Geschützt werden diejenigen, die mit der Genossenschaft in rechtliche und wirtschaftliche Beziehungen treten.[8]

III. Deliktscharakter

3   Die Vorschrift des § 147 GenG gehört wie die übrigen Strafvorschriften des GenG (§§ 148, 150, 151 GenG) zum sogenannten Nebenstrafrecht. Für das Nebenstrafrecht gelten die Vorschriften des allgemeinen Teils des Strafgesetzbuchs (§§ 1–79 b StGB) uneingeschränkt.

Bei § 147 GenG handelt es sich um ein **abstraktes Gefährdungsdelikt**,[9] ein (echtes) **Sonderdelikt**[10] und einen (unechten) **Blankettstraftatbestand** (Bezugnahme auf außerstrafrechtliche Normen, hier § 79 a Abs. 5 S. 2 GenG) (s. Kap. 9.1. Rn. 4 ff.).

IV. Zivilrecht

4   Die Vorschrift des § 147 GenG ist zugunsten der Genossenschaft, der Genossen und der Gläubiger **Schutzgesetz im Sinne des § 823 Abs. 2 BGB**.[11] Der zivilrechtliche Schadensersatz setzt dabei voraus, dass der Anspruchsteller nachweisen kann, dass der Geschädigte durch ein Verhalten im Vertrauen auf die Korrektheit der maßgeblichen Angaben einen **Schaden**[12] erlitten hat.[13]

V. Praktische Bedeutung der Vorschrift

5   Genossenschaften spielen bei der Strafverfolgung kaum eine Rolle.[14] Der Vorschrift kommt bisher in der Strafverfolgungsstatistik keine Bedeutung zu.[15] Verfolgungsbeschränkungen und Einstellungen nach §§ 154, 154 a StPO werden wegen der höheren Strafandrohungen der §§ 263, 266 StGB auch insoweit von den Strafverfolgungsbehörden vorgenommen.[16] Zudem hat sich die Zahl der Genossenschaften in Deutschland seit 1970 mehr als halbiert.[17]

---

8   *Beuthien* GenG § 147 Rn. 2.
9   Esser/Rübenstahl/Saliger/Tsambikakis/*Lauterwein/Xylander* GenG § 147 Rn. 4. Zum Begriff des abstrakten/konkreten Gefährdungsdelikts allgemein etwa *Fischer* StGB Vor § 13 Rn. 18.
10 Esser/Rübenstahl/Saliger/Tsambikakis/*Lauterwein/Xylander* GenG § 147 Rn. 4. Dazu allgemein: Schönke/Schröder/*Eisele* StGB Vor § 13 Rn. 131.
11 Fandrich/Bloehs/*Pöhlmann* GenG § 147 Rn. 2; Henssler/Strohn/*Geibel* GenG § 147 Rn. 1; Esser/Rübenstahl/Saliger/Tsambikakis/*Lauterwein/Xylander* GenG § 147 Rn. 3; *Beuthien* GenG § 147 Rn. 2 unter Hinweis auf BGH 30.3.1976 – VI ZR 21/74, WM 1976, 498 (499).
12 Zum Schadensbegriff vgl. Palandt/*Thomas* BGB Vor § 249 Rn. 7 ff.
13 Beispielhaft sei insoweit verwiesen auf die Fälle in: *Brandes* WM 1992, 477; BGH 11.11.1985 – II ZR 109/84, BGHZ 96, 231 (243); BGH 11.7.1988 – II ZR 243/87, BGHZ 105, 121 (126); zur AG: Geßler/Hefermehl/Eckardt/Kropff/*Fuhrmann* AktG § 399 Rn. 3.
14 MüKoStGB/*Kiethe* GenG § 147 Rn. 8; *Wolf*, S. 54.
15 Vgl. hierzu auch Esser/Rübenstahl/Saliger/Tsambikakis/*Lauterwein/Xylander* GenG § 147 Rn. 5 f.
16 MüKoStGB/*Kiethe* GenG § 147 Rn. 9.
17 *Helios/Strieder* DB 2005, 2794; MüKoStGB/*Kiethe* GenG § 147 Rn. 8.

VI. Der typische Anwendungsfall

Die E e.G. hält am 1.2.2015 eine Generalversammlung ab. Der Vorstandsvorsitzende V verteilt an sämtliche anwesenden Genossen Auflistungen über die in 2014 angeblich erzielten Umsätze und die angeblich offenen Forderungen. Die Umsätze sollen 130 Mio. EUR betragen, die offenen Forderungen zum 31.12.2014 sollen sich angeblich auf 11 Mio. EUR belaufen. Tatsächlich ist der Umsatz, was V weiß, stark auf 97 Mio. EUR zurückgegangen. Die offenen Forderungen betragen nach Kenntnis des V sogar 14 Mio. EUR. Davon sind – das steht fest – 4,7 Mio. EUR abzuschreiben, da der Schuldner insolvent ist, was V bewusst verschweigt.

B. Tatbestandliche Voraussetzungen des § 147 Abs. 1 GenG: Falschangaben zum Zwecke der Eintragung der Fortsetzung der Genossenschaft

Diese Alternative lautet:

(1) Mit Freiheitsstrafe bis zu drei Jahren oder mit Geldstrafe wird bestraft, wer als Mitglied des Vorstands oder als Liquidator in einer schriftlichen Versicherung nach § 79 a Abs. 5 Satz 2 über den Beschluss zur Fortsetzung der Genossenschaft falsche Angaben macht oder erhebliche Umstände verschweigt.

I. Objektiver Tatbestand
1. Tauglicher Täterkreis

Täter können die Mitglieder des Vorstandes oder der Liquidator sein. **Mitglied des Vorstandes** ist, wer gemäß § 24 Abs. 2 GenG von der Generalversammlung gewählt wird.

Auch das Vorstandsmitglied als **faktisches Organ** haftet strafrechtlich, da die tatsächliche Stellung und Tätigkeit ausreichend ist.[18] Es ist danach gleichgültig, ob die Bestellung unwirksam ist[19] oder die Eintragung in das Genossenschaftsregister nicht erfolgt ist. Maßgeblich ist nur, dass der Betreffende seine Tätigkeit als Vorstandsmitglied mit Duldung des für die Bestellung zuständigen Organs der Genossenschaft aufgenommen hat.[20] Auch die Tatsache, dass andere Mitglieder für das Amt rechtswirksam bestellt sind und dieses Amt auch ausüben, kann der Vorstandseigenschaft des tatsächlich Tätigen grundsätzlich nicht entgegenstehen.[21] Diese Weite der faktischen Betrachtungsweise wird teilweise und mit beachtlichen Argumenten heftig kritisiert, da damit das Sonderdelikt zum Jedermanndelikt werde.[22] Das **Ende der Täterstellung des Vorstandsmitgliedes** endet nach der faktischen Sichtweise nicht mit der rechtlichen Beendigung der Vorstandseigenschaft, sondern erst mit der tatsächlichen Aufgabe des Amtes.[23]

---

18 Vgl. *Beuthien* GenG § 147 Rn. 3. S. Kap. 9.1. Rn. 17 f.
19 *Beuthien* GenG § 147 Rn. 3; Fandrich/Bloehs/*Pöhlmann* GenG § 147 Rn. 3 mwN.
20 *Beuthien* GenG § 147 Rn. 3 unter Hinweis auf BGH 28.6.1966 – 1 StR 414/65, BGHSt 21, 101 (104).
21 Vgl. zur AG: BGH 19.4.1984 – 1 StR 736/83, StV 1984, 461 mAnm *Otto*; Rechtsprechungsüberblick bei *K. Schmidt* in FS Rebmann S. 421 ff.; krit. zur Rspr. ua: *Achenbach* NStZ 1989, 497 f.; *Hildesheim* wistra 1993, 169; *Löffeler* wistra 1989, 125; *Schäfer* wistra 1990, 82; die Rspr. wegen Art. 103 Abs. 2 GG ablehnend Achenbach/Ransiek/Rönnau/*Ransiek* 8. Teil, 1. Kap. Rn. 36.
22 Vgl. zur AG: Hopt/Wiedemann/*Otto* AktG § 399 Rn. 21–26.
23 Vgl. zur AG: Erbs/Kohlhaas/*Fuhrmann* AktG § 399 Rn. 4 a.

Auch das als **Strohmann** tätige Vorstandsmitglied kann Täter sein, ebenso der **Hintermann** als faktisches Vorstandsmitglied, falls er nach außen in Erscheinung tritt und sein Verhalten vom für die Bestellung zuständigen Organ der Genossenschaft geduldet wird.[24]

Stellvertretende Vorstandsmitglieder stehen gemäß § 35 GenG den Vorstandsmitgliedern gleich. Die Beschränkung auf die Stellvertretung hat keine Auswirkung auf die strafrechtliche Haftung.[25]

8 Die **Tätereigenschaft endet** mit Ausscheiden aus der Amtsstellung und tatsächlicher Beendigung der Tätigkeit. Bei wirksamer Bestellung ist ein wirksames Erlöschen der Amtsstellung notwendig. Bei unwirksamer Bestellung genügt die nach außen erkennbare Einstellung der Amtstätigkeit.[26]

9 Die Mitgliedschaft in einem **mehrgliedrigen Organ**[27] weist regelmäßig die Besonderheit auf, dass eine Zuständigkeitsaufteilung gegeben ist. Dabei stellt sich strafrechtlich die Frage nach der Verantwortung der Mitglieder, die nicht im relevanten Zuständigkeitsbereich tätig sind. Erhalten diese Mitglieder Kenntnis von Unregelmäßigkeiten anderer Mitglieder oder Kenntnis von Umständen, die auf solche Unregelmäßigkeiten schließen lassen, so besteht jedenfalls die Pflicht, sich zu informieren und gegebenenfalls einzuschreiten. Insoweit ist zB an eine Einberufung des Gesamtvorstandes der Genossenschaft zu denken.

Das Mitglied eines mehrgliedrigen Organs wird zum Täter, wenn es sich bewusst an rechtswidrigen Beschlüssen beteiligt. Wird es bei rechtswidrigen Beschlüssen überstimmt, hat es gegebenenfalls das Registergericht zu verständigen.[28]

10 Wer **Liquidator** ist, regelt sich nach § 83 GenG:

§ 83 GenG Bestellung und Abberufung der Liquidatoren

(1) Die Liquidation erfolgt durch den Vorstand, wenn sie nicht durch die Satzung oder durch Beschluss der Generalversammlung anderen Personen übertragen wird.

(2) Auch eine juristische Person kann Liquidator sein.

(3) Auf Antrag des Aufsichtsrats oder mindestens des zehnten Teils der Mitglieder kann die Ernennung von Liquidatoren durch das Gericht erfolgen.

(4) ¹Die Abberufung der Liquidatoren kann durch das Gericht unter denselben Voraussetzungen wie die Bestellung erfolgen. ²Liquidatoren, welche nicht vom Gericht ernannt sind, können auch durch die Generalversammlung vor Ablauf des Zeitraums, für welchen sie bestellt sind, abberufen werden.

(5) ¹Ist die Genossenschaft durch Löschung wegen Vermögenslosigkeit aufgelöst, so findet eine Liquidation nur statt, wenn sich nach der Löschung herausstellt, dass Vermögen vorhanden ist, das der Verteilung unterliegt. ²Die Liquidatoren sind auf Antrag eines Beteiligten durch das Gericht zu ernennen.

Liquidator ist der Abwickler (Geschäftsführungs- und Vertretungsorgan) einer aufgelösten Genossenschaft. Regelungen hierzu trifft § 83 GenG. Grundsätzlich nehmen die Mitglieder des Vorstands („**geborene Liquidatoren**" gemäß

---

24 So zur AG auch Müller-Gugenberger/*Wagenpfeil* § 27 Rn. 164 aE.
25 Hopt/Wiedemann/*Otto* AktG § 399 Rn. 28.
26 Fandrich/Bloehs/*Pöhlmann* GenG § 147 Rn. 3 mwN.
27 Ausführlich zur AG vgl. Hopt/Wiedemann/*Otto* AktG § 399 Rn. 112 ff. mwN.
28 Vgl. zur AG: Müller-Gugenberger/*Wagenpfeil* § 27 Rn. 164.

§ 83 Abs. 1 GenG) die Abwicklung vor, wenn dies nicht durch Statut oder durch Beschluss der Generalversammlung anderen Personen namentlich[29] übertragen wurde (§ 83 Abs. 1 GenG, „gekorene Liquidatoren"). Auch juristische Personen können gemäß § 83 Abs. 2 GenG Liquidator sein, wobei sich die strafrechtliche Haftung dann nach § 14 StGB regelt. Dies gilt auch für die KG und die OHG.[30] Das Registergericht kann auf Antrag des Aufsichtsrats oder mindestens des zehnten Teils der Genossen auch eine andere Person zum Liquidator bestellen (§ 83 Abs. 3 GenG, „befohlener Liquidator").

Bei unwirksamer Bestellung gelten die oben zu § 399 AktG dargestellten Grundsätze zum „faktischen Organ" entsprechend.[31]

2. Schutzrichtung und Tathandlungen

a) Schutzrichtung

Die Vorschrift soll sicherstellen, dass bei Eintragung der Fortsetzung einer aufgelösten Genossenschaft die Verteilung des Genossenschaftsvermögens unter den Genossen noch nicht begonnen hat. Insofern entspricht § 147 Abs. 1 GenG der Regelung in § 399 Abs. 1 Nr. 5 AktG (s. Kap. 9.1. Rn. 101 ff.). 11

b) Tathandlungen

Der Täter muss in der nach § 79 a GenG abzugebenden Versicherung **falsche Angaben** machen oder **erhebliche Umstände verschweigen**. 12

Angaben können nicht nur **Tatsachen**, sondern auch **Werturteile** etwa in Form von Bewertungen, Schätzungen und Prognosen **mit objektivierbarem Inhalt** sein.[32] Die Angaben müssen sich auf den gesetzlich vorgeschriebenen Inhalt der Versicherung nach § 79 a Abs. 5 S. 2 GenG beziehen.

Falsch sind die Angaben, wenn sie irreführend sind, wenn sie also den Registerrichter und die Allgemeinheit veranlassen können, sie für wahr zu halten und dadurch getäuscht zu werden. Bei **Tatsachen** ist dies der Fall, wenn sich der Inhalt der Angabe nicht mit der Wirklichkeit des Zeitraums nach Auflösung der Genossenschaft und dem Fortsetzungsbeschluss der Generalversammlung deckt. Aber auch wenn die Angabe objektiv wahr ist, kann sie aus der Sicht des Adressaten falsch sein, wenn dieser ihr eine andere Bedeutung beimisst.

Werturteile sind falsch, wenn sie auf tatsächlichen Grundlagen aufbauen, die falsch sind, oder wenn die tatsächlichen oder rechtlichen Schlussfolgerungen, auf denen sie beruhen, objektiv unrichtig sind. Unrichtige Schlussfolgerungen oder Beurteilungen sind, da dem Bewertenden ein angemessener Beurteilungsspielraum gewährt werden muss, nur dann als falsche Angaben relevant, wenn sie evident unrichtig sind. Das ist jedenfalls anzunehmen, wenn nach dem Konsens der einschlägigen Fachleute die vorgelegte Schlussfolgerung oder Beurteilung unvertretbar ist.[33] Maßstab sind dabei die einschlägigen Rechtsnor-

---

29 *Beuthien* GenG § 83 Rn. 4.
30 MüKoStGB/*Kiethe* GenG § 147 Rn. 16.
31 AA MüKoStGB/*Kiethe* GenG § 147 Rn. 17 mwN.
32 Zur AG: *Geilen* AktG § 399 Rn. 51; Hopt/Wiedemann/*Otto* AktG § 399 Rn. 36.
33 Zur AG vgl. Müller-Gugenberger/*Wagenpfeil* § 27 Rn. 148; Hopt/Wiedemann/*Otto* AktG § 399 Rn. 39 mwN.

men und wirtschaftlichen Gepflogenheiten. Hier seien zB die Grundsätze der ordnungsgemäßen Buchführung genannt.[34]

13 Auch das **teilweise Verschweigen** von Informationen kann eine Äußerung zur unvollständigen und damit unrichtigen Angabe machen.

Das teilweise Verschweigen ist vom **Verschweigen erheblicher Umstände** zu unterscheiden. Für Letzteres ist erforderlich, dass der Täter zu einem selbstständigen, gesetzlich vorgeschriebenen Gegenstand überhaupt keine Angaben macht. Umstände sind dann **erheblich**, wenn es sich um vom Registergericht benötigte Informationen handelt und wenn im Wirtschaftsleben nach Treu und Glauben und unter Berücksichtigung der Verkehrssitte eine Angabe zu erwarten gewesen wäre.[35]

Liegt ein **unvorsätzliches Verschweigen von Umständen** vor, resultiert aus § 13 StGB bis zur Eintragung die Pflicht zur nachträglichen Berichtigung bzw. Ergänzung.[36]

II. Subjektiver Tatbestand

14 Der Tatbestand des § 147 GenG erfordert **Vorsatz**, wobei **bedingter Vorsatz** (dolus eventualis) ausreicht.[37]

Besondere subjektive Merkmale wie etwa eine Täuschungs- oder Schädigungsabsicht sind nicht erforderlich.[38]

III. Rechtswidrigkeit und Schuld

15 Es ist auf die allgemeinen Grundsätze zu verweisen. Eine **Rechtfertigung**, etwa mit der Begründung, es liege ein entsprechender Vorstands- oder Aufsichtsratsbeschluss vor, kommt nicht in Betracht, da das einschlägige Rechtsgut nicht disponibel ist.[39]

Auch eine **Entschuldigung** gemäß § 35 StGB ist nur in seltenen Ausnahmefällen denkbar.[40]

IV. Irrtumskonstellationen

16 Kommt ein Irrtum infrage, finden die allgemeinen Grundsätze des Strafrechts Anwendung. **Tatbestandsirrtum** gemäß § 16 StGB und der **Verbotsirrtum** gemäß § 17 StGB sind einschlägig (s. Kap. 9.1. Rn. 42 ff.). Handeln ohne Schuld kann vorliegen, wenn der Täter in der irrigen Annahme handelt, einen Vor-

---

34 Vgl. Hopt/Wiedemann/*Otto* AktG § 399 Rn. 39 unter Hinweis auf *Arnhold* S. 55 ff.
35 Zur AG: RG 24.9.1907 – II 412/07, RGSt 40, 285.
36 So zutreffend auch zur AG: *Geilen* AktG § 399 Rn. 56; Hopt/Wiedeman/*Otto* AktG § 399 Rn. 49 mwN.
37 *Beuthien* GenG § 147 Rn. 8; Esser/Rübenstahl/Saliger/Tsambikakis/*Lauterwein/Xylander* GenG § 147 Rn. 25; Fandrich/Bloehs/*Pöhlmann* GenG § 147 Rn. 7 mwN; s. Kap. 9.1. Rn. 39.
38 Esser/Rübenstahl/Saliger/Tsambikakis/*Lauterwein/Xylander* GenG § 147 Rn. 25. Vgl. auch RG 16.11.1899 – IV 217/99, RGZ 45, 210 (213); RG 6.12.1906 – V 122/06, RGZ 64, 422 (423).
39 Vgl. zur GmbH: Scholz/*Tiedemann/Rönnau* GmbHG § 82 Rn. 165.
40 Vgl. zur AG: *Geilen* AktG § 399 Rn. 88.

standsbeschluss befolgen zu müssen und dieser Irrtum unvermeidbar war (§ 17 StGB).[41]

V. Täterschaft und Teilnahme

Wie oben bereits erläutert, handelt es sich um ein echtes **Sonderdelikt**. Der Täterkreis beschränkt sich auf Mitglieder des Vorstands und Liquidatoren. Möglich sind Alleintäterschaft, mittelbare Täterschaft und Mittäterschaft. Mittäter und mittelbarer Täter kann allerdings nur sein, wer selbst der in § 147 Abs. 1 GenG genannten Personengruppe angehört. Andere Personen können **Teilnehmer** und als **Anstifter** oder **Gehilfe** strafbar sein. Dies setzt jedoch eine tatbestandsmäßige und rechtswidrige **Haupttat** eines Allein-, eines Mittäters oder eines mittelbaren Täters voraus. **Anstifter** ist gemäß § 26 StGB, wer einen anderen vorsätzlich zu dessen vorsätzlich begangener rechtswidriger Tat bestimmt.[42] Wer den nach § 147 Abs. 1 GenG tauglichen Täter, zB durch Überredung zu falschen Angaben bewegt, ist Anstifter. **Gehilfe** ist gemäß § 27 StGB, wer vorsätzlich einem anderen zu dessen vorsätzlich begangener rechtswidriger Tat Hilfe leistet.[43] Die Übergabe gefälschter Unterlagen an ein Vorstandsmitglied, das darauf basierend falsche Angaben macht oder die Bestärkung eines Vorstandsmitglieds in seinem bereits bestehenden Tatentschluss (psychische Beihilfe) kann Hilfeleistung im Sinne des § 27 StGB sein. 17

Problematisch kann die Frage der **Täterschaft bei mehrgliedrigen Organen** sein.[44] Insoweit wird auf die Ausführungen im Abschnitt „tauglicher Täterkreis" verwiesen.

VI. Versuch und Vollendung

Der **Versuch** ist nicht strafbar, da es sich bei § 147 GenG gemäß § 12 Abs. 2 StGB um ein Vergehen handelt und der Versuch in § 147 GenG nicht ausdrücklich unter Strafe gestellt ist. 18

Tatvollendung ist gegeben, wenn die Versicherung nach § 79 a Abs. 5 S. 2 GenG mit den unrichtigen Angaben beim zuständigen Registergericht eingegangen ist.[45] Der Registerrichter muss die Angaben noch nicht zur Kenntnis genommen haben. Auch ist eine Täuschung nicht erforderlich, was sich aus der Deliktsnatur als abstraktes Gefährdungsdelikt ergibt (s. Kap. 9.6. Rn. 4). Ferner bedarf es aus dem gleichen Grund noch nicht der Eintragung, um Vollendung anzunehmen. Gehen die Unterlagen bei einem **unzuständigen Gericht** ein, das sie weiterleitet, so tritt erst mit Eingang der Unterlagen beim zuständigen Gericht Tatvollendung ein.

Ein **kollusives Zusammenwirken** oder die Kenntnis des zuständigen Beamten beim Registergericht hindert nicht die Tatvollendung, was sich ebenfalls aus dem Schutzzweck der Vorschrift ergibt.[46]

Die **Berichtigung** der falschen Angaben **vor Zugang** beim Registergericht führt zur Straffreiheit des Täters, eine solche **nach Zugang** kommt zu spät und kann 19

---

41 Beispiel bei *Beuthien* GenG § 147 Rn. 7.
42 Zur Anstiftung vgl. beispielsweise *Fischer* StGB § 26 Rn. 2.
43 Zur Beihilfe vgl. beispielsweise *Fischer* StGB § 27 Rn. 2.
44 Vgl. ausführlich zur AG: Hopt/Wiedemann/*Otto* AktG § 399 Rn. 112 f.
45 Fandrich/Bloehs/*Pöhlmann* GenG § 147 Rn. 8.
46 Vgl. zur AG: Hopt/Wiedemann/*Otto* AktG § 399 Rn. 103.

allenfalls bei der Strafzumessung – etwa in entsprechender Anwendung des Rechtsgedankens des § 24 StGB – berücksichtigt werden.

VII. Konkurrenzen

20 Tateinheit und Tatmehrheit sind im Verhältnis zu §§ 263, 266, 267 StGB je nach Einzelfall denkbar.

VIII. Strafverfolgung

1. Offizialdelikt

21 Bei den verschiedenen Tatbeständen des § 147 GenG handelt es sich um **Offizialdelikte**,[47] die von Amts wegen verfolgt werden. Ein Strafantrag ist nicht erforderlich.

2. Gerichtliche Zuständigkeit

22 Gemäß § 74 c Abs. 1 Nr. 1 GVG ist für Straftaten nach dem GenG eine Strafkammer als Wirtschaftsstrafkammer zuständig, soweit nach § 74 Abs. 1 GVG als Gericht des ersten Rechtszuges und nach § 74 Abs. 3 GVG für die Verhandlung und Entscheidung über das Rechtsmittel der Berufung gegen die Urteile des Schöffengerichts das Landgericht zuständig ist.

3. Verjährung

23 Gemäß § 78 Abs. 3 Nr. 4 StGB verjähren Taten nach § 147 GenG nach fünf Jahren. Verjährungsbeginn, -unterbrechung und -hemmung sind in §§ 78 a–c StGB geregelt. Die Verjährung beginnt mit der Beendigung der Ausführungshandlung. Da es sich bei § 147 GenG um ein abstraktes Gefährdungsdelikt handelt, beginnt die Verjährung mit der Gefährdung; eine Verletzung ist nicht erforderlich.

4. Strafe

24 Die von § 147 GenG sanktionierten Straftaten sind **Vergehen** gemäß § 12 Abs. 2 StGB. Sie können mit Geldstrafe (§§ 40, 41 StGB) oder Freiheitsstrafe (§§ 38, 39 StGB) bis zu drei Jahren geahndet werden. Die Vorschriften über **die Einziehung** gemäß §§ 73 ff. StGB finden Anwendung und werden in den letzten Jahren von den Strafverfolgungsbehörden und Gerichten verstärkt zur Anwendung gebracht. Auch die Verhängung eines **Berufsverbots** gemäß § 70 StGB kommt in Betracht. Bei **Teilnehmern** kann gemäß §§ 28 Abs. 1, 49 Abs. 1 StGB die Strafe gemildert werden.

C. Tatbestandliche Voraussetzungen des § 147 Abs. 2 Nr. 1 GenG: Unrichtige Wiedergabe oder Verschleierung der Verhältnisse der Genossenschaft

Diese Alternative lautet:

(2) Ebenso wird bestraft, wer als Mitglied des Vorstands oder des Aufsichtsrats oder als Liquidator
1. die Verhältnisse der Genossenschaft in Darstellungen oder Übersichten über den Vermögensstand, die Mitglieder oder die Haftsummen, in Vorträgen oder Auskünften in der Generalversammlung unrichtig wiedergibt oder verschleiert, wenn die Tat nicht

---

47 Vgl. allgemein dazu *Fischer* StGB Vor § 77 Rn. 2.

in § 340 m in Verbindung mit § 331 Nr. 1 oder Nr. 1 a des Handelsgesetzbuchs mit Strafe bedroht ist,

(...)

I. Objektiver Tatbestand
1. Tauglicher Täterkreis

Täter können die Mitglieder des Vorstandes oder des Aufsichtsrates oder der Liquidator sein. **Mitglied des Vorstandes** ist, wer gemäß § 24 Abs. 2 GenG von der Generalversammlung gewählt wird.[48] Der **Aufsichtsrat** wird gemäß § 36 Abs. 1 S. 1 GenG von der Generalversammlung gewählt.

Auch das Vorstandsmitglied als **faktisches Organ** haftet nach der Rechtsprechung strafrechtlich, da die tatsächliche Stellung und Tätigkeit ausreichend ist.[49] Es ist danach gleichgültig, ob die Bestellung unwirksam ist[50] oder die Eintragung in das Genossenschaftsregister nicht erfolgt ist. Maßgeblich ist alleine, dass der Betreffende seine Tätigkeit als Vorstandsmitglied mit Duldung des für die Bestellung zuständigen Organs der Genossenschaft aufgenommen hat.[51] Selbst die Tatsache, dass andere Mitglieder für das Amt rechtswirksam bestellt sind und dieses Amt auch ausüben, kann der Vorstandseigenschaft des tatsächlich Tätigen grundsätzlich nicht entgegenstehen.[52] Diese Weite der faktischen Betrachtungsweise wird teilweise mit beachtlichen Argumenten kritisiert, etwa weil auf diese Weise das Sonderdelikt zum Jedermanndelikt werde.[53] Die **Täterstellung des Vorstandsmitgliedes** endet nach der gerade beschriebenen faktischen Sichtweise nicht mit der rechtlichen Beendigung der Vorstandseigenschaft, sondern erst mit der tatsächlichen Aufgabe des Amtes.[54]

Auch das als **Strohmann** tätige Vorstandsmitglied kann Täter sein, ebenso der **Hintermann** als faktisches Vorstandsmitglied, falls er nach außen in Erscheinung tritt und sein Verhalten vom für die Bestellung zuständigen Organ der Genossenschaft geduldet wird.[55]

Stellvertretende Vorstandsmitglieder stehen gemäß § 35 GenG den Vorstandsmitgliedern gleich. Die Beschränkung auf die Stellvertretung hat keine Auswirkung auf die strafrechtliche Haftung.[56]

Die **Tätereigenschaft endet** mit Ausscheiden aus der Amtsstellung und tatsächlicher Beendigung der Tätigkeit. Bei wirksamer Bestellung ist ein wirksames

---

48 Esser/Rübenstahl/Saliger/Tsambikakis/*Lauterwein/Xylander* GenG § 147 Rn. 8.
49 Vgl. *Beuthien* GenG § 147 Rn. 3.
50 *Beuthien* GenG § 147 Rn. 3; Pöhlmann/Fandrich/Bloehs/*Pöhlmann* GenG § 147 Rn. 3 mwN.
51 *Beuthien* GenG § 147 Rn. 3 unter Hinweis auf BGH 28.6.1966 – 1 StR 414/65, BGHSt 21, 101 (104).
52 Vgl. zur AG: BGH 19.4.1984 – 1 StR 736/83, StV 1984, 461 mAnm *Otto*; Rechtsprechungsüberblick bei *K. Schmidt* in FS Rebmann S. 421 ff.; krit. zur Rspr. ua: *Achenbach* NStZ 1989, 497 f.; *Hildesheim* wistra 1993, 169; *Löffeler* wistra 1989, 125; *Schäfer* wistra 1990, 82; die Linie der Rspr. unter Hinweis auf Art. 103 Abs. 2 GG ablehnend: Achenbach/Ransiek/Rönnau/*Ransiek* 8. Teil, 1. Kap. Rn. 36.
53 Vgl. zur AG: Hopt/Wiedemann/*Otto* AktG § 399 Rn. 21–26.
54 Vgl. zur AG: Erbs/Kohlhaas/*Schaal* AktG § 399 Rn. 4 a.
55 So zur AG auch Müller-Gugenberger/*Schmid* § 27 Rn. 145 aE.
56 Hopt/Wiedemann/*Otto* AktG § 399 Rn. 28.

Erlöschen der Amtsstellung notwendig. Bei unwirksamer Bestellung genügt die nach außen erkennbare Einstellung der Amtstätigkeit.[57]

Die Mitgliedschaft in einem **mehrgliedrigen Organ**[58] weist regelmäßig die Besonderheit auf, dass eine Zuständigkeitsaufteilung gegeben ist. Dabei stellt sich strafrechtlich die Frage nach der Verantwortung der Mitglieder, die nicht im relevanten Zuständigkeitsbereich tätig sind. Erhalten diese Mitglieder Kenntnis von Unregelmäßigkeiten anderer Mitglieder oder Kenntnis von Umständen, die auf solche Unregelmäßigkeiten schließen lassen, so besteht die Pflicht, sich zu informieren und gegebenenfalls einzuschreiten. Insoweit ist zB an eine Einberufung des Gesamtvorstandes der Genossenschaft zu denken.

Das Mitglied eines mehrgliedrigen Organs wird zum Täter, wenn es sich bewusst an rechtswidrigen Beschlüssen beteiligt. Wird es bei rechtswidrigen Beschlüssen überstimmt, hat es gegebenenfalls das Registergericht zu verständigen.[59]

26 Wer **Liquidator** ist, bestimmt sich nach § 83 GenG. Auf die ausführlichen Ausführungen unter Rn. 10 wird verwiesen.

2. Schutzrichtung und Tathandlungen
a) Schutzrichtung

27 Die Vorschrift soll sicherstellen, dass Angaben, die für die Beurteilung der Bonität der Genossenschaft relevant sind, korrekt gemacht werden. Der Wortlaut ist § 331 Nr. 1 HGB ähnlich.

b) Tatmittel, Tatgegenstand und Tathandlungen
aa) Tatmittel

28 Die unrichtige Wiedergabe oder Verschleierung muss:

- in Darstellungen oder Übersichten über den Vermögensstand,
- in Darstellungen oder Übersichten über die Mitglieder,
- in Darstellungen oder Übersichten über die Haftsumme,
- in Vorträgen oder Auskünften in der Generalversammlung

erfolgen.

Zu den Begriffen der Darstellungen und Übersichten kann vollumfänglich auf die Ausführungen zum nahezu wortgleichen § 400 Abs. 1 Nr. 1 AktG verwiesen werden (s. Kap. 9.2. Rn. 12 ff.).

bb) Tatgegenstand

29 Gegenstand der Tathandlung (unrichtige Wiedergabe oder Verschleierung) sind die **Verhältnisse der Genossenschaft**. Auch insoweit wird auf die Darstellung zum nahezu wortgleichen § 400 Abs. 1 Nr. 1 AktG verwiesen (s. Kap. 9.2. Rn. 15).

---

57 Pöhlmann/Fandrich/Bloehs/*Pöhlmann* GenG § 147 Rn. 3 mwN.
58 Ausführlich zur AG vgl. Hopt/Wiedemann/*Otto* AktG § 399 Rn. 112 ff. mwN.
59 Vgl. zur AG: Müller-Gugenberger/*Wagenpfeil* § 27 Rn. 164 ff.

cc) Tathandlungen

Als Tathandlungen nennt § 147 Abs. 2 Nr. 1 GenG die **unrichtige Wiedergabe** und die **Verschleierung** der Verhältnisse der Genossenschaft. Beide Alternativen sind gleichrangig. Die Abgrenzung der Begriffe ist umstritten,[60] jedoch ohne praktische Relevanz,[61] da die Übergänge fließend sind.[62] Im Übrigen wird auf die umfangreiche Darstellung zu § 331 Nr. 1 HGB Bezug genommen. 30

II. Subjektiver Tatbestand

Der Tatbestand des § 147 GenG erfordert **Vorsatz**, wobei **bedingter Vorsatz** (dolus eventualis) ausreicht. Auf die Ausführungen zu § 399 AktG wird verwiesen (s. Kap. 9.1. Rn. 39). 31

Besondere subjektive Merkmale, wie etwa eine Täuschungs- oder Schädigungsabsicht, sind nicht erforderlich.

III. Rechtswidrigkeit, Schuld, Irrtumskonstellationen, Täterschaft, Teilnahme

Hier ist auf die obigen Ausführungen zu § 399 AktG (s. Kap. 9.1. Rn. 41 ff.) zu verweisen. 32

IV. Versuch und Vollendung

Der **Versuch** ist nicht strafbar. Auf die Ausführungen zu § 399 AktG wird Bezug genommen. 33

Tatvollendung tritt bei Darstellungen und Übersichten ein, wenn diese dem Personenkreis zugänglich gemacht werden, für den sie bestimmt sind, sei es durch Auslegen oder durch Absenden.[63] 34

Bei Vorträgen und Auskünften ist die Tat vollendet, wenn die Erklärung mündlich gemacht oder schriftlich in der Generalversammlung ausgelegt wurde.[64]

V. Konkurrenzen und Subsidiaritätsklausel

§ 147 Abs. 2 Nr. 1 GenG ist unanwendbar, wenn die Tat in § 340 m iVm § 331 Nr. 1 (s. die Ausführungen zu § 331 Nr. 1 HGB in Kap. 9.4. Rn. 28 f.) oder Nr. 1 a[65] HGB mit Strafe bedroht ist.[66] § 340 m HGB erklärt die Strafvorschrift auch auf genossenschaftliche Kreditinstitute für anwendbar. 35

Ansonsten sind je nach Einzelfall Tateinheit und Tatmehrheit insbesondere mit §§ 263, 266, 267 StGB denkbar. 36

---

60 MüKoHGB/*Quedenfeld* HGB § 331 Rn. 32; Heymann/*Otto* HGB § 331 Rn. 30; *Klussmann*, Geschäftslagetäuschung, S. 23 ff.; *Schmedding* S. 116 ff.
61 MüKoHGB/*Quedenfeld* HGB § 331 Rn. 40; Heymann/*Otto* HGB § 331 Rn. 30.
62 Vgl. BeckBilKomm/*Grottel/H. Hoffmann* HGB § 331 Rn. 10.
63 *Beuthien* GenG § 147 Rn. 5.
64 *Beuthien* GenG § 147 Rn. 5 aE.
65 Eingefügt durch Bilanzrechtsreformgesetz vom 4.12.2004 (BGBl. I 3166); s. die Ausführungen zu § 331 Nr. 1 a HGB in Kap. 9.4. Rn. 35 ff.
66 *Beuthien* GenG § 147 Rn. 6 aE.

VI. Strafverfolgung

1. Offizialdelikt

37 Bei den Tatbeständen des § 147 GenG handelt es sich um **Offizialdelikte**,[67] die von Amts wegen verfolgt werden. Ein Strafantrag ist nicht erforderlich.

2. Gerichtliche Zuständigkeit

38 Gemäß § 74 c Abs. 1 Nr. 1 GVG ist für Straftaten nach dem GenG eine Strafkammer als Wirtschaftsstrafkammer zuständig, soweit nach § 74 Abs. 1 GVG als Gericht des ersten Rechtszuges und nach § 74 Abs. 3 GVG für die Verhandlung und Entscheidung über das Rechtsmittel der Berufung gegen die Urteile des Schöffengerichts das Landgericht zuständig ist.

3. Verjährung

39 Gemäß § 78 Abs. 3 Nr. 4 StGB verjähren Taten nach § 147 GenG nach fünf Jahren. Verjährungsbeginn, -unterbrechung und -hemmung sind in §§ 78 a–c StGB geregelt. Die Verjährung beginnt mit der Beendigung der Ausführungshandlung. Da es sich bei § 147 GenG um ein abstraktes Gefährdungsdelikt handelt, beginnt die Verjährung mit der Gefährdung; eine Verletzung ist nicht erforderlich.

Beispiel:

Bei § 147 Abs. 1 GenG beginnt die Verjährung mit Abgabe der Versicherung nach § 79 a GenG und nicht erst mit dem Eintritt einer Täuschung oder eines Vermögensschadens bei einem Dritten.

4. Strafe

40 Die von § 147 GenG sanktionierten Straftaten sind Vergehen gemäß § 12 Abs. 2 StGB. Sie können mit Geldstrafe (§§ 40, 41 StGB) oder Freiheitsstrafe (§§ 38, 39 StGB) bis zu drei Jahren geahndet werden. Die Vorschriften über die Einziehung gemäß §§ 73 ff. StGB finden Anwendung. Die Verhängung eines Berufsverbots gemäß § 70 StGB kommt in Betracht. Bei Teilnehmern kann gemäß §§ 28 Abs. 1, 49 Abs. 1 StGB die Strafe gemildert werden.

D. Tatbestandliche Voraussetzungen des § 147 Abs. 2 Nr. 2, Alt. 1 GenG: Falschangaben in Aufklärungen und Nachweisen gegenüber Prüfern

Diese Alternative lautet:

(2) Ebenso wird bestraft, wer als Mitglied des Vorstands oder des Aufsichtsrats oder als Liquidator

(…)

2. in Aufklärungen oder Nachweisen, die nach den Vorschriften dieses Gesetzes einem Prüfer der Genossenschaft zu geben sind, falsche Angaben macht (…), wenn die Tat nicht in § 340 m in Verbindung mit § 331 Nr. 4 des Handelsgesetzbuchs mit Strafe bedroht ist.

---

67 Vgl. dazu allgemein *Fischer* StGB Vor § 77 Rn. 2.

I. Objektiver Tatbestand
1. Tauglicher Täterkreis

Täter können die Mitglieder des Vorstandes, die Mitglieder des Aufsichtsrates 41
oder der Liquidator sein. Hinsichtlich des **Mitgliedes des Vorstandes** und des
Liquidators wird nach oben verwiesen (s. Rn. 9 ff.). Der **Aufsichtsrat** wird gemäß § 36 Abs. 1 Satz 1 GenG von der Generalversammlung gewählt. Auch insoweit gelten bei Bestellungsmängeln die Ausführungen zum „faktischen Organ" entsprechend (s. Rn. 7).

2. Schutzrichtung und Tathandlungen

Die Vorschrift soll sicherstellen, dass Angaben, die für die Beurteilung der Bo- 42
nität der Genossenschaft relevant sind, korrekt gemacht werden. Der Wortlaut
ähnelt § 331 Nr. 4 HGB.

Der Täter muss in den nach § 57 GenG zu gebenden Auskünften[68] (konkret: in 43
Aufklärungen und Nachweisen) gegenüber einem Prüfer der Genossenschaft
falsche Angaben machen. Zu den Begriffen „Aufklärungen" und „Nachweisen" sowie „falsche Angaben" wird auf die Darstellung zu § 331 Nr. 4 HGB
verwiesen (s. Kap. 9.4. Rn. 102). Die Angaben gemäß § 57 GenG können sich
zB auf die Bücher, den Kassen- oder den Warenbestand beziehen. **Prüfer** im
Sinne des § 147 Abs. 2 Nr. 2 GenG ist funktional und nicht personenbezogen
zu verstehen.[69] Es kommen daher nur die Personen in Betracht, die im Rahmen eines Prüfauftrages durch den Prüfungsverband (vgl. §§ 54, 55 S. 1 GenG)
die turnusmäßige Prüfung der Genossenschaft tatsächlich vornehmen.[70] Es
spielt keine Rolle, ob die Angaben auf Nachfrage oder auf eigenen Antrieb erfolgen.[71]

§ 57 GenG hat folgenden Wortlaut:

§ 57 GenG Prüfungsverfahren

(1) ¹Der Vorstand der Genossenschaft hat dem Prüfer die Einsicht der Bücher und Schriften der Genossenschaft sowie die Untersuchung des Kassenbestandes und der Bestände an Wertpapieren und Waren zu gestatten; er hat ihm alle Aufklärungen und Nachweise zu geben, die der Prüfer für eine sorgfältige Prüfung benötigt. ²Das gilt auch, wenn es sich um die Vornahme einer vom Verband angeordneten außerordentlichen Prüfung handelt.

(2) ¹Der Verband hat dem Vorsitzenden des Aufsichtsrats der Genossenschaft den Beginn der Prüfung rechtzeitig anzuzeigen. ²Der Vorsitzende des Aufsichtsrats hat die übrigen Mitglieder des Aufsichtsrats von dem Beginn der Prüfung unverzüglich zu unterrichten und sie auf ihr Verlangen oder auf Verlangen des Prüfers zu der Prüfung zuzuziehen.

(3) Von wichtigen Feststellungen, nach denen dem Prüfer sofortige Maßnahmen des Aufsichtsrats erforderlich erscheinen, soll der Prüfer unverzüglich den Vorsitzenden des Aufsichtsrats in Kenntnis setzen.

(4) ¹In unmittelbarem Zusammenhang mit der Prüfung soll der Prüfer in einer gemeinsamen Sitzung des Vorstands und des Aufsichtsrats der Genossenschaft über das voraussichtliche Ergebnis der Prüfung mündlich berichten. ²Er kann zu diesem Zwecke verlangen, dass der Vorstand oder der Vorsitzende des Aufsichtsrats zu einer solchen Sitzung

---

68 Hierzu *Beuthien* GenG § 147 Rn. 6.
69 *Beuthien* GenG § 147 Rn. 6.
70 *Beuthien* GenG § 147 Rn. 6.
71 Fandrich/Bloehs/*Pöhlmann* GenG § 147 Rn. 6; *Beuthien* GenG § 147 Rn. 6 mwN.

einladen; wird seinem Verlangen nicht entsprochen, so kann er selbst Vorstand und Aufsichtsrat unter Mitteilung des Sachverhalts berufen.

(5) ¹Ist eine Genossenschaft kapitalmarktorientiert im Sinne des § 264 d des Handelsgesetzbuchs oder ist sie ein CRR-Kreditinstitut im Sinne des § 1 Absatz 3 d Satz 1 des Kreditwesengesetzes, so hat der Prüfer an einer gemeinsamen Sitzung des Vorstands und des Aufsichtsrats der Genossenschaft über das voraussichtliche Ergebnis der Prüfung teilzunehmen und über die wesentlichen Ergebnisse seiner Prüfung, insbesondere über wesentliche Schwächen des internen Kontroll- und des Risikomanagementsystems bezogen auf den Rechnungslegungsprozess, zu berichten. ²Er informiert über Umstände, die seine Befangenheit besorgen lassen, und über Leistungen, die er zusätzlich zu den Prüfungsleistungen erbracht hat.

(6) Ist nach der Satzung kein Aufsichtsrat zu bilden, werden die Rechte und Pflichten des Aufsichtsratsvorsitzenden nach den Absätzen 2 bis 4 durch einen von der Generalversammlung aus ihrer Mitte gewählten Bevollmächtigten wahrgenommen.

II. Subjektiver Tatbestand

44 Der Tatbestand des § 147 GenG erfordert **Vorsatz**, wobei **bedingter Vorsatz** (dolus eventualis) ausreicht. Auf die Ausführungen zu § 399 AktG wird verwiesen (s. Kap. 9.1. Rn. 39).

Besondere subjektive Merkmale wie etwa eine Täuschungs- oder Schädigungsabsicht sind nicht erforderlich.

III. Rechtswidrigkeit, Schuld, Irrtumskonstellationen, Täterschaft, Teilnahme, Konkurrenzen

45 Hier ist erneut auf obige Ausführungen (s. Kap. 9.1. Rn. 41 ff.) zu verweisen.

IV. Versuch und Vollendung

46 Der **Versuch** ist nicht strafbar. Auf die Ausführungen zu § 399 AktG wird Bezug genommen. **Tatvollendung** tritt mit Abgabe der Erklärung gegenüber dem Prüfer ein.

V. Subsidiaritätsklausel

47 § 147 Abs. 2 Nr. 2 ist unanwendbar, wenn die Tat in § 340 m in Verbindung mit § 331 Nr. 4 HGB (s. die Ausführungen zu § 331 HGB Kap. 9.4. Rn. 29) mit Strafe bedroht ist.[72] § 340 m HGB erklärt die Strafvorschrift auch auf genossenschaftliche Kreditinstitute für anwendbar.

VI. Strafverfolgung

1. Offizialdelikt

48 Bei den Tatbeständen des § 147 GenG handelt es sich um **Offizialdelikte**,[73] die von Amts wegen verfolgt werden. Ein Strafantrag ist nicht erforderlich.

2. Gerichtliche Zuständigkeit

49 Gemäß § 74 c Abs. 1 Nr. 1 GVG ist für Straftaten nach dem GenG eine Strafkammer als Wirtschaftsstrafkammer zuständig, soweit nach § 74 Abs. 1 GVG als Gericht des ersten Rechtszuges und nach § 74 Abs. 3 GVG für die Verhand-

---

72 *Beuthien* GenG § 147 Rn. 6 aE.
73 Vgl. dazu *Fischer* StGB Vor § 77 Rn. 2.

lung und Entscheidung über das Rechtsmittel der Berufung gegen die Urteile des Schöffengerichts das Landgericht zuständig ist.

3. Verjährung

Gemäß § 78 Abs. 3 Nr. 4 StGB verjähren Taten nach § 147 GenG nach fünf Jahren. Verjährungsbeginn, -unterbrechung und -hemmung sind in §§ 78 a–c StGB geregelt. Die Verjährung beginnt mit der Beendigung der Ausführungshandlung. Da es sich bei § 147 GenG um ein abstraktes Gefährdungsdelikt handelt, beginnt die Verjährung mit der Gefährdung; eine Verletzung ist nicht erforderlich. 50

Beispiel:

Bei § 147 Abs. 1 GenG beginnt die Verjährung mit Abgabe der Versicherung nach § 79 a GenG und nicht erst mit dem Eintritt einer Täuschung oder eines Vermögensschadens bei einem Dritten.

4. Strafe

Die von § 147 GenG sanktionierten Straftaten sind Vergehen gemäß § 12 Abs. 2 StGB. Sie können mit Geldstrafe (§§ 40, 41 StGB) oder Freiheitsstrafe (vgl. §§ 38, 39 StGB) bis zu drei Jahren geahndet werden. Die Vorschriften über die Einziehung gemäß §§ 73 ff. StGB finden Anwendung. Die Verhängung eines Berufsverbots gemäß § 70 StGB kommt in Betracht. Bei Teilnehmern kann gemäß §§ 28 Abs. 1, 49 Abs. 1 StGB die Strafe gemildert werden. 51

E. Tatbestandsvoraussetzungen des § 147 Abs. 2 Nr. 2, 2. und 3. Alt. GenG: Unrichtige Wiedergabe und Verschleierung in Aufklärungen und Nachweisen gegenüber Prüfern

Diese Alternative lautet:

(2) Ebenso wird bestraft, wer als Mitglied des Vorstands oder des Aufsichtsrats oder als Liquidator

(...)

2. in Aufklärungen oder Nachweisen, die nach den Vorschriften dieses Gesetzes einem Prüfer der Genossenschaft zu geben sind, (...) die Verhältnisse der Genossenschaft unrichtig wiedergibt oder verschleiert, wenn die Tat nicht in § 340 m in Verbindung mit § 331 Nr. 4 des Handelsgesetzbuchs mit Strafe bedroht ist.

I. Objektiver Tatbestand
1. Tauglicher Täterkreis

Täter können die Mitglieder des Vorstandes, die Mitglieder des Aufsichtsrates oder der Liquidator sein. Auf die obigen Ausführungen zu § 147 Abs. 2 Nr. 1 GenG (s. Rn. 25) wird Bezug genommen. 52

2. Schutzrichtung und Tathandlungen

Die Vorschrift soll sicherstellen, dass Angaben, die für die Beurteilung der Bonität der Genossenschaft relevant sind, korrekt gemacht werden. Der Wortlaut ist nahezu identisch mit § 331 Nr. 4 HGB. 53

Der Täter muss in den nach § 57 GenG zu gebenden Auskünften[74] – konkret in **Aufklärungen und Nachweisen** – gegenüber einem Prüfer der Genossenschaft die Verhältnisse der Genossenschaft **unrichtig wiedergeben** oder **verschleiern**. Zu den Begriffen Aufklärungen und Nachweisen wird auf die Darstellung zu § 331 Nr. 4 HGB (s. Kap. 9.4. Rn. 102) verwiesen. Im Übrigen wird auf die obigen Ausführungen zu § 147 Abs. 2 Nr. 1 GenG Bezug genommen (s. Rn. 27 ff.).

II. Subjektiver Tatbestand

54 Der Tatbestand des § 147 GenG erfordert **Vorsatz**, wobei **bedingter Vorsatz** (dolus eventualis) ausreicht. Auf die Ausführungen zu § 399 AktG wird verwiesen (s. Kap. 9.1. Rn. 39).

Besondere subjektive Merkmale, wie etwa eine Täuschungs- oder Schädigungsabsicht, sind nicht erforderlich.

III. Rechtswidrigkeit, Schuld, Irrtumskonstellationen, Täterschaft, Teilnahme

55 Hier ist ebenfalls auf die obigen Ausführungen (s. Kap. 9.1 Rn. 41) zu verweisen.

IV. Versuch und Vollendung

56 Der **Versuch** ist nicht strafbar. Auf die Ausführungen zu § 399 AktG wird Bezug genommen. **Tatvollendung** tritt mit Abgabe der Erklärung gegenüber dem Prüfer ein.

V. Konkurrenzen und Subsidiaritätsklausel

57 § 147 Abs. 2 Nr. 2 HGB ist unanwendbar, wenn die Tat in § 340 m HGB in Verbindung mit § 331 Nr. 4 HGB (s. Kap. 9.4. Rn. 113) mit Strafe bedroht ist.[75] § 340 m HGB erklärt die Strafvorschrift auch auf genossenschaftliche Kreditinstitute für anwendbar. § 147 Abs. 2 Nr. 2 GenG verdrängt § 147 Abs. 2 Nr. 1 GenG.[76] Werden ursprünglich unrichtige Angaben später vom den Täter durch weitere unrichtige Angaben ergänzt, so liegt eine einheitliche Tat vor.[77]

Ansonsten sind je nach Einzelfall Tateinheit und Tatmehrheit, insbesondere mit §§ 263, 266, 267 StGB, denkbar.

VI. Strafverfolgung

58 Auf die obigen Ausführungen zu § 147 Abs. 2 Nr. 1 1 GenG wird verwiesen (s. Rn. 37 ff.).

---

74 Hierzu *Beuthien* GenG § 147 Rn. 6.
75 *Beuthien* GenG § 147 Rn. 6 aE.
76 MüKoStGB/*Kiethe* GenG § 147 Rn. 62.
77 MüKoStGB/*Kiethe* GenG § 147 Rn. 62.

Kap. 9.8. § 35 DepotG Unwahre Angaben über das Eigentum
§ 35 DepotG Unwahre Angaben über das Eigentum

Wer eigenen oder fremden Vorteils wegen eine Erklärung nach § 4 Abs. 2 wahrheitswidrig abgibt oder eine ihm nach § 4 Abs. 3 obliegende Mitteilung unterläßt, wird, wenn die Tat nicht nach anderen Vorschriften mit schwererer Strafe bedroht ist, mit Freiheitsstrafe bis zu einem Jahr oder mit Geldstrafe bestraft.

Literatur: *Brandes*, Die Rechtsprechung des Bundesgerichtshofs auf dem Gebiet des Aktienrechts, WM 1992, 465; *Bröker*, in: Münchener Kommentar zum Strafgesetzbuch, Band 7, Nebenstrafrecht II, 2015 (zit. als MüKoStGB/*Bröker*); *Fuhrmann*, in: Geßler/Hefermehl/Eckardt/Kropff, Aktiengesetz, Kommentar, 1973 ff., strafrechtliche Vorschriften, in: Bd. 6, 18. Ergänzungslieferung 1994; *Heinsius/Horn/Than*, Depotgesetz Kommentar, 1975; *Krimphove*, Das zweite Finanzmarktförderungsgesetz – Ein Beitrag zur Europäisierung des Wertpapierrechts, JZ 1994, 23; *Miletzki*, 100 Jahre Depotrecht, WM 1996, 1849.

A. Allgemeines 1	b) § 4 Abs. 3 DepotG,
I. Rechtsentwicklung 1	Unterlassene Fremd-
II. Geschütztes Rechtsgut und	anzeige 10
Schutzzweck 2	II. Subjektiver Tatbestand 11
III. Deliktscharakter 3	III. Rechtswidrigkeit und
IV. Zivilrecht 4	Schuld, Täterschaft und Teil-
V. Praktische Bedeutung der	nahme, Versuch und Voll-
Vorschrift 5	endung 12
VI. Der typische Anwendungs-	IV. Irrtumskonstellationen 13
fall 6	V. Konkurrenzen 14
B. Tatbestandliche Voraussetzun-	VI. Strafverfolgung 15
gen des § 35 DepotG: Unwahre	1. Offizialdelikt............. 15
Angaben über das Eigentum 7	2. Gerichtliche Zuständig-
I. Objektiver Tatbestand 7	keit 16
1. Tauglicher Täterkreis 7	3. Verjährung............... 17
2. Tathandlungen........... 8	4. Strafe.................... 19
a) § 4 Abs. 2 DepotG,	
Wahrheitswidrige	
Eigenanzeige 9	

A. Allgemeines

I. Rechtsentwicklung

Das „Gesetz über die Verwahrung und Anschaffung von Wertpapieren" (DepotG) vom 4.2.1937[1] trat am 1.5.1937 in Kraft. Es basiert auf dem „Gesetz betreffend die Pflichten der Kaufleute bei der Aufbewahrung fremder Wertpapiere" vom 5.7.1896.[2] Das DepotG wurde mehrfach geändert, dennoch gilt es nach wie vor als veraltet.[3] Es wurde neugefasst durch Bekanntmachung vom 11.1.1995,[4] geändert durch das Handelsrechtsreformgesetz vom 22.6.1998,[5] das Gesetz zur Änderung insolvenzrechtlicher und kreditwesenrechtlicher Vor- 1

---

1 RGBl. I 171.
2 RGBl. I 1896, 183 (194); I 1923, 1119.
3 Baumbach/Hopt/*Kumpan*, Einl. zum Depotgesetz, Rn. 1.
4 BGBl. I 34; zu den Änderungen seit 1937 vgl. *Miletzki* WM 1996, 1849 ff.; zum Depotrecht und zur Europäisierung des Wertpapierrechts vgl. *Krimphove* JZ 1994, 23 ff.
5 BGBl. I 1474.

schriften vom 8.12.1999, sowie zuletzt am 22.7.2013 durch das AIFM-Umsetzungsgesetz.[6] Weitere Änderungen erfolgten schließlich im Jahr 2016.[7] **Strafbestimmungen** finden sich in §§ 34–38 DepotG. Die „Depotunterschlagung" ist in § 34 DepotG geregelt.[8] § 35 DepotG betrifft „Unwahre Angaben über das Eigentum". § 37 DepotG aF, der mit Wirkung vom 31.12.1998 außer Kraft trat,[9] betraf – bei Zahlungseinstellung oder Konkurseröffnung des Verwahrers oder Kommissionärs – die Sonderverwahrung, die ordnungsgemäße Depotbuchhaltung und die Nichtübersendung des Stückeverzeichnisses. Die früheren Strafbestimmungen §§ 39, 40 DepotG wurden bereits Ende der Sechziger- bzw. Anfang der Siebziger-Jahre aufgehoben.[10]

II. Geschütztes Rechtsgut und Schutzzweck

2 § 35 DepotG wurde erlassen, weil die wahrheitswidrige Abgabe einer Eigenanzeige nach § 4 Abs. 2 DepotG zur Entstehung von Pfand- und Zurückbehaltungsrechten Dritter an den Wertpapieren des Kunden führen kann.[11] Zweck des Depotgesetzes allgemein ist der Schutz des Hinterlegers von Wertpapieren durch Erhaltung des Wertpapiereigentums im Verwahrungsgeschäft sowie die schnelle Verschaffung des Wertpapiereigentums.

III. Deliktscharakter

3 Bei § 35 DepotG handelt es sich – wie auch bei §§ 399, 400 AktG, § 147 GenG, § 82 GmbHG – um ein **abstraktes Gefährdungsdelikt**,[12] ein echtes **Sonderdelikt**[13] und um einen (unechten) **Blankettstraftatbestand**.[14] Insoweit wird auf die obigen Ausführungen zu den genannten Delikten Bezug genommen (s. Kap. 9.1. Rn. 4 ff.; Kap. 9.2. Rn. 4; Kap. 9.7. Rn. 3; Kap. 9.3. Rn. 3).

IV. Zivilrecht

4 Die Vorschrift des § 35 DepotG dient ua dem Schutz des Wertpapiersparers und ist zugunsten der durch die Norm geschützten Personen **Schutzgesetz im Sinne des § 823 Abs. 2 BGB**.[15] Der zivilrechtliche Schadensersatz setzt dabei voraus, dass der Anspruchsteller nachweisen kann, dass der Geschädigte durch ein Verhalten im Vertrauen auf die Korrektheit der maßgeblichen Angaben einen **Schaden**[16] erlitten hat.[17]

---

6 BGBl. I 1981, Gesetz zur Umsetzung der RL 2011/61/EU über die Verwalter alternativer Investmentfonds (AIFM-Umsetzungsgesetz – AIFM-UmsG).
7 BGBl. I 434, Gesetz zur Modernisierung der Finanzaufsicht über Versicherungen, Geltung ab 1.1.2016.
8 Näher Müller-Gugenberger/*Schumann* § 69 Rn. 4: "Besondere Bankgeschäfte".
9 Art. 12 Nr. 6 des Handelsrechtsreformgesetzes vom 22.6.1998, BGBl. I 1474.
10 Vgl. Heinsius/Horn/*Than* DepotG §§ 39, 40.
11 Heinsius/Horn/*Than* DepotG § 35 Rn. 1.
12 Zum Begriff des abstrakten/konkreten Gefährdungsdelikts etwa *Fischer* StGB Vor § 13 Rn. 18 f.
13 Dazu allgemein: Schönke/Schröder/*Eisele* StGB Vor § 13 Rn. 131.
14 Vgl. zur AG: Erbs/Kohlhaas/*Fuhrmann* AktG § 399 Rn. 1 e.
15 *Böttcher* DepotG § 35 Rn. 2.
16 Zum Schadensbegriff vgl. Palandt/*Thomas* BGB Vor § 249 Rn. 7 ff.
17 Beispielhaft sei insoweit verwiesen auf die Fälle in: *Brandes* WM 1992, 477; BGH 11.11.1985 – II ZR 109/84, BGHZ 96, 231 (243); BGH 11.7.1988 – II ZR 243/87, BGHZ 105, 121 (126); Geßler/Hefermehl/Eckardt/Kropff/*Fuhrmann* AktG § 399 Rn. 3.

V. Praktische Bedeutung der Vorschrift

Den Tatbeständen des § 35 DepotG kommt wegen der gesetzlich angeordneten Subsidiarität kaum praktische Bedeutung zu. In der Regel gehen die §§ 246, 263, 266 StGB sowie § 34 DepotG vor. Verlässliche Zahlen zur Strafverfolgungsstatistik liegen nicht vor.

VI. Der typische Anwendungsfall

Beispiel (nachgebildet dem Urteil des BayObLG vom 14.1.1926, BankArch 1925/1926, 480 ff.):

Der K ist Komplementär und zugleich Geschäftsführer der X-KG. Der Aktionär A hat bei der X-KG 1 000 Aktien der DB-AG in Verwahrung gegeben. Die X-KG ist in wirtschaftlichen Schwierigkeiten. Die Hausbank H ist im Begriff, die Kreditlinien anzuziehen. K lässt daher die 1 000 Aktien des A durch seinen eingeweihten Prokuristen P in das Depot der X-KG, das bei der H-Bank geführt wird, zur Verwahrung legen. In Absprache mit P wird der H-Bank nicht mitgeteilt, dass die Aktien im Eigentum des A stehen.

B. Tatbestandliche Voraussetzungen des § 35 DepotG: Unwahre Angaben über das Eigentum

I. Objektiver Tatbestand

1. Tauglicher Täterkreis

Durch das Handelsrechtsreformgesetz vom 22.6.1998[18] wurden §§ 34, 35 DepotG dahin gehend geändert, dass die Kaufmannseigenschaft des tauglichen Täters als Voraussetzung gestrichen wurde. Wird ein tauglicher Personenkreis in § 34 Nr. 1 DepotG noch ausdrücklich genannt, geht dieser aus § 35 DepotG nicht direkt hervor. Aus der in § 35 DepotG formulierten Tathandlung lassen sich die persönlichen Eigenschaften jedoch ableiten.[19] Es muss ein Täter sein, der eine Eigen- oder Fremdanzeige nach § 4 Abs. 2 oder 3 DepotG abgeben kann. Dies ist der **Verwahrer**, der Wertpapiere im Sinne des § 1 Abs. 1 DepotG in Drittverwahrung gibt. Als Verwahrer gelten auch der **Pfandgläubiger** nach § 17 DepotG, der **Kommissionär** § 29 DepotG oder der **Eigenhändler** nach § 30 DepotG.[20]

2. Tathandlungen

Wer als Verwahrer eigenen oder fremden Vorteils wegen den ihm nach § 4 Abs. 2 und 3 DepotG obliegenden **Anzeigepflichten** nicht oder wahrheitswidrig nachkommt, macht sich nach § 35 DepotG wegen unwahrer Angaben über das Eigentum strafbar.

Der Täter muss **unwahre Angaben** machen. § 35 DepotG nennt zwei Tatalternativen. Dies sind die **wahrheitswidrige Eigenanzeige** und die **unterlassene Fremdanzeige**.

---

18 BGBl. I 1474.
19 Vgl. MüKoStGB/*Bröker* DepotG § 35 Rn. 2.
20 *Heinsius/Horn/Than* DepotG § 35 Rn. 3; MüKoStGB/*Bröker* DepotG § 35 Rn. 2.

Kap. 9: Falsche Angaben und unrichtige Darstellung

a) § 4 Abs. 2 DepotG, Wahrheitswidrige Eigenanzeige

9 Voraussetzung ist, dass die Eigenanzeige abgegeben wird, wenn die Wertpapiere einem Dritten zur (Dritt-)Verwahrung anvertraut werden oder wenn ein Auftrag zur Anschaffung oder zum Umtausch von Wertpapieren an einen Dritten weitergegeben wird. Formungültige Eigenanzeigen scheiden aus, da sie die Fremdvermutung des § 4 Abs. 1 DepotG nicht beseitigen können. Wahrheitswidrig ist die Eigenanzeige, wenn sie nicht den Tatsachen entspricht, der Anzeigende also nicht Eigentümer oder Verfügungsberechtigter ist. Soweit der Hinterleger eine Aneignungsermächtigung nach § 13 DepotG erteilt hat, ist der Verwahrer zur Eigenanzeige berechtigt. Mit Erstattung der Eigenanzeige eignet er sich die Wertpapiere an. In diesem Fall ist die Eigenanzeige nicht wahrheitswidrig.

b) § 4 Abs. 3 DepotG, Unterlassene Fremdanzeige

10 Den Täter – Verwahrer, Pfandgläubiger, Kommissionär oder Eigenhändler – muss die **Pflicht** treffen, bei Übergabe von Wertpapieren in die Drittverwahrung oder bei der Weiterleitung eines Anschaffungsauftrages zu erklären, dass es sich um **fremde Wertpapiere** handelt bzw. dass Ankauf oder Umtausch für fremde Rechnung erfolgen.[21] Auch eine verspätete Fremdanzeige ist insoweit strafbar, da die Gefahr besteht, dass der Drittverwahrer inzwischen Pfand- oder Zurückbehaltungsrechte erlangt.

II. Subjektiver Tatbestand

11 Der Tatbestand des § 35 DepotG erfordert **Vorsatz**, wobei **bedingter Vorsatz** (dolus eventualis) ausreicht.[22] Auf die obigen Ausführungen zu § 399 AktG wird verwiesen (s. Kap. 9.1. Rn. 39). Der Täter muss zudem **eigenen oder fremden Vorteils wegen** gehandelt haben. Er muss sich demnach **bewusst** gewesen sein, dass er für sich oder einen Dritten durch die wahrheitswidrige Abgabe der Eigenanzeige oder das Unterlassen der Fremdanzeige eine Besserstellung erreichen kann.[23] Objektiv muss die Besserstellung nicht als Folge der Tat eintreten.

III. Rechtswidrigkeit und Schuld, Täterschaft und Teilnahme, Versuch und Vollendung

12 Auch insoweit kann auf die obigen Ausführungen zu § 399 AktG (s. Kap. 9.1. Rn. 41 ff.) Bezug genommen werden.

IV. Irrtumskonstellationen

13 Nimmt der Täter bei Abgabe der Eigenanzeige irrtümlich an, die Wertpapiere gehörten ihm, liegt ein Tatbestandsirrtum gemäß § 16 StGB vor, der den Vorsatz und damit die Strafbarkeit entfallen lässt. Ist dem Täter die Vorschrift des § 4 unbekannt, so ist dies unbeachtlich.[24]

---

21 Vgl. zu den Einzelheiten § 4 DepotG.
22 MüKoStGB/*Bröker* DepotG § 35 Rn. 6; Erbs/Kohlhaas/*Wehowsky* DepotG § 35 Rn. 5.
23 Vgl. hierzu auch MüKoStGB/*Bröker* DepotG § 35 Rn. 7.
24 *Heinsius/Horn/Than* DepotG § 35 Rn. 7 unter Hinweis auf BayObLG BankArch. 1925/26, 480 (481).

V. Konkurrenzen

§ 35 DepotG enthält eine Subsidiaritätsklausel. Die Vorschrift ist gegenüber solchen Normen subsidiär (Gesetzeskonkurrenz), die die Tat mit schwererer Strafe bedrohen. Der angedrohte Strafrahmen entscheidet insoweit. § 35 Depotgesetz soll im Bereich des strafrechtlichen Schutzes des Depotkunden eine Lücke schließen. Die wahrheitswidrige Abgabe einer Eigenanzeige kann nämlich zur Entstehung von Pfand- und Zurückbehaltungsrechten Dritter an den Wertpapieren führen.[25]

Als konkurrierende Tatbestände kommen die **Depotunterschlagung gemäß § 34 DepotG** sowie die **Unterschlagung gemäß § 246 StGB** (Abs. 1: „Geldstrafe oder Freiheitsstrafe bis zu drei Jahre", nach Abs. 2 „Geldstrafe oder Freiheitsstrafe bis zu fünf Jahre"), die **Untreue nach § 266 StGB** („Geldstrafe oder Freiheitsstrafe bis zu fünf Jahre") und die **Urkundenfälschung gemäß § 267 StGB** („Geldstrafe oder Freiheitsstrafe bis zu fünf Jahre") in Betracht.

VI. Strafverfolgung

1. Offizialdelikt

Bei § 35 DepotG handelt es sich um ein **Offizialdelikt**,[26] das von Amts wegen verfolgt wird. Ein **Strafantrag** ist nur im **Ausnahmefall** des § 36 DepotG erforderlich, wenn der durch die Tat Verletzte ein **Angehöriger** des Täters ist. Der „Angehörige" ist in § 11 Abs. 1 Nr. 1 StGB legaldefiniert.

2. Gerichtliche Zuständigkeit

Gemäß § 74c Abs. 1 Nr. 2 GVG ist für Straftaten nach dem DepotG eine Strafkammer als Wirtschaftsstrafkammer zuständig, soweit nach § 74 Abs. 1 GVG als Gericht des ersten Rechtszuges und nach § 74 Abs. 3 GVG für die Verhandlung und Entscheidung über das Rechtsmittel der Berufung gegen die Urteile des Schöffengerichts das Landgericht zuständig ist.

3. Verjährung

Gemäß § 78 Abs. 3 Nr. 4 StGB verjähren Taten nach § 35 DepotG nach drei Jahren. Verjährungsbeginn, -unterbrechung und -hemmung sind in §§ 78 a–c StGB geregelt. Die Verjährung beginnt mit der Beendigung der Ausführungshandlung. Da es sich bei § 35 DepotG um ein abstraktes Gefährdungsdelikt handelt, beginnt die Verjährung mit der Gefährdung; eine Verletzung ist nicht erforderlich.

Beispiel:

Bei § 35 DepotG beginnt die Verjährung mit Abgabe der wahrheitswidrigen Eigenanzeige bzw. bei der unterlassenen Fremdanzeige im Zeitpunkt der Übergabe der Wertpapiere in Drittverwahrung.

4. Strafe

Die von § 35 DepotG sanktionierten Straftaten sind Vergehen gemäß § 12 Abs. 2 StGB. Sie können mit Geldstrafe (§§ 40, 41 StGB) oder Freiheitsstrafe

---

25 Vgl. MüKoStGB/*Bröker* DepotG § 35 Rn. 1; Heinsius/Horn/*Than* DepotG § 35 Rn. 1.
26 Vgl. dazu allgemein *Fischer* StGB Vor § 77 Rn. 2.

(§§ 38, 39 StGB) bis zu einem Jahr geahndet werden. Bei Teilnehmern kann gemäß §§ 28 Abs. 1, 49 Abs. 1 StGB die Strafe gemildert werden.

Die Vorschriften über die Einziehung gemäß §§ 73 ff. StGB finden Anwendung. Auch die Verhängung eines Berufsverbots gemäß § 70 StGB kommt in Betracht.

Kapitel 10: Insolvenzstrafrechtliche Buchführungs- und Bilanzierungsverstöße

Literatur: *Achenbach*, Aus der 1997/1998 veröffentlichten Rechtsprechung zum Wirtschaftsstrafrecht, NStZ 1998, 560; *ders.*, Aus der 2003/2004 veröffentlichten Rechtsprechung zum Wirtschaftsstrafrecht, NStZ 2004, 549; *ders.*, Aus der 2007/2008 veröffentlichten Rechtsprechung zum Wirtschaftsstrafrecht, NStZ 2008, 503; *ders.*, in Duttge u.a. (Hrsg.), Gedächtnisschrift für Ellen Schlüchter, 2002, S. 257; *ders.*, Aus der 2009/2010 veröffentlichten Rechtsprechung zum Wirtschaftsstrafrecht, NStZ 2010, 621; *ders./Ransiek/Rönnau*, Handbuch Wirtschaftsstrafrecht, 4. Aufl. 2015; *Adick*, Anm. zu OLG Stuttgart v. 30.5.2011, ZWH 2011, 102; *Arbeitskreis Bilanzrecht der Hochschullehrer Rechtswissenschaft*, Zur Fortentwicklung des deutschen Bilanzrechts, BB 2002, 2372; *Arens*, Die Bestimmung der Zahlungsunfähigkeit im Strafrecht, wistra 2007, 450; *Assmann/Schütze*, Handbuch des Kapitalanlagerechts, 4. Aufl. 2015; *Auler*, Der Überschuldungsstatus als Bewertungsproblem, DB 1976, 2169; *AWV-Arbeitsgemeinschaft für wirtschaftliche Verwaltung* eV, Aufbewahrungspflichten und -fristen nach Handels- und Steuerrecht, 9. Aufl. 2016; *Ballwieser*, Informations-GoB – auch im Lichte von IAS und US-GAAP, KoR 2002, 115; *Baumbach/Hopt*, Handelsgesetzbuch, 38. Aufl. 2018; *Baumgarte*, Die Mitteilungen in Zivilsachen (MiZi) als Erkenntnisquelle für die Strafverfolgungsbehörden in Wirtschaftsstrafverfahren, wistra 1991, 171; *Beckemper*, Anmerkung zu BGH, Beschluss v. 30.1.2003, JZ 2003, 806; *Becker/Endert*, Außerbilanzielle Geschäfte, Zweckgesellschaften und Strafrecht, ZGR 2012, 699; *Grottel/Schmidt/Schubert/Winkeljohann* (Hrsg.), Beck'scher Bilanzkommentar, 11. Aufl. 2018; *Bieneck*, Die Zahlungseinstellung in strafrechtlicher Sicht, wistra 1992, 89; *Biletzki*, Strafrechtlicher Gläubigerschutz bei fehlerhafter Buchführung durch den GmbH-Geschäftsführer, NStZ 1999, 537; *Bittmann*, Kein Wirtschaften ohne Rechtskenntnis, ZWH 2012, 355; *ders.*, Das Ende der Interessentheorie – Folgen auch für § 266 StGB?, wistra 2010, 8; *ders.*, Strafrechtliche Folgen des MoMiG, NStZ 2009, 113; *ders.* (Hrsg.), Insolvenzstrafrecht, 2004; *ders.*, Zahlungsunfähigkeit und Überschuldung nach Insolvenzordnung, wistra 1998, 321 (Teil 1), wistra 1999, 10 (Teil 2); *ders./Dreier*, Bekämpfung der Wirtschaftskriminalität nach dem Ende der fortgesetzten Handlung, NStZ 1995, 105; *ders./Pikarski*, Strafbarkeit der Verantwortlichen der Vor-GmbH, wistra 1995, 91; *ders./Volkmer*, Zahlungsunfähigkeit bei (mindestens) 3-monatigem Rückstand auf Sozialversicherungsbeiträge, wistra 2005, 167; *Blumers*, Bilanzierungstatbestände und Bilanzierungsfristen in Handelsrecht und Strafrecht, 1983; *ders.*, Strafbare Verletzung von Bilanzierungspflichten, DStR 1983, 707; *Böcking/Castan/Heymann/Pfitzer/Scheffler*, Beck'sches Handbuch der Rechnungslegung (Stand: Dezember 2018), zit. als BeckHdR/*Bearbeiter*; *Böcking/Sittmann-Haury*, Forderungsbewertung – Anschaffungskosten versus Fair Value, BB 2003, 195; *Bork*, Zahlungsunfähigkeit, Zahlungsstockung und Passiva II, ZIP 2008, 1749; *Brammsen/Ceffinato*, Doppelte Strafmilderung für Bankrottgehilfen?, NZI 2013, 619; *dies.*, Kurzkommentar, EWiR 2013, 295; *Brand*, Untreue und Bankrott in der KG und GmbH & Co. KG, 2010; *ders.*, Abschied von der Interessentheorie – und was nun?, NStZ 2010, 9; *ders.*, Legitimität des Insolvenzstrafrechts, KTS 2012, 195; *ders.*, Anmerkung, NJW 2012, 2370; *Bretzke*, Begriff und Umfang der kaufmännischen Sorgfaltspflicht nach § 283 StGB, KTS 1985; 413; *Bundessteuerberaterkammer*, Zu den neuen handelsrechtlichen Rechnungslegungsfristen und den Risiken verspäteter Erstellung, DStR 1990, Beihefter zu Heft 1/2; *Burger/Ulbrich*, IAS-Verordnung und § 292 a HGB-Probleme beim Übergang, DB 2003, 2397; *Canaris/Habersack/Schäfer* (Hrsg.), Großkommentar HGB, 5. Aufl. 2014; *Cantzler*, Straflosigkeit des unredlichen Insolvenzschuldners im Restschuldbefreiungsverfahren?; wistra 2013, 168; *Claussen*, Ein Versuch der Standortbestimmung des neuen Rechnungslegungsrechts, in Habersack u.a. (Hrsg.), Festschrift für Peter Ulmer zum 70. Geburtstag, 2003, S. 801; *Cobet*, Fehlerhafte Rechnungslegung, 1991; *Dannecker/Knierim*, Insolvenzstrafrecht, 3. Aufl. 2018; *Deutscher/Körner*, Strafrechtlicher Gläubigerschutz vor der Vor-GmbH, wistra 1996, 11; *Degener*, Die Überschuldung als Krisenmerkmal, in Festschrift für Hans-Joachim Rudolphi, 2004, S. 405; *Dehne-Niemann*, Ein Abgesang auf die Interessentheorie bei der Abgrenzung von Untreue und Bankrott, wistra 2009, 417; *Dierlamm*, Der faktische Geschäftsführer im Strafrecht – ein Phantom?, NStZ 1996, 153; *Doster*, Verspätete beziehungsweise unterlassene Bilanzierung im Insolvenzstrafrecht, wistra 1998, 326; *Dreher*, Zur Problematik des § 283 b Abs. 2 StGB, MDR 1978, 724; *Dücker*, Aktuelle Entwicklungen des europäischen Bilanzrechts, StuB 2002, 70; *Ebner*, Insolvenzstrafrechtliche Konsequenzen der Einführung der §§ 241 a, 242 Abs. 4 HGB, wistra 2010, 92; *Eggemann/Petry*, Fast Close – Verkürzung von Aufstellungs- und Veröffentlichungszeiten für Jahres-

und Konzernabschlüsse, BB 2002, 1635; *Erdmann*, Die Krisenbegriffe der Insolvenztatbestände (§§ 283 ff. StGB), 2007; *Erle*, Unterzeichnung und Datierung des Jahresabschlusses bei Kapitalgesellschaften, Wpg 1987, 637; *Ernst*, BB-Gesetzgebungsreport: Auswirkungen des 10-Punkte-Programms „Unternehmensintegrität und Anlegerschutz" auf das Bilanzrecht, BB 2003, 1487; *Floeth*, Kurzkommentar, EWiR 2012, 221; *ders.*, Anmerkung zum Beschluss des BGH vom 22.1.2013, Az. 1 StR 234/12; *Fischer*, Strafgesetzbuch und Nebengesetze, Kommentar, 66. Aufl. 2019; *Freidank/Pottgießer*, Die Zukunft der deutschen Rechnungslegung – unter besonderer Berücksichtigung des Maßnahmenkatalogs der Bundesregierung vom 25.2.2003, StuB 2003, 886; *Gehrmann*, Firmenbestattung: Strafbarkeits- und Haftungsrisiken gelten auch für Steuerberater, PStR 2009, 212; *Gischer/Hommel*, Unternehmen in Krisensituationen und die Rolle des Staates als Risikomanager: Weniger ist mehr, BB 2003, 945; *Göhler/Wilts*, Das Erste Gesetz zur Bekämpfung der Wirtschaftskriminalität (II), DB 1976, 1657; *Goltz/Streitz*, Strafbarkeit und EDV-Buchhaltungen, PStR 2002, 15; *Gräfe*, Haftungsgefahren des Steuerberaters/Wirtschaftsprüfers in der Unternehmenskrise des Mandanten (Teil I), DStR 2010, 618; *Grau/Meshulam/Blechschmidt*, Der „lange" Arm des US-Foreign Corrupt Practices Act: unerkannte Strafbarkeitsrisiken auch jenseits der eigentlichen Korruptionsdelikte, BB 2010, 652; *Gronenborn*, Keine Ordnungsmäßigkeit der Buchführung bei verspäteter Bilanzaufstellung?, StBJb 1970/71, 425; *Grube/Röhm*, Überschuldung nach dem Finanzmarktstabilisierungsgesetz, wistra 2009, 81; *Grünberger/Grünberger*, IASB: Neuer Standard zur Umstellung von HGB auf IAS, StuB 2003, 587; *Habetha*, Bankrott und Untreue in der Unternehmenskrise, NZG 2012, 1134; *ders./Klatt*, Die bankrottstrafrechtliche Organhaftung nach Aufgabe der Interessenformel – Zurechnungstheorie oder funktionaler Zusammenhang, NStZ 2015, 671; *Hadamitzky*, Die Bedeutung der Rangrücktrittsvereinbarung im „Insolvenzstrafrecht", ZinsO 2015, 1778; *Hagedorn*, Bilanzstrafrecht im Lichte bilanzrechtlicher Reformen, 2009; *Hagemeier*, Zur Unmöglichkeit der Erfüllung der Pflichten zur Buchführung und Bilanzaufstellung nach § 283 Abs. 1 Nrn. 5 und 7 b StGB – zugleich Entscheidungsbesprechung BGH v. 20.10.2011 – 1 StR 354/11, NZWiSt 2012, 105; *dies.*, Anmerkung zu BGH, Beschl. v. 15.12.2011 – 5 StR 122/11, NZWiSt 2012, 239; *Hager*, Der Bankrott durch Organe juristischer Personen, 2007; *Hartung*, Der Rangrücktritt eines GmbH-Gläubigers, NJW 1995, 1186; *ders.*, Kapitalersetzende Darlehen – eine Chance für Wirtschaftskriminelle?, NJW 1996, 229; *ders.*, Probleme bei der Feststellung der Zahlungsunfähigkeit, wistra 1997, 1; *Hartz*, StbKongrRep 1974, 402; *Hauck*, Rechnungslegung und Strafrecht, 1987; Hecker/Glozbach, Offene Fragen zur Anwendung des gegenwärtigen Überschuldungsbegriffs, BB 2009, 1544; *Heil*, Insolvenzantragspflicht und Insolvenzverschleppungshaftung bei der Scheinauslandsgesellschaft in Deutschland, 2007; *Hoffmann*, Zahlungsunfähigkeit und Zahlungseinstellung, MDR 1979, 713; *Heine/Schuster*, in Schönke/Schröder, Strafgesetzbuch, 30. Aufl. 2019; *Himmelskamp/Schmittmann*, Der faktische Geschäftsführer – Steuer- und insolvenzrechtliche Verantwortlichkeit, StuB 2006, 326; *Hinghaus/Höll/Hülls/Ransiek*, Inhabilität nach § 6 Abs. 2 Nr. 3 GmbHG und Rückwirkungsverbot, wistra 2010, 291; *Hoffmann*, Berücksichtigung von Rückstellungen bei Prüfung der Überschuldung im Sinne des Bankrottstrafrechts, MDR 1979, 93; *ders.*, Zahlungsunfähigkeit und Zahlungseinstellung, MDR 1979, 713; *ders./Lüdenbach*, Praxisprobleme bei der Neubewertungskonzeption nach IAS, DStR 2003, 565 (Teil 1), 1965 (Teil 2); *Holzer*, Die Änderung des Überschuldungsbegriffs durch das Finanzmarktstabilisierungsgesetz, ZIP 2008, 2108; *Hombrecher*, Der Schutz der Gläubigerinteressen in der Unternehmenskrise durch das Insolvenzstrafrecht, JA 2013, 541; *Hoyer*, in Systematischer Kommentar zum Strafgesetzbuch, Band V 9. Aufl. 2019 (zit. als SK-StGB/*Hoyer*); *Hüffer/Koch*, Aktiengesetz, 13. Aufl. 2018; *Hüttemann/Meinert*, Zur handelsrechtlichen Buchführungspflicht des Kaufmanns kraft Eintragung, BB 2007, 1436; *Hüttsche*, Virtual Close – Ordnungsmäßigkeit virtueller Jahresabschlüsse, BB 2002, 1639; *Institut der Wirtschaftsprüfer (IDW) – Fachausschuss Recht*, IDW-Empfehlungen zur Prüfung eingetretener oder drohender Zahlungsunfähigkeit (IDW PS 800), ZIP 1999, 505 (aF), IDW FN 2009, 161 (nF); *Jäger*, Kapitalaufbringung und Haftungsrisiken in Cash-Management-Systemen von GmbH-Konzernen, DStR 2000, 1653; *Joecks*, Aktuelle Fragen des Wirtschafts- und Steuerstrafrechts, in Deutscher AnwaltVerein (Hrsg.), Steueranwalt 2006/2007, 95; *Joerden*, Grenzen der Auslegung des § 84 Abs. 1 Nr. 2 GmbHG, wistra 1990, 1; *Kasiske*, Existenzgefährdende Eingriffe in das GmbH-Vermögen mit Zustimmung der Gesellschafter als Untreue, wistra 2005, 81; *v. Keitz*, Praxis der IASB-Rechnungslegung: Derzeit (noch) uneinheitlich und HGB-orientiert, DB 2003, 1801; *Kienle*, Zur Strafbarkeit des Geschäftsleiters einer in Deutschland ansässigen Limited englischen Rechts, GmbHR 2007, 696; *Kirsch*, Einfluss unternehmerischer Prognosen und Planungen auf den IAS-Jahresabschluss, StuB

2003, 241; *ders.*, Gestaltungspotenzial durch verdeckte Bilanzierungswahlrechte nach IAS/IFRS, BB 2003, 1111; *ders.*, Liquiditätsbeurteilung mit Bilanzkennzahlen nach HGB und IFRS, StuB 2005, 878; *Knierim*, Bilanzstrafrecht – Ausweitung durch das KapCoRiLiG, PStR 2001, 246; *Krause*, Ordnungsgemäßes Wirtschaften und erlaubtes Risiko, 1995; *ders.*, Anmerkung zu BGH-Urteil v. 22.2.2001, NStZ 2002, 42; *Krawitz*, Die Rechnungslegungsvorschriften nach HGB, IAS und US-GAAP im kritischen Vergleich, StuB 2002, 629 (Teil A: Konzeptionelle Unterschiede), 733 (Teil B: Beispiele in ausgewählten Bereichen); *Kropp/Sauerwein*, Bedeutung des Aufstellungszeitpunkts für die Rückwirkung der neuen Größenklassenkriterien des § 267 HGB, DStR 1995, 70; *Krumnow* u.a., Rechnungslegung der Kreditinstitute, 1994; *Kümmel*, Zur strafrechtlichen Einordnung der „Firmenbestattung, wistra 2012, 165; *Küting/Kaiser*, Aufstellung oder Feststellung: Wann endet der Wertaufhellungszeitraum?, Wpg 2000, 577; *ders./Pfitzer/Weber*, Handbuch der Rechnungslegung, 5. Aufl. *ders./Weber/Boecker*, Fast Close – Beschleunigung der Jahresabschlusserstellung: (zu) schnell am Ziel?! StuB 2004, 1; *ders./Zwirner*, Bilanzierung nach HGB: Ein Auslaufmodell? – Internationalisierung der Rechnungslegung, StuB 2002, 785; *Kuhn*, Die GmbH-Bestattung, 2011; *Labsch*, Die Strafbarkeit des GmbH-Geschäftsführers im Konkurs der GmbH, wistra 1985, 1 (Teil I), 59 (Teil II); *Lehwald*, Entwicklungstendenzen in der Rechnungslegung – Einflüsse internationaler Standards, Harzburger Steuerprotokoll 2002, 55; *Lenger/Apfel*, Grundzüge des Insolvenzstrafrechts (Teil 1) – Grundlagen und Bankrott, WiJ 2012, 34; *Liebelt*, Urteilsanmerkung, NStZ 1989, 182; *Lohmeyer*, Steuerhinterziehung durch Bilanzdelikte, PStR 1998, 208; *Lohmeyer*, Steuerliche Bilanzdelikte und deren Folgen, Wpg 1990, 314; *Louis*, Die Falschbuchung im Strafrecht, 2002; *ders.*, Strafrechtliche Konsequenzen bei Falsch- und Nichtbuchungen, Bilanzbuchhalter und Controller (BC) 2002, 18 (Teil 1: Insolvenzdelikte), 90 (Teil 2: Untreue, Betrug), 230 (Teil 3: Bilanz-, Urkunden und Steuerdelikte); *Lüdenbach/Hoffmann*, Der Übergang von der Handels- zur IAS-Bilanz gem. IFRS 1, DStZ 2003, 1498; *Lütke*, Ist die Liquidität 2. Grades ein geeignetes Kriterium zur Feststellung der Zahlungsunfähigkeit?, wistra 2003, 52; *Matzen*, Der Begriff der drohenden und eingetretenen Zahlungsunfähigkeit im Konkursstrafrecht, 1993; *Maul*, Die §§ 283 ff. StGB als Grundlage für die Ableitung von Grundsätzen ordnungsmäßiger Buchführung, DB 1979, 1757; *Maurer*, Der „innere" Zusammenhang im Bankrottstrafrecht, wistra 2003, 253; *Meilicke*, Aufstellung, Feststellung und Änderung der Bilanz nach Handelsrecht und Steuerrecht, StbJb 1979/80, 455; *Mertes*, Strafrechtliche Auswirkungen von § 264 Abs. 1 Satz 3 HGB, wistra 1991, 251; *Meyer/Meisenbacher*, Bilanzpolitik auf der Basis von IAS/IFRS, insbesondere in Zeiten der Krise, DStR 2004, 567; *Michalski/Heidinger/Leible/Schmidt*, GmbHG, 3. Aufl. 2017; *Moosmayer*, Einfluss der Insolvenzordnung 1999 auf das Insolvenzstrafrecht, 1997; *ders.*, Anmerkung zu Biletzki: Strafrechtlicher Gläubigerschutz bei fehlerhafter Buchführung durch den GmbH-Geschäftsführer, NStZ 2000, 295; *Mosenheuer*, Untreue durch mangelhafte Dokumentation von Zahlungen?, NStZ 2004, 179; *Mosiek*, Risikosteuerung im Unternehmen und Untreue, wistra 2003, 370; *Moxter*, Grundsätze ordnungsmäßiger Rechnungslegung, 2003; *Muhler*, Nichtbilanzieren von Privatvermögen strafbar?, wistra 1996, 125; *Muscat*, Steuerstrafrechtliche Verstöße im Bilanzsteuerrecht, PStR 2001, 252; *Natale/Bader*, Der Begriff der Zahlungsunfähigkeit im Strafrecht, wistra 2008, 413; *Ogiermann*, Die Strafbarkeit des systematischen Aufkaufs konkursreifer Unternehmen, wistra 2000, 250; *ders./Weber*, Insolvenzstrafrecht in Deutschland – status quo und Perspektiven, wistra 2011, 206; *Oho/Eberbach*, Konzernfinanzierung durch Cash-Pooling, DB 2001, 825; *Ossola-Haring*, Gestaltungsalternativen der Bilanzpolitik, Bilanz & Buchhaltung (b&b) 2002, 178; *Paa*, Rechtsfolgen verspäteter Aufstellung von Jahresabschlüssen, INF 1998, 277; *Pelz*, Strafrecht in Krise und Insolvenz, 2. Aufl. 2011; *Penzlin*, Strafrechtliche Auswirkungen der Insolvenzordnung, 2000; *Petermann*, in Münchener Kommentar zum Strafgesetzbuch, Band 5, 3. Aufl. 2019 (zit. als MüKoStGB/*Petermann*); *Pfleger*, Bilanzpolitik in der Krise der GmbH, INF 1994, 311 (Teil I), 342 (Teil II), 374 (Teil III); *Pfleger*, Bilanz-Lifting, 2. Aufl. 2001; *Pohl*, Strafbarkeit nach § 283 Abs. 1 Nr. 7 b) StGB auch bei Unvermögen zur Bilanzaufstellung?, wistra 1996, 14; *dies.*, Bankrott durch faktisches Vertreterhandeln, wistra 2013, 329; *Prinz*, Reform der deutschen Rechnungslegung, DStR 2003, 1359; *Radtke*, Der GmbHR-Kommentar, GmbHR 2012, 962; *Reck*, Die strafrechtlichen Folgen einer unterlassenen, unrichtigen oder verspäteten Bilanzaufstellung für einen GmbH-Geschäftsführer, GmbHR 2001, 424; *ders.*, Auswirkungen der Insolvenzordnung auf die GmbH aus strafrechtlicher Sicht, GmbHR 1999, 267; *Regner*, Fahrlässigkeit bei Konkursdelikten, 1998; *Reichel*, Zeitpunkt der Bilanzaufstellung und Ordnungsmäßigkeit der Buchführung, BB 1981, 708; *Reinhart*, in Graf/Jäger/Wittig Wirtschafts- und Steuerstrafrecht, 2. Aufl. 2017; *Reither*, Kriseneintritt nach Ablauf des Bilanzstichtages und weiterhin Unterlassen der Bilanzierung – Bankrott oder Verletzung der Buchführungspflicht?, wistra 2014, 48; *Ressmann*, Die insolvenzrechtlichen Krisenbegriffe und bestrittene Verbindlichkeiten, 2015; *Reulecke*, EDV-gestützte Feststellung der Zahlungsunfähigkeit, CR 1990, 230; *Richter*, Strafbarkeit des Insolvenzverwalters, NZI 2002, 121; *ders.*, Zur Strafbarkeit externer „Sanierer" konkursgefährdeter Unternehmen, wistra 1984, 97; *ders.*, „Scheinauslandsgesellschaften" in der deutschen Strafverfolgungspraxis, in Festschrift für Klaus Tiedemann, 2008, S. 1023; *Röhm*, Zur Abhängigkeit des Insolvenzstrafrechts von der Insolvenzordnung, 2000; *ders.*, Strafrechtliche Folgen eines Insolvenzantrags bei drohender Zahlungsunfähigkeit gem. § 18 InsO, NZI 2002, 134; *Rönnau*, Rechtsprechungsübersicht zum Insolvenzstrafrecht, NStZ 2003, 525; *ders.*, Haftung der Direktoren einer in Deutschland ansässiger englischen Private Company Limited by Shares nach deutschem Strafrecht – eine erste Annäherung, ZGR 2005, 832; *Rose*, Über den „Zeitpunkt" der Bilanzaufstellung, DB 1960, 529; *ders.*, Zeiträume und Zeitpunkte der Aufstellung der Fertigstellung und der Einreichung von Jahresabschlüssen und Steuerbilanzen, DB 1974, 1031; *ders.*, Die strafrechtliche Relevanz von Risikogeschäften, wistra 2005, 281; *ders.*, Aktuelles zum Wirtschaftsstrafrecht in der Revision, StraFo 2014, 265; *Schäfer, Helmut*, Die Verletzung der Buchführungspflicht in der Rechtsprechung des BGH, wistra 1986, 200; *ders.*, Die Entwicklung der Rechtsprechung zum Konkursstrafrecht, wistra 1990, 81; *Schäfer, Thiemo*, Der Eröffnungsgrund der Überschuldung, 2012; *Schlüchter*, Tatbestandsmerkmal der Krise – überflüssige Reform oder Versöhnung des Bankrottstrafrechts mit dem Schuldprinzip?, MDR 1978, 977; *dies.*, Der Grenzbereich zwischen Bankrottdelikten und unternehmerischen Fehlentscheidungen, 1977; *Scholtissek*, Auf dem Weg zur europäischen Rechnungslegung, DStZ 2003, 869; *Schoor*, Frist für die Aufstellung des Jahresabschlusses nach Handels- und Steuerrecht, StBp 1999, 216; *Schramm*, Urteilsanmerkung zu BGH, Beschluss v. 5.11.1997, DStR 1998, 500; *Schröder*, Keine Strafbarkeitsrisiken für verantwortungsvoll handelnde Geschäftsleiter nach § 54 a KWG, WM 2014, 100; *Schubert*, Anmerkung, wistra 2013, 429; *Schuldbach*, Die Zukunft des Jahresabschlusses nach HGB angesichts neuer Trends bei der Regulierung der Rechnungslegung und der IAS-Strategien der EU, StuB 2003, 1071; *Schumann*, Anm. zu AG Stuttgart v. 18.12.2007, wistra 2008, 229; *Schüppen*, Systematik und Auslegung des Bilanzstrafrechts, 1993; *dies.*, Rechnungslegung nach IAS/IFRS – Ein geeignetes Instrument zur Informationsvermittlung?, StuB 2003, 836; *Sorgenfrei*, „Bilanz"-Strafrecht und IFRS, PiR 2006, 38; *Streim/Esser*, Rechnungslegung nach IAS/IFRS – Ein geeignetes Instrument zur Zahlungsbemessung?: Bewertungsfragen, StuB 2003, 781; *dies.*, Rechnungslegung nach IAS/IFRS – Ein geeignetes Instrument zur Zahlungsbemessung?: Ansatzfragen, StuB 2003, 736; *Stypmann*, Statische oder dynamische Überschuldungskonzeption?, wistra 1985, 89; *Thesling*, Mängel der Buchführung und ihre Rechtsfolgen, StBp 1996, 141; *Tiedemann*, GmbH-Strafrecht, 4. Aufl. 2002; *ders.*, Insolvenzstraftaten aus der Sicht der Kreditwirtschaft, ZIP 1983, 513; *ders.*, Handhabung und Kritik des neuen Wirtschaftsrechts – Versuch einer Zwischenbilanz, in Festschrift für Hanns Dünnebier 1982, S. 519 ff.; *ders.*, Der BGH zum neuen Konkursstrafrecht, NJW 1979, 254; *ders.*, Grundfragen bei der Anwendung des neuen Konkursstrafrechts, NJW 1977, 777; *Theile*, Erstmalige Anwendung der IAS/IFRS, DB 2003, 1745; *Trüg/Habetha*, § 283 Abs. 6 StGB und der „tatsächliche Zusammenhang", wistra 2007, 365; *Ulmer/Habersack/Löbbe* (Hrsg.), GmbHG Großkommentar, 2. Aufl. 2014; *v. Westphalen*, Derivatgeschäfte, Risikomanagement und Aufsichtsratshaftung, 2000; *Weber*, Zur Bedeutung der Liquidität 2. Grades für die Feststellung der Zahlungsunfähigkeit, wistra 2003, 292; *Weber-Grellet*, Übersicht über Abweichungen von handels- und steuerrechtlichem Jahresabschluss, StuB 2002, 700; *Wegner*, Anm. zu BGH-Urteil v. 11.2.2010 – 4 StR 433/09, wistra 2010, 438; *ders.*, Anm. zu BGH-Urteil v. 23.5.2007, wistra 2007, 386; *ders.*, Insolvenz: Strafrecht und wirtschaftliche Krise, PStR 2007, 287; *ders.*, Insolvenzstraftaten im StGB, in: Achenbach/Ransiek/Rönnau, Handbuch Wirtschaftsstrafrecht (HWSt), 4. Aufl. 2015; *ders.*, Neuer alter Überschuldungsbegriff, PStR 2008, 279; *Weipert*, in: RGR Großkommentar zum HGB, 2. Aufl. 1950; *Weiß*, Die Pflicht zur Unterzeichnung des Jahresabschlusses durch den AG bei seiner Aufstellung und die Folgen ihrer Verletzung, WM 2010, 1010; *ders.*, Ausschluss vom Geschäftsführeramt nach § 6 Abs. 2 GmbHG n.F., wistra 2009, 209; *ders.*, Strafbare Insolvenzverschleppung durch den director einer Ltd., 2008; *Wengel*, Die Insolvenztatbestände Überschuldung, Zahlungsunfähigkeit und drohende Zahlungsunfähigkeit, DStR 2001, 1769; *Wessing*, Insolvenz und Strafrecht, NZI 2003, 1; *ders./Krawczyk*, Feststellung einer die Untreuestrafbarkeit begründenden Gefährdung der Existenz einer GmbH, NZG 2014, 59; *Weyand*, Die Feststellung der Überschuldung einer GmbH, INF 1993, 241; *ders.*, Strafbarkeitsrisiko des Steuerberaters: Buchführungs- und Bilanzdelikte im Insolvenzverfahren, StuB 1999, 178; *ders.*, Strafrechtliche Risiken in Insolvenzverfahren für Verwalter und Berater, ZInsO 2000, 413; *ders.*, Tatsächlicher Zusammenhang zwischen unterlassener Bilanzerstellung und Ablehnung des Konkurses mangels Masse?, StuB 2003, 815; *ders.*, Verletzung der Bilanzierungspflicht in der Insolvenz, StuB 2003, 955; *ders.*, Buchführungs- und Bilanzdelikte, PStR 2004, 235; *ders.*, Professionelle „Firmenbestatter", PStR 2006, 176; *ders.*, Aufträge an Sachverständige und Strafrecht, ZInsO 2014, 1934; *ders./Diversy*, Insolvenzdelikte, 10. Aufl. 2015; *Wieckers*, Anwendung internationaler Rechnungslegungsstandards, StuB 2002, 1137; *Wilhelm*, Strafbares Verhalten und objektive Strafbarkeitsbedingung bei § 283 b I Nr. 3 b StGB, NStZ 2003, 511; *Wilk/Steuren*, Die Insolvenz der Limited in der deutschen Strafrechtspraxis, wistra 2011, 161; *Wimmer*, Die zivil- und strafrechtlichen Folgen mangelhafter Jahresabschlüsse bei GmbH und KG, DStR 1997, 1931; *Winkelbauer*, Strafrechtlicher Gläubigerschutz im Konkurs der KG und der GmbH & Co. KG, wistra 1986, 20; *Wolf*, Bewertung von Vermögensgegenständen im Überschuldungsstatus, DStR 1995, 859; *ders.*, Das Erfordernis der Dokumentation von Überschuldungsbilanzen, DStR 1998, 126; *ders.*, Fortbestehensprognose bei Überschuldung, StuB 1999, 1172; *ders.*, Buchmäßige Überschuldung nicht ausreichend für Insolvenzreife?, StuB 2001, 730; *ders.*, Die Überschuldungsbilanz nach 3 Jahren Insolvenzordnung: Alles klar mit den Fortführungswerten?, StuB 2002, 360; *ders.*, Abgrenzungsfragen zur Zahlungsunfähigkeit gem. § 17 Abs. 2 InsO, StuB 2002, 1235; *ders.*, IAS/IFRS und Strafrecht: Konvergenz oder Differenz?, StuB 2003, 775; *ders.*, Fortführungsprognose und Überschuldung: Plädoyer für die Ertragsfähigkeit, StuB 2005, 918; *ders.*, Die Neuordnung des Überschuldungsbegriffs, StuB 2008, 874; *ders.*, Mythos Fortführungsprognose, DStR 2009, 2682; *ders./Kurz*, Der Geschäfts- oder Firmenwert in der Überschuldungsbilanz, StuB 2005, 484; *ders./Lupp*, Die Aufstellungsfrist der (Liquidations-) Eröffnungsbilanz, wistra 2008, 250; *ders./Nagel*, Die Aufstellung des Jahresabschlusses: Schnittstelle zwischen Handels- und Strafrecht, StuB 2006, 621; *Wuttke*, Die subjektiv richtige Bilanz, FR 1993, 459; *Zeitler*, Rechnungslegung und Rechtsstaat – Übernahme der IAS oder Reform des HGB?, DB 2003, 1529; *Zieschang*, Die Gefährdungsdelikte, 1998; *Zisowski*, Grundsätze ordnungsgemäßer Überschuldungsrechnung, 2001.

Kap.10.1. Vorbemerkungen

Vor dem Hintergrund der herausragenden Bedeutung ordnungsgemäßer Buchführung und Bilanzierung für die Wirtschaft im Allgemeinen und die Teilnehmer am Kapitalmarkt im Besonderen, ist ein Fehlverhalten in diesem Bereich nicht allein durch die im vorherigen Kapitel erörterten spezialgesetzlichen Normen strafbewehrt. Im Kontext der Unternehmensinsolvenz werden Verstöße gegen Buchführungs- und Bilanzierungspflichten darüber hinaus von § 283 Abs. 1 Nr. 5 – 7, Abs. 2 StGB und § 283 b StGB strafrechtlich erfasst.

Die wesentlichen Unterschiede zwischen den Buchführungs- und Bilanzdelikten des sog Nebenstrafrechts und diesen informationsbezogenen „Insolvenzstraftaten" bestehen dabei in der Strafhöhe, der Erfassung auch fahrlässigen Fehlverhaltens sowie dem Umstand, dass im Zusammenhang mit einer Insolvenz des buchführungs- und bilanzierungspflichtigen Unternehmensträgers neben der unrichtigen oder verschleiernden Darstellung auch die Verletzung von Aufbewahrungspflichten sowie das „bloße" Unterlassen der Führung von Handelsbüchern bzw. der fristgerechten Aufstellung von Bilanz und Inventar sanktioniert wird.

Was die Tathandlungen betrifft, sind die Vorschriften in § 283 Abs. 1 Nr. 5–7 StGB und § 283 b StGB nahezu[1] deckungsgleich.[2] Ferner ist die Voraussetzung

---

[1] Anders als bei § 283 Abs. 1 Nr. 6 StGB muss der Täter iRv § 283 b Abs. 1 Nr. 2 StGB jedoch Kaufmann sein, näher hierzu Kap. 10.2 Rn. 8.
[2] Vgl. *Fischer* StGB § 283 b Rn. 4; Schönke/Schröder/*Heine/Schuster* StGB § 283 b Rn. 3 ff.; SK-StGB/*Hoyer* StGB § 283 b Rn. 4; NK-StGB/*Kindhäuser* StGB § 283 b Rn. 3; MüKoStGB/*Petermann* StGB § 283 b Rn. 10 f.; *Wegner* HWSt VII 1 Rn. 212; *Weyand/Diversy*, Rn. 118 f.

der objektiven Strafbarkeitsbedingung (Zahlungseinstellung, Eröffnung des Insolvenzverfahrens oder Abweisung mangels Masse) in beiden Fällen identisch (§ 283 Abs. 6 bzw. § 283 b Abs. 3 iVm § 283 Abs. 6 StGB).

Während eine Strafbarkeit wegen Bankrotts nach § 283 StGB jedoch voraussetzt, dass der **Buchführungs- oder Bilanzierungsverstoß in einem inneren Zusammenhang zu einer Unternehmenskrise** steht, kommt eine „Verletzung der Buchführungspflicht" gem. § 283 b StGB auch dann in Betracht, wenn sich das Unternehmen im Tatzeitpunkt noch nicht in einer Krise befunden hat, ein Zusammenhang zwischen der Tatbegehung und der Unternehmenskrise nicht nachgewiesen werden kann oder vom Täter ohne Verschulden nicht erkannt worden ist.

Das in § 283 b StGB geregelte Buchführungs- und Bilanzdelikt bildet damit quasi den **Grund- und Auffangtatbestand**[3] für einen Teil des voraussetzungsreicheren Bankrotts gem. § 283 StGB. Seine Kommentierung wird deshalb im Folgenden – entgegen des sonst üblichen Vorgehens – vorangestellt.

Kap. 10.2. § 283 b StGB Verletzung der Buchführungspflicht

§ 283 b StGB Verletzung der Buchführungspflicht

(1) Mit Freiheitsstrafe bis zu zwei Jahren oder mit Geldstrafe wird bestraft, wer

1. Handelsbücher, zu deren Führung er gesetzlich verpflichtet ist, zu führen unterläßt oder so führt oder verändert, daß die Übersicht über seinen Vermögensstand erschwert wird,
2. Handelsbücher oder sonstige Unterlagen, zu deren Aufbewahrung er nach Handelsrecht verpflichtet ist, vor Ablauf der gesetzlichen Aufbewahrungsfristen beiseite schafft, verheimlicht, zerstört oder beschädigt und dadurch die Übersicht über seinen Vermögensstand erschwert,
3. entgegen dem Handelsrecht
   a) Bilanzen so aufstellt, daß die Übersicht über seinen Vermögensstand erschwert wird, oder
   b) es unterläßt, die Bilanz seines Vermögens oder das Inventar in der vorgeschriebenen Zeit aufzustellen.

(2) Wer in den Fällen des Absatzes 1 Nr. 1 oder 3 fahrlässig handelt, wird mit Freiheitsstrafe bis zu einem Jahr oder mit Geldstrafe bestraft.

(3) § 283 Abs. 6 gilt entsprechend.

I. Allgemeines 1	5. Typische Anwendungsfälle .. 7
1. Rechtsentwicklung 1	II. Die Voraussetzungen des Tatbestandes 8
2. Geschütztes Rechtsgut 3	1. Objektiver Tatbestand 8
3. Dogmatischer Deliktscharakter 4	a) Tauglicher Täterkreis 8
4. Praktische Bedeutung der Vorschrift 6	aa) Kaufmann 8
	bb) Schuldner 11

---

3 *Schlüchter* MDR 1978, 979; *Schüppen* S. 46; *Weyand/Diversy*, Rn. 118; MüKoStGB/*Petermann* StGB § 283 b Rn. 3; NK-StGB/*Kindhäuser* StGB § 283 b Rn. 1 sowie LK/*Tiedemann* StGB § 283 Rn. 106; zu Konkurrenzen s. Kap. 10.2 Rn. 64.

- b) Die einzelnen Tatbestandsalternativen 12
  - aa) § 283 b Abs. 1 Nr. 1 StGB, unterlassene oder mangelhafte Führung sowie Veränderung von Handelsbüchern 12
    - (1) Handelsbücher 13
    - (2) Buchführungspflicht 15
    - (3) Unterlassen der Buchführung 17
    - (4) Mangelhafte Buchführung 19
    - (5) Erschwerung der Übersicht über den Vermögensstand 21
      - (a) Vermögensstand 21
      - (b) Erschwerung der Übersicht 24
      - (c) Kausalität 26
  - bb) 283 b Abs. 1 Nr. 2 StGB, Unterdrücken von Handelsbüchern oder sonstigen aufbewahrungspflichtigen Unterlagen 27
  - cc) § 283 b Abs. 1 Nr. 3 StGB, fehlerhafte bzw. verspätete Bilanz- oder Inventaraufstellung 32
    - (1) § 283 b Abs. 1 Nr. 3 a StGB, mangelhafte Bilanzaufstellung 33
      - (a) Bilanzarten 34
      - (b) Aufstellung der Bilanz 37
      - (c) Entgegen dem Handelsrecht 39
    - (2) § 283 b Abs. 1 Nr. 3 b StGB, verspätete Bilanz- oder Inventar-Aufstellung 45
      - (a) Verspätete Bilanzaufstellung 46
      - (b) Verspätete Inventaraufstellung 50
  - c) Objektive Strafbarkeitsbedingung................ 52
  - 2. Subjektiver Tatbestand, Irrtum...................... 58
  - 3. Versuch 60
  - 4. Fahrlässigkeit 61
- III. Täterschaft und Teilnahme 62
- IV. Konkurrenzen 64
- V. Strafzumessungsgesichtspunkte, Nebenfolgen 65
  - 1. Strafzumessungsgesichtspunkte 65
  - 2. Nebenfolgen 66
- VI. Gerichtliche Zuständigkeit 70

I. Allgemeines

1. Rechtsentwicklung

Da die Ordnungsmäßigkeit der Buchführung als solche wesentliche Voraussetzung für eine verantwortliche wirtschaftliche Tätigkeit ist, wurde mit Einführung des § 283 b StGB durch das 1. WiKG 1976 die Verletzung bestimmter Buchführungspflichten als **informationsbezogene Bankrotthandlung**[1] unabhängig vom Zusammenhang mit der wirtschaftlichen Krise eines Unternehmens in Ergänzung der Regelung des „normalen Bankrotts" in § 283 StGB unter Strafe gestellt.[2] Das damalige „Konkurs"-Strafrecht wurde mit der Insolvenzrechtsreform ab dem 1.1.1999 zum „Insolvenz"-Strafrecht.[3] Durch bilanzielle Verschleierung begleitete spektakuläre nationale und internationale Unternehmenszusammenbrüche,[4] negative Entwicklungen für Anleger auf den Kapitalmärkten, die Veränderungen auf dem Kapitalbeschaffungsmarkt und nicht zu-

1

---

[1] NK-StGB/*Kindhäuser* StGB Vor § 283 ff. Rn. 7.
[2] 1. WiKG 1976, weitere Einzelheiten zur Rechtsentwicklung bei LK/*Tiedemann* StGB § 283 b Rn. 1, § 283 Rn. 40 ff.; NK-StGB/*Kindhäuser* StGB Vor § 283 ff. Rn. 9 ff.; *Göhler/Wilts* DB 1976, 1657 (1661).
[3] Zur Rechtsentwicklung vgl. Schönke/Schröder/*Heine/Schuster* StGB Vor §§ 283 ff. Rn. 1 f.
[4] ZB Comroad, Flowtex, WorldCom, Enron, Parmalat.

letzt verschärfte Pflichten für die Leitungs- und Aufsichtsorgane von Unternehmen („**Corporate Governance**")[5] haben allgemein zu einer deutlich verstärkten Sensibilisierung im Bereich der Rechnungslegung geführt. Hiermit einher geht die gestiegene strafrechtliche Aufgriffsdichte von Bilanzierungsvorgängen im Zusammenhang mit der nach wie vor hohen – wenn auch leicht rückläufigen – Zahl von Insolvenzen.[6] Eine besondere Bedeutung kommt den „Buchführungsdelikten" des § 283 b auch in den sog **Firmen- oder Unternehmensbestatter-Fällen** zu. In diesen werden insolvenzreife Unternehmen aufgekauft, die bisherigen Geschäftsführer durch neue ersetzt und die Firmensitze in den Zuständigkeitsbereich „großzügiger" inländischer Insolvenzgerichte oder gar ins Ausland verlegt.[7] Ziel ist die Vermeidung der Aufdeckung und Verwertung sämtlicher Vermögenswerte der Gesellschaft im Rahmen eines Insolvenzverfahrens, die Vermeidung der privaten Inanspruchnahme sowie von strafrechtlichen Konsequenzen.[8] Der Gesetzgeber hat durch verschiedene Maßnahmen versucht, einer solchen Praxis entgegenzuwirken.[9] Flankierend wirkt die mittlerweile vollzogene Abkehr des BGH von der sog „Interessentheorie" (Rn. 64), mit der die Anwendbarkeit der strafrechtlichen Bankrottvorschriften auf die Firmenübernehmer verbreitert wurde. – Durch das sog Finanzmarktstabilisierungsgesetz wurde der Überschuldungsbegriff wieder eingeführt, wie er vor Änderung der Insolvenzordnung im Jahr 1999 gegolten hatte.[10] Infolge der damit einhergehenden Relevanz einer Fortführungsprognose erreicht nicht jede krisenbedingte Abwertung die insolvenzstrafrechtliche Schwelle.[11] Die ursprünglich durch das FMStG bis 1.1.2011 vorgesehene Befristung dieser Maß-

---

5 Vgl. Regierungskommission, Deutscher Corporate Governance Kodex idF v. 7.2.2017, Tz. 5.3.2. 7.1.1., abrufbar unter https://www.dcgk.de; vgl. ferner Bericht der Regierungskommission „Corporate Governance", BT-Drs. 14/7515 v. 14.8.2001.
6 20.093 Unternehmensinsolvenzen im Jahr 2017 (21.518 im Vorjahr), vgl. Statistisches Bundesamt, www.destatis.de (zuletzt abgerufen 3.2.2019).
7 Vgl. BGH 15.11.2012 – 3 StR 199/12, NJW 2013, 1892 mAnm *Schubert* wistra 2013, 429; *Brammsen/Ceffinato* EWiR 2013, 295; BGH 13.1.09 - 1 StR 399/08, wistra 2009, 273; dazu *Kümmel* wistra 2012, 165 ff.; *Achenbach* NStZ 2010, 621 (624 f.); *Pelz*, Strafrecht in Krise und Insolvenz, Rn. 647 ff.; Wabnitz/Janovsky/*Beck* 8. Kap. Rn. 85 a; *Weyand* PStR 2006, 176; *Hey/Regel* GmbHR 2000, 115 ff.; *Singer/Greck* StuB 2006, 82, jeweils mwN; FAZ v. 30.8.2007, S. 11.
8 LG Potsdam 17.9.2004 – 25 Qs 11/04, wistra 2005, 193; vgl. auch BGH 24.3.2009 – 5 StR 353/08, wistra 2009, 273, NStZ 2009, 635 (Strafbarkeit nach § 283 Abs. 1 Nr. 8 StGB); Müller-Gugenberger/*Häcker* § 96 Rn. 19 ff.; Müller-Gugenberger/*Richter* § 87 Rn. 44 ff.; zu Strafbarkeitsrisiken für Steuerberater bei Firmenbestattungen vgl. *Gehrmann* PStR 2009, 212; *Kuhn*, Die GmbH-Bestattung 2011, S. 23 ff.; *Smok* in Dannecker/Knierim, Teil 2 Rn. 517ff.
9 Vgl. Gesetz zur Kontrolle von Unternehmensabschlüssen (Bilanzkontrollgesetz – BilKoG) v. 15.12.2004, BGBl. I 3408; Gesetz zur Fortentwicklung der Berufsaufsicht über Abschlussprüfer in der Wirtschaftsprüferordnung (Abschlussprüferaufsichtsgesetz – APAG) v. 27.12.2004 (BGBl. I 3846); Gesetz zur Modernisierung des GmbH-Rechts und zur Bekämpfung von Missbräuchen (MoMiG) v. 23.10.2008, BGBl. I 2026; dazu *Seibert* ZIP 2006, 1157; *Noack* DB 2006, 1475; *Bittmann* NStZ 2009, 113 (119).
10 Gesetz zur Umsetzung eines Maßnahmenpakets zur Stabilisierung des Finanzmarktes - Finanzmarktstabilisierungsgesetz (FMStG) v. 17.12.2008 (BGBl. I 1982).
11 *Schmidt* DB 2008, 2467.

nahme wurde zunächst bis zum 31.12.2013 verlängert[12] und schließlich aufgehoben.[13]

De lege lata ist das nationale deutsche Handelsrecht weiterhin der maßgebende Ordnungsrahmen (vgl. §§ 283 Abs. 1 Nr. 7, 283 b Abs. 1 Nr. 3 StGB: „**entgegen dem Handelsrecht**"). Als Folge zunehmender Harmonisierung von Rechnungslegungsvorschriften auf europäischer bzw. internationaler Ebene (IAS/IFRS)[14] wird das nationale Bilanzrecht jedoch seinerseits durch internationale Rechnungslegungsnormen beeinflusst, die insbesondere für kapitalmarktorientierte Unternehmen von Bedeutung sind. Soweit hierdurch die herkömmlichen Aufgaben der Rechnungslegung (Dokumentation für Zwecke der Bemessung von Gewinnausschüttungen, Gläubigerschutz und Rechenschaft gegenüber den Anteilseignern, vgl. Rn. 3) um den Zweck ergänzt werden, dem Anleger Informationen über die Lage des Unternehmens und seiner Veränderungen als Grundlage für seine wirtschaftlichen Entscheidungen für die nächsten Jahre zu verschaffen (kapitalmarktorientierte Rechnungslegung nach IAS/IFRS),[15, 16] kommt es rechtsformabhängig zu einem zweigeteilten Rechnungswesen und damit zu einem Zweckdualismus oder gar -pluralismus.[17] Die Auswirkungen dieser Entwicklung auf die „Buchführungs"-delikte des Insolvenzstrafrechts

---

12 Vgl. Gesetz zur Erleichterung der Sanierung von Unternehmen v. 24.9.2009 (BGBl. I 3151); krit. zu dieser gläubigerschutzeinschränkenden Maßnahme Müller-Gugenberger/*Richter* § 75 Rn. 12 f.
13 Vgl. Gesetz zur Einführung einer Rechtsbehelfsbelehrung im Zivilprozess und zur Änderung anderer Vorschriften v. 5.12.2012 (BGBl. I 2418).
14 Mit der sog IAS-VO (EG) Nr. 1606/2002 betreffend die Anwendung internationaler Rechnungslegungsstandards (ABl. 2002 L 243, 1 ff.) wird deutschen Mutter-Unternehmen, die den geregelten Kapitalmarkt in Anspruch nehmen, als unmittelbar geltendes EU-Recht vorgeschrieben, ihren Konzern-Jahresabschluss für Geschäftsjahre, die am oder nach dem 1.1.2005 beginnen, nicht mehr nach deutschem Handelsrecht, sondern nach den „International Accounting Standards" (IAS) bzw. International Financial Reporting Standards" (IFRS) zu erstellen; zur Umsetzung vgl. VO (EG) Nr. 1725/2003, ABl. 2003 L 261; nicht rechtlich bindende, letzte konsolidierte Fassung der einzelnen Standards abrufbar unter ec.europa.eu/finance/accounting/ias/index_de.htm (zuletzt abgerufen 3.2.2019); hierzu *Ernst* BB 2003, 1487 ff.; *Theile* DB 2003, 1745; *Scholtissek* DStZ 2003, 869; *Grünberger/Grünberger* StuB 2003, 587; *Wieckers* StuB 2002, 1137; zur Umsetzung in nationales Recht vgl. Gesetz zur Einführung internationaler Rechnungslegungsstandards und zur Sicherung der Qualität der Abschlussprüfung (Bilanzrechtsreformgesetzes – BilReG) v. 4.12.2004, BGBl. I 3166; allg. *Dücker* StuB 2002, 70; *Hüttemann* BB 2004, 203.
15 International Accounting Standards (IAS) bzw. International Financial Reporting Standards (IFRS), vgl. VO (EG) Nr. 1606/2002 des Europäischen Parlaments und des Rates v. 19.7.2002, ABl. 2002 L 234, 1 ff. (IAS-VO), umgesetzt in nationales Recht durch § 315 a HGB idF Art. 57 EGHGB idF BilReG (Fn. 19); vgl. speziell zum zeitlichen Anwendungsbereich *Theile* DB 2003, 1745 VO (EG) Nr. 1606/2002 des Europäischen Parlaments und des Rates v. 19.7.2002, ABl. 2002 L 234, 1 ff. (IAS-VO), umgesetzt in nationales Recht durch § 315 a HGB idF Art. 57 EGHGB idF BilReG (Fn. 19); vgl. speziell zum zeitlichen Anwendungsbereich *Theile* DB 2003, 1745.
16 Zum Dualismus von „Gewinnanspruchs-GoB" und „Informations-GoB" vgl. *Moxter* 19 ff., 223 ff.; *Zeitler* DB 2003, 1529; *Küting/Zwirner* StuB 2002, 785; *Arbeitskreis Bilanzrecht der Hochschullehrer Rechtswissenschaft* BB 2002, 2372; *Schuldbach* StuB 2003, 1071; *Lehwald* Harzburger Steuerprotokoll 2002, 55; krit. *Streim/Esser* StuB 2003, 836; *Hoffmann/Lüdenbach* StuB 2002, 541.
17 Vgl. MüKoHGB/*Sorgenfrei* HGB § 331 Rn. 2; *Prinz* DStR 2003, 1359 ff.; krit. *Wolf* StuB 2003, 775 (779 f.).

(§§ 283 b, 283 Abs. 1 Nr. 7 a StGB) sind derzeit nicht absehbar;[18] bei der Rechtsanwendung ist insoweit aber der begrenzte Schutzzweck dieser Strafnormen in Rechnung zu stellen (vgl. Rn. 3).

2. Geschütztes Rechtsgut

Die Einhaltung der in § 283 b StGB strafbewehrten Pflicht zur Buchführung und Bilanzierung dient nach der Vorstellung des Gesetzgebers der Selbstinformation des Unternehmens und dem Gläubigerschutz.[19] Die bilanzielle Informationsfunktion gegenüber Dritten (zB Anlegern), die insbesondere bei nach IAS/IFRS erstellten Jahresabschlüssen im Vordergrund steht, wird derzeit dagegen ebenso wenig von § 283 b StGB geschützt wie die Funktionsfähigkeit des Kapitalmarktes.[20] § 283 b StGB ist kein Schutzgesetz iSd § 823 Abs. 2 BGB.[21] Der strafrechtlich durch § 283 b StGB geschützte Bereich umfasst daher nur einzelne der bereits jetzt divergierenden Bilanzziele der herkömmlichen HGB-Rechnungslegung,[22] die durch den Einfluss von IAS/IFRS noch weiter auseinanderfallen können.[23] De lege lata ist jedenfalls nach dem Wortlaut des § 283 b StGB („entgegen dem Handelsrecht") kein erweiterter Rechtsgüterschutz ersichtlich.

3. Dogmatischer Deliktscharakter

§ 283 b StGB ist ein **echtes Sonderdelikt**,[24] dh der Tatbestand kann nur von bestimmten Tätern verwirklicht werden, in deren Person Kaufmanns- (s. Rn. 8) und Schuldnereigenschaft (s. Rn. 11) als besondere persönliche Merkmale iSd § 28 Abs. 1 StGB[25] zusammentreffen.[26] Ferner ist die Vorschrift nach allgemei-

---

18 Zu den daraus folgenden Problemen im subjektiven Tatbestandsbereich vgl. *Wolf* StuB 2003, 775 ff.; *Sorgenfrei* PiR 2006, 38 (41 f.); allg. zur Bedeutung von unternehmerischen Prognosen im IAS-Jahresabschluss, *Kirsch* StuB 2003, 241.
19 BGH 14.12.1999 – 5 StR 520/99, NStZ 2000, 206; BT-Drs. 7/3441, 38; BGH bei *Holtz* MDR 1981, 454; NK-StGB/*Kindhäuser* StGB Vor § 283 ff. Rn. 27 f., § 283 b Rn. 1; LK/*Tiedemann* StGB § 283 b Rn. 1; *Wegner* HWSt, VII 1 Rn. 3; *Schüppen* S. 115 f.; *Weyand/Diversy* Rn. 83; die Existenz nur eines Gläubigers genügt, vgl. BGH 22.2.2001 – 4 StR 421/99, NStZ 2001, 485; näher *Moosmayer*, Einfluss der Insolvenzordnung 1999 auf das Insolvenzstrafrecht, S. 121 ff.
20 ZB werden Informationsdefizite in Zwischenberichten oder Konzernabschlüssen von § 283 b StGB nicht erfasst; gegen einen Schutz des Rechtsguts „Kreditwirtschaft" mit beachtlichen Gründen *Penzlin*, Strafrechtliche Auswirkungen der Insolvenzordnung, S. 32 ff.
21 BGH 13.4.1994 – II ZR 16/93, DB 1994, 1354 (1357). Speziell in Bezug auf § 283 b Abs. 1 Nr. 3 a StGB BGH 11.12.2018 – II ZR 455/17, BeckRS 2018, 38904.
22 Zu den diversen Zwecken handelsrechtlicher Rechnungslegung siehe Canaris/Habersack/Schäfer/*Pöschke* HGB § 238 Rn. 2 ff., § 242 Rn. 2; *Ballwieser* KoR 2002, 115.
23 Zu den Zielen der IAS/IFRS-Rechnungslegung vgl. *Prinz* DStR 2003, 1359 (1361).
24 MüKoStGB/*Petermann* StGB § 283 b Rn. 8; NK-StGB/*Kindhäuser* StGB Vor § 283 ff. Rn. 37; *Wegner* HWSt VII 1, Rn. 216; Canaris/Habersack/Schäfer/*Pöschke* HGB § 238 Rn. 65; Wabnitz/Janovsky/*Pelz* 9. Kap. Rn. 3; allgemein zum Begriff des Sonderdelikts siehe MüKoStGB/*Joecks* StGB § 25 Rn. 48.
25 Zur Schuldnereigenschaft im Kontext des § 283 StGB als besonderes persönliches Merkmal BGH 22.1.2013 – 1 StR 234/12, BGHSt 58, 115, NJW 2013, 949; dagegen *Brammsen/Caffinato* NZI 2013, 619 ff., die allerdings die für die Buchführungsdelikte erforderliche Kaufmannseigenschaft ebenfalls als besonderes persönliches Merkmal einordnen.
26 SK-StGB/*Hoyer* StGB § 283 b Rn. 2; *Fischer* StGB Vor § 283 Rn. 18 ff.; LK/*Tiedemann* StGB § 283 Rn. 5; MüKoStGB/*Petermann* StGB Vor §§ 283 ff. Rn. 41; Müller-Gugenberger/*Richter* § 85 Rn. 10 ff.

ner Ansicht (allerdings nur grundsätzlich) als **abstraktes Gefährdungsdelikt**[27] ausgestaltet, soweit nicht – wie bei Nr. 1, 2 und 3 a – die Erschwerung der Vermögensübersicht „erreicht" sein muss; insofern liegt ein Gefährdungsdelikt mit Erfolgselementen vor.[28] Mangelhafte Bilanzen gefährden bereits im Vorfeld einer Unternehmenskrise bzw. -insolvenz[29] die Übersicht des Kaufmanns über seine wirtschaftliche Lage ebenso wie die Befriedigungsinteressen der Gläubiger, ohne dass diese Gefährdung zum Tatbestandserfordernis erhoben ist und im Einzelfall nachgewiesen werden muss. § 283 b StGB ist eine (zT mehrfach) **gestufte Blankettnorm**,[30] soweit auf das Handelsrecht und damit auf Vorschriften des HGB als kodifizierte „**Grundsätze ordnungsmäßiger Buchführung**" (GoB) Bezug genommen wird.[31]

§ 283 b StGB setzt (unsystematisch) auf der Verletzung unterschiedlichster formeller oder materieller GoB an, die nur teilweise im HGB kodifiziert sind. Während § 283 b Abs. 1 Nr. 3 b StGB (verspätete Inventar- bzw. Bilanzaufstellung) an ein formelles handelsrechtliches Defizit anknüpft,[32] betreffen Nr. 1 Alt. 2 (Führen bzw. Verändern von Handelsbüchern) sowie Nr. 2 (Unterdrücken von Handelsbüchern oder sonstiger Unterlagen) durch ihre Koppelung an das zusätzliche Erfordernis einer Erschwerung der Vermögensübersicht einen gemischten formell-materiellen Tatbestand. Nr. 3 a betrifft rein materiell-handelsrechtliche Verstöße gegen Ansatz-, Gliederungs- oder Bewertungsvorschriften, wenn dadurch die Vermögensübersicht erschwert wird. Nr. 1 Alt. 1 (unterlassene Buchführung) schließlich knüpft zwar an den formellen handelsrechtlichen Verstoß an, dem jedoch die materielle Handelsrechtswidrigkeit wesensimmanent sein soll.[33]

---

27 BGH 13.2.2014 – 1 StR 336/13, wistra 2014, 354; OLG Hamburg 31.10.1986 – 2 Ss 98/86, NJW 1987, 1342 (1343); MüKoStGB/*Petermann* StGB § 283 b Rn. 6; *Fischer* StGB § 283 b Rn. 2; LK/*Tiedemann* StGB § 283 b Rn. 1, SK-StGB/*Hoyer* StGB § 283 b Rn. 1; Schönke/Schröder/*Heine/Schuster* StGB § 283 b Rn. 1; NK-StGB/*Kindhäuser* StGB Vor § 283 ff. Rn. 34; *Wegner* HWSt VII 1, Rn. 210; Wabnitz/Janovsky/*Pelz* 9. Kap. Rn. 17, 186; *Weyand/Diversy* Rn. 125; allg. zum Begriff des abstrakten Gefährdungsdelikts siehe *Fischer* StGB Vor § 13 Rn. 19; *Zieschang*, Die Gefährdungsdelikte, S. 22 ff.
28 Zutr. *Schäfer* wistra 1990, 81 (87); *Bittmann* § 13 Rn. 3; ausf. und diff. Graf/Jäger/Wittig/*Reinhart* StGB § 283 Rn. 2.
29 NK-StGB/*Kindhäuser* StGB Vor § 283 ff. Rn. 35: Vorbereitungshandlungen.
30 Ausf. zu GoB als strafrechtliche Bezugsnormen („unbestimmte Rechtsgbegriffe") vgl. *Schüppen* S. 130 f., 158 ff.; *Regner* S. 64 ff. (73 ff.); allgemein zum Begriff der Blankettnorm siehe *Fischer* StGB § 1 Rn. 9 ff.
31 Allg. zu GoB siehe Canaris/Habersack/Schäfer/*Pöschke* HGB § 238 Rn. 35 ff.; MüKo-HGB/*Ballwieser* HGB § 238 Rn. 19 ff.; Baumbach/Hopt/*Merkt* HGB § 238 Rn. 12; zu GoB bei Einsatz von Electronic Commerce vgl. IDW, IDW-RS FAIT 2, Wpg 2003, 1258 ff.; zu GoB bei Einsatz von Informationstechnologie vgl. IDW, IDW-RS FAIT 1, Wpg 2002, 1157, bei elektronischem Archivierungsverfahren IDW-RS FAIT 3, Wpg 2006, 1465.
32 In steuerlicher Hinsicht ist umstritten, ob eine verspätete Bilanzaufstellung per se die Ordnungsmäßigkeit der Buchführung verhindert, vgl. BFH 12.12.1972 – VIII R 112/69, BStBl. II 1973, 555 f.; BFH 23.11.1978 – V B 21/77, HFR 1978, 366; dagegen *Reichel* BB 1981, 708 ff.; *Hartz* StbKongrRep 1974, 402 ff.; *Gronenborn* StBJb 1970/71, 425 ff.
33 Dagegen zutreffend Küting/Weber/*Baetge/Fey/Fey/Klönne* Bd. 1, HGB § 243 Rn. 100.

4. Praktische Bedeutung der Vorschrift

6 Nach Perioden sich verschlechternder wirtschaftlicher Rahmenbedingungen steigt die Zahl der Unternehmensinsolvenzen regelmäßig an.[34] Da ca. 50–80% aller Insolvenzdelikte mit möglichen Bilanzmanipulationen verbunden sind,[35] folgen diesen Zyklen entsprechende strafrechtliche Untersuchungen und Entscheidungen.[36] Eine Aufgriffswirkung[37] für das Strafrecht folgt aus den insolvenzrechtlichen Anknüpfungsmerkmalen der Eröffnung des Insolvenzverfahrens oder der Ablehnung des Insolvenzantrags, da das Zivilgericht insoweit eine Pflicht zur Unterrichtung der Staatsanwaltschaft trifft.[38] Die Aufklärungsquote der erfassten Fälle ist seit Jahren sehr hoch.[39]

5. Typische Anwendungsfälle

7 Je nach Täter-Motiv[40] tritt die Erhöhung der Aktivseite (Überbewertung von Anlage-, Umlaufvermögen etc) bzw. Verringerung der Passivseite der Bilanz (zB für Kreditverhandlungen), umgekehrt die Verringerung der Aktiv- bzw. Erhöhung der Passivseite (zB Täuschung des Finanzamts über Ertragssituation),[41] das Verbuchen fiktiver Geschäftsvorfälle (zB zur Vorsteuer-Erschleichung) oder das Nicht-Verbuchen tatsächlicher Geschäftsvorfälle (Schwarzeinnahmen) in zahlreichen Erscheinungsformen auf. **Beispiele:** Buchungen ohne bzw. ohne hinreichende[42] (zB den Mindestangaben einer Rechnung iSd § 14 UStG für Vorsteuerzwecke entsprechenden) Belege, Verbuchen von nicht existenten („Luftbuchungen") oder von nichtbuchungsfähigen Geschäftsvorfällen (zB Aktivierung selbst erstellter immaterieller Vermögensgegenstände entgegen dem Ansatzverbot des § 248 Abs. 2 HGB), handelsrechtswidrig zu hohe oder zu niedrige Bewertung von Vermögensgegenständen (zB Vornahme

---

34 24.085 Unternehmensinsolvenzen im Jahr 2014 (Höchststand mit 39.329 im Jahr 2003), vgl. Mitteilung des Statischen Bundesamtes, www.destatis.de (zuletzt abgerufen: 3.2.2019); tabellarische Übersicht seit 1999 bei *Weyand/Diversy* Rn. 1; vgl. auch *Pelz* Rn. 4 ff.
35 Vgl. Nachweise bei NK-StGB/*Kindhäuser* StGB Vor § 283 ff. Rn. 4; ähnlich Wannemacher/*Hartung* Rn. 5135, wonach sich die staatsanwaltlichen Ermittlungen in ca. der Hälfte aller Insolvenzen auf den Vorwurf der unterlassenen bzw. unordentlichen Bilanzierung erstrecken sollen.
36 Vgl. *Bundeskriminalamt* (Hrsg.), Polizeiliche Kriminalstatistik 2017 – Wirtschaftskriminalität/Insolvenzstraftaten: 11.283 erfasste Fälle an Insolvenzstraftaten (§§ 283, 283 a 283 a–d StGB) für 2016, 10.640 erfasste Fälle für 2017; vgl. auch Müller-Gugenberger/*Richter* § 76 Rn. 1, 11 f.; *Ogiermann/Weber* wistra 2011, 206 (207).
37 Str., ob faktischer oder rechtlicher Natur, s. *Fischer* StGB Vor § 283 Rn. 6; zur schwindenden praktischen Bedeutung des Gläubigerschutzes durch das Insolvenzstrafrecht vgl. NK-StGB/*Kindhäuser* StGB Vor § 283 ff. Rn. 2.
38 Nr. XII a der Anordnung über die Mitteilung in Zivilsachen („MiZi"), auszugsweise abgedruckt bei *Weyand/Diversy*; näher hierzu *Baumgarten* wistra 1991, 171; vgl. ferner *Ogiermann/Weber* wistra 2011, 206 (212); *Weyand/Diversy* Rn. 167.
39 *Bundeskriminalamt*, Bundeslagebild Wirtschaftskriminalität 2014 abrufbar unter www.bka.de sowie Polizeiliche Kriminalstatistik 2014 (jeweils zuletzt abgerufen: 24.2.2016).
40 *Louis*, Bilanzbuchhalter und Controller (BC) 2002, 18; Wannemacher/*Hartung* Rn. 5121.
41 *Lohmeyer* Wpg. 1990, 314 (317).
42 BGH bei *Herlan* GA 1961, 353 (358).

von Abschreibungen außerhalb der gesetzlich zulässigen Grenzen),[43] Erstellen bzw. Erstellenlassen überhöhter oder fiktiver Rechnungsbelege, denen keine oder keine entsprechende Gegenleistung zugrunde liegt und anschließende Verbuchung dieser Belege,[44] keine Belegerstellung bzw. Verbuchung trotz tatsächlichen Geschäftsvorfalls[45] (zB Nichtverbuchen von Einnahmen,[46] von Barzahlungen,[47] von Wareneingängen und von Privatentnahmen),[48] das Nichtvermerken der Verpfändung von Waren[49] oder eines Rangrücktritts,[50] das Verfälschen echter Belege und die anschließende Verbuchung mit überhöhten oder verminderten Ausgabe- oder Einnahmebeträgen sowie das mehrmalige Buchen echter Belege,[51] die nicht zeitgerechte Verbuchung von Geschäftsvorfällen,[52] (zB Zuordnung von Umsätzen zu einem anderen Umsatzsteuer-Voranmeldungszeitraum oder Geschäftsjahr), das verspätete Verbuchen von Verbindlichkeiten erst im Zeitpunkt des Zahlungseingangs,[53] Einfügen absichtlicher Additions-, Übertrags-, Übertragungs- und sonstiger Rechenfehler sowie nachträgliches Ändern von Zahlen ordnungsgemäß gebuchter Belege, ganzer Konten oder Teile der Buchführung,[54] Verbuchen von Geschäftsvorfällen „unter falschem Etikett", zB das Verbuchen von Privatentnahmen als Ausgaben der Gesellschaft, zB als Lohnzahlungen,[55] das Verbuchen von entnommenem Bargeld als Darlehen an Strohmänner, das später als uneinbringlich abgeschrieben wird,[56] falsche Angaben über die Person des Gläubigers durch Verfälschen von Belegen und Buchungen,[57] unordentliche Buchführung, zB durch Vermischen der Buchhaltung zweier Gesellschaften,[58] buchtechnisches Verschleiern der Nichteinzahlung des Gesellschaftskapitals,[59] Ausnutzen einer irrtümlich erfolgten Falschbuchung statt diese zu berichtigen,[60] das Verheimlichen oder Ver-

---

43 RGSt 39, 222 (223), etwa die Nichtvornahme von Abschreibungen oder Wertberichtigungen trotz Erkenntnis der (teilweisen) Wertlosigkeit eines Vermögensgegenstands, zB ein Jahr nach Fälligkeit, vgl. *Reck* GmbHR 2001, 424 (426); ferner RGSt 13, 354 (355); Überbewertung des Warenlagers oder halbfertiger Bauten, vgl. Müller-Gugenberger/*Richter* § 85 Rn. 43.
44 Vgl. BGH 29.5.1987 – 3 StR 212/86, BGHSt 34, 379 (383); BGH 24.8.1988 – 3 StR 232/88, BGHSt 35, 333 (334), zB Rechnungsausstellung, die jedoch nur der Geschäftspartner verbucht (sog O-B-Geschäft); vgl. *Louis*, Die Falschbuchung im Strafrecht, S. 49 mwN.
45 Vornahme von Geschäften ohne Rechnungstellung (sog O-R-Geschäfte).
46 Ebenso das Nichtverbuchen von Zahlungseingängen bei bereits abgeschriebenen Forderungen, vgl. *Louis*, Die Falschbuchung im Strafrecht, S. 49 mwN.
47 RG 8.1.1897 – IV StR 4725/996, RGSt 29, 304 (307).
48 BGH GmbHR 1954, 75.
49 RG 3.4.1907 – V StR 1116/06, RGSt 40, 105 (106).
50 *Hartung* NJW 1995, 1189.
51 *Louis*, Die Falschbuchung im Strafrecht, S. 48 mwN.
52 Müller-Gugenberger/*Wagenpfeil* § 40 Rn. 2.
53 Vgl. *Reck* GmbHR 2001, 427.
54 *Louis*, Die Falschbuchung im Strafrecht, S. 48 mwN.
55 BGH 29.5.1987 – 3 StR 212/86, BGHSt 34, 379 (383); ebenso der Ausweis von Forderungen unter dem Posten „Kasse" oder von Rückstellungen unter „Verbindlichkeiten"; vgl. *Reck* GmbHR 2001, 426.
56 *Louis*, Die Falschbuchung im Strafrecht, S. 49 mwN.
57 BGH bei *Herlan* GA 1961, 353 (358).
58 Müller-Gugenberger/*Wagenpfeil* § 40 Rn. 2 ff.
59 BGH bei *Herlan* GA 1959, 336 (337); BGH bei *Herlan* GA 1955, 362 (363).
60 BGH bei *Herlan* GA 1955, 362 (363); BGH 29.5.1987 – 3 StR 242/86, BGHSt 34, 379 (383).

nichten von Buchhaltungsunterlagen (Handelsbücher, Korrespondenz, „Handelsbriefe") oder von Buchungsbelegen.[61]

II. Die Voraussetzungen des Tatbestandes
1. Objektiver Tatbestand
a) Tauglicher Täterkreis
aa) Kaufmann

8 Im Gegensatz zu § 283 Abs. 1 Nr. 6 StGB muss der Täter für § 283 b StGB Kaufmann[62] sein. Dies ergibt sich aus der Anknüpfung der Tathandlungen in Abs. 1 Nr. 1–3 an die „gesetzliche", dh handelsrechtliche Verpflichtung zur Führung bzw. Aufbewahrung von Handelsbüchern oder sonstiger Unterlagen sowie zur Bilanz- bzw. Inventaraufstellung (§ 238 iVm § 1 HGB). Taugliche Täter („Wer") sind danach grundsätzlich Einzelkaufleute und Kleingewerbetreibende, sofern sie im Handelsregister eingetragen sind (§ 2 S. 1 HGB), aber – als Folge der Einführung der Schwellenwerte für handelsrechtliche Buchführungspflichten (§§ 241 a, 242 Abs. 4 HGB idF BilMoG) – nur, sofern an zwei aufeinanderfolgenden Abschluss-Stichtagen jeweils mehr als 500.000 EUR Umsatzerlöse und 50.000 EUR Jahresüberschuss erwirtschaftet werden.[63] Ferner sind dies bei einer OHG und einer GmbH-Vorgesellschaft[64] die einzelnen (jedenfalls die vertretungsberechtigten) Gesellschafter, bei der KG und KGaA (nur) die persönlich haftenden Gesellschafter (Komplementäre), bei einer GmbH & Co. KG der die KG-Geschäfte führende Geschäftsführer der Komplementär-GmbH,[65] nicht dagegen Kommanditisten und Prokuristen.[66] Darüber hinaus der Vertreter oder die Mitglieder des Vertretungsorgans einer juristischen Person (§ 14 Abs. 1 Nr. 1 StGB), dh die Geschäftsführer einer GmbH (auch bei Einmann-GmbH) bzw. der Vorstand einer AG.[67] Bei der AG hat der

---

61 BGH 25.3.1954 – 3 StR 232/53, NJW 1954, 1010; zur erheblichen praktischen Bedeutung als Verdeckungshandlung vgl. *Weyand/Diversy* Rn. 95.
62 § 238 Abs. 1 HGB; vgl. im Einzelnen die handelsrechtliche Kommentierung etwa MüKoHGB/*Ballwieser* HGB § 238 Rn. 2 ff.; MüKoStGB /*Petermann* StGB § 283 b Rn. 7; *Fischer* StGB Vor § 283 Rn. 19; NK-StGB/*Kindhäuser* StGB § 283 b Rn. 2; LK/*Tiedemann* StGB § 283 Rn. 96 ff. mwN; *Biletzki* NStZ 1999, 537; dagegen *Moosmayer* NStZ 2000, 295; für eine Ausweitung auf Freiberufler unter rechtspolitischen Aspekten Graf/Jäger/Wittig/*Reinhart* StGB § 283 b Rn. 3.
63 *Pelz* Rn. 361; Müller-Gugenberger/*Richter* § 85 Rn. 10 ff.; *Weyand/Diversy* Rn. 22, 96; Graf/Jäger/Wittig/*Reinhart* StGB § 283 b Rn. 43; krit. zur Entpönalisierungswirkung sowie zur zeitlichen Anwendbarkeit *Ebner* wistra 2010, 92 (97 f.); zur Rechtslage vor Einführung der Schwellenwerte vgl. die 2. Aufl. sowie Wabnitz/Jankovsky/*Köhler* 7. Kap. Rn. 129; Canaris/Habersack/Schäfer/*Pöschke* HGB § 238 Rn. 7 f.
64 BGH 17.6.1952 – 1 StR 668/51, BGHSt 3, 25; *Bittmann/Pikarski* wistra 1995, 91; aA *Deutscher/Körner* wistra 1996, 11.
65 BGH 17.12.1963 – 1 StR 391/63, BGHSt 19, 174 (176); selbst wenn vertragsmäßig die Buchführung nur einzelnen von ihnen übertragen ist, RG 6.2.1912 – II 1053/11, RGSt 45, 387; Müller-Gugenberger/*Richter* § 81 Rn. 33; Wabnitz/Janovsky/*Pelz* 9. Kap. Rn. 87, 101; LK/*Tiedemann* StGB Vor § 283 Rn. 65.
66 LK/*Tiedemann* StGB Vor § 283 Rn. 62; *Winkelbauer* wistra 1986, 20; *Deutscher/Körner* wistra 1996, 11.
67 Vgl. nur *Wegner* HWSt VII 1 Rn. 9; NK-StGB/*Kindhäuser* StGB Vor § 283 ff. Rn. 45; bei der Europäischen AG (Societas Europaea, SE) abhängig von der Wahl zwischen dualistischem Führungssystem (Vorstand und Aufsichtsrat) – dann wie bei AG – und angelsächsischem Einheitssystem (Verwaltungsrat, Board of Directors) – dann nur die geschäftsführenden Direktoren (executive directors); vgl. VO (EG) Nr. 2157/2001 über das Statut der Europäischen Gesellschaft, ABl. (EG) Nr. L 294/2001, 1 ff.

Kap. 10.2. § 283 b StGB Verletzung der Buchführungspflicht

Vorstand (§ 91 Abs. 1 AktG, dh alle Vorstandsmitglieder, auch die stellvertretenden, § 94 AktG) für die Führung der erforderlichen Handelsbücher zu sorgen (§§ 150, 152 AktG), entsprechend die Geschäftsführer bei der GmbH (§§ 41, 44 GmbHG). Bei interner Geschäftsverteilung bleiben in der Regel sämtliche Organmitglieder verantwortlich, ggf. über ihre Auswahl-, Überwachungs- und Informationsverantwortung für den Ressortzuständigen.[68] Fehlende fachliche Fähigkeiten entschuldigen ebenso wenig wie Krankheit, sobald geeignete Kräfte beauftragt werden können.[69] Der Director einer englischen Company limited by shares (Limited, Ltd.) ist ebenfalls tauglicher Täter, sofern die Limited die Kaufmannseigenschaft erfüllt[70] und buchführungspflichtig ist, s. Rn. 16.

Nach hM ist der bloß **faktische Geschäftsführer** ebenfalls – und uU zusätzlich zum formal bestellten[71] – tauglicher Täter,[72] allerdings begrenzt auf die Fälle, in denen zumindest ein unwirksamer Bestellungsakt vorliegt, der auch in einem ausdrücklich oder konkludent erklärten Einverständnis aller[73] Gesellschafter liegen kann (§ 14 Abs. 3 StGB).[74] Gegen das strafrechtliche Analogieverbot soll dadurch nicht verstoßen werden.[75] Inhaltlich wird vorausgesetzt,

9

---

68 BGH 19.12.1997 – 2 StR 420/97, NStZ 1998, 247 (248); BGH 24.6.1952 – 1 StR 153/52, BGHSt 3, 37; Gräf/Jäger/Wittig/*Reinhart* StGB § 283 Rn. 44, *Reck* GmbHR 2001, 425; LK/*Tiedemann* StGB § 283 Rn. 101 a; Wabnitz/Janovsky/*Pelz* 9. Kap. Rn. 95; *Weyand* PStR 2004, 235 (237).
69 *Fischer* StGB § 283 Rn. 20.
70 Daran fehlt es bei bloßer Komplementär- oder Vermögensverwaltungsfunktion, zutr. *Wilk/Stewen* wistra 2011, 161 (167).
71 Zutr.: NK-StGB/*Kindhäuser* StGB § 283 Rn. 57.
72 BGH 15.11.2012 – 3 StR 199/12, NJW 2013, 1892 mAnm *Schubert* wistra 2013, 429; *Brammsen/Ceffinato* EWiR 2013, 295; BGH 24.3.2009 – 5 StR 353/08, ZIP 2010, 471; BGH 22.9.1982 – 3 StR 287/82, BGHSt 31, 118 (122); BGH 19.4.1984 – 1 StR 736/83, wistra 1984, 178; BGH 3.7.1989 – StbSt (R) 14/89, wistra 1990, 60 (abl. *Joerden* wistra 1990, 1); BGH 10.5.2000 – 3 StR 101/00 BGHSt 46, 62 m. krit. Anm. *Joerden* JZ 2001, 310; LG Augsburg 15.1.2014 – 2 Qs 1002/14, ZInsO 2014, 2579; *Fischer* StGB § 283 Rn. 20 mwN, StGB Vor § 283 Rn. 23; *Dierlamm* NStZ 1996, 153; Wabnitz/Janovsky/*Pelz* 9. Kap. Rn. 9, 88; *Strohn* DB 2011, 158 (164, 166); *Weyand/Diversy* Rn. 27 ff.; ebenso für den sog shadow director einer Limited, vgl. *Richter* in FS Tiedemann S. 1023 (1031); *Wilk/Stewen* wistra 2011, 161 (165); wohl auch *Ogiermann/Weber* wistra 2011, 206 (208); aA *Heil*, Insolvenzantragspflicht, S. 128 f.; zum Unterschied zwischen de facto director und shadow director vgl. *Weiß*, Strafbare Insolvenzverschleppung, S. 161 ff.
73 OLG Karlsruhe 7.3.2006 – 3 Ss 190/05, wistra 2006, 352 lässt dagegen die Billigung durch die Mehrheit der Gesellschafter genügen; ebenso *Fischer* StGB Vor § 283 Rn. 23; *Bruns* GA 1982, 19; krit. *Arens* wistra 2007, 35 ff.
74 BGH 24.6.1952 – 1 StR 153/52, BGHSt 3, 32 (37 f.); BGH 28.6.1966 – 1 StR 414/65, BGHSt 21, 103; BGH 22.9.1982 – 3 StR 287/82, BGHSt 31, 122 f. mAnm *Bruns* JR 1984, 133; BGH 20.9.1999 – 5 StR 729/98, NStZ 2000, 34; KG 13.3.2002 – (5) 1 Ss 243/01 (6/02), wistra 2002, 313 (314); dagegen zutr. *Maurer* wistra 2003, 174 (175 f.); *Rönnau* NStZ 2003, 525 (527); NK-StGB/*Kindhäuser* StGB § 283 Rn. 57; MüKoStGB/*Petermann* StGB Vor §§ 283 ff. Rn. 52 ff., § 283 Rn. 44; MüKoStGB/*Radtke* StGB § 14 Rn. 45 ff., 115 ff.; LK/*Tiedemann* StGB StGB Vor § 283 Rn. 70; *Fischer* StGB Vor § 283 Rn. 23; *Schäfer* wistra 1990, 81; *Dierlamm* NStZ 1996, 153; *Biletzki* NStZ 1999, 538; krit. *Wegner* HWSt VII 1 Rn. 12, andererseits zust. für den sog Strohmann, Rn. 13; allerdings ist die Bestellung zum Geschäftsführer nicht allein deshalb unwirksam, weil sie zum Zwecke einer Firmenbestattung erfolgt, OLG Karlsruhe 19.4.2013 – 2 (7) Ss 89/12 – AK 63/12, NStZ-RR 2013, 247.
75 BGH 10.5.2000 – 3 StR 101/00, BGHSt 46, 62 (65); *Himmelskamp/Schmittmann* StuB 2006, 326.

dass von der betreffenden Person sowohl betriebsintern als auch nach außen weitgehend die Dispositionen ausgehen und sie im Übrigen auf sämtliche Geschäftsvorgänge bestimmenden Einfluss nimmt. Während zivilrechtlich nicht erforderlich ist, dass der Handelnde die gesetzliche Geschäftsführung völlig verdrängt,[76] wird für einen faktischen Geschäftsführer im strafrechtlichen Sinn damit verlangt, dass er gegenüber dem formellen Geschäftsführer die überragende Stellung in der Gesellschaft einnimmt oder zumindest das deutliche Übergewicht hat.[77]

Dieser Umstand soll den **förmlich bestellten Geschäftsführer** nach jüngerer höchstrichterlicher Rechtsprechung jedoch keineswegs aus seiner strafrechtlichen Verantwortung entlassen. Entgegen der Auffassung des OLG Hamm[78] und des KG[79] sowie zahlreicher Stimmen in der Literatur[80] spiele die Tatsache, „dass ihm – als sog ‚Strohmann‘ – rechtsgeschäftlich im Innenverhältnis keine bedeutsamen Kompetenzen übertragen wurden, um auf die rechtliche und wirtschaftliche Entwicklung der Gesellschaft Einfluss zu nehmen" nach der Entscheidung des 3. Strafsenats des BGH vom 13.10.2016 (3 StR 352/16) zu § 266 a StGB keine Rolle. „Denn der Geschäftsführer, der formal wirksam bestellt ist, hat von Gesetzes wegen stets alle rechtlichen und damit auch tatsächlichen Handlungsmöglichkeiten." Erforderlichenfalls „kann und muss der Geschäftsführer gerichtliche Hilfe in Anspruch nehmen, um seinen Einfluss geltend zu machen, andernfalls er gehalten ist, sein Amt niederzulegen".[81]

10 Einbezogen sind ferner auch die Mitglieder des Aufsichtsrats[82] sowie Personen, denen in einem Unternehmen die Leitungsverantwortung innerhalb eines bestimmten Bereichs obliegt (§ 14 Abs. 2 S. 1 Nr. 1 StGB, zB kaufmännischer Leiter,[83] Leiter Bilanz- und Rechnungswesen),[84] der Buchhalter eines Betriebes (§ 14 Abs. 2 S. 1 Nr. 2 StGB),[85] der mit der Buchführung und/oder Bilanzierung beauftragte Steuerberater (ggf. als faktischer Geschäftsführer),[86] ein In-

---

76 BGH 11.7.2005 – II ZR 235/03, ZInsO 2005, 878 = BGH StuB 2005, 862 mAnm *Naumann* ZInsO 2006, 75 f.
77 BGH 10.5.2000 – 3 StR 101/00, BGHSt 46, 62 (65); *Löffeler* wistra 1989, 122 ff.
78 OLG Hamm 10.2.2000 – 1 Ss 1337/99, NStZ-RR 2001, 173 (174), zu § 266 a StGB
79 KG 13.3.2002 – (5) 1 Ss 243/02 (6/02), wistra 2002, 313 (314 f.).
80 *Krumm* NZWiSt 2015, 102 (103); *Fischer* StGB § 266 a Rn. 5; LK/*Schünemann* StGB § 14 Rn. 75; NK-StGB/*Tag* StGB § 266 a Rn. 30.
81 BGH 13.10.2016 – 3 StR 352/16, NStZ 2017, 149. Zustimmend Schönke/Schröder/ *Perron/Eisele* StGB § 14 Rn. 16/17; *Weiler* NJOZ 2017, 1066 (1066 f.).
82 *Krause* NStZ 2011, 57 (63).
83 OLG Karlsruhe 7.3.2006 – 3 Ss 190/05, wistra 2006, 352.
84 NK-StGB/*Kindhäuser* StGB Vor § 283 ff. Rn. 48.
85 *Fischer* StGB § 283 Rn. 20, Vor § 283 Rn. 25; *Wegner* HWSt VII 1 Rn. 11.
86 RGSt 45, 387; LG Lübeck 30.9.2011 – 1 Ns 28/11, wistra 2012, 281 (psychische Beihilfe durch unzulässige Buchung eines Steuerberaters); NK-StGB/*Kindhäuser* StGB § 283 b Rn. 2; MüKoStGB/ *Petermann* StGB § 283 b Rn. 8, § 283 Rn. 44 ff.; *Fischer* StGB Vor § 283 Rn. 25; Müller-Gugenberger/*Richter* § 85 Rn. 20 f.; *Weyand* StuB 1999, 178 f.; *ders.* ZInsO 2000, 413; *ders.* PStR 2004, 235 (238); *ders./Diversy* Rn. 207 f.; *Reck* GmbHR 2001, 425; *Gehrmann* PStR 2009, 212, zu Steuerberater-Risiken bei Firmenbestattungen; wenn der Auftrag die Erstellung einer sog Einheitsbilanz umfasst, dh einer den steuerlichen Anforderungen entsprechenden Handelsbilanz (s. Rn. 35), ist die Übernahme handelsrechtlicher Buchführungspflichten durch den Steuerberater uU Gegenstand eines Tatbestands- bzw. Verbotsirrtums (s. Rn. 59); krit. Müller-Gugenberger/*Richter* § 85 Rn. 33.

solvenzverwalter[87] sowie ein zur Unternehmensführung bevollmächtigter Testamentsvollstrecker, nicht dagegen ein Rechtsanwalt, der lediglich die Weisungen des Alleingesellschafters umsetzt.[88]

bb) Schuldner

Aus der objektiven Strafbarkeitsbedingung (Zahlungseinstellung, Eröffnung des Insolvenzverfahrens bzw. Abweisung mangels Masse, § 283 b Abs. 3 iVm § 283 Abs. 6 StGB) folgt, dass als Täter im Zeitpunkt der Tathandlung (nicht im Zeitpunkt des Eintritts der objektiven Strafbarkeitsbedingung)[89] nur **Schuldner** in Betracht kommen, dh Personen, die einem anderen – gleich aus welchem Rechtsgrund – zu einer vermögenswerten Leistung oder zu Duldung einer Zwangsvollstreckung verpflichtet sind.[90] Nach einhelliger Meinung muss das Wort „Täter" in § 283 Abs. 6 StGB dabei iSd „Schuldner" interpretiert werden.[91] 11

b) Die einzelnen Tatbestandsalternativen

aa) § 283 b Abs. 1 Nr. 1 StGB, unterlassene oder mangelhafte Führung sowie Veränderung von Handelsbüchern

Die Blankettnorm des § 283 b Abs. 1 Nr. 1 StGB setzt auf der **handelsrechtlichen Verpflichtung** auf, Buchführungsaufzeichnungen vollständig, richtig, zeitgerecht und geordnet vorzunehmen (§ 239 Abs. 2 HGB). Freiwillig geführte Bücher fallen nicht hierunter.[92] Da eine ordnungsgemäße Buchführung Grundvoraussetzung einer ebensolchen Wirtschaftsführung ist, haben substanzielle Mängel oder ein völliges Fehlen erhebliche Bedeutung für die Selbstinformation des Kaufmanns über sein Unternehmen ebenso wie für die Gläubiger.[93] 12

(1) Handelsbücher

Handelsbücher sind sämtliche urkundlichen oder nicht urkundlichen Informationsträger, die dazu geeignet und bestimmt sind, die Handelsgeschäfte eines Kaufmanns und die Lage seines Vermögens ersichtlich zu machen.[94] Eine nähere Konkretisierung nimmt das Handelsrecht nicht vor.[95] Es genügt die Einhaltung von Mindestvoraussetzungen notwendiger Buchführung, soweit inner- 13

---

87 Müller-Gugenberger/*Richter* § 85 Rn. 14; *Wessing* NZI, 2003, 1 (2 ff.); *Richter* NZI 2002, 121 (123 f.); *Weyand* ZInsO 2000, 413 (416 f.); Canaris/Habersack/Schäfer/*Pöschke* HGB § 238 Rn. 30; *Pelz* Rn. 163.
88 BGH 20.9.1999 – 5 StR 729/98, NStZ 2000, 34 (35); *Fischer* StGB Vor § 283 Rn. 24.
89 NK-StGB/*Kindhäuser* StGB Vor § 283 ff. Rn. 40.
90 LK/*Tiedemann* StGB Vor § 283 Rn. 60, mwN; RGSt 68, 108.
91 Vgl. nur NK-StGB/*Kindhäuser* StGB Vor § 283 ff. Rn. 43; LK/*Tiedemann* StGB Vor § 283 Rn. 63 ff.; *Wegner* HWSt VII 1 Rn. 6.
92 MüKoStGB/*Petermann* StGB § 283 b Rn. 11.
93 Schönke/Schröder/*Heine/Schuster* StGB § 283 Rn. 28.
94 Canaris/Habersack/Schäfer/*Pöschke* HGB § 238 Rn. 32; Schönke/Schröder/*Heine/Schuster* StGB § 283 Rn. 31; Graf/Jäger/Wittig/*Reinhart* StGB § 283 Rn. 45.
95 Küting/Pfitzer/Weber/*Pfitzer/Oser* Bd. 1, HGB § 238 Rn. 13; NK-StGB/*Kindhäuser* StGB § 283 Rn. 55; Böcking/Castan/*Müller* D 20 Rn. 18: zB Journale bzw. Konten in gebundenen Büchern, losen Blättern oder auf Datenträgern, ggf. sogar eine geordnete Ablage von Belegen.

halb dieses weiten Spielraums die GoB eingehalten sind,[96] gleichgültig, ob dies in Form der geordneten Ablage von Belegen oder „papierlos" elektronisch (verkörpert in einem Datenträger oder Ausdruck, vgl. § 239 Abs. 4 HGB) erfolgt.[97] Unabdingbares Handelsbuch ist jedenfalls ein sog Grundbuch, welches die Geschäftsvorfälle in chronologischer Reihenfolge aufzeigt sowie als sog Nebenbuch ein Kassenbuch.[98] Weitere praktische wichtige Nebenbücher sind die Kontokorrentbuchhaltung als Einzeldarstellung der Forderungen bzw. Verbindlichkeiten, die Lohn- und Gehalts-, Anlagen- und Lagerbuchhaltung sowie die Betriebsbuchhaltung (die eine ordnungsgemäße Bewertung unfertiger bzw. fertiger Erzeugnisse sowie aktivierungspflichtiger Eigenleistungen gewährleistet).[99] Inventar und Bilanz als spezielle Handelsbücher werden von Nr. 3 speziell erfasst und scheiden für Nr. 1 aus.[100] **Keine Handelsbücher** sind sonstige Belege, Unterlagen und Aufzeichnungen (Buchungsbelege, Nebenbücher),[101] das Aktienbuch (§ 67 AktG), das Tagebuch des Handels- und Kursmaklers (§ 100 HGB) sowie das Baubuch des Bauunternehmers (§ 2 GSB).[102] Der bei Kapitalgesellschaften erforderliche Anhang zum Jahresabschluss bildet zusammen mit der Bilanz und der Gewinn- und Verlustrechnung ein Handelsbuch (§ 264 Abs. 1 S. 1 HGB).

14 Der **Lagebericht** einer Kapitalgesellschaft (§ 264 Abs. 1 HGB iVm § 289 Abs. 1 S. 1 HGB) ist Rechnungslegungs- und Informationsinstrument,[103] aber **kein „Handelsbuch"** iSd § 283 b Abs. 1 StGB.[104] In ihm sind zwar der Geschäftsverlauf und die Lage der Kapitalgesellschaft entsprechend den tatsächlichen Verhältnissen darzustellen (§ 289 Abs. 2 HGB). Er dient jedoch weniger der Selbstinformation des Unternehmens bzw. seiner Gläubiger, sondern ist vorrangig kapitalmarktorientiert,[105] weshalb insoweit nicht uneingeschränkt die gleichen Grundsätze gelten, wie sie sich aus den GoB für die bilanzielle Rech-

---

96 § 238 Abs. 1 S. 1 HGB; BGH 3.7.1953 – 2 StR 452/52, BGHSt 4, 270 (275); BGH 4.5.1960 – 2 StR 367/59, BGHSt 14, 262; auch § 238 Abs. 4 S. 2 HGB fordert lediglich die Verfügbarkeit der Daten und die Möglichkeit, sie jederzeit binnen angemessener Frist lesbar zu machen, sei es in Form gebundener Bücher, Offener-Posten-Buchhaltung oder EDV-Buchführung; MüKoHGB/*Ballwieser* HGB § 238 Rn. 27 ff.; *Wegner* HWSt VII 1 Rn. 148.
97 BGH 8.4.1998 – 3 StR 643/97, NStZ 1998, 247; entscheidend ist – abw. vom Wortlaut Handels„buch" – nicht die äußere Form, sondern die Funktion der Eintragungen als dauerhaft verkörperte Erklärung über Aufzeichnungen; zutr. Küting/Pfitzer/Weber/*Pfitzer/Oser* HGB § 238 Rn. 13; Schönke/Schröder/*Heine/Schuster* StGB § 283 Rn. 31; *Pelz* Rn. 364; Müller-Gugenberger/*Richter* § 85 Rn. 37; zu Grundsätzen ordnungsmäßiger EDV-gestützter Buchführungssysteme (GoBS) für steuerliche Zwecke vgl. BStBl. 1995 I 738 ff.; vgl. auch OLG Koblenz 8.9.2005 – 2 Ws 514/05, wistra 2006, 73; *Fischer* StGB § 283 Rn. 21; NK-StGB/*Kindhäuser* StGB § 283 Rn. 55.
98 Weyand/Diversy Rn. 89.
99 Zutreffend Beck'scher Bilanzkommentar/*Winkeljohann/Henckel* HGB § 238 Rn. 113.
100 MüKoStGB/*Petermann* StGB § 283 Rn. 46; NK-StGB/*Kindhäuser* StGB § 283 Rn. 55.
101 LK/*Tiedemann* StGB § 283 Rn. 94.
102 Canaris/Habersack/Schäfer/*Pöschke* HGB § 238 Rn. 33; *Fischer* StGB § 283 Rn. 19; Müller-Gugenberger/*Richter* § 85 Rn. 18.
103 Canaris/Habersack/Schäfer/*Hommelhoff/Mattheus* HGB § 289 Rn. 13, 27.
104 LK/*Tiedemann* StGB § 283 Rn. 130; Müller-Gugenberger/*Richter* § 85 Rn. 39; *Hadamitzky* ZInsO 2015, 1778 (1784).
105 Canaris/Habersack/Schäfer/*Hommelhoff/Mattheus* HGB § 289 Rn. 28 mwN; auch IAS-/IFRS-Abschlüsse sind reine Informationsabschlüsse, die sich in erster Linie an Kapitalanleger richten.

nungslegung ergeben.[106] Selbst bei Bejahung der Handelsbuch-Eigenschaft und ungeachtet der engen Verknüpfung des Lagebilds einer Kapitalgesellschaft mit ihrem Ergebnis lt. Jahresabschluss (Bilanz, GuV, § 264 Abs. 1 S. 1 HGB) kann eine fehlerhafte Angabe im Lagebericht jedenfalls keine Erschwerung der Übersicht über den Vermögensstand herbeiführen, da der Begriff „Vermögensstand" schon nach seinem Wortlaut zeitpunktbezogen und vergangenheitsorientiert ist, während der Lagebericht die aus dem vergangenen Geschäftsverlauf herrührende Lage der Kapitalgesellschaft prognostisch in die Zukunft fortschreibt.[107] Eine Sanktionierung fehlerhafter Angaben im Lagebericht, der nicht primär am Gläubigerschutz, sondern am Kapitalmarkt orientiert ist, kann jedoch uU mittels § 283 Abs. 1 Nr. 8 StGB erfolgen (Verheimlichung oder Verschleierung der wirklichen geschäftlichen Verhältnisse in einer den Anforderungen einer ordnungsgemäßen Wirtschaft grob widersprechenden Weise). Unterlagen zum Risikofrüherkennungssystem eines Unternehmens[108] sind ebenfalls keine Handelsbücher iSd § 283 b Abs. 1 StGB.[109]

(2) Buchführungspflicht

Mit der **gesetzlichen Verpflichtung** zur Buchführung ist nur diejenige des Handelsrechts angesprochen, dh nach §§ 238 ff. HGB[110] und ergänzenden gesellschaftsrechtlichen Vorschriften (zB §§ 41 ff. GmbHG, §§ 150, 152 AktG), die aus der Kaufmannseigenschaft folgt (Rn. 8),[111] wohingegen sich die gewerbe- und steuerrechtlichen Aufzeichnungspflichten (zB §§ 140, 141 AO) nicht auf Handelsbücher beziehen.[112] Die **Buchführungspflicht beginnt** mit der Entstehung der Kaufmannseigenschaft – für Einzelkaufleute modifiziert durch die Schwellenwerte der §§ 241 a, 242 Abs. 4 HGB (Rn. 8)[113] – (nach ganz hM ist auch die Vor-GmbH bzw. Vor-AG buchführungspflichtig)[114] und **endet** mit ihr[115] (bei Gesellschaftern oder Organen mit ihrem freiwilligen oder unfreiwilligen Ausscheiden).[116] Die Verpflichtung muss **nicht höchstpersönlich** erfüllt werden. Dem Kaufmann obliegt bei Delegation auf Steuerberater, Bilanzbuchhalter oder die Bilanzabteilung im eigenen Unternehmen zur Wahrnehmung in

---

106 Canaris/Habersack/Schäfer/*Hommelhoff/Mattheus* HGB § 289 Rn. 26.
107 *Hommelhoff* in Ulmer, HGB-Bilanzrecht, HGB § 289 Rn. 29 zur „Vermögenslage" iSd § 264 HGB als stichtagsbezogene Bilanzvermögen;.
108 Vgl. § 91 Abs. 2 AktG; Hüffer/*Koch* AktG § 91 Rn. 10 mwN: „engmaschiges Berichtswesen und Dokumentation".
109 AA Beck'scher Bilanzkommentar/*Winkeljohann/Henckel* HGB § 238 Rn. 115.
110 Für Kredit- und Finanzdienstleistungsinstitute gelten ergänzend §§ 340–340 j HGB (hierzu näher *Krumnow* ua, Rechnungslegung der Kreditinstitute, 2. Aufl. 2004), für Versicherungsunternehmen und Pensionsfonds gelten §§ 341–341 j HGB.
111 Die Kaufmannseigenschaft ist im Urteil festzustellen, BGH bei Herlan, GA 1964, 129 (136); vgl. im übrigen Schönke/Schröder/*Heine/Schuster* StGB § 283 Rn. 29; LK/*Tiedemann* StGB § 283 Rn. 91; *Fischer* StGB § 283 Rn. 19; NK-StGB/*Kindhäuser* StGB § 283 Rn. 56.
112 Schönke/Schröder/*Heine/Schuster* StGB § 283 Rn. 29; NK-StGB/*Kindhäuser* StGB § 283 Rn. 56; MüKoStGB/*Petermann* StGB § 283 Rn. 43.
113 Einzelheiten bei Küting/Pfitzer/Weber/*Pfitzer/Oser* Bd. 1, HGB § 238 Rn. 8 f.; MüKo-HGB/*Ballwieser* HGB § 238 Rn. 14.
114 Beck'scher Bilanzkommentar/*Winkeljohann/Henckel* HGB § 238 Rn. 44.
115 Küting/Pfitzer/Weber/*Pfitzer/Oser* Bd. 1, HGB § 238 Rn. 10; MüKoHGB/*Ballwieser* HGB § 238 Rn. 15.
116 BGH bei *Holtz* MDR 1981, 100.

eigener Verantwortung iSd § 14 Abs. 2 S. 1 Nr. 2 StGB jedoch eine Verpflichtung zur Auswahl geeigneter Kräfte und Überwachung derselben.[117]

16 Auch im Ausland durch Deutsche zu erfüllende Buchführungspflichten sind von § 283 b StGB erfasst.[118] Die Buchführungspflicht ist für eine **englische Company limited by shares (Ltd.**) mit Verwaltungssitz in Deutschland zweifelhaft,[119] nicht dagegen für inländische Niederlassungen ausländischer Kaufleute.[120] Zumindest sind auch insoweit die Schwellenwerte der §§ 241 a, 242 Abs. 4 HGB idF BilMoG zu beachten.

(3) Unterlassen der Buchführung

17 Die **1. Alternative** von § 283 b Abs. 1 Nr. 1 StGB setzt **völliges Unterlassen** der Buchführung – mit der Folge völliger Intransparenz des Vermögensstands des Kaufmanns – voraus und ist ein echtes **Unterlassungsdelikt**.[121] Die ansonsten erforderliche Erschwerung der Übersicht über den Vermögensstand ist dieser Begehungsform wesensttypisch bereits zu Eigen. Wenn sämtliche Handelsbücher oder diese innerhalb eines Geschäftsjahres[122] nur vorübergehend oder mit Unterbrechungen geführt wurden,[123] oder wenn einzelne Handelsbücher unvollständig geführt sind, kommt für eine solche **zeitliche oder inhaltliche Teil-Buchführung** nur die **2. Alternative** des § 283 b Abs. 1 Nr. 1 StGB (mangelhafte

---

117 BGH 24.11.1998 – VI ZR 388/97, GmbHR 1998, 388; OLG Karlsruhe Justiz 1977, 206 mwN; Schönke/Schröder/*Heine/Schuster* StGB § 283 Rn. 32; *Moosmayer* NStZ 2000, 296; *ders.* NStZ 2000, 295 (296); *Biletzki* NStZ 1999, 537 (540); *Schramm* DStR 1998, 500 (502); für Steuerberater ist entscheidend Inhalt und Ausgestaltung des Mandatsauftrages, vgl. Empfehlungen der Bundesberaterkammer, DStR 1990, Beihefter zu Heft 1/2, 1 (2).
118 *Fischer* StGB § 283 b Rn. 4; Graf/Jäger/Wittig/*Reinhart* StGB § 283 Rn. 43; OLG Karlsruhe 21.2.1985 – 4 Ss 1/85, BB 1985, 1957 = NStZ 1985, 317 für den deutschen Direktor einer AG schweizerischen Rechts (hierzu krit. mit Recht *Liebelt* NStZ 1989, 182); aA AG Lörrach 29.11.1984 – 1 Cs 420/84, NStZ 1985, 221.
119 Bejahend AG Stuttgart 18.12.2007 – 105 Ls. 153 Js 477778/05, wistra 2008, 226; m. zust. Anm. *Schumann* wistra 2008, 229; *Wilk/Stewen* wistra 2011, 161; *Ogiermann/Weber* wistra 2011, 206 (209); *Richter* in FS Tiedemann S. 1023 (1036 f.); *Weyand/Diversy* Rn. 26, 84; aA *Pelz* Rn. 478 f.: nur die handelsrechtlichen Heimatland-Normen sind maßgeblich; *Kienle* GmbHR 2007, 696; *Rönnau* ZGR 2005, 832 (842 ff.); *Joecks* Steueranwalt 2006/2007, 95 (115 f.); *Dierksmeier* BB 2005, 1516 (1519); *Kienle* GmbHR 2007, 696 (699); *Hüttemann/Meinert* BB 2007, 1436 (1441); MüKo-StGB/*Petermann* StGB § 283 b Rn. 30; für § 266 StGB ist nach BGH zur Bestimmung der Pflichten eines „Director" das ausländische (Gesellschafts-)Recht maßgebend: BGH 13.4.2010 – 5 StR 428/09, DB 2010, 1581 (1582); str. vgl. Anm. *Radtke* NStZ 2011, 556 sowie *Rönnau* NStZ 2011, 558.
120 *Fischer* StGB § 283 Rn. 19; Müller-Gugenberger/*Richter* § 85 Rn. 14.
121 BGH 18.1.1995 – 2 StR 693/94, NStZ 1995, 347; BGH 3.7.1953 – 2 StR 452/52, BGHSt 4, 271 (274): die unterlassene Führung nur einzelner Handelsbücher führt dagegen zur mangelhaften Buchführung iSd § 283 b Abs. 1 Nr. 1 Alt. 2 StGB; OLG Düsseldorf 5.11.1982 – 5Ss 418/82–315/82 I BB 1983, 229; OLG Düsseldorf 23.7.1998 – 5 Ss 101/98–37/98 I, wistra 1998, 360; MüKoStGB/*Petermann* StGB § 283 b Rn. 13, § 283 Rn. 42; *Fischer* StGB § 283 Rn. 22 f.; NK-StGB/*Kindhäuser* StGB § 283 Rn. 59; LK/*Tiedemann* StGB § 283 Rn. 102, 109; werden Belege aufbewahrt, aber keiner Buchführung zugeführt, kommt eine Strafbarkeit wegen mangelhafter Buchführung (Rn. 19 ff.) in Betracht, vgl. BGH bei *Holtz* MDR 1980, 455.
122 MüKoStGB/*Petermann* StGB § 283 Rn. 47.
123 BGH bei *Holtz* MDR 1980, 455; BGH 28.3.1984 – 2 StR 143/84, wistra 1984, 144; Schönke/Schröder/*Heine/Schuster* StGB § 283 Rn. 33.

Buchführung) in Betracht.[124] Eine unterlassene Buchführung kann in der Regel nicht durch nachträgliche Erstellung neuer Handelsbücher (zB Kassenbuch) nachgeholt werden.[125] Es handelt sich um ein Dauerdelikt, das nach Ablauf der für die Erstellung geltenden gesetzlichen Frist vollendet ist.[126] Umgekehrt schließt eine in der Vergangenheit erfolgte Buchführung nicht aus, dass in Folgejahren ein völliges Unterlassen der Buchführung erfolgen kann.[127] Eine Strafbarkeit entfällt nach bisher herrschender Ansicht jedoch, wenn der Täter selbst nicht in der Lage ist, die Buchführung zu erstellen, oder die erforderlichen Kosten für die Übertragung und Erledigung der Buchführung durch Dritte nicht aufbringen kann (Rn. 49).[128]

Die Nachholung der Buchführung zu einem späteren Zeitpunkt beseitigt die bereits eingetretene Gefährdungslage nicht mehr,[129] ist aber bei der Strafzumessung zu berücksichtigen; darüber hinaus kann dieser Umstand den Weg zu einer Verfahrenserledigung ohne Schuldfeststellung (§§ 153 ff. StPO) ebnen.[130]   18

(4) Mangelhafte Buchführung

Die 2. Alternative setzt voraus, dass **Handelsbücher so geführt oder verändert werden, dass die Übersicht über den Vermögensstand erschwert wird** (Begehungsdelikt).[131] Nach § 238 Abs. 1 S. 1 HGB ist jeder Kaufmann verpflichtet, in der Buchführung seine Handelsgeschäfte und die Lage seines Vermögens nach den Grundsätzen ordnungsmäßiger Buchführung (GoB) ersichtlich zu machen. Hierbei handelt es sich um zwei allgemeine Anforderungen an die Ordnungsmäßigkeit der Buchführung: Verfolgbarkeit der Geschäftsvorfälle in ihrer Entstehung und Abwicklung (vgl. § 238 Abs. 1 S. 3 HGB) sowie Überschaubarkeit der Buchführung für sachverständige Dritte in einer angemessen Frist (vgl. § 238 Abs. 1 S. 2 HGB). Prozessual sind die Handelsbräuche unter Beachtung des Zweifelsgrundsatzes festzustellen.[132]   19

Maßstab für die Verfolgbarkeit der Geschäftsvorfälle ist § 239 Abs. 1–4 HGB. Diesen Vorgaben nicht entsprechende „technische" Defizite der laufenden Buchführung erfüllen den Tatbestand der Nr. 1, während die materiell-fehlerhafte Bilanzaufstellung (unabhängig von einer mangelhaft oder sogar mangelfrei geführten Buchhaltung) unter Nr. 3 fällt.[133] Es gelten die Grundsätze des § 239 Abs. 2 HGB.[134] Nach dem **Prinzip der Vollständigkeit** darf kein Ge-   20

---

124 Zur Abgrenzung BGH 3.7.1953 – 2 StR 452/52, BGHSt 4, 270; RG 21.9.1915 – II 374/15, RGSt 49, 276; Schönke/Schröder/*Heine/Schuster* StGB § 283 Rn. 33; MüKo-StGB/*Petermann* StGB § 283 Rn. 47; Müller-Gugenberger/*Richter* § 85 Rn. 35; Graf/Jäger/Wittig/*Reinhart* StGB § 283 Rn. 46; *Pelz* Rn. 365; *Dannecker/Hagemeier* in Dannecker/Knierim, Teil 3 Rn. 938; krit. *Schäfer* wistra 1986, 200.
125 RG 26.10.1906 – II 436/06, RGSt 39, 217.
126 *Doster* wistra 1998, 326 (327) mwN.
127 *Schäfer* wistra 1986, 200.
128 Zuletzt BGH 20.10.2011 – 1 StR 351/11, NStZ 2012, 511; BGH 30.1.2003 – 3 StR 437/02, wistra 2003, 232.
129 RG 26.10.1906 – II 436/06, RGSt 39, 217 (219); MüKoStGB/*Petermann* StGB § 283 Rn. 47; SK-StGB/*Hoyer* StGB § 283 Rn. 74; NK-StGB/*Kindhäuser* StGB § 283 Rn. 59.
130 *Wegner* HWSt VII 1 Rn. 150.
131 MüKoStGB/*Petermann* StGB § 283 Rn. 42.
132 NK-StGB/*Kindhäuser* StGB § 283 Rn. 61; LK/*Tiedemann* StGB § 283 Rn. 111, vgl. auch Wannemacher/*Hartung* Rn. 5127.
133 Jahresabschluss als „Ziel" der Buchführung, vgl. *Risse* BB 1965, 703.
134 MüKoStGB/*Petermann* StGB § 283 Rn. 48.

schäftsvorfall fehlen. Das Führen nur einzelner, nicht aller erforderlichen Handelsbücher ist ebenfalls mangelhafte Buchführung.[135] Das **Prinzip der zeitgerechten Verbuchung** verlangt die buchhalterische Erfassung unter Angabe des zutreffenden Datums in chronologischer Reihenfolge, also weder vorweggenommen noch aufgeschoben,[136] wobei der Zeitraum zu tolerierender Buchführungsrückstände umstritten ist. Eine danach nicht zeitgerechte Verbuchung fällt unter Nr. 1 Alt. 2, ebenso ein Verstoß gegen das weitere **Prinzip der geordneten Verbuchung**.[137] Hierdurch ist gleichzeitig der handelsrechtliche Grundsatz der Klarheit und Übersichtlichkeit angesprochen (§ 243 Abs. 2 HGB), dh Kontenbezeichnung und Text muss klar und eindeutig sein, gemischte Konten, Aufrechnungen etc sind zu vermeiden.[138] Es muss ein Buchungstext vorhanden sein, der datiert ist, auf den erforderlichen Beleg[139] verweist und den Geschäftsvorfall ergänzend bezeichnet, wenn dieser sich nicht schon aus dem Beleg hinreichend klar ergibt, und der bei doppelter Buchführung das Gegenkonto angibt, sofern es nicht schon aus dem Buchungsbeleg hervorgeht. Die Belege sind gesondert aufzubewahren.[140] Es muss ferner ein hinreichend gegliederter Kontenplan existieren, Umbuchungen müssen kenntlich gemacht sein und auf Ausnahmefälle beschränkt bleiben.[141] Mit Eintragung eines Geschäftsvorfalls in ein Handelsbuch entfällt die Dispositionsbefugnis des Kaufmanns hierüber.[142] **Tathandlung** ist daher auch **jede über die nach § 239 Abs. 3 HGB erlaubten Veränderungen** von Eintragungen oder Aufzeichnungen[143] **hinausgehende spätere Änderung**, zB das Nichterstellen von Änderungsbelegen, Fälschen von ursprünglichen Buchungsbelegen,[144] die Vor- oder Rückdatierung von EDV-Statuszeilen, um einen Buchungsvorgang einem anderen Jahr zuzu-

---

135 BGH 3.7.1953 – 2 StR 452/52, BGHSt 4, 270 (272); MüKoStGB/*Petermann* StGB § 283 Rn. 48.
136 RG 26.10.1906 – II 436/06, RGSt 39, 217 (219): „Binnen kurzer Frist nach dem Vorgange"; RG 21.9.1915 – II 374/15, RGSt 49, 276 (277); *Weyand/Diversy* Rn. 90: lediglich innerhalb von zwei Wochen bloßes Stocken der Aufzeichnungspflicht; großzügiger *Pelz* Rn. 368 (vier bis sechs Wochen) sowie *Schäfer* wistra 1986, 200 ff. (201): sechs Wochen; Müller-Gugenberger/*Richter* § 85 Rn. 36; sehr weitgehend MüKoStGB/*Petermann* StGB § 283 Rn. 47: „mindestens während eines Geschäftsjahres"; aA LK/*Tiedemann* StGB § 283 Rn. 116: keine Strafbarkeit verspäteter, aber inhaltlich richtiger Verbuchung; Handels- und Steuerrecht schwanken zwischen Höchstfristen von 10 Tagen und einem Monat; vgl. LK/*Tiedemann* StGB § 283 Rn. 112 mwN; zur täglichen Kassenbuchführung s. Canaris/Habersack/Schäfer/*Pöschke* HGB § 239 Rn. 13 f.
137 *Wegner* HWSt VII 1 Rn. 151; aA *Tiedemann*, GmbH-Strafrecht, GmbHG Vor §§ 82 ff. Rn. 46.
138 LK/*Tiedemann* StGB § 283 Rn. 112.
139 Belegprinzip, dh es muss ein Beleg vorhanden sein, der sachlich und rechnerisch richtig ist, datiert und entsprechend der innerbetrieblichen Anweisung abgezeichnet ist. Die Vollständigkeit der Belege muss kontrollierbar sein und Verweisungen auf das Buchungskonto enthalten, siehe Canaris/Habersack/Schäfer/*Pöschke* HGB § 239 Rn. 11; ausführlich zur EDV-gestützten Buchführung Küting/Pfitzer/Weber/*Kußmaul* Bd. 1, HGB § 239 Rn. 5 ff.
140 BGH 25.3.1954 – 3 StR 232/53, NJW 1954, 1010; Schönke/Schröder/*Heine/Schuster* StGB § 283 Rn. 36.
141 Canaris/Habersack/Schäfer/*Pöschke* HGB § 239 Rn. 12.
142 NK-StGB/*Kindhäuser* StGB § 283 Rn. 63.
143 Canaris/Habersack/Schäfer/*Pöschke* HGB § 239 Rn. 18, 36; Müller-Gugenberger/*Richter* § 85 Rn. 37.
144 BGH bei *Herlan* GA 1956, 344 (348); BGH bei *Herlan* GA 1961, 359; Schönke/Schröder/*Heine/Schuster* StGB § 283 Rn. 34.

ordnen.[145] Über durchgeführte Änderungen müssen Protokolle (zB Umbuchungslisten) angefertigt und aufbewahrt werden. Angesichts technischer Einwirkungsmöglichkeiten auf eine EDV-gestützte Buchführung ist § 239 Abs. 3 HGB eng auszulegen;[146] umgekehrt bedeutet dies einen weiten Anwendungsbereich von § 283 b Abs. 1 Nr. 1 Alt. 2 StGB. Andererseits ist nicht jeder Buchführungsfehler (zB Zahlendreher) bzw. jede Änderung einer Buchung mit der zusätzlich erforderlichen Erschwerung der Übersicht über den Vermögensstand verbunden (Rn. 24).[147] Zur Vernichtung von Unterlagen vgl. Rn. 30, zur Tateinheit mit §§ 267, 269 StGB vgl. Rn. 64.[148]

(5) Erschwerung der Übersicht über den Vermögensstand
(a) Vermögensstand

Vermögensstand iSd § 283 b Abs. 1 StGB ist die **Vermögenslage** des Kaufmanns (§§ 238 Abs. 1 S. 1, 264 Abs. 2 S. 1 HGB), dh das Verhältnis des Vermögens und seiner Schulden (§ 242 Abs. 1 S. 1 HGB), dokumentiert in der Darstellung von Geschäftsvorfällen nach ihrer Entstehung und Abwicklung in der Buchführung (§ 238 Abs. 1 S. 2, 3 HGB) und zusammengefasst in der zeitpunkt- und vergangenheitsbezogenen (Eröffnungs-, Zwischen-, Regel- oder Schluss-) Bilanz.[149] Die Ansicht, wonach beim Einzelkaufmann auch sein **Privatvermögen berücksichtigt werden muss**, ist **abzulehnen**, da eine handelsrechtliche Buchführungspflicht in sachlicher Hinsicht nur für Gegenstände des Betriebsvermögens besteht.[150] Darüber hinaus hat der Kaufmann „seine" Vermögensgegenstände, dh die ihm zivilrechtlich zuzuordnenden Vermögensgegenstände bzw. Schulden, zu erfassen. Andererseits gilt handelsrechtlich die sog **wirtschaftliche Betrachtungsweise**, wonach abweichend vom zivilrechtlichen Eigentum auch der „**wirtschaftliche Eigentümer**" als handelsbilanzielles Zuordnungssubjekt von Vermögensgegenständen anzusehen ist.[151] Beurteilungsmaßstab bildet regelmäßig die hierzu korrespondierende steuerrechtliche

---

[145] Schönke/Schröder/*Heine*/*Schuster* StGB § 283 Rn. 35; MüKoStGB/*Petermann* StGB § 283 Rn. 48; *Biletzki* NStZ 1999, 537 (539).
[146] Küting/Pfitzer/Weber/*Kußmaul* Bd. 1, HGB § 239 Rn. 33 f.
[147] *Wegner* HWSt VII 1 Rn. 153.
[148] Ebenso Radieren, Durchstreichen, Überschreiben oder Überkleben von Eintragungen, vgl. *Weyand*/*Diversy* Rn. 91; LK/*Tiedemann* StGB § 283 Rn. 107; zum Verbot „elektronischen" Radierens siehe *Goltz*/*Streitz* PStR 2002, 15 ff.; Küting/Pfitzer/Weber/ *Kußmaul* Bd. 1, HGB § 239 Rn. 32.
[149] In Abgrenzung zur Ertragslage gem. GuV-Rechnung (Fn. 125); Canaris/Habersack/ Schäfer/*Pöschke* HGB § 238 Rn. 51, 57; MüKoHGB/*Reiner* HGB § 264 Rn. 25; Küting/Weber/*Baetge*/*Fey*/*Fey*/*Klönne* Bd. 2, HGB § 264 Rn. 31. f.; vgl. auch die Darstellungen in diesem Band zu § 400 Abs. 1 Nr. 1 AktG, § 264 a Abs. 1 StGB.
[150] Vgl. *Muhler* wistra 1996, 125, zutr. unter Hinweis auf die Gesetzesbegründung zu § 246 HGB, BT-Drs. 10/4268, 97; Canaris/Habersack/Schäfer/*Pöschke* HGB § 238 Rn. 52 ff.; Beck'scher Bilanzkommentar/*Schmidt*/*Ries* HGB § 246 Rn. 2; MüKoStGB/ *Petermann* StGB § 283 Rn. 56.
[151] Beck'scher Bilanzkommentar/*Schmidt*/*Ries* HGB § 246 Rn. 5 ff.; Beck'scher Bilanzkommentar/*Winkeljohann*/*Philipps* HGB § 246 Rn. 20, 56 f.; Küting/Pfitzer/Weber/ *Knop* Bd. 1, HGB § 240 Rn. 22 sowie *Regner* S. 130 ff. ua zu den Fallgruppen Waren unter Eigentumsvorbehalt, sicherungsübereignete Vermögensgegenstände, Treuhand-Verhältnisse, Leasingverhältnisse, Kommissionsware, Bauten auf fremdem Grund und Boden, zur Sicherung abgetretene Forderungen, jeweils mwN; zum wirtschaftlichen Eigentum bei Sale-and-Lease-Back-Geschäften vgl. BFH 9.2.2006 – V R 22/03, DStR 2006, 1325.

Vorschrift des § 39 Abs. 2 AO.[152] Praktisch bedeutsam ist bei Konzernverhältnissen die Einbeziehung (oder Nichteinbeziehung) einer Beteiligung an einem Tochterunternehmen[153] (§§ 290 Abs. 2, 313 Abs. 2 Nr. 1 HGB). Eine Übersicht über den Vermögensstand bildet auch der Lagebericht bei Kapitalgesellschaften[154] sowie nach BGH selbst eine in Berichtsform und in tabellarischer Übersicht erstellte Presseinformation über Konzern-Halbjahreszahlen,[155] **nicht** dagegen die alleinige **Gewinn- und Verlustrechnung** als Darstellung der Ertragslage.[156]

22 Die handelsrechtliche Pflicht, den Jahresabschluss klar und übersichtlich zu erstellen (§ 243 Abs. 2 HGB) gilt bei Kapitalgesellschaften auch für den **Anhang** (§ 264 Abs. 1 S. 1 HGB iVm §§ 284–288 HGB).[157] Die Vermittlung eines den tatsächlichen Verhältnissen entsprechenden Bildes der Vermögens-, Finanz- und Ertragslage der Kapitalgesellschaft wird letztlich erst durch die Angaben im Anhang möglich. Dabei sind Pflichtangaben im Anhang, Wahlpflichtangaben im Anhang oder sonst im Jahresabschluss und freiwillige Angaben zu unterscheiden.[158] Ohne die zahlreichen Angaben im Einzelnen aufzugliedern (vgl. §§ 284 Abs. 2 Nr. 1–5, 285 Nr. 1–15 HGB)[159] geht es im Anhang darum, zusätzliche Angaben zur Einhaltung des **true and fair view**-Prinzips zu verlangen. Das eher starre Zahlenwerk der Bilanz wird in der Regel durch den flexibleren Anhang in das richtige Licht gestellt (**Auslegungshilfe**). Bei Bilanzierungsansätzen unter Berufung auf eine von der hM unterschiedliche Rechtsauffassung sind entsprechende Erläuterungen, zB im Anhang, veranlasst.[160]

23 Die Anforderungen an die Darstellung der **bilanziellen Vermögenslage** (Aufbau, Fristigkeit und Relationen von Vermögen und Kapital) bestimmen sich nach §§ 246 ff., 266 HGB. Bereits ein Verstoß gegen die (formelle) **Gliederungsvorschrift** des § 266 Abs. 1 S. 1, 2 HGB (mit Erleichterungen für kleine Kapitalgesellschaften iSd §§ 267 Abs. 1, 266 Abs. 1 S. 3 HGB) kann danach ausreichend sein, wenn hierdurch die erforderliche Erschwerung der Übersicht über den Vermögensstand eingetreten ist (zB Bilanzierung einer Beteiligung als Anlage- anstelle Umlaufvermögen, vgl. § 247 Abs. 1, 2 HGB).

---

152 Allg. hierzu *Kruse* in Tipke/Kruse AO § 39 Rn. 21 ff.
153 ZB bei verdeckt gehaltenen, gleichwohl faktisch beherrschten Tochterunternehmen, bei sog Einzweckgesellschaften (Special Purpose Vehicles, SPV) i.R. von Asset-Backed-Securities-Transaktionen, vgl. hierzu *Dreyer/Schmid/Kronat* BB 2003, 91 (92 ff.) mwN; künftig Konsolidierungspflicht auch für Spezialfonds (§ 1 II KAGG) nach IAS 27, vgl. Handelsblatt v. 22.10.2003.
154 Vgl. MüKoHGB/*Quedenfeld* HGB § 331 Rn. 40 ff.; Canaris/Habersack/Schäfer/*Dannecker*HGB § 331 Rn. 46 f.; unklar *Dannecker* in Michalski GmbHG § 82 Rn. 242; MüKoHGB/*Reiner* HGB § 264 Rn. 7.
155 BGH wistra 2005, 139; vgl. hierzu *Achenbach* NStZ 2005, 621. Die dagegen gerichtete Verfassungsbeschwerde wurde zurückgewiesen.
156 Bloße Aufwands- und Ertragsdokumentation vgl. Canaris/Habersack/Schäfer/*Hüttemann/Meyer* HGB § 264 Rn. 37.
157 So auch *Becker/Endert* ZGR 2012, 699 (722).
158 Zu Erleichterungen für kleine Kapitalgesellschaften vgl. § 288 HGB.
159 Näher hierzu Baumbach/Hopt/*Merkt* HGB § 284 Rn. 3 ff., § 285 Rn. 1 ff.
160 *Lohmeyer* PStR 1998 208 (210); vgl. BGH 10.11.1999 – 5 StR 221/99, wistra 2000, 137 zu § 370 AO.

(b) Erschwerung der Übersicht

Die Übersicht ist dann erschwert, wenn die Buchführung einem sachverständigen Dritten nicht innerhalb angemessener Zeit einen Überblick über die Geschäftsvorfälle und über den Vermögensstand vermitteln kann.[161] In der Praxis bestehen erhebliche Schwierigkeiten, den erforderlichen Schweregrad des Buchführungsmangels („gewisse Erheblichkeit")[162] zu bestimmen.[163] Die Geschäftsvorfälle müssen sich in ihrer Entstehung und Abwicklung verfolgen lassen (§ 238 Abs. 1 S. 2, 3 HGB; praktisch gleichbedeutend für Kapitalgesellschaften: § 264 Abs. 2 HGB).[164] Nicht verbuchte laufende Kosten sind unschwer zu ermitteln, selbst größere Lücken der Buchführung sind jedenfalls bei vorhandenen Belegen oder einem „erklärenden Aktenvermerk für die Buchhaltung"[165] nicht zwingend tatbestandsmäßig.[166] Der **sachverständige Dritte** soll dabei nicht am Maßstab eines Wirtschaftsprüfers zu messen sein, auch nicht am Maßstab eines beliebigen Privatmannes, sondern ausgerichtet am Normzweck des Gesellschafter- und Gläubigerschutzes am Maßstab des entsprechenden Personenkreises.[167] In der Praxis wird gleichwohl ein Wirtschaftsprüfer bzw. Steuerberater idR den Maßstab darstellen.[168] Der Überblick **innerhalb angemessener Zeit** hängt vom Einzelfall (Einzelunternehmen, Konzern mit zahlreichen Beteiligungen im In- bzw. Ausland, Art des Buchführungssystems etc) ab.[169] Strafrechtlich erscheint die mehrfach gestufte Blankettnorm-Strafbarkeit mit jeweils unbestimmten Rechtsbegriffen unter dem Bestimmtheitsgebot (Art. 103 Abs. 2 GG) nicht unbedenklich. Hinzu tritt, dass ein Mangel der Buchführung einer Kapitalgesellschaft (Vermögensstand lt. Bilanz) durch Angaben zur tatsächlichen Vermögenslage im Anhang abgeschwächt oder sogar neutralisiert werden kann.[170] Angesichts des Normzwecks „Gläubigerschutz" ist in solchen Fällen eine isolierte Betrachtung vorzugswürdig.

Nach der Rechtsprechung muss die Erschwerung im Zeitpunkt des Eintritts der objektiven Strafbarkeitsbedingung (Insolvenzeröffnung etc) noch bestehen,

---

161 BT-Drs. 7/3441, 35: „Übersicht nur unter erheblichen Schwierigkeiten und unter Aufwendung besonderer Mühen"; unklar *Reck* GmbHR 2001, 427: „wesentliche" Verkehrung der Vermögenssituation durch Wertabweichungen; Müller-Gugenberger/*Wolf* § 26 Rn. 49, 51; praktisch identisch mit dem Tatbestandsmerkmal der Verschleierung in § 331 Nr. 1, 2, 4 HGB, § 400 Abs. 1 Nr. 1, 2 AktG bzw. § 82 Abs. 2 Nr. 2 GmbHG (vgl. hierzu die jeweilige Darstellung in diesem Kommentar).
162 MüKoStGB/*Petermann* StGB § 283 Rn. 49.
163 Vgl. *Biletzki* NStZ 1999, 537 (539); *Pelz* Rn. 370.
164 BGH 19.12.1997 – 2 StR 420/97, wistra 1998, 177 (178).
165 Vgl. BGH 7.2.2002 – 1 StR 412/01, NStZ 2002, 327 = wistra 2002, 225.
166 RG 8.1.1897 – 4725/96, RGSt 29, 304 (308); BGH 19.12.1997 – 2 StR 420/97, StV 1999, 26; *Fischer* StGB § 283 Rn. 23; *Wegner* HWSt VII 1 Rn. 153; NK-StGB/*Kindhäuser* StGB § 283 Rn. 64; Schönke/Schröder/*Heine/Schuster* StGB § 283 Rn. 36.
167 Baumbach/Hopt/*Merkt* HGB § 238 Rn. 15; diff. *Adler/Düring/Schmaltz* HGB § 238 Rn. 45; RGSt 68, 346 (349): „bilanzkundiger Leser".
168 ZB als Sachverständiger für den Insolvenzverwalter; Küting/Pfitzer/Weber/*Pfitzer*/Oser Bd. 1, HGB § 238 Rn. 15; näher *Weyand/Diversy* Rn. 92 ff.; zum Einsatz von Sachverständigen für Buchführungsfragen vgl. LG Stuttgart 10.6.1997 – 10 Qs 36/97, wistra 1997, 279; zu Wirtschaftsreferenten der Staatsanwaltschaft als Sachverständige vgl. BGH 10.4.1979 – 4 StR 127/79, BGHSt 28, 381.
169 *Hüffer* in Ulmer, HGB-Bilanzrecht, HGB § 238 Rn. 58; bei EDV-Buchführungen sind tatrichterliche Feststellungen zur Organisation, Anleitung, Aufsicht und Kontrolle erforderlich, vgl. BGH 19.12.1997 – 2 StR 420/97, StV 1999, 26.
170 ZB Nichtangabe eines Rangrücktritts, *Hartung* NJW 1995, 1190 f.

kann also bis dahin noch beseitigt werden.[171] Dies steht allerdings im Widerspruch dazu, dass es sich bei dem Tatbestand des § 283 b StGB um ein abstraktes Gefährdungsdelikt handelt, für dessen Verwirklichung das erstmalige Entstehen der erschwerten Übersicht ausreicht, ohne dass es der Fortdauer dieses Zustands bedarf.[172]

(c) Kausalität

26 Zwischen der Tathandlung und der Erschwerung der Übersicht muss **Kausalität** bestehen. Nicht jeder Verstoß gegen § 239 HGB ist aber mit einer Erschwerung der Übersicht über den Vermögensstand verbunden (zB Zahlendreher, Bagatellbeträge) und damit eine geeignete Tathandlung.[173] In diesen Fällen fehlt es an der Kausalität.

bb) 283 b Abs. 1 Nr. 2 StGB, Unterdrücken von Handelsbüchern oder sonstigen aufbewahrungspflichtigen Unterlagen

27 **Tauglicher Täter** ist – im Gegensatz zu § 283 Abs. 1 Nr. 6 StGB – nur der nach § 257 HGB aufbewahrungspflichtige Vollkaufmann und nur hinsichtlich der gesetzlich zu führenden (nicht dagegen der freiwillig geführten) Unterlagen.[174] Der Wegfall der Kaufmannseigenschaft lässt die zuvor begründete Aufbewahrungspflicht unberührt.[175]

28 **Tatobjekte** iSd Nr. 2 sind abweichend von Nr. 1 nicht nur Handelsbücher (Rn. 13), sondern **auch sonstige Unterlagen iSd § 257 Abs. 1 HGB**, die handelsrechtlich aufzubewahren sind.[176] Erfasst sind Inventarverzeichnisse, Bilanz, Anhang, Lagebericht, Gewinn- und Verlustrechnung (jeweils auch konzernbezogen), die zum Verständnis dieser Handelsbücher jeweils erforderlichen Arbeitsunterlagen und Organisationsanweisungen, Handelsbriefe, Buchungsbelege, Kontierungsanweisungen, EDV-Programmbeschreibungen, Ablaufpläne, Abkürzungsverzeichnisse etc,[177] nicht dagegen Aufzeichnungen, die nur der

---

171 RG 27.11.1896 – 3814/96, RGSt 29, 222 (225); SK-StGB/*Hoyer* StGB § 283 Rn. 77 mwN; *Tiedemann*, GmbH-Strafrecht, GmbHG Vor §§ 82 ff. Rn. 44; aA MüKoStGB/*Petermann* StGB § 283 Rn. 50, der allerdings bei Nachbesserung der Buchführung den Risikozusammenhang zwischen mangelhafter Buchführung und objektiver Strafbarkeitsbedingung uU entfallen lassen will; vgl. zu Streitstand *Pelz* Rn. 371.
172 Krit. daher Schönke/Schröder/*Heine/Schuster* StGB § 283 Rn. 36; NK-StGB/*Kindhäuser* StGB § 283 Rn. 65; MüKoStGB/*Petermann* StGB § 283 Rn. 50; *Weyand/Diversy* Rn. 92 (aA noch die Vorauf.).
173 Canaris/Habersack/Schäfer/*Pöschke* HGB § 239 Rn. 37; *Weyand* ZInsO 2000, 413 (418), StuB 1999, 178 (182): „nur krasse Formen der Fehlbilanzierung"; zu einem „versehentlichen Rechenfehler" der Credit Suisse Group i.H. 200 Mio SFR vgl. Handelsblatt v. 29.3.2004, S. 25.
174 *Fischer* StGB § 283 b Rn. 4; LK/*Tiedemann* StGB § 283 b Rn. 7; Schönke/Schröder/*Heine/Schuster* StGB § 283 b Rn. 3; *Dannecker/Hagemeier* in Dannecker/Knierim, Teil 3 Rn. 969.
175 Schönke/Schröder/*Heine/Schuster* StGB § 283 b Rn. 39; SK-StGB/*Hoyer* StGB § 283 Rn. 81; LK/*Tiedemann* StGB § 283 Rn. 122 mwN.
176 Vgl. Schönke/Schröder/*Heine/Schuster* StGB § 283 b Rn. 39 unter Hinweis auf BR-Drs. 5/75, 36.
177 Canaris/Habersack/Schäfer/*Pöschke* HGB § 257 Rn. 9 ff.; LK/*Tiedemann* StGB § 283 b Rn. 7; Küting/Pfitzer/Weber/*Isele* Bd. 2, HGB § 257 Rn. 51 f.; MüKoHGB/*Ballwieser* HGB § 257 Rn. 10; Schönke/Schröder/*Heine/Schuster* StGB § 283 b Rn. 39.

Arbeitserleichterung dienen, zB von Angestellten für die Erstellung der Bilanz.[178]

Die **handelsrechtlichen Aufbewahrungsfristen** betragen **zehn Jahre** für Handelsbücher, Bilanzen, Inventare und die zu ihrem Verständnis erforderlichen Unterlagen, sowie **sechs Jahre** für andere Unterlagen (zB Briefkopien, vgl. § 257 Abs. 4, 5 HGB).[179] Die Frist beginnt mit dem Schluss des jeweiligen Kalenderjahres.[180]

29

Die in der Praxis (etwa in „Firmenbestatter-Fällen") häufig auftretenden[181] einzelnen Tathandlungen in § 283 b Abs. 1 Nr. 2 StGB sind das (vorzeitige) **Beiseiteschaffen, Verheimlichen, Zerstören** oder **Beschädigen** solcher Handelsbücher und sonstiger Unterlagen. Maßstab ist die jeweilige Form der Aufbewahrung (Original, Möglichkeit der originalgetreuen oder inhaltlichen Wiedergabe, § 257 Abs. 3 HGB).[182] Bei Datenträgern dürfte es auf die Wiederherstellung der Lesbarkeit (vgl. § 261 HGB)[183] mittels Standardsoftware ankommen, sofern nicht sog Lösch-Tools vom Täter benutzt wurden.[184] Soweit für steuerliche Zwecke zulässigerweise die elektronische (nicht: die Papier-)Buchführung und elektronische Aufzeichnungen bzw. Teile hiervon auf Antrag ins Ausland verbracht werden dürfen (§ 146 Abs. 2 a AO),[185] fehlt es bereits an der Tathandlung. Ob ferner jegliches Verbringen von Buchführungsunterlagen in das EU-Ausland bereits als „Beiseiteschaffen" angesehen werden kann, wird angesichts der EU-Grundfreiheiten zu bezweifeln sein. Maßgebend wird es in solchen Fällen auf die jeweiligen Gesamtumstände ankommen.[186]

30

Durch die Tathandlung muss wiederum **kausal** die Übersicht über den Vermögensstand erschwert werden. Nicht ausreichend ist daher das Beiseiteschaffen etc eines einzigen Beleges, ohne dass hierdurch der Gesamtüberblick entscheidend getrübt wird (der hierin uU liegende Versuch einer Tat ist nicht strafbar, anders als bei § 283 Abs. 3 StGB). Andererseits ist nicht erforderlich, dass der Täter alle Unterlagen oder Daten vernichtet bzw. löscht.[187]

31

---

178 BGH bei *Herlan*, GA 1961, 359; LK/*Tiedemann* StGB § 283 Rn. 112 aE.
179 Schönke/Schröder/*Heine/Schuster* StGB § 283 b Rn. 41; zu den steuerlichen Aufbewahrungsfristen von ebenfalls zehn bzw. sechs Jahren vgl. § 147 Abs. 3 AO; zur beabsichtigten Verkürzung der Aufbewahrungsfristen vgl. Art. 27 RegE Jahressteuergesetz 2013 v. 19.6.2012, BT-Drs. 17/10000.
180 Küting/Pfitzer/Weber/*Isele* Bd. 2, HGB § 257 Rn. 96 ff.
181 Vgl. auch BGH 15.11.2012 – 3 StR 199/12, NJW 2013, 1892 mAnm *Schubert* wistra 2013, 429; *Brammsen/Ceffinato* EWiR 2013, 295; *Weyand* StuB 1999, 178 (181); Müller-Gugenberger/*Richter* § 80 Rn. 3, 41.
182 Schönke/Schröder/*Heine/Schuster* StGB § 283 b Rn. 40; NK-StGB/*Kindhäuser* StGB § 283 Rn. 71; zu einzelnen Formen der Aufbewahrung ausführlich vgl. Küting/Pfitzer/Weber/*Isele* Bd. 2, HGB § 257 Rn. 61.
183 OLG Koblenz 8.9.2005 – 2 Ws 514/05, wistra 2006, 73 f.; LG Berlin 30.9.1997 – 519 AR 3/97, NStZ-RR 1998, 224.
184 Vgl. *Wegner* HWSt VII 1 Rn. 157 mit Beispielen.
185 Vgl. *Bayer. Landesamt f. Steuern* DStR 2010, 2357.
186 Vgl. BGH 29.4.2010 – 3 StR 314/09, NStZ 2010, 637 (638 f.) § 283 Abs. 1 Nr. 1 StGB.
187 LK/*Tiedemann* StGB § 283 Rn. 123; *Weyand/Diversy* Rn. 95; *Pelz* Rn. 378.

cc) § 283 b Abs. 1 Nr. 3 StGB, fehlerhafte bzw. verspätete Bilanz- oder Inventaraufstellung

32 § 283 b Abs. 1 Nr. 3 StGB enthält zwei **Alternativen**, zum einen den Tatbestand der **materiell-handelsrechtswidrigen Bilanzaufstellung**, infolge derer die Übersicht über den Vermögensstand erschwert wird (Nr. 3 a), und zum anderen den Tatbestand der **formell-handelsrechtswidrigen**, nämlich verspäteten Bilanz- oder Inventaraufstellung (Nr. 3 b).

(1) § 283 b Abs. 1 Nr. 3 a StGB, mangelhafte Bilanzaufstellung

33 Es handelt sich um ein in der Unternehmenskrise häufig vorkommendes Begehungsdelikt.[188]

(a) Bilanzarten

34 Während die handelsrechtliche Pflicht zur Aufstellung des Jahresabschlusses (§ 242 HGB) sowohl die Bilanz als auch die Gewinn- und Verlustrechnung (GuV) umfasst (§ 242 Abs. 3 HGB), wird von § 283 b Abs. 1 StGB in **Nr. 3 a** nur der Teilbereich der fehlerhaften (bzw. in **Nr. 3 b** der verspäteten) **Bilanzaufstellung** erfasst.[189] Nach dem ausdrücklichen Wortlaut, der zweifelsfrei der handelsrechtlichen Terminologie entstammt, führt daher weder eine fehlerhafte Inventaraufstellung,[190] noch eine fehlerhafte GuV[191] noch ein fehlerhafter Anhang[192] oder Lagebericht[193] bei einer Kapitalgesellschaft[194] bzw. GmbH & Co. KG[195] zur Erschwerung der Übersicht über den Vermögensstand.[196] Unter den Bilanzbegriff fällt die Eröffnungsbilanz (§ 242 Abs. 1 S. 1, 2 HGB),[197] die Jahresabschlussbilanz ebenso wie eine Liquidations-Eröffnungsbilanz[198] und eine Liquidations-Jahresbilanz (§ 71 Abs. 1 GmbHG, § 270 Abs. 1 AktG),[199] ferner die Konzernbilanz als Teil eines Konzernabschlusses (§ 290 HGB), ggf. mit Befreiungswirkung von EU-/EWR-Konzernabschlüssen nach §§ 291 f., 292 a HGB für die Bilanz-Aufstellung nach US GAAP[200] bzw. nach § 315 a

---

188 MüKoStGB/*Petermann* StGB § 283 Rn. 55; *Wegner* HWSt VII 1 Rn. 161.
189 MüKoStGB/ *Petermann* StGB § 283 Rn. 56; LK/*Tiedemann* StGB § 283 Rn. 128.
190 NK-StGB/*Kindhäuser* StGB § 283 Rn. 75.
191 Vgl. demgegenüber die Differenzierung zwischen Bilanz und GuV in § 265 b Abs. 1 Nr. 1 a StGB; aA *Wegner* HWSt VII 1 Rn. 164; *Wolf/Nagel* StuB 2006, 621 (624).
192 AA *Becker/Endert* ZGR 2012, 699, (722); de lege ferenda *Wolf/Nagel* StuB 2006, 621 (624).
193 Ebenso *Wolf/Nagel* StuB 2006, 621 (624).
194 § 264 Abs. 1 S. 1 HGB; vgl. auch BGH MDR 1981, 454; aA, soweit im Anhang auch Angaben über Aktiva und Passiva gemacht werden.
195 § 264 a HGB.
196 Graf/Jäger/Wittig/*Reinhart* StGB § 283 Rn. 55; *Pelz* Rn. 380; ebenso wohl NK-StGB/ *Kindhäuser* StGB § 283 Rn. 77.
197 Auch bei Erwerb eines fremden Geschäfts, vgl. RGSt 28, 428; ebenso bei Begründung einer OHG durch Eintritt eines Gesellschafters in einem Einzelunternehmen, Schönke/ Schröder/Heine/*Schuster* StGB § 283 Rn. 45; *Fischer* StGB § 283 Rn. 26 mwN.
198 Vgl. *Wolf/Lupp* wistra 2008, 250 (251 f.).
199 OLG Frankfurt 6.10.1976 – 2 Ss 461/76, BB 1977, 312; Wabnitz/Jankovsky/*Beck* 8. Kap. Rn. 137 f..
200 Für eine Übergangsfrist (bis 31.12.2004) galt noch § 292 a HGB; *Burger/Ulbrich* DB 2003, 2397 zu Übergangsproblemen, ua bei abweichendem Wirtschaftsjahr; *Buchheim/Gröner* BB 2003, 953; *Schumann*, IWB Nr. 4 v. 26.2.2003, Fach 11 Gr. 3, 289.

HGB[201] für die nach IAS/IFRS-Rechnungslegungsnormen aufgestellte Bilanz.[202]

Ungeklärt ist, ob die in der Praxis insbesondere bei Einzelkaufleuten und Personengesellschaften häufig anzutreffende sog **Einheitsbilanz**, bei der die Handelsbilanz unter gesetzlich zulässiger Durchbrechung des in § 5 Abs. 1 EStG verankerten Prinzips der Maßgeblichkeit der Handels- für die Steuerbilanz[203] bereits nach den Bestimmungen des Steuerrechts aufgestellt wird und damit den spezifischen Zweck der Handelsbilanz (Feststellung des unter Schonung der Unternehmenssubstanz maximal verteilbaren Gewinns) durch den tendenziell höheren Gewinnausweis zurückdrängt, angesichts des Schutzzwecks von § 283 b StGB (Rn. 3) überhaupt zum Gegenstand einer Pönalisierung werden kann.   35

Wer neben zutreffend aufgestellten Bilanzen davon abweichend weitere Bilanzen zur Täuschung von Kunden, Banken etc verwendet, handelt nach Ansicht des BGH ebenfalls nicht tatbestandsmäßig (str.).[204]   36

(b) Aufstellung der Bilanz

Die **Bilanzaufstellung** (vgl. Wortlaut §§ 243 Abs. 1, 264 Abs. 1 S. 1 HGB) ist als zeitlich und sachlich jeweils eigenständiger Vorgang sowohl handels- als auch strafrechtlich strikt **von der Bilanzfeststellung** (zB nach §§ 172, 173 AktG) zu **unterscheiden.**[205] Mit der Bilanzaufstellung als technischer Anfertigung des Jahresabschlusses konkretisieren sich zwar die bilanzpolitischen Überlegungen eines Kaufmanns zu Vorschlägen. Eine aufgestellte Bilanz ist aber gleichwohl ein bloßer Entwurf, der jederzeit frei geändert werden kann und somit nur interne Vorlage, unverbindlich und ohne Außenwirkung ist.[206] An die Aufstellung schließt sich zB erst noch die Prüfung des Jahresabschlusses durch den Abschlussprüfer an (§ 320 Abs. 1 S. 1 HGB), die in der Praxis oft-   37

---

201 § 315 a HGB eingeführt durch das sog Bilanzrechtsreformgesetz – BilReG, oben Fn. 15.
202 AA *Hagedorn*, Bilanzstrafrecht im Lichte bilanzstrafrechtlicher Reformen, S. 78, 79.
203 Abl. *Wolf/Nagel* StuB 2006, 621 (625); allg. vgl. Baumbach/Hopt/*Merkt* HGB § 242 Rn. 6; allg. zur Maßgeblichkeit bzw. umgekehrten Maßgeblichkeit der Steuer- für die Handelsbilanz vgl. Canaris/Habersack/Schäfer/*Pöschke* HGB § 243 16 ff.; Baumbach/Hopt/*Merkt* HGB § 242 Rn. 4 f.; *Ernst* StbJb 2002/2003, 229 ff.; krit. *Weber-Grellet* StuB 2002, 700; Übersicht über Abweichungen von handels- und steuerrechtlichem Jahresabschluss bei *Hoffmann* StuB 2000, 961; vgl. auch *Westerfelhaus* DB 2007, 69.
204 BGH 15.7.1981 – 3 StR 230/81, BGHSt 30, 186; Lackner/Kühl/*Heger* StGB § 283 Rn. 20; Schönke/Schröder/*Heine/Schuster* StGB § 283 b Rn. 4 mwN; aA *Schäfer* wistra 1986, 200.
205 Schönke/Schröder/*Heine/Schuster* StGB § 283 Rn. 44; Graf/Jäger/Wittig/*Reinhart* StGB § 283 Rn. 57; *Wolf/Nagel* StuB 2006, 621 (622 f.); MüKoHGB/*Reiner* HGB § 264 Rn. 17; Baumbach/Hopt/*Merkt* HGB § 264 Rn. 10; *Haas* in Baumbach/Hueck GmbHG § 42 a Rn. 14; Canaris/Habersack/Schäfer/*Pöschke* HGB § 242 Rn. 16; *Kropp/Sauerwein* DStR 1995, 71; unklar *Weyand/Diversy* Rn. 97: „Bilanzerstellung"; zur Frage, ob die Bilanzfeststellung bei einer Ein-Mann-GmbH rechtsgeschäftlichen Charakter hat, vgl. OLG Celle 28.10.2009 – DStR-Aktuell 2010, Heft 3 XI.
206 LK/*Tiedemann* StGB StGB § 283 Rn. 136, 150 mwN; Wannemacher/*Hartung* Rn. 5141; Baumbach/Hopt/*Merkt* HGB § 245 Rn. 3; Küting/Pfitzer/Weber/*Ellerich/Swart* Bd. 1, HGB § 245 Rn. 13; *Müller* in Ulmer/Habersack/Löbbe GmbHG § 29 Rn. 23; *Meilicke* StbJb 1979/80, 455; *Rose* DB 1974, 1031 (1032); *Reck* GmbHR 2001, 427; *Küting/Weber/Boecker* StuB 2004, 1 (2); unklar LK/*Tiedemann* StGB § 283 Rn. 150; NK-StGB/*Kindhäuser* StGB § 283 Rn. 82, aA Müller-Gugenberger/*Wolf* § 26 Rn. 82.

mals „parallel" begleitend durchgeführt wird[207] und nicht selten zu Änderungen führt, bevor es zur Testat-Erteilung kommt. Erst durch die Feststellung des Jahresabschlusses (und ggf. vorheriger Prüfung durch den Aufsichtsrat, § 171 AktG)[208] wird verbindlich erklärt, dass der vorgelegte Abschluss als der vom Gesetz verlangte, mit entsprechenden gesetzlichen Folgen für die Gesellschaft, die Gesellschafter und die gesetzlichen Vertreter verbundene Jahresabschluss gelten soll.[209] Eine Gläubiger(vermögens)- oder Wirtschaftsgefährdung kann somit frühestens durch die Feststellung einer (handelsrechtswidrigen) Bilanz einsetzen.[210] Von einer bloßen sprachlichen Ungenauigkeit des Gesetzgebers bei Einführung des § 283 b StGB kann angesichts der damals bereits seit langem bestehenden Unterscheidung zwischen der Aufstellung und Feststellung einer Bilanz nicht gesprochen werden.[211] § 283 b Abs. 1 Nr. 3 a StGB verlangt damit nicht die Feststellung, sondern nur die Aufstellung der Bilanz und stellt damit ein Handeln unter Strafe, das noch gar nicht geeignet ist, die zu schützenden Rechtsgüter überhaupt zu beeinträchtigen, es sei denn, die Prüfung durch den Abschlussprüfer ebenso wie die Feststellung des Jahresabschlusses würde als bloße Formalie angesehen. Die Strafbarkeit einer derart weit vorgelagerten **Vorbereitungshandlung** ist rechtspolitisch abzulehnen.[212] De lege ferenda sollte lediglich die Feststellung eines handelsrechtswidrigen Jahresabschlusses pönalisiert werden.

38 Die nach § 245 S. 1 HGB geltende Pflicht zur Unterzeichnung des Jahresabschlusses (mithin auch der Bilanz) unter Angabe eines Datums gilt nach hM jedenfalls bei Personen- und Kapitalgesellschaften nicht für den aufgestellten, sondern nur für den festgestellten Jahresabschluss[213] (für den Konzernabschluss vgl. § 298 Abs. 1 HGB iVm § 290 Abs. 1 HGB). Eine Pflicht zur Unterzeichnung einer lediglich aufgestellten Bilanz gibt es nicht.[214] Die Tathandlung

---

207 *Kropff* in FS Peltzer S. 219 (221).
208 Vgl. *Kropff* in FS Peltzer S. 219 (222 f.); vgl. auch *Weiß* WM 2010, 1010.
209 MüKoAktG/*Hennrichs/Pöschke* AktG § 172 Rn. 13; *Koch* in Hüffer AktG § 172 Rn. 5; *Haas* in Baumbach/Hueck GmbHG § 42 a Rn. 14; *Zöllner/Noack* in Baumbach/Hueck GmbHG § 46 Rn. 9; Canaris/Habersack/Schäfer/*Pöschke* HGB § 242 Rn. 19; *Kropff* in FS Peltzer S. 219 (223).
210 Vgl. BGH 28.10.1993 – IX ZR 21/93, BB 1994, 183 (186) unter 2. d bb; *Müller* in Ulmer/Habersack/Löbbe GmbHG § 29 Rn. 31; Küting/Pfitzer/Weber/*Poll* Bd. 4, AktG § 172 Rn. 4; *Louis* S. 107 ff.; aA *Weiß* WM 2010, 1010.
211 Vgl. bereits §§ 41 S. 2, 46 Nr. 1 GmbHG aF; *Weipert* in RGR Großkomm. z. HGB, 2. Aufl. 1950, § 114 Anm. 2: „Aufstellung der Jahresbilanz als Grundlage für deren Feststellung"; zum Wortlaut von § 240 Abs. 1 Nr. 4 KO aF („Bilanz ziehen") vgl. *Blumers* S. 4; *Küting/Weber/Boecker* StuB 2004, 1 (5) mwN.
212 In diesem Sinne SK-StGB/*Rudolphi/Jäger* StGB Vor § 1 Rn. 21; MüKoStGB/*Freund* StGB Vor §§ 13 ff. Rn. 54; *Zieschang*, Die Gefährdungsdelikte, S. 383 ff.; aA *Weber*, Unrichtige Wiedergabe und Verschleierung, S. 321; *Wegner* HWSt VII 1 Rn. 165; LK/*Tiedemann* StGB § 283 Rn. 150; *Wolf/Nagel* StuB 2006, 621 (622).
213 Vgl. bereits RG 20.6.1883 – 391/83, RGSt 8, 424; BGH 28.1.1985 – II ZR 79/84, BB 1985, 567; Canaris/Habersack/Schäfer/*Pöschke* HGB § 245 Rn. 5 mwN, § 242 Rn. 18; Baumbach/Hopt/*Merkt* HGB § 245 Rn. 1; MüKoHGB/*Ballwieser* HGB § 245 Rn. 5; Küting/Pfitzer/Weber/*Ellerich/Swart* Bd. 1, HGB § 245 Rn. 13; *Meilicke* StbJb 1979/80, 455; aA *Erle* Wpg 1987, 637 ff.
214 BGH 28.1.1985 – II ZR 79/84, BB 1985, 567: überzeugend *Kropff* in FS Peltzer S. 219 (234 ff.); aA *Küting/Kaiser* Wpg 2000, 577 (586); *Weyand/Diversy* Rn. 97.

ist daher zeitlich nicht ohne Weiteres bestimmbar.[215] Zwar kann auch ein nicht unterzeichneter Jahresabschluss aufgestellt sein,[216] da eine fehlende Unterzeichnung unter Datumsangabe keinen Rückschluss darauf zulässt, ob der Jahresabschluss aufgestellt ist. Angesichts der indiziellen Bedeutung für den fehlenden Abschluss bzw. der hierfür erforderlichen Arbeiten (periodischer Abschluss der Buchführung, Ausarbeitung einer unterschriftsreifen Vorlage, insbesondere bei Kapitalgesellschaften) wird jedoch bei fehlender Unterschrift praktisch nicht feststellbar sein, ob der Kaufmann die Bilanz gleichwohl als die seine anerkannt hat.[217] Ein Verstoß gegen die Unterzeichnungspflicht nach § 245 HGB (formalrechtlicher Fehler) stellt zwar eine Ordnungswidrigkeit dar (§ 334 Abs. 1 Nr. 1 a HGB), erschwert aber nicht die Übersicht über den Vermögensstand.[218]

(c) Entgegen dem Handelsrecht

Die Bilanz muss materiell-handelsrechtswidrig („entgegen dem Handelsrecht") aufgestellt sein. Hierin liegt zunächst eine umfassende Blankett-Verweisung auf – kodifizierte wie nicht kodifizierte (zB Grundsätze ordnungsgemäßer Buchführung wie Bilanzwahrheit, -klarheit, -vollständigkeit bzw. -kontinuität)[219] – Vorschriften und Regeln des Handelsrechts, ohne diese zu präzisieren. Für kapitalmarktorientierte Unternehmen gelten die Ansatz- und Bewertungsvorschriften der internationalen Rechnungslegungsnormen.[220] Infolge der Übernahme einzelner International Accounting Standards (IAS) bzw. nunmehr International Financial Reporting Standards (IFRS) in nationales Recht aufgrund der sog IAS-Verordnung[221] ist auch eine gegen diese Normen verstoßende Bilanz „entgegen dem (europäisierten, aber damit auch einzelstaatlich anerkannten) Handelsrecht" aufgestellt.[222]   39

Orientierungsmaßstäbe bilden einzelne Vorschriften des HGB, wobei dort wiederum auf teilweise unbestimmte Rechtsbegriffe in einer weiteren Blankett-Stufenfolge verwiesen wird:[223] Die zentralen handelsrechtlichen Anforderungen an den Bilanzinhalt als Teil eines aufzustellenden Jahresabschlusses enthält   40

---

215 Wannemacher/*Hartung* Rn. 5143; den Zeitpunkt der Aufstellung nach Rechtsformen diff. *Rose* DB 1960, 529 ff.; zu den Ablaufphasen der Aufstellung *Rose* DB 1974, 1031 ff.; zur Beweisfunktion der Unterzeichnung, OLG Frankfurt aM BB 1989, 325; *Kropp/Sauerwein* DStR 1995, 72.
216 Canaris/Habersack/Schäfer/*Pöschke* HGB § 243 Rn. 42; *Wolf/Nagel* StuB 2006, 621 (625).
217 So aber RG 20.6.1883 – 391/83, RGSt, 8, 424; *Weyand/Diversy* Rn. 94; Müller-Gugenberger/*Richter* § 85 Rn. 45; *Wolf/Nagel* StuB 2006, 621 (625).
218 Canaris/Habersack/Schäfer/*Pöschke* HGB § 243 Rn. 14; LK/*Tiedemann* StGB § 283 Rn. 136; aA BGH 11.2.2010 – 4 StR 433/09, wistra 2010, 219 Rn. 15; *Beukelmann* in BeckOK StGB § 283 Rn. 70; LK/*Tiedemann* StGB § 283 Rn. 150; *de Weerth*, Bilanzordnungswidrigkeiten, S. 127 ff.
219 *Dannecker/Hagemeier* in Dannecker/Knierim, Teil 3 Rn. 949.
220 Müller-Gugenberger/*Richter* § 85 Rn. 40; Müller-Gugenberger/*Wolf* § 26 Rn. 146 ff.
221 VO (EG) Nr. 1606/2002 des Europäischen Parlaments und des Rates v. 19.7.2002 betreffend die Anwendung internationaler Rechnungslegungsstandards, ABl. EG Nr. L 243, 5, 1; *Bongertz*, IAS-Verordnung, 2008, S. 21 ff.
222 MüKoStGB/*Sorgenfrei* HGB Vor §§ 331 ff. Rn. 35; *Bongertz* Fn. 233, S. 173, 232; aA *Hagedorn* Rn. 211, S. 79.
223 Vgl. umfangreiche Übersicht zu Beispielen für auslegungsbedürftige Ansatz-, Bewertungs- und Ausweisvorschriften des HGB bei Küting/Pfitzer/Weber/*Baetge/Fey/Fey/Klönne* Bd. 1, HGB § 243 Rn. 4; näher unten Rn. 44, 46.

zunächst § 243 HGB, wonach der Jahresabschluss nach den Grundsätzen ordnungsmäßiger Buchführung (GoB) aufzustellen ist.[224] Umstritten ist die bilanzrechtliche Bedeutung von § 264 Abs. 2 S. 1 HGB, wonach der Jahresabschluss unter Beachtung der GoB ein den tatsächlichen Verhältnissen entsprechendes Bild der Vermögens-, Finanz- und Ertragslage zu vermitteln hat.[225] Wenngleich diese Vorschrift unmittelbar nur für Kapitalgesellschaften und über § 264 a Abs. 1 HGB für die kapitalistische GmbH & Co. KG gilt, dürften für Einzelkaufleute und Personengesellschaften dieselben Anforderungen aus dem unkodifizierten **Grundsatz der Bilanzwahrheit** folgen.[226] Bilanzwahrheit bedeutet dabei allerdings nicht, dass die Bilanz der objektiven Wahrheit (wirklichen Vermögenslage) entspricht. Die **handelsbilanzielle Wahrheit ist** vielmehr **nur relativ** in Bezug auf den Bilanzzweck, die gesetzlichen Vorschriften und die Grundsätze ordnungsmäßiger Buchführung zu verstehen.[227] Danach ist zum einen das **Prinzip der Vollständigkeit** in § 239 Abs. 2 HGB als materiell-handelsrechtliche Vorgabe zu beachten. Sämtliche Geschäftsvorfälle mit ihren Auswirkungen auf der Bestandsseite (Aktiva, Passiva) müssen lückenlos erfasst sein.[228] Hierzu zählt zweifelsfrei jedoch **nicht** das **Privatvermögen des Einzelkaufmanns**.[229] Ebenso dürfen Vermögensgegenstände und Schulden des Kaufmanns nicht fingiert werden, sondern müssen vollständig aufgeführt werden (vgl. § 246 Abs. 1 HGB), wobei sowohl für die Aktivierung wie Passivierung von Vermögensgegenständen Ansatzgebote, -wahlrechte oder -verbote zu beachten sein können.[230] Dabei kann die Vermögenslage auch durch falsche Angaben über die Art der Geschäfte (zB fingierte Umsätze) oder über die Person des Gläubigers (Bonität einer Forderung) unzutreffend sein.[231] Ferner ist das **Prinzip der Richtigkeit** zu beachten, dh die handelsbilanziell zutreffende Erfassung von Vermögensgegenständen ihrer Art nach (zB Anlage- oder Umlaufvermögen), sowie das **Prinzip der Klarheit**, dh die Darstellung im Jahresabschluss dem Grunde (Einhaltung der Gliederungsvorschriften wie §§ 265, 266 HGB),[232] sowie – praktisch äußerst bedeutsam – ihrer Höhe nach.

---

224 Beck'scher Bilanzkommentar/*Schmidt/Usinger* HGB § 243 Rn. 1 ff.; *Wegner* HWSt VII 1 Rn. 162.
225 Vgl. EuGH 27.6.1996 – Rs. C-234/94, ZIP 1996, 1168 (Tomberger); allgemein Baumbach/Hopt/*Merkt* HGB § 264 Rn. 12; MüKoHGB/*Ballwieser* HGB § 243 Rn. 8 ff.; MüKoHGB/*Ebke* HGB § 317 Rn. 9 ff.; Küting/Pfitzer/Weber/*Baetge/Fey/Klönne* HGB § 243 Rn. 1 ff.
226 Hierzu MüKoHGB/*Ballwieser* HGB § 243 Rn. 12; *Wegner* HWSt VII 1 Rn. 164.
227 Ganz hL, Küting/Weber/*Baetge/Fey/Fey* Bd. 1, HGB § 243 Rn. 14 ff.: „Zweckgerechtigkeit der GoB"; Baumbach/Hopt/*Merkt* HGB § 243 Rn. 5; Canaris/Habersack/Schäfer/*Hüttemann/Meyer* HGB § 264 Rn. 39, *Tiedemann*, GmbH-Strafrecht, GmbHG Vor §§ 82 ff. Rn. 74.
228 *Louis* S. 45 mwN; *Wegner* HWSt VII 1 Rn. 164.
229 *Wegner* HWSt VII 1 Rn. 164; MüKoStGB/*Petermann* StGB § 283 Rn. 56 mwN; aA RGSt 41, (43 ff.); NK-StGB/*Kindhäuser* StGB § 283 Rn. 83.
230 ZB § 248 Abs. 2 HGB; zu allem Baumbach/Hopt/*Merkt* HGB § 264 Rn. 25.
231 BGH bei *Herlan* GA 1961, 353 (358); LK/*Tiedemann* StGB § 283 Rn. 112.
232 Spezialvorschriften zur Klarheit und Übersichtlichkeit des Jahresabschlusses bestehen für Kapitalgesellschaften ferner in §§ 275, 277 HGB, in Spezialvorschriften für publizitätspflichtige Unternehmen (vgl. § 5 PublG) sowie für verschiedene Branchen wie zB Versicherungen, Kreditinstitute (vgl. § 330 HGB), Versicherungs- und Wohnungsunternehmen sowie für Pflegeeinrichtungen und Pensionsfonds; vgl. zu allem MüKoHGB/*Fehrenbacher* HGB § 330 Rn. 9 ff.

Kap. 10.2. § 283 b StGB Verletzung der Buchführungspflicht

Die **Bewertung** muss den zahlreichen Bewertungsvorschriften und -grundsätzen entsprechen (§§ 252–256 HGB bzw. einschränkend für Kapitalgesellschaften §§ 279–283 HGB).[233] Wo diese Vorschriften die Wahl zwischen Bewertungsmethoden, Bewertungsspielräumen und stillen Reserven zulassen, liegt kein Verstoß gegen die handelsrechtliche Bilanzwahrheit vor.[234] Das Ausnutzen gesetzlich eingeräumter Wahlrechte oder Ermessensspielräume sowie der Einsatz von Sachverhaltsgestaltungen als Mittel der Bilanzpolitik ist zulässig, selbst wenn solche Maßnahmen nach außen nicht erkennen lassen, in welche Richtung und in welchem Umfang der Ergebnisausweis beeinflusst wurde.[235] Von danach zulässiger Bilanzpolitik („Bilanzkosmetik",[236] „Bilanz-Lifting"),[237] ggf. unter Verwendung sog Bilanzierungshilfen[238] (uU schwierig) abzugrenzen ist unzulässige **Bilanzfälschung**.[239] Dies eröffnet bei nach IAS/IFRS erstellten Bilanzen noch größere Beurteilungsspielräume, Wahlrechte und Ermessensmöglichkeiten als bei nach HGB erstellten Bilanzen[240] und kann somit bereits beim objektiven Tatbestand (erst recht bei der Frage des Vorsatzes) zu erheblichen Nachweisproblemen führen.[241] 41

Entgegen dem Handelsrecht aufgestellt ist eine Bilanz auch dann, wenn der bei Kapitalgesellschaften nach § 264 Abs. 1 S. 1 HGB erforderliche **Anhang** nicht die inhaltlichen Voraussetzungen nach § 264 Abs. 2 iVm §§ 284 ff. HGB erfüllt (zB Angaben über die Abweichung von Bewertungsmethoden). Insbesondere das Unterlassen zusätzlicher Angaben bei besonderen Umständen trotz Verpflichtung (Pflichtangaben, § 264 Abs. 2 S. 2 HGB), die qualitativ und quantitativ zu bestimmen sind, führt zu einem Verstoß gegen § 283 b StGB. 42

---

[233] Für alle LK/*Tiedemann* StGB § 283 Rn. 138 mwN; Schönke/Schröder/*Heine/Schuster* StGB § 283 Rn. 44; zur Berichterstattungspflicht des Abschlussprüfers über us "wesentliche Bewertungsgrundlagen" vgl. § 321 Abs. 2 S. 4 HGB; krit. hierzu *Rabenhorst* DStR 2003, 436 (438); *Pfitzer/Oser/Orth* DB 2002, 164.
[234] Zutr. *Knierim* PStR 2001, 246 (247); Baumbach/Hopt/*Merkt* HGB § 243 Rn. 5; allg. zu Wahlrechten nach HGB bzw. IAS/IFRS vgl. *von Keitz* DB 2003, 1801.
[235] Allg. zu Bilanzpolitik Beck'scher Bilanzkommentar/*Schmidt/Poullie* HGB § 321 Rn. 61 mwN; *Ossola-Haring* b&b 2002, 178; *Pfleger* INF 1994, 311 ff. (312); für die Zeit der Umstellung von HGB auf IAS (oben Fn. 15) ist dabei mit erheblichen Divergenzen zu rechnen, vgl. beispielhaft *Krawitz* StuB 2002, 629 u. 733; *Hoffmann/Lüdenbach* DStR 2003, 565 u. 1965; *Böcking/Sittmann-Haury* BB 2003, 195; *Streim/Esser* StuB 2003, 781; zur Bilanzpolitik nach IAS/IFRS vgl. *Meyer/Meisenbacher* DStR 2004, 567; zu verdeckten Bilanzierungswahlrechten nach IAS/IFRS vgl. *Kirsch* BB 2003, 1111.
[236] Beck'scher Bilanzkommentar/*Winkeljohann/Schellhorn* HGB § 264 Rn. 50.
[237] *Pfleger*, Bilanz-Lifting, S. 11 ff.
[238] Vgl. § 269 S. 1 (Aufwendungen für die Ingangsetzung und Erweiterung des Geschäftsbetriebs) und § 274 Abs. 2 S. 1 HGB (aktive latente Steuern); allg. hierzu MüKoHGB/*Ballwieser* HGB § 246 Rn. 91 ff.
[239] *Schüppen* S. 9 ff.; *Pfleger*, INF 1994, 311 ff., 342 ff., 374 ff.; Müller-Gugenberger/*Wolf* § 26 Rn. 145; allg. zu Ermessens- und Darstellungsspielräumen nach IAS/IFSB vgl. *von Keitz* DB 2003, 1801 (1802 ff.); krit. *Hoffmann/Lüdenbach* DB 2003, 1965 (1969).
[240] *Küting/Wohlgemuth* DStR 2004, Beihefter zu Heft 48/2004, 1 ff.; *Küting/Reuter* BB 2005, 706 ff.; *Hüttche* BB 2005, 147 ff.; *Tanski* DStR 2004, 1843; *Meyer/Meisenbacher* DStR 2004, 567 ff.; *Schnorr* StuW 2004, 305 ff.; *Tschakert*, Stille Lasten im Jahresabschluss nach IAS/IFRS, 2004, S. 57 ff., 217 ff.; *Eiselt/Müller/Wulf* KoR 2005, 575; *Kirsch* BB 2006, 1266 ff.
[241] *Wolff* StuB 2003, 775 (780) mwN.

Hierbei kommt es nur auf wesentliche Abweichungen zwischen Jahresabschlusslage und Effektivlage des Unternehmens an.[242]

43 Grundsätzlich kommen neben Verstößen gegen die vorstehenden Ansatz- bzw. Bewertungs-GoB, die am Grundsatz der Fortführung der Unternehmenstätigkeit (**Going Concern-Prinzip**), der Einzelbewertung, dem Vorsichts- und Imparitätsprinzip, dem Realisationsprinzip, dem Grundsatz der Bewertungsstätigkeit ua ausgerichtet sind, auch Verstöße gegen Gliederungsvorschriften (§ 266 HGB) in Betracht.[243] Hierbei treten in der Praxis jeweils erhebliche Nachweisprobleme[244] und Beurteilungsspielräume zutage, die uU nur zur Strafbarkeit unter **Fahrlässigkeitsgesichtspunkten** (§ 283 b Abs. 2 StGB) führen (Rn. 61). Dies wird erheblich verstärkt durch die zahlreichen Ansätze, Bewertungs- und Prognosespielräume, sofern es sich um kapitalmarktorientierte Unternehmen handelt, die internationale Rechnungslegungsstandards anwenden.[245] Ein **Bilanzierungsfehler in der Steuerbilanz** soll nach BFH **objektiv** voraussetzen, dass ein Bilanzansatz gegen ein handelsrechtliches Bilanzierungsgebot oder -verbot verstößt und **subjektiv**, dass der Kaufmann diesen Verstoß nach den im Zeitpunkt der Bilanzerstellung bestehenden Erkenntnismöglichkeiten über die zum Bilanzstichtag gegebenen objektiven Verhältnisse bei pflichtgemäßer und gewissenhafter Prüfung erkennen konnte.[246]

44 Zweifel an der Tatbestandsbestimmtheit (Art. 103 Abs. 2 GG) folgen aus der Ausgestaltung als mehrfach gestufter Blankettnorm: § 283 b StGB verweist auf Grundsätze ordnungsmäßiger Buchführung („entgegen dem Handelsrecht"), die ihrerseits nur teilweise in Einzelvorschriften umrissen sind und dort wiederum unbestimmte Rechtsbegriffe enthalten.[247] **Beispiel:** Die materiellrechtliche Richtigkeit des Bilanzansatzes von Vermögensgegenständen des Anlagevermögens bei außerplanmäßiger Abschreibung beruht auf einer „voraussichtlich dauernden Wertminderung" (§ 253 Abs. 2 S. 2 Alt. 2 HGB). Ein derartig subjektiv-prognostischer Maßstab erscheint unter dem Gesichtspunkt der Bestimmtheit problematisch (Art. 103 Abs. 2 GG).[248] Strafbarkeitseinschränkend ist daher zumindest eine **Wesentlichkeitsschwelle** notwendig, um die verfassungsrechtlich gebotene Vorhersehbarkeit der strafrechtlichen Relevanz zu ge-

---

242 Canaris/Habersack/Schäfer/*Hüttemann*/*Meyer* HGB § 264 Rn. 50 ff.: „ungewöhnliche, rein bilanzpolitische Maßnahmen von einigem Gewicht" (Beispiele dort unter Rn. 54, etwa „Sale-and-lease-back"-Verfahren).
243 Vgl. beispielhaft Baumbach/Hopt/*Merkt* HGB § 252 Rn. 7; MüKoHGB/*Ballwieser* HGB § 255 Rn. 1 ff.; Canaris/Habersack/Schäfer/*Kleindiek* HGB § 252 Rn. 1 ff.; LK/*Tiedemann* StGB § 283 Rn. 14 ff.
244 *Weyand*/*Diversy* Rn. 93.
245 Krit. Müller-Gugenberger/*Richter* § 85 Rn. 2; zur Abweichung der IFRS etwa vom Vollständigkeitsgebot und der Zuordnung von Vermögenswerten vgl. Beck'scher Bilanzkommentar/*Schmidt*/*Ries* HGB § 246 Rn. 150 ff.
246 Sog normativ-subjektiver Fehlerbegriff, str. vgl. BFH 12.11.1992 – IV R 59/91, BStBl. 1993 II 392; FG BW EFG 1998, 268; *Heinicke* in Schmidt, EStG-Kommentar, EStG § 4 Rn. 681.
247 Krit. hierzu MüKoStGB/*Schmitz* StGB § 1 Rn. 60 f.; *Biletzki* NStZ 1999, 537 (538); *Cobet*, Fehlerhafte Rechnungslegung, S. 7 ff.
248 Küting/Pfitzer/Weber/*Kuhner*/*Päßler* Bd. 3, HGB § 321 Rn. 52; BVerfG 8.5.1974 – 2 BvR 636/72, BVerfGE 37, 201 ff.; zur Problematik des Prognoseberichts als Teil des Lageberichts gem. § 289 HGB, vgl. *Arbeitskreis „Externe und Interne Überwachung der Unternehmung"* der Schmalenbach-Gesellschaft für Betriebswirtschaft eV DB 2003, 105.

Kap. 10.2. § 283 b StGB Verletzung der Buchführungspflicht

währleisten (vgl. Nachweise Rn. 24). Maßstab hierzu ist angesichts einer vergleichbaren Normzweckausrichtung die in § 256 Abs. 1 Nr. 1, Abs. 5 AktG vorgenommene quantitative Eingrenzung einzelner Verstöße gegen Rechnungslegungsvorschriften. Danach wird **im Wege verfassungskonformer Auslegung** (allerdings nur für den festgestellten Jahresabschluss) die Nichtigkeit desselben **nur bei besonders gravierenden Gesetzesverstößen** angenommen.[249] Verstöße gegen Gliederungsvorschriften werden nur bei „wesentlicher" Beeinträchtigung der Klarheit und Übersichtlichkeit des Jahresabschlusses sanktioniert.[250] Auch der Fall der Überbewertung (§ 256 Abs. 5 S. 1 Nr. 1, 2 AktG) führt nur bei „wesentlicher" Beeinträchtigung zur Nichtigkeit.[251] Im Übrigen ist es Tatfrage, ob Mängel als so gravierend anzusehen sind, dass man von einer nicht aufgestellten Bilanz sprechen kann.[252]

(2) § 283 b Abs. 1 Nr. 3 b StGB, verspätete Bilanz- oder Inventar-Aufstellung

Strafbar ist nach § 283 b Abs. 1 Nr. 3 b StGB sowohl die handelsrechtswidrig verspätete Bilanz- als auch die **verspätete Inventaraufstellung** als echtes Unterlassungsdelikt.[253]

(a) Verspätete Bilanzaufstellung

Eine **Frist für die Bilanzaufstellung** ist handelsrechtlich für Einzelkaufleute und Personengesellschaften nicht absolut geregelt, sondern wird mit dem unbestimmten Rechtsbegriff „innerhalb der einem ordnungsmäßigen Geschäftsgang entsprechenden Zeit" umschrieben (§ 243 Abs. 3 HGB).[254] Die Aufstellungsfrist ist dabei zweckorientiert insolvenzstrafrechtlich auszulegen.[255] Insoweit gilt die für kleine Kapitalgesellschaften iSd § 267 Abs. 1 HGB eine verlängerte Frist von **sechs Monaten** (§ 264 Abs. 1 S. 3 HGB, entsprechend für kleine GmbH & Co. KG, § 264 a Abs. 1 HGB sowie für die Investmentaktiengesell-

---

249 Wannemacher/*Hartung* Rn. 5148; allgemein *Koch* in Hüffer/Koch AktG § 256 Rn. 6 ff.
250 *Koch* in Hüffer/Koch AktG § 256 Rn. 24 mwN.
251 BGH 1.3.1982 – II ZR 23/81, NJW 1983, 42; LG Frankfurt 3.5.2001 – 3/6 O 135/00, DB 2001, 1483; *Koch* in Hüffer/Koch AktG § 256 Rn. 25 mwN; dabei ist auf die gesamten Bilanzverhältnisse der Gesellschaft abzuheben (LG Frankfurt 3.5.2001 – 3/6 O 135/00, DB 2001, 1483: unwesentlich, wenn 22% des Bilanzpostens weniger als 1% der Bilanzsumme ausmachen).
252 Schönke/Schröder/*Heine/Schuster* StGB § 283 Rn. 46.
253 BGH 30.1.2003 – 3 StR 437/02, NStZ 2003, 546; Schönke/Schröder/*Heine/Schuster* StGB § 283 Rn. 45; MüKoStGB/*Petermann* StGB § 283 Rn. 55; Graf/Jäger/Wittig/*Reinhart* StGB § 283 Rn. 68.
254 BVerfG 15.3.1978 – 2 BvR 927/76, BVerfGE 48, 48 (57 ff.); aA noch RegE 1. WiKG § 39 Abs. 3 S. 2: fünf bzw. neun Monate; vgl. auch *Meilicke* StbJb 1979/80, 450 f.; krit. LK/*Tiedemann* StGB § 283 Rn. 147, *Paa* INF 1998, 278: bei mehr als 12 Monaten Verstoß gegen GoB; *Weyand* Rn. 98: maximal neun Monate; *Wegner* HWSt VII 1 Rn. 169; *Blumers* S. 128 ff.; *ders.* DStR 1983, 707, 709.
255 Vgl. Empfehlungen der Bundessteuerberaterkammer, DStR 1990, Beihefter zu Heft 1/2, 1 (2) mit Rechtsprechungsfällen, aber ohne nähere Konkretisierung: „zeitnahe Bilanzierung", „unverzüglich"; Müller-Gugenberger/*Richter* § 85 Rn. 50; Küting/Weber/*Baetge/Fey/Fey/* Bd. 1, HGB § 243 Rn. 94 ff.; die Steuerrechtsprechung ist angesichts anderer Zwecksetzung tendenziell großzügiger, vgl. Nachweise bei Canaris/Habersack/Schäfer/*Pöschke* HGB § 243 Rn. 38, 40; Küting/Pfitzer/Weber/*Baetge/Fey/Fey/ Klönne* Bd. 1, HGB § 243 Rn. 89 ff.; zur Frage der Strafbarkeit nach §§ 283 b Abs. 1 Nr. 3 b oder 283 Abs. 1 Nr. 7 b StGB bei Kriseneintritt nach Ablauf des Bilanzstichtages *Reither* wistra 2014, 48.

schaft, § 66 KAGG); sie darf nur ausnahmsweise geringfügig überschritten werden.[256] Bei einer mittelgroßen und großen **Kapitalgesellschaft** bzw. GmbH & Co. KG iSd § 267 Abs. 2 HGB ist die Aufstellungsfrist handelsrechtlich zwingend dahin gehend geregelt, dass der Jahresabschluss (mithin auch die Bilanz) **in den ersten drei Monaten des Geschäftsjahres** (nicht notwendig gleichzusetzen mit Kalenderjahr) für das vergangene Geschäftsjahr aufzustellen ist (§§ 264 Abs. 1 S. 2, 264 a Abs. 1 HGB).[257] Für Konzernabschlüsse gilt eine **Frist von vier Monaten** (§ 290 Abs. 1 HGB). Sonderregelungen gelten für Kreditinstitute (§ 340 a Abs. 1 HGB iVm § 26 Abs. 1 KWG) sowie für Versicherungsunternehmen (vgl. § 341 a Abs. 1 HGB).[258]

47 Je näher die Krisensituation liegt (zB Zahlungseinstellung, § 283 b Abs. 3 iVm § 283 Abs. 6 StGB), desto eher wird vom BVerfG in Ansehung des Normzwecks eine zeitnahe und ohne schuldhaftes Zögern erfolgende Bilanzaufstellung „alsbald" gefordert (**2–3 Monate**).[259] Die Dreimonatsfrist des § 264 Abs. 1 S. 2 HGB ist folglich keine starre Untergrenze,[260] was allerdings in der Praxis eine Gratwanderung zwischen Tempo und Qualität (iSd Richtigkeit) bedeutet. Im Liquidationsfall tritt der Liquidator in die laufende Frist ein.[261] Die **Verlängerung von Abgabefristen für steuerliche Zwecke** ist für die Strafbarkeit nach § 283 b StGB **bedeutungslos**.[262]

48 Der Zeitablauf allein kann zwar die Buchführung inhaltlich nicht mehr beeinflussen. Der formelle handelsrechtliche Mangel fehlender Rechtzeitigkeit mündet jedoch strafrechtlich vor dem Hintergrund der objektiven Strafbarkeitsbe-

---

256 BGH 14.12.1999 – 5 StR 520/99, wistra 2000, 136; OLG Düsseldorf 27.9.1979 – 5 Ss 391–410/79 I, NJW 1980, 1292; offengelassen durch BFH 6.12.1983 – Viii R 110/79, ZIP 1984, 882 (jedenfalls nicht über ein Jahr); aA *Adler/Düring/Schmaltz* HGB § 243 Rn. 41 ff.: 6–9 Monate; in der Praxis wird insbesondere bei Einzelkaufleuten und Personengesellschaften oftmals gegen die Aufstellungsfrist verstoßen (zur Festsetzung von Zwangsgeld vgl. § 335 Nr. 1 HGB idF KapCoRiLiG 2000, zur Festsetzung von Ordnungsgeld mangels rechtzeitiger Offenlegung des Jahresabschlusses gegenüber dem Registergericht vgl. § 335 a Nr. 1 iVm § 325 HGB). Nachdem das Registergericht nur auf Antrag einschreitet (§§ 335 S. 2, 335 a S. 3 HGB), versuchen zunehmend Konkurrenten bzw. Kaufinteressenten auf diesem Weg eine größere öffentliche Transparenz und Publizität von Jahresabschlüssen zu bewirken.
257 *Moosmayer* NStZ 2000, 295 (296); die Strafverfolgungspraxis billigt davon abweichend regelmäßig die 6-Monats-Frist zu, vgl. Wabnitz/Jankovsky/*Köhler* 7. Kap. Rn. 142; *Wegner* HWSt VII 1 Rn. 168.
258 Übersicht und weitere Einzelheiten, zB für eG vgl. Küting/Weber/*Baetge/Commandeur/Hippel*, Bd. 2, HGB § 264 Rn. 5.
259 BVerfG 15.3.1978 – 2 BvR 927/76, BVerfGE 48, 48 (63); Wabnitz/Jankovsky/*Pelz* 9. Kap. Rn. 161, *Schmidt/Usinger* in Beck'scher BilKomm, HGB § 243 Rn. 95; Baumbach/Hopt/*Merkt* HGB § 243 Rn. 10; Küting/Pfitzer/Weber/*Baetge/Fey/Fey/Klönne* HGB § 243 Rn. 94 ff.; BeckHdR/*Müller* D 20 Rn. 34 f.; *Reichel* BB 1981, 708; *Weyand/Diversy* Rn. 98 mwN; krit. LK/*Tiedemann* StGB § 283 Rn. 147; allg. kritisch zur Tendenz der beschleunigten Jahresabschlusserstellung („Fast Close") unter Qualitätsaspekten Küting/Weber/*Boecker* StuB 2004, 1 (8); hierzu auch *Eggemann/Petry* BB 2002, 1635; zur Ordnungsmäßigkeit virtueller Jahresabschlüsse vgl. *Hüttche* BB 2002, 1639.
260 *Blumers* S. 82 f.; *ders.* DB 1986, 2036; Canaris/Habersack/Schäfer/*Pöschke* HGB § 243 Rn. 30 ff.
261 BayObLG 31.1.1990 – Rreg 3 St 166/89, BB 1990, 600 = wistra 1990, 201.
262 Möglicherweise kommt in solchen Fällen Strafmilderung wegen vermeidbaren Verbotsirrtums (§ 17 StGB) in Betracht, LK/*Tiedemann* StGB § 283 Rn. 149; *Wegner* HWSt VII 1 Rn. 170; *Weyand/Diversy* Rn. 105; *Weyand* PStR 2005, 235, 240.

dingung in die fehlende Ordnungsmäßigkeit der Buchführung insgesamt. Soweit der Buchführungspflichtige wesentliche Unterlagen nicht schon so spät oder unvollständig an den steuerlichen Vertreter weitergeleitet hat, dass bereits deshalb keine rechtzeitige Bilanzaufstellung erfolgen kann, reicht der bloße Fristablauf zur Tatbestandsverwirklichung aber nicht aus.[263] Andererseits beseitigt die verspätete Nachholung die eingetretene Gefährdungslage nicht und lässt somit die Strafbarkeit unberührt.[264] Bei nur kurzzeitigen Verzögerungen wird eine Verfahrensbeendigung nach §§ 153, 153 a StPO in Betracht kommen.[265]

Die **rechtliche oder tatsächliche Unmöglichkeit** der fristgerechten Bilanzaufstellung ohne eigenes Verschulden, zB bei Überlassung der Buchhaltungsunterlagen an ein Steuerberatungsbüro, lässt die Tatbestandsmäßigkeit entfallen.[266] Wenn – nach hierfür erforderlicher Übersicht über die wirtschaftliche Situation und Geschäftstätigkeit des Unternehmens[267] – etwa die Kosten für die Bilanzerstellung durch einen Steuerberater nicht aufgebracht werden können, entfällt nach ständiger Rechtsprechung die Strafbarkeit.[268] Wenn der Täter zu einem Zeitpunkt, in dem noch Geldmittel vorhanden sind, keine finanzielle Vorsorge für die Kosten der Bilanzerstellung trifft und dabei billigend in Kauf nimmt,

49

---

263 HM vgl. BGH 3.12.1991 – 1 StR 4966/91, wistra 1992, 145 (146); *Wegner* HWSt VII 1 Rn. 174; aA LK/*Tiedemann* StGB § 283 Rn. 151: Versuch.
264 RGSt 39, 165 (167); SK-StGB/*Hoyer* StGB § 283 Rn. 92; *Wegner* HWSt VII 1 Rn. 171.
265 Wabnitz/Jankovsky/*Pelz* 9. Kap. Rn. 159; *Wegner* HWSt VII 1 Rn. 171.
266 BGH 14.12.1999 – 5 StR 520/99, NStZ 2000, 206; BGH 20.12.1978 – 3 StR 408/78, BGHSt 28, 231 (232 f.); OLG Düsseldorf 23.7.1998 – 5 Ss 101/98–37/98 I, wistra 1998, 360; MüKoStGB/*Petermann* StGB § 283 b Rn. 9; Schönke/Schröder/*Heine/Schuster* StGB § 283 Rn. 47 a; *Wegner* HWSt VII 1 Rn. 174; NK-StGB/*Kindhäuser* StGB § 283 Rn. 59; *Pelz* Rn. 366, 401 f.; krit. *Fischer* StGB § 283 Rn. 29 b f.; *Renzikowski* in FS Weber S. 333 (334 f.); *Reck* GmbHR 2001, 425 (428); *Hagemeier* NZWiSt 2012, 105.
267 BGH 19.4.2007 – 5 StR 505/06, wistra 2007, 308 (309) = BGH NStZ 2008, 415; KG 18.7.2007 – (4) 1 Ss 261/06 (147/07), NStZ 2008, 406 mAnm *Achenbach* NStZ 2008, 503 (507).
268 Vgl. BGH 19.4.2007 – 5 StR 505/06, NStZ 2008, 415 = BGH wistra 2007, 308, mAnm *Achenbach* NStZ 2008, 503 (506 f.); KG 18.7.2007 – (4) 1 Ss 261/06 (147/07), NStZ 2008, 406; OLG Düsseldorf 23.5.2005 - III-2 Ss 32/05–18/05 III, 2 Ss 32/05–18/05 III,
StV 2007, 38; BGH 22.1.2004 – 5 StR 415/03, wistra 2004, 228 (229); BGH 30.1.2003 – 3 StR 437/02, NStZ 2003, 546 = BGH wistra 2003, 232; BGH 22.8.2001 – 1 StR 328/01, wistra 2001, 465; BGH 14.12.1999 – 5 StR 520/99, NStZ 2000, 206 = BGH wistra 2006, 136; BGH 5.11.1997 – 2 StR 462/97, wistra 1998, 105 m. zust. Anm. *Schramm* DStR 1998, 500 u. *Doster* wistra 1998, 327; BGH bei *Achenbach* NStZ 1994, 421 (424); BGH 3.12.1991 – 1 StR 496/91, wistra 1992, 145; BGH 20.12.1978 – 3 StR 408/78, NJW 1979, 1418; BayObLG 8.8.2002 – 5 St RR 202/02, 5 St RR 202/02 a, 5 St RR 202/02 b, wistra 2003, 30 m. krit. Anm. *Maurer* wistra 2003, 253; BayObLG 3.4.2003 – 5 St RR 72/03, BB 2003, 1380 mAnm *Weyand* StuB 2003, 815; BayObLG 31.1.1990 – Rreg 3 St 166/89, wistra 1990, 201; KG 13.3.2002 – (5) 1 Ss 243/01 (6/02), wistra 2002, 313; vgl. ferner Schönke/Schröder/*Heine/Schuster* StGB § 283 Rn. 47 a; *Pohl* wistra 1996, 14; *Reck* StuB 2000, 1281; *Wegner* PStR 2007, 287 (292); *Pelz* Rn. 367; krit. für Fälle mehrjähriger Bilanzierungsdelikte *Wegner* HWSt VII 1 Rn. 155; aA *Weyand* Rn. 81; Müller-Gugenberger/*Richter* § 85 Rn. 28; *Schäfer* wistra 1986, 204; *Schlüchter* JR 1979, 515; NK-StGB/*Kindhäuser* StGB § 283 Rn. 59, 88; Wannemacher/*Hartung* Rn. 5129 f.; *Beckemper* JZ 2003, 806 (807 f.); *Hagemeier* NZWiSt 2012, 105 ff.; krit. Wabnitz/Jankovsky/*Pelz* 9. Kap. Rn. 167 f.

später hierfür keine Mittel mehr zur Verfügung zu haben, könnte eine Strafbarkeit unter Rückgriff auf die (umstrittenen) Grundsätze der vorverlegten Verantwortlichkeit (sog omissio libera in causa) in Betracht kommen.[269] Dies ist jedoch – unabhängig von den hierzu bereits grundsätzlich streitigen Fragen[270] – abzulehnen, da es ebenso wenig wie für Lohn- oder Umsatzsteuern einen Vorrang der Bereitstellung von Mitteln zur Bilanzerstellung[271] (etwa gegenüber der Abführung von Sozialversicherungsbeiträgen)[272] gibt.

(b) Verspätete Inventaraufstellung

50 **Verspätete Inventaraufstellung** ist gegeben, wenn eine Inventur[273] (insbesondere Anfangs- oder Regelinventur, § 240 Abs. 1 HGB) gar nicht oder nicht „demnächst", dh innerhalb der einem ordnungsmäßigen Geschäftsgang entsprechenden Zeit erfolgt (§ 240 Abs. 2 S. 1, 3 HGB). Eine konkrete Fristigkeit für die Bestandsaufnahme folgt hieraus grundsätzlich nicht.[274] Soweit spezielle Inventurverfahren durchgeführt werden (zB Festwertansatz für die Inventur von Vermögensgegenständen des Sachanlagevermögens, die von untergeordneter Bedeutung sind und ständig ersetzt werden, sowie für Roh-, Hilfs- und Betriebsstoffe) ist demgegenüber die spezielle Regel-Frist von drei Jahren zu beachten (§ 240 Abs. 3 S. 2 HGB). Aus dem Stichtagsprinzip mag eine Inventurverpflichtung frühestens mit Ablauf des Geschäftsjahres erwachsen,[275] eine Ablauffrist zur Erfüllung ist gesetzlich grundsätzlich nicht bestimmt.[276] Ferner braucht das Inventar nicht unterzeichnet zu werden, die Tathandlung ist damit in der Praxis zeitlich kaum bestimmbar.[277]

---

269 Vgl. das obiter dictum in BGH 20.10.2011 – 1 StR 354/11, nur auszugsweise wiedergegeben in HRRS 2011, 509 = NStZ 2012, 511; hierzu *Hagemeier* NZWiSt 2012, 105 (109 f.); deutlicher der 2. Strafsenat in BGH 30.8.2011 – 2 StR 652/10, NJW 2011, 3733 Rn. 14 mAnm *Floeth* EWiR 2012, 221; BGH 6.5.2008 – 5 StR 34/08, wistra 2008, 379 (384); Graf/Jäger/Wittig/*Reinhart* StGB § 283 Rn. 47, 61; *Weyand* StuB 2003, 955 (956); *Rönnau* NStZ 2003, 525 (530); Müller-Gugenberger/*Richter* § 85 Rn. 30 ff.; *Weyand/Diversy* Rn. 86; ähnlich *Doster* wistra 1998, 326 (327); allg. hierzu Schönke/Schröder/Stree/*Bosch* StGB Vor § 13 Rn. 144; *Fischer* StGB § 283 Rn. 29 c, jeweils mwN; ähnlich *Beckemper* Anm. zu BGH 30.1.2003 – 3 StR 437/02, wistra 2003, 232 in JZ 2003, 806 (807 f.); aA OLG Frankfurt 22.9.1998 – 2 Ss 284/98, NStZ-RR 1999, 104; *Wegner* HWSt VII 1 Rn. 155, 173 unter Hinweis auf den Hinweis im Gesetzgebungsverfahren (BT-Drs. 7/3441, 36), wonach des wohl zu weit gehen würde, strafrechtlich auf unzureichende Vorbereitungshandlungen abzustellen; diff. MüKoStGB/*Petermann* StGB § 283 b Rn. 13 f.; *ders.* StGB § 283 Rn. 47.
270 Vgl. nur MüKoStGB/*Radtke* StGB § 266 a Rn. 67 f.; *Renzikowski* in FS Weber S. 333 (336 ff.).
271 MüKoStGB/*Petermann* StGB § 283 Rn. 47, 63; Renzikowski in FS Weber S. 333 (340 f., 345 f.); offengelassen von *Fischer* StGB § 283 Rn. 29 c; Wabnitz/Jankovsky/*Pelz* 9. Kap. Rn. 167 a f.
272 BGH 21.1.1997 – VI ZR 338/95, BGHZ 134, 304 (312): Schutzbedürftigkeit des Beitragsaufkommens im Rahmen der sozialversicherungsrechtlichen Solidargemeinschaft.
273 Zu Einzelheiten s. *Gans/Quick* DStR 1995, 306 ff.; LK/*Tiedemann* StGB § 283 Rn. 133 f.
274 *Pelz* Rn. 400.
275 *Reck* GmbHR 2001, 425 (427).
276 Canaris/Habersack/Schäfer/*Pöschke* HGB § 243 Rn. 30 ff.: Drei- bzw. Sechs-Monatsgrenze des HGB § 243a3auch als Obergrenze für die Inventarerstellung.
277 Eine Orientierung an Bilanzaufstellungsfristen ist mangels hinreichender Bestimmbarkeit derselben allenfalls bedingt möglich; MüKoHGB/*Ballwieser* HGB § 240 Rn. 17: „zeitnah"; ähnlich Adler/Düring/*Schmaltz* HGB § 240 Rn. 61 f.; aA Küting/Pfitzer/Weber/*Knop* Bd. 1, HGB § 240 Rn. 50.

Die praktische Bedeutung der Variante der verspäteten Inventaraufstellung ist 51
gering. Sie wird im Fall einer verspäteten Bilanzaufstellung von dieser mitumfasst.[278]

c) Objektive Strafbarkeitsbedingung

Die Strafbarkeit hängt von der objektiven Bedingung ab, dass entweder „der 52
Täter" seine Zahlungen eingestellt hat, dass ein Insolvenzverfahren über sein
Vermögen eröffnet oder mangels Masse gar nicht eröffnet worden ist (§ 283 b
Abs. 3 iVm § 283 Abs. 6 StGB). Dadurch soll dem Umstand Rechnung getragen werden, dass ein strafrechtliches Einschreiten gegen Täter vor dem wirtschaftlichen Zusammenbruch des Unternehmens nachteiliger sein kann als ein
Zuwarten bis zu diesem Zeitpunkt.[279] Bei der AG, der GmbH und der eingetragenen Genossenschaft fallen die den Tatbestand verwirklichende Person
und „der Täter" iSd Strafbarkeitsbedingung (der in der Krise Befindliche ist
die Gesellschaft selbst) auseinander. Da die Gesellschaft selbst nicht deliktsfähig ist,[280] wird die Strafbarkeitsbedingung über § 14 StGB dahin gehend modifiziert, dass es auf ihren Eintritt bei der krisenbefangenen Gesellschaft, und
nicht bei dem strafrechtlich verantwortlich Handelnden, ankommt.[281] Damit
ist zB ein **GmbH-Geschäftsführer** strafbar, der in dieser Eigenschaft eine Handlung nach § 283 b StGB begeht (§ 14 Abs. 1 Nr. 1, 2 StGB).[282] Eine Strafbarkeit wegen Verletzung der Pflicht zur rechtzeitigen Bilanzierung greift nur,
wenn die Bilanzierungspflicht vor Eintritt der objektiven Strafbarkeitsbedingung versäumt wurde.[283]

Zahlungseinstellung liegt vor, wenn der Schuldner allgemein und voraussicht- 53
lich auf Dauer im Wesentlichen aufgehört hat, seine fälligen Zahlungspflichten
zu erfüllen.[284] Vorübergehende Zahlungsstockung und die Nichtbegleichung
einzelner Schulden begründet noch keine Zahlungseinstellung.[285] Ob die Zahlungseinstellung auf Zahlungsunfähigkeit, deren irrtümlicher Annahme oder
Zahlungsunwilligkeit beruht, ist dagegen unerheblich.[286] **Insolvenzeröffnung**
ist der rechtskräftige Eröffnungsbeschluss (§ 27 InsO). Entsprechendes gilt für
die ebenfalls durch Beschluss erfolgende **Ablehnung der Insolvenzeröffnung
mangels Masse** (§ 26 Abs. 1 S. 1 InsO).

---

278 Müller-Gugenberger/*Richter* § 85 Rn. 54; *Wegner* HWSt VII 1 Rn. 180.
279 BR-Drs. 5/75, 38; Schönke/Schröder/*Heine/Schuster* StGB § 283 b Rn. 1; aA *Schlüchter* MDR 1978, 979.
280 Schönke/Schröder/*Heine/Weißer* StGB Vor § 25 Rn. 121; MüKoStGB/*Joecks* StGB Vor § 25 Rn. 16 f. mwN.
281 HM, vgl. MüKoStGB/*Radtke* StGB § 14 Rn. 7; LK/*Tiedemann* StGB Vor § 283 Rn. 63; *Fischer* StGB Vor § 283 Rn. 21, mwN, krit. *Labsch* wistra 1985, 4.
282 BGH 20.5.1981 – 3 StR 94/81, BGHSt 30, 127; BGH 21.5.1969 – 4 StR 27/69, NJW 1969, 1494; Biletzki, NStZ 1999, 537 (539 f.); vgl. aber BGH 22.9.1982 – 3 StR 287/82, BGHSt 31, 122.
283 BGH 5.11.1997 – 2 StR 462/97, NStZ 1998, 192; OLG Stuttgart 30.5.2011 – 1 Ss 851/10, NStZ-RR 2011, 277; KG 18.7.2007 – (4) a Ss 261/06 (147/17), NStZ 2008, 406 mwN; *Achenbach* NStZ 2008, 503 (507).
284 SK-StGB/*Hoyer* StGB Vor § 283 Rn. 12; MüKoStGB/*Radtke*/ StGB § 283 Rn. 84.
285 BGH 17.2.1981 – 1 StR 546/80, NStZ 1981, 309; RGZ 50, 39; LK/*Tiedemann* Vor § 283 Rn. 134; *Fischer* StGB Vor § 283 Rn. 13; gleichwohl sind Indizien die Nichterfüllung von Arbeitnehmeransprüchen, Telefon- oder Energierechnungen etc; weitere Beispiele bei Wabnitz/Jankovsky/*Beck* 8. Kap. Rn. 105; für eine Auslegung der Zahlungseinstellung iSd Zahlungsunfähigkeit *Penzlin* S. 177 f.
286 Schönke/Schröder/*Heine/Schuster* StGB § 283 Rn. 60 mwN.

Kap. 10: Insolvenzstrafrechtliche Buchführungs- und Bilanzierungsverstöße

54 Die Unternehmenskrise muss nach allgemeiner Meinung nicht durch das tatbestandliche Verhalten verursacht worden sein.[287] Die Rechtsprechung verlangt jedoch einen **tatsächlichen und zeitlichen Zusammenhang** zwischen dem Zusammenbruch und der Deliktsverwirklichung, um die Reichweite des abstrakten Gefährdungsdelikts zu begrenzen.[288] Im Zeitpunkt des wirtschaftlichen Zusammenbruchs müssen danach zumindest noch „irgendwelche Auswirkungen" vorhanden sein, die sich als gefahrenerhöhende Folge der Verfehlung darstellen, etwa Zeitverlust durch Nachholung der Bilanzierung zwecks Dokumentation gegenüber dem Insolvenzverwalter und Gläubigern oder verspätetes Erkennen der bedrohlichen Geschäftslage wegen der Versäumnisse.[289]

55 Straflos bleiben Tathandlungen, bei denen ein Zusammenhang mit der Zahlungseinstellung, Insolvenzeröffnung oder -ablehnung etc gänzlich ausgeschlossen ist.[290] Da eine Bilanz nur Auskunft über die Vermögenslage geben kann und keinen aktuellen Liquiditätsstatus darstellt, fehlt insoweit zB der erforderliche Zusammenhang zwischen der fehlerhaften oder verspäteten Bilanzaufstellung und einer auf mangelnder Liquidität beruhenden Zahlungseinstellung. Darüber hinaus steht ein „erheblicher" Zeitablauf dem erforderlichen Zusammenhang entgegen.[291] Spätestens nach Ablauf der Aufstellungsfrist des nächsten Jahresabschlusses endet insoweit die Gefährdungslage iSd § 283 b Abs. 1

---

287 BGH 13.2.2014 – 1 StR 336/13, wistra 2014, 354 (355); BGH 30.8.2007 – 3 StR 170/07, NStZ 2008, 401 = wistra 2007, 463; vgl. hierzu *Achenbach* NStZ 2008, 503 (507); BGH 20.12.1978 – 3 StE 408/78, JZ 1979, 274 (275); BGH bei *Holtz* MDR 1981, 452 (454); OLG Hamburg 31.10.1986 – 2 Ss 98/86, NJW 1987, 1342 (1344); OLG Düsseldorf 27.9.1979 – 5 Ss 391–410/79 I, NJW 1980, 1292; Schönke/Schröder/*Heine*/*Schuster* StGB § 283 b Rn. 7; MüKoStGB/*Petermann* StGB § 283 b Rn. 19 f.; Wabnitz/Jankovsky/*Pelz* 9. Kap. Rn. 187; *Fischer* StGB § 283 b Rn. 3, 5, Vor § 283 Rn. 17; Graf/Jäger/Wittig/*Reinhart* StGB § 283 Rn. 7; *Pelz* Rn. 238 ff.; aA *Trüg/Habetha* wistra 2007, 365 (370): Kausalität erforderlich; wiederum aA *Weyand/Diversy* Rn. 128: aufgrund des Charakters als abstraktes Gefährdungsdelikt sei keinerlei Zusammenhang nötig.
288 BGH 8.5.1951 – 1 StR 171/51, BGHSt 1, 187 (191); BGH 20.12.1978 – 3 StR 408/78, BGHSt 28, 231 (234) „irgendeine Beziehung zu den Tatbeständen, die den wirtschaftlichen Zusammenbruch kennzeichnen"; BGH 30.11.1995 – 1 StR 358/95, wistra 1996, 262 (263); BGH 15.8.2018 – 5 StR 381/18, wistra 2019, 32; OLG Düsseldorf 27.9.1979 – 5 Ss 391–410/79 I, NJW 1980, 1292; mangels „gefahrerhöhende Folge der Verfehlung" abgelehnt für den Fall der Nachholung einer verspäteten Bilanz vom BayObLG 8.8.2002 – 5St RR 202/02, 5ST RR 202/02 a, 5 St RR 202/02 b, wistra 2003, 30 (31); vgl. hierzu *Achenbach* NStZ 2004, 549 (552); Müller-Gugenberger/*Richter* § 85 Rn. 70 ff.; Schönke/Schröder/*Heine*/*Schuster* StGB § 283 b Rn. 7 § 283 Rn. 59; krit. NK-StGB/*Kindhäuser* StGB § 283 b Rn. 8; *Maurer* wistra 2003, 253 (254); *Dannecker*/*Hagemeier* in Dannecker/Knierim Teil 3 Rn. 970.
289 BayObLG 3.4.2003 – 5 St RR 72/03, NJW 2003, 1960; BayObLG 8.8.2002 – 5 St RR 202/2002 a, b, NStZ 2003, 214 (215); *Fischer* StGB § 283 b Rn. 3, 5; aA Wannemacher/*Hartung* Rn. 5164; näher zum Streitstand für den Fall, in dem der Bilanzierungspflichtige das schon vor Kriseneintritt iSd § 283 StGB begonnene Unterlassen auch nach Kriseneintritt fortsetzt vgl. *Rönnau* NStZ 2003, 525 (531); BGH 5.11.1997 – 2 StR 462/97, NStZ 1998, 192 (193) verurteilt in diesen Fällen (nur) gem. § 283 b StGB.
290 BGH 20.12.1978 – 3 StR 408/78, BGHSt 28, 231 (233); BGH 30.11.1995 – 1 StR 358/95, wistra 1996, 262 (264); Schönke/Schröder/*Heine*/*Schuster* StGB § 283 b Rn. 7; *Fischer* StGB § 283 b Rn. 1; SK-StGB/*Hoyer* StGB § 283 b Rn. 6; ausf. zur Krisenüberwindung vor Eintritt der Strafbarkeitsbedingung sowie im Insolvenzverfahren *Penzlin*, Strafrechtliche Auswirkungen der Insolvenzordnung, S. 1 ff.
291 Zusammenhang noch bejaht bei weniger als 1,5 Jahren zwischen Unterlassen der Buchführung und Konkurs: BGH bei *Herlan* GA 1953, 72 (75); Schönke/Schröder/

Nr. 3 b StGB hinsichtlich des zuvor verspätet aufgestellten Jahresabschlusses.[292] In tatsächlicher Hinsicht muss der Täter nach der insoweit nicht überzeugenden hM den Beweis der konkreten Ungefährlichkeit führen: der Grundsatz in dubio pro reo soll nicht zur Anwendung gelangen.[293] Zweifel an der erforderlichen Gefahrerhöhung dürften in der Praxis jedoch in der Regel Gespräche über eine Verfahrenserledigung ohne Schuldfeststellung nach §§ 153 ff. StPO ermöglichen.[294]

Mit Vollendung der Bankrotthandlung nach § 283 b Abs. 1 Nr. 2 StGB bzw. im Fall des Unterlassens (§ 283 b Abs. 1 Nr. 1 Alt. 1, 3 b StGB) mit Ablauf der oben Rn. 46 bzw. Rn. 50 genannten Frist ist **Vollendung** der Tat gegeben.[295]

Mit Eintritt der objektiven Strafbarkeitsbedingung beginnt die **Verjährung** (5 Jahre, § 78 Abs. 3 Nr. 4 StGB) zu laufen.[296]

2. Subjektiver Tatbestand, Irrtum

Für sämtliche Tatbestandsalternativen der Nr. 1–3 ist Vorsatz erforderlich. Bedingter Vorsatz (dolus eventualis) genügt.[297] Eine Gläubigerbenachteiligungsabsicht braucht der Täter nicht zu haben. Die handelsrechtlichen Voraussetzungen der Pflicht zum Führen und Aufbewahren von Handelsbüchern, der Verstoß hiergegen („entgegen dem Handelsrecht") und die hierdurch erzielte Erschwerung der Übersicht über den Vermögensstand müssen vom Vorsatz erfasst sein,[298] nicht dagegen die Strafbarkeitsbedingung nach Abs. 3 (Rn. 52).[299]

Soweit der Tatbestand auf das Handelsrecht Bezug nimmt, handelt es sich um ein Blankett,[300] bei dem es nach der insbesondere auch von der Rechtsprechung im Grundsatz geteilten – aber mit guten Gründen zunehmend in Frage gestellten[301] – hM für vorsätzliches Handeln ausreicht, dass der Täter die tatsächlichen Umstände kennt, die ihr Vorliegen begründen.[302] Wenn der Täter Tatsachen kennt, die zur Beurteilung eines buchhalterischen Vorgangs bzw. der

---

Heine/Schuster StGB § 283 b Rn. 7; MüKoStGB /*Petermann* StGB § 283 b Rn. 22; *Pelz* Rn. 241; näher *Wilhelm* NStZ 2003, 511 ff. für Zwecke des § 283 Abs. 1 Nr. 3 b StGB; vgl. auch OLG Stuttgart 30.5.2011 – 1 Ss 851/10, NStZ-RR 2011, 277.
292 Zutr. *Wilhelm* NStZ 2003, 511 (513).
293 OLG Hamburg 31.10.1986 – 2 Ss 98/86, NJW 1987, 1342; SK-StGB/*Hoyer* StGB § 283 b Rn. 6; aA NK-StGB/*Kindhäuser* StGB § 283 b Rn. 8; MüKoStGB/*Petermann* StGB § 283 b Rn. 24.
294 Vgl. *Wegner* HWSt VII 1 Rn. 215.
295 LK/*Tiedemann* StGB § 283 Rn. 219 f.; Schönke/Schröder/*Heine/Schuster* StGB § 283 b Rn. 7, § 283 Rn. 63.
296 *Fischer* StGB § 283 Rn. 39; NK-StGB/*Kindhäuser* StGB § 283 b Rn. 7; MüKoStGB/ *Petermann* StGB § 283 b Rn. 28; Schönke/Schröder/*Heine/Schuster* StGB § 283 b Rn. 11, § 283 Rn. 69.
297 BGH 10.2.1981 – 1 StR 625/80; RG 13.1.1911 – V 721/10, RGSt 45, 88; *Fischer* StGB § 283 b Rn. 6; MüKoStGB/*Petermann* StGB § 283 b Rn. 15; Schönke/Schröder/ *Heine/Schuster* StGB § 283 b Rn. 5.
298 Näher *Regner* S. 118 ff.
299 BGH 8.5.1951 – 1 StR 171/51, BGHSt 1, 191 zu § 283 StGB.
300 SK-StGB/*Stein* StGB § 16 Rn. 18.
301 SK-StGB/*Stein* StGB § 16 Rn. 18 f. mwN.
302 Vgl. BGH 16.12.1952 – 2 StR 198/51, BGHSt 3, 400 (403) zu § 356 StGB; BGHSt 9, 164 (169) zu strafbewehrten Verstößen gegen das Weingesetz; *Frister* AT 11/38; *Roxin* AT § 12/105 ff.; vgl. ferner BGH 22.7.1993 – 4 StR 322/93, NStZ 1993, 594 (595) für das KWKG, allerdings zugleich mit dem Hinweis auf die Notwendigkeit einer differenzierten Betrachtung im Nebenstrafrecht.

Bilanzaufstellung als handelsrechtswidrig führen, ist seine hiervon abweichende rechtliche Beurteilung deshalb grundsätzlich kein den Vorsatz ausschließender Tatbestandsirrtum (§ 16 Abs. 1 StGB), sondern allenfalls **Verbotsirrtum** (§ 17 StGB).[303] Etwas anderes gilt aber auch nach den Prämissen der hM, soweit die das Blankett ausfüllende Norm ihrerseits rechtliche Regelungseffekte in Bezug nimmt, bei denen der Täter wie auch sonst bei normativen Tatbestandsmerkmalen die rechtliche Wertung nachvollziehen muss (sog Parallelwertung in der Laiensphäre). Der Täter muss also zB nicht wissen, dass er verpflichtet ist, Bücher zu führen, es reicht aus, dass er um seine diese Verpflichtung auslösende Eigenschaft als Kaufmann weiß. Nimmt er hingegen irrig an, nicht Kaufmann zu sein, begründet dies auch dann einen Tatbestandsirrtum, wenn dieser Irrtum nicht auf einer tatsächlichen, sondern auf einer rechtlichen Fehlvorstellung beruht.

3. Versuch

60 Der **Versuch** ist mangels ausdrücklicher Regelung **nicht strafbar**.[304]

4. Fahrlässigkeit

61 § 283 b Abs. 2 StGB lässt Fahrlässigkeit in den Fällen des Abs. 1 Nr. 1, 3 ausreichen,[305] insbesondere bei Beauftragung eines Dritten mit der Buchführung bzw. Erstellung des Jahresabschlusses (Steuerberater, Wirtschaftsprüfer) und dessen pflichtwidrig nicht sorgfältiger Auswahl oder Überwachung.[306] Eine fahrlässige Begehung der Tathandlungen nach Nr. 2 ist nicht denkbar und wurde daher als Fahrlässigkeitsdelikt ausgeklammert.

III. Täterschaft und Teilnahme

62 § 283 b StGB kann als **Sonderdelikt** (Rn. 4) nur von Kaufleuten oder beauftragten Dritten (§ 14 StGB), zB Buchhaltern,[307] verwirklicht werden. Bei anderen Personen kommt nach allgemeinen Grundsätzen lediglich Teilnahme (Anstiftung, Beihilfe) in Betracht;[308] eine Strafbarkeit nach § 283 b Abs. 2 StGB

---

303 BGH 25.11.1980 – 5 StR 356/80, NJW 1981, 354 (355); BGH 11.4.2001 – 3 StR 456/00, NStZ 2001, 600 mAnm *Lemme*; *Mertes* wistra 1991, 251 (253); *Fischer* StGB § 283 Rn. 32; Schönke/Schröder/*Heine/Schuster* StGB § 283 Rn. 56; Wabnitz/Jankovsky/*Pelz* 9. Kap. Rn. 180; *Krah* INF 1968, 123 zur Steuerbilanz; aA LK/*Tiedemann* StGB § 283 Rn. 188, 189.
304 Schönke/Schröder/*Heine/Schuster* StGB § 283 b Rn. 8; NK-StGB/*Kindhäuser* StGB § 283 b Rn. 5; *Wegner* HWSt VII 1 Rn. 207; MüKoStGB/*Petermann* StGB § 283 b Rn. 24.
305 LK/*Tiedemann* StGB § 283 b Rn. 10, Schönke/Schröder/*Heine/Schuster* StGB § 283 b Rn. 5; *Fischer* StGB § 283 b Rn. 7; krit. *Dreher* MDR 1978, 724; zur kaufmännischen Sorgfaltspflicht vgl. näher *Bretzke* KTS 1985, 413.
306 Vgl. BGH 14.12.1990 – 5 StR 520/99, wistra 2000, 136; BayObLG 10.8.2001 – 3 ObOWi 51/2001, wistra 2001, 478; *Fischer* StGB § 283 b Rn. 5; NK-StGB/*Kindhäuser* StGB § 283 b Rn. 58, 109, § 283 b Rn. 4; Schönke-Schröder/*Heine/Schuster* StGB § 283 b Rn. 5; Wabnitz/Jankovsky/*Pelz* 9. Kap. Rn. 183.
307 *Louis* BC 2002, 28 (21).
308 LG Lübeck 30.9.2011 – 1 Ns 28/11, wistra 2012, 281 zur psychischen Beihilfe durch eine unzulässige Buchung eines Steuerberates; Schönke/Schröder/*Heine/Schuster* StGB § 283 b Rn. 9, § 283 b Rn. 65; Wabnitz/Jankovsky/*Pelz* 9. Kap. Rn. 97; allg. zur Strafmilderung in der Person des Teilnehmers bei Fehlen persönlicher Merkmale vgl. § 28 I StGB; im Einzelnen str., siehe SK-StGB/*Hoyer* StGB § 283 b Rn. 2 mwN.

scheidet aus.³⁰⁹ Die Kaufmanns- und die Schuldnereigenschaft sind besondere persönliche Merkmale iSd § 28 Abs. 1 StGB (Rn. 4). Als „Sanierer" fungierende Steuerberater können den Tatbestand verwirklichen (auch in Form des Unterlassens durch nicht bzw. nicht rechtzeitig erstellte Buchführung).³¹⁰ Gleiches gilt für einen sog starken – auch vorläufigen – **Insolvenzverwalter** nach Eröffnung des Insolvenzverfahrens (§ 14 Abs. 1 Nr. 3 StGB iVm §§ 21 Abs. 2 Nr. 1, 22 Abs. 1 Nr. 2, 80 Abs. 1 InsO).³¹¹ Übernimmt ein Steuerberater eigenverantwortlich iSd § 14 Abs. 2 S. 1 Nr. 2 StGB Buchführungsaufgaben, kann er den Tatbestand des § 283 b Abs. 1 StGB verwirklichen.³¹² Der Betriebsinhaber kann – soweit er nicht vorsätzlich mitwirkt – im Fall nicht ordnungsgemäßer Überwachung daneben nach § 283 b Abs. 2 StGB wegen fahrlässiger Verletzung der Buchführungspflicht und ggf. nach § 130 OWiG zur Verantwortung gezogen werden.³¹³

Ein **Abschlussprüfer,** der ein inhaltlich unrichtiges Testat erteilt, in dem er entgegen seinen Prüfungsfeststellungen nicht auf die in § 283 b Abs. 1 Nr. 1, 2 und 3 a StGB genannten Bankrotthandlungen eingeht und somit die Gesetz- und Ordnungsmäßigkeit der Rechnungslegung falsch wiedergibt, kann sich als Gehilfe strafbar machen.³¹⁴ 63

IV. Konkurrenzen

Mehrere unrichtige Angaben in einer Bilanz sind als natürliche Handlungseinheit nur eine einzige strafbare Handlung,³¹⁵ ebenso wenn in einem Handlungskomplex die Buchführungspflicht teilweise vorsätzlich und teilweise fahrlässig verletzt wird.³¹⁶ Für die einzelnen Verletzungshandlungen innerhalb des Abs. 1 wird in der Regel³¹⁷ Tatmehrheit gegeben sein,³¹⁸ ebenso bei mehreren Verstö- 64

---

309 MüKoStGB/*Petermann* StGB § 283 b Rn. 27.
310 *Bundessteuerberaterkammer* DStR 1990, Beil. Heft 1/2, 2 f.; *Knierim* in Dannecker/Knierim, Teil 4 Rn. 1346 ff.; *Weyand/Diversy* Rn. 204 ff.; *Weyand* StuB 1999, 178; *Gräfe* DStR 2010, 618; vgl. für Firmenbestattungsfälle *Gehrmann* PStR 2009, 212 (214); zur Beihilfe zur Insolvenzverschleppung und berufstypisch „neutrale" Handlungen eines Steuerberaters vgl. OLG Köln 3.12.2010 – 1 Ws 146/10, DStRE 2011, 1109; *Kaiser/Oetjen* DStR 2011, 2488 (2491).
311 LG Freiburg 28.4.2011 – StL 3/11, DStRE 2012, 390; *Knierim* in Dannecker/Knierim, Teil 4 Rn. 1140 ff.; *Weyand* Rn. 172 mwN, eingeschränkt auch für „schwachen" Insolvenzverwalter gem. § 21 Abs. 2 Nr. 2 Alt. 2 InsO.
312 Ausführlich *Weyand* Rn. 164 ff.
313 *Fischer* StGB Vor § 283 Rn. 21 a.
314 *Winkeler,* S. 192.
315 Vgl. BGH 17.6.1952 – 1 StR 668/51, BGHSt 6, 24; BGH 5.11.1997 – 2 StR 462/97, NStZ 1998, 192; *Wegner,* HWSt VII 1, Rn. 195; MüKoStGB/ *Petermann* StGB § 283 b Rn. 27; Schönke/Schröder/*Heine/Schuster* StGB § 283 Rn. 37; Müller-Gugenberger/*Richter* § 85 Rn. 74; *Bittmann/Dreier,* NStZ 1995, 105 (108); allg. hierzu Schönke/Schröder/*Sternberg-Lieben/Bosch,* StGB Vor § 52 Rn. 17 a; *Fischer* StGB Vor § 52 Rn. 2 ff.
316 Schönke/Schröder/*Heine/Schuster* StGB § 283 Rn. 37.
317 Dagegen Tateinheit bei Nichterfüllung von Bilanzierungspflichten bei GmbH & Co. KG und Komplementär-GmbH, vgl. BGH 3.12.1991 – 1 StR 496/91, NStZ 1992, 182 Müller-Gugenberger/*Richter* § 85 Rn. 75; Wabnitz/Jankovsky/*Pelz,* 9. Kap. Rn. 175.
318 BGH 28.3.1984 – 2 StR 143/84, wistra 1984, 144; BGH bei *Holtz,* MDR 1981, 100; BGH bei *Holtz,* MDR 1980, 455; LK/*Tiedemann* StGB § 283 b Rn. 18; näher zu allem *Rönnau,* NStZ 2003, 525 (531); Müller-Gugenberger/*Richter* § 85 Rn. 74 ff.

ßen gegen die Pflicht zur Bilanzierung.[319] Innerhalb eines gewissen Zeitraums, der sich über mehr als eine Jahresabschlussperiode erstrecken kann, können mehrere Verstöße gegen die Buchführungspflicht die Buchführung insgesamt unordentlich machen (Bewertungseinheit).[320] Die Buchführung ist dabei in ihrer Gesamtheit zu beurteilen.[321] Als besondere Handelsbücher unterliegen Bilanzen der spezialgesetzlichen Vorschrift der Nr. 3 a, nicht dagegen Nr. 1. Zwischen Nr. 1 und Nr. 3 b ist Tateinheit dann möglich, wenn das schuldhafte Verhalten auf einer einzigen Entschließung beruht (zB Beauftragung eines unzuverlässigen Steuerberaters).[322] Eine einzige Tat nach Nr. 3 b liegt vor, wenn der Täter hinsichtlich mehrerer, miteinander zusammenhängender Gesellschaften seiner Bilanzierungspflicht nicht nachkommt,[323] sowie bei Nichterfüllung der Bilanzierungspflicht während des gesamten Geschäftsbetriebs von Anfang an.[324] Gegenüber § 283 Abs. 1 Nr. 5, 7 StGB tritt § 283 b Abs. 1 Nr. 1, 3 StGB jeweils als subsidiäre Vorschrift zurück,[325] ebenso Abs. 2 hinter § 283 Abs. 5 StGB. Tateinheit ist nicht möglich zwischen Abs. 1 Nr. 1 und § 263 StGB,[326] jedoch zwischen Abs. 1 Nr. 1 mit § 267 StGB,[327] ebenso mit § 265 b StGB. Handelte ein Organ einer juristischen Person (§ 14 StGB) ausschließlich eigen- oder drittnützig, kam in der Vergangenheit wegen der inzwischen aufgegebenen Interessentheorie[328] nur § 266 StGB in Betracht;[329] handelte der Täter jedenfalls auch im Interesse der Gesellschaft, war § 283 b StGB, ggf. tateinheit-

---

319 BGH 5.11.1997 – 2 StR 462/97, NStZ 1998, 192 (193); Bespr. *Doster*, wistra 1998, 326; vgl. auch *Rönnau*, NStZ 2003, 525 (531); *Wegner*, HWSt VII 1, Rn. 195; aA Schönke/Schröder/*Heine/Schuster* StGB § 283 Rn. 37: Handlungskomplex von Verstößen nach Nr. 5 und Nr. 7.
320 BGH 18.1.1995 – 2 StR 693/94, NStZ 1995, 347; BGH 5.11.1997 – 2 StR 462/97, NStZ 1998, 192; krit. *Doster*, wistra 1998, 326 (328): einheitlicher Bemessungszeitraum von einem Jahr; allgemein zur tatbestandlichen Handlungseinheit, *Fischer* StGB Vor § 52 Rn. 12 mwN.
321 RG 21.9.1915 – II 374/15, RGSt 49, 277.
322 BGH 25.10.1977 – 1 StR 303/77, GA 1978, 185 (186); OLG Frankfurt 22.9.1998 – 2 Ss 284/98, NStZ-RR 1999, 105; LK/*Tiedemann* StGB § 283 b Rn. 18; Schönke/Schröder/*Heine/Schuster* StGB § 283 b Rn. 10; *Fischer* StGB § 283 b Rn. 6.
323 BGH bei *Herlan*, GA 1981, 518; Schönke/Schröder/*Heine/Schuster* StGB § 283 Rn. 48.
324 BGH 5.11.1997 – 2 StR 462/97, NStZ 1998, 192.
325 BGH 16.5.1984 – 3 StR 162/84, NStZ 1984, 455; BGH 5.11.1997 – 2 StR 462/97, NStZ 1998, 192; Schönke/Schröder/*Heine/Schuster* StGB § 283 b Rn. 10; NK-StGB/*Kindhäuser* StGB § 283 b Rn. 9, § 283 Rn. 121; MüKoStGB/*Radtke/Petermann* StGB § 283 b Rn. 27; *Fischer* StGB § 283 b Rn. 6, § 283 Rn. 42; *Moosmayer* NStZ 2000, 296; NK-StGB/*Kindhäuser* StGB § 283 b Rn. 121; aA (Spezialität) LK/*Tiedemann* StGB § 283 b Rn. 18; Graf/Jäger/Wittig/*Reinhart* StGB § 283 b Rn. 1.
326 Vgl. BGH 8.10.1963 – 1 StR 553/62, BGHSt 19, 141 zum Verhältnis von § 283 Abs. 1 Nr. 5 zu § 263 StGB.
327 BGH 5.11.1997 – 2 StR 462/97, NStZ 1998, 192 (193); *Fischer* StGB § 283 Rn. 43; NK-StGB/*Kindhäuser* StGB § 283 Rn. 63, danach ggf. sogar mit § 274 Nr. 1 StGB.
328 BGH 15.5.2012 – 3 StR 118/11, wistra 2012, 346 (348); BGH 10.2.2009 – 3 StR 372/08, NStZ 2009, 437 mwN *Link* wistra 2009, 275; BGH 1.9.2009 – 1 StR 301/09, NStZ-RR 2009, 373 = wistra 2009, 475; *Achenbach* NStZ 2010, 621 (624).
329 Bei unordentlicher Buchführung liegt nur dann ein Nachteil iSd § 266 StGB vor, soweit hierdurch die Durchsetzung berechtigter Ansprüche erheblich erschwert oder verhindert worden ist, vgl. BGH 7.12.1965 – 5 StR 312/65, BGHSt 20, 304; BGH 26.4.2001 – 5 StR 587/00, BGHSt 47, 8 (11); BGH 12.5.2004 – 5 StR 46/04, wistra 2004, 348 mAnm *Wagner* PStR 2004, 179.

lich anwendbar.³³⁰ Für die Zurechnung der Schuldnergemeinschaft soll nunmehr allerdings auf „andere taugliche Abgrenzungskriterien" abgestellt und dabei maßgeblich daran angeknüpft werden, ob der Vertreter iSd § 14 StGB im Geschäftskreis des Vertretenen und nicht bloß „bei Gelegenheit" tätig geworden ist.³³¹ Zur Steuerhinterziehung (§ 370 AO) besteht regelmäßig Tatmehrheit, da hier ein niedriges Unternehmensergebnis angestrebt wird, ebenfalls zu § 84 Abs. 1 Nr. 2 iVm § 64 Abs. 1 GmbHG.³³² Lässt sich nicht feststellen, ob fehlende Handelsbücher gar nicht geführt oder vernichtet worden sind, ist **Wahlfeststellung** zwischen Nr. 1 und 2 zulässig.³³³ Zu § 331 Nr. 1, 2 HGB besteht Tateinheit.³³⁴ Dasselbe gilt für das Verhältnis zu § 400 Abs. 1 Nr. 1 AktG, wohingegen zu § 400 Abs. 1 Nr. 2 AktG Tatmehrheit besteht.

V. Strafzumessungsgesichtspunkte, Nebenfolgen

1. Strafzumessungsgesichtspunkte

Soweit im Zusammenhang mit dem Unternehmenszusammenbruch eine Vernachlässigung der Buchführung nur für einen kurzen Zeitraum festgestellt wird, kommt in der Regel eine Einstellung nach § 153 StPO in Betracht,³³⁵ ebenso bei einem alleinigen Verstoß gegen § 283 b StGB (ggf. Einstellung nach § 153 a StPO).³³⁶ Nach § 46 Abs. 2 S. 2 StGB ist ferner entscheidend, ob bzw. inwieweit der Täter zur Rettung des Unternehmens private Mittel eingesetzt hat oder ob er eigennützig mit dem Ziel vorgegangen ist, durch Bilanzmanipulationen Vermögensverschiebungen zu seinen Gunsten zu verschleiern, überdies die Höhe des Schadens, entsprechende Vortaten uam.³³⁷ Bei Steuerberatern, Wirtschaftsprüfern, Insolvenzverwaltern etc ist ggf.strafmildernd zu berücksichtigen, dass die besonderen persönlichen Merkmale des Täters gem. § 14 Abs. 1 StGB (Eigenschaft als Kaufmann und Schuldner) nicht vorliegen (Strafmilderungsgrund, § 28 Abs. 1 iVm § 49 Abs. 1 StGB).

65

---

330 BGH 15.5.2012 – 3StR 118/11, wistra 2012, 346 = ZWH 2012, 357 mAnm *Kudlich*; dazu auch Anm. *Brand* NJW 2012, 2370; zuvor vgl. BGH 29.11.2011 – 1 ARs 19/11, ZWH 2012, 65; BGH 10.1.2012 – 4 ARs 17/11, wistra 2012, 191; BGH 15.12.2011 – 5 StR 122/11, wistra 2012, 149 = NZWiSt 2012, 237 m. zust. Anm. *Hagemeier*; zuvor vgl. BGH 20.5.1981 – 3 StR 94/81, BGHSt 30, 128; BGH 24.3.1982 – 3 StR 68/82, wistra 1982, 148; BGH 17.3.1987 – 5 StR 272/86, wistra 1987, 216 mAnm *Gösseli*; BGH 6.11.1986 – 1 StR 327/86, wistra 1987, 100 mAnm *Weber* StV 1988, 16 und *Winkelbauer* JR 1988, 33; BGH 3.5.1991 – 2 StR 613/90, NStZ 1991, 432; *Fischer* StGB § 283 Rn. 32; LK/*Tiedemann* StGB Vor § 283 Rn. 79 ff.
331 BGH 10.2.2009 – 3 StR 372/08, NStZ 2009, 437; *Brand*, Untreue und Bankrott in der KG und GmbH & Co.KG, S. 318 ff.; *Bittmann* wistra 2010, 8; *Dehne-Niemann* wistra 2009, 417; krit. *Brand* NStZ 2010, 9 (11 ff.); *Ogiermann/Weber* wistra 2011, 206 (207 f.); *Habetha/Klatt* NStZ 2015, 671 (674 f.); näher zu diesem Kriterium *Radtke* GmbHR 2012, 962 f.; *ders.* ZIP 2016, 1993 (1997 f.).
332 *Dannecker* in Michalski GmbHG § 84 Rn. 100; zur zivilrechtlichen Darlegungslast für die Haftung des Geschäftsführers bei Verletzung von § 283 b StGB vgl. OLG Brandenburg 31.3.2005 – 11 U 103/04, DStR 2005, 1110.
333 Schönke/Schröder/*Heine/Schuster* StGB § 283 b Rn. 10.
334 Canaris/Habersack/Schäfer/*Dannecker* HGB § 331 Rn. 204; MüKoHGB/*Quedenfeld* HGB § 331 Rn. 110: Konsumtion von § 331 Nr. 1 HGB durch § 283 b Abs. 1 Nr. 3 a StGB.
335 *Weyand/Diversy* Rn. 196; vgl. auch *Wegner* HWSt VII 1 Rn. 218.
336 *Mertes* wistra 1991, 251 (253).
337 *Weyand/Diversy* Rn. 198.

2. Nebenfolgen

66 Zu beachten ist, dass ein **GmbH-Geschäftsführer** bei rechtskräftiger Verurteilung wegen einer Straftat nach § 283 b StGB auf die Dauer von fünf Jahren seit Rechtskraft des Urteils von einer Geschäftsführertätigkeit ausgeschlossen werden kann (**Amtsunwürdigkeit oder Inhabilität**, § 6 Abs. 2 Nr. 3 b GmbHG).[338] In diese Dauer wird eine etwa verbüßte Freiheitsstrafe nicht eingerechnet.[339] Entsprechendes gilt für das **Vorstandsmitglied** einer AG (§ 76 Abs. 3 S. 2 AktG).[340] Gegen einen Kaufmann kann ferner ein Berufsverbot von einem bis zu fünf Jahren, aber auch mit lebenslänglicher Dauer ausgesprochen werden (§ 70 Abs. 1 StGB). Die hierfür erforderliche „grobe" unternehmensbezogene Pflichtverletzung wird aber bei § 283 b StGB regelmäßig nicht vorliegen.

67 Eine schuldhafte Pflichtverletzung eines **Steuerberaters** kann mit einer **berufsgerichtlichen Maßnahme** (Warnung, Verweis, Geldbuße bis zu 25.000 EUR) geahndet werden (§§ 89 Abs. 1, 90 Abs. 1 Nr. 1–3 StBerG). Vergleichbare Folgen für **Wirtschaftsprüfer** enthält § 68 Abs. 1 Nr. 1–3 WPO (Warnung, Verweis, Geldbuße bis zu 50.000 EUR). Wegen berufstypischen „Missbrauchs" können mit der Buchführung bzw. der handelsrechtlichen Bilanzierung beauftragte Steuerberater bei negativer künftiger „Wiederholungs"-Prognose zu Delikten nach § 283 b StGB darüber hinaus mit einem zeitlich begrenzten Berufsverbot belegt werden.[341] Die Ausschließung aus dem Beruf des Wirtschaftsprüfers ist in § 68 Abs. 1 Nr. 4 iVm § 111 WPO geregelt.

68 Auf Antrag eines Insolvenzgläubigers ist (bei Vorliegen sämtlicher weiteren Voraussetzungen) nach rechtskräftiger Verurteilung des Schuldners wegen einer Straftat nach §§ 283–283 c StGB die **Restschuldbefreiung zu versagen** (§§ 290 Abs. 1 Nr. 1, 270 InsO).[342] Die Insolvenzstraftat muss nicht im Zusammenhang mit dem Insolvenzverfahren stehen, in dem die Restschuldbefreiung beantragt wird. Verurteilungen des Schuldners sind innerhalb der fünfjährigen Tilgungsfrist des § 46 Abs. 1 Nr. 1 BZRG zu berücksichtigen.[343] Wegen einer Insolvenzstraftat, für die – isoliert betrachtet – die Löschungsvoraussetzungen vorliegen, kann jedoch die Restschuldbefreiung nicht versagt werden.[344] Werden in den darstellenden Teil des Insolvenzplans (§ 220 Abs. 2 InsO) vom Schuldner begangene Insolvenzstraftaten nicht aufgenommen, ist die Bestätigung des Plans zu versagen, wenn der Plan auf eine Unternehmensfortführung abzielt.[345]

69 An dem Verfahren über einen wegen des Verdachts von Bankrottstraftaten strafprozessual angeordneten dinglichen Arrest ist der (möglicherweise) Ge-

---

338 Müller-Gugenberger/*Richter* § 76 Rn. 64 ff. auch zu gesetzlichen Vertretern ausländischer Kapitalgesellschaften wie Limited; *Bittmann* NStZ 2009, 113 (118 f.); *Weiß* wistra 2009, 209; *Hinghaus/Höll/Hüls/Ransiek* wistra 2010, 291.
339 NK-StGB/*Kindhäuser* StGB Vor § 283 ff. Rn. 8.
340 Näher *Weyand/Diversy* Rn. 201.
341 § 70 Abs. 1 StGB bzw. §§ 89, 90 Abs. 1 Nr. 4 StBerG; Dauer: max. 8 Jahre, vgl. § 48 Abs. 1 Nr. 2 StBerG.
342 Wabnitz/Jankovsky/*Beck* 8. Kap. Rn. 81.
343 BGH 18.12.2002 – IX ZB 121/02, DB 2003, 718; BGH 16.2.2012 – IX ZB 113/11, NJW 2012, 1215; Müller-Gugenberger/*Richter* § 76 Rn. 77.
344 BGH 18.2.2010 – IX ZB 180/09, StuB 2010, 448.
345 BGH 13.10.2011 – IX ZB 37/08, DB 2012, 225.

schädigte auch dann nicht beteiligt, wenn der Arrest zur Rückgewinnungshilfe erlassen wurde.[346]

VI. Gerichtliche Zuständigkeit

Für Straftaten nach § 283 b StGB ist im Fall der erstinstanzlichen Zuständigkeit der Landgerichte oder bei Berufungen gegen Urteile des Schöffengerichts gem. § 74 c Nr. 5 Var. 4 GVG (Verletzung der Buchführungspflicht") die Zuständigkeit der Wirtschaftsstrafkammer begründet. Für Entscheidungen über berufsgerichtliche Maßnahmen gegen Steuerberater ist das Landgericht in erster Instanz zuständig (§ 95 Abs. 1 StBerG, Kammer für Steuerberatersachen). Entsprechendes gilt für berufsgerichtliche Maßnahmen gegen Wirtschaftsprüfer (§ 72 Abs. 1 WPO).

70

Kap. 10.3. § 283 StGB Bankrott

§ 283 Abs. 1 Nr. 2, 5–7, Abs. 2–6 StGB   Bankrott

(1) Mit Freiheitsstrafe bis zu fünf Jahren oder mit Geldstrafe wird bestraft, wer bei Überschuldung oder bei drohender oder eingetretener Zahlungsunfähigkeit

1. ...
2. in einer den Anforderungen einer ordnungsgemäßen Wirtschaft widersprechenden Weise Verlust- oder Spekulationsgeschäfte oder Differenzgeschäfte mit Waren oder Wertpapieren eingeht oder durch unwirtschaftliche Ausgaben, Spiel oder Wette übermäßige Beträge verbraucht oder schuldig wird,
3. ...
4. ...
5. Handelsbücher, zu deren Führung er gesetzlich verpflichtet ist, zu führen unterläßt oder so führt oder verändert, daß die Übersicht über seinen Vermögensstand erschwert wird,
6. Handelsbücher oder sonstige Unterlagen, zu deren Aufbewahrung ein Kaufmann nach Handelsrecht verpflichtet ist, vor Ablauf der für Buchführungspflichtige bestehenden Aufbewahrungsfristen beiseite schafft, verheimlicht, zerstört oder beschädigt und dadurch die Übersicht über seinen Vermögensstand erschwert,
7. entgegen dem Handelsrecht
   a) Bilanzen so aufstellt, daß die Übersicht über seinen Vermögensstand erschwert wird, oder
   b) es unterläßt, die Bilanz seines Vermögens oder das Inventar in der vorgeschriebenen Zeit aufzustellen, oder
   (...)

(2) Ebenso wird bestraft, wer durch eine der in Absatz 1 bezeichneten Handlungen seine Überschuldung oder Zahlungsunfähigkeit herbeiführt.

(3) Der Versuch ist strafbar.

(4) Wer in den Fällen

---

346 OLG Oldenburg 14.4.2011 – 1 Ws 109/11, StraFo 2011, 224.

1. des Absatzes 1 die Überschuldung oder die drohende oder eingetretene Zahlungsunfähigkeit fahrlässig nicht kennt oder
2. des Absatzes 2 die Überschuldung oder Zahlungsunfähigkeit leichtfertig verursacht,

wird mit Freiheitsstrafe bis zu zwei Jahren oder mit Geldstrafe bestraft.

(5) Wer in den Fällen
1. des Absatzes 1 Nr. 2, 5 oder 7 fahrlässig handelt und die Überschuldung oder die drohende oder eingetretene Zahlungsunfähigkeit wenigstens fahrlässig nicht kennt oder
2. des Absatzes 2 in Verbindung mit Absatz 1 Nr. 2, 5 oder 7 fahrlässig handelt und die Überschuldung oder Zahlungsunfähigkeit wenigstens leichtfertig verursacht,

wird mit Freiheitsstrafe bis zu zwei Jahren oder mit Geldstrafe bestraft.

(6) Die Tat ist nur dann strafbar, wenn der Täter seine Zahlungen eingestellt hat oder über sein Vermögen das Insolvenzverfahren eröffnet oder der Eröffnungsantrag mangels Masse abgewiesen worden ist.

I. Allgemeines 1	gelhafte Führung sowie
1. Rechtsentwicklung 2	Veränderung von Han-
2. Geschütztes Rechtsgut 3	delsbüchern 19
3. Dogmatischer Deliktscharakter 4	b) § 283 Abs. 1 Nr. 6 StGB, Beiseiteschaffen und Ver-
4. Praktische Bedeutung der Vorschrift 5	nichten von Handelsbüchern 20
II. Tatbestandsvoraussetzungen 6	c) § 283 Abs. 1 Nr. 7 StGB,
1. Allen Tathandlungen gemeinsame Merkmale 6	Fehlerhafte bzw. verspätete Bilanz- oder Inven-
a) Wirtschaftliche Krise 6	taraufstellung 22
aa) Überschuldung 7	4. Abs. 2, Tathandlungen, die
bb) Zahlungsunfähigkeit 8	erst zur Krise führen......... 23
	5. Subjektiver Tatbestand, Irrtum 24
cc) Drohende Zahlungsunfähigkeit 11	6. § 283 Abs. 3 StGB, Versuch 29
b) Zusammenhang zwischen Handlung und	7. § 283 Abs. 4, 5 StGB, Fahrlässigkeit 30
Krise 14	III. Täterschaft und Teilnahme 33
2. § 283 Abs. 6 StGB, objektive Strafbarkeitsbedingung 16	IV. Konkurrenzen 34
	V. Strafzumessungsgesichtspunkte 36
3. Die Buchführungs- und Bilanzierungsverstöße gem.	VI. Nebenfolgen 37
§ 283 Abs. 1 Nr. 5–7 StGB .. 19	VII. Gerichtliche Zuständigkeit 39
a) § 283 Abs. 1 Nr. 5 StGB, unterlassene oder man-	

I. Allgemeines

1 Wird eine der in § 283 b Abs. 1 Nr. 1–3 StGB umschriebenen Handlungen oder Unterlassungen begangen, während sich das Unternehmen in der wirtschaftlichen Krise befindet, dh überschuldet und/oder zahlungsunfähig ist oder ihm die Zahlungsunfähigkeit droht, ist die „Verletzung der Buchführungspflicht" bei späterer Zahlungseinstellung, Eröffnung des Insolvenzverfahrens oder Ab-

lehnung des Eröffnungsantrags mangels Masse gem. § 283 Abs. 1 Nr. 5–7 StGB als Bankrott strafbar. Das Gleiche gilt gemäß § 283 Abs. 2 StGB für den (praktisch seltenen) Fall, dass der Buchführungs- oder Bilanzierungsverstoß eine Überschuldung oder Zahlungsunfähigkeit des Unternehmens kausal herbeiführt.

1. Rechtsentwicklung

Als Folge der Insolvenzrechtsreform mit Wirkung ab dem 1.1.1999 wurde das „Konkurs"- vom „Insolvenz"-Strafrecht abgelöst.[1] Die Neufassung der InsO hat durch ihre Legaldefinitionen der einzelnen Krisenmerkmale: der Zahlungsunfähigkeit, der drohenden Zahlungsunfähigkeit und der Überschuldung (§§ 17 Abs. 2, 18 Abs. 2, 19 Abs. 2 InsO) Auswirkungen auf das Strafrecht (s. Rn. 6-13). Nachdem zunächst unklar war, ob diese Begriffe für die Auslegung von § 283 StGB bindend sind[2] oder ob der BGH die insolvenzrechtlichen Begriffsbestimmungen wie bislang (nur) funktional verwendet,[3] hat der 1. Senat des BGH die Hinwendung zur Insolvenzrechtsakzessorietät in Bezug auf die Insolvenzgründe der Überschuldung (§ 19 Abs. 2 InsO)[4] und der Zahlungsunfähigkeit (§ 17 Abs. 2 InsO)[5] zwischenzeitlich bekräftigt.

Vor dem Hintergrund der Finanzmarktkrise im Jahr 2008 und der damit einhergehenden handelsrechtlichen Abwertungskonsequenz bei zahlreichen Unternehmen hat sich der Gesetzgeber entschlossen, solchen Unternehmen entgegenzukommen, die bei formaler bilanzieller Betrachtung überschuldet wären. Durch eine Rückkehr zum zweistufigen Überschuldungsbegriff, wie er vor Inkrafttreten der Insolvenzrechtsreform gegolten hat, und der damit massiv gestärkten Bedeutung einer positiven Fortführungsprognose für solche Unternehmen durch das sog. Finanzmarktstabilisierungsgesetz[6] wurden sonst unabwendbare zahlreiche Insolvenzen vermieden.[7] Gleichwohl wurde diese Maßnahme aus Gründen des Gläubigerschutzes, aber auch im Hinblick auf die Sanierung von Unternehmen zeitlich zunächst bis zum 31.12.2010 befristet

---

1 Zur historischen Entwicklung LK/*Tiedemann* StGB Vor § 283 Rn. 32 ff.; *Wegner* HWSt VII 1 Rn. 4;
Weyand/Diversy, Rn. 16 ff.; kein milderes Recht iS § 2 Abs. 3 StGB, vgl. *Rönnau* NStZ 2003, 525 (526) mwN
2 Vgl. zum Meinungsstand einer überwiegend für eine funktionale anstelle einer strengen Akzessorietät des Strafrechts neigenden Auffassung *Fischer* StGB Vor § 283 Rn. 6; Schönke/Schröder *Heine/Schuster* StGB § 283 Rn. 50 a, jeweils mwN; offengelassen bei Wabnitz/Janovsky/*Beck* 6. Kap. Rn. 77; zum parallelen Schutzzweck von Insolvenzrecht und Bankrottstrafrecht *Röhm*, S. 63 (72 ff.); *Röhm* NZI 2002, 134 (zu § 18 InsO).
3 Vgl. BGH 30.1.2003 – 3 StR 437/02, JZ 2003, 804; BGH 14.1.2003 – 4 StR 336/02, wistra 2003, 301; BGH 7.2.2002 – 1 StR 412/01, NStZ 2002, 327; BGH 22.2.2001 – 4 StR 421/99, NStZ 2001, 485; BGH 14.12.1999 – 5 StR 520/99, wistra 2000, 136; anders BGH 19.4.2007 – 5 StR 505/06, wistra 2007, 308.
4 BGH 11.2.2010 – 4 StR 433/09, wistra 2010, 219 (220) m. zust. Anm. *Wegner* wistra 2010, 438 (439).
5 BGH 10.7.2018 – 1 StR 605/16, NStZ 2019, 83.
6 Gesetz zur Umsetzung eines Maßnahmenpakets zur Stabilisierung des Finanzmarktes (Finanzmarktstabilisierungsgesetz – FMStG) v. 17.10.2008, BGBl. I, S. 1982; vgl. hierzu nur *Otto* MDR 2008, 1369; *Holzer* ZIP 2008, 2108; *Müller-Gugenberger* GmbHR 2009, S. 578.
7 *Pelz* Rn. 13 ff.; *Spindler* DStR 2008, 2268 (2275 f.); *Brück/Schalast/Schanz* BB 2008, 2526 (2534).

(Art. 7 Abs. 3 iVm Art. 6 FMStG), in der Folge dann aber nochmals bis zum 31.12.2013 verlängert und schließlich aufgehoben (s. Kap. 10.2. Rn. 1).

2. Geschütztes Rechtsgut

3 Zweck der § 283 StGB-Vorschriften ist zunächst die Sicherung der Konkursmasse, um das Interesse eines[8] oder mehrerer Gläubiger an einer Befriedigung ihrer geldwerten Ansprüche zu schützen.[9] Ferner dient die Vorschrift dem Schutz überindividueller Interessen, allgemein dem Schutz der Gesamtwirtschaft, die idR durch Insolvenzstraftaten mitbetroffen ist, und speziell dem Schutz der Funktionsbedingungen der Kreditwirtschaft als Teil der Gesamtwirtschaft.[10] §§ 283 Abs. 1 Nr. 5–7 StGB sind kein Schutzgesetz iS § 823 Abs. 2 BGB.[11] Soweit Bankrotthandlungen börsennotierte Unternehmen betreffen, ist zwar über das individuelle Gläubiger-(und Fremdkapitalgeber-)Interesse hinaus auch das Interesse an einem funktionierenden Kapitalmarkt von erheblicher praktischer Bedeutung, der durch bilanzmanipulative Verhaltensweisen nicht unerheblichen Schaden nehmen kann. Eine derartige kapitalmarktorientierte Schutzzweckausrichtung ist § 283 StGB jedoch nicht zu entnehmen (Zu den Entwicklungen des Bilanzrechts (IAS-/IFRS-Implementierung) und möglichen Auswirkungen auf das (insolvenzrelevante) Bilanzstrafrecht vgl. Hinweise bei Kap. 10.2 Rn. 2).

3. Dogmatischer Deliktscharakter

4 Zu unterscheiden ist zwischen der Deliktsverwirklichung nach Abs. 1 und 2. Bankrotthandlungen nach Abs. 1 sind unabhängig von dem Eintritt des schädlichen Erfolges strafbar, sofern diese Handlungen im Zustand der Krise verwirklicht werden und die objektive Strafbarkeitsbedingung des Abs. 6 (Zahlungseinstellung, Eröffnung des Insolvenzverfahrens oder Ablehnung des Eröffnungsantrags mangels Masse) vorliegen. Die Tat nach **Abs. 1** ist danach grundsätzlich als **abstraktes Gefährdungsdelikt**[12] ausgestaltet, wenngleich in Nr. 5, 6 und 7 a ein „Erfolg" in Gestalt der Erschwerung der Vermögensübersicht erforderlich ist (Gefährdungsdelikt mit Erfolgselementen).[13] Demgegenüber muss bei Abs. 2 die außerhalb einer Krise vorgenommene Bankrotthandlung den Tatterfolg von Überschuldung oder Zahlungsunfähigkeit kausal herbeigeführt haben. **Abs. 2** ist damit **Erfolgsdelikt**.[14] § 283 Abs. 1 Nr. 5–7 und

---

8 BGH, 22.2.2001 – 4 StR 421/99, NStZ 2001, 485 mAnm *Krause* NStZ 2002, 42 f.; *Fischer* StGB § 283 Rn. 1; *Krüger*, wistra 2002, 52.
9 BGH 22.2.2001 – 4 StR 421/99, NStZ 2001, 485 (486); Schönke/Schröder/*Heine/Schuster* StGB Vor §§ 283 ff. Rn. 2 mwN; MüKoStGB/*Petermann* StGB Vor §§ 283 ff. Rn. 11 ff.
10 Schönke/Schröder/*Heine/Schuster* StGB § 283 Rn. 2 mwN; LK/*Tiedemann* StGB Vor § 283 Rn. 53; *Fischer* StGB Vor § 283 Rn. 3; *Wegner* HWSt, VII 1 Rn. 3.
11 BGH 13.4.1994 – II ZR 16/93, DB 1994, 1354 (1357).
12 Vgl. LK/*Tiedemann* StGB § 283 Rn. 3; *Fischer* StGB Vor § 283 Rn. 3; allgemein zum Begriff vgl. die Nachweise bei § 283 b Rn. 3. AA MüKoStGB/*Petermann* StGB Vor §§ 283 ff. Rn. 23: der die § 283 Abs. 1 und Abs. 2 StGB als „konkrete Gefährdungsdelikte" versteht.
13 Zutr. *Schäfer* wistra 1990, 81 (87); *Bittmann* § 12 Rn. 27.
14 LK/*Tiedemann* StGB § 283 Rn. 2; **aA** Schönke/Schröder/*Heine/Schuster* StGB § 283 Rn. 1: abstraktes Gefährdungsdelikt mit besonderen Anforderungen.

Abs. 2 StGB sind ferner **echte Sonderdelikte**,[15] dh die Tatbestände können täterschaftlich nur von denjenigen Personen verwirklicht werden, welche die Schuldnereigenschaft als besonderes persönliches Merkmale iSd § 283 Abs. 1 StGB trifft. Mit Ausnahme von § 283 Abs. Nr. 6 StGB muss zudem die Kaufmannseigenschaft gegeben sein. Ferner sind Abs. 1 Nr. 5 und Nr. 7 durch die Bezugnahme auf das Handelsrecht mehrfach **gestufte Blankettnormen**, deren Ausfüllung unter dem Aspekt der dort wiederum nur zum Teil kodifizierten „Grundsätze ordnungsmäßiger Buchführung" (GoB) angesichts des Bestimmtheitsgebots (Art. 103 Abs. 2 GG) Zweifeln begegnet.

4. Praktische Bedeutung der Vorschrift

Durch die komplexen Tatbestandserfordernisse nebst der notwendigen Befassung mit umfangreichen Unternehmensdatenbeständen und der dadurch erforderlichen umfassenden tatrichterlichen Prüfung (zB zur Erstellung der erforderlichen Vermögensbilanz bzw. des Liquiditätsstatus, s. Rn. 7 u. 8)[16] ist der Nachweis einer Bankrottstraftat in der Praxis sehr aufwendig und schwierig.[17] Einer erheblichen Zahl der Unternehmensinsolvenzen[18] steht nur eine geringe Zahl an (veröffentlichter) Judikatur gegenüber. Rechtstatsächlich wird § 283 StGB zugunsten hiermit oftmals gleichzeitig auftretender anderer Delikte wie Betrug oder Untreue abgekoppelt (zu den Konkurrenzen unten Rn. 34) oder nach § 154 Abs. 2 StPO behandelt.[19] 5

II. Tatbestandsvoraussetzungen

1. Allen Tathandlungen gemeinsame Merkmale

a) Wirtschaftliche Krise

Sämtliche Tathandlungen des Abs. 1 müssen in der wirtschaftlichen Krise, dh bei Überschuldung, drohender oder eingetretener Zahlungsunfähigkeit erfolgt sein. In der Vergangenheit war nicht abschließend geklärt, inwieweit die in der Insolvenzordnung (InsO) enthaltenen Legaldefinitionen der gleichlautenden Insolvenzgründe (§§ 17 Abs. 2, 18 Abs. 2, 19 Abs. 2 InsO) für die Auslegung der Krisenmerkmale des § 283 Abs. 1 StGB verbindlich sind.[20] Aufgrund des jeweiligen Schutzes von Gläubigerinteressen (vgl. § 1 InsO) konnte man zwar grundsätzlich von einer **funktionellen Insolvenzrechtsakzessorietät** der Begriffe 6

---

15 Vgl. BGH 22.1.2013 – 1 StR 234/12, NJW 2013, 949 (950); MüKoStGB/*Petermann* StGB Vor §§ 283 ff. Rn. 26 ff.; allgemein zum Begriff des Sonderdelikts siehe MüKoStGB/*Joecks*, § 25 Rn. 48 mwN; *Pelz*, Rn. 128 ff. AA *Brammsen/Ceffinato* NZI 2013, 619, 622 f.
16 Vgl. nur BGH 19.4.2007 – 5 StR 505/06, wistra 2007, 308.
17 *Ogiermann/Weber* wistra 2011, 206 (210); *Weyand* Rn. 28; Wabnitz/Janovsky/*Beck* 8. Kap. Rn. 83; *Tiedemann* GmbHG § 84 Rn. 40; *Rönnau* NStZ 2003, 525 (527).
18 Für 2017 wurden 20.093 gezählt (21.518 im Vorjahr), vgl. Mitteilung des Statistischen Bundesamts, abrufbar unter http://www.destatis.de (zuletzt abgerufen: 3.2.2019).
19 Vgl. BGH 19.4.2007 – 5 StR 505/06, wistra 2007, 308 (309); *Ogiermann/Weber* wistra 2011, 206 f.
20 Ausführlich MüKoStGB/*Petermann* StGB Vor §§ 283 Rn. 2 ff.; Schönke/Schröder/*Heine/Schuster* StGB § 283 Rn. 50 a mit Hinweisen zum Streitstand; krit. *Achenbach*, in FS Schlüter, S. 257 (267 ff.); *Gischer/Hommel* BB 2003, 945 (949): „Insolvenztatbestände, die … hinreichend justiziabel sind, existieren (derzeit) nicht"; *Erdmann*, Die Krisenbegriffe der Insolvenzstraftatbestände (§§ 283 ff. StGB), S. 89 ff.; *Moosmayer* Einfluss der Insolvenzordnung 1999 auf das Insolvenzstrafrecht, S. 148 ff.; *Penzlin* Strafrechtliche Auswirkungen der Insolvenzordnung, S. 101 ff.

ausgehen, wobei allerdings strafrechtlichen Besonderheiten Rechnung getragen werden musste.[21] Durch die neuere BGH-Rechtsprechung ist nunmehr eine einheitliche straf- und insolvenzrechtliche Interpretation der Krisenmerkmale zu bejahen[22] (zur Besonderheit bei der drohenden Zahlungsunfähigkeit s. Rn. 11 f.). Aus praktischer Sicht besonders erwähnenswerte Aspekte werden nachfolgend erörtert, wobei auf eine allgemeine Darstellung der Krisenmerkmale unter Hinweis auf einschlägige allgemeine strafrechtliche Kommentierung verzichtet wird.[23]

aa) Überschuldung

7 Überschuldung liegt gem. § 19 Abs. 2 S. 1 InsO vor, „wenn das Vermögen des Schuldners die bestehenden Verbindlichkeiten nicht mehr deckt, es sei denn, die Fortführung des Unternehmens ist nach den Umständen überwiegend wahrscheinlich". Die Überschuldung ist der Zahlungsunfähigkeit häufig vorgelagert.[24] Infolge der Änderungen aufgrund des Finanzmarktstabilisierungsgesetzes (s. Rn. 1), die der Finanzkrise des Jahres 2008 geschuldet waren, wird der Fortführungsprognose nunmehr überragende Bedeutung zugemessen,[25] so dass das Tatbestandsmerkmal der Überschuldung tendenziell bedeutungsschwächer wird.[26] Hinzu tritt, dass es in der Praxis häufig an der vom BGH geforderten **Vermögensbilanz**[27] („**Überschuldungsstatus**" als Sonderform der Handelsbilanz) einschließlich der angewandten Bewertungsmaßstäbe mangelt (Fortführungs- oder Zerschlagungswerte),[28] die über die tatsächlichen Werte des Gesellschaftsvermögens im Einzelnen Auskunft gibt. Hierfür ist weder die

---

21 Schöne/Schröder/*Stree*/*Heine* StGB § 283 Rn. 50 a; LK/*Tiedemann* StGB Vor § 283 Rn. 155; **aA** SK-StGB/*Hoyer*, § 283 Rn. 8 ff.: strikte Insolvenzrechtsakzessorietät.
22 BGH 10.7.2018 – 1 StR 605/16, NStZ 2019, 83; BGH 29.4.2010 – 3 StR 314/09, NJW 2010, 2894 Rn. 52 = wistra 2010, 219 mAnm *Wegner* wistra 2010, 438; ebenso zuvor OLG Koblenz AnwBl 2007, Beilage Praxis Report, 177. *Reck* GmbHR 1999, S. 267 ff.
23 Allgemein zum Begriff der Überschuldung, drohenden bzw. eingetretenen Zahlungsunfähigkeit siehe *Fischer* StGB Vor § 283 Rn. 7 ff.; LK/*Tiedemann* StGB Vor § 283 Rn. 125 ff.; Schönke/Schröder/*Heine*/*Schuster* StGB§ 283 Rn. 51 ff.; NK-StGB/ *Kindhäuser* Vor §§ 283 Rn. 92 ff.; *Wengel* DStR 2001, 1769.
24 BGH 19.4.2007 – 5 StR 505/06, wistra 2007, 308.
25 Zur umstrittenen Anwendbarkeit von § 19 Abs. 2 InsO auf Altfälle vgl. *Adick* HRRS 2009, 115; *Holzer* ZIP 2008, 2108; *Wegner* PStR 2008, 279; *Grube*/*Röhm* wistra 2009, 81; *Bittmann* wistra 2009, 138; *Schmitz* wistra 2009, 369; *Bach* StraFo 2009, 368; *Weyand*/*Diversy*, Rn. 37.
26 *Ogiermann*/*Weber* wistra 2011, 206 (210); *Wolf* StuB 2008, 874 (877).
27 BGH 29.4.2010 – 3 StR 314/09, NJW 2010, 2894 Rn. 49; BGH 6.5.2008 – 5 StR 34/08, wistra 2008, 379 (380, 383); BGH 9.6.2008 – 5 StR 98/08, wistra 2008, 384; BGH, BGHR StGB, § 283 Abs. 1 „Überschuldung 1" und „2"; BGH 3.1.2003 – 3 StR 437/02, wistra 2003, 232; BGH 14.1.2003 – 4 StR 336/02, wistra 2003, 301; LK/ *Tiedemann* StGB Vor § 283 Rn. 147 ff.; *Tiedemann* GmHG § 84 Rn. 49; *Wegner* HWSt VII 1 Rn. 20 ff.; *Fischer* StGB Vor § 283 Rn. 7 d; MüKoStGB/*Petermann* Vor §§ 283 ff. Rn. 69 ff., § 283 Rn. 7, *Weyand*/*Diversy*, Rn. 38 ff.; jew. mwN; vgl. auch die kommentierte Check-Liste „Bilanzielle Überschuldung", DWS-Verlag 2009 sowie ausführlich *Pelz*, Rn. 11 ff. (16 ff.) 96 ff.; *Schäfer*, Der Eröffnungsgrund der Überschuldung, S. 57 ff.
28 BGH 14.1.2003 – 4 StR 336/02, wistra 2003, 301 f.; OLG Düsseldorf, wistra 1998, 360 (361) im Einzelnen äußerst umstritten, vgl. Schönke/Schröder/*Heine*/*Schuster* StGB § 283 Rn. 51 a; MüKo/StGB/*Petermann*, Vor §§ 283 ff. Rn. 69 ff.; *Wegner* HWSt VII 1 Rn. 20 ff.; *Tiedemann* GmbH-Strafrecht § 84 Rn. 46 ff*Burger*/*Schellberg* BB 1995, 261 ff.; *Fischer* StGB Vor § 283 Rn. 7 d; *Haack* BB 1981, 883; *Kupsch* BB 1984, 159; *Röhm* S. 185 ff.; *Wolf* DStR 1998, 126.

vom Insolvenzverwalter erstellte Eröffnungsbilanz noch der letzte Jahresabschluss, die Steuerbilanz oder gar nur die betriebswirtschaftliche Auswertung ausreichend. Auch die vom Wirtschaftsreferenten oder anderen, für die Staatsanwaltschaft tätigen Personen erstellten Übersichten sind angesichts der komplexen Anforderungen oftmals fehleranfällig.[29] Eine handelsbilanziell ausgewiesene Überschuldung (§ 268 Abs. 3 HGB) genügt angesichts des handelsbilanziell vorgeschriebenen Prinzips der vorsichtigen Bilanzierung ebenfalls nicht,[30] hat aber indizielle Wirkung.[31] Handelsrechtlich zulässige sog Bilanzierungshilfen (§§ 269 S. 1, 274 Abs. 2 S. 1 HGB)[32] sind unbeachtlich und aus einem Überschuldungsstatus auszusondern. Steuerrechtliche Abschreibungen sind gleichfalls ohne Bedeutung.[33] Gewinn- und Verlustrechnungen geben keinen Aufschluss über die Überschuldung eines Unternehmens.[34] Problematisch ist insbesondere[35] die Bewertung von Unternehmensbeteiligungen,[36] Forderungen (Bonität des Schuldners, Sicherungsmittel vorhanden? etc)[37] sowie immaterieller Güter, insbes. eines Geschäfts- oder Firmenwerts.[38] Bei der Bewertung von Verbindlichkeiten ist die „Fälligkeitskomponente" (Mahnstufe 1 oder Stundung etc) zu beachten,[39] während die Aktivierung selbst geschaffener immaterieller Vermögensgegenstände nicht die Überschuldung beseitigt.[40] Ggf.

---

29 Zum Einsatz von Wirtschaftsreferenten vgl. *Bittmann* wistra 2011, 47 ff.; *Ogiermann/Weber* wistra 2011, 206 (210); *Pelz* Rn. 709; *Lemme* wistra 2002, 281; krit. *Wegner* HWSt, VII 1 Rn. 61; zur Kostentragung für den Einsatz eines Wirtschaftsreferenten, sofern er nicht behördenintern für die Staatsanwaltschaft, sondern als Sachverständiger auftritt vgl. KG, wistra 2009, 247.
30 BGH 2.4.2001 – II ZR 261/99, DB 2001, 1027 mAnm *Wolf* StuB 2001, 730; *Wolf* DStR 1998, 126; *Gehrlein* BB 2004, 2585; Schönke/Schröder/*Heine* StGB § 283 Rn. 51 a; SK-StGB/*Hoyer*, § 283 Rn. 16; NK-StGB/*Kindhäuser* StGB Vor § 283 Rn. 92; LK/*Tiedemann* StGB Vor § 283 Rn. 151; MüKoStGB/*Petermann* StGB Vor §§ 283 ff. Rn. 69; *Stypmann* wistra 1985, 89 ff.; *Auler* DB 1976, 2169.
31 OLG Celle 7.5.2008 – 9 U 191/07, DB 2008, 2353; zu Beratungspflichten des Steuerberaters bei bilanzieller Überschuldung OLG Celle 6.4.2011 – 3 U 190/10, DStR 2012, 539; *Schmittmann* StuB 2012, 716.
32 MüKoHGB/*Ballwieser* HGB § 246 Rn. 91 ff.
33 BGH 30.1.2003 – 3 StR 437/02, wistra 2003, 232; BGH wistra 1998, 360; BGHR, „Zahlungsunfähigkeit 1" und „2"; OLG Düsseldorf, BB 1983, 229; vgl. IDW-Empfehlungen des Fachausschusses Recht, ZIP 1999, 505 (506 f.); *Fischer* StGB Vor § 283 Rn. 7.
34 BGH, BGHR StGB, § 283 Abs. 1 „Überschuldung 2".
35 Vgl. ausführlich *Wegner* StGB HWSt, VII 1 Rn. 30 ff.; Wannemacher/*Hartung* Rn. 5062 ff., jew. zu einzelnen Bilanzposten.
36 Vgl. BGH 23.8.1978 – 3 StR 11/78, JZ 1979, 75.
37 BGH 14.1.2003 – 4 StR 336/02, wistra 2003, 301 (302); die Aktivierung eines originären Firmenwertes ist nicht zulässig (§ 248 Abs. 2 HGB), vgl. OLG Celle 3.12.2003 – 9 U 119/03, BB 2004, 713; ausführlich zu Einzelposten des Überschuldungsstatus MüKoStGB/*Petermann* StGB Vor §§ 283 ff. Rn. 70 ff.
38 Die Gesetzesbegründung zum FMStG (Rn. 1) sieht die Einbeziehung eines Firmenwerts und Goodwill ausdrücklich vor, BT-Drs. 16/10600, S. 21; hierzu *Wegner* HRRS 2009, 32 834); vgl. ferner *Wolf/Kurz* StuB 2005, 484 ff.; *Wegner* HWSt VII 1 Rn. 41.
39 *Matzen*, S. 32 (48); zu Rückstellungen vgl. *Hoffmann* MDR 1979, 93.
40 Str. Vgl. OLG Celle 3.12.2003 – 9 U 119/03, BB 2004, 713; MüKoStGB/*Petermann* StGB Vor §§ 283 ff. Rn. 71, der den Firmenwert dann im Überschuldungsstatus berücksichtigen will, „wenn – ex ante – eine Veräußerung des Unternehmens (mit Firma) im Rahmen des Insolvenzverfahrens nicht auszuschließen ist".

sind eigenkapitalersetzende Gesellschafterdarlehen[41] oder Rangrücktrittsvereinbarungen als möglicherweise eine Überschuldung beseitigende taugliche Sanierungsmittel zu beachten.[42]

Zu den zahlreichen weiteren hierbei auftretenden Problemen, zB die Bestimmung der **Dauer des Zeitraums einer Fortführungsprognose** (vgl. § 19 Abs. 2 S. 2 InsO) wird auf die einschlägigen strafrechtlichen Kommentierungen und Nachweise verwiesen.[43] Eine Überschuldung wird angesichts des Bestimmtheitsgebots (Art. 103 Abs. 2 GG) daher praktisch immer äußerst umstritten sein. Da diese Feststellungen (zB bei der Bewertung stiller Reserven) mit erheblichen Bewertungsunsicherheiten behaftet und die anzulegenden Bewertungsmaßstäbe umstritten sind, wird von einer Überschuldung nur ausgegangen, wenn alle anerkannten Bewertungsmaßstäbe zum Ergebnis der Überschuldung führen, um dem Bestimmtheitsgebot (Art. 103 Abs. 2 GG) Rechnung zu tragen.[44] In der Praxis wird daher noch mehr auf die Beurteilung der (eingetretenen oder drohenden) Zahlungsunfähigkeit abgestellt werden.

bb) Zahlungsunfähigkeit

8 Das Krisenmerkmal der Zahlungsunfähigkeit liegt gem. § 17 Abs. 2 S. 1 InsO vor, wenn der Schuldner „nicht in der Lage ist, seine fälligen Zahlungspflichten zu erfüllen".[45] In der Regel erfolgt die Feststellung der Zahlungsunfähigkeit durch die sog **betriebswirtschaftliche Methode**.[46] Danach sind – bezogen auf einen konkreten Stichtag – in einem ersten Schritt den fälligen[47] Verbind-

---

41 BGH 8.1.2001 – II ZR 88/99, BB 2001, 430; vgl. *Fischer* StGB Vor § 283 Rn. 7 d; *Gehrlein* BB 2004, 2585 (2586); eingehend *Röhm*, S. 191 ff.; zur Rückzahlung eigenkapitalersetzender Darlehen vgl. BGH 6.5.2008 – 5 StR 34/08, NStZ 2009, 153.
42 BGH 8.1.2001 – II ZR 88/99, BB 2001, 430; BGH 14.1.2003 – 4 StR 336/02, wistra 2003, 301 (302) = StV 2004, 319 f. auch zum Abzug von Grundschulden bei der Bewertung von Grundstücken; ablehnend für Sonderposten mit Rücklageanteil BFH 21.5.2005 – I R 35/94, DB 2005, 2441; vgl. im Übrigen MüKoStGB/*Petermann* StGB Vor §§ 283 ff. Rn. 73; *Tiedemann* GmbHG § 84 Rn. 50 ff.; LK/*Schulze* DB 2004, 769; *Gehrlein* BB 2004, 2585 (2586); *Bäuml* StuB 2009, 637 zur Bedeutung eines Rangrücktritts nach Inkrafttreten des MoMiG; *Gehrlein* BB 2011, 1539 (1540).
43 *Fischer* StGB Vor § 283 Rn. 7 ff.; Schönke/Schröder*Heine*/*Schuster* StGB § 283 Rn. 51 ff.; MüKoStGB/*Petermann* StGB Vor §§ 283 ff. Rn. 69 ff.; LK/*Tiedemann* StGB Vor § 283 Rn. 147 ff.; *Wegner* HWSt VII 1 Rn. 18 ff.; *Weyand* Rn. 30 ff.; *Wolf* StuB 2002, 360; *Bittmann* wistra 1999, 10 ff.; *Röhm*, S. 165 ff.; *Wolf* StuB 2005, 918; *Dahl/Schmitz* NZG 2009, 567; *Schmiel* BFuP 2010, 427; *Saenger/Kock* GmbHR 2010, S. 113 (zu Cash-Pooling) jeweils mwN.
44 OLG Düsseldorf, wistra 1998, 360; *Weyand*, Rn. 35; *Rönnau* NStZ 2003, 525 (527); *Moosmayer*, Einfluss der Insolvenzordnung 1999 auf das Insolvenzstrafrecht, S. 159 ff. (164); MüKoStGB/*Radke* StGB Vor §§ 283 ff. Rn. 74.
45 BGH 10.2.2018 – 1 StR 605/16, NStZ 2019, 83 mAnm *Bittmann* NStZ 2019, 84; BGH 21.8.2013 – 1 StR 665/12, NStZ 2014, 107 (108); BGH 23.5.2007 – 1 StR 88/07, wistra 2007, 312.
46 BGH 10.2.2018 – 1 StR 605/16, NStZ 2019, 83 mAnm *Bittmann* NStZ 2019, 84; BGH 21.8.2013 – 1 StR 665/12, NStZ 2014, 107 (108); für das Insolvenzverfahren vgl. BGH 12.4.2017 – IX ZR 50/15, NJW 2018, 396 (398).
47 Voraussetzung für die Qualifikation einer Verbindlichkeit als idS „fällig" ist neben der Fälligkeit iSv § 271 BGB, dass die geschuldete Leistung „ernsthaft eingefordert" wird, dh „eine Handlung des Gläubigers gegeben ist, aus der sich der Wille ergibt, die Erfüllung möglicher Zahlungsansprüche zu verlangen", BGH 10.2.2018 – 1 StR 605/16, NStZ 2019, 83 mAnm *Bittmann* NStZ 2019, 84; BGH 16.5.2017 – 2 StR 169/15, wistra 2017, 495 (498); aA noch BGH 23.5.2007 – 1 StR 88/07, wistra 2007, 312

lichkeiten[48] die zu ihrer Tilgung vorhandenen oder kurzfristig herbeizuschaffenden Mittel gegenüberzustellen.[49] Oftmals wird ein solcher Liquiditätsstatus nur mithilfe von Sachverständigen errichtet werden können. Praktische Hilfe bietet dabei der IDW-Prüfungsstandard für die „Beurteilung des Vorliegens von Insolvenzeröffnungsgründen".[50] Insbesondere bei der Analyse des Forderungsbestands kommt es auf eine Ex-ante-Prüfung der Werthaltigkeit (Realisierbarkeit) zu Beginn des Prognosezeitraums an. Soweit dabei standardisierte betriebswirtschaftliche „Formeln" eingesetzt werden, ist deren Tauglichkeit zweifelhaft.[51] Um die Zahlungsunfähigkeit von der strafrechtlich irrelevanten bloßen „Zahlungsstockung" abzugrenzen, ist sodann in einem zweiten Schritt eine Prognose anzustellen, ob innerhalb einer Dreiwochenfrist – bspw. durch Kredite, Zuführung von Eigenkapital, Einnahmen aus dem normalen Geschäftsbetrieb oder der Veräußerung von Vermögensgegenständen – mit der Wiederherstellung der Zahlungsfähigkeit sicher zu rechnen ist.[52] Irrelevant sind dabei „ganz geringfügige Liquiditätslücken" (Bagatellfälle).[53]

Alternativ[54] zur betriebswirtschaftlichen Methode kann die Feststellung der Zahlungsunfähigkeit im Strafprozess (§ 261 StPO) auch auf wirtschaftskriminalistische Beweisanzeichen gestützt werden, sog **wirtschaftskriminalistische Methode**.[55] Hierzu zählen ua das Ignorieren von Rechnungen oder Mahnungen und gescheiterte Vollstreckungsversuche, aber auch die Nichtzahlung von

---

48 Sofern eine Forderung rechtskräftig zuerkannt worden ist und deshalb aus ihr sogleich vollstreckt werden kann, müsse sie nach der Rechtsprechung des BGH bei der Bewertung der Zahlungsunfähigkeit berücksichtigt werden. Auf die materielle Richtigkeit des zugrunde liegenden Urteils komme es in diesem Fall nicht an, vgl. BGH 10.2.2018 – 1 StR 605/16, NStZ 2019, 83 mAnm *Bittmann* NStZ 2019, 84.
49 BGH 12.4.2018 – 5 StR 538/17, NStZ-RR 2018, 216; BGH 10.2.2018 – 1 StR 605/16, NStZ 2019, 83 mAnm *Bittmann* NStZ 2019, 84; BGH 16.5.2017 – 2 StR 169/15, wistra 2017, 495 (498); BGH 25.8.2016 – 1 StR 290/16.
50 IDW S 11, in der Fassung vom 22.8.2016, ergänzt am 23.2.2017.
51 ZB Liquidität 2. Grades; *Lüttke* wistra 2003, 52; *Matzen*, S. 68 ff. (82); aA *Weber* wistra 2003, 292; allgemein *Reulecke* CR 1990, 230.
52 BGH 12.4.2018 – 5 StR 538/17, NStZ-RR 2018, 216; BGH 10.2.2018 – 1 StR 605/16, NStZ 2019, 83 mAnm *Bittmann* NStZ 2019, 84; BGH 23.5.2007 – 1 StR 88/07, wistra 2007, 312; BGH 21.8.2013 – 1 StR 665/12, NStZ 2014, 107 (108); BGH 14.5.2009 – IX ZR 63/08, DB 2009, 1346 (1349); BGH 28.10.2008 – 5 StR 166/08, wistra 2009, 117 (119), BGH 23.5.2007 – 1 StR 88/07, NStZ 2008, 643 = wistra 2007, 312 mAnm *Achenbach* NStZ 2008, 503 (506); BGH 24,5.2005 – IX ZR 123/04, BGHZ 163, 134; *Arens* wistra 2007, 450; *Bork* ZIP 2008, 1749; *Bieneck* StV 1999, 43 (44): Schonfrist von 3 Wochen sowie BGH 20.11.2001 – IX ZR 48/01, ZIP 2002, 87 = DB 2002, 267; *Wegner* PStR 2007, 287; Schönke/Schröder/Heine/Schuster StGB § 283 Rn. 52; Fischer StGB Vor § 283 Rn. 9; MüKoStGB/*Petermann* StGB Vor §§ 283 ff. Rn. 100 f.; zur Wiederaufnahme von Zahlungen nach eingetretener Zahlungsunfähigkeit *Wolf* StuB 2002, 1235; *Tiedemann* GmbHG § 84 Rn. 44, 44 b.
53 BT-Drs. 12/2443, 114 zu § 21 InsO (jetzt: § 17 InsO).
54 Das Tatgericht kann das Vorliegen wirtschaftskriminalistischer Beweiszeichen aber auch „zusätzlich beweiswürdigend" in die Bildung seiner Überzeugung vom Vorliegen der Zahlungsunfähigkeit aufgrund einer stichtagsbezogenen Betrachtung einbeziehen, vgl. BGH 10.2.2018 – 1 StR 605/16, NStZ 2019, 83 mAnm *Bittmann* NStZ 2019, 84.
55 BGH 10.2.2018 – 1 StR 605/16, NStZ 2019, 83 mAnm *Bittmann* NStZ 2019, 84; BGH 11.8.2016 – 1 StR 63/16, wistra 2017, 30; BGH 12.4.2018 – 5 StR 538/17, NStZ-RR 2018, 216; BGH 21.8.2013 – 1 StR 665/12, NStZ 2014, 107 (108); *Ogiermann/Weber* wistra 2011, 206 (210 f.); *Natale/Bader* wistra 2008, 413 (415 f.); zu Verteidigungsmöglichkeiten vgl. *Pelz* Rn. 120 ff. Auch im Insolvenzrecht kann der Ermittlung mithilfe von Indizsachen erfolgen, vgl. BGH 13.6.2006 – IX ZB 238/05, NJW-RR 2006, 1422 (1423).

Löhnen und Gehältern, der Sozialversicherungsbeiträge[56] oder sonstiger Betriebskosten.[57] Dagegen ist der negative Verlauf von Kreditverhandlungen als solches angesichts bankintern erhöhter Anforderungen („Basel II") ebenso wenig zwingendes Beweisanzeichen wie die Suche nach neuen Eigen- oder Fremdkapitalgebern.[58] Auch die Duldung der Kontoüberziehung durch die Hausbank ohne Einräumung eines Dispositionskredits spricht nicht für Zahlungsfähigkeit.[59] Ebenfalls abzusprechen ist die Eignung als Beweisanzeichen gängigen Finanzierungsformen wie Leasing (Ausgabenseite) oder Factoring (Einnahmenseite).[60] Von vornherein nicht ausreichend für die Begründung von Zahlungsunfähigkeit ist zudem die bloße Zahlungsunwilligkeit, also die mangelnde Bereitschaft des Schuldners, vorhandene Vermögenswerte zur Erfüllung offener Verbindlichkeiten einzusetzen.[61]

10 Die in § 17 Abs. 2 S. 2 InsO normierte Vermutung, wonach „Zahlungsunfähigkeit (…) in der Regel anzunehmen (ist), wenn der Schuldner seine Zahlungen eingestellt hat", ist mit dem strafprozessualen Grundsatz in dubio pro reo nicht vereinbar und findet deshalb auf Ebene des Strafrechts keine Anwendung.[62]

cc) Drohende Zahlungsunfähigkeit

11 Die der Zahlungsunfähigkeit vorgelagerte **drohende Zahlungsunfähigkeit** liegt gem. § 18 Abs. 2 InsO vor, wenn der Schuldner „voraussichtlich nicht in der Lage sein wird, die bestehenden Zahlungspflichten im Zeitpunkt der Fälligkeit zu erfüllen". Der Eintritt von Zahlungsunfähigkeit muss bezogen auf dieses künftige Ereignis „wahrscheinlicher sein (…) als deren Vermeidung".[63] Hierzu bedarf es – worauf der BGH immer wieder hinweist – konkreter Feststellungen,[64] in Gestalt einer zeitraumorientierten, objektiven[65] Prognose. Einzubeziehen ist dabei „die gesamte Entwicklung der Finanzlage des Schuldners bis zur

---

56 Diese lassen jedenfalls dann sicher auf das Vorliegen von Zahlungsunfähigkeit schließen, wenn sie sich einerseits häufen und es andererseits weder Hinweise auf eine Trendwende bis zur Insolvenz noch darauf gibt, dass gleichwohl min. 90% der fälligen Verbindlichkeiten erfüllt werden, vgl. *Bittmann* NStZ 2019, 84. Zur Bedeutung der Nichtzahlung von Sozialversicherungsbeiträgen als Indiztatsache für das Vorliegen von Zahlungsunfähigkeit im Insolvenzrecht, vgl. BGH 13.6.2006 – IX ZB 238/05, NJW-RR 2006, 1422 (1423).
57 BGH 12.4.2018 – 5 StR 538/17, NStZ-RR 2018, 216; BGH 10.2.2018 – 1 StR 605/16, NStZ 2019, 83 mAnm *Bittmann* NStZ 2019, 84; BGH 21.8.2013 – 1 StR 665/12, NStZ 2014, 107 (108).
58 AA *Hoffmann* DB 1980, 1527 (1529).
59 FG Berlin 31.10.2005 – 9 K 9350/02, DStRE 2006, 1446.
60 Zur Verbreitung von Factoring vgl. KfW-Umfrage, Handelsblatt v. 24.9.2003.
61 Vgl. Schönke/Schröder/*Heine/Schuster* StGB § 283 Rn. 52.
62 Vgl. Schönke/Schröder/*Heine/Schuster* StGB § 283 Rn. 52.
63 BT- Drs. 12/2443, 114 zu § 22 InsO (jetzt: § 18 InsO); vgl. auch Schönke/Schröder/ *Heine/Schuster* StGB § 283 Rn. 53; SK-StGB/*Hoyer* StGB § 283 Rn. 25; enger MüKo-StGB/*Petermann* StGB Vor §§ 283 ff. Rn. 91 der für die Annahme drohender Zahlungsunfähigkeit im strafrechtlichen Sinne voraussetzt, dass „der Schuldner im jeweils maßgeblichen Zeitpunkt (Abs. 1 oder Abs. 2) nicht mehr normativ berechtigt vertrauen darf, dass der Eintritt der Zahlungsunfähigkeit noch abgewendet werden kann".
64 Vgl. nur BGH, BGHR „Zahlungsunfähigkeit" 2; BGH 29.4.2010 – 3 StR 314/09, NJW 2010, 2894 Rn. 49, 52.
65 Die bloße Befürchtung des Täters, das Unternehmen werde alsbald zahlungsunfähig werden, genügt nicht, vgl. Schönke/Schröder/*Heine/Schuster* StGB § 283 Rn. 53.

Fälligkeit aller bestehenden Verbindlichkeiten".[66] Die vorhandene Liquidität und diejenigen Einnahmen, die im Prognosezeitraum zu erwarten sind, müssen den gegenwärtigen und künftig zu erwartenden Verbindlichkeiten gegenübergestellt werden, die bereits fällig sind oder bis zum Ende des Prognosezeitraums – dh dem Zeitpunkt der Fälligkeit sämtlicher bei Prognoseerstellung bereits begründeter Verbindlichkeiten[67] – voraussichtlich fällig werden. Bloß vorübergehende Zahlungsstockungen und ganz geringfügige Liquiditätslücken sind unbeachtlich.[68] Zudem gilt, dass der Grad der Wahrscheinlichkeit eines künftigen Eintritts der Zahlungsunfähigkeit umso höher sein muss, je länger der Prognosezeitraum ausfällt.[69] Alternativ zur Aufstellung eines Finanzplans soll der Eintritt des Krisenmerkmals „drohende Zahlungsunfähigkeit" nach der (wohl) herrschenden Auffassung in der Literatur[70] – entsprechend der Feststellung bereits eingetretener Zahlungsunfähigkeit – auch mit dem Vorliegen wirtschaftskriminalistischer Beweisanzeichen, wie etwa dem raschen Ertragsverfall ohne ausreichende Reserve, der Versagung von Bankkredit oder der erfolglosen Durchführung von Maßnahmen der Zwangsvollstreckung begründet werden können.

Der Gesetzgeber hat nur bei dem Krisenmerkmal der drohenden Zahlungsunfähigkeit die Eignung der insolvenzrechtlichen Definition auch für das Strafrecht ausdrücklich zum Ausdruck gebracht.[71] Das Vorliegen eines insolvenzrechtlichen Schuldner-Eigenantrags wegen drohender Zahlungsunfähigkeit rechtfertigt jedoch ebenso wenig einen strafrechtlichen Rückschluss wie eine ex post eingetretene Zahlungsunfähigkeit.[72] Der Gesetzgeber ist bestrebt, dem Insolvenzgrund der drohenden Zahlungsunfähigkeit eine größere insolvenzrechtliche Praxisrelevanz zukommen zu lassen.[73] Ob sich dies nicht als strafrechtlicher Bumerang erweist, wird sich zeigen. Ferner stehen die möglichen strafrechtlichen Folgen im Gegensatz zur vom Gesetzgeber bezweckten vereinfachten insolvenzplanrechtlichen Eigenverwaltung:[74] Der Sanierungsplan im Rahmen des sog Schutzschirmverfahrens setzt eine fachliche Bescheinigung

12

---

66 BT- Drs. 12/2443, 115 zu § 22 InsO (jetzt: § 18 InsO).
67 Vgl. *Fischer* StGB Vor § 283 Rn. 11 mwN; *Bittmann* wistra 1998, 321 (325); *Burger/Schellberg* BB 1995, 262 (264); SK-StGB/*Hoyer* StGB § 283 Rn. 26; MüKoStGB/*Petermann* StGB Vor §§ 283 ff. Rn. 92; *Röhm*, S. 145 ff.; *Uhlenbruck* wistra 1996, 1 ff.; aA *Bittmann* wistra 1998, 321 (325) dem zufolge sich der Prognosezeitraum grundsätzlich auf die „nächsten 12 Monate" erstrecke.
68 BT- Drs. 12/2443, S. 114 zu § 22 InsO (jetzt: § 18 InsO); MüKoStGB/*Petermann* Vor §§ 283 ff. Rn. 87; allgemein zur Finanzplanung als Teil des Risikomanagements, *Heim/Kless* DStR 1999, 387; *Gischer/Hommel* BB 2003, 945; *Bork* ZIP 2008, 1749; *Dahl/Schmitz* NZG 2009, 567.
69 Vgl. *Bittmann* wistra 1998, 321 (325); *Fischer* StGB Vor 283 Rn. 11; Schönke/Schröder/*Heine/Schuster* StGB § 283 Rn. 53; *Wegner* HWSt VII 1 Rn. 94.
70 *Fischer* StGB Vor § 283 Rn. 10; *Wegner* HWSt, VII 1 Rn. 94
71 BT-Drs. 12/2443, 114.
72 Krit. zur Anwendung von § 18 InsO im Insolvenzstrafrecht *Moosmayer*, Einfluss der Insolvenzordnung 1999 auf das Insolvenzstrafrecht, S. 166 ff. (169 f.; 212); *Penzlin*, Strafrechtliche Auswirkungen der Insolvenzordnung, S. 113 ff., (162 f.): „überflüssig.
73 Vgl. Entwurf eines Gesetzes zur weiteren Erleichterung der Sanierung von Unternehmen (RegE-ESUG) v. 23.2.2011, BT-Drs. 17/5712, BT-Drs. 17/2008; *Richter/Pernegger* BB 2011, 876.
74 Gesetz zur weiteren Erleichterung der Sanierung von Unternehmen (ESUG) v. 7.12.2011, BGBl. I, 2582; BT-Drs. 17/5712; BT-Drs. 7511; *Fuhst* DStR 2012, 418 (421.).

über das Vorliegen der drohenden Zahlungsunfähigkeit voraus (§ 270 b InsO idF ESUG) und begegnet insoweit bei einem Scheitern des „Schutzschirmverfahrens" erheblichen Bedenken unter dem „nemo tenetur"-Grundsatz.[75]

13 Die generelle Problematik der Bestimmbarkeit des Prognosezeitraums des Eintritts einer Zahlungsunfähigkeit und der Wahrscheinlichkeit begründet Zweifel an der verfassungsrechtlich gebotenen Vorhersehbarkeit von strafbarem Verhalten (Art. 103 Abs. 2 GG).[76] Umstritten ist zudem, ob eine einschränkende Auslegung dahin gehend geboten ist, dass die drohende Zahlungsunfähigkeit zumindest einen „nicht unerheblichen Teil" der Zahlungspflichten betreffen soll.[77]

b) Zusammenhang zwischen Handlung und Krise

14 Wie die Formulierung des Eingangssatzes zu Abs. 1 zeigt, müssen die Tathandlungen des Abs. 1 „bei" Überschuldung, drohender oder eingetretener Zahlungsunfähigkeit erfolgen, dh während der wirtschaftlichen Krise des Schuldners begangen werden[78] (wohingegen Tathandlungen nach § 283 Abs. 2 StGB eine Überschuldung oder Zahlungsunfähigkeit erst kausal herbeiführen müssen). Dieser zeitlich-sachliche Zusammenhang zwischen Krise und Tathandlung iSd Abs. 1 begründet die Qualifizierung von § 283 StGB gegenüber § 283 b StGB (vgl. Kap. 10.1. Rn. 2), wobei Einzelheiten hierzu weiterhin sehr umstritten sind.[79] Hierzu ist es erforderlich, den **Zeitpunkt** des Beginns der (drohenden oder eingetretenen) Zahlungsunfähigkeit bzw. des Eintritts der Überschuldung zu bestimmen.[80] Wenn durch nicht nur kurzfristige[81] Wiederherstellung der Liquidität die Krise beseitigt wurde, endet der zeitliche Zusammenhang mit der Tathandlung.[82] Ungeklärt ist, ob hierfür nur der „Täter" selbst oder auch Dritte (Gläubiger, Staat) die Überwindung der Krise herbeiführen dürfen.[83] Eine vorübergehende Gewinnerzielung begründet zwar nicht zwingend Überwindung der Krise,[84] erfordert aber eine besonders eingehende Darlegung des Nachweises von Zahlungsunfähigkeit.[85]

15 Ein Zusammenhang fehlt mangels irgendwelcher gefahrerhöhender Folgen für die Gläubiger,[86] zB zwischen einer unrichtigen Bilanzierung, die den Vermögensstand des Unternehmens betrifft (daher allenfalls mit dem Insolvenzgrund

---

75 Krit. auch *Lenger/Apfel* WiJ 2012, 34 (39 f.).
76 Ähnlich, allerdings nur für eine Beschränkung des Zeitraums „nach oben" auf max. ein Jahr *Bittmann* wistra 1998, 321 (325.
77 LK/*Tiedemann* StGB Vor § 283 Rn. 139; krit. Lackner/Kühl/Heger StGB § 283 Rn. 8.
78 *Schäfer* wistra 1990, 81 (86); *Ogiermann* wistra 2000, 250 (251); vgl. OLG Stuttgart ZWH 2011, 102 mAnm *Kuhn*; CW PStR 2012, 60.
79 Vgl. deutlich aber OLG Stuttgart 30.5.2011 – 1 Ss 851/10, NStR-RR 2011, 277 unter Berufung auf Wortlaut und Normzweck; *Fischer* StGB Vor § 283 Rn. 17.
80 BGH 3.1.2003 – 3 StR 437/02, wistra 2003, 232 (233); zum Problem der Feststellung des Zeitpunkts einer Bilanzaufstellung mangels handelsrechtlicher Pflicht zur Unterzeichnung, vgl. Kap. 10.2 Rn. 38.
81 *Fischer* StGB Vor § 283 Rn. 16; LK/*Tiedemann* StGB Vor § 283 Rn. 180.
82 Str., BGHSt 1, 191; *Fischer* StGB Vor § 283 Rn. 16; vgl. auch *Pelz*, Rn. 244 ff.
83 *Tiedemann* GmbHG Vor §§ 82 ff., Rn. 32.
84 BGH *Holtz* MDR 1981, 454.
85 BGH 3.1.2003 – 3 StR 437/02, wistra 2003, 232.
86 BayObLG 8.8.2002 – 5 St RR 202/2002 a, b, NStZ 2003, 214; *Fischer* StGB Vor § 283 Rn. 17.

der Überschuldung zusammenhängen kann), und dem Insolvenzgrund der drohenden bzw. eingetretenen Zahlungsunfähigkeit.

2. § 283 Abs. 6 StGB, objektive Strafbarkeitsbedingung

Die Strafbarkeit sämtlicher Bankrotthandlungen ist durch Abs. 6 dahin gehend eingeschränkt, dass der Schuldner („Täter") seine Zahlungen eingestellt hat, über sein Vermögen das Insolvenzverfahren eröffnet oder der Eröffnungsantrag mangels Masse abgewiesen worden ist. Strittig ist, ob **Zahlungseinstellung** lediglich ein faktisches Verhaltensbild beschreibt, so dass der Grund der Zahlungseinstellung unerheblich ist und selbst auf Irrtum über die Liquiditätslage oder auf bloß fehlendem Zahlungswillen beruhen kann,[87] oder ob aus § 17 Abs. 2 InsO zu folgern ist, dass die Zahlungseinstellung iSd § 283 Abs. 6 echte Zahlungsunfähigkeit voraussetzt.[88] Die **Eröffnung des Insolvenzverfahrens** (§ 27 InsO) und die **Abweisung des Eröffnungsantrags mangels Masse** (§ 26 Abs. 1 S. 1 InsO) ist formalrechtlich zu beurteilen (Rechtskraft der insolvenzrechtlichen Entscheidung, §§ 26, 27 InsO). Zu weiteren Einzelheiten wird wiederum auf das einschlägige Schrifttum zu § 283 StGB verwiesen.[89] Insoweit entfaltet die Entscheidung des Insolvenzgerichts strafrechtliche Präjudizwirkung.[90] Ein Wertungswiderspruch besteht zwischen § 18 InsO und § 283 b StGB, wonach der (insolvenzrechtlich bereits bei drohender Zahlungsunfähigkeit mögliche) Antrag auf Eröffnung des Insolvenzverfahrens die objektive Strafbarkeitsbedingung des Abs. 6 auslöst und praktisch den Vorsatz des Täters präjudiziert.[91]

16

Zwischen Bankrotthandlung und Eintritt einer der objektiven Strafbarkeitsbedingungen ist wie bei § 283 b StGB ein **zeitlicher und tatsächlicher (nicht dagegen kausaler)**[92] **Zusammenhang erforderlich**, der darauf hinweist, dass die Krise, in welcher die Handlung vorgenommen wurde, nicht behoben werden konnte, sondern sich bis zur Verwirklichung auch der Strafbarkeitsbedingung fortentwickelt hat.[93] Die Frage, ob die Tathandlung dem Eintritt der objektiven Strafbarkeitsbedingung vorausgeht oder nachfolgt, etwa dadurch, dass Buchführungsmängel bei Zahlungseinstellung bestehen, mithin fortwirken und im Insolvenzverfahren beseitigt werden müssen, ist daher regelmäßig unerheb-

17

---

87 *Fischer* StGB Vor § 283 Rn. 13; Schönke/Schröder/*Heine/Schuster* StGB § 283 Rn. 60; *Wegner* HWSt, VII 1 Rn. 99, jeweils mwN zum Streitstand; *Bieneck* StV 1999, 43 ff. (45), *Bieneck* wistra 1992, 89; vgl. *Bittmann* ZWH 2012, 355 (356 f.).
88 LK/*Tiedemann* StGB Vor § 283 Rn. 144 mwN.
89 *Fischer* StGB Vor § 283 Rn. 14 f.; *Tiedemann* GmbHG Vor §§ 82 ff. Rn. 29, 30; Schönke/Schröder/*Heine/Schuster* StGB § 283 Rn. 61 f.; *Pelz*, Rn. 231 ff.
90 *Wegner* HWSt VII 1 Rn. 101.
91 Vgl. Wabnitz/Janovsky/*Beck* 6. Kap. Rn. 121; Schönke/Schröder/*Heine/Schuster* StGB § 283 Rn. 53.
92 BGH, *Holtz* MDR 1981, 454 ff.; *Pelz*, Rn. 238 ff.
93 BGH 22.2.2001 – 4 StR 421/99, NStZ 2001, 485 (487); BGH 20.12.1978 – 3 StR 408/78, BGHSt 28, 231 ff. (233); BGH 23.8.1978 – 3 StR 11/78, JZ 1979, 75; BayObLG 8.8.2002 – 5 St RR 202/02, % St RR 202/02 a, 5 St RR 202/02 b, wistra 2003, 30 (31) = StV 2004, 321 f. m. krit. Anm. *Maurer* wistra 2003, 253; OLG Düsseldorf 27.9.1979 – 5 Ss 391–410/79 I, NJW 1980, 1292; *Weyand/Diversy*, Rn. 59 f.; *Weyand* INF 2003, 130 f.; *Röhm*, S. 223 f. mit zahlreichen weiteren Nachweisen, gleichzeitig einschränkend für Eröffnung des Insolvenzverfahrens bzw. Ablehnung mangels Masse bei nur drohender Zahlungsunfähigkeit, S. 229 ff.; aA *Schäfer* wistra 1990, 81 ff. (86).

lich.[94] Etwas anderes gilt laut einer Entscheidung des BGH aus dem Jahre 1991[95] lediglich in Bezug auf die Verletzung der Pflicht zur Aufstellung des Jahresabschlusses nach § 283 Abs. 1 Nr. 7 b StGB. Danach komme „eine Verurteilung wegen nicht rechtzeitiger Bilanzaufstellung (…) in der Regel nur in Betracht, wenn die Bilanzierungspflicht vor Eintritt der objektiven Strafbarkeitsbedingung (…) versäumt wurde". Generell soll der Grundsatz „in dubio pro reo" keine Anwendung finden.[96] Auch eine Tathandlung iSd § 283 Abs. 1 StGB ca. 1½ Jahre vor Insolvenzeröffnung begründe immer noch einen solchen zeitlichen Zusammenhang.[97] Eine Unterbrechung des Zusammenhangs ist jedoch bei nicht nur vorübergehender Gewinnzielung möglich.[98]

18 Mit Eintritt der objektiven Strafbarkeitsbedingung beginnt die **Verjährung** zu laufen.[99]

3. Die Buchführungs- und Bilanzierungsverstöße gem. § 283 Abs. 1 Nr. 5–7 StGB

a) § 283 Abs. 1 Nr. 5 StGB, unterlassene oder mangelhafte Führung sowie Veränderung von Handelsbüchern

19 Nr. 5 stellt das Unterlassen der Führung von Handelsbüchern trotz gesetzlicher Verpflichtung bzw. das Führen oder Verändern so, dass die Übersicht über den Vermögensstand des Täters erschwert wird, unter Strafe. Die Vorschrift entspricht wortgleich § 283 b Abs. 1 Nr. 1 StGB. Auf die dortigen Ausführungen (Kap. 10.2. Rn. 12 ff.) wird verwiesen, insbesondere zur Frage wie die Unmöglichkeit, die Buchführungspflicht zu erfüllen, zu beurteilen ist.

b) § 283 Abs. 1 Nr. 6 StGB, Beiseiteschaffen und Vernichten von Handelsbüchern

20 Nr. 6 erfasst zum einen das Beiseiteschaffen, Verheimlichen, Zerstören oder Beschädigen von Handelsbüchern oder sonstigen Unterlagen, zu deren Aufbewahrung ein **Kaufmann** nach Handelsrecht verpflichtet ist, wenn dies vor Ablauf der für Buchführungspflichtige bestehenden Aufbewahrungsfristen erfolgt und dadurch die Übersicht über den Vermögensstand des Kaufmanns erschwert wird. Die Bankrotthandlung stimmt jedoch nur mit folgender Ausnahme mit der in § 283 b Abs. 1 Nr. 2 StGB überein: **Auch Personen, die nicht nach Handelsrecht buchführungspflichtig sind**, sondern freiwillig Buch führen (Angehörige der freien Berufe, sowie zunächst auf Antrag im Handelsregister eingetragene, sodann gelöschte Kaufleute, vgl. § 2 S. 1, 3 HGB) fallen ebenfalls unter Nr. 6.[100] Eine einschränkende Auslegung ist jedoch erforderlich, soweit

---

94 BGHSt 1, 186 ff. (191); BGH 15.8.2018 – 5 StR 381/18, wistra 2019, 32 unter ausdrücklicher Abstandnahme von der in BGH 24.3.2009 – 5 StR 353/08, NStZ 2009, 635 (636) erwogenen Ausnahme für die in § 283 Abs. 1 Nr. 8 bezeichneten Handlung.
95 BGH 22.5.1991 – 2 StR 453/90, BGHR StGB § 283 Abs. 1 Nr. 7 b.
96 **Str.** Schönke/Schröder/*Heine/Schuster* StGB § 283 Rn. 59 mit Nachweisen zum Streitstand; LK/*Tiedemann* StGB Vor § 283 Rn. 92; krit. *Lackner/Kühl* StGB § 283 Rn. 29; *Krause*, Ordnungsgemäßes Wirtschaften und erlaubtes Risiko, 1995, S. 227.
97 BGH bei *Herlan* GA 1953, 75; *Weyand*, Rn. 121.
98 Vgl. BGH/*Holtz* MDR 1984, 454; *Fischer* StGB Vor § 283 Rn. 17.
99 *Fischer* StGB § 283 Rn. 39 mwN.
100 *Fischer*, § 283 Rn. 24; Schönke/Schröder/*Heine/Schuster* StGB § 283 Rn. 39; **aA** mit beachtlichen Gründen NK-StGB/*Kindhäuser* StGB § 283 Rn. 67 f.; MüKoStGB/*Petermann* StGB Vor § 283 Rn. 42.

Nr. 6 die Aufbewahrungspflicht für Nichtkaufleute auch auf sonstige Unterlagen iS § 257 HGB erstreckt.[101]

Zu den übrigen Tatbestandsmerkmalen wird auf die Darstellung zu § 283 b StGB (Kap. 10.2. Rn. 27 ff.) verwiesen.

21

c) § 283 Abs. 1 Nr. 7 StGB, Fehlerhafte bzw. verspätete Bilanz- oder Inventaraufstellung

Nr. 7 a sanktioniert die handelsrechtswidrige Bilanz- bzw. Inventaraufstellung wenn sie so erfolgt, dass die Übersicht über den Vermögensstand des Täters erschwert wird, Nr. 7 b die verspätete Bilanz- oder Inventar-Aufstellung. Ein Bankrott gemäß Abs. 1 Nr. 7 b, Abs. 6 erfordert die Gleichzeitigkeit von Krise und Nichterstellung in der hierfür vorgeschriebenen Zeit. Tritt eine Überschuldung oder zumindest drohende Zahlungsunfähigkeit erst später ein, kommt nur eine Strafbarkeit nach § 283 b Abs. 1 Nr. 3 b in Betracht.[102] Die Tathandlungen zu Nr. 7 a, b entsprechen wiederum wortgleich denjenigen in § 283 b Abs. 1 Nr. 3 a, b StGB. Auf die dortigen Ausführungen wird verwiesen (Kap. 10.2. Rn. 32 ff.).

22

4. Abs. 2, Tathandlungen, die erst zur Krise führen

Während in den Fällen von Abs. 1 eine Kausalität zwischen Bankrotthandlung und Krise nicht zu bestehen braucht (s. Rn. 17), wird nach Abs. 2 bestraft, wer durch eine der in Abs. 1 bezeichneten **Handlungen** seine Überschuldung oder Zahlungsunfähigkeit, nicht dagegen eine nur drohenden Zahlungsunfähigkeit, herbeiführt, wenn also eine oder mehrere Bankrotthandlungen **für die Überschuldung oder Zahlungsunfähigkeit** kausal sind.[103] Mitursächlichkeit genügt.[104] Wird eine wirtschaftliche Krise des Schuldners durch eine Bankrotthandlung lediglich verstärkt, ist diese jedoch nur dann tatbestandsmäßig, wenn zugleich der Eintritt der Zahlungsunfähigkeit oder Überschuldung auf einen früheren Zeitpunkt verschoben wird.[105] Sobald drohende Zahlungsunfähigkeit eingetreten ist, greift Abs. 1 ein. Da die Bilanzdelikte des Abs. 1 Nr. 5, 7 regelmäßig dazu dienen sollen, die Krise zu verschleiern und beispielsweise durch Vorlage gefälschter Bilanzen bei Kreditinstituten eine Liquiditätsverlängerung erzielt wird, werden sie eine Negativ-Änderung im Vermögensstand des Täters nur sehr selten herbeiführen..[106] Dies ist jedoch ausnahmsweise dann der Fall, wenn ein Dritter (bspw. eine Bank) die Buchführungs- und Bilanzierungsmängel zum Anlass nimmt, seine Geschäftsbeziehung mit dem Unternehmen zu beenden und dieses dadurch erst in die Krise stürzt.[107]

23

---

101 *Fischer* StGB § 283 Rn. 24; LK/*Tiedemann* StGB § 283 Rn. 121, jeweils mwN; Graf/Jäger/Wittig/*Reinhart* StGB § 283 Rn. 51.
102 OLG Stuttgart 20.5.2011 – 1 Ss 851/10, NStZ-RR 2011, 277.
103 BGH 6.2.2019 – 3 StR 239/18, BeckRS 2019, 3376; OLG Frankfurt 18.6.1977 – 1 Ws 56/97, NStZ 1997, 551 m. krit. Bespr. *Krause* NStZ 1999, 161; aA ebenso *Rönnau* NStZ 2003, 525 (532); das bloße Vertiefen einer bereits bestehenden Krise genügt nicht, vgl. LK/*Tiedemann* StGB § 283 Rn. 180; *Krause* NStZ 2002, 42 (43).
104 BGH 6.2.2019 – 3 StR 239/18, BeckRS 2019, 3376.
105 BGH 6.2.2019 – 3 StR 239/18, BeckRS 2019, 3376.
106 Vgl. Graf/Jäger/Wittig/*Reinhart* StGB StGB § 283 Rn. 66; für eine geringe praktische Relevanz von Abs. 2 in den Fällen der Nr. 5–7 auch *Krause*, S. 420.
107 Beispiel nach LK/*Tiedemann* StGB § 283 Rn. 180; zustimmend: Graf/Jäger/Wittig/*Reinhart* StGB StGB § 283 Rn. 66

5. Subjektiver Tatbestand, Irrtum

24 Bei **Nr. 2** wird es entscheidend darauf ankommen, welche Vorstellungen vom Charakter eines Geschäfts als Verlust-, Spekulations- oder Differenzgeschäft besteht. Sofern die erforderliche bankmäßige Aufklärung über die Risiken bei Termingeschäften erfolgt ist (vgl. § 31 Abs. 2 WpHG) und Sicherungs- oder Arbitrage-Zwecke verfolgt werden, werden regelmäßig nur Spekulationsgeschäfte vorsätzlich begangen. Hinsichtlich der eher unbestimmten Rechtsbegriffe „unwirtschaftliche" Ausgaben bzw. „übermäßige" Beträge werden angesichts der erforderlichen Tatbestandsbestimmtheit (Art. 103 Abs. 2 GG) nur extreme Fälle strafrechtlich relevant werden, bei denen ein Tatbestandsirrtum (§ 16 Abs. 1 StGB) ausgeschlossen ist. Bei einem Verstoß gegen die Anforderungen einer ordnungsgemäßen Wirtschaft (Nr. 2) oder ordnungsgemäßen Buchführung iS Nr. 5–7 muss der Täter damit den betriebswirtschaftlichen bzw. handelsrechtlichen Maßstab ebenso wie sein Abweichen hiervon vollzogen haben.[108]

25 Zum nach Abs. 1 Nr. 5–7 und Abs. 2 erforderlichen (zumindest bedingten) **Vorsatz** gelten die Ausführungen zu § 283 b StGB (Kap. 10.2. Rn. 58) entsprechend. Die Parallelwertung in der Laiensphäre setzt danach sowohl insolvenzrechtliche wie auch handelsrechtliche Kenntnisse bzw. Vorstellungen des Täters voraus.[109] Bei **Nr. 7** kommt es wie bei § 283 b Abs. 1 Nr. 3 StGB darauf an, ob angesichts der gestuften Blankett-Vorschrift der Täter hinreichende Kenntnis von Umständen hat, die zur Handelsrechtswidrigkeit eines Bilanzansatzes (oder seines Unterlassens) führen. Nachdem wiederum zahlreiche handelsrechtliche Vorschriften mit unbestimmten Rechtsbegriffen versehen sind und am Maßstab der „Grundsätze ordnungsmäßiger Buchführung" ausgelegt werden müssen, treten in der Praxis hier oftmals Zweifelsfälle auf. Hinzu kommen Fälle, in denen bereits das Handelsrecht subjektive Erkenntnislagen voraussetzt.[110] Beim Vorliegen einer oftmals verspätet erstellten „Einheitsbilanz" (vgl. § 283 b StGB) wird **Nr. 7 b** nur selten zum Tragen kommen; ggf. ist bei fehlender Kenntnis von Überschuldung, Zahlungsunfähigkeit bzw. drohender Zahlungsunfähigkeit eine Strafbarkeit nach § 283 b Abs. 1 Nr. 3 b StGB gegeben.[111]

26 Für **Abs. 2** ist zusätzlich Voraussetzung, dass der Täter den Tathandlungserfolg der Überschuldung oder Zahlungsunfähigkeit kausal vorsätzlich herbeiführt. Das wird bei Tathandlungen nach **Nr. 5–7** praktisch nur selten gegeben sein.

---

108 *Schüppen*, S. 212; LK/*Tiedemann* StGB § 283 Rn. 188; SK-StGB/*Hoyer* StGB § 283 Rn. 118 f.
109 SK-StGB/*Hoyer* StGB § 283 Rn. 119.
110 ZB § 253 Abs. 4 HGB: Abschreibungen im Rahmen „vernünftiger kaufmännischer Beurteilung" zulässig; § 255 Abs. 4 S. 3 HGB: Verteilung der Abschreibung des Geschäfts- oder Firmenwert auf die Geschäftsjahre, in denen er **„voraussichtlich"** genutzt wird; § 253 Abs. 2 S. 3 letzter Halbsatz HGB: Außerplanmäßige Abschreibungen of abnutzbare Vermögensgegenstände des Anlagevermögens sind vorzunehmen bei einer **„voraussichtlich** dauernden Wertminderung"; auf die bei einer Rechnungslegung nach IAS/IFRS künftig zunehmende Tendenz von Prognosen weist zutr. hin *Wolf* StuB 2003, 775 (780).
111 BGH 30.1.2003 – 3 StR 437/02, NStZ 2003, 546 (547); BGH 14.12.1999 – 5 StR 520/99, NStZ 2000, 206 f.; BGH 5.11.1997 – 2 StR 462/97, NStZ 1998, 192 f.; *Fischer* StGB § 283 Rn. 25.

Die objektive **Strafbarkeitsbedingung** nach Abs. 6 braucht nicht vom Vorsatz umfasst zu sein.[112]

Die **Tatvollendung** tritt mit Vollendung der Bankrotthandlung ein, nicht erst mit dem Eintritt der Strafbarkeitsbedingung nach Abs. 6.[113] Da die für **Nr. 7** erforderliche Bilanzaufstellung nur den Entwurf einer festgestellten Bilanz darstellt, liegt eine in das Versuchsstadium vorverlagerte Strafbarkeit vor. Auch die Erstellung einer aufgestellten Bilanz ist somit vollendete Tat nach Nr. 7.[114]

6. § 283 Abs. 3 StGB, Versuch

Der **Versuch** von Tathandlungen des Abs. 1 wie 2 ist strafbar.[115] Das Einführen eines unrichtigen Belegs in die Buchhaltung stellt bereits ein unmittelbares Ansetzen zur Tat nach § 283 Abs. 1 Nr. 5 dar.[116] Die irrige Annahme drohender Zahlungsunfähigkeit begründet die Möglichkeit eines strafbaren untauglichen Versuchs.[117]

7. § 283 Abs. 4, 5 StGB, Fahrlässigkeit

Nach **Abs. 4 Nr. 1** ist strafbar, wer eine oder mehrere Bankrotthandlungen nach Abs. 1 **vorsätzlich** begeht und das Krisenmerkmal (Überschuldung, drohende oder eingetretene Zahlungsunfähigkeit) **fahrlässig** nicht kennt (kein Fall des § 11 Abs. 2 StGB). Praktisch bedeutend ist die hierin liegende Funktion als Auffangtatbestand bei nicht nachweisbarer Kenntnis des Kaufmanns von der Unternehmenskrise.[118] Praktisch wird die fahrlässige Nichtkenntnis der Krise vor allem bei Taten nach Nr. 5, 7, wenn der Täter sich dadurch selbst die Erkenntnis seiner wahren Lage verbaut oder sonst elementare kaufmännische Grundsätze außer Acht lässt.[119] Dabei sind die Sorgfaltsanforderungen an Art und Größe des Unternehmens auszurichten.[120]

Nach **Abs. 5 Nr. 1** ist strafbar, wer eines der Krisenmerkmale **kennt** oder fahrlässig nicht kennt und eine **Bankrotthandlung nach Abs. 1 Nr. 5 oder 7 fahrlässig** begeht[121] (doppelte Fahrlässigkeit). Bei **Nr. 5** in der Form des fahrlässigen Unterlassens einer Buchführung erkennt der Täter fahrlässig nicht, dass er buchführungspflichtig ist.[122] Im Übrigen kann Fahrlässigkeit nach **Nr. 5** und

---

112 BGHSt 1, 191.
113 *Fischer* StGB § 283 Rn. 33; aA RGSt 16, 190.
114 *Pelz*, Rn. 355.
115 *Fischer* StGB § 283 Rn. 33 a; krit. LK/*Tiedemann* StGB § 283 Rn. 197; NK-StGB/*Kindhäuser* StGB § 283 Rn. 100.
116 *Pelz*, Rn. 323.
117 BGH 23.8.1978 – 3 StR 11/78, JZ 1979, 75.
118 NK-StGB/*Kindhäuser* StGB § 283 Rn. 102; *Pelz*, Rn. 332; zur kaufmännischen Sorgfaltspflicht vgl. näher *Bretzke* KTS 1985, 413; OLG Celle 7.5.2008 – 9 U 191/07, DB 2008, 2353; OLG Oldenburg 24.4.2008 – 8 U 5/08, DB 2008, 2302 (Beschwerde zurückgewiesen, BGH 16.2.2009 – II ZR 142/08 nv); zum Organisationsverschulden des GmbH-Geschäftsführers vgl. BGH 19.6.2012 – II ZR 243/11, DStR 2012, 1713 sowie BGH, DB 2012, 1320 = ZWH 2012, 374 mAnm Hoos
119 BGH, NJW 1981, 354 (355): zu keinem Zeitpunkt Überblick über die Höhe der Verbindlichkeiten; vgl. auch OLG Celle, DB 2008, 2353; zur Erfüllung von Selbstinformationspflichten vgl. BGH, DStR 2008, 1839 (1840 f.).
120 Zutr. NK-StGB/*Kindhäuser* StGB § 283 Rn. 103.
121 *Wegner* HWSt VII 1 Rn. 189; krit. *Schlüchter* MDR 1978, 980; *Regner*, 86 ff.
122 Ausführlich *Regner*, S. 86 ff.; *Pelz*, Rn. 340; vgl. auch NK-StGB/*Kindhäuser* StGB § 283 Rn. 109.

Nr. 7 vorliegen, wenn der Täter vorwerfbar nicht erkennt, dass die Übersicht über seinen Vermögensstand erschwert wird, dass er die gesetzliche Bilanzierungsfrist überschreitet oder dass er „bei" Überschuldung, drohender oder eingetretener Zahlungsunfähigkeit (mithin im zeitlichen Zusammenhang) eine solche Tathandlung begeht. Ferner ist Fahrlässigkeit anzunehmen, wenn der Täter vorwerfbar Buchhalter, Steuerberater, Wirtschaftsprüfer (insbes. Abschlussprüfer bei Kapitalgesellschaften) nicht gehörig auswählt oder beaufsichtigt.[123]

32 Nach **Abs. 4 Nr. 2** ist in den Fällen des **Abs. 2** strafbar, wer durch vorsätzliche Handlungen nach Abs. 1 die Überschuldung oder Zahlungsunfähigkeit (nicht dagegen: drohende Zahlungsunfähigkeit) **leichtfertig** verursacht. Leichtfertigkeit bedeutet einen erhöhten Grad von Fahrlässigkeit.[124] Der **Versuch** einer Begehung nach **Abs. 4 Nr. 2** ist nicht strafbar, da sich Abs. 3 auf Nr. 1 und 2 bezieht.[125] Ferner ist nach **Abs. 5 Nr. 2** strafbar, wer **fahrlässig** eine Bankrotthandlung nach Abs. 1 Nr. 2, 5 oder 7 begeht und die eingetretene Überschuldung oder Zahlungsunfähigkeit (nicht: drohende Zahlungsunfähigkeit) wenigstens **leichtfertig** verursacht.

III. Täterschaft und Teilnahme

33 (Mit-)Täter der Sonderdelikte nach Abs. 1 Nr. 5–7 kann nur sein, wer selbst, d.h. persönlich oder aufgrund der Regelung in § 14 StGB, von dem Krisenmerkmal betroffen ist (zB Vorstandsmitglied(er) einer AG, (Mit-)Gesellschafter einer Personengesellschaft) und (gemeinsam mit einem anderen) eine Bankrotthandlung begeht.[126] Im Übrigen ist für einen Außenstehenden nur Anstiftung oder Beihilfe möglich.[127] Die Strafbarkeitsbedingung des Abs. 6 hat für die Teilnehmer dieselbe Bedeutung, auch wenn sie sich dem Wortlaut nach nur unmittelbar auf den Haupttäter bezieht.[128] Strafbare Teilnahme an einer vorsätzlichen Bankrotthandlung nach Abs. 1 (vgl. § 11 Abs. 2 StGB), durch die eine Überschuldung oder Zahlungsunfähigkeit (nicht: drohende Zahlungsunfähigkeit) leichtfertig verursacht wurde, ist möglich.[129]

---

123 RGSt 58, 304 (305); LK/*Tiedemann* StGB § 283 Rn. 217; NK-StGB/*Kindhäuser* StGB § 283 Rn. 109; *Fischer* StGB § 283 Rn. 35; *Wegner* HWSt, VII 1 Rn. 189; den Mitgliedern des Aufsichtsrats einer AG sowie den Geschäftsführern einer GmbH obliegt der Vorschlag eines Abschlussprüfers, §§ 124 Abs. 3 S. 1 AktG bzw. § 41 GmbHG iVm §§ 318 f. HGB.
124 Allgemein hierzu *Fischer* StGB § 15 Rn. 20 mwN.
125 LK/*Tiedemann* StGB § 283 Rn. 211; *Fischer* StGB § 283 Rn. 36.
126 BGH 22.1.2013 – 1 StR 234/12, NJW 2013, 949 (950); LK/*Tiedemann* StGB § 283 Rn. 226; NK-StGB/*Kindhäuser* StGB § 283 Rn. 110.
127 *Fischer* StGB § 283 Rn. 38; NK-StGB/*Kindhäuser* StGB § 283 Rn. 110; LK/*Tiedemann* StGB § 283 Rn. 226; zur psychischen Beihilfe durch Falschbuchung eines Steuerberaters LG Lübeck, wistra 2012, 281.
128 RGSt 45, 90.
129 Zu Beratungspflichten des Steuerberaters bei bilanzieller Überschuldung einer GmbH OLG Celle 6.4.2011 – 3 U 190/10, DStR 2012, 539.

IV. Konkurrenzen

Grundsätzlich stehen mehrere Bankrotthandlungen in **Tatmehrheit** zueinander.[130] Mehrere Verstöße gegen die Buchführungspflicht innerhalb eines bestimmten Zeitraums bilden eine einzige Tat iSd § 52 StGB (**natürliche Handlungseinheit**).[131] Bei mehreren Verstößen gegen die Bilanzierungspflicht sind regelmäßig selbstständige Taten anzunehmen.[132] **Wahlfeststellung** ist möglich, wenn sich nicht klären lässt, ob fehlende Handelsbücher überhaupt nicht geführt (Nr. 5) oder beiseite geschafft (Nr. 6) worden sind. Zwischen verschiedenen Tathandlungen nach Abs. 1 und 2 besteht regelmäßig Tatmehrheit, wenn der Täter im Anschluss an die Herbeiführung der Zahlungsunfähigkeit oder Überschuldung nach Abs. 2 weitere Bankrotthandlungen nach Abs. 1 begeht. § 283 Abs. 1 Nr. 5–7 StGB sind leges speciales zu § 283 b Abs. 1 Nr. 1–3 StGB (vgl. Kap. 10.2. Rn. 64).

Zwischen Abs. 1 Nr. 5 und § 267 StGB[133] bzw. § 274 StGB besteht grundsätzlich Tateinheit.[134] Bei zuvor begangener Steuerhinterziehung (§ 370 AO) liegt keine mitbestrafte Nachtat vor, auch wenn der Steuerfiskus einziger Gläubiger ist.[135] Tatmehrheit ist zu § 84 Abs. 1 Nr. 2 GmbHG,[136] dagegen Tateinheit zu § 331 Nr. 1, 2 HGB gegeben.[137] Ausführlich zu Konkurrenzen: LK/*Tiedemann* StGB § 283 Rn. 231 ff.

V. Strafzumessungsgesichtspunkte

Fehlt das persönliche Merkmal der Pflichtenstellung eines Krisenbefangenen, ist für den Gehilfen einer Tat nach Abs. 1 die Strafe grundsätzlich nach §§ 28 Abs. 1, 49 Abs. 1 StGB zu mildern.[138] Etwas anderes gilt jedoch dann, wenn Beihilfe statt Täterschaft allein wegen Fehlens der Sondereigenschaft anzunehmen ist.[139] Bei **Versuch** des Bankrotts (Abs. 3) nach Abs. 1 oder 2, kann eine mildere Bestrafung erfolgen, dh im Höchstmaß Freiheitsstrafe bis zu drei Jahren und neun Monate oder Geldstrafe bis zu 270 Tagessätzen (§§ 283 Abs. 1 iVm 49 Abs. 1 Nr. 2 StGB). Der alleinige Verstoß gegen § 283 Abs. 1 Nr. 7 b

---

130 Keine Verbindung zu einer Tat iSd § 52 StGB durch die Zahlungseinstellung, vgl. BGH 5.11.1997 – 2 StR 462/97, NStZ 1998, 192 (193).
131 BGH 5.11.1997 – 2 StR 462/97, NStZ 1998, 192 (193); BGH 18.1.1995 – 2 StR 693/94, NStZ 1995, 347; NK-StGB/*Kindhäuser* StGB § 283 Rn. 117.
132 BGH 5.11.1997 – 2 StR 462/97, NStZ 1998, 192 (193); anders bei der parallelen Nichterfüllung von Bilanzierungspflichten einer GmbH & Co. KG und deren Komplementär-GmbH, BGH/*Holtz*, MDR 1981, 454 (für § 283 b Abs. 1 Nr. 3 b StGB).
133 *Fischer* StGB § 283 Rn. 43; NK-StGB/*Kindhäuser* StGB § 283 Rn. 63.
134 *Tiedemann* GmbHG Vor §§ 82 ff. Rn. 47; NK-StGB/*Kindhäuser* StGB § 283 Rn. 63.
135 BGH 24.9.1986 – 3 StR 348/86, NStZ 1987, 23 zu Risikogeschäften als verdeckte Gewinnausschüttung *Fleischer* StuB 2004, 261.
136 *Michalski/Dannecker* GmbHG § 84 Rn. 100; *Tiedemann* GmbHG § 84 Rn. 108.
137 *Ulmer/Dannecker* HGB-Bilanzrecht, § 331 Rn. 122.
138 BGH 21.3.2018 – 1 StR 423/17, wistra 2018, 437 (438); BGH 22.1.2013 – 1 StR 234/12, NJW 2013, 949 (950); offengelassen von BGH 25.1.1995 – 5 StR 491/94, BGHSt 41, 2; LK/*Tiedemann* StGB § 283 Rn. 228; NK-StGB/*Kindhäuser* StGB § 283 Rn. 111; SK-StGB/*Hoyer* StGB § 283 Rn. 1167; aA *Brammsen/Ceffinato* NZI 2013, 619, 622 f. denen zufolge es sich bei § 283 StGB nicht um ein echtes Sonderdelikt handele, so dass § 28 Abs. 1 StGB nicht anwendbar sei.
139 St. Rspr. vgl. nur BGH 21.3.2018 – 1 StR 423/17, wistra 2018, 437 (438); im Grundsatz zustimmend *Brammsen/Ceffinato* NZI 2013, 619, 620.

StGB ist oftmals einer Einstellung zugänglich (§§ 153, 153 a StPO), darüber hinaus in der Regel mit Strafbefehl bis zu ca. 30 Tagessätzen sanktioniert.[140]

VI. Nebenfolgen

37 Im Falle eines Berufsverbots für den Kaufmann (§ 70 Abs. 1 StGB, vgl. Kap. 10.2. Rn. 66) muss dessen Umfang exakt bezeichnet werden (§ 260 Abs. 2 StPO). Begriffe wie „als Manager" oder „für das Kaufmannsgewerbe" sind dabei zu unbestimmt.[141] Einzelheiten zum Berufsverbot eines Steuerberaters (§ 90 Abs. 1 Nr. 4 iVm § 48 Abs. 1 Nr. 2 StBerG) sind in §§ 134 ff. StBerG geregelt. Für Wirtschaftsprüfer enthält §§ 68 Abs. 1 Nr. 4, 111 ff. WPO entsprechende Vorschriften.

38 Hinsichtlich möglicher insolvenzrechtlicher Nebenfolgen (Versagung der Restschuldbefreiung, bzw. der Insolvenzplanbestätigung) wird auf die Ausführungen unter Kap. 10.2. Rn. 68 verwiesen.

VII. Gerichtliche Zuständigkeit

39 Auf die Ausführungen unter Kap. 10.2 Rn. 70 wird verwiesen.

---

140 *Mertes* wistra 1991, 251 (253).
141 KK-StPO/*Schoreit* StPO § 260 Rn. 42 mwN.

Kapitel 11: Verletzung der Berichtspflicht

Kap. 11.1. § 332 HGB Verletzung der Berichtspflicht

§ 332 HGB Verletzung der Berichtspflicht

(1) Mit Freiheitsstrafe bis zu drei Jahren oder mit Geldstrafe wird bestraft, wer als Abschlußprüfer oder Gehilfe eines Abschlußprüfers über das Ergebnis der Prüfung eines Jahresabschlusses, eines Einzelabschlusses nach § 325 Abs. 2 a, eines Lageberichts, eines Konzernabschlusses, eines Konzernlageberichts einer Kapitalgesellschaft oder eines Zwischenabschlusses nach § 340 a Abs. 3 oder eines Konzernzwischenabschlusses gemäß § 340 i Abs. 4 unrichtig berichtet, im Prüfungsbericht (§ 321) erhebliche Umstände verschweigt oder einen inhaltlich unrichtigen Bestätigungsvermerk (§ 322) erteilt.

(2) Handelt der Täter gegen Entgelt oder in der Absicht, sich oder einen anderen zu bereichern oder einen anderen zu schädigen, so ist die Strafe Freiheitsstrafe bis zu fünf Jahren oder Geldstrafe.

Literatur: *Achenbach/Ransiek/Rönnau* (Hrsg.), Handbuch Wirtschaftsstrafrecht, 4. Aufl. 2015; *Baetge/Kirsch/Thiele* (Hrsg.), Bilanzrecht, Handelsrecht mit Steuerrecht und den Regelungen der IASB, Loseblatt, Stand: 85. EL 2019 (zit. als BilR/*Bearbeiter*); *Bantleon/Thomann/Bühner*, Die Neufassung der IDW Prüfungsstandards: „Zur Aufdeckung von Unregelmäßigkeiten im Rahmen der Abschlussprüfung (IDW PS 210)" und dessen Auswirkungen auf die Unternehmensorganisation, DStR 2007, 1978; *Bauer*, Die Neuregelung der Strafbarkeit des Jahresabschlussprüfers, 2017; *Baumbach/Hopt*, Handelsgesetzbuch, 38. Aufl. 2018; Beck'scher Bilanz-Kommentar, *Grottel/Schmidt/Schubert/Winkeljohann* (Hrsg.), Handels- und Steuerbilanz, §§ 238–339, 342–342 e HGB, 11. Aufl. 2018 (zit. als Beck'scher Bilanzkommentar/*Bearbeiter*); Beck'scher Online-Kommentar HGB, *Häublein/Hoffmann-Theinert* (Hrsg.), 24. Ed., Stand: 15.7.2018 (zit. als BeckOK HGB/*Bearbeiter*); *Böttger* (Hrsg.), Wirtschaftsstrafrecht in der Praxis, 2. Aufl. 2015; *Dierlamm*, Verletzung der Berichtspflicht gem. § 332 HGB – eine Analyse des gesetzlichen Tatbestandes, NStZ 2000, 130; *Ebenroth/Boujong/Joost/Strohn* (Hrsg.), Handelsgesetzbuch: HGB, Bd. 1: §§ 1–342 e, 3. Aufl. 2014 (zit. als EBJS/*Bearbeiter*); *Esser/Rübenstahl/Saliger/Tsambikakis* (Hrsg.), Wirtschaftsstrafrecht, 2017; *Geilen*, Verletzung der Berichtspflicht (§ 332 HGB), Duttge/Geilen/Meyer-Goßner et al. (Hrsg.), Gedächtnisschrift für Ellen Schlüchter, 2002, S. 283; *Graf*, Neue Strafbarkeitsrisiken für den Wirtschaftsprüfer durch das KonTraG, BB 2001, 562; *Graf/Jäger/Wittig* (Hrsg.), Wirtschafts- und Steuerstrafrecht, 2. Aufl. 2017; *Gramich*, Die Strafvorschriften des Bilanzrichtlinengesetzes, wistra 1987, 157; *Haufe*, HGB Bilanz-Kommentar, Bertram/Brinkmann/Kessler (Hrsg.), 9. Aufl. 2019; *Heidel/Schall* (Hrsg.), Handelsgesetzbuch: HGB, Nomos Kommentar zum Handelsgesetzbuch, 2. Aufl. 2015; *Hellmann*, Wirtschaftsstrafrecht, 5. Aufl. 2018; Heymann-Handelsgesetzbuch (ohne Seerecht), Kommentar, *Horn* (Hrsg.), Bd. 3, Drittes Buch, §§ 238–342 a, 2. Aufl. 1999, Reprint 2013; *Hofbauer/Kupsch* (Hrsg.), Rechnungslegung, Loseblatt, Stand 95. EL 2019; *Hoffmann/Knierim*, Falsche Berichterstattung des Abschlussprüfers, BB 2002, 2275; Kölner Kommentar zum Rechnungslegungsrecht, *Claussen/Scherrer* (Hrsg.), 2010 (zit. als KölnKommRLR/*Bearbeiter*); Kölner Kommentar zum Umwandlungsgesetz, *Dauner-Lieb/Simon* (Hrsg.), 1. Aufl. 2009 (zit. als KölnKommUmwG/*Bearbeiter*); *Koller/Kindler/Roth/Drüen* (Hrsg.), Handelsgesetzbuch, 9. Aufl. 2019 (zit. als KKRD/*Bearbeiter*); *Krekeler*, Strafbarkeit des Abschlußprüfers, StraFo 1999, 217; *Küting/Weber* (Hrsg.), Handbuch der Rechnungslegung, Loseblatt, 27. EL 2018; *Leitner/Rosenau* (Hrsg.), Wirtschafts- und Steuerstrafrecht, 2017 (zit. als NK-WSS/*Bearbeiter*); *Lutz*, Die Strafbarkeit des Abschlussprüfers nach Section 507 Companies Act 2006 und nach § 332 HGB, 2017; *Meyer*, Die Strafvorschriften des neuen Aktiengesetzes, AG 1966, 109; *Müller-Gugenberger* (Hrsg.), Wirtschaftsstrafrecht, 6. Aufl. 2015; Münchener Anwaltshandbuch, Verteidigung in Wirtschafts- und Steuerstrafsachen, *Volk* (Hrsg.), 2. Aufl. 2014 (zit. als MAH WiStR/*Bearbeiter*); Münchener Kommentar zum Bilanzrecht, *Hennrichs/Kleindiek/Watrin* (Hrsg.), Bd. 2: Bilanzrecht §§ 238–342 e HGB, 1. Aufl. 2013 (zit. als MüKoBilR/*Bearbeiter*); Münchener Kommentar zum Handelsgesetzbuch, *Schmidt/Ebke* (Hrsg.), Bd. 4: Drittes Buch, Handelsbücher, Bilanzrecht, §§ 238–342 e, 3. Aufl. 2013 (zit. als MüKoHGB/*Bearbeiter*); Münchener Kommentar zum Strafgesetzbuch, *Joecks/Miebach* (Hrsg.), Bd. 7: Nebenstrafrecht II, 2. Aufl. 2015 (zit. als MüKoStGB/*Bearbeiter*); *Niewerth*, Die strafrechtliche Verantwortlichkeit des Wirtschaftsprüfers, 2004; *Pfitzer/Oser/Orth*, Zur Reform des Aktienrechts, der Rechnungslegung und Prüfung durch das TransPubG, DB 2002, 157; *Prinz*, Grundfragen der Strafbarkeit der Abschlussprüfung bei der Jahresabschlussprüfung einer Kapitalgesellschaft, 2013; *Schruff*, Zur Aufdeckung von Top-Management-Fraud durch den Wirtschaftsprüfer im Rahmen der Jahresabschlussprüfung, WPg 2003, 901; *Spatscheck/Wulf*, Straftatbestände der Bilanzfälschung nach dem HGB – ein Überblick, DStR 2003, 173; *Stahlschmidt*, Schlafende Straftatbestände des HGB, StuB 2003, 107; *Staub* (Begr.), Handelsgesetzbuch: HGB, Großkommentar, Canaris/Habersack/Schäfer (Hrsg.), Band 7/2: §§ 331–342 e, 5. Aufl. 2012; *Ulmer* (Hrsg.), HGB-Bilanzrecht, Großkommentar, 2. Teilbd.: §§ 290–342 a HGB, Konzernabschluß, Prüfung und Publizität, Reprint 2015; *Umansky/Mathieu*, Die Bereicherungsabsicht als besonderes persönliches Merkmal, HRRS 2019, 36; *Wabnitz/Janovsky* (Hrsg.), Handbuch des Wirtschafts- und Steuerstrafrechts, 4. Aufl. 2014; *Willeke*, Zum Regierungsentwurf eines Transparenzgesetzes und Publizitätsgesetzes (RegTransPuG) – Eine Darstellung ausgewählter Gesetzesänderungen mit kritischen Anmerkungen, StuB 2002, 227; *Winkeler*, Strafbarkeit inhaltlich unrichtiger Bestätigungsvermerke, 2000.

I. Allgemeines	1	b) Irrtum	36
1. Rechtsentwicklung	1	3. Qualifikationen	37
2. Geschütztes Rechtsgut	5	a) Handeln gegen Entgelt	38
3. Deliktsnatur	7	b) Bereicherungsabsicht	39
II. Tatbestand	8	c) Schädigungsabsicht	40
1. Objektiver Tatbestand	10	d) Besondere persönliche	
a) Tauglicher Täterkreis	10	Merkmale	41
b) Tatbestandsalternativen	18	III. Rechtswidrigkeit	42
aa) Unrichtige Berichterstattung	18	IV. Versuch, Vollendung, Beendigung	43
(1) Prüfungsbericht	19	V. Konkurrenzen	48
(2) Unrichtig	24	1. Verhältnis der Tatbestände	
(3) Erheblichkeit	25	des § 332 HGB	48
bb) Verschweigen erheblicher Umstände im Prüfungsbericht	26	2. Verhältnis zu anderen Tatbeständen zur Verletzung von Berichtspflichten	49
cc) Erteilung eines inhaltlich unrichtigen Bestätigungsvermerks	29	3. Verhältnis zu anderen Strafvorschriften	50
		VI. Rechtsfolgen	51
		1. Strafrahmen	51
(1) Bestätigungsvermerk	29	2. Berufsverbot, Vermögensabschöpfung	52
(2) Inhaltlich unrichtig	30	3. §§ 30, 130 OWiG	53
c) Unterlassensstrafbarkeit	31	VII. Verjährung	54
2. Subjektiver Tatbestand	32	VIII. Prozessuale Besonderheiten	56
a) Vorsatz	32		

I. Allgemeines

1. Rechtsentwicklung

1   Vor dem Hintergrund der Weltwirtschaftskrise Ende der 20er Jahre des vergangenen Jahrhunderts und einer Bankenkrise im September 1929 („Schwarzer September") wurde im Jahr 1931 durch eine Notverordnung des Reichspräsidenten[1] mit § 318 a Nr. 1 HGB erstmalig die **Strafbarkeit von Berichts-**

---

1 Verordnung des Reichspräsidenten über Aktienrecht, Bankenaufsicht und über eine Steueramnestie v. 19.9.1931, RGBl. 1931 I 493.

pflichtverletzungen normiert.[2] Dieser lautete wie folgt: „Mit Gefängnis oder mit Geldstrafe wird bestraft: 1. wer als Prüfer oder als Gehilfe eines Prüfers über das Ergebnis der Prüfung falsch berichtet oder erhebliche Umstände im Bericht verschweigt".[3] Im Jahr 1937 wurde diese Regelung mit nur geringfügigen Änderungen in § 302 Nr. 1 AktG übernommen.[4] Durch das Aktiengesetz 1965 wurde der Regelungsgehalt der Strafvorschrift wiederum in § 403 Abs. 1 AktG transferiert und ein Qualifikationstatbestand in Abs. 2 angefügt.[5]

Nachdem die Vorschrift durch das EGStGB 1974 lediglich geringfügige sprachliche Änderungen erfahren hatte,[6] wurde sie schließlich durch das **Bilanzrichtliniengesetz** 1985 als § 332 in das HGB eingefügt.[7] Da nunmehr auch Prüfungsbericht und Bestätigungsvermerk ausschließlich im HGB geregelt worden waren, musste auch die entsprechende Strafvorschrift in das HGB aufgenommen werden.[8] Dabei wurde neben dem schon zuvor erfassten Prüfungsbericht nun auch der Bestätigungsvermerk in den strafrechtlichen Schutz einbezogen.[9] Der Gesetzgeber begründete dies damit, dass der an die Öffentlichkeit gerichtete Bestätigungsvermerk keinen geringeren Schutz als der nicht öffentliche Prüfungsbericht genießen könne.[10] Der Straftatbestand des § 403 AktG tritt heute ggü. § 332 HGB als subsidiär zurück.[11] Sowohl § 403 AktG als auch § 18 PublG sollten nach der Gesetzesbegründung „in Zukunft nur noch für Prüfungen von Bedeutung sein, die nicht den Jahresabschluss und nicht den Konzernabschluss betreffen".[12]

Später wurde § 332 Abs. 1 HGB durch das **4. KWG-Änderungsgesetz** um den Zwischenabschluss nach § 340 a Abs. 3 HGB und den Konzernabschluss nach § 340 i Abs. 4 HGB ergänzt.[13] Durch das **Gesetz zur Kontrolle und Transpa-**

---

2 KölnKommUmwG/*Rönnau* UmwG § 314 Rn. 1; *Bauer* S. 96; *Niewerth* S. 29, 71; *Prinz* S. 8.
3 RGBl. 1931 I 493 (501).
4 Gesetz über Aktiengesellschaften und Kommanditgesellschaften auf Aktien (Aktiengesetz) v. 30.1.1937, RGBl. 1937 I 107 (165).
5 Aktiengesetz v. 6.9.1965, BGBl. 1965 I 1089 (1183); vgl. hierzu auch *Bauer* S. 97, *Niewerth* S. 32, 72 und *Meyer* AG 1966, 109 (114 f.).
6 Einführungsgesetz zum Strafgesetzbuch (EGStGB) v. 2.3.1974, BGBl. 1974 I 469 (570 f.).
7 Gesetz zur Durchführung der Vierten, Siebenten und Achten Richtlinie des Rates der Europäischen Gemeinschaften zur Koordinierung des Gesellschaftsrechts (Bilanzrichtlinien-Gesetz – BiRiLiG) v. 19.12.1985, BGBl. 1985 I 2355 (2387).
8 Entwurf eines Gesetzes zur Durchführung der Vierten Richtlinie des Rates der Europäischen Gemeinschaften zur Koordinierung des Gesellschaftsrechts (Bilanzrichtlinie-Gesetz), BT-Drs. 10/317, 101; in diesem ersten Regierungsentwurf war der aktuelle § 332 HGB noch als § 287 HGB-E aufgenommen.
9 Vgl. im Einzelnen BT-Drs. 10/317, 101; vgl. auch MüKoStGB/*Sorgenfrei* HGB § 332 Rn. 1 und *Gramich* wistra 1987, 157 (158).
10 BT-Drs. 10/317, 101.
11 *Spatscheck/Wulf* DStR 2003, 173 (177).
12 Entwurf eines Gesetzes zur Durchführung der Siebenten und Achten Richtlinie des Rates der Europäischen Gemeinschaften zur Koordinierung des Gesellschaftsrechts, BT-Drs. 10/3440, 47; dort findet sich der heutige § 332 HGB unter der Nummerierung „§ 313 HGB".
13 Gesetz zur Änderung des Gesetzes über das Kreditwesen und anderer Vorschriften über Kreditinstitute v. 21.12.1992, BGBl. 1992 I 2211 (2227).

3 renz im Unternehmensbereich[14] sowie das **Transparenz- und Publizitätsgesetz**[15] wurde die Berichtspflicht erheblich verschärft und erweitert. Zwar wurde § 332 HGB durch diese Gesetze nicht verändert, jedoch wirkten sich die Änderungen insbes. der § 317 HGB (Gegenstand und Umfang der Prüfung), § 321 HGB (Prüfungsbericht) und § 322 HGB (Bestätigungsvermerk)[16] mittelbar aus, weil die Strafnorm auf diese Vorschriften Bezug nimmt.[17] Im Jahr 2004 wurde durch das **Bilanzrechtsreformgesetz**[18] der neu eingeführte Einzelabschluss nach § 325 Abs. 2 a HGB in den Schutzbereich des § 332 HGB einbezogen.[19] Das **Bilanzrichtlinie-Umsetzungsgesetz**[20] hatte Änderungen des § 325 Abs. 2 a HGB und des über § 325 Abs. 2 a HGB mittelbar geltenden § 315 a HGB zur Folge, die sich wiederum auf § 332 HGB auswirken.[21] Zuletzt sind die Änderungen insbes. der §§ 321, 322 HGB durch das **Abschlussprüferreformgesetz**[22] zu nennen.[23]

4 Heute gilt die Strafvorschrift über §§ 340 m und 341 m HGB auch bei Prüfungsberichten und Bestätigungsvermerken ggü. Kreditinstituten und Versicherungsunternehmen.[24] Darüber hinaus kommt § 332 HGB nach § 335 b S. 1 iVm § 264 a Abs. 1 HGB auch bei bestimmten offenen Handelsgesellschaften und Kommanditgesellschaften zur Anwendung.[25] Die Verletzung der Berichtspflicht außerhalb der gesetzlich vorgeschriebenen Abschlussprüfungen ist in § 403 AktG (s. Kap. 11.2.), § 18 PublG (s. Kap. 11.3.), § 314 UmwG (s. Kap. 11.4.) und § 150 GenG (s. Kap. 11.5.) normiert.[26]

---

14 Gesetz zur Kontrolle und Transparenz im Unternehmensbereich (KonTraG) v. 27.4.1998, BGBl. 1998 I 786.
15 Gesetz zur weiteren Reform des Aktien- und Bilanzrechts, zu Transparenz und Publizität (Transparenz- und Publizitätsgesetz) v. 19.7.2002, BGBl. 2002 I 2681.
16 BGBl. 1998 I 786 (789 ff.); BGBl. 2002 I 2681 (2684 f.).
17 Esser/Rübenstahl/Saliger/Tsambikakis/*Lauterwein/Xylander* HGB § 332 Rn. 2; Staub/ *Dannecker* HGB Vor § 331 Rn. 63 ff.; *Graf* BB 2001, 562 (564 f.); *Willeke* StuB 2002, 227 (232); *Pfitzer/Oser/Orth* DB 2002, 157 (162).
18 Gesetz zur Einführung internationaler Rechnungslegungsstandards und zur Sicherung der Qualität der Abschlussprüfung (Bilanzrechtsreformgesetz – BilReG) v. 4.12.2004, BGBl. 2004 I 3166.
19 BGBl. 2004 I 3166 (3173); Esser/Rübenstahl/Saliger/Tsambikakis/*Lauterwein/Xylander* HGB § 332 Rn. 2; Staub/*Dannecker* HGB Vor § 331 Rn. 49.
20 Gesetz zur Umsetzung der Richtlinie 2013/34/EU des Europäischen Parlaments und des Rates vom 26. Juni 2013 über den Jahresabschluss, den konsolidierten Abschluss und damit verbundene Berichte von Unternehmen bestimmter Rechtsformen und zur Änderung der Richtlinie 2006/43/EG des Europäischen Parlaments und des Rates und zur Aufhebung der Richtlinien 78/660/EWG und 83/349/EWG des Rates (Bilanzrichtlinie-Umsetzungsgesetz – BilRUG) v. 17.7.2015, BGBl. 2015 I 1245.
21 BGBl. 2015 I 1245 (1253 f.); Esser/Rübenstahl/Saliger/Tsambikakis/*Lauterwein/Xylander* HGB § 332 Rn. 2.
22 Gesetz zur Umsetzung der prüfungsbezogenen Regelungen der Richtlinie 2014/56/EU sowie zur Ausführung der entsprechenden Vorgaben der Verordnung (EU) Nr. 537/2014 im Hinblick auf die Abschlussprüfung bei Unternehmen von öffentlichem Interesse (Abschlussprüfungsreformgesetz – AReG) v. 10.5.2016, BGBl. 2016 I 1142.
23 BGBl. 2016 I, 1142 (1143 f.); beachte auch das Abschlussprüferaufsichtsreformgesetz (APAReG) v. 31.3.2016, BGBl. 2016 I 518.
24 MüKoStGB/*Sorgenfrei* HGB § 332 Rn. 1; vertiefend hierzu *Lutz* S. 236.
25 Im Einzelnen *Lutz* S. 235 f.
26 Bis zum 31.12.2015 galt noch § 137 VAG, der durch Art. 3 Abs. 2 Nr. 1 des Gesetzes zur Modernisierung der Finanzaufsicht über Versicherungen v. 1.4.2015 aufgehoben worden ist, BGBl. 2015 I 434 (569).

2. Geschütztes Rechtsgut

Geschütztes Rechtsgut des § 332 HGB ist nach hM das **Vertrauen in die (subjektive) Richtigkeit und Vollständigkeit von Prüfungsberichten und Bestätigungsvermerken**, die durch den Abschlussprüfer als unabhängiges Kontrollorgan erstellt bzw. erteilt werden.[27] Damit ist ein Kollektivrechtsgut geschützt; weder die Gesetzesmaterialien noch der Wortlaut liefern Anhaltspunkte dafür, dass allein das Vermögen als Individualrechtsgut geschützt sein soll.[28] In den Schutzbereich sind mit Blick auf den Prüfungsbericht die Gesellschaft bzw. der Konzern, in Bezug auf den an die Öffentlichkeit gerichteten Bestätigungsvermerk auch ihre gegenwärtigen und zukünftigen **Aktionäre oder Gesellschafter** sowie die aktuellen und potenziellen **Gesellschaftsgläubiger** einbezogen; darüber hinaus soll auch das Vertrauen derjenigen geschützt sein, die wirtschaftliche und rechtliche Beziehungen zu der Gesellschaft unterhalten oder aufnehmen wollen, also auch **Vertragspartner und Arbeitnehmer** der Gesellschaft.[29]

Bei § 332 HGB handelt es sich um ein **Schutzgesetz iSv § 823 Abs. 2 BGB**.[30]

3. Deliktsnatur

§ 332 HGB stellt ein **abstraktes Gefährdungsdelikt** dar;[31] ein Schadenseintritt ist insoweit keine Tatbestandsvoraussetzung. Vielmehr ist eine Strafbarkeit nach § 332 HGB schon allein bei einem unrichtigen Bericht, dem Verschweigen erheblicher Umstände oder dem Erteilen eines inhaltlich unrichtigen Bestätigungsvermerks gegeben.[32] Die Strafvorschrift ist zudem ein **echtes Sonderdelikt**, denn nur Abschlussprüfer und ihre Gehilfen können taugliche Täter sein.[33] § 332 HGB ist als **Blankettvorschrift** ausgestaltet, die hinsichtlich des tatbestandlichen Verhaltens auf Ausfüllungsnormen des Bilanz- und Gesellschaftsrechts – insbes. auf § 321 HGB (Prüfungsbericht) und § 322 HGB (Be-

---

27 OLG Dresden 17.1.2019 – 8 U 1020/18, juris Rn. 58; OLG Hamm 3.2.2014 – I-8 U 47/10, juris Rn. 296; MüKoBilR/*Waßmer* HGB § 332 Rn. 3; MüKoStGB/*Sorgenfrei* HGB § 332 Rn. 5; MüKoHGB/*Quedenfeld* HGB § 332 Rn. 1; BeckOK HGB/*Regierer* HGB § 332 Rn. 1; NK-WSS/*Knierim/Kessler* HGB § 332 Rn. 8; Böttger/*Weinreich* Kap. 7 Rn. 68; *Lutz* S. 233 ff. mwN.
28 So MüKoBilR/*Waßmer* HGB § 332 Rn. 3; aA aber KölnKommRLR/*Altenhain* HGB § 332 Rn. 6; *Hellmann* Rn. 41.
29 OLG Dresden 17.1.2019 – 8 U 1020/18, juris Rn. 36; OLG Hamm 3.2.2014 – I-8 U 47/10, juris Rn. 297; OLG Celle 5.1.2000 – 3 U 17/99, NZG 2000, 613 (614); OLG Düsseldorf 19.11.1998 – 8 U 59/98, NZG 1999, 901 (903); Graf/Jäger/Wittig/*Olbermann* HGB § 332 Rn. 3; Staub/*Dannecker* HGB § 332 Rn. 10; Heymann/*Otto* HGB § 332 Rn. 3; Hofbauer/Kupsch/*Gehm* HGB § 332 Rn. 1; BeckOK HGB/*Regierer* HGB § 332 Rn. 1; *Gramich* wistra 1987, 157 (158); *Niewerth* S. 68; Böttger/*Weinreich* Kap. 7 Rn. 69; *Lutz* S. 235; aA OLG Dresden DStR 2012, 2098 (2099).
30 OLG Dresden 17.1.2019 – 8 U 1020/18, juris Rn. 33; OLG Hamm 3.2.2014 – I-8 U 47/10, juris Rn. 297; OLG Celle 5.1.2000 – 3 U 17/99, NZG 2000, 613 (614); OLG Düsseldorf 19.11.1998 – 8 U 59/98, NZG 1999, 901 (903); Baumbach/Hopt/*Merkt* HGB § 332 Rn. 1.
31 OLG Dresden 17.1.2019 – 8 U 1020/18, juris Rn. 35; MüKoBilR/*Waßmer* HGB § 332 Rn. 5; MüKoHGB/*Quedenfeld* HGB § 332 Rn. 3; BeckOK HGB/*Regierer* HGB § 332 Rn. 2; Heymann/*Otto* HGB § 332 Rn. 4; *Krekeler* StraFo 1999, 217 (219).
32 Graf/Jäger/Wittig/*Olbermann* HGB § 332 Rn. 5.
33 Wabnitz/Janovsky/*Raum* 11. Kap. Rn. 58; *Dierlamm* NStZ 2000, 130; Heidel/Schall/ *Storck* HGB § 332 Rn. 1.

stätigungsvermerk) verweist.[34] Die Vorschrift ist, soweit es sich um die von ihr geschützten Pflichtprüfungen handelt, **lex specialis** zu § 403 AktG, § 18 PublG, § 314 UmwG und § 150 GenG.[35]

II. Tatbestand

8 § 332 Abs. 1 HGB fasst die **drei Tatbestandsalternativen** der unrichtigen Berichterstattung, des Verschweigens erheblicher Umstände im Prüfungsbericht und der Erteilung eines inhaltlich unrichtigen Bestätigungsvermerks als „Verletzung der Berichtspflicht" in einer Norm zusammen. Alle drei Alternativen setzen **vorsätzliches Verhalten** voraus.

9 § 332 Abs. 2 HGB stellt eine **Tatbestandsqualifikation** dar, die die erhöhte Strafandrohung an besondere Umstände in der Person des Täters knüpft.

1. Objektiver Tatbestand
a) Tauglicher Täterkreis

10 Wegen einer Verletzung der Berichtspflicht gem. § 332 Abs. 1 HGB können sich nach dem Gesetzeswortlaut ausschließlich der **Abschlussprüfer** oder der **Gehilfe eines Abschlussprüfers** strafbar machen. Die Norm stellt mithin ein **echtes Sonderdelikt** dar.[36] Die Eigenschaft als Abschlussprüfer oder Gehilfe eines Abschlussprüfers ist strafbegründendes persönliches Merkmal iSv § 28 Abs. 1 StGB.[37]

11 **Abschlussprüfer** können zunächst Wirtschaftsprüfer und Wirtschaftsprüfungsgesellschaften sein (§ 319 Abs. 1 S. 1 HGB). **Wirtschaftsprüfer** sind natürliche Personen, die von der Wirtschaftsprüferkammer als solche öffentlich bestellt sind (§ 1 Abs. 1 S. 1, § 15 WPO).[38] Dabei setzt die Bestellung nach § 1 Abs. 1 S. 2 WPO den Nachweis der persönlichen und fachlichen Eignung im Zulassungs- und staatlichen Prüfungsverfahren voraus. **Wirtschaftsprüfungsgesellschaften** bedürfen der Anerkennung, welche den Nachweis voraussetzt, dass die Gesellschaft von Wirtschaftsprüfern verantwortlich geführt wird (§ 1 Abs. 3 WPO). Die Voraussetzungen für die Anerkennung, die Zuständigkeit und das Verfahren sind in den §§ 27–34 WPO gesetzlich geregelt.[39]

12 Darüber hinaus sieht § 319 Abs. 1 S. 2 HGB bei Jahresabschlüssen und Lageberichten mittelgroßer Gesellschaften mit beschränkter Haftung (§ 267 Abs. 2 HGB) oder von mittelgroßen Personenhandelsgesellschaften iSd § 264 a Abs. 1 HGB auch **vereidigte Buchprüfer** und **Buchprüfungsgesellschaften** als Abschlussprüfer vor. Vereidigter Buchprüfer ist, wer nach den Vorschriften der

---

34 OLG Dresden 17.1.2019 – 8 U 1020/18, juris Rn. 59; MüKoStGB/*Sorgenfrei* HGB § 332 Rn. 9; MüKoBilR/*Waßmer* HGB § 332 Rn. 5; vertiefend *Bauer* S. 102 ff.
35 Baumbach/Hopt/*Merkt* HGB § 332 Rn. 1; KKRD/*Morck/Bach* HGB § 332 Rn. 1.
36 MüKoStGB/*Sorgenfrei* HGB § 332 Rn. 8; MüKoHGB/*Quedenfeld* HGB § 332 Rn. 4; MüKoBilR/*Waßmer* HGB § 332 Rn. 5.
37 MüKoBilR/*Waßmer* HGB § 332 Rn. 48; NK-WSS/*Knierim/Kessler* HGB § 332 Rn. 5; MüKoStGB/*Sorgenfrei* HGB § 332 Rn. 8.
38 Gesetz über eine Berufsordnung der Wirtschaftsprüfer (Wirtschaftsprüferordnung) idF der Bek. v. 5.11.1975 (BGBl. 1975 I 2803), das zuletzt durch Art. 9 des Gesetzes v. 30.10.2017 (BGBl. 2017 I 3618) geändert worden ist.
39 Vgl. hierzu MüKoHGB/*Ebke* HGB § 319 Rn. 8 mit weiteren Einzelheiten, insbes. auch zur Bestellung bzw. Anerkennung von Abschlussprüfern und Abschlussprüfungsgesellschaften aus EU-, EWR- oder Drittstaaten.

WPO als solcher anerkannt und bestellt ist (§ 128 Abs. 1 S. 1 Hs. 1 WPO). Buchprüfungsgesellschaften sind die nach der WPO anerkannten Buchprüfungsgesellschaften (§ 128 Abs. 1 S. 2 Hs. 1 WPO).[40]

Steuerberater und Rechtsanwälte, die nicht über die berufliche Qualifikation 13 eines öffentlich bestellten Wirtschaftsprüfers bzw. vereidigten Buchprüfers verfügen, dürfen **nicht als Abschlussprüfer** tätig werden.[41]

Neben dem Wirtschaftsprüfer und dem vereidigten Buchprüfer als natürliche 14 Personen können somit auch **Wirtschafts- und Buchprüfungsgesellschaften** mögliche Normadressaten des § 332 HGB sein.[42] Letztere können jedoch nicht unmittelbar bestraft werden. Hier verlagert sich die strafrechtliche Verantwortlichkeit nach § 14 Abs. 1 StGB auf ihre **gesetzlichen Vertreter**, also bei Kapitalgesellschaften auf die Mitglieder des vertretungsberechtigten Organs (Vorstand, Geschäftsführung, persönlich haftende Gesellschafter) und bei Personenhandelsgesellschaften (OHG, KG, Partnerschaftsgesellschaften) auf die vertretungsberechtigten Gesellschafter.[43] Bei Kollegialorganen sollen nicht nur die Mitglieder strafrechtlich verantwortlich sein, die bei der Prüfung persönlich mitgewirkt und den unrichtigen Prüfungsbericht bzw. Bestätigungsvermerk unterzeichnet, sondern mit Blick auf ihre Garantenstellung auch alle anderen, die die Unrichtigkeit erkannt, jedoch die Abgabe bzw. Erteilung nicht verhindert haben.[44] Daneben können gem. § 14 Abs. 2 StGB bestimmte **gewillkürte Vertreter** als Täter in Betracht kommen, wobei es sich idR um angestellte Wirtschaftsprüfer und vereidigte Buchprüfer handelt, die mit der eigenverantwortlichen Prüfung (vgl. § 43 Abs. 1 S. 1 WPO) beauftragt (§ 14 Abs. 2 Nr. 2 StGB) wurden.[45] Sonstigen Personen, die an der Prüfung mitwirken, ist die Verantwortung nicht nach § 14 Abs. 2 Nr. 2 StGB, sondern ausschließlich als Gehilfe eines Abschlussprüfers nach § 332 Abs. 1 Alt. 2 HGB unmittelbar zuzurechnen (s. Rn. 17).

Rechtsmängel bei der Bestellung sollen nach dem Rechtsgedanken des § 14 15 Abs. 3 StGB für die strafrechtliche Tätereigenschaft iSd § 332 HGB unbeachtlich sein; es ist also nicht erforderlich, dass der Abschlussprüfer rechtlich wirksam gem. § 318 Abs. 1 HGB gewählt oder gerichtlich bestellt (§ 318 Abs. 3, 4 HGB) wurde.[46] Vielmehr reicht es für die Strafbarkeit des Prüfers aus, dass ein Bestellungsakt durch das zuständige Organ vorliegt und tatsächlich eine Abschlussprüfung iSd § 316 HGB durchgeführt wird.[47] So kann sich bspw. ein vereidigter Buchprüfer strafbar machen, der zum Abschlussprüfer gewählt

---

40 Im Einzelnen MüKoHGB/*Ebke* HGB § 319 Rn. 9.
41 MüKoHGB/*Ebke* HGB § 318 Rn. 13.
42 MüKoBilR/*Waßmer* HGB § 332 Rn. 7.
43 *Krekeler* StraFo 1999, 217 (219); MüKoBilR/*Waßmer* HGB § 332 Rn. 8; Beck'scher Bilanzkommentar/*Grottel/Hoffmann* HGB § 332 Rn. 33.
44 So zB MüKoBilR/*Waßmer* HGB § 332 Rn. 8; *Dierlamm* NStZ 2000, 130 (131); *Krekeler* StraFo 1999, 217 (219); enger Hofbauer/Kupsch/*Gehm* HGB § 332 Rn. 4: Eingriffspflicht nur bei offenkundigen Verstößen.
45 MüKoBilR/*Waßmer* HGB § 332 Rn. 8; MüKoHGB/*Quedenfeld* HGB § 332 Rn. 5; Wabnitz/Janovsky/*Raum* 11. Kap. Rn. 58; aA *Krekeler* StraFo 1999, 217 (219).
46 So die hM, vgl. nur Beck'scher Bilanzkommentar/*Grottel/Hoffmann* HGB § 332 Rn. 35; MüKoBilR/*Waßmer* HGB § 332 Rn. 9; Graf/Jäger/Wittig/*Olbermann* HGB § 332 Rn. 7; *Bauer* S. 100.
47 Beck'scher Bilanzkommentar/*Grottel/Hoffmann* HGB § 332 Rn. 35; NK-WSS/*Knierim/Kessler* HGB § 332 Rn. 19; MüKoHGB/*Quedenfeld* HGB § 332 Rn. 6.

wurde und die entsprechenden Prüfungshandlungen durchgeführt hat, obwohl die Voraussetzungen des § 319 Abs. 1 S. 2 HGB nicht erfüllt waren.[48] Der Tätereigenschaft soll es auch nicht entgegenstehen, wenn ein Ausschlussgrund nach den §§ 319 Abs. 2 und 3, 319 a oder 319 b HGB vorliegt.[49]

16 Etwas anderes gilt nur, wenn der zum Abschlussprüfer bestellten Person die **Prüferqualifikation erkennbar fehlt**, wenn also zB ein Steuerberater unter seiner Berufsbezeichnung einen Bestätigungsvermerk nach § 322 HGB erteilt.[50] Dies wird damit begründet, dass es hier an dem Vertrauensschutz fehlt, den § 332 HGB gewährleisten soll.[51] Die Tätereigenschaft iSd § 332 HGB ist auch nicht erfüllt, wenn sich eine Person die Prüfungstätigkeit lediglich angemaßt hat, also jegliche Bestellungshandlung durch das zuständige Organ nach § 318 Abs. 1 HGB fehlt.[52]

17 Als gleichgestellte Täterform sieht § 332 HGB den **Gehilfen eines Abschlussprüfers** vor. Dadurch entfällt die für den Gehilfen nach § 27 StGB sonst erforderliche Akzessorietät[53] zu einem vorsätzlich rechtswidrig handelnden Haupttäter. Der Gehilfe kann also auch bei einem rechtmäßig handelnden Abschlussprüfer Haupttäter sein.[54] Daraus wird das Bedürfnis abgeleitet, den Tatbestand einschränkend auszulegen. Der Prüfungsgehilfe iSd § 332 HGB muss einen **Einfluss auf das Prüfungsergebnis und die Erteilung des Bestätigungsvermerks** haben. Eine bloße unterstützende bzw. assistierende Tätigkeit durch **einfache Büro- oder Schreibkräfte** reicht nicht aus;[55] diese können sich allenfalls als Gehilfen im herkömmlichen Sinne strafbar machen.[56] Vielmehr ist eine Beschränkung des Tatbestandes auf Prüfungsgehilfen mit prüfungsspezifischer Tätigkeit vorzunehmen.[57] Das ergibt sich auch aus der Tathandlung selbst, auf welche die genannten Personen keinen Einfluss nehmen können.[58] Es handelt sich mithin um eine den Wortlaut einschränkende Auslegung hin zum „qualifi-

---

48 Beck'scher Bilanzkommentar/*Grottel/Hoffmann* HGB § 332 Rn. 35; MüKoHGB/*Quedenfeld* HGB § 332 Rn. 6; *Krekeler* StraFo 1999, 217 (219).
49 NK-WSS/*Knierim/Kessler* HGB § 332 Rn. 19; MüKoHGB/*Quedenfeld* HGB § 332 Rn. 6; beachte zum ordnungswidrigen Verhalten § 334 Abs. 2 HGB.
50 NK-WSS/*Knierim/Kessler* HGB § 332 Rn. 19; MüKoBilR/*Waßmer* HGB § 332 Rn. 9; MüKoHGB/*Quedenfeld* HGB § 332 Rn. 7.
51 MüKoHGB/*Quedenfeld* HGB § 332 Rn. 7; NK-WSS/*Knierim/Kessler* HGB § 332 Rn. 19.
52 MüKoHGB/*Quedenfeld* HGB § 332 Rn. 8; *Krekeler* StraFo 1999, 217 (219).
53 Grundsätzlich zur Limitiertheit der Akzessorietät *Fischer* StGB Vor § 25 Rn. 8.
54 In diesem Fall würde sich der Gehilfe als mittelbarer Täter (§ 25 Abs. 1 Alt. 2 StGB) strafbar machen. Möglich ist auch eine Mittäterschaft iSv § 25 Abs. 2 StGB, wenn der Prüfungsgehilfe die Tat mit dem Abschlussprüfer gemeinschaftlich begeht. Eine Alleintäterschaft ist ausgeschlossen, weil nur der Abschlussprüfer allein die Tathandlungen des § 332 Abs. 1 HGB vornehmen kann, MüKoBilR/*Waßmer* HGB § 332 Rn. 10.
55 MüKoHGB/*Quedenfeld* HGB § 332 Rn. 9; NK-WSS/*Knierim/Kessler* HGB § 332 Rn. 20; Beck'scher Bilanzkommentar/*Grottel/Hoffmann* HGB § 332 Rn. 37.
56 MüKoStGB/*Sorgenfrei* HGB § 332 Rn. 15.
57 So auch die hM, vgl. nur MüKoHGB/*Quedenfeld* HGB § 332 Rn. 9; HK-HGB/*Ruß* HGB § 332 Rn. 2; Heymann/*Otto* HGB § 332 Rn. 7; Staub/*Dannecker* HGB § 332 Rn. 22; NK-WSS/*Knierim/Kessler* HGB § 332 Rn. 19; *Dierlamm* NStZ 2000, 130 (131); *Krekeler* StraFo 1999, 217 (219); MüKoStGB/*Sorgenfrei* HGB § 332 Rn. 15; Graf/Jäger/Wittig/*Olbermann* HGB § 332 Rn. 8; Wabnitz/Janovsky/*Raum* 11. Kap. Rn. 58; vgl. aber MüKoBilR/*Waßmer* HGB § 332 Rn. 10, der die Sichtweise der hM für zu eng hält; aA auch *Lutz* S. 241 ff.
58 MüKoHGB/*Quedenfeld* HGB § 332 Rn. 10.

zierten Gehilfen". Dazu zählen insbes. Prüfungsleiter, Prüfer und Prüfungsassistenten, Berichtskritiker, fachliche Spezialisten (wie zB Aktuare und Juristen), Sachverständige (so zB Versicherungsmathematiker, Bausachverständige, EDV-Spezialisten) und sonstige Mitarbeiter.[59] Sofern man einen in leitender Position angestellten Wirtschaftsprüfer nicht als „bloßen" Prüfungsgehilfen betrachten will, ergibt sich dessen Strafbarkeit als Beauftragter aus § 14 Abs. 2 Nr. 2 StGB (s. Rn. 14).[60] **Mitarbeiter des geprüften Unternehmens** können nicht Prüfungsgehilfen sein, weil die Abschlussprüfung und die damit verbundenen prüfungsspezifischen Tätigkeiten durch außenstehende Dritte vorgenommen werden, somit auch der Gehilfe von außen kommt.[61] Vgl. auch die Erläuterungen zu § 403 (s. Kap. 11.2. Rn. 12 f.).

b) Tatbestandsalternativen
aa) Unrichtige Berichterstattung

Die erste Tatbestandsalternative des § 332 Abs. 1 HGB stellt die **unrichtige Berichterstattung** über das Ergebnis einer nach dem HGB vorgeschriebenen Prüfung unter Strafe. 18

(1) Prüfungsbericht

Die unrichtige Berichterstattung muss in einem **Prüfungsbericht** (§ 321 HGB) erfolgen. Zwar enthält der Gesetzeswortlaut des § 332 Abs. 1 HGB eine ausdrückliche Beschränkung auf den Prüfungsbericht nur beim Verschweigen erheblicher Umstände (vgl. Alt. 2, s. Rn. 26 ff.), jedoch kann bei der unrichtigen Berichterstattung (Alt. 1) zur Vermeidung sinnwidriger Unterscheidungen nichts anderes gelten.[62] Aus § 321 Abs. 1 S. 2 HGB ergibt sich, dass der Prüfungsbericht **schriftlich** abzufassen ist. Der Abschlussprüfer muss den Bericht unter Angabe des Datums unterzeichnen und ihn den gesetzlichen Vertretern bzw. dem Aufsichtsrat (bei entsprechender Auftragserteilung) vorlegen (vgl. § 321 Abs. 5 HGB). Daraus ergibt sich, dass **mündliche Erläuterungen** des schriftlichen Prüfungsberichts zB bei Teilnahme an der Gesellschafter- bzw. Hauptversammlung (§ 42 a Abs. 3 GmbHG, § 176 Abs. 2 AktG) oder ggü. dem Aufsichtsrat (§ 171 Abs. 1 S. 2 AktG) **nicht tatbestandsmäßig** sein können.[63] 19

Gegenstand des Prüfungsberichts können nach § 332 Abs. 1 HGB Jahresabschlüsse, Einzelabschlüsse nach § 325 Abs. 2 a HGB, Lageberichte, Konzernabschlüsse, Konzernlageberichte einer Kapitalgesellschaft oder Zwischenabschlüsse nach § 340 a Abs. 3 HGB oder Konzernzwischenabschlüsse gem. § 340 i Abs. 4 HGB sein.[64] Damit handelt es sich um **Pflichtprüfungen** iSd 20

---

59 MüKoStGB/*Sorgenfrei* HGB § 332 Rn. 15 mwN.
60 Beck'scher Bilanzkommentar/*Grottel/Hoffmann* HGB § 332 Rn. 36.
61 MüKoHGB/*Quedenfeld* HGB § 332 Rn. 11; MüKoBilR/*Waßmer* HGB § 332 Rn. 10; *Spatscheck/Wulf* DStR 2003, 173 (177); *Lutz* S. 241.
62 Beck'scher Bilanzkommentar/*Grottel/Hoffmann* HGB § 332 Rn. 6; NK-WSS/*Knierim/Kessler* HGB § 332 Rn. 11; Heymann/*Otto* HGB § 332 Rn. 17.
63 So die hM, vgl. nur MüKoBilR/*Waßmer* HGB § 332 Rn. 19; *Krekeler* StraFo 1999, 217 (220); *Bauer* S. 97; MüKoHGB/*Quedenfeld* HGB § 332 Rn. 23; Ulmer/*Dannecker* HGB § 332 Rn. 44; aA MüKoStGB/*Sorgenfrei* HGB § 332 Rn. 22; *Geilen* in GS Schlüchter S. 283 (285 f.); *Prinz* S. 186 ff.
64 Beachte darüber hinaus die Anwendung des § 332 HGB nach § 335 b S. 1 iVm § 264 a Abs. 1 HGB und §§ 340 m, 341 m HGB.

§ 316 HGB.[65] Der Charakter einer Pflichtprüfung kann sich auch aus zwingenden prospektrechtlichen Gesetzesbestimmungen ergeben.[66] In den Schutzbereich der Norm sollen auch vorab (zB bei Gefahr im Verzug) oder getrennt erstattete **Teil-Prüfungsberichte**[67] und **Nachtragsprüfungsberichte** (§ 316 Abs. 3 HGB)[68] fallen. **Nicht geschützt** sind Entwürfe, vorläufige Berichte und andere Berichterstattungen wie zB über Sonderprüfungen nach § 145 AktG oder Gründungsprüfungen nach § 34 AktG, Due Dilligence-Prüfungen anlässlich eines Unternehmenskaufs, freiwillige[69] oder ausländische Prüfungen.[70]

21 Die **inhaltlichen Anforderungen** an den Prüfungsbericht sind ebenfalls in § 321 HGB geregelt. Der Abschlussprüfer hat über **Art und Umfang** sowie über das **Ergebnis der Prüfung** zu berichten (§ 321 Abs. 1 S. 1 HGB). Der Umfang der Abschlussprüfung ergibt sich im Einzelnen aus § 317 HGB. Nach § 321 Abs. 1 S. 2 HGB ist in dem Bericht vorweg zu der Beurteilung der Lage des Unternehmens oder Konzerns durch die gesetzlichen Vertreter Stellung zu nehmen. Der Prüfer muss nach S. 3 auch über ihm bekannt gewordene Gesetzesverstöße und Risikotatsachen berichten (sog „große Redepflicht").[71] Dabei ist der Abschlussprüfer auch verpflichtet, in seinem Bericht Anhaltspunkte für Straftaten aufzuführen, muss aber nicht gezielt danach suchen.[72] Zu Nachforschungen soll er aber durch bestimmte Warnzeichen („Red Flags") veranlasst sein, wie zB bei ineffizienter Ausübung von Aufsichtsrats-Mandaten oder ungewöhnlichen Transaktionen.[73]

22 Im **Hauptteil** des Prüfungsberichts ist festzustellen, ob die Buchführung und die weiteren geprüften Unterlagen, der Jahresabschluss, der Lagebericht, der Konzernabschluss und der Konzernlagebericht den gesetzlichen Vorschriften und den ergänzenden Bestimmungen des Gesellschaftsvertrages oder der Satzung entsprechen (§ 321 Abs. 2 S. 1 HGB). Auch ist darauf einzugehen, ob der Abschluss insgesamt unter Beachtung der Grundsätze ordnungsgemäßer Buchführung oder sonstiger maßgeblicher Rechnungslegungsgrundsätze ein den tatsächlichen Verhältnissen entsprechendes Bild der Vermögens-, Finanz- und Ertragslage der Kapitalgesellschaft oder des Konzerns vermittelt (§ 321 Abs. 2 S. 3 HGB).

23 Nach § 321 Abs. 3 HGB sind in einem **besonderen Abschnitt** Gegenstand, Art und Umfang der Prüfung zu erläutern. Außerdem ist gem. § 321 Abs. 4 HGB

---

65 MüKoBilR/*Waßmer* HGB § 332 Rn. 12; Staub/*Dannecker* HGB § 332 Rn. 15; *Gramich* wistra 1987, 157 (158).
66 Vgl. OLG Dresden 17.1.2019 – 8 U 1020/18, juris Rn. 50 ff.
67 MüKoBilR/*Waßmer* HGB § 332 Rn. 12; KölnKommRLR/*Altenhain* HGB § 332 Rn. 18; Ulmer/*Dannecker* HGB § 332 Rn. 21.
68 So MüKoBilR/*Waßmer* HGB § 332 Rn. 12; NK-WSS/*Knierim/Kessler* HGB § 332 Rn. 11; aA KölnKommRLR/*Altenhain* HGB § 332 Rn. 18 mit der Begründung, dass er nicht den allgemeinen Anforderungen eines Prüfungsberichts gem. § 321 HGB unterliegt, auf den § 332 HGB verweist.
69 Zur Abgrenzung vgl. OLG Dresden 17.1.2019 – 8 U 1020/18, juris Rn. 47.
70 MüKoBilR/*Waßmer* HGB § 332 Rn. 12; *Lutz* S. 236 f.; *Spatscheck/Wulf* DStR 2003, 173 (178).
71 MüKoBilR/*Waßmer* HGB § 332 Rn. 14; *Spatscheck/Wulf* DStR 2003, 173 (178).
72 MüKoBilR/*Waßmer* HGB § 332 Rn. 14 mit Hinweis auf OLG Karlsruhe 7.2.1985 – 12 U 132/82, WM 1985, 940 (943); *Bantleon/Thomann/Bühner* DStR 2007, 1978 (1979 f.) und *Schruff* WPg 2003, 901 (903).
73 MüKoBilR/*Waßmer* HGB § 332 Rn. 14 mwN.

bei einer börsennotierten AG in einem besonderen Teil des Prüfungsberichts darzustellen, ob der Vorstand die ihm nach § 91 Abs. 2 AktG obliegenden Maßnahmen in einer geeigneten Form getroffen hat, das danach eingerichtete interne Überwachungssystem seine Aufgaben erfüllen kann und ob Maßnahmen zur Verbesserung erforderlich sind.

(2) Unrichtig

Ein **unrichtiger** Prüfungsbericht iSd § 332 Abs. 1 Alt. 1 HGB liegt vor, wenn dieser nicht mit den Feststellungen übereinstimmt, die der Abschlussprüfer im Rahmen seiner Prüfung gemacht hat.[74] Dabei ist der **subjektive Kenntnisstand des Prüfers** entscheidend:[75] „Auch wenn er durch seine Prüfung zu objektiv falschen Ergebnissen gelangt ist, liegt eine unrichtige Berichterstattung nicht vor, wenn diese seiner subjektiven Einschätzung entspricht."[76] Das bedeutet, dass sich der Abschlussprüfer nicht strafbar macht, wenn er unsorgfältig geprüft hat, jedoch über sein objektiv unrichtiges Ergebnis zutreffend berichtet.[77] Letztlich soll „nur" gewährleistet sein, „dass der Abschlussprüfer „ehrlich" das berichtet, was er festgestellt hat".[78] Daraus soll nach hM folgen, dass sich der Prüfer strafbar machen kann, wenn er einen objektiv zutreffenden Prüfungsbericht erstattet, dieser allerdings nicht mit seinen subjektiven Feststellungen übereinstimmt.[79] Die unrichtige Berichterstattung bezieht sich nicht nur auf tatsächliche Feststellungen, sondern kann auch Schlussfolgerungen, Wertungen und Prognosen erfassen.[80] Eine unrichtige Berichterstattung liegt auch vor, wenn in Wirklichkeit überhaupt keine Abschlussprüfung durchgeführt wurde und der Prüfer nur ihm vorgegebene Feststellungen mitteilt.[81] Hingegen ist eine Strafbarkeit nach § 332 HGB mangels Tatgegenstand ausgeschlossen, wenn gar kein Prüfungsbericht erstattet wurde.[82]

24

(3) Erheblichkeit

Die Unrichtigkeit des Prüfungsberichts muss auch **erheblich** sein. Zwar wird das Attribut „erheblich" nur in § 332 Abs. 1 Alt. 2 HGB als Voraussetzung für die Strafbarkeit ausdrücklich erwähnt („erhebliche Umstände verschweigt"), jedoch muss es zur Vermeidung einer Wertungsdifferenz auch für die erste Tatbestandsalterative gelten.[83] Diese Betrachtung entspricht auch der Einordnung des § 332 HGB als Blankettstraftatbestand, wonach mit Blick auf die

25

---

74 OLG Dresden 17.1.2019 – 8 U 1020/18, juris Rn. 37; OLG Hamm 3.2.2014 – I-8 U 47/10, juris Rn. 299; EBJS/*Böcking/Gros/Rabenhorst* HGB § 332 Rn. 4; Staub/*Dannecker* HGB § 332 Rn. 47.
75 EBJS/*Böcking/Gros/Rabenhorst* HGB § 332 Rn. 4.
76 OLG Hamm 3.2.2014 – I-8 U 47/10, juris Rn. 299.
77 MüKoBilR/*Waßmer* HGB § 332 Rn. 20.
78 OLG Düsseldorf 19.11.1998 – 8 U 59/98, NZG 1999, 901 (903) mwN.
79 MüKoBilR/*Waßmer* HGB § 332 Rn. 20; NK-WSS/*Knierim/Kessler* HGB § 332 Rn. 12; MüKoHGB/*Quedenfeld* HGB § 332 Rn. 21; aA aber mit überzeugender Argumentation *Dierlamm* NStZ 2000, 130 (131 f.).
80 MüKoHGB/*Quedenfeld* HGB § 332 Rn. 18; MüKoStGB/*Sorgenfrei* HGB § 332 Rn. 33.
81 MüKoHGB/*Quedenfeld* HGB § 332 Rn. 19; Heymann/*Otto* HGB § 332 Rn. 16; *Prinz* S. 383.
82 MüKoHGB/*Quedenfeld* HGB § 332 Rn. 20; MüKoStGB/*Sorgenfrei* HGB § 332 Rn. 33.
83 So die hM, vgl. nur OLG Düsseldorf 19.11.1998 – 8 U 59/98, NZG 1999, 901 (903); *Dierlamm* NStZ 2000, 131 (132); MüKoBilR/*Waßmer* HGB § 332 Rn. 23; EBJS/*Böcking/Gros/Rabenhorst* HGB § 332 Rn. 5.

Verfassungsmäßigkeit eine restriktive Auslegung der Tatbestandsmerkmale geboten ist.[84] Unrichtig dargestellte Umstände sind dann erheblich, wenn sie für den konkreten Prüfungsbericht von maßgeblicher Bedeutung sind.[85] Eine strafbare Erheblichkeit wird grds. anzunehmen sein, wenn über die in § 321 Abs. 1–4 a HGB aufgezählten Pflichtbestandteile des Prüfungsberichts (s. Rn. 21 ff.), insbes. die in Abs. 1 S. 3 enthaltene Redepflicht (s. Rn. 22), unrichtig berichtet wird.[86]

bb) Verschweigen erheblicher Umstände im Prüfungsbericht

26 In § 332 Abs. 1 Alt. 2 HGB wird als weitere Tatbestandsvariante das Verschweigen erheblicher Umstände im Prüfungsbericht genannt. Die zweite Alternative stellt **kein echtes Unterlassungsdelikt** dar, weil sie eine konkludente Täuschung, also eine aktive Handlung, voraussetzt.[87] Nach dem Gesetzeswortlaut ist allein das Verschweigen **im schriftlichen Prüfungsbericht** (dazu schon oben Rn. 19) maßgeblich.[88]

27 **Umstände** sind Tatsachen, welche dem Abschlussprüfer bei der Prüfung bekannt geworden sind.[89] Diese sind **erheblich**, wenn sie für den Prüfungsbericht von Bedeutung sind.[90] Das ist wiederum der Fall, wenn ein sachkundiger Berichtsleser bei Kenntnis dieser Umstände zu einer anderen Beurteilung gelangt wäre.[91] Die Berichtpflicht erstreckt sich insbes. auf die in § 321 Abs. 1–4 a HGB aufgelisteten Pflichtinhalte (Rn. 21 ff.).[92]

28 Ein **Verschweigen** erheblicher Umstände liegt vor, wenn der Abschlussprüfer Tatsachen, die ihm durch die Prüfung bekannt geworden sind, nicht im Prüfungsbericht erwähnt.[93] Ebenso wie bei der ersten Tatbestandsalternative ist also die Diskrepanz zwischen dem **Wissen des Abschlussprüfers** und der Darstellung im Prüfungsbericht entscheidend.[94] Daraus folgt, dass an sich berichtspflichtige Umstände, die dem Prüfer tatsächlich unbekannt sind, nicht iSd § 332 HGB verschwiegen werden können.[95] Da es allein auf das Verschweigen im Prüfungsbericht ankommt, kann sich der Abschlussprüfer nicht darauf berufen, dass er die verschwiegenen Umstände mündlich oder außerhalb des Prüfungsberichts schriftlich mitgeteilt hat.[96]

---

84 NK-WSS/*Knierim/Kessler* HGB § 332 Rn. 13.
85 Beck'scher Bilanzkommentar/*Grottel/Hoffmann* HGB § 332 Rn. 14; MüKoHGB/*Quedenfeld* HGB § 332 Rn. 21.
86 NK-WSS/*Knierim/Kessler* HGB § 332 Rn. 21; Beck'scher Bilanzkommentar/*Grottel/Hoffmann* HGB § 332 Rn. 15.
87 *Bauer* S. 114; MüKoBilR/*Waßmer* HGB § 332 Rn. 18.
88 Graf/Jäger/Wittig/*Olbermann* HGB § 332 Rn. 17; *Krekeler* StraFo 1999, 217 (220).
89 MüKoBilR/*Waßmer* HGB § 332 Rn. 27.
90 *Krekeler* StraFo 1999, 217 (220).
91 EBJS/*Böcking/Gros/Rabenhorst* HGB § 332 Rn. 9.
92 Im Einzelnen MüKoBilR/*Waßmer* HGB § 332 Rn. 27.
93 Graf/Jäger/Wittig/*Olbermann* HGB § 332 Rn. 17.
94 *Krekeler* StraFo 1999, 217 (220); NK-WSS/*Knierim/Kessler* HGB § 332 Rn. 14.
95 *Krekeler* StraFo 1999, 217 (220).
96 *Krekeler* StraFo 1999, 217 (221); NK-WSS/*Knierim/Kessler* HGB § 332 Rn. 14.

cc) Erteilung eines inhaltlich unrichtigen Bestätigungsvermerks
(1) Bestätigungsvermerk

Im Gegensatz zu § 403 AktG stellt § 332 HGB auch die Erteilung eines inhaltlich unrichtigen **Bestätigungsvermerks** unter Strafe (Abs. 1 Nr. 3) und verweist dabei auf § 322 HGB.[97] Damit hat der Gesetzgeber klargestellt, dass der an die Öffentlichkeit gerichtete Bestätigungsvermerk keinen geringeren Schutz als der nicht an die Öffentlichkeit gerichtete Prüfungsbericht genießt.[98] Nach § 322 Abs. 2 S. 1 HGB muss die Beurteilung des Prüfungsergebnisses zweifelsfrei ergeben, ob ein uneingeschränkter (Nr. 1) oder ein eingeschränkter Bestätigungsvermerk erteilt wird (Nr. 2) oder der Bestätigungsvermerk aufgrund von Einwendungen (Nr. 3) oder deshalb versagt wird, weil der Abschlussprüfer nicht in der Lage ist, ein Prüfungsurteil abzugeben (Nr. 4). Nach hM sind unter einem Bestätigungsvermerk iSd § 332 HGB allerdings nur die **uneingeschränkte** und der **eingeschränkte Bestätigungsvermerk** zu verstehen.[99] Teilweise wird angenommen, dass auch ein unrichtiger Versagungsvermerk aufgrund von Einwendungen oder Prüfungshemmnissen das geschützte Vertrauen beeinträchtige und deshalb von § 332 HGB erfasst sein müsse.[100] Der Wortlaut des Gesetzes ist hier jedoch eindeutig: Es wird nach § 322 Abs. 2 S. 1 Nr. 3, 4 HGB nicht nur der „Bestätigungsvermerk ... versagt", sondern der Vermerk ist – wie sich aus Abs. 4 S. 2 ausdrücklich ergibt – auch „nicht mehr als Bestätigungsvermerk zu bezeichnen".[101] Eine andere Auslegung würde gegen das **Analogieverbot** verstoßen.[102] In diesen Fällen kann allerdings eine Strafbarkeit nach der ersten oder zweiten Tatbestandsalternative in Betracht kommen, wenn die Berichterstattung unrichtig ist.[103]

29

(2) Inhaltlich unrichtig

Die **inhaltliche Unrichtigkeit** setzt voraus, dass das Ergebnis der Prüfung, wie es sich für den Abschlussprüfer **subjektiv** darstellt, nicht mit dem erteilten Bestätigungsvermerk übereinstimmt.[104] Das ist zB der Fall, wenn ein uneingeschränkter Bestätigungsvermerk erteilt wird, obwohl nach dem Prüfungsergebnis Einwendungen zu erheben wären. Umgekehrt ist auch eine inhaltliche Unrichtigkeit gegeben, wenn der Bestätigungsvermerk eingeschränkt erteilt wird, obwohl nach den Prüfungsfeststellungen des Abschlussprüfers keine berechtigten Einwendungen vorliegen.[105] Das Tatbestandsmerkmal ist jedoch nicht erfüllt, wenn der Bestätigungsvermerk zu Unrecht versagt und ein Versagungsvermerk erteilt wird, da dieser aus den oben genannten Gründen (Rn. 29)

30

---

97 Ausführlich zu dieser Tatbestandsvariante OLG Dresden 17.1.2019 – 8 U 1020/18, juris Rn. 60 ff.
98 Vgl. hierzu im Einzelnen die Gesetzesbegründung: BT-Drs. 10/317, 101.
99 Vgl. nur Staub/*Dannecker* HGB § 332 Rn. 64; BilR/*Tschesche* HGB § 332 Rn. 30; Hofbauer/Kupsch/*Gehm* HGB § 332 Rn. 9; Haufe HGB BilKomm/*Münster/Meier-Behringer* HGB § 332 Rn. 26; *Winkeler* S. 129 ff.
100 Heymann/*Otto* HGB § 332 Rn. 27; HdR/*Pfennig* HGB § 332 Rn. 14; MüKoStGB/*Sorgenfrei* HGB § 332 Rn. 47.
101 MüKoBilR/*Waßmer* HGB § 332 Rn. 30.
102 MüKoBilR/*Waßmer* HGB § 332 Rn. 30.
103 Beck'scher Bilanzkommentar/*Grottel/Hoffmann* HGB § 332 Rn. 26.
104 OLG Frankfurt aM 5.11.2007 – 1 U 124/07; *Krekeler* StraFo 1999, 217 (221); *Dierlamm* NStZ 2000, 130 (132).
105 Graf/Jäger/Wittig/*Olbermann* HGB § 332 Rn. 18; Beck'scher Bilanzkommentar/*Grottel/Hoffmann* HGB § 332 Rn. 26.

nicht von § 332 StGB erfasst wird.[106] Eine Strafbarkeit entfällt ebenfalls, wenn der erteilte Bestätigungsvermerk zwar objektiv unrichtig war, der Prüfer jedoch keine Kenntnis davon hatte.[107] Außerdem ist keine Strafbarkeit nach § 332 HGB begründet, wenn lediglich Formalien wie Ort und Datum falsch angegeben sind, da ausschließlich die inhaltliche Übereinstimmung von Prüfungsergebnis und Bestätigungsvermerk maßgeblich ist.[108]

c) Unterlassensstrafbarkeit

31 Der Abschlussprüfer kann sich durch **pflichtwidriges Unterlassen** nach § 332 HGB, § 13 StGB strafbar machen, wenn er nach Fertigstellung bzw. Unterzeichnung, aber noch vor dem Zugang des Prüfungsberichts erkennt, dass dieser unrichtig ist und er die Angaben nicht berichtigt.[109] Eine Strafbarkeit scheidet aber aus, wenn er die Unrichtigkeit erst nach Zugang erkennt; eine strafbewehrte Berichtigungspflicht besteht nur **bis zum Zeitpunkt der Vollendung** (s. dazu Rn. 44 f.).[110]

2. Subjektiver Tatbestand
a) Vorsatz

32 Alle drei Tatbestandsalternativen des § 332 Abs. 1 HGB setzen ein **vorsätzliches Verhalten** des Täters voraus; fahrlässiges Verhalten ist insoweit nicht unter Strafe gestellt (§ 15 StGB).

33 Nach hM soll **bedingter Vorsatz** genügen.[111] Danach muss der Abschlussprüfer in subjektiver Hinsicht die Möglichkeit einer unrichtigen Berichterstattung erkennen und trotzdem den Prüfungsbericht erstatten.[112] Das soll entsprechend für die beiden anderen Tatbestandsalternativen gelten, also das Verschweigen erheblicher Umstände und das Erteilen eines inhaltlich unrichtigen Bestätigungsvermerks.[113] Der bedingte Vorsatz muss hiernach auch die Vorstellung des Täters umfassen, dass ein unrichtiger Umstand der Prüfungs- oder Berichtspflicht unterliegt.[114] Der Abschlussprüfer handelt nach hM zB mit dolus eventualis, wenn er zwischen Prüfungsfeststellungen und Testatserteilungen eine längere Zeitspanne verstreichen lässt und ohne erneute Prüfung billigend

---

106 Graf/Jäger/Wittig/*Olbermann* HGB § 332 Rn. 18; MüKoHGB/*Quedenfeld* HGB § 332 Rn. 27.
107 *Dierlamm* NStZ 2000, 130 (132).
108 MüKoHGB/*Quedenfeld* HGB § 332 Rn. 28; Beck'scher Bilanzkommentar/*Grottel/ Hoffmann* HGB § 332 Rn. 28.
109 MüKoBilR/*Waßmer* HGB § 332 Rn. 24; KölnKommRLR/*Altenhain* HGB § 332 Rn. 34; *Niewerth* S. 116.
110 MüKoBilR/*Waßmer* HGB § 332 Rn. 24; *Spatscheck/Wulf* DStR 2003, 173 (179); aA Staub/*Dannecker* HGB § 332 Rn. 53: bis zum Zeitpunkt der Beendigung; ausführlich hierzu *Bauer* S. 116 ff.
111 Vgl. nur Heymann/*Otto* HGB § 332 Rn. 29; MüKoStGB/*Sorgenfrei* HGB § 332 Rn. 50; Baumbach/Hopt/*Merkt* HGB § 332 Rn. 1; Graf/Jäger/Wittig/*Olbermann* HGB § 332 Rn. 19; MüKoBilR/*Waßmer* HGB § 332 Rn. 38; Beck'scher Bilanzkommentar/ Grottel/*Hoffmann* HGB § 332 Rn. 41; Heidel/Schall/*Stork* HGB § 332 Rn. 2; Stahlschmidt StuB 2003, 107 (111); *Winkeler* S. 133 f.; allgemein zum bedingten Vorsatz: *Fischer* StGB § 15 Rn. 9 ff.
112 OLG Hamm 3.2.2014 – I-8 U 47/10, juris Rn. 299; Staub/*Dannecker* HGB § 332 Rn. 67; MüKo/*Quedenfeld* HGB § 332 Rn. 32.
113 Graf/Jäger/Wittig/*Olbermann* HGB § 332 Rn. 19.
114 Ulmer/*Dannecker* HGB § 332 Rn. 53 mwN.

eine Abweichung in Kauf nimmt.[115] Gleiches gilt nach hM bei Prüfern, die konkrete Anhaltspunkte dafür haben, dass noch berichtspflichtige oder vermerkrelevante Vorgänge vorliegen, aber dennoch ohne weitere Prüfungshandlungen den Bericht erstatten bzw. den Bestätigungsvermerk erteilen.[116] Jedoch entfällt nach dieser Auffassung eine Strafbarkeit des Abschlussprüfers, wenn dieser seinen Bewertungsansatz für noch vertretbar hält.[117] So sind insbes. bei IAS/IFRS-Abschlüssen aufgrund der großen Normen-Gemengelage erhebliche Beurteilungs-, Prognose- und Ermessensspielräume eröffnet.[118]

In der **Literatur** wird zum Teil vertreten, dass die im objektiven Tatbestand geforderte Divergenz zwischen den subjektiven Feststellungen des Abschlussprüfers und dem Inhalt des Prüfungsberichts bzw. Bestätigungsvermerks nur denkbar sei, wenn der Prüfer mit **direktem Vorsatz** gehandelt habe.[119] Demnach muss der Abschlussprüfer positiv wissen, dass die von ihm festgestellten Umstände in Widerspruch zu seiner Darstellung im Prüfungsbericht stehen.[120] Überzeugend wird dahin gehend argumentiert, dass dies zumindest für **wertende Angaben** in der Berichterstattung gelten muss.[121] Im Hinblick auf die starke Innentendenz im objektiven Tatbestand des § 332 HGB, also die subjektive Abweichung des Berichts vom Prüfungsergebnis, wird im subjektiven Tatbestand zwischen „formal-statistischen" (zB rechnerische Analysen zu Posten der Bilanz oder der Gewinn- und Verlustrechnung) und „wertenden" Angaben (wertende Aussagen, Prüfungsurteil) in der Berichterstattung unterschieden.[122] Bei den „formal-statistischen" Angaben dürfte es ausreichen, wenn der Abschlussprüfer mit bedingtem Vorsatz handelt, wenn er also die Möglichkeit einer unrichtigen oder unvollständigen Berichterstattung bzw. der Erteilung eines inhaltlich unrichtigen Bestätigungsvermerks erkennt und den Prüfungsbericht trotzdem erstattet bzw. den Bestätigungsvermerk erteilt.[123] Hingegen ist im zweiten Fall direkter Vorsatz erforderlich, dh der Prüfer muss mit dem Wissen handeln, dass seine Beurteilung des geprüften Unternehmensabschlusses falsch bzw. unvertretbar ist.[124]

Nicht erforderlich ist eine über den Vorsatz der falschen Berichterstattung oder des unrichtigen Bestätigungsvermerks hinausgehende Täuschungs- oder Schädigungsabsicht.[125]

---

115 Beispiel bei *Winkeler* S. 137.
116 MüKoHGB/*Quedenfeld* HGB § 332 Rn. 33; Graf/Jäger/Wittig/*Olbermann* HGB § 332 Rn. 19; Beck'scher Bilanzkommentar/*Grottel/Hoffmann* HGB § 332 Rn. 41; MüKoBilR/*Waßmer* HGB § 332 Rn. 39.
117 MüKoStGB/*Sorgenfrei* HGB § 332 Rn. 50; *Spatscheck/Wulf* DStR 2003, 173 (179).
118 So MüKoStGB/*Sorgenfrei* HGB § 332 Rn. 51.
119 *Dierlamm* NStZ 2000, 130 (132); vgl. auch MAH WiStR/*Knierim* § 26 Rn. 308.
120 *Dierlamm* NStZ 2000, 130 (132).
121 NK-WSS/*Knierim/Kessler* HGB § 332 Rn. 22.
122 NK-WSS/*Knierim/Kessler* HGB § 332 Rn. 22 mit Hinweis auf KölnKommAktG/*Geilen* AktG § 403 Rn. 4; Geßler/Hefermehl AktG § 403 Rn. 12; vgl. auch *Hoffmann/Knierim* BB 2002, 2275 (2277).
123 NK-WSS/*Knierim/Kessler* HGB § 332 Rn. 22.
124 NK-WSS/*Knierim/Kessler* HGB § 332 Rn. 22.
125 MüKoHGB/*Quedenfeld* HGB § 332 Rn. 34; MüKoStGB/*Sorgenfrei* HGB § 332 Rn. 52; Heymann/*Otto* HGB § 332 Rn. 29.

b) Irrtum

36 Unterliegt der Abschlussprüfer einem Irrtum, so finden die **allgemeinen Grundsätze** des Strafrechts über den Tatbestandsirrtum iSd § 16 StGB und den Verbotsirrtum nach § 17 StGB Anwendung.[126] Ein den Vorsatz ausschließender **Tatbestandsirrtum** ist gegeben, wenn der Prüfer bei der Berichterstattung oder der Erteilung des Bestätigungsvermerks über den zugrunde liegenden Sachverhalt irrt.[127] Die Erheblichkeit eines einzelnen Umstandes ist ein normatives Tatbestandsmerkmal, so dass der Irrtum hierüber ebenfalls nach § 16 StGB zu behandeln ist.[128] Ein **Verbotsirrtum** soll zB vorliegen, wenn der Täter sich über den Inhalt oder die Reichweite einer Ausfüllungsnorm irrt und deshalb glaubt, dass ein Umstand nicht der Berichtspflicht unterliege bzw. keinen Einfluss auf den Bestätigungsvermerk habe.[129] Nur wenn dieser Irrtum **unvermeidbar** gewesen ist, entfällt nach § 17 StGB die Schuld und damit die Strafbarkeit. Das wird jedoch nur selten der Fall sein, denn der Abschlussprüfer und – je nach Qualifikation – auch seine Gehilfen sind grundsätzlich verpflichtet, sich mit den einschlägigen Gesetzen vertraut zu machen.[130]

3. Qualifikationen

37 Die **Tatbestandsqualifikation** des § 332 Abs. 2 StGB erhöht den gesetzlichen Strafrahmen für den Fall, dass der Täter gegen Entgelt oder in Bereicherungs- oder Schädigungsabsicht gehandelt hat, auf Freiheitsstrafe bis zu fünf Jahren oder Geldstrafe.

a) Handeln gegen Entgelt

38 Nach der Legaldefinition des § 11 Abs. 1 Nr. 9 StGB handelt der Abschlussprüfer oder sein Gehilfe dann gegen Entgelt, wenn er für sein Verhalten eine „in einem Vermögensvorteil bestehende Gegenleistung" erhält. Hierzu zählen alle **vermögenswerten Leistungen**, so zB Bargeld, Hingabe von Wechseln und Schecks, Forderungsabtretung und Schuldnererlass, **nicht aber immaterielle Vorteile**.[131] Dabei kommt es nicht darauf an, ob das Entgelt tatsächlich gewährt wird.[132] Vielmehr ist es ausreichend, wenn ein entsprechendes Entgelt im Voraus vereinbart worden ist.[133] Ob die Gegenleistung dem Täter vor oder

---

126 Beck'scher Bilanzkommentar/*Grottel/Hoffmann* HGB § 332 Rn. 42; Esser/Rübenstahl/Saliger/Tsambikakis/*Lauterwein/Xylander* HGB § 332 Rn. 52.
127 Graf/Jäger/Wittig/*Olbermann* HGB § 332 Rn. 20; NK-WSS/*Knierim/Kessler* HGB § 332 Rn. 24; MüKoStGB/*Sorgenfrei* HGB § 332 Rn. 53.
128 MüKoBilR/*Waßmer* HGB § 332 Rn. 40; MüKoHGB/*Quedenfeld* HGB § 332 Rn. 36; Staub/*Dannecker* HGB § 332 Rn. 69; *Spatscheck/Wulf* DStR 2003, 173 (179).
129 BGH 15.11.2012 – 3 StR 295/12, wistra 2013, 153; BGH 23.8.2006 – 5 StR 105/06, NStZ 2007, 644; vgl. auch *Schuster*, Das Verhältnis von Strafnormen und Bezugsnormen aus anderen Rechtsgebieten, 2012, S. 92 (116) (209); MüKoBilR/*Waßmer* HGB § 332 Rn. 41; NK-WSS/*Knierim/Kessler* HGB § 332 Rn. 24; nach aA liegt ein Tatbestandsirrtum vor, MüKo/*Quedenfeld* HGB § 332 Rn. 37; Heymann/*Otto* HGB § 332 Rn. 39.
130 MüKoBilR/*Waßmer* HGB § 332 Rn. 41.
131 MüKoBilR/*Waßmer* HGB § 332 Rn. 35; *Krekeler* StraFo 1999, 217 (221); *Winkeler* S. 137.
132 *Krekeler* StraFo 1999, 217 (221); MüKoBilR/*Waßmer* HGB § 332 Rn. 35; Esser/Rübenstahl/Saliger/Tsambikakis/*Lauterwein/Xylander* HGB § 332 Rn. 42.
133 *Krekeler* StraFo 1999, 217 (221); Esser/Rübenstahl/Saliger/Tsambikakis/*Lauterwein/Xylander* HGB § 332 Rn. 42.

erst nach der Tat zufließen sollte, ist irrelevant.[134] Der Vermögensvorteil muss gerade für das nach § 332 Abs. 1 HGB strafbare Verhalten geleistet werden.[135] Demnach reicht es nicht aus, wenn das Entgelt erst nach der Tat vereinbart wird oder der Abschlussprüfer nur das für seine Prüfungstätigkeit übliche Honorar erhält.[136]

b) Bereicherungsabsicht

Der Täter handelt in der **Absicht, sich oder einen anderen zu bereichern** (§ 332 Abs. 2 Alt. 2 HGB), wenn er **durch die Tat einen Vermögensvorteil erstrebt**.[137] Auch hier ist es unerheblich, ob eine Bereicherung durch Zahlung an den Täter oder einen Dritten tatsächlich eintritt.[138] Die bloße Vereinbarung eines derart angestrebten Entgelts reicht aus.[139] Es ist umstr., ob der **erstrebte Vermögensvorteil rechtswidrig** sein muss.[140] Von der wohl hM wird angeführt, dass die erhöhte Strafe nur gerechtfertigt sei, wenn der Täter einen Vermögensvorteil anstrebe, auf den er keinen zivilrechtlich wirksamen Anspruch habe.[141] Andere Stimmen weisen hingegen darauf hin, dass die Rechtswidrigkeit – zB im Gegensatz zum Betrug (§ 263 StGB) – nach dem Wortlaut der Vorschrift nicht ausdrücklich gefordert werde. Die Qualifizierung ergebe sich aus der unzulässigen Verknüpfung zwischen der Pflichtverletzung und dem erstrebten Vorteil.[142] Absicht bedeutet **dolus directus ersten Grades**, dh es muss dem Täter auf die Erzielung des (rechtswidrigen) Vermögensvorteils als Zwischen- oder Endziel ankommen. Dabei sind andere Beweggründe für das Verhalten des Täters – wie zB der Wunsch, die Geschäftsbeziehung mit dem geprüften Unternehmen aufrechtzuerhalten – irrelevant, solange die Bereicherungsabsicht das **leitende und wesentliche Motiv** bleibt.[143] Ein Täter handelt zB in Bereicherungsabsicht, wenn er von einem außenstehenden Dritten eine Belohnung erhält.[144]

c) Schädigungsabsicht

Schädigungsabsicht iSd der dritten Alternative des § 332 Abs. 2 HGB liegt vor, wenn es dem Täter auch darauf ankommt, **einem anderen einen Vermögens-**

---

134 Esser/Rübenstahl/Saliger/Tsambikakis/*Lauterwein/Xylander* HGB § 332 Rn. 42; Beck'scher Bilanzkommentar/*Grottel/Hoffmann* HGB § 332 Rn. 45.
135 *Krekeler* StraFo 1999, 217 (221); Beck'scher Bilanzkommentar/*Grottel/Hoffmann* HGB § 332 Rn. 45; *Spatscheck/Wulf* DStR 2003, 173 (180).
136 MüKoBilR/*Waßmer* HGB § 332 Rn. 35; Esser/Rübenstahl/Saliger/Tsambikakis/*Lauterwein/Xylander* HGB § 332 Rn. 42.
137 MüKoStGB/*Sorgenfrei* HGB § 332 Rn. 64; Esser/Rübenstahl/Saliger/Tsambikakis/*Lauterwein/Xylander* HGB § 332 Rn. 44.
138 Esser/Rübenstahl/Saliger/Tsambikakis/*Lauterwein/Xylander* HGB § 332 Rn. 44; MüKoStGB/*Sorgenfrei* HGB § 332 Rn. 64; *Krekeler* StraFo 1999, 217 (221).
139 MüKoStGB/*Sorgenfrei* HGB § 332 Rn. 64.
140 Ausf. hierzu Esser/Rübenstahl/Saliger/Tsambikakis/*Lauterwein/Xylander* HGB § 332 Rn. 45.
141 MüKoStGB/*Sorgenfrei* HGB § 332 Rn. 64; *Dierlamm* NStZ 2000, 130 (133); *Spatscheck/Wulf* DStR 2003, 173 (180); *Stahlschmidt* StuB 2003, 107 (111).
142 Achenbach/Ransiek/Rönnau/*Ransiek* 8. Teil 1. Kap. Rn. 125; MüKoHGB/*Quedenfeld* HGB § 332 Rn. 46; *Krekeler* StraFo 1999, 217 (221 f.).
143 Staub/*Dannecker* HGB § 332 Rn. 79; MüKoStGB/*Sorgenfrei* HGB § 332 Rn. 65; Esser/Rübenstahl/Saliger/Tsambikakis/*Lauterwein/Xylander* HGB § 332 Rn. 46.
144 Beispiel bei MüKoBilR/*Waßmer* HGB § 332 Rn. 35.

nachteil zuzufügen.[145] Dabei kann „anderer" jede beliebige dritte Person sein, also zB auch ein Kapitalanleger, da sich die Schädigungsabsicht nicht auf die geprüfte Gesellschaft oder den Konzern selbst beziehen muss.[146] Die hM lässt neben Vermögensschäden **auch immaterielle Schäden** wie insbes. Rufschädigungen als Nachteil ausreichen.[147] Dies wird zum einen mit Wortlaut- und Normzweckaspekten und zum anderen auch damit begründet, dass ein ideeller Schaden regelmäßig mit Reflexwirkungen und damit verbundenen materiellen Schäden einhergeht.[148] Als Beispiel für einen solchen materiellen Schaden wird die Kursbeeinflussung bei börsennotierten Unternehmen genannt.[149] Dem wird mit überzeugenden Argumenten entgegengehalten, dass für eine Beschränkung auf materielle Schäden die systematische Angliederung an Entgelt und Bereicherungsabsicht in § 332 Abs. 2 HGB spreche sowie die Tatsache, dass in einer Wirtschaftsstrafvorschrift die bloße Absicht zur Herbeiführung immaterieller Schäden nach dem Schutzzweck der Norm keiner Strafschärfung bedürfe.[150] Ebenso wie bei der Bereicherungsabsicht muss die erstrebte Schädigung End- oder zumindest Zwischenziel sein; es ist also Absicht im Sinne **zielgerichteten Wollens** erforderlich.[151]

d) Besondere persönliche Merkmale

41 Es ist umstr., ob die vorgenannten Qualifikationsmerkmale **besondere persönliche Merkmale** iSd § 28 Abs. 2 StGB darstellen. Dies wird überwiegend verneint[152] und bspw. damit begründet, dass sie nicht die Pflichtenposition des Täters aus dem Grundtatbestand, welche wiederum ein besonderes persönliches Merkmal darstellt, betreffen würden[153] bzw. „lediglich das objektiv-sachliche Unrecht der Tat subjektiv-individuell widerspiegeln, dh tatbezogene (nicht täterbezogene) persönliche Merkmale darstellen".[154] Andere Stimmen gehen hingegen von der Anwendung des § 28 Abs. 2 StGB aus, weil sich die Qualifikationsmerkmale jeweils in der Person des Täters im subjektiven Bereich verwirklichten.[155] Vorzugswürdig ist eine differenzierende Auffassung: Danach dürfte es sich beim Handeln gegen Entgelt nicht um ein besonderes persönliches Merkmal handeln, während § 28 Abs. 2 StGB bei der Bereicherungs- und Schädigungsabsicht hingegen anwendbar sein dürfte,[156] weil sich

---

145 *Krekeler* StraFo 1999, 217 (222).
146 MüKoStGB/*Sorgenfrei* HGB § 332 Rn. 66; MüKoBilR/*Waßmer* HGB § 332 Rn. 37; Esser/Rübenstahl/Saliger/Tsambikakis/*Lauterwein/Xylander* HGB § 332 Rn. 48.
147 Beck'scher Bilanzkommentar/*Grottel/Hoffmann* HGB § 332 Rn. 48; MüKoStGB/*Sorgenfrei* HGB § 332 Rn. 66; *Spatscheck/Wulf* DStR 2003, 173 (180); Esser/Rübenstahl/Saliger/Tsambikakis/*Lauterwein/Xylander* HGB § 332 Rn. 49.
148 Esser/Rübenstahl/Saliger/Tsambikakis/*Lauterwein/Xylander* HGB § 332 Rn. 49.
149 MüKoStGB/*Sorgenfrei* HGB § 332 Rn. 66.
150 Heymann/*Otto* HGB § 332 Rn. 37; *Dierlamm* NStZ 2000, 130 (130).
151 MüKoBilR/*Waßmer* HGB § 332 Rn. 37.
152 Staub/*Dannecker* HGB § 332 Rn. 93; Heymann/*Otto* HGB § 332 Rn. 42; MüKoBilR/*Waßmer* HGB § 332 Rn. 34; Graf/Jäger/Wittig/*Olbermann* HGB § 332 Rn. 24; MüKoStGB/*Sorgenfrei* HGB § 332 Rn. 64.
153 Heymann/*Otto* HGB § 332 Rn. 42.
154 MüKoBilR/*Waßmer* HGB § 332 Rn. 34.
155 MüKoHGB/*Quedenfeld* HGB § 332 Rn. 49; Achenbach/Ransiek/Rönnau/*Ransiek* 8. Teil 1. Kap. Rn. 124.
156 Beck'scher Bilanzkommentar/*Grottel/Hoffmann* HGB § 332 Rn. 46; Esser/Rübenstahl/Saliger/Tsambikakis/*Lauterwein/Xylander* HGB § 332 Rn. 46 f., 51.

diese nicht auf das geschützte Rechtsgut, sondern auf das besondere Motiv der Beteiligten beziehen.[157]

III. Rechtswidrigkeit

Anders als bei § 331 HGB (s. Kap. 9.4. Rn. 24) haben **Rechtfertigungsgründe** bei einer Verletzung der Berichtspflicht praktisch kaum eine Bedeutung.[158] Eine Einwilligung ist angesichts des von § 332 HGB geschützten Kollektivrechtsguts ausgeschlossen.[159] Insbes. sind die von der Berichtspflicht des § 332 Abs. 1 HGB geschützten Interessen ggü. der Geheimhaltungspflicht des § 333 Abs. 1 HGB und damit dem Unternehmensinteresse vorrangig, so dass auch ein rechtfertigender Notstand grds. nicht in Betracht kommen wird.[160] Denkbar ist allenfalls ein **entschuldigender Notstand** iSv § 35 StGB, sofern der Abschlussprüfer im Nötigungsnotstand zur Verletzung der Berichtspflicht gezwungen wird.[161]

42

IV. Versuch, Vollendung, Beendigung

Der **Versuch** des § 332 StGB ist angesichts der Einordnung als Vergehen nicht unter Strafe gestellt (§§ 23 Abs. 1, 12 Abs. 2 StGB).

43

Die Tatbestandsalternativen sind jeweils **vollendet**, sobald der Prüfungsbericht den gesetzlich bestimmten Empfängern zugegangen ist bzw. ihnen zugänglich gemacht wurde (Äußerungsdelikt).[162] Damit handelt es sich grds. um die gesetzlichen Vertreter der Gesellschaft (§ 321 Abs. 5 S. 1 HGB). Hat bei einer AG der Aufsichtsrat den Prüfungsauftrag erteilt, so ist der Bericht ihm vorzulegen (§ 321 Abs. 5 S. 2 HGB).[163] Das gilt auch für eine GmbH mit einem freiwilligen oder obligatorischen Aufsichtsrat (vgl. § 52 Abs. 1 und 2 GmbHG). Abgesehen davon sind bei der AG der Vorstand (§ 321 Abs. 5 S. 1 HGB) und bei einer GmbH die Geschäftsführer (§ 42 a Abs. 1 S. 2 GmbHG) die Adressaten des Prüfungsberichts.[164] Es ist nicht erforderlich, dass der gesetzliche Empfänger den Prüfungsbericht tatsächlich zur Kenntnis genommen hat.[165]

44

---

157 So *Umansky*/*Mathieu* HRRS 2015, 41 (45) für die Bereicherungsabsicht.
158 MüKoStGB/*Sorgenfrei* HGB § 332 Rn. 55; MüKoHGB/*Quedenfeld* HGB § 332 Rn. 30.
159 MüKoBilR/*Waßmer* HGB § 332 Rn. 47; Esser/Rübenstahl/Saliger/Tsambikakis/*Lauterwein*/*Xylander* HGB § 332 Rn. 57; *Bauer* S. 98 f.
160 Esser/Rübenstahl/Saliger/Tsambikakis/*Lauterwein*/*Xylander* HGB § 332 Rn. 58; MüKoStGB/*Sorgenfrei* HGB § 332 Rn. 55; MüKoHGB/*Quedenfeld* HGB § 332 Rn. 30.
161 MüKoBilR/*Waßmer* HGB § 332 Rn. 47.
162 MüKoBilR/*Waßmer* HGB § 332 Rn. 43; MüKoStGB/*Sorgenfrei* HGB § 332 Rn. 57; KölnKommRLR/*Altenhain* HGB § 332 Rn. 39; Ulmer/*Dannecker* HGB § 332 Rn. 59; *Winkeler* S. 132; Böttger/*Weinreich* Kap. 7 Rn. 95.
163 Durch das Abschlussprüferreformgesetz – AReG v. 10.5.2016 (BGBl. 2016 I 1142) wurde § 321 Abs. 5 S. 2 HGB dahin gehend erweitert, dass der Prüfungsbericht dem Aufsichtsrat und nunmehr „gleichzeitig einem eingerichteten Prüfungsausschuss" vorzulegen ist. Der neue S. 3 bestimmt, dass im Fall des S. 2 der Bericht unverzüglich nach Vorlage dem Geschäftsführungsorgan mit Gelegenheit zur Stellungnahme zuzuleiten ist, ausf. zu diesen Änderungen BT-Drs. 18/7219, 43 f.
164 MüKoBilR/*Waßmer* HGB § 332 Rn. 44.
165 MüKoHGB/*Quedenfeld* HGB § 332 Rn. 40; Esser/Rübenstahl/Saliger/Tsambikakis/ *Lauterwein*/*Xylander* HGB § 332 Rn. 60; Achenbach/Ransiek/Rönnau/*Ransiek* 8. Teil 1. Kap. Rn. 121; Böttger/*Weinreich* Kap. 7 Rn. 95.

Kap. 11: Verletzung der Berichtspflicht

45 In dem Fall, dass der Abschlussprüfer einen **unrichtigen Bestätigungsvermerk** (Alt. 3, vgl. oben Rn. 29 f.) erteilt, wird vereinzelt die Auffassung vertreten, dass die Tat bereits mit der Unterzeichnung vollendet sei.[166] Jedoch spricht für die einheitliche Bestimmung des Vollendungszeitpunktes bei allen drei Tathandlungsalternativen des § 332 HGB, dass der Bestätigungsvermerk in den Prüfungsbericht aufzunehmen ist (§ 322 Abs. 7 S. 2 HGB) und eine abstrakte Gefährdung der geschützten Normadressaten überhaupt erst eintreten kann, wenn ihnen der Bestätigungsvermerk zugänglich gemacht wird.[167]

46 Die Tat ist nach hM bei der 1. und 2. Tatbestandsalternative des § 332 Abs. 1 HGB **beendet**, wenn den Prüfungsbericht alle gesetzlich bestimmten Adressaten erhalten und hiervon auch Kenntnis genommen haben.[168] Beim **unrichtigen Bestätigungsvermerk** (3. Alt.), der auch an die Öffentlichkeit gerichtet ist, soll die Tat hingegen erst mit der Offenlegung, also der Veröffentlichung im Bundesanzeiger (§ 325 Abs. 1, 2 HGB) beendet sein.[169] Dem wird jedoch entgegengehalten, dass es sich bei § 332 HGB um ein abstraktes Gefährdungsdelikt in der Form eines reinen Tätigkeitsdelikts handelt und solche Delikte schon mit Abschluss der Ausführungshandlung beendet sind,[170] also die Beendigung gleichzeitig mit der Vollendung der Tat eintritt.[171]

47 Auch wenn eine Vorschrift zur tätigen Reue fehlt, wird in der Literatur überzeugend argumentiert, dass dem Täter eine **rechtzeitige Berichtigung** des Prüfungsberichts entsprechend dem Rechtsgedanken der §§ 261 Abs. 9, 264 Abs. 5, 264 a Abs. 3, 265 b Abs. 2, 306 e und 158 StGB zugutekommen muss.[172] Die Strafe ist also zu mildern oder auch ganz von Strafe abzusehen, wenn der Bericht noch keinen größeren Adressatenkreis erreicht hat bzw. im Vertrauen hierauf noch keine Maßnahmen ergriffen wurden.[173]

V. Konkurrenzen

1. Verhältnis der Tatbestände des § 332 HGB

48 Es liegt nur eine Verletzung der Berichtspflicht vor, wenn der Prüfungsbericht unrichtig (§ 332 Abs. 1 Alt. 1 HGB) und unvollständig (Alt. 2) ist.[174] Das gilt

---

166 Heymann/*Otto* HGB § 332 Rn. 30; *Niewerth* S. 116.
167 Esser/Rübenstahl/Saliger/Tsambikakis/*Lauterwein/Xylander* HGB § 332 Rn. 61 und *Lutz* S. 279 mwN.
168 MüKoBilR/*Waßmer* HGB § 332 Rn. 45; MüKoHGB/*Quedenfeld* HGB § 332 Rn. 40; Staub/*Dannecker* HGB § 332 Rn. 73; Achenbach/Ransiek/Rönnau/*Ransiek* 8. Teil 1. Kap. Rn. 121; *Lutz* S. 279; nach aA soll die Tat schon mit Zugang beendet sein, vgl. zB KölnKommRLR/*Altenhain* HGB § 332 Rn. 40 und BilR/*Tschesche* HGB § 332 Rn. 3.
169 MüKoBilR/*Waßmer* HGB § 332 Rn. 45; MüKoStGB/*Sorgenfrei* HGB § 332 Rn. 55; Ulmer/*Dannecker* HGB § 332 Rn. 59; *Lutz* S. 279.
170 Esser/Rübenstahl/Saliger/Tsambikakis/*Lauterwein/Xylander* HGB § 332 Rn. 62 mit Verweis auf BGH 3.10.1989 – 1 StR 372/89, BGHSt 36, 225 zu § 326 Abs. 1 StGB; OLG Köln 13.4.1999 – 2 Ws 97–98/99, NJW 2000, 598 (599 f.) zu § 264 a StGB.
171 Esser/Rübenstahl/Saliger/Tsambikakis/*Lauterwein/Xylander* HGB § 332 Rn. 62; Hoffmann/Knierim BB 2002, 2275; BilR/*Tschesche* HGB § 332 Rn. 3.
172 Achenbach/Ransiek/Rönnau/*Ransiek* 8. Teil 1. Kap. Rn. 122, 64.
173 MüKoBilR/*Waßmer* HGB § 332 Rn. 46; Achenbach/Ransiek/Rönnau/*Ransiek* 8. Teil 1. Kap. Rn. 122, 64.
174 Hofbauer/Kupsch/*Gehm* HGB § 332 Rn. 12.2; Staub/*Dannecker* HGB § 332 Rn. 81; Heymann/*Otto* HGB § 332 Rn. 43; KölnKommRLR/*Altenhain* HGB § 332 Rn. 53.

auch, wenn der Prüfer zugleich einen unrichtigen Bestätigungsvermerk erteilt (Alt. 3).[175]

2. Verhältnis zu anderen Tatbeständen zur Verletzung von Berichtspflichten

Zu anderen Strafvorschriften, die sich ebenfalls auf die unrichtige Berichterstattung beziehen (§ 403 AktG (s. Kap. 11.2.), § 18 PublG (s. Kap. 11.3.), § 314 UmwG (s. Kap. 11.4.) und § 150 AktG (s. Kap. 11.5.), ist § 332 HGB bei gesetzlich vorgeschriebenen Abschlussprüfungen lex specialis.[176] Für § 403 AktG verbleibt ein eigenständiger Anwendungsbereich hinsichtlich der im AktG geregelten besonderen Prüfungen (Gründungsprüfung nach § 33 AktG, Sonderprüfung gem. §§ 142 ff. AktG).[177]

3. Verhältnis zu anderen Strafvorschriften

Mit § 263 StGB (Betrug), § 264 Abs. 1 Nr. 1 StGB (Subventionsbetrug) oder § 265 b StGB (Kreditbetrug) ist **Tateinheit** iSv § 52 StGB möglich, wenn die Verletzung der Berichtspflicht der Erlangung von Subventionen oder Krediten dienen sollte.[178] Daneben kann § 332 HGB zB auch in Tateinheit mit § 264 a StGB (Kapitalanlagebetrug), § 266 StGB (Untreue), § 38 Abs. 2 iVm § 20 a Abs. 1 Nr. 1 WphG (Marktmanipulation), § 331 HGB (unrichtige Darstellung), § 15 a InsO (Insolvenzverschleppung) oder anderen Insolvenzdelikten nach §§ 283 Abs. 1 Nr. 7 lit. a, 283 a, 283 b Abs. 1 Nr. 3 lit. a StGB verwirklicht werden.[179] Die Tathandlungen des § 332 Abs. 1 HGB stellen **keine Urkundenfälschungen** dar; vielmehr handelt es sich um von § 267 StGB nicht erfasste schriftliche Lügen.[180] Eine Urkundenfälschung soll aber in Betracht kommen, wenn der Abschlussprüfer den Bericht noch nach Eingang bei den gesetzlichen Vertretern der Gesellschaft verändert, weil er ab diesem Zeitpunkt seine Änderungsbefugnis verloren hat.[181]

VI. Rechtsfolgen

1. Strafrahmen

Verstöße gegen die Berichtspflicht des § 332 Abs. 1 HGB werden mit Freiheitsstrafe bis zu drei Jahren oder mit Geldstrafe geahndet. Bei Verwirklichung der Tatbestandsqualifikation des § 332 Abs. 2 HGB erhöht sich der gesetzliche Strafrahmen auf Freiheitsstrafe bis zu fünf Jahren oder Geldstrafe. Bei **Teilnehmern** ist die Strafe nach § 28 Abs. 1 iVm § 49 Abs. 1 StGB obligatorisch zu mildern. Im Hinblick auf die Qualifikationsmerkmale in § 332 Abs. 2 Alt. 2 HGB (Handeln in Bereicherungsabsicht) und Alt. 3 (Handeln in Schädigungs-

---

175 So die hM: BilR/*Tschesche* HGB § 332 Rn. 51; Haufe HGB BilKomm/*Münster/Meier-Behringer* HGB § 332 Rn. 41; Heymann/*Otto* HGB § 332 Rn. 43; aA *Spatscheck/Wulf* DStR 2003, 173 (179); Ulmer/*Dannecker* HGB § 332 Rn. 81; *Lutz* S. 281.
176 Im Einzelnen Esser/Rübenstahl/Saliger/Tsambikakis/*Lauterwein/Xylander* HGB § 332 Rn. 67.
177 MüKoStGB/*Sorgenfrei* HGB § 332 Rn. 68; Achenbach/Ransiek/Rönnau/*Ransiek* 8. Teil 1. Kap. Rn. 127.
178 Staub/*Dannecker* HGB § 332 Rn. 84; sehr ausführlich zu den Konkurrenzen *Bauer* S. 121 ff.
179 Vgl. im Einzelnen MüKoBilR/*Waßmer* HGB § 332 Rn. 52; MüKoStGB/*Sorgenfrei* HGB § 332 Rn. 67, 69.
180 MüKoStGB/*Sorgenfrei* HGB § 332 Rn. 69; *Winkeler* S. 178 ff.
181 *Krekeler* StraFo 1999, 217 (218).

absicht) ist für den Teilnehmer § 28 Abs. 2 StGB zu beachten (s. Rn. 41). Hat der Täter sich durch die Tat bereichert oder zu bereichern versucht, so können Geld- und Freiheitsstrafe auch nebeneinander verhängt werden (vgl. § 41 StGB).

2. Berufsverbot, Vermögensabschöpfung

52 Gegen den Abschlussprüfer kann bei Begehung einer rechtswidrigen Straftat nach § 332 HGB als Maßregel der Besserung und Sicherung ein **Berufsverbot** verhängt werden (§ 70 StGB). Die möglichen **berufsaufsichtlichen Maßnahmen** ergeben sich aus § 68 WPO, der durch das Abschlussprüferaufsichtsreformgesetz (APAReG) v. 31.3.2016 völlig neu gefasst wurde.[182] Danach können künftig auch schwerwiegende Maßnahmen wie die Verhängung einer Geldbuße bis zu 500.000 EUR, Tätigkeits- und Berufsverbote sowie die Ausschließung aus dem Beruf in Betracht kommen. Die tatsächlichen Feststellungen des Urteils im Straf- oder Bußgeldverfahren, auf denen die Entscheidung des Gerichts beruht, sind für das berufsgerichtliche Verfahren bindend (§ 83 Abs. 1 WPO).[183] Die Wirtschaftsprüferkammer und die Abschlussprüferaufsichtsstelle müssen ihnen zur Kenntnis gelangte Tatsachen, die den Verdacht begründen, dass Berufsangehörige Straftaten im Zusammenhang mit der Berufsausübung begangen haben, der zuständigen StA mitteilen (vgl. § 65 Abs. 1 WPO).[184] Umgekehrt ist die StA verpflichtet, die Abschlussprüferaufsichtsstelle über ihre Kenntnis von Tatsachen, die den Verdacht einer schuldhaften, eine berufsaufsichtliche Maßnahme nach § 68 Abs. 1 WPO rechtfertigenden Pflichtverletzung begründen, zu informieren (§ 65 Abs. 2 S. 1 WPO).

Hat der Täter durch die Tat einen Vermögensvorteil erlangt, so finden die Vorschriften über die **Einziehung** gem. §§ 73 ff. StGB Anwendung.

3. §§ 30, 130 OWiG

53 Hat sich ein vertretungsberechtigtes Organ bzw. ein vertretungsberechtigter Gesellschafter einer Wirtschafts- oder Buchführungsgesellschaft nach § 332 HGB strafbar gemacht, kann gegen die Gesellschaft selbst eine Verbandsgeldbuße nach § 30 OWiG verhängt werden. Bei einer Tatbegehung durch Prüfungsgehilfen kann gegen den Aufsichtspflichtigen ein Bußgeldverfahren nach § 130 OWiG in Betracht kommen, das wiederum die Möglichkeit eröffnet, eine Verbandsgeldbuße gegen die Prüfungsgesellschaft zu verhängen, wenn der Aufsichtspflichtige zum Täterkreis des § 30 Abs. 1 OWiG zählt.[185]

---

[182] Gesetz zur Umsetzung der aufsichts- und berufsrechtlichen Regelungen der Richtlinie 2014/56/EU sowie zur Ausführung der entsprechenden Vorgaben der Verordnung (EU) Nr. 537/2014 im Hinblick auf die Abschlussprüfung bei Unternehmen von öffentlichem Interesse (Abschlussprüferaufsichtsreformgesetz - APAReG) v. 31.3.2016, BGBl. 2016 I 518; vgl. auch BR-Drs. 366/15; BT-Drs. 18/6282; BT-Drs. 18/6907.
[183] IdF d. Art. 1 Abschlussprüferaufsichtsreformgesetz (APAReG) v. 31.3.2016, BGBl. 2016 I 518 (540).
[184] IdF d. Art. 1 Abschlussprüferaufsichtsreformgesetz (APAReG) v. 31.3.2016, BGBl. 2016 I 518 (534).
[185] MüKoBilR/*Waßmer* HGB § 332 Rn. 57 f.

VII. Verjährung

Die Frist für die **Strafverfolgungsverjährung** beträgt sowohl für den Grundtatbestand des § 332 Abs. 1 HGB als auch für die Qualifikation des § 332 Abs. 2 HGB fünf Jahre (§ 78 Abs. 3 Nr. 4 StGB). Sie beginnt gem. § 78 a StGB mit Beendigung der Tat (s. Rn. 46), wobei sie jedoch durch verschiedene Ermittlungshandlungen unterbrochen werden kann (§ 78 c Abs. 1 StGB). Die absolute Strafverfolgungsverjährung tritt ein, wenn seit der Tatbeendigung zehn Jahre vergangen sind (vgl. § 78 c Abs. 3 S. 2 StGB). 54

Strafvollstreckungsverjährung kann abhängig von der verhängten Strafe nach drei, fünf oder zehn Jahren eintreten (§ 79 Abs. 3 Nr. 3–5 StGB). Gem. § 79 Abs. 6 StGB beginnt sie mit der Rechtskraft der Entscheidung. 55

VIII. Prozessuale Besonderheiten

Es handelt sich bei § 332 HGB um ein **Offizialdelikt**; die zuständige StA wird also von Amts wegen tätig.[186] 56

Sofern die Zuständigkeit des Landgerichts begründet ist, fallen Delikte nach § 332 HGB gem. § 74 c Abs. 1 Nr. 1 GVG in den Zuständigkeitsbereich der Wirtschaftsstrafkammern. 57

Kap. 11.2. § 403 AktG Verletzung der Berichtspflicht
§ 403 AktG Verletzung der Berichtspflicht

(1) Mit Freiheitsstrafe bis zu drei Jahren oder mit Geldstrafe wird bestraft, wer als Prüfer oder als Gehilfe eines Prüfers über das Ergebnis der Prüfung falsch berichtet oder erhebliche Umstände im Bericht verschweigt.

(2) Handelt der Täter gegen Entgelt oder in der Absicht, sich oder einen anderen zu bereichern oder einen anderen zu schädigen, so ist die Strafe Freiheitsstrafe bis zu fünf Jahren oder Geldstrafe.

Literatur: *Achenbach/Ransiek/Rönnau* (Hrsg.), Handbuch Wirtschaftsstrafrecht, 4. Aufl. 2015; *Bauer*, Die Neuregelung der Strafbarkeit des Jahresabschlussprüfers, 2017; *Dierlamm*, Verletzung der Berichtspflicht gem. § 332 HGB – eine Analyse des gesetzlichen Tatbestandes, NStZ 2000, 130; *Erbs/Kohlhaas*, Häberle (Hrsg.), Strafrechtliche Nebengesetze, Kommentar, Bd. 1, 223. EL1/2019; *Esser/Rübenstahl/Saliger/Tsambikakis* (Hrsg.), Wirtschaftsstrafrecht, 2017; *Graf/Jäger/Wittig* (Hrsg.), Wirtschafts- und Steuerstrafrecht, 2. Aufl. 2017; *Geßler*, Aktiengesetz, Loseblattwerk mit Aktualisierungen 2016; *Heidel* (Hrsg.), Aktienrecht und Kapitalmarktrecht, 4. Aufl. 2014; Heidelberger Kommentar zum Aktiengesetz, *Bürgers/Körber* (Hrsg.), 4. Aufl. 2017 (zit. als HK-AktG/*Bearbeiter*); *Hellmann*, Wirtschaftsstrafrecht, 5. Aufl. 2018; *Hensseler/Strohn* (Hrsg.), Gesellschaftsrecht, 4. Aufl. 2019; *Hölters* (Hrsg.), Aktiengesetz: AktG, 3. Aufl. 2017; *Hopt/Wiedemann* (Hrsg.), AktG, Großkommentar, 8. Lfg.: §§ 399–410, 4. Aufl. 1997; *Kiethe*, Gesellschaftsstrafrecht – Zivilrechtliche Haftungsgefahren für Gesellschaften und ihre Organmitglieder, WM 2007, 722; *Klussmann*, Strafbarkeit sog. Geschäftslagetäuschungen nach § 400 AktG 65, AG 1973, 221; Kölner Kommentar zum Aktiengesetz, *Zöllner/Noack* (Hrsg.), Bd. 7, 1. Teillieferung §§ 329–410 AktG, 3. Aufl. 2011 (zit. als KölnKommAktG/*Bearbeiter*); *Leitner/Rosenau* (Hrsg.), Wirtschafts- und Steuerstrafrecht, 2017 (zit. als NK-WSS/*Bearbeiter*); *Meyer*, Die Strafvorschriften des neuen Aktiengesetzes, AG 1966, 109; Münchener Kommentar zum Aktiengesetz, *Goette/Habersack* (Hrsg.), Bd. 6: §§ 329–410, WpÜG, Österreichisches Übernahmerecht, 4. Aufl. 2017 (zit. als MüKoAktG/*Bearbeiter*); Münchener Kommentar zum Strafgesetzbuch, *Joecks/Miebach* (Hrsg.), Bd. 7: Nebenstrafrecht II, 2. Aufl.

---

186 NK-WSS/*Knierim/Kessler* HGB § 332 Rn. 44; Müller-Gugenberger/*Häcker* § 94 Rn. 9.

2015 (zit. als MüKoStGB/*Bearbeiter*); *Niewerth*, Die strafrechtliche Verantwortlichkeit des Wirtschaftsprüfers, 2004; *Spindler/Stilz* (Hrsg.), Kommentar zum Aktiengesetz: AktG, Bd. 2: §§ 150–410, SpruchG, SEVO, 4. Aufl. 2019; *Wabnitz/Janovsky* (Hrsg.), Handbuch des Wirtschafts- und Steuerstrafrechts, 4. Aufl. 2014; *Zielinski*, Zur Verletzteneigenschaft des einzelnen Aktionärs im Klageerzwingungsverfahren bei Straftaten zum Nachteil des Aktionärs, wistra 1993, 6. Vgl. im Übrigen die Literatur zu § 332 HGB in Kap. 11.1.

I. Allgemeines	1	2. Subjektiver Tatbestand	22
1. Rechtsentwicklung	1	3. Qualifikation	24
2. Geschütztes Rechtsgut	2	III. Rechtswidrigkeit	25
3. Deliktsnatur	4	IV. Versuch, Vollendung, Beendigung	26
II. Tatbestand	5		
1. Objektiver Tatbestand	7	V. Konkurrenzen	29
a) Tauglicher Täterkreis	7	VI. Rechtsfolgen	32
b) Tatbestandsalternativen	14	VII. Verjährung	35
aa) Falsche Berichterstattung	14	VIII. Prozessuale Besonderheiten	37
bb) Verschweigen erheblicher Umstände im Prüfungsbericht	21		

I. Allgemeines
1. Rechtsentwicklung

1 Durch die Verordnung des Reichspräsidenten über Aktienrecht, Bankenaufsicht und über eine Steueramnestie v. 19.9.1931 wurde der Straftatbestand des § 318 a Nr. 1 HGB aF eingeführt, der erstmals das falsche Berichten über das Ergebnis einer Prüfung oder das Verschweigen erheblicher Umstände im Bericht sanktionierte.[1] Diese Vorschrift wurde inhaltlich unverändert in § 302 Nr. 1 AktG 1937 übernommen.[2] Durch das Aktiengesetz 1965 wurde dieser Regelungsgehalt wiederum in § 403 Abs. 1 AktG transferiert und ein Qualifikationstatbestand in Abs. 2 angefügt.[3] Dabei wurde der Strafrahmen in § 403 Abs. 1 AktG von fünf auf drei Jahre Freiheitsstrafe herabgesetzt.[4] Im Gegensatz zu seiner Vorläufervorschrift enthält § 403 AktG nur noch die Verletzung der Berichtspflicht, während die Verletzung von Betriebs- und Geschäftsgeheimnissen nunmehr in § 404 AktG verankert ist.[5] Durch das EGStGB vom 2.3.1974 erfuhr § 403 AktG nur noch sprachliche Änderungen.[6] Die Vorschrift tritt in ihrer Bedeutung seit Einführung des § 332 HGB durch das **Bilanzrichtliniengesetz** 1985[7] hinter diesem zurück, da seitdem die Verletzung der Berichtspflicht in Bezug auf Jahresabschlüsse und Konzernabschlüsse nach § 332 HGB bestraft wird, während § 403 AktG trotz des unveränderten Wortlauts nur noch für die im Aktiengesetz verbliebenen, besonderen gesetzlichen

---

1 RGBl. 1931 I 493 (501); ausführlich hierzu *Niewerth* S. 29.
2 Gesetz über Aktiengesellschaften und Kommanditgesellschaften auf Aktien (Aktiengesetz) v. 30.1.1937, RGBl. 1937 I 107 (165).
3 Aktiengesetz v. 6.9.1965, BGBl. 1965 I 1089 (1183); vgl. hierzu auch *Bauer* S. 97; *Niewerth* S. 32, 72 und *Meyer* AG 1966, 109 (114 f.).
4 Esser/Rübenstahl/Saliger/Tsambikakis/*Lauterwein/Xylander* AktG § 403 Rn. 1.
5 MüKoStGB/*Kiethe* AktG § 403 Rn. 7.
6 Einführungsgesetz zum Strafgesetzbuch (EGStGB) v. 2.3.1974, BGBl. 1974 I 469 (570 f.).
7 Gesetz zur Durchführung der Vierten, Siebenten und Achten Richtlinie des Rates der Europäischen Gemeinschaften zur Koordinierung des Gesellschaftsrechts (Bilanzrichtlinien-Gesetz – BiRiLiG) v. 19.12.1985, BGBl. 1985 I 2355 (2387).

Prüfungen (Rn. 8) einschlägig ist.[8] Die Erteilung eines unrichtigen Bestätigungsvermerks ist in § 403 AktG – im Gegensatz zu § 332 HGB – nicht unter Strafe gestellt (vgl. auch die Ausführungen zur Rechtsentwicklung bei § 332 HGB in Kap. 11.1. Rn. 1).[9]

2. Geschütztes Rechtsgut

Nach allgemeiner Auffassung wird als geschütztes Rechtsgut des § 403 AktG das **(subjektive) Vertrauen in die Richtigkeit und Vollständigkeit** des pflichtgemäß erstellten Prüfungsberichts durch einen unabhängigen Prüfer betrachtet.[10] Andere Stimmen in der Literatur sehen hingegen ausschließlich das Vermögen,[11] das aktienrechtlich vorgeschriebene Prüfungssystem[12] oder das Vertrauen in die Unbestechlichkeit der Prüfer[13] als geschützt an. Der Schutzumfang des § 403 AktG bestimmt sich danach, welche Personen ein Interesse an richtigen Prüfungsberichten haben können.[14] Die Prüfungen werden auch im Interesse des Geschäftsverkehrs gesetzlich angeordnet, so dass der Straftatbestand das Vertrauen all derjenigen schützt, für die die wirtschaftliche Leistungsfähigkeit oder die Kreditwürdigkeit des geprüften Unternehmens von Bedeutung sein könnte.[15] Dadurch sind auch solche Personen von den veröffentlichten Prüfungsberichten betroffen, die zu der Gesellschaft in wirtschaftliche Beziehung treten.[16] Im Einzelnen erfasst der Schutzbereich des § 403 AktG also die Gesellschaft selbst, die (auch künftigen) **Aktionäre**, die **Arbeitnehmer**, die **Gesellschaftsgläubiger** und sonstige Personen, die mit der Gesellschaft rechtliche oder wirtschaftliche Beziehungen pflegen bzw. aufnehmen wollen.[17]

§ 403 AktG ist **Schutzgesetz iSv § 823 Abs. 2 BGB**.[18]

3. Deliktsnatur

§ 403 AktG stellt ein **abstraktes Gefährdungsdelikt** dar, da die Tatbestandsverwirklichung weder den Eintritt noch die konkrete Gefahr eines Schadens vor-

---

8 *Geßler* AktG § 403 Rn. 1.
9 *Dierlamm* NStZ 2000, 130 (131); MüKoStGB/*Kiethe* AktG § 403 Rn. 2; Graf/Jäger/Wittig/*Temming* AktG § 403 Rn. 3 mit weiteren Einzelheiten.
10 NK-WSS/*Krause/Twele* AktG § 403 Rn. 1; Heidel/*Bernsmann* AktG § 403 Rn. 1; MüKoStGB/*Kiethe* AktG § 403 Rn. 1; Hölters/*Müller-Michaels* AktG § 403 Rn. 1; Henssler/Strohn/*Raum* AktG § 403 Rn. 1; teilweise wird darüber hinaus das Vermögen als mittelbar geschütztes Rechtsgut betrachtet, so Hopt/Wiedemann/*Otto* AktG § 403 Rn. 2; MüKoStGB/*Kiethe* AktG § 403 Rn. 1; *ders.* WM 2007, 722 (728).
11 So KölnKomm AktG/*Altenhain* AktG § 403 Rn. 2; *Hellmann* Rn. 41.
12 So Graf/Jäger/Wittig/*Temming* AktG § 403 Rn. 1; Achenbach/Ransiek/Rönnau/*Ransiek* 8. Teil 1. Kap. Rn. 113; HK-AktG/*Pelz* AktG § 403 Rn. 1; krit. hierzu Spindler/Stilz/*Hefendehl* AktG § 403 Rn. 7 Fn. 15.
13 So Spindler/Stilz/*Hefendehl* AktG § 403 Rn. 12.
14 Henssler/Strohn/*Raum* AktG § 403 Rn. 1; vgl. auch OLG Karlsruhe 7.2.1985 – 12 U 132/82, ZIP 1985, 409.
15 Henssler/Strohn/*Raum* AktG § 403 Rn. 1; Hopt/Wiedemann/*Otto* AktG § 403 Rn. 2.
16 Henssler/Strohn/*Raum* AktG § 403 Rn. 1 mwN.
17 Hölters/*Müller-Michaels* AktG § 403 Rn. 1; Hopt/Wiedemann/*Otto* AktG § 403 Rn. 2; KölnKommAktG/*Altenhain* AktG § 403 Rn. 2; *Kiethe* WM 2007, 722 (728).
18 Vgl. OLG Hamm 21.10.1998 – 25 U 95/97, juris Rn. 15, 35; OLG Karlsruhe 7.2.1985 – 12 U 132/82, ZIP 1985, 409 (413); LG Düsseldorf 12.9.2017 – 16 O 560/05, juris Rn. 259; *Kiethe* WM 2007, 722 (725, 728).

aussetzt.[19] Zum Täterkreis zählen nach dem Gesetzeswortlaut nur Prüfer und Prüfungsgehilfen. Somit ist § 403 AktG ein **echtes Sonderdelikt**.[20] Außerdem handelt es sich bei § 403 AktG um einen **Blanketttatbestand**, dh Art und Umfang der Prüfung werden in der Norm selbst nicht definiert.[21] Die in § 403 Abs. 1 Alt. 2 AktG geregelte Tatbestandsalternative des Verschweigens erheblicher Umstände stellt **kein Unterlassen** dar. Dadurch wird ein Prüfungsbericht vielmehr unvollständig und insgesamt falsch, so dass ein konkludentes Tun vorliegt.[22]

II. Tatbestand

5 Der **Grundtatbestand** des § 403 Abs. 1 AktG enthält **zwei Alternativen**: die falsche Berichterstattung und das Verschweigen erheblicher Umstände im Prüfungsbericht. Beide Alternativen setzen ein vorsätzliches Verhalten des Täters voraus.

6 § 403 Abs. 2 AktG enthält eine **Tatbestandsqualifikation** für den Fall, dass der Täter gegen Entgelt oder mit Bereicherungs- oder Schädigungsabsicht handelt.

1. Objektiver Tatbestand
a) Tauglicher Täterkreis

7 Taugliche Täter des § 403 Abs. 1 AktG sind nur **Prüfer und Gehilfen eines Prüfers**. Es handelt sich insoweit um ein echtes Sonderdelikt.[23] Daraus folgt, dass andere Personen allenfalls Anstifter oder Gehilfen iSd §§ 26, 27 StGB sein können.[24] Die Sondereigenschaft des Täters stellt ein **strafbegründendes persönliches Merkmal** iSd § 28 Abs. 1 StGB dar.[25]

8 **Prüfer** iSd § 403 AktG ist, wer eine **aktienrechtlich vorgeschriebene Prüfung** vornimmt.[26] Dazu zählen im Wesentlichen der Gründungsprüfer (§ 34 AktG) und der Sonderprüfer (§§ 142 ff., 258, 315 AktG), daneben auch der Nachgründungsprüfer (§ 52 Abs. 4 AktG), der Sacheinlagenprüfer (§§ 183 Abs. 3, 194 Abs. 4, 205 Abs. 5 AktG), der Vertragsprüfer (§ 293 b Abs. 1 AktG), der Eingliederungsprüfer (§ 320 Abs. 2 AktG) und der Prüfer im Verfahren der Vorbereitung einer Hauptversammlung (§ 327 c AktG).[27]

9 **Gründungsprüfer** ist, wer in den Fällen des § 33 Abs. 2 AktG den schriftlichen Gründungsbericht erstattet (vgl. §§ 34 Abs. 2 S. 1 AktG). **Sonderprüfer** ist der-

---

19 MüKoStGB/*Kiethe* AktG § 403 Rn. 4; NK-WSS/*Krause/Twele* AktG § 403 Rn. 1; MüKoAktG/*Schaal* AktG § 403 Rn. 5; Spindler/Stilz/*Hefendehl* AktG § 403 Rn. 17.
20 Spindler/Stilz/*Hefendehl* AktG § 403 Rn. 18; Hölters/*Müller-Michaels* AktG § 403 Rn. 4; NK-WSS/*Krause/Twele* AktG § 403 Rn. 1.
21 Spindler/Stilz/*Hefendehl* AktG § 403 Rn. 17; Esser/Rübenstahl/Saliger/Tsambikakis/*Lauterwein/Xylander* AktG § 403 Rn. 3.
22 MüKoStGB/*Schaal* AktG § 403 Rn. 6; Hopt/Wiedemann/*Otto* AktG § 403 Rn. 5; KölnKomm AktG/*Altenhain* AktG § 403 Rn. 19.
23 MüKoStGB/*Kiethe* AktG § 403 Rn. 8; NK-WSS/*Krause/Twele* AktG § 403 Rn. 1; MüKoAktG/*Schaal* AktG § 403 Rn. 8.
24 MüKoStGB/AktG *Schaal* AktG § 403 Rn. 44; Hopt/Wiedemann/*Otto* AktG § 403 Rn. 40.
25 MüKoStGB/*Kiethe* AktG § 403 Rn. 49; MüKoAktG/*Schaal* AktG § 403 Rn. 8.
26 Achenbach/Ransiek/Rönnau/*Ransiek* 8. Teil 1. Kap. Rn. 114, 127; MüKoStGB/*Kiethe* AktG § 403 Rn. 8, 26 ff.
27 Aufzählung nach Hölters/*Müller-Michaels* AktG § 403 Rn. 5; vertiefend hierzu Graf/Jäger/Wittig/*Temming* AktG § 403 Rn. 5 f. und MüKoStGB/*Kiethe* AktG § 403 Rn. 8 ff.

jenige, der Vorgänge bei der Gründung oder der Geschäftsführung, namentlich auch bei Maßnahmen der Kapitalbeschaffung und Kapitalherabsetzung, auf Unredlichkeiten oder grobe Verletzungen des Gesetzes oder der Satzung prüfen soll (§ 142 Abs. 1 S. 1 AktG). Sowohl der Gründungsprüfer als auch der Sonderprüfer werden durch das Registergericht (vgl. §§ 33 Abs. 3 S. 2, 142 Abs. 2, § 258 Abs. 1 und § 315 S. 1 AktG), im Falle einer Sonderprüfung nach § 142 Abs. 1 S. 1 AktG auch durch die Hauptversammlung mit einfacher Stimmenmehrheit bestellt.[28] Dabei müssen die Prüfer nach dem Gesetz unterschiedliche Anforderungen erfüllen. So können bspw. Prüfer einer Sonderprüfung wegen unzulässiger Unterbewertung gem. § 258 AktG nur Wirtschaftsprüfer und Wirtschaftsprüfungsgesellschaften sein (vgl. § 258 Abs. 4 S. 1 AktG), während nach dem Gesetzeswortlaut bei der Gründungsprüfung und den Sonderprüfungen nach § 142 und § 315 AktG „Personen" bestellt werden sollen, „die in der Buchführung ausreichend vorgebildet und erfahren sind" (§§ 33 Abs. 4 Nr. 1, 143 Abs. 1 Nr. 1 AktG).[29] In § 143 Abs. 2 AktG iVm §§ 319 Abs. 2, 3, 319 a Abs. 1, 319 b HGB sind verschiedene Ausschlussgründe für Sonderprüfer geregelt, die über die Verweisung in § 33 Abs. 5 AktG auch für Gründungsprüfer zu beachten sind. Im Übrigen ist für die Sonderprüfung wegen unzulässiger Unterbewertung noch § 258 Abs. 4 S. 3 AktG zu berücksichtigen. Für den Bericht des **Nachgründungsprüfers** gelten nach § 52 Abs. 3 und 4 AktG die Vorschriften über die Gründungsprüfung sinngemäß.

Im Hinblick darauf, dass nur eine individuelle natürliche Person die Straftat begehen kann, aber auch **Prüfungsgesellschaften** mit einer Prüfung beauftragt werden können (§ 319 HGB; vgl. zB § 33 Abs. 4 Nr. 2 AktG für den Gründungsprüfer und § 258 Abs. 4 S. 1 AktG für den Sonderprüfer), richtet sich die strafrechtliche Verantwortlichkeit in diesem Fall nach § 14 StGB.[30] Dabei können bei juristischen Personen die vertretungsberechtigten Organe bzw. ihre Mitglieder (§ 14 Abs. 1 Nr. 1 StGB) und bei Personengesellschaften die vertretungsberechtigten Gesellschafter nach § 14 Abs. 1 Nr. 2 StGB als Täter in Betracht kommen.[31] Sie sollen auch dann von der Strafbarkeit erfasst sein, wenn sie zwar nicht selbst an dem Prüfungsbericht mitgewirkt haben, jedoch gegen die Abgabe eines als unrichtig erkannten Berichts nicht einschreiten.[32] Daneben kann auch ein **tatsächlich Beauftragter** iSd § 14 Abs. 2 S. 1 Nr. 2 StGB, so zB ein bei der Prüfungsgesellschaft angestellter Wirtschaftsprüfer, Täter des § 403 AktG sein (vgl. auch die Ausführungen zu § 332 HGB, Kap. 11.1. Rn. 14).[33]

10

Eine **rechtswirksame Bestellung** des Prüfers soll **nicht erforderlich** sein. Vielmehr reicht es nach hM aus, dass der Prüfer seine Prüfungstätigkeit im Ein-

11

---

28 Graf/Jäger/Wittig/*Temming* AktG § 403 Rn. 5; Erbs/Kohlhaas/*Schaal* AktG § 403 Rn. 6.
29 Graf/Jäger/Wittig/*Temming* AktG § 403 Rn. 5.
30 Spindler/Stilz/*Hefendehl* AktG § 403 Rn. 18; Heidel/*Bernsmann* AktG § 403 Rn. 3; Esser/Rübenstahl/Saliger/Tsambikakis/*Lauterwein/Xylander* AktG § 403 Rn. 9.
31 Hopt/Wiedemann/*Otto* AktG § 403 Rn. 11; MüKoAktG/*Schaal* AktG § 403 Rn. 13, 45; MüKoStGB/*Kiethe* AktG § 403 Rn. 25.
32 Erbs/Kohlhaas/*Schaal* AktG § 403 Rn. 27; Hopt/Wiedemann/*Otto* AktG § 403 Rn. 11.
33 Spindler/Stilz/*Hefendehl* AktG § 403 Rn. 18; MüKoAktG/*Schaal* AktG § 403 Rn. 13, 45; MüKoStGB/*Kiethe* AktG § 403 Rn. 25.

klang mit dem zuständigen Organ aufgenommen und durchgeführt hat.[34] Die bloße Anmaßung einer Prüfertätigkeit genügt aber nicht.[35] Im Einzelnen kann hier auf die Ausführungen zu § 332 HGB verwiesen werden (s. Kap. 11.1. Rn. 15 f.).

12 § 403 Abs. 1 AktG nennt als tauglichen Täter neben dem Prüfer auch den **Prüfungsgehilfen**. Dieser muss nach zutreffender hA eine **prüfungsspezifische Unterstützung** leisten.[36] „Die Ausdehnung des Täterkreises auf bloße Schreibkräfte oder sonstige, nicht mit Prüfungsaufgaben betraute Bürokräfte erscheint hier ebenso wenig angemessen wie im Rahmen des § 332 HGB."[37] Das bedeutet also, dass der Gehilfe wie auch bei § 332 HGB eine **exponierte Stellung** haben muss (vgl. im Einzelnen hierzu § 332 HGB, Kap. 11.1. Rn. 17).[38]

13 Die **Einschränkung** des Anwendungsbereichs der Norm auf „qualifizierte Gehilfen" wird aber auch vereinzelt abgelehnt.[39] So sollen der eindeutige Wortlaut und auch der Regelungszweck des § 403 Abs. 1 AktG gegen eine solche Auslegung sprechen.[40] Zudem bestehe kein Anlass, Personen wie zB Schreibkräfte, Praktikanten oder Fachangestellte als taugliche Täter auszuschließen, da die Tatbestandsverwirklichung ohnehin voraussetze, dass sie eine Verletzung der Berichtspflicht bewirken. Ist es ihnen aber gelungen, das Prüfungssystem genauso wie die mit der sachlichen Prüfung beschäftigen Personen zu unterlaufen, sei erst recht kein Grund für eine einschränkende Auslegung des § 403 Abs. 1 AktG gegeben.[41] Mithin sei jeder Gehilfe, den der Prüfer zur **Erledigung des Prüfungsauftrags** heranziehe.[42]

b) Tatbestandsalternativen
aa) Falsche Berichterstattung

14 Die erste Tatbestandsalternative des § 403 Abs. 1 AktG stellt das **falsche Berichten über das Ergebnis der Prüfung** unter Strafe.

15 Diese Tathandlung bezieht sich ebenfalls auf den **Prüfungsbericht**, auch wenn dieser nur im Zusammenhang mit der zweiten Tatbestandsalternative, dem Verschweigen erheblicher Umstände, genannt wird.[43] **Prüfungen iSd § 403**

---

34 Graf/Jäger/Wittig/*Temming* AktG § 403 Rn. 7; Esser/Rübenstahl/Saliger/Tsambikakis/ *Lauterwein*/Xylander AktG § 403 Rn. 10; Spindler/Stilz/*Hefendehl* AktG § 403 Rn. 19; Hopt/Wiedemann/*Otto* AktG § 403 Rn. 10; aA KölnKomm/*Altenhain* AktG § 403 Rn. 7.
35 Hopt/Wiedemann/*Otto* AktG § 403 Rn. 10; MüKoStGB/*Kiethe* AktG § 403 Rn. 20.
36 *Dierlamm* NStZ 2000, 130 (131); *Klussmann* AG 1973, 221 (224); Hölters/*Müller-Michaels* AktG § 403 Rn. 7; NK-WSS/*Krause/Twele* AktG § 403 Rn. 3; MüKoStGB/*Kiethe* AktG § 403 Rn. 23; *Hellmann* Rn. 417; weitergehend (Gehilfe kann nur derjenige sein, der eine falsche oder unrichtige Berichterstattung bewirkt) Hopt/Wiedemann/*Otto* AktG § 403 Rn. 9; MüKoStGB/*Kiethe* AktG § 403 Rn. 22.
37 Hopt/Wiedemann/*Otto* AktG § 403 Rn. 8.
38 Spindler/Stilz/*Hefendehl* AktG § 403 Rn. 25.
39 Vgl. zB Erbs/Kohlhaas/*Schaal* AktG § 403 Rn. 7; Graf/Jäger/Wittig/*Temming* AktG § 403 Rn. 8; Henssler/Strohn/*Raum* AktG § 403 Rn. 2.
40 Graf/Jäger/Wittig/*Temming* AktG § 403 Rn. 8; vgl. auch MüKoAktG/*Schaal* AktG § 403 Rn. 14 der darauf hinweist, dass diese einschränkende Auslegung auch in vergleichbaren Fällen (§§ 203 Abs. 3 StGB oder § 53 a StPO) nicht vorgenommen wird.
41 Graf/Jäger/Wittig/*Temming* AktG § 403 Rn. 8.
42 Vgl. Graf/Jäger/Wittig/*Temming* AktG § 403 Rn. 8; so auch Henssler/Strohn/*Raum* AktG § 403 Rn. 2: „Auf die Art der Tätigkeit kommt es nicht an."
43 MüKoStGB/*Kiethe* AktG § 403 Rn. 30.

Abs. 1 AktG sind nur solche, die nach dem Aktiengesetz vorgeschrieben sind, also insbes. die **Gründungsprüfung** (§§ 33, 34 AktG) und die **Sonderprüfungen** nach §§ 142, 258 und § 315 AktG.[44] Nicht dem Schutzzweck des § 403 AktG unterfallen freiwillige bzw. gesetzlich nicht vorgesehene Prüfungen.[45] Die Jahresabschlussprüfungen und Konzernabschlussprüfungen nach dem HGB werden ebenfalls nicht von § 403 AktG, sondern von § 332 HGB erfasst.[46] Das gilt ebenfalls für die Abschlussprüfung über die Beziehungen zu verbundenen Unternehmen (§ 313 Abs. 2 S. 1 AktG).[47] Nicht in den Schutzbereich des § 403 AktG fallen außerdem Berichte, die vom Vorstand, dem Aufsichtsrat oder der Hauptversammlung vorgelegt werden müssen (zB § 90 Abs. 3 AktG) oder Berichte des Aufsichtsrats (zB § 171 AktG).[48]

Der Umfang der **Gründungsprüfung** wird durch § 34 Abs. 1, 2 AktG bestimmt.[49] Danach hat sich die Gründungsprüfung namentlich darauf zu erstrecken, ob die Angaben der Gründer über die Übernahme der Aktien, über die Einlagen auf das Grundkapital und über die Festsetzungen nach §§ 26 und 27 AktG richtig und vollständig sind (§ 34 Abs. 1 Nr. 1 AktG). Außerdem ist zu prüfen, ob der Wert der Sacheinlagen oder Sachübernahmen den geringsten Ausgabebetrag der dafür zu gewährenden Aktien oder den Wert der dafür zu gewährenden Leistungen erreicht (§ 34 Abs. 1 Nr. 2 AktG). Nach § 34 Abs. 2 S. 1 AktG ist über jede Prüfung unter Darlegung dieser Umstände schriftlich zu berichten. Dabei ist in dem Bericht der Gegenstand jeder Sacheinlage oder Sachübernahme zu beschreiben sowie anzugeben, welche Bewertungsmethoden bei der Ermittlung des Wertes angewandt worden sind (§ 34 Abs. 2 S. 2 AktG). Je ein Stück des Berichts der Gründungsprüfer ist dem Gericht und dem Vorstand einzureichen (§ 34 Abs. 3 S. 1 AktG).

Bei der **Sonderprüfung** ergibt sich der Prüfungsgegenstand entweder aus dem Beschluss der Hauptversammlung (§ 142 Abs. 1 AktG) oder der Entscheidung des Gerichts nach § 142 Abs. 2 AktG. Darin sind die Vorgänge bei der Gründung oder der Geschäftsführung, die geprüft werden sollen, näher zu bezeichnen.[50] Nach § 145 Abs. 6 AktG müssen die Sonderprüfer ihren Bericht schriftlich verfassen (S. 1), unterzeichnen und unverzüglich dem Vorstand und beim Handelsregister des Sitzes der Gesellschaft einreichen (S. 3). Das Gesetz stellt in § 145 Abs. 6 S. 2 AktG ausdrücklich klar, dass die Sonderprüfer auch Tatsachen in den Prüfungsbericht aufnehmen müssen, deren Bekanntwerden geeignet ist, der Gesellschaft oder einem verbundenen Unternehmen einen nicht unerheblichen Nachteil zuzufügen, wenn ihre Kenntnis zur Beurteilung des zu prüfenden Vorgangs durch die Hauptversammlung erforderlich ist.[51] Aus § 145 Abs. 4 AktG ergibt sich jedoch, dass das zuständige Gericht (§ 145

---

44 Graf/Jäger/Wittig/*Temming* AktG § 403 Rn. 9; Spindler/Stilz/*Hefendehl* AktG § 403 Rn. 27 f.
45 Esser/Rübenstahl/Saliger/Tsambikakis/*Lauterwein/Xylander* AktG § 403 Rn. 5; Graf/Jäger/Wittig/*Temming* AktG § 403 Rn. 5; MüKoStGB/*Kiethe* AktG § 403 Rn. 27; HK-AktG/*Pelz* AktG § 403 Rn. 2.
46 Esser/Rübenstahl/Saliger/Tsambikakis/*Lauterwein/Xylander* AktG § 403 Rn. 5.
47 Spindler/Stilz/*Hefendehl* AktG § 403 Rn. 30; HK-AktG/*Pelz* AktG § 403 Rn. 3.
48 MüKoStGB/*Kiethe* AktG § 403 Rn. 33.
49 Hopt/Wiedemann/*Otto* AktG § 403 Rn. 14.
50 Im Einzelnen hierzu Graf/Jäger/Wittig/*Temming* AktG § 403 Rn. 11.
51 Dabei ist umstr., ob auch Zufallsfunde, die Hinweise auf schwerwiegende Verfehlungen von Organmitgliedern geben, aber außerhalb des Prüfungsauftrags liegen, ebenfalls von

Abs. 5 AktG) auf Antrag des Vorstands zu gestatten hat, dass bestimmte Tatsachen nicht in den Bericht aufgenommen werden, wenn überwiegende Belange der Gesellschaft dies gebieten und sie zur Darlegung der Unredlichkeiten oder groben Verletzungen gem. § 142 Abs. 2 AktG nicht unerlässlich sind. Bei der **Sonderprüfung wegen unzulässiger Unterbewertung** (§ 258 AktG) bestimmen sich die besonderen Anforderungen an den Prüfungsbericht nach § 259 AktG. Einen weiteren Sonderfall der Sonderprüfung nach § 142 AktG stellt die in § 315 AktG geregelte Prüfung dar, in welcher bei Vorliegen der in § 315 Abs. 1 AktG genannten Voraussetzungen die geschäftlichen Beziehungen der Gesellschaft zu dem herrschenden Unternehmen oder einem mit ihm verbundenen Unternehmen untersucht werden.[52]

18 Darüber hinaus ist die **Erstellung eines Prüfungsberichts**, der taugliches Tatobjekt iSd § 403 AktG sein kann, auch bei der Nachgründung (§ 52 Abs. 3 S. 1 AktG), der (bedingten) Kapitalerhöhung mit Sacheinlagen (§ 183 Abs. 3, § 195 Abs. 2 Nr. 1 AktG), der Ausgabe von Aktien gegen Sacheinlagen (§ 205 Abs. 5 AktG), Unternehmensverträgen (§ 293 e Abs. 1 S. 1 AktG), der Eingliederung durch Mehrheitsbeschluss (§ 320 Abs. 4 AktG) und der Barabfindung (§ 327 c Abs. 2 S. 4, § 293 e Abs. 1 S. 1 AktG) gesetzlich vorgeschrieben.[53]

19 Der Bericht ist **falsch**, wenn die darin enthaltenen Angaben nicht mit den tatsächlich festgestellten Ergebnissen, Wahrnehmungen oder Bewertungen des Prüfers übereinstimmen.[54] Dabei soll sich der Prüfer selbst dann strafbar machen können, wenn die Angaben im Prüfungsbericht durch Zufall der objektiven Wahrheit entsprechen, jedoch von seinen tatsächlichen subjektiven Feststellungen abweichen.[55] Auch soll der Straftatbestand erfüllt sein, wenn der Prüfer ihm mitgeteilte Informationen **ohne eigene sachliche Prüfung** übernommen hat, selbst wenn sie zutreffend sind.[56] Straflos ist allerdings das **pflichtwidrige Nichterstatten** des Prüfungsberichts.[57] Umstr. ist, ob mündliche Äußerungen, die den schriftlichen Prüfungsbericht erläutern, Gegenstand der Tathandlung sein können.[58] Nach zutreffender Ansicht geht diese Auslegung über den Wortlaut des Gesetzes hinaus und verstößt somit gegen Art. 103 Abs. 2 GG, da § 403 AktG ausdrücklich auf den Prüfungsbericht verweist.[59]

20 Die unrichtigen Angaben im Prüfungsbericht müssen **erheblich** sein, auch wenn sich der Begriff nach dem Gesetzeswortlaut nur auf die Alternative des

---

der Berichtspflicht erfasst sind, vgl. hierzu Graf/Jäger/Wittig/*Temming* AktG § 403 Rn. 11; HK-AktG/*Holzborn/Jänig* § 145 Rn. 11 unter Verweis auf BGH 15.12.1954 – II ZR 322/53, BGHZ 16, 17.
52 Vgl. Graf/Jäger/Wittig/*Temming* AktG § 403 Rn. 11 mit weiteren Einzelheiten.
53 Spindler/Stilz/*Hefendehl* AktG § 403 Rn. 29; Graf/Jäger/Wittig/*Temming* AktG § 403 Rn. 10, 12 f.; MüKoStGB/*Kiethe* AktG § 403 Rn. 32.
54 Esser/Rübenstahl/Saliger/Tsambikakis/*Lauterwein/Xylander* AktG § 403 Rn. 16.
55 Esser/Rübenstahl/Saliger/Tsambikakis/*Lauterwein/Xylander* AktG § 403 Rn. 16; Heidel/*Bernsmann* AktG § 403 Rn. 4; Spindler/Stilz/*Hefendehl* AktG § 403 Rn. 34; MüKoStGB/*Schaal* AktG § 403 Rn. 26; aA *Dierlamm* NStZ 2000, 130 (131 f.).
56 Graf/Jäger/Wittig/*Temming* AktG § 403 Rn. 16; Esser/Rübenstahl/Saliger/Tsambikakis/*Lauterwein/Xylander* AktG § 403 Rn. 16.
57 Spindler/Stilz/*Hefendehl* AktG § 403 Rn. 35; MüKoAktG/*Schaal* AktG § 403 Rn. 27.
58 Abl. KölnKomm/*Altenhain* AktG § 403 Rn. 17; Hopt/Wiedemann/*Otto* AktG § 403 Rn. 21; Esser/Rübenstahl/Saliger/Tsambikakis/*Lauterwein/Xylander* AktG § 403 Rn. 19 f. mwN; aA Hölters/*Müller-Michaels* AktG § 403 Rn. 12; Erbs/Kohlhaas/*Schaal* AktG § 403 Rn. 16; Spindler/Stilz/*Hefendehl* AktG § 403 Rn. 37.
59 Vgl. nur Hopt/Wiedemann/*Otto* AktG § 403 Rn. 21.

Verschweigens bezieht.[60] Das bedeutet, dass die Angaben nach dem Prüfungsauftrag einen materiell vorgesehenen Prüfungspunkt betreffen müssen.[61]

bb) Verschweigen erheblicher Umstände im Prüfungsbericht

In § 403 Abs. 1 Alt. 2 AktG wird als weitere Tatbestandsalternative das **Verschweigen erheblicher Umstände im Prüfungsbericht** (zum Prüfungsbericht vgl. oben Rn. 15 ff.) genannt. Diese ist erfüllt, wenn bei der Prüfung festgestellte Tatsachen, auf die sich der Bericht nach den im Gesetz vorgeschriebenen Mindestanforderungen beziehen muss, unerwähnt bleiben.[62] Genauso wie bei der ersten Tatbestandsvariante ist die **Diskrepanz zwischen dem Wissen des Prüfers und der Darstellung im Prüfungsbericht** entscheidend.[63] Daraus folgt, dass ein Bericht auch dann falsch ist, wenn der Prüfer einen von ihm festgestellten Mangel verschweigt, der in Wirklichkeit gar nicht vorhanden ist. Umgekehrt ist ein Prüfungsbericht nicht falsch, wenn der Prüfer einen vorliegenden Mangel nicht erkennt.[64] Der verschwiegene Umstand muss **erheblich** sein. Das ist der Fall, wenn er für den Berichtszweck, wie er in dem gesetzlich vorgeschriebenen Prüfungsauftrag zum Ausdruck kommt, eine ins Gewicht fallende Bedeutung hat.[65]

21

2. Subjektiver Tatbestand

Beide Tatbestandsalternativen des § 403 AktG setzen ein **vorsätzliches Verhalten** des Täters voraus, wobei **bedingter Vorsatz** ausreicht.[66] Der Täter muss also zumindest mit der Möglichkeit rechnen, dass der Prüfungsbericht falsch oder unvollständig ist und ihn trotzdem erstatten.[67] Dabei muss der Vorsatz auch die Erheblichkeit der entsprechenden Umstände erfassen.[68] Der Straftatbestand setzt keine über das Bewusstsein der Unrichtigkeit oder Unvollständigkeit hinausgehende Täuschungs- oder Schädigungsabsicht voraus.[69]

22

Im Falle eines **Irrtums** gelten die **allgemeinen Grundsätze** des Strafrechts gem. §§ 16, 17 StGB.[70] Irrt der Täter bspw. über die Erheblichkeit eines Umstandes, so handelt es sich um einen vorsatzausschließenden **Tatbestandsirrtum** iSv § 16 StGB, da die Erheblichkeit ein normatives Tatbestandsmerkmal ist.[71] Vgl. im Übrigen auch die Ausführungen zum subjektiven Tatbestand bei § 332 HGB (s. Kap. 11.1. Rn. 36).

23

---

60 Spindler/Stilz/*Hefendehl* AktG § 403 Rn. 36; MüKoStGB/*Kiethe* AktG § 403 Rn. 38.
61 Spindler/Stilz/*Hefendehl* AktG § 403 Rn. 36.
62 Graf/Jäger/Wittig/*Temming* AktG § 403 Rn. 17; Hopt/Wiedemann/*Otto* AktG § 403 Rn. 17.
63 Spindler/Stilz/*Hefendehl* AktG § 403 Rn. 38; MüKoStGB/*Kiethe* AktG § 403 Rn. 40.
64 Graf/Jäger/Wittig/*Temming* AktG § 403 Rn. 18.
65 MüKoStGB/*Kiethe* AktG § 403 Rn. 41; MüKoAktG/*Schaal* AktG § 403 Rn. 29; Graf/Jäger/Wittig/*Temming* AktG § 403 Rn. 17.
66 Wabnitz/Janovsky/*Raum* 11. Kap. Rn. 76; Hölters/*Müller-Michaels* AktG § 403 Rn. 16; Heidel/*Bernsmann* AktG § 403 Rn. 5.
67 Erbs/Kohlhaas/*Schaal* AktG § 403 Rn. 18; Graf/Jäger/Wittig/*Temming* AktG § 403 Rn. 19; NK-WSS/*Krause/Twele* AktG § 403 Rn. 8.
68 Hopt/Wiedemann/*Otto* AktG § 403 Rn. 26; Erbs/Kohlhaas/*Schaal* AktG § 403 Rn. 18.
69 Hopt/Wiedemann/*Otto* AktG § 403 Rn. 27.
70 Hölters/*Müller-Michaels* AktG § 403 Rn. 17.
71 Erbs/Kohlhaas/*Schaal* AktG § 403 Rn. 21; Hopt/Wiedemann/*Otto* AktG § 403 Rn. 38.

3. Qualifikation

24 Nach § 403 Abs. 2 AktG wird ein Täter mit Freiheitsstrafe bis zu fünf Jahren oder Geldstrafe bestraft, wenn er gegen Entgelt oder in der Absicht handelt, sich oder einen anderen zu bereichern oder einen anderen zu schädigen. Zu Einzelheiten vgl. die Kommentierung der wortgleichen Qualifikation bei § 332 HGB (s. Kap. 11.1. Rn. 37 ff.).

III. Rechtswidrigkeit

25 Es finden hier die allgemeinen Grundsätze des Strafrechts Anwendung. Allerdings wird eine **Rechtfertigung** im Rahmen des § 403 AktG **nur in Ausnahmefällen** in Betracht kommen.[72] Ein rechtfertigender Notstand nach § 34 StGB scheidet aus, denn der Gesetzgeber hat der Berichtspflicht auch in Konfliktfällen den Vorrang vor den Gesellschaftsinteressen eingeräumt.[73] Vgl. hierzu auch die Ausführungen zu § 332 HGB in Kap. 11.1. Rn. 42.

IV. Versuch, Vollendung, Beendigung

26 Der **Versuch** einer Straftat nach § 403 AktG ist **nicht strafbar**, weil beide Tatbestandsalternativen Vergehen iSv § 12 Abs. 2 StGB darstellen (§ 23 Abs. 1 StGB). Demnach kommt dem Vollendungszeitpunkt eine besondere Bedeutung zu.

27 Die Tat ist bei beiden Tatbeständen des § 403 Abs. 1 AktG **vollendet,** wenn der Prüfungsbericht bei einem der zuständigen gesetzlichen Empfänger, also beim Vorstand oder beim Registergericht (vgl. dazu oben Rn. 16 f.), zugegangen ist. Es ist nicht erforderlich, dass der Empfänger auch tatsächlich von dem Inhalt des Berichts Kenntnis nimmt.[74] Die Tat soll nach hM mit Zugang des Prüfungsberichts bei allen gesetzlich vorgesehenen Adressaten und Kenntnisnahme seines Inhalts **beendet** sein.[75] Mit Blick auf die Deliktsnatur des § 403 AktG als abstraktes Gefährdungsdelikt in Form eines reinen Tätigkeitsdelikts wird auch vertreten, dass die Beendigung gleichzeitig mit der Vollendung, also bereits im Zeitpunkt des Zugangs bei einem der bestimmungsgemäßen Adressaten, eintritt.[76]

28 Obwohl der Vollendungszeitpunkt bei § 403 AktG wie auch bei anderen abstrakten Gefährdungsdelikten sehr weit vorverlagert ist, fehlt eine ausdrückliche Regelung zur **tätigen Reue** (zur analogen Anwendung[77] entsprechender Vorschriften bei § 332 HGB vgl. Kap. 11.1. Rn. 47).

---

[72] Hopt/Wiedemann/*Otto* AktG § 403 Rn. 36.
[73] Im Einzelnen Hopt/Wiedemann/*Otto* AktG § 403 Rn. 36.
[74] Hölters/*Müller-Michaels* AktG § 403 Rn. 26; Hopt/Wiedemann/*Otto* AktG § 403 Rn. 28; MüKoStGB/*Kiethe* AktG § 403 Rn. 52; KölnKomm/*Altenhain* AktG § 403 Rn. 20.
[75] Esser/Rübenstahl/Saliger/Tsambikakis/*Lauterwein/Xylander* UmwG § 403 Rn. 26; Achenbach/Ransiek/Rönnau/*Ransiek* 8. Teil 1. Kap. Rn. 121; Spindler/Stilz/*Hefendehl* AktG § 403 Rn. 48; NK-WSS/*Krause/Twele* AktG § 403 Rn. 10; Erbs/Kohlhaas/*Schaal* AktG § 403 Rn. 26.
[76] So Esser/Rübenstahl/Saliger/Tsambikakis/*Lauterwein/Xylander* AktG § 403 Rn. 26; vgl. auch BGH 7.7.1993 – 5 StR 303/93, NStZ 1993, 538 f. zu § 203 Abs. 5 StGB.
[77] Abl. MüKoStGB/*Kiethe* AktG § 403 Rn. 55.

V. Konkurrenzen

Die verschiedenen **Tatalternativen des § 403 Abs. 1 AktG** bilden eine einheitliche Verletzung der Berichtspflicht, dh eine sowohl unrichtige als auch lückenhafte Berichterstattung verwirklicht den Tatbestand nur einmal.[78]

29

§ 332 HGB ist bzgl. der dort erfassten Prüfungsberichte **lex specialis**.[79] Im Übrigen tritt § 403 AktG ggü. § 18 PublG (s. Kap. 11.3.), § 314 UmwG (s. Kap. 11.4.) und § 150 GenG (s. Kap. 11.5.) im Wege der **Gesetzeskonkurrenz** zurück.[80]

30

Mit anderen Straftaten ist – insbes. bei kollusivem Zusammenwirken des Prüfers oder Prüfungsgehilfen mit Vorstandsmitgliedern – **Tateinheit** iSv § 52 StGB möglich, so zB mit Beihilfe zum Gründungsschwindel durch unrichtige Prüfungsberichte nach § 399 Abs. 1 Nr. 2 AktG, zum Betrug (§ 263 StGB), zur Untreue (§ 266 StGB) oder zu Insolvenzstraftaten nach §§ 283 ff. StGB, § 15 a Abs. 4, 5 InsO.[81]

31

VI. Rechtsfolgen

Straftaten nach § 403 Abs. 1 AktG können mit Freiheitsstrafe von bis zu drei Jahren oder mit Geldstrafe bestraft werden. Hat der Täter auch den Qualifikationstatbestand nach Abs. 2 verwirklicht, erhöht sich das Höchstmaß des Strafrahmens auf fünf Jahre Freiheitsstrafe. Hat der Täter sich durch die Tat bereichert oder zu bereichern versucht, so können gem. § 41 StGB Geld- und Freiheitsstrafe auch nebeneinander verhängt werden. Bei einem **Teilnehmer** (Anstifter oder Gehilfe) ist die Strafe über § 28 Abs. 1 StGB obligatorisch zu mildern.[82] Im Hinblick auf die Qualifikationsmerkmale in § 403 Abs. 2 Alt. 2, 3 HGB ist für den Teilnehmer § 28 Abs. 2 StGB zu beachten.[83]

32

Es finden die Vorschriften über das **Berufsverbot** (§ 70 StGB) und die **Einziehung** nach §§ 73 ff. StGB Anwendung.[84]

33

Gegen die Gesellschaft selbst kann eine Verbandsgeldbuße nach § 30 OWiG verhängt werden, wenn die gesetzlichen Vertreter der Prüfungsgesellschaft die Pflichten verletzen, die primär ihrer Gesellschaft obliegen.[85] Bei einer Tatbegehung durch Prüfungsgehilfen kann gegen den Aufsichtspflichtigen ein **Bußgeldverfahren** nach § 130 OWiG in Betracht kommen, das wiederum die Möglichkeit eröffnet, eine Geldbuße gegen die Prüfungsgesellschaft zu verhängen, wenn der Aufsichtspflichtige zum Täterkreis des § 30 Abs. 1 OWiG zählt.[86]

34

---

78 Spindler/Stilz/*Hefendehl* AktG § 403 Rn. 49; Heidel/*Bernsmann* AktG § 403 Rn. 8; Hölters/*Müller-Michaels* AktG § 403 Rn. 29; es handelt sich also nicht um ein kumulatives Mischgesetz, Hopt/Wiedeman/*Otto* AktG § 403 Rn. 42.
79 Hölters/*Müller-Michaels* AktG § 403 Rn. 30; *Bauer* S. 99; MüKoStGB/*Schaal* AktG § 403 Rn. 48.
80 Spindler/Stilz/*Hefendehl* AktG § 403 Rn. 49; Graf/Jäger/Wittig/*Temming* AktG § 403 Rn. 21.
81 Spindler/Stilz/*Hefendehl* AktG § 403 Rn. 49; Hopt/Wiedemann/*Otto* AktG § 403 Rn. 44.
82 MüKoStGB/*Kiethe* AktG § 403 Rn. 49; KölnKomm/*Altenhain* AktG § 403 Rn. 38.
83 Esser/Rübenstahl/Saliger/Tsambikakis/*Lauterwein/Xylander* AktG § 403 Rn. 3.
84 Hopt/Wiedemann/*Otto* AktG § 403 Rn. 50.
85 Spindler/Stilz/*Hefendehl* AktG § 403 Rn. 18; Hopt/Wiedemann/*Otto* AktG § 403 Rn. 12.
86 MüKoBilR/*Waßmer* HGB § 332 Rn. 57 f.

Kap. 11: Verletzung der Berichtspflicht

VII. Verjährung

35 Die Straftat verjährt nach den allgemeinen Grundsätzen der §§ 78 ff. StGB.[87] Die **Strafverfolgungsverjährung** einer Tat nach § 403 Abs. 1 AktG beträgt fünf Jahre (§ 78 Abs. 3 Nr. 4 StGB); das gilt ebenfalls für die Qualifikation nach § 403 Abs. 2 AktG. Sie beginnt mit Beendigung der Tat (§ 78 a StGB), vgl. Rn. 27.

36 Die **Strafvollstreckungsverjährung** kann abhängig von der verhängten Strafe nach drei, fünf oder zehn Jahren eintreten (§ 79 Abs. 3 Nr. 3–5 StGB). Sie beginnt gem. § 79 Abs. 6 StGB mit der Rechtskraft der Entscheidung.

VIII. Prozessuale Besonderheiten

37 § 403 AktG ist ein **Offizialdelikt**, die StA wird also von Amts wegen tätig.[88]

38 Für das landgerichtliche Verfahren gilt die Sonderzuständigkeit der **Wirtschaftsstrafkammern** (§ 74 c Abs. 1 Nr. 1 GVG).[89]

Kap. 11.3. § 18 PublG Verletzung der Berichtspflicht

§ 18 PublG Verletzung der Berichtspflicht

(1) Mit Freiheitsstrafe bis zu drei Jahren oder mit Geldstrafe wird bestraft, wer als Prüfer nach diesem Gesetz oder als Gehilfe eines solchen Prüfers über das Ergebnis der Prüfung falsch berichtet oder erhebliche Umstände im Bericht verschweigt.

(2) Handelt der Täter gegen Entgelt oder in der Absicht, sich oder einen anderen zu bereichern oder einen anderen zu schädigen, so ist die Strafe Freiheitsstrafe bis zu fünf Jahren oder Geldstrafe.

Literatur: *Achenbach/Ransiek/Rönnau* (Hrsg.), Handbuch Wirtschaftsstrafrecht, 4. Aufl. 2015; *Bauer*, Die Neuregelung der Strafbarkeit des Jahresabschlussprüfers, 2017; *Biener*, Gesetz über die Rechnungslegung von bestimmten Unternehmen und Konzernen (PublG), 1973; *ders.*, Gesetz über die Rechnungslegung von bestimmten Unternehmen und Konzernen (Publizitätsgesetz), BB 1969, 1097; *Esser/Rübenstahl/Saliger/Tsambikakis* (Hrsg.), Wirtschaftsstrafrecht, 1. Aufl. 2017; *Graf/Jäger/Wittig* (Hrsg.), Wirtschafts- und Steuerstrafrecht, 2. Aufl. 2017; *Heidel* (Hrsg.), Aktienrecht und Kapitalmarktrecht, 4. Aufl. 2014; *Henssler/Strohn* (Hrsg.), Gesellschaftsrecht, 4. Aufl. 2019; *Hölters* (Hrsg.), Aktiengesetz, 3. Aufl. 2017; Kölner Kommentar zum Umwandlungsgesetz, *Dauer-Lieb/Simon* (Hrsg.), 1. Aufl. 2009 (zit. als KölnKommUmwG/*Bearbeiter*); *Leitner/Rosenau* (Hrsg.), Wirtschafts- und Steuerstrafrecht, 1. Aufl. 2017 (zit. als NK-WSS/*Bearbeiter*); Münchener Kommentar zum Bilanzrecht, *Hennrichs/Kleindiek/Watrin* (Hrsg.), Bd. 2: Bilanzrecht §§ 238–342 e HGB, 1. Aufl. 2013 (zit. als MüKoBilR/*Bearbeiter);* Münchener Kommentar zum Strafgesetzbuch, *Joecks/Miebach* (Hrsg.), Bd. 7: Nebenstrafrecht II, 2. Aufl. 2015 (zit. als MüKo-StGB/*Bearbeiter);* *Nieuwerth*, Die strafrechtliche Verantwortlichkeit des Wirtschaftsprüfers, 2004; *Prinz*, Grundfragen der Strafbarkeit der Abschlussprüfer bei der Jahresabschlussprüfung einer Kapitalgesellschaft, 2013; *Schäfer*, Publizitätsgesetz, 2. Aufl. 2016; vgl. im Übrigen die Literatur zu § 332 HGB (s. Kap. 11.1.) und § 403 AktG (s. Kap. 11.2.).

I. Allgemeines	1	3. Deliktsnatur	4
1. Rechtsentwicklung	1	II. Tatbestand	5
2. Geschütztes Rechtsgut	2	1. Objektiver Tatbestand	7

---

[87] NK-WSS/*Krause/Twele* AktG § 403 Rn. 12.
[88] NK-WSS/*Krause/Twele* AktG § 403 Rn. 12; Erbs/Kohlhaas/*Schaal* AktG § 403 Rn. 29.
[89] NK-WSS/*Krause/Twele* AktG § 403 Rn. 12.

a) Tauglicher Täterkreis	7	V. Konkurrenzen	21
b) Tatbestandsalternativen	11	VI. Rechtsfolgen	22
2. Subjektiver Tatbestand	14	VII. Verjährung	23
3. Qualifikation	15	VIII. Prozessuale Besonderheiten	25
III. Rechtswidrigkeit	16		
IV. Versuch, Vollendung, Beendigung.............................	17		

I. Allgemeines

1. Rechtsentwicklung

Durch eine Notverordnung[1] wurde mit § 318 a Nr. 1 HGB erstmals eine Strafvorschrift eingeführt, welche die Strafbarkeit von Berichtspflichtverletzungen normierte.[2] Im Jahr 1937 wurde diese Regelung mit nur geringfügigen Änderungen in § 302 Nr. 1 AktG übertragen[3] und gilt heute in leicht abgewandelter Form als § 403 AktG (vgl. die Einzelheiten in Kap. 11.2.) weiter.[4] Neben dem aktienrechtlichen Straftatbestand finden sich entsprechende Parallelvorschriften auch in § 332 HGB (Kap. 11.1.), § 314 UmwG (s. Kap. 11.4.) und § 150 GenG (s. Kap. 11.5.). § 18 PublG,[5] der durch das EGStGB im Jahre 1974[6] erneut Änderungen erfuhr, ist bis auf den Zusatz „nach diesem Gesetz" wortgleich mit § 403 AktG. Die Strafvorschrift ist ausschließlich auf die in § 1 Abs. 1 iVm § 3 Abs. 1 PublG bestimmten Unternehmen und auf die Konzerne iSd § 11 PublG anwendbar.[7]

1

2. Geschütztes Rechtsgut

Geschütztes Rechtsgut ist nach hM das **Vertrauen in die (subjektive) Richtigkeit und Vollständigkeit des pflichtgemäß erstellten Prüfungsberichts** durch einen unabhängigen Prüfer.[8] Teilweise wird auch angenommen, dass durch § 18 PublG das aktien-, handels- und gesellschaftsrechtlich vorgeschriebene Prüfungssystem geschützt sei.[9]

2

Die Strafvorschrift ist – wie die Parallelvorschriften der § 332 HGB, § 403 AktG, § 314 UmwG und § 150 GenG – **Schutzgesetz iSd § 823 Abs. 1 BGB.** Vgl. auch die Ausführungen zu § 332 HGB und § 403 AktG (s. Kap. 11.1. Rn. 5 f. und Kap. 11.2. Rn. 2 f.).

3

---

1 Verordnung des Reichspräsidenten über Aktienrecht, Bankenaufsicht und über eine Steueramnestie v. 19.9.1931, RGBl. 1931 I 493 (501).
2 Vertiefend zur Nachhistorie *Bauer* S. 96; *Niewerth* S. 29, 71; *Prinz* S. 8.
3 Gesetz über Aktiengesellschaften und Kommanditgesellschaften auf Aktien (Aktiengesetz) v. 30.1.1937, RGBl. 1937 I 107 (165).
4 KölnKommUmwG/*Rönnau* UmwG § 314 Rn. 1; *Bauer* S. 96 f.
5 Gesetz über die Rechnungslegung von bestimmten Unternehmen und Konzernen (Publizitätsgesetz – PublG) vom 15.8.1969 (BGBl. 1969 I 1189), zuletzt geändert durch Art. 7 des Gesetzes vom 11.4.2017 (BGBl. 2017 I 802); vert. hierzu *Biener* aaO; *ders.* BB 1969, 1097.
6 Art. 128 Nr. 2 des Einführungsgesetzes zum Strafgesetzbuch (EGStGB) vom 2.3.1974 (BGBl. 1974 I 469 (570)).
7 Esser/Rübenstahl/Saliger/Tsambikakis/*Lauterwein/Xylander* PublG § 18 Rn. 1.
8 Vgl. zu § 332 HGB und § 403 AktG zB: OLG Hamm 3.2.2014 – I-8 U 47/10, juris Rn. 296; MüKoBilR/*Waßmer* HGB § 332 Rn. 3; MüKoStGB/*Sorgenfrei* HGB § 332 Rn. 5; NK-WSS/*Krause/Twele* AktG § 403 Rn. 1; Heidel/*Bernsmann* AktG § 403 Rn. 1; Hölters/*Müller-Michaels* AktG § 403 Rn. 1; Henssler/Strohn/*Raum* AktG § 403 Rn. 1.
9 So zB *Schäfer* PublG § 18 Rn. 2; Graf/Jäger/Wittig/*Straßer* PublG § 18 Rn. 1.

3. Deliktsnatur

4 Die Deliktsnatur des § 18 PublG lässt sich im Wesentlichen wie folgt beschreiben: Die Strafvorschrift stellt ein **abstraktes Gefährdungsdelikt** dar, weil ein über das falsche Berichten oder das Verschweigen erheblicher Umstände hinausgehender Erfolgseintritt nicht erforderlich ist.[10] Zudem ist § 18 PublG ein **echtes Sonderdelikt**, weil sich nur der Prüfer nach diesem Gesetz oder der Gehilfe eines solchen Prüfers strafbar machen können. Unter der Voraussetzung, dass eine vorsätzliche und rechtswidrige Haupttat eines tauglichen Täters vorliegt, können andere Personen aber Anstifter oder Gehilfen iSd §§ 26, 27 StGB sein.[11] Da § 18 PublG als **Blankettvorschrift** ausgestaltet ist, ergeben sich die unmittelbaren Täterbeschreibungen erst aus § 6 und § 14 PublG.

II. Tatbestand

5 Der **Grundtatbestand** des § 18 Abs. 1 PublG sieht zwei Alternativen vor: die falsche Berichterstattung und das Verschweigen erheblicher Umstände im Prüfungsbericht. Dabei setzen beide Tatbestandsalternativen ein vorsätzliches Handeln voraus.

6 Ein Täter, der gegen Entgelt oder mit Bereicherungs- oder Schädigungsabsicht handelt, erfüllt die **Tatbestandsqualifikation** des § 18 Abs. 2 PublG.

1. Objektiver Tatbestand
a) Tauglicher Täterkreis

7 Im Hinblick darauf, dass der Tatbestand **wortgleich mit § 403 AktG** ist, ergeben sich Besonderheiten lediglich aus den spezifischen Regelungen für die Prüfer nach dem PublG. Im Einzelnen sind zur Bestimmung des **Prüferbegriffs** die § 6 und § 14 PublG heranzuziehen.

8 Danach ist Prüfer ausschließlich der sog **Abschlussprüfer** (§§ 6 Abs. 1 S. 1, 14 Abs. 1 S. 1 PublG), wobei es sich um den Abschlussprüfer iSd § 319 Abs. 1 HGB handelt (vgl. die Verweisung in § 6 Abs. 1 S. 2 PublG).[12] Seine **Ernennung** ist in § 6 Abs. 3 PublG gesondert geregelt, da je nach Rechtsform gesetzlich vorgeschrieben ist, wer den Abschlussprüfer bestellen darf. So wird der Abschlussprüfer bei Personengesellschaften, soweit nicht Gesetz, Satzung oder Gesellschaftsvertrag etwas anderes vorsehen, von den Gesellschaftern gewählt (§ 6 Abs. 3 S. 1 PublG). Handelt es sich um das Unternehmen eines Einzelkaufmanns, so bestellt dieser den Abschlussprüfer (S. 2). Bei anderen Unternehmen wird der Abschlussprüfer, sofern über seine Bestellung nichts anderes bestimmt ist, vom Aufsichtsrat gewählt. Sofern das Unternehmen keinen Aufsichtsrat hat, bestellen die gesetzlichen Vertreter den Abschlussprüfer (S. 3). Bei einem Unternehmen, das kapitalmarktorientiert iSd § 264 d HGB ist, ist der Vorschlag zur Wahl des Abschlussprüfers auf die Empfehlung des Prüfungsausschusses zu stützen (S. 4).[13] Nach § 14 Abs. 1 S. 2 Hs. 2 PublG gilt § 6 Abs. 3

---

10 Graf/Jäger/Wittig/*Straßer* PublG § 18 Rn. 2.
11 Graf/Jäger/Wittig/*Straßer* PublG § 18 Rn. 3, 4.
12 Graf/Jäger/Wittig/*Straßer* PublG § 18 Rn. 5.
13 Satz 4 wurde durch Art. 4 des Abschlussprüfungsreformgesetzes (AReG) v. 10.5.2016 (BGBl. 2016 I 1142 (1148)) eingefügt.

PublG sinngemäß auch für Konzerne, so dass sich die Prüferwahl nach der Rechtsform des Mutterunternehmens richtet.[14]

§ 14 Abs. 2 S. 1 PublG eröffnet den **Genossenschaften als Mutterunternehmen** die Prüfung durch einen **Prüfungsverband**, so dass auch dieser „Täter" iSd § 18 PublG sein kann.[15] In diesem Fall bemisst sich die strafrechtliche Verantwortlichkeit nach § 14 StGB.[16]

Im Übrigen kann auf die Ausführungen zum tauglichen Täterkreis einschließlich zum **Gehilfen des Prüfers** bei § 332 HGB (s. Kap. 11.1. Rn. 10 ff.) verwiesen werden.

b) Tatbestandsalternativen

§ 18 Abs. 1 PublG enthält zwei Tatbestandsalternativen. Danach ist das **falsche Berichten über das Ergebnis der Prüfung (Alt. 1)** und das **Verschweigen erheblicher Umstände im Bericht (Alt. 2)** tatbestandsmäßig.

Beide Tathandlungen beziehen sich auf den **Prüfungsbericht** des Abschlussprüfers, der **schriftlich** abzufassen ist (vgl. §§ 6 Abs. 1 S. 2, 14 Abs. 1 S. 2 PublG iVm § 321 Abs. 1 S. 2 HGB). Aus dem eindeutigen Wortlaut des § 18 Abs. 1 PublG („nach diesem Gesetz") ergibt sich, dass der Tatbestand ausschließlich **Pflichtprüfungen nach dem PublG** erfasst, also keine freiwilligen Prüfungen.[17] Im Einzelnen bezieht sich der Bericht nach § 6 Abs. 1 PublG auf den Jahresabschluss und den Lagebericht der Unternehmen nach § 1 PublG. Dafür gelten grds. wie in § 332 HGB die Vorschriften des HGB sinngemäß (§ 6 Abs. 1 S. 2 PublG), soweit in den Abs. 2–4 nichts anderes bestimmt ist. Der Bericht nach § 14 Abs. 1 PublG umfasst den Konzernabschluss und Teilkonzernabschluss unter Einbeziehung des Konzernlageberichts oder des Teilkonzernlageberichts.

Eine **falsche Berichterstattung** iSd § 18 Abs. 1 Alt. 1 PublG ist gegeben, wenn der Prüfungsbericht von dem tatsächlich durch den Abschlussprüfer wahrgenommenen Ergebnis abweicht.[18] Ein **Verschweigen erheblicher Umstände im Bericht (Alt. 2)** liegt vor, wenn dem Täter eine Pflicht zur Offenbarung bestimmter Umstände obliegt und der Prüfungsbericht durch deren Nichterwähnung unvollständig und lückenhaft wird.[19] Im Einzelnen kann hinsichtlich beider Tatbestandsalternativen des § 18 Abs. 1 PublG auf die Erläuterungen zu § 332 Abs. 1 HGB verwiesen werden (s. Kap. 11.1. Rn. 18 ff.).

2. Subjektiver Tatbestand

In subjektiver Hinsicht setzt § 18 PublG Vorsatz voraus, wobei **bedingter Vorsatz** genügt. Vgl. hierzu im Einzelnen – insbes. auch zu möglichen **Irrtümern** – die Darstellung zu § 332 HGB (s. Kap. 11.1. Rn. 32 ff.).

---

14 Graf/Jäger/Wittig/*Straßer* PublG § 18 Rn. 9.
15 *Schäfer* PublG § 18 Rn. 4.
16 Graf/Jäger/Wittig/*Straßer* PublG § 18 Rn. 6 f.
17 Esser/Rübenstahl/Saliger/Tsambikakis/*Lauterwein/Xylander* PublG § 18 Rn. 6; Achenbach/Ransiek/Rönnau /*Ransiek* 8. Teil 1. Kap. Rn. 114.
18 Esser/Rübenstahl/Saliger/Tsambikakis/*Lauterwein/Xylander* PublG § 18 Rn. 6.
19 *Schäfer* PublG § 18 Rn. 7; Graf/Jäger/Wittig/*Straßer* PublG § 18 Rn. 19.

3. Qualifikation

15 Der Täter wird mit Freiheitsstrafe bis zu fünf Jahren oder Geldstrafe bestraft, wenn er gegen Entgelt oder in der Absicht handelt, sich oder einen anderen zu bereichern oder einen anderen zu schädigen (§ 18 Abs. 2 PublG). Zu den Einzelheiten kann auf die Kommentierung der wortgleichen Qualifikation des § 332 HGB verwiesen werden (s. Kap. 11.1. Rn. 37 ff.).

III. Rechtswidrigkeit

16 Eine **Rechtfertigung** wird im Rahmen des § 18 PublG **nur ausnahmsweise** in Betracht kommen, vgl. im Einzelnen die Erläuterungen zu § 332 HGB und § 403 AktG (s. Kap. 11.1. Rn. 42 und Kap. 11.2. Rn. 25).

IV. Versuch, Vollendung, Beendigung

17 Der **Versuch** einer Straftat nach § 18 PublG ist nicht mit Strafe bedroht, da beide Tatbestandsalternativen Vergehen iSd § 12 Abs. 2 StGB darstellen (§ 23 Abs. 1 StGB).

18 Die Tat des § 18 PublG ist **vollendet**, wenn der Prüfungsbericht mindestens einem gesetzlichen Vertreter des Unternehmens (§ 7 PublG), des Mutterunternehmens bei Konzernen (§ 14 Abs. 3 PublG) oder dem Inhaber im Falle einer einzelkaufmännischen Ausgestaltung zugegangen ist. Auf eine tatsächliche Kenntnisnahme kommt es nicht an. Vielmehr muss der Bericht so in den Machtbereich des Empfängers gelangen, dass unter normalen Umständen jederzeit mit dessen Kenntnisnahme gerechnet werden kann.[20]

19 Die Straftat ist **beendet**, wenn alle gesetzlichen Empfänger den Prüfungsbericht erhalten und tatsächlich von ihm Kenntnis genommen haben.[21]

20 Zur Frage einer **tätigen Reue** vgl. die Kommentierung zu § 332 HGB (s. Kap. 11.1. Rn. 47).

V. Konkurrenzen

21 Es liegt nur eine einheitliche Verletzung der Berichtspflicht vor, wenn mehrere Tathandlungen nach § 18 Abs. 1 PublG gleichzeitig oder nebeneinander verwirklicht werden.[22] Die Strafvorschrift ist **lex specialis** zu § 332 HGB und den übrigen Normen, die ebenfalls die Berichtspflicht unter Strafe stellen.[23] Im Verhältnis zu anderen Strafnormen kann auf die Ausführungen zu § 332 HGB und § 403 AktG verwiesen werden (s. Kap. 11.1. Rn. 50 und Kap. 11.2. Rn. 31).

VI. Rechtsfolgen

22 Eine Straftat nach § 18 Abs. 1 PublG kann mit Freiheitsstrafe von bis zu drei Jahren oder mit Geldstrafe bestraft werden. Das Höchstmaß des Strafrahmens erhöht sich auf fünf Jahre, wenn der Täter auch den Qualifikationstatbestand nach Abs. 2 verwirklicht hat. Im Übrigen kann hinsichtlich der möglichen

---

20 Graf/Jäger/Wittig/*Straßer* PublG § 18 Rn. 38.
21 Graf/Jäger/Wittig/*Straßer* PublG § 18 Rn. 40.
22 Graf/Jäger/Wittig/*Straßer* PublG § 18 Rn. 46.
23 *Schäfer* PublG § 18 Rn. 3; Graf/Jäger/Wittig/*Straßer* PublG § 18 Rn. 47.

Rechtsfolgen auf die Ausführungen zu § 332 HGB (s. Kap. 11.1. Rn. 52 f.) verwiesen werden.

VII. Verjährung

Die Frist für die **Strafverfolgungsverjährung** beträgt sowohl für den Grundtatbestand des § 18 Abs. 1 PublG als auch für die Qualifikation des § 18 Abs. 2 PublG fünf Jahre (§ 78 Abs. 3 Nr. 4 StGB). Sie beginnt nach § 78 a StGB mit Beendigung der Tat (vgl. Rn. 19).   23

Die **Strafvollstreckungsverjährung** tritt abhängig von der verhängten Strafe nach drei, fünf oder zehn Jahren ein (vgl. § 79 Abs. 3 Nr. 3–5 StGB), wobei sie gem. § 79 Abs. 6 StGB mit der Rechtskraft der Entscheidung beginnt.   24

VIII. Prozessuale Besonderheiten

§ 18 PublG ist ein **Offizialdelikt**; das Stellen eines Strafantrags ist somit nicht erforderlich.   25

Unter den Voraussetzungen des § 74 Abs. 1 GVG oder des § 74 Abs. 3 GVG ist die Zuständigkeit der **Wirtschaftsstrafkammern** begründet, weil es sich bei Delikten nach § 18 PublG um Wirtschaftsstraftaten iSv § 74 c Abs. 1 Nr. 1 GVG handelt.[24]   26

Kap. 11.4. § 314 UmwG Verletzung der Berichtspflicht

§ 314 Verletzung der Berichtspflicht

(1) Mit Freiheitsstrafe bis zu drei Jahren oder mit Geldstrafe wird bestraft, wer als Verschmelzungs-, Spaltungs- oder Übertragungsprüfer oder als Gehilfe eines solchen Prüfers über das Ergebnis einer aus Anlaß einer Umwandlung erforderlichen Prüfung falsch berichtet oder erhebliche Umstände in dem Prüfungsbericht verschweigt.

(2) Handelt der Täter gegen Entgelt oder in der Absicht, sich oder einen anderen zu bereichern oder einen anderen zu schädigen, so ist die Strafe Freiheitsstrafe bis zu fünf Jahren oder Geldstrafe.

Literatur: *Achenbach/Ransiek/Rönnau* (Hrsg.), Handbuch Wirtschaftsstrafrecht, 4. Aufl. 2015; *Bauer*, Die Neuregelung der Strafbarkeit des Jahresabschlussprüfers, 2017; *Böttcher/Habighorst/Schulte* (Hrsg.), Umwandlungsrecht, 2. Aufl. 2019; *Esser/Rübenstahl/Saliger/Tsambikakis* (Hrsg.), Wirtschaftsstrafrecht, 2017; Heidelberger Kommentar zum Umwandlungsgesetz, *Maulbetsch/Klumpp/Rose* (Hrsg.), 2. Aufl. 2017 (zit. als HK-UmwG/*Bearbeiter*); *Graf/Jäger/Wittig* (Hrsg.), Wirtschafts- und Steuerstrafrecht, 2. Aufl. 2017; *Henssler/Strohn* (Hrsg.), Gesellschaftsrecht, 4. Aufl. 2019; *Kallmeyer*, Umwandlungsgesetz, Kommentar: Verschmelzung, Spaltung und Formwechsel bei Handelsgesellschaften, 6. Aufl. 2017; Kölner Kommentar zum Umwandlungsgesetz, *Dauner-Lieb/Simon* (Hrsg.), 2009 (zit. als KölnKommUmwG/*Bearbeiter*); *Lutter* (Hrsg.), Umwandlungsgesetz, Kommentar mit systematischer Darstellung des Umwandlungssteuerrechts, 5. Aufl. 2014; *Niewerth*, Die strafrechtliche Verantwortlichkeit des Wirtschaftsprüfers, 2004; *Prinz*, Grundfragen der Strafbarkeit der Abschlussprüfer bei der Jahresabschlussprüfung einer Kapitalgesellschaft, 2013; *Semler/Stengel* (Hrsg.), Umwandlungsgesetz, 4. Aufl. 2017; *Widmann/Mayer* (Hrsg.), Umwandlungsrecht: Umwandlungsgesetz, Umwandlungssteuergesetz, Kommentar, 177. EL

---

24 Esser/Rübenstahl/Saliger/Tsambikakis/*Lauterwein/Xylander* PublG § 18 Rn. 15; ausführlich hierzu Graf/Jäger/Wittig/*Straßer* PublG § 18 Rn. 42 ff.

2019, Vgl. im Übrigen die Literatur zu § 332 HGB (s. Kap. 11.1.) und § 403 AktG (s. Kap. 11.2).

I. Allgemeines	1	3. Qualifikation	24
1. Rechtsentwicklung	1	III. Rechtswidrigkeit	25
2. Geschütztes Rechtsgut	2	IV. Versuch, Vollendung, Beendigung	26
3. Deliktsnatur	4		
II. Tatbestand	5	V. Konkurrenzen	30
1. Objektiver Tatbestand	7	VI. Rechtsfolgen	31
a) Tauglicher Täterkreis	7	VII. Verjährung	32
b) Tatbestandsalternativen	14	VIII. Prozessuale Besonderheiten	34
2. Subjektiver Tatbestand	23		

I. Allgemeines

1. Rechtsentwicklung

1   Im Jahr 1931 wurde erstmals durch eine Notverordnung[1] des Reichspräsidenten mit § 318 a Nr. 1 HGB eine Strafvorschrift eingeführt, die die Wahrheit und Vollständigkeit von Prüfungsberichten sichern sollte.[2] Später wurde diese Regelung mit nur geringfügigen Änderungen in § 302 Nr. 1 AktG übernommen[3] und gilt heute in leicht abgewandelter Form als § 403 AktG (vgl. die Einzelheiten in Kap. 11.2.) weiter.[4] Neben dem aktienrechtlichen Straftatbestand finden sich entsprechende Parallelvorschriften auch in § 332 HGB (dort ausführlich zur Rechtsentwicklung, Kap. 11.1. Rn. 1 ff.), § 18 PublG (s. Kap. 11.3.) und § 150 GenG (s. Kap. 11.5.). Durch den fast gleich formulierten Straftatbestand des § 314 UmwG[5] sollten nach der Gesetzesbegründung „die für Abschlussprüfer, Gründungsprüfer oder Sonderprüfer geltenden Regelungen in § 403 AktG, § 150 GenG und § 137 VAG[6] durch eine Spezialvorschrift auf diejenigen Prüfer aus[gedehnt werden], denen bei Verschmelzungen, Spaltungen (in ihren drei Arten) und Vermögensübertragungen besondere Aufgaben zugewiesen sind".[7] Der Wortlaut des § 314 UmwG ist **seit Inkrafttreten des UmwG unverändert** geblieben.[8]

2. Geschütztes Rechtsgut

2   Geschütztes Rechtsgut des § 314 UmwG ist nach hM das **Vertrauen in die (subjektive) Richtigkeit und Vollständigkeit** der vom UmwG vorgeschriebenen

---

1   Verordnung des Reichspräsidenten über Aktienrecht, Bankenaufsicht und über eine Steueramnestie v. 19.9.1931, RGBl. 1931 I 493 (501).
2   Vertiefend zur Normhistorie *Bauer* S. 96; *Niewerth* S. 29, 71; *Prinz* S. 8.
3   Gesetz über Aktiengesellschaften und Kommanditgesellschaften auf Aktien (Aktiengesetz) v. 30.1.1937, RGBl. 1937 I 107 (165).
4   KölnKommUmwG/*Rönnau* UmwG § 314 Rn. 1; *Bauer* S. 96 f.
5   Durch das Umwandlungsgesetz (UmwG) vom 28.10.1994, das am 1.1.1995 in Kraft getreten ist, sollte die Umstrukturierung von Unternehmen erleichtert werden (BGBl. 1994 I 3210, BGBl. 1995 I 428), zuletzt geändert durch Art. 1 des Gesetzes v. 19.12.2018 (BGBl. 2018 I 2694). Vgl. im Einzelnen auch den Gesetzentwurf der Bundesregierung, BT-Drs. 12/6699.
6   Aufgehoben durch Art. 3 Abs. 2 Nr. 1 des Gesetzes zur Modernisierung der Finanzaufsicht über Versicherungen v. 1.4.2015, BGBl. 2015 I 434 (569).
7   BT-Drs. 12/6699, 172; nach § 53 Abs. 1 S. 1 SEAG gilt § 314 UmwG auch für die SE.
8   Graf/Jäger/Wittig/*von Häfen* UmwG § 314 Rn. 1.

und von einem unabhängigen Prüfer gewissenhaft erstellten **Prüfungsberichte**,[9] also das Vertrauen in eine „ehrliche" Berichterstattung über das Ergebnis der Prüfung.[10] Neben diesem Kollektivrechtsgut schützt die Strafvorschrift auch die individuellen Interessen der **Anteilsinhaber**, daneben auch der geprüften Gesellschaft selbst, deren **Arbeitnehmer** und **Gläubiger** und auch Dritter, die mit den beteiligten Rechtsträgern rechtliche Beziehungen unterhalten oder aufzunehmen beabsichtigen.[11]

§ 314 UmwG ist damit auch ein **Schutzgesetz iSd § 823 Abs. 2 BGB** und begründet eine zivilrechtliche Pflicht zum Ersatz von Vermögensschäden.[12]

3

3. Deliktsnatur

Es handelt sich bei § 314 UmwG um ein **abstraktes Gefährdungsdelikt**, da ein über die Verletzung der Berichtspflicht hinausgehender Erfolg nicht Tatbestandsvoraussetzung ist.[13] Die Strafvorschrift ist zudem ein **echtes Sonderdelikt**,[14] weil nur Umwandlungsprüfer und ihre Gehilfen taugliche Täter sein können. Sie ist außerdem als **Blankettvorschrift** ausgestaltet, da zu ihrer Interpretation auf die vorgelagerten Normen des UmwG (zB auf die Begriffe Verschmelzungs-, Spaltungs- oder Übertragungsprüfer, Prüfungsbericht usw) zurückgegriffen werden muss.[15]

4

II. Tatbestand

Der **Grundtatbestand** des § 314 Abs. 1 UmwG sieht zwei Alternativen vor: die falsche Berichterstattung und das Verschweigen erheblicher Umstände im Prüfungsbericht; beide Tatbestandsalternativen setzen vorsätzliches Verhalten voraus.

5

Ein Täter, der gegen Entgelt oder mit Bereicherungs- oder Schädigungsabsicht handelt, erfüllt die **Tatbestandsqualifikation** des § 314 Abs. 2 UmwG.

6

---

9 Esser/Rübenstahl/Saliger/Tsambikakis/*Lauterwein/Xylander* UmwG § 314 Rn. 2; Graf/Jäger/Wittig/*von Häfen* UmwG § 314 Rn. 2; Lutter/*Kuhlen* UmwG § 314 Rn. 3; KölnKommUmwG/*Rönnau* UmwG § 314 Rn. 2; Widmann/Mayer/*Vossius* UmwG § 314 Rn. 1; aA Achenbach/Ransiek/Rönnau/*Ransiek* 8. Teil 1. Kap. Rn. 113, der davon ausgeht, dass durch § 314 UmwG das handels- und gesellschaftsrechtlich vorgesehene Prüfsystem gesichert werden soll.
10 Vgl. OLG Karlsruhe 7.2.1985 – 12 U 132/82, WM 1985, 940 (944); Düsseldorf 19.11.1998 – 8 U 59/98, NZG 1999, 901 (903); ausführlich hierzu KölnKommUmwG/*Rönnau* § 314 Rn. 3 mwN.
11 Esser/Rübenstahl/Saliger/Tsambikakis/*Lauterwein/Xylander* UmwG § 314 Rn. 3; Lutter/*Kuhlen* UmwG § 314 Rn. 3; KölnKommUmwG/*Rönnau* UmwG § 314 Rn. 15; HK-UmwG/*Weinreich* UmwG § 314 Rn. 15; vgl. auch BT-Drs. 12/6699, 1; aA in Bezug auf die Gläubiger und Arbeitnehmer Semler/Stengel/*Taschke* UmwG § 314 Rn. 1.
12 Achenbach/Ransiek/Rönnau/*Ransiek* 8. Teil 1. Kap. Rn. 113; Semler/Stengel/*Taschke* UmwG § 314 Rn. 2; Esser/Rübenstahl/Saliger/Tsambikakis/*Lauterwein/Xylander* UmwG § 314 Rn. 2; Widmann/Mayer/*Vossius* UmwG § 314 Rn. 1.
13 Achenbach/Ransiek/Rönnau/*Ransiek* 8. Teil 1. Kap. Rn. 113; Lutter/*Kuhlen* UmwG § 314 Rn. 3; Widmann/Mayer/*Vossius* UmwG § 314 Rn. 3; Böttcher/Habighorst/Schulte/*Böttcher* UmwG § 314 Rn. 2.
14 Henssler/Strohn/*Raum* UmwG § 314 Rn. 1; HK-UmwG/*Weinreich* UmwG § 314 Rn. 5.
15 Esser/Rübenstahl/Saliger/Tsambikakis/*Lauterwein/Xylander* UmwG § 314 Rn. 4; KölnKommUmwG/*Rönnau* UmwG § 314 Rn. 5.

1. Objektiver Tatbestand
a) Tauglicher Täterkreis

7 Taugliche Täter des § 314 UmwG können nur **Verschmelzungs-, Spaltungs- oder Übertragungsprüfer und deren Gehilfen** sein.

8 Für den **Verschmelzungsprüfer** findet sich eine Legaldefinition in § 9 Abs. 1 UmwG. Dieser prüft den Verschmelzungsvertrag oder den Entwurf eines solchen Vertrages (§ 4 UmwG). Nach § 10 Abs. 1 S. 1 UmwG wird der Verschmelzungsprüfer auf Antrag des Vertretungsorgans vom Gericht ausgewählt und bestellt.[16] Hat das Gericht eine **juristische Person** oder eine Personenhandelsgesellschaft als Prüfer bestellt, so ist § 14 StGB zu beachten.[17]

9 Um die **Unbefangenheit des Prüfers** zu gewährleisten, stellt das Umwandlungsgesetz in den §§ 5 Abs. 1 Nr. 8, 10 Abs. 1 S. 1, 11 Abs. 1 (iVm §§ 319 Abs. 1–4, 319 a Abs. 1 HGB), 122 c Abs. 2 Nr. 8, 126 Abs. 1 Nr. 8 UmwG bestimmte Mindestanforderungen an dessen Unabhängigkeit und Qualifikation.[18] Die Tätigkeit als Verschmelzungsprüfer steht der späteren Bestellung zum Abschlussprüfer der verschmolzenen Gesellschaft nach Auffassung des LG München nicht entgegen; aus seinen Vortätigkeiten könne nicht auf eine Befangenheit geschlossen werden.[19] In seinem Revisionsurteil äußert sich der BGH hierzu wie folgt: „Wird eine Wirtschaftsprüfungsgesellschaft im Rahmen einer Verschmelzung mit der Erstattung eines Verschmelzungswertgutachtens und der Ermittlung der Verschmelzungswertrelation beauftragt, folgt daraus nicht ohne Weiteres, daß sie nicht zum Abschlussprüfer der aus der Verschmelzung hervorgegangenen Gesellschaft gewählt werden darf [...]."[20]

10 Die Regelungen der § 9 Abs. 1 und § 10 UmwG gelten aufgrund der Verweisungsnormen in § 125 und §§ 176 Abs. 1, 177 Abs. 1 UmwG auch für den **Spaltungsprüfer** bei Auf- und Abspaltung sowie den **Übertragungsprüfer** bei Voll- und Teilübertragung durch Auf- oder Abspaltung, so dass auch diese tauglicher Täter iSd § 314 UmwG sind.[21]

11 **Rechtsmängel bei der Bestellung** des Prüfers sollen der Tätereigenschaft nach hM nicht entgegenstehen, sofern überhaupt ein Bestellungsakt durch das zuständige Gericht erfolgt ist und der Täter seine Prüfungstätigkeit faktisch aufgenommen hat.[22] Die Täterqualität wird auch nicht durch einen Ausschlussgrund iSd § 319 Abs. 2, 3 HGB (vgl. den Verweis in § 11 Abs. 1 S. 1 UmwG)

---

16 Seit der Neufassung des § 10 Abs. 1 S. 1 UmwG durch das Gesetz zur Neuordnung des gesellschaftsrechtlichen Spruchverfahrens (Spruchverfahrensneuordnungsgesetz) v. 12.6.2003 (BGBl. 2003 I 838) ist eine Bestellung der Prüfer durch das Vertretungsorgan selbst nicht mehr möglich, vgl. Semler/Stengel/*Taschke* UmwG § 314 Rn. 4 Fn. 18.
17 Lutter/*Kuhlen* UmwG § 314 Rn. 4 mit weiteren Einzelheiten.
18 KölnKommUmwG/*Rönnau* UmwG § 314 Rn. 7.
19 LG München I 21.10.1999 – 5 HKO 9527/99, DB 2000, 35; ebenso für das anschließende Spruchstellenverfahren LG Mannheim 25.3.2002 – 23 AktE 1/97, DB 2002, 889.
20 BGH 25.11.2002 – II ZR 49/01, GmbHR 2003, 408.
21 Semler/Stengel/*Taschke* UmwG § 314 Rn. 4 Fn. 18; Esser/Rübenstahl/Saliger/Tsambikakis/*Lauterwein/Xylander* UmwG § 314 Rn. 7; KölnKommUmwG/*Rönnau* UmwG § 314 Rn. 7; Lutter/*Kuhlen* UmwG § 314 Rn. 4.
22 KölnKommUmwG/*Rönnau* UmwG § 314 Rn. 8; Kallmeyer/*Marsch-Barner* UmwG § 314 Rn. 2; Lutter/*Kuhlen* UmwG § 314 Rn. 4; Graf/Jäger/Wittig/*von Häfen* UmwG § 314 Rn. 4; Böttcher/Habighorst/Schulte/*Böttcher* UmwG § 314 Rn. 2; aA Semler/Stengel/*Taschke* UmwG § 314 Rn. 4.

beeinträchtigt.[23] Die bloße einseitige Anmaßung der Prüfungstätigkeit oder eine Bestellung durch das (nach der Neufassung des § 10 Abs. 1 S. 1 UmwG) unzuständige Vertretungsorgan des Rechtsträgers[24] reicht allerdings zur Begründung der Tätereigenschaft nicht aus.[25] Auch soll nach überwiegender Auffassung als Täter des § 314 UmwG ausscheiden, wer die Prüfungsqualifikation (§ 11 Abs. 1 iVm § 319 Abs. 1 HGB) erkennbar nicht besitzt (vgl. im Einzelnen die Erläuterungen zu § 332 HGB, Kap. 11.1. Rn. 15 f.).

Bei einer Prüfung durch einen **genossenschaftlichen Prüfungsverband** gem. § 81 Abs. 2 UmwG soll dieser nach hM als Täter des § 314 UmwG in Betracht kommen,[26] nicht jedoch bei einer gutachterlichen Stellungnahme iSd §§ 81 Abs. 1, 259 UmwG.[27]

Im Übrigen kann auf die Ausführungen zum tauglichen Täterkreis einschließlich des **Gehilfen des Prüfers** bei § 332 HGB (s. Kap. 11.1. Rn. 10 ff.) verwiesen werden.

b) Tatbestandsalternativen

§ 314 Abs. 1 UmwG enthält zwei Tatbestandsalternativen: das **falsche Berichten über das Ergebnis einer aus Anlass der Umwandlung erforderlichen Prüfung** (Alt. 1) bzw. das **Verschweigen erheblicher Umstände im Prüfungsbericht** (Alt. 2).

Das **falsche Berichten** bezieht sich auf das Ergebnis der Prüfung. Im Gegensatz zu den Parallelvorschriften in § 332 HGB, § 403 AktG, § 18 PublG und § 150 GenG ist diese Prüfung dahin gehend spezifiziert, dass sie **aus Anlass der Umwandlung erforderlich** sein muss. Dem Zusatz der Erforderlichkeit kommt eine deklaratorische Funktion zu, so dass klargestellt wird, dass nur gesetzlich vorgeschriebene Prüfungen den Schutz der strafrechtlichen Sanktion des § 314 UmwG erhalten.[28] Demnach werden freiwillig durchgeführte Prüfungen nicht vom Tatbestand erfasst.[29]

Zu den **Pflichtprüfungen** zählen die Verschmelzungs-, Spaltungs- und Übertragungsprüfung.[30] Im Einzelnen sieht das Gesetz die Prüfung nach §§ 9–12 UmwG[31] für die Aktiengesellschaft (§ 60 UmwG), die Kommanditgesellschaft auf Aktien (§ 78 UmwG) und den wirtschaftlichen Verein (§ 100 S. 1 UmwG) vor. Sie ist weiter vorgeschrieben auf Verlangen eines Gesellschafters bei der GmbH (§ 48 UmwG) und bei einer Personenhandelsgesellschaft auf dessen

---

23 Graf/Jäger/Wittig/*von Häfen* UmwG § 314 Rn. 4.
24 Seit dem Jahr 2003 darf die Bestellung nur noch durch das Gericht erfolgen, vgl. das Spruchverfahrensneuordnungsgesetz v. 12.6.2003, BGBl. 2003 I 838.
25 KölnKommUmwG/*Rönnau* UmwG § 314 Rn. 8.
26 Böttcher/Habighorst/Schulte/*Böttcher* UmwG § 314 Rn. 6; Semler/Stengel/*Taschke* UmwG § 314 Rn. 4.
27 Widmann/Mayer/*Vossius* UmwG § 314 Rn. 23; Böttcher/Habighorst/Schulte/*Böttcher* UmwG § 314 Rn. 6.
28 Widmann/Mayer/*Vossius* UmwG § 314 Rn. 21; Semler/Stengel/*Taschke* UmwG § 314 Rn. 9 f.
29 Vgl. zB § 9 Abs. 2, 3 iVm § 8 Abs. 3 UmwG, Semler/Stengel/*Taschke* UmwG § 314 Rn. 9; KölnKommUmwG/*Rönnau* UmwG § 314 Rn. 12 f.; Kallmeyer/*Marsch-Barner* UmwG § 314 Rn. 2.
30 Semler/Stengel/*Taschke* UmwG § 314 Rn. 10.
31 Beachte die Verweisungsnormen in §§ 125, 176 Abs. 1 und 177 Abs. 1 UmwG für die Spaltungs- und die Übertragungsprüfung.

Verlangen im Falle einer Mehrheitsentscheidung (§ 44 UmwG) sowie bei einem eingetragenen wirtschaftlichen Verein auf Verlangen von 10 % der Mitglieder (§ 100 S. 2 UmwG). Aus Anlass einer Umwandlung sollen auch die Prüfung der Angemessenheit des Barabfindungsangebots (§§ 30 Abs. 2, 125, 208 UmwG) und die genossenschaftlichen Prüfungen iSd § 81 Abs. 2 UmwG (vgl. hierzu schon Rn. 12) erforderlich sein.[32]

17 Der **Prüfungsbericht** selbst ist gem. § 12 Abs. 1 S. 1 UmwG in **Schriftform** einzureichen. Somit bezieht sich § 314 UmwG nur auf diesen schriftlichen Bericht; mündliche Auskünfte werden nicht vom Tatbestand erfasst.[33] § 12 Abs. 2 UmwG schreibt dem Prüfer über die standardisierten Mindestangaben eines Prüfungsberichts einen zusätzlichen Mindestinhalt für das UmwG vor. Danach sind neben der Angemessenheit des Umtauschverhältnisses der Anteile auch die Ermittlungsmethoden für das vorgeschlagene Umtauschverhältnis, die Gründe[34] für die Anwendung gerade dieser Methoden sowie die Ergebnisse von alternativen Methoden[35] darzulegen, sowie das Gewichtungsverhältnis und etwaige Schwierigkeiten zu erklären.[36]

18 Der **Spaltungsprüfungsbericht** ist nur für die **Auf- und Abspaltung** vorgesehen, da nach § 125 S. 2 UmwG bei der Ausgliederung eine Prüfung iSd §§ 9–12 UmwG nicht stattfinden muss. Demnach können nur Spaltungsprüfer bei Auf- und Abspaltungen tatbestandsmäßig handeln. Für diese gilt zudem die Verschärfung, dass auch dann, wenn sich alle Anteile eines übertragenen Rechtsträgers in der Hand des übernehmenden Rechtsträgers befinden, eine Pflichtprüfung entgegen § 9 Abs. 2 UmwG stattfinden muss.[37]

19 Sowohl bei der **Vollübertragung** als auch bei der **Teilübertragung** und dem entsprechenden **Übertragungsprüfungsbericht** sind im Grundsatz die Regelungen des Verschmelzungsprüfungsberichts anzuwenden. Dies gilt allerdings nicht für § 23 UmwG und den Schutz der Inhaber von Sonderrechten, so dass gemäß § 176 Abs. 2 S. 4 UmwG den Inhabern von Sonderrechten in der übertragenden Gesellschaft eine Barabfindung anzubieten ist.[38] Die Angemessenheit der Barabfindung ist ebenso zu überprüfen wie die Festsetzung der Barabfindung beim Verschmelzungsprüfungsbericht, so dass auch der an der Börse gebildete Verkehrswert der Aktie zu berücksichtigen ist.[39]

---

32 Semler/Stengel/*Taschke* UmwG § 314 Rn. 10; Widmann/Mayer/*Vossius* UmwG § 314 Rn. 22.
33 Semler/Stengel/*Taschke* UmwG § 314 Rn. 15; KölnKommUmwG/*Rönnau* UmwG § 314 Rn. 14; Kallmeyer/*Marsch-Barner* UmwG § 314 Rn. 7; so nun auch Lutter/*Kuhlen* UmwG § 314 Rn. 6.
34 OLG Frankfurt aM 22.8.2000 – 14 W 23/00, ZIP 2000, 1928 verlangt die Darlegung der tatsächlichen Feststellungen, auf denen die Überzeugung beruht.
35 Insbes. sind zukünftige Steuerentlastungen bei der Unternehmensbewertung zu berücksichtigen oder zumindest alternativ darzustellen, wenn sie bereits am Bewertungsstichtag waren und für einen Fachmann zu erkennen sind, LG Mannheim 29.3.1999 – 23 AktE 1/95, AG 2000, 85.
36 LG Dortmund 22.10.2001 – 20 AktE 15/99, DB 2002, 780 verlangt nur bei konkreten Einwendungen der Gesellschafter vom Verschmelzungsprüfer, dass dieser auch für Einzelpositionen bei der Ermittlung des Umtauschverhältnisses Begründungen abgibt.
37 Widmann/Mayer/*Fronhöfer* UmwG § 125 Rn. 35.
38 Widmann/Mayer/*Heckschen* UmwG § 176 Rn. 42.
39 BGH 12.3.2001 – II ZB 15/00, BB 2001, 1053.

Ein Prüfungsbericht ist **falsch**, wenn er von den subjektiven Feststellungen des Prüfers abweicht, selbst wenn diese objektiv richtig sind. Es sind nur solche Feststellungen erfasst, die Einfluss auf das Prüfungsergebnis haben. Das bedeutet, dass es sich auch bei der ersten Tatbestandsalternative um **erhebliche Umstände** handeln muss, obwohl diese Voraussetzung nach dem Gesetzeswortlaut nur für die zweite Alternative des Verschweigens vorgesehen ist.[40]

Der Prüfer **verschweigt** Umstände im Prüfungsbericht (2. Alt.), wenn er Aspekte, die ihm bei der Prüfung bekannt geworden sind, nicht erwähnt und der Bericht dadurch **unvollständig, lückenhaft und somit unrichtig** wird.[41] Es müssen solche Umstände verschwiegen werden, die für das Prüfungsergebnis bedeutsam und damit **erheblich** sind. Dabei handelt es sich um solche Tatsachen, auf die sich die Berichtspflicht, welche sich wiederum nach dem Prüfungszweck richtet, erstreckt (vgl. auch § 12 Abs. 2 UmwG);[42] bei § 314 UmwG sind damit insbes. die Aspekte gemeint, die für das Umtauschverhältnis der Anteile und dessen Angemessenheit ins Gewicht fallen.[43]

Im Übrigen wird auf die Ausführungen zum Falschberichten und Verschweigen erheblicher Umstände bei § 332 HGB (s. Kap. 11.1. Rn. 18 ff.) verwiesen.

2. Subjektiver Tatbestand

§ 314 UmwG setzt ein **vorsätzliches Verhalten** des Täters voraus, wobei bedingter Vorsatz genügt.[44] Im Übrigen – insbes. auch zu den **Irrtumskonstellationen** – kann auf die Ausführungen zu § 332 HGB (s. Kap. 11.1. Rn. 32 ff.) und § 403 AktG (s. Kap. 11.2. Rn. 22) verwiesen werden.

3. Qualifikation

Im Einzelnen kann auf die Erläuterungen zu § 332 HGB (s. Kap. 11.1. Rn. 37 ff.) verwiesen werden, da die Qualifikation wortgleich ist.

III. Rechtswidrigkeit

Eine **Rechtfertigung** ist kaum denkbar, insbes. weil dem in § 314 UmwG zum Ausdruck kommenden Interesse des Gesetzgebers an einer wahren und vollständigen Prüfungsberichterstattung im Rahmen einer Abwägung nach § 34 StGB der Vorrang vor den Gesellschaftsinteressen eingeräumt wird. Vgl. hierzu auch die Erläuterungen zu § 332 HGB (s. Kap. 11.1. Rn. 42).[45]

IV. Versuch, Vollendung, Beendigung

Der **Versuch** des § 314 UmwG ist **nicht strafbar**, §§ 12 Abs. 2, 23 Abs. 1 StGB.

Die Tat ist **vollendet**, sobald der Prüfungsbericht einem der gesetzlichen Empfänger zugegangen ist, also entweder dem Registergericht oder dem Vertre-

---

40 KölnKommUmwG/*Rönnau* UmwG § 314 Rn. 16; Lutter/*Kuhlen* UmwG § 314 Rn. 7; Semler/Stengel/*Taschke* UmwG § 314 Rn. 10.
41 KölnKommUmwG/*Rönnau* UmwG § 314 Rn. 18.
42 Semler/Stengel/*Taschke* UmwG § 314 Rn. 16; Lutter/*Kuhlen* UmwG § 314 Rn. 8.
43 KölnKommUmwG/*Rönnau* UmwG § 314 Rn. 16, 18.
44 Graf/Jäger/Wittig/*von Häfen* UmwG § 314 Rn. 13; Kallmeyer/*Marsch-Barner* UmwG § 314 Rn. 8.
45 Graf/Jäger/Wittig/*von Häfen* UmwG § 314 Rn. 14.

tungsorgan des Rechtsträgers, das die Bestellung beantragt hat.[46] Aus § 10 Abs. 1 S. 2 UmwG ergibt sich, dass auch die Vertretungsorgane mehrerer oder aller beteiligter Rechtsträger gemeinsam einen Antrag stellen können. Mithin steht dann allen Auftraggebern auch ein Anspruch auf Aushändigung des Prüfungsberichts zu.[47] Das Gericht muss den Prüfungsbericht erhalten, wenn es nach § 10 Abs. 1 S. 3 UmwG iVm § 318 Abs. 5 HGB die Prüfervergütung festsetzt.[48] Bei mehreren Empfängern ist für den Zeitpunkt der Tatvollendung der früheste Zugang entscheidend. Es ist nicht erforderlich, dass der Empfänger den Bericht inhaltlich zur Kenntnis genommen hat.[49]

28 Eine Straftat gem. § 314 UmwG ist nach hM **beendet**, wenn alle zuständigen Empfänger den Prüfungsbericht erhalten und von ihm Kenntnis erlangt haben.[50]

29 In der Literatur wird vielfach eine entsprechende Anwendung des Rechtsgedankens der **tätigen Reue** diskutiert (vgl. Kap. 11.1. Rn. 47).

V. Konkurrenzen

30 Schon in der Entwurfsbegründung der Bundesregierung wurde § 314 UmwG als „Spezialvorschrift" bezeichnet,[51] ist daher also **lex specialis** zu § 332 HGB und den übrigen Strafnormen, die die Verletzung der Berichtspflicht sanktionieren.[52] Durch eine unrichtige (§ 314 Abs. 1 Alt. 1 UmwG) und zugleich lückenhafte (Alt. 2) Berichterstattung wird der Tatbestand nur einmal verwirklicht.[53] Im Verhältnis zu anderen Strafnormen kann auf die Ausführungen zu § 332 HGB (s. Kap. 11.1. Rn. 50) verwiesen werden.

VI. Rechtsfolgen

31 Eine Tat iSd § 314 Abs. 1 UmwG wird mit Freiheitsstrafe bis zu drei Jahren oder Geldstrafe bestraft. Hat der Täter auch den Qualifikationstatbestand in Abs. 2 verwirklicht, erhöht sich das angedrohte Strafmaß auf bis zu fünf Jahre Freiheitsstrafe. Nach § 41 StGB ist eine Kumulation von Freiheits- und Geldstrafe möglich, wenn die Straferhöhung auf einem Handeln gegen Entgelt oder in Bereicherungsabsicht beruht. Im Übrigen kann hinsichtlich der möglichen Rechtsfolgen auf die Ausführungen zu § 332 HGB (s. Kap. 11.1. Rn. 52 f.) verwiesen werden.

VII. Verjährung

32 Die **Strafverfolgungsverjährung** tritt gem. § 78 Abs. 3 Nr. 4 StGB sowohl für das Grunddelikt als auch die Qualifikation nach fünf Jahren ein. Die Frist be-

---

46 Graf/Jäger/Wittig/*von Häfen* UmwG § 314 Rn. 18; Semler/Stengel/*Taschke* UmwG § 314 Rn. 18; Lutter/*Kuhlen* UmwG § 314 Rn. 16; HK-UmwG/*Weinreich* UmwG § 314 Rn. 14.
47 KölnKommUmwG/*Rönnau* UmwG § 314 Rn. 32 mwN.
48 KölnKommUmwG/*Rönnau* UmwG § 314 Rn. 32.
49 Allg. Ansicht, vgl. nur KölnKommUmwG/*Rönnau* UmwG § 314 Rn. 32 mwN.
50 Semler/Stengel/*Taschke* UmwG § 314 Rn. 18; KölnKommUmwG/*Rönnau* UmwG § 314 Rn. 33 mwN; Lutter/*Kuhlen* UmwG § 314 Rn. 18 geht davon aus, dass Tatbeendigung erst mit dem Beschluss über die Umwandlung eintritt.
51 BT-Drs. 12/6699, 172.
52 Lutter/*Kuhlen* UmwG § 314 Rn. 17; KölnKommUmwG/*Rönnau* UmwG § 314 Rn. 37.
53 Semler/Stengel/*Taschke* UmwG § 314 Rn. 28; Lutter/*Kuhlen* UmwG § 314 Rn. 17.

ginnt nach allgemeinen Grundsätzen mit der Tatbeendigung (vgl. Rn. 28), § 78 a StGB.

Abhängig von der verhängten Strafe tritt die **Strafvollstreckungsverjährung** 33 nach drei, fünf oder zehn Jahren ein (vgl. § 79 Abs. 3 Nr. 3–5 StGB), wobei sie gem. § 79 Abs. 6 StGB mit der Rechtskraft der Entscheidung beginnt.

VIII. Prozessuale Besonderheiten

§ 314 UmwG ist ein **Offizialdelikt**, das von Amts wegen verfolgt wird. 34

Sofern eine landgerichtliche Zuständigkeit gegeben ist, fallen Straftaten nach 35 § 314 UmwG gem. § 74 c Abs. 1 S. 1 Nr. 1 GVG in den Zuständigkeitsbereich der **Wirtschaftsstrafkammern**.

Kap. 11.5. § 150 GenG Verletzung der Berichtspflicht

§ 150 Verletzung der Berichtspflicht

(1) Mit Freiheitsstrafe bis zu drei Jahren oder mit Geldstrafe wird bestraft, wer als Prüfer oder als Gehilfe eines Prüfers über das Ergebnis der Prüfung falsch berichtet oder erhebliche Umstände im Bericht verschweigt.

(2) Handelt der Täter gegen Entgelt oder in der Absicht, sich oder einen anderen zu bereichern oder einen anderen zu schädigen, so ist die Strafe Freiheitsstrafe bis zu fünf Jahren oder Geldstrafe.

Literatur: *Achenbach/Ransiek/Rönnau* (Hrsg.), Handbuch Wirtschaftsstrafrecht, 4. Aufl. 2015; Berliner Kommentar zum Genossenschaftsgesetz, *Hillebrandt/Keßler* (Hrsg.), 3. Aufl. 2019 (zit. als BerlKomm/*Bearbeiter*); *Beuthien* (Hrsg.), Kommentar zum Genossenschaftsgesetz mit Umwandlungs- und Kartellrecht sowie Statut der Europäischen Genossenschaft, 16. Aufl. 2018; *Esser/Rübenstahl/Saliger/Tsambikakis* (Hrsg.), Wirtschaftsstrafrecht, 2017; *Graf/Jäger/Wittig* (Hrsg.), Wirtschafts- und Steuerstrafrecht, 2. Aufl. 2017; *Henssler/Strohn* (Hrsg.), Gesellschaftsrecht, 4. Aufl. 2019; *Lang/Weidmüller* (Hrsg.), Kommentar zum Genossenschaftsgesetz: GenG, 39. Aufl. 2019; *Leitner/Rosenau* (Hrsg.), Wirtschafts- und Steuerstrafrecht, 2017 (zit. als NK-WSS/*Bearbeiter*); *Müller*, Kommentar zum Gesetz betreffend die Erwerbs- und Wirtschaftsgenossenschaften, III. Bd., §§ 43–64 c, 2. Aufl. 1998, IV. Bd., §§ 64 c–164 GenG, Anhang Sachregister, 2. Aufl. 2000; Münchener Kommentar zum Strafgesetzbuch, *Joecks/Miebach* (Hrsg.), Bd. 7: Nebenstrafrecht II, 2. Aufl. 2015 (zit. als MüKoStGB/*Bearbeiter*); *Niewerth*, Die strafrechtliche Verantwortlichkeit des Wirtschaftsprüfers, 2004; *Pöhlmann/Fandrich/Bloehs* (Hrsg.), Kommentar zum Genossenschaftsgesetz: GenG, 4. Aufl. 2012. Vgl. im Übrigen die Literatur zu § 332 HGB (s. Kap. 11.1.) und § 403 AktG (s. Kap. 11.2.).

I. Allgemeines	1	3. Qualifikation	21
1. Rechtsentwicklung	1	III. Rechtswidrigkeit	22
2. Geschütztes Rechtsgut	2	IV. Versuch, Vollendung, Beendigung	23
3. Deliktsnatur	4		
II. Tatbestand	5	V. Konkurrenzen	27
1. Objektiver Tatbestand	7	VI. Rechtsfolgen	28
a) Tauglicher Täterkreis	7	VII. Verjährung	29
b) Tatbestandsalternativen	13	VIII. Prozessuale Besonderheiten	31
2. Subjektiver Tatbestand	20		

I. Allgemeines

1. Rechtsentwicklung

1 Das Gesetz betreffend die Erwerbs- und Wirtschaftsgenossenschaften (**Genossenschaftsgesetz**) vom 1.5.1889[1] gilt heute in der Fassung der Bekanntmachung vom 16.10.2006.[2][3] § 150 GenG geht konkret auf die **Genossenschaftsrechtsnovelle** 1973 zurück, die am 1.1.1974 in Kraft getreten ist.[4] Die Strafvorschrift entspricht in ihrem Wortlaut § 403 AktG.[5]

2. Geschütztes Rechtsgut

2 Das geschützte Rechtsgut des § 150 GenG ist nach überwiegender Auffassung das **Vertrauen in die Richtigkeit und Vollständigkeit der** vom GenG vorgeschriebenen und von einem unabhängigen Prüfer gewissenhaft erstellten **Prüfungsberichte**.[6] Im Einzelnen werden die Interessen der Genossenschaft selbst, ihrer **Mitglieder** sowie derjenigen Personen geschützt, die mit der Genossenschaft rechtliche Beziehungen unterhalten bzw. aufnehmen wollen.[7] Umstr. ist, ob auch die **Arbeitnehmer** der Genossenschaft dazu zählen.[8]

3 Im Hinblick auf die vom Schutzbereich erfassten Personen ist § 150 GenG ein **Schutzgesetz iSd § 823 Abs. 2 BGB**.[9]

3. Deliktsnatur

4 Wie auch die anderen Strafvorschriften zur Verletzung der Berichtspflicht (vgl. § 332 HGB, § 403 AktG, § 18 PublG, § 314 UmwG) stellt § 150 GenG ein **abstraktes Gefährdungsdelikt** dar; mithin ist der Eintritt einer konkreten Gefahr oder eines Schadens keine Tatbestandsvoraussetzung.[10] § 150 GenG ist außerdem ein **echtes Sonderdelikt**, denn taugliche Täter können nur Prüfer und ihre Gehilfen sein.[11] Die Norm ist als **Blankettgesetz** ausgestaltet, da zu ihrer Auslegung außerstrafrechtliche Normen des GenG herangezogen werden müssen.[12]

---

1 RGBl. 1889 I 55.
2 BGBl. 2006 I 2230.
3 Das Genossenschaftsgesetz wurde zuletzt durch Art. 8 des Gesetzes v. 17.7.2017 (BGBl. 2017 I 2541) geändert.
4 Gesetz zur Änderung des Gesetzes betreffend die Erwerbs- und Wirtschaftsgenossenschaften v. 9.10.1973, BGBl. 1973 I 1451 (1462).
5 BT-Drs. 7/97, 31.
6 Esser/Rübenstahl/Saliger/Tsambikakis/*Lauterwein/Xylander* GenG § 150 Rn. 2; Graf/Jäger/Wittig/*Olbermann* GenG § 150 Rn. 2; aA MüKoStGB/*Kiethe* GenG § 150 Rn. 1 und NK-WSS/*Wietersheim* GenG § 150 Rn. 2: geschütztes Rechtsgut ist das genossenschaftsrechtliche Prüfungswesen.
7 Graf/Jäger/Wittig/*Olbermann* GenG § 150 Rn. 3; Esser/Rübenstahl/Saliger/Tsambikakis/*Lauterwein/Xylander* GenG § 150 Rn. 2.
8 Verneinend LG Frankfurt aM 26.10.1999 – 2/26 O 166/98, NJW-RR 2000, 831 (832); Henssler/Strohn/*Geibel* GenG § 150 Rn. 1.
9 MüKoStGB/*Kiethe* GenG § 150 Rn. 2; Achenbach/Ransiek/Rönnau/*Ransiek* 8. Teil 1. Kap. Rn. 113; *Müller* GenG § 150 Rn. 14.
10 Achenbach/Ransiek/Rönnau/*Ransiek* 8. Teil 1. Kap. Rn. 113; MüKoStGB/*Kiethe* GenG § 150 Rn. 3; Esser/Rübenstahl/Saliger/Tsambikakis/*Lauterwein/Xylander* GenG § 150 Rn. 3.
11 Graf/Jäger/Wittig/*Olbermann* GenG § 150 Rn. 5; Beuthien/Schöpflin GenG § 150 Rn. 3; BerlKomm/*Herzberg* GenG § 150 Rn. 2; *Müller* GenG § 150 Rn. 1.
12 Vgl. im Einzelnen zur Bedeutung von Blankettstraftatbeständen *Niewerth* S. 84 ff., insbes. S. 95 (zu § 332 HGB).

II. Tatbestand

Der **Grundtatbestand** (§ 150 Abs. 1 GenG) bestraft das falsche Berichten über das Ergebnis der Prüfung oder das Verschweigen erheblicher Umstände im Bericht durch den Prüfer oder dessen Gehilfen.

Die **Tatbestandsqualifikation** in § 150 Abs. 2 GenG setzt voraus, dass der Täter gegen Entgelt oder mit Bereicherungs- oder Schädigungsabsicht gehandelt hat.

1. Objektiver Tatbestand
a) Tauglicher Täterkreis

Als taugliche Täter des § 150 GenG kommen nur **Prüfer** und **ihre Gehilfen** in Betracht. Dabei obliegt die Prüfungspflicht gem. § 55 Abs. 1 S. 1 GenG dem **Verband**, dem die Genossenschaft angehört. Gehört die Genossenschaft mehreren Verbänden an, wird die Prüfung durch denjenigen Verband durchgeführt, bei dem die Genossenschaft die Mitgliedschaft zuerst erworben hat; die Genossenschaft und die Verbände können sich aber auch darauf einigen, dass der andere Verband die Prüfung durchführt (§ 55 Abs. 4 GenG).[13]

Der Verband hat zwei Möglichkeiten, eine Prüfung vorzunehmen: Nach § 55 Abs. 1 S. 2 GenG geschieht dies idR durch seine **angestellten Prüfer**,[14] sofern sie nicht aus den in § 55 Abs. 2 GenG genannten Gründen von der Prüfung der Genossenschaft ausgeschlossen sind. Nach § 55 Abs. 1 S. 3 GenG sollen die Prüfer im genossenschaftlichen Prüfungswesen ausreichend vorgebildet und erfahren sein.[15]

Der Verband kann sich nach § 55 Abs. 3 GenG auch eines von ihm **nicht angestellten Prüfers** bedienen, wenn dies im Einzelfall notwendig ist, um eine gesetzmäßige sowie sach- und termingerechte Prüfung zu gewährleisten (§ 55 Abs. 3 S. 1 GenG). Dieser nicht angestellte Prüfer kann ein Prüfer eines anderen Prüfungsverbands, ein Wirtschaftsprüfer oder eine Wirtschaftsprüfungsgesellschaft (§ 55 Abs. 3 S. 2 GenG) sein. In letzterem Fall ist für die strafrechtliche Verantwortlichkeit § 14 StGB zu beachten (vgl. hierzu auch Kap. 11.1. Rn. 14 ff.).[16]

Die Tätereigenschaft wird nach hM nicht in Frage gestellt, wenn **Rechtsmängel bei der Bestellung** vorlagen, die fachliche Eignung des Prüfers nach § 55 Abs. 1 S. 3 GenG fehlte oder dieser gem. § 55 Abs. 2 GenG von der Prüfung ausgeschlossen war.[17] Es ist allein entscheidend, ob der Prüfer die gesetzlich vorgese-

---

[13] Abs. 4 wurde durch Art. 1 des Gesetzes zum Bürokratieabbau und zur Förderung der Transparenz bei Genossenschaften v. 17.7.2017, BGBl. 2017 I 2434 (2436), eingefügt.
[14] Aufgrund der Besonderheit des Anstellungsverhältnisses in § 55 Abs. 1 GenG kann im Falle der Strafbarkeit des Prüfers immer auch § 30 OWiG wegen der Aufsichtspflicht des Verbandsvorstands in Betracht kommen.
[15] Es ist umstr., ob die Zulassung als Wirtschaftsprüfer gem. §§ 8, 9 WPO erforderlich ist, so *Müller* GenG § 55 Rn. 6; aA Pöhlmann/Fandrich/Bloehs/*Bloehs* GenG § 55 Rn. 5.
[16] Esser/Rübenstahl/Saliger/Tsambikakis/*Lauterwein/Xylander* GenG § 150 Rn. 6; MüKo-StGB/*Kiethe* GenG § 150 Rn. 6.
[17] Esser/Rübenstahl/Saliger/Tsambikakis/*Lauterwein/Xylander* GenG § 150 Rn. 7; Pöhlmann/Fandrich/Bloehs/*Pöhlmann* GenG § 150 Rn. 3; Beuthien/*Schöpflin* GenG § 150 Rn. 3.

hene Prüfung im Auftrag eines genossenschaftlichen Prüfungsverbandes tatsächlich durchgeführt hat.[18]

11 **Ruht das Prüfungsrecht des Verbandes** gemäß § 56 Abs. 1 GenG, so ist Prüfer iSd § 150 GenG auch derjenige, der durch den Spitzenverband (s. § 56 Abs. 2 S. 1 GenG) oder das Registergericht (vgl. § 56 Abs. 2 S. 2 GenG) über einen anderen Prüfungsverband oder als Wirtschaftsprüfer oder Wirtschaftsprüfungsgesellschaft bestellt worden ist.

12 Im Übrigen kann auf die Ausführungen zum tauglichen Täterkreis einschließlich der Erläuterungen zum **Prüfungsgehilfen** bei § 332 HGB (s. Kap. 11.1. Rn. 10 ff.) und § 403 AktG (s. Kap. 11.2. Rn. 7 ff.) verwiesen werden.

b) Tatbestandsalternativen

13 Die Strafvorschrift enthält zwei Tatbestandsalternativen: das **falsche Berichten über das Ergebnis der Prüfung** (Alt. 1) und das **Verschweigen erheblicher Umstände im Bericht** (Alt. 2).

14 Mit Bericht iSd § 150 GenG ist der **Prüfungsbericht** nach § 58 GenG gemeint, der durch den Verband **schriftlich** zu erstatten ist (§ 58 Abs. 1 S. 1 GenG) und auf den für Jahresabschlüsse und Lageberichte § 321 Abs. 1–3 sowie 4 a HGB entsprechend Anwendung findet (§ 58 Abs. 1 S. 2 GenG). Ebenso wie bei den anderen Strafnormen zur Verletzung der Berichtspflicht werden auch hier **mündliche Ausführungen**, insbes. nach den §§ 57 Abs. 3, 4, 58 Abs. 4, 60 GenG, nicht erfasst; eine andere Auslegung ist nicht mit Art. 103 Abs. 2 GG vereinbar.[19] Nach § 58 Abs. 1 S. 3 GenG muss in dem Prüfungsbericht Stellung dazu genommen werden, ob und auf welche Weise die Genossenschaft im Prüfungszeitraum einen zulässigen Förderzweck verfolgt hat.[20]

15 Für die Genossenschaft ist grds. eine **Pflichtprüfung** in jedem zweiten Geschäftsjahr vorgesehen (§ 53 Abs. 1 S. 1 GenG). Bei Genossenschaften, deren Bilanzsumme 2 Millionen EUR übersteigt, muss die Prüfung nach § 53 Abs. 1 S. 2 GenG in jedem Geschäftsjahr stattfinden. § 53 Abs. 2 GenG sieht die Einbeziehung der §§ 316 f. HGB vor (vgl. dazu Kap. 11.1. Rn. 20). Handelt es sich um eine eingetragene Genossenschaft als große Kapitalgesellschaft, muss auch ein **Bestätigungsvermerk** (§ 322 HGB) vorgenommen werden (§ 58 Abs. 2 GenG). Wird dieser Bestätigungsvermerk inhaltlich unrichtig erteilt, so liegt mangels ausdrücklicher Regelung in § 150 GenG – im Gegensatz zu § 332 HGB (vgl. dort Kap. 11.1. Rn. 29 f.) – keine strafbare Handlung vor.

16 Der Bericht ist **falsch** (Alt. 1), wenn sein Inhalt nicht mit dem subjektiv durch den Prüfer festgestellten Prüfungsergebnis übereinstimmt. Dabei ist für die Verwirklichung des Tatbestandes nur entscheidend, ob der Prüfungsbericht von

---

18 Graf/Jäger/Wittig/*Olbermann* GenG § 150 Rn. 7; *Müller* GenG § 150 Rn. 1.
19 Esser/Rübenstahl/Saliger/Tsambikakis/*Lauterwein/Xylander* GenG § 150 Rn. 9; MüKo-StGB/*Kiethe* GenG § 150 Rn. 8; aA aber die hM Graf/Jäger/Wittig/*Olbermann* GenG § 150 Rn. 9; NK-WSS/*Wietersheim* GenG § 150 Rn. 7; Beuthien/*Schöpflin* GenG § 150 Rn. 4; Henssler/Strohn/*Geibel* GenG § 150 Rn. 1; Lang/Weidmüller/*Holthaus/Lehnhoff* GenG § 150 Rn. 10; *Müller* GenG § 150 Rn. 2 a.
20 S. 3 wurde durch Art. 1 des Gesetzes zum Bürokratieabbau und zur Förderung der Transparenz bei Genossenschaften v. 17.7.2017, BGBl. 2017 I 2434 (2436), angefügt.

den tatsächlichen Feststellungen des Prüfers abweicht, selbst wenn er objektiv der Wirklichkeit entspricht.[21]

Allerdings ist nicht jede unrichtige Angabe tatbestandsmäßig iSd § 150 Abs. 1 Alt. 1 GenG. Vielmehr muss es sich um solche Angaben handeln, die die richtige Wiedergabe des Prüfungsergebnisses auch beeinflussen können. Daraus folgt, dass das Tatbestandsmerkmal der **Erheblichkeit** trotz des missverständlichen Wortlauts nicht nur für die zweite Tathandlungsalternative (Verschweigen erheblicher Umstände im Bericht), sondern auch für die erste Alternative des falschen Berichtens gelten muss.[22] 17

Ein **Verschweigen** erheblicher Umstände im Bericht (Alt. 2) liegt vor, wenn der Prüfer bzw. sein Gehilfe Tatsachen nicht mitteilt, die ihm aus seiner Prüfung bekannt sind.[23] Erheblich sind solche Umstände, die für den Prüfungsbericht nach dem GenG ausdrücklich gefordert werden oder notwendiger Inhalt eines Prüfungsberichts nach § 321 HGB sind. 18

Vgl. im Einzelnen die Ausführungen zum Falschberichten und Verschweigen erheblicher Umstände bei § 332 HGB (s. Kap. 11.1.) und § 403 AktG (s. Kap. 11.2.). 19

2. Subjektiver Tatbestand

Straftaten nach § 150 GenG können nur vorsätzlich begangen werden, wobei **bedingter Vorsatz** hinsichtlich der objektiven Tatbestandsmerkmale genügt.[24] Vgl. im Übrigen – insbes. auch zur **Irrtumsproblematik** – die Erläuterungen zu § 332 HGB (s. Kap. 11.1. Rn. 32 ff.) und § 403 AktG (s. Kap. 11.2. Rn. 22). 20

3. Qualifikation

Der Qualifikationstatbestand in § 150 Abs. 2 GenG ist verwirklicht, wenn der Täter gegen Entgelt oder in Bereicherungs- oder Schädigungsabsicht handelt. Im Einzelnen kann auf die Ausführungen zur wortgleichen Qualifikation in § 332 Abs. 2 HGB (s. Kap. 11.1. Rn. 37 ff.) verwiesen werden. 21

III. Rechtswidrigkeit

Nur in Ausnahmefällen können überragende Interessen der Genossenschaft zur Annahme eines **rechtfertigenden Notstands nach § 34 StGB** führen.[25] Umstr. ist, ob als Rechtfertigungsgrund im Rahmen einer rechtfertigenden Pflichtenkollision die Verschwiegenheitspflicht des Prüfers gem. § 62 GenG in Betracht kommen kann.[26] Dem wird entgegengehalten, dass die Schweigepflicht im 22

---

21 Pöhlmann/Fandrich/Bloehs/*Pöhlmann* GenG § 150 Rn. 4; Beuthien/*Schöpflin* GenG § 150 Rn. 4; BerlKomm/*Herzberg* GenG § 150 Rn. 2; Graf/Jäger/Wittig/*Olbermann* GenG § 150 Rn. 10; Lang/Weidmüller/*Holthaus*/Lehnhoff GenG § 150 Rn. 9.
22 MüKoStGB/*Kiethe* GenG § 150 Rn. 11.
23 NK-WSS/*Wietersheim* GenG § 150 Rn. 9; Esser/Rübenstahl/Saliger/Tsambikakis/*Lauterwein*/Xylander GenG § 150 Rn. 11.
24 Graf/Jäger/Wittig/*Olbermann* GenG § 150 Rn. 12; Pöhlmann/Fandrich/Bloehs/*Pöhlmann* GenG § 150 Rn. 6; *Müller* GenG § 150 Rn. 6.
25 *Müller* GenG § 150 Rn. 5.
26 So Beuthien/*Schöpflin* GenG § 150 Rn. 7; BerlKomm/*Herzberg* GenG § 150 Rn. 4.

Prüfungsverfahren selbst nicht besteht.[27] Vgl. zur Rechtswidrigkeit auch die Ausführungen zu § 332 HGB in Kap. 11.1. Rn. 42.[28]

IV. Versuch, Vollendung, Beendigung

23 Der **Versuch** eines Vergehens nach § 150 GenG ist **nicht strafbar**, §§ 12 Abs. 2, 23 Abs. 1 StGB.

24 Die Tat ist **vollendet**, wenn der falsche oder unvollständige Prüfungsbericht wenigstens einem Adressaten zugänglich gemacht worden ist.[29] Eine tatsächliche Kenntnisnahme ist nicht erforderlich.[30]

25 **Beendigung** tritt ein, sobald der Prüfungsbericht allen nach dem GenG bestimmten Adressaten – dh dem Vorstand der Genossenschaft und dem Aufsichtsvorsitzenden – zur Kenntnisnahme zugegangen ist (vgl. § 58 Abs. 3 GenG).[31]

26 Zur **tätigen Reue** vgl. Kap. 11.1. Rn. 47.

V. Konkurrenzen

27 § 332 HGB ist die speziellere Regelung, wenn eine Genossenschaft Kreditinstitut ist (§ 340 m HGB).[32] Im Übrigen ist § 150 GenG aber **lex specialis** zu § 332 HGB und allen anderen Strafnormen zur Verletzung der Berichtspflicht. Durch eine unrichtige und zugleich unvollständige Berichterstattung wird der Tatbestand des § 150 GenG nur einmal verwirklicht. Im Verhältnis zu anderen Strafnormen kann auf die Ausführungen zu § 403 AktG (s. Kap. 11.2. Rn. 31) verwiesen werden.

VI. Rechtsfolgen

28 Der **Strafrahmen** des § 150 Abs. 1 GenG sieht Freiheitsstrafe bis zu drei Jahren oder Geldstrafe vor. Hat der Täter zusätzlich die Qualifikation nach Abs. 2 verwirklicht, erhöht sich das Höchstmaß der Freiheitsstrafe auf fünf Jahre. Im Übrigen kann hinsichtlich der möglichen Rechtsfolgen auf die Ausführungen zu § 332 HGB (s. Kap. 11.1. Rn. 52 f.) verwiesen werden.

VII. Verjährung

29 **Strafverfolgungsverjährung** tritt bei § 150 Abs. 1 GenG und auch im Falle des Abs. 2 nach fünf Jahren ein (§ 78 Abs. 3 Nr. 4 StGB); sie beginnt mit Beendigung der Tat (vgl. oben Rn. 25), § 78 a StGB.

---

27 *Müller* GenG § 150 Rn. 5.
28 Beuthien/*Schöpflin* GenG § 150 Rn. 7; BerlKomm/*Herzberg* GenG § 150 Rn. 4.
29 MüKoStGB/*Kiethe* GenG § 150 Rn. 15 und AktG § 403 Rn. 52; Pöhlmann/Fandrich/Bloehs/*Pöhlmann* GenG § 150 Rn. 5; Lang/Weidmüller/*Holthaus/Lehnhoff* GenG § 150 Rn. 13.
30 Graf/Jäger/Wittig/*Olbermann* GenG § 150 Rn. 14; Pöhlmann/Fandrich/Bloehs/*Pöhlmann* GenG § 150 Rn. 5; *Müller* GenG § 150 Rn. 4.
31 MüKoStGB/*Kiethe* GenG § 150 Rn. 15 und AktG § 403 Rn. 52; vgl. auch Pöhlmann/Fandrich/Bloehs/*Bloehs* GenG § 58 Rn. 2 f.
32 Achenbach/Ransiek/Rönnau/*Ransiek* 8. Teil 1. Kap. Rn. 127; Beuthien/*Schöpflin* GenG § 150 Rn. 12; NK-WSS/*Wietersheim* GenG § 150 Rn. 14 mit weiteren Einzelheiten.

Die **Strafvollstreckungsverjährung** kann abhängig von der verhängten Strafe nach drei, fünf oder zehn Jahren eintreten (§ 79 Abs. 3 Nr. 3–5 StGB). Sie beginnt gem. § 79 Abs. 6 StGB mit der Rechtskraft der Entscheidung. 30

VIII. Prozessuale Besonderheiten

§ 150 GenG ist ein von Amts wegen zu verfolgendes **Offizialdelikt**. 31

Sofern eine landgerichtliche Zuständigkeit gegeben ist, sind für Straftaten nach § 150 GenG die **Wirtschaftsstrafkammern** zuständig (vgl. § 74 c Abs. 1 S. 1 Nr. 1 GVG). 32

Kapitel 12: Verletzung von Dokumentations- und Aufbewahrungspflichten

Kap. 12.1. Begriff und Arten von Dokumentations- und Aufbewahrungspflichten

Dokumentations- und Aufbewahrungspflichten weisen zum einen ein präventives Element auf, indem der Normadressat gezwungen ist, sich selbst über bestimmte Dinge informiert zu halten. Im Falle der Verpflichtung zum Führen von Insiderverzeichnissen hat das Unternehmen auf diese Weise stets einen Überblick über die möglichen Insider, die potenziellen Gefahrenquellen.[1] Zum anderen geht es bei den Dokumentationspflichten aber darum, die spätere Aufklärung von etwaigen Verstößen und potenziell gefährlichen Handlungen zu erleichtern (repressives Element).[2] Für andere Zwecke als die der Beweissicherung dürfen beispielsweise die erstellten Aufzeichnungen gemäß § 83 Abs. 9 S. 1 WpHG nicht verwendet werden. Die Arten von Dokumentationspflichten reichen vom Führen von Verzeichnissen (etwa Insiderverzeichnisse) bis hin zur Anfertigung von Protokollen über Maklergespräche. In Einzelfällen sind sie zudem unmittelbar individualschützend, so etwa die Vorschriften über die getrennte Verwaltung von Kundengeldern. Art. 72 ff. DelVO 2017/565[3] konkretisieren die Modalitäten hinsichtlich Methode und Aufbewahrung der erstellten Aufzeichnungen.

1

Kap. 12.2. § 120 Abs. 4 Nr. 5 WpHG Dokumentationspflichten

§ 120 Abs. 4 Nr. 5, Abs. 6 WpHG Bußgeldvorschriften

(4) Ordnungswidrig handelt, wer als Person, die für ein Wertpapierdienstleistungsunternehmen handelt, gegen die Verordnung (EG) Nr. 1060/2009 verstößt, indem er vorsätzlich oder leichtfertig

(...)

5. entgegen Artikel 8 d Absatz 1 Satz 2 eine dort genannte Dokumentation nicht richtig vornimmt.

(...)

(24) Die Ordnungswidrigkeit kann (...) mit einer Geldbuße bis zu zweihunderttausend Euro (...) geahndet werden.

---

[1] Erwägungsgrund Nr. 6 der RL 2004/72/EG.
[2] So statuiert § 83 Abs. 3 S. 1 WpHG ausdrücklich, dass hinsichtlich der beim Handel für eigene Rechnung getätigten Geschäfte und der Erbringung von Dienstleistungen, die sich auf die Annahme, Übermittlung und Ausführung von Kundenaufträgen beziehen, die Inhalte der Telefongespräche und der elektronischen Kommunikation für Zwecke der Beweissicherung aufzuzeichnen sind. RegE AnSVG, BT-Drs. 15/3174, 36.
[3] Delegierte Verordnung (EU) 2017/565 der Kommission vom 25. April 2016 zur Ergänzung der RL 2014/65/EU des Europäischen Parlaments und des Rates in Bezug auf die organisatorischen Anforderungen an Wertpapierfirmen und die Bedingungen für die Ausübung ihrer Tätigkeit sowie in Bezug auf die Definition bestimmter Begriffe für die Zwecke der genannten Richtlinie, ABl. 2014 L 87/1.

§ 1 a Abs. 2 KWG Geltung der Verordnungen (EU) Nr. 575/2013, (EG) Nr. 1060/2009 und (EU) 2017/2402 für Kredit- und Finanzdienstleistungsinstitute

(...)

(2) Für Finanzdienstleistungsinstitute, die keine CRR-Institute sind, gelten vorbehaltlich des § 2 Absatz 7 bis 9 die Vorgaben der Verordnung (EU) Nr. 575/2013, des Kapitels 2 der Verordnung (EU) 2017/2402 und der auf Grundlage der Verordnung (EU) Nr. 575/2013 und des Kapitels 2 der Verordnung (EU) 2017/2402 erlassenen Rechtsakte die Bestimmungen dieses Gesetzes, die auf Vorgaben der Verordnung (EU) Nr. 575/2013 oder des Kapitels 2 der Verordnung (EU) 2017/2402 verweisen, sowie die in Ergänzung der Verordnung (EU) Nr. 575/2013 erlassenen Rechtsverordnungen nach § 10 Absatz 1 Satz 1 und § 13 Absatz 1 so, als seien diese Finanzdienstleistungsinstitute CRR-Wertpapierfirmen.

(...)

§ 56 Abs. 4 b Nr. 5 KWG Bußgeldvorschriften

(...)

(4 b) Ordnungswidrig handelt, wer als Person, die für ein CRR-Kreditinstitut handelt, gegen die Verordnung (EG) Nr. 1060/2009 verstößt, indem er vorsätzlich oder leichtfertig

(...)

5. entgegen Artikel 8 d Absatz 1 Satz 2 die dort genannte Dokumentation nicht richtig vornimmt.

(...)

(6) Die Ordnungswidrigkeit kann (...) mit einer Geldbuße bis zu zweihunderttausend Euro (...) geahndet werden.

§ 340 Abs. 3 Nr. 2 KAGB Bußgeldvorschriften

(...)

(3) Ordnungswidrig handelt, wer als Person, die für eine Kapitalverwaltungsgesellschaft handelt, gegen die Verordnung (EG) Nr. 1060/2009 des Europäischen Parlaments und des Rates vom 16. September 2009 über Ratingagenturen (ABl. L 302 vom 17.11.2009, S. 1), die zuletzt durch die Verordnung (EU) Nr. 462/2013 (ABl. L 146 vom 31.5.2013, S. 1) geändert worden ist, verstößt, indem er vorsätzlich oder leichtfertig

(...)

2. entgegen Artikel 5 a Absatz 1 nicht dafür Sorge trägt, dass die Kapitalverwaltungsgesellschaft eigene Kreditrisikobewertungen vornimmt,

(...)

(7) ¹Die Ordnungswidrigkeit kann wie folgt geahndet werden:
(…)
3. (…)mit einer Geldbuße bis zu zweihunderttausend Euro.

§ 28 Abs. 2 VAG Externe Ratings

(…)

(2) Die in den Geltungsbereich der Verordnung (EG) Nr. 1060/2009 einbezogenen Unternehmen, die der Aufsicht nach diesem Gesetz unterliegen, haben die sich aus dieser Verordnung in der jeweils geltenden Fassung ergebenden Pflichten einzuhalten.

§ 332 Abs. 4 Nr. 2 VAG Bußgeldvorschriften

(…)

(4) Ordnungswidrig handelt, wer als Person, die für ein Unternehmen handelt, das der Aufsicht nach diesem Gesetz unterliegt, gegen die Verordnung (EG) Nr. 1060/2009 des Europäischen Parlaments und des Rates vom 16. September 2009 über Ratingagenturen (ABl. L 302 vom 17.11.2009, S. 1), die zuletzt durch die Richtlinie 2014/51/EU (ABl. L 153 vom 22.5.2014, S. 1) geändert worden ist, verstößt, indem sie vorsätzlich oder leichtfertig

(…)

2. entgegen Artikel 5 a Absatz 1 nicht dafür Sorge trägt, dass ein Unternehmen, das der Aufsicht nach diesem Gesetz unterliegt, eigene Kreditrisikobewertungen vornimmt,

(…)

(5) Die Ordnungswidrigkeit kann (…) mit einer Geldbuße bis zu zweihunderttausend Euro geahndet werden.

Literatur: Siehe Kapitel 15.9.

I. Einleitung 1	IV. Objektiver Tatbestand 5
II. Grundtatbestand 3	V. Verschulden 9
III. Adressat 4	

I. Einleitung

Wenn ein Emittent oder ein mit ihm verbundener Dritter zwei oder mehr Ratingagenturen mit der Abgabe eines Ratings für dieselbe Emission oder dieselbe Einheit zu beauftragen beabsichtigt, so muss er gemäß Art. 8 d Abs. 1 S. 1 VO (EG) Nr. 1060/2009 („Ratingagenturen-VO") die Möglichkeit der Beauftragung mindestens einer Ratingagentur prüfen, deren Marktanteil höchstens 10 % des Gesamtmarktes beträgt und die nach Einschätzung des Emittenten oder des verbundenen Dritten imstande ist, ein Rating für die betreffende Emission oder die betreffende Einheit abzugeben. Art. 8 d Abs. 1 Satz 2 Ratingagenturen-VO schreibt daran anknüpfend vor, dass wenn der Emittent oder verbundene Dritte nicht mindestens eine Ratingagentur beauftragt, deren Marktanteil höchstens 10 % des Gesamtmarktes beträgt, dies zu dokumentieren ist. Die Pflichten nach Art. 8 d Abs. 1 Ratingagenturen-VO wurde durch die Verordnung (EU) Nr. 462/2013 des Europäischen Parlaments und des Rates vom 21. Mai 2013 (3. Generation der Ratingagenturen-VO) eingeführt. Sinn und Zweck der Reglungen ist es, auf einem Markt für Ratingagenturen, der bisher von drei Ratingagenturen beherrscht wird, den Wettbewerb zu stärken (Erwägungsgrund 11 der VO (EU) Nr. 462/2013). Zum Oligopol auf dem Ratingmarkt Kapitel 15.9. Rn. 1 ff. Art. 8 d Abs. 1 Ratingagenturen-VO ist zudem eine sinnvolle Ergänzung der Pflicht zur Inanspruchnahme von mehreren Ratingagenturen gemäß Art. 8 c Ratingagenturen-VO, da diese Pflicht ohne den zusätzlichen Druck zur Mandatierung kleinerer Ratingagenturen die Gefahr einer zusätzlichen Verfestigung der Marktkonzentration bergen würde.

2 Die **Dokumentationspflicht** des Art. 8 d Abs. 1 S. 2 Ratingagenturen-VO, nicht aber die Pflicht gemäß Art. 8 d Abs. 1 Satz 1 Ratingagenturen-VO zur Beauftragung einer Ratingagentur, deren Marktanteil höchstens 10 % des Gesamtmarktes beträgt, wird ordnungswidrigkeitenrechtlich durch § 120 Abs. 4 Nr. 5 WpHG (§§ 1 a Abs. 2, 56 Abs. 4 b Nr. 2 KWG, § 340 Abs. 3 Nr. 2 KAGB und §§ 28 Abs. 2, 332 Abs. 4 Nr. 2 VAG) abgesichert. Die Normen wurden durch das Gesetz zur Verringerung der Abhängigkeit von Ratings vom 10.12.2014[1] neu eingeführt. Die Ordnungswidrigkeitentatbestände dienen der Umsetzung der Vorgaben des Art. 25 a Ratingagenturen-VO, nach dem die sektoral zuständige Behörde für die rechtliche Durchsetzung des Art. 4 Abs. 1 und der Art. 5 a, 8 b, 8 c und 8 d Ratingagenturen-VO verantwortlich ist.

II. Grundtatbestand

3 Gemäß § 120 Abs. 4 Nr. 5 WpHG, §§ 1 a Abs. 2, 56 Abs. 4 b Nr. 5 KWG, § 340 Abs. 3 Nr. 5 KAGB und §§ 28 Abs. 2, 332 Abs. 4 Nr. 5 VAG handelt ordnungswidrig, wer vorsätzlich oder leichtfertig entgegen Art. 8 d Abs. 1 S. 2 eine dort genannte Dokumentation nicht richtig vornimmt. Art. 8 Abs. 1 S. 2 Ratingagenturen-VO schreibt vor, dass wenn der Emittent oder verbundene Dritte nicht mindestens eine Ratingagentur beauftragt, deren Marktanteil höchstens 10% des Gesamtmarktes beträgt, dies zu dokumentieren ist.

III. Adressat

4 Adressat dieser Verbotsnormen sind Personen, die für Wertpapierdienstleistungsunternehmen, (CRR-)Kredit- oder Finanzdienstleistungsinstitute, Kapitalverwaltungsgesellschaften sowie Unternehmen handeln, die der Aufsicht nach dem VAG unterliegen. Siehe näher zum Adressatenkreis Kapitel 15.9. Rn. 15 f.

IV. Objektiver Tatbestand

5 Gemäß Art. 8 Abs. 1 S. 2 Ratingagenturen-VO muss ein Emittent oder ein verbundener Dritter dokumentieren, wenn er nicht mindestens eine Ratingagentur beauftragt, deren Marktanteil höchstens 10% des Gesamtmarktes beträgt. Verständlich wird der Normbefehl nur im Zusammenhang mit Art. 8 Abs. 1 S. 2 Ratingagenturen-VO, wonach ein Emittent oder ein mit ihm verbundener

---

[1] BGBl. 2014 I 2085.

Dritter, wenn er zwei oder mehr Ratingagenturen mit der Abgabe eines Ratings für dieselbe Emission oder dieselbe Einheit zu beauftragen beabsichtigt, die Möglichkeit der Beauftragung mindestens einer Ratingagentur, deren Marktanteil höchstens 10% des Gesamtmarktes beträgt und die nach Einschätzung des Emittenten oder des verbundenen Dritten imstande ist, ein Rating für die betreffende Emission oder die betreffende Einheit abzugeben, prüfen muss. Die Pflicht zur Dokumentation nach Art. 8 Abs. 1 S. 2 Ratingagenturen-VO besteht mithin nur unter zwei Voraussetzungen. Erstens muss der Emittent oder ein verbundener Dritter beabsichtigen, zwei oder mehr Ratingagenturen mit der Abgabe eines Ratings für dieselbe Emission oder dieselbe Einheit zu beauftragen (dazu kann er insbesondere nach Art. 8 c Abs. 1 Ratingagenturen-VO verpflichtet sein). Zweitens muss es im Nachgang bei der Beauftragung von zwei oder mehr Ratingagenturen mit der Abgabe eines Ratings für dieselbe Emission oder dieselbe Einheit nicht zu der Beauftragung einer Ratingagentur gekommen sein, deren Marktanteil höchstens 10% des Gesamtmarktes beträgt. Unerheblich ist, ob der Emittent – etwa aufgrund des Art. 8 c Ratingagenturen-VO – dazu verpflichtet war, mehr als ein Rating in Auftrag zu geben oder ob die Entscheidung zur Beauftragung mehrerer Ratingagenturen freiwillig erfolgte.

Ein Emittent ist gemäß Art. 3 Abs. 1 lit. s. Ratingagenturen-VO iVm Art. 2 Abs. 1 lit. h RL 2003/71/EG (Prospekt-Richtlinie) eine Rechtspersönlichkeit, die Wertpapiere begibt oder zu begeben beabsichtigt. Verbundener Dritter meint nach Art. 3 Abs. 1 lit. i Ratingagenturen-VO den Forderungsverkäufer (Originator),[2] den Arrangeur, den Sponsor,[3] den Forderungsverwalter oder jede andere Partei, die im Auftrag eines bewerteten Unternehmens mit einer Ratingagentur in Verbindung steht, einschließlich jeder anderen Person, die über ein Kontrollverhältnis direkt oder indirekt mit dem bewerteten Unternehmen verbunden ist.

Für die Marktanteilsermittlung wird nach Art. 8 d Abs. 3 Ratingagenturen-VO auf den Anteil am Gesamtmarkt anhand des mit Rating- und Nebendienstleistungen auf Gruppenebene erzielten Jahresumsatzes abgestellt. Damit die in Art. 8 Abs. 1 S. 1 Ratingagenturen-VO genannte Bewertung durch den Emittenten oder einen mit ihm verbundenen Dritten stattfinden kann, veröffentlicht die ESMA nach Art. 8 Abs. 2 Ratingagenturen-VO auf ihrer Website jährlich eine Liste der registrierten Ratingagenturen, in der der jeweilige Anteil der Agenturen am Gesamtmarkt und die Arten der Ratings angegeben sind, die die Agentur abgibt und die dem Emittenten als Ausgangspunkt für seine Bewertung dienen können.[4]

Der Inhalt der Dokumentationspflichten ist durch Art. 8 Abs. 1 Satz 2 Ratingagenturen-VO, auf den § 120 Abs. 4 Nr. 5 WpHG verweist, nicht näher umrissen. Vor dem Hintergrund des **Bestimmtheitsgebots** wirft die Norm daher – jedenfalls bei einer ordnungswidrigkeitenrechtlichen Sanktionierung – Probleme auf. Nur aus dem Normzusammenhang mit Art. 8 Abs. 1 S. 1 Ratingagenturen-VO kann geschlossen werden, dass jedenfalls die Absicht der Beauftragung

---

2 Siehe Art. 3 Abs. 1 lit. t Ratingagenturen-VO.
3 Siehe Art. 3 Abs. 1 lit. u Ratingagenturen-VO.
4 Abrufbar unter: https://www.esma.europa.eu/regulation/credit-rating-agencies (Tag des letzten Aufrufs: 4.6.2019).

von zwei oder mehr Ratingagenturen und die Erwägungen, warum keine Ratingagentur mit einem Marktanteil von unter 10% aus Sicht des Normadressaten dazu imstande ist, ein Rating für die betreffende Emission oder die betreffende Einheit abzugeben, zu dokumentieren sind. Der Umfang der erforderlichen Dokumentation ist aber nicht näher spezifiziert, so dass eine Verwirklichung des objektiven Tatbestands des § 120 Abs. 4 Nr. 5 WpHG nur in Betracht kommen wird, wenn überhaupt keine Dokumentation mit den eben genannten Rahmeninhalten stattgefunden hat.

V. Verschulden

9   Der Verschuldensmaßstab umfasst Vorsatz und Leichtfertigkeit.[5] Im Rahmen der Marktanteilsermittlung kann sich ein Normadressat auf die von der EMSA nach Art. 8 Abs. 2 Ratingagenturen-VO veröffentlichte Liste verlassen und ist nicht zur Überprüfung der darin aufgeführten Marktanteile verpflichtet. Er handelt mithin nicht leichtfertig, wenn die Marktanteilsangaben der ESMA unzutreffend sind und er dies hätte erkennen können. Weiß er allerdings positiv, dass die von ihm beauftragte Ratingagentur einen Marktanteil von mehr als 10% hat, obwohl sie auf der ESMA Liste mit weniger als 10% Marktanteil geführt wird, und nimmt er keine Dokumentation der Gründe für die Auswahl vor, dann kommt ein Verstoß gegen § 120 Abs. 4 Nr. 5 WpHG in Betracht. Die Liste der ESMA hat mithin keine Tatbestandswirkung.

---

5 Zum Begriff der Leichtfertigkeit im Kapitalmarktrecht instruktiv *von Buttlar/Hammermaier* ZBB 2017, 1.

Kapitel 13: Verletzung von Veröffentlichungs-und Mitteilungspflichten

Kap. 13.1. Begriff und Arten von Mitteilungs- und Veröffentlichungspflichten

Das Kapitalmarktrecht ist mit einer Vielzahl von Informationspflichten (in Form von Mitteilungs- oder Veröffentlichungspflichten) durchsetzt. Teilweise wird von einem „Information Overload"[1] gesprochen. Die Einhaltung dieser Pflichten, stellt Unternehmen regelmäßig vor nicht unerhebliche organisatorische Probleme. 1

Mitteilungen unterscheiden sich von Veröffentlichungen durch den Adressatenkreis. Die Mitteilung richtet sich an einen bestimmten Empfänger (BaFin, Unternehmensregister), während die Veröffentlichung einem breiten Kreis (Öffentlichkeit, Bereichsöffentlichkeit) zugänglich ist.

Solche Mitteilungs- und Veröffentlichungspflichten haben idR mehrere Zwecke. Sie dienen zum einen der Markttransparenz, haben aber auch eine gewisse Indikatorwirkung – gerade im Bereich von Ad-hoc-Mitteilungen. Die Veröffentlichung einer Insiderinformation ermöglicht es den übrigen Marktteilnehmern, diese Informationen im Rahmen eigener Anlageentscheidungen zu berücksichtigen. Schließlich sind Mitteilungs- und Veröffentlichungspflichten wichtige Grundlagen für Anlegergleichbehandlung und Marktintegrität.[2]

Kap. 13.2. § 120 Abs. 1 Nr. 2 WpHG Übermittlung von Insiderinformationen

§ 120 Abs. 1 Nr. 2 WpHG Bußgeldvorschriften; Verordnungsermächtigung

(1) Ordnungswidrig handelt, wer

(...)

2. eine Information entgegen § 26 Absatz 1 oder Absatz 2 nicht oder nicht rechtzeitig übermittelt,

(...)

(24) Die Ordnungswidrigkeit kann (...) in den Fällen des Absatzes 1 Nummer 2 (...) mit einer Geldbuße bis zu zweihunderttausend Euro (...) geahndet werden.

§ 26 WpHG Übermittlung von Insiderinformationen und von Eigengeschäften; Verordnungsermächtigung

(1) Ein Inlandsemittent, ein MTF-Emittent oder ein OTF-Emittent, der gemäß Artikel 17 Absatz 1, 7 oder 8 der Verordnung (EU) Nr. 596/2014 verpflichtet ist, Insiderinformationen zu veröffentlichen, hat diese vor ihrer Veröffentli-

---

[1] Möllers/Kernchen ZGR 2011, 1–21.
[2] Riedl, Transparenz und Anlegerschutz am deutschen Kapitalmarkt, 2008, S. 25 ff., insbesondere mit Bezug zu den Veröffentlichungspflichten betr. Directors` Dealings mwN.

chung der Bundesanstalt und den Geschäftsführungen der Handelsplätze, an denen seine Finanzinstrumente zum Handel zugelassen oder in den Handel einbezogen sind, mitzuteilen sowie unverzüglich nach ihrer Veröffentlichung dem Unternehmensregister im Sinne des § 8 b des Handelsgesetzbuchs zur Speicherung zu übermitteln.

(...)

Artikel 17 Verordnung (EU) Nr. 596/2014 Veröffentlichung von Insiderinformationen

(1) Ein Emittent gibt der Öffentlichkeit Insiderinformationen, die unmittelbar diesen Emittenten betreffen, unverzüglich bekannt.

[1]Der Emittent stellt sicher, dass die Insiderinformationen in einer Art und Weise veröffentlicht werden, die der Öffentlichkeit einen schnellen Zugang und eine vollständige, korrekte und rechtzeitige Bewertung ermöglicht, und dass sie gegebenenfalls in dem amtlich bestellten System gemäß Artikel 21 der Richtlinie 2004/109/EG des Europäischen Parlaments und des Rates[1] veröffentlicht werden. [2]Der Emittent darf die Veröffentlichung von Insiderinformationen nicht mit der Vermarktung seiner Tätigkeiten verbinden. [3]Der Emittent veröffentlicht alle Insiderinformationen, die er der Öffentlichkeit mitteilen muss, auf seiner Website und zeigt sie dort während eines Zeitraums von mindestens fünf Jahren an.

Dieser Artikel gilt für Emittenten, die für ihre Finanzinstrumente eine Zulassung zum Handel an einem geregelten Markt in einem Mitgliedstaat beantragt oder genehmigt haben, bzw. im Falle von Instrumenten, die nur auf einem multilateralen oder organisierten Handelssystem gehandelt werden, für Emittenten, die für ihre Finanzinstrumente eine Zulassung zum Handel auf einem multilateralen oder organisierten Handelssystem in einem Mitgliedstaat erhalten haben oder die für ihre Finanzinstrumente eine Zulassung zum Handel auf einem multilateralen Handelssystem in einem Mitgliedstaat beantragt haben.

(...)

(7) Wenn die Offenlegung von Insiderinformationen gemäß Absatz 4 oder 5 aufgeschoben wurde und die Vertraulichkeit der dieser Insiderinformationen nicht mehr gewährleistet ist, muss der Emittent die Öffentlichkeit so schnell wie möglich über diese Informationen informieren.

Dieser Absatz schließt Sachverhalte ein, bei denen ein Gerücht auf eine Insiderinformation Bezug nimmt, die gemäß Absatz 4 oder 5 nicht offengelegt wurden, wenn dieses Gerücht ausreichend präzise ist, dass zu vermuten ist, dass die Vertraulichkeit dieser Information nicht mehr gewährleistet ist.

(8) [1]Legt ein Emittent oder ein Teilnehmer am Markt für Emissionszertifikate oder eine in ihrem Auftrag oder für ihre Rechnung handelnde Person im Zuge

---

1 Amtl. Anm.: Richtlinie 2004/109/EG des Europäischen Parlaments und des Rates vom 15. Dezember 2004 zur Harmonisierung der Transparenzanforderungen in Bezug auf Informationen über Emittenten, deren Wertpapiere zum Handel auf einem geregelten Markt zugelassen sind, und zur Änderung der Richtlinie 2001/34/EG (ABl. L 390 vom 31.12.2004, S. 38).

der normalen Ausübung ihrer Arbeit oder ihres Berufs oder der normalen Erfüllung ihrer Aufgaben gemäß Artikel 10 Absatz 1 Insiderinformationen gegenüber einem Dritten offen, so veröffentlicht er diese Informationen vollständig und wirksam, und zwar zeitgleich bei absichtlicher Offenlegung und unverzüglich im Fall einer nicht absichtlichen Offenlegung. ²Dieser Absatz gilt nicht, wenn die die Informationen erhaltende Person zur Verschwiegenheit verpflichtet ist, unabhängig davon, ob sich diese Verpflichtung aus Rechts- oder Verwaltungsvorschriften, einer Satzung oder einem Vertrag ergibt.

(...)

I. Ordnungswidrigkeitentatbestand 1	V. Befreiung von der Publizitätspflicht 9
II. Regelung zur Ad-hoc-Publizität 2	VI. Änderungen durch das
III. Adressat 3	2. FiMaNoG 10
IV. Auslöser und Eintritt der Veröffentlichungspflicht 6	

I. Ordnungswidrigkeitentatbestand

Die Vorschrift nimmt das Nichtbeachten der Ad-hoc-Publizität gem. § 26 WpHG in Bezug. Einen originär strafrechtlichen Tatbestand gibt es nicht, gleichwohl bietet die unterlassene Mitteilung freilich einen Ansatz für Ermittlungen unter dem Gesichtspunkt der Marktmanipulation.² Sollte es an einer tatsächlichen Kurseinwirkung fehlen, scheidet also eine Marktmanipulation aus; ist die irreführende oder unrichtige Angabe oder das Unterlassene einer Ad-hoc-Mitteilung geeignet, auf den Börsen- oder Marktpreis eines Finanzinstruments einzuwirken, kommt der Ordnungswidrigkeitentatbestand in Betracht.³ Dieser spielt eine maßgebliche Rolle in der Bußgeldpraxis der BaFin.

II. Regelung zur Ad-hoc-Publizität

Die sog Ad-hoc-Publizität gilt als besonders anspruchsvoller und wesentlicher Risikobereich, wenn es um Compliance-Konzepte geht. Das Bestehen derartiger Publizitätspflichten ist grundsätzlich allen betroffenen Emittenten bekannt. Es gibt allerdings viele Einzelprobleme, die bereits im Emittentenleitfaden der BaFin angesprochen werden.⁴ Die Pflicht zielt darauf, die Funktionsfähigkeit des Kapitalmarkts durch Herstellung von Transparenz für die Anleger und schneller Informationen für diese zu schützen.⁵ Investoren sollen dadurch befähigt werden, ihre Anlageentscheidungen auf eine bessere Beurteilung des Unternehmenswerts bzw. der Bonität gründen zu können. Überdies soll Insiderhandel verhindert werden.⁶

---

2 So zur alten Rechtslage: JVRB/*Voß*WpHG § 15 (aF) Rn. 343.
3 JVRB/*Voß* WpHG § 15 (aF) Rn. 345.
4 Emittentenleitfaden der BaFin, 45 ff.
5 Regierungsentwurf zum zweiten Finanzmarktmodernisierungsgesetz, BT-Drs. 12/76679, 48 sowie Regierungsentwurf Anlegerschutzverbesserungsgesetz, BT-Drs. 15/3174.
6 BT-Drs. 15/3174, 34 ff.

III. Adressat

3 Normadressaten der Publizitätspflicht ist jeder Inlandsemittent, auch solche, deren Finanzinstrumente an einem multilateralen oder organisierten Handelssystem gehandelt werden oder, wenn entsprechende Zulassungen seitens des Emittenten beantragt worden sind.[7] Bislang fand § 26 WpHG keine Anwendung auf Emittenten, deren Finanzinstrumente lediglich im Freiverkehr gehandelt wurden. Das änderte sich mit der Geltung der MAR ab dem 3.7.2016.[8] Nunmehr sind auch solche erfasst, die an einem MTF, und seit dem 3.1.2018 gem. § 26 Abs. 1 WpHG (nF) auch solche, die an einem OTF gehandelt werden.

4 Nicht unmittelbar verpflichtet sind die Vorstandsmitglieder selbst,[9] sondern vielmehr die Emittenten selbst. Freilich trifft die Vorstandsmitglieder die Organisationspflicht, für die Einhaltung des § 26 WpHG in ihrem Unternehmen Sorge zu tragen. Über diesen Weg kann sich uU ein Einfallstor für eine persönliche Haftung nach §§ 9, 130 OWiG ergeben.[10] Grds. nicht publizitätspflichtig nach § 26 WpHG ist ein mit dem Emittenten verbundenes Konzernunternehmen, sondern nur der Emittent selbst, denn § 26 WpHG kennt keine Konzernklausel. Jede Gesellschaft im Konzernverbund ist einzeln zu beurteilen, ob für sie die Ad-hoc-Publizitätspflicht gilt.[11] Die Konzernmutter unterliegt damit ebenfalls nicht automatisch der Veröffentlichungspflicht.[12]

5 Die Einstellung der Notierung von Finanzinstrumenten ändert grds. nichts an der Publizitätspflicht, denn die Einstellung ändert nichts daran, dass die Finanzinstrumente noch für den Handel am organisierten Markt zugelassen sind.[13] Allerdings wird mit Einstellung der Notierung in der Regel das Verfolgungsbedürfnis entfallen, so dass eine Verfahrenseinstellung nach § 47 OWiG in Betracht kommt.

IV. Auslöser und Eintritt der Veröffentlichungspflicht

6 Betroffen sind Insiderinformationen, also gem. Art. 7 MAR solche konkreten Informationen über nicht öffentlich bekannte Umstände, die sich auf ein oder mehrere Emittenten von Insiderpapieren oder auf die Insiderpapiere selbst beziehen und die geeignet sind, im Falle ihres öffentlichen Bekanntwerdens den Börsen oder Marktpreis der Insiderpapiere erheblich zu beeinflussen.[14] Es sind lediglich solche Insiderinformationen relevant, die den Emittenten unmittelbar betreffen. Dabei kann die betreffende Information durchaus auch von außen kommen.[15] Unmittelbar betreffend sollen solche Informationen sein, die un-

---

7 Art. 17 Abs. 1 UAbs. 3 MAR.
8 Art. 17 Abs. 1 UAbs. 3 MAR.
9 JVRB/*Voß* WpHG § 15 (aF) Rn. 32.
10 Insoweit auch JVRB/*Voß* WpHG § 15 (aF) Rn. 32; *Thümmel* DB 2001, 2331 (2332).
11 JVRB/*Voß* WpHG § 15 (aF) Rn. 34.
12 Zur Frage, ob eine Konzernmutter eigene Veröffentlichungspflichten hat differenzierend und mit weiteren Nachweisen: JVRB/*Voß* WpHG § 15 (aF) Rn. 84 ff.
13 Ebenso JVRB/*Voß* WpHG § 15 (aF) Rn. 34; aA Assmann/Schneider/*Assmann* WpHG § 15 (aF) Rn. 49.
14 Mit Einführung der Marktmissbrauchsrichtlinie gilt ein einheitlicher Begriff der Insiderinformation (keine Primär- oder Sekundärinsider mehr) für die Insiderhandelsverbote einerseits und die Ad-hoc-Publizitätspflichten andererseits.
15 Emittentenleitfaden BaFin 2009, 53.

mittelbar fundamentalwertorientiert oder emittentenspezifisch sind. Das wird jedoch in der Regel ausscheiden, wenn es sich um handelswertbezogene oder nur mittelbar fundamentalwertbezogene Informationen handelt.[16] Fundamentalwertrelevant ist dabei lediglich das, was die Gesamtheit der öffentlich bekannten Informationen so ändert, dass der verständige Anleger eine andere Einschätzung des Risiko-Rendite-Verhältnisses erkennen müsste. Emittentenspezifisch ist eine Information, wenn der Emittent unmittelbar betroffen ist, nicht etwa der gesamte Markt oder ein Teilsegment bzw. eine bestimmte Emittentengruppe.

Eine Veröffentlichungspflicht nach § 26 WpHG ist daher regelmäßig nicht gegeben bei Paketverkäufen oder -käufen von Blockaktionären, bei Erwerbsabsicht eines Investors zu einer Beteiligung an dem Emittenten oder bei Empfehlungen von Wertpapieren durch Analysten.[17] Regelmäßig unmittelbare Betroffenheit liegt allerdings bei Insiderinformationen zur operativen Geschäftsentwicklung, Veränderungen im Vorstand/Aufsichtsrat oder Entscheidungen über Rückkaufprogramme vor.[18] In jedem Fall wird man aber eine an einer umfangreichen bestehenden Kasuistik ausgerichtete Einzelfallbetrachtung vorzunehmen haben.

Wenn eine Veröffentlichungspflicht besteht, ist eine solche unverzüglich umzusetzen. Neben dem formelhaften Verweis auf die Vorschrift des § 121 Abs. 1 S. 1 BGB zur Bestimmung der **Unverzüglichkeit** wird man zudem die kapitalmarktspezifischen Besonderheiten in den Blick nehmen müssen. Danach ist die sich ergebende Zeitspanne nach Inhalt und Funktion der auferlegten Handlungspflicht zu bestimmen.[19] Danach hat eine Abwägung zwischen den berechtigten Interessen des Verpflichteten und den Belangen des Publikums stattzufinden. In die Überlegung ist der Aufwand einzustellen, der für die Pflichterfüllung zu betreiben ist. So kann die Mitteilung einer Stimmrechtsmitteilung (standardisiert) sehr schnell erfolgen, während die Erstellung eines Prospektnachtrags länger dauern kann.[20] Es muss dem Verpflichteten jedenfalls möglich sein, die Information auf ihre Richtigkeit hin zu überprüfen und das Vorliegen der Voraussetzungen einer Ad-hoc-Veröffentlichung zu prüfen. Dabei wird in die Überlegung ebenfalls mit einzubeziehen sein, ob und inwieweit die erkannte Information als gesichert gelten kann, oder ob es sich nur um wenig mehr als Gerüchte handelt. Wie sicher ist die Kursrelevanz, wie schwerwiegend, wie gesichert ist die Information. Diese Fragen müssen gegeneinander abgewogen werden.[21]

V. Befreiung von der Publizitätspflicht

In Ausnahmefällen kann das Erfordernis einer Ad-hoc-Mitteilung den Emittenten unverhältnismäßig belasten. Insoweit hat eine Abwägung der beteiligten Interessen (Emittenteninteresse an der Geheimhaltung der Information und das

---

16 Einzelheiten bei: KK-WpHG/*Klöhn* § 15 (aF) Rn. 64 f.; JVRB/*Voß* WpHG § 15 (aF) Rn. 60.
17 JVRB/*Voß* WpHG § 15 (aF) Rn. 60.
18 Zahlreiche Beispiele etwa in den Empfehlungen des CESR, CESR/02–089 d, Rn. 35.
19 OLG Frankfurt aM, NZG 2003, 638; JVRB/*Voß* WpHG § 15 (aF)Rn. 94.
20 Beispiel nach JVRB/*Voß* WpHG (2015) § 15 (aF) Rn. 95.
21 Einzelne Fallgruppen ausführlich bei JVRB/*Voß* WpHG § 15 (aF) Rn. 110 ff. mwN.

öffentliche Interesse an der Bildung realistischer Börsenpreise) zu erfolgen. Aus diesem Grund hat der Gesetzgeber die Befreiung auf Zeit in § 15 Abs. 3 WpHG (aF) geschaffen. Die Vorschrift ist in § 26 WpHG (nF) nicht übernommen worden, findet sich jedoch in Art. 17 Abs. 4 MAR wieder. Diese Regelung ist vielfach die Krücke, mit der sich Emittenten über Auslegungsschwierigkeiten der Publizitätspflichten hinweghelfen. Ein Absehen von der Veröffentlichung ist möglich, wenn dies der Schutz von berechtigten Interessen des Emittenten erfordert, keine Irreführung der Öffentlichkeit erwartbar ist und die Vertraulichkeit der Information gewährleistet ist.

VI. Änderungen durch das 2. FiMaNoG

10   Nach dem am 3.1.2018 in Kraft getretenen Art. 3 des 2. FiMaNoG ist die Bußgeldvorschrift des § 39 Abs. 1 Nr. 2 WpHG aF künftig in § 120 Abs. 1 Nr. 2 WpHG nF geregelt. Inhaltlich wurde sie lediglich an die Neunummerierung des Gesetzes angepasst.[22]

(1) Ordnungswidrig handelt, wer

2. eine Information entgegen § 26 Absatz 1 oder Absatz 2 nicht oder nicht rechtzeitig übermittelt,

(...)

(24) Die Ordnungswidrigkeit kann (...) in den Fällen des Absatzes 1 Nummer 2 (...) mit einer Geldbuße bis zu zweihunderttausend Euro geahndet werden.

Kap. 13.3.   § 120 Abs. 2 Nr. 2 WpHG Mitteilungspflichten zum Unternehmensregister

§ 120 Abs. 2 Nr. 2 WpHG   Bußgeldvorschriften; Verordnungsermächtigung

(2) Ordnungswidrig handelt, wer vorsätzlich oder leichtfertig

(...)

2. entgegen
   a) § 5 Absatz 1 Satz 2,
   b) § 22 Absatz 3,
   c) § 23 Absatz 1 Satz 1, auch in Verbindung mit einer Rechtsverordnung nach Absatz 4 Satz 1,
   d) § 33 Absatz 1 Satz 1 oder 2 oder Absatz 2, jeweils auch in Verbindung mit einer Rechtsverordnung nach § 33 Absatz 5,
   e) § 38 Absatz 1 Satz 1, auch in Verbindung mit einer Rechtsverordnung nach § 38 Absatz 5, oder § 39 Absatz 1, auch in Verbindung mit einer Rechtsverordnung nach § 39 Absatz 2,
   f) § 40 Absatz 2, auch in Verbindung mit einer Rechtsverordnung nach § 40 Absatz 3 Nummer 2,
   g) § 41 Absatz 1 Satz 2, auch in Verbindung mit § 41 Absatz 2,
   h) § 46 Absatz 2 Satz 1,

---

22   Vgl. BT-Drs. 18/10936 (Vorabfassung), 253.

i) § 50 Absatz 1 Satz 1, auch in Verbindung mit einer Rechtsverordnung nach § 50 Absatz 2,
j) § 51 Absatz 2,
k) § 114 Absatz 1 Satz 3, auch in Verbindung mit § 117, jeweils auch in Verbindung mit einer Rechtsverordnung nach § 114 Absatz 3 Nummer 2,
l) § 115 Absatz 1 Satz 3, auch in Verbindung mit § 117, jeweils auch in Verbindung mit einer Rechtsverordnung nach § 115 Absatz 6 Nummer 3,
m) § 116 Absatz 2 Satz 2, auch in Verbindung mit einer Rechtsverordnung nach § 116 Absatz 4 Nummer 2 oder
n) § 118 Absatz 4 Satz 3

eine Mitteilung nicht, nicht richtig, nicht vollständig, nicht in der vorgeschriebenen Weise oder nicht rechtzeitig macht,

(...)

(17) [1]Die Ordnungswidrigkeit kann in den Fällen des Absatzes 2 Nummer 2 Buchstabe d und e, (...) mit einer Geldbuße bis zu zwei Millionen Euro geahndet werden. [2]Gegenüber einer juristischen Person oder Personenvereinigung kann über Satz 1 hinaus eine höhere Geldbuße verhängt werden; die Geldbuße darf den höheren der folgenden Beträge nicht übersteigen:

1. zehn Millionen Euro oder
2. 5 Prozent des Gesamtumsatzes, den die juristische Person oder Personenvereinigung im der Behördenentscheidung vorangegangenen Geschäftsjahr erzielt hat.

[3]Über die in den Sätzen 1 und 2 genannten Beträge hinaus kann die Ordnungswidrigkeit mit einer Geldbuße bis zum Zweifachen des aus dem Verstoß gezogenen wirtschaftlichen Vorteils geahndet werden. [4]Der wirtschaftliche Vorteil umfasst erzielte Gewinne und vermiedene Verluste und kann geschätzt werden.

(...)

(24) Die Ordnungswidrigkeit kann in den Fällen des Absatzes 2 Nummer 2 Buchstabe f bis h, (...) mit einer Geldbuße bis zu fünfhunderttausend Euro, in den Fällen des (...) Absatzes 2 Nummer (...) 2 Buchstabe a, b und k bis n, (...) mit einer Geldbuße bis zu zweihunderttausend Euro, (...) in den übrigen Fällen mit einer Geldbuße bis zu fünfzigtausend Euro geahndet werden

§ 5 Abs. 1 S. 2 WpHG Veröffentlichung des Herkunftsstaates; Verordnungsermächtigung

(...) [2]Außerdem muss er die Information, dass die Bundesrepublik Deutschland sein Herkunftsstaat ist,

1. unverzüglich dem Unternehmensregister gemäß § 8 b des Handelsgesetzbuchs zur Speicherung übermitteln und

2. unverzüglich den folgenden Behörden mitteilen:
   a) der Bundesanstalt für Finanzdienstleistungsaufsicht (Bundesanstalt),
   b) wenn er seinen Sitz in einem anderen Mitgliedstaat der Europäischen Union oder einem anderen Vertragsstaat des Abkommens über den Europäischen Wirtschaftsraum hat, auch der dort zuständigen Behörde im Sinne des Artikels 24 der Richtlinie 2004/109/EG des Europäischen Parlaments und des Rates vom 15. Dezember 2004 zur Harmonisierung der Transparenzanforderungen in Bezug auf Informationen über Emittenten, deren Wertpapiere zum Handel auf einem geregelten Markt zugelassen sind, und zur Änderung der Richtlinie 2001/34/EG (ABl. L 390 vom 31.12.2004, S. 38), die durch die Richtlinie 2013/50/EU (ABl. L 294 vom 6.11.2013, S. 13) geändert worden ist, und,
   c) wenn seine Finanzinstrumente zum Handel an einem organisierten Markt in einem anderen Mitgliedstaat der Europäischen Union oder einem anderen Vertragsstaat des Abkommens über den Europäischen Wirtschaftsraum zugelassen sind, auch der dort zuständigen Behörde im Sinne des Artikels 24 der Richtlinie 2004/109/EG.

§ 22 Abs. 3 WpHG Meldepflichten

(3) [1]Die Verpflichtung nach Artikel 26 Absatz 1 bis 3 sowie 6 und 7 der Verordnung (EU) Nr. 600/2014 in Verbindung mit der Delegierten Verordnung (EU) 2017/590 der Kommission vom 28. Juli 2016 zur Ergänzung der Verordnung (EU) Nr. 600/2014 des Europäischen Parlaments und des Rates durch technische Regulierungsstandards für die Meldung von Geschäften an die zuständigen Behörden (ABl. L 87 vom 31.3.2017, S. 449), in der jeweils geltenden Fassung, gilt entsprechend für inländische zentrale Gegenparteien im Sinne des § 1 Absatz 31 des Kreditwesengesetzes hinsichtlich der Informationen, über die sie auf Grund der von ihnen abgeschlossenen Geschäfte verfügen. [2]Diese Informationen umfassen Inhalte, die gemäß Anhang 1 Tabelle 2 Meldefelder Nummer 1 bis 4, 6, 7, 16, 28 bis 31, 33 bis 36 und 38 bis 56 der Delegierten Verordnung (EU) 2017/590 anzugeben sind. [3]Die übrigen Meldefelder sind so zu befüllen, dass sie den technischen Validierungsregeln, die von der Europäischen Wertpapier- und Marktaufsichtsbehörde vorgegeben sind, entsprechen.

§ 23 Abs. 1 S. 1 WpHG Anzeige von Verdachtsfällen

(1) [1]Wertpapierdienstleistungsunternehmen, andere Kreditinstitute, Kapitalverwaltungsgesellschaften und Betreiber von außerbörslichen Märkten, an denen Finanzinstrumente gehandelt werden, haben bei der Feststellung von Tatsachen, die den Verdacht begründen, dass mit einem Geschäft über Finanzinstrumente, für die die Bundesanstalt die zuständige Behörde im Sinne des Artikels 2 Absatz 1 Buchstabe j der Verordnung (EU) Nr. 236/2012 ist, gegen die Arti-

kel 12, 13 oder 14 der Verordnung (EU) Nr. 236/2012 verstoßen wird, diese unverzüglich der Bundesanstalt mitzuteilen.

§ 33 Abs. 1 S. 1–2, Abs. 2 WpHG Mitteilungspflichten des Meldepflichtigen; Verordnungsermächtigung

(1) ¹Wer durch Erwerb, Veräußerung oder auf sonstige Weise 3 Prozent, 5 Prozent, 10 Prozent, 15 Prozent, 20 Prozent, 25 Prozent, 30 Prozent, 50 Prozent oder 75 Prozent der Stimmrechte aus ihm gehörenden Aktien an einem Emittenten, für den die Bundesrepublik Deutschland der Herkunftsstaat ist, erreicht, überschreitet oder unterschreitet (Meldepflichtiger), hat dies unverzüglich dem Emittenten und gleichzeitig der Bundesanstalt, spätestens innerhalb von vier Handelstagen unter Beachtung von § 34 Absatz 1 und 2 mitzuteilen. ²Bei Hinterlegungsscheinen, die Aktien vertreten, trifft die Mitteilungspflicht ausschließlich den Inhaber der Hinterlegungsscheine. (...)

(2) ¹Wem im Zeitpunkt der erstmaligen Zulassung der Aktien zum Handel an einem organisierten Markt 3 Prozent oder mehr der Stimmrechte an einem Emittenten zustehen, für den die Bundesrepublik Deutschland der Herkunftsstaat ist, hat diesem Emittenten sowie der Bundesanstalt eine Mitteilung entsprechend Absatz 1 Satz 1 zu machen. ²Absatz 1 Satz 2 gilt entsprechend.

§ 38 Abs. 1 S. 1 WpHG Mitteilungspflichten beim Halten von Instrumenten; Verordnungsermächtigung

(1) ¹Die Mitteilungspflicht nach § 33 Absatz 1 und 2 gilt bei Erreichen, Überschreiten oder Unterschreiten der in § 33 Absatz 1 Satz 1 genannten Schwellen mit Ausnahme der Schwelle von 3 Prozent entsprechend für unmittelbare oder mittelbare Inhaber von Instrumenten, die

1. dem Inhaber entweder
   a) bei Fälligkeit ein unbedingtes Recht auf Erwerb mit Stimmrechten verbundener und bereits ausgegebener Aktien eines Emittenten, für den die Bundesrepublik Deutschland der Herkunftsstaat ist, oder
   b) ein Ermessen in Bezug auf sein Recht auf Erwerb dieser Aktien verleihen, oder
2. sich auf Aktien im Sinne der Nummer 1 beziehen und eine vergleichbare wirtschaftliche Wirkung haben wie die in Nummer 1 genannten Instrumente, unabhängig davon, ob sie einen Anspruch auf physische Lieferung einräumen oder nicht.

§ 40 Abs. 2 WpHG Veröffentlichungspflichten des Emittenten und Übermittlung an das Unternehmensregister

(2) Der Inlandsemittent hat gleichzeitig mit der Veröffentlichung nach Absatz 1 Satz 1 und 2 diese der Bundesanstalt mitzuteilen.

§ 41 Abs. 1 S. 2 WpHG Veröffentlichung der Gesamtzahl der Stimmrechte und Übermittlung an das Unternehmensregister

(1) (…) ²Er hat die Veröffentlichung gleichzeitig der Bundesanstalt entsprechend § 40 Absatz 2, auch in Verbindung mit einer Rechtsverordnung nach Absatz 3 Nummer 2, mitzuteilen.

§ 46 Abs. 2 S. 1 WpHG Befreiungen; Verordnungsermächtigung

(2) ¹Emittenten, denen die Bundesanstalt eine Befreiung nach Absatz 1 erteilt hat, müssen Informationen über Umstände, die denen des § 33 Absatz 1 Satz 1 und Absatz 2, § 38 Absatz 1 Satz 1, § 40 Absatz 1 Satz 1 und 2 sowie § 41 entsprechen und die nach den gleichwertigen Regeln eines Drittstaates der Öffentlichkeit zur Verfügung zu stellen sind, in der in § 40 Absatz 1 Satz 1, auch in Verbindung mit einer Rechtsverordnung nach Absatz 3, geregelten Weise veröffentlichen und gleichzeitig der Bundesanstalt mitteilen.

§ 50 Abs. 1 S. 1 WpHG Veröffentlichung zusätzlicher Angaben und Übermittlung an das Unternehmensregister; Verordnungsermächtigung

(1) ¹Ein Inlandsemittent muss
1. jede Änderung der mit den zugelassenen Wertpapieren verbundenen Rechte sowie
   a) im Falle zugelassener Aktien der Rechte, die mit derivativen vom Emittenten selbst begebenen Wertpapieren verbunden sind, sofern sie ein Umtausch- oder Erwerbsrecht auf die zugelassenen Aktien des Emittenten verschaffen,
   b) im Falle anderer Wertpapiere als Aktien Änderungen der Ausstattung dieser Wertpapiere, insbesondere von Zinssätzen, oder der damit verbundenen Bedingungen, soweit die mit den Wertpapieren verbundenen Rechte hiervon indirekt betroffen sind, und
2. Informationen, die er in einem Drittstaat veröffentlicht und die für die Öffentlichkeit in der Europäischen Union und dem Europäischen Wirtschaftsraum Bedeutung haben können,

unverzüglich veröffentlichen und gleichzeitig der Bundesanstalt diese Veröffentlichung mitteilen.

§ 51 Abs. 2 WpHG Befreiung

(2) Emittenten, denen die Bundesanstalt eine Befreiung nach Absatz 1 erteilt hat, müssen Informationen über Umstände im Sinne des § 50 Absatz 1 Satz 1 Nummer 1 und 2, die nach den gleichwertigen Regeln eines Drittstaates der Öffentlichkeit zur Verfügung zu stellen sind, nach Maßgabe des § 50 Absatz 1 in Verbindung mit einer Rechtsverordnung nach § 50 Absatz 2 veröffentlichen und die Veröffentlichung gleichzeitig der Bundesanstalt mitteilen; sie müssen die Informationen außerdem unverzüglich, jedoch nicht vor der Veröffentlichung dem Unternehmensregister im Sinne des § 8 b des Handelsgesetzbuchs zur Speicherung übermitteln.

§ 114 Abs. 1 S. 3 WpHG Jahresfinanzbericht; Verordnungsermächtigung

(1) (…) ³Das Unternehmen teilt die Bekanntmachung gleichzeitig mit ihrer Veröffentlichung der Bundesanstalt mit und übermittelt sie unverzüglich, jedoch nicht vor ihrer Veröffentlichung dem Unternehmensregister im Sinne des § 8 b des Handelsgesetzbuchs zur Speicherung.

§ 115 Abs. 1 S. 3 WpHG Halbjahresfinanzbericht; Verordnungsermächtigung

(1) (…) ³Das Unternehmen teilt die Bekanntmachung gleichzeitig mit ihrer Veröffentlichung der Bundesanstalt mit und übermittelt sie unverzüglich, jedoch nicht vor ihrer Veröffentlichung dem Unternehmensregister im Sinne des § 8 b des Handelsgesetzbuchs zur Speicherung.

§ 116 Abs. 2 S. 2 WpHG Zahlungsbericht; Verordnungsermächtigung

(2) (…) ²Das Unternehmen teilt die Bekanntmachung gleichzeitig mit ihrer Veröffentlichung der Bundesanstalt mit und übermittelt sie unverzüglich, jedoch nicht vor ihrer Veröffentlichung dem Unternehmensregister im Sinne des § 8 b des Handelsgesetzbuchs zur Speicherung.

§ 118 Abs. 4 S. 2 WpHG Ausnahmen

(4) (…) ²Die Bundesanstalt unterrichtet die Europäische Wertpapier- und Marktaufsichtsbehörde über die erteilte Freistellung.

Literatur: *Altenhain*, Der strafbare falsche Bilanzeid, WM 2008, 1141; *Buck-Heeb*, Vertrauen auf den Rechtsrat Dritter und Wissenszurechnung bei der Anlageberatung, BKR 2011, 441; *dies.*, Informationsorganisation im Kapitalmarktrecht – Compliance zwischen Informationsmanagement und Wissensorganisationspflichten, CCZ 2009, 18; *Möllers/Christ/Harrer*, Nationale Alleingänge und die europäische Reaktion auf ein Verbot ungedeckter Leerderivate, NZG 2010, 1167; *Moosmayer*, Meldepflicht nach § 9 Wertpapierhandelsgesetz, wistra 2002, 161; *Starke*, Beteiligungstransparenz im Gesellschafts- und Kapitalmarktrecht, 2002; *Süßmann*, Straf- und Bußgeldrechtliche Regelungen im Entwurf des Vierten Finanzmarktförderungsgesetzes, WM 1996, 937; *Tautges*, Kapitalmarktrechtliche Mitteilungen trotz nicht bestehender Mitteilungspflicht und deren Veröffentlichung, BB 2010, 1291.

I. Gebotstatbestände	1	III. Änderungen durch das	
II. Tathandlung	15	2. FiMaNoG	16

I. Gebotstatbestände

1 Die Norm sanktioniert Verstöße gegen verwaltungsrechtliche Mitteilungspflichten, die insbesondere gegenüber der BaFin bestehen, damit diese ihren Überwachungsaufgaben nachkommen kann.[1] Schutzgut ist das kapitalmarktrechtliche Informationssystem.[2] Die verwaltungsrechtlichen Grundnormen verweisen zur Konkretisierung auf die WpAIV und WpHMV. Der Ordnungswidrigkeitstatbestand ist ein Sonderdelikt. Täter können nur natürliche Personen sein, die entweder selbst Adressat der Gebotstatbestände sind oder für einen solchen Adressaten gem. § 9 OWiG handeln.[3]

2 **Nr. 2 lit. a:** Der mit dem TÄndRLUG v. 20.11.2015 eingeführte § 39 Abs. 2 Nr. 2 lit. a WpHG (aF), § 120 Abs. 2 Nr. 2 lit. a WpHG (nF) verweist auf den ebenfalls eingeführten § 2 c Abs. 1 S. 2 WpHG (aF), § 5 Abs. 1 S. 2 WpHG (nF). Dieser regelt nun einheitlich die vorher in § 2 b Abs. 1 und 2 WpHG jeweils separat geregelten Pflichten. Die Norm verpflichtet einen Emittenten, dessen Herkunftsstaat nach § 2 Abs. 11 Nr. 1 lit. a WpHG die Bundesrepublik Deutschland ist oder der nach § 4 Abs. 1 oder Abs. 2 WpHG die Bundesrepublik Deutschland als Herkunftsstaat wählt, diese Information unverzüglich dem Unternehmensregister, der BaFin oder, wenn er seinen Sitz in einem anderen Mitgliedstaat der EU oder des EWR hat oder wenn seine Finanzinstrumente zum Handel an einem der dortigen organisierten Märkte zugelassen sind, dies der dort zuständigen Behörde mitzuteilen.

3 **Nr. 2 lit. b: Adressaten:** § 9 WpHG regelt in äußerst unübersichtlicher Form die Pflicht von Kreditinstituten, Finanzdienstleistungsinstituten und inländischen Zweigstellen ausländischer Kredit- oder Finanzdienstleistungsinstitute, der BaFin alle Wertpapiergeschäfte zu melden. Gestaltung und Umfang dieser Meldung werden durch § 9 Abs. 2 WpHG und die WpHMV konkretisiert.[4] Meldepflichtig sind auch die sogenannten Clearingstellen,[5] also solche inländische Stellen, die ein System zur Sicherung der Erfüllung von Geschäften an einem organisierten Markt betreiben (§ 9 Abs. 1 S. 3 WpHG). Darüber hinaus sind Unternehmen mit Sitz außerhalb der EU oder des EWR, die an einer inländischen Börse zur Teilnahme am Handel zugelassen sind, hinsichtlich der von ihnen an dieser inländischen Börse geschlossenen Geschäfte in Finanzinstrumenten mitteilungsverpflichtet (§ 9 Abs. 1 S. 4 WpHG).

---

1 Fuchs/*Waßmer* WpHG § 39 (aF) Rn. 41.
2 Regierungsentwurf TUG, BT-Drs. 16/2498, S. 26.
3 Fuchs/*Waßmer* WpHG § 39 (aF) Rn. 42.
4 BGBl. 1995 I 2094; zuletzt geändert durch die dritte VO zur Änderung der Wertpapierhandel-Meldeverordnung vom 18.12.2007, BGBl. 2007 I 3014.
5 Fuchs/*Schlette*/*Bouchon* WpHG § 9 Rn. 16.

Kap. 13.3. § 120 Abs. 2 Nr. 2 WpHG Mitteilungspflichten zum Unternehmensregister

Der **Meldepflicht** unterliegt jedes Geschäft[6] in Finanzinstrumenten (§ 2 Abs. 2 b S. 1 WpHG), die zum Handel an einem organisierten Markt zugelassen oder in den regulierten Markt oder den Freiverkehr einer inländischen Börse einbezogen sind. Darüber hinaus gilt die Meldepflicht für den Erwerb oder die Veräußerung von Rechten auf Zeichnung von Wertpapieren, sofern diese Wertpapiere an einem organisierten Markt oder im Freiverkehr[7] gehandelt werden sollen, sowie Geschäfte in Aktien und Optionsscheinen, bei denen ein Antrag auf Zulassung zum organisierten Markt oder den Freiverkehr[8] bereits gestellt oder öffentlich angekündigt ist (§ 9 Abs. 1 S. 2 WpHG).

Ausgenommen von der Meldepflicht sind die ausdrücklich gesetzlich geregelten Fälle (§ 9 Abs. 1 a S. 2 WpHG iVm WpHMV). Dies betrifft etwa Geschäfte mit solchen Fondsanteilen von Kapitalgesellschaften und ausländischen Investmentgesellschaften, die einer Rücknahmepflicht unterliegen.[9] Weiter von der Meldepflicht nicht erfasst sind sogenannte Botengeschäfte, bei denen ein Institut einen Auftrag an ein anderes lediglich weiterleitet, so dass dieses ihn bearbeitet.[10] Im Wege der teleologischen Reduktion sind ferner solche Transaktionen von der Meldepflicht ausgeschlossen, bei denen ein Insiderwissen praktisch nicht ausgenutzt werden kann.[11] Bezüglich des **Inhalts der Meldung** gilt § 2 Abs. 2 S. 2, 3 WpHG iVm Art. 13 Abs. 1 S. 1 iVm Tab. 1 des Anhangs I der Verordnung (EG) 1287/2006[12] und §§ 3 ff. WpHMV iVm den als Anlage mitveröffentlichten Meldebogen und der Feldbeschreibung. Als Zeitpunkt ist die Meldung spätestens an dem auf den Tag des Geschäftsabschlusses folgenden Werktag, der kein Samstag ist, zu übersenden.[13]

Nr. 2 lit. c: § 23 Abs. 1 S. 1 WpHG betrifft die Pflicht zur **Verdachtsanzeige** von Verstößen gegen Art. 12, 13 und 14 der VO (EU) 236/2012. Der Bußgeldtatbestand betrifft nur noch die Verdachtsmeldung im Hinblick auf einen Verstoß gegen Art. 12, 14 oder 14 der VO (EU) Nr. 236/2012, dagegen nicht mehr im Hinblick auf einen Verstoß gegen das Verbot von Insidergeschäften und das Verbot der Marktmanipulation. Ein Verstoß gegen die Verdachtsanzeige wegen eines Verstoßes gegen das Verbot von Insidergeschäften und Marktmanipulation ist nunmehr nach § 120 Abs. 15 Nr. 4 WpHG ordnungswidrig. **Adressaten** der Anzeigenpflicht gegenüber der BaFin sind Wertpapierdienstleistungsunternehmen (§ 2 Abs. 10 WpHG), sonstige Kreditinstitute, Kapitalverwaltungsgesellschaften und Betreiber außerbörslicher Märkte, an denen aber Finanzinstrumente im Sinne des § 2 Abs. 4 WpHG gehandelt werden. Welche Person innerhalb des Adressaten die Anzeige abgibt, ist nicht geregelt und kann daher unternehmensintern geregelt werden.[14]

---

6 Zur Bestimmung des Begriffs „Geschäft" siehe BaFin Rundschreiben 12/2007 (WA) – Umsetzung der MiFID vom 21.12.2007, S. 3 und JVRB/*Neusüß* WpHG § 9 Rn. 29 ff.
7 Gem. Art. 6 des Gesetzes zur Stärkung der Finanzmarkt- und Versicherungsaufsicht (BGBl. 2009 I 2305).
8 Seit dem 1.11.2009 sind der BaFin auch die Freiverkehrswerte wieder zu melden.
9 Fuchs/*Schlette*/*Bouchon* WpHG § 9 (aF) Rn. 33.
10 Schwark/Zimmer/*Reck* WpHG § 9 Rn. 16; *Süßmann* WM 1996, 937 (939); VG Frankfurt aM 20.11.2000 – 9 E 4474/99, ZIP 2001, 605 (608).
11 Fuchs/*Schlette*/*Bouchon* WpHG § 9 (aF) Rn. 35 mwN.
12 VO (EG) Nr. 1287/2006 vom 10.8.2006 zur Durchführung der RL 2004/39/EG.
13 Heidel/*Petow* WpHG § 10 (aF) Rn. 3.
14 JVRB/*Ritz* WpHG § 10 (aF) Rn. 13.

7 Die **Pflicht wird ausgelöst,** wenn Tatsachen erkennbar sind, die den Verdacht begründen, dass mit einem Geschäft über Finanzinstrumente gegen die Beschränkung ungedeckter Leerverkäufe in Aktien,[15] von öffentlichen Schuldtiteln[16] oder gegen die Beschränkung für ungedeckte Credit Default Swaps auf öffentliche Schuldtitel[17] verstoßen wird. Bloße Vermutungen reichen für eine Anzeigenpflicht nicht aus.[18] Diese Tatsachen müssen festgestellt und beim Anzeigenpflichtigen verfügbar sein (Art. 9 Abs. 2 Durchführungsrichtlinie, § 2 WpAIV).

8 Dabei stellt sich die Frage der **Wissenszurechnung:**[19] Verwaltungsrechtlich würde eine Tatsachenfeststellung durch einen Wissensvertreter des Unternehmens (das Unternehmen ist Normadressat) genügen. Für die bußgeldrechtliche Zurechnung reicht dies grundsätzlich nicht. Ein Vorwurf kann sich nur ergeben, wenn der Betroffene unter Berücksichtigung der §§ 9, 14 OWiG, § 14 StGB selbst vorsätzlich oder leichtfertig handelt.[20]

9 Aufgrund dieser festgestellten Tatsachen muss sich ein Verdacht für einen Verstoß gegen Art. 12, 13 oder 14 VO (EU) 236/2012 ergeben. Dieser **Verdachtsbegriff** ist nach dem Willen des Gesetzgebers nicht strafprozessual, sondern autonom kapitalmarktrechtlich zu bestimmen.[21] Richtigerweise[22] löst die Pflicht zur Verdachtsanzeige nur ein qualifizierter Verdacht dergestalt aus, dass die konkrete Möglichkeit eines Insiderverstoßes oder einer Marktmanipulation naheliegt und typische Indizien für einen Marktmissbrauch bestehen.[23] Leichtfertig kann es aber sein, bestehenden Anhaltspunkten für Verstöße nicht nachzugehen.[24] Allerdings gibt es keine Pflicht, beim Adressaten nicht verfügbare Daten extern zu ermitteln, also insbesondere bei anderen Unternehmen, Behörden oder sonstigen Stellen Nachfragen zu adressieren.[25]

10 **Nr. 2 lit. d-h:** Soweit bei Erwerb, Veräußerung oder auf sonstige Weise bei Stimmrechten an einem Emittenten, bei dem der Herkunftsstaat die Bundesrepublik ist, bestimmte Schwellenwerte über- oder unterschritten oder erreicht werden, hat der Emittent dies der BaFin unverzüglich mitzuteilen, spätestens jedoch innerhalb von vier Handelstagen. Dies dient dem kapitalmarktrechtlichen Grundsatz der Beteiligungstransparenz.[26] Im Einzelfall kann es sein, dass einem Normadressaten unter § 34 WpHG auch Stimmrechte Dritter zuzuordnen sind, was das Erreichen der in § 33 Abs. 1 S. 1 WpHG genannten Beteiligungsschwellen bewirken kann. Durch die §§ 33 ff. WpHG soll den Anlegern

---

15 Art. 12 der VO (EU) 236/2012.
16 Art. 13 der VO (EU) 236/2012.
17 Art. 14 der VO (EU) 236/2012.
18 Vgl. bereits BT-Drs. 15/3174, 32; ebenso Fuchs/*Schlette/Bouchon* WpHG § 10 (aF) Rn. 5; Assmann/Schneider/Mülbert/*Spoerr* WpHG § 23 Rn. 16.
19 *Buck-Heeb* BKR 2011, 441 und dies. CCZ 2009, 18 ff.
20 Assmann/Schneider/Mülbert/*Spoerr* WpHG § 23 Rn. 17.
21 BT Drs. 15/3493, S. 64; vgl. eingehend: Assmann/Schneider/Mülbert/*Spoerr* WpHG § 23 Rn. 19.
22 Allerdings umstritten: vgl. Nachweise bei Assmann/Schneider/Mülbert/*Spoerr* WpHG § 23 Rn. 18 f.
23 Ebenso: KölnKommWpHG/*Heinrich* § 10 (aF) Rn. 33, der von „klaren Anhaltspunkten" spricht.
24 Vgl. insofern Assmann/Schneider/Mülbert/*Spoerr* WpHG § 23 Rn. 40.
25 Assmann/Schneider/Mülbert/*Spoerr* WpHG § 23 Rn. 39.
26 Fuchs/*Zimmermann* WpHG Vor §§ 21–30 (aF) Rn. 1.

ermöglicht werden, sich ein genaues Bild über die Beteiligungsverhältnisse zu machen.[27] Anleger können auf diese Weise mögliche Unternehmensübernahmen zeitlich voraussehen.[28] Eine eigenmächtige Korrektur der übermittelten Informationen ist darüber hinaus verboten und kann höchstens bis zu einem Nachweis des Urhebers hinausgezögert werden, jedoch auch nur maximal drei Handelstage, § 42 WpHG.[29]

Nr. 2 lit. i, j: Notwendige Informationen für die Wahrnehmung von Rechten aus Wertpapieren. Nach § 50 WpHG sind zwei Kategorien von Angaben durch den Inlandsemittenten bekannt zu machen: Zum einen geht es um Informationen, die für das vom Emittenten begebene Wertpapier relevant sind (Nr. 1), zum anderen um in einem Drittstaat veröffentlichte Informationen, soweit sie für die Öffentlichkeit in der Europäischen Union oder dem EWR Bedeutung haben (Nr. 2). 11

§ 51 Abs. 2 WpHG soll verhindern, dass Emittenten mit Zulassungen in mehreren Staaten doppelt belastet werden. Diese können innerhalb Deutschlands von der Publizitätspflicht nach Abschnitt 6 befreit werden. Diese Befreiung ist jedoch nicht umfassend. Informationen über Umstände im Sinne des § 50 Abs. 1 S. 1 Nr. 1, 2 WpHG, die nach gleichwertigen Regelungen eines Drittstaates der Öffentlichkeit zur Verfügung zu stellen sind, sind gleichwohl bekannt zu machen.[30] Dem Drittstaatenemittenten bleibt es bei einer Befreiung daher lediglich erspart, in Deutschland Informationen veröffentlichen zu müssen, die über die im Drittstaat publizierten Informationen hinausgehen. Des Weiteren muss der Emittent die Informationen an das Unternehmensregister übermitteln. 12

Die Vorschrift dient dazu, die Vollständigkeit, Zuverlässigkeit und Aktualität des Unternehmensregisters sicherzustellen. Diese Pflicht trifft den Emittenten zugleich aus § 8 b Abs. 3 S. 1 Nr. 2 HGB, die ihrerseits gem. § 104 a HGB bußgeldbewehrt ist. Eine solche Doppelung ist unnötig und führt zu Abgrenzungsschwierigkeiten. Es droht ein Verstoß gegen das Verbot der Doppelbestrafung.[31] 13

Nr. 2 lit. k–n: Die §§ 114 ff. WpHG regeln die Pflichten zur Mitteilung von Hinweisbekanntmachungen zu Finanzberichten. Betroffen sind Inlandsemittenten, die Wertpapiere begeben, bzgl. ihrer Jahresfinanzberichte (§ 114 Abs. 1 S. 3 WpHG). Diese haben die Hinweisbekanntmachungen innerhalb der Frist, in der die Finanzberichte veröffentlicht werden müssen, der BaFin mitzuteilen. Unternehmen, die als Inlandsemittenten Aktien oder Schuldtitel begeben, trifft hinsichtlich von Halbjahresfinanzberichten dieselbe Pflicht (§ 115 Abs. 1 S. 3 WpHG). Dasselbe gilt für Unternehmen, die als Inlandsemittenten Wertpapiere begeben und in der mineralgewinnenden Industrie oder im Holzeinschlag in Primärwäldern tätig sind. Diese haben Hinweisbekanntmachungen sowie den Zahlungs- oder den Konzernzahlungsbericht zu übermitteln, wobei sich die Systematik an den §§ 114 ff. WpHG orientiert. Diese Pflichten werden auf 14

---

27 Regierungsentwurf BT Drs. 12/6679, 35, 52.
28 Fuchs/*Zimmermann* WpHG Vor §§ 21–30 (aF) Rn. 16.
29 *Tautges* BB 2010, 1291 unter Verweis auf den Fall „MAM-Invesco".
30 Assmann/Schneider/Mülbert/*Mülbert* WpHG § 51 Rn. 6.
31 Assmann/Schneider/Mülbert/*Mülbert* WpHG § 51 Rn. 11; *Altenhain* WM 2008, 1141 (1143).

Mutterunternehmen ausgedehnt, die einen Konzernabschluss und Konzernlagebericht aufstellen müssen, hinsichtlich der Finanzberichte des Konzerns (§ 117 WpHG). Schließlich sind auch Unternehmen mit Sitz in einem Drittstaat, die als Inlandemittenten Wertpapiere begeben und von den Pflichten der §§ 114 bis 117 WpHG freigestellt sind, verpflichtet Hinweisbekanntmachungen zu veröffentlichen und gleichzeitig der BaFin mitzuteilen (§ 118 Abs. 4 S. 3, 4 WpHG). Die Anforderungen hinsichtlich Inhalt und Umfang werden in § 19 iVm § 3 c WpAIV konkretisiert.

II. Tathandlung

15 **Ordnungswidrig** handelt im Falle des § 120 Abs. 2 Nr. 2 lit. a–n WpHG, wer **vorsätzlich oder leichtfertig** die jeweils geforderte Mitteilung nicht, nicht richtig oder nicht vollständig, nicht in der vorgeschriebenen Weise oder nicht rechtzeitig macht. Soweit eine Mitteilung „unverzüglich" zu erfolgen hat, wird auf § 121 Abs. 1 S. 1 BGB zurückgegriffen.[32] Eine Maximalfrist kann vor diesem Hintergrund nur ausgeschöpft werden, wenn sich die Veröffentlichung „ohne Verschulden" bis zur Maximalfrist verzögert.[33] Soweit eine Mitteilung, Bekanntmachung oder Veröffentlichung „gleichzeitig" zu geschehen hat, genügt es, wenn sie unmittelbar hintereinander versandt werden.[34] **Nicht richtig** ist eine Mitteilung, wenn sie inhaltlich falsch ist, also die erforderlichen Angaben mit der Wirklichkeit nicht übereinstimmen.[35]

III. Änderungen durch das 2. FiMaNoG

16 Mit Inkrafttreten von Art. 3 des 2. FiMaNoG am 3.1.2018 wurde die Vorschrift des § 39 Abs. 2 Nr. 2 WpHG redaktionell geändert und an die Neunummerierung des Wertpapierhandelsgesetzes angepasst.[36]

Die Regelung findet sich künftig unter **§ 120 Abs. 2 Nr. 2 WpHG**.

(2) Ordnungswidrig handelt, wer vorsätzlich oder leichtfertig
2. entgegen
   a) § 5 Absatz 1 Satz 2,
   b) § 22 Absatz 3,
   c) § 23 Absatz 1 Satz 1, auch in Verbindung mit einer Rechtsverordnung nach Absatz 4 Satz 1,
   d) § 33 Absatz 1 Satz 1 oder 2 oder Absatz 2, jeweils auch in Verbindung mit einer Rechtsverordnung nach § 33 Absatz 5,
   e) § 38 Absatz 1 Satz 1, auch in Verbindung mit einer Rechtsverordnung nach § 38 Absatz 5, oder § 39 Absatz 1, auch in Verbindung mit einer Rechtsverordnung nach § 39 Absatz 2,
   f) § 40 Absatz 2, auch in Verbindung mit einer Rechtsverordnung nach § 40 Absatz 3 Nummer 2,
   g) § 41 Absatz 1 Satz 2, auch in Verbindung mit § 41 Absatz 2,
   h) § 46 Absatz 2 Satz 1,

---

32 Fuchs/*Waßmer* WpHG § 39 (aF) Rn. 59.
33 Fuchs/*Waßmer* WpHG § 39 (aF) Rn. 59; u.v.a. Assmann/Schneider/*Vogel* WpHG § 39 Rn. 11.
34 Regierungsentwurf TUG BT-Drs. 16/2498, S. 38.
35 Vgl. insoweit ausführlich: *Süßmann*, Vorauflage, 775.
36 Vgl. BT-Drs. 18/10936 (Vorabfassung), 253.

i) § 50 Absatz 1 Satz 1, auch in Verbindung mit einer Rechtsverordnung nach § 50 Absatz 2,
j) § 51 Absatz 2,
k) § 114 Absatz 1 Satz 3, auch in Verbindung mit § 117, jeweils auch in Verbindung mit einer Rechtsverordnung nach § 114 Absatz 3 Nummer 2,
l) § 115 Absatz 1 Satz 3, auch in Verbindung mit § 117, jeweils auch in Verbindung mit einer Rechtsverordnung nach § 115 Absatz 6 Nummer 3,
m) § 116 Absatz 2 Satz 2, auch in Verbindung mit einer Rechtsverordnung nach § 116 Absatz 4 Nummer 2 oder
n) § 118 Absatz 4 Satz 3

eine Mitteilung nicht, nicht richtig, nicht vollständig, nicht in der vorgeschriebenen Weise oder nicht rechtzeitig macht,

(...)

(17) [1]Die Ordnungswidrigkeit kann in den Fällen des Absatzes 2 Nummer 2 Buchstabe d und e (...) mit einer Geldbuße bis zu zwei Millionen Euro geahndet werden. [2]Gegenüber einer juristischen Person oder Personenvereinigung kann über Satz 1 hinaus eine höhere Geldbuße verhängt werden; die Geldbuße darf den höheren der folgenden Beträge nicht übersteigen:

1. zehn Millionen Euro oder
2. 5 Prozent des Gesamtumsatzes, den die juristische Person oder Personenvereinigung im der Behördenentscheidung vorangegangenen Geschäftsjahr erzielt hat.

[3]Über die in den Sätzen 1 und 2 genannten Beträge hinaus kann die Ordnungswidrigkeit mit einer Geldbuße bis zum Zweifachen des aus dem Verstoß gezogenen wirtschaftlichen Vorteils geahndet werden. [4]Der wirtschaftliche Vorteil umfasst erzielte Gewinne und vermiedene Verluste und kann geschätzt werden.

(...)

(24) Die Ordnungswidrigkeit kann in den Fällen des Absatzes 2 Nummer 2 Buchstabe f. bis h, (...) mit einer Geldbuße bis zu fünfhunderttausend Euro, in den Fällen des (...) Absatzes 2 Nummer (...) 2 Buchstabe a, b und k bis n, (...) mit einer Geldbuße bis zu zweihunderttausend Euro, (...) in den übrigen Fällen mit einer Geldbuße bis zu fünfzigtausend Euro geahndet werden.

Kap. 13.4. § 120 Abs. 2 Nr. 4 WpHG Sonstige Veröffentlichungspflichten

§ 120 Abs. 2 Nr. 4 WpHG Bußgeldvorschriften

(2) Ordnungswidrig handelt, wer vorsätzlich oder leichtfertig

4. a) § 40 Absatz 1 Satz 1, auch in Verbindung mit einer Rechtsverordnung nach § 40 Absatz 3 Nummer 1, oder entgegen § 41 Absatz 1 Satz 1, auch in Verbindung mit § 41 Absatz 2, oder § 46 Absatz 2 Satz 1,
b) § 40 Absatz 1 Satz 2, in Verbindung mit § 40 Absatz 1 Satz 1, auch in Verbindung mit einer Rechtsverordnung nach § 40 Absatz 3,
c) § 49 Absatz 1 oder 2,
d) § 50 Absatz 1 Satz 1 in Verbindung mit einer Rechtsverordnung nach § 50 Absatz 2 oder entgegen § 51 Absatz 2,
e) § 114 Absatz 1 Satz 2 in Verbindung mit einer Rechtsverordnung nach § 114 Absatz 3 Nummer 1, jeweils auch in Verbindung mit § 117, oder entgegen § 118 Absatz 4 Satz 3,

f) § 115 Absatz 1 Satz 2 in Verbindung mit einer Rechtsverordnung nach § 115 Absatz 6 Nummer 2, jeweils auch in Verbindung mit § 117, oder
g) § 116 Absatz 2 Satz 1 in Verbindung mit einer Rechtsverordnung nach § 116 Absatz 4 Nummer 1

eine Veröffentlichung nicht, nicht richtig, nicht vollständig, nicht in der vorgeschriebenen Weise oder nicht rechtzeitig vornimmt oder nicht oder nicht rechtzeitig nachholt,

(...)

(17) Die Ordnungswidrigkeit kann in den Fällen des Absatzes 2 (...) Nummer 4 Buchstabe a, b und e bis g (...) mit einer Geldbuße bis zu zwei Millionen Euro geahndet werden. Gegenüber einer juristischen Person oder Personenvereinigung kann über Satz 1 hinaus eine höhere Geldbuße verhängt werden; die Geldbuße darf den höheren der folgenden Beträge nicht übersteigen:
1. zehn Millionen Euro oder
2. 5 Prozent des Gesamtumsatzes, den die juristische Person oder Personenvereinigung im der Behördenentscheidung vorangegangenen Geschäftsjahr erzielt hat.

Über die in den Sätzen 1 und 2 genannten Beträge hinaus kann die Ordnungswidrigkeit mit einer Geldbuße bis zum Zweifachen des aus dem Verstoß gezogenen wirtschaftlichen Vorteils geahndet werden. Der wirtschaftliche Vorteil umfasst erzielte Gewinne und vermiedene Verluste und kann geschätzt werden.

(...)

(24) Die Ordnungswidrigkeit kann in den Fällen des Absatzes 2 (...) Nummer (...) 4 Buchstabe c, (...) mit einer Geldbuße bis zu fünfhunderttausend Euro (...), in den übrigen Fällen mit einer Geldbuße bis zu fünfzigtausend Euro geahndet werden.

§ 40 Abs. 1 WpHG Veröffentlichungspflichten des Emittenten und Übermittlung an das Unternehmensregister

(1) ¹Ein Inlandsemittent hat Informationen nach § 33 Absatz 1 Satz 1, Absatz 2 und § 38 Absatz 1 Satz 1 sowie § 39 Absatz 1 Satz 1 oder nach entsprechenden Vorschriften anderer Mitgliedstaaten der Europäischen Union oder anderer Vertragsstaaten des Abkommens über den Europäischen Wirtschaftsraum unverzüglich, spätestens drei Handelstage nach Zugang der Mitteilung zu veröffentlichen; er übermittelt sie außerdem unverzüglich, jedoch nicht vor ihrer Veröffentlichung dem Unternehmensregister im Sinne des § 8 b des Handelsgesetzbuchs zur Speicherung. ²Erreicht, überschreitet oder unterschreitet ein Inlandsemittent in Bezug auf eigene Aktien entweder selbst, über ein Tochterunternehmen oder über eine in eigenem Namen, aber für Rechnung dieses Emittenten handelnde Person die Schwellen von 5 Prozent oder 10 Prozent durch Erwerb, Veräußerung oder auf sonstige Weise, gilt Satz 1 entsprechend mit der Maßgabe, dass abweichend von Satz 1 eine Erklärung zu veröffentlichen ist, deren Inhalt sich nach § 33 Absatz 1 Satz 1, auch in Verbindung mit einer Rechtsverordnung nach § 33 Absatz 5 bestimmt, und die Veröffentlichung spä-

testens vier Handelstage nach Erreichen, Überschreiten oder Unterschreiten der genannten Schwellen zu erfolgen hat; wenn für den Emittenten die Bundesrepublik Deutschland der Herkunftsstaat ist, ist außerdem die Schwelle von 3 Prozent maßgeblich.

§ 41 Abs. 1 S. 1, 2 Abs. 2 WpHG Veröffentlichung der Gesamtzahl der Stimmrechte und Übermittlung an das Unternehmensregister

(1) ¹Ist es bei einem Inlandsemittenten zu einer Zu- oder Abnahme von Stimmrechten gekommen, so ist er verpflichtet, die Gesamtzahl der Stimmrechte und das Datum der Wirksamkeit der Zu- oder Abnahme in der in § 40 Absatz 1 Satz 1, auch in Verbindung mit einer Rechtsverordnung nach Absatz 3 Nummer 1, vorgesehenen Weise unverzüglich, spätestens innerhalb von zwei Handelstagen zu veröffentlichen. ²Er hat die Veröffentlichung gleichzeitig der Bundesanstalt entsprechend § 40 Absatz 2, auch in Verbindung mit einer Rechtsverordnung nach Absatz 3 Nummer 2, mitzuteilen. (…)

(2) ¹Bei der Ausgabe von Bezugsaktien ist die Gesamtzahl der Stimmrechte abweichend von Absatz 1 Satz 1 nur im Zusammenhang mit einer ohnehin erforderlichen Veröffentlichung nach Absatz 1, spätestens jedoch am Ende des Kalendermonats, in dem es zu einer Zu- oder Abnahme von Stimmrechten gekommen ist, zu veröffentlichen. ²Der Veröffentlichung des Datums der Wirksamkeit der Zu- oder Abnahme bedarf es nicht.

§ 46 Abs. 2 S. 1 WpHG Befreiungen; Verordnungsermächtigung

(2) ¹Emittenten, denen die Bundesanstalt eine Befreiung nach Absatz 1 erteilt hat, müssen Informationen über Umstände, die denen des § 33 Absatz 1 Satz 1 und Absatz 2, § 38 Absatz 1 Satz 1, § 40 Absatz 1 Satz 1 und 2 sowie § 41 entsprechen und die nach den gleichwertigen Regeln eines Drittstaates der Öffentlichkeit zur Verfügung zu stellen sind, in der in § 40 Absatz 1 Satz 1, auch in Verbindung mit einer Rechtsverordnung nach Absatz 3, geregelten Weise veröffentlichen und gleichzeitig der Bundesanstalt mitteilen.

§ 49 Abs. 1, 2 WpHG Veröffentlichung von Mitteilungen und Übermittlung im Wege der Datenfernübertragung

(1) ¹Der Emittent von zugelassenen Aktien, für den die Bundesrepublik Deutschland der Herkunftsstaat ist, muss
1. die Einberufung der Hauptversammlung einschließlich der Tagesordnung, die Gesamtzahl der Aktien und Stimmrechte im Zeitpunkt der Einberufung der Hauptversammlung und die Rechte der Aktionäre bezüglich der Teilnahme an der Hauptversammlung sowie
2. Mitteilungen über die Ausschüttung und Auszahlung von Dividenden, die Ankündigung der Ausgabe neuer Aktien und die Vereinbarung oder Aus-

übung von Umtausch-, Bezugs-, Einziehungs- und Zeichnungsrechten sowie die Beschlussfassung über diese Rechte

unverzüglich im Bundesanzeiger veröffentlichen. ²Soweit eine entsprechende Veröffentlichung im Bundesanzeiger auch durch sonstige Vorschriften vorgeschrieben wird, ist eine einmalige Veröffentlichung ausreichend.

(2) ¹Der Emittent zugelassener Schuldtitel im Sinne von § 48 Absatz 1 Nummer 6, für den die Bundesrepublik Deutschland der Herkunftsstaat ist, muss

1. den Ort, den Zeitpunkt und die Tagesordnung der Gläubigerversammlung und Mitteilungen über das Recht der Schuldtitelinhaber zur Teilnahme daran sowie
2. Mitteilungen über die Ausübung von Umtausch-, Zeichnungs- und Kündigungsrechten sowie über die Zinszahlungen, die Rückzahlungen, die Auslosungen und die bisher gekündigten oder ausgelosten, noch nicht eingelösten Stücke

unverzüglich im Bundesanzeiger veröffentlichen. ²Absatz 1 Satz 2 gilt entsprechend.

§ 50 Abs. 1 S. 1 WpHG Veröffentlichung zusätzlicher Angaben und Übermittlung an das Unternehmensregister; Verordnungsermächtigung

(1) ¹Ein Inlandsemittent muss

1. jede Änderung der mit den zugelassenen Wertpapieren verbundenen Rechte sowie
   a) im Falle zugelassener Aktien der Rechte, die mit derivativen vom Emittenten selbst begebenen Wertpapieren verbunden sind, sofern sie ein Umtausch- oder Erwerbsrecht auf die zugelassenen Aktien des Emittenten verschaffen,
   b) im Falle anderer Wertpapiere als Aktien Änderungen der Ausstattung dieser Wertpapiere, insbesondere von Zinssätzen, oder der damit verbundenen Bedingungen, soweit die mit den Wertpapieren verbundenen Rechte hiervon indirekt betroffen sind, und
2. Informationen, die er in einem Drittstaat veröffentlicht und die für die Öffentlichkeit in der Europäischen Union und dem Europäischen Wirtschaftsraum Bedeutung haben können,

unverzüglich veröffentlichen und gleichzeitig der Bundesanstalt diese Veröffentlichung mitteilen.

§ 51 Abs. 2 WpHG Befreiung

(2) Emittenten, denen die Bundesanstalt eine Befreiung nach Absatz 1 erteilt hat, müssen Informationen über Umstände im Sinne des § 50 Absatz 1 Satz 1 Nummer 1 und 2, die nach den gleichwertigen Regeln eines Drittstaates der Öffentlichkeit zur Verfügung zu stellen sind, nach Maßgabe des § 50 Absatz 1

in Verbindung mit einer Rechtsverordnung nach § 50 Absatz 2 veröffentlichen und die Veröffentlichung gleichzeitig der Bundesanstalt mitteilen; sie müssen die Informationen außerdem unverzüglich, jedoch nicht vor der Veröffentlichung dem Unternehmensregister im Sinne des § 8 b des Handelsgesetzbuchs zur Speicherung übermitteln.

§ 114 Abs. 1 S. 2 WpHG Jahresfinanzbericht; Verordnungsermächtigung

(1) (…) [2]Außerdem muss jedes Unternehmen, das als Inlandsemittent Wertpapiere begibt, spätestens vier Monate nach Ablauf eines jeden Geschäftsjahres und vor dem Zeitpunkt, zu dem die in Absatz 2 genannten Rechnungslegungsunterlagen erstmals der Öffentlichkeit zur Verfügung stehen, eine Bekanntmachung darüber veröffentlichen, ab welchem Zeitpunkt und unter welcher Internetadresse die in Absatz 2 genannten Rechnungslegungsunterlagen zusätzlich zu ihrer Verfügbarkeit im Unternehmensregister öffentlich zugänglich sind.

§ 115 Abs. 1 S. 2 WpHG Halbjahresfinanzbericht; Verordnungsermächtigung

(1) (…) [2]Außerdem muss das Unternehmen spätestens drei Monate nach Ablauf des Berichtszeitraums und vor dem Zeitpunkt, zu dem der Halbjahresfinanzbericht erstmals der Öffentlichkeit zur Verfügung steht, eine Bekanntmachung darüber veröffentlichen, ab welchem Zeitpunkt und unter welcher Internetadresse der Bericht zusätzlich zu seiner Verfügbarkeit im Unternehmensregister öffentlich zugänglich ist.

§ 116 Abs. 2 S. 1 WpHG Zahlungsbericht; Verordnungsermächtigung

(2) [1]Außerdem muss jedes Unternehmen im Sinne des Absatzes 1 Satz 1 Nummer 1 spätestens sechs Monate nach Ablauf des Berichtszeitraums und vor dem Zeitpunkt, zu dem der Zahlungsbericht oder Konzernzahlungsbericht erstmals der Öffentlichkeit zur Verfügung steht, eine Bekanntmachung darüber veröffentlichen, ab welchem Zeitpunkt und unter welcher Internetadresse der Zahlungsbericht oder Konzernzahlungsbericht zusätzlich zu seiner Verfügbarkeit im Unternehmensregister öffentlich zugänglich ist.

§ 117 WpHG Konzernabschluss

Ist ein Mutterunternehmen verpflichtet, einen Konzernabschluss und einen Konzernlagebericht aufzustellen, gelten die §§ 114 und 115 mit der folgenden Maßgabe:
1. Der Jahresfinanzbericht hat auch den geprüften, im Einklang mit der Verordnung (EG) Nr. 1606/2002 des Europäischen Parlaments und des Rates vom 19. Juli 2002 betreffend die Anwendung internationaler Rechnungslegungsstandards (ABl. EG Nr. L 243 S. 1) aufgestellten Konzernabschluss,

den Konzernlagebericht, eine den Vorgaben des § 297 Absatz 2 Satz 4, § 315 Absatz 1 Satz 5 des Handelsgesetzbuchs entsprechende Erklärung und eine Bescheinigung der Wirtschaftsprüferkammer gemäß § 134 Abs. 2 a der Wirtschaftsprüferordnung über die Eintragung des Abschlussprüfers oder eine Bestätigung der Wirtschaftsprüferkammer gemäß § 134 Abs. 4 Satz 8 der Wirtschaftsprüferordnung über die Befreiung von der Eintragungspflicht zu enthalten.

2. Die gesetzlichen Vertreter des Mutterunternehmens haben den Halbjahresfinanzbericht für das Mutterunternehmen und die Gesamtheit der einzubeziehenden Tochterunternehmen zu erstellen und zu veröffentlichen. § 115 Absatz 3 gilt entsprechend, wenn das Mutterunternehmen verpflichtet ist, den Konzernabschluss nach den in § 315 e Absatz 1 des Handelsgesetzbuchs bezeichneten internationalen Rechnungslegungsstandards und Vorschriften aufzustellen.

§ 118 Abs. 4 S. 2 WpHG Ausnahmen; Verordnungsermächtigung

(4) (...) ²Die Bundesanstalt unterrichtet die Europäische Wertpapier- und Marktaufsichtsbehörde über die erteilte Freistellung.

Literatur: *Bedkowski*, Der neue Emittentenleitfaden der BaFin – nunmehr veröffentlicht, BB 2009, 1482; *Beiersdorf/Buchheim*, Entwurf des Gesetzes zur Umsetzung der EU-Transparenzrichtlinie: Ausweitung der Publizitätspflichten, BB 2006, 1674; *Bosse*, Wesentliche Neuregelungen in 2007 aufgrund des Transparenzrichtlinie-Umsetzungsgesetzes börsennotierter Unternehmen, DB 2007, 39; *DAV*, Stellungnahme zum Entwurf einer Überarbeitung des Emittentenleitfadens der BaFin, NZG 2009, 175; *Engelhardt*, Meldepflichtige und meldefreie Geschäftsarten bei Director's Dealings, AG 2009, 856; *Fleischer*, Director's Dealings, ZIP 2002, 1217; *Göres*, Kapitalmarktrechtliche Pflichten nach dem TUG, Der Konzern 2007, 15; *Hopt*, Vom Aktien- und Börsenrecht zum Kapitalmarktrecht, ZHR 141 (1977), 432; *Kocher/Widder*, Ad-hoc-Publizität in Unternehmenskrise und Insolvenz, NZI 2010, 925; *Krämer/Heinrich*, Emittentenleitfaden „reloaded", ZIP 2009, 1737; *Mülbert/Steup*, Das zweispurige Regime der Regelpublizität nach Inkrafttreten des TUG, NZG 2007, 761; *Nikoleyczik*, Ad-hoc-Publizitätspflicht bei zukunftsbezogenen Sachverhalten, GWR 2009, 82; *Rothenfußer/Nikoleyczik*, Zur Ad-hoc-Publizitätspflicht EWiR 2009, 427; *Schneider*, Zur Bedeutung der Gesamtzahl der Stimmrechte börsennotierter Unternehmen für die Stimmrechtsmeldepflichten der Aktionäre, NZG 2009, 121; *Schneider/Gilfrich*, Die Entscheidung des Emittenten über die Befreiung von der Ad-hoc-Publizität, BB 2007, 53; *Veith*, Die Befreiung von der Ad-hoc-Publizitätspflicht nach § 15 III WpHG, NZG 2005, 254; *Wastl*, Director's Dealings und aktienrechtliche Treuepflicht, NZG 2005, 17; *Widder*, Zur ad-hoc-publizitätspflichtigen Insiderinformation, EWiR 2009, 287; *ders.*, Befreiung von der Ad-hoc-Publizität ohne Selbstbefreiungsbeschluss?, BB 2009, 967; *Wiederhold/Pukallus*, Zwischenberichterstattung nach dem TUG, Der Konzern 2007, 264.

I. Gebotsnormen 1
II. Tathandlung 16
III. Änderungen durch das 2. FiMaNoG 21

I. Gebotsnormen

1 Die durch das TUG[1] in Umsetzung von Art. 28 Abs. 1 der Transparenzrichtlinie[2] vorgenommene Erweiterung des Kreises der Publikationspflichten von Ka-

---

1 BT-Drs. 16/2498, 46.
2 BT-Drs. 16/2498, 47.

pitalmarktinformationen[3] hat auch nach den jüngsten Reformen weitestgehend Bestand. Die Bußgeldvorschriften, die sich auf Verstöße gegen die im dritten oder vierten Abschnitt enthaltenen Normen beziehen, wurden dagegen aufgehoben. Bei der Auslegung der in Bezug genommenen Normen sind jeweils die Konkretisierungen nach der WpAIV zu berücksichtigen.[4] Die Gebotsnormen betreffen die Veröffentlichungen bestimmter Veränderungen von Beteiligungsverhältnissen (Nr. 4 lit. a, b), die Veröffentlichung von Informationen, die für die Wahrnehmung von bestimmten Rechten aus Wertpapieren notwendig sind (Nr. 4 lit. c für wesentliche Informationen, Nr. 4 lit. d für zusätzliche Angaben) und die Pflicht zur Veröffentlichung von Hinweisbekanntmachungen betreffend Finanzberichten (Nr. 4 lit. e–g).

Nr. 4 lit. a: Mitteilung von Veränderungen bzgl. bestimmter Beteiligungsverhältnisse. § 40 Abs. 1 S. 1 WpHG beschreibt die Pflicht des Inlandsemittenten, ihm gegenüber förmlich abgegebene Stimmrechtsmitteilungen zu veröffentlichen.[5] Regelungsadressaten sind Inlandsemittenten iSv § 2 Abs. 14 iVm § 33 Abs. 2 WpHG. Die Veröffentlichungspflicht wird durch die Veränderung eines Stimmrechtsanteils ausgelöst, der der Gesellschaft durch eine Stimmrechtsmitteilung iSv § 33 Abs. 1 S. 1, Abs. 2, §§ 38 Abs. 1 S. 1 und 39 WpHG zugeht. Soweit die Gesellschaft von Beteiligungsveränderungen auf sonstige Weise Kenntnis erlangt, löst dies die Veröffentlichungspflicht nicht aus.[6]

§ 41 WpHG verlangt die Veröffentlichung der Gesamtzahl der Stimmrechte durch einen Inlandsemittenten am Ende eines jeden Kalendermonats, in dem es zu einer Zu- oder Abnahme von Stimmrechten gekommen ist. Die Norm sollte eine Entlastung der nach den §§ 33 und 38 WpHG Meldepflichtigen bedeuten, die sich bei der Berechnung des von ihnen gehaltenen Stimmanteils auf die veröffentlichten Angaben zur Gesamtzahl der Stimmrechte verlassen können.[7] Bei der Berechnung des Stimmanteils ist insofern nicht das tatsächlich vorhandene aktienrechtliche Grundkapital, sondern nach § 12 Abs. 3 WpAIV die letzte Veröffentlichung des Emittenten zugrunde zu legen.[8] Allein in den Fällen, in denen der Meldepflichtige das tatsächliche aktienrechtliche Grundkapital kennt, bevor er die Veröffentlichung nach § 41 WpHG unternimmt, hat er auf dieses abzustellen.[9]

Unzutreffend dürfte es allerdings sein, wenn die BaFin davon ausgeht, dass das tatsächliche Grundkapital auch bei einem „Kennen müssen" des Meldepflichtigen zur Berechnung des Stimmanteils herangezogen werden könne. Damit wird für den Meldepflichtigen eine Nachforschungspflicht konstituiert, die

---

3 Vgl. dazu Fuchs/*Waßmer* WpHG § 39 (aF) Rn. 67.
4 Fuchs/*Waßmer* WpHG § 39 (aF) Rn. 67.
5 Heidel/*Heinrich* WpHG § 26 (aF) Rn. 1; JVRB/*Michel* WpHG § 26 (aF) Rn. 1.
6 Fuchs/*Zimmermann* WpHG § 26 (aF) Rn. 4; JVRB/*Michel* WpHG § 26 (aF) Rn. 17 mwN; Assmann/Schneider/Mülbert/*Schneider* WpHG § 40 Rn. 7.
7 Heidel/*Heinrich* WpHG § 26 a (aF) Rn. 2.
8 Zu einem anders lautenden Vorschlag während des Gesetzgebungsverfahren: *Krämer/Heinrich* ZIP 2009, 1737; ablehnende Stellungnahme des Handelsrechtsausschusses des DAV NZG 2009, 175.
9 BaFin, Emittentenleitfaden 2013, 106.

vom Gesetzgeber unter dem beschriebenen Telos der Vereinfachung nicht gewollt war.[10]

5 Nach § 46 Abs. 1 S. 1 WpHG kann die BaFin einen Inlandsemittenten mit Sitz in einem Drittstaat von den Veröffentlichungs- und Mitteilungspflichten nach § 40 Abs. 1 und § 41 WpHG freistellen. Damit soll eine Doppelbelastung dieser Emittenten durch Veröffentlichungspflichten sowohl in Deutschland als auch im Herkunftsstaat vermieden werden.[11] Gleichwohl muss eine Unterrichtung der Öffentlichkeit in der EU und dem EWR gesichert sein. Aus diesem Grund ist auch eine Veröffentlichung im Sinne des § 26 Abs. 1 WpHG und eine Mitteilung an die Bundesanstalt nach § 26 Abs. 2 WpHG erforderlich.

6 Bezüglich Inhalt, Art und Sprache der Veröffentlichung gelten die §§ 12 ff. WpAIV.[12] Der Veröffentlichungspflicht ist unverzüglich, spätestens jedoch drei Handelstage (§ 47 WpHG) nach Zugang der Stimmrechtsmitteilung nachzukommen. Dabei ist diese Pflicht bereits dann erfüllt, wenn die zu veröffentlichenden Informationen den nach § 3 a WpAIV zu nutzenden Medien zugegangen ist. Ob von dort eine tatsächliche Veröffentlichung europaweit stattgefunden hat, ist irrelevant.[13] Die Veröffentlichung der Gesamtzahl der Stimmrechte hat der Inlandsemittent darüber hinaus unverzüglich, jedoch nicht vor ihrer Veröffentlichung dem Unternehmensregister zur Speicherung zu übermitteln.

7 **Nr. 4 lit. b: Veröffentlichungspflicht hinsichtlich eigener Aktien bei Schwellenberührungen.** Durch das TÄndRLUG wurde § 26 Abs. 1 S. 2 WpHG (aF; § 40 Abs. 1 S. 2 WpHG nF) bereits auf Aktien erweitert, die ein Tochterunternehmen am Emittenten hält, so dass die vormals bestehende Gesetzeslücke geschlossen wurde. Durch das 1. FiMaNoG erfolgte eine redaktionelle Änderung. Der bisher von § 39 Abs. 2 Nr. 5 lit. c WpHG (aF) mitumfasste § 26 Abs. 1 S. 2 WpHG (aF) wurde eigenständig von Nr. 5 lit. d (aF) erfasst. Hintergrund dieser Änderung war die in § 39 Abs. 6 a WpHG (aF) eingeführte Abbedingung des § 17 Abs. 2 OWiG. Nach dem in Bezug genommenen § 40 Abs. 1 S. 2 WpHG (nF) besteht eine bußgeldbewehrte Veröffentlichungspflicht bezüglich des Erreichens, Über- oder Unterschreitens der eigenen Aktien des Emittenten, wenn die Schwellenwerte in Höhe von 3 %, 5 % und 10 % erreicht werden, wobei die 3 %-Schwelle nur für Inlandsemittenten gilt, deren Herkunftsstaat die Bundesrepublik Deutschland ist. Von der Pflicht zur Veröffentlichung sind alle Schwellenberührungen erfasst, die durch den Erwerb, die Veräußerung oder in sonstiger Weise in Bezug auf eigene Aktien entstehen. Die Veröffentlichung hat spätestens vier Tage nach der Schwellenberührung zu erfolgen.

8 **Nr. 4 lit. c, d.: Übermittlung notwendiger Informationen für die Wahrnehmung von Rechten aus Wertpapieren und zusätzlicher Angaben.** Emittenten zugelassener Aktien trifft die Pflicht, die Einberufung einer Hauptversammlung, deren Tagesordnung, die Gesamtzahl der Aktien und Stimmrechte zum Zeitpunkt

---

10 Heidel/*Heinrich* WpHG § 26 a (aF) Rn. 2; *Schneider* NZG 2009, 121 (124); *Krämer/Heinrich* ZIP 2009, 1737 (1743).
11 Fuchs/*Zimmermann* WpHG § 26 a (aF) Rn. 2; Heidel/*Heinrich* WpHG § 29 a (aF) Rn. 2; BaFin, Emittentenleitfaden 2013, 157.
12 Muster einer Veröffentlichungsmitteilung abrufbar unter www.bafin.de, vgl. insoweit auch Fuchs/*Zimmermann* WpHG § 26 (aF) Rn. 8 ff.
13 BT-Drs. 16/2498, 38.

der Einberufung, die Rechte der Aktionäre bzgl. der Teilnahme, Mitteilungen über die Ausschüttung und Auszahlung von Dividenden, die Ankündigung der Ausgabe neuer Aktien sowie die Vereinbarung oder Ausübung von Umtausch-, Bezugs-, Einziehungs- und Zeichnungsrechten und die Beschlussfassung über diese Rechte unverzüglich im Bundesanzeiger zu veröffentlichen (§ 49 Abs. 1 S. 1 Nr. 1, 2 WpHG). Diese Pflicht trifft auch Emittenten von zugelassenen Schuldtiteln hinsichtlich Ort, Zeitpunkt und Tagesordnung einer Gläubigerversammlung, Mitteilung hinsichtlich des Rechts von Schuldtitelinhabern zur Teilnahme, die Mitteilung über Ausübungen von Umtausch-, Zeichnungs- und Kündigungsrechten sowie Zinszahlungen, Rückzahlungen und Auslosungen (§ 49 Abs. 2 WpHG). § 49 Abs. 1 WpHG regelt also die aktienbezogenen Veröffentlichungspflichten, während § 49 Abs. 2 WpHG die schuldtitelbezogenen Veröffentlichungspflichten bestimmt.

Eine Veröffentlichung ist unverzüglich, wenn sie ohne schuldhaftes Zögern erfolgt (vgl. § 121 BGB). Mit Blick auf die aktienrechtsbezogenen Veröffentlichungspflichten beginnt die Frist im Falle von Umtausch-, Bezugs- oder Zeichnungsrechten mit der Fassung des zugrunde liegenden Hauptversammlungsbeschlusses und nicht erst mit dessen Eintragung.[14] Regelmäßig wird eine Veröffentlichung hier nur dann unverzüglich sein, wenn sie noch am Tage des Ereignisses oder spätestens am folgenden Arbeitstag im Bundesanzeiger veröffentlicht wird. Sind allerdings, etwa im Fall von Kündigungsrechten, zunächst eventuell schwierige Rechtsfragen zu beantworten, um das Vorliegen eines Rechts zu klären, bestehen weniger strenge Anforderungen an die Unverzüglichkeit.[15]

Nach § 50 Abs. 1 S. 1 WpHG ist jeder Inlandsemittent im Sinne des § 2 Abs. 14 WpHG veröffentlichungs- und mitteilungspflichtig. Aktienemittenten müssen über Rechtsänderungen bei bestimmten wertpapiermäßig verbrieften Derivaten informieren, welche den Inhabern ein bedingtes Recht auf den Umtausch oder Erwerb der zugelassenen Aktie gewähren und die vom selben Emittenten begeben worden sind.[16] Darüber hinaus müssen Emittenten sonstiger Wertpapiere über Änderungen der Ausstattungen dieser Wertpapiere informieren (§ 50 Abs. 1 S. 1 Nr. 1 lit. b WpHG). Nach § 50 Abs. 1 Nr. 2 WpHG ist es Emittenten verwehrt, bestimmte Informationen nur in Drittstaaten zu publizieren. Die Zugänglichmachung muss zumindest auch in der Europäischen Union und dem EWR erfolgen, es sei denn, diese Angaben sind für die Öffentlichkeit der Gemeinschaft irrelevant.[17]

Nach § 51 Abs. 2 WpHG gilt, dass Emittenten, die wegen einer Befreiung nach § 51 Abs. 1 WpHG die Pflichten nach § 50 Abs. 1 S. 1 Nr. 1 und 2 WpHG nicht erfüllen müssen, dennoch für eine Unterrichtung der Öffentlichkeit in der EU und dem EWR sorgen müssen.[18]

Nr. 4 lit. e-g: Pflicht zu Hinweisbekanntmachungen von bestimmten Finanzberichten. Die §§ 114 bis 118 WpHG gehen auf die Transparenzrichtlinie zu-

---
14 Assmann/Schneider/Mülbert/*Mülbert* WpHG § 49 Rn. 18.
15 Assmann/Schneider/Mülbert/*Mülbert* WpHG § 49 Rn. 28.
16 Heidel/*Willamowski* WpHG § 30 e (aF) Rn. 2.
17 Heidel/*Willamowski* WpHG § 30 e (aF) Rn. 4 u.v.a. Transparenzrichtlinie, Erwägung 27.
18 Heidel/*Willamowski* WpHG § 30 f. (aF) Rn. 1.

rück,[19] die der Schaffung effizienter, transparenter und infiltrierter Wertpapiermärkte, dem Anlegerschutz sowie der Erhöhung der Markteffizienz diente.[20]

13 Die §§ 114. ff. WpHG regeln die Pflichten zur Mitteilung von Hinweisbekanntmachungen zu Finanzberichten. Betroffen sind Inlandsemittenten, die Wertpapiere begeben bzgl. ihrer Jahresfinanzberichte (§ 114 Abs. 1 S. 2 WpHG). Diese haben die Hinweisbekanntmachungen gleichzeitig mit ihrer Veröffentlichung der BaFin mitzuteilen. Unternehmen, die als Inlandsemittenten Aktien oder Schuldtitel begeben, trifft hinsichtlich von Halbjahresfinanzberichten dieselbe Pflicht (§ 115 Abs. 1 S. 2 WpHG). Dasselbe gilt für Unternehmen, die als Inlandsemittenten Aktien begeben hinsichtlich der Zwischenmitteilung der Geschäftsführung (§ 116 Abs. 1 S. 2 WpHG). Diese Pflichten werden auf Mutterunternehmen ausgedehnt, die einen Konzernabschluss und Konzernlagebericht aufstellen müssen hinsichtlich der Finanzberichte des Konzerns (§ 117 WpHG). Schließlich haben auch Unternehmen mit Sitz in einem Drittstaat, die als Inlandsemittenten Wertpapiere begeben und von den Pflichten der §§ 114 bis 117 WpHG freigestellt sind, Hinweisbekanntmachungen zu veröffentlichen und gleichzeitig der BaFin mitzuteilen (§ 118 Abs. 4 S. 2 WpHG). Die Anforderungen hinsichtlich Inhalt und Umfang werden in § 17 iVm § 3 c WpAIV konkretisiert.

14 Der Kreis der **Normadressaten** und die **Häufigkeit der Berichterstattungspflicht** ist von der Art der emittierten Wertpapiere abhängig. Jahresfinanzberichte sind grundsätzlich von sämtlichen Unternehmen zu erstellen und zu veröffentlichen, die Wertpapiere iSv § 2 Abs. 1 WpHG emittieren. Hingegen sind Inlandsemittenten von Aktien und Schuldtiteln iSv § 2 Abs. 1 WpHG zur Halbjahresfinanzberichterstattung verpflichtet. Zwischenmitteilungen der Geschäftsführung bzw. Quartalsfinanzberichte sind nur von Inlandsemittenten von Aktien zu erstellen.

Da es sich bei den Normadressaten ausschließlich um Inlandsemittenten handelt, müssen sie für ihren Handel einen organisierten Markt iSv § 2 Abs. 11 WpHG in Anspruch nehmen.[21] Die Emittenten müssen ihren Gesellschaftssitz aber nicht zwingend im Inland haben.[22] Hingegen müssen die Emittenten, die ihre Wertpapiere nur im Freiverkehr einer Börse handeln, die Publizitätsanforderungen nicht erfüllen.[23]

15 Stellt der Emittent einen Konzernabschluss auf (Regelfall), gelten die vorgenannten Regeln jeweils auch für den Konzern-Jahresbericht, Konzern-Halbjahresbericht und die Konzern-Zwischenmitteilung (§ 117 WpHG).

---

19 RL 2004/109/EG v. 15.12.2004; die §§ 37 v und 37 y WpHG wurden durch das BilMoG v. 25.5.2009 (BGBl. 2009 I 1102 ff.) geändert.
20 Heidel/*Becker* WpHG Vor §§ 37 v–37 z (aF) Rn. 2.
21 Heidel/*Becker* WpHG § 37 v (aF) Rn. 7.
22 Heidel/*Becker* WpHG § 37 v (aF) Rn. 7; Fuchs/*Zimmermann* WpHG Vor §§ 37 v-z (aF) Rn. 9 f.; krit. zur Vereinbarkeit des beschränkten Anwendungsbereichs mit der TranspRL *Mülbert/Steup* NZG 2007, 761 (765 ff.).
23 Heidel/*Becker* WpHG § 37 v (aF) Rn. 7; *Beiersdorf/Buchheim* BB 2006, 1674 (1675 f.); *Bosse* DB 2007, 39 (40); Fuchs/*Zimmermann* WpHG § 37 v (aF) Rn. 5; *Göres* Der Konzern 2007, 15 (17); *Wiederhold/Pukallus* Der Konzern 2007, 264 (266).

II. Tathandlung

Tathandlung des § 120 Abs. 2 Nr. 4 WpHG ist das unterlassene, das nicht richtige, nicht vollständige, nicht in der vorgeschriebenen Weise oder nicht rechtzeitige Vornehmen oder nicht rechtzeitige Nachholen einer nach der genannten Gebotsnorm verlangten Veröffentlichung. 16

Unrichtig ist eine Veröffentlichung, wenn sie inhaltlich unwahr ist.[24] Das ist sie, wenn die Veröffentlichung mit der Mitteilung nicht übereinstimmt.[25] Teilweise wird vorgeschlagen, jedenfalls eine Ad-hoc-Mitteilung müsse zusätzlich geeignet sein, Auswirkungen auf den inländischen Börsen- oder Marktpreis einer Aktie zu haben.[26] Dafür finden sich aber weder im Wortlaut noch in den Motiven des Gesetzgebers Anhaltspunkte. Fraglich ist, wie unrichtige Angaben zu freiwilligen Teilen in einer Mitteilung, die also nicht gesetzlich gefordert ist, richtig sein müssen bzw. Unrichtigkeiten auch hier sanktionsbewehrt sind. Nach dem Vorbehalt des Gesetzes wird man hier die Forderung auf Unrichtigkeiten bei gesetzlich ausdrücklich geforderten Mitteilungen allein als tatbestandlich ansehen können.[27] 17

Unvollständig ist eine Veröffentlichung, wenn sie nicht alle gesetzlich geforderten Angaben enthält. Fehlt allerdings schon der Informationskern, liegt eine Nicht-Mitteilung vor.[28] Im Rahmen von Nr. 4 lit. a bezieht sich die Unvollständigkeit lediglich darauf, ob die Veröffentlichung die Mitteilung vollständig wiedergibt, nicht darauf, ob die Mitteilung selbst vollständig ist. Dies liegt am sog Vorrang der Veröffentlichung. Hat ein Emittent Anhaltspunkte dafür, dass die Mitteilung unvollständig ist, muss er sie dennoch veröffentlichen.[29] Nicht in der vorgeschriebenen Weise gemachte Veröffentlichungen sind solche, die den Anforderungen der WpAIV nicht entsprechen. Verspätet sind sie, wenn sie nicht unverzüglich, also ohne schuldhaftes Zögern, erfolgen. 18

Geht ein Emittent davon aus, dass eine Mitteilung unrichtig oder irreführend war, so muss die Mitteilung gleichwohl *veröffentlicht* werden. Es kommt im Rahmen des § 120 Abs. 2 Nr. 4 WpHG nur darauf an, ob die Veröffentlichung mit der Mitteilung übereinstimmt.[30] Offensichtliche Fehler, insbesondere Schreibfehler, erfüllen den Tatbestand allerdings nicht.[31] 19

In subjektiver Hinsicht setzt § 120 Abs. 2 WpHG Vorsatz oder Leichtfertigkeit voraus. Dabei wird die Leichtfertigkeit großenteils vermutet, da die betroffenen Adressaten ihre gesetzlichen Pflichten kennen müssen und in Zweifelsfällen zur Einholung von Rechtsrat verpflichtet sind.[32] 20

---

24 Assmann/Schneider/Mülbert/*Spoerr* WpHG § 120 Rn. 111.
25 Assmann/Schneider/*Vogel* WpHG § 39 Rn. 15.
26 Noch HK-KapMStR/*Süßmann*, 2. Aufl. S. 775.
27 So auch HK-KapMStR/*Süßmann*, 2. Aufl. S. 782.
28 Assmann/Schneider/Mülbert/*Schneider* WpHG § 40 Rn. 36.
29 Vgl. Assmann/Schneider/Mülbert/*Schneider* WpHG § 40 Rn. 35.
30 Assmann/Schneider/*Vogel* WpHG § 39 Rn. 15.
31 Fuchs/*Waßmer* WpHG § 39 (aF) Rn. 77, 60.
32 Erbs/Kohlhaas/*Wehowsky* WpHG § 39 (aF) Rn. 47.

III. Änderungen durch das 2. FiMaNoG

21 Mit Inkrafttreten von Art. 3 des 2. FiMaNoG am 3.1.2018 wurde die Vorschrift des § 39 Abs. 2 Nr. 5 WpHG redaktionell geändert und an die Neunummerierung des Wertpapierhandelsgesetzes angepasst.[33]

Kap. 13.5. § 120 Abs. 8 Nr. 27 WpHG Darlegungsverstöße

§ 120 Abs. 8 Nr. 27, Abs. 20, 26 WpHG Bußgeldvorschriften

(8) Ordnungswidrig handelt, wer vorsätzlich oder leichtfertig
(...)

27. entgegen § 63 Absatz 2 Satz 1 in Verbindung mit Satz 2, auch in Verbindung mit dem auf Grundlage von Artikel 23 Absatz 4 in Verbindung mit Artikel 89 der Richtlinie 2014/65/EU des Europäischen Parlaments und des Rates vom 15. Mai 2014 über Märkte für Finanzinstrumente sowie zur Änderung der Richtlinien 2002/92/EG und 2011/61/EU (ABl. L 173 vom 12.6.2014, S. 349; L 74 vom 18.3.2015, S. 38; L 188 vom 13.7.2016, S. 28; L 273 vom 8.10.2016, S. 35; L 64 vom 10.3.2017, S. 116), die zuletzt durch die Richtlinie (EU) 2016/1034 (ABl. L 175 vom 30.6.2016, S. 8) geändert worden ist, erlassenen delegierten Rechtsakt der Europäischen Kommission, eine Darlegung nicht, nicht richtig, nicht vollständig, nicht in der vorgeschriebenen Weise oder nicht rechtzeitig vornimmt,

(20) ¹Die Ordnungswidrigkeit kann in den Fällen der Absätze 8 und (...) mit einer Geldbuße bis zu fünf Millionen Euro geahndet werden. ²Gegenüber einer juristischen Person oder Personenvereinigung kann über Satz 1 hinaus eine höhere Geldbuße in Höhe von bis zu 10 Prozent des Gesamtumsatzes, den die juristische Person oder Personenvereinigung im der Behördenentscheidung vorangegangenen Geschäftsjahr erzielt hat, verhängt werden. ³Über die in den Sätzen 1 und 2 genannten Beträge hinaus kann die Ordnungswidrigkeit mit einer Geldbuße bis zum Zweifachen des aus dem Verstoß gezogenen wirtschaftlichen Vorteils geahndet werden. ⁴Der wirtschaftliche Vorteil umfasst erzielte Gewinne und vermiedene Verluste und kann geschätzt werden.

(26) Die Verfolgung der Ordnungswidrigkeiten nach den Absätzen 17 bis 22 verjährt in drei Jahren.

Literatur: *Assmann/Schneider/Mülbert* (Hrsg.), WpHG Kommentar, 7. Aufl., 2019; *Fuchs* (Hrsg.), WpHG Kommentar, 2. Aufl. 2016.

I. Historie des Bußgeldtatbestandes 1	IV. Adressat/Täter 16
II. Grundtatbestand 2	V. Verschulden 18
1. Anwendungsbereich des § 63 Abs. 2 WpHG 3	VI. Rechtsfolge 19
2. Regelungsbereich des § 63 Abs. 2 WpHG 5	VII. Verfolgungs- und Vollstreckungsverjährung 24
III. Tathandlung 10	1. Verfolgungsverjährung 24
	2. Vollstreckungsverjährug 25

---

[33] Vgl. BT-Drs. 18/10936 (Vorabfassung), 253.

I. Historie des Bußgeldtatbestandes

Der neue § 120 Abs. 8 Nr. 27 WpHG war zum einen von der Neunummerierung des WpHG durch das 2. FiMaNoG betroffen.[1] Daneben kam es aber auch zu einer inhaltlichen Erweiterung und Verschärfung dieses Bußgeldtatbestandes (s. Rn. 6 und Rn. 10).

Die Vorgängernorm fand sich in § 39 Abs. 2 Nr. 15 WpHG aF und wurde durch das Gesetz zur Umsetzung der Richtlinie über Märkte für Finanzinstrumente und der Durchführungsrichtlinie der Kommission (**Finanzmarktrichtlinie-Umsetzungsgesetz bzw. „FRUG"**) vom 16.7.2007 in den Bußgeldkatalog aufgenommen.[2]

II. Grundtatbestand

§ 120 Abs. 8 Nr. 27 WpHG sanktioniert Verstöße gegen die in § 63 Abs. 2 S. 1 und 2 WpHG normierte Pflicht, **Interessenskonflikte** offen zu legen, und dient damit dem Anlegerschutz.

1. Anwendungsbereich des § 63 Abs. 2 WpHG

§ 63 WpHG normiert die **allgemeinen Verhaltenspflichten**, die von allen Wertpapierdienstleistungsunternehmen für jegliche von ihnen zu erbringende Wertpapierdienstleistung einzuhalten sind.[3] Der Anwendungsbereich dieser Norm ist nicht auf eine spezielle Wertpapierdienstleistung beschränkt.

Der Anwendungsbereich des § 63 Abs. 2 S. 1 und 2 WpHG erstreckt sich daneben dem Wortlaut nach auf „**Kunden**". Unter diesen Kundenbegriff fallen zum einen **Privatkunden** (§ 67 Abs. 1 iVm Abs. 3 WpHG), **professionelle Kunden** (§ 67 Abs. 1 iVm Abs. 2 WpHG) sowie die **geeigneten Gegenparteien** (§ 67 Abs. 1 iVm Abs. 4 WpHG).

2. Regelungsbereich des § 63 Abs. 2 WpHG

§ 63 Abs. 2 WpHG bestimmt, dass ein Wertpapierdienstleistungsunternehmen einem Kunden, bevor es Geschäfte für ihn durchführt, die allgemeine Art und Herkunft von Interessenkonflikten und die zur Begrenzung der Risiken der Beeinträchtigung der Kundeninteressen unternommenen Schritte eindeutig darzulegen hat. Diese Pflicht besteht jedoch nur, soweit die organisatorischen Vorkehrungen nach § 80 Abs. 1 S. 2 Nr. 2 WpHG nicht ausreichen, um nach vernünftigem Ermessen zu gewährleisten, dass das Risiko der Beeinträchtigung von Kundeninteressen vermieden wird. Die Darlegung muss dabei

1. mittels eines dauerhaften Datenträgers erfolgen und
2. unter Berücksichtigung der Einstufung des Kunden im Sinne des § 67 WpHG so detailliert sein, dass der Kunde in die Lage versetzt wird, seine Entscheidung über die Wertpapierdienstleistung oder Wertpapiernebendienstleistung, in deren Zusammenhang der Interessenkonflikt auftritt, in Kenntnis der Sachlage zu treffen.

---

[1] Zur Historie s. Kap. 3 Rn. 3.
[2] Vgl. BT-Drs. 16/4028, 63.
[3] Vgl. BT-Drs. 18/10936, 234.

6 Die Vorgängerregelung fand sich in § 31 Abs. 1 Nr. 2 WpHG aF und sah, anders als die aktuelle Fassung, noch nicht vor, dass Wertpapierdienstleistungsunternehmen auch gegenüber Kunden verpflichtet sind, die zur Begrenzung von Restrisiken unternommenen Schritte eindeutig darzulegen.[4] Der neue § 63 Abs. 2 WpHG wurde insofern **verschärft**.

7 Dass zwischen verschiedenen Marktteilnehmern unterschiedliche Interessen bestehen, ist nicht per se als verwerfliches Verhalten eines Wertpapierdienstleistungsunternehmens zu bewerten. Entscheidend ist jedoch der Umgang mit diesen Interessenkonflikten. Insofern bedarf es einer **Interessenkonfliktsteuerung**, die ua durch den § 63 Abs. 2 WpHG erreicht werden soll. Durch diese Regelung soll das **Vertrauen der Anleger** in die Marktintegrität geschützt werden.[5]

8 Der Begriff des **Interessenkonflikts** soll nach dem Willen des Gesetzgebers wie im Rahmen des § 80 Abs. 1 S. 2 Nr. 2 WpHG **(weit) zu verstehen** sein.[6] Hieran ändert sich auch nichts durch die Neufassung des § 63 Abs. 2 WpHG. Ein Interessenkonflikt kann damit sowohl in Bezug auf das Wertpapierdienstleistungsunternehmen selbst (einschließlich seiner Geschäftsleitung) bestehen als auch in Bezug auf seine Mitarbeiter, seine vertraglich gebundenen Vermittler und der mit ihm direkt oder indirekt durch Kontrolle iSd Art. 4 Abs. 1 Nr. 37 VO (EU) Nr. 575/2013 verbundenen Personen oder Unternehmen.

9 **Art. 33 der unmittelbar geltenden Delegierten VO (EU) 2017/565** nennt folgende fünf Situationen bei denen Interessenkonflikte zu bejahen sind:
- Wahrscheinlich wird die Wertpapierfirma oder eine der genannten Personen zulasten des Kunden einen finanziellen Vorteil erzielen oder finanziellen Verlust vermeiden;
- die Wertpapierfirma oder eine der genannten Personen hat am Ergebnis einer für den Kunden erbrachten Dienstleistung oder eines im Namen des Kunden getätigten Geschäfts ein Interesse, das nicht mit dem Interesse des Kunden an diesem Ergebnis übereinstimmt;
- für die Wertpapierfirma oder eine der genannten Personen gibt es einen finanziellen oder sonstigen Anreiz, die Interessen eines anderen Kunden oder einer anderen Gruppe von Kunden über die Interessen des Kunden zu stellen;
- die Wertpapierfirma oder eine der genannten Personen geht dem gleichen Geschäft nach wie der Kunde;
- die Wertpapierfirma oder eine der genannten Personen erhält aktuell oder künftig von einer nicht mit dem Kunden identischen Person in Bezug auf eine für den Kunden erbrachte Dienstleistung einen Anreiz in Form von finanziellen oder nichtfinanziellen Vorteilen oder Dienstleistungen.

III. Tathandlung

10 Bezüglich der Frage, wann die Tathandlung des § 120 Abs. 8 Nr. 27 WpHG durch einen Täter begangen wurde, also ein Verstoß bzw. ein ordnungswidri-

---

[4] BT-Drs. 18/10936, 233.
[5] Fuchs/*Fuchs* WpHG § 31 Rn. 45.
[6] BT-Drs. 16/4028, 63.

ges Verhalten vorliegt, kam es zu einer **Erweiterung**. Die Vorgängernorm (s. Rn. 1) sanktionierte einen Verstoß nur dann, wenn ein Wertpapierdienstleistungsunternehmen einen Interessenkonflikt nicht, nicht richtig, nicht vollständig oder nicht rechtzeitig darlegt hatte. Der nunmehr neu gefasste Bußgeldtatbestand des § 120 Abs. 8 Nr. 27 WpHG sanktioniert demgegenüber zusätzlich, wenn eine Darlegung nach § 63 Abs. 2 WpHG auch nicht in der vorgeschriebenen Weise vorgenommen wurde.

Eine Darlegung nach § 63 Abs. 2 WpHG wurde **nicht vorgenommen**, wenn eine Offenlegung **vollständig unterlassen** wurde. Dh, ein Kunde wurde von einem Wertpapierdienstleistungsunternehmen weder über die allgemeine Art und Herkunft der Interessenskonflikte noch über die zur Risikobegrenzung getroffenen Maßnahmen aufgeklärt.

Demgegenüber wurde eine Darlegung nach § 63 Abs. 2 WpHG **nicht richtig** vorgenommen, wenn die gegenüber dem Kunden gemachten Angaben **inhaltlich falsch** sind.

Eine Darlegung gegenüber einem Kunden nach § 63 Abs. 2 WpHG ist dann **unvollständig**, wenn Angaben, die der Kunde generell für das Verständnis der ihm dargelegten Informationen benötigt und erforderlich sind, **zum Teil fehlen**. Der Tatbestand ist dann erfüllt, wenn das Wertpapierdienstleistungsunternehmen einen Kunden entweder ausschließlich über die allgemeine Art und Herkunft von Interessenkonflikten informiert, ohne zugleich die zur Risikobegrenzung getroffenen Maßnahmen darzulegen oder anders herum. Ferner ist der Tatbestand erfüllt, wenn einzelne in diesem Zusammenhang erforderliche Informationen vom Wertpapierdienstleistungsunternehmen nicht dargelegt werden. Die Darlegung gegenüber einem Kunden muss nach § 63 Abs. 1 S. 2 Nr. 2 WpHG – abhängig von seiner jeweiligen Einstufung iSd § 67 WpHG – so detailliert sein, dass er in die Lage versetzt wird, seine Entscheidung über die Wertpapierdienst- oder Nebendienstleistung, in deren Zusammenhang der Interessenskonflikt auftritt, in Kenntnis der Sachlage – also auf informierter Basis – zu treffen.

Nicht in der **vorgeschriebenen Weise** erfolgt eine Darlegung, wenn sie entgegen § 63 Abs. 2 S. 2 Nr. 1 WpHG **nicht mittels eines dauerhaften Datenträgers** erfolgt ist. Was unter einem dauerhaften Datenträger zu verstehen ist, wird in § 2 Abs. 43 WpHG iVm Art. 3 DelVO definiert. § 2 Abs. 43 S. 1 WpHG bestimmt in diesem Zusammenhang, dass ein dauerhafter Datenträger jedes Medium ist, dass es dem Kunden gestattet, an ihn persönlich gerichtete Informationen derart zu speichern, dass er sie in der Folge für eine Dauer, die für die Zwecke der Informationen angemessen ist, einsehen kann, und die unveränderte Wiedergabe der gespeicherten Informationen ermöglicht.

Um den Voraussetzungen des § 63 Abs. 2 S. 2 Nr. 1 WpHG zu genügen, kann das Wertpapierdienstleistungsunternehmen ihren Kunden die erforderlichen Informationen bereits bei Aufnahme der Geschäftsbeziehung aushändigen. Die dargelegten Informationen bedürfen dann erst einer erneuten Zurverfügungstellung, sobald sich etwas geändert hat.[7]

---

[7] So auch Assmann/Schneider/Mülbert/*Koller* WpHG § 63 Rn. 44.

15 Eine Darlegung nach § 63 Abs. 2 WpHG wurde dann **nicht rechtzeitig** vorgenommen, wenn sie entgegen § 63 Abs. 2 S. 1 WpHG, der ausdrücklich bestimmt, dass die Informationen im Sinne dieses Absatzes vor Durchführung des Geschäfts darzulegen sind, erst **nach Durchführung des Geschäfts** erfolgt.

IV. Adressat/Täter

16 Nach § 120 Ab. 8 Nr. 27 WpHG iVm § 63 Abs. 2 WpHG obliegt Wertpapierdienstleistungsunternehmen die bußgeldbewehrte Pflicht, Kunden über die allgemeine Art und Herkunft von Interessenskonflikten sowie die zur Risikobegrenzung getroffenen Maßnahmen aufzuklären. Damit können Adressat/Täter ausschließlich Wertpapierdienstleistungsunternehmen bzw. solche für sie tätigen Mitarbeiter sein, die die in §§ 63 ff. WpHG niedergelegten Verhaltens- und Organisationspflichten einzuhalten haben.

17 § 120 Abs. 27 S. 2 WpHG stellt darüber hinaus klar, dass § 120 Abs. 8 Nr. 27 WpHG auch für Wertpapierdienstleistungsunternehmen und Kreditinstitute gilt, wenn diese Unternehmen **strukturierte Einlagen** iSd § 96 WpHG verkaufen oder über diese beraten.

V. Verschulden

18 Der Verschuldensmaßstab umfasst nach § 120 Abs. 8 WpHG sowohl **Vorsatz** (s. Kap. 3 Rn. 29 ff.) als auch **Leichtfertigkeit** (s. Kap. 3 Rn. 36).

VI. Rechtsfolge

19 Eine vorsätzliche oder leichtfertige Verletzung der pflichtgemäßen Zurverfügungstellung der Kundeninformationen nach § 64 Abs. 2 S. 1 WpHG ist nach § 120 Abs. 20 S. 1 WpHG grds. mit einer Geldbuße von bis zu **fünf Mio. Euro** bedroht. Das Gesetz lässt aber in § 120 Abs. 20 S. 2 ff. WpHG **Ausnahmen** von diesem Grundsatz – und damit auch höhere Geldbußen – zu.

20 Die erste Ausnahme betrifft ausdrücklich nur **juristische Personen** und **Personenvereinigungen**. § 120 Abs. 20 S. 2 WpHG bestimmt in diesem Zusammenhang, dass gegenüber einer juristischen Person oder Personenvereinigung über S. 1 hinaus eine höhere Geldbuße verhängt werden kann, und zwar in Höhe **von bis zu 10% des Gesamtumsatzes**. Bei der Berechnung dieses Gesamtumsatzes wird auf den Umsatz der juristischen Person oder Personenvereinigung in dem Geschäftsjahr abgestellt, das der Behördenentscheidung vorausging.

Im Übrigen findet bei der Berechnung des Gesamtumsatzes **§ 120 Abs. 23 WpHG** Anwendung.

21 Eine weitere Ausnahme – sowohl gegenüber natürlichen Personen als Täter als auch gegenüber juristischen Personen und Personenvereinigungen als Täter –, regelt § 120 Abs. 20 S. 3 und 4 WpHG. Hiernach kann nach S. 3 dieser Vorschrift über die in S. 1 und 2 genannten Beträge hinaus auch eine Geldbuße **bis zum Zweifachen** des **aus dem Verstoß gezogenen wirtschaftlichen Vorteils** verhängt werden. Der wirtschaftliche Vorteil umfasst nach S. 4 dieser Vorschrift erzielte Gewinne sowie vermiedene Verluste und kann von der BaFin auch geschätzt werden. Wie die Berechnung der Gewinne oder vermiedenen Verluste genau erfolgen soll, regelt das Gesetz hingegen nicht. Es wird hier auf den Einzelfall ankommen, ggf. – soweit erforderlich – unter Berücksichtigung von

handelsrechtlichen Grundsätzen. Die Berechnung – genauso wie die Grundlagen für eine etwaige Schätzung – sind von der BaFin in dem von ihr erlassenen Bußgeldbescheid entsprechend darzustellen.

§ 17 Abs. 2 OWiG, wonach fahrlässiges Handeln im Höchstmaß nur mit der Hälfte des angedrohten Höchstbetrages der Geldbuße geahndet werden kann, soweit das Gesetz für vorsätzliches und fahrlässiges Handeln eine Geldbuße androht ohne im Höchstmaß zu unterscheiden, findet gemäß § 120 Abs. 25 WpHG keine Anwendung.

Welches konkrete Bußgeld letztendlich gegenüber einem Täter (s. Rn. 16) festgesetzt wird, entscheidet die BaFin in Ausübung ihres jeweiligen Ermessens. Hierbei ist sie im Rahmen der Selbstbindung der Verwaltung insbesondere an die sich selbst gegebenen **WpHG-Bußgeldleitlinien** in der jeweils aktuellen Fassung gebunden.[8]

VII. Verfolgungs- und Vollstreckungsverjährung

1. Verfolgungsverjährung

Die Verfolgungsverjährung für diesen Tatbestand bestimmt sich nach § 120 Abs. 26 WpHG iVm §§ 31–33 OWiG.

Nach § 120 Abs. 26 WpHG verjährt die Verfolgung des zuvor dargestellten Tatbestandes in drei Jahren. Anders als § 31 OWiG ist die Verjährung damit nicht an das Höchstmaß der Geldbuße gekoppelt.

Der Beginn der Verfolgungsverjährung bestimmt sich dann wieder nach § 31 Abs. 3 OWiG) und ein eventuelles Ruhen nach § 32 OWiG.

2. Vollstreckungsverjährug

Die Vollstreckungsverjährung für diesen Tatbestand bestimmt sich ausschließlich nach § 34 OWiG.

Kap. 13.6. § 120 Abs. 8 Nr. 38 WpHG Zur-Verfügung-Stellung von Informationsblättern

§ 120 Abs. 8 Nr. 38, Abs. 20, 26 WpHG   Bußgeldvorschriften

(8) Ordnungswidrig handelt, wer vorsätzlich oder leichtfertig (…)

38. entgegen § 64 Absatz 2 Satz 1 in Verbindung mit einer Rechtsverordnung nach § 64 Absatz 10 Satz 1 Nummer 1 ein dort genanntes Dokument nicht, nicht richtig, nicht vollständig oder nicht rechtzeitig zur Verfügung stellt,

(…)

(20) [1]Die Ordnungswidrigkeit kann in den Fällen der Absätze 8 und (…) mit einer Geldbuße bis zu fünf Millionen Euro geahndet werden. [2]Gegenüber einer juristischen Person oder Personenvereinigung kann über Satz 1 hinaus eine höhere Geldbuße in Höhe von bis zu 10 Prozent des Gesamtumsatzes, den die juristische Person oder Personenvereinigung im der Behördenentscheidung vorangegangenen Geschäftsjahr erzielt hat, verhängt werden. [3]Über die in den

---

8 BaFin – WpHG-Bußgeldleitlinien II, Stand Januar 2018, abrufbar unter https://www.bafin.de/SharedDocs/Downloads/DE/Leitfaden/WA/dl_bussgeldleitlinien_2016.html.

Sätzen 1 und 2 genannten Beträge hinaus kann die Ordnungswidrigkeit mit einer Geldbuße bis zum Zweifachen des aus dem Verstoß gezogenen wirtschaftlichen Vorteils geahndet werden. [4]Der wirtschaftliche Vorteil umfasst erzielte Gewinne und vermiedene Verluste und kann geschätzt werden.

(...)

(26) Die Verfolgung der Ordnungswidrigkeiten nach den Absätzen 17 bis 22 verjährt in drei Jahren.

Literatur: *Assmann/Schneider/Mülbert* (Hrsg.), WpHG Kommentar, 7. Aufl. 2019; *Müller-Christmann*, Das Gesetz zur Stärkung des Anlegerschutzes und Verbesserung der Funktionsfähigkeit des Kapitalmarkts, DB 2011, 749 ff.

I. Historie des Bußgeldtatbestandes 1	6. Sonderregelungen 19
II. Grundtatbestand 2	III. Tathandlung 20
1. Hintergrund/Historie 3	IV. Adressat/Täter 25
2. Anwendungsbereich 5	V. Verschulden 26
3. Zeitpunkt der Zurverfügungstellung 9	VI. Rechtsfolge 27
4. Art und Weise der Zurverfügungstellung 10	VII. Verfolgungs- und Vollstreckungsverjährung 32
	1. Verfolgungsverjährung 32
5. Umfang und Inhalt des Informationsblattes 13	2. Vollstreckungsverjährug..... 33

I. Historie des Bußgeldtatbestandes

1 Der neue § 120 Abs. 8 Nr. 38 WpHG war nur von der Neunummerierung des WpHG durch das 2. FiMaNoG betroffen.[1] Darüber hinaus kam es zu keiner inhaltlichen Erweiterung und Verschärfung dieses Bußgeldtatbestandes.

Die Vorgängernorm fand sich in § 39 Abs. 2 Nr. 15 a lit. a und b WpHG aF und wurde bereits mit dem Gesetz zur Stärkung des Anlegerschutzes und Verbesserung der Funktionsfähigkeit des Kapitalmarkts (**Anlegerschutz- und Funktionsverbesserungsgesetz bzw. „AnSFVG"**) vom 5.4.2011 in den Bußgeldkatalog aufgenommen.[2]

II. Grundtatbestand

2 § 120 Abs. 8 Nr. 38 WpHG, der auf § 64 Abs. 2 S. 1, Abs. 10 S. 1 Nr. 1 WpHG Bezug nimmt, sanktioniert Verstöße gegen **Produktinformationspflichten**.

1. Hintergrund/Historie

3 Zwar enthielt schon der § 31 Abs. 3 WpHG aF die Verpflichtung von Wertpapierdienstleistungsunternehmen, ihren Kunden bestimmte Informationen zu Verfügung zu stellen. Aus Gründen der besseren Lesbarkeit wollte der Gesetzgeber aber die Informationspflichten von Wertpapierdienstleistungsunternehmen im Zusammenhang mit – standardisierten – Produktinformationsblättern in einem separaten Absatz regeln,[3] so dass mit Inkrafttreten des **AnSFVG** der § 31 Abs. 3 a WpHG aF in das WpHG aufgenommen wurde.

---

1 Zur Historie s. Kap. 3 Rn. 3.
2 BGBl. I 2011, 538.
3 Bericht des Finanzausschusses BT-Drs. 17/4739, 20.

Die Informationsblätter sollten der **Vergleichbarkeit** von Produkten dienen und Kunden bei ihren Investitionsentscheidungen eine Einschätzung und einen Vergleich verschiedener Finanzinstrumente ermöglichen.[4]

Mit Inkrafttreten des 2. FiMaNoG wurde der bisherige § 31 Abs. 3 a WpHG aF zu § 64 Abs. 2 WpHG nF[5] Der § 64 Abs. 2 S. 1 WpHG, auf den § 120 Abs. 8 Nr. 38 WpHG verweist, wurde gegenüber dem § 31 Abs. 3 a S. 1 WpHG aF nur inhaltlich konkretisiert.

Von der in § 64 Abs. 10 S. 1 Nr. 1 WpHG enthaltenen Verordnungsermächtigung zur Konkretisierung der in § 64 Abs. 2 WpHG geregelten Pflichten, hat der Verordnungsgeber durch § 4 **WpDVerOV** Gebrauch gemacht.

2. Anwendungsbereich

§ 64 Abs. 2 S. 1 WpHG bestimmt, dass Wertpapierdienstleistungsunternehmen ihren (Privat-)Kunden im Falle einer Anlageberatung rechtzeitig vor dem Abschluss eines Geschäfts über Finanzinstrumente, für die kein Basisinformationsblatt nach der VO (EU) Nr. 1286/2014 erstellt werden muss,

- über jedes Finanzinstrument, auf das sich eine Kaufempfehlung bezieht, ein kurzes und leicht verständliches Informationsblatt,
- in den Fällen des § 64 Abs. 2 S. 3 WpHG ein zuvor genanntes Informationsblatt oder wahlweise ein standardisiertes Informationsblatt oder
- in den Fällen des § 64 Abs. 2 S. 4 WpHG ein dort genanntes Dokument anstelle des in Nummer 1 genannten Informationsblatts

zur Verfügung zu stellen haben. Diese Vorschrift findet somit ausschließlich dann Anwendung, wenn gegenüber Kunden **Anlageberatungsdienstleistungen** iSd § 2 Abs. 8 S. 1 Nr. 10 **WpHG** erbracht werden.

Für **bestimmte Vermögensanlagen** bestehen gem. § 64 Abs. 2 S. 3 und 4 WpHG Sonderregelungen (s. Rn. 19).

Der Anwendungsbereich des § 64 Abs. 2 WpHG erstreckt sich ausdrücklich nur auf **Privatkunden** (§ 67 Abs. 1 iVm Abs. 3 WpHG). **Professionelle Kunden** (§ 67 Abs. 1 iVm Abs. 2 WpHG) sowie **geeignete Gegenparteien** (§ 67 Abs. 1 iVm Abs. 4 WpHG) sind damit vom Anwendungsbereich ausgenommen.

Mangels entsprechender Rechtsgrundlage ist ein **freiwilliger Verzicht** eines Anlegers auf die Aushändigung des Informationsblattes durch das Wertpapierdienstleistungsunternehmen nicht möglich. Eine solche Verzichtsmöglichkeit war ursprünglich in einer der Entwurfsfassungen zum AnSFVG enthalten gewesen,[6] wurde dann aber weder in die finale Gesetzesfassung noch in den neuen § 64 Abs. 2 WpHG aufgenommen. Aus Verbraucherschutzsicht sollten die Kunden wenigstens die Möglichkeit zur Kenntnisnahme erhalten.

3. Zeitpunkt der Zurverfügungstellung

Nach § 64 Abs. 2 S. 1 WpHG ist das Informationsblatt den Kunden **rechtzeitig vor dem Abschluss eines Geschäfts** über Finanzinstrumente, für die kein Basis-

---

[4] Bericht des Finanzausschusses BT-Drs. 17/4739, 20; kritisch, ob dieses Ziel erreicht werden kann, *Müller-Christmann* DB 2011, 749 (751).
[5] Vgl. BT-Drs. 18/10936, 235.
[6] Vgl. Diskussionsentwurf v. 3.5.2010, BT-Drs. 17/1544, 44.

informationsblatt nach VO (EU) Nr. 1286/2014 erstellt werden muss, zur Verfügung zu stellen. Indem der Gesetzgeber ausdrücklich normiert hat, dass einem Kunde das entsprechende Informationsblatt „rechtzeitig" zur Verfügung zu stellen ist, wird deutlich, dass der Zeitraum zwischen der Zurverfügungstellung des Dokuments und dem Abschluss des entsprechenden Geschäfts zumindest zeitlich so bemessen sein muss, dass der Kunde das Dokument sowie dessen Inhalt zur Kenntnis nehmen und etwaige Überlegungen/Abwägungen hierzu anstellen kann. Für die Frage der Rechtzeitigkeit dürfte daher auch die Frage der Komplexität des jeweils angebotenen Produkts eine maßgebliche Rolle spielen.

4. Art und Weise der Zurverfügungstellung

10 § 64 Abs. 2 WpHG enthält zu der Frage der Art und Weise der Zurverfügungstellung der Informationsblätter keine Regularien. Der Regelfall einer Zurverfügungstellung dürfte aber die **persönliche Aushändigung** in Form eines papierhaften Dokuments sein.

11 § 4 Abs. 2 WpDVerOV erlaubt aber auch die **elektronische Zurverfügungstellung** der Dokumente. Als elektronische Zurverfügungstellung kommt auf jeden Fall die Zusendung via E-Mail oder Fax in Betracht. Ob darüber hinaus die Zurverfügungstellung auch via Internet (Website) zulässig ist, dürfte zumindest in den Fällen fraglich sein, wenn auf das Dokument von dritter Seite zugegriffen und Änderungen vorgenommen werden können.

12 Der Anleger muss aber in jedem Fall **Verfügungsgewalt** über das entsprechende Dokument erlangen. Das Dokument muss also in seinen Machtbereich gelangen; andernfalls ist es ihm nicht (ordnungsgemäß) zur Verfügung gestellt.

Das Dokument kann einem Anleger zwar auch via Post, E-Mail oder Fax im Anschluss an ein Beratungsgespräch zur Verfügung gestellt werden. In diesen Fällen ist aber immer die Rechtzeitigkeit der Zurverfügungstellung zu beachten, die dann problematisch werden kann, wenn ein Geschäftsabschluss sofort (also bevor das Dokument einem Anleger zugeht) erfolgen soll.

5. Umfang und Inhalt des Informationsblattes

13 § 64 Abs. 2 S. 1 WpHG enthält hinsichtlich der Frage nach dem Umfang des Informationsblattes lediglich die Voraussetzung, dass es sich bei diesem Dokument um ein „kurzes" handeln muss. § 4 Abs. 1 WpDVerOV konkretisiert diese Anforderung und unterscheidet zwischen komplexen und nicht komplexen Finanzinstrumenten. Nach dieser Vorschrift darf das Informationsblatt bei nicht komplexen Finanzinstrumenten (Art. 57 DelVO [EU] 2017/565) nicht mehr als zwei DIN-A4-Seiten und bei allen übrigen Finanzinstrumenten nicht mehr als drei DIN-A4-Seiten umfassen.

14 Das Informationsblatt muss nach § 4 Abs. 1 WpDVerOV die wesentlichen Informationen über das jeweilige Finanzinstrument dergestalt enthalten, dass der Kunde in die Lage versetzt wird, diese einzuschätzen und bestmöglich mit den Merkmalen anderer Finanzinstrumente vergleichen zu können.

Das Informationsblatt hat in übersichtlicher und leicht verständlicher Weise insbesondere folgende Angaben zu enthalten:

- Art des Finanzinstruments,
- seine Funktionsweise,
- die damit verbundenen Risiken,
- die Aussichten für die Kapitalrückzahlung und Erträge unter verschiedenen Marktbedingungen und
- die mit der Anlage verbundenen Kosten.

Durch die Formulierung „insbesondere" stellt der Verordnungsgeber klar, dass die fünf genannten Fälle **nicht abschließend** zu verstehen sind.

Die BaFin hat in ihrem Rundschreiben 4/2013[7] die nun nach § 4 WpDVerOV zu machenden Angaben konkretisiert und in ihrem Schreiben dargelegt, welche konkreten Angaben mindestens zu einem Produkt zu machen sind und welche Angaben sie für als nicht ausreichend erachtet. Dieses Rundschreiben bezieht sich zwar noch auf die Rechtlage vor Umsetzung des 2. FiMaNoG, da sich aber am Wortlaut des Verordnungstextes zu den Informationsblättern nichts geändert hat, ist davon auszugehen, dass die BaFin an ihrer Verwaltungspraxis zu den Informationsblättern weiter festhält und die Informationen aus dem Rundschreiben nach wie vor gelten.

Den Erstellern der Informationsblätter bleibt es unbenommen, auch noch weitere, nicht in dem zuvor genannten Rundschreiben angeführten Angaben in das Informationsblatt aufzunehmen. Hierdurch darf nur nicht die gesetzlich definierte Seitenzahl von zwei bzw. drei DIN-A-4-Seiten überschritten werden.

§ 4 Abs. 1 WpDVerOV statuiert weiter, dass sich das Informationsblatt jeweils **nur auf ein Finanzinstrument beziehen** und keine werbenden oder sonstigen, nicht dem vorgenannten Zweck dienenden Informationen enthalten darf.

Für Aktien, die zum Zeitpunkt der Anlageberatung am organisierten Markt gehandelt werden, normiert § 4 Abs. 3 WpDVerOV, dass anstelle des Informationsblattes nach § 64 Abs. 2 S. 1 Nr. 1 WpHG ein standardisiertes Informationsblatt nach § 64 Abs. 2 S. 3 WpHG zur Verfügung gestellt werden kann. Ein Muster für ein solches standardisiertes Informationsblatt enthält die Anlage zur WpDVerOV.

6. Sonderregelungen

An die Stelle des Informationsblattes treten nach § 64 Abs. 2 S. 4 WpHG

- bei Anteilen oder Aktien an OGAW oder an offenen Publikums-AIF die wesentlichen Anlegerinformationen nach den §§ 164 und 166 KAGB,
- bei Anteilen oder Aktien an geschlossenen Publikums-AIF die wesentlichen Anlegerinformationen nach den §§ 268 und 270 KAGB,
- bei Anteilen oder Aktien an Spezial-AIF die wesentlichen Anlegerinformationen nach § 166 oder § 270 KAGB, sofern die AIF-Kapitalverwaltungsgesellschaft solche gemäß § 307 Abs. 5 KAGB erstellt hat,

---

[7] BaFin Rundschreiben 4/2013 (WA) – Produktinformationsblätter gem. §§ 31 Abs. 3 a WpHG, 5 a WpDVerOV, Geschäftszeichen WA 36 – Wp 2002–2012/0003 v. 26.9.2013, abrufbar unter: https://www.bafin.de/SharedDocs/Veroeffentlichungen/DE/Rundschreiben/rs_1304_produktinformationsblaetter_wa.html.

- bei EU-AIF und ausländischen AIF die wesentlichen Anlegerinformationen nach § 318 Abs. 5 KAGB,
- bei EU-OGAW die wesentlichen Anlegerinformationen, die nach § 298 Abs. 1 S. 2 KAGB in deutscher Sprache veröffentlicht worden sind,
- bei inländischen Investmentvermögen im Sinne des InvG in der bis zum 21.7.2013 geltenden Fassung, die für den in § 345 Abs. 6 S. 1 KAGB genannten Zeitraum noch weiter vertrieben werden dürfen, die wesentlichen Anlegerinformationen, die nach § 42 Abs. 2 InvG in der bis zum 21.7.2013 geltenden Fassung erstellt worden sind,
- bei ausländischen Investmentvermögen im Sinne des InvG in der bis zum 21.7.2013 geltenden Fassung, die für den in § 345 Abs. 8 S. 2 oder § 355 Abs. 2 S. 10 KAGB genannten Zeitraum noch weiter vertrieben werden dürfen, die wesentlichen Anlegerinformationen, die nach § 137 Abs. 2 des InvG in der bis zum 21.7.2013 geltenden Fassung erstellt worden sind,
- bei Vermögensanlagen im Sinne des § 1 Abs. 2 VermAnlG das Vermögensanlagen-Informationsblatt nach § 13 VermAnlG, soweit der Anbieter der Vermögensanlagen zur Erstellung eines solchen Vermögensanlagen-Informationsblatts verpflichtet ist,
- bei zertifizierten Altersvorsorge- und Basisrentenverträgen im Sinne des AltZertG das individuelle Produktinformationsblatt nach § 7 Abs. 1 AltZertG sowie zusätzlich die wesentlichen Anlegerinformationen nach Nr. 1, 3 oder 4, sofern es sich um Anteile an den in Nr. 1, 3 oder 4 genannten Organismen für gemeinsame Anlagen handelt, und
- bei Wertpapieren im Sinne des § 2 Nr. 1 WpPG das Wertpapier-Informationsblatt nach § 3 a WpPG, soweit der Anbieter der Wertpapiere zur Erstellung eines solchen Wertpapier-Informationsblatts verpflichtet ist.

III. Tathandlung

20 Ein ordnungswidriges Verhalten liegt nach § 120 Abs. 8 Nr. 38 WpHG vor, wenn das Wertpapierdienstleistungsunternehmen das in § 64 Abs. 2 S. 1 WpHG geforderte Informationsblatt entweder

- nicht zur Verfügung stellt,
- nicht richtig zur Verfügung stellt,
- nicht vollständig zur Verfügung stellt oder
- nicht rechtzeitig zur Verfügung stellt.

21 Ein Informationsblatt wird nach § 64 Abs. 2 S. 1 WpHG **nicht zur Verfügung gestellt**, wenn eine Zurverfügungstellung seitens des Wertpapierdienstleistungsunternehmens **vollständig unterlassen** wird.

22 Demgegenüber wird ein Informationsblatt nach § 64 Abs. 2 S. 1 WpHG **nicht richtig** zur Verfügung gestellt, wenn die im Informationsblatt enthaltenen Angaben **inhaltlich falsch** sind. Dies ist beispielsweise dann der Fall, wenn die im Informationsblatt gemachten Angaben nicht mit denen im Prospekt gemachten Angaben übereinstimmen, aber auch bei sämtlichen anderen Unrichtigkeiten.

23 Ein Informationsblatt nach § 64 Abs. 2 S. 1 WpHG ist einem Kunden dann **unvollständig** zur Verfügung gestellt worden, wenn Angaben, die der Kunde generell für das Verständnis der ihm dargelegten Informationen benötigt, **zum**

Teil fehlen. Die fehlenden Informationen müssen jedoch für einen Kunden wesentlich sein, damit der Tatbestand erfüllt sein kann. Das Fehlen unwesentlicher Informationen, die für eine Anlageentscheidung eines Kunden keine Rolle spielen, dürften für die Bejahung dieses Tatbestandes nicht genügen.[8]

Ein Informationsblatt nach § 64 Abs. 2 S. 1 WpHG wurde dann **nicht rechtzeitig** zur Verfügung gestellt, wenn es – entgegen des eindeutigen Gesetzeswortlauts, der ausdrücklich bestimmt, dass das Informationsblatt dem Privatkunden „[…] rechtzeitig vor dem Abschluss eines Geschäfts […]" zur Verfügung zu stellen ist, erst **nach Abschluss des Geschäfts** zur Verfügung gestellt wird. In einem solchen Fall hat der Kunde keine Möglichkeit mehr, den Inhalt dieses Informationsblattes zur Kenntnis zu nehmen und darauf basierend seine Anlageentscheidung zu treffen.

IV. Adressat/Täter

Nach § 120 Ab. 8 Nr. 38 WpHG iVm § 64 Abs. 2 S. 1 WpHG obliegt Wertpapierdienstleistungsunternehmen die bußgeldbewehrte Pflicht, Privatkunden rechtzeitig die gesetzlich geforderten Kundeninformationen zur Verfügung zu stellen. Damit können Adressat/Täter ausschließlich Wertpapierdienstleistungsunternehmen bzw. solche für sie tätigen Mitarbeiter sein, die die in §§ 63 ff. WpHG niedergelegten Verhaltens- und Organisationspflichten einzuhalten haben.

V. Verschulden

Der Verschuldensmaßstab umfasst nach § 120 Abs. 8 WpHG sowohl **Vorsatz** (s. Kap. 3 Rn. 29 ff.) als auch **Leichtfertigkeit** (s. Kap. 3 Rn. 36).

VI. Rechtsfolge

Eine vorsätzliche oder leichtfertige Verletzung der pflichtgemäßen Zurverfügungstellung der Kundeninformationen nach § 64 Abs. 2 S. 1 WpHG ist nach § 120 Abs. 20 S. 1 WpHG grds. mit einer Geldbuße von bis zu **fünf Mio. Euro** bedroht. Das Gesetz lässt aber in § 120 Abs. 20 S. 2 ff. WpHG **Ausnahmen** von diesem Grundsatz – und damit auch höhere Geldbußen – zu.

Die erste Ausnahme betrifft ausdrücklich nur **juristische Personen** und **Personenvereinigungen**. § 120 Abs. 20 S. 2 WpHG bestimmt in diesem Zusammenhang, dass gegenüber einer juristischen Person oder Personenvereinigung über S. 1 hinaus eine höhere Geldbuße verhängt werden kann, und zwar in Höhe **von bis zu 10% des Gesamtumsatzes**. Bei der Berechnung dieses Gesamtumsatzes wird auf den Umsatz der juristischen Person oder Personenvereinigung in dem Geschäftsjahr abgestellt, das der Behördenentscheidung vorausging. Im Übrigen findet bei der Berechnung des Gesamtumsatzes § **120 Abs. 23 WpHG** Anwendung.

Eine weitere Ausnahme – sowohl gegenüber natürlichen Personen als Täter als auch gegenüber juristischen Personen und Personenvereinigungen als Täter-, regelt § 120 Abs. 20 S. 3 und 4 WpHG. Hiernach kann nach S. 3 dieser Vorschrift über die in S. 1 und 2 genannten Beträge hinaus auch eine Geldbuße **bis**

---

[8] Vom Ergebnis auch Assmann/Schneider/Mülbert/*Spoerr* WpHG § 120 Rn. 22.

zum Zweifachen des aus dem Verstoß gezogenen wirtschaftlichen Vorteils verhängt werden. Der wirtschaftliche Vorteil umfasst nach S. 4 dieser Vorschrift erzielte Gewinne sowie vermiedene Verluste und kann von der BaFin auch geschätzt werden. Wie die Berechnung der Gewinne oder vermiedenen Verluste genau erfolgen soll, regelt das Gesetz hingegen nicht. Es wird hier auf den Einzelfall ankommen, ggf. – soweit erforderlich – unter Berücksichtigung von handelsrechtlichen Grundsätzen. Die Berechnung – genauso wie die Grundlagen für eine etwaige Schätzung – sind von der BaFin in dem von ihr erlassenen Bußgeldbescheid entsprechend darzustellen.

30 § 17 Abs. 2 OWiG, wonach fahrlässiges Handeln im Höchstmaß nur mit der Hälfte des angedrohten Höchstbetrages der Geldbuße geahndet werden kann, soweit das Gesetz für vorsätzliches und fahrlässiges Handeln eine Geldbuße androht ohne im Höchstmaß zu unterscheiden, findet gemäß § 120 Abs. 25 WpHG keine Anwendung.

31 Welches konkrete Bußgeld letztendlich gegenüber einem Täter (s. Rn. 25) festgesetzt wird, entscheidet die BaFin in Ausübung ihres jeweiligen Ermessens. Hierbei ist sie im Rahmen der Selbstbindung der Verwaltung insbesondere an die sich selbst gegebenen **WpHG-Bußgeldleitlinien** in der jeweils aktuellen Fassung gebunden.[9]

VII. Verfolgungs- und Vollstreckungsverjährung

1. Verfolgungsverjährung

32 Die Verfolgungsverjährung für diesen Tatbestand bestimmt sich nach § 120 Abs. 26 WpHG iVm §§ 31–33 OWiG.

Nach § 120 Abs. 26 WpHG verjährt die Verfolgung des zuvor dargestellten Tatbestandes in drei Jahren. Anders als § 31 OWiG ist die Verjährung damit nicht an das Höchstmaß der Geldbuße gekoppelt.

Der Beginn der Verfolgungsverjährung bestimmt sich dann wieder nach § 31 Abs. 3 OWiG) und ein eventuelles Ruhen nach § 32 OWiG.

2. Vollstreckungsverjährung

33 Die Vollstreckungsverjährung für diesen Tatbestand bestimmt sich ausschließlich nach § 34 OWiG.

Kap. 13.7. § 120 Abs. 8 Nr. 43, Abs. 20, 26 WpHG Offenlegung potenzieller Interessenkonflikte

§ 120 Abs. 8 Nr. 43, Abs. 20, 26 WpHG Bußgeldvorschriften

(8) Ordnungswidrig handelt, wer vorsätzlich oder leichtfertig
43. entgegen § 64 Absatz 6 Satz 1, auch in Verbindung mit einer Rechtsverordnung nach § 64 Absatz 10 Nummer 2, eine Information nicht, nicht richtig oder nicht vollständig oder nicht rechtzeitig gibt,
(...)

---

9 BaFin – WpHG-Bußgeldleitlinien II, Stand Januar 2018, abrufbar unter https://www.bafin.de/SharedDocs/Downloads/DE/Leitfaden/WA/dl_bussgeldleitlinien_2016.html.

(20) ¹Die Ordnungswidrigkeit kann in den Fällen der Absätze 8 und (...) mit einer Geldbuße bis zu fünf Millionen Euro geahndet werden. ²Gegenüber einer juristischen Person oder Personenvereinigung kann über Satz 1 hinaus eine höhere Geldbuße in Höhe von bis zu 10 Prozent des Gesamtumsatzes, den die juristische Person oder Personenvereinigung im der Behördenentscheidung vorangegangenen Geschäftsjahr erzielt hat, verhängt werden. ³Über die in den Sätzen 1 und 2 genannten Beträge hinaus kann die Ordnungswidrigkeit mit einer Geldbuße bis zum Zweifachen des aus dem Verstoß gezogenen wirtschaftlichen Vorteils geahndet werden. ⁴Der wirtschaftliche Vorteil umfasst erzielte Gewinne und vermiedene Verluste und kann geschätzt werden.

(...)

(26) Die Verfolgung der Ordnungswidrigkeiten nach den Absätzen 17 bis 22 verjährt in drei Jahren.

I. Historie des Bußgeldtatbestandes 1	III. Tathandlung 11
II. Grundtatbestand 2	IV. Adressat/Täter 17
1. Hintergrund/Historie 3	V. Verschulden 19
2. Anwendungsbereich 5	VI. Rechtsfolge 20
3. Zeitpunkt der Zurverfügungstellung 8	VII. Verfolgungs- und Vollstreckungsverjährung 25
4. Art und Weise der Zurverfügungstellung 9	1. Verfolgungsverjährung 25
	2. Vollstreckungsverjährug 26
5. Umfang und Inhalt der zur Verfügung zu stellenden Informationen 10	

I. Historie des Bußgeldtatbestandes

Der neue § 120 Abs. 8 Nr. 43 WpHG war nur von der Neunummerierung des Gesetzes durch das 2. FiMaNoG betroffen.[1] Die Vorgängernorm befand sich in § 39 Abs. 2 Nr. 16 d WpHG aF und wurde im Rahmen der Umsetzung des Honoraranlageberatungsgesetzes v. 15.7.2013 in den damaligen Bußgeldkatalog aufgenommen.[2]

II. Grundtatbestand

§ 120 Abs. 8 Nr. 43 WpHG, der auf § 64 Abs. 6 S. 1, Abs. 10 Nr. 2 WpHG Bezug nimmt, sanktioniert Verstöße gegen verschiedene **Kundeninformationspflichten** im Rahmen der **unabhängigen Honorar-Anlageberatung**.

1. Hintergrund/Historie

Der § 31 Abs. 4 d S. 1 WpHG aF wurde im Rahmen der Umsetzung des Honoraranlageberatungsgesetzes v. 15.7.2013 mit Wirkung zum 1.8.2014 in den § 31 WpHG aF eingefügt.

---

1 Zur Historie s. Kap. 3 Rn. 3.
2 Gesetz zur Förderung und Regulierung einer Honorarberatung über Finanzinstrumente (Honoraranlageberatungsgesetz) v. 15.7.2013, BGBl. 2013 I 2390.

Mit Inkrafttreten des 2. FiMaNoG wurde der bisherige § 31 Abs. 4 d S. 1 WpHG aF zu § 64 Abs. 6 WpHG nF[3] Der § 64 Abs. 6 S. 1 WpHG, auf den § 120 Ab. 8 Nr. 43 WpHG verweist, wurde dabei gegenüber der ursprünglichen Fassung **inhaltlich nicht verändert**.

4 Von der in § 64 Abs. 10 S. 1 Nr. 2 WpHG enthaltenen Verordnungsermächtigung zur Konkretisierung der in § 64 Abs. 6 WpHG geregelten Pflichten, hat der Verordnungsgeber durch § 3 **WpDVerOV** Gebrauch gemacht.

2. Anwendungsbereich

5 Nach § 64 Abs. 6 S. 1 WpHG obliegt einem Wertpapierdienstleistungsunternehmen die bußgeldbewehrte Pflicht, Kunden bei der Empfehlung von Geschäftsabschlüssen in Finanzinstrumenten, die auf einer **unabhängigen Honoraranlageberatung** beruhen, deren Anbieter oder Emittent **es selbst ist** oder **zu deren Anbietern oder Emittenten enge wirtschaftliche Verflechtungen oder sonstige wirtschaftliche Verflechtungen bestehen**, die Kunden über Folgendes zu informieren:

- die Tatsache, dass es selbst Anbieter oder Emittent der Finanzinstrumente ist,
- das Bestehen einer engen Verbindung oder einer sonstigen wirtschaftlichen Verflechtung zum Anbieter oder Emittenten sowie
- das Bestehen eines eigenen Gewinninteresses oder des Interesses eines mit ihm verbundenen oder wirtschaftlich verflochtenen Emittenten oder Anbieters an dem Geschäftsabschluss.

Diese Vorschrift findet ausschließlich dann Anwendung, wenn gegenüber Kunden eine **unabhängige Honorar-Anlagenberatung iSd Honoraranlagenberatungsgesetzes** erbracht wird.

6 Der Anwendungsbereich des § 64 Abs. 6 S. 1 WpHG erstreckt sich dem Wortlaut nach auf „**Kunden**". Unter diesen Kundenbegriff fallen zum einen **Privatkunden** (§ 67 Abs. 1 iVm Abs. 3 WpHG) und zum anderen die **professionelle Kunden** (§ 67 Abs. 1 iVm Abs. 2 WpHG). Aufgrund der Regelung in § 68 Abs. 1 S. 1 WpHG sind vom Kundenbegriff des § 64 Abs. 6 S. 1 WpHG nicht die **geeigneten Gegenparteien** (§ 67 Abs. 1 iVm Abs. 4 WpHG) erfasst, soweit nicht die Ausnahme in § 68 Abs. 1 S. 2 WpHG greift.

7 Mangels entsprechender Rechtsgrundlage ist ein **freiwilliger Verzicht** eines Kunden auf die Informationen nach § 64 Abs. 6 S. 1 WpHG nicht möglich.

3. Zeitpunkt der Zurverfügungstellung

8 Nach § 64 Abs. 6 S. 1 WpHG sind die Kunden von ihren Wertpapierdienstleistungsunternehmen **rechtzeitig** über die in dieser Norm vorgeschriebenen Informationen zu informieren. Das Merkmal der Rechtzeitigkeit wird dabei in § 3 **Abs. 1 WpDVerOV** weiter konkretisiert. Hiernach sind den Kunden die Information nach § 64 Abs. 6 S. 1 WpHG für jedes zu empfehlende Finanzinstrument **unmittelbar vor der Empfehlung** zur Verfügung zu stellen.

---

3 Vgl. BT-Drs. 18/10936, 235.

4. Art und Weise der Zurverfügungstellung

§ 64 Abs. 6 WpHG enthält zu der Frage der Art und Weise der Zurverfügungstellung der Informationen nur die Anforderung, dass diese „**in verständlicher Form**" zur Verfügung gestellt werden müssen. Darüber hinaus enthält diese Norm keine weiteren Regularien. Eine Konkretisierung dieser Anforderung erfolgt durch § 3 Abs. 2 WpDVerOV. Hiernach sind den Kunden die Informationen nach § 64 Abs. 6 S. 1 des WpHG auf einem **dauerhaften Datenträger** iSd § 2 Abs. 43 des WpHG zur Verfügung zu stellen.[4] Ein dauerhafter Datenträger ist jedes Medium, dass es dem Kunden gestattet, an ihn persönlich gerichtete Informationen derart zu speichern, dass er sie in der Folge für eine Dauer, die für die Zwecke der Informationen angemessen ist, einsehen kann, und die unveränderte Wiedergabe der gespeicherten Informationen ermöglicht.

Der Regelfall einer Zurverfügungstellung dürfte aber die **persönliche Aushändigung** in Form eines papierhaften Dokuments sein.

5. Umfang und Inhalt der zur Verfügung zu stellenden Informationen

Weder § 64 Abs. 6 S. 1 WpHG noch § 3 WpDVerOV schreiben einen bestimmten Umfang oder einen bestimmten Inhalt der nach § 64 Abs. 6 S. 1 WpHG zur Verfügung zu stellenden Informationen vor. Das Wertpapierdienstleistungsunternehmen hat seine Kunden nur in verständlicher Form über

- die Tatsache, dass es selbst Anbieter oder Emittent der Finanzinstrumente ist,
- das Bestehen einer engen Verbindung oder einer sonstigen wirtschaftlichen Verflechtung zum Anbieter oder Emittenten sowie
- das Bestehen eines eigenen Gewinninteresses oder des Interesses eines mit ihm verbundenen oder wirtschaftlich verflochtenen Emittenten oder Anbieters an dem Geschäftsabschluss

zu informieren. Diese Aufzählung ist abschließend. Darüber hinaus ist gesetzlich nicht gefordert, dass Wertpapierdienstleistungsunternehmen ihren Kunden weitere Informationen zur Verfügung zu stellen haben. Sollten Wertpapierdienstleistungsunternehmen aber freiwillig weitere Angaben aufnehmen wollen, bleibt ihnen dies unbenommen.

III. Tathandlung

Ein ordnungswidriges Verhalten liegt nach § 120 Abs. 8 Nr. 43 WpHG vor, wenn das Wertpapierdienstleistungsunternehmen entgegen § 64 Abs. 6 S. 1 WpHG eine Information entweder

- nicht zur Verfügung stellt,
- nicht richtig zur Verfügung stellt,
- nicht vollständig zur Verfügung stellt oder
- nicht rechtzeitig zur Verfügung stellt.

---

4 Gem. § 3 Abs. 2 S. 2 WpDVerOV gilt Art. 3 DelVO (EU) 2017/565 der Kommission vom 25.4.2016 zur Ergänzung der RL 2014/65/EU des Europäischen Parlaments und des Rates in Bezug auf die organisatorischen Anforderungen an Wertpapierfirmen und die Bedingungen für die Ausübung ihrer Tätigkeit sowie in Bezug auf die Definition bestimmter Begriffe für die Zwecke der genannten Richtlinie (ABl. 2017 L 87, 1) entsprechend.

12 Eine Information nach § 64 Abs. 6 S. 1 WpHG wird einem Kunden **nicht gegeben**, wenn eine solche Informationsweitergabe **vollständig unterlassen** wird.

13 Demgegenüber wird eine Information nach § 64 Abs. 6 S. 1 WpHG einem Kunden **nicht richtig** gegeben, wenn die gegenüber dem Kunden gemachten Angaben **inhaltlich falsch** sind.

14 Eine Information nach § 64 Abs. 6 S. 1 WpHG ist dann **unvollständig**, wenn Angaben, die der Kunde generell für das Verständnis der ihm dargelegten Informationen benötigt und erforderlich sind, **zum Teil fehlen**.

15 Nicht in der **vorgeschriebenen Weise** erfolgt eine Information, wenn sie entgegen § 64 Abs. 6 S. 1 WpHG **nicht mittels eines dauerhaften Datenträgers** erfolgt ist (s. Rn. 9).

16 Eine Information wird dann **nicht rechtzeitig** einem Kunden gegeben, wenn sie
    – entgegen § 64 Abs. 6 S. 1 WpHG iVm § 3 Abs. 1 WpDVerOV, die ausdrücklich bestimmen, dass Kunden die erforderlichen Informationen unmittelbar vor einer Empfehlung zur Verfügung zu stellen sind, erst **nach Empfehlung eines Finanzinstruments** gegeben wird.

IV. Adressat/Täter

17 Nach § 120 Abs. 8 Nr. 43 WpHG iVm § 64 Abs. 6 S. 1 WpHG obliegt Wertpapierdienstleistungsunternehmen die bußgeldbewehrte Pflicht, Kunden rechtzeitig über die in § 64 Abs. 6 S. 1 WpHG niedergelegten Informationen zu informieren. Damit können Adressat-/Täter ausschließlich Wertpapierdienstleistungsunternehmen bzw. solche für sie tätigen Mitarbeiter sein, die die in §§ 63 ff. WpHG niedergelegten Verhaltens- und Organisationspflichten einzuhalten haben.

18 § 120 Abs. 27 S. 2 WpHG stellt darüber hinaus klar, dass § 120 Abs. 8 Nr. 43 WpHG auch für Wertpapierdienstleistungsunternehmen und Kreditinstitute gilt, wenn diese Unternehmen **strukturierte Einlagen** iSd § 96 WpHG verkaufen oder über diese beraten.

V. Verschulden

19 Der Verschuldensmaßstab umfasst nach § 120 Abs. 8 WpHG sowohl **Vorsatz** (s. Kap. 3 Rn. 29 ff.) als auch **Leichtfertigkeit** (s. Kap. 3 Rn. 36).

VI. Rechtsfolge

20 Eine vorsätzliche oder leichtfertige Verletzung der pflichtgemäßen Zurverfügungstellung der Kundeninformationen nach § 64 Abs. 6 S. 1 WpHG ist nach § 120 Abs. 20 S. 1 WpHG grds. mit einer Geldbuße von bis zu **fünf Mio. Euro** bedroht. Das Gesetz lässt aber in § 120 Abs. 20 S. 2 ff. WpHG **Ausnahmen** von diesem Grundsatz – und damit auch höhere Geldbußen – zu.

21 Die erste Ausnahme betrifft ausdrücklich nur **juristische Personen** und **Personenvereinigungen**. § 120 Abs. 20 S. 2 WpHG bestimmt in diesem Zusammenhang, dass gegenüber einer juristischen Person oder Personenvereinigung über S. 1 hinaus eine höhere Geldbuße verhängt werden kann, und zwar in Höhe **von bis zu 10% des Gesamtumsatzes**. Bei der Berechnung dieses Gesamtum-

satzes wird auf den Umsatz der juristischen Person oder Personenvereinigung in dem Geschäftsjahr abgestellt, das der Behördenentscheidung vorausging. Im Übrigen findet bei der Berechnung des Gesamtumsatzes § **120 Abs. 23 WpHG** Anwendung.

Eine weitere Ausnahme – sowohl gegenüber natürlichen Personen als Täter als auch gegenüber juristischen Personen und Personenvereinigungen als Täter – regelt § 120 Abs. 20 S. 3 und 4 WpHG. Hiernach kann nach S. 3 dieser Vorschrift über die in S. 1 und 2 genannten Beträge hinaus auch eine Geldbuße **bis zum Zweifachen** des **aus dem Verstoß gezogenen wirtschaftlichen Vorteils** verhängt werden. Der wirtschaftliche Vorteil umfasst nach S. 4 dieser Vorschrift erzielte Gewinne sowie vermiedene Verluste und kann von der BaFin auch geschätzt werden. Wie die Berechnung der Gewinne oder vermiedenen Verluste genau erfolgen soll, regelt das Gesetz hingegen nicht. Es wird hier auf den Einzelfall ankommen, ggf. – soweit erforderlich – unter Berücksichtigung von handelsrechtlichen Grundsätzen. Die Berechnung – genauso wie die Grundlagen für eine etwaige Schätzung – sind von der BaFin in dem von ihr erlassenen Bußgeldbescheid entsprechend darzustellen.

§ 17 Abs. 2 OWiG, wonach fahrlässiges Handeln im Höchstmaß nur mit der Hälfte des angedrohten Höchstbetrages der Geldbuße geahndet werden kann, soweit das Gesetz für vorsätzliches und fahrlässiges Handeln eine Geldbuße androht ohne im Höchstmaß zu unterscheiden, findet gemäß § 120 Abs. 25 S. 2 WpHG ausdrücklich **Anwendung.**

Welches konkrete Bußgeld letztendlich gegenüber einem Täter (s. Rn. 17) festgesetzt wird, entscheidet die BaFin in Ausübung ihres jeweiligen Ermessens. Hierbei ist sie im Rahmen der Selbstbindung der Verwaltung insbesondere an die sich selbst gegebenen **WpHG-Bußgeldleitlinien** in der jeweils aktuellen Fassung gebunden.[5]

VII. Verfolgungs- und Vollstreckungsverjährung

1. Verfolgungsverjährung

Die Verfolgungsverjährung für diesen Tatbestand bestimmt sich nach § 120 Abs. 26 WpHG iVm §§ 31–33 OWiG.

Nach § 120 Abs. 26 WpHG verjährt die Verfolgung des zuvor dargestellten Tatbestandes in drei Jahren. Anders als § 31 OWiG ist die Verjährung damit nicht an das Höchstmaß der Geldbuße gekoppelt.

Der Beginn der Verfolgungsverjährung bestimmt sich dann wieder nach § 31 Abs. 3 OWiG und ein eventuelles Ruhen nach § 32 OWiG.

2. Vollstreckungsverjährug

Die Vollstreckungsverjährung für diesen Tatbestand bestimmt sich ausschließlich nach § 34 OWiG.

---

[5] BaFin – WpHG-Bußgeldleitlinien II, Stand Januar 2018, abrufbar unter https://www.bafin.de/SharedDocs/Downloads/DE/Leitfaden/WA/dl_bussgeldleitlinien_2016.html.

Kap. 13.8. § 120 Abs. 8 Nr. 118 WpHG Bestmögliche Ausführung von Kundenaufträgen

§ 120 Abs. 8 Nr. 118, Abs. 20, 26 WpHG Bußgeldvorschirften

(8) Ordnungswidrig handelt, wer vorsätzlich oder leichtfertig

118. entgegen § 82 Absatz 6 Nummer 2, auch in Verbindung mit dem auf Grundlage von Artikel 27 Absatz 9 in Verbindung mit Artikel 89 der Richtlinie 2014/65/EU erlassenen delegierten Rechtsakt der Europäischen Kommission, eine dort genannte Mitteilung nicht, nicht richtig, nicht in der vorgeschriebenen Weise oder nicht rechtzeitig macht,

(...)

(20) [1]Die Ordnungswidrigkeit kann in den Fällen der Absätze 8 und (...) mit einer Geldbuße bis zu fünf Millionen Euro geahndet werden. [2]Gegenüber einer juristischen Person oder Personenvereinigung kann über Satz 1 hinaus eine höhere Geldbuße in Höhe von bis zu 10 Prozent des Gesamtumsatzes, den die juristische Person oder Personenvereinigung im der Behördenentscheidung vorangegangenen Geschäftsjahr erzielt hat, verhängt werden. [3]Über die in den Sätzen 1 und 2 genannten Beträge hinaus kann die Ordnungswidrigkeit mit einer Geldbuße bis zum Zweifachen des aus dem Verstoß gezogenen wirtschaftlichen Vorteils geahndet werden. [4]Der wirtschaftliche Vorteil umfasst erzielte Gewinne und vermiedene Verluste und kann geschätzt werden.

(...)

(26) Die Verfolgung der Ordnungswidrigkeiten nach den Absätzen 17 bis 22 verjährt in drei Jahren.

Literatur: *Clouth/Lang* (Hrsg.), MiFID Praktikerhandbuch, 2007; *Fuchs* (Hrsg.), WpHG Kommentar, 2. Aufl. 2016; Kölner Kommentar zum WpHG, *Hirte/Möllers* (Hrsg.), 2. Aufl. 2014 (zit. als KölnKommWpHG/*Bearbeiter*).

I. Historie des Bußgeldtatbestandes 1	V. Verschulden 12
II. Grundtatbestand 2	VI. Rechtsfolge 13
1. Hintergrund/Historie 3	VII. Verfolgungs- und Vollstreckungsverjährung 18
2. Anwendungsbereich 4	1. Verfolgungsverjährung 18
III. Tathandlung 6	2. Vollstreckungsverjährug..... 19
IV. Adressat/Täter 11	

I. Historie des Bußgeldtatbestandes

1 Der neue § 120 Abs. 8 Nr. 118 WpHG war zum einen von der Neunummerierung des WpHG durch das 2. FiMaNoG betroffen.[1] Daneben kam es aber auch zu einer inhaltlichen Erweiterung und Verschärfung des Bußgeldtatbestandes (s. Rn. 2 ff. und Rn. 6).

Die Vorgängernorm fand sich in § 39 Abs. 2 Nr. 19 WpHG aF und wurde durch das **Gesetz zur Umsetzung der Richtlinie über Märkte für Finanzinstrumente und der Durchführungsrichtlinie der Kommission (Finanzmarktrichtli-**

---

1 Zur Historie s. Kap. 3 Rn. 3.

nie-Umsetzungsgesetz) vom 16.7.2007[2] in den Bußgeldkatalog des § 39 WpHG aF aufgenommen.

II. Grundtatbestand

§ 120 Abs. 8 Nr. 118 WpHG, der auf § 82 Abs. 6 Nr. 2 WpHG Bezug nimmt, sanktioniert Verstöße gegen Mitteilungspflichten im Zusammenhang mit wesentlichen Änderungen im Zusammenhang mit den Ausführungsgrundsätzen eines Wertpapierdienstleistungsunternehmens.

1. Hintergrund/Historie

Wertpapierdienstleistungsunternehmen oblag bereits vor Inkrafttreten des Finanzmarktrichtlinie-Umsetzungsgesetz die Pflicht, sich am „bestmöglichen" Kundeninteresse zu orientieren.[3] Der durch das Finanzmarktrichtlinie-Umsetzungsgesetz eingefügte § 33 a WpHG aF verpflichtete aber Wertpapierdienstleistungsunternehmen, die das Finanzkommissionsgeschäft, den Eigenhandel und die Abschlussvermittlung betreiben, nunmehr explizit dazu, **Kundenaufträge bestmöglich auszuführen**, und ergänzte damit die in § 31 Abs. 1 Nr. 1 WpHG aF normierten allgemeinen Verhaltenspflichten,[4] insbesondere durch die Normierung der Pflicht, **Grundsätze für die Auftragsdurchführung** aufzustellen, regelmäßig zu überprüfen und deren Einhaltung sicherzustellen sowie diese ggf. nachzuweisen (vgl. § 33 a Abs. 1 Nr. 1 WpHG aF, auf den § 33 a Abs. 6 Nr. 3 WpHG aF explizit verwiesen hat).

Mit Inkrafttreten des 2. FiMaNoG wurde der bisherige § 33 a Abs. 6 Nr. 3 WpHG aF zu § 82 Abs. 6 Nr. 2 WpHG nF, der seinerseits auf den § 82 Abs. 1 Nr. 1 WpHG nF verweist. Der § 82 Abs. 6 WpHG nF, auf den § 120 Ab. 8 Nr. 118 WpHG verweist, wurde dabei gegenüber der ursprünglichen Fassung inhaltlich durch den neu angefügten S. 2 weiter konkretisiert.[5] Daneben wurde auch der § 82 Abs. 1 Nr. 1 WpHG nF, auf der § 82 Abs. 6 Nr. 2 WpHG nF verweist, an die MiFID II-Regularien angepasst und entsprechend näher konkretisiert.[6]

2. Anwendungsbereich

Nach § 82 Abs. 6 Nr. 2 WpHG obliegt Wertpapierdienstleistungsunternehmen die bußgeldbewehrte Pflicht, Kunden **unverzüglich** die **wesentlichen Änderungen der Ausführungsgrundsätze** nach § 82 Abs. 1 Nr. 1 WpHG mitzuteilen.

Der neu eingefügte S. 2 konkretisiert diese Pflicht. Er normiert nunmehr, dass die Informationen über die Ausführungsgrundsätze dabei **klar, ausführlich und auf eine für den Kunden verständliche Weise erläutert werden müssen**, wie das Wertpapierdienstleistungsunternehmen die Kundenaufträge ausführt.

§ 82 Abs. 1 Nr. 1 WpHG bestimmt demgegenüber, dass ein Wertpapierdienstleistungsunternehmen, das das Finanzkommissionsgeschäft, den Eigenhandel und die Abschlussvermittlung betreibt, alle hinreichenden Vorkehrungen zu

---
2 BGBl. 2007, 1330.
3 Clouth/Lang/*Bauer* Rn. 707; KölnKommWpHG/*Früh/Ebermann* WpHG § 33 a Rn. 3; Fuchs/Zimmermann WpHG § 33 a Rn. 1.
4 Vgl. auch Clouth/Lang/*Bauer* Rn. 707.
5 BT-Drs. BT-Drs. 18/10936, 243.
6 BT-Drs. BT-Drs. 18/10936, 242.

treffen hat, um das bestmögliche Ergebnis für seine Kunden zu erreichen, wozu insbesondere die Pflicht gehört, Grundsätze zur Auftragsausführung festzulegen und diese regelmäßig, insbesondere unter Berücksichtigung der nach den Abs. 9–12 und § 26 e BörsG veröffentlichten Informationen, zu überprüfen.

III. Tathandlung

6 Ein ordnungswidriges Verhalten liegt nach § 120 Abs. 8 Nr. 118 WpHG vor, wenn das Wertpapierdienstleistungsunternehmen entgegen § 82 Abs. 6 Nr. 2 WpHG eine dort genannte Mitteilung entweder

- nicht macht,
- nicht richtig macht,
- nicht in der vorgeschriebenen Weise macht oder
- nicht rechtzeitig macht.

Diese Formulierung stellt gegenüber der Formulierung des § 39 Abs. 2 Nr. 19 WpHG aF eine Verschärfung dar, da § 39 Abs. 2 Nr. 19 WpHG aF dem Wortlaut nach nur eine Sanktion vorsah, wenn eine Mitteilung nicht richtig oder nicht vollständig gemacht wurde. Allerdings ging schon die damalige Literatur davon aus, dass der Fall, dass wenn eine entsprechende Mitteilung „nicht gemacht wird" ebenfalls vom damaligen Bußgeldtatbestand umfasst war und es sich bei der Nichtnennung nur um ein redaktionelles Versehen gehandelt habe.[7]

Die Erweiterung der Sanktion nach § 120 Abs. 8 Nr. 118 WpHG auf Fälle, in denen die Mitteilung nach § 82 Abs. 6 Nr. 2 WpHG „nicht in der vorgeschriebenen Weise" gemacht werden, ist hingegen neu und eine Verschärfung gegenüber dem ursprünglichen Tatbestand.

7 Eine Mitteilung nach § 82 Abs. 6 Nr. 2 WpHG wurde einem Kunden gegenüber **nicht gemacht**, wenn eine solche **vollständig unterlassen** wurde, dh der Kunde nicht über wesentliche Änderung der Ausführungsgrundsätze informiert wurde.

8 Demgegenüber wird eine Mitteilung nach § 82 Abs. 6 Nr. 2 WpHG gegenüber einem Kunden **nicht richtig** gemacht, wenn die gegenüber dem Kunden gemachten Angaben **inhaltlich falsch** oder **unvollständig** sind.

9 Eine Mitteilung gegenüber einem Kunden nach § 82 Abs. 6 Nr. 2 WpHG wird dann nicht **in der vorgeschriebenen Weise** gemacht, wenn ein Verstoß gegen § 82 Abs. 6 S. 2 WpHG vorliegt. Dh, wenn die Informationen über die Ausführungsgrundsätze entweder nicht klar, nicht ausführlich und/oder nicht auf eine für den Kunden verständliche Weise erläutert werden.

10 Eine Mitteilung nach § 82 Abs. 6 Nr. 2 WpHG wird dann **nicht rechtzeitig** gegenüber einem Kunden gemacht, wenn sie nicht **unverzüglich** erfolgt. Das Merkmal „unverzüglich" ist dabei im Sinne des § 121 BGB zu verstehen. Dh, eine Mitteilung nach § 82 Abs. 6 Nr. 2 WpHG muss gegenüber einem Kunden „ohne schuldhaftes Zögern" abgegeben werden.

---

7 Vgl. Fuchs/*Waßmer* WpHG § 39 Rn. 151.

IV. Adressat/Täter

Nach § 120 Abs. 8 Nr. 118 WpHG iVm § 82 Abs. 6 Nr. 2 WpHG obliegt Wertpapierdienstleistungsunternehmen die bußgeldbewehrte Pflicht, rechtzeitig die wesentlichen Änderungen im Zusammenhang mit den Ausführungsgrundsätzen mitzuteilen. Damit können Adressat/Täter ausschließlich Wertpapierdienstleistungsunternehmen bzw. solche für sie tätigen Mitarbeiter sein, die die in §§ 63 ff. WpHG niedergelegten Verhaltens- und Organisationspflichten einzuhalten haben. 11

V. Verschulden

Der Verschuldensmaßstab umfasst nach § 120 Abs. 8 WpHG sowohl **Vorsatz** (s. Kap. 3 Rn. 29 ff.) als auch **Leichtfertigkeit** (s. Kap. 3 Rn. 36). 12

VI. Rechtsfolge

Eine vorsätzliche oder leichtfertige Verletzung des § 82 Abs. 6 Nr. 2 WpHG ist nach § 120 Abs. 20 S. 1 WpHG grds. mit einer Geldbuße von bis zu **fünf Mio. Euro** bedroht. Das Gesetz lässt aber in § 120 Abs. 20 S. 2 ff. WpHG **Ausnahmen** von diesem Grundsatz – und damit auch höhere Geldbußen – zu. 13

Die erste Ausnahme betrifft ausdrücklich nur **juristische Personen** und **Personenvereinigungen**. § 120 Abs. 20 S. 2 WpHG bestimmt in diesem Zusammenhang, dass gegenüber einer juristischen Person oder Personenvereinigung über S. 1 hinaus eine höhere Geldbuße verhängt werden kann, und zwar in Höhe **von bis zu 10% des Gesamtumsatzes**. Bei der Berechnung dieses Gesamtumsatzes wird auf den Umsatz der juristischen Person oder Personenvereinigung in dem Geschäftsjahr abgestellt, das der Behördenentscheidung vorausging. Im Übrigen findet bei der Berechnung des Gesamtumsatzes **§ 120 Abs. 23 WpHG** Anwendung. 14

Eine weitere Ausnahme – sowohl gegenüber natürlichen Personen als Täter als auch gegenüber juristischen Personen und Personenvereinigungen als Täter –, regelt § 120 Abs. 20 S. 3 und 4 WpHG. Hiernach kann nach S. 3 dieser Vorschrift über die in S. 1 und 2 genannten Beträge hinaus auch eine Geldbuße **bis zum Zweifachen** des **aus dem Verstoß gezogenen wirtschaftlichen Vorteils** verhängt werden. Der wirtschaftliche Vorteil umfasst nach S. 4 dieser Vorschrift erzielte Gewinne sowie vermiedene Verluste und kann von der BaFin auch geschätzt werden. Wie die Berechnung der Gewinne oder vermiedenen Verluste genau erfolgen soll, regelt das Gesetz hingegen nicht. Es wird hier auf den Einzelfall ankommen, ggf. – soweit erforderlich – unter Berücksichtigung von handelsrechtlichen Grundsätzen. Die Berechnung – genauso wie die Grundlagen für eine etwaige Schätzung – sind von der BaFin in dem von ihr erlassenen Bußgeldbescheid entsprechend darzustellen. 15

§ 17 Abs. 2 OWiG, wonach fahrlässiges Handeln im Höchstmaß nur mit der Hälfte des angedrohten Höchstbetrages der Geldbuße geahndet werden kann, soweit das Gesetz für vorsätzliches und fahrlässiges Handeln eine Geldbuße androht ohne im Höchstmaß zu unterscheiden, findet gemäß § 120 Abs. 25 WpHG **keine Anwendung**. 16

Welches konkrete Bußgeld letztendlich gegenüber einem Täter (s. Rn. 11) festgesetzt wird, entscheidet die BaFin in Ausübung ihres jeweiligen Ermessens. 17

Hierbei ist sie im Rahmen der Selbstbindung der Verwaltung insbesondere an die sich selbst gegebenen **WpHG-Bußgeldleitlinien** in der jeweils aktuellen Fassung gebunden.[8]

VII. Verfolgungs- und Vollstreckungsverjährung

1. Verfolgungsverjährung

18 Die Verfolgungsverjährung für diesen Tatbestand bestimmt sich nach § 120 Abs. 26 WpHG iVm §§ 31–33 OWiG.

Nach § 120 Abs. 26 WpHG verjährt die Verfolgung des zuvor dargestellten Tatbestandes in drei Jahren. Anders als § 31 OWiG ist die Verjährung damit nicht an das Höchstmaß der Geldbuße gekoppelt.

Der Beginn der Verfolgungsverjährung bestimmt sich dann wieder nach § 31 Abs. 3 OWiG und ein eventuelles Ruhen nach § 32 OWiG.

2. Vollstreckungsverjährung

19 Die Vollstreckungsverjährung für diesen Tatbestand bestimmt sich ausschließlich nach § 34 OWiG.

Kap. 13.9. § 120 Abs. 8 Nr. 41 WpHG Zur-Verfügung-Stellung der Geeignetheitserklärung

§ 120 Abs. 8 Nr. 41, Abs. 20, 26 WpHG Bußgeldvorschirften

(8) ordnungswidrig handelt, wer vorsätzlich oder leichtfertig

41. entgegen § 64 Absatz 4 Satz 1 in Verbindung mit Satz 2, auch in Verbindung mit dem auf Grundlage von Artikel 25 Absatz 8 in Verbindung mit Artikel 89 der Richtlinie 2014/65/EU erlassenen delegierten Rechtsakt der Europäischen Kommission, eine Geeignetheitserklärung nicht, nicht richtig, nicht vollständig, nicht in der vorgeschriebenen Weise oder nicht rechtzeitig zur Verfügung stellt,

(…)

(20) ¹Die Ordnungswidrigkeit kann in den Fällen der Absätze 8 und (…) mit einer Geldbuße bis zu fünf Millionen Euro geahndet werden. ²Gegenüber einer juristischen Person oder Personenvereinigung kann über Satz 1 hinaus eine höhere Geldbuße in Höhe von bis zu 10 Prozent des Gesamtumsatzes, den die juristische Person oder Personenvereinigung im der Behördenentscheidung vorangegangenen Geschäftsjahr erzielt hat, verhängt werden. ³Über die in den Sätzen 1 und 2 genannten Beträge hinaus kann die Ordnungswidrigkeit mit einer Geldbuße bis zum Zweifachen des aus dem Verstoß gezogenen wirtschaftlichen Vorteils geahndet werden. ⁴Der wirtschaftliche Vorteil umfasst erzielte Gewinne und vermiedene Verluste und kann geschätzt werden.

(…)

(26) Die Verfolgung der Ordnungswidrigkeiten nach den Absätzen 17 bis 22 verjährt in drei Jahren.

---

8 BaFin – WpHG-Bußgeldleitlinien II, Stand Januar 2018, abrufbar unter https://www.bafin.de/SharedDocs/Downloads/DE/Leitfaden/WA/dl_bussgeldleitlinien_2016.html.

I. Historie des Bußgeldtatbestands	1	III. Tathandlung	13
II. Grundtatbestand	2	IV. Adressat/Täter	19
1. Hintergrund/Historie	3	V. Verschulden	21
2. Anwendungsbereich	4	VI. Rechtsfolge	22
3. Zeitpunkt der Zurverfügungstellung	7	VII. Verfolgungs- und Vollstreckungsverjährung	27
4. Art und Weise der Zurverfügungstellung	11	1. Verfolgungsverjährung	27
		2. Vollstreckungsverjährug	28
5. Umfang und Inhalt der zur Verfügung zu stellenden Informationen	12		

I. Historie des Bußgeldtatbestands

Der neue § 120 Abs. 8 Nr. 41 WpHG war zum einen von der Neunummerierung des WpHG durch das 2. FiMaNoG betroffen.[1] Daneben kam es aber auch zum einen zu einer Erweiterung dieses Bußgeldtatbestandes (s. Rn. 13) und zum anderen zu einer Änderung des Grundtatbestandes (s. Rn. 2 ff.). 1

Die Vorgängernorm zu diesem Bußgeldtatbestand fand sich in § 39 Abs. 2 Nr. 19 b WpHG aF und wurde durch das **Gesetz zur Neuregelung der Rechtsverhältnisse bei Schuldverschreibungen aus Gesamtemissionen und zur verbesserten Durchsetzbarkeit von Ansprüchen von Anlegern aus Falschberatung (SchVGEG)**[2] mWv 5.8.2009 in das WpHG aufgenommen.

II. Grundtatbestand

§ 120 Abs. 8 Nr. 41 WpHG, der auf § 64 Abs. 4 S. 1 und S. 2 WpHG Bezug nimmt, sanktioniert Verstöße gegen und im Zusammenhang mit der **Geeignetheitserklärung**. 2

1. Hintergrund/Historie

§ 39 Abs. 2 Nr. 19 b WpHG aF (die Vorgängernorm zu § 120 Abs. 8 Nr. 41 WpHG) nahm auf § 34 Abs. 2 a S. 2 WpHG aF Bezug, der im Rahmen der Umsetzung des **SchVGEG** mWv 5.8.2009 in den § 34 WpHG aF eingefügt wurde und Wertpapierdienstleistungsunternehmen erstmals zur Protokollierung der Anlageberatung in Form eines **Beratungsprotokolls** verpflichtete, welches Kunden zur Verfügung zu stellen war. 3

Mit Inkrafttreten des 2. FiMaNoG wurde der bisherige § 34 Abs. 2 a S. 2 WpHG aF durch den § 64 Abs. 4 S. 1 und S. 2 WpHG nF ersetzt, der Art. 25 Abs. 6 UAbs. 2 und 3 MiFID II umsetzt. Die nunmehrige Pflicht zur Erstellung einer auf einer **Geeignetheitsprüfung** basierenden **Geeignetheitserklärung** tritt damit an die Stelle des bisherigen Beratungsprotokolls, das aufgrund der durch MiFID II europaweit harmonisierten Aufzeichnungs- und Protokollierungspflichten nicht mehr erforderlich ist und entfällt.[3]

---

1 Zur Historie s. Kap. 3 Rn. 3.
2 BGBl. I 2009, 2512.
3 Vgl. BT-Drs. 18/10936, 235.

2. Anwendungsbereich

4 § 64 Abs. 4 S. 1 WpHG bestimmt, dass ein Wertpapierdienstleistungsunternehmen, das die Anlageberatung erbringt, Privatkunden vor Vertragsschluss eine Erklärung über die Geeignetheit der Empfehlung (**Geeignetheitserklärung**) auf einem dauerhaften Datenträger zur Verfügung zu stellen hat.

Diese Vorschrift findet somit ausschließlich dann Anwendung, wenn gegenüber Kunden **Anlageberatungsdienstleistungen iSd § 2 Abs. 8 S. 1 Nr. 10 WpHG** erbracht werden.

5 Der Anwendungsbereich des § 64 Abs. 4 S. 1 WpHG erstreckt sich – in Umsetzung des Art. 26 Abs. 6 UAbs. 2 MiFID II – ausschließlich auf **Privatkunden** (§ 67 Abs. 1 iVm Abs. 3 WpHG). **Professionelle Kunden** (§ 67 Abs. 1 iVm Abs. 2 WpHG) sowie **geeignete Gegenparteien** (§ 67 Abs. 1 iVm Abs. 4 WpHG) sind damit vom Anwendungsbereich ausgenommen.

6 Mangels entsprechender Rechtsgrundlage ist ein **freiwilliger Verzicht** eines Kunden auf die Zurverfügungstellung der Geeignetheitserklärung durch das Wertpapierdienstleistungsunternehmen nicht möglich.

3. Zeitpunkt der Zurverfügungstellung

7 Nach § 64 Abs. 4 S. 1 WpHG ist den Kunden die Geeignetheitserklärung **vor Vertragsschluss** von ihrem Wertpapierdienstleistungsunternehmen zur Verfügung zu stellen.

Die Formulierung „vor Vertragsschluss" wird durch BT 6.1 MaComp konkretisiert. Sie bezieht sich hiernach – unabhängig von der konkreten vertraglichen Ausgestaltung – auf den **schuldrechtlichen Verpflichtungsvertrag** (zB Kommissionsvertrag, auch bedingter Kommissionsvertrag, Festpreisgeschäft, Geschäftsbesorgungsvertrag bei Anlage- oder Abschlussvermittlung) zwischen anlageberatendem Wertpapierdienstleistungsunternehmen und Kunde. Durch ihren eindeutigen Wortlaut stellt sie klar, dass ein auf der Anlageberatung beruhender Vertragsschluss erst erfolgen darf, nachdem die Geeignetheitserklärung dem Kunden zur Verfügung gestellt wurde, damit dieser Gelegenheit hat, sie zur Kenntnis zu nehmen.

Durch die Zurverfügungstellung einer solchen Geeignetheitserklärung soll der Kunde – wie zuvor beim Beratungsprotokoll – zudem vor Manipulationen geschützt werden. Der Kunde soll durch das Schriftstück in die Lage versetzt werden, das Beratungsgespräch auszuwerten und eine fundierte Anlageentscheidung zu treffen. Im Streitfall kann die Geeignetheitserklärung auch als Beweismittel dienen.[4]

8 § 64 Abs. 4 S. 1 WpHG beschränkt die Pflicht des Zur-Verfügung-Stellens der Geeignetheitserklärung nicht auf Fälle, in denen ein Vertragsschluss zustande kommt. Sie legt vielmehr den Zeitpunkt des Zur-Verfügung-Stellens im Falle eines auf die Beratung folgenden Vertragsschlusses fest. In den Fällen, in denen **kein Vertragsschluss** erfolgt (bspw. bei einer Halteempfehlung oder einer Empfehlung, ein Finanzinstrument nicht zu kaufen), ist die Geeignetheitserklärung dem Kunden nach BT 6.3 MaComp dennoch, und zwar zeitnah, **spätestens aber nach fünf Werktagen**, im Anschluss an die Anlageberatung zur Verfügung

---

4 BT-Drs. 16/12814, 27.

zu stellen. Die MaComp stellen darüber hinaus explizit klar, dass dies auch für Personen gilt, die noch nicht Kunde eines Wertpapierdienstleistungsunternehmens sind.

Eine **Ausnahme** von dem Grundsatz, dass Kunden die Geeignetheitserklärung „vor Vertragsschluss" zur Verfügung zu stellen ist, sieht § 64 Abs. 4 S. 4 WpHG vor. Ist die Empfehlung mittels eines Fernkommunikationsmittels erteilt worden und kann vor dem Vertragsschluss dem Kunden keine Geeignetheitserklärung auf einem dauerhaften Datenträger zur Verfügung gestellt werden, darf die Geeignetheitserklärung einem Kunden **unmittelbar nach dem Vertragsschluss** übermittelt werden. Eine Übermittlung gilt nach BT 6.2 MaComp dann noch als „unmittelbar", wenn sie **spätestens nach fünf Werktagen** erfolgt.

Voraussetzung für die Inanspruchnahme der zuvor dargestellten Ausnahme ist, dass der Kunde einer nachträglichen Zurverfügungstellung **zugestimmt hat** und das Wertpapierdienstleistungsunternehmen dem Kunden angeboten hat, die Ausführung des Geschäfts zu verschieben, damit der Kunde die Möglichkeit hat, die Geeignetheitserklärung zuvor zu erhalten. Die erforderliche Zustimmung eines Kunden kann dabei **nur ausdrücklich** erfolgen. Eine Vereinbarung etwa durch **Nutzung von AGB ist nicht zulässig**.[5]

Soweit die Anlageberatung gegenüber einem **Bevollmächtigten** erbracht wird, ist die Geeignetheitserklärung nach BT 6.4 MaComp diesem, also der Person, die das jeweilige Gespräch geführt hat, zur Verfügung zu stellen.

4. Art und Weise der Zurverfügungstellung

Nach § 64 Abs. 4 S. 1 WpHG ist die Geeignetheitserklärung einem Kunden auf einem **dauerhaften Datenträger** iSd § 2 Abs. 43 des WpHG zur Verfügung zu stellen.[6] Hiernach ist ein dauerhafter Datenträger jedes Medium, dass es dem Kunden gestattet, an ihn persönlich gerichtete Informationen derart zu speichern, dass er sie in der Folge für eine Dauer, die für die Zwecke der Informationen angemessen ist, einsehen kann, und die unveränderte Wiedergabe der gespeicherten Informationen ermöglicht. S. 2 dieser Vorschrift ergänzt, dass nähere Bestimmungen hierzu Art. 3 DelVO enthalte.

Gem. BT 6.1 MaComp kann eine Zurverfügungstellung darüber hinaus auch durch die Einstellung in das **elektronische Postfach** eines Kunden erfolgen.

5. Umfang und Inhalt der zur Verfügung zu stellenden Informationen

§ 64 Abs. 4 S. 2 WpHG bestimmt, dass die Geeignetheitserklärung, die erbrachte Beratung zu nennen hat. Darüber hinaus muss sie die Präferenzen, Anlageziele und die sonstigen Merkmale des Kunden wiedergeben. **Art. 54 Abs. 12 DelVO** ergänzt die Anforderungen des § 64 Abs. 4 S. 2 WpHG. Hiernach haben die Wertpapierdienstleistungsunternehmen ihren Kunden einen

---

5 BT 6.2 MaComp, Fn. 5.
6 Gem. § 3 Abs. 2 S. 2 WpDVerOV gilt Art. 3 DelVO (EU) 2017/565 der Kommission vom 25.4.2016 zur Ergänzung der Richtlinie 2014/65/EU des Europäischen Parlaments und des Rates in Bezug auf die organisatorischen Anforderungen an Wertpapierfirmen und die Bedingungen für die Ausübung ihrer Tätigkeit sowie in Bezug auf die Definition bestimmter Begriffe für die Zwecke der genannten Richtlinie (ABl. 2017 L 87, 1) entsprechend.

Überblick über die erteilten Ratschläge und Angaben zukommen zu lassen, inwiefern die abgegebene Empfehlung zum betreffenden Kunden passt, was auch Informationen darüber mit einschließt, inwieweit sie den Zielen und persönlichen Umständen des Kunden hinsichtlich der erforderlichen Anlagedauer, der Kenntnisse und Erfahrungen des Kunden sowie seiner Risikobereitschaft und Verlusttragfähigkeit gerecht wird.

Weitere Konkretisierungen zur Geeignetheitserklärung sowie deren Prüfung ergeben sich aus den BT 7 MaComp, die aktuell überarbeitet werden.

III. Tathandlung

13 Ein ordnungswidriges Verhalten liegt nach § 120 Abs. 8 Nr. 41 WpHG vor, wenn das Wertpapierdienstleistungsunternehmen einem Kunden, entgegen § 64 Abs. 4 S. 1 iVm S. 2 WpHG, eine Geeignetheitserklärung

- nicht,
- nicht richtig,
- nicht vollständig,
- nicht in der vorgeschriebenen Weise oder
- nicht rechtzeitig

zur Verfügung stellt.

Gegenüber der Vorgängernorm ist es damit grds. zu einer „Erweiterung" des Bußgeldtatbestandes gekommen, da der Gesetzgeber in § 120 Abs. 8 Nr. 41 WpHG nF ergänzend bestimmt hat, dass auch die „nicht richtige" Zurverfügungstellung der Geeignetheitserklärung bebüßt wird. Zwar umfasste der Wortlaut des § 39 Abs. 2 Nr. 19 b WpHG aF nicht explizit die „nicht richtige" Zurverfügungstellung des damaligen Beratungsprotokolls, ein solches Vergehen wurde aber schon unter der damaligen Norm ebenfalls mitbebußt.

14 Eine Geeignetheitserklärung wird nach § 64 Abs. 4 S. 1 WpHG **nicht zur Verfügung gestellt**, wenn eine Zurverfügungstellung **vollständig unterlassen** wurde.

15 Demgegenüber wird eine Geeignetheitserklärung nach § 64 Abs. 4 S. 1-3 WpHG **nicht richtig** zur Verfügung gestellt, wenn die enthaltenen Angaben **inhaltlich falsch** sind.

16 Eine Geeignetheitserklärung wird einem Kunden nach § 64 Abs. 4 S. 1 WpHG dann **unvollständig** zur Verfügung gestellt, wenn einzelne Teile oder Seiten fehlen.

17 Eine Geeignetheitserklärung wird einem Kunden dann nicht in der **vorgeschriebenen Weise** zur Verfügung gestellt, wenn sie einem Kunden entweder **nicht mittels eines dauerhaften Datenträgers** (s. Rn. 11) übermittelt oder nicht in sein **elektronisches Postfach** gestellt wird.

18 Eine Geeignetheitserklärung wird einem Kunden dann **nicht rechtzeitig** zur Verfügung gestellt, wenn sie diesem – entgegen § 64 Abs. 4 S. 1 WpHG, nicht vor Vertragsschluss (s. Rn. 7 ff.) zur Verfügung gestellt wird und keine Ausnahme nach § 64 Abs. 4 S. 4 WpHG vorliegt.

Im Fall des § 64 Abs. 4 S. 4 WpHG ist eine Geeignetheitserklärung dann nicht rechtzeitig, wenn sie einem Kunden verspätet, also nicht unmittelbar nach Vertragsschluss zur Verfügung gestellt wird.

IV. Adressat/Täter

Nach § 120 Abs. 8 Nr. 41 WpHG iVm § 64 Abs. 4 S. 1 und S. 2 WpHG obliegt Wertpapierdienstleistungsunternehmen die bußgeldbewehrte Pflicht, Kunden rechtzeitig die Geeignetheitserklärungen zur Verfügung zu stellen. Damit können Adressat/Täter ausschließlich Wertpapierdienstleistungsunternehmen bzw. solche für sie tätigen Mitarbeiter sein, die die in §§ 63 ff. WpHG niedergelegten Verhaltens- und Organisationspflichten einzuhalten haben.

§ 120 Abs. 27 S. 2 WpHG stellt darüber hinaus klar, dass § 120 Abs. 8 Nr. 41 WpHG auch für Wertpapierdienstleistungsunternehmen und Kreditinstitute gilt, wenn diese Unternehmen **strukturierte Einlagen** iSd § 96 WpHG verkaufen oder über diese beraten.

V. Verschulden

Der Verschuldensmaßstab umfasst nach § 120 Abs. 8 WpHG sowohl **Vorsatz** (s. Kap. 3 Rn. 29 ff.) als auch **Leichtfertigkeit** (s. Kap. 3 Rn. 36).

VI. Rechtsfolge

Eine vorsätzliche oder leichtfertige Verletzung der pflichtgemäßen Zurverfügungstellung der Geeignetheitserklärung nach § 64 Abs. 4 S. 1 und S. 2 WpHG ist nach § 120 Abs. 20 S. 1 WpHG grds. mit einer Geldbuße von bis zu **5 Mio. Euro** bedroht. Das Gesetz lässt aber in § 120 Abs. 20 S. 2 ff. WpHG **Ausnahmen** von diesem Grundsatz – und damit auch höhere Geldbußen – zu.

Die erste Ausnahme betrifft ausdrücklich nur **juristische Personen** und **Personenvereinigungen**. § 120 Abs. 20 S. 2 WpHG bestimmt in diesem Zusammenhang, dass gegenüber einer juristischen Person oder Personenvereinigung über S. 1 hinaus eine höhere Geldbuße verhängt werden kann, und zwar in Höhe **von bis zu 10% des Gesamtumsatzes**. Bei der Berechnung dieses Gesamtumsatzes wird auf den Umsatz der juristischen Person oder Personenvereinigung in dem Geschäftsjahr abgestellt, das der Behördenentscheidung vorausging.

Im Übrigen findet bei der Berechnung des Gesamtumsatzes § **120 Abs. 23 WpHG** Anwendung.

Eine weitere Ausnahme – sowohl gegenüber natürlichen Personen als Täter als auch gegenüber juristischen Personen und Personenvereinigungen als Täter –, regelt § 120 Abs. 20 S. 3 und 4 WpHG. Hiernach kann nach S. 3 dieser Vorschrift über die in S. 1 und 2 genannten Beträge hinaus auch eine Geldbuße **bis zum Zweifachen** des **aus dem Verstoß gezogenen wirtschaftlichen Vorteils** verhängt werden. Der wirtschaftliche Vorteil umfasst nach S. 4 dieser Vorschrift erzielte Gewinne sowie vermiedene Verluste und kann von der BaFin auch geschätzt werden. Wie die Berechnung der Gewinne oder vermiedenen Verluste genau erfolgen soll, regelt das Gesetz hingegen nicht. Es wird hier auf den Einzelfall ankommen, ggf. – soweit erforderlich – unter Berücksichtigung von handelsrechtlichen Grundsätzen. Die Berechnung – genauso wie die Grundlagen für eine etwaige Schätzung – sind von der BaFin in dem von ihr erlassenen Bußgeldbescheid entsprechend darzustellen.

25 § 17 Abs. 2 OWiG, wonach fahrlässiges Handeln im Höchstmaß nur mit der Hälfte des angedrohten Höchstbetrages der Geldbuße geahndet werden kann, soweit das Gesetz für vorsätzliches und fahrlässiges Handeln eine Geldbuße androht, ohne im Höchstmaß zu unterscheiden, findet gemäß § 120 Abs. 25 WpHG keine Anwendung.

26 Welches konkrete Bußgeld letztendlich gegenüber einem Täter (s. Rn. 19) festgesetzt wird, entscheidet die BaFin in Ausübung ihres jeweiligen Ermessens. Hierbei ist sie im Rahmen der Selbstbindung der Verwaltung insbesondere an die sich selbst gegebenen **WpHG-Bußgeldleitlinien** in der jeweils aktuellen Fassung gebunden.[7]

VII. Verfolgungs- und Vollstreckungsverjährung

1. Verfolgungsverjährung

27 Die Verfolgungsverjährung für diesen Tatbestand bestimmt sich nach § 120 Abs. 26 WpHG iVm §§ 31–33 OWiG.

Nach § 120 Abs. 26 WpHG verjährt die Verfolgung des zuvor dargestellten Tatbestandes in drei Jahren. Anders als § 31 OWiG ist die Verjährung damit nicht an das Höchstmaß der Geldbuße gekoppelt.

Der Beginn der Verfolgungsverjährung bestimmt sich dann wieder nach § 31 Abs. 3 OWiG und ein eventuelles Ruhen nach § 32 OWiG.

2. Vollstreckungsverjährug

28 Die Vollstreckungsverjährung für diesen Tatbestand bestimmt sich ausschließlich nach § 34 OWiG.

Kap. 13.10. § 120 Abs. 5 Nr. 2 WpHG (§ 39 Abs. 2 c Nr. 2 WpHG aF) Übermittlung von Insiderverzeichnissen (Verordnung [EU] Nr. 1031/2010)

§ 120 Abs. 5 Nr. 2 WpHG Bußgeldvorschriften

(5) Ordnungswidrig handelt, wer gegen die Verordnung (EU) Nr. 1031/2010 verstößt, indem er vorsätzlich oder leichtfertig

(...)

2. entgegen Artikel 42 Absatz 1 Satz 2 oder Satz 3 das Verzeichnis nicht, nicht richtig, nicht vollständig oder nicht rechtzeitig übermittelt,

(...)

1 § 120 Abs. 5 Nr. 2–4 WpHG (§ 39 Abs. 2 c Nr. 2–4 WpHG aF) betreffen vorsätzliche und fahrlässige Verstöße gegen von Art. 42 der Verordnung (EU) Nr. 1031/2010 aufgestellte Übermittlungs-, Unterrichtungs- und Informationspflichten zur Vorbeugung von Marktmissbrauch im Zusammenhang mit der Versteigerung von Treibhausgasemissionszertifikaten. Die maximale Bußgeld-

---

[7] BaFin – WpHG-Bußgeldleitlinien II, Stand Januar 2018, abrufbar unter https://www.bafin.de/SharedDocs/Downloads/DE/Leitfaden/WA/dl_bussgeldleitlinien_2016.html.

höhe für Verstöße beträgt 50 000 EUR (§ 120 Abs. 24 WpHG; § 17 Abs. 2 OWiG ist anwendbar, so dass sich der Höchstbetrag bei fahrlässigem Handeln auf 25 000 EUR beläuft). Die vorgesehene Sanktion liegt damit am unteren Ende des Bußgeldrahmens von § 120 WpHG.

Ordnungswidrig handelt nach § 120 Abs. Abs. 5 Nr. 2 WpHG, wer als Auktionsplattform, Auktionator oder Auktionsaufsicht entgegen Art. 42 Abs. 1 S. 2 oder 3 der VO (EU) Nr. 1031/2010 das nach Art. 42 Abs. 1 S. 1 zu erstellende Verzeichnis der Personen, die auf der Grundlage eines Arbeitsvertrags oder anderweitig für sie tätig sind und Zugang zu Insider-Informationen haben, nicht, nicht richtig, nicht vollständig oder nicht rechtzeitig übermittelt. Was unter einer regelmäßigen Aktualisierung iSd Art. 42 Abs. 1 S. 2 und 3 zu verstehen ist, ergibt sich aus Art. 42 nicht.

Kap. 13.11. § 120 Abs. 5 Nr. 3 WpHG (39 Abs. 2 c Nr. 3 WpHG aF) Directors dealing (Verordnung [EU] Nr. 1031/2010)

§ 120 Abs. 5 Nr. 3 WpHG Bußgeldvorschriften

(5) Ordnungswidrig handelt, wer gegen die Verordnung (EU) Nr. 1031/2010 verstößt, indem er vorsätzlich oder leichtfertig
(...)
3. entgegen Artikel 42 Absatz 2 eine Unterrichtung nicht, nicht richtig oder nicht innerhalb von fünf Werktagen vornimmt oder
(...)

§ 120 Abs. 5 Nr. 3 WpHG (§ 39 Abs. 2 c Nr. 3 WpHG aF) sanktioniert vorsätzliche und leichtfertige Verstöße gegen die Unterrichtungspflicht des Art. 42 Abs. 2 der VO (EU) Nr. 1031/2010 zur Minderung des Risikos von Marktmissbrauch bei der Versteigerung von Treibhausgasemissionszertifikaten. Die Vorschrift verpflichtet Personen, die bei einer Auktionsplattform, beim Auktionator oder der Auktionsaufsicht Führungsaufgaben wahrnehmen und in enger Beziehung zu ihnen stehende Personen, die zuständige Behörde über Gebote zu informieren, die sie eingestellt, geändert oder zurückgezogen haben. Ein Verstoß iSd § 120 Abs. 5 Nr. 3 WpHG liegt vor, wenn die Unterrichtung nicht, nicht richtig oder nicht innerhalb von fünf Werktagen vorgenommen wird. Zur Rechtsfolgenandrohung s. Kap. 13.10. Rn. 1.

Kap. 13.12. § 120 Abs. 5 Nr. 4 WpHG (§ 39 Abs. 2 c Nr. 4 WpHG aF) Meldung potenzieller Insidergeschäfte und Marktmanipulationen (VO [EU] Nr. 1031/2010)

§ 120 Abs. 5 Nr. 4 WpHG Bußgeldvorschriften

(5) Ordnungswidrig handelt, wer gegen die Verordnung (EU) Nr. 1031/2010 verstößt, indem er vorsätzlich oder leichtfertig
(...)
4. entgegen Artikel 42 Absatz 5 die Behörde nicht, nicht richtig, nicht vollständig oder nicht rechtzeitig informiert.

Kap. 13: Verletzung von Veröffentlichungs- und Mitteilungspflichten

1   Nach § 120 Abs. 5 Nr. 4 WpHG (§ 39 Abs. 2 c Nr. 4 WpHG aF) iVm Art. 42 Abs. 5 der VO (EU) Nr. 1031/2010 müssen für zur Gebotseinstellung zugelassene Personen, Wertpapierfirmen und Kreditinstitute die zuständige Behörde informieren, wenn sie den begründeten Verdacht haben, dass eine Transaktion ein Insidergeschäft oder eine Marktmanipulation sein könnte. Ein Verstoß liegt vor, wenn die Behörde nicht, nicht richtig, nicht vollständig oder nicht rechtzeitig informiert wird. Ordnungswidrig sind vorsätzliche und fahrlässige Verstöße. Zur Rechtsfolgenandrohung s. Kap. 13.10. Rn. 1.

Kap. 13.13. § 120 Abs. 6 Nr. 1, 2 (vormals: § 39 Abs. 2 d Nr. 1, 2) WpHG Melde- und Offenlegungspflichten für Inhaber von Netto-Leerverkaufspositionen und ungedeckten Positionen in Credit Default Swaps

§ 120 Abs. 6 Nr. 1, 2 WpHG   Bußgeldvorschriften; Verordnungsermächtigung

(6) Ordnungswidrig handelt, wer gegen die Verordnung (EU) Nr. 236/2012 des Europäischen Parlaments und des Rates vom 14. März 2012 über Leerverkäufe und bestimmte Aspekte von Credit Default Swaps (ABl. L 86 vom 24.3.2012, S. 1), die durch die Verordnung (EU) Nr. 909/2014 (ABl. L 257 vom 28.8.2014, S. 1) geändert worden ist, verstößt, indem er vorsätzlich oder leichtfertig

1. entgegen Artikel 5 Absatz 1, Artikel 7 Absatz 1 oder Artikel 8 Absatz 1, jeweils auch in Verbindung mit Artikel 9 Absatz 1 Unterabsatz 1 oder Artikel 10, eine Meldung nicht, nicht richtig, nicht vollständig oder nicht rechtzeitig macht,
2. entgegen Artikel 6 Absatz 1, auch in Verbindung mit Artikel 9 Absatz 1 Unterabsatz 1 oder Artikel 10, eine Einzelheit nicht, nicht richtig, nicht vollständig oder nicht rechtzeitig offenlegt,

(...)

(24) Die Ordnungswidrigkeit kann (...) in den Fällen des (...) Absatzes 6 Nummer 1 und 2 (...) mit einer Geldbuße bis zu zweihunderttausend Euro (...) geahndet werden.

Artikel 5 VO (EU) Nr. 236/2012   Meldung signifikanter Netto-Leerverkaufspositionen in Aktien an die zuständigen Behörden

(1) Natürliche oder juristische Personen, die eine Netto-Leerverkaufsposition im ausgegebenen Aktienkapital eines Unternehmens, dessen Aktien zum Handel an einem Handelsplatz zugelassen sind, halten, melden gemäß Artikel 9 der jeweils zuständigen Behörde, wenn die Position eine in Absatz 2 des vorliegenden Artikels genannte Meldeschwelle erreicht oder unterschreitet.

(2) Eine Meldeschwelle liegt bei 0,2 % und danach jeweils in Intervallen von 0,1 % des ausgegebenen Aktienkapitals des betreffenden Unternehmens.

(...)

Artikel 6 VO (EU) Nr. 236/2012 Offenlegung signifikanter Netto-Leerverkaufspositionen in Aktien an die zuständigen Behörden

(1) Natürliche oder juristische Personen, die eine Netto-Leerverkaufsposition im ausgegebenen Aktienkapital eines Unternehmens, dessen Aktien zum Handel an einem Handelsplatz zugelassen sind, halten, legen die Einzelheiten dieser Position im Einklang mit Artikel 9 offen, wenn sie eine in Absatz 2 des vorliegenden Artikels genannte Offenlegungsschwelle erreicht oder unterschreitet.

(2) Eine Offenlegungsschwelle liegt bei einem Prozentsatz von 0,5 % und danach jeweils in Intervallen von 0,1 % des ausgegebenen Aktienkapitals des betreffenden Unternehmens.

(...)

Artikel 7 VO (EU) Nr. 236/2012 Meldung signifikanter Netto-Leerverkaufspositionen in öffentlichen Schuldtiteln an die zuständigen Behörden

(1) Natürliche oder juristische Personen, die eine Netto-Leerverkaufsposition in ausgegebenen öffentlichen Schuldtiteln halten, melden gemäß Artikel 9 der jeweils zuständigen Behörde, wenn eine solche Position im Hinblick auf den betreffenden öffentlichen Emittenten die Meldeschwellen erreicht oder unterschreitet.

(2) [1]Die einschlägigen Meldeschwellen umfassen einen Ausgangsbetrag und danach ergänzende Schwellenbeträge in Bezug auf jeden öffentlichen Emittenten, die von der Kommission in den Rechtsakten nach Absatz 3 festgelegt werden. [2]Die ESMA veröffentlicht auf ihrer Website die Meldeschwellen für jeden Mitgliedstaat.

(...)

Artikel 8 VO (EU) Nr. 236/2012 Meldung ungedeckter Positionen in Credit Default Swaps auf öffentliche Schuldtitel an die zuständigen Behörden

Hebt eine zuständige Behörde Beschränkungen gemäß Artikel 14 Absatz 2 auf, so meldet eine natürliche oder juristische Person, die eine ungedeckte Position in einem Credit Default Swap auf Staatsanleihen hält, der betreffenden zuständigen Behörde, sobald solch eine Position die einschlägigen Meldeschwellen für den öffentlichen Emittenten gemäß Artikel 7 erreicht oder unterschritten hat.

Artikel 9 VO (EU) Nr. 236/2012 Melde- und Offenlegungsverfahren

(1) Jede Meldung oder Offenlegung gemäß den Artikeln 5, 6, 7 oder 8 enthält Angaben zur Identität der natürlichen oder juristischen Person, die die betreffende Position hält, zum Umfang der betreffenden Position, dem Emittenten, dessen Papiere in der betreffenden Position gehalten werden, und dem Datum, zu dem die betreffende Position eröffnet, geändert oder geschlossen wurde.

(...)

Artikel 10 VO (EU) Nr. 236/2012 Anwendung der Melde- und Offenlegungsverfahren

Die Melde- und Offenlegungsanforderungen gemäß Artikel 5, 6, 7 und 8 gelten für natürliche oder juristische Personen, die in der Union oder in einem Drittland ansässig oder niedergelassen sind.

Literatur: *Krüger/Ludewig*, Leerverkaufsregulierung, WM 2012, 1942; *Ludewig/Geilfus*, EU-Leerverkaufsregulierung: Die ESMA-Guidelines bestimmen neuen Rahmen der Ausnahmeregelungen für Market-Maker und Primärhändler, WM 2013, 1533; *Möllers/Christ/Harrer*, Nationale Alleingänge und die europäische Reaktion auf ein Verbot ungedeckter Leerverkäufe, NZG 2010, 1167; *Mülbert/Sajnovits*, Das künftige Regime für Leerverkäufe und bestimmte Aspekte von Credit Default Swaps nach der Verordnung (EU) Nr. 236/2012, ZBB 2012, 266; *Walla*, in Veil (Hrsg.), Europäisches Kapitalmarktrecht, 2. Aufl. 2015, § 15 Leerverkäufe und Credit Default Swaps.

Materialien:

Gesetz zur Vorbeugung gegen missbräuchliche Wertpapier- und Derivategeschäfte (nachfolgend: WpMiVoG) v. 21.7.2010, BGBl. I 945; BT-Drs. 17/1952 (RegFraktE); BT-Drs. 17/2336 (Beschlussempfehlung und Bericht des Finanzausschusses).

Gesetz zur Stärkung des Anlegerschutzes und Verbesserung der Funktionsfähigkeit des Kapitalmarkts (Anlegerschutz- und Funktionsverbesserungsgesetz – nachfolgend AnlSVG) v. 5.4.2011, BGBl. I 538; BT-Drs. 17/3628 (RegE); BT-Drs. 17/3803; BT-Drs. 17/4710 (Beschlussempfehlung des Finanzausschusses); BT-Drs. 17/4739 (Bericht des Finanzausschusses).

Gesetz zur Ausführung der Verordnung (EU) Nr. 236/2012 des Europäischen Parlaments und des Rates vom 14.3.2012 über Leerverkäufe und bestimmte Aspekte von Credit Default Swaps (EU-Leerverkaufs-Ausführungsgesetz) v. 6.11.2012, BGBl. I 2286; BT-Drs. 17/9665 (RegE); BT-Drs. 17/10854 (Beschlussempfehlung des Finanzausschusses).

Vorschlag für eine Verordnung des Europäischen Parlaments und des Rates über Leerverkäufe und bestimmte Aspekte von Credit Default Swaps – KOM (2010) 482 endgültig v. 15.9.2010, abrufbar über europa.eu/internal_market/securities/short_selling_de.htm.

Verordnung (EU) Nr. 236/2012 des Europäischen Parlaments und des Rates über Leerverkäufe und bestimmte Aspekte von Credit Default Swaps v. 14.3.2012, ABl. EU Nr. L 86, S. 1.

Delegierte Verordnung (EU) Nr. 826/2012 der Kommission v. 29.6.2012 zur Ergänzung der Verordnung (EU) Nr. 236/2012 des Europäischen Parlaments und des Rates im Hinblick auf technische Regulierungsstandards für die Melde- und Offenlegungspflichten in Bezug auf Netto-Leerverkaufspositionen an die Europäische Wertpapier- und Marktaufsichtsbehörde zu übermittelnden Informationen und die Methode zur Berechnung des Umsatzes zwecks Ermittlung der unter die Ausnahmeregelung fallenden Aktion, ABl. EU Nr. L 251 v. 18.9.2012, S. 1.

Durchführungsverordnung (EU) Nr. 827/2012 der Kommission v. 29.6.2012 zur Festlegung technische Durchführungsstandards in Bezug auf die Verfahren für die Offenlegung von Nettopositionen in Aktien gegenüber der Öffentlichkeit, das Format, in dem der Europäischen Wertpapier- und Marktaufsichtsbehörde Informationen zu Netto-Leerverkaufspositionen zu übermitteln sind, die Arten von Vereinbarungen, Zusagen und Maßnahmen, die angemessen gewährleiste, dass Aktien und öffentliche Schuldtitel für die Abwicklung des Geschäfts verfügbar sind, und die Daten, zu denen die Ermittlung des Haupthandelsplatzes einer Aktie erfolgt, sowie den Zeitraum, auf den sich die betreffende Berechnung bezieht, gemäß der Verordnung (EU) Nr. 236/2012 des Europäischen Parlaments und des Rates über Leerverkäufe und bestimmt Aspekte von Credit Default Swaps, ABl. Nr. L 251 v. 18.9.2012, S. 11.

Delegierte Verordnung (EU) Nr. 918/2012 der Kommission v. 5.7.2012 zur Ergänzung der Verordnung (EU) Nr. 236/2012 des Europäischen Parlaments und des Rates über Leerverkäufe und bestimmte Aspekte von Credit Default Swaps im Hinblick auf Begriffsbestimmungen, die Berechnung von Netto-Leerverkaufspositionen, gedeckte Credit Default Swaps auf öffentliche Schuldtitel, Meldeschwellen, Liquiditätsschwellen für die vorübergehende Aufhebung von Beschränkungen, signifikante Wertminderungen bei Finanzinstrumenten und ungünstige Ereignisse, ABl. Nr. L 274 v. 9.10.2012, S. 1.

Delegierte Verordnung (EU) Nr. 919/2012 der Kommission v. 5.7.2012 zur Ergänzung der Verordnung (EU) Nr. 236/2012 des Europäischen Parlaments und des Rates über Leerverkäufe und bestimmte Aspekte von Credit Default Swaps im Hinblick auf technische Regulierungsstandards für die Methode zur Berechnung der Wertminderung bei liquiden Aktien und anderen Finanzinstrumenten, Absl. Nr. L 274 v. 9.10.2012, S. 16.

Leitlinien ESMA/2013/74 – Ausnahme für Market-Making-Tätigkeiten und Primärmarkttätigkeiten gemäß der Verordnung (EU) Nr. 236/2012 des Europäischen Parlaments und des Rates über Leerverkäufe und bestimmte Aspekte von Credit Default Swaps

I. Allgemeines 1
II. Anwendungsbereich 2
  1. Sachlicher Anwendungsbereich 2
  2. Persönlicher Anwendungsbereich 6
  3. Zeitlicher Anwendungsbereich 7
  4. Räumlicher Anwendungsbereich 8
III. Tathandlungen 9
  1. § 120 Abs. 6 Nr. 1 WpHG .. 9
  2. § 120 Abs. 6 Nr. 2 WpHG .. 12
IV. Subjektiver Tatbestand, Leichtfertigkeit, Versuch, Bußgeldbemessung 13

I. Allgemeines

§ 120 Abs. 6 Nr. 1, 2 WpHG ersetzt ohne erhebliche Wortlautänderung (zur Aktualisierung der statischen Verweisung auf die LeerverkaufsVO, Kap. 6.2 Rn. 3) den § 39 Abs. 2 d Nr. 1, 2 WpHG aF und ist seit dem 3.1.2018 in Kraft. § 120 Abs. 6 Nr. 1 WpHG sanktioniert den Verstoß gegen die Pflicht zur Meldung signifikanter Netto-Leerverkaufspositionen in Aktien (Art. 5 Leerkaufs-VO), öffentlichen Schuldtiteln (Art. 7 Leerverkaufs-VO) und ungedeckten Positionen in Credit Default Swaps auf öffentliche Schuldtitel (Art. 8 Leerverkaufs-VO) an die zuständigen Behörden. § 120 Abs. 6 Nr. 2 WpHG sanktioniert den Verstoß gegen die – über die bloße Meldung hinausgehende – Pflicht zur Offenlegung signifikanter Netto-Leerverkaufspositionen in Aktien (Art. 6 Leerverkaufs-VO). **Zweck** dieser Pflichten und ihrer Bewehrung ist die Gewährleistung von Transparenz und dadurch der Stabilität der Finanzmärkte.[1] Zur Systematik der EU-Leerverkaufs-VO und des § 120 Abs. 6 WpHG sowie zum Zweck der Leerverkaufsverbote, s. Kap. 6.1 Rn. 1 ff. Zur Gesetzgebungsgeschichte und der Rechtslage vor der Einführung des § 39 Abs. 2 d WpHG durch das EU-Leerverkaufs-VÖ-Ausführungsgesetz sei auf die Vorauflage verwiesen.

---

1 Vgl. Erwägungsgründe (2), (7) ff. EU-LeerverkaufsVO.

II. Anwendungsbereich

1. Sachlicher Anwendungsbereich

2 Der **sachliche Anwendungsbereich** der Mitteilungs- und Veröffentlichungspflichten und damit des § 120 Abs. 6 Nr. 1, 2 WpHG ergibt sich aus dem Zusammenspiel von Art. 1 Abs. 1 EU-LeerverkaufsVO („Anwendungsbereich"), den Begriffsbestimmungen in Art. 2 Abs. 1 EU-LeerverkaufsVO sowie den Gebotstatbeständen in Art. 5 Abs. 1, Art. 6 Abs. 1, Art. 7 Abs. 1, Art. 8 Abs. 1 EU-LeerverkaufsVO. Zur näheren Bestimmung der erfassten Finanzinstrumente, Handelsplätze und Handelssysteme verweist die EU-LeerverkaufsVO auf die MiFiD-Richtlinie (Art. 2 Abs. 1 lit. a, l EU-LeerverkaufsVO).[2]

3 **Tatobjekte des § 120 Abs. 6 Nr. 1 WpHG** sind zum einen **Aktien**, die zum Handel an einem Handelsplatz, also einem regulierten Markt oder multilateralen Handelssystem, in der EU zugelassen sind (Art. 5 Abs. 1, Art. 1 Abs. 1 lit. a, Art. 2 Abs. 1 lit. a, l EU-LeerverkaufsVO). Finanzinstrumente, die lediglich im Freiverkehr oder an multilateralen Handelssystemen gehandelt werden, die nicht als Börse zugelassen sind, sind nicht einbezogen.[3] Zum anderen erfasst § 120 Abs. 6 Nr. 1 WpHG **öffentliche Schuldtitel** (Art. 7 Abs. 1 EU-LeerverkaufsVO) sowie **Credit Default Swaps auf öffentliche Schuldtitel** (Art. 8 Abs. 1 EU-LeerverkaufsVO).

Öffentliche Schuldtitel sind Schuldtitel eines öffentlichen Emittenten (Art. 2 Abs. 1 lit. f. EU-LeerverkaufsVO), also Schuldtitel, die von der Union selbst, von Zentral- oder Regionalregierungen oder örtlichen Gebietskörperschaften eines EU-Mitgliedstaats, von einer zwischenstaatlichen Zweckgesellschaft, etwa dem Europäischen Stabilitätsmechanismus (ESM) und dem Europäischen System für Finanzaufsicht (EFSF),[4] oder einem zwischenstaatlichen internationalen Finanzinstitut oder der Europäischen Investitionsbank ausgegeben wurden (Art. 2 Abs. 1 lit. d EU-LeerverkaufsVO). Ausgenommen sind Schuldverschreibungen von Kommunen.[5] Anders als nach der alten Rechtslage ist es zudem **nicht mehr erforderlich**, dass die öffentlichen Schuldtitel **in Euro** denominieren.[6] Ein Credit Default Swap auf öffentliche Schuldtitel ist in Art. 2 Abs. 1 lit. e EU-LeerverkaufsVO legaldefiniert als ein Credit Default Swap (s. Definition in Art. 2 Abs. 1 lit. c EU-LeerverkaufsVO), bei dem im Falle eines Kreditereignisses oder Zahlungsausfalls im Zusammenhang mit einem öffentlichen Emittenten eine Zahlung geleistet oder ein anderer Vorteil gewährt wird.

4 **Tatobjekte des § 120 Abs. 6 Nr. 2 WpHG** sind ausschließlich **Aktien**, die zum Handel an einem Handelsplatz in der EU zugelassen sind (Art. 6 Abs. 1, Art. 1 Abs. 1 lit. a, Art. 2 Abs. 1 lit. a, l EU-LeerverkaufsVO).

5 Von den Mitteilungspflichten erfasst sind **Netto-Leerverkaufspositionen** in Aktien bzw. öffentlichen Schuldtiteln bzw. **ungedeckte Positionen in Credit Default Swaps** auf öffentliche Schuldtitel. Die Veröffentlichungspflicht bezieht sich ausschließlich auf Netto-Leerverkaufspositionen in Aktien.

---

[2] Zur Thematik des Außerkrafttretens einer Richtlinie, auf die zur Begriffsbestimmung verwiesen wird, s. *Satzger*, Int. u. EuStR, § 9 Rn. 77 mwN.
[3] *Mülbert/Sajnovits* ZBB 2012, 266 (269); Assmann/Schütze/*Schäfer* § 21 Rn. 13; Veil/Walla § 15 Rn. 13; aA *Krüger/Ludewig* WM 2012, 1942 (1943, 1946).
[4] Assmann/Schütze/*Schäfer* § 21 Rn. 17.
[5] Assmann/Schütze/*Schäfer* § 21 Rn. 17; *Veil/Walla* § 15 Rn. 19.
[6] Assmann/Schütze/*Schäfer* § 21 Rn. 18; *Mülbert/Sajnovits* ZBB 2012, 266 (269).

Gem. Art. 3 Abs. 4 EU-LeerverkaufsVO, konkretisiert in § 2 Abs. 2 NLPosV, ist eine **Netto-Leerverkaufsposition** im ausgegebenen **Aktien**kapital eine Position, die sich aus der Saldierung von Short- und Long-Positionen im ausgegebenen Aktienkapital des betreffenden Unternehmens ergibt.[7] Bei der Berechnung einer **Netto-Leerverkaufsposition** in ausgegebenen **öffentlichen Schuldtiteln** werden gem. Art. 3 Abs. 5 EU-LeerverkaufsVO neben den Long-Positionen in Schuldtiteln des öffentlichen Emittenten auch die Long-Positionen in Schuldtiteln eines öffentlichen Emittenten einbezogen, deren Preise eine **hohe Korrelation** aufweisen. **Short-Positionen** sind dadurch gekennzeichnet, dass die Person, die sie hält, bei Kurs- oder Wertminderung des Finanzinstruments einen Vorteil erzielt, **Long-Positionen** dementsprechend dadurch, dass ein Nachteil eintritt, vgl. Art. 3 Abs. 1, 2 EU-LeerverkaufsVO.[8]

Ungedeckte Positionen in Credit Default Swaps auf öffentliche Schuldtitel liegen vor, wenn der Halter des Credit Default Swaps **kein Sicherungsinteresse** hat, vgl. Art. 4 EU-LeerverkaufsVO. Ein Sicherungsinteresse ist vorhanden, wenn der Halter des Credit Default Swaps eine Long-Position in den entsprechenden öffentlichen Schuldtiteln hält und der Credit Default Swap dazu dient, sich gegen das Ausfallrisiko des öffentlichen Emittenten zu sichern (arg. e. Art. 4 Abs. 1 lit. a EU-LeerverkaufsVO), bzw. der Halter Vermögenswerte oder Verbindlichkeiten mit einer hohen Korrelation zum Wert des öffentlichen Schuldtitels besitzt bzw. hat und sich gegen das Risiko des Wertverfalls des öffentlichen Schuldtitels sichern will (arg. e. Art. 4 Abs. 1 lit. b EU-LeerverkaufsVO).[9] Dabei ist zu beachten, dass die Begründung solcher ungedeckter Positionen grundsätzlich gem. Art. 14 Abs. 1 EU-LeerverkaufsVO verboten ist (s. Kap. 6.2. Rn. 20 ff., zu Einzelheiten der Berechnung, Kap. 6.2. Rn. 25 ff.). Wird dieses Verbot allerdings im Ausnahmefall gem. Art. 14 Abs. 2 EU-LeerverkaufsVO durch die zuständige Behörde aufgehoben, werden die Transparenzpflichten gem. Art. 6 EU-LeerverkaufsVO anwendbar.

Nähere Informationen zur Bestimmung von Short- und Long-Positionen und zur Berechnung der Netto-Leerverkaufspositionen und Positionen in ungedeckten Credit Default Swaps, insbesondere auch zur Handhabung von **Konzernkonstellationen**,[10] zum Vorliegen eines Sicherungsinteresses und zur Berechnung von **Korrelationen** zu den Preisen von öffentlichen Schuldtiteln finden sich in der **Delegierten VO (EU) Nr. 918/2012**.[11]

2. Persönlicher Anwendungsbereich

Adressaten der Melde- und Veröffentlichungspflichten und damit mögliche Täter des § 120 Abs. 6 Nr. 1, 2 WpHG sind natürliche und juristische Personen, die Inhaber der Netto-Leerverkaufspositionen in Aktien und öffentlichen Schuldtiteln bzw. der ungedeckten Positionen in Credit Defaults sind. § 120 Abs. 6 Nr. 1, 2 WpHG ist damit ein **Sonderdelikt**. Im Fall einer juristischen

---

7 Zur Berechnung s. *Krüger/Ludewig* WM 2012, 1942 (1943, 1947 f.); *Mülbert/Sajnovits* ZBB 2012, 266 (277 f.); Assmann/Schütze/*Schäfer* § 21 Rn. 21.
8 Ausführlich *Mülbert/Sajnovits* ZBB 2012, 266 (276 f.).
9 S. dazu ausführlich *Mülbert/Sajnovits* ZBB 2012, 266 (269 f.).
10 S. dazu a. *Krüger/Ludewig* WM 2012, 1942 (1948); Assmann/Schütze/*Schäfer* § 21 Rn. 18.
11 Dazu *Mülbert/Sajnovits* ZBB 2012, 266 (269 f.); Assmann/Schütze/*Schäfer* § 21 Rn. 18.

Person kommt eine Zurechnung gem. § 9 OWiG in Betracht. Wann eine natürliche oder juristische Person eine Netto-Leerverkaufsposition hält, insbesondere auch in Konzernkonstellationen,[12] wird in der Delegierten VO (EU) Nr. 918/2012 näher bestimmt.

Art. 17 EU-LeerverkaufsVO enthält verschiedene **Ausnahmen** von den Melde- und Veröffentlichungspflichten für **Market Maker** (Art. 17 Abs. 1 EU-LeerverkaufsVO), **Primärhändler** (Art. 17 Abs. 3 EU-LeerverkaufsVO) sowie für **Rückkaufprogramme und Kursstabilisierungsmaßnahmen** (Art. 17 Abs. 4 EU-LeerverkaufsVO). Die von den Ausnahmen für Market-Maker erfassten Finanzunternehmen und Geschäfte sind in Art. 2 Abs. 1 lit. k EU-LeerverkaufsVO definiert, die zugelassenen **Primärhändler** öffentlicher Schuldtitel in Art. 2 Abs. 1 lit. n EU-LeerverkaufsVO.[13] Die Unternehmen, die von den Ausnahmen Gebrauch machen wollen, müssen dies – anders als nach der alten Rechtslage[14] – 30 Tage vor Aufnahme der Tätigkeit bei der BaFin melden (Art. 17 Abs. 5, 6 EU-LeerverkaufsVO). Nähere Angaben sowohl zu den Anforderungen an die ausnahmefähigen Tätigkeiten als auch zum Anzeigeverfahren finden sich in den auf der Grundlage von Art. 9 Abs. 2 der Verordnung (EU) Nr. 1095/2010 erlassenen ESMA-Guidelines vom 2.4.2013,[15] in Bezug auf die die BaFin erklärt hat, ihnen mit Ausnahme bestimmter Regeln nachkommen zu wollen (sog *Partially-Comply*-Erklärung).[16] Speziell für Deutschland finden sich Vorgaben im aktualisierten Merkblatt der BaFin vom 15.7.2013[17] und in der Leerverkaufs-Anzeigenverordnung (LAnzV).[18]

3. Zeitlicher Anwendungsbereich

7 § 120 Abs. 6 Nr. 1, 2 WpHG ist seit dem 3.1.2018 in Kraft. Davor galt § 39 Abs. 2 d WpHG aF, der am 16.11.2012 in Kraft getreten war (zur Rechtslage davor siehe die Vorauflage).

4. Räumlicher Anwendungsbereich

8 Grundsätzlich knüpft die EU-LeerverkaufsVO ausschließlich an die Arten der gehandelten Finanzinstrumente an, nicht aber an den Ort der Transaktion oder die Nationalität bzw. den Sitz der Beteiligten (Art. 1 Abs. 1 lit. a EU-LeerverkaufsVO).[19] Die Melde- und Veröffentlichungspflichten gelten daher, wie Art. 10 EU-LeerverkaufsVO ausdrücklich wiederholt, für alle natürlichen und juristischen Personen, die ihren **Sitz innerhalb der EU oder in Drittstaaten** haben. Für Aktien, die ihren Haupthandelsplatz außerhalb der Europäischen Union haben, sieht Art. 16 EU-LeerverkaufsVO jedoch eine Ausnahme von

---

12 S. dazu *Mülbert/Sajnovits* ZBB 2012, 266 (279).
13 *Krüger/Ludewig* WM 2012, 1942 (1949).
14 S. dazu *Ludewig/Geilfus* WM 2013, 1533 (1535); Heidel/*Ludewig* WpHG § 30 h Rn. 12: Hier genügt eine Anzeige, die unverzüglich nach Ende des Quartals erfolgte.
15 ESMA-Guidelines 02/04/2013, ESMA/2013/74, https://www.esma.europa.eu/sites/defa ult/files/library/2015/11/2013-74.pdf (zuletzt abgerufen 19.6.2019).
16 Dazu ausführlich *Ludewig/Geilfus* WM 2013, 1533.
17 Abrufbar unter https://www.bafin.de/SharedDocs/Veroeffentlichungen/DE/Merkblatt/ WA/mb_130715_eu_market_making.html (zuletzt abgerufen 19.6.2019).
18 Verordnung zur Konkretisierung von Art, Umfang und Form der Mitteilungen und Benachrichtigungen gemäß Art. 17 Abs. 5, 6, 9 und 10 der Verordnung (EU) Nr. 236/2012 (Leerverkaufs-Anzeigeverordnung – LAnzV) v. 16.4.2014, BGBl. I 386.
19 *Krüger/Ludewig* WM 2012, 1942 (1943, 1946).

den Vorschriften der EU-LeerverkaufsVO vor. Der Haupthandelsplatz wird alle zwei Jahre durch die ESMA bestimmt und in einer Liste veröffentlicht; Einzelheiten zu den Kriterien und dem Verfahren sind in Kap. V der DurchführungsVO (EU) Nr. 827/2012 geregelt. Für eine Ahndung nach § 120 Abs. 6 WpHG muss darüber hinaus ein Anknüpfungspunkt gem. §§ 5 ff. OWiG vorliegen.

III. Tathandlungen

1. § 120 Abs. 6 Nr. 1 WpHG

§ 120 Abs. 6 Nr. 1 WpHG beschreibt die Tathandlung als das **Nicht-Machen, das nicht richtige, das nicht vollständige und das nicht rechtzeitige Machen einer Meldung** unter Verstoß gegen Art. 5 Abs. 1, Art. 7 Abs. 1, Art. 8 EU-LeerverkaufsVO, ggf. iVm mit Art. 9 Abs. 1 UAbs. 1, 10 EU-LeerverkaufsVO. Es handelt sich um ein **echtes Unterlassungsdelikt**.

Gem. Art. 5 Abs. 1, 2 EU-LeerverkaufsVO wird eine Meldung an die zuständige Behörde notwendig, wenn die gehaltene Netto-Leerverkaufsposition die **Meldeschwelle** von 0,2 % bzw. die weiteren Meldeschwellen in Intervallen von 0,1 % des ausgegebenen **Aktienkapitals** des betreffenden Unternehmens **erreicht oder unterschreitet**. Auch wenn das Überschreiten der Schwellenwerte anders als in § 30 i WpHG aF nicht mehr genannt ist, ist es im Begriff des Erreichens mit erfasst. Die ESMA kann gem. Art. 5 Abs. 3 EU-LeerverkaufsVO die Meldeschwellen anpassen. Art. 7 Abs. 1 EU-LeerverkaufsVO statuiert eine Meldepflicht für Inhaber von Netto-Leerverkaufspositionen in **öffentlichen Schuldtiteln**, wobei gem. Art. 7 Abs. 2 EU-LeerverkaufsVO die **Meldeschwellen** für jeden öffentlichen Emittenten von der Kommission festgelegt und von der ESMA auf ihrer Webseite veröffentlicht werden. Die gleichen Meldeschwellen gelten gem. Art. 8 EU-LeerverkaufsVO für die Meldepflichten für ungedeckte Positionen in Credit Default Swaps auf öffentliche Schuldtitel.

Die Meldung ist an die zuständige Behörde zu machen. **Zuständig** ist gem. Art. 2 Abs. 1 lit. j EU-LeerverkaufsVO bei öffentlichen Schuldtiteln die Behörde des Mitgliedstaats, der bzw. dessen Gliedstaat die Titel emittiert hat bzw. in dem der Emittent seinen Sitz bzw. seine Niederlassung hat. Bei sonstigen Finanzinstrumenten richtet sich die Zuständigkeit entweder nach der Bestimmung des Art. 2 Abs. 7 VO (EG) Nr. 1287/2006 oder nach dem Handelsplatz, an dem das Finanzinstrument erstmals zum Handel zugelassen wurde.[20] Im Einklang mit Art. 32 EU-LeerverkaufsVO wurde für Deutschland durch das EU-Leerverkaufs-Ausführungsgesetz in § 30 h Abs. 1 WpHG die BaFin als zuständige Behörde im Sinne der Verordnung bestimmt. Einzelheiten zu Inhalt, Form und Verfahren der Meldung finden sich in Art. 9 der EU-Leerverkaufsverordnung, der Delegierten VO (EU) Nr. 826/2012 sowie in Deutschland in der Netto-Leerverkaufspositionsverordnung (NLPosV).[21] Der vorgegebene **Inhalt** der Meldung umfasst gem. Art. 9 Abs. 1 EU-LeerverkaufsVO die **Identität** des Halters der Positionen, den **Umfang** der Positionen sowie das **Datum**, an dem die Position eröffnet, geändert oder geschlossen wurde, Art. 9 Abs. 1 EU-

---

20 Ausführlich *Mülbert/Sanovits* ZBB 2012, 266 (280).
21 Verordnung zur Konkretisierung der Mitteilungs- und Veröffentlichungspflichten für Netto-Leerverkaufspositionen (Netto-Leerverkaufspositionsverordnung – NLPosV) vom 17.12.2012, BGBl. I 2699; s. dazu *Krüger/Ludewig* WM 2012, 1942 (1947).

LeerverkaufsVO. **Berechnungszeitpunkt** für die Positionen ist gem. Art. 9 Abs. 2 EU-LeerverkaufsVO 24 Uhr am Ende des Handelstages, an dem die Person die Position hält. Die **Meldung** ist spätestens am folgenden Handelstag um 15.30 Uhr zu machen.

2. § 120 Abs. 6 Nr. 2 WpHG

12 Die Tathandlung des § 120 Abs. 6 Nr. 2 WpHG ist **das Nicht-Offenlegen** bzw. **das nicht richtige, das nicht vollständige** und **das nicht rechtzeitige Offenlegen** einer **Einzelheit** unter **Verstoß** gegen Art. 6 Abs. 1 ggf. iVm mit Art. 9 Abs. 1 UAbs. 1, 10 EU-LeerverkaufsVO. Auch Nr. 2 stellt ein **echtes Unterlassungsdelikt** dar. Gem. Art. 6 Abs. 1, 2 EU-LeerverkaufsVO wird über die Meldung an die zuständige Behörde hinaus die Offenlegung einer gehaltenen Netto-Leerverkaufsposition in **Aktien** notwendig, wenn die Schwelle von 0,5 % bzw. die weiteren Schwellen in Intervallen von darüber hinaus jeweils 0,1 % des ausgegebenen Aktienkapitals des betreffenden Unternehmens erreicht oder unterschritten werden. Die **Offenlegung**, deren Inhalt, Verfahren und Form in Art. 9 EU-LeerverkaufsVO, der DurchführungsVO (EU) Nr. 827/2012 sowie der NL-PosV bestimmt sind, erfolgt gem. Art. 9 Abs. 4 EU-LeerverkaufsVO auf der Webseite der zuständigen Behörde (der BaFin, § 30 h Abs. 1 WpHG).[22] Berechnungszeitpunkt und Zeitpunkt der Veröffentlichung stimmen mit dem der Meldung überein (s. Rn. 15).

IV. Subjektiver Tatbestand, Leichtfertigkeit, Versuch, Bußgeldbemessung

13 Die Ordnungswidrigkeiten der § 120 Abs. 6 Nr. 1, 2 WpHG können **vorsätzlich oder leichtfertig** begangen werden. Der Versuch ist gem. § 13 Abs. 2 OWiG nicht ahndbar. Die Bußgeldbemessung richtet sich nach § 120 Abs. 24 WpHG. Für Verstöße gegen § 120 Abs. 6 Nr. 1, 2 WpHG ist danach eine Geldbuße iHv bis zu zweihunderttausend Euro vorgesehen.

Kap. 13.14. § 120 Abs. 12 Nr. 4 WpHG Prüferanzeigepflicht

§ 120 Abs. 12 Nr. 4, Abs. 24 WpHG Bußgeldvorschriften

(12) Ordnungswidrig handelt, wer vorsätzlich oder fahrlässig

4. entgegen § 89 Absatz 3 Satz 1 eine Anzeige nicht, nicht richtig, nicht vollständig oder nicht rechtzeitig erstattet oder

(...)

(24) Die Ordnungswidrigkeit kann in den Fällen des (...) mit einer Geldbuße bis zu fünfhunderttausend Euro, in den Fällen des (...) mit einer Geldbuße bis zu zweihunderttausend Euro (...), in den Fällen des (...) mit einer Geldbuße bis zu hunderttausend Euro, in den übrigen Fällen mit einer Geldbuße bis zu fünfzigtausend Euro geahndet werden.

I. Historie des Bußgeldtatbestands	1	V. Verschulden	9
II. Grundtatbestand	2	VI. Rechtsfolge	10
III. Tathandlung	5	VII. Verfolgungs- und Vollstreckungsverjährung	13
IV. Adressat/Täter	7		

---

22 S. dazu *Krüger/Ludewig* WM 2012, 1942 (1943, 1947).

I. Historie des Bußgeldtatbestands

Der neue § 120 Abs. 12 Nr. 4 WpHG war ausschließlich von der Neunummerierung des WpHG durch das 2. FiMaNoG betroffen.[1] Eine entsprechende (inhaltsgleiche) Regelung fand sich bereits zuvor in § 39 Abs. 3 Nr. 11 WpHG aF Diese Regelung wurde ihrerseits mit dem Gesetz zur Stärkung des Anlegerschutzes und Verbesserung der Funktionsfähigkeit des Kapitalmarkts (**AnlSVG**) vom 5.4.2011 in das WpHG aufgenommen.

II. Grundtatbestand

§ 120 Abs. 12 Nr. 4 WpHG sanktioniert vorsätzliche und fahrlässige Verstöße gegen die Pflicht zur Anzeige eines vorgesehenen Prüfers nach § 89 Abs. 3 S. 1 WpHG.

Nach § 89 Abs. 3 S. 1 WpHG sind Wertpapierdienstleistungsunternehmen unter Bußgeldandrohung verpflichtet, vor Erteilung eines Prüfauftrags der Bundesanstalt für Finanzdienstleistungsaufsicht (**BaFin**) den hierfür vorgesehenen Prüfer anzuzeigen.

Hintergrund dieser Regelung ist, dass es der BaFin ermöglicht werden soll, die Eignung des angezeigten Prüfers beurteilen zu können und ggf. die **Bestellung eines anderen Prüfers** zu verlangen, wenn dies zur **Erreichung des Prüfungszwecks geboten** ist. Ein solcher Hauptablehnungsgrund liegt dabei insbesondere bei fehlender Qualifikation eines Prüfers vor.

Kreditinstitute, die einem **genossenschaftlichen Prüfverband** angehören oder durch die **Prüfungsstelle eines Sparkassen- und Giroverbandes** geprüft werden, müssen nach § 89 Abs. 3 S. 3 WpHG nicht den Prüfer gegenüber der BaFin anzeigen. Die BaFin kann in diesen Fällen auch keinen neuen Prüfer nach S. 2 der Vorschrift verlangen.

III. Tathandlung

Ein ordnungswidriges Verhalten liegt nach § 120 Abs. 12 Nr. 4 WpHG vor, wenn das Wertpapierdienstleistungsunternehmen entgegen § 89 Abs. 3 S. 1 WpHG eine Prüferanzeige entweder vorsätzlich oder fahrlässig

- nicht,
- nicht richtig,
- nicht vollständig oder
- nicht rechtzeitig

erstattet.

Eine Prüferanzeige gilt als **nicht** erstattet, wenn sie **vollständig unterlassen** wurde.

Nicht richtig wird eine Prüfanzeige erstattet, wenn sie **inhaltlich falsch** ist.

Eine solche Anzeige ist dagegen **unvollständig**, wenn **erforderliche Informationen fehlen**.

Nicht rechtzeitig ist eine solche Anzeige, wenn sie erst mit oder nach Erteilung des Prüfauftrags erfolgt.

---

1 Zur Historie s. Kap. 3 Rn. 3.

IV. Adressat/Täter

7 Nach § 120 Abs. 12 Nr. 4 WpHG iVm § 89 Abs. 3 S. 1 WpHG obliegt Wertpapierdienstleistungsunternehmen die bußgeldbewehrte Pflicht, der BaFin rechtzeitig Prüfer anzuzeigen. Damit können Adressat/Täter ausschließlich Wertpapierdienstleistungsunternehmen sein.

8 § 120 Abs. 27 S. 1 WpHG stellt darüber hinaus klar, dass § 120 Abs. 12 Nr. 4 WpHG in Verbindung mit Abs. 24 der Vorschrift, auch für die erlaubnispflichtige **Anlageverwaltung** iSd § 2 Abs. 13 S. 3 WpHG gilt.

V. Verschulden

9 Der Verschuldensmaßstab umfasst nach § 120 Abs. 12 WpHG sowohl **Vorsatz** (s. Kap. 3 Rn. 29 ff.) als auch **Fahrlässigkeit** (s. Kap. 3 Rn. 34 ff.).

VI. Rechtsfolge

10 Eine vorsätzliche oder fahrlässige Verletzung der rechtzeitigen Prüferbestellung ist nach § 120 Abs. 24 WpHG mit einer Geldbuße von bis zu 50.000 EUR – als gesetzlicher Höchstbetrag – bedroht.

11 Ergänzend zu dieser Regelung findet § 17 Abs. 2 OWiG Anwendung. Dieser bestimmt, dass, wenn das Gesetz für vorsätzliches und fahrlässiges Handeln eine Geldbuße androht, ohne im Höchstmaß zu unterscheiden, das fahrlässige Handeln im Höchstmaß nur mit der Hälfte des angedrohten Höchstbetrags geahndet werden kann. Daraus folgt, dass eine vorsätzliche Verletzung der zuvor genannten Pflicht mit einer Geldbuße von bis zu 50.000 EUR bedroht ist, während eine fahrlässige Verletzung dieser Pflichten nur mit einer Geldbuße von bis zu 25.000 EUR bedroht ist.

12 Welches konkrete Bußgeld letztendlich gegenüber einem Täter (s. Rn. 7) festgesetzt wird, entscheidet die BaFin in Ausübung ihres jeweiligen Ermessens. Hierbei ist sie im Rahmen der Selbstbindung der Verwaltung insbesondere an die sich selbst gegebenen **WpHG-Bußgeldleitlinien** in der jeweils aktuellen Fassung gebunden.[2]

VII. Verfolgungs- und Vollstreckungsverjährung

13 Das WpHG sieht für diesen Tatbestand keine eigenen Verjährungsregelungen vor. Es gelten damit die Verjährungsregelungen der §§ 31–34 OWiG.

Kap. 13.15. § 120 Abs. 15 Nr. 1 WpHG (39 Abs. 3 d Nr. 1 WpHG aF) Meldung von Finanzinstrumenten

§ 120 Abs. 15 Nr. 1 WpHG Bußgeldvorschriften

(15) Ordnungswidrig handelt, wer gegen die Verordnung (EU) Nr. 596/2014 verstößt, indem er vorsätzlich oder leichtfertig

1. als Handelsplatzbetreiber entgegen Artikel 4 identifizierende Referenzdaten in Bezug auf ein Finanzinstrument nicht, nicht richtig, nicht vollstän-

---

[2] BaFin – WpHG-Bußgeldleitlinien II, Stand Januar 2018, abrufbar unter https://www.bafin.de/SharedDocs/Downloads/DE/Leitfaden/WA/dl_bussgeldleitlinien_2016.html.

dig, nicht in der vorgeschriebenen Weise oder nicht rechtzeitig zur Verfügung stellt oder aktualisiert,

§ 120 Abs. 15 Nr. 1 WpHG (§ 39 Abs. 3 d Nr. 1 WpHG aF) sanktioniert, über die europäischen Vorgaben des Art. 30 Abs. 1 UAbs. 1 lit. a der Marktmissbrauchsverordnung hinausgehend, Verstöße gegen Art. 4 der Marktmissbrauchsverordnung. Danach müssen Betreiber von geregelten Märkten und Wertpapierfirmen sowie Betreiber eines multilateralen oder organisierten Handelssystems jedes Finanzinstrument, für das ein Antrag auf Zulassung gestellt, das zum Handel zugelassen oder erstmalig gehandelt worden ist und auch diejenigen Finanzinstrumente, die nicht mehr gehandelt werden sowie die in Art. 4 Abs. 1 UAbs. 3 genannten Daten melden. Die Bußgeldbewehrung eines Verstoßes gegen Art. 4 soll dazu dienen, dass die BaFin die Einhaltung des Art. 4 gewährleisten, insbesondere ihrerseits die relevanten Daten an die ESMA weiterleiten kann.[1] Die maximale Bußgeldhöhe beträgt für natürliche Personen 500.000 EUR (§ 120 Abs. 18 S. 1 WpHG). Für juristische Personen gilt die Erhöhung des § 120 Abs. 18 S. 2 Nr. 3 WpHG. Nach § 120 Abs. 18 S. 3 WpHG kann ein Verstoß mit einer Geldbuße bis zum Dreifachen des aus dem Verstoß gezogenen wirtschaftlichen Vorteils geahndet werden. § 17 Abs. 2 OWiG ist wegen § 120 Abs. 25 S. 2 WpHG anwendbar.

Kap. 13.16. § 120 Abs. 15 Nr. 6, 9, 11 WpHG (§ 39 Abs. 3 d Nr. 6, 9, 11 WpHG aF) Veröffentlichung von Insiderinformationen

§ 120 Abs. 15 Nr. 6, 9, 11 WpHG Bußgeldvorschriften

(15) Ordnungswidrig handelt, wer gegen die Verordnung (EU) Nr. 596/2014 verstößt, indem er vorsätzlich oder leichtfertig

6. entgegen Artikel 17 Absatz 1 Unterabsatz 1 oder Artikel 17 Absatz 2 Unterabsatz 1 Satz 1 eine Insiderinformation nicht, nicht richtig, nicht vollständig, nicht in der vorgeschriebenen Weise oder nicht rechtzeitig bekannt gibt,

9. entgegen Artikel 17 Absatz 1 Unterabsatz 2 Satz 3 eine Insiderinformation nicht, nicht richtig, nicht vollständig, nicht in der vorgeschriebenen Weise oder nicht rechtzeitig veröffentlicht oder nicht mindestens fünf Jahre lang auf der betreffenden Website anzeigt,

11. entgegen Artikel 17 Absatz 8 Satz 1 eine Insiderinformation nicht, nicht richtig, nicht vollständig, nicht in der vorgeschriebenen Weise oder nicht rechtzeitig veröffentlicht,

§ 120 Abs. 15 Nr. 6 WpHG (§ 39 Abs. 3 d Nr. 6 WpHG aF) bewehrt Verstöße gegen die Pflicht zur Veröffentlichung von Insiderinformationen aus Art. 17 Abs. 1 UAbs. 1 und Abs. 2 UAbs. 1 S. 1 der Marktmissbrauchsverordnung mit Geldbußen. Die Ad-hoc-Publizitätspflicht flankiert durch die Herstellung informationeller Chancengleichheit in präventiver Wirkungsweise die Insiderhandelsverbote des Art. 14 der Marktmissbrauchsverordnung.[1]

---

1 BT-Drs. 18/7482, 65.
1 Umfassend *Klöhn* MAR Art. 17.

2 § 120 Abs. 15 Nr. 6 WpHG sanktioniert einen Verstoß gegen die Pflicht von Emittenten (Art. 17 Abs. 1 UAbs. 1 der Marktmissbrauchsverordnung) und Teilnehmern am Markt für Emissionszertifikate (Art. 17 Abs. 2 UAbs. 1 S. 1), Insiderinformationen öffentlich bekannt zu machen, die **unmittelbar** den Emittenten betreffen oder sich auf dem Teilnehmer am Markt für Emissionszertifikate gehörende Emissionszertifikate beziehen. Das muss im Fall des Art. 17 Abs. 1 „unverzüglich" geschehen. Ein Verstoß nach § 120 Abs. 15 Nr. 6 WpHG liegt vor, wenn die Insiderinformation nicht, nicht richtig oder nicht vollständig, nicht in der vorgeschriebenen Weise oder nicht rechtzeitig bekannt gegeben wird. Dabei ist insbesondere Art. 2 der Durchführungsverordnung (EU) 2016/1055 zu beachten.[2]

3 Nach Art. 17 Abs. 1 UAbs. 2 S. 3 der Marktmissbrauchsverordnung muss ein Emittent die ihn betreffende Insiderinformationen auf seiner Website veröffentlichen und dort mindestens fünf Jahre anzeigen (§ 120 Abs. 15 Nr. 9 WpHG).

4 Art. 17 Abs. 8 S. 1 der Marktmissbrauchsverordnung betrifft die Veröffentlichungspflicht von Emittenten und Teilnehmern am Markt für Emissionszertifikate in den Fällen, in denen sie Insiderinformationen rechtmäßig iSd Art. 10 Abs. 1 der Marktmissbrauchsverordnung offengelegt haben (s. Kap. 7.4. Rn. 66 ff.). Dann müssen sie diese im Moment der Offenlegung bzw. bei versehentlicher Offenlegung unverzüglich danach auch veröffentlichen, es sei denn, dass der Empfänger der Insiderinformation einer Verschwiegenheitspflicht unterliegt. Ein Verstoß stellt eine Ordnungswidrigkeit nach § 120 Abs. 15 Nr. 11 WpHG dar.

5 Die Ordnungswidrigkeit kann mit einer Geldbuße bis zu 1 Mio EUR geahndet werden (§ 120 Abs. 18 S. 1 WpHG). Gegenüber juristischen Personen gilt gemäß § 120 Abs. 18 S. 2 WpHG eine Erhöhung auf 2,5 Mio EUR oder 2% des Gesamtumsatzes. Über die genannten Höchstgrenzen hinaus kann die Ordnungswidrigkeit nach § 120 Abs. 18 S. 3 WpHG mit einer Geldbuße bis zum Dreifachen des aus dem Verstoß gezogenen wirtschaftlichen Vorteils geahndet werden. § 17 Abs. 2 OWiG ist nicht anwendbar, s. § 120 Abs. 25 S. 1 WpHG.

Kap. 13.17. § 35 Abs. 1 Nr. 5, 6, 8, 9, Abs. 3 WpPG Veröffentlichung von Wertpapierprospekten

§ 35 Abs. 1 Nr. 5, 6, 8, 9, Abs. 3 WpPG Bußgeldvorschriften

(1) Ordnungswidrig handelt, wer vorsätzlich oder leichtfertig

(...)

5. entgegen § 13 Abs. 1 Satz 1 einen Prospekt veröffentlicht,
6. entgegen § 14 Abs. 1 Satz 1, auch in Verbindung mit Satz 2, einen Prospekt nicht, nicht richtig, nicht vollständig, nicht in der vorgeschriebenen Weise oder nicht rechtzeitig veröffentlicht,

(...)

8. entgegen § 14 Abs. 5 eine Papierversion des Prospekts nicht zur Verfügung stellt oder

---

2 S. ferner *BaFin*, FAQ Art. 17 MAR vom 29.5.2019, S. 1 f.

9. entgegen § 16 Absatz 1 Satz 5 einen Nachtrag nicht, nicht richtig, nicht vollständig, nicht in der vorgeschriebenen Weise oder nicht rechtzeitig veröffentlicht.

(...)

(3) Die Ordnungswidrigkeit kann in den Fällen des Absatzes 1 Nummer (...) 5 (...) mit einer Geldbuße bis zu fünfhunderttausend Euro, in den Fällen des Absatzes 1 Nummer (...) 6 und 9 mit einer Geldbuße bis zu hunderttausend Euro und in den übrigen Fällen mit einer Geldbuße bis zu fünfzigtausend Euro geahndet werden.

§ 13 Abs. 1 WpPG Billigung des Prospekts

(1) ¹Ein Prospekt darf vor seiner Billigung nicht veröffentlicht werden. ²Die Bundesanstalt entscheidet über die Billigung nach Abschluss einer Vollständigkeitsprüfung des Prospekts einschließlich einer Prüfung der Kohärenz und Verständlichkeit der vorgelegten Informationen.

§ 14 Abs. 1, 5 WpPG Hinterlegung und Veröffentlichung des Prospekts

(1) ¹Nach seiner Billigung hat der Anbieter oder Zulassungsantragsteller den Prospekt bei der Bundesanstalt zu hinterlegen und unverzüglich, spätestens einen Werktag vor Beginn des öffentlichen Angebots, nach Absatz 2 zu veröffentlichen. ²Werden die Wertpapiere ohne öffentliches Angebot in den Handel an einem organisierten Markt eingeführt, ist Satz 1 mit der Maßgabe entsprechend anzuwenden, dass für den Zeitpunkt der spätesten Veröffentlichung anstelle des Beginns des öffentlichen Angebots die Einführung der Wertpapiere maßgebend ist. ³Findet vor der Einführung der Wertpapiere ein Handel von Bezugsrechten im organisierten Markt statt, muss der Prospekt mindestens einen Werktag vor dem Beginn dieses Handels veröffentlicht werden. ⁴Im Falle eines ersten öffentlichen Angebots einer Gattung von Aktien, für die der Emittent noch keine Zulassung zum Handel an einem organisierten Markt erhalten hat, muss die Frist zwischen dem Zeitpunkt der Veröffentlichung des Prospekts nach Satz 1 und dem Abschluss des Angebots mindestens sechs Werktage betragen.

(...)

(5) Wird der Prospekt im Internet veröffentlicht, so muss dem Anleger vom Anbieter, vom Zulassungsantragsteller oder von den Instituten im Sinne des § 1 Abs. 1 b des Kreditwesengesetzes oder den nach § 53 Abs. 1 Satz 1 oder § 53 b Abs. 1 Satz 1 des Kreditwesengesetzes tätigen Unternehmen, die die Wertpapiere platzieren oder verkaufen, auf Verlangen eine Papierversion kostenlos zur Verfügung gestellt werden.

§ 16 Abs. 1 S. 5 WpPG Nachtrag zum Prospekt; Widerrufsrecht des Anlegers

(1) (...) ⁵Nach der Billigung muss der Anbieter oder Zulassungsantragsteller den Nachtrag unverzüglich in derselben Art und Weise wie den ursprünglichen Prospekt nach § 14 veröffentlichen.

I. Gebotstatbestände	1	III. Schutzzweck, Bußgeldrahmen	6
II. Tathandlung	5		

I. Gebotstatbestände

1 Der Anwendungsbereich des WpPG umfasst grds. alle öffentlichen Angebote von Wertpapieren und die Zulassung von Wertpapieren zum Handel an einem organisierten Markt.[1] Von der in den §§ 3 f. WpPG statuierten Pflicht zur Prospektierung ausgenommen sind gem. § 1 Abs. 2 Nr. 4 WpPG Emissionen börsennotierter Unternehmen, die ein jährliches Emissionsvolumen von max. 5 Mio. EUR haben. Das Gleiche gilt gem. § 3 Abs. 2 Nr. 1 und 2 WpPG für ein Wertpapier, welches sich ausschließlich an qualifizierte Anleger oder das sich in jedem Staat des Europäischen Wirtschaftsraums an weniger als 150 nichtqualifizierte Anleger richtet. Gem. § 3 Abs. 2 Nr. 3, 4 und 5 WpPG besteht ebenfalls eine Ausnahme von der Prospektpflicht für solche Wertpapiere, die sich nur an Anleger richten, die Wertpapiere ab einem Mindestbetrag von 100.000 EUR pro Anleger je Angebot erwerben können, die eine Mindeststückelung von 100.000 EUR haben, oder sofern der Verkaufspreis für alle angebotenen Wertpapiere im Europäischen Wirtschaftsraum weniger als 100.000 EUR beträgt, wobei diese Obergrenze über einen Zeitraum von zwölf Monaten zu berechnen ist.

Die ausgegebenen Prospekte müssen den Grundsätzen der Prospektklarheit, -vollständigkeit, -wesentlichkeit, -wahrheit und -aktualität genügen.[2] Sie müssen gem. § 5 Abs. 1 S. 1 WpPG in verständlicher und leicht analysierbarer Form sämtliche Angaben enthalten, die notwendig sind, um dem Publikum ein zutreffendes Urteil über den Emittenten und über die mit den Wertpapieren verbundenen Rechte zu ermöglichen.[3]

2 Eine Veröffentlichung des Prospekts darf nicht vor **Billigung durch die BaFin (§ 13 WpPG)** erfolgen. Dadurch soll sichergestellt werden, dass Anleger vor unvollständigen und daher irreführenden Prospekten geschützt werden. Der Prüfungsumfang der BaFin umfasst die Aspekte Vollständigkeit, Verständlichkeit und Kohärenz.[4] Die Behörde überprüft also, ob sämtliche gemäß den Anhängen zur ProspektVO verlangten Angaben im Prospekt aufgenommen wurden. Hinsichtlich der Verständlichkeit wird auf einen durchschnittlichen Anleger abgestellt. Eine weitere (materielle) Prüfung nimmt die BaFin allerdings

---

1 Heidel/*Röhrborn* WpPG Vor §§ 1 ff. Rn. 6.
2 JVRZ/*Just* WpPG § 5 Rn. 9.
3 Die Anforderungen an einen Prospekt können im konkreten Einzelfall sehr unterschiedlich ausfallen. Zu den wesentlichen Punkten vgl. Heidel/*Straßner* WpPG § 5 Rn. 2 ff. mwN.
4 Heidel/*Grosjean* WpPG § 13 Rn. 4; Erb/Kohlhaas/*Wehowsky* WpPG § 13 Rn. 4.

nicht vor.[5] Die Entscheidung der BaFin über die Billigung eines Prospekts stellt einen Verwaltungsakt dar.[6]

In § 14 Abs. 1 WpPG ist die **Hinterlegung und Veröffentlichung des Prospekts** geregelt. Nach dem Gesetzeswortlaut hat diese Veröffentlichung unverzüglich zu erfolgen. Bei der Auslegung des unbestimmten Rechtsbegriffs „unverzüglich" kann nicht ohne Weiteres auf die zu § 121 BGB entwickelten Grundsätze zurückgegriffen werden. § 14 Abs. 1 WpPG verlangt nicht, dass der Prospekt sofort oder innerhalb weniger Werktage nach Erhalt der Billigung zu veröffentlichen ist. § 14 WpPG fordert lediglich eine rechtzeitige Veröffentlichung, keine schnellstmögliche. Ausreichend ist die Veröffentlichung zum spätestmöglichen Zeitpunkt, also ein Werktag vor Beginn des öffentlichen Angebots.[7] Immerhin kann es legitim sein, als Marktteilnehmer nach einer Billigung gleichwohl noch mit dem Beginn des öffentlichen Angebots zu warten. Was die Art der Veröffentlichung angeht, stellt § 14 Abs. 2 WpPG verschiedene Möglichkeiten nebeneinander: Vollabdruck in Tageszeitung, Bereithalten in gedruckter Form zur kostenlosen Abgabe an Publikum, in elektronischer Form im Internet mit zusätzlicher Papierform auf Verlangen. Seit dem 1.7.2012 muss gem. § 14 Abs. 2 S. 2 WpPG die elektronische Veröffentlichung im Internet nach Abs. 2 Nr. 3 vorgenommen werden, wenn der Prospekt nach Nr. 1 oder Nr. 2 veröffentlicht wird. Gem. Abs. 2 S. 3 muss die Zurverfügungstellung nach den Nr. 2, 3 und 4 zudem mindestens bis zum endgültigen Schluss des öffentlichen Angebots oder, falls diese später erfolgt, bis zur Einführung in den Handel an einen organisierte Markt andauern.[8]

Ergänzt wird die Regelung durch Art. 29 f. ProspektVO.[9]

Soweit nach Billigung des Prospekts wichtige neue Umstände in Bezug auf den Prospekt vorliegen, müssen diese in einem Nachtrag zum Prospekt aufgeführt werden. Diese Nachtragspflicht bezieht sich auch auf wesentliche Unrichtigkeiten in Bezug auf Prospektangaben, die die Beurteilung der Wertpapiere beeinflussen können.[10]

II. Tathandlung

Als **Tathandlung** kommt das Unterlassen, das nicht richtige, nicht vollständige, nicht in der vorgeschriebenen Weise oder nicht rechtzeitig vorgenommene Veröffentlichen in Betracht. In **subjektiver Hinsicht** liegt eine Ordnungswidrigkeit nur dann vor, wenn der Betroffene vorsätzlich oder zumindest leichtfertig handelt. Eine (einfach) fahrlässige Begehung stellt zwar einen verwaltungsrechtlichen Verstoß dar, kann aber nicht mit den Mitteln des Ordnungswidrigkeitenrechts geahndet werden.

---

5 Heidel/*Grosjean* WpPG § 13 Rn. 5; BT-Drs. 15/499, S. 34; *Groß* WpPG § 13 Rn. 8; *Buck-Heeb* Rn. 173.
6 BT-Drs. 15/499, 34.
7 Heidel/*Ding* WpPG § 14 Rn. 3.
8 Vgl. auch Heidel/*Ding* WpPG § 14 Rn. 7.
9 Heidel/*Ding* WpPG § 14 Rn. 6 ff.
10 Heidel/*Becker* WpPG § 16 Rn. 2.

III. Schutzzweck, Bußgeldrahmen

6 Die Regelung dient dem Anlegerschutz und hilft der BaFin bei ihrer Aufsichtstätigkeit. Angesichts des relativ hohen Bußgeldrahmens von bis zu 500.000 EUR bei Verstößen gegen Abs. 1 Nr. 5 (im Übrigen Staffelung: 100.000 EUR und 50.000 EUR) wird deutlich, dass der Gesetzgeber Verstöße gegen die Vorschriften des WpPG als eine ernstzunehmende Gefährdung der Anleger versteht.[11] Bei leichtfertigen Verstößen ist darüber hinaus § 17 Abs. 2 OWiG zu berücksichtigen.

Kap. 13.18. § 55 KWG Verletzung der Pflicht zur Anzeige der Zahlungsunfähigkeit oder der Überschuldung

§ 55 KWG Verletzung der Pflicht zur Anzeige der Zahlungsunfähigkeit oder der Überschuldung

(1) Mit Freiheitsstrafe bis zu drei Jahren oder mit Geldstrafe wird bestraft, wer entgegen § 46 b Abs. 1 Satz 1, auch in Verbindung mit § 53 b Abs. 3 Satz 1, eine Anzeige nicht, nicht richtig, nicht vollständig oder nicht rechtzeitig erstattet.

(2) Handelt der Täter fahrlässig, so ist die Strafe Freiheitsstrafe bis zu einem Jahr oder Geldstrafe.

§ 46 b KWG Insolvenzantrag

(1) [1]Wird ein Institut, das eine Erlaubnis zum Geschäftsbetrieb im Inland besitzt, oder eine nach § 10 a als übergeordnetes Unternehmen geltende Finanzholding-Gesellschaft oder gemischte Finanzholding-Gesellschaft zahlungsunfähig oder tritt Überschuldung ein, so haben die Geschäftsleiter, bei einem in der Rechtsform des Einzelkaufmanns betriebenen Institut der Inhaber und die Personen, die die Geschäfte der Finanzholding-Gesellschaft oder der gemischten Finanzholding-Gesellschaft tatsächlich führen, dies der Bundesanstalt unter Beifügung aussagefähiger Unterlagen unverzüglich anzuzeigen; die im ersten Halbsatz bezeichneten Personen haben eine solche Anzeige unter Beifügung entsprechender Unterlagen auch dann vorzunehmen, wenn das Institut oder die nach § 10 a als übergeordnetes Unternehmen geltende Finanzholding-Gesellschaft oder gemischte Finanzholding-Gesellschaft voraussichtlich nicht in der Lage sein wird, die bestehenden Zahlungspflichten im Zeitpunkt der Fälligkeit zu erfüllen (drohende Zahlungsunfähigkeit). [2]Soweit diese Personen nach anderen Rechtsvorschriften verpflichtet sind, bei Zahlungsunfähigkeit oder Überschuldung die Eröffnung des Insolvenzverfahrens zu beantragen, tritt an die Stelle der Antragspflicht die Anzeigepflicht nach Satz 1. [3]Das Insolvenzverfahren über das Vermögen eines Instituts oder einer nach § 10 a als übergeordnetes Unternehmen geltenden Finanzholding-Gesellschaft oder gemischten Finanzholding-Gesellschaft findet im Fall der Zahlungsunfähigkeit, der Überschuldung oder unter den Voraussetzungen des Satzes 5 auch im Fall der dro-

---

11 Heidel/*Röhrborn* WpPG § 35 Rn. 2; Assmann/Lenz/Ritz/*Lenz* VerkProspG § 17 Rn. 2 ff.

henden Zahlungsunfähigkeit statt. ⁴Der Antrag auf Eröffnung des Insolvenzverfahrens über das Vermögen des Instituts oder der nach § 10 a als übergeordnetes Unternehmen geltenden Finanzholding-Gesellschaft oder gemischten Finanzholding-Gesellschaft kann nur von der Bundesanstalt gestellt werden. ⁵Im Fall der drohenden Zahlungsunfähigkeit darf die Bundesanstalt den Antrag jedoch nur mit Zustimmung des Instituts und im Fall einer nach § 10 a als übergeordnetes Unternehmen geltenden Finanzholding-Gesellschaft oder gemischten Finanzholding-Gesellschaft mit deren Zustimmung stellen. ⁶Vor der Bestellung des Insolvenzverwalters hat das Insolvenzgericht die Bundesanstalt zu dessen Eignung zu hören. ⁷Der Bundesanstalt ist der Eröffnungsbeschluss besonders zuzustellen. ⁸Das Insolvenzgericht übersendet der Bundesanstalt alle weiteren, das Verfahren betreffenden Beschlüsse und erteilt auf Anfrage Auskunft zum Stand und Fortgang des Verfahrens. ⁹Die Bundesanstalt kann Einsicht in die Insolvenzakten nehmen.

(1 a) ¹Die Antragsrechte nach § 3 a Absatz 1, § 3 d Absatz 2 und § 269 d Absatz 2 der Insolvenzordnung stehen bei Instituten und bei nach § 10 a als übergeordnete Unternehmen bestimmten Finanzholding-Gesellschaften ausschließlich der Bundesanstalt zu. ²Die Einleitung eines Koordinationsverfahrens (§§ 269 d bis 269 i der Insolvenzordnung) entfaltet für die gruppenangehörigen Institute und für die als übergeordnete Unternehmen bestimmten Finanzholding-Gesellschaften nur dann Wirkung, wenn die Bundesanstalt sie beantragt oder ihr zugestimmt hat. ³Für die Bestellung des Verfahrenskoordinators gilt Absatz 1 Satz 6 entsprechend.

(2) ¹Wird über ein Institut, das Teilnehmer eines Systems im Sinne des § 24 b Absatz 1 ist, ein Insolvenzverfahren eröffnet, hat die Bundesanstalt unverzüglich die Europäische Wertpapier- und Marktaufsichtsbehörde, den Europäischen Ausschuss für Systemrisiken und die Stellen zu informieren, die der Europäischen Kommission von den anderen Staaten des Europäischen Wirtschaftsraums benannt worden sind. ²Auf Systembetreiber im Sinne des § 24 b Abs. 5 ist Satz 1 entsprechend anzuwenden.

(3) ¹Der Insolvenzverwalter informiert die Bundesanstalt laufend über Stand und Fortgang des Insolvenzverfahrens, insbesondere durch Überlassung der Berichte für das Insolvenzgericht, die Gläubigerversammlung oder einen Gläubigerausschuss. ²Die Bundesanstalt kann darüber hinaus weitere Auskünfte und Unterlagen zum Insolvenzverfahren verlangen.

Literatur: *Achenbach/Ransiek/Rönnau*, Handbuch Wirtschaftsstrafrecht, 4. Aufl. 2015; *Beck/Samm/Kokemoor*, Kreditwesengesetz mit CRR, 203. EL 2018; *Bittmann*, Praxishandbuch Insolvenzstrafrecht, 2. Aufl. 2017; *Boos/Fischer/Schulte-Mattler*, KWG, CRR-VO, 5. Aufl. 2016; *Böttger*, Wirtschaftsstrafrecht in der Praxis, 2. Aufl. 2015; *Burger/Schellberg*, Die Auslösetatbestände im neunen Insolvenzrecht, BB 1995, 261; *Dannecker/Knierim*, Insolvenzstrafrecht, 3. Aufl. 2018 (zit. als *DK* InsolvenzStR); *Dierlamm*, Der faktische Geschäftsführer im Strafrecht – ein Phantom?, NStZ 1996, 153; *Erbs/Kohlhaas*, Strafrechtliche Nebengesetze, 223. EL 01/2019; *Esser/Rübenstahl/Saliger/Tsambikakis* (Hrsg.), Wirtschaftsstrafrecht, Kommentar mit Steuerstrafrecht und Verfahrensrecht, 2017; *Graf/Jäger/Wittig* (Hrsg.), Wirtschafts- und Steuerstrafrecht, 2. Aufl. 2017; *Hellmann/Beckemper*, Wirtschaftsstrafrecht, 5. Aufl. 2018; *Hohnel*, Kapitalmarktstrafrecht, 2013; *Lütke*, Ist die Liquidität 2. Grades ein geeignetes Kriterium zur Feststellung der Zahlungsunfähigkeit?, wistra 2003, 52; Münchener Kommentar zur Insolvenzordnung, Bd. 1, *Kirchhof/Stürner/Eidenmüller* (Hrsg.), 4. Aufl. 2019 (zit. als MüKoInsO/*Bearbeiter*); *Müller-Gugenberger*, Wirtschaftsstrafrecht,6. Aufl. 2015; *Pelz*, Strafrecht in Krise und Insolvenz, 2. Aufl. 2011;

Kap. 13: Verletzung von Veröffentlichungs- und Mitteilungspflichten

Schork/Groß, Bankstrafrecht, 2013; *Schwennicke/Auerbach*, KWG, 3. Aufl. 2016; *Szagunn/Haug/Ergenzinger*, Gesetz über das Kreditwesen, 6. Aufl. 1997; *Weyand/Diversy*, Insolvenzdelikte, 10. Aufl. 2016.

I. Allgemeines	1	(2) Zahlungsunfähigkeit	14
1. Rechtsentwicklung	1	(3) Drohende Zahlungsunfähigkeit	16
2. Geschütztes Rechtsgut	2	bb) Tathandlung	17
3. Deliktsnatur	4	2. Subjektiver Tatbestand	23
II. Tatbestand	6	III. Konkurrenzen	27
1. Objektiver Tatbestand	7	IV. Rechtsfolgen	28
a) Tauglicher Täterkreis	7	V. Verjährung/Tatbeendigung/Tatvollendung	29
b) Die einzelnen Tatbestandsmerkmale	9	VI. Prozessuale Besonderheiten	31
aa) Wirtschaftliche Krise	10		
(1) Überschuldung	10		

I. Allgemeines

1. Rechtsentwicklung

1 § 55 wurde durch das Zweite Gesetz zur Bekämpfung der Wirtschaftskriminalität vom 15.5.1986[1] in das KWG eingefügt. Mit der 4. KWG-Novelle[2] wurde der Tatbestand dahin gehend erweitert, dass seither auch Zweigstellen iSv § 53 b Abs. 3 S. 1 KWG von der Anzeigepflicht erfasst sind. Mit dem Gesetz zur Fortentwicklung des Pfandbriefrechts vom 20.3.2009[3] wurde der Adressatenkreis aus dem Straftatbestand entfernt und die tatbestandlich sanktionierte Handlung konkretisiert. Hierdurch entstand die heute geltende Fassung von § 55 KWG.

2. Geschütztes Rechtsgut

2 Geschütztes Rechtsgut ist die **Sicherstellung des Prüfungsverfahrens** für die Stellung eines Insolvenzantrags durch die BaFin.[4] Die Norm dient nicht dem unmittelbaren Schutz der Insolvenzgläubiger.[5]

3 § 55 KWG ist **kein Schutzgesetz iSv § 823 Abs. 2 KWG**.[6]

3. Deliktsnatur

4 Bei § 55 KWG handelt es sich um ein **Offizialdelikt**.

5 § 55 KWG stellt ein **echtes Unterlassungsdelikt** dar.[7] Da die Handlungspflicht bis zum Erlöschen der Anzeigepflicht besteht, handelt es sich um ein Unterlassungsdauerdelikt.

---

1 BGBl. I 721.
2 BGBl. I 2211.
3 BGBl. I 607.
4 Beck/Samm/Kokemoor/*Wegner* KWG § 55 Rn. 1; Erbs/Kohlhaas/*Häberle* KWG § 55 Rn. 1; Boos/Fischer/Schulte-Mattler/*Lindemann* KWG § 55 Rn. 2; Graf/Jäger/Wittig/*Bock* KWG § 55 Rn. 3.
5 Graf/Jäger/Wittig/*Bock* KWG § 55 Rn. 3; Beck/Samm/Kokemoor/*Wegner* KWG § 55 Rn. 1; aA *Szagunn/Haug/Ergenzinger* KWG § 55 Rn. 2.
6 Boos/Fischer/Schulte-Mattler/*Lindemann* KWG § 55 Rn. 2; Graf/Jäger/Wittig/*Bock* KWG § 55 Rn. 3; Hohnel/*Brunke* KWG § 55 Rn. 2.
7 Schwennicke/Auerbach/*Schwennicke* KWG § 54 Rn. 3; Graf/Jäger/Wittig/*Bock* KWG § 55 Rn. 1; Hohnel/*Brunke* KWG § 55 Rn. 3.

II. Tatbestand

§ 55 KWG ist durch die Verweisung auf § 46 b Abs. 1 S. 1 und § 53 b Abs. 3 S. 1 KWG als **Teilblankettnorm** ausgestaltet. In Abs. 1 ist die vorsätzliche, in Abs. 2 die fahrlässige Tatbegehung geregelt.

1. Objektiver Tatbestand
a) Tauglicher Täterkreis

Täter einer Straftat nach § 55 KWG können ausschließlich **die in § 46 b Abs. 1 S. 1 KWG genannten Personen** sein. Hierbei handelt es sich um Geschäftsleiter, Inhaber eines in der Rechtsform des Einzelkaufmanns betriebenen Instituts oder Personen, die die Geschäfte der Finanzholding-Gesellschaft oder der gemischten Finanzholding-Gesellschaft tatsächlich führen. Unter **Geschäftsleitern** sind nach § 1 Abs. 2 S. 1 KWG diejenigen natürlichen Personen zu verstehen, die nach Gesetz, Satzung oder Gesellschaftsvertrag zur Führung der Geschäfte und zur Vertretung eines Instituts in der Rechtsform einer juristischen Person oder einer Personenhandelsgesellschaft berufen sind. Darunter fallen aufgrund des Verweises auf § 53 b Abs. 3 S. 1 KWG auch die Geschäftsleiter inländischer Zweigniederlassungen von Unternehmen mit Sitz in einem anderen Staat des Europäischen Wirtschaftsraums.[8] Von § 55 KWG erfasst sind auch diejenigen Geschäftsleiter, die gemäß § 1 Abs. 2 S. 2 KWG von der BaFin widerruflich bestellt wurden.[9] Angesichts der von der Rspr. zu faktischen Organen entwickelten Grundsätze[10] ist für die Praxis davon auszugehen, dass diese auch auf § 55 KWG Anwendung finden.[11] Es handelt sich insoweit um ein **echtes Sonderdelikt**.[12]

Andere Personen, wie etwa Aufsichtsratsmitglieder, Beschäftigte des Instituts oder sonstige Dritte, können nur als Anstifter oder Gehilfe bestraft werden; für diese gilt § 28 Abs. 1 StGB.[13]

b) Die einzelnen Tatbestandsmerkmale

Bei Eintritt von Zahlungsunfähigkeit oder Überschuldung eines Instituts ist dies der BaFin nach § 46 b Abs. 1 S. 1 KWG von dem Geschäftsleiter oder Inhaber unverzüglich anzuzeigen. Strafbar ist sowohl die gänzlich unterlassene als auch die nicht richtige, nicht vollständige oder nicht rechtzeitig erstattete Anzeige gegenüber der BaFin.

---

8 Erbs/Kohlhaas/*Häberle* KWG § 55 Rn. 2.
9 Beck/Samm/Kokemoor/*Wegner* KWG § 55 Rn. 34; Achenbach/Ransiek/Rönnau/*Schröder* Teil 10 Kap. 3 Rn. 110.
10 Vgl. etwa BGH 10.5.2000 – 3 StR 101/00, NJW 2000, 2285 (2286); näher hierzu etwa *Dierlamm* NStZ 1996, 153.
11 Erbs/Kohlhaas/*Häberle* KWG § 55 Rn. 2; Beck/Samm/Kokemoor/*Wegner* KWG § 55 Rn. 35.
12 MAH WiStR/*Knierim* § 22 Rn. 225; Achenbach/Ransiek/Rönnau/*Schröder* Teil 10 Kap. 3 Rn. 110; Boos/Fischer/Schulte-Mattler/*Lindemann* KWG § 55 Rn. 2; Hohnel/*Brunke* KWG § 55 Rn. 17.
13 Hohnel/*Brunke* KWG § 55 Rn. 17; Erbs/Kohlhaas/*Häberle* KWG § 55 Rn. 3; Beck/Samm/Kokemoor/*Wegner* KWG § 55 Rn. 36.

aa) Wirtschaftliche Krise
(1) Überschuldung

10 Von **Überschuldung** ist nach § 19 Abs. 2 S. 1 InsO auszugehen, wenn das Vermögen des Schuldners die bestehenden Verbindlichkeiten nicht mehr deckt, es sei denn, die Fortführung des Unternehmens ist nach den Umständen überwiegend wahrscheinlich. Maßgeblich ist dabei nicht eine bilanzielle Überschuldung, sondern eine an rechtlichen Erwägungen ausgerichtete Gegenüberstellung von Aktiva und Passiva.[14]

11 Die Bestimmung einer Überschuldung erfolgt seit dem 31.12.2013 durch den sog **modifizierten zweistufigen Überschuldungsbegriff**. Dieser wurde mit dem Finanzmarktstabilisierungsgesetz vom 17.10.2008[15] zunächst befristet eingeführt, die Befristung jedoch mit Gesetz zur Einführung einer Rechtsbehelfsbelehrung im Zivilprozess und zur Änderung anderer Vorschriften vom 5.12.2012[16] wieder aufgehoben.[17] Nach dem modifizierten zweistufigen Überschuldungsbegriff stehen die Bewertung des Schuldnervermögens und die Fortführungsprognose nunmehr gleichwertig nebeneinander.[18] Eine Überschuldung iSv § 19 Abs. 2 S. 1 InsO ist mithin ausgeschlossen, wenn eines der beiden Elemente des modifizierten Überschuldungsbegriffs nicht vorliegt.

12 Eine **positive Fortführungsprognose** setzt voraus, dass nach überwiegender Wahrscheinlichkeit die Finanzkraft des Unternehmens mittelfristig zur Fortführung ausreicht.[19] In strafrechtlicher Hinsicht wird es schon ausreichen müssen, dass eine solche überwiegende Wahrscheinlichkeit nicht sicher verneint werden kann.[20] Um den Bestimmtheitsanforderungen des Art. 103 Abs. 2 GG zu genügen, ist der Prognosezeitraum auf einen überschaubaren Zeitraum zu begrenzen.[21]

13 Liegt keine positive Fortführungsprognose vor, lässt sich die Frage, ob eine strafrechtlich relevante Überschuldung eingetreten ist, nur anhand einer Überschuldungsbilanz (sog **Überschuldungsstatus**) beantworten.[22] Eine gewöhnliche Handelsbilanz ist hierfür nicht ausreichend, da diese lediglich das Betriebsergebnis innerhalb des Bilanzzeitraums dokumentiert, während sich aus der Überschuldungsbilanz der wahre Vermögensstand des Unternehmens ergibt.[23] Die Werte der Handelsbilanz können aber als Ausgangspunkt herangezogen werden.[24]

---

14 *Hellmann/Beckemper* Rn. 247 f.; Beck/Samm/Kokemoor/*Wegner* KWG § 55 Rn. 5.
15 BGBl. I 1982.
16 BGBl. I 2418.
17 Vgl. zur Entwicklung des Überschuldungsbegriffs bei Böttger/*Verjans* Kap. 4 B Rn. 15 ff.
18 Böttger/*Verjans* Kap. 4 B Rn. 18; MüKoInsO/*Drukarczyk/Schüler* InsO § 19 Rn. 37 ff.
19 BT-Drs. 16/10600, 13.
20 Beck/Samm/Kokemoor/*Wegner* KWG § 55 Rn. 10.
21 Müller-Gugenberger/*Richter* § 79 Rn. 28; *DK* InsolvenzStR Rn. 62.
22 BGH 14.1.2003 – 4 StR 336/02, wistra 2003, 301; Bittmann/*Bittmann* § 11 Rn. 112; Böttger/*Verjans* Kap. 4 B, Rn. 21.
23 *Weyand/Diversy* S. 51; Beck/Samm/Kokemoor/*Wegner* KWG § 55 Rn. 9.
24 Bittmann/*Bittmann* § 11 Rn. 112.

(2) Zahlungsunfähigkeit

Zahlungsunfähigkeit besteht nach § 17 Abs. 2 InsO, wenn der Schuldner nicht in der Lage ist, die fälligen Zahlungspflichten zu erfüllen. Davon ist in der Regel auszugehen, wenn der Schuldner seine Zahlungen eingestellt hat. Abzugrenzen ist die Zahlungsunfähigkeit von der **Zahlungsunwilligkeit** sowie von einer bloßen **Zahlungsstockung**, bei welcher der Schuldner erwarten kann, dass seine Liquiditätsprobleme nur vorübergehend sind.[25] Eine Zahlungsstockung im insolvenzrechtlichen Sinne liegt nach Auffassung des BGH vor, wenn der Zeitraum nicht überschritten wird, den eine kreditwürdige Person benötigt, um sich die erforderlichen Mittel zu leihen. Hierfür werden zwei bis drei Wochen als ausreichend angesehen. Danach stellt der BGH auf einen Schwellenwert in Höhe von 10 % ab: Von Zahlungsunfähigkeit ist insoweit auszugehen, wenn eine innerhalb von drei Wochen nicht zu beseitigende Liquiditätslücke des Schuldners weniger als 10 % seiner fälligen Gesamtverbindlichkeiten beträgt, es sei denn, es ist bereits absehbar, dass die Lücke demnächst mehr als 10 % erreichen wird. Beträgt die Liquiditätslücke des Schuldners 10 % oder mehr, ist regelmäßig von Zahlungsunfähigkeit auszugehen, sofern nicht ausnahmsweise mit an Sicherheit grenzender Wahrscheinlichkeit zu erwarten ist, dass die Liquiditätslücke demnächst vollständig oder fast vollständig beseitigt werden wird und den Gläubigern ein Zuwarten nach den besonderen Umständen des Einzelfalls zuzumuten ist.[26] Dieser zivilrechtlich entwickelten Auffassung haben sich die Strafsenate und Teile der Literatur angeschlossen.[27]

Zur Feststellung der Zahlungsunfähigkeit ist die **Einholung eines betriebswirtschaftlichen Gutachtens** erforderlich.[28] Die Staatsanwaltschaften bedienen sich zur Feststellung einer Zahlungsunfähigkeit regelmäßig allein der Gutachten der (vorl.) Insolvenzverwalter oder der sog kriminalistischen Methode, bei der ausschließlich auf das Vorliegen wirtschaftskriminalistischer Beweisanzeichen abgestellt wird.[29] Während die Rspr. die kriminalistische Methode als geeignete Grundlage anerkennt,[30] ist aber jedenfalls das Gutachten des Insolvenzverwalters nicht ausreichend.[31] Erforderlich ist vielmehr die Einholung eines betriebswirtschaftlichen Sachverständigengutachtens.[32]

---

25 Müller-Gugenberger/*Richter* § 78 Rn. 9; Achenbach/Ransiek/Rönnau/*Wegner* Teil 7 Kap. 1 Rn. 70; *Pelz* Rn. 49.
26 BGH 24.5.2005 – IX ZR 123/04, NJW 2005, 3062.
27 Vgl. BGH 23.5.2007 – 1 StR 88/07, wistra 2007, 312; NK-StGB/*Kindhäuser* StGB Vor §§ 283–283 d Rn. 98; *Weyand/Diversy* S. 63; aA Bittmann/*Bittmann* § 11 Rn. 82 (25 %); *DK* InsolvenzStR Rn. 73 (25 %); ausführlich zum Ganzen bei Graf/Jäger/Wittig/*Otte* InsO § 15 a Rn. 51 ff.
28 Bittmann/*Bittmann* § 11 Rn. 94 f.
29 Müller-Gugenberger/*Richter* § 78 Rn. 37; Böttger/*Verjans* Kap. 4 B Rn. 25; Beck/Samm/Kokemoor/*Wegner* KWG § 55 Rn. 17; *DK* InsolvenzStR Rn. 77; vgl. auch Graf/Jäger/Wittig/*Otte* InsO § 15 a Rn. 65 ff.
30 Vgl. BGH 28.10.2008 – 5 StR 166/08, wistra 2009, 117 (119); BGH 30.1.2003 – 3 StR 437/02, wistra 2003, 232 (233); BGH 20.7.1999 – 1 StR 668/98, NJW 2000, 154 (156); kritisch dazu *Lütke* wistra 2003, 52 (54 f.).
31 Bittmann/*Bittmann* § 11 Rn. 94 f.; HK-InsO/*Rüntz* InsO § 17 Rn. 23.
32 Bittmann/*Bittmann* § 11 Rn. 94 f.; HK-InsO/*Rüntz* InsO § 17 Rn. 24; vgl. zur betriebswirtschaftlichen Methode bei Graf/Jäger/Wittig/*Otte* InsO § 15 a Rn. 65.

(3) Drohende Zahlungsunfähigkeit

16 Von § 55 KWG erfasst ist nach nahezu einhelliger Auffassung auch die **drohende Zahlungsunfähigkeit**.[33] Der diesbezügliche Streit hat sich mit der Änderung von § 55 KWG im Rahmen des Gesetzes zur Fortentwicklung des Pfandbriefrechts vom 20.3.2009[34] erledigt.[35] Nach § 46 b Abs. 1 S. 1 Hs. 2 KWG, der insoweit § 18 Abs. 2 InsO entspricht, droht der Schuldner zahlungsunfähig zu werden, wenn er voraussichtlich nicht in der Lage sein wird, die bestehenden Zahlungspflichten im Zeitpunkt der Fälligkeit zu erfüllen. Der bevorstehende Zahlungseintritt muss wahrscheinlich sein, wobei die insoweit anzustellende Wahrscheinlichkeitsprognose auf den letzten Fälligkeitszeitpunkt aller Verbindlichkeiten abstellt.[36] In die Prognose sind auch die zum Feststellungszeitpunkt noch nicht begründeten, erst später entstehenden Zahlungspflichten einzustellen, sofern sie bis zum Ende des Prognosezeitraums fällig werden.[37]

bb) Tathandlung

17 Tathandlung des § 55 KWG ist ein **Verstoß gegen die Anzeigepflicht** des § 46 b Abs. 1 S. 1 KWG. Seit der Änderung von § 55 Abs. 1 KWG durch das Gesetz zur Fortentwicklung des Pfandbriefrechts vom 20.3.2009[38] wird nicht mehr nur das Unterlassen einer Anzeigeerstattung bestraft, sondern auch die nicht richtige, nicht vollständige oder nicht rechtzeitige Erstattung einer Anzeige.

18 Wann eine erstattete Anzeige **nicht richtig** iSv § 55 Abs. 1 KWG ist, hat der Gesetzgeber offengelassen. Auf die Auslegung des Merkmals in § 15 a InsO und § 31 Abs. 1 Nr. 3 ZAG kann nicht zurückgegriffen werden, da diese die Variante „nicht vollständig" nicht enthalten, mithin also auch unvollständige Anzeigen nach InsO und ZAG „nicht richtig" sind.[39] Um eine **unrichtige Anzeige** iSv § 55 KWG dürfte es sich mithin ausschließlich bei inhaltlich unzutreffenden Angaben handeln, wobei aber nur diejenigen fehlerhaften Angaben erfasst sind, die für die Bewertung der BaFin von Bedeutung sind.[40] Eine Strafbarkeit erscheint mit Blick auf Art. 103 Abs. 2 GG aber gleichwohl zweifelhaft, da § 46 b Abs. 1 S. 1 KWG zur Anzeige unter Beifügung „aussagefähiger Unterlagen" verpflichtet.[41]

19 **Nicht vollständig** ist eine Anzeige, wenn sie den gesetzlichen Anforderungen an den inhaltlichen Umfang nicht genügt.[42] Da Inhalt und Umfang der Anzeige nicht gesetzlich geregelt sind, ist eine Tatbestandsverwirklichung bereits dann

---

33 Erbs/Kohlhaas/*Häberle* KWG § 55 Rn. 7; Boos/Fischer/Schulte-Mattler/*Lindemann* KWG § 55 Rn. 2; Hohnel/*Brunke* KWG § 55 Rn. 16; Graf/Jäger/Wittig/*Bock* KWG § 55 Rn. 15; aA Beck/Samm/Kokemoor/*Wegner* KWG § 55 Rn. 19; Esser/Rübenstahl/Saliger/Tsambikakis/*Theile* § 55 Rn. 6.
34 Vgl. BGBl. I 607.
35 Vgl. dazu Erbs/Kohlhaas/*Häberle* KWG § 55 Rn. 7.
36 *DK* InsolvenzStR Rn. 81; Achenbach/Ransiek/Rönnau/*Wegner* Teil 7 Kap. 1 Rn. 94; Böttger/*Verjans* Kap. 4 B Rn. 29; aA *Weyand*/*Diversy* S. 66; Müller-Gugenberger/*Richter* § 78 Rn. 51.
37 Böttger/*Verjans* Kap. 4 B Rn. 29; *Pelz* Rn. 58; *Weyand*/*Diversy* S. 66; aA Burger/*Schellberg* BB 1995, 261 (264); vgl. dazu auch MüKoInsO/*Drukarczyk* InsO § 18 Rn. 57 ff.
38 Vgl. BGBl. I 607.
39 Erbs/Kohlhaas/*Häberle* KWG § 55 Rn. 10.
40 Erbs/Kohlhaas/*Häberle* KWG § 55 Rn. 10.
41 Schork/Groß/*Wegner* Rn. 690.
42 Erbs/Kohlhaas/*Häberle* KWG § 55 Rn. 11.

zu verneinen, wenn der Anzeigepflichtige die BaFin lediglich bittet, zu prüfen, ob diese einen Antrag auf Eröffnung des Insolvenzverfahrens stellen will.[43] Im Hinblick auf die Pflicht zur Übersendung „aussagefähiger Unterlagen" bestehen überdies verfassungsrechtliche Bedenken. Für den Normadressaten ist auch unter Berücksichtigung seiner Fachkunde nämlich nicht ersichtlich, welche Unterlagen er mit der Anzeige zwingend vorzulegen hat. Der Normappell bleibt mithin derart unbestimmt, dass eine strafrechtliche Sanktion hieran nicht geknüpft werden kann.[44]

§ 46 b Abs. 1 S. 1 KWG setzt eine **unverzügliche Anzeigeerstattung** voraus. Nach der Legaldefinition des § 121 BGB ist darunter eine Anzeigeerstattung ohne schuldhaftes Zögern nach Kenntnis des Eintritts des Krisenmerkmals zu verstehen. Eine dem § 15 a Abs. 1 InsO entsprechende Frist sieht § 55 KWG nicht vor. Insoweit ist die Anzeige nicht rechtzeitig erstattet, sofern sie nicht sofort nach Kenntnis von der Insolvenzlage erfolgt.[45] Eine später erstattete Anzeige lässt die bereits eingetretene Strafbarkeit nicht nachträglich entfallen.[46]

20

Die Anzeige ist von den Normadressaten des § 46 b Abs. 1 S. 1 KWG gegenüber der **BaFin** zu erstatten. Dabei genügt die Anzeigeerstattung (nur) eines Mitglieds der Geschäftsleitung, um die anderen Mitglieder ebenfalls sanktionsrechtlich zu entlasten.[47] Die Anzeigepflicht erlischt, wenn die (drohende) Zahlungsunfähigkeit oder Überschuldung beseitigt wurde; erfolgt dies nach Ablauf der Antragsfrist, entfällt dadurch aber nicht die bereits eingetretene Strafbarkeit.[48]

21

Sofern die BaFin nach § 37 Abs. 1 S. 2 KWG einen **Abwickler** bestellt, ist dieser gemäß § 37 Abs. 2 KWG zur Stellung eines Insolvenzantrags berechtigt. Tritt erst nach Aufnahme seiner Tätigkeit Zahlungsunfähigkeit oder Überschuldung ein, ist davon auszugehen, dass die Antragspflicht des § 46 b Abs. 1 KWG endet und eine Strafbarkeit nach § 55 KWG nicht mehr in Betracht kommt.[49]

22

2. Subjektiver Tatbestand

§ 55 KWG stellt sowohl eine **vorsätzliche** (Abs. 1) als auch eine **fahrlässige** (Abs. 2) Tatbegehung unter Strafe. **Eventualvorsatz** ist ausreichend; für eine vorsätzliche Tatbegehung genügt es mithin, dass der Täter das Bestehen einer Anzeigepflicht für möglich hält und ihre Verletzung billigend in Kauf nimmt.[50]

23

---

43 Schork/Groß/*Wegner* Rn. 690; Graf/Jäger/Wittig/*Bock* KWG § 55 Rn. 17; aA Erbs/Kohlhaas/*Häberle* KWG § 55 Rn. 8.
44 *Wegner* HRRS 2012, 68 (72); Schork/Groß/*Wegner* Rn. 690; Erbs/Kohlhaas/*Häberle* KWG § 55 Rn. 11; aA Graf/Jäger/Wittig/*Bock* KWG § 55 Rn. 18 f.
45 Hohnel/*Brunke* KWG § 55 Rn. 11; Graf/Jäger/Wittig/*Bock* KWG § 55 Rn. 21; Beck/Samm/Kokemoor/*Wegner* KWG § 55 Rn. 26; Erbs/Kohlhaas/*Häberle* KWG § 55 Rn. 12.
46 Achenbach/Ransiek/Rönnau/*Schröder* Kap. 3 Teil 10 Rn. 108.
47 Beck/Samm/Kokemoor/*Wegner* KWG § 55 Rn. 28.
48 Beck/Samm/Kokemoor/*Wegner* KWG § 55 Rn. 30.
49 Graf/Jäger/Wittig/*Bock* KWG § 55 Rn. 30; Achenbach/Ransiek/Rönnau/*Schröder* Teil 10 Kap. 3 Rn. 109.
50 Erbs/Kohlhaas/*Häberle* KWG § 55 Rn. 13; Hohnel/*Brunke* KWG § 55 Rn. 13; Achenbach/Ransiek/Rönnau/*Schröder* Teil 10 Kap. 3 Rn. 112.

24 Für die Frage, ob dem Täter die **Unkenntnis der Anzeigepflicht** als Sorgfaltspflichtverletzung vorzuwerfen ist, kommt der geschäftsplanmäßigen Aufteilung von Verantwortungsbereichen besondere Bedeutung zu.[51]

25 Wenn dem Täter entweder die Tatsachen unbekannt sind, aus denen sich die (drohende) Zahlungsunfähigkeit oder Überschuldung ergibt, oder ihm die entsprechende Bedeutungskenntnis fehlt, liegt ein **Tatbestandsirrtum** iSv § 16 StGB vor.[52]

26 Die **Einholung eines betriebswirtschaftlichen Sachverständigengutachtens** ist insbesondere zur Feststellung des subjektiven Tatbestands erforderlich. Der Sachverständige hat festzustellen, ob und wenn ja, wann der Geschäftsleiter oder Inhaber die Krise zur Kenntnis nahm.[53]

III. Konkurrenzen

27 Mit den im Falle einer wirtschaftlichen Krise häufig mitverwirklichten Straftatbeständen wie §§ 266, 266 a, 283 ff., 263 StGB, § 370 AO besteht in der Regel Tatmehrheit nach § 53 StGB.[54] Gleiches gilt auch für § 84 Abs. 1 GmbHG und § 401 Abs. 1 AktG.[55] § 15 a InsO kommt im Falle einer Anzeigepflicht hingegen nach § 46 b Abs. 1 S. 2 KWG gar nicht erst zur Anwendung, weil weder eine Insolvenzantragsbefugnis noch eine Insolvenzantragspflicht besteht.[56]

IV. Rechtsfolgen

28 Die vorsätzliche Tatbegehung wird mit Freiheitsstrafe bis zu drei Jahren oder mit Geldstrafe geahndet. Für die fahrlässige Tatbegehung ist ein Strafrahmen von Freiheitsstrafe bis zu einem Jahr oder Geldstrafe vorgesehen. Für die Strafzumessung können die Länge der überschrittenen Frist oder Besonderheiten bei der bilanzrechtlichen Aufarbeitung des Überschuldungsstatus von Bedeutung sein.[57]

V. Verjährung/Tatbeendigung/Tatvollendung

29 Die Verjährung beginnt gem. § 78 a StGB mit Beendigung der Tat. Bei vorsätzlicher Tatbegehung beträgt die Verjährungsfrist nach § 78 Abs. 3 Nr. 4 StGB fünf Jahre und bei fahrlässiger Tatbegehung nach § 78 Abs. 3 Nr. 5 StGB drei Jahre. **Tatbeendigung** tritt ein, wenn die Anzeigepflicht erlischt, etwa weil die Anzeige nachgeholt wurde oder keine (drohende) Zahlungsunfähigkeit oder Überschuldung mehr vorliegt.[58]

---

51 Achenbach/Ransiek/Rönnau/*Schröder* Teil 10 Kap. 3 Rn. 112; Graf/Jäger/Wittig/*Bock* KWG § 55 Rn. 35.
52 Beck/Samm/Kokemoor/*Wegner* KWG § 55 Rn. 39.
53 Bittmann/*Bittmann* § 11 Rn. 95.
54 Beck/Samm/Kokemoor/*Wegner* KWG § 55 Rn. 47; MAH/*Knierim* Verteidigung in Wirtschafts- und Steuerstrafsachen § 22 Rn. 225.
55 Achenbach/Ransiek/Rönnau/*Schröder* Teil 10 Kap. 3 Rn. 117; Beck/Samm/Kokemoor/*Wegner* KWG § 55 Rn. 47.
56 Erbs/Kohlhaas/*Häberle* KWG § 55 Rn. 15; Achenbach/Ransiek/Rönnau/*Schröder* Teil 10 Kap. 3 Rn. 115; Beck/Samm/Kokemoor/*Wegner* KWG § 55 Rn. 47.
57 Beck/Samm/Kokemoor/*Wegner* KWG § 55 Rn. 48.
58 Graf/Jäger/Wittig/*Bock* KWG § 55 Rn. 39; Erbs/Kohlhaas/*Häberle* KWG § 55 Rn. 14; Schork/Groß/*Wegner* Rn. 699; BGH 4.4.1979 – 3 StR 488/78, BGHSt 28, 371 (380), für § 84 Abs. 1 GmbHG aF; Esser/Rübenstahl/Saliger/Tsambikakis/*Theile* § 55 Rn. 10.

Vollendet ist die Tat in dem Zeitpunkt, bis zu dem die gebotene Handlung hätte vorgenommen werden müssen. Da § 46 b Abs. 1 S. 1 KWG eine unverzügliche Anzeigenerstattung verlangt, tritt Vollendung mithin ein, sobald ein schuldhaftes Zögern vorliegt.[59]

VI. Prozessuale Besonderheiten

Sofern die Zuständigkeit des Landgerichts begründet ist, fallen Delikte nach § 54 KWG in den Zuständigkeitsbereich der **Wirtschaftsstrafkammern** (§ 74 c Abs. 1 Nr. 2 GVG).

---

59 Erbs/Kohlhaas/*Häberle* KWG § 55 Rn. 14; Schork/Groß/*Wegner* Rn. 699.

Kapitel 14: Verletzung von Aufsichts- und Organisationspflichten

Kap. 14.1. Begriff und Arten von Aufsichts- und Organisationspflichten

Literatur: *Ax/Schneider/Scheffen*, Rechtshandbuch Korruptionsbekämpfung, 2010; *Bock*, Strafrechtliche Aspekte der Compliance-Diskussion – § 130 OWiG als zentrale Norm der Criminal Compliance, ZIS 2009, 68; *Buck-Heeb*, Informationsorganisation im Kapitalmarktrecht – Compliance zwischen Informationsmanagement und Wissensorganisationspflichten, CCZ 2009, 18; *Fischer*, Untersuchungen zur Gestaltung der Informationsorganisation in industriellen Unternehmen, (2016), *Fleischer*, Vorstandsverantwortlichkeit und Fehlverhalten von Unternehmensangehörigen – Von der Einzelüberwachung zur Errichtung einer Compliance-Organisation, AG 2003, 291; *Fleischer*, Corporate Compliance im aktienrechtlichen Unternehmensverbund, CCZ 2008, 1; *Gleißner/Füser*, Moderne Frühwarn- und Prognosesysteme für Unternehmensplanung und Risikomanagement, DB 2000, 933; *Habersack/Mülbert/Schlitt*, Handbuch der Kapitalmarktinformation, 2. Aufl. 2013; *Hauschka/Greeve*, Compliance in der Korruptionsprävention – was müssen, was sollen, was können die Unternehmen tun?, BB 2007, 165; *Kiethe*, Vermeidung der Haftung von geschäftsführenden Organen durch Corporate Compliance, GmbHR 2007, 393; *Rieder/Jerg*, Anforderungen an die Überprüfung von Compliance-Programmen – Zugleich kritische Anmerkungen zum Entwurf eines IDW Prüfungsstandards: Grundsätze ordnungsmäßiger Prüfung von Compliance-Management-Systemen (IDW EPS 980), CCZ 2010, 201; *Schaefer/Baumann*, Compliance-Organisation und Sanktionen bei Verstößen, NJW 2011, 3601; *von Marnitz*, Compliance-Management für mittelständische Unternehmen, 2011; *Wendel*, Kapitalmarkt Compliance in der Praxis – Anforderungen an die Organisation in börsennotierten Unternehmen zur Erfüllung insiderrechtlicher Pflichten, CCZ 2008, 41.

I. Leitungs- und Organisationspflichten 2
II. Auswahl- und Überwachungspflichten 3
III. Einschreiten bei Verdachtsmomenten 4

Es lassen sich – in der Regel unter Rekurs auf § 130 OWiG – einige grundlegende Unternehmerpflichten beschreiben, die in jedem Unternehmen Geltung beanspruchen.[1] Der Umfang der Organisationspflichten variiert[2] und ist von Art, Größe, Organisation und der vom Unternehmen zu beachtenden Vorschriften abhängig.[3] Auch der Geschäftsgegenstand oder das Operationsgebiet des Unternehmens sind von Bedeutung. Ein Unternehmen, das etwa in hohem Maße mit Insiderinformationen umgeht, hat von vornherein gesteigerte Organisationspflichten, um diese Informationen systemisch besonders zu schützen.[4]   1

I. Leitungs- und Organisationspflichten

Die Unternehmensleitung muss geeignete und zumutbare organisatorische Maßnahmen treffen, um Regelverstöße von Mitarbeitern zu verhüten oder zumindest zu erschweren.[5] Dazu gehören eine trennscharfe Festlegung der Verantwortlichkeiten einzelner Mitarbeiter und Aufsichtspersonen sowie deren Dokumentierung. Außerdem kann sich bei größeren Unternehmen die Not-   2

---

1 In diesem Sinne auch: *Fleischer* CCZ 2008, 1 (2).
2 *Wendel* CCZ 2008, 41–48; KK-OWiG/*Rogall* § 130 Rn. 52 ff.
3 OLG Düsseldorf 12.11.1998 – 2 Ss (OWi) 385/98–112/98 III, wistra 1999, 115 (116); *Fleischer* AG 2003, 291 (292).
4 *Hauschka/Greeve* BB 2007, 165–173.
5 OLG Düsseldorf 12.11.1998 – 2 Ss (OWi) 385/98–112/98 III, wistra 1999, 115 (116); *von Marnitz*, S. 50.

wendigkeit ergeben, eine Revisionsabteilung einzurichten und personell angemessen auszustatten.[6] In jedem Unternehmen muss es Mechanismen geben, die alle Mitarbeiter von den an sie übertragenen Pflichten auf dem Laufenden halten. Dies kann zB durch regelmäßige Mitarbeiterschulungen geschehen.[7] Diese müssen allerdings wirksam sein.[8] Es genügt etwa nicht, wenn ein GmbH-Geschäftsführer seinen Mitarbeitern über den Unternehmensverteiler umfangreiches Informationsmaterial bekannt gibt (welches nur aus Gesetzestexten und Informationsschriften der BaFin besteht), ohne zu kontrollieren, ob seine Mitarbeiter das Material tatsächlich gelesen und verstanden haben.[9] Darüber hinaus muss in jedem Unternehmen ein Informationsmanagement eingerichtet sein, mit dem sichergestellt wird, dass alle wesentlichen Informationen auch denjenigen erreichen, den sie betreffen.[10] Wie eine solche interne Kommunikation beschaffen sein muss, ist gesetzgeberisch weitgehend ungeregelt[11] und hängt von der Größe des Unternehmens und der Art der zu kommunizierenden Informationen ab.[12] Die Einrichtung einer eigenen Compliance-Abteilung ist nicht zwingend,[13] kann jedoch nach außen dokumentieren, dass die Einhaltung der für das Unternehmen geltenden Regelungen ernst genommen wird.[14]

II. Auswahl- und Überwachungspflichten

3 Die Einhaltung der geltenden Gesetze und Unternehmensrichtlinien darf nicht erst einsetzen, wenn Fehler bereits entdeckt worden sind.[15] Hinsichtlich der Kontrolldichte und ihres Umfanges[16] sind in der Regel stichprobenartige, überraschende Prüfungen erforderlich und ausreichend.[17] Ist allerdings im Einzelfall erkennbar, dass Stichproben nicht ausreichen, um auch eine generalpräventive Wirkung zu erzielen, so bedarf es anderer geeigneter Aufsichtsmaßnahmen, zB der überraschenden Durchführung umfangreicherer Prüfungen.[18] Sind bestimmte Missstände bekannt, verdichten sich die Überwachungspflichten zu einer anlassbezogenen gesteigerten Überwachungspflicht.[19] Die Rechtspre-

---

6 KG WuW/E OLG 2330, 2332 („Revisionsabteilung").
7 *Bock* ZIS 2009, 68 (78).
8 Der Prüfungsstandard des IDW (PS 980) sieht aus diesem Grund auch eine Wirksamkeitsanalyse vor, die überprüft, ob von der Geschäftsleitung eingeführte Mechanismen zur Gesetzesbefolgung auch greifen. Zur Bewertung des Standards vgl. auch: *Rieder/Jerg* CCZ 2010, 201–207.
9 Vgl. KG Berlin 31.10.2001 – 2 Ss 223/00, 5 Ws (B) 784/00, 2 Ss 223/00, 5 Ws (B) 784/00.
10 *Buck-Heeb* CCZ 2009, 18 ff.
11 Ebenso: *Buck-Heeb* CCZ 2009, 18 (23).
12 Ebenso: *Buck-Heeb* CCZ 2009, 18 (23); *Gleißner/Füser* DB 2000, S. 933 ff.; HBS/*Schneider*, Handbuch der Kapitalmarktinformation, 2008, § 3 Fn. 4 ff.; *Fischer*, Untersuchungen zur Gestaltung der Informationsorganisation in industriellen Unternehmen, S. 1991.
13 Ebenso: *Fleischer* CCZ 2008, 1 (3); aA wohl *Wendel* CCZ 2008, 41 (49).
14 KK-OWiG/*Rogall* OWiG § 130 Rn. 58; KG WuW/E OLG 2330 (2332) „Revisionsabteilung"; *Bock* ZIS 2009, 68 (79), betont, entscheidend für die Implementierung einer eigenen Compliance-Abteilung sei vor allem die betriebswirtschaftliche Leistungsfähigkeit des Unternehmens; *Kiethe* GmbHR 2007, 393–400.
15 OLG Stuttgart 7.9.1976 – 3 Ss 526/76, NJW 1977, 1410.
16 Ausführlich dazu: *Fleischer* CCZ 2008, 1 ff.
17 *Bock* ZIS 2009, 68 (78).
18 BGH WuW/E 2202, 2203 – Brückenbau Hopener Mühlenbach.
19 BayObLG 10.8.2001 – 3 ObOWi 51/01, wistra 2001, 478 (480).

chung verlangt einschneidende und hinreichend häufige Kontrollen.[20] Auch wenn aus den vorangegangenen Verstößen personelle Konsequenzen gezogen wurden, entfällt die gesteigerte Kontrollpflicht nicht. Vielmehr hat sich der Arbeitgeber durch mehrere Kontrollen zu vergewissern, dass das neue Personal zuverlässig ist.[21]

III. Einschreiten bei Verdachtsmomenten

Sofern tatsächliche Anhaltspunkte dafür vorliegen, dass ein Regelverstoß von Unternehmensangehörigen begangen worden ist, müssen die Unternehmensverantwortlichen einschreiten.[22] Sie sind gehalten, Hinweisen auf Regelverstöße, die von Mitarbeitern an sie herangetragen werden, nachzugehen.[23] Dies kann beispielsweise durch systematische bzw. flächendeckende – und nicht bloß stichprobenartige – Untersuchungen geschehen. Als geeignetes Mittel können sich ferner interne Ermittlungen anbieten. Diese müssen selbstverständlich im Einklang mit dem geltenden Recht durchgeführt werden. Insbesondere das Persönlichkeitsrecht der betroffenen Mitarbeiter ist zu achten.[24] Die pflichtgemäße Neugier beginnt spätestens dort, wo greifbare Anhaltspunkte für Zuwiderhandlungen vorliegen.

In der Praxis fällt freilich auf, dass von Ermittlern und Gerichten bisweilen vorschnell von der Zuwiderhandlung auf die unzureichende Prävention geschlossen wird. Die Feststellung, welche Maßnahmen im Einzelfall noch hätten ergriffen werden können, ersetzt dann die eigentlich relevante Frage, welche Maßnahmen aus der ex ante Perspektive als erforderlich angesehen werden mussten. Eine solche Sichtweise lässt sich mit der Wortlautgrenze nicht vereinbaren.[25]

Kap. 14.2. § 120 Abs. 2 Nr. 11–13 WpHG Mechanismen zur internen Informationskontrolle

§ 120 Abs. 2 Nr. 11–13 WpHG Bußgeldvorschriften; Verordnungsermächtigung

(2) Ordnungswidrig handelt, wer vorsätzlich oder leichtfertig

(...)

11. entgegen § 48 Absatz 1 Nummer 2, auch in Verbindung mit § 48 Absatz 3, nicht sicherstellt, dass Einrichtungen und Informationen im Inland öffentlich zur Verfügung stehen,
12. entgegen § 48 Absatz 1 Nummer 3, auch in Verbindung mit § 48 Absatz 3, nicht sicherstellt, dass Daten vor der Kenntnisnahme durch Unbefugte geschützt sind,
13. entgegen § 48 Absatz 1 Nummer 4, auch in Verbindung mit § 48 Absatz 3, nicht sicherstellt, dass eine dort genannte Stelle bestimmt ist,

---

20 BayObLG 10.8.2001 – 3 ObOWi 51/01, wistra 2001, 478 (480).
21 BayObLG 10.8.2001 – 3 ObOWi 51/01, wistra 2001, 478 (480).
22 BGH 23.10.1985 – VIII ZR 210/84, GmbHR 1985, 143 (145).
23 BGH 23.10.1985 – VIII ZR 210/84, GmbHR 1895, 143 (145).
24 *Ax/Schneider/Scheffen*, Rechtshandbuch Korruptionsbekämpfung, Rn. 161 ff.
25 *Schaefer/Baumann* NJW 2011, 3601 (3604); *Hauschka/Greeve* BB 2007, 165.

(...)

(24) Die Ordnungswidrigkeit kann (...) in den Fällen (...) des Absatzes 2 Nummer (...) 11–13 (...) mit einer Geldbuße bis zu hunderttausend Euro (...) geahndet werden.

§ 48 Abs. 1 Nr. 2–4, Abs. 3 WpHG Pflichten der Emittenten gegenüber Wertpapierinhabern

(1) Emittenten, für die die Bundesrepublik Deutschland der Herkunftsstaat ist, müssen sicherstellen, dass

(...)

2. alle Einrichtungen und Informationen, die die Inhaber der zugelassenen Wertpapiere zur Ausübung ihrer Rechte benötigen, im Inland öffentlich zur Verfügung stehen;
3. Daten zu Inhabern zugelassener Wertpapiere vor einer Kenntnisnahme durch Unbefugte geschützt sind;
4. für die gesamte Dauer der Zulassung der Wertpapiere mindestens ein Finanzinstitut als Zahlstelle im Inland bestimmt ist, bei der alle erforderlichen Maßnahmen hinsichtlich der Wertpapiere, im Falle der Vorlegung der Wertpapiere bei dieser Stelle kostenfrei, bewirkt werden können;

(...)

(3) Für die Bestimmungen nach Absatz 1 Nr. 1 bis 5 sowie nach § 49 Absatz 3 Nummer 1 stehen die Inhaber Aktien vertretender Hinterlegungsscheine den Inhabern der vertretenen Aktien gleich.

Literatur: *Groß*, Kapitalmarktrecht, 6. Aufl. 2016; *Just/Voß/Rotz/Becker*, Wertpapierhandelsgesetz, 2015; *Wendel*, Kapitalmarkt Compliance in der Praxis – Anforderungen an die Organisation in börsennotierten Unternehmen zur Erfüllung insiderrechtlicher Pflichten, CCZ 2008, 41.

I. Gebotstatbestand 1	III. Änderungen durch das
II. Schutzzweck, Tathandlung, subjektiver Tatbestand 5	2. FiMaNoG 7

I. Gebotstatbestand

1 In § 48 Abs. 1 sind die **Zulassungsfolgepflichten** zusammengefasst, die Emittenten, für die Deutschland Herkunftsstaat ist, gegenüber Inhabern von solchen Wertpapieren haben, die an einem organisierten Markt in der EU oder im EWR zugelassen sind.[1] Inlandsemittenten sind solche nach § 2 Abs. 13 WpHG.[2] Bei den zugelassenen Wertpapieren handelt es sich nur um solche, die an einem organisierten Markt im Sinne von § 2 Abs. 11 WpHG zugelassen sind. Auf Wertpapiere auch eines Inlandsemittenten an einem nicht organisierten Markt finden die Pflichten nach § 48 WpHG daher keine Anwendung.[3]

---

1 Fuchs/*Zimmermann* WpHG § 30 a (aF) Rn. 1.
2 Fuchs/*Zimmermann* WpHG § 30 a (aF) Rn. 3.
3 Fuchs/*Zimmermann* WpHG § 30 a (aF) Rn. 4; vgl. auch Regierungsentwurf BT-Drs. 16/2498, 40.

Nach § 48 Abs. 1 **Nr. 2** WpHG haben Emittenten sicherzustellen,[4] dass im Inland alle Einrichtungen und die Informationen öffentlich zur Verfügung stehen, die die Inhaber der zugelassenen Wertpapiere zur Ausübung ihrer Rechte benötigen. Es geht dabei um solche Informationen, die für die Ausübung von Stimm- und Mitverwaltungsrechten sowie für die Ausübung von Vermögensrechten erforderlich sind. Zu ersteren gehört bei Aktien die Information über die Einberufung einer Hauptversammlung, die Gesamtzahl der Aktienstimmrechte im Zeitpunkt der Einberufung sowie die Rechte der Aktionäre bzgl. der Teilnahme an der Hauptversammlung. Bei Schuldverschreibungen muss darüber hinaus über den Ort, den Zeitpunkt und die Tagesordnung der Gläubigerversammlung sowie über das Recht der Inhaber zur Teilnahme daran informiert werden. Bei letzteren geht es um die Informationen hinsichtlich Ausschüttung und Auszahlung von Dividenden, der Ausgabe neuer Aktien und die Vereinbarung oder Ausübung von Umtausch-, Bezugs-, Einziehungs- und Zeichnungsrechten (vgl. auch Art. 17 Abs. 2 S. 3 lit. d Transparenzrichtlinie).[5] Bei Schuldverschreibungen muss über die Ausübung von Umtausch-, Zeichnungs- und Kündigungsrechten sowie über Zinszahlungen, Rückzahlungen und die Auslosung und die bisher gekündigten oder ausgelosten, nicht eingelösten Stücke informiert werden.[6] Die Einrichtungen, die der Emittent zur Verfügung zu stellen hat, sind zum einen Vollmachtsformulare für Haupt- oder Gläubigerversammlungen und zum anderen die Bestimmung eines Finanzinstitutes als Zahlstelle.

§ 48 Abs. 1 **Nr. 3** WpHG bestimmt, dass der Emittent den Schutz geldpapierinhaberbezogener Daten vor der Einsichtnahme Unbefugter zu gewährleisten hat. Eine Konkretisierung, um welche Daten es dabei geht, gibt die Norm nicht. Nach systematischer Auslegung handelt es sich dabei um solche, die im Zusammenhang mit der Ausübung von Rechten der Wertpapierinhaber an den Emittenten gelangen.[7] Die Sicherung hat dabei sowohl gegen interne als auch externe unbefugte Einsichtnahmen zu erfolgen.[8]

Die Norm wurde durch das Transparenzrichtlinie-Umsetzungsgesetz vom 5.1.2007 in das WpHG eingeführt.[9] Die Regelung des § 48 Abs. 1 Nr. 3 WpHG kreiert die Pflicht des Emittenten, wenn für ihn Deutschland der Herkunftsstaat ist, den Schutz der Daten der Inhaber von Wertpapieren vor der Kenntnisnahme durch Unbefugte sicherzustellen. Für natürliche Personen ergibt sich dies bereits aus dem BDSG, so dass hierin lediglich eine Erweiterung auf Wertpapierinhaber in anderen Rechtsformen geschaffen wurde.[10] Damit sind insbesondere die Emittenten von Namensaktien angesprochen, die nach § 67 AktG ein Aktionärsregister führen und somit Daten vorgehalten werden. Diese müssen vor der unbefugten Einsichtnahme durch Mitarbeiter aber auch

---

4 Vgl. zur Organisationspflicht von insbesondere Insiderinformationen: *Wendel* CCZ 2008, 41 ff.
5 EG/2004/109.
6 Fuchs/*Zimmermann* WpHG § 30 a (aF) Rn. 16.
7 Heidel/*Willamowski* WpHG § 30 a (aF) Rn. 6.
8 Heidel/*Willamowski* WpHG § 30 a (aF) Rn. 6; Assmann/Schneider/Mülbert/*Mülbert* WpHG § 48 Rn. 20.
9 BGBl. I 2007, 10.
10 JVRB/*Michel* WpHG § 30 a (aF) Rn. 12; Schwark/Zimmer/*Heidelbach* WpHG § 30 a (aF) Rn. 27.

durch andere Aktionäre und Gläubiger geschützt werden. Dies freilich nur soweit, als das Gesetz nicht die Einsichtnahme vorsieht, etwa § 129 Abs. 4 S. 1 AktG.

4 Die Vorschrift des § 48 Abs. 1 **Nr. 4** WpHG verpflichtet den Emittenten, für die Dauer der Zulassung der Wertpapiere im Inland ein Finanzinstitut als **Zahlstelle** zu benennen und sicherzustellen, dass bei der Zahlstelle alle erforderlichen Maßnahmen bezüglich der Wertpapiere bewirkt werden können. Letztlich handelt es sich um eine Konkretisierung des § 48 Abs. 1 Nr. 2 WpHG bezüglich der „Einrichtungen".[11] Der Emittent kommt seiner Verpflichtung nur hinreichend nach, wenn er mit dem Finanzinstitut schuldrechtlich vereinbart (sog Zahlstellenvereinbarung), dass dieses **den Wertpapierinhabern als Zahlstelle tatsächlich zur Verfügung steht.**[12] Eine bloße Benennung einer Zahlstelle ist nicht ausreichend.[13] Finanzinstitute sind zumindest alle Institute iSd § 1 Abs. 1 b KWG.[14]

IVm § 48 Abs. 3 WpHG bestehen diese Pflichten auch gegenüber den Inhabern Aktien vertretender Zertifikate.

II. Schutzzweck, Tathandlung, subjektiver Tatbestand

5 Neben dem Datenschutz sollen durch § 120 Abs. 2 Nr. 11–13 WpHG iVm § 48 Abs. 1 Nr. 2–4 WpHG Wertpapierinhaber ihre Rechte im Inland wahrnehmen können.[15]

Der Täter begeht eine Ordnungswidrigkeit nach § 120 Abs. 2 Nr. 11–13 WpHG, wenn er nicht sicherstellt, dass alle Einrichtungen und Informationen zur Verfügung stehen, die Daten geschützt sind und die Zahlstelle im Inland bestimmt ist. Durch die Formulierung „nicht sichergestellt" werden neben dem reinen Untätigbleiben auch die Fälle erfasst, in denen der Täter zwar tätig wird, sein Handeln aber nicht ausreichend ist, um den Informations-, Datenschutz- und Bestimmungspflichten zu genügen.[16]

6 Ein Verstoß kann im Fall von Vorsatz oder Leichtfertigkeit mit einem Bußgeld belegt werden. Einfache Fahrlässigkeit genügt für die Tatbestandsverwirklichung nicht.

III. Änderungen durch das 2. FiMaNoG

7 Die Bußgeldvorschrift des § 39 Abs. 2 Nr. 12–14 WpHG wurde mit Inkrafttreten von Art. 3 des 2. FiMaNoG am 3.1.2018 redaktionell geändert und an die Neunummerierung des Wertpapierhandelsgesetzes angepasst.[17] Sie findet sich nun unter **§ 120 Abs. 2 Nr. 11–13 WpHG**.

---

11 Assmann/Schneider/Mülbert/*Mülbert* WpHG § 48 Rn. 22.
12 *Groß* BörsG § 39 (aF) Rn. 12; Assmann/Schneider/Mülbert/*Mülbert* WpHG § 48 Rn. 25; Fuchs/*Zimmermann* WpHG § 30 a (aF) Rn. 20.
13 Fuchs/*Zimmermann* WpHG § 30 a (aF) Rn. 20.
14 Assmann/Schneider/Mülbert/*Mülbert* WpHG § 48 Rn. 23 mwN.
15 BT-Drs. 16/2498, 40 (48).
16 Fuchs/*Waßmer* WpHG § 39 (aF) Rn. 114.
17 BT-Drs. 18/10936 (Vorabfassung), 253.

Kap. 14.3. § 120 Abs. 8 Nr. 134 WpHG Sachkunde und Zuverlässigkeit von Mitarbeitern

§ 120 Abs. 8 Nr. 134, Abs. 20, 26 WpHG Bußgeldvorschriften; Verordnungsermächtigung

(8) Ordnungswidrig handelt, wer vorsätzlich oder leichtfertig

(…)

134. entgegen § 87 Absatz 1 Satz 1, Absatz 2, 3, 4 Satz 1 oder Absatz 5 Satz 1, jeweils auch in Verbindung mit einer Rechtsverordnung nach § 87 Absatz 9 Satz 1 Nummer 2, einen Mitarbeiter mit einer dort genannten Tätigkeit betraut,

(…)

(20) [1]Die Ordnungswidrigkeit kann in den Fällen der Absätze 8 und (…) mit einer Geldbuße bis zu fünf Millionen Euro geahndet werden. [2]Gegenüber einer juristischen Person oder Personenvereinigung kann über Satz 1 hinaus eine höhere Geldbuße in Höhe von bis zu 10 Prozent des Gesamtumsatzes, den die juristische Person oder Personenvereinigung im der Behördenentscheidung vorangegangenen Geschäftsjahr erzielt hat, verhängt werden. [3]Über die in den Sätzen 1 und 2 genannten Beträge hinaus kann die Ordnungswidrigkeit mit einer Geldbuße bis zum Zweifachen des aus dem Verstoß gezogenen wirtschaftlichen Vorteils geahndet werden. [4]Der wirtschaftliche Vorteil umfasst erzielte Gewinne und vermiedene Verluste und kann geschätzt werden.

(…)

(26) Die Verfolgung der Ordnungswidrigkeiten nach den Absätzen 17 bis 22 verjährt in drei Jahren.

Literatur: *Fuchs* (Hrsg.), WpHG Kommentar, 2. Aufl. 2016.

I. Historie des Bußgeldtatbestandes … 1	7. WpHG-Mitarbeiteranzeigeverordnung (WpHG-MaAnzV) … 9
II. Grundtatbestand … 2	III. Tathandlung … 10
1. Hintergrund/Historie … 2	IV. Adressat/Täter … 11
2. Mitarbeiter in der Anlageberatung … 4	V. Verschulden … 12
3. Vertriebsmitarbeiter … 5	VI. Rechtsfolge … 13
4. Mitarbeiter in der Finanzportfolioverwaltung … 6	VII. Verfolgungs- und Vollstreckungsverjährung … 18
5. Vertriebsbeauftragter … 7	1. Verfolgungsverjährung … 18
6. Compliance-Beauftragter … 8	2. Vollstreckungsverjährug … 19

I. Historie des Bußgeldtatbestandes

Der neue § 120 Abs. 8 Nr. 134 WpHG war zum einen von der Neunummerierung des Gesetzes durch das 2. FiMaNoG betroffen,[1] zum anderen kam es aber auch zu einer Erweiterung des zu bebußenden Sachverhalts (s. Rn. 2 und 5 f.). Die Vorgängernorm zu diesem Bußgeldtatbestand fand sich in § 39 Abs. 2 Nr. 22 WpHG aF und wurde durch das Gesetz zur Stärkung des Anle-

---

[1] Zur Historie s. Kap. 3 Rn. 3.

gerschutzes und Verbesserung der Funktionsfähigkeit des Kapitalmarkts (AnlSVG)[2] vom 5.4.2011 in den Bußgeldkatalog aufgenommen.

II. Grundtatbestand

1. Hintergrund/Historie

2 § 120 Abs. 8 Nr. 134 WpHG, der auf § 87 Abs. 1 S. 1, Abs. 2, 3, 4 S. 1 oder Abs. 5 S. 1 WpHG Bezug nimmt (jeweils auch in Verbindung mit einer Rechtsverordnung nach § 87 Abs. 9 S. 1 Nr. 1 WpHG), sanktioniert Verstöße gegen die Pflicht von Wertpapierdienstleistungsunternehmen zum Einsatz von sachkundigen und zuverlässigen Mitarbeitern.

Diese Pflicht ist nicht neu. Die Vorgängerregelung hierzu fand sich – wenngleich auf einen kleineren Personenkreis bezogen – in § 34 d Abs. 1 S. 1, Abs. 2 S. 1 und Abs. 3 S. 1 WpHG aF.

3 Hintergrund dieser gesetzlich normierten Pflicht sowie der Sanktionierung etwaiger Verstöße hiergegen ist, dass der Gesetzgeber zum einen ein **einheitliches Mindestniveau** innerhalb der Wertpapierdienstleistungsunternehmen fördern[3] und zum anderen verpflichtend regeln wollte, dass Wertpapierdienstleistungsunternehmen für bestimmte Positionen/Tätigkeiten nur geeignete Mitarbeiter einsetzen, die neben der erforderlichen Sachkunde zugleich zuverlässig und integer sind.[4]

2. Mitarbeiter in der Anlageberatung

4 Nach § 87 Abs. 1 S. 1 WpHG, der zuvor inhaltsgleich in § 34 d Abs. 1 S. 1 WpHG aF geregelt war, darf ein Wertpapierdienstleistungsunternehmen einen **Mitarbeiter** nur dann mit der **Anlageberatung** (§ 2 Abs. 8 Nr. 10 WpHG) betrauen, wenn dieser sachkundig ist und über die für die Tätigkeit erforderliche Zuverlässigkeit verfügt.

Diese Personengruppe bekleidet nach Ansicht des Gesetzgebers eine „Schlüsselposition" bei den im jeweiligen Kundeninteresse abzugebenden Empfehlungen, so dass es aus seiner Sicht gerechtfertigt ist, besondere Anforderungen an diese Personengruppe zu stellen.[5]

Die an die **Sachkunde** gestellten Anforderungen für einen in der Anlageberatung tätigen Mitarbeiter ergeben sich aus § 87 Abs. 9 S. 1 Nr. 2 WpHG iVm § 1 WpHGMaAnzV. Konkretisierungen zur **Zuverlässigkeit** enthält § 87 Abs. 9 S. 1 Nr. 2 WpHG iVm § 6 WpHGMaAnzV.

3. Vertriebsmitarbeiter

5 In Umsetzung von Art. 25 Abs. 1 RL 2014/65/EU wurde der neue § 87 Abs. 2 WpHG eingefügt.[6] Hiernach darf ein Wertpapierdienstleistungsunternehmen

---

2 BGBl. I 2011, 538.
3 RegE AnlSVG BT-Drs. 17/3628, 22.
4 Ähnlich Fuchs/*Fuchs* WpHG § 34 d Rn. 2.
5 Vgl. Fuchs/*Fuchs* WpHG § 34 d Rn. 2; BT-Drs. 17/3628, 22.
6 BT-Drs. 18/10936, 248.

einen **Vertriebsmitarbeiter**[7] ebenfalls nur dann einsetzen, wenn dieser sachkundig ist und über die für die Tätigkeit erforderliche Zuverlässigkeit verfügt. Die Anforderung an die **Sachkunde** dieser Vertriebsmitarbeiter ergeben sich dabei aus § 87 Abs. 9 S. 1 Nr. 2 WpHG iVm § 1 a WpHGMaAnzV, während sich die Anforderungen an die **Zuverlässigkeit** nach § 87 Abs. 9 S. 1 Nr. 2 WpHG iVm § 6 WpHGMaAnzV beurteilen.

4. Mitarbeiter in der Finanzportfolioverwaltung

Durch den neuen § 87 Abs. 3 WpHG wird das Sachkunde- und Zuverlässigkeitserfordernis auch auf **Mitarbeiter** erstreckt, die mit der **Finanzportfolioverwaltung** betraut sind.

Nach Auffassung des Gesetzgebers müssen auch an diese Personengruppe besondere gesetzliche Anforderungen gestellt werden. Dies hat nach Meinung des Gesetzgebers unterschiedliche Gründe. Hierzu zählt bspw., dass gerade im Zusammenhang mit der Vermögensverwaltung die Mitarbeiter Zugang zu Kundengeldern haben, so dass es geboten ist, dass nur solche Mitarbeiter mit dieser Tätigkeit betraut werden können, die sachkundig und zuverlässig sind.[8] Außerdem soll diese Regelung die bestehenden Risiken eindämmen und den Schutz der Kundengelder vor einem Zugriff unzuverlässiger Mitarbeiter sicherstellen.[9] Ein weiterer wichtiger Aspekt der Regelung ist, dass Mitarbeiter in der Finanzportfolioverwaltung eine Anlageentscheidung für den Kunden treffen, was ebenfalls eine besondere Sachkunde voraussetzt.[10] Dieser Aspekt hat insbesondere deshalb an Gewicht gewonnen, da in der Aufsicht zu beobachten war, dass Wertpapierdienstleistungsunternehmen nach Einführung der erhöhten Anforderungen an die Anlageberatung, verstärkt ihr Angebot der Anlageberatung durch das der Finanzportfolioverwaltung ersetzten haben.[11]

Die Anforderung an die **Sachkunde** dieser Mitarbeiter ergeben sich dabei aus § 87 Abs. 9 S. 1 Nr. 2 WpHG iVm § 1 b WpHGMaAnzV, während sich die Anforderungen an die **Zuverlässigkeit** nach § 87 Abs. 9 S. 1 Nr. 2 WpHG iVm § 6 WpHGMaAnzV beurteilt.

5. Vertriebsbeauftragter

Nach § 87 Abs. 4 S. 1 WpHG, der zuvor inhaltsgleich in § 34 d Abs. 2 S. 1 WpHG aF geregelt war, darf ein Wertpapierdienstleistungsunternehmen einen Mitarbeiter mit der Ausgestaltung, Umsetzung oder Überwachung von Vertriebsvorgaben im Sinne des § 80 Abs. 1 S. 2 Nr. 3 WpHG nur dann betrauen (**Vertriebsbeauftragter**), wenn dieser sachkundig ist und über die für die Tätigkeit erforderliche Zuverlässigkeit verfügt.

Die an die **Sachkunde** gestellten Voraussetzungen ergeben sich aus § 87 Abs. 9 S. 1 Nr. 2 WpHG iVm § 2 WpHGMaAnzV. Konkretisierungen zur **Zuverlässigkeit** enthält § 87 Abs. 9 S. 1 Nr. 2 WpHG iVm § 6 WpHGMaAnzV.

---

7 Mitarbeiter, die Kunden über Finanzinstrumente, strukturierte Einlagen, Wertpapierdienstleistungen oder Wertpapiernebendienstleistungen informieren.
8 BT-Drs. 18/10936, 248.
9 BT-Drs. 18/10936, 248.
10 BT-Drs. 18/10936, 248.
11 Zu diesen erhöhten Anforderungen zählt auch die Sachkunde und Zuverlässigkeit von Anlageberatern, die bislang für Finanzportfolioverwalter nicht galt.

6. Compliance-Beauftragter

8 Hinsichtlich eines **Compliance-Beauftragten** regelt § 87 Abs. 5 S. 1 WpHG,[12] dass ein Wertpapierdienstleistungsunternehmen einen solchen Mitarbeiter auch nur dann mit der Verantwortlichkeit für die Compliance-Funktion und für die Berichte an die Geschäftsleitung betrauen darf, wenn dieser sachkundig ist und über die für die Tätigkeit erforderliche Zuverlässigkeit verfügt.

Die an die **Sachkunde** gestellten Voraussetzungen ergeben sich für einen Compliance-Beauftragten aus § 87 Abs. 9 S. 1 Nr. 2 WpHG iVm § 3 WpHG-MaAnzV. Die **Zuverlässigkeit** beurteilt sich auch hier nach § 87 Abs. 9 S. 1 Nr. 2 WpHG iVm § 6 WpHGMaAnzV.

7. WpHG-Mitarbeiteranzeigeverordnung (WpHGMaAnzV)

9 Von der in § 87 Abs. 9 S. 1 Nr. 2 WpHG enthaltenen Verordnungsermächtigung zur Konkretisierung der in § 87 WpHG geregelten Pflichten bzgl. der Sachkunde und Zuverlässigkeit von bestimmten Mitarbeitern hat das Bundesfinanzministerium durch Erlass der „Verordnung über den Einsatz von Mitarbeitern in der Anlageberatung, als Vertriebsmitarbeiter, in der Finanzportfolioverwaltung, als Vertriebsbeauftragte oder als Compliance-Beauftragte und über die Anzeigepflichten nach § 87 des Wertpapierhandelsgesetzes (WpHG-Mitarbeiteranzeigeverordnung – WpHGMaAnzV) vom 21.12.2011 Gebrauch gemacht.

III. Tathandlung

10 Ein ordnungswidriges Verhalten liegt nach § 120 Abs. 8 Nr. 134 WpHG vor, wenn ein Wertpapierdienstleistungsunternehmen entgegen § 87 Abs. 1 S. 1, Abs. 2, 3, 4 S. 1 oder Abs. 5 S. 1 WpHG, einen Mitarbeiter mit einer dort genannten Tätigkeit betraut, ohne dass dieser die erforderliche Sachkunde und Zuverlässigkeit besitzen.

IV. Adressat/Täter

11 § 120 Abs. 8 Nr. 134 WpHG ahndet Verstöße gegen die Plicht zum Einsatz von sachkundigen und zuverlässigen Mitarbeitern. Damit können Adressat/Täter ausschließlich Wertpapierdienstleistungsunternehmen sein.

V. Verschulden

12 Der Verschuldensmaßstab umfasst nach § 120 Abs. 8 WpHG sowohl **Vorsatz** (s. Kap. 3 Rn. 29 ff.) als auch **Leichtfertigkeit** (s. Kap. 3 Rn. 36).

VI. Rechtsfolge

13 Eine vorsätzliche oder leichtfertige Verletzung der zuvor dargestellten Pflichten ist nach § 120 Abs. 20 S. 1 WpHG grds. mit einer Geldbuße von bis zu **fünf Mio. Euro** bedroht. Das Gesetz lässt aber in § 120 Abs. 20 S. 2 ff. WpHG **Ausnahmen** von diesem Grundsatz – und damit auch höhere Geldbußen – zu.

14 Die erste Ausnahme betrifft ausdrücklich nur **juristische Personen** und **Personenvereinigungen**. § 120 Abs. 20 S. 2 WpHG bestimmt in diesem Zusammen-

---

[12] Die inhaltsgleiche Vorgängernorm fand sich in § 34 d Abs. 3 S. 1 WpHG aF.

hang, dass gegenüber einer juristischen Person oder Personenvereinigung über S. 1 hinaus eine höhere Geldbuße verhängt werden kann, und zwar in Höhe von **bis zu 10% des Gesamtumsatzes**. Bei der Berechnung dieses Gesamtumsatzes wird auf den Umsatz der juristischen Person oder Personenvereinigung in dem Geschäftsjahr abgestellt, das der Behördenentscheidung vorausging.

Im Übrigen findet bei der Berechnung des Gesamtumsatzes **§ 120 Abs. 23 WpHG** Anwendung.

Eine weitere Ausnahme – sowohl gegenüber natürlichen Personen als Täter als auch gegenüber juristischen Personen und Personenvereinigungen als Täter – regelt § 120 Abs. 20 S. 3 und 4 WpHG. Hiernach kann nach S. 3 dieser Vorschrift über die in S. 1 und 2 genannten Beträge hinaus auch eine Geldbuße **bis zum Zweifachen** des **aus dem Verstoß gezogenen wirtschaftlichen Vorteils** verhängt werden. Der wirtschaftliche Vorteil umfasst nach S. 4 dieser Vorschrift erzielte Gewinne sowie vermiedene Verluste und kann von der BaFin auch geschätzt werden. Wie die Berechnung der Gewinne oder vermiedenen Verluste genau erfolgen soll, regelt das Gesetz hingegen nicht. Es wird hier auf den Einzelfall ankommen, ggf. – soweit erforderlich – unter Berücksichtigung von handelsrechtlichen Grundsätzen. Die Berechnung – genauso wie die Grundlagen für eine etwaige Schätzung – sind von der BaFin in dem von ihr erlassenen Bußgeldbescheid entsprechend darzustellen. 15

§ 17 Abs. 2 OWiG, wonach fahrlässiges Handeln im Höchstmaß nur mit der Hälfte des angedrohten Höchstbetrages der Geldbuße geahndet werden kann, soweit das Gesetz für vorsätzliches und fahrlässiges Handeln eine Geldbuße androht ohne im Höchstmaß zu unterscheiden, findet gemäß § 120 Abs. 25 S. 2 WpHG **Anwendung** 16

Welches konkrete Bußgeld letztendlich gegenüber einem Täter (s. Rn. 11) festgesetzt wird, entscheidet die BaFin in Ausübung ihres jeweiligen Ermessens. Hierbei ist sie im Rahmen der Selbstbindung der Verwaltung insbesondere an die sich selbst gegebenen **WpHG-Bußgeldleitlinien** in der jeweils aktuellen Fassung gebunden.[13] 17

VII. Verfolgungs- und Vollstreckungsverjährung

1. Verfolgungsverjährung

Die Verfolgungsverjährung für diesen Tatbestand bestimmt sich nach § 120 Abs. 26 WpHG iVm §§ 31–33 OWiG. 18

Nach § 120 Abs. 26 WpHG verjährt die Verfolgung des zuvor dargestellten Tatbestandes in drei Jahren. Anders als § 31 OWiG ist die Verjährung damit nicht an das Höchstmaß der Geldbuße gekoppelt.

Der Beginn der Verfolgungsverjährung bestimmt sich dann wieder nach § 31 Abs. 3 OWiG und ein eventuelles Ruhen nach § 32 OWiG.

2. Vollstreckungsverjährung

Die Vollstreckungsverjährung für diesen Tatbestand bestimmt sich ausschließlich nach § 34 OWiG. 19

---

13 BaFin – WpHG-Bußgeldleitlinien II, Stand Januar 2018, abrufbar unter https://www.bafin.de/SharedDocs/Downloads/DE/Leitfaden/WA/dl_bussgeldleitlinien_2016.html.

Kap. 14.4. § 120 Abs. 4 Nr. 2 WpHG Ratings und eigene Bonitätsprüfung
§ 120 Abs. 4 Nr. 2, Abs. 6 WpHG Bußgeldvorschriften; Verordnungsermächtigung

(4) Ordnungswidrig handelt, wer als Person, die für ein Wertpapierdienstleistungsunternehmen handelt, gegen die Verordnung (EG) Nr. 1060/2009 verstößt, indem er vorsätzlich oder leichtfertig

(...)

2. entgegen Artikel 5 a Absatz 1 nicht dafür Sorge trägt, dass das Wertpapierdienstleistungsunternehmen eigene Kreditrisikobewertungen vornimmt,

(...)

(6) Ordnungswidrig handelt, wer gegen die Verordnung (EU) Nr. 236/2012 des Europäischen Parlaments und des Rates vom 14. März 2012 über Leerverkäufe und bestimmte Aspekte von Credit Default Swaps (ABl. L 86 vom 24.3.2012, S. 1), die durch die Verordnung (EU) Nr. 909/2014 (ABl. L 257 vom 28.8.2014, S. 1) geändert worden ist, verstößt, indem er vorsätzlich oder leichtfertig

1. entgegen Artikel 5 Absatz 1, Artikel 7 Absatz 1 oder Artikel 8 Absatz 1, jeweils auch in Verbindung mit Artikel 9 Absatz 1 Unterabsatz 1 oder Artikel 10, eine Meldung nicht, nicht richtig, nicht vollständig oder nicht rechtzeitig macht,
2. entgegen Artikel 6 Absatz 1, auch in Verbindung mit Artikel 9 Absatz 1 Unterabsatz 1 oder Artikel 10, eine Einzelheit nicht, nicht richtig, nicht vollständig oder nicht rechtzeitig offenlegt,
3. entgegen Artikel 12 Absatz 1 oder Artikel 13 Absatz 1 eine Aktie oder einen öffentlichen Schuldtitel leer verkauft,
4. entgegen Artikel 14 Absatz 1 eine Transaktion vornimmt oder
5. entgegen Artikel 15 Absatz 1 nicht sicherstellt, dass er über ein dort genanntes Verfahren verfügt.

(24) Die Ordnungswidrigkeit kann (...) mit einer Geldbuße (...) bis zu fünfzigtausend Euro geahndet werden.

§ 1 a Abs. 2 KWG Geltung der Verordnungen (EU) Nr. 575/2013, (EG) Nr. 1060/2009 und (EU) 2017/2402 für Kredit- und Finanzdienstleistungsinstitute

(2) Für Finanzdienstleistungsinstitute, die keine CRR-Institute sind, gelten vorbehaltlich des § 2 Absatz 7 bis 9 die Vorgaben der Verordnung (EU) Nr. 575/2013, des Kapitels 2 der Verordnung (EU) 2017/2402 und der auf Grundlage der Verordnung (EU) Nr. 575/2013 und des Kapitels 2 der Verordnung (EU) 2017/2402 erlassenen Rechtsakte die Bestimmungen dieses Gesetzes, die auf Vorgaben der Verordnung (EU) Nr. 575/2013 oder des Kapitels 2 der Verordnung (EU) 2017/2402 verweisen, sowie die in Ergänzung der Verordnung (EU) Nr. 575/2013 erlassenen Rechtsverordnungen nach § 10 Absatz 1 Satz 1 und § 13 Absatz 1 so, als seien diese Finanzdienstleistungsinstitute CRR-Wertpapierfirmen.

(...)

§ 56 Abs. 4 b Nr. 2 KWG Bußgeldvorschriften

(4 b) Ordnungswidrig handelt, wer als Person, die für ein CRR-Kreditinstitut handelt, gegen die Verordnung (EG) Nr. 1060/2009 verstößt, indem er vorsätzlich oder leichtfertig

(...)

2. entgegen Artikel 5 a Absatz 1 nicht dafür Sorge trägt, dass das CRR-Kreditinstitut eigene Kreditrisikobewertungen vornimmt,

(...)

(6) Die Ordnungswidrigkeit kann
(...)

3. in den Fällen des Absatzes (...) 4 b Nummer 1 bis 5 (...) mit einer Geldbuße bis zu zweihunderttausend Euro und
(...) geahndet werden.

§ 340 Abs. 3 Nr. 2 KAGB Bußgeldvorschriften

(3) Ordnungswidrig handelt, wer als Person, die für eine Kapitalverwaltungsgesellschaft handelt, gegen die Verordnung (EG) Nr. 1060/2009 des Europäischen Parlaments und des Rates vom 16. September 2009 über Ratingagenturen (ABl. L 302 vom 17.11.2009, S. 1), die zuletzt durch die Verordnung (EU) Nr. 462/2013 (ABl. L 146 vom 31.5.2013, S. 1) geändert worden ist, verstößt, indem er vorsätzlich oder leichtfertig

(...)

2. entgegen Artikel 5 a Absatz 1 nicht dafür Sorge trägt, dass die Kapitalverwaltungsgesellschaft eigene Kreditrisikobewertungen vornimmt,

(...)

(7) [1]Die Ordnungswidrigkeit kann wie folgt geahndet werden:

3. (...) mit einer Geldbuße bis zu zweihunderttausend Euro.

§ 28 Abs. 2 VAG Externe Ratings

(2) Die in den Geltungsbereich der Verordnung (EG) Nr. 1060/2009 einbezogenen Unternehmen, die der Aufsicht nach diesem Gesetz unterliegen, haben die sich aus dieser Verordnung in der jeweils geltenden Fassung ergebenden Pflichten einzuhalten.

§ 332 Abs. 4 Nr. 2 VAG Bußgeldvorschriften

(4) Ordnungswidrig handelt, wer als Person, die für ein Unternehmen handelt, das der Aufsicht nach diesem Gesetz unterliegt, gegen die Verordnung (EG) Nr. 1060/2009 des Europäischen Parlaments und des Rates vom 16. September 2009 über Ratingagenturen (ABl. L 302 vom 17.11.2009, S. 1), die zuletzt durch die Richtlinie 2014/51/EU (ABl. L 153 vom 22.5.2014, S. 1) geändert worden ist, verstößt, indem sie vorsätzlich oder leichtfertig

(...)

2. entgegen Artikel 5 a Absatz 1 nicht dafür Sorge trägt, dass ein Unternehmen, das der Aufsicht nach diesem Gesetz unterliegt, eigene Kreditrisikobewertungen vornimmt,

(...)

(5) Die Ordnungswidrigkeit kann (...) mit einer Geldbuße bis zu zweihunderttausend Euro (...) geahndet werden. (...)

Literatur: Siehe Kapitel 15.9.

I. Einleitung 1	IV. Objektiver Tatbestand 6
II. Grundtatbestand 4	V. Verschulden 8
III. Adressat 5	

I. Einleitung

1 Das *Financial Stability Board* hat am 27. Oktober 2010 seine Grundsätze zur Verringerung des Rückgriffs von Behörden und Finanzinstituten auf Ratings von Ratingagenturen verabschiedet,[1] die im November 2010 auf dem G20-Gipfel in Seoul gebilligt wurden. Ziel der angestrebten Maßnahmen, denen auch die Europäische Union im Rahmen unterschiedlicher Rechtsakte folgte, war es, den **übermäßigen Rückgriff auf Ratings** zu verringern und alle durch Ratings ausgelösten Automatismen nach und nach abzubauen. Insbesondere sollten Finanzmarktakteure dazu angehalten werden, interne Verfahren einzurichten, die es ihnen ermöglichen, Kreditrisiken selbst zu bewerten. Die hinter diesen Maßnahmen stehende Hoffnung ist, die Gefahr von Interessenkonflikten und daraus resultierenden schwerwiegenden Falschbewertungen, die aufgrund der *regulatory license* und der Marktkonzentration nicht durch die Marktmechanismen adäquat bewältigt werden konnten, zu verringern (vgl. Kapitel 15.9. Rn. 1 ff.).

2 Art. 5 a Abs. 1 VO (EG) Nr. 1060/2009 („Ratingagenturen-VO") verpflichtet die in Art. 4 Abs. 1 Ratingagenturen-VO genannten Einrichtungen, **eigene Kreditrisikobewertungen** vorzunehmen und sich bei der Bewertung der Bonität eines Unternehmens oder eines Finanzinstruments nicht ausschließlich oder automatisch auf Ratings von Ratingagenturen zu stützen. Die Pflicht nach Art. 5 a Abs. 1 Ratingagenturen-VO wurde durch die VO (EU) Nr. 462/2013 des Europäischen Parlaments und des Rates vom 21. Mai 2013 (3. Generation der Ratingagenturen-VO) eingeführt. Erwägungsgrund 9 der VO (EU)

---

1 FSB, Principles for Reducing Reliance on CRA Ratings, abrufbar unter: http://www.fsb.org/wp-content/uploads/r_101027.pdf (Tag des letzten Aufrufs: 4.6.2019).

Nr. 462/2013 verweist spezifizierend darauf, dass Finanzinstitute keine Verträge eingehen sollten, die vorsehen, dass sie sich ausschließlich oder automatisch auf Ratings verlassen, und dass sie davon absehen sollten, diese in Verträgen als einzigen Parameter für die Bewertung der Bonität eines Investments festzulegen oder eine Kauf- oder Verkaufsentscheidung von externen Ratings abhängig zu machen.

Die **ordnungswidrigkeitenrechtliche Ahndung** eines Verstoßes gegen Art. 5 a Abs. 1 Ratingagenturen-VO wurde durch das Gesetz zur Verringerung der Abhängigkeit von Ratings vom 10.12.2014[2] eingeführt. Die Ordnungswidrigkeitentatbestände dienen der Umsetzung der Vorgaben des Art. 25 a Ratingagenturen-VO, nach dem die sektoral zuständige Behörde für die rechtliche Durchsetzung des Art. 4 Abs. 1 und der Art. 5 a, 8 b, 8 c und 8 d Ratingagenturen-VO verantwortlich ist. Die Wiederholung der Bußgeldtatbestände im KWG, KAGB und VAG sollen nach der Regierungsbegründung zum Gesetz zur Verringerung der Abhängigkeit von Ratings dazu dienen,[3] es der für die Aufsicht über die Unternehmen zuständigen jeweiligen Aufsichtssäule der Bundesanstalt zu ermöglichen, im Rahmen ihrer Zuständigkeit und Rechtsanwendung Verstöße gegen die Ratingagenturen-VO sanktionieren zu können. Eine Mehrfachsanktionierung für denselben Ordnungswidrigkeitentatbestand soll dadurch nicht bewirkt werden.[4] Auffällig ist, dass die Ordnungswidrigkeitentatbestände der §§ 56 Abs. 4 b Nr. 3 KWG, 340 Abs. 3 Nr. 3 KAGB und 332 Abs. 4 Nr. 3 VAG mit bis zu 200.000 EUR geahndet werden können, während Verstöße gegen § 120 Abs. 4 Nr. 3 WpHG nur mit bis zu 50.000 EUR geahndet werden können. Die Regierungsbegründung liefert keine Anhaltspunkte dafür, dass diese Abweichung beabsichtigt war.

II. Grundtatbestand

Gemäß § 120 Abs. 4 Nr. 2 WpHG, §§ 1 a Abs. 2, 56 Abs. 4 b Nr. 2 KWG, § 340 Abs. 3 Nr. 2 KAGB und §§ 28 Abs. 2, 332 Abs. 4 Nr. 2 VAG[5] handelt ordnungswidrig, wer vorsätzlich oder leichtfertig entgegen Art. 5 a Abs. 1 VO (EG) Nr. 1060/2009 nicht dafür Sorge trägt, dass das Wertpapierdienstleistungsunternehmen (bzw. das (CRR-)Kredit- oder Finanzdienstleistungsinstitut, die Kapitalverwaltungsgesellschaft oder das Unternehmen, das der Aufsicht nach dem VAG unterliegt), für das bzw. die die Person handelt, eigene Kreditrisikobewertungen vornimmt.

III. Adressat

Adressat dieser Verbotsnormen sind Personen, die für Wertpapierdienstleistungsunternehmen, (CRR-)Kredit- oder Finanzdienstleistungsinstitute, Kapitalverwaltungsgesellschaften sowie Unternehmen handeln, die der Aufsicht nach dem VAG unterliegen.

---

2 BGBl. 2014 I 2085.
3 BT-Drs. Drs. 18/1774, 24.
4 BT-Drs. 18/1774, 24.
5 Im Folgenden wird nur noch § 120 Abs. 4 Nr. 2 WpHG in Bezug genommen.

IV. Objektiver Tatbestand

6 Gemäß Art. 5 a Abs. 1 Ratingagenturen-VO müssen die in Art. 4 Abs. 1 Ratingagenturen-VO genannten Einrichtungen (Kreditinstitute, Wertpapierfirmen, Versicherungsunternehmen, Rückversicherungsunternehmen, Einrichtungen der betrieblichen Altersversorgung, Verwaltungs- und Investmentgesellschaften, Verwalter alternativer Investmentfonds und zentrale Gegenparteien) eigene Kreditrisikobewertungen vornehmen und dürfen sich bei der Bewertung der Bonität eines Unternehmens oder eines Finanzinstruments nicht ausschließlich oder automatisch auf Ratings stützen. Die Norm bezieht sich auf Ratings im Sinne der Ratingagenturen-VO, mithin auf externe Ratings einer Ratingagentur (zum Begriff Kap. 15.9. Rn. 18 ff.). Art. 5 a Abs. 1 Ratingagenturen-VO bezweckt damit nur die Eindämmung der ausschließlichen Verwendung externer Ratings und macht keine Vorgaben zur Verwendung interner Ratingverfahren.[6]

7 Bei der Bestimmung des zur Erfüllung der gesetzlichen Anforderungen notwendigen Ausmaßes der eigenen Bonitätsbeurteilungsmaßnahmen (der internen Ratingverfahren) muss das Verhältnismäßigkeitsprinzip berücksichtigt werden.[7] Dies kommt durch Art. 5 a Abs. 2 Ratingagenturen-VO zum Ausdruck, wonach die sektoralen zuständigen Behörden, denen die Beaufsichtigung in Art. 4 Abs. 1 Ratingagenturen-VO genannten Einheiten obliegt, unter Berücksichtigung der Art, des Umfangs und der Komplexität der Tätigkeiten der jeweiligen Einheit die Angemessenheit ihrer Kreditrisikobewertungsverfahren überwachen, die Verwendung von vertraglichen Bezugnahmen auf Ratings bewerten und gegebenenfalls in Übereinstimmung mit bestimmten sektoralen Rechtsvorschriften Anreize setzen, um die Auswirkungen solcher Bezugnahmen abzumildern und den ausschließlichen oder automatischen Rückgriff auf Ratings zu verringern.

V. Verschulden

8 Der Verschuldensmaßstab umfasst Vorsatz und Leichtfertigkeit.[8]

Kap. 14.5. § 120 Abs. 4 Nr. 4 WpHG Unabhängigkeit der zweiten Ratingagentur

§ 120 Abs. 4 Nr. 4, Abs. 24 WpHG Bußgeldvorschriften; Verordnungsermächtigung

(4) Ordnungswidrig handelt, wer als Person, die für ein Wertpapierdienstleistungsunternehmen handelt, gegen die Verordnung (EG) Nr. 1060/2009 verstößt, indem er vorsätzlich oder leichtfertig
(…)
4. entgegen Artikel 8 c Absatz 2 nicht dafür Sorge trägt, dass die beauftragten Ratingagenturen die dort genannten Voraussetzungen erfüllen oder
(…)

---

6 HK-KapMStR/*Goller*, 4. Aufl. 2017, Kap. 17.6 Rn. 5.
7 HK-KapMStR/*Goller*, 4. Aufl. 2017, Kap. 17.6 Rn. 8.
8 Zum Begriff der Leichtfertigkeit im Kapitalmarktrecht instruktiv *von Buttlar/Hammermaier* ZBB 2017, 1.

(24) Die Ordnungswidrigkeit kann (…) mit einer Geldbuße (…) bis zu fünfzigtausend Euro geahndet werden.

§ 1a Abs. 2 KWG Geltung der Verordnungen (EU) Nr. 575/2013, (EG) Nr. 1060/2009 und (EU) 2017/2402 für Kredit- und Finanzdienstleistungsinstitute

(2) Für Finanzdienstleistungsinstitute, die keine CRR-Institute sind, gelten vorbehaltlich des § 2 Absatz 7 bis 9 die Vorgaben der Verordnung (EU) Nr. 575/2013, des Kapitels 2 der Verordnung (EU) 2017/2402 und der auf Grundlage der Verordnung (EU) Nr. 575/2013 und des Kapitels 2 der Verordnung (EU) 2017/2402 erlassenen Rechtsakte die Bestimmungen dieses Gesetzes, die auf Vorgaben der Verordnung (EU) Nr. 575/2013 oder des Kapitels 2 der Verordnung (EU) 2017/2402 verweisen, sowie die in Ergänzung der Verordnung (EU) Nr. 575/2013 erlassenen Rechtsverordnungen nach § 10 Absatz 1 Satz 1 und § 13 Absatz 1 so, als seien diese Finanzdienstleistungsinstitute CRR-Wertpapierfirmen.

(…)

§ 56 Abs. 4 b Nr. 4 KWG Bußgeldvorschriften

(4 b) Ordnungswidrig handelt, wer als Person, die für ein CRR-Kreditinstitut handelt, gegen die Verordnung (EG) Nr. 1060/2009 verstößt, indem er vorsätzlich oder leichtfertig

(…)

4. entgegen Artikel 8 c Absatz 2 nicht dafür Sorge trägt, dass die beauftragten Ratingagenturen die dort genannten Voraussetzungen erfüllen oder

(…)

(6) Die Ordnungswidrigkeit kann (…) mit einer Geldbuße bis zu zweihunderttausend Euro (…) geahndet werden.

§ 340 Abs. 3 Nr. 4 KAGB Bußgeldvorschriften

(3) Ordnungswidrig handelt, wer als Person, die für eine Kapitalverwaltungsgesellschaft handelt, gegen die Verordnung (EG) Nr. 1060/2009 des Europäischen Parlaments und des Rates vom 16. September 2009 über Ratingagenturen (ABl. L 302 vom 17.11.2009, S. 1), die zuletzt durch die Verordnung (EU) Nr. 462/2013 (ABl. L 146 vom 31.5.2013, S. 1) geändert worden ist, verstößt, indem er vorsätzlich oder leichtfertig

(…)

4. entgegen Artikel 8 c Absatz 2 nicht dafür Sorge trägt, dass die beauftragten Ratingagenturen die dort genannten Voraussetzungen erfüllen.

(…)

(7) Die Ordnungswidrigkeit kann wie folgt geahndet werden:
(...)
3. (...)mit einer Geldbuße bis zu zweihunderttausend Euro.

§ 28 Abs. 2 VAG Externe Ratings

(2) Die in den Geltungsbereich der Verordnung (EG) Nr. 1060/2009 einbezogenen Unternehmen, die der Aufsicht nach diesem Gesetz unterliegen, haben die sich aus dieser Verordnung in der jeweils geltenden Fassung ergebenden Pflichten einzuhalten.

§ 332 Abs. 4 Nr. 4 VAG Bußgeldvorschriften

(4) Ordnungswidrig handelt, wer als Person, die für ein Unternehmen handelt, das der Aufsicht nach diesem Gesetz unterliegt, gegen die Verordnung (EG) Nr. 1060/2009 des Europäischen Parlaments und des Rates vom 16. September 2009 über Ratingagenturen (ABl. L 302 vom 17.11.2009, S. 1), die zuletzt durch die Richtlinie 2014/51/EU (ABl. L 153 vom 22.5.2014, S. 1) geändert worden ist, verstößt, indem sie vorsätzlich oder leichtfertig
(...)
4. entgegen Artikel 8 c Absatz 2 nicht dafür Sorge trägt, dass eine beauftragte Ratingagentur eine dort genannte Voraussetzung erfüllt, oder
(...)
(5) [1]Die Ordnungswidrigkeit kann (...) mit einer Geldbuße bis zu zweihunderttausend Euro (...) geahndet werden. (...)

Literatur: Siehe Kapitel 15.9.

I. Einleitung	1	IV. Objektiver Tatbestand	4
II. Grundtatbestand	2	V. Verschulden	5
III. Adressat	3		

I. Einleitung

Art. 8 c Abs. 1 VO (EG) Nr. 1060/2009 („Ratingagenturen-VO") verpflichtet Emittenten oder mit ihnen verbundene Dritte, bei der beabsichtigten Beauftragung eines Ratings für ein Verbriefungsinstrument[1] mindestens zwei Ratingagenturen zu beauftragen, unabhängig voneinander ein Rating abzugeben (näher Kap. 15.10). Art. 8 c Abs. 2 Ratingagenturen-VO ergänzt diese Bestimmung und verpflichtet Emittenten oder mit ihnen verbundene Dritte, bei der beabsichtigten Beauftragung eines Ratings für ein Verbriefungsinstrument dafür Sorge zu tragen, dass die beauftragten Ratingagenturen bestimmte Voraussetzungen erfüllen. Die §§ 120 Abs. 4 Nr. 33 WpHG, §§ 1 a Abs. 2, 56 Abs. 4 b

---

[1] Zum 1.1.2019 wurde die Ratingagenturen-VO durch die VO (EU) 2017/2402 (STS-Verordnung) geändert. Zuvor nahm Art. 8 c Abs. 1 Ratingagenturen-VO auf strukturierte Finanzinstrumente Bezug.

Nr. 3 KWG, § 340 Abs. 3 Nr. 3 KAGB und §§ 28 Abs. 2, 332 Abs. 4 Nr. 3 VAG wurden durch das Gesetz zur Verringerung der Abhängigkeit von Ratings vom 10.12.2014[2] neu eingeführt. Siehe näher Kapitel 15.9 Rn. 4 ff.

II. Grundtatbestand

Gemäß § 120 Abs. 4 Nr. 4 WpHG, §§ 1 a Abs. 2, 56 Abs. 4 b Nr. 4 KWG, § 340 Abs. 3 Nr. 4 KAGB und §§ 28 Abs. 2, 332 Abs. 4 Nr. 4 VAG handelt ordnungswidrig, wer vorsätzlich oder leichtfertig entgegen Art. 8 c Abs. 2 Ratingagenturen-VO nicht dafür Sorge trägt, dass die beauftragten Ratingagenturen die in Art. 8 c Abs. 2 Ratingagenturen-VO genannten Voraussetzungen erfüllen.

III. Adressat

Adressat dieser Verbotsnormen sind Personen, die für Wertpapierdienstleistungsunternehmen, (CRR-)Kredit- oder Finanzdienstleistungsinstitute, Kapitalverwaltungsgesellschaften sowie Unternehmen handeln, die der Aufsicht nach dem VAG unterliegen. Zum Adressatenbegriff Kap. 15.9. Rn. 15 f.

IV. Objektiver Tatbestand

Die Normadressaten haben sicherzustellen, dass die beauftragten Ratingagenturen die in Art. 8 c Abs. 2 Ratingagenturen-VO genannten Voraussetzungen erfüllen. Gemäß Art. 8 c Abs. 2 Ratingagenturen-VO müssen die nach Art. 8 c Abs. 1 Ratingagenturen-VO zu beauftragenden Ratingagenturen folgende Voraussetzungen erfüllen: (a) sie gehören nicht derselben Gruppe von Ratingagenturen an, (b) sie sind nicht Anteilseigner oder Mitglied einer der anderen Ratingagenturen, (c) sie sind nicht berechtigt oder befugt, in einer der anderen Ratingagenturen Stimmrechte auszuüben, (d) sie sind nicht berechtigt oder befugt, Mitglieder der Verwaltungs- oder Aufsichtsorgane einer der anderen Ratingagenturen zu bestellen oder abzuberufen, (e) kein Mitglied ihrer Verwaltungs- oder Aufsichtsorgane ist Mitglied des Verwaltungs- oder Aufsichtsorgans einer der anderen Ratingagenturen, (f.) sie üben weder Kontrolle oder beherrschenden Einfluss über eine der anderen Ratingagenturen aus, noch sind sie hierzu befugt.

V. Verschulden

Der Verschuldensmaßstab umfasst Vorsatz und Leichtfertigkeit.[3]

Kap. 14.6. § 120 Abs. 6 Nr. 5 WpHG (vormals § 39 Abs. 2 d Nr. 5 WpHG) Nichtbereitstellen eines Clearing-Systems

§ 120 Abs. 6 Nr. 5 WpHG Bußgeldvorschriften; Verordnungsermächtigung

(6) Ordnungswidrig handelt, wer gegen die Verordnung (EU) Nr. 236/2012 des Europäischen Parlaments und des Rates vom 14. März 2012 über Leerver-

---

2 BGBl. 2014 I 2085 ff.
3 Zum Begriff der Leichtfertigkeit im Kapitalmarktrecht instruktiv *von Buttlar/Hammermaier* ZBB 2017, 1.

käufe und bestimmte Aspekte von Credit Default Swaps (ABl. L 86 vom 24.3.2012, S. 1), die durch die Verordnung (EU) Nr. 909/2014 (ABl. L 257 vom 28.8.2014, S. 1) geändert worden ist, verstößt, indem er vorsätzlich oder leichtfertig

(...)

5. entgegen Artikel 15 Absatz 1 nicht sicherstellt, dass er über ein dort genanntes Verfahren verfügt.

(...)

(24) Die Ordnungswidrigkeit kann in den Fällen (...) des Absatzes 6 Nummer (...) 5 (...) mit einer Geldbuße bis zu fünfhunderttausend Euro (...) geahndet werden.

Literatur: *Köpferl,* Die Referenzierung nicht geltenden Unionsrechts in Blanketttatbeständen exemplifiziert anhand der jüngsten Änderung der §§ 38, 39 WpHG, ZIS 2017, 201; *Krüger/Ludewig,* Leerverkaufsregulierung, WM 2012, 1942; *Möllers/Christ/Harrer,* Nationale Alleingänge und die europäische Reaktion auf ein Verbot ungedeckter Leerverkäufe, NZG 2010, 1167; *Mülbert/Sajnovits,* Das künftige Regime für Leerverkäufe und bestimmte Aspekte von Credit Default Swaps nach der Verordnung (EU) Nr. 236/2012, ZBB 2012, 266.

Materialien:

Gesetz zur Ausführung der Verordnung (EU) Nr. 236/2012 des Europäischen Parlaments und des Rates vom 14.3.2012 über Leerverkäufe und bestimmte Aspekte von Credit Default Swaps (EU-Leerverkaufs-Ausführungsgesetz) v. 6.11.2012, BGBl. I 2286; BT-Drs. 17/9665 (RegE); BT-Drs. 17/10854 (Beschlussempfehlung des Finanzausschusses).

Vorschlag für eine Verordnung des Europäischen Parlaments und des Rates über Leerverkäufe und bestimmte Aspekte von Credit Default Swaps – KOM (2010) 482 endgültig v. 15.9.2010, abrufbar über europa.eu/internal_market/securities/short_selling_de.htm.

Verordnung (EU) Nr. 236/2012 des Europäischen Parlaments und des Rates über Leerverkäufe und bestimmte Aspekte von Credit Default Swaps v. 14.3.2012, ABl. EU Nr. L 86, S. 1.

Verordnung (EU) Nr. 909/2014 des Europäischen Parlaments und des Rates vom 23.7.2014 zur Verbesserung der Wertpapierlieferungen und -abrechnungen in der Europäischen Union und über Zentralverwahrer sowie zur Änderung der Richtlinien 98/26/EG und 2014/65/EU und der Verordnung (EU) Nr. 236/2012; Abl. EU Nr. L 257, S. 1

Delegierte Verordnung (EU) 2018/1229 der Kommission vom 25.5.2018 zur Ergänzung der Verordnung (EU) Nr. 909/2014 des Europäischen Parlaments und des Rates durch technische Regulierungsstandards zur Abwicklungsdisziplin, Abl. EU Nr. L 230, S. 1.

1 § 120 Abs. 6 Nr. 5 WpHG ist mit Wirkung vom 3.1.2018 an die Stelle des durch das EU-Leerverkaufs-Ausführungsgesetz **zum 16.11.2012 neu eingeführten** § 39 Abs. 2 d Nr. 5 WpHG aF getreten. Die Vorschrift sanktioniert Verstöße gegen die für zentrale Kontrahenten bestehende **Pflicht zur Einrichtung eines Eindeckungsverfahrens nach Art. 15 der EU-Leerverkaufsverordnung.** § 120 Abs. 6 Nr. 5 WpHG (vorher § 39 Abs. 2 d Nr. 5 WpHG) tritt ergänzend neben die Sanktionierung der Melde- und Offenlegungspflichten gem. § 120 Abs. 6 Nr. 1, 2 WpHG (vorher § 39 Abs. 2 d Nr. 1, 2 WpHG aF; s. Kap. 13.2. und 13.3.) sowie des Verstoßes gegen die Verbote ungedeckter Leerverkäufe und Credit Default Swaps gem. § 120 Abs. 6 Nr. 3, 4 WpHG (vorher § 39 Abs. 2 d Nr. 3, 4 WpHG aF; s. Kap. 6.2.). Zur Systematik des Leerverkaufsregimes s. Kap. 6.2. Rn. 1.

Durch das 2. FiMaNoG ist neben der rein **redaktionellen Umnummerierung** eine **Aktualisierung** des statischen Verweises auf die Leerverkaufs-VO erfolgt, und zwar auf die durch die Verordnung (EU) Nr. 909/2014[1] (sog Zentralverwalter-VO) geänderte Fassung. Art. 72 dieser Verordnung ordnet die Streichung von Art. 15 der LeerverkaufsVO an, da in der Zentalverwalter-VO die „Maßnahmen zur Vermeidung gescheiterter Abwicklungen und des Vorgehens dagegen" neu und umfassender geregelt werden.[2] Allerdings soll diese Änderung gem. Art. 76 Abs. 5 erst „ab dem Datum des Inkrafttretens des gemäß Artikel 7 Absatz 15 von der Kommission erlassenen delegierten Rechtsakts" in Kraft treten. Ein solcher delegierter Rechtsakt wurde zwar in Form der Delegierten Verordnung (EU) 2018/1229[3] mittlerweile erlassen, wird aber gem. Art. 48 erst 24 Monate nach ihrer Veröffentlichung im Amtsblatt in Kraft treten, die am 13.9.2018 erfolgt ist. Bis zum 12.9.2020 gilt also Art. 15 Abs. 1 LeerverkaufsVO unverändert weiter. Der Verweis des § 120 Abs. 6 Nr. 5 WpHG ist daher nicht leergelaufen,[4] vgl. a. Kap. 6.2 Rn. 1. Eine Anpassung an die Neuregelungen der Zentralverwalter-VO wird jedoch bald erfolgen müssen.

Art. 15 EU-LeerverkaufsVO macht Vorgaben zur Zwangseindeckung für Fälle, in denen Leerverkäufer die Aktien nicht innerhalb von vier Geschäftstagen nach dem Fälligkeitsdatum liefern können.[5] Eine **zentrale Gegenpartei** hat für diesen Fall ein automatisches Verfahren bereitzustellen, das die Abwicklung der Transaktion auf Kosten des säumigen Verkäufers oder die Leistung eines Schadensersatzes sicherstellt, wenn eine Eindeckung nicht möglich ist. Art. 15 Abs. 2 EU-Leerverkaufsverordnung enthält daneben Vorgaben über **tägliche Säumniszahlungen**, die durch die zentrale Gegenpartei erhoben werden und eine abschreckende Höhe haben müssen. **Zweck** dieses Verfahrens – und damit mittelbar der Sanktionierung seiner Nichtbereitstellung – ist die **Verbesserung der Erfüllungsdisziplin der Leerverkäufer**.[6]

§ 120 Abs. 6 Nr. 5 WpHG ist ein **Sonderdelikt**, das nur durch die Adressaten der Pflicht des Art. 15 EU-LeerverkaufsVO, dh die zentrale Gegenpartei, begangen werden kann. § 120 Abs. 6 Nr. 5 WpHG kann **vorsätzlich oder leichtfertig** verwirklicht werden. Der **Versuch** der Nr. 5 ist nicht bußgeldbewehrt

---

1 Verordnung (EU) Nr. 909/2014 des Europäischen Parlaments und des Rates vom 23.7.2014 zur Verbesserung der Wertpapierlieferungen und -abrechnungen in der Europäischen Union und über Zentralverwahrer sowie zur Änderung der Richtlinien 98/26/EG und 2014/65/EU und der Verordnung (EU) Nr. 236/2012; Abl. EU Nr. L 257, S. 1.
2 Erwägungsgrund (78) VO (EU) Nr. 909/2014.
3 Delegierte Verordnung (EU) 2018/1229 der Kommission vom 25.5.2018 zur Ergänzung der Verordnung (EU) Nr. 909/2014 des Europäischen Parlaments und des Rates durch technische Regulierungsstandards zur Abwicklungsdisziplin, Abl. EU Nr. L 230, S. 1.
4 AA *Köpferl* ZIS 2017, 201 (203, 206, 213); Graf/Jäger/Wittig/*Diversy/Köpferl* WpHG § 39 Rn. 50.
5 S. dazu *Krüger/Ludewig* WM 2012, 1942 (1949 f.); *Mülbert/Sajnovits* ZBB 2012, 266 (284).
6 Zustimmend *Mülbert/Sajnovits* ZBB 2012, 266 (284); *Möllers/Christ/Harrer* NZG 2010, 1167 (1168 f.). Nach der Einschätzung der ESMA wurde eine solche durch die EU-LeerverkaufsVO auch erzielt, s. Bericht der Kommission an das Europäische Parlament und den Rat über die Bewertung der Verordnung (EU) Nr. 236/2012 über Leerkäufe und bestimmte Aspekte von Credit Default Swaps, COM (2013) 885 final, S. 5 f.

(§ 13 Abs. 2 OWiG). Gem. § 120 Abs. 24 WpHG kann der Verstoß mit einer Geldbuße von bis zu fünfhunderttausend Euro sanktioniert werden.

Kap. 14.7. § 120 Abs. 15 Nr. 3 WpHG (§ 39 Abs. 3 d Nr. 3 WpHG aF) Vermeidung und Aufdeckung von Marktmissbrauch

§ 120 Abs. 15 Nr. 3 WpHG Bußgeldvorschriften; Verordnungsermächtigung

(15) Ordnungswidrig handelt, wer gegen die Verordnung (EU) Nr. 596/2014 verstößt, indem er vorsätzlich oder leichtfertig

(...)

3. entgegen Artikel 16 Absatz 1 Unterabsatz 1 oder Absatz 2 Satz 1 wirksame Regelungen, Systeme und Verfahren nicht schafft oder nicht aufrechterhält,

(...)

1   § 120 Abs. 15 Nr. 3 WpHG (§ 39 Abs. 3 d Nr. 3 WpHG aF) sanktioniert Verstöße gegen die Pflichten von Betreibern von Märkten und Wertpapierfirmen, die einen Handelsplatz betreiben und denjenigen Personen, die gewerbsmäßig Geschäfte vermitteln oder ausführen, nach Art. 16 Abs. 1 UAbs. 1 und Abs. 2 S. 1 der Marktmissbrauchsverordnung wirksame Compliance-Systeme zur Vermeidung und Aufdeckung von Marktmissbrauch einzurichten und aufrechtzuerhalten. Dabei geht es um die Überwachung von Transaktionen, die Meldung von Verstößen oder solchen Verhaltensweisen, die auf verbotene Tätigkeiten hindeuten könnten und die Unterstützung der zuständigen Behörden bei Ermittlungen wegen Marktmissbrauchs. Verhängt werden können Bußgelder in einer Höhe bis 1 Mio. Euro (§ 120 Abs. 18 S. 1 WpHG). Gegenüber einer juristischen Person gilt die Erhöhung des § 120 Abs. 18 S. 2 WpHG, möglich ist außerdem die Ahndung mit einer Geldbuße bis zum Dreifachen des erlangten wirtschaftlichen Vorteils (nach § 120 Abs. 18 S. 3 WpHG). § 17 Abs. 2 OWiG ist nicht anwendbar (§ 120 Abs. 25 S. 1 WpHG).

Kap. 14.8. § 120 Abs. 15 Nr. 15 WpHG (§ 39 Abs. 3 d Nr. 15 WpHG aF) Aufklärung und Belehrung potenzieller Insider

§ 120 Abs. 15 Nr. 15 WpHG Bußgeldvorschriften; Verordnungsermächtigung

(15) Ordnungswidrig handelt, wer gegen die Verordnung (EU) Nr. 596/2014 verstößt, indem er vorsätzlich oder leichtfertig

(...)

15. entgegen Artikel 18 Absatz 2 Unterabsatz 1 nicht die dort genannten Vorkehrungen trifft,

(...)

1   § 120 Abs. 15 Nr. 15 WpHG (§ 39 Abs. 3 d Nr. 15 WpHG aF) sanktioniert Verstöße gegen Art. 18 Abs. 2 UAbs. 1 der Marktmissbrauchsverordnung. Danach müssen Emittenten und in ihrem Auftrag handelnde Personen die erforderlichen Vorkehrungen treffen, damit die nach Art. 18 Abs. 1 lit. a in einer In-

Kap. 14.9. § 334 Abs. 2 a Nr. 1 HGB Unabhängigkeit des Abschlussprüfers

siderliste zu führenden Personen, die Zugang zu Insiderinformationen haben, die aus der Kenntnis von Insiderinformationen resultierenden Verpflichtungen schriftlich anerkennen und sich der mit Verstößen gegen Art. 14 der Marktmissbrauchsverordnung verbundenen Sanktionen (s. Kap. 7.5., 7.6.) bewusst sind. Die maximale Bußgeldhöhe beträgt für natürliche Personen 500.000 EUR (§ 120 Abs. 18 S. 1 WpHG). Für juristische Personen gilt die Erhöhung des § 120 Abs. 18 S. 2 Nr. 3 WpHG. Auch hier ist es möglich, auf das Dreifache des erlangten wirtschaftlichen Vorteils abzustellen (§ 120 Abs. 18 S. 3 WpHG). § 17 Abs. 2 OWiG ist nicht anwendbar (§ 120 Abs. 25 S. 1 WpHG).

Kap. 14.9. § 334 Abs. 2 a Nr. 1 HGB Überwachung der Unabhängigkeit des Abschlussprüfers

§ 334 Abs. 2 a Nr. 1 HGB Bußgeldvorschriften

(2 a) Ordnungswidrig handelt, wer als Mitglied eines nach § 324 Absatz 1 Satz 1 eingerichteten Prüfungsausschusses

1. die Unabhängigkeit des Abschlussprüfers oder der Prüfungsgesellschaft nicht nach Maßgabe des Artikels 4 Absatz 3 Unterabsatz 2, des Artikels 5 Absatz 4 Unterabsatz 1 Satz 1 oder des Artikels 6 Absatz 2 der Verordnung (EU) Nr. 537/2014 des Europäischen Parlaments und des Rates vom 16. April 2014 über spezifische Anforderungen an die Abschlussprüfung bei Unternehmen von öffentlichem Interesse und zur Aufhebung des Beschlusses 2005/909/EG der Kommission (ABl. L 158 vom 27.5.2014, S. 77, L 170 vom 11.6.2014, S. 66) überwacht,

(…)

Literatur: *Bormann*, Kommentierung von § 319 HGB, in Münchener Kommentar zum Bilanzrecht, 1. Aufl. 2013; *Grottel/H. Hoffmann*, Kommentierung von § 334 HGB, in Beck'scher Bilanz-Kommentar, 11. Aufl. 2018 (zit. als MüKoBilR/*Grottel/H. Hoffmann*); *Kelm/Schmitz-Herkendell*, IDW-Positionspapier zu Inhalten und Zweifelsfragen der EU-Verordnung und der Abschlussprüferrichtlinie, DB 2016, 2365; *Köhler*, Künftige Anforderungen an den Bestätigungsvermerk des Abschlussprüfers aus europäischer und internationaler Sicht, WPg 2015, 109; *Schmitz*, Kommentierung von § 1 StGB, in Münchener Kommentar zum StGB, 3. Aufl. 2017 (zit. als MüKoStGB/*Schmitz*); *Schüppen*, Die europäische Abschlussprüferreform und ihre Implementierung in Deutschland – Vom Löwen zum Bettvorleger?, NZG 2016, 247.

I. Historie	1	III. Tathandlung	4
II. Täterkreis	3	IV. Rechtsfolge	16

I. Historie

Die in dem § 334 Abs. 2 a HGB eingefügten Ordnungswidrigkeitentatbestände dienen der Umsetzung des Art. 30 Abs. 1 und des Art. 30 a Abs. 1 f der überarbeiteten **Abschlussprüferrichtlinie** (RL 2014/56/EU)[1] im Hinblick auf die prüfungsbezogenen Pflichten der Mitglieder eines Prüfungsausschusses, für welche

---

[1] Richtlinie 2014/56/EU des Europäischen Parlaments und des Rates vom 16.4.2014 zur Änderung der Richtlinie 2006/43/EG über Abschlussprüfungen von Jahresabschlüssen und konsolidieren Abschlüssen (ABl. 2014 L 158/196). Zu Inhalt und Auswirkungen der Abschlussprüferrichtlinie vgl. *Kelm/Schmitz-Herkendel* DB 2016, 2365.

nach den Vorgaben der seit dem 17.6.2016 unmittelbar geltenden Verordnung (EU) Nr. 537/2014[2] nunmehr einheitliche Maßstäbe in den Mitgliedstaaten der Europäischen Union gelten sollen. Die – im Wesentlichen identische – Umsetzung dieser europäischen Richtlinie (RL 2014/56/EU) in nationales Recht erfolgte durch das **Abschlussprüfungsreformgesetz (AReG)**,[3] dessen Entwurf der Bundesrat bereits unter dem 18.12.2015 gebilligt hatte[4] und welcher auf Grundlage dieser Beschlussempfehlung durch den Bundestag unter dem 17.3.2016 verabschiedet worden war. Hervorzuheben sind insbesondere die hiermit einhergehenden Änderungen bezüglich der Dokumentation des Prüfungsergebnisses (Prüfungsbericht und Bestätigungsvermerk mit den Darstellungsinhalten),[5] der Bestellung des Abschlussprüfers und dem nunmehr vorgeschriebenen Wechsel des Prüfungsteams und des Abschlussprüfers („Rotation") sowie der Reglementierung von Beratungsverboten.[6]

Die beiden zuvor genannten europäischen Rechtsakte traten auf europäischer Ebene bereits zum 16.6.2014 in Kraft. Mit der Durchführung dieses Gesetzesvorhabens bis zu diesem Zeitpunkt trug die Bundesregierung zugleich den zeitlichen Vorgaben der Europäischen Kommission Rechnung, wonach die Umsetzung der Richtlinie in nationales Recht bis spätestens zum 17.6.2016 zu erfolgen hatte.[7] Die neueste Fassung der bußgeldrechtlichen Bestimmungen, insbesondere in Bezug auf § 334 Abs. 3 a u. 3 b HGB, aufgrund des Gesetzes zur Stärkung der nichtfinanziellen Berichterstattung der Unternehmen in ihren Lage- und Konzernlageberichten (CSR-Richtlinie-Umsetzungsgesetz) vom 11.4.2017 (BGBl. I S. 802), ist am 19.4.2017 in Kraft getreten.

II. Täterkreis

Von § 334 Abs. 2 a HGB sind tatbestandlich nur die **Mitglieder eines** nach § 324 Abs. 1 S. 1 HGB eingerichteten **Prüfungsausschusses** erfasst.[8] Die Vorschrift betrifft mithin nur solche Unternehmen, die nicht über einen Aufsichts- oder Verwaltungsrat verfügen, der den Anforderungen des § 100 Abs. 5 AktG genügen muss. Für Unternehmen, die über einen solchen Aufsichtsrat verfügen, finden sich jedoch Parallelvorschriften in § 20 PublG, § 405 AktG, § 86 GmbHG, § 152 GenG sowie § 332 VAG.[9]

---

2 Verordnung (EU) Nr. 537/2014 des Europäischen Parlaments und des Rates vom 16.4.2014 über spezifische Anforderungen an die Abschlussprüfung bei Unternehmen von öffentlichem Interesse und zur Aufhebung des Beschlusses 2005/909/EG der Kommission (ABl. 2014 L 158/77).
3 Gesetz zur Umsetzung der prüfungsbezogenen Regelungen der Richtlinie 2014/56/EU sowie zur Ausführung der entsprechenden Vorgaben der Verordnung (EU) Nr. 537/2014 im Hinblick auf die Abschlussprüfung bei Unternehmen von öffentlichem Interesse (Abschlussprüferreformgesetz – AReG); vgl. hierzu auch *Schüppen* NZG 2016, 247 ff.
4 BR-Drs. 635/15.
5 Ausführlich zu den Anforderungen an den Bestätigungsvermerk siehe *Köhler* WPg 2015, 109 ff.
6 Vgl. hierzu jeweils ausführlich *Schüppen* NZG 2016, 247 (249 f.).
7 Vgl. Art. 2 Abs. 1 der RL 2014/56/EU (ABl. 2014 L 158/225).
8 BR-Drs. 635/15, 55; MüKoBilR/*Grottel/H. Hoffmann* HGB § 334 Rn. 29.
9 BR-Drs. 635/15, 55; MüKoBilR/*Grottel/H. Hoffmann* HGB § 334 Rn. 29.

III. Tathandlung

Als Tathandlung sanktioniert § 334 Abs. 2 a Nr. 1 HGB die Verletzung der Pflichten des Prüfungsausschusses zur Überwachung der Unabhängigkeit des Abschlussprüfers nach Maßgabe der Art. 4 Abs. 3 UAbs. 2, Art. 5 Abs. 4 UAbs. 1 S. 1 und Art. 6 Abs. 2 der VO (EU) Nr. 537/2014.

Art. 4 Abs. 3 UAbs. 2 der Verordnung erlegt in diesem Zusammenhang dem mit der Sache befassten Prüfungsausschuss die Pflicht auf, dass – wenn die von einem solchen Unternehmen von öffentlichem Interesse gezahlten Honorare[10] weiterhin über 15 % der insgesamt von dem Abschlussprüfer oder der Prüfungsgesellschaft oder gegebenenfalls dem Konzernabschlussprüfer vereinnahmten Honorare hinausgehen – der Prüfungsausschuss anhand objektiver Gründe darüber zu entscheiden habe, ob der Abschlussprüfer, die Prüfungsgesellschaft oder der Konzernabschlussprüfer bei diesem Unternehmen oder dieser Unternehmensgruppe die Abschlussprüfung für einen weiteren Zeitraum, der in jedem Fall zwei Jahre nicht überschreiten darf, durchführen darf.

Art. 5 Abs. 4 UAbs. 1 S. 1 der entsprechenden Richtlinie erweitert den Pflichtenkanon dahin gehend, dass ein Abschlussprüfer oder eine Prüfungsgesellschaft, der bzw. die eine Abschlussprüfung bei einem Unternehmen von öffentlichem Interesse durchführt, und – sofern der Abschlussprüfer bzw. die Prüfungsgesellschaft einem Netzwerk angehört – jedes Mitglied dieses Netzwerks für das geprüfte Unternehmen, dessen Muttergesellschaft oder die von diesem beherrschten Unternehmen andere als die verbotenen Nichtprüfungsleistungen nach den Abs. 1 und 2 nur dann erbringen darf, wenn der Prüfungsausschuss dies nach gebührender Beurteilung der Gefährdung der Unabhängigkeit und der angewendeten Schutzmaßnahmen gemäß Art. 22 b der Richtlinie 2006/43/EG billigt.

Komplettiert wird das nunmehr unter § 334 Abs. 2 a Nr. 1 HGB sanktionierende Pflichtenprogramm durch die Vorgaben des Art. 6 Abs. 2 der gegenständlichen EU-Verordnung, wonach ein Abschlussprüfer oder eine Prüfungsgesellschaft

1. gegenüber dem Prüfungsausschuss jährlich schriftlich erklären muss, dass der Abschlussprüfer bzw. die Prüfungsgesellschaft, Prüfungspartner und Mitglieder der höheren Führungsebene und das Leitungspersonal, die die Abschlussprüfung durchführen, unabhängig vom geprüften Unternehmen sind und

2. mit dem Prüfungsausschuss die Gefahren für seine bzw. ihre Unabhängigkeit sowie die von ihm bzw. ihr gemäß Abs. 1 dokumentierten zur Verminderung dieser Gefahren angewendeten Schutzmaßnahmen erörtern muss.

---

10 Art. 4 Abs. 1 S. 1 der VO (EU) Nr. 537/2014 stellt in diesem Zusammenhang ausdrücklich klar, dass Prüfungshonorare für die Durchführung von Abschlussprüfungen bei Unternehmen von öffentlichem Interesse nicht ergebnisabhängig sein dürfen. Konkretisiert wird diese angesprochene „Ergebnisabhängigkeit" durch die unmittelbar folgenden S. 2 und 3 des Art. 4 Abs. 1. Hiernach sind unbeschadet des Art. 25 der RL 2006/43/EG für die Zwecke des UA 1 ein Honorar für ein Prüfungsmandat ergebnisabhängig, wenn es im Hinblick auf den Ausgang oder das Ergebnis einer Transaktion oder das Ergebnis der ausgeführten Arbeiten auf einer vorab festgelegten Basis berechnet wird. Honorare, die von einem Gericht oder einer zuständigen Behörde festgesetzt werden, sind in diesem Zusammenhang nicht als ergebnisabhängig anzusehen.

8 Kritisch zu betrachten sind in diesem Zusammenhang insbesondere die Anzahl und Qualität der in diesen Verhaltensgeboten des § 334 Abs. 2 a Nr. 1 HGB (in Verbindung mit der bezuggenommenen Verordnung) verwendeten unbestimmten Begrifflichkeiten. Gemäß Art. 103 Abs. 2 GG kann eine Tat nur dann bestraft werden, wenn die Strafbarkeit gesetzlich bestimmt war, bevor die Tat begangen wurde. Da als Bestrafung im vorgenannten Sinne letztlich jede staatliche Maßnahme anzusehen ist, die eine „missbilligende hoheitliche Reaktion auf ein schuldhaftes Verhalten" darstellt,[11] gilt der spezielle **Bestimmtheitsgrundsatz des Art. 103 Abs. 2 GG** nicht nur für Straftaten im Verständnis des StGB, sondern in gleichem Maße auch für Ordnungswidrigkeitentatbestände.[12] Die sich hieraus ergebende Folge ist diese, dass Art. 103 Abs. 2 GG den Gesetzgeber verpflichtet, die Voraussetzungen der Strafbarkeit und die Art und das Maß der Strafe so konkret zu umschreiben, dass der Normadressat – konkret also die von § 334 Abs. 2 a Nr. 1 HGB erfassten Prüforgane – anhand des gesetzlichen Tatbestandes voraussehen kann, ob ein Verhalten straf- bzw. ahndbar ist.[13]

9 Die Verwendung der unbestimmten Begriffe und die umfangreiche Bezugnahme auf die Verordnung lassen durchaus berechtigte Kritik aufkommen, dass die vorliegende Regelung auf Tatbestandsseite diesen Anforderungen an das Gebot der Normklarheit nicht gerecht wird.[14]

10 So schreibt Art. 4 Abs. 3 UAbs. 2 der Verordnung lediglich vor, dass anhand „objektiver Gründe" darüber zu entscheiden ist, ob der Abschlussprüfer, die Prüfungsgesellschaft oder der Konzernabschlussprüfer bei diesem Unternehmen oder dieser Unternehmensgruppe die Abschlussprüfung für einen weiteren Zeitraum, durchführen darf. Genaue Konkretisierungsmaßstäbe für die Quantität und insbesondere die Qualität der notwendigen „objektiven" Gründe sind jedoch weder in den europäischen Vorgaben noch in den deutschen Umsetzungsmaterialien oder dem Gesetzeswerk selbst zu finden und müssen wohl erst durch Rechtsprechung und Praxis herausgearbeitet und konturiert werden.

11 Der selbige kritikwürdige Ansatzpunkt findet sich in Art. 5 Abs. 4 UAbs. 1 S. 1 der Verordnung, auf die § 334 Abs. 2 a Nr. 1 HGB blankettartig[15] verweist. In dessen Rahmen ist zur Wahrung des legalen Handelns erforderlich, dass die Prüforgane nach „gebührender Beurteilung der Gefährdung der Unabhängigkeit und der angewendeten Schutzmaßnahmen" tätig werden. Auch insoweit

---

11 Vgl. nur BVerfG 11.6.1969 – 2 BvR 518/66, NJW 1969, 2192 (2195).
12 So beispielsweise BVerfG 4.2.1975 – 2 BvL 5/74, NJW 1975, 727 (730); siehe auch die einfachrechtlichen Verankerungen in §§ 1 f. StGB sowie §§ 3 f. OWiG.
13 BVerfG 17.1.1978 – 1 BvL 13/76, NJW 1978, 933.
14 Vgl. zur Kritik an der Normbestimmtheit der erweiterten Straf- und Bußgeldnormen (§§ 331 Nr. 1, 2 HGB-E; 334 HGB-E im Übrigen) die Stellungnahme Nr. 19/2016 des Deutschen Anwaltsvereins (DAV) von April 2016 zum Referentenentwurf eines Gesetzes zur Stärkung der nichtfinanziellen Berichterstattung der Unternehmen in ihren Lage- und Konzernberichten (CSR-Richtlinie-Umsetzungsgesetz), S. 23 ff.; aA Stellungnahme des Arbeitskreises Bilanzrecht der Hochschullehrer Rechtswissenschaft zum RegE AReG vom 14.1.2016, welche gerade die erfolgte Umsetzung der Sanktionsvorschriften „mit Außenmaß" positiv würdigen.
15 Zur grundsätzlichen Kritik an Blankettatbeständen, vgl. MüKoStGB/*Schmitz* StGB § 1 Rn. 53 ff. mwN Zu den besonderen Problemen bei Bezugnahme auf europäische Rechtsakte als Verweisbezugsnomen, vgl. MüKoStGB/*Schmitz* StGB § 1 Rn. 56.

ist fraglich, wann eine „gebührende" Beurteilung im Sinne der Norm vorhanden ist und welche Anforderungen überhaupt an eine solche Beurteilung zu stellen sind. Ebenso ist nicht ersichtlich, wann die angestrebte Unabhängigkeit gewahrt, tatbestandlich „gefährdet" oder schon verletzt ist. Dies umso mehr als die Übergänge des straflosen in das strafbare Verhalten durch die tatbestandliche Erfassung der (bloßen) Gefährdung der Unabhängigkeit verwischt werden, und diese Tatbestandsmodalität durch die Bezugnahme auf eine Gefährdung somit den Charakter eines Gefährdungsdeliktes aufgezwängt bekommt.

In gleicher Weise fraglich sind die Anforderungen, die der europäische wie nationale Gesetzgeber mit dem Erfordernis des „Erörterns" im Verständnis des Art. 6 Abs. 2 der Verordnung zu umschreiben versucht. 12

Ungeachtet dieser rechtsstaatlichen Bedenken sind tatbestandlich in diesem Zusammenhang die objektive Verletzung der Überwachungspflichten bzw. die hiermit einhergehenden europarechtlichen Anforderungen im Rahmen der Überwachung sowohl durch das gänzliche Fehlen von Kontrolle (schlichte „Nichtüberwachung"), als auch durch das Fehlen einer adäquaten Kontrolle durch Unterschreiten des notwendigen und gebotenen Überwachungsmaßstabes („Schlechtüberwachung") erfasst. 13

Als **Maßstab für die** zu erhaltende und anzustrebende **Unabhängigkeit der Abschlussprüfer** durch den Prüfungsausschuss im Sinne des § 324 Abs. 1 S. 1 HGB kann die Regelung des **§ 319 HGB** herangezogen werden, welche die Auswahl der Abschlussprüfer sowie eventuelle Ausschlussgründe reglementiert und insoweit gerade den Schutz der Unabhängigkeit des Abschlussprüfers bezweckt.[16] Die Funktion des Abschlussprüfers erfordert, dass sich der Prüfer bei der Beurteilung des zu prüfenden Sachverhalts nicht von sachfremden Erwägungen beeinflussen lässt; ob der Prüfer jedoch tatsächlich befangen ist, ist eine Frage seiner inneren Einstellung und mithin nur begrenzt nachprüf- und beweisbar.[17] Um diesen Nachweisschwierigkeiten Herr zu werden, stellt der Gesetzgeber typischerweise nicht auf die tatsächliche Befangenheit ab, sondern stellt für Konstellationen eine unwiderlegliche Vermutung der Befangenheit auf,[18] vgl. §§ 319 Abs. 3–5, 319 a HGB. Ergänzt werden diese „absoluten Befangenheitsgründe" durch die **Generalklausel des Absatzes 2**, wonach Wirtschaftsprüfer und Buchprüfer von der Abschlussprüfung ausgeschlossen sind, wenn Gründe vorliegen, nach denen die Besorgnis der Befangenheit besteht. Zugleich gibt § 319 Abs. 2 HGB selbst bereits erste Anhaltspunkte, wann Besorgnis der Befangenheit vorliegen kann, nämlich bei Beziehungen zwischen dem Prüfer und der Gesellschaft geschäftlicher, finanzieller oder persönlicher Art. 14

In **subjektiver Hinsicht** erforderlich, zugleich aber auch ausreichend, ist das nach allgemeinen Grundsätzen notwendige Vorliegen des bedingten Vorsatzes („dolus eventualis") bezüglich der Unzulänglichkeit der ausgeübten Überwachung durch die jeweils einschlägige Tatmodalität. Hierbei reicht es aus, dass der Täter den Erfolg „billigend in Kauf nimmt oder sich um des erstrebten 15

---

16 Vgl. ausführlich hierzu MüKoBilR/*Bormann* HGB § 319 Rn. 32 ff.
17 MüKoBilR/*Bormann* HGB § 319 Rn. 32.
18 BegrRegE BilRegG BT-Drs. 15/3419, 38.

Zieles willen wenigstens mit ihr abfindet, mag ihm auch der Erfolgseintritt an sich unerwünscht sein".[19]

IV. Rechtsfolge

16 Als primäre Sanktionsfolge sieht § 334 Abs. 3 HGB in seiner bisherigen Fassung die Verhängung einer Geldbuße von bis zu fünfzigtausend EUR vor. Bei der Zumessung dieser Geldbuße sind nach § 17 Abs. 3 und 4 OWiG die Bedeutung der Ordnungswidrigkeit, der Vorwurf, der den Täter trifft, die wirtschaftlichen Verhältnisse sowie der wirtschaftliche Vorteil, den der Täter aus der Ordnungswidrigkeit gezogen hat, zu berücksichtigen. Diese Geldbuße kann wegen derselben Sache wiederholt festgesetzt werden.[20]

17 Einer gesonderten Umsetzung der Zumessungskriterien des Artikels 30 b der überarbeiteten Abschlussprüferrichtlinie bedurfte es aus Sicht des Gesetzgebers vor diesem Hintergrund daher nicht.[21] Bei (lediglich) geringfügigen Verstößen gegen die in § 334 Abs. 2 a Nr. 1 HGB genannten Vorschriften kann das Bundesamt für Justiz als zuständige Verwaltungsbehörde nach § 56 des Gesetzes über Ordnungswidrigkeiten sich darauf beschränken, gegenüber den Betroffenen eine Verwarnung aussprechen. Im Hinblick auf diese Befugnis war eine gesonderte Umsetzung der Vorgaben des Art. 30 a Abs. 1 a der überarbeiteten Abschlussprüferrichtlinie gleichfalls entbehrlich.[22]

18 Der Referentenentwurf des Bundesministeriums der Justiz und für Verbraucherschutz zum Entwurf eines Gesetzes zur Stärkung der nichtfinanziellen Berichterstattung der Unternehmen in ihren Lage- und Konzernlageberichten (**CSR-Richtlinie-Umsetzungsgesetz**) vom 11.3.2016 strebte demgegenüber jedoch eine Änderung des § 334 Abs. 3 HGB und mithin die Änderung des Sanktionsrahmens und der Bemessungsmodalitäten einer solchen Geldbuße an.[23] Der am 19.4.2017 in Kraft getretene § 334 Abs. 3 a HGB (BGBl. I S. 802) setzt diese Vorhaben um. Bei kapitalmarktorientierten Gesellschaften im Sinne des § 264 d HGB kann das Bußgeld nun gemäß § 334 Abs. 3 a HGB bis zu 10 Millionen EUR, 5 % des jährlichen Gesamtumsatzes bzw. das Zweifache des wirtschaftlichen Vorteils, der aufgrund der unterlassenen Offenlegung entstanden ist, betragen. Die durch § 334 Abs. 3 a HGB eingeführte Möglichkeit der umsatzbezogenen Geldbuße war zuvor lediglich aus dem Kartellrecht gemäß § 81 Abs. 4 S. 2 GWB bekannt. Nach § 334 Abs. 3 b S. 2 HGB ist für die Ermittlung des Gesamtumsatzes auf den Konzernumsatz und nicht auf den Umsatz der jeweiligen Konzerngesellschaft abzustellen.[24]

19 Aus Sicht der Literatur ist eine Sanktionierung unter Berücksichtigung des Gesamtumsatzes jedoch unter Bezugnahme auf das Verhältnismäßigkeitsgebot in

---

19 Vgl. nur BGH 4.11.1988 – 1 StR 262/88, BGHSt 36, 1 (9) = NJW 1989, 781; BGHSt, 183 (186) = NJW 2012, 1524; MüKoBilR/*Grottel*/H. *Hoffmann* HGB § 334 Rn. 31.
20 MüKoBilR/*Grottel*/H. *Hoffmann* HGB § 334 Rn. 40.
21 BR-Drs. 635/15, 55.
22 BR-Drs. 635/15, 55; MüKoBilR/*Grottel*/H. *Hoffmann* HGB § 334 Rn. 30.
23 https://www.bmjv.de/SharedDocs/Gesetzgebungsverfahren/Dokumente/RefE_CSR-Richtlinie-Umsetzungsgesetz.pdf;jsessionid=94013F3CF82597AC8F215DD58F50379E.1_cid289?__blob=publicationFile&v.=1 (Stand: 29.5.2019).
24 BGBl. 2017 I, 802; MüKoBilR/*Grottel*/H. *Hoffmann* HGB § 334 Rn. 40.

der Rechtsfolge fraglich.[25] So kann der Umsatz in bestimmten Branchen sehr hoch sein, wohingegen die hieraus zu ziehenden Gewinne wegen eines intensiven Wettbewerbs und der damit verbundenen geringen Margen insgesamt verhalten ausfallen können.[26] Insoweit kann eine zwingende Abhängigkeit von abzuschöpfendem Gewinn in Relation zum erwirtschafteten Umsatz gerade nicht ausgemacht werden. Dementsprechend ist der Faktor „Umsatz" kein geeigneter, verhältnismäßiger und brauchbarer Anknüpfungspunkt für die Sanktionsbemessung und entgegen der Ausführung des Gesetzgebers[27] auch nicht europarechtlich geboten.[28] Denn die genannte RLe 2004/109/EG fordert soweit ersichtlich nicht, dass der Bußgeldrahmen (auch) den Umsatz berücksichtigen muss.[29] Auch im Hinblick auf die Höhe der Geldbuße nach § 17 OWiG scheint eine umsatzbezogene Geldbuße fragwürdig. Nach § 17 Abs. 4 OWiG soll die Geldbuße den wirtschaftlichen Vorteil, der dem Täter durch Begehung der Ordnungswidrigkeit entstanden ist, übersteigen. Im Fall des § 334 HGB wird es jedoch regelmäßig an einem konkreten wirtschaftlichen Vorteil fehlen.[30]

Die Verfolgung der prüfungsausschussbezogenen Ordnungswidrigkeiten nach § 334 Absatz 2 a Nummer 1 HGB wird dementsprechend in Fortführung der bestehenden Regelungssystematik des § 334 HGB unter Ausübung der Option nach Artikel 20 Absatz 2 letzter Halbsatz der Verordnung (EU) Nr. 537/2014 dem Bundesamt für Justiz übertragen. Im Hinblick auf die – bereits im geltenden Recht vorhandenen – abschlussprüferbezogenen Ordnungswidrigkeiten nach § 334 Abs. 2 HGB erfolgt demgegenüber eine Aufgabenübertragung zugunsten der Abschlussprüferaufsichtsstelle beim Bundesamt für Wirtschaft und Ausfuhrkontrolle, die nach der Verabschiedung des **Abschlussprüferaufsichtsreformgesetzes (APAReG)**[31] als zentrale Aufsichtsbehörde über Abschlussprüfer und Prüfungsgesellschaften im Sinne des Art. 32 Abs. 1 der novellierten Abschlussprüferrichtlinie eingerichtet werden soll. Berufspflichtverletzungen können gleichzeitig Ordnungswidrigkeitentatbestände des HGB erfüllen. Die Abschlussprüferaufsichtsstelle hat demnach sowohl bei der Verhängung von Geldbußen als Ordnungswidrigkeitenbehörde als auch bei der Verhängung berufsaufsichtlicher Maßnahmen und Konsequenzen in diesen Fällen die mögli-

---

25 So auch die Stellungnahme Nr. 19/2016 des Deutschen Anwaltsvereins (DAV) von April 2016 zum Referentenentwurf eines Gesetzes zur Stärkung der nichtfinanziellen Berichterstattung der Unternehmen in ihren Lage- und Konzernberichten (CSR-Richtlinie-Umsetzungsgesetz), S. 25 f.
26 Vgl. Stellungnahme Nr. 19/2016 des Deutschen Anwaltsvereins (DAV) von April 2016 zum Referentenentwurf eines Gesetzes zur Stärkung der nichtfinanziellen Berichterstattung der Unternehmen in ihren Lage- und Konzernberichten (CSR-Richtlinie-Umsetzungsgesetz), S. 25 f.
27 Vgl. Begründung zum CSR-RefE, Abschnitt B., Nr. 17 b), (S. 56).
28 Vgl. Stellungnahme Nr. 19/2016 des Deutschen Anwaltsvereins (DAV) von April 2016 zum Referentenentwurf eines Gesetzes zur Stärkung der nichtfinanziellen Berichterstattung der Unternehmen in ihren Lage- und Konzernberichten (CSR-Richtlinie-Umsetzungsgesetz), S. 25 f.
29 Vgl. Stellungnahme Nr. 19/2016 des Deutschen Anwaltsvereins (DAV) von April 2016 zum Referentenentwurf eines Gesetzes zur Stärkung der nichtfinanziellen Berichterstattung der Unternehmen in ihren Lage- und Konzernberichten (CSR-Richtlinie-Umsetzungsgesetz), S. 25 f.
30 MüKoBilR/*Grottel*/H. *Hoffmann* HGB § 334 Rn. 40.
31 BGBl. 2016 I 518 ff.

che Kumulation von Maßnahmen im Rahmen der Opportunitätserwägungen in besonderem Maße zu berücksichtigen.

21 Zugleich stellt der neu eingeführte Ordnungswidrigkeitentatbestand des § 334 Abs. 2 a Nr. 1 HGB die taugliche Anknüpfungstat für den ebenfalls neu eingefügten § 333 a HGB („Verletzung der Pflichten bei Abschlussprüfungen") dar, der mit Freiheitsstrafe bis zu einem Jahr oder mit Geldstrafe bestraft, wer als Mitglied eines nach § 324 Abs. 1 S. 1 eingerichteten Prüfungsausschusses eine in § 334 Abs. 2 a bezeichnete Handlung begeht und dafür einen Vermögensvorteil erhält oder sich versprechen lässt (Nr. 1) oder eine in § 334 Abs. 2 a bezeichnete Handlung beharrlich wiederholt (Nr. 2).

22 Ebenso gehen mit der Verwirklichung des § 334 Abs. 2 a Nr. 1 HGB zahlreiche behördliche Melde-, Bekanntmachungs- und Informationspflichten, wie beispielsweise in § 335 c Abs. 1 HGB, § 69 Abs. 1 a Nr. 1 WPO sowie § 69 Abs. 4 S. 2 Nr. 2 WPO, einher.

Kap. 14.10. § 54 a KWG Strafvorschriften

§ 54 a KWG Strafvorschriften

(1) Mit Freiheitsstrafe bis zu fünf Jahren oder mit Geldstrafe wird bestraft, wer entgegen § 25 c Absatz 4 a oder § 25 c Absatz 4 b Satz 2 nicht dafür Sorge trägt, dass ein Institut oder eine dort genannte Gruppe über eine dort genannte Strategie, einen dort genannten Prozess, ein dort genanntes Verfahren, eine dort genannte Funktion oder ein dort genanntes Konzept verfügt, und hierdurch eine Bestandsgefährdung des Instituts, des übergeordneten Unternehmens oder eines gruppenangehörigen Instituts herbeiführt.

(2) Wer in den Fällen des Absatzes 1 die Gefahr fahrlässig herbeiführt, wird mit Freiheitsstrafe bis zu zwei Jahren oder mit Geldstrafe bestraft.

(3) Die Tat ist nur strafbar, wenn die Bundesanstalt dem Täter durch Anordnung nach § 25 c Absatz 4 c die Beseitigung des Verstoßes gegen § 25 c Absatz 4 a oder § 25 c Absatz 4 b Satz 2 aufgegeben hat, der Täter dieser vollziehbaren Anordnung zuwiderhandelt und hierdurch die Bestandsgefährdung herbeigeführt hat.

Literatur: *Ahlbrecht*, Banken im strafrechtlichen Regulierungsfokus – Trennbankengesetz und Steuerhinterziehungsinstitute, BKR 2014, 98; *Beck/Samm/Kokemoor*, Kreditwesengesetz mit CRR, 205. EL 2019; *Beukelmann*, Strafbarkeit von Bankern bei fehlendem Risikomanagement, NJW-Spezial 2013, 148; *Boos/Fischer/Schulte-Mattler*, KWG, CRR-VO, 5. Aufl. 2016; *Böttger*, Wirtschaftsstrafrecht in der Praxis, 2. Aufl. 2015; *Brand*, Konfliktherde des § 54 a KWG – Eine Bemerkung zu der praktischen Handhabbarkeit einer neuen Strafvorschrift, ZVglRWiss 2014, 142; *Cichy/Cziupka/Wiersch*, Voraussetzungen der Strafbarkeit der Geschäftsleiter von Kreditinstituten nach § 54 a KWG n. F., NZG 2013, 846; *Erbs/Kohlhaas*, Strafrechtliche Nebengesetze, 223. EL 01/2019; *Esser/Rübenstahl/Saliger/Tsambikakis*, Wirtschaftsstrafrecht, Kommentar mit Steuerstrafrecht und Verfahrensrecht, 2017; *Goeckenjan*, Die neuen Strafvorschriften nach dem sog. Trennbankengesetz (§ 54 a KWG und § 142 VAG), wistra 2014, 201; *Hamm*, Die neuen Straftatbestände des Trennbankengesetzes – ein weiteres Zeichen für die Unkultur des Unternehmens Strafrecht, in: Unternehmenskultur und Wirtschaftsstrafrecht, *Kempf/Lüderssen/Volk* (Hrsg.), 2015; *Hamm/Richter*, Symbolisches und hypertrophes Strafrecht im Entwurf eines „Trennbankengesetzes", WM 2013, 865; *Kasiske*, Das Kapitalmarktstrafrecht im Treibsand prinzipienorientierter Regulierung, ZIS 2013, 257; *Krause*, Symbolische Gesetzgebung: Der strafrechtliche Teil des „Gesetzes zur Abschirmung von Risiken und zur Planung der Sanierung und Abwicklung von Kreditinstituten und Finanzgruppen" – ein fehlgeschlagener Versuch, in:

Festgabe für Hanns W. Feigen, *Livonius/Graf/Wolter/Zöller* (Hrsg.), 2014; *Leitner/ Rosenau*, Wirtschafts- und Steuerstrafrecht, 2017 (zit. als NK-WSS/*Bearbeiter*); *Maunz/ Dürig/Herzog ua*, Grundgesetz, 86. EL 01/2019 (zit. als MDH/*Bearbeiter*); *Schork/Groß*, Bankstrafrecht, 2013; *Schork/Reichling*, Der strafrechtliche Schutz des Risikomanagements durch das sog. Trennbankengesetz, CCZ 2013, 269; *Schröder*, Keine Strafbarkeitsrisiken für verantwortungsvoll handelnde Geschäftsleiter nach § 54 a KWG, WM 2014, 100; *Schwerdtfeger*, Strafbarkeitsrisiken für Geschäftsführer von Banken gem. § 54 a KWG – Teleologische Reduktion des Tatbestands auf systemrelevante Institute und Verhältnis zu § 266 StGB, ZWH 2014, 336; *Wastl*, Trennbankengesetz, Strafrecht, verschärfte Sanktionen... oder einfach nur ein gesetzgeberisches Paradoxon?, WM 2013, 1401.

I. Allgemeines	1	aa) Tathandlung	10
1. Rechtsentwicklung	1	bb) Bestandsgefährdung	15
2. Geschütztes Rechtsgut	3	cc) Einschränkung gem.	
3. Deliktsnatur	4	§ 54 a Abs. 3 KWG	17
4. Praktische Bedeutung	6	dd) Kausalität	22
II. Tatbestand	7	2. Subjektiver Tatbestand	24
1. Objektiver Tatbestand	7	III. Konkurrenzen	28
a) Tauglicher Täterkreis	7	IV. Rechtsfolgen	29
b) Die einzelnen Tatbestandsmerkmale	9	V. Verjährung/Tatbeendigung	30
		VI. Prozessuale Besonderheiten	31

I. Allgemeines

1. Rechtsentwicklung

Der Straftatbestand des § 54 a KWG wurde durch Art. 3 des Gesetzes zur Abschirmung von Risiken und zur Planung der Sanierung und Abwicklung von Kreditinstituten und Finanzgruppen vom 7.8.2013, dem „**Trennbankengesetz**",[1] in das KWG eingefügt. Die Norm ist zum 2.1.2014 in Kraft getreten. Den Grund für die Einführung des neuen Straftatbestands sah der Gesetzgeber in bis dato unzureichenden Möglichkeiten, Geschäftsleiter von Kredit- und Finanzdienstleistungsinstituten strafrechtlich zur Verantwortung zu ziehen, wenn Institute durch Missmanagement in eine Schieflage geraten seien.[2] Insoweit verfolge die nun in § 54 a KWG geregelte Strafbarkeit sowohl „präventiv das Ziel, Geschäftsleiter in Banken und Versicherungsunternehmen zur Vermeidung zukünftiger Unternehmenskrisen durch Missstände im Risikomanagement anzuhalten, als auch repressiv den Zweck, im Fall der Gefährdung der Finanzmarktstabilität durch Unternehmenskrisen die individuell verantwortlichen Personen auf Managementebene haftbar zu machen".[3] Parallel dazu hat der Gesetzgeber Risikomanagementpflichten der Geschäftsleiter gesetzlich im KWG verankert.[4] 1

Im ursprünglichen Entwurf bestand § 54 a StGB nur aus den Abs. 1 und 2.[5] Nachdem diesem Gesetzesentwurf aufgrund erheblicher verfassungsrechtlicher Bedenken aber vehement entgegengetreten wurde,[6] erfolgte in der letzten Sitzung des Finanzausschusses eine nachträgliche Ergänzung des Regierungsent- 2

---

1 BGBl. I 3090.
2 BT-Drs. 17/12601, 2.
3 BT-Drs. 17/12601, 29.
4 BT-Drs. 17/12601, 29.
5 BT-Drs. 17/12601, 29.
6 Vgl. Stellungnahme des DAV Nr. 29/2013, NZG 2013, 577 ff.; Stellungnahme der Deutschen Kreditwirtschaft vom 17.4.2013, S. 3, 23, abrufbar unter www.die-deutsche-kreditwirtschaft.de; zum Ganzen auch: *Hamm/Richter* WM 2013, 865 ff.

wurfs um Abs. 3.[7] Hierdurch wurde allerdings die Zielrichtung der Norm von einer strafrechtlichen Sicherstellung der Anforderungen an das Risikomanagement hin zu einer strafrechtlichen Ahndung von Zuwiderhandlungen gegen Anordnungen der BaFin verändert.[8]

2. Geschütztes Rechtsgut

Ausweislich der Gesetzesbegründung soll die Vorschrift nicht nur der **Sicherung der anvertrauten Vermögenswerte und der ordnungsgemäßen Durchführung der Bankgeschäfte und Finanzdienstleistungen**, sondern auch der **Stabilität des Finanzsystems und der Vermeidung von Nachteilen für die Gesamtwirtschaft** durch Missstände im Kredit- und Finanzdienstleistungswesen dienen.[9] In Betracht kommen somit sowohl Individual- als auch Universalrechtsgüter. Der Gesetzgeber selbst bezeichnet § 54 a KWG trotz des Erfordernisses des Eintritts einer Unternehmenskrise als abstraktes Gefährdungsdelikt. Dies spricht dafür, dass er den Schutz individueller Vermögenswerte des Unternehmens und der Anleger nicht im Blick hatte.[10]

3. Deliktsnatur

Ausweislich der Gesetzesbegründung soll es sich bei § 54 a KWG um ein **abstraktes Gefährdungsdelikt** handeln.[11] Diese Einordnung ist jedoch fraglich: Zwar weist die mangelnde Sorgetragung für das Risikomanagement in Abs. 1, da hierdurch das Finanzsystem typischerweise gefährdet wird, tatsächlich Merkmale eines abstrakten Gefährdungsdelikts auf. Allerdings spricht das Erfordernis des Eintritts einer Bestandsgefährdung in Abs. 3 wiederum für ein **konkretes Gefährdungsdelikt**.[12]

Bei § 54 a KWG handelt es sich um ein **Offizialdelikt**.

4. Praktische Bedeutung

Der Vorschrift dürfte kaum eine praktische Bedeutung zukommen. Abgesehen von erheblichen **verfassungsrechtlichen Bedenken im Hinblick auf Art. 103 Abs. 2 GG**, die auch durch die Einfügung von Abs. 3 nicht behoben wurden, wird der Nachweis einer Tatbegehung aufgrund der **doppelten Kausalitätsanforderungen** praktisch kaum zu erbringen sein. Überdies wird die Beurteilung des Vorliegens nahezu jeden Tatbestandsmerkmals regelmäßig der **Hinzuziehung eines Sachverständigen** bedürfen. Die von diesem zu treffenden Feststellungen dürften in ihrer Komplexität weit über diejenigen in sonstigen Wirtschaftsstrafverfahren hinausgehen.[13] Insoweit wird teilweise gefordert, die Norm wieder zu streichen.[14]

---

7 BT-Drs. 17/13532, 38; BT-Drs. 17/13539, 14.
8 *Krause* in FS Feigen S. 113, 124.
9 BT-Drs. 17/12601, 44.
10 Erbs/Kohlhaas/*Häberle* KWG § 54 a Rn. 1.
11 BT-Drs. 17/12601, 44.
12 *Cichy/Cziupka/Wiersch* NZG 2013, 846 (847); dazu auch Schork/Groß/*Wegner* Rn. 669.
13 *Ahlbrecht* BKR 2014, 98 (102).
14 Beck/Samm/Kokemoor/*Wegner* KWG § 54 a Rn. 13.

II. Tatbestand

1. Objektiver Tatbestand

a) Tauglicher Täterkreis

Täter des § 54 a KWG sind die nach § 25 c KWG verpflichteten Personen, mithin die **Geschäftsleiter iSv § 1 Abs. 2 KWG**. Es handelt sich insoweit um ein **Sonderdelikt**.[15] Für Teilnehmer, die diese Eigenschaften nicht aufweisen, gilt § 28 Abs. 1 StGB. Als Anstifter oder Gehilfen kommen etwa Gesellschafter, Mitglieder des Aufsichts- oder Verwaltungsrats, aber auch sonstige Dritte in Betracht.[16]

Obwohl in der Gesetzesbegründung in Zusammenhang mit dem Erfordernis des Eintritts einer Bestandsgefährdung ausdrücklich von einer „Systemgefährdung" die Rede ist,[17] werden von § 54 a KWG nicht nur systemrelevante Banken, sondern **alle Institute iSv § 1 Abs. 1 b KWG unabhängig von ihrer Größe und wirtschaftlichen Bedeutung** erfasst.[18] Damit stehen nicht nur international tätige Großbanken, sondern etwa auch alle Sparkassen und Genossenschaftsbanken im strafrechtlichen Fokus.[19]

b) Die einzelnen Tatbestandsmerkmale

Nach § 54 a Abs. 1 KWG wird bestraft, wer entgegen § 25 c Abs. 4 a oder § 25 c Abs. 4 b S. 2 KWG nicht dafür Sorge trägt, dass ein Institut oder eine dort genannte Gruppe über dort genannte Sicherstellungspflichten verfügt, und hierdurch eine Bestandsgefährdung des Instituts, des übergeordneten Unternehmens oder eines gruppenangehörigen Instituts herbeiführt.

aa) Tathandlung

Tathandlung des § 54 a Abs. 1 KWG ist der **Verstoß gegen Sicherstellungspflichten**. Ausweislich der Gesetzesbegründung handelt es sich bei dem in Bezug genommenen § 25 c Abs. 4 a KWG um die Regelung des **Mindeststandards an Sicherstellungspflichten**, der durch die Geschäftsleiter der Kredit- und Finanzdienstleistungsinstitute zu gewährleisten ist.[20] Die Vorschrift ist parallel zu den Regelungen des § 25 a Abs. 1 KWG aufgebaut und soll nach dem Willen des Gesetzgebers die dortigen Vorgaben für eine ordnungsgemäße Geschäftsorganisation und ein angemessenes und wirksames Risikomanagement konkretisieren.[21] Die Regelungen wurden zwar durch das TrennbankenG neu in das KWG eingefügt, inhaltlich handelt es sich dabei aber im Wesentlichen um die bereits aus den Verwaltungsanweisungen der BaFin und den Rundschreiben der BaFin für die Ausgestaltung des Risikomanagements in deut-

---

15 Böttger/*Szesny* Kap. 6, Rn. 290; *Schork/Reichling* CCZ 2013, 269; *Goeckenjan* wistra 2014, 201 (202); *Cichy/Cziupka/Wiersch* NZG 2013, 846 (847); Erbs/Kohlhaas/*Häberle* KWG § 54 a Rn. 2.
16 Erbs/Kohlhaas/*Häberle* KWG § 54 a Rn. 2.
17 BT-Drs. 17/12601, 44.
18 *Wastl* WM 2013, 1401 (1403); zur teleologischen Reduktion des Tatbestands auf systemrelevante Institute, vgl. *Schwerdtfeger* ZWH 2014, 336.
19 Schork/Groß/*Wegner* Rn. 669; Esser/Rübenstahl/Saliger/Tsambikakis/*Theile* KWG § 54 a Rn. 7.
20 BT-Drs. 17/12601, 43; im ursprünglichen Gesetzesentwurf sollten die heutigen Regelungen als Abs. 3 a und 3 b eingefügt werden.
21 BT-Drs. 17/12601, 43.

schen Kreditinstituten und Versicherungsunternehmen (MaRisk) bekannten Geschäftsleiterpflichten.[22]

11 § 25 c Abs. 4 a KWG regelt die Sicherstellungspflichten, für die der **Geschäftsleiter eines Instituts** Sorge tragen muss. § 25 c Abs. 4 b KWG richtet sich an **Geschäftsleiter von Gruppen.** Nach § 25 c Abs. 4 b S. 1 KWG sind die **Geschäftsleiter des übergeordneten Unternehmens** für die Wahrung der Sorgfaltspflichten innerhalb der Gruppe verantwortlich, wenn das übergeordnete Unternehmen Mutterunternehmen ist, das beherrschenden Einfluss iSv § 290 Abs. 2 HGB über andere Unternehmen der Gruppe ausübt, ohne dass es auf die Rechtsform der Muttergesellschaft ankommt.

12 § 54 a Abs. 1 KWG wird dem **Bestimmtheitsgrundsatz des Art. 103 Abs. 2 GG** nicht gerecht. Die verfassungsrechtlichen Bestimmtheitsanforderungen für Straftatbestände erstrecken sich auch auf § 25 c Abs. 4 a und 4 b S. 2 KWG, an dessen Verletzung die Strafbarkeit nach § 54 a Abs. 1 KWG anknüpft. Die darin enthaltenen Formulierungen sind jedoch so unscharf, dass sie die Grenzen des strafbewehrten Verhaltens selbst unter Zugrundelegung der Annahme, dass bei Geschäftsleitern von Bankinstituten ein Grundverständnis im Bereich des Risikomanagements besteht, nicht hinreichend erkennbar abstecken.[23] So ist schon fraglich, wann aus Einzelkonzepten eine „Strategie" iSv § 25 c Abs. 4 a KWG wird, wie „wesentliche" von unwesentlichen Geschäftspraktiken abzugrenzen sind oder wie oft ein Stresstest iSv § 25 c Abs. 4 a Nr. 3 f KWG erfolgen muss, um „regelmäßig" zu sein.[24]

13 Unklar ist auch die Auslegung von § 54 a KWG im Hinblick auf die Frage der **Gesamtverantwortung der Geschäftsleiter** und der sie treffenden Pflichten.[25] Der ursprüngliche Gesetzesentwurf sah vor, dass „jeder" Geschäftsleiter im Rahmen „seiner" Gesamtverantwortung sicherzustellen hat, dass das Institut über die genannten Strategien, Prozesse, Verfahren, Funktionen und Konzepte verfügt.[26] Angesichts der Tatsache, dass diese Regelung unabhängig von einer in Kreditinstituten üblicherweise bestehenden Ressortverteilung zu einer Gesamthaftung aller Geschäftsleiter für Pflichtverstöße der eigentlich zuständigen Personen geführt hätte, wurde an der Vorschrift massive Kritik geübt.[27] So verlangt nämlich das strafrechtliche Schuldprinzip, dass eine Sanktionierung nur dann erfolgen darf, wenn das gebotene pflichtgemäße Verhalten dem Täter möglich ist und ihm das pflichtwidrige Verhalten persönlich zugerechnet werden kann.[28] Der Gesetzgeber hat auf die Kritik zwar mit der Änderung des Wortlauts von § 25 c Abs. 4 a KWG reagiert, welche Konsequenzen sich hieraus nach seiner Vorstellung für die Verantwortlichkeit des Geschäftsleiters ergeben sollen, ist aus den Gesetzesbegründungen indes nicht ersichtlich. Die erfolgte Wortlautänderung deutet auf eine Anpassung an den Pflichtenmaßstab der MaRisk hin. Zwar sind hiernach alle Geschäftsleiter unabhängig von der internen Zuständigkeitsregelung für die ordnungsgemäße Geschäftsorganisati-

---

22 BT-Drs. 17/12601, 43.
23 Schork/Groß/*Wegner* Rn. 675; *Krause* in FS Feigen S. 113, 118; NK-WSS/*Pananis* KWG § 54 a Rn. 13; *Ahlbrecht* BKR 2014, 98 ff.
24 Weitere Beispiele *Krause* in FS Feigen S. 113, 118.
25 Vgl. dazu *Brand* ZVglRWiss 2014, 142 (148 ff.).
26 BT-Drs. 94/13, 22.
27 Vgl. etwa *Hamm/Richter* WM 2013, 865 (869).
28 *Krause* in FS Feigen S. 113, 125; Beck/Samm/Kokemoor/*Wegner* KWG § 54 a Rn. 21.

on verantwortlich,[29] aufsichtsrechtlich wird diese Regelung jedoch dahin gehend interpretiert, dass der ressortmäßig nicht zuständige Geschäftsleiter nur eine allgemeine Überwachungspflicht über die Ressorts der anderen Geschäftsleiter hat, die sich erst dann zu einer Eingriffspflicht verdichtet, wenn der zuständige Geschäftsleiter seinen organisatorischen Pflichten nach § 25 a KWG nicht nachkommt.[30] Diese Auslegung entspricht der von der Rspr. entwickelten **strafrechtlichen Verantwortlichkeit bei bestehenden Ressortzuständigkeiten**: Ein Geschäftsleiter darf sich grundsätzlich auf die Informationen des Ressortverantwortlichen verlassen und auf seine ordnungsgemäße Amtsführung vertrauen. Solange keine Anhaltspunkte für Zweifel an einer ordnungsgemäßen Ressortleitung bestehen, obliegen dem nicht-ressortverantwortlichen Geschäftsleiter nur Informations- und Überwachungspflichten.[31] Nichts anderes kann folglich für eine strafrechtliche Verantwortlichkeit des Geschäftsleiters nach § 54 a KWG gelten.[32]

Für die Ermittlungsbehörden dürften insoweit Protokolle von Vorstands- und Aufsichtsratssitzungen von besonderer Relevanz sein, um hinsichtlich der Verantwortlichkeit einzelner Personen festzustellen, welche Sachverhalte und Missstände innerhalb des Instituts kommuniziert und diskutiert wurden.[33]

bb) Bestandsgefährdung

Eine Strafbarkeit nach § 54 a KWG setzt voraus, dass durch den Verstoß gegen Sicherstellungspflichten eine **Bestandsgefährdung** des Instituts, des übergeordneten Unternehmens oder eines gruppenangehörigen Instituts herbeigeführt wird. Der Begriff der Bestandsgefährdung war ursprünglich in § 48 b KWG definiert.[34] Die Vorschrift wurde jedoch durch Art. 2 des BRRD-Umsetzungsgesetzes vom 10.12.2014 aufgehoben.[35] Stattdessen findet sich eine Begriffsdefinition nun in § 63 Abs. 1 des nach Art. 1 des BRRD-Umsetzungsgesetzes[36] erlassenen Sanierungs- und Abwicklungsgesetzes (SAG). **Eine Bestandsgefährdung liegt hiernach vor, wenn**

1. das Institut gegen die mit einer Erlaubnis nach § 32 KWG verbundenen Anforderungen in einer Weise verstößt, die die Aufhebung der Erlaubnis durch die Aufsichtsbehörde rechtfertigen würde oder objektive Anhaltspunkte dafür vorliegen, dass dies in naher Zukunft bevorsteht,

2. die Vermögenswerte des Instituts die Höhe seiner Verbindlichkeiten unterschreiten oder objektive Anhaltspunkte dafür vorliegen, dass dies in naher Zukunft bevorsteht, oder

3. das Institut zahlungsunfähig ist oder objektive Anhaltspunkte dafür vorliegen, dass das Institut in naher Zukunft nicht mehr in der Lage sein wird, die bestehenden Zahlungspflichten im Zeitpunkt der Fälligkeit zu erfüllen,

---

29 MaRisk (Banken), AT 3.
30 Boos/Fischer/Schulte-Mattler/*Braun/Wolfgarten* KWG § 25 a Rn. 54; NK-WSS/*Pananis* KWG § 54 a Rn. 14.
31 St. Rspr., vgl. etwa BGH 6.4.2000 – 1 StR 280/99, BGHSt 46, 30 (35); BGH 15.9.2001 – 1 StR 185/01, BKR 2002, 172 (178).
32 *Krause* in FS Feigen S. 113, 126; Beck/Samm/Kokemoor/*Wegner* KWG § 54 a Rn. 23.
33 Beck/Samm/Kokemoor/*Wegner* KWG § 54 a Rn. 24.
34 Vgl. zur Bestandsgefährdung iSv § 48 b KWG bei Böttger/*Szesny* Kap. 6 Rn. 297.
35 BGBl. I 2091, 2169.
36 BGBl. I 2091, 2124.

es sei denn, es bestehen ernsthafte Aussichten darauf, dass das Institut durch Garantien iSv Abs. 2 S. 2 Nr. 1 oder 2 in die Lage versetzt wird, bestehende Zahlungspflichten im Zeitpunkt der Fälligkeit zu erfüllen.

16 Nach § 63 Abs. 3 SAG ist das BMF ermächtigt, durch **Rechtsverordnung** nähere Bestimmungen bezüglich der Umstände zu treffen, unter denen eine Bestandsgefährdung vorliegt. Diese Ermächtigung kann wiederum durch Rechtsverordnung im Einvernehmen mit der BaFin und der Deutschen Bundesbank auf die Abwicklungsbehörde[37] übertragen werden. Eine Rechtsverordnung zur näheren Bestimmung des Eintritts einer Bestandsgefährdung wurde bislang allerdings noch nicht erlassen.

cc) Einschränkung gem. § 54 a Abs. 3 KWG

17 Nach der einschränkenden Regelung des § 54 a Abs. 3 KWG ist die Tat nur strafbar, wenn die BaFin dem Täter durch Anordnung nach § 25 c Abs. 4 c KWG die Beseitigung des Verstoßes gegen § 25 c Abs. 4 a oder 4 b S. 2 KWG aufgegeben hat, der Täter dieser vollziehbaren Anordnung zuwidergehandelt und hierdurch die Bestandsgefährdung herbeigeführt hat. Nach der Gesetzesbegründung soll es sich hierbei um einen **Strafausschließungsgrund** handeln.[38] Ausweislich des Berichtes des Finanzausschusses im Gesetzgebungsverfahren wurde Abs. 3 eingefügt, weil die MaRisk bzw. die entsprechenden Vorschriften nicht so klar gefasst seien, dass ein Verstoß gegen sie einen eindeutigen Anknüpfungspunkt für strafrechtliche Sanktionen böte. Durch die Zwischenschaltung der Anordnungsbefugnis der BaFin sei aber nun eine sichere Regelung gefunden worden.[39]

18 Die Einordnung von § 54 a Abs. 3 KWG als Strafausschließungsgrund begegnet **dogmatischen Bedenken**. Nach dem herkömmlichen Verständnis von einem Strafausschließungsgrund fallen hierunter Sachverhalte, die zwar eine rechtswidrige und schuldhafte Tat darstellen, bei denen aber überwiegend aus kriminalpolitischen Gründen eine Strafbarkeit entfällt. Nach ihrem Wortlaut führt die Regelung des Abs. 3 jedoch nicht zu einem Entfallen der Strafbarkeit, sondern vielmehr dazu, dass die Strafbarkeit bei Eintritt der genannten Voraussetzung erst begründet wird.[40] Mithin handelt es sich nicht um einen Strafausschließungsgrund, sondern vielmehr um eine **Voraussetzung der Strafbarkeit**.[41]

19 Daran schließt sich die Frage an, ob es sich bei Abs. 3 um ein **zusätzliches Tatbestandsmerkmal**, auf welches sich dann auch der Vorsatz beziehen müsste, **oder um eine objektive Bedingung der Strafbarkeit** handelt. Zwar spricht die Vergleichbarkeit mit anderen Straftatbeständen (zB § 283 Abs. 6 StGB) für eine Einordnung als objektive Bedingung der Strafbarkeit.[42] Allerdings sollte die Einfügung von Abs. 3 gerade zur Bestimmbarkeit des Normappells in

---

37 Abwicklungsbehörde ist nach § 3 Abs. 1 SAG die Bundesanstalt für Finanzmarktstabilisierung.
38 BT-Drs. 17/13539, 14.
39 BT-Drs. 17/13539, 6.
40 Erbs/Kohlhaas/*Häberle* KWG § 54 a Rn. 4.
41 *Schröder* WM 2014, 100 (104); Erbs/Kohlhaas/*Häberle* KWG § 54 Rn. 4.
42 *Goeckenjan* wistra 2014, 201 (205); *Krause* in FS Feigen S. 113, 121; Böttger/*Szesny* Kap. 6 Rn. 303; *Brand* ZVglRWiss 2014, 142 (157); vgl. auch Esser/Rübenstahl/Saliger/Tsambikakis/*Theile* KWG § 54 a Rn. 16.

§ 54 a Abs. 1 KWG führen, sodass dies im Ergebnis letztlich dafür spricht, in Abs. 3 eine Ergänzung des Tatbestands zu sehen, die demnach auch vom subjektiven Tatbestand erfasst sein muss.[43]

Die im Gesetzgebungsverfahren vorgebrachten Mängel hinsichtlich der Bestimmtheit von § 54 a KWG wurden durch die Einfügung von Abs. 3 nicht behoben, sondern lediglich verlagert.[44] So ist die BaFin nach Abs. 3 nur zu solchen Anordnungen ermächtigt, die sich auf die Sicherstellungspflichten des § 25 c Abs. 4 a und 4 b S. 2 KWG beziehen. Ob die Anordnung diesen Voraussetzungen genügt, hängt letztlich aber wiederum von den unbestimmten Begrifflichkeiten in § 25 c Abs. 4 a und Abs. 4 b S. 2 KWG ab. Die **verfassungsrechtlichen Bedenken** gegen § 54 a KWG bleiben mithin trotz der Ergänzung von Abs. 3 bestehen.[45]

Abs. 3 genügt den Bestimmtheitsanforderungen des Art. 103 Abs. 2 GG auch insoweit nicht, als dass hierdurch **der Exekutive überlassen** wird, **Einfluss auf Inhalt und Umfang der Strafbarkeit zu nehmen**. Zwar ist es grundsätzlich zulässig, eine Strafandrohung an Verstöße gegen Verwaltungsakte zu knüpfen; dies setzt aber voraus, dass das Gesetz selbst Typus und Regelungsumfang des Verwaltungsakts jedenfalls soweit festlegt, wie der Verstoß gegen die entsprechende Verhaltenspflicht strafbewehrt werden soll.[46] Es darf insoweit nicht der Exekutive überlassen bleiben, durch die Ausgestaltung des Verwaltungsakts auf Inhalt und Umfang der Strafbarkeit bestimmenden Einfluss zu nehmen.[47] Gerade dies erfolgt aber durch Abs. 3. Die Geschäftsleiterpflichten des § 25 c Abs. 4 a und 4 b S. 2 KWG sind in einem solch hohen Maße unbestimmt, dass es der Aufsichtsbehörde offen stünde, selbst zu definieren, ob Versäumnisse beim Risikomanagement strafrechtliche Folgen haben können oder nicht. Sofern der Anordnung der BaFin eine für die Strafbarkeit konstitutive Bedeutung beigemessen werden würde, würde der Verwaltung mithin eine dem Bestimmtheitsgrundsatz wie auch letztlich dem Prinzip der Gewaltenteilung widersprechende **eigenständige Definitionsmacht** bezüglich der Strafbarkeit eines Verhaltens eingeräumt werden.[48]

dd) Kausalität

Der Wortlaut „hierdurch" in § 54 a Abs. 1 KWG setzt voraus, dass die **Verletzung der Sicherstellungspflichten für die eingetretene Bestandsgefährdung kausal** geworden ist. Diese Kausalitätsanforderung dürfte in der Praxis allerdings **erhebliche Nachweisprobleme** mit sich bringen, da die Gerichte positiv feststellen müssten, dass gerade durch den spezifischen Verstoß gegen eine der in § 25 a Abs. 4 a und b KWG aufgeführten Pflichten eine Bestandsgefährdung herbeigeführt wurde. Dies setzt wiederum die Feststellung voraus, dass eine

---

43 *Schröder* WM 2014, 100 (105); *Ahlbrecht* BKR 2014, 98 (99); *Goeckenjan* wistra 2014, 201 (205); Erbs/Kohlhaas/*Häberle* KWG § 54 a Rn. 4; Beck/Samm/Kokemoor/ *Wegner* KWG § 54 a Rn. 30; NK-WSS/*Pananis* KWG § 54 a Rn. 7.
44 *Krause* in FS Feigen S. 113, 122; Beck/Samm/Kokemoor/*Wegner* KWG § 54 a Rn. 31; aA *Goeckenjan* wistra 2014, 201 (203).
45 *Ahlbrecht* BKR 2014, 98 (102); *Krause* in FS Feigen S. 113, 122.
46 MDH/*Remmert* Art. 103 Abs. 2 Rn. 118.
47 BVerfG 22.6.1988 – 2 BvR 234/87, 2 BvR 1154/86, NJW 1989, 1663 (1665).
48 *Krause* in FS Feigen S. 113, 123; Beck/Samm/Kokemoor/*Wegner* KWG § 54 a Rn. 32; *Ahlbrecht* BKR 2014, 98 (102).

Bestandsgefährdung nicht eingetreten wäre, wenn der spezifische Pflichtenverstoß unterblieben wäre.[49] Angesichts der Komplexität der wirtschaftlichen und geschäftlichen Verhältnisse eines Kreditinstituts und der Tatsache, dass die finanzielle Schieflage eines Instituts regelmäßig multikausal ausgelöst wird, wird sich diese Frage aber kaum je verlässlich beantworten lassen.[50] Dies gilt erst recht in Anbetracht des Umstands, dass es den Geschäftsleitern von Kreditinstituten frei steht, auf erkannte Mängel im Risikomanagement ihrerseits durch unterschiedliche Maßnahmen zu reagieren. Die Kausalitätsanforderung des § 54 a Abs. 1 KWG setzt demnach voraus, dass sämtliche in Betracht kommenden Handlungsoptionen den Eintritt einer Bestandsgefährdung mit Sicherheit verhindert hätten. Auch hierüber dürften sichere Aussagen kaum zu treffen sein.[51] Der Anwendungsbereich des § 54 a Abs. 1 KWG wird insoweit allenfalls **auf krasse Evidenzfälle beschränkt** bleiben.[52]

23 Dies geschieht erst recht mit Blick auf das **weitere Kausalitätserfordernis** in § 54 a Abs. 3 KWG: So setzt dieser voraus, dass der Täter die **Bestandsgefährdung durch die Zuwiderhandlung gegen die vollziehbare Anordnung der BaFin herbeigeführt** hat. Angesichts der Tatsache, dass eine Anordnung aber regelmäßig erst ergehen wird, wenn sich das Institut bereits kurz vor einer bestandsgefährdenden Situation befindet, dürfte eine solche Kausalitätsbeziehung nicht nachweisbar sein. Der auf der Hand liegende Einwand, die Bestandsgefährdung wäre angesichts der bestandskritischen Lage auch eingetreten, wenn die Anordnung befolgt worden wäre, dürfte in aller Regel nicht zu widerlegen sein.[53]

2. Subjektiver Tatbestand

24 Der Tatbestand des § 54 a KWG kann sowohl **vorsätzlich (Abs. 1)** als auch in einer **Vorsatz-Fahrlässigkeits-Kombination (Abs. 2)** begangen werden.

25 Für eine vorsätzliche Tatbegehung ist **Eventualvorsatz** ausreichend. Nicht erforderlich ist das Handeln mit einer bestimmten Absicht.[54]

26 Nach § 54 a Abs. 2 KWG wird auch bestraft, wenn die Bestandsgefährdung nur **fahrlässig** herbeigeführt wird. Für die Strafbarkeit des Geschäftsleiters kommt es insoweit darauf an, ob er in der Lage war, die Bestandsgefährdung vorherzusehen,[55] wobei es nach der Rspr. ausreicht, dass das Ergebnis vorhersehbar war; die Vorhersehbarkeit des konkreten Geschehensablaufs ist nicht erforderlich. An der **Vorhersehbarkeit** fehlt es erst dann, wenn der zum Erfolg führende Kausalverlauf außerhalb jeder Lebenserfahrung liegt.[56] Da das Risikomanagement des Kreditinstituts aber gerade auf die frühzeitige Erkennung und Vermeidung von finanziellen Schieflagen abzielt, wird man kaum argumentieren können, dass eine Bestandsgefährdung außerhalb jeder Lebenserfah-

---

49 Beck/Samm/Kokemoor/*Wegner* KWG § 54 a Rn. 16.
50 *Beukelmann* NJW-Spezial 2013, 120; *Goeckenjan* wistra 2014, 201 (204); *Kasiske* ZIS 2013, 257 (262).
51 Beck/Samm/Kokemoor/*Wegner* KWG § 54 a Rn. 17.
52 *Krause* in FS Feigen S. 113, 124.
53 *Hamm* S. 81, 90.
54 Beck/Samm/Kokemoor/*Wegner* KWG § 54 a Rn. 25.
55 *Kasiske* ZIS 2013, 257 (263); *Krause* in FS Feigen S. 113, 126.
56 BGH 10.7.1958 – 4 StR 180/58, NJW 1958, 1980 (1981).

rung lag.⁵⁷ Ein fahrlässiges Fehlverhalten dürfte mithin regelmäßig, wenn nicht immer gegeben sein.⁵⁸

Da der Anwendungsbereich des § 54 a KWG angesichts der Kausalitätsanforderungen auf krasse Evidenzfälle beschränkt ist (s. Rn. 99), wird im Regelfall eine vorsätzliche Tatbegehung im Raum stehen. Denn es ist kaum denkbar, dass ein Geschäftsleiter, der einer ausdrücklich krisenbezogenen Anordnung der BaFin zuwiderhandelt, die einer Existenzsicherung des Instituts dienen soll, den Eintritt einer Bestandsgefährdung nicht wenigstens billigend in Kauf nimmt.⁵⁹

III. Konkurrenzen

Wird ein Institut durch pflichtwidrige Geschäftsmodelle in eine **existenzgefährdende Schieflage** gebracht, kommt neben der Strafbarkeit nach § 54 a KWG auch eine Strafbarkeit nach § 266 StGB in Betracht. Sofern sich die tatbestandliche Handlung des § 266 StGB auf das Unterlassen der von § 54 a KWG erfassten Maßnahmen beschränkt, stehen beide Normen angesichts der unterschiedlichen Rechtsgüter tateinheitlich nebeneinander.⁶⁰ Gleiches gilt für das Verhältnis zu § 283 StGB, sofern die Versäumnisse im Risikomanagement nicht nur zur Bestandsgefährdung, sondern sogar zu einer **Insolvenz** geführt haben.⁶¹

IV. Rechtsfolgen

Die vorsätzliche Tatbegehung wird mit Freiheitsstrafe bis zu fünf Jahren oder mit Geldstrafe geahndet. Für die fahrlässige Tatbegehung ist ein Strafrahmen von Freiheitsstrafe bis zu zwei Jahren oder Geldstrafe vorgesehen.

V. Verjährung/Tatbeendigung

Die Verjährungsfrist beträgt sowohl für Abs. 1 als auch für Abs. 2 fünf Jahre, § 78 Abs. 3 Nr. 4 StGB. Wann **Tatbeendigung** eintritt, ist von der Einordnung als abstraktes oder konkretes Gefährdungsdelikt abhängig (s. Rn. 4). Da § 54 a KWG die Herbeiführung einer Bestandsgefährdung voraussetzt, dürfte die Tat mit Eintritt dieser Gefahr beendet sein.

VI. Prozessuale Besonderheiten

Sofern die Zuständigkeit des Landgerichts begründet ist, fallen Delikte nach § 54 a KWG in den Zuständigkeitsbereich der **Wirtschaftsstrafkammern** (§ 74 c Abs. 1 Nr. 2 GVG).

---

57 Beck/Samm/Kokemoor/Wegner KWG § 54 a Rn. 27; *Krause* in FS Feigen S. 113, 126.
58 *Kasiske* ZIP 2013, 257 (263); Beck/Samm/Kokemoor/Wegner KWG § 54 a Rn. 27.
59 *Krause* in FS Feigen S. 113, 127; Beck/Samm/Kokemoor/Wegner KWG § 54 a Rn. 28.
60 *Goeckenjan* wistra 2014, 201 (205); Erbs/Kohlhaas/*Häberle* KWG § 54 a Rn. 7; *Schröder* WM 2014, 100 (101, 106); einschr. *Wastl* WM 2013, 1401 (1405 f.), der hiervon nur hins. systemrelevanter Kreditinstitute ausgeht und andernfalls einen Vorrang des § 266 StGB annimmt.
61 *Goeckenjan* wistra 2014, 201 (205).

Kap. 14.11. § 56 Abs. 4 f Nr. 6 KWG Vorhalten von Instrumenten zur Überwachung von Risiken

§ 56 Abs. 4 f Nr. 6 KWG Bußgeldvorschriften

(4 f) Ordnungswidrig handelt, wer gegen die Verordnung (EU) Nr. 909/2014 des Europäischen Parlaments und des Rates vom 23. Juli 2014 zur Verbesserung der Wertpapierlieferungen und -abrechnungen in der Europäischen Union und über Zentralverwahrer sowie zur Änderung der Richtlinien 98/26/EG und 2014/65/EU und der Verordnung (EU) Nr. 236/2012 (ABl. L 257 vom 28.8.2014, S. 1) verstößt, indem er vorsätzlich oder leichtfertig

(…)

6. entgegen Artikel 26 Absatz 1 unzureichende Instrumente zur Überwachung von Risiken vorhält,

(…)

Literatur: *Baumann/Schaefer*, Compliance-Organisationen und Sanktionen bei Verstößen, NJW 2011, 3601; *Bücherl*, Kommentierung zu § 46 OWiG, in Beck'scher Online Kommentar OWiG, 22. Edition, Stand: 15.3.2019 (zit. als BeckOK OWiG/*Bücherl*); *Einsele*, Kommentierung zum Depotgeschäft, in Münchener Kommentar zum HGB, 3. Aufl. 2014 (zit. als MüKoHGB/*Einsele*); *Frisch*, Schuldgrundsatz und Verhältnismäßigkeit, NStZ 2013, 249; *von Heintschel/Heinegg*, Kommentierung zu § 46 StGB, in Beck'scher Online Kommentar StGB, 41. Edition, Stand 01.2.2019 (zit. als BeckOK StGB/*von Heintschel/Heinegg*); *Mennicke*, Sanktionen gegen Insiderhandel: Eine rechtsvergleichende Untersuchung unter Berücksichtigung des US-amerikanischen und britischen Rechts, 1. Aufl. 1996; *Nothelfer*, Die Einführung eines Compliance Management Systems als organisatorischer Lernprozess, CCZ 2013, 23.

I. Historie	1	III. Rechtsfolgen	12
II. Täterkreis und Tathandlung	2		

I. Historie

1 Der Ordnungswidrigkeitentatbestand des § 56 Abs. 4 f Nr. 6 KWG wurde im Zuge der Umsetzung des Ersten Finanzmarktmodernisierungsgesetzes[1] in das Regelungsgefüge des § 56 KWG implementiert. Nach Begründung dieses Vorhabens in Regierungsentwurf[2] sowie den darauffolgenden Unterrichtungen[3] wurde an der Neueinführung auch in der Beschlussempfehlung und dem Bericht des Finanzausschusses vom 13.4.2016 unverändert festgehalten.[4] § 56 Abs. 4 f Nr. 6 KWG ist damit zum 2.7.2016 in Kraft getreten.[5]

II. Täterkreis und Tathandlung

2 Als maßgebliche Tathandlung muss der „Zentralverwahrer" entgegen seiner Verpflichtung aus Art. 26 Abs. 1 der Verordnung „unzureichende Instrumente zur Überwachung von Risiken vorhalten". Schon bislang wurde die Rechtsstellung des Anlegers maßgeblich durch die Rechtsposition bestimmt, die der Zen-

---

1 Erstes Gesetz zur Novellierung von Finanzmarktvorschriften aufgrund europäischer Rechtsakte (1. Finanzmarktnovellierungsgesetz – 1. FiMaNoG).
2 BT-Drs. 18/7482.
3 Vgl. BT-Drs. 18/7826 sowie 18/7918 Nr. 3.
4 BT-Drs. 18/8099, 56 f.
5 Vgl. BGBl. I 31/1514.

tralverwahrer an den auslandsverwahrten Wertpapieren selbst innehatte.[6] Hierbei unterlagen die auslandsverwahrten Wertpapiere den Rechtsvorschriften und Usancen des Verwahrungsortes und den für den Verwahrer geltenden AGB.[7] Deshalb ließen sich die Kreditinstitute von ausländischen Verwahrstellen für die Gewährleistung eines gewissen einheitlichen Mindeststandards die sog **Drei-Punkte-Erklärung** geben, die auch gemäß Nr. 3 Abs. 4 der Bekanntmachung des Bundesaufsichtsamtes für das Kreditwesen über die Anforderungen an die Ordnungsgemäßheit des Depotgeschäfts und der Erfüllung von Wertpapierlieferungspflichten vom 21.12.1998 verlangt wird.[8] Danach muss das Kreditinstitut bei Abschluss der Verträge mit den ausländischen Verwahrstellen sicherstellen, dass die Konten mit dem Zusatz „Kundendepot" oder ähnlichem bezeichnet sind, die ausländischen Verwahrer Pfand-, Zurückbehaltungs- und ähnliche Rechte an den Werten nur wegen solcher Forderungen geltend machen können, die aus deren Anschaffung, Verwaltung und Verwahrung entstanden sind oder für die diese Wertpapiere nach dem einzelnen über sie mit Ermächtigung des Hinterlegers zwischen dem Verwahrer und dem Dritten vorgenommenen Geschäft haften sollen.[9] Auch durften die Wertpapiere ohne Zustimmung des hinterlegenden Instituts einem Dritten nicht anvertraut oder in ein anderes Lagerland verbracht werden.[10] Diese Vorgaben dienen vor allem der Transparenz, der Rechtssicherheit und dem Vertrauen des Anlegers in die Zentralverwahrertätigkeit.

Welcher Personenkreis genau unter den **Grundbegriff des Zentralverwahrers nach europäischem Leitbild** zu fassen ist, wird durch Art. 2 VO (EU) Nr. 909/2014 bestimmt.[11] Gemäß Art. 2 Abs. 2 Nr. 1 („Begriffsbestimmung") ist unter der Bezeichnung des „Zentralverwahrers" eine juristische Person zu verstehen, die ein Wertpapierliefer- und -abrechnungssystem nach Abschnitt A Nummer 3 des Anhangs zu dieser Verordnung, eine sogenannte Abwicklungsdienstleistung, betreibt *und* die wenigstens eine weitere Kerndienstleistung nach Abschnitt A des entsprechenden Anhangs erbringt. Als solche Kerndienstleistungen sind in Abschn. A unter Nr. 1 die erstmalige Verbuchung von Wertpapieren im Effektengiro („notarielle Dienstleistung") sowie in Nr. 3 die Bereitstellung und Führung von Depotkonten auf oberster Ebene („zentrale Kontoführung") benannt.

Nichtbankartige Nebendienstleistungen der Zentralverwahrer, die kein Kredit- oder Liquiditätsrisiko bergen, sind in Abschn. B des Anhangs der Verordnung aufgeführt, in Abschn. C finden sich bankartige Nebendienstleistungen im direkten Zusammenhang mit den Kern- oder Nebendienstleistungen nach den Abschn. A und B.

---

6 Eingehend zum Pflichtenkreis des inländischen Zentralverwahrers vor Geltung der VO (EU) Nr. 909/2014, vgl. MüKoHGB/*Einsele* HGB Depotgeschäft Rn. 213.
7 Vgl. Nr. 12 Abs. 2 S. 3 der einheitlich im Kreditgewerbe geltenden Sonderbedingungen für Wertpapiergeschäfte (Fassung Juni 2012).
8 https://www.bafin.de/SharedDocs/Veroeffentlichungen/DE/Aufsichtsrecht/Verfuegung/v f_981221_depot.html (letzter Zugriff: 29.5.2019).
9 MüKoHGB/*Einsele* HGB Depotgeschäft Rn. 213.
10 Vgl. MüKoHGB/*Einsele* HGB Depotgeschäft Rn. 213.
11 VO (EU) Nr. 909/2014 des Europäischen Parlaments und des Rates v. 23.7.2014 zur Verbesserung der Wertpapierlieferungen und -abrechnungen in der Europäischen Union und über Zentralverwahrer sowie zur Änderung der RL 98/26/EG und 2014/65/EU und der VO (EU) Nr. 236/2012.

Die Zentralverwahrer tragen in diesen Funktionen in hohem Maße zur Aufrechterhaltung von Handelsinfrastrukturen bei, die die Kapitalmärkte sichern und somit auch das Anlegervertrauen in das Funktionieren der Finanzmärkte stärken. Die Funktionsaufgaben der Zentralverwahrer nehmen einen wesentlichen Teil im Abwicklungsprozess der Wertpapierliefer- und -abrechnungssysteme ein und sie stellen daher eine systemsichernde Rolle in den Wertpapierhaltesystemen dar.

4 Der das Verhaltensgebot aufstellende Art. 26 VO (EU) Nr. 909/2014 trifft hierbei in grundsätzlicher Hinsicht allgemeine Bestimmungen zu den organisatorischen Anforderungen bei der Tätigkeit eines solchen Zentralverwahrers im vorgenannten Sinne:

5 So soll gemäß Art. 26 Abs. 1 ein Zentralverwahrer im Verständnis des Artikels 2 über solide Regelungen für die Unternehmensführung und -kontrolle verfügen. Hierfür müssen eine klare Organisationsstruktur mit genau abgegrenzten, transparenten und kohärenten Verantwortungsbereichen, wirksame Verfahren zur Ermittlung, Steuerung, Überwachung und Meldung der tatsächlichen oder potenziellen Risiken sowie eine angemessene Vergütungspolitik und interne Kontrollmechanismen einschließlich solider Verwaltungs- und Rechnungslegungsverfahren vorhanden sein.

6 Als „unzureichend" im Sinne der Verordnung stellt sich somit jedes Vorsorgeinstrumentarium dar, welches den Maßstäben des Artikel 26 Abs. 1 nicht gerecht wird und sich – gemessen an den praktischen Anforderungen des Alltags und den sich hieraus ergebenden Prozessen und Abläufen – als nicht adäquat erweist, um abstrakt-drohende Risiken im Zusammenhang mit der Zentralverwahrertätigkeit effektiv als solche zu erkennen und abwehren zu können. Als (Vergleichs-)Maßstab für die Bewertung des Vorsorgesystems unter den Anforderungen des Art. 26 Abs. 1 der EU-VO kann auf den jeweils geltenden Compliance-Pflichtenrahmen Bezug genommen werden.[12]

7 Erheblichen Bedenken bestehen jedoch darin, dass der maßgebliche Anknüpfungspunkt für die vorgesehene Ahndbarkeit unter § 56 Abs. 4 f Nr. 6 KWG das Fehlen ausreichender Überwachungsinstrumente im Vorfeld potenzieller Risiken darstellt und dementsprechend die strafrechtliche Verantwortlichkeit der Zentralverwahrer in erheblichem Maße in das **„Vorfeld" der eigentlichen Rechtsgutsbeeinträchtigung** verlagert wird. Aus Sicht des geschützten Rechtsguts – dem Schutz von Wertpapierlieferungs- und -abrechnungssystemen – handelt es sich um die strafrechtliche Erfassung von noch im Vorfeld eines abstrakten Gefährdungsdelikts stattfindenden Gefährdungshandlungen.[13] Der Strafgrund ist somit nichts anderes als die abstrakte Eignung des Zentralverwahrerhandelns zur Einwirkung auf die entsprechenden Schutzgüter durch dessen herausgehobene Stellung in dem System des Wertpapierrechts und dessen Bedeutung für den Kapitalverkehr.

---

12 Hierzu ausführlich Kap. 2.1. Rn. 19 f.; ferner zum Vergleich mit Compliance-Management-Systemen siehe *Nothelfer* CCZ 2013, 23 ff.; *Baumann/Schaefer* NJW 2011, 3601
13 Vgl. *Mennicke* Sanktionen gegen Insiderhandel, 1996, S. 611 mit vergleichbarer Kritik an der Konzeption der Tatmodalitäten des Mitteilens bzw. des Zugänglichmachens im Rahmen des verbotenen Insiderhandels innerhalb des WpHG.

Überdies dürfte eine solche Ausgestaltung des Tatbestandes mit den Mitteln des Strafrechts auch kaum mit dem Ultima-ratio- Prinzip zu vereinbaren sein, wonach die Strafe nur in letzter Linie in Betracht kommen darf, wenn andere Mittel insoweit nicht hinreichend wirksam sind.[14] Die Strafbarkeit der Zentralverwahrer wird schon in einem zeitlich so frühen Zeitraum begründet, dass das Strafrecht als eigentliche ultima ratio in diesem konkreten Fall sogar das erste Mittel, zur prima ratio, des Rechtsgüterschutzes missbräuchlicherweise umfunktioniert wird.

Auch neben dem Aspekt der zweifelhaften Sanktionierungsbedürftigkeit und Strafwürdigkeit sind ferner Bedenken gegen die Bestimmtheit der Sanktionsnorm zu erheben.

Begrifflichkeiten wie die der *„soliden* Regelung", der *„klaren* Organisationsstruktur", des *„wirksamen* Verfahrens" sowie der *„soliden* Verwaltungs- und Rechnungslegungsverfahren", deren Nichtvorhandensein im Rahmen der Zentralverwahrertätigkeit die angedrohte Sanktionierung auslösen soll, sind als europäische Vorgaben zu unbestimmt, um die Voraussetzungen der Strafbarkeit nach nationalem Recht in einer derartigen Art und Weise zu umschreiben, dass der Normadressat schon anhand des gesetzlichen Tatbestandes voraussehen kann, ob und in welcher Weise sein Verhalten strafbar ist.[15] Vielmehr sind diese Begriffe und die dahinter stehenden Wertungen in einem solch erheblichen Maße ausfüllungsbedürftig und interpretationsfähig, dass diese für die Zwecke eines staatlichen Strafverfahrens als untauglich erscheinen.

Bezüglich der **subjektiven Tatseite** bedarf es des vorsätzlichen Handelns, wobei der bedingte Vorsatz („dolus eventualis") ausreichend ist. Hiernach ist es erforderlich, dass der Täter den Erfolg als möglich und nicht ganz fernliegend erkennt und dabei billigend in Kauf nimmt.[16] Ebenso gereicht zur Tatbestandsverwirklichung auch leichtfertiges Handeln, also eine graduell gesteigerte Art der Fahrlässigkeit, welche sich mit der groben Fahrlässigkeit im Zivilrecht vergleichen lässt.[17] Der Täter muss die Sorgfaltspflicht in einem ungewöhnlich hohen Maße verletzen, etwa indem er ganz nahe liegende Überlegungen unterlässt oder nicht beachtet, was jedem einleuchten muss.[18]

III. Rechtsfolgen

Als Sanktionsfolge sieht § 56 Abs. 6 Nr. 1 KWG (nF) für Zuwiderhandlungen gegen § 56 Abs. 4 f Nr. 6 KWG grundsätzlich eine Geldbuße von bis zu fünf Millionen EUR vor.

---

14 Vgl. BVerfG 25.2.1975 – 1 BvF 1, 2, 3, 4, 5, 6/74, BVerfGE 39, 1 (44, 46 f.); BVerfG 28.5.1993 – 2 BvF 2/90 und 4, 5/92, BVerfGE 88, 203 (258); BVerfG 10.4.1997 – 2 BvL 45/92, BVerfGE 96, 10 (25 f.); BVerfG 9.7.1997 – 2 Bv 1371/96, BVerfGE 96, 245 (249); BVerfG 26.2.2008 – 2 BvR 392/07, BVerfGE 120, 224 (239 f.); BVerfG 30.6.2009 – 2 BvE 2, 5/08, 2 BvR 1010, 1022, 1259/08, 182/09, BVerfGE 123, 267.
15 BVerfG 17.1.1978 – 1 BvL 13/76, NJW 1978, 933.
16 Vgl. BGH 23.6.1983 – 4 StR 293/83 NStZ 1984, 19; BGH 4.11.1988 – 1 StR 262/88, BGHSt 36, 1 (9) = NJW 1989, 781 (783); BGH 10.6.1998 – 3 StR 113/98, NStZ 1998, 615 (616) mAnm *Roxin*; BGH 5.3.2008 – 2 StR 50/08, NStZ 2008, 451.
17 BayObLG 1.3.2002 – 4 St RR 2/2002, NStZ-RR 2002, 274 (275); OLG Köln 25.7.1997 – Ss 381/97, NJW 1997, 3387 (3388).
18 BayObLG 3.9.1998 – 3 ObOWi 97/98, NZM 1998, 999; OLG Frankfurt aM 6.12.1995 – 2 Ws (B) 724/95 OWiG, NStZ-RR 1996, 279 (280).

13 In diesem Zusammenhang regelt nunmehr § 56 Abs. 6 a KWG, dass gegenüber einer juristischen Person oder einer Personenvereinigung in den Fällen des Abs. 4 f über Abs. 6 hinaus eine höhere Geldbuße verhängt werden kann; diese darf den höheren der folgenden Beträge nicht übersteigen: 1) zwanzig Millionen Euro oder 2) 10 Prozent des Gesamtumsatzes, den die juristische Person oder Personenvereinigung im der Behördenentscheidung vorangegangenen Geschäftsjahr erzielt hat.

14 Der **Begriff des *„Gesamtumsatzes"*** im Sinne des Abs. 6 a Nr. 2 wird in § 56 Abs. 6 c KWG näher – nach der konkreten Art des Zentralverwahrers gestaffelt – erläutert und erklärt sich in Abhängigkeit von der konkreten Art des Zentralverwahrers:

15 Handelt es sich bei dem Zentralverwahrer um ein **(1) Kreditinstitut, Zahlungsinstitut und Finanzdienstleistungsinstitut** im Sinne des § 340 HGB, so ist der nach dem anwendbaren nationalen Recht (...) ergebende Gesamtbetrag, abzüglich der Umsatzsteuer und sonstiger direkt auf diese Erträge erhobener Steuern maßgeblich;[19] im Falle von **(2) Versicherungsunternehmen** als Zentralverwahrern ist der sich für das Versicherungsunternehmen nach nationalem Recht (...) ergebende Gesamtbetrag,[20] abzüglich der Umsatzsteuer und sonstiger direkt auf diese Erträge erhobener Steuern relevant. Im Übrigen (3) gilt der Betrag der **Nettoumsätze nach** Maßgabe des auf das Unternehmen **anwendbaren nationalen Rechts**.[21]

16 Handelt es sich bei der juristischen Person oder der Personenvereinigung um das **Mutterunternehmen** oder um eine **Tochtergesellschaft**, so ist anstelle des Gesamtumsatzes der juristischen Person oder der Personenvereinigung der jeweilige Gesamtbetrag in dem Konzernabschluss des Mutterunternehmens maßgeblich, der für den größten Kreis von Unternehmen aufgestellt wird, § 56 Abs. 6 c S. 2 KWG.

17 Gerade die Sanktionsfolge des § 56 Abs. 6 c S. 2 KWG ist jedoch rechtsstaatlich (zumindest) bedenklich, da sie in Konflikt mit dem Schuld und Verhältnismäßigkeitsgrundsatz steht.[22] Gemäß § 46 Abs. 1 S. 1 StGB/§ 17 Abs. 3 S. 1 OWiG sind nur die Schuld und die wirtschaftlichen Verhältnisse des Täters Grundlage für die Zumessung der Strafe, nicht jedoch das Vermögen Dritter.

---

19 Im Einklang mit Art. 27 Nr. 1, 3, 4, 6 und 7 oder Art. 28 Nr. B1, B2, B3, B4 und B7 RL 86/635/EWG des Rates v. 8.12.1986 über den Jahresabschluss und den konsolidierten Abschluss von Banken und anderen Finanzinstituten (ABl. 1986 L 372, 1; ABl. 1988 L 316, 51), die zuletzt durch die RL 2006/46/EG (ABl. 2006 L 224, 1) geändert worden ist.

20 Im Einklang mit Art. 63 RL 91/674/EWG des Rates v. 19.12.1991 über den Jahresabschluss und den konsolidierten Abschluss von Versicherungsunternehmen (ABl. L 1991 374, 7), die zuletzt durch die RL 2006/46/EG (ABl. 2006 L 224, 1) geändert worden ist.

21 Im Einklang mit Art. 2 Nr. 5 RL 2013/34/EU des Europäischen Parlaments und des Rates v. 26.6.2013 über den Jahresabschluss, den konsolidierten Abschluss und damit verbundene Berichte von Unternehmen bestimmter Rechtsformen und zur Änderung der RL 2006/43/EG des Europäischen Parlaments und des Rates und zur Aufhebung der RL 78/660/EWG und 83/349/EWG des Rates (ABl. 2013 L 182, 19; ABl. 2014 L 369, 79), die zuletzt durch die RL 2014/102/EU (ABl. 2014 L 334, 86) geändert worden ist.

22 Vgl. hierzu BVerfG 16.4.1980 – 1 BvR 505/78, NJW 1980, 1943; BVerfG 11.11.1986 – 1 BvR 713/83, 921, 1190/84 und 333, 248, 306, 497/85, NJW 1987, 43; BGH 4.8.1965 – 2 StR 282/65, BGHSt 20, 264 /266); *Frisch* NStZ 2013, 249.

Wird bezüglich des tatbestandlich ahndbaren Verhaltens eines Tochterunternehmens zur Bemessung der Sanktion auf das Mutterunternehmen abgestellt, ohne dass die eigene wirtschaftliche Betätigung des Tochterunternehmens als Kappungsgrenze oder Bewertungsmaßstab für die Zumessung der Geldbuße herangezogen wird, so kann sich hieraus ohne Weiteres eine „erdrückende" und existenzbedrohende Sanktion(shöhe) ergeben, die ihre Rechtfertigung weder in der Tat noch in der Person des Täters findet. Dies widerspricht nicht nur § 46 Abs. 1 StGB/§ 17 Abs. 3 OWiG, sondern auch den verfassungsrechtlichen Vorgaben des Art. 20 Abs. 3 GG durch Verstoß gegen das Übermaßverbot.[23]

Gemäß dem ebenfalls eingeführten § 56 Abs. 6 b KWG kann über die in den Abs. 6 und 6 a genannten Beträge hinaus die Ordnungswidrigkeit in den Fällen des Abs. 4 f auch mit einer Geldbuße bis zum Zweifachen des aus dem Verstoß gezogenen wirtschaftlichen Vorteils" geahndet werden. Der wirtschaftliche Vorteil umfasst erzielte Gewinne und vermiedene Verluste und kann geschätzt werden. 18

Auch insoweit kann die ausreichende Konkretheit der Rechtsfolgenandrohung angezweifelt werden, wenn der Gesetzgeber für die Berechnung einer Geldbuße ua auf „das Zweifache des aus der Ordnungswidrigkeit gezogenen wirtschaftlichen Vorteils" abstellt.[24] 19

Zuletzt statuiert der Entwurf zu § 56 Abs. 6 d KWG, dass § 17 Abs. 2 OWiG bei Verstößen gegen Gebote und Verbote, die in Abs. 6 a in Bezug genommen werden, nicht anzuwenden ist. 20

§ 30 OWiG gilt ferner auch für juristische Personen oder für Personenvereinigungen, die über eine Zweigniederlassung oder im Wege des grenzüberschreitenden Dienstleistungsverkehrs im Inland tätig sind. 21

Die Verfolgung der Ordnungswidrigkeiten nach Abs. 4 f verjährt in drei Jahren. 22

Kap. 14.12. § 56 Abs. 4 f Nr. 7 KWG Festlegen der Verantwortlichkeiten von Beschäftigten in Schlüsselpositionen

§ 56 Abs. 4 f Nr. 7 KWG Bußgeldvorschriften

(4 f) Ordnungswidrig handelt, wer gegen die Verordnung (EU) Nr. 909/2014 des Europäischen Parlaments und des Rates vom 23. Juli 2014 zur Verbesserung der Wertpapierlieferungen und -abrechnungen in der Europäischen Union und über Zentralverwahrer sowie zur Änderung der Richtlinien 98/26/EG und 2014/65/EU und der Verordnung (EU) Nr. 236/2012 (ABl. L 257 vom 28.8.2014, S. 1) verstößt, indem er vorsätzlich oder leichtfertig (…)

---

23 BVerfG 14.11.1969 – 1 BvR 253/68, NJW 1970, 505 (506 f.); BeckOK StGB/*von Heintschel-Heinegg* StGB § 46 Rn. 2; BeckOK OWiG/*Bücherl* OWiG § 17 Rn. 5 ff.; MüKoStGB/*Miebach/Maier* StGB § 46 Rn. 17 ff.; KK-OWiG/*Mitsch* OWiG § 17 Rn. 51 ff., 84 ff.
24 Hierzu vgl. Stellungnahme Nr. 19/2016 des Deutschen Anwaltsvereins (DAV) vom April 2016 zum Referentenentwurf eines Gesetzes zur Stärkung der nichtfinanziellen Berichterstattung der Unternehmen in ihren Lage- und Konzernberichten (CSR-Richtlinie-Umsetzungsgesetz), S. 25 zu einem gleichartigen Rechtsfolgenausspruch.

7. entgegen Artikel 26 Absatz 2 die Verantwortlichkeiten der Beschäftigten in Schlüsselpositionen nicht oder nicht richtig festlegt,
(...)

I. Historie	1	III. Rechtsfolgen	6
II. Tathandlung	2		

I. Historie

1 Bezüglich der Historie wird auf die entsprechenden Ausführungen zu § 56 Abs. 4 f Nr. 6 verwiesen (Kap. 14.11. Rn. 1).

II. Tathandlung

2 Als gegenständliche Tathandlung knüpft § 56 Abs. 4 f Nr. 7 an die durch Art. 26 Abs. 2 der Verordnung auferlegten Verpflichtung an, solche Strategien und Verfahren einzuführen, die ausreichend wirksam sind, um die Einhaltung dieser Verordnung, auch durch seine Manager und Beschäftigten, sicherzustellen.

3 Sanktionswürdig aus Sicht des Gesetzgebers soll daher sein, dass die Verantwortlichkeiten der Beschäftigten in Schlüsselpositionen, insbesondere deren Aufgaben- und Wirkungskreise innerhalb des Hierarchiegefüges, entweder „gar nicht" oder „nicht richtig" festgelegt werden. Hintergrund für diesen – ebenfalls unbestimmten – Tatbestand ist der Umstand, dass gerade die Inhaber von „Schlüsselpositionen" die Regularien und Wertungen der EU-Verordnung tatsächlich einhalten müssen bzw. deren Einhaltung durch Unternehmensinterne garantieren sollen. Deshalb müssen einerseits die Inhaber von Schlüsselpositionen in grundsätzlicher Hinsicht ihren verordnungsrelevanten Aufgabenkreis wirksam übertragen bekommen, andererseits müssen sie aufgrund ihrer Bedeutung auf einfache Art und Weise von anderen Beschäftigten oder auch außenstehenden Dritten (insbesondere Behörden bei der Suche nach Ansprechpartnern) in ihren Schlüsselpositionen erkannt werden, um einer Gefährdungen des Verordnungsinhalts und dessen tatsächlicher Umsetzung frühzeitig und effektiv begegnen zu können. Dieser Zweck ist jedoch nicht erfüllt, wenn die Inhaber der Schlüsselpositionen ihre Befugnisse mangels entsprechender Übertragung (*„gar nicht"*) nicht ausüben können oder aber, wenn diese aufgrund der mangelhaften Übertragung (*„nicht richtig"*) nicht um den verordnungsrelevanten Aufgabenkreis und die sich hieraus ergebenden Kompetenzen wissen.

4 Bezüglich der erheblichen Kritikwürdigkeit für die Vorverlagerung der Strafbarkeit in das Vorfeld der eigentlichen Rechtsgutsbeeinträchtigungen wird auf die entsprechenden Ausführungen im Rahmen des § 56 Abs. 4 f Nr. 6 KWG verwiesen.

5 Hinsichtlich der subjektiven Tatseite bedarf es des vorsätzlichen Handelns, wobei der bedingte Vorsatz („dolus eventualis") ausreichend ist, wonach der Täter den Erfolg als möglich und nicht ganz fernliegend erkennt und dabei billigend in Kauf nimmt.[1] Ebenso gereicht zur Tatbestandsverwirklichung auch

---

1 Vgl. BGH; 23.6.1983 – 4 StR 293/83, NStZ 1984, 19; BGH 4.11.1988 – 1 StR 262/88, BGHSt 36, 1 (9) = NJW 1989, 781 (783); BGH 10.6.1998 – 3 StR 113/98, NStZ 1998, 615 (616) mAnm *Roxin*; BGH 5.3.2008 – 2 StR 50/08, NStZ 2008, 451.

leichtfertiges Handeln, also eine graduell gesteigerte Art der Fahrlässigkeit, welche sich mit der groben Fahrlässigkeit im Zivilrecht vergleichen lässt.[2] Der Täter muss die Sorgfaltspflicht in einem ungewöhnlich hohen Maße verletzen, etwa indem er ganz nahe liegende Überlegungen unterlässt oder nicht beachtet, was jedem einleuchten muss.[3]

III. Rechtsfolgen

Bezüglich der Rechtsfolgen eines solchen Verstoßes wird auf die Ausführungen zu § 56 Abs. 4 f Nr. 6 verwiesen (Kap. 14.11. Rn. 12 ff.). 6

Kap. 14.13. § 56 Abs. 4 f Nr. 8 KWG Vorkehrungen zur Verhinderung von Interessenkonflikten

§ 56 Abs. 4 f Nr. 8 KWG Bußgeldvorschriften

(4 f) Ordnungswidrig handelt, wer gegen die Verordnung (EU) Nr. 909/2014 des Europäischen Parlaments und des Rates vom 23. Juli 2014 zur Verbesserung der Wertpapierlieferungen und -abrechnungen in der Europäischen Union und über Zentralverwahrer sowie zur Änderung der Richtlinien 98/26/EG und 2014/65/EU und der Verordnung (EU) Nr. 236/2012 (ABl. L 257 vom 28.8.2014, S. 1) verstößt, indem er vorsätzlich oder leichtfertig
(...)
8. entgegen Artikel 26 Absatz 3 Vorkehrungen zur Verhinderung von Interessenkonflikten nicht oder nicht richtig trifft,
(...)

I. Historie 1   III. Rechtsfolgen 6
II. Tathandlung 2

I. Historie

Bezüglich der Historie wird auf die entsprechenden Ausführungen zu § 56 Abs. 4 f Nr. 6 (Kap. 14.11. Rn. 1) verwiesen. 1

II. Tathandlung

Die Tathandlung des § 56 Abs. 4 f Nr. 6 KWG fußt auf der Verletzung der gemäß Art. 26 Abs. 3 maßgeblichen Verordnung reglementierten Verpflichtung, wonach ein Zentralverwahrer im Sinne des Art. 2 Nr. 1 der EU-Verordnung auf Dauer wirksame, in schriftlicher Form festgelegte organisatorische und administrative Vorkehrungen zu treffen hat, um potenzielle Interessenskonflikte zwischen ihm, seinen Managern, seinen Beschäftigten, den Mitgliedern des Leitungsorgans oder anderen mit diesen direkt oder indirekt verbundenen Personen einerseits und seinen Teilnehmern oder deren Kunden andererseits zu erkennen und zu regeln. Er führt geeignete Verfahren zur Beilegung von Interes- 2

---

2 BayObLG 1.3.2002 – 4 St RR 2/2002, NStZ-RR 2002, 274 (275); OLG Köln 25.7.1997 – Ss 381/97, NJW 1997, 3387 (3388).
3 BayObLG 3.9.1998 – 3 ObOWi 97/98, NZM 1998, 999; OLG Frankfurt aM 6.12.1995 – 2 Ws (B) 724/95 OWiG, NStZ-RR 1996, 279 (280).

senkonflikten ein und wendet diese an, sobald sich Interessenkonflikte abzeichnen.

3 Hintergrund für das staatliche Interesse an der Neutralität der Zentralverwahrer ist, dass die Zentralverwahrer zusammen mit zentralen Gegenparteien in hohem Maße zur Aufrechterhaltung der Nachhandels-Infrastrukturen beitragen müssen, die die Finanzmärkte sichern und die Marktteilnehmer darauf vertrauen lassen, dass Wertpapiergeschäfte – auch in Zeiten extremer Belastungen des Wirtschaftsverkehrs – ordnungsgemäß und fristgerecht und transparent durchgeführt werden. Da sich die von Zentralverwahrern betriebenen Wertpapierliefer- und -abrechnungssysteme an der entscheidenden Stelle des Abwicklungsprozesses befinden, sind sie von systemrelevanter Bedeutung für das ordnungsgemäße Funktionieren der Wertpapiermärkte. Sie spielen zugleich eine wichtige Rolle in den Wertpapierhaltesystemen, über die ihre Teilnehmer die jeweiligen Wertpapierbestände der Anleger melden und fungieren somit auch als ein wesentliches Instrument zur Kontrolle der Integrität einer Emission. Sie verhindern die unzulässige Schaffung von Wertpapieren sowie die Verringerung begebener Wertpapiere. Ihnen kommt damit eine herausgehobene Stellung für die Wahrung des Anlegervertrauens am Kapitalmarkt und in diesen zu. Darüber hinaus sind die von den Zentralverwahrern betriebenen Wertpapierliefer- und -abrechnungssysteme eng in die Beschaffung von Sicherheiten für geldpolitische Operationen und in die Beschaffung von Sicherheiten zwischen Kreditinstituten eingebunden; sie sind daher wichtige Akteure in den Besicherungsprozessen.[1]

4 Aufgrund dieser überragend wichtigen Schlüsselfunktion der Zentralverwahrer innerhalb des Wirtschaftsverkehrs gilt es, jedwede Art von Interessenkollision oder gar einer Interessenabhängigkeit von vornherein zu vermeiden, die abstrakt eine Beeinträchtigung der Anlegerinteressen darstellen oder diesen sogar entgegenlaufen könnte. Dementsprechend wird die Ahndbarkeit entsprechender Verhaltensweisen der Zentralverwahrer derart weit ins Vorfeld einer Schädigung der Anleger verlagert, dass nicht das (tatsächliche) Auftreten von Interessenkonflikten sanktioniert wird, sondern schon **das Nichtvorhalten entsprechender Vorkehrungen gegen** das Auftreten (nur) **potenzieller und abstrakter Interessenkonflikte**. Bezüglich der erheblichen Kritikwürdigkeit für diese Vorverlagerung der Strafbarkeit in das Vorfeld der eigentlichen Rechtsgutsbeeinträchtigungen wird auf die entsprechenden Ausführungen im Rahmen des § 56 Abs. 4 f Nr. 6 KWG verwiesen. Ebenso bestehen auch erhebliche Bedenken gegen die Bestimmtheit der Normfassung, insbesondere gegenüber der Modalität des *„nicht richtigen"*-Vorkehrungstreffens.

5 Bezüglich der **subjektiven Tatseite** bedarf es des vorsätzlichen Handelns, wobei der bedingte Vorsatz („dolus eventualis") ausreichend ist, wonach der Täter den Erfolg als möglich und nicht ganz fernliegend erkennt und dabei billigend

---

[1] Vgl. zu der Bedeutung der Zentralverwahrer VO (EU) Nr. 909/2014 des Europäischen Parlaments und des Rates v. 23.7.2014 zur Verbesserung der Wertpapierlieferungen und -abrechnungen in der Europäischen Union und über Zentralverwahrer sowie zur Änderung der RL 96/26/EG und 2014/65/EU und der VO (EU) Nr. 236/2012 (ABl. L 257/1).

in Kauf nimmt.[2] Ebenso gereicht zur Tatbestandsverwirklichung auch leichtfertiges Handeln, also eine graduell gesteigerte Art der Fahrlässigkeit, welche sich mit der groben Fahrlässigkeit im Zivilrecht vergleichen lässt.[3] Der Täter muss die Sorgfaltspflicht in einem ungewöhnlich hohen Maße verletzen, etwa indem er ganz nahe liegende Überlegungen unterlässt oder nicht beachtet, was jedem einleuchten muss.[4]

III. Rechtsfolgen

Bezüglich der Rechtsfolgen eines solchen Verstoßes wird auf die Ausführungen zu § 56 Abs. 4 f Nr. 6 verwiesen (Kap. 14.11. Rn. 12 ff.). 6

Kap. 14.14. § 56 Abs. 4 f Nr. 9 KWG Verfahren zur Meldung potenzieller Verstöße gegen die Verordnung (EU) Nr. 909/2014

§ 56 Abs. 4 f Nr. 9 KWG Bußgeldvorschriften

(4 f) Ordnungswidrig handelt, wer gegen die Verordnung (EU) Nr. 909/2014 des Europäischen Parlaments und des Rates vom 23. Juli 2014 zur Verbesserung der Wertpapierlieferungen und -abrechnungen in der Europäischen Union und über Zentralverwahrer sowie zur Änderung der Richtlinien 98/26/EG und 2014/65/EU und der Verordnung (EU) Nr. 236/2012 (ABl. L 257 vom 28.8.2014, S. 1) verstößt, indem er vorsätzlich oder leichtfertig

(...)

9. entgegen Artikel 26 Absatz 5 keine geeigneten Verfahren eingerichtet hat, durch die Beschäftigte potenzielle Verstöße gegen die Verordnung (EU) Nr. 909/2014 über einen dafür geschaffenen Mechanismus intern melden können,

(...)

Literatur: *Baumann/Schaefer*, Compliance-Organisationen und Sanktionen bei Verstößen, NJW 2011, 3601; *Nothellfer*, Die Einführung eines Compliance Management Systems als organisatorischer Lernprozess, CCZ 2013, 23.

I. Historie .... 1 III. Rechtsfolgen 7
II. Tathandlung 2

I. Historie

Bezüglich der Historie wird auf die entsprechenden Ausführungen zu § 56 Abs. 4 f Nr. 6 verwiesen. 1

---

2 Vgl. BGH 23.6.1983 – 4 StR 293/83, NStZ 1984, 19; BGH 4.11.1988 – 1 StR 262/88, BGHSt 36, 1 (9) = NJW 1989, 781 (783); BGH 10.6.1998 – 3 StR 113/98, NStZ 1998, 616 mAnm *Roxin*; BGH 5.3.2008 – 2 StR 50/08, NStZ 2008, 451.
3 BayObLG 1.3.2002 – 4 St RR 2/2002, NStZ-RR 2002, 274 (275); OLG Köln 25.7.1997 – Ss 381/97, NJW 1997, 3387 (3388).
4 BayObLG 3.9.1998 – 3 ObOWi 97/98, NZM 1998, 999; OLG Frankfurt aM 6.12.1995 – 2 Ws (B) 724/95 OWiG, NStZ-RR 1996, 279 (280).

II. Tathandlung

2 Gemäß Art. 26 Abs. 5 der Verordnung muss ein Zentralverwahrer über geeignete Verfahren verfügen, mit denen Beschäftigte potenzielle Verstöße gegen diese Verordnung über einen eigens dafür geschaffenen Mechanismus intern melden können.

3 Als Tathandlung kommt daher jede aktive wie passive Verhaltensweise in Betracht, die der effektiven Unterhaltung und Durchführung eines solchen (internen) Verfahrens zur Informationsweitergabe entgegensteht. Sanktionsfähig ist sowohl das grundsätzliche Nichtvorhandensein eines internen Informationssystems ebenso wie – in der Terminologie der Verordnung – das Vorhandensein lediglich *„ungeeigneter"* Verfahren, die potenzielle Verordnungsverstöße nicht wirksam an Verantwortliche weiterleiten können.

4 Als **Vergleichsmaßstab für Art und Grad der internen Kommunikationskultur** kann vorliegend der Vergleich zur internen Kommunikation und Informationsweitergabe in Rahmen der (allgemeinen) Criminal Compliance vorgenommen werden, insbesondere im Rahmen sogenannter **Compliance-Management-Systeme**.[1] Während sich jedoch die Compliancetätigkeit grundsätzlich mit der Verhinderung von Normverstößen jedweder Art beschäftigt und sich dementsprechend auch die sich aus der Compliance ergebenden Einrichtungen diesem Zweck unterwerfen, sind die internen Vorkehrungen zur Informationsweitergabe im Verständnis des Art. 26 Abs. 5 nur auf die Weitergabe von risikopotenzialträchtigen Informationen bezogen. Insoweit ist die Schaffung der internen Kommunikationsmechanismen auf Verstöße gegen die gegenständliche Verordnung selbst konzipiert und daher in ihrer Aufgabe beschränkt. Nur dieser spezifische Informationsfluss soll (effektiv) durch die Vorgaben der Verordnung ermöglicht und eine etwaige Beeinträchtigung dieses spezifischen Kommunikationsflusses unter § 56 Abs. 4 f Nr. 9 KWG sanktioniert werden.

5 Bezüglich der erheblichen Kritikwürdigkeit für die Vorverlagerung der Strafbarkeit in das Vorfeld der eigentlichen Rechtsgutsbeeinträchtigungen wird auf die entsprechenden Ausführungen im Rahmen des § 56 Abs. 4 f Nr. 6 KWG verwiesen (Kap. 14.11. Rn. 7 ff.).

6 Bezüglich der **subjektiven Tatseite** bedarf es des vorsätzlichen Handelns, wobei der bedingte Vorsatz („dolus eventualis") ausreichend ist, wonach der Täter den Erfolg als möglich und nicht ganz fernliegend erkennt und dabei billigend in Kauf nimmt.[2] Ebenso gereicht zur Tatbestandsverwirklichung auch leichtfertiges Handeln, also eine graduell gesteigerte Art der Fahrlässigkeit, welche sich mit der groben Fahrlässigkeit im Zivilrecht vergleichen lässt.[3] Der Täter muss die Sorgfaltspflicht in einem ungewöhnlich hohen Maße verletzen, etwa

---

1 Vgl. zu Compliance-Management-Systemen beispielsweise *Nothelfer* CCZ 2013, 23 ff.; *Baumann/Schaefer* NJW 2011, 3601.
2 Vgl. BGH 23.6.1983 – 4 StR 293/83, NStZ 1984, 19; BGH 4.11.1988 – 1 StR 262/88, BGHSt 36, 1 (9) = NJW 1989, 781 (783); BGH 10.6.1998 – 3 StR 113/98, NStZ 1998, 615 (616) mAnm *Roxin*; BGH 5.3.2008 – 2 StR 50/08, NStZ 2008, 451.
3 BayObLG 1.3.2002 – 4 St RR 2/2002, NStZ-RR 2002, 274 (275); OLG Köln 25.7.1997 – Ss 381/97, NJW 1997, 3387 (3388).

indem er ganz nahe liegende Überlegungen unterlässt oder nicht beachtet, was jedem einleuchten muss.[4]

III. Rechtsfolgen

Bezüglich der Rechtsfolgen eines solchen Verstoßes wird auf die Ausführungen zu § 56 Abs. 4 f Nr. 6 verwiesen (Kap.14.11. Rn. 12 ff.). 7

Kap. 14.15. § 56 Abs. 4 f Nr. 44 KWG Vorhalten von IT-Instrumenten, Kontrollen oder sonstiger Verfahren

§ 56 Abs. 4 f Nr. 44 KWG Bußgeldvorschriften

(4 f) Ordnungswidrig handelt, wer gegen die Verordnung (EU) Nr. 909/2014 des Europäischen Parlaments und des Rates vom 23. Juli 2014 zur Verbesserung der Wertpapierlieferungen und -abrechnungen in der Europäischen Union und über Zentralverwahrer sowie zur Änderung der Richtlinien 98/26/EG und 2014/65/EU und der Verordnung (EU) Nr. 236/2012 (ABl. L 257 vom 28.8.2014, S. 1) verstößt, indem er vorsätzlich oder leichtfertig

(…)

44. entgegen Artikel 45 Absatz 1 keine IT-Instrumente, Kontrollen oder Verfahren vorhält,

(…)

I. Historie	1	III. Rechtsfolgen	5
II. Tathandlung	2		

I. Historie

Bezüglich der Historie wird auf die entsprechenden Ausführungen zu § 56 Abs. 4 f Nr. 6 verwiesen (Kap. 14.11. Rn. 1). 1

II. Tathandlung

Als Tathandlung sanktioniert § 56 Abs. 4 f Nr. 44 KWG, dass entgegen der Vorschrift des Art. 45 Abs. 1 der Verordnung keine IT-Instrumente, Kontrollen oder sonstige Verfahren vorgehalten werden. Hierbei reglementiert der Art. 45 im Zusammenhang mit den operationellen Risiken, dass ein Zentralverwahrer Quellen des internen und externen operationellen Risikos zu ermitteln hat und deren Auswirkungen durch den Einsatz geeigneter IT-Instrumente, Kontrollen und Verfahren, auch für alle von ihm betriebenen Wertpapierliefer- und -abrechnungssysteme, so gering wie möglich zu halten hat. 2

Die entsprechenden europäischen Vorgaben innerhalb der Verordnung ebenso wie die nationale Strafbewehrung eines etwaigen Verstoßes hiergegen sind somit Ausdruck einer angestrebten Risikominimierungspflicht, die den Zentralverwahrern mit der Geltung der Verordnung auferlegt wurde. Konkretisiert wird diese dahin gehend, dass zur Erfüllung der Verpflichtung „IT-Instrumente", „Kontrollen" oder (sonstige) „Verfahren" herangezogen werden müssen, 3

---

[4] BayObLG 3.9.1998 – 3 ObOWi 97/98, NZM 1998, 999; OLG Frankfurt aM 6.12.1995 – 2 Ws (B) 724/95 OWiG, NStZ-RR 1996, 279 (280).

die aufgrund ihrer Organisation und Konstitution dauerhaft die Einhaltung der Verordnungsvorgaben effektiv wahren können. Überdies ist die Aufzählung nur alternativ, nicht etwa kumulativ, so dass in der praktischen Umsetzung schon das Vorhandensein (nur) eines dieser Instrumente der bußgeldbewehrten Ahndung entgegensteht.

4 Bezüglich der subjektiven Tatseite bedarf es des vorsätzlichen Handelns, wobei der bedingte Vorsatz („dolus eventualis") ausreichend ist, wonach der Täter den Erfolg als möglich und nicht ganz fernliegend erkennt und dabei billigend in Kauf nimmt.[1] Ebenso gereicht zur Tatbestandsverwirklichung auch leichtfertiges Handeln, also eine graduell gesteigerte Art der Fahrlässigkeit, welche sich mit der groben Fahrlässigkeit im Zivilrecht vergleichen lässt.[2] Der Täter muss die Sorgfaltspflicht in einem ungewöhnlich hohen Maße verletzen, etwa indem er ganz nahe liegende Überlegungen unterlässt oder nicht beachtet, was jedem einleuchten muss.[3]

III. Rechtsfolgen

5 Bezüglich der Rechtsfolgen eines solchen Verstoßes wird auf die Ausführungen zu § 56 Abs. 4 f Nr. 6 verwiesen (Kap.14.11. Rn. 12 ff.).

---

1 Vgl. BGH 23.6.1983 – 4 StR 293/83, NStZ 1984, 19; BGH 4.11.1988 – 1 StR 262/88, BGHSt 36, 1 (9) = NJW 1989, 781 (783); BGH 10.6.1998 – 3 StR 113/98, NStZ 1998, 616 mAnm *Roxin*; BGH 5.3.2008 – 2 StR 50/08, NStZ 2008, 451.
2 BayObLG 1.3.2002 – 4 St RR 2/2002, NStZ-RR 2002, 274 (275); OLG Köln 25.7.1997 – Ss 381/97, NJW 1997, 3387 (3388).
3 BayObLG 3.9.1998 – 3 ObOWi 97/98, NZM 1998, 999; OLG Frankfurt aM 6.12.1995 – 2 Ws (B) 724/95 OWiG, NStZ-RR 1996, 279 (280).

Kapitel 15: Verletzung von sonstigen Handlungs-, Duldungs- und Unterlassungspflichten

Kap. 15.1. § 120 Abs. 1 Nr. 5 WpHG Nutzung von Clearingdiensten

§ 120 Abs. 1 Nr. 5 WpHG Bußgeldvorschriften; Verordnungsermächtigung

(1) Ordnungswidrig handelt, wer

(...)

5. entgegen § 30 Absatz 3 Clearingdienste nutzt,

(...)

(24) Die Ordnungswidrigkeit kann (...) in den übrigen Fällen mit einer Geldbuße bis zu fünfzigtausend Euro geahndet werden.

§ 30 Abs. 3 WpHG Überwachung des Clearings von OTC-Derivaten und Aufsicht über Transaktionsregister

(3) Inländische Clearingmitglieder im Sinne des Artikels 2 Nummer 14 der Verordnung (EU) Nr. 648/2012 sowie Handelsplätze im Sinne des Artikels 2 Nummer 4 der Verordnung (EU) Nr. 648/2012 dürfen Clearingdienste einer in einem Drittstaat ansässigen zentralen Gegenpartei im Sinne des Artikels 25 Absatz 1 der Verordnung (EU) Nr. 648/2012 nur nutzen, wenn diese von der Europäischen Wertpapier- und Marktaufsichtsbehörde anerkannt wurde.

Artikel 2 Nr. 14 Verordnung (EU) Nr. 648/2012 Begriffsbestimmungen

Für die Zwecke dieser Verordnung bezeichnet der Ausdruck:

(...)

14. „Clearingmitglied" ein Unternehmen, das an einer CCP teilnimmt und für die Erfüllung der aus dieser Teilnahme erwachsenden finanziellen Verpflichtungen haftet;

(...)

Artikel 2 Nr. 4 Verordnung (EU) Nr. 648/2012 Begriffsbestimmungen

Für die Zwecke dieser Verordnung bezeichnet der Ausdruck:

(...)

4. „Handelsplatz" ein System, das von einer Wertpapierfirma oder einem Marktbetreiber im Sinne des Artikels 4 Absatz 1 Nummer 1 bzw. Nummer 13 der Richtlinie 2004/39/EG, ausgenommen systematische Internalisierer im Sinne des Artikels 4 Absatz 1 Nummer 7 der genannten Richtlinie, betrieben wird, in dem die Interessen am Kauf oder Verkauf von Finanzin-

strumenten so zusammengeführt werden, dass sie in Geschäfte gemäß Titel II oder III jener Richtlinie münden;
(...)

Artikel 25 Abs. 1 Verordnung (EU) Nr. 648/2012
Anerkennung einer in einem Drittstaat ansässigen CCP

(1) Eine in einem Drittstaat ansässige CCP darf Clearingdienste für in der Union ansässige Clearingmitglieder oder Handelsplätze nur dann erbringen, wenn die betreffende CCP von der ESMA anerkannt wurde.

(...)

1 Mit dem Verbot, nicht von der ESMA anerkannte Clearingdienste in Anspruch zu nehmen, soll das europarechtliche Verbot für die zentrale Gegenpartei gem. Art. 25 Abs. 1 EMIR umgesetzt werden. Die Clearingpflicht soll danach nur von der zentralen Gegenpartei erfüllt werden, die den Anforderungen der EMIR entspricht. Dies gewährleistet § 30 WpHG (vorher wortgleich § 18 WpHG).[1] Der in der EU ansässige Garantiegeber muss sich darum kümmern, dass die Anforderungen nach der EMIR umgesetzt werden. So muss er sich etwa von den in einem Drittstaat ansässigen Garantienehmern alle relevanten Daten mitteilen lassen, um die Einhaltung der Pflichten unter EMIR tatsächlich prüfen zu können. Er muss wirksame vertragliche Abreden treffen, um die Einhaltung zu gewährleisten. Um die Sicherstellung dieser Pflicht zu gewährleisten, kann die BaFin Anordnungen gegenüber der inländischen Gegenpartei treffen.

2 Änderungen durch das 2. FiMaNoG:

Mit Inkrafttreten von Art. 3 des 2. FiMaNoG am 3.1.2018 wurde die Bußgeldvorschrift des damaligen § 39 Abs. 1 Nr. 2 c WpHG (nunmehr § 120 Abs. 1 Nr. 5) lediglich redaktionell abgeändert und an die Neunummerierung des Wertpapierhandelsgesetzes angepasst.[2]

Kap. 15.2. § 120 Abs. 8 Nr. 40 WpHG Empfehlung ungeeigneter Finanzinstrumente oder Wertpapierdienstleistungen oder Tätigung von ungeeigneten Geschäften

§ 120 Abs. 8 Nr. 40, Abs. 20, 26 WpHG Bußgeldvorschriften

(8) Ordnungswidrig handelt, wer vorsätzlich oder leichtfertig
(...)
40. entgegen § 64 Absatz 3 Satz 2 bis 4 ein Finanzinstrument oder eine Wertpapierdienstleistung empfiehlt oder ein Geschäft tätigt,
(...)

(20) [1]Die Ordnungswidrigkeit kann in den Fällen der Absätze 8 und (...) mit einer Geldbuße bis zu fünf Millionen Euro geahndet werden. [2]Gegenüber einer

---

1 Regierungsentwurf, FiMaNoG, 74.
2 BT-Drs. 18/10936, 253.

juristischen Person oder Personenvereinigung kann über Satz 1 hinaus eine höhere Geldbuße in Höhe von bis zu 10 Prozent des Gesamtumsatzes, den die juristische Person oder Personenvereinigung im der Behördenentscheidung vorangegangenen Geschäftsjahr erzielt hat, verhängt werden. ³Über die in den Sätzen 1 und 2 genannten Beträge hinaus kann die Ordnungswidrigkeit mit einer Geldbuße bis zum Zweifachen des aus dem Verstoß gezogenen wirtschaftlichen Vorteils geahndet werden. ⁴Der wirtschaftliche Vorteil umfasst erzielte Gewinne und vermiedene Verluste und kann geschätzt werden.

(26) Die Verfolgung der Ordnungswidrigkeiten nach den Absätzen 17 bis 22 verjährt in drei Jahren.

Literatur: *Duve/Keller*, MiFID: Die neue Welt des Wertpapiergeschäfts – Kundenklassifikation und Information BB 2006, 2425; *Müller-Christmann*, Das Gesetz zur Stärkung des Anlegerschutzes und Verbesserung der Funktionsfähigkeit des Kapitalmarkts, DB 2011, 749; *Teubner*, Finanzmarkt-Richtlinie (MiFID) – Auswirkungen auf Anlageberatung und Vermögensverwaltung im Überblick, BKR 2006, 429; *Veil*, Vermögensverwaltung und Anlageberatung im neuen Wertpapierhandelsrecht – eine behutsame Reform der Wohlverhaltensregeln?, ZBB 2008, 34; *Weichert/Wenninger*, Die Neuregelung der Erkundigungs- und Aufklärungspflichten von Wertpapierdienstleistungsunternehmen gem. Art. 19 RiL 2004/39/EG (MiFID) und Finanzmarkt-Richtlinie-Umsetzungsgesetz, WM 2007, 627.

I. Historie der Bußgeldtatbestandes	1	III. Tathandlung	16
II. Grundtatbestand	2	IV. Adressat/Täter	17
1. Anwendungsbereich des § 64 Abs. 3 WpHG	3	V. Verschulden	19
2. Regelungsbereich des § 64 Abs. 3 S. 2–3 WpHG	5	VI. Rechtsfolge	20
3. Sonderregelung des § 64 Abs. 3 S. 4 WpHG	15	VII. Verfolgungs- und Vollstreckungsverjährung	25
		1. Verfolgungsverjährung	25
		2. Vollstreckungsverjährug	26

I. Historie der Bußgeldtatbestandes

Der neue § 120 Abs. 8 Nr. 40 WpHG war zum einen von der Neunummerierung des Gesetzes durch das 2. FiMaNoG betroffen,[1] zum anderen kam es aber auch zu einer Erweiterung des Bußgeldtatbestandes selbst (s. Rn. 5).

Die Vorgängernorm zu diesem Bußgeldtatbestand fand sich in § 39 Abs. 2 Nr. 16 a WpHG aF und wurde durch das Gesetz zur Stärkung des **Anlegerschutzes und Verbesserung der Funktionsfähigkeit des Kapitalmarkts (AnlSVG)**[2] vom 5.4.2011 in den Bußgeldkatalog aufgenommen. Dies galt auch für den der damaligen Bußgeldnorm zugrunde liegenden Tatbestand des § 31 Abs. 4 a S. 1 WpHG aF Dieser ließ das Pflichtenprogramm zwar grundsätzlich unberührt. Das explizit normierte Handlungsgebot erleichterte allerdings die bußgeldrechtliche Verfolgung durch die Aufsichtsbehörde.[3]

II. Grundtatbestand

§ 120 Abs. 8 Nr. 40 WpHG sanktioniert Empfehlungen, die entgegen § 64 Abs. 3 S. 2–4 WpHG ausgesprochen werden.

---
1 Zur Historie s. Kap. 3 Rn. 3.
2 BGBl. I 2011, 538.
3 BT-Drs. 17/3628, 30; kritisch hierzu *Müller-Christmann* DB 2011, 749 (753).

Kap. 15: Verletzung von sonstigen Handlungs-, Duldungs- und Unterlassungspflichten

1. Anwendungsbereich des § 64 Abs. 3 WpHG

3 § 64 Abs. 3 WpHG findet nur Anwendung, wenn gegenüber Kunden entweder **Anlageberatungsdienstleistungen** iSd § 2 Abs. 8 S. 1 Nr. 10 WpHG oder **Finanzportfolioverwaltungsdienstleistungen** iSd § 2 Abs. 8 S. 1 Nr. 7 WpHG erbracht werden.

Hintergrund ist, dass der neue § 64 WpHG alle **besonderen Verhaltensregelungen** enthält, die nur bei der Erbringung der Anlageberatung sowie der Finanzportfolioverwaltung (und keiner anderen Wertpapierdienstleistung) gelten und die die in § 63 WpHG normierten allgemeinen Verhaltenspflichten ergänzen.[4]

4 Der Anwendungsbereich des § 64 Abs. 3 S. 2-4 WpHG erstreckt sich daneben dem Wortlaut nach auf „Kunden". Unter diesen Kundenbegriff fallen zum einen **Privatkunden** (§ 67 Abs. 1 iVm Abs. 3 WpHG) und zum anderen die **professionellen Kunden** (§ 67 Abs. 1 iVm Abs. 2 WpHG). Aufgrund der Regelung in § 68 Abs. 1 S. 1 WpHG sind vom Kundenbegriff des § 64 Abs. 3 S. 2 bis 4 WpHG nicht die **geeigneten Gegenparteien** (§ 67 Abs. 1 iVm Abs. 4 WpHG) erfasst, soweit nicht die Ausnahme in § 68 Abs. 1 S. 2 WpHG greift.

2. Regelungsbereich des § 64 Abs. 3 S. 2–3 WpHG

5 **§ 64 Abs. 3 S. 2 WpHG** bestimmt, dass ein Wertpapierdienstleistungsunternehmen seinen Kunden nur Finanzinstrumente und Wertpapierdienstleistungen empfehlen oder Geschäfte im Rahmen der Finanzportfolioverwaltung tätigen darf, die nach den eingeholten Informationen für den Kunden **geeignet** sind.

Die Vorgängerregelung hierzu fand sich in § 31 Abs. 4 a WpHG aF Diese Regelung war, im Gegensatz zur jetzt gültigen Fassung, vom Wortlaut her darauf beschränkt, dass nur „als geeignet empfohlene Finanzinstrumente und Wertpapierdienstleistungen" empfohlen werden durften. Dass aber auch nur „**geeignete Geschäfte im Rahmen der Finanzportfolioverwaltung getätigt werden dürfen**" ist erst durch das 2. FiMaNoG klarstellend in § 63 Abs. 3 S. 2 WpHG aufgenommen worden.

6 Die Abgabe einer Anlageempfehlung bzw. das Tätigen von Geschäften im Rahmen der Finanzportfolioverwaltung ist damit an eine vorherige **Geeignetheitsprüfung** auf Basis hinreichender Informationen über den jeweiligen Kunden gekoppelt.[5]

7 Dies bedeutet, dass sich die Geeignetheit der Empfehlung entweder auf das Finanzinstrument oder auf die Wertpapierdienstleistung zu beziehen hat bzw. im Rahmen der Finanzportfolioverwaltung auf die Vermögensverwaltung selbst (nebst Anlagestrategie) sowie auf die im Rahmen der Vermögensverwaltung festgelegten Assetklassen, in die investiert werden soll.

8 § 64 Abs. 3 S. 3 WpHG konkretisiert die Regelung des S. 2, in dem sie bestimmt, dass sich Näheres zur **Geeignetheit** und den im Zusammenhang mit der Beurteilung der Geeignetheit geltenden Pflichten aus Art. 54 und 55 Del-VO (EU) 2017/565 ergeben.

---

4 Vgl. BT-Drs. 18/10936, 234.
5 Vgl. hierzu auch BGH 22.3.2011 – Az. XI ZR 33/10 , ZIP 2011, 756 ff.; *Duve/Keller* BB 2006, 2477 ff.; *Teubner* BKR 2006, 429 ff.; *Weichert/Wenninger* WM 2007, 627 ff.; *Veil* ZBB 2008, S. 34 ff.

Im Zusammenhang mit der von Wertpapierdienstleistungsunternehmen durchzuführenden Geeignetheitsprüfungen ist insbesondere Art. 54 Abs. 2 DelVO (EU) 2017/565 maßgeblich. Dieser bestimmt zunächst in S. 1 allgemein, dass die **Wertpapierfirmen** den Umfang der von Kundenseite einzuholenden Informationen unter Berücksichtigung aller Merkmale der gegenüber diesen Kunden zu erbringen Anlageberatungs- bzw. Portfolioverwaltungsdienstleistungen **festzulegen haben.**

Diese Anforderung wird in S. 2 der Vorschrift näher konkretisiert. Hiernach haben die Wertpapierfirmen bei ihren Kunden bzw. potenziellen Kunden die Informationen einzuholen, die sie benötigen, um die wesentlichen Fakten in Bezug auf den Kunden zu erfassen und unter Berücksichtigung der Art und des Umfangs der betreffenden Dienstleistung nach vernünftigem Ermessen davon ausgehen zu können, dass das Geschäft, das dem Kunden empfohlen oder im Rahmen einer Portfolioverwaltungsdienstleistung getätigt werden soll, die folgenden Anforderungen erfüllt:

- es entspricht den **Anlagezielen** des betreffenden Kunden, auch hinsichtlich seiner **Risikobereitschaft;**
- es ist so beschaffen, dass etwaige mit dem Geschäft einhergehende **Anlagerisiken** für den Kunden seinen **Anlagezielen** entsprechend **finanziell tragbar** sind und
- es ist so beschaffen, dass der Kunde mit seinen **Kenntnissen und Erfahrungen** die mit dem Geschäft oder der Verwaltung seines Portfolios einhergehenden **Risiken** verstehen kann.

Die von einem Wertpapierdienstleistungsunternehmen von einem Kunden einzuholenden und in Art. 54 Abs. 2 DelVO (EU) 2017/565 aufgeführten Informationen werden ihrerseits in **Art. 54 Abs. 4 und 5 DelVO (EU) 2017/565** sowie in **Art. 55 Abs. 1 DelVO (EU) 2017/565** weiter konkretisiert. Daneben enthält der **BT 7 der MaComp**[6] weitere Konkretisierungen, welche Informationen ein Wertpapierdienstleistungsunternehmen von einem Kunden im Rahmen der durchzuführenden Geeignetheitsprüfung einzuholen hat.

Die zuvor dargestellten Informationen haben Wertpapierdienstleistungsunternehmen grds. von jedem ihrer Kunden einzuholen. Für **professionelle Kunden** gelten aber Besonderheiten, die in Art. 54 Abs. 3 DelVO (EU) 2017/565 geregelt sind. Das Gesetz legt hier zum einen allgemeine Besonderheiten und zum anderen solche, die nur im Bezug auf die Anlageberatung gelten, fest.

Art. 54 Abs. 3 UAbs. 1 DelVO (EU) 2017/565 unterscheidet nicht nach der Wertpapierdienstleistung, die von einem Wertpapierdienstleistungsunternehmen erbracht wird. Er statuiert generell, dass, wenn ein Wertpapierdienstleistungsunternehmen für einen professionellen Kunden eine Wertpapierdienstleistung erbring, es berechtigt ist, davon auszugehen, dass der Kunde **in Bezug auf die Produkte, Geschäfte und Dienstleistungen**, für die er als professioneller Kunde eingestuft ist, **über die erforderlichen Kenntnisse und Erfahrungen im Sinne von Art. 54 Abs. 2 c DelVO (EU) 2017/565 verfügt.**

---

[6] Diese Regelung innerhalb des Rundschreibens wird noch an die neue MiFID II Rechtslage angepasst.

14 Daneben bestimmt Art. 54 Abs. 3 UAbs. 2 DelVO (EU) 2017/565 allein für die Anlageberatung, dass die Wertpapierfirma für die Zwecke von Art. 54 Abs. 2 b DelVO (EU) 2017/565 außerdem berechtigt ist, davon auszugehen, dass etwaige mit dem Vorgang einhergehende **Anlagerisiken** für den Kunden seinen Anlagezielen entsprechend **finanziell tragbar** sind.

3. Sonderregelung des § 64 Abs. 3 S. 4 WpHG

15 Eine **Sonderregelung** im Zusammenhang mit der **Beurteilung der Geeignetheit bei Verbriefungen** enthält § 64 Abs. 3 S. 4 WpHG. Die Geeignetheit beurteilt sich hier nicht nach den Regularien der Art. 54, 55 DelVO (EU) 2017/565, sondern nach Art. 3 VO (EU) 2017/2402 des Europäischen Parlaments und des Rates vom 12.12.2017 zur Festlegung eines allgemeinen Rahmens für Verbriefungen und zur Schaffung eines spezifischen Rahmens für einfache, transparente und standardisierte Verbriefung und zur Änderung der RL 2009/65/EG, RL 2009/138/EG, RL 2011/61/EU und der VO (EG) Nr. 1060/2009 und VO (EU) Nr. 648/2012 (ABl. 2017 L 347, 35).

III. Tathandlung

16 § 120 Abs. 8 Nr. 40 WpHG ahndet, wenn Wertpapierdienstleistungsunternehmen zwar die erforderlichen Informationen zur Beurteilung der Geeignetheit von ihren Kunden einholen (s. Rn. 5 ff.), ihren Kunden aber dennoch nach den eingeholten Informationen **individuell ungeeignete** Finanzinstrumente bzw. Wertpapierdienstleistungen empfehlen oder Geschäfte im Rahmen der Finanzportfolioverwaltung tätigen.

IV. Adressat/Täter

17 §§ 120 Abs. 8 Nr. 40 WpHG ahndet Verstöße im Zusammenhang mit der Empfehlung von Finanzinstrumenten bzw. Wertpapierdienstleistungen oder im Zusammenhang mit dem Tätigen von Geschäften im Rahmen der Finanzportfolioverwaltung. Damit können Adressat/Täter ausschließlich Wertpapierdienstleistungsunternehmen sein.

18 § 120 Abs. 27 S. 2 WpHG stellt darüber hinaus klar, dass § 120 Abs. 8 Nr. 40 WpHG auch für Wertpapierdienstleistungsunternehmen und Kreditinstitute gilt, wenn diese Unternehmen **strukturierte Einlagen** iSd § 96 WpHG verkaufen oder über diese beraten.

V. Verschulden

19 Der Verschuldensmaßstab umfasst nach § 120 Abs. 8 WpHG sowohl **Vorsatz** (s. Kap. 3 Rn. 29 ff.) als auch **Leichtfertigkeit** (s. Kap. 3 Rn. 36).

VI. Rechtsfolge

20 Eine vorsätzliche oder leichtfertige Verletzung des § 64 Abs. 3 S. 2–4 WpHG ist nach § 120 Abs. 20 S. 1 WpHG grds. mit einer Geldbuße von bis zu **fünf Mio. Euro** bedroht. Das Gesetz lässt aber in § 120 Abs. 20 S. 2 ff. WpHG **Ausnahmen** von diesem Grundsatz – und damit auch höhere Geldbußen – zu.

21 Die erste Ausnahme betrifft ausdrücklich nur **juristische Personen** und Personenvereinigungen. § 120 Abs. 20 S. 2 WpHG bestimmt in diesem Zusammen-

hang, dass gegenüber einer juristischen Person oder Personenvereinigung über S. 1 hinaus eine höhere Geldbuße verhängt werden kann, und zwar in Höhe **von bis zu 10% des Gesamtumsatzes**. Bei der Berechnung dieses Gesamtumsatzes wird auf den Umsatz der juristischen Person oder Personenvereinigung in dem Geschäftsjahr abgestellt, das der Behördenentscheidung vorausging.

Im Übrigen findet bei der Berechnung des Gesamtumsatzes **§ 120 Abs. 23 WpHG** Anwendung.

Eine weitere Ausnahme – sowohl gegenüber natürlichen Personen als Täter als auch gegenüber juristischen Personen und Personenvereinigungen als Täter -, regelt § 120 Abs. 20 S. 3 und 4 WpHG. Hiernach kann nach S. 3 dieser Vorschrift über die in S. 1 und 2 genannten Beträge hinaus auch eine Geldbuße **bis zum Zweifachen** des aus dem Verstoß gezogenen wirtschaftlichen Vorteils verhängt werden. Der wirtschaftliche Vorteil umfasst nach S. 4 dieser Vorschrift erzielte Gewinne sowie vermiedene Verluste und kann von der BaFin auch geschätzt werden. Wie die Berechnung der Gewinne oder vermiedenen Verluste genau erfolgen soll, regelt das Gesetz hingegen nicht. Es wird hier auf den Einzelfall ankommen, ggf. – soweit erforderlich – unter Berücksichtigung von handelsrechtlichen Grundsätzen. Die Berechnung – genauso wie die Grundlagen für eine etwaige Schätzung – sind von der BaFin in dem von ihr erlassenen Bußgeldbescheid entsprechend darzustellen.

22

§ 17 Abs. 2 OWiG, wonach fahrlässiges Handeln im Höchstmaß nur mit der Hälfte des angedrohten Höchstbetrages der Geldbuße geahndet werden kann, soweit das Gesetz für vorsätzliches und fahrlässiges Handeln eine Geldbuße androht, ohne im Höchstmaß zu unterscheiden, findet gemäß § 120 Abs. 25 S. 1 WpHG **keine Anwendung**

23

Welches konkrete Bußgeld letztendlich gegenüber einem Täter (s. Rn. 17) festgesetzt wird, entscheidet die BaFin in Ausübung ihres jeweiligen Ermessens. Hierbei ist sie im Rahmen der Selbstbindung der Verwaltung insbesondere an die sich selbst gegebenen **WpHG-Bußgeldleitlinien** in der jeweils aktuellen Fassung gebunden.[7]

24

VII. Verfolgungs- und Vollstreckungsverjährung

1. Verfolgungsverjährung

Die Verfolgungsverjährung für diesen Tatbestand bestimmt sich nach § 120 Abs. 26 WpHG iVm §§ 31–33 OWiG.

25

Nach § 120 Abs. 26 WpHG verjährt die Verfolgung des zuvor dargestellten Tatbestandes in drei Jahren. Anders als § 31 OWiG ist die Verjährung damit nicht an das Höchstmaß der Geldbuße gekoppelt.

Der Beginn der Verfolgungsverjährung bestimmt sich dann wieder nach § 31 Abs. 3 OWiG und ein eventuelles Ruhen nach § 32 OWiG.

2. Vollstreckungsverjährung

Die Vollstreckungsverjährung für diesen Tatbestand bestimmt sich ausschließlich nach § 34 OWiG.

26

---

7 BaFin – WpHG-Bußgeldleitlinien II, Stand Januar 2018, abrufbar unter https://www.bafin.de/SharedDocs/Downloads/DE/Leitfaden/WA/dl_bussgeldleitlinien_2016.html.

Kap. 15.3. § 120 Abs. 8 Nr. 44 WpHG Festpreisgeschäfte bei Honorar-Anlagenberatung

§ 120 Abs. 8 Nr. 44, Abs. 20, 26 WpHG Bußgeldvorschriften; Verordnungsermächtigung

(8) Ordnungswidrig handelt, wer vorsätzlich oder leichtfertig
(...)
44. entgegen § 64 Absatz 6 Satz 2 einen Vertragsschluss als Festpreisgeschäft ausführt,
(...)
(20) ¹Die Ordnungswidrigkeit kann in den Fällen der Absätze 8 und (...) mit einer Geldbuße bis zu fünf Millionen Euro geahndet werden. ²Gegenüber einer juristischen Person oder Personenvereinigung kann über Satz 1 hinaus eine höhere Geldbuße in Höhe von bis zu 10 Prozent des Gesamtumsatzes, den die juristische Person oder Personenvereinigung im der Behördenentscheidung vorangegangenen Geschäftsjahr erzielt hat, verhängt werden. ³Über die in den Sätzen 1 und 2 genannten Beträge hinaus kann die Ordnungswidrigkeit mit einer Geldbuße bis zum Zweifachen des aus dem Verstoß gezogenen wirtschaftlichen Vorteils geahndet werden. ⁴Der wirtschaftliche Vorteil umfasst erzielte Gewinne und vermiedene Verluste und kann geschätzt werden.
(...)
(26) Die Verfolgung der Ordnungswidrigkeiten nach den Absätzen 17 bis 22 verjährt in drei Jahren.

I. Historie des Bußgeldtatbestands	1	VI. Rechtsfolge	9
II. Grundtatbestand	2	VII. Verfolgungs- und Vollstreckungsverjährung	14
III. Tathandlung	5	1. Verfolgungsverjährung	14
IV. Adressat/Täter	6	2. Vollstreckungsverjährug	15
V. Verschulden	8		

I. Historie des Bußgeldtatbestands

1 Der neue § 120 Abs. 8 Nr. 44 WpHG war ausschließlich von der Neunummerierung des WpHG durch das 2. FiMaNoG betroffen.[1] Eine entsprechende, nahezu[2] inhaltsgleiche Regelung fand sich bereits zuvor in § 39 Abs. 2 Nr. 16 e WpHG aF Diese Regelung wurde ihrerseits zusammen mit dem Grundtatbestand im Rahmen des **Honoraranlageberatungsgesetzes** v. 15.7.2013 in den Bußgeldkatalog aufgenommen.[3]

---

[1] Zur Historie s. Kap. 3 Rn. 3.
[2] Im Gegensatz zu § 120 Abs. 8 Nr. 44 WpHG, wo von „Vertragsschluss" gesprochen wird, stand noch im § 39 Abs. 2 Nr. 16 e WpHG aF „Geschäftsabschluss". Beide Begrifflichkeiten bezeichnen aber das Gleiche, so dass es zu keiner inhaltlichen Änderung gekommen ist.
[3] Gesetz zur Förderung und Regulierung einer Honorarberatung über Finanzinstrumente (Honoraranlageberatungsgesetz) v. 15.7.2013 (BGBl. I 2390).

II. Grundtatbestand

§ 120 Abs. 8 Nr. 44 WpHG sanktioniert vorsätzliche und leichtfertige Verstöße gegen § 64 Abs. 6 S. 2 WpHG. Nach § 64 Abs. 6 S. 2 WpHG darf ein Wertpapierdienstleistungsunternehmen einen auf einer unabhängigen Honorar-Anlageberatung beruhenden Geschäftsabschluss nicht als Geschäft mit dem Kunden zu einem festen oder bestimmbaren Preis für eigene Rechnung ausführen (**Festpreisgeschäft**).

Der Tatbestand des § 64 Abs. 6 S. 2 WpHG weist insoweit keine (inhaltlichen) Änderungen zur Vorgängerregelung in § 31 Abs. 4 d S. 2 WpHG aF auf.

Hintergrund dieser Regelung ist, dass die bei einem Festpreisgeschäft bestehende eigene Gewinnerzielungsabsicht eines Instituts in einem grundsätzlichen Spannungsverhältnis zur Unabhängigkeit eines Honorar-Anlageberaters steht, da ein solcher ausschließlich im alleinigen Kundeninteresse handeln und bei seinen Empfehlungen nur das jeweilige Kundeninteresse berücksichtigen und verfolgen soll. Durch das Verbot, bei empfohlenen Geschäften selbst Vertragspartner des Kunden zu werden, wird dieser mögliche Schein für die Honorar-Anlageberatung insgesamt vermieden.[4]

Eine **Ausnahme** von diesem Verbot findet sich in § 64 Abs. 6 S. 3 WpHG. Hiernach gilt das zuvor genannte Verbot nicht bei Festpreisgeschäften in Finanzinstrumenten, deren Anbieter oder Emittent das Wertpapierdienstleistungsunternehmen selbst ist.

III. Tathandlung

Ein ordnungswidriges Verhalten liegt nach § 120 Abs. 8 Nr. 44 WpHG vor, wenn das Wertpapierdienstleistungsunternehmen entgegen § 64 Abs. 6 S. 2 WpHG ein auf der unabhängigen Honorar-Anlageberatung beruhendes Geschäft als Festpreisgeschäft **ausführt**.

IV. Adressat/Täter

§ 120 Abs. 8 Nr. 44 WpHG ahndet es, wenn ein Wertpapierdienstleistungsunternehmen entgegen § 64 Abs. 6 S. 2 WpHG einen auf seiner unabhängigen Honorar-Anlageberatung beruhenden Geschäftsabschluss als Festpreisgeschäft ausführt. Damit können Adressat/Täter ausschließlich Wertpapierdienstleistungsunternehmen sein.

§ 120 Abs. 27 S. 2 WpHG stellt darüber hinaus klar, dass § 120 Abs. 8 Nr. 44 WpHG auch für Wertpapierdienstleistungsunternehmen und Kreditinstitute gilt, wenn diese Unternehmen **strukturierte Einlagen** iSd § 96 WpHG verkaufen oder über diese beraten.

V. Verschulden

Der Verschuldensmaßstab umfasst nach § 120 Abs. 8 WpHG sowohl **Vorsatz** (s. Kap. 3 Rn. 29 ff.) als auch **Leichtfertigkeit** (s. Kap. 3 Rn. 36).

---

4 BT-Drs. 17/12295, 15.

VI. Rechtsfolge

9 Eine vorsätzliche oder leichtfertige Verletzung des § 64 Abs. 6 S. 2 WpHG ist nach § 120 Abs. 20 S. 1 WpHG grds. mit einer Geldbuße von bis zu **fünf Mio. Euro** bedroht. Das Gesetz lässt aber in § 120 Abs. 20 S. 2 ff. WpHG **Ausnahmen** von diesem Grundsatz – und damit auch höhere Geldbußen – zu.

10 Die erste Ausnahme betrifft ausdrücklich nur **juristische Personen** und **Personenvereinigungen**. § 120 Abs. 20 S. 2 WpHG bestimmt in diesem Zusammenhang, dass gegenüber einer juristischen Person oder Personenvereinigung über S. 1 hinaus eine höhere Geldbuße verhängt werden kann, und zwar in Höhe **von bis zu 10% des Gesamtumsatzes**. Bei der Berechnung dieses Gesamtumsatzes wird auf den Umsatz der juristischen Person oder Personenvereinigung in dem Geschäftsjahr abgestellt, das der Behördenentscheidung vorausging.

Im Übrigen findet bei der Berechnung des Gesamtumsatzes § **120 Abs. 23 WpHG** Anwendung.

11 Eine weitere Ausnahme – sowohl gegenüber natürlichen Personen als Täter als auch gegenüber juristischen Personen und Personenvereinigungen als Täter –, regelt § 120 Abs. 20 S. 3 und 4 WpHG. Hiernach kann nach S. 3 dieser Vorschrift über die in S. 1 und 2 genannten Beträge hinaus auch eine Geldbuße **bis zum Zweifachen** des **aus dem Verstoß gezogenen wirtschaftlichen Vorteils** verhängt werden. Der wirtschaftliche Vorteil umfasst nach S. 4 dieser Vorschrift erzielte Gewinne sowie vermiedene Verluste und kann von der BaFin auch geschätzt werden. Wie die Berechnung der Gewinne oder vermiedenen Verluste genau erfolgen soll, regelt das Gesetz hingegen nicht. Es wird hier auf den Einzelfall ankommen, ggf. – soweit erforderlich – unter Berücksichtigung von handelsrechtlichen Grundsätzen. Die Berechnung – genauso wie die Grundlagen für eine etwaige Schätzung – sind von der BaFin in dem von ihr erlassenen Bußgeldbescheid entsprechend darzustellen.

12 § **17 Abs. 2 OWiG**, wonach fahrlässiges Handeln im Höchstmaß nur mit der Hälfte des angedrohten Höchstbetrages der Geldbuße geahndet werden kann, soweit das Gesetz für vorsätzliches und fahrlässiges Handeln eine Geldbuße androht, ohne im Höchstmaß zu unterscheiden, findet gemäß § 120 Abs. 25 S. 2 WpHG ausdrücklich **Anwendung**.

13 Welches konkrete Bußgeld letztendlich gegenüber einem Täter (s. Rn. 6) festgesetzt wird, entscheidet die BaFin in Ausübung ihres jeweiligen Ermessens. Hierbei ist sie im Rahmen der Selbstbindung der Verwaltung insbesondere an die sich selbst gegebenen **WpHG-Bußgeldleitlinien** in der jeweils aktuellen Fassung gebunden.[5]

VII. Verfolgungs- und Vollstreckungsverjährung

1. Verfolgungsverjährung

14 Die Verfolgungsverjährung für diesen Tatbestand bestimmt sich nach § 120 Abs. 26 WpHG iVm §§ 31–33 OWiG.

---

5 BaFin – WpHG-Bußgeldleitlinien II, Stand Januar 2018, abrufbar unter https://www.bafin.de/SharedDocs/Downloads/DE/Leitfaden/WA/dl_bussgeldleitlinien_2016.html.

Nach § 120 Abs. 26 WpHG verjährt die Verfolgung des zuvor dargestellten Tatbestandes in drei Jahren. Anders als § 31 OWiG ist die Verjährung damit nicht an das Höchstmaß der Geldbuße gekoppelt.

Der Beginn der Verfolgungsverjährung bestimmt sich dann wieder nach § 31 Abs. 3 OWiG und ein eventuelles Ruhen nach § 32 OWiG.

2. Vollstreckungsverjährug

Die Vollstreckungsverjährung für diesen Tatbestand bestimmt sich ausschließlich nach § 34 OWiG.

Kap. 15.4. § 120 Abs. 8 Nr. 47 WpHG Hinweis auf fehlende Angemessenheit oder Möglichkeit der Beurteilung der Angemessenheit

§ 120 Abs. 8 Nr. 47, Abs. 20, 26 WpHG
Bußgeldvorschriften; Verordnungsermächtigung

(8) Ordnungswidrig handelt, wer vorsätzlich oder leichtfertig
(...)
47. entgegen § 63 Absatz 10 Satz 3 oder 4, auch in Verbindung mit dem auf Grundlage von Artikel 25 Absatz 8 in Verbindung mit Artikel 89 der Richtlinie 2014/65/EU erlassenen delegierten Rechtsakt der Europäischen Kommission, einen Hinweis oder eine Information nicht oder nicht rechtzeitig gibt,
(...)
(20) [1]Die Ordnungswidrigkeit kann in den Fällen der Absätze 8 und (...) mit einer Geldbuße bis zu fünf Millionen Euro geahndet werden. [2]Gegenüber einer juristischen Person oder Personenvereinigung kann über Satz 1 hinaus eine höhere Geldbuße in Höhe von bis zu 10 Prozent des Gesamtumsatzes, den die juristische Person oder Personenvereinigung im der Behördenentscheidung vorangegangenen Geschäftsjahr erzielt hat, verhängt werden. [3]Über die in den Sätzen 1 und 2 genannten Beträge hinaus kann die Ordnungswidrigkeit mit einer Geldbuße bis zum Zweifachen des aus dem Verstoß gezogenen wirtschaftlichen Vorteils geahndet werden. [4]Der wirtschaftliche Vorteil umfasst erzielte Gewinne und vermiedene Verluste und kann geschätzt werden.
(...)
(26) Die Verfolgung der Ordnungswidrigkeiten nach den Absätzen 17 bis 22 verjährt in drei Jahren.

Literatur: *Clouth/Lang* (Hrsg.), MiFID Praktikerhandbuch, 2007; *Fuchs* (Hrsg.), WpHG Kommentar, 2. Aufl. 2016; *Teubner*, Finanzmarkt-Richtlinie (MiFID) – Auswirkungen auf Anlageberatung und Vermögensverwaltung im Überblick, BKR 2006, 429.

I. Historie des Bußgeldtatbestandes 1	3. Zeitpunkt für die Erteilung der Informations- und Hinweispflichten 12
II. Grundtatbestand 2	
1. Anwendungsbereich 3	III. Tathandlung 13
2. Informations- und Hinweispflichten 5	IV. Adressat/Täter 14
	V. Verschulden 16

VI. Rechtsfolge 17	1. Verfolgungsverjährung 22
VII. Verfolgungs- und Vollstre-	2. Vollstreckungsverjährug 23
ckungsverjährung 22	

I. Historie des Bußgeldtatbestandes

1 Der neue § 120 Abs. 8 Nr. 47 WpHG war ausschließlich von der Neunummerierung des WpHG durch das 2. FiMaNoG betroffen.[1] Eine entsprechende (inhaltsgleiche) Regelung fand sich bereits zuvor in § 39 Abs. 2 Nr. 17 WpHG aF. Diese Regelung wurde ihrerseits mit dem **Gesetz zur Umsetzung der Richtlinie über Märkte für Finanzinstrumente und der Durchführungsrichtlinie der Kommission (Finanzmarktrichtlinie-Umsetzungsgesetz „FRUG")**[2] vom 16.7.2007 in den Bußgeldkatalog aufgenommen.

II. Grundtatbestand

2 § 120 Abs. 8 Nr. 47 WpHG, der auf § 63 Abs. 10 S. 3 oder 4 WpHG Bezug nimmt, sanktioniert Verstöße gegen Hinweis- und Informationspflichten im Zusammenhang mit der Angemessenheitsprüfung.

1. Anwendungsbereich

3 § 63 Abs. 10 S. 3 WpHG verweist auf **§ 63 Abs. 10 S. 1 WpHG**. Hiernach haben Wertpapierdienstleistungsunternehmen vor der Erbringung **anderer** Wertpapierdienstleistungen als der **Anlageberatung** oder der **Finanzportfolioverwaltung** von ihren Kunden bestimmte Informationen über deren Kenntnisse und Erfahrungen in Bezug auf Geschäfte mit bestimmten Arten von Finanzinstrumenten oder Wertpapierdienstleistungen einzuholen, soweit diese Informationen erforderlich sind, um die Angemessenheit der Finanzinstrumente oder Wertpapierdienstleistungen für die Kunden beurteilen zu können.

§ 63 Abs. 10 S. 3 und S. 4 WpHG findet somit ausschließlich dann Anwendung, wenn gegenüber Kunden anderer Wertpapierdienstleistungen als die der Anlageberatung iSd § 2 Abs. 8 S. 1 Nr. 10 WpHG oder die der Finanzportfolioverwaltung iSd § 2 Abs. 8 S. 1 Nr. 7 WpHG erbracht werden.

4 Der Anwendungsbereich des § 63 Abs. 10 S. 3 und 4 WpHG erstreckt sich dem Wortlaut nach auf **Kunden**. Unter diesen Kundenbegriff fallen zum einen **Privatkunden** (§ 67 Abs. 1 iVm Abs. 3 WpHG) und zum anderen die **professionellen Kunden** (§ 67 Abs. 1 iVm Abs. 2 WpHG). Aufgrund der Regelung in § 68 Abs. 1 S. 1 WpHG sind vom Kundenbegriff des § 63 Abs. 10 S. 3 und 4 WpHG nicht die **geeigneten Gegenparteien** (§ 67 Abs. 1 iVm Abs. 4 WpHG) erfasst, soweit nicht die Ausnahme in § 68 Abs. 1 S. 2 WpHG greift.

2. Informations- und Hinweispflichten

5 Die in § 63 Abs. 10 S. 3 und 4 WpHG geregelten Hinweis- und Informationspflichten knüpfen daran an, dass nach § 63 Abs. 10 S. 1 iVm S. 5 WpHG vor der Erbringung anderer Wertpapierdienstleistungen als der „Anlageberatung" oder der „Finanzportfolioverwaltung", ein Wertpapierdienstleistungsunternehmen verpflichtet ist, bestimmte Kundenangaben einzuholen. Zu diesen Kun-

---

1 Zur Historie s. Kap. 3 Rn. 3.
2 BGBl. I 2007, 1330 ff.

denangaben zählen die **Informationen über Kenntnisse und Erfahrungen** der Kunden in Bezug auf Geschäfte mit bestimmten Arten von Finanzinstrumenten und/oder in Bezug auf Wertpapierdienstleistungen. Diese Informationen müssen außerdem für das Wertpapierdienstleistungsunternehmen erforderlich sein, um die **Angemessenheit der Finanzinstrumente oder Wertpapierdienstleistungen** für die Kunden beurteilen zu können,[3] was sie in der Regel sind.

§ 63 Abs. 10 S. 5 WpHG verweist auf **Art. 55 und 56 DelVO (EU) 565/2017.** Diese Vorschriften konkretisieren die Pflichten eines Wertpapierdienstleistungsunternehmens im Zusammenhang mit der Prüfung und Beurteilung der Angemessenheit.

Gelangt ein Wertpapierdienstleistungsunternehmen im Rahmen der gesetzlich durchzuführenden Angemessenheitsprüfung auf Basis der von einem Kunden erhaltenen Informationen zu dessen Kenntnissen und Erfahrungen in Bezug auf Geschäfte mit bestimmten Arten von Finanzinstrumenten oder Wertpapierdienstleistungen zu dem Ergebnis, dass die gewünschte Dienstleistung oder das gewünschte Finanzinstrument für diesen **nicht angemessen** ist, ist es nach **§ 63 Abs. 10 S. 3 WpHG** verpflichtet, den Kunden hierauf **hinzuweisen**.

Es handelt sich hierbei um einen **Warnhinweis** für einen Kunden.

Dieser Warnhinweis kann einem Kunden gegenüber nach § 63 Abs. 10 S. 6 WpHG in **standardisierter Form** erfolgen und zB lauten „Wir weisen darauf hin, dass das von ihnen beabsichtigte Geschäft nach ihren von uns ermittelten Kenntnissen und Erfahrungen für sie nicht angemessen ist."[4]

Gesetzlich ist aber weder ein bestimmter Wortlaut noch eine bestimmte Form vorgeschrieben, so dass der Hinweis auch mit einem anderen Wortlaut und auch **mündlich** gegenüber einem Kunden erteilt werden kann.

Aus **Beweisgründen** wird sich in der Praxis aber ein schriftlicher Hinweis anbieten.[5]

Sofern ein Kunde trotz Warnhinweis weiterhin die Durchführung des Geschäfts wünscht, ist das Wertpapierdienstleistungsunternehmen berechtigt, den Auftrag auszuführen.[6]

Erlangt ein Wertpapierdienstleistungsunternehmen hingegen nicht die erforderlichen Informationen nach § 63 Abs. 10 S. 1 WpHG, hat es den Kunden nach **Satz 4** darüber zu **informieren**, dass eine **Beurteilung der Angemessenheit** nicht möglich ist.

Eine solche Information kann ebenfalls nach § 63 Abs. 10 S. 6 WpHG in **standardisierter Form** erfolgen.

Auch hier ist gesetzlich weder ein bestimmter Wortlaut noch eine bestimmte Form vorgeschrieben, so dass die Information sowohl **schriftlich** als auch

---

3   Sind verbundene Dienstleistungen oder Produkte im Sinne des § 63 Abs. 9 WpHG Gegenstand eines Kundenauftrags, muss ein Wertpapierdienstleistungsunternehmen nach § 63 Abs. 10 S.2 WpHG beurteilen, ob das gesamte verbundene Geschäft für einen Kunden angemessen ist.
4   Clouth/Lang/*Schäfer*/*Lang* Rn. 243; *Teubner* BKR 2006, 429 ff.
5   Vgl. auch Clouth/Lang/*Schäfer*/*Lang* Rn. 243; Fuchs/*Fuchs* WpHG § 31 Rn. 318. *Lang* Rn. 243; *Teubner* BKR 2006, 429 ff.
    Vgl. auch Clouth/Lang/*Schäfer*/*Lang* Rn. 243; Fuchs/*Fuchs* WpHG § 31 Rn. 318
6   Clouth/Lang/*Schäfer*/*Lang* Rn 243 angeben; *Teubner* BKR 2006, 429 ff.

mündlich gegenüber einem Kunden erteilt werden kann. Aus **Beweisgründen** wird sich in der Praxis aber auch hier eine schriftliche Information anbieten.

11 Sollte es der Kunde wünschen, kann auch ein Geschäft trotz Information über die fehlende Beurteilungsmöglichkeit der Angemessenheit ausgeführt werden.[7]

3. Zeitpunkt für die Erteilung der Informations- und Hinweispflichten

12 Weder § 63 Abs. 10 S. 3 noch S. 4 WpHG enthalten eine Regelung dazu, wann ein Wertpapierdienstleistungsunternehmen die erforderlichen Informations- und Hinweispflichten zu erteilen hat. Dieser Zeitpunkt wird vielmehr durch § 63 Abs. 10 S. 1 WpHG vorgegeben, auf den § 63 Abs. 10 S. 3 WpHG verweist. Das Wertpapierdienstleistungsunternehmen hat hiernach **vor Erbringung anderer Wertpapierdienstleistungen als der Anlageberatung oder der Finanzportfolioverwaltung** die entsprechenden Informationen und Hinweise gegenüber dem Kunden zu erteilen.

Hintergrund dieser Regelung ist, dass der Kunde von seinem Wertpapierdienstleistungsunternehmen vor Auftragsausführung **gewarnt** werden soll, dass die gewünschte Dienstleistung oder das gewünschte Finanzinstrument für ihn nicht angemessen ist.

III. Tathandlung

13 Ein ordnungswidriges Verhalten liegt nach § 120 Abs. 8 Nr. 47 WpHG vor, wenn das Wertpapierdienstleistungsunternehmen entgegen § 63 Abs. 10 S. 3 oder 4 WpHG einen Hinweis oder eine Information **nicht** oder **nicht rechtzeitig**, dh vor Erbringung der Wertpapierdienstleistung (s. Rn. 12), gibt.

IV. Adressat/Täter

14 Nach § 63 Abs. 10 WpHG obliegt Wertpapierdienstleistungsunternehmen die bußgeldbewehrte Pflicht, Kunden bestimmte Informationen oder Hinweise zu geben. Damit können Adressat/Täter ausschließlich Wertpapierdienstleistungsunternehmen bzw. solche für sie tätigen Mitarbeiter sein, die die in §§ 63 ff. WpHG niedergelegten Verhaltens- und Organisationspflichten einzuhalten haben.

15 § 120 Abs. 27 S. 2 WpHG stellt darüber hinaus klar, dass § 120 Abs. 8 Nr. 41 WpHG auch für Wertpapierdienstleistungsunternehmen und Kreditinstitute gilt, wenn diese Unternehmen **strukturierte Einlagen** iSd § 96 WpHG verkaufen oder über diese beraten.

V. Verschulden

16 Der Verschuldensmaßstab umfasst nach § 120 Abs. 8 WpHG sowohl **Vorsatz** (s. Kap. 3 Rn. 29 ff.) als auch **Leichtfertigkeit** (s. Kap. 3 Rn. 36).

VI. Rechtsfolge

17 Eine vorsätzliche oder leichtfertige Verletzung der Pflichten nach § 63 Abs. 10 S. 3 oder S. 4 WpHG ist nach § 120 Abs. 20 S. 1 WpHG grds. mit einer Geldbuße von bis zu **fünf Mio. Euro** bedroht. Das Gesetz lässt aber in § 120

---

7 Vgl. Clouth/Lang/*Schäfer/Lang* Rn. 248.

Abs. 20 S. 2 ff. WpHG **Ausnahmen** von diesem Grundsatz – und damit auch höhere Geldbußen – zu.

Die erste Ausnahme betrifft ausdrücklich nur **juristische Personen** und **Personenvereinigungen**. § 120 Abs. 20 S. 2 WpHG bestimmt in diesem Zusammenhang, dass gegenüber einer juristischen Person oder Personenvereinigung über S. 1 hinaus eine höhere Geldbuße verhängt werden kann, und zwar in Höhe **von bis zu 10% des Gesamtumsatzes**. Bei der Berechnung dieses Gesamtumsatzes wird auf den Umsatz der juristischen Person oder Personenvereinigung in dem Geschäftsjahr abgestellt, das der Behördenentscheidung vorausging. 18

Im Übrigen findet bei der Berechnung des Gesamtumsatzes **§ 120 Abs. 23 WpHG** Anwendung.

Eine weitere Ausnahme – sowohl gegenüber natürlichen Personen als Täter als auch gegenüber juristischen Personen und Personenvereinigungen als Täter –, regelt § 120 Abs. 20 S. 3 und 4 WpHG. Hiernach kann nach S. 3 dieser Vorschrift über die in S. 1 und 2 genannten Beträge hinaus auch eine Geldbuße **bis zum Zweifachen** des **aus dem Verstoß gezogenen wirtschaftlichen Vorteils** verhängt werden. Der wirtschaftliche Vorteil umfasst nach S. 4 dieser Vorschrift erzielte Gewinne sowie vermiedene Verluste und kann von der BaFin auch geschätzt werden. Wie die Berechnung der Gewinne oder vermiedenen Verluste genau erfolgen soll, regelt das Gesetz hingegen nicht. Es wird hier auf den Einzelfall ankommen, ggf. – soweit erforderlich – unter Berücksichtigung von handelsrechtlichen Grundsätzen. Die Berechnung – genauso wie die Grundlagen für eine etwaige Schätzung – sind von der BaFin in dem von ihr erlassenen Bußgeldbescheid entsprechend darzustellen. 19

§ 17 Abs. 2 OWiG, wonach fahrlässiges Handeln im Höchstmaß nur mit der Hälfte des angedrohten Höchstbetrages der Geldbuße geahndet werden kann, soweit das Gesetz für vorsätzliches und fahrlässiges Handeln eine Geldbuße androht, ohne im Höchstmaß zu unterscheiden, findet gemäß § 120 Abs. 25 WpHG keine Anwendung. 20

Welches konkrete Bußgeld letztendlich gegenüber einem Täter (s. Rn. 14) festgesetzt wird, entscheidet die BaFin in Ausübung ihres jeweiligen Ermessens. Hierbei ist sie im Rahmen der Selbstbindung der Verwaltung insbesondere an die sich selbst gegebenen **WpHG-Bußgeldleitlinien** in der jeweils aktuellen Fassung gebunden.[8] 21

VII. Verfolgungs- und Vollstreckungsverjährung

1. Verfolgungsverjährung

Die Verfolgungsverjährung für diesen Tatbestand bestimmt sich nach § 120 Abs. 26 WpHG iVm §§ 31–33 OWiG. 22

Nach § 120 Abs. 26 WpHG verjährt die Verfolgung des zuvor dargestellten Tatbestandes in drei Jahren. Anders als § 31 OWiG ist die Verjährung damit nicht an das Höchstmaß der Geldbuße gekoppelt.

Der Beginn der Verfolgungsverjährung bestimmt sich dann wieder nach § 31 Abs. 3 OWiG und ein eventuelles Ruhen nach § 32 OWiG.

---

8 BaFin – WpHG-Bußgeldleitlinien II, Stand Januar 2018, abrufbar unter https://www.bafin.de/SharedDocs/Downloads/DE/Leitfaden/WA/dl_bussgeldleitlinien_2016.html.

2. Vollstreckungsverjährug

23 Die Vollstreckungsverjährung für diesen Tatbestand bestimmt sich ausschließlich nach § 34 OWiG.

Kap. 15.5. § 120 Abs. 8 Nr. 52 WpHG Annahme oder Gewährung von Zuwendungen

§ 120 Abs. 8 Nr. 52, Abs. 20, 26 WpHG
Bußgeldvorschriften; Verordnungsermächtigung

(8) Ordnungswidrig handelt, wer vorsätzlich oder leichtfertig
(...)
52. entgegen § 70 Absatz 1 Satz 1, auch in Verbindung mit einer Rechtsverordnung nach § 70 Absatz 9 Nummer 1, eine Zuwendung annimmt oder gewährt,
(...)
(20) [1]Die Ordnungswidrigkeit kann in den Fällen der Absätze 8 und (...) mit einer Geldbuße bis zu fünf Millionen Euro geahndet werden. [2]Gegenüber einer juristischen Person oder Personenvereinigung kann über Satz 1 hinaus eine höhere Geldbuße in Höhe von bis zu 10 Prozent des Gesamtumsatzes, den die juristische Person oder Personenvereinigung im der Behördenentscheidung vorangegangenen Geschäftsjahr erzielt hat, verhängt werden. [3]Über die in den Sätzen 1 und 2 genannten Beträge hinaus kann die Ordnungswidrigkeit mit einer Geldbuße bis zum Zweifachen des aus dem Verstoß gezogenen wirtschaftlichen Vorteils geahndet werden. [4]Der wirtschaftliche Vorteil umfasst erzielte Gewinne und vermiedene Verluste und kann geschätzt werden.
(...)
(26) Die Verfolgung der Ordnungswidrigkeiten nach den Absätzen 17 bis 22 verjährt in drei Jahren.

Literatur: *Assmann*, Interessenskonflikte und „Inducements" im Lichte der Richtlinie über Märkte für Finanzinstrumente (MiFID) und der MiFID-Durchführungsrichtlinie, ÖBA 2007, 40 ff.; *Fuchs* (Hrsg.), WpHG Kommentar, 2. Aufl. 2016.

I. Historie des Bußgeldtatbestands ... 1	IV. Adressat/Täter ... 16
II. Grundtatbestand ... 2	V. Verschulden ... 18
1. Grundsatz: Zuwendungsverbot ... 7	VI. Rechtsfolge ... 19
2. Ausnahmen vom Zuwendungsverbot ... 12	VII. Verfolgungs- und Vollstreckungsverjährung ... 24
III. Tathandlung ... 15	1. Verfolgungsverjährung ... 24
	2. Vollstreckungsverjährug ... 25

I. Historie des Bußgeldtatbestands

1 Der neue § 120 Abs. 8 Nr. 52 WpHG war ausschließlich von der Neunummerierung des Gesetzes durch das 2. FiMaNoG betroffen.[1] Die nahezu inhaltsgleiche Vorgängernorm zu diesem Bußgeldtatbestand fand sich in § 39 Abs. 2 Nr. 17 b WpHG aF und wurde durch das Gesetz zur Stärkung des Anleger-

---
1 Zur Historie s. Kap. 3 Rn. 3.

schutzes und Verbesserung der Funktionsfähigkeit des Kapitalmarkts (AnlSVG)[2] vom 5.4.2011 in den Bußgeldkatalog aufgenommen.

II. Grundtatbestand

§ 120 Abs. 8 Nr. 52 WpHG, der auf § 70 Abs. 1 S. 1 iVm § 70 Abs. 9 WpHG Bezug nimmt, sanktioniert Verstöße gegen das Verbot der Annahme und Gewährung von Zuwendungen.

Eine ähnliche Regelung fand sich vormals in § 31 d Abs. 1 S. 1 WpHG aF und beruhte auf Art. 26 der Durchführungsrichtlinie 2006/73/EG. Der neue § 70 Abs. 1 S. 1 WpHG beruht auf der Umsetzung von Art. 24 Abs. 9 RL 2014/65/EU, der die alte Regelung nahezu (s. Rn. 9 und 12) wortgleich übernommen hat.[3]

Das gesetzlich normierte (grundsätzliche) Verbot der Annahme und Gewährung von Zuwendungen ist Ausfluss des gesetzgeberischen Willens der **Bekämpfung und Vermeidung von Interessenskonflikten** bei der Erbringung von Wertpapier(neben)dienstleistungen.[4] Die Wahrung von Kundeninteressen soll nicht dadurch gefährdet werden, dass dem beauftragten Wertpapierdienstleistungsunternehmen durch Dritte Geldleistungen oder geldwerte Vorteile gewährt oder versprochen werden.[5] Die Schaffung solcher (externen) Anreize birgt die Gefahr eines opportunistischen Verhaltens von Wertpapierdienstleistungsunternehmen,[6] so dass sie möglicherweise ihre eigenen Interessen über die der Kunden stellen. Bei Offenlegung eines solchen Interessenskonflikts besteht nach Intention des Gesetzgebers zumindest die (theoretische) Möglichkeit, dass der Kunde eine bewusste Risikoabwägung vornimmt.[7]

§ 70 Abs. 1 S. 1 WpHG statuiert zunächst ein **Verbot** der Annahme und Gewährung von Zuwendungen (s. Rn. 7 ff.), lässt aber unter engen Voraussetzungen auch **Ausnahmen** von diesem Verbot zu (s. Rn. 12 ff.).

Der Anwendungsbereich des § 70 Abs. 1 S. 1 WpHG erstreckt sich dabei auf alle Wertpapierdienstleistungsunternehmen (§ 2 Abs. 10 WpHG) die Wertpapierdienstleistungen (§ 2 Abs. 8 WpHG) oder Wertpapiernebendienstleistungen (§ 2 Abs. 9 WpHG) gegenüber ihren Kunden erbringen.

Soweit ein Wertpapierdienstleistungsunternehmen jedoch die **unabhängige Honoraranlageberatung** oder die **Finanzportfolioverwaltung** gegenüber Kunden erbringt, gelten die besonderen Bestimmungen des § 64 Abs. 5 WpHG bzw. § 64 Abs. 7 WpHG. Im Übrigen bebusst § **120 Abs. 8 Nr. 45 WpHG** die Annahme und Gewährung von Zuwendungen im Zusammenhang mit der Finanzportfolioverwaltung gesondert und ist damit lex specialis gegenüber § 120 Abs. 8 Nr. 52 WpHG.

Von der Norm werden sowohl die **Privatkunden** (§ 67 Abs. 1 iVm Abs. 3 WpHG) als auch die **professionellen Kunden** (§ 67 Abs. 1 iVm Abs. 2 WpHG) geschützt. Aufgrund der Regelung in § 68 Abs. 1 S. 1 WpHG unterfallen hin-

---

2 BGBl. I 2011, 538.
3 BT-Drs. 18/10936, 238.
4 Vgl. auch Fuchs/*Fuchs* WpHG § 31 d Rn. 1 a.
5 Vgl. auch Fuchs/*Fuchs* WpHG § 31 d Rn. 1 a.
6 Vgl. auch *Assmann* ÖBA 2007, 40 ff.
7 Vgl. auch Fuchs/*Fuchs* WpHG § 31 d Rn. 1 a.

gegen die **geeigneten Gegenparteien** (§ 67 Abs. 1 iVm Abs. 4 WpHG) nicht dem Anwendungsbereich des § 70 WpHG, soweit nicht die Ausnahme in § 68 Abs. 1 S. 2 WpHG greift.

1. Grundsatz: Zuwendungsverbot

7 § 70 Abs. 1 S. 1 1. Hs. WpHG statuiert zunächst den **Grundsatz des Zuwendungsregimes**. Hiernach darf ein Wertpapierdienstleistungsunternehmen im Zusammenhang mit der Erbringung von Wertpapierdienstleistungen oder Wertpapiernebendienstleistungen **keine Zuwendungen** von Dritten annehmen oder gewähren, die nicht Kunden dieser Dienstleistung sind oder nicht im Auftrag des Kunden tätig werden.

8 Die Regelung erfasst damit ein grundsätzliches Zuwendungsverbot, dass in zwei verschiedene Richtungen wirkt. Zum einen betrifft es die **Annahme** und zum anderen die **Gewährung** von Zuwendungen von/an Dritte, die nicht Kunden der Dienstleistung sind oder nicht im Auftrag der Kunden tätig werden.

Dritte sind dabei alle außerhalb des Verhältnisses zwischen dem Wertpapierdienstleistungsunternehmen und dem Kunden stehenden Personen und Unternehmen.[8]

9 Durch die Umsetzung der MiFID II durch das 2. FiMaNoG kam es zu einer Aufhebung des § 31 d Abs. 1 S. 2 WpHG aF und zu einer Ergänzung[9] des § 70 Abs. 1 S. 1 WpHG nF Durch diese Ergänzung wird klargestellt, dass auch nicht Dritter im Sinne der Regelung ist, wer **im Auftrag des Kunden** der Dienstleistung tätig wird.[10]

10 Der Begriff der **Zuwendungen** wird in § 70 Abs. 2 WpHG definiert. Hiernach sind Zuwendungen Provisionen, Gebühren oder sonstige Geldleistungen sowie nicht monetäre Vorteile.[11] Zu letzterem gehören etwa die Erbringung von Dienstleistungen, das Überlassen von IT-Hardware oder Software oder die Durchführung von Schulungen.[12] Ebenso fällt die Bereitstellung von „obligatorischen Dokumenten" wie Verkaufsprospekten oder Rechenschaftsberichten unter diesen Terminus. Als nicht monetärer Vorteil gilt ferner die Reduzierung von Kosten durch einen Dritten, wenn das Wertpapierdienstleistungsunternehmen dem Kunden diese Gebühren oder Kosten voll berechnet.[13]

11 **Gebühren und Entgelte**, die die Erbringung von Wertpapierdienstleistungen erst ermöglichen oder dafür notwendig sind, und die ihrer Art nach nicht geeignet sind, die Erfüllung der Pflicht nach § 63 Abs. 1 WpHG zu gefährden, sind nach § 70 Abs. 7 WpHG von dem Verbot nach Abs. 1 **ausgenommen**.[14] Zu diesen Gebühren und Entgelten gehören bspw. die Kosten für die Verwahrung bei Zentral- oder Sammelverwahrern, die Abwicklungskosten oder Kos-

---

8 BT-Drs. 16/4028, 67.
9 Es wurde der Zusatz „oder nicht im Auftrag des Kunden tätig werden" aufgenommen.
10 BT-Drs. 18/10936, 238.
11 § 70 Abs. 2 WpHG benutzt gegenüber der Vorgängerregelung die Begrifflichkeit „nicht monetäre Vorteile", ohne dass damit eine inhaltliche Änderung zur ursprünglichen Begrifflichkeit erfolgen sollte – vgl. BT-Drs. 18/10936, 38.
12 BT-Drs. 16/4028, 67.
13 BT-Drs. 16/4028, 67.
14 Eine inhaltsgleiche Regelung fand sich in der Vorgängernorm § 31 d Abs. 5 WpHG aF.

ten für die Nutzung von Handelsplätzen. Daneben kommen aber auch gesetzliche oder behördliche Gebühren oder etwaige notarielle Kosten in Betracht.

2. Ausnahmen vom Zuwendungsverbot

Das Verbot der Annahme oder Gewährung von Zuwendungen gilt allerdings nach § 70 Abs. 1 S. 1 2. Hs. WpHG dann nicht, wenn folgende Voraussetzungen kumulativ vorliegen: 12

- die Zuwendung ist darauf ausgelegt, die **Qualität** der für den Kunden erbrachten Dienstleistung zu verbessern und steht der ordnungsgemäßen Erbringung der Dienstleistung im bestmöglichen Interesse des Kunden im Sinne des § 63 Abs. 1 WpHG nicht entgegen und
- Existenz, Art und Umfang der Zuwendung oder, soweit sich der Umfang noch nicht bestimmen lässt, die Art und Weise seiner Berechnung, wird dem Kunden vor der Erbringung der Wertpapierdienstleistung oder Wertpapiernebendienstleistung in umfassender, zutreffender und verständlicher Weise unmissverständlich[15] **offen gelegt.**

Die erste Ausnahmevoraussetzung wird durch § 70 Abs. 9 Nr. 1 WpHG iVm § 6 Abs. 2 WpDVerOV konkretisiert. Hiernach ist eine Zuwendung darauf ausgelegt, die **Qualität der Dienstleistung** für den Kunden zu verbessern, wenn 13

1. sie durch die Erbringung einer zusätzlichen oder höherwertigen Dienstleistung für den jeweiligen Kunden gerechtfertigt ist, die in angemessenem Verhältnis zum Umfang der erhaltenen Zuwendung steht,[16]
2. sie nicht unmittelbar dem annehmenden oder gewährenden Wertpapierdienstleistungsunternehmen, dessen Gesellschaftern oder Beschäftigten zugutekommt, ohne zugleich einen konkreten Vorteil für den jeweiligen Kunden darzustellen, und
3. sie durch die Gewährung eines fortlaufenden Vorteils für den betreffenden Kunden in Relation zu einer laufenden Zuwendung gerechtfertigt ist.

§ 6 Abs. 2 S. 2 WpDVerOV stellt demgegenüber klar, dass eine Zuwendung die Qualität der Dienstleistung für den Kunden hingegen **nicht verbessert,** wenn die Dienstleistung dadurch in voreingenommener Weise oder nicht im besten Kundeninteresse erbracht wird.

Daneben statuiert § 6 Abs. 2 S. 3 WpDVerOV klarstellend, dass Wertpapierdienstleistungsunternehmen die zuvor dargestellten **Bedingungen fortlaufend erfüllen müssen,** solange sie die Zuwendung erhalten oder gewähren.

Die zweite Ausnahmevoraussetzung wird durch § 70 Abs. 4 WpHG konkretisiert. Hiernach kann die Offenlegung im Falle geringfügiger nichtmonetärer Vorteile in Form einer generischen Beschreibung erfolgen. Andere nichtmonetäre Vorteile, die das Wertpapierdienstleistungsunternehmen im Zusammenhang mit der für einen Kunden erbrachten Wertpapierdienstleistung oder 14

---

15 Die Vorgängernorm sprach in § 31 d Abs. 1 S. 1 Nr. 2 WpHG aF von „deutlich". Die neue Regelung drückt hierbei nichts anderes aus.
16 Was dies konkret bedeutet, führt die Norm unter Anführungen von Beispielen näher aus; hierzu zählt bspw. das Ermöglichen eines verbesserten Zugangs zu Beratungsdienstleistungen, etwa durch die Bereitstellung eines weitverzweigten Filialberaternetzwerkes, das für den Kunden die Vor-Ort-Verfügbarkeit qualifizierter Anlageberater auch in ländlichen Regionen sicherstellt.

Wertpapiernebendienstleistung annimmt oder gewährt, sind der Höhe nach anzugeben und separat offenzulegen. Bezüglich der Einzelheiten zu den Anforderungen wird im Übrigen auf Art. 50 DelVO (EU) 2017/565 verwiesen.

III. Tathandlung

15 Ein ordnungswidriges Verhalten liegt nach § 120 Abs. 8 Nr. 52 WpHG vor, wenn ein Wertpapierdienstleistungsunternehmen entgegen § 70 Abs. 1 S. 1 WpHG entweder eine Zuwendung **annimmt** oder **gewährt**.

IV. Adressat/Täter

16 §§ 120 Abs. 8 Nr. 52 WpHG ahndet Verstöße von Wertpapierdienstleistungsunternehmen im Zusammenhang mit der Annahme oder Gewährung von Zuwendungen. Damit können Adressat/Täter ausschließlich Wertpapierdienstleistungsunternehmen sein.

17 § 120 Abs. 27 S. 2 WpHG stellt darüber hinaus klar, dass § 120 Abs. 8 Nr. 52 WpHG auch für Wertpapierdienstleistungsunternehmen und Kreditinstitute gilt, wenn diese Unternehmen **strukturierte Einlagen** iSd § 96 WpHG verkaufen oder über diese beraten.

V. Verschulden

18 Der Verschuldensmaßstab umfasst nach § 120 Abs. 8 WpHG sowohl **Vorsatz** (s. Kap. 3 Rn. 29 ff.) als auch **Leichtfertigkeit** (s. Kap. 3 Rn. 36).

VI. Rechtsfolge

19 Eine vorsätzliche oder leichtfertige Verletzung des § 70 Abs. 1 S. 1 WpHG ist nach § 120 Abs. 20 S. 1 WpHG grds. mit einer Geldbuße von bis zu **fünf Mio. Euro** bedroht. Das Gesetz lässt aber in § 120 Abs. 20 S. 2 ff. WpHG **Ausnahmen** von diesem Grundsatz – und damit auch höhere Geldbußen – zu.

20 Die erste Ausnahme betrifft ausdrücklich nur **juristische Personen** und **Personenvereinigungen**. § 120 Abs. 20 S. 2 WpHG bestimmt in diesem Zusammenhang, dass gegenüber einer juristischen Person oder Personenvereinigung über S. 1 hinaus eine höhere Geldbuße verhängt werden kann, und zwar in Höhe **von bis zu 10% des Gesamtumsatzes**. Bei der Berechnung dieses Gesamtumsatzes wird auf den Umsatz der juristischen Person oder Personenvereinigung in dem Geschäftsjahr abgestellt, das der Behördenentscheidung vorausging.

Im Übrigen findet bei der Berechnung des Gesamtumsatzes **§ 120 Abs. 23 WpHG** Anwendung.

21 Eine weitere Ausnahme – sowohl gegenüber natürlichen Personen als Täter als auch gegenüber juristischen Personen und Personenvereinigungen als Täter -, regelt § 120 Abs. 20 S. 3 und 4 WpHG. Hiernach kann nach S. 3 dieser Vorschrift über die in S. 1 und 2 genannten Beträge hinaus auch eine Geldbuße **bis zum Zweifachen** des **aus dem Verstoß gezogenen wirtschaftlichen Vorteils** verhängt werden. Der wirtschaftliche Vorteil umfasst nach S. 4 dieser Vorschrift erzielte Gewinne sowie vermiedene Verluste und kann von der BaFin auch geschätzt werden. Wie die Berechnung der Gewinne oder vermiedenen Verluste genau erfolgen soll, regelt das Gesetz hingegen nicht. Es wird hier auf den Einzelfall ankommen, ggf. – soweit erforderlich – unter Berücksichtigung von

handelsrechtlichen Grundsätzen. Die Berechnung – genauso wie die Grundlagen für eine etwaige Schätzung – sind von der BaFin in dem von ihr erlassenen Bußgeldbescheid entsprechend darzustellen.

§ 17 Abs. 2 OWiG, wonach fahrlässiges Handeln im Höchstmaß nur mit der Hälfte des angedrohten Höchstbetrages der Geldbuße geahndet werden kann, soweit das Gesetz für vorsätzliches und fahrlässiges Handeln eine Geldbuße androht, ohne im Höchstmaß zu unterscheiden, findet gemäß § 120 Abs. 25 S. 1 WpHG keine Anwendung

Welches konkrete Bußgeld letztendlich gegenüber einem Täter (s. Rn. 16) festgesetzt wird, entscheidet die BaFin in Ausübung ihres jeweiligen Ermessens. Hierbei ist sie im Rahmen der Selbstbindung der Verwaltung insbesondere an die sich selbst gegebenen **WpHG-Bußgeldleitlinien** in der jeweils aktuellen Fassung gebunden.[17]

VII. Verfolgungs- und Vollstreckungsverjährung

1. Verfolgungsverjährung

Die Verfolgungsverjährung für diesen Tatbestand bestimmt sich nach § 120 Abs. 26 WpHG iVm §§ 31–33 OWiG.

Nach § 120 Abs. 26 WpHG verjährt die Verfolgung des zuvor dargestellten Tatbestandes in drei Jahren. Anders als § 31 OWiG ist die Verjährung damit nicht an das Höchstmaß der Geldbuße gekoppelt.

Der Beginn der Verfolgungsverjährung bestimmt sich dann wieder nach § 31 Abs. 3 OWiG und ein eventuelles Ruhen nach § 32 OWiG.

2. Vollstreckungsverjährug

Die Vollstreckungsverjährung für diesen Tatbestand bestimmt sich ausschließlich nach § 34 OWiG.

Kap. 15.6. §§ 120 Abs. 8 Nr. 115–118 WpHG Pflichten im Zusammenhang mit der bestmöglichen Ausführung von Kundenaufträgen

§§ 120 Abs. 8 Nr. 115, 116, 117, 118, Abs. 20, 26 WpHG
Bußgeldvorschriften; Verordnungsermächtigung

(8) Ordnungswidrig handelt, wer vorsätzlich oder leichtfertig
(…)
115. entgegen § 82 Absatz 5 Satz 2, auch in Verbindung mit dem auf Grundlage von Artikel 27 Absatz 9 in Verbindung mit Artikel 89 der Richtlinie 2014/65/EU erlassenen delegierten Rechtsakt der Europäischen Kommission, einen dort genannten Hinweis nicht oder nicht rechtzeitig gibt oder eine dort genannte Einwilligung nicht oder nicht rechtzeitig einholt,
116. entgegen § 82 Absatz 6 Nummer 1, auch in Verbindung mit dem auf Grundlage von Artikel 27 Absatz 9 in Verbindung mit Artikel 89 der Richtlinie 2014/65/EU erlassenen delegierten Rechtsakt der Europä-

---

[17] BaFin – WpHG-Bußgeldleitlinien II, Stand Januar 2018, abrufbar unter https://www.bafin.de/SharedDocs/Downloads/DE/Leitfaden/WA/dl_bussgeldleitlinien_2016.html.

ischen Kommission, einen Kunden nicht, nicht richtig, nicht in der vorgeschriebenen Weise oder nicht rechtzeitig informiert,

117. entgegen § 82 Absatz 6 Nummer 1 eine dort genannte Zustimmung nicht oder nicht rechtzeitig einholt,

118. entgegen § 82 Absatz 6 Nummer 2, auch in Verbindung mit dem auf Grundlage von Artikel 27 Absatz 9 in Verbindung mit Artikel 89 der Richtlinie 2014/65/EU erlassenen delegierten Rechtsakt der Europäischen Kommission, eine dort genannte Mitteilung nicht, nicht richtig, nicht in der vorgeschriebenen Weise oder nicht rechtzeitig macht,

(...)

(20) ¹Die Ordnungswidrigkeit kann in den Fällen der Absätze 8 und (...) mit einer Geldbuße bis zu fünf Millionen Euro geahndet werden. ²Gegenüber einer juristischen Person oder Personenvereinigung kann über Satz 1 hinaus eine höhere Geldbuße in Höhe von bis zu 10 Prozent des Gesamtumsatzes, den die juristische Person oder Personenvereinigung im der Behördenentscheidung vorangegangenen Geschäftsjahr erzielt hat, verhängt werden. ³Über die in den Sätzen 1 und 2 genannten Beträge hinaus kann die Ordnungswidrigkeit mit einer Geldbuße bis zum Zweifachen des aus dem Verstoß gezogenen wirtschaftlichen Vorteils geahndet werden. ⁴Der wirtschaftliche Vorteil umfasst erzielte Gewinne und vermiedene Verluste und kann geschätzt werden.

(...)

(26) Die Verfolgung der Ordnungswidrigkeiten nach den Absätzen 17 bis 22 verjährt in drei Jahren.

Literatur: *Clouth/Lang* (Hrsg.), MiFID Praktikerhandbuch, 2007; *Dierkes*, Best Execution in der deutschen Börsenlandschaft, ZBB 2008, 11; *Fuchs* (Hrsg.), WpHG Kommentar, 2. Aufl. 2016; *Zingel*, Die Verpflichtung zur bestmöglichen Ausführung von Kundenaufträgen nach dem Finanzmarkt-Richtlinie-Umsetzungsgesetz, BKR 2007, 173.

I. Historie des Bußgeldtatbestands 1	2. Nach § 120 Abs. 8 Nr. 116 iVm § 82 Abs. 6 S. 1 Nr. 1 WpHG 14
II. Grundtatbestand 2	
1. Hinweispflicht und Plicht zur Einholung von Einwilligungen nach § 82 Abs. 5 S. 2 WpHG 5	3. Nach § 120 Abs. 8 Nr. 117 iVm § 82 Abs. 6 S. 1 Nr. 1 WpHG 16
2. Informationspflicht nach § 82 Abs. 6 S. 1 Nr. 1 WpHG 8	4. Nach § 120 Abs. 8 Nr. 118 iVm § 82 Abs. 6 S. 1 Nr. 2 WpHG 17
3. Plicht zur Einholung von Zustimmungen nach § 82 Abs. 6 S. 1 Nr. 1 WpHG 10	IV. Adressat/Täter 19
	V. Verschulden 20
	VI. Rechtsfolge 21
4. Plicht zur Mitteilung nach § 82 Abs. 6 S. 1 Nr. 2 WpHG 12	VII. Verfolgungs- und Vollstreckungsverjährung 26
III. Tathandlung 13	1. Verfolgungsverjährung 26
1. Nach § 120 Abs. 8 Nr. 115 iVm § 82 Abs. 5 S. 2 WpHG 13	2. Vollstreckungsverjährug..... 27

I. Historie des Bußgeldtatbestands

Die neuen §§ 120 Abs. 8 Nr. 115 bis 117 WpHG waren zuvor in einer Norm, nämlich in § 39 Abs. 2 Nr. 18 WpHG aF geregelt. Im Gegensatz zur Vorgängernorm kam es durch die Neufassung zum einen zu einer Konkretisierung dieser Tatbestände (s. Rn. 6, 15 und 18) und zum anderen zu einem Wegfall eines Bußgeldtatbestandes (s. Rn. 2). Der § 120 Abs. 8 Nr. 118 WpHG war hingegen inhaltsgleich bereits im § 39 Abs. 2 Nr. 19 WpHG aF enthalten.

§ 39 Abs. 2 Nr. 18 und Nr. 19 WpHG aF wurde mit dem **Gesetz zur Umsetzung der Richtlinie über Märkte für Finanzinstrumente und der Durchführungsrichtlinie der Kommission (Finanzmarktrichtlinie-Umsetzungsgesetz „FRUG")**[1] vom 16.7.2007 in den Bußgeldkatalog aufgenommen.

II. Grundtatbestand

§§ 120 Abs. 8 Nr. 115–118 WpHG, die auf § 82 Abs. 5 S. 2, Abs. 6 Nr. 1 und Nr. 2 WpHG Bezug nehmen, sanktionieren vorsätzliche und leichtfertige Verstöße im Zusammenhang mit der bestmöglichen Ausführung von Kundenaufträgen und dienen der Sicherung des **Anlegerschutzes.**[2]

Im Gegensatz zur Vorgängernorm, § 39 Abs. 2 Nr. 18 WpHG aF, der auch die Ahndung eines Verstoßes gegen § 33 a Abs. 6 Nr. 2 WpHG aF[3] vorsah, findet sich in den §§ 120 Abs. 8 Nr. 115–118 WpHG keine vergleichbare Regelung mehr. Hintergrund ist, dass in § 82 WpHG keine entsprechende Regelung mehr aufgenommen wurde, da sich die Regelung des § 33 a Abs. 6 Nr. 2 WpHG aF nunmehr in der unmittelbar geltenden DelVO 2017/565 (Art. 66 Abs. 3 lit.f) wiederfindet, jedoch nicht mehr separat bebußt wird.

Der **Anwendungsbereich** dieser Vorschriften erstreckt sich nach § 82 Abs. 1 WpHG auf alle Wertpapierdienstleistungsunternehmen, die Aufträge ihrer Kunden für den **Kauf oder Verkauf von Finanzinstrumenten im Sinne des § 2 Abs. 8 S. 1 Nr. 1–3 WpHG** ausführen.

Von den Regelungen werden sowohl die **Privatkunden** (§ 67 Abs. 1 iVm Abs. 3 WpHG) als auch die **professionellen Kunden** (§ 67 Abs. 1 iVm Abs. 2 WpHG) geschützt. Aufgrund der Regelung in § 68 Abs. 1 S. 1 WpHG unterfallen die **geeigneten Gegenparteien** (§ 67 Abs. 1 iVm Abs. 4 WpHG) nicht dem Anwendungsbereich des § 82 WpHG, soweit nicht die Ausnahme in § 68 Abs. 1 S. 2 WpHG greift.

1. Hinweispflicht und Plicht zur Einholung von Einwilligungen nach § 82 Abs. 5 S. 2 WpHG

Soweit die Ausführungsgrundsätze im Sinne des § 82 Abs. 1 Nr. 1 WpHG auch eine Auftragsausführung außerhalb von Handelsplätzen im Sinne von § 2 Abs. 22 WpHG zulassen, sind Wertpapierdienstleistungsunternehmen nach § 82 Abs. 5 S. 2 WpHG verpflichtet, die Kunden auf diesen Umstand **gesondert**

---

1 BGBl. I 2007, 1330 ff.
2 Vgl. auch Fuchs/*Waßmer* WpHG § 39 Rn. 148.
3 Hinweispflicht gegenüber Privatkunden, dass im Falle einer Kundenweisung das Wertpapierdienstleistungsunternehmen den Auftrag entsprechend der Kundenweisung ausführt und insoweit nicht verpflichtet ist, den Auftrag entsprechend seinen Grundsätzen zur Auftragsausführung zum bestmöglichen Ergebnis auszuführen.

hinzuweisen und deren **ausdrückliche Einwilligung generell oder in Bezug auf jedes Geschäft** einzuholen, bevor die Kundenaufträge an diesen Ausführungsplätzen ausgeführt werden.

6 Im Gegensatz zur Vorgängerregelung, gilt § 82 Abs. 5 S. 2 WpHG in Umsetzung von Art. 27 Abs. 5 UAbs. 3 RL 2014/65/EU nunmehr allgemein für **Handelsplätze nach § 2 Abs. 22 WpHG**. Handelsplätze sind hiernach ein organisierter Markt, ein multilaterales Handelssystem oder ein organisiertes Handelssystem.

7 Hinsichtlich der Einholung der **ausdrücklichen Einwilligung** eines Kunden bestehen keine besonderen Formerfordernisse.[4] Sie kann sowohl mündlich, schriftlich als auch elektronisch übermittelt werden, wenngleich in der Praxis eine verschriftlicht eingeholte, ausdrückliche Einwilligung aus Beweisgründen die Regel sein dürfte.

Eine Erteilung einer solchen ausdrücklichen Einwilligung im Rahmen von allgemeinen Geschäftsbedingungen ist hingegen nicht möglich.[5]

Bezüglich **Festpreisgeschäften** besteht jedoch die Besonderheit, dass bereits in der auf Vertragsschluss gerichteten Willenserklärung des Kunden die nach § 82 Abs. 5 S. 2 WpHG erforderliche ausdrückliche Einwilligung gesehen wird.[6]

2. Informationspflicht nach § 82 Abs. 6 S. 1 Nr. 1 WpHG

8 Nach § 82 Abs. 6 S. 1 Nr. 1 WpHG, der zuvor inhaltsgleich in § 33 a Abs. 6 Nr. 1 WpHG aF geregelt war, ist das Wertpapierdienstleistungsunternehmen verpflichtet, seine Kunden rechtzeitig, nämlich **vor der erstmaligen Erbringung von Wertpapierdienstleistungen**, über seine **Ausführungsgrundsätze zu informieren**.

Diese Vorschrift wird durch den neu eingeführten § 82 Abs. 6 S. 2 WpHG konkretisiert. Dieser bestimmt, dass die **Informationen über die Ausführungsgrundsätze** klar, ausführlich und auf eine für den Kunden verständliche Weise erläutern müssen, wie das Wertpapierdienstleistungsunternehmen die Kundenaufträge ausführt.

9 Der Informationspflicht eines Wertpapierdienstleistungsunternehmens ist dann Genüge getan, wenn ein Kunde eine **ausreichend informierte Entscheidung** darüber treffen kann, ob er die vom Wertpapierdienstleistungsunternehmen angebotene Dienstleistung annehmen will.

3. Plicht zur Einholung von Zustimmungen nach § 82 Abs. 6 S. 1 Nr. 1 WpHG

10 Neben der unter Rn. 8 dargestellten Informationspflicht statuiert § 82 Abs. 6 S. 1 Nr. 1 WpHG auch die Pflicht die **Zustimmung** der Kunden zu den Ausführungsgrundsätzen einzuholen.

11 Anders als § 82 Abs. 5 S. 2 WpHG fordert der Wortlaut des § 82 Abs. 6 S. 1 Nr. 1 WpHG **keine ausdrückliche Zustimmung**. Die Zustimmung kann damit

---

4 Vgl. Fuchs/*Zimmermann* WpHG § 33 a Rn. 30; *Zingel* BKR 2007, 173 ff.
5 Vgl. auch Fuchs/*Zimmermann* WpHG § 33 a Rn. 30; *Zingel* BKR 2007, 173 ff.; Clouth/Lang/*Irmen* Rn. 782.
6 Vgl. auch Fuchs/*Zimmermann* WpHG § 33 a Rn. 30 f.; Clouth/Lang/*Irmen* Rn. 782.

sowohl formfrei (bspw. mündlich, schriftlich, elektronisch) als auch formularmäßig, also standardisiert erfolgen.[7]

Da die Zustimmung des Kunden vor der erstmaligen Erbringung der ersten Wertpapierdienstleistung vom Wertpapierdienstleistungsunternehmen einzuholen ist, wird diese in der Praxis in der Regeln mit der Zurverfügungstellung der **Sonderbedingungen für Wertpapiergeschäfte**, die unter Ziffer 2 die Ausführungsgrundsätze einbeziehen, und deren Akzeptanz durch die Kunden, erfolgen.

4. Plicht zur Mitteilung nach § 82 Abs. 6 S. 1 Nr. 2 WpHG

Nach § 82 Abs. 6 S. 1 Nr. 2 WpHG, der vormals gleichlautend in § 33 a Abs. 6 Nr. 3 WpHG aF geregelt war, muss ein Wertpapierdienstleistungsunternehme seinen Kunden auch **wesentliche Änderungen** der Vorkehrungen nach § 82 Abs. 1 Nr. 1 WpHG **unverzüglich** (§ 121 BGB) mitteilen.

12

III. Tathandlung

1. Nach § 120 Abs. 8 Nr. 115 iVm § 82 Abs. 5 S. 2 WpHG

Ein ordnungswidriges Verhalten liegt nach § 120 Abs. 8 Nr. 115 WpHG vor, wenn ein Wertpapierdienstleistungsunternehmen entgegen § 82 Abs. 5 S. 2 WpHG einen dort genannten Hinweis **nicht** oder **nicht rechtzeitig** gibt oder eine dort genannte Einwilligung **nicht** oder **nicht rechtzeitig** einholt.

13

Ein Hinweis gilt nach dieser Norm dann nicht als erteilt bzw. eine Einwilligung dann nicht als eingeholt, wenn dies jeweils vollständig **unterlassen** wurden. Demgegenüber erfolgt ein Hinweis bzw. die eingeholte Einwilligung dann nicht rechtzeitig, wenn dies erst **nach Ausführung der Kundenaufträge** bzw. **nach der erstmaligen Erbringung von Wertpapierdienstleistungen** geschieht.

2. Nach § 120 Abs. 8 Nr. 116 iVm § 82 Abs. 6 S. 1 Nr. 1 WpHG

Ein ordnungswidriges Verhalten liegt nach § 120 Abs. 8 Nr. 116 WpHG vor, wenn ein Wertpapierdienstleistungsunternehmen entgegen § 82 Abs. 6 S. 1 Nr. 1 WpHG einen Kunden **nicht, nicht richtig, nicht in der vorgeschriebenen Weise** oder **nicht rechtzeitig** informiert.

14

Dieser neue Tatbestand geht über den des § 39 Abs. 2 Nr. 18 WpHG aF hinaus, der lediglich den Fall sanktioniert,, dass ein Wertpapierdienstleistungsunternehmen seinen Kunden nicht oder nicht rechtzeitig informierte.

Ein Kunde wird hiernach nicht über die Ausführungsgrundsätze informiert, wenn jegliche Information hierzu gegenüber einem Kunden **unterbleibt**. Nicht richtig erfolgt eine Information gegenüber einem Kunden, wenn sie **unvollständig oder inhaltlich falsch** ist. Demgegenüber wird ein Kunde nicht in der vorgeschriebenen Weise informiert, wenn ein Verstoß gegen § 82 Abs. 6 S. 2 WpHG vorliegt (s. Rn. 8). Nicht rechtzeitig ist eine Information gegenüber einem Kunden dann, wenn sie erst **nach Ausführung des Kundenauftrages** bzw. **nach der erstmaligen Erbringung von Wertpapierdienstleistungen** erfolgt.

15

---

7 Vgl. auch *Dierkes* ZBB 2008, 11 f.; Clouth/Lang/*Irmen* Rn. 781.

3. Nach § 120 Abs. 8 Nr. 117 iVm § 82 Abs. 6 S. 1 Nr. 1 WpHG

16 Ein ordnungswidriges Verhalten liegt nach § 120 Abs. 8 Nr. 117 WpHG vor, wenn ein Wertpapierdienstleistungsunternehmen entgegen § 82 Abs. 6 S. 1 Nr. 1 WpHG die Zustimmung von einem Kunden **nicht** oder **nicht rechtzeitig** einholt.

Eine Zustimmung gilt nach dieser Norm dann nicht als eingeholt, wenn das Wertpapierdienstleistungsunternehmen die Einholung vollständig **unterlassen** hat. Die Zustimmung wurde hingegen nicht rechtzeitig eingeholt, wenn sie erst **nach Ausführung der Kundenaufträge** bzw. **nach der erstmaligen Erbringung von Wertpapierdienstleistungen** beim Kunden eingeholt wurde.

4. Nach § 120 Abs. 8 Nr. 118 iVm § 82 Abs. 6 S. 1 Nr. 2 WpHG

17 Ein ordnungswidriges Verhalten liegt nach § 120 Abs. 8 Nr. 118 WpHG vor, wenn ein Wertpapierdienstleistungsunternehmen entgegen § 82 Abs. 6 S. 1 Nr. 2 WpHG eine Mitteilung **nicht, nicht richtig, nicht in der vorgeschriebenen Weise** oder **nicht rechtzeitig** macht.

Dieser neue Tatbestand geht über den des § 39 Abs. 2 Nr. 19 WpHG aF hinaus, der lediglich bebußte, wenn ein Wertpapierdienstleistungsunternehmen seinen Kunden eine Mitteilung nicht richtig oder nicht vollständig machte, wenngleich auch nach der alten Rechtslage angenommen wurde, dass entgegen dem eindeutigen Wortlaut auch der Fall einer „Nicht"-Mitteilung erfasst gewesen sei.[8]

18 Einem Kunden werden nicht die wesentlichen Änderungen der Vorkehrungen nach § 82 Abs. 1 Nr. 1 WpHG mittgeteilt, wenn eine solche Mitteilung **vollständig unterbleibt**. Nicht richtig erfolgt eine solche Mitteilung, wenn sie einem Kunden gegenüber **entweder inhaltlich falsch oder unvollständig** übermittelt wurde.

Nicht in der vorgeschriebenen Weise wird dem Kunden gegenüber eine Mitteilung gemacht, wenn ein Verstoß gegen § 82 Abs. 1 Nr. 1 WpHG festgestellt werden kann. Nicht rechtzeitig ist demgegenüber eine Mitteilung, wenn diese **nicht unverzüglich iSd § 121 BGB** gegenüber dem Kunden erfolgt.

IV. Adressat/Täter

19 Die §§ 120 Abs. 8 Nr. 115–118 WpHG ahnden Verstöße im Zusammenhang mit der bestmöglichen Ausführung von Kundenaufträgen. Damit können Adressat/Täter ausschließlich Wertpapierdienstleistungsunternehmen sein.

V. Verschulden

20 Der Verschuldensmaßstab umfasst nach § 120 Abs. 8 WpHG sowohl **Vorsatz** (s. Kap. 3 Rn. 29 ff.) als auch **Leichtfertigkeit** (s. Kap. 3 Rn. 36).

VI. Rechtsfolge

21 Eine vorsätzliche oder leichtfertige Verletzung der § 82 Abs. 5 S. 2, Abs. 6 Nr. 1 und 2 WpHG ist nach § 120 Abs. 20 S. 1 WpHG grds. mit einer Geldbuße von bis zu **fünf Mio. Euro** bedroht. Das Gesetz lässt aber in § 120 Abs. 20 S. 2 ff.

---

8 Vgl. Fuchs/*Waßmer* WpHG § 39 Rn. 151.

WpHG **Ausnahmen** von diesem Grundsatz – und damit auch höhere Geldbußen – zu.

Die erste Ausnahme betrifft ausdrücklich nur **juristische Personen** und **Personenvereinigungen**. § 120 Abs. 20 S. 2 WpHG bestimmt in diesem Zusammenhang, dass gegenüber einer juristischen Person oder Personenvereinigung über S. 1 hinaus eine höhere Geldbuße verhängt werden kann, und zwar in Höhe **von bis zu 10% des Gesamtumsatzes**. Bei der Berechnung dieses Gesamtumsatzes wird auf den Umsatz der juristischen Person oder Personenvereinigung in dem Geschäftsjahr abgestellt, das der Behördenentscheidung vorausging. Im Übrigen findet bei der Berechnung des Gesamtumsatzes **§ 120 Abs. 23 WpHG** Anwendung. 22

Eine weitere Ausnahme – sowohl gegenüber natürlichen Personen als Täter als auch gegenüber juristischen Personen und Personenvereinigungen – regelt § 120 Abs. 20 WpHG. Hiernach kann nach S. 3 dieser Vorschrift über die in S. 1 und 2 genannten Beträge hinaus auch eine Geldbuße **bis zum Zweifachen des aus dem Verstoß gezogenen wirtschaftlichen Vorteils** verhängt werden. Der wirtschaftliche Vorteil umfasst nach S. 4 dieser Vorschrift erzielte Gewinne sowie vermiedene Verluste und kann von der BaFin auch geschätzt werden. Wie die Berechnung der Gewinne oder vermiedenen Verluste genau erfolgen soll, regelt das Gesetz hingegen nicht. Es wird hier auf den Einzelfall ankommen, ggf. – soweit erforderlich – unter Berücksichtigung von handelsrechtlichen Grundsätzen. Die Berechnung – genauso wie die Grundlagen für eine etwaige Schätzung – sind von der BaFin in dem von ihr erlassenen Bußgeldbescheid entsprechend darzustellen. 23

§ 17 Abs. 2 OWiG, wonach fahrlässiges Handeln im Höchstmaß nur mit der Hälfte des angedrohten Höchstbetrages der Geldbuße geahndet werden kann, soweit das Gesetz für vorsätzliches und fahrlässiges Handeln eine Geldbuße androht, ohne im Höchstmaß zu unterscheiden, findet gemäß § 120 Abs. 25 S. 1 WpHG **keine Anwendung** 24

Welches konkrete Bußgeld letztendlich gegenüber einem Täter (s. Rn. 20) festgesetzt wird, entscheidet die BaFin in Ausübung ihres jeweiligen Ermessens. Hierbei ist sie im Rahmen der Selbstbindung der Verwaltung insbesondere an die sich selbst gegebenen **WpHG-Bußgeldleitlinien** in der jeweils aktuellen Fassung gebunden.[9] 25

VII. Verfolgungs- und Vollstreckungsverjährung

1. Verfolgungsverjährung

Die Verfolgungsverjährung für diesen Tatbestand bestimmt sich nach § 120 Abs. 26 WpHG iVm §§ 31–33 OWiG. 26

Nach § 120 Abs. 26 WpHG verjährt die Verfolgung des zuvor dargestellten Tatbestandes in drei Jahren. Anders als § 31 OWiG ist die Verjährung damit nicht an das Höchstmaß der Geldbuße gekoppelt.

Der Beginn der Verfolgungsverjährung bestimmt sich dann wieder nach § 31 Abs. 3 OWiG und ein eventuelles Ruhen nach § 32 OWiG.

---

[9] BaFin – WpHG-Bußgeldleitlinien II, Stand Januar 2018, abrufbar unter https://www.bafin.de/SharedDocs/Downloads/DE/Leitfaden/WA/dl_bussgeldleitlinien_2016.html.

2. Vollstreckungsverjährug

27 Die Vollstreckungsverjährung für diesen Tatbestand bestimmt sich ausschließlich nach § 34 OWiG.

Kap. 15.7. § 120 Abs. 2 Nr. 14 WpHG Anzeigepflichten bei Finanzanalysen

§ 120 Abs. 2 Nr. 14, Abs. 24 WpHG Bußgeldvorschriften; Verordnungsermächtigung

(2) Ordnungswidrig handelt, wer vorsätzlich oder leichtfertig
(...)

14. entgegen § 86 Satz 1, 2 oder 4 eine Anzeige nicht, nicht richtig, nicht vollständig oder nicht rechtzeitig erstattet,

(...)

(24) Die Ordnungswidrigkeit kann (...) mit einer Geldbuße bis zu fünfzigtausend Euro geahndet werden.

Literatur: *Assmann/Schneider/Mülbert* (Hrsg.), WpHG Kommentar, 7. Aufl. 2019; *Fuchs* (Hrsg.), WpHG Kommentar, 2. Aufl. 2016.

I. Historie des Bußgeldtatbestands	1	V. Verschulden	14
II. Grundtatbestand	2	VI. Rechtsfolge	15
III. Tathandlung	9	VII. Verfolgungs- und Vollstreckungsverjährung	17
IV. Adressat/Täter	12		

I. Historie des Bußgeldtatbestands

1 Der neue § 120 Abs. 2 Nr. 14 WpHG war selbst nur von der Neunummerierung des Gesetzes durch das 2. FiMaNoG betroffen.[1] Die inhaltsgleiche Vorgängernorm zu diesem Bußgeldtatbestand fand sich in § 39 Abs. 2 Nr. 21 WpHG aF Diese Regelung ist mit Wirkung vom 30.10.2004 durch das **Anlegerschutzverbesserungsgesetz (AnSVG)**[2] in die Bußgeldtatbestände aufgenommen worden und geht auf Art. 6 Abs. 5, 14 Abs. 1 **Marktmissbrauchsrichtlinie** zurück.

Daneben wurde der dem § 120 Abs. 2 Nr. 14 WpHG zu Grunde liegende Grundtatbestand näher konkretisiert (s. Rn. 2).

II. Grundtatbestand

2 § 120 Abs. 2 Nr. 14 WpHG, der auf § 86 Abs. 1 S. 1, 2 oder 4 WpHG Bezug nimmt, sanktioniert Verstöße gegen Anzeigepflichten in Bezug auf Finanzanalysen.

Die vormals in § 34 c WpHG aF – und nunmehr nahezu inhaltsgleich in § 86 WpHG nF[3] – statuierte Anzeigepflicht im Zusammenhang mit Finanzanalysen dient gemäß dem Willen des Gesetzgebers der Durchsetzung der sich bereits aus Art. 20 VO (EU) Nr. 596/2014 ergebenden Pflichten zur **objektiven Dar-**

---

1 Zur Historie s. Kap. 3 Rn. 3.
2 BGBl. I 2004, 2630.
3 § 86 WpHG nF konkretisiert gegenüber § 34 c WpHG aF die Anzeigepflichten.

stellung von Finanzanalysen und zur **Offenlegung von Interessenkonflikten**.[4] Entfiele eine solche Anzeigepflicht, bestünde die Gefahr, dass die BaFin von einem systematischen Missstand erst im Nachhinein erfährt, bspw. wenn bereits Offenlegungspflichten verletzt worden sind.[5] Darunter würde dann nach Meinung des Gesetzgebers der Verbraucherschutz leiden.[6] Die Anzeigepflichten gewährleisten damit, dass die BaFin ihren **Kontrollfunktionen** nachkommen kann.[7]

Nach § 86 Abs. 1 S. 1 WpHG haben, **mit Ausnahme von**

- Wertpapierdienstleistungsunternehmen (§ 2 Abs. 10 WpHG),
- Kapitalverwaltungsgesellschaften (§ 17 KAGB)
- EU-Verwaltungsgesellschaften (§ 50 ff. KAGB) oder
- Investmentgesellschaften,

alle, die in Ausübung ihres Berufes oder im Rahmen ihrer Geschäftstätigkeit für die Erstellung oder die Weitergabe von Finanzanalysen verantwortlich sind, gegenüber der BaFin eine **Anzeigepflicht**.

Der Begriff „alle", erfasst dabei **jede natürliche Person** sowie alle **rechtsfähigen Personenvereinigungen**. Umfasst sind damit zum einen die Ersteller der Finanzanalysen selbst und zum anderen diejenigen Personen, die entscheiden, dass die Finanzanalyse weitergegeben werden soll.[8]

Es genügt schon die Weitergabe einer Zusammenfassung oder die Weitergabe wesentlich veränderter Empfehlungen.[9]

Nach § 86 Abs. 1 S. 2 WpHG muss die gegenüber der BaFin zu erstattende Anzeige folgende Angaben enthalten:

- bei einer **natürlichen Person**: Name, Geburtsort, Geburtsdatum, Wohn- und Geschäftsanschrift sowie telefonische und elektronische Kontaktdaten,
- bei einer **juristischen Person oder einer Personenvereinigung**: Firma, Name oder Bezeichnung, Rechtsform, Registernummer, wenn vorhanden, Anschrift des Sitzes oder der Hauptniederlassung, Namen der Mitglieder des Vertretungsorgans oder der gesetzlichen Vertreter und telefonische und elektronische Kontaktdaten; ist ein Mitglied des Vertretungsorgans oder der gesetzliche Vertreter eine juristische Person, so sind deren Firma, Name oder Bezeichnung, Rechtsform, Registernummer wenn vorhanden und Anschrift des Sitzes oder der Hauptniederlassung ebenfalls anzugeben.

Diese Informationen dienen zum einen der Identifizierung des jeweiligen Anzeigepflichtigen und zum anderen zur Kommunikation mit ihm.

Die Angaben sind nach § 86 Abs. 1 S. 3 WpHG **glaubhaft** (§ 294 ZPO) zu machen.

Soweit ein Anzeigepflichtiger die **Verbreitung der Empfehlungen** beabsichtigt, muss die Anzeige nach § 86 Abs. 1 S. 4 WpHG außerdem eine detaillierte Be-

---

[4] BT-Drs. 18/7482, 63.
[5] BT-Drs. 18/7482, 63.
[6] BT-Drs. 18/7482, 63.
[7] Fuchs/*Waßmer* WpHG § 39 Rn. 162.
[8] Siehe auch Assmann/Schneider/Mülbert/*Koller* WpHG § 86 Rn. 1.
[9] Siehe auch Assmann/Schneider/Mülbert/*Koller* WpHG § 86 Rn. 1.

schreibung der beabsichtigten Verbreitungswege enthalten. Nach S. 5 der Vorschrift hat der Anzeigepflichtige weiterhin anzuzeigen, inwiefern bei mit ihm verbundenen Unternehmen Tatsachen vorliegen, die Interessenkonflikte begründen können.

8 Die erforderlichen Anzeigen sind nach § 86 Abs. 1 S. 1 WpHG gegenüber der BaFin **vor** der Erstellung oder Weitergabe der Empfehlungen zu erstatten.

Veränderungen der angezeigten Daten und Sachverhalte sowie die Einstellung der in S. 1 genannten Tätigkeiten sind der BaFin innerhalb von **vier Wochen** anzuzeigen.

III. Tathandlung

9 Ein ordnungswidriges Verhalten liegt nach § 120 Abs. 2 Nr. 14 WpHG vor, wenn eine erforderliche Anzeige **nicht, nicht richtig, nicht vollständig** oder **nicht rechtzeitig** erstattet wird.

10 Eine erforderliche Anzeige gilt als **nicht** erstattet, wenn sie **vollständig unterlassen** wurde.

Nicht richtig wird eine Anzeige erstattet, wenn sie **inhaltlich falsch** ist.

Eine Anzeige ist dagegen **unvollständig** erstattet, wenn **erforderliche Informationen fehlen**.

Nicht rechtzeitig ist eine solche Anzeige immer dann, wenn sie nicht **vor** der Erstellung oder Weitergabe der Empfehlungen (s. Rn. 8) erstattet wird.

11 Da § 120 Abs. 2 Nr. 14 WpHG explizit nur Verstöße nach § 86 Abs. 1 S. 1, 2 oder 4 WpHG ahndet, sind etwaige Verstöße nach § 86 Abs. 1 S. 3 (Glaubhaftmachung der Angaben), S. 5 (Anzeigepflicht weiterer Angaben) oder S. 6 (Anzeigepflicht bzgl. nachträglicher Änderungen) WpHG **nicht ahndbar**.

IV. Adressat/Täter

12 Täter können nur Personen sein, denen die Anzeigepflichten obliegen (s. Rn. 3) bzw. die, die für den Anzeigepflichtigen handeln (vgl. § 9 OWiG) sein.

Journalisten (Art. 21 VO Nr. 596/2014) sind vom Täterkreis ausgenommen.

13 § 120 Abs. 27 S. 1 WpHG stellt darüber hinaus klar, dass § 120 Abs. 2 Nr. 14 WpHG in Verbindung mit Abs. 24 der Vorschrift, auch für die erlaubnispflichtige **Anlageverwaltung** iSd § 2 Abs. 13 S. 3 WpHG gilt.

V. Verschulden

14 Der Verschuldensmaßstab umfasst nach § 120 Abs. 2 WpHG sowohl **Vorsatz** (s. Kap. 3 Rn. 29 ff.) als auch **Leichtfertigkeit** (s. Kap. 3 Rn. 36).

VI. Rechtsfolge

15 Eine vorsätzliche oder leichtfertige Verletzung dieser Anzeigepflicht ist nach § 120 Abs. 24 WpHG mit einer Geldbuße von bis zu 50.000 EUR – als gesetzlicher Höchstbetrag – bedroht. Ergänzend zu dieser Regelung findet § **17 Abs. 2 OWiG** Anwendung. Dieser bestimmt, dass, wenn das Gesetz für vorsätzliches und fahrlässiges Handeln eine Geldbuße androht, ohne im Höchstmaß zu unterscheiden, das fahrlässige Handeln im Höchstmaß nur mit der

Hälfte des angedrohten Höchstbetrags geahndet werden kann. Daraus folgt, dass eine vorsätzliche Verletzung der zuvor genannten Anzeigepflichten mit einer Geldbuße von bis zu 50.000 EUR bedroht ist, während eine leichtfertige Verletzung dieser Pflichten nur mit einer Geldbuße von bis zu 25.000 EUR bedroht ist.

Welches konkrete Bußgeld letztendlich gegenüber einem Täter (s. Rn. 12) festgesetzt wird, entscheidet die BaFin in Ausübung ihres jeweiligen Ermessens. Hierbei ist sie im Rahmen der Selbstbindung der Verwaltung insbesondere an die sich selbst gegebenen **WpHG-Bußgeldleitlinien** in der jeweils aktuellen Fassung gebunden.[10]

VII. Verfolgungs- und Vollstreckungsverjährung

Das WpHG sieht für diesen Tatbestand keine eigenen Verjährungsregelungen vor. Es gelten damit die Verjährungsregelungen der §§ 31–34 OWiG.

Kap. 15.8. § 120 Abs. 8 Nr. 135 WpHG Anzeigepflichten im Zusammenhang mit dem Mitarbeiter- und Beschwerderegister

§ 120 Abs. 8 Nr. 135, Abs. 20, 26 WpHG Bußgeldvorschriften; Verordnungsermächtigung

(8) Ordnungswidrig handelt, wer vorsätzlich oder leichtfertig
(…)
135. entgegen
  a) § 87 Absatz 1 Satz 2 oder Satz 3, Absatz 4 Satz 2 oder Satz 3 oder Absatz 5 Satz 2 oder Satz 3, jeweils auch in Verbindung mit einer Rechtsverordnung nach § 87 Absatz 9 Satz 1 Nummer 1, oder
  b) § 87 Absatz 1 Satz 4 in Verbindung mit einer Rechtsverordnung nach § 87 Absatz 9 Satz 1 Nummer 1

eine Anzeige nicht, nicht richtig, nicht vollständig oder nicht rechtzeitig erstattet,
(…)

(20) ¹Die Ordnungswidrigkeit kann in den Fällen der Absätze 8 und (…) mit einer Geldbuße bis zu fünf Millionen Euro geahndet werden. ²Gegenüber einer juristischen Person oder Personenvereinigung kann über Satz 1 hinaus eine höhere Geldbuße in Höhe von bis zu 10 Prozent des Gesamtumsatzes, den die juristische Person oder Personenvereinigung im der Behördenentscheidung vorangegangenen Geschäftsjahr erzielt hat, verhängt werden. ³Über die in den Sätzen 1 und 2 genannten Beträge hinaus kann die Ordnungswidrigkeit mit einer Geldbuße bis zum Zweifachen des aus dem Verstoß gezogenen wirtschaftlichen Vorteils geahndet werden. ⁴Der wirtschaftliche Vorteil umfasst erzielte Gewinne und vermiedene Verluste und kann geschätzt werden.
(…)

---

10 BaFin – WpHG-Bußgeldleitlinien II, Stand Januar 2018, abrufbar unter https://www.bafin.de/SharedDocs/Downloads/DE/Leitfaden/WA/dl_bussgeldleitlinien_2016.html.

(26) Die Verfolgung der Ordnungswidrigkeiten nach den Absätzen 17 bis 22 verjährt in drei Jahren.

I. Historie des Bußgeldtatbestands	1	III. Tathandlung	9
II. Grundtatbestand	2	IV. Adressat/Täter	11
1. Anzeigepflichten im Zusammenhang mit dem Mitarbeiterregister	5	V. Verschulden	12
		VI. Rechtsfolge	13
		VII. Verfolgungs- und Vollstreckungsverjährung	18
2. Anzeigepflichten im Zusammenhang mit dem Beschwerderegister	7	1. Verfolgungsverjährung	18
		2. Vollstreckungsverjährug	19

I. Historie des Bußgeldtatbestands

1 Der neue § 120 Abs. 8 Nr. 135 WpHG war ausschließlich von der Neunummerierung des WpHG durch das 2. FiMaNoG betroffen.[1] Die inhaltsgleiche Vorgängernorm zu diesem Bußgeldtatbestand fand sich in § 39 Abs. 2 Nr. 23 WpHG aF und wurde durch das Gesetz zur Stärkung des **Anlegerschutzes und Verbesserung der Funktionsfähigkeit des Kapitalmarkts (AnlSVG)**[2] vom 5.4.2011 in den Bußgeldkatalog aufgenommen.

II. Grundtatbestand

2 § 120 Abs. 8 Nr. 135 WpHG, der auf § 87 Abs. 1 S. 2 oder S. 3, Abs. 4 S. 2 oder S. 3 oder Abs. 5 S. 2 oder S. 3 WpHG (jeweils auch in Verbindung mit einer Rechtsverordnung nach § 87 Abs. 9 S. 1 Nr. 1 WpHG), oder § 87 Abs. 1 S. 4 in Verbindung mit einer Rechtsverordnung nach § 87 Abs. 9 S. 1 Nr. 1 WpHG Bezug nimmt, sanktioniert Verstöße gegen Anzeigepflichten von bestimmten Mitarbeitern im Zusammenhang mit dem **Mitarbeiter- und Beschwerderegister.**

Die inhaltsgleiche Vorgängerregelung fand sich in § 34 d Abs. 1 S. 2 oder S. 3, Abs. 2 S. 2 oder S. 3 oder Abs. 3 S. 2 oder S. 3 oder Abs. 1 S. 4 WpHG aF

3 Hintergrund dieser gesetzlich normierten Anzeigepflichten, sowie die Sanktionierung etwaiger Verstöße hiergegen ist, dass der Gesetzgeber zum einen ein **einheitliches Mindestniveau** fördern und zum anderen die firmeneigene **Rechtmäßigkeitskontrolle** stärken wollte. Die Anzeige soll disziplinierend auf die Institute wirken, indem ihnen die Bedeutung der Mitarbeiterauswahl und ihre diesbezügliche Verantwortung vor Augen geführt wird.[3]

4 § 87 WpHG regelt zwei unterschiedliche Anzeigepflichten – zum einen solche im Zusammenhang mit dem **Mitarbeiterregister** und zum anderen solche im Zusammenhang mit dem **Beschwerderegister.**

1. Anzeigepflichten im Zusammenhang mit dem Mitarbeiterregister

5 Gemäß § 87 Abs. 1 S. 2, Abs. 4 S. 2 oder Abs. 5 S. 2 WpHG bestehen für Wertpapierdienstleistungsunternehmen verschiedene Anzeigepflichten im Hinblick auf den Einsatz von bestimmten Mitarbeitern gegenüber der BaFin:

---

1 Zur Historie s. Kap. 3 Rn. 3.
2 BGBl. I 2011, 538.
3 RegE AnlSVG BT-Drs. 17/3628, 22.

Kap. 15.8. § 120 Abs. 8 Nr. 135 WpHG Mitarbeiter- und Beschwerderegister

- Mitarbeiter, die ein Wertpapierdienstleistungsunternehmen mit der Anlageberatung betrauen will („**Anlageberater**") (§ 87 Abs. 1 S. 2 Nr. 1 WpHG), sowie – sofern das Wertpapierdienstleistungsunternehmen über Vertriebsbeauftragte im Sinne des Abs. 4 verfügt – den aufgrund der Organisation des Wertpapierdienstleistungsunternehmens für den Mitarbeiter unmittelbar zuständigen Vertriebsbeauftragten (§ 87 Abs. 1 S. 2 Nr. 2 WpHG),
- Mitarbeiter, die ein Wertpapierdienstleistungsunternehmen mit der Ausgestaltung, Umsetzung oder Überwachung von Vertriebsvorgaben im Sinne des § 80 Abs. 1 S. 2 Nr. 3 WpHG betrauen will („**Vertriebsbeauftragte**") (§ 87 Abs. 4 S. 2 WpHG),
- Mitarbeiter, die ein Wertpapierdienstleistungsunternehmen mit der Verantwortlichkeit für die Compliance-Funktion im Sinne des Art. 22 Abs. 2 DelVO (EU) 2017/565 und für die Berichte an die Geschäftsleitung nach Art. 25 Abs. 2 DelVO (EU) 2017/565 betrauen will („**Compliance-Beauftragte**") (§ 87 Abs. 5 S. 2 WpHG).

Diese Anzeigen haben konstitutive Wirkung und müssen deshalb **vor Beginn** der Aufnahme der jeweiligen Tätigkeit der Mitarbeiter erfolgen. Sollten sich die bei der BaFin angezeigten **Verhältnisse ändern**, sind die neuen Verhältnisse der Bundesanstalt gemäß des § 87 Abs. 1 S. 3, Abs. 4 S. 3 und Abs. 5 S. 3 WpHG **unverzüglich (§ 121 BGB)** anzuzeigen.

§ 87 Abs. 9 S. 1 Nr. 1 WpHG iVm **§§ 7 und 8 WpHGMaAnzV** konkretisieren dabei die Einzelheiten zu Inhalt und Form der jeweiligen Anzeigen.

2. Anzeigepflichten im Zusammenhang mit dem Beschwerderegister

Nach § 87 Abs. 1 S. 4 WpHG müssen Wertpapierdienstleistungsunternehmen – wenn aufgrund der Tätigkeit des Mitarbeiters eine oder mehrere **Beschwerden** im Sinne des Art. 26 DelVO (EU) 2017/565 durch Privatkunden gegenüber dem Wertpapierdienstleistungsunternehmen erhoben werden, Folgendes gegenüber der BaFin anzeigen:

- jede Beschwerde,
- Name des Mitarbeiters, aufgrund dessen Tätigkeit die Beschwerde erhoben wird,
- sofern das Wertpapierdienstleistungsunternehmen mehrere Zweigstellen, Zweigniederlassungen oder sonstige Organisationseinheiten hat, die Zweigstelle, Zweigniederlassung oder sonstige Organisationseinheit, welcher der Mitarbeiter zum Zeitpunkt der Anlageberatung, die Anlass der Beschwerde war, zugeordnet ist oder für die er zu diesem Zeitpunkt überwiegend oder in der Regel die Anlageberatung ausübt.

Die Anzeige ist nach § 8 Abs. 4 S. 2 WpHGMaAnzV spätestens **innerhalb von sechs Wochen** nachdem die Beschwerde gegenüber dem Wertpapierdienstleistungsunternehmen erhoben worden ist, bei der BaFin einzureichen.

§ 87 Abs. 9 S. 1 Nr. 1 WpHG iVm **§§ 7 und 8 WpHGMaAnzV** konkretisieren diesbezüglich die Einzelheiten zu Inhalt und Form der jeweiligen Anzeigen.

III. Tathandlung

9 Ein ordnungswidriges Verhalten liegt nach § 120 Abs. 8 Nr. 135 WpHG vor, wenn eine erforderliche Anzeige **nicht, nicht richtig, nicht vollständig** oder **nicht rechtzeitig** erstattet wird.

10 Eine erforderliche Anzeige gilt als **nicht erstattet**, wenn sie **vollständig unterlassen** wurde.

Nicht richtig wird eine Anzeige erstattet, wenn sie **inhaltlich falsch ist**, während eine Anzeige dann **unvollständig** ist, wenn **erforderliche Informationen fehlen**.

Nicht rechtzeitig ist eine Anzeige zum Mitarbeiterregister, wenn sie entweder nicht vor der Betrauung eines Mitarbeiters mit der neuen Tätigkeit erfolgt und/oder etwaige Änderungen der BaFin nicht unverzüglich (§ 121 BGB) mitgeteilt werden (s. Rn. 5).

Eine **Beschwerdeanzeige** wird hingegen **nicht rechtzeitig** erstattet, wenn die Erstattung erst nach Ablauf der 6-Wochen-Frist erfolgt (s. Rn. 7).

IV. Adressat/Täter

11 § 120 Abs. 8 Nr. 135 WpHG ahndet Verstöße gegen Anzeigepflichten von bestimmten Mitarbeitern im Zusammenhang mit dem Mitarbeiter- und Beschwerderegister. Damit können Adressat/Täter ausschließlich Wertpapierdienstleistungsunternehmen sein.

V. Verschulden

12 Der Verschuldensmaßstab umfasst nach § 120 Abs. 8 WpHG sowohl **Vorsatz** (s. Kap. 3 Rn. 29 ff.) als auch **Leichtfertigkeit** (s. Kap. 3 Rn. 36).

VI. Rechtsfolge

13 Eine vorsätzliche oder leichtfertige Verletzung der Anzeigepflichten im Sinne des § 87 WpHG sind nach § 120 Abs. 20 S. 1 WpHG grds. mit einer Geldbuße von bis zu **fünf Mio. Euro** bedroht. Das Gesetz lässt aber in § 120 Abs. 20 S. 2 ff. WpHG **Ausnahmen** von diesem Grundsatz – und damit auch höhere Geldbußen – zu.

14 Die erste Ausnahme betrifft ausdrücklich nur **juristische Personen** und **Personenvereinigungen**. § 120 Abs. 20 S. 2 WpHG bestimmt in diesem Zusammenhang, dass gegenüber einer juristischen Person oder Personenvereinigung über S. 1 hinaus eine höhere Geldbuße verhängt werden kann, und zwar in Höhe **von bis zu 10% des Gesamtumsatzes**. Bei der Berechnung dieses Gesamtumsatzes wird auf den Umsatz der juristischen Person oder Personenvereinigung in dem Geschäftsjahr abgestellt, das der Behördenentscheidung vorausging.

Im Übrigen findet bei der Berechnung des Gesamtumsatzes § **120 Abs. 23 WpHG** Anwendung.

15 Eine weitere Ausnahme – sowohl gegenüber natürlichen Personen als Täter als auch gegenüber juristischen Personen und Personenvereinigungen als Täter –, regelt § 120 Abs. 20 S. 3 und 4 WpHG. Hiernach kann nach S. 3 dieser Vorschrift über die in S. 1 und 2 genannten Beträge hinaus auch eine Geldbuße **bis zum Zweifachen** des **aus dem Verstoß gezogenen wirtschaftlichen Vorteils** verhängt werden. Der wirtschaftliche Vorteil umfasst nach S. 4 dieser Vorschrift

erzielte Gewinne sowie vermiedene Verluste und kann von der BaFin auch geschätzt werden. Wie die Berechnung der Gewinne oder vermiedenen Verluste genau erfolgen soll, regelt das Gesetz hingegen nicht. Es wird hier auf den Einzelfall ankommen, ggf. – soweit erforderlich – unter Berücksichtigung von handelsrechtlichen Grundsätzen. Die Berechnung – genauso wie die Grundlagen für eine etwaige Schätzung – sind von der BaFin in dem von ihr erlassenen Bußgeldbescheid entsprechend darzustellen.

§ 17 Abs. 2 OWiG, wonach fahrlässiges Handeln im Höchstmaß nur mit der Hälfte des angedrohten Höchstbetrages der Geldbuße geahndet werden kann, soweit das Gesetz für vorsätzliches und fahrlässiges Handeln eine Geldbuße androht, ohne im Höchstmaß zu unterscheiden, findet gemäß § 120 Abs. 25 S. 2 WpHG Anwendung

Welches konkrete Bußgeld letztendlich gegenüber einem Täter (s. Rn. 11) festgesetzt wird, entscheidet die BaFin in Ausübung ihres jeweiligen Ermessens. Hierbei ist sie im Rahmen der Selbstbindung der Verwaltung insbesondere an die sich selbst gegebenen **WpHG-Bußgeldleitlinien** in der jeweils aktuellen Fassung gebunden.[4]

VII. Verfolgungs- und Vollstreckungsverjährung

1. Verfolgungsverjährung

Die Verfolgungsverjährung für diesen Tatbestand bestimmt sich nach § 120 Abs. 26 WpHG iVm §§ 31–33 OWiG.

Nach § 120 Abs. 26 WpHG verjährt die Verfolgung des zuvor dargestellten Tatbestandes in drei Jahren. Anders als § 31 OWiG ist die Verjährung damit nicht an das Höchstmaß der Geldbuße gekoppelt.

Der Beginn der Verfolgungsverjährung bestimmt sich dann wieder nach § 31 Abs. 3 OWiG und ein eventuelles Ruhen nach § 32 OWiG.

2. Vollstreckungsverjähryg

Die Vollstreckungsverjährung für diesen Tatbestand bestimmt sich ausschließlich nach § 34 OWiG.

Kap. 15.9. § 120 Abs. 4 Nr. 1 Verwendung von Ratings für aufsichtliche Zwecke

§ 120 Abs. 4 Nr. 1 WpHG   Bußgeldvorschriften; Verordnungsermächtigung

(4) Ordnungswidrig handelt, wer als Person, die für ein Wertpapierdienstleistungsunternehmen handelt, gegen die Verordnung (EG) Nr. 1060/2009 verstößt, indem er vorsätzlich oder leichtfertig
1. entgegen Artikel 4 Absatz 1 Unterabsatz 1 ein Rating verwendet,
(…)
(24) Die Ordnungswidrigkeit kann (…) mit einer Geldbuße (…) bis zu fünfzigtausend Euro geahndet werden.

---

4 BaFin – WpHG-Bußgeldleitlinien II, Stand Januar 2018, abrufbar unter https://www.bafin.de/SharedDocs/Downloads/DE/Leitfaden/WA/dl_bussgeldleitlinien_2016.html.

Kap. 15: Verletzung von sonstigen Handlungs-, Duldungs- und Unterlassungspflichten

Literatur: *Adolff,* Unternehmensbewertung im Recht der börsennotierten Aktiengesellschaft, 2007; *Alexander,* The Risk of Ratings in Bank Capital Regulation, EBLR 25 (2014), 295; *Andrieu,* Ratingagenturen in der Krise, 2010; *Armour/Awrey/Davies/Enriques/Gordon/Mayer/Payne,* Principles of Financial Regulation, 2016; *Bauerfeind,* Regulierungsbedarf und -maßnahmen bei der Verwendung externer Ratings, BKR 2017, 187; *ders.,* Das externe Rating unter Basel IV – Eine Analyse der neuen Due-Diligence-Prüfung –, WM 2016, 1528; *ders.,* Die aufsichtsrechtliche Abkehr von externen Ratings in der europäischen Bankenaufsicht, WM 2015, 1743; *Becker,* Die Regulierung von Ratingagenturen, DB 2010, 941; *Binder,* Zivilrechtliche und strafrechtliche Aufarbeitung der Finanzmarktkrise, ZGR 2016, 229; *von Buttlar/Hammermaier,* Non semper temeritas est felix: Was bedeutet Leichtfertigkeit im Kapitalmarktrecht?, ZBB 2017, 1; *Coffee,* Ratings Reform: The Good, the Bad, and the Ugly, Harvard Business Law Review 1 (2011), 231; *Cortez/Schön,* Die neue EU-Verordnung über Ratingagenturen, ZfK 2010, 226; *Deipenbrock,* Was ihr wollt oder der Widerspenstigen Zähmung? Aktuelle Entwicklung der Regulierung von Ratingagenturen im Wertpapierbereich, BB 2005, 2085; *Deipenbrock,* Trying or Failing Better Next Time; The European Legal Framework for Credit Rating Agencies after Its Second Reform, European Business Law Review 25 (2014), 207; *Deipenbrock,* Kritische Anmerkungen zur Umsetzung des Regulierungs- und Aufsichtsrahmens für den europäischen Ratingsektor seit seiner Einführung Ende 2009, WM 2016, 2277; *Dutta,* Die neuen Haftungsregeln für Ratingagenturen in der Europäischen Union: Zwischen Sachrechtsvereinheitlichung und europäischem Entscheidungseinklang, WM 2013, 1729; *Fama,* Efficient Capital Markets: A Review of Theory and Empirical Work, Journal of Finance 25 (1970), 383; *Ferrarini/Giudici,* Financial Scandals and the Role of Private Enforcement: the Parmalat Case, in: Armour/McCahery, After Enron. Improving Corporate Law and Modernising Securities Regulation in Europe and the US, 2006, S. 159; *Fischer,* Internationale Debatte um die Regulierung von Ratingagenturen, AG 2008, R338; *Fischer zu Cramburg,* Neue europäische Behörde zur Überwachung von Ratingagenturen, NZG 2010, 699; *García Alcubilla/Ruiz del Pozo,* Credit Rating Agencies on the Watch List, Analysis of European Regulation, 2012; *Gildehaus,* The rating agency oligopoly and its consequences for European competition law, European Law Review 37 (2012), 269; *Gilson/Kraakman,* The Mechanism of Market Efficiency, Virginia Law Review 70 (1984), 549; *dies.,* Market Efficiency after the Financial Crisis: It's still a Matter of Information Costs, Virginia Law Review 100 (2014), 313; *Grossman/Stiglitz,* American Economic Review 70 (1980), 393; *Haar,* Das deutsche Ausführungsgesetz zur EU-Rating-Verordnung – Zwischenetappe auf dem Weg zu einer europäischen Finanzmarktarchitektur, ZBB 2010, 185; *Habersack,* Rechtsfragen des Emittenten-Ratings, ZHR 169 (2005), 185; *Hand/Holthausen/Leftwich,* The Effect of Bond Rating Agency Announcements on Bond and Stock Prices, Journal of Finance 47 (1992), 733; *von Hayek,* The Use of Knowledge in Society, American Economic Review 35 (1945), 519; *Hunt,* Credit Rating Agencies and the 'Worldwide Credit Crisis': The Limits of Reputation, the Insufficiency of Reform, and a Proposal for Improvement, Columbia Business Law Review 2009, 109; *Kersting,* Dritthaftung für Informationen, 2007; *Kliger/Sarig,* The Information Value of Bond Ratings, Journal of Finance 55 (2000), 2879; *Lampe,* Die Regulierung von Ratingagenturen, 2010; *Leyens,* Intermediary Independence: Auditors, Financial Analysts and Rating Agencies, Journal of Corporate Law Studies 11 (2011), 33; *Malkiel,* in: Blinder/Lo/Solow, Rethinking the Financial Crisis, 2012, S. 75; *Möllers,* Regulierung von Ratingagenturen, JZ 2009, 861; *ders.,* Auf dem Weg zu einer neuen europäischen Finanzmarktaufsichtsstruktur – Ein systematischer Vergleich der Rating-VO (EG) Nr. 1060/2009 mit der geplanten ESMA-VO, NZG 2010, 285; *Moloney,* EU Securities and Financial Markets Regulation, 3rd edition 2014; *dies.,* The European Securities and Markets Authority and institutional design for the EU financial market – a tale of two competences: Part (2) rules in action, European Business Organization Law Review (EBOR) 12.2 (2011), 177; *Mülbert,* Aktiengesellschaft, Unternehmensgruppe und Kapitalmarkt, 2. Aufl. 1996; *ders.,* Anlegerschutz und Finanzmarktregulierung – Grundlagen –, ZHR 177 (2013), 160; *ders./Sajnovits,* Vertrauen und Finanzmarktrecht, ZfPW 2016, 1; *dies.,* The Element of Trust in Financial Markets Law, German Law Journal 17 (2017), 1; *Parmentier,* Die Entwicklung des europäischen Kapitalmarktrechts 2012–2013, EuZW 2014, 50; *von Pföstl,* Messung und Modellierung der Ausfallwahrscheinlichkeiten von Krediten, 2005; *Picciau,* The Evolution of the Liability of Credit Rating Agencies in the United States and in the European Union: Regulation after the Crisis, ECFR 2018, 339; *Philipp,* Kontrolle für Ratingagenturen, EuZW 2009, 437; *Rauterberg/Verstein,* Index Theory: The Law, Promise and Failure of Financial Indices, Yale Law Journal 30 (2013), 101; *Reidenbach,* Aktienanalysten und Ra-

Kap. 15.9. § 120 Abs. 4 Nr. 1 Verwendung von Ratings für aufsichtliche Zwecke

tingagenturen – Wer überwacht die Überwacher?, 2006; *Sajnovits*, Financial-Benchmarks – Manipulationen von Referenzwerten wie LIBOR und EURIBOR und deren aufsichts- und privatrechtliche Folgen, 2018; *Schammo*, European Securities and Markets Authority: Lifting the Veil on the Allocation of Powers, Common Market L. Rev. 48 (2011), 1879; *Uwe H. Schneider*, Aufsicht und Kontrolle von Rating-Agenturen, in: FS Hans-Jürgen Hellwig, 2010, S. 329; *Schroeter*: Ratings – Bonitätsbeurteilungen durch Dritte im System des Finanzmarkt-, Gesellschafts- und Vertragsrechts: eine rechtsvergleichende Untersuchung, 2014; *Schroeter*, Haftung von Rating-Agenturen gegenüber Anlegern: Haftungshürden in der deutschen Gerichtspraxis, ZBB 2018, 353; *Schulz*, Die internationale Finanzmarktkrise und die Ratingagenturen, 2009; *Schwarcz*, The Role of Credit Rating Agencies in Global Market Regulation, in: Ferran/Goodhart, Regulating Financial Services and Markets in the 21st Century, 2001, S. 289; *Seibt*, Regulierung und Haftung von Ratingagenturen, in: Bachmann/Casper/Schäfer/Veil, Steuerungsfunktionen des Haftungsrechts im Gesellschafts- und Kapitalmarktrecht, 2007, S. 191; *Stemper*, Rechtliche Rahmenbedingungen des Ratings, 2010; *Veil/Teigelack*, Ratingagenturen, in: Veil (Hrsg.), Europäisches Kapitalmarktrecht, 2. Auflage 2014, § 27; *Walla*, Die Europäische Wertpapier- und Marktaufsichtsbehörde (ESMA) als Akteur bei der Regulierung der Kapitalmärkte Europas – Grundlagen, erste Erfahrungen und Ausblick, BKR 2012, 265; *Weick-Ludewig/Sajnovits*, Der Leerverkaufsbegriff nach der Verordnung (EU) Nr. 236/2012 (EU-LVVO), WM 2014, 1521; *Weick-Ludewig*, Überwachung von Ratingagenturen, in: Heidel, Aktienrecht und Kapitalmarktrecht, 4. Aufl. 2014, § 17; *Wittenberg*, Regulatory Evolution oft he EU Credit Rating Agency Framework, EBOR 16 (2015), 669; *Wittig*, Bankaufsichtsrechtliche Grundlagen des (internen) Ratings und seine Transformation in das Darlehensverhältnis mit Unternehmen, ZHR 169 (2005), 212.

I. Einführung 1	§ 340 Abs. 3 Nr. 1 KAGB und
1. Kreditratingagenturen 1	§§ 28 Abs. 2, 332 Abs. 4 VAG) .. 13
2. Europäischen Regulierung von Ratingagenturen 4	1. Grundtatbestand 13
3. Unionsrechtliches und deutsches Sanktionensystem 9	2. Normzweck 14
4. Ökonomischer Überblick zu Ratings 12	3. Adressaten 15
II. Verwendung von Ratings für aufsichtliche Zwecke (§ 120 Abs. 4 Nr. 1 WpHG, §§ 1 a Abs. 2, 56 Abs. 4 b Nr. 1 KWG,	4. Objektiver Tatbestand 17
	a) Rating................... 18
	b) Ratingagentur mit Sitz in der EU 23
	c) Verwendung für aufsichtliche Zwecke 27
	5. Subjektiver Tatbestand 28

I. Einführung

1. Kreditratingagenturen

Ratingagenturen geben Einschätzungen zur Kreditwürdigkeit und zur Wahrscheinlichkeit eines Zahlungsausfalls der Emittenten von bestimmten Finanzinstrumenten ab.[1] Die abgegebenen Einschätzungen basieren im Regelfall sowohl auf öffentlichen, als auch auf nicht-öffentlichen Informationen.[2] Ratings sollen Investoren und Kreditgeber dabei unterstützen, informierte Investitionsentscheidungen zu treffen (Rn. 11).[3]

Bis kurz vor der Finanzkrise waren Ratingagenturen weitgehend nicht reguliert.[4] Es bestanden nur unverbindliche Verhaltenskodizes, die teils auf Initiativen der Internationalen Organisation der Wertpapieraufsichtsbehörden

---

1 *Armour/Awrey/Davies/Enriques/Gordon/Mayer/Payne* 6.3.3. (S. 127); *Moloney* VII.2.1.2. (S. 638); *Ferran/Goodhart/Schwarcz* S. 289, 299; *Schroeter* S. 15 ff.
2 *Armour/Awrey/Davies/Enriques/Gordon/Mayer/Payne* 6.3.3. (S. 127).
3 Ratings sind keine Einschätzung zur Qualität einer bestimmten Anlage. Siehe nur *Armour/Awrey/Davies/Enriques/Gordon/Mayer/Payne* 6.3.3. (S. 127 f.).
4 Zur Geschichte der Ratingagenturen und ihrer Regulierung *Schroeter* S. 43 ff.

(IOSCO) zurückgingen.[5] Markt und Politik vertrauten auf die selbstregulierenden Kräfte des Marktes.[6] Vor und spätestens während der Finanzkrise wurde aber ein eklatantes **Marktversagen** offenbar. Insbesondere zwei Charakteristika des Marktes für Ratingagenturen wurden in der Folge als Gründe für dieses Marktversagen identifiziert.[7] Erstens ist der Markt für Ratings sehr konzentriert und wird fast ausschließlich durch die drei amerikanischen Ratingagenturen S&P, Moody's. und Fitch dominiert, die einen Marktanteil von etwa 95% unter sich aufteilen.[8] Diese Marktkonzentration wird zurückgeführt auf die hohen Eintrittsbarrieren und die sog *regulatory license*, worunter die starke Einbettung der Ratings in das Aufsichtsystem und die darin liegende Quasi-Subventionierung der etablierten Ratingagenturen zu verstehen ist.[9] Zweitens arbeiten Ratingagenturen bei ihren Einschätzungen zur Kreditwürdigkeit und zur Wahrscheinlichkeit eines Zahlungsausfalls seit den 1970er Jahren nahezu ausschließlich nach dem sog *issuer-pay*-Modell, dh, die jeweiligen Emittenten, deren Finanzinstrumente beurteilt werden, sind selbst die Auftraggeber der Ratingagenturen und bezahlen diese für die Erstellung des Ratings.[10] Dieses Vergütungssystem führt zu erheblichen Interessenkonflikten, da die Emittenten ein starkes Eigeninteresse an „guten" Ratings haben.[11] Der Reputationsschaden, der durch „Gefälligkeitsratings" entstehen kann, hat sich aufgrund der Marktkonzentration und der *regulatory license* als nicht hinreichender Mechanismus zur Bewältigung dieses Interessenkonflikts herausgestellt.[12] Verschärft wurden die Interessenkonflikte durch ergänzend bestehende Beratungsverträge zwischen den Emittenten und den Ratingagenturen.[13] Als weiterer Grund für das Marktversagen wird teilweise noch auf das kaum vorhandene Haftungsrisiko der Ratingagenturen verwiesen.[14] Durch falsche Ratings entstehende Externalitäten werden mithin nicht hinreichend internalisiert, was in der ökonomischen Theorie als klassischer Grund für ein Marktversagen und die Notwendigkeit von Regulierung anerkannt ist.

---

5 „IOSCO Statement of Principles regarding the Activities of Credit Rating Agencies" vom 25.9.2003; „Code of Conduct Fundamentals for Credit Rating Agencies" vom Oktober 2004 (www.iosco.org/library); Veil/Teigelack, § 27 Rn. 10; Heidel/*Weick-Ludewig* WpHG § 17 Rn. 2.

6 Siehe aber bereits kritisch *Partnoy* Washington University Law Journal 77 (1999), 619.

7 Zusammenfassend und mit weiteren Verweisen *Armour/Awrey/Davies/Enriques/Gordon/Mayer/Payne* 6.3.3. (S. 128 ff.).

8 Nach der jüngsten (November 2018) Marktanteilsanalyse der ESMA teilen sich die drei großen Ratingagenturen nach wie vor einen Marktanteil von über 93% in der EU. Siehe ESMA, Report on CRA Market Share Calculation, abrufbar unter: https://www.esma.europa.eu/sites/default/files/library/cra_market_share_calculation_2018.pdf (Tag des letzten Zugriffs: 4.6.2019). Auf S&P entfällt ein Anteil von 46,26%, auf Moody's. ein Anteil von 32,04% und auf Fitch ein Anteil von 15,10%. Keine andere Ratingagentur hat einen 2% überschreitenden Marktanteil. Zum Oligopol der Ratingagenturen *Gildehaus* European Law Review 37 (2012), 269.

9 *Armour/Awrey/Davies/Enriques/Gordon/Mayer/Payne* 6.3.3. (S. 127).

10 *Schroeter* S. 44 f.

11 *Moloney* VII.2.1.2. (S. 639).

12 *Armour/Awrey/Davies/Enriques/Gordon/Mayer/Payne* 6.3.3. (S. 128 f.); *Moloney* VII.2.1.1. (S. 639 f.).

13 Siehe nur *Zimmer*, in: Verhandlungen des 68. Deutschen Juristentages 2010, Bd. 1, G 20 f., 69 ff.; *Hellwig*, in: Verhandlungen des 68. Deutschen Juristentages 2010, Bd. 1, E 36.

14 Siehe etwa *Moloney* VII.2.1.1. (S. 639 f.); *Armour/Awrey/Davies/Enriques/Gordon/Mayer/Payne* 6.3.3. (S. 129).

Erste Regulierungsschritte wurden als direkte Reaktion auf die bereits Anfang der 2000er Jahre bekanntgewordenen Fehlbewertungen und deren Folgen für die US amerikanische Wirtschaft durch die *Securities Exchange Commission* (SEC) bereits im Jahr 2006 – also vor der Finanzkrise – eingeleitet.[15] Dieser Regulierungsvorstoß war vor allem eine Reaktion auf die Fehlbewertungen durch Ratingagenturen im Zusammenhang mit dem *Enron*- und Folgeskandalen.[16] Die Finanzkrise und die Rolle, die den Ratingagenturen an deren Entstehen zugeschrieben wurde,[17] haben dann ab 2008 der internationalen Regulierung von Ratingagenturen zum Durchbruch verholfen. In der Europäischen Union wurde 2009 der erste harmonisierte Rechtsrahmen zur Regulierung von Ratingagenturen in Kraft gesetzt (Rn. 4). 3

2. Europäischen Regulierung von Ratingagenturen

Auf Basis von Vorschlägen der Europäischen Kommission[18] trat am 7.12.2009 die Ratingagenturen-VO (Verordnung (EG) Nr. 1060/2009)[19] in Kraft. Diese **erste Generation der Ratingagenturen-VO** war ein früherer Rechtsakt der Post-Finanzkrise-Regulierung.[20] Ratingagenturen müssen seither registriert werden und unterliegen einer Überwachung, die in der ersten Generation der Ratingagenturen-VO noch den nationalen Aufsichtsbehörden überantwortet war. Ziel der Ratingagenturen-VO ist die Vermeidung von Interessenkonflikten und die Sicherstellung solider Ratingmethoden sowie die Schaffung von hinreichender Transparenz im Ratingverfahren (siehe Art. 1 Ratingagenturen-VO). 4

Die Ratingagenturen-VO erfuhr in den Folgejahren tiefgreifende Reformen. Die VO (EU) Nr. 513/2011 (**zweite Generation der Ratingagenturen-VO**) ergänzte 2011 die Ratingagenturen-VO, hauptsächlich, um der Einrichtung der Europäischen Wertpapieraufsichtsbehörde (ESMA) Rechnung zu tragen.[21] Die ESMA ist seither unmittelbar zuständig für die Beaufsichtigung der in der EU registrierten Ratingagenturen.[22] Auf der Ebene der **Sanktionierung** von Verstößen gegen die Ratingagenturen-VO brachte diese Reform zudem einen Paradigmenwechsel mit sich. Die Ratingagenturen-VO enthält seither einen eigenen Katalog unmittelbar anwendbarer Bußgeldtatbestände, die den vormals in § 39 Abs. 2 b Nr. 1–42 WpHG aF enthaltenen Ordnungswidrigkeitenkatalog weitgehend obsolet machten (Rn. 8). 5

Erneute Änderungen der Ratingagenturen-VO und der Regulierung von Ratingagenturen im Allgemeinen brachten 2013 die Verordnung (EG) 6

---

[15] Credit Rating Agency Reform Act" von September 2006 (www.sec.gov/divisions/mark etreg/ratingagency/cra-reform-act-2006.pdf (Tag des letzten Zugriffs: 4.6.2019); dazu auch HK-KapMStR/*Goller*, 4. Aufl. 2017, Kap. 18.13. § 39 Abs. 2 b Nr. 1 Rn. 3.
[16] *Ferrarini/Giudici*, in: Armour/McCahery, After Enron. Improving Corporate Law and Modernising Securities Regulation in Europe and the US, 2006, S. 159.
[17] Siehe Heidel/*Weick-Ludewig* WpHG § 17 Rn. 1.
[18] Proposal for a Regulation of the European Parliament and of the Council on Credit Rating Agencies, COM/2008/0704 final. Zu diesem *Deipenbrock* WM 2009, 1165. Zu den Regulierungsansätzen davor *Moloney* VII.2.2.1. (S. 644 ff.).
[19] ABl. 2009 L 302, 1.
[20] *Moloney* VII.2.1.1. (S. 637); Heidel/*Weick-Ludewig* WpHG§ 17 Rn. 3.
[21] *Moloney* VII.2.1. (S. 636); zur Reform auch näher *Wittenberg* EBOR 16 (2015), 669.
[22] Die Ratingagenturen-VO war der erste Fall einer unmittelbaren Aufsicht durch die ESMA. Siehe Assmann/Schneider/Mülbert/*Assmann* Einl. Rn. 38 ff.; *Walla* BKR 2012, 265, 266; *Parmentier* EuZW 2014, 50 (54).

Nr. 462/2013 und die Richtlinie 2013/14/EU mit sich (**dritte Generation der Ratingagenturen-VO**). Zweck dieser Reform war es insbesondere, auf die erkannten Schwachstellen im Zusammenhang mit Ratings von Staatsschulden zu reagieren. In diesem Zusammenhang sollte insbesondere ein weiterer Abbau der übermäßigen Abhängigkeit von Ratings erreicht, die Transparenz bei der Abgabe von Ratings für Staatsschulden verbessert, die Qualität des Ratingverfahrens sowie die Verantwortlichkeit der Ratingagenturen für ihr Handeln erhöht, Interessenkonflikte weiter verringert und schließlich eine größere Diversifizierung von Akteuren, die auf dem Ratingmarkt tätig sind, gefördert werden. Der neue Art. 35 a Ratingagenturen-VO war zudem der erste unmittelbar anwendbare zivilrechtliche Haftungstatbestand im europäischen Sekundärrecht, auf dessen Basis Ratingagenturen von Investoren und Emittenten auf Schadensersatz in Anspruch genommen werden können.[23]

7 Die sekundärrechtlichen Bestimmungen in der Ratingagenturen-VO werden flankiert durch mehrere sog **Level II-Rechtsakte**, die durch die Europäische Kommission erlassen wurden und auf Vorarbeiten der ESMA zurückgehen.[24] Dies sind die Delegierte VO (EU) Nr. 946/2012,[25] die Delegierte VO (EU) Nr. 272/2012,[26] die Delegierten VO (EU) Nr. 2015/3,[27] die Delegierte VO (EU) Nr. 2015/1[28] und die Delegierte VO (EU) Nr. 2015/2.[29]

8 Als echte sog **Level III-Maßnahmen** hat die ESMA zudem **Leitlinien und Empfehlungen** zur Ratingagenturen-VO erlassen.[30] Diese entfalten zwar für die Marktteilnehmer und auch die nationalen Aufsichtsbehörden keine unmittelbare Bindungswirkung,[31] haben aber in der Praxis eine erhebliche Relevanz, da die nationalen Aufsichtsbehörden schon wegen des Comply-or-explain-Mechanismus (Art. 16 Abs. 2 VO (EG) Nr. 1095/2010) jedenfalls faktisch dazu angehalten sind, den Leitlinien und Empfehlungen in ihrer Aufsichtspraxis zu folgen. Neben diesen echten Level III-Maßnahmen sind für die Marktteilnehmer auch die **ESMA Q&As** zur Ratingagenturen-VO von Bedeutung,[32] insbesondere, weil der überwiegende Teil der Aufsicht über Ratingagenturen ohnehin unmittelbar durch die ESMA erfolgt.

3. Unionsrechtliches und deutsches Sanktionensystem

9 Die Ratingagenturen-VO räumt seit ihrer Ergänzung durch die VO (EU) Nr. 513/2011 (zweite Generation der Ratingagenturen-VO) der **ESMA** – neben anderen weitreichenden Behördenbefugnissen – die unmittelbare **Kompetenz** zum Erlass von **Geldbußen** gegen Ratingagenturen ein. Die „sektoral zuständige Behörde" ist nach Art. 25 a Ratingagenturen-VO nur noch für die Beauf-

---

23 Dazu *Picciau* ECFR 2018, 339, 384 ff.; *Schroeter* ZBB 2018, 353.
24 Siehe *Deipenbrock* WM 2016, 2277 (2282 f.)
25 ABl. 2012 L 282, 23.
26 ABl. 2012 L 90, 6.
27 ABl. 2015 L 2, 57.
28 ABl. 2015 L 2, 1.
29 ABl. 2015 L 2, 24.
30 Zu diesen *Deipenbrock* WM 2016, 2277 (2282).
31 Zu den Leitlinien und Empfehlungen bei der Leerverkaufs-VO, Assmann/Schneider/Mülbert/*Mülbert/Sajnovits* VO Nr. 236/2012 Vor Art. 1 Rn. 42.
32 Dazu *Deipenbrock*, WM 2016, 2277 (2282); Q&As abrufbar unter https://www.esma.europa.eu/press-news/esma-news/esma-publishes-updated-cra-qa (Tag des letzten Zugriffs: 4.6.2019).

sichtigung und rechtliche Durchsetzung des Art. 4 Abs. 1 und der Art. 5 a, 8 b, 8 c und 8 d Ratingagenturen-VO zuständig. Sofern der Rat der Aufseher der ESMA nach Art. 23 e abs. 5 Ratingagenturen-VO feststellt, dass eine Ratingagentur vorsätzlich oder fahrlässig einen der in Anhang II zur Ratingagenturen-VO genannten Verstöße begangen hat, kann er nach Art. 36 a Ratingagenturen-VO einen Beschluss über die Verhängung einer Geldbuße gegen die Ratingagentur erlassen.[33]

Dem nationalen Ordnungswidrigkeitenrecht verbleiben nach der Reform der Ratingagenturen-VO durch die VO (EU) Nr. 513/2011 (zweite Generation der Ratingagenturen-VO) (Rn. 9) nur noch die heutigen Nr. 1–5 des § 120 Abs. 4 WpHG in der Fassung des 2. Finanzmarktnovellierungsgesetzes (zuvor § 39 Abs. 2 b Nr. 1–5 WpHG aF).[34] Daneben verlangt § 123 Abs. 3 WpHG grundsätzlich die Veröffentlichung von unanfechtbar gewordenen Maßnahmen, die wegen Verstößen gegen Art. 4 Abs. 1 Ratingagenturen-VO getroffen wurden.

10

Regelungstechnisch verweist der deutsche Gesetzgeber in § 120 Abs. 4 Nr. 1–5 WpHG dynamisch[35] auf einzelne Bestimmungen der Ratingagenturen-VO. Die Auslegung des unmittelbar anwendbaren Unionsrechts muss sich zwar grundsätzlich nicht an der nationalen Methodenlehre und am nationalen Verfassungsrecht messen lassen.[36] Soweit europäische Rechtsakte aber nicht *self executive* sind und deshalb auf eine Umsetzung durch den nationalen Gesetzgeber angewiesen sind, wie es insbesondere für die Sanktionsvorschriften des § 120 Abs. 4 WpHG gilt, verbleibt auch für nationale Methodik und nationales Recht ein Anwendungsbereich.[37] Damit stellt sich insbesondere die Frage nach der Möglichkeit oder gar der Notwendigkeit einer sog Normspaltung, also danach, ob Vorschriften der Ratingagenturen-VO im bußgeldrechtlichen Zusammenhang anders (enger) ausgelegt werden können als im rein aufsichtsrechtlichen Zusammenhang. Richtigerweise gilt insoweit, dass die Vorgaben der Ratingagenturen-VO im rein aufsichtsrechtlichen Zusammenhang (also beim Vorgehen der BaFin gegen Normunterworfene wegen Verstößen gegen etwa Art. 4 Abs. 1 UAbs. 1 Ratingagenturen-VO) im Lichte der Zwecksetzung der Ratingagenturen-VO und des Effektivitätsgebots auszulegen sind, ohne dass die lediglich flankierenden Ordnungswidrigkeitenvorschriften Einschränkungen gebieten könnten.[38] Auf der anderen Seite ist aber eindeutig im Rahmen der deutschen Ordnungswidrigkeitenvorschriften dem nationalen Verfassungsrecht, und so insbesondere dem Bestimmtheitsgebot, Rechnung zu tragen. Dies kann im Rahmen einer über den Wortlaut hinausgehenden teleologischen Ex-

11

---

33 Zu den Kompetenzen der ESMA zum Erlass von Geldbußen *Schammo* Common Market Law Review 48 (2011), 1879; *Moloney* European Business Organization Law Review (EBOR) 12.2 (2011), 177; *Pukropski* S. 231 ff.
34 Zur Geschichte des § 39 Abs. 2 b WpHG siehe § 120 Rn. 140 ff.; KölnKomm/*Altenhain* WpHG § 39 Rn. 48 ff.; Assmann/Schneider/*Vogel*, 6. Aufl. 2012, § 39 Rn. 37 a ff.; Fuchs/*Waßmer* WpHG § 39 Rn. 192 ff.; HK-KapMStR/*Goller*, 4. Aufl. 2017, Kap. 18.13. § 39 Abs. 2 b Nr. 1 Rn. 5.
35 Vgl. KölnKomm/*Altenhain* WpHG § 39 Rn. 48.
36 Vgl. Assmann/Schneider/Mülbert/*Mülbert/Sajnovits* VO Nr. 236/2012 Vor Art. 1 Rn. 44 f. mwN.
37 Vgl. Assmann/Schneider/Mülbert/*Mülbert/Sajnovits* VO Nr. 236/2012 Vor Art. 1 VO Nr. 236/2012 Rn. 46 mwN.
38 Vgl. Assmann/Schneider/Mülbert/*Mülbert/Sajnovits* VO Nr. 236/2012 Vor Art. 1 VO Nr. 236/2012 Rn. 48 mwN.

tension bzw. Reduktion einer Verordnungsvorschrift im Rahmen der auf die Verordnungsvorgabe bezugnehmenden Ordnungswidrigkeitenvorschrift eine gespaltene Auslegung erforderlich machen.[39]

4. Ökonomischer Überblick zu Ratings

12 Die ökonomische Funktion von Ratings liegt darin, dass diese Investoren auf den Finanzmärkten Informationen über bestimmte Finanzinstrumente liefern und dadurch Informationsasymmetrien verringern.[40] Im Ausgangspunkt wirken sich Ratings positiv auf die **Markttransparenz** und damit auf die Preisbildung aus.[41] Die neoklassische Kapitalmarkttheorie beruht auf der Grundannahme der Existenz eines Fundamentalwerts von Finanzinstrumenten. Sie geht davon aus, dass es einen „wahren" Wert eines Finanzinstruments gibt, auf den sich alle optimal diversifizierten und rationalen Marktteilnehmer[42] einigen würden, wenn sie über alle zu seiner Beurteilung notwendigen Informationen verfügten.[43] Hinsichtlich der zur Verfügung stehenden Informationen werden zur Erklärung der Preisbildung auf den Finanzmärkten überwiegend – auch heute noch – die Annahmen der Effizienzmarkthypothese (*efficient capital markets hypothesis* - ECMH) zugrunde gelegt.[44] Die ECMH in ihrer halbstrengen Variante geht davon aus, dass sich alle öffentlich verfügbaren Informationen in entwickelten (informationseffizienten) Kapitalmärkten unmittelbar im aktuellen Marktpreis widerspiegeln.[45] Danach werden sämtliche relevanten, die Zukunft betreffenden Informationen von den Anlegern aufgenommen und verarbeitet, um auf dieser Basis eine informierte, nutzenmaximierende und rationale (*Rational-choice*-Theorie) Entscheidung zu treffen.[46] Der Wert eines Finanzinstruments nähert sich bei diesen Annahmen seinem Fundamentalwert an. Märkte, die diese Annäherung ermöglichen, werden als allokationseffizient bezeichnet, weil dort genau die wohlfahrtsmaximierende Menge an Kapital zu den jeweiligen Anlagetiteln fließt, bei denen es am effizientesten genutzt werden kann.[47] Ausgehend von diesen Annahmen der ECMH bewirken zusätzliche, öffentlich bekannte Informationen eine im Sinne der Allokationseffizienz

---

39 Vgl. Assmann/Schneider/Mülbert/*Mülbert/Sajnovits* VO Nr. 236/2012 Vor Art. 1 VO Nr. 236/2012 Rn. 48; *Weick-Ludewig/Sajnovits* WM 2014, 1521 (1527).
40 Siehe auch *Schroeter* S. 50 ff. mwN.
41 *Hand/Holthausen/Leftwich* Journal of Finance 47 (1992), 733; *Kliger/Sarig* Journal of Finance 55 (2000), 2879.
42 Diejenigen Personen, die ihr persönlich risikoeffizientes Portfolio halten.
43 Dem liegt die ökonomische Grundannahme der Preisbildung im Marktgleichgewicht zugrunde.
44 Grundlegend *Fama*, Journal of Finance 25 (1970), 383; aus juristischer Sicht *Gilson/Kraakman* Virginia Law Review 70 (1984), 549. Für eine Verteidigung der ECMH gegen ihre Infragestellung durch die Finanzmarktkrise und die Einsichten der Behavorial Finance siehe *Gilson/Kraakman* Virginia Law Review 100 (2014), 313; *Blinder/Lo/Solow/Malkiel* S. 75. Aus dem juristischen Schrifttum allgemein etwa *Mülbert* S. 129 f.; *Adolff* S. 15 ff., 78 ff.; im Zusammenhang mit Benchmarks *Sajnovits* S. 50 ff.
45 Grundlegend *Fama* Journal of Finance 25 (1970), 383 ff.; zuvor ging bereits *von Hayek* davon aus, dass sich alle Informationen bereits im Marktpreis widerspiegeln. Siehe *von Hayek* American Economic Review 35 (1945), 519, 526. Wegen der Möglichkeit von Arbitragegeschäften schließt diese Annahme auch Informationsunterschiede zwischen den einzelnen Marktteilnehmern nicht aus.
46 Die REMM-Hypothese ist ihrerseits auch Voraussetzung für die Effizienzmarkthypothese, siehe *Mülbert* ZHR 176 (2013), 160, 182 ff. mwN; siehe ferner *Schroeter* S. 72 f.
47 *Adolff* S. 16 f.

wünschenswerte Annäherung von realen Marktpreisen an den Fundamentalwert eines Finanzinstruments (*Steigerung der Fundamentalwerteffizienz*).[48] Wenngleich dies mitunter bestritten wird,[49] so haben Ratings jedenfalls ganz häufig auch dann einen *eigenen Informationswert*, wenn sie ohne nichtöffentliche Informationen erstellt werden.[50] Dies gilt insbesondere, wenn man – aufbauend auf den Überlegungen der Neuen Institutionenökonomie – davon ausgeht, dass sich die Marktpreise nicht an alle öffentlich verfügbaren Informationen anpassen, sondern nur an diejenigen, deren Erhebung nicht unökonomisch ist.[51] Durch die Informationssammlung auf Seiten Ratingagenturen und die sodann stattfindende Konzentrierung dieser Informationen auf ein einfach zu erfassendes Rating (AA, AAA, usw), verringern sich für die sonstigen Marktteilnehmer nämlich die Transaktionskosten.[52] Die gesteigerte Markttransparenz durch in Ratings enthaltene neue und aufbereitete öffentliche Informationen kann daher eine Förderung der Informationseffizienz, eine Senkung von Transaktionskosten, eine Verringerung von Informationsasymmetrien und eine wohlfahrtsmaximierende Förderung der Allokationseffizienz bewirken. Sind Ratings allerdings inhaltlich falsch oder zeigen ein verzerrtes Bild der Realität, so können diese Effekte gerade nicht erzielt werden und es besteht vielmehr die Gefahr, dass sie zu einer Entfernung der Marktpreise vom Fundamentalwert führen, was der Allokationseffizienz abträglich wäre.

II. Verwendung von Ratings für aufsichtliche Zwecke (§ 120 Abs. 4 Nr. 1 WpHG, §§ 1 a Abs. 2, 56 Abs. 4 b Nr. 1 KWG, § 340 Abs. 3 Nr. 1 KAGB und §§ 28 Abs. 2, 332 Abs. 4 VAG)

1. Grundtatbestand

Gemäß § 120 Abs. 4 Nr. 1 WpHG (gleichlautend §§ 1 a Abs. 2, 56 Abs. 4 b Nr. 1 KWG, § 340 Abs. 3 Nr. 1 KAGB und §§ 28 Abs. 2, 332 Abs. 4 VAG)[53] handelt ordnungswidrig, wer gegen die Ratingagenturen-VO verstößt, indem er vorsätzlich oder leichtfertig entgegen Art. 4 Abs. 1 UAbs. 1 Ratingagenturen-VO ein Rating für aufsichtsrechtliche Zwecke verwendet.[54] Gemäß Art. 4 Abs. 1 UAbs. 1 Ratingagenturen-VO dürfen die Adressaten der Vorschrift für aufsichtsrechtliche Zwecke nur Ratings von Ratingagenturen verwenden, die

13

---

48 *Rauterberg/Verstein* Yale Law Journal 30 (2013), 101, 112 ff.; *Adolff* S. 89 ff., 93 ff.; *Kersting* S. 6.
49 Siehe *Schroeter* S. 73 ff. mit Kritik an der These.
50 *Schroeter* S. 87 ff.
51 *Grossman/Stiglitz* American Economic Review 70 (1980), 393, 404 f., die auch weitergehend die ECMH angreifen und argumentieren, dass wegen der Kosten der Informationsbeschaffung keine perfekte Reflektion der Informationen in den Preisen stattfindet. Ansonsten würden nämlich diejenigen, die Ressourcen für die Informationsbeschaffung aufwenden (Informationshändler) von ebendieser absehen (sog *Grossman/Stiglitz*-Informationsparadoxon).
52 *Rauterberg/Verstein* Yale Law Journal 30 (2013), 101, 112 ff.; allgemein zu Informations(such)kosten *Gilson/Kraakman* Virginia Law Review 70 (1984), 549, 593 ff.
53 Die folgenden Ausführungen beziehen sich auf § 120 Abs. 4 Nr. 1 WpHG, sind aber gleichermaßen auf die §§ 1 a Abs. 2, 56 Abs. 4 b Nr. 1 KWG, § 340 Abs. 3 Nr. 1 KAGB und §§ 28 Abs. 2, 332 Abs. 4 VAG übertragbar.
54 Assmann/Schneider/Mülbert/*Spoerr* WpHG § 120 Rn. 140 ff.; zu § 39 Abs. 2 b WpHG aF KölnKomm/*Altenhain* WpHG § 39 Rn. 48 ff.; Assmann/Schneider/*Vogel*, 6. Aufl. 2012, WpHG § 39 Rn. 37 a ff.; Fuchs/*Waßmer* WpHG § 39 Rn. 192 ff.

ihren Sitz in der Union haben und gemäß der Ratingagenturen-VO registriert sind.

2. Normzweck

14 Zweck des Art. 4 Abs. 1 UAbs. 1 Ratingagenturen-VO ist es, sicherzustellen, dass die von regulierten Unternehmen in Bezug genommenen Ratings von Ratingagenturen stammen, die die Anforderungen der Ratingagenturen-VO erfüllen.

3. Adressaten

15 Adressat der Verbotsnorm sind **natürliche Personen**, die für die Adressaten des Art. 4 Abs. 1 UAbs. 1 Ratingagenturen-VO handeln. Adressaten des Art. 4 Abs. 1 UAbs. 1 Ratingagenturen-VO sind Kreditinstitute,[55] Wertpapierfirmen,[56] Versicherungsunternehmen,[57] Rückversicherungsunternehmen,[58] Einrichtungen der betrieblichen Altersversorgung,[59] Verwaltungs[60]- und Investmentgesellschaften,[61] Verwalter alternativer Investmentfonds[62] und zentrale Gegenparteien.[63][64] Mit Blick auf die Adressaten erklärt sich die Wiederholung des Ordnungswidrigkeitentatbestands in §§ 1 a Abs. 2, 56 Abs. 4 b Nr. 1 KWG, § 340 Abs. 3 Nr. 1 KAGB und §§ 28 Abs. 2, 332 Abs. 4 VAG, da so sichergestellt ist, dass die jeweiligen Adressaten der entsprechenden Aufsichtsgesetze durch die Ordnungswidrigkeitentatbestände angesprochen sind.

16 Gemäß § 30 Abs. 1 OWiG kann, da es sich bei der durch die Ordnungswidrigkeit verletzten Pflicht nach Art. 4 Abs. 1 UAbs. 1 Ratingagenturen-VO um eine Pflicht handelt, die die **juristische Person bzw. Personenvereinigung**, mithin einen der Adressaten des Art. 4 Abs. 1 UAbs. 1 Ratingagenturen-VO, trifft, auch der Adressat des Art. 4 Abs. 1 UAbs. 1 Ratingagenturen-VO unmittelbar bebußt werden. Die Höhe des Bußgeldes richtet sich nach § 30 Abs. 2 OWiG. Zudem kommt gegen die Adressaten des Art. 4 Abs. 1 UAbs. 1 Ratingagenturen-VO auch eine Bebußung nach § 30 Abs. 1 iVm § 130 Abs. 1 OWiG in Betracht, sofern der Verstoß gegen § 120 Abs. 4 Nr. 1 WpHG nicht bereits durch eine der in § 30 Abs. 1 OWiG genannten Personen, sondern durch Mitarbeiter

---

[55] Kreditinstitut iSd Art. 4 Nr. 1 RL 2006/48/EG.
[56] Wertpapierfirma iSd Art. 4 Nr. 1 RL 2004/39/EG.
[57] Versicherungsunternehmen iSd Art. 13 Nr. 1 RL 2009/138/EG des Europäischen Parlaments und des Rates vom 25.11.2009 betreffend die Aufnahme und Ausübung der Versicherungs- und Rückversicherungstätigkeit (Solvabilitäts-RL II).
[58] Rückversicherungsunternehmen iSd Art. 13 Nr. 4 RL 2009/138/EG.
[59] Einrichtung der betrieblichen Altersversorgung iSd Art. 6 Buchst. a RL 2003/41/EG.
[60] Verwaltungsgesellschaft iSd Art. 2 Abs. 1 Buchst. b RL 2009/65/EG des Europäischen Parlaments und des Rates vom 13.7.2009 zur Koordinierung der Rechts- und Verwaltungsvorschriften betreffend bestimmte Organismen für gemeinsame Anlagen in Wertpapieren (OGAW).
[61] Eine gemäß der RL 2009/65/EG zugelassene Investmentgesellschaft.
[62] Einen AIFM iSd Art. 4 Abs. 1 Buchst. b RL 2011/61/EU des Europäischen Parlaments und des Rates vom 8.6.2011 über die Verwalter alternativer Investmentfonds.
[63] Zentrale Gegenpartei iSd Art. 2 Nr. 1 VO (EU) Nr. 648/2012 des Europäischen Parlaments und des Rates vom 4.7.2012 über OTC-Derivate, zentrale Gegenparteien und Transaktionsregister (3), die gemäß Artikel 14 der genannten Verordnung zugelassen wurde.
[64] Zum Adressatenkreis des § 39 Abs. 2 b Nr. 1 WpHG aF HK-KapMStR/*Goller*, 4. Aufl. 2017, Kap. 18.13. § 39 Abs. 2 b Nr. 1 Rn. 9.

auf untergeordneten Hierarchieebenen begangen wird und eine Aufsichtspflichtverletzung des „Inhaber des Betriebs oder Unternehmens" im Raum steht.

4. Objektiver Tatbestand

Für die Verwirklichung des § 120 Abs. 4 Nr. 1 WpHG ist objektiv erforderlich, dass gegen die Ratingagenturen-VO verstoßen wird, indem entgegen Art. 4 Abs. 1 UAbs. 1 VO (EG) 1060/2009 ein Rating für aufsichtsrechtliche Zwecke verwendet wird. Gemäß Art. 4 Abs. 1 UAbs. 1 Ratingagenturen-VO dürfen die Adressaten der Vorschrift für aufsichtsrechtliche Zwecke nur Ratings von Ratingagenturen verwenden, die ihren Sitz in der Union haben und gemäß der Ratingagenturen-VO registriert sind.

a) Rating

Ein **Rating** ist nach Art. 2 Abs. 1 lit. a Ratingagenturen-VO ein Bonitätsurteil in Bezug auf ein Unternehmen, einen Schuldtitel oder eine finanzielle Verbindlichkeit, eine Schuldverschreibung, eine Vorzugsaktie oder ein anderes Finanzinstrument oder den Emittenten derartiger Schuldtitel, finanzieller Verbindlichkeiten, Schuldverschreibungen, Vorzugsaktien oder anderer Finanzinstrumente, das anhand eines festgelegten und definierten Einstufungsverfahrens für Ratingkategorien abgegeben wird.

Der Anwendungsbereich der Ratingagenturen-VO ist nach deren Art. 2 Abs. 1 nur eröffnet, wenn das Rating der Öffentlichkeit bekannt gegeben oder an Abonnenten weitergegeben wurde.[65] Art. 4 Abs. 2 Ratingagenturen-VO spezifiziert weiter, dass ein Rating einer in der EU ansässigen und gemäß der Ratingagenturen-VO registrierten Ratingagentur als abgegeben gilt, sobald es auf der Website der Ratingagentur oder auf anderem Wege veröffentlicht oder an Abonnenten weitergegeben und gemäß den Bestimmungen des Art. 10 Ratingagenturen-VO präsentiert und bekannt gegeben wurde.

Öffentlich bekanntgegeben wird ein Rating, wenn es auf der Website der Ratingagentur, aber auch auf jedem anderen allgemein zugänglichen Verbreitungswege, veröffentlicht wird. Entscheidend ist die Möglichkeit einer Vielzahl von (mit der Ratingagentur unverbundenen) Dritten, das Rating einsehen zu können. Diese Voraussetzung ist auch erfüllt, wenn die Ratingagentur das Ratingergebnis an einen Dritten zum Zwecke der Veröffentlichung weiterleitet. Entscheidend ist nicht, dass die Veröffentlichung den Voraussetzungen des Art. 10 Ratingagenturen-VO entspricht, sondern vielmehr materiell, dass eine theoretisch unbegrenzte Vielzahl von Personen das Rating einsehen kann. Die Spezifizierung des Art. 4 Abs. 2 Ratingagenturen-VO schränkt also den Anwendungsbereich der Ratingagenturen-VO nicht ein, sondern benennt nur Fälle, in denen in jedem Fall eine Bekanntgabe des Ratings zu bejahen ist. Nur weil eine Ratingagentur den Pflichten an Bekanntgabe und Präsentation von Ratings aus Art. 10 Ratingagenturen-VO nicht nachkommt, kann dies nicht zu einer Befreiung von den Verpflichtungen nach Art. 4 Ratingagenturen-VO führen.

---

65 *Moloney* VII.2.4. (S. 654 f.).

21 Eine **Weitergabe an Abonnenten** liegt vor, wenn das Rating an ganz bestimmte (mit der Ratingagentur verbundene) Dritte weitergegeben wird. Die Tatbestandsvariante macht deutlich, dass ein Rating, das an ausgewählte Personen weitergegeben und nicht öffentlich bekanntgemacht wird, gleichwohl dem Anwendungsbereich der Ratingagenturen-VO unterfällt. Entscheidend ist die Abgrenzung zum ausdrücklich ausgenommenen privaten Rating (Art. 2 Abs. 2 lit. a Ratingagenturen-VO). Nach den Leitlinien der ESMA zum Anwendungsbereich der Ratingagenturen-VO greift die Ausnahme für private Ratings nur, wenn hinreichend sichergestellt ist, dass das Ergebnis des Ratings nicht öffentlich bekannt wird. Dafür ist erforderlich, dass das Rating nur einer begrenzten Zahl Dritter auf streng vertraulicher Basis mitgeteilt wird.[66]

22 **Kein Rating** im Sinne des Art. 2 Abs. 1 lit. a Ratingagenturen-VO sind zunächst die nach Art. 2 Abs. 2 Ratingagenturen-VO nicht dem Geltungsbereich der Ratingagenturen-VO unterfallenden, (a) privaten Ratings, die von Ratingagenturen aufgrund eines Einzelauftrags abgegeben und ausschließlich an die Person weitergegeben werden, die den Auftrag erteilt hat, und die nicht zur öffentlichen Bekanntgabe oder zur Weitergabe an Abonnenten bestimmt sind (Rn. 20),[67] (b) Kreditpunktebewertungen (Art. 3 Abs. 1 lit. y Ratingagenturen-VO), Credit-Scoring-Systeme[68] und vergleichbaren Bewertungen, die sich auf Verpflichtungen beziehen, die sich aus Beziehungen zu Verbrauchern oder aus geschäftlichen oder gewerblichen Beziehungen ergeben, (c) Ratings, die von Exportversicherungsagenturen gemäß Anhang VI Teil 1 Nummer 1.3 der Richtlinie 2006/48/EG erstellt werden, und (d) bestimmte Ratings, die von Zentralbanken erstellt wurden. Zudem gelten nach Art. 3 Abs. 2 Ratingagenturen nicht als Rating (a) Empfehlungen im Sinne des Art. 1 Nr. 3 der Richtlinie 2003/125/EG der Kommission,[69] (b) Finanzanalysen im Sinne des Art. 24 Abs. 1 der Richtlinie 2006/73/EG der Kommission[70] oder andere allgemeine Empfehlungen in Bezug auf Geschäfte mit Finanzinstrumenten oder auf finan-

---

66 ESMA, Leitlinien und Empfehlungen zum Geltungsbereich der CRA-Verordnung, ESMA/2013/720, V, Rn. 14, S. 6. Die ESMA verweist als Beispiel darauf, dass bei der Beantragung eines Kredits der Auftraggeber eines privaten Ratings beispielsweise sein Rating streng vertraulich seiner Bank mitteilen, oder eine Bank ein privates Rating für die Zwecke einer geschäftlichen Transaktion an eine begrenzte Zahl anderer Banken weitergeben kann.
67 ESMA, Leitlinien und Empfehlungen zum Geltungsbereich der CRA-Verordnung, ESMA/2013/720, V, Rn. 15, S. 6: Gemäß Artikel 2 Absatz 2 Buchstabe a der CRA-Verordnung sollten Ratingagenturen sicherstellen, dass in Vereinbarungen über die Abgabe privater Ratings die Vertraulichkeit und die Einschränkungen bezüglich der Weitergabe festgelegt werden. Bei der Abgabe privater Ratings sollten Ratingagenturen prüfen, ob der Auftraggeber als Empfänger des privaten Ratings die Absicht hat, das Rating öffentlich zugänglich zu machen oder für aufsichtsrechtliche Zwecke zu verwenden. Hat eine Ratingagentur Grund zu der Annahme, dass ein privates Rating öffentlich bekanntgegeben werden könnte, beispielsweise aufgrund der Tatsache, dass derselbe Kunde bereits in der Vergangenheit gegen die Geheimhaltungspflicht verstoßen hat, empfiehlt die ESMA als gute Praxis, dass die Ratingagentur die zur Verhinderung einer solchen Offenlegung notwendigen Maßnahmen trifft oder von der Abgabe des Ratings Abstand nimmt.
68 Zur Abgrenzung HK-KapMStR/*Goller*, 4. Aufl. 2017, Kap. 18.13. § 39 Abs. 2 b Nr. 1 Rn. 2
69 Nunmehr „Empfehlung oder Vorschlag einer Anlagestrategie" im Sinne des Art. 3 Abs. 1 Nr. 35 VO (EU) Nr. 596/2014 (MAR). Zum Begriff Assmann/Schneider/Mülbert/*Mülbert* VO (EU) Nr. 596/2014 Art. 12 Rn. 173.
70 Nunmehr „Anlageempfehlungen" iSd Art. 3 Abs. 1 Nr. 35 VO (EU) Nr. 596/2014.

zielle Verbindlichkeiten, wie beispielsweise „kaufen", „verkaufen" oder „halten"; und (c) Urteile über den Wert eines Finanzinstruments oder einer finanziellen Verpflichtung.

b) Ratingagentur mit Sitz in der EU

Das Rating muss von einer **Ratingagentur** abgegeben worden sein. Eine Ratingagentur ist nach Art. 2 Abs. 1 lit. b Ratingagenturen-VO eine Rechtspersönlichkeit, deren Tätigkeit die gewerbsmäßige Abgabe von Ratings umfasst. Für das Kriterium der Gewerbsmäßigkeit kann sinngemäß (der Begriff ist freilich unionsrechtlich autonom auszulegen) auf die Auslegung in anderen Rechtsbereichen, wie dem bankaufsichtsrechtlichen Zulassungserfordernis nach § 32 Abs. 1 KWG, zurückgegriffen werden. Danach wird darauf abgestellt, ob eine erkennbar planmäßige, auf Dauer angelegte, selbstständige, auf Gewinnerzielung ausgerichtete oder jedenfalls wirtschaftliche Tätigkeit am Markt vorliegt.[71]

23

Die Ratingagentur muss im Ausgangspunkt (zur Übernahme eines Drittstaaten-Ratings Rn. 25) ihren **Sitz in der Europäischen Union** haben und nach der Ratingagenturen-VO registriert sein. Dies kann auch auf Zweigniederlassungen von Drittstaaten-Ratingagenturen zutreffen.[72] Die **Registrierung einer Ratingagentur** richtet sich nach Art. 14 Abs. 1 Ratingagenturen-VO (s. auch Erwägungsgrund 43 Ratingagenturen-VO).[73] Welche Ratingagenturen in der EU registriert sind, lässt sich anhand des von der ESMA gemäß Art. 18 Abs. 3 Ratingagenturen-VO geführten Registers überprüfen.[74] Ein Rating wurde von gerade der Ratingagentur mit Sitz in der Europäischen Union und einer Registrierung nach Art. 14 Ratingagenturen-VO abgegeben, wenn der leitende Analyst im Sinne des Art. 3 Abs. 1 lit. e Ratingagenturen-VO bei der Erstellung des Ratings für gerade diese Ratingagentur tätig war.[75]

24

Gemäß Art. 4 Abs. 4 Ratingagenturen-VO wird ein nach Art. 4 Abs. 3 Ratingagenturen-VO auch ein **„übernommenes" Rating** als Rating angesehen, das von einer Ratingagentur abgegeben wurde, die ihren Sitz in der Europäischen Union hat und im Einklang mit der Ratingagenturen-VO registriert wurde.[76] Nach Art. 4 Abs. 3 Ratingagenturen-VO kann eine in der EU ansässige und registrierte Ratingagentur ein Rating einer **Drittstaaten-Ratingagentur** übernehmen, wenn die der Abgabe dieses Ratings zugrunde liegenden Ratingtätigkeiten[77] folgenden Anforderungen genügen:

25

---

71 Vgl. Boos/Fischer/Schulte-Mattler/*Fischer/Müller* KWG § 32 Rn. 7.
72 *Veil/Teigelack* § 27 Rn. 21.
73 Zum Registrierungsverfahren *Veil/Teigelack* § 27 Rn. 50 ff.
74 www.esma.europa.eu/page/List-registered-and-certified-CRAs (Tag des letzten Zugriffs: 4.6.2019).
75 Vgl. „CESR's. Guidance on Registration Process, Functioning of Colleges, Mediation Protocol, Information set out in Annex II, Information set for the application for Certification and for the assessment of CRAs systemic importance", Rn. 158 Dok. CESR/10–347 (www.esma.europa.eu/system/files/1-10_347.pdf) (Tag des letzten Zugriffs: 4.6.2019).
76 Assmann/Schneider/Mülbert/*Spoerr* WpHG § 120 Rn. 143.
77 Nach Art. 3 Abs. 1 lit. o Ratingagenturen-VO definiert als die Analyse von Daten und Informationen und die Bewertung, Genehmigung, Abgabe und Überprüfung von Ratings.

(a) die der Abgabe der zu übernehmenden Ratings zugrunde liegenden Ratingtätigkeiten werden ganz oder teilweise von der übernehmenden Ratingagentur oder von derselben Gruppe angehörenden Ratingagenturen durchgeführt;

(b) die Ratingagentur hat überprüft und kann gegenüber der ESMA ständig nachweisen, dass die der Abgabe des zu übernehmenden Ratings zugrunde liegenden Ratingtätigkeiten der Drittstaaten-Ratingagentur Anforderungen genügen, die mindestens so streng sind wie die Anforderungen der Art. 6 bis 12, Anhang I mit Ausnahme der Artikel 6 a, 6 b, 8 a, 8 b, 8 c, und 11 a, Anhang I Abschnitt B Nr. 3 lit. ba und Nr. 3 a und 3 b. Ratingagenturen-VO,

(c) die ESMA kann uneingeschränkt bewerten und überwachen, ob die Ratingagentur mit Sitz in dem Drittland die Anforderungen nach Buchstabe b einhält;

(d) die Ratingagentur stellt der ESMA auf Verlangen alle Informationen zur Verfügung, die diese benötigt, um die Einhaltung der Anforderungen der Ratingagenturen-VO laufend überwachen zu können;

(e) es gibt einen objektiven Grund dafür, das Rating in einem Drittland erstellen zu lassen;

(f) die Ratingagentur mit Sitz in einem Drittland ist dort zugelassen oder registriert und unterliegt der Aufsicht in diesem Drittland;

(g) das Regulierungssystem des Drittlandes verhindert eine Einflussnahme der zuständigen Behörden und anderer Behörden dieses Drittlandes auf den Inhalt der Ratings und die Methoden und

(h) es besteht eine geeignete Kooperationsvereinbarung zwischen der ESMA und der jeweiligen Aufsichtsbehörde der Ratingagentur mit Sitz in dem Drittland.[78]

26 Ratings für Unternehmen mit Sitz in Drittländern oder für in Drittländern ausgegebene Finanzinstrumente, die von einer Ratingagentur mit Sitz in einem Drittland abgegeben wurden, können in der EU gemäß Art. 5 Abs. 1 Ratingagenturen-VO auch ohne Übernahme gemäß Art. 4 Abs. 3 Ratingagenturen-VO verwendet werden, sofern die in Art. 5 Abs. 1 lit. a-e Ratingagenturen-VO genannten Voraussetzungen erfüllt sind. Insbesondere ist erforderlich, dass die Europäische Kommission eine Entscheidung über die **Gleichwertigkeit** getroffen hat, nach der der Regelungs- und Kontrollrahmen des betreffenden Drittlandes als den Anforderungen der Ratingagenturen-VO gleichwertig betrachtet werden kann, und dass die Drittstaaten-Ratingagentur gemäß Art. 5 Abs. 2 Ratingagenturen-VO zertifiziert wurde.

---

78 Die ESMA muss gemäß Art. 4 Abs. 3 lit. h Ratingagenturen-VO sicherstellen, dass in einer solchen Kooperationsvereinbarung mindestens Folgendes festgelegt ist: (i) ein Mechanismus für den Austausch von Informationen zwischen der ESMA und der jeweiligen Aufsichtsbehörde der Ratingagentur mit Sitz in dem Drittland und (ii) Verfahren für die Abstimmung der Aufsichtstätigkeiten, damit die ESMA in der Lage ist, die Ratingtätigkeiten, die zur Abgabe eines übernommenen Ratings führen, laufend zu überwachen.

c) Verwendung für aufsichtliche Zwecke

Eine Verwendung (eines Ratings) für aufsichtliche Zwecke liegt gemäß Art. 3 Abs. 1 lit. g Ratingagenturen-VO bei der Verwendung von Ratings zur Einhaltung der Rechtsvorschriften der Union oder Rechtsvorschriften der Union wie im nationalen Recht der Mitgliedstaaten umgesetzt vor. Unionsrechtliche und nationale, auf Rechtsvorschriften der Union beruhende, Rechtsvorschriften verlangen vielfach die Verwendung von Ratings (Regulierungsfunktion der Ratings). Besonders bedeutsam sind Ratings im Rahmen der Capital Requirements Regulation („CRR"),[79] insbesondere für die Eigenmittelanforderungen.[80] Daneben haben Ratings etwa Bedeutung im Wertpapierprospektrecht sowie bei der Regulierung institutioneller Investoren bei Fonds.[81]

27

5. Subjektiver Tatbestand

Ein Ratingverwender muss sicherstellen, dass er ein Rating im Sinne der Ratingagenturen-VO verwendet und dass die Ratingagentur, die es erstellt hat, entweder nach Art. 14 Ratingagenturen-VO registriert ist (Rn. 24) oder ein registrierungsäquivalenter Tatbestand eingreift (Rn. 25, 26).[82] Der Verschuldensmaßstab umfasst Vorsatz und Leichtfertigkeit.[83] Wird ein Rating ohne Prüfung der Registrierung der abgebenden Ratingagentur verwendet, so wird in jedem Fall Leichtfertigkeit zu bejahen sein, wenn die Ratingagentur entweder nicht nach Art. 14 Ratingagenturen-VO registriert ist (Rn. 24) oder kein registrierungsäquivalenter Tatbestand eingreift.[84]

28

Kap. 15.10. § 120 Abs. 4 Nr. 3 WpHG Beauftragung eines zweiten Ratings
§ 120 Abs. 4 Nr. 3 WpHG Bußgeldvorschriften; Verordnungsermächtigung

(4) Ordnungswidrig handelt, wer als Person, die für ein Wertpapierdienstleistungsunternehmen handelt, gegen die Verordnung (EG) Nr. 1060/2009 verstößt, indem er vorsätzlich oder leichtfertig

(...)

3. entgegen Artikel 8 c Absatz 1 einen Auftrag nicht richtig erteilt,

(...)

(24) Die Ordnungswidrigkeit kann (...) mit einer Geldbuße (...) bis zu fünfzigtausend Euro geahndet werden.

---

79 Siehe den dort bedeutsamen Begriff der „externen Ratingagentur" oder auch „ECAI" im Sinne des Art. 4 Abs. 98 CRR.
80 Im Rahmen des Standardansatzes können Ratings von externen Ratingagenturen zur Berechnung der risikogewichteten Positionsbeträge herangezogen werden (Art. 113 ff., 135 ff. CRR).
81 *Schroeter* S. 335 ff.
82 HK-KapMStR/*Goller*, 4. Aufl. 2017, Kap. 18.13. § 39 Abs. 2 b Nr. 1 Rn. 23.
83 Zum Begriff der Leichtfertigkeit im Kapitalmarktrecht instruktiv *von Buttlar/Hammermaier* ZBB 2017, 1.
84 HK-KapMStR/*Goller*, 4. Aufl. 2017, Kap. 18.13. § 39 Abs. 2 b Nr. 1 Rn. 23. Näher auch HK-KapMStR/*Goller*, 4. Aufl. 2017, Kap. 18.13. § 39 Abs. 2 b Nr. 1 Rn. 24 zur Frage der Leichtfertigkeit bei übernommenen Ratings.

§ 1 a Abs. 2 KWG Geltung der Verordnungen (EU) Nr. 575/2013, (EG) Nr. 1060/2009 und (EU) 2017/2402 für Kredit- und Finanzdienstleistungsinstitute

(2) Für Finanzdienstleistungsinstitute, die keine CRR-Institute sind, gelten vorbehaltlich des § 2 Absatz 7 bis 9 die Vorgaben der Verordnung (EU) Nr. 575/2013, des Kapitels 2 der Verordnung (EU) 2017/2402 und der auf Grundlage der Verordnung (EU) Nr. 575/2013 und des Kapitels 2 der Verordnung (EU) 2017/2402 erlassenen Rechtsakte die Bestimmungen dieses Gesetzes, die auf Vorgaben der Verordnung (EU) Nr. 575/2013 oder des Kapitels 2 der Verordnung (EU) 2017/2402 verweisen, sowie die in Ergänzung der Verordnung (EU) Nr. 575/2013 erlassenen Rechtsverordnungen nach § 10 Absatz 1 Satz 1 und § 13 Absatz 1 so, als seien diese Finanzdienstleistungsinstitute CRR-Wertpapierfirmen.

(...)

§ 56 Abs. 4 b Nr. 3 KWG Bußgeldvorschriften

(4 b) Ordnungswidrig handelt, wer als Person, die für ein CRR-Kreditinstitut handelt, gegen die Verordnung (EG) Nr. 1060/2009 verstößt, indem er vorsätzlich oder leichtfertig

(...)

3. entgegen Artikel 8 c Absatz 1 einen Auftrag nicht richtig erteilt,

(...)

(6) Die Ordnungswidrigkeit kann (...) mit einer Geldbuße bis zu zweihunderttausend Euro (...) geahndet werden.

§ 340 Abs. 3 Nr. 3 KAGB Bußgeldvorschriften

(3) Ordnungswidrig handelt, wer als Person, die für eine Kapitalverwaltungsgesellschaft handelt, gegen die Verordnung (EG) Nr. 1060/2009 des Europäischen Parlaments und des Rates vom 16. September 2009 über Ratingagenturen (ABl. L 302 vom 17.11.2009, S. 1), die zuletzt durch die Verordnung (EU) Nr. 462/2013 (ABl. L 146 vom 31.5.2013, S. 1) geändert worden ist, verstößt, indem er vorsätzlich oder leichtfertig

(...)

3. entgegen Artikel 8 c Absatz 1 einen Auftrag nicht richtig erteilt oder

(...)

(7) Die Ordnungswidrigkeit kann wie folgt geahndet werden:

(...)

3. (...) mit einer Geldbuße bis zu zweihunderttausend Euro.

(...)

§ 28 Abs. 2 VAG Externe Ratings

(2) Die in den Geltungsbereich der Verordnung (EG) Nr. 1060/2009 einbezogenen Unternehmen, die der Aufsicht nach diesem Gesetz unterliegen, haben die sich aus dieser Verordnung in der jeweils geltenden Fassung ergebenden Pflichten einzuhalten.

§ 332 Abs. 4 Nr. 3 VAG Bußgeldvorschriften

(4) Ordnungswidrig handelt, wer als Person, die für ein Unternehmen handelt, das der Aufsicht nach diesem Gesetz unterliegt, gegen die Verordnung (EG) Nr. 1060/2009 des Europäischen Parlaments und des Rates vom 16. September 2009 über Ratingagenturen (ABl. L 302 vom 17.11.2009, S. 1), die zuletzt durch die Richtlinie 2014/51/EU (ABl. L 153 vom 22.5.2014, S. 1) geändert worden ist, verstößt, indem sie vorsätzlich oder leichtfertig

(…)

3. entgegen Artikel 8 c Absatz 1 einen Auftrag nicht richtig erteilt,

(…)

(5) Die Ordnungswidrigkeit kann (…) mit einer Geldbuße bis zu zweihunderttausend Euro (…) geahndet werden. (…)

Literatur: Siehe Kapitel 15.9.

I. Einleitung	1	IV. Objektiver Tatbestand	5
II. Grundtatbestand	3	V. Verschulden	9
III. Adressat	4		

I. Einleitung

Art. 8 c VO (EG) Nr. 1060/2009 („Ratingagenturen-VO") verpflichtet Emittenten oder mit ihnen verbundene Dritte, bei der beabsichtigten Beauftragung eines **Ratings für ein Verbriefungsinstrument**[1] mindestens zwei Ratingagenturen zu beauftragen, unabhängig voneinander ein Rating zu dem Verbriefungsinstrument abzugeben. Die Pflicht zu einem doppelten Rating bei der Emission von Verbriefungsinstrumenten wurde durch die VO (EU) Nr. 462/2013 des Europäischen Parlaments und des Rates vom 21.5.2013 (3. Generation der Ratingagenturen-VO) eingeführt. Aufgrund der Komplexität von Verbriefungsinstrumenten ist es Ratingagenturen nicht immer gelungen, bei den für solche Instrumente abgegebenen Ratings eine ausreichend hohe Qualität zu gewährleisten. Dadurch verringerte sich das Vertrauen des Marktes insbesondere in derartige Ratings.[2] Zur Wiederherstellung des Vertrauens ist es aus Sicht des Europäischen Gesetzgebers erforderlich, Emittenten oder mit diesen verbundenen Dritten vorzuschreiben, mindestens zwei verschiedene Ratingagenturen

1

---

1 Zum 1.1.2019 wurde die Ratingagenturen-VO durch die VO (EU) 2017/2402 (STS-Verordnung) geändert. Zuvor nahm Art. 8 c Abs. 1 Ratingagenturen-VO auf strukturierte Finanzinstrumente Bezug.
2 Zur Bedeutung von Vertrauen im Finanzmarktrecht *Mülbert/Sajnovits* ZfPW 2016, 1 ff.; *Mülbert/Sajnovits* German Law Journal 2017, 1 ff.

mit der Abgabe von Ratings für Verbriefungsinstrumente zu beauftragen, was zu unterschiedlichen und konkurrierenden Bewertungen führen soll.

Die **Ordnungswidrigkeitentatbestände** wurden durch das Gesetz zur Verringerung der Abhängigkeit von Ratings vom 10.12.2014[3] eingeführt. Sie dienen der Umsetzung der Vorgaben des Art. 25 a Ratingagenturen-VO, nach dem die sektoral zuständige Behörde für die rechtliche Durchsetzung des Art. 4 Abs. 1 und der Art. 5 a, 8 b, 8 c und 8 d Ratingagenturen-VO verantwortlich ist. Die Wiederholungen der Bußgeldtatbestände im KWG, KAGB und VAG sollen nach der Regierungsbegründung zum Gesetz zur Verringerung der Abhängigkeit von Ratings dazu dienen,[4] der für die Aufsicht über die Unternehmen zuständigen jeweiligen Aufsichtssäule der BaFin zu ermöglichen, im Rahmen ihrer Zuständigkeit und Rechtsanwendung Verstöße gegen die Ratingagenturen-VO sanktionieren zu können. Eine Mehrfachsanktionierung für denselben Ordnungswidrigkeitentatbestand soll dadurch nicht bewirkt werden.[5] Auffällig ist, dass die Ordnungswidrigkeitentatbestände von § 56 Abs. 4 b Nr. 3 KWG, § 340 Abs. 3 Nr. 3 KAGB und § 332 Abs. 4 Nr. 3 VAG mit bis zu 200.000 EUR geahndet werden können, während bei Verstößen gegen § 120 Abs. 4 Nr. 3 WpHG eine Höchststrafe von 50.000 EUR vorgesehen ist. Die Regierungsbegründung liefert keine Anhaltspunkte dafür, dass diese Abweichung beabsichtigt war.

II. Grundtatbestand

Gemäß § 120 Abs. 4 Nr. 3 WpHG, §§ 1 a Abs. 2, 56 Abs. 4 b Nr. 3 KWG, § 340 Abs. 3 Nr. 3 KAGB und §§ 28 Abs. 2, 332 Abs. 4 Nr. 3 VAG[6] handelt ordnungswidrig, wer gegen die Ratingagenturen-VO verstößt, indem er vorsätzlich oder leichtfertig entgegen Art. 8 c Abs. 1 einen Auftrag nicht richtig erteilt. Gemäß Art. 8 c Abs. 1 Ratingagenturen-VO muss ein Emittent oder ein mit ihm verbundener Dritter, der beabsichtigt, ein Rating für ein Verbriefungsinstrument in Auftrag zu geben, mindestens zwei Ratingagenturen damit beauftragen, unabhängig voneinander ein entsprechendes Rating abzugeben.

III. Adressat

Adressat dieser Verbotsnormen sind Personen, die für Wertpapierdienstleistungsunternehmen, (CRR-)Kredit- oder Finanzdienstleistungsinstitute, Kapitalverwaltungsgesellschaften sowie Unternehmen handeln, die der Aufsicht nach dem VAG unterliegen. Siehe näher Kap. 15.9. Rn. 15 f.

IV. Objektiver Tatbestand

Die **Pflicht zur Beauftragung einer zweiten Ratingagentur** besteht für Emittenten oder einen mit einem Emittenten verbundenen Dritten. Ein Emittent ist gemäß Art. 3 Abs. 1 lit. s. Ratingagenturen-VO iVm Art. 2 Abs. 1 lit. h RL 2003/71/EG („Prospekt-Richtlinie") eine Rechtspersönlichkeit, die Wertpapiere begibt oder zu begeben beabsichtigt. Verbundener Dritter meint nach

---

[3] BGBl. 2014 I 2085 ff.
[4] BT-Drs. 18/1774, 24.
[5] BT-Drs. 18/1774, 24.
[6] Im Folgenden wird nur auf § 120 Abs. 4 Nr. 3 WpHG Bezug genommen.

Art. 3 Abs. 1 lit. i Ratingagenturen-VO den Forderungsverkäufer (Originator),[7] den Arrangeur, den Sponsor,[8] den Forderungsverwalter oder jede andere Partei, die im Auftrag eines bewerteten Unternehmens mit einer Ratingagentur in Verbindung steht, einschließlich jeder anderen Person, die über ein Kontrollverhältnis direkt oder indirekt mit dem bewerteten Unternehmen verbunden ist.

Die Pflicht zur Beauftragung einer zweiten Ratingagentur entsteht mit der Absicht des Emittenten oder einem mit ihm verbundenen Dritten, ein Rating eines Verbriefungsinstruments in Auftrag zu geben. Ein **Verbriefungsinstrument** ist nach Art. 3 Abs. 1 lit. l Ratingagenturen-VO[9] ein Finanzinstrument oder ein anderer Vermögenswert, das/der aus einer Verbriefungstransaktion oder einer Verbriefungsstruktur nach Art. 2 Nr. 1 VO (EU) 2017/2402 hervorgeht. Danach ist eine „Verbriefung" eine Transaktion oder eine Struktur, durch die das mit einer Risikoposition oder einem Pool von Risikopositionen verbundene Kreditrisiko in Tranchen unterteilt wird, und die alle der folgenden Merkmale aufweist: a) die im Rahmen der Transaktion oder der Struktur getätigten Zahlungen hängen von der Wertentwicklung der Risikoposition oder des Pools von Risikopositionen ab; b) die Rangfolge der Tranchen entscheidet über die Verteilung der Verluste während der Laufzeit der Transaktion oder der Struktur; c) die Transaktion oder die Struktur begründet keine Risikopositionen, die alle der unter Art. 147 Abs. 8 VO (EU) Nr. 575/2013 aufgeführten Merkmale aufweisen.

Zu den Voraussetzungen, die die zu beauftragenden Ratingagenturen erfüllen müssen, siehe die Kommentierung zu § 120 Abs. 4 Nr. 4 WpHG (Kap. 14.5.).

Art. 8 c Abs. 1 VO Ratingagenturen-VO verpflichtet nicht zur Beauftragung überhaupt eines Ratings. Er stellt lediglich die Verpflichtung auf, im Falle einer positiven Entscheidung zur Beauftragung eines Ratings noch ein weiteres zu beauftragen.[10]

V. Verschulden

Der Verschuldensmaßstab umfasst Vorsatz und Leichtfertigkeit.[11]

Kap. 15.11. § 120 Abs. 8 Nr. 128 WpHG Einholung der Kundenzustimmung bei getrennter Vermögensverwahrung

§ 120 Abs. 8 Nr. 128, Abs. 20, 26 WpHG Bußgeldvorschriften; Verordnungsermächtigung

(8) Ordnungswidrig handelt, wer vorsätzlich oder leichtfertig
(...)

---

7 Siehe Art. 3 Abs. 1 lit. t Ratingagenturen-VO.
8 Siehe Art. 3 Abs. 1 lit. u Ratingagenturen-VO.
9 Nach Änderung durch Art. 40 STS-Verordnung.
10 HK-KapMStR/*Goller*, 4. Aufl. 2017, Kap. 18.14 Rn. 6.
11 Zum Begriff der Leichtfertigkeit im Kapitalmarktrecht instruktiv *von Buttlar/Hammermaier* ZBB 2017, 1.

128. entgegen § 84 Absatz 2 Satz 3 die Zustimmung des Kunden zur Verwahrung seiner Vermögensgegenstände bei einem qualifizierten Geldmarktfonds nicht oder nicht rechtzeitig einholt,

(...)

(20) ¹Die Ordnungswidrigkeit kann in den Fällen der Absätze 8 und (...) mit einer Geldbuße bis zu fünf Millionen Euro geahndet werden. ²Gegenüber einer juristischen Person oder Personenvereinigung kann über Satz 1 hinaus eine höhere Geldbuße in Höhe von bis zu 10 Prozent des Gesamtumsatzes, den die juristische Person oder Personenvereinigung im der Behördenentscheidung vorangegangenen Geschäftsjahr erzielt hat, verhängt werden. ³Über die in den Sätzen 1 und 2 genannten Beträge hinaus kann die Ordnungswidrigkeit mit einer Geldbuße bis zum Zweifachen des aus dem Verstoß gezogenen wirtschaftlichen Vorteils geahndet werden. ⁴Der wirtschaftliche Vorteil umfasst erzielte Gewinne und vermiedene Verluste und kann geschätzt werden.

(26) Die Verfolgung der Ordnungswidrigkeiten nach den Absätzen 17 bis 22 verjährt in drei Jahren.

Literatur: *Fuchs* (Hrsg.), WpHG Kommentar, 2. Aufl. 2016.

I. Historie des Bußgeldtatbestands 1	III. Tathandlung 8
II. Grundtatbestand 2	IV. Adressat/Täter 10
1. Anwendungsbereich des § 84 Abs. 2 WpHG 4	V. Verschulden 11
2. Zustimmung nach § 84 Abs. 2 S. 3 WpHG 5	VI. Rechtsfolge 12
3. Qualifizierte Geldmarktfonds 7	VII. Verfolgungs- und Vollstreckungsverjährung 17
	1. Verfolgungsverjährung 17
	2. Vollstreckungsverjährug 18

I. Historie des Bußgeldtatbestands

1 Der neue § 120 Abs. 8 Nr. 128 WpHG war nur von der Neunummerierung des WpHG durch das 2. FiMaNoG betroffen.[1] Daneben kam es aber auch zu einer Konkretisierung des Bußgeldtatbestandes (s. Rn. 8).

Die Vorgängernorm zu diesem Bußgeldtatbestand fand sich in § 39 Abs. 3 Nr. 5 WpHG aF und wurde durch das Gesetz zur Stärkung des **Anlegerschutzes und Verbesserung der Funktionsfähigkeit des Kapitalmarkts** (Anlegerschutz- und Funktionsverbesserungsgesetz – AnlSVG)[2] mWv 8.4.2011 in § 39 Abs. 3 WpHG aF aufgenommen. Hiervor war der Tatbestand in § 39 Abs. 2 Nr. 21 WpHG aF enthalten.

II. Grundtatbestand

2 § 120 Abs. 8 Nr. 128 WpHG, der auf § 84 Abs. 2 S. 3 WpHG Bezug nimmt, sanktioniert Verstöße im Zusammenhang mit der getrennten Vermögensverwahrung.

---

1 Zur Historie s. Kap. 3 Rn. 3.
2 BGBl. I 2011, 538.

Nach § 84 Abs. 2 S. 3 WpHG hat ein Wertpapierdienstleistungsunternehmen zur Verwahrung bei einem qualifizierten Geldmarktfonds die **vorherige Zustimmung** des Kunden einzuholen.

§ 84 Abs. 2 S. 3 WpHG nF führt dabei den Regelungsgehalt des bisherigen § 34a Abs. 1 S. 3 WpHG inhaltsgleich fort.

Hintergrund dieser Regelung ist die Sicherstellung des **Schutzes von Kundengeldern und Wertpapieren**.³

1. Anwendungsbereich des § 84 Abs. 2 WpHG

Der Anwendungsbereich dieser Vorschrift erstreckt sich nach § 84 Abs. 2 S. 1 WpHG auf alle Wertpapierdienstleistungsunternehmen, die über **keine Erlaubnis für das Einlagengeschäft** iSd § 1 Abs. 1 S. 2 Nr. 1 KWG verfügen. Ein Wertpapierdienstleistungsunternehmen erbringt hiernach das Einlagengeschäft, wenn es fremde Gelder als Einlagen oder als andere unbedingt rückzahlbare Gelder des Publikums annimmt, und der Rückzahlungsanspruch nicht in Inhaber- oder Orderschuldverschreibungen verbrieft wird, ohne Rücksicht darauf, ob etwaige Zinsen vergütet werden.

2. Zustimmung nach § 84 Abs. 2 S. 3 WpHG

Das Gesetz konkretisiert nicht, anders als in § 84 Abs. 6 S. 2 WpHG, in welcher Form die **Zustimmung** eines Kunden von einem Wertpapierdienstleistungsunternehmen einzuholen ist. Insofern ist auch eine mündlich eingeholte Zustimmung eines Kunden möglich. In der Praxis wird aber aus Beweisgründen immer eine schriftliche Zustimmung der Regelfall sein.

Die Zustimmung eines Kunden ist nach § 84 Abs. 2 S. 4 WpHG jedoch nur dann wirksam, wenn das Wertpapierdienstleistungsunternehmen den Kunden vor Erteilung der Zustimmung auch darüber **unterrichtet** hat, dass die bei dem qualifizierten Geldmarktfonds verwahrten Gelder **nicht entsprechend den Schutzstandards dieses Gesetzes und nicht entsprechend der Verordnung zur Konkretisierung der Verhaltensregeln und Organisationsanforderungen für Wertpapierdienstleistungsunternehmen gehalten werden**.

3. Qualifizierte Geldmarktfonds

Was **qualifizierte Geldmarktfonds** iSd § 84 Abs. 2 S. 3 des WpHG sind, wird durch § 10 Abs. 9 S. 1 WpDVerOV definiert. Hiernach sind qualifizierte Geldmarktfonds Investmentvermögen, die kumulativ die nachfolgenden Voraussetzungen erfüllen:

1. die im Inland oder in einem anderen Mitgliedstaat der Europäischen Union oder einem anderen Vertragsstaat des Abkommens über den Europäischen Wirtschaftsraum nach Maßgabe der RL 2009/65/EG des Europäischen Parlaments und des Rates vom 13.7.2009 zur Koordinierung der Rechts- und Verwaltungsvorschriften betreffend bestimmte Organismen für gemeinsame Anlagen in Wertpapieren (OGAW) (ABl. 2009 L 302, 32; ABl. 2010 L 269, 27), die zuletzt durch die RL 2014/91/EU (ABl. 2014 L

---

3 Fuchs/*Waßmer* WpHG § 39 Rn. 285.

257, 186) geändert worden ist, oder einer Aufsicht über Vermögen zur gemeinschaftlichen Kapitalanlage unterstellt sind,
2. die zur Erreichung ihres primären Anlageziels, das eingezahlte Kapital oder das eingezahlte Kapital zuzüglich der Erträge zu erhalten, ausschließlich in Geldmarktinstrumente angelegt sind, wenn
   a) sie über eine Restlaufzeit von nicht mehr als 397 Tagen verfügen oder ihre Rendite regelmäßig, mindestens jedoch alle 397 Tage, an die Bedingungen des Geldmarktes angepasst wird,
   b) sie eine gewichtete durchschnittliche Restlaufzeit von 60 Tagen haben und
   c) die Investition ausschließlich in erstklassige Geldmarktinstrumente erfolgt, wobei ergänzend die Anlage in Guthaben bei einem Kreditinstitut, einer Zweigniederlassung von Kreditinstituten im Sinne des § 53 b Abs. 1 S. 1 KWG oder vergleichbaren Instituten mit Sitz in einem Drittstaat zulässig ist, und
3. deren Wertstellung spätestens an dem auf den Rücknahmeauftrag des Anlegers folgenden Bankarbeitstag erfolgt.

Nach § 10 Abs. 9 S. 2 WpDVerOV ist ein Geldmarktinstrument erstklassig im Sinne des S. 1 Nr. 2 c, wenn die Kapitalverwaltungsgesellschaft des Geldmarktfonds eine eigene dokumentierte Bewertung der Kreditliquidität des betreffenden Geldmarktinstruments durchgeführt hat, die es ihr ermöglicht, ein Geldmarktinstrument als erstklassig anzusehen. Sofern eine oder mehrere von der Europäischen Wertpapier- und Marktaufsichtsbehörde registrierte und beaufsichtigte Ratingagenturen ein Rating in Bezug auf das Geldmarktinstrument abgegeben haben, sollen die verfügbaren Kreditratings bei der internen Bewertung der Kapitalverwaltungsgesellschaft berücksichtigt werden.

III. Tathandlung

8 Ein ordnungswidriges Verhalten liegt nach § 120 Abs. 8 Nr. 128 WpHG vor, wenn ein Wertpapierdienstleistungsunternehmen entgegen § 84 Abs. 2 S. 3 WpHG die Zustimmung des Kunden zur Verwahrung seiner Vermögensgegenstände bei einem qualifizierten Geldmarktfonds **nicht** oder **nicht rechtzeitig** einholt.

Der bisherige Wortlaut dieses Bußgeldtatbestandes in § 39 Abs. 3 Nr. 5 WpHG aF setzte demgegenüber nur voraus, dass ein Wertpapier entgegen § 34 a Abs. 1 S. 3 WpHG aF die „Zustimmung des Kunden nicht oder nicht rechtzeitig" einholt. Da es jedoch schon in der Vorgängernorm um die Verwahrung von Vermögensgegenständen bei qualifizierten Geldmarktfonds ging, handelt es sich bei der Neufassung des § 120 Abs. 8 Nr. 128 WpHG nF lediglich um eine Konkretisierung des ursprünglichen Tatbestands und um keine Erweiterung.

9 Die Zustimmung eines Kunden wurde dann nicht eingeholt, wenn das Einholen dieser Zustimmung **vollständig unterlassen wurde.**

Nicht rechtzeitig wurde eine Zustimmung dann nicht eingeholt, wenn sie **nicht vor der Verwahrung eingeholt wurde.**

IV. Adressat/Täter

§ 120 Abs. 8 Nr. 128 WpHG ahndet Verstöße im Zusammenhang mit der getrennten Vermögensverwahrung. Damit können Adressat/Täter ausschließlich Wertpapierdienstleistungsunternehmen sein.

V. Verschulden

Der Verschuldensmaßstab umfasst nach § 120 Abs. 8 WpHG sowohl **Vorsatz** (s. Kap. 3 Rn. 29 ff.) als auch **Leichtfertigkeit** (s. Kap. 3 Rn. 36).

VI. Rechtsfolge

Eine vorsätzliche oder leichtfertige Verletzung des § 84 Abs. 2 S. 3 WpHG ist nach § 120 Abs. 20 S. 1 WpHG grds. mit einer Geldbuße von bis zu **fünf Mio. Euro** bedroht. Das Gesetz lässt aber in § 120 Abs. 20 S. 2 ff. WpHG **Ausnahmen** von diesem Grundsatz – und damit auch höhere Geldbußen – zu.

Die erste Ausnahme betrifft ausdrücklich nur **juristische Personen** und **Personenvereinigungen**. § 120 Abs. 20 S. 2 WpHG bestimmt in diesem Zusammenhang, dass gegenüber einer juristischen Person oder Personenvereinigung über S. 1 hinaus eine höhere Geldbuße verhängt werden kann, und zwar in Höhe **von bis zu 10% des Gesamtumsatzes**. Bei der Berechnung dieses Gesamtumsatzes wird auf den Umsatz der juristischen Person oder Personenvereinigung in dem Geschäftsjahr abgestellt, das der Behördenentscheidung vorausging.

Im Übrigen findet bei der Berechnung des Gesamtumsatzes § **120 Abs. 23 WpHG** Anwendung.

Eine weitere Ausnahme – sowohl gegenüber natürlichen Personen als Täter als auch gegenüber juristischen Personen und Personenvereinigungen als Täter –, regelt § 120 Abs. 20 S. 3 und 4 WpHG. Hiernach kann nach S. 3 dieser Vorschrift über die in S. 1 und 2 genannten Beträge hinaus auch eine Geldbuße **bis zum Zweifachen** des **aus dem Verstoß gezogenen wirtschaftlichen Vorteils** verhängt werden. Der wirtschaftliche Vorteil umfasst nach S. 4 dieser Vorschrift erzielte Gewinne sowie vermiedene Verluste und kann von der BaFin auch geschätzt werden. Wie die Berechnung der Gewinne oder vermiedenen Verluste genau erfolgen soll, regelt das Gesetz hingegen nicht. Es wird hier auf den Einzelfall ankommen, ggf. – soweit erforderlich – unter Berücksichtigung von handelsrechtlichen Grundsätzen. Die Berechnung – genauso wie die Grundlagen für eine etwaige Schätzung – sind von der BaFin in dem von ihr erlassenen Bußgeldbescheid entsprechend darzustellen.

§ 17 Abs. 2 OWiG, wonach fahrlässiges Handeln im Höchstmaß nur mit der Hälfte des angedrohten Höchstbetrages der Geldbuße geahndet werden kann, soweit das Gesetz für vorsätzliches und fahrlässiges Handeln eine Geldbuße androht, ohne im Höchstmaß zu unterscheiden, findet gemäß § 120 Abs. 25 S. 1 WpHG **keine Anwendung**

Welches konkrete Bußgeld letztendlich gegenüber einem Täter (s. Rn. 10) festgesetzt wird, entscheidet die BaFin in Ausübung ihres jeweiligen Ermessens. Hierbei ist sie im Rahmen der Selbstbindung der Verwaltung insbesondere an die sich selbst gegebenen **WpHG-Bußgeldleitlinien** in der jeweils aktuellen Fassung gebunden.[4]

VII. Verfolgungs- und Vollstreckungsverjährung
1. Verfolgungsverjährung

17 Die Verfolgungsverjährung für diesen Tatbestand bestimmt sich nach § 120 Abs. 26 WpHG iVm §§ 31–33 OWiG.

Nach § 120 Abs. 26 WpHG verjährt die Verfolgung des zuvor dargestellten Tatbestandes in drei Jahren. Anders als § 31 OWiG ist die Verjährung damit nicht an das Höchstmaß der Geldbuße gekoppelt.

Der Beginn der Verfolgungsverjährung bestimmt sich dann wieder nach § 31 Abs. 3 OWiG und ein eventuelles Ruhen nach § 32 OWiG.

2. Vollstreckungsverjährung

18 Die Vollstreckungsverjährung für diesen Tatbestand bestimmt sich ausschließlich nach § 34 OWiG.

Kap. 15.12. § 120 Abs. 8 Nr. 129 WpHG Offenlegungspflicht treuhänderischer Einlegung bei getrennter Vermögensverwahrung

§ 120 Abs. 8 Nr. 129, Abs. 20, 26 Bußgeldvorschriften; Verordnungsermächtigung

(8) Ordnungswidrig handelt, wer vorsätzlich oder leichtfertig
(...)
129. entgegen § 84 Absatz 2 Satz 5 eine treuhänderische Einlage nicht offenlegt,
(...)
(20) [1]Die Ordnungswidrigkeit kann in den Fällen der Absätze 8 und (...) mit einer Geldbuße bis zu fünf Millionen Euro geahndet werden. [2]Gegenüber einer juristischen Person oder Personenvereinigung kann über Satz 1 hinaus eine höhere Geldbuße in Höhe von bis zu 10 Prozent des Gesamtumsatzes, den die juristische Person oder Personenvereinigung im der Behördenentscheidung vorangegangenen Geschäftsjahr erzielt hat, verhängt werden. [3]Über die in den Sätzen 1 und 2 genannten Beträge hinaus kann die Ordnungswidrigkeit mit einer Geldbuße bis zum Zweifachen des aus dem Verstoß gezogenen wirtschaftlichen Vorteils geahndet werden. [4]Der wirtschaftliche Vorteil umfasst erzielte Gewinne und vermiedene Verluste und kann geschätzt werden.
(...)
(26) Die Verfolgung der Ordnungswidrigkeiten nach den Absätzen 17 bis 22 verjährt in drei Jahren.

---

4 BaFin – WpHG-Bußgeldleitlinien II, Stand Januar 2018, abrufbar unter https://www.bafin.de/SharedDocs/Downloads/DE/Leitfaden/WA/dl_bussgeldleitlinien_2016.html.

Kap. 15.12. § 120 Abs. 8 Nr. 129 WpHG Offenlegungspflicht treuhänderischer Einlegung

Literatur: *Du Buisson*, Kundenverwahrung nach § 34 a Abs. 1 WpHG nF, WM 2009, 834 ff.; *Fuchs* (Hrsg.), WpHG Kommentar, 2. Aufl. 2016; Kölner Kommentar zum WpHG, Hirte/Möllers (Hrsg.), 2. Aufl. 2014 (zit. als KölnKommWpHG/*Bearbeiter*).

I. Historie des Bußgeldtatbestands	1	IV. Adressat/Täter	7
II. Grundtatbestand	2	V. Verschulden	8
1. Anwendungsbereich des § 84 Abs. 2 WpHG	4	VI. Rechtsfolge	9
2. Offenlegung nach § 84 Abs. 2 S. 5 WpHG	5	VII. Verfolgungs- und Vollstreckungsverjährung	14
III. Tathandlung	6	1. Verfolgungsverjährung	14
		2. Vollstreckungsverjährug	15

I. Historie des Bußgeldtatbestands

Der neue § 120 Abs. 8 Nr. 129 WpHG war ausschließlich von der Neunummerierung des WpHG durch das 2. FiMaNoG betroffen.[1] Die inhaltsgleiche Vorgängernorm zu diesem Bußgeldtatbestand fand sich in § 39 Abs. 3 Nr. 6 WpHG aF und wurde durch das Gesetz zur Stärkung des **Anlegerschutzes und Verbesserung der Funktionsfähigkeit des Kapitalmarkts (AnlSVG)**[2] mWv 8.4.2011 in § 39 Abs. 3 WpHG aF aufgenommen. Hiervor war der Tatbestand in § 39 Abs. 2 Nr. 21 WpHG aF enthalten.

II. Grundtatbestand

§ 120 Abs. 8 Nr. 129 WpHG, der auf § 84 Abs. 2 S. 5 WpHG Bezug nimmt, sanktioniert Verstöße im Zusammenhang mit der getrennten Vermögensverwahrung.

Nach § 84 Abs. 2 S. 5 WpHG hat ein Wertpapierdienstleistungsunternehmen dem verwahrenden Institut vor der Verwahrung offenzulegen, dass die Gelder treuhänderisch eingelegt werden.

§ 84 Abs. 2 S. 5 WpHG nF führt dabei den Regelungsgehalt des bisherigen § 34 a Abs. 1 S. 4 WpHG inhaltsgleich fort.

Hintergrund dieser Regelung ist die Sicherstellung des **Schutzes von Kundengeldern und Wertpapieren**.[3]

1. Anwendungsbereich des § 84 Abs. 2 WpHG

Der Anwendungsbereich dieser Vorschrift erstreckt sich nach § 84 Abs. 2 S. 1 WpHG auf alle Wertpapierdienstleistungsunternehmen, die über **keine Erlaubnis für das Einlagengeschäft** iSd § 1 Abs. 1 S. 2 Nr. 1 KWG verfügen. Ein Wertpapierdienstleistungsunternehmen erbringt hiernach das Einlagengeschäft, wenn es fremde Gelder als Einlagen oder als andere unbedingt rückzahlbare Gelder des Publikums annimmt, und der Rückzahlungsanspruch nicht in Inhaber- oder Orderschuldverschreibungen verbrieft wird, ohne Rücksicht darauf, ob etwaige Zinsen vergütet werden.

---

[1] Zur Historie s. Kap. 3 Rn. 3.
[2] BGBl. I 2011, 538.
[3] Fuchs/*Waßmer* WpHG § 39 Rn. 285.

2. Offenlegung nach § 84 Abs. 2 S. 5 WpHG

5 Indem § 84 Abs. 2 S. 5 WpHG fordert, dass ein Wertpapierdienstleistungsunternehmen gegenüber dem kontoführenden Institut offenzulegen hat, dass die Einlagen treuhänderisch erfolgen, muss es sich im ein **offenes Treuhandkonto** handeln.[4]

Die Offenlegung dient dem Schutz des Einlegers vor dem Zugriff des kontoführenden Instituts auf das Kontoguthaben. Dem kontoführenden Institut bleibt es durch die Offenlegung der treuhändischen Bindung der Gelder verwehrt, eigene Interessen gegen den Treuhänder zu verfolgen.[5] Eigene Interessen können dabei zB Aufrechnungssachverhalte sein.

III. Tathandlung

6 Ein ordnungswidriges Verhalten liegt nach § 120 Abs. 8 Nr. 129 WpHG vor, wenn ein Wertpapierdienstleistungsunternehmen entgegen § 84 Abs. 2 S. 5 WpHG eine **treuhänderische Einlage nicht offenlegt**.

Eine verspätete Offenlegung fällt hingegen explizit nicht unter den Bußgeldtatbestand.

IV. Adressat/Täter

7 § 120 Abs. 8 Nr. 129 WpHG ahndet Verstöße im Zusammenhang mit der getrennten Vermögensverwahrung. Damit können Adressat/Täter ausschließlich Wertpapierdienstleistungsunternehmen sein.

V. Verschulden

8 Der Verschuldensmaßstab umfasst nach § 120 Abs. 8 WpHG sowohl **Vorsatz** (s. Kap. 3 Rn. 29 ff.) als auch **Leichtfertigkeit** (s. Kap. 3 Rn. 36).

VI. Rechtsfolge

9 Eine vorsätzliche oder leichtfertige Verletzung des § 84 Abs. 2 S. 5 WpHG ist nach § 120 Abs. 20 S. 1 WpHG grds. mit einer Geldbuße von bis zu **fünf Mio. Euro** bedroht. Das Gesetz lässt aber in § 120 Abs. 20 S. 2 ff. WpHG **Ausnahmen** von diesem Grundsatz – und damit auch höhere Geldbußen – zu.

10 Die erste Ausnahme betrifft ausdrücklich nur **juristische Personen** und **Personenvereinigungen**. § 120 Abs. 20 S. 2 WpHG bestimmt in diesem Zusammenhang, dass gegenüber einer juristischen Person oder Personenvereinigung über S. 1 hinaus eine höhere Geldbuße verhängt werden kann, und zwar in Höhe **von bis zu 10% des Gesamtumsatzes**. Bei der Berechnung dieses Gesamtumsatzes wird auf den Umsatz der juristischen Person oder Personenvereinigung in dem Geschäftsjahr abgestellt, das der Behördenentscheidung vorausging.

Im Übrigen findet bei der Berechnung des Gesamtumsatzes **§ 120 Abs. 23 WpHG** Anwendung.

11 Eine weitere Ausnahme – sowohl gegenüber natürlichen Personen als Täter als auch gegenüber juristischen Personen und Personenvereinigungen als Täter –, regelt § 120 Abs. 20 S. 3 und 4 WpHG. Hiernach kann nach S. 3 dieser Vor-

---

4 KölnKommWpHG/*Möllers* WpHG § 34 a Rn. 47; *Du Buisson* WM 2009, 836.
5 BGH NJW 1987, 3250.

schrift über die in S. 1 und 2 genannten Beträge hinaus auch eine Geldbuße **bis zum Zweifachen des aus dem Verstoß gezogenen wirtschaftlichen Vorteils** verhängt werden. Der wirtschaftliche Vorteil umfasst nach S. 4 dieser Vorschrift erzielte Gewinne sowie vermiedene Verluste und kann von der BaFin auch geschätzt werden. Wie die Berechnung der Gewinne oder vermiedenen Verluste genau erfolgen soll, regelt das Gesetz hingegen nicht. Es wird hier auf den Einzelfall ankommen, ggf. – soweit erforderlich – unter Berücksichtigung von handelsrechtlichen Grundsätzen. Die Berechnung – genauso wie die Grundlagen für eine etwaige Schätzung – sind von der BaFin in dem von ihr erlassenen Bußgeldbescheid entsprechend darzustellen.

§ 17 Abs. 2 OWiG, wonach fahrlässiges Handeln im Höchstmaß nur mit der Hälfte des angedrohten Höchstbetrages der Geldbuße geahndet werden kann, soweit das Gesetz für vorsätzliches und fahrlässiges Handeln eine Geldbuße androht, ohne im Höchstmaß zu unterscheiden, findet gemäß § 120 Abs. 25 S. 1 WpHG **keine Anwendung**

Welches konkrete Bußgeld letztendlich gegenüber einem Täter (s. Rn. 7) festgesetzt wird, entscheidet die BaFin in Ausübung ihres jeweiligen Ermessens. Hierbei ist sie im Rahmen der Selbstbindung der Verwaltung insbesondere an die sich selbst gegebenen **WpHG-Bußgeldleitlinien** in der jeweils aktuellen Fassung gebunden.[6]

VII. Verfolgungs- und Vollstreckungsverjährung

1. Verfolgungsverjährung

Die Verfolgungsverjährung für diesen Tatbestand bestimmt sich nach § 120 Abs. 26 WpHG iVm §§ 31–33 OWiG.

Nach § 120 Abs. 26 WpHG verjährt die Verfolgung des zuvor dargestellten Tatbestandes in drei Jahren. Anders als § 31 OWiG ist die Verjährung damit nicht an das Höchstmaß der Geldbuße gekoppelt.

Der Beginn der Verfolgungsverjährung bestimmt sich dann wieder nach § 31 Abs. 3 OWiG und ein eventuelles Ruhen nach § 32 OWiG.

2. Vollstreckungsverjährung

Die Vollstreckungsverjährung für diesen Tatbestand bestimmt sich ausschließlich nach § 34 OWiG.

Kap. 15.13. § 120 Abs. 8 Nr. 130 WpHG Unterrichtungspflicht bei getrennter Vermögensverwahrung

§ 120 Abs. 8 Nr. 130, Abs. 20, 26 WpHG   Bußgeldvorschriften; Verordnungsermächtigung

(8) Ordnungswidrig handelt, wer vorsätzlich oder leichtfertig
(...)

---

[6] BaFin – WpHG-Bußgeldleitlinien II, Stand Januar 2018, abrufbar unter https://www.bafin.de/SharedDocs/Downloads/DE/Leitfaden/WA/dl_bussgeldleitlinien_2016.html.

130. entgegen § 84 Absatz 2 Satz 6 den Kunden nicht, nicht richtig oder nicht rechtzeitig darüber unterrichtet, bei welchem Institut und auf welchem Konto seine Gelder verwahrt werden,

(...)

(20) ¹Die Ordnungswidrigkeit kann in den Fällen der Absätze 8 und (...) mit einer Geldbuße bis zu fünf Millionen Euro geahndet werden. ²Gegenüber einer juristischen Person oder Personenvereinigung kann über Satz 1 hinaus eine höhere Geldbuße in Höhe von bis zu 10 Prozent des Gesamtumsatzes, den die juristische Person oder Personenvereinigung im der Behördenentscheidung vorangegangenen Geschäftsjahr erzielt hat, verhängt werden. ³Über die in den Sätzen 1 und 2 genannten Beträge hinaus kann die Ordnungswidrigkeit mit einer Geldbuße bis zum Zweifachen des aus dem Verstoß gezogenen wirtschaftlichen Vorteils geahndet werden. ⁴Der wirtschaftliche Vorteil umfasst erzielte Gewinne und vermiedene Verluste und kann geschätzt werden.

(...)

(26) Die Verfolgung der Ordnungswidrigkeiten nach den Absätzen 17 bis 22 verjährt in drei Jahren.

Literatur: *Fuchs* (Hrsg.), WpHG Kommentar, 2. Aufl. 2016; Kölner Kommentar zum WpHG, Hirte/Möllers (Hrsg,), 2. Aufl. 2014 (zit. als KölnKommWpHG/*Bearbeiter*).

I. Historie des Bußgeldtatbestands	1	IV. Adressat/Täter	10
II. Grundtatbestand	2	V. Verschulden	11
1. Informationspflichten nach § 84 Abs. 2 S. 6 WpHG	5	VI. Rechtsfolge	12
		VII. Verfolgungs- und Vollstreckungsverjährung	17
2. Rechtzeitigkeit nach § 84 Abs. 2 S. 6 WpHG	7	1. Verfolgungsverjährung	17
III. Tathandlung	8	2. Vollstreckungsverjährug	18

I. Historie des Bußgeldtatbestands

1 Der neue § 120 Abs. 8 Nr. 130 WpHG war ausschließlich von der Neunummerierung des WpHG durch das 2. FiMaNoG betroffen.[1] Die nahezu inhaltsgleiche Vorgängernorm zu diesem Bußgeldtatbestand fand sich in § 39 Abs. 3 Nr. 7 WpHG aF und wurde durch das Gesetz zur Stärkung des **Anlegerschutzes und Verbesserung der Funktionsfähigkeit des Kapitalmarkts (AnlSVG)**[2] mWv 8.4.2011 in § 39 Abs. 3 WpHG aF aufgenommen. Hiervor war der Tatbestand in § 39 Abs. 2 Nr. 21 WpHG aF enthalten.

II. Grundtatbestand

2 § 120 Abs. 8 Nr. 130 WpHG, der auf § 84 Abs. 2 S. 6 WpHG Bezug nimmt, sanktioniert Verstöße im Zusammenhang mit der getrennten Vermögensverwahrung.

Nach § 84 Abs. 2 S. 6 WpHG hat ein Wertpapierdienstleistungsunternehmen seinen Kunden **unverzüglich** darüber zu unterrichten, bei **welchem Institut** und auf **welchem Konto** die Kundengelder verwahrt werden und ob das Institut,

---

1 Zur Historie s. Kap. 3 Rn. 3.
2 BGBl. I 2011, 538.

bei dem die Kundengelder verwahrt werden, **einer Einrichtung zur Sicherung der Ansprüche von Einlegern und Anlegern angehört** und in welchem **Umfang** die Kundengelder durch diese Einrichtung gesichert sind.

Hintergrund dieser Regelung ist die Sicherstellung des **Schutzes von Kundengeldern und Wertpapieren**.[3]

§ 84 Abs. 2 S. 6 WpHG nF führt den wesentlichen Regelungsgehalt des bisherigen § 34 a Abs. 1 S. 5 iVm Abs. 2 S. 2 WpHG aF unter Anpassung an die neuen Vorgaben durch die MiFID II fort. Im Gegensatz zum bisherigen Verweis auf die Regelungen in § 34 a Abs. 2 S. 2 WpHG aF, enthält die neue Regelung keine solche Verweisung mehr.

1. Informationspflichten nach § 84 Abs. 2 S. 6 WpHG

Zu den Informationen, über die ein Wertpapierdienstleistungsunternehmen seine Kunden unverzüglich zu unterrichten hat, gehört der **Name** und die **Adresse des Kreditinstituts**, genauso wie die **Kontobezeichnung** einschließlich der **Kontonummer**.[4] Diese Angaben sollen einem Kunden ermöglichen, sollte es notwendig werden, auch direkt gegenüber diesem Institut seine Rechte wahrzunehmen bzw. geltend zu machen.[5]

Darüber hinaus sind die Kunden auf bestehende **Einlagensicherungssysteme** beim verwahrenden Institut sowie auf deren **Schutzumfang** hinzuweisen.

Über den Wortlaut des § 84 Abs. 2 S. 6 WpHG hinaus, sind die Wertpapierdienstleistungsunternehmen auch verpflichtet, ihre Kunden zu informieren, wenn ein Kreditinstitut aus einer Einlagenentschädigungseinrichtung ausgeschieden ist oder wenn es zu einer Verschlechterung des Einlagenschutzes gekommen ist.[6]

Weitere Informationspflichten enthält § 10 WpDVerOV.

2. Rechtzeitigkeit nach § 84 Abs. 2 S. 6 WpHG

Das Wertpapierdienstleistungsunternehmen hat seine Kunden **unverzüglich** (§ 121 BGB) nach der Weiterleitung der Kundengelder an das Kreditinstitut über die zuvor dargestellten Punkte zu unterrichten.

III. Tathandlung

Ein ordnungswidriges Verhalten liegt nach § 120 Abs. 8 Nr. 130 WpHG vor, wenn ein Wertpapierdienstleistungsunternehmen entgegen § 84 Abs. 2 S. 6 WpHG entweder den Kunden **nicht, nicht richtig** oder **nicht rechtzeitig** darüber unterrichtet, bei welchem Institut und auf welchem Konto seine Gelder verwahrt werden.

Eine Unterrichtung eines Kunden gilt als nicht erfolgt, wenn sie **vollständig vom Wertpapierdienstleistungsunternehmen unterlassen** wurde.

Eine **nicht richtige** Unterrichtung eines Kunden liegt dagegen vor, wenn sie **inhaltlich falsch** oder unvollständig ist.

---

3 Fuchs/*Waßmer* WpHG § 39 Rn. 285.
4 Vgl. auch KölnKommWpHG/*Möllers* WpHG § 34 a Rn. 97.
5 RegBegr. BT-Drs. 13/7142, 110.
6 RegBegr. BT-Drs. 13/7142, 110; KölnKommWpHG/*Möllers* WpHG § 34 a Rn. 97.

Nicht rechtzeitig erfolgt eine Unterrichtung eines Wertpapierdienstleistungsunternehmens, wenn sie nicht unverzüglich im Sinne des § 121 BGB **nach der Weiterleitung der Kundengelder** an das Kreditinstitut erfolgt (s. Rn. 7).

IV. Adressat/Täter

10 § 120 Abs. 8 Nr. 130 WpHG ahndet Verstöße im Zusammenhang mit der getrennten Vermögensverwahrung. Damit können Adressat/Täter ausschließlich Wertpapierdienstleistungsunternehmen sein.

V. Verschulden

11 Der Verschuldensmaßstab umfasst nach § 120 Abs. 8 WpHG sowohl **Vorsatz** (s. Kap. 3 Rn. 29 ff.) als auch **Leichtfertigkeit** (s. Kap. 3 Rn. 36).

VI. Rechtsfolge

12 Eine vorsätzliche oder leichtfertige Verletzung des § 84 Abs. 2 S. 6 WpHG ist nach § 120 Abs. 20 S. 1 WpHG grds. mit einer Geldbuße von bis zu **fünf Mio. Euro** bedroht. Das Gesetz lässt aber in § 120 Abs. 20 S. 2 ff. WpHG **Ausnahmen** von diesem Grundsatz – und damit auch höhere Geldbußen – zu.

13 Die erste Ausnahme betrifft ausdrücklich nur **juristische Personen** und **Personenvereinigungen**. § 120 Abs. 20 S. 2 WpHG bestimmt in diesem Zusammenhang, dass gegenüber einer juristischen Person oder Personenvereinigung über S. 1 hinaus eine höhere Geldbuße verhängt werden kann, und zwar in Höhe **von bis zu 10% des Gesamtumsatzes**. Bei der Berechnung dieses Gesamtumsatzes wird auf den Umsatz der juristischen Person oder Personenvereinigung in dem Geschäftsjahr abgestellt, das der Behördenentscheidung vorausging.

Im Übrigen findet bei der Berechnung des Gesamtumsatzes **§ 120 Abs. 23 WpHG** Anwendung.

14 Eine weitere Ausnahme – sowohl gegenüber natürlichen Personen als Täter als auch gegenüber juristischen Personen und Personenvereinigungen als Täter –, regelt § 120 Abs. 20 S. 3 und 4 WpHG. Hiernach kann nach S. 3 dieser Vorschrift über die in S. 1 und 2 genannten Beträge hinaus auch eine Geldbuße **bis zum Zweifachen** des aus dem Verstoß gezogenen wirtschaftlichen Vorteils verhängt werden. Der wirtschaftliche Vorteil umfasst nach S. 4 dieser Vorschrift erzielte Gewinne sowie vermiedene Verluste und kann von der BaFin auch geschätzt werden. Wie die Berechnung der Gewinne oder vermiedenen Verluste genau erfolgen soll, regelt das Gesetz hingegen nicht. Es wird hier auf den Einzelfall ankommen, ggf. – soweit erforderlich – unter Berücksichtigung von handelsrechtlichen Grundsätzen. Die Berechnung – genauso wie die Grundlagen für eine etwaige Schätzung – sind von der BaFin in dem von ihr erlassenen Bußgeldbescheid entsprechend darzustellen.

15 § 17 Abs. 2 OWiG, wonach fahrlässiges Handeln im Höchstmaß nur mit der Hälfte des angedrohten Höchstbetrages der Geldbuße geahndet werden kann, soweit das Gesetz für vorsätzliches und fahrlässiges Handeln eine Geldbuße androht, ohne im Höchstmaß zu unterscheiden, findet gemäß **§ 120 Abs. 25 S. 1 WpHG keine Anwendung**

16 Welches konkrete Bußgeld letztendlich gegenüber einem Täter (s. Rn. 10) festgesetzt wird, entscheidet die BaFin in Ausübung ihres jeweiligen Ermessens.

Hierbei ist sie im Rahmen der Selbstbindung der Verwaltung insbesondere an die sich selbst gegebenen **WpHG-Bußgeldleitlinien** in der jeweils aktuellen Fassung gebunden.[7]

VII. Verfolgungs- und Vollstreckungsverjährung

1. Verfolgungsverjährung

Die Verfolgungsverjährung für diesen Tatbestand bestimmt sich nach § 120 Abs. 26 WpHG iVm §§ 31–33 OWiG.

17

Nach § 120 Abs. 26 WpHG verjährt die Verfolgung des zuvor dargestellten Tatbestandes in drei Jahren. Anders als § 31 OWiG ist die Verjährung damit nicht an das Höchstmaß der Geldbuße gekoppelt.

Der Beginn der Verfolgungsverjährung bestimmt sich dann wieder nach § 31 Abs. 3 OWiG und ein eventuelles Ruhen nach § 32 OWiG.

2. Vollstreckungsverjährung

Die Vollstreckungsverjährung für diesen Tatbestand bestimmt sich ausschließlich nach § 34 OWiG.

18

Kap. 15.14. § 120 Abs. 8 Nr. 131 WpHG Weiterleitungspflicht bzgl. Wertpapieren bei getrennter Vermögensverwahrung

§ 120 Abs. 8 Nr. 131, Abs. 20, 26 WpHG Bußgeldvorschriften; Verordnungsermächtigung

(8) Ordnungswidrig handelt, wer vorsätzlich oder leichtfertig
(…)
131. entgegen § 84 Absatz 5 Satz 1 ein Wertpapier nicht oder nicht rechtzeitig zur Verwahrung weiterleitet,
(…)
(20) ¹Die Ordnungswidrigkeit kann in den Fällen der Absätze 8 und (…) mit einer Geldbuße bis zu fünf Millionen Euro geahndet werden. ²Gegenüber einer juristischen Person oder Personenvereinigung kann über Satz 1 hinaus eine höhere Geldbuße in Höhe von bis zu 10 Prozent des Gesamtumsatzes, den die juristische Person oder Personenvereinigung im der Behördenentscheidung vorangegangenen Geschäftsjahr erzielt hat, verhängt werden. ³Über die in den Sätzen 1 und 2 genannten Beträge hinaus kann die Ordnungswidrigkeit mit einer Geldbuße bis zum Zweifachen des aus dem Verstoß gezogenen wirtschaftlichen Vorteils geahndet werden. ⁴Der wirtschaftliche Vorteil umfasst erzielte Gewinne und vermiedene Verluste und kann geschätzt werden.
(…)
(26) Die Verfolgung der Ordnungswidrigkeiten nach den Absätzen 17 bis 22 verjährt in drei Jahren.

Literatur: *Fuchs* (Hrsg.), WpHG Kommentar, 2. Aufl. 2016.

---

[7] BaFin – WpHG-Bußgeldleitlinien II, Stand Januar 2018, abrufbar unter https://www.bafin.de/SharedDocs/Downloads/DE/Leitfaden/WA/dl_bussgeldleitlinien_2016.html.

Kap. 15: Verletzung von sonstigen Handlungs-, Duldungs- und Unterlassungspflichten

I. Historie des Bußgeldtatbestands	1	III. Tathandlung	13
II. Grundtatbestand	2	IV. Adressat/Täter	15
1. Keine Erlaubnis zum Betreiben des Depotgeschäfts	5	V. Verschulden	16
2. Entgegennahme von Wertpapieren	6	VI. Rechtsfolge	17
3. Kreditinstitut das zum Betreiben des Depotgeschäfts befugt ist	7	VII. Verfolgungs- und Vollstreckungsverjährung	22
		1. Verfolgungsverjährung	22
		2. Vollstreckungsverjährug	23
4. Rechtzeitigkeit der Weiterleitung	12		

I. Historie des Bußgeldtatbestands

1 Der neue § 120 Abs. 8 Nr. 131 WpHG war ausschließlich von der Neunummerierung des WpHG durch das 2. FiMaNoG betroffen.[1] Die nahezu inhaltsgleiche Vorgängernorm zu diesem Bußgeldtatbestand fand sich in § 39 Abs. 3 Nr. 8 WpHG aF und wurde durch das Gesetz zur Stärkung des **Anlegerschutzes und Verbesserung der Funktionsfähigkeit des Kapitalmarkts (AnlSVG)**[2] mWv 8.4.2011 in § 39 Abs. 3 WpHG aF aufgenommen. Hiervor war der Tatbestand in § 39 Abs. 2 Nr. 21 WpHG aF enthalten.

II. Grundtatbestand

2 § 120 Abs. 8 Nr. 131 WpHG, der auf § 84 Abs. 5 S. 1 WpHG Bezug nimmt, sanktioniert Verstöße im Zusammenhang mit der getrennten Vermögensverwahrung.

Nach § 84 Abs. 5 S. 1 WpHG hat ein Wertpapierdienstleistungsunternehmen (ohne eine Erlaubnis zum Betreiben des Depotgeschäftes iSd § 1 Abs. 1 S. 2 Nr. 5 KWG) Wertpapiere, die es im Zusammenhang mit einer Wertpapierdienstleistung oder einer Wertpapiernebendienstleistung entgegennimmt, unverzüglich einem Kreditinstitut, das im Inland zum Betreiben des Depotgeschäftes befugt ist, oder einem Institut mit Sitz im Ausland, das zum Betreiben des Depotgeschäftes befugt ist und bei welchem dem Kunden eine Rechtsstellung eingeräumt wird, die derjenigen nach dem Depotgesetz gleichwertig ist, zur Verwahrung weiterzuleiten.

3 Hintergrund dieser Regelung ist die Sicherstellung des **Schutzes von Kundengeldern und Wertpapieren**.[3]

4 § 84 Abs. 5 S. 1 WpHG nF führt inhaltsgleich den Regelungsgehalt des bisherigen § 34 a Abs. 2 S. 1 WpHG aF fort.

1. Keine Erlaubnis zum Betreiben des Depotgeschäfts

5 Der Anwendungsbereich dieser Vorschrift erstreckt sich nach § 84 Abs. 5 S. 1 WpHG auf alle Wertpapierdienstleistungsunternehmen, die über **keine Erlaubnis zum Betreiben des Depotgeschäftes** iSd § 1 Abs. 1 S. 2 Nr. 5 KWG verfügen.

---

1 Zur Historie s. Kap. 3 Rn. 3.
2 BGBl. I 2011, 538.
3 Fuchs/*Waßmer* WpHG § 39 Rn. 285.

Nach § 1 Abs. 1 S. 2 Nr. 5 WpHG erbringt ein Wertpapierdienstleistungsunternehmen ein Depotgeschäft, wenn es die Verwahrung und die Verwaltung von Wertpapieren für andere übernimmt.

2. Entgegennahme von Wertpapieren

Die Entgegennahme von Wertpapieren muss dabei im Zusammenhang mit einer **Wertpapierdienstleistung** oder einer **Wertpapiernebendienstleistung** stehen.

Ferner müssen die Wertpapiere **depotfähig** sein.[4]

3. Kreditinstitut das zum Betreiben des Depotgeschäfts befugt ist

Wertpapierdienstleistungsunternehmen unterliegen bei der **Auswahl, Beauftragung und Überwachung** des verwahrenden Instituts besonderen Pflichten. Diese sind in **§ 10 Abs. 1 WpDVerOV** konkretisiert. Hiernach müssen Wertpapierdienstleistungsunternehmen bei der Auswahl, Beauftragung und regelmäßigen Überwachung von Dritten, bei denen sie Kundengelder halten oder bei denen sie Kundenfinanzinstrumente verwahren, mit der erforderlichen Sorgfalt und Gewissenhaftigkeit vorgehen und im Rahmen ihrer Sorgfaltspflicht die Notwendigkeit der Aufteilung der Kundengelder auf verschiedene Dritte prüfen.

Soweit es sich bei dem Dritten nicht um eine Zentralbank handelt, gelten nach § 10 Abs. 1 S. 2 WpDVerOV besondere Pflichten.

Die Weiterleitung zur Verwahrung muss an ein **geeignetes Kreditinstitut** erfolgen. Ein geeignetes Kreditinstitut iSd § 84 Abs. 5 S 1 WpHG ist auf jeden Fall ein Kreditinstitut, das im Inland zum Betreiben des Depotgeschäftes befugt ist. Ausländische Kreditinstitute sind grds. nur geeignet, wenn sie ebenfalls das Depotgeschäft betreiben dürfen und den Kunden eine Rechtsstellung eingeräumt wird, die derjenigen nach dem Depotgesetz gleichwertig ist.

Die Anforderungen an einen Verwahrer mit **Sitz in einem Drittstaat** werden durch § 10 Abs. 2 WpDVerOV weiter konkretisiert. Hiernach darf ein Wertpapierdienstleistungsunternehmen Kundenfinanzinstrumente bei einem Dritten in einem Drittland nur hinterlegen, wenn die Verwahrung der Finanzinstrumente für Rechnung einer anderen Person in dem Drittland besonderen Vorschriften und einer besonderen Aufsicht unterliegt. Außerdem muss der Dritte von diesen Vorschriften und dieser Aufsicht erfasst sein.

Sofern in einem Drittland die Verwahrung von Finanzinstrumenten für Rechnung einer anderen Person nicht geregelt ist, darf das Wertpapierdienstleistungsunternehmen Kundenfinanzinstrumente bei einem Dritten in diesem Drittland nur hinterlegen, wenn die Verwahrung wegen der Art der betreffenden Finanzinstrumente oder der mit diesen verbundenen Wertpapierdienstleistungen nur bei diesem erfolgen kann oder ein professioneller Kunde das Wertpapierdienstleistungsunternehmen in Textform angewiesen hat, die Finanzinstrumente bei einem Dritten in diesem Drittstaat zu verwahren.

Wertpapierdienstleistungsunternehmen müssen bei der Auswahl, Beauftragung und regelmäßigen Überwachung von Dritten, bei denen sie nach § 84 Abs. 2 WpHG Kundengelder halten oder bei denen sie Kundenfinanzinstrumente ver-

---

[4] Vgl. auch Fuchs/*Fuchs* WpHG § 34 a Rn. 21.

wahren, mit der erforderlichen Sorgfalt und Gewissenhaftigkeit vorgehen und im Rahmen ihrer Sorgfaltspflicht die Notwendigkeit der Aufteilung der Kundengelder auf verschiedene Dritte prüfen. Soweit es sich bei dem Dritten nicht um eine Zentralbank handelt, müssen Wertpapierdienstleistungsunternehmen in den zuvor beschriebenen Fällen der fachlichen Eignung und der Zuverlässigkeit sowie den relevanten Vorschriften und Marktpraktiken des Dritten im Zusammenhang mit dem Halten von Kundengeldern und der Verwahrung von Kundenfinanzinstrumenten Rechnung tragen (vgl. § 10 Abs. 1 WpDVerOV).

11 Der neu aufgenommene § 10 Abs. 3 WpDVerOV stellt klar, dass die unter Rn. 10 dargestellten Anforderungen auch dann gelten, wenn der Dritte seine Aufgaben in Bezug auf das Halten und Verwahren von Finanzinstrumenten auf einen anderen Dritten übertragen hat.

4. Rechtzeitigkeit der Weiterleitung

12 Die Weiterleitung der Finanzinstrumente hat ebenso wie die Weiterleitung der Kundengelder **unverzüglich** (§ 121 BGB) zu erfolgen.

III. Tathandlung

13 Ein ordnungswidriges Verhalten liegt nach § 120 Abs. 8 Nr. 131 WpHG vor, wenn ein Wertpapierdienstleistungsunternehmen entgegen § 84 Abs. 5 S. 1 WpHG ein Wertpapier **nicht** oder **nicht rechtzeitig** zur Verwahrung weiterleitet.

14 Eine Weiterleitung wird von einem Wertpapierdienstleistungsunternehmen nicht ordnungsgemäß nach § 84 Abs. 5 S. 1 WpHG vorgenommen, wenn sie **vollständig vom Wertpapierdienstleistungsunternehmen unterlassen** wurde.

Nicht rechtzeitig erfolgt eine Weiterleitung eines Wertpapierdienstleistungsunternehmens, wenn sie nicht unverzüglich im Sinne des § 121 BGB erfolgt (s. Rn. 12).

IV. Adressat/Täter

15 § 120 Abs. 8 Nr. 131 WpHG ahndet Verstöße im Zusammenhang mit der getrennten Vermögensverwahrung. Damit können Adressat/Täter ausschließlich Wertpapierdienstleistungsunternehmen sein.

V. Verschulden

16 Der Verschuldensmaßstab umfasst nach § 120 Abs. 8 WpHG sowohl **Vorsatz** (s. Kap. 3 Rn. 29 ff.) als auch **Leichtfertigkeit** (s. Kap. 3 Rn. 36).

VI. Rechtsfolge

17 Eine vorsätzliche oder leichtfertige Verletzung des § 84 Abs. 5 S. 1 WpHG ist nach § 120 Abs. 20 S. 1 WpHG grds. mit einer Geldbuße von bis zu **fünf Mio. Euro** bedroht. Das Gesetz lässt aber in § 120 Abs. 20 S. 2 ff. WpHG **Ausnahmen** von diesem Grundsatz – und damit auch höhere Geldbußen – zu.

18 Die erste Ausnahme betrifft ausdrücklich nur **juristische Personen** und **Personenvereinigungen**. § 120 Abs. 20 S. 2 WpHG bestimmt in diesem Zusammenhang, dass gegenüber einer juristischen Person oder Personenvereinigung über S. 1 hinaus eine höhere Geldbuße verhängt werden kann, und zwar in Höhe

von bis zu 10% des Gesamtumsatzes. Bei der Berechnung dieses Gesamtumsatzes wird auf den Umsatz der juristischen Person oder Personenvereinigung in dem Geschäftsjahr abgestellt, das der Behördenentscheidung vorausging. Im Übrigen findet bei der Berechnung des Gesamtumsatzes **§ 120 Abs. 23 WpHG** Anwendung.

Eine weitere Ausnahme – sowohl gegenüber natürlichen Personen als Täter als auch gegenüber juristischen Personen und Personenvereinigungen als Täter –, regelt § 120 Abs. 20 S. 3 und 4 WpHG. Hiernach kann nach S. 3 dieser Vorschrift über die in S. 1 und 2 genannten Beträge hinaus auch eine Geldbuße **bis zum Zweifachen** des **aus dem Verstoß gezogenen wirtschaftlichen Vorteils** verhängt werden. Der wirtschaftliche Vorteil umfasst nach S. 4 dieser Vorschrift erzielte Gewinne sowie vermiedene Verluste und kann von der BaFin auch geschätzt werden. Wie die Berechnung der Gewinne oder vermiedenen Verluste genau erfolgen soll, regelt das Gesetz hingegen nicht. Es wird hier auf den Einzelfall ankommen, ggf. – soweit erforderlich – unter Berücksichtigung von handelsrechtlichen Grundsätzen. Die Berechnung – genauso wie die Grundlagen für eine etwaige Schätzung – sind von der BaFin in dem von ihr erlassenen Bußgeldbescheid entsprechend darzustellen.

§ 17 Abs. 2 OWiG, wonach fahrlässiges Handeln im Höchstmaß nur mit der Hälfte des angedrohten Höchstbetrages der Geldbuße geahndet werden kann, soweit das Gesetz für vorsätzliches und fahrlässiges Handeln eine Geldbuße androht, ohne im Höchstmaß zu unterscheiden, findet gemäß § 120 Abs. 25 S. 1 WpHG keine Anwendung

Welches konkrete Bußgeld letztendlich gegenüber einem Täter (s. Rn. 15) festgesetzt wird, entscheidet die BaFin in Ausübung ihres jeweiligen Ermessens. Hierbei ist sie im Rahmen der Selbstbindung der Verwaltung insbesondere an die sich selbst gegebenen **WpHG-Bußgeldleitlinien** in der jeweils aktuellen Fassung gebunden.[5]

VII. Verfolgungs- und Vollstreckungsverjährung

1. Verfolgungsverjährung

Die Verfolgungsverjährung für diesen Tatbestand bestimmt sich nach § 120 Abs. 26 WpHG iVm §§ 31–33 OWiG.

Nach § 120 Abs. 26 WpHG verjährt die Verfolgung des zuvor dargestellten Tatbestandes in drei Jahren. Anders als § 31 OWiG ist die Verjährung damit nicht an das Höchstmaß der Geldbuße gekoppelt.

Der Beginn der Verfolgungsverjährung bestimmt sich dann wieder nach § 31 Abs. 3 OWiG und ein eventuelles Ruhen nach § 32 OWiG.

2. Vollstreckungsverjährug

Die Vollstreckungsverjährung für diesen Tatbestand bestimmt sich ausschließlich nach § 34 OWiG.

---

5 BaFin – WpHG-Bußgeldleitlinien II, Stand Januar 2018, abrufbar unter https://www.bafin.de/SharedDocs/Downloads/DE/Leitfaden/WA/dl_bussgeldleitlinien_2016.html.

Kap. 15.15. § 120 Abs. 8 Nr. 133 WpHG Nutzungsverbot bei getrennter Vermögensverwahrung

§ 120 Abs. 8 Nr. 133, Abs. 20, 26 WpHG Bußgeldvorschriften; Verordnungsermächtigung

(8) Ordnungswidrig handelt, wer vorsätzlich oder leichtfertig
(...)
133. entgegen § 84 Absatz 6 Satz 1, auch in Verbindung mit § 84 Absatz 6 Satz 2, ein Wertpapier für eigene Rechnung oder für Rechnung eines anderen Kunden nutzt,
(...)
(20) ¹Die Ordnungswidrigkeit kann in den Fällen der Absätze 8 und (...) mit einer Geldbuße bis zu fünf Millionen Euro geahndet werden. ²Gegenüber einer juristischen Person oder Personenvereinigung kann über Satz 1 hinaus eine höhere Geldbuße in Höhe von bis zu 10 Prozent des Gesamtumsatzes, den die juristische Person oder Personenvereinigung im der Behördenentscheidung vorangegangenen Geschäftsjahr erzielt hat, verhängt werden. ³Über die in den Sätzen 1 und 2 genannten Beträge hinaus kann die Ordnungswidrigkeit mit einer Geldbuße bis zum Zweifachen des aus dem Verstoß gezogenen wirtschaftlichen Vorteils geahndet werden. ⁴Der wirtschaftliche Vorteil umfasst erzielte Gewinne und vermiedene Verluste und kann geschätzt werden.
(...)
(26) Die Verfolgung der Ordnungswidrigkeiten nach den Absätzen 17 bis 22 verjährt in drei Jahren.

Literatur: *Fuchs* (Hrsg.), WpHG Kommentar, 2. Aufl. 2016.

I. Historie des Bußgeldtatbestands ... 1	VI. Rechtsfolge ... 10
II. Grundtatbestand ... 2	VII. Verfolgungs- und Vollstreckungsverjährung ... 15
III. Tathandlung ... 7	1. Verfolgungsverjährung ... 15
IV. Adressat/Täter ... 8	2. Vollstreckungsverjährug ... 16
V. Verschulden ... 9	

I. Historie des Bußgeldtatbestands

1 Der neue § 120 Abs. 8 Nr. 133 WpHG war von der Neunummerierung des WpHG durch das 2. FiMaNoG betroffen.[1] Daneben kam es aber auch zum einen zu einer Konkretisierung dieses Bußgeldtatbestandes (s. Rn. 8) und zum anderen zu einer Änderung des Grundtatbestandes (s. Rn. 2 ff.).

Die Vorgängernorm zu diesem Bußgeldtatbestand fand sich in § 39 Abs. 3 Nr. 9 WpHG aF und wurde durch das Gesetz zur Stärkung des **Anlegerschutzes und Verbesserung der Funktionsfähigkeit des Kapitalmarkts (Anlegerschutz- und Funktionsverbesserungsgesetz – AnlSVG)**[2] mWv 8.4.2011 in § 39 Abs. 3 WpHG aF aufgenommen. Hiervor war der Tatbestand in § 39 Abs. 2 Nr. 21 WpHG aF enthalten.

---

1 Zur Historie s. Kap. 3 Rn. 3.
2 BGBl. I 2011, 538.

II. Grundtatbestand

§ 120 Abs. 8 Nr. 133 WpHG, der auf § 84 Abs. 6 S. 1 iVm S. 2 WpHG Bezug nimmt, sanktioniert Verstöße im Zusammenhang mit der getrennten Vermögensverwahrung.

Nach § 84 Abs. 6 S. 1 WpHG darf ein Wertpapierdienstleistungsunternehmen die Finanzinstrumente eines Kunden nur unter **genau festgelegten Bedingungen** für eigene Rechnung oder für Rechnung einer anderen Person verwenden. Daneben hat es geeignete Vorkehrungen zu treffen, um die unbefugte Verwendung der Finanzinstrumente des Kunden für eigene Rechnung oder für Rechnung einer anderen Person zu verhindern. Der Kunde muss diesen Bedingungen nach § 84 Abs. 6 S. 2 WpHG ausdrücklich **im Voraus** zugestimmt haben, wobei seine Zustimmung entweder durch seine **Unterschrift** oder eine **gleichwertige schriftliche Bestätigung** eindeutig dokumentiert sein muss.

Hintergrund dieser Regelung ist die Sicherstellung des **Schutzes von Kundengeldern und Wertpapieren**.[3]

§ 84 Abs. 6 S. 1 iVm S. 2 WpHG nF führt den wesentlichen Regelungsgehalt des bisherigen § 34 a Abs. 4 S. 1 iVm S. 2 WpHG aF unter Anpassung an die neuen Vorgaben durch die MiFID II fort. Im Gegensatz zum bisherigen Abs. 4 S. 1, enthält die neue Regelung aber **keine Verweisung** mehr auf die Vorschriften des **Depotgesetzes**. Der Gesetzgeber wollte hierdurch deutlicher zwischen den zivilrechtlichen Vorschriften des Depotgesetzes einerseits und den aufsichtsrechtlichen Vorgaben des § 84 WpHG nF sowie der WpDVerOV nF andererseits unterscheiden.[4]

Außerdem wurde die im bisherigen Abs. 4 S. 3 enthaltene Regelung für Privatkunden nunmehr in § 84 Abs. 6 S. 2 WpHG nF **auf alle Kunden** des Wertpapierdienstleistungsunternehmens ausgedehnt.[5]

§ 84 Abs. 6 S. 1 WpHG verbietet einem Wertpapierdienstleistungsunternehmen die unbefugte Verwendung von Finanzinstrumenten eines Kunden. Diese Regelung setzt voraus, dass der Kunde zum Zeitpunkt der Verwendung der Finanzinstrumente durch ein Wertpapierdienstleistungsunternehmen noch **Eigentümer** derselben ist und die Finanzinstrumente, anders als in den Fällen des § 84 Abs. 8 WpHG, **nicht als Sicherheit** in Form der Vollrechtsübertragung an das Wertpapierdienstleistungsunternehmen übertragen hat.[6]

Eine gesonderte ausdrückliche Zustimmung zur Verwendung der Finanzinstrumente von Kunden kann demgegenüber in den Fällen entfallen, in denen bereits **vor der Verwendung** der Finanzinstrumente durch das Wertpapierdienstleistungsunternehmen eine Übertragung des Eigentums an diesen Finanzinstrumenten vom Kunden an das Wertpapierdienstleistungsunternehmen erfolgt ist, da der Kunde dem Wertpapierdienstleistungsunternehmen bereits mit der Übertragung des Eigentums an den Finanzinstrumenten die Befugnis erteilt hat, mit diesen nach eigenem Ermessen zu verfahren.[7]

---

3 Fuchs/*Waßmer* WpHG § 39 Rn. 285.
4 BT-Drs. 18/10936, 247.
5 BT-Drs. 18/10936, 247.
6 BT-Drs. 18/10936, 247.
7 BT-Drs. 18/10936, 247.

Damit besteht in diesen Fällen auch kein Bedürfnis für eine Anwendung des § 84 Abs. 6 WpHG.[8]

6 Ergänzend zu § 84 Abs. 6 S. 1 WpHG regelt S. 3 der Vorschrift, dass, wenn Finanzinstrumente auf **Sammeldepots** bei einem Dritten verwahrt werden, für eine Verwendung nach S. 1 der Vorschrift zusätzlich die **ausdrückliche Zustimmung aller anderen Kunden** des Sammeldepots oder Systeme und Kontrolleinrichtungen erforderlich ist, mit denen die Beschränkung der Verwendung auf Finanzinstrumente gewährleistet ist, für die eine Zustimmung nach S. 2 vorliegt.

In den Fällen des S. 3 der Vorschrift muss das Wertpapierdienstleistungsunternehmen über Kunden, auf deren Weisung hin eine Nutzung der Finanzinstrumente erfolgt, und über die Zahl der von jedem einzelnen Kunden mit dessen Zustimmung verwendeten Finanzinstrumente Aufzeichnungen führen, die eine eindeutige und zutreffende Zuordnung der im Rahmen der Verwendung eingetretenen Verluste ermöglichen.

III. Tathandlung

7 Ein ordnungswidriges Verhalten liegt nach § 120 Abs. 8 Nr. 133 WpHG vor, wenn ein Wertpapierdienstleistungsunternehmen ein Wertpapier eines Kunden entgegen § 84 Abs. 6 S. 1 iVm S. 2 WpHG entweder für **eigene Rechnung** oder für **Rechnung eines anderen Kunden** nutzen.

Der bisherige Wortlaut dieses Bußgeldtatbestands in § 39 Abs. 3 Nr. 9 WpHG aF setzte nur voraus, dass ein Wertpapier entgegen § 34a Abs. 4 S. 1 iVm S. 2 WpHG aF „genutzt" wird. Da jedoch bereits die Fassung des § 34a Abs. 4 S. 1 iVm S. 2 WpHG aF ein Verbot der „Nutzung für eigene Rechnung oder für Rechnung eines anderen Kunden" vorsah, handelt es sich bei dem neuen Wortlaut des § 84 Abs. 6 S. 1 iVm S. 2 WpHG nF lediglich um eine Konkretisierung des ursprünglichen Tatbestandes und um keine Änderung desselben.

IV. Adressat/Täter

8 § 120 Abs. 8 Nr. 133 WpHG ahndet Verstöße im Zusammenhang mit der getrennten Vermögensverwahrung. Damit können Adressat/Täter ausschließlich Wertpapierdienstleistungsunternehmen sein.

V. Verschulden

9 Der Verschuldensmaßstab umfasst nach § 120 Abs. 8 WpHG sowohl **Vorsatz** (s. Kap. 3 Rn. 29 ff.) als auch **Leichtfertigkeit** (s. Kap. 3 Rn. 36).

VI. Rechtsfolge

10 Eine vorsätzliche oder leichtfertige Verletzung des § 84 Abs. 6 S. 1 iVm 2 WpHG ist nach § 120 Abs. 20 S. 1 WpHG grds. mit einer Geldbuße von bis zu **fünf Mio. Euro** bedroht. Das Gesetz lässt aber in § 120 Abs. 20 S. 2 ff. WpHG **Ausnahmen** von diesem Grundsatz – und damit auch höhere Geldbußen – zu.

11 Die erste Ausnahme betrifft ausdrücklich nur **juristische Personen** und Personenvereinigungen. § 120 Abs. 20 S. 2 WpHG bestimmt in diesem Zusammen-

---

[8] BT-Drs. 18/10936, 247.

hang, dass gegenüber einer juristischen Person oder Personenvereinigung über S. 1 hinaus eine höhere Geldbuße verhängt werden kann, und zwar in Höhe **von bis zu 10% des Gesamtumsatzes.** Bei der Berechnung dieses Gesamtumsatzes wird auf den Umsatz der juristischen Person oder Personenvereinigung in dem Geschäftsjahr abgestellt, das der Behördenentscheidung vorausging. Im Übrigen findet bei der Berechnung des Gesamtumsatzes **§ 120 Abs. 23 WpHG** Anwendung.

Eine weitere Ausnahme – sowohl gegenüber natürlichen Personen als Täter als auch gegenüber juristischen Personen und Personenvereinigungen als Täter –, regelt § 120 Abs. 20 S. 3 und 4 WpHG. Hiernach kann nach S. 3 dieser Vorschrift über die in S. 1 und 2 genannten Beträge hinaus auch eine Geldbuße **bis zum Zweifachen** des **aus dem Verstoß gezogenen wirtschaftlichen Vorteils** verhängt werden. Der wirtschaftliche Vorteil umfasst nach S. 4 dieser Vorschrift erzielte Gewinne sowie vermiedene Verluste und kann von der BaFin auch geschätzt werden. Wie die Berechnung der Gewinne oder vermiedenen Verluste genau erfolgen soll, regelt das Gesetz hingegen nicht. Es wird hier auf den Einzelfall ankommen, ggf. – soweit erforderlich – unter Berücksichtigung von handelsrechtlichen Grundsätzen. Die Berechnung – genauso wie die Grundlagen für eine etwaige Schätzung – sind von der BaFin in dem von ihr erlassenen Bußgeldbescheid entsprechend darzustellen.

§ 17 Abs. 2 OWiG, wonach fahrlässiges Handeln im Höchstmaß nur mit der Hälfte des angedrohten Höchstbetrages der Geldbuße geahndet werden kann, soweit das Gesetz für vorsätzliches und fahrlässiges Handeln eine Geldbuße androht, ohne im Höchstmaß zu unterscheiden, findet gemäß § 120 Abs. 25 S. 1 WpHG **keine Anwendung**

Welches konkrete Bußgeld letztendlich gegenüber einem Täter (s. Rn. 8) festgesetzt wird, entscheidet die BaFin in Ausübung ihres jeweiligen Ermessens. Hierbei ist sie im Rahmen der Selbstbindung der Verwaltung insbesondere an die sich selbst gegebenen **WpHG-Bußgeldleitlinien** in der jeweils aktuellen Fassung gebunden.[9]

VII. Verfolgungs- und Vollstreckungsverjährung

1. Verfolgungsverjährung

Die Verfolgungsverjährung für diesen Tatbestand bestimmt sich nach § 120 Abs. 26 WpHG iVm §§ 31–33 OWiG.

Nach § 120 Abs. 26 WpHG verjährt die Verfolgung des zuvor dargestellten Tatbestandes in drei Jahren. Anders als § 31 OWiG ist die Verjährung damit nicht an das Höchstmaß der Geldbuße gekoppelt.

Der Beginn der Verfolgungsverjährung bestimmt sich dann wieder nach § 31 Abs. 3 OWiG und ein eventuelles Ruhen nach § 32 OWiG.

2. Vollstreckungsverjährug

Die Vollstreckungsverjährung für diesen Tatbestand bestimmt sich ausschließlich nach § 34 OWiG.

---

[9] BaFin – WpHG-Bußgeldleitlinien II, Stand Januar 2018, abrufbar unter https://www.bafin.de/SharedDocs/Downloads/DE/Leitfaden/WA/dl_bussgeldleitlinien_2016.html.

Kap. 15.16. § 120 Abs. 12 Nr. 3 WpHG Prüferbestellung
§ 120 Abs. 12 Nr. 3, Abs. 24 WpHG Bußgeldvorschriften; Verordnungsermächtigung

(12) Ordnungswidrig handelt, wer vorsätzlich oder fahrlässig
(...)
3. entgegen § 89 Absatz 1 Satz 4 einen Prüfer nicht oder nicht rechtzeitig bestellt,
(...)
(24) Die Ordnungswidrigkeit kann (...) mit einer Geldbuße bis zu fünfzigtausend Euro geahndet werden.

Literatur: *Birnbaum*, Die jährliche Prüfung des Wertpapierdienstleistungsgeschäfts bei Wertpapierdienstleistungsinstituten nach § 36 des Wertpapierhandelsgesetzes, WPg 1999, 110; *Fuchs* (Hrsg.), WpHG Kommentar, 2. Aufl. 2016.

I. Historie des Bußgeldtatbestands	1	V. Verschulden	10
II. Grundtatbestand	2	VI. Rechtsfolge	11
III. Tathandlung	6	VII. Verfolgungs- und Vollstreckungsverjährung	14
IV. Adressat/Täter	8		

I. Historie des Bußgeldtatbestands

1 Der neue § 120 Abs. 12 Nr. 3 WpHG war ausschließlich von der Neunummerierung des WpHG durch das 2. FiMaNoG betroffen.[1] Eine entsprechende (inhaltsgleiche) Regelung fand sich bereits zuvor in § 39 Abs. 3 Nr. 10 WpHG aF. Diese Regelung wurde ihrerseits mit dem Gesetz zur Stärkung des Anlegerschutzes und Verbesserung der Funktionsfähigkeit des Kapitalmarkts (AnlSVG) vom 5.4.2011 in den Katalog der einfach fahrlässig begehbaren Bußgeldtatbestände aufgenommen. Davor fand sich eine entsprechende Regelung im § 39 Abs. 2 Nr. 23 WpHG aF.

II. Grundtatbestand

2 § 120 Abs. 12 Nr. 3 WpHG sanktioniert vorsätzliche und fahrlässige Verstöße gegen die Pflicht nach § 89 Abs. 1 S. 4 WpHG einen Prüfer nicht oder nicht rechtzeitig zu bestellen.

Nach § 89 Abs. 1 S. 4 WpHG sind Wertpapierdienstleistungsunternehmen verpflichtet, einen Prüfer jeweils **spätestens zum Ablauf des Geschäftsjahres** zu bestellen, auf das sich die Prüfung erstreckt.

3 § 89 Abs. 1 S. 4 WpHG war vor Inkrafttreten des 2. FiMaNoG inhaltsgleich in § 36 Abs. 1 S. 4 WpHG aF geregelt. Nach dem Willen des Gesetzgebers dient die Regelung zum einen der Sicherung der **Effizienz des Marktes** und zum anderen der Sicherung der **Überwachungsaufgabe der BaFin**.[2]

4 Die Auswertung der von den Prüfern zu erstellenden Prüfberichte ist ein wesentlicher Bestandteil der **Überwachungsaufgaben** der BaFin.[3]

---
1 Zur Historie s. Kap. 3 Rn. 3.
2 Fuchs/*Waßmer* WpHG § 39 Rn. 290.
3 *Birnbaum* WPg 1999, 110 (115).

Vor diesem Hintergrund bestimmt § 89 Abs. 1 WpHG, dass Wertpapierdienstleistungsunternehmen grundsätzlich jährlich zu prüfen sind. Die BaFin kann nach § 89 Abs. 1 S. 3 WpHG **auf Antrag** von der jährlichen Prüfung ganz oder teilweise absehen, soweit dies aus **besonderen Gründen**, insbesondere wegen der Art und des Umfangs der betriebenen Geschäfte, angezeigt ist. Eine Ausnahme von diesem Grundsatz besteht für die Prüfung der Einhaltung der Anforderungen nach § 84 WpHG, auch in Verbindung mit einer Rechtsverordnung nach § 84 Abs. 5 WpHG.

Die Prüfung muss durch einen **geeigneten Prüfer** erfolgen. 5

Bei Kreditinstituten, die einem **genossenschaftlichen Prüfungsverband** angehören oder durch die **Prüfungsstelle eines Sparkassen- und Giroverbandes** geprüft werden, wird die Prüfung durch den zuständigen Prüfungsverband oder die zuständige Prüfungsstelle, soweit hinsichtlich letzterer das Landesrecht dies vorsieht, vorgenommen. Geeignete Prüfer sind nach § 89 Abs. 1 S. 6 WpHG außerdem **Wirtschaftsprüfer, vereidigte Buchprüfer** sowie **Wirtschaftsprüfungs- und Buchprüfungsgesellschaften**, die hinsichtlich des Prüfungsgegenstandes über ausreichende Kenntnisse verfügen.

III. Tathandlung

Ein ordnungswidriges Verhalten liegt nach § 120 Abs. 12 Nr. 3 WpHG vor, 6
wenn das Wertpapierdienstleistungsunternehmen entgegen § 89 Abs. 1 S. 4 WpHG einen Prüfer vorsätzlich oder fahrlässig nicht oder nicht rechtzeitig bestellt.

Eine **Nichtbestellung** eines Prüfers liegt vor, wenn eine solche Bestellung **vollständig unterlassen** wurde. 7

Ein Prüfer ist dagegen **nicht rechtzeitig** bestellt, wenn seine Bestellung erst nach **Ablauf des Geschäftsjahres** erfolgt ist.

IV. Adressat/Täter

Nach § 120 Abs. 12 Nr. 3 WpHG iVm § 89 Abs. 1 S. 4 WpHG obliegt Wertpapierdienstleistungsunternehmen die bußgeldbewehrte Pflicht zur rechtzeitigen Prüferbestellung. Damit können Adressat/Täter ausschließlich **Wertpapierdienstleistungsunternehmen** sein. 8

§ 120 Abs. 27 S. 1 WpHG stellt darüber hinaus klar, dass § 120 Abs. 12 Nr. 3 9
WpHG in Verbindung mit Abs. 24 der Vorschrift, auch für die erlaubnispflichtige **Anlageverwaltung** iSd § 2 Abs. 13 S. 3 WpHG gilt.

V. Verschulden

Der Verschuldensmaßstab umfasst nach § 120 Abs. 12 WpHG sowohl **Vorsatz** 10
(s. Kap. 3 Rn. 29 ff.) als auch **Fahrlässigkeit** (s. Kap. 3 Rn. 34 ff.).

VI. Rechtsfolge

Eine vorsätzliche oder fahrlässige Verletzung der rechtzeitigen Prüferbestellung 11
ist nach § 120 Abs. 24 WpHG mit einer Geldbuße von bis zu **50.000 EUR** – als gesetzlicher Höchstbetrag – bedroht.

12 Ergänzend zu dieser Regelung findet § 17 Abs. 2 OWiG Anwendung. Dieser bestimmt, dass, wenn das Gesetz für vorsätzliches und fahrlässiges Handeln eine Geldbuße androht, ohne im Höchstmaß zu unterscheiden, das fahrlässige Handeln im Höchstmaß nur mit der Hälfte des angedrohten Höchstbetrags geahndet werden kann. Daraus folgt, dass eine vorsätzliche Verletzung der zuvor genannten Pflicht mit einer Geldbuße von bis zu **50.000 EUR** bedroht ist, während eine fahrlässige Verletzung dieser Pflichten nur mit einer Geldbuße von bis zu **25.000 EUR** bedroht ist.

13 Welches konkrete Bußgeld letztendlich gegenüber einem Täter (s. Rn. 8) festgesetzt wird, entscheidet die BaFin in Ausübung ihres jeweiligen Ermessens. Hierbei ist sie im Rahmen der Selbstbindung der Verwaltung insbesondere an die sich selbst gegebenen **WpHG-Bußgeldleitlinien** in der jeweils aktuellen Fassung gebunden.[4]

VII. Verfolgungs- und Vollstreckungsverjährung

14 Das WpHG sieht für diesen Tatbestand keine eigenen Verjährungsregelungen vor. Es gelten damit die Verjährungsregelungen der §§ 31–34 OWiG.

Kap. 15.17. § 120 Abs. 13 WpHG Verstöße gegen vollziehbare Anordnungen der BaFin

§ 120 Abs. 13 WpHG Bußgeldvorschriften; Verordnungsermächtigung

(13) Ordnungswidrig handelt, wer gegen die Verordnung (EU) Nr. 236/2012 des Europäischen Parlaments und des Rates vom 14. März 2012 über Leerverkäufe und bestimmte Aspekte von Credit Default Swaps (ABl. L 86 vom 24.3.2012, S. 1), die zuletzt durch die Verordnung (EU) Nr. 909/2014 des Europäischen Parlaments und des Rates vom 23. Juli 2014 zur Verbesserung der Wertpapierlieferungen und -abrechnungen in der Europäischen Union und über Zentralverwahrer sowie zur Änderung der Richtlinien 98/26/EG und 2014/65/EU und der Verordnung (EU) Nr. 236/2012 (ABl. L 257 vom 28.8.2014, S. 1) geändert worden ist, verstößt, indem er vorsätzlich oder fahrlässig einer vollziehbaren Anordnung nach Artikel 18 Absatz 2 Satz 2 oder Satz 3, Artikel 19 Absatz 2, Artikel 20 Absatz 2 oder Artikel 21 Absatz 1 oder Artikel 23 Absatz 1 zuwiderhandelt.

(…)

Artikel 18 Abs. 2 S. 2, 3 Verordnung (EU) Nr. 236/2012
Meldung und Offenlegung in Ausnahmesituationen

(2) (…) ²Eine Maßnahme nach Absatz 1 kann in Situationen oder vorbehaltlich von Ausnahmen gelten, die von der jeweils zuständigen Behörde festgelegt werden. ³Ausnahmen können insbesondere für Market-Making-Tätigkeiten und Primärmarkt-Aktivitäten festgelegt werden.

---

4 BaFin – WpHG-Bußgeldleitlinien II, Stand Januar 2018, abrufbar unter https://www.bafin.de/SharedDocs/Downloads/DE/Leitfaden/WA/dl_bussgeldleitlinien_2016.html.

Artikel 19 Abs. 2 Verordnung (EU) Nr. 236/2012
Meldepflicht von Verleihern in Ausnahmesituationen

(2) Eine zuständige Behörde kann natürliche oder juristische Personen, die ein bestimmtes Finanzinstrument oder eine Kategorie von Finanzinstrumenten leihweise zur Verfügung stellen, dazu auffordern, jede erhebliche Änderung der Gebühren zu melden, die für ein solches Verleihen zu zahlen sind.

Artikel 20 Abs. 2 Verordnung (EU) Nr. 236/2012
Beschränkung von Leerverkäufen und vergleichbaren Transaktionen in Ausnahmesituationen

(2) Eine zuständige Behörde kann ein Verbot oder Bedingungen verhängen im Hinblick auf natürliche oder juristische Personen, die
a) einen Leerverkauf tätigen oder
b) eine andere Transaktion als einen Leerverkauf tätigen, durch die ein anderes Finanzinstrument geschaffen wird oder die sich auf ein anderes Finanzinstrument bezieht und deren Wirkung oder eine deren Wirkungen darin besteht, dass die natürliche oder juristische Person im Falle einer Kurs- oder Wertminderung eines anderen Finanzinstruments einen finanziellen Vorteil erzielt.

(…)

Artikel 21 Abs. 1 Verordnung (EU) Nr. 236/2012
Beschränkung von Transaktionen mit Credit Default Swaps auf öffentliche Schuldtitel in Ausnahmesituationen

(1) Vorbehaltlich des Artikels 22 kann eine zuständige Behörde die Befugnis natürlicher oder juristischer Personen, in Transaktionen mit Credit Default Swaps auf öffentliche Schuldtitel einzutreten, Beschränkungen unterwerfen oder den Wert von Positionen in Credit Default Swaps auf öffentliche Schuldtitel, die diese natürlichen oder juristischen Personen eingehen dürfen, beschränken, wenn:

a) ungünstige Ereignisse oder Entwicklungen eingetreten sind, die eine ernstzunehmende Bedrohung für die Finanzstabilität oder das Marktvertrauen in dem betreffenden Mitgliedstaat oder in einem oder mehreren anderen Mitgliedstaaten darstellen, und
b) die Maßnahme erforderlich ist, um der Bedrohung zu begegnen, und die Effizienz der Finanzmärkte im Vergleich zum Nutzen der Maßnahme nicht unverhältnismäßig beeinträchtigt wird.

(…)

Artikel 23 Abs. 1 Verordnung (EU) Nr. 236/2012
Befugnis zur befristeten Beschränkung des Leerverkaufs von Finanzinstrumenten bei signifikantem Kursverfall

(1) Ist der Kurs eines Finanzinstruments an einem Handelsplatz innerhalb eines einzigen Handelstages im Vergleich zur Schlussnotierung des Vortags signifikant gefallen, so prüft die für diesen Handelsplatz zuständige Behörde des Herkunftsmitgliedstaats, ob es angebracht ist, an diesem Handelsplatz den Leerverkauf des betreffenden Finanzinstruments für natürliche oder juristische Personen zu verbieten oder zu beschränken oder Transaktionen mit diesem Finanzinstrument am Handelsplatz anderweitig zu beschränken, um einen ungeordneten Kursverfall des Finanzinstruments zu verhindern.

Kommt die zuständige Behörde nach der Prüfung gemäß Unterabsatz 1 zu dem Schluss, dass dies angebracht ist, so verbietet oder beschränkt sie im Falle von Aktien oder Schuldinstrumenten den Leerverkauf durch natürliche oder juristische Personen an diesem Handelsplatz und beschränkt im Falle anderer Arten von Finanzinstrumenten Transaktionen mit dem betreffenden Finanzinstrument an jenem Handelsplatz, um einen ungeordneten Kursverfall des Finanzinstruments zu verhindern.

I. Historie und Zweck	1	III. Umgang mit rechtswidrigen	
II. Regelungsgehalt der Leerverkaufsverordnung................	2	Anordnungen	9

I. Historie und Zweck

1 Die Norm wurde mit dem Ausführungsgesetz zur EU-Rating-Verordnung vom 14.6.2010 eingeführt. Die Änderung ist seit dem 19.6.2010 in Kraft.[1] Ursprünglich deckte die Norm die Befolgung von Anordnungen nach der Rating-Agentur-Verordnung ab. Nach Übergang der Zuständigkeit für Überwachungshandlungen auf die ESMA wurde die Vorschrift zunächst aufgehoben und dann durch das EU-Leerverkaufsgesetz in neuer Fassung eingefügt.[2] Die Norm bezweckt die Sanktionierung von Verstößen gegen vollziehbare Anordnungen der BaFin, die diese aufgrund der EU-Leerverkaufsverordnung getroffen haben.

Mit Inkrafttreten von Art. 3 des 2. FiMaNoG am 3.1.2018 wurde die Bußgeldvorschrift des § 39 Abs. 3 a WpHG (aF) an die Neunummerierung des Wertpapierhandelsgesetzes angepasst werden.[3] Sie findet sich fortan unter **§ 120 Abs. 13 WpHG.**

II. Regelungsgehalt der Leerverkaufsverordnung

2 Im Nachgang der Finanzkrise 2008 bestand die massive Sorge, dass Leerkäufe in Zeiten finanzieller Instabilität die Abwärtsspirale der Aktienkurse noch weiter verstärken könnte.[4] Die Verordnung sollte insbesondere systemische Risiken für die Lebensfähigkeit von Finanzinstituten abdecken.

---

1 BGBl. I 2010, 786.
2 JVRB/*Klepsch* WpHG § 39 Rn. 81.
3 BT-Drs. 18/10936 (Vorabfassung), 254.
4 VO (EU) Nr. 236/2012, Erwägung 1.

In Art. 18 geht es um die Meldung und Offenlegung von Nettoleerverkaufspositionen, Marketmaking, Tätigkeiten und Primärmarktaktivitäten sowie ggf. weitere von der BaFin festgelegte Sondersituationen. Sind solche Sondersituationen von der Bundesanstalt definiert und fordert die Bundesanstalt insoweit vollziehbar zu Meldungen auf, löst ein Verstoß gegen diese vollziehbare Anordnung den Bußgeldtatbestand aus.

Art. 19 der Verordnung sieht Meldepflichten für Verleiher in bestimmten Ausnahmesituationen vor. Dies dann, wenn bestimmte Finanzinstrumente oder eine Kategorie von Finanzinstrumenten leihweise zur Verfügung gestellt werden und sich eine erhebliche Änderung der Gebühren ergibt. In diesen Fällen kann die BaFin ebenfalls dazu auffordern, die Änderung der Gebühren offenzulegen und zu melden. Auch hier gilt, dass ein Verstoß gegen die vollziehbare Anordnung den Bußgeldtatbestand auslöst.

Art. 20 Abs. 2 erlaubt der Bundesanstalt das Aussprechen von Verboten oder bestimmten Bedingungen für Leerverkäufe oder andere Transaktionen, durch die ein anderes Finanzinstrument geschaffen wird oder die sich auf ein solches beziehen, die dazu führt, dass der Transakteur im Falle einer Kurs- oder Wertminderung eines anderen Finanzinstruments einen finanziellen Vorteil erzielt. Ordnet die Bundesanstalt ein entsprechendes Verbot vollziehbar an oder spricht eine vollziehbare Bedingung aus,[5] wird der Bußgeldtatbestand ausgelöst.

Art. 21 Abs. 1 beschränkt Transaktionen mit Credit Default Swaps auf öffentliche Schuldtitel in Ausnahmesituationen. Die BaFin kann Beschränkungen anordnen, wenn eine ernstzunehmende Bedrohung für die Finanzstabilität oder das Marktvertrauen gegeben ist und die Beschränkung erforderlich ist, um dieser Bedrohung zu begegnen. Alle Maßnahmen unterstehen – so auch hier – dem Grundsatz der Verhältnismäßigkeit, der in Art. 21 noch einmal extra genannt wurde. Trifft die Bundesanstalt eine solche Anordnung, was bisher, soweit ersichtlich, nicht vorgekommen ist, und ist die Anordnung vollziehbar, löst ein Verstoß den Bußgeldtatbestand aus.

Art. 23 gibt der Bundesanstalt die Befugnis zur befristeten Beschränkung eines Leerverkaufs von Finanzinstrumenten bei signifikantem Kursverfall. Auch dies dient der Sicherheit der Finanzmarktstabilität. Die BaFin kann entsprechende Transaktionen beschränken, wenn der Kurs eines Finanzinstruments an einem Handelsplatz innerhalb eines einzigen Handelstages im Vergleich zur Schlussnotierung des Vortages signifikant gefallen ist. Die Anordnung kann ausschließlich erfolgen, um einen ungeordneten Kursverfall des Finanzinstruments zu verhindern.

Die Ordnungswidrigkeit kann jeweils maximal mit einer Geldbuße iHv bis zu 50.000 EUR geahndet werden. Im Falle des fahrlässigen Verstoßes reduziert sich der maximale Bußgeldrahmen auf die Hälfte gem. § 17 Abs. 2 OWiG.

---

5 Einschränkend muss hier festgestellt werden, dass Bedingungen sich gerade dadurch auszeichnen, dass sie nie vollziehbar sind. Insoweit geht der Bußgeldtatbestand also ins Leere.

III. Umgang mit rechtswidrigen Anordnungen

9 Problematisch ist der Umgang mit etwaig rechtswidrigen aber vollziehbaren Anordnungen. Im Umweltstrafrecht ging die herrschende Meinung von einer strengen Verwaltungsrechtsakzessorietät aus, so dass die materielle Rechtswidrigkeit bedeutungslos und allein die Wirksamkeit und Vollziehbarkeit des Verwaltungsakts entscheidend ist.[6] Argument für diese Ansicht ist, dass die BaFin ihre Überwachungsaufgaben nicht mehr effektiv ausüben könnte, würde man auf die Rechtmäßigkeit der Anordnung abstellen. Überdies könne die Rechtswidrigkeit der Anordnung in der BaFin auf Rechtsfolgenebene berücksichtigt werden.[7] Aus dieser Sichtweise würde auch folgen, dass die Rechtmäßigkeit der Anordnung Tatbestandsmerkmal ist. Vorsatz und Fahrlässigkeit müssten sich darauf erstrecken.[8] Nach anderer, richtiger Auffassung ist ein objektiver Strafaufhebungsgrund anzuerkennen, wenn zumindest Widerspruch oder Anfechtungsklage Erfolg haben.[9] Eine entsprechende Auffassung vertritt das Bundesverfassungsgericht im Übrigen zu § 111 StPO.[10] Tatsächlich dürfte die aufsichtsrechtliche Arbeit der BaFin gar nicht berührt sein, wenn die Nichtbefolgung einer rechtswidrigen Anordnung keine Ordnungswidrigkeit auslöst. Zum einen wird die BaFin auf diese Weise diszipliniert, rechtmäßig zu handeln. Zum anderen steht ihr für ihr aufsichtsrechtliches Handeln aber das durchaus scharfe Schwert des Verwaltungszwangs zu Gebote, so lange, bis die Rechtswidrigkeit der Maßnahme rechtlich festgestellt ist.

Kap. 15.18. § 120 Abs. 15 Nr. 22 WpHG (§ 39 Abs. 3 d Nr. 22 WpHG aF) Geschäfte von Führungskräften

§ 120 Abs. 15 Nr. 22 WpHG Bußgeldvorschriften; Verordnungsermächtigung

(15) Ordnungswidrig handelt, wer gegen die Verordnung (EU) Nr. 596/2014 verstößt, indem er vorsätzlich oder leichtfertig

(...)

22. entgegen Artikel 19 Absatz 11 ein Eigengeschäft oder ein Geschäft für Dritte tätigt oder

(...)

1 Durch Art. 19 Abs. 11 der Marktmissbrauchsverordnung wird das Insiderhandelsverbot des Art. 14 der Marktmissbrauchsverordnung ergänzt. Die Vorschrift enthält ein Verbot von Eigenschäften durch Führungskräfte während eines geschlossenen Zeitraums von 30 Tagen vor Ankündigung eines veröffentlichungspflichtigen Zwischen- oder Jahresabschlussberichts (Art. 19 Abs. 11), das von der Verwendung einer Insiderinformation unabhängig ist.[1] Eine Aus-

---

6 Vgl. Überblick bei Schönke/Schröder/*Heine/Schittenhelm* StGB Vor §§ 324 ff. Rn. 16 ff.
7 Fuchs/*Waßmer* WpHG § 39 (aF) Rn. 270.
8 Fuchs/*Waßmer* WpHG § 39 (aF) Rn. 271.
9 So für das Umweltstrafrecht: Schönke/Schröder/*Heine/Schittenhelm* StGB Vor §§ 324 ff. Rn. 22; entsprechend auch KölnKomm/*Altenhain* WpHG § 39 (aF) Rn. 38; Erbs/Kohlhaas/*Wehowsky* WpHG § 39 (aF) Rn. 80.
10 BVerfG 7.3.1995 – 1 BvR 1564/92, BVerfGE 92, 191 (198 ff.).
1 Kritisch zu dieser massiven Ausweitung des Marktmissbrauchsrechts *Veil* ZBB 2014, 85 (94 ff.).

nahme vom Handelsverbot enthält Art. 19 Abs. 12 der Marktmissbrauchsverordnung. Verstöße gegen Art. 19 Abs. 11 sind nach § 120 Abs. 15 Nr. 22 WpHG (§ 39 Abs. 3 d Nr. 22 WpHG aF) bußgeldbewehrt. Für die Bußgeldhöhe gilt das zu §§ 120 Abs. 15 Nr. 15 WpHG Gesagte (s. Kap. 14.8.).

Kap. 15.19. § 54 KWG Verbotene Geschäfte

§ 54 KWG Verbotene Geschäfte, Handeln ohne Erlaubnis

(1) Wer

1. Geschäfte betreibt, die nach § 3, auch in Verbindung mit § 53 b Abs. 3 Satz 1 oder 2, verboten sind, oder
2. ohne Erlaubnis nach § 32 Abs. 1 Satz 1 Bankgeschäfte betreibt oder Finanzdienstleistungen erbringt,

wird mit Freiheitsstrafe bis zu fünf Jahren oder mit Geldstrafe bestraft.

(1 a) Ebenso wird bestraft, wer ohne Zulassung nach Artikel 14 Absatz 1 der Verordnung (EU) Nr. 648/2012 des Europäischen Parlaments und des Rates vom 4. Juli 2012 über OTC-Derivate, zentrale Gegenparteien und Transaktionsregister (ABl. L 201 vom 27.7.2012, S. 1) eine Clearingdienstleistung erbringt.

(1 b) Ebenso wird bestraft, wer ohne die erforderliche Zulassung nach Artikel 16 Absatz 1 der Verordnung (EU) Nr. 909/2014 eine Zentralverwahrertätigkeit ausübt.

(2) Handelt der Täter fahrlässig, so ist die Strafe Freiheitsstrafe bis zu drei Jahren oder Geldstrafe.

Literatur: *Achenbach*, Aus der 2002/2003 veröffentlichten Rechtsprechung zum Wirtschaftsstrafrecht, NStZ 2003, 520; *Achenbach/Ransiek/Rönnau*, Handbuch Wirtschaftsstrafrecht, 4. Aufl. 2015; *Boos/Fischer/Schulte-Mattler*, KWG, CRR-VO, Bd. 1, 5. Aufl. 2016; *Böttger*, Wirtschaftsstrafrecht in der Praxis, 2. Aufl. 2015; *Erbs/Kohlhaas*, Strafrechtliche Nebengesetze, 223. EL 01/2019; *Glos/Sester*, Aufsichtsrechtliche Erfassung der Leasing- und Factoringunternehmen, WM 2009, 1209; *Graf/Jäger/Wittig*, Wirtschafts- und Steuerstrafrecht, 2. Aufl. 2017; *Habetha*, Auswirkungen von § 3 Abs. 2–4 KWG idF des Trennbankengesetzes auf die Finanzierung von Private-Equity-Transaktionen durch CRR-Kreditinstitute?, ZIP 2014, 9; *Hassemer*, Professionelle Adäquanz, wistra 1995, 41; *Hellmann/Beckemper*, Wirtschaftsstrafrecht, 5. Aufl. 2018; *Hohnel*, Kapitalmarktstrafrecht, 2013; *Kümpel/Wittig*, Bank und Kapitalmarktrecht, 4. Aufl. 2011; *Leitner/Rosenau*, Wirtschafts- und Steuerstrafrecht, 2017 (zit. als NK-WSS/*Bearbeiter*); *Luz/Neus/Schaber/Schneider/Wagner/Weber*, KWG und CRR, 3. Aufl. 2015 (zit. Luz et. al./*Bearbeiter*), *Momsen/Grützner*, Wirtschaftsstrafrecht, 2013; *Park*, Zur „Unerfahrenheit" im Sinne des BörsG § 89 Abs. 1, wistra 2002, 107; *Peglau*, Konkurrenzfragen des § 54 KWG, wistra 2002, 292; *Reischauer/Kleinhans*, KWG, EL 04/18; *Reschke*, Finanzierungsleasing und Factoring – Zwei neue Erlaubnistatbestände im Kreditwesen, BKR 2009, 141; *Rinjes*, Die Irrtumsproblematik beim Betreiben von Bankgeschäften ohne Erlaubnis gem. § 54 Abs. 1 Nr. 2 KWG, wistra 2015, 7; *Schimansky/Bunte/Lwowski*, Bankrechts-Handbuch, 5. Aufl. 2017; *Schlette*, Grundlinien des Kreditwirtschaftsrechts nach der 6. KWG-Novelle, JuS 2001, 1151; *Schork/Groß*, Bankstrafrecht, 2013; *Schröder*, Handbuch Kapitalmarktstrafrecht, 3. Aufl. 2015; *Schwennicke/Auerbach*, KWG, 3. Aufl. 2016; *Sethe*, Anlegerschutz im Recht der Vermögensverwaltung, 2005; *Szagunn/Haug/Ergenzinger*, Gesetz über das Kreditwesen, 6. Aufl. 1997; *Wabnitz/Janovsky*, Handbuch des Wirtschafts- und Steuerstrafrechts, 4. Aufl. 2014; *Weber*, Internet-Emissionen, MMR 1999, 385.

I. Allgemeines	1	2. Geschütztes Rechtsgut	5
1. Rechtsentwicklung	1	3. Deliktsnatur	7

4. Praktische Bedeutung 9	(1) Erlaubnispflicht 33
II. Tatbestand 10	(2) Erlaubnispflichtige Bankgeschäfte 38
1. Objektiver Tatbestand 11	
a) Tauglicher Täterkreis 11	dd) Unerlaubte Finanzdienstleistungen 51
b) Die einzelnen Tatbestandsmerkmale 14	
aa) Tathandlung des Betreibens oder Erbringens 15	(1) Erlaubnispflicht 51
	(2) Erlaubnispflichtige Finanzdienstleistungen 53
bb) Verbotene Bankgeschäfte 16	ee) Clearingdienstleistungen ohne Zulassung 69
(1) Werksparkassen 17	
(2) Zwecksparunternehmen 20	ff) Zentralverwahrertätigkeit ohne Zulassung 70
(3) Unbares Einlagen- oder Kreditgeschäft 24	
	2. Subjektiver Tatbestand 71
(4) Geschäfte von CRR-Kreditinstituten 28	III. Konkurrenzen 74
	IV. Rechtsfolgen 76
(5) Niederlassung 31	V. Verjährung/Tatbeendigung 77
cc) Unerlaubte Bankgeschäfte 33	VI. Verfahrensrechtliche Besonderheiten 78

I. Allgemeines

1. Rechtsentwicklung

1 § 54 KWG war sowohl in der Vorsatz- als auch in der Fahrlässigkeitsalternative bereits in der ursprünglichen Fassung des KWG vom 10.7.1961 enthalten.[1] Seither wurde der Gesetzeswortlaut mehrfach geändert und an internationale Standards angepasst.

2 Mit der 6. KWG-Novelle[2] wurde Abs. 1 Nr. 2 insoweit geändert, als dass seither auch das unerlaubte Erbringen von Finanzdienstleistungen unter Strafe gestellt ist. Durch die Einbeziehung unerlaubter Finanzdienstleistungen sollte das Vertrauen in die Seriosität des Finanzdienstleistungssektors gestärkt werden. Der Gesetzgeber wollte hierdurch sicherstellen, dass sich Unternehmen, die Finanzdienstleistungen erbringen, einer Beaufsichtigung nicht entziehen.[3]

3 Durch das Gesetz zur Umsetzung der Zweiten E-Geld-Richtlinie[4] wurde der Strafrahmen für die vorsätzliche Tatbegehung auf fünf Jahre und für die fahrlässige Tatbegehung auf drei Jahre erhöht. Der Gesetzgeber hielt eine Erhöhung des Strafrahmens für geboten, um sicherzustellen, dass die Staatsanwaltschaften dem § 54 KWG die gleiche Aufmerksamkeit schenken wie anderen Vermögensdelikten.[5]

4 Mit Umsetzung der Verordnung (EU) Nr. 648/2012[6] wurde zudem Abs. 1 a eingefügt, wodurch nunmehr auch die Erbringung von Clearingdienstleistungen ohne Zulassung unter Strafe gestellt ist. Der mit Umsetzung der Verord-

---

1 BGBl. I 881.
2 BGBl. I 2518.
3 BT-Drs. 13/7142, 97.
4 BGBl. I 288.
5 BT-Drs. 17/3023 65.
6 BGBl. I 174.

nung (EU) 909/2014[7] zuletzt eingefügte Abs. 1 b ahndet zudem die Ausübung einer Zentralverwahrertätigkeit ohne Zulassung.

2. Geschütztes Rechtsgut

Geschütztes Rechtsgut ist sowohl die **Funktionsfähigkeit des Finanzmarktes** als auch die **Sicherung des staatlichen Kreditaufsichtswesens**.[8] Umstritten ist, ob § 54 KWG auch individualschützenden Charakter hat. Dies wird nach überwiegender Auffassung bejaht.[9] Der Schutz der Gläubiger der Kreditinstitute komme zum Ausdruck, dass die Erlaubnis zum Betrieb von Bankgeschäften gemäß § 33 KWG insbesondere dann zu versagen sei, wenn der Antragsteller die im Interesse der Gläubiger des Kreditinstituts gesetzlich vorgeschriebenen Anforderungen nicht erfülle.[10]

Daran anknüpfend werden die §§ 54, 32 KWG überwiegend als **Schutzgesetze iSv § 823 Abs. 2 BGB** angesehen.[11] Zutreffend wird die Schadensersatzpflicht aber insoweit eingeschränkt, wie sich der Gläubiger selbst schützen kann.[12] Personen, die sich zu Spekulationszwecken bewusst im „grauen Kapitalmarkt" bewegen und hierdurch ihr Vermögen trotz Belehrung gefährden, soll eine Rückgriffsmöglichkeit nicht zustehen.[13] Dass die Nachweisbarkeit hier mit erheblichen Schwierigkeiten verbunden ist, liegt auf der Hand. Zu berücksichtigen ist im Übrigen, dass der Verstoß gegen § 54 KWG nicht zur Nichtigkeit des Vertrags führt, da es sich insoweit nicht um ein Verbotsgesetz iSv § 134 BGB handelt.[14]

3. Deliktsnatur

Da es sich bei § 54 KWG um ein **Offizialdelikt** handelt, sind Straftaten von Amts wegen zu verfolgen.[15]

---

7 BGBl. I 2049 iVm der Bekanntmachung v. 20.3.2017, BGBl. I 558.
8 BGH 17.4.2007 – 5 StR 446/06, NStZ 2007, 647; Erbs/Kohlhaas/*Häberle* KWG § 54 Rn. 1; Achenbach/Ransiek/Rönnau/*Schröder* Teil 10 Kap. 3 Rn. 2; Schwennicke/Auerbach/*Schwennicke* KWG § 54 Rn. 1; Böttger/*Szesny* Kap. 6 Rn. 242.
9 BGH 15.2.1979 – III ZR 108/76, BGHZ 74, 144 (149); BGH 11.7.2006 – VI ZR 341/04, juris Rn. 10 ff.; OLG Celle 14.10.2004 – 4 U 147/04, juris Rn. 35; Erbs/Kohlhaas/*Häberle* KWG § 54 Rn. 1; Graf/Jäger/Wittig/*Bock* KWG § 54 Rn. 2; aA LG Essen 7.5.1991 – 12 O 126/90, NJW-RR 1992, 303 (304); *Reischauer/Kleinhans* KWG § 54 Rn. 3.
10 OLG Celle 14.10.2004 – 4 U 147/04, juris Rn. 35.
11 BGH 11.7.2006 – VI ZR 339/04, DStR 2006, 1847 (1848); BGH 21.4.2005 – III ZR 238/03, NJW 2005, 2703 (2704); BGH 19.1.2006 – III ZR 105/05, NJW-RR 2006, 630 (632); OLG Brandenburg 28.1.2019 – 3 U 157/17; OLG München 22.2.2006 – 7 U 4657/05, NJOZ 2007, 601 (606 f.); OLG Celle 14.10.2004 – 4 U 147/04, juris Rn. 34; aA LG Essen 7.5.1991 – 12 O 126/90, NJW-RR 1992, 303 (304); MüKoBGB/*Wagner* BGB § 823 Rn. 411, 424.
12 BGH 15.2.1979 – III ZR 108/76, BGHZ 74, 144 (149); so auch BGH 9.2.2011 – 5 StR 563/10, NStZ 2011, 410 (411) und BGH 9.3.1995 – III ZR 55/94, BGHZ 129, 90, wonach bereits das Vorliegen einer Einlage bei hochspekulativen Anlagen in Abrede gestellt wird.
13 *Park* wistra 2002, 107 (108).
14 BGH 13.7.1978 – III ZR 178/76, WM 1978, 1268 (1269); BGH 19.4.2011 – XI ZR 256/10, NJW 2011, 3024; HessVGH 20.5.2009 – 6 A 1040/08, WM 2009, 1889 (1890); aA VG Frankfurt 11.3.2010 – 1 L 271/10.F, EWiR 2010, 469.
15 Erbs/Kohlhaas/*Häberle* KWG § 54 Rn. 19.

8 § 54 KWG stellt ein **Begehungsdelikt** dar; der Eintritt eines Erfolges ist nicht erforderlich.

4. Praktische Bedeutung

9 § 54 ist die wichtigste Strafnorm im KWG. Die vormals rege Anwendung des § 154 StPO wurde aufgrund verschiedener Änderungen des KWG eingeschränkt, so dass die Norm mittlerweile an praktischer Bedeutung gewonnen hat. Insbesondere seit der 6. KWG-Novelle nahm die Anzahl der veröffentlichten Entscheidungen zu § 54 KWG zu.[16] Mit dem 4. Finanzmarktförderungsgesetz (4. FMFG)[17] wurde überdies § 24 c KWG eingefügt, der der BaFin einen automatisierten Abruf von Kontoinformationen ermöglicht und insoweit zur besseren Aufklärung von Straftaten nach § 54 KWG beiträgt. Die BaFin wird ausweislich der Gesetzesbegründung durch § 24 c KWG in die Lage versetzt, „die Geldwäsche, das illegale Schattenbankenwesen und das unerlaubte Betreiben von Bank- und Finanzdienstleistungsgeschäften besser durch zentral durchgeführte Recherchearbeiten zu bekämpfen".[18]

II. Tatbestand

10 Die Begehungsformen in Abs. 1, 1 a und 1 b sind durch die Verweisung auf Verbots- und Erlaubnisvorschriften als **Teilblankettnormen** ausgestaltet. Sie unterscheiden sich von Abs. 2 nur hinsichtlich des subjektiven Tatbestands und des damit verbundenen Strafmaßes.

1. Objektiver Tatbestand
a) Tauglicher Täterkreis

11 Täter des § 54 KWG kann grundsätzlich **jedermann** sein, der die tatbestandlichen Tätigkeiten ausübt; eine besondere Täterqualifikation ist mithin nicht erforderlich.[19]

12 Sofern es sich bei dem Kreditinstitut oder Finanzdienstleister um eine juristische Person handelt, erfolgt eine strafrechtliche Zuordnung über § 14 StGB.[20] Damit geht einher, dass jeder, der im Unternehmen mit **weitreichenden Befugnissen** beauftragt ist, also unter § 14 Abs. 1 StGB fällt, als Täter in Betracht kommt (zB Bereichsleiter oder Filialleiter).[21] Auf die Rechtswirksamkeit des Übertragungsaktes kommt es dabei nach § 14 Abs. 3 StGB nicht an.

13 **Untergeordnete Angestellte** kommen hingegen regelmäßig nur als Anstifter oder Gehilfen in Betracht, da sie nicht Betreiber bzw. Erbringer der tatbestandsmäßigen Geschäfte oder Dienstleistungen sind bzw. eine Zuordnung nicht über § 14 StGB erfolgen kann.[22] In der Regel dürften die Tatbeiträge un-

---

16 BGBl. I 2518.
17 BGBl. I 2010.
18 BT-Drs. 14/8017, 122.
19 *Schröder* Rn. 969; Erbs/Kohlhaas/*Häberle* KWG § 54 Rn. 2; Schork/Groß/*Wegner* Rn. 657; Böttger/*Szesny* Kap. 6 Rn. 242.
20 BGH 15.5.2012 – VI ZR 166/11, NJW 2012, 3177 (3179); Boos/Fischer/Schulte-Mattler/*Lindemann* KWG § 54 Rn. 23; Erbs/Kohlhaas/*Häberle* KWG § 54 Rn. 2; Schork/Groß/*Wegner* Rn. 657; Reischauer/Kleinhans KWG § 54 Rn. 4.
21 Boos/Fischer/Schulte-Mattler/*Lindemann* KWG § 54 Rn. 23.
22 BGH 15.5.2012 – VI ZR 166/11, NJW 2012, 3177 (3180); Erbs/Kohlhaas/*Häberle* KWG § 54 Rn. 2; Momsen/Grützner/*Altenhain* Kap. 6 A Rn. 10.

tergeordneter Angestellter aber als „neutrale Handlungen" straflos sein.[23] Darüber hinaus gelten die allgemeinen Vorschriften zur Täterschaft und Teilnahme nach §§ 25 ff. StGB.[24]

b) Die einzelnen Tatbestandsmerkmale

§ 54 Abs. 1 KWG enthält **drei Fallgruppen**: Das Betreiben verbotener Geschäfte nach § 54 Abs. 1 Nr. 1 KWG, das Betreiben von Bankgeschäften ohne Erlaubnis nach § 54 Abs. 1 Nr. 2 Alt. 1 KWG sowie die Erbringung von Finanzdienstleistungen ohne Erlaubnis nach § 54 Abs. 1 Nr. 2 Alt. 2 KWG. Unter § 54 Abs. 1 Nr. 2 KWG sind auch die Regelungen des § 54 Abs. 1 a und 1 b KWG einzuordnen, die das Erbringen von Clearingdienstleistungen und die Ausübung einer Zentralverwahrertätigkeit ohne Zulassung unter Strafe stellen. Beide Regelungen unterscheiden sich von § 54 Abs. 1 Nr. 2 KWG nur insoweit, als dass statt einer Erlaubnis iSv § 32 KWG eine Zulassung nach der Verordnungen (EU) Nr. 648/2012 des Europäischen Parlaments und des Rates vom 4. Juli 2012 über OTC-Derivate, zentrale Gegenparteien und Transaktionsregister[25] bzw. nach der Verordnung (EU) Nr. 909/2014[26] erforderlich ist. Allen Fallgruppen ist insoweit das Betreiben oder Erbringen einschlägiger Tätigkeiten gemein. 14

aa) Tathandlung des Betreibens oder Erbringens

Eine tatbestandsmäßige Handlung liegt vor, wenn eine **auf Dauer ausgerichtete Tätigkeit** entfaltet wird, die entweder nach § 3 KWG verboten ist oder ohne eine Erlaubnis nach § 32 KWG bzw. eine Zulassung nach der in den Abs. 1 a und 1 b genannten Verordnungen erfolgt.[27] Dabei ist stets der konkrete Einzelfall individuell und im Kontext der jeweiligen Geschäftsart bzw. der Erlaubnis- oder Zulassungspflicht zu betrachten.[28] So ist etwa die Frage, ob eine Erlaubnispflicht nach § 32 KWG besteht, davon abhängig, ob das Geschäft oder die Dienstleistung gewerbsmäßig oder in einem Umfang betrieben bzw. erbracht wird, der einen in kaufmännischer Weise eingerichteten Geschäftsbetrieb erfordert. Aufgrund des insoweit bestehenden Gesamtzusammenhangs dürfte zur Tatbestandsverwirklichung bereits ein Vollzug einschlägiger Geschäfte erforderlich sein.[29] Umstritten ist allerdings, ob es erstes, an das Publikum gerichtetes Angebot, eine entsprechende Leistung zu erbringen, bereits eine Tathandlung iSv § 54 Abs. 1, 1 a, 1 b KWG darstellt. Während dies von Teilen des Schrifttums als nicht ausreichend verneint wird,[30] stellen nach Auffassung des BVerwG bereits die „wesentlichen zum Vertragsschluss hinführenden Schritte" ein Betreiben iSv § 32 Abs. 1 S. 1 KWG dar.[31] In der Praxis ist die Auffassung 15

---

23 Vgl. grundlegend zur professionellen Adäquanz *Hassemer* wistra 1995, 41 ff. (81 ff.).
24 Achenbach/Ransiek/Rönnau/*Schröder* Teil 10 Kap. 3 Rn. 90; Schork/Groß/*Wegner* Rn. 657.
25 ABl. L 201 v. 27.7.2012, 1.
26 ABl. L 257 v. 28.8.2014, 1.
27 Schork/Groß/*Wegner* Rn. 640; *Schröder* Rn. 888; Erbs/Kohlhaas/*Häberle* KWG § 54 Rn. 3 ff.
28 Achenbach/Ransiek/Rönnau/*Schröder* Teil 10 Kap. 3 Rn. 5; Schork/Groß/*Wegner* Rn. 640; MüKoStGB/*Janssen* KWG § 54 Rn. 36.
29 *Schröder* Rn. 888.
30 Vgl. Schork/Groß/*Wegner* Rn. 641; aA Erbs/Kohlhaas/*Häberle* KWG § 54 Rn. 3.
31 BVerwG 22.4.2009 – 8 C 2/09, BVerwGE 133, 358 (362 ff.).

des BVerwG jedenfalls in Anbetracht der niedrigen Schwelle eines Anfangsverdachts iSv § 152 Abs. 2 StPO zu berücksichtigen.

bb) Verbotene Bankgeschäfte

16 § 54 Abs. 1 Nr. 1 KWG ist als **Teilblankettnorm** ausgestaltet und verweist auf verbotene Geschäfte iSv § 3 KWG bzw. § 3 iVm § 53 b Abs. 3 S. 1 oder 2 KWG.

(1) Werksparkassen

17 Werksparkassen sind in § 3 Abs. 1 Nr. 1 KWG legaldefiniert. Dabei handelt es sich um den Betrieb von Einlagengeschäften, bei denen der Kreis der Einleger überwiegend aus Betriebsangehörigen des Unternehmens besteht. Diese sind nur dann nicht verboten, wenn sonstige Bankgeschäfte betrieben werden, die den Umfang dieses Einlagengeschäftes übersteigen.

18 Das **Einlagengeschäft** ist in § 1 Abs. 1 S. 2 Nr. 1 KWG legaldefiniert. Darunter ist die laufende Annahme fremder Gelder von Personen, die keine Kreditinstitute iSv § 1 Abs. 1 KWG sind, aufgrund typisierter Verträge zur unregelmäßigen Verwahrung, als Darlehen oder in ähnlicher Weise ohne die Bestellung banküblicher Sicherheiten und ohne schriftliche Vereinbarung im Einzelfall bei jederzeitiger Rückforderungsmöglichkeit des Gläubigers nach Fälligkeit zu verstehen.[32] Zielsetzung des Einlagengeschäfts ist die Verwendung der eingelegten Gelder zur Gewinnerzielung in dem damit finanzierten Aktivgeschäft.[33] Dazu gehören neben der Spareinlage auch die jederzeit fälligen Sichteinlagen und Einlagen mit fester Laufzeit.[34] Darüber hinaus unterfällt auch die Annahme anderer unbedingt rückzahlbarer Gelder des Publikums dem Tatbestand des § 1 Abs. 1 S. 2 Nr. 1 KWG.[35] Diese Geschäfte werden nach Auffassung der BaFin schon dann zum erlaubnispflichtigen Bankgeschäft, wenn entweder mehr als 25 Einzeleinlagen geleistet werden oder mehr als fünf Einzeleinlagen in ihrer Summe einen Einlagenbestand von 12.500 EUR überschreiten.[36] Der Rückzahlungsanspruch muss unbedingt sein;[37] Inhaber- und Ordnerschuldverschreibungen sind insoweit nicht tatbestandsmäßig.[38] Stille Beteiligungen sind nur dann als Einlage zu qualifizieren, wenn dem Anleger ein Mindestgewinn zugesagt und er nicht am Verlust beteiligt wird ("typisch stille Beteiligung").[39]

---

32 BGH 24.8.1999 – 1 StR 385/99, NStZ 2000, 37 (38); BGH 17.4.2007 – 5 StR 446/06, NStZ 2007, 647; MüKoStGB/*Janssen* KWG § 54 Rn. 53; Graf/Jäger/Wittig/*Bock* KWG § 54 Rn. 31; *Hellmann/Beckemper*, Wirtschaftsstrafrecht, Rn. 133.
33 BVerwG 27.3.1984 – 1 C 125/80, WM 1984, 1364 (1367 f.); Achenbach/Ransiek/Rönnau/*Schröder* Teil 10 Kap. 3 Rn. 11; *Kümpel/Wittig*, Bank- und Kapitalmarktrecht, Rn. 2.23.
34 *Schröder* Rn. 898 mwN; zum Ankauf von Lebensversicherungsverträgen von Kapitalanlegern vgl. BGH 16.10.2018 – VI ZR 459/17, WM 2018, 2354; BGH 10.7.2018 – VI ZR 263/17, NJW-RR 2018, 1250.
35 Zur Vereinbarung qualifizierter Nachrangabreden zwischen Kapitalgeber und Kapitalnehmer vgl. BGH 26.3.2018 – 4 StR 408/17, NJW 2018, 1486.
36 BaFin, Merkblatt vom 11.3.2014, abrufbar unter www.bafin.de; *Schröder* Rn. 900 mwN.
37 BT-Drs. 13/7142, 63.
38 *Schröder* Rn. 901.
39 Vgl. dazu BGH 21.3.2005 – II ZR 149/03, NZG 2005, 476 (477); VG Berlin 22.2.1999 – 25 A 276.95, NJW-RR 2000, 642 (644); *Sethe*, Anlegerschutz, S. 555 f.

§ 3 Abs. 1 Nr. 1 KWG soll eine **Risikohäufung für Arbeitnehmer** verhindern, die im Falle einer Insolvenz des Unternehmens nicht nur ihr Arbeitseinkommen, sondern auch ihre Ersparnisse verlieren.[40] Dies wirft allerdings die Frage auf, warum der Gesetzgeber bei vergleichbaren Gefährdungslagen nicht ebenfalls interveniert hat[41] bzw. warum er hier das Erfordernis einer Strafbarkeit sieht. So ist etwa der Erwerb von Aktien durch Arbeitnehmer einer Aktiengesellschaft, bei der diese selbst beschäftigt sind, zulässig, obwohl im Falle einer Insolvenz vergleichbare Risiken für die Arbeitnehmer bestehen.

19

(2) Zwecksparunternehmen

Zu den verbotenen Geschäften gehört auch der Betrieb von **Zwecksparunternehmen**. Nach der Legaldefinition in § 3 Abs. 1 Nr. 2 KWG handelt es sich hierbei um die Annahme von Geldbeträgen, wenn der überwiegende Teil der Geldgeber einen Rechtsanspruch darauf hat, dass ihnen aus diesen Geldbeträgen Darlehen gewährt oder Gegenstände auf Kredit verschafft werden. Bausparkassen sind von diesem Verbot nach § 3 Abs. 1 Nr. 2 Hs. 2 KWG ausgenommen. Das Verbot soll die Bildung von „**Schneeballsystemen**" verhindern, bei denen fortwährend neue Sparer gefunden werden müssen, mit deren Einlagen Darlehen an frühere Sparer ausgegeben werden können.[42] Hierdurch kann es zu Wartezeiten, bei einem Zusammenbruch des Systems schlimmstenfalls sogar zum Totalverlust der Einlage kommen.[43]

20

Mit der Neufassung von § 3 Nr. 2 KWG durch § 20 Abs. 5 Nr. 2 Bausparkassengesetz (BauspG) vom 16.11.1972[44] wurde das Verbot hinsichtlich des Betriebs von Zwecksparunternehmen ausgeweitet. Während in der früheren Fassung noch ein Einlagengeschäft vorausgesetzt war, genügt nunmehr bereits die schlichte Annahme von Geldbeträgen als Tathandlung.

21

Vorausgesetzt ist überdies, dass dem überwiegenden Teil der Geldgeber ein **Rechtsanspruch auf Kreditgewährung** eingeräumt wird. Dabei reicht es aus, dass der Anspruch rechtlich einwendungsfrei besteht; die wirtschaftliche Durchsetzbarkeit ist hingegen unbeachtlich.[45] Unerheblich ist auch die Art der Kreditgewährung. Diese kann sowohl durch eine direkte Auszahlung des Darlehens als auch durch eine sonstige Art der Fremdfinanzierung von Gegenständen erfolgen.[46]

22

Der überwiegende Teil der Geldgeber muss einen Anspruch auf Kreditgewährung haben. Hierbei kommt es ausschließlich auf die Anzahl der Geldgeber und nicht auf die Höhe der angenommenen Geldbeträge an.[47]

23

---

40 Vgl. BT-Drs. 3/1114, 29; Graf/Jäger/Wittig/*Bock* KWG § 54 Rn. 17; Hohnel/*Brunke* KWG § 54 Rn. 11; Schork/Groß/*Wegner* Rn. 643; Böttger/*Szesny* Kap. 6 Rn. 246.
41 Schork/Groß/*Wegner* Rn. 643; Graf/Jäger/Wittig/*Bock* KWG § 54 Rn. 18.
42 Böttger/*Szesny* Kap. 6 Rn. 246; Schork/Groß/*Wegner* Rn. 643; Graf/Jäger/Wittig/*Bock* KWG § 54 Rn. 23.
43 Hohnel/*Brunke* KWG § 54 Rn. 19.
44 BGBl. I 2097.
45 Hohnel/*Brunke* KWG § 54 Rn. 20.
46 *Schröder* Rn. 962.
47 Boos/Fischer/Schulte-Mattler/*Schäfer* KWG § 3 Rn. 17.

(3) Unbares Einlagen- oder Kreditgeschäft

24 Verboten ist nach § 3 Abs. 1 Nr. 3 KWG überdies der Betrieb des **Kredit- oder Einlagengeschäftes**, wenn es durch Vereinbarung oder geschäftliche Gepflogenheit ausgeschlossen oder erheblich erschwert ist, über den Kreditbetrag oder die Einlagen durch Barabhebung zu verfügen. Die Vorschrift soll der Vermeidung volkswirtschaftlicher Gefahren durch erhöhte Kreditkapazität dienen.[48] Nach Auffassung des Gesetzgebers tragen diese Unternehmen in erhöhtem Maß zur Ausdehnung des Geldvolumens und damit zur Störung der finanziellen Stabilität der Volkswirtschaft bei, da sie anders als andere Kreditinstitute für ihre Verpflichtungen keine liquiden Mittel bereithalten müssen.[49]

25 Die **Begriffe des Einlagen- und Kreditgeschäftes** sind in § 1 Abs. 1 S. 2 Nr. 1 und Nr. 2 KWG legaldefiniert. Zum Einlagengeschäft s. Rn. 18. Unter einem Kreditgeschäft ist die Gewährung von Gelddarlehen und Akzeptkrediten zu verstehen. Bei Gelddarlehen handelt es sich um Verträge iSv § 488 BGB. Akzeptkredite gewährt ein Kreditinstitut dadurch, dass es aufgrund einer bestehenden Vereinbarung einen vom Kunden ausgestellten Wechsel akzeptiert und der Kunde diesen bei einem Dritten diskontiert.[50] Ein Kreditgeschäft liegt auch dann vor, wenn das Unternehmen nicht zugleich Einlagengeschäfte betreibt, sondern nur eigene Mittel einsetzt.[51] Nicht tatbestandsmäßig ist die Stundung von Forderungen.[52] Ab welchem Umfang von einem erlaubnispflichtigen Kreditgeschäft auszugehen ist, wurde von der Rspr. bisher nicht entschieden. Die BaFin vertritt die Auffassung, dass jedenfalls dann ein erlaubnispflichtiges Bankgeschäft vorliegt, wenn entweder mehr als 100 Darlehen oder ein Gesamtdarlehensvolumen von über 500.000 EUR bei mehr als 21 Einzeldarlehen ausgegeben werden.[53] Bei einer Kombination mit anderen Bankgeschäften können allerdings andere Grenzen gelten.[54] Die Vermittlung von Kleinkrediten stellt regelmäßig kein Bankgeschäft dar, weil der Vermittler mit der Kreditauskehrung nichts zu tun hat. Etwas anderes gilt aber, wenn er im eigenen Namen auftritt und den Vertrag selbst schließt.[55]

26 Voraussetzung des § 3 Abs. 1 Nr. 3 KWG ist ferner, dass die **Verfügung über Bareinlagen** generell ausgeschlossen oder erheblich erschwert ist. Dem Gesetzeswortlaut nach kann sich der Ausschluss bzw. die Erschwerung sowohl aus einer Vereinbarung als auch aus geschäftlichen Gepflogenheiten ergeben. Eine derartige Beschränkung kann etwa dann vorliegen, wenn Barabhebungen durch unangemessen hohe Gebühren erschwert werden.[56] Nicht verboten ist

---

48 BT-Drs. 3/1114, 29.
49 BT-Drs. 3/1114, 29.
50 Schimansky/Bunte/Lwowski/*Pamp* Bd. 1 § 75 Rn. 41; Schwennicke/Auerbach/*Schwennicke* KWG § 1 Rn. 38.
51 VG Berlin 19.8.1996 – 25 A 41.94, NJW-RR 1997, 808 (809).
52 *Schröder* Rn. 905.
53 BaFin, Merkblatt vom 8.1.2009, zuletzt geändert am 25.4.2014, abrufbar unter www.bafin.de.
54 BaFin, Merkblatt vom 8.1.2009, zuletzt geändert am 25.4.2014, abrufbar unter www.bafin.de.
55 Achenbach/Ransiek/Rönnau/*Schröder* Teil 10 Kap. 3 Rn. 41.
56 Luz et. al./*Heemann* KWG § 3 Rn. 20; Schwennicke/Auerbach/*Schwennicke* KWG § 3 Rn. 17; Boos/Fischer/Schulte-Mattler/*Schäfer* KWG § 3 Rn. 23.

allerdings die Beschränkung von Bargeldabhebungen in Einzelfällen.[57] So sind etwa Darlehen zur Vorfinanzierung von Unfallschäden, bei denen die Barauszahlung des Darlehens ausgeschlossen und der Darlehensbetrag unmittelbar an den Gläubiger des Kreditnehmers ausgezahlt wird, zulässig.[58]

Nicht anwendbar ist § 3 Abs. 1 Nr. 3 KWG, wenn Gelder zur Wiedereinlage im Interesse des Kapitalgebers angenommen werden. Zwar fallen diese Geschäfte seit der 6. KWG-Novelle[59] inzwischen unter den Einlagenbegriff,[60] sie sind jedoch grundsätzlich nicht geeignet, eine Störung der finanziellen Stabilität der Volkswirtschaft herbeizuführen.[61] Daher sind diese Geschäfte grundsätzlich nicht nach § 3 Abs. 1 Nr. 3 KWG verboten; sie bedürfen jedoch einer Erlaubnis nach § 32 Abs. 1 S. 1 KWG. 27

(4) Geschäfte von CRR-Kreditinstituten

Die Verbotstatbestände des § 3 Abs. 2, 3 KWG sowie die Verbotsmöglichkeiten der BaFin nach § 3 Abs. 4 KWG traten am 31.1.2014 als Bestandteil des Gesetzes zur Abschirmung von Risiken und zur Planung der Sanierung und Abwicklung von Kreditinstituten und Finanzgruppen vom 7.8.2013[62] in Kraft.[63] Mit der Regelung soll jegliche Gefährdung angenommener fremder Gelder und anderer unbedingt rückzahlbarer Gelder des Publikums ausgeschlossen werden.[64] Normadressaten sind **CRR-Kreditinstitute** iSv § 1 Abs. 3 d KWG und Unternehmen, die einer Institutsgruppe, einer Finanzholding-Gruppe oder einer gemischten Finanzholding-Gruppe angehören, der ein CRR-Kreditinstitut angehört. 28

Nach § 3 Abs. 2 S. 2 KWG sind den erfassten Kreditinstituten und Unternehmen bei Überschreiten der in § 3 Abs. 2 S. 1 KWG festgelegten **Schwellenwerte** Eigengeschäfte, Kredit- und Garantiegeschäfte sowie Eigenhandel verboten.[65] Gemäß § 3 Abs. 3 S. 1 Nr. 2 KWG sind die verbotenen Geschäfte binnen 12 Monaten nach Überschreitung eines Schwellenwerts zu beenden oder auf ein Finanzhandelsinstitut zu übertragen. Nach der Übergangsvorschrift des § 64 s Abs. 2 S. 1 KWG ist § 3 Abs. 2 und 3 KWG erst seit dem 1.7.2015 anwendbar. 29

Bei § 3 Abs. 4 KWG handelt es sich um eine **Ermächtigungsvorschrift**. Hiernach kann die BaFin einem erfassten Kreditinstitut oder Unternehmen unabhängig davon, ob ein Schwellenwert nach § 3 Abs. 2 S. 1 KWG überschritten 30

---

57 Hohnel/*Brunke* KWG § 54 Rn. 27; Boos/Fischer/Schulte-Mattler/*Schäfer* KWG § 3 Rn. 23.
58 OLG München 18.12.1973 – 24 U 795/73, VersR 1974, 865 (866); OLG Düsseldorf 12.3.1973 – 1 U 139/72, VersR 1973, 639 (640).
59 BGBl. I 2518.
60 Zur Rspr. vor der Änderung von § 1 Abs. 1 S. 2 Nr. 1 KWG vgl. BGH 9.3.1995 – III ZR 55/94, WM 1995, 874.
61 Boos/Fischer/Schulte-Mattler/*Schäfer* KWG § 3 Rn. 24; Hohnel/*Brunke* KWG § 54 Rn. 28.
62 BGBl. I 3090, 3100, „TrennbankenG".
63 Der Wortlaut der Vorschriften wurde durch das Gesetz zur Stärkung der nichtfinanziellen Berichterstattung der Unternehmen in ihren Lage- und Konzernlageberichten v. 11.4.2017 (BGBl. I 802) und durch das Gesetz zur Ergänzung des Finanzdienstleistungsaufsichtsrechts im Bereich der Maßnahmen bei Gefahren für die Stabilität des Finanzsystems und zur Änderung der Umsetzung der Wohnimmobilienkreditrichtlinie v. 6.6.2016 (BGBl. I 1495) zum Teil verändert.
64 BR-Drs. 94/13, 51.
65 Zu den Einzelheiten der verbotenen Geschäfte vgl. *Habetha* ZIP 2014, 9 (11 ff.).

wird, bestimmte Geschäfte verbieten oder anordnen, dass diese einzustellen oder auf ein Finanzhandelsinstitut zu übertragen sind. Gemäß § 64 a Abs. 2 S. 2 KWG ist die Norm ab dem 1.7.2016 anzuwenden. Aus der Gesetzesbegründung ist jedoch nicht ersichtlich, ob ein Verstoß gegen § 3 Abs. 4 KWG ebenfalls einer Sanktionierung nach § 54 KWG unterliegen soll.[66] § 54 Abs. 1 Nr. 1 KWG erfasst lediglich Geschäfte, die „nach § 3 ... verboten sind". Bei § 3 Abs. 4 KWG folgt das Verbot jedoch nicht aus der Norm selbst, sondern erst aus einer Anordnung der BaFin. Ein solches Verbot ist von § 54 KWG nicht erfasst.[67]

(5) Niederlassung

31 Mit dem Verweis auf § 53 b Abs. 3 S. 1 oder 2 KWG soll zudem sichergestellt werden, dass auch das Betreiben verbotener Geschäfte aus einer **Zweigniederlassung** eines Unternehmens mit Sitz in einem anderen Staat des europäischen Wirtschaftsraumes strafbar ist. Diesen ist der Betrieb verbotener Geschäfte iSv § 3 Abs. 1 KWG ebenfalls untersagt. § 53 b Abs. 3 S. 1 Nr. 1 KWG verweist jedoch ausdrücklich und gewollt nur auf § 3 Abs. 1 KWG,[68] woraus folgt, dass der Betrieb von Geschäften nach § 3 Abs. 2 und Abs. 3 KWG durch Zweigniederlassungen nicht unter Strafe gestellt ist. Die Verbote des § 3 KWG gelten ebenfalls für Tätigkeiten im Wege des **grenzüberschreitenden Dienstleistungsverkehrs**. Ein Verstoß dagegen ist seit 3.1.2018 (wieder) strafbar. Die Strafbarkeitslücke, die durch die Änderung von § 53 b Abs. 3 KWG durch das 4. FMFG vom 21.6.2002[69] ohne gleichzeitige Anpassung von § 54 Abs. 1 Nr. 1 KWG entstanden war,[70] hat der Gesetzgeber mit Aufhebung von § 53 b Abs. 3 S. 2 KWG durch das 2. FiMaNoG vom 23.6.2017[71] mit Wirkung zum 3.1.2018 beseitigt.

32 Ausweislich der Begründung zur Einfügung des Verweises auf § 53 b Abs. 3 S. 1 und 2 KWG in § 54 Abs. 1 Nr. 1 KWG soll die Strafvorschrift nicht nur für **Zweigniederlassungen** nach § 53 b Abs. 1 KWG, sondern auch für **Tochterunternehmen** nach § 53 b Abs. 7 KWG gelten.[72] Für diese gilt nach § 53 b Abs. 7 S. 3 KWG die Vorschrift des § 53 b Abs. 3 KWG und somit auch der Verweis auf § 3 KWG.

---

66 BR-Drs. 94/13, 53.
67 Erbs/Kohlhaas/*Häberle* KWG § 54 Rn. 7.
68 Zur Begründung heißt es in BT-Drs. 17/13539, 13, dass die Regelungen des § 3 Abs. 2 und 3 KWG mangels europarechtlicher Grundlagen nicht auf Zweigniederlassungen aus dem EWR angewendet werden dürfen; vgl. dazu *Habetha* ZIP 2014, 9 (11 Fn. 17).
69 BGBl. I 2010.
70 Mit dem 4. FMFG v. 21.6.2002 wurden in § 53 b Abs. 3 S. 2 KWG Bestimmungen zu Anzeigepflichten von Wertpapierhandelsunternehmen mit Sitz in einem anderen Staat des europäischen Wirtschaftsraumes geregelt, wodurch der bisherige S. 2 zur Erbringung grenzüberschreitender Dienstleistungen zu S. 3 wurde. Da § 54 Abs. 1 Nr. 1 KWG nur auf § 53 b Abs. 3 S. 1 und 2 KWG verweist, war der grenzüberschreitende Dienstleistungsverkehr unter Verstoß gegen § 3 KWG – entgegen der Absicht des Gesetzgebers – nicht unter Strafe gestellt.
71 BGBl. I 1786.
72 BT-Drs. 12/3377, 45.

cc) Unerlaubte Bankgeschäfte
(1) Erlaubnispflicht

Nach § 54 Abs. 1 Nr. 2 Alt. 1 KWG ist das Betreiben von Bankgeschäften ohne Erlaubnis nach § 32 Abs. 1 S. 1 KWG unter Strafe gestellt. Einer Erlaubnis nach § 32 Abs. 1 S. 1 KWG bedarf, wer gewerbsmäßig oder in einem Umfang, der einen in kaufmännischer Weise eingerichteten Geschäftsbetrieb erfordert, Bankgeschäfte betreiben will.

33

Gewerbsmäßigkeit liegt vor, wenn die Bankgeschäfte auf eine gewisse Dauer angelegt sind und mit Gewinnerzielungsabsicht verfolgt werden.[73] Dabei ist auf den Betrieb in seiner Gesamtheit und nicht auf die Gewinnerzielungsabsicht des einzelnen Tatbeteiligten abzustellen.[74] Der Vorschrift liegt insoweit der gewerberechtliche Gewerbsmäßigkeitsbegriff zugrunde.[75] Ob die Tätigkeit bereits längere Zeit ausgeübt wurde, ist unerheblich; allerdings ist ein gewisser, nach außen tretender Vollzug der Tätigkeit (zB Annahme von Geldbeträgen oder Auskehrung von Krediten) gleichwohl zu fordern, da andernfalls bereits das Planungsstadium erfasst werden würde.[76]

34

Von dem Erfordernis eines in **kaufmännischer Weise eingerichteten Geschäftsbetriebs** ist auszugehen, wenn die Bankgeschäfte in einem derartigen Umfang betrieben werden, dass objektiv eine kaufmännische Organisation erforderlich ist.[77] Eine solche kann sich bereits aus der Rechtsform der Gesellschaft ergeben.[78] Merkmale, die für das Vorliegen eines solchen Umfangs sprechen, sind eine kaufmännische Buchführung, eine geordnete Ablage des Schriftverkehrs oder die Erstellung von Jahresabschlüssen.[79] Auf die Existenz eines in kaufmännischer Weise eingerichteten Geschäftsbetriebs kommt es nicht an; maßgeblich ist allein, ob eine entsprechende Organisation erforderlich war.[80] Eine Gewinnerzielungsabsicht ist nicht vorausgesetzt.[81]

35

Bankgeschäfte werden **ohne Erlaubnis betrieben**, wenn entweder keine Erlaubnis beantragt wurde oder die beantragte Erlaubnis versagt oder aufgehoben wurde oder erloschen ist. Gleiches gilt, wenn eine auf bestimmte Geschäfte beschränkte Erlaubnis erteilt wurde, die ausgeübten Tätigkeiten hiervon aber nicht gedeckt sind.[82] Eine zu Unrecht versagte, beschränkte oder aufgehobene Erlaubnis führt ebenso wenig zur Straflosigkeit wie eine nachträglich erteilte

36

---

73 BT-Drs. 13/7142, 62; Graf/Jäger/Wittig/*Bock* KWG § 54 Rn. 64; Schimansky/Bunte/Lwowski/*Fischer/Boegl* Bd. 2 § 127 Rn. 3; *Schröder* Rn. 891; Momsen/Grützner/*Altenhain* Kap. 6 A Rn. 17.
74 BGH 11.9.2002 – 1 StR 73/02, NStZ-RR 2003, 55 (56).
75 *Achenbach* NStZ 2003, 520 (525); *Schröder* Rn. 891.
76 Schork/Groß/*Wegner* Rn. 647; Achenbach/Ransiek/Rönnau/*Schröder* Teil 10 Kap. 3 Rn. 26.
77 Graf/Jäger/Wittig/*Bock* KWG § 54 Rn. 60; Hohnel/*Brunke* KWG § 54 Rn. 33; *Schröder* Rn. 893.
78 LG Hamburg 16.3.2018 – 308 O 19/17.
79 Hohnel/*Brunke* KWG § 54 Rn. 33; *Schröder* Rn. 893.
80 Schimansky/Bunte/Lwowski/*Fischer/Boegl* Bd. 2 § 127 Rn. 4; Achenbach/Ransiek/Rönnau/*Schröder* Teil 10 Kap. 3 Rn. 27; Graf/Jäger/Wittig/*Bock* KWG § 54 Rn. 67; Boos/Fischer/Schulte-Mattler/*Schäfer* KWG § 1 Rn. 24; Momsen/Grützner/*Altenhain* Kap. 6 A Rn. 18.
81 VG Berlin 19.8.1996 – 25 A 41.94, WM 1997, 218 (222); Boos/Fischer/Schulte-Mattler/*Schäfer* KWG § 1 Rn. 23; *Schröder* Rn. 894.
82 Erbs/Kohlhaas/*Häberle* KWG § 54 Rn. 11.

Erlaubnis.[83] Maßgeblich ist allein, ob zum Tatzeitpunkt eine schriftliche Erlaubnis vorlag.[84] Allerdings sind diese Umstände auf der Rechtsfolgenseite zu berücksichtigen.[85] Im Umkehrschluss bedeutet dies, dass ein Handeln mit Erlaubnis vorliegt, selbst wenn diese zu Unrecht erteilt wurde. Nach der Lehre von der strengen Verwaltungsakzessorietät ist es insoweit auch unschädlich, wenn die Erlaubnis durch Drohung oder Täuschung erschlichen wurde.[86] Ist die Erlaubnis wegen eines schwerwiegenden Fehlers nichtig iSv § 44 VwVfG, ist zwar der objektive Tatbestand des § 54 Abs. 1 S. 1 Nr. 2 KWG erfüllt, der Betroffene wird in der Regel aber weder vorsätzlich noch fahrlässig handeln.[87] Ein Verstoß gegen vollziehbare Auflagen nach § 32 Abs. 2 S. 1 KWG führt nicht zur Strafbarkeit;[88] es handelt sich jedoch um eine Ordnungswidrigkeit gemäß § 56 Abs. 2 Nr. 14 KWG.

37 Zu beachten sind schließlich die **Ausnahmetatbestände des § 2 Abs. 1 KWG**, die einen Katalog von Unternehmen enthalten, die von den Bestimmungen des KWG ausgenommen werden sollen und deshalb nicht als Kreditinstitute zu qualifizieren sind.

(2) Erlaubnispflichtige Bankgeschäfte

38 Welche Bankgeschäfte erlaubnispflichtig sind, resultiert aus dem Katalog des § 1 Abs. 1 S. 2 Nr. 1 bis 12 KWG. Im Einzelnen handelt es sich dabei um folgende Geschäfte:

39 Zu **Einlagengeschäften** (Nr. 1) s. Rn. 18.

40 Zur Definition des **Pfandbriefgeschäfts** (Nr. 1 a) verweist das KWG auf § 1 Abs. 1 S. 2 PfandBG. Danach ist zwischen vier Unterfällen zu differenzieren: die Ausgabe gedeckter Schuldverschreibungen auf Grund erworbener Hypotheken unter der Bezeichnung Pfandbriefe oder Hypothekenpfandbriefe, die Ausgabe gedeckter Schuldverschreibungen auf Grund erworbener Forderungen gegen staatliche Stellen unter der Bezeichnung Kommunalschuldverschreibungen, Kommunalobligationen oder Öffentliche Pfandbriefe, die Ausgabe gedeckter Schuldverschreibungen auf Grund erworbener Schiffshypotheken unter der Bezeichnung Schiffspfandbriefe sowie die Ausgabe gedeckter Schuldverschreibungen auf Grund erworbener Registerpfandrechte nach § 1 des Gesetzes über Rechte an Luftfahrzeugen oder ausländischer Flugzeughypotheken unter der Bezeichnung Flugzeugpfandbriefe.

41 Zum **Kreditgeschäft** (Nr. 2) s. Rn. 25. Zu beachten ist § 3 Abs. 3 S. 3 des Zahlungsdiensteaufsichtsgesetzes (ZAG). Hiernach ist eine Kreditgewährung vom Anwendungsbereich des § 1 Abs. 1 S. 2 Nr. 1 KWG ausgeschlossen, wenn die

---

83 Boos/Fischer/Schulte-Mattler/*Lindemann* KWG § 54 Rn. 18; Schwennicke/Auerbach/*Schwennicke* KWG § 54 Rn. 7; *Szagunn/Haug/Ergenzinger* KWG § 32 Rn. 9; Erbs/Kohlhaas/*Häberle* KWG § 54 Rn. 11; Momsen/Grützner/*Altenhain* Kap. 6 A Rn. 20.
84 NK-WSS/*Pananis* KWG § 54 Rn. 52; *Schröder* Rn. 951.
85 Erbs/Kohlhaas/*Häberle* KWG § 54 Rn. 11; *Schröder* Rn. 951; Schork/Groß/*Wegner* Rn. 651.
86 Erbs/Kohlhaas/*Häberle* KWG § 54 Rn. 11; Schönke/Schröder/*Lenckner/Sternberg-Lieben* StGB Vor §§ 32 ff. Rn. 62 a.
87 Boos/Fischer/Schulte-Mattler/*Lindemann* KWG § 54 Rn. 18; Graf/Jäger/Wittig/*Bock* KWG § 54 Rn. 71.
88 Schwennicke/Auerbach/*Schwennicke* KWG § 54 Rn. 7; *Schröder* Rn. 954; Erbs/Kohlhaas/*Häberle* KWG § 54 Rn. 11; Momsen/Grützner/*Altenhain* Kap. 6 A Rn. 20.

in § 3 Abs. 3 S. 1 und 2 ZAG genannten Voraussetzungen erfüllt sind und die Kreditgewährung durch ein Institut erfolgt, das keine Erlaubnis zum Betreiben des Kreditgeschäfts hat. Sofern eine Kreditgewährung ohne die erforderliche Erlaubnis nach § 32 Abs. 1 KWG im Raum steht, ist vor Bejahung einer Strafbarkeit mithin zunächst das Vorliegen eines Falles nach § 3 Abs. 3 ZAG zu prüfen.[89]

Unter einem **Diskontgeschäft** (Nr. 3) ist laut Legaldefinition der Ankauf von Wechseln und Schecks zu verstehen. Hierbei erhält der Verkäufer von dem ankaufenden Kreditinstitut den sich aus dem Papier ergebenden Betrag, der um eine Provision und einen Zwischenzins (Diskont) für die Zeit bis zur Fälligkeit reduziert ist.[90] Die Grenze zum Erfordernis eines in kaufmännischer Weise eingerichteten Geschäftsbetriebs ist nach Auffassung der BaFin überschritten, wenn sich entweder mehr als 100 diskontierte und noch nicht eingelöste Schecks oder Wechsel oder wenn sich bei einem Gesamtdarlehensvolumen von 500.000 EUR mehr als 20 diskontierte und noch nicht eingelöste Schecks oder Wechsel im Bestand befinden.[91]

42

Ein **Finanzkommissionsgeschäft** (Nr. 4) liegt bei der Anschaffung und der Veräußerung von Finanzinstrumenten im eigenen Namen für fremde Rechnung vor. Das Finanzkommissionsgeschäft ersetzt das frühere Effektengeschäft. Erfasst sind nunmehr sämtliche Finanzinstrumente iSv § 1 Abs. 11 KWG, neben Effekten also auch Derivate, Devisen, Rechnungseinheiten etc.[92] Maßgeblich ist, ob die „prägenden Merkmale" eines Kommissionsgeschäfts iSd §§ 383 ff. HGB vorliegen.[93] Das Geschäft muss insoweit zumindest kommissionsähnlich ausgestaltet sein.[94] Das Betreiben einer Internetplattform zum Handel mit **Bitcoins** stellt kein Finanzkommissionsgeschäft dar, da Bitcoins nicht als Finanzinstrumente iSv § 1 Abs. 11 KWG zu qualifizieren sind.[95] Diese erfüllen die Voraussetzungen der allein in Betracht kommenden Rechnungseinheit iSv § 1 Abs. 11 S. 1 Nr. 7 KWG nicht, da **Kryptowährungen** nach der Intention des Gesetzgebers nicht unter den Begriff der Rechnungseinheit fallen sollten und der Gesetzeswortlaut auch keiner dahin gehenden Auslegung zugänglich ist.[96] Gleiches gilt auch für sog. Paysafe-Codes.[97]

43

Unter einem **Depotgeschäft** (Nr. 5) ist die Verwahrung und Verwaltung von Wertpapieren für andere zu verstehen. Verwahrer iSv § 1 Abs. 2 DepotG ist

44

---

89 *Schröder* Rn. 907a (zu § 2 Abs. 3 ZAG aF).
90 Erbs/Kohlhaas/*Häberle* KWG § 1 Rn. 10; Boos/Fischer/Schulte-Mattler/*Schäfer* KWG § 1 Rn. 66.
91 BaFin, Merkblatt vom 6.1.2009, abrufbar unter www.bafin.de.
92 Boos/Fischer/Schulte-Mattler/*Schäfer* KWG § 1 Rn. 69; *Schröder* Rn. 910.
93 BVerwG 18.1.2017 – 8 B 16/16, ZIP 2017, 463; BVerwG 27.2.2008 – 6 C 11/07, 6 C 12/07 – BVerwGE 130, 262 (266 ff.); BVerwG 8.7.2009 – 8 C 4/09, ZIP 2009, 1899 (1900); VGH Kassel 28.8.2013 – 6 A 704/12, WM 2014, 206.
94 BVerwG 27.2.2008 – 6 C 11/07, 6 C 12/07, BVerwGE 130, 262 (266 f.); BVerwG 8.7.2009 – 8 C 4/09, ZIP 2009, 1899 (1901).
95 KG 25.9.2018 – (4) 161 Ss 28/18 (35/18), NJW 2018, 3734; aA Merkblatt der BaFin „Hinweise zu Finanzinstrumenten nach § 1 Abs. 11 S. 1–3 KWG v. 20.12.2011; Schwennicke/Auerbach/*Schwennicke* KWG § 1 Rn. 249; vgl. dazu auch die Antwort der Bundesregierung auf eine Kleine Anfrage ua der Fraktion der FDP v. 27.11.2018, BT-Drs. 19/6034.
96 KG 25.9.2018 – (4) 161 Ss 28/18 (35/18), NJW 2018, 3734 (3735 mwN).
97 BGH 23.1.2019 – 5 StR 479/18, NStZ-RR 2019, 112, 113.

derjenige, dem im Betrieb seines Gewerbes Wertpapiere unverschlossen zur Verwahrung anvertraut werden. Erfasst ist nur das sog offene Depot, das eine offene Übergabe von Wertpapieren voraussetzt.[98] Dies ist abzugrenzen von der bloßen Annahme von Verwahrstücken (sog verschlossenes Depot), bei der lediglich ein Schließfach vermietet wird und der Vermieter keine Kenntnis von dessen Inhalt hat.[99] Welche Verwahrungsarten als Depotgeschäft zu qualifizieren sind, ist im Wesentlichen im DepotG geregelt. Verwaltung iSv Nr. 5 meint nicht die Vermögensverwaltung, sondern die Erbringung von Wertpapiernebendienstleistungen iSv § 2 Abs. 9 WpHG.[100] Die BaFin geht bei einem Umfang von mehr als fünf Depots oder bei einem Gesamtvolumen von mehr als 25 Wertpapieren von dem Erfordernis eines in kaufmännischer Weise eingerichteten Geschäftsbetriebs aus.[101]

45 Mit dem 1. FiMaNoG[102] wurde die Tätigkeit als **Zentralverwahrer** iSv § 1 Abs. 6 KWG ebenfalls als Bankgeschäft erfasst (Nr. 6). § 1 Abs. 6 KWG definiert den Begriff des Zentralverwahrers nicht selbst, sondern verweist auf Art. 2 Abs. 1 Nr. 1 der Verordnung (EU) Nr. 909/2014.[103] Danach ist ein Zentralverwahrer „eine juristische Person, die ein Wertpapierliefer- und -abrechnungssystem nach Abschnitt A Nummer 3 des Anhangs betreibt und die wenigstens eine weitere Kerndienstleistung nach Abschnitt A des Anhangs erbringt".[104] Kerndienstleistungen nach Abschnitt A des Anhangs der Verordnung (EU) Nr. 909/2014 sind die erstmalige Verbuchung von Wertpapieren im Effektengiro (notarielle Dienstleistung), das Bereitstellen und Führen von Depotkonten auf oberster Ebene (zentrale Kontoführung) sowie der Betrieb eines Wertpapierliefer- und -abrechnungssystems (Abwicklungsdienstleistung).[105] Ausweislich der ebenfalls durch das 1. FiMaNoG eingefügten § 32 Abs. 1 c–1 e KWG ist für die Tätigkeit als Zentralverwahrer unter den dort genannten Voraussetzungen keine oder keine weitere Erlaubnis nach § 32 Abs. 1 S. 1 KWG erforderlich.

46 In Nr. 7 ist das sog **Revolvinggeschäft** geregelt. Hierbei handelt es sich um die Eingehung der Verpflichtung, zuvor veräußerte Darlehensforderungen vor Fälligkeit zurückzuerwerben. Dabei wird eine langfristige Darlehensforderung mit der Abrede an einen Dritten veräußert, sie nach kurzer Zeit zurückzukaufen, um sie dann mit derselben Zielrichtung an eine andere Person weiterzuverkaufen.[106] Auf diese Weise können langfristige Aktivgeschäfte durch kurzfristige

---

98 Schwennicke/Auerbach/*Schwennicke* KWG § 1 Rn. 50; Boos/Fischer/Schulte-Mattler/*Schäfer* KWG § 1 Rn. 79; Erbs/Kohlhaas/*Häberle* KWG § 1 Rn. 12.
99 Boos/Fischer/Schulte-Mattler/*Schäfer* KWG § 1 Rn. 82; Erbs/Kohlhaas/*Häberle* KWG § 1 Rn. 12.
100 *Schröder* Rn. 913; vgl. dazu auch bei Schwennicke/Auerbach/*Schwennicke* KWG § 1 Rn. 51 (jeweils zu § 2 Abs. 3 a WpHG aF)
101 BaFin, Merkblatt vom 6.1.2009, zuletzt geändert am 17.2.2014, abrufbar unter www.bafin.de.
102 BGBl. I 1514.
103 ABl. L 257 v. 28.8.2014, 1.
104 ABl. L 257 v. 28.8.2014, 16.
105 ABl. L 257 v. 28.8.2014, 71.
106 Graf/Jäger/Wittig/*Bock* KWG § 54 Rn. 41; Schwennicke/Auerbach/*Schwennicke* KWG § 1 Rn. 53; Achenbach/Ransiek/Rönnau/*Schröder* Teil 10 Kap. 3 Rn. 49.

Passivgeschäfte refinanziert werden.[107] Maßgeblich ist allein die Verpflichtung zum Erwerb, nicht der Erwerb selbst.[108]

Das **Garantiegeschäft** ist in Nr. 8 legaldefiniert. Hierbei handelt es sich um die Übernahme von Bürgschaften, Garantien und sonstigen Gewährleistungen für andere. Erfasst sind zB Avalkredite nach §§ 765 ff. BGB, § 349 f. HGB, Art. 30 ff. WG, Art. 25 ff. ScheckG, Akkreditiveröffnung oder -bestätigung, die wechsel- oder scheckrechtlichen Indossamentverpflichtungen oder der Schuldbeitritt.[109] Nach Auffassung der BaFin ist die Grenze zu dem objektiven Erfordernis eines in kaufmännischer Weise eingerichteten Geschäftsbetriebs bei mehr als 100 Avalkrediten oder bei einem Gesamtvolumen von mehr als 500.000 EUR bei mehr als 20 Avalkrediten überschritten.[110]

47

Bis zum 31.10.2009 regelte § 1 Abs. 1 S. 2 Nr. 9 KWG das **Girogeschäft**. Dies wurde durch das Zahlungsdiensteumsetzungsgesetz vom 25.6.2009[111] als Bankdienstleistung abgeschafft und durch das ZAG außerhalb des KWG geregelt. Von Nr. 9 erfasst sind nunmehr nur noch der bargeldlose Scheckeinzug (**Scheckeinzugsgeschäft**), der Wechseleinzug (**Wechseleinzugsgeschäft**) und die Ausgabe von Reiseschecks (**Reisescheckgeschäft**).

48

Unter einem **Emissionsgeschäft** (Nr. 10) ist die Übernahme von Finanzinstrumenten für eigenes Risiko zur Platzierung oder die Übernahme gleichwertiger Garantien zu verstehen. Damit ist die Übernahmekommission gemeint, bei welcher das Platzierungsrisiko von den Banken getragen wird, da sie die Finanzinstrumente iSv § 1 Abs. 11 KWG zu einem festen Kurs vom Emittenten erwerben, um diese mit Gewinn weiterzuveräußern.[112] Von Nr. 10 nicht erfasst ist die Eigenemission, bei der die Platzierung durch den Emittenten vorgenommen wird.[113]

49

§ 1 Abs. 1 S. 2 Nr. 12 KWG qualifiziert die **Tätigkeit als zentrale Gegenpartei** iSv § 1 Abs. 31 KWG ebenfalls als Bankgeschäft. § 1 Abs. 31 KWG definiert den Begriff der zentralen Gegenpartei nicht selbst, sondern verweist wiederum auf die Definition in Art. 2 Nr. 1 der Verordnung (EU) Nr. 648/2012.[114] Danach ist eine zentrale Gegenpartei („CCP") „eine juristische Person, die zwischen die Gegenparteien der auf einem oder mehreren Märkten gehandelten Kontrakte tritt und somit als Käufer für jeden Verkäufer bzw. als Verkäufer für jeden Käufer fungiert".[115]

50

---

107 Böttger/Szesny Kap. 6 Rn. 258; Boos/Fischer/Schulte-Mattler/*Schäfer* KWG § 1 Rn. 90; *Schröder* Rn. 915.
108 Schwennicke/Auerbach/*Schwennicke* KWG § 1 Rn. 7; Boos/Fischer/Schulte-Mattler/ *Schäfer* KWG § 1 Rn. 89.
109 *Schröder* Rn. 916; Boos/Fischer/Schulte-Mattler/*Schäfer* KWG § 1 Rn. 93 ff.
110 BaFin, Merkblatt vom 8.1.2009, abrufbar unter www.bafin.de.
111 BGBl. I 1506.
112 Achenbach/Ransiek/Rönnau/*Schröder* Teil 10 Kap. 3 Rn. 54.
113 Schwennicke/Auerbach/*Schwennicke* KWG § 1 Rn. 61; Achenbach/Ransiek/Rönnau/ *Schröder* Teil 10 Kap. 3 Rn. 55; *Weber* MMR 1999, 385 (389).
114 ABl. L 201 v. 27.7.2012, 1.
115 ABl. L 201 v. 27.7.2012, 14.

dd) Unerlaubte Finanzdienstleistungen
(1) Erlaubnispflicht

51 Nach § 54 Abs. 1 Nr. 2 Alt. 2 KWG ist das Erbringen von Finanzdienstleistungen ohne Erlaubnis nach § 32 Abs. 1 KWG unter Strafe gestellt. Finanzdienstleistungsinstitute sind dem Zulassungs- und Aufsichtsrecht der BaFin erst seit der 6. KWG-Novelle unterstellt.[116] Damit erfasst § 54 KWG nunmehr auch weite Teile des grauen Kapitalmarktes, die bis dahin nicht unter die Definition klassischer Bankgeschäfte fielen.[117] Auch für Finanzdienstleistungsinstitute gilt, dass diese einer Erlaubnis nach § 32 Abs. 1 S. 1 KWG bedürfen, sofern sie gewerbsmäßig oder in einem Umfang, der einen in kaufmännischer Weise eingerichteten Geschäftsbetrieb erfordert, Finanzdienstleistungen erbringen wollen. Zur **Gewerbsmäßigkeit** und dem Erfordernis eines **in kaufmännischer Weise eingerichteten Geschäftsbetriebs** s. Rn. 34 f. Die Qualifikation als Finanzdienstleistungsinstitut ist gegenüber der Einordnung als Kreditinstitut subsidiär; ein Kreditinstitut kann nicht gleichzeitig Finanzinstitut sein.[118]

52 Zu beachten sind die **Ausnahmetatbestände des § 2 Abs. 6–10 KWG**. Hiernach werden bestimmte Unternehmen, Vorschriften oder Tätigkeiten von der Geltung des § 1 Abs. 1 a KWG ausgenommen. Der Grund für die Normierung der Ausnahmetatbestände liegt darin, dass § 1 KWG sehr weitreichende Definitionen enthält, von denen auch Unternehmen erfasst sind, für die die Einhaltung der KWG-Vorschriften und eine Beaufsichtigung durch die BaFin nicht geboten ist.[119]

(2) Erlaubnispflichtige Finanzdienstleistungen

53 Welche Finanzdienstleistungen erlaubnispflichtig sind, resultiert aus dem Katalog des § 1 Abs. 1 a S. 2 Nr. 1–12 KWG. Im Einzelnen handelt es sich dabei um folgende Geschäfte:

54 Unter **Anlagevermittlung** (Nr. 1) ist die Vermittlung von Geschäften über die Anschaffung oder die Veräußerung von Finanzinstrumenten zu verstehen. Diese beschränkt sich auf die Entgegennahme und Übermittlung von Aufträgen von Anlegern.[120] Insoweit ist es nicht erforderlich, dass der Anlagevermittler auch die jeweiligen Gelder entgegennimmt.[121] Der Gesetzgeber wollte mit Nr. 1 ausdrücklich die Tätigkeit eines Nachweismaklers iSv § 34 c GewO, soweit sie sich auf Finanzinstrumente iSv § 1 Abs. 11 KWG bezieht, erfassen.[122]

55 **Anlageberatung** (Nr. 1 a) ist die Abgabe von persönlichen Empfehlungen an Kunden und deren Vertreter, die sich auf Geschäfte mit bestimmten Finanzinstrumenten beziehen, sofern die Empfehlung auf eine Prüfung der persönlichen Umstände des Anlegers gestützt oder als für ihn geeignet dargestellt wird und nicht ausschließlich über Informationsverbreitungskanäle oder für die Öffent-

---

116 BGBl. I 2518, 2555.
117 Dazu *Schlette* JuS 2001, 1151 (1152 f.).
118 BT-Drs. 13/7142, 65.
119 Boos/Fischer/Schulte-Mattler/*Schäfer* KWG § 2 Rn. 1.
120 BGH 5.12.2013 – III ZR 73/12, WM 2014, 115.
121 VG Frankfurt aM 17.3.2005 – 1 G 7060/04, WM 2005, 1029 f.
122 BT-Drs. 13/7142, 65.

lichkeit bekannt gegeben wird. Erfasst ist nur eine persönliche Empfehlung an den Kunden.[123]

Der **Betrieb eines multilateralen Handelssystems** (Nr. 1 b) ist ebenfalls als Finanzdienstleistung zu qualifizieren. Hierunter ist der Betrieb eines multilateralen Systems zu verstehen, das die Interessen einer Vielzahl von Personen am Kauf und Verkauf von Finanzinstrumenten innerhalb des Systems und nach festgelegten Bestimmungen in einer Weise zusammenbringt, die zu einem Vertrag über den Kauf dieser Finanzinstrumente führt. Erfasst ist insoweit der privatrechtliche Betrieb einer börsenähnlichen Einrichtung.[124]

Unter einem **Platzierungsgeschäft** (Nr. 1 c) ist das Platzieren von Finanzinstrumenten ohne feste Übernahmeverpflichtung zu verstehen. Hiervon sollen insbesondere die Fälle erfasst werden, die mangels Übernahme von Finanzinstrumenten für eigenes Risiko bzw. Übernahme gleichwertiger Garantien nicht als Emissionsgeschäft iSv § 1 Abs. 1 S. 2 Nr. 10 KWG zu qualifizieren sind.[125]

Mit dem 2. FiMaNoG vom 23.6.2017[126] wurde der **Betrieb eines organisierten Handelssystems** (Nr. 1 d) ebenfalls als Finanzdienstleistung erfasst. Hierunter ist nach dem Gesetzeswortlaut der Betrieb eines multilateralen Systems zu verstehen, bei dem es sich nicht um einen organisierten Markt oder ein multilaterales Handelssystem handelt und das die Interessen einer Vielzahl Dritter am Kauf und Verkauf von Schuldverschreibungen, strukturierten Finanzprodukten, Emissionszertifikaten oder Derivaten innerhalb des Systems auf eine Weise zusammenführt, die zu einem Vertrag über den Kauf dieser Finanzinstrumente führt.

Eine Finanzdienstleistung stellt auch die **Abschlussvermittlung** (Nr. 2) dar. Hierbei handelt es sich um die Anschaffung und die Veräußerung von Finanzinstrumenten iSv § 1 Abs. 11 KWG im fremden Namen für fremde Rechnung. Erfasst wird die Tätigkeit eines Abschlussmaklers iSv § 34 c GewO, sofern er eine Partei im Wege einer offenen Stellvertretung vertritt.[127]

Unter einer **Finanzportfolioverwaltung** (Nr. 3) ist die Verwaltung einzelner in Finanzinstrumenten iSv § 1 Abs. 11 KWG angelegter Vermögen für andere mit Entscheidungsspielraum zu verstehen. Ein Entscheidungsspielraum des Verwalters liegt vor, wenn die Anlageentscheidungen in seinem Ermessen liegen.[128] Davon ist selbst dann auszugehen, wenn der Ermessensspielraum des Verwalters auf bestimmte Finanzinstrumente beschränkt ist, er aber gleichwohl die konkrete Auswahl trifft.[129] Die Vorschrift des § 1 Abs. 1a S. 2 Nr. 3 KWG ist restriktiv auszulegen. So wird etwa die Verwaltung im Rahmen von Erbenge-

---

123 Graf/Jäger/Wittig/*Bock* KWG § 54 Rn. 49.
124 Achenbach/Ransiek/Rönnau/*Schröder* Teil 10 Kap. 3 Rn. 66; Graf/Jäger/Wittig/*Bock* KWG § 54 Rn. 50.
125 Schwennicke/Auerbach/*Schwennicke* KWG § 1 Rn. 103; Graf/Jäger/Wittig/*Bock* KWG § 54 Rn. 51.
126 BGBl. I 1693.
127 BT-Drs. 13/7142, 65.
128 *Sethe*, Anlegerschutz, S. 585 ff.; *Schröder* Rn. 934; Reischauer/Kleinhans/*Brogl* KWG § 1 Rn. 206.
129 Schwennicke/Auerbach/*Schwennicke* KWG § 1 Rn. 104; *Schröder* Rn. 934.

meinschaften oder im Familienkreis nicht erfasst.[130] Maßgeblich ist insoweit, ob der Verwalter über den Einzelfall hinaus als Dienstleister nach außen hin tätig wird.[131] Gegenüber § 1 Abs. 1 S. 2 Nr. 5 KWG ist der Tatbestand der Finanzportfolioverwaltung subsidiär; soweit also Finanzinstrumente für andere verwahrt werden, handelt es sich um ein erlaubnispflichtiges Depotgeschäft.[132]

61 Der **Eigenhandel** (Nr. 4) stellt ebenfalls eine Finanzdienstleistung dar. Mit dem Finanzmarktrichtlinie-Umsetzungsgesetz vom 16.7.2007 wurde in § 1 Abs. 1 a S. 2 Nr. 4 KWG zunächst der Eigenhandel als Handel mit Finanzinstrumenten für eigene Rechnung als Dienstleistung für andere definiert.[133] Seither wurde der Tatbestand mehrfach geändert, so zunächst durch das Hochfrequenzhandelsgesetz vom 7.5.2013[134] und zuletzt durch das 2. FiMaNoG vom 23.6.2017,[135] wodurch der Eigenhandel schließlich in **vier Fallgruppen** eingeteilt wurde: den Handel mit Finanzinstrumenten zu selbst gestellten Preisen für eigene Rechnung unter Einsatz des eigenen Kapitals (a), den Handel außerhalb eines organisierten Marktes oder eines multilateralen oder organisierten Handelssystems (b), den Handel mit Finanzinstrumenten für eigene Rechnung als Dienstleistung für andere (c) sowie den **Hochfrequenzhandel** (d).[136]

62 Unter der **Drittstaateneinlagenvermittlung** (Nr. 5) ist die Vermittlung von Einlagengeschäften mit Unternehmen mit Sitz außerhalb des Europäischen Wirtschaftsraums zu verstehen. Davon erfasst sind Fälle, in denen Einlagegelder im Inland „treuhänderisch" entgegengenommen werden, um sie im Anschluss an Drittstaaten weiterzuleiten.[137] Handelt der Treuhänder offiziell auf Weisung des ausländischen Unternehmens, liegt eine erlaubnispflichtige Zweigstellentätigkeit vor.[138]

63 Das **Sortengeschäft** (Nr. 7) ist ebenfalls als Finanzdienstleistung zu qualifizieren. Nach der Legaldefinition handelt es sich hierbei um den Handel mit Sorten. Gemeint ist der Austausch von Banknoten oder Münzen sowie der Verkauf und Ankauf von Reiseschecks, mithin die Tätigkeiten von Wechselstuben.[139] Der Grund für deren Einbeziehung in § 1 Abs. 1 a S. 2 KWG liegt laut Gesetzesbegründung in der Bekämpfung von Geldwäsche.[140]

64 **Factoring** (Nr. 9) ist der laufende Ankauf von Forderungen auf der Grundlage von Rahmenverträgen mit oder ohne Rückgriff. Erfasst ist sowohl der Ankauf von Forderungen ohne Rückgriff gegen den Forderungsverkäufer (echtes Factoring) als auch der Ankauf von Forderungen mit Rückgriff gegen den Forderungsverkäufer (unechtes Factoring).[141] Erforderlich ist, dass der Ankauf lau-

---

130 Graf/Jäger/Wittig/*Bock* KWG § 54 Rn. 53; Achenbach/Ransiek/Rönnau/*Schröder* Teil 10 Kap. 3 Rn. 69; vgl. auch BaFin, Merkblatt vom 14.5.2014, abrufbar unter www.bafin.de.
131 *Schröder* Rn. 935.
132 BT-Drs. 13/7142, 66.
133 BGBl. I 1330, 1368.
134 BGBl. I 1162.
135 BGBl. I 1693.
136 Dazu im Einzelnen bei *Schröder* Rn. 938 ff.
137 BT-Drs. 13/7142, 66.
138 BT-Drs. 13/7142, 66.
139 BT-Drs. 13/7142, 67.
140 BT-Drs. 13/7142, 67.
141 Boos/Fischer/Schulte-Mattler/*Schäfer* KWG § 1 Rn. 182.

fend und auf der Grundlage von Rahmenverträgen erfolgt. Für einen laufenden Ankauf genügt zwar schon der wiederholte Ankauf von einzelnen Forderungen (Einzelfactoring),[142] ein erstmaliger Ankauf ist aber erst dann als Finanzdienstleistung zu qualifizieren, wenn auch weitere Ankäufe beabsichtigt sind.[143] Dies wird sich regelmäßig aus den Rahmenverträgen ergeben.[144]

Unter **Finanzierungsleasing** (Nr. 10) ist der Abschluss von Finanzierungsleasingverträgen als Leasinggeber und die Verwaltung von Objektgesellschaften iSv § 2 Abs. 6 S. 1 Nr. 17 KWG außerhalb der Verwaltung eines Investmentvermögens iSv § 1 Abs. 1 KAGB zu verstehen. Erfasst sind nur diejenigen Leasingverträge, bei denen die Finanzierungsfunktion im Vordergrund steht; diese sind von Verträgen abzugrenzen, bei denen der Schwerpunkt auf einer entgeltlich befristeten Gebrauchsüberlassung liegt.[145]

65

Die **Anlageverwaltung** (Nr. 11) ist ebenfalls eine Finanzdienstleistung. Hierbei handelt es sich um die Anschaffung und die Veräußerung von Finanzinstrumenten außerhalb der Verwaltung eines Investmentvermögens iSv § 1 Abs. 1 KAGB für eine Gemeinschaft von Anlegern, die natürliche Personen sind, mit Entscheidungsspielraum bei der Auswahl der Finanzinstrumente, sofern dies ein Schwerpunkt des angebotenen Produktes ist und zu dem Zweck erfolgt, dass diese Anleger an der Wertentwicklung der erworbenen Finanzinstrumente teilnehmen. Eine Gemeinschaft von Anlegern liegt bereits bei zwei natürlichen Personen vor.[146]

66

Unter dem **eingeschränkten Verwahrgeschäft** (Nr. 12) ist die Verwahrung und die Verwaltung von Wertpapieren ausschließlich für alternative Investmentfonds (AIF) iSd § 1 Abs. 3 des KAGB zu verstehen. Es handelt sich insoweit um den Sonderfall eines Depotgeschäfts iSv § 1 Abs. 1 S. 2 Nr. 5 KWG, das als Bankgeschäft zu qualifizieren ist.

67

In § 1 Abs. 1 a S. 3 KWG ist das **Eigengeschäft** legaldefiniert. Dabei handelt es sich um die Anschaffung und Veräußerung von Finanzinstrumenten für eigene Rechnung, die nicht Eigenhandel iSd § 1 Abs. 1 a S. 2 Nr. 4 KWG ist. Nach § 32 Abs. 1 a KWG bedarf der Betrieb des Eigengeschäfts dann einer Erlaubnis, wenn dies neben dem Betrieb von Bankgeschäften oder der Erbringung von Finanzdienstleistungen erfolgen soll. Unklar ist, ob ein Verstoß gegen die Erlaubnispflicht zu einer Strafbarkeit iSv § 54 Abs. 1 Nr. 2 Alt. 2 KWG führt. Zwar gilt das Eigengeschäft nach § 1 Abs. 1 a S. 3 KWG unter bestimmten Voraussetzungen als Finanzdienstleistung; der die Erlaubnispflicht begründende § 32 Abs. 1 a KWG bezeichnet das Eigengeschäft aber gerade nicht als Finanzdienstleistung. Da das Eigengeschäft auf eigene Rechnung und nicht für Dritte vorgenommen wird, fehlt ihm ein Dienstleistungscharakter.[147] Insoweit

68

---

142 *Glos/Sester* WM 2009, 1209 (1212); *Reschke* BKR 2009, 141 (143).
143 Schwennicke/Auerbach/*Schwennicke* KWG § 1 Rn. 142; Boos/Fischer/Schulte-Mattler/*Schäfer* KWG § 1 Rn. 183.
144 Vgl. BaFin, Merkblatt vom 5.1.2009, abrufbar unter: www.bafin.de.
145 BT-Drs. 16/11108, 54.
146 BR-Drs. 703/08, 72.
147 Vgl. BaFin, Merkblatt vom 22.3.2011, zuletzt geändert am 24.10.2014, abrufbar unter: www.bafin.de.

spricht viel dafür, bei einem Verstoß gegen die Erlaubnispflicht eine Strafbarkeit zu verneinen.[148]

ee) Clearingdienstleistungen ohne Zulassung

69 Nach § 54 Abs. 1 a KWG wird das **Erbringen von Clearingdienstleistungen ohne Zulassung** nach Art. 14 Abs. 1 der Verordnung (EU) Nr. 648/2012[149] unter Strafe gestellt. Nach Art. 2 Nr. 3 der Verordnung (EU) bezeichnet der Ausdruck „Clearing" „den Prozess der Erstellung von Positionen, darunter die Berechnung von Nettoverbindlichkeiten, und die Gewährleistung, dass zur Absicherung des aus diesen Positionen erwachsenden Risikos Finanzinstrumente, Bargeld oder beides zur Verfügung stehen".[150] Zweifelhaft ist, ob sich das Zulassungserfordernis für die Erbringung von Clearingdienstleistungen mit hinreichender Deutlichkeit aus Art. 14 Abs. 1 der Verordnung (EU) Nr. 648/2012 ergibt. Darin wird nämlich nicht geregelt, dass die Erbringung der Dienstleistung einer Zulassung bedarf, sondern lediglich, wo eine Zulassung zu beantragen ist. Eine dem § 32 Abs. 1 KWG vergleichbare Vorschrift ist in der Verordnung nicht enthalten.[151]

ff) Zentralverwahrertätigkeit ohne Zulassung

70 Gemäß § 54 Abs. 1 b KWG wird bestraft, wer ohne die erforderliche Zulassung nach Art. 16 Abs. 1 der Verordnung (EU) Nr. 909/2014[152] eine **Zentralverwahrertätigkeit** ausübt. Zum Begriff des Zentralverwahrers s. Rn. 45. Gem. Art. 16 Abs. 1 der Verordnung (EU) Nr. 909/2014 muss jede juristische Person, die unter die Begriffsbestimmung für Zentralverwahrer fällt, von der zuständigen Behörde des Mitgliedstaats, in dem sie ihren Sitz hat, vor Aufnahme ihrer Tätigkeit zugelassen werden. Das Zulassungsverfahren richtet sich nach Art. 17 der Verordnung (EU) Nr. 909/2014. Gem. § 32 Abs. 1 c–1 e KWG ist für die Zentralverwahrertätigkeit unter den dort genannten Voraussetzungen keine oder keine weitere Erlaubnis nach § 32 Abs. 1 S. 1 KWG erforderlich.

2. Subjektiver Tatbestand

71 Von § 54 KWG unter Strafe gestellt ist sowohl die **vorsätzliche** (Abs. 1–1 a) als auch die **fahrlässige** (Abs. 2) Tatbegehung.

72 Für die Annahme einer vorsätzlichen Tatbegehung ist **mindestens Eventualvorsatz** erforderlich.[153] Umstritten ist allerdings, welche rechtlichen Folgen die **Unkenntnis des Täters von der Erlaubnispflicht** seiner Tätigkeit hat. Die strafgerichtliche Rspr. hat in der Vergangenheit danach differenziert, ob ein präventives Verbot mit Erlaubnisvorbehalt oder ein repressives Verbot mit Befreiungsvorbehalt vorliegt.[154] Bei dem Erfordernis einer Erlaubnis oder Zulassung

---

148 So auch *Schröder* Rn. 947 g.
149 ABl. L 201 v. 27.7.2012, 1.
150 ABl. L 201 v. 27.7.2012, 15.
151 Vgl. dazu auch Erbs/Kohlhaas/*Häberle* KWG § 54 Rn. 14.
152 ABl. L 257 v. 28.8.2014, 1.
153 *Schröder* Rn. 965; Erbs/Kohlhaas/*Häberle* KWG § 54 Rn. 16; Schork/Groß/*Wegner* Rn. 658.
154 OLG Oldenburg 26.3.2012 – 1 Ss 205/11, wistra 2014, 114 (115); zur Genehmigungspflicht nach § 3 Abs. 3 KrWaffKontrG vgl. BGH 22.7.1993 – 4 StR 322/93, NStZ 1993, 594 (595); zur Genehmigungspflicht nach § 69 e Abs. 2 c AWV aF vgl. BGH 11.9.2002 – 1 StR 73/02, NStZ-RR 2003, 55 (56); zur Genehmigungspflicht

zum Betreiben von Bankgeschäften oder Erbringung von Dienstleistungen handele es sich nach Auffassung des OLG Oldenburg um ein präventives Verbot mit Erlaubnisvorbehalt, da die Erlaubnis- bzw. Zulassungspflicht der Kontrolle eines im Allgemeinen sozialadäquaten Verhaltens und nicht der ausnahmsweisen Gestattung grundsätzlich wertwidrigen Verhaltens diene. Die Unkenntnis des Täters von der Erlaubnispflicht sei mithin als **Tatbestandsirrtum nach § 16 StGB** zu qualifizieren.[155] In der Literatur wie auch in der zivilgerichtlichen und älteren strafgerichtlichen Rspr. wird hingegen weitgehend vertreten, dass bei der Unkenntnis des Täters von der Erlaubnispflicht seiner Tätigkeit ein **Verbotsirrtum gemäß § 17 StGB** vorliege.[156] Der Gedanke, dass es sich um sozialadäquate Tätigkeiten handele, überzeuge insoweit nicht, als dass an die Ausübung der Tätigkeiten Bedingungen geknüpft werden, unter denen ein sozialadäquates Verhalten gerade erst entstehe. Eine sozialadäquate Tätigkeit liege nämlich erst bei Einhaltung der Erlaubnisvoraussetzungen des § 32 KWG vor.[157] Einen Verbotsirrtum iSv § 17 StGB hat nunmehr auch der BGH in einer Entscheidung vom 18.7.2018[158] angenommen, hat dabei aber offengelassen, ob an der vormaligen Rspr. zur Differenzierung nach dem jeweiligen Tatbestand in Fällen des Irrtums über ein Genehmigungserfordernis festgehalten wird, da jedenfalls bei Taten nach § 54 KWG auch diese Auffassung zu einem Verbotsirrtum führe. Derjenige, der ohne die erforderliche Erlaubnis nach § 32 KWG Bankgeschäfte betreibe, zeige im Allgemeinen kein sozialadäquates Verhalten. Wer sich dem umfangreichen Zulassungs- und Kontrollregime des KWG entziehe, umgehe dem Schutz des Publikums dienende Genehmigungs- und Kontrollerfordernisse und verhalte sich damit zumindest potenziell sozialschädlich.[159] Geht man insoweit vom Vorliegen eines Verbotsirrtums aus, ist der Täter entschuldigt, wenn der Irrtum unvermeidbar war, was angesichts der teilweise sehr komplizierten rechtlichen Wertungen nicht selten der Fall sein dürfte.[160] Von einem unvermeidbaren Irrtum ist nach zutreffender Ansicht jedenfalls dann auszugehen, wenn der Täter vor Aufnahme der Tätigkeit genügende Erkundigungen eingeholt hat.[161]

---

nach § 2 Abs. 2 WaffG vgl. OLG Frankfurt aM 18.10.2005 – 1 Ss 220/05, NStZ-RR 2006, 353.
155 OLG Oldenburg 26.3.2012 – 1 Ss 205/11, wistra 2014, 114 (115); so auch *Rinjes* wistra 2015, 7 (8).
156 Momsen/Grützner/*Altenhain* Kap. 6 A Rn. 22; *Schröder* Rn. 967; Erbs/Kohlhaas/*Häberle* KWG § 54 Rn. 16; Boos/Fischer/Schulte-Mattler/*Lindemann* KWG § 54 Rn. 27.; Schwennicke/Auerbach/*Schwennicke* KWG § 54 Rn. 17; Wabnitz/Janovsky/*Knierim* Kap. 8 Rn. 327; so auch BGH 27.6.2017 – VI ZR 424/16, NJW-RR 2017, 1004 (1005); BGH 16.5.2017 – VI ZR 266/16, NJW 2017, 2463 (2464); BGH 15.5.2012 – VI ZR 166/11, NJW 2012, 3177 (3180) unter Hinweis auf BGH 24.9.1953 – 5 StR 225/53, BGHSt 4, 347 (348).
157 *Schröder* Rn. 967.
158 BGH 18.7.2018 – 2 StR 416/16, NJW 2018, 3467.
159 BGH 18.7.2018 – 2 StR 416/16, NJW 2018, 3467 (3468).
160 Boos/Fischer/Schulte-Mattler/*Lindemann* KWG § 54 Rn. 27.
161 BGH 10.7.2018 – VI ZR 263/17, NJW-RR 2018, 1250, 1253; BGH 27.6.2017 – VI ZR 424/16, NJW-RR 2017, 1004 (1005); BGH 16.5.2017 – VI ZR 266/16, NJW 2017, 2463 (2464); BGH 15.5.2012 – VI ZR 166/11, NJW 2012, 3177 (3180) unter Hinweis auf BGH 24.9.1953 – 5 StR 225/53, BGHSt 4, 347 (348); OLG Brandenburg 28.1.2019 – 3 U 157/17; Erbs/Kohlhaas/*Häberle* KWG § 54 Rn. 16; Boos/Fischer/Schulte-Mattler/*Lindemann* KWG § 54 Rn. 27; vgl. dazu auch BGH 18.7.2018 – 2 StR 416/16, NJW 2018, 3467 (3468).

73 Auch die **fahrlässige Tatbegehung** ist gemäß § 54 Abs. 2 KWG strafbar. Ob insoweit eine Sorgfaltspflichtverletzung vorliegt, wird regelmäßig davon abhängen, ob der Täter mit der Sorgfalt eines ordentlichen Kaufmannes gehandelt hat.[162] Davon ist jedenfalls auszugehen, wenn er vor Aufnahme der Tätigkeit ausreichend Erkundigungen über die Voraussetzungen der Erlaubnispflicht angestellt hat und danach von der Unbedenklichkeit seiner Tätigkeit ausgehen durfte.[163]

III. Konkurrenzen

74 Da der Betrieb eines Bankgeschäfts und die Erbringung von Finanzdienstleistungen grundsätzlich mehrere Teilakte voraussetzen, um in einen aufsichtsrechtlich relevanten Bereich zu gelangen, liegt hinsichtlich dieser Teilakte rechtliche Handlungseinheit und somit nur eine Tat iSv § 52 StGB vor.[164] Gleiches gilt auch in Fällen der Organisationsherrschaft.[165] Werden durch eine Handlung verschiedene Tatbestandsalternativen des § 54 KWG verwirklicht, liegt Tateinheit vor.[166] Werden die Geschäfte jedoch in verschiedenen Betrieben ausgeübt, führt dies zu Tatmehrheit nach § 53 Abs. 1 StGB.[167]

75 Sofern in Zusammenhang mit einer Tat iSv § 54 KWG weitere Straftaten begangen werden, kann eine isolierte Verfolgung von § 54 KWG zum Strafklageverbrauch führen. So etwa hinsichtlich § 263 Abs. 1 StGB beim betrügerischen Einwerben von Anlagegeldern, das häufig zugleich als unerlaubter Betrieb eines Einlagengeschäfts zu qualifizieren ist. In diesem Fall verbinden sich die Delikte zu einer Tat im prozessualen Sinne, sodass einer gesonderten Verfolgung der eingetretene Strafklageverbrauch entgegensteht.[168] Dies gilt selbst dann, wenn hinsichtlich des KWG-Deliktes eine Einstellung nach § 153 Abs. 2 StPO erfolgt ist.[169] Abgesehen davon ist mit anderen Delikten des StGB Tateinheit möglich.[170]

IV. Rechtsfolgen

76 Die vorsätzliche Tatbegehung wird mit Freiheitsstrafe bis zu fünf Jahren oder mit Geldstrafe geahndet. Für die fahrlässige Tatbegehung ist ein Strafrahmen von Freiheitsstrafe bis zu drei Jahren oder Geldstrafe vorgesehen.

---

162 *Rinjes* wistra 2015, 7 (8).
163 Boos/Fischer/Schulte-Mattler/*Lindemann* KWG § 54 Rn. 28; *Rinjes* wistra 2015, 7 (9); Graf/Jäger/Wittig/*Bock* KWG § 54 Rn. 95.
164 BGH 26.8.2003 – 5 StR 145/03, NJW 2004, 375 (378); Achenbach/Ransiek/Rönnau/ *Schröder* Teil 10 Kap. 3 Rn. 93; Hohnel/*Brunke* KWG § 54 Rn. 145; *Peglau* wistra 2002, 292 (293); Schork/Groß/*Wegner* Rn. 664.
165 BGH 26.8.2003 – 5 StR 145/03, NJW 2004, 375 (378).
166 Hohnel/*Brunke* KWG § 54 Rn. 145; Achenbach/Ransiek/Rönnau/*Schröder* Teil 10 Kap. 3 Rn. 93; aA *Peglau* wistra 2002, 292 (293).
167 Schork/Groß/*Wegner* Rn. 664; Achenbach/Ransiek/Rönnau/*Schröder* Teil 10 Kap. 3 Rn. 93.
168 Achenbach/Ransiek/Rönnau/*Schröder* Teil 10 Kap. 3 Rn. 94; so auch Hohnel/*Brunke* KWG § 54 Rn. 145.
169 BGH 26.8.2003 – 5 StR 145/03, NJW 2004, 375 (376 f.).
170 Graf/Jäger/Wittig/*Bock* KWG § 54 Rn. 100 ff.; Achenbach/Ransiek/Rönnau/*Schröder* Teil 10 Kap. 3 Rn. 96.

V. Verjährung/Tatbeendigung

Die Verjährungsfrist beträgt sowohl bei vorsätzlicher als auch bei fahrlässiger Tatbegehung fünf Jahre, § 78 Abs. 3 Nr. 4 StGB. **Tatbeendigung** iSv § 78 a StGB tritt mit der Durchführung der letzten Tathandlung ein.[171] Besteht das Tatverhalten in der Aufrechterhaltung eines rechtswidrigen Zustands, beginnt die Verjährung erst mit dessen Beseitigung.[172] 77

VI. Verfahrensrechtliche Besonderheiten

Sofern die Zuständigkeit des Landgerichts begründet ist, fallen Delikte nach § 54 KWG in den Zuständigkeitsbereich der **Wirtschaftsstrafkammern** (§ 74 c Abs. 1 Nr. 2 GVG). 78

§ 60 a KWG verpflichtet Gerichte, Strafverfolgungs- und Strafvollstreckungsbehörden zu einer **Beteiligung der BaFin**. Dieser sind im Falle der Erhebung der öffentlichen Klage die Anklageschrift oder eine an ihre Stelle tretende Antragsschrift, der Antrag auf Erlass eines Strafbefehls und die das Verfahren abschließende Entscheidung mit Begründung zu übermitteln. Bei Strafverfahren wegen eines Verstoßes gegen § 54 KWG wird die Anzeigepflicht der Staatsanwaltschaft nach § 60 a Abs. 1 a KWG sogar auf die Einleitung eines Ermittlungsverfahrens ausgedehnt und zur Anhörung der BaFin vor einer Verfahrenseinstellung verpflichtet. Der durch das 4. FMFG[173] eingefügte § 60 a Abs. 3 KWG räumt der BaFin darüber hinaus ein umfassendes Akteneinsichtsrecht ein. Die Strafverfolgungsbehörden werden insoweit zu einer engen Zusammenarbeit mit der BaFin veranlasst, was wiederum Bedeutung für die Einstellungspraxis nach § 154 StPO hat.[174] 79

Kap. 15.20. § 55 a KWG Unbefugte Verwertung von Angaben über Millionenkredite

§ 55 a KWG Unbefugte Verwertung von Angaben über Millionenkredite

(1) Mit Freiheitsstrafe bis zu zwei Jahren oder mit Geldstrafe wird bestraft, wer entgegen § 14 Abs. 2 Satz 10 eine Angabe verwertet.

(2) Die Tat wird nur auf Antrag verfolgt.

Literatur: *Achenbach/Schröder*, Straflosigkeit des Offenbarens und Verwertens von Angaben über Millionenkredite (§§ 55 a, 55 b iVm § 14 KWG)?, ZBB 2005, 135; *Boos/Fischer/Schulte-Mattler*, KWG, CRR-VO, Bd. 1, 5. Aufl. 2016; *Erbs/Kohlhaas*, Strafrechtliche Nebengesetze, 223. EL, 01/2019; *Gößmann*, Si tacuisses..., BKR 2006, 199; *Esser/Rübenstahl/Saliger/Tsambikakis*, Wirtschaftsstrafrecht. Kommentar mit Steuerstrafrecht und Verfahrensrecht, 2017; *Graf/Jäger/Wittig*, Wirtschafts- und Steuerstrafrecht, 2. Auflage 2017; *Hellmann/Beckemper*, Wirtschaftsstrafrecht, 5. Aufl. 2018; *Hohnel*, Kapitalmarktstrafrecht, 2013; Münchener Kommentar zum Strafgesetzbuch, Bd. 7, Nebenstrafrecht II, *Joecks/Miebach* (Hrsg.), 2. Aufl. 2015 (zit. als MüKoStGB/*Bearbeiter*); *Leitner/Rosenau*, NK-Wirtschafts- und Steuerstrafrecht, 2017 (zit. als NK-WSS/*Bearbeiter*); *Reischauer/Kleinhans*, KWG, EGL 04/2018; *Schork/Groß*, Bankstrafrecht, 2013; *Schröder*, Handbuch Kapitalmarktstrafrecht, 3. Aufl. 2015; *Siller*, Zur Verletzung des Bankgeheimnisses, EWiR 2003, 461; *Tiedemann*, Die strafrechtliche Verschwiegenheitspflicht des Bankiers – Bemerkungen

---

171 Hohnel/*Brunke* KWG § 54 Rn. 147.
172 Schork/Groß/*Wegner* Rn. 662.
173 BGBl. I 2010.
174 MüKoStGB/*Janssen* KWG § 54 Rn. 25.

zum Fall Leo Kirch ./. Deutsche Bank, in Festschrift für Günter Kohlmann, *Hirsch/Wolter/Brauns* (Hrsg.), 2003; *Tiedemann*, Neue Aspekte zum Schutz des Bankgeheimnisses, NJW 2003, 2213; *Tiedemann*, Strafbarkeit des Offenbarens und Verwertens von Bundesbankangaben nach §§ 55 a, 55 b KWG, ZBB 2005, 190.

I. Allgemeines 1	aa) Angaben 10
1. Rechtsentwicklung 1	bb) Unbefugte Verwer-
2. Geschütztes Rechtsgut 2	tung 11
3. Deliktsnatur 4	2. Subjektiver Tatbestand 13
4. Praktische Bedeutung 6	**III. Rechtsfolgen** 14
II. Tatbestand 7	**IV. Verjährung/Tatbeendigung** 15
1. Objektiver Tatbestand 7	**V. Prozessuale Besonderheiten** 16
a) Tauglicher Täterkreis 7	
b) Die einzelnen Tatbestandsmerkmale 9	

I. Allgemeines

1. Rechtsentwicklung

1 § 55 a KWG wurde im Rahmen der 6. KWG-Novelle[1] in das KWG eingefügt und trat am 1.1.1998 in Kraft. Die Strafvorschrift lief jedoch vom 1.7.2002 bis zum 31.12.2006 ins Leere, da § 55 a Abs. 1 KWG in der ursprünglichen Fassung auf § 14 Abs. 2 S. 5 KWG verwies.[2] Der Wortlaut des § 14 Abs. 2 KWG wurde im Rahmen des 4. Finanzmarktförderungsgesetzes (4. FMFG)[3] jedoch geändert. Die Vorschrift trat am 1.7.2002 in Kraft. Seither ist das Verbot, mitgeteilte Angaben nicht gegenüber Dritten zu offenbaren oder zu verwerten, in § 14 Abs. 2 S. 10 KWG normiert. Bei der Änderung von § 14 Abs. 2 KWG wurde schlicht versäumt, die Strafvorschriften des §§ 55 a und 55 b KWG entsprechend anzupassen. Der Fehler des Gesetzgebers wurde mit dem Gesetz zur Umsetzung der neu gefassten Bankenrichtlinie und der neu gefassten Kapitaladäquanzrichtlinie vom 17.11.2006,[4] welches am 1.1.2007 in Kraft trat, behoben.

2. Geschütztes Rechtsgut

2 § 55 a KWG stellt die unbefugte Verwertung der von der Deutschen Bundesbank an anzeigepflichtige Unternehmen übermittelten Daten unter Strafe. Geschütztes Rechtsgut ist mithin die **Vertraulichkeit dieser Daten**.[5]

3 Da die Vorschrift Individualschutzcharakter hat, handelt es sich um ein **Schutzgesetz iSv § 823 Abs. 2 BGB**.[6]

---

1 BGBl. I 2518.
2 *Achenbach/Schröder* ZBB 2005, 135; Esser/Rübenstahl/Saliger/Tsambikakis/*Theile* KWG § 55 a Rn. 3; NK-WSS/*Pananis* KWG § 55 a Rn. 1; *Siller* EWiR 2003, 461; aA *Tiedemann* in FS Kohlmann S. 307, 314; *ders.* ZBB 2005, 190, der sich für eine korrigierende Interpretation der Verweisung ausspricht.
3 BGBl. I 2050.
4 BGBl. I 2606.
5 Boos/Fischer/Schulte-Mattler/*Lindemann* KWG § 55 a Rn. 1; Erbs/Kohlhaas/*Häberle* KWG § 55 a Rn. 1; Graf/Jäger/Wittig/*Bock* KWG § 55 a Rn. 3.
6 Graf/Jäger/Wittig/*Bock* KWG § 55 a Rn. 4; Boos/Fischer/Schulte-Mattler/*Lindemann* KWG § 55 a Rn. 1.

3. Deliktsnatur

§ 55 a KWG ist ein (vorsätzliches) **Begehungsdelikt**.[7]

Die Vorschrift ist als **absolutes Antragsdelikt** ausgestaltet, so dass die Strafverfolgung von einer wirksamen Antragstellung abhängt (s. Rn. 16).

4. Praktische Bedeutung

Die Vorschrift hat kaum eine praktische Bedeutung. Veröffentlichte strafrechtliche Verurteilungen sind nicht bekannt. Aufmerksamkeit bekamen die §§ 55 a, 55 b KWG aber im Rahmen des „**Breuer/Kirch-Verfahrens**".[8]

II. Tatbestand

1. Objektiver Tatbestand

a) Tauglicher Täterkreis

Taugliche Täter des § 55 a KWG sind nach § 14 Abs. 2 S. 10 KWG die **bei einem anzeigepflichtigen Unternehmen beschäftigten Personen**. Unbeachtlich ist dabei sowohl deren Stellung im Unternehmen[9] als auch, ob sie mit den übermittelten Daten selbst befasst waren oder sich diese ohne interne Zuständigkeit verschafft haben.[10] Es handelt sich insoweit um ein **echtes Sonderdelikt**.[11]

Für Dritte gelten die Vorschriften der §§ 26, 27 StGB. Insbesondere **Mitarbeiter der Deutschen Bundesbank**, die von den §§ 55 a, 55 b KWG nicht erfasst sind, können sich nach § 203 Abs. 2 StGB oder § 353 b StGB strafbar machen.[12]

b) Die einzelnen Tatbestandsmerkmale

Nach § 14 Abs. 1 KWG sind **Kreditinstitute, CRR-Wertpapierfirmen**, die für eigene Rechnung iSd Anh. I Nr. 3 der RL 2004/39/EG handeln, **Finanzdienstleistungsinstitute** iSv § 1 Abs. 1 a S. 2 Nr. 4, 9 oder 10 KWG, **Finanzinstitute** iSv Art. 4 Abs. 1 Nr. 26 der Verordnung (EU) Nr. 575/2013 iVm Anh. I Nr. 2 der RL 2013/36/EU, die das Factoring betreiben, und die **in § 2 Abs. 2 KWG genannten Unternehmen und Stellen** verpflichtet, der bei der Deutschen Bundesbank geführten Evidenzzentrale vierteljährlich die Kreditnehmer anzuzeigen, deren Kreditvolumen 1 Million EUR oder mehr beträgt. Ergibt sich aus den Anzeigen, dass einem Kreditnehmer von mehreren Unternehmen Millionenkredite gewährt wurden, hat die Deutsche Bundesbank gem. § 14 Abs. 2 KWG ihrerseits die anzeigenden Unternehmen zu benachrichtigen. Die **Benachrichtigung** beinhaltet nach § 14 Abs. 2 S. 2 KWG Angaben über die Gesamtverschuldung der Kreditnehmereinheit, der dieser zugehört, über die Anzahl der beteiligten Unternehmen sowie Informationen über die prognostizierte Ausfallwahrscheinlichkeit iSd Art. 92 bis 386 der Verordnung (EU)

---

7 Schork/Groß/*Wegner* KWG § 55 a Rn. 706.
8 BGH 24.1.2006 – XI ZR 384/03, NJW 2006, 830; vgl. hierzu aus der Berichterstattung etwa: www.manager-magazin.de/unternehmen/karriere/a-592720.html.
9 Schork/Groß/*Wegner* Rn. 706.
10 Erbs/Kohlhaas/*Häberle* KWG § 55 a Rn. 2.
11 Graf/Jäger/Wittig/*Bock* KWG § 55 a Rn. 11.
12 *Hellmann/Beckemper*, Wirtschaftsstrafrecht, Rn. 550; Erbs/Kohlhaas/*Häberle* KWG § 55 a Rn. 2; Graf/Jäger/Wittig/*Bock* KWG § 55 a Rn. 14.

Nr. 575/2013 für diesen Kreditnehmer, soweit ein Unternehmen selbst eine solche gemeldet hat. Um die insoweit von der Deutschen Bundesbank übermittelten, hochsensiblen Daten zu schützen, stellt § 55 a Abs. 1 KWG deren Verwertung entgegen § 14 Abs. 2 S. 10 KWG unter Strafe.

aa) Angaben

10 Bei den von § 55 a Abs. 1 KWG erfassten **Angaben** handelt es sich um solche, die die Deutsche Bundesbank dem anzeigepflichtigen Unternehmen nach § 14 Abs. 2 S. 1 bis 4 KWG übermittelt.[13]

bb) Unbefugte Verwertung

11 Nach der Rspr. des 11. Zivilsenats im Verfahren „Breuer/Kirch" (s. Rn. 6) liegt eine **unbefugte Verwertung** von Angaben über Millionenkredite vor, wenn die von der Deutschen Bundesbank übermittelten Informationen in einer von § 14 KWG nicht gedeckten Weise für eigene oder für fremde wirtschaftliche Zwecke nutzbar gemacht werden. Davon ist auszugehen, wenn ein Kreditinstitut eine Information, die es von der Deutschen Bundesbank erhält, nicht ausschließlich zu bankinternen Zwecken der Kreditgewährung oder -verweigerung nutzt, sondern auf sonstige Weise eigennützig verwendet.[14] Nicht von § 55 a Abs. 1 KWG erfasst ist mithin eine Verwertung der Daten im Rahmen des Gesetzeszwecks des § 14 KWG, etwa um von einer geplanten Kreditgewährung Abstand zu nehmen oder um die Kondition anzupassen.[15]

12 Der Täter muss mit der Verwertung der Angaben stets ein **gewinnorientiertes Ziel** verfolgen,[16] wobei es ausreicht, dass dieses Ziel lediglich mittelbar erreicht werden soll.[17] Unbeachtlich ist, ob das Ziel auch tatsächlich erreicht wird.[18] Nicht von § 55 a, sondern von § 55 b Abs. 2 KWG erfasst ist das Offenbaren der Daten gegen Entgelt oder in Eigen- oder Drittbereicherungsabsicht.[19]

2. Subjektiver Tatbestand

13 § 55 a KWG setzt eine vorsätzliche Tatbegehung voraus, wobei das Handeln mit **Eventualvorsatz** ausreicht.[20] Eine fahrlässige Tatbegehung ist nicht strafbar.

---

13 Graf/Jäger/Wittig/*Bock* KWG § 55 a Rn. 14; Boos/Fischer/Schulte-Mattler/*Lindemann* KWG § 55 a Rn. 5.
14 BGH 24.1.2006 – XI ZR 384/03, NJW 2006, 830 (838); so auch Boos/Fischer/Schulte-Mattler/*Lindemann* KWG § 55 a Rn. 6; Schork/Groß/*Wegner* Rn. 705; *Schröder* Rn. 1005 ff.
15 *Achenbach/Schröder* ZBB 2005, 135 (139 f.); Achenbach/Ransiek/Rönnau/*Schröder* Teil 10 Kap. 3 Rn. 119; Schork/Groß/*Wegner* Rn. 705; Erbs/Kohlhaas/*Häberle* § 55 a Rn. 3.
16 BGH 24.1.2006 – XI ZR 384/03, NJW 2006, 830 (838); so auch Boos/Fischer/Schulte-Mattler/*Lindemann* KWG § 55 a Rn. 6 f.; Schork/Groß/*Wegner* Rn. 705; *Schröder* Rn. 1005 ff.; aA *Tiedemann* ZBB 2005, 190 (191).
17 Boos/Fischer/Schulte-Mattler/*Lindemann* KWG § 55 a Rn. 7; Graf/Jäger/Wittig/*Bock* KWG § 55 a Rn. 22.
18 Graf/Jäger/Wittig/*Bock* KWG § 55 a Rn. 22; *Schröder* Rn. 1008; Schork/Groß/*Wegner* Rn. 705.
19 *Schröder* Rn. 1006.
20 Erbs/Kohlhaas/*Häberle* KWG § 55 a Rn. 4; Graf/Jäger/Wittig/*Bock* KWG § 55 a Rn. 22; Hohnel/*Brunke* KWG § 55 a Rn. 6.

III. Rechtsfolgen

§ 55 a KWG wird mit Freiheitsstrafe bis zu zwei Jahren oder Geldstrafe geahndet.

IV. Verjährung/Tatbeendigung

Die Verjährungsfrist beträgt für § 55 a KWG fünf Jahre (§ 78 Abs. 3 Nr. 4 StGB). **Tatbeendigung** iSv § 78 a S. 1 StGB tritt mit dem Abschluss der tatbestandlichen Ausführungshandlung ein.[21]

V. Prozessuale Besonderheiten

Bei § 55 a KWG handelt es sich um ein **absolutes Antragsdelikt**. Die Strafverfolgung hängt gemäß § 55 a Abs. 2 KWG mithin davon ab, ob der durch die Tat Verletzte einen Strafantrag stellt. Verletzter ist der **Kreditnehmer**, zu dessen Lasten die Daten verwertet wurden.[22] Die Deutsche Bundesbank ist nach zutreffender Ansicht nicht antragsberechtigt, da das Antragsrecht den Kreditnehmer auch vor einer Erörterung der vertraulichen Daten in öffentlicher Hauptverhandlung schützt, sofern er dies vermeiden möchte.[23]

Sofern die Zuständigkeit der Landgerichte begründet ist, fallen Delikte nach §§ 55 a KWG in den Zuständigkeitsbereich der **Wirtschaftsstrafkammern** (§ 74 c Abs. 1 Nr. 2 GVG).

Kap. 15.21. § 56 Abs. 1 KWG Verstoß gegen vollziehbare Anordnung

§ 56 Abs. 1 KWG Bußgeldvorschriften

(1) Ordnungswidrig handelt, wer einer vollziehbaren Anordnung nach § 36 Absatz 1 Satz 1, Absatz 2 oder Absatz 3 Satz 1 zuwiderhandelt.
(...)

§ 36 Abs. 1 S. 1, Abs. 2, 3 S. 1 KWG Maßnahmen gegen Geschäftsleiter und Mitglieder des Verwaltungs- oder Aufsichtsorgans

(1) ¹In den Fällen des § 35 Abs. 2 Nr. 3, 4 und 6 kann die Bundesanstalt, statt die Erlaubnis aufzuheben, die Abberufung der verantwortlichen Geschäftsleiter verlangen und diesen Geschäftsleitern auch die Ausübung ihrer Tätigkeit bei Instituten oder Unternehmen in der Rechtsform einer juristischen Person untersagen. (...)

(2) Die Bundesanstalt kann die Abberufung eines Geschäftsleiters auch verlangen und diesem Geschäftsleiter auch die Ausübung seiner Tätigkeit bei Instituten oder Unternehmen in der Rechtsform einer juristischen Person untersagen, wenn dieser vorsätzlich oder leichtfertig gegen die Bestimmungen dieses Geset-

---

21 Vgl. MüKoStGB/*Mitsch* StGB § 78 a Rn. 5.
22 Boos/Fischer/Schulte-Mattler/*Lindemann* KWG § 55 a Rn. 10; Graf/Jäger/Wittig/*Bock* KWG § 55 a Rn. 6; Erbs/Kohlhaas/*Häberle* KWG § 55 a Rn. 5.
23 Boos/Fischer/Schulte-Mattler/*Lindemann* KWG § 55 a Rn. 10; Erbs/Kohlhaas/*Häberle* KWG § 55 a Rn. 5.

zes, der Verordnung (EU) Nr. 575/2013, der Verordnung (EU) Nr. 648/2012, der Verordnung (EU) Nr. 596/2014, der Verordnung (EU) Nr. 600/2014, der Verordnung (EU) Nr. 909/2014, der Verordnung (EU) 2015/2365, der Verordnung (EU) 2016/1011, des Gesetzes über Bausparkassen, des Depotgesetzes, des Geldwäschegesetzes, des Kapitalanlagegesetzbuchs, des Pfandbriefgesetzes, des Zahlungsdiensteaufsichtsgesetzes oder des Wertpapierhandelsgesetzes, gegen die Artikel 6, 7, 9, 18 bis 26 oder 27 Absatz 1 oder 4 der Verordnung (EU) 2017/2402, gegen die zur Durchführung dieser Gesetze erlassenen Verordnungen, die zur Durchführung der Richtlinie 2013/36/EU und der Verordnung (EU) Nr. 575/2013 erlassenen Rechtsakte, die zur Durchführung der Verordnung (EU) Nr. 648/2012, der Verordnung (EU) Nr. 596/2014, der Verordnung (EU) Nr. 600/2014, der Verordnung (EU) Nr. 909/2014, der Verordnung (EU) 2015/2365, der Verordnung (EU) 2016/1011 oder der Verordnung (EU) 2017/2402 erlassenen Rechtsakte oder gegen Anordnungen der Bundesanstalt verstoßen hat und trotz Verwarnung durch die Bundesanstalt dieses Verhalten fortsetzt.

(3) [1]Die Bundesanstalt kann von den in § 25 d Absatz 3 Satz 1 und 2 sowie § 25 d Absatz 3 a Satz 1 genannten Unternehmen die Abberufung einer der in § 25 d Absatz 3 Satz 1 und 2 sowie § 25 d Absatz 3 a Satz 1 bezeichneten Personen verlangen und einer solchen Person die Ausübung ihrer Tätigkeit untersagen, wenn

1. Tatsachen vorliegen, aus denen sich ergibt, dass die Person nicht zuverlässig ist,
2. Tatsachen vorliegen, aus denen sich ergibt, dass die Person nicht die erforderliche Sachkunde besitzt,
3. Tatsachen vorliegen, aus denen sich ergibt, dass die Person der Wahrnehmung ihrer Aufgaben nicht ausreichend Zeit widmet,
4. der Person wesentliche Verstöße des Unternehmens gegen die Grundsätze einer ordnungsgemäßen Geschäftsführung wegen sorgfaltswidriger Ausübung ihrer Überwachungs- und Kontrollfunktion verborgen geblieben sind und sie dieses sorgfaltswidrige Verhalten trotz Verwarnung durch die Bundesanstalt fortsetzt,
5. die Person nicht alles Erforderliche zur Beseitigung festgestellter Verstöße veranlasst hat und dies trotz Verwarnung durch die Bundesanstalt auch weiterhin unterlässt,
6. die Person bereits Geschäftsleiter desselben Unternehmens ist,
7. die Person Geschäftsleiter desselben Unternehmens war und bereits zwei ehemalige Geschäftsleiter des Unternehmens Mitglied des Verwaltungs- oder Aufsichtsorgans sind,
8. die nach § 25 d Absatz 3 Satz 1 oder Satz 2 bezeichnete Person mehr als vier Kontrollmandate ausübt und die Bundesanstalt ihr nicht die Ausübung weiterer Mandate gestattet hat,
9. die nach § 25 d Absatz 3 Satz 1 oder Satz 2 bezeichnete Person mehr als eine Geschäftsleiter- und zwei Aufsichtsfunktionen ausübt und die Bundesanstalt ihr nicht die Ausübung weiterer Mandate gestattet hat oder

10. die nach § 25 d Absatz 3 a Satz 1 bezeichnete Person mehr als fünf Kontrollmandate bei unter der Aufsicht der Bundesanstalt stehenden Unternehmen ausübt.

(...)

I. Vollziehbare Anordnung nach § 36 Abs. 1 oder Abs. 2 S. 1 KWG

Die Bundesanstalt kann nach § 36 Abs. 1 KWG die Abberufung verantwortlicher Geschäftsleiter verlangen und diesen Geschäftsleitern die Ausübung ihrer Tätigkeit bei juristischen Personen verbieten. Dies gilt für bestimmte Fälle der Aufhebung oder des Erlöschens der Erlaubnis nach § 35 Abs. 2 KWG. Nach § 36 Abs. 2 KWG kann die Bundesanstalt die gleiche Anordnung treffen, wenn ein Geschäftsleiter vorsätzlich oder leichtfertig gegen eine Vielzahl konkret bestimmter Gesetze (ua das KWG selbst) verstoßen hat und trotz Verwarnung durch die Bundesanstalt dieses Verhalten fortsetzt. Dieselbe Anordnung kann die BaFin in den Fällen des § 36 Abs. 3 S. 1 KWG treffen, etwa wenn es an der für die Person erforderlichen Zuverlässigkeit oder Sachkunde fehlt.

Problematisch ist, wie mit rechtswidrigen Anordnungen umzugehen ist. Teilweise wird, ausgehend vom Umweltstrafrecht, von einer strengen Verwaltungsrechtsakzessorietät ausgegangen, so dass die materielle Rechtswidrigkeit der Anordnung der Bundesanstalt bedeutungslos ist. Es käme allein auf die Wirksamkeit und Vollziehbarkeit des Verwaltungsaktes der BaFin an.[1] Dem liegt der Gedanke zugrunde, dass die BaFin ihre Überwachungsaufgaben nicht hinreichend effektiv ausüben könne, wenn die Rechtswidrigkeit eine Bedeutung für die Tatbestandserfüllung erlange. Eine etwaige rechtswidrige Anordnung könne auf Rechtsfolgenebene, beispielsweise über eine Verfahrenseinstellung, berücksichtigt werden.[2] Konsequenz dieser Ansicht ist, dass die Rechtmäßigkeit der Anordnung Tatbestandsmerkmal ist. Auf sie müssen sich also auch Vorsatz und Fahrlässigkeit erstrecken.[3] Zutreffender dürfte eine andere Auffassung sein, nach der ein objektiver Strafaufhebungsgrund anerkannt wird, wenn etwa Widerspruch oder Anfechtungsklage gegen die Anordnung der BaFin erfolgreich sind.[4] Dementsprechend muss für die Überprüfung der Ordnungswidrigkeit die vollständige Überprüfung auch der Rechtmäßigkeit der vollziehbaren Anordnung notwendig sein.[5] Das Bundesverfassungsgericht vertritt diese Auffassung im Übrigen zu § 111 StPO.[6] Tatsächlich ist die aufsichtsrechtliche Arbeit der BaFin dadurch nicht berührt, dass die Nichtbefolgung einer rechtswidrigen Anordnung keine Ordnungswidrigkeit darstellen darf. Für ihr aufsichtsrechtliches Handeln steht ihr das durchaus scharfe Schwert des Verwaltungszwangs zu Gebote, bis die Rechtswidrigkeit der Maßnahme festgestellt ist. Dieser ist auch flexibler nach Gesichtspunkten der Erforderlichkeit handhabbar.

---

[1] So für das Umweltstrafrecht Schönke/Schröder/*Heine* StGB Vor §§ 324 ff. Rn. 16 ff.
[2] So Fuchs/*Wasmer* WpHG § 39 Rn. 76 zur entsprechenden Vorschrift des WpHG.
[3] Fuchs/*Wasmer* WpHG § 39 Rn. 77.
[4] So für das Umweltstrafrecht Schönke/Schröder/*Heine* StGB Vor §§ 324 ff. Rn. 22.
[5] So für das WpHG KölnKomm/*Altenhein* WpHG § 39 Rn. 38; Erbs/Kohlhaas/*Wehowsky* WpHG § 39 Rn. 75.
[6] BVerfG 7.3.1995 – 1 BvR 1564/92, BVerfGE 92, 191 (198 ff.).

II. Schutzrichtung und Eingriffsvoraussetzungen

3 Der Ordnungswidrigkeitentatbestand sichert die ordnungsgemäße Führung von Instituten. § 36 KWG betrifft die Ausschaltung von Geschäftsführern als Minus zur Aufhebung der Betriebserlaubnis für das Institut insgesamt.[7] Die Bundesanstalt kann nicht selbst die gesellschaftsrechtliche Funktion des Geschäftsleiters beenden. Sie muss daher vom Institut die Abberufung verlangen. Sie kann allerdings unmittelbar den Geschäftsleiter mit einem Tätigkeitsverbot belegen. Die Anordnung unterliegt dem Grundsatz der Verhältnismäßigkeit. Die Bundesanstalt hat zunächst zu erwägen, ob ein weniger schwerer Eingriff, nämlich die Abberufung oder das Tätigkeitsverbot ausreichend ist, also insbesondere keine Aufhebung der Erlaubnis notwendig ist.

4 Geschäftsleiter gem. § 36 KWG ist nur der sog **geborene Geschäftsleiter** gem. § 1 Abs. 2 S. 1 KWG. Dazu gehören auch stellvertretende Vorstandsmitglieder sowie ehrenamtliche Geschäftsleiter, sofern sie Leitungsfunktionen wahrnehmen. Nicht dazu gehören jedoch Generalbevollmächtigte.[8] Nicht anwendbar ist § 36 KWG gegenüber sog gekorenen Geschäftsleitern gem. § 1 Abs. 2 S. 2, 3 KWG.[9] Ebenfalls nicht zu den Geschäftsleitern iSd § 1 Abs. 2 S. 1 KWG gehören nicht geschäftsführungs- und vertretungsberechtigte Personen gem. § 46 a Abs. 2 KWG.[10]

5 Der abzuberufende Geschäftsleiter muss für den Regelverstoß verantwortlich sein. Dies bedeutet jedoch nicht, dass er selbst gehandelt haben müsste oder Mängel selbst verursacht haben müsste. Die Verletzung von Aufsichtspflichten und Organisationsmängeln können genügen. Die zugrundeliegenden Gesetzesverstöße müssen dem Geschäftsleiter zurechenbar, dh von diesem vorsätzlich oder fahrlässig verursacht worden sein.[11] Typischerweise geht es um Mängel der persönlichen Zuverlässigkeit oder der fachlichen Eignung und Verstöße gegen institutsaufsichtsrechtliche Bestimmungen, die sich in einer Häufung von Fehlentscheidungen zeigen.[12]

6 Das vorwerfbare Verhalten, das zu einer Aufhebung oder einem Tätigkeitsverbot führt, kann in eigenem Handeln, aber auch in einem Unterlassen bestehen. Maßstab für ein Fehlverhalten ist dabei die Sorgfalt eines ordentlichen und gewissenhaften Geschäftsleiters entsprechend § 93 Abs. 1 S. 1 AktG. Dabei sind die allgemeinen Regeln des Risikogeschäfts anzuwenden. Der Geschäftsleiter hat einen weiten Ermessensspielraum hinsichtlich der Zweckmäßigkeit von ihm getroffener Geschäftsentscheidungen.[13] Bloße Irrtümer und Fehlschläge begründen noch keine vorwerfbare Verletzung der gebotenen Sorgfaltspflicht.

7 Die Tathandlung besteht darin, dass jemand einer entsprechenden vollziehbaren Anordnung zuwider handelt.

---

7 Beck/Samm/Kokemoor/*Samm* KWG § 36 Rn. 4.
8 Beck/Samm/Kokemoor/*Samm* KWG § 36 Rn. 12.
9 Beck/Samm/Kokemoor/*Samm* KWG § 36 Rn. 14.
10 Beck/Samm/Kokemoor/*Samm* KWG § 36 Rn. 14.
11 Beck/Samm/Kokemoor/*Samm* KWG § 36 Rn. 17.
12 Im Einzelnen Beck/Samm/Kokemoor/*Samm* KWG § 36 Rn. 18 f.
13 Beck/Samm/Kokemoor/*Samm* KWG § 36 Rn. 20.

Kap. 15.22. § 56 Abs. 1 a KWG Verstoß gegen delegierte Rechtsakte (Ratingagenturen)

§ 56 Abs. 1 a KWG Bußgeldvorschriften

(1 a) Ordnungswidrig handelt, wer vorsätzlich oder leichtfertig einer unmittelbar geltenden Vorschrift in delegierten Rechtsakten der Europäischen Union, die die Verordnung (EG) Nr. 1060/2009 des Europäischen Parlaments und des Rates vom 16. September 2009 über Ratingagenturen (ABl. L 302 vom 17.11.2009, S. 1), die zuletzt durch die Verordnung (EU) Nr. 462/2013 (ABl. L 146 vom 31.5.2013, S. 1) geändert worden ist, in der jeweils geltenden Fassung ergänzen, im Anwendungsbereich dieses Gesetzes zuwiderhandelt, soweit eine Rechtsverordnung nach Absatz 4 c für einen bestimmten Tatbestand auf diese Bußgeldvorschrift verweist.

(...)

I. Schutzzweck

Die Norm ist mit dem Gesetz zur Verringerung der Abhängigkeit von Ratings vom 10.12.2014 eingefügt worden.[1] Das Gesetz war eine Reaktion auf die Finanzmarktkrise im Herbst des Jahres 2008. Es sollte der schematischen Übernahme von Beurteilungen durch Ratingagenturen entgegenwirken.[2] Die Norm antizipiert, dass aufgrund von technischen Regelungsstandards der ESMA und der europäischen Kommission weitere Regelungen in Form bindender europäischer Verordnungen geschaffen werden, die für das Aufsichtsregime der Ratingagenturen gelten und für die ein Bußgeldtatbestand geschaffen werden sollte.[3] Der Gesetzgeber dachte dabei insbesondere an einen technischen Regulierungsstandard zu Art. 8 b der Verordnung (EU) Nr. 462/2013, der festlegt, welche Informationen in welchen Zeitabständen zur Erfüllung der Meldepflichten nach Art. 8 b Abs. 1 der Verordnung auf der Website der ESMA veröffentlicht werden müssen.

1

II. Eingriffsvoraussetzungen

Die Norm verweist insgesamt auf **delegierte Rechtsakte** der Europäischen Union, die die in der Norm genannte Verordnung ergänzen. Der Gesetzgeber dachte hier in erster Linie an Regelungen der ESMA. Delegierte Rechtsakte insgesamt ruhen auf dem Regelungsverfahren des Art. 290 AEUV für Rechtsakte der Union. Nach Abs. 1 der Norm kann der Kommission die Befugnis übertragen werden, Rechtsakte ohne Gesetzescharakter mit allgemeiner Geltung zur Ergänzung oder Änderung nicht wesentlicher Vorschriften zu erlassen. Dies soll gem. Erwägungsgrund 71 zur Verordnung 1060/2009/EG insbes. für Beurteilungskriterien gelten, ob eine Ratingagentur in Bezug auf interne Organisation, betriebliche Abläufe, Vorschriften für Mitarbeiter und Transparenz ihrer Verpflichtung nachgenommen ist und ob die Kriterien zur Bestimmung der Gleichwertigkeit des Regelungs- und Kontrollrahmens von Drittländern mit den Vorschriften dieser Verordnung zu präzisieren oder zu ändern

2

---

1 Rating AbHG, BGBl. I 2014, 2085.
2 BT-Drs. 18/1774, 1.
3 BT-Drs. 18/1774, 22.

Eggers

sind. Es darf sich dabei nur um nicht wesentliche Vorschriften der Verordnung handeln. Bewegen sich die zu erwartenden Rechtsakte außerhalb dieser Vorgaben, kann daraus auch kein Bußgeldtatbestand abgeleitet werden, weil es sich dann eben nicht um „delegierte Rechtsakte" handelt.

3 Zum Zeitpunkt Juli 2016 greift der Bußgeldtatbestand noch ins Leere, weil keine Rechtsverordnung nach § 56 Abs. 4 c KWG erlassen wurde. Die genauen Eingriffsvoraussetzungen können daher zu diesem Zeitpunkt noch nicht abgeleitet werden.

Kap. 15.23. § 56 Abs. 4 f Nr. 1 KWG Erbringen nichtbankartiger Nebenleistungen

§ 56 Abs. 4 f Nr. 1 KWG Bußgeldvorschriften

(4 f) Ordnungswidrig handelt, wer gegen die Verordnung (EU) Nr. 909/2014 des Europäischen Parlaments und des Rates vom 23. Juli 2014 zur Verbesserung der Wertpapierlieferungen und -abrechnungen in der Europäischen Union und über Zentralverwahrer sowie zur Änderung der Richtlinien 98/26/EG und 2014/65/EU und der Verordnung (EU) Nr. 236/2012 (ABl. L 257 vom 28.8.2014, S. 1) verstößt, indem er vorsätzlich oder leichtfertig

1. entgegen Artikel 16 Absatz 2 nichtbankartige Nebendienstleistungen erbringt,

(…)

Literatur: *Erbs/Kohlhaas*, Strafrechtliche Nebengesetze, 223. EL 01/2019; *Boos/Fischer/Schulte-Mattler*, KWG, CCR-VO, 5. Aufl. 2016; *Göhler*, OWiG, 17. Aufl. 2017; *Mitsch* (Hrsg.), Karlsruher Kommentar OWiG, 5. Aufl. 2018 (zit. als KK-OWiG/*Bearbeiter*).

I. Allgemeines 1	a) Tauglicher Täterkreis 3
1. Rechtsentwicklung 1	b) Tathandlung 5
2. Natur des Bußgeldtatbestands 2	2. Subjektiver Tatbestand 9
	III. Rechtsfolgen 11
II. Tatbestand 3	IV. Verjährung 13
1. Objektiver Tatbestand 3	V. Zuständige Behörde 14

I. Allgemeines

1. Rechtsentwicklung

1 § 56 Abs. 4 f Nr. 1 wurde mit dem 1. Finanzmarktnovellierungsgesetz (**1. FiMaNoG**)[1] in das KWG eingefügt und trat am 2.7.2016 in Kraft. Ausweislich der Gesetzesbegründung werden damit die Art. 61 Abs. 1, 2 und Art. 63 Abs. 1, 2 e–f der Verordnung (EU) Nr. 909/2014[2] umgesetzt.[3] Hierdurch sollen Zentralverwahrer, die bisher als Kreditinstitute nur dem KWG unterlagen, nun weitgehend durch die Verordnung (EU) Nr. 909/2014 reguliert werden.[4]

---

1 BGBl. I 1514.
2 ABl. L 257, 61 ff.
3 BT-Drs. 18/7482, 73.
4 BT-Drs. 18/7482, 49.

2. Natur des Bußgeldtatbestands

§ 56 Abs. 4 f Nr. 1 KWG stellt einen **Begehungstatbestand** dar; der Eintritt eines Erfolges ist nicht erforderlich. Da hinsichtlich des mit Bußgeld bewehrten Verhaltens auf Inhalte der Verordnung (EU) Nr. 909/2014 verwiesen wird, handelt es sich um eine **Blankettnorm**.

II. Tatbestand

1. Objektiver Tatbestand

a) Tauglicher Täterkreis

Die Pflicht des § 56 Abs. 4 f Nr. 1 KWG obliegt dem **Zentralverwahrer**. Da es sich bei diesem um eine juristische Person handelt (vgl. dazu Kap. 15.19. Rn. 45), erfolgt eine Zuordnung nach § 9 Abs. 1 OWiG.[5] Als Täter kommt danach jeder in Betracht, der im Unternehmen mit **weitreichenden Befugnissen** iSv § 9 Abs. 1 Nr. 1–3 OWiG ausgestattet ist.

Nach dem **Prinzip der Einheitstäterschaft** (§ 14 Abs. 1 OWiG) handelt jeder ordnungswidrig, der sich an einer Ordnungswidrigkeit beteiligt. Dies gilt auch dann, wenn besondere persönliche Merkmale, welche die Möglichkeit der Ahndung begründen, nur bei einem Beteiligten vorliegen.[6] Mithin können auch Angestellte ohne Leitungsfunktion, die an einem Verstoß mitwirken, Täter sein.[7]

b) Tathandlung

Mit einem Bußgeld sanktioniert wird nach § 56 Abs. 4 f Nr. 1 KWG ein Verstoß gegen die Verordnung (EU) Nr. 909/2014 durch die **Erbringung nichtbankartiger Nebendienstleistungen** entgegen Art. 16 Abs. 2 der Verordnung.

Art. 16 der Verordnung (EU) Nr. 909/2014 regelt die **Zulassung eines Zentralverwahrers**. Zum Begriff des Zentralverwahrers vgl. die Ausführungen zu § 54 KWG (vgl. Kap. 15.19. Rn. 45). Nach Art. 16 Abs. 1 muss dieser vor Aufnahme seiner Tätigkeiten von der zuständigen Behörde des Mitgliedstaats, in dem er seinen Sitz hat, zugelassen werden. In der Zulassung werden nach Art. 16 Abs. 2 Kerndienstleistungen nach Abschnitt A des Anhangs der Verordnung und zulässige nichtbankartige Nebendienstleistungen nach Abschnitt B des Anhangs der Verordnung genannt, die der Zentralverwahrer erbringen darf.[8]

Nichtbankartige Nebendienstleistungen sind nach Abschnitt B des Anhangs der Verordnung

1. Dienstleistungen im Zusammenhang mit der **Abwicklungsdienstleistung**, beispielsweise
    a) Betreiben eines Wertpapierdarlehensmechanismus, als Mittler unter den Teilnehmern an einem Wertpapierliefer- und -abrechnungssystem fungierend,

---

5 Erbs/Kohlhaas/*Häberle* KWG § 56 Rn. 4; Boos/Fischer/Schulte-Mattler/*Lindemann* KWG § 56 Rn. 23.
6 Erbs/Kohlhaas/*Häberle* KWG § 56 Rn. 6.
7 Boos/Fischer/Schulte-Mattler/*Lindemann* KWG § 56 Rn. 24.
8 ABl. L 257, 26 f.

b) Dienstleistungen zur Verwaltung von Sicherheiten, als Mittler für die Teilnehmer an einem Wertpapierliefer- und -abrechnungssystems fungierend,

c) Auftragsabgleich („settlement matching"), elektronische Anweisungsübermittlung (Anweisungsrouting), Geschäftsbestätigung, Geschäftsüberprüfung.

2. Dienstleistungen im Zusammenhang mit der **notariellen Dienstleistung und der zentralen Kontoführung,** beispielsweise

   a) Dienstleistungen im Zusammenhang mit Gesellschafterregistern,

   b) Unterstützung bei der Durchführung von Kapitalmaßnahmen und anderen gesellschaftsrechtlichen Maßnahmen, einschließlich Dienstleistungen in Bezug auf Steuern, Hauptversammlungen und Informationsdienstleistungen,

   c) Dienstleistungen im Zusammenhang mit neuen Emissionen, einschließlich Zuteilung und Verwaltung von ISIN-Codes und ähnlichen Codes,

   d) elektronische Anweisungsübermittlung und -abwicklung, Gebühreneinzug und -bearbeitung sowie diesbezügliche Meldungen.

3. **Einrichtung von Zentralverwahrer-Verbindungen,** Angebot, Führung oder Betrieb von Depotkonten im Zusammenhang mit der Abwicklungsdienstleistung, Verwaltung von Sicherheiten, andere Nebendienstleistungen.

4. **Alle weiteren Dienstleistungen,** beispielsweise

   a) Erbringung allgemeiner Mittler-Dienstleistungen zur Verwaltung von Sicherheiten,

   b) Erstellen vorgeschriebener Berichte und Meldungen,

   c) Übermittlung von Informationen, Daten und Statistiken an Marktforschungsstellen, Statistikbehörden oder andere staatliche und zwischenstaatliche Stellen,

   d) Erbringung von IT-Dienstleistungen.

Die Aufzählung nichtbankartiger Nebendienstleistungen des Zentralverwahrers ist **nicht abschließend.**[9]

8 Tathandlung des § 56 Abs. 4 f Nr. 1 KWG ist mithin das **Erbringen einer der genannten nichtbankartigen Nebendienstleistungen,** die nicht im Rahmen der Zulassung als Zentralverwahrer genehmigt wurde.

2. Subjektiver Tatbestand

9 Die Ordnungswidrigkeit nach § 56 Abs. 4 f Nr. 1 KWG kann **vorsätzlich oder leichtfertig** begangen werden. **Eventualvorsatz** ist ausreichend.

10 Unter **Leichtfertigkeit** ist ein gesteigerter Grad der Fahrlässigkeit zu verstehen.[10] Sie liegt vor, wenn der Täter eine ungewöhnlich grobe Pflichtwidrigkeit

---

9 ABl. L 257, 71.
10 BGH 4.2.2010 – 4 StR 394/09, NStZ-RR 2010, 178 (179); BGH 13.1.1988 – 3 StR 450/87, NStZ 1988, 276 (277); BGH 13.4.1960 – 2 StR 593/59, NJW 1960, 1678; BayObLG 1.3.2002 – 4St RR 2/02, NStZ-RR 2002, 274.

begeht, also aus besonderer Gleichgültigkeit oder besonderem Leichtsinn handelt.[11] Unerheblich ist, ob die Handlung bewusst oder unbewusst erfolgt.[12]

III. Rechtsfolgen

Nach § 56 Abs. 6 KWG, der durch das 1. FiMaNoG[13] auf § 56 Abs. 4 f KWG erstreckt wurde, kann die Ordnungswidrigkeit mit einer **Geldbuße von bis zu 5 Millionen EUR** geahndet werden. Gemäß den Abs. 6 a und 6 c kann diese im Einzelfall erhöht werden. Nach Abs. 6 a Nr. 1 ist eine **Erhöhung auf maximal 20 Millionen EUR oder 10% des Gesamtumsatzes** iSv Abs. 6 d, den die juristische Person im der Behördenentscheidung vorangegangenen Geschäftsjahr erzielt hat, möglich, wobei der höhere der beiden Beträge nicht überschritten werden darf. Nach Abs. 6 c kann die Ordnungswidrigkeit darüber hinaus mit einer **Geldbuße bis zum Zweifachen des aus dem Verstoß gezogenen wirtschaftlichen Vorteils** geahndet werden. Der wirtschaftliche Vorteil umfasst dabei erzielte Gewinne und vermiedene Verluste und kann geschätzt werden. 11

Neben einer Geldbuße für die handelnde Person kommt auch **eine Sanktion gegen das Unternehmen gemäß § 30 OWiG** in Betracht. Diese kann gemäß § 56 Abs. 6 e S. 2 KWG auch gegen juristische Personen festgesetzt werden, die über eine Zweigniederlassung oder im Wege des grenzüberschreitenden Dienstleistungsverkehrs im Internet tätig sind. 12

IV. Verjährung

Die Verfolgung von Ordnungswidrigkeiten nach § 56 Abs. 4 f KWG verjährt gemäß Abs. 6 e S. 3 in drei Jahren. **Tatbeendigung** iSv § 31 Abs. 3 OWiG tritt mit dem Abschluss der tatbestandlichen Handlung ein. 13

V. Zuständige Behörde

Für die Verfolgung von Ordnungswidrigkeiten nach dem KWG ist nach § 60 KWG die **BaFin** zuständig. 14

---

11 BGH 4.2.2010 – 4 StR 394/09, NStZ-RR 2010, 178 (179); Göhler/*Gürtler* OWiG § 10 Rn. 20; Erbs/Kohlhaas/*Häberle* KWG § 56 Rn. 91; ausführlich dazu bei KK-OWiG/ *Rengier* OWiG § 10 Rn. 48 ff.
12 BGH 13.1.1988 – 3 StR 450/87, NStZ 1988, 276 (277).
13 BGBl. I 1514.

Anhang: Verordnung (EU) Nr. 596/2014 des Europäischen Parlaments und des Rates vom 16. April 2014 über Marktmissbrauch (Marktmissbrauchsverordnung) und zur Aufhebung der Richtlinie 2003/6/EG des Europäischen Parlaments und des Rates und der Richtlinien 2003/124/EG, 2003/125/EG und 2004/72/EG der Kommission

(ABl. Nr. L 173 S. 1, ber. 2016 Nr. L 287 S. 320)
(Celex-Nr. 3 2014 R 0596)
zuletzt geändert durch Art. 2 ÄndVO (EU) 2016/1033 vom 23. Juni 2016
(ABl. Nr. L 175 S. 1)

DAS EUROPÄISCHE PARLAMENT UND DER RAT DER EUROPÄISCHEN UNION –

gestützt auf den Vertrag über die Arbeitsweise der Europäischen Union, insbesondere auf Artikel 114,

auf Vorschlag der Europäischen Kommission,

nach Zuleitung des Entwurfs des Gesetzgebungsakts an die nationalen Parlamente,

nach Stellungnahme der Europäischen Zentralbank[1],

nach Stellungnahme des Europäischen Wirtschafts- und Sozialausschusses[2],

gemäß dem ordentlichen Gesetzgebungsverfahren[3],

in Erwägung nachstehender Gründe:

(1) Ein echter Binnenmarkt für Finanzdienstleistungen ist für das Wirtschaftswachstum und die Schaffung von Arbeitsplätzen in der Union von entscheidender Bedeutung.

(2) Ein integrierter, effizienter und transparenter Finanzmarkt setzt Marktintegrität voraus. Das reibungslose Funktionieren der Wertpapiermärkte und das Vertrauen der Öffentlichkeit in die Märkte sind Voraussetzungen für Wirtschaftswachstum und Wohlstand. Marktmissbrauch verletzt die Integrität der Finanzmärkte und untergräbt das Vertrauen der Öffentlichkeit in Wertpapiere und Derivate.

(3) Die Richtlinie 2003/6/EG des Europäischen Parlaments und des Rates[4] hat den Rechtsrahmen der Union zum Schutz der Marktintegrität vervollständigt und aktualisiert. Angesichts der rechtlichen, kommerziellen und technologischen Entwicklungen seit dem Inkrafttreten jener Richtlinie, die zu erheblichen Änderungen in der Finanzwelt geführt haben, sollte diese Richtlinie nun ersetzt werden. Ein neues Rechtsinstrument ist auch erforderlich, um für einheitliche Regeln, die Klarheit zentraler Begriffe und ein einheitliches Regelwerk im Einklang mit den Schlussfolgerungen des Berichts vom 25. Februar 2009 der Hochrangigen Gruppe für Fragen der Finanzaufsicht in der EU unter dem Vorsitz von Jacques de Larosière (im Folgenden „De-Larosière-Gruppe") zu sorgen.

(4) Es muss ein einheitlicherer und stärkerer Rahmen geschaffen werden, um die Marktintegrität zu wahren, potenzieller Aufsichtsarbitrage vorzubeugen, Rechen-

---

1 **Amtl. Anm.:** ABl. C 161 vom 7. 6. 2012, S. 3.
2 **Amtl. Anm.:** ABl. C 181 vom 21. 6. 2012, S. 64.
3 **Amtl. Anm.:** Standpunkt des Europäischen Parlaments vom 10. September 2013 (noch nicht im Amtsblatt veröffentlicht) und Beschluss des Rates vom 14. April 2014.
4 **Amtl. Anm.:** Richtlinie 2003/6/EG des Europäischen Parlaments und des Rates vom 28. Januar 2003 über Insider-Geschäfte und Marktmanipulation (Marktmissbrauch) (ABl. L 96 vom 12. 4. 2003, S. 16).

schaftspflicht bei Manipulationsversuchen vorzusehen und den Marktteilnehmern mehr Rechtssicherheit und unkompliziertere Vorschriften zu bieten. Diese Verordnung zielt darauf ab, einen entscheidenden Beitrag zum reibungslosen Funktionieren des Binnenmarkts zu leisten und er sollte sich daher auf Artikel 114 des Vertrags über die Arbeitsweise der Europäischen Union (AEUV) gemäß der Auslegung in der ständigen Rechtsprechung des Gerichtshofs der Europäischen Union stützen.

(5) Um die noch bestehenden Handelshemmnisse und die aus den Unterschieden zwischen dem jeweiligen nationalen Recht resultierenden erheblichen Wettbewerbsverzerrungen zu beseitigen und dem Entstehen weiterer Handelshemmnisse und erheblicher Wettbewerbsverzerrungen vorzubeugen, muss eine Verordnung erlassen werden, durch die eine einheitlichere Auslegung des Regelwerks der Union zum Marktmissbrauch erreicht wird und in der in allen Mitgliedstaaten geltende Regeln klarer definiert sind. Indem den Vorschriften in Bezug auf Marktmissbrauch die Form einer Verordnung gegeben wird, ist deren unmittelbare Anwendbarkeit sichergestellt. Dadurch werden infolge der Umsetzung einer Richtlinie voneinander abweichende nationale Vorschriften verhindert, so dass einheitliche Bedingungen gewährleistet sind. Diese Verordnung wird zur Folge haben, dass in der gesamten Union alle natürlichen und juristischen Personen die gleichen Regeln zu befolgen haben. Eine Verordnung dürfte auch die rechtliche Komplexität und insbesondere für grenzüberschreitend tätige Gesellschaften die Compliance-Kosten reduzieren sowie zur Beseitigung von Wettbewerbsverzerrungen beitragen.

(6) Die Union und die Mitgliedstaaten werden in der Mitteilung der Kommission vom 25. Juni 2008 über einen „Small Business Act" für Europa dazu aufgerufen, Regeln mit Blick auf die Verringerung des Verwaltungsaufwands, eine Anpassung der Rechtsvorschriften an die Erfordernisse der auf Märkten für kleine und mittlere Unternehmen (KMU) tätigen Emittenten und die Erleichterung des Kapitalzugangs dieser Emittenten zu gestalten. Einige Bestimmungen der Richtlinie 2003/6/EG sind für die Emittenten, insbesondere jene, deren Finanzinstrumente zum Handel in einem KMU-Wachstumsmärkten zugelassen sind, mit einem Verwaltungsaufwand verbunden, der reduziert werden sollte.

(7) Marktmissbrauch ist ein Oberbegriff für unrechtmäßige Handlungen an den Finanzmärkten und sollte für die Zwecke dieser Verordnung Insidergeschäfte oder die unrechtmäßige Offenlegung von Insiderinformationen und Marktmanipulation umfassen. Solche Handlungen verhindern vollständige und ordnungsgemäße Markttransparenz, die eine Voraussetzung dafür ist, dass alle Wirtschaftsakteure an integrierten Finanzmärkten teilnehmen können.

(8) Der Geltungsbereich der Richtlinie 2003/6/EG konzentrierte sich auf Finanzinstrumente, die zum Handel auf einem geregelten Markt zugelassen sind oder für die ein Antrag auf Zulassung zum Handel auf einem solchen Markt gestellt wurde. In den letzten Jahren werden Finanzinstrumente jedoch zunehmend auf multilateralen Handelssystemen gehandelt. Daneben gibt es weitere Finanzinstrumente, die ausschließlich auf anderen Arten von organisierten Handelssystemen oder nur außerbörslich gehandelt werden. Deshalb sollte der Anwendungsbereich dieser Verordnung alle auf einem geregelten Markt, einem multilateralen oder organisierten Handelssystem gehandelten Finanzinstrumente ebenso einschließen wie jede andere Handlung oder Maßnahme, unabhängig davon, ob sie auf einem Handelsplatz durchgeführt wird, die sich auf ein solches Finanzinstrument auswirken kann. Im Fall bestimmter Arten von multilateralen Handelssystemen, die – wie geregelte Märkte – dazu dienen, Unternehmen bei der Beschaffung von Eigenkapital zu unterstützen, gilt das Verbot des Marktmissbrauchs gleichermaßen, wenn ein Antrag auf Zulassung zum Handel auf einem solchen Markt gestellt wurde. Aus diesem Grund sollte sich der Anwendungsbereich dieser Verordnung auf Finanzinstrumente erstrecken, für die ein Antrag auf Zulassung zum Handel auf einem multilateralen Handelssystem gestellt worden ist. Dies dürfte den Anlegerschutz verbessern,

die Integrität der Märkte wahren und gewährleisten, dass die Manipulation der Märkte für solche Instrumente klar verboten ist.

(9) Um für Transparenz zu sorgen, sollten die Betreiber eines geregelten Marktes, eines multilateralen oder eines organisierten Handelssystems ihrer zuständigen Behörde unverzüglich ausführliche Angaben zu den Finanzinstrumenten übermitteln, die sie zum Handel zugelassen haben, für die ein Antrag auf Zulassung zum Handel gestellt wurde oder die auf ihrem Handelsplatz gehandelt wurden. Bei Erlöschen der Zulassung eines Finanzinstruments sollte eine weitere Mitteilung ergehen. Solche Verpflichtungen sollten auch für Finanzinstrumente gelten, für die ein Antrag auf Zulassung zum Handel auf ihrem Handelsplatz gestellt wurde, sowie für Finanzinstrumente, die vor Inkrafttreten dieser Verordnung zum Handel zugelassen wurden. Diese Meldungen sollten von den zuständigen Behörden der Europäischen Wertpapier- und Marktaufsichtsbehörde (ESMA) übermittelt werden, und die ESMA sollte eine Liste aller übermittelten Finanzinstrumente veröffentlichen. Diese Verordnung gilt für entsprechende Finanzinstrumente unabhängig davon, ob sie in der von der ESMA veröffentlichten Liste aufgeführt sind.

(10) Es ist möglich, dass mit bestimmten Finanzinstrumenten, die nicht auf einem Handelsplatz gehandelt werden, Marktmissbrauch betrieben wird. Dazu gehören Finanzinstrumente, deren Kurs oder Wert von Finanzinstrumenten, die auf einem Handelsplatz gehandelt werden, abhängen oder sich auf diese auswirken oder deren Handel Auswirkungen auf den Kurs oder Wert anderer Finanzinstrumente hat, die auf einem Handelsplatz gehandelt werden. Zu den Beispielen, bei denen solche Instrumente zum Marktmissbrauch verwendet werden können, gehören Informationen in Bezug auf eine Aktie oder Schuldverschreibung, mit denen ein Derivat dieser Aktie oder Schuldverschreibung gekauft werden kann, oder ein Index, dessen Wert von dieser Aktie oder Schuldverschreibung abhängt. Wenn ein Finanzinstrument als Referenzkurs genutzt wird, kann mit einem außerbörslich gehandelten Derivat von manipulierten Kursen profitiert werden oder der Kurs eines Finanzinstruments, das auf einem Handelsplatz gehandelt wird, manipuliert werden. Ein weiteres Beispiel ist die geplante Ausgabe eines neuen Pakets von Wertpapieren, die an sich nicht in den Anwendungsbereich dieser Verordnung fallen, wobei jedoch der Handel mit diesen Wertpapieren den Kurs oder Wert bestehender notierter Wertpapiere beeinflussen könnte, die in den Anwendungsbereich dieser Verordnung fallen. Diese Verordnung deckt außerdem die Situation ab, dass der Kurs oder Wert eines auf einem Handelsplatz gehandelten Instruments von einem außerbörslich gehandelten Instrument abhängt. Derselbe Grundsatz sollte für Waren-Spot-Kontrakte gelten, deren Kurs auf dem eines Derivats beruht, und für den Kauf von Waren-Spot-Kontrakten mit einem Bezug zu Finanzinstrumenten.

(11) Der Handel mit eigenen Aktien im Rahmen von Rückkaufprogrammen und Maßnahmen zur Stabilisierung des Kurses von Finanzinstrumenten, für die die Ausnahmen nach dieser Verordnung nicht gelten, sollten nicht bereits als solcher als Marktmissbrauch gewertet werden.

(12) Der Handel mit Wertpapieren oder verbundenen Instrumenten zur Kursstabilisierung von Wertpapieren oder der Handel mit eigenen Aktien im Rahmen von Rückkaufprogrammen können aus wirtschaftlichen Gründen gerechtfertigt sein und sollten daher unter bestimmten Umständen vom Verbot des Marktmissbrauch befreit sein, sofern die Maßnahmen hinreichend transparent durchgeführt werden, das heißt, dass relevante Informationen zu der Kursstabilisierungsmaßnahme oder zu dem Rückkaufprogramm offengelegt werden.

(13) Die Mitgliedstaaten, die Mitglieder des Europäischen Systems der Zentralbanken, Ministerien und andere Einrichtungen und Zweckgesellschaften eines oder mehrerer Mitgliedstaaten und die Union und bestimmte andere öffentliche Stellen bzw. in ihrem Auftrag handelnde Personen sollten in ihrer Geld- und Wechselkurspolitik

und ihrer Politik zur Staatsschuldenverwaltung nicht eingeschränkt werden, sofern sie dabei im öffentlichen Interesse und ausschließlich in Ausübung dieser Politik handeln. Ebensowenig sollten die Union, Zweckgesellschaften eines oder mehrerer Mitgliedstaaten, die Europäische Investitionsbank, die Europäische Finanzstabilisierungsfazilität, der Europäische Stabilitätsmechanismus oder von mindestens zwei Mitgliedstaaten gegründete internationale Finanzinstitute darin eingeschränkt werden, Geschäfte abzuwickeln, Aufträge zu erteilen oder Handlungen vorzunehmen, die dazu dienen, finanzielle Mittel zu mobilisieren und ihre Mitglieder finanziell zu unterstützen. Eine solche Ausnahme aus dem Geltungsbereich dieser Verordnung kann im Einklang mit dieser Verordnung auf bestimmte öffentliche Stellen, die für die Staatsschuldenverwaltung zuständig oder daran beteiligt sind, und auf die Zentralbanken von Drittstaaten ausgeweitet werden. Gleichzeitig sollten sich die Ausnahmen für die Geld- und Wechselkurspolitik und die Staatsschuldenverwaltung jedoch nicht auf Fälle erstrecken, in denen diese Stellen an Geschäften, Aufträgen oder Handlungen beteiligt sind, die nicht der Umsetzung dieser politischen Strategien dienen, oder wenn Personen, die für eine dieser Stellen tätig sind, für eigene Rechnung Geschäfte tätigen, Aufträge erteilen oder Handlungen vornehmen.

(14) Verständige Investoren stützen ihre Anlageentscheidungen auf Informationen, die ihnen vorab zur Verfügung stehen (Ex-ante-Informationen). Die Prüfung der Frage, ob ein verständiger Investor einen bestimmten Sachverhalt oder ein bestimmtes Ereignis im Rahmen seiner Investitionsentscheidung wohl berücksichtigen würde, sollte folglich anhand der Ex-ante-Informationen erfolgen. Eine solche Prüfung sollte auch die voraussichtlichen Auswirkungen der Informationen in Betracht ziehen, insbesondere unter Berücksichtigung der Gesamttätigkeit des Emittenten, der Verlässlichkeit der Informationsquelle und sonstiger Marktvariablen, die das Finanzinstrument, die damit verbundenen Waren-Spot-Kontrakte oder die auf den Emissionszertifikaten beruhenden Auktionsobjekte unter den gegebenen Umständen beeinflussen dürften.

(15) Im Nachhinein vorliegende Informationen (Ex-post-Informationen) können zur Überprüfung der Annahme verwendet werden, dass die Ex-ante-Informationen kurserheblich waren, sollten allerdings nicht dazu verwendet werden, Maßnahmen gegen Personen zu ergreifen, die vernünftige Schlussfolgerungen aus den ihnen vorliegenden Ex-ante-Informationen gezogen hat[5].

(16) Betreffen Insiderinformationen einen Vorgang, der aus mehreren Schritten besteht, können alle Schritte des Vorgangs wie auch der gesamte Vorgang als Insiderinformationen gelten. Ein Zwischenschritt in einem zeitlich gestreckten Vorgang kann für sich genommen mehrere Umstände oder ein Ereignis darstellen, die gegeben sind bzw. das eingetreten ist oder bezüglich deren/dessen auf der Grundlage einer Gesamtbewertung der zum relevanten Zeitpunkt vorhandenen Faktoren eine realistische Wahrscheinlichkeit besteht, dass sie/es entsteht/eintritt. Dieses Konzept sollte jedoch nicht so verstanden werden, dass demgemäß der Umfang der Auswirkungen dieser Reihe von Umständen oder des Ereignisses auf den Kurs der betreffenden Finanzinstrumente berücksichtigt werden muss. Ein Zwischenschritt sollte als Insiderinformation angesehen werden darstellen,[6] wenn er für sich genommen den in dieser Verordnung festgelegten Kriterien für Insiderinformationen entspricht.

(17) Informationen in Zusammenhang mit einem Ereignis oder mehreren Umständen, das bzw. die ein Zwischenschritt in einem zeitlich gestreckten Vorgang ist, können sich beispielsweise auf den Stand von Vertragsverhandlungen, vorläufig in Vertragsverhandlungen vereinbarte Bedingungen, die Möglichkeit der Platzierung von

---

5 Richtig wohl: „haben".
6 Richtig wohl: „Ein Zwischenschritt sollte als Insiderinformation angesehen werden,".

Finanzinstrumenten, die Umstände, unter denen Finanzinstrumente vermarktet werden, vorläufige Bedingungen für die Platzierung von Finanzinstrumenten oder die Prüfung der Aufnahme eines Finanzinstruments in einen wichtigen Index oder die Streichung eines Finanzinstruments aus einem solchen Index beziehen.

(18) Die Rechtssicherheit für die Marktteilnehmer sollte durch eine genauere Bestimmung von zwei wesentlichen Merkmalen von Insiderinformationen erhöht werden, nämlich die präzise Natur dieser Informationen und die Frage, ob diese Informationen möglicherweise den Kurs der Finanzinstrumente, der damit verbundenen Waren-Spot-Kontrakte oder der auf den Emissionszertifikaten beruhenden Auktionsobjekte erheblich beeinflusst. Für Derivate, die Energiegroßhandelsprodukte sind, sollten insbesondere Informationen, die gemäß der Verordnung (EU) Nr. 1227/2011 des Europäischen Parlaments und des Rates[7] offengelegt werden müssen, als Insiderinformationen betrachtet werden.

(19) Diese Verordnung hat nicht zum Ziel, allgemeine Diskussionen zwischen Anteilseignern und der Unternehmensführung über die Geschäfts- und Marktentwicklungen, die einen Emittenten betreffen, zu verbieten. Solche Beziehungen sind von grundlegender Bedeutung für das effiziente Funktionieren der Märkte und sollten durch diese Verordnung nicht verboten werden.

(20) Die Spotmärkte und die zugehörigen Derivatemärkte sind in hohem Maße vernetzt und global, und Marktmissbrauch kann sowohl markt- als auch grenzüberschreitend erfolgen, was zu erheblichen Systemrisiken führen kann. Dies trifft auf Insidergeschäfte ebenso wie auf Marktmanipulation zu. Insbesondere können Insiderinformationen von einem Spotmarkt einer Person nützlich sein, die an einem Finanzmarkt handelt. Die Bestimmung des Begriffs „Insiderinformationen" in Bezug auf ein Warenderivat sollte besagen, dass es sich dabei um Informationen handelt, die sowohl der allgemeinen Bestimmung des Begriffs „Insiderinformationen" in Bezug auf die Finanzmärkte entsprechen und die im Einklang mit Rechts- und Verwaltungsvorschriften der Union oder der Mitgliedstaaten, Handelsregeln, Verträgen oder Regeln auf dem betreffenden Warenderivat- oder Spotmarkt offengelegt werden müssen. Wichtige Beispiele für solche Regeln sind beispielsweise die Verordnung (EU) Nr. 1227/2011 für den Energiemarkt und die Datenbank der Gemeinsamen Initiative: Daten aus dem Mineralölsektor (Joint Organisations Database Initiative – JODI) für Erdöl. Solche Informationen können als Grundlage für Entscheidungen von Marktteilnehmern dienen, Verträge über Warenderivate oder die damit verbundenen Waren-Spot-Kontrakte abzuschließen, und stellen daher Insiderinformationen dar, die offengelegt werden müssen, wenn davon auszugehen ist, dass sie einen erheblichen Einfluss auf die Kurse solcher Derivate oder damit verbundener Waren-Spot-Kontrakte haben.

Außerdem können sich Manipulationsstrategien auch über Spot- und Derivatemärkte hinaus erstrecken. Der Handel mit Finanzinstrumenten, darunter Warenderivate, kann zur Manipulation damit verbundener Waren-Spot-Kontrakte genutzt werden, und Waren-Spot-Kontrakte können zur Manipulation damit verbundener Finanzinstrumente genutzt werden. Das Verbot der Marktmanipulation sollte diese Wechselbeziehungen erfassen. Die Erweiterung des Anwendungsbereichs dieser Verordnung auf Handlungen, die nichts mit Finanzinstrumenten zu tun haben, beispielsweise Waren-Spot-Kontrakte, die lediglich den Spotmarkt berühren, ist jedoch nicht zweckmäßig oder praktikabel. Im speziellen Fall der Energiegroßhandelsprodukte sollten die zuständigen Behörden die Besonderheiten der Begriffsbestimmungen der Verordnung (EU) Nr. 1227/2011 berücksichtigen, wenn sie die Definitionen der Begriffe Insiderinformation, Insidergeschäfte und Marktmanipu-

---

[7] **Amtl. Anm.:** Verordnung (EU) Nr. 1227/2011 des Europäischen Parlaments und des Rates vom 25. Oktober 2011 über die Integrität und Transparenz des Energiegroßhandelsmarkts (ABl. L 326 vom 8. 12. 2011, S. 1).

lation dieser Verordnung auf Finanzinstrumente anwenden, die sich auf Energiegroßhandelsprodukte beziehen.

(21) Gemäß der Richtlinie 2003/87/EG des Europäischen Parlaments und des Rates[8] sind die Kommission, die Mitgliedstaaten sowie andere offiziell beauftragte Stellen für die technische Ausgabe von Emissionszertifikaten, deren freie Zuweisung an berechtigte Wirtschaftszweige und neue Marktteilnehmer und allgemeiner gefasst für den Ausbau und die Umsetzung des klimaschutzpolitischen Rahmens der Union zuständig, der der Bereitstellung von Emissionszertifikaten für die Compliance-Käufer im Emissionshandelssystem (EU-ETS) der Union zugrunde liegt. Bei der Ausübung dieser Zuständigkeiten können diese öffentlichen Gremien Zugang zu nicht öffentlichen kurserheblichen Informationen erhalten und müssen gemäß der Richtlinie 2003/87/EG gegebenenfalls bestimmte Marktoperationen in Bezug auf Emissionszertifikate durchführen. Infolge der Einstufung von Emissionszertifikaten als Finanzinstrumente im Rahmen der Überarbeitung der Richtlinie 2004/39/EG des Europäischen Parlaments und des Rates[9] werden diese Instrumente künftig auch in den Geltungsbereich dieser Verordnung fallen.
Damit die Kommission, die Mitgliedstaaten und andere offiziell benannte Stellen auch künftig die Klimapolitik der Union ausarbeiten und durchführen können, sollte die Tätigkeit dieser öffentlichen Stellen, soweit sie im öffentlichen Interesse und ausdrücklich zur Durchsetzung dieser Politik und im Zusammenhang mit Emissionszertifikaten erfolgt, von der Anwendung dieser Verordnung ausgenommen sein. Eine solche Ausnahme sollte keine negative Auswirkung auf die allgemeine Markttransparenz haben, da diese öffentlichen Stellen gesetzlichen Verpflichtungen unterliegen, wonach sie so zu arbeiten haben, dass eine ordnungsgemäße, gerechte und nichtdiskriminierende Offenlegung und der Zugang zu allen neuen kurserheblichen Entscheidungen, Entwicklungen und Daten gewährleistet wird. Ferner bestehen im Rahmen der Richtlinie 2003/87/EG und der aufgrund dieser Richtlinie getroffenen Umsetzungsmaßnahmen Regelungen, mit denen für eine gerechte und nichtdiskriminierende Offenlegung bestimmter kurserheblicher Informationen von Behörden gesorgt wird. Allerdings sollte die Ausnahme für öffentliche Stellen, die an der Umsetzung der Klimaschutzpolitik der Union beteiligt sind, nicht gelten, wenn diese öffentlichen Stellen an Handlungen oder Geschäften beteiligt sind, die nicht der Umsetzung der Klimaschutzpolitik der Union dienen, oder wenn Personen, die für eine dieser Stellen tätig sind, für eigene Rechnung handeln oder Geschäfte tätigen.

(22) Gemäß Artikel 43 AEUV und zur Durchführung gemäß dem AEUV geschlossener internationaler Übereinkünfte sind die Kommission, die Mitgliedstaaten und andere offiziell benannte Stellen unter anderem für die Durchführung der Gemeinsamen Agrarpolitik und der Gemeinsamen Fischereipolitik zuständig. Im Rahmen der Wahrnehmung dieser Pflichten führen die genannten öffentlichen Stellen Tätigkeiten aus und ergreifen Maßnahmen zur Verwaltung der Agrarmärkte und der Fischerei, einschließlich öffentlicher Interventionen, der Erhebung von Zusatzzöllen oder der Aussetzung von Einfuhrzöllen. Im Lichte des Anwendungsbereichs dieser Verordnung, die einige Bestimmungen enthält, die auch für Waren-Spot-Kontrakte gelten, die tatsächlich oder wahrscheinlich Auswirkungen auf Finanzinstrumente

---

[8] **Amtl. Anm.:** Richtlinie 2003/87/EG des Europäischen Parlaments und des Rates vom 13. Oktober 2003 über ein System für den Handel mit Treibhausgasemissionszertifikaten in der Gemeinschaft und zur Änderung der Richtlinie 96/61/EG des Rates (ABl. L 275 vom 25. 10. 2003, S. 32).

[9] **Amtl. Anm.:** Richtlinie 2004/39/EG des Europäischen Parlaments und des Rates vom 21. April 2004 über Märkte für Finanzinstrumente, zur Änderung der Richtlinien 85/611/EWG und 93/6/EWG des Rates und der Richtlinie 2000/12/EG des Europäischen Parlaments und des Rates und zur Aufhebung der Richtlinie 93/22/EWG des Rates (ABl. L 145 vom 30. 4. 2004).

haben, sowie für Finanzinstrumente, deren Wert vom Wert von Waren-Spot-Kontrakten abhängt und die tatsächlich oder wahrscheinlich Auswirkungen auf Waren-Spot-Kontrakte haben, muss sichergestellt werden, dass die Tätigkeit der Kommission, der Mitgliedstaaten und anderer offiziell benannter Stellen zur Umsetzung der Gemeinsamen Agrarpolitik und der Gemeinsamen Fischereipolitik nicht eingeschränkt wird. Damit die Kommission, die Mitgliedstaaten und andere offiziell benannte Stellen auch künftig die Gemeinsame Agrarpolitik und die Gemeinsame Fischereipolitik der Union konzipieren und umsetzen können, sollten die im öffentlichen Interesse und ausschließlich in Ausübung dieser politischen Strategien ausgeübten Aktivitäten von der Anwendung dieser Verordnung ausgenommen werden. Eine solche Ausnahme sollte keine negative Auswirkung auf die allgemeine Markttransparenz haben, da diese öffentlichen Stellen gesetzlichen Verpflichtungen unterliegen, wonach sie so zu arbeiten haben, dass eine ordnungsgemäße, gerechte und nichtdiskriminierende Offenlegung und der Zugang zu allen neuen kurserheblichen Entscheidungen, Entwicklungen und Daten gewährleistet wird. Allerdings sollte die Ausnahme für öffentliche Stellen, die an der Umsetzung der Gemeinsamen Agrarpolitik und der Gemeinsamen Fischereipolitik der Union beteiligt sind, nicht gelten, wenn diese öffentlichen Stellen an Handlungen oder Geschäften beteiligt sind, die nicht der Umsetzung dieser gemeinsamen politischen Strategien der Union dienen, oder wenn Personen, die für eine dieser Stellen tätig sind, für eigene Rechnung handeln oder Geschäfte tätigen.

(23) Das wesentliche Merkmal von Insidergeschäften ist ein ungerechtfertigter Vorteil, der mittels Insiderinformationen zum Nachteil Dritter erzielt wird, die diese Informationen nicht kennen, und infolgedessen in der Untergrabung der Integrität der Finanzmärkte und des Vertrauens der Investoren. Folglich sollte das Verbot von Insidergeschäften gelten, wenn eine Person im Besitz von Insiderinformationen dadurch einen ungerechtfertigten Vorteil aus dem mit Hilfe dieser Informationen erzielten Nutzen zieht, dass er aufgrund dieser Informationen Markttransaktionen durchführt, indem er für eigene Rechnung oder für Rechnung Dritter, sei es unmittelbar oder mittelbar, Finanzinstrumente, auf die sich diese Informationen beziehen, erwirbt oder veräußert bzw. zu erwerben oder zu veräußern versucht oder einen Auftrag zum Kauf bzw. Verkauf storniert oder ändert bzw. zu stornieren oder zu ändern versucht. Die Nutzung von Insiderinformationen kann auch im Handel mit Emissionszertifikaten und deren Derivaten und im Bieten auf den Versteigerungen von Emissionszertifikaten oder anderen darauf beruhenden Auktionsobjekten gemäß der Verordnung (EU) Nr. 1031/2010 der Kommission[10] bestehen.

(24) Wenn eine juristische oder natürliche Personen im Besitz von Insiderinformationen für eigene Rechnung oder für Rechnung Dritter, sei es unmittelbar oder mittelbar, Finanzinstrumente, auf die sich diese Informationen beziehen, erwirbt oder veräußert bzw. zu erwerben oder zu veräußern versucht, sollte unterstellt werden, dass diese Person diese Informationen genutzt hat. Diese Annahme lässt die Verteidigungsrechte unberührt. Ob eine Person gegen das Verbot von Insidergeschäften verstoßen hat oder versucht hat, Insidergeschäfte durchzuführen, sollte im Hinblick auf den Zweck dieser Verordnung untersucht werden, der darin besteht, die Integrität des Finanzmarkts zu schützen und das Vertrauen der Investoren zu stärken, das wiederum auf der Gewissheit beruht, dass die Investoren gleichbehandelt und vor der missbräuchlichen Verwendung von Insiderinformationen geschützt werden.

---

10 **Amtl. Anm.:** Verordnung (EU) Nr. 1031/2010 der Kommission vom 12. November 2010 über den zeitlichen und administrativen Ablauf sowie sonstige Aspekte der Versteigerung von Treibhausgasemissionszertifikaten gemäß der Richtlinie 2003/87/EG des Europäischen Parlaments und des Rates über ein System für den Handel mit Treibhausgasemissionszertifikaten in der Gemeinschaft (ABl. L 302 vom 18. 11. 2010, S. 1).

(25) Aufträge, die ausgelöst wurden, bevor eine Person Insiderinformationen besaß, sollten nicht als Insidergeschäfte betrachtet werden. Wenn jedoch eine Person in den Besitz von Insiderinformationen gelangt ist, sollte angenommen werden, dass alle nachfolgenden Änderungen, die im Zusammenhang mit diesen Informationen stehen, an den vor dem Erlangen des Besitzes an diesen Information ausgelösten Aufträgen, einschließlich der Stornierung oder Änderung eines Auftrags oder des Versuchs, einen Auftrag zu stornieren oder zu ändern, Insidergeschäfte sind. Diese Vermutung kann jedoch widerlegt werden, wenn die Person den Nachweis erbringt, dass sie die Insiderinformationen bei der Abwicklung des Geschäfts nicht genutzt hat.

(26) Die Nutzung von Insiderinformationen kann in dem Erwerb oder der Veräußerung eines Finanzinstruments oder eines auf Emissionszertifikaten beruhenden Auktionsobjekts oder in der Stornierung oder Änderung eines Auftrags oder dem Versuch, ein Finanzinstrument zu erwerben oder zu veräußern bzw. einen Auftrag zu stornieren oder zu ändern, bestehen, ausgeführt von einer Person, die weiß oder wissen müsste, dass die Informationen Insiderinformationen sind. Hier sollten die zuständigen Behörden von dem ausgehen, was eine normale, vernünftige Person unter den gegebenen Umständen wusste oder hätte wissen müssen.

(27) Diese Verordnung sollte entsprechend den von den Mitgliedstaaten ergriffenen Maßnahmen ausgelegt werden, die dem Schutz der Interessen der Inhaber übertragbarer Wertpapiere dienen, die Stimmrechte in einer Gesellschaft verleihen (oder solche Rechte durch Ausübung von Rechten oder Umwandlung verleihen können), wenn die Gesellschaft Gegenstand eines öffentlichen Übernahmeangebots oder eines anderen Vorschlags für einen Kontrollwechsel ist. Die Auslegung dieser Verordnung sollte im Einklang mit den Gesetzen, Rechts- und Verwaltungsvorschriften erfolgen, die in Bezug auf Übernahmeangebote, Zusammenschlüsse und andere Transaktionen erlassen wurden, die die Eigentumsverhältnisse oder die Kontrolle von Unternehmen betreffen und die durch die von den Mitgliedstaaten gemäß Artikel 4 der Richtlinie 2004/25/EG des Europäischen Parlaments und des Rates[11] benannten Aufsichtsbehörden reguliert werden.

(28) Analysen und Bewertungen, die aufgrund öffentlich verfügbarer Angaben erstellt wurden, sollten nicht als Insiderinformationen angesehen werden und die bloße Tatsache, dass Geschäfte auf der Grundlage von Analysen und Bewertungen getätigt werden, sollte daher nicht als Nutzung von Insiderinformationen gelten. Wird jedoch beispielsweise die Veröffentlichung oder Verbreitung der Informationen vom Markt routinemäßig erwartet und trägt diese Veröffentlichung und Verbreitung zur Preisbildung von Finanzinstrumenten bei oder enthält sie Ansichten eines anerkannten Marktkommentators oder einer Institution, die die Preise verbundener Finanzinstrumente beeinflussen können so können diese Informationen Insiderinformationen darstellen. Um festzustellen, ob sie auf der Grundlage von Insiderinformationen handeln würden, müssen die Marktteilnehmer deshalb berücksichtigen, in welchem Umfang die Informationen nichtöffentlich sind und welche Auswirkungen auf Finanzinstrumente möglich wären, wenn sie vor der Veröffentlichung oder Verbreitung handeln würden.

(29) Damit legitime Formen von Finanzaktivitäten nicht ungewollt verboten werden, insbesondere solche, in denen kein Marktmissbrauch vorliegt, ist es erforderlich, bestimmte legitime Handlungen anzuerkennen. Dazu kann beispielsweise gehören, die Rolle der Market-Maker anzuerkennen, wenn sie in ihrer legitimen Eigenschaft als Bereitsteller von Marktliquidität tätig sind.

---

11 Amtl. Anm.: Richtlinie 2004/25/EG des Europäischen Parlaments und des Rates vom 21. April 2004 betreffend Übernahmeangebote (ABl. L 142 vom 30. 4. 2004, S. 12).

(30) Beschränken sich Market-Maker oder Personen, die als Gegenparteien fungieren dürfen, auf die Ausübung ihrer legitimen Geschäftstätigkeit in Form des Erwerbs oder der Veräußerung von Finanzinstrumenten oder beschränken sich zur Ausführung von Aufträgen für Rechnung Dritter, die über Insiderinformationen verfügen, befugte Personen auf die pflichtgemäße Ausführung der Stornierung oder Änderung eines Auftrags, so sollte dies nicht als Nutzung von Insiderinformationen gelten. Der in dieser Verordnung vorgesehene Schutz für Market-Maker, für Stellen, die befugt sind, als Gegenpartei aufzutreten, und für Personen, die befugt sind, im Namen Dritter, die über Insiderinformationen verfügen, Aufträge auszuführen, erstreckt sich nicht auf Tätigkeiten, die gemäß dieser Verordnung eindeutig verboten sind, so unter anderem die gemeinhin als „Frontrunning" bekannte Praxis (Eigengeschäfte in Kenntnis von Kundenaufträgen). Haben juristische Personen alle geeigneten Maßnahmen ergriffen, um Marktmissbrauch zu verhindern, begehen jedoch dessen ungeachtet von ihnen beschäftigte natürliche Personen im Namen der juristischen Person Marktmissbrauch, so sollte dies nicht als ein Marktmissbrauch durch die juristische Person gelten. Ein weiteres Beispiel für eine Situation, in der nicht von der Nutzung von Insiderinformationen ausgegangen werden sollte, sind Geschäfte, die zur Erfüllung einer fällig gewordenen vorgelagerten Verpflichtung durchgeführt werden. Der Zugang zu Insiderinformationen über ein anderes Unternehmen und die Nutzung dieser Informationen bei einem öffentlichen Übernahmeangebot mit dem Ziel, die Kontrolle über dieses Unternehmen zu gewinnen oder einen Zusammenschluss mit ihm vorzuschlagen, sollten als solche nicht als Insidergeschäft gelten.

(31) Da dem Erwerb oder der Veräußerung von Finanzinstrumenten erforderlicherweise eine entsprechende Entscheidung der Person vorausgehen muss, die erwirbt bzw. veräußert, sollte die bloße Tatsache dieses Erwerbs oder dieser Veräußerung als solche nicht als Nutzung von Insiderinformationen gelten. Handlungen auf der Grundlage eigener Pläne und Handelsstrategien des Marktteilnehmers sollten nicht als Nutzung von Insiderinformationen gelten. Keine der betreffenden juristischen oder natürlichen Personen sollte aufgrund ihrer beruflichen Funktion geschützt werden, sondern nur dann, wenn sie in geeigneter und angemessener Weise handeln und sowohl die von ihnen zu erwartenden beruflichen Standards als auch die durch diese Verordnung festgelegten Normen, insbesondere zu Marktintegrität und Anlegerschutz, einhalten. Dessen ungeachtet könnte von einer Rechtsverletzung ausgegangen werden, wenn die zuständige Behörde feststellt, dass sich hinter den betreffenden Geschäften, Handelsaufträgen oder Handlungen ein rechtswidriger Grund verbirgt, oder dass die Person Insiderinformation verwendet hat.

(32) Marktsondierungen sind Interaktionen zwischen einem Verkäufer von Finanzinstrumenten und einem oder mehreren potenziellen Anlegern, die vor der Ankündigung eines Geschäfts erfolgen, um das Interesse potenzieller Anleger an einem möglichen Geschäft, seiner preislichen Gestaltung, seinem Umfang und seiner Struktur abzuschätzen. Marktsondierungen können eine Erst- oder Zweitplatzierung relevanter Wertpapiere umfassen und unterscheiden sich vom üblichen Handel. Sie sind ein ausgesprochen wertvolles Instrument zur Beurteilung der Meinung potenzieller Anleger, zur Intensivierung des Dialogs mit den Anteilseignern, zur Sicherstellung des reibungslosen Ablaufs der Geschäfte und zur Abstimmung der Ansichten von Emittenten, vorhandenen Anteilseignern und potenziellen neuen Anlegern. Marktsondierungen können insbesondere dann nützlich sein, wenn das Vertrauen in die Märkte geschwächt ist, wenn relevante Marktreferenzwerte fehlen oder wenn die Märkte Schwankungen unterworfen sind. Die Fähigkeit, Marktsondierungen durchzuführen, ist wichtig für das ordnungsgemäße Funktionieren der Finanzmärkte, und Marktsondierungen sollten als solche nicht als Marktmissbrauch gelten.

(33) Beispiele für Marktsondierungen sind unter anderem Situationen, in denen ein Unternehmen auf der Verkäuferseite Gespräche mit einem Emittenten über ein mögliches Geschäft führt und beschließt, das Interesse potenzieller Anleger abzuschätzen, um die Bedingungen festzulegen, unter denen das Geschäft zustande kommt; wenn ein Emittent beabsichtigt, die Begebung eines Schuldtitels oder eine zusätzliche Kapitalerhöhung anzukündigen, und sich das Unternehmen auf der Verkäuferseite an wichtige Investoren wendet und ihnen die vollständigen Geschäftsbedingungen mitteilt, um eine finanzielle Zusage für die Beteiligung an dem Geschäft zu erhalten; oder wenn die Verkäuferseite anstrebt, eine große Menge von Wertpapieren im Auftrag eines Anlegers zu veräußern und das potenzielle Interesse anderer möglicher Anleger an diesen Wertpapieren abschätzen will.

(34) Die Durchführung von Marktsondierungen kann es erforderlich machen, potenziellen Anlegern gegenüber Insiderinformationen offenzulegen. Grundsätzlich ist die Möglichkeit, finanziell vom Handel auf der Grundlage von Insiderinformationen, die im Rahmen einer Marktsondierung weitergegeben wurden, zu profitieren, nur dann gegeben, wenn ein Markt für das Finanzinstrument, das Gegenstand der Marktsondierung ist, oder für ein verbundenes Finanzinstrument vorhanden ist. Aufgrund der Wahl des Zeitpunkts für solche Gespräche ist es möglich, dass den potenziellen Anleger im Verlauf der Marktsondierung Insiderinformationen offengelegt werden, nachdem ein Finanzinstrument zum Handel auf einem geregelten Markt zugelassen oder auf einem multilateralen oder organisierten Handelssystem gehandelt wurde. Vor einer Marktsondierung sollte der offenlegende Marktteilnehmer beurteilen, ob es im Rahmen der Marktsondierung zur Offenlegung von Insiderinformationen kommen wird.

(35) Die Offenlegung von Insiderinformationen durch eine Person sollte als rechtmäßig betrachtet werden, wenn sie im Zuge der normalen Ausübung ihrer Arbeit oder ihres Berufes oder der normalen Erfüllung ihrer Aufgaben handelt. Wenn eine Marktsondierung die Offenlegung von Insiderinformationen einschließt, werden die Handlungen des offenlegenden Marktteilnehmers dann als im Zuge der normalen Ausübung seiner Arbeit, seines Berufs oder seiner Aufgaben getätigt angesehen, wenn er zum Zeitpunkt der Offenlegung die Person, der gegenüber die Offenlegung erfolgt, davon informiert und ihre Zustimmung dazu einholt, dass ihr Insiderinformationen übergeben werden, dass ihr durch die Bestimmungen dieser Verordnung beim Handel und beim Handeln auf der Grundlage dieser Informationen Beschränkungen auferlegt werden, dass angemessene Schritte unternommen werden müssen, um die fortbestehende Vertraulichkeit der Informationen zu wahren, und dass sie den offenlegenden Marktteilnehmer von der Identität sämtlicher natürlichen und juristischen Personen in Kenntnis setzen muss, denen gegenüber die Informationen im Verlauf der Erarbeitung einer Antwort auf die Marktsondierung offengelegt werden. Der offenlegende Marktteilnehmer sollte außerdem die Pflichten hinsichtlich der Führung und Vorhaltung von Aufzeichnungen über offengelegte Informationen erfüllen, die in technischen Regulierungsstandards ausführlich festzulegen sind. Von Marktteilnehmern, die bei der Durchführung einer Marktsondierung diese Verordnung nicht einhalten, sollte nicht angenommen werden, dass sie Insiderinformationen unrechtmäßig offengelegt[12] haben, sie können jedoch nicht in den Genuss der Ausnahme kommen, die denjenigen gewährt wird, die diese Bestimmungen eingehalten haben. Ob sie gegen das Verbot einer unrechtmäßigen Offenlegung von Insiderinformationen verstoßen haben, sollte unter Berücksichtigung sämtlicher einschlägigen[13] Bestimmungen dieser Verordnung untersucht werden, und alle offenlegenden Marktteilnehmer sollten verpflichtet sein, vor der

---

12 Richtig wohl: „offengelegt".
13 Richtig wohl: „einschlägiger".

Durchführung einer Marktsondierung ihre Beurteilung schriftlich niederzulegen, ob diese Marktsondierung die Offenlegung von Insiderinformationen einschließt.

(36) Im Gegenzug sollten potenzielle Anleger, die Gegenstand einer Marktsondierung sind, prüfen, ob die ihnen gegenüber offengelegten Informationen Insiderinformationen sind, wodurch sie daran gehindert würden, auf der Grundlage dieser Informationen Geschäfte zu tätigen oder diese Informationen weiter offenzulegen. Potenzielle Anleger unterliegen weiterhin den Vorschriften über Insidergeschäfte und die unrechtmäßige Offenlegung von Insiderinformationen gemäß dieser Verordnung. Zur Unterstützung potenzieller Anleger bei ihren Erwägungen und im Hinblick auf die Schritte, die sie unternehmen sollten, um nicht gegen diese Verordnung zu verstoßen, sollte die ESMA Leitlinien herausgeben.

(37) Die Verordnung (EU) Nr. 1031/2010 sieht für die Versteigerung von Emissionszertifikaten zwei parallele Regelungen in Bezug auf Marktmissbrauch vor. Da Emissionszertifikate als Finanzinstrumente eingestuft werden, sollte diese Verordnung allerdings ein einheitliches, für den gesamten Primär- und Sekundärmarkt für Emissionszertifikate gültiges Regelwerk in Bezug auf Marktmissbrauch darstellen. Die Verordnung sollte auch für Handlungen oder Geschäfte, darunter Gebote, bezüglich der Versteigerung von Emissionszertifikaten und anderen darauf beruhenden Auktionsobjekten auf einem als Auktionsplattform zugelassenen geregelten Markt gemäß der Verordnung (EU) Nr. 1031/2010 gelten, selbst, wenn die versteigerten Produkte keine Finanzinstrumente sind.

(38) In dieser Verordnung sollten Maßnahmen in Bezug auf Marktmissbrauch vorgesehen werden, die an neue Formen des Handels oder möglicherweise missbräuchliche neue Strategien angepasst werden können. Um dem Umstand Rechnung zu tragen, dass der Handel mit Finanzinstrumenten zunehmend automatisiert ist, ist es wünschenswert, dass in der Bestimmung des Begriffs Marktmanipulation Beispiele bestimmter missbräuchlicher Strategien angeführt werden, die im Zuge aller zur Verfügung stehenden Handelsmethoden – einschließlich des algorithmischen Handels und des Hochfrequenzhandels – angewandt werden können. Die dabei angeführten Beispiele sollen weder eine erschöpfende Aufzählung sein noch den Eindruck erwecken, dass dieselben Strategien, wenn sie mit anderen Mitteln verfolgt würden, nicht auch missbräuchlich wären.

(39) Dem Verbot des Marktmissbrauchs sollten auch die Personen unterliegen, die zusammenwirkend Marktmissbrauch begehen. Beispiele hierfür können unter anderem Makler sein, die eine Handelsstrategie entwickeln und empfehlen, die darauf ausgerichtet ist, Marktmissbrauch zu begehen; Personen, die eine Person, die über Insiderinformationen verfügt, dazu auffordern, diese Informationen unzulässig offenzulegen; oder Personen, die in Zusammenarbeit mit einem Börsenmakler Software zur Begünstigung von Marktmissbrauch entwickeln.

(40) Damit sowohl die juristische Person als auch jede natürliche Person, die an der Beschlussfassung der juristischen Person beteiligt ist, haftbar gemacht werden kann, ist es erforderlich, die unterschiedlichen nationalen rechtlichen Mechanismen in den Mitgliedstaaten anzuerkennen. Diese Mechanismen beziehen sich unmittelbar auf die Methoden der Haftbarmachung im nationalen Recht.

(41) Zur Ergänzung des Verbots der Marktmanipulation sollte diese Verordnung ein Verbot der versuchten Marktmanipulation enthalten. Da beide Aktivitäten gemäß dieser Verordnung verboten sind, sollte ein Versuch der Marktmanipulation von Handlungen unterschieden werden, bei denen davon auszugehen ist, dass sie zu Marktmanipulation führen. Ein solcher Versuch kann sich unter anderem auf Situationen erstrecken, in denen die Aktivität begonnen, aber nicht vollendet wird, beispielsweise aufgrund technischen Versagens oder eines Handelsauftrags, der nicht ausgeführt wird. Das Verbot der versuchten Marktmanipulation ist erforder-

lich, um die zuständigen Behörden in die Lage zu versetzen, entsprechende Versuche mit Sanktionen zu belegen.

(42) Unbeschadet des Zwecks dieser Verordnung und ihrer unmittelbar anwendbaren Bestimmungen könnte eine Person, die Geschäfte abschließt oder Kauf- bzw. Verkaufsaufträge ausführt, die so betrachtet werden können, dass sie den Tatbestand einer Marktmanipulation erfüllen, geltend machen, dass sie legitime Gründe hatte, diese Geschäfte abzuschließen oder Aufträge auszuführen, und dass diese nicht gegen die zulässige Praxis auf dem betreffenden Markt verstoßen. Eine zulässige Marktpraxis kann nur von der zuständigen Stelle festgelegt werden, die für die Beaufsichtigung des betreffenden Marktes in Bezug auf Marktmissbrauch zuständig ist. Eine Praxis, die auf einem bestimmten Markt akzeptiert ist, kann auf anderen Märkten erst als zulässig betrachtet werden, nachdem sie von den für diese anderen Märkte zuständigen Behörden offiziell zugelassen worden ist. Dessen ungeachtet könnte von einer Rechtsverletzung ausgegangen werden, wenn die zuständige Behörde feststellt, dass sich hinter den betreffenden Geschäften oder Handelsaufträgen ein rechtswidriger Grund verbirgt.

(43) Daneben sollte in dieser Verordnung klargestellt werden, dass die Marktmanipulation oder der Versuch der Marktmanipulation hinsichtlich eines Finanzinstruments auch in der Form erfolgen kann, dass damit verbundene Finanzinstrumente wie Derivate verwendet werden, die an einem anderen Handelsplatz oder außerbörslich gehandelt werden.

(44) Der Preis vieler Finanzinstrumente wird durch Bezugnahme auf Referenzwerte festgesetzt. Eine tatsächliche oder versuchte Manipulation von Referenzwerte[14], einschließlich der Angebotssätze im Interbankengeschäft, kann das Marktvertrauen erheblich beeinträchtigen und zu beträchtlichen Verlusten für die Anleger wie auch zu realwirtschaftlichen Verzerrungen führen. Daher sind spezielle Vorschriften für Referenzwerte erforderlich, um die Integrität der Märkte zu wahren und sicherzustellen, dass die zuständigen Behörden ein klares Verbot der Manipulation von Referenzwerten durchsetzen können. Diese Vorschriften sollten für alle veröffentlichten Referenzwerte und auch für unentgeltlich oder gegen Entgelt über das Internet abrufbare Referenzwerte gelten, beispielsweise Referenzwerte für Kreditausfall-Swaps und Indizes von Indizes. Das allgemeine Verbot der Marktmanipulation sollte ergänzt werden durch ein Verbot der Manipulation des Referenzwerts selbst sowie der Übermittlung falscher oder irreführender Angaben, der Bereitstellung falscher oder irreführender Ausgangsdaten oder jeglicher sonstiger Handlungen, durch die die Berechnung eines Referenzwerts manipuliert wird, wobei die Bestimmung des Begriffs Berechnung weit gefasst ist, so dass sie sich auch auf die Entgegennahme und Bewertung sämtlicher Daten erstreckt, die in Zusammenhang mit der Berechnung des betreffenden Referenzwerts stehen und insbesondere getrimmte Daten einschließen, und auf vollständige algorithmische oder urteilsgestützte Referenzwert-Methoden oder auf Teile davon. Diese Vorschriften ergänzen die Vorschriften der Verordnung (EU) Nr. 1227/2011, die die vorsätzliche Übermittlung falscher Informationen an Unternehmen untersagt, die Preisbewertungen oder Marktberichte enthalten, mit der Folge, dass Marktteilnehmer, die aufgrund dieser Bewertungen und Berichte tätig werden, irregeführt werden.

(45) Um einheitliche Marktbedingungen für die in den Anwendungsbereich dieser Verordnung fallenden Handelsplätze und Handelssysteme zu gewährleisten, sollte jede Person, die geregelte Märkte, multilaterale und organisierte Handelssysteme betreibt, dazu verpflichtet werden, wirksame Maßnahmen, Systeme und Verfahren zur Vorbeugung gegen Marktmanipulations- und Marktmissbrauchspraktiken und zu deren Aufdeckung zu unterhalten und aufrechtzuerhalten.

---

14 Richtig wohl: „Referenzwerten".

(46) Manipulation oder versuchte Manipulation von Finanzinstrumenten kann auch im Erteilen von Aufträgen bestehen, die möglicherweise nicht ausgeführt werden. Ferner kann ein Finanzinstrument durch außerhalb des Handelsplatzes erfolgende Handlungen manipuliert werden. Personen, die gewerbsmäßig Geschäfte vermitteln oder ausführen, sollten dazu verpflichtet sein, wirksame Maßnahmen, Systeme und Verfahren zur Aufdeckung und Meldung verdächtiger Geschäfte zu unterhalten und aufrechtzuerhalten. Sie sollten außerdem außerhalb eines Handelsplatzes erfolgende verdächtige Aufträge und verdächtige Geschäfte melden.

(47) Manipulation oder versuchte Manipulation von Finanzinstrumenten kann auch in der Verbreitung falscher oder irreführender Informationen bestehen. Die Verbreitung falscher oder irreführender Informationen kann innerhalb relativ kurzer Zeit erhebliche Auswirkungen auf die Kurse von Finanzinstrumenten haben. Sie kann im Erfinden offensichtlich falscher Informationen, aber auch in der absichtlichen Unterschlagung wesentlicher Sachverhalte sowie in der wissentlichen Angabe unrichtiger Informationen bestehen. Diese Form der Marktmanipulation schadet den Anlegern in besonderer Weise, weil sie sie dazu veranlasst, ihre Anlageentscheidungen auf unrichtige oder verzerrte Informationen zu stützen. Sie schadet auch den Emittenten, da sie das Vertrauen in die sie betreffenden Informationen untergräbt. Ein Mangel an Marktvertrauen kann wiederum die Fähigkeit eines Emittenten beeinträchtigen, zur Finanzierung seiner Operationen neue Finanzinstrumente zu begeben oder sich bei anderen Marktteilnehmern Kredite zu beschaffen. Auf dem Markt verbreiten sich Informationen sehr schnell. Deshalb kann der Schaden für Anleger und Emittenten für einen relativ langen Zeitraum anhalten, bis die Informationen sich als falsch oder irreführend erweisen und vom Emittenten oder den Urhebern ihrer Verbreitung berichtigt werden können. Deshalb muss die Verbreitung von falschen oder irreführenden Informationen sowie Gerüchten und falschen oder irreführenden Nachrichten als Verstoß gegen diese Verordnung eingestuft werden. Es ist daher zweckmäßig, es den Akteuren der Finanzmärkte zu untersagen, Informationen, die im Widerspruch zu ihrer eigenen Meinung oder besserem Wissen stehen, deren Unrichtigkeit oder irreführender Charakter ihnen bekannt ist oder bekannt sein sollte, zum Schaden von Anlegern und Emittenten frei zu äußern.

(48) Da Websites, Blogs und soziale Medien immer stärker genutzt werden, ist es wichtig klarzustellen, dass die Verbreitung falscher oder irreführender Informationen über das Internet, einschließlich über Websites sozialer Medien oder anonyme Blogs, im Sinne dieser Verordnung als gleichwertig mit der Verbreitung über traditionellere Kommunikationskanäle betrachtet werden sollte.

(49) Die öffentliche Bekanntgabe von Insiderinformationen durch Emittenten ist von wesentlicher Bedeutung, um Insidergeschäften und der Irreführung von Anlegern vorzubeugen. Die Emittenten sollten daher verpflichtet werden, der Öffentlichkeit Insiderinformationen so bald wie möglich bekanntzugeben. Diese Verpflichtung kann jedoch unter besonderen Umständen den berechtigten Interessen des Emittenten abträglich sein. Unter solchen Umständen sollte eine aufgeschobene Offenlegung erlaubt sein, vorausgesetzt, eine Irreführung der Öffentlichkeit durch den Aufschub ist unwahrscheinlich und der Emittent kann die Geheimhaltung der Informationen gewährleisten. Der Emittent ist nur verpflichtet, Insiderinformationen offenzulegen, wenn er die Zulassung des Finanzinstruments zum Handel beantragt oder genehmigt hat.

(50) Für die Zwecke der Anwendung der Anforderungen betreffend der Offenlegung von Insiderinformationen und des Aufschubs dieser Offenlegung dieser Verordnung können sich die berechtigten Interessen insbesondere auf folgende nicht erschöpfende Fallbeispiele beziehen: a) laufende Verhandlungen oder damit verbundene Umstände, wenn das Ergebnis oder der normale Ablauf dieser Verhandlungen von der Veröffentlichung wahrscheinlich beeinträchtigt werden würden; insbeson-

dere wenn die finanzielle Überlebensfähigkeit des Emittenten stark und unmittelbar gefährdet ist – auch wenn er noch nicht unter das geltende Insolvenzrecht fällt – kann die Bekanntgabe von Informationen für einen befristeten Zeitraum verzögert werden, sollte eine derartige Bekanntgabe die Interessen der vorhandenen und potenziellen Aktionäre erheblich gefährden, indem der Abschluss spezifischer Verhandlungen vereitelt werden würde, die eigentlich zur Gewährleistung einer langfristigen finanziellen Erholung des Emittenten gedacht sind; b) vom Geschäftsführungsorgan eines Emittenten getroffene Entscheidungen oder abgeschlossene Verträge, die der Zustimmung durch ein anderes Organ des Emittenten bedürfen, um wirksam zu werden, sofern die Struktur eines solchen Emittenten die Trennung zwischen diesen Organen vorsieht und eine Bekanntgabe der Informationen vor der Zustimmung zusammen mit der gleichzeitigen Ankündigung, dass die Zustimmung noch aussteht, die korrekte Bewertung der Informationen durch das Publikum gefährden würde.

(51) Daneben muss die Anforderung der Offenlegung von Insiderinformationen sich an die Teilnehmer am Markt für Emissionszertifikate richten. Um dem Markt eine nutzlose Berichterstattung zu ersparen und die Kosteneffizienz der vorgesehenen Maßnahme zu wahren, erscheint es erforderlich, die rechtlichen Auswirkungen dieser Anforderung nur auf diejenigen Betreiber im Rahmen des EU-EHS zu beschränken, von denen aufgrund ihrer Größe und Tätigkeit zu erwarten ist, dass sie den Preis von Emissionszertifikaten, darauf beruhenden Auktionsobjekten oder damit verbundenen derivativen Finanzinstrumenten und das Bieten in den Versteigerungen gemäß der Verordnung (EU) Nr. 1031/2010 erheblich beeinflussen können. Die Kommission sollte Maßnahmen in Form eines delegierten Rechtsakts erlassen, durch die ein Mindestschwellenwert für die Anwendung dieser Ausnahme festgelegt wird. Die offenzulegende Information sollte die physischen Aktivitäten der weitergebenden Partei und nicht deren eigene Pläne oder Strategien für den Handel von Emissionszertifikaten, darauf beruhenden Auktionsobjekten oder damit verbundenen derivativen Finanzinstrumenten betreffen. Soweit die Teilnehmer am Markt für Emissionszertifikate, insbesondere gemäß der Verordnung (EU) Nr. 1227/2011, bereits gleichwertige Anforderungen zur Offenlegung von Insiderinformationen erfüllen, sollte die Pflicht zur Offenlegung von Insiderinformationen in Bezug auf Emissionszertifikate nicht dazu führen, dass mehrfach obligatorische Meldungen mit im Wesentlichen gleichem Inhalt gemacht werden müssen. Da im Fall von Teilnehmern am Markt für Emissionszertifikate mit aggregierten Emissionen oder einer thermischen Nennleistung in Höhe oder unterhalb des festgelegten Schwellenwerts die Informationen über die physischen Aktivitäten dieser Teilnehmer als nicht maßgeblich für die Offenlegung betrachtet werden, sollte von diesen Informationen auch angenommen werden, dass sie keine erheblichen Auswirkungen auf die Preise der Emissionszertifikate und der darauf beruhenden Auktionsobjekte oder auf die damit verbundenen derivativen Finanzinstrumente haben. Für solche Teilnehmer am Markt für Emissionszertifikate sollte dessen ungeachtet in Bezug auf sämtliche anderen Insiderinformationen, zu denen sie Zugang haben, das Verbot von Insidergeschäften gelten.

(52) Um das öffentliche Interesse zu schützen, die Stabilität des Finanzsystems zu wahren und um beispielsweise zu verhindern, dass sich Liquiditätskrisen von Finanzinstituten aufgrund eines plötzlichen Abzugs von Mitteln zu Solvenzkrisen entwickeln, kann es unter besonderen Umständen angemessen sein, Kreditinstituten und Finanzinstituten einen Aufschub der Offenlegung systemrelevanter Insiderinformationen zu gestatten. Dies kann insbesondere für Informationen im Zusammenhang mit zeitweiligen Liquiditätsproblemen gelten, bei denen Zentralbankkredite, einschließlich Krisen-Liquiditätshilfe seitens einer Zentralbank, erforderlich sind und die Offenlegung der Informationen systemische Auswirkungen hätte. Die Gewährung des Aufschubs sollte daran geknüpft sein, dass der Emittent das Einverständ-

nis der betreffenden zuständigen Behörde einholt und dass das weitere öffentliche und wirtschaftliche Interesse am Aufschub der Offenlegung gegenüber dem Interesse des Marktes am Erhalt der Informationen, die Gegenstand des Aufschubs sind, überwiegt.

(53) In Bezug auf Finanzinstitute, insbesondere solche, die Zentralbankkredite einschließlich Krisen-Liquiditätshilfe erhalten, sollte von der zuständigen Behörde, gegebenenfalls nach Anhörung der nationalen Zentralbank, der nationalen makroprudenziellen Behörde oder einer anderen relevanten nationalen Behörde geprüft werden, ob die Informationen systemrelevant sind und ob ein Aufschub der Offenlegung im öffentlichen Interesse liegt.

(54) Die Nutzung und die versuchte Nutzung von Insiderinformationen für den Handel für eigene oder für fremde Rechnung sollten eindeutig verboten werden. Die Nutzung von Insiderinformationen kann auch im Handel mit Emissionszertifikaten und deren Derivaten und im Bieten auf den Versteigerungen von Emissionszertifikaten oder anderen darauf beruhenden Auktionsobjekten gemäß der Verordnung (EU) Nr. 1031/2010 durch Personen bestehen, die die wissen oder wissen müssten, dass ihre Informationen Insiderinformationen sind. Informationen über die eigenen Handelspläne und -strategien des Marktteilnehmers sollten nicht als Insiderinformationen betrachtet werden, obwohl Informationen über die Handelspläne und -strategien Dritter Insiderinformationen sein können.

(55) Die Verpflichtung zur Offenlegung von Insiderinformationen kann für kleine und mittlere Unternehmen im Sinne der Richtlinie 2014/65/EU des Europäischen Parlaments und des Rates[15], deren Finanzinstrumente zum Handel in KMU-Wachstumsmärkten zugelassen sind, aufgrund der Kosten für die Sichtung der ihnen vorliegenden Informationen und die Rechtsberatung zur Erforderlichkeit und zum Zeitpunkt einer Offenlegung eine Belastung darstellen. Dennoch ist eine unverzügliche Offenlegung von Insiderinformationen wesentlich, um das Vertrauen der Anleger in diese Emittenten zu gewährleisten. Deshalb sollte die ESMA in der Lage sein, Leitlinien herauszugeben, die es den Emittenten erleichtern, ihrer Pflicht zur Offenlegung von Insiderinformationen ohne Beeinträchtigung des Anlegerschutzes nachzukommen.

(56) Insiderlisten sind für die Regulierungsbehörden bei der Untersuchung möglichen Marktmissbrauchs ein wichtiges Instrument, aber die zwischen den Mitgliedstaaten bestehenden Unterschiede in Bezug auf die darin aufzuführenden Daten verursachen den Emittenten unnötigen Verwaltungsaufwand. Zur Senkung dieser Kosten sollten daher die für Insiderlisten erforderlichen Datenfelder einheitlich sein. Personen auf Insiderlisten sollten über diesen Umstand und die damit verbundenen Auswirkungen gemäß dieser Verordnung und der Richtlinie 2014/57/EU des Europäischen Parlaments und des Rates[16] informiert werden. Die Pflicht zum Führen und regelmäßigen Aktualisieren von Insiderlisten verursacht insbesondere den Emittenten auf KMU-Wachstumsmärkten Verwaltungsaufwand. Da die zuständigen Behörden eine wirksame Beaufsichtigung in Bezug auf Marktmissbrauch ausüben können, ohne jederzeit über diese Listen für diese Emittenten zu verfügen, sollten sie zur Verringerung der durch diese Verordnung verursachten Verwaltungskosten von dieser Verpflichtung ausgenommen werden. Die betreffenden Emitten-

---

15 **Amtl. Anm.:** Richtlinie 2014/65/EU des Europäischen Parlaments und des Rates vom 15. Mai 2014 über Märkte für Finanzinstrumente sowie zur Änderung der Richtlinien 2002/92/EU und 2011/67/EG (siehe Seite 349 dieses Amtsblatts [Anm. d. Red.: ABl. L 173 vom 12. 6. 2014]).

16 **Amtl. Anm.:** Richtlinie 2014/57/EU des Europäischen Parlaments und des Rates vom 16. April 2014 über strafrechtliche Sanktionen bei Marktmissbrauch (Marktmissbrauchsrichtlinie) (siehe Seite 179 dieses Amtsblatts [Anm. d. Red.: ABl. L 173 vom 12. 6. 2014]).

ten sollten den zuständigen Behörden jedoch auf deren Ersuchen hin eine Insiderliste zur Verfügung stellen.

(57) Emittenten von Finanzinstrumenten oder in deren Auftrag oder auf deren Rechnung handelnde Personen müssen Listen der mit einem Arbeitsvertrag oder anderweitig für sie arbeitenden Personen erstellen, die Zugang zu Insiderinformationen mit direktem oder indirektem Bezug zum Emittenten haben, da eine solche Maßnahme ein wirksames Mittel zum Schutz der Integrität des Marktes ist. Anhand solcher Verzeichnisse können Emittenten oder die genannten Personen den Fluss von Insiderinformationen überwachen, und die Listen können somit dazu beitragen, dass den Geheimhaltungspflichten Genüge getan wird. Außerdem können diese Listen auch ein nützliches Instrument für die zuständigen Behörden sein, um Personen zu identifizieren, die Zugang zu Insiderinformationen haben, und um das Datum zu ermitteln, zu dem sie diesen Zugang erhalten haben. Der Zugang zu Insiderinformationen, die sich unmittelbar oder mittelbar auf den Emittenten beziehen, seitens Personen, die in einer solchen Liste aufgeführt sind, lässt die in dieser Verordnung festgelegten Verbote unberührt.

(58) Eine größere Transparenz der Eigengeschäfte von Personen, die auf Emittentenebene Führungsaufgaben wahrnehmen, und gegebenenfalls der in enger Beziehung zu ihnen stehenden Personen stellt eine Maßnahme zur Verhütung von Marktmissbrauch und insbesondere von Insidergeschäften dar. Die Bekanntgabe dieser Geschäfte zumindest auf individueller Basis kann auch eine höchst wertvolle Informationsquelle für Anleger darstellen. Es muss klargestellt werden, dass die Pflicht zur Bekanntgabe dieser Eigengeschäfte von Führungskräften auch das Verpfänden und Verleihen von Finanzinstrumenten einschließt, da das Verpfänden von Anteilen im Fall einer plötzlichen und unvorhergesehenen Veräußerung erhebliche und potenziell destabilisierende Auswirkungen auf das Unternehmen haben kann. Ohne Offenlegung würde auf dem Markt nicht bekannt werden, dass die Wahrscheinlichkeit zum Beispiel einer wesentlichen künftigen Änderung beim Anteilsbesitz, einer Zunahme des Angebots von Anteilen auf dem Markt oder des Verlusts von Stimmrechten in dem betreffenden Unternehmen gestiegen ist. Aus diesem Grund ist eine Bekanntgabe gemäß dieser Verordnung dann vorgeschrieben, wenn die Verpfändung der Wertpapiere im Rahmen eines umfangreicheren Geschäfts erfolgt, in dessen Rahmen die Führungskraft die Wertpapiere als Sicherheit verpfändet, um von einem Dritten einen Kredit zu erhalten. Außerdem ist vollständige und ordnungsgemäße Markttransparenz eine Voraussetzung für das Vertrauen der Marktteilnehmer und insbesondere der Anteilseigner eines Unternehmens. Es ist darüber hinaus erforderlich, klarzustellen, dass die Verpflichtung zur Bekanntgabe der Geschäfte der betreffenden Führungskräfte die Bekanntgabe der Geschäfte von anderen Personen, die ein Ermessen für die Führungskraft ausüben, einschließt. Um ein angemessenes Gleichgewicht zwischen dem Grad der Transparenz und der Anzahl der Mitteilungen an die zuständigen Behörden und die Öffentlichkeit zu gewährleisten, sollten mit dieser Verordnung Schwellenwerte eingeführt werden, unterhalb welcher Geschäfte nicht mitteilungspflichtig sind.

(59) Die Meldung von Geschäften für eigene Rechnung, die von Personen, die Führungsaufgaben wahrnehmen, durchgeführt werden oder die von einer Person ausgeführt werden, die in enger Beziehung zu diesen steht, liefert nicht nur wertvolle Informationen für andere Marktteilnehmer, sondern bietet den zuständigen Behörden eine zusätzliche Möglichkeit zur Überwachung der Märkte. Die Verpflichtung zur Bekanntgabe von Geschäften lässt die in dieser Verordnung festgelegten Verbote unberührt.

(60) Die Bekanntgabe von Geschäften sollte gemäß der Bestimmungen über die Übermittlung personenbezogener Daten erfolgen, die in der Richtlinie 95/46/EG des Europäischen Parlaments und des Rates[17] niedergelegt sind.

(61) Personen, die Führungsaufgaben wahrnehmen, sollte es nicht gestattet sein, vor der Ankündigung eines Zwischenberichts oder eines Jahresabschlussberichts, zu deren Veröffentlichung der betreffende Emittent gemäß den Vorschriften für den Handelsplatz, auf dem die Anteile des Emittenten zum Handel zugelassen sind, oder gemäß nationalen Rechtsvorschriften verpflichtet ist, Handel zu treiben, es sei denn, es bestehen besondere und eingegrenzte Umstände, die die Erteilung einer Erlaubnis zum Handel durch die Emittenten an eine Person, die Führungsaufgaben wahrnimmt, rechtfertigen würden. Eine solche Erlaubnis des Emittenten lässt jedoch die in dieser Verordnung festgelegten Verbote unberührt.

(62) Eine wirkungsvolle Aufsicht wird durch eine Reihe wirksamer Instrumente und Befugnisse sowie von Ressourcen für die zuständigen Behörden der Mitgliedstaaten sichergestellt. Diese Verordnung sieht daher insbesondere ein Mindestmaß an Aufsichts- und Untersuchungsbefugnissen vor, die den zuständigen Behörden der Mitgliedstaaten gemäß nationalem Recht übertragen werden sollten. Wenn es die nationalen Rechtsvorschriften erfordern, sollten diese Befugnisse durch Antrag bei den zuständigen Justizbehörden ausgeübt werden. Die zuständigen Behörden sollten bei der Ausübung ihrer Befugnisse gemäß dieser Richtlinie objektiv und unparteiisch vorgehen und bei ihrer Beschlussfassung unabhängig bleiben.

(63) Auch die Marktteilnehmer und alle Wirtschaftsakteure sollten einen Beitrag zur Marktintegrität leisten. In dieser Hinsicht sollte die Benennung einer einzigen zuständigen Behörde für Marktmissbrauch eine Zusammenarbeit mit Marktteilnehmern oder die Delegation von Aufgaben unter der Verantwortlichkeit der zuständigen Behörde an die Marktteilnehmer zu dem Zweck, die wirksame Überwachung der Einhaltung der Bestimmungen dieser Verordnung zu gewährleisten, nicht ausschließen. Wenn Personen, die Anlageempfehlungen oder andere Informationen, durch die eine Strategie für Investitionen in ein oder mehrere Finanzinstrumente empfohlen oder vorgeschlagen wird, erstellen oder weitergeben, auch für eigene Rechnung mit solchen Instrumenten handeln, sollten die zuständigen Behörden von solchen Personen unter anderem sämtliche Informationen verlangen oder anfordern können, die erforderlich sind, um festzustellen, ob die von der betreffenden Person erstellten oder weitergegebenen Informationen im Einklang mit dieser Verordnung stehen.

(64) Zur Aufdeckung von Insidergeschäften und Marktmanipulation ist es erforderlich, dass die zuständigen Behörden die Möglichkeit haben, im Einklang mit den nationalen Rechtsvorschriften die Räumlichkeiten natürlicher und juristischer Personen zu betreten und Dokumente zu beschlagnahmen. Der Zugang zu solchen Räumen ist erforderlich, wenn der begründete Verdacht besteht, dass Dokumente und andere Daten vorhanden sind, die in Zusammenhang mit dem Gegenstand einer Untersuchung stehen und Beweismittel für Insidergeschäfte oder Marktmissbrauch sein können. Darüber hinaus ist der Zugang zu solchen Räumlichkeiten erforderlich, wenn die Person, an die ein Auskunftsersuchen gerichtet wurde, diesem nicht oder nur teilweise nachkommt oder wenn berechtigte Gründe für die Annahme bestehen, dass im Fall eines Auskunftsersuchens diesem nicht nachgekommen würde oder die Dokumente oder Informationen, die Gegenstand des Auskunftsersuchens sind, entfernt, manipuliert oder zerstört würden. Ist gemäß dem jeweiligen nationalen Recht eine vorherige Genehmigung der zuständigen Justizbehörde des betref-

---

17 **Amtl. Anm.:** Richtlinie 95/46/EG des Europäischen Parlaments und des Rates vom 24. Oktober 1995 zum Schutz natürlicher Personen bei der Verarbeitung personenbezogener Daten und zum freien Datenverkehr (ABl. L 281 vom 23. 11. 1995, S. 31).

fenden Mitgliedstaats erforderlich, sollte das Betreten von Räumlichkeiten nach Einholung dieser vorherigen Genehmigung stattfinden.

(65) Bereits vorhandene Aufzeichnungen von Telefongesprächen und Datenverkehrsaufzeichnungen von Wertpapierfirmen, Kreditinstituten und anderen Finanzinstituten, die Geschäfte ausführen und diese Ausführung dokumentieren, sowie bereits vorhandene Telefon- und Datenverkehrsaufzeichnungen von Telekommunikationsgesellschaften stellen entscheidende und manchmal die einzigen Belege für die Aufdeckung und den Nachweis des Bestehens von Insiderhandel und Marktmanipulation dar. Mit Telefon- und Datenverkehrsaufzeichnungen kann die Identität einer für die Verbreitung falscher oder irreführender Informationen verantwortlichen Person ermittelt oder festgestellt werden, dass Personen zu einer bestimmten Zeit Kontakt hatten und dass eine Beziehung zwischen zwei oder mehr Personen besteht. Die zuständigen Behörden sollten daher befugt sein, bestehende Aufzeichnungen von Telefongesprächen, elektronischer Kommunikation und Datenverkehrsaufzeichnungen anzufordern, die sich gemäß der Richtlinie 2014/65/EU im Besitz einer Wertpapierfirma, eines Kreditinstituts oder eines Finanzinstituts befinden. Der Zugang zu Telefon- und Datenverkehrsaufzeichnungen ist erforderlich, um Beweise und Ermittlungsansätze in Bezug auf Insidergeschäfte und Marktmanipulation und mithin zur Aufdeckung von Marktmissbrauch und zum Verhängen von Sanktionen dagegen zu erlangen. Zur Schaffung einheitlicher Bedingungen in der Union in Bezug auf den Zugang zu Telefon- und bestehenden Datenverkehrsaufzeichnungen im Besitz einer Telekommunikationsgesellschaft oder zu bestehenden Aufzeichnungen von Telefongesprächen und Datenverkehr im Besitz einer Wertpapierfirma, eines Kreditinstituts oder eines Finanzinstituts sollten die zuständigen Behörden im Einklang mit den nationalen Rechtsvorschriften befugt sein, bestehende Telefon- und Datenverkehrsaufzeichnungen, die sich, soweit die nationalen Rechtsvorschriften dies gestatten, im Besitz einer Telekommunikationsgesellschaft befinden, und bestehende Aufzeichnungen von Telefongesprächen und Datenverkehr im Besitz einer Wertpapierfirma anzufordern, wenn es sich um Fälle handelt, in denen der begründete Verdacht besteht, dass diese Aufzeichnungen mit Bezug zum Gegenstand der Überprüfung oder Untersuchung für den Nachweis von Insidergeschäften oder Marktmanipulation unter Verstoß gegen diese Verordnung relevant sein können. Der Zugang zu Telefon- und Datenverkehrsaufzeichnungen im Besitz von Telekommunikationsgesellschaften umfasst nicht den Zugang zu Inhalten von Telefongesprächen.

(66) Obgleich in dieser Verordnung ein Mindestmaß an Befugnissen festgelegt wird, die die zuständigen Behörden haben sollten müssen diese Befugnisse im Rahmen eines Gesamtsystems nationaler Rechtsvorschriften ausgeübt werden, in denen die Einhaltung der Grundrechte unter Einschluss des Rechts auf Schutz der Privatsphäre garantiert wird. Für den Zweck der Ausübung dieser Befugnisse, durch die es zu gravierenden Eingriffen in Bezug auf das Recht auf Achtung des Privat- und Familienlebens, der Wohnung sowie der Kommunikation kommen kann, sollten in den Mitgliedstaaten angemessene und wirksame Schutzvorkehrungen gegen jegliche Form des Missbrauchs bestehen, beispielsweise, falls erforderlich, das Erfordernis zur Einholung einer vorherigen Genehmigung der Justizbehörden eines betroffenen Mitgliedstaats. Die Mitgliedstaaten sollten die Möglichkeit vorsehen, dass die zuständigen Behörden derartige Eingriffsbefugnisse in dem Umfang ausüben, in dem dies für die ordnungsgemäße Untersuchung schwerwiegender Fälle erforderlich ist, sofern keine gleichwertigen Mittel zur Verfügung stehen, mit denen wirksam dasselbe Ergebnis erzielt werden kann.

(67) Da Marktmissbrauch länder- und marktübergreifend erfolgen kann, sollten, falls nicht außergewöhnliche Umstände vorliegen, die zuständigen Behörden insbesondere bei Ermittlungen zur Zusammenarbeit und zum Informationsaustausch mit anderen zuständigen Behörden und Regulierungsbehörden sowie mit der ESMA

verpflichtet sein. Falls eine zuständige Behörde zu der Überzeugung gelangt, dass Marktmissbrauch in einem anderen Mitgliedstaat erfolgt oder erfolgt ist oder in einem anderen Mitgliedstaat gehandelte Finanzinstrumente berührt, so sollte sie dies der zuständigen Behörde und der ESMA mitteilen. In Fällen von Marktmissbrauch mit grenzüberschreitenden Auswirkungen sollte die ESMA auf Ersuchen einer der betroffenen zuständigen Behörden in der Lage sein, die Ermittlungen zu koordinieren.

(68) Es ist erforderlich, dass die zuständigen Behörden über die erforderlichen Instrumente für eine wirksame marktübergreifende Aufsicht über die Orderbücher verfügen. Gemäß der Richtlinie 2014/65/EU können die zuständigen Behörden, zur Unterstützung der grenzüberschreitenden Überwachung und Aufdeckung von Marktmanipulationen Daten anderer zuständiger Behörden mit Bezug zu den Orderbüchern anfordern und entgegennehmen.

(69) Zur Gewährleistung des Informationsaustausches und der Zusammenarbeit mit Drittstaaten im Hinblick auf die wirksame Durchsetzung dieser Verordnung sollten die zuständigen Behörden Kooperationsvereinbarungen mit den entsprechenden Behörden in Drittstaaten abschließen. Jegliche Übermittlung personenbezogener Daten auf der Grundlage dieser Vereinbarungen sollte im Einklang mit der Richtlinie 95/46/EG und der Verordnung (EG) Nr. 45/2001 des Europäischen Parlaments und des Rates[18] erfolgen.

(70) Ein solider Rahmen für Aufsicht und Unternehmensführung im Finanzsektor sollte sich auf eine wirkungsvolle Aufsichts-, Untersuchungs- und Sanktionsordnung stützen können. Dazu sollten die Aufsichtsbehörden mit ausreichenden Handlungsbefugnissen ausgestattet sein und auf gleichwertige, starke und abschreckende Sanktionsregelungen für alle Finanzvergehen zurückgreifen können, und die Sanktionen sollten wirksam durchgesetzt werden. Nach Ansicht der De-Larosière-Gruppe ist jedoch gegenwärtig keine dieser Voraussetzungen in der Praxis gegeben. Im Rahmen der Mitteilung der Kommission vom 8. Dezember 2010 über die Stärkung der Sanktionsregelungen im Finanzdienstleistungssektor wurde eine Überprüfung der bestehenden Sanktionsbefugnisse und deren praktischer Anwendung zur Förderung der Konvergenz von Sanktionen über das gesamte Spektrum der Aufsichtstätigkeiten hinweg vorgenommen.

(71) Deshalb sollte eine Reihe von verwaltungsrechtlichen Sanktionen und anderen verwaltungsrechtlichen Maßnahmen vorgesehen werden, um einen gemeinsamen Ansatz in den Mitgliedstaaten sicherzustellen und ihre abschreckende Wirkung zu verstärken. Die zuständige Behörde sollte über die Möglichkeit verfügen, ein Verbot der Wahrnehmung von Führungsaufgaben innerhalb von Wertpapierfirmen zu verhängen. Bei der Verhängung von Sanktionen in besonderen Fällen sollte je nach Sachlage Faktoren wie dem Einzug etwaiger festgestellter finanzieller Vorteile, der Schwere und Dauer des Verstoßes, erschwerenden oder mildernden Umständen und der Notwendigkeit einer abschreckenden Wirkung von Geldbußen Rechnung getragen und je nach Sachlage eine Ermäßigung für Zusammenarbeit mit der zuständigen Behörde vorgesehen werden. So kann insbesondere die tatsächliche Höhe von Geldbußen, die in einem bestimmten Fall verhängt werden müssen, die in dieser Verordnung festgesetzte Obergrenze oder die für sehr schwere Verstöße durch nationale Rechtsvorschriften festgesetzte höher liegende Obergrenze erreichen, während bei geringfügigen Verstößen oder im Fall einer Verständigung Geldbußen verhängt werden können, die weit unterhalb der Obergrenze liegen. Diese Verordnung schränkt nicht die Fähigkeit der Mitgliedstaaten ein, strengere verwal-

---

18 **Amtl. Anm.:** Verordnung (EG) Nr. 45/2001 des Europäischen Parlaments und des Rates vom 18. Dezember 2000 zum Schutz natürlicher Personen bei der Verarbeitung personenbezogener Daten durch die Organe und Einrichtungen der Gemeinschaft und zum freien Datenverkehr (ABl. L 8 vom 12. 1. 2001, S. 1).

tungsrechtliche Sanktionen oder andere verwaltungsrechtliche Maßnahmen festzusetzen.

(72) Obwohl es den Mitgliedstaaten vollkommen freisteht, für ein und dieselben Verstöße Vorschriften für verwaltungsrechtliche und strafrechtliche Sanktionen festzulegen, sollten die Mitgliedstaaten nicht verpflichtet sein, für die Verstöße gegen diese Verordnung, die bereits mit Wirkung vom 3. Juli 2016 Gegenstand ihres Strafrechts sind, Vorschriften für verwaltungsrechtliche Sanktionen festzulegen. In Übereinstimmung mit dem nationalen Recht sind die Mitgliedstaaten nicht verpflichtet, für ein und dasselbe Vergehen sowohl verwaltungsrechtliche als auch strafrechtliche Sanktionen zu verhängen, dies steht ihnen jedoch frei, wenn dies nach ihrem jeweiligen nationalen Recht zulässig ist. Die Aufrechterhaltung strafrechtlicher Sanktionen anstelle von verwaltungsrechtlichen Sanktionen für Verstöße gegen diese Verordnung oder gegen die Richtlinie 2014/57/EU sollte jedoch nicht die Möglichkeiten der zuständigen Behörden einschränken oder in anderer Weise beeinträchtigen, sich für die Zwecke dieser Verordnung rechtzeitig mit den zuständigen Behörden in anderen Mitgliedstaaten zusammenzuarbeiten und Zugang zu ihren Informationen zu erhalten und mit ihnen Informationen auszutauschen, und zwar auch dann, wenn die zuständigen Justizbehörden bereits mit der strafrechtlichen Verfolgung der betreffenden Verstöße befasst wurden.

(73) Damit die Entscheidungen der zuständigen Behörden auf die allgemeine Öffentlichkeit abschreckend wirken, sollten sie im Normalfall veröffentlicht werden. Die Bekanntmachung von Entscheidungen ist auch ein wichtiges Instrument für die zuständigen Behörden zur Unterrichtung der Marktteilnehmer darüber, welches Verhalten als Verstoß gegen diese Verordnung betrachtet wird, sowie zur Förderung eines einwandfreien Verhaltens der Marktteilnehmern. Würde eine solche Bekanntmachung den beteiligten Personen einen unverhältnismäßig großen Schaden zufügen oder die Stabilität der Finanzmärkte oder eine laufende Untersuchung gefährden, sollte die zuständige Behörde die verwaltungsrechtlichen Sanktionen und anderen verwaltungsrechtlichen Maßnahmen auf anonymer Basis in einer Weise veröffentlichen, die im Einklang mit dem nationalen Recht steht, oder aber die Bekanntmachung aufschieben. In Fällen, in denen die anonymisierte oder aufgeschobene Bekanntmachung von verwaltungsrechtlichen Sanktionen und anderen verwaltungsrechtlichen Maßnahmen als unzureichend erachtet wird, sicherzustellen, dass die Stabilität der Finanzmärkte nicht gefährdet wird, sollten sich die zuständigen Behörden dafür entscheiden können, diese verwaltungsrechtlichen Sanktionen und anderen verwaltungsrechtlichen Maßnahmen nicht zu veröffentlichen. Die zuständigen Behörden sollten ebenfalls nicht verpflichtet sein, Maßnahmen zu veröffentlichen, die als geringfügig erachtet werden und bei denen eine Veröffentlichung unverhältnismäßig wäre.

(74) Informanten können den zuständigen Behörden neue Informationen zur Kenntnis bringen, die diese bei der Aufdeckung von Insidergeschäften und Marktmanipulation und der Verhängung von Sanktionen unterstützen. Bei Furcht vor Vergeltung oder dem Fehlen von Anreizen können Hinweise von Informanten jedoch unterbleiben. Die Meldung von Verstößen gegen diese Richtlinie ist erforderlich, damit die zuständigen Behörden Marktmissbrauch aufdecken und Sanktionen verhängen können. Maßnahmen in Bezug auf Mitteilungen von Informanten sind erforderlich, um die Aufdeckung von Marktmissbrauch zu erleichtern und den Schutz und die Einhaltung der Rechte des Informanten und der Person, gegen die sich die Vorwürfe richten, sicherzustellen. Deshalb sollte diese Verordnung sicherstellen, dass angemessene Vorkehrungen bestehen, um Informanten zur Unterrichtung der zuständigen Behörden über mögliche Verstöße gegen diese Verordnung zu befähigen und sie vor Vergeltungsmaßnahmen zu schützen. Die Mitgliedstaaten sollten finanzielle Anreize für Personen schaffen können, die relevante Informationen über potenzielle Verstöße gegen diese Verordnung liefern. Diese finanziellen Anreize soll-

ten Informanten jedoch nur zugutekommen, wenn sie neue Informationen mitteilen, zu deren Meldung sie nicht ohnehin rechtsverpflichtet sind, und wenn diese Informationen zur Verhängung von Sanktionen wegen eines Verstoßes gegen diese Verordnung führen. Daneben sollten die Mitgliedstaaten sicherstellen, dass ihre Regelungen in Bezug auf Mitteilungen Informanten Mechanismen und Verfahren umfassen, die den Personen, gegen die sich die Vorwürfe richten, angemessenen Schutz bieten, insbesondere im Hinblick auf das Recht auf Schutz ihrer personenbezogenen Daten, das Recht auf Verteidigung und auf Anhörung vor dem Erlass sie betreffender Entscheidungen sowie gerichtliche Rechtsbehelfe gegen sie betreffende Entscheidungen.

(75) Da die Mitgliedstaaten Rechtsvorschriften zur Umsetzung der Richtlinie 2003/6/EG verabschiedet haben und die delegierte Rechtsakte, technische Regulierungsstandards und technische Durchführungsstandards in dieser Verordnung vorgesehen sind, die verabschiedet werden sollten, bevor der zur Einführung anstehende Rahmen sinnvoll angewandt werden kann, muss die Anwendung der materiellrechtlichen Bestimmungen dieser Verordnung für einen ausreichenden Zeitraum aufgeschoben werden.

(76) Um einen reibungslosen Übergang zur Anwendung dieser Verordnung zu erleichtern, kann die Marktpraxis, die vor dem Inkrafttreten dieser Verordnung bestand und von den zuständigen Behörden im Einklang mit der Richtlinie 2004/72/EG der Kommission[19] für die Zwecke von Artikel 1 Absatz 2 Buchstabe a der Richtlinie 2003/6/EG anerkannt wurde, weiter angewandt werden, bis die zuständige Behörde einen Beschluss gemäß dieser Verordnung über ihre Weiterführung gefasst hat, sofern die Marktpraxis der ESMA innerhalb eines vorgeschriebenen Zeitraums notifiziert wird.

(77) Diese Verordnung steht im Einklang mit den Grundrechten und Grundsätzen, die mit der Charta der Grundrechte der Europäischen Union (im Folgenden „Charta") anerkannt wurden. Diese Verordnung sollte daher im Einklang mit diesen Rechten und Grundsätzen ausgelegt und angewandt werden. Insbesondere, wenn sich diese Verordnung auf Vorschriften, durch die die Pressefreiheit und die freie Meinungsäußerung in anderen Medien geregelt werden, und auf die Vorschriften oder Regeln bezieht, die für den Journalistenberuf gelten, sollten diese Freiheiten so berücksichtigt werden, wie sie in der Union und in den Mitgliedstaaten garantiert sind und wie sie in Artikel 11 der Charta und in anderen einschlägigen Bestimmungen anerkannt werden.

(78) Um die Transparenz zu verbessern und besser über die Funktionsweise der Sanktionsregelungen zu informieren, sollten die zuständigen Behörden der ESMA jährlich anonymisierte und aggregierte Daten zur Verfügung stellen. Diese Daten sollten die Zahl von eröffneten Ermittlungen, die Zahl der anhängigen Fälle und die Zahl der im betreffenden Zeitraum abgeschlossenen Fälle enthalten.

(79) Die Verarbeitung personenbezogener Daten durch die ESMA im Rahmen dieser Verordnung und unter der Aufsicht der zuständigen Behörden der Mitgliedstaaten, insbesondere der von den Mitgliedstaaten benannten unabhängigen öffentlichen Stellen, unterliegt den Bestimmungen der Richtlinie 95/46/EG und der Verordnung (EG) Nr. 45/2001. Jeder Austausch und jede Übermittlung von Informationen durch die zuständigen Behörden sollte gemäß den Vorschriften für die Übermittlung personenbezogener Daten erfolgen, die in der Richtlinie 95/46/EG festgelegt sind. Jeder Austausch und jede Übermittlung von Informationen durch die ESMA

---

19 **Amtl. Anm.**: Richtlinie 2004/72/EG der Kommission vom 29. April 2004 zur Durchführung der Richtlinie 2003/6/EG des Europäischen Parlaments und des Rates – Zulässige Marktpraktiken, Definition von Insider-Informationen in Bezug auf Warenderivate, Erstellung von Insider-Verzeichnissen, Meldung von Eigengeschäften und Meldung verdächtiger Transaktionen (ABl. L 162 vom 30. 4. 2004, S. 70).

sollte gemäß den Vorschriften für die Übermittlung personenbezogener Daten erfolgen, die in der Verordnung (EG) Nr. 45/2001 festgelegt sind.

(80) Diese Verordnung und die gemäß dieser Verordnung erlassenen delegierten Rechtsakte, Durchführungsrechtsakte, technische Regulierungsstandards, technische Durchführungsstandards und Leitlinien berühren nicht die Anwendung der Wettbewerbsvorschriften der Union.

(81) Um die in dieser Verordnung enthaltenen Anforderungen genauer festzulegen, sollte der Kommission die Befugnis übertragen werden, gemäß Artikel 290 AEUV Rechtsakte hinsichtlich der Ausnahme bestimmter öffentlicher Stellen, Zentralbanken von Drittstaaten und bestimmter benannter öffentlicher Stellen von Drittstaaten, die ein Verknüpfungsabkommen mit der Union im Sinne von Artikel 25 der Richtlinie 2003/87/EG geschlossen haben, aus dem Geltungsbereich der Verordnung sowie in Bezug auf die Indikatoren für manipulatives Handeln gemäß Anhang I dieser Verordnung, die Schwellenwerte für die Feststellung des Geltens der Offenlegungspflicht für Teilnehmer am Markt für Emissionszertifikate; die Umstände, unter denen der Handel während eines geschlossenen Zeitraums gestattet ist; und die Arten bestimmter meldepflichtiger Geschäfte, die von Personen vorgenommen werden, die Führungsaufgaben wahrnehmen, oder eng mit ihnen verbundener Personen. Insbesondere muss die Kommission bei ihren Vorarbeiten angemessene Konsultationen auch auf der Ebene von Sachverständigen durchführen. Die Kommission sollte bei der Ausarbeitung delegierter Rechtsakte eine angemessene, zeitnahe und gleichzeitige Übermittlung einschlägiger Dokumente an das Europäische Parlament und den Rat gewährleisten.

(82) Um einheitliche Bedingungen für die Durchführung dieser Verordnung in Bezug auf die Verfahren für die Meldung von Verstößen gegen diese Verordnung sicherzustellen, sollten der Kommission Durchführungsbefugnisse übertragen werden, um die Verfahren festzulegen, einschließlich der Regelungen für das Ergreifen von Folgemaßnahmen zu den Meldungen, von Maßnahmen zum Schutz von Personen, die im Rahmen eines Arbeitsvertrags tätig sind, und von Maßnahmen zum Schutz personenbezogener Daten. Diese Befugnisse sollten im Einklang mit der Verordnung (EU) Nr. 182/2011 des Europäischen Parlaments und des Rates[20] ausgeübt werden.

(83) Durch technische Standards für Finanzdienstleistungen sollten in der gesamten Union einheitliche Bedingungen in den von dieser Verordnung erfassten Bereichen gewährleistet werden. Es wäre sinnvoll und zweckmäßig, die ESMA als ein über hochgradig spezialisierte Fachkenntnis verfügendes Gremium zu beauftragen, Entwürfe technischer Regulierungsstandards und Entwürfe technischer Durchführungsstandards, die nicht mit politischen Entscheidungen verbunden sind, auszuarbeiten und der Kommission vorzulegen.

(84) Die Kommission sollte die von der ESMA in Bezug auf die Festlegung des Inhalts der Meldungen, die von den Betreibern von geregelten Märkten, multilateralen und organisierten Handelssystemen über die Finanzinstrumente, die zum Handel zugelassen sind, gehandelt werden oder für die eine Zulassung zum Handel auf ihrem Handelsplatz beantragt wurde, abzugeben sind, die Festlegung der Art und Weise und der Bedingungen der Zusammenstellung, Veröffentlichung und Pflege der Liste dieser Instrumente durch die ESMA, die Festlegung der Bedingungen, die Rückkaufprogramme und Stabilisierungsmaßnahmen erfüllen müssen, einschließlich der Handelsbedingungen, Beschränkungen der Dauer und des Volumens, Bekanntgabe- und Meldepflichten sowie Kursbedingungen, in Bezug auf Systeme von

---

20 **Amtl. Anm.**: Verordnung (EU) Nr. 182/2011 des Europäischen Parlaments und des Rates vom 16. Februar 2011 zur Festlegung der allgemeinen Regeln und Grundsätze, nach denen die Mitgliedstaaten die Wahrnehmung der Durchführungsbefugnisse durch die Kommission kontrollieren (ABl. L 55 vom 28. 2. 2011, S. 13).

Verfahren und Vorkehrungen für Handelsplätze zur Verhütung und Aufdeckung von Marktmissbrauch sowie Systeme und Vorlagen, die von Personen zur Aufdeckung und Meldung verdächtiger Aufträge und Geschäfte zu verwenden sind, in Bezug die Festlegung geeigneter Regelungen, Verfahren und Aufzeichnungsanforderungen für die Durchführung von Marktsondierungen und in Bezug auf die technischen Modalitäten für Personengruppen zur objektiven Darstellung von Informationen mit Empfehlungen von Anlagestrategien und zur Offenlegung bestimmter Interessen oder Interessenkonflikte mittels delegierter Rechtakte[21] gemäß Artikel 290 AEUV und im Einklang mit den Artikeln 10 bis 14 der Verordnung (EU) Nr. 1093/2010 des Europäischen Parlaments und des Rates[22] ausgearbeiteten Entwürfe technischer Regulierungsstandards erlassen. Insbesondere muss die Kommission bei ihren Vorarbeiten angemessene Konsultationen auch auf der Ebene von Sachverständigen durchführen.

(85) Der Kommission sollte die Befugnis übertragen werden, technische Durchführungsstandards mittels Durchführungsrechtsakten gemäß Artikel 291 AEUV und nach Artikel 15 der Verordnung (EU) Nr. 1093/2010 zu erlassen. Die ESMA sollte beauftragt werden, Entwürfe technischer Durchführungsstandards für die öffentliche Bekanntgabe von Insiderinformationen, die Formate von Insiderlisten und die Formen und Verfahren der Zusammenarbeit und des Informationsaustauschs zwischen den zuständigen Behörden und mit der ESMA auszuarbeiten und der Kommission vorzulegen.

(86) Da das Ziel dieser Verordnung, nämlich die Verhütung von Marktmissbrauch in Form von Insidergeschäften, unrechtmäßiger Offenlegung von Insiderinformationen und Marktmanipulation, von den Mitgliedstaaten nicht ausreichend erreicht werden kann, sondern vielmehr wegen ihres Umfangs und ihrer Wirkung auf Unionsebene besser zu verwirklichen ist, kann die Union im Einklang mit dem in Artikel 5 des Vertrags über die Europäische Union verankerten Subsidiaritätsprinzip tätig werden. Entsprechend dem in demselben Artikel genannten Grundsatz der Verhältnismäßigkeit geht diese Verordnung nicht über das für die Verwirklichung dieses Ziels erforderliche Maß hinaus.

(87) Da die Bestimmungen der Richtlinie 2003/6/EG nicht mehr relevant oder ausreichend sind, sollte diese mit Wirkung vom 3. Juli 2016 aufgehoben werden. Die Anforderungen und Verbote dieser Verordnung sind direkt verbunden mit jenen der Richtlinie 2014/65/EU und sollten daher ab dem Datum des Inkrafttretens jener Richtlinie in Kraft treten.

(88) Zur ordnungsgemäßen Anwendung dieser Verordnung ist es erforderlich, dass die Mitgliedstaaten bis zum 3. Juli 2016 alle erforderlichen Maßnahmen ergreifen, um sicherzustellen, dass ihr nationales Recht mit den Bestimmungen dieser Verordnung betreffend die zuständigen Behörden und deren Befugnisse, die Regelungen zu verwaltungsrechtlichen Sanktionen und anderen verwaltungsrechtlichen Maßnahmen, die Meldung von Verstößen und die Veröffentlichung von Entscheidungen übereinstimmt.

(89) Der Europäische Datenschutzbeauftragte hat seine Stellungnahme am 10. Februar 2012 vorgelegt[23] –

HABEN FOLGENDE VERORDNUNG ERLASSEN:

---

21 Richtig wohl: „Rechtsakte".
22 Amtl. Anm.: Verordnung (EU) Nr. 1093/2010 des Europäischen Parlaments und des Rates vom 24. November 2010 zur Errichtung einer Europäischen Aufsichtsbehörde (Europäische Bankenaufsichtsbehörde), zur Änderung des Beschlusses Nr. 716/2009/EG und zur Aufhebung des Beschlusses 2009/78/EG der Kommission (ABl. L 331 vom 15. 12. 2010, S. 12).
23 Amtl. Anm.: ABl. C 177 vom 20. 6. 2012, S. 1.

Kapitel 1 Allgemeine Bestimmungen

Artikel 1 Gegenstand

Mit dieser Verordnung wird ein gemeinsamer Rechtsrahmen für Insidergeschäfte, die unrechtmäßige Offenlegung von Insiderinformationen und Marktmanipulation (Marktmissbrauch) sowie für Maßnahmen zur Verhinderung von Marktmissbrauch geschaffen, um die Integrität der Finanzmärkte in der Union sicherzustellen und den Anlegerschutz und das Vertrauen der Anleger in diese Märkte zu stärken.

Artikel 2 Anwendungsbereich

(1) Diese Verordnung gilt für

a) Finanzinstrumente, die zum Handel auf einem geregelten Markt zugelassen sind oder für die ein Antrag auf Zulassung zum Handel auf einem geregelten Markt gestellt wurde;

b) Finanzinstrumente, die in einem multilateralen Handelssystem gehandelt werden, zum Handel in einem multilateralen Handelssystem zugelassen sind oder für die ein Antrag auf Zulassung zum Handel in einem multilateralen Handelssystem gestellt wurde;

c) Finanzinstrumente, die in einem organisierten Handelssystem gehandelt werden;

d) Finanzinstrumente, die nicht unter die Buchstaben a, b oder c fallen, deren Kurs oder Wert jedoch von dem Kurs oder Wert eines unter diesen Buchstaben genannten Finanzinstruments abhängt oder sich darauf auswirkt; sie umfassen Kreditausfall-Swaps oder Differenzkontrakte, sind jedoch nicht darauf beschränkt.

[1]Diese Verordnung gilt außerdem für Handlungen und Geschäfte, darunter Gebote, bezüglich Versteigerungen von Treibhausgasemissionszertifikaten und anderen darauf beruhenden Auktionsobjekten auf einer als geregelter Markt zugelassenen Versteigerungsplattform gemäß der Verordnung (EU) Nr. 1031/2010, selbst wenn die versteigerten Produkte keine Finanzinstrumente sind. [2]Sämtliche Vorschriften und Verbote dieser Verordnung in Bezug auf Handelsaufträge gelten unbeschadet etwaiger besonderer Bestimmungen zu den im Rahmen einer Versteigerung abgegebenen Geboten für diese Gebote.

(2) Die Artikel 12 und 15 gelten auch für

a) Waren-Spot-Kontrakte, die keine Energiegroßhandelsprodukte sind, bei denen die Transaktion, der Auftrag oder die Handlung eine Auswirkung auf den Kurs oder den Wert eines Finanzinstruments gemäß Absatz 1 hat, oder eine solche Auswirkung wahrscheinlich oder beabsichtigt ist;

b) Arten von Finanzinstrumenten, darunter Derivatekontrakte und derivative Finanzinstrumente für die Übertragung von Kreditrisiken, bei denen das Geschäft, der Auftrag, das Gebot oder das Verhalten eine Auswirkung auf den Kurs oder Wert eines Waren-Spot-Kontrakts hat oder voraussichtlich haben wird, dessen Kurs oder Wert vom Kurs oder Wert dieser Finanzinstrumente abhängen, und

c) Handlungen in Bezug auf Referenzwerte.

(3) Diese Verordnung gilt für alle Geschäfte, Aufträge und Handlungen, die eines der in den Absätzen 1 und 2 genannten Finanzinstrumente betreffen, unabhängig davon, ob ein solches Geschäft, ein solcher Auftrag oder eine solche Handlung auf einem Handelsplatz getätigt wurden.

(4) Die Verbote und Anforderungen dieser Verordnung gelten für Handlungen und Unterlassungen in der Union und in Drittländern in Bezug auf die in den Absätzen 1 und 2 genannten Instrumente.

Artikel 3 Begriffsbestimmungen

(1) Für die Zwecke dieser Verordnung gelten folgende Begriffsbestimmungen:

1. „Finanzinstrument" bezeichnet ein Finanzinstrument im Sinne von Artikel 4 Absatz 1 Nummer 15 der Richtlinie 2014/65/EU;
2. „Wertpapierfirma" bezeichnet eine Wertpapierfirma im Sinne von Artikel 4 Absatz 1 Nummer 1 der Richtlinie 2014/65/EU;
3. „Kreditinstitut" bezeichnet ein Kreditinstitut oder im Sinne des Artikels 4 Absatz 1 Nummer 1 der Verordnung (EU) Nr. 575/2013 des Europäischen Parlaments und des Rates[1];
4. „Finanzinstitut" bezeichnet ein Finanzinstitut im Sinne von Artikel 4 Absatz 1 Nummer 26 der Verordnung (EU) Nr. 575/2013;
5. „Marktbetreiber" bezeichnet einen Marktbetreiber im Sinne von Artikel 4 Absatz 1 Nummer 18 der Richtlinie 2014/65/EU;
6. „geregelter Markt" bezeichnet einen geregelten Markt im Sinne von Artikel 4 Absatz 1 Nummer 21 der Richtlinie 2014/65/EU;
7. „multilaterales Handelssystem" bezeichnet ein multilaterales System in der Union im Sinne von Artikel 4 Absatz 1 Nummer 22 der Richtlinie 2014/65/EU;
8. „organisiertes Handelssystem" bezeichnet ein System oder eine Fazilität in der Union im Sinne von Artikel 4 Absatz 1 Nummer 23 der Richtlinie 2014/65/EU;
9. „zulässige Marktpraxis" bezeichnet eine bestimmte Marktpraxis, die von einer zuständigen Behörde gemäß Artikel 13 anerkannt wurde;
10. „Handelsplatz" bezeichnet einen Handelsplatz im Sinne von Artikel 4 Absatz 1 Nummer 24 der Richtlinie 2014/65/EU;
11. „KMU-Wachstumsmarkt" bezeichnet einen KMU-Wachstumsmarkt im Sinne von Artikel 4 Absatz 1 Nummer 12 der Richtlinie 2014/65/EU;
12. „zuständige Behörde" bezeichnet eine gemäß Artikel 22 benannte zuständige Behörde, sofern nicht in dieser Verordnung etwas anderes bestimmt ist;
13. „Person" bezeichnet eine natürliche oder juristische Person;
14. „Ware" bezeichnet eine Ware im Sinne von Artikel 2 Nummer 1 der Verordnung (EG) Nr. 1287/2006 der Kommission[2];
15. „Waren-Spot-Kontrakt" bezeichnet einen Kontrakt über die Lieferung einer an einem Spotmarkt gehandelten Ware, die bei Abwicklung des Geschäfts unverzüglich geliefert wird, sowie einen Kontrakt über die Lieferung einer Ware, die kein Finanzinstrument ist, einschließlich physisch abzuwickelnde Terminkontrakte;
16. „Spotmarkt" bezeichnet einen Warenmarkt, an dem Waren gegen bar verkauft und bei Abwicklung des Geschäfts unverzüglich geliefert werden, und andere Märkte, die keine Finanzmärkte sind, beispielsweise Warenterminmärkte;

---

1 **Amtl. Anm.:** Verordnung (EU) Nr. 575/2013 des Europäischen Parlaments und des Rates vom 26. Juni 2013 über Aufsichtsanforderungen an Kreditinstitute und Wertpapierfirmen und zur Änderung der Verordnung (EU) Nr. 648/2012 (ABl. L 176 vom 27. 6. 2013, S. 1).
2 **Amtl. Anm.:** Verordnung (EG) Nr. 1287/2006 der Kommission vom 10. August 2006 zur Durchführung der Richtlinie 2004/39/EG des Europäischen Parlaments und des Rates betreffend die Aufzeichnungspflichten für Wertpapierfirmen, die Meldung von Geschäften, die Markttransparenz, die Zulassung von Finanzinstrumenten zum Handel und bestimmte Begriffe im Sinne dieser Richtlinie (ABl. L 241 vom 2. 9. 2006, S. 1).

17. „Rückkaufprogramm" bezeichnet den Handel mit eigenen Aktien gemäß den Artikeln 21 bis 27 der Richtlinie 2012/30/EU des Europäischen Parlaments und des Rates[3];

18. „algorithmischer Handel" bezeichnet den algorithmischen Handel mit im Sinne von Artikel 4 Absatz 1 Nummer 39 der Richtlinie 2014/65/EU;

19. „Emissionszertifikat" bezeichnet ein Emissionszertifikat im Sinne von Anhang I Abschnitt C Nummer 11 der Richtlinie 2014/65/EU;

20. „Teilnehmer am Markt für Emissionszertifikate" bezeichnet eine Person, die Geschäfte einschließlich der Erteilung von Handelsaufträgen, mit Emissionszertifikaten und anderen darauf beruhenden Auktionsobjekten oder Derivaten betreibt, und die nicht unter die Ausnahme von Artikel 17 Absatz 2 Unterabsatz 2 fällt;

21. „Emittent" bezeichnet eine juristische Person des privaten oder öffentlichen Rechts, die Finanzinstrumente emittiert oder deren Emission vorschlägt, wobei der Emittent im Fall von Hinterlegungsscheinen, die Finanzinstrumente repräsentieren, der Emittent des repräsentierten Finanzinstruments ist;

22. „Energiegroßhandelsprodukt" bezeichnet ein Energiegroßhandelsprodukt im Sinne von Artikel 2 Nummer 4 der Verordnung (EU) Nr. 1227/2011;

23. „nationale Regulierungsbehörde" bezeichnet eine nationale Regulierungsbehörde im Sinne von Artikel 2 Nummer 10 der Verordnung (EU) Nr. 1227/2011;

24. „Warenderivate" bezeichnet Warenderivate im Sinne von Artikel 2 Absatz 1 Nummer 30 der Verordnung (EU) Nr. 600/2014 des Europäischen Parlaments und des Rates[4];

25. eine „Person, die Führungsaufgaben wahrnimmt", bezeichnet eine Person innerhalb eines Emittenten, eines Teilnehmers am Markt für Emissionszertifikate oder eines anderen in Artikel 19 Absatz 10 genannten Unternehmens,

    a) die einem Verwaltungs-, Leitungs- oder Aufsichtsorgan dieses Unternehmens angehört oder

    b) die als höhere Führungskraft zwar keinem der unter Buchstabe a genannten Organe angehört, aber regelmäßig Zugang zu Insiderinformationen mit direktem oder indirektem Bezug zu diesem Unternehmen hat und befugt ist, unternehmerische Entscheidungen über zukünftige Entwicklungen und Geschäftsperspektiven dieses Unternehmens zu treffen;

26. „eng verbundene Person" bezeichnet

    a) den Ehepartner oder einen Partner dieser Person, der nach nationalem Recht einem Ehepartner gleichgestellt ist;

    b) ein unterhaltsberechtigtes Kind entsprechend dem nationalen Recht;

    c) einen Verwandten, der zum Zeitpunkt der Tätigung des betreffenden Geschäfts seit mindestens einem Jahr demselben Haushalt angehört oder

    d) eine juristische Person, Treuhand oder Personengesellschaft, deren Führungsaufgaben durch eine Person, die Führungsaufgaben wahrnimmt, oder durch

---

3 **Amtl. Anm.:** Richtlinie 2012/30/EU des Europäischen Parlaments und des Rates vom 25. Oktober 2012 zur Koordinierung der Schutzbestimmungen, die in den Mitgliedstaaten den Gesellschaften im Sinne des Artikels 54 Absatz 2 des Vertrags über die Arbeitsweise der Europäischen Union im Interesse der Gesellschafter sowie Dritter für die Gründung der Aktiengesellschaft sowie für die Erhaltung und Änderung ihres Kapitals vorgeschrieben sind, um diese Bestimmungen gleichwertig zu gestalten (ABl. L 315 vom 14. 11. 2012, S. 74).

4 **Amtl. Anm.:** Verordnung (EU) Nr. 600/2014 des Europäischen Parlaments und des Rates vom 15. Mai 2014 über Märkte für Finanzinstrumente und zur Änderung der Verordnung (EU) Nr. 648/2012 (siehe Seite 84 dieses Amtsblatts [Anm. d. Red.: ABl. L 173 vom 12. 6. 2014]).

eine in den Buchstaben a, b oder c genannte Person wahrgenommen werden, oder die direkt oder indirekt von einer solchen Person kontrolliert wird, oder die zugunsten einer solchen Person gegründet wurde oder deren wirtschaftliche Interessen weitgehend denen einer solchen Person entsprechen;

27. „Datenverkehrsaufzeichnungen" bezeichnet die Aufzeichnungen von Verkehrsdaten im Sinne von Artikel 2 Buchstabe b Unterabsatz 2 der Richtlinie 2002/58/EG des Europäischen Parlaments und des Rates[5];

28. „Person, die gewerbsmäßig Geschäfte vermittelt oder ausführt" bezeichnet eine Person, die gewerbsmäßig mit der Entgegennahme und Übermittlung von Aufträgen oder der Ausführung von Geschäften mit Finanzinstrumenten befasst ist;

29. „Referenzwert" bezeichnet einen Kurs, Index oder Wert, der der Öffentlichkeit zugänglich gemacht oder veröffentlicht wird und periodisch oder regelmäßig durch die Anwendung einer Formel auf den Wert eines oder mehrerer Basiswerte oder -preise, einschließlich geschätzter Preise, tatsächlicher oder geschätzter Zinssätze oder sonstiger Werte, oder auf Erhebungsdaten ermittelt bzw. auf der Grundlage dieser Werte bestimmt wird und auf den bei der Festsetzung des für ein Finanzinstrument zu entrichtenden Betrags oder des Wertes eines Finanzinstruments Bezug genommen wird;

30. „Market-Maker" bezeichnet einen Market-Maker im Sinne von Artikel 4 Absatz 1 Nummer 7 der Richtlinie 2014/65/EU;

31. „Beteiligungsaufbau" bezeichnet den Erwerb von Anteilen an einem Unternehmen, durch den keine rechtliche oder regulatorische Verpflichtung entsteht, in Bezug auf das Unternehmen ein öffentliches Übernahmeangebot abzugeben;

32. „offenlegender Marktteilnehmer" bezeichnet eine natürliche oder juristische Person, die zu einer der Kategorien gemäß Artikel 11 Absatz 1 Buchstaben a bis d sowie Artikel 11 Absatz 2 gehört und im Zuge einer Marktsondierung Informationen offenlegt;

33. „Hochfrequenzhandel" bezeichnet die Methode des algorithmischen Hochfrequenzhandels im Sinne des Artikels 4 Absatz 1 Nummer 40 der Richtlinie 2014/65/EU;

34. „Empfehlung oder Vorschlag einer Anlagestrategie" bezeichnet

    i) eine von einem unabhängigen Analysten, einer Wertpapierfirma, einem Kreditinstitut oder einer sonstigen Person, deren Haupttätigkeit in der Erstellung von Anlageempfehlungen besteht, oder einer bei den genannten Einrichtungen im Rahmen eines Arbeitsvertrags oder anderweitig tätigen natürlichen Person erstellte Information, die direkt oder indirekt einen bestimmten Anlagevorschlag zu einem Finanzinstrument oder einem Emittenten darstellt;

    ii) eine von anderen als den in Ziffer i genannten Personen erstellte Information, die direkt eine bestimmte Anlageentscheidung zu einem Finanzinstrument vorschlägt;

35. „Anlageempfehlungen" bezeichnet Informationen mit expliziten oder impliziten Empfehlungen oder Vorschlägen zu Anlagestrategien in Bezug auf ein oder mehrere Finanzinstrumente oder Emittenten, die für Verbreitungskanäle oder die Öffentlichkeit vorgesehen sind, einschließlich einer Beurteilung des aktuellen oder künftigen Wertes oder Kurses solcher Instrumente.

(2) Für die Anwendung des Artikels 5 gelten folgende Begriffsbestimmungen

---

5 **Amtl. Anm.:** Richtlinie 2002/58/EG des Europäischen Parlaments und des Rates vom 12. Juli 2002 über die Verarbeitung personenbezogener Daten und den Schutz der Privatsphäre in der elektronischen Kommunikation (Datenschutzrichtlinie für elektronische Kommunikation) (ABl. L 201 vom 31. 7. 2002, S. 37).

a) „Wertpapiere" bezeichnet:
   i) Aktien und andere Wertpapiere, die Aktien entsprechen;
   ii) Schuldverschreibungen und sonstige verbriefte Schuldtitel oder
   iii) verbriefte Schuldtitel, die in Aktien oder andere Wertpapiere, die Aktien entsprechen, umgewandelt bzw. gegen diese eingetauscht werden können.
b) „verbundene Instrumente" bezeichnet die nachstehend genannten Finanzinstrumente selbst wenn sie nicht zum Handel auf einem Handelsplatz zugelassen sind, gehandelt werden oder für sie kein Antrag auf Zulassung zum Handel auf einem solchen Handelsplatz gestellt wurde:
   i) Verträge über bzw. Rechte auf Zeichnung, Kauf oder Verkauf von Wertpapieren,
   ii) Finanzderivate auf Wertpapiere,
   iii) bei wandel- oder austauschbaren Schuldtiteln die Wertpapiere, in die diese wandel- oder austauschbaren Titel umgewandelt bzw. gegen die sie eingetauscht werden können,
   iv) Instrumente, die vom Emittenten oder Garantiegeber der Wertpapiere ausgegeben werden bzw. besichert sind und deren Marktkurs den Kurs der Wertpapiere erheblich beeinflussen könnte oder umgekehrt,
   v) in Fällen, in denen die Wertpapiere Aktien entsprechen, die von diesen vertretenen Aktien bzw. die von diesen vertretenen anderen Wertpapiere, die Aktien entsprechen;
c) „signifikantes Zeichnungsangebot" bezeichnet eine Erst- oder Zweitplatzierung von Wertpapieren, die sich sowohl hinsichtlich des Werts der angebotenen Wertpapiere als auch hinsichtlich der Verkaufsmethoden vom üblichen Handel unterscheidet;
d) „Kursstabilisierung" ist jeder Kauf bzw. jedes Angebot zum Kauf von Wertpapieren oder eine Transaktion mit vergleichbaren verbundenen Instrumenten, die ein Kreditinstitut oder eine Wertpapierfirma im Rahmen eines signifikanten Zeichnungsangebots für diese Wertpapiere mit dem alleinigen Ziel tätigen, den Marktkurs dieser Wertpapiere für einen im Voraus bestimmten Zeitraum zu stützen, wenn auf diese Wertpapiere Verkaufsdruck besteht.

Artikel 4 Meldungen und Liste der Finanzinstrumente

(1) Die Betreiber von geregelten Märkten sowie Wertpapierfirmen und Betreiber eines multilateralen oder organisierten Handelssystems melden der zuständigen Behörde des Handelsplatzes unverzüglich jedes Finanzinstrument, für das ein Antrag auf Zulassung zum Handel auf ihrem Handelsplatz gestellt wird, zum Handel zugelassen wird oder erstmalig gehandelt worden ist.

Sie informieren auch die zuständige Behörde des Handelsplatzes, wenn ein Finanzinstrument nicht mehr gehandelt wird oder seine Zulassung zum Handel erlischt, außer wenn das Datum, von dem an das betreffende Finanzinstrument nicht mehr gehandelt wird oder mit dem seine Zulassung zum Handel erlischt, bekannt ist und in der Meldung gemäß Unterabsatz 1 genannt wurde.

Die in diesem Absatz genannten Meldungen enthalten gegebenenfalls die Bezeichnungen und Kennung der betreffenden Finanzinstrumente sowie Datum und Uhrzeit des Antrags auf Zulassung zum Handel, Datum und Uhrzeit der Zulassung zum Handel sowie Datum und Uhrzeit des ersten Handelsabschlusses.

Die Marktbetreiber und die Wertpapierfirmen übermitteln der zuständigen Behörde des Handelsplatzes außerdem die in Unterabsatz 3 festgelegten Informationen zu den Finanzinstrumenten, für die ein Antrag auf Zulassung zum Handel auf ihrem Handelsplatz gestellt wurde bzw. die vor dem 2. Juli 2014 auf ihrem Handelsplatz zum Handel zugelassen waren und die an diesem Tag immer noch zum Handel zugelassen waren oder gehandelt haben.

(2) ¹Die zuständigen Behörden des Handelsplatzes leiten die Meldungen, die sie gemäß Absatz 1 erhalten, unverzüglich an die ESMA weiter. ²Die ESMA veröffentlicht diese Meldungen sofort nach Erhalt in Form einer Liste auf ihrer Website. ³Die ESMA aktualisiert diese Liste unverzüglich bei Eingang einer Meldung von einer zuständigen Behörde des Handelsplatzes. ⁴Durch die Liste wird der Anwendungsbereich dieser Verordnung nicht eingeschränkt.

(3) Die Liste enthält folgende Informationen:

a) die Bezeichnungen und Kennung der Finanzinstrumente, für die die Zulassung zum Handel auf geregelten Märkten, multilateralen und organisierten Handelssystemen beantragt wurde, die dort zum Handel zugelassen wurden oder dort erstmalig gehandelt wurden;

b) Datum und Uhrzeit der Beantragung der Zulassung zum Handel, der Erteilung der Zulassung oder des erstmaligen Handels;

c) ausführliche Informationen zu den Handelsplätzen, auf denen die Zulassung zum Handel für die Finanzinstrumente beantragt wurde, auf denen sie zum Handel zugelassen wurden oder auf denen sie erstmalig gehandelt wurden, und

d) Datum und Uhrzeit, zu dem/der der Handel mit dem Finanzinstrument eingestellt wird bzw. zu dem/der seine Zulassung zum Handel erlischt.

(4) Zur Sicherstellung der durchgehenden Harmonisierung dieses Artikels arbeitet die ESMA Entwürfe technischer Regulierungsstandards aus, um Folgendes festzulegen:

a) den Inhalt der Meldungen gemäß Absatz 1 und

b) die Art und Weise und die Bedingungen der Zusammenstellung, Veröffentlichung und Pflege der in Absatz 3 genannten Liste.

Die ESMA übermittelt der Kommission diese Entwürfe technischer Regulierungsstandards bis zum 3. Juli 2015.

Der Kommission wird die Befugnis übertragen, die in Unterabsatz 1 dieses Absatzes genannten technischen Regulierungsstandards nach Artikel 10 bis 14 der Verordnung (EU) Nr. 1095/2010 des Europäischen Parlaments und des Rates[6] zu erlassen.

(5) Zur Sicherstellung der durchgehenden Harmonisierung dieses Artikels arbeitet die ESMA Entwürfe technischer Durchführungsstandards aus, um den Zeitplan, das Format und Muster für die Übermittlung der Meldungen gemäß den Absätzen 1 und 2 festzulegen.

Die ESMA übermittelt der Kommission diese Entwürfe technischer Regulierungsstandards bis zum 3. Juli 2015.

Der Kommission wird die Befugnis übertragen, die in Unterabsatz 1 genannten technischen Durchführungsstandards nach Artikel 15 der Verordnung (EU) Nr. 1095/2010 zu erlassen.

Artikel 5 Ausnahmen für Rückkaufprogramme und Stabilisierungsmaßnahmen

(1) Die in den Artikeln 14 und 15 dieser Verordnung festgeschriebenen Verbote gelten nicht für den Handel mit eigenen Aktien im Rahmen von Rückkaufprogrammen, wenn

---

6 Amtl. Anm.: Verordnung (EU) Nr. 1095/2010 des Europäischen Parlaments und des Rates vom 24. November 2010 zur Errichtung einer Europäischen Aufsichtsbehörde (Europäische Wertpapier- und Marktaufsichtsbehörde), zur Änderung des Beschlusses Nr. 716/2009/EG und zur Aufhebung des Beschlusses 2009/77/EG der Kommission (ABl. L 331 vom 15. 12. 2010, S. 84).

a) die Einzelheiten des Programms vor dem Beginn des Handels vollständig offengelegt werden,
b) Abschlüsse der zuständigen Behörde des Handelsplatzes gemäß Absatz 3 als Teil des Rückkaufprogramms gemeldet und anschließend öffentlich bekanntgegeben werden,
c) in Bezug auf Kurs und Volumen angemessene Grenzen eingehalten werden und
d) er im Einklang mit den in Absatz 2 genannten Zielen und den in dem vorliegenden Artikel festgelegten Bedingungen und den in Absatz 6 genannten technischen Regulierungsstandards durchgeführt wird.

(2) Um in den Genuss der in Absatz 1 vorgesehenen Ausnahme zu gelangen, muss ein Rückkaufprogramm als seinen einzigen Zweck haben:
a) das Kapital eines Emittenten zu reduzieren,
b) die aus einem Schuldtitel entstehenden Verpflichtungen zu erfüllen, die in Beteiligungskapital umgewandelt werden können, oder
c) die aus einem Belegschaftsaktienprogramm oder anderen Formen der Zuteilung von Aktien an Mitarbeiter oder Angehörige der Verwaltungs-, Leitungs- oder Aufsichtsorgane des Emittenten oder einem verbundenen Unternehmen entstehenden Verpflichtungen zu erfüllen.

(3) Um in den Genuss der in Absatz 1 vorgesehenen Ausnahme zu gelangen, muss der Emittent der für den Handelsplatz, auf dem seine Aktien zum Handel zugelassen wurden bzw. gehandelt werden, zuständigen Behörde des Handelsplatzes jedes mit Rückkaufprogrammen zusammenhängender[7] Geschäft, einschließlich der in Artikel 25 Absätze 1 und 2 und Artikel 26 Absätze 1, 2 und 3 der Verordnung (EU) Nr. 600/2014 genannten Informationen, melden.

(4) Die in den Artikeln 14 und 15 dieser Verordnung festgeschriebenen Verbote gelten nicht für den Handel mit Wertpapieren oder verbundenen Instrumenten zur Stabilisierung des Kurses von Wertpapieren, wenn
a) die Dauer der Stabilisierungsmaßnahme begrenzt ist,
b) relevante Informationen zur Stabilisierung offengelegt und der zuständigen Behörde des Handelsplatzes gemäß Absatz 5 gemeldet werden,
c) in Bezug auf den Kurs angemessene Grenzen eingehalten werden und
d) ein solcher Handel den Bedingungen für die Stabilisierung gemäß den technischen Regulierungsstandards gemäß Absatz 6 entspricht.

(5) Unbeschadet des Artikels 23 Absatz 1 teilen Emittenten, Bieter oder Unternehmen, die die Stabilisierungsmaßnahme durchführen, unabhängig davon, ob sie im Namen Ersterer handeln oder nicht, der zuständigen Behörde des Handelsplatzes spätestens am Ende des siebten Handelstags nach dem Tag der Ausführung dieser Maßnahmen die Einzelheiten sämtlicher Stabilisierungsmaßnahmen mit.

(6) Zur durchgängigen Harmonisierung dieses Artikels arbeitet die ESMA Entwürfe technischer Regulierungsstandards aus, in denen die bei den Rückkaufprogrammen und Stabilisierungsmaßnahmen nach Absatz 1 und 4 einzuhaltenden Bedingungen präzisiert werden, darunter Handelsbedingungen, Beschränkungen der Dauer und des Volumens, Bekanntgabe- und Meldepflichten sowie Kursbedingungen.

Die ESMA legt der Kommission diese Entwürfe technischer Regulierungsstandards bis zum 3. Juli 2015 vor.

Der Kommission wird die Befugnis übertragen, die in Unterabsatz 1 genannten technischen Regulierungsstandards nach Artikel 10 bis 14 der Verordnung (EU) Nr. 1095/2010 zu erlassen.

---

7 Richtig wohl: „zusammenhängende".

Artikel 6 Ausnahme für Maßnahmen im Rahmen der Geldpolitik, der Staatsschuldenverwaltung und der Klimapolitik

(1) Diese Verordnung gilt nicht für Geschäfte, Aufträge oder Handlungen, die aus geld- oder wechselkurspolitischen Gründen oder im Rahmen der Staatsschuldenverwaltung von

a) einem Mitgliedstaat,
b) den Mitgliedern des Europäischen Systems der Zentralbanken,
c) einem Ministerium, einer anderen Einrichtung oder Zweckgesellschaft eines oder mehrerer Mitgliedstaaten oder einer in deren Auftrag handelnden Person sowie –
d) im Fall eines Mitgliedstaats mit der Form eines Bundesstaats – von einem Mitglied des Bundes getätigt werden.

(2) Diese Verordnung gilt nicht für solche Geschäfte, Aufträge oder Handlungen, die von der Kommission, einer anderen offiziell benannten Stelle oder einer anderen Person, die in deren Auftrag handelt, im Rahmen der Staatsschuldenverwaltung getätigt werden.

Diese Verordnung gilt nicht für Geschäfte, Aufträge oder Handlungen, die getätigt werden

a) von der Union,
b) einer Zweckgesellschaft eines oder mehrerer Mitgliedstaaten,
c) der Europäischen Investitionsbank,
d) der Europäischen Finanzstabilisierungsfazilität,
e) dem Europäischen Stabilitätsmechanismus,
f) einem internationalen Finanzinstitut, das zwei oder mehrere Mitgliedstaaten zu dem Zweck errichtet haben, Mittel zu mobilisieren und diejenigen seiner Mitglieder, die von schwerwiegenden Finanzierungsproblemen betroffen oder bedroht sind, finanziell zu unterstützen.

(3) Diese Verordnung gilt nicht für Tätigkeiten eines Mitgliedstaats, der Kommission oder einer anderen offiziell benannten Stelle oder einer in deren Auftrag handelnden Person, die Emissionszertifikate betreffen und im Rahmen der Klimapolitik der Union im Einklang mit der Richtlinie 2003/87/EG unternommen werden.

(4) Diese Verordnung gilt nicht für Tätigkeiten eines Mitgliedstaats, der Kommission oder einer anderen offiziell benannten Stelle oder einer in deren Auftrag handelnden Person, die zur Umsetzung der Gemeinsamen Agrarpolitik der Union oder der Gemeinsamen Fischereipolitik der Union im Einklang mit angenommenen Rechtsakten oder gemäß dem AEUV geschlossenen internationalen Übereinkünften ausgeführt werden.

(5) Der Kommission wird die Befugnis übertragen, delegierte Rechtsakte gemäß Artikel 35 zu erlassen, um die in Ausnahme nach Absatz 1 auf bestimmte öffentliche Stellen und die Zentralbanken von Drittstaaten auszuweiten.

Dazu erstellt die Kommission bis zum 3. Januar 2016 einen Bericht, in dem beurteilt wird, wie öffentliche Einrichtungen, die für die Staatsschuldenverwaltung zuständig oder daran beteiligt sind, und die Zentralbanken von Drittstaaten international behandelt werden, und legt ihn dem Europäischen Parlament und dem Rat vor.

[1]Der Bericht enthält eine vergleichende Untersuchung der Behandlung dieser Stellen und Zentralbanken im Rechtsrahmen von Drittstaaten sowie die Risikomanagementstandards, die für die von diesen Stellen und den Zentralbanken in diesen Rechtsordnungen getätigten Geschäfte gelten. [2]Wenn das Fazit dieses Berichts – vor allem angesichts der vergleichenden Untersuchung – lautet, dass es erforderlich ist, die Zentralbanken dieser Drittstaaten im Hinblick auf ihre währungspolitischen Verpflichtungen von den in dieser Verordnung festgelegten Verpflichtungen und Verboten auszunehmen, weitet die Kom-

mission die Ausnahme nach Absatz 1 auch auf die Zentralbanken dieser Drittstaaten aus.

(6) Der Kommission wird auch die Befugnis übertragen, gemäß Artikel 35 delegierte Rechtsakte zu erlassen, um die Ausnahmen gemäß Absatz 3 auf bestimmte benannte öffentliche Stellen von Drittstaaten auszuweiten, die ein Abkommen mit der Union im Sinne von Artikel 25 der Richtlinie 2003/87/EG geschlossen haben.

(7) Dieser Artikel gilt nicht für Personen, die im Rahmen eines Arbeitsvertrags oder anderweitig für die in diesem Artikel genannten Unternehmen tätig sind, wenn diese Personen unmittelbar oder mittelbar, für eigene Rechnung Geschäfte, Aufträge oder Handlungen tätigen.

Kapitel 2 Insiderinformationen, Insidergeschäfte, unrechtmäßige Offenlegung von Insiderinformationen und Marktmanipulation

Artikel 7 Insiderinformationen

(1) Für die Zwecke dieser Verordnung umfasst der Begriff „Insiderinformationen" folgende Arten von Informationen:
a) nicht öffentlich bekannte präzise Informationen, die direkt oder indirekt einen oder mehrere Emittenten oder ein oder mehrere Finanzinstrumente betreffen und die, wenn sie öffentlich bekannt würden, geeignet wären, den Kurs dieser Finanzinstrumente oder den Kurs damit verbundener derivativer Finanzinstrumente erheblich zu beeinflussen;
b) in Bezug auf Warenderivate nicht öffentlich bekannte präzise Informationen, die direkt oder indirekt ein oder mehrere Derivate dieser Art oder direkt damit verbundene Waren-Spot-Kontrakte betreffen und die, wenn sie öffentlich bekannt würden, geeignet wären, den Kurs dieser Derivate oder damit verbundener Waren-Spot-Kontrakte erheblich zu beeinflussen, und bei denen es sich um solche Informationen handelt, die nach Rechts- und Verwaltungsvorschriften der Union oder der Mitgliedstaaten, Handelsregeln, Verträgen, Praktiken oder Regeln auf dem betreffenden Warenderivate- oder Spotmarkt offengelegt werden müssen bzw. deren Offenlegung nach vernünftigem Ermessen erwartet werden kann;
c) in Bezug auf Emissionszertifikate oder darauf beruhende Auktionsobjekte nicht öffentlich bekannte präzise Informationen, die direkt oder indirekt ein oder mehrere Finanzinstrumente dieser Art betreffen und die, wenn sie öffentlich bekannt würden, geeignet wären, den Kurs dieser Finanzinstrumente oder damit verbundener derivativer Finanzinstrumente erheblich zu beeinflussen;
d) für Personen, die mit der Ausführung von Aufträgen in Bezug auf Finanzinstrumente beauftragt sind, bezeichnet der Begriff auch Informationen, die von einem Kunden mitgeteilt wurden und sich auf die noch nicht ausgeführten Aufträge des Kunden in Bezug auf Finanzinstrumente beziehen, die präzise sind, direkt oder indirekt einen oder mehrere Emittenten oder ein oder mehrere Finanzinstrumente betreffen und die, wenn sie öffentlich bekannt würden, geeignet wären, den Kurs dieser Finanzinstrumente, damit verbundener Waren-Spot-Kontrakte oder zugehöriger derivativer Finanzinstrumente erheblich zu beeinflussen.

(2) [1]Für die Zwecke des Absatzes 1 sind Informationen dann als präzise anzusehen, wenn damit eine Reihe von Umständen gemeint ist, die bereits gegeben sind oder bei denen man vernünftigerweise erwarten kann, dass sie in Zukunft gegeben sein werden, oder ein Ereignis, das bereits eingetreten ist oder von den vernünftigerweise erwarten kann, dass es in Zukunft eintreten wird, und diese Informationen darüber hinaus spezifisch genug sind, um einen Schluss auf die mögliche Auswirkung dieser Reihe von Umständen oder dieses Ereignisses auf die Kurse der Finanzinstrumente oder des damit ver-

bundenen derivativen Finanzinstruments, der damit verbundenen Waren-Spot-Kontrakte oder der auf den Emissionszertifikaten beruhenden Auktionsobjekte zuzulassen. ²So können im Fall eines zeitlich gestreckten Vorgangs, der einen bestimmten Umstand oder ein bestimmtes Ereignis herbeiführen soll oder hervorbringt, dieser betreffende zukünftige Umstand bzw. das betreffende zukünftige Ereignis und auch die Zwischenschritte in diesem Vorgang, die mit der Herbeiführung oder Hervorbringung dieses zukünftigen Umstandes oder Ereignisses verbunden sind, in dieser Hinsicht als präzise Information betrachtet werden.

(3) Ein Zwischenschritt in einem gestreckten Vorgang wird als eine Insiderinformation betrachtet, falls er für sich genommen die Kriterien für Insiderinformationen gemäß diesem Artikel erfüllt.

(4) Für die Zwecke des Absatzes 1 sind unter „Informationen, die, wenn sie öffentlich bekannt würden, geeignet wären, den Kurs von Finanzinstrumenten, derivativen Finanzinstrumenten, damit verbundenen Waren-Spot-Kontrakten oder auf Emissionszertifikaten beruhenden Auktionsobjekten spürbar zu beeinflussen" Informationen zu verstehen, die ein verständiger Anleger wahrscheinlich als Teil der Grundlage seiner Anlageentscheidungen nutzen würde.

Im Fall von Teilnehmern am Markt für Emissionszertifikate mit aggregierten Emissionen oder einer thermischen Nennleistung in Höhe oder unterhalb des gemäß Artikel 17 Absatz 2 Unterabsatz 2 festgelegten Schwellenwerts wird von den Informationen über die physischen Aktivitäten dieser Teilnehmer angenommen, dass sie keine erheblichen Auswirkungen auf die Preise der Emissionszertifikate und der auf diesen beruhenden Auktionsobjekte oder auf damit verbundene Finanzinstrumente haben.

(5) ¹Die ESMA gibt Leitlinien für die Erstellung einer nicht erschöpfenden indikativen Liste von Informationen gemäß Absatz 1 Buchstabe b heraus, deren Offenlegung nach vernünftigem Ermessen erwartet werden kann oder die nach Rechts- und Verwaltungsvorschriften des Unionsrechts oder des nationalen Rechts, Handelsregeln, Verträgen, Praktiken oder Regeln auf den in Absatz 1 Buchstabe b genannten betreffenden Warenderivate- oder Spotmärkten offengelegt werden müssen. ²Die ESMA trägt den Besonderheiten dieser Märkte gebührend Rechnung.

Artikel 8 Insidergeschäfte

(1) ¹Für die Zwecke dieser Verordnung liegt ein Insidergeschäft vor, wenn eine Person über Insiderinformationen verfügt und unter Nutzung derselben für eigene oder fremde Rechnung direkt oder indirekt Finanzinstrumente, auf die sich die Informationen beziehen, erwirbt oder veräußert. ²Die Nutzung von Insiderinformationen in Form der Stornierung oder Änderung eines Auftrags in Bezug auf ein Finanzinstrument, auf das sich die Informationen beziehen, gilt auch als Insidergeschäft, wenn der Auftrag vor Erlangen der Insiderinformationen erteilt wurde. ³In Bezug auf Versteigerungen von Emissionszertifikaten oder anderen darauf beruhenden Auktionsobjekten, die gemäß der Verordnung (EU) Nr. 1031/2010 gehalten werden, schließt die Nutzung von Insiderinformationen auch die Übermittlung, Änderung oder Zurücknahme eines Gebots durch eine Person für eigene Rechnung oder für Rechnung eines Dritten ein.

(2) Für die Zwecke dieser Verordnung liegt eine Empfehlung zum Tätigen von Insidergeschäften oder die Verleitung Dritter hierzu vor, wenn eine Person über Insiderinformationen verfügt und

a) auf der Grundlage dieser Informationen Dritten empfiehlt, Finanzinstrumente, auf die sich die Informationen beziehen, zu erwerben oder zu veräußern, oder sie dazu verleitet, einen solchen Erwerb oder eine solche Veräußerung vorzunehmen, oder

b) auf der Grundlage dieser Informationen Dritten empfiehlt, einen Auftrag, der ein Finanzinstrument betrifft, auf das sich die Informationen beziehen, zu stornieren oder zu ändern, oder sie dazu verleitet, eine solche Stornierung oder Änderung vorzunehmen.

(3) Die Nutzung von Empfehlungen oder Verleitungen gemäß Absatz 2 erfüllt den Tatbestand des Insidergeschäfts im Sinne dieses Artikels, wenn die Person, die die Empfehlung nutzt oder der Verleitung folgt, weiß oder wissen sollte, dass diese auf Insiderinformationen beruht.

(4) Dieser Artikel gilt für jede Person, die über Insiderinformationen verfügt, weil sie
a) dem Verwaltungs-, Leitungs- oder Aufsichtsorgan des Emittenten oder des Teilnehmers am Markt für Emissionszertifikate angehört;
b) am Kapital des Emittenten oder des Teilnehmers am Markt für Emissionszertifikate beteiligt ist;
c) aufgrund der Ausübung einer Arbeit oder eines Berufs oder der Erfüllung von Aufgaben Zugang zu den betreffenden Informationen hat oder
d) an kriminellen Handlungen beteiligt ist.

Dieser Artikel gilt auch für jede Person, die Insiderinformationen unter anderen Umständen als nach Unterabsatz 1 besitzt und weiß oder wissen müsste, dass es sich dabei um Insiderinformationen handelt.

(5) Handelt es sich bei der in diesem Artikel genannten Person um eine juristische Person, so gilt dieser Artikel nach Maßgabe des nationalen Rechts auch für die natürlichen Personen, die an dem Beschluss, den Erwerb, die Veräußerung, die Stornierung oder Änderung eines Auftrags für Rechnung der betreffenden juristischen Person zu tätigen, beteiligt sind oder diesen beeinflussen.

Artikel 9 Legitime Handlungen

(1) Für die Zwecke der Artikel 8 und 14 wird aufgrund der bloßen Tatsache, dass eine juristische Person im Besitz von Insiderinformationen ist oder war, nicht angenommen, dass sie diese Informationen genutzt und daher auf der Grundlage eines Erwerbs oder einer Veräußerung Insidergeschäfte getätigt hat, wenn diese juristische Person
a) zuvor angemessene und wirksame interne Regelungen und Verfahren eingeführt, umgesetzt und aufrechterhalten hat, durch die wirksam sichergestellt wird, dass weder die natürliche Person, die in ihrem Auftrag den Beschluss gefasst hat, Finanzinstrumente zu erwerben oder zu veräußern, auf die sich die Informationen beziehen, noch irgendeine andere natürliche Person, die diesen Beschluss in irgendeiner Weise beeinflusst haben könnte, im Besitz der Insiderinformationen gewesen ist, und
b) die natürliche Person, die im Auftrag der juristischen Person Finanzinstrumente, auf die sich die Informationen beziehen, erworben oder veräußert hat, nicht auffordert, ihr keine Empfehlungen gegeben, sie nicht angestiftet oder anderweitig beeinflusst hat.

(2) Für die Zwecke der Artikel 8 und 14 wird aufgrund der bloßen Tatsache, dass eine Person im Besitz von Insiderinformationen ist, nicht angenommen, dass sie diese Informationen genutzt und daher auf der Grundlage eines Erwerbs oder einer Veräußerung Insidergeschäfte getätigt hat, wenn diese Person
a) ein Market-Maker für die Finanzinstrumente ist, auf die sich diese Informationen beziehen, oder eine Person, die als Gegenpartei für die Finanzinstrumente zugelassen ist, auf die sich diese Informationen beziehen, und wenn der Erwerb oder die Veräußerung von Finanzinstrumenten, auf die sich diese Informationen beziehen, rechtmäßig im Zuge der normalen Ausübung ihrer Funktion als Market-Maker oder Gegenpartei für das betreffende Finanzinstrument erfolgt, oder
b) wenn diese Person zur Ausführung von Aufträgen für Dritte zugelassen ist und der Erwerb oder die Veräußerung von Finanzinstrumenten, auf die sich der Auftrag be-

zieht, dazu dient, einen solchen Auftrag rechtmäßig im Zuge der normalen Ausübung der Beschäftigung des Berufs oder der Aufgaben dieser Person auszuführen.

(3) Für die Zwecke der Artikel 8 und 14 wird aufgrund der bloßen Tatsache, dass eine Person im Besitz von Insiderinformationen ist, nicht angenommen, dass sie diese Informationen genutzt und daher auf der Grundlage eines Erwerbs oder einer Veräußerung Insidergeschäfte getätigt hat, wenn diese Person ein Geschäft zum Erwerb oder zur Veräußerung von Finanzinstrumenten tätigt, das, in gutem Glauben und nicht zur Umgehung des Verbots von Insidergeschäften, durchgeführt wird, um einer fällig gewordenen Verpflichtung nachzukommen, und wenn

a) die betreffende Verpflichtung auf der Erteilung eines Auftrags oder dem Abschluss einer Vereinbarung aus der Zeit vor dem Erhalt der Insiderinformationen beruht oder

b) das Geschäft der Erfüllung einer rechtlichen Verpflichtung oder Regulierungsauflage dient, die vor dem Erhalt der Insiderinformationen entstanden ist.

(4) Für die Zwecke des Artikels 8 und 14 wird aufgrund der bloßen Tatsache, dass eine Person Insiderinformationen besitzt, nicht angenommen, dass sie diese Informationen genutzt und daher Insidergeschäfte getätigt hat, wenn sie diese Insiderinformation im Zuge der Übernahme eines Unternehmens oder eines Unternehmenszusammenschlusses auf der Grundlage eines öffentlichen Angebots erworben hat und diese Insiderinformationen ausschließlich nutzt, um den Unternehmenszusammenschluss oder die Übernahme auf der Grundlage eines öffentlichen Angebots weiterzuführen, unter der Voraussetzung, dass zum Zeitpunkt der Genehmigung des Unternehmenszusammenschlusses oder der Annahme des Angebotes durch die Anteilseigner des betreffenden Unternehmens sämtliche Insiderinformationen öffentlich gemacht worden sind oder auf andere Weise ihren Charakter als Insiderinformationen verloren haben.

Dieser Absatz gilt nicht für den Beteiligungsaufbau.

(5) Für die Zwecke der Artikel 8 und 14 stellt die bloße Tatsache, dass eine Person ihr Wissen darüber, dass sie beschlossen hat, Finanzinstrumente zu erwerben oder zu veräußern, beim Erwerb oder der Veräußerung dieser Finanzinstrumente nutzt, an sich noch keine Nutzung von Insiderinformationen dar.

(6) Unbeschadet der Absätze 1 bis 5 des vorliegenden Artikels kann es als Verstoß gegen das Verbot von Insidergeschäften gemäß Artikel 14 betrachtet werden, wenn die zuständige Behörde feststellt, dass sich hinter den betreffenden Handelsaufträgen, Geschäften oder Handlungen ein rechtswidriger Grund verbirgt.

Artikel 10 Unrechtmäßige Offenlegung von Insiderinformationen

(1) Für die Zwecke dieser Verordnung liegt eine unrechtmäßige Offenlegung von Insiderinformationen vor, wenn eine Person, die über Insiderinformationen verfügt und diese Informationen gegenüber einer anderen Person offenlegt, es sei denn, die Offenlegung geschieht im Zuge der normalen Ausübung einer Beschäftigung oder eines Berufs oder der normalen Erfüllung von Aufgaben.

Dieser Absatz gilt für alle natürlichen oder juristischen Personen in den Situationen oder unter den Umständen gemäß Artikel 8 Absatz 4.

(2) Für die Zwecke dieser Verordnung gilt die Weitergabe von Empfehlungen oder das Verleiten anderer, nachdem man selbst verleitet wurde, gemäß Artikel 8 Absatz 2 als unrechtmäßige Offenlegung von Insiderinformationen gemäß diesem Artikel, wenn die Person, die die Empfehlung weitergibt oder andere verleitet, nachdem sie selbst verleitet wurde, weiß oder wissen sollte, dass die Empfehlung bzw. Verleitung auf Insiderinformationen beruht.

Artikel 11 Marktsondierungen

(1) Eine Marktsondierung besteht in der Übermittlung von Informationen vor der Ankündigung eines Geschäfts an einen oder mehrere potenzielle Anleger, um das Interesse von potenziellen Anlegern an einem möglichen Geschäft und dessen Bedingungen wie seinem Umfang und seiner preislichen Gestaltung abzuschätzen durch
a) den Emittenten;
b) einen Zweitanbieter eines Finanzinstruments, der das betreffende Finanzinstrument in einer Menge oder mit einem Wert anbietet, aufgrund derer bzw. dessen sich das Geschäft vom üblichen Handel unterscheidet, wobei es außerdem auf einer Verkaufsmethode beruht, die auf der Vorabbewertung des potenziellen Interesses möglicher Anleger beruht;
c) einen Teilnehmer am Markt für Emissionszertifikate oder
d) einen Dritten, der im Auftrag oder für Rechnung einer der unter Buchstabe a, b oder c genannten Personen agiert.

(2) Unbeschadet des Artikels 23 Absatz 3 stellt auch die Offenlegung von Insiderinformationen durch eine Person, die beabsichtigt, ein Übernahmeangebot für die Anteile eines Unternehmens oder für einen Unternehmenszusammenschluss an Dritte zu richten, die Anspruch auf die Anteile des Unternehmens haben, einem[1] Marktsondierung dar, wenn
a) die Informationen erforderlich sind, um den Dritten, die Anspruch auf die Unternehmensanteile haben, zu ermöglichen, sich über ihre Bereitschaft, ihre Unternehmensanteile anzubieten, eine Meinung zu bilden, und
b) die Bereitschaft der Dritten, die Anspruch auf die Unternehmensanteile haben, ihre Unternehmensanteile anzubieten, nach vernünftigem Ermessen für den Beschluss, das Angebot für die Übernahme oder den Unternehmenszusammenschluss abzugeben, erforderlich ist.

(3) ¹Ein offenlegender Marktteilnehmer berücksichtigt vor der Durchführung einer Marktsondierung insbesondere, ob die Marktsondierung die Offenlegung von Insiderinformationen umfasst. ²Der offenlegende Marktteilnehmer führt schriftliche Aufzeichnungen über seine Schlussfolgerung und über ihre Gründe. ³Er legt diese schriftlichen Aufzeichnungen der zuständigen Behörde auf deren Ersuchen hin vor. ⁴Dieser[2] Verpflichtung gilt für jede Offenlegung von Informationen im Verlauf der Marktsondierung. ⁵Der offenlegende Marktteilnehmer aktualisiert die schriftlichen Aufzeichnungen gemäß diesem Absatz entsprechend.

(4) Für die Zwecke des Artikels 10 Absatz 1 wird eine Offenlegung von Insiderinformationen, die im Verlauf einer Marktsondierung vorgenommen wurde, so betrachtet, dass sie im Zuge der normalen Ausübung der Beschäftigung oder des Berufs oder der normalen Erfüllung der Aufgaben einer Person vorgenommen wurde, wenn der offenlegende Marktteilnehmer die Verpflichtungen gemäß den Absätzen 3 und 5 dieses Artikels erfüllt.

(5) Für die Zwecke des Absatzes 4 muss der offenlegende Marktteilnehmer vor der Offenlegung:
a) die Zustimmung der Person einholen, die die Marktsondierung erhält, dass sie Insiderinformationen erhält;
b) die Person, die die Marktsondierung erhält, davon in Kenntnis setzen, dass ihr die Nutzung und der Versuch der Nutzung dieser Informationen in Form des Erwerbs oder der Veräußerung von Finanzinstrumenten, auf die sich diese Informationen be-

---

1 Richtig wohl: „eine".
2 Richtig wohl: „Diese".

ziehen, ob direkt oder indirekt, für eigene Rechnung oder für die Rechnung Dritter, untersagt sind;

c) die Person, die die Marktsondierung erhält, davon in Kenntnis setzen, dass ihr die Nutzung und der Versuch der Nutzung in Form der Stornierung oder Änderung eines bereits erteilten Auftrags in Bezug auf ein Finanzinstrument, auf das sich diese Informationen beziehen, untersagt sind, und

d) die Person, die die Marktsondierung erhält, davon in Kenntnis setzten, dass sie sich mit der Zustimmung, die Informationen zu erhalten, auch verpflichtet ist, die Vertraulichkeit der Informationen zu wahren.

[1]Der offenlegende Marktteilnehmer muss Aufzeichnungen über sämtliche Informationen erstellen und führen, die der Person, die die Marktsondierung erhält, übermittelt wurden, einschließlich der Informationen, die gemäß Unterabsatz 1 Buchstabe a bis d übermittelt wurden, sowie über die Identität der potenziellen Anleger, gegenüber denen die Informationen offengelegt wurden, einschließlich unter anderem der juristischen und natürlichen Personen, die im Auftrag des potenziellen Anleger handeln, und des Datums und der Uhrzeit einer jeden Offenlegung. [2]Der offenlegende Marktteilnehmer muss der zuständigen Behörde diese Aufzeichnungen auf deren Ersuchen zur Verfügung stellen.

(6) Wenn im Zuge einer Marktsondierung Informationen offengelegt wurden und nach Einschätzung des offenlegenden Marktteilnehmers ihre Eigenschaft als Insiderinformationen verlieren, setzt dieser die den Empfänger so rasch wie möglich davon in Kenntnis Insiderinformation[3].

Der offenlegende Marktteilnehmer führt Aufzeichnungen über die Informationen, die er im Einklang mit diesem Absatz übermittelt hat, und stellt diese Aufzeichnungen der zuständigen Behörde auf deren Ersuchen zur Verfügung.

(7) Unbeschadet der Bestimmungen dieses Artikels nimmt die Person, die die Marktsondierung erhält, selbst die Einschätzung vor, ob sie im Besitz von Insiderinformationen ist und wenn sie nicht mehr im Besitz von Insiderinformationen ist.

(8) Die Aufzeichnungen gemäß diesem Artikel werden von dem offenlegenden Marktteilnehmer mindestens fünf Jahre lang aufbewahrt.

(9) Um die durchgehende Harmonisierung dieses Artikels sicherzustellen, arbeitet die ESMA Entwürfe technischer Regulierungsstandards aus, um angemessene Regelungen, Verfahren und Aufzeichnungsanforderungen festzulegen, mittels derer Personen die Anforderungen der Absätze 4, 5, 6 und 8 einhalten können.

Die ESMA legt der Kommission diese Entwürfe technischer Regulierungsstandards bis zum 3. Juli 2015 vor.

Der Kommission wird die Befugnis übertragen, die in Unterabsatz 1 genannten technischen Regulierungsstandards nach Artikel 10 bis 14 der Verordnung (EU) Nr. 1095/2010 zu erlassen.

(10) Um die durchgehende Harmonisierung dieses Artikels sicherzustellen, arbeitet die ESMA Entwürfe technischer Durchführungsstandards aus, in denen festgelegt wird, welche Systeme und Mitteilungsmuster zur Einhaltung der Vorschriften der Absätze 4, 5, 6 und 8 zu nutzen sind, insbesondere das genaue Format der Aufzeichnungen nach den Absätzen 4 bis 8 und die technischen Mittel für eine angemessene Übermittlung der Informationen gemäß Absatz 6 an die Person, die die Marktsondierung erhält.

Die ESMA legt der Kommission diese Entwürfe technischer Durchführungsstandards bis zum 3. Juli 2015 vor.

---

3 Richtig wohl: „setzt dieser den Empfänger so rasch wie möglich davon in Kenntnis".

Der Kommission wird die Befugnis übertragen, die in Unterabsatz 1 genannten technischen Durchführungsstandards nach Artikel 15 der Verordnung (EU) Nr. 1095/2010 zu erlassen.

(11) Die ESMA gibt für die Personen, die die Marktsondierung erhalten, gemäß Artikel 16 der Verordnung (EU) Nr. 1095/2010 Leitlinien zu Folgendem heraus:

a) den Faktoren, die diese Personen berücksichtigen müssen, wenn ihnen gegenüber als Bestandteil der Marktsondierung Informationen offengelegt werden, damit sie beurteilen können, ob diese Informationen Insiderinformationen sind;

b) den Schritten, die diese Personen unternehmen müssen, wenn ihnen gegenüber Insiderinformationen offengelegt wurden, um die Artikel 8 und 10 dieser Verordnung einzuhalten, und

c) den Aufzeichnungen, die diese Personen führen sollten, um nachzuweisen, dass sie die Artikel 8 und 10 dieser Verordnung eingehalten haben.

Artikel 12 Marktmanipulation

(1) Für die Zwecke dieser Verordnung umfasst der Begriff „Marktmanipulation" folgende Handlungen:

a) Abschluss eines Geschäfts, Erteilung eines Handelsauftrags sowie jede andere Handlung, die

   i) der bzw. die falsche oder irreführende Signale hinsichtlich des Angebots, der Nachfrage oder des Preises eines Finanzinstruments, eines damit verbundenen Waren-Spot- Kontrakts oder eines auf Emissionszertifikaten beruhenden Auktionsobjekts gibt oder bei der dies wahrscheinlich ist, oder

   ii) durch das bzw. die ein anormales oder künstliches Kursniveau eines oder mehrerer Finanzinstrumente, eines damit verbundenen Waren-Spot-Kontrakts oder eines auf Emissionszertifikaten beruhenden Auktionsobjekts erzielt wird oder bei dem/der dies wahrscheinlich ist;

   es sei denn, die Person, die ein Geschäft abschließt, einen Handelsauftrag erteilt oder eine andere Handlung vornimmt, weist nach, dass das Geschäft, der Auftrag oder die Handlung legitime Gründe hat und im Einklang mit der zulässigen Marktpraxis gemäß Artikel 13 steht.

b) Abschluss eines Geschäfts, Erteilung eines Handelsauftrags und jegliche sonstige Tätigkeit oder Handlung an Finanzmärkten, die unter Vorspiegelung falscher Tatsachen oder unter Verwendung sonstiger Kunstgriffe oder Formen der Täuschung den Kurs eines oder mehrerer Finanzinstrumente, eines damit verbundenen Waren-Spot-Kontrakts oder eines auf Emissionszertifikaten beruhenden Auktionsobjekts beeinflusst oder hierzu geeignet ist;

c) Verbreitung von Informationen über die Medien einschließlich des Internets oder auf anderem Wege, die falsche oder irreführende Signale hinsichtlich des Angebots oder des Kurses eines Finanzinstruments, eines damit verbundenen Waren-Spot-Kontrakts oder eines auf Emissionszertifikaten beruhenden Auktionsobjekts oder der Nachfrage danach geben oder bei denen dies wahrscheinlich ist oder ein anormales oder künstliches Kursniveau eines oder mehrerer Finanzinstrumente, eines damit verbundenen Waren-Spot-Kontrakts oder eines auf Emissionszertifikaten beruhenden Auktionsobjekts herbeiführen oder bei denen dies wahrscheinlich ist, einschließlich der Verbreitung von Gerüchten, wenn die Person, die diese Informationen verbreitet hat, wusste oder hätte wissen müssen, dass sie falsch oder irreführend waren;

d) Übermittlung falscher oder irreführender Angaben oder Bereitstellung falscher oder irreführender Ausgangsdaten bezüglich eines Referenzwerts, wenn die Person, die die Informationen übermittelt oder die Ausgangsdaten bereitgestellt hat, wusste oder hätte wissen müssen, dass sie falsch oder irreführend waren, oder sonstige Handlungen, durch die die Berechnung eines Referenzwerts manipuliert wird.

(2) Als Marktmanipulation gelten unter anderem die folgenden Handlungen:
a) Sicherung einer marktbeherrschenden Stellung in Bezug auf das Angebot eines Finanzinstruments, damit verbundener Waren-Spot-Kontrakte oder eines auf Emissionszertifikaten beruhenden Auktionsobjekts oder die Nachfrage danach durch eine Person oder mehrere in Absprache handelnde Personen mit der tatsächlichen oder wahrscheinlichen Folge einer unmittelbaren oder mittelbaren Festsetzung des Kaufs- oder Verkaufspreises oder anderen unlauteren Handelsbedingungen führt oder hierzu geeignet ist;
b) Kauf oder Verkauf von Finanzinstrumenten bei Handelsbeginn oder bei Handelsschluss an einem Handelsplatz mit der tatsächlichen oder wahrscheinlichen Folge, dass Anleger, die aufgrund der angezeigten Kurse, einschließlich der Eröffnungs- und Schlusskurse, tätig werden, irregeführt werden;
c) die Erteilung von Kauf- oder Verkaufsaufträgen an einen Handelsplatz, einschließlich deren Stornierung oder Änderung, mittels aller zur Verfügung stehenden Handelsmethoden, auch in elektronischer Form, beispielsweise durch algorithmische und Hochfrequenzhandelsstrategien, die eine der in Absatz 1 Buchstabe a oder b genannten Auswirkungen hat, indem sie
   i) das Funktionieren des Handelssystems des Handelsplatzes tatsächlich oder wahrscheinlich stört oder verzögert,
   ii) Dritten die Ermittlung echter Kauf- oder Verkaufsaufträge im Handelssystem des Handelsplatzes tatsächlich oder wahrscheinlich erschwert, auch durch das Einstellen von Kauf- oder Verkaufsaufträgen, die zur Überfrachtung oder Beeinträchtigung des Orderbuchs führen, oder
   iii) tatsächlich oder wahrscheinlich ein falsches oder irreführendes Signal hinsichtlich des Angebots eines Finanzinstruments oder der Nachfrage danach oder seines Preises setzt, insbesondere durch das Einstellen von Kauf- oder Verkaufsaufträgen zur Auslösung oder Verstärkung eines Trends;
d) Ausnutzung eines gelegentlichen oder regelmäßigen Zugangs zu den traditionellen oder elektronischen Medien durch Abgabe einer Stellungnahme zu einem Finanzinstrument, einem damit verbundenen Waren-Spot-Kontrakt oder einem auf Emissionszertifikaten beruhenden Auktionsobjekt (oder indirekt zu dessen Emittenten), wobei zuvor Positionen bei diesem Finanzinstrument, einem damit verbundenen Waren-Spot-Kontrakt oder einem auf Emissionszertifikaten beruhenden Auktionsobjekt eingegangen wurden und anschließend Nutzen aus den Auswirkungen der Stellungnahme auf den Kurs dieses Finanzinstruments, eines damit verbundenen Waren-Spot-Kontrakts oder eines auf Emissionszertifikaten beruhenden Auktionsobjekts gezogen wird, ohne dass der Öffentlichkeit gleichzeitig dieser Interessenkonflikt ordnungsgemäß und wirksam mitgeteilt wird;
e) Kauf oder Verkauf von Emissionszertifikaten oder deren Derivaten auf dem Sekundärmarkt vor der Versteigerung gemäß der Verordnung (EU) Nr. 1031/2010 mit der Folge, dass der Auktionsclearingpreis für die Auktionsobjekte auf anormaler oder künstlicher Höhe festgesetzt wird oder dass Bieter, die auf den Versteigerungen bieten, irregeführt werden.

(3) Für die Anwendung von Absatz 1 Buchstaben a und b und unbeschadet der in Absatz 2 aufgeführten Formen von Handlungen enthält Anhang I eine nicht erschöpfende Aufzählung von Indikatoren in Bezug auf die Vorspiegelung falscher Tatsachen oder sonstige Kunstgriffe oder Formen der Täuschung und eine nicht erschöpfende Aufzählung von In-

dikatoren in Bezug auf falsche oder irreführende Signale und die Sicherung des[4] Herbeiführung bestimmter Kurse.

(4) Handelt es sich bei der in diesem Artikel genannten Person um eine juristische Person, so gilt dieser Artikel nach Maßgabe des nationalen Rechts auch für die natürlichen Personen, die an dem Beschluss, Tätigkeiten für Rechnung der betreffenden juristischen Person auszuführen, beteiligt sind.

(5) Der Kommission wird die Befugnis übertragen, gemäß Artikel 35 zur Präzisierung der in Anhang I festgelegten Indikatoren delegierte Rechtsakte zu erlassen, um deren Elemente zu klären und den technischen Entwicklungen auf den Finanzmärkten Rechnung zu tragen.

Artikel 13 Zulässige Marktpraxis

(1) Das Verbot gemäß Artikel 15 gilt nicht für die in Artikel 12 Absatz 1 Buchstabe a genannten Handlungen, wenn die Person, die ein Geschäft abschließt, einen Handelsauftrag erteilt oder eine andere Handlung vornimmt, nachweist, dass das Geschäft, der Auftrag oder die Handlung legitime Gründe hat und im Einklang mit der zulässigen Marktpraxis gemäß diesem Artikel steht.

(2) Eine zuständige Behörden kann eine zulässige Marktpraxis festlegen, wobei folgende Kriterien berücksichtigt werden:

a) ob die Marktpraxis einen erheblichen Grad an Markttransparenz gewährt;
b) ob durch die Marktpraxis das Funktionieren der Marktkräfte und das richtige Zusammenspiel von Angebot und Nachfrage in hohem Grade gewährleistet werden;
c) ob die Marktpraxis sich positiv auf Marktliquidität und -effizienz auswirkt;
d) ob die Marktpraxis dem Handelsmechanismus des betreffenden Marktes Rechnung trägt und es den Marktteilnehmern erlaubt, angemessen und rechtzeitig auf die durch die Marktpraxis entstehende neue Marktsituation zu reagieren;
e) ob die Marktpraxis keine Risiken für die Integrität direkt oder indirekt verbundener, geregelter oder nicht geregelter Märkte für das betreffende Finanzinstrument innerhalb der Union schafft;
f) das Ergebnis der Ermittlungen der zuständigen Behörden bzw. anderer Behörden zu der entsprechenden Marktpraxis, insbesondere ob eine Verletzung der Marktmissbrauchsbestimmungen oder der geltenden Verhaltensregeln festgestellt wurde, unabhängig davon, ob auf dem betreffenden Markt oder auf anderen direkt oder indirekt verbundenen Märkten in der Union, und
g) die Strukturmerkmale des betreffenden Marktes, u.a., ob es sich um einen geregelten Markt handelt, welche Finanzinstrumente gehandelt werden, welche Marktteilnehmer vertreten sind und welcher Anteil am Handel auf dem betreffenden Markt auf Privatanleger entfällt.

Eine Marktpraxis, die von einer zuständigen Behörde auf einem bestimmten Markt als zulässige Marktpraxis festgelegt wurde, wird nicht als zulässig auf anderen Märkten betrachtet, wenn sie nicht von den für diese anderen Märkte zuständigen Behörden gemäß diesem Artikel anerkannt worden ist.

(3) [1]Vor der Festlegung einer zulässigen Markpraxis gemäß Absatz 2 informiert die zuständige Behörden die ESMA und die anderen zuständigen Behörden über ihre Absicht, eine zulässige Marktpraxis festzulegen, und legt Einzelheiten der Bewertung vor, die im Einklang mit den Kriterien in Absatz 2 vorgenommen wurde. [2]Diese Information erfolgt mindestens drei Monate vor der beabsichtigten Einführung der zulässigen Marktpraxis.

---

4 Richtig wohl: „der".

(4) ¹Innerhalb von zwei Monaten nach Erhalt der Information gibt die ESMA gegenüber der mitteilenden zuständigen Behörde eine Stellungnahme ab, in der sie bewertet, ob die zulässige Marktpraxis mit Absatz 2 und den gemäß Absatz 7 angenommenen technischen Regulierungsstandards vereinbar ist. ²Die ESMA prüft ebenfalls, ob das Vertrauen in den Finanzmarkt der Union durch die Festlegung der zulässigen Marktpraxis gefährdet würde. ³Die Stellungnahme wird auf der Website der ESMA veröffentlicht.

(5) Legt eine zuständige Behörde eine Marktpraxis fest, die einer gemäß Absatz 4 durch die ESMA abgegebenen Stellungnahme zuwiderläuft, veröffentlicht sie auf ihrer Website innerhalb von 24 Stunden nach der Festlegung der zulässigen Marktpraxis eine Bekanntmachung, in der sie die Gründe für ihr Vorgehen vollständig darlegt und auch darauf eingeht, warum die zulässige Marktpraxis keine Gefahr für das Vertrauen in den Markt darstellt.

(6) Ist eine zuständige Behörde der Ansicht, dass eine andere zuständige Behörde eine zulässige Marktpraxis festgelegt hat, die die in Absatz 2 verankerten Kriterien nicht erfüllt, unterstützt die ESMA die betreffenden Behörden im Einklang mit ihren Befugnissen gemäß Artikel 19 der Verordnung (EU) Nr. 1095/2010 dabei, zu einer Einigung zu gelangen.

Erzielen die betreffenden zuständigen Behörden keine Einigung, so kann die ESMA gemäß Artikel 19 Absatz 3 der Verordnung (EU) Nr. 1095/2010 einen Beschluss fassen.

(7) Um eine durchgängige Harmonisierung dieses Artikels sicherzustellen, arbeitet die ESMA Entwürfe technischer Regulierungsstandards aus, in denen die Kriterien, das Verfahren und die Anforderungen für die Festlegung einer zulässigen Marktpraxis gemäß den Absätzen 2, 3 und 4 sowie für die Anforderungen an ihre Beibehaltung, Beendigung oder Änderung der Bedingungen für ihre Zulässigkeit festgelegt werden.

Die ESMA legt der Kommission bis zum 3. Juli 2015 diese Entwürfe technischer Regulierungsstandards vor.

Der Kommission wird die Befugnis übertragen, die in Unterabsatz 1 genannten technischen Regulierungsstandards nach Artikel 10 bis 14 der Verordnung (EU) Nr. 1095/2010 zu erlassen.

(8) Die zuständigen Behörden überprüfen regelmäßig und mindestens alle zwei Jahre die von ihnen festgelegte zulässige Marktpraxis und berücksichtigen dabei insbesondere wesentliche Änderungen im Umfeld des betreffenden Marktes, d.h. beispielsweise geänderte Handelsregeln oder Änderungen an den Infrastrukturen des Marktes, um zu entscheiden, ob diese Praxis beibehalten wird, beendet wird oder ob die Bedingungen für ihre Zulässigkeit geändert werden soll.

(9) Die ESMA veröffentlicht auf ihrer Website die zulässige Marktpraxis in Form einer Liste der zulässigen Handlungen und gibt an, in welchen Mitgliedstaaten sie anwendbar ist.

(10) Die ESMA überwacht die Anwendung der zulässigen Marktpraxis und legt der Kommission jährlich einen Bericht über deren Anwendung auf den betreffenden Märkten vor.

(11) Die zuständigen Behörden übermitteln der ESMA die zulässige Marktpraxis, die sie vor dem 2. Juli 2014 festgelegt hat, innerhalb von drei Monaten nach dem Inkrafttreten der in Absatz 7 genannten technischen Regulierungsstandards durch die Kommission.

Die in Unterabsatz 1 dieses Absatzes genannte zulässige Marktpraxis gilt in dem betreffenden Mitgliedstaat weiter, bis die zuständige Behörde auf der Grundlage der Stellungnahme der ESMA gemäß Absatz 4 einen Beschluss hinsichtlich ihrer Weiterführung gefasst hat.

Artikel 14 Verbot von Insidergeschäften und unrechtmäßiger Offenlegung von Insiderinformationen

Folgende Handlungen sind verboten:
a) das Tätigen von Insidergeschäften und der Versuch hierzu,
b) Dritten zu empfehlen, Insidergeschäfte zu tätigen, oder Dritte dazu zu verleiten, Insidergeschäfte zu tätigen, oder
c) die unrechtmäßige Offenlegung von Insiderinformationen.

Artikel 15 Verbot der Marktmanipulation

Marktmanipulation und der Versuch hierzu sind verboten.

Artikel 16 Vorbeugung und Aufdeckung von Marktmissbrauch

(1) Marktbetreiber und Wertpapierfirmen, die einen Handelsplatz betreiben, haben gemäß Artikel 31 und 54 der Richtlinie 2014/65/EU wirksame Regelungen, Systeme und Verfahren zur Vorbeugung und Aufdeckung von Insidergeschäften, Marktmanipulation, versuchten Insidergeschäften und versuchter Marktmanipulation zu schaffen und aufrechtzuerhalten.

Eine in Unterabsatz 1 genannte Personen meldet Aufträge und Geschäfte, einschließlich deren Stornierung oder Änderung, die Insidergeschäfte, Marktmanipulationen oder versuchte Insidergeschäfte oder versuchte Marktmanipulation sein könnten, unverzüglich der zuständigen Behörde des Handelsplatzes.

(2) ^{1}Wer gewerbsmäßig Geschäfte vermittelt oder ausführt, muss wirksame Regelungen, Systeme und Verfahren zur Aufdeckung und Meldung von verdächtigen Aufträgen und Geschäften schaffen und aufrechterhalten. ^{2}Wann immer die betreffende Person den begründeten Verdacht hat, dass ein Auftrag oder ein Geschäft in Bezug auf ein Finanzinstrument – wobei es unerheblich ist, ob dieser bzw. dieses auf einem Handelsplatz oder anderweitig erteilt oder ausgeführt wurde – Insiderhandel oder Marktmanipulation oder den Versuch hierzu darstellt, so unterrichtet sie unverzüglich die zuständige Behörde nach Absatz 3.

(3) ^{1}Unbeschadet des Artikels 22 gelten für die Meldungen von Personen, die beruflich Geschäfte mit Finanzinstrumenten erteilen oder ausführen, die Vorschriften des Mitgliedstaats, in dem sie registriert sind oder in dem sie ihre Hauptniederlassung haben oder, bei Zweigniederlassungen, die Vorschriften des Mitgliedstaats ihrer Zweigniederlassung. ^{2}Die Meldung erfolgt bei der zuständigen Behörde dieses Mitgliedstaats.

(4) Die zuständigen Behörden nach Absatz 3, denen verdächtige Aufträge und Geschäfte gemeldet werden, teilen dies unverzüglich den für die betreffenden Handelsplätze zuständigen Behörden mit.

(5) Um eine durchgehende Harmonisierung dieses Artikels zu gewährleisten, arbeitet die ESMA Entwürfe technischer Regulierungsstandards aus, um Folgendes festzulegen:
a) angemessene Regelungen, Systeme und Verfahren für die Einhaltung der Vorschriften in den Absätzen 1 und 2 durch Personen und
b) die von Personen zur Einhaltung der Vorschriften in den Absätzen 1 und 2 zu nutzenden Mitteilungsmuster.

Die ESMA legt der Kommission diese Entwürfe technischer Regulierungsstandards bis zum 3. Juli 2016 vor.

Der Kommission wird die Befugnis übertragen, die in Unterabsatz 1 genannten technischen Regulierungsstandards nach Artikel 10 bis 14 der Verordnung (EU) Nr. 1095/2010 zu erlassen.

Kapitel 3 Offenlegungsvorschriften
Artikel 17 Veröffentlichung von Insiderinformationen

(1) Emittenten geben der Öffentlichkeit Insiderinformationen, die unmittelbar den diesen Emittenten betreffen, so bald wie möglich bekannt.

[1]Die Emittenten stellen sicher, dass die Insiderinformationen in einer Art und Weise veröffentlicht werden, die es der Öffentlichkeit ermöglicht, schnell auf sie zuzugreifen und sie vollständig, korrekt und rechtzeitig zu bewerten, und dass sie gegebenenfalls in dem amtlich bestellten System gemäß Artikel 21 der Richtlinie 2004/109/EG des Europäischen Parlaments und des Rates[1] veröffentlicht werden. [2]Die Emittenten dürfen die Veröffentlichung von Insiderinformationen nicht mit der Vermarktung ihrer Tätigkeiten verbinden. [3]Die Emittenten veröffentlichen alle Insiderinformationen, die sie der Öffentlichkeit mitteilen müssen, auf ihrer Website und zeigen sie dort während eines Zeitraums von mindestens fünf Jahren an.

Dieser Artikel gilt für Emittenten, die für ihre Finanzinstrumente eine Zulassung zum Handel an einem geregelten Markt in einem Mitgliedstaat beantragt oder genehmigt haben, bzw. im Falle von Instrumenten, die nur auf einem multilateralen oder organisierten Handelssystem gehandelt werden, für Emittenten, die für ihre Finanzinstrumente eine Zulassung zum Handel auf einem multilateralen oder organisierten Handelssystem in einem Mitgliedstaat erhalten haben oder die für ihre Finanzinstrumente eine Zulassung zum Handel auf einem multilateralen Handelssystem in einem Mitgliedstaat beantragt haben.

(2) [1]Jeder Teilnehmer am Markt für Emissionszertifikate gibt Insiderinformationen in Bezug auf ihm gehörende Emissionszertifikate für seine Geschäftstätigkeit, darunter Luftverkehr gemäß Anhang I der Richtlinie 2003/87/EG und Anlagen im Sinne von Artikel 3 Buchstabe e jener Richtlinie, die der betreffende Marktteilnehmer, dessen Mutterunternehmen oder ein verbundenes Unternehmen besitzt oder kontrolliert und für dessen betriebliche Angelegenheiten der Marktteilnehmer, dessen Mutterunternehmen oder ein verbundenes Unternehmen vollständig oder teilweise verantwortlich ist, öffentlich, wirksam und rechtzeitig bekannt. [2]In Bezug auf Anlagen umfasst diese Offenlegung die für deren Kapazität und Nutzung erheblichen Informationen, darunter die geplante oder ungeplante Nichtverfügbarkeit dieser Anlagen.

Unterabsatz 1 gilt nicht für Teilnehmer am Markt für Emissionszertifikate, wenn die Emissionen der Anlagen oder Luftverkehrstätigkeiten in ihrem Besitz, unter ihrer Kontrolle oder ihrer Verantwortlichkeit im Vorjahr eine bestimmte Kohlendioxidäquivalent-Mindestschwelle nicht überschritten haben und, sofern dort eine Verbrennung erfolgt, deren thermische Nennleistung eine bestimmte Mindestschwelle nicht überschreitet.

Der Kommission wird die Befugnis übertragen, gemäß Artikel 35 zur Anwendung der im Unterabsatz 2 dieses Absatzes vorgesehenen Ausnahme delegierte Rechtsakte zur Festlegung einer Kohlendioxidäquivalent-Mindestschwelle und einer Mindestschwelle für die thermische Nennleistung zu erlassen.

(3) Der Kommission wird die Befugnis übertragen, delegierte Rechtsakte gemäß Artikel 35 zur Festlegung der zuständigen Behörde für die Mitteilungen gemäß den Absätzen 4 und 5 des vorliegenden Artikels zu erlassen.

---

1 **Amtl. Anm.:** Richtlinie 2004/109/EG des Europäischen Parlaments und des Rates vom 15. Dezember 2004 zur Harmonisierung der Transparenzanforderungen in Bezug auf Informationen über Emittenten, deren Wertpapiere zum Handel auf einem geregelten Markt zugelassen sind, und zur Änderung der Richtlinie 2001/34/EG (ABl. L 390 vom 31. 12. 2004, S. 38).

(4) Ein Emittent oder ein Teilnehmer am Markt für Emissionszertifikate, kann auf eigene Verantwortung die Offenlegung von Insiderinformationen für die Öffentlichkeit aufschieben, sofern sämtliche nachfolgenden Bedingungen erfüllt sind:
a) die unverzügliche Offenlegung wäre geeignet die berechtigten Interessen des Emittenten oder Teilnehmers am Markt für Emissionszertifikate zu beeinträchtigen,
b) die Aufschiebung der Offenlegung wäre nicht geeignet, die Öffentlichkeit irrezuführen,
c) der Emittent oder Teilnehmer am Markt für Emissionszertifikate kann die Geheimhaltung dieser Informationen sicherstellen.

Im Falle eines zeitlich gestreckten Vorgangs, der aus mehreren Schritten besteht und einen bestimmten Umstand oder ein bestimmtes Ereignis herbeiführen soll oder hervorbringt, kann ein Emittent oder Teilnehmer am Markt für Emissionszertifikate auf eigene Verantwortung die Offenlegung von Insiderinformationen zu diesem Vorgang vorbehaltlich des Unterabsatzes 1 Buchstaben a, b und c aufschieben.

[1]Hat ein Emittent oder ein Teilnehmer am Markt für Emissionszertifikate die Offenlegung von Insiderinformationen nach diesem Absatz aufgeschoben, so informiert er die gemäß Absatz 3 festgelegte zuständige Behörde unmittelbar nach der Offenlegung der Informationen über den Aufschub der Offenlegung und erläutert schriftlich, inwieweit die in diesem Absatz festgelegten Bedingungen erfüllt waren. [2]Alternativ können Mitgliedstaaten festlegen, dass die Aufzeichnung einer solchen Erläuterung nur auf Ersuchen der gemäß Absatz 3 festgelegten zuständigen Behörde übermittelt werden muss.

(5) Zur Wahrung der Stabilität des Finanzsystems kann ein Emittent, bei dem es sich um ein Kreditinstitut oder ein Finanzinstitut handelt, auf eigene Verantwortung die Offenlegung von Insiderinformationen, einschließlich Informationen im Zusammenhang mit einem zeitweiligen Liquiditätsproblem und insbesondere in Bezug auf den Bedarf an zeitweiliger Liquiditätshilfe seitens einer Zentralbank oder eines letztinstanzlichen Kreditgebers, aufschieben, sofern sämtliche nachfolgenden Bedingungen erfüllt sind:
a) die Offenlegung der Insiderinformationen birgt das Risiko, dass die finanzielle Stabilität des Emittenten und des Finanzsystems untergraben wird;
b) der Aufschub der Veröffentlichung liegt im öffentlichen Interesse;
c) die Geheimhaltung der betreffenden Informationen kann gewährleistet werden, und
d) die gemäß Absatz 3 festgelegte zuständige Behörde hat dem Aufschub auf der Grundlage zugestimmt, dass die Bedingungen gemäß Buchstaben a, b,[2] und c erfüllt sind.

(6) [1]Für die Zwecke des Absatzes 5 Buchstaben a bis d setzt der Emittent die gemäß Absatz 3 festgelegte zuständige Behörde von seiner Absicht in Kenntnis, die Offenlegung der Insiderinformationen aufzuschieben, und legt Nachweise vor, dass die Voraussetzungen gemäß Absatz 5 Buchstaben a, b, und c vorliegen. [2]Die gemäß Absatz 3 festgelegte zuständige Behörde hört gegebenenfalls die nationale Zentralbank oder, falls eingerichtet, die makroprudenzielle Behörde oder andernfalls die folgenden Stellen an:
a) falls es sich bei dem Emittenten um ein Kreditinstitut oder eine Wertpapierfirma handelt, die gemäß Artikel 133 Absatz 1 der Richtlinie 2013/36/EU des Europäischen Parlaments und des Rates[3] benannte Behörde;
b) in anderen als den in Buchstabe a genannten Fällen jede andere für die Aufsicht über den Emittenten zuständige nationale Behörde.

---

2 Zeichensetzung amtlich.
3 **Amtl. Anm.:** Richtlinie 2013/36/EU des Europäischen Parlaments und des Rates vom 26. Juni 2013 über den Zugang zur Tätigkeit von Kreditinstituten und die Beaufsichtigung von Kreditinstituten und Wertpapierfirmen, zur Änderung der Richtlinie 2002/87/EG und zur Aufhebung der Richtlinien 2006/48/EG und 2006/49/EG (ABl. L 176 vom 27. 6. 2013, S. 338).

¹Die gemäß Absatz 3 festgelegte zuständige Behörde stellt sicher, dass der Aufschub für die Offenlegung von Insiderinformationen nur für den im öffentlichen Interesse erforderlichen Zeitraum gewährt wird. ²Die gemäß Absatz 3 festgelegte zuständige Behörde bewertet mindestens wöchentlich, ob die Voraussetzungen gemäß Absatz 5 Buchstaben a, b und c noch vorliegen.

Wenn die gemäß Absatz 3 festgelegte zuständige Behörde dem Aufschub der Veröffentlichung von Insiderinformationen nicht zustimmt, muss der Emittent die Insiderinformationen unverzüglich offenlegen.

Dieser Absatz gilt für Fälle, in denen der Emittent nicht beschließt, die Offenlegung von Insiderinformationen gemäß Absatz 4 aufzuschieben.

Verweise in diesem Absatz auf die gemäß Absatz 3 festgelegte zuständige Behörde in diesem Absatz lassen die Befugnis der zuständigen Behörde, ihre Aufgaben gemäß Artikel 23 Absatz 1 wahrzunehmen, unberührt.

(7) Wenn die Offenlegung von Insiderinformationen gemäß Absatz 4 oder 5 aufgeschoben wurde und die Vertraulichkeit der dieser Insiderinformationen nicht mehr gewährleistet ist, muss der Emittent die Öffentlichkeit so schnell wie möglich über diese Informationen informieren.

Dieser Absatz schließt Sachverhalte ein, bei denen ein Gerücht auf eine Insiderinformation Bezug nimmt, die gemäß Absatz 4 oder 5 nicht offengelegt wurden, wenn dieses Gerücht ausreichend präzise ist, dass zu vermuten ist, dass die Vertraulichkeit dieser Information nicht mehr gewährleistet ist.

(8) ¹Legt ein Emittent oder ein Teilnehmer am Markt für Emissionszertifikate oder eine in ihrem Auftrag oder für ihre Rechnung handelnde Person im Zuge der normalen Ausübung ihrer Arbeit oder ihres Berufs oder der normalen Erfüllung ihrer Aufgaben gemäß Artikel 10 Absatz 1 Insiderinformationen gegenüber einem Dritten offen, so veröffentlicht er diese Informationen vollständig und wirksam, und zwar zeitgleich bei absichtlicher Offenlegung und unverzüglich im Fall einer nicht absichtlichen Offenlegung. ²Dieser Absatz gilt nicht, wenn die die Informationen erhaltende Person zur Verschwiegenheit verpflichtet ist, unabhängig davon, ob sich diese Verpflichtung aus Rechts- oder Verwaltungsvorschriften, einer Satzung oder einem Vertrag ergibt.

(9) Insiderinformationen in Bezug auf Emittenten, deren Finanzinstrumente zum Handel an einem KMU-Wachstumsmarkt zugelassen sind, können auf der Website des Handelsplatzes anstatt der Website des Emittenten angezeigt werden, falls der Handelsplatz sich für die Bereitstellung dieser Möglichkeit für Emittenten auf jenem Markt entscheidet.

(10) Um einheitliche Bedingungen für die Anwendung dieses Artikels sicherzustellen, arbeitet die ESMA Entwürfe technischer Durchführungsstandards zur Festlegung

a) der technischen Mittel für die angemessene Bekanntgabe von Insiderinformationen gemäß den Absätzen 1, 2, 8 und 9 und
b) der technischen Mittel für den Aufschub der Bekanntgabe von Insiderinformationen gemäß den Absätzen 4 und 5 aus.

Die ESMA legt der Kommission diese Entwürfe technischer Durchführungsstandards bis zum 3. Juli 2016 vor.

Der Kommission wird die Befugnis übertragen, die in Unterabsatz 1 genannten technischen Durchführungsstandards nach Artikel 15 der Verordnung (EU) Nr. 1095/2010 zu erlassen.

(11) Die ESMA gibt Leitlinien für die Erstellung einer nicht abschließenden indikativen Liste der in Absatz 4 Buchstabe a genannten berechtigten Interessen des Emittenten und von Fällen heraus, in denen die Aufschiebung der Offenlegung von Insiderinformationen gemäß Absatz 4 Buchstabe b geeignet ist, die Öffentlichkeit irrezuführen.

Artikel 18 Insiderlisten

(1) Emittenten oder alle in ihrem Auftrag oder für ihre Rechnung handelnden Personen sind verpflichtet,

a) eine Liste aller Personen aufzustellen, die Zugang zu Insiderinformationen haben, wenn diese Personen für sie auf Grundlage eines Arbeitsvertrags oder anderweitig Aufgaben wahrnehmen, durch die diese Zugang zu Insiderinformationen haben, wie Berater, Buchhalter oder Ratingagenturen (im Folgenden „Insiderliste"),

b) die Insiderliste im Einklang mit Absatz 4 rasch zu aktualisieren sowie

c) der zuständigen Behörde die Insiderliste auf deren Ersuchen möglichst rasch zur Verfügung zu stellen.

(2) Emittenten oder alle in ihrem Auftrag oder für ihre Rechnung handelnden Personen treffen alle erforderlichen Vorkehrungen, um dafür zu sorgen, dass alle auf der Insiderliste erfassten Personen die aus den Rechts- und Verwaltungsvorschriften erwachsenden Pflichten schriftlich anerkennen und sich der Sanktionen bewusst sind, die bei Insidergeschäften, unrechtmäßiger Offenlegung von Insiderinformationen Anwendung finden.

[1]Übernimmt eine andere Person im Auftrag oder für die Rechnung des Emittenten die Erstellung und Aktualisierung der Insiderliste, so ist der Emittent auch weiterhin voll verantwortlich dafür, dass die Verpflichtungen dieses Artikels eingehalten werden. [2]Der Emittent behält das Recht, die Insiderliste einzusehen.

(3) Die Insiderliste umfasst mindestens

a) die Identität aller Personen, die Zugang zu Insiderinformationen haben,

b) den Grund der Aufnahme in die Insiderliste,

c) das Datum, an dem diese Person Zugang zu Insiderinformationen erlangt hat sowie die entsprechende Uhrzeit und

d) das Datum der Erstellung der Insiderliste.

(4) Emittenten oder jede in ihrem Namen bzw. für ihre Rechnung handelnde Person aktualisiert die Insiderliste unter Nennung des Datums der Aktualisierung unverzüglich, wenn

a) sich der Grund für die Erfassung bereits erfasster Personen auf der Insiderliste ändert,

b) eine neue Person Zugang zu Insiderinformationen erlangt hat und daher in die Insiderliste aufgenommen werden muss und

c) eine Person keinen Zugang zu Insiderinformationen mehr hat.

Bei jeder Aktualisierung sind Datum und Uhrzeit der Änderung anzugeben, durch die die Aktualisierung erforderlich wurde.

(5) Emittenten oder jede in ihrem Namen bzw. für ihre Rechnung handelnde Person bewahrt die Insiderliste für einen Zeitraum von mindestens fünf Jahren nach der Erstellung oder Aktualisierung auf.

(6) Emittenten, deren Finanzinstrumente zum Handel an KMU-Wachstumsmärkten zugelassen sind, sind von der Pflicht zur Erstellung einer Insiderliste befreit, wenn die folgenden Bedingungen erfüllt sind:

a) Der Emittent ergreift alle erforderlichen Vorkehrungen, damit alle Personen, die Zugang zu Insiderinformationen haben, die aus den Rechts- und Verwaltungsvorschriften erwachsenden Pflichten anerkennen und sich der Sanktionen bewusst sind, die bei Insidergeschäften und unrechtmäßiger Offenlegung von Insiderinformationen und Marktmanipulation zur Anwendung kommen, und

b) der Emittent ist in der Lage, der zuständigen Behörde auf Anfrage die in diesem Artikel genannte Insiderliste bereitzustellen.

(7) Dieser Artikel gilt für Emittenten, die für ihre Finanzinstrumente eine Zulassung zum Handel an einem geregelten Markt in einem Mitgliedstaat beantragt oder genehmigt haben, bzw. im Falle eines Instruments, das nur auf einem multilateralen oder organisierten Handelssystem gehandelt wird, eine Zulassung zum Handel auf einem multilateralen oder organisierten Handelssystem in einem Mitgliedstaat erhalten haben oder für ihre Finanzinstrumente eine Zulassung zum Handel auf einem multilateralen Handelssystem in einem Mitgliedstaat beantragt haben.

(8) Die Absätze 1 bis 5 gelten auch für

a) Teilnehmer am Markt für Emissionszertifikate, betreffend Insiderinformationen in Bezug auf Emissionszertifikate im Rahmen von physischen Aktivitäten dieses Teilnehmers am Markt für Emissionszertifikate;

b) alle Versteigerungsplattformen, Versteigerer und die Auktionsaufsicht bezüglich Versteigerungen von Emissionszertifikaten und anderen darauf beruhenden Auktionsobjekten, die gemäß der Verordnung (EU) Nr. 1031/2010 abgehalten werden.

(9) Um einheitliche Bedingungen für die Anwendung dieses Artikels sicherzustellen, arbeitet die ESMA Entwürfe technischer Durchführungsstandards zur Festlegung des genauen Formats der Insiderlisten und des Formats für deren Aktualisierungen gemäß diesem Artikel aus.

Die ESMA legt der Kommission diese Entwürfe technischer Durchführungsstandards bis zum 3. Juli 2016 vor.

Der Kommission wird die Befugnis übertragen, die in Unterabsatz 1 genannten technischen Durchführungsstandards nach Artikel 15 der Verordnung (EU) Nr. 1095/2010 zu erlassen.

Artikel 19 Eigengeschäfte von Führungskräften

(1) Personen, die Führungsaufgaben wahrnehmen, sowie in enger Beziehung zu ihnen stehende Personen melden dem Emittenten oder dem Teilnehmer am Markt für Emissionszertifikate und der in Absatz 2 Unterabsatz 2 genannten zuständigen Behörde

a) in Bezug auf Emittenten jedes Eigengeschäft mit Anteilen oder Schuldtiteln dieses Emittenten oder damit verbundenen Derivaten oder anderen damit verbundenen Finanzinstrumenten;

b) in Bezug auf Teilnehmer am Markt für Emissionszertifikate jedes Eigengeschäft mit Emissionszertifikaten, darauf beruhenden Auktionsobjekten oder deren damit verbundenen Derivaten.

Diese Meldungen sind unverzüglich und spätestens drei Geschäftstage nach dem Datum des Geschäft vorzunehmen.

Unterabsatz 1 gilt ab dem Zeitpunkt, an dem der sich aus den Geschäften ergebende Gesamtbetrag den in Absatz 8 beziehungsweise 9 genannten Schwellenwert innerhalb eines Kalenderjahrs erreicht hat.

(1 a) Die in Absatz 1 genannte Meldepflicht gilt nicht für Geschäfte mit Finanzinstrumenten in Verbindung mit in jenem Absatz genannten Anteilen oder Schuldtiteln des Emittenten, wenn zum Zeitpunkt des Geschäfts eine der folgenden Voraussetzung[4] vorliegt:

a) Das Finanzinstrument ist ein Anteil oder eine Aktie an einem Organismus für gemeinsame Anlagen, bei dem die Risikoposition gegenüber den Anteilen oder Schuldtiteln des Emittenten 20 % der von dem Organismus für gemeinsame Anlagen gehaltenen Vermögenswerte nicht übersteigt.

---

4 Richtig wohl: „Voraussetzungen".

b) Das Finanzinstrument stellt eine Risikoposition gegenüber einem Portfolio von Vermögenswerten dar, bei dem die Risikoposition gegenüber den Anteilen oder Schuldtiteln des Emittenten 20 % der Vermögenswerte des Portfolios nicht übersteigt;[5]

c) Das Finanzinstrument ist ein Anteil oder eine Aktie an einem Organismus für gemeinsame Anlagen oder stellt eine Risikoposition gegenüber einem Portfolio von Vermögenswerten dar, und die Person, die Führungsaufgaben wahrnimmt, oder eine zu ihr in enger Beziehung stehende Person kennt und konnte die Anlagezusammensetzung oder die Risikoposition eines solchen Organismus für gemeinsame Anlagen bzw. eines solchen Portfolios von Vermögenswerten gegenüber den Anteilen oder Schuldtiteln des Emittenten nicht kennen, und darüber hinaus besteht für diese Person kein Grund zu der Annahme, dass die Anteile oder Schuldtitel des Emittenten die in Buchstabe a oder Buchstabe b genannten Schwellenwerte überschreiten.

Sind Informationen über die Anlagezusammensetzung des Organismus für gemeinsame Anlagen oder die Risikoposition gegenüber dem Portfolio von Vermögenswerten verfügbar, unternimmt die Person, die Führungsaufgaben wahrnimmt, oder eine zu ihr in enger Beziehung stehende Person alle zumutbaren Anstrengungen, um diese Informationen zu erhalten.

(2) Zum Zweck von Absatz 1 und unbeschadet des Rechts der Mitgliedstaaten, über die in diesem Artikel genannten hinausgehende Meldepflichten festzulegen, müssen alle Eigengeschäfte von in Absatz 1 genannten Personen zuständigen Behörden von diesen Personen gemeldet werden.

[1]Für diese Meldungen gelten für die in Absatz 1 genannten Personen die Vorschriften des Mitgliedstaats, in dem der Emittent oder Teilnehmer am Markt für Emissionszertifikate registriert ist. [2]Die Meldungen sind innerhalb von drei Arbeitstagen nach dem Datum des Geschäfts bei der zuständigen Behörde dieses Mitgliedstaats vorzunehmen. [3]Ist der Emittent nicht in einem Mitgliedstaat registriert, erfolgt diese Meldung bei der zuständigen Behörde des Herkunftsmitgliedstaats im Einklang mit Artikel 2 Absatz 1 Buchstabe i der Richtlinie 2004/109/EG, oder, wenn eine solche Behörde nicht besteht, der zuständigen Behörde des Handelsplatzes.

(3) Der Emittent oder Teilnehmer am Markt für Emissionszertifikate stellt sicher, dass die Informationen, die im Einklang mit Absatz 1 gemeldet werden, unverzüglich und spätestens drei Geschäftstage nach dem Geschäft so veröffentlicht werden, dass diese Informationen schnell und nichtdiskriminierend im Einklang mit den in Artikel 17 Absatz 10 Buchstabe a genannten Standards zugänglich sind.

Der Emittent oder Teilnehmer am Markt für Emissionszertifikate greift auf Medien zurück, bei denen vernünftigerweise davon ausgegangen werden kann, dass sie die Informationen tatsächlich an die Öffentlichkeit in der gesamten Union weiterleiten, und gegebenenfalls ist das in Artikel 21 der Richtlinie 2004/109/EG amtlich bestellte System zu nutzen.

Das nationale Recht kann abweichend davon auch bestimmen, dass eine zuständige Behörde die Informationen selbst veröffentlichen kann.

(4) Dieser Artikel gilt für Emittenten die

a) für ihre Finanzinstrumente eine Zulassung zum Handel an einem geregelten Markt beantragt oder genehmigt haben, bzw.

b) im Falle von Instrumenten, die nur auf einem multilateralen oder organisierten Handelssystem gehandelt werden, für Emittenten, die eine Zulassung zum Handel auf einem multilateralen oder organisierten Handelssystem erhalten haben oder die für ihre Finanzinstrumente eine Zulassung zum Handel auf einem multilateralen Handelssystem beantragt haben.

---

5 Zeichensetzung amtlich.

(5) ¹Die Emittenten und Teilnehmer am Markt für Emissionszertifikate setzen die Personen, die Führungsaufgaben wahrnehmen, von ihren Verpflichtungen im Rahmen dieses Artikels schriftlich in Kenntnis. ²Die Emittenten und Teilnehmer am Markt für Emissionszertifikate erstellen eine Liste der Personen, die Führungsaufgaben wahrnehmen, sowie der Personen, die zu diesen in enger Beziehung stehen.

Personen, die Führungsaufgaben wahrnehmen, setzen die zu ihnen in enger Beziehung stehenden Personen schriftlich von deren Verpflichtungen im Rahmen dieses Artikels in Kenntnis und bewahren eine Kopie dieses Dokuments auf.

(6) Die Meldung von Geschäften nach Absatz 1 muss folgende Angaben enthalten:

a) Name der Person;

b) Grund der Meldung;

c) Bezeichnung des betreffenden Emittenten oder Teilnehmers am Markt für Emissionszertifikate;

d) Beschreibung und Kennung des Finanzinstruments;

e) Art des Geschäfts bzw. der Geschäfte (d.h. Erwerb oder Veräußerung), einschließlich der Angabe, ob ein Zusammenhang mit der Teilnahme an Belegschaftsaktienprogrammen oder mit den konkreten Beispielen gemäß Absatz 7 besteht;

f) Datum und Ort des Geschäfts bzw. der Geschäfte und

g) Kurs und Volumen des Geschäfts bzw. der Geschäfte. Bei einer Verpfändung, deren Konditionen eine Wertänderung bedingen, sollten dieser Umstand und der Wert zum Zeitpunkt der Verpfändung offengelegt werden.

(7) Zu den für die Zwecke von Absatz 1 zu meldenden Geschäften gehören auch:

a) das Verpfänden oder Verleihen von Finanzinstrumenten durch oder im Auftrag einer der in Absatz 1 genannten Person, die Führungsaufgaben wahrnimmt, oder einer mit dieser enge verbundenen Person;

b) von Personen, die gewerbsmäßig Geschäfte vermitteln oder ausführen, oder einer anderen Person im Auftrag einer der in Absatz 1 genannten Person, die Führungsaufgaben wahrnehmen oder mit zu solchen Personen enger verbunden ist, unternommene Geschäfte, auch wenn dabei ein Ermessen ausgeübt wird;

c) Geschäfte im Sinne der Richtlinie 2009/138/EG des Europäischen Parlaments und des Rates[6], die im Rahmen einer Lebensversicherung getätigt werden, wenn

   i) der Versicherungsnehmer eine in Absatz 1 genannte Person ist, die Führungsaufgaben wahrnimmt, oder eine Person, die mit einer solchen Person eng verbunden ist,

   ii) der Versicherungsnehmer das Investitionsrisiko trägt und

   iii) der Versicherungsnehmer über die Befugnis oder das Ermessen verfügt, Investitionsentscheidungen in Bezug auf spezifische Instrumente im Rahmen dieser Lebensversicherung zu treffen oder Geschäfte in Bezug auf spezifische Instrumente für diese Lebensversicherung auszuführen.

Für die Zwecke von Buchstabe a muss eine Verpfändung von Wertpapieren oder eine ähnliche Sicherung von Finanzinstrumenten im Zusammenhang mit der Hinterlegung der Finanzinstrumente in ein Depotkonto nicht gemeldet werden, sofern und solange eine derartige Verpfändung oder andere Sicherung nicht dazu dient, eine spezifische Kreditfazilität zu sichern.

Für die Zwecke von Buchstabe b brauchen Geschäfte, die in Anteilen oder Schuldtiteln eines Emittenten bzw. Derivaten oder anderen damit verbundenen Finanzinstrumenten

---

6 Amtl. Anm.: Richtlinie 2009/138/EG des Europäischen Parlaments und des Rates vom 25. November 2009 betreffend die Aufnahme und Ausübung der Versicherungs- und der Rückversicherungstätigkeit (Solvabilität II) (ABl. L 335 vom 17. 12. 2009, S. 1).

von Führungskräften eines Organismus für gemeinsame Anlagen ausgeführt wurden, bei denen die Person, die Führungsaufgaben wahrnimmt, oder eine zu ihr in enger Beziehung stehende Person investiert hat, nicht gemeldet zu werden, wenn die Führungskraft des Organismus für gemeinsame Anlagen bei ihren Transaktionen über vollen Ermessensspielraum verfügt, was ausschließt, dass die Führungskraft von Anlegern in diesem Organismus für gemeinsame Anlagen irgendwelche direkten oder indirekten Anweisungen oder Empfehlungen bezüglich der Zusammensetzung des Portfolios erhält.

Sofern der Versicherungsnehmer eines Versicherungsvertrags gemäß diesem Absatz verpflichtet ist, Geschäfte zu melden, obliegt dem Versicherungsunternehmen keine Verpflichtung, eine Meldung vorzunehmen.

(8) ^{1}Absatz 1 gilt für Geschäfte, die getätigt werden, nachdem innerhalb eines Kalenderjahrs ein Gesamtvolumen von 5 000 EUR erreicht worden ist. ^{2}Der Schwellenwert von 5 000 EUR errechnet sich aus der Addition aller in Absatz 1 genannten Geschäfte ohne Netting.

(9) ^{1}Eine zuständige Behörde kann beschließen, den in Absatz 8 genannten Schwellenwert auf 20 000 EUR anzuheben, und sie setzt die ESMA von ihrer Entscheidung, einen höheren Schwellenwert anzunehmen, und der Begründung für ihre Entscheidung unter besonderer Bezugnahme auf die Marktbedingungen in Kenntnis, bevor sie diesen Schwellenwert anwendet. ^{2}Die ESMA veröffentlicht auf ihrer Website die Liste der Schwellenwerte, die gemäß diesem Artikel anwendbar sind, sowie die von den zuständigen Behörden vorgelegten Begründungen für diese Schwellenwerte.

(10) ^{1}Dieser Artikel gilt auch für Geschäfte von Personen, die, die bei Versteigerungsplattformen, Versteigerern und der Auktionsaufsicht, die an Auktionen gemäß der Verordnung (EU) Nr. 1031/2010 beteiligt sind, Führungsaufgaben wahrnehmen, sowie für Personen, die zu solchen Personen in enger Beziehung stehen, soweit ihre Geschäfte Emissionszertifikate, deren Derivative oder darauf beruhende Auktionsprodukte umfassen. ^{2}Diese Personen teilen ihre Geschäfte je nach Einschlägigkeit den Versteigerungsplattformen, den Versteigerern und der Auktionsaufsicht mit, sowie der zuständigen Behörde, bei welcher die Versteigerungsplattform, der Versteigerer und die Auktionsaufsicht gegebenenfalls registriert sind. ^{3}Die entsprechend übermittelte Information wird von der Versteigerungsplattform, den Versteigerern, der Auktionsaufsicht oder der zuständigen Behörde gemäß Absatz 3 veröffentlicht.

(11) Unbeschadet der Artikel 14 und 15 darf eine Person, die bei einem Emittenten Führungsaufgaben wahrnimmt, weder direkt noch indirekt Eigengeschäfte oder Geschäfte für Dritte im Zusammenhang mit den Anteilen oder Schuldtiteln des Emittenten oder mit Derivaten oder anderen mit diesen in Zusammenhang stehenden Finanzinstrumenten während eines geschlossenen Zeitraums von 30 Kalendertagen vor Ankündigung eines Zwischenberichts oder eines Jahresabschlussberichts tätigen, zu deren Veröffentlichung der Emittent verpflichtet ist:

a) gemäß den Vorschriften des Handelsplatzes, auf dem die Anteile des Emittenten zum Handel zugelassen sind, oder

b) gemäß nationalem Recht.

(12) Unbeschadet der Artikel 14 und 15 darf ein Emittent einer Person, die Führungsaufgaben bei ihr wahrnimmt, erlauben Eigengeschäfte oder Geschäfte für Dritte während eines geschlossenen Zeitraums gemäß Absatz 11 vorzunehmen, vorausgesetzt, dass diese Geschäfte entweder

a) im Einzelfall aufgrund außergewöhnlicher Umstände, wie beispielsweise schwerwiegende finanzielle Schwierigkeiten, die den unverzüglichen Verkauf von Anteilen erforderlich machen, oder

b) durch die Merkmale des betreffenden Geschäfts für Handel bedingt sind, die im Rahmen von Belegschaftsaktien oder einem Arbeitnehmersparplan, von Pflichtaktien oder von Bezugsberechtigungen auf Aktien oder Geschäfte getätigt werden, wenn sich die nutzbringende Beteiligung an dem einschlägigen Wertpapier nicht ändert.

(13) Die Kommission wird ermächtigt, delegierte Rechtsakte nach Artikel 35 zu erlassen, in denen festgelegt wird, unter welchen Umständen der Handel während eines geschlossenen Zeitraums durch den Emittenten gemäß Absatz 12 erlaubt werden kann, einschließlich der Umstände, die als außergewöhnlich zu betrachten wären, und der Arten von Geschäften, die eine Erlaubnis zum Handel rechtfertigen würden.

(14) Der Kommission wird die Befugnis übertragen, gemäß Artikel 35 in Bezug auf die Festlegung der Arten von Geschäften, welche die in Absatz 1 genannte Anforderung auslösen, delegierte Rechtsakte zu erlassen.

(15) Damit Absatz 1 einheitlich angewendet wird, arbeitet die ESMA Entwürfe technischer Durchführungsstandards in Bezug auf das Format und ein Muster aus, in dem die in Absatz 1 genannten Informationen gemeldet und veröffentlicht werden müssen.

Die ESMA legt der Kommission bis zum 3. Juli 2015 diese Entwürfe technischer Durchführungsstandards vor.

Der Kommission wird die Befugnis übertragen, die in Unterabsatz 1 genannten technischen Durchführungsstandards nach Artikel 15 der Verordnung (EU) Nr. 1095/2010 zu erlassen.

Artikel 20 Anlageempfehlungen und Statistik

(1) Personen, die Anlageempfehlungen oder andere Informationen, durch die eine Anlagestrategie empfohlen oder vorgeschlagen wird, erstellen oder verbreiten, tragen in angemessener Weise dafür Sorge, dass die Informationen objektiv dargestellt und ihre Interessen oder Interessenkonflikte hinsichtlich der Finanzinstrumente, auf die diese Informationen sich beziehen, offengelegt werden.

(2) Öffentliche Stellen, die Statistiken oder Prognosen verbreiten, welche die Finanzmärkte erheblich beeinflussen könnten, haben dies auf objektive und transparente Weise zu tun.

(3) Um eine durchgehende Harmonisierung dieses Artikels sicherzustellen, arbeitet die ESMA Entwürfe technischer Durchführungsstandards aus, um die technischen Modalitäten für die in Absatz 1 genannten Personengruppen, für die objektive Darstellung von Anlageempfehlungen oder anderen Informationen mit Empfehlungen oder Vorschlägen zu Anlagestrategien sowie für die Offenlegung bestimmter Interessen oder Anzeichen für Interessenkonflikte festzulegen.

Die ESMA legt der Kommission bis zum 3. Juli 2015 diese Entwürfe technischer Regulierungsstandards vor.

Der Kommission wird die Befugnis übertragen, die in Unterabsatz 1 genannten technischen Regulierungsstandards nach Artikel 10 bis 14 der Verordnung (EU) Nr. 1095/2010 zu erlassen.

[1]Die in den in Absatz 3 genannten technischen Regulierungsstandards niedergelegten technischen Modalitäten finden keine Anwendung auf Journalisten, die einer gleichwertigen angemessenen Regelung – einschließlich einer gleichwertigen angemessenen Selbstregulierung – in den Mitgliedstaaten unterliegen, sofern mit einer solchen Regelung eine ähnliche Wirkung erzielt wird wie mit den technischen Modalitäten. [2]Die Mitgliedstaaten teilen den Wortlaut dieser gleichwertigen angemessenen Regelung der Kommission mit.

Artikel 21 Weitergabe oder Verbreitung von Informationen in den Medien

Werden für journalistische Zwecke oder andere Ausdrucksformen in den Medien Informationen offengelegt oder verbreitet oder Empfehlungen gegeben oder verbreitet, sind bei der Beurteilung dieser Offenlegung und Verbreitung von Informationen für den Zweck von Artikel 10, Artikel 12 Absatz 1 Buchstabe c und Artikel 20 die Regeln der Pressefreiheit und der Freiheit der Meinungsäußerung in anderen Medien sowie der journalistischen Berufs- und Standesregeln zu berücksichtigen, es sei denn,

a) den betreffenden Personen oder mit diesen Personen in enger Beziehung stehenden Personen erwächst unmittelbar oder mittelbar ein Vorteil oder Gewinn aus der Offenlegung oder Verbreitung der betreffenden Information, oder

b) die Weitergabe oder Verbreitung erfolgt in der Absicht, den Markt in Bezug auf das Angebot von Finanzinstrumenten, die Nachfrage danach oder ihren Kurs irrezuführen.

Kapitel 4 ESMA und zuständige Behörden

Artikel 22 Zuständige Behörden

[1]Unbeschadet der Zuständigkeiten der Justizbehörden benennen die Mitgliedstaaten eine einzige Behörde, die für die Zwecke dieser Verordnung zuständig ist. [2]Die Mitgliedstaaten setzen die Kommission, die ESMA und die anderen zuständigen Behörden der anderen Mitgliedstaaten entsprechend in Kenntnis. [3]Die zuständige Behörde gewährleistet die Anwendung der Bestimmungen dieser Verordnung in ihrem Hoheitsgebiet, auf alle in ihrem Hoheitsgebiet ausgeführten Handlungen und auf im Ausland ausgeführte Handlungen in Bezug auf Instrumente, die zum Handel an einem geregelten Markt zugelassen sind, für die eine Zulassung zum Handel auf einem solchen Markt beantragt wurde, die auf einer Versteigerungsplattform versteigert wurden oder die auf einem in ihrem Hoheitsgebiet betriebenen multilateralen oder organisierten Handelssystem gehandelt werden oder für die eine Zulassung zum Handel auf einem multilateralen Handelssystem in ihrem Hoheitsgebiet beantragt wurde.

Artikel 23 Befugnisse der zuständigen Behörden

(1) Die zuständigen Behörde nehmen ihre Aufgaben und Befugnisse wahlweise folgendermaßen wahr:

a) unmittelbar,

b) in Zusammenarbeit mit anderen Behörden oder den Marktteilnehmern,

c) indem sie als verantwortliche Behörde Aufgaben auf andere Behörden oder Marktteilnehmer übertragen,

d) durch Antrag bei den zuständigen Justizbehörden.

(2) Zur Wahrnehmung ihrer Aufgaben gemäß dieser Verordnung müssen die zuständigen Behörden nach nationalem Recht zumindest über die folgenden Aufsichts- und Ermittlungsbefugnisse verfügen:

a) Zugang zu jedweden Unterlagen und Daten in jeder Form zu haben und Kopien von ihnen zu erhalten oder anzufertigen;

b) von jeder Person, auch von solchen, die nacheinander an der Übermittlung von Aufträgen oder an der Ausführung der betreffenden Tätigkeiten beteiligt sind, sowie von deren Auftraggebern Auskünfte zu verlangen oder zu fordern und erforderlichenfalls zum Erhalt von Informationen eine Person vorzuladen und zu befragen;

c) in Bezug auf Warenderivate Informationen in genormten Formaten von Teilnehmern der entsprechenden Spotmärkte anzufordern, Meldungen über Geschäfte zu erhalten und direkt auf die Systeme der Händler zuzugreifen;

d) an anderen Orten als den privaten Wohnräumen natürlicher Personen Prüfungen und Ermittlungen vor Ort durchzuführen;

e) vorbehaltlich des Unterabsatzes 2 die Räumlichkeiten natürlicher und juristischer Personen zu betreten und Dokumente um Daten in jeder Form zu beschlagnahmen, wenn der begründete Verdacht besteht, dass Dokumente oder Daten, die sich auf den Gegenstand der Überprüfung oder Ermittlung beziehen, für den Nachweis von Insidergeschäften oder Marktmanipulation unter Verstoß gegen diese Verordnung relevant sein können;

f) eine Sache zwecks strafrechtlicher Verfolgung weiterzuverweisen;

g) bestehende Aufzeichnungen von Telefongesprächen oder elektronischen Mitteilungen oder Datenverkehrsaufzeichnungen im Besitz von Wertpapierfirmen, Kreditinstituten oder Finanzinstituten anzufordern;

h) bestehende Datenverkehrsaufzeichnungen im Besitz einer Telekommunikationsgesellschaft anzufordern, wenn der begründete Verdacht eines Verstoßes besteht und wenn diese Aufzeichnungen für die Untersuchung eines Verstoßes gegen Artikel 14 Buchstaben a oder b oder Artikel 15 relevant sein können, soweit dies nach nationalem Recht zulässig ist;

i) das Einfrieren oder die Beschlagnahme von Vermögenswerten oder beides zu beantragen;

j) den Handel mit den betreffenden Finanzinstrumenten auszusetzen;

k) die vorübergehende Einstellung von Handlungen zu verlangen, die gemäß der Auffassung der zuständigen Behörde gegen dieser[1] Verordnung verstoßen;

l) ein vorübergehendes Verbot der Ausübung der Berufstätigkeit zu verhängen und

m) alle erforderlichen Maßnahmen zu ergreifen, damit die Öffentlichkeit ordnungsgemäß informiert wird, unter anderem durch die Richtigstellung falscher oder irreführender offengelegter Informationen, einschließlich der Verpflichtung von Emittenten oder anderen Personen, die falsche oder irreführende Informationen verbreitet haben, eine Berichtigung zu veröffentlichen.

Falls gemäß dem nationalen Recht eine vorherige Genehmigung der zuständigen Justizbehörde des betreffenden Mitgliedstaats erforderlich ist, um Räumlichkeiten von den in Unterabsatz 1 Buchstabe e genannten natürlichen oder juristischen Personen zu betreten, wird von der in Unterabsatz 1 Buchstabe e genannten Befugnis erst nach Einholung dieser vorherigen Genehmigung Gebrauch gemacht.

(3) Die Mitgliedstaaten stellen durch geeignete Maßnahmen sicher, dass die zuständigen Behörden alle zur Wahrnehmung ihrer Aufgaben erforderlichen Aufsichts- und Ermittlungsbefugnisse haben.

Diese Verordnung lässt Gesetze sowie Rechts- und Verwaltungsvorschriften, die in Bezug auf Übernahmeangebote, Zusammenschlüsse und andere Transaktionen erlassen werden, die die Eigentumsverhältnisse oder die Kontrolle von Unternehmen betreffen und die durch die von den Mitgliedstaaten gemäß Artikel 4 der Richtlinie 2004/25/EG des Europäischen Parlaments und des Rates benannten Aufsichtsbehörden reguliert werden und zusätzlich zu den Anforderungen dieser Verordnung weitere Anforderungen auferlegen, unberührt.

(4) Wenn eine Person der zuständigen Behörde im Einklang mit dieser Verordnung Informationen meldet, gilt das nicht als Verstoß gegen eine etwaige vertraglich oder durch Rechts- oder Verwaltungsvorschriften geregelte Einschränkung der Offenlegung von In-

---

1 Richtig wohl: „diese".

formationen und hat keine diesbezügliche Haftung der Person, die die Meldung erstattet hat, zur Folge.

Artikel 24 Zusammenarbeit mit der ESMA

(1) Die zuständigen Behörden arbeiten gemäß der Verordnung (EU) Nr. 1095/2010 für die Zwecke dieser Verordnung mit der ESMA zusammen.

(2) Die zuständigen Behörden stellen der ESMA gemäß Artikel 35 der Verordnung (EU) Nr. 1095/2010 unverzüglich alle für die Erfüllung ihrer Aufgaben erforderlichen Informationen zur Verfügung.

(3) Um einheitliche Bedingungen für die Anwendung dieses Artikels sicherzustellen, arbeitet die ESMA Entwürfe technischer Durchführungsstandards zur Festlegung der Verfahren und Formen des Informationsaustauschs gemäß Absatz 2 aus.

Die ESMA legt der Kommission bis zum 3. Juli 2016 diese Entwürfe technischer Durchführungsstandards vor.

Der Kommission wird die Befugnis übertragen, die in Unterabsatz 1 genannten technischen Durchführungsstandards nach Artikel 15 der Verordnung (EU) Nr. 1095/2010 zu erlassen.

Artikel 25 Verpflichtung zur Zusammenarbeit

(1) [1]Die zuständigen Behörden arbeiten in dem für die Zwecke dieser Verordnung erforderlichen Umfang untereinander und mit der ESMA zusammen, sofern nicht eine der in Absatz 2 genannten Ausnahmen anwendbar ist. [2]Die zuständigen Behörden leisten den zuständigen Behörden anderer Mitgliedstaaten und der ESMA Amtshilfe. [3]Insbesondere tauschen sie unverzüglich Informationen aus und kooperieren bei Ermittlungen sowie Überwachungs- und Durchsetzungsmaßnahmen.

Die Pflicht zur Zusammenarbeit und Amtshilfe nach Maßgabe von Unterabsatz 1 gilt auch gegenüber der Kommission im Hinblick auf den Austausch von Informationen über Waren, bei denen es sich um landwirtschaftliche Produkte nach Anhang I AEUV handelt.

Die zuständigen Behörden und die ESMA arbeiten im Einklang mit der Verordnung (EU) Nr. 1095/2010 und insbesondere deren Artikel 35 zusammen.

Haben die Mitgliedstaaten beschlossen, im Einklang mit Artikel 30 Absatz 1 Unterabsatz 2 strafrechtliche Sanktionen für die dort genannten Verstöße gegen die Bestimmungen dieser Verordnung niederzulegen, so sorgen sie dafür, dass angemessene Vorkehrungen bestehen, damit die zuständigen Behörden über die erforderlichen Befugnisse verfügen, um mit den zuständigen Justizbehörden ihres Zuständigkeitsbereichs Kontakt aufnehmen zu können, um bestimmte Informationen in Bezug auf strafrechtliche Ermittlungen oder Verfahren zu erhalten, die aufgrund möglicher Verstöße gegen diese Verordnung eingeleitet wurden, und stellen anderen zuständigen Behörden und der ESMA dasselbe bereit, um ihrer Verpflichtung nachzukommen, für die Zwecke dieser Verordnung miteinander sowie mit der ESMA zu kooperieren.

(2) Eine zuständige Behörde kann es nur unter den folgenden außergewöhnlichen Umständen ablehnen, der Anforderung von Informationen oder der Anfrage in Bezug auf die Zusammenarbeit bei einer Ermittlung zu entsprechen,

a) wenn die Weitergabe der relevanten Informationen die Sicherheit des ersuchten Mitgliedstaats beeinträchtigen könnte, insbesondere die Bekämpfung von Terrorismus und anderen schwerwiegenden Straftaten;

b) wenn ein Stattgeben dazu geeignet wäre, ihre eigene Untersuchung, ihre eigenen Durchsetzungsmaßnahmen oder gegebenenfalls eine strafrechtliche Ermittlung zu beeinträchtigen;

c) wenn aufgrund derselben Tat und gegen dieselben Personen bereits ein Verfahren vor einem Gericht des ersuchten Mitgliedstaats anhängig ist oder

d) wenn gegen diese Personen aufgrund derselben Tat bereits ein rechtskräftiges Urteil in dem ersuchten Mitgliedstaat ergangen ist.

(3) ¹Die zuständigen Behörden und die ESMA arbeiten mit der durch die Verordnung (EG) Nr. 713/2009 des Europäischen Parlaments und des Rates[2] gegründeten Agentur für die Zusammenarbeit der Energieregulierungsbehörden (ACER) und den nationalen Regulierungsbehörden der Mitgliedstaaten zusammen, damit der Durchsetzung der einschlägigen Vorschriften ein koordiniertes Konzept zugrunde liegt, soweit Geschäfte, Handelsaufträge oder andere Maßnahmen oder Handlungen sich auf ein oder mehrere unter diese Verordnung fallende Finanzinstrumente sowie auf ein oder mehrere unter Artikel 3, 4 und 5 der Verordnung (EU) Nr. 1227/2011 fallende Energiegroßhandelsprodukte beziehen. ²Die zuständigen Behörden berücksichtigen die Besonderheiten der Begriffsbestimmungen in Artikel 2 der Verordnung (EU) Nr. 1227/2011 und die Bestimmungen der Artikel 3, 4 und 5 der Verordnung (EU) Nr. 1227/2011, wenn sie Artikel 7, 8 und 12 dieser Verordnung auf Finanzinstrumente anwenden, die sich auf Energiegroßhandelsprodukte beziehen.

(4) Die zuständigen Behörden übermitteln auf Ersuchen unverzüglich alle Informationen, die zu dem in Absatz 1 genannten Zweck erforderlich sind.

(5) ¹Ist eine zuständige Behörde überzeugt, dass im Hoheitsgebiet eines anderen Mitgliedstaats gegen diese Verordnung verstoßende Handlungen erfolgen oder erfolgt sind oder dass Finanzinstrumente, die auf einem Handelsplatz in einem anderen Mitgliedstaat gehandelt werden, von derartigen Handlungen betroffen sind, so teilt sie dies der zuständigen Behörde des anderen Mitgliedstaats und der ESMA bzw. im Falle von Energiegroßhandelsprodukten der ACER so konkret wie möglich mit. ²Die zuständigen Behörden der verschiedenen beteiligten Mitgliedstaaten hören einander und die ESMA bzw. im Falle von Energiegroßhandelsprodukten die ACER in Bezug auf angemessene zu treffende Maßnahmen an und unterrichten einander über wesentliche zwischenzeitlich eingetretene Entwicklungen. ³Sie koordinieren ihre Maßnahmen, um etwaige Doppelarbeit und Überschneidungen bei der Anwendung von verwaltungsrechtlichen Sanktionen und anderen verwaltungsrechtlichen Maßnahmen auf grenzüberschreitende Fälle gemäß Artikel 30 und 31 zu vermeiden und leisten einander bei der Durchsetzung ihrer Entscheidungen Amtshilfe.

(6) Die zuständige Behörde eines Mitgliedstaats kann im Hinblick auf Prüfungen oder Ermittlungen vor Ort die Amtshilfe der zuständigen Behörde eines anderen Mitgliedstaats beantragen.

¹Eine beantragende zuständige Behörde kann die ESMA von jedem Antrag nach Unterabsatz 1 in Kenntnis setzen. ²Im Falle grenzüberschreitender Ermittlungen oder Überprüfungen koordiniert die ESMA auf Ersuchen einer der zuständigen Behörden die Ermittlung oder Überprüfung.

Erhält eine zuständige Behörde einen Antrag einer zuständigen Behörde eines anderen Mitgliedstaats auf Durchführung von Überprüfungen vor Ort oder Ermittlungen, hat sie folgende Möglichkeiten:

a) Sie führt die Überprüfung oder Ermittlung vor Ort selbst durch;

b) sie gestattet der antragstellenden zuständigen Behörde, sich an der Überprüfung oder Ermittlung vor Ort zu beteiligen;

c) sie gestattet der antragstellenden zuständigen Behörde, die Überprüfung oder Ermittlung vor Ort selbst durchzuführen;

---

2 Amtl. Anm.: Verordnung (EG) Nr. 713/2009 des Europäischen Parlaments und des Rates vom 13. Juli 2009 zur Gründung einer Agentur für die Zusammenarbeit der Energieregulierungsbehörden (ABl. L 211 vom 14. 8. 2009, S. 1).

d) sie beauftragt Rechnungsprüfer oder Sachverständige mit der Durchführung der Überprüfung oder Ermittlung vor Ort;
e) sie teilt sich bestimmte mit der Wahrnehmung der Aufsichtstätigkeiten zusammenhängende Aufgaben mit den anderen zuständigen Behörden.

Die zuständigen Behörden können auch mit den zuständigen Behörden anderer Mitgliedstaaten bei der Einziehung von finanziellen Sanktionen zusammenarbeiten.

(7) Unbeschadet des Artikels 258 AEUV kann eine zuständige Behörde, deren Informations- oder Amtshilfeersuchen gemäß Absatz 1, 3, 4 und 5 nicht innerhalb einer angemessenen Frist Folge geleistet wird oder deren Informations- oder Amtshilfeersuchen abgelehnt wurde, die ESMA mit dieser Ablehnung oder Nichtfolgeleistung innerhalb einer angemessenen Frist befassen.

In diesen Fällen kann die ESMA – unbeschadet der Möglichkeit ihres Tätigwerdens gemäß Artikel 17 der Verordnung (EU) Nr. 1095/2010 – gemäß Artikel 19 der Verordnung (EU) Nr. 1095/2010 tätig werden.

(8) [1]Die zuständigen Behörden arbeiten bei dem begründeten Verdacht, dass Handlungen, die unter Verstoß gegen diese Verordnung Insidergeschäfte, unrechtmäßige Offenlegung von Informationen oder Marktmanipulation darstellen, erfolgen oder erfolgt sind, mit den für die entsprechenden Spotmärkte jeweils zuständigen Regulierungsbehörden ihres Landes und von Drittstaaten zusammen und tauschen Informationen mit diesen aus. [2]Diese Zusammenarbeit muss einen konsolidierten Überblick über die Finanz- und Spotmärkte sowie die Aufdeckung marktübergreifenden und grenzüberschreitenden Marktmissbrauchs und die Verhängung entsprechender Sanktionen gewährleisten.

In Bezug auf Emissionszertifikate sind die Zusammenarbeit und der Informationsaustausch gemäß Unterabsatz 1 auch mit folgenden Stellen zu gewährleisten:

a) der Auktionsaufsicht in Bezug auf Versteigerungen von Treibhausgasemissionszertifikaten und anderen darauf beruhenden Auktionsobjekten gemäß der Verordnung (EU) Nr. 1031/2010 und
b) zuständigen Behörden, Registerführern, einschließlich des Zentralverwalters, und anderen mit der Überwachung der Einhaltung gemäß der Richtlinie 2003/87/EG beauftragten öffentlichen Stellen.

[1]Die ESMA unterstützt und koordiniert die Zusammenarbeit und den Informationsaustausch zwischen den zuständigen Behörden und den zuständigen Behörden und Regulierungsbehörden in anderen Mitgliedstaaten und Drittländern. [2]Die zuständigen Behörden treffen nach Möglichkeit gemäß Artikel 26 Kooperationsvereinbarungen mit den für die betreffenden Spotmärkte zuständigen Regulierungsbehörden von Drittländern.

(9) Um einheitliche Bedingungen für die Anwendung dieses Artikels sicherzustellen, arbeitet die ESMA Entwürfe technischer Durchführungsstandards zur Festlegung der Verfahren und Formen des Informationsaustauschs und der Amtshilfe gemäß diesem Artikel aus.

Die ESMA legt der Kommission bis zum 3. Juli 2016 diese Entwürfe technischer Durchführungsstandards vor.

Der Kommission wird die Befugnis übertragen, die in Unterabsatz 1 genannten technischen Durchführungsstandards nach Artikel 15 der Verordnung (EU) Nr. 1095/2010 zu erlassen.

Artikel 26 Zusammenarbeit mit Drittstaaten

(1) [1]Die zuständigen Behörden der Mitgliedstaaten treffen erforderlichenfalls mit den Aufsichtsbehörden von Drittstaaten Kooperationsvereinbarungen über den Informationsaustausch mit Aufsichtsbehörden in Drittländern und die Durchsetzung von Verpflichtungen, die sich aus dieser Verordnung in Drittstaaten ergeben. [2]Diese Kooperati-

onsvereinbarungen stellen zumindest einen wirksamen Informationsaustausch sicher, der den zuständigen Behörden die Wahrnehmung ihrer Aufgaben im Rahmen dieser Verordnung ermöglicht.

Schlägt eine zuständige Behörde den Abschluss einer derartigen Vereinbarung vor, setzt sie die ESMA und die anderen zuständigen Behörden in Kenntnis.

(2) Die ESMA unterstützt und koordiniert nach Möglichkeit die Ausarbeitung von Kooperationsvereinbarungen zwischen den zuständigen Behörden und den jeweils zuständigen Aufsichtsbehörden von Drittstaaten.

Um einheitliche Bedingungen für die Anwendung dieses Artikels sicherzustellen, arbeitet die ESMA Entwürfe technischer Regulierungsstandards mit einem Muster für Kooperationsvereinbarungen aus, das die zuständigen Behörden der Mitgliedstaaten nach Möglichkeit verwenden.

Die ESMA legt der Kommission bis zum 3. Juli 2015 diese Entwürfe technischer Regulierungsstandards vor.

Der Kommission wird die Befugnis übertragen, die in Unterabsatz 2 genannten technischen Regulierungsstandards nach Artikel 10 bis 14 der Verordnung (EU) Nr. 1095/2010 zu erlassen.

Die ESMA erleichtert und koordiniert nach Möglichkeit auch den Informationsaustausch zwischen den zuständigen Behörden bei Informationen von Aufsichtsbehörden aus Drittländern, die für das Ergreifen von Maßnahmen nach Artikel 30 und 31 von Belang sein können.

(3) [1]Die zuständigen Behörden treffen Kooperationsvereinbarungen über den Informationsaustausch mit den Aufsichtsbehörden von Drittländern nur, wenn die Garantien zum Schutz des Berufsgeheimnisses in Bezug auf die offengelegten Informationen jenen nach Artikel 27 mindestens gleichwertig sind. [2]Ein derartiger Informationsaustausch muss der Wahrnehmung der Aufgaben dieser zuständigen Behörden dienen.

Artikel 27 Berufsgeheimnis

(1) Vertrauliche Informationen, die gemäß dieser Verordnung empfangen, ausgetauscht oder übermittelt werden, unterliegen den Vorschriften der Absätze 2 und 3 zum Berufsgeheimnis.

(2) Alle im Rahmen dieser Verordnung zwischen zuständigen Behörden ausgetauschten Informationen, die Geschäfts- oder Betriebsbedingungen und andere wirtschaftliche oder persönliche Angelegenheiten betreffen, gelten als vertraulich und unterliegen den Anforderungen des Berufsgeheimnisses, es sei denn, ihre Weitergabe wird von den zuständigen Behörden zum Zeitpunkt der Übermittlung für zulässig erklärt oder ist für Gerichtsverfahren erforderlich.

(3) [1]Alle Personen, die eine Tätigkeit bei der zuständigen Behörde oder bei einer Behörde oder einem Marktteilnehmer, an die bzw. den die zuständige Behörde ihre Befugnisse delegiert hat, ausüben oder ausgeübt haben, einschließlich der unter Anweisung der zuständigen Behörde tätigen Prüfer und Sachverständigen, sind zur Wahrung des Berufsgeheimnisses verpflichtet. [2]Die unter das Berufsgeheimnis fallenden Informationen dürfen keiner anderen Person oder Behörde bekannt gegeben werden, es sei denn, dies geschieht aufgrund einer Rechtsvorschrift der Union oder eines Mitgliedstaats.

Artikel 28 Datenschutz

[1]In Bezug auf die Verarbeitung personenbezogener Daten im Rahmen dieser Verordnung führen die zuständigen Behörden ihre Aufgaben im Sinne dieser Verordnung im Einklang mit den nationalen Rechts- und Verwaltungsvorschriften zur Umsetzung der Richtlinie

95/46/EG aus. ²In Bezug auf die Verarbeitung personenbezogener Daten durch die ESMA im Rahmen dieser Verordnung beachtet die ESMA die Bestimmungen der Verordnung (EG) Nr. 45/2001.

Personenbezogene Daten werden nicht länger als fünf Jahre gespeichert.

Artikel 29 Übermittlung personenbezogener Daten in Drittstaaten

(1) ¹Die zuständige Behörde eines Mitgliedstaats darf personenbezogene Daten nur im Einzelfall in Drittstaaten übermitteln, wobei die Anforderungen der Richtlinie 95/46/EG erfüllt sein müssen. ²Die zuständige Behörde muss sicherstellen, dass die Übermittlung für die Zwecke dieser Verordnung erforderlich ist und der Drittstaat die Daten nicht in einen weiteren Drittstaat übermittelt, außer wenn dies ausdrücklich schriftlich genehmigt wurde und die von der zuständigen Behörde des Mitgliedstaats festgelegten Bedingungen erfüllt sind.

(2) Die zuständige Behörde eines Mitgliedstaats legt die von einer zuständigen Aufsichtsbehörde eines anderen Mitgliedstaats übermittelten personenbezogenen Daten nur dann einer zuständigen Behörde eines Drittstaats offen, wenn sie die ausdrückliche Zustimmung der zuständigen Behörde erhalten hat, von der die Daten stammen, und die Daten gegebenenfalls nur zu den Zwecken offengelegt werden, für die die zuständige Behörde ihre Zustimmung erteilt hat.

(3) Sieht eine Kooperationsvereinbarung den Austausch personenbezogener Daten vor, so sind die nationalen Rechts- und Verwaltungsvorschriften zur Umsetzung der Richtlinie 95/46/EG einzuhalten.

Kapitel 5 Verwaltungsrechtliche Maßnahmen und Sanktionen

Artikel 30 Verwaltungsrechtliche Sanktionen und andere verwaltungsrechtliche Maßnahmen

(1) Unbeschadet strafrechtlicher Sanktionen und unbeschadet der Aufsichtsbefugnisse der zuständigen Behörden nach Artikel 23 übertragen die Mitgliedstaaten im Einklang mit nationalem Recht den zuständigen Behörden die Befugnis, angemessene verwaltungsrechtliche Sanktionen und andere verwaltungsrechtliche Maßnahmen in Bezug auf mindestens die folgenden Verstöße zu ergreifen:

a) Verstöße gegen Artikel 14 und 15, Artikel 16 Absätze 1 und 2, Artikel 17 Absätze 1, 2, 4, 5 und 8, Artikel 18 Absätze 1 bis 6, Artikel 19 Absätze 1, 2, 3, 5, 6, 7 und 11 und Artikel 20 Absatz 1 und

b) Verweigerung der Zusammenarbeit mit einer Ermittlung oder einer Prüfung oder einer in Artikel 23 Absatz 2 genannten Anfrage.

¹Die Mitgliedstaaten können beschließen, keine Regelungen für die in Unterabsatz 1 genannten verwaltungsrechtlichen Sanktionen festzulegen, sofern die in Unterabsatz 1 Buchstaben a oder b genannten Verstöße bis zum 3. Juli 2016 gemäß dem nationalen Recht bereits strafrechtlichen Sanktionen unterliegen. ²Beschließen sie dies, so melden die Mitgliedstaaten der Kommission und der ESMA die entsprechenden Bestimmungen ihres Strafrechts in ihren Einzelheiten.

¹Die Mitgliedstaaten unterrichten die Kommission und die ESMA detailliert über die in den Unterabsätzen 1 und 2 genannten Vorschriften bis zum 3. Juli 2016. ²Sie melden der Kommission und der ESMA unverzüglich spätere Änderungen dieser Vorschriften.

(2) Die Mitgliedstaaten stellen sicher, dass die zuständigen Behörden im Einklang mit dem nationalen Recht über die Befugnis verfügen, im Falle von Verstößen gemäß Absatz 1 Unterabsatz 1 Buchstabe a mindestens die folgenden verwaltungsrechtlichen Sanktionen zu verhängen und die folgenden verwaltungsrechtlichen Maßnahmen zu ergreifen:

a) eine Anordnung, wonach die für den Verstoß verantwortliche Person die Verhaltensweise einzustellen und von einer Wiederholung abzusehen hat;
b) den Einzug der infolge des Verstoßes erzielten Gewinne oder der vermiedenen Verluste, sofern diese sich beziffern lassen;
c) eine öffentliche Warnung betreffend die für den Verstoß verantwortliche Person und die Art des Verstoßes;
d) den Entzug oder die Aussetzung der Zulassung einer Wertpapierfirma;
e) ein vorübergehendes Verbot für Personen, die in einer Wertpapierfirma Führungsaufgaben wahrnehmen, oder für jedwede andere für den Verstoß verantwortliche natürliche Person, in Wertpapierfirmen Führungsaufgaben wahrzunehmen;
f) bei wiederholten Verstößen gegen Artikel 14 oder 15 ein dauerhaftes Verbot für Personen, die in einer Wertpapierfirma Führungsaufgaben wahrnehmen, oder eine andere verantwortliche natürliche Person, in Wertpapierfirmen Führungsaufgaben wahrzunehmen;
g) ein vorübergehendes Verbot für Personen, die in einer Wertpapierfirma Führungsaufgaben wahrnehmen, oder eine andere verantwortliche natürliche Person, Eigengeschäfte zu tätigen;
h) maximale verwaltungsrechtliche finanzielle Sanktionen, die mindestens bis zur dreifachen Höhe der durch die Verstöße erzielten Gewinne oder vermiedenen Verluste gehen können, sofern diese sich beziffern lassen;
i) im Falle einer natürlichen Person maximale verwaltungsrechtliche finanzielle Sanktionen von mindestens
   i) bei Verstößen gegen Artikel 14 und 15 5 000 000 EUR bzw. in den Mitgliedstaaten, deren Währung nicht der Euro nicht ist, Sanktionen in entsprechender Höhe in der Landeswährung am 2. Juli 2014;
   ii) bei Verstößen gegen Artikel 16 und 17 1 000 000 EUR bzw. in den Mitgliedstaaten, deren Währung nicht der Euro ist, Sanktionen in entsprechender Höhe in der Landeswährung am 2. Juli 2014 und
   iii) bei Verstößen gegen Artikel 18, 19 und 20 500 000 EUR bzw. in den Mitgliedstaaten, deren Währung nicht der Euro ist, Sanktionen in entsprechender Höhe in der Landeswährung am 2. Juli 2014 und
j) im Falle einer juristischen Person maximale verwaltungsrechtliche finanzielle Sanktionen von mindestens
   i) bei Verstößen gegen Artikel 14 und 1 515 000 000 EUR oder 15 % des jährlichen Gesamtumsatzes der juristischen Person entsprechend dem letzten verfügbaren durch das Leitungsorgan genehmigten Abschluss bzw. in den Mitgliedstaaten, deren Währung nicht der Euro ist, in entsprechender Höhe in der Landeswährung am 2. Juli 2014;
   ii) bei Verstößen gegen die Artikel 16 und 17 2 500 000 EUR oder 2 % des jährlichen Gesamtumsatzes des Unternehmens entsprechend dem letzten verfügbaren durch das Leitungsorgan genehmigten Abschluss bzw. in den Mitgliedstaaten, deren Währung nicht der Euro ist, in entsprechender Höhe in der Landeswährung am 2. Juli 2014 und
   iii) bei Verstößen gegen Artikel 18, 19 und 20 1 000 000 EUR bzw. in den Mitgliedstaaten, deren Währung nicht der Euro ist, in entsprechender Höhe in der Landeswährung am 2. Juli 2014.

Verweise auf die zuständige Behörde in diesem Absatz lassen die Befugnis der zuständigen Behörde, ihre Aufgaben gemäß Artikel 23 Absatz 1 wahrzunehmen, unberührt.

Falls es sich bei der juristischen Person um eine Muttergesellschaft oder eine Tochtergesellschaft handelt, die einen konsolidierten Abschluss gemäß der Richtlinie 2013/34/EU des Europäischen Parlaments und des Rates[1] aufzustellen hat, bezeichnet „jährlicher Gesamtumsatz" für die Zwecke des Unterabsatz 1 Buchstabe j Ziffern i und ii den jährlichen Gesamtumsatz oder die entsprechende Einkunftsart gemäß den einschlägigen Rechnungslegungsrichtlinien – Richtlinie 86/635/EWG des Rates[2] in Bezug auf Banken, Richtlinie 91/674/EWG des Rates[3] in Bezug auf Versicherungsunternehmen –, der bzw. die im letzten verfügbaren durch das Leitungsorgan genehmigten konsolidierten Abschluss der Muttergesellschaft an der Spitze ausgewiesen ist.

(3) Die Mitgliedstaaten können den zuständigen Behörden neben den in Absatz 2 aufgeführten Befugnissen weitere Befugnisse übertragen und höhere Sanktionen als die in jenem Absatz genannten verhängen.

Artikel 31 Wahrnehmung der Aufsichtsbefugnisse und Verhängung von Sanktionen

(1) Die Mitgliedstaaten stellen sicher, dass die zuständigen Behörden bei der Bestimmung der Art und der Höhe der verwaltungsrechtlichen Sanktionen alle relevanten Umstände berücksichtigen, darunter gegebenenfalls

a) die Schwere und Dauer des Verstoßes;

b) der Grad an Verantwortung der für den Verstoß verantwortlichen Person;

c) die Finanzkraft der für den Verstoß verantwortlichen Person, wie sie sich zum Beispiel aus dem Gesamtumsatz einer juristischen Person oder den Jahreseinkünften einer natürlichen Person ablesen lässt;

d) die Höhe der von der für den Verstoß verantwortlichen Person erzielten Gewinne oder vermiedenen Verluste, sofern diese sich beziffern lassen;

e) das Ausmaß der Zusammenarbeit der für den Verstoß verantwortlichen Person mit der zuständigen Behörde, unbeschadet des Erfordernisses, die erzielten Gewinne oder vermiedenen Verluste dieser Person einzuziehen;

f) frühere Verstöße der für den Verstoß verantwortlichen Person und

g) die Maßnahmen, die von der für den Verstoß verantwortlichen Person ergriffen wurden, um zu verhindern, dass sich der Verstoß wiederholt.

(2) [1]Bei der Ausübung ihrer Befugnisse zur Verhängung von verwaltungsrechtlichen Sanktionen oder anderen verwaltungsrechtlichen Maßnahmen nach Artikel 30 arbeiten die zuständigen Behörden eng zusammen, um sicherzustellen, dass die Ausführung ihrer Aufsichts- und Ermittlungsbefugnisse sowie die verwaltungsrechtlichen Sanktionen, die sie verhängen und die anderen verwaltungsrechtlichen Maßnahmen, die sie treffen, wirksam und angemessen im Rahmen dieser Verordnung sind. [2]Sie koordinieren ihre Maßnahmen im Einklang mit Artikel 25, um etwaige Doppelarbeit und Überschneidungen bei der Ausübung ihrer Aufsichts- und Ermittlungsbefugnisse sowie bei der Verhängung von verwaltungsrechtlichen Sanktionen auf grenzüberschreitende Fälle zu vermeiden.

---

1 **Amtl. Anm.:** Richtlinie 2013/34/EU des Europäischen Parlaments und des Rates vom 26. Juni 2013 über den Jahresabschluss, den konsolidierten Abschluss und damit verbundene Berichte von Unternehmen bestimmter Rechtsformen und zur Änderung der Richtlinie 2006/43/EG des Europäischen Parlaments und des Rates und zur Aufhebung der Richtlinien 78/660/EWG und 83/349/EWG des Rates (ABl. L 182 vom 29. 6. 2013, S. 19).

2 **Amtl. Anm.:** Richtlinie 86/635/EWG des Rates vom 8. Dezember 1986 über den Jahresabschluss und den konsolidierten Abschluss von Banken und anderen Finanzinstituten (ABl. L 372 vom 31. 12. 1986, S. 1).

3 **Amtl. Anm.:** Richtlinie 91/674/EWG des Rates vom 19. Dezember 1991 über den Jahresabschluss und den konsolidierten Abschluss von Versicherungsunternehmen (ABl. L 374 vom 31. 12. 1991, S. 7).

Artikel 32 Meldung von Verstößen

(1) Die Mitgliedstaaten sorgen dafür, dass die zuständigen Behörden wirksame Mechanismen schaffen, um die Meldung tatsächlicher oder möglicher Verstöße gegen diese Verordnung zu ermöglichen.

(2) Die in Absatz 1 genannten Mechanismen umfassen mindestens Folgendes:
a) spezielle Verfahren für die Entgegennahme der Meldungen über Verstöße und deren Nachverfolgung, einschließlich der Einrichtung sicherer Kommunikationskanäle für derartige Meldungen;
b) einen angemessenen Schutz von Personen, die im Rahmen ihrer Erwerbstätigkeit auf der Grundlage eines Arbeitsvertrags beschäftigt sind, die Verstöße melden oder denen Verstöße zur Last gelegt werden, vor Vergeltungsmaßnahmen, Diskriminierung oder anderen Arten ungerechter Behandlung und
c) den Schutz personenbezogener Daten sowohl der Person, die den Verstoß meldet, als auch der natürlichen Person, die den Verstoß mutmaßlich begangen hat, einschließlich Schutz in Bezug auf die Wahrung der Vertraulichkeit ihrer Identität während aller Phasen des Verfahrens, und zwar unbeschadet der Tatsache, ob die Offenlegung von Informationen nach dem nationalen Recht im Rahmen der Ermittlungen oder des darauf folgenden Gerichtsverfahrens erforderlich sind.

(3) Die Mitgliedstaaten verpflichten Arbeitgeber, die in Bereichen tätig sind, die durch Finanzdienstleistungsregulierung geregelt werden, angemessene interne Verfahren einzurichten, über die ihre Mitarbeiter Verstöße gegen diese Verordnung melden können.

(4) Im Einklang mit nationalem Recht können die Mitgliedstaaten finanzielle Anreize für Personen, die relevante Informationen über mögliche Verstöße gegen diese Verordnung bereitstellen, unter der Voraussetzung gewähren, dass diese Personen nicht bereits zuvor anderen gesetzlichen oder vertraglichen Verpflichtungen zur Meldung solcher Informationen unterliegen, sowie unter der Voraussetzung, dass die Informationen neu sind und dass sie zur Verhängung einer verwaltungsrechtlichen oder einer strafrechtlichen Sanktion oder einer anderen verwaltungsrechtlichen Maßnahme für einen Verstoß gegen diese Verordnung führen.

(5) [1]Die Kommission erlässt Durchführungsrechtsakte zur Festlegung der in Absatz 1 genannten Verfahren, einschließlich zur Meldung und Nachverfolgung von Meldungen und der Maßnahmen zum Schutz von Personen, die auf der Grundlage eines Arbeitsvertrags tätig sind, sowie Maßnahmen zum Schutz personenbezogener Daten. [2]Diese Durchführungsrechtsakte werden gemäß dem in Artikel 36 Absatz 2 genannten Prüfverfahren erlassen.

Artikel 33 Informationsaustausch mit der ESMA

(1) [1]Die zuständigen Behörden stellen der ESMA jährlich aggregierte Informationen zu allen gemäß den Artikeln 30, 31 und 32 von den zuständigen Behörden verhängten verwaltungsrechtlichen Sanktionen, und anderen verwaltungsrechtlichen Maßnahmen bereit. [2]Die ESMA veröffentlicht diese Informationen in einem Jahresbericht. [3]Die zuständigen Behörden stellen der ESMA jährlich darüber hinaus anonymisierte, aggregierte Daten über alle Verwaltungsermittlungen, die im Rahmen jener Artikel erfolgen, bereit.

(2) [1]Haben die Mitgliedstaaten beschlossen, im Einklang mit Artikel 30 Absatz 1 Unterabsatz 2 strafrechtliche Sanktionen für die dort genannten Verstöße festzulegen, so stellen ihre zuständigen Behörden jährlich der ESMA anonymisierte, aggregierte Daten zu allen von den Justizbehörden geführten strafrechtlichen Ermittlungen und gemäß den Artikeln 30, 31 und 32 verhängten strafrechtlichen Sanktionen bereit. [2]Die ESMA veröffentlicht die Daten zu den verhängten strafrechtlichen Sanktionen in einem Jahresbericht.

(3) Hat die zuständige Behörde verwaltungsrechtliche Sanktionen, strafrechtliche Sanktionen oder andere verwaltungsrechtliche Maßnahmen öffentlich bekanntgegeben, meldet sie diese zugleich der ESMA.

(4) Wenn eine veröffentlichte verwaltungsrechtliche Sanktion, strafrechtliche Sanktion oder andere verwaltungsrechtliche Maßnahme eine Wertpapierfirma betrifft, die gemäß der Richtlinie 2014/65/EU zugelassen ist, vermerkt die ESMA die veröffentlichte Sanktion oder Maßnahme im Register der Wertpapierfirmen, das gemäß Artikel 5 Absatz 3 der genannten Richtlinie erstellt worden ist.

(5) Um einheitliche Bedingungen für die Anwendung dieses Artikels sicherzustellen, arbeitet die ESMA Entwürfe technischer Durchführungsstandards zur Festlegung der Verfahren und Formen des Informationsaustauschs gemäß diesem Artikel aus.

Die ESMA legt diese Entwürfe technischer Durchführungsstandards der Kommission bis zum 3. Juli 2016 vor.

Der Kommission wird die Befugnis übertragen, die in Unterabsatz 1 genannten technischen Durchführungsstandards nach Artikel 15 der Verordnung (EU) Nr. 1095/2010 zu erlassen.

Artikel 34 Veröffentlichung von Entscheidungen

(1) [1]Vorbehaltlich des Unterabsatzes 3 veröffentlichen die zuständigen Behörden jede Entscheidung über die Verhängung einer verwaltungsrechtlichen Sanktion oder verwaltungsrechtlichen Maßnahme in Bezug auf einen Verstoß gegen diese Verordnung auf ihrer offiziellen Website unverzüglich nachdem die von der Entscheidung betroffene Person darüber informiert wurde. [2]Dabei werden mindestens Art und Charakter des Verstoßes und die Identität der verantwortlichen Personen bekanntgemacht.

Unterabsatz 1 gilt nicht für Entscheidungen, mit denen Maßnahmen mit Ermittlungscharakter verhängt werden.

Ist jedoch eine zuständige Behörde der Ansicht, dass die Bekanntmachung der Identität einer von der Entscheidung betroffenen juristischen Personen[4] oder der personenbezogenen Daten einer natürlichen Personen[5]1 einer einzelfallbezogenen Bewertung der Verhältnismäßigkeit dieser Daten zufolge unverhältnismäßig wäre, oder würde die Bekanntmachung laufende Ermittlungen oder die Stabilität der Finanzmärkte gefährden, so handeln die zuständigen Behörden wie folgt:

a) Sie schieben die Veröffentlichung der Entscheidung auf, bis die Gründe für das Aufschieben weggefallen sind;

b) sie veröffentlichen die Entscheidung im Einklang mit dem nationalen Recht in anonymer Fassung, wenn diese anonyme Fassung einen wirksamen Schutz der betreffenden personenbezogenen Daten gewährleistet;

c) sie machen die Entscheidung nicht bekannt, wenn die zuständige Behörde der Auffassung ist, dass eine Veröffentlichung gemäß den Buchstaben a und b nicht ausreichend ist, um sicherzustellen, dass
   i) die Stabilität der Finanzmärkte nicht gefährdet würde, oder
   ii) die Verhältnismäßigkeit der Bekanntmachung derartiger Entscheidungen in Bezug auf unerhebliche Maßnahmen gewahrt bliebe.

Trifft eine zuständige Behörde die Entscheidung, die Entscheidung in anonymer Fassung gemäß Unterabsatz 3 Buchstabe b zu veröffentlichen, so kann sie die Veröffentlichung der einschlägigen Daten um einen angemessenen Zeitraum aufschieben, wenn vorherseh-

---

4 Richtig wohl: „Person".
5 Richtig wohl: „Person".

bar ist, dass die Gründe für die anonyme Veröffentlichung innerhalb dieses Zeitraums entfallen werden.

(2) ¹Werden gegen die Entscheidung bei den nationalen Justiz-, Verwaltungs- oder sonstigen Behörden Rechtsbehelfe eingelegt, so machen die zuständigen Behörden auch diesen Sachverhalt und alle weiteren Informationen über das Ergebnis des Rechtsbehelfsverfahrens unverzüglich auf ihrer Website bekannt. ²Ferner wird jede Entscheidung, mit der eine mit Rechtsbehelfen angegriffene Entscheidung aufgehoben wird, ebenfalls bekanntgemacht.

(3) ¹Die zuständigen Behörden stellen sicher, dass jede veröffentlichte Entscheidung im Einklang mit diesem Artikel vom Zeitpunkt ihrer Veröffentlichung an während eines Zeitraums von mindestens fünf Jahren auf ihrer Website zugänglich bleibt. ²Enthält die Bekanntmachung personenbezogene Daten, so bleiben diese so lange auf der Website der zuständigen Behörde einsehbar, wie dies nach den geltenden Datenschutzbestimmungen erforderlich ist.

Kapitel 6 Delegierte Rechtsakte und Durchführungsrechtsakte

Artikel 35 Ausübung der Befugnisübertragung

(1) Die Befugnis zum Erlass delegierter Rechtsakte wird der Kommission unter den Bedingungen dieses Artikels übertragen.

(2) Die Befugnis zum Erlass delegierter Rechtsakte gemäß Artikel 6 Absätze 5 und 6, Artikel 12 Absatz 5, Artikel 17 Absatz 2 Unterabsatz 3, Artikel 17 Absatz 3 und Artikel 19 Absätze 13 und 14 und Artikel 38 wird der Kommission auf unbestimmte Zeit ab dem 2. Juli 2014 übertragen.

(3) ¹Die Befugnisübertragung gemäß Artikel 6 Absätze 5 und 6, Artikel 12 Absatz 5, Artikel 17 Absatz 2 Unterabsatz 3, Artikel 17 Absatz 3 und Artikel 19 Absätze 13 und 14 und Artikel 38 kann vom Europäischen Parlament oder vom Rat jederzeit widerrufen werden. ²Der Beschluss über den Widerruf beendet die Übertragung der darin genannten Befugnisse. ³Er wird am Tag nach seiner Veröffentlichung im *Amtsblatt der Europäischen Union* oder zu einem in dem Beschluss angegebenen späteren Zeitpunkt wirksam. ⁴Die Gültigkeit von delegierten Rechtsakten, die bereits in Kraft sind, wird davon nicht berührt.

(4) Sobald die Kommission einen delegierten Rechtsakt erlässt, übermittelt sie diesen gleichzeitig dem Europäischen Parlament und dem Rat.

(5) ¹Ein delegierter Rechtsakt, der gemäß Artikel 6 Absätze 5 oder 6, Artikel 12 Absatz 5, Artikel 17 Absatz 2 Unterabsatz 3, Artikel 17 Absatz 3, Artikel 19 Absätze 13 oder 14 oder Artikel 38 erlassen wurde, tritt nur in Kraft, wenn das Europäische Parlament und der Rat binnen drei Monaten nach seiner Übermittlung keine Einwände gegen ihn erheben oder wenn sowohl das Europäische Parlament als auch der Rat der Kommission vor Ablauf dieser Frist mitgeteilt haben, dass sie keine Einwände erheben werden. ²Dieser Zeitraum wird auf Initiative des Europäischen Parlaments oder des Rates um drei Monate verlängert.

Artikel 36 Ausschussverfahren

(1) ¹Die Kommission wird von dem gemäß dem Beschluss 2001/528/EG der Kommission[1] eingesetzten Europäischen Wertpapierausschuss unterstützt. ²Dieser Ausschuss ist ein Ausschuss im Sinne der Verordnung (EU) Nr. 182/2011.

---

1 Amtl. Anm.: Beschluss 2001/528/EG der Kommission vom 6. Juni 2001 zur Einsetzung des Europäischen Wertpapierausschusses (ABl. L 191 vom 13. 7. 2001, S. 45).

(2) Wird auf diesen Absatz Bezug genommen, so gilt Artikel 5 der Verordnung (EU) Nr. 182/2011.

Kapitel 7 Schlussbestimmungen

Artikel 37 Aufhebung der Richtlinie 2003/6/EG und ihrer Durchführungsmaßnahmen

¹Die Richtlinie 2003/6/EG und die Richtlinien 2004/72/EG, 2003/125/EG[1] und 2003/124/EG[2] der Kommission sowie die Verordnung (EG) Nr. 2273/2003[3] der Kommission werden mit Wirkung vom 3. Juli 2016 aufgehoben. ²Bezugnahmen auf die Richtlinie 2003/6/EG gelten als Bezugnahmen auf diese Verordnung und sind nach Maßgabe der Entsprechungstabelle in Anhang II dieser Verordnung zu lesen.

Artikel 38 Bericht

Die Kommission erstattet dem Europäischen Parlament und dem Rat bis zum 3. Juli 2019 Bericht über die Anwendung dieser Verordnung und gegebenenfalls über die Erforderlichkeit einer Überarbeitung, einschließlich in Bezug

a) auf die Angemessenheit, gemeinsame Bestimmungen darüber einzuführen, dass alle Mitgliedstaaten verwaltungsrechtliche Sanktionen für Insidergeschäfte und Marktmanipulation festlegen müssen,
b) darauf, ob die Bestimmung des Begriffs Insiderinformationen dahingehend ausreichend ist, dass sie alle Informationen abdeckt, die für die zuständigen Behörden relevant sind, um wirksam gegen Marktmissbrauch vorzugehen,
c) auf die Angemessenheit der Bedingungen, unter denen das Handelsverbot gemäß Artikel 19 Absatz 11 verhängt wird, hinsichtlich der Frage, ob das Verbot auch auf andere Umstände anwendbar sein sollte,
d) auf die Bewertung der Möglichkeit der Schaffung eines EU-Rahmens für die marktübergreifende Aufsicht über die Orderbücher in Bezug auf Marktmissbrauch, einschließlich Empfehlungen für einen solchen Rahmen, und
e) auf den Umfangs der Anwendung der Referenzwert-Bestimmungen.

¹Im Hinblick auf Buchstabe a führt die ESMA eine Bestandsaufnahme der Anwendung verwaltungsrechtlicher Sanktionen durch sowie bei Mitgliedstaaten, die beschlossen haben, im Einklang mit Artikel 30 Absatz 1 strafrechtliche Sanktionen für in diesem Artikel niedergelegte Verstöße gegen diese Verordnung festzulegen, eine Bestandsaufnahme der Anwendung dieser strafrechtlichen Sanktionen in den Mitgliedstaaten. ²Diese Bestandsaufnahme umfasst auch Daten, die gemäß Artikel 33 Absätze 1 und 2 bereitgestellt werden.

Bis zum 3. Juli 2019 legt die Kommission nach Anhörung der ESMA dem Europäischen Parlament und dem Rat einen Bericht über das in Artikel 19 Absatz 1 a Buchstaben a

---

1 **Amtl. Anm.:** Richtlinie 2003/125/EG der Kommission vom 22. Dezember 2003 zur Durchführung der Richtlinie 2003/6/EG des Europäischen Parlaments und des Rates in Bezug auf die sachgerechte Darbietung von Anlageempfehlungen und die Offenlegung von Interessenkonflikten (ABl. L 339 vom 24. 12. 2003, S. 73).
2 **Amtl. Anm.:** Richtlinie 2003/124/EG der Kommission vom 22. Dezember 2003 zur Durchführung der Richtlinie 2003/6/EG des Europäischen Parlaments und des Rates betreffend die Begriffsbestimmung und die Veröffentlichung von Insider-Informationen und die Begriffsbestimmung der Marktmanipulation (ABl. L 339 vom 24. 12. 2003, S. 70).
3 **Amtl. Anm.:** Verordnung (EG) Nr. 2273/2003 der Kommission vom 22. Dezember 2003 zur Durchführung der Richtlinie 2003/6/EG des Europäischen Parlaments und des Rates – Ausnahmeregelungen für Rückkaufprogramme und Kursstabilisierungsmaßnahmen (ABl. L 336 vom 23. 12. 2003, S. 33).

und b festgelegte Niveau der Schwellenwerte betreffend die von Führungskräften durchgeführten Geschäfte vor, bei denen die Anteile oder Schuldtitel des Emittenten Teil eines Organismus für gemeinsame Anlagen sind oder eine Risikoposition gegenüber einem Portfolio von Vermögenswerten darstellen, um zu bewerten, ob dieses Niveau angemessen ist oder angepasst werden sollte.

Die Kommission wird ermächtigt, die Anpassung der Schwellenwerte nach Artikel 19 Absatz 1 a Buchstaben a und b mittels eines delegierten Rechtsakts gemäß Artikel 35 vorzunehmen, wenn die Kommission in diesem Bericht zu dem Schluss kommt, dass diese Schwellenwerte angepasst werden sollten.

Artikel 39 Inkrafttreten und Geltung

(1) Diese Verordnung tritt am zwanzigsten Tag nach ihrer Veröffentlichung[4] im *Amtsblatt der Europäischen Union* in Kraft.

(2) Sie gilt ab dem 3. Juli 2016 mit Ausnahme von
a) Artikel 4 Absätze 2 und 3, der ab dem 3. Januar 2018 gilt, und
b) Artikel 4 Absätze 4 und 5, Artikel 5 Absatz 6, Artikel 6 Absätze 5 und 6, Artikel 7 Absatz 5, Artikel 11 Absätze 9, 10 und 11, Artikel 12 Absatz 5, Artikel 13 Absätze 7 und 11, Artikel 16 Absatz 5, Artikel 17 Absatz 2 Unterabsatz 3, Artikel 17 Absätze 3, 10 und 11, Artikel 18 Absatz 9, Artikel 19 Absätze 13, 14 und 15, Artikel 20 Absatz 3, Artikel 24 Absatz 3, Artikel 25 Absatz 9, Artikel 26 Absatz 2 Unterabsätze 2, 3 und 4, Artikel 32 Absatz 5 und Artikel 33 Absatz 5, die ab dem 2. Juli 2014 gelten.

(3) Die Mitgliedstaaten setzen Artikel 22, Artikel 23 und Artikel 30, Artikel 31 Absatz 1, Artikel 32 und Artikel 34 bis zum 3. Juli 2016 in nationales Recht um.

(4) Verweisungen in dieser Verordnung auf die Richtlinie 2014/65/EU und die Verordnung (EU) Nr. 600/2014 gelten vor dem 3. Januar 2018 als Verweisungen auf die Richtlinie 2004/39/EG und sind nach Maßgabe der Entsprechungstabelle in Anhang IV der Richtlinie 2014/65/EU zu lesen, sofern diese Entsprechungstabelle Vorschriften enthält, die auf die Richtlinie 2004/39/EG verweisen.

Sofern in den Vorschriften dieser Verordnung organisierte Handelssysteme, KMU-Wachstumsmärkte, Emissionszertifikate oder darauf beruhende Auktionsprodukte genannt werden, gelten diese Vorschriften bis zum 3. Januar 2018 nicht für organisierte Handelssysteme, KMU-Wachstumsmärkte, Emissionszertifikate oder darauf beruhende Auktionsprodukte.

Diese Verordnung ist in allen ihren Teilen verbindlich und gilt unmittelbar in jedem Mitgliedstaat.

Anhang I
Indikatoren für manipulatives Handeln

A. Indikatoren für manipulatives Handeln durch Aussenden falscher oder irreführender Signale und durch Herbeiführen bestimmter Kurse

Für die Zwecke der Anwendung von Artikel 12 Absatz 1 Buchstabe a dieser Verordnung und unbeschadet der Handlungen, die in Absatz 2 des genannten Artikels aufgeführt sind, werden die nachfolgend in nicht erschöpfender Aufzählung genannten Indikatoren, die für sich genommen nicht unbedingt als Marktmanipulation anzusehen sind, berücksichtigt, wenn Marktteilnehmer oder die zuständigen Behörden Geschäfte oder Handelsaufträge prüfen:

a) der Umfang, in dem erteilte Handelsaufträge oder abgewickelte Geschäfte einen bedeutenden Teil des Tagesvolumens der Transaktionen mit dem entsprechenden Fi-

---

4 Veröffentlicht am 12. 6. 2014.

nanzinstrument, einem damit verbundenen Waren-Spot-Kontrakt oder einem auf Emissionszertifikaten beruhenden Auktionsobjekt ausmachen, vor allem dann, wenn diese Tätigkeiten zu einer erheblichen Veränderung des Kurses führen;

b) der Umfang, in dem erteilte Handelsaufträge oder abgewickelte Geschäfte von Personen die bedeutende Kauf- oder Verkaufspositionen in Bezug auf ein Finanzinstrument, einen damit verbundenen Waren-Spot-Kontrakt oder ein auf Emissionszertifikaten beruhendes Auktionsobjekt innehaben, zu wesentlichen Änderungen des Kurses dieses Finanzinstruments, damit verbundenen Waren-Spot-Kontrakts oder auf Emissionszertifikaten beruhenden Auktionsobjekts führen;

c) der Umstand, ob getätigte Geschäfte nicht zu einer Änderung des wirtschaftlichen Eigentums eines Finanzinstruments, eines damit verbundenen Waren-Spot-Kontrakts oder eines auf Emissionszertifikaten beruhenden Auktionsobjekts führen;

d) der Umfang, in dem erteilte Handelsaufträge oder abgewickelte Geschäfte oder stornierte Aufträge Umkehrungen von Positionen innerhalb eines kurzen Zeitraums beinhalten und einen beträchtlichen Teil des Tagesvolumens der Transaktionen mit dem entsprechenden Finanzinstrument, einem damit verbundenen Waren-Spot-Kontrakt oder einem auf Emissionszertifikaten beruhenden Auktionsobjekt ausmachen und mit einer erheblichen Veränderung des Kurses eines Finanzinstruments, eines damit verbundenen Waren-Spot-Kontrakts oder eines auf Emissionszertifikaten beruhenden Auktionsobjekts in Verbindung stehen könnten;

e) der Umfang, in dem erteilte Handelsaufträge oder abgewickelte Geschäfte durch ihre Häufung innerhalb eines kurzen Abschnitts des Handelstages eine Kursveränderung bewirken, auf die einen[5] gegenläufige Preisänderung folgt;

f) der Umfang, in dem erteilte Handelsaufträge die Darstellung der besten Geld- oder Briefkurse eines Finanzinstruments, eines damit verbundenen Waren-Spot-Kontrakts oder eines auf Emissionszertifikaten beruhenden Auktionsobjekts verändern oder allgemeiner die den Marktteilnehmern verfügbare Darstellung des Orderbuchs verändern und vor ihrer eigentlichen Abwicklung annulliert werden, und

g) der Umfang, in dem Geschäfte genau oder ungefähr zu einem Zeitpunkt in Auftrag gegeben oder abgewickelt werden, zu dem die Referenzkurse, die Abrechnungskurse und die Bewertungen berechnet werden, und dies zu Kursveränderungen führt, die sich auf diese Kurse und Bewertungen auswirken.

B. Indikatoren für manipulatives Handeln durch Vorspiegelung falscher Tatsachen sowie durch sonstige Kunstgriffe oder Formen der Täuschung

Für die Zwecke der Anwendung von Artikel 12 Absatz 1 Buchstabe b dieser Verordnung und unbeschadet der Handlungen, die in Absatz 2 des genannten Artikels aufgeführt sind, werden die nachfolgend in nicht erschöpfender Aufzählung genannten Indikatoren, die für sich genommen nicht unbedingt als Marktmanipulation anzusehen sind, berücksichtigt, wenn Marktteilnehmer oder die zuständigen Behörden Geschäfte oder Handelsaufträge prüfen:

a) ob von bestimmten Personen erteilte Handelsaufträge oder ausgeführte Geschäfte vorab oder im Nachhinein von der Verbreitung falscher oder irreführender Informationen durch dieselben oder in enger Beziehung zu ihnen stehenden Personen begleitet wurden und

b) ob Geschäfte von Personen in Auftrag gegeben bzw. ausgeführt werden, bevor oder nachdem diese Personen oder in enger Beziehung zu ihnen stehende Personen unrichtige oder verzerrte oder nachweislich von materiellen Interessen beeinflusste Anlageempfehlungen erstellt oder weitergegeben haben.

---

5 Richtig wohl: „eine".

Anhang II
Entsprechungstabelle

Vorliegende Verordnung	Richtlinie 2003/6/EG
Artikel 1	
Artikel 2	
Artikel 2 Absatz 1 Buchstabe a	Artikel 9 Absatz 1
Artikel 2 Absatz 1 Buchstabe b	
Artikel 2 Absatz 1 Buchstabe c	
Artikel 2 Absatz 1 Buchstabe d	Artikel 9 Absatz 2
Artikel 2 Absatz 3	Artikel 9 Absatz 1
Artikel 2 Absatz 4	Artikel 10 Buchstabe a
Artikel 3 Absatz 1 Nummer 1	Artikel 1 Nummer 3
Artikel 3 Absatz 1 Nummer 2	
Artikel 3 Absatz 1 Nummer 3	
Artikel 3 Absatz 1 Nummer 4	
Artikel 3 Absatz 1 Nummer 5	
Artikel 3 Absatz 1 Nummer 6	Artikel 1 Nummer 4
Artikel 3 Absatz 1 Nummer 7	
Artikel 3 Absatz 1 Nummer 8	
Artikel 3 Absatz 1 Nummer 9	Artikel 1 Nummer 5
Artikel 3 Absatz 1 Nummer 10	
Artikel 3 Absatz 1 Nummer 11	
Artikel 3 Absatz 1 Nummer 12	Artikel 1 Nummer 7
Artikel 3 Absatz 1 Nummer 13	Artikel 1 Nummer 6
Artikel 3 Absatz 1 Nummern 14 bis 35	
Artikel 4	
Artikel 5	Artikel 8
Artikel 6 Absatz 1	Artikel 7
Artikel 6 Absatz 2	
Artikel 6 Absatz 3	
Artikel 6 Absatz 4	
Artikel 6 Absatz 5	
Artikel 6 Absatz 6	
Artikel 6 Absatz 7	
Artikel 7 Absatz 1 Buchstabe a	Artikel 1 Nummer 1 Absatz 1
Artikel 7 Absatz 1 Buchstabe b	Artikel 1 Nummer 1 Absatz 2
Artikel 7 Absatz 1 Buchstabe c	
Artikel 7 Absatz 1 Buchstabe d	Artikel 1 Nummer 1 Absatz 3
Artikel 7 Absatz 2	
Artikel 7 Absatz 3	
Artikel 7 Absatz 4	
Artikel 7 Absatz 5	
Artikel 8 Absatz 1	Artikel 2 Absatz 1 Unterabsatz 1
Artikel 8 Absatz 2	
Artikel 8 Absatz 2 Buchstabe a	Artikel 3 Buchstabe b
Artikel 8 Absatz 2 Buchstabe b	
Artikel 8 Absatz 3	

Marktmissbrauchsverordnung (MAR)

Vorliegende Verordnung	Richtlinie 2003/6/EG
Artikel 8 Absatz 4 Buchstabe a	Artikel 2 Absatz 1 Buchstabe a
Artikel 8 Absatz 4 Buchstabe b	Artikel 2 Absatz 1 Buchstabe b
Artikel 8 Absatz 4 Buchstabe c	Artikel 2 Absatz 1 Buchstabe c
Artikel 8 Absatz 4 Buchstabe d	Artikel 2 Absatz 1 Buchstabe d
Artikel 8 Absatz 4 Unterabsatz 2	Artikel 4
Artikel 8 Absatz 5	Artikel 2 Absatz 2
Artikel 9 Absatz 1	
Artikel 9 Absatz 2	
Artikel 9 Absatz 3 Buchstabe a	Artikel 2 Absatz 3
Artikel 9 Absatz 3 Buchstabe b	Artikel 2 Absatz 3
Artikel 9 Absatz 4	
Artikel 9 Absatz 5	
Artikel 9 Absatz 6	
Artikel 10 Absatz 1	Artikel 3 Buchstabe a
Artikel 10 Absatz 2	
Artikel 11	
Artikel 12 Absatz 1	
Artikel 12 Absatz 1 Buchstabe a	Artikel 1 Nummer 2 Buchstabe a
Artikel 12 Absatz 1 Buchstabe b	Artikel 1 Nummer 2 Buchstabe b
Artikel 12 Absatz 1 Buchstabe c	Artikel 1 Nummer 2 Buchstabe c
Artikel 12 Absatz 1 Buchstabe d	
Artikel 12 Absatz 2 Buchstabe a	Artikel 1 Nummer 2 Absatz 2 Gedankenstrich 1
Artikel 12 Absatz 2 Buchstabe b	Artikel 1 Nummer 2 Absatz 2 Gedankenstrich 2
Artikel 12 Absatz 2 Buchstabe c	
Artikel 12 Absatz 2 Buchstabe d	Artikel 1 Nummer 2 Absatz 2 Gedankenstrich 3
Artikel 12 Absatz 2 Buchstabe e	
Artikel 12 Absatz 3	
Artikel 12 Absatz 4	
Artikel 12 Absatz 5	Artikel 1 Nummer 2 Absatz 3
Artikel 13 Absatz 1	Artikel 1 Nummer 2 Buchstabe a Absatz 2
Artikel 13 Absatz 1	
Artikel 13 Absatz 2	
Artikel 13 Absatz 3	
Artikel 13 Absatz 4	
Artikel 13 Absatz 5	
Artikel 13 Absatz 6	
Artikel 13 Absatz 7	
Artikel 13 Absatz 8	
Artikel 13 Absatz 9	
Artikel 13 Absatz 10	
Artikel 13 Absatz 11	
Artikel 14 Buchstabe a	Artikel 2 Absatz 1 Unterabsatz 1
Artikel 14 Buchstabe b	Artikel 3 Buchstabe b
Artikel 14 Absatz c	Artikel 3 Buchstabe a

Vorliegende Verordnung	Richtlinie 2003/6/EG
Artikel 15	Artikel 5
Artikel 16 Absatz 1	Artikel 6 Absatz 6
Artikel 16 Absatz 2	Artikel 6 Absatz 9
Artikel 16 Absatz 3	
Artikel 16 Absatz 4	
Artikel 16 Absatz 5	Artikel 6 Absatz 10 Gedankenstrich 7
Artikel 17 Absatz 1	Artikel 6 Absatz 1
Artikel 17 Absatz 1 Unterabsatz 3	Artikel 9 Absatz 3
Artikel 17 Absatz 2	
Artikel 17 Absatz 3	
Artikel 17 Absatz 4	Artikel 6 Absatz 2
Artikel 17 Absatz 5	
Artikel 17 Absatz 6	
Artikel 17 Absatz 7	
Artikel 17 Absatz 8	Artikel 6 Absatz 3 Unterabsätze 1 und 2
Artikel 17 Absatz 9	
Artikel 17 Absatz 10	Artikel 6 Absatz 10 Spiegelstriche 1 und 2
Artikel 17 Absatz 11	
Artikel 18 Absatz 1	Artikel 6 Absatz 3 Unterabsatz 3
Artikel 18 Absatz 2	
Artikel 18 Absatz 3	
Artikel 18 Absatz 4	
Artikel 18 Absatz 5	
Artikel 18 Absatz 6	
Artikel 18 Absatz 7	Artikel 9 Absatz 3
Artikel 18 Absatz 8	
Artikel 18 Absatz 9	Artikel 6 Absatz 10 Gedankenstrich 4
Artikel 19 Absatz 1	Artikel 6 Absatz 4
Artikel 19 Absatz 1 Buchstabe a	Artikel 6 Absatz 4
Artikel 19 Absatz 1 Buchstabe b	
Artikel 19 Absatz 2	
Artikel 19 Absatz 3	
Artikel 19 Absatz 4 Buchstabe a	
Artikel 19 Absatz 4 Buchstabe b	
Artikel 19 Absätze 5 bis 13	
Artikel 19 Absatz 14	Artikel 6 Absatz 10 Gedankenstrich 5
Artikel 19 Absatz 15	Artikel 6 Absatz 10 Gedankenstrich 5
Artikel 20 Absatz 1	Artikel 6 Absatz 5
Artikel 20 Absatz 2	Artikel 6 Absatz 8
Artikel 20 Absatz 3	Artikel 6 Absatz 10 Gedankenstrich 6 und Artikel 6 Absatz 11
Artikel 21	Artikel 1 Nummer 2 Buchstabe c Satz 2
Artikel 22	Artikel 11 Absatz 1 und Artikel 10
Artikel 23 Absatz 1	Artikel 12 Absatz 1
Artikel 23 Absatz 1 Buchstabe a	Artikel 12 Absatz 1 Buchstabe a

Vorliegende Verordnung	Richtlinie 2003/6/EG
Artikel 23 Absatz 1 Buchstabe b	Artikel 12 Absatz 1 Buchstabe b
Artikel 23 Absatz 1 Buchstabe c	Artikel 12 Absatz 1 Buchstabe c
Artikel 23 Absatz 1 Buchstabe d	Artikel 12 Absatz 1 Buchstabe d
Artikel 23 Absatz 2 Buchstabe a	Artikel 12 Absatz 2 Buchstabe a
Artikel 23 Absatz 2 Buchstabe b	Artikel 12 Absatz 2 Buchstabe b
Artikel 23 Absatz 2 Buchstabe c	
Artikel 23 Absatz 2 Buchstabe d	Artikel 12 Absatz 2 Buchstabe c
Artikel 23 Absatz 2 Buchstabe e	
Artikel 23 Absatz 2 Buchstabe f	
Artikel 23 Absatz 2 Buchstabe g	Artikel 12 Absatz 2 Buchstabe d
Artikel 23 Absatz 2 Buchstabe h	Artikel 12 Absatz 2 Buchstabe d
Artikel 23 Absatz 2 Buchstabe i	Artikel 12 Absatz 2 Buchstabe g
Artikel 23 Absatz 2 Buchstabe j	Artikel 12 Absatz 2 Buchstabe f
Artikel 23 Absatz 2 Buchstabe k	Artikel 12 Absatz 2 Buchstabe e
Artikel 23 Absatz 2 Buchstabe l	Artikel 12 Absatz 2 Buchstabe h
Artikel 23 Absatz 2 Buchstabe m	Artikel 6 Absatz 7
Artikel 23 Absatz 3	
Artikel 23 Absatz 4	
Artikel 24 Absatz 1	Artikel 15 a Absatz 1
Artikel 24 Absatz 2	Artikel 15 a Absatz 2
Artikel 24 Absatz 3	
Artikel 25 Absatz 1 Unterabsatz 1	Artikel 16 Absatz 1
Artikel 25 Absatz 2	Artikel 16 Absatz 2 und Artikel 16 Absatz 4 Unterabsatz 4
Artikel 25 Absatz 2 Buchstabe a	Artikel 16 Absatz 2 Unterabsatz 2 Gedankenstrich 1 und Artikel 16 Absatz 4 Unterabsatz 4
Artikel 25 Absatz 2 Buchstabe b	
Artikel 25 Absatz 2 Buchstabe c	Artikel 16 Absatz 2 Unterabsatz 2 Gedankenstrich 2 und Artikel 16 Absatz 4 Unterabsatz 4
Artikel 25 Absatz 2 Buchstabe d	Artikel 16 Absatz 2 Unterabsatz 2 Gedankenstrich 3 und Artikel 16 Absatz 4 Unterabsatz 4
Artikel 25 Absatz 3	
Artikel 25 Absatz 4	Artikel 16 Absatz 2 Satz 1
Artikel 25 Absatz 5	Artikel 16 Absatz 3
Artikel 25 Absatz 6	Artikel 16 Absatz 4
Artikel 25 Absatz 7	Artikel 16 Absatz 2 Unterabsatz 4 und Artikel 16 Absatz 4 Unterabsatz 4
Artikel 25 Absatz 8	
Artikel 25 Absatz 9	Artikel 16 Absatz 5
Artikel 26	
Artikel 27 Absatz 1	
Artikel 27 Absatz 2	
Artikel 27 Absatz 3	Artikel 13
Artikel 28	
Artikel 29	

Vorliegende Verordnung	Richtlinie 2003/6/EG
Artikel 30 Absatz 1 Unterabsatz 1	Artikel 14 Absatz 1
Artikel 30 Absatz 1 Buchstabe a	
Artikel 30 Absatz 1 Buchstabe b	Artikel 14 Absatz 3
Artikel 30 Absatz 2	
Artikel 30 Absatz 3	
Artikel 31	
Artikel 32	
Artikel 33 Absatz 1	Artikel 14 Absatz 5 Unterabsatz 1
Artikel 33 Absatz 2	
Artikel 33 Absatz 3	Artikel 14 Absatz 5 Unterabsatz 2
Artikel 33 Absatz 4	Artikel 14 Absatz 5 Unterabsatz 3
Artikel 33 Absatz 5	
Artikel 34 Absatz 1	Artikel 14 Absatz 4
Artikel 34 Absatz 2	
Artikel 34 Absatz 3	
Artikel 35	
Artikel 36 Absatz 1	Artikel 17 Absatz 1
Artikel 36 Absatz 2	
Artikel 37	Artikel 20
Artikel 38	
Artikel 39	Artikel 21
Anhang	

Stichwortverzeichnis

Fette Zahlen bezeichnen die Kapitel, magere die Randnummern.

Abgabe einer falschen Versicherung 9.3. 70 ff., 9.4. 73 ff.
- Täterkreis 9.4. 78

Abgabe wahrheitswidriger Erklärungen 9.1. 127 ff.

Abschlussprüfer
- Ausschlussgründe 14.9. 14
- Berichtspflichtverletzung 11.1. 10 ff., 11.3. 8
- berufsaufsichtliche Maßnahmen 11.1. 52
- Berufsverbot 11.1. 52
- Ernennung 11.3. 8
- falsche Angaben ihm ggü gem. GenG 9.7. 41 ff.
- falsche Angaben ihm ggü gem. PublG 9.6. 57 ff., 73 ff.
- Falschinformationen 9.4. 120
- Geheimhaltungspflicht 8.1. 6 ff., 8.4. 6
- Unabhängigkeit 14.9. 1 ff.
- Unbefangenheit 11.4. 9

Abschlussprüferaufsichtsreformgesetzes (APAReG) 14.9. 20

Abschlussprüfergehilfe
- Berichtspflichtverletzung 11.1. 10 ff.
- Geheimhaltungspflicht 8.1. 6 ff., 8.4. 6

Abschlussprüferreformgesetz (AReG) 11.1. 3, 14.9. 1

Abschlussvermittlung 15.19. 59

Abschreibungsgesellschaften 4.2. 21

Abusive Squeeze 6.1. 98, 116 f., 155

Abwickler
- Geheimhaltungspflicht 8.2. 7 ff., 8.5. 6 ff.
- unrichtige Wiedergabe von Geschäftsverhältnissen 9.2. 10
- Untreue 5.1. 10

Abwicklungsschwindel 9.1. 101 ff.

Acting in Concert 6.1. 98

Adhäsionsverfahren 6.1. 308

Ad-hoc-Bericht 13.2. 1 ff.
- Adressaten 13.2. 3 ff.
- Ausnahmen 13.2. 9
- Betrug 4.1. 13, 94, 106 ff.
- Compliance-Beauftragter 2.2. 73
- Überwachung durch BaFin 1.2. 24
- unrichtige Darstellung 9.2. 13
- Untreue 5.1. 43
- Zeitpunkt 13.2. 6 ff.

Advancing the Bid 6.1. 112, 113
- Betrug 4.1. 95

Akteneinsichtsrecht 3 17
- beigezogene Akten 1.2. 171
- Im Verwaltungsprozess 1.2. 171

Aktien
- Bedeutung als Vermögensanlage 4.1. 3
- Erstplatzierung 6.1. 242
- Handel mit eigenen Aktien 6.1. 221 ff.
- Leerverkäufe, Mitteilung an die BaFin 13.13. 2 ff.
- öffentliche Ankündigung 9.1. 75 ff.
- Verbot ungedeckter Leerverkäufe 6.2. 8 ff.
- Zweitplatzierung 6.1. 243

Aktienemission
- Preisbereinigung 6.1. 250
- Rückkaufprogramm 6.1. 221 ff.

Aktienrückkaufprogramme 7.4. 96

Aktienstrafrecht 9.2. 6 ff.

Aktionär, Begriff 9.2. 61

Algorithmischer Handel 6.1. 102
- BaFin 1.2. 44

Allokationseffizienz 15.9. 12

Altmann-Fall 1.2. 137

Angaben, falsche 9.1. 1 ff.

Angaben über Millionenkredite 8.7. 1, 5, 15.20. 1 ff., 10

Angemessenheitsprüfung
- geeignete Gegenparteien 15.4. 4
- Hinweis- und Informationspflichten 15.4. 2 ff.
- Hinweispflicht 15.4. 6 ff.

- Kenntnisse und Erfahrungen 15.4. 5
- Kundenangaben 15.4. 5
- Privatkunden 15.4. 4
- professionelle Kunden 15.4. 4
- Warnhinweis 15.4. 6 ff.

Anlageberater 5.1. 25
- Anzeige ggü BaFin 15.8. 5 ff.
- Untreue 5.1. 10, 44 ff.

Anlageberatung 15.19. 55
- Empfehlungsverbot 15.2. 2 ff.
- Geeignetheitserklärung 13.9. 4
- Geeignetheitsprüfung 15.2. 3
- Marktmanipulation durch falsche Empfehlung 6.1. 188 ff.
- Mitarbeiter, Sachkunde u. Zuverlässigkeit 14.3. 2 ff.
- Produktinformationspflichten 13.6. 5

Anlageberatung, unabhängige 2.1. 8

Anlagegeschäft, Gefährdungsschaden 4.1. 66

Anlagenvermittlung 15.19. 54

Anlageverwaltung 15.19. 66
- Prüferanzeige 13.14. 8

Anlegerschutz
- BaFin 1.2. 29

Anlegerschutz- und Funktionsverbesserungsgesetz (AnSVG) 6.1. 2
- Insidergeschäft 7.4. 6 ff.

Anordnungsbefugnis der BaFin
- Einschränkung gem § 54a Abs. 3 KWG 14.10. 17 ff.

Anzeigepflicht Einl. 7, 8.2. 30, 8.3. 23, 13.18. 9
- aufgrund unternehmensinterner Ermittlungen 2.1. 43
- bei Finanzanalysen 15.7. 2 ff.
- Insolvenzantrag 13.18. 2 ff.
- Mitarbeiter- und Beschwerderegister 15.8. 2 ff.
- unwahre Angaben gem. DepotG 9.8. 8
- Verschwiegenheitspflicht 8.8. 2 ff.
- Von Unternehmen bzgl. Verwertung von Angaben über Millionenkredite 15.20. 7

Appreciation rights 7.2. 12

Arbeitsanweisung 2.2. 67
- Compliance-Maßnahme 2.2. 51

Aufbewahrungspflicht 10.2. 28

Aufsichtsrat
- fakultative 9.4. 15
- falsche Angaben 9.1. 22 ff.
- obligatorische 9.4. 15
- Untreue 5.1. 26

Aufsichtsratsmitglied
- Geheimhaltungspflicht 8.2. 7 ff., 8.3. 7 ff., 8.5. 6 ff., 8.6. 7 f.

Auktion
- Gebot, Unterrichtungspflicht 13.11. 1
- Insidergeschäft 13.12. 1
- Insiderverzeichnis 13.10. 2
- Marktmanipulation 13.12. 1

Auskunftspflicht 8.2. 26, 8.3. 22 f.
- Berichtspflicht 8.1. 30 ff.
- berufsaufsichtsrechtliches Verfahren 8.1. 33
- Due-Diligence-Prüfung 8.1. 35
- Enforcement-Verfahren 8.1. 34
- Peer Review 8.1. 33
- Sarbanes-Oxley-Act 8.1. 36
- Übermittlungsbefugnis 8.1. 30

Auslegung 3 9

Ausnutzung der Unerfahrenheit 6.3. 32 ff.

Aussagepflicht 8.2. 30, 8.3. 23
- Zeugnisverweigerungsrecht 8.1. 40 f.

Außerbörslicher Handel 6.1. 64

Auswahlpflichten 14.1. 3

Bad Bank-Gesetz 10.2. 2

BaFin s. Bundesanstalt für Finanzdienstleistungsaufsicht (BaFin)

Bande
- Betrug 4.1. 78

Banken 14.10. 8

Bankenaufsicht 1.1. 9; s. Finanzmarktaufsicht

Bankenunion
- EBA und EZB 1.1. 8

Bankenzusammenbruch 5.2. 3

Bankgeschäfte
- erlaubnispflichtige 15.19. 38 ff.

- gewerbsmäßig 15.19. 34
- in kaufmännischer Weise eingerichteter Geschäftsbetrieb 15.19. 35
- KWG-Straftaten, verbotene Geschäfte 15.19. 16 ff.
- unerlaubte 15.19. 33 ff.

Bankrott 10.3. 1 ff.

Bankrottdelikte
- Abschlussprüfer 10.2. 62 f.
- abstraktes Gefährdungsdelikt 10.3. 3
- Abweisung Insolvenzeröffnung 10.3. 16
- Amtsunwürdigkeit 10.2. 66
- Arrest 10.2. 69
- berufsrechtliche Maßnahmen 10.2. 66 f.
- bilanzbezogene 10.2. 5
- buchführungsbezogene 10.2. 5
- Deliktscharakter 10.2. 4
- Erfolgsdelikt 10.3. 3
- Eröffnung des Insolvenzverfahrens 10.3. 16
- Erscheinungsformen 10.2. 7
- Erschwerung 10.2. 21 ff.
- Fahrlässigkeit 10.3. 30 ff.
- Firmenbestattung 10.2. 1
- gerichtliche Zuständigkeit 10.2. 70
- gestufte Blankettnorm 10.3. 3
- Hilfspersonen 10.3. 30 f.
- Inhabilität 10.2. 66
- Insolvenzverwalter 10.2. 62
- Interessentheorie 10.2. 64
- Kausalität 10.3. 23
- Konkurrenzen 10.2. 64, 10.3. 34
- Leichtfertigkeit 10.3. 32
- Nebenfolgen 10.2. 66
- objektive Strafbarkeitsbedingung 10.2. 52 ff., 10.3. 16
- objektiver Tatbestand 10.2. 8 ff.
- praktische Bedeutung 10.2. 6
- Restschuldbefreiung 10.2. 68
- Sonderdelikt 10.2. 62, 10.3. 3
- Steuerberater 10.2. 62
- Strafzumessung 10.2. 65, 10.3. 36
- subjektiver Tatbestand 10.2. 58 ff.
- Systematisierung 10.2. 5
- Tatbestandsalternativen 10.2. 12 ff.
- Tatbestandsirrtum 10.2. 59
- Täterschaft 10.3. 33
- Täterschaft u. Teilnahme 10.2. 62
- Überschuldung 10.3. 5
- Übersicht Vermögensstand 10.2. 21 ff.
- Verjährung 10.2. 57
- Versuch 10.2. 60, 10.3. 29, 32
- wirtschaftliche Betrachtungsweise 10.2. 21
- Zahlungseinstellung 10.3. 16
- Zahlungsunfähigkeit 10.3. 5
- Zahlungsunwilligkeit 10.3. 16

Bauherrenmodell 4.2. 2
- Kapitalanlagebetrug 4.2. 21

Baumeister-Fall 1.2. 111, 137

Bauträgermodell
- Kapitalanlagebetrug 4.2. 21

BayernLB-Fall Einl. 7

Befugnis 8.4. 9

BELUGA-Fall 9.2. 6, 9.4. 6

Benachrichtigungspflicht
- Verwertung von Angaben über Millionenkredite 15.20. 9

Benchmark-Manipulation 6.1. 18, 211 ff.
- EURIBOR 6.1. 16
- Marktmissbrauchsverordnung 6.1. 16 ff.

Benchmark-Verordnung 1.2. 49, 2.1. 8
- Überwachung durch BaFin 1.2. 45

Beratungsprotokoll 13.9. 3

Bereicherungsabsicht 4.1. 72

Bereichsleiter 15.19. 12

Bereichsöffentlichkeit 7.3. 57 ff.
- Herstellung 7.3. 60 ff.
- Pressekonferenz 7.3. 61
- Veröffentlichung im Ausland 7.3. 62

Berichtspflichtverletzung 8.1. 29 ff., 8.2. 27, 28, 11.1. 8, 18 ff.,

11.2. 5, 14 ff., **11.3.** 5, 11 ff., **11.4.** 5, 15 ff., **11.5.** 5, 13, 16 f.
- Abschlussprüfer **11.1.** 10 ff.
- Abschlussprüfergehilfe **11.1.** 10 ff.
- AktG **11.2.** 1 ff.
- Buchprüfer **11.1.** 12 ff.
- Buchprüfungsgesellschaft **11.1.** 12 ff.
- Gehilfe eines Abschlussprüfers **11.1.** 10 ff.
- Gehilfen eines Prüfers **11.2.** 7 ff.
- GenG **11.5.** 1 ff.
- genossenschaftlicher Prüfungsverband **11.5.** 7 ff.
- Gründungsbericht **11.2.** 9
- HGB **11.1.** 1 ff.
- Kommanditgesellschaft **11.1.** 4
- Kreditinstitut **11.1.** 4
- Offene Handelsgesellschaft **11.1.** 4
- Prüfer **11.2.** 4, 7 ff., **11.3.** 7 ff., **11.5.** 7 ff.
- Prüfungsbericht **11.1.** 19 ff., **11.2.** 10
- Prüfungsgehilfe **11.1.** 10 ff., **11.2.** 4, 7 ff., 12 f., **11.3.** 10, **11.5.** 7 ff.
- Prüfungsgehilfe, qualifizierter **11.1.** 17, **11.2.** 12 f.
- Prüfungsgesellschaft **11.2.** 10
- PublG **11.3.** 1 ff.
- UmwG **11.4.** 1 ff.
- Unterlassen **11.1.** 31
- vereidigter Buchprüfer **11.1.** 12 ff.
- Versicherungsunternehmen **11.1.** 4
- Wirtschaftsprüfer **11.1.** 11 ff., **11.2.** 9 f.

Berliner Bankgesellschaft-Fall 9.4. 6

Berufsausübungsverbot durch die BaFin 1.2. 47

Berufsgeheimnis
- Informationsansprüche ggü BaFin **1.2.** 138 ff.

Berufsverbot 9.4. 92
- Bankrottdelikte **10.3.** 37
- Betrug **4.1.** 87
- Bilanzstrafrecht **9.4.** 33
- Eignungsschwindel **9.3.** 77
- falsche Angaben ggü Abschlussprüfern **9.4.** 118
- Marktmanipulation **6.1.** 298
- Offenlegung unrichtiger Einzelabschluss **9.4.** 48

Beschlagnahme u. Sicherung v. Beweismitteln 6.1. 36

Beschlagnahme von Gegenständen
- BaFin **1.2.** 52

Beschlagnahme von Vermögenswerten 6.1. 36

Beschwerderegister 15.8. 7 ff.

Bestätigungsvermerk 11.1. 2 ff., **11.5.** 15
- inhaltlich unrichtiger **11.1.** 8, 29 ff.

Bestimmtheitsgrundsatz
- Blankettnormen 3 6 ff.

Beteiligungs- und Anteilsinsider 7.5. 40 ff.

Betriebs- und Geschäftsgeheimnis 1.2. 117, **8.1.** 16
- GeschGehG **1.2.** 117 ff.

Betriebskredit
- Kreditbetrug **4.3.** 7 ff.

Betrug 4.1. 1 ff.
- Ad-hoc-Meldungen **4.1.** 13, 94; s.a. Ad-hoc-Meldungen
- Advancing the Bid **4.1.** 95
- Amtsträger **4.1.** 82
- Antragserfordernis **4.1.** 88
- Bande **4.1.** 78
- Bereicherungsabsicht **4.1.** 72
- Berufsverbot **4.1.** 87
- Bilanzfälschung **4.1.** 96
- Churning **4.1.** 10, 97 ff.; s.a. Churning
- Circular Trading **4.1.** 101
- Compliance **2.1.** 41
- Creating a Price and Trading against it **4.1.** 13
- Creating a Price Trend and Trading against it **4.1.** 103
- Eingehungsbetrug **4.1.** 65
- Falschmeldungen **4.1.** 106 ff.
- fortgesetzte Begehung **4.1.** 80
- Frontrunning **4.1.** 112 ff.
- Führungsaufsicht **4.1.** 90
- Garantenstellung **4.1.** 38 ff.
- Gefährdungsschaden **4.1.** 66

- Gerüchte 4.1. 118 f.
- Gesamtsaldierung 4.1. 59
- gewerbsmäßig 4.1. 77
- Gewinnprognose 4.1. 20 ff.
- Gunning for Stop-Loss-Orders 4.1. 120
- Irrtum 4.1. 44 ff., 169
- Kapitalanlagebetrug 4.1. 121 ff.
- Kausalität 4.1. 50 f., 54, 68
- Kick-Back-Zahlungen 4.1. 125
- Konkurrenzen 4.1. 91 f.
- Kreditbetrug 4.3. 1 ff.
- Kurspflege 4.1. 126 ff.
- Leerverkäufe 4.1. 131 f.
- Market Corner 4.1. 133 f.
- Mitteilungs- und Veröffentlichungspflichten 4.1. 38 ff.
- Nichtveröffentlichung von Informationen 4.1. 138
- Optionsnehmer 4.1. 9
- Painting the Tape 4.1. 139
- Parallel-Running 4.1. 140
- Prearranged Trading 4.1. 141 ff.
- Prognosen 4.1. 26 ff.
- Provisionszahlung 4.1. 97 ff.
- Pumping and Dumping 4.1. 145
- Qualifikation 4.1. 89
- Rechtswidrigkeit der Bereicherung 4.1. 74 f.
- Regelbeispiele 4.1. 76 ff.
- Scalping 4.1. 12, 147 ff.; s.a. Scalpin
- Schadensberechnung 4.1. 59 ff.
- Schadensbeseitigung 4.1. 62
- schadensgleiche Vermögensgefährdung 4.1. 64 ff.
- Schneeballsystem 4.1. 67
- Spekulationsgeschäfte 4.1. 156 ff.
- Stoffgleichheit 4.1. 73, 109 f.
- Stop-Loss-Order 4.1. 160
- Strafzumessung 4.1. 85 ff.
- Täuschung 4.1. 19 ff.
- Unerfahrenheit des Getäuschten 4.1. 170
- Unterlassen 4.1. 38 ff., 114, 128, 138
- Vermögensbegriff 4.1. 56 ff.
- Vermögensschaden 4.1. 55 ff.
- Vermögensverfügung 4.1. 52 f.
- Vermögensverwaltung 4.1. 97 ff.
- Versicherungsfall 4.1. 83
- Vorsatz 4.1. 70 f.
- Warentermingeschäft 4.1. 161 ff.
- Wash Sales 4.1. 174 ff.
- Wertpapierdienstleister ohne Erlaubnis 4.1. 177
- wirtschaftliche Not 4.1. 81

Beweisverwertungsverbote 3 15 ff.

Bezugsrecht 4.2. 20

Bilanz
- Arten 10.2. 34
- Eröffnungsbilanz 9.4. 17
- Feststellung 10.2. 37 f.
- Unterzeichnung 10.2. 37 f.
- Vorbereitungshandlung 10.2. 37

Bilanzaufstellung
- fehlerhafte 10.3. 22
- mangelhafte 10.2. 32 ff.
- omissio libera in causa 10.2. 49
- tatsächliche Unmöglichkeit 10.2. 49
- verspätete 10.2. 45 ff., 10.3. 22

Bilanzdelikte 9.4. 1 ff.
- Betrug 4.1. 96
- Bilanzeid 9.4. 73 ff., 78, 92
- Bilanzfälschung 9.2. 6 ff., 9.4. 21
- Bilanzverschleierung 9.4. 20 ff.
- Gewinnabschöpfung 9.4. 130
- praktische Bedeutung 9.4. 6 ff.
- Untreue 5.1. 50

Bilanzierung 10.1. 1

Bilanzierungspflicht
- Verstoß 10.1. 1

Bilanzrechtsmodernisierungsgesetz 10.2. 2

Bilanzrechtsreformgesetz 11.1. 3

Bilanzrichtliniengesetz 11.1. 2, 11.2. 1

Bilanzrichtlinie-Umsetzungsgesetz 11.1. 3

Bitcoins 15.19. 43

Blankettnorm
- Bestimmtheit 3 6 ff.
- echte 9.1. 6
- Marktmanipulation 6.1. 24 ff.
- mehrfach gestufte 10.2. 4
- unechte 9.1. 6
- Zweckdualismus 10.2. 2

Bonuszahlung
- Untreue 5.1. 81

Bookbuilding 6.1. 63

Börsenaufsichtsbehörden der Bundesländer 1.2. 2

Börsenmakler
- Untreue 5.1. 29

Börsenpreis 6.1. 83 ff.
- Begriff 6.1. 79 ff.

Börsenspekulationsgeschäft 6.3. 9 ff.
- außerbörslicher Handel 6.3. 21
- Churning 6.3. 24
- Finanztermingeschäft 6.3. 13
- Hedgefonds 6.3. 22
- Hedgegeschäft 6.3. 22
- Kapitalanlage 6.3. 23
- Kassageschäft 6.3. 15
- Leerverkauf 6.3. 18
- Optionsgeschäft 6.3. 14
- Telefonhandel 6.3. 21
- Warentermingeschäft 6.3. 11
- Zertifikatehandel 6.3. 19

Bremer-Vulkan-Entscheidung 5.1. 87, 90, 9.2. 5, 9.4. 6

Breuer/Kirch-Fall 15.20. 11

Brexit
- europäische Finanzmarktstruktur 1.1. 8

British Bankers Association (BBA) Einl. 18

Broker 4.1. 7 f.

Bruttoprinzip, Vermögensabschöpfung 2.1. 25

Buchführung 10.1. 1

Buchführungsdelikte
- Vorsatz 10.3. 25 f.

Buchführungspflicht 10.2. 1 ff.
- Aufbewahrungspflicht 10.2. 28 f.
- Beginn 10.2. 15
- Ende 10.2. 15
- Englische Limited 10.2. 16
- Grundsätze ordnungsgemäßer Buchführung (GoB) 10.2. 17 ff.
- HGB 10.2. 15
- mangelhafte Buchführung 10.2. 19 ff., 10.3. 19
- Prinzip der geordneten Verbuchung 10.2. 20
- Prinzip der Vollständigkeit 10.2. 20
- Prinzip der zeitgerechten Verbuchung 10.2. 20
- unterlassene 10.2. 17, 10.3. 19
- Veränderung von Handelsbüchern 10.2. 19
- Verstoß 10.1. 1
- Wesentlichkeitsschwelle 10.2. 44

Buchprüfer
- Berichtspflichtverletzung 11.1. 12 ff.
- falsche Angaben ihm ggü 9.4. 104

Buchprüfungsgesellschaft
- Berichtspflichtverletzung 11.1. 12 ff.

Bucket-orders 4.1. 32

Bundesanstalt für Finanzdienstleistungsaufsicht (BaFin) 1.2. 5 ff., 142; s.a. Informationsfreiheitsgesetz des Bundes (IFG)
- Akteneinsicht im Strafverfahren 1.2. 172
- Akteneinsichtsrecht im Zivilprozess 1.2. 173
- Akteneinsichtsrecht nach VwVfG 1.2. 167 ff.
- algorithmischer Handel 1.2. 44
- Anordnungen 1.2. 42, 45, 59
- Anstalt des öffentlichen Rechts 1.2. 5 ff.
- Anzeigepflichten 1.2. 127
- Aufgaben 1.2. 15, 20 ff.
- Aufsichtsbehörde f. Datenbereitstellungsdienste 2.1. 8
- Aufsichtsbehörde f. Organisierte Handelssysteme 2.1. 8
- Auskunftsrechte von jedermann 1.2. 43 ff.
- Auskunftsverweigerungsrecht 1.2. 53
- Auslandssachverhalte 1.2. 80 ff.
- BaFin und europ. Aufsichtsbehörden 1.1. 7, 1.2. 103 ff.
- Bankenaufsicht 1.2. 23
- Befreiung von Mitteilungspflicht 13.3. 12 f.

- Befugnisse 1.2. 40 ff.
- Befugnisse nach dem
  2. FiMaNoG 1.2. 41 ff.
- Bekanntmachungen 1.2. 38
- Benchmark-Verordnung 1.2. 45
- Berufsausübungsverbot 1.2. 47
- Beschlagnahme u. Sicherung v.
  Beweismitteln 6.1. 36
- Beschlagnahme von Gegenständen 1.2. 52
- Beschlagnahme von Vermögenswerten 6.1. 36
- Betreten von Grundstücken und
  Geschäftsräumen 1.2. 51
- Datenbereitstellungsdienste,
  Überwachung 1.2. 45
- Doppelfunktion Bafin 3 13
- Durchsuchung Geschäft- und
  Wohnräume 1.2. 52
- Einverständnis der Betroffenen
  1.2. 123
- Emissionszertifikate 1.2. 70
- Emittentenleitfaden 13.2. 2
- Ermessen 1.2. 27
- Ermittlungsbefugnisse 3 14
- europäischen Aufsichtsstruktur
  1.1. 7, 1.2. 103 ff.
- Fachbeirat 1.2. 12
- falsche Angaben 9.1. 61
- Finanzanalyse, Anzeigepflicht ggü
  BaFin 15.7. 2 f.
- Geschäfts- und Betriebsgeheimnisse 1.2. 117
- Geschäftsbereiche 1.2. 20 ff.
- Handelsuntersagung 1.2. 48
- Hinweisgeber 1.2. 154
- Hinweisgeberverfahren 1.2. 141
- Informations- und Datenaustausch 1.2. 65 ff., 121 f.
- informationspflichtige Stelle
  1.2. 142
- Informationsweitergabe
  1.2. 137 ff.
- internationale Rechtshilfe in
  Strafsachen 1.2. 98
- Internetveröffentlichung
  1.2. 42 ff., 48, 130 ff.
- Klage 1.2. 7
- Klagegegner 1.2. 7
- kollektiver Verbraucherschutz
  1.2. 16 ff.
- Leitung 1.2. 10

- MaComp 2.2. 4 ff., 10 ff.
- Marktmanipulation 6.1. 32 ff.
- Marktmissbrauchsüberwachung
  1.2. 45
- Mitteilungen in Strafsachen
  1.2. 72 ff.
- Mitteilungspflicht ggü der BaFin
  13.3. 11
- Naming and Shaming 3 21
- nationale Abwicklungsbehörde
  1.2. 21
- öffentliche Warnungen
  1.2. 42 ff., 48, 130 ff.
- öffentliches Interesse 1.2. 26
- Organe 1.2. 9
- personenbezogene Daten
  1.2. 117
- presserechtliche Informationsansprüche 1.2. 176 ff.
- Produktintervention 1.2. 49
- Rechtsverordnungen 1.2. 35
- Rechtsweg 1.2. 8
- rechtwidrige Anordnungen
  15.17. 9
- Richtlinien 1.2. 36 f.
- Rundschreiben 1.2. 39
- Sitz 1.2. 6
- Steuerstrafverfahren 1.2. 125
- Stimmrechte, Mitteilungspflicht
  13.3. 10
- Strafverfahren, Beteiligung
  1.2. 73 ff.
- systemische Risiken 1.2. 60
- Transparenzrichtlinien-Verordnung 1.2. 45
- Verbraucherbeirat 1.2. 13
- Verbraucherschutz 1.2. 29
- Verkehrsdaten v. Wertpapierdienstleistungsunternehmen
  6.1. 37
- Verschwiegenheitspflichten
  1.2. 110 ff.
- Versicherungs- und Pensionsfondsaufsicht 1.2. 22
- Verwaltungsrat 1.2. 11
- Verwaltungsvorschriften 1.2. 37
- vollziehbare Anordnungen aufgrund der LeerverkaufsVO
  15.17. 1
- Warenderivate, Überwachung
  1.2. 45

- Wertpapieraufsicht/Asset Management 1.2. 24
- Wertpapierprospekte 13.17. 2
- Wertpapierrat 1.2. 14
- Zusammenarbeit mit anderen Stellen 1.2. 65 ff.
- Zusammenarbeit mit ausländischen Stellen 1.2. 80 ff.
- Zusammenarbeit mit ESMA 1.2. 103 ff.

Bundesanstalt für Finanzmarktstabilisierung (FMSA)
- nationale Abwicklungsbehörde 1.2. 5

Bundesbeauftragte(r) für den Datenschutz und die Informationsfreiheit (BfDI)
- Informationsfreiheitsgesetz – IFG 1.2. 164

Bundesministerium der Finanzen (BMF)
- Rechts- und Fachaufsicht 1.2. 6

Bußgeldbemessung
- Bafin Bußgeldleitlinien 3 42 ff.
- Bedeutung des Verbotstatbestands 3 40
- Fahrlässigkeit 3 39
- Minderung bei Compliance Management System 2.1. 46
- Scheinbindung der Legislative 3 38 f.

Ceyoniq-Fall Einl. 7
Chinese Walls 2.1. 37, 2.2. 59
Churning 2.2. 53, 4.1. 10, 5.1. 3, 6.3. 24
- Betrug 4.1. 97 ff.
- Untreue 5.1. 51 ff.

Circular Orders 6.1. 120
Circular Trading 6.1. 121
- Betrug 4.1. 101

Clearingdienstleistungen ohne Zulassung 15.19. 69
Committee of European Securities Regulators (CESR) 1.1. 2 ff., 6.1. 5
Compliance u. Criminal Compliance 2.1. 1 ff., 2.2. 22 ff., 26, 43 ff.; s.a. Compliance-Beauftragter; s.a. Compliance-Funktion
- aktienrechtliche Sorgfaltspflichten 2.1. 9
- Anforderungen 2.2. 2 ff.
- Arbeitsanweisung 2.2. 51, 67
- Aufsichtspflichtverletzung 2.1. 23 f.
- aufsichtsrechtliche Maßnahmen 2.2. 10
- Beratung 2.2. 66
- Beschwerdeverfahren 2.2. 54
- Betriebskriminalität 2.1. 26
- Betrugsprävention 2.1. 41
- Bußgeldminderung 2.1. 46
- Chinese Walls 2.1. 37, 2.2. 59
- Churning 2.2. 53
- Compliance Management System 2.1. 40
- Compliance-Maßnahmen 2.2. 61
- Compliance-Strukturen 2.1. 13, 28
- Corporate Crime 2.1. 26
- Corporate Governance-Kodex (DCGC) 2.1. 11, 10.2. 1
- Delegation 2.1. 39
- Dieselaffäre 2.1. 41
- Einziehung 2.1. 25
- extern 2.2. 41 ff.
- FiMaNoG, 2. 2.2. 5 ff.
- FRUG 2.2. 2
- Geldwäschebeauftragter 2.1. 17
- Geldwäscheprävention 2.1. 18
- Geschäftsherrenhaftung 2.1. 35
- Geschäftsleitung 2.1. 9 ff., 2.2. 85
- gesellschaftsrechtliche Organisationspflichten 2.1. 9
- Gremienentscheidungen 2.1. 29
- Grey Lists 2.1. 37
- Hierarchiestufen 2.1. 31
- Insiderhandel 2.1. 37
- Interessenkonfliktmanagement 2.2. 50, 57
- interne Ermittlungen 2.1. 43, 45
- internes Kontrollsystem 2.1. 13
- Kartellrecht 2.1. 4
- Kooperation mit externen Stellen 2.1. 45
- Lehmann-Zertifikate 2.2. 11 f.
- Leitungsperson 2.1. 21

- MaComp 2.2. 4 ff., 49 ff.
- MiFID 2.2. 2, 18 ff.
- Mittäterschaft 2.1. 31
- mittelbare Täterschaft 2.1. 32
- Neubürger/Siemens-Entscheidung 2.1. 19
- Ordnungswidrigkeit 2.1. 21 ff.
- Organisationsherrschaft 2.1. 32
- Personalausstattung 2.2. 31 ff.
- Pflichtenstellung 2.1. 73, 14.7. 1
- Pflichtverletzung 2.1. 19
- Prävention 2.2. 65
- Produkt-Compliance 2.1. 41
- Rechtsgrundlage 2.1. 22
- Reputationsschäden 2.1. 25, 2.2. 12
- Restricted List 2.2. 59
- Risikomanagement 2.1. 2, 13
- Sachmittelausstattung 2.2. 33
- Schadensersatz 2.1. 19, 2.2. 11
- schadensgleiche Vermögensgefährdung 2.1. 80
- Strafbarkeitsrisiken 2.1. 20
- Teilnahmeformen 2.1. 28
- Überwachungs- und Kontrollaufgaben 2.1. 39
- unmittelbare Verantwortung 2.1. 27
- Unterlassen 2.1. 33 f.
- Unternehmensrichtlinie 2.1. 42
- Unternehmensstrafe 2.1. 25
- Untreuestrafbarkeit 2.1. 73
- Verdachtsmeldungen 2.1. 18
- Versicherungsunternehmen 2.1. 15
- vertikale Verantwortungsstrukturen 2.1. 30
- Vertraulichkeitsbereiche 2.2. 59
- Vor-Ort-Prüfungen 2.2. 52
- Wall Crossing 2.2. 59
- Watch List 2.2. 59
- Wertpapierbereich 2.2. 1 ff.
- Whistleblower 1.2. 155, 2.1. 44, 6.1. 309 ff.
- WpDVerOV 2.2. 3
- zivilrechtliche Haftung 2.1. 19

Compliance-Beauftragter 2.1. 16
- Abberufung 2.2. 40
- Ad-hoc Berichte 2.2. 73
- Anforderungen 2.2. 22 ff.
- Anzeige ggü BaFin 2.2. 25, 15.8. 5 ff.
- Bericht 2.1. 69
- Berichtspflichten 2.2. 72 ff.
- Berufsbild 2.1. 60
- Ernennung 2.2. 40
- Eskalationspflicht 2.1. 68
- externe Compliance 2.2. 42 ff.
- externer Ombudsmann 2.1. 69
- Garantenstellung 2.1. 33 f., 47 ff., 2.2. 86 ff.
- Geldwäsche und Risikocontrolling 2.2. 37
- interne Ermittlungen 2.1. 66
- interne Revision 2.2. 38
- Kündigungsfrist 2.2. 40
- organisatorische Anbindung 2.2. 40
- Quasi-Kausalität 2.1. 70
- Rechtsabteilung 2.2. 39
- Sachkunde u. Zuverlässigkeit 14.3. 8
- Strafbarkeit 2.1. 47 ff.
- strafrechtliche Verantwortlichkeit 2.2. 86 ff.
- Überstimmungen 2.2. 36
- Unabhängigkeit 2.2. 34 f.
- Unternehmensbeauftragte 2.1. 59
- Unternehmensinteresse 2.1. 67
- Vergütung 2.2. 40
- Vorsatz 2.1. 72
- Weisungsbefugnis 2.2. 34 f.
- WpHGMaAnzV 2.2. 23 ff.

Compliance-Funktion 2.1. 16, 38, 40 ff.
- Ad-hoc-Publizität 13.2. 2
- Anforderung an die Wirksamkeit 2.2. 26 ff.
- Einziehung 2.1. 25
- Finanzanalysten 2.2. 83
- interne Ermittlungen 2.1. 19, 43, 66, 14.1. 4
- interne Revision 2.2. 56
- Kundenbeschwerden 2.2. 81
- MaComp 2.2. 20 ff.
- MiFiD II, Anforderungen 2.2. 18 ff.
- Neubürger/Siemens-Entscheidung 2.1. 19
- Produktfreigabeprozess 2.2. 84

- Terrorlistenabgleich 2.1. 66
- Unternehmensrichtlinien 2.1. 42
- Vergütungsgrundsätze 2.2. 82
- Vermögensabschöpfung 2.1. 25
- Verschwiegenheitsverpflichtung 2.1. 67

Comroad-Fall Einl. 8, 9.2. 6, 10.2. 1

Cornering 4.1. 102, 6.1. 98, 116 f., 155

Corporate Governance-Kodex (DCGC) 2.1. 11, 10.2. 1

Creating a Price and Trading against it 6.1. 134 f.
- Betrug 4.1. 13, 103

Credit Default Swaps (CDS) Einl. 14 ff.
- Credit Linked Note 6.2. 22
- Finanzstabilität 15.17. 6
- Gedeckte 6.2. 23
- Leerverkaufsverbot 6.2. 20 ff.
- Marktmanipulation 6.1. 53 ff.
- Marktvertrauen 15.17. 6
- Mitteilung an die BaFin 13.13. 5 ff.
- Total Return Swap 6.2. 22
- Verbot ungedeckter Leerverkäufe 6.2. 8 ff.

CRIM-MAD (Marktmissbrauchsrichtlinie) *s.* Marktmissbrauchsrichtlinie (CRIM-MAD)

CRR-Kreditinstitute 15.19. 28 ff.

CRR-Wertpapierfirma 15.20. 9

CSDR (Zentralverwahrer-Verordnung) Einl. 6, 2.1. 6

CSR-Richtlinie-Umsetzungsgesetz 14.9. 2

Daimler-Chrysler-Verfahren 7.3. 27 f., 44

Dark Platform 6.1. 115

Dark Pools 6.1. 83

Daten- und Informationsaustausch mit der BaFin 1.2. 65 ff.

Datenbereitstellungsdienste 2.1. 8
- Überwachung durch BaFin 1.2. 45

Datenschutz
- automatischer Datenabruf durch die BaFin 1.2. 71

- BaFin 1.2. 54
- interne Informationskontrolle 14.2. 5
- Verschwiegenheitspflicht der BaFin 1.2. 112 ff.

Datenschutzgrundverordnung (DSGVO)
- Embargo-Verordnung 2.1. 66
- interne Ermittlungen 2.1. 43, 66
- personenbezogene Daten 1.2. 117

Delegierte Verordnung (EU) 2016/908 6.1. 151

Depotgeschäft 15.19. 44

Depotgesetz
- getrennte Vermögensverwahrung 15.13. 4 ff., 15.15. 3

Depotunterschlagung 5.2. 1 ff., 9.8. 14
- Eigenhandel 5.2. 4 ff.
- Kommissionär 5.2. 4 ff.
- objektive Rechtswidrigkeit der Verfügung 5.2. 11
- Pfandgläubiger 5.2. 4 ff.
- Strafantrag 5.2. 19
- Subsidiarität 5.2. 18
- Verfügung 5.2. 10 ff.
- Verwahrer 5.2. 4 ff.
- Vorteilserstrebung 5.2. 16
- Wertpapier-Definition 5.2. 5

Derivate
- Finanzinstrumente 7.2. 7

Designated Sponsor 4.1. 104, 6.1. 129, 155, 238
- Widerruf der Zulassung zum - 6.1. 297 f.

Deutscher Corporate Governance Kodex 2.1. 42

Dieselaffäre
- Compliance Management System 2.1. 41

Dieselgate-Skandal 7.3. 45

Differenzgeschäfte
- Vorsatz 10.3. 24

Director's Dealings
- Überwachung durch BaFin 1.2. 24
- Veröffentlichungspflicht 13.4. 1 ff.

Diskontgeschäft 15.19. 42

Dokumentations- u. Aufbewahrungspflichten 12.1. 1
Doloser Insider 7.5. 85
Dotcom-Blase Einl. 12
Drittstaateneinlagevermittlung 15.19. 62
Drittstaaten-Ratingagentur 15.9. 25
DSGVO 2.1. 43; s. Datenschutzgrundverordnung
Due-Diligence-Prüfung 7.4. 42 ff., 81, 11.1. 20
– Auskunftspflicht 8.1. 35
Durchführungsrichtlinie 2015/2392 (EU) 6.1. 309
Durchführungsrichtlinien 2003/124/EG bzw. 2004/72/EG 6.1. 69
Durchsuchung Geschäft- und Wohnräume
– BaFin-Befugnisse 1.2. 52

Effizienzmarkthypothese 15.9. 12
Eigengeschäft 15.19. 68
Eigenhandel 15.19. 61
– Depotunterschlagung 5.2. 4 ff.
– unwahre Angaben gem. DepotG 9.8. 7
– Verbot des Tätigens durch Führungskraft 15.18. 1
Eignung zur Kursbeeinflussung 7.3. 68 f.
Eignungsschwindel 9.3. 70 ff.
– falsche Angaben 9.1. 113 ff.
Einbringung des neuen Kapitals 9.3. 52
Eingehungsbetrug 4.1. 64 ff.
Einheitsbilanz 10.2. 35
– Vorsatz 10.3. 25 f.
Einlagengeschäft 9.3. 50 ff., 15.19. 18 f., 24 ff.
– getrennte Vermögensverwahrung 15.12. 4 ff.
Einsichtsrecht 8.1. 31
Einwirkung, tatsächliche 6.1. 255 ff.
Einzelabschluss 11.1. 3, 20
– unrichtiger 9.4. 35 ff.
Einziehung
– Bruttoprinzip 2.1. 25

– Marktmanipulation 6.1. 295 f.
– Non-conviction-based confiscation 2.1. 25
– Reform 2.1. 25
EM.TV.-Fall 9.2. 6 ff., 13, 9.4. 6, 34
Embargo-Verordnung
– Compliance 2.1. 66
Emissionsgeschäft 15.19. 49
– Emissionsprospekt 4.1. 105, 7.4. 88
– Insiderinformation, Veröffentlichungspflicht 13.16. 1
Emissionszertifikate 6.1. 12
– Insiderinformation 7.3. 76
– Überwachung durch die BaFin 1.2. 70
Emittentenleitfaden
– Ad-hoc-Publizität 13.2. 2
– kurserhebliche Insiderinformationen 7.3. 77
Empfehlung, Begriff 7.4. 56
Enforcement
– Überwachung durch BaFin 1.2. 24
Enforcement-Verfahren 8.1. 34
Englische Limited
– Buchführungspflicht 10.2. 16
– Insolvenzdelikte 10.2. 8
– Untreue 5.1. 28
Enron-Fall Einl. 8, 10.2. 1
Erheblichkeit der Kursbeeinflussung 7.3. 70 ff.
– Handelsanreiz 7.3. 72
– Zukunftsbezug 7.3. 75
Erklärungen, wahrheitswidrige 9.1. 127 ff.
Erlaubnispflicht 15.19. 33 ff.
Eröffnungsbilanz 9.4. 17
ESMA 1.2. 103; s. Europäische Wertpapier- und Börsenaufsichtsbehörde (ESMA)
ESUG 10.3. 2
EU Emission Allowances (EUA) 1.2. 70
EURIBOR Einl. 7, 11, 17 ff., 6.1. 16
Euro InterBank EURIBOR 6.1. 211

Europäische Aktiengesellschaft
- falsche Angaben 9.1. 9

Europäische Aufsichtsbehörde für das Versicherungswesen und die betriebliche Altersversorgung (EIOPA) 1.1. 5

Europäische Aufsichtsstruktur
- Finanzmarktaufsicht 1.1. 2; s.a. Finanzmarktaufsicht

Europäische Wertpapier- und Börsenaufsichtsbehörde (ESMA) 1.1. 5, 11 ff., 6.1. 5
- Aufgaben 1.1. 18 ff.
- Befugnisse 1.1. 21 ff.
- Beschwerdeausschuss (Board of Appeal) 1.1. 26
- Organe 1.1. 13 ff.
- technische Regulierungs- und Durchführungsstandards 1.1. 20
- Zusammenarbeit mit BaFin 1.2. 103 ff.

Europäische Zentralbank (EZB) 1.1. 8 ff.

Europäischer Ausschuss für Systemrisiken (ESRB) 1.1. 4

Europäisches System der Finanzaufsicht (EFFS) 1.1. 3; s.a. Finanzmarktaufsicht

Europäisierung 7.1. 5

European Banking Authority (EBA) 1.1. 5, 8

European Supervisory Authorities (ESA)
- Europäische Aufsichtsbehörde für das Versicherungswesen und die betriebliche Altersversorgung (EIOPA) 1.1. 5
- Europäische Wertpapier- und Börsenaufsichtsbehörde (ESMA) 1.1. 5
- European Banking Authority (EBA) 1.1. 5

EU-Strafrecht 6.1. 19 f., 7.4. 9 ff., 7.6. 7 f.
- EURIBOR Einl. 17 ff.
- LIBOR 6.1. 16
- Marktmissbrauchsrichtlinie (CRIM-MAD) 7.1. 7 ff.
- Marktmissbrauchsverordnung (MAR) 7.1. 7 ff.

Evokationsrecht 3 12 ff.

Face-to-face-Geschäfte 7.4. 23, 40 f.

Factoring 15.19. 64

Fahrlässigkeit 3 34 ff.
- Bußgeldbemessung 3 39

Faktischer Geschäftsführer 5.1. 22
- falsche Angaben gem. UmwG 9.5. 27
- Insolvenzstrafrecht 10.2. 9

Faktisches Organ 9.1. 18
- Bilanzeid 9.4. 80
- falsche Angaben gem. GenG 9.7. 7
- falsche Angaben ggü Abschlussprüfern 9.4. 97
- Geheimhaltungspflicht 8.2. 11, 8.5. 8
- Geschäftslagetäuschung 9.3. 109
- unrichtige Darstellung 9.4. 12

Falsche Angaben gem. AktG 9.1. 1 ff.
- abstraktes Gefährdungsdelikt 9.1. 4
- Abwicklungsschwindel 9.1. 101 ff.
- Aufklärungen 9.2. 30, 47
- ausländische Gesellschaften 9.1. 9
- Eignungsschwindel 9.1. 113 ff.
- gerichtliche Zuständigkeit 9.1. 58, 9.2. 41, 72
- Gründungsschwindel 9.1. 10 ff., 51, 62 ff.
- Irrtum 9.1. 42 ff., 9.2. 35 ff.
- Kapitalerhöhungsschwindel 9.1. 87 ff.
- Konkurrenzen 9.1. 53, 56, 9.2. 38 f., 55 f., 70
- Nachweise 9.2. 31, 48
- öffentliche Ankündigung von Aktien 9.1. 75 ff.
- praktische Bedeutung 9.1. 8
- Prozessuales 9.2. 40
- Schutzgesetz 9.1. 7
- Strafantrag 9.1. 57, 9.2. 71
- Strafe 9.1. 60 f., 9.2. 43, 74
- subjektiver Tatbestand 9.1. 39 f.

- Täterkreis 9.1. 5, 11 ff., 9.2. 26, 61
- Täterschaft u. Teilnahme 9.1. 46 ff., 9.2. 36
- Tathandlung 9.1. 26 ff., 9.2. 28 ff.
- Tatsache 9.1. 27
- Unterlassen 9.1. 50
- Verjährung 9.1. 59, 9.2. 42, 73
- Verschweigen erheblicher Umstände 9.1. 28, 9.2. 63
- Versuch 9.2. 37, 68
- wahrheitswidrige Erklärungen 9.1. 127 ff.
- Werturteil 9.1. 27

Falsche Angaben gem. DepotG 9.8. 2 ff.
- Subsidiaritätsklausel 9.8. 14
- Täterkreis 9.8. 7
- Tathandlung 9.8. 8 ff.

Falsche Angaben gem. GenG 9.7. 1 ff.
- ggü Prüfern 9.7. 41 ff.
- praktische Bedeutung 9.7. 5
- subjektiver Tatbestand 9.7. 14
- Täterkreis 9.7. 7
- Verschweigen erheblicher Umstände 9.7. 12 ff.

Falsche Angaben gem. GmbH 9.3. 1 ff., 7
- abstraktes Gefährdungsdelikt 9.3. 3
- Anwendungsfall 9.3. 6
- Geschäftsführer 9.3. 61 ff.
- Gründungsvorgänge 9.3. 12 ff.
- Irrtum 9.3. 22, 41, 56
- Kapitalerhöhung 9.3. 47, 61 ff.
- Kapitalherabsetzungsschwindel 9.3. 88 ff.
- Konkurrenzen 9.3. 25 f., 44 f., 59
- praktische Bedeutung 9.3. 5
- Sachgründungsbericht 9.3. 36
- Strafantrag 9.3. 28
- Strafe 9.3. 31, 105
- subjektiver Tatbestand 9.3. 20, 39, 54, 64
- Täterkreis 9.3. 7, 32, 47
- Täterschaft 9.3. 23
- Täterschaft u. Teilnahme 9.3. 23, 42, 57
- Tathandlung 9.3. 49
- unrichtige Anmeldung 9.3. 8
- unrichtige Versicherungen 9.3. 70 ff.
- Unterlassen 9.3. 10, 35, 63
- Verjährung 9.3. 30
- Verschweigen erheblicher Umstände 9.3. 9, 34
- Versuch 9.3. 24, 43, 58
- zum Zwecke der Eintragung 9.3. 11
- Zuständigkeit 9.3. 29

Falsche Angaben gem. UmwG 9.5. 1 ff.
- abstraktes Gefährdungsdelikt 9.5. 3
- Anwendungsfall 9.5. 6
- Blankettstraftatbestand 9.5. 3
- ggü Prüfer 9.5. 32
- Irrtum 9.5. 37 ff.
- Konkurrenzen 9.5. 42 f.
- praktische Bedeutung 9.5. 5
- subjektiver Tatbestand 9.5. 35
- Täterkreis 9.5. 25, 55 ff.
- Unterlassen 9.5. 34, 65
- Verschweigen erheblicher Umstände 9.5. 30

Falsche Angaben ggü Abschlussprüfern 9.6. 2 ff., 6 f., 66 f., 9.7. 41 ff.

Falsche Berichterstattung 11.2. 5, 14 ff., 11.3. 5, 11 ff., 11.4. 5, 15 ff., 11.5. 5, 13, 16 f.

Falsche Versicherung
- Bilanzeid 9.4. 73 ff.

Falschmeldungen 4.1. 80
- Betrug 4.1. 106 ff.
- Untreue 5.1. 55 f.

Festpreisgeschäft 15.3. 2 ff.

Filialleiter 15.19. 12

FiMaNoG
- Insiderhandelsverbot 7.1. 15, 7.4. 9

FiMaNoG, 1. Einl. 21 ff., **2.1.** 6 ff., 7.5. 4
- Ahndungslücke 6.1. 268 ff., 7.1. 16
- BaFin-Befugnisse 6.1. 32 f., 33 f.
- EU-Recht 2.1. 6 ff., 15.18. 1 f.

- KWG 14.11. 1
- Marktmanipulation 6.1. 8 f.
- Zentralverwahrer 15.23. 1

FiMaNoG, 2., 2.1. 8 ff., 7.5. 5 ff., 14.6. 2, 15.18. 1 f.
- BaFin-Befugnisse 1.2. 41 ff., 6.1. 35 f.
- Compliance-Beauftragter 2.2. 22 ff.
- Marktmanipulation 6.1. 8, 10, 11, 12, 13
- Neunummerierung 6.1. 11
- Wertpapier-Compliance 2.2. 5 ff.

FiMaNoG, 2., Reg.Entwurf
Einl. 21 f., 15.1. 1, 13.15. 1, 15.17. 9

Finanzanalyse
- Anzeigepflicht 15.7. 2 f.
- Marktmanipulation 6.1. 188 ff.
- Überwachung durch BaFin 1.2. 24

Finanzbehörden
- Informations- und Datenaustausch mit der BaFin 1.2. 124

Finanzberichte
- Hinweisbekanntmachung 13.4. 12 ff.
- vermutete Unrichtigkeit 13.4. 19

Finanzdienstleistung
- Erlaubnispflichtige 15.19. 53 ff.
- unerlaubte 15.19. 51 ff.

Finanzdienstleistungsaufsicht (BaFin) s. Bundesanstalt für Finanzdienstleistungsaufsicht (BaFin)

Finanzdienstleistungsinstitut 15.19. 1 ff., 51
- Bereichsleiter 15.19. 12
- Filialleiter 15.19. 12
- Solvenzaufsicht 1.2. 25
- Untreue 5.1. 64
- Verwertung von Angaben über Millionenkredite 15.20. 9
- Zulassung 1.2. 25

Finanzholdinggesellschaft 13.18. 7, 15.19. 28

Finanzierungsleasing 15.19. 65

Finanzinstrumente 7.2. 4 ff.
- Derivate 7.2. 7
- Geldmarktinstrumente 7.2. 6
- Kursstabilisierungsmaßnahmen 6.1. 220
- Leerverkäufe 15.17. 2 ff.
- Marktbezug 7.2. 2, 8 ff.
- Marktmanipulation 6.1. 53 ff.
- Mitteilungspflichten 13.15. 1
- Optionsgeschäfte 7.2. 7
- Wertpapiere 7.2. 5 ff.

Finanzkommissionsgeschäft 15.19. 43

Finanzkrise 15.9. 2

Finanzmarkt
- Liquidität, Leistungsfähigkeit 6.1. 157
- Marktpraxis, zulässige 6.1. 145 ff.
- Strukturmerkmale 6.1. 165

Finanzmarktaufsicht
- Bankenaufsicht, national 1.2. 23
- Bankenunion 1.1. 8
- Brexit 1.1. 8
- Committee of European Securities Regulators (CESR) 1.1. 2
- Europäische Aufsichtsbehörde für das Versicherungswesen und die betriebliche Altersversorgung (EIOPA) 1.1. 5
- Europäische Wertpapier- und Börsenaufsichtsbehörde (ESMA) 1.1. 5, 11 ff.
- Europäischer Ausschuss für Systemrisiken (ESRB) 1.1. 4
- europäisches System der Finanzaufsicht (EFFS) 1.1. 3 ff.
- European Banking Authority (EBA) 1.1. 5
- European Supervisory Authorities (ESA) 1.1. 5
- nationale Aufsicht 1.2. 1 ff.
- Omnibusrichtlinie 1.1. 6
- Single Supervisory Mechanism (SSM) 1.1. 9
- systemische Risiken 1.2. 60

Finanzmarktförderungsgesetz (4. FMFG) 6.1. 1

Finanzmarktkrise 7.1. 6, 15.17. 2
- Aufarbeitung Einl. 11 ff.

- Credit Default Swaps
  Einl. 14 ff.
- ESMA-Befugnisse 1.1. 23
- Immobilienblase Einl. 13 ff., 16
- Lehman-Zertifikate 2.2. 12
- Rechtsfortbildung Einl. 20
- Subprime-Kredite/Rating
  Einl. 15 ff.

Finanzmarktrichtlinie-Umsetzungsgesetz (FRUG) 2.2. 2

Finanzmarktstabilisierungsgesetz 10.2. 1, 10.3. 1

Finanzplan
- drohende Zahlungsunfähigkeit
  10.3. 11

Finanzportfolioverwaltung 15.19. 60
- Empfehlungsverbot 15.2. 2 ff.
- Geeignetheitsprüfung 15.2. 3
- Mitarbeiter, Sachkunde u. Zuverlässigkeit 14.3. 6
- Zuwendungsverbot 15.5. 5

Finanztermingeschäft
- Financial Futures 6.3. 13
- Futures 6.3. 13

Firmenbestatter-Fälle 10.2. 30

Flash Crash 6.1. 102

FlowTex-Fall 9.4. 6, 10.2. 1

Fortführungsprognose 10.3. 6 f.

Freiverkehr Einl. 3

Frick-Fall Einl. 7

FRISIA AG-Fall 9.2. 6

Frontrunning 7.3. 42 f.
- Betrug 4.1. 112 ff.
- Untreue 5.1. 57 ff.

Führungskraft
- Verbot des Eigengeschäfts
  15.18. 1

Fundamentalwerteffizienz 15.9. 12

Garantenstellung
- Betrug 4.1. 114
- Compliance-Beauftragter
  2.1. 47 ff., 58 ff., 2.2. 86
- falsche Angaben 9.1. 14,
  9.2. 27, 9.4. 106, 9.5. 63 ff.
- Geschäftsführung 2.1. 33 ff.
- Geschäftsherrenhaftung
  2.1. 35 ff.

- Marktmanipulation 6.1. 276 ff.,
  277 ff.
- Mehrheitsbeschluss 9.1. 72
- Täuschung durch Unterlassen
  4.1. 38, 133, 138, 151
- unrichtige Darstellung 9.4. 43
- Untreue 5.1. 14, 79

Garantiegeschäft 15.19. 47

Geeignetheitserklärung 13.9. 2 ff.
- AGB 13.9. 9
- Anlageberatung 13.9. 4
- dauerhafter Datenträger
  13.9. 11, 17
- elektronisches Postfach 13.9. 11
- Vertreter 13.9. 10

Geeignetheitsprüfung 13.9. 3
- Anlageberatung 15.2. 3
- Finanzportfolioverwaltung
  15.2. 3
- geeignete Gegenparteien
  13.5. 4, 15.2. 4
- Geeignetheit 15.2. 5 ff.
- Kundeninformationen 15.2. 6
- Privatkunden 13.5. 4, 15.2. 4
- professionelle Kunden 13.5. 4,
  15.2. 4, 12 ff.
- Verbriefungen 15.2. 15

**Gefährdungsdelikt, abstraktes
10.2. 4**

**Geheimhaltungsinteresse 8.1. 2, 14,
15, 8.2. 2, 8.4. 2, 8.5. 2, 8.6. 2**

**Geheimhaltungspflicht 8.1. 37,
11.1. 42; s.a. Offenbarungsrechte
und -pflichten**
- Abschlussprüfer 8.1. 6 ff., 8.4. 6
- Abschlussprüfergehilfe
  8.1. 6 ff., 8.4. 6
- Abwickler 8.2. 7 ff., 8.5. 6 ff.
- Aufsichtsratsmitglied 8.2. 7 ff.,
  8.3. 7 ff., 8.5. 6 ff., 8.6. 7 f.
- faktischer Geschäftsführer
  8.3. 8
- faktischer Liquidator 8.3. 10
- faktisches Organ 8.5. 8
- GenG 8.6. 1 ff.
- Geschäftsführer 8.3. 7 ff.
- GmbHG 8.3. 1 ff.
- HGB 8.1. 1 ff.
- KWG 8.7. 1 ff.
- Liquidator 8.3. 7 ff., 8.6. 7 f.
- Offenbaren 8.1. 20

- Partner 8.5. 6 ff.
- Prüfer 8.2. 7 ff., 8.6. 7 f.
- Prüfergehilfe 8.2. 7 ff., 8.5. 6 ff., 8.6. 7 f.
- Prüfstellenbeschäftigter 8.1. 6 ff.
- Prüfverband 8.4. 6
- PublG 8.4. 1 ff.
- Spaltungsprüfer 8.5. 6 ff.
- Übertragungsprüfer 8.5. 6 ff.
- UmwG 8.5. 1 ff.
- Verschmelzungsprüfer 8.5. 6 ff.
- Vertretungsorgan 8.5. 6 ff.
- Verwerten 8.1. 21
- Vorstandsmitglied 8.2. 7 ff., 8.6. 7 f.

Geheimnis
- einer börsennotierten Gesellschaft 8.2. 39
- Genossenschaftsgeheimnis 8.6. 9
- Gesellschaftsgeheimnis 8.1. 10 ff.
- Unternehmensgeheimnis 8.4. 7, 8.5. 12

Geheimnisträger 8.5. 10

Gehilfe eines Abschlussprüfers
- Berichtspflichtverletzung 11.1. 10 ff.

Gehilfen eines Prüfers
- Berichtspflichtverletzung 11.2. 7 ff.

Geldanlage
- Empfehlungsverbot 15.2. 2 ff.

Geldmarktinstrumente 6.1. 54

Geldwäsche
- Compliance 2.1. 17, 2.2. 37
- Marktmanipulation als Vortat 6.1. 22
- Untreue als Vortat 4.3. 48

Genossenschaft
- inländische 8.6. 3
- Prüfungsverband 11.3. 9

Genossenschaftlicher Prüfungsverband 11.4. 12
- Berichtspflichtverletzung 11.5. 7 ff.

Genossenschaftsgeheimnis 8.6. 9

Genossenschaftsgesetz (GenG) 9.7. 1 ff.

Geregelter Markt 7.2. 8
- Börse 6.1. 60

Gerüchte 7.3. 34 ff.
- Betrug 4.1. 118
- Untreue 5.1. 60

Gesamtsaldierung 4.1. 59

Geschäfts- und Betriebsgeheimnis 8.1. 16
- GeschGehG 1.2. 117 ff.
- Verschwiegenheitspflicht der BaFin 1.2. 117, 134

Geschäftsführer
- Eignungsschwindel 9.3. 70 ff.
- faktischer 5.1. 22, 8.3. 8, 9.5. 27, 10.2. 9
- falsche Angaben betr. GmbH 9.3. 7
- falsche Angaben ggü Abschlussprüfern 9.4. 94
- Geheimhaltungspflicht 8.3. 7 ff.
- Geschäftslagetäuschung 9.3. 108
- Inhabilität 9.3. 106
- Kapitalherabsetzungsschwindel 9.3. 88 ff.
- Strohmann 10.2. 9
- Untreue 5.1. 28

Geschäftsgeheimnisschutzgesetz (GeschGehG) 1.2. 117 ff., 2.1. 44

Geschäftslagetäuschung
- Konkurrenzen 9.3. 122
- Strafe 9.3. 127
- Täterkreis 9.3. 108

Geschäftsleiter 13.18. 7, 14.10. 7

Geschäftsleitung
- Compliance, Verantwortlichkeit 2.2. 85
- Criminal Compliance 2.1. 9 ff.

Gesellschafter
- falsche Angaben betr. GmbH 9.3. 32
- falsche Angaben ggü Abschlussprüfern 9.4. 94

Gesellschaftsbezogene Tatsache 8.1. 12

Gesellschaftsgeheimnis 8.1. 11 ff., 8.2. 15 f., 8.3. 11
- Betriebsgeheimnis 8.1. 16
- funktionsbedingte Kenntniserlangung 8.2. 17 f., 8.3. 13 f.

- Geheimhaltungsinteresse
  8.1. 14
- Geheimhaltungswille 8.1. 15
- Geschäftsgeheimnis 8.1. 16
- gesellschaftsbezogene Tatsache
  8.1. 12
- Offenkundigkeit 8.1. 13
- prüfungsbedingte Kenntniserlangung 8.1. 18

Gesetz zur Ausübung von Optionen der EU-Prospektverordnung
6.1. 14

Gesetz zur Erleichterung der Sanierung von Unternehmen (ESUG)
10.2. 1, 10.3. 2

Gesetz zur Kontrolle und Transparenz im Unternehmensbereich
11.1. 3

Gesetzgebung Kapitalmarktstrafrecht 3 1 ff.
- Blankettnormen 3 6 ff.

Gestreckte Sachverhalte 7.3. 43 ff.

Getrennte Vermögensverwahrung
15.11. 2 ff., 15.13. 2, 15.15. 2 ff.
- Depotgesetz 15.13. 4 ff., 15.14. 2 ff., 15.15. 3
- Eigentümer 15.15. 4
- Einlagengeschäft 15.12. 4 ff.
- offenes Treuhandkonto 15.12. 5
- qualifizierte Geldmarktfonds
  15.11. 7
- Sammeldepots 15.15. 6
- Verwahrer in einem Drittstaat
  15.14. 9

Gewerbeuntersagung
- Eignungsschwindel 9.3. 77
- Vorstandsmitglied 9.1. 116

Gewinnabschöpfung 3 37

GmbH
- falsche Angaben 9.3. 1 ff.
- falsche Kapitalerhöhung aus Gesellschaftsmitteln 9.3. 61 ff.
- Kapitalherabsetzungsschwindel
  9.3. 88 ff.
- unrichtige Versicherungen
  9.3. 70 ff.

GmbH-Novelle 8.3. 1

Grauer Kapitalmarkt
- Kapitalanlagebetrug 4.2. 2

Greenshoe-Option 6.1. 220, 251 ff.

Grey Lists 2.1. 37

Gründer
- Begriff 9.1. 12, 9.2. 61
- Strohmann 9.1. 14
- Vertretung 9.1. 13

Grundsätze ordnungsgemäßer Buchführung (GoB)
- Bilanzfälschung 10.2. 41 ff.
- Bilanzwahrheit 10.2. 40
- Klarheitsprinzip 10.2. 40
- Konzern 9.4. 52
- Richtigkeitsprinzip 10.2. 40
- Vollständigkeitsprinzip 10.2. 40

Gründungsbericht
- Berichtspflichtverletzung
  11.2. 9

Gründungsprüfung 11.2. 15 f.
- Berichtspflichtverletzung
  9.1. 10 ff., 62 ff., 11.2. 9

Gunning for Stop-Loss-Orders
- Betrug 4.1. 120

Haffa-Fall Einl. 7

Handel per Erscheinen 6.1. 240

Handelsaussetzung 1.2. 59

Handelsbilanz
- unrichtige Darstellung 9.4. 2

Handelsbücher 10.2. 13
- Aufbewahrungsfristen 10.2. 29
- Beiseiteschaffen 10.3. 20
- Unterdrückung 10.2. 27
- Veränderung von Handelsbüchern 10.3. 19
- Vernichtung 10.3. 20
- Zerstören 10.2. 30

Handelsgestützte Manipulation
- Concealing Ownership 6.1. 126
- Cross-Trade, Crossing 6.1. 123
- Improper Matched Orders
  6.1. 125

Handelsgestützte Marktmanipulation
- Indikatoren 6.1. 108

Handelsplatz
- Compliance-System, Einrichtung
  14.7. 1
- Geregelter Markt 6.1. 60
- Multilaterale Handelssysteme
  (MTF) 6.1. 61

- Organisierte Handelssysteme (OTF) **6.1.** 62

Handelsrecht
- Grundsätze ordnungsgemäßer Buchführung **10.2.** 39
- IAS/IFRS **10.2.** 39

Handelsregister
- falsche Angaben **9.1.** 3 ff.

Handelsüberwachungsstelle der Börsen (HÜSt) 1.2. 3, **6.1.** 41

Handelsuntersagung 1.2. 48

Handelsusancen 6.1. 145 ff.

Hauptversammlung
- Auskünfte **9.2.** 14
- Vorträge **9.2.** 14

Hayes, Tom Einl. 19

Hedgefonds 6.3. 22

Hedgegeschäft 6.3. 12, **7.4.** 37

Hinweis- und Informationspflichten
- Angemessenheitsprüfung **15.4.** 2 ff.

Hinweisgeber 1.2. 154; s. Whistleblower

Hochfrequenzhandel 6.1. 5 ff., 102, 129, 137, **15.19.** 61

Honorar-Anlageberatung
- geeignete Gegenparteien **13.7.** 6, **13.9.** 5
- Information mittels dauerhafter Datenträger **13.7.** 9
- Kundeninformationspflichten **13.7.** 2 ff.
- Privatkunden **13.7.** 6, **13.9.** 5
- professionelle Kunden **13.7.** 6, **13.9.** 5
- Verzicht **13.7.** 7, **13.9.** 6
- WpDVerOV **13.7.** 4

HSH Nordbank-Fall Einl. 7, **5.1.** 15, 20, 71

Hypo Real Estate-Fall 9.4. 6, 34

IAS-Verordnung 10.2. 39

IBA (Intercontinental Exchange Benchmark Administration Limited) Einl. 18

IKB-Fall Einl. 7

Immobilienblase Einl. 13 ff., 16

Improper matched orders 6.1. 120, 121

Infomatec-Fall 9.2. 5, 6, 13

Informations- und Datenaustausch mit der BaFin 1.2. 65 ff., 121
- Einverständnis der Betroffenen **1.2.** 123
- Finanzbehörden **1.2.** 124
- Strafverfolgung **1.2.** 121

Informationsasymmetrien 15.9. 12

Informationsblatt
- Anlageberatung **13.6.** 5 ff.
- Umfang und Inhalt **13.6.** 13

Informationseffizienz 15.9. 12

Informationsfreiheitsgesetz des Bundes (IFG)
- Aktenzugang **1.2.** 145
- Altmann-Fall **1.2.** 137 ff.
- „amtliche Informationen" **1.2.** 144
- Anspruchsberechtigung **1.2.** 143
- Anspruchsgegenstand nach dem IFG **1.2.** 144
- Anspruchsvoraussetzungen **1.2.** 147
- Antragserfordernis **1.2.** 148
- Anwendbarkeit **1.2.** 141 ff.
- Ausnahmen **1.2.** 149 ff.
- Baumeister-Fall **1.2.** 137
- Begründungserfordernis **1.2.** 147
- Berufsgeheimnis **1.2.** 138 ff., 150
- Bundesbeauftragte(r) für den Datenschutz und die Informationsfreiheit (BfDI) **1.2.** 164
- Bußgeldverfahren **1.2.** 151
- Drittbetroffenheit **1.2.** 147
- Geheimhaltungspflicht **1.2.** 150
- Informantenschutz **1.2.** 154
- Informationsbeschaffungspflicht **1.2.** 144
- Informationsinteresse **1.2.** 147
- informationspflichtige Stelle **1.2.** 142
- inhaltlich richtige Information **1.2.** 144
- Insiderverfolgung **1.2.** 151
- Kosten **1.2.** 148
- missbräuchliche Anträge **1.2.** 148

Stichwortverzeichnis

- öffentlich bekannte Informationen **1.2.** 161
- Rechtsschutz gg. Ablehnung **1.2.** 164 f.
- Schutz der Aufsichtsaufgaben **1.2.** 156
- Staatshaftung **1.2.** 137
- strafrechtliches Verfahren **1.2.** 151
- Verfügungsbefugnis über Information **1.2.** 146
- Verschwiegenheitspflicht **1.2.** 150
- Vertraulichkeitspflicht **1.2.** 150
- Verwaltungsaufwand **1.2.** 162
- Vorbereitung einer Schadensersatzklage **1.2.** 147

Informationskontrolle
- interne **14.2.** 1 ff.

Insider 7.4. 3, **7.5.** 26
- als besonderes persönliches Merkmal **7.5.** 67
- doloser **7.5.** 85

Insidergeschäft 2.1. 37, **7.2.** 13, **7.4.** 1, **7.5.** 1 ff., 21 ff., **13.16.** 1; s. Marktmissbrauchsverordnung (MAR)
- Anlegerschutzverbesserungsgesetz **7.1.** 3 ff.
- AnSVG-Änderungen **7.4.** 6
- Auktion **13.12.** 1
- Ausnahmen **7.4.** 95 ff.
- BaFin **1.2.** 24
- Beschlagnahme von Gegenständen durch BaFin **1.2.** 52
- Bestimmtheitsgebot **7.1.** 31 ff.
- Beteiligungs-/Anteilsinsider **7.5.** 40 ff.
- Blankettcharakter **7.1.** 27
- Due-Diligence-Prüfung **7.4.** 42 ff., 81
- Durchsuchung Geschäft- und Wohnräume durch BaFin **1.2.** 52
- Eigengeschäft, Führungskraft **15.18.** 1
- Empfehlung **7.4.** 52 ff., 56
- Erwerbs-/Veräußerungsverbot **7.4.** 16 ff., **7.5.** 21 ff.
- EU-Strafrecht **7.4.** 9 ff., **7.6.** 7 f.
- Face-to-face-Geschäfte **7.4.** 23, 40
- Finanzmarktnovellierungsgesetze **7.1.** 15
- Gesetzessystematik **7.1.** 25 ff.
- Hedginggeschäft **7.4.** 37
- Informationsnutzung **7.4.** 25 ff., 27 ff.
- Kurspflege, Maßnahmen **7.4.** 38
- leichtfertiger Verstoß **7.6.** 3
- Marktmissbrauchsverordnung (MAR) **7.2.** 3 ff., **7.4.** 9
- neutrale Handlung **7.5.** 73 ff.
- Organinsider **7.5.** 32 ff.
- Pakethandel **7.4.** 41
- praktische Bedeutung **7.1.** 33 ff.
- Primärinsider **7.1.** 26, **7.4.** 4, **7.5.** 14, 28 ff.
- Rechtsentwicklung **7.1.** 1 ff.
- Sekundärinsider **7.4.** 5, **7.5.** 14, 28, 62 ff., **7.6.** 1 ff.
- Stornierung oder Änderung **7.4.** 22
- Täter **7.5.** 26
- Täterschaft u. Teilnahme **7.5.** 66 ff.
- Tätigkeitsinsider **7.5.** 43 ff.
- Unterlassen **7.4.** 21 f., **7.5.** 76 f.
- Verbot **7.4.** 1 ff., 14 ff., **7.5.** 21 ff.
- Verleiten **7.4.** 57 ff., 64
- Viertes Finanzmarktförderungsgesetz **7.1.** 2 f.
- Vorsatz **7.4.** 49, 50 ff., **7.5.** 78

Insiderinformation 7.3. 1 ff., 15 ff., 63 ff.
- Abgrenzung Information/Tatsache **7.3.** 10
- Ad-hoc-Publizität **13.2.** 6
- Auswertung öffentlich bekannter Tatsachen **7.3.** 53 ff.
- Bereichsöffentlichkeit **7.3.** 57 ff.
- Emissionszertifikate **7.3.** 76
- Emittenten-/Insiderpapierbezug **7.3.** 63 ff.
- Emittentenleitfaden **7.3.** 77
- Frontrunning **7.3.** 42
- Gerüchte **7.3.** 34 ff.
- Information, Begriff **6.1.** 194
- Insidertatsache **7.3.** 2 ff., 37

1493

- Kenntnisnahme, Liste der Verpflichtungen 14.8. 1
- Kursrelevanz 7.3. 67 ff.
- mehrstufige Entscheidungsprozesse 7.3. 43
- Mitteilung 7.4. 68
- Nutzung 7.5. 22
- Pflichten aus der Kenntnis 14.8. 1
- präzise Information 7.3. 19 ff.
- probability-magnitude 7.3. 28 f.
- Prognose 7.3. 24 ff.
- Rechtsbehauptungen 7.3. 48 ff.
- Scalping 7.3. 38 ff.
- Umstände 7.3. 22 ff.
- Unrechtmäßigkeit 7.4. 71 ff.
- Unternehmensbewertung 7.3. 51 f.
- Untreue 5.1. 61 f.
- unzutreffende Aussagen 7.3. 46 f.
- Veröffentlichung 13.16. 1 ff.
- Verwenden 7.4. 25 ff., 66 ff., 7.5. 24 ff.
- Warenderivate 7.3. 76
- Werturteile 7.3. 32 ff.
- Zugänglichmachen 7.4. 69 f.

Insiderpapiere 7.2. 1 ff.

Insiderstrafrecht
- Schutzzweck 7.1. 17 ff.

Insiderverbot
- räumlicher Anwendungsbereich 7.5. 64

Insiderverzeichnis 13.10. 2

Insolvenzeröffnung 10.3. 16

Insolvenzrechtsakzessorietät 10.3. 5

Insolvenzstrafrecht
- Englische Limited 10.2. 8
- faktischer Geschäftsführer 10.2. 9
- Insolvenzrechtsakzessorietät 10.3. 1
- Interessentheorie 10.2. 1
- Rechtsentwicklung 10.3. 1
- Täter 10.2. 8 ff.
- Überschuldungsbegriff 10.2. 1

Insolvenzstraftat 10.1. 1

Interessenkonflikte
- Darlegung mittels dauerhafter Datenträger 13.5. 14
- Darlegungspflicht 13.5. 2 ff.
- Zuwendungsverbot 15.5. 3

Interessenkonfliktmanagement 2.2. 50, 57

Interessentheorie 10.2. 1

Internal Investigation 2.1. 43; s. Interne Ermittlungen

International Financial Reporting Standards (IFRS) 10.2. 39

Internationale Rechnungslegungsstandards (IAS-VO) 9.4. 37, 9.6. 24

Internationale Rechtshilfe in Strafsachen 1.2. 98

Internationale Zusammenarbeit 3 19

Interne Ermittlungen 2.1. 19, 43, 14.1. 4
- DSGVO 2.1. 43, 66
- Kooperation mit externen Stellen 2.1. 45

Interne Informationskontrolle 14.2. 1 ff.

Interne Revision 2.2. 38, 56

Internetveröffentlichung der BaFin 1.2. 42 ff., 48, 130 ff.

Intra-Day-Trading 6.2. 14

Inventaraufstellung
- fehlerhafte 10.3. 22
- mangelhafte 10.2. 32 ff.
- verspätete 10.2. 45 ff., 10.3. 22
- Vorsatz b. Inventarführungsdelikten 10.3. 25 f.

Irrtum
- Betrug 2.1. 27, 4.1. 44 ff.
- Depotunterschlagung 5.2. 15
- falsche Angaben 9.1. 42 ff., 70, 82, 95, 107, 121, 132, 9.2. 35, 67
- Insolvenzdelikte 10.2. 59
- Kapitalanlagebetrug 4.1. 122, 4.2. 35 ff.
- Untreue 5.1. 35

Jahresabschluss 9.4. 35, 11.1. 20, 11.3. 12
- Bilanzeid 9.4. 82
- Jahresabschlussprüfung 11.2. 15

Journalist
- Marktmanipulation, Vorsatz 6.1. 263 f.

Journalisten-Privileg 6.1. 265
- Anwendungsbereich 6.1. 202 ff.
- Ausnahme 6.1. 207 f.

Kapitalanlagebetrug 4.1. 121 ff.
- abstraktes Gefährdungsdelikt 4.2. 5
- Adressatenkreis 4.2. 15 f.
- Aktien 4.2. 19
- Angebot auf Einlagenerhöhung 4.2. 24 ff.
- Anlageobjekte 4.2. 17 ff.
- Anteile 4.2. 21
- Anteile an einem Treuhandvermögen 4.2. 23
- Anwendung, typische 4.2. 7
- Bauherrenmodell 4.2. 21
- Bezugsrecht 4.2. 20
- Dividendenschein 4.2. 19
- Genussschein 4.2. 19
- gerichtliche Zuständigkeit 4.2. 51
- Industrieobligation 4.2. 19
- Investmentzertifikat 4.2. 19
- Irrtum 4.2. 35 ff.
- Konkurrenzen 4.2. 47 f.
- partiarisches Darlehen 4.2. 21
- Prospekt 4.2. 31
- Prospekthaftung 4.2. 13
- Rechtsgut 4.2. 3 f.
- Rektapapier 4.2. 19
- Rentenpapier 4.2. 19
- Schuldverschreibung 4.2. 19
- stiller Gesellschafter 4.2. 21
- Strafzumessung 4.2. 49 f.
- Täterschaft und Teilnahme 4.2. 44 f.
- Tathandlung 4.2. 9 ff.
- tätige Reue 4.2. 38 ff.
- Verjährung 4.2. 46
- Vermögensdarstellung 4.2. 32
- Vertrieb 4.2. 24 ff.
- Vorsatz 4.2. 33 f.
- Wandelanleihe 4.2. 19
- Warenterminoption 4.2. 22
- Werbeträger 4.2. 30
- Wertpapiere 4.2. 19
- Zinsschein 4.2. 19
- Zusammenhang 4.2. 24 ff.

Kapitalerhöhung
- falsche Angaben 9.3. 47, 61 ff.
- Kapitalerhöhungsschwindel 9.1. 87 ff.
- Kapitalerhöhungsverfahren 9.3. 50
- Täuschung 9.1. 33
- Überwachung durch BaFin 1.2. 24

Kapitalgesellschaften
- Bilanzrecht 9.4. 1 ff.
- unrichtiger Einzelabschluss 9.4. 35 ff.

Kapitalherabsetzungsschwindel 9.3. 88 ff.

Kapitalmarkt
- Begriff Einl. 3 ff.

Kapitalmarktstrafrecht
- Bedeutungszuwachs Einl. 8 f.
- Begriff Einl. 1 f.
- Beispiele Einl. 7 f.
- Ordnungswidrigkeiten Einl. 2 ff.
- Rechtsfortbildung Einl. 10, 22
- Rechtsquellen Einl. 5 f.

Kapitalrichtlinie 6.1. 222

Kassageschäft 6.3. 15
- Optionsschein 6.3. 16
- verdecktes Differenzgeschäft 6.3. 17

Kausalität 3 24 ff.
- Betrug 4.1. 50, 68

Kick-Back-Zahlungen 5.1. 3
- Betrug 4.1. 125
- Untreue 5.1. 63 ff.

Kiener-Fall Einl. 7

Kirch-Fall 15.20. 11

Knock-Out-Zertifikate 6.1. 93

Kölner Entwurf eines Verbandssanktionengesetzes 2.1. 84

Kölner Müllskandal-Fall 5.1. 13, 65

Kommanditgesellschaft
- Berichtspflichtverletzung 11.1. 4

Kommissionär
- Depotunterschlagung 5.2. 4 ff.
- unwahre Angaben gem. DepotG 9.8. 7

Konkurs 10.3. 1

1495

Konkursmasse, Sicherung 10.3. 2
Konzern
- Begriff   9.4. 51
- Falschinformationen über die Verhältnisse   9.6. 34 ff.
- Grundsätze ordnungsgemäßer Buchführung (GoB)   9.4. 52
- unrichtige Darstellung 9.4. 51 ff.

Konzernabschluss 9.4. 63, 11.1. 3, 20, 11.3. 12
- Bilanzeid   9.4. 82

Konzernabschlussprüfer 14.9. 1 ff.
Konzernabschlussprüfung 11.2. 15
Konzernlagebericht 9.4. 63, 11.1. 20, 11.3. 12
Konzernuntreue 5.1. 90
Konzernzwischenabschluss 11.1. 20
Kreditausfall-Swaps 7.2. 12
Kreditbetrug 4.3. 1 ff.
- Betrieb, Begriff   **4.3.** 10 ff.
- Erheblichkeit   **4.2.** 13
- Kredit, Begriff   **4.3.** 14 ff.
- Täuschungshandlungen 4.3. 23 ff.

Kreditderivate
- Credit Default Swaps   **6.2.** 20 ff.

Kreditgeschäft 15.19. 24 ff., 41
Kreditinstitut
- Bereichsleiter   **15.19.** 12
- Berichtspflichtverletzung 11.1. 4
- CRR-Kreditinstitute 15.19. 28 ff.
- Filialleiter   **15.19.** 12
- Finanzholding-Gruppe 15.19. 28
- Geschäftsleiter   **15.21.** 4 ff.
- ordnungsgemäße Führung 15.21. 3
- Verwertung von Angaben über Millionenkredite   **15.20.** 9

Kreditvergabe
- Untreue   **5.1.** 15

Kriminalinsider 7.5. 57 ff.
KuMaKV (Verordnung zur Konkretisierung des Verbotes der Marktmanipulation) 6.1. 1
Kumulationsprinzip 3 41

Kundenaufträge, bestmögliche Ausführung 13.8. 1 ff., 15.6. 2 ff.
- außerhalb von Handelsplätzen 15.6. 5 ff.
- geeignete Gegenparteien   **15.6.** 4
- Privatkunden   **15.6.** 4
- professionelle Kunden   **15.6.** 4

Kundenorder 7.5. 71 ff.
Kundenzustimmung zu Ausführungsgrundsätzen 15.6. 10 ff.
Kursstabilisierung 6.1. 219 ff., 7.4. 97
- erhebliche Kursbeeinflussung durch Insiderinformationen 7.3. 75
- erlaubter Zweck   **6.1.** 237
- Erstplatzierung   **6.1.** 236
- EU-LeerverkaufsVO   **6.2.** 15
- Geltungsbereich   **6.1.** 233 ff.
- Greenshoe-Option   **6.1.** 251 ff.
- Locate-Vereinbarung   **6.2.** 15
- Mehrzuteilung   **6.1.** 251 ff.
- Primärhandel   **6.2.** 15
- Privatplatzierung   **6.1.** 236
- Publizitäts-, Dokumentations-, Organisationspflichten 6.1. 233 ff., 244 ff.
- Verstoß gegen formale Pflichten 6.1. 248
- zulässige Maßnahmen 6.1. 233 ff.
- Zweitplatzierung   **6.1.** 236

KWG-Änderungsgesetz 11.1. 3
KWG-Ordnungswidrigkeit
- Bußgeldhöhe   **15.23.** 11
- tauglicher Täterkreis 15.23. 3 ff.
- Unternehmensgeldbuße 15.23. 12
- Zentralverwahrer   **14.11.** 1 ff., **14.12.** 1 ff., **14.13.** 1 ff., **14.14.** 1 ff., **14.15.** 1 ff., **15.23.** 1

KWG-Straftaten
- Angaben über Millionenkredite 8.7. 6 f., 9
- anzeigepflichtige Unternehmen 8.7. 3
- Anzeigepflichtverletzung 13.18. 1 ff.
- Offenbarung von Angaben über Millionenkredite   **8.7.** 1, 6

- Verwertung von Angaben über Millionenkredite 15.20. 1 ff.

KWG-Straftaten, Anzeigepflichtverletzung
- betriebswirtschaftliches Sachverständigengutachten 13.18. 26
- Deliktsnatur 13.18. 4
- Irrtum 13.18. 25
- Konkurrenzen 13.18. 27
- Rechtsfolgen 13.18. 28
- Schutzgesetz 13.18. 3
- subjektiver Tatbestand 13.18. 23
- Tatbestandsstruktur 13.18. 6
- Tathandlung 13.18. 17 ff.
- Verjährung 13.18. 29
- Vollendung 13.18. 30
- zuständiges Gericht 13.18. 31

KWG-Straftaten, verbotene Geschäfte
- Beteiligung der BaFin 15.19. 79
- Betreiben 15.19. 15
- CRR-Kreditinstitute 15.19. 28 ff.
- Deliktsnatur 15.19. 7 f.
- Erbringen 15.19. 15
- Konkurrenzen 15.19. 74 f.
- praktische Bedeutung 15.19. 9
- Rechtsentwicklung 15.19. 1 ff.
- Rechtsfolgen 15.19. 76
- Rechtsgut 15.19. 5
- Schutzgesetz 15.19. 6
- subjektiver Tatbestand 15.19. 71 ff.
- Tatbestandsmerkmale 15.19. 14 ff.
- Tatbestandsstruktur 15.19. 10
- tauglicher Täterkreis 15.19. 11 ff.
- Tochterunternehmen 15.19. 32
- Verjährung 15.19. 77
- zuständiges Gericht 15.19. 78

Lafonta-Entscheidung 7.3. 74
Lagebericht der Unternehmen 11.1. 20, 11.3. 12
Late Trading 6.1. 63
Layering 6.1. 102
LBBW-Fall Einl. 7

Leerverkäufe 6.1. 178 f., 15.17. 2 ff.
- Begriff 6.2. 9
- Betrug 4.1. 131 f.
- gedeckte 6.2. 10 ff.
- Mitteilung an die BaFin 13.3. 4 ff.
- naked short sale 6.3. 18
- rechtwidrige Anordnungen 15.17. 9
- short sale 6.3. 18

Leerverkäufe, Verbot ungedeckter 6.2. 3 ff., 6.3. 18
- Aktien 6.2. 4 ff.
- Ausnahmen 6.2. 10 ff., 23 ff., 28 ff.
- Bußgeldrahmen 6.2. 32
- Deckungsgeschäfte 6.2. 10 ff.
- Intra-Day-Trading 6.2. 15
- Irrtum 6.2. 30
- Konkurrenzen 6.2. 31
- Kursstabilisierungsmaßnahmen 6.2. 15
- Market-Making 6.2. 15, 28
- öffentliche Schuldtitel 6.2. 4 ff.
- Primärhandel 6.2. 15, 28
- räumlicher Geltungsbereich 6.2. 18, 27
- Rückkaufprogramme 6.2. 15
- sachlicher Geltungsbereich 6.2. 7, 22 ff.
- Systematik Bußgeldtatbestände 6.2. 2
- Tathandlung 6.2. 19, 29
- verwaltungsrechtliche Beschränkungen 6.2. 4
- Vorsatz 6.2. 30
- zeitlicher Geltungsbereich 6.2. 17

Leerverkaufs-Ausführungsgesetz
- Credit Default Swaps 6.2. 20 ff.
- G zur Vorbeugung gegen missbräuchliche Wertpapier- und Derivategeschäfte 6.2. 3

Leerverkaufsverordnung 6.2. 3 ff., 15.17. 2 ff.
Lehmann-Zertifikate 2.2. 11 f.
Leichtfertigkeit 3 34
Leitende Angestellte
- falsche Angaben ggü Abschlussprüfern 9.4. 95

Lex-mitior-Grundsatz 3 22
LIBOR Einl. 7, 11, 17 ff., 6.1. 16, 211
Liquidator
- Begriff 9.3. 71
- Eignungsschwindel 9.3. 70 ff.
- faktischer 8.3. 10
- falsche Angaben gem. GenG 9.7. 7, 10, 26
- falsche Angaben ggü Abschlussprüfern 9.4. 94
- Geheimhaltungspflicht 8.3. 7 ff., 8.6. 7 f.
- Geschäftslagetäuschung 9.3. 108
- Untreue 5.1. 10
Liquidity Provider 3 28
- neutrale Handlung 3 30
Lockup-Agreements 6.1. 241
Luftbuchung 4.1. 34, 10.2. 7

MaComp (Mindestanforderungen an die Compliance-Funktion für die Wertpapierdienstleistungsunternehmen) 2.1. 16, 24, 55, 2.2. 4
- Anforderung an die Compliance-Funktion 2.2. 26
- aufsichtsrechtliche Maßnahmen 2.2. 10
- Interessenkonfliktmanagement 2.2. 50, 57
- Überwachung und Prävention 2.2. 49 ff.
- Verhältnis Compliance zu anderen Kontrollfunktionen 2.2. 56
Makler
- Untreue 5.1. 29
Manipulation von Referenzwerten 6.1. 64
Manipulationen mit Auslandsberührung 6.1. 65
Mannesmann-Entscheidung Einl. 7, 5.1. 15, 26, 80
MAR (Marktmissbrauchsverordnung) s. Marktmissbrauchsverordnung (MAR)
Market Corner 4.1. 133 f.; s.a. Marktmanipulation – Cornering

Market Making 6.1. 155, 238, 6.2. 14, 15, 28, 13.13. 6; s.a. Marktmanipulation – Market Maker
- Widerruf der Zulassung zum Market-Maker 6.1. 297 f.
Market Timing 6.1. 146
Market Trading 6.1. 63; s.a. Marktmanipulation – Market Trading
Marking the Close 4.1. 135, 6.1. 101, 139
Markt, geregelter 7.2. 8
Marktbeherrschende Stellung 6.1. 98
Marktbezug d. Finanzinstruments 7.2. 8 ff.
Marktintegrität 6.1. 159 f.
Marktlage 6.1. 83 ff.
Marktmanipulation 6.1. 1 ff.
- 1. FiMaNoG 6.1. 8 f.
- 2. FiMaNoG 6.1. 8, 10 ff.
- Abusive Squeeze 6.1. 98 ff., 116 f., 155
- Acting in Concert 6.1. 98 ff.
- Adhäsionsverfahren 6.1. 308
- Advancing the Bid 6.1. 112 f.
- Alttaten 6.1. 267 ff.
- Anlageempfehlungen 6.1. 188 ff.
- Anlegerschutzverbesserungsgesetz (AnSVG) 6.1. 2
- Anwendungsbereich 6.1. 267 ff., 273 f.
- Auktion 13.12. 1
- Auslandstaten 6.1. 273 f.
- Ausnahme 6.1. 219 f.
- BaFin 6.1. 32 ff., 42 f.
- Bagatellfälle 6.1. 256
- bedeutender Anteil am Handelsvolumen 6.1. 112
- Benchmark-Manipulation 6.1. 16, 211 ff.
- Berufsverbot 6.1. 298
- Beschlagnahme von Gegenständen durch BaFin 1.2. 52
- Blankettnorm 6.1. 24 ff.
- Bookbuilding 6.1. 63
- Börsenpreis 6.1. 79 ff., 83 ff.
- Circular Orders 6.1. 120

- Cornering 6.1. 98 ff., 116 f., 155; s.a. Market Corner
- Creation of a floor or a ceiling in the price pattern 6.1. 115
- Dark Pools 6.1. 83
- Designated Sponsor 6.1. 129, 238
- Durchsuchung Geschäft- und Wohnräume durch BaFin 1.2. 52
- Einziehung 6.1. 295 f.
- Erfolgsdelikt 6.1. 45
- erhebliche Preisänderung 6.1. 112 f.
- Erlaubnis der Teilnahme am Börsenhandel 6.1. 297 f.
- EU-Strafrecht 6.1. 19 f., 283
- Fallzahlen 6.1. 42 f.
- Finanzanalysen 6.1. 188 ff.
- Finanzinstrumente 6.1. 51 ff.
- Gefährdungsdelikt 6.1. 45
- Geldbußen 6.1. 282 ff.
- gerichtliche Zuständigkeit 6.1. 312
- Gerüchte 6.1. 193 f.
- Geschäfte 6.1. 72
- große Kauf- oder Verkaufsposition 6.1. 116 f.
- handelsgestützte 6.1. 46, 66, 67, 73, 108
- Handelsplätze 6.1. 51 f.
- Hochfrequenzhandel 6.1. 5, 102, 129, 137, 159 f.
- Improper matched orders 6.1. 120, 121
- Indikatoren 6.1. 69 ff., 184 ff.
- informationsgestützte 6.1. 46, 193 f.
- Irrtum 6.1. 266
- Journalistenprivileg 6.1. 202 ff., 263 f.
- juristische Person 6.1. 284 ff.
- Kausalität 6.1. 256
- Konkurrenzen 6.1. 280 f.
- KuMaKV 6.1. 1
- künstliches Preisniveau 6.1. 78 ff.
- Kursbetrug 4.1. 126 ff., 7.4. 38
- Kursstabilisierungsmaßnahmen 6.1. 219 ff.
- Late Trading 6.1. 63
- Leerverkäufe 6.1. 178 f.
- legitime Gründe 6.1. 173 f.
- Leichtfertigkeit 6.1. 264 f.
- Lockup-Agreements 6.1. 241
- Market Maker 6.1. 238; s.a. Market Making
- Market Trading 6.1. 63; s.a. Market Trading
- Marking the Close 4.1. 135, 6.1. 101, 139
- marktbeherrschende Stellung 6.1. 98 ff.
- Marktlage 6.1. 83 ff.
- Marktmanipulations-Konkretisierungsverordnung (MaKonV) 6.1. 3
- Marktmissbrauchsrichtlinie CRIM-MAD 6.1. 49; s.a. Marktmissbrauchsrichtlinie (CRIM-MAD)
- Marktpreis 6.1. 79 ff.
- Marktschutzvereinbarungen 6.1. 241
- Matched Orders 6.1. 129
- Mindestsanktionen 6.1. 282 f.
- Mistrades 6.1. 73, 137
- Multilaterale Handelssysteme (MTF) 6.1. 15
- Naming and Shaming 6.1. 305 ff.
- Order 6.1. 73, 137
- Ordnungswidrigkeit 6.1. 264 ff.
- Organisierte Handelssysteme (OTF) 6.1. 15
- Over The Counter Handel (OTC) 6.1. 15
- Painting the Tape 6.1. 134 f.
- Positionsumkehrung 6.1. 129
- Pre-arranged trades 6.1. 129
- Pumping and Dumping 6.1. 129 f.
- Quote-Verpflichteter 6.1. 238
- Ratings 6.1. 194
- Rückkaufprogramme 6.1. 219 ff.
- sachlicher Anwendungsbereich 6.1. 51 ff.
- Safe Harbour 6.1. 219 ff.
- Sammelklage 6.1. 42
- Sanktionsausschuss 6.1. 299 ff.
- Scalping 6.1. 179 ff.
- Short Sales 6.1. 178 f.
- Skontroführer 6.1. 238

- Straf-, Bußgeldzumessung 6.1. 258, 286
- Straftat 6.1. 258, 261 ff.
- Täterkreis 6.1. 50
- Täterschaft u. Teilnahme 6.1. 275
- Tathandlungen 6.1. 66 ff.
- Tatobjekte 6.1. 51 ff.
- tatsächliche Preiseinwirkung 6.1. 255 ff.
- Täuschungshandlung 6.1. 175 ff.
- Überwachung durch BaFin 1.2. 24
- Umstände, bewertungserhebliche 6.1. 210 ff.
- unrichtige oder irreführende Angaben 6.1. 194 ff.
- Unterlassen 6.1. 50, 210 ff., 276 f.
- Verjährung 6.1. 292 f.
- Verkaufsaufträge 6.1. 73
- Vermögensabschöpfung 6.1. 295 f.
- Veröffentlichung von Verstößen 6.1. 305 ff.
- Versuch 6.1. 45, 278 ff.
- verwaltungsrechtliche Maßnahmen 6.1. 282
- vorbörslicher Handel 6.1. 63
- Vorsatz 6.1. 261 ff.
- Wash Sales 6.1. 120
- Whistleblower 6.1. 309 ff.
- wirtschaftliches Eigentum 6.1. 120 f.
- Zeitzonenarbitrage 6.1. 63

Marktmanipulations-Konkretisierungsverordnung (MaKonV) 6.1. 3, 149

Marktmissbrauchsrichtlinie (CRIM-MAD) Einl. 20, 6.1. 5 ff., 18 ff., 49, 142, 261, 283 ff., 7.1. 7 ff., 7.4. 12, 49, 7.5. 88
- Dänemark 7.1. 14
- EU-Annexkompetenz 7.1. 11
- Großbritannien 7.1. 14

Marktmissbrauchsverordnung (MAR) Einl. 20 f., 6.1. 5, 23, 31, 60, 142, 173 ff., 215 ff., 7.1. 7 ff., 7.2. 3 ff., 7.3. 8, 18 f., 7.4. 53, 7.5. 76, 14.7. 1, 14.9. 1, 13.16. 1 ff., 15.18. 1
- Anwendungsbereich 7.2. 3
- Blankettcharakter 7.1. 28 ff.
- Finanzinstrumente 7.2. 4 ff.
- Geldbußenhöhe 7.6. 7
- geregelter Markt 7.2. 8
- Insidergeschäfte 7.3. 17, 7.4. 9 ff.; *s.a.* Insidergeschäfte
- multilaterale Handelssysteme 7.2. 9
- organsierte Handelssysteme 7.2. 9
- Treibhausgasemissionszertifikate 7.2. 13
- Überblick 6.1. 15 ff.

Marktortprinzip 6.1. 273

Marktpflege 4.1. 136

Marktpraxis 6.1. 145 ff.
- Begriff 6.1. 144
- Bekanntgabe 6.1. 170 ff.
- Festlegung einer neuen - 6.1. 166 f.
- Transparenz 6.1. 153
- Überwachung durch die Europäische Wertpapier- und Börsenaufsichtsbehörde (ESMA) 6.1. 170
- Verfahrensvorschriften 6.1. 147

Marktpreis, Begriff 6.1. 79 ff.

Marktschutzvereinbarungen 6.1. 241

Marktversagen 15.9. 2

Matched Orders 4.1. 137, 6.1. 129

Meinl-Fall Einl. 7

Memoranda of Understanding (MoU) 1.2. 108 f.

MiFiD 6.1. 4

MiFID (Richtlinie über Märkte für Finanzinstrumente) 2.2. 2, 6.2. 7, 13.13. 2

MiFiD II-Richtlinie 1.2. 41, 6.1. 7
- Compliance-Anforderungen 2.2. 18 ff.
- Compliance-Beauftragter 2.2. 22 ff.
- Wertpapier-Compliance 2.2. 46 ff.

MiFIR (Markets in Financial Instruments Regulation) 6.1. 7
- Überwachung durch BaFin 1.2. 45

Mindestanforderungen an die Compliance-Funktion für die Wertpapierdienstleistungsunternehmen (MaComp) 2.2. 4 ff.; *s.* MaComp

Missbrauchstatbestand der Untreue 5.1. 6 ff.

Mistrades 6.1. 73, 137

Mitarbeiteroptionsprogramme 7.2. 12

Mitarbeiterregister
- WpHGMaAnzV (WpHG-Mitarbeiteranzeigeverordnung) 15.8. 6 ff.

Mitteilungen in Strafsachen 1.2. 72

Mitteilungs- und Veröffentlichungspflichten 13.1. 1 ff.
- Ad-hoc-Publizität **13.2.** 1 ff.
- Befreiung von - **13.3.** 12 f.
- Beteiligungsverhältnisse, Änderungen **13.4.** 2 ff.
- Betrug durch Unterlassen 4.1. 38 ff., 138
- falsche Mitteilungen **4.1.** 4
- Geschäftslagetäuschung 9.3. 112
- Überwachung durch BaFin 1.2. 24

Multilaterale Handelssysteme (MTF) 6.1. 15, 7.2. 9, 15.19. 56

Multilaterales Handelssystem
- Freikehr **6.1.** 61

Nachgründung 11.2. 18

Nachgründungssachverhalte 9.1. 37

Nachtragsprüfungsbericht 11.1. 20

Naked short sales 6.2. 3; *s.* Leerverkäufe

Naming and Shaming 3 21, 6.1. 305 ff.

Nationale Abwicklungsbehörde (NAB) 1.2. 21

Neubürger-Entscheidung 2.1. 19

Neuen Institutionenökonomie 15.9. 12

Neuer Markt 6.1. 1, 9.4. 6

Neutrale Handlung 3 30, 7.5. 73 ff.

Nichtbankartige Nebendienstleistungen 15.23. 5 ff.

Nichtveröffentlichung von Informationen
- Betrug **4.1.** 138
- Untreue **5.1.** 66 f.

Niederlassung 15.19. 31 ff.

Non-conviction-based confiscation 2.1. 25

Notwendige Informationen
- Mitteilung an die BaFin 13.3. 11
- Übermittlungspflicht **13.4.** 8

NRW-Entwurf eines Verbandsstrafgesetzbuches 2.1. 83

Nürburgring-Fall 5.1. 15, 20, 26

O-B-Geschäft 10.2. 7

Offenbarungsrechte und -pflichten 4.1. 39 ff., 8.1. 28 ff., 8.2. 25 ff., 8.3. 21 ff., 8.4. 9, 8.5. 20, 8.6. 15
- Angaben über Millionenkredite 8.7. 6 f.
- Anzeigepflicht **8.1.** 37, 39, 8.2. 30, 8.3. 23
- Auskunftspflicht **8.1.** 30 ff., 8.2. 26, 8.3. 22 f.
- Aussagepflicht **8.1.** 40, 8.2. 30, 8.3. 23
- Berichterstattungspflicht 8.1. 29 ff., 8.2. 27 f.
- Einsichtsrecht **8.1.** 31
- Verdachtsmeldepflicht **8.1.** 38
- Vorlagepflicht **8.3.** 22 f.

Offene Handelsgesellschaft
- Berichtspflichtverletzung 11.1. 4

Offenkundigkeit 8.1. 13

Offenlegung Einzelabschluss
- Begriff **9.4.** 39
- unrichtiger **9.4.** 35 ff., 44

Offenlegungsverbot
- Insiderinformation **7.4.** 66 ff.
- Marktsondierung **7.4.** 82

Öffentlich bekannte Tatsachen
- Auswertung als Insiderinformation 7.3. 53 ff.

Öffentliche Warnungen der BaFin 1.2. 42 ff., 48, 130 ff.

Off-market-repurchase 6.1. 222
Ombudsmann 2.1. 69
Omnibusrichtlinie 1.1. 6
Open market 6.1. 222
Option
– Stillhalter 6.3. 14
Optionsgeschäfte 4.1. 5 ff.
– Finanzinstrumente 7.2. 7
– Marktmanipulation 6.1. 53 ff.
Optionsverträge 7.2. 12
Order 6.1. 73, 137
Organinsider 7.5. 32 ff.
– fehlerhaft bestelltes Mitglied 7.5. 35 ff.
Organisationspflichten 14.1. 1 ff.
Organisierte Handelssysteme (OTF) 2.1. 8, 6.1. 12, 15, 62, 7.2. 9, 15.19. 58
Over the Counter (OTC) 6.1. 64
Over the Counter Handel (OTC) 6.1. 15
OWi d. Kapitalmarktstrafrechts
– Abschlussprüfung 14.9. 1 ff.
– Ad-hoc-Publizität 13.2. 1 ff.
– Aufsichtspflichten 14.1. 1 ff.
– Auktionsgebot 13.11. 1
– Bußgeldbemessung 3 38 f.
– Bußgeldverfahren 15.21. 1 ff., 15.22. 1 ff.
– Compliance-Funktion 2.2. 13, 14.7. 1
– Dokumentationspflichten 12.1. 1
– Eigengeschäft, Verbot des Tätigens durch Führungskraft 15.18. 1
– Empfehlungsverbot 15.2. 2 ff.
– Evokationsrecht 3 12 ff.
– Finanzanalyse, Anzeigepflicht 15.7. 2 f.
– Finanzinstrumente, Mitteilungs- u. Aktualisierungspflicht 13.15. 1
– Honoraranlage 15.3. 2 ff.
– Insidergeschäft 7.6. 3
– Insiderinformation 14.8. 1, 13.16. 1
– Insiderverzeichnis 13.10. 2
– Interessenkonflikte, Darlegungspflicht 13.5. 2 ff.
– interne Informationskontrolle 14.2. 2 ff.
– Kumulationsprinzip 3 41
– Leerverkaufsverbot 6.2. 4 ff.
– Leichtfertigkeit 3 34
– Mitarbeiter, Sachkunde u. Zuverlässigkeit 14.3. 2 ff.
– Mitteilungs- und Veröffentlichungspflichten 13.1. 1 ff.
– Organisationspflichten 14.1. 1 ff.
– Subsidiarität 3 10
– Treibhausgasemissionszertifikate, Versteigerung 7.6. 1 ff.
– Unternehmensgeldbuße 3 45
– Unternehmensregister, Mitteilungspflichten 13.3. 1 ff.
– Unternehmerpflichten 14.1. 1 ff.
– Verdacht einer OWi 13.12. 1
– Verschwiegenheitspflichten 8.8. 2 f.
– Wertpapierprospekte, Veröffentlichung 13.17. 1 ff.
– Zuständigkeit 3 11 ff.

Painting the Tape 4.1. 139, 6.1. 134 f.
Pakethandel 7.4. 41
Parallel-Running
– Betrug 4.1. 140
– Untreue 5.1. 68
Parmalat-Fall Einl. 8, 10.2. 1
Partiarisches Darlehen 4.2. 21
Partner
– Geheimhaltungspflicht 8.5. 6 ff.
Paysafe-Codes 15.19. 43
Pensionsfonds
– Überwachung durch die BaFin 1.2. 22
Personenbezogene Daten
– Verschwiegenheitspflicht der BaFin 1.2. 117
Personengesellschaft
– falsche Angaben ggü Abschlussprüfern 9.4. 99
Pfandbriefgeschäft 15.19. 40
Pfandgläubiger 5.2. 4 ff., 9.8. 7
Pflichtprüfung 11.1. 20
– Genossenschaft 11.5. 15

Pflichtprüfung nach dem PublG
11.3. 12
Phantom stocks 7.2. 12
Phenomedia-Fall Einl. 7, 9.2. 6
Phishing 6.1. 115
Ping-Aufträge 6.1. 115
Platzierungsgeschäft 15.19. 57
Porsche-Fall Einl. 7
Prämienaufschlag 4.1. 31
Prearranged Trading 6.1. 129
- Betrug 4.1. 141 ff.
- Stoffgleichheit 4.1. 144
- Vermögensschaden 4.1. 143
Preisbeeinflussung
- Marktmanipulation 6.1. 93
Presserechtliche Informationsansprüche 1.2. 176 ff.
PRIIP-VO (VO über Basisinformationsblätter für verpackte Anlageprodukte für Kleinanleger und Versicherungsanlageprodukte) Einl. 6, 20, 1.2. 49, 2.1. 6, 6.1. 309
Primärinsider 7.4. 4, 7.5. 14, 28 ff.
- Finanzanalysten 7.5. 54 ff.
- Kriminalinsider 7.5. 57 ff.
- Organinsider 7.5. 32 ff.
Probability-magnitude-Test 7.3. 28 f.
Product Governance 2.1. 8, 41, 2.2. 84
Produktinformationspflichten 13.6. 2 ff.
- Anlageberatung 13.6. 5
- geeignete Gegenparteien 13.6. 7
- professionelle Kunden 13.6. 7
- Umfang und Inhalt 13.6. 13
- Verzicht 13.6. 8
- WpDVerOV 13.6. 4
Produktintervention durch die BaFin 1.2. 49
Prognose, Täuschung 4.1. 26
Prognoseentscheidungen 3 25 f.
Prokurist
- Untreue 5.1. 10
Prospekthaftung
- Kapitalanlagebetrug 4.2. 13
- Prospekt 4.2. 31

Prospektrichtlinie 6.1. 246
Prospektverordnung 6.1. 241, 246
Provisionszahlung 4.1. 7
- Betrug 4.1. 97 ff.
- Untreue 5.1. 48, 52, 65
Prüfer
- Berichtspflichtverletzung 11.2. 4, 7 ff., 11.3. 7 ff., 10, 11.5. 7 ff.
- Bestellung 15.16. 2 ff.
- falsche Angaben 9.2. 65
- Geheimhaltungspflicht 8.2. 7 ff., 8.6. 7 f.
- iSd § 403 AktG 11.2. 8 ff.
- Unbefangenheit 11.4. 9
Prüferanzeige 13.14. 2
Prüfergehilfe 11.4. 7
- Berichtspflichtverletzung 11.1. 10 ff., 11.2. 4, 7 ff., 12 f., 11.3. 10, 11.5. 7 ff.
- Geheimhaltungspflicht 8.2. 7 ff., 8.5. 6 ff., 8.6. 7 f.
- qualifizierter 11.1. 17, 11.2. 12 f.
- Verschweigen erheblicher Umstände 11.5. 5
Prüfstellenbeschäftigter 8.1. 9
- Geheimhaltungspflicht 8.1. 6 ff.
Prüfung
- freiwillige 11.2. 15, 11.3. 12, 11.4. 15
- vorgeschriebene 11.2. 15, 18, 11.4. 15 f.
Prüfungsausschuss 14.9. 1 ff.
- Abschlussprüferaufsichtsreformgesetzes (APAReG) 14.9. 20
- Abschlussprüferaufsichtsstelle 14.9. 20
- Abschlussprüfungsreformgesetz (AReG) 14.9. 1
- Mitglieder 14.9. 3
- Prüferüberwachung 14.9. 1 ff.
- Prüfungsgesellschaft 14.9. 1 ff.
Prüfungsbericht 11.1. 2 ff., 19 ff., 11.2. 15 ff., 11.3. 3, 12, 11.4. 1 ff., 11.5. 14
- Berichtspflichtverletzung 11.2. 10
- mündliche Äußerungen 11.2. 19, 11.4. 17, 11.5. 14

- pflichtwidriges Nichterstatten **11.2.** 19
- Verschweigen erheblicher Umstände **11.1.** 8, 26, **11.2.** 5, 21, **11.3.** 5, 11 ff., **11.4.** 5, 15 ff., **11.5.** 13, 18

Prüfungsgesellschaft
- Berichtspflichtverletzung **11.2.** 10
- Prüfungsausschuss **14.9.** 1 ff.

Prüfungsverband 11.3. 9
- genossenschaftlicher **11.4.** 12, **11.5.** 7 ff.

Prüfverband
- Geheimhaltungspflicht **8.4.** 6

Publikationsgesetz (PublG)
- falsche Angaben ggü Abschlussprüfern **9.6.** 2 ff.

Publizitätspflichten s. Offenbarungsrechte und -pflichten

Pumping and Dumping 4.1. 145, **6.1.** 129 f.

Qualifizierte Gründung 9.1. 34

Quote Stuffing 6.1. 102

Quote-Verpflichteter 6.1. 238
- Widerruf der Zulassung **6.1.** 297 f.

Rating 15.9. 1 ff.
- Beauftragung eines zweiten Ratings **15.10.** 1 ff.
- Begriff **15.9.** 18 ff.
- eigene Kreditrisikobewertungen **14.4.** 2
- Gleichwertigkeit **15.9.** 26
- Marktmanipulation **6.1.** 194
- öffentliche Bekanntgabe **15.9.** 20
- übermäßiger Rückgriff auf **14.4.** 1 ff.
- übernommenes Rating **15.9.** 25
- Veröffentlichung **15.9.** 20
- Verwendung für aufsichtliche Zwecke **15.9.** 27
- Weitergabe an Abonnenten **15.9.** 21

Ratingagentur Einl. 16, **15.9.** 1 ff.
- Begriff **15.9.** 23
- Drittstaaten-Ratingagentur **15.9.** 25
- leitender Analyst **15.9.** 24
- Marktkonzentration **12.2.** 1, **15.9.** 2
- Marktmanipulation **6.1.** 194
- Register **15.9.** 24
- Regulierung **15.9.** 4
- Vergütungssystem **15.9.** 2

Ratingagenturen-VO 15.9. 4 ff.
- Anwendungsbereich **15.9.** 19
- Dokumentationspflicht **12.2.** 2
- Emittent **12.2.** 6
- ESMA **15.9.** 8
- Leitlinien und Empfehlungen **15.9.** 8
- Level III-Maßnahmen **15.9.** 8
- Level II-Rechtsakte **15.9.** 7
- nationales Ordnungswidrigkeitenrecht **15.9.** 10
- Reform **15.9.** 5 ff.
- Sanktionierung **15.9.** 5, 9 ff.
- zivilrechtliche Haftung **15.9.** 6

Rational-Choice-Theorie 15.9. 12

Räumlicher Anwendungsbereich 6.1. 65

Rechnungslegungsstandards, internationale (IAS-VO) 9.4. 37

Rechtsabteilung 2.2. 39

Rechtsbehauptungen 7.3. 48 ff.

Rechtshilfe, internationale 1.2. 98

Regulatory license 14.4. 1

Reisescheckgeschäft 15.19. 48

Reputationsschäden
- Compliance-Organisation **2.2.** 12

Restschuldbefreiung 10.2. 68
- Bankrottdelikt **10.3.** 38

Retrozessionen 4.1. 146
- Untreue **5.1.** 69

Rettungsübernahmegesetz 10.2. 2

Revolvinggeschäft 15.19. 46

Risikocontrolling und Compliance 2.2. 37

Risikogeschäft
- Betrug **4.1.** 60
- Untreue **5.1.** 70 f.

Risikosteuerungspflicht 2.1. 10

Rückkaufprogramm 6.1. 219 ff., 221 ff.
- Genehmigung durch die HV 6.1. 225
- Handelsbedingungen 6.1. 229 ff.
- Market Making 6.2. 14 ff., 13.13. 6 ff.
- Publizitätserfordernisse 6.1. 224 ff.
- Zweck 6.1. 223 f.
Rückschaufehler 3 27

Sacheinlage 9.1. 36, 9.3. 18, 53
Sachgründungsbericht 9.3. 36
Sachsen-LB-Fall Einl. 7
Sachübernahme 9.1. 37
Safe Harbour 6.1. 219 ff.
Sammeldepots
- getrennte Vermögensverwahrung 15.15. 6
Sammelklage 6.1. 42
Sanierungs- und Abwicklungsgesetz (SAG) 1.2. 21
Sanierungsplan
- drohende Zahlungsunfähigkeit 10.3. 11
Sanktionsbemessung 3 37 ff.
Sarbanes-Oxley-Act 8.1. 36
Scalping 4.1. 12, 6.1. 179 ff., 180 ff., 181 ff., 183 ff., 7.3. 38 f.
- Betrug 4.1. 147 ff.
- Fallbeispiel Einl. 10
- Untreue 5.1. 57 ff., 73
Schaden
- Betrug 4.1. 55 ff., 59 ff.
- Gefährdungsschaden 4.1. 66
- Option auf Warentermingeschäft 4.1. 60, 62, 63, 173
Schadensgleiche Vermögensgefährdung 4.1. 64, 5.1. 20
Scheckeinzugsgeschäft 15.19. 48
Schmiergeld 5.1. 3, 63 ff., 74 ff.
Schneeballsystem Einl. 7, 4.1. 67
Schutzschirmverfahren
- drohende Zahlungsunfähigkeit 10.3. 11

Schwarze Kassen 5.1. 32, 74 ff., 10.2. 7
- Neubürger/Siemens-Fall 2.1. 19
Sekundärinsider 7.4. 5, 7.5. 15, 28, 62 ff.
- Anstiftung, Beihilfe 7.5. 70
- Insiderinformation, Weitergabeverbot 7.6. 1 ff.
Self-Tender Offer 6.1. 222
Short Sales 6.1. 178 f.
Sicherheits-Monitoring 2.1. 41
Sicherstellungspflicht nach KWG 14.10. 10 ff.
- Bestandsgefährdung 14.10. 15 f.
- Bestimmtheitsgrundsatz 14.10. 12
- existenzgefährdende Schieflage 14.10. 28
- Gesamtverantwortung der Geschäftsleiter 14.10. 13
- Geschäftsleiter von Gruppen 14.10. 11
- Kausalität 14.10. 22 f.
Siemens/Neubürger-Entscheidung 2.1. 19
Siemens-Entscheidung 5.1. 32, 75
Single Supervisory Mechanism (SSM)
- EBA und EZB 1.1. 9
Skontroführer 6.1. 238
- Widerruf der Zulassung 6.1. 297 f.
Sonderprüfer 11.2. 17
Sonderprüfung 11.2. 17
Sortengeschäft 15.19. 63
Spaltungsprüfer
- Berichtspflichtverletzung 11.4. 4 ff.
- Geheimhaltungspflicht 8.5. 6 ff.
Spaltungsprüfung 11.4. 16
Spector-Entscheidung 7.4. 30
Spekulationsgeschäfte
- Betrug 4.1. 156 ff.
- Irrtum 4.1. 157
- Untreue 5.1. 77
- Vermögensschaden 4.1. 157
- Vorsatz 10.3. 24
Sponsoring 5.1. 15, 78 f.
Spoofing 6.1. 102

Spruchverfahren
– Offenbarung von Gesellschaftsgeheimnissen 8.2. 29

Stammkapital
– Kapitalherabsetzungsschwindel 9.3. 90 ff.
– Untreue 5.1. 85 ff.

Steuerberater
– Bankrottdelikte 10.3. 33

Steuerstrafverfahren
– Weitergabe von Informationen durch die BaFin 1.2. 125

Stiller Gesellschafter
– Kapitalanlagebetrug 4.2. 21

Stillhalter 4.1. 7

Stimmrechte
– Änderungen 13.4. 2 ff.
– Grundsatz der Beteiligungstransparenz 13.3. 10

Stoffgleichheit 4.1. 73, 109 f.

Stop-Loss-Order-Fishing 4.1. 160, 6.1. 134 f.

Strafbarkeitslücke im Kapitalsanktionenrecht 3 22 ff.

Strafmaß 3 37 ff.

Strohmann 9.1. 14
– Bilanzeid 9.4. 80
– falsche Angaben gem. GenG 9.7. 7
– falsche Angaben gem. UmwG 9.5. 26
– falsche Angaben ggü Abschlussprüfern 9.4. 96
– Geschäftslagetäuschung 9.3. 109
– unrichtige Darstellung 9.4. 11

Subprime-Kredite Einl. 17
– Krise Einl. 11
– Rating Einl. 15

Subsidiaritätsgrundsatz 3 10

Systemrelevante Banken 14.10. 8

Tätigkeitsinsider 7.5. 43 ff.

Tatmehrheit 3 41

Tatsache 7.3. 12 ff., 37 ff.

Täuschung 4.1. 23 ff., 33 ff.
– Betrug 4.1. 19 ff.
– durch Unterlassen 4.1. 38 ff.

– Gewinnwahrscheinlichkeit 4.1. 20
– konkludent 4.1. 36 f.
– Prognosen 4.1. 26 ff.
– Scalping 6.1. 179 ff.

Teilkonzernabschluss 11.3. 12

Teilkonzernlagebericht 11.3. 12

Teil-Prüfungsbericht 11.1. 20

Telefonverkäufer 6.3. 6 f., 42

Telekom-Fall Einl. 8, 9.2. 7, 9.4. 6

Telekommunikationsaufzeichnung v. Wertpapierdienstleistungsunternehmen 6.1. 37

Termingeschäft
– Marktmanipulation 6.1. 53 ff.

Transaktionskosten 15.9. 12

Transparenz
– Meldung an zuständige Behörde 6.1. 154
– öffentliche Bekanntgabe 6.1. 153

Transparenz- und Publizitätsgesetz 11.1. 3

Transparenzrichtlinie (TUG) 9.4. 1, 75 ff., 13.4. 1, 12, 14.2. 2

Transparenzrichtlinien-Verordnung
– Überwachung durch BaFin 1.2. 45

Treibhausgasemissionszertifikate 6.1. 18, 7.2. 13, 7.5. 3, 7.6. 1

Trennbankengesetz 14.10. 1, 15.19. 28

Treubruchtatbestand d. Untreue 5.1. 6, 21 ff.

Treuhänder
– Untreue 5.1. 10

Treuhandvermögen 4.2. 23

Überschuldung 13.18. 10 ff.
– Bankrotttatbestand 10.3. 5
– Begriff 10.2. 1
– Fortführungsprognose 10.3. 6 f., 13.18. 12
– modifizierter zweistufiger Überschuldungsbegriff 13.18. 11
– Überschuldungsstatus 10.3. 6, 13.18. 13
– Vermögensbilanz 10.3. 6

Übertragbare Wertpapiere
- Aktien 6.1. 54
- Schuldverschreibungen 6.1. 54

Übertragungsprüfer
- Berichtspflichtverletzung 11.4. 4 ff.
- Geheimhaltungspflicht 8.5. 6 ff.

Übertragungsprüfung 11.4. 16

Überwachung durch BaFin 1.2. 24; s. Überwachung durch BaFin; Finanzmarktaufsicht

Überzeichnung 6.1. 251

UBS-Fall Einl. 7

Umstände, bewertungserhebliche 7.3. 22 ff.

Umwandlungsrecht 9.5. 1 ff.

Unabhängige Honorar-Anlageberatung
- Festpreisgeschäft 15.3. 2 ff.
- Zuwendungsverbot 15.5. 5

Unbefangenheit des Prüfers 11.4. 9

Unerfahrenheit bei Börsenspekulationsgeschäften 6.3. 26 ff.
- Ausschluss durch Aufklärung 6.3. 30

Unrichtige Berichterstattung 11.1. 8, 18 ff.

Unrichtige Darstellung 9.4. 1 ff.
- Anwendungsfall 9.2. 9
- gem. AktG 9.2. 1 ff.
- gem. GenG 9.7. 28
- gem. PublG 9.6. 1 ff., 9, 22
- Konkurrenzen 9.4. 28 f.
- Konzern 9.4. 51 ff.
- Offenlegung unrichtiger Einzelabschluss 9.4. 35 ff.
- Strafe 9.4. 33 f.
- subjektiver Tatbestand 9.4. 23
- Täterkreis 9.4. 9 ff.
- Verhältnisse der Kapitalgesellschaft 9.4. 18 f.

Unrichtiger Bestätigungsvermerk 11.1. 29 ff.

Unterlassen
- Betrug 4.1. 128
- Untreue 5.1. 14, 32

Unternehmensabschlüsse
- Überwachung durch BaFin 1.2. 24

Unternehmensbewertung 7.3. 51 f.

Unternehmensgeheimnis 8.4. 7, 8.5. 12
- prüfungsbedingte Kenntniserlangung 8.4. 8

Unternehmensgeldbuße 3 44
- Abgabe einer falschen Versicherung 9.4. 92
- Bilanzstrafrecht 9.4. 33
- Offenlegung unrichtiger Einzelabschluss 9.4. 48

Unternehmensinsolvenz 10.1. 1

Unternehmensregister 13.3. 1 ff.
- Adressaten 13.3. 2
- Meldepflicht 13.3. 4 ff.

Unternehmensrichtlinien 2.1. 42

Unternehmenssanktionenrecht 2.1. 81 ff.
- Begriff 2.1. 81
- Bußgeldhöhe 2.1. 46
- Compliance Management System und Bußgeldminderung 2.1. 46
- Entwicklung 2.1. 83 ff.
- Kölner Entwurf 2.1. 84 ff.
- NRW-Entwurf 2.1. 83
- Schuldgrundsatz 2.1. 82
- Verfassungsrecht 2.1. 82

Unternehmerpflichten 14.1. 1 ff.

Untreue 5.1. 1 ff., 15, 74
- Ad-hoc-Meldungen 5.1. 43
- Anlageberater 5.1. 25, 44 ff.
- Antragserfordernis 5.1. 39
- Aufsichtsrat einer AG 5.1. 26
- Auftrag 5.1. 10, 22
- Bankmitarbeiter in leitender Funktion 5.1. 27
- Bonuszahlung 5.1. 81
- Bremer-Vulkan-Entscheidung 5.1. 87
- Churning 5.1. 51 ff.
- Compliance 2.1. 73 ff.
- Einverständnis 5.1. 16, 33
- Falschmeldungen 5.1. 55 f.
- Frontrunning 5.1. 57 ff.
- Geschäftsführer 5.1. 28
- Geschäftsführer, faktischer 5.1. 22
- HSH-Nordbank-Fall 5.1. 20, 71
- Insiderinformation 5.1. 61 f.
- Kick-Back-Zahlungen 5.1. 63

- kollusives Zusammenwirken 5.1. 13
- Kölner Müllskandal-Fall 5.1. 13
- Konkurrenzen 5.1. 40 f.
- Konzern 5.1. 90
- Kreditvergabe 5.1. 15
- Makler 5.1. 29
- Mannesmann-Entscheidung 5.1. 26, 80
- Missbrauchstatbestand 5.1. 7 ff., 12 ff.
- Nichtveröffentlichung von Informationen 5.1. 66
- Nürburgring-Fall 5.1. 15, 20
- Parallel-Running 5.1. 68
- Provisionszahlung 5.1. 48, 52, 65
- rechtswidriges Rechtsgeschäft 5.1. 10, 30 f.
- Regelbeispiele 5.1. 37 f.
- Risikogeschäft 5.1. 70
- Scalping 5.1. 73
- Schadensberechnung 5.1. 19 f.
- schadensgleiche Vermögensgefährdung 5.1. 20
- Schmiergeld 5.1. 74 ff.
- schwarze Kassen 5.1. 32
- Siemens-Fall 5.1. 75
- Sponsoring 5.1. 15, 78 f.
- Stammkapital 5.1. 85 ff.
- tatsächliches Handeln 5.1. 32
- Treubruchtatbestand 5.1. 21 ff.
- Unterlassen 5.1. 14, 32
- Vermögensbegriff 5.1. 18
- Vermögensbetreuungspflicht 5.1. 11, 22 ff.
- Vermögensnachteil 5.1. 3, 17, 34, 59
- Vermögensverwalter 5.1. 51 ff.
- Vollmacht 5.1. 10
- Vorsatz 5.1. 35 f.
- Vorstandsmitglieder einer AG 5.1. 29
- Vorstandsvergütungen 5.1. 80 ff.
- Warentermingeschäft 5.1. 83
- Zustimmung der Gesellschafter als Ausschlusskriterium 5.1. 84 ff.

Verbot des Insidergeschäfts 7.4. 1 ff.

Verbraucherschutz
- BaFin 1.2. 29
- ESMA, Befugnisse 1.1. 25
- kollektiver Verbraucherschutz 1.2. 18
- Verbraucherbeirat BaFin 1.2. 13

Verbriefungsinstrument 14.5. 1, 15.10. 1 ff.
- Begriff 15.10. 6
- Geeignetheitsprüfung 15.2. 15

Verdachtsanzeige 1.2. 127, 8.1. 38
- Unternehmensregister 13.3. 6

Vereidigter Buchprüfer
- Berichtspflichtverletzung 11.1. 12 ff.
- Falschinformationen 9.4. 120

Verkehrsdaten v. Wertpapierdienstleistungsunternehmen 6.1. 37

Verleitung zu Börsenspekulationsgeschäften 6.3. 1 ff., 35 ff., 7.4. 52 ff., 64 ff.
- Begriff 7.4. 57 ff.

Verletzung der Berichtspflicht
- Unterlassen 11.1. 31

Verlustgeschäfte
- Vorsatz 10.3. 24

Vermögensabschöpfung
- Bruttoprinzip 2.1. 25
- Marktmanipulation 6.1. 295 f.
- Reform 2.1. 25

Vermögensbegriff 4.1. 56 ff., 5.1. 18

Vermögensbetreuungspflicht 5.1. 3, 6 ff., 11, 22 ff.
- Garantenstellung 5.1. 14

Vermögensbilanz
- Bankrottdelikte 10.3. 6
- Kapitalanlagebetrug 4.2. 32

Vermögenslage
- Geschäftslagetäuschung 9.3. 113

Vermögensnachteil
- Untreue 5.1. 17, 34

Vermögensschaden 4.1. 173; *s.a.* Schadensberechnung
- Betrug 4.1. 55 ff.
- Prearranged Trading 4.1. 143
- Scalping 4.1. 153

- schadensgleiche Vermögensgefährdung 4.1. 64, 5.1. 20
Vermögensverfügung
- Betrug 4.1. 52 f.
Vermögensverwaltung
- Betrug 4.1. 97 ff.
- Untreue 5.1. 51 ff.
Verordnung über Wertpapierfinanzierungsgeschäft 2.1. 8
Verschmelzungsprüfer
- Berichtspflichtverletzung 11.4. 4 ff.
- Geheimhaltungspflicht 8.5. 6 ff.
Verschmelzungsprüfung 11.4. 16
Verschwiegenheitspflichten 8.2. 12; s. Geheimhaltungspflicht
- Freistellung 8.2. 27
- Maßnahmen 8.8. 2 f.
- Verbot von Insidergeschäften 8.8. 3
- Verbot von Marktmanipulation 8.8. 3
- Verdachtsanzeige 8.8. 4
- Verdachtsfälle, Auskunftsverlangen, Betretungsrecht 8.8. 6
Verschwiegenheitspflichten der BaFin 1.2. 110 ff.
- Ausnahmen zum Informationsanspruch nach IFG 1.2. 150
- strafbewehrter Verstoß 1.2. 134
Versicherungsaufsicht durch die BaFin 1.2. 22
Versicherungsfall
- Betrug 4.1. 83
Versicherungsunternehmen
- Berichtspflichtverletzung 11.1. 4
Verständiger Anleger 6.1. 88
Vertretungsorgan
- Geheimhaltungspflicht 8.5. 6 ff.
Vertriebsbeauftragter
- Anzeige ggü BaFin 15.8. 5 ff.
- Sachkunde u. Zuverlässigkeit 14.3. 5, 7
Verwahrer
- Depotunterschlagung 5.2. 4 ff.
- unwahre Angaben gem. DepotG 9.8. 7

Verwahrgeschäft, eingeschränktes 15.19. 67
Verwerten 8.4. 9
Viertes Finanzmarktförderungsgesetz 6.3. 1 f.
Volksaktie 6.1. 1
Vorlagepflicht 8.3. 22 f.
Vorsatz im Kapitalmarktsanktionenrecht 3 29 ff.
- Irrtum 3 32
- normative Tatbestandsmerkmale 3 31
- Wissenszurechnung 3 33
Vorstand
- falsche Angaben 9.1. 16
- falsche Angaben gem. GenG 9.7. 7
- falsche Angaben ggü Abschlussprüfern 9.4. 94
- Geheimhaltungspflicht 8.2. 7 ff., 8.6. 7 f.
- Gewerbeuntersagung 9.1. 116
- Untreue 5.1. 10, 29
- Vorstandsvergütungen 5.1. 80 ff.
VW-Abgasskandal Einl. 7, 7.3. 45
Wahrheitswidrige Erklärungen 9.1. 127 ff.
Wandelschuldverschreibungen 6.1. 250
Warenderivate
- Begrenzung und Überwachung 2.1. 8
- Insiderinformation 7.3. 76
- Überwachung durch BaFin 1.2. 45
Warenterminbörse
- Preisermittlung 6.1. 86
Warentermingeschäft 4.1. 5 ff., 6.3. 11
- Betrug 4.1. 161 ff.
- fondsmäßig betriebenes 6.3. 25
- Gefährdungsschaden 4.1. 66
- Hedgegeschäft 6.3. 12
- Kapitalanlagebetrug 4.2. 22
- Untreue 5.1. 83
Wash Sales 4.1. 174 ff., 6.1. 120
Wechseleinzugsgeschäft 15.19. 48

Werbeträger
- Kapitalanlagebetrug 4.2. 30

Werksparkassen 15.19. 17 ff.
- Einlagengeschäft 15.19. 18 f.

Wertpapieraufsicht/Asset Management
- Überwachung durch BaFin 1.2. 24

Wertpapier-Compliance 2.1. 16, 2.2. 1 ff., 10; *s.a.* Compliance u. Criminal Compliance
- Interessenkonfliktmanagement 2.2. 50, 57
- MaComp 2.2. 4 ff., 49 ff.
- MiFiD II 2.2. 18 ff., 46 ff.
- Mitarbeiterschutz 2.2. 16

Wertpapierdienstleistungsunternehmen
- BaFin-Aufgaben 1.2. 17 ff.
- Betrug 4.1. 177
- Compliance-Funktion 14.7. 1
- Empfehlungsverbot 15.2. 2 ff.
- Honoraranlage 15.3. 2 ff.
- Interessenkonflikte, Darlegungspflicht 13.5. 2 ff.
- Mitarbeiter, Sachkunde u. Zuverlässigkeit 14.3. 2 ff.
- Verschwiegenheitspflichten 8.8. 2 f.

Wertpapiere
- Definition DepotG 5.2. 5
- Depotunterschlagung 5.2. 3 ff.
- Pfandgläubiger 5.2. 6 ff.
- Umbuchung 5.2. 3
- Verfügung des Kommissionärs über eigene 5.2. 7
- Verpfändung durch Verwahrer 5.2. 3
- Verwahrung 5.2. 6 ff.

Wertpapierprospekte
- BaFin 13.17. 2
- Bußgeldrahmen 13.17. 6
- Nachtragspflicht 13.17. 4
- Prospektierungsgrundsätze 13.17. 1
- Veröffentlichung 13.17. 3

Werturteile 7.3. 32 ff.

WestLB-Fall Einl. 7

Whistleblower 2.1. 44, 6.1. 309 ff.
- Ausnahmen zum Informationsanspruch nach IFG 1.2. 154
- Verschwiegenheitspflicht der BaFin 1.2. 112

Whistleblower-Richtlinie 2.1. 44

Wirtschaftliches Eigentum 6.1. 120

Wirtschaftsprüfer
- Berichtspflichtverletzung 11.1. 11 ff., 11.2. 9, 10
- falsche Angaben ihm ggü 9.4. 104
- Falschinformationen 9.4. 120

Wirtschaftsprüfungsgesellschaft
- Berichtspflichtverletzung 11.1. 11 ff., 11.2. 9

Wissenszurechnung 3 33

WorldCom-Fall 10.2. 1

WpDVerOV (Wertpapierdienstleistungsverhaltens- u. Organisationsverordnung) 2.1. 15 ff., 27 ff., 44 ff., 54 f., 2.2. 3

WpHGMaAnzV (WpHG-Mitarbeiteranzeigeverordnung) 2.2. 23 ff., 14.3. 9
- Mitarbeiterregister 15.8. 6 ff.

Zahlstelle
- Zulassungsfolgepflichten 14.2. 4

Zahlungseinstellung 10.2. 53
- Bankrottdelikte 10.3. 16

Zahlungsunfähigkeit 13.18. 14 ff.
- Bankrotttatbestand 10.3. 5
- betriebswirtschaftliche Methode 10.3. 8
- drohende 10.3. 11 f., 13.18. 16
- Liquiditätsstatus 10.3. 8
- Unterdeckung 10.3. 8
- Vermutung 10.3. 9, 10
- wirtschaftskriminalistische Methode 10.3. 9
- Zahlungsstockung 10.3. 8

Zahlungsunwilligkeit
- Bankrottdelikte 10.3. 16

Zeichnung des neuen Kapitals 9.3. 51

Zeitzonenarbitrage 6.1. 63

Zentrale Gegenpartei 15.19. 50

Zentralverwahrer 15.19. 45, 15.23. 1
- Begriff 14.11. 3
- Bußgeldhöhe 14.11. 12 ff.
- Compliance-Management-System 14.14. 4
- Inhaber von Schlüsselpositionen, Aufgaben- und Wirkungskreise 14.12. 3
- internes Meldesystem 14.14. 2 ff.
- KWG 14.11. 1 ff., 14.12. 1 ff., 14.13. 1 ff., 14.14. 1 ff., 14.15. 1 ff.
- Nebendienstleistungen, nichtbankartige 14.11. 3, 15.23. 7
- Organisationsanforderungen, allg. 14.11. 4 ff.
- Vorhalten von IT-Instrumenten, Kontrollen oder sonstigen Verfahren 14.15. 2 ff.
- Vorkehrungen gegen Interessenskonflikte 14.13. 2 ff.
- Zulassung 15.23. 6
Zentralverwahrertätigkeit ohne Zulassung 15.19. 70
Zentralverwahrer-Verordnung (CSDR) Einl. 6, 2.1. 6
Zertifikatehandel 6.3. 19
Zeugnisverweigerungsrecht 8.1. 40 f.
Zinsdifferenzgeschäft 4.1. 34
Zugang zu Informationen der BaFin 1.2. 137 ff.; s. Informationsfreiheitsgesetz des Bundes (IFG)
- Akteneinsicht 1.2. 171

Zulässige Markpraxis 6.1. 151 ff.
Zulassungsfolgepflichten 14.2. 1 ff.
- Zahlstelle 14.2. 4
Zur freien Verfügung, Begriff 9.1. 32
Zurechnung im Kapitalmarktsanktionenrecht 3 28
Zuständige Behörde 6.1. 32
Zuwendungsverbot 15.5. 2 ff.
- Ausnahmen 15.5. 12 ff.
- geeignete Gegenparteien 15.5. 6
- Interessenskonflikte 15.5. 3
- nichtmonetäre Vorteile 15.5. 14
- Offenlegung 15.5. 14
- Privatkunden 15.5. 6
- professionelle Kunden 15.5. 6
- unabhängige Honoraranlageberatung 15.5. 5
- Zuwendungen 15.5. 10 f.
Zwecksparunternehmen
- Schneeballsystem 15.19. 20 ff.
Zweigniederlassung 15.19. 31 ff.
Zweites Gesetz zur Novellierung von Finanzmarktvorschriften aufgrund europäischer Rechtsakte (2. FiMaNoG) 1.2. 41; s. FiMaNoG, 2.
Zwischenabschluss 11.1. 3, 20
Zypern, Staatsschuldenkrise 1.1. 9

Im Lesesaal vom **1 1. OKT. 2019**
bis **1 9. Aug. 2024**